NomosKommentar

Prof. Dr. Bernd-Dieter Meier
Prof. Dr. Dieter Rössner | Dr. Gerson Trüg
Prof. Dr. Rüdiger Wulf [Hrsg.]

Jugendgerichtsgesetz

Handkommentar

Gernot Blessing, Oberstaatsanwalt, Leiter einer Jugendabteilung bei der Staatsanwaltschaft Stuttgart | **Reinhold Buhr,** Direktor des Amtsgerichts Bruchsal a.D. | **Dr. jur. Frank Czerner,** Vertretungsprofessur für das Recht sozialer Dienstleistungen und Einrichtungen an der Universität Kassel | **Hadmut Birgit Jung-Silberreis,** Leitende Regierungsdirektorin; Leiterin der Justizvollzugsanstalt Wiesbaden | **Mark Kern,** Direktor des Amtsgerichts Tauberbischofsheim | **PD Dr. jur. Christian Laue,** Privatdozent am Institut für Kriminologie der Ruprecht-Karls-Universität Heidelberg | **Dr. jur. Alexander Linke,** Wissenschaftlicher Mitarbeiter an der Rheinischen Friedrich-Wilhelms-Universität Bonn | **Prof. Dr. jur. Bernd-Dieter Meier,** Univ.-Professor für Strafrecht, Strafprozessrecht und Kriminologie, Direktor des Kriminalwissenschaftlichen Instituts der Leibniz Universität Hannover | **Prof. em. Dr. med. Dr. phil. Helmut Remschmidt,** Univ.-Professor (em.), früher der Kinder-, Jugendpsychiatrie und -psychotherapie der Philipps Universität Marburg | **Prof. Dr. jur. Dieter Rössner,** Univ.-Professor für Strafrecht, Strafprozessrecht und Kriminologie an der Philipps Universität Marburg | **Dr. jur. Gerson Trüg,** Rechtsanwalt und Fachanwalt für Strafrecht in Freiburg, Lehrbeauftragter an der Eberhard Karls Universität Tübingen | **Prof. Dr. jur. Torsten Verrel,** Univ.-Professor für Kriminologie, Jugendstrafrecht und Strafvollzugswissenschaft, Geschäftsführender Direktor des Kriminologischen Seminars der Rheinischen Friedrich-Wilhelms-Universität Bonn | **Prof. Dr. jur. Rüdiger Wulf,** Honorarprofessor der Eberhard Karls Universität Tübingen, Ministerialrat – Referatsleiter „Vollzugsgestaltung" – in der Abteilung „Justizvollzug" im Justizministerium Baden-Württemberg

Nomos

Zitiervorschlag: HK-JGG/*Bearbeiter*

Die Deutsche Nationalbibliothek verzeichnet diese Publikation in der Deutschen Nationalbibliografie; detaillierte bibliografische Daten sind im Internet über http://dnb.d-nb.de abrufbar.

ISBN 978-3-8329-4946-4

1. Auflage 2011
© Nomos Verlagsgesellschaft, Baden-Baden 2011. Printed in Germany. Alle Rechte, auch die des Nachdrucks von Auszügen, der fotomechanischen Wiedergabe und der Übersetzung, vorbehalten.

Vorwort

Grenzverletzendes Verhalten ist ein ebenso zentraler wie aus der Sicht der Gesellschaft oft quälender Teil der Entwicklung junger Menschen. Die psychischen und sozialen Reifungsprozesse, die junge Menschen beim Aufbau einer eigenen Identität durchlaufen, und die hiermit verbundenen Spannungen und Konflikte bringen es beinahe zwangsläufig mit sich, dass die von Anderen gezogenen Grenzen nicht immer beachtet werden und auch in solchen Verhaltensweisen ihren Niederschlag finden, die sich aus Sicht der Gesellschaft als Rechtsbruch und damit als „Kriminalität" darstellen. Für den Umgang mit dem strafnormverletzenden Verhalten der jungen Menschen und die Suche nach der richtigen Reaktion darauf liefert das Jugendgerichtsgesetz (JGG) den rechtlichen Rahmen.

Indem der Gesetzgeber für den Umgang mit der Jugenddelinquenz einen eigenständigen Rechtsrahmen zur Verfügung stellt - ein „Sonderstrafrecht für junge Täter" –, macht er deutlich, dass die Reaktion anders ausfallen muss als bei Erwachsenen. Während sich das Erwachsenenstrafrecht am Primat des Schuldausgleichs für die begangene Tat orientiert, bemüht sich das Jugendstrafrecht um einen „ganzheitlichen" Blick auf den jungen Menschen: Es fragt nach dem Stellenwert der Tat in der bisherigen Entwicklung des jungen Delinquenten und richtet die strafrechtliche Reaktion daran aus, wie die weitere Entwicklung so beeinflusst werden kann, dass es künftig zu keinen weiteren rechtswidrigen Taten kommt. Im Gegensatz zum Erwachsenenstrafrecht orientiert sich das Jugendstrafrecht, wie § 2 Abs. 1 JGG unmissverständlich sagt, am Primat des Erziehungsgedankens: Die Reaktion auf die Tat ebenso wie das Verfahren haben vor allem die Aufgabe, den straffällig gewordenen jungen Menschen zu einem Leben ohne Straftaten zu motivieren und zu befähigen.

Für die Rechtsanwendung ergeben sich aus diesem vom allgemeinen Strafrecht abweichenden Ansatz vielfältige Fragen und Probleme. Der vorliegende Kommentar knüpft hieran an und stellt der Praxis einen aus den jugendkriminologischen Befunden entwickelten, wissenschaftlich fundierten, aber gleichermaßen der praxisnahen Lösung von Zweifelsfragen verpflichteten Begleiter für die Ausgestaltung der jugendstrafrechtlichen Reaktion zur Verfügung. Der Kommentar liefert eine zuverlässige Arbeitshilfe zur Auslegung und Anwendung der einzelnen Regelungen des JGG, wobei besonderes Gewicht auf die Unterschiede zum Erwachsenenstrafrecht gelegt wird. In die Kommentierung werden, wo dies zum besseren Verständnis der betreffenden Normen beiträgt, neben den einschlägigen Verwaltungsvorschriften auch solche Regelungen einbezogen, die außerhalb des JGG stehen, etwa die jugendhilferechtlichen Vorschriften zu den Hilfen zur Erziehung oder die Vorschriften zu den familienrechtlichen Maßnahmen, die zum Schutz des Kindeswohls ergriffen werden können. Die ambulanten Maßnahmen, die der Gesetzgeber für die Reaktion auf Jugenddelinquenz zur Verfügung stellt, werden in ihrer Vielfalt darstellt; dabei ist der Blick stets auf die Suche nach jugendgemäßen Lösungen gerichtet. Der Täter-Opfer-Ausgleich und die Schadenswiedergutmachung nehmen als Reaktionsformen, die einen opferfreundlichen, sozial-konstruktiven Umgang mit den Folgen der Tat ermöglichen, eine besondere Rolle ein. Aber auch die Fragen des Vollzugsrechts werden angesprochen, obwohl der Jugendstrafvollzug seit der Föderalismusreform von 2006 keinen Bestandteil des JGG mehr bildet. Und auch die neuesten Rechtsentwicklungen wie namentlich die Entscheidung des Bundesverfassungsgerichts vom 4. Mai 2011 zur Verfassungswidrigkeit der Sicherungsverwahrung und die Diskussion über den „Warnschussarrest" werden gebührend berücksichtigt. Die Kommentierung ist bei alledem stets auf die Bedürfnisse der Praxis ausgerichtet. Sie liefert eine Vielzahl von Beispielen und Hinweisen für die konkrete Fallbearbeitung und bemüht sich durchgängig um einen auch für Nichtjuristen verständlichen Stil.

Die integrierte Kommentierung, welche die rechtwidrige Tat im Kontext der Entwicklung des jungen Täters in den Blick nimmt, ist das Ergebnis des Zusammenwirkens vieler Personen. An dem Kommentar haben nicht nur die im Autorenverzeichnis genannten Wissenschaftler und Praktiker mitgewirkt, sondern auch viele namenlos bleibende Personen, die das einschlägige Rechtsprechungsmaterial zusammengetragen, Beispielsfälle und Formulierungsvorschläge entwickelt oder im Hintergrund recherchiert haben. Hierfür sagen wir allen Mitarbeiterinnen und Mitarbeitern herzlichen Dank. Für alle Beteiligten verbindet sich mit dem Kommentar die Hoffnung, für den jugendgemäßen Umgang mit der Jugendkriminalität einen Beitrag zu leisten, der sich nicht – wie im Erwachsenenstrafrecht häufig zu beobachten – im schlichten Prinzip des staatlich autorisierten „Gegenschlags" erschöpft, sondern der dem straffällig gewordenen jungen Menschen – ohne den Ernst der Situation zu bagatellisieren – einen altersentsprechenden Weg zu einem Leben ohne Straftaten weist. Wenn es gelingt, diesen Weg auch solchen jungen Delinquenten zu ebnen, die der Gesellschaft mit ihrem strafnormverletzenden Verhalten Probleme bereiten, ist den gesellschaftlichen Interessen auf die bestmögliche Weise gedient.

Juli 2011   Herausgeber und Verlag

Autorenverzeichnis

Blessing, Gernot,
Oberstaatsanwalt, Leiter einer Jugendabteilung bei der Staatsanwaltschaft Stuttgart.

Buhr, Reinhold,
Direktor des Amtsgerichts Bruchsal a.D.

Czerner, Dr. jur. Frank,
Vertretungsprofessor für das Recht sozialer Dienstleistungen und Einrichtungen an der Universität Kassel.

Jung-Silberreis, Hadmut Birgit,
Leitende Regierungsdirektorin, Leiterin der Justizvollzugsanstalt Wiesbaden.

Kern, Mark,
Direktor des Amtsgerichts Tauberbischofsheim.

Laue, Priv.-Doz. Dr. jur. Christian,
Privatdozent am Institut für Kriminologie der Ruprecht-Karls-Universität Heidelberg.

Linke, Dr. jur. Alexander,
Wissenschaftlicher Mitarbeiter an der Rheinischen Friedrich-Wilhelms-Universität Bonn.

Meier, Prof. Dr. jur. Bernd-Dieter,
Univ.-Professor für Strafrecht, Strafprozessrecht und Kriminologie, Direktor des Kriminalwissenschaftlichen Instituts der Leibniz Universität Hannover.

Remschmidt,. Prof. Dr. med. Dr. phil. Helmut,
Univ.-Professor (em.), früher der Kinder-, Jugendpsychiatrie und -psychotherapie der Philipps Universität Marburg

Rössner, Prof. Dr. jur. Dieter,
Univ.-Professor für Strafrecht, Strafprozessrecht und Kriminologie an der Philipps Universität Marburg.

Trüg, Dr. jur. Gerson,
Rechtsanwalt und Fachanwalt für Strafrecht in Freiburg, Lehrbeauftragter an der Eberhard Karls Universität Tübingen.

Verrel, Prof. Dr. jur. Torsten,
Univ.-Professor für Kriminologie, Jugendstrafrecht und Strafvollzugswissenschaft, Geschäftsführender Direktor des Kriminologischen Seminars der Rheinischen Friedrich-Wilhelms-Universität Bonn.

Wulf, Prof. Dr. jur. Rüdiger,
Honorarprofessor der Eberhard Karls Universität Tübingen, Ministerialrat - Referatsleiter „Vollzugsgestaltung" - in der Abteilung „Justizvollzug" im Justizministerium Baden-Württemberg.

Bearbeiterverzeichnis

Im Einzelnen haben bearbeitet:

Blessing, Gernot §§ 43 bis 47, 52, 52 a, 71 bis 74 JGG

Buhr, Reinhold §§ 9, 10 Abs. 1, 11, 12, 31, 32, 52 bis 54, 75 bis 78, Vor §§ 102 ff bis 104, 110, 111, 116 JGG; in Zusammenarbeit mit *Remschmidt* § 10 Abs. 2 JGG

Czerner, Prof. Dr. jur. Frank §§ 33 bis 37, 39 bis 42, 107, 108 JGG

Jung-Silberreis, Hadmut Birgit Anhang A Jugendstrafvollzugsrecht

Kern, Mark Vor § 82 bis 89 a JGG

Laue, PD Dr. jur. Christian §§ 17, 18, 55, 56 JGG

Linke, Dr. jur. Alexander §§ 13 bis 15 JGG; in Zusammenarbeit mit *Verrel* §§ 109, 114 JGG

Meier, Prof. Dr. jur. Bernd-Dieter §§ 20 bis 30, 57 bis 66 JGG

Remschmidt, Prof. em. Dr. med. Dr. phil. Helmut §§ 3, 105 JGG in Zusammenarbeit mit *Rössner*; § 10 Abs. 2 JGG in Zusammenarbeit mit *Buhr*

Rössner, Prof. Dr. jur. Dieter Vor §§ 1 ff, §§ 1, 2, 4, 5 I. bis IV., 6 bis 8, 38, 79 bis 81 a, 106, 112 bis 113 JGG; in Zusammenarbeit mit *Remschmidt* §§ 3, 105 JGG

Trüg, Dr. jur. Gerson §§ 47 a bis 51, 67 bis 70 JGG

Verrel, Prof. Dr. jur. Torsten §§ 97 bis 101 JGG; in Zusammenarbeit mit *Linke* §§ 109, 114 JGG

Wulf, Prof. Dr. jur. Rüdiger §§ 16, 19 aF, 89 b bis 93 a JGG sowie § 5 V.

Inhaltsverzeichnis

Vorwort 5
Autorenverzeichnis 7
Bearbeiterverzeichnis 8
Literatur- und Abkürzungsverzeichnis 15

Jugendgerichtsgesetz (JGG)

Vor §§ 1 ff Grundlagen des Jugendstrafrechts 19

Erster Teil
Anwendungsbereich

§ 1	Persönlicher und sachlicher Anwendungsbereich	40
§ 2	Ziel des Jugendstrafrechts; Anwendung des allgemeinen Strafrechts	46

Zweiter Teil
Jugendliche

Erstes Hauptstück
Verfehlungen Jugendlicher und ihre Folgen

Erster Abschnitt Allgemeine Vorschriften

§ 3	Verantwortlichkeit	59
§ 4	Rechtliche Einordnung der Taten Jugendlicher	79
§ 5	Die Folgen der Jugendstraftat	82
§ 6	Nebenfolgen	107
§ 7	Maßregeln der Besserung und Sicherung	108
§ 8	Verbindung von Maßnahmen und Jugendstrafe	124

Zweiter Abschnitt Erziehungsmaßregeln

§ 9	Arten	127
§ 10	Weisungen	130
§ 11	Laufzeit und nachträgliche Änderung von Weisungen; Folgen der Zuwiderhandlung	158
§ 12	Hilfe zur Erziehung	164

Dritter Abschnitt Zuchtmittel

§ 13	Arten und Anwendung	171
§ 14	Verwarnung	174
§ 15	Auflagen	177
§ 16	Jugendarrest	185

Vierter Abschnitt Die Jugendstrafe

§ 17	Form und Voraussetzungen	201
§ 18	Dauer der Jugendstrafe	217
§ 19 aF	Unbestimmte Jugendstrafe (aufgehoben)	227

Fünfter Abschnitt Aussetzung der Jugendstrafe zur Bewährung

§ 20	(weggefallen)	230
§ 21	Strafaussetzung	230
§ 22	Bewährungszeit	239
§ 23	Weisungen und Auflagen	240
§ 24	Bewährungshilfe	245
§ 25	Bestellung und Pflichten des Bewährungshelfers	252
§ 26	Widerruf der Strafaussetzung	256
§ 26 a	Erlaß der Jugendstrafe	264

Sechster Abschnitt Aussetzung der Verhängung der Jugendstrafe

§ 27	Voraussetzungen	264
§ 28	Bewährungszeit	271
§ 29	Bewährungshilfe	272
§ 30	Verhängung der Jugendstrafe; Tilgung des Schuldspruchs	273

Siebenter Abschnitt Mehrere Straftaten

§ 31	Mehrere Straftaten eines Jugendlichen	279
§ 32	Mehrere Straftaten in verschiedenen Alters- und Reifestufen	294

Zweites Hauptstück
Jugendgerichtsverfassung und Jugendstrafverfahren

Erster Abschnitt Jugendgerichtsverfassung

§ 33	Jugendgerichte	300
§ 33 a	[Besetzung des Jugendschöffengerichts]	311
§ 33 b	[Besetzung der Jugendkammer]	317
§ 34	Aufgaben des Jugendrichters	324
§ 35	Jugendschöffen	332
§ 36	Jugendstaatsanwalt	337
§ 37	Auswahl der Jugendrichter und Jugendstaatsanwälte	341
§ 38	Jugendgerichtshilfe	347

Zweiter Abschnitt Zuständigkeit

§ 39	Sachliche Zuständigkeit des Jugendrichters	364
§ 40	Sachliche Zuständigkeit des Jugendschöffengerichts	369
§ 41	Sachliche Zuständigkeit der Jugendkammer	375
§ 42	Örtliche Zuständigkeit	384

Dritter Abschnitt Jugendstrafverfahren
Erster Unterabschnitt Das Vorverfahren

§ 43	Umfang der Ermittlungen	396
§ 44	Vernehmung des Beschuldigten	422
§ 45	Absehen von der Verfolgung	425
§ 46	Wesentliches Ergebnis der Ermittlungen	461

Zweiter Unterabschnitt Das Hauptverfahren

§ 47	Einstellung des Verfahrens durch den Richter	463
§ 47 a	Vorrang der Jugendgerichte	468
§ 48	Nichtöffentlichkeit	471
§ 49	(aufgehoben)	483
§ 50	Anwesenheit in der Hauptverhandlung	483
§ 51	Zeitweilige Ausschließung von Beteiligten	495
§ 52	Berücksichtigung von Untersuchungshaft bei Jugendarrest	512
§ 52 a	Anrechnung von Untersuchungshaft bei Jugendstrafe	515
§ 53	Überweisung an das Familiengericht	519
§ 54	Urteilsgründe	525

Dritter Unterabschnitt Rechtsmittelverfahren

§ 55	Anfechtung von Entscheidungen	541
§ 56	Teilvollstreckung einer Einheitsstrafe	566

Vierter Unterabschnitt Verfahren bei Aussetzung der Jugendstrafe zur Bewährung

§ 57	Entscheidung über die Aussetzung	570
§ 58	Weitere Entscheidungen	578
§ 59	Anfechtung	585
§ 60	Bewährungsplan	592
§ 61	(weggefallen)	595

Fünfter Unterabschnitt Verfahren bei Aussetzung der Verhängung der Jugendstrafe

§ 62	Entscheidungen	595
§ 63	Anfechtung	598
§ 64	Bewährungsplan	599

Sechster Unterabschnitt Ergänzende Entscheidungen

§ 65	Nachträgliche Entscheidungen über Weisungen und Auflagen	600
§ 66	Ergänzung rechtskräftiger Entscheidungen bei mehrfacher Verurteilung	603

Siebenter Unterabschnitt Gemeinsame Verfahrensvorschriften

§ 67	Stellung des Erziehungsberechtigten und des gesetzlichen Vertreters	608
§ 68	Notwendige Verteidigung	620
§ 69	Beistand	635
§ 70	Mitteilungen	639
§ 71	Vorläufige Anordnungen über die Erziehung	643
§ 72	Untersuchungshaft	651
§ 72 a	Heranziehung der Jugendgerichtshilfe in Haftsachen	667

§ 72 b	Verkehr mit Vertretern der Jugendgerichtshilfe, dem Betreuungshelfer und dem Erziehungsbeistand	670
§ 73	Unterbringung zur Beobachtung	671
§ 74	Kosten und Auslagen	674

Achter Unterabschnitt Vereinfachtes Jugendverfahren

§ 75	(weggefallen)	682
§ 76	Voraussetzungen des vereinfachten Jugendverfahrens	682
§ 77	Ablehnung des Antrags	686
§ 78	Verfahren und Entscheidung	689

Neunter Unterabschnitt Ausschluss von Vorschriften des allgemeinen Verfahrensrechts

§ 79	Strafbefehl und beschleunigtes Verfahren	695
§ 80	Privatklage und Nebenklage	697
§ 81	Entschädigung des Verletzten	703

Zehnter Unterabschnitt Anordnung der Sicherungsverwahrung

| § 81 a | Verfahren und Entscheidung | 704 |

Drittes Hauptstück
Vollstreckung und Vollzug

Erster Abschnitt Vollstreckung

Erster Unterabschnitt Verfassung der Vollstreckung und Zuständigkeit

Vor §§ 82 ff		705
§ 82	Vollstreckungsleiter	707
§ 83	Entscheidungen im Vollstreckungsverfahren	713
§ 84	Örtliche Zuständigkeit	715
§ 85	Abgabe und Übergang der Vollstreckung	716

Zweiter Unterabschnitt Jugendarrest

| § 86 | Umwandlung des Freizeitarrestes | 722 |
| § 87 | Vollstreckung des Jugendarrestes | 723 |

Dritter Unterabschnitt Jugendstrafe

§ 88	Aussetzung des Restes der Jugendstrafe	725
§ 89	(aufgehoben)	754
§ 89 a	Unterbrechung und Vollstreckung der Jugendstrafe neben Freiheitsstrafe	754
§ 89 b	Ausnahme vom Jugendstrafvollzug	756

Vierter Unterabschnitt Untersuchungshaft

| § 89 c | Vollstreckung der Untersuchungshaft | 763 |

Zweiter Abschnitt Vollzug

§ 90	Jugendarrest	772
§ 91	(aufgehoben)	795
§ 92	Rechtsbehelfe im Vollzug des Jugendarrestes, der Jugendstrafe und der Unterbringung in einem psychiatrischen Krankenhaus oder einer Entziehungsanstalt	796
§ 93	(aufgehoben)	809
§ 93 a	Unterbringung in einer Entziehungsanstalt	810

Viertes Hauptstück
Beseitigung des Strafmakels

§§ 94 bis 96 (weggefallen)		818
§ 97	Beseitigung des Strafmakels durch Richterspruch	818
§ 98	Verfahren	822
§ 99	Entscheidung	824
§ 100	Beseitigung des Strafmakels nach Erlaß einer Strafe oder eines Strafrestes	825
§ 101	Widerruf	826

Fünftes Hauptstück
Jugendliche vor Gerichten, die für allgemeine Strafsachen zuständig sind

Vor §§ 102 ff		827
§ 102	Zuständigkeit	828
§ 103	Verbindung mehrerer Strafsachen	829
§ 104	Verfahren gegen Jugendliche	838

Dritter Teil
Heranwachsende

Erster Abschnitt Anwendung des sachlichen Strafrechts

§ 105	Anwendung des Jugendstrafrechts auf Heranwachsende	847
§ 106	Milderung des allgemeinen Strafrechts für Heranwachsende; Sicherungsverwahrung	864

Zweiter Abschnitt Gerichtsverfassung und Verfahren

§ 107	Gerichtsverfassung	871
§ 108	Zuständigkeit	873
§ 109	Verfahren	877

Dritter Abschnitt Vollstreckung, Vollzug und Beseitigung des Strafmakels

§ 110	Vollstreckung und Vollzug	883
§ 111	Beseitigung des Strafmakels	885

Vierter Abschnitt Heranwachsende vor Gerichten, die für allgemeine Strafsachen zuständig sind

§ 112 Entsprechende Anwendung 886

Vierter Teil
Sondervorschriften für Soldaten der Bundeswehr

§ 112 a Anwendung des Jugendstrafrechts 888
§ 112 b (aufgehoben) 888
§ 112 c Vollstreckung 888
§ 112 d Anhörung des Disziplinarvorgesetzten 888
§ 112 e Verfahren vor Gerichten, die für allgemeine Strafsachen zuständig sind 889

Fünfter Teil
Schluß- und Übergangsvorschriften

§ 113 Bewährungshelfer 893
§ 114 Vollzug von Freiheitsstrafe in der Einrichtung für den Vollzug der Jugendstrafe 896
§ 115 (aufgehoben) 899
§ 116 Zeitlicher Geltungsbereich 899
§§ 117 bis 120 (aufgehoben) 899
§ 121 Übergangsvorschrift 899
§§ 122 bis 124 (aufgehoben) 900
§ 125 Inkrafttreten 900

Anhang A Jugendstrafvollzugsrecht 901
Anhang B Europäische Grundsätze für die von Sanktionen und Maßnahmen betroffenen jugendlichen Straftäter und Straftäterinnen 969

Stichwortverzeichnis 997

Literatur- und Abkürzungsverzeichnis

AK-GG-Bearbeiter	Bäumlin, Azzola (Hrsg.), Kommentar zum Grundgesetz für die Bundesrepublik Deutschland, Reihe Alternativkommentare, 2. Aufl. 1989 (zitiert nach §§ und Rn)
AK-StVollzG-Bearbeiter	Feest (Hrsg.), Kommentar zum Strafvollzugsgesetz, Reihe Alternativkommentare, 5. Aufl. 2006 (zitiert nach §§ und Rn)
Albrecht, P.-A.	Jugendstrafrecht, Studienbuch, 3. Aufl. 2000
BewHi	Zeitschrift Bewährungshilfe
Bock	Kriminologie, für Studium und Praxis, 3. Aufl. 2007
Böhm	Strafvollzug, Lehrbuch, 3. Aufl. 2003
Böhm/Feuerhelm	Einführung in das Jugendstrafrecht, Lehrbuch, 4. Aufl. 2004
Brunner	Jugendgerichtsgesetz, Kommentar, 9. Aufl. 1991 (zitiert nach §§ und Rn)
Brunner/Dölling	Jugendgerichtsgesetz, Kommentar, 11. Aufl. 2002 (zitiert nach §§ und Rn)
Bundesministerium der Justiz	Jugendstrafrechtsreform durch die Praxis, 1989
Calliess/Müller-Dietz	Strafvollzugsgesetz, Kommentar, 11. Aufl. 2008 (zitiert nach §§ und Rn)
Dallinger/Lackner	Jugendgerichtsgesetz, Kommentar, 2. Aufl. 1965 (zitiert nach §§ und Rn)
DJT	Deutscher Juristentag
D/S/S-Bearbeiter	Diemer/Schoreit/Sonnen (Hrsg.), Jugendgerichtsgesetz, Kommentar, 5. Aufl. 2008 (zitiert nach §§ und Rn)
DVJJ	Zeitschrift der Deutschen Vereinigung für Jugendgerichte und Jugendgerichtshilfen e.V.
Eisenberg	Jugendgerichtsgesetz, Kommentar, 14. Aufl. 2010 (zitiert nach §§ und Rn)
Fischer	Strafgesetzbuch und Nebengesetze, Kommentar, 57. Aufl. 2010 (zitiert nach §§ und Rn)
FPPK	Forensische Psychiatrie, Psychologie, Kriminologie (Zeitschrift)
Franke	Kommentar zum JGG v. 16.2.1923, 2. Aufl. (zitiert nach §§ und Rn)
GA	Goltdammers Archiv für Strafrecht (Zeitschrift)
G9	Neun Bundesländer: Brandenburg, Berlin, Bremen, Mecklenburg-Vorpommern, Rheinland-Pfalz, Saarland, Sachsen-Anhalt, Schleswig-Holstein und Thüringen, die einen gemeinsamen Modellentwurf zu einem Jugendstrafvollzugsgesetz ausgearbeitet haben
Göhler	Gesetz über Ordnungswidrigkeiten, Kommentar, 15. Aufl. 2009 (zitiert nach §§ und Rn)
Göppinger	Angewandte Kriminologie, Ein Leitfaden für die Praxis, 1985
Göppinger, Kriminologie	Kriminologie, 6. Aufl. 2008

Göppinger, Soziale Bezüge	Der Täter in seinen sozialen Bezügen, 1983
Härringer-FS	Busch/Müller-Dietz/Wetzstein (Hrsg.), Zwischen Erziehung und Strafe, Festschrift für Karl Härringer, 1995
Herz	Jugendstrafrecht, 2. Aufl. 1987
HK-GS-Bearbeiter	Dölling/Duttge/Rössner (Hrsg.), Gesamtes Strafrecht StGB/StPO/Nebengesetze, Handkommentar, 2008
Jehle/Heinz/Sutterer	Legalbewährung nach strafrechtlichen Sanktionen, 2003
JGH	Jugendgerichtshilfe
Kaiser	Kaiser, Kriminologie – ein Lehrbuch, 3. Aufl. 1996
Kaiser-FS	Albrecht, H.-J., u.a. (Hrsg.), Festschrift für Günther Kaiser, 1998
Kaiser, Kriminologie	Kaiser, Kriminologie, Eine Einführung in die Grundlagen, 9. Aufl. 1993
KK-OWiG-Bearbeiter	Senge (Hrsg.), Karlsruher Kommentar zum Gesetz über Ordnungswidrigkeiten, 3. Aufl. 2006 (zitiert nach §§ und Rn)
KK-StPO-Bearbeiter	Hannich (Hrsg.). Karlsruher Kommentar zur Strafprozessordnung, 6. Aufl. 2008 (zitiert nach §§ und Rn)
KMR-Bearbeiter	Heintschel-Heinegg, Stöckel (Hrsg.), Strafprozessordnung, Loseblattausgabe, Kommentar (zitiert nach §§ und Rn)
Kümmerlein	Reichsjugendgerichtsgesetz mit den ergänzenden Rechts- und Verwaltungsvorschriften auf dem Gebiet des Jugendstrafrechts, Jugendhilferechts und des strafrechtlichen Jugendschutzes, Kommentar, 1944
Laubenthal/Baier	Jugendstrafrecht, Lehrbuch, 2006 (zitiert nach Rn)
Lackner/Kühl	Strafgesetzbuch mit Erläuterungen, Kommentar, 26. Aufl. 2007 (zitiert nach §§ und Anm.)
LK-Bearbeiter	Laufhütte u.a. (Hrsg.), Strafgesetzbuch (Leipziger Kommentar), 12. Aufl. 2006 ff (zitiert nach §§ und Rn)
Loeber/Farrington	Serious & violent juvenile offenders, 1998
LR-Bearbeiter	Erb u.a. (Hrsg.), Die Strafprozessordnung und das Gerichtsverfassungsgesetz mit Nebengesetzen, Großkommentar Löwe/Rosenberg, 26. Aufl. 2006 ff, 25. Aufl. 1997 ff (zitiert nach §§ und Rn)
LPK-SGB VIII-Bearbeiter	Kunkel (Hrsg), Lehr- und Praxiskommentar zum SGB VIII, 3. Aufl. 2006
Meier	Kriminologie, Lehrbuch, 4. Aufl. 2010
Meier, Sanktionen	Strafrechtliche Sanktionen, Lehrbuch, 3. Aufl. 2009
Meier/Rössner/Schöch	Jugendstrafrecht, Lehrbuch, 2. Aufl. 2007
Meyer-Goßner	Strafprozessordnung, Kommentar, 53. Aufl. 2010 (zitiert nach §§ und Rn)
Meyer-Goßner/Appl	Die Urteile in Strafsachen, Lehrbuch, 28. Aufl. 2008
MschrKrim	Monatsschrift für Kriminologie und Strafrechtsreform

MüKo-StGB-Bearbeiter	Joecks/Miebach (Hrsg.), Münchener Kommentar zum Strafgesetzbuch, 2003 ff (zitiert nach §§ und Rn)
Müller	Jugendstrafrecht und Jugendgerichtsbarkeit, Lehrbuch, 3. Aufl. 1975
Nedopil	Prognosen in der Forensischen Psychiatrie. Ein Handbuch für die Praxis, 3. Aufl. 2006
Nix	Kurzkommentar zum JGG, 1994 (zitiert nach §§ und Rn)
NK-StGB-Bearbeiter	Kindhäuser, Neumann, Paeffgen (Hrsg.), Nomos-Kommentar zum StGB, 3. Aufl. 2010 (zitiert nach §§ und Rn)
NStZ	Neue Zeitschrift für Strafrecht
Ostendorf	Jugendgerichtsgesetz, Kommentar, 8. Aufl. 2009 (zitiert nach §§ und Rn)
Ostendorf, Jugendstrafrecht	Jugendstrafrecht, Lehrbuch, 5. Aufl. 2009 (zitiert nach §§ und Rn)
Ostendorf, Jugendstrafvollzugsrecht	Jugendstrafvollzugsrecht, Eine kommentierte Darstellung der einzelnen Jugendstrafvollzugsgesetze 2008
Peters	Kommentar zum RJGG, 2. Aufl. 1944 (zitiert nach §§ und Rn)
PKS	Polizeiliche Kriminalstatistik
Pohlmann/Jabel/Wolf	Strafvollstreckungsordnung, Kommentar, 8. Aufl. 2001 (zitiert nach §§ und Rn)
Potrykus	Kommentar zum Jugendgerichtsgesetz, 4. Aufl. 1955 (zitiert nach §§ und Anm.)
Rissing-van-Saan-Festschrift	Bernsmann/Fischer (Hrsg.), Festschrift für Ruth Rissing-van Saan zum 65. Geburtstag, 2011 (zitiert: Bearbeiter in: Rissing-van-Saan-FS)
RJGG	Reichsjugendgesetz
Roxin	Strafverfahrensrecht, Lehrbuch, 25. Aufl. 1998 (zitiert nach §§ und Rn)
Roxin-Festschrift	Festschrift für Claus Roxin zum 80. Geburtstag, 2011 (zitiert: Bearbeiter in: Roxin-FS)
Schaffstein	Jugendstrafrecht, eine systematische Darstellung, 8. Aufl. 1983
Schaffstein/Beulke	Jugendstrafrecht, Lehrbuch, 14. Aufl. 2002
Schönke/Schröder-Bearbeiter	Strafgesetzbuch, Kommentar, 27. Aufl. 2006 (zitiert nach §§ und Rn)
Schwind-Festschrift	Festschrift für Hans-Dieter Schwind zum 70. Geburtstag, 2006 (zitiert: Bearbeiter in: Schwind-FS)
Sherman et al.	Evidence-Based Crime Prevention, 2002
SK-Bearbeiter	Rudolphi, Wolter (Hrsg.), Systematischer Kommentar zum Strafgesetzbuch, Bd. I, Allgemeiner Teil, 7., 8. Aufl., Bd. II, Besonderer Teil, 7., 8. Aufl., Loseblattsammlung (zitiert nach §§ und Rn)
StA	Staatsanwalt/-schaft
Stelly/Thomas	Einmal Verbrecher – Immer Verbrecher?, 2001
StraFo	Strafverteidiger Forum (Zeitschrift)

Streng	Jugendstrafrecht, Lehrbuch, 2. Aufl. 2008 (zitiert nach §§ und Rn)
Streng, Strafrechtliche Sanktionen	Strafrechtliche Sanktionen, Lehrbuch, 2. Aufl. 2002 (zitiert nach §§ und Rn)
TOA	Täter-Opfer-Ausgleich
TVBZ	Tatverdächtigenbelastungsziffer
Urbaniok	FOTRES, Forensisches Operationalisiertes Therapie-Risiko-Evaluations-System, 2004
Zieger	Verteidigung in Jugendstrafsachen, Reihe Praxis der Strafverteidigung, 5. Aufl. 2008
ZJJ	Zeitschrift für Jugendkriminalrecht und Jugendhilfe
ZStW	Zeitschrift für die gesamte Strafrechtswissenschaft

Jugendgerichtsgesetz (JGG)

In der Fassung der Bekanntmachung vom 11. Dezember 1974 (BGBl. I S. 3427) (FNA 451-1) zuletzt geändert durch Art. 3 Abs. 2 G zur Neuordnung des Rechts der Sicherungsverwahrung und zu begleitenden Regelungen vom 22. Dezember 2010 (BGBl. I S. 2300)

Vor §§ 1 ff Grundlagen des Jugendstrafrechts

Schrifttum:

Bundeskriminalamt (Hrsg.), Polizeiliche Kriminalstatistik Bundesrepublik Deutschland (zitiert: PKS); *Bundesministerium der Justiz* (Hrsg.), Das Jugendkriminalrecht vor neuen Herausforderungen?, Jenaer Symposium, 2009 (zitiert: Autor, in: Bundesministerium der Justiz (Hrsg.)); *Bundesministerium des Innern/Bundesministerium der Justiz* (Hrsg.), 2. Periodischer Sicherheitsbericht, 2006 (zitiert: 2. Periodischer Sicherheitsbericht); *Farrington* (Hrsg.), Integrated Developmental and Life-Course Theories of Offending, 2008; *Heinz*, Jugendkriminalität in Deutschland, http://www.uni-konstanz.de/rtf/kik/Jugendkriminalitaet-2003-7-e.pdf; *Sampson/Laub*, Crime in the Making. Pathways and Turning Points through Life, 1993; *Schneider* (Hrsg.), Internationales Handbuch der Kriminologie, Band 1: Grundlagen der Kriminologie, 2007; *Stelly/Thomas*, Einmal Verbrecher – Immer Verbrecher?, 2001.

I. Das Jugendstrafrecht als Teil der sozialen Kontrolle Jugendlicher 1
  1. Der Jugendliche im normativen System der Gesellschaft 1
  2. Die Bedeutung der (jugendstrafrechtlichen) Sanktion beim Normlernen 2
  3. Die normative Struktur der Gesellschaft und ihre Absicherung 3
  4. Normverinnerlichung 4
II. Jugendkriminalität in Deutschland 5
  1. Das Ausmaß der Jugendkriminalität 5
  2. Struktur der Jugendkriminalität 7
  3. Opfersituation junger Menschen 9
  4. Entwicklung der Jugendkriminalität 10
III. Störfelder des Normlernens: Entstehungs- und Entwicklungsbedingungen abweichenden Verhaltens 11
  1. Jugendstrafrecht und Kriminologie 11
  2. Dynamische Theoriemodelle 13
    a) Wechselwirkungstheorie/Interaktionsmodell (Thornberry).. 13
    b) Theorie der altersabhängigen informellen Sozialkontrolle (Sampson/Laub) 15
  3. Persistentes oder jugendspezifisches antisoziales Verhalten (Moffit) 19
  4. Integrated cognitive antisocial potential (ICAP) theory (Farrington) 22
  5. Empirische Befunde zu den Entstehungszusammenhängen von Jugendkriminalität 23
    a) Tübinger Jungtäter-Vergleichsuntersuchung 23
    b) Wege aus schwerer Jugendkriminalität.... 24
    c) Cambridge Study in Delinquent Development 25

d) Vergleichsstudie zu der Bremer Lebenslaufstudie (1988 - 2001) und dem Denver Youth Survey (1987 - 2003) 26	6. Der idealtypische Verlauf der Entstehung und des Abbruchs einer kriminellen Karriere 30
e) Kohortenstudien zur kriminellen Karriere ... 27	7. Die normative Antwort: Das Jugendstrafrecht 31

I. Das Jugendstrafrecht als Teil der sozialen Kontrolle Jugendlicher

1 **1. Der Jugendliche im normativen System der Gesellschaft.** Der nicht mit Verhaltensinstinkten ausgestattete Mensch kommt in die Welt als „universeller" Novize. Er muss die Regeln der Gemeinschaft erst im Laufe seines Lebens erlernen, dh die in der Gemeinschaft konstituierten und gelebten Verhaltensnormen müssen wieder ins Innere gelangen. Es gilt, die Gemeinschaftsregeln in einem komplexen Sozialisationsgeschehen zu „verinnerlichen".[1] Das Jugendstrafrecht markiert einerseits einen Endpunkt des „Schonraums" für Kinder bis zum 14. Lebensjahr und ist andererseits übergangsweise noch in diesen Lernprozess eingebunden: Mit dem Eintritt ins 14. Lebensjahr (§ 1; § 19 StGB) erlangen die Strafvorschriften der Erwachsenen mit den entsprechenden Verhaltensverboten uneingeschränkte Gültigkeit für die Jugendlichen (§ 4). Das Kind hatte zuvor 14 Jahre Zeit, um sich entsprechendes soziales Wissen und Handeln sowie Verantwortungsgefühl zu erwerben. Das Jugendstrafrecht (JGG) räumt den Jugendlichen (14-17 Jahre) und sogar noch den Heranwachsenden (18-20 Jahre) in Anerkenntnis einer **Übergangsphase** (§ 1 Abs. 2 JGG) bei dieser Entwicklung eine Sonderstellung zwar nicht hinsichtlich der Verhaltensanforderungen, aber doch der Beurteilung des Fehlverhaltens Jugendlicher (§ 3 S. 1 JGG) und Heranwachsender (§ 105 Abs. 1 Nr. 1 und 2 JGG) ein. Erst ab dem 21. Lebensjahr beginnt strafrechtlich gesehen die volle Verantwortlichkeit. Das Jugendstrafrecht ist in der Übergangsphase damit nicht nur ein Forum, jemanden zur Verantwortung wegen seines Fehlverhaltens zu ziehen, sondern notwendig in den Sozialisationsprozess junger Menschen insbesondere hinsichtlich des Lernens sozialer Normen einbezogen.[2] Der Zusammenhang mit dem Gesamtgeschehen der Sozialisation ist ein wichtiger Faktor im jugendstrafrechtlichen Kontrollsystem. Entsprechende Verknüpfungen zwischen gesellschaftlichen, jugendhilferechtlichen und jugendstrafrechtlichen Interventionen sind deshalb sehr wichtig für das Funktionieren des Jugendstrafrechts und finden sich als gesetzliche Handlungsvorgaben (zB § 45 Abs. 2 S. 1 JGG).

2 **2. Die Bedeutung der (jugendstrafrechtlichen) Sanktion beim Normlernen.** Der Sanktion und ihrer Anwendung – der Sanktionierung – kommt eine grundlegende Funktion im gesellschaftlichen Zusammenleben zu. **Zwei unterschiedliche Ebenen** sind davon betroffen: (1) Die in der Außenwelt konstituierten sozialen Normen – das Normfundament – bedürfen zunächst und ständig fortlaufend der externen sozialen Kontrolle zum Sichtbarwerden und zur Vergegenständlichung; (2) Die persönliche Aneignung der Normen aus der Außenwelt führt zu der letzt-

---

[1] Oerter, Kultur-Erziehung-Sozialisation in: Schneewind (Hrsg.): Psychologie der Erziehung und Sozialisation, 1994, S. 159; Gehlen, (Der Mensch: Seine Natur und seine Stellung in der Welt) spricht anschaulich von der „2. Sozialen Geburt".
[2] Im Einzelnen Rössner in: Meier/Rössner/Schöch, § 1 Rn 1 - 22; Rössner in: Schwind-FS, Kriminalpolitik und ihre wissenschaftlichen Grundlagen: Festschrift für Professor Dr. Hans-Dieter Schwind zum 70. Geburtstag, 2006, S. 1129 ff.

lich wirksamen inneren Kontrolle, die eine ständige äußere Kontrolle zur Normbeachtung überflüssig macht.

3. Die normative Struktur der Gesellschaft und ihre Absicherung. In allen Zweierbeziehungen, Gruppen, Gemeinschaften und Gesellschaften gibt es allgemeine soziale Normen (primäre Verhaltensregeln und (sekundäre) Sanktionsnormen zur Absicherung)[3] und diese sind Voraussetzung für menschliche Kommunikation: Sie wirken im Alltag entlastend, denn sie geben die Kommunikationsstruktur für jede Begegnung vor, schaffen Vertrauen und Verhaltenssicherheit und regeln vor allem den fairen Wettbewerb. Die Normsetzung ist hinsichtlich der primären Verhaltensnorm nicht mehr als eine Klarstellung und Affirmation der Verhaltenserwartungen. Die ausdrückliche Normierung hat aber letztlich die Legitimierung der sekundären Sanktionsnorm im Auge. Die Normierung erfolgt, weil Verstöße gegen die Primärregel als Gemeinschaftsproblem erkannt wurden und verhindert werden sollen. Die ohne Verhaltensabweichungen lautlos laufende primäre Verhaltensnormierung ist auf sekundärer Ebene erst gefordert, wenn Verstöße offenkundig sind. Es bedarf dann einer **Sanktionsstruktur**, um zu verhindern, dass die Primärnorm quasi von hinten her durch Nichtbeachtung aufgehoben wird.[4] Diesem Grundprinzip einer „wohlgeordneten Gesellschaft" mit der Gewissheit, dass sich alle an die Regeln halten bzw durch die Sanktion von der Notwendigkeit überzeugt werden, dient auch oder gerade das Jugendstrafrecht mit seinem Erziehungsanspruch.[5]

4. Normverinnerlichung. Die (jugendstrafrechtliche) Reaktion ist nicht nur für die Rahmenbedingungen der normativen Struktur einer Gesellschaft bedeutsam, sondern auch für den individuellen Prozess des Norm- und Verantwortungslernens. Die Entwicklung der normativen Verantwortlichkeit und damit verknüpft der sozialen Handlungsfähigkeit erfolgt in komplizierten Wechselwirkungen zwischen Fremd- und Selbstkontrolle bei jungen Menschen.[6] Die Auseinandersetzung mit dem Fehlverhalten und einer möglichst integrierenden Sanktion spielt dabei von elterlichen Erziehungsmaßnahmen bis zum Jugendstrafrecht eine entscheidende Rolle. Gottfredson und Hirschi[7] gehen in ihrem umfassenden Erklärungsansatz abweichenden Verhaltens davon aus, dass Menschen ohne externe oder interne Kontrolle stets so handeln, dass sie im Eigeninteresse ihre Bedürfnisse mit möglichst geringem Aufwand realisieren. Entscheidendes Mittel verantwortlicher Gegensteuerung ist die innere Selbstkontrolle. Diese entsteht durch drei Rahmenbedingungen: Das Verhalten muss kontrolliert, Fehlverhalten erkannt, thematisiert und sanktioniert werden. Zuerst muss bei der moralischen Entwicklung also Verhalten beaufsichtigt werden. Die Verbindung zwischen äußerer und innerer Kontrolle ist nirgends so unmittelbar und intensiv wie im Fall elterlicher Beaufsichtigung des Kindes. Dazu gehört natürlich vor allem eine grundsätzlich akzeptierende, wohlwollende Haltung gegenüber dem Kind, worin die Sanktion eingebettet ist. Die Bedeutung dieser Konstante zeigt sich sehr plastisch in empirisch kriminologischen Untersuchungen. Bei der Nachuntersuchung der groß an-

---

[3] Raiser, Grundlagen der Rechtssoziologie, 5. Aufl. 2009, S. 160 ff.
[4] Popitz, Die normative Konstruktion, 1980; Elster, The cement of society: A study of social order, 1989; HK-GS-Rössner, Vorbemerkungen zu §§ 1 ff Rn 8 ff.
[5] Rawls, Eine Theorie der Gerechtigkeit, 1975; Dalbert, The justice motive as a personal resource, 2001; Otto/Dalbert, Belief in a just world as a resource for different types of young prisoners. in Dalbert/Sallay (Eds.), The justice motive in adolescence and young adulthood: Origins and consequences, 2004, S. 151 – 174.
[6] Näher dazu Rössner in: Meier/Rössner/Schöch, § 1 Rn 4 ff.
[7] Gottfredson/Hirschi, A General Theory of Crime, 1990.

gelegten Tübinger-Jungtäter-Vergleichsuntersuchung stellte sich heraus, dass die mit Abstand stärksten und signifikantesten Korrelationen zwischen dem Ob und Wie der Beaufsichtigung („Monitoring") der Kinder durch die Eltern und dem konsequenten und konstanten Erziehungsstil sowie der emotionalen Bindung an die Familien bestehen. Nahezu die Hälfte der Varianz des Unterschieds zwischen der kriminellen Untersuchungsgruppe und der unauffälligen Vergleichsgruppe ist mit nur diesen drei Faktoren zu erklären.[8] Moralische Entwicklung und Verantwortung sind so in das gesamte Sozialisationsgeschehen eingebettet und unterliegen vielfältigen störenden Einflüssen, die sich im Ausmaß jugendlicher Straftaten niederschlägt und die faktische Bedeutung des Jugendstrafrechts als „Außenposten" in diesem Prozess deutlich macht.

II. Jugendkriminalität in Deutschland

5 **1. Das Ausmaß der Jugendkriminalität.** Der erhebliche Umfang der registrierten Jugendkriminalität und damit der große Aufgabenbereich der jugendstrafrechtlichen Kontrolle zeigt sich nicht nur in der beträchtlichen absoluten Zahl der Tatverdächtigen (rd. 266.000 Jugendliche zwischen 14 und 18 Jahren und rd. 237.000 Heranwachsende zwischen 18 und 21 Jahren), sondern auch in ihrer Altersverteilung. Bei einem Bevölkerungsanteil von 5% (Jugendliche) bzw 3,5% (Heranwachsende) ist ihr Kriminalitätsanteil jeweils rd. dreimal so hoch. In plastischer Weise zeigt sich diese Kriminalitätskonzentration auch in den Tatverdächtigenbelastungsziffern (s. jeweils Tabelle 1). Bei spezifischen Delikten sind Altersverschiebungen noch in weit größerem Ausmaß zu beobachten (zB Raub und Gewaltdelikte). Ebenso erschließt sich aus der Tabelle der insgesamt etwa dreimal geringere Anteil aller Altersstufen der weiblichen Bevölkerung an der Kriminalität und die auf dem niedrigen Niveau ansonsten nach Altersschwerpunkten ebenso wie bei der männlichen Bevölkerung sichtbare Linksverschiebung der Schwerpunkte krimineller Aktivitäten auf einer Alterskurve (s. Schaubild 1). Diese Alterskurve ist zeitlich und kulturell übergreifend außerordentlich stabil.[9] Strukturell bestätigen auch Dunkelfelduntersuchungen diese Verteilung, wobei die Altersspitze gegenüber den registrierten Tätern sogar noch vorverlagert ist.[10] Bei der Jugendkriminalität besteht ein großes Dunkelfeld.

---

8 Kerner, Soziale Bindung und soziale Abweichung in: Klosinski (Hrsg.), Empathie und Beziehung, 2004, S. 41 ff.
9 Näher dazu Meier in: Meier/Rössner/Schöch, § 3 und Schwind, Kriminologie, Eine praxisorientierte Einführung mit Beispielen, 19. Aufl. 2008, § 3.
10 Kaiser, S. 395.

Tabelle: Tatverdächtige und Tatverdächtigenbelastungszahlen nach Alter und Geschlecht im Jahr 2008[11]

Altersgruppe	Tatverdächtige absolute Zahlen		Tatverdächtigenbelastungszahlen		
	insgesamt	Verteilung in %	insgesamt	männlich	weiblich
Kinder	101389	4,5	1879	2593	1125
8 bis unter 10	10693	0,5	627	988	247
10 bis unter 12	23974	1,1	1348	2033	624
12 bis unter 14	61836	2,7	3679	4777	2519
Jugendliche	265771	11,8	6973	9686	4116
14 bis unter 16	122299	5,4	6814	8852	4670
16 bis unter 18	143472	6,4	7115	10433	3620
Heranwachsende (18 bis unter 21)	237190	10,5	7362	11312	3209
Erwachsene	1651343	79,2	2160	3392	1018
21 bis unter 23	140597	6,2	6534	10056	2856
23 bis unter 25	125481	5,6	5737	8828	2508
25 bis unter 30	266286	11,8	4588	7024	2059
30 bis unter 40	405455	18,0	3091	4613	1512
40 bis unter 50	366784	16,3	2342	3440	1212
50 bis unter 60	198598	8,8	1657	2451	863
60 und älter	148142	6,6	674	1107	348
Tatverdächtige insgesamt	2255693	100,0	--	--	--

---

11 Quelle: PKS 2008, S. 72, 97.

Schaubild:

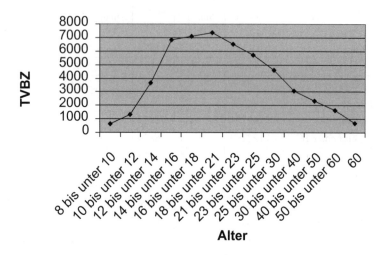

6 Nach den dazu vorliegenden Erkenntnissen ist es statistisch gesehen normal, dass Jugendliche straffällig werden, nicht jedoch dass sie entdeckt werden. Einerseits verüben junge Menschen überproportional häufig solche Delikte, die eine geringe Entdeckungsrate aber eine hohe Anzeige- und Aufklärungswahrscheinlichkeit besitzen (zB Ladendiebstahl), andererseits sind sie auch häufig vertreten bei Delikten wie Fahrraddiebstahl, deren Entdeckungs- und Anzeigewahrscheinlichkeit sehr groß, aber deren Aufklärungsrate eher gering ist. Hier wird von einem sogenannten „doppelten Dunkelfeld" gesprochen, bezogen auf die nicht angezeigten und die nicht aufgeklärten Taten, so dass nur ein Bruchteil der jungen Täter in der PKS registriert wird. Freilich ist zu erkennen, dass die in den Dunkelfelduntersuchungen erhobenen Delikte häufig einmalig und bagatellartig sind. Die mehrfache und schwere Deliktbegehung konzentriert sich auf die registrierten Täter mit Tendenzen zu einer kontinuierlichen kriminellen Aktivität. Der gelegentlich auffallende Jugendliche mit einer Bestrafung steht jedenfalls dem Unbestraften näher als dem vielfach Bestraften.[12] Insoweit ist der Befund der Jugendkriminalität bei dem einzelnen Täter quantitativ zu beurteilen. Die registrierte Kriminalität wird in bestimmten Bereichen die Verbrechenswirklichkeit der Jugend verzerren, weil sie beeinflusst wird durch leichtere Aufklärbarkeit von Jugendkriminalität im Vergleich zur Erwachsenenkriminalität sowie mangelnde Tatplanung, geringere Rücksichtnahme auf Entdeckungsrisiko und größere Geständnisbereitschaft. Die einfache Körperverletzung, die von der PKS nicht als Gewaltkriminalität erfasst wird, hat sich seit 1993 verdoppelt. Raubdelikte sind

---

12 Zusammenfassend Kaiser, Kriminologie, S. 223 ff.

demgegenüber nach einem Anstieg zwischen 1993 und 1997 kontinuierlich zurückgegangen. Tötungsdelikte verringerten sich seit 1993 bei Jugendlichen um mehr als ein Drittel, bei Heranwachsenden sogar um die Hälfte. Dunkelfeldstudien zur Gewaltkriminalität lassen keinen Schluss auf einen Anstieg der Gewaltkriminalität zu. Sie weisen in die Richtung eines Rückgangs der Jugendkriminalität bei Eigentums- und Gewaltdelikten.[13] Die Studie „Jugendliche in Deutschland als Opfer und Täter von Gewalt"[14] aus dem Jahr 2009 geht bezüglich der Gewaltkriminalität von Jugendlichen seit 1999 von einem leichten Rückgang aus. Die Quote der Jugendlichen, die angaben, in den vorangegangenen zwölf Monaten mindestens eine Gewalttat begangen zu haben, lag 1998/99 zwischen 17,3 % und 24,9 %, 2005 bis 2008 bei 11,5 % bis 18,1 %. Dies korrespondiert mit Ergebnissen anderer breit angelegter Dunkelfelduntersuchungen, die einheitlich keinen Anstieg von Jugendgewalt konstatieren. Die Gründe dafür werden noch ohne eindeutige empirische Belege teilweise kontrovers diskutiert.[15]

2. Struktur der Jugendkriminalität. Bei dieser Betrachtung geht es um zwei Aspekte. Einmal interessiert, wie sich die von Jugendlichen begangenen Straftaten auf die unterschiedlichen Deliktskategorien verteilen: Dabei ist zu erkennen, dass fast jedes registrierte Delikt der klassischen Kriminalität ohne Straßenverkehrsdelikte auf den Diebstahl ohne erschwerende Umstände und davon noch einmal mehr als die Hälfte auf den Ladendiebstahl entfällt. Nimmt man die Anteile der Sachbeschädigung (fast 20 %) und des schweren Diebstahls (ca. 15 %) sowie des Betrugs mit Leistungserschleichung (ca. 10 %) hinzu, so sieht man, dass das Bild der Jugendkriminalität von der Eigentums- und Vermögenskriminalität bestimmt wird. Hinzu kommen Betäubungsmitteldelikte (14 %). Der etwa 12-15 %-Anteil an **Gewaltdelikten** tritt zahlenmäßig dahinter zurück, verdient aber im Blick auf die Bedeutung für das Gemeinschaftsleben und die Erziehung der jungen Menschen zur gewaltfreien Kommunikation besondere Beachtung.[16] Zieht man die Verkehrskriminalität in die Betrachtung ein, so ist nach der Strafverfolgungsstatistik fast jede 4. Verurteilung bei Heranwachsenden und jede 7. bei Jugendlichen ein solcher Fall.

Unter dem zweiten Aspekt lassen sich **jugendtypische Delikte** orientiert an deliktspezifischen Schwerpunkten junger Menschen im Verhältnis zu Erwachsenen erkennen. Der allgemeine, gegenüber Erwachsenen schon deutlich erhöhte Altersanteil der Jugendlichen und Heranwachsenden an der Kriminalität wird bei verschiedenen Delikten noch deutlich überschritten, die dann als jugendtypisch anzusehen sind. Dazu gehören bei den Jugendlichen an den ersten Stellen Raubdelikte, schwere Diebstähle, Sachbeschädigungen sowie gefährliche und schwere Körperverletzungen. Bei Heranwachsenden kommen Rauschgiftdelikte in größerem Umfang hinzu. Einzelheiten ergeben sich aus der folgenden Tabelle 2:

---

13 2. Periodischer Sicherheitsbericht, S. 389.
14 Baier/Pfeiffer/Simonson/Rabold Forschungsbericht des KFN 107 zusammen mit dem BMJ.
15 2. Periodischer Sicherheitsbericht, S. 354 ff.
16 Im Einzelnen s. dazu Heinz, Jugendkriminalität; Meier in: Meier/Rössner/Schöch, § 3; Walter, Gewaltkriminalität: Erscheinungsformen, Entstehungsbedingungen, Antworten, 2. Aufl. 2008.

Tabelle: Alters- und Geschlechtsstruktur der Tatverdächtigen in Deliktskategorien 2008[17]

Straftaten(gruppen) (unvollständig)	insgesamt (100 %)	Kinder unter 14		Jugendliche 14 < 18		Heranwachsende 18 < 21		Erwachsene > = 21	
		m	w	m	w	m	w	m	w
		Anteil in %		Anteil in %		Anteil in %		Anteil in %	
Mord und Totschlag	2.826	0,2	0,1	7,4	0,9	12,1	0,9	67,4	10,9
Vergewaltigung und sex. Nötigung	6.364	1,3	0,0	12,6	0,1	11,6	0,1	73,6	0,6
Raubdelikte	35203	4,3	0,6	25,6	3,0	19,0	1,2	42,0	4,2
Gefährliche und schwere Körperverletzung	171.325	4,6	1,1	16,9	3,8	15,9	1,7	48,4	7,7
(Vorsätzliche leichte) Körperverletzung	311.968	2,8	0,7	9,1	2,7	9,5	1,7	62,0	11,5
Diebstahl ohne erschwerende Umstände	478.938	6,7	4,0	12,0	7,4	6,6	2,4	41,2	19,6
Diebstahl unter erschwerenden Umständen	115.715	4,7	0,7	22,3	2,2	16,4	1,4	46,8	5,5
Betrug	458.215	0,4	0,3	3,8	2,4	7,2	3,5	57,5	25,0
Widerstand gegen die Staatsgewalt und Straftaten gegen die öffentliche Ordnung	117.229	2,3	0,8	11,9	2,9	12,1	2,0	56,3	11,8
Brandstiftung und Herbeiführen einer Brandgefahr	12.379	12,4	1,7	11,2	1,8	6,4	1,0	48,6	16,9
Beleidigung	169.320	1,5	0,7	6,3	2,9	6,4	2,2	58,2	21,8
Sachbeschädigung	185.127	9,5	1,5	23,2	2,6	15,2	1,2	40,2	6,5
Rauschgiftdelikte (BtMG)	200.228	0,2	0,1	7,3	1,2	16,1	2,0	64,6	8,4
Straftaten insgesamt	2.255.693	3,2	1,3	8,5	3,3	8,3	2,2	55,7	17,6

9 **3. Opfersituation junger Menschen.** Der Blick der Öffentlichkeit richtet sich in der Regel vor allem auf die Jugend hinsichtlich ihrer überproportional hohen

---

17 Quelle: PKS 2008, S. 86.

Täterrolle in der Gesellschaft. Dabei wird übersehen, dass sich die jungen Menschen nahezu gleich **überproportional in der Opferrolle** befinden: Während die jährliche Opfergefährdungszahl (OGZ: Opfer pro 100.000 der jeweiligen Bevölkerungsgruppe) hinsichtlich der Gesamtbevölkerung für Gewaltdelikte ohne § 223 StGB bei rd. 300 liegt, beträgt diese Relation bei Jugendlichen und Heranwachsenden etwa den vierfachen Wert.[18] So gehören Täter und Opfer typischerweise derselben Altersgruppe an.[19] Berücksichtigt man weiter – insbesondere unter Einbeziehung des Dunkelfelds – die ganz **jugendtypischen Opfersituationen** der Kindesmisshandlungen, wo nur etwa einer von 50 Tätern polizeilich registriert wird, und den sexuellen Missbrauch von jungen Menschen mit erschreckenden aktuellen Aufdeckungen in vermeintlich geschützten Räumen wie Schule, Kirche und Sport, so wird deutlich, dass dem **Opferschutz von jungen Menschen** noch größere Aufmerksamkeit zu widmen ist als ihren Straftaten. Das gilt vor allem auch im Blick auf den bekannten Zusammenhang zwischen früh erlebter Gewalt in Familie und anderen Institutionen und der Entwicklung eigener Gewalttätigkeit.

4. Entwicklung der Jugendkriminalität. Die Kriminalitätsbelastung der Jugendlichen und Heranwachsenden im Hellfeld hat seit den 50er-Jahren, insbesondere in den 90er-Jahren, deutlich zugenommen, bei Erwachsenen ist sie hingegen weitestgehend konstant geblieben. Die Entwicklung der Tatverdächtigungsbelastungsziffer (TVBZ) variiert zwischen den einzelnen Deliktsbereichen. Während Eigentumsdelikte und schwerwiegende Gewaltdelikte wie Tötungen und Raubdelikte seit 1996 deutlich zurückgegangen sind, stieg die Zahl der Körperverletzungen, der Leistungserschleichungen und der Verstöße gegen das BtmG, vor allem im Bereich Cannabis.[20] Das zentrale Problem wurde die registrierte Gewaltkriminalität der Jugendlichen, die zwischen 1993 und 2008 einen Anstieg um mehr als 80 % verzeichnet. Dabei fällt der größte Anteil auf die qualifizierten Körperverletzungsdelikte, die einen deutlichen Anstieg genommen haben. Nach den fortlaufenden Daten der PKS lag die TVBZ der Jugendlichen im Jahre 1954 mit 2.118 noch deutlich unter der der Erwachsenen von 2.584. Heute liegt die der Jugendlichen bei rd. 7.000, während die der Erwachsenen seit langem um die 2.000 konstant bleibt. Die Heranwachsenden bringen es heute auf eine TVBZ von etwa 7.300. Dieses hohe Niveau ist seit Ende der 90er-Jahre relativ konstant geblieben. 10

III. Störfelder des Normlernens: Entstehungs- und Entwicklungsbedingungen abweichenden Verhaltens

1. Jugendstrafrecht und Kriminologie. Das JGG verfolgt das Ziel, mit erziehungsorientierten Interventionen erneuten Straftaten jugendlicher Delinquenten entgegenzuwirken (§ 2 Abs. 1 JGG). Die Verfolgung dieses Ziels setzt voraus, dass die Entstehungsbedingungen der in das JGG gelangten Tat erfasst werden, um ihnen möglichst nachhaltig entgegenzuwirken. Die Anwendung des Jugendstrafrechts setzt gute Kenntnisse über die kriminologischen Wirkungsmechanismen bei der Entstehung von Jugendkriminalität voraus. Die Aufgabe ist freilich komplexer als es auf den ersten Blick scheint, denn gefragt ist nicht eine weitgehend statische Ursachenfeststellung für das kriminelle Verhalten des Jugendlichen, 11

---

18 PKS 2008 und 2. Periodischer Sicherheitsbericht, S. 362.
19 Spiess, Jugendkriminalität in Deutschland – zwischen Fakten und Dramatisierung. Kriminalstatistische und kriminologische Befunde, Online-Publikation, http://www.uni-konstanz.de/rtf/gs/Spiess-Jugendkriminalitaet-in-Deutschland-2008.pdf.
20 2. Periodischer Sicherheitsbericht, S. 384 ff.

sondern eine dynamische Analyse der Lebensentwicklung des Jugendlichen mit dem Fokus auf den **Wechselwirkungen verschiedener Entstehungs- bzw Verhinderungsbedingungen** krimineller Entwicklungen. Zu dieser Beurteilung taugen die klassischen Kriminalitätstheorien der biologischen oder biosozialen, psychoanalytischen, der Lern- und Kontrolltheorien sowie sozialstrukturelle oder sozialkonstruktive Erklärungsansätze[21] nur wenig. Zum einen ist schon aus der genannten Kategorisierung der Theorien zu ersehen, dass sie durchweg nur spezifische Faktoren(-bündel) der Kriminalitätsentstehung und damit kaum Wechselwirkungen erfassen. Zum anderen stehen die kriminalitätsrelevanten Faktoren nicht in einem zeitlichen und lebensgeschichtlichen Kontext und reduzieren damit die Aussagekraft für den Verlauf eines kriminellen Geschehens während der spezifisch entwicklungsbedingten Jugendzeit zusätzlich. Auf diese Theorien soll daher hier nicht eingegangen werden. Hilfreich bei der Beurteilung von kriminellen Entwicklungen Jugendlicher sind dagegen die **neuen entwicklungskriminologischen Ansätze**,[22] die die statische Unterscheidung zwischen Kriminalitätsursache und Kriminalitätsirrelevanz eines Faktors nicht interessieren, sondern die nach dynamischen Wirkungen der Faktoren und nach **Stabilität und Veränderung krimineller Entwicklungen** fragen. In diesem Kontext können die spezifischen Entstehungsbedingungen der Jugendkriminalität erfasst und bei der Intervention berücksichtigt werden.

12 Nach dem gemeinsamen Grundansatz der **Entwicklungskriminologie** („developmental criminology") existieren unterschiedliche Faktoren, die sich je nach Lebensphase unterscheiden. Entwicklung von Kriminalität wird als Teil des allgemeinen Entwicklungsprozesses vom Kind zum Erwachsenen angesehen und vor dem Hintergrund der Veränderungen der sozialen Umwelt eines Individuums im Lebenslauf analysiert.[23] Wesentlich für die dynamischen Modelle ist die Einbeziehung des Faktors „Zeit" in die Überlegungen.[24] Kriminalität wird als dynamischer, sich verändernder Entwicklungsprozess begriffen, wobei den Wendepunkten bzw Statuspassagen eine besondere Bedeutung zukommt.

13 2. Dynamische Theoriemodelle. a) **Wechselwirkungstheorie/Interaktionsmodell (Thornberry).** Thornberrys Wechselwirkungstheorie geht zutreffend davon aus, dass dissoziales Verhalten durch eine Reihe sich gegenseitig verstärkender Kausalbeziehungen entsteht, welche sich mit der Zeit verändern.[25] Für sein Erklärungsmodell kombiniert Thornberry Elemente der klassischen sozialen Kontrolltheorie (Bindungstheorie nach Hirschi) mit lerntheoretischen Annahmen (Theorie des sozialen Lernens nach Akers).[26] Eine Schwächung der sozialen Kontrolle über individuelles Verhalten führt nach Thornberry nicht direkt zu Kriminalität, sondern ergänzt das vorhandene (konventionelle) Handlungsrepertoire um sozial auffälliges Verhalten. Ob nun kriminelles Verhalten entsteht, ist von **Interaktionsprozessen** abhängig, bei denen delinquentes Verhalten erlernt oder verstärkt wird. Moralische Zwänge der konventionellen Welt verhindern delinquentes Verhalten. Schwache soziale Bindungen erhöhen die Wahrscheinlichkeit

---

21 Im Einzelnen zu den klassischen Theorien Bock, Rn 85 - 180.
22 Im Einzelnen dazu Bock, § 5; Remschmidt/Walter, Kinderdelinquenz, 2009, S. 91 ff und das Sonderheft 2 und 3/2009 der MSchrKrim 2009, 102 - 343.
23 Stelly/Thomas, S. 68.
24 Stelly/Thomas, S. 68.
25 Vgl zu den folgenden Ausführungen Thornberry, Toward an Interactional Theory of Delinquency, Criminology (25) 1987, 863, 863 - 891.
26 Meier, S. 75, § 3 Rn 105.

der Entstehung delinquenten Verhaltens, welches umgekehrt die Bindung des Individuums an die konventionelle Gesellschaft (weiter) schwächt.[27]

In Thornberrys Modell gibt es **sechs wesentliche Variablen**. Die Faktoren für die Bindung an die Gesellschaft sind: Emotionale Bindung an die Eltern (attachment to parents), Verpflichtungsgefühl gegenüber der Schule (commitment to school) und Glaube an konventionelle Werte (belief in conventional values). Hingegen bilden Kontakt zu delinquenten Gleichaltrigen (association with delinquent peers), Übernahme delinquenter Werte (adopting delinquent values) und Durchführung krimineller Handlungen (engaging in criminal behaviour) Faktoren, die soziale Lernprozesse ermöglichen und kriminelles Verhalten verstärken. Daraus resultieren **drei unterschiedliche Erklärungsmodelle** für die verschiedenen Jugendphasen (frühe: ca. 11.-13. Lebensjahr, mittlere: ca. 15.-16. Lebensjahr, späte: ca. 18.-20. Lebensjahr). In der **frühen Lebensphase** kann zum einen eine hohe Bindung an die Eltern existieren, welche die Wahrscheinlichkeit der Anbindung an die Schule und auch die Übernahme konventioneller Werte verstärkt. Besteht hingegen eine schwache Bindung an die konventionelle Welt, so entstehen delinquente Verhaltensmuster, wenn sie erlernt und verstärkt werden. Dies geschieht durch delinquente Peers, delinquente Werte und die Durchführung krimineller Handlungen. Delinquente Werte können allerdings auch vor einem delinquenten Umfeld bestehen bzw können Werte auch dem Verhalten angepasst werden. So zB weil in früher Jugend das Wertesystem noch im Wachsen ist. Durch spätere stärkere Ausbildung der Werte (in der **mittleren Jugendphase**) entsteht dann eine Rückkopplung zum delinquenten Verhalten, was dann wieder die Wahrscheinlichkeit delinquenten Verhaltens und die Zuwendung zu Gleichgesinnten fördert. Dies schwächt dann in der Folge die Bindung zu den Eltern und an die Schule, die die wesentlichen prosozialen Institutionen für Jugendliche ausmachen.[28] Generell verringert sich über die Zeit die Bedeutung der Beziehung zu den Eltern zugunsten der Schule und der Peers. In der **späten Jugendphase** gewinnen zwei weitere Faktoren an Relevanz: die Einbindung in konventionelle Aktivitäten wie Beruf, Studium oder Militärdienst (commitment to conventional activities) und die Einbindung in die eigene Partnerschaft oder gegründete Familie (commitment to family), die die Bindung an Eltern und Schule in ihrer Bedeutung ersetzen. So kann das Erwachsenwerden mit seinen veränderten Lebensumständen dem Fortbestehen der **Regelkreise** entgegenwirken. Neue Einflussfaktoren bewirken die Entstehung neuer sozialer Rollen und Einbindungen, durch die neue moralische Zwänge hervorgerufen werden und die so delinquentem Verhalten entgegenwirken. Es werden Rückkopplungsschleifen mit den anderen Faktoren ausgelöst, die eine Verminderung der Delinquenz herbeiführen. Hatte ein Individuum allerdings in der frühen und mittleren Jugendphase nur sehr schwache Bindungen, so bewirkt dies und die damit verbundene Kriminalität in den meisten Fällen, dass auch neue Bindungen in der späteren Phase entsprechend schwach ausfallen. Hier kommt es somit nicht zu einer Unterbrechung der delinquenten Regelkreise. Es entstehen so **unterschiedliche Dynamiken** mit delinquentem oder nicht-delinquentem Verlauf. Eine wichtige Rolle für die Wahrscheinlichkeit des Eintritts des einen oder anderen Verlaufsmusters spielt dabei die **jeweilige Ausgangsposition des Individuums in der Sozialstruktur**. Je schlechter diese ist, desto größer ist die Wahrscheinlichkeit, dass es zu Kontrollverlusten und Kontakt mit delinquenten Verhaltensmustern kommt. Eine weitere Analyse von Thornberry/Krohn lässt

---

27 Thornberry/Henry, The Interplay of School Disengagement and Drug Use: An Interactional Perspective, MSchrKrim 2009, 240, 240 f.
28 Thornberry/Henry, MSchrKrim 2009, 240, 240 f.

erkennen, dass Kinder, die früh auffällig werden, dazu neigen, weiterzumachen aufgrund der Beständigkeit der Gründe für den Beginn ihrer Delinquenz (der strukturellen Benachteiligung, der ineffektiven Erziehung und der persönlichen Defizite). Diejenigen, die erst später in Delinquenz einsteigen, sind geringeren strukturellen Schwierigkeiten ausgesetzt und haben mehr soziale Bindungen und weniger delinquente Gelegenheiten. Sie sind typischerweise relativ kurz in Delinquenz involviert.[29]

15 b) **Theorie der altersabhängigen informellen Sozialkontrolle (Sampson/Laub).** Der Ansatzpunkt der „Age-Graded Theory of Informal Social Control"[30] von Sampson/Laub besteht in einer Weiterführung des Ansatzes von Thornberry, indem Kriminalität ebenso als **Folge geschwächter Bindungen** angesehen wird, deren Art und Stärke im Verlauf der Entwicklung variiert. Zudem messen sie **informellen Bindungen** ein besonderes Gewicht bei.[31] Zentrale Institutionen sind dabei Erziehungsstile und emotionale Bindung an die Eltern in der Kindheit, Bindung an Schule und Freundeskreis in der Jugend, eheliche Stabilität, Militärdienst und Arbeitsplatz im Erwachsenenalter. Ob soziale Bindungen eine Auswirkung auf die soziale Kontrolle und damit auf die Anfälligkeit für Kriminalität haben, hängt entscheidend von der Qualität und der sozialen Nähe der Beziehungen ab.[32] Die Theorie hat eine sichere empirische Grundlage, denn sie beruht auf einer Neuanalyse des großen Datensatzes der Untersuchung von Glueck/Glueck „**Unraveling Juvenile Delinquency**" mit dem neuen Schwerpunkt auf der weiteren Entwicklung der Probanden und der Suche nach „**Turning Points**" bei kriminellen Entwicklungen.

16 Die **Ursachen für Kinder- und Jugenddelinquenz** liegen danach vor allem in einer Schwächung der familiären und schulischen Bindung. Ebenso haben Peers (Gleichaltrige) und Geschwister einen Einfluss auf das Verhalten der jungen Menschen. Die Qualität der Bindungen ist geprägt durch sozialstrukturelle Faktoren (wie sozioökonomischer Status, Familiengröße) und individuelle Eigenheiten des Kindes (Temperament, frühes abweichendes Verhalten etc.). Ein **Zusammenhang zwischen Jugend- und Erwachsenendelinquenz** existiert insofern, als es bei straffälligen Jugendlichen zu einer kumulativen Anhäufung von Problemen kommen kann, die die Ausprägung von Bindungen im Erwachsenenalter erschweren im Sinne einer „typischen Hinentwicklung" zur Kriminalität.[33]

17 Die Entwicklungskriminologie bleibt bei diesem Ergebnis jedoch nicht stehen, sondern fragt nach dynamischen Vorgängen, die ausgeprägt kriminorelevante Konstellationen im weiteren Verlauf verändern können. In jedem Lebensalter können sogenannte **Wendepunkte** („turning points") auftauchen, die auf Veränderungen der sozialen Einbindungen durch besondere positive oder negative Lebensereignisse beruhen und eine neue Richtung für die Entwicklung angeben (Ehe, Arbeit, Elternschaft wirken gegen Kriminalität) und so Einfluss auf Veränderungen im delinquenten Verhalten haben. Mit dem Übergang zum jungen Erwachsenenalter entstehen mehr neue Institutionen von Sozialkontrolle und mög-

---

29 Thornberry/Krohn in: White (Hrsg.), Handbook of Youth and Justice, 2001, S. 289 ff.
30 Vgl zu den folgenden Ausführungen Sampson/Laub, Crime in the Making, Pathways and Turning Points through Life, 1993; Laub/Sampson, Turning Points in the Life Course: Why Change Matters to the Study of Crime, Criminology (31) 1993, 301, 301-325.
31 Meier, S. 77, § 3 Rn 109.
32 Sampson/Laub, S. 140.
33 S. dazu schon Göppinger, Der Täter in seinen sozialen Bezügen, 1983, S. 225 ff.

liche Wendepunkte als in der Jugend. So können neue Bindungen entstehen, die trotz schwieriger Ausgangspositionen dennoch Erwachsenenkriminalität verhindern können. Allerdings sind auch Wendepunkte mit negativen Auswirkungen möglich, so dass sich vorher konforme Jugendliche zu straffälligen Erwachsenen entwickeln.

Soziale Bindungen sehen Sampson/Laub als „**soziale Ressourcen**". Eine Verbindung mit den Kontrolltheorien besteht in dem Sinne, dass sie ein geringes soziales Kapital als Hauptmerkmal von schwachen sozialen Bindungen ansehen[34] und starke soziale Bindungen soziales Kapital mit sich bringen.[35] Enge soziale Bindungen bringen Verhaltenskontrolle mit sich, die signifikante Kosten für Kriminalität auferlegen, und stellen darüber hinaus soziale Ressourcen dar, die bei der Bewältigung von Übergängen und Problemen helfen können.[36] 18

3. Persistentes oder jugendspezifisches antisoziales Verhalten (Moffit). Nach Moffitts Tätertaxonomie[37] gibt es zwei verschiedene Gruppen jugendlicher Straftäter, für die unterschiedliche Erklärungsmodelle gelten. Die erste Gruppe zeigt „**life-course-persistent antisocial behavior**", beginnt also früh mit sozial auffälligem Verhalten und bleibt mit kontinuierlicher Zunahme bis spät ins Erwachsenenalter hinein straffällig. Die Auffälligkeiten erstrecken sich auf alle Lebensbereiche. Hingegen beschränkt sich die Auffälligkeit der Gruppe mit „**adolescence-limited antisocial behavior**" auf die Jugendphase und nur auf einzelne Teilbereiche des Lebens. In diesem Sinn ist es möglich, dass die soziale Auffälligkeit in Form eines Doppellebens auftritt: Der Jugendliche agiert einerseits in Schule und Ausbildung gut und motiviert, andererseits, zB am Wochenende im Freizeitbereich, werden delinquente Handlungen begangen. Zur Erklärung des „adolescence-limited antisocial behavior" greift Moffitt auf druck- und lerntheoretische Ansätze zurück.[38] Die Jugendlichen sind nicht imstande, die gesellschaftlich vorgegebenen Ziele und Bedürfnisse der Erwachsenen mit ihren begrenzten legalen Mitteln zu erreichen, zumal sich die **Diskrepanz** zwischen früher körperlicher Reife und der sozialen Reife (also Übernahme der wichtigsten Erwachsenenrollen) vergrößert, so dass ein besonderer sozialer Druck entsteht. So beginnen die Jugendlichen nach alternativen Verhaltensmustern zu suchen. Eine verstärkende Funktion kommt der Schule in der Form zu, dass ältere delinquente Jugendliche, denen auf diese Weise bereits die Überbrückung der Diskrepanz zwischen Jugend- und Erwachsenenrolle „erfolgreich" gelungen ist, als Vorbild angesehen werden. Die **Statuspassage** zwischen Jugendlichem und Erwachsenem mit dem einhergehenden Rollenwechsel erklärt Beginn und Abbruch krimineller Auffälligkeiten.[39] Der Übergang in die Erwachsenenrolle verbunden zB mit der Einrichtung eines eigenen Haushalts, Heirat, Arbeitsstelle oder der Eindruck der Auswirkungen von Delinquenz und der Reaktionen darauf (Sanktionen) sind offenkundige Wendemarken. Der **Abbruch** setzt jedoch voraus, dass der Jugendliche in seiner Kindheit eine prosoziale Erziehung genossen hat und somit grundlegende kognitive, soziale, emotionale und moralische Handlungskompetenzen besitzt, die sich einfach reaktivieren lassen. In der Tübinger-Jungtäter-Vergleichsuntersuchung 19

---

34 Sampson/Laub, S. 140.
35 Sampson/Laub, S. 18.
36 Sampson/Laub, S. 18 f, 141 f.
37 Vgl zu den folgenden Ausführungen Moffitt, Adolescent-Limited and Life-Course-Persistent Antisocial Behavior: A Developmental Taxonomy, Psychological Review (100) 1993, 674 - 701.
38 Bock, S. 87, § 5 Rn 236.
39 Moffitt, Psychological Review (100) 1993, 674, 690.

wird diese Form der Kriminalität im Rahmen der Persönlichkeitsreifung in gleicher Weise als vorübergehende „entwicklungsspezifische" Form mit nur partiellen sozialen Auffälligkeiten (im Freizeitbereich) beschrieben.[40]

20 Der anderen Gruppe mit „life-course-persistent antisocial behavior" liegen nach Moffitt **neuropsychologische Dysfunktionen in der frühen Kindheit** zugrunde, die sich in kognitiven, emotionalen und psychischen Defiziten zeigen.[41] Wird mit den daraus resultierenden Verhaltensauffälligkeiten durch Familie und die soziale Umgebung nicht angemessen umgegangen, verstärken sie sich, wodurch die Entwicklung adäquater Handlungskompetenzen verhindert wird. Das eingeschränkte Handlungsrepertoire führt so **aufschaukelnd** zu Anpassungsschwierigkeiten in wechselnden sozialen Kontexten, zudem suchen sich die Jugendlichen auch aktiv die ihrem Lebensstil entsprechende soziale Umgebung aus (zB sozial auffällige Partner, Milieukontakte in der Freizeit, „unsaubere" berufliche Tätigkeiten etc.). Dieser aktive Selbstselektionsprozess und die Anpassungsprobleme begünstigen, dass sich der eingeschlagene Lebensweg perpetuiert und es so zu einer **Kumulation von Defiziten** im Bereich sozialer, moralischer, emotionaler und kognitiver Kompetenzen kommt und die Anpassung an die konventionelle Gesellschaft immer schwieriger wird, sozial auffälliges Verhalten und Kriminalität hingegen immer wahrscheinlicher werden. Trotz des Abstellens auf neuropsychologische und damit auch hirnorganische Dysfunktionen hat dieser Erklärungsansatz nichts mit der Frage einer angelegten oder erworbenen sozialen Verhaltensauffälligkeit im Sinne der entsprechenden Dichotomie bei der klassischen Kriminalitätstheorie zu tun. Vielmehr wird mit der neuen Hirnforschung davon ausgegangen, dass Umwelteinflüsse vor allem in der Frühkindheit die allgemeine genetisch-organische Grundausstattung des Gehirns erst durch den **umweltgesteuerten Aufbau synaptischer Netzwerke** herstellen. So nehmen die emotionalen, sensorischen und motorischen Erfahrungen in der Umwelt Einfluss auf die weitere Hirnentwicklung des jungen Menschen. Das **hirnorganische Substrat dieser Wechselwirkungen** findet sich dann vor allem auf den die Gene bestimmenden, aber stärker veränderbaren Epigenen.[42] Störungen im Umfeld, wie insbesondere emotionale Ablehnung, Inkonsequenz bei der Erziehung, vor allem aber Misshandlung, führen zu erheblichen Störungen der Hirnentwicklung, die sich organisch vor allem in einer Veränderung im regulären Kortex, Präfrontalkortex sowie den limbischen Regionen und einem Ungleichgewicht der Neurotransmitter und ihrer Rezeptoren, insbesondere in der übermäßigen Aktivierung dopaminerger Neuronen mit der Folge eines überstarken Antriebs und geringer Kontrolle, zeigt.[43] Letztere Fehlentwicklung ist aktuell als wichtiger Faktor bei der Entwicklung einer dissozialen Persönlichkeitsstörung nachgewiesen worden.[44] So überrascht es nicht, dass dieser Befund bei Tätern mit schweren Straftaten oder einer kriminellen Karriere häufig auftritt.[45] In jedem Fall ist so leicht zu erkennen, dass die hirnorganischen Spuren der Sozialisationsstörungen zu **sehr stabilen Verhaltensmustern** führen, die häufig als unabänderliche Anlage gedeutet werden.

---

40 Göppinger, Kriminologie, S. 310.
41 Moffit, Psychological Review (100) 1993, 674, 680 f.
42 Szyf/Gowan/Meany, The social environment and the epigenome, Environ Mol Mutagen 2008, S. 46 - 60.
43 Bock/Helmke u.a., Frühkindliche emotionale Erfahrungen beeinflussen die funktionelle Entwicklung des Gehirns, Neuroforum 2003, S. 15 - 20; Braun/Antemano u.a. Neuroscience 2009, S. 629 - 638.
44 Bückholtz/Freadway u.a., Mesolimbic Dopamine Reward System Hypersensivity in Individuals with Psychopathic Traits, Nature Neuroscience, March 2010.
45 Marneros/Ullrich/Rössner, Angeklagte Straftäter, 2002.

Eine solche Annahme verkennt, dass epigenetische Spuren veränderbar sind, freilich mit weit größerem Aufwand als in früher Jugend. Die verhaltensbeeinflussenden synaptischen Netzwerke bilden sich vor allem bis zur Pubertät in bestimmten **Zeitfenstern** und entwickeln Stabilität. Verpasste Zeitfenster schließen positive Entwicklungen der sozialen und emotionalen Kompetenz nicht aus, sind jedoch schwieriger zu dem Zeitpunkt, wenn jugendstrafrechtliche Interventionen infrage kommen. Die Ergebnisse der Entwicklungskriminologie zu späteren positiven Wendepunkten und den Zusammenhängen mit frühen Erfahrungen erhalten vor dem Hintergrund der Hirnforschung eine weitere empirische Unterstützung. In jedem Fall muss die alte Anlage-Umwelt-Diskussion ad acta gelegt werden. Ursachen- und Präventionsforschung zur Jugendkriminalität müssen sich mit den Wechselwirkungen in beide Richtungen, dh dem weitreichenden Einfluss von Umwelt- und Erfahrungsprozessen auf die hirnorganischen Grundlagen des Verhaltens auseinandersetzen. Idealtypisch kann sich eine „life-course-persistent" kriminelle Karriere wie folgt abspielen: Ein im Temperament schwieriges Kind, zB aufgrund einer minimalen hyperkinetischen Veranlagung, gelangt in eine schwierige, durch viele Faktoren gestresste Familie mit einem ablehnenden repressiven Erziehungsstil. In der Wechselwirkung entstehen hirnorganische Dysfunktionen, die die Verhaltensauffälligkeiten verstärken und dann in Kindergarten, Schule und sonstiger Umwelt zu weiterer Ablehnung führen. Das Jugendstrafrecht am Ende eines solchen negativen Kreislaufs der Wechselwirkungen zwischen Umwelt und persönlichkeitsprägender Hirnentwicklung muss zumindest daran mitwirken, den Hebel in der Umwelt umzulegen und positives soziales Kapital anzuhäufen. Die Theorie von Moffitt stützt sich auf die einzigartige **Dunedin-Kohortenstudie**, die seit 1972 in Neuseeland läuft. Soziale Auffälligkeiten der Probanden in der Kindheit und ihre selbstberichtete Delinquenzentwicklung bis zum 18. Lebensjahr ergaben, dass 10 % der männlichen Probanden der „life-course-persistent antisocial behavior"-Gruppe zugewiesen werden konnten, 26 % der Gruppe mit „adolescence-limited antisocial behavior". Daneben konnten noch zwei weitere Gruppen ausgemacht werden, zum einen die 5 % „Abstainers", die zu keiner Zeit abweichendes Verhalten aufwiesen, zum anderen die 8 % „Recoveries", deren Verhalten in der Kindheit antisozial war, in der Jugend jedoch nur noch in geringem Ausmaß. 51 % konnten keiner Gruppe zugeordnet werden. Die Überprüfung nach 26 Lebensjahren ergab,[46] dass dieses Einteilungsraster für eine verlässliche Prognose zu grob ist und die vielfältigen zuvor genannten Wechselwirkungen nicht berücksichtigen kann.[47] Denn rd. ⅓ der frühen kontinuierlichen Hinentwickler zur Kriminalität nahmen als Erwachsene Abstand von ihrem kriminellen Lebensstil und mehr als ebenso viele der ursprünglichen Episodentäter zeigten auch später auffälliges Verhalten.[48] So geht es darum, in der Entwicklung die interagierenden Risiko- und Schutzfaktoren im biologischen und psychologischen Kontext noch genauer zu erfassen, um gezielt zu reagieren.[49]

4. Integrated cognitive antisocial potential (ICAP) theory (Farrington). Die Theorie des „Integrierten kognitiven antisozialen Potenzials" von David P.

---

46 Moffitt/Caspi/Harrington/Milne, Males on the life-course-persistent and adolescence-limited antisocial pathways: Follow-up at age 26 years, Development and Psychopathology (14) 2002, 179 - 207.
47 Thomas/Stelly, FPPK 2008, 199, 203.
48 Moffitt/Caspi/Harrington/Milne, Development and Psychopathology (14) 2002, 179, 179 ff; Thomas/Stelly, FPPK 2008, 199, 203.
49 Remschmidt/Walter, Kinderdelinquenz, 2009, S. 106 f.

Farrington versucht in erster Linie Straftaten von benachteiligten Männern zu erklären.[50] Es werden Ansätze der Strain-, Kontroll-, Lern-, rational choice- und Labeling-Theorie integriert.[51] Nach Farrington liegt abweichendem Verhalten **antisoziales Potenzial** (antisocial potential, AP) zugrunde, das Straftaten leichter begehen lässt. Die Umwandlung des AP in konkretes antisoziales Verhalten hängt von kognitiven (Denk- und Entscheidungs-)Prozessen ab, die auch Gelegenheiten und Opfer miteinbeziehen. Differenziert wird zwischen kurzfristigem und langfristigem AP. **Langfristiges AP** (long-term AP) hängt von Impulsivität, Belastungen, antisozialen Leitbildern, Sozialisationsprozessen und Lebensereignissen ab. **Kurzfristige Einflussfaktoren** sind hingegen motivierende und situationsabhängige Faktoren. Die Hauptantriebsfaktoren, die zu einem hohen long-term AP führen können, basieren auf dem Verlangen nach materiellen Gütern, nach Statusgewinn, nach Aufregung und sexueller Befriedigung.[52] Vor allem Personen, die es schwer haben, auf legale Weise ihre Bedürfnisse zu befriedigen (wegen geringen Einkommens, Arbeitslosigkeit, Versagens in der Schule) sind gefährdet. Ebenso beeinflussen aber auch Bindungen und Sozialisationsprozesse die Ausprägung des long-term AP. Entgegenwirkend zB belohnendes Verhalten der Eltern für Konformität und Bestrafung schlechten Verhaltens. Zerrüttete Familien hingegen beeinträchtigen sowohl die Bindung als auch den Sozialisationsprozess.[53] Sind Personen antisozialen Modellen (wie kriminellen Eltern und/oder Peers) ausgesetzt oder sind sie impulsiv, so ist das long-term AP ebenfalls hoch.[54] Bei den kriminalitätshemmenden Faktoren haben Bindungen (Anhänglichkeit) und Sozialisierung (basierend auf sozialem Lernen) sowie Lebensereignisse wie Heirat oder Auszug aus kriminellen Nachbarschaften einen Einfluss auf long-term AP.[55] Die verschiedenen Einflussfaktoren auf long-term AP beeinflussen sich zudem wechselseitig.[56] Das Ausmaß variiert vor allem mit dem Alter aufgrund von Veränderungen der Einflussfaktoren. Die Spitze der höchsten Belastung mit AP wird im Jugendalter erreicht.[57] Das Auftreten von kriminellem und sozial auffälligem Verhalten hängt wiederum von Interaktionen zwischen den Individuen (mit bestimmten Graden von AP) und dem sozialen Umfeld ab, besonders von Gelegenheiten und Opfern für Kriminalität.[58] **Short-term AP** verändert sich innerhalb der Individuen aufgrund von kurzfristig antreibenden Faktoren wie Langeweile, Wut, Alkoholkonsum, Frustration und Ermunterung durch männliche Peers. Die kriminellen Gelegenheiten und die Verfügbarkeit von Opfern hängen von routinierter Betätigung ab.[59] In den **Entscheidungsprozess** werden Kosten und Nutzen ebenso wie Möglichkeiten, das bestehende Verhaltensrepertoire und eventuelle Konsequenzen durch Polizei und Reaktionen des

---

50 Farrington in: Schneider (Hrsg.), S. 195; für die folgenden Ausführungen vgl Farrington in: Farrington (Hrsg.), S 73 - 92; Farrington, Developmental and Life-Course Criminology: Key Theoretical and Empirical Issues – The 2002 Sutherland Award Address, Criminology (41) 2003, 221, 230 - 239.
51 Farrington in: Farrington (Hrsg.), S. 76.
52 Farrington in: Farrington (Hrsg.), S. 79; Farrington in: Hawkins (Hrsg.), Delinquency and Crime: Current Theories, 1996, S. 109.
53 Farrington in: Farrington (Hrsg.), S. 79.
54 Farrington in: Farrington (Hrsg.), S. 79 f.
55 Farrington in: Schneider (Hrsg.), S. 195; Farrington in: Farrington (Hrsg.), S. 79 f.
56 Farrington in: Farrington (Hrsg.), S. 80.
57 Farrington in: Farrington (Hrsg.), S. 77.
58 Farrington in: Farrington (Hrsg.), S. 83; Farrington in: Hawkins (Hrsg.), Delinquency and Crime: Current Theories, 1996, S. 109.
59 Farrington in: Farrington (Hrsg.), S. 83.

sozialen Umfelds einberechnet.[60] Der jeweilige Grad des AP begünstigt oder verringert dabei die Wahrscheinlichkeit einer Entscheidung für oder gegen eine jeweils rational erscheinende Option.[61]

5. Empirische Befunde zu den Entstehungszusammenhängen von Jugendkriminalität. a) Tübinger Jungtäter-Vergleichsuntersuchung. Stelly und Thomas haben die große deutsche Vergleichsstudie, die Mitte der 60er-Jahre mit der Erfassung der Lebensgeschichte von 200 Häftlingen und 200 Probanden einer Vergleichsgruppe 20- bis 30-jähriger Männer begann,[62] in einer Reanalyse unter dem Aspekt des Lebensverlaufs der Untersuchten neu ausgewertet.[63] Ihre Ergebnisse bestätigen zunächst, dass **die Hinentwicklung zu wiederholter und schwerer Kriminalität** mit einer nur schwach emotionalen Beziehung zu den Eltern, einem inkonsistenten und gewaltorientierten Erziehungsstil sowie dem „Monitoring" des Kindes zusammenhängt. Mit fortschreitendem Lebensalter ist auch mangelndes Interesse und Engagement in der Schule relevant. Nur ein zusätzlicher Risikofaktor ist die Bindung an delinquente Peers. In jedem Fall wird sozialen Interaktionseffekten großes Gewicht beigemessen. Diese Erklärung hat weit weniger Bedeutung bei leichten Formen sozialer und krimineller Auffälligkeit. Diese geringen Auffälligkeiten stehen „normalem" Verhalten nahe und sind mit Devianzerklärungen nicht zu erfassen. Ähnlich verhält es sich, wenn man die Erwachsenenphase in die Betrachtung miteinbezieht: Nur bei schweren und wiederholten Verhaltensauffälligkeiten ergibt sich ein Zusammenhang zwischen Kindheit, Jugend und Erwachsenenalter. Auffälliger und wichtiger ist aber die Feststellung, dass selbst in diesen Fällen und erst recht bei leichterer Kriminalität positive Veränderungen in den verschiedenen Lebensphasen deutlicher zu erkennen sind als Kontinuitäten. Wichtiger als die frühen Defizite sind immer die **aktuellen Integrationsbedingungen,** durch die selbst die Intensivtäter im 3. und 4. Lebensjahrzehnt positiv beeinflusst werden. Der Abbruch einer kriminellen Karriere geht mit der allmählichen Bildung von sozialen Ressourcen einher.

b) Wege aus schwerer Jugendkriminalität. In einer weiteren Studie zu den Gründen des Abbruchs krimineller Karrieren bei 56 zu Bewährungsstrafen verurteilten Probanden fanden Stelly und Thomas[64] heraus, dass das Ende der sozialen Auffälligkeit Ergebnis eines längeren Entwicklungsprozesses ist, in dem sich **kognitive Einsichten und Verhaltensänderungen** wechselseitig verstärken. Für diesen Reintegrationsprozess sind weniger die frühen Belastungen als die aktuellen Prozesse der Integration und Anhäufung von sozialen Ressourcen entscheidend. Der Abbruch wird schließlich über unterschiedliche Reintegrationstypen vollzogen: durch Arbeit, Einbeziehung in die Herkunftsfamilie, neue Partnerschaft oder Wegfall einer Drogenabhängigkeit. Die Bedeutung der aktuellen Integrationsbedingungen gegenüber alten biographischen Belastungen konnte in einer weiteren Studie zur Bewährungshilfe ebenfalls nachgewiesen werden.[65]

c) Cambridge Study in Delinquent Development. In dieser Langzeitstudie konnte Farrington zeigen, dass die sozialen Auffälligkeiten der untersuchten Straffälligen

---

60 Farrington in: Farrington (Hrsg.), S. 83.
61 Farrington in: Farrington (Hrsg.), S. 83.
62 Stelly/Thomas, Kriminalität im Lebenslauf, 2005; s. auch dies., Einmal Verbrecher – immer Verbrecher, 2001.
63 Zur ursprünglichen Untersuchung s. Göppinger, Der Täter in seinen sozialen Bezügen, 1983.
64 Stelly/Thomas, Wege aus schwerer Jugendkriminalität, 2003.
65 Spiess, Soziale Integration und Bewährungserfolg, in: Kury (Hrsg.), Prognose und Behandlung von jungen Rechtsbrechern, 1986, S. 511 ff.

im Laufe der Zeit zurückgingen und dies mit einer zunehmenden sozialen Integration korrespondiert.[66] Als neue Befunde[67] lassen sich festhalten: Von den 411 befragten Männern wurden bis zum Alter von 50 Jahren 41 % strafrechtlich verurteilt und auf jede Verurteilung kamen 39 selbstberichtete Straftaten. Zudem konnten die **stärksten Risikofaktoren** für kriminelles Verhalten festgestellt werden: ein verurteiltes Familienmitglied, unzureichende elterliche Aufsicht, gestörte Familienverhältnisse, geringe Schulleistungen und hohe Risikofreudigkeit. Bei einem Vergleich der Männer mit 48 Jahren bzgl ihres Lebenserfolgs waren diejenigen, die nie strafrechtlich verurteilt worden waren, mit denen, die Verurteilungen nur bis zu ihrem 21. Lebensjahr aufwiesen, vergleichbar, so dass vermutet werden kann, dass Interventionen, die auf frühe Risikofaktoren ausgerichtet sind, Kriminalität zu reduzieren vermögen.[68]

26 **d) Vergleichsstudie zu der Bremer Lebenslaufstudie (1988 - 2001) und dem Denver Youth Survey (1987 - 2003).** In der Vergleichsuntersuchung von Schumann/Huizinga/Ehret/Elliot konnten Effekte beruflicher Ausbildung und unterschiedlich schwerer Reaktionen der Jugendstrafjustiz auf die Delinquenz- und Lebensverläufe nachgewiesen werden.[69] Aus den justiziellen Reaktionen, u.a. Arrest, ergab sich nur ein geringer bis kein Effekt auf nachfolgende Delinquenz. Bemerkenswert ist die Untersuchung vor allem, weil die völlig unterschiedlichen Justizsysteme keine Wirkungen bei der individuellen Kriminalitätsentwicklung zeigen. Entscheidend dafür dürfte das **Übergewicht der sozialen Faktoren** in diesem Geschehen sein, die strukturell in beiden Untersuchungsgruppen keinen Unterschied zeigen.

27 **e) Kohortenstudien zur kriminellen Karriere.** Seit der großen Geburtskohortenstudie von Wolfgang u.a. über den **Verlauf krimineller Auffälligkeiten** von im Jahr 1945 in Philadelphia geborenen Jungen weiß man um das relativ breite Auftreten von Jugendkriminalität bis zum 18. Lebensjahr und die Massierung der Taten auf eine kleine Gruppe von **Vielfach- bzw Intensivtätern.** So wurden über ⅓ der Gruppe als tatverdächtig von der Polizei und Justiz erfasst und nur 6,3 % der registrierten Täter verübten 61,7 % der Kohortendelikte. Die Wiederholungswahrscheinlichkeit wuchs mit der Zahl der Registrierungen.[70] Die Konzentration an **Intensivtäter** auf der einen und **Gelegenheits- bzw Episodentäter** auf der anderen Seite zeigt sich in ähnlicher Form – mit der Konstante des 5 %-Problems der Intensivtäter – in nahezu allen Verlaufsuntersuchungen. Die große deutsche Freiburger Kohortenstudie der in ausgewählten Jahrgängen zwischen 1970 und 1988 in Baden-Württemberg Geborenen ergab, dass von den 15 % männlichen bzw 5 % weiblichen polizeilich Erfassten etwa ⅔ der Männer und ⅘ der Frauen nur einmal registriert werden.[71] Der Karriereaspekt zeigt sich in dem Ergebnis, dass wiederum der Anteil früh registrierter Täter beständig hoch bleibt

---

66 Farrington/Coid/Harnett/Jolliffe/Soteriou/Turner/West, Criminal careers up to age 50 and life success up to age 48: new findings from the Cambridge Study in Delinquent Development, Home office and research study 299, 2. Aufl., 2006, http://www.homeoffice.gov.uk/rds/pdfs06/hors299.pdf, S. 62.
67 Farrington/Coid/West, The Development of Offending from Age 8 to Age 50, MSchrKrim 2009, 160 ff.
68 Farrington/Coid/West, MSchrKrim 2009, 160 ff.
69 Schumann/Huizinga/Ehret/Elliot, Cross-National Findings about the Effect of Job Training, Gangs and Juvenile Justice Reactions on Delinquent Behavior and Desistance, MSchrKrim 2009, 308 ff.
70 Wolfgang/Figlio/Sellin, Delinquency in a Birth Cohort 1972 und Wolfgang/Figlio, Delinqency Careers in Two Birth Cohorts, 1990.
71 Grundies/Höfer/Tetal, Basisdaten der Freiburger Kohortenstudie, 2002, S. 143.

– dagegen nimmt die Zahl derer, die nur einmal registriert werden, mit dem Einstiegsalter stark zu.[72] Das 5 %-Problem der Intensivtäter hinsichtlich ihres Anteils an der Gesamtkriminalität ist im Übrigen eine Konstante, die sich in der jährlichen Polizeistatistik niederschlägt.[73]

So versteht es sich, dass dieser Befund zu einem Fokus der Kriminologie, Kriminalprävention und natürlich auch des Jugendstrafrechts wird. Jugendliche Intensivtäter beginnen meist schon vor dem 14. Lebensjahr mit erheblichen Straftaten und bleiben danach sehr auffällig.[74] Bei ihnen besteht die Gefahr der Entwicklung einer „kriminellen Karriere",[75] wobei u.a. durch staatliche Reaktionen und stationäre Sanktionen Verfestigungstendenzen verursacht werden können.[76] Allerdings enden auch diese „Karrieren" zum Großteil bis zum 30. Lebensjahr.[77] 28

Die Jugendlichen, die zu den **Mehrfach- und Intensivtätern** gehören, sind regelmäßig sozialen und individuellen Defiziten und Mängellagen ausgesetzt. Bei ihnen findet sich eine Häufung von Problemen und Belastungsfaktoren:[78] Frühauffälligkeit, familiäre Probleme, materielle Notlagen bis hin zu sozialer Randständigkeit und dauerhafter Ausgrenzung, Schulstörungen und Fehlen brauchbarer beruflicher Ausbildungen,[79] ungünstige Wohnsituation, starke Orientierung an delinquenten Cliquen und Peer-Gruppen, dadurch (mit-)bedingte subjektive wie objektive Chancen- und Perspektivlosigkeit.[80] Insgesamt ist allerdings keine eindeutige Prognose möglich, um frühzeitig Intensivtäter ex ante identifizieren zu können.[81] Auch die weitere Entwicklung ist schwer prognostizierbar, es handelt sich oft um psychisch auffällige und persönlichkeitsgestörte junge Menschen.[82] Außerdem werden die meisten Jugendlichen trotz der Risikofaktoren nicht delinquent,[83] protektive Faktoren können demnach ausgleichend wirken.[84] Jede Beurteilung verlangt das Abstellen auf den Einzelfall. 29

6. Der idealtypische Verlauf der Entstehung und des Abbruchs einer kriminellen Karriere. Die Ergebnisse der neuen entwicklungskriminologischen Forschungen lassen keinen Zweifel daran, dass es vielfältige **Wirkungsfaktoren aus dem organischen, psychosozialen und sozialen Bereich** gibt, denen Relevanz bei der Erklärung antisozialen und (wieder) konformen Verhaltens zukommt. Freilich sind die Faktoren und ihre Gewichtung sowie die Erfassung der subtilen Wechselwirkungen so schwierig, dass kategorische Erfassungen von Gruppen nur annäherungsweise möglich sind. Das Wissen um die **Dynamik der Verbrechensentstehung und mögliche Reintegrationsprozesse** ist aber unabdingbare Voraussetzung 30

---

72 Albrecht/Grundies, MSchrKrim 2009, 334.
73 S. die Auswertung der PKD in NRW 1994 - 2005: Junge Mehrfachtatverdächtige in NRW, 2005.
74 Schöch in: Bundesministerium der Justiz (Hrsg.), S. 18.
75 Meier in: Meier/Rössner/Schöch, S. 52 f, § 3, Rn 7.
76 Meier in: Meier/Rössner/Schöch, S. 53, § 3, Rn 7.
77 Schöch in: Bundesministerium der Justiz (Hrsg.), S. 19; Stelly/Thomas, Die Reintegration jugendlicher Mehrfachtäter, ZJJ 2006, 45, 45 ff.
78 2. Periodischer Sicherheitsbericht, S. 358; Dölling, FPPK 2008, 155, 158; Walter, S. 287, Rn 274; Matt, Straffälligkeit und Lebenslauf: Jugenddelinquenz zwischen Episode und Verfestigung, ZJJ 2005, 429, 430.
79 Vgl Heinz, Jugendkriminalität, S. 80; weitere Beispiele bei Matt, ZJJ 2005, 429, 430.
80 Steffen in: Bundesministerium der Justiz (Hrsg.), S. 93.
81 Steffen in: Bundesministerium der Justiz (Hrsg.), S. 91 ff; Walter, S. 281, Rn 262, S. 296 f, Rn 283 f.
82 Schöch in: Bundesministerium der Justiz (Hrsg.), S. 19.
83 Heinz, Jugendkriminalität, S. 80 f; Walter, ZJJ 2003, 159, 160.
84 Dölling, FPPK 2008, 155, 158; Matt, ZJJ 2005, 429, 431.

für die Beurteilung von Einzelfällen im Jugendstrafrecht. Wichtiger als die genaue Erfassung der Ursachen einer kriminellen Entwicklung ist die dynamische Erkenntnis, dass durch Anhäufung von „sozialem Kapital",[85] dh insbesondere von Bindungen an Personen und Einbindungen in sozialstrukturierte Bezüge, deren Verlust Kosten verursacht, der Abbruch selbst sehr beständiger krimineller Karrieren möglich wird. Das Jugendstrafrecht muss dieses Ziel im Auge haben. Freilich lassen sich die dadurch erhofften Wendepunkte eines kriminellen Lebens, wie auch im normalen Leben, nicht beliebig produzieren, aber doch durch gute Vorbereitung eher provozieren. Eine so langfristig angelegte Strategie muss selbstverständlich auch Misserfolge verkraften. Zur Veranschaulichung des entwicklungskriminologischen Ansatzes soll das folgende Schaubild statt einer Zusammenfassung stehen.

---

85 Coleman, Social capital in the creation of human capital, American Journal of Sociology 1988, 95 ff.; Sampson/Laub, Crime in the Making, 141 f.

Schaubild: Wirkungszusammenhänge der Kriminalitätsentstehung im entwicklungskriminologischen Modell

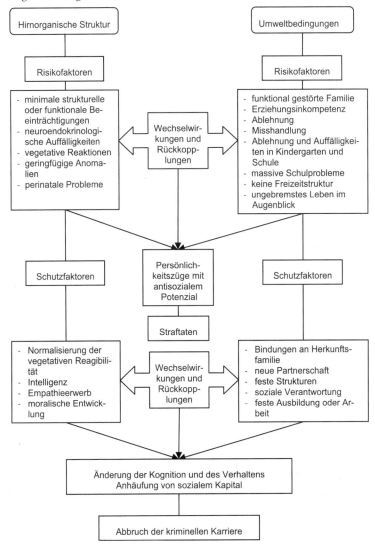

7. Die normative Antwort: Das Jugendstrafrecht. Am Ende der vorstehenden empirischen Analyse des Normlernens sowie der Entwicklung und des Verschwindens krimineller Karrieren junger Menschen leuchtet die Konsequenz ein, zur Ahndung von entsprechenden Verfehlungen ein **besonderes Jugendstrafrecht** – das JGG – zu schaffen. Es nimmt seinen Ausgangspunkt am strikten Verhaltenskatalog des Strafrechts und seiner rechtsstaatlichen Bestimmtheit (§ 4), lässt aber Spielraum für erziehungsorientierte Einzelfallbeurteilung bei der Reaktion (im Einzelnen dazu § 5), um sinnvolles Normlernen und Anhäufung von sozialen Ressourcen bei defizitären jungen Menschen zu erreichen. Die Aufgabe des Jugendstrafrechts liegt also darin, erzieherisch und integrativ ausgerichtete sanktionierende Mittel in Abstimmung mit anderen Formen der sozialen Kontrolle zur Verinnerlichung von Strafrechtsnormen einzusetzen.[86]

Erster Teil
Anwendungsbereich

§ 1 Persönlicher und sachlicher Anwendungsbereich

(1) Dieses Gesetz gilt, wenn ein Jugendlicher oder ein Heranwachsender eine Verfehlung begeht, die nach den allgemeinen Vorschriften mit Strafe bedroht ist.

(2) Jugendlicher ist, wer zur Zeit der Tat vierzehn, aber noch nicht achtzehn, Heranwachsender, wer zur Zeit der Tat achtzehn, aber noch nicht einundzwanzig Jahre alt ist.

Richtlinien zu § 1

1. Auf Handlungen, für die Ordnungs- oder Zwangsmittel vorgesehen sind, findet das Jugendgerichtsgesetz keine Anwendung. Für das Bußgeldverfahren gelten die Vorschriften des Jugendgerichtsgesetzes sinngemäß, soweit das Gesetz über Ordnungswidrigkeiten nichts anderes bestimmt (§ 46 Abs. 1 OWiG).

2. Stellt die Staatsanwaltschaft ein Verfahren wegen Schuldunfähigkeit (vgl. § 19 StGB) ein, so prüft sie, wer zu benachrichtigen ist (vgl. insbesondere § 70 Satz 1, § 109 Abs. 1 Satz 2) und ob gegen Aufsichtspflichtige einzuschreiten ist.

I. Hintergrund der Vorschrift... 1	c) Zur strafrechtlichen Kontrolle der Kinderkriminalität... 8
II. Anwendungsbereich... 2	
1. Allgemeines... 2	
2. Sachlicher Anwendungsbereich: Verfehlungen... 3	d) Konsequenzen fehlerhafter Altersfeststellung... 12
3. Persönlicher Anwendungsbereich... 5	III. Geltungsbereich... 13
a) Jugendliche und Heranwachsende (Abs. 2) 5	1. Sachliche Geltung des JGG 13
b) Altersbestimmung und Zweifel... 7	2. Örtliche Geltung des JGG 14

I. Hintergrund der Vorschrift

1 § 19 StGB enthält mit der **unwiderleglichen Vermutung** der Schuldunfähigkeit von Kindern[1] auch die Grenze der Strafmündigkeit mit 14 Jahren. Darüber hinaus

---

86 Zur grundsätzlichen Diskussion von Erziehung und Strafe im Jugendstrafrecht wird auf die Kommentierung von § 2 und Rössner in Meier/Rössner/Schöch, § 1 verwiesen. Zur Darstellung der Geschichte des Jugendstrafrechts und der generellen kriminalpolitischen Diskussion finden sich weiterführende Ausführungen bei Ostendorf, Grdl. zu §§ 1 und 2, und Rössner in Meier/Rössner/Schöch, § 2. Zur ausführlichen Diskussion aktueller Fragen s. auch den Literaturbericht über die letzten 5 Jahre im Jugendstrafrecht bei Rössner, ZStW 2010, 199 ff. Ansonsten ist auf die Ausführungen zu den konkreten kriminalpolitischen Problemstellungen bei den Einzelkommentierungen zu verweisen.

1 MüKo-StGB-Streng, § 19 StGB Rn 5.

finden sich im StGB keine weiteren differenzierenden Regelungen nach dem Alter. Gleiches gilt für das Verfahrensrecht nach der StPO. Seit 1923 mit dem ersten deutschen Jugendgerichtsgesetz (JGG) sind Sondervorschriften zum strafrechtlichen Umgang mit Jugendlichen in diesem Spezialgesetz enthalten,[2] so dass sich die Abstinenz des StGB zu Altersfragen erklärt. Bis 1923 gab es rudimentäre Vorschriften in §§ 55-57 RStGB mit einer Strafmündigkeitsgrenze von 12 Jahren und Strafmilderungen der allgemeinen Sanktionen für 12- bis 18-Jährige. In der ehemaligen DDR waren die Regelungen vor 1989 auch in das allgemeine Strafrecht integriert.[3] Die für Jugendliche seit 1923 geltenden Sondervorschriften wurden mit Inkrafttreten des bundesrepublikanischen JGG von 1953 fakultativ (bei Vorliegen der Voraussetzungen von § 105 Abs. 1 Nr. 1 oder 2) auf die 18- bis unter 21-jährigen Täter erstreckt. Daher regelt heute die Vorschrift den persönlichen Anwendungsbereich des JGG für die **14- bis unter 21-jährigen Tatverdächtigen** mit sachlichen Abweichungen vom allgemeinen Strafrecht im Sinne der Spezialität vor allem hinsichtlich jugendadäquater **Rechtsfolgen** (§§ 5-32) und des **Verfahrens** (§§ 33 ff). Dagegen gelten die Verhaltensanforderungen des allgemeinen Strafrechts – insbesondere die Tatbestände des Besonderen Teils – grundsätzlich auch für Jugendliche (§§ 1 Abs. 1, 4). Das JGG mit seinen differenzierenden und einzelfallorientierten Regeln zur Verantwortlichkeit Jugendlicher (§ 3) und der Anwendung des Jugendstrafrechts auf Heranwachsende (§ 105) sowie seinem kriminalpräventiv normerziehenden System der Rechtsfolgen mit vielfältigen Beziehungen zum jugendhilferechtlichen[4] und gesellschaftlichen Erziehungsprogramm eröffnet einen angemessenen Spielraum für die jugendstrafrechtliche Kontrolle. In den Grundzügen wird das bewährte deutsche Prinzip des Jugendstrafrechts heute zum Vorbild für entsprechende Reformen in Osteuropa.[5]

II. Anwendungsbereich

1. Allgemeines. Nach Abs. 1 unterfallen alle **Verfehlungen** Jugendlicher und Heranwachsender der besonderen jugendstrafrechtlichen Kontrolle des JGG. Damit ist zu klären, was unter dem Ausgangspunkt der Kontrolle – Verfehlungen – zu verstehen ist. Die Definition der Alterskategorien **Jugendlicher** (14 bis unter 18 Jahre) und **Heranwachsender** (18 bis unter 21) erfolgt durch das Gesetz selbst. Fest steht damit, dass Straftaten Erwachsener ab 21 Jahren ausnahmslos dem allgemeinen Strafrecht (StGB, StPO, GVG) unterliegen und ohne Bedeutung für das JGG sind. Weniger eindeutig und daher zu diskutieren ist die Situation bei Straftaten von **Kindern** unter 14 Jahren, da es dazu im gesamten Strafrecht nur die Strafunmündigkeitsvorschrift des § 19 StGB gibt. Welche Konsequenzen aus der absoluten Strafunmündigkeit, insbesondere für den verfahrensrechtlichen Umgang mit Kinderkriminalität, zu ziehen sind, regelt weder das Jugend- noch das allgemeine Strafrecht.

---

2 Zur Geschichte des Jugendstrafrechts Rössner in: Meier/Rössner/Schöch (Hrsg.), § 2; Streng, § 2.
3 Näheres Rössner in: Eppelmann/Möller/Nooken/Wilms (Hrsg.), Lexikon des DDR-Sozialismus, S. 421 ff.
4 Heute in der Form des SGB VIII (Kinder- und Jugendhilfegesetz, KJHG) von 1990. Bis dahin galt das parallel mit dem JGG von 1923 schon ein Jahr vorher in Kraft getretene Jugendwohlfahrtsgesetz (JWG) mit Eingriffstatbeständen im Gegensatz zum heutigen Jugendhilfeangebot. Seitdem besteht das „duale" System" aus Jugendstrafrecht und Jugendhilfe.
5 Dünkel, Entwicklungen der Jugendkriminalität und des Jugendstrafrechts in Europa – Ein Vergleich, www.uni-greifswald.de/-Ls3, S. 20.

3 2. **Sachlicher Anwendungsbereich: Verfehlungen.** Der in Abs. 1 auf den Begriff der Verfehlung bezogene Halbsatz mit dem Verweis auf die allgemeinen Strafbarkeitskriterien meint in der Sache – nur im Ausdruck weniger diskriminierend – eine **rechtswidrige Tat**.[6] Damit sind nach § 12 StGB alle Vergehen und Verbrechen im Sinne des Strafgesetzbuches, also dessen Tatbestände, erfasst. Mit § 4 wird noch einmal bekräftigt, dass es hinsichtlich der materiellen Strafbarkeitsvoraussetzungen keine Sonderregeln für das JGG gibt. Durch diese an das strafrechtliche Bestimmtheitsgebot gebundene Definition wird vor allem erreicht, dass jede jugendstrafrechtliche Kontrolle nur im Rahmen krimineller Verhaltensweisen erfolgen darf. Auch das Erziehungsinteresse legitimiert nicht dazu, auf Vorfeldbereiche delinquenten Verhaltens Jugendlicher, wie Schule schwänzen oder sonstiges gemeinlästiges Verhalten, zu reagieren. **Keine Verfehlungen** sind Ordnungswidrigkeiten oder Disziplinarmaßnahmen jeder Art, weil sie nicht mit (Kriminal-)„Strafe" bedroht sind. Im OWiG (§ 46 Abs. 1 und 6) wird aber die sinngemäße Anwendung der Verfahrensvorschriften des JGG im **Bußgeldverfahren** gegen Jugendliche und Heranwachsende verlangt. Bei der Festsetzung der Geldbuße durch den Richter (§ 78 Abs. 4 OWiG) oder deren Vollstreckung (§ 58 OWiG) kommen an deren Stelle bestimmte Weisungen und Auflagen aus §§ 10, 15 JGG infrage (§ 98 Abs. 1 Nr. 1-4 OWiG).

4 Die **Strafbarkeitsgrenze einer Verfehlung** wird auf der Grundlage des einschlägigen Straftatbestands nach allgemeinen Grundsätzen und den üblichen Subsumtionsregeln festgestellt. Eine allgemeine Regel zur restriktiven jugendspezifischen Auslegung ist dem JGG nicht nur nicht zu entnehmen, sondern steht dessen Prinzipien und Grundstruktur entgegen:[7] Das Ziel des Normlernprozesses ist auf die Einübung elementarer strafrechtlich geschützter Verhaltensregeln gerichtet, die auch für Jugendliche ohne Abstriche gelten müssen. Das gilt besonders für die häufig als Ansatzpunkt für jugendspezifische Auslegungen genannten Gewaltdelikte. Mögliche **jugendspezifische Defizite der Normkenntnis und Normbefolgung** werden nach der Systematik des JGG im Rahmen der Rechtsfolgenbestimmung berücksichtigt, zB bei §§ 3, 5-32, 45-47. Freilich ist die praktische Auswirkung der Kontroverse nicht relevant, weil natürlich – insbesondere bei der Auslegung subjektiver Merkmale wie Vorsatz und Fahrlässigkeit – die individuelle Prüfung der allgemeinen Strafbarkeitsvoraussetzungen sich auch mit altersbedingten Aspekten auseinanderzusetzen hat. Bei zeitlich **gestreckten Tatbestandshandlungen** sind am Beginn strafrechtlicher Verantwortlichkeit mit 14 Jahren nur die Teile relevant, die nach dem 14. Lebensjahr liegen. Für eine Strafbarkeit müssen nach diesem Zeitpunkt alle Strafbarkeitsvoraussetzungen – objektiv wie subjektiv – vorliegen. Die Kollisionen zwischen Jugendstrafrecht und allgemeinem Strafrecht bei zeitlich andauernder Kriminalität und Überschreitung der 18- bzw 21-Jahregrenze hat das JGG speziell in § 32 geregelt.

5 3. **Persönlicher Anwendungsbereich. a) Jugendliche und Heranwachsende (Abs. 2).** Die Anwendung des JGG hat die Frage zu klären, ob es sich um ein strafmündiges Kind, einen Jugendlichen oder einen Heranwachsenden handelt. Dabei kommt es auf das Alter eines jungen Tatverdächtigen zum **Zeitpunkt der Begehung** der Verfehlung (§ 8 StGB) an. Entscheidend für die Feststellung der Altersgrenze und Zuordnung ist also die Tatzeit, nicht die des gerichtlichen Ver-

---

6 D/S/S-Sonnen, § 1 Rn 27; Eisenberg, § 1 Rn 21; Ostendorf, § 1 Rn 10; Streng, § 3 Rn 41.
7 So auch BGH v. 22.3.2006, 5 StR 38/06, NStZ 2006, 574; anders Eisenberg, § 1 Rn 24 - 24 b; einschränkend Ostendorf, § 1 Rn 10.

fahrens. Die zeitliche Grenze der Anwendung des JGG (von 14 bis unter 21 Jahren) und die Unterscheidung zwischen Jugendlichen (14 bis unter 18 Jahren) und Heranwachsenden (18 bis unter 21 Jahren) wird in Abs. 2 legal bestimmt. Die genaue **Berechnung des Alters** erfolgt in analoger Anwendung der §§ 186 ff BGB:[8] Die Zeitgrenze ist daher null Uhr des jeweiligen Geburtstages. Selbst bei einem zur Aburteilungszeit 45 Jahre alten Täter bleibt es bei der Anwendung von Jugendstrafrecht, wenn das im Alter von 17 Jahren begangene Totschlagdelikt 27 Jahre später durch jetzt mögliche DNA-Analysen ermittelt werden konnte. Nur im Rahmen des Vollzugs der zu verhängenden Jugendstrafe ist die altersgemäße Korrektur dadurch zu erreichen, dass die Jugendstrafe nach § 91 im Erwachsenenvollzug verbüßt wird. Andererseits sind die aus dem SGB VIII (§§ 32, 34) stammenden Maßregeln der Erziehungsbeistandschaft und Heimunterbringung im Rahmen des § 12 JGG auch bei Verfehlungen Jugendlicher nur bis zum 18. Lebensjahr möglich (§§ 27 Abs. 1, 7 Abs. 1 Nr. 2 SGB VIII). Auch bei jungen **Soldaten** gilt das JGG mit einigen Besonderheiten gem. §§ 112 a–e. Handelt es sich um ein **mittäterschaftliches Vergehen** oder eine **Beteiligung**, so ist auf den Zeitpunkt des Tatbeitrages jedes Einzelnen abzustellen.

In manchen Fällen kann die **genaue Altersbestimmung** schwierig sein, wenn zB bei ausländischen Beschuldigten verlässliche Angaben eines Geburtsregisters oder Angaben in amtlichen Papieren fehlen. Weil es dabei um die Feststellung einer wichtigen Verfahrensvoraussetzung für die Anwendung des JGG geht, kann nach § 81 a StPO eine körperliche Untersuchung bis hin zu röntgenologischen Gebiss- und Skelettuntersuchungen angeordnet werden.[9] Freilich ist bei der Anordnung der Verhältnismäßigkeitsgrundsatz zu beachten. 6

b) Altersbestimmung und Zweifel. Bei der Altersbestimmung können Zweifel bezüglich des Geburtsalters oder auch des genauen Begehungszeitpunkts der Verfehlung bleiben. In diesem Fall ist nach dem Grundsatz **in dubio pro reo** zugunsten des Beschuldigten zu entscheiden.[10] Diese Entscheidung ist vom Jugendgericht zu treffen.[11] Bei einem **möglicherweise 14-jährigen Tatverdächtigen** ist das Verfahren mit Blick auf die mildeste Alternative – die Strafunmündigkeit – einzustellen. Wie immer ist bei straffälligen Kindern zu prüfen, ob das Jugendamt zur eventuellen Einleitung notwendiger Hilfen zur Erziehung informiert werden soll. Bei Zweifeln über die **18-Jahre-Altersgrenze** zwischen Jugendlichen und Heranwachsenden wird in jedem Fall Jugendstrafrecht angewendet, wenn bei dem Tatverdächtigen unabhängig vom Zweifel über das Alter die Voraussetzungen des § 105 Abs. 1 vorliegen. Nur bei weiteren Zweifeln auch über dessen Voraussetzungen wie auch bei solchen über **die 21-Jahresgrenze in Kombination mit dem Vorliegen der Voraussetzungen des § 105** taucht das Problem auf, ob eine jugendstrafrechtliche Rechtsfolge oder eine solche nach dem allgemeinen Strafrecht für die Betroffenen günstiger ist. Dabei kommt es nach hier vertretener Ansicht auf einen konkret-fiktiven Einzelfallvergleich an (s. § 105 Rn 32). Scheidet § 105 in diesem Zweifelsfall aus, so kommt auch im Fall des Alters unter 21 Jahren nur allgemeines Strafrecht in Betracht. 7

---

8 Eisenberg, § 1 Rn 8; Streng, § 3 Rn 42.
9 Ostendorf, § 1 Rn 12; Streng, § 3 Rn 42; Zieger, Rn 138; kritisch dazu Eisenberg, § 1 Rn 4 hinsichtlich der Bestimmung der Untergrenze; medizinische Aspekte bei Schmeling u.a., Medizinische Grundlagen der Altersschätzung bei Lebenden im Strafverfahren, NJW 2000, 2720 ff.
10 OLG Köln v. 20.3.1964, Ss494/63, NJW 1964, 1684 f.
11 BGH v. 23.5.2002, 3 StR 58/02, NStZ 2003, 47.

Rössner

8 **c) Zur strafrechtlichen Kontrolle der Kinderkriminalität.** Kinder unter 14 Jahren sind iSd § 19 StGB als Strafunmündige grundsätzlich von der strafrechtlichen Kontrolle ausgenommen. Ihre erziehungsorientierte Verhaltenskontrolle ist vorrangig eine **Aufgabe der Eltern** gem. Art. 6 Abs. 2 GG, § 1626 ff BGB als Personensorge. Bei der Erziehung können die Sorgeberechtigen **Unterstützung durch Jugendhilfe** erlangen, insbesondere wenn entsprechende Erziehungsprobleme vorliegen (§ 1 Abs. 3 SGB VIII). Schließlich steht am Ende der Skala eine **Kontroll- und Interventionsbefugnis des Familiengerichts**, vor allem wenn eine Gefahr für das körperliche, geistige oder seelische Wohl des Kindes zu befürchten ist. Letzteres kann mit der erheblichen Straffälligkeit von Kindern einhergehen, wenn die Eltern nicht gewillt oder in der Lage sind, einer kriminellen Entwicklung entgegenzuwirken. Dann kommen nach §§ 1666, 1666 a, 1667 BGB familiengerichtliche Maßnahmen zur Abwendung der Gefahr infrage, wobei auch eine Übernahme der Vormundschaft durch die Jugendhilfe zu klären ist. Mit erzieherischen Mitteln kann somit auf Kinderkriminalität angemessen reagiert werden.

9 Im Alter zwischen 14 und der Volljährigkeit mit 18 Jahren bestehen **jugendhilfe- und jugendstrafrechtliche Interventionsmöglichkeiten** nebeneinander und müssen bei Verfehlungen Jugendlicher aufeinander abgestimmt werden.[12] Dazu dienen im JGG vor allem §§ 3 S. 2, 34 Abs. 2, 38, 45 Abs. 2 S. 1, 53.

10 **Strafunmündige Kinder unter 14 Jahren** können bei Verfehlungen strafrechtlich nicht zur Verantwortung gezogen werden. Im strafprozessualen Kontext wird damit ein **Prozesshindernis** verknüpft, so dass schon kein Strafverfahren eingeleitet oder (weiter) durchgeführt werden darf.[13] Es bleiben einige strafrechtliche Bezugspunkte, wo außerhalb der strafrechtlichen Verantwortlichkeit und eines entsprechenden Strafverfahrens die **Zulässigkeit sonstiger strafrechtlicher Feststellungen oder Mittel** auch gegenüber Kindern diskutiert wird: Im **materiellen Bereich** scheidet unter dem Aspekt der gebotenen Abwehr eines Angriffs Notwehr gegen ein schuldlos handelndes Kind aus.[14] Etwas anderes gilt nur, wenn die Schuldunfähigkeit für den Notwehr Ausübenden nicht erkennbar und unvermeidbar gewesen ist.[15] Eine Straffreierklärung aufgrund wechselseitiger Beleidigung nach § 199 StGB gegenüber Kindern ist hinsichtlich eines verantwortlich handelnden Täters ausgeschlossen, da die Vorschrift eine rechtswidrige und schuldhafte Tat voraussetzt, die aufgrund der Schuldunfähigkeit des Kindes fehlt.[16] Hehlerei nach § 259 StGB ist auch nach einer tatbestandsmäßigen und rechtswidrigen Vortat eines Kindes möglich, da die Hehlerei eine selbstständige Straftat ist und es nicht auf die Verfolgbarkeit der Vortat ankommt.[17] In **verfahrensrechtlicher Hinsicht** besteht gegen das Kind ein Verfahrenshindernis. Daher kann das Kind streng genommen nicht in die Rolle des Beschuldigten gelangen, da ihm keine Strafe droht.[18] Trotz dieser Ausgangslage bedarf die **Situation des Verdachts** einer differenzierten Beurteilung. In dieser Ausgangssituation ist es nach § 163 StPO Aufgabe der Polizei, Ermittlungen zu allen relevanten Tatsachen

---

12 Meier in: Meier/Rössner/Schöch (Hrsg.), § 4 Rn 26 f.
13 Eisenberg, § 1 Rn 1 ff; MüKo-StGB-Streng, § 19 Rn 5; Ostendorf, § 1 Rn 1.
14 BayObLG v. 28.2.1991, Rreg. 5 St 14/91, NStZ 1991, 433 f; HK-GS-Duttge, § 2 Rn 26.
15 D/S/S-Sonnen, § 1 Rn 20.
16 Eisenberg, § 1 Rn 2; Ostendorf, § 1 Rn 4.
17 BGH v. 27.2.1951, 4 StR 123/51, BGHSt 1, 47, 48; BGH v. 27.2.1951, 4 StR 123/51; D/S/S-Sonnen, § 1 Rn 20; Eisenberg, § 1 Rn 3; Ostendorf, § 1 Rn 4; Streng, § 3 Rn 44.
18 D/S/S-Sonnen, § 1 Rn 21; Eisenberg, § 1 Rn 4; Streng in: FS Gössel, Festschrift für Karl Heinz Gössel zum 70. Geburtstag am 16. Oktober 2002, 2002, S. 503 ff.

aufzunehmen. Die klare Formulierung des § 163 StPO lässt keine Zweifel daran, dass in dem Stadium des Anfangsverdachts die **Sachaufklärung** gemeint ist und noch kein personenbezogenes Verfahren gegen einen bestimmten Beschuldigten, denn es geht im Wortlaut darum, „Straftaten zu erforschen ..., um die Verdunklung der **Sache** zu verhüten". In diesem sachlichen Kontext gehört die Feststellung zum Alter und einer Tatbeteiligung, wo gerade bei Kindern eine gestaltende Mitwirkung älterer Täter nicht ausgeschlossen ist. Daher ist entgegen der hM in der Literatur die Abklärung der Identität und damit zusammenhängend des Alters mit den Mitteln des § 163 b StPO ebenso möglich wie mit informatorischen Befragungen auch zu Hintermännern.[19] Dazu gehören auch Durchsuchungen nach § 103 StPO, Zeugenvernehmungen und die körperliche Untersuchung zum Alter nach § 81 a StPO. In Konsequenz der vorstehenden Begründung zur Notwendigkeit der Identitäts- und Altersfeststellung muss auch dem Bürger die **vorläufige Festnahme** eines nicht sofort als Kind erkennbaren Tatverdächtigen erlaubt sein. In gleicher Weise wie bei § 163 StPO ist durch Identitätsfeststellung erst einmal aufzuklären, ob es sich um einen Strafunmündigen handelt und wie die Zusammenhänge der Straftat sind.[20]

Nicht erfasst von den Konsequenzen des grundsätzlichen Verfahrenshindernisses der Strafunmündigkeit und der auszuschließenden Beschuldigtenrolle des Kindes sind **rein präventive Eingriffe**, die der Sicherung, nicht aber der Strafverfolgung dienen. Dazu gehören in jedem Fall die Sicherung nach § 111 b StPO hinsichtlich Verfall und Einziehung nach §§ 73 ff StGB, da diese auch selbstständig ohne jeden Bezug zu einem Tatverdächtigen angeordnet werden können. Das ist angemessen im Blick darauf, dass es um Nutzungen der Tat zulasten eines Opfers bzw um gefährliche Gegenstände der Verbrechensausführung geht. Bei diesem vom Gesetz rein sachlich definierten Bezug zur Straftat kann es auf die Strafunmündigkeit nicht ankommen. Warum sollte ein Kind gefährliche Gegenstände der Tatdurchführung, zB Waffen, behalten dürfen. Nicht berührt wird der Beschuldigtenstatus auch durch Maßnahmen, die für die Zwecke des Erkennungsdienstes notwendig sind, denn dabei handelt es sich um eine präventive Maßnahme, die im Sinne des Verhältnismäßigkeitsgrundsatzes auch bei Kindern zulässig ist, wenn sie schwerwiegende Straftaten begangen haben und weitere zu befürchten sind.[21] 11

d) Konsequenzen fehlerhafter Altersfeststellung. Eine falsche altersmäßige Zuordnung und eine daraufolgende Verurteilung führen nicht automatisch zur Nichtigkeit der Entscheidung, denn sie liegen nicht völlig außerhalb des Rechtsrahmens. Dies gilt sowohl für die Verurteilung eines Erwachsenen nach Jugendstrafrecht als auch eines Jugendlichen nach allgemeinem Strafrecht.[22] Beide Entscheidungen sind nur unrichtig und damit mit ordentlichen **Rechtsmitteln** anfechtbar. Wenn ein Kind fälschlicherweise verurteilt wurde, ist zu unterscheiden, ob es sich um eine falsche Sachverhaltsdarstellung oder einen Rechtsfehler handelt. Ergibt sich die falsche Einordnung aus einem **Rechtsfehler**, so kann Nichtigkeit die Folge sein, jedoch nur dann, wenn gegen eine strafunmündige Person eine Maßnahme verhängt wird, die auch das zuständige Familiengericht nicht hätte verhängen dürfen.[23] Basiert die falsche Einordnung auf **Sachverhaltsfehlern**, so ist die Entscheidung grundsätzlich gültig, weil sie in sich stimmig und 12

---

19 Verrel, Kinderdelinquenz – ein strafprozessuales Tabu?, NStZ 2001, 284.
20 Verrel, NStZ 2001, 284.
21 Verrel, NStZ 2001, 284.
22 BGH v. 23.10.1953, 2 StR 188/53, MDR 1954, 400, 401; D/S/S-Sonnen, § 1 Rn 25.
23 Eisenberg, § 1 Rn 35; so auch schon Dallinger/Lackner, § 1 Rn 21; anders: Ostendorf, § 1 Rn 13.

nicht offenkundig fehlerhaft ist. Letztlich kommt aber den Rechtsmitteln die entscheidende Bedeutung zu, da sie zu einer eindeutigen Aufhebung der fehlerhaften Entscheidung führen.[24]

III. Geltungsbereich

13 1. **Sachliche Geltung des JGG.** Im Verfahren gegen Jugendliche und Heranwachsende ist das JGG nach § 104 immer anzuwenden, auch wenn die Sache nach möglicher Verbindung mit Verfahren gegen Erwachsene (§ 103 Abs. 1, Abs. 2 S. 2) vor den für allgemeine Strafsachen zuständigen Gerichten verhandelt wird. Umgekehrt wird von Jugendgerichten ausschließlich das jugendstrafrechtliche Verfahren angewendet, es sei denn, die Bestimmungen betreffen Erwachsene in der Sache nicht (§§ 43, 45, 47, 55, 76) oder es gibt eine gesetzliche Regelung (§§ 48 Abs. 3, 49 Abs. 2). Freilich gelten für die Verurteilung von Erwachsenen auch dann die Rechtsfolgen des StGB uneingeschränkt.

14 2. **Örtliche Geltung des JGG.** Das JGG hat keine Spezialregelung für die zeitliche, örtliche und internationale Reichweite. Daher gilt das JGG auch für Ausländer oder Taten im Ausland nach den allgemeinen Voraussetzungen der §§ 3-7 StGB.[25] Hinsichtlich der Zuständigkeit der Bundesländer gilt das Recht des Tatortes.[26] Auch für die **internationale Rechtshilfe** gibt es kein spezielles Regelungswerk, sondern es gilt das Gesetz über die internationale Rechtshilfe in Strafsachen (IRG) zur Auslieferung und Rechtshilfe, wenn Verträge fehlen.[27] Innerhalb der EU gelten die Spezialregelungen der §§ 78 ff IRG. Nach § 83 Nr. 2 IRG ist eine Auslieferung bei Strafunmündigkeit ausgeschlossen. Gegenüber Nicht-EU-Ländern führt insoweit § 73 IRG zum gleichen Ergebnis. Bei Jugendlichen gibt es keine grundsätzlichen Einschränkungen, sondern nur rechtliche Unterstützungsangebote bei einer Auslieferung (§ 40 Abs. 2 IRG). Aber auch dabei ist § 73 IRG mit der Ordre-public-Klausel insbesondere mit Blick auf den Verhältnismäßigkeitsgrundsatz möglicher Rechtsfolgen zu beachten.[28]

§ 2 Ziel des Jugendstrafrechts; Anwendung des allgemeinen Strafrechts

(1) ¹Die Anwendung des Jugendstrafrechts soll vor allem erneuten Straftaten eines Jugendlichen oder Heranwachsenden entgegenwirken. ²Um dieses Ziel zu erreichen, sind die Rechtsfolgen und unter Beachtung des elterlichen Erziehungsrechts auch das Verfahren vorrangig am Erziehungsgedanken auszurichten.

(2) Die allgemeinen Vorschriften gelten nur, soweit in diesem Gesetz nichts anderes bestimmt ist.

Schrifttum:
Burscheidt, Das Verbot der Schlechterstellung Jugendlicher und Heranwachsender gegenüber Erwachsenen in vergleichbarer Verfahrenslage, 2000; *Gottfredson/Hirschi*, A General Theory of Crime, 1990; *Grunewald*, Die De-Individualisierung des Erziehungs-

---

24 Ostendorf, § 1 Rn 24.
25 D/S/S-Sonnen, § 1 Rn 28; Eisenberg, § 1 Rn 29.
26 BGH v. 28.10.1954, 1 StR 379/54, BGHSt 7, 53, 55; Eisenberg, § 1 Rn 28.
27 IRG in der Neubekanntmachung vom 27.6.1994 (BGBl. I, 1537) und Änderungen für 2009 (BGBl. I, 3214 ff)
28 Im Einzelnen auch zu Vollstreckungsfragen s. Brunner/Dölling, § 1 Rn 5 ff; Eisenberg, § 1 Rn 30 a ff.

gedankens im Jugendstrafrecht, 2003; *Nothacker*, „Erziehungsvorrang" und Gesetzesauslegung im Jugendgerichtsgesetz, Eine systematisch-methodologische Analyse jugendstrafrechtlicher Rechtsanwendungsprinzipien, 1985; *Sampson/Laub*, Crime in the Making, 1993; *Stelly/Thomas*, Einmal Verbrecher – immer Verbrecher, 2001.

I. Anwendungsgrundsätze und Zielbestimmung nach Abs. 1 .. 1	
1. „Anwendung des Jugendstrafrechts" 1	
2. Zielbestimmung (Satz 1) .. 3	
a) Hauptziel 3	
b) Nebenziele 4	
3. Mittel zur Zielerreichung (Satz 2) 5	
a) Evidenzbasierte Kriminalprävention im Jugendstrafrecht 6	
aa) Grundfragen 6	
bb) Die präventive Funktion der Reaktion im Jugendstrafrecht: Verantwortlichkeitserziehung 8	
b) Erziehungsprogramme zur sozialen Integration 11	
aa) Täter-Opfer-Ausgleich 11	
bb) Anhäufung von sozialen Ressourcen 13	
cc) Zusammenfassung 17	
4. Verfassungsrechtliche Schranken der Erziehung nach Abs. 1 (Art. 6 Abs. 2 S. 1 GG).... 18	
II. Abs. 2: Das Jugendstrafrecht als lex specialis des Strafrechts 19	
1. „Allgemeine Vorschriften" 19	
a) Strafrechtsgesetze 20	
b) Ordnungswidrigkeitenrecht 21	
c) Verwaltungsvorschriften 22	
2. Vorrangstellung des JGG 23	
a) Aufgrund ausdrücklicher gesetzlicher Regelung 23	
b) Vorrang aufgrund allgemeiner Grundsätze des JGG 24	
3. Auswirkungen des Vorrangs des JGG............. 25	
a) Straftatvoraussetzungen 25	
b) Strafverfahren 26	
c) Rechtsfolgen der Tat .. 28	

I. Anwendungsgrundsätze und Zielbestimmung nach Abs. 1

1. „Anwendung des Jugendstrafrechts". Abs. 1 S. 1 und 2 bestimmen in exponierter Stellung des JGG „die Anwendung des Jugendstrafrechts" als umfassenden Einfluss des JGG und seine ausdrücklichen wie impliziten Besonderheiten vom Beginn der Ermittlungen bis zur Erledigung des Strafverfahrens einschließlich der Strafvollstreckung gegenüber Jugendlichen und Heranwachsenden.[1] Abs. 1 S. 2 schreibt die **Ausrichtung am Erziehungsgedanken** für das Verfahren unter dem Vorbehalt des elterlichen Erziehungsrechts und für die Rechtsfolgen ohne Einschränkung vor. Zum Vollzug finden sich Vorschriften zum Jugendarrest in § 90, zur Untersuchungshaft in § 89 c und zur Ausnahme vom Jugendvollzug in § 89 b sowie zur Anordnung des Ungehorsamsarrests nach §§ 11 Abs. 3 S. 1, 15 Abs. 3 S. 2.

Der **Vollzug der Jugendstrafe** liegt dagegen seit der Föderalismusreform durch Gesetz vom 28.8.2006 gem. Art. 70 GG in der Kompetenz der einzelnen Bundesländer, weil dabei der gesamte Strafvollzug in Art. 74 Abs. 1 Nr. 1 GG als Gegenstand der konkurrierenden Gesetzgebung gestrichen wurde. Daraus folgt,

---

1 Vgl Goerdeler, Das „Ziel der Anwendung des Jugendstrafrechts" und andere Änderungen des JGG, ZJJ 2008, 137, 142; Ostendorf, § 2 Rn 8.

dass Abweichungen von Abs. 1 grundsätzlich möglich sind – freilich müssen sie verfassungskonform sein. Im Zusammenhang mit Abs. 1 ist der Verfassungsrang des Vollzugsziels der Resozialisierung unter Berücksichtigung der Schutzfunktion des Vollzugs für die Gesellschaft zu beachten.[2] Die Befähigung zu einem straffreien Leben hat dabei im Jugendstrafrecht besondere Bedeutung und die Gestaltung muss auch internationalen Standards entsprechen.[3] Die Abweichungen der Ländergesetze von Baden-Württemberg (§ 2 JStVollzG), Bayern (Art. 121 S. 1 BayStVollzG) und Hamburg (§ 2 1 HmbStVollzG) zur Nebenaufgabe des Schutzes der Allgemeinheit und die Betonung der Erziehung über die Legalbewährung hinaus in Bayern und Rheinland-Pfalz liegen im Rahmen der verfassungsrechtlich zulässigen Gesetzgebungskompetenz.[4]

3   2. **Zielbestimmung (Satz 1).** a) **Hauptziel.** Durch den Abs. 1 ist seit 2008 erstmals die Zielbestimmung des Jugendstrafrechts gesetzlich festgeschrieben.[5] Dem ausdrücklich in Abs. 1 S. 2 genannten **Erziehungsgedanken** des JGG kommt im Sinne von Sozialisation im Jugendstrafrecht „nachgerade naturwüchsig substanzielle Bedeutung" zu.[6] Die Regelung ist eine **Absage** an prinzipiell einschränkende Auslegungen des Erziehungsbegriffs im Sinne spezifischer Kriminalprävention zur bloßen Legalbewährung. Anerkannt wird, dass Erziehung ein komplexes Geschehen ist, das nicht formal beschränkt werden kann, wenn es erfolgreich sein soll.[7] Natürlich richtet sich der Fokus nach Abs. 1 S. 1 „vor allem" auf die Vorbeugung „erneuter Straftaten". Es ist aber nicht ausgeschlossen, dass zu diesem Zweck eine Entwicklungsförderung erfolgt, die erkannte kriminovalente Erziehungsdefizite angeht und einer kriminellen Karriere entgegenwirkt. Zentral geht es um das Aufgabenfeld des Normlernens[8] und des Leitprinzips „**Verantwortung**" für die Sozialisation junger Menschen und deren Fähigkeit, Verantwortung zu übernehmen.[9]

4   b) **Nebenziele.** Die Wortwahl in Abs. 1 S. 1 „vor allem" geht explizit von der **Möglichkeit von Nebenzielen** aus. Ausgeschlossen ist laut Gesetzesbegründung nur die negative Generalprävention im Sinne der reinen Abschreckung potenzieller Straftäter.[10] Die positive Generalprävention ist als Reflexwirkung einer Verurteilung auf das Rechtsbewusstsein Anderer in Form der Wiederherstellung der Normgeltung akzeptiert und willkommener Nebeneffekt.[11] Die gezielte **Normverdeutlichung** durch Zuchtmittel dient direkt dem Ziel der Legalbewährung.[12] Bezüglich der Jugendstrafe nach § 17 Abs. 2 S. 2 Hs. 2 wegen Schwere der Schuld kommt der **Schuldausgleich** als Zielbestimmung in Betracht.[13] Im Kontext des Jugendstrafrechts steht zwar auch diese Norm vorrangig unter dem Aspekt der Normbestätigung, so dass aus der Anordnungsvoraussetzung kein selbstständiges Ziel folgt. Anders verhält es sich mit der **Sicherungsaufgabe**, die selbstständig neben dem Hauptziel der Erziehung steht.

---

2   BVerfG v. 31.5.2006, 2 BvR 1673/04, NStZ 2007, 41 – 43.
3   BVerfG v. 31.5.2006, 2 BvR 1673/04, NStZ 2007, 41 - 43.
4   Anderer Ansicht Goerdeler, ZJJ 2008, 137, 143; Ostendorf, § 2 Rn 8.
5   BGBl. 2007 I, 2894.
6   BT-Drucks. 16/6293, 9 f.
7   Rössner in: Meier/Rössner/Schöch, § 1 Rn 14 ff.
8   Rössner in: Meier/Rössner/Schöch § 1 Rn 15 f.
9   Streng, § 2 Rn 23.
10 BT-Drucks. 16/6293, 10; so auch BVerfG v. 1.12.1981, 1 StR 634/81, NStZ 1982, 163.
11 BT-Drucks. 16/6293, 10.
12 Ostendorf, § 2 Rn 2.
13 BT-Drucks. 16/6293, 9.

3. **Mittel zur Zielerreichung (Satz 2).** Durch die Verwendung des Begriffs „vorrangig" wird zum Ausdruck gebracht, dass nicht jeder straffällige Jugendliche oder Heranwachsende ein Erziehungsdefizit aufweist.[14] Ausgerichtet ist die Vorgabe an empirischen Erkenntnissen kriminologischer, pädagogischer, jugendpsychologischer und anderer fachlicher Forschung und soll damit § 37 ergänzen.[15] Der **Erziehungsbegriff** orientiert sich an den empirischen interdisziplinären **Erkenntnissen zur Sozialisation** Jugendlicher mit dem Schwerpunkt auf dem Teilbereich der sozialen Kontrolle und ist zu beschreiben als staatliche Institution des Normlernens, die erzieherische und sanktionierende Mittel unter Berücksichtigung aller sozialen Formen der sozialen Kontrolle einsetzt.[16] Dieser weite Erziehungsbegriff kann sich auf ausdrückliche normative Regelungen des JGG stützen, wo in großem Umfang auf das **sozialpädagogische Potenzial** des Jugendhilferechts verwiesen wird: § 3 S. 2 hinsichtlich einer erzieherischen Intervention statt eines Freispruchs; § 12 hinsichtlich der Hilfe zur Erziehung gem. §§ 30, 34 SGB VII; § 45 Abs. 2 S. 1 hinsichtlich des generellen Vorrangs von unterschiedlichsten erzieherischen Maßnahmen im Gesamtbereich sozialer Kontrolle – von informellen Interventionen bis zur Jugendhilfe nach § 53 bei von vornherein absehbarem Erziehungsbedarf nach Jugendhilferecht. Eine überzeugende Begründung für den weiten Erziehungsbegriff findet sich in der Monographie von Grunewald.[17] Neben einer ausführlichen Herleitung aus der Geschichte des Erziehungsgedankens im JGG macht der Autor deutlich, dass die Ausblendung der primären Entstehungszusammenhänge der Kriminalität und die Fokussierung allein auf Prozesse der Kriminalisierung empirisch nicht tragfähige Konsequenzen haben können. Mit der Hypostasierung partieller Ergebnisse der Kriminalisierungsforschung wie der Ubiquitätsthese und ihrer Episodenhaftigkeit, von der Ineffektivität jugendstrafrechtlicher Sanktionen oder zumindest ihrer Austauschbarkeit entfällt jeder Gedanke an eine auf den individuellen Entwicklungsverlauf des Jugendlichen abstellende Intervention. Die vorgetragenen Argumente zum Neudenken des Erziehungsbegriffs stehen im Einklang mit den Ergebnissen der Entwicklungskriminologie (vor § 1 ff Rn 11 ff, 30). Aus den empirischen Ergebnissen zur sozialen Kontrolle Jugendlicher lassen sich jedenfalls Leitlinien für die Kriminalprävention im Jugendstrafrecht wie folgt entwickeln:

a) **Evidenzbasierte Kriminalprävention im Jugendstrafrecht. aa) Grundfragen.** Die wissenschaftliche Kriminalprävention in Form empirischer Wirkungsforschung ist noch nicht weit entwickelt. Die Gründe hierfür sind vielfältig und reichen von mangelnden Forschungsressourcen über ein geringes Engagement der Kriminologie in diesem schwierigen Bereich bis zur Furcht vor unerwarteten Ergebnissen mit Konsequenzen für die relativ unangefochtenen normativen Vorgaben. Aber gerade bezogen auf die Ressourcenknappheit geht es wie in der Medizin darum, eine **Prioritätsliste der Wirkung kriminalpräventiver Maßnahmen** zu erstellen, die den verantwortlichen Umgang mit öffentlichen Mitteln im Jugendstrafrecht zulässt. Wirkungen spezifischer kriminalpräventiver Maßnahmen zeigen sich letztlich nur im kontrollierten Vergleich zwischen einer Gruppe, die eine spezifische Behandlung erhält, und einer anderen ohne die Intervention bei sonst gleicher Ausgangslage (Kontrollgruppendesign). Bei der Analyse von Präventionsprozessen ist aber schnell das Problem zu erkennen, dass die primäre Sozialisation und Erziehung in der Familie sowie die der sekundären Erziehungsträger

---

14 D/S/S-Sonnen, vor § 2.
15 BT-Drucks. 16/6293, 10.
16 Rössner in: Meier/Rössner/Schöch, § 1 Rn 15.
17 Grunewald.

in Kindergärten und Schulen erheblichen Einfluss auf Kriminalitätsentwicklungen haben und als unabänderliche intervenierende Variablen bei allen speziellen Maßnahmen späterer spezifischer Kriminalprävention Einfluss nehmen. Eine ebenso unabänderliche Einflussgröße stellen zB Auflösungs- und Desintegrationsprozesse in der Gesellschaft dar. So ist zu verstehen, dass Kriminalität in 9 von 10 Fällen nicht mit einer besonderen sozialen Auffälligkeit verbunden ist, sondern ein solcher Zusammenhang nur bei intensiver und verfestigter Kriminalität auszumachen ist und auch unter den verschiedensten gesellschaftlichen Bedingungen nur ein relativ stabiles „5 %-Problem" ist. Die häufig bei der Wirkungsforschung konstatierte **relative Wirkungslosigkeit** allgemeiner Maßnahmen beruht mit Blick auf die skizzierten Rahmenbedingungen darauf, dass punktuelle Maßnahmen der Kriminalprävention einerseits bei Episodentätern, die sich von sozial Unauffälligen nicht unterscheiden, ebenso wenig spürbaren Einfluss auf das sonstige übergewichtige Gesamtgeschehen der grundsätzlich gelingenden Sozialisation haben, wie auf das der 5 % Intensivtäter mit ausgebildetem Syndrom sozialer Auffälligkeit, die nach langer und umfassender Fehlentwicklung in vielen Bereichen der Sozialisation und Integration natürlich nicht durch punktuelle kriminalpräventive Eingriffe nach der kontinuierlichen Hinentwicklung zur Kriminalität zu erreichen sind. Die Erwartungen an spezifische Kriminalprävention im Kontext (jugend-)strafrechtlicher Kontrolle dürfen daher nicht zu hoch gehängt werden. Andererseits sind schon schwache Effekte beachtlich und sprechen sehr für eine bestimmte Intervention. Aus den vorstehenden Erwägungen folgt vor allem, dass Prävention nicht am Ende einer ausgeprägten kriminellen Karriere stehen sollte, sondern möglichst frühzeitig einzusetzen hat. Jede weitere Fehlentwicklung macht nachfolgende Prävention schwieriger.

7 Zwei unterschiedliche **Ebenen des sozialen Normlernens** bestimmen die Einwirkung in Richtung auf konformes Verhalten: Die in der **Außenwelt konstituierten sozialen Normen** – das Normfundament – bedürfen zunächst und ständig fortlaufend der externen sozialen Kontrolle zum Sichtbarwerden und zur Vergegenständlichung. Die persönliche **Aneignung der Normen** aus der Außenwelt führt zu der letztlich wirksamen inneren Kontrolle, die eine ständige äußere Kontrolle zur Normbeachtung überflüssig macht.

8 **bb) Die präventive Funktion der Reaktion im Jugendstrafrecht: Verantwortlichkeitserziehung.** Normen können nur gelernt werden, wenn sie als äußere Ordnung sichtbar und von der Gemeinschaft gelebt werden. Die gewisse und konsequente Sanktion konstituiert also nicht nur die äußere Ordnung, sondern wirkt auch individuell im Prozess des Normlernens. Nach neuen, verallgemeinerungsfähigen Ergebnissen der Kriminologie sind drei Faktoren für **die Entwicklung von Selbstkontrolle** entscheidend: Das Verhalten wird grundsätzlich kontrolliert, es wird erkannt und thematisiert sowie angemessen bestraft.[18] Die **Effektivität des Normlernens** in allen sozialen Institutionen und Bereichen ist umso größer, je früher das soziale Normlernen erfolgt und je intensiver der Personenbezug und die Zuwendung beim Normenlernen sind. Damit wird die tragende Rolle, welche Familie, Ersatzfamilie, Kindergarten und danach die Schule bei der normativen Sozialisation spielen, als Basis der gesamten normativen Struktur der Gemeinschaft deutlich. Entscheidend ist zunächst die familiäre oder ersatzweise erfolgte Basissozialisation für die Normvermittlung. Aber auch die Schule wirkt – zumindest in den ersten Jahren – im Bereich normativer Bildung noch relativ intensiv.

---

18 Gottfredson/Hirschi; s. dazu auch Lamnek, Neue Theorien abweichenden Verhaltens, 1994, S. 120 ff.

Natürlich kann die Schule im Rahmen des sozialen Normenlernens die Rolle der Eltern und der engen familiären Umgebung nicht ersetzen. Andererseits ist die Schule dennoch besser geeignet zur erfolgreichen normativen Sozialisation als die erst später und mit weniger sozialer Nähe und intensivem Personenbezug wirkenden Institutionen wie Vereine, kommunale Einrichtungen oder gar das Jugendstrafrecht.

Der angemessene Einsatz der **Sanktion durch Normverdeutlichung** und als **Anstoß zum Normenlernen** hat damit universell in allen Lebensbereichen präventive Funktion. Aktuelle empirische Ergebnisse bestätigen diese bisher meist nur normativ im Rahmen der Strafrechtslegitimation diskutierte Sanktionsnotwendigkeit aufgrund verhaltens- und neurowissenschaftlicher Erkenntnisse zur Belohnungs- und Sanktionsnotwendigkeit als Grundlage menschlicher Kooperation und das dabei wirksame Gegenseitigkeitsprinzip.[19]

9

Neurowissenschaftliche Untersuchungen belegen teilweise in der Kriminologie schon bekannte weitere **Wirkungsfaktoren der Sanktion**: Zum einen ist Strafe nur dann wirksam und gemeinschaftsfördernd, wenn sie zurückhaltend im System sozialer Kontrolle gegen Störer eingesetzt wird,[20] und auf der anderen Seite die Möglichkeiten, Ansehen durch positive Handlungen zu erwerben oder soziales Verhalten zu erlernen, betont werden.[21] Ebenso bedeutsam ist die Erkenntnis, dass Verhalten vor allem durch wahrgenommene Beobachtung beeinflusst wird. Die Reputation, die dabei auf dem Spiel steht, ist ebenso wie die Vermeidung negativer Konsequenzen durch Sanktionen eine wichtige verhaltensbestimmende Kraft im Sinne eines egoistischen Altruismus. Das Verhalten ein und derselben Person ändert sich schnell und nachhaltig allein durch die erkannte Beobachtung.[22] Erkennen und Hinsehen sind so beachtliche Faktoren der sozialen Kontrolle. Schließlich ist festzustellen, dass das Prinzip der Gegenseitigkeit letztlich vom Vertrauen[23] und der Gewissheit lebt, dass sich jeder in der Gemeinschaft fair verhält. Faires Verhalten eines Gegenübers zeigt im menschlichen Gehirn messbare positive Erregung.[24] Das „Gewissheitsproblem" einer wohlgeordneten Gesellschaft,[25] dass sich alle anderen auch an die Regeln halten, ist durch konsequente und sichtbare Ahndung von Regelverletzungen zu lösen. Der Konforme wird so überzeugt, dass regelkonformes Verhalten sinnvoll ist, auch wenn es einige Abweichungen gibt.

10

b) Erziehungsprogramme zur sozialen Integration. aa) Täter-Opfer-Ausgleich. Der Täter-Opfer-Ausgleich ist eine **normverdeutlichende Reaktion** in gleicher Weise wie ein erster Schritt zur **(Re-)Integration** des Täters durch **Verantwortungsübernahme**. Empirische Studien machen deutlich, dass die Kriminalprävention durch den TOA nicht geschwächt wird. Vielmehr zeigt sich tendenziell **eine geringere Rückfallwahrscheinlichkeit** als nach vergleichbaren traditionellen

11

---

19 S. dazu mit Nachweisen Hk-GS-Rössner, Vorbemerkungen zu § 1 StGB Rn 9 ff.
20 Zur entsprechenden Angemessenheit, Begrenzung und Schonung der Betroffenen bei der Kriminalstrafe s. ausführlich Hassemer, Warum Strafe sein muss, 2009.
21 Henrich, Social Science: Enhanced: Cooperation, Punishment, and the Evolution of Human Institutions, Science 2006 (312), 60 f.
22 Milinski/Rockenbach, Economics: Spying on Others Evolves, Science 2007 (317), 464 f.
23 Luhmann, Vertrauen, ein Mechanismus der Reduktion sozialer Komplexität, 4. Aufl. 2009.
24 Singer/Fehr, The Neuroeconomics of Mind Reading and Empathy, American Economic Review 2005, 340 ff.
25 Rawls, Eine Theorie der Gerechtigkeit, 1975.

Sanktionen. So erbrachte eine Vergleichsuntersuchung von Dölling et al.[26] für das Jugendstrafrecht, dass von den Tätern, die einen TOA erfolgreich abgeschlossen hatten, 37,6 % nicht rückfällig wurden, also ohne weiteren Eintrag im BZR blieben. Von den Tätern aus der Vergleichsgruppe trifft dies auf 35 % zu. Die durchschnittliche Anzahl von Rückfällen nach einem erfolgreichen TOA ist aber deutlich günstiger. Sie betrug 1,4, in der Vergleichsstichprobe hingegen 2,1. Dieser Zusammenhang bestätigt sich auch, wenn wesentliche Störvariablen, die das Ergebnis verzerren könnten (Anzahl der Vorahndungen und materieller/ideeller Schaden korrelieren signifikant mit Rückfälligkeit und sind in UG/VG unterschiedlich häufig vertreten), eliminiert wurden. Die Untersuchung zieht den Schluss, dass ein günstiger Zusammenhang zwischen TOA und Legalbewährung besteht. Ähnlich wie die vorstehende Untersuchung arbeitet auch die Studie von Busse.[27] Er untersucht im Vergleichsgruppendesign 151 Täter, von denen 91 einen TOA absolvierten und gegen 60 Täter hingegen eine formelle Sanktion ausgesprochen wurde. Es handelt sich um Täter mit Taten aus den Jahren 1992-1994, die im Zeitraum von 3 Jahren auf erneute Rückfälligkeit überprüft wurden. Dem methodischen Problem, Störvariablen auszuschließen, begegnete die Untersuchung durch den statistischen Nachweis, dass zwischen Untersuchungs- und Vergleichsgruppe keine signifikanten Unterschiede bestanden. In dieser Studie zeigt sich im Ergebnis, dass nur 56 % der TOA-Gruppe gegenüber 81 % der Verurteiltengruppe wieder rückfällig wurden. Die durchschnittliche Anzahl von Rückfällen betrug nach einem TOA 1,04, nach der formellen Sanktion 2,1. Weiterer Erkenntnisgewinn und eine Stützung der Ergebnisse folgt aus der internationalen Rückfallforschung. Hier sind insbesondere Länder, die im kriminalpolitischen Feld der Restorative Justice längere Erfahrung und Praxis haben, zu beachten. Aus Australien, Kanada und den USA liegen aufschlussreiche Untersuchungen mit größeren Stichproben vor, wobei insbesondere auf einen breit angelegten Survey von Nugent/Williams/Umbreit[28] zu verweisen ist. Dieser bezieht sich auf 15 US-amerikanische Forschungen zum Rückfall nach TOA im Bereich der Jugendkriminalität. Die Besonderheit dieser Metaanalyse ist, dass sie 9.307 jugendliche Teilnehmer einbezieht und so einen hohen Grad von Repräsentativität bietet. Die Studie belegt überwiegend einen positiven Effekt des TOA: Von 15 Studien ergeben 11 eine deutlich geringere Rückfälligkeit im Vergleich mit den anders behandelten Vergleichsgruppen. Die Reduktion der Rückfallrate reicht bis zu 26 %. Ein wichtiges weiteres Ergebnis der Studie ist, dass die Rückfalltaten der TOA-Teilnehmer bezogen auf die Schwere deutlich geringer waren als bei der Ersttat im Gegensatz zur Vergleichsgruppe. Hier wird deutlich, dass TOA auch einen Einfluss auf die qualitative Reduktion kriminellen Verhaltens haben kann.

12 Die sozialkonstruktive kriminalpolitische **Alternative der Mediation** ist also im System der strafrechtlichen Sanktionen bei geeigneten Fällen zu empfehlen und steht dann vergleichbaren traditionellen strafrechtlichen Rechtsfolgen nicht nach. Im empirisch ermittelten ungünstigsten Fall hat der TOA keinen messbaren Erfolg und entspricht in der präventiven Wirkung aber immer noch einer traditionellen Maßnahme. Selbst dann ist er im geeigneten Fall das vorzugswürdige Mittel, weil

---

26 Dölling/Hartmann/Traulsen, Legalbewährung nach Täter-Opfer-Ausgleich im Jugendstrafrecht, MSchrKrim 2002, 185 ff.
27 Busse, Rückfalluntersuchung zum TOA, Jur. Diss., Marburg 2001.
28 Nugent/Williams/Umbreit, Participation in Victim-Offender-Mediation and the Prevalence and Severity of Subsequent Delinquent Behavior: A Metaanalysis. in: Utah Law Review 2003, 137 - 166.

es sich um die klar mildere Sanktion mit der Berücksichtigung von Opferbelangen und der Konfliktregelung handelt. Als Forderung an die zukünftige Forschung ist freilich gefordert, in differenzierter Form zu ermitteln, welche Taten und Tätergruppen sich für den Einsatz des TOA besonders eignen und wo er besonders wirkungsvoll ist. Der TOA kann dann gezielter im strafrechtlichen Sanktionensystem eingesetzt werden.

bb) Anhäufung von sozialen Ressourcen. Verlaufsstudien der neuen Entwicklungskriminologie belegen, dass auch bei Intensivtätern ein Abbruch ausgeprägter krimineller Karrieren möglich ist. Für die **Reintegration** sind dazu nicht die frühen Belastungen beachtlich, sondern aktuelle **neue soziale Bindungen** und **soziales Kapital** (zB eine Ausbildung oder Arbeitsstelle). Diese können den gesamten Lebensstil nachhaltig verändern. Solche „**Wendepunkte der Kriminalitätsentwicklung**" zeichnen sich auf fünf Wegen aus der Kriminalität ab:[29] Integration durch Arbeit, Integration durch Partnerschaft (Heirat, Lebensgemeinschaft), neue Bindungen an die Familie und Wegfall problematischer Konstellationen sowie Ende einer Drogenabhängigkeit. Für die Prävention ist es also entscheidend, solche Wege durch Angebote und Weisungen im Rahmen strafrechtlicher Kontrolle entsprechend zu stärken. 13

Verhaltensorientierte Konzepte werden in allen größeren Präventionsstudien im Bereich intensiver Kriminalprävention präferiert. Dabei werden häufig mehrere Ansätze, wie zB Eltern- und Kindtraining unter Einbezug der Schule, konstituiert. Freilich darf der Einsatz nicht wie in der nicht erfolgreichen Cambridge Somerville Study nach dem „Gießkannenprinzip" erfolgen, sondern die Programme müssen gezielt und intensiv sein. Punktuelle Einwirkungen haben kaum nachhaltige Wirkung. Bei der praktischen Umsetzung wird zB in Dänemark versucht, durch sogenannte SSP-Programme (Soziale Dienste, Schule und Polizei) die Bemühungen zu bündeln. Der Gesetzgeber hat die genannten Instanzen sogar zur Zusammenarbeit verpflichtet.[30] Gute Möglichkeiten bietet der **Sport** mit der notwendigen und zwangsläufigen Verknüpfung von psychischer Kraftentfaltung und Spielregeln im Sportspiel. Hier existiert ein relativ überschaubares und simples Systemabbild der Reglementierung von Gewalt. Dazu gehört auch die Erfahrung physischer Stresssituation und der Erkenntnis daraus resultierender Emotionen und ihrer psychischen Verarbeitung. Die sich in Effektivitätsstudien zeigende beschränkte präventive Wirkung von Sportprogrammen, wie zB Mitternachts-Basketball oder ein einmaliges Ereignis wie ein Fußballturnier, resultiert im Gegensatz zu den Schulprogrammen meist aus dem fehlenden Mehr-Ebenen-Konzept und zu geringer Intensität. Es kommt für eine kriminalpräventive Wirkung vor allem darauf an, den Sport als Mittel zu benutzen, langfristig tragfähige Bindungen zu gefährdeten Jugendlichen aufzubauen. 14

Als Alternative zur Inhaftierung jugendlicher Straftäter in geschlossenen Heimen oder Strafanstalten sollen **Jugendliche in Pflegefamilien** eine strikte Strukturierung und Kontrolle ihres Lebens kennenlernen, welche die Erziehungsschwächen der biologischen Eltern ausgleicht, während parallel dazu den biologischen Eltern konsequente Erziehungsmethoden nahegebracht werden sollen.[31] Die Pflegeel- 15

---

29 Sampson/Laub; Stelly/Thomas.
30 Ive, Public/Private Partnerships in Crime Prevention; The SSP-Co-operation in Denmark, in: Joutsen/Matti (Hrsg.), Five Issues in European Criminal Justice, 1999, p. 267.
31 Schumann, Experimente mit Kriminalprävention, in: Albrecht/Backes/Kühnel (Hrsg.), Gewaltkriminalität zwischen Mythos und Realität, 2001, S. 435 - 457.

ternschaft ist auf 6-9 Monate ausgelegt (Pflegeeltern werden bezahlt und verpflichten sich, ein individuell entwickeltes Strukturierungsprogramm mit dem Jugendlichen zu verwirklichen). Im Kern geht es um klare Grenzsetzung, durchgängige Überwachung des Jugendlichen, keine unbeobachtete Freizeit mit Freunden (um delinquente Kontakte zu verhindern). Das Ziel ist es, Verhaltensänderung durch Punkte-Systeme (Punktekonto mit Boni für erfüllte Aufgaben etc., Punktabzug bei Regelverstößen, Punkte können eingelöst werden für Vergünstigungen) zu erreichen, wobei der Punktestand täglich vom betreuenden Mitarbeiter abgefragt wird. Mit solchen Programmen wird das Rückfallrisiko halbiert.

16 Bei schwer delinquenten Kindern und Jugendlichen verspricht, gerade wenn sie keinerlei Bezüge zu einem strukturierten Leben mehr haben, auch eine familienähnliche **Heimerziehung** als letzte Möglichkeit und zugleich erster Schritt zur Integration durchaus Erfolg. Insoweit besteht insbesondere für jugendliche Straftäter zwischen 14 und 18 Jahren mit Jugendstrafe eine sinnvolle Alternative zum Jugendstrafvollzug, dessen Ablauf aufgrund der Altersstruktur weitgehend von jungen Erwachsenen bestimmt wird.[32] Schwierige Kinder und Jugendliche können in kleinen Einrichtungen mit großem pädagogischem Einsatz stabilisiert werden. Die **Wirkungsfaktoren** für eine erfolgversprechende Heimerziehung lassen sich durch die Suche nach Schutzfaktoren auch bei schwer auffälligen Jugendlichen angehen: eine feste Bezugsperson als Erzieher, soziale Unterstützung durch nicht dissoziale Personen, klare Norm- und Strukturvorgaben in der Einrichtung sowie der Aufbau kognitiver und sozialer Kompetenzen und das Erleben von Selbstwirksamkeit, Kohärenz und Struktur im Leben.[33]

17 cc) Zusammenfassung. Bei der Erziehung nach Abs. 1 geht es im Zusammenwirken mit der gesamten sozialen Kontrolle um die gemeinschafts- und institutionenbezogene Thematisierung von Straftaten, strikte Aufdeckung und Reaktion unter Einbeziehung aller Betroffenen und Bemühungen um eine möglichst integrierende Sanktion (Verantwortungsübernahme, Täter-Opfer-Ausgleich). Bei der Intensivkriminalität sind schließlich (Re-)Sozialisierungsbemühungen mit früher und intensiver Förderung von Kindern und Jugendlichen in Problemfamilien mit Überlegungen zu Mentoren- oder Pflegefamilienprogrammen und die Anhäufung von sozialen Ressourcen bei Intensivtätern gefragt, um den Boden für spätere Wendepunkte zu bereiten.

18 4. **Verfassungsrechtliche Schranken der Erziehung nach Abs. 1 (Art. 6 Abs. 2 S. 1 GG).** Klärungsbedürftig ist, inwieweit in Abs. 1 S. 2 durch die Worte **„unter Beachtung des elterlichen Erziehungsrechts"** die jugendstrafrechtliche Erziehung durch Art. 6 Abs. 2 S. 1 GG beschränkt wird. Bei der Beurteilung einer Kollision zwischen der Erziehungsaufgabe des Staates iSd Abs. 1 S. 1 und des elterlichen Erziehungsrechts ist in der individuellen Abwägung das betroffene Elternrecht gegen den strafrechtlichen Rechtsgüterschutz abzuwägen.[34] Die erzieherisch orientierten Maßnahmen des JGG sind vor allem dann zulässig, wenn die Straftat Ausdruck davon ist, dass die Eltern ihrer Verantwortung nicht nachkommen und das **„Wächteramt des Staates"** gefragt ist.[35] Freilich setzt die Anwendung des Erziehungsgedankens voraus, dass die durch eine konkrete Straftat

---

32 Das Justizministerium Baden-Württemberg setzt das „Projekt Chance" als Alternative zum Jugendstrafvollzug für jugendliche Gefangene um.
33 Lösel/Pomplun, Jugendhilfe statt Untersuchungshaft. Eine Evaluationsstudie zur Heimunterbringung,1998.
34 BVerfG v. 16.1.2003, 2 BvR 716/01, StraFo 2003, 84 - 88.
35 BVerfG v. 13.1.1987, 2 BvR 209/84, NStZ 1987, 275 - 276.

hervorgetretene **Erziehungsbedürftigkeit** gerichtlich festgestellt und eine daran ausgerichtete Rechtsfolge des JGG festgesetzt worden ist. Vorher – insbesondere im Verfahren – ist die Einschränkung bzw Zurückdrängung des Erziehungsrechts der Eltern allein gestützt auf erzieherische Ziele nicht verfassungskonform. Hinzu kommt der Grundsatz der Unschuldsvermutung, der natürlich ebenfalls gegen die Erziehungsansprüche im Verfahren abzuwägen ist.[36] Möglich bleiben Maßnahmen aus erzieherischen Gründen, die **Begünstigungen** des betreffenden Jugendlichen darstellen oder keinen Zwangscharakter haben,[37] wie zB Untersuchungshaftvermeidung nach § 71 und erzieherische Maßnahmen in Kombination mit Einstellung (§ 45 Abs. 2 S. 1). Problematisch ist, dass gegenüber Heranwachsenden kein elterliches Erziehungsrecht existiert, so dass die Annahme, auch eine staatliche Erziehung müsse ausscheiden,[38] zunächst naheliegend erscheint. Das BVerfG stellte jedoch überzeugend fest, dass auch nach Erlöschen des elterlichen Erziehungsrechts mit Erreichen des 18. Lebensjahrs der subsidiäre Erziehungsauftrag des Staates gegenüber Heranwachsenden bei Straftaten gerechtfertigt ist.[39]

II. Abs. 2: Das Jugendstrafrecht als lex specialis des Strafrechts

1. **„Allgemeine Vorschriften"**. Die allgemeinen Regeln des Strafrechts gelten nur, wenn keine Sonderregeln des JGG vorhanden sind. Solche allgemeinen Vorschriften sind diejenigen strafrechtlichen Normen, die nicht speziell auf das Alter eines Beschuldigten bezogen sind. Dabei sind vor allem folgende Regelungsbereiche betroffen: 19

a) **Strafrechtsgesetze.** Allgemeine Strafrechtsgesetze beziehen sich auf das Gesamtsystem strafrechtlicher Vorschriften von den Voraussetzungen der Strafbarkeit bis zum Verfahren und der Vollstreckung. Damit sind namentlich StGB, StPO, GVG, StVollzG, OEG, StrEG, das gesamte Nebenstrafrecht (AO, BtMG, Wehrstrafgesetz), das Landesstrafrecht und die Straffreiheitsgesetze umfasst.[40] 20

b) **Ordnungswidrigkeitenrecht.** Die Vorschriften des JGG gelten **sinngemäß** auch für das OWiG. Das folgt aus dem ausdrücklichen Verweis in § 46 Abs. 1 OWiG, der eine sinngemäße Anwendung des JGG anordnet, soweit das OWiG nichts anderes bestimmt. Demnach wirkt sich der Vorrang des JGG im OWiG nicht aus, sondern wird umgekehrt.[41] Die subsidiäre Anwendung des Jugendstrafrechts im OWiG betrifft insbesondere die Festsetzung der **Geldbuße**. Hier kann der Jugendrichter im Rahmen einer Ordnungswidrigkeitsentscheidung nach § 78 Abs. 4 OWiG zusammen mit der ausgesprochenen Geldbuße zugleich eine umwandelnde Vollstreckung in eine Auflage oder Weisung nach § 98 Abs. 1 S. 1 Nr. 1 - 4 OWiG aussprechen oder nach § 98 bei Nichtzahlung durch den Jugendlichen nachträglich festsetzen. Bei schuldhafter Nichterfüllung kann einmal Jugendarrest bis zu einer Woche Dauer angeordnet werden. Die Regelungen gelten auch für Heranwachsende (§ 98 Abs. 4 OWiG). 21

c) **Verwaltungsvorschriften.** Ob Abs. 2 auch für Verwaltungsvorschriften gilt, ist umstritten. Entsprechend dem Grundsatz des Vorrangs des Gesetzes 22

---

36 Goerdeler, ZJJ 2008, 137, 141 f.
37 Vgl BT-Drucks. 16/6293, 9; vgl Goerdeler, ZJJ 2008, 137, 142.
38 So Ostendorf, § 2 Rn 8.
39 BVerfG v. 13.1.1987, 2 BvR 209/84, NStZ 1987, 275 - 276; BGH v. 10.11.1987, 1 StR 591/87, StV 1988, 307.
40 D/S/S-Sonnen, § 2 Rn 18.
41 D/S/S-Sonnen, § 2 Rn 19; Ostendorf, § 2 Rn 13.

(Art. 20 Abs. 3 GG) und des Vorbehalts des Gesetzes ist zumindest keine unmittelbare Bedeutung für Verwaltungsvorschriften gegeben.[42] Innerhalb der allgemeinen Verwaltungsvorschriften ist die Vorrangregelung der Spezialität des JGG entsprechend anzuwenden. Deshalb ist bei allgemeinen Vorschriften zum Strafrecht eine Interpretation unter Berücksichtigung von Sonderregeln des JGG vorzunehmen und allgemeine Verwaltungsvorschriften (zB zur StPO) gelten nur, soweit aus den speziellen Richtlinien für das JGG nichts Abweichendes hervorgeht.[43]

23 **2. Vorrangstellung des JGG. a) Aufgrund ausdrücklicher gesetzlicher Regelung.** Der Vorrang des JGG kann sich aus ausdrücklicher gesetzlicher Regelung ergeben, so zB in §§ 5, 13 Abs. 3 JGG. Nur die nicht an das Alter anknüpfenden Vorschriften des StGB kommen ergänzend zur Anwendung. Die jeweiligen Begriffsbedeutungen können dabei variieren. So spricht das JGG nur im Falle der Jugendstrafe von „Strafe" (§ 13 Abs. 3), im allgemeinen Strafrecht hingegen ist der Begriff weiter zu verstehen. Darunter fallen alle förmlichen Sanktionen wie im Urteil ausgesprochene Erziehungsmaßregeln und Zuchtmittel. Dies ist zB in §§ 46 a, 157 Abs. 2, 158 Abs. 1, 199 StGB, in §§ 154, 154 a StPO sowie in § 466 StPO der Fall, in den §§ 331, 358 Abs. 2 StPO (Verschlechterungsverbot) und im BZRG.[44] Umstritten ist dies bezüglich § 60 StGB.[45] Die §§ 79 bis 81 als negative gesetzliche Regelungen schließen hingegen Vorschriften des allgemeinen Verfahrensrechts aus.

24 **b) Vorrang aufgrund allgemeiner Grundsätze des JGG.** Der Vorrang des JGG gilt auch für die Grundsätze des JGG. Zwar ist eine besondere **jugendadäquate Tatbestandsdefinition** im materiellen Recht abzulehnen (§ 1 Rn 4, da die Berücksichtigung jugendlicher Besonderheiten bei der Tatbegehung und -verfolgung individuell im Rahmen der Auslegung von Rechtsbegriffen des allgemeinen Strafrechts berücksichtigt werden kann. Zum Beispiel kann das rechtsstaatliche Erfordernis der Belehrung über das Recht, nicht zur Sache auszusagen, gemäß § 136 StPO mit dem Erziehungsauftrag kollidieren. Dann nämlich, wenn ein jugendlicher Beschuldigter durch die Belehrung aus Angst oder Trotz animiert wird, nicht auszusagen und damit günstigere Verfahrensalternativen für ihn ausscheiden. Da der verfassungsrechtliche nemo-tenetur-Grundsatz einen Hinweis auf die Verteidigungsmöglichkeiten verlangt und dieser nicht aufgrund des JGG unterbleiben darf, wird es angebracht sein, den Jugendlichen verständig über beide Möglichkeiten zu belehren,[46] ohne ihn in Richtung eines Geständnisses zu beeinflussen.[47]

25 **3. Auswirkungen des Vorrangs des JGG. a) Straftatvoraussetzungen.** In Bezug auf die Straftatvoraussetzungen ist § 3 die einzige Vorschrift, die eine Sonderregel (gegenüber § 20 StGB) enthält (s. bei § 3). Ein eigenständiger Deliktskatalog exis-

---

42 Ostendorf, § 2 Rn 14; zust. D/S/S-Sonnen, § 2 Rn 20.
43 Brunner/Dölling, § 2 Rn 8; Eisenberg, § 2 Rn 40; so iE auch D/S/S-Sonnen, § 2 Rn 20.
44 Brunner/Dölling, § 2 Rn 4; vgl Eisenberg, § 2 Rn 41.
45 Bejahend: BayObLG v. 26.6.1991, RReg. 1 St 119/91, NStZ 1991, 584, 585 m. zust. Anm. von Scheffler, NStZ 1992, 491; vgl BayObLG v. 13.7.1961, RReg. 4 St 174/61, NJW 1961, 2029 f zu § 233 StGB aF; Brunner/Dölling, § 2 Rn 4; Eisenberg, § 5 Rn 11; Ostendorf, § 5 Rn 21; aA bzgl Erziehungsmaßregeln: Bringewat, Das Absehen von Erziehungsmaßregeln = Absehen von Strafe?, NStZ 1992, 315, 318.
46 Kaiser, Auswirkungen des Strafprozessänderungsgesetzes unter besonderer Berücksichtigung des Haftrechts, NJW 1968, 777, 778; Bertram, Die Auswirkungen der letzten Novelle zur Strafprozessordnung (StPOÄG) auf das Jugendgerichtsverfahren, MSchrKrim 1968, 285, 286.
47 Brunner/Dölling, § 2 Rn 10.

tiert nicht, die Tatbestände des Besonderen Teils des StGB und die Abschnitte 1, 2, 4 und 5 des Allgemeinen Teils gelten auch für Jugendliche und Heranwachsende. In Anbetracht des Fehlens eines eigenständigen Deliktskatalogs gibt es verschiedene Vorschläge zur **jugendspezifischen Bestimmung der Straftatvoraussetzungen**. Am weitesten gehen Forderungen nach einer materiellen Entkriminalisierung[48] aufgrund „jugend- und sozialtypischen Verhaltens".[49] Mit dem Blick auf die Klarstellung in § 4 bleiben aber im Rahmen des Gesetzes nur Ansätze zu einer jugendadäquaten Gesetzesauslegung,[50] die nichts anderes sind als eine **methodengerechte Auslegung**. Wenn es ein Tatbestandsmerkmal erfordert oder zulässt, ist der Untersatz selbstverständlich auf die **jugendspezifische Situation** auszurichten (s. auch § 1 Rn 4). Dabei kann zB bei der Einordnung der Spielzeugpistole als qualifizierendes Gefährlichkeitsmerkmal nach § 250 Abs. 1 Nr. 2 StGB ein spielerisches Element bei gerade erst dem Kindesalter entwachsenen Jugendlichen beachtlich sein.[51] Fraglich ist auch, ob in prahlerischen Redensarten Jugendlicher eine Bedrohung gemäß § 241 Abs. 1 StGB liegt.[52] Über eine methodisch zulässige Subsumtion, zB mittels einer teleologischen Reduktion, dürfen jugendspezifische Auslegungen aber nicht hinausgehen. Das wäre mit dem Prinzip der Rechtssicherheit und der Vorhersehbarkeit staatlichen Strafens[53] sowie der Internalisierung des Strafrechts[54] und mit dem strafrechtlichen Bestimmtheitsgebot (§ 1 StGB)[55] sowie dem Gebot der Gleichbehandlung[56] nicht vereinbar. Vor allem ist dieser Weg nicht nötig, da es auch de lege lata möglich ist, jugendgemäß zu urteilen, weil Strafrahmen bei der Bestimmung der Rechtsfolgen nach dem JGG keine wesentliche Rolle spielen (s. § 1 Rn 4).

b) Strafverfahren. Ausdrücklich **ausgeschlossen** sind im Bereich des Strafverfahrens für Jugendliche der Strafbefehl, das beschleunigte Verfahren, Privat- und Nebenklage und die Entschädigung des Verletzten; für Heranwachsende ist gemäß § 109 Abs. 2 bei Anwendung von Jugendstrafrecht ebenfalls das Strafbefehlsverfahren ausgeschlossen, zudem ist danach im beschleunigten Verfahren § 55 Abs. 1, 2 nicht anwendbar. § 54 begründet für die Verurteilung zu Jugendstrafen eine erweiterte besondere Begründungspflicht im Vergleich zu § 267 Abs. 3 S. 1 StPO.[57] Kronzeugenregelung und § 31 BtMG widersprechen dem vorrangigen Erziehungsgedanken bei der Strafzumessung.[58] Ebenso fragwürdig in diesem Sinn sind **Absprachen im Jugendstrafverfahren**, weil das Aushandeln einer Rechtsfolge schwer damit zu vereinbaren ist.[59] Der Jugendliche ist weniger als ein Erwachsener in der Lage, seine Position ausreichend einzuschätzen

26

---

48 Kerner/Marks/Rössner/Schreckling, Täter-Opfer-Ausgleich im Jugendstrafrecht, BewHi 1990, 169.
49 Ostendorf in: BMJ (Hrsg.), Grundfragen des Jugendkriminalrechts, 1992, 199 ff und Reformvorschläge, s. auch DVJJ 1992, 10 f.
50 Eisenberg, § 2 Rn 24 b (nur zugunsten Jugendlicher), Ostendorf, § 2 Rn 10.
51 BGH v. 23.9.1975, 1 StR 436/75, NJW 1976, 248; BGH v. 20.5.1981, 2 StR 157/81, NStZ 1981, 436; BGH v. 11.9.1985, 2 StR 491/85, StV 1986, 19; mE BGH v. 12.11.1991, 5 StR 477/91, NStZ 1992, 129 f.
52 AG Saalfeld v. 13.4.2004, 663 Js 11878/03 2 Ds jug., NStZ-RR 2004, 264.
53 Laubenthal/Baier, S. 29 Rn 61; Brunner/Dölling, § 2 Rn 7.
54 Laubenthal/Baier, S. 29 Rn 61.
55 Rössner in: Meier/Rössner/Schöch, § 6 Rn 2; Brunner/Dölling, § 2 Rn 7.
56 Brunner/Dölling, § 2 Rn 7.
57 OLG Jena v. 13.1.1998, 1 Ss 302/97, NStZ-RR 1998, 119, 120.
58 Vgl Eisenberg, § 2 Rn 27; vgl AG Saalfeld v. 4.7.2006, 249 Js 43723/05 - 2 Ds jug StV 2007, 16.
59 Vgl Fahl, Der Deal im Jugendstrafverfahren und das sog. Schlechterstellungsverbot, NStZ 2009, 613, 615.

und zu verteidigen. Keine Absprache darf darüber getroffen werden, ob Jugend- oder Erwachsenenstrafrecht Anwendung findet.[60] In Form des Inaussichtstellens einer **Strafobergrenze** ist sie hingegen unter bestimmten Voraussetzungen nach Inkrafttreten des für Jugendliche nicht ausgeschlossenen § 257c StPO zulässig. Freilich ergeben sich Einschränkungen aus Gründen der Erziehung. Als **Leitlinien für zulässige Absprachen** unter den besonderen Bedingungen des Jugendstrafverfahrens lassen sich herausarbeiten: Die Absprache muss nach Inhalt und Aushandlungsprozess erzieherisch unbedenklich sein und das Geständnis muss positiven Einfluss auf die Erziehungsbedürftigkeit des Jugendlichen haben.[61] Für die Verständigung sollte der Jugendliche einen Verteidiger haben.

27 Im übrigen Jugendstrafverfahren bleibt es zum großen Teil bei den **allgemeinen Vorschriften mit einzelnen erziehungsbedingten Einschränkungen**. Die erkennungsdienstliche Behandlung (§ 81b StPO)[62] und die Durchsuchung (§ 102 StPO)[63] haben sich mit Rücksicht auf das Alter der Betroffenen am Erziehungsgedanken zu orientieren und den Einfluss auf die weitere Entwicklung zu beachten. Die Vorschriften zur DNA-Analyse sind grundsätzlich im Jugendstrafrecht anwendbar, § 81g StPO ist jedoch restriktiv auszulegen. Ebenso kann aufgrund jugendlicher Besonderheiten eine spezielle Art der Belehrung des jugendlichen Beschuldigten erforderlich sein. Bei Nichtverstehen greift dann ein Verwertungsverbot.[64] Die Belehrung ist im Verhältnis zum allgemeinen Strafverfahren außerdem vorzuverlegen und verbotene Vernehmungsmethoden (§ 136a StPO) sind unter Umständen anders auszulegen.[65] Der Grundsatz der Nichtöffentlichkeit führt dazu, dass eine öffentliche Zustellung gemäß § 40 StPO unter Umständen nicht zulässig ist.[66] §§ 153, 153a StPO sind anwendbar, da diese Einstellungen nicht in das Erziehungsregister eingetragen werden. Eine genaue Auflistung der diskutierten Fragen und der jeweiligen Argumente findet sich bei Eisenberg.[67]

28 **c) Rechtsfolgen der Tat.** Das Sanktionensystem des JGG (§ 5-32) ist das Kernstück des Gesetzes, das die Rechtsfolgenbestimmungen im StGB weitestgehend verdrängt.[68] Anwendbar bleiben aus dem Sanktionensystem des allgemeinen Strafrechts nur das Fahrverbot als Nebenstrafe nach § 44 StGB, bei den Maßregeln der Besserung und Sicherung die Unterbringung in einem psychiatrischen Krankenhaus oder einer Erziehungsanstalt, die Führungsaufsicht und die Entziehung der Fahrerlaubnis (§ 61 Nr. 1, 2, 4, 5 StGB), Verfall und Einziehung (§§ 73 ff StGB; s. § 7 Rn 5). Anwendbar bleibt auch § 51 Abs. 2 StGB, wonach bereits verbüßte Jugendstrafe anzurechnen ist.[69] Gleiches gilt für die im JGG feh-

---

60 BGH v. 15.3.2001, 3 StR 61/01, NStZ 2001, 555 - 556.
61 Dazu im Einzelnen mit Behandlung von Fallgruppen Knauer, Absprachen im Jugendstrafverfahren. Zulässigkeit und Grenzen nach dem Gesetz zur Regelung der Verständigung im Strafverfahren, ZJJ 2010, 15 ff.
62 VG München v. 13.11.2003, M 7 S 03.4542, StraFo 2004, 52 f.
63 AG Cottbus v. 21.1.2005, 100 Ls 1250 Js 49534/04 (3/05), StraFo 2005, 198.
64 Eisenberg, § 2 Rn 29; Zieger, S. 88 f Rn 111.
65 Eisenberg, § 2 Rn 30; Eisenberg, Zum Schutzbedürfnis jugendlicher Beschuldigter im Ermittlungsverfahren, NJW 1088, 1250, 1251.
66 Brunner/Dölling, § 2 Rn 5; Eisenberg, § 2 Rn 31; bzgl der Ladung zur Berufungsverhandlung: OLG Stuttgart v. 29.10.1986, 3 Ws 293/86StV 1987, 309; aA LG Zweibrücken, MDR 1991, 985; KG Berlin v. 27.9.2005, 4 Ws 128/05, NStZ-RR 2006, 120 f mit abl. Anm. Eisenberg/Haeseler, JR 2006, 303.
67 Eisenberg, § 2 Rn 25 ff.
68 BayObLG v. 26.6.1991, RReg. 1 St 119/91, NStZ 1991, 584.
69 BGH v. 14.11.1995, 1 StR 483/95, NStZ 1996, 279 f mit zust. Anm. Brunner.

lende Sanktionsmöglichkeit des Absehens von Strafe wegen der Schwere der Tatfolgen nach § 60 StGB und die Strafmilderung nach Täter-Opfer-Ausgleich gem. § 46 a StGB.[70]

Die Strafrahmen des allgemeinen Strafrechts gelten gemäß § 18 Abs. 1 S. 3 nicht. Gleichwohl wird von einem „Verbot der Schlechterstellung der Jugendlichen und Heranwachsenden gegenüber Erwachsenen in vergleichbarer Verfahrenslage"[71] ausgegangen. Dieses wird zT aus Art. 3 Abs. 1 GG abgeleitet[72] oder damit begründet, dass es vielfach für Jugendliche schwieriger sei, sich zu verteidigen und ihre Sanktionsempfindlichkeit sei größer als bei Erwachsenen.[73] In der Regel sind mögliche – auch formal nachteilige – Belastungen der Jugendlichen durch den Erziehungszweck gedeckt.[74] Die Beachtung des Erziehungsgedankens bringt zwar meist Vorteile für den Jugendlichen mit sich, nachteilig empfundene Konstellationen wie zB die Persönlichkeitserforschung gem. § 43 oder die Einschränkung der Rechtsmittel gem. § 55 aufgrund des Beschleunigungsgebots halten sich auf jeden Fall im vorgegebenen Rahmen sinnvoller Erziehung.[75] Es ist eine gewollte Konsequenz der Besonderheiten und der Eigenständigkeit des Jugendstrafverfahrens gegenüber dem Erwachsenenstrafverfahren, dass es kein Schlechterstellungsverbot im Vergleich zum allgemeinen Strafverfahren gibt.[76]

29

Zweiter Teil
Jugendliche

Erstes Hauptstück Verfehlungen Jugendlicher und ihre Folgen
Erster Abschnitt Allgemeine Vorschriften
§ 3 Verantwortlichkeit

¹Ein Jugendlicher ist strafrechtlich verantwortlich, wenn er zur Zeit der Tat nach seiner sittlichen und geistigen Entwicklung reif genug ist, das Unrecht der Tat einzusehen und nach dieser Einsicht zu handeln. ²Zur Erziehung eines Jugendli-

---

70 Rössner in: Meier/Rössner/Schöch, § 6 Rn 27.
71 BayObLG v. 26.6.1991, RReg. 1 St 119/91, NStZ 1991, 584; Eisenberg, § 45 Rn 9, § 5 Rn 11; Walter, Die Krise der Jugend und die Antwort des Strafrechts, ZStW 113 (2001), 743, 769; s.a. Zieger, S. 30 Rn 36; Albrecht, § 9 S. 82 f; Bohnert, Die Reichweite der staatsanwaltlichen Einstellung im Jugendstrafrecht, NJW 1980, 1927, 1930; Dünkel, Heranwachsende im (Jugend-)Kriminalrecht – Regelungen und Reformtendenzen in den Staaten Westeuropas, ZStW 113 (2001), 743, 139; D/S/S-Sonnen, § 2 Rn 12; Ostendorf, § 5 Rn 4 - 6, § 45 Rn 5; LG Itzehoe, StV 1993, 537 f; vgl Bottke, Zur Ideologie und Teleologie des Jugendstrafverfahrens, ZStW 95 (1983), 69, 88 ff.
72 Nothacker, S. 306 ff.
73 Ostendorf in: FS Schwind, Kriminalpolitik und ihre wissenschaftlichen Grundlagen: Festschrift für Professor Dr. Hans-Dieter Schwind zum 70. Geburtstag, 2006, S. 383 ff.
74 Burscheidt, S. 169.
75 BayObLG v. 23.1.1995, 2St RR 249/94, BayObLGSt 1995, 3 f; BayObLG v. 28.1.1977, RReg 2 St 17/77, MDR 1977, 689 f.
76 Brunner/Dölling, Einf. II Rn 26 a (dieser anders bzgl der Überschreitung der Höchststrafe nach dem allg. Strafrecht § 18 Rn 15; Einf. II Rn 10); vgl BVerfG v. 23.9.1987, 2 BvR 814/87, NJW 1988, 477 bzgl § 55 Abs. 2; Fahl, NStZ 2009, 613, 615; Scheffler, NStZ 1992; 491, 492.

chen, der mangels Reife strafrechtlich nicht verantwortlich ist, kann der Richter dieselben Maßnahmen anordnen wie das Familiengericht.

Richtlinien zu § 3

1. Verbleiben nach Ausschöpfung anderer Ermittlungsmöglichkeiten ernsthafte Zweifel an der strafrechtlichen Verantwortlichkeit, ist zu prüfen, ob ein Sachverständigengutachten einzuholen ist (vgl. auch die §§ 38, 43, 73 und die Richtlinien dazu). Dabei ist der Grundsatz der Verhältnismäßigkeit zu beachten.

2. Ergibt die Prüfung, daß der Jugendliche mangels Reife nicht verantwortlich ist oder kann die Verantwortlichkeit nicht sicher festgestellt werden, so stellt die Staatsanwaltschaft das Verfahren ein (§ 170 Abs. 2 StPO); ist die Anklage bereits eingereicht, so regt die Staatsanwaltschaft die Einstellung des Verfahrens an (§ 47 Abs. 1 Satz 1 Nr. 4).

Schrifttum:
Gottlieb, Roles of experience in Gottlieb (Hrsg.), Studies in development and behavior and the nervous system., Vol. 3, 1976; *Kohlberg*, Die Psychologie der Moralentwicklung, 1997; *Oerter/Montada (Hrsg.)*, Entwicklungspsychologie, 5. Aufl. 2002, 6. Aufl. 2008 (zitiert: Autor, in: Oerter/Montada (Hrsg.), Aufl.); *Remschmidt*, Adoleszenz, Entwicklung und Entwicklungskrisen im Jugendalter, 1992; *Staudinger/Baltes*, Entwicklungspsychologie der Lebensspanne, in: Helmchen/Henn/Lauter/Sartorius (Hrsg.), Psychiatrie der Gegenwart, 4. Aufl., Bd. 3: Psychiatrie spezieller Lebenssituationen, 2000; *Thomae*, Das Problem der sozialen Reife, 1973.

I. Grundlagen der Norm und der entwicklungswissenschaftliche Hintergrund 1	II. Die Reifebeurteilung auf entwicklungswissenschaftlicher Grundlage 23
1. Normzweck und Anwendungsbereich 1	1. Biologisch-psychologische Methode des § 3 23
2. Normstruktur 2	2. Einsichtsfähigkeit/ Unrechtserkenntnis 24
3. Entwicklungswissenschaftliche Grundlagen ... 3	3. Handlungsfähigkeit/Steuerungsfähigkeit 25
4. Reifung und Reife 7	III. Die Bedeutung vorsatz- und schuldrelevanten Regelungen des StGB im Jugendstrafrecht 28
a) Exkurs: Entwicklungsaufgaben zur Reifebestimmung 9	1. Tatbestandirrtum nach § 16 Abs. 1 S. 1 StGB 28
b) Geistige Entwicklung/ Geistige Reife 12	2. Verbotsirrtum nach § 17 StGB 29
c) Moralische Entwicklung/Sittliche Reife 13	3. Das Verhältnis von § 3 zu §§ 20, 21 StGB 30
aa) Umschichtungen der Wertvorstellungen 18	IV. Methoden und Kriterien der Reifebeurteilung durch Sachverständige 35
bb) Liberalisierung der Wertvorstellungen 19	1. Aktenanalyse 35
cc) Verlagerung der Vorbildfunktion von den Eltern auf die Bezugsgruppe 20	2. Biographische Anamnese 36
	3. Körperliche Untersuchung 37
dd) Angleichen an die Wertvorstellungen des jeweiligen Kulturkreises 21	4. Psychiatrisch/psychologische Begutachtung 38
	V. Die Folgen fehlender Verantwortlichkeit gem. § 3 S. 2 41
ee) Das Prinzip der Wechselseitigkeit moralischer Verpflichtungen 22	1. Die Voraussetzungen für Maßnahmen nach S. 2 41

2. Das Verfahren zur Feststellung der fehlenden Verantwortlichkeit (S. 1) und zur Anordnung von Maßnahmen zur Erziehung (S. 2) .. 45
   a) Verfahrensbeendigung ohne Maßnahmen 46
   b) Verfahrensbeendigung und Anordnung von Maßnahmen nach S. 2   47
3. Eintragung in das Erziehungsregister 50

I. Grundlagen der Norm und der entwicklungswissenschaftliche Hintergrund

1. Normzweck und Anwendungsbereich. Die Vorschrift überträgt den materiellen **Schuldbegriff** als Voraussetzung jeder strafrechtlichen Verantwortlichkeit auf das Jugendstrafrecht. Die Feststellung der Strafmündigkeit des Jugendlichen mit 14 Jahren beinhaltet nicht auch die der **strafrechtlichen Verantwortlichkeit**. Anders als im allgemeinen Strafrecht, wo § 20 StGB davon ausgeht, dass ein Erwachsener grundsätzlich schuldfähig ist (mit Ausnahme bestimmter psychischer Defekte und ihrer Auswirkungen), verlangt die Vorschrift eine ausdrücklich positive Feststellung der Verantwortlichkeit als Schuldvoraussetzung und enthält damit die einzige Sonderregelung zu den Strafbarkeitsvoraussetzungen im JGG. Sie berücksichtigt, dass sich die Verantwortlichkeitsreife allmählich und individuell unterschiedlich entwickelt: Der absoluten Strafunmündigkeit bis 14 Jahre folgt die Phase der **relativen Strafmündigkeit**, wo im Rahmen der Vorschrift individuell konkret zu prüfen ist, ob der betroffene Jugendliche reif genug (geworden) ist, das Unrecht der Tat einzusehen und nach dieser Einsicht zu handeln. Ab 18 Jahren gilt dann die uneingeschränkte allgemeine Strafmündigkeit ohne einen Blick auf die individuelle Entwicklung (ausnahmsweise auf die psychischen Defekte des § 20 StGB). In der Praxis wird der Unterschied in der Verantwortlichkeitsfeststellung zwischen Jugendlichen und Volljährigen ab 18 Jahren nicht immer sorgfältig genug beachtet. Statt der individuellen genauen Reifeprüfung werden häufig Formeln verwendet, die einer grundsätzlichen Unterstellung der strafrechtlichen Verantwortlichkeit auch von Jugendlichen nahekommen.[1] Die Vorschrift findet **nur für Jugendliche Anwendung**, da sie in § 105 Abs. 1 für Heranwachsende gerade ausgenommen ist. Für Jugendliche gilt sie auch vor den für allgemeine Strafsachen zuständigen Gerichten gem. § 104 Abs. 1 Nr. 1.

2. Normstruktur. Die Feststellung der strafrechtlichen Verantwortlichkeit iSd Vorschrift, dh der konkreten normativen Ansprechbarkeit des Jugendlichen setzt eine Beurteilung des **Entwicklungsstandes bzw Reifegrades des Jugendlichen** in Hinblick auf **Einsichts- und Handlungsfähigkeit** voraus. Trotz der zweistufigen Konzeption der Vorschrift handelt es sich letztlich um eine von vornherein einheitliche Prüfung, die **konkret** und **tatbezogen** orientiert am Entwicklungsstand Einsichts- bzw Handlungsfähigkeit festzustellen hat.[2] Deshalb erfolgt die Prüfung getrennt für alle ideal- oder realkonkurrierenden Taten im Einzelnen. Daraus kann selbst bei einer Tat mit mehrfacher Gesetzesverletzung (§ 52 StGB), eine nur teilweise Verantwortlichkeit resultieren.[3] Da die letztlich normativ zu treffende Entscheidung über die Einsichts- und Handlungsfähigkeit immer über die empirisch bestimmte Entwicklungsdimension zu definieren ist, kommt den **entwick-**

---

[1] S. mit Nachweisen und kritischen Anmerkungen Ostendorf, Grdl. zu § 3 Rn 4 f.
[2] Hk-GS-Verrel, § 19 Rn 7.
[3] BGH v. 3.2.2005, 4StR 492/04, ZJJ 2005, 205.

3 **3. Entwicklungswissenschaftliche Grundlagen.** Entwicklung ist zu verstehen als „Reihe von miteinander zusammenhängenden Veränderungen, die bestimmten Orten des zeitlichen Kontinuums eines individuellen Lebenslaufes zuzuordnen sind".[4] Zu ergänzen ist diese Definition durch die den Entwicklungsprozessen innewohnende Zielorientierung. Dabei sind Wirkung und Wechselwirkung biologischer, historisch-gesellschaftlicher und kultureller Einflusssysteme auf die menschliche Entwicklung zu betrachten.[5] In diesem Sinne lässt sich Entwicklung insgesamt als ein „facettenreiches dynamisches System"[6] auffassen, welches primär biologisch verankert ist, jedoch durch historisch-gesellschaftliche und kulturelle Systeme nachhaltig beeinflusst wird.

lungswissenschaftlich abgesicherten Ergebnissen eine große Bedeutung zu. Sie werden daher im Folgenden dargestellt.

4 Entwicklungsprozesse mit entsprechenden Veränderungen sind grundsätzlich **altersgebunden** und bestehen aus strukturellen und funktionellen Umgestaltungen eines Organismus. Sie gehen mit quantitativen und qualitativen Veränderungen einher, die aus der Bildung neuer Strukturen und Funktionen resultieren. Ein Blick auf Entwicklung und Entwicklungsprozesse wäre allerdings unvollständig, wenn man nicht die Rolle von Erfahrungen einbeziehen würde.[7] Dabei werden drei verschiedene Rollen unterschieden, die der Erfahrung zukommen: **Erfahrung** kann bestimmte Erfahrensstadien **konservieren**. Erfahrung kann Entwicklung **erleichtern**, indem sie ihren Verlauf beschleunigt, ohne ihren Verlauf zu verändern, oder indem sie das erreichte Endergebnis verbessert. Erfahrung kann aber auch **neue Formen** des Verhaltens induzieren, die sich mehr oder weniger direkt aus den auslösenden Ereignissen ableiten lassen. Gottlieb folgert aus eigenen Studien und der Literatur, dass Erfahrung entwicklungsunterstützend und -beschleunigend wirken kann, aber nicht, dass sie Entwicklung induzieren kann. Diese Interaktion hängt vermutlich mit sensiblem oder kritischem Entwicklungsverhalten zusammen, das man aus der Tierforschung kennt und das neue Verhaltensmuster hervorbringt. Das einzige Verhalten, das durch Erfahrung möglicherweise induziert werden könnte, ist die Entwicklung sozialer Beziehungen und Bindungen beim Kleinkind.

5 Aus der Entwicklungsperspektive kann normales und normabweichendes Verhalten auf verschiedenen Ebenen **Kontinuitäts- und Diskontinuitätsmuster** aufweisen. So konnte in verschiedenen Studien gezeigt werden, dass in einem sehr frühen Stadium der Persönlichkeitsentwicklung beginnendes dissoziales Verhalten sowie Störungen des Sozialverhaltens über weite Strecken **stabil** bleiben und demnach einem **Kontinuitätsmodell** folgen.[8] Demgegenüber weisen manche internalisierende Störungen, wie zB Angstzustände, eine starke Tendenz zur Spontanremission auf und entsprechen eher einem Diskontinuitätsmodell. Für depressive Störungen trifft dies nach neueren Erkenntnissen allerdings nicht mehr zu.[9]

---

4 Thomae, Handbuch der Psychologie, Band 3: Entwicklungspsychologie, S. 3 – 20.
5 Staudinger/Baltes, S. 3 - 17.
6 Staudinger/Baltes, S. 3 - 17.
7 Vgl Gottlieb, S. 25 - 54.
8 Robins, Deviant Children grown up, 1966; Robins, Annual Research Review, J Child Psychol Psychiatry (32) 1991, 193 - 213.
9 Harrington, Depressive disorder in childhood, 1993.

In Zusammenhang mit Entwicklungsvorgängen spielen auch **Wendepunkte der** **Entwicklung** eine gewisse Rolle.[10] Sie sind oft von persönlichen Erfahrungen abhängig, mit deren Hilfe in der Vergangenheit Erlebtes neu strukturiert wird und einen positiven Einfluss auf das Selbstkonzept der Kinder nehmen kann. Aus diesen Beispielen wird deutlich, dass die Interaktion zwischen biologischen und psychologischen Einflüssen im Längsschnitt betrachtet werden muss, also nicht nur auf den einfachen Ebenen von Verhaltensweisen, Symptomen und Syndromen, sondern vielmehr auf einem höheren Funktionsniveau, das Restrukturierungs- und Reorganisationsprozesse auf unterschiedlichen Altersstufen einbezieht.

6

4. Reifung und Reife. Die Vorschrift setzt einen **Reifegrad** voraus, der den Jugendlichen befähigt, die erforderliche Einsicht in das Verbotene der Tat zu haben und nach dieser Einsicht zu handeln. Dieser Reifegrad wird im Laufe der Entwicklung erworben, wobei der Begriff der Reifung bzw der Reife zumindest in zweifacher Weise gebraucht werden kann: Eine Perspektive betont den biologisch determinierten Prozess der zunehmenden Strukturierung und Differenzierung von Organen und Funktionen, der relativ unabhängig von Umweltfaktoren ist. Die neurowissenschaftliche Forschung hat diesbezüglich allerdings gezeigt, dass Umweltfaktoren eine durchaus nicht zu unterschätzende Rolle spielen, zB im Hinblick auf hirnorganische Entwicklungen. Eine andere Perspektive fasst ihn als Übereinstimmung zwischen seelischer Entwicklung und sozialer Norm auf. Beide Prozesse sind nicht unabhängig voneinander, sondern beeinflussen sich wechselseitig. Im Hinblick auf die in § 3 apostrophierte Verantwortungsreife ist allerdings von der zweiten Variante auszugehen, die in der Literatur auch häufig mit dem Begriff der „sozialen Reife"[11] beschrieben wird.

7

Reife als Übereinstimmung zwischen psychischer Entwicklung und sozialer **Norm** findet in verschiedenen Bereichen Anwendung, so als Schulreife, als Hochschulreife oder als Berufsreife. In den genannten Fällen wird die jeweils postulierte Reife zwar mit einem bestimmten Lebensalter in Verbindung gebracht, jedoch nicht streng auf dieses bezogen. Vielmehr erfolgt die Überprüfung der jeweiligen Reife anhand bestimmter Entwicklungsaufgaben, die zB für den Schuleintritt oder den Hochschuleintritt vorausgesetzt werden. So finden im Hinblick auf die Schulreife Einschulungsuntersuchungen statt, bei denen ein körperlicher und psychischer Befund erhoben wird, wobei im Zweifelsfall auch differenzierte Schulreifetests angewandt werden können. Dies setzt voraus, dass das Kind in drei Bereichen – der Funktionsreifung, der Persönlichkeitsreifung und der körperlichen Reifung – ein Stadium erreicht hat, das ihm ohne übermäßige Anstrengung die schulischen Anforderungen zu erfüllen erlaubt. Weitaus schwieriger ist die Verantwortungsreife im Sinne des § 3 JGG festzustellen, obwohl auch hier das Konzept der **Entwicklungsaufgabe** tragfähig ist.

8

a) Exkurs: Entwicklungsaufgaben zur Reifebestimmung. In der neueren Entwicklungspsychologie werden Entwicklungen auf allen Altersstufen als Bewältigung von Entwicklungsaufgaben angesehen. Diese Konzeption hat die Phasen- und Stufenlehren der Entwicklung abgelöst. Nach Havighurst (1948, 1972) las-

9

---

10 Rutter, Transitions and Turning Points in Developmental Psychopathology: As applied to the Age Span between Childhood and Mid-adulthood, Int J Behav Dev 1996, 603 - 626.
11 Vgl Peters in: Undeutsch (Hrsg.), Handbuch der Psychologie, Bd. 11, Forensische Psychologie, 1967, S. 260 - 295; Thomae.

sen sich für das Jugendalter acht derartige Entwicklungsaufgaben unterscheiden:[12]

aa) Akzeptieren der eigenen körperlichen Erscheinung und effektive Nutzung des Körpers: sich des eigenen Körpers bewusst werden; lernen, den Körper in Sport und Freizeit, aber auch in der Arbeit und bei der Bewältigung der täglichen Aufgaben voll zu nutzen.

bb) Erwerb der männlichen bzw weiblichen Rolle: Der Jugendliche muss eine individuelle Lösung für das geschlechtsgebundene Verhalten und für die Ausgestaltung der Geschlechtsrolle finden.

cc) Erwerb neuer und reiferer Beziehungen zu Altersgenossen beiderlei Geschlechts: Hierbei gewinnt die Gruppe der Gleichaltrigen an Bedeutung.

dd) Gewinnung emotionaler Unabhängigkeit von den Eltern und anderen Erwachsenen: Für die Eltern ist gerade diese Entwicklungsaufgabe schwer einsehbar und oft schmerzlich. Obwohl sie ihre Kinder gerne zu tüchtigen Erwachsenen erziehen wollen, möchten sie die familiäre Struktur mit den wechselseitigen Abhängigkeiten möglichst lange aufrechterhalten.

ee) Vorbereitungen auf die berufliche Karriere: Lernen im Jugendalter zielt direkt (bei berufstätigen Jugendlichen) oder indirekt (in weiterführenden Schulen) auf die Übernahme einer beruflichen Tätigkeit ab.

ff) Vorbereitung auf Heirat und Familienleben: Sie bezieht sich auf den Erwerb von Kenntnissen und sozialen Fähigkeiten für die bei Partnerschaft und Familie anfallenden Aufgaben. Die Verlängerung der Lernzeit bis häufig weit in das dritte Lebensjahrzehnt macht in Zusammenhang mit dem säkularen Wandel allerdings auch neue Lösungen notwendig.

gg) Gewinnung eines sozial verantwortlichen Verhaltens: Bei dieser Aufgabe geht es darum, sich für das Gemeinwohl zu engagieren und sich mit der politischen und gesellschaftlichen Verantwortung des Bürgers auseinanderzusetzen.

hh) Aufbau eines Wertsystems und eines ethischen Bewusstseins als Richtschnur für eigenes Verhalten: Die Auseinandersetzung mit Wertgeltungen in der umgebenden Kultur soll in diesem Lebensabschnitt zum Aufbau einer eigenständigen „internalisierten" Struktur von Werten als Orientierung für das Handeln führen.

10 Die Entwicklungsaufgaben stehen in engem Zusammenhang mit der **Rollenübernahme**. Das Hineinwachsen in soziale Rollen ist ein wichtiger Vorgang der Entwicklung. Als Rolle wird eine Verhaltenssequenz definiert, die auf die Verhaltenssequenzen anderer Personen abgestimmt ist. Sie lässt sich durch drei Merkmale charakterisieren: Sie ist strukturiert, dh sie lässt sich von anderen Rollen abgrenzen; sie ist auf die Rollen anderer Personen abgestimmt und auf sie angewiesen; sie ist abhängig vom jeweiligen Rollenträger, dh sie kann von anderen übernommen werden, ohne ihre Struktur zu ändern.

11 Die Übernahme einer Rolle hängt unter anderem auch davon ab, ob sie gesellschaftlich anerkannt ist, ob sie individuellen Erwartungen und Fähigkeiten entgegenkommt, ob der Betreffende bereits Vorerfahrungen hat, die ihm die Übernahme erleichtern usw. Rollen, die in der Gesellschaft angesehen sind, individuellen Bedürfnissen entgegenkommen und zum Teil bereits eingeübt sind, werden am leichtesten übernommen. **Rollenkonflikte** entstehen, wenn ein Individuum widersprüchliche Rollen vereinbaren soll. Solche Konflikte sind gerade in der Adoleszenz überaus häufig. Sie können unter Umständen zu krankhaften Ver-

---

12 Zit. nach Oerter et al., Entwicklungspsychologie, 1987; vgl auch Oerter/Dreher in: Oerter/Montada (Hrsg.), 5. Aufl., S. 271 - 332.

haltensweisen führen oder auch dazu, dass die angestrebte und nicht erreichte Rolle oppositionelles Verhalten auslöst. Viele Jugendliche sehen sich in dieser Phase außerstande, eine eindeutig definierte Rolle zu übernehmen. Sie fühlen sich nicht mehr als Kind, aber auch nicht als Erwachsener und wissen vielfach nicht, was die Umgebung von ihnen erwartet.

b) Geistige Entwicklung/Geistige Reife. Zu den wesentlichen Voraussetzungen der Verantwortungsreife iSd Vorschrift gehört eine sich im Normbereich bewegende geistige Entwicklung, die einen Jugendlichen zu der Erkenntnis befähigt, Recht und Unrecht, Gefährlichkeit von Handlungen und Abschätzung möglicher Handlungsfolgen zu beurteilen. Die hierfür erforderlichen **kognitiven Fähigkeiten** erstrecken sich auf die allgemeine Intelligenzentwicklung, auf Teilfunktionen der kognitiven Entwicklung (zB Lesen, Rechtschreiben, Rechnen) und sind zudem im Zusammenhang mit der Persönlichkeitsentwicklung zu sehen. Was die allgemeine Intelligenz betrifft, so zeigen entwicklungspsychologische Untersuchungen, dass die testpsychologisch gemessene Intelligenz im frühen Erwachsenenalter, etwa mit 25 Jahren, ihr Maximum erreicht[13] und die Zunahme der intellektuellen Kapazität etwa bis zum 20. Lebensjahr weitaus größer ist als in späteren Lebensabschnitten. Nach dem Zweikomponentenmodell der Intelligenzentwicklung[14] stehen die vorwiegend biologisch determinierte Mechanik der Kognition (Genetik, Gehirnstruktur) und die vorwiegend kulturell bedingte Pragmatik (erworbenes Wissen) einander gegenüber und variieren im Verlauf der Entwicklung in ihrem Anteil an der Intelligenzleistung. Während in der Kindheit und Jugend der Einfluss der biologisch determinierten Mechanik überwiegt, gleichzeitig aber pragmatisches Wissen zunehmend erworben wird, kommt es im mittleren und höheren Erwachsenenalter zu einer Abschwächung der Mechanik, die durch eine Zunahme pragmatischen Wissens und entsprechender Erfahrungen kompensiert wird. Eine sich in der statistischen Norm bewegende kognitive Entwicklung ist notwendige, aber nicht hinreichende Voraussetzung für die Einsichtsfähigkeit.[15] Von besonderer Bedeutung dafür ist, die zwischen Kindheit und Jugendalter stattfindende **kognitive Umstrukturierung**, die insbesondere von Piaget und Inhelder beschrieben wurde und bei der insbesondere der Übergang von der Phase der konkreten Operationen, die für das Kindesalter charakteristisch sind, zu den formalen Operationen, die das Jugendalter kennzeichnen.

c) Moralische Entwicklung/Sittliche Reife. Piaget (1954) hat anhand von Experimenten gezeigt, dass sich das kindliche Konzept von Moral und Unrechtsbewusstsein von einer vorwiegend heteronomen Fixierung um das 8. Lebensjahr in Richtung auf eine Internalisierung moralischer Prinzipien (Autonomie) und die Pubertät entwickelt. Kohlberg (1964) wies darauf hin, dass diese Entwicklung von kulturellen Einflüssen, von Sozialisationsbedingungen, vom Erziehungsstil und vor allem von der Situation abhängig ist. So ist es möglich, dass sich dasselbe Kind je nach Situation einmal im Sinne einer heteronomen Bestimmung und ein anderes Mal im Sinne autonom gewordener internalisierter und akzeptierter Normen verhält. Kohlberg (1969) unterscheidet sechs **Stufen der moralischen Entwicklung**. Dabei legt er als Kriterium für die moralische Reife Entscheidungen in simulierten Konfliktsituationen sowie die Begründung für diese Entscheidun-

---

13 Lindenberger, Intellektuelle Entwicklung über die Lebensspanne: Überblick und ausgewählte Forschungsbrennpunkte, Psychologische Rundschau, 2000 (51), 135 - 145.
14 Vgl Baltes, Entwicklungspsychologie der Lebensspanne, Psychologische Rundschau 1997 (48), 191 - 210.
15 Vgl Klosinski, Zu den Voraussetzungen des § 3 JGG aus jugendpsychiatrischer Sicht, Forensische Psychiatrie Psychol. Kriminol. 2008 (2), 162 - 168.

gen zugrunde. In der folgenden Tabelle sind diese Stufen der moralischen Entwicklung wiedergegeben.

Tabelle: Stufen der moralischen Entwicklung[16]

I. Das präkonventionelle Niveau

1. Stufe heteronome Moralität:
egozentrische Einstellung
Regeleinhaltung aus Furcht vor Bestrafung
2. Stufe Individualismus:
Einsicht in das Vorhandensein verschiedener individueller Interessen
Regeleinhaltung nur, soweit es den eigenen sowie den Interessen anderer dient
gerecht ist, was fair ist

II. Das konventionelle Niveau

3. Stufe interpersonelle Konformität:
gemeinsame Interessen erhalten Vorrang vor individuellen Interessen
den Erwartungen einer Rolle gerecht werden; vor sich selbst und anderen als „guter Kerl" – „good boy" – zu erscheinen
4. Stufe soziales System und Gewissen:
erkennt das System an, das Rollen und Regeln festlegt
die Pflicht ist zu erfüllen, Gesetze sind zu befolgen

III. Das postkonventionelle Niveau

5. Stufe sozialer Kontrakt:
allgemeine Werte und Rechte, die der Gesellschaft vorgeordnet sind
Regeln im Interesse der Gerechtigkeit einhalten
6. Stufe universale ethische Prinzipien:
Perspektive des moralischen Standpunktes, von dem sich gesellschaftliche Ordnungen herleiten

14 In der Adoleszenz erfolgen eine Ablösung des moralischen Verhaltens von Stufe 4 und ein Übergang zu den Stufen 5 und 6. Diese Stufen sind nach Kohlberg in verschiedenen Kulturen aufzufinden. Peck und Havighurst (1960) unterscheiden fünf Typen bzw **Stufen der kognitiven Entwicklung** und bringen diese sowohl mit Verhaltensweisen in bestimmten Situationen als auch mit Persönlichkeitseigenschaften in Verbindung. Mit aufsteigender Sequenz vollzieht sich danach die kindliche Entwicklung vom amoralischen Verhaltenstyp über egozentrisches, konformes, irrational-normgesteuertes, zum rational-altruistischen Verhaltensmuster, das die reinste Form moralischen Verhaltens darstellt.

15 Gegen diese Vorstellung wurden bereits früh gewichtige **Einwände** erhoben. So wurde zB gesagt, dass Kinder, wenn sie zwischen einer reiferen Haltung Gleichaltriger und einer moralisch unreiferen Haltung von Erwachsenen auszuwählen hatten, häufig das Verhalten Erwachsener höher bewerteten. Nach einer kritischen Sichtung der Literatur zu den Stufen der moralischen Entwicklung kam

---

16 Nach Kohlberg.

Maccoby (1964) zu dem Ergebnis, dass die von Piaget, Kohlberg und anderen aufgefundenen Stufen der moralischen Entwicklung empirisch nicht begründbar sind. Vielmehr vollziehe sich die moralische Entwicklung wie auch die Entwicklung in anderen Bereichen kontinuierlich und geprägt von sozialen Einflüssen.[17] Diese Kritik spricht jedoch nicht gegen die in diesen Stufen zum Ausdruck kommende Entwicklungstendenz von einer heteronomen zu einer immer mehr autonomen moralischen Entwicklung. Es zeigt sich, dass auch hier das Konzept der Phasen-Stufen-Lehren der Entwicklungspsychologie obsolet ist und der Betrachtung von Entwicklungsvorgängen im Sinne eines **Kontinuitätsmodells** Platz gemacht hat. Die Annahme Kohlbergs, wonach es bei jugendlichen Straftätern zu einer Verzögerung der moralischen Entwicklung kommen kann, wurde in einer Metaanalyse bestätigt, in die 15 kontrollierte Studien eingingen.[18]

Im Zusammenhang mit der sittlichen (moralischen) Entwicklung ist dem **Gewissen** eine große Bedeutung beizumessen. Es lässt sich definieren als die **Repräsentanz erworbener Moralvorstellungen** und ist ebenfalls in hohem Maße von den herrschenden kulturellen Wertvorstellungen, die im Wesentlichen zunächst durch die Eltern verkörpert werden, abhängig. Dabei ist zu unterscheiden zwischen der Kenntnis der moralischen Regeln und der Motivation, diese auch einzuhalten. Die Kenntnis grundlegender moralischer Regeln ist bereits im 4./5. Lebensjahr vorhanden und ändert sich in der weiteren Entwicklung kaum, wohl aber die Motivation, nach diesen Regeln zu handeln. Mit zunehmendem Alter kommt es zu Schuldgefühlen bei der Regelüberschreitung und zu Stolz und Befriedigung, wenn die als Norm internalisierten Regeln eingehalten werden.[19] Die darin zum Ausdruck kommende Entwicklungstendenz der **Etablierung des Gewissens** oder des moralischen Selbst ist von zentraler Bedeutung für das moralische Urteilen und das moralische Handeln. Beides ist aber nicht identisch. Gerade diese Gleichsetzung wurde den Ansätzen von Piaget und Kohlberg vorgeworfen, die ihre Thesen an hypothetischen Konfliktkonstruktionen überprüften, in denen die befragten Probanden nicht aktuell standen.[20] Nach Ausubel (1968) sind für die Entwicklung des Gewissens drei Bedingungen erforderlich: aa) die Internalisierung moralischer Wertvorstellungen, bb) die Internalisierung eines Gefühls der Verpflichtung, sich nach ihnen zu richten, und cc) die Fähigkeit, eine Diskrepanz zwischen dem eigenen Verhalten und den eigenen Wertvorstellungen zu erkennen.

Ungeachtet der unterschiedlichen Vorstellungen und Untersuchungsergebnisse zur moralischen Entwicklung lassen sich folgende **Gemeinsamkeiten** im Hinblick auf die **moralisch-ethische Entwicklung** in der Adoleszenz herausstellen:[21]

aa) Umschichtungen der Wertvorstellungen. Die Wertvorstellungen werden stärker personenunabhängig. Damit ist eine Ablösung von den Bezugspersonen verbunden. Die Eltern treten als Vorbild immer mehr zurück, die Wertvorstellungen an sich gewinnen stärkere Bedeutung. In Verbindung damit vollzieht sich auch ein Fortschritt der Ich-Reifung.

---

17 Maccoby, Developmental Psychology, Annual Review of Psychology 1964, 203 - 250.
18 Vgl Nelson/Smith/Dodd, The Moral Reasoning of Juvenile Delinquents: A Meta-Analysis, J of Abnormal Child Psychol. 1990 (18), 231 - 239.
19 Vgl Nunner-Winkler, Ethik der freien Selbstbindung, EWE 2003 (14), 579 - 589; Montada in: Oerter/Montada (Hrsg.), 6. Aufl., S. 572 - 606.
20 Vgl Montada in: Oerter/Montada (Hrsg.), 6. Aufl., S. 599.
21 Vgl Remschmidt, S. 110 f.

19 **bb) Liberalisierung der Wertvorstellungen.** Mit der Ablösung von personifizierten Vorbildern und der fortschreitenden kognitiven Entwicklung verlieren zum einen die Wertvorstellungen ihre konkrete Bezogenheit, erhalten ein (abstrakteres) Bedeutungs- und Glücklichkeitsumfeld und es werden Abstufungen vorgenommen. Zum anderen erlauben die kognitiven Veränderungen die Entwicklung eines Systems von Werthierarchien, in das Entscheidungsprozesse und Verhaltensweisen eingeordnet werden. Gleichzeitig verliert der „moralische Absolutismus" im Sinne Piagets seine Wirksamkeit.

20 **cc) Verlagerung der Vorbildfunktion von den Eltern auf die Bezugsgruppe.** Die „Entwertung" der Eltern als moralisches Vorbild und die zunehmende Bejahung abstrakter Wertvorstellungen bedeutet nicht eine generelle Abwendung von Personen und Gruppen, die moralische Prinzipien verkörpern. Vielmehr wird die zuvor den Eltern zugedachte Loyalität in zunehmendem Maße auf die Gruppe Gleichaltriger (Bezugsgruppe) übertragen. Dies führt zu einer gewissen Ernüchterung hinsichtlich der akzeptierten Wertvorstellungen, dass zu der Gruppe nicht die gleiche enge emotionale Beziehung besteht. Andererseits entsteht in der Anfangsphase der Adoleszenz ein hoher Konformitätsdruck hinsichtlich der akzeptierten Werte, der sich gegen Ende der Adoleszenzphase ein wenig verringert. In Zusammenhang mit dem Einfluss der Bezugspersonen kommt es nicht zu einer grundsätzlichen Wandlung der Wertvorstellungen, sondern die vom Elternhaus übernommenen bleiben in groben Zügen erhalten, jedoch weniger an die Person der Eltern gebunden. Die Gruppenbildung in der Adoleszenz erfolgt schichtspezifisch, so dass die im Laufe der kindlichen Entwicklung erworbenen Wertsysteme auch in der „Peer-Group" der Adoleszenten weitgehend erhalten bleiben.

21 **dd) Angleichen an die Wertvorstellungen des jeweiligen Kulturkreises.** Nach einer Phase der Auseinandersetzung und Revolte wird im Laufe der Spätadoleszenz ein Großteil der kulturspezifischen Wertvorstellungen übernommen und akzeptiert.

22 **ee) Das Prinzip der Wechselseitigkeit moralischer Verpflichtungen.** Mit zunehmender Reifung und mit dem Aufgeben der Egozentrizität tritt die Wechselseitigkeit moralischer Verpflichtungen in den Vordergrund. Das Herausfinden aus der Egozentrizität impliziert folgende Vorgänge bzw Fähigkeiten: Die Fähigkeit, sich selbst nach gleichen Gesichtspunkten zu kritisieren wie andere, allgemeine Prinzipien auf der Grundlage moralischer Verhaltensweisen abzuleiten und sich selbst sowie andere daran zu messen und die Bedürfnisse und Interessen anderer in gleicher Weise wahrzunehmen wie die eigenen.

II. Die Reifebeurteilung auf entwicklungswissenschaftlicher Grundlage

23 **1. Biologisch-psychologische Methode des § 3.** Der Vorschrift liegt die Annahme zugrunde, dass ein bestimmtes Niveau der geistigen und sittlichen Entwicklung Voraussetzung der relativen Strafmündigkeit ist. Dabei wird ein **Reifebegriff** eingeführt („reif genug"), der **biologisch** verankert ist und mit dem psychologische Elemente der Unrechtserkenntnis (**Einsichtsfähigkeit**) und Steuerungsfähigkeit (**Handlungsfähigkeit**) verknüpft werden. Gleichzeitig enthält der Wortlaut der Vorschrift einen normativen Ansatz, weil die Unrechtserkenntnis die Kenntnis von Normen voraussetzt. Diese Struktur der Vorschrift wird deutlich im Vergleich zu § 20 StGB, wenn man seinen Inhalt negativ ausdrückt: „Danach wäre die noch nicht abgeschlossene sittliche und geistige Entwicklung der biologische

Grund"[22] dafür, dass vom Vorliegen der relativen Strafmündigkeit nicht ausgegangen werden kann. Kritisch angemerkt werden muss natürlich, dass die Annahme einer abgeschlossenen „sittlichen und geistigen Entwicklung" dem wissenschaftlichen Erkenntnisstand keineswegs entspricht. Dies scheint aber auch der Gesetzgeber bereits bedacht zu haben, als er die einschränkende Formulierung „reif genug" in den Gesetzestext aufnahm. Die strafrechtliche Verantwortlichkeit muss **positiv** vom Gericht festgestellt werden (Rn 3). Entscheidend ist der **Zeitpunkt der Tat**.

2. Einsichtsfähigkeit/Unrechtserkenntnis. Diese Voraussetzungen der Verantwortlichkeit setzen einen Entwicklungsstand voraus, der den Jugendlichen zu der Erkenntnis befähigt, dass seine Handlung mit einem friedlichen Zusammenleben der Menschen unvereinbar ist und deshalb von der Rechtsordnung nicht geduldet werden kann. Dazu gehört nicht nur ein intellektuelles Vermögen (**Verstandesreife**), sondern auch eine Ausbildung der sittlichen Wertvorstellungen (**ethische Reife**). Vom Jugendlichen muss der **Unrechtscharakter** der konkreten Handlung zutreffend beurteilt werden können. Nicht verlangt wird die Kenntnis der Strafgesetze. Bei der Beurteilung der Einsichtsfähigkeit geht es also ausdrücklich **nicht** darum, festzustellen, ob der straffällige Jugendliche zum Zeitpunkt der Tat einem körperlich und geistig durchschnittlich entwickelten Jugendlichen entsprach, sondern es geht ausschließlich darum, ob er bei der konkret vorgeworfenen Handlung reif genug zur Einsicht war und auch reif genug, entsprechend dieser Einsicht zu handeln. Für die häufigsten inkriminierten Straftaten Jugendlicher wie Eigentumsdelikte oder aggressive Handlungen wird man, eine normale Entwicklung vorausgesetzt, in der Regel die Einsichtsfähigkeit bejahen können, wenn die verstandesmäßigen Voraussetzungen bezüglich der Erkenntnisfähigkeit in den Unrechtsgehalt der Tat vorhanden sind. Nur bei für jüngere Jugendliche schwer durchschaubaren Deliktsformen, wie zB Hehlerei oder Urkundenfälschung, kann eine fehlende Einsichtsfähigkeit in Betracht zu ziehen sein. Dieser Fall kann auch dann vorliegen, wenn der Jugendliche durch eine defizitäre Erziehung unzureichend sozialisiert wurde, in sozialer Isolierung aufgewachsen ist oder aus einem Kulturkreis stammt, dessen Normen im Konflikt mit dem deutschen Recht stehen.[23]

3. Handlungsfähigkeit/Steuerungsfähigkeit. Im Allgemeinen liegt, eine normale Entwicklung vorausgesetzt, die Unrechtseinsicht im Hinblick auf bestimmte Tatvorwürfe deutlich früher als die in § 3 enthaltene Altersmarke von 14 Jahren,[24] wie es aus der Literatur entnommenen Daten und unten zusammengestellter Tabelle hervorgeht.

---

22 Lenckner in: Göppinger/Witter (Hrsg.), Hdb der forens. Psychiatrie Bd. I, 1972, S. 249.
23 Vgl Streng, S. 26 f.
24 Schepker/Toker, Entwicklungsaspekte in der Strafrechtsbegutachtung, Z. für Kinder- und Jugendpsychiat. 2007 (35), 9, 11.

Tabelle: Beispiele für Altersangaben zum erwarteten Vorhandensein einer Unrechtserkenntnis bezogen auf definierte Tatvorwürfe

Tatbestand	Alter (Jahre)	Quelle
Schummeln, absichtliche Täuschung	4	Sodian (2004)
Absprachen (mündliche Verträge) brechen	4-5	Weyers (2006)
Anstiftung, Beihilfe	4-5	Weyers.
Wegnehmen, Diebstahl	2-6	Streng (1997), Weyers.
Absichtliche Körperverletzung	8	Hommers (2003)
Fahrlässige Körperverletzung	10	Hommers (2003)
Gefährdung/Schädigung anderer im Straßenverkehr durch Unfall	10	Rechtsnorm nach § 828 BGB – Hommers (2003)
Frisieren eines Mofas als Betrug – Verstoß gegen die Versicherungspflicht	16-18	Ostendorf (2003)
Vorteilnahme im Amt, Ausnutzung der Dienststellung zur Vorbereitung einer Straftat	18	Lempp (2004)

26 Die Unrechtserkenntnis ist so für eine Vielzahl von Taten bereits mit dem 10. Lebensjahr ausgebildet und nur für deutlich komplexere Fälle erst nach dem 14. Lebensjahr vorhanden. Nach **neurowissenschaftlichen Erkenntnissen** geht die Fähigkeit zur Unrechtseinsicht auch mit hirnphysiologischen Korrelaten einher, wobei Reifungsprozesse im orbitofrontalen und präfrontalen Kortex für die Etablierung von kognitiven und emotionalen Regulationsmechanismen verantwortlich sind. Dabei kommt es zu einem Abgleich von spontanen Handlungsbereitschaften mit den durch den Normerwerb den bereits internalisierten sozial erwünschten Handlungen, wobei nicht konforme Impulse unterdrückt werden. Nach fMRI-Untersuchungen von Bunge et al.[25] und Lévesque et al.[26] benötigen 8- bis 12-jährige Kinder bei der Unterdrückung inadäquater Reizantworten und deren emotionaler Neubewertung ein weitaus höheres Ausmaß an Aktivierung als Erwachsene und sie aktivieren dabei sogar die gegenseitige Hemisphäre. Die Autoren deuten dies auf die mangelnde Ausreifung des präfrontalen Kortex, der im Alter von 5 bis 7 Jahren die höchste Zahl an Synapsen aufweist. Deren Anzahl nimmt mit fortschreitendem Alter ab (sogenanntes Pruning), während die dentritischen Netzverknüpfungen in Gestalt einer Zunahme der weißen Hirnsubstanz bis zum Alter von mindestens 20 Jahren weitergeht[27] und dann erst die Regulations- und Steuerungsmöglichkeit eines Erwachsenen erreicht.

---

25 Bunge/Dudukovic/Thomason/Vaidya/Gabrieli, Immature Frontal Lobe Contributions to Cognitive Control in Children: Evidence from fMRI, Neuron 2002 (33), 301 - 311.
26 Lévesque/Joanette/Mensour/Beaudoin/Leroux/Bourgouin/ Beauregard, Neural basis of emotional self-regulation in children, Neuroscience 2004 (129), 361 - 369.
27 Lévesque/Joanette/Mensour/Beaudoin/Leroux/Bourgouin/ Beauregard, Neuroscience 2004 (129), 361 - 369.

Handlungsfähigkeit nach S. 1 erfordert eine Aussage darüber, ob der Jugendliche nach erfolgter Einsicht in das Unrecht der Tat auch in der Lage war, danach zu handeln. Die hierfür erforderliche Handlungs- oder Steuerungsfähigkeit korrespondiert keineswegs immer mit der Einsichtsfähigkeit. Es kommt durchaus vor, dass der Jugendliche über die erforderliche Einsichtsfähigkeit verfügt, aber aufgrund emotionaler Beeinträchtigungen, triebhafter Impulse oder starker Abhängigkeit von Angehörigen oder anderen erwachsenen Personen oder auch gleichaltrigen Gruppen **Einschränkungen in seiner Steuerungsfähigkeit in der aktuellen Situation** aufweist.[28] Es geht hierbei weniger um psychopathologische Zustandsbilder, als vielmehr darum, ob zum Zeitpunkt der Tat **Einflüsse auf den Jugendlichen** einwirkten, die es ihm unmöglich machten, gemäß dieser Einsicht auch zu handeln. Konfliktsituationen, die ein Jugendlicher nicht lösen kann und die seine Handlungsfähigkeit infrage stellen könnten, entstehen zB bei der Delinquenz in einer Gruppe, aus der der Jugendliche sich nicht lösen kann oder zu der er wichtige emotionale Bindungen hat oder auch bei Delikten, die Jugendliche zusammen mit Autoritätspersonen verüben (zB mit Vätern oder älteren Brüdern). Derartige gruppendynamische Einflüsse können in verschiedener Weise zur Ausführung von Straftaten beitragen,[29] zB durch sozialen Druck der Gruppe, durch die enthemmende Vorbildwirkung einzelner Gruppenmitglieder, das Streben nach Anerkennung des einzelnen Täters durch die Gruppe, die Abwehr von Schuldgefühlen, indem diese auf die Gruppe übertragen werden, die Anonymität der Gruppe, die das Mitmachen erleichtert, das Anfeuern von Gruppenmitgliedern durch in der Hierarchie höher stehende Gruppenmitglieder. 27

III. Die Bedeutung vorsatz- und schuldrelevanten Regelungen des StGB im Jugendstrafrecht

1. Tatbestandirrtum nach § 16 Abs. 1 S. 1 StGB. Die Prüfung des subjektiven Tatbestands erfolgt immer unabhängig von der Altersreife.[30] Die Altersreife ist unbeachtlich, wenn der Jugendliche einen Umstand nicht kennt, der zum gesetzlichen Tatbestand gehört. Die Altersreife und damit die Verantwortlichkeit kann jedoch von Bedeutung sein, wenn es sich um eine fahrlässige Tat handelt. In diesem Fall ist die Frage zu stellen, ob der Jugendliche für den Irrtum verantwortlich war.[31] 28

2. Verbotsirrtum nach § 17 StGB. Das Unrechtsbewusstsein als Schuldmerkmal, dh die Einsicht, mit der Tathandlung Unrecht zu tun, definiert die Verantwortlichkeitsvoraussetzung der Einsichtsfähigkeit in S. 1 ebenso wie den Schuldvorwurf im allgemeinen Strafrecht im Umkehrschluss aus § 17 StGB. Fehlt dieses Unrechtsbewusstsein in Form der Unrechtseinsicht, ist nach S. 1 die strafrechtliche Verantwortlichkeit Jugendlicher ausgeschlossen, während nach § 17 StGB ein Verbotsirrtum mit dem Filter der strengen Vermeidbarkeitsprüfung vor einem möglichen Schuldausschluss steht. Die Unterscheidung der beiden Schuldmerkmale liegt in ihrem Entstehungskontext: S. 1 bezieht sich auf nur entwicklungsbedingte Unrechtsunkenntnis, § 17 S. 2 StGB auf mangelnde Rechtskenntnis und fehlende Gewissensanspannung für der Vermeidbarkeitsprüfung. In jedem Fall ist bei dieser Gesetzeskonkurrenz die jugendstrafrechtliche Spezialnorm zum **entwicklungsbedingten Schuldverlauf** vorrangig zu prüfen, da der Fall des ausgebil- 29

---

28 Vgl Bauer/Remschmidt in: Gröber/Dölling/Leygraf/Sass (Hrsg.), Handbuch der forensischen Psychiatrie, 2007, S. 471; Brunner/Dölling, § 3 Rn 4.
29 Vgl Lösel in: Lempp/Schütze/Köhnken (Hrsg.), Forensische Psychiatrie, 1999, S. 280.
30 D/S/S-Diemer, § 3 Rn 21; Eisenberg, § 3 Rn 31.
31 D/S/S-Diemer, § 3 Rn 21; Eisenberg, § 3 Rn 31.

deten Gewissens, den § 17 StGB im Auge hat, bei Jugendlichen gerade nicht erreicht ist. Wenn eine entwicklungsbedingte Unrechtskenntnis klar zu verneinen ist, greift selbstverständlich § 17 auch bei Jugendlichen.[32]

30   3. **Das Verhältnis von § 3 zu §§ 20, 21 StGB.** Die fehlende strafrechtliche Verantwortlichkeit kann sich bei Jugendlichen sowohl aus S. 1 als auch aus §§ 20/21 StGB ergeben. Da beide Vorschriften auf die Einsichts- und Handlungsfähigkeit des Täters abstellen, aber unterschiedliche Rechtsfolgen bedingen (§ 3 mit S. 2 und §§ 20/21 StGB mit §§ 63 ff StGB), muss das **Konkurrenzverhältnis** der Vorschriften geklärt werden. Nach **Ausgangspunkt und Zielsetzung** lassen sich beide Alternativen der Schuldunfähigkeit klar unterscheiden: Handelt es sich um eine **psychische Retardierung**, die als Folge eines noch **nicht abgeschlossenen Entwicklungsprozesses** zu verstehen ist und eine Nachreifung zu erwarten ist, so ist § 3 anwendbar. Derartige Retardierungen können sowohl die geistig-intellektuelle Entwicklungsreife (zB bei Deprivation, Misshandlung) als auch die sittliche Entwicklung betreffen (zB bei sexuellem Missbrauch und gravierenden Erziehungsmängeln), wobei auch Diskrepanzen zwischen beiden möglich sind.[33] Handelt es sich um ein **Zurückbleiben pathologischer Art** (zB Intelligenzminderung), so wird in der Regel § 20 StGB angewandt. In diesem Falle wird von der Annahme ausgegangen, dass es sich um eine strukturelle, bleibende oder nur mangelhaft ausgleichbare Unreife handelt.[34]

31   **Entwicklungsbedingte Schuldunfähigkeit** liegt vor, wenn die Voraussetzungen des § 3 nicht positiv begründet werden können. **Nicht entwicklungsbedingte Schuldunfähigkeit** ist gegeben, wenn eines der in § 20 kodifizierten Eingangsmerkmale zum Zeitpunkt der Tat einen derartigen Schweregrad erreicht hat, dass Einsichts- und Steuerungsfähigkeit aufgehoben (§ 20 StGB) oder erheblich vermindert sind (§ 21 StGB). Aufgrund dieser unterschiedlichen Voraussetzungen muss eine voneinander getrennte Prüfung stattfinden.[35]

32   Dem JGG fehlt eine Regelung zur **verminderten Verantwortlichkeit** im Sinne des § 21 StGB. Daher ist diese Vorschrift gem. § 2 Abs. 2 auch auf Jugendliche anwendbar.[36] Sie scheidet jedoch aus logischen Gründen aus, wenn schon die Voraussetzungen des § 3 JGG nicht vorliegen,[37] denn ohne die Existenz eines entwickelten Unrechtsbewusstseins kann man nicht zu dessen eingeschränkter Form iSd § 21 StGB gelangen. Praktische Bedeutung hat die Frage nach einer Unterbringung gem. § 63 StGB bei gefährlichen jugendlichen Straftätern aufgrund psychischer Störungen. Als letzte Möglichkeit – bei Ablehnung der §§ 21, 63 StGB – bleibt in gravierenden Fällen die Intervention nach den entsprechenden Lan-

---

32 S. auch Eisenberg, § 3 Rn 32; Zieger, Rn 39.
33 Vgl Esser/Fritz/Schmidt, MSchrKrim 1991 (74), 356 - 368.
34 D/S/S-Diemer, § 3 Rn 25; Eisenberg, § 3 Rn 33; Gabber, Das Verhältnis von § 3 JGG zu den §§ 20, 21 StGB, ZJJ 2007, 167, 167; Schaffstein/Beulke, § 7 S. 68; Schilling, Begutachtung von strafrechtlicher Verantwortlichkeit und Schuldfähigkeit aus der Sicht eines Jugendpsychologen, NStZ 1997, 261, 264 f; Schönke/Schröder-Lenckner/Perron § 20 Rn 44; SK-Rudolphi § 20 Rn 2; Streng, § 4 Rn 59.
35 BVerfG v. 8.2.2007, 2 BvR 2060/06, NStZ-RR 2007, 187; D/S/S-Diemer, § 3 Rn 25.
36 BGH v. 23.2.1954, 1 StR 723/53, BGHSt 5, 366, 367; LG Passau v. 29.7.1996, KLs 101 Js 3424/96, NJW 1997, 1165 ff; Böhm, Aus der neueren Rechtsprechung zum Jugendstrafrecht, NStZ 1985, 447 mit Verweis auf BGH v. 13.6.1985, 1 StR 247/85; D/S/S- Diemer, § 3 Rn 26; Eisenberg, § 3 Rn 34; Eisenberg, Horror-Video-Konsum und Voraussetzungen von § 3 JGG bzw §§ 20, 21 StGB?, NJW 1997, 1136, 1137; Streng, § 4 Rn 59 mit der Begründung, dass sich diese Anwendbarkeit aus § 2 Abs. 2 JGG ergebe.
37 Eisenberg, § 3 Rn 34; Laubenthal/Baier, Rn 78; anders: D/S/S-Diemer, § 3 Rn 28.

desgesetzen zur Unterbringung psychisch kranker und gefährlicher Täter zu prüfen.[38]

Nur in seltenen Fällen kommt es vor, dass bei einem Jugendlichen die **Voraussetzungen des § 3 JGG und die Voraussetzungen der §§ 20 bzw 21 StGB nebeneinander** zu bejahen sind. Ein solcher Fall liegt zB vor, wenn ein Jugendlicher aufgrund eines erheblichen Entwicklungsrückstandes nicht verantwortlich und gleichzeitig wegen eines der in § 20 kodifizierten Eingangsmerkmale, zB wegen einer krankhaften seelischen Störung, nicht schuldfähig ist. Die unmittelbare Rechtsfolge beider Normen ist kongruent und damit eindeutig: Der jugendliche Täter handelt ohne Schuld und kann daher nicht bestraft werden. **Unterschiedlich** sind aber in diesen Fällen mögliche nicht strafende – erzieherische oder therapeutisch/sichernde – Maßnahmen nach S. 2 bzw § 63 StGB iVm § 7. Hinsichtlich dieser über die Sanktionen hinausgehenden Rechtsfolgen bestehen drei grundsätzlich verschiedene Ansätze: a) Die erziehungsorientierten Maßnahmen des S. 2 schließen wegen ihrer jugendstrafrechtlichen Spezialität (§ 2 Abs. 2) die Konsequenzen der §§ 20, 63 StGB aus.[39] b) Mit Gründen der Sicherheit und der sinnvollen therapeutischen Intervention bei psychischen Erkrankungen wird auf der anderen Seite der Vorrang von §§ 20, 63 angenommen.[40] c) Die vermittelnde Position sieht im individuellen Wahlrecht für die angemessene und dem Wohl des Jugendlichen entsprechende Maßnahme im Rahmen einer Gesamtbetrachtung beider Möglichkeiten die Lösung.

33

Bei der notwendig differenzierten Betrachtung der unterschiedlichen Ausgangspunkte und Zielsetzungen der Vorschrift ist unter Beachtung des § 2 Abs. 2 letzterer Auffassung der Vorrang zu geben. Die Lösung des **Wahlrechts zwischen den Rechtsfolgen** des § 3 S. 2 mit jugendhilferechtlichen Maßnahmen und der §§ 20, 21 iVm §§ 63, 64 StGB mit psychiatrischer Behandlung bei sicherer Unterbringung und natürlich strikter Prüfung der jeweiligen Voraussetzungen verdient Zustimmung. Zum einen ist im Rahmen des § 63 StGB eine fachlich gesicherte therapeutische Behandlung der Störung des Jugendlichen möglich und zum anderen dürfen auch bei Jugendlichen – wie § 7 Abs. 2 zeigt – die Sicherheitsbedürfnisse der Allgemeinheit berücksichtigt werden. Bleiben im Rahmen der Ermessensentscheidung Zweifel am mitbestimmenden Vorliegen eines Merkmals von §§ 20, 21 oder der Angemessenheit der Unterbringung, so dürfen mögliche Rechtsfolgen nur S. 2 entnommen werden.

34

IV. Methoden und Kriterien der Reifebeurteilung durch Sachverständige

1. Aktenanalyse. Bereits aus der Aktenanalyse lassen sich möglicherweise Hinweise auf die Unrechtseinsicht bezüglich des Tatvorwurfs ableiten. Zu achten ist dabei auf folgende Gesichtspunkte:[41] die Erstaussage und etwaige Varianten bzw Widersprüche zur Tatausführung und Tatmotivation; die kontextuelle Einbet-

35

---

38 OLG Karlsruhe v. 28.2.2000, 2 Ss 225/99, NStZ 2000, 485.
39 OLG Karlsruhe, v. 28.2.2000, 2 Ss 225/99, NStZ 2000, 485; ebenso: Eisenberg, § 3 Rn 39 mit der Einschränkung, dass diese Ansicht am ehesten den allgemeinen jugendstrafrechtlichen Grundsätzen gerecht wird; Ostendorf, § 3 Rn 3.
40 BGH v. 29.1.1975, 2 StR 579/74, BGHSt 26, 67 ff; so auch: OLG Jena v. 29.1.2007, 1 Ws 16/07, NStZ-RR 2007, 217, 218; Brunner, Unterbringung eines Jugendlichen in einem psychiatrischen Krankenhaus bei fehlender Verantwortlichkeit, JR 1976, 116, 117; D/S/S-Diemer, § 3 Rn 28; Gabber, ZJJ 2007, 167, 171 f; Streng, § 4 Rn 61; Streng, Die Einsichts- und Handlungsfreiheit als Voraussetzung strafrechtlicher Verantwortlichkeit, DVJJ-Journal 1997, 379, 380 f.
41 Vgl auch Schepker/Toker, Z. für Kinder- und Jugendpsychiat. 2007 (35), 9 - 18.

tung der Tat, wobei Situation, Tatmotivation, psychischer Zustand des Täters (zB Alkohol- oder Drogenkonsum) mit Beteiligung Dritter zu berücksichtigen sind; vor der Tat erlebte Sanktionen (zB durch die Familie, Erziehungspersonen) und die darauf erfolgten Reaktionen des Beschuldigten. Etwaige Verdeckungshandlungen vor oder nach der Tat, Leugnung von Tatvorwürfen, etwaige ärztliche oder psychologische Vorbefunde und Erhebungen der Jugendämter bzw der Jugendgerichtshilfe, Einsicht und ggf Einbeziehung der Gesundheitsakte der JVA bei Probanden in Untersuchungshaft mit deren schriftlicher Zustimmung. Immer sollte mit den zu Begutachtenden auch die Anklageschrift genau durchgesprochen werden, wobei deren Stellungnahme zu den einzelnen Anklagepunkten registriert wird.

36 **2. Biographische Anamnese.** In diesem Rahmen sind, nach der Exploration zu den allgemeinen Lebensbedingungen und zur Familie, die Meilensteine der Entwicklung im Detail zu erfragen, ferner die Stellung des Probanden innerhalb der Familie und unter Gleichaltrigen, die schulischen Lern-, Leistungs- und Verhaltensbedingungen sowie das bisherige Verhalten im Hinblick auf allgemein anerkannte gesellschaftliche Normen und etwaige Normverstöße.

37 **3. Körperliche Untersuchung.** Der Gutachtenauftrag umfasst in der Regel nicht die Erlaubnis zur körperlichen Untersuchung.[42] Allerdings kann eine derartige körperliche Untersuchung gemäß den §§ 81 a, b der StPO angeordnet werden. Aus kinder- und jugendpsychiatrischer Sicht wird die Durchführung einer körperlichen Untersuchung empfohlen.[43] Diese kann Aufschluss geben über den körperlichen Reifestatus, über etwaige Reifungsasynchronien und über minimale körperliche Anomalien, die gehäuft mit Delinquenz assoziiert sind, über verhaltens- und subkulturell induzierte körperliche Merkmale wie Tätowierungen, Einstichstellen nach Drogeninjektion, aber auch über körperliche Erkrankungen.

38 **4. Psychiatrisch/psychologische Begutachtung.** a) Im Hinblick auf die **geistige Reife** sind kognitive Funktionen durch entsprechende Intelligenztests zu überprüfen. Dabei ist darauf zu achten, dass das sprachliche Niveau des jeweiligen Jugendlichen berücksichtigt wird. Ggf empfiehlt es sich, sprachfreie Tests anzuwenden, wie zB den *RAVEN*-Test. Kann man davon ausgehen, dass sich die sprachlichen Funktionen im Normbereich bewegen, so empfehlen sich die *WECHSLER*-Skalen, zB der Hamburg-Wechsler-Intelligenztest in seiner revidierten Fassung (HAWIE-R) und einige andere Verfahren, die sprachgebundene und nicht sprachgebundene Funktionen gleichermaßen überprüfen. Allerdings ist eine Intelligenzausstattung im Normbereich keineswegs ausreichend, um die Unrechtserkenntnis zu beurteilen. Vielmehr muss die Intelligenz im Kontext der Persönlichkeit, der Sozialisationsbedingungen und der Tatumstände beurteilt werden.

39 b) Im Hinblick auf die **sittliche Reife** ist zu prüfen, auf welchem Stadium der moralischen Entwicklung der Jugendliche sich befindet. Hier sind die Kohlberg-Stadien der moralischen Entwicklung eine wichtige Hilfe, wenngleich davon auszugehen ist, dass die Entwicklung eher kontinuierlich abläuft und die Kohlberg-Stadien lediglich als Orientierungshilfe dienen. Das Kohlberg-Schema unterscheidet drei wesentliche Stadien: Im präkonventionellen Stadium orientiert sich das Kind an Autoritätspersonen und verfolgt stark egozentrische Motive und Handlungsweisen. Im **konventionellen** Stadium kommt es zu einer Anerkennung und

---

42 Ostendorf, § 43 Rn 17.
43 Vgl Schepker/Toker, Z. für Kinder- und Jugendpsychiat. 2007 (35), 9-18.

Akzeptanz eines Systems von Regeln und Pflichten und zum Bestreben, den Erwartungen der Umgebung gerecht zu werden (sogenannte „Good-Boy-Orientierung"). Im Allgemeinen wird angenommen, dass der Übergang vom präkonventionellen zum konventionellen Stadium sich im Laufe der Pubertät vollzieht. Schließlich erfordert das postkonventionelle Stadium einen hohen Abstraktionsgrad, der die Einsicht in die allgemeine Gültigkeit moralischer Prinzipien ermöglicht, etwa nach dem kategorischen Imperativ von Kant: „Handele so, dass die Maxime deines Willens zugleich als Prinzip einer allgemeinen Gesetzgebung gelten kann".[44] Diese Stufe wird von vielen Straftätern überhaupt nicht erreicht. Bezüglich der sittlichen Reife ist ferner konkret zu prüfen, welche Wertvorstellungen bzw welche Unrechtseinsicht der jeweilige Proband im Hinblick auf einzelne Straftaten hat. Hier empfehlen sich Fragen zu häufigen Delikten, wobei die Begründungen zum Verbotstatbestand aufschlussreich sind. Beispiele für derartige Fragen sind: „Warum soll man nicht lügen, nicht stehlen, nicht schlagen, nicht einbrechen etc.?". Die Antworten auf derartige Fragen erlauben nicht nur eine gewisse Einschätzung des moralisch-ethischen Entwicklungsstandes, sondern auch des Wertbewusstseins. Es genügt nicht die Kenntnis des Sittenwidrigen oder Verbotenen des eigenen Handelns, „sondern die Ethisierung der Gebote und Verbote im Sinne einer zumindest beginnenden Überzeugung, von deren Ernst und Notwendigkeit zur Ermöglichung des mitmenschlichen Zusammenlebens, muss hinzutreten".[45] Der diesbezüglich vorausgesetzte Reifegrad wird in der Literatur häufig mit dem Begriff der „Sozialreife" umschrieben.[46]

c) Negativ zu prüfen ist, ob die geistige und sittliche Entwicklung des jeweiligen Probanden durch etwaige **psychopathologische Einflüsse** (zB extreme Deprivation, Intelligenzminderung) beeinträchtigt sein kann. Diesbezüglich kann es dazu kommen, dass sowohl eine erhebliche Reifungsverzögerung besteht, die die Einsicht der Handlungsfähigkeit beeinträchtigt als auch eine psychische Störung, die gleichsinnig wirkt.

V. Die Folgen fehlender Verantwortlichkeit gem. § 3 S. 2

1. Die Voraussetzungen für Maßnahmen nach S. 2. Kann die strafrechtliche Verantwortlichkeit nach S. 1 im Verfahren vor dem Jugendgericht – also nach Anklageerhebung gem. § 170 Abs. 1 StPO – nicht positiv festgestellt werden und ist das Verfahren so nach § 47 Abs. 1 Nr. 4 einzustellen oder der Angeklagte wegen Schuldunfähigkeit freizusprechen, kann der Jugendrichter dennoch nach S. 2 in diesem Verfahren zur Erziehung des Jugendlichen mit **Maßnahmen des Familiengerichts** intervenieren, wenn die entsprechenden Voraussetzungen gegeben sind. Zu diesen Erziehungsmaßnahmen nach S. 2 gehören per Definition die Aufgaben des Jugendrichters gem. § 34 Abs. 3, dh die Erziehung des betroffenen Jugendlichen zur Unterstützung und zum Einverständnis mit den Erziehungsberechtigten (§§ 1631 Abs. 3, 1800, 1915 BGB) sowie bei nicht nur bestehendem „erzieherischen Unterstützungsbedarf", sondern zur Abwendung von Gefährdungen, zB bei Vernachlässigung oder sonstigem Erziehungsversagen, erforderliche gerichtliche Interventionen gem. §§ 1666, 1666a ggf iVm §§ 27 - 34 SGB VIII. S. 2 enthält so zunächst eine formale Kompetenzerweiterung für den Jugendrichter. Einerseits sind damit alle Maßnahmen an die familienrechtlichen Vorausset-

---

44 Kant, Kritik der praktischen Vernunft, 1974, S. 7.
45 Wegener, Einführung in die forensische Psychologie, 1981, S. 158.
46 Vgl Peters in: Undeutsch (Hrsg.), Handbuch der Psychologie, Bd. 11, Forensische Psychologie, 1967, S. 262 ff; Thomae.

zungen gebunden, die der Jugendrichter materiell festzustellen hat. Andererseits folgt daraus, dass der Jugendrichter bei Entscheidungen nach S. 2 die an die jeweiligen materiellen Voraussetzungen gebundenen Maßnahmen „zur Erziehung eines Jugendlichen" insgesamt und unter Mitwirkung des Jugendamtes nach § 50 SGB VIII selbstständig treffen kann. Dazu gehören Entscheidungen über das Personensorgerecht ebenso wie die Anordnung einer Hilfe zur Erziehung nach §§ 27 - 40 SGB VIII.[47] Seit dem 1.9.2009 sind diese „Kindschaftssachen" im neuen Gesetz über das Verfahren in Familiensachen und in Angelegenheiten der freiwilligen Gerichtsbarkeit (FamFG) prozessual zusammenfassend geregelt (§§ 151 - 164 FamFG): Neben formalen Aspekten soll auf Einvernehmen hingewirkt, ein Verfahrensbeistand beigezogen, der Jugendliche persönlich angehört werden und das Jugendamt mitwirken. Eigene Rechte hat der Jugendliche ab 14 Jahren im Verfahren (§§ 7 ff FamFG).

42 S. 2 eröffnet im System jugendrichterlicher Kontrolle neben schuldabhängiger Sanktion und an der Gefährlichkeit orientierter Maßregel **eine dritte Spur der jugendhilferechtlichen Intervention**. Es handelt sich um die jugendspezifische Erweiterung der Zweispurigkeit des allgemeinen strafrechtlichen Sanktionensystems mit schuldorientierter Strafe und behandlungs- bzw sicherungsorientierter Maßregel. Voraussetzung für die **schuldunabhängige Erziehungsintervention** durch den Jugendrichter im JGG ist freilich ebenso wie bei § 20 StGB, dass eine tatbestandsmäßige und rechtswidrige Haupttat im jugendstrafgerichtlichen Verfahren festgestellt wurde. Daraus folgt, dass alle Entscheidungen im Verfahren nach den Regeln von JGG und StPO ergehen und auch das Rechtsmittelverfahren den Vorschriften der StPO unter Beachtung des § 55 JGG[48] folgt.

43 Die jugendrichterliche Anordnung von Maßnahmen zur Erziehung eines Jugendlichen – trotz einer Einstellung oder eines Freispruchs wegen fehlender Verantwortlichkeit in der 2. Spur schuldunabhängiger jugendhilferechtlicher Intervention – setzt **erhebliche Straftaten mit ebensolchem Erziehungsbedarf** voraus. Bei nicht schwerwiegender Jugendkriminalität, insbesondere bei nicht gegebener Gefahr weiterer erheblicher Straftaten wegen des Erziehungsdefizits, ist in **Anlehnung an die Grundsätze der Maßregeln der Besserung und Sicherung** auch im Jugendstrafrecht unter Beachtung des **Verhältnismäßigkeitsgrundsatzes** eine Intervention nach S. 2 ausgeschlossen. In Fällen nicht gravierender Jugendkriminalität oder geringen Erziehungsbedarfs ist das Verfahren möglichst früh wegen fehlender Verantwortlichkeit einzustellen und ggf das Jugendamt über die Verhaltensauffälligkeit zur Prüfung einer Intervention nach SGB VIII zu unterrichten.

44 Das jugendrichterliche Verfahren mit einer Hauptverhandlung und einer **Zwangsentscheidung zur Erziehung** im Rahmen der 2. Spur richtet sich erkennbar auf schwerwiegende Jugendkriminalität mit der Gefahr einer weiteren kriminellen Entwicklung. Dabei soll der Jugendrichter prüfen, ob wegen Fehlens der tatsächlichen Voraussetzungen zur nur unterstützenden Erziehung des Jugendlichen gerichtliche Maßnahmen zur Abwendung der Gefahr weiterer intensiver krimineller Entwicklungen erforderlich sind. Das wird insbesondere dann der Fall sein, wenn es um erhebliche Straftaten von Jugendlichen mit Merkmalen der kontinuierlichen Hinentwicklung zur Kriminalität (§ 5 Rn 36) geht und wegen Ausfalls oder Misserfolgs der familiären Erziehung Ersatzerziehung in einer Tagesgruppe

---

47 So auch D/S/S-Diemer, § 3 Rn 36; Eisenberg, § 3 Rn 42; Wiesner, SGB VIII, Kinder- und Jugendhilfe, 3. Aufl. 2006, vor § 27 KJHG Rn 28; aA Brunner/Dölling, § 3 Rn 16.
48 So auch D/S/S-Diemer, § 3 Rn 35; Eisenberg, § 3 Rn 59; Ostendorf, § 3 Rn 17.

(§ 32 SGB VIII), Vollzeitpflege (§ 33 SGB VIII), Heimerziehung (§ 34 SGB VIII) oder intensive pädagogische Einzelbetreuung zu prüfen ist. Der intensivste Eingriff der Unterbringung zur Erziehung in einer Einrichtung über Tag und Nacht (Heimerziehung) bedarf dabei einer sorgfältigen jugendrichterlichen Abwägung.[49] Insbesondere bei völlig desintegrierten Jugendlichen, die keine sozialen Bindungen haben, können solche intensiven und mit Zwang initiierten Erziehungsprogramme der einzig effektive Weg zur Integration sein (§ 2 Rn 16).

2. Das Verfahren zur Feststellung der fehlenden Verantwortlichkeit (S. 1) und zur Anordnung von Maßnahmen zur Erziehung (S. 2). Bei der prozessualen Betrachtung der Vorschrift ist strikt zu differenzieren zwischen der bloßen Feststellung der fehlenden strafrechtlichen Verantwortlichkeit und der damit entfallenden Strafbarkeit des Verhaltens nach S. 1 und einer ggf daran anknüpfenden Anordnung einer Maßnahme zur Erziehung nach S. 2 oder gar der Maßregel der Besserung und Sicherung einer Unterbringung im psychiatrischen Krankenhaus nach §§ 20, 63 StGB (Rn 30 ff). Folgende häufig zu wenig beachtete unterschiedliche Verfahrensweisen treten dabei hervor: 45

a) Verfahrensbeendingung ohne Maßnahmen. Wenn die strafrechtliche Nichtverantwortlichkeit des Beschuldigten offenkundig ist und die erhöhten Voraussetzungen für Erziehungsmaßnahmen nach S. 2 (Rn 41 ff) nicht vorliegen, sollte das Verfahren so früh wie möglich wegen Schuldunfähigkeit von der Staatsanwaltschaft nach § 170 Abs. 2 StPO eingestellt werden. Entsprechende richterliche Entscheidungen sind durch Ablehnung der Eröffnung der Hauptverhandlung nach § 203 StPO, durch Einstellung der Hauptverhandlung nach § 47 Abs. 1 Nr. 4 oder durch freisprechendes Urteil nach § 260 StPO möglich. Sollte neben dieser Entscheidung ein Erziehungsbedarf ohne die Anforderung an das jugendrichterliche Eingreifen vorliegen, können sowohl Staatsanwalt als auch Jugendrichter beim Jugendamt (§ 8 a SGB VIII) oder beim Familienrichter (§§ 151 ff FamFG) die Prüfung eventuell notwendiger erzieherischer Hilfen beantragen. In diesem Kontext wird es unter Beachtung des Verhältnismäßigkeitsprinzips meist nur Anregungen an das Jugendamt für Jugendhilfemaßnahmen im Einvernehmen mit den Erziehungsberechtigten geben. 46

b) Verfahrensbeendigung und Anordnung von Maßnahmen nach S. 2. Im Blick auf die dargelegten Beendigungsmöglichkeiten eines Jugendstrafverfahrens wegen Fehlens der strafrechtlichen Verantwortlichkeit wird fast durchweg ohne weitere Diskussion vertreten, dass die Anordnung von Erziehungsmaßnahmen nach S. 2 unabhängig davon besteht, in welchem Verfahrensabschnitt die Schuldunfähigkeit und mit welcher Entscheidung sie festgestellt wurde.[50] Offen bleibt dabei, wie von der Staatsanwaltschaft nach § 170 Abs. 2 StPO eingestellte Fälle an den Jugendrichter gelangen. Eine bloß informelle Weitergabe und entsprechende Behandlung durch den Jugendrichter widerspricht der Grundstruktur des Strafverfahrens mit abschließenden eindeutigen Feststellungen zur Straftat und einer eventuell auszusprechenden Intervention. Dieser Aspekt verdient Beachtung, weil im Gegensatz zur „informellen Weitergabekompetenz" an den Jugendrichter ganz überwiegend angenommen wird, dass die **verfahrensabschließende Entscheidung** nach S. 2 und selbst ihre Anfechtung nach strafprozessrechtlichen Regeln ablaufen.[51] In einem geordneten Strafverfahren ist aber 47

---

49 S. dazu Eisenberg, § 3 Rn 47 ff mit einer ausführlichen kritischen Analyse der Heimerziehung nach ihren Möglichkeiten.
50 S. zB Eisenberg, § 3 Rn 58.
51 S. zB D/S/S-Diemer, § 3 Rn 38.

eine bloße informelle Weitergabe eines Verfahrens an das Gericht nicht vorgesehen und systemwidrig. Inakzeptabel sind schon die Prämissen eines solchen Vorgehens. Die Staatsanwaltschaft würde mit der Einstellungsentscheidung nicht nur die fehlende strafrechtliche Verantwortlichkeit, sondern in positivem Sinn auch das für das weitere strafrechtliche Verfahren unabdingbare Vorliegen einer rechtswidrigen Tat als Voraussetzung der möglichen Erziehungsintervention durch den Jugendrichter verbindlich feststellen. Diese Konsequenz ist mit der richterlichen Unabhängigkeit (Art. 97 Abs. 1 GG) und dem Prinzip des gesetzlichen Richters (Art. 103 Abs. 1 S. 2 GG) nicht vereinbar. Das meist übersehene Problem liegt in der Formulierung des S. 2, wo der Jugendrichter legitimiert wird, Maßnahmen wie ein Familienrichter anzuordnen. Selbstverständlich kann der Staatsanwalt ein Verfahren formlos – speziell beim Familienrichter, der häufig zugleich auch Jugendrichter sein wird (§ 34 Abs. 2) – anregen. Dieses Verfahren richtet sich dann aber nach den Regeln der §§ 151 ff FamFG. Zu unterscheiden ist davon das Jugendgericht im Rahmen **jugendstrafrechtlicher Kontrolle**, die in S. 2 mit allen strafprozessualen Konsequenzen gefragt ist. So handelt es sich hier – wie schon oben dargelegt (Rn 42) – um eine 2. Spur des jugendgerichtlichen Verfahrens und nicht um die Wahrnehmung einer Erziehungsaufgabe des Familiengerichts. Eine **strafrechtskonforme Lösung** mit Beachtung grundlegender Prinzipien lässt sich im Blick auf die Regeln zur 2. Spur der Maßregeln im allgemeinen Strafrecht, insbesondere hinsichtlich der strukturgleichen Anwendung der Schuldunfähigkeitsregelung in §§ 20, 63 StGB, erreichen. Angesichts des Fehlens von Verfahrensregeln für die eindeutig jugendstrafrechtliche Intervention des S. 2, sind diese in Rechtsanalogie zu den **Vorgaben im allgemeinen Strafrecht** zu entwickeln.

48 Im allgemeinen Strafrecht setzt die Aktivierung der 2. Spur hinsichtlich der Unterbringung in einer psychiatrischen Anstalt ebenfalls – wie in S. 1 – die Feststellung der Schuldunfähigkeit nach § 20 StGB voraus. Zur Entscheidung über die mögliche Unterbringung bei Vorliegen entsprechender Indizien führen zwei **verfahrensrechtliche Wege**: Entweder erhebt die Staatsanwaltschaft Anklage nach § 170 Abs. 1 StPO und das Gericht stellt dann im Hauptverfahren sowohl die Schuldunfähigkeit als auch das Vorliegen einer rechtswidrigen Tat wie schließlich die Voraussetzungen der Unterbringung nach § 63 StGB fest oder sie beantragt förmlich im **Sicherungsverfahren** gem. §§ 413 ff StPO nach pflichtgemäßem Ermessen die Unterbringung gem. § 63 StGB. Hierzu bedarf es einer Antragsschrift nach § 414 Abs. 2 StPO, die einer Anklageschrift entspricht und zu einer gerichtlichen Verhandlung im Wesentlichen nach den Vorschriften der StPO führt (§ 414 Abs. 1 StPO). Die Staatsanwaltschaft wählt letzteren Weg, wenn sie das Verfahren nach § 170 Abs. 1 StPO wegen Schuldunfähigkeit einstellt und die sonstigen Voraussetzungen der Maßregel nach § 63 StGB mit hinreichender Wahrscheinlichkeit annimmt. Sämtliche Voraussetzungen zur Anordnung der Maßregel werden dann vom Gericht noch einmal und in eigener Verantwortung geprüft, angefangen von der Schuldfähigkeit (bei Bejahung Übergang in das Strafverfahren nach § 416 Abs. 1 StPO) über das Vorliegen einer rechtswidrigen Tat bis zu den spezifischen Voraussetzungen der Unterbringung nach § 63 StGB. Es besteht kein Problem und ist zur **Wahrung grundsätzlicher strafrechtlicher Prinzipien** auch im Jugendstrafrecht geboten, dieses Verfahren für die strukturgleiche schuldunabhängige Intervention im Rahmen des § 3 anzuwenden. Insbesondere folgt aus der differenzierten Sicht einer Sanktions- und einer Maßnahmespur in § 3, dass §§ **413 ff StPO, analog** dem dort ausdrücklich behandelten Fall des Antrags, auf die selbständige Spur der Erziehungsmaßnahmen in S. 2 zu übertragen

ist. Die Möglichkeit der selbstständigen Maßnahme ist in § 3 S. 2 ebenso eröffnet wie in § 71 StGB für die Unterbringung im psychiatrischen Krankenhaus. Die verfahrensrechtliche Lücke für S. 2 ist so prinzipienorientiert lückenlos und widerspruchsfrei zu schließen. Geboten ist diese Analogie auch bei einer Gesamtbetrachtung möglicher Interventionen. Es wurde oben dargelegt (Rn 31 ff), dass im gerichtlichen Verfahren auch über eine mögliche Konkurrenz zwischen S. 2 und § 20 StGB zu entscheiden ist. Dies ist nur möglich, wenn über beide Interventionen in einem einheitlichen Verfahren entschieden werden kann. Dabei ist das für §§ 20, 63 StGB – wie oben dargelegt – gesetzlich vorgegeben.

Als Konsequenz folgt für den Fall der **fehlenden Verantwortlichkeit mit anschließender Anordnung von Maßnahmen zur Erziehung durch den Jugendrichter**: Erhebt die Staatsanwaltschaft Anklage, entstehen keine besonderen Probleme, denn dann entscheidet der Jugendrichter uneingeschränkt im Strafverfahren über S. 1 und S. 2. Das ist wohl die Konstellation, die § 3 in der undifferenzierten Verknüpfung von S. 1 und S. 2 im Auge hat. Kommt die Staatsanwaltschaft im Ermittlungsverfahren zu dem Ergebnis, die strafrechtliche Verantwortlichkeit nicht positiv feststellen zu können, hat sie das Verfahren nach § 170 Abs. 2 StPO einzustellen und nach pflichtgemäßem Ermessen für einen im Strafverfahren zu klärenden erhöhten Erziehungsbedarf den Antrag auf ein **Sicherungsverfahren nach § 413ff. StPO** zu stellen. Auch dann liegt die Entscheidung über sämtliche Voraussetzungen und ggf über eine Konkurrenz von § 3 und §§ 20, 63 StGB beim Gericht. Bei einer Entscheidung auch über §§ 20, 21, 63 StGB ist hinsichtlich der Zuständigkeit der Jugendkammer § 39 Abs. 2 JGG iVm § 24 Abs. 2 GVG zu beachten. Bei systematischer Betrachtung des hier entwickelten Verfahrensausgangs erlangt die richterliche Einstellungsmöglichkeit nach § 47 Abs. 1 Nr. 4 entgegen verbreiteter Annahme[52] nur in der Hauptverhandlung als Alternative zum Freispruch hinsichtlich der Strafbarkeit bei einer Erziehungsintervention nach S. 2 Relevanz, denn vor der Maßnahme sind fehlende strafrechtliche Verantwortlichkeit, die rechtswidrige Tat und die Verhältnismäßigkeit einer Intervention in der Hauptverhandlung festzustellen. Zutreffend und nicht korrekturbedürftig stellt der Gesetzgeber daher in § 47 Abs. 1 Nr. 4 ausdrücklich auf einen Angeklagten in der Hauptverhandlung und nicht einen Angeschuldigten im Zwischenverfahren ab.

3. Eintragung in das Erziehungsregister. Zur Dokumentation erzieherisch relevanter, objektiv krimineller Verhaltensweisen hat der Gesetzgeber die vollständige Erfassung entsprechender Entscheidungen nach § 61 BZRG strikt nur für erzieherisch oder präventiv tätige Institutionen vorgesehen. So werden nach § 60 Abs. 1 BZRG in das Erziehungsregister eingetragen: Einstellung nach § 170 Abs. 2 StPO und ein Freispruch (Nr. 6), die Einstellung nach § 47 Abs. 1 Nr. 4 (Nr. 7), die Anordnung von Maßnahmen nach S. 2 (Nr. 1) und Interventionen des Familiengerichts (Nr. 9).

§ 4 Rechtliche Einordnung der Taten Jugendlicher

Ob die rechtswidrige Tat eines Jugendlichen als Verbrechen oder Vergehen anzusehen ist und wann sie verjährt, richtet sich nach den Vorschriften des allgemeinen Strafrechts.

---

52 Brunner/Dölling, § 3 Rn 7; Schaffstein/Beulke § 36 III b; RL Nr. 2 zu § 3; wie hier D/S/S-Diemer, § 3 Rn 32; Eisenberg, § 47 Rn 5.

I. Anwendungsbereich 1
II. Bedeutung der Einordnung als
    Vergehen oder Verbrechen 2
III. Verjährung 3
    1. Verfolgungsverjährung ... 3
    2. Vollstreckungsverbot
       wegen Verjährung 5

I. Anwendungsbereich

1   Die Vorschrift findet Anwendung auf rechtswidrige Taten Jugendlicher und Heranwachsender, soweit **materiell das JGG** anzuwenden ist, auch wenn sie formell vor den für allgemeine Strafsachen zuständigen Gerichten verhandelt werden. Dies beruht für Jugendliche auf § 104 Abs. 1 S. 1 JGG und für Heranwachsende auf §§ 105 Abs. 1, 112 S. 1, S. 2 und § 104 Abs. 1 Nr. 1 JGG. Im Hinblick auf die umfassende und klare Verhältnisbestimmung zwischen allgemeinen Vorschriften und dem JGG mit dem Grundsatz dessen Spezialität nach § 2 Abs. 2 ist § 4 ohne weitergehenden Inhalt und eigentlich überflüssig.

II. Bedeutung der Einordnung als Vergehen oder Verbrechen

2   Im Sinne von § 2 Abs. 2 bekräftigt § 4 zunächst, dass die fehlenden Strafrahmenvorgaben im JGG nicht zu einer Aufhebung der Deliktkategorisierung und ihrer Folgen nach § 12 StGB führen. Die Zweiteilung der rechtswidrigen Taten in Verbrechen und Vergehen enthält eine generell gültige Abstufung der Delikte nach ihrem Unrechtsgehalt und ihrer allgemeinen Strafwürdigkeit. Die Unterteilung der sich an die **Einstufung knüpfenden unterschiedlichen Rechtsfolgen** beurteilt sich damit nach dem Strafrahmen des StGB, der dem im JGG anwendbaren Tatbestand hinsichtlich der Sanktionierung nur abstrakt und ohne Folgen zugeordnet ist (im Einzelnen HK-GS-Hölscher zu § 12 StGB Rn 2). Auf diese Weise bleiben die gesetzestechnisch sinnvollen Verweisungen für die differenzierte Behandlung unterschiedlicher Unrechtskategorien erhalten: zB §§ 23 Abs. 1, 30 StGB mit der generellen Strafbarkeit des Versuchs bzw der versuchten Beteiligung nur bei Verbrechen, der Beteiligung sowie in formeller Hinsicht der Begrenzung der Einstellungsmöglichkeiten auf Vergehen nach § 45 Abs. 1 iVm § 153 StPO.[1]

III. Verjährung

3   **1. Verfolgungsverjährung.** § 4 stellt über die negativ in § 2 schon enthaltene Regelung ausdrücklich fest, dass sich auch die Verfolgungsverjährung nach den Vorschriften des allgemeinen Strafrechts richtet. Die Verweisung bezieht sich wegen **fehlender Spezialregelungen** im JGG auf die Gesamtregelung der §§ 78 - 78 c StGB, einschließlich Ruhen und Unterbrechung. Eine eingetretene Verjährung steht damit der Einleitung und Durchführung jedes Strafverfahrens im JGG entgegen, gleichgültig welche Reaktion nach § 5 beabsichtigt ist.

4   Die **Unterbrechungsvoraussetzungen** sind in § 78 c StGB abschließend und eindeutig enthalten. Daran gemessen haben selbst richterliche Handlungen im informellen Erziehungsverfahren des JGG nach §§ 45 Abs. 3, 47 Abs. 1 Nr. 3 keine unterbrechende Wirkung. Da in diesen Fällen eine Hauptverhandlung als entbehrlich erachtet werden muss, kommen insbesondere die Unterbrechungshandlungen nach § 78 c Abs. 1 Nr. 7, 8 StGB nicht infrage. Inhaltlich ist die enge Auslegung dadurch begründet, dass im Jugendstrafverfahren sehr spätkommende Reaktionen dem Erziehungsziel (§ 2 Abs. 1) widersprechen.[2]

---

1 Weitere Beispiele bei Ostendorf, § 4 Rn 2.
2 Ostendorf, § 4 Rn 3.

2. Vollstreckungsverbot wegen Verjährung. Anders als bei der Bestimmung eines Prozesshindernisses wegen Verfolgungsverjährung (Rn 3 f), wo das JGG keine Spezialregelung enthält, gibt es hinsichtlich der Vollstreckungsverjährung rechtskräftiger Strafen und Maßnahmen trotz des generellen Verweises auf die Vorschriften des allgemeinen Strafrechts (§§ 79 - 79 b StGB) wegen § 2 Abs. 2 einige Besonderheiten im JGG zu beachten. Dahinter stehen **pädagogische Erwägungen** zur Strafwirkung bei Jugendlichen, die auch zur ergänzenden Auslegung dieser teilweise unvollständigen Konkretisierung im JGG heranzuziehen sind. Daraus folgt im Einzelnen:

Bei den eingriffsintensiven (stationären) Erziehungsmaßregeln und Zuchtmitteln finden sich **im JGG klare Vollstreckungsverbote wegen Zeitablaufs**: Erziehungsbeistandschaft und Heimerziehung gem. § 12 Nr. 1 und 2 sind nach §§ 27, 30, 34 iVm § 7 Abs. 1 Nr. 3 SGB VIII mit der Vollendung des 18. Lebensjahres auch bei richterlicher Anordnung beendet, da sich Inhalt, Durchführung und Zeitdauer ausschließlich nach SGB VIII richten. Die Vollstreckung des Jugendarrestes nach § 16 wird gem. § 87 Abs. 4 unzulässig, wenn seit Eintritt der Rechtskraft ein Jahr verstrichen ist. Bei Entgegenstehen von Gründen der Erziehung ist schon nach 6 Monaten durch den Vollstreckungsleiter von der Vollstreckung abzusehen.

Für die verbleibende zentral am Erziehungsziel des JGG orientierten weniger eingriffsintensiven **formellen ambulanten Maßnahmen** des JGG – die Weisungen nach § 10 und die Auflagen nach § 15 – kennt das JGG nur eine strikt am Erziehungsgedanken orientierte **Vollstreckungsverlaufskontrolle** mit der Bandbreite von der Abänderung über die Verlängerung der Laufzeit bis zur Befreiung von der Vollstreckung bei den Weisungen gem. § 11 Abs. 2 und der Abänderung oder (teilweisen) Befreiung bei den Auflagen gem. § 15 Abs. 3. Offenbar geht der Gesetzgeber davon aus, dass Vollstreckungsmodalitäten bis zur Befreiung und damit dem Anschluss der Vollstreckung, im Interesse des Erziehungsziels individuell zu gestalten[3] und möglichst zeitnah zur Maßnahme noch durch das erkennende Gericht zu treffen sind. Damit versteht sich als zeitliche Grenze der erziehungsnotwendige **enge Zusammenhang** zwischen Tat-, Sanktionsentscheidung und insbesondere ihrer Vollstreckung von selbst. Irgendein rechtlicher Anhaltspunkt zur Heranziehung der langen Fristen des § 79 StGB ist nicht zu sehen, weil diese nur hinsichtlich Freiheits- und Geldstrafen geregelt sind. Darunter fallen die hier infrage stehenden ambulanten Maßnahmen der Erziehung weder kategorial noch nach dem Sanktionszweck. Vor allem fehlt in § 79 StGB jeder Bezug zu den erzieherisch begründeten Vollstreckungsgrundregeln der §§ 11 Abs. 2 und 15 Abs. 3 mit ihrer individuellen Vollstreckungsbegrenzung. Wegen der teilweisen Unvollständigkeit besteht damit für die genannten ambulanten Maßnahmen eine **Regelungslücke** hinsichtlich einer generellen an dem allgemeinen Erziehungsziel des § 2 Abs. 1 orientierten Vollstreckungsgrenze. Die vielfältigen vorhandenen Vorschläge für eine entsprechende Begrenzung reichen von einer obligatorischen Anwendung der §§ 11 Abs. 2, 15 Abs. 3:[4] spätestens bei Vollendung des 21. Lebensjahres[5] über die Analogie zu § 87 Abs. 4 mit einer einjährigen Frist nach Rechtskraft[6] bis zu dem Rechtsgedanken des § 63 Abs. 1 BZRG mit dem Abstellen auf das 24. Lebensjahr.[7] Überzeugend zu begründen ist eine Vollstreckungsgrenze für die genannten Fälle mit einem „a maiore ad minus" Erst-recht-Schluss

---

3 D/S/S-Diemer, § 4 Rn 5.
4 D/S/S-Diemer, § 4 Rn 5.
5 MüKo-StGB-Altenhain, Rn 8.
6 Ostendorf, § 4 Rn 5.
7 Eisenberg, § 4 Rn 6.

bei einem Jahr. Wenn schon die relativ gravierende und einschneidende Sanktion des Jugendarrestes nach einem Jahr (§ 87 Abs. 4) aus generellen pädagogischen Erwägungen des Gesetzgebers nicht mehr zur Vollstreckung kommen soll und nach § 87 Abs. 3 S. 2 obligatorisch nach 6 Monaten bei Vorliegen individueller erzieherischer Gründe von der Vollstreckung abzusehen ist, obwohl der Jugendarrest vorrangig den Zweck der Ahndung verfolgt, gilt dieser für die weniger intensiven Auflagen zur Ahndung und die strikt an der Erziehung orientierten Weisungen erst recht.[8] Die Ruhensregelung für die zulässige Vollstreckungsfrist des § 79 c StGB gilt sinngemäß, insbesondere die Nr. 2 c bei Zahlungserleichterungen für die Geldbuße.

8 Für die **Vollstreckungsverjährung der Jugendstrafe** ist die Verweisung auf die Vorschriften des allgemeinen Strafrechts zu befolgen. Es stehen – da es sich um eine echte Strafe handelt und diese der Kategorie des Freiheitsentzugs zugeordnet ist (§ 18 Abs. 1) – der sinngemäßen Anwendung (Freiheitsstrafe = Zeitdauer der Jugendstrafe) wie sonst im JGG (zB § 7 bei der Führungsaufsicht) keine grundsätzlichen Hindernisse entgegen, die gesetzlichen Fristen des § 79 Abs. 3 Nr. 1 - 4 entsprechend umzurechnen.[9] Im Rahmen des Erziehungsziels zu begründende abweichende Entscheidungen können im Gnadenverfahren erfolgen. Dabei sollte ein Gesichtspunkt insbesondere bei Jugendstrafe wegen schädlicher Neigungen nach § 17 Abs. 2 Alt. 1 sein, dass die Erziehung im Jugendstrafvollzug nach der Vorgabe des § 92 Abs. 1 S. 2 mit 24 Jahren an ein Ende stößt.

§ 5 Die Folgen der Jugendstraftat

(1) Aus Anlaß der Straftat eines Jugendlichen können Erziehungsmaßregeln angeordnet werden.

(2) Die Straftat eines Jugendlichen wird mit Zuchtmitteln oder mit Jugendstrafe geahndet, wenn Erziehungsmaßregeln nicht ausreichen.

(3) Von Zuchtmitteln und Jugendstrafe wird abgesehen, wenn die Unterbringung in einem psychiatrischen Krankenhaus oder einer Entziehungsanstalt die Ahndung durch den Richter entbehrlich macht.

Richtlinie zu § 5

Ergibt sich in der Hauptverhandlung, daß bereits eine erzieherische Maßnahme durchgeführt oder eingeleitet worden ist, und hält die Staatsanwaltschaft deshalb eine Ahndung für entbehrlich, so regt sie die Einstellung des Verfahrens an (§ 47 Abs. 1 Satz 1 Nr. 2).

Schrifttum:

Dittmann, Die schweizerische Fachkommission zur Beurteilung „gemeingefährlicher" Straftäter, in: Müller-Isberner/Gonzales-Cabeza (Hrsg.): Forensische Psychiatrie – Schuldfähigkeit – Kriminaltherapie – Kriminalprognose; *Itzel*, Die Abgrenzung der Weisungen von den Auflagen nach dem JGG, 1987; *Kratzsch*, Heilpädagogische Forschung, 1989; *Lenz*, Die Rechtsfolgensystematik im Jugendgerichtsgesetz (JGG), 2007; *Nothacker*, Erziehungsvorrang und Gesetzesauslegung im JGG, 1985; *Wolf*, Strafe und Erziehung nach dem JGG, 1984.

---

8 MüKo-StGB-Altenhain, Rn 8; Eisenberg, § 4 Rn 6; Ostendorf, § 4 Rn 5; Radtke, Bestrafungshindernisse aufgrund Zeitablaufs, 2000, S. 186.
9 Bedenken bei Eisenberg, § 4 Rn 8.

I. Normzweck: Die Grundsätze jugendstrafrechtlicher Rechtsfolgenbestimmung 1
II. Voraussetzungen jugendstrafrechtlicher Rechtsfolgen 3
   1. Sachliche Voraussetzung. 3
   2. Der persönliche Anwendungsbereich 4
III. Die Sanktionsmöglichkeit im Jugendstrafrecht 6
IV. Die Rechtsfolgensystematik und ihre Anwendung nach Abs. 1 und 2 13
   1. Grundprinzipien und Unstimmigkeiten der Systematik in Abs. 1 und 2 ... 13
   2. Prinzipienkonforme Auslegung zur Auflösung der Unstimmigkeiten 14
   3. Die prinzipientreue Auslegung des § 5 15
      a) Die prinzipiengeleitete erweiternde Auslegung des § 5 16
      b) Teleologische prinzipienorientierte Auslegung von Abs. 1 und 2 18
         aa) Die Geeignetheit.. 19
         bb) Erforderlichkeit ... 20
         cc) Angemessenheit ... 21
   4. Das duale System der Rechtsfolgen und seine Abstufungen 22
   5. Die teleologische Auslegung 24
   6. Kombination aus Erziehungsmaßregeln und Zuchtmitteln 25
   7. Die Anwendung des jugendstrafrechtlichen Reaktionssystems 26
   8. Kriminologische Einzelfallanalyse 27
V. Einzelfallkriminologie in der Jugendstrafrechtspflege 28
   1. Rechtliche Vorgaben 28
   2. Die Praxis 29
   3. Qualitätskriterien 33
      a) Notwendige Vorarbeiten leisten 33
      b) Schrittweise vorgehen . 34
      c) Jugendkriminologische Grundlagen gründlich erarbeiten 35
      d) Anerkannte jugendkriminologische Kriterien verwenden 37
      e) Idealtypisch denken, Risiko-/Schutzfaktoren würdigen, Stärken/Schwächen beachten.. 40
      f) Lebensgeschichtliche, aktuelle und künftige Faktoren prüfen 43
      g) Altersfaktor berücksichtigen 45
      h) Beurteilungsfaktoren angemessen gewichten 46
      i) Die Methode für die Jugendstrafrechtspflege 47
   4. Fazit 49

I. Normzweck: Die Grundsätze jugendstrafrechtlicher Rechtsfolgenbestimmung

Die Vorschrift enthält in den Abs. 1 und 2 das Programm der im Jugendstrafrecht als Reaktion auf eine Straftat möglichen Sanktionsarten sowie Prinzipien, die bei deren Auswahl zu beachten sind. Programmatisch gibt Abs. 1 vor, dass „aus Anlass der Straftat" eines Jugendlichen **entwicklungsfördernd Erziehungsmaßregeln** (§§ 9 - 12) angeordnet werden. Nur für den Fall, dass Erziehungsmaßregeln nicht ausreichen, sieht Abs. 2 die Ahndung der Straftat eines Jugendlichen mit **Zuchtmitteln** (§§ 13 - 16) oder mit **Jugendstrafe** (§ 17 ff) vor. Gegenüber dem allgemeinen Strafrecht, das als Sanktionskategorien vor allem Freiheitsstrafe (§ 38 StGB) und Geldstrafe (§§ 40 ff StGB) kennt, beinhaltet § 5 ein eigenständiges Rechtsfolgensystem, das mit seiner breitgefächerten Reaktionspalette ein individuelles Eingehen auf die unterschiedlich ausgeprägte Entwicklung der jugendlichen (und heranwachsenden) Täter im konkreten Einzelfall erlaubt. 1

Die Vorschrift enthält neben dem konkreten Rechtsfolgenprogramm in knapper Form den **Leitgedanken des „Erziehungsstrafrechts"** im JGG: Die Formulierung 2 in Abs. 1 „aus Anlass der Straftat eines Jugendlichen" zeigt ihre entscheidende Bedeutung im Vergleich zur rechtlich vorgegebenen Grundhaltung bei der Straftat eines Erwachsenen: Dort bestimmt § 46 Abs. 1 S. 1 die Schuld des Täters als Grundlage der Strafzumessung. Gemeint ist damit die Tatschuld, so dass der geforderte Tatschuldenausgleich im Wesentlichen durch die Beurteilung der Tatsituation und die in diesem Kontext bedeutsamen Persönlichkeitsmerkmale des Täters bestimmt wird. Präventive Wirkungen sind nur in diesem Rahmen zu berücksichtigen.[1] Dagegen heißt „aus Anlass der Straftat" intervenieren, den **Bezugspunkt des in der Tat hervorgetretenen Erziehungs- oder Ahndungsbedarf** im Sinne einer ganzheitlichen Täterbeurteilung zu nehmen. Daraus lässt sich folgern, dass das Jugendstrafrecht ein Erziehungs- bzw Täterstrafrecht im Gegensatz zum Tatstrafrecht des StGB ist. Ein gewisser Bezug zur Tat bleibt im Jugendstrafrecht durch das Gebot der Verhältnismäßigkeit im engeren Sinne zwischen Anlass der Intervention – der Tat – und der am Erziehungsbedarf orientierten Rechtsfolge.

II. Voraussetzungen jugendstrafrechtlicher Rechtsfolgen

3   1. **Sachliche Voraussetzung.** Voraussetzung der Anordnung einer jugendstrafrechtlichen Rechtsfolge ist die Begehung einer **Straftat**. Sowohl Abs. 1 („... aus Anlass der Straftat ...") als auch Abs. 2 („... die Straftat ...") enthalten dieses Erfordernis. Notwendig ist also die Feststellung einer nach den Kriterien des allgemeinen Strafrechts tatbestandsmäßig, rechtswidrig und schuldhaft begangenen Straftat (dazu § 2 Rn 19 ff). Auffälliges Verhalten und Erziehungsbedarf sind kein jugendstrafrechtlicher Interventionsgrund (**Erziehungsstrafrecht**).

4   2. **Der persönliche Anwendungsbereich.** Neben den explizit genannten Jugendlichen umfasst das Rechtsfolgensystem des JGG auch die Heranwachsenden, sofern auf diese Jugendstrafrecht angewendet wird (§ 105 Abs. 1). § 5 findet bei Jugendlichen und Heranwachsenden auch dann Anwendung, wenn die gegen sie gerichteten Verfahren vor den für allgemeine Strafsachen zuständigen Gerichten stattfinden (§ 104 Abs. 1 Nr. 1; § 112 iVm § 104 Abs. 1 Nr. 1).

5   Als Exkurs und Merkposten ist darauf hinzuweisen, dass umgekehrt nichts entgegensteht, **Straftaten Jugendlicher als soziale Auffälligkeit** und Entwicklungsstörung mit entsprechendem Hilfebedarf nach SGB VIII mit gleichzeitiger oder auch ohne jugendstrafrechtliche Intervention zu behandeln. Das so vorhandene **erzieherische Potenzial der jugendstrafrechtlichen Kontrolle** über das eigene Rechtsfolgenprogramm hinaus wird im JGG gesehen und rechtlich vorgegeben. Es liegt an der Praxis die drei Möglichkeiten stärker zu nutzen: a) Jugendstaatsanwalt und Jugendrichter können das Strafverfahren unter Hinweis auf eine eingeleitete oder durchgeführte erzieherische Maßnahme der Jugendhilfe einstellen (§§ 45 Abs. 2 S. 1, 47 Abs. 1 Nr. 2); b) bei einem wegen fehlender Einsichts- oder Handlungsunfähigkeit (§ 3 S. 2) strafrechtlich nicht verantwortlichen Jugendlichen kann der Jugendrichter als Familiengericht tätig werden und Jugendhilfemaßnahmen anordnen; c) der Jugendrichter kann die Auswahl der Erziehungsmaßregeln nach einer entsprechenden Verurteilung dem Familiengericht überlassen (§ 53). Die Vorschrift enthält so – obwohl eigentlich nur die formellen Rechtsfolgen des JGG als Spezialregelung für Jugendliche angesprochen werden – die mindestens ebenso wichtigen Bezüge zur informellen jugendstrafrechtlichen Reaktion und zur **Verzahnung mit jugendhilferechtlichen Angeboten** zum Wohl des Jugendlichen. Im Überblick stellt sich das jugendstrafrechtliche Kontrollsystem „aus Anlass einer Straftat" als notwendiger Anhaltspunkt wie folgt dar:

---

1   S. im Einzelnen Hk-GS-Rössner/Kempfer, § 46 StGB Rn 12 ff.

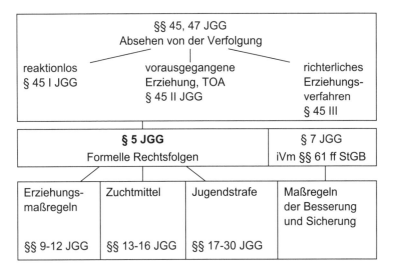

III. Die Sanktionsmöglichkeit im Jugendstrafrecht

Die Erhebungen zur Rechtswirklichkeit des Sanktionsprogramms zeigen, dass sich das breite Spektrum der speziellen jugendstrafrechtlichen Möglichkeiten auch in der Wirklichkeit wiederfindet. Freilich liefern die Ergebnisse auch genügend Anstöße zur Reflexion. Dabei ist aber stets das **Gesamtsystem** zu beachten, da immerhin mehr als ⅔ der Fälle informell erledigt werden. So wäre es verfälschend, wenn man allein aus den formellen Sanktionen eine mehr oder weniger große Erziehungs- bzw. Ahndungsorientierung ableiten wollte. Die Aufbereitung, Darstellung und stets aktuelle Analyse der Sanktionspraxis hat das von Heinz entwickelte **Konstanzer Inventar** (Kriminalitätsentwicklung und Sanktionsforschung – www.uni-konstanz.de/rtf/ki) in vorbildlicher Form übernommen, so dass die hier folgenden notwendig knappen Informationen jederzeit aaO aktualisiert und ergänzt werden können.

In rechtstatsächlicher Sicht fällt ins Auge, dass die jugendstrafrechtlichen Reaktionen insgesamt gesehen nicht durch die formellen im Urteil ausgesprochenen Rechtsfolgen des § 5, sondern durch den davor liegenden **Filter der folgenlosen oder informellen Intervention** geprägt sind. Aus erzieherischen Gründen mit den genannten Bezügen zu den Hilfsangeboten ist es erfreulich, dass sich mehr als ⅔ der jugendstrafrechtlichen Kontrolle außerhalb des § 5 im informellen Bereich abspielt. Das Jugendstrafrecht wäre so besser als **Jugendstrafverfahrenseinstellungsrecht** gekennzeichnet. Die Einstellungs- bzw. sog. Diversionsrate im Jahr 2006 betrug rd. 68 % (gegenüber nur 44 % im Jahre 1981 mit seitdem stetigem Anstieg). Bei den Erwachsenen liegt die Rate bei etwa 50 %. Im Blick auf das im JGG zentrale Einstellungsverfahren sind die zu konstatierenden hohen **regionalen Schwankungen** zu berücksichtigen.

Bei den formellen Sanktionen gibt es eine langfristige Tendenz von den stationären zu ambulanten Sanktionen (Anteil 2007: 75 % gegenüber 1955: 50 %). Einzelheiten zur Entwicklung und zum Stand der Sanktionspraxis lassen sich der folgenden Tabelle entnehmen:

Tabelle: Jugendrichterliche Sanktionsauswahl in der Bundesrepublik Deutschland 1970-2007[2]

	1970		1990		2007	
	absolut	Anteil in %	absolut	Anteil in %	absolut	Anteil in %
1	2	3	4	5	6	7
Erziehungsbeistandschaft	654	0,51	129	0,12	161	0,09
(Fürsorge-)/Heimerziehung	292	0,23	30	0,03	65	0,04
Weisungen	12.207	9,59	32.702	29,82	28.859	15,54
Verwarnungen	33.788	26,54	24.755	22,57	33.828	18,22
Auflagen:						
Schadenswiedergutmachung	2.173	1,71	1.678	1,53	3.050	1,64
Entschuldigung	3.476	2,73	135	0,12	237	0,13
Geldzahlung	36.354	28,56	24.154	22,03	18.336	9,88
Arbeitsleistung	-	-	-	-	55.203	29,73
Arbeitsl. u. Entschuldigung	-	-	-	-	508	0,27
Aussetzung der Verhängung der Jugendstrafe nach § 27 JGG	1.401	1,1	1.189	1,08	2.793	1,5
Jugendarrest	25.270	19,85	12.785	11,66	22.153	11,93
Jugendstrafe	11.687	9,18	12.103	11,04	20.480	11,03
davon:						
bis einschließlich 1 Jahr	8.318	71,17	7.524	62,17	10.992	53,67
mit Strafaussetzung	6.052	51,78	7.784	64,31	12.425	60,67
bestimmte vollstreckbare	4.878	41,74	4.266	35,25	8.055	39,33
unbestimmte	757	6,48	53	0,44	-	-
Sanktionen insgesamt	127.302	100	109.660	100	185.673	100
Verurteilungen insgesamt	89.593	-	77.274	-	121.354	-

Früheres Bundesgebiet einschl. Berlin-West, ab 2007 Gesamtdeutschland

9 Bei der Interpretation der Tabelle ist zu berücksichtigen, dass sie auf die **Gesamtzahl jugendrichterlicher Sanktionen** bezogen ist und insbesondere im ambulanten Bereich Mehrfachanwendungen (§ 8) vorkommen. Die Zahl der Verurteilten ist also niedriger (121.354 Verurteilte gegenüber 185.673 Sanktionen insgesamt).

10 Aus der Tabelle geht bei den **Erziehungsmaßregeln** hervor, dass die autoritative jugendrichterliche Anordnung der Hilfen des SGB VIII nach § 12 (Erziehungsbeistandschaft und Unterbringung) nur noch sehr selten ist. Zutreffend wird hier meistens das jugendhilferechtliche Verfahren mit dem entsprechenden Leistungs-

---

[2] Quelle: Statistisches Bundesamt (Hrsg.): Strafverfolgungsstatistik (Arbeitsunterlage) 1980; Statistisches Bundesamt (Hrsg.): Strafverfolgung (Arbeitsunterlage) 1990; Statistisches Bundesamt (Hrsg.): Strafverfolgung (Arbeitsunterlage) 2000; Statistisches Bundesamt (Hrsg.): Fachserie 10: Rechtspflege. Reihe 3: Strafverfolgung 2006, Statistisches Bundesamt (Hrsg.): Fachserie 10: Rechtspflege. Reihe 3: Strafverfolgung 2007.

angebot an Betroffene und Eltern bzw bei unüberwindbarer Gefährdung des Wohles des Jugendlichen durch gerichtliche Entscheidung über den (potenziellen) Entzug des Sorgerechts nach §§ 1666, 1666 a BGB gegangen. 99,4 % der Erziehungsmaßregeln bestehen aus entwicklungsfördernden ambulanten Weisungen nach § 10, orientiert am jeweiligen Erziehungsbedarf. Der relativ geringe Gesamtanteil im Rahmen der formellen Sanktion von knapp 16 % ist im Kontext der breiten Diversionspraxis zu sehen, wo entsprechend erzieherisch sinnvoll Interventionen in gleicher Weise auch ohne formelle Verurteilung nach §§ 45, 47 zu erreichen sind.

Ähnliches gilt für die **ambulanten Zuchtmittel nach §§ 14, 15**, die auch so schon mit über 60 % die Masse der formellen Sanktion ausmachen und die Bedeutung der im Jugendstrafrecht in der Praxis (zu Recht oder Unrecht) angenommenen Ahndungsbedürftigkeit belegen. Der umstrittene **Jugendarrest** gem. § 16 zeigt über lange Zeit hinweg eine erstaunliche Anwendungsquote von rd. 12 %, was vermuten lässt, dass für die Zielgruppe zumindest teilweise noch mögliche und sinnvolle Alternativen fehlen. So macht der Jugendarrest jedenfalls ¾ aller unmittelbar stationären Sanktionen aus, wenn man bei der Jugendstrafe die zur Bewährung ausgesetzte entsprechend berücksichtigt. Eine **Jugendstrafe** als schwerste Sanktion macht rd. 11 % des Gesamtanteils aus, wobei 3 von 5 zur Bewährung ausgesetzt werden. Betrachtet man unabhängig von der Tabelle, die als Bezugsgröße die (teilweise auch mehrheitlich gegen einen Täter) ausgesprochene jugendstrafrechtliche Sanktion hat, hinsichtlich der verurteilten Personen, so werden rd. 17 % der formell Verurteilten mit einer (zu 60 % ausgesetzten) Jugendstrafe belegt.

Bei einem **Vergleich** der stationären Sanktionen nach allgemeinem und nach Jugendstrafrecht, wobei auch die unterschiedlichen Diversionsraten berücksichtigt werden, fällt auf, dass im Jugendstrafrecht unter Einbeziehung des Jugendarrests mehr freiheitsentziehende Strafen verhängt werden als im Erwachsenenstrafrecht. Auch Jugendarrest wird innerhalb der stationären Sanktionen um einiges häufiger als die kurze Freiheitsstrafe (unter 6 Monaten) nach allgemeinem Strafrecht angeordnet: im Jahr 2006 waren es 6,1 % zu 3,0 % bezogen auf Sanktionierte insgesamt, obwohl Jugendkriminalität durchschnittlich weniger schwer ist als Erwachsenenkriminalität. Der Eindruck bestätigt sich auch durch den Vergleich der Sanktionspraxis bei Heranwachsenden und Jungerwachsenen im Alter von 21 bis unter 25 Jahren.

IV. Die Rechtsfolgensystematik und ihre Anwendung nach Abs. 1 und 2

1. Grundprinzipien und Unstimmigkeiten der Systematik in Abs. 1 und 2. Die Dreiteilung der formellen jugendstrafrechtlichen Rechtsfolgen in Erziehungsmaßregeln, Zuchtmittel und Jugendstrafe ist Grundlage der vermeintlich eindeutigen Leitlinie für die Anwendung: Abs. 1 bestimmt die Erziehungsmaßregeln (§§ 9 - 12) als zunächst zu prüfende Einstiegskategorie der Rechtsfolgen. Nur wenn diese iSd Abs. 2 nicht ausreichen, sind die folgenden jeweils darüberliegenden Stufen der Zuchtmittel oder schließlich der Jugendstrafe in Betracht zu ziehen. Die bloße Übernahme der Dreiteilung in eine abgestufte Anwendungssystematik, wie sie Abs. 1 und 2 offenbar zugrunde liegt, bildet den für die Abstufung entscheidenden Aspekt der Eingriffsschwere nicht durchweg prinzipienkonform ab. Die konkrete Betrachtung legt die Unstimmigkeiten offen. So handelt es sich bei der Verwarnung nach § 14 um ein Zuchtmittel, also um eine Reaktion der 2. Stufe, obwohl damit ein ungleich geringerer Eingriff in die Lebensführung verbunden ist als bei der Betreuungsweisung gem. § 10 Abs. 3 Nr. 5 oder gar der stationären Heimerziehung nach § 12 Nr. 2, bei denen es sich um Erziehungsmaßregeln und damit um Reaktionen der 1. Stufe handelt.[3]

14 **2. Prinzipienkonforme Auslegung zur Auflösung der Unstimmigkeiten.** Der in Abs. 1 und 2 hervorgetretene partielle **Widerspruch der Leitlinie zu den Grundprinzipien** der abgestuften Rechtsfolgensystematik bedarf der Auflösung, um eine systematisch abgestimmte und den Grundprinzipien entsprechende Anwendung der Sanktionen zu ermöglichen. Dazu genügen methodische Überlegungen zur ergänzenden systematischen und teleologischen Auslegung.[4] Die zulässigen Auslegungsmethoden führen zu Grundsätzen, die dem Sanktionsprogramm des § 5 immanent und eindeutig zu entnehmen sind. Dies ist zum einen, auf materieller Ebene, der Vorrang der **defizitorientierten Erziehung** gegenüber der bloßen Sanktionierung beim Normlernen, welcher sich daraus ergibt, dass § 5 Abs. 1 die Erziehungsmaßregeln vor die ahndenden Kategorien der Zuchtmittel und der Jugendstrafe stellt. Das zweite – formelle – Anwendungsprinzip liegt im **Grundsatz der Subsidiarität**. Dieser findet sich in den Abs. 1 und 2 mit dem Stufenverhältnis vom möglichst wenig intensiven (ambulanten) Eingriff in die Lebensführung hin zur eingriffsintensiveren (stationären) Einwirkung mittels Jugendarrest bzw Jugendstrafe.

15 **3. Die prinzipientreue Auslegung des § 5.** Zunächst ist eine Erweiterung der Perspektive auf das Gesamtsystem jugendstrafrechtlicher Kontrolle notwendig. Die nicht genannten **Einstellungsmöglichkeiten der §§ 45, 47** sind zentraler Bestandteil des Systems der Folgen einer Jugendstraftat. Beide Diversionsnormen entsprechen sowohl dem Grundsatz der defizitorientierten Erziehung – §§ 45 Abs. 1, 47 Abs. 1 Nr. 1 zielen auf Toleranz, §§ 45 Abs. 2, 47 Abs. 1 S. 1 Nr. 2 auf Erziehung außerhalb des Jugendgerichtsgesetzes, §§ 45 Abs. 3, 47 Abs. 1 S. 1 Nr. 3 auf ein jugendrichterliches Erziehungsverfahren – als auch dem Grundsatz der Subsidiarität: die §§ 45, 47 sollen ein förmliches Verfahren vermeiden. Der Gesetzgeber hat den gesetzessystematischen Vorrang der Verfahrenseinstellung gem. den §§ 45, 47 als so eindeutig erachtet, dass er auf ihre ausdrückliche Einbeziehung in die Grundnorm der jugendstrafrechtlichen Rechtsfolgen verzichtet hat.

16 **a) Die prinzipiengeleitete erweiternde Auslegung des § 5.** Aus der Erweiterung folgt, dass **mildere Reaktionen** im allgemeinen Strafrecht, wie das Absehen von Strafe nach § 60 StGB, auch im Jugendstrafrecht für zulässig erachtet werden.[5] Zu beachten ist dabei, dass der im allgemeinen Strafrecht geltende Begriff der „Strafe" im Bereich des Jugendstrafrechts – vor dem Hintergrund des breit gefächerten Sanktionensystems – weiter zu fassen ist. Hierunter fallen also nicht nur die Jugendstrafe iSd §§ 17 ff, sondern ebenso die **Erziehungsmaßregeln** (§§ 9 ff) sowie die **Zuchtmittel** (§§ 13 ff). Das hat zur Konsequenz, dass bei Vorliegen der Voraussetzungen des § 60 StGB auch von der Verhängung von Erziehungsmaßregeln[6] und Zuchtmitteln abzusehen ist.[7] Findet § 60 StGB im Bereich des Jugendstrafrechts Anwendung, so sind bei der vorzunehmenden Beurteilung, ob

---

[3] D/S/S-Diemer, § 5 Rn 13; Rössner in: Meier/Rössner/Schöch, § 6 Rn 8.
[4] Rössner in: Meier/Rössner/Schöch, § 6 Rn 5 mwN.
[5] BayObLG v. 26.6.1991, RReg. 1 St 119/91, NStZ 1991, 584 - 585; zu § 233 StGB aF: BayObLG v. 13.7.1961, RReg. 4 St 174/61, NJW 1961, 2029 f; zu § 16 StGB: AG Osterode v. 17.9.1970, 7 a LS 92/70 Hw., NdsRpflege 1971, 262; Dallinger/Lackner, § 5 Rn 18; Eisenberg, § 5 Rn 11; Ostendorf, § 5 Rn 21.
[6] AA Bringewat, Das Absehen von Erziehungsmaßregeln: ein Absehen von Strafe?, NStZ 1992, 315, 318.
[7] BayObLG,v. 26.6.1991, RReg. 1 St 119/91, NStZ 1991, 584 - 585.

„die Verhängung einer Strafe offensichtlich verfehlt wäre", die jugendstrafrechtlichen Prinzipien, insbesondere der Erziehungsgedanke nach § 2 Abs. 1, zu berücksichtigen.[8]

Ebenfalls vorgelagert ist die aus dem allgemeinen Strafrecht stammende umfängliche Berücksichtigungsregel eines freiwilligen **Täter-Opfer-Ausgleichs** im Rahmen des **§ 46a StGB**. Das JGG enthält mit § 45 Abs. 2 S. 2 nur eine Einstellung und mit § 10 Abs. 1 Nr. 7 eine richterliche Verurteilungsmöglichkeit. Für die Reduktion einer notwendigen formellen Sanktion enthält das JGG keine Hinweise. Insoweit gleicht die Situation der bei der Anwendung von § 60 StGB. Der Jugendrichter muss also nach einem durchgeführten TOA, zB vor der Verhängung einer zu erwartenden Jugendstrafe von unter einem Jahr, prüfen, ob unter Berücksichtigung des TOA nach einem Schuldspruch von einer Sanktion abzusehen ist. Bei Jugendstrafe von über einem Jahr ist eine an § 49 Abs. 1 StGB orientierte Milderung der Strafe zu erwägen. Gleiches gilt für die Auswirkungen der freiwilligen qualifizierten Schadenswiedergutmachung nach § 46a Nr. 2 StGB. Es ist keine Frage, dass das JGG mit der Betonung des integrierenden Sanktionierens bei der Berücksichtigung des TOA nicht kürzer greifen darf als das allgemeine Strafrecht. Selbstverständlich gelten im Jugendstrafrecht §§ 155a und 155b StPO, die Staatsanwaltschaft und Gericht verpflichten, in geeigneten Fällen auf einen TOA hinzuwirken und dabei die Freiwilligkeit des Opfers zu respektieren.

b) Teleologische prinzipienorientierte Auslegung von Abs. 1 und 2. Gegenüber der offenkundigen Erweiterung der Auslegungsperspektive auf informelle Reaktionen im JGG und sanktionsvermeidende bzw -reduzierende Instrumente des StGB bedarf die prinzipiengeleitete Auslegung innerhalb der von Abs. 1 und 2 ausdrücklich geregelten **Systematik im Bereich der formellen Rechtsfolgen** der genauen Analyse. Im Kern geht es mit Blick auf die dargelegten Widersprüche (Rn 13) um die differenzierte Analyse und Einordnung der verschiedenen Erziehungsmaßregeln und Zuchtmittel, synchronisiert mit den grundlegenden Strukturierungs- und Anwendungsprinzipien des jugendstrafrechtlichen Rechtsfolgensystems, wie des **Verhältnismäßigkeitsgrundsatzes** mit seinen Teilgeboten der **Geeignetheit, Erforderlichkeit** und **Angemessenheit**.[9]

aa) Die Geeignetheit. Als erstes muss unter Beachtung des **Grundsatzes** vom **Vorrang der Erziehung** die Frage beantwortet werden, ob die Jugendstraftat Ausdruck von Störungen im Prozess des Normlernens ist oder als Verfehlung eines relativ normal entwickelten Jugendlichen/Heranwachsenden qualifiziert werden kann:[10] (1) Gelangt man zu dem Ergebnis, dass **Störungen im Normlernprozess** vorliegen, bedarf es einer **erziehungsorientierten Reaktion.** Diese Funktion erfüllen zum einen die Erziehungsmaßregeln, was sich schon aus § 10 Abs. 1 S. 1 ergibt, wonach die Weisungen, bei denen es sich um einen Unterfall der Erzie-

---

8 Zu § 233 StGB aF: BayObLG v. 13.7.1961, RReg. 4 St 174/61, NJW 1961, 2029 f; Brunner/Dölling, § 5 Rn 8.
9 Im Einzelnen Lenz, S. 33 ff; zu unterschiedlichen Lösungsansätzen der Problematik s. Bohnert, Strafe und Erziehung im Jugendstrafrecht, JZ 1983, 517 ff; Itzel; Kratzsch, S. 155 ff; Nothacker; Wolf; In der ausbildungs- und praxisrelevanten Literatur wird die grundlegende Frage meist nur am Rand als Widerspruch konstatiert wie bei Albrecht, § 15 A I 3; Brunner/Dölling, § 5 Rn 1; D/S/S-Diemer, § 5 Rn 4 f, nicht aber wirklich behoben. Unsystematische Anwendung, dh „Durchwursteln", mit dem Hinweis auf die Flexibilität des jugendstrafrechtlichen Sanktionensystems ist die praktische Folge.
10 Vgl Rössner in: Meier/Rössner/Schöch, § 1 Rn 11 und § 3 Rn 6.

hungsmaßregeln handelt, als „Gebote und Verbote, welche die Lebensführung der Jugendlichen regeln und dadurch seine Erziehung fördern und sichern sollen" legal definiert werden, zum anderen die Jugendstrafe wegen schädlicher Neigung (§ 17 Abs. 2 Alt. 1). (2) Zeigt die Prüfung hingegen, dass es sich bei der deliktischen Handlung um eine **Episodentat** im Rahmen der **Persönlichkeitsreifung** handelt, so geht es auf der Rechtsfolgenseite in erster Linie um **Unrechtsthematisierung** und **Verantwortungslernen**. Für solche Fälle ohne besondere Erziehungsdefizite mit bloßer Ahndungsbedürftigkeit stehen als Sanktionen die Zuchtmittel sowie die Jugendstrafe wegen Schwere der Schuld (§ 17 Abs. 2 Alt. 2) zur Verfügung.

20 bb) **Erforderlichkeit.** Beim zweiten Schritt geht es um die weitere Konkretisierung mit Blick auf die Erforderlichkeit. Umgesetzt wird dies in der Weise, dass sowohl bei den erzieherisch orientierten als auch bei den ahndungsorientierten Sanktionen im jeweiligen Einzelfall dasjenige zur Zielerreichung geeignete Mittel Anwendung finden muss, das am **mildesten** ist, dh am schonendsten mit den Grundrechten des Betroffenen umgeht. Vorgabe ist dabei nicht die formale Abstufung nach Abs. 1 und 2, sondern die **materielle Eingriffsintensität der Reaktion** wegen der schon mit dem ersten Schritt erfolgten Weichenstellung, jeweils differenziert auf der Schiene der Erziehungs- oder Ahndungsorientierung. Die Dreiteilung in Diversion mit informellen Reaktionsmöglichkeiten, ambulanten und stationären formellen Sanktionen findet sich in beiden Spuren in jeweils unterschiedlicher Form und bestimmt die Grobeinteilung, die bei der individuellen **Angemessenheit** weiter zu verfeinern ist.

21 cc) **Angemessenheit.** Die Differenzierung folgt einer kriminologischen Analyse, die entsprechend den beiden unterschiedlichen Reaktionsschienen die auf erheblichen Defiziten beruhende persistente **Intensiv- oder Karrierekriminalität** von der wenig mit sozialen Auffälligkeiten verbundenen **Episodenkriminalität** unterscheidet. Die kriminologischen Grundlagen finden sich in den Ergebnissen der Entwicklungskriminologie, die deshalb hier genau dargelegt wurden (vor §§ 1 ff Rn 11 ff). Bei etwa 95 % der jungen Täter stellt Kriminalität eine Episode im Prozess der Persönlichkeitsreifung dar, der letztlich in die normkonforme Lebensgestaltung mündet. Das verbleibende 5 %-Problem der jungen Täter handelt kriminell im Kontext eines dauerhaften antisozialen Verhaltens, das sich bereits sehr früh gezeigt hat und relativ stabil entwickelt ist.

22 **4. Das duale System der Rechtsfolgen und seine Abstufungen.** Bringt man die Vorgabe der stufenorientierten Anwendung der Rechtsfolgen nach Abs. 1 und 2 mit den auslegungsbestimmenden Prinzipien der Geeignetheit, Erforderlichkeit und Angemessenheit zusammen, so stellt sich eine teleologisch gewonnene **widerspruchsfreie Systematik** der Anwendungsprinzipien jugendstrafrechtlicher Rechtsfolgen wie folgt dar:

Täterorientiert (Erziehungsbedarf) **Erziehung zur Persönlichkeitsförderung** (Normlernen durch Erziehung)		Tatorientiert (Sanktionsbedarf) **Ahndung des Tatunrechts** (Normlernen durch Strafe)
§ 45 Einstellung nach sonstiger erzieherischer Reaktion (Abs. 2), zB durch Eltern, Jugendamt, TOA oder richterliche Weisungen und Auflagen (Abs. 3)	Einstellung (Diversion)	§ 45 folgenlose Einstellung bei Bagatellen (Abs. 1) oder mit Richterlicher Ermahnung und Auflagen (Abs. 3)
§ 10 Weisungen zur Förderung der Erziehung § 10 Abs. 2 Freiwillige heilerzieherische Behandlung § 12 JGG iVm § 30 SGB VIII Erziehungsbeistandschaft	Urteil *Ambulant*	§ 14 Förmliche Verwarnung § 15 Förmliche Auflagen Schadenswiedergutmachung Entschuldigung Arbeitsleistungen Geldbuße
	§ 21 Aussetzung der Jugendstrafe zur Bewährung	
§ 12 Unterbringung im Wohnheim iVm § 34 SGB VIII § 17 Abs. 2 Jugendstrafe wegen schädlicher Neigungen (Notwendige stationäre Gesamterziehung)	*Stationär*	§ 16 Jugendarrest (Dauer, Kurz- oder Freizeitarrest) § 17 Abs. 2 Jugendstrafe wegen Schwere der Schuld

Kombination nach § 8 Abs. 1 und Abs. 2

Nebenfolgen nach § 8 Abs. 3:
- Fahrverbot (§ 44 StGB)
- Verfall (§ 73 StGB)
- Einziehung (§ 74 StGB)

24 5. Die teleologische Auslegung. Das zweigeteilte jugendstrafrechtliche Interventionssystem bietet vor allem Möglichkeiten, auf die sehr unterschiedlichen Problemlagen von Episoden- und Intensivtätern zu reagieren. Die jugendstrafrechtliche Dogmatik hat so das Potenzial, auf die kriminologischen Erkenntnisse grundsätzlich und im Einzelfall orientiert an der Eingriffsintensität zu reagieren. Die kriminologisch betrachtete Anwendungsstruktur auf die beiden typischen Formen der Jugendkriminalität stellt sich wie folgt dar:[11]

Bei **Intensivtätern** mit persönlichen und/oder sozialen Mängeln dienen zum Ausgleich von Sozialisationsdefiziten bzw zur Förderung sozialer Kompetenz:	Bei **Episodentätern** ohne besondere Sozialisationsdefizite dienen zur Normverdeutlichung:
1. Erziehungsbeistandschaft (§ 12 Nr. 1 JGG iVm § 30 SGB VIII)	1. Verwarnung (§ 14)
2. Weisungen (§ 10 Abs. 1 S. 3 Nr. 1, 2, 3, 5, 6, 8, 9 JGG)	2. Auflagen (§ 15 Abs. 1)
3. Hilfe zur Erziehung in einer Einrichtung über Tag und Nacht nach § 12 Nr. 2 Var. 1 JGG (iVm § 34 SGB VIII), sofern nicht in einem geschlossenen Heim durchgeführt, und Hilfe zur Erziehung in einer sonstigen betreuten Wohnform nach § 12 Nr. 2 Var. 2 JGG (iVm § 34 SGB VIII)	3. Jugendarrest (§ 16)
4. Aussetzung der Jugendstrafe wegen schädlicher Neigungen zur Bewährung (§§ 17 Abs. 2 Alt. 1, 21)	4. Aussetzung der Jugendstrafe wegen der Schwere der Schuld zur Bewährung (§§ 17 Abs. 2 Alt. 2, 21)
5. Hilfe zur Erziehung in einer Einrichtung über Tag und Nacht nach § 12 Nr. 2 Var. 1 JGG (iVm § 34 SGB VIII), sofern in einem geschlossenen Heim durchgeführt	5. Jugendstrafe wegen der Schwere der Schuld (§ 17 Abs. 2 Alt. 2)
6. Jugendstrafe wegen schädlicher Neigungen (§ 17 Abs. 2 Alt. 1)	

25 6. Kombination aus Erziehungsmaßregeln und Zuchtmitteln. In der Realität und Praxis treten natürlich immer auch unterschiedlich ausgeprägte und **Zwischenformen** der typischen Episoden- und Intensivtäter auf. Zu Recht lässt § 8 Abs. 1 daher erzieherisch sinnvolle Kombinationen im Einzelfall aus Gründen gleichzeitig vorliegenden Erziehungs- und Ahndungsbedarfs zu (s. § 8 Rn 3 f).

26 7. Die Anwendung des jugendstrafrechtlichen Reaktionssystems. Das vorhandene und oben dargelegte Potenzial setzt gute Kenntnisse und Koordination voraus, um es in der Praxis zu realisieren. Die Bündelung fachlicher Kompetenz und deren personellenOrganisation ist optimal in einem „Haus des Jugendrechts" zu gestalten, wo – wie in Stuttgart seit mehr als 10 Jahren und in anderen Städten (Mainz, Ludwigshafen, Frankfurt) – Polizei, Staatsanwaltschaft und Jugendamt

---

11 Lenz, S. 181.

„unter einem Dach" mit ihren unterschiedlichen Ansätzen am gemeinsamen Ziel der geeigneten, erforderlichen und angemessenen Reaktion auf Jugendkriminalität arbeiten. Dem Modell liegt der Gedanke zugrunde, dass die räumliche und organisatorische Nähe zu einer schnellen und ganzheitlichen Reaktion, insbesondere unter Ausschöpfung aller Möglichkeiten, auch denen des SGB VIII, führt. Die ersten Evaluationsergebnisse sind vielversprechend.[12]

8. Kriminologische Einzelfallanalyse. Die persönlichen und sozialen Entstehungsbedingungen der Tat müssen als Grundlage einer sinnvollen kriminologisch fundierten Erziehungsdiagnose zur Auswahl einer angemessenen und möglichst effektiven jugendstrafrechtlichen Rechtsfolge erhoben werden. Für die tägliche Praxis der **Interventionsprognose** ist die aufwändige Beauftragung eines Sachverständigen ebenso wenig sinnvoll wie die bloß intuitive Beurteilung durch die Beteiligten. Erfreulicherweise hat die Kriminologie mit ihren Bezugswissenschaften neue Prognosemethoden für den unmittelbaren Einsatz in der täglichen Justizpraxis entwickelt, die auch dem Juristen leichten Zugang eröffnen, wissenschaftlich fundiert sind und den Einzelfall differenziert erfassen. Die Einzelfallerfassung wird daher im folgenden Anhang mit entsprechenden Analyseschemata für die praktische Anwendung eingehend dargestellt.

27

V. Einzelfallkriminologie in der Jugendstrafrechtspflege[13]

1. Rechtliche Vorgaben. Die jugendstrafrechtliche Reaktion erfordert im Einzelfall vielfach differenzierte jugendkriminologische Beurteilungen mit unterschiedlichen Fragestellungen. Sie gehen über rein kriminalprognostische Fragestellungen weit hinaus.[14] So geht es bei Reifegradentscheidungen um die Straffreie eines Jugendlichen (§ 3), den Reifegrad eines Heranwachsenden (§ 105 Abs. 1 Nr. 1), die Ausnahme vom Jugendstrafvollzug (§ 91 JGG bzw § 89 b nF) oder den Vollzug von Freiheitsstrafe im Jugendstrafvollzug (§ 114). Weichenstellende diagnostische Fragen kreisen um „schädliche Neigungen" als Voraussetzung für die Verhängung von Jugendstrafe (§ 17 Abs. 2) oder den „Hang" eines Heranwachsenden bei der Prüfung der vorbehaltenen Sicherungsverwahrung (§ 106 Abs. 3 bis 5). Gefährlichkeitsprognosen befassen sich mit der Früherkennung krimineller Gefährdung[15] bzw mit der Einschätzung des Rückfallrisikos junger Mehrfach- und Intensivtäter. So ist zum Beispiel zu entscheiden, ob die Aussetzung von Jugendstrafe (§ 27), Jugendstrafe zur Bewährung (§ 21), Jugendstrafe mit Vorbewährung (§ 57) oder die Aussetzung eines Strafrestes der Jugendstrafe (§ 88) in Betracht kommt. Im Bereich der freiheitsentziehenden Maßregeln geht es um die Unterbringung in einem psychiatrischen Krankenhaus oder einer Entziehungsanstalt (§§ 7, 93 a), neuerdings auch um die vorbehaltene Sicherungsverwahrung bei Heranwachsenden bzw die nachträgliche Sicherungsverwahrung bei Jugendlichen. Behandlungsprognosen betreffen die Verlegung in eine sozialtherapeutische Anstalt oder Abteilung, in eine Drogeneinrichtung oder die Erziehungsplanung insgesamt und die Frage, ob ein junger Mensch eine bestimmte Maßnahme braucht, für sie geeignet ist und die notwendige Motivation aufweist. Außerhalb der Kriminalprognosen kommt als Voraussetzung für einen Haftbefehl oder zur Untersuchungshaftvermeidung (§ 72 JGG iVm § 112 Abs. 2 Nr. 2 StPO) die Be-

28

---
12 Feuerhelm/Kügler, Haus des Jugendrechts, 2003.
13 Basiert auf Wulf, Einzelfall-Kriminologie in der Jugendstrafrechtspflege. Kriminalprävention und Qualitätssicherung, ZJJ 2006, 147 - 155.
14 Insoweit verkürzt Ostendorf, § 5 Rn 13.
15 Eingehend Göppinger, Kriminologie, S. 217 ff; Rössner in: Göppinger (Hrsg.), Kriminologie, S. 138 - 154.

urteilung der Fluchtgefahr hinzu. Schließlich muss man in Heimen, psychiatrischen Einrichtungen sowie im Justiz- und Maßregelvollzug immer wieder prüfen, ob ein junger Mensch suizidale oder parasuizidale Handlungen plant.[16] Das Bundesverfassungsgericht hat die Verfassungsmäßigkeit der Sicherungsverwahrung von der Treffsicherheit der Gefährlichkeitsprognosen abhängig gemacht.[17] Diesen Ansatz kann man auf die Jugendstrafrechtspflege übertragen, weil hier wie dort die Entscheidungen fast immer in einschneidende Grundrechtseingriffe münden und daher hohe Sorgfalt zu fordern ist. Im Ergebnis arbeiten die in der Jugendstrafrechtspflege Tätigen nur dann verfassungsgemäß und verantwortlich, wenn sie bei den dort geforderten jugendkriminologischen Beurteilungen eine anerkannte kriminologische Methode anwenden, im Einzelfall gründlich arbeiten, die Entscheidung begründen, dokumentieren und den gegebenen Beurteilungsspielraum einhalten.

29 **2. Die Praxis.** Günstige Strukturen für gute kriminologische Beurteilungen liegen vor, wenn im **Team** gearbeitet wird, wenn interdisziplinär vorgegangen wird (vgl dazu §§ 6, 7, 154 Abs. 1 StVollzG), wenn Männer und Frauen beteiligt sind, insbesondere bei der Prognose von Gewalt- und Sexualdelikten, und wenn vielfältige Methoden eingesetzt werden. Im Jugendstrafverfahren kann man die Mitwirkung der Jugendgerichtshilfe (§ 38) als günstiges Strukturmerkmal hervorheben. Arbeiten Praktiker und Sachverständige mit guter Intuition und klinischer Erfahrung an jugendkriminologischen Entscheidungen mit, so kann das die kriminologische Beurteilung verbessern. Allein darauf zu setzen, wird dem hohen Anspruch an jugendkriminologischen Beurteilungen nicht gerecht. Günstig ist es, wenn in den einschlägigen Gesetzen und in den Verwaltungsvorschriften zum Jugendstrafvollzug Prüfungsmaßstäbe und Prüfungskriterien vorgegeben sind.

30 Bei der Verlaufsqualität ist von Bedeutung, ob die **Entscheidung in einem geordneten Verfahren** getroffen wird. Das lässt sich vom förmlichen Jugendstrafverfahren (§§ 43 ff) ohne Weiteres behaupten. Das gilt auch für die Entscheidungsstrukturen in der Jugendhilfe und im Jugendstrafvollzug. Dabei ist das Zusammenspiel von Nähe und Distanz wichtig. In Beidem liegen Möglichkeiten und Gefahren. Daher sollte ein Verbund von Nähe und Distanz hergestellt werden. Man sollte jugendkriminologische Beurteilungen extern absichern: durch den an der Vollzugsplanung nicht beteiligten Anstaltsleiter, durch Zustimmungsvorbehalte der Aufsichtsbehörde, durch einen externen Sachverständigen oder durch eine externe Fachkommission.

31 Bei der **Ergebnisqualität** drängt sich die Frage auf, unter welchen Voraussetzungen kriminologische Beurteilungen in der Jugendstrafrechtspflege „gut" sind. Stellt man auf die Überprüfung der Treffsicherheit ab, so sind falsche/ungünstige Beurteilungen das Problem. Wenn einem Jugendlichen zu Unrecht schädliche Neigungen attestiert werden und er Jugendstrafe erhält, so kann man diesen Fehler nicht erkennen. Dasselbe gilt für falsche Reifegradentscheidungen, Gefährlichkeitsprognosen, Behandlungsprognosen, Feststellung von Fluchtgefahr und Suizidalität. „Richtig" oder „falsch" führt bei der Qualitätssicherung also nicht weiter. Maßstab für die Ergebnisqualität bleibt die jugendkriminologische Beurteilung selbst: a) Wurde (überhaupt) eine anerkannte kriminologische Methode

---

16 Zur Kindeswohlprognose Wulf/ Reich, Kindeswohlprognose. Eine kriminologischer und viktimologischer Beitrag, Zeitschrift für Kindschaftsrecht 2007, 264 - 266.
17 BVerfG v. 5.2.2004, 2 BvR 2029/01, NJW 2004, 739, 742.

angewendet?[18] b) Wurde im Einzelfall gründlich gearbeitet? c) Wurde die Entscheidung begründet? d) Wurde die Entscheidung dokumentiert? e) Wurde der Beurteilungsspielraum eingehalten?

Misst man jugendkriminologische Stellungnahmen in der Jugendstrafrechtspflege daran, so kann man keineswegs zufrieden sein. So gibt es für Jugendgerichtshilfeberichte keine verbindlichen Standards. In jedem Bundesland und in jedem Landkreis wird anders gearbeitet. Dabei ist nur selten feststellbar, dass eine anerkannte Methode eingesetzt wird. Meist arbeitet man für sich und mit Kriterien, die dem bzw den Betreffenden subjektiv angenehm sind. Die im Folgenden aufgeführten kriminologischen Qualitätskriterien für die Jugendstrafrechtspflege werden in Berichten der Jugendgerichtshilfen allzu selten erfüllt. Für die kriminologischen Beurteilungen junger Menschen in gerichtlichen Entscheidungen liegen die Dinge ähnlich. Man findet daher kaum einmal einen Jugendgerichtshilfebericht, den man als wirklich gutes Beispiel empfehlen könnte. Dem entspricht, dass es in der kriminologischen Literatur – anders als etwa in der Medizin und in der Rechtswissenschaft – keine Kasuistik gibt, aus der man lernen könnte.[19] 32

3. Qualitätskriterien. a) Notwendige Vorarbeiten leisten. Zunächst muss man festlegen, welche künftigen Straftaten prognostiziert werden sollen. Davon hängen der **Sicherheitsmaßstab** und die Prognosekriterien ab. Dann sollte die Prognoseklausel fixiert werden. Häufig geht es um eine gesetzliche **Prognoseklausel**, zum Beispiel bei der Strafaussetzung zur Bewährung: Kann erwartet werden, dass der Verurteilte in Zukunft ein Leben ohne Straftaten führt? oder bei der Sicherungsverwahrung: Ist er für die Allgemeinheit gefährlich? oder bei der Strafrestaussetzung: Ist sie verantwortbar? Dies ist für die Prognoserichtung und für den Sicherheitsmaßstab entscheidend. Schließlich gehört dazu, über den Beurteilungszeitraum Rechenschaft abzulegen. Geht es nur um die Bewältigung des nächsten Hafturlaubs, das Durchstehen einer mehrmonatigen Lockerungsphase oder einer mehrjährigen Bewährungszeit, also um kurz-, mittel- oder langfristige Prognosezeiträume? 33

b) Schrittweise vorgehen. In der Medizin, der Psychologie und der Einzelfallkriminologie sind die folgenden methodischen Schritte wissenschaftlich anerkannt und haben sich bewährt: Erhebungen/Anamnese, Befunde, Diagnose, Prognose, Intervention/Therapie, (Evaluation). Zwei Fehler innerhalb dieser Ebenen sind besonders gravierend: Bei kriminalprognostischen Stellungnahmen aus der Praxis stellt man immer wieder fest, dass die verschiedenen Ebenen vermengt werden. Hinzu kommt, dass überwiegend nur die Angaben des Probanden zugrunde gelegt werden, die bekanntlich vielfältigen Verzerrungsmechanismen ausgesetzt sein können. 34

c) Jugendkriminologische Grundlagen gründlich erarbeiten. Die meisten Prognosefehler erfolgen nicht bei der Gewichtung der einzelnen Prognosefaktoren, sondern im Vorfeld. Ein solcher Mangel „frisst" sich fort und wertet die Gesamtbeurteilung ab oder macht sie gar unbrauchbar. Als kriminologische Me- 35

---

18 Kritisch zur klinischen Methode Bock, Das Elend der klinischen Kriminalprognose, StV 2007, 269 - 275.
19 Schallert, Erkennen krimineller Gefährdung und wirksames Eingreifen. Die Methode der idealtypisch-vergleichenden Einzelfallanalyse in der Praxis, DVJJ-Journal 1998, 17 - 23.

thode bietet sich die Angewandte Kriminologie von Göppinger[20] bzw – darauf aufbauend und weiterführend – die MIVEA von Bock[21] an. Zu diesem erfahrungswissenschaftlich begründeten, detailliert ausgearbeiteten und praxistauglichen Ansatz[22] gibt es keine Alternative. Die Methode ist interkulturell und intertemporär gültig. Soweit die Tübinger-Jungtäter-Vergleichsuntersuchung Grundlage ist, wurde verschiedentlich – zum Teil wenig sachlich – Kritik geäußert.[23] Festzuhalten ist demgegenüber, dass die Methode eine erfahrungswissenschaftliche Grundlage hat und dass es keinen anderen Ansatz gibt.

36 Auf der **diagnostischen Ebene** ist vor allem die Abgrenzung zwischen einer „Kontinuierlichen Hinentwicklung zur Kriminalität mit Beginn in früher Jugend"[24] und der „Kriminalität im Rahmen der Persönlichkeitsreifung"[25] von Bedeutung. In beiden Verlaufsformen weisen die jungen Täter psycho-soziale Auffälligkeiten auf, allerdings in unterschiedlicher Quantität und Qualität. So ist bei der kontinuierlichen Hinentwicklung oft schon der Aufenthalts- und Leistungsbereich gestört, während das bei der anderen Verlaufsform nicht oder nicht in diesem Ausmaß festzustellen ist. Hier dürfte auch im Lebensquerschnitt zurzeit der letzten Tat eine kriminovalente Konstellation, wie man sie bei „Hinentwicklern" findet, nicht vorliegen. Bei ihnen sind die Straftaten „Symptom" für eine sich abzeichnende kriminelle Karriere, bei den Entwicklungstätern dagegen nur „Episode" (es sei denn, diese geht in „Hinentwicklung zur Kriminalität mit Beginn im Erwachsenenalter" über). Jugendstrafrechtlich interessant ist diese Unterscheidung bei der Prüfung von schädlichen Neigungen im Sinne von § 17 Abs. 2 bei „Intensivtätern",[26] „Mehrfachtätern" oder „Schwellentätern" weichenstellend. Diese Unterscheidung wird dann noch einmal auf der prognostischen Ebene relevant, wo es um Aussetzung der Verhängung von Jugendstrafe nach § 27 oder um die Aussetzung der Jugendstrafe nach § 23 geht. Schließlich ist die kriminologische Diagnose bezüglich der genannten Verlaufsformen auch für die Prüfung von freiheitsentziehenden Maßregeln der Besserung und Sicherung bedeutsam. Eine „Gefahr für die Allgemeinheit" wird man bei einem Entwicklungstäter wohl nicht feststellen können. Die kontinuierliche Hinentwicklung ist demgegenüber ein lebensgeschichtlicher Risikofaktor mit ungünstiger Auswirkung auf die Basisprognose. Bei diesen Tätern muss man sich grundsätzlich kriminalprognostische Sorgen machen, es sei denn, es habe sich in letzter Zeit Erhebliches verbessert oder es sind in der nächsten Zukunft erhebliche Verbesserungen zu erwarten.

---

20 Göppinger, Kriminologie; vgl auch Maschke, Kriminologische Einzelfallbeurteilung in: Jehle (Hrsg.), Individualprävention und Strafzumessung, Kriminologische Zentralstelle (KuP Band 7) 1992, S. 285 - 307.
21 Bock, Kriminologie und ders. in: Göppinger (Hrsg.), Kriminologie; mit Hinweisen zur Verbreitung in der Jugendstrafrechtspflege Oetting, Das wahre Leben pocht zwischen den Idealtypen, ZJJ 2008, 124 - 129.
22 Dazu die elektronischen Arbeitshilfen von Wulf 2004 und 2005 sowie Wulf, Gute kriminologische Prognosen: Rückfall, Flucht, Suizid, MSchrKrim 2005, 290 - 304; Wulf in: Kury-FS, Nationale und internationale Entwicklungen in der Kriminologie, 2006, S. 535 - 555.
23 Wenig sachkundige, zum Teil polemische Kritik ohne eigene Einzelfallerfahrung bei Graebsch/Burkhardt, MIVEA – Young Care?, ZJJ 2006, 140 - 147; Entgegnung von Bock, MIVEA als Hilfe für die Interventionsplanung im Jugendstrafverfahren, ZJJ 2006, 282 - 290 mwN.
24 Vgl unten Rn 48 in der Gliederung 3.1.1.
25 Vgl unten Rn 48 in der Gliederung 3.1.3.
26 Zur kriminologischen Problematik dieses – statischen – Begriffs und ihrer weitreichenden Folgen Bock, Intensivtäter – Sicherheitsrisiko oder Sündenböcke?, der Kriminalist 2009, 28 - 30.

Solche Erwartungen müssen dann aber immer mit konkreten Indikatoren belegt werden können; das „Prinzip Hoffnung" reicht dazu nicht aus.

d) Anerkannte jugendkriminologische Kriterien verwenden. Jugendkriminologische Stellungnahmen zeichnen sich dadurch aus, dass sie nachvollziehbare und erfahrungswissenschaftlich fundierte Kriterien verwenden. Oft werden keine Kriterien herangezogen, sondern bloße Merkmale gewichtet. So bedeutet es bei der Beurteilung des Freizeitbereichs einen qualitativen Unterschied, ob auf der Merkmalsebene diskutiert wird („Proband hat viel ferngesehen und spielt gern Fußball") oder ob die kriminologischen Kriterien „Verfügbarkeit der Freizeit" oder „Struktur und Verlauf der Freizeittätigkeiten" geprüft werden.

37

Für die Kriminalprognose hat Dittmann[27] einen umfassenden, geschlechts- und altersunabhängigen, interkulturell gültigen und nicht **deliktsspezifischen Kriterienkatalog** vorgelegt. Er enthält folgende Prognosekriterien: Analyse der Anlasstat(en), bisherige Kriminalitätsentwicklung, Persönlichkeit/psychische Störung, Einsicht des Täters in seine Krankheit oder Störung, soziale Kompetenz, spezifisches Konfliktverhalten, Auseinandersetzung mit der Tat, allgemeine Therapiemöglichkeiten, spezielle Therapiemöglichkeiten, Therapiebereitschaft, sozialer Empfangsraum. Unter erfahrenen Kriminalprognostikern dürfte Konsens bestehen, dass diese Kriterien wesentliche Bereiche der Kriminalprognose abdecken. Der Kriterienkatalog ist daher eine taugliche Grundlage für ein Prognoseinstrument in der Jugendstrafrechtspflege, wenn er jugendspezifisch angewendet wird. Von einem eigenen „Jugendprognosekatalog" ist aber abzuraten.

38

Die Prüfung jugendkriminologischer Kriterien vermeidet die Gefahr der berufsspezifischen Kriterienreduktion (psychiatrische Kriterien bei Psychiatern, psychologische Zusammenhänge bei Psychologen, (sozial-)pädagogische Umstände bei (Sozial-)Pädagogen, therapeutische Gesichtspunkte bei Therapeuten). So erlebt man bei kriminologischen Stellungnahmen von Sozialarbeitern, dass sie einer künftigen Veränderung der Lebenslage oder dem künftigen sozialen Empfangsraum ein allzu hohes Gewicht beimessen, obwohl der Proband bereits früher in günstige Verhältnisse entlassen wurde. Pädagogen und Therapeuten setzen oft ganz auf Erziehung und Therapie und würdigen kriminologische Warnzeichen in der Lebensgeschichte zuweilen zu gering.

39

e) Idealtypisch denken, Risiko-/Schutzfaktoren würdigen, Stärken/Schwächen beachten. Bei den einzelnen Befunden und in der Diagnose der Probanden kommt man weiter, wenn geprüft wird, ob der Betreffende zu einem Verhalten tendiert, das junge Mehrfach- und Intensivtäter immer wieder zeigen, oder zum Verhalten von idealtypisch nicht straffälligen jungen Menschen. Die Pole sind auf dieser Ebene daher „idealtypisch verdichtetes kriminelles Verhalten" versus „idealtypisch verdichtetes soziales Verhalten". So kann man Entwicklungs-, Persönlichkeits- und Verhaltensstörungen identifizieren und differenzieren. Anders als bei einer juristischen Subsumtion geht es dabei nicht um „liegt vor" oder „greift nicht ein", sondern um ein „Mehr" oder „Weniger".

40

Im Bereich der Kriminalprognose fällt immer wieder auf, dass manche Probanden eine Reihe von Risikofaktoren auf sich vereinigen, aber dennoch nicht (mehr) straffällig werden. Sie weisen **Schutzfaktoren** auf, welche Straffälligkeit verhindern. Diese Schutzfaktoren können in allen möglichen Kriterienbereichen liegen, etwa in der Persönlichkeit, in einer guten sozialen Kompetenz, in der Aufarbeitung der Tat oder in einem günstigen sozialen Empfangsraum. Aus dieser Er-

41

---

27 Zuerst Dittmann, S. 173 - 183.

kenntnis heraus empfiehlt es sich, in der Kriminalprognose nicht nur auf die Risikofaktoren abzustellen, sondern den Probanden zwischen den Polen „kriminalprognostisch günstig" bzw „kriminalprognostisch ungünstig" einzuordnen.

42 Diesen methodischen Ansatz sollte man bei der Frage nach geeigneten Interventionen beibehalten. Allzu leicht befasst man sich nur mit Persönlichkeits- und Verhaltensdefiziten. Diese Defizite darf man nicht übersehen – insbesondere nicht aus ideologischen Gründen, weil man etwa eine einschneidende Intervention vermeiden möchte. Man muss aber beachten, dass (auch) junge Mehrfach- und Intensivtäter „gesunde" Persönlichkeitsanteile, Stärken im Sozialverhalten und Talente aufweisen, auf denen man aufbauen kann. „Stärken stärken und Schwächen (ab)schwächen" könnte die Devise im Umgang mit jungen Probanden lauten.

43 **f) Lebensgeschichtliche, aktuelle und künftige Faktoren prüfen.** Auf der Suche nach einer inneren Ordnung bzw Systematik ist bei namhaften Kriminalprognostikern ein kriminalprognostischer Dreischritt zu beobachten. Nedopil[28] stellt drei zentrale Fragen: Muss man sich um den Probanden kriminalprognostisch grundsätzlich Sorgen machen? Muss man sich um ihn aktuell Sorgen machen? Sind Besserungen möglich und erreichbar? Göppinger[29] verwendet in der Kriminalprognose einen Dreischritt aus Basisprognose, individueller Prognose und Interventionsprognose (1985). Urbaniok[30] differenziert in „Strukturelles Rückfallrisiko", „Dynamische Risikoverminderung" und „Beeinflussbarkeit". Dabei fallen verblüffende Parallelen auf. Ein solcher Dreischritt ist daher ein Qualitätsmerkmal guter Kriminalprognosen, auch und vor allem in der Jugendstrafrechtspflege.

44 Dieser **kriminalprognostische Dreischritt** steht im Zusammenhang mit den Prognosefaktoren. Nedopil unterscheidet nach dem Grad der Veränderbarkeit in statische, akut-dynamische und fixiert-dynamische Risikofakten. Der HCR20,[31] ein Prognoseinstrument zur Vorhersage von Gewaltdelikten, differenziert in historische, aktuell klinische und künftige Risikofaktoren. Eine eigene Systematik des Verfassers geht davon aus, dass es eine Reihe von – besonders gewichtigen – Risiko- und Schutzfaktoren gibt, die eher statisch in der Vergangenheit liegen oder – besser ausgedrückt – in der Lebensgeschichte des Probanden. Andere Faktoren sind auf den aktuellen Lebensquerschnitt bezogen und damit gegenwartsorientiert. Da es bei der Kriminalprognose um die Zukunft geht, kommen Faktoren hinzu, die eher zukunftsbezogen sind. Diese Einteilung erscheint unmittelbar einleuchtend und führt weiter, wenn man sie mit dem bereits beschriebenen kriminalprognostischen Dreischritt verknüpft.

45 **g) Altersfaktor berücksichtigen.** Zu den gesicherten jugendkriminologischen Erkenntnissen gehört die Altersabhängigkeit von Straffälligkeit. Sicherlich darf man nicht behaupten „einmal straffällig – immer kriminell".[32] Ein früher Einstieg in eine delinquente und kriminelle Karriere ist aber kriminalprognostisch bedenklich und bedarf spezialpräventiver Intervention. Gesichert ist die Erkenntnis, dass junge Mehrfach- und Intensivtäter bis etwa zum 30. Lebensjahr besonders gefährdet sind und viele sich dann aus der Kriminalität hinausentwickeln. Bei einer Diskussion dieser Zusammenhänge klagte ein im Jugendstrafvollzug tätiger Psychologe einmal: „Dann haben unsere Jugendstrafgefangenen mit Blick auf den Altersfaktor ja alle eine ungünstige Lockerungs- und Entlassungsprognose." Wie

---

28 Nedopil.
29 Bock in: Göppinger (Hrsg.), Kriminologie.
30 Urbaniok, S. 54.
31 Nedopil, S. 109.
32 Statt aller Stelly/Thomas.

wahr, dies zeigt die Rückfallstatistik. Nach Jugendstrafvollzug werden 80 % der Entlassenen erneut verurteilt und 50 % kehren in den (Jugend-)Strafvollzug zurück. Umgekehrt begünstigt der Altersfaktor die Prognose, wenn der Proband sich dem Ende des dritten Lebensjahrzehnts nähert und ein „Out-aging" festzustellen ist.[33]

h) Beurteilungsfaktoren angemessen gewichten. Grundsätzlich dürften lebensgeschichtliche Prognosefaktoren ein besonderes Gewicht haben, insbesondere die Kriminalitätsentwicklung („Zahl der Vorstrafen als bester Prädiktor"), eine chronische Persönlichkeitsstörung oder eingeschliffene Dissozialität. Kurzfristige und aktuelle Veränderungen sind davon abzusetzen. Ein besonderes Problem sind Anpassungsleistungen im (Jugend-)Strafvollzug oder in anderen stationären Einrichtungen. Ihre Bedeutung wird oft überbewertet. Das gilt ebenfalls für einen günstigen sozialen Empfangsraum, der selbstverständlich anzustreben ist. Nicht selten stellt man freilich fest, dass ein Proband in der Vergangenheit trotz eines günstigen sozialen Umfelds straffällig oder rückfällig wurde. 46

i) Die Methode für die Jugendstrafrechtspflege. Der im Folgenden vorgestellte Ansatz nimmt die skizzierten Qualitätskriterien auf und versucht, sie in einer praktikablen Methode für die Jugendstrafrechtspflege umzusetzen. Ausgangspunkt sind Erhebungen, Analyse und kriminologische Diagnose nach Methode der idealtypisch-vergleichenden Einzelfallanalyse, weil es hierzu keinerlei Alternative gibt. Bei der Kriminalprognose wird zunächst der Prognoserahmen abgesteckt; dann folgt eine dreistufige Kriminalprognose aus lebensgeschichtlichen, aktuellen und künftigen Risiko- und Schutzfaktoren. Hier werden Impulse von Dittmann, Nedopil und Urbaniok in die MIVEA integriert. Es handelt sich im Folgenden um einen in der Praxis entstandenen offenen Katalog. 47

▶ 1. Erhebungen zum Probanden in seinen sozialen Bezügen 48
1.1. Kindheit und Erziehung
1.2. Aufenthalt
1.3. Leistungsbereich
1.3.1. Schule
1.3.2. Ausbildung
1.3.3. Wehr-/Zivildienst
1.3.4. Arbeit
1.3.5. Finanzielle Verhältnisse
1.4. Freizeit
1.5. Kontakte und Bindungen
1.5.1. Herkunftsfamilie
1.5.2. Selbst gewählte Kontakte
1.5.3. Sexuelle Kontakte
1.5.4. Eigene Familie (falls bereits vorhanden)
1.6. Krankheiten und Suchtverhalten
1.7. Delinquenz und Kriminalität
1.7.1. Straftaten im Kindesalter
1.7.2. Straftaten im strafmündigen Alter
1.8. Verhalten im Vollzug
1.9. Zukunftsvorstellungen und Lebensplanung
2. Analyse der Erhebungen
2.1. Analyse des Lebenslängsschnitts

---

33 So zutreffend, insgesamt aber verkürzt Nedopil, S. 127 - 130 („Alter als protektiver Faktor").

2.1.1. Kindheit und Erziehung
2.1.2. Aufenthalt
2.1.3. Leistungsbereich
2.1.4. Freizeit
2.1.5. Kontakte und Bindungen
2.1.6. Krankheiten und Suchtverhalten
2.1.7. Delinquenz und Kriminalität
2.2. Analyse des Lebensquerschnitts
2.2.0. Zeitpunkt der Querschnittsbetrachtung
2.2.1. K-Kriterien und kriminovalente Konstellation
2.2.2. D-Kriterien und kriminoresistente Konstellation
2.3. Relevanzbezüge und Wertorientierung
3. Kriminologische Diagnose
3.1. Stellung der Tat(en) im Lebenslängsschnitt
3.1.1. Kontinuierliche Hinentwicklung zur Straffälligkeit mit Beginn in der Jugend
3.1.2. Kontinuierliche Hinentwicklung zur Straffälligkeit mit späterem Beginn
3.1.3. Kriminalität im Rahmen der Persönlichkeitsentwicklung
3.1.4. Kriminalität bei sonstiger sozialer Unauffälligkeit
3.1.5. Krimineller Übersprung
3.1.6. (Hinweise auf) Kriminalität im Rahmen psychischer Auffälligkeit
3.2. Besondere Gesichtspunkte im Leben des Probanden (Externe/Interne Aspekte)
4. Kriminalprognose
4.0. Prognoserahmen
4.0.1. Prognoseart: Früherkennung, Urteils-, Behandlungs-, Lockerungs-, Entlassungsprognose
4.0.2. Prognosemaßstab; Prognoseklausel; bedrohte Rechtsgüter bei Rückfall
4.0.3. Prognosezeitraum: kurz, mittel, lang
4.1. Basisprognose: Lebensgeschichtliche Risiko- und Schutzfaktoren

Anlasstaten	
❏ sehr günstig ❏ günstig ❏ mittelmäßig/unklar ❏ ungünstig ❏ sehr ungünstig	
Schutzfaktoren:	**Risikofaktoren:**
Keine übermäßige Gewalt	Grausame Tat mit übermäßiger Gewalt („Overkill")
Situative Faktoren	Anlasstat als Teil einer Deliktsserie
Hochspezifische Täter-Opfer-Beziehung, Opfer nicht austauschbar, Tatsituation nicht wiederholbar	Opferwahl zufällig, Opfer austauschbar, Tatsituation wiederholbar
Mittäterschaft unter Gruppendruck	Bewusste Einzel- oder Gruppentäterschaft
Einfluss vorübergehender Krankheit	Tatzusammenhang mit Persönlichkeitsstörung

Geringe Rückfallwahrscheinlichkeit	Hohe Rückfallwahrscheinlichkeit,
Niedrige Basisrate	Hohe Basisrate

Kriminalitätsentwicklung
❏ sehr günstig ❏ günstig ❏ mittelmäßig/unklar ❏ ungünstig
❏ sehr ungünstig

Schutzfaktoren:	Risikofaktoren:
Kriminalität als Ausdruck lebensphasischer Veränderungen, eines schicksalhaften Konflikts oder besonderer aktueller Situation	Kriminalität als eingeschliffenes Verhaltensmuster, Delinquenzbeginn in Kindheit oder Jugend, Herkunft aus dissozialem Milieu
Keine Gewaltdelikte in der Vorgeschichte, Keine Taten mit übermäßiger Gewalt	Gewaltdelikte in der Vorgeschichte, Taten mit übermäßiger Gewalt
Einzeldelikt	Deliktsserie in Vorgeschichte
Kein Lockerungs- oder Bewährungsversagen	Lockerungs- und Bewährungsversagen

Persönlichkeit/Psychische Störung
❏ sehr günstig ❏ günstig ❏ mittelmäßig/unklar ❏ ungünstig
❏ sehr ungünstig

Schutzfaktoren:	Risikofaktoren:
Vorübergehende kurzfristige Störung, rascher Rückgang der Symptomatik	Lange oder chronifizierte Symptomatik mit Bezug zur Delinquenz; anhaltender personenbezogener Wahn, Denkstörungen, Affekt- und Antriebsstörungen
Vorübergehender Einfluss psychotroper Substanzen ohne süchtige Bindung	Regelmäßiger Substanzmissbrauch, hohes Abhängigkeitspotenzial von psychotropen Substanzen mit Bezug zur Kriminalität
Keine deliktfördernden Ansichten und Einstellungen	Deliktfördernde Ansichten und Einstellungen
Weitgehend unauffällige Persönlichkeitsentwicklung	Seit Kindheit bleibende Persönlichkeits-/Verhaltensstörungen, zahlreiche dissoziale Merkmale, Bindungs- und Haltlosigkeit, Gefühlskälte, fehlende Empathie

Soziale Kompetenz/Dissozialität
❏ sehr günstig ❏ günstig ❏ mittelmäßig/unklar ❏ ungünstig
❏ sehr ungünstig

Schutzfaktoren:	Risikofaktoren:
Gute soz. Leistungsfähigkeit in allen Bereichen, stabile Arbeitsverhältnisse	Erhebliche Beeinträchtigung der beruflichen/ sozialen Leistungsfähigkeit, instabile Arbeitsverhältnisse
Interessiert und eingebunden in ein breites Spektrum von Aktivitäten	Gestörte Wahrnehmung der sozialen Realität, unrealistische Erwartungshaltung
Im Allgemeinen zufrieden mit dem Leben	Anpassungsschwierigkeiten
Einfühlungsvermögen und Toleranz	Gestörte Kommunikationsfähigkeit
Intakte familiäre/ partnerschaftliche Beziehungen	Soziale Desintegration
Stabile Freundschaften	Keine stabilen Partnerschaften bisher
Kein krimineller Lebensstil, Keine kriminelle Identität	Krimineller Lebensstil, Kriminelle Identität
Spezifisches Konfliktverhalten ❏ sehr günstig ❏ günstig ❏ mittelmäßig/unklar ❏ ungünstig ❏ sehr ungünstig	
Schutzfaktoren:	Risikofaktoren:
Tatentwicklung aus einmaliger Konfliktsituation; Pb. konnte und hat sich in ähnlichen Situationen anders verhalten	Pb. gerät immer wieder in gleiche Konfliktsituationen, führt diese herbei und reagiert stereotyp mit kriminellem Verhalten
Gute Belastbarkeit in anderen Konfliktsituationen	Geringe Frustrationstoleranz, Impulsivität

Prüfungsfrage/Zwischenergebnis:
Muss man sich um den Probanden kriminalprognostisch <u>grundsätzlich</u> Sorgen machen?
❏ Eindeutig nein ❏ eher nein ❏ unklar ❏ eher ja ❏ eindeutig ja

4.2. Aktuelle Individualprognose: Aktuelle Risiko- und Schutzfaktoren

Verlauf nach den Taten ❏ sehr günstig ❏ günstig ❏ mittelmäßig/unklar ❏ ungünstig ❏ sehr ungünstig	
Schutzfaktoren:	Risikofaktoren:
Keine weiteren Straftaten	Weitere ähnliche oder noch schwerere Straftaten
Besserung der deliktfördernden Symptomatik Nachreifung, Festigung der Persönlichkeit	Keine Veränderung der kriminogenen Störung, der grundlegenden Verhaltensdisposition oder der Persönlichkeitsstruktur erkennbar

Erhöhte Frustrationstoleranz, Ausdauer	Häufige Konflikte
Gute Anpassungsfähigkeit, gute Sozialkontakte in der Institution	Keine Anpassung oder Überangepasstheit in der Institution
Erlernen neuer Konflikt- und Problemlösungsstrategien	Keine Fortschritte in der Therapie, häufige Therapieabbrüche
Erfolgreiche Lockerungen, Bewährung im Hafturlaub	Entweichungen, Lockerungen- oder Urlaubsversagen
Auseinandersetzung mit der Tat ❑ sehr günstig ❑ günstig ❑ mittelmäßig/unklar ❑ ungünstig ❑ sehr ungünstig	
Schutzfaktoren:	**Risikofaktoren:**
Zur Auseinandersetzung bereit (insb. zu Motivationsanalyse, verletzte Normen) erkennbares Bedauern oder Reue	Leugnen der rechtskräftig festgestellten Täterschaft; Bagatellisieren der Tat, keine Reue
Auseinandersetzung mit der Situation des Opfers, Bemühen um Ausgleich (nicht taktisch)	Projektion des eigenen Fehlverhaltens auf Opfer oder Dritte, zB „die Gesellschaft", „die Umstände"
Einsicht in Krankheit oder Störung ❑ sehr günstig ❑ günstig ❑ mittelmäßig/unklar ❑ ungünstig ❑ sehr ungünstig	
Schutzfaktoren:	**Risikofaktoren:**
Pb. erkennt und akzeptiert das Krankhafte, Störende oder Abweichende seines Verhaltens	Pb. negiert, psychisch gestört zu sein oder sich normabweichend zu verhalten
Offene Selbstdarstellung	Abwehr, Bagatellisierung, Täuschung
Suchtverhalten ❑ sehr günstig ❑ günstig ❑ mittelmäßig/unklar ❑ ungünstig ❑ sehr ungünstig	
(Weitgehende) Abstinenz	Übermäßiger/sozialschädlicher Gebrauch von Alkohol, Drogen oder Medikamenten

Prüfungsfrage/Zwischenergebnis:
„Muss man sich um den Probanden kriminalprognostisch <u>aktuell</u> Sorgen machen?"
❑ Eindeutig nein ❑ eher nein ❑ unklar ❑ eher ja ❑ eindeutig ja

4.3. Interventionsprognose: Zukunftsorientierte Risiko- und Schutzfaktoren

Verlauf nach den Taten ❏ sehr günstig ❏ günstig ❏ mittelmäßig/unklar ❏ ungünstig ❏ sehr ungünstig	
Schutzfaktoren:	**Risikofaktoren:**
Für die vorhandene Störung ist grundsätzlich eine gut wirksame Behandlungsmethode bekannt	Die vorhandene Störung ist generell schwer oder gar nicht behandelbar
Konkrete Therapiemöglichkeiten ❏ sehr günstig ❏ günstig ❏ mittelmäßig/unklar ❏ ungünstig ❏ sehr ungünstig	
Schutzfaktoren:	**Risikofaktoren:**
Institution, die Therapiekonzept und Sicherheit bietet, ist aufnahmebereit	Institution, die Pb. behandeln könnte, steht nicht zur Verfügung
Therapiemotivation ❏ sehr günstig ❏ günstig ❏ mittelmäßig/unklar ❏ ungünstig ❏ sehr ungünstig	
Schutzfaktoren:	**Risikofaktoren:**
Offenheit; gute, vertrauensvolle Bindung an Therapeuten und Bezugsperson	Keine Bereitschaft, sich ernsthaft mit der eigenen Störung auseinanderzusetzen
Pb. bemüht sich aktiv um Therapie, auch unter Inkaufnahme von Nachteilen	Pb. lehnt Therapie ab, verhält sich ablehnend oder ist nur scheinbar therapiebereit
Sozialer Empfangsraum ❏ sehr günstig ❏ günstig ❏ mittelmäßig/unklar ❏ ungünstig ❏ sehr ungünstig	
Schutzfaktoren:	**Risikofaktoren:**
Einbindung in Familie, Partnerschaft, verlässliche Kontakte zu Hilfspersonen	Fehlende Sozialkontakte und Bindungen, keine Partnerschaft
Gesichertes Einkommen, Wohnung, Arbeit	Keine Wohnung, Arbeit, finanzielle Absicherung
Gute Kontrollmöglichkeit	Fehlende Kontrollmöglichkeiten
Zugang zu Opfern erschwert	Leichter Zugang zu Opfern
Annahme von Unterstützung	Ablehnung von Unterstützung, Keine Bereitschaft zur Mitarbeit

Zukunftserwartungen ❏ sehr günstig ❏ günstig ❏ mittelmäßig/unklar ❏ ungünstig ❏ sehr ungünstig	
Schutzfaktoren:	**Risikofaktoren:**
Realistische Überlegungen/Erwartungen	Unrealistische Überlegungen/Erwartungen
Altersfaktor ❏ sehr günstig ❏ günstig ❏ mittelmäßig/unklar ❏ ungünstig ❏ sehr ungünstig	
Schutzfaktoren:	**Risikofaktoren:**
Befindet sich in kriminalitätsgünstigem Alter oder wächst in ein solches Alter hinein	Befindet sich in kriminalitätsungünstigem Alter oder wächst in ein solches Alter hinein

Prüfungsfrage/Zwischenergebnis:
Sind beim Probanden Änderungen der Kriminalprognose erreichbar?
❏ Eindeutig nein ❏ eher nein ❏ unklar ❏ eher ja ❏ eindeutig ja

5. Interventionen im Einzelfall
5.1. Aufenthalt und Wohnen
5.1.1. Wohnung
5.1.2. Ausländerrechtliche, Melde- und Passangelegenheiten
5.2. Leistungsbereich
5.2.1. Schulische und berufliche Bildung
5.2.2. Arbeit
5.2.3. Finanzielle Verhältnisse
5.2.3.1. Haushaltsführung
5.2.3.2. Schuldnerberatung
5.2.3.3. Versicherungen
5.2.3.4. Unterhaltsangelegenheiten
5.3. Freizeitgestaltung
5.3.1. Aktivitäten
5.3.2. Vereine und Gruppen
5.3.3. Teilhabe am öffentlichen Leben
5.3.4. Fahrerlaubnis
5.4. Kontakte und Bindungen
5.4.1. Herkunftsfamilie
5.4.2. Bekannte
5.4.3. Eigene Familie
5.5. Gesundheit und Sucht
5.5.1. Medizinische Versorgung
5.5.2. Sozialpsychiatrische Dienste
5.5.3. Suchtberatung/-therapie
5.6. Spezielle Rückfallprävention
5.6.1. Einzelarbeit
5.6.1.1. Jugendbewährungshilfe
5.6.1.2. Ambulante Therapie
5.6.2. Gruppenarbeit/Soziales Training
5.7. Sanktionen

5.7.0. Absehen von der Verfolgung/Einstellung des Verfahrens
5.7.0.1. Ohne Folgen
5.7.0.2. Weisungen/Auflagen
5.7.1. Erziehungsmaßregeln
5.7.2. Weisungen
5.7.3. Hilfe zur Erziehung
5.7.4. Zuchtmittel
5.7.4.1. Verwarnung
5.7.4.2. Auflagen
5.7.4.3. Jugendarrest
5.7.5. Jugendstrafe
5.7.5.1. Aussetzung der Verhängung der Jugendstrafe
5.7.5.2. Strafaussetzung zur Bewährung
5.7.5.3. Jugendstrafe ohne Bewährung
5.7.5.4. Strafrestaussetzung
5.7.6. Maßregeln der Besserung und Sicherung
5.7.6.1. Entzug der Fahrerlaubnis
5.7.6.2. Unterbringung in einem psychiatrischen Krankenhaus/ in einer Entziehungsanstalt
5.7.6.3. Vorbehaltene bzw nachträgliche Sicherungsverwahrung ◄

4. Fazit. Eine breite erfahrungswissenschaftliche Evaluation des Ansatzes fehlt bislang. Dies ist sicherlich ein Mangel. Es ist aber – abgesehen von speziellen Prognosemanualen – keine andere Methode in Sicht, für die das bereits geleistet wurde. Ihr Einsatz verschafft jedem Anwender ein Stück weit Methodensicherheit. Das ist in der Praxis wertvoll. Wissen veraltet und muss in einem lebenslangen Prozess des Lernens immer neu erworben werden. Methodik reift und begleitet den Betreffenden ein Leben lang. Das wird jeder Arzt und jeder Jurist bestätigen. Umso bedauerlicher ist es, dass auf den Hochschulen immer mehr Wissen und immer weniger Methodik vermittelt wird. Methodensicherheit verschafft nicht nur innere Sicherheit im wortwörtlichen Sinne; mit ihr kann man sich auch nach außen absichern. Wer eine anerkannte kriminologische Methode anwendet, im Einzelfall damit gründlich arbeitet sowie die Entscheidung begründet und dokumentiert, kann sich auch dann nicht strafbar machen oder Staatshaftung mit Regress auslösen, wenn die Entscheidung unrichtig ist und einen Schaden verursacht (Straftat, Flucht, Suizid). Der beschriebene methodische Ansatz ordnet sich nahtlos in ein fünfstufiges Präventionsmodell mit folgenden Stufen ein: 1. Schaffung günstiger Verhältnisse; 2. Vermeidung von Tatgelegenheiten; 3. Früherkennung krimineller Gefährdung; 4. Erziehung/Resozialisierung von jungen Mehrfach- und Intensivtätern; 5. Schutz vor (den wenigen) nicht behandelbaren jungen Straftätern. Die Methode kann auf den Stufen drei bis fünf eingesetzt werden. Sie deckt damit ein breites und zentrales Feld ab. Im Ergebnis bedeutet damit mehr Einzelfallkriminologie nicht nur einen Beitrag zur Qualitätssicherung in der Jugendstrafrechtspflege, sondern auch mehr Kriminalprävention[34] und mehr innere Sicherheit für die Gesellschaft.

---

34 Rössner, Angewandte Kriminologie und Prävention, in Göppinger (Hrsg.), Angewandte Kriminologie, 1988, S. 138 ff.

§ 6 Nebenfolgen

(1) ¹Auf Unfähigkeit, öffentliche Ämter zu bekleiden, Rechte aus öffentlichen Wahlen zu erlangen oder in öffentlichen Angelegenheiten zu wählen oder zu stimmen, darf nicht erkannt werden. ²Die Bekanntgabe der Verurteilung darf nicht angeordnet werden.

(2) Der Verlust der Fähigkeit, öffentliche Ämter zu bekleiden und Rechte aus öffentlichen Wahlen zu erlangen (§ 45 Abs. 1 des Strafgesetzbuches), tritt nicht ein.

Richtlinie zu § 6

Soweit eine in § 6 nicht genannte Nebenstrafe oder Nebenfolge nicht zwingend vorgeschrieben ist, beantragt die Staatsanwaltschaft sie nur, wenn sie erzieherisch notwendig erscheint.

I. Anwendungsbereich

Der persönliche Anwendungsbereich entspricht dem von § 4 (Rn 1). Bei Heranwachsenden, die nach allgemeinen Strafrecht verurteilt werden, kann der Richter anordnen, dass die grundsätzlich zulässigen Nebenfolgen des § 45 Abs. 1 StGB im Einzelfall nicht eintreten (§ 106 Abs. 2 S. 2; s. dort Rn 5). 1

II. Ausgeschlossene Nebenfolgen

Abs. 1 lässt eine Verurteilung zur Unfähigkeit, öffentliche Ämter zu bekleiden sowie passive und aktive Wahlrechte wahrzunehmen entgegen § 45 Abs. 2 und 5 StGB nicht zu. S. 2 verbietet die sonst mögliche Bekanntmachung einer Verurteilung, zB nach §§ 165, 200 StGB. S. 2 erweitert den Ausschluss, hinsichtlich Amtsfähigkeit und passivem Wahlrecht auch auf gesetzliche Anordnungen nach § 45 Abs. 1 SGB. 2

Weiter ausgeschlossen sind wegen des **Widerspruchs zum Erziehungsgrundsatz** und der Grundstruktur jugendstrafrechtlicher Sanktionen solche Nebenfolgen, die in ihrer **tatsächlichen Auswirkung** eine strafähnliche Vermögenseinbuße mitsichbringen. Unter Beachtung dieser Prämisse sind die Einziehung des Wertersatzes nach § 74c StGB und die Abführung des Mehrerlöses nach § 8 WiStG auf den Fall beschränkt, wo sich die inkriminierten Vermögenswerte noch tatsächlich im Vermögen des Jugendlichen befinden. Eine darüber hinausgehende Vermögenseinbuße darf nicht entstehen.[1] 3

III. Zulässige Nebenfolgen im Jugendstrafrecht

Soweit die Nebenfolgen im JGG nicht ausgeschlossen oder eingeschränkt sind (s.o. Rn 2 und 3), können sie als weitere Folge einer Verurteilung zu einer jugendstrafrechtlichen Sanktion iSd § 5 angeordnet werden. Teils ergibt sich das, wie für Verfall und Einziehung, ausdrücklich aus dem Gesetz (§ 76 S. 1) oder folgt aus der allgemeinen Regelung des § 8 Abs. 3. Dazu zählen auch spezielle Nebenfolgen von (landesrechtlichen) Spezialgesetzen. 4

---

[1] So mit überzeugender Begründung D/S/S-Diemer, § 6 Rn 3; Ostendorf, § 6 Rn 3.

§ 7 Maßregeln der Besserung und Sicherung

(1) Als Maßregeln der Besserung und Sicherung im Sinne des allgemeinen Strafrechts können die Unterbringung in einem psychiatrischen Krankenhaus oder einer Entziehungsanstalt, die Führungsaufsicht oder die Entziehung der Fahrerlaubnis angeordnet werden (§ 61 Nr. 1, 2, 4 und 5 des Strafgesetzbuches).

(2) Sind nach einer Verurteilung zu einer Jugendstrafe von mindestens sieben Jahren wegen oder auch wegen eines Verbrechens
1. gegen das Leben, die körperliche Unversehrtheit oder die sexuelle Selbstbestimmung oder
2. nach § 251 des Strafgesetzbuches, auch in Verbindung mit § 252 oder § 255 des Strafgesetzbuches,

durch welches das Opfer seelisch oder körperlich schwer geschädigt oder einer solchen Gefahr ausgesetzt worden ist, vor Ende des Vollzugs dieser Jugendstrafe Tatsachen erkennbar, die auf eine erhebliche Gefährlichkeit des Verurteilten für die Allgemeinheit hinweisen, so kann das Gericht nachträglich die Unterbringung in der Sicherungsverwahrung anordnen, wenn die Gesamtwürdigung des Verurteilten, seiner Tat oder seiner Taten und ergänzend seiner Entwicklung während des Vollzugs der Jugendstrafe ergibt, dass er mit hoher Wahrscheinlichkeit erneut Straftaten der vorbezeichneten Art begehen wird.

(3) Ist die wegen einer Tat der in Absatz 2 bezeichneten Art angeordnete Unterbringung in einem psychiatrischen Krankenhaus nach § 67 d Abs. 6 des Strafgesetzbuches für erledigt erklärt worden, weil der die Schuldfähigkeit ausschließende oder vermindernde Zustand, auf dem die Unterbringung beruhte, im Zeitpunkt der Erledigungsentscheidung nicht bestanden hat, so kann das Gericht nachträglich die Unterbringung in der Sicherungsverwahrung anordnen, wenn
1. die Unterbringung des Betroffenen nach § 63 des Strafgesetzbuches wegen mehrerer solcher Taten angeordnet wurde oder wenn der Betroffene wegen einer oder mehrerer solcher Taten, die er vor der zur Unterbringung nach § 63 des Strafgesetzbuches führenden Tat begangen hat, schon einmal zu einer Jugendstrafe von mindestens drei Jahren verurteilt oder in einem psychiatrischen Krankenhaus untergebracht worden war und
2. die Gesamtwürdigung des Betroffenen, seiner Taten und ergänzend seiner Entwicklung bis zum Zeitpunkt der Entscheidung ergibt, dass er mit hoher Wahrscheinlichkeit erneut Straftaten der in Absatz 2 bezeichneten Art begehen wird.

(4) Die regelmäßige Frist zur Prüfung, ob die weitere Vollstreckung der Unterbringung in der Sicherungsverwahrung zur Bewährung auszusetzen ist (§ 67 e des Strafgesetzbuches), beträgt in den Fällen der Absätze 2 und 3 ein Jahr.

Schrifttum:

Blanz, in: Schöch/Jehle (Hrsg.), Angewandte Kriminologie zwischen Freiheit und Sicherheit, 2004; *Kröber/Dölling/Leygraf/Sass (Hrsg.)*, Handbuch der forensischen Psychiatrie (zitiert: Autor in: Kröber/Dölling/Leygraf/Sass (Hrsg.).

I. Kriminalpolitische Grundlagen und Anwendungsbereich ... 1
   1. Zweck der Vorschrift 1
   2. Die Legitimation 2
   3. Restriktive Anwendung ... 3
   4. Die Anordnungsvoraussetzungen 4
   5. Kombination von Maßregeln und Sanktion 5

II. Anwendungsvoraussetzungen für die zulässigen Maßregeln der Besserung und Sicherung ... 6
1. Die Unterbringung eines Jugendlichen in einem psychiatrischen Krankenhaus ... 6
2. Die Unterbringung in einer Entziehungsanstalt ... 7
3. Führungsaufsicht ... 11
4. Die Entziehung der Fahrerlaubnis nach §§ 69 ff StGB ... 13
III. Nachträgliche Sicherungsverwahrung nach Abs. 2 - 4 ... 14
1. Kriminalpolitische Grundlagen und Feststellung der Verfassungswidrigkeit durch das Urteil des Bundesverfassungsgerichts vom 4.5.2011 mit Übergangsregelung ... 14
2. Kriminologische Grundlagen ... 18
3. Restriktive Anwendung ... 19
4. Tatbestandvoraussetzungen ... 20
   a) Allgemeines und Tatsachengrundlage ... 20
   b) Vorliegen einer psychischen Störung des Täters (§ 1 Abs. 1 Nr. 1 ThUG) ... 21
   b) Anlasstaten ... 22
   c) Hang zu erheblichen Straftaten ... 24
   d) Gefährlichkeitsfeststellung ... 25
5. Maßregelerledigung ... 27
IV. Verfahren ... 29
1. § 81 a: Verfahren und Entscheidung ... 29
2. Abs. 4: Prüfungsfrist ... 30
V. Alt- und Neufälle ... 31

I. Kriminalpolitische Grundlagen und Anwendungsbereich

1. Zweck der Vorschrift. Die Norm regelt, welche an der **Gefährlichkeit und speziell therapeutischen Besserung** (statt des Erziehungsbedarfs nach § 5) orientierten Maßregeln der Besserung und Sicherung gem. §§ 61 StGB auch im Jugendstrafrecht gelten sollen. Nach anfänglich großer Zurückhaltung im JGG 1953 (nur Unterbringung in Heil- und Pflegeanstalten und Entziehung der Fahrerlaubnis) wurden die Therapie- und Sicherungsnotwendigkeiten im Zusammenhang mit der Begehung einer Straftat auch mehr und mehr in die jugendstrafrechtliche Kontrolle eingebunden: 1973 die Unterbringung in einer Entziehungsanstalt (§ 64 StGB) sowie die Führungsaufsicht (§§ 68 ff StGB); 2004 die im Urteil vorbehaltene Anordnung von Sicherungsverwahrung (§ 106 Abs. 3) bzw die Ermöglichung der nachträglichen Sicherungsverwahrung (§ 106 Abs. 5) bei Heranwachsenden im Fall der Anwendung des StGB und schließlich 2008 die Anwendung letzterer auch bei Verurteilungen nach Jugendstrafrecht unter bestimmten engen Voraussetzungen.[1] In der jugendstrafrechtlichen Kontrolle ist danach von den überhaupt möglichen Maßregeln im StGB nur noch die unmittelbar im Urteil ausgesprochene Sicherungsverwahrung (§ 66 StGB), die vorbehaltene Unterbringung in der Sicherungsverwahrung (§ 66 a StGB) und das Berufsverbot (§ 70 StGB) als Negativkatalog durch Abs. 1 ausgeschlossen. Die Sicherungsverwahrung nach § 66 StGB darf zudem gegen Heranwachsende auch bei Anwendung des StGB nicht angeordnet werden. Das Berufsverbot ist im letzteren Fall bei Vorliegen der Voraussetzungen des § 70 StGB möglich.

2. Die Legitimation. Die Zulässigkeit bestimmter **Maßregeln der Besserung und Sicherung** nach § 61 ff StGB beruht auf den Gründen, die ihnen Akzeptanz auch im allgemeinen Strafrecht neben der Schuldstrafe als zweite Spur verschafft hat. Im unmittelbaren Kontext und in Anknüpfung an die rechtswidrige Straftat ist es eine **zentrale Aufgabe der strafrechtlichen Kontrolle**, die Verletzung bedeutender

---

1 BGBl. I 2008, 1212, Abs. 2 - 4.

Rechtsgüter nicht nur zu ahnden, sondern zu prüfen, inwieweit diese auch gegen die Gefahr zukünftigen kriminellen Verhaltens eines Täters geschützt werden müssen. Die das Jugendstrafrecht bestimmende Erziehung verfolgt zwar auch diesen Zweck und wird ihn in der Regel mit den jugendstrafrechtlichen Sanktionen angemessen erreichen. Erziehung kann aber bei einem Teil extremer jugendlicher Intensivtäter vor allem mit typischen psychopathologischen Symptomen[2] an ihre Grenzen stoßen. Das öffentliche Interesse an einem effektiven vorbeugenden Rechtsgüterschutz[3] tritt gerade dann besonders hervor und erlaubt therapeutische und sichernde Maßnahmen auch ohne vorrangige Erziehungsabsicht. Wie im Erwachsenenstrafrecht ist dieser Eingriff der Gefahrenabwehr eigentlich dem Polizeirecht zuzuordnen, im Zusammenhang mit Straftaten aber sowohl im Interesse der Jugendlichen und Heranwachsenden als auch der angemessenen Gefahrenabwehr weit besser in der jugendstrafrechtlichen Kontrolle mit ihrem Sachverstand, Beurteilungsvermögen und strikten strafprozessualen Regeln aufgehoben.

3 **3. Restriktive Anwendung.** Die generelle Zulässigkeit bestimmter Maßregeln der Besserung und Sicherung im erziehungsorientierten Jugendstrafrecht legitimiert nicht zu einer großzügigen Anwendung dieses Instruments jugendstrafrechtlicher Kontrolle. Vielmehr stehen bei jeder Beurteilung die **Erziehungsbelange** gem. der ausdrücklichen Vorgabe in § 2 Abs. 1 im Vordergrund. So ist die Maßregel absolut letztes Mittel bei **Verlust der erzieherischen Einwirkungsmöglichkeit** auf einen Jugendlichen oder Heranwachsenden. Es sind deshalb die Voraussetzungen der jeweiligen Anordnung im Kontext der erzieherischen und entwicklungsbedingten Besonderheiten streng zu prüfen[4] und bei jeder Form der Sicherungsverwahrung ist die Notwendigkeit eingehend durch Sachverständige zu begutachten. Im Vollzug der Maßregel muss zudem auf die besondere Situation des betroffenen Jugendlichen eingegangen werden.

4 **4. Die Anordnungsvoraussetzungen.** Zulässige Maßregeln der Besserung und Sicherung müssen zunächst die **allgemeinen Voraussetzungen** der jeweiligen Maßregel nach §§ 61 ff StGB erfüllen. Unter Berücksichtigung des Persönlichkeitsschutzes der Betroffenen wie des öffentlichen Sicherheitsbedürfnisses gibt es bei der Entscheidung **nicht den im JGG sonst üblichen (erzieherischen) Ermessensspielraum** bei der Auswahl der Sanktionen.[5] Es kann also weder bei Fehlen von Voraussetzungen der Anordnung aus erzieherischen Gründen eine solche erfolgen noch bei deren eindeutigen Bejahung davon abgesehen werden.[6] Die Formulierung in Abs. 1 „als Maßregeln ... **können** ... angeordnet werden" bezieht sich nur auf die generell mögliche Auswahl der auch im Jugendstrafrecht zulässigen Maßregeln und eröffnet keinen Ermessensspielraum bei deren konkreten Anwendung. Zu beachten ist freilich der allgemeine Grundsatz der Verhältnismäßigkeit nach § 62 StGB, der bei der Beurteilung von Jugendstraftaten eine besondere Rolle spielt und zu jugendspezifischen Einschränkungen führen kann.[7] Auch darüber hinaus ist zu beachten, dass unter dem Aspekt der Erziehungsbelange

---

2 Blanz, in: Schöch/Jehle (Hrsg.), S. 381 ff.
3 BVerfG v. 10.2.2004, BvR 834/02 u.a.; HK-GS-Rössner/Best, §§ 61, 62 StGB Rn 1 ff; Meier, Sanktionen, S. 219.
4 BVerfG v. 31.5.2006, 2 BvR 1673/04 u.a., BVerfGE 116, 69.
5 Brunner/Dölling, § 7 Rn 1.
6 BGH v. 25.4.1991, 4 StR 89/91, BGHSt 37, 373 ff; D/S/S-Diemer, § 7 Rn 2; Ostendorf, § 7 Rn 3; aA: Böhm, NStZ 1985, 447 mit Verweis auf LG Oldenburg v. 30.10.1984, NsDs 229 Js 19029/84; Eisenberg, § 7 Rn 6.
7 HK-GS-Rössner/Best, § 62 StGB Rn 15 f.

eine sorgfältige und **jugendspezifische Prüfung der Voraussetzungen** zu erfolgen hat.[8] Das gilt insbesondere für **spezielle Ermessensspielräume** im Rahmen der Normvoraussetzungen wie der bloßen Soll-Anordnung der Unterbringung in einer Erziehungsanstalt nach § 64 StGB.

5. Kombination von Maßregeln und Sanktion. Zulässige Maßregeln der Besserung und Sicherung und die jugendstrafrechtlichen Sanktionen können grundsätzlich **nebeneinander** angeordnet werden, wenn die jeweiligen Voraussetzungen kumulativ vorliegen. Das Nebeneinander ist sogar **notwendige Bedingung** bei Führungsaufsicht (§ 68 StGB) und Entziehung der Fahrerlaubnis (§ 69 StGB). Ohne die Feststellung der strafrechtlichen Verantwortlichkeit nach § 3 sind diese Maßregeln damit ausgeschlossen. Anders verhält es sich bei der Unterbringung in einem psychiatrischen Krankenhaus (§ 63 StGB) und in einer Entziehungsanstalt (§ 64 StGB), weil nur eine rechtswidrige Tat vorausgesetzt wird. Deshalb kommt es auf das Fehlen der strafrechtlichen Verantwortlichkeit nach § 3 nicht an. Bei einer daneben ausgesprochenen jugendstrafrechtlichen Sanktion ist die Verantwortlichkeit freilich festzustellen (s. zum Verhältnis von § 3 zu §§ 20, 21 StGB und den Konsequenzen für die Rechtsfolgen § 3 Rn 30 ff). In jedem Fall müssen bei der Feststellung der Voraussetzungen und der Zweckbeurteilung Jugendsanktion und Maßregel getrennt werden und dürfen nicht vermischt werden.[9] Wegen der im Jugendstrafrecht stärker als im StGB mit dem gleichen Präventionsziel unterlegten Sanktionen und Maßregeln sind nach § 5 **Abs. 3 Kombinationen der Maßregeln mit Zuchtmitteln und Jugendstrafe** zu vermeiden, wenn letztere in Hinblick auf den einheitlichen Zweck entbehrlich sind. Die Sanktion kann also bei Maßregeln ohne Sanktionsvoraussetzung (§§ 63, 64 StGB) zurücktreten. Die **Nachrangigkeit der Sanktion** ist in diesen Fällen stets und strikt zu prüfen.[10] Nach Abs. 1 iVm § 72 StGB können mehrere Maßregeln nebeneinander angeordnet werden, wenn die einzelnen Voraussetzungen vorliegen, zB Unterbringung in einem psychiatrischen Krankenhaus und in der Sicherungsverwahrung.[11]

II. Anwendungsvoraussetzungen für die zulässigen Maßregeln der Besserung und Sicherung

1. Die Unterbringung eines Jugendlichen in einem psychiatrischen Krankenhaus. Nach § 63 StGB setzt diese Maßregelanordnung die Feststellung der (**verminderten**) **Schuldfähigkeit** nach §§ 20, 21 StGB voraus. Jugendspezifisch kompliziert wird die Entscheidung durch die notwendige Klärung des Verhältnisses von § 3 zu §§ 20, 21 StGB (§ 3 Rn 30 ff). Im Übrigen geht es um die **jugendspezifische Auslegung der Anforderungskriterien des § 63 StGB** an die Gefährdungsprognose und die Verhältnismäßigkeit der Unterbringung im Rahmen der Gesamtwürdigung. Die Anordnung kommt nur im besonderen **Ausnahmefall** in Betracht,[12] da sich die Unterbringung auf die weitere jugendliche Entwicklung negativ auswirken kann.[13] Wegen des auf die Gemeinschaft bezogenen Schutzes vor psychisch kranken und daraus resultierend gefährlichen Tätern ist die fehlende Aussicht auf Therapierbarkeit irrelevant.[14] Zur Erfassung des psychischen

---

8 Eisenberg, § 7 Rn 3 - 5.
9 BGH v. 9.9.1997, 4 StR 377/97, NStZ 1998, 86.
10 BGH v. 19.2.2003, 2 StR 478/02, StV 2003, 456.
11 BGH v. 21.12.1994, 3 StR 347/94, NStZ 1995, 284.
12 BGH v. 25.4.1991, 4 StR 89/91, BGHSt 37, 373.
13 OLG Jena v. 29.1.2007, 1 Ws 16/07, NStZ-RR 2007, 217.
14 Rössner/Best, in: Kröber/Dölling/Leygraf/Sass (Hrsg), S. 261.

Krankheitszustandes und der daraus resultierenden Gefährdung ist gem. § 246 a StPO ein **Sachverständiger** heranzuziehen. Mit Blick auf den jugendspezifischen Sachverhalt sollte dies ein Jugendpsychiater sein. Nach dem Verhältnismäßigkeitsgrundsatz gem. § 62 StGB darf keine **weniger einschneidende Maßnahme oder anderweitige Unterbringung** als die in einem psychiatrischen Krankenhaus infrage kommen.[15] Eine solche anderweitige Unterbringung kann bei Familienmitgliedern sein. Ferner ist eine Unterstützung durch das Jugendamt zu erwägen.[16] Zudem sollte die Möglichkeit der Weisung gem. § 10 und der Bewährung gem. § 23 geprüft werden.[17]

7 **2. Die Unterbringung in einer Entziehungsanstalt.** § 64 StGB setzt eine im Rausch begangene Tat und eine darauf beruhende Gefahr weiterer erheblicher Straftaten, jeweils im Zusammenhang mit einem Hang zu Rauschmitteln, voraus. Die Anlasstat muss nur zu einer Verurteilung, nicht zu einer Strafe (zB § 27) geführt haben. Bei der Anordnung handelt es sich um eine **gebundene Ermessensentscheidung**: Die tatsächlichen Voraussetzungen des Hanges zu Rauschmitteln und eine darauf beruhende Gefahr weiterer erheblicher Straftaten sind durch einen Sachverständigen – naheliegend: Jugendpsychiater – zu erheben. Die Unterbringung in einer Entziehungsanstalt muss angeordnet werden, wenn nicht das Vorliegen besonderer Gründe eine Ausnahme bedingt. Solche **therapiebezogenen Ausnahmegründe**[18] können vorliegen, wenn zwar der Erfolg der Maßnahme gerade noch bejaht werden kann, die Ausgangssituation jedoch derart ungünstig ist, dass durch ein Absehen von der Unterbringung der Maßregelvollzug von einem faktisch nicht zu leistenden Therapieaufwand, der für die aussichtsreicheren Fälle die knappen Ressourcen entzieht, entlastet werden kann.[19] Ein fehlender Therapieplatz stellt keinen derartigen Grund dar. Auch ein Vorwegvollzug der Jugendstrafe ist so nicht zu rechtfertigen.[20] Es ist jedoch zulässig, die Vollstreckung der Jugendstrafe aufgrund einer fehlenden geeigneten Unterbringung anzuordnen.

8 Unter den **Hang zu Rauschmitteln** fällt in jugendspezifischer Sicht nicht das lediglich jugendliche Ausprobieren.[21] Der Hang verlangt eine eingewurzelte, durch die jeweilige psychische Disposition bedingte oder durch Übung erworbene Neigung zum regelmäßigen, dh steten oder zeitlich immer wieder unterbrochenen, Konsum von Suchtmitteln.[22] Unter Berücksichtigung des alleinigen Besserungszwecks dieser Maßregel[23] muss die hinreichend konkrete und durch Tatsachen begründete Aussicht auf einen **Behandlungserfolg** iSd § 64 StGB bestehen. Dabei spielt die Therapiebereitschaft oder zumindest deren Chance bei Jugendlichen eine große Rolle.

9 Die Unterbringung in einer Entziehungsanstalt ist unter Berücksichtigung des **Verhältnismäßigkeitsgrundsatzes** unzulässig, wenn eine Weisung, sich einer Ent-

---

15 D/S/S-Diemer, § 7 Rn 4; Eisenberg, § 7 Rn 9, Ostendorf, § 7 Rn 10.
16 BGH v. 2.3.1951, 1 StR 44/50, NJW 1951, 450; D/S/S-Diemer, § 7 Rn 4.
17 Ostendorf, § 7 Rn 10.
18 D/S/S-Diemer, § 7 Rn 5.
19 S. die Beispiele bei BT-Drucks. 16/1344, 12 f.
20 BGH v. 4.12.1980, 4 StR 582/80, NStZ 1981, 492.
21 Ostendorf, § 7 Rn 11.
22 BGH v. 2.4.2004, 1 StR 126/04, NStZ 2004, 494.
23 BVerfG v. 16.3.1994, 2 BvL 3/90, 2 BvL 4/91, 2 BvR 1537/88, 2 BvR 400/90, 2 BvR 349/91, 2 BvR 387/92, BVerfGE 91, 16; Rössner/Best, in: Kröber/Dölling/Leygraf/Sass (Hrsg.), S. 265.

ziehungskur nach § 10 Abs. 2 oder Abs. 1 zu unterziehen, ausreichend ist.[24] Genau zu prüfen ist, inwieweit die Jugendstrafe die Aufgaben der Entziehungsanstalt vorrangig erfüllen kann.[25]

Die **Behandlung** selbst erfolgt gem. § 93a in einer speziellen Einrichtung zur Therapie suchtkranker Jugendlicher – in der Regel nach jeweiligem Landesrecht.[26] Die Behandlungsbedingungen sind höchst unterschiedlich und sollten stärker vereinheitlicht werden.[27]

3. Führungsaufsicht. Nach Abs. 1 iVm §§ 68 ff StGB ist im Jugendstrafrecht die Vollendung der Resozialisierungsbemühungen in Freiheit nach Strafvollzug wie auch der Schutz der Allgemeinheit bei **bestimmten schweren Delikten** nach vollständiger Strafverbüßung mit einer Mindestzeit (1 oder 2 Jahre) ohne die Möglichkeit der Bewährungshilfe mit zwingender gesetzlicher Vorgabe (§ 68 f StGB) oder aufgrund richterlicher Anordnung bei Delikten mit gesetzlicher Vorgabe der Führungsaufsicht bei einer Verurteilung zu mindestens 6 Monaten Freiheitsstrafe (§ 68 Abs. 1 StGB) möglich. Die Führungsaufsicht wird im Jugendstrafrecht selten angewendet. Trotz der bloßen Nennung der Führungsaufsicht in Abs. 1 handelt es sich um eine **hinreichende Rechtsgrundlage** unter entsprechender Bezugnahme auf §§ 68 ff StGB.[28] Die jeweiligen Voraussetzungen der Mindestverbüßungszeiten von 1 bzw 2 Jahren und die Verurteilung zu einer Freiheitsstrafe von mindestens 6 Monaten gelten für die Jugendstrafe in der für die Freiheitsstrafe vorgegebenen zeitlichen Dimension in gleicher Weise. Freiheitsstrafe ist unter Bezug auf Abs. 1 als Oberbegriff für Freiheitsentzug anzunehmen.[29] Der frühere Streit darum, ob im Jugendstrafrecht für die Mindestdauer der Einheitsstrafe oder eine gesonderte (fiktive) Berechnung der Jugendstrafe nur bezogen auf die Anlasstat für die Führungsaufsicht zugrunde zu legen ist, ist nach der Änderung des § 68 f Abs. 1 StGB von 2007 überholt. Danach werden nämlich Einzelfreiheitsstrafe und Gesamtfreiheitsstrafe gleichgestellt, so dass sich daraus die Gleichstellung auch für die Einheitsjugendstrafe ergibt.[30]

In sachlicher Hinsicht ist festzustellen, dass die betreuenden und kontrollierenden Elemente natürlich gerade für die Nachsorge nach einem vollständig vollstreckten Jugendvollzug eingesetzt werden müssen. Die **Nachbetreuung nach der Entlassung** ist die entscheidende Phase der Rückfallverhütung. Vor allem geht es darum, das eventuell im Jugendvollzug erworbene soziale Kapital nicht leichtfertig aufs Spiel zu setzen, sondern dem ehemaligen Gefangenen beim Einsatz in Freiheit zu helfen. Dazu taugen – jugendspezifisch angewendet – die Mittel der Führungsaufsicht wie Bewährungshilfe und forensische Ambulanz sowie entsprechende Weisungen (§§ 68 a ff StGB). Die konkrete Ausgestaltung muss den Erziehungsgedanken des JGG berücksichtigen.[31]

4. Die Entziehung der Fahrerlaubnis nach §§ 69 ff StGB. Diese Maßregel passt eigentlich nicht in das Erziehungskonzept des Jugendstrafrechts, da ihr Zweck

---

24 Eisenberg, § 7 Rn 18; Böhm/Feuerhelm, S. 167.
25 Eisenberg, § 7 Rn 16 f.
26 Eisenberg, § 7 Rn 21.
27 Eisenberg, § 7 Rn 23.
28 BVerfG v. 26.2.2008, 2 BvR 2143/07, NStZ–RR 2008, 217.
29 Böhm/Feuerhelm, S. 168; Eisenberg, § 7 Rn 32.
30 BVerfG 26.2.2008, 2 BvR 2143/07, ZJJ 2008, 191; Fischer, § 68 f StGB Rn 3; Ostendorf, § 7 Rn 14; s. auch Sommerfeld, Führungsaufsicht nach vollständiger Vollstreckung einer Einheitsjugendstrafe, Zugleich eine Besprechung von BVerfG v. 26.2.2008, 2 BvR 2143/07 zur Fn 1, NStZ 2009, 247 ff.
31 BVerfG v. 26.2.2008, 2 BvR 2143/07, NStZ-RR 2008, 217.

allein im **Schutz der Allgemeinheit vor den Gefahren im Straßenverkehr** liegt. Aus diesem Grund sind in diesem Bereich die allgemeinen Voraussetzungen der §§ 69 ff StGB **ohne jugendspezifischen Bezug** bestimmend.[32] Dieser Aspekt bestätigt sich bei einem Blick auf das tatsächliche Geschehen: So lässt sich der Aufstellung des Statistischen Bundesamtes über die Unfallentwicklung auf deutschen Straßen 2008 entnehmen, dass die 15- bis 24-Jährigen die **auffälligste Risikogruppe** im Straßenverkehr ist. Zu den 18- bis 24-Jährigen gehören 20 % der Verunglückten und Getöteten (bei 5 % Bevölkerungsanteil). Den Hauptverursachungsanteil mit 71 % haben die 18- bis 20-Jährigen, häufig mit nicht angepasster Geschwindigkeit. Die Unfallverursachungsbeteiligungsquote bei Personenschäden von 12.344 pro 100.000 bei den 18- bis 21-Jährigen geht schon bei den 21- bis 25-Jährigen um ¼ auf 9.385 zurück. Es ist daher vorsichtig mit jugendspezifischen Restriktionen der allgemeinen Regel umzugehen. So bleibt es bei § 69 StGB, der den Verhältnismäßigkeitsgrundsatz in Abs. 1 S. 2 gerade ausschließt und in Abs. 2 eine pauschale Regelprognose hinsichtlich der Rückfallgefahr enthält. Das dargelegte faktische Risiko Jugendlicher und Heranwachsender bietet **keinen Ansatzpunkt für eine restriktive Handhabung**.[33] Ähnliches gilt für die vorgeschlagene jugendspezifische Zurückhaltung bei der Dauer der Sperrfrist nach § 69a StGB.[34] Dies mag im Einzelfall nach individueller Würdigung aller Umstände angebracht sein.[35] Eine allgemeine Anwendungsregel folgt daraus nicht, insbesondere da der Zeitablauf durch Älterwerden um 1 bis 3 Jahre schon allein das generelle Risiko für verursachte Verkehrsunfälle erheblich senkt. Bei **fehlender Fahrerlaubnis**, wie es bei jungen Menschen im Bereich der Verkehrskriminalität häufig vorkommt, kann eine Weisung nach § 10 sinnvoll sein, eine Fahrausbildung zum Erwerb des Könnens und der Verantwortung im Straßenverkehr zu absolvieren.[36]

III. Nachträgliche Sicherungsverwahrung nach Abs. 2 - 4

14 1. **Kriminalpolitische Grundlagen und Feststellung der Verfassungswidrigkeit durch das Urteil des Bundesverfassungsgerichts vom 4.5.2011 mit Übergangsregelung**[37]. Die Einführung der nachträglichen Sicherungsverwahrung durch das Gesetz v. 8.7.2008[38] in das Jugendstrafrecht war als eine eng begrenzte Ausnahme vom Ausschluss der Sicherungsverwahrung im Jugendstrafrecht gedacht. Es war der notwendige Versuch des Gesetzgebers zur Lösung des auch in einem erziehungsorientierten letztlich unumgänglichen **kriminalpolitischen Dilemmas**:[39] Trotz aller Erziehungsversuche vor und während längerer Zeit im Strafvollzug kann sich nach gravierenden Taten mit schweren Opferschäden und der entsprechend geprägten Hoffnung auf Besserung am Ende des Jugendvollzugs bei einem dann über 21 Jahre alten Täter die harte Tatsache ergeben, dass er aufgrund wissenschaftlich abgesicherter Prognosen in Freiheit hochgefährlich für neue potenzielle Opfer von Sexual- und Gewaltdelikten ist, wie zB der 32-Jährige, bei dem

---

32 AA Eisenberg, § 7 Rn 42.
33 AA Eisenberg, § 7 Rn 35.
34 Böhm/Feuerhelm, S. 168; Streng, Jugendstrafrecht, § 8 Rn 12.
35 S. AG Saalfeld v. 15.5.2005, 635 Js 31395/04 2 Ds Jug., ZJJ 2005, 211 mit Anm. Mitsch, Blutalkohol 2006, 245 ff.
36 Ostendorf, § 7 Rn 16.
37 BVerfG v. 4.5.2009, 2 BvR 2365/69, NJW 2011, 1931 ff; s. auch BGBl I 2011, 1003
38 BGBl. I 2008, 1838.
39 S. ausführlich und übersichtlich zur aktuellen Entwicklung Schöch, Sicherungsverwahrung und Europäische Konvention zum Schutz der Menschenrechte und Grundfreiheiten, in: Roxin-FS, S. 1193 ff.

nach 10 Jahren Jugendvollzug von Sachverständigen eine hochgefährliche und akute multiple Störung der Sexualpräferenz mit einer sadistischen Komponente und einer emotional instabilen Persönlichkeitsstörung festgestellt wurde.[40] Kann der Staat, dem nach der ersten schweren Tat die soziale Kontrolle im Rahmen des Strafrechts zur Besserung des Täters und zum Schutz der Gesellschaft übertragen war, unter Hinweis auf den Ablauf der Strafe sehenden Auges und existenten Wissens einen solchen Täter ohne Weiteres der Freiheit mit der Gefahr für Gesundheit und Leben potenzieller Opfer überlassen? Wenn man konkrete Einzelfälle vor Augen hat, die mit der Regelung erfasst werden können, wie zB den Täter, der nach Vollverbüßung einer Jugendstrafe wegen eines Sexualmordes wieder ein Kind sexuell missbrauchte und tötete und vor der Entlassung unumstritten von allen Beteiligten als hochgefährlich eingestuft worden war, ist der geläufige Hinweis auf das Lebensrisiko und ein bedauerliches Schicksal zu dürftig.[41] Natürlich handelt es sich um extrem wenige Einzelfälle jenseits der im Jugendstrafrecht angemessenen Behandlung jugendlicher Mehrfach- und Intensivkriminalität. Sie müssen aber bei gravierenden Fällen mit eindeutig negativer Prognose erkannt und durch die nachträgliche Sicherungsverwahrung mit entsprechender weiterer Behandlung des Betroffenen beobachtet und nicht einfach negiert werden. Mit dem Urteil des BGH vom 9.3.2010[42] wurde die entsprechend restriktive Regelung des Abs. 2 zunächst grundsätzlich als verfassungskonform bestätigt. Zum Schutz der Menschenrechte von Opfern habe der Staat bei der Abwägung gegen die Freiheitsrechte der Täter einen an der Verhältnismäßigkeit orientierten Spielraum, den Abs. 2 hinsichtlich des Schutzes der Allgemeinheit vor einzelnen gefährlichen jungen Straftätern nicht überschreitet. Die rein präventive Maßnahme verstoße danach weder gegen das Rückwirkungs- noch Doppelbestrafungsgebot. Das Kammerurteil des EGMR[43] stünde dem nicht entgegen.[44] Die potenziellen Opferinteressen ebenso wie die kriminalpolitisch zentralen Anliegen des Jugendstrafrechts, die Erziehung und Verhältnismäßigkeit, erforderten für wenige extreme Einzelfälle den konkreten Schutz von absehbaren Opfern, denn gerade solche Fälle würden generelle Verschärfungstendenzen zum Nachteil des ganzen Systems strafrechtlicher Sanktionen mit sich bringen.[45]

Der vorstehenden Argumentation ist das Bundesverfassungsgericht nicht gefolgt. Vielmehr sieht es in seiner Grundsatzentscheidung zur Sicherungsverwahrung vom 4.5.2011[46] den in Abs. 2 bezweckten Schutz potenzieller Opfer vor Gewalttaten von entsprechend vorverurteilten und weiter gefährlichen Tätern als zu weitgehend an. **Abs. 2 und Abs. 3** enthalten einen unverhältnismäßigen Eingriff

15

---

40 Sachverhalt des Urteils des BGH v. 9.3.2010, 1 StR 554/09, NStZ 2010, 506 – 508; s. auch BVerfG v. 4.5.2009, 2 BvR 2365/69, Fn 37 Rn 51 – 67, NJW 2011, 1931 ff.
41 S. den Fall bei Schneider in: Schwind-FS, S. 429 und den vergleichbaren Fall in BR-Drucks. 276/05.
42 BGH v. 9.3.2010, 1 StR 554/09, NStZ 2010, 506 - 508.
43 EGMR, Individualbeschwerde Nr. 19359/04 v. 17.12.2009, NStZ 2010, 263 - 265.
44 Ausführlich zur Bedeutung der nachträglichen Sicherungsverwahrung im strafrechtlichen System der Sozialkontrolle s. HK-GS-Rössner/Best, § 66 StGB Rn 3 – 6; dezidiert mit überzeugender Argumentation auch Freund, Gefahren und Gefährlichkeiten im Staf- und Maßregelrecht, GA 2010, 193 ff sowie Peglau, Sicherungsverwahrung im Umbruch, in: Rissing-van-Saan-FS, S. 437 ff.
45 Gegen die nachträgliche Sicherungsverwahrung im Jugendstrafrecht: Eisenberg, Anm. zum Urteil des BGH v. 9.3.2010, JR 2010, 314 ff; Kinzig, Zur Frage der Anordnung nachträglicher Sicherungsverwahrung, Jz 2010, 689 ff; Renzikowski, Zur Verfassungsmäßigkeit der nachträglichen Sicherungsverwahrung im Jugendstrafrecht, NStZ 2010, 506 ff.
46 BVerfG v. 4.5.2009, 2 BvR 2365/69, NJW 2011, 1931 ff.

in Freiheitsrechte der Betroffenen und sind deshalb wegen der Unvereinbarkeit mit Art. 2 Abs. 2 S. 2 iVm Art. 104 Abs. 1 und bei Abs. 2 darüber hinaus iVm Art. 20 Abs. 3 **verfassungswidrig.** Um bis zur danach notwendigen Neuregelung durch den Gesetzgeber mit einem verfassungsgemäßen Gesamtkonzept einer an die Strafverbüßung anschließenden präventiven Freiheitsentziehung für hochgefährliche Straftäter kein Vakuum entstehen zu lassen und die Funktionsfähigkeit des deutschen Straf- und Maßregelsystems aufrechtzuerhalten, gilt nach einer Anordnung gem. § 35 BVerfGG Abs. 3 unverändert bis längstens 31.5.2013 fort, für **Abs.** 2 aber nur mit einer eingeschränkten besonderen **Übergangsregelung.** Danach darf die Vorschrift auf Neufälle noch angewendet werden bzw hat für die weitere Vollstreckung von Altfällen Geltung, „wenn eine hochgradige Gefahr schwerster Gewalt- oder Sexualstraftaten aus konkreten Umständen in der Person oder dem Verhalten des Untergebrachten abzuleiten ist und dieser an einer psychischen Störung im Sinne von § 1 Absatz 1 Nr. 1 des Gesetzes zur Therapierung und Unterbringung psychisch gestörter Gewalttäter (Therapieunterbringungsgesetz – ThUG) ...leidet."

16 Die Abkehr von der früheren Feststellung des Gerichts, dass die nachträgliche Sicherungsverwahrung zum Schutz vor Straftätern, die auch nach Verbüßung einer Freiheitsstrafe mit hoher Wahrscheinlichkeit weitere schwere Gewalttaten begehen, auf einem „überragenden Gemeinwohlinteresse" beruhe und zulässig sei, wird mit einer aufgrund des Urteils des EMGR vom 17.12.2009 zur Sicherungsverwahrung für notwendig erachteten „völkerrechtsfreundlichen" Auslegung von Art. 2 Abs. 2 GG begründet. Danach sei der in der Sicherungsverwahrung liegende, schwerwiegende Eingriff in das Freiheitsgrundrecht nur nach Maßgabe einer strikten Verhältnismäßigkeitsprüfung und unter Wahrung strenger Anforderungen an die zugrunde liegenden Entscheidungen und die Ausgestaltung des Vollzugs zu rechtfertigen. Diese Restriktion sei geboten, weil die Anlasstat für eine Sicherungsverwahrung bloßer Anknüpfungspunkt für eine mögliche Gefährlichkeitsfeststellung sei, nicht aber ein tragender Grund für die Unterbringung. Auch der Vollzug der Sicherungsverwahrung habe mit dem schuldhaften Verhalten nichts mehr zu tun, sondern es gehe ausschließlich um den Schutz der Gesellschaft vor hochgefährlichen Tätern. Diese von der Freiheitsstrafe zu unterscheidende Legitimationsgrundlage verlange bei der Sicherungsverwahrung, diese so zu gestalten, dass „die Perspektive der Wiedererlangung der Freiheit sichtbar die Praxis der Unterbringung bestimmt", dh sie ist stets nur als ultima ratio legitimiert. So dürfe sie nur zur Anwendung kommen, wenn zuvor alle Behandlungsmöglichkeiten im Strafvollzug und vorgelagerte Alternativen wie die Führungsaufsicht zur Reduktion der Gefährlichkeit bzw verbleibenden Gefährlichkeitskontrolle ausgeschöpft worden seien. Mit Beginn der Sicherungsverwahrung habe zudem eine modernen wissenschaftlichen Anforderungen entsprechende Diagnose und Behandlung stattzufinden. Solange diesen Anforderungen bei der gegenwärtigen Sicherungsverwahrung nicht zu genügen sei und auch ein entsprechendes Gesamtkonzept insbesondere mit dem „Abstandsgebot" zwischen Sicherungsverwahrung und Strafvollzug fehle, sei schon die Anordnung der nicht vorgabegerecht zu vollziehenden Sicherungsverwahrung verfassungswidrig. Das **Vertrauen** eines Verurteilten auf die Ausgestaltung der Sicherungsverwahrung als letztes Mittel werde bisher nicht erfüllt. Es sei nur gewahrt, wenn eine strikte Verhältnismäßigkeitsprüfung unter Berücksichtigung der Mängel in der Ausgestaltung einerseits und der Schutz höchster Verfassungsgüter andererseits erfolge. Im Hinblick auf die EMRK sei eine verlängerte Freiheitsentziehung nach einer Strafe darüber hinaus nur zulässig, „wenn der gebotene Abstand zur Strafe ge-

wahrt wird, eine hochgradige Gefahr schwerster Gewalt- und Sexualstraftaten aus konkreten Umständen in der Person oder dem Verhalten des Untergebrachten abzuleiten ist und die Voraussetzungen des Art. 5 Abs. 1 S. 2 EMRK erfüllt sind". Diese Vorgaben verlangen ein Gesamtkonzept des Gesetzgebers, das diese Anordnungsvoraussetzungen bis zum 31.5.2013 ebenso umsetze wie das Abstands- und Therapiegebot. In einem solchen Konzept ist gerade im Blick auf ein möglichst freiheitsschonendes und rechtsstaatliches Gesamtsystem strafrechtlicher Sanktionen die nachträgliche Sicherungsverwahrung weder für das Jugendstrafrecht noch das StGB ausgeschlossen.[47]

Die Vollstreckungsgerichte haben unmittelbar im Anschluss an die Entscheidung des BVerfG vom 4.5.2011 nach Nr. III 2 b des Urteilstenors die Aufgabe, bestehende Anordnungen nach **Abs. 2** innerhalb von sechs Monaten auf das Vorliegen der Voraussetzungen der gem. § 35 BVerfGG angeordneten Übergangsregelung (vorstehend Rn 15) zu überprüfen. Bei deren Fehlen hat die Freilassung der betroffenen Sicherungsverwahrten bis spätestens 31.12.2011 zu erfolgen. Das BVerfG gibt dazu eine Prüfungsabfolge vor:[48] Zunächst ist zu fragen, ob die angeordnete Voraussetzung einer hochgradigen Gefahr schwerster Gewalt- und Sexualstraftaten aus konkreten Umständen in der Person oder dem Verhalten des Untergebrachten zu begründen ist. Erst nach positiver Feststellung soll gefragt werden, ob eine psychische Störung iSd Art. 5 Abs. S. 2 Buchst. e vorliegt, die anhand des § 1 Abs. 1 Nr. 1 ThUG konkret zu beurteilen ist. 17

2. Kriminologische Grundlagen. Die Möglichkeit der Anwendung der nachträglichen Sicherungsverwahrung gem. Abs. 2 und 3 hat einen **empirischen zu belegenden realen Hintergrund**: Persistente Delinquenz – insbesondere verbunden mit Gewalt – ist in extremen Fällen schon in jungen Jahren als stabiler Persönlichkeitszug zu erkennen, der in wichtigen Verlaufsstudien zur Kriminalität mit dem Syndrom der antisozialen Persönlichkeit charakterisiert wird.[49] Die Verlaufsforschung zum verfestigten antisozialen Verhalten bestätigt sich bei aktuellen Untersuchungen zu psychiatrischen Befunden von Straftätern mit gravierenden (Gewalt-)Delikten. So zeigen über 40 % einer vor dem Landgericht angeklagten Tätergruppe zwischen 20 und 30 Jahren ausgeprägte nach JCD 10 F 60.2 und 60.3 klinisch relevante Persönlichkeitsstörungen (Vergleichsgruppe 2,5 %) und weitere erhebliche verhaltensbestimmende Auffälligkeiten,[50] die ein hohes Risiko weiteren erheblich straffälligen Verhaltens enthalten können. Eine ganz **problemspezifische Studie** über gefährliche Straftäter nach der Entlassung aus dem Strafvollzug im Kanton Zürich stellt fest, dass eine Hochgefährlichkeitsprognose auf alle entlassenen Täter zwischen 1997 und 2005 zutraf, die sich deutlich hinsicht- 18

---

47 S. dazu eingehend HK-GS-Rössner/Best, § 66 StGB Rn 3 ff.
48 BVerfG v. 4.5.2011, 2 BvR 2365/09, NJW 2011, 1946.
49 Farrington, The Development of Offending and Anti-Social-Behavior from Childhood: Key Findings from the Cambridge Study in Delinquent Development, Journal of Child Psychology and Psychiatry 1995, 929 ff; Farrington/Cold/West, The development of Ofending from Age 8 to Age 50, MSchrKrim 2009, 160 ff; Moffitt, Adolescence – Limited and Life-Course Persistent Antisocial Behavior: A Development Taxonomy, Psychological Review 1993, 674 ff; dazu auch Bock, Kriminologie Rn 232 f; s. auch Blanz, in: Schöch/Jehle (Hrsg.), S. 380 ff; Matt, Straffälligkeit und Lebenslauf: Jugenddelinquenz zwischen Episode und Verfestigung, ZJJ 2005, 429 ff.
50 Marneros/Ullrich/Rössner, Angeklagte Straftäter, 2002; zum hohen Anteil und der Bedeutung von psychiatrischen Störungen bei Gewalt- und Sexualstraftätern s. auch Endrass/Rossegger/Urbaniok, Züricher Forensik Studie, Abschlussbericht 2007, www.zurichforensic.org; Rössner/Marneros/Ullrich, Psychiatrische Störungen und Kriminalität, in: Hans-Ludwig Schreiber-FS, 2003, S. 391 ff.

lich psychiatrischen, kriminologischen und soziodemographischen Befunden von den übrigen Entlassenen unterschieden und bei denen die Nachuntersuchung ergab, dass sie innerhalb eines Jahres nach ihrer Entlassung mit schweren Gewalt- oder Sexualdelikten rückfällig wurden. Mit der Studie kann überzeugend belegt werden, dass die **kleine Gruppe der extrem hochgefährlichen Täter bei Entlassung aus dem Strafvollzug prognostisch zuverlässig identifiziert** werden kann. Mit der Möglichkeit der nachträglichen Sicherungsverwahrung hätten 24 Opfer vor schweren Beeinträchtigungen bewahrt werden können.[51] Es handelt sich bei dieser speziellen Tätergruppe der Hochgefährlichen nur um etwa 2 % der entlassenen Gewalt- und Sexualstraftäter. Freilich können auch in diesen Fällen bedarfsorientierte Behandlungen in der Sicherungsverwahrung das Rückfallrisiko senken.[52]

19 **3. Restriktive Anwendung.** Die tatsächliche Gefahr legitimiert die nachträgliche Sicherungsverwahrung bei Jugendlichen als äußerstes und letztes Mittel zum Schutz der Allgemeinheit bei ausreichend diagnostizierten hochgefährlichen Straftätern nach Einsatz der letzten konventionellen Möglichkeit des JGG – einer mindestens 7-jährigen Jugendstrafe nach qualifizierter Anlasstat. Die strengen Voraussetzungen schonen so weit wie möglich die Persönlichkeits- und Freiheitsrechte der betroffenen Straftäter und wehren Grundrechtsgefährdungen der potenziellen Opfer (hinsichtlich ihrer körperlichen und persönlichen Unversehrtheit nur eklatante Gefährdungen durch schwere Straftaten) ab. Erst dann fordert das Recht auf Leben und auf körperliche Unversehrtheit nach Art. 2 Abs. 2 GG den Staat, „sich schützend und fördernd vor die darin genannten Rechtsgüter zu stellen und sie insbesondere vor rechtswidrigen Eingriffen anderer zu bewahren".[53] Präventives staatliches Handeln in dieser **Schutzperspektive** ist geboten, wenn die zu erwartende Verletzung von Grundrechten irreparabel, unbeherrschbar oder von den Betroffenen nicht autonom regulierbar erscheint.[54] Diese Kriterien sind erfüllt, wenn ein sachverständig als **hochgefährlich eingestufter Jugendstraftäter** nach mehr als sieben Jahren Strafvollzug in diesem Zustand in eine arglose Ge-

---

51 Urbaniok/Rossegger/Endrass, Can high-risk offenders be reliably identified?, Swiss MED WKLY 2006, 761 ff.
52 Urbaniok, Der deliktsorientierte Therapieansatz in der Behandlung von Straftätern, Psychotherapie Forum 2003, 202 ff.
53 BVerfG v. 20.12.1979, 1 BvR 385/77, BVerfGE 53, 30, 57; BVerfG v. 10.2.2004, 2 BVR 834/02, 1588/02, BVerfGE 109, 236; bei strenger Verhältnismäßigkeitskontrolle lässt auch die Entscheidung des BVerfG v. 4.5.2011, 2 BvR 2365/69, NJW 2011, 1931 ff (Fn 45) die Sicherungsverwahrung im Rahmen der Übergangsregelung (Rn 15) bei hochgradiger Gefahr und psychischer Störung zu. .
54 Pieroth/Schlink, Grundrechte, 20. Aufl., 2005, Rn 92.

meinschaft ohne jede weitere Kontrolle entlassen würde.[55] Für die wenigen Einzelfälle mit einer eindeutigen Prognose hinsichtlich der akuten hochgradigen Gefahr schnell folgender schwerer Gewalt- oder Sexualstraftaten liegt die grundsätzlich berechtigte Forderung, der Rechtsstaat müsse „Restrisiken für potenzielle Opfer" anerkennen sonst gelange man zum „totalitären Staat",[56] neben der Sache. Das erkennbare **hohe Risiko des Einzelfalls** kann nicht mit einem allgemein statistisch gesehen geringen Restrisiko weggewischt werden. Hinsichtlich der Einschränkung der Freiheitsrechte des Sicherungsverwahrten fällt dabei nicht nur dessen Gefährlichkeit für die Gemeinschaft, sondern vor allem sein ursprüngliches schweres Delikt als legitimer Anknüpfungspunkt für eine Gefährlichkeitsprüfung ins Gewicht sowie die Gefahr für die Menschenrechte der Opfer.[57] Die nachträgliche Sicherungsverwahrung bietet bei Jugendlichen den notwendigen (vorübergehenden) Schutz mit bessernden Einwirkungsmöglichkeiten. Freilich sind dabei die Therapiegebote im Urteil des BVerfG vom 4.5.2011 mit den aufgeführten Anforderungen an berufliche Aus- und Weiterbildungsmaßnahmen, psychiatrische, psycho- und sozialtherapeutische Behandlungen sowie die Vorbereitung des sozialen Empfangsraums zu berücksichtigen.

4. Tatbestandvoraussetzungen. a) Allgemeines und Tatsachengrundlage. Nach **Abs. 2** setzt die Anordnung der nachträglichen Sicherungsverwahrung voraus, dass der Strafverbüßung eine Verurteilung zu einer Jugendstrafe von mindestens 7 Jahren entweder wegen Straftaten gegen das Leben, die körperliche Unversehrtheit, die sexuelle Selbstbestimmung oder nach § 251 StGB (auch iVm § 252 StGB oder § 255 StGB) zugrunde liegt und die Folgen der Tat das Opfer seelisch oder körperlich schwer geschädigt oder einer solchen Gefahr ausgesetzt haben müssen. Schließlich müssen Tatsachen erkennbar sein, die auf eine erhebliche Gefährlichkeit des Verurteilten für die Allgemeinheit hinweisen. Darauf basierend muss die abschließende Gesamtwürdigung des Verurteilten und seiner Tat/Taten unter Einbeziehung seiner Entwicklung im Jugendstrafvollzug ergeben, dass er mit **sehr hoher Wahrscheinlichkeit**[58] die zuvor genannten gravierenden Straftaten erneut begeht. Diese vom Gesetzgeber bewusst gegenüber der Anordnung der Sicherungsverwahrung bei Erwachsenen bzw Heranwachsenden gem. § 66 ff StGB bzw § 106 Abs. 3 - 7 höher gelegten Anforderungen – hinsichtlich enger Begrenzung auf besonders gravierende Anlasstaten mit langer Strafverbü- 20

---

55 Bedenken werden hinsichtlich der Unvereinbarkeit mit dem Erziehungsgedanken von Eisenberg, § 7 Rn 29 a; Ullenbruch, Das „Gesetz zur Einführung der nachträglichen Sicherungsverwahrung bei Verurteilungen nach Jugendstrafrecht" – ein Unding?, NJW 2008, 2609 und Kinzig, Die Einführung der nachträglichen Sicherungsverwahrung für Jugendliche, ZJJ 2008, 245 sowie hinsichtlich rechtsstaatlicher Aspekte von Ullenbruch, aaO und Ostendorf, Jugendstrafrecht - Reform statt Abkehr, StV 2008, 148 geäußert; einen Verstoß gegen Art. 5 EMRK nehmen zB Renzikowski, Die nachträgliche Sicherungsverwahrung und die Europäische Menschenrechtskonvention, JR 2004, 271 ff; Römer, Verwahrung gegen die nachträgliche Sicherungsverwahrung, JR 2006, 5 f an. Die zumeist recht formale Diskussion vernachlässigt die sachliche Frage, inwieweit die Sicherungsverwahrung im sinnvollen Rahmen strafrechtlicher Kontrolle als rechtmäßige Freiheitsentziehung nach Verurteilung durch ein zuständiges Gericht nach Art. 5 Abs. 1 a) EMRK anzusehen ist, s. mit entsprechender Begründung Rosenau in: Venzlaff-FS, Forensische Psychiatrie, Entwicklungen und Perspektiven, Ulrich Venzlaff zum 85. Geburtstag, 2006, S. 305 f.
56 Ostendorf, § 7 Rn 24.
57 Urteilsbegründung der Entscheidung BGH v. 9.3.2010, 1 StR 554/09, NStZ 2010, 381.
58 Beachte dazu die Entscheidung des BVerfG v. 4.5.2011, 2 BvR 2365/69, Fn 45, NJW 2011, 1931 ff, mit der Einschränkung auf eine hochgradige Gefahr (dazu Rn 15 - 17).

ßung und **hochgradiger Wahrscheinlichkeit** entsprechender Rückfälligkeit[59] – wird den Vorgaben des Bundesverfassungsgerichts zur Verhältnismäßigkeit des Freiheitsverlusts bei der Sicherungsverwahrung gerecht: Enge Begrenzung der Katalogtaten und ausreichende Sicherheit der Gefährlichkeitsprognose.[60] Die vom Bundesverfassungsgericht weiter vorgegebene Absicherung der Restriktion, dass nur neue Tatsachen zur nachträglichen Sicherungsverwahrung führen dürfen, ist bei Abs. 2 nicht relevant, weil es bei Jugendlichen weder die primäre noch vorbehaltende Sicherungsverwahrung gibt. Zutreffend wird in der Begründung des Regierungsentwurfs[61] darauf hingewiesen, dass der Entscheidungszeitpunkt bei einem Jugendlichen mit einer mindesten 7-jährigen Vollzugsdauer und einer entsprechend langen Entwicklungs- und Erziehungsphase primär und komplett an das Ende des Vollzugs zu legen ist. Zudem werden so den Verlauf beeinträchtigende Charakterisierungen des Betroffenen im Vollzug vermieden.[62] Mit der Formulierung in Abs. 2 „sind", nicht „werden" wie bei § 66 StGB, lässt die Vorschrift eine **Gesamtwürdigung** aller relevanten Tatsachen **unabhängig vom Zeitpunkt des Auftretens** zu.

21 b) **Vorliegen einer psychischen Störung des Täters (§ 1 Abs. 1 Nr. 1 ThUG).** Das BVerfG hat für Abs. 2 als bisher ungeschriebenes Merkmal neben der zuvor behandelten hochgradigen Gefahr für Gewalt- und Sexualdelikte unter der Prämisse einer völkerrechtsfreundlichen Auslegung und Heranziehung von § 5 Abs. 1 S. 2 Buchst. e EMRK nach § 35 BVerfGG weiter angeordnet, dass eine **psychische Störung im Sinne von § 1 Abs. 1 Nr. 1 ThUG** als zentrale Voraussetzung der Unterbringung festzustellen sei (näher Rn 15 ff). Diese psychische Störung muss dann in jedem Fall für die konstatierte hochgradige Gefährlichkeit (mit-)bestimmend sein. Der Begriff der psychischen Störung hat sich ganz an der **psychiatrischen Diagnostik** zu diesem Krankheitsbereich zu orientieren (ICD-10 bzw DSM IV). Dabei bereitet es natürlich erhebliche Schwierigkeiten, die mit sozialen Kriterien definierten psychischen Störungen wie die dissoziale oder emotional labile Persönlichkeitsstörung von den vergleichbaren Syndromen krimineller Verhaltensauffälligkeit zu unterscheiden.[63] In jedem Fall ist die Gefahr zu sehen und zu berücksichtigen, dass gefährliche Straftäter ohne eindeutige psychische Störung in die Kategorie der psychischen Störung „gepresst" werden, um mit ihrer Gefährlichkeit fertigzuwerden. Dieses Problem ist freilich zu bewältigen, weil die psychische Störung als psychiatrisches Krankheitsbild in den oben genannten Diagnosevorgaben klar definiert ist und mit entsprechend psychiatrischer Fachkunde und Erfahrung klar abgegrenzt werden kann. Freilich ist mit dieser vom BVerfG ausdrücklich angeordneten Voraussetzung der Sicherungsverwahrung unter Bezug auf die psychische Störung des ThUG auch die dort folgenden Konsequenzen beim Vollzug zu beachten. So schreibt das ThUG in § 2 weiter eine vom Strafvollzug klar getrennte (Nr. 3), wenig belastende (Nr. 2) und vor allem die möglichst effektive und kurze Unterbringung mit therapeutischer Ausrichtung (Nr. 1) vor. Die Unterbringung ist zulässig, wenn solche Therapieangebote vorhanden sind, auf die Annahme durch die Betroffenen kommt es nicht am. Die

---

59 BT Drucks. 16/6562, 9.
60 BVerfG v. 23.8.2006, 2 BvR 226/06oder v. 14.1.2005, 2 BvR 983/04, NJW 2006, 3483 f und 211; BVerfG v. 5.2.2004, 2 BvR 2029/01, NJW 2004, 739 (= BVerfGE 109, 133, 190).
61 BT Drucks. 16/6562, 9.
62 AA Kreuzer/Bartsch, Zu einer neuen Strukturierung des Sicherungsverwahrungsrechts, GA 2008, 659 f.
63 Zur Ähnlichkeit s. Rössner, in: Schöch/Jehle (Hrsg.), S. 391 ff.

Einrichtung der geeigneten geschlossenen Therapieeinrichtungen und der Vollzug ist Ländersache. Es dürfte schwierig sein, entsprechende Einrichtungen schnell zur Verfügung zu stellen. In der für Abs. 2 vorgesehenen Übergangszeit bis zum 31.5.2013 ist es im Sinne einer Übergangsphase für den Vollzug erlaubt, wenn die optimalen Voraussetzungen des § 2 ThUG noch nicht erreicht sind. Dieser Aspekt ist bei der verlangten strengen Verhältnismäßigkeitsprüfung hinsichtlich der hochgradigen Gefahr für höchste Güter bereits berücksichtigt.

b) Anlasstaten. Entscheidende Bedeutung hat die formale Katalogisierung nach Straftatbeständen (Abs. 2 Nr. 1 und 2) zusammen mit der zusätzlichen materiellen Unrechtsqualifizierung des Eintritts bzw der Gefahr einer schweren seelischen oder körperlichen Schädigung des Opfers. Aus dem Katalogbereich nach Abs. 2 Nr. 1 und 2 kommen nur Verbrechen gem. § 12 Abs. 1 StGB als Anlasstat mit einer Strafdrohung von über einem Jahr in Betracht. Damit scheidet untere und mittlere Kriminalität aus den jeweiligen Bereichen (zB §§ 223, 224, 174, 176 StGB) von vornherein aus. Die schwere **körperliche Schädigung** oder entsprechende Gefährdung ist bezüglich des Verletzungswerts an den Beispielen für eine schwere Körperverletzung (§ 224 Abs. 1 StGB) – hinsichtlich der beeinträchtigten Körperfunktionen, der Wichtigkeit des betroffenen Körperteils, der Schmerzen und Verletzungsdauer – zu orientieren. Für die **schwere seelische Schädigung oder die entsprechende Gefahr** genügen die akuten Belastungsreaktionen nach einem Ereignis (ICD – 10 F 43.0) durch Stress und Angst, die nach Stunden oder Tagen – ohne Behandlung – abklingen, in der Regel nicht. Erforderlich ist das Vorliegen einer **posttraumatischen Belastungsstörung**, die in jedem Fall bei einer Diagnose nach ICD – 10F43.1 mit länger anhaltenden Symptomen wie Angst, emotionale Einengung, Teilnahmslosigkeit, Schlafstörungen feststeht, oder bei einer Anpassungsstörung iSd ICD – 10 F 43.2 mit **eingeschränkter Lebenstüchtigkeit** oder Unsicherheit im Alltag. Sekundäre Viktimisierungen im Strafverfahren sind als zu verantwortende Tatfolgen miteinzubeziehen.

Die Anlasstat muss nicht allein zu der 7-jährigen Jugendstrafe geführt haben. Es genügt, dass sie Bestandteil einer **Einheitsjugendstrafe nach § 31** ist, wie aus der Formulierung des Gesetzes „wegen oder **auch** wegen" hervorgeht. Für die teilweise erhobene Forderung, dass die Anlasstat allein iSd Schwere der Schuld nach § 17 Abs. 2 eine mindestens 7-jährige Jugendstrafe ergeben haben müsste, ist danach kein Raum.[64]

c) Hang zu erheblichen Straftaten. Abs. 2 enthält keinen Hinweis auf diese in §§ 66 Abs. 1 Nr. 3 StGB genannte Voraussetzung der primären Sicherungsverwahrung. Unter Hinweis auf die Anlehnung des Abs. 2 an die allgemeine Regelung wird vielfach die Annahme als ungeschriebene Voraussetzung gefordert.[65] Weder der Verhältnismäßigkeitsgrundsatz[66] noch Belange der restriktiven Anwendung der nachträglichen Sicherungsverwahrung erfordern diese ergänzende Auslegung von Abs. 2 neben der Gefährlichkeitsprognose. Eine weit über § 66 StGB hinausgehende Einschränkung erfolgt schon durch die **härteren Kriterien bei der Anlasstat** und insbesondere die ganz spezielle Prognosevariante, dass eine sehr **hohe Wahrscheinlichkeit für die Begehung von Schwerstkriminalität ausschließlich nach Abs. 2 Nr. 1 und 2** gegeben sein muss. Diese Fokussie-

---

64 So aber Kreuzer/Bartsch, GA 2008, 659, 662.
65 Graebsch, Sicherungsverwahrung im Jugendstrafrecht, ZJJ 2008, 284; Kreuzer/Bartsch, GA 2008, 659, 662; Raul/Zschieschack, Anm. zu BGH v. 13.8.2008, 2 StR 240/08, JR 2009, 40.
66 Dazu BVerfG v. 23.8.2006, BvR 226/06, NStZ 2007, 87 ff.

rung auf Straftaten mit höchstem Schadensrisiko für Leib und Leben (und nicht auch wirtschaftliche Schäden wie bei § 66) führt ohne die Hangbeurteilung zu einer weit effektiveren Restriktion als die Formel in § 66 StGB. Zudem ist der hier infrage stehende Schutz für ausschließlich irreparable höchstpersönliche Rechtsgüter höher zu veranschlagen als bei dem insoweit wesentlich weiter gefassten § 66 StGB.

25 d) **Gefährlichkeitsfeststellung.** Auch ohne das Hangkriterium enthält Abs. 2 eine **doppelstufige Gefährlichkeitsprüfung mit höchsten Anforderungen:**

aa) So ist in einem ersten Schritt im Sinn einer **Basisgefährlichkeitsprognose** festzustellen, ob aufgrund der am Ende des Vollzugs erkennbaren Tatsachen eine generelle erhebliche Gefährlichkeit des Verurteilten für die Allgemeinheit besteht. Dabei geht es um die sorgfältige kriminologische Erhebung, Analyse und Diagnose der Persönlichkeitsmerkmale und des Sozialverhaltens des Verurteilten sowie in Abwägung aller Risiko- bzw Schutzfaktoren um eine grundlegende Zuordnung hinsichtlich gefährlicher Verlaufsformen.[67] Das dabei erforderliche Gefährdungspotenzial verlangt die bei einem Hangtäter vergleichbare Beurteilung eines **stabilen antisozialen Verhaltens mit der erheblichen hochgradigen Gefahr persistenter Intensivkriminalität.** Zur Erfassung der Basisgefährlichkeit gibt es valide Tests, wie zB den „Violence Risk Appraisal Guide".[68] Im Hinblick auf die lange bestehende Inhaftierung kommt dabei auch der sorgfältigen Analyse des Haftverhaltens große Bedeutung zu.[69]

bb) Nur wenn der Filter der Basisgefährlichkeitsbeurteilung positiv durchlaufen ist, geht es um die schließlich entscheidende **spezielle Gefährlichkeitsprognose** mit der Klärung, ob der Verurteilte konkret und mit sehr hoher Wahrscheinlichkeit die besonders schweren Straftaten von Abs. 2 Nr. 1 und 2 begehen wird. Dabei geht es insbesondere um den spezifischen Prognoseeinsatz zur Gewalt, der psychologischen und/oder psychiatrischen Sachverstand voraussetzt. Für solche spezifischen Prognoseaufgaben sind in den letzten Jahren gut erprobte und **zuverlässige Instrumente** im Bereich der klinischen Prognoseverfahren entwickelt worden.[70] Die **Prognosesicherheit** muss für die Fälle des Abs. 2 spezifisch betrachtet werden. Es geht um die Erfassung der Extremgruppe hochgefährlicher und mit hoher Wahrscheinlichkeit rückfälliger Verurteilter. Zunächst ist mit dem BVerfG in seiner Grundsatzentscheidung vom 4.5.2011 festzustellen, dass solche extremen Gefährlichkeitsprognosen grundsätzlich auch bei jugendlichen Tätern eine taugliche Grundlage für die Entscheidung über die (nachträgliche) Sicherungsverwahrung bilden, weil insbesondere schwere psychische Störungen bereits in relativ jungem Alter diagnostizierbar sind.[71] Diese **Extremgruppe von allenfalls einigen Prozentpunkten** mit entsprechenden Risikoprägungen lässt sich in jedem

---

67 Bock, Kriminologie, Rn 549 ff; zur Jugendkriminalität s. auch Meier/Rössner/Schöch-Rössner, S. 6 Rn 30 ff.
68 Rossegger/Urbaniok u.a., Der VRAG in deutscher Übersetzung www.zurichforensic.org; dazu Urbaniok/Noll u.a. Prediction of violent and sexual offences: A replication study of the VRAG in Switzerland, The Journal of Forensic Psychiatry and Psychology 2006, 23 ff.
69 S. dazu ausführlich Bock, Kriminologie, Rn 574 ff.
70 S. dazu allgemein Dahle, in: Kröber/Dölling/Leygraf/Sass (Hrsg.), S. 1 ff; zu einzelnen ausgearbeiteten, insbesondere klinischen Methoden Kröber, in: Kröber/Dölling/Leygraf/Sass (Hrsg.), S. 69 ff; Noll, Prognosen zur Einschätzung des Rückfallrisikos bei Gewalt- und Sexualstraftätern, häufig verwendete Instrumente und ihre Aussagekraft, Kriminalistik 2007, 738 ff; Urbaniok/Rinne/Held u.a., Fortschritte der Neurologie und Psychiatrie 2008, 470 ff.
71 BVerfG v. 4.5.2011, 2 BvR 2365/09, Rn 99, NJW 2011, 1931.

Prognoseverfahren weit genauer treffen als das große unsichere Mittelfeld einer Untersuchungspopulation. Die Sicherheit der Prognosebeurteilung wird in Abs. 2 zudem durch die Kombination aus Basis- und spezieller Gefährlichkeitsprognose erhöht sowie auch durch die inzwischen entwickelten Qualitätsanforderungen an die Begutachtung.[72] Diese spezielle Situation der Prognoseerstellung bei der Sicherungsverwahrung wird von der verbreiteten Kritik an der Prognosesicherheit unter Hinweis auf die globale Kritik an der Kriminalprognose zu wenig beachtet.[73] Belegt wird dies in der genannten Schweizer Studie (Rn 25), wo alle hochgefährlichen Täter identifiziert wurden.

Die in Abs. 2 geforderte sehr **hohe Wahrscheinlichkeit**, erneut Straftaten nach Nr. 1 und 2 zu begehen, hat Bezug zur Prognosesicherheit. Durch diese Anforderung wird sichergestellt, dass es um die Identifizierung **extrem gefährlicher Täter** und nicht um solche im Grenzbereich der Vorhersagegenauigkeit geht. Die hohe Wahrscheinlichkeit liegt mit Blick auf eine rechtlich relevante Wahrscheinlichkeitsskala weit oben zwischen einer deutlich überwiegenden Wahrscheinlichkeit und schon sehr **nahe an der für das Strafurteil ausreichenden an Sicherheit grenzenden Wahrscheinlichkeit**. Diese Feststellung beschränkt die Anordnung der nachträglichen Sicherungsverwahrung auf die wenigen Extremfälle, bei denen eine konsequente Entlassung aus dem Vollzug mit großer Gewissheit zu schwerwiegenden Straftaten führt. 26

5. Maßregelerledigung. Die Anordnung der Sicherungsverwahrung nach Abs. 3 ist nach dem Urteil des BVerfG vom 4.5.2011 ebenfalls **verfassungswidrig** (Rn 15 ff). Sie gilt entsprechend der Übergangsregelung gem. § 35 BVerfGG bis zum 31.5.2013 fort. Im Gegensatz zu Abs. 2 hat das BVerfG bei Abs. 3 keine speziellen ungeschriebenen Einschränkungen angeordnet. Freilich ist dem Urteil zu entnehmen, dass auch hier bei der Anordnung der **Verhältnismäßigkeitsgrundsatz** besonders streng zu prüfen ist, dh die Gefahr weiterer schwerster Gewalt- und Sexualstraftaten muss das Freiheitsinteresse des Betroffenen weit überwiegen. Der Eingriff in die Freiheitsrechte des Betroffenen darf nur soweit reichen, wie er zur Aufrechterhaltung der Ordnung im betroffenen Lebensbereich notwendig ist. 27

Nach **Abs. 3** kann die nachträgliche Sicherungsverwahrung analog den Konstellationen der §§ 66 b Abs. 3 StGB, 106 Abs. 6 in Abs. 2 bei prognostisch abgesicherter Hochgefährlichkeit eines im psychiatrischen Krankenhaus nach § 63 StGB Untergebrachten angeordnet werden, wenn die Unterbringung nach § 67 d Abs. 6 StGB wegen Nicht-(mehr)-Bestehens eines die Schuldfähigkeit beeinträchtigenden Zustandes (Fehleinweisung oder Heilung) für erledigt erklärt worden ist und der Hochgefährliche in Freiheit zu entlassen wäre.[74] Die Einschränkung gegenüber der Regelung bei Erwachsenen und Heranwachsenden liegt darin, dass es sich um die gravierenden Katalogtaten des Abs. 2 (Rn 21) sowohl hinsichtlich der Anlasstat als auch der zu befürchtenden künftigen Straftaten handeln muss. Die Unterbringung muss wegen mehrerer solcher Taten nach § 63 StGB erfolgt sein oder wegen einer (bzw mehrerer) solcher Taten vor der für erledigt erklärten Unterbringung schon einmal eine Verurteilung zu einer Ju- 28

---

72 BVerfG v. 5.2.2004, 2 BvR 2029/01, BVerfGE 109, 133 ff, 190 ff (= NJW 2004, 739); s. auch die Mindestanforderungen bei Boetticher/Nedopil/Bosinski/Saß, Mindestanforderungen für Schuldfähigkeitsgutachten, NStZ 2005, 57 ff.
73 Zur Kritik zB Eisenberg, Austausch „neuer Tatsachen" bezüglich § 66 b StGB durch das Revisionsgericht?, JR 2008, 146 f; Graebsch, ZJJ 2008, 284; Kreuzer/Bartsch, GA 2008, 660; Ullenbruch, NJW 2008, 2609, 2612 f.
74 BGH v. 28.8.2007, 1 StR 268/07, BGHSt 52, 31.

gendstrafe von mindesten drei Jahren oder zu einer Unterbringung nach § 63 vorgelegen haben. Letztlich entscheidend ist die Gefährlichkeitsfeststellung, die hier die gleichen Anforderungen zu erfüllen hat wie in Abs. 2 (Rn 25). Auf die Unterscheidung zwischen bekannten und neuen Tatsachen als Grundlage der Gesamtwürdigung kommt es hinsichtlich der Erstbeurteilung für eine Sicherungsverwahrung auch hier nicht an (Rn 20).[75]

IV. Verfahren

29 **1. § 81 a: Verfahren und Entscheidung.** Zuständigkeit und Ablauf der Entscheidung über die nachträgliche Sicherungsverwahrung werden seit 1.1.11 in § 81 a in einer eigenen Verfahrensvorschrift zusammengefasst (s. die dortige Kommentierung).

30 **2. Abs. 4: Prüfungsfrist.** Die regelmäßige Überprüfungsfrist der Fortdauer der Unterbringung von 2 Jahren in § 67 e Abs. 1 StGB wird bei Jugendlichen auf **ein Jahr verkürzt**. Die Verkürzung erfolgt im Hinblick auf mögliche schnelle Entwicklungsfortschritte der jungen Menschen und damit eine Änderung der Gefährdungssituation.

V. Alt- und Neufälle

31 Das Gesetz zur nachträglichen Sicherungsverwahrung im Jugendstrafrecht ist am 12.7.2008 in Kraft getreten und gilt nun bis längstens zum 31.5.2013, da dann die vom BVerfG erlaubte Übergangsgeltung des für verfassungswidrig erklärten Gesetzes auf jeden Fall ausläuft (Rn 15 – 18). In Rn 147 der Entscheidungsgründe geht das BVerfG davon aus, dass sog. Altfälle, dh bei denen wegen möglicher Anlasstaten eine Verurteilung schon vor dem Inkrafttreten der Neuregelung stattfand, eine Rechtfertigung der Sicherungsverwahrung ausgeschlossen ist.

§ 8 Verbindung von Maßnahmen und Jugendstrafe

(1) ¹Erziehungsmaßregeln und Zuchtmittel, ebenso mehrere Erziehungsmaßregeln oder mehrere Zuchtmittel können nebeneinander angeordnet werden. ²Mit der Anordnung von Hilfe zur Erziehung nach § 12 Nr. 2 darf Jugendarrest nicht verbunden werden.

(2) ¹Der Richter kann neben Jugendstrafe nur Weisungen und Auflagen erteilen und die Erziehungsbeistandschaft anordnen. ²Steht der Jugendliche unter Bewährungsaufsicht, so ruht eine gleichzeitig bestehende Erziehungsbeistandschaft bis zum Ablauf der Bewährungszeit.

(3) Der Richter kann neben Erziehungsmaßregeln, Zuchtmitteln und Jugendstrafe auf die nach diesem Gesetz zulässigen Nebenstrafen und Nebenfolgen erkennen.

---

75 BGH v. 28.8.2007, 1 StR 268/07, BGHSt 52, 31.

| I. Anwendungsbereich und Normzweck 1
| 1. Anwendungsbereich 1
| 2. Normzweck 2
| II. Erlaubte Kombinationen 3
| 1. Kumulation von (mehreren) Erziehungsmaßregeln und Zuchtmitteln in einer Sanktionsscheidung gem. Abs. 1 S. 1 3
| 2. Verbindung der Jugendstrafe mit Erziehungsmaßregeln und Zuchtmitteln nach Abs. 2 S. 1 4
| 3. Zulässigkeit von Nebenstrafen und Nebenfolgen nach Abs. 3 5
| III. Verbotene Verbindungen 6
| IV. Systemwidrige Verbindungen 7

I. Anwendungsbereich und Normzweck

1. Anwendungsbereich. Erfasst werden **alle Sanktionsentscheidungen** nach dem JGG, materiell auch für Heranwachsende (§ 105 Abs. 1) und formell auch solche, die von den für allgemeine Strafsachen zuständigen Gerichten zu treffen sind (§§ 104 Abs. 1 Nr. 1, 112 Abs. 1).

2. Normzweck. § 8 ist Ausführungsvorschrift zu § 5. Aus Anlass der nach Jugendstrafrecht zu behandelnden Tat ist, orientiert am Erziehungs- und Ahndungsbedarf des Verurteilten, mit Erziehungsmaßregeln, Zuchtmitteln oder Jugendstrafe zu reagieren. Die Vorschrift stellt klar, dass das Erziehungsziel des § 2 Abs. 1 je nach Bedarf auch in **Kombination** verschiedener bestimmter Reaktionsmöglichkeiten konkretisiert werden kann. Bei den Erziehungsmaßregeln liegt das auf der Hand, da es im Einzelfall verschiedene punktuelle Erziehungsdefizite geben kann, auf die nach § 10 mit entsprechend differenzierten Weisungen einzugehen ist. Manche Tat kann im **Zwischenbereich** von Persönlichkeits- und Entwicklungsförderung und Ahndungsbedarf liegen, so dass es geboten ist, mit Erziehungsmaßregeln und Zuchtmitteln zu antworten, um Persönlichkeit und Verantwortungsbewusstsein in gleicher Weise zu fördern. Auf der anderen Seite enthält die Vorschrift klare Kombinationsverbote, wenn die fraglichen Reaktionsinstrumente von vornherein und generell ganz unterschiedliche Zielsetzungen verfolgen und eine Kombination systemwidrig wäre.

II. Erlaubte Kombinationen

1. Kumulation von (mehreren) Erziehungsmaßregeln und Zuchtmitteln in einer Sanktionsentscheidung gem. Abs. 1 S. 1. Im Sinne der genannten Zielsetzung (Rn 2) ist die Verbindung zwischen mehreren **Erziehungsmaßregeln** oder mehreren Zuchtmitteln bezogen auf den im Einzelfall vorliegenden Erziehungs- oder Ahndungsbedarf möglich und insbesondere bei den Erziehungsmaßregeln auch sinnvoll. Bei den **Zuchtmitteln** ist es aus pädagogischen Gründen dagegen meist angebracht, mit nur einer und eindeutigen Sanktion das Unrecht der Tat zu verdeutlichen. Bei genau zu prüfenden, aber wie immer in der Realität vorkommenden Zwischenformen mit der Notwendigkeit, punktuell entwicklungsfördernd zu erziehen und das Unrecht der Tat zu verdeutlichen, ist auch die Kumulation von Erziehungsmaßregeln und Zuchtmitteln zulässig. Im Rahmen der richterlichen Entscheidung sind aber die unterschiedlichen Voraussetzungen (§ 5 Rn 25 ff) und Zielsetzungen dieser beiden Sanktionskategorien zu erkennen und sorgfältig zu prüfen, ob im Einzelfall tatsächlich eine Zwischenstufe vorliegt, die beide Reaktionsformen erfordert.[1]

---

[1] S. auch Eisenberg, § 8 Rn 3.

4 **2. Verbindung der Jugendstrafe mit Erziehungsmaßregeln und Zuchtmitteln nach Abs. 2 S. 1.** Orientiert an der grundsätzlichen Vereinbarkeit der unterschiedlichen Reaktionsziele lässt die Vorschrift die Kombination der Jugendstrafe mit bestimmten ambulanten Maßnahmen zu: Weisungen, Auflagen und Erziehungsbeistandschaft sowie wegen § 112 b Abs. 3 Erziehungshilfe durch den Vorgesetzten bei Soldaten. Die **Kombinationsbeschränkung** auf die im Sinne eines numerus clausus genannten Reaktionen erfasst die **Jugendstrafe in jeder Form** (also auch die zur Bewährung ausgesetzte nach §§ 21 ff und diejenige, bei der die Verhängung einer Jugendstrafe nach § 27 ausgesetzt ist). Die Regelung will offenkundig für jeden Fall die **Einspurigkeit der freiheitsentziehenden Maßnahmen** im JGG sicherstellen.[2] Eine ausdehnende Auslegung bei § 27 selbst für den Fall der (noch) ungewissen Verhängung eines Freiheitsentzugs kommt bei Berücksichtigung der klaren Ausschlussregelung des Abs. 2 S. 1 wegen des gesetzlichen Bestimmtheitserfordernisses von Tatbestand und Sanktion nach Art. 103 Abs. 2 GG auch hinsichtlich des Jugendarrests nicht in Betracht.[3] Die gleichen Gründe verbieten die Anordnung der in Abs. 2 nicht genannten Hilfe zur Erziehung gem. § 12 Nr. 2 mit stationärer Unterbringung.[4]

5 **3. Zulässigkeit von Nebenstrafen und Nebenfolgen nach Abs. 3.** Die Vorschrift erlaubt die Verhängung der **nicht** durch das JGG ausgeschlossenen Nebenstrafen und Nebenfolgen im Zusammenhang mit irgendeiner im **Urteil** ausgesprochenen Rechtsfolge nach § 5. Nicht zulässig sind sie daher im informellen richterlichen Erziehungsverfahren gem. §§ 45 Abs. 3, 47 Abs. 1 Nr. 3. Darüber hinaus wird für Erziehungsmaßregeln und Zuchtmittel klargestellt, dass sie trotz ihrer mangelnden Strafqualität (§ 13 Abs. 3) bei der Beurteilung der Voraussetzungen einer Nebenstrafe (das Fahrverbot nach § 44 StGB setzt eine Freiheits- oder Geldhauptstrafe voraus) als Strafe zu werten sind und zB das Fahrverbot insoweit eine zulässige Nebenmaßnahme darstellt. Bei der Jugendstrafe als Freiheitsstrafe bedarf es der Erweiterung nicht. Im Übrigen müssen aber sämtliche Voraussetzungen der Nebenstrafe oder Nebenfolge wie im StGB vorliegen. Als **Nebenstrafe** kommt das Fahrverbot (§ 44 StGB) infrage, als **Nebenfolgen** ist an Verfall und Einziehung (§§ 73, 74 ff StGB) zu denken. Verlust der Amtsfähigkeit, der Wählbarkeit und des Stimmrechts sind nach § 6 unzulässig. Die Anordnung der nach § 7 gestatteten Maßregeln der Sicherung und Besserung werden durch § 8 nicht berührt; sie laufen wie auch im allgemeinen Strafrecht auf einer zweiten Spur.

III. Verbotene Verbindungen

6 Aus dem ausdrücklich Erlaubten und den dahinterstehenden Gründen folgen als Negativliste, insbesondere auch aus dem Prinzip der Einspurigkeit bei stationären Maßnahmen, unzulässige Kombinationen: zB Jugendstrafe mit stationärer Erziehung nach § 12 Nr. 2, Verwarnung nach § 14 und Jugendarrest nach § 16. Die Kombinationsverbote gelten wiederum für Jugendstrafe in jeder Form und lassen auch die gezielte Umgehung des Verbindungsverbots über eine daneben erfolgende jugendhilferechtliche Intervention mit der Unterbringung bei Tag und Nacht nach §§ 27, 34 SGB VIII nicht zu.[5] Im Übrigen werden sachlich gerechtfertigte Hilfen der Jugendhilfe zur Erziehung durch die Verbindungsverbote des § 8 nicht tangiert.

---

2 Eisenberg, § 8 Rn 8; Ostendorf, § 8 Rn 3.
3 BVerfG v. 9.12.2004, 2 BvR 930/24, NJW 2005, 2141; Verrel/Käufl, „Warnschussarrest", NStZ 2008, 177 ff; s. im Einzelnen die Kommentierung zu § 27.
4 BGH v. 17.5.1988, 5 StR 153/88, NJW 1988, 2251.
5 Brunner/Dölling, § 8 Rn 2.

IV. Systemwidrige Verbindungen

Neben den Verbindungsverboten wegen genereller Zielunvereinbarkeit bestimmter jugendstrafrechtlicher Sanktionen gilt es im **Einzelfall** etwaige Kollisionen aus erzieherischen und sanktionssystematischen Gründen zu vermeiden. Die grundsätzlich erlaubten Kombinationen dürfen nicht mit dem Hinweis auf die „Flexibilität" im jugendstrafrechtlichen Sanktionssystem dazu führen, dass die sinnvolle Anwendungsstruktur ganz verloren geht. Vielmehr müssen die klaren gesetzlichen Leitlinien zur Anwendung des gestuften und differenzierten Rechtsfolgensystems, insbesondere hinsichtlich der Unterscheidung von erziehungsorientierten und ahndungsorientierten Rechtsfolgen, auf der Basis einer empirisch fundierten kriminologischen Einzelfallanalyse berücksichtigt werden.[6] Daraus folgen Verbindungsausschlüsse im Einzelfall. 7

In diesem Zusammenhang fällt insbesondere auf, dass in der Praxis Erziehungs- und Ahndungsreaktionen kombiniert werden, ohne genau zu prüfen, ob sie im zu beurteilenden Fall trotz ihrer unterschiedlichen Ziele verträglich sind. Eine Vernachlässigung der **Geeignetheit** verfehlt das Erziehungsziel des Jugendstrafrechts. Besondere Beachtung bei Kombinationen verdient auch das **Verhältnismäßigkeitsprinzip** im Hinblick auf die Kumulierung der Maßnahmen.[7] 8

Zweiter Abschnitt Erziehungsmaßregeln

§ 9 Arten

Erziehungsmaßregeln sind
1. die Erteilung von Weisungen,
2. die Anordnung, Hilfe zur Erziehung im Sinne des § 12 in Anspruch zu nehmen.

Richtlinie zu § 9

Wegen der Eintragung in das Zentralregister und das Erziehungsregister wird auf § 5 Abs. 2 und § 60 Abs. 1 Nr. 2 BZRG hingewiesen.

I. Persönlicher Anwendungsbereich

1. Erziehungsmaßregeln kommen gegen **Jugendliche** in Betracht. Dies gilt auch in Verfahren vor den für allgemeine Strafsachen zuständigen Gerichten, die allerdings die Auswahl und Anordnung der Erziehungsmaßregeln dem Familiengericht zu überlassen haben (§ 104 Abs. 4). 1

2. Für **Heranwachsende** gilt die Nr. 1 der Vorschrift – vor allen Gerichten – dann, wenn auf sie materielles Jugendstrafrecht gem. §§ 105 Abs. 1, 112 S. 1, 104 Abs. 1 Nr. 1, Abs. 4 anzuwenden ist. Weisungen können stets gegen sie verhängt werden. Das Gericht, das für allgemeine Strafsachen zuständig ist, überlässt deren Auswahl und Anordnung dem Jugendrichter, in dessen Bezirk sich der Heranwachsende aufhält (§ 112 S. 3). 2

Einschränkungen der richterlichen Anordnung von Erziehungsmaßregeln ergeben sich gem. § 10 Abs. 2, wonach eine heilerzieherische Behandlung oder eine Entziehungskur gegen den Willen des Erziehungsberechtigten des jugendlichen Straftäters bzw des 16-jährigen Jugendlichen nicht in Betracht kommen, da er- 3

---

6 § 5 Rn 27 ff; s. ausführlich mit Beispielen Meier/Rössner/Schöch-Rössner, S. 110 ff.
7 Ostendorf, § 8 Rn 8.

zieherische Hilfen dieser Art nicht staatlicherseits verordnet werden dürfen.[1] Hilfen zur Erziehung im Sinne des § 12 (Erziehungsbeistandschaft und Heimunterbringung) sind bei Heranwachsenden ausgeschlossen.

4   3. Für **Soldaten** wird Nr. 1 durch § 112 a ergänzt:
- Nach § 112 a Nr. 1 ist Hilfe zur Erziehung gem. § 12 ausgeschlossen.
- Nr. 2 ergänzt § 9 Nr. 1 – nicht § 10[2] –: Bedarf der Jugendliche oder Heranwachsende als Soldat nach seiner sittlichen oder geistigen Entwicklung besonderer erzieherischer Einwirkung, so kann der Richter Erziehungshilfe durch den Disziplinarvorgesetzten als Erziehungsmaßregel anordnen.
- Nr. 3 schreibt vor, dass bei der Erteilung von Weisungen und Auflagen der Richter die Besonderheiten des Wehrdienstes berücksichtigen soll. Weisungen und Auflagen, die bereits erteilt sind, soll er diesen Besonderheiten anpassen.

II. Sachlicher Anwendungsbereich

5   1. Die Erziehungsmaßregeln sind, ergänzt durch § 112 a Nr. 2 und 3, **abschließend** genannt. Soweit das Gesetz den Begriff Erziehungsmaßregeln verwendet, sind die Rechtsfolgen nach §§ 9 bis 12 gemeint.

6   2. Zu **unterscheiden** sind hiervon
- die familiengerichtlichen Maßnahmen einschl. der familiengerichtlichen Erziehungsaufgaben (a),
- erzieherische Maßnahmen (b),
- und sonstige Maßnahmen (c).

a) Ist ein über 14 Jahre alter Jugendlicher mangels Reife strafrechtlich nicht verantwortlich, kann der Jugendrichter, nicht ein Erwachsenengericht gem. § 103 Abs. 2 S. 2,[3] zur Erziehung des Jugendlichen gem. § 3 S. 2 dieselben Maßnahmen anordnen wie das Familiengericht. Zutreffend wird angenommen, dass die familienrechtlichen Erziehungsaufgaben dem § 34 Abs. 3 zuzuordnen sind.[4] In diesen Fällen sind die Erziehungsmaßregeln des § 9 ausdrücklich ausgeschlossen, da keine zu ahndende Straftat vorliegt.

7   b) Der Begriff der **erzieherischen Maßnahmen** findet vor allem in § 45 Abs. 2 seinen Niederschlag. Danach sieht der Staatsanwalt von der Verfolgung ab, wenn eine erzieherische Maßnahme bereits durchgeführt oder eingeleitet ist und er weder eine Beteiligung des Richters nach Absatz 3 noch die Erhebung der Anklage für erforderlich hält. Einer erzieherischen Maßnahme steht das Bemühen des Jugendlichen gleich, einen Ausgleich mit dem Verletzten zu erreichen. Der Begriff geht über den Begriff der familienrechtlichen Maßnahme im Sinne des § 34 Abs. 3 und den der Erziehungsmaßregeln hinaus.[5]

8   c) Soweit das Jugendgerichtsgesetz den Begriff „**Maßnahmen**" (zB in §§ 31, 66, 71 Abs. 2) verwendet, wird er in der Regel im Gegensatz zur Jugendstrafe benutzt.[6]

9   3. Die Erziehungsmaßregeln verfolgen ausschließlich den **Zweck, die durch die Straftat erkennbar gewordenen Erziehungsmängel zu beseitigen,** um einer erneu-

---

1 Ostendorf, § 9 Rn 2, § 10 Rn 23.
2 D/S/S-Diemer, § 112 a Rn 3.
3 Zutr. Eisenberg, § 34 Rn 1 und 14; ders. wohl anders in § 3 Rn 1.
4 Eisenberg, § 34 Rn 14.
5 D/S/S-Diemer, § 45 Rn 13.
6 Eisenberg, § 9 Rn 7.

ten Straffälligkeit entgegenzuwirken. Daher dürfen bei ihrer Auswahl und Anordnung nur erzieherische Gesichtspunkte, nicht aber Vergeltung und Sühne eine Rolle spielen (§ 5 Abs. 1).[7] Die Erziehungsmaßregeln des § 9 haben ihren Grund und ihre Grenze in der festgestellten Straftat und sollen weiteren Straftaten entgegenwirken. Die Erziehungsmängel müssen ihren Ausdruck gerade in der konkreten Straftat gefunden haben. § 9 bietet demnach keine Rechtsgrundlage für eine darüber hinausgehende allgemeine Erziehung des Jugendlichen, was gelegentlich übersehen wird.[8] Die Anordnung und Auswahl der Erziehungsmaßregel muss daher in einem angemessenen Verhältnis zu den begangenen Straftaten stehen. Sollten darüber hinaus gehende Erziehungsmängel vorliegen, mag das Familiengericht benachrichtigt werden, das dann zB eine Kindeswohlgefährdung zu prüfen und geeignete Maßnahmen zu veranlassen hat (§§ 1666 ff BGB).

4. Weitere Voraussetzungen für Erziehungsmaßregeln sind eine Erziehungsbedürftigkeit und Erziehungsfähigkeit des Jugendlichen/Heranwachsenden.[9] Wenn gefordert wird, dass auch eine Erziehungswilligkeit des Jugendlichen hinzu kommen muss,[10] mag diese „Akzeptanz" durch den Jugendlichen für die Festsetzung einer Erziehungsmaßregel sprechen, sie kann aber keineswegs Voraussetzung für diese Maßnahme sein. Der Jugendliche wird regelmäßig seinen Erziehungsmangel nicht einschätzen oder zugeben können. Außerdem wäre es erzieherisch verfehlt, würde eine solche Maßnahme von dessen Willen abhängig gemacht werden. Sie müsste auch dann aufgehoben oder geändert werden, sollte der Jugendliche sein Einverständnis später widerrufen.

5. Die Erziehungsmaßregeln sind jugendstrafrechtliche Sanktionen, weshalb auch alle Voraussetzungen für eine Ahndung erfüllt sein müssen. Dies gilt insb. für die strafrechtliche Verantwortlichkeit gem. § 3, die jeweils positiv festgestellt werden muss.[11]

6. Die Erziehungsmaßregeln sind zwar in § 9 abschließend genannt, wobei aber für die Weisungen nach § 10 nur Regelbeispiele formuliert sind, diese also erweitert werden können. Hiervon zu unterscheiden sind die familiengerichtlichen Erziehungsaufgaben gem. § 34 Abs. 3, die auch vom Jugendrichter wahrgenommen werden können (§ 3 S. 2) sowie erzieherische Maßnahmen nach §§ 45 Abs. 2 und § 71 Abs. 1.

III. Rechtsfolgen

1. Die Erziehungsmaßregeln nach dem Jugendgerichtsgesetz sind Rechtsgrundlage für den **Eingriff in das Elternrecht gem. Art. 6 GG** (s. ausführlich § 10 Rn 11).
2. Eine Verurteilung zu Erziehungsmaßregeln hat deren **Eintragung** in das Erziehungsregister gem. § 60 Abs. 1 Nr. 2 Bundeszentralregistergesetz zur Folge. Im Gegensatz zur Einstellung gem. §§ 45, 47, die (nur) in das Erziehungsregister eingetragen wird, wird bei einer Verurteilung zu einer Verkehrsstraftat diese und eine Nebenfolge wie Fahrverbot oder Fahrerlaubnissperre im Verkehrszentralregister mit den entsprechenden Punkten eingetragen, ein Umstand, der in der Praxis (erzieherisch) eine große Rolle spielt (§ 28 Abs. 3 StVG). Die Jugendlichen

---

[7] HM; BVerfG v. 13.1.1987, 2 BvR 209/84, NStZ 1987, 275 f, kritisch hierzu Ostendorf, § 9 Rn 6.
[8] Vertreter der Sozialberufe, aber auch von ihren Kindern „enttäuschte" Eltern neigen gelegentlich zu „überschießenden Erziehungsmaßnahmen".
[9] D/S/S-Diemer, § 9 Rn 5, 6; Ostendorf, § 9 Rn 6.
[10] Eisenberg, § 9 Rn 10; aM D/S/S-Diemer, § 9 Rn 7.
[11] HM; Ostendorf, § 9 Rn 5.

wissen sehr genau, welche Folgen die Eintragungen im Verkehrszentralregister haben, zumal die Verkehrsbehörden seit einiger Zeit dazu übergangen sind, verwaltungsrechtliche Mahnschreiben an die Jugendlichen zu verschicken und auf die Folgen für den Führerschein hinzuweisen.

§ 10 Weisungen

(1) [1]Weisungen sind Gebote und Verbote, welche die Lebensführung des Jugendlichen regeln und dadurch seine Erziehung fördern und sichern sollen. [2]Dabei dürfen an die Lebensführung des Jugendlichen keine unzumutbaren Anforderungen gestellt werden. [3]Der Richter kann dem Jugendlichen insbesondere auferlegen,
1. Weisungen zu befolgen, die sich auf den Aufenthaltsort beziehen,
2. bei einer Familie oder in einem Heim zu wohnen,
3. eine Ausbildungs- oder Arbeitsstelle anzunehmen,
4. Arbeitsleistungen zu erbringen,
5. sich der Betreuung und Aufsicht einer bestimmten Person (Betreuungshelfer) zu unterstellen,
6. an einem sozialen Trainingskurs teilzunehmen,
7. sich zu bemühen, einen Ausgleich mit dem Verletzten zu erreichen (Täter-Opfer-Ausgleich),
8. den Verkehr mit bestimmten Personen oder den Besuch von Gast- oder Vergnügungsstätten zu unterlassen oder
9. an einem Verkehrsunterricht teilzunehmen.

(2) [1]Der Richter kann dem Jugendlichen auch mit Zustimmung des Erziehungsberechtigten und des gesetzlichen Vertreters auferlegen, sich einer heilerzieherischen Behandlung durch einen Sachverständigen oder einer Entziehungskur zu unterziehen. [2]Hat der Jugendliche das sechzehnte Lebensjahr vollendet, so soll dies nur mit seinem Einverständnis geschehen.

Richtlinien zu § 10

1. Die Lebensführung gestaltende Gebote sind Verboten im allgemeinen vorzuziehen. Eine Weisung wird in der Regel besonders wirksam sein, wenn das auferlegte Verfahren in einem inneren Zusammenhang mit der Tat steht.

2. Die Weisung, sich einem Betreuungshelfer zu unterstellen (§ 10 Abs. 1 Satz 3 Nr. 5) wird auch im Hinblick auf die damit für den Jugendlichen verbundenen Belastungen und den personellen und zeitlichen Aufwand im Bereich der Jugendgerichtshilfe bei geringfügigen Verfehlungen nicht in Betracht kommen. Gegenüber Jugendlichen wird die Maßnahme nur sinnvoll sein, wenn die Erziehungsberechtigten zustimmen. Kommt eine Anordnung der Maßnahme in Betracht, so empfiehlt es sich, frühzeitig mit der Jugendgerichtshilfe Verbindung aufzunehmen. Auf § 38 Abs. 2 Satz 7 und § 38 Abs. 3 Satz 2 sowie die Richtlinien dazu wird hingewiesen. Die Person des Betreuungshelfers ist möglichst genau zu bezeichnen. Im Verfahren nach § 45 ist die Weisung nicht zulässig (vgl. § 45 Abs. 3 Satz 1).

3. Auch bei der Weisung, an einem sozialen Trainingskurs teilzunehmen (§ 10 Abs. 1 Satz 3 Nr. 6), handelt es sich um eine verhältnismäßig aufwendige Maßnahme, die für den Jugendlichen je nach struktureller und zeitlicher Gestaltung der Kurse mit nicht unerheblichen Belastungen verbunden sein kann. Nr. 2 Satz 1, 3 und 6 gilt entsprechend. Die Weisung, an anderen Formen sozialer Gruppenarbeit teilzunehmen, wird durch § 10 Abs. 1 Satz 3 Nr. 6 nicht ausgeschlossen.

4. Der Täter-Opfer-Ausgleich (§ 10 Abs. 1 Satz 3 Nr. 7) verdient im gesamten Verfahren Beachtung (vgl. § 45 Abs. 2 Satz 2, § 45 Abs. 3 Satz 1, auch in Verbindung mit § 47 Abs. 1 Satz 1 Nr. 2 und 3, § 23 Abs. 1 Satz 1, § 29 Satz 2 und § 88 Abs. 6 Satz 1). Besondere Bedeutung kommt ihm in Verbindung mit dem Verfahren nach § 45 Abs. 2 zu. Nr. 2 Satz 3 gilt entsprechend. Er zielt darauf ab, bei dem Verletzten den immateriellen und materiellen Schaden auszugleichen und bei dem Jugendlichen einen Lernprozeß einzuleiten.

5. Hinsichtlich des Versicherungsschutzes bei Arbeitsleistungen wird auf § 540 RVO hingewiesen.

6. Ist die Befolgung einer Weisung mit Kosten verbunden, sollte die Staatsanwaltschaft darauf hinwirken, daß vor Erteilung der Weisung geklärt wird, wer die Kosten trägt. Wenn der Jugendliche oder die Unterhaltspflichtigen die Kosten nicht aufbringen können, kann der Träger der Sozialhilfe oder eine andere Stelle als Kostenträger in Betracht kommen. Eine Verpflichtung dritter Stellen, die Kosten für die Durchführung einer Weisung nach § 10 Abs. 2 zu übernehmen, kann sich aus dem Recht der gesetzlichen Krankenversicherung, dem Achten Buch Sozialgesetzbuch (§§ 91, 92 SGB VIII) und dem Bundessozialhilfegesetz (subsidiäre Krankenhilfe nach § 37 BSHG, Eingliederungshilfe nach § 39 BSHG nebst Eingliederungshilfe-VO, Gefährdetenhilfe nach § 72 BSHG) ergeben. Bei Zuständigkeitsüberschneidungen kann durch das Zusammenwirken der in Betracht kommenden Kostenträger sichergestellt werden, daß keine Lücken in der Kostenträgerschaft entstehen (z.B. bei kombinierten Behandlungsmethoden).

7. Vor der Erteilung von Weisungen sind die Vertreter der Jugendgerichtshilfe zu hören (§ 38 Abs. 3 Satz 3).

8. Die Staatsanwaltschaft wirkt darauf hin, daß das Gericht den Jugendlichen über die Bedeutung der Weisungen und Folgen schuldhafter Zuwiderhandlung (§ 11 Abs. 3 Satz 1) belehrt und diese Belehrung in der Niederschrift über die Hauptverhandlung vermerkt oder sonst aktenkundig gemacht wird.

9. Bevor Jugendlichen die Weisung erteilt wird, sich einer heilerzieherischen Behandlung oder einer Entziehungskur zu unterziehen, wird es in der Regel notwendig sein, einen Sachverständigen gutachterlich zu hören.

Schrifttum:
Allport, Gestalt und Wachstum in der Persönlichkeit, 1970; *Günter, Michael,* Strafrechtliche Begutachtung von Jugendlichen und Heranwachsenden, in: Venzlaff/Förster (Hrsg.): Psychiatrische Begutachtung, 5. Aufl., 2009, S. 697 – 730..

I. Anwendungsbereich	1	III. Die gesetzlich aufgezählten Weisungen gem. Absatz 1 Satz 3	16
II. Voraussetzungen	2	Die gesetzlichen Weisungen im Einzelnen	17
1. Allgemeine Voraussetzungen	2	1. „Weisungen zu befolgen, die sich auf den Aufenthaltsort beziehen"	17
2. Zweck der Weisungen	3	2. „bei einer Familie oder in einem Heim zu wohnen"	18
3. Klarheit der Weisung	8	3. „eine Ausbildungs- und Arbeitsstelle anzunehmen"	19
4. Überprüfbarkeit der Weisung	9	4. „Arbeitsleistungen zu erbringen"	20
5. Grundrechtskonformität	10		
6. Die Weisung und das Elternrecht gem. Artikel 6 Grundgesetz	11		
7. Bindung der Weisung an allgemeine Gesetze	12		
8. Grundsatz der Verhältnismäßigkeit	14		
9. Zumutbarkeit der Weisung gem. Absatz 1 Satz 2	15		

5. „sich der Betreuung und Aufsicht einer bestimmten Person (Betreuungshelfer) zu unterstellen" 28
6. „an einem sozialen Trainingskurs teilzunehmen" 35
7. „sich zu bemühen, einen Ausgleich mit dem Verletzten zu erreichen (Täter-Opfer-Ausgleich)" 38
8. „den Verkehr mit bestimmten Personen oder den Besuch von Gast- oder Vergnügungsstätten zu unterlassen" 43
9. „an einem Verkehrsunterricht teilzunehmen" 44
IV. Allgemeine weitere Weisungen gem. Abs. 1 45
V. Weisungen gem. Abs. 2 53
  1. Allgemeine Voraussetzungen 53
  2. Die Zustimmung gem. Abs. 2 55
  3. Die besonderen Voraussetzungen der Anweisungen 59
  4. Die heilerzieherische Behandlung 60
  5. Die Entziehungskur 63
  6. Verfahren 64

I. Anwendungsbereich

1 Weisungen sind gegen Jugendliche und Heranwachsende (§ 105 Abs. 1) in Jugendgerichtsverfahren und vor den für allgemeine Strafsachen zuständigen Gerichten (§ 103 Abs. 2 S. 2) zulässig. Die Erwachsenengerichte dürfen Weisungen allerdings nicht selbst anordnen. Deren Auswahl und Anordnung ist dem Familienrichter (bei Jugendlichen) und dem Jugendrichter (bei Heranwachsenden) zu überlassen. Ist die Mitwirkung von Erziehungsberechtigten vorgeschrieben, entfällt diese bei den Heranwachsenden.

II. Voraussetzungen

2 **1. Allgemeine Voraussetzungen.** Voraussetzung für die Anordnung von Weisungen ist, dass der Jugendliche **strafrechtlich verantwortlich** sein muss (§ 3). Die strafrechtliche Verantwortlichkeit muss positiv festgestellt werden. Im Übrigen gelten die allgemeinen Straftat- und Strafverfolgungsvoraussetzungen wie örtliche und sachliche Zuständigkeit des Gerichts und Vorliegen eines Strafantrags.

3 **2. Zweck der Weisungen. a)** Der **Zweck** der Weisungen ergibt sich aus Abs. 1 S 1. Weisungen sind Gebote und Verbote, welche die Lebensführung des Jugendlichen regeln und dadurch seine Erziehung fördern und sichern sollen. Dabei dürfen an die Lebensführung des Jugendlichen keine unzumutbaren Anforderungen gestellt werden. Die jugendrichterliche Weisung knüpft zunächst an die vom Jugendlichen oder Heranwachsenden begangene Verfehlung an und dient dazu, „in abgewogener, angemessener Weise in die Lebensführung des Betroffenen einzugreifen, zur Förderung und Sicherung seiner Erziehung beizutragen und ihn so künftig vor der Begehung von Straftaten und den hierfür drohenden, gegebenenfalls einschneidenderen Sanktionen zu bewahren."[1] Sie gibt dem Jugendlichen somit die Chance und die Möglichkeit, seine Tat zu überdenken und von weiteren Taten abzulassen. Die Weisungen setzen damit die Erwartung voraus, dass der Jugendliche tatsächlich in seiner Entwicklung gefördert werden kann. Daraus folgt, dass die Weisung zumutbar sein muss, da er die Vorgaben andernfalls nicht erfüllen könnte.[2]

4 **b)** Der Weisung liegt der weitere Gedanke der „**positiven Individualprävention**"[3] zugrunde. Es geht bei der Anordnung einer Weisung in erster Linie nicht um

---

1 BVerfG v. 13.1.1987, 2 BvR 209/84, NStZ 1987, 275.
2 Ostendorf, § 8 Rn 8.
3 Ostenddorf, § 10 Rn 4.

strafrechtliche Vergeltung und Sühne, sondern alleine darum, „der durch die konkrete Straftat erkennbar gewordenen Erziehungsbedürftigkeit des Jugendlichen mit sachgerechten und zumutbaren Mitteln Rechnung zu tragen."[4] Die Weisung muss geeignet sein, den festgestellten Erziehungsmängeln abzuhelfen oder sie wenigstens zu mindern.

c) Hieraus ergibt sich zugleich, dass eine rein vergeltende oder **repressive Maßnahme** im Sinne eines Denkzettels oder Schuldausgleichs **unzulässig** ist.[5] Hierfür stehen (nur) die Zuchtmittel als Maßnahme für eine Ahndung[6] oder letztlich die Jugendstrafe zur Verfügung. Zutreffend wird darauf hingewiesen, dass sich eine „Repressionsfreiheit" in der Praxis nur eingeschränkt verwirklichen lässt, weil jede jugendstrafrechtliche Rechtsfolge als negative Sanktionierung empfunden und damit insgesamt als „aversiv" oder verständlicher strafend empfunden wird.[7] In einem jugendgerichtlichen Verfahren ist das nicht ungewöhnlich. Nicht nur die Jugendlichen, sondern regelmäßig auch die Eltern erwarten, dass der Jugendstrafrichter „straft". Das mag aus der Sicht des Beschuldigten zunächst so empfunden werden, wie die Praxiserfahrung zeigt, aber vielfach werden die gerichtlichen Weisungen später als sinnvoll und erzieherisch hilfreich bewertet. Erkennt das Gericht, dass der positive, erzieherische Wert der Weisung den Verurteilten unterstützt und fördert, reifer und in seiner persönlichen Lebensführung selbstständiger werden lässt, dann ist der Zweck erreicht.[8] Der auch repressive Charakter einer Weisung ergibt sich aus der zwangsweisen Durchsetzung durch einen Ungehorsamsarrest, auf den das Jugendgericht nach Urteilsverkündung hinweisen muss.

d) Die Weisung muss **nicht auf Dauer ausgerichtet** sein. Ein Entschuldigungsbrief kann in geeigneten Fällen schon ausreichen, um eine Tat zu „ahnden" und den „Frieden wieder herzustellen". Erforderlich ist, dass die Weisung für einen verständigen und fördernden Betrachter erzieherisch sinnvoll ist und die Ausgestaltung den Jugendlichen als „Subjekt" anerkennt.[9] Es ist unter Berücksichtigung des teilweise förmlichen Strafverfahrens und der besonderen Situation in der Hauptverhandlung (Staatsanwalt, Roben, erhöhte Sitzanordnung der Richterbank) zu viel verlangt, wenn der Verurteilte das Strafurteil für „einleuchtend" halten soll.

e) Dieser ausschließliche Erziehungsgedanke gilt auch bei Anordnungen gegen einen **Heranwachsenden**.[10] Der Umstand, dass dieser nicht mehr der elterlichen Sorge unterliegt, steht dem nicht entgegen. Das Gesetz unterstellt den Heranwachsenden in § 105 Abs. 1 ausdrücklich nur dann dem Jugendrecht, wenn die Gesamtwürdigung der Persönlichkeit des Straftäters bei Berücksichtigung auch der Umweltbedingungen ergibt, dass er zur Zeit der Tat nach seiner sittlichen und geistigen Entwicklung noch einem Jugendlichen gleichstand. Letztlich ermöglicht diese Entscheidung des Gesetzgebers nach dem Grundsatz des geringstmöglichen Eingriffs, dass zugunsten des heranwachsenden Straffälligen die weit flexibleren

---

4 BVerfG v. 13.1.1987, 2 BvR 209/84, NStZ 1987, 275.
5 HM, Eisenberg, § 10 Rn 6.
6 Eisenberg, § 13 Rn 7.
7 Eisenberg, § 10 Rn 6.
8 Ähnlich D/S/S-Diemer, § 10 Rn 6.
9 Zu weit Eisenberg, § 10 Rn 5.
10 D/S/S-Diemer, § 10 Rn 7.

Reaktionsmöglichkeiten des Jugendstrafrechts zur Anwendung kommen können.[11]

8   **3. Klarheit der Weisung.** Die Weisungen müssen **klar und eindeutig** sein. Schon im Hinblick auf die Möglichkeit der Verhängung von Jugend- bzw Ungehorsamsarrest gem. § 11 Abs. 3 bei Nichterfüllung der Weisung muss der Verurteilte genau wissen, welche Weisung er zu befolgen hat. Zu unbestimmt ist zB die Weisung, „alles zu unterlassen, was die derzeit durchgeführte Jugendmaßnahme gefährden könnte" oder „bestehende Pflichten gut zu erfüllen" oder generell, „sich straffrei zu halten".[12] Ähnliches gilt für die Weisung gem. § 10, „sich drogenfrei zu halten", denn diese wiederholt nur ein gesetzliches Verbot. Anders liegt es bei einer solchen Weisung im Rahmen der Bewährung, zumal hier der Bewährungshelfer eine nachprüfbare Kontrolle zur Hand bekommt. IÜ ist sie in der Regel nicht überprüfbar. Zulässig ist jedoch die Weisung, „(vom Gericht bestimmte) Stunden nach Weisung der JGH gemeinnützig zu arbeiten".[13] Erforderlich ist hier nur eine bestimmbare Zeitangabe („ab sofort binnen"), um eventuell bei Nichteinhaltung reagieren zu können.

9   **4. Überprüfbarkeit der Weisung.** Weisungen müssen wie alle strafrechtlichen Sanktionen auf ihre Erfüllung hin **kontrollierbar und überprüfbar** sein. Ein wesentliches Element der Erziehung ist die genaue Überwachung der angeordneten Maßnahme. Jeder weiß, dass die Nichteinhaltung der Anordnungen deren Zweck in das Gegenteil verkehren und der Lächerlichkeit preisgeben kann.[14] Daher ist zB die allgemeine Weisung gem. Ziff. 8, „den Verkehr mit bestimmten Personen oder den Besuch von Gast- und Vergnügungsstätten zu unterlassen", erzieherisch verfehlt, da sie in dieser Allgemeinheit nicht überprüfbar und daher im Sinne der erfolgreichen Erziehung unbrauchbar ist.

10   **5. Grundrechtskonformität.** Die Weisung muss jeweils mit dem **Grundgesetz** sowie den übrigen Gesetzen und Vorschriften in Einklang stehen. Sie setzen klare Grenzen. Unzulässig sind daher Weisungen, die

- in die Glaubens- und Religionsfreiheit eingreifen (Art. 4 GG). Nicht angeordnet werden darf etwa, einen Gottesdienst zu besuchen oder von der Moschee fern zu bleiben (positive oder negative Religionsfreiheit).
- das Recht auf freie Meinungsäußerung begrenzend (Art. 5 GG).
- in die Koalitionsfreiheit (Art. 9 GG) eingreifen. Es darf nicht untersagt werden, einem bestimmten Verein beizutreten oder diesen zu verlassen. Das muss auch für alle politischen Vereinigungen gelten, solange sie nicht für verfassungswidrig erklärt wurden.[15]
- in die freie Wahl eines Berufes, des Arbeitsplatzes oder einer Ausbildungsstätte (Art. 12 GG) eingreifen. Die Weisung, einen **bestimmten** Beruf oder eine bestimmte versicherungspflichtige Arbeit aufzunehmen, ist verfassungswidrig. Folglich darf auch nicht angeordnet werden, eine aufgenommene Ausbildung oder Arbeitsstelle beizubehalten oder nur mit Zustimmung des Gerichts zu wechseln.[16] Für zulässig wird es allerdings angesehen die Weisung

---

11   Auf die (politische) Diskussion der Sinnhaftigkeit dieser Regelung soll hier nicht eingegangen werden. In meiner jugendrichterlichen Tätigkeit zeigte sich regelmäßig die Notwendigkeit und Erforderlichkeit dieser flexiblen, gesetzlichen Reaktionsmöglichkeit.
12   BGH bei Böhm NStZ-RR 2001, 321.
13   BVerG v. 13.1.1987, 2 BvR 209/84, BVerGE 74, 102, 115.
14   Ostendorf, § 10 Rn 2.
15   D/S/S-Diemer, § 10 Rn 45.
16   Ostendorf, § 10 Rn 11.

zu erteilen, eine nicht näher bestimmte Ausbildungs- oder Arbeitsstelle aufzunehmen.[17]
- in die allgemeine Handlungsfreiheit (Art. 2 GG) eingreifen. Eine Weisung, eine bestimmte Lebensgemeinschaft (Ehe) wiederaufzunehmen, ist daher mit dem Grundgesetz nicht vereinbar.
- § 10 Abs. 1 S. 3 lässt insoweit gesetzlich angeordnete Einschränkungen zu. Zulässig ist insb. auch die Weisung, eine bestimmte Anzahl Urinproben zum Nachweis der Drogenfreiheit durchzuführen. Erfahrungsgemäß hat diese Weisung großen erzieherischen Einfluss auf das weitere Verhalten des Jugendlichen/Heranwachsenden.[18] Dadurch wird regelmäßig (idR auch im Einvernehmen mit den Eltern) die Lebensführung positiv geregelt. Eine andere Frage ist, welche Folgen ein positiver Test nach sich zieht. Da der Test die Tatsache nie ganz ausschließen kann, dass der Jugendliche/Heranwachsende möglicherweise nur straffrei mitkonsumiert hat, hat die Staatsanwaltschaft in geeigneten Fällen die strafrechtlichen Folgen zu klären. Ein Jugendarrest dürfte in diesem Fall jedenfalls nur dann in Betracht kommen, wenn sich der Verurteilte künftig nicht drogenfrei halten will.[19] Das Gericht ist aber in einem solchen Fall gem. § 11 Abs. 2 durchaus berechtigt, eine ändernde Weisung eventuell dahin zu erlassen, dass der Jugendliche einen Kurs zur Vermeidung von Drogen zu besuchenhat.

6. Die Weisung und das Elternrecht gem. Artikel 6 Grundgesetz. Die richterliche Weisung im Rahmen des § 10 verstößt nicht gegen das **Elternrecht aus Art. 6 GG**.[20] Erziehungsmaßregeln sind als Erziehungshilfen im Sinne der subsidiären staatlichen Erziehungsaufgabe anzusehen, zumal diesen eine Straftat zugrunde liegt, die der Staat zu ahnden berechtigt ist. Daher ist die Zustimmung der Erziehungsberechtigten nicht erforderlich.[21] Wollte man der gegenteiligen Auffassung (zulässige Weisung nur bei Erziehungsversagen) folgen, wäre das Gericht zur Begründung der Weisung gezwungen, die (partielle) Erziehungsunfähigkeit der Eltern im Urteil festzustellen, eine Forderung, die nicht nur den Jugendlichen in seinem familiären Bezug bloßstellen, sondern praktisch amtlich die Autorität der Eltern untergraben würde. Kein verantwortungsbewusster Jugendrichter/in kann in Verfahren der kleineren Kriminalität dies erzieherisch für sinnvoll halten. Die Regelung des Abs. 2, dass in den dort genannten Fällen das Zustimmungserfordernis des Erziehungsberechtigten vorliegen muss, lässt auch den Umkehrschluss zu, dass der Gesetzgeber ihn in den Fällen des Abs. 1 nicht voraussetzt. Der Hinweis, dass in Fällen erzieherischen Versagens der Sorgeberechtigten ein Bedarf dafür bestehen kann, Weisungen gem. § 10 insb. dann zu verhängen, wenn die Erziehungsberechtigten zB erzieherische Angebote zur Abwendung erzieherischer Mängel abgelehnt haben, ist richtig und zutreffend.[22] Ein solcher Eingriff lässt sich aus dem allgemeinen Regelungsinhalt des § 1666 BGB rechtfertigen, der vorsieht, dass bei Kindeswohlgefährdung familienrichterliche Maßnahmen, die zur

---

17 HM, BVerfG v. 15.8.1980, 2 BvR 495/80, NStZ 1981, 21.
18 BVerG v. 21.4.1993, 2 BvR 930/92, StV 1993, 465 für die Bewährungsauflage; aM Ostendorf, § 10 Rn 5.
19 Ein solcher Fall kommt in der Praxis gelegentlich vor.
20 HM, BVerfG v. 13.1.1987, 2 BvR 209/84, NStZ 1987, 275.
21 D/S/S-Diemer, § 10 Rn 12; Eisenberg, § 10 Rn 12, scheint die Weisung nur dann gegen den Willen des Erziehungsberechtigten zuzulassen, wenn ein erhebliches, erzieherisches Versagen vorliegt. IÜ gab es in meiner langjährigen Praxis keinen Fall, in dem eine Erziehungsmaßregel von Eltern abgelehnt wurde.
22 Eisenberg, § 10 Rn 12.

Abwendung der Gefahr erforderlich sind, zu ergreifen sind, sofern die Eltern nicht gewillt oder nicht in der Lage sind, die Gefahr selber abzuwenden.

12 **7. Bindung der Weisung an allgemeine Gesetze.** Die Weisungen dürfen **anderen (gesetzlichen) Regelungen nicht widersprechen,** diese ersetzen oder umgehen. Insb. die Regelungen der „Maßregeln der Besserung und Sicherung" gem. § 61 StGB dürfen nicht inhaltsgleich durch Weisungen ersetzt werden. Unzulässig ist es demnach, gem. § 10 eine Fahrerlaubnis zu entziehen (Pflicht zur Abgabe bei der Verwaltungsbehörde) oder dem Jugendlichen entsprechend § 44 StGB ein Fahrverbot aufzuerlegen oder etwa nach § 10 das „frisierte Mofa" einzuziehen (siehe § 21 Abs. 3 StVG). Verboten ist auch die Auflage, sich polizeilich anzumelden, da diese Auflage rein ordnungspolizeiliche Pflichten ersetzen würde.[23] Unzulässig ist des Weiteren, die Kosten des Verfahrens dem Jugendlichen aufzuerlegen, da die Pflicht zur Tragung der Kosten in §§ 74, 465 ff StPO abschließend geregelt ist.[24]

13 Abzulehnen sind Weisungen, die ein Verhalten anordnen, das in anderen Gesetzen abschließend geregelt ist. Die Weisung an einen ausländischen Jugendlichen, die BRD zu verlassen oder diese nicht vor einem bestimmten Zeitpunkt zu betreten, ist rechtswidrig. Hierüber entscheiden die Verwaltungsgerichte.

14 **8. Grundsatz der Verhältnismäßigkeit.** Die Weisungen müssen **verhältnismäßig** sein. Es gilt das im Strafrecht geltende Übermaßverbot gem. Art. 20 Abs. 3 GG. Sie müssen also zu der zugrunde liegenden Tat in einem angemessenen Verhältnis stehen. Im Einzelnen ist die Eignung, Notwendigkeit und die Angemessenheit zu überprüfen.[25] Einheitliche Maßstäbe liegen nicht vor. Die Frage kann nur aufgrund der Gesamtwürdigung eines Sachverhalts entschieden werden. Jedenfalls dürfen sie nicht eine generelle Erziehung des Jugendlichen ohne Tatbezug abzielen. Der Maßstab und die Begrenzung der Weisung ergeben sich aus dem Unrechtsgehalt der Straftat und dem Erziehungsdefizit.

15 **9. Zumutbarkeit der Weisung gem. Absatz 1 Satz 2.** Mit den Weisungen dürfen an die Lebensführung des Jugendlichen **keine unzumutbaren Anforderungen** gestellt werden. Unzumutbarkeit liegt vor, wenn die Befolgung der Weisung in einem eklatanten Missverhältnis zur Persönlichkeit und Entwicklung des Jugendlichen steht. Die Anordnung muss vor allem dem Alter und dem Entwicklungsstand des Jugendlichen zur Zeit der Urteilsfindung entsprechen. Sie sollte schließlich mit den eigenen Möglichkeiten und Fähigkeiten des Jugendlichen zu erfüllen sein. Unzumutbar, wenn auch von dem Geschädigten gewünscht, wäre die Auflage einer Schadenswiedergutmachung, wenn der Jugendliche dazu auf absehbare Zeit in nicht in der Lage ist. Stumpfsinnige Schreibarbeit, wie 100-mal den Satz zu schreiben „ich darf nicht stehlen", sollte tunlichst vermieden werden.[26] Zulässig muss es allerdings sein, einen Jugendlichen in der Öffentlichkeit gemeinnützige Arbeit verrichten zu lassen (zB Parkreinigen), selbst wenn die Gefahr besteht, dass „Kumpel" ihn sehen und verspotten könnten.

III. Die gesetzlich aufgezählten Weisungen gem. Absatz 1 Satz 3

16 Die in Abs. 1 S. 3 Nr. 1 – 9 normierten Weisungen sind nicht abschließend formuliert („insbesondere"). Ihnen kommt untereinander keine bestimmte Rang-

---
23 Eisenberg, § 10 Rn 8.
24 BGH v. 3.10.1956, 4 StR 345/56, BGHSt 9, 365, 367.
25 Das Jugendamt sieht gelegentlich bei einer geringen Tat Anlass, „umfassend" zu reagieren, wenn nach deren Akten sonst erhebliche soziale Defizite vorhanden sind.
26 D/S/S-Diemer, § 10 Rn 8.

folge zu. Außerdem kommt ihnen kein Vorrang in dem Sinne zu, dass erst dann andere Weisungen in Betracht kommen, wenn die im Gesetz genannten Weisungen verneint werden.[27] Da die Geeignetheit und Zumutbarkeit einer Weisung in jedem einzelnen Fall zu prüfen ist, kann die strittige Rangfrage letztlich auf sich beruhen, da stets geeignete Weisungen zu geben sind. Diese „richterliche Freiheit" ergibt sich u.a. auch aus § 55, wonach eine Anfechtung nicht deshalb zulässig ist, weil andere oder weitere Erziehungsmaßregeln hätten angeordnet werden können. Die „erfundenen"[28] Weisungen müssen allerdings der Zielsetzung des § 10 (s.o.) entsprechen, nämlich die Lebensführung des Jugendlichen regeln und dadurch seine Erziehung fördern und sichern (Abs. 1 S. 1).

Die gesetzlichen Weisungen im Einzelnen

1. **„Weisungen zu befolgen, die sich auf den Aufenthaltsort beziehen".** Diese Weisung greift in das Grundrecht des Jugendlichen auf Freizügigkeit nach Art. 1 GG und der Eltern nach Art. 6 GG, den Aufenthalt des Kindes zu bestimmen (vgl § 1631 Abs. 1 BGB) ein. Daher sollte davon zurückhaltend Gebrauch gemacht werden, wenn diese Weisung nicht schon daran scheitert, weil sie nicht überprüfbar ist.[29] In Betracht kommen kann sie, wenn hinsichtlich der begangenen Straftat durch das Aufsuchen bestimmter nachprüfbarer Orte Wiederholungen ähnlicher Taten zu befürchten sind.[30] 17

Die Weisung nach § 10 darf nicht einer (freiheitsentziehenden) Unterbringung gleichkommen, da hierfür in der Regel die Zustimmung der Erziehungsberechtigten erforderlich ist und einem Verfahren vor dem Familiengericht vorausgehen muss (§ 1631 b BGB: „Eine Unterbringung des Kindes, die mit Freiheitsentziehung verbunden ist, bedarf der Genehmigung des Familiengerichts")(s. Rn 18). Unzulässig ist auch eine Weisung, die zu einer dauernden Anordnung des Verlassens der BRD führt. Dies zu regeln, sind andere Gerichtsbarkeiten berufen.

2. **„bei einer Familie oder in einem Heim zu wohnen".** Auch diese Weisung regelt den Aufenthalt des Jugendlichen oder Heranwachsenden, allerdings in nachhaltigerer Weise als in Ziff. 1. Zu beachten ist auch hier, dass eventuell erheblich in das Elternrecht der Aufenthaltsbestimmung eingegriffen wird. 18

Diese Regelung ist **keine** Rechtsgrundlage für eine **freiheitsentziehende Unterbringung** gem. § 1631 b BGB, die nur mit Genehmigung des Familiengerichts nach einem förmlichen Verfahren gem. §§ 415 ff FamFG oder nach landesrechtlichen Vorschriften erfolgen darf. Sollte ein solcher Fall vorliegen, käme eine Entscheidung gem. § 53 in Betracht, wonach die Auswahl und Anordnung von Erziehungsmaßregeln dem Familiengericht überlassen werden kann.

Die Weisung des § 10 darf auch nicht die „verschärfte"[31] **Erziehungsmaßregel des § 12** erreichen. Zutreffend ist diese Meinung insoweit, als die Grundlage einer Weisung gem. § 10 im Gefüge des Jugendgerichtsgesetzes nur geringere Straftaten sind und ein Eingriff dieser Art deshalb regelmäßig „übermäßig" und damit unverhältnismäßig ist.[32]

---

27 Eisenberg, § 10 Rn 15; aM D/S/S-Diemer, § 10 Rn 26.
28 D/S/S-Diemer, § 10 Rn 10.
29 Ostendorf, § 10 Rn 9.
30 In der Praxis werden bestimmte Orte, an denen Jugendliche sich zu treffen pflegen, um u.a. Betäubungsmittel zu konsumieren oder im Übermaß Alkohol zu trinken, häufig von der Polizei kontrolliert.
31 D/S/S-Diemer, § 10 Rn 28.
32 Eisenberg, § 10 Rn 18.

Im Gegensatz zu § 12 Nr. 2 lässt § 10 Nr. 2 die Weisung zu, bei einer Familie zu wohnen. Zu denken ist an den nicht seltenen Fall, dass der Jugendliche bei einer **Pflegefamilie** oder im „betreuten Wohnen" unterkommen soll. Einem Jugendlichen aufzuerlegen, in seiner Familie zu wohnen, dürfte nach dem Sprachgebrauch des Gesetzes nicht gemeint sein, kann aber in geeigneten Fällen nicht ausgeschlossen werden („Straßenkinder" – über 14 Jahre).

Die Form der Weisung, in einem Heim zu wohnen, ist nach dem Willen des Gesetzgebers dann angezeigt, wenn die Heimeinweisung nicht nach Art und Umfang der Erziehung einer „Einrichtung über Tag und Nacht" gem. § 34 SGB VIII gleichkommt.[33] Während die Einweisung nach § 34 SGB VIII mit pädagogischen und therapeutischen Angeboten verbunden ist, ist dies im vorliegenden Fall nicht notwendig. In Betracht kommen kann etwa die Weisung, in einem bestimmten Wohnheim zu wohnen. Es ist auch der Fall denkbar, dass das Jugendamt und die Erziehungsberechtigten eine Heimunterbringung nach § 34 SGB VIII befürworten, nicht aber der Jugendliche. Hier kann dann die Androhung eines Jugendarrestes bei Nichtbefolgung erzieherisch zur Durchsetzung der Maßnahme beitragen. Regelmäßig sollte aber vorher geklärt werden, ob die beabsichtigte Unterbringung einvernehmlich erfolgen kann.[34] Zu klären ist dabei selbstverständlich auch die Kostentragung.

19 3. „eine Ausbildungs- und Arbeitsstelle anzunehmen". Diese Weisung ist im Hinblick auf die grundgesetzlich garantierte Berufsfreiheit (Art. 12 GG) einschränkend dahingehend erlaubt, dass eine nicht näher bestimmte Ausbildungs- oder Arbeitsstelle **anzunehmen** (so der eindeutige Gesetzestext) ist.[35] Zulässig ist es allerdings, zu einer sozialversicherungspflichtigen Tätigkeit zu verpflichten,[36] da der Jugendliche oder Heranwachsende zu sozialem Verhalten in der Sozialgemeinschaft angehalten werden soll. Diese Anordnung soll auch zum Zweck der Sicherstellung von Unterhaltsansprüchen zulässig sein.[37] Nicht zulässig ist dagegen die Weisung, eine bestimmte Arbeitsstelle beizubehalten oder aufzugeben.

20 4. „Arbeitsleistungen zu erbringen". a) Diese Weisung der Arbeitsauflage in § 10 – im Gegensatz zu § 13 Abs. 2 Nr. 2 – ist eine Erziehungsmaßregel, die, beruhend auf strafbarem Verhalten, vornehmlich der Erziehung des Jugendlichen und auch des Heranwachsenden zu dienen bestimmt ist. Die im Jugendgerichtsgesetz als Erziehungsmaßregel vorgesehene Weisung, Arbeitsleistungen zu erbringen, verstößt nicht gegen Art. 12 GG. Sie stellt kein Verbot des Arbeitszwangs oder der Zwangsarbeit dar. Sie ist hinreichend bestimmt (Art. 103 Abs. 2 GG) und steht im Einklang mit dem Grundrecht auf allgemeine Handlungsfreiheit (Art. 2 Abs. 1 GG) sowie dem Elternrecht (Art. 6 Abs. 2 und 3 GG).[38]

Arbeitsweisungen, die als „bedrückend", „unnötig belastend" oder „schikanös" bewertet werden könnten, sind ausgeschlossen.

21 b) Grundlage der Anordnung muss ein erzieherischer Zweck sein und darf, wie ausgeführt, keinen nur strafenden Charakter haben. Die Weisung nach § 10 ist nur dann anzuordnen, wenn dadurch die Einstellung zur Arbeit jedenfalls nicht

---

33 Vgl zu den Motiven: D/S/S-Diemer, § 10 Rn 28.
34 Ostendorf, § 10 Rn 10.
35 BVerfG v. 21. 10. 1981, 1 BvR 52/81, NStZ 1982, 67 ff.
36 BVerfG v. 15.8.1980, 2 BvR 495/80, NStZ 1981, 21 f.
37 D/S/S-Diemer, § 10 Rn 30; zw., da Unterhaltspflichtverletzung strafbar ist und Strafgesetze nicht ersetzt werden dürfen.
38 BVerfG v. 13.1.1987, 2 BvR 209/84, BVerfGE 74, 102; kritisch zur Zulässigkeit der Arbeitsweisung: Ostendorf, § 10 Rn 13.

negativ beeinflusst werden kann. Daher ist genau darauf zu achten, dass die Weisung (im Gegensatz zur Auflage gem. § 15 Abs. 1 Ziff. 3) im angemessenen Verhältnis zur Straftat steht. Es soll keine Stundenzahl erreicht werden, die dazu führt, dass Arbeit „negativ besetzt wird", somit die Arbeitsauflage kein negatives Erlebnis hinterlässt.[39] Die Arbeitsweisung kann in den Fällen des § 10 auch aus allgemein erzieherischen Aspekten eingesetzt werden.[40] Eine Abgrenzung zu § 15 Abs. 1 Nr. 3 ist in der Praxis gelegentlich schwer zu ziehen und auch einem Jugendlichen kaum zu vermitteln. Die Weisung ist dann erzieherisch geeignet, wenn etwa der Jugendliche seine Freizeit auch zu strafrechtlichen Taten nutzte und er zu sinnvollerem Tun angehalten werden soll.

c) Das Gericht hat die **Jugendarbeitsschutzbestimmungen**, die nach allgemeiner Meinung hier nicht gelten, entsprechend zu beachten.[41] Arbeitsleistung zur Unzeit (zB während Prüfungen) oder an Sonntagen sollten nicht angeordnet werden. Dasselbe gilt für „gefahrgeneigte" Arbeiten (zB eine Dachreparatur eines Vereinsheims ohne die erforderliche Sicherung).

Versicherungsschutz für einen Arbeitsunfall besteht kraft Gesetzes gem. § 2 Abs. 2 SGB VII:

„(2) Ferner sind Personen versichert, die wie nach Absatz 1 Nr. 1 Versicherte tätig werden. Satz 1 gilt auch für Personen, die während einer aufgrund eines Gesetzes angeordneten Freiheitsentziehung oder aufgrund einer strafrichterlichen, staatsanwaltlichen oder jugendbehördlichen Anordnung wie Beschäftigte tätig werden".

Der Versicherungsverband für Gemeinden und Gemeindeverbände gewährt **Haftpflichtversicherungsschutz** für Schäden, die der Jugendliche Dritten gegenüber verursacht. Der gleiche Versicherungsschutz besteht für Einrichtungen kirchlicher und freier Träger. Im Übrigen kann auch die Betriebshaftpflicht eingreifen. Für Schäden bei den Einrichtungen selber sollte die Haftpflicht der Jugendämter überprüft und gegebenenfalls eine Versicherung abgeschlossen werden.[42]

d) Die Bestimmtheit der Weisung, die stets gefordert wird, ist gewahrt, wenn dem Jugendlichen aufgegeben wird, „nach Weisung der Jugendgerichtshilfe bis zum ... (genaue Stundenangabe) Stunden gemeinnützig zu arbeiten".[43]

e) Die Arbeitsleistungen werden regelmäßig **unentgeltlich** erbracht. Unschädlich ist es, wenn der „Arbeitgeber" für die geleistete Arbeit freiwillig geringe Zuwendungen an den Jugendlichen gibt.[44]

f) Als erzieherisch sehr erfolgreich hat sich der **Opferfonds** bewährt. In einigen Gerichtsbezirken erhält der **vermögenslose** Jugendliche oder Heranwachsende die Weisung, bei geringeren Straftaten mit beteiligten jugendlichen, häufig vermögenslosen Opfern, die entweder nicht allzu schwere Verletzungen oder Sachschäden erlitten haben, zunächst eine bestimmte Arbeitsauflage zu erfüllen. Hat er diese erledigt, erhält das Opfer für die geleistete Arbeit einen vorher bestimmten,

---

39 In der Praxis in hat sich herausgebildet, dass eine Arbeitsweisung gem. § 10 bis zu 40 – 50 Stunden noch „erträglich" ist bzw angenommen wird.
40 Zur Diskussion: Eisenberg, § 10 Rn 20; BVerfG v. 13.1.1987, 2 BvR 209/84, BVerfGE 74, 102.
41 Eisenberg, § 10 Rn 21.
42 Zum Versicherungsschutz auch Ostendorf, § 10 Rn 14.
43 BVerfG v. 13.1.1987, 2 BvR 209/84, BVerfGE 74, 102.
44 Ostendorf, § 10 Rn 15.

nicht zu hohen Geldbetrag (bis zu 400 EUR) aus einem „Opferfonds" als Ausgleich. Der Straftäter erlebt die Arbeit als positiv, da er seinen angerichteten Schaden jedenfalls teilweise durch seine Arbeitsleistung wiedergutmachen kann. Das Opfer erlebt hierdurch nicht nur den (teilweisen) Ausgleich seines erlittenen Schadens, sondern auch eine (häufig geäußerte) Genugtuung. Vom Täter-Opfer-Ausgleich unterscheidet sich diese Maßnahme dadurch, dass keine weiteren Gespräche erforderlich sind. Das Opfer ist zum TOA auch oft nicht bereit oder in der Lage. Diese Vorgehensweise wird aber auch im Rahmen des TOA gewählt.[45]

26 Im Landgerichtsbezirk Karlsruhe hat sich folgende „Richtlinien" herausgebildet:[46]

Richtlinien zur Mittelvergabe aus dem „Opferfonds" des Vereins für Jugendhilfe Karlsruhe e.V.

§ 1 Zweck des "Opferfonds"

Der "Opferfonds" dient dazu, in jugendgerichtlichen Strafverfahren im Rahmen von Weisungen oder Auflagen (§§ 10 Abs. 1 Nr. 7, 15 Abs. 1 und 2 JGG) zwischen dem/der nach Jugendrecht zu beurteilenden Tatverdächtigen/TäterIn und dem Opfer der Straftat einen Ausgleich zu erreichen.

§ 2 Nutzung

Der/die Tatverdächtige oder TäterIn erarbeitet durch gemeinnützige Arbeit einen Ausgleichsbetrag, der anschließend dem Opfer oder Geschädigten der Straftat als Schadensausgleich zur Verfügung gestellt wird. Damit soll u.a. erreicht werden, dass für die begangene Straftat die Verantwortung übernommen wird und das Opfer eine gewisse Genugtuung für erlittenes Unrecht erhält.

§ 3 Antragstellung

Die Jugendgerichte im Landgerichtsbezirk Karlsruhe (außer Pforzheim und Maulbronn), die Jugend-Staatsanwaltschaft der Staatsanwaltschaft Karlsruhe oder die Jugendgerichtshilfe der Stadt Karlsruhe, Durlach und des Landratsamtes Karlsruhe sowie deren Beauftragte (Diversionsbüros) können anregen oder nach Rückfrage beim Verein für Jugendhilfe (siehe § 4) bestimmen, bei Verfehlungen eine Arbeitsauflage anzuordnen, die mit einem Ausgleichsbetrag an das Opfer oder Geschädigten verbunden ist. Als Grundlage soll eine Arbeitsstunde gleich € 5,00 bestimmt werden. Als Höchstbetrag kann bis zu € 400,00 "erarbeitet" werden.

§ 4 Durchführung

Kommt eine Arbeitsauflage unter Hinzuziehung des "Opferfonds" in Betracht, erfragt die für den/die Tatverdächtigen/TäterIn zuständige Einrichtung (§ 3) beim Verein für Jugendhilfe Karlsruhe e.V., ob entsprechende Mittel vorhanden sind.

Die mit der Durchführung der Arbeitsauflage unter Hinzuziehung des "Opferfonds" Beauftragten stellen insbesondere sicher, dass das Opfer mit dieser Maßnahme einverstanden ist. Sie übermitteln in der Regel der Jugendgerichtshilfe oder dem Verein für Jugendhilfe die Bankverbindung des Opfers, der die Überweisung vornimmt.

Die Zustimmung des/der Tatverdächtigen/Täter bzw deren gesetzlichen Vertreter ist nicht erforderlich, da diese Maßnahme im Rahmen von gerichtlichen Weisungen und Auflagen nach dem JGG erfolgt.

Für den "Opferfonds" ist der Leiter des Fachbereiches Straffälligenhilfe des Vereins für Jugendhilfe Karlsruhe bzw. dessen Beauftragte/r verantwortlich. Er beantwortet unverzüglich die Anfragen der Einrichtungen. Er überwacht die ordnungsgemäße Verwaltung des "Sonderkontos Opferfonds" und die Überweisungen.

---

45 Vgl hierzu zustimmend Ostendorf, § 10 Rn 15.
46 Abdruck mit freundlicher Genehmigung des Jugendhilfeträgers.

Die Überweisung des Ausgleichsbetrages erfolgt unverzüglich nach Abschluß der Weisung oder Auflage durch den Verein für Jugendhilfe Karlsruhe e.V. direkt an den Geschädigten oder das Opfer.

Beim Verein für Jugendgerichtshilfe Karlsruhe e.V. wird ein "Sonderkonto Opferfonds" eingerichtet.

§ 5 Rechtsanspruch

Aus den Durchführungsbestimmungen können keine Rechtsansprüche hergeleitet werden. Der Rechtsweg ist ausgeschlossen. Der Verein für Jugendhilfe Karlsruhe e.V. ist Rechtsinhaber des "Opferfonds" und handelt ausschließlich im Rahmen der beschlossenen Richtlinien.

Üblich ist, die Vermittlung und Überwachung von Arbeitsweisungen und –auflagen freien Trägern zu überlassen. Im Landgerichtsbezirk Karlsruhe wird auf der Grundlage der nachfolgenden Leistungsbeschreibung gearbeitet (Auszug):[47]

Leistungsbeschreibung Vermittlung und Überwachung von Arbeitsweisungen und -auflagen

0. Vorbemerkung

Zur gesetzlichen Aufgabe der Jugendgerichtshilfe gehört u.a. die „Überwachung der Weisungen und Auflagen", mit denen ein junger Mensch im Rahmen eines Strafverfahrens belegt wird. Dies beinhaltet auf dem Hintergrund des § 1 SGB VIII, dass die Weisung/Auflage im JGG, „Arbeitsleistungen zu erbringen" eine erzieherische sinnvolle Ausgestaltung erhält. Die vorliegende Leistungsbeschreibung bezieht sich auf die Delegation der Vermittlung und Überwachung erzieherischer Arbeitsweisungen und -auflagen gem. § 52 SGB VIII i.V. m. § 38 JGG und §§ 10, 15 JGG sowie den Diversions-Richtlinien des Landes Baden-Württemberg.

1. Art des Leistungsangebotes

Vermittlung und Überwachung von Arbeitsweisungen und -auflagen durch freie Träger nach § 52 SGB VIII i.V.m. § 38 und §§ 10,15 JGG sowie den Diversions-Richtlinien des Landes Baden-Württemberg.

2. Ziel des Leistungsangebotes

Passgenaue Vermittlung von jungen Menschen in Einsatzstellen zur erzieherisch sinnvollen Ableistung der Arbeitsweisung und -auflage.

3. Zu betreuender Personenkreis (Zielgruppe)

Junge Menschen im Alter zwischen 14 und 21 Jahren, die aufgrund einer jugendrichterlichen Weisung/Auflage oder im Rahmen der Diversion gemeinnützige Arbeit abzuleisten haben.

Die Zuweisung der Fälle erfolgt durch das Sachgebiet Jugendgerichtshilfe Karlsruhe und Durlach durch Übersendung eines entsprechenden Formblattes mit den erforderlichen Daten des jeweiligen Einzelfalls. Örtlicher Einzugsbereich: Stadtgebiet Karlsruhe und Durlach mit Grötzingen und den Bergdörfern.

4. Leistungen

Leistungen in der Vermittlung

Leistungen sind im Einzelnen:
- Akquisition und Betreuung von Einsatzstellen mit pädagogischer Eignung zur Ableistung gemeinnütziger Arbeit durch sozialpädagogische Fachkraft.
- Passgenaue Vermittlung der jungen Menschen in Einsatzstellen zur erzieherisch sinnvollen Ableistung der Arbeitsauflage gemeinnützige Arbeit.

---

47 Mit freundlicher Erlaubnis des Vereins für Jugendhilfe Karlsruhe e.V.

- Vermittlung arbeitsloser junger Menschen in Beschäftigungsbetriebe, wie z.b. AFB (Arbeitsförderungsbetriebe gGmbH) oder Leo 11 der AWO – nach Absprache mit der JGH und diesen Einrichtungen -, um während der Ableistung der Auflage die Integration in eine berufliche Maßnahme zu klären.
- Entwicklung und Durchführung geeigneter jugendgemäßer Arbeitsprojekte (z.B. Haltestellenreinigung in Kooperation mit dem KVV/AVG, Naturschutz-, Umweltprojekte).
- Die Vermittlung und Überwachung der Arbeitsweisungen/-auflagen beinhaltet auch die Klärung von Störungen bei der Erfüllung. Hier soll eine soz.päd. Fachkraft im Rahmen von nachgehender Sozialarbeit die Widerstände klären und zur Erledigung motivieren, um negative Reaktionen der Justiz (u.a. drohender Ungehorsamsarrest) zu vermeiden.
- In jedem Einzelfall erfolgt eine schriftliche Aufforderung zur Erfüllung der Weisung/Auflage durch den Verein mit Mehrfertigung an die jeweilige Einsatzstelle. Die Fristsetzung zur Erledigung ist durch die Justizbehörden vorgegeben bzw. orientiert sich an den Besonderheiten des Einzelfalles. Bei verzögerter Erledigung erfolgt eine Zwischenmitteilung an die JGH. Die JGH erhält Rückmeldungen über die erfolgte Einteilung (Einsatzstelle) und Zwischenmitteilung nach „Halbzeit"-Erledigung. Die endgültige Erledigung/Nichterledigung wird mittels Übersendung des Formblatts nebst Stundenzettel an die JGH mitgeteilt. Sollte bei Nichterledigung und nach richterlichem Anhörungstermin/Ungehorsamsarrest die Erfüllung der Arbeitsauflage aus erzieherischen Gründen vom jungen Menschen weiterhin gefordert werden, wird dem Verein ein neuer Auftrag („Folge-Auftrag") erteilt.
- Enge und zeitnahe Kooperation mit den beteiligten JugendgerichtshelferInnen.
- Teilnahme an Anleitungs- und Auswertungsgesprächen.
- Kooperation mit den Diversionsbüros (AWO, Verein für Jugendhilfe)
- Der Verein entwickelt darüber hinaus eigene Arbeitsprojekte (z.B. Haltestellenreinigung), die in turnusmäßigen Abständen bzw. nach Bedarf durchgeführt werden. Für die durchgeführten Arbeitsprojekte des Vereins wird eine gesonderte Vereinbarung mit der Stadt geschlossen.

Leistungen im Bereich Organisation, Verwaltung und Leitung

- Fachliche Anleitung und Dienstaufsicht.
- Regelmäßige Anleitungs- und Auswertungsgespräche.
- Abklärung organisatorischer Fragen.
- Außenvertretung.
- Inhaltliche Weiterentwicklung und Ausgestaltung des Konzeptes.
- Leistungsbeschreibung und Kostenkalkulation.
- Abrechnung und Kostenrechnung.

5. Qualität des Leistungsangebotes

Die Qualität der Leistungen und deren Weiterentwicklung werden durch die beschriebenen Rahmenbedingungen gesichert. Hervorgehoben wird:

- Vermittlung durch Verwaltungskraft und bei Bedarf sozialpädagogische Fachkraft.
- Verpflichtung zur Gewährleistung des § 72 SGB VIII/ 8 a SGB VIII
- Mitarbeit im AK ambulante Hilfen nach § 10 JGG auf regionaler und überregionaler Ebene zur Abstimmung und Weiterentwicklung des Angebotes.
- Fortbildung/Supervision für die sozialpädagogischen Fachkräfte.
- Qualitätsmanagementsystem nach DIN EN ISO 9001 (Zertifizierung Dezember 2006)
- kostenbewusste Leistungserbringung durch internes Controlling.

6. Datenschutz

Der Verein verpflichtet sich zur Einhaltung des Sozialdatenschutzes. Dies gilt auch für personenbezogene Informationen über Dritte (z.B. Geschädigte).

7. Voraussetzungen zur Leistungserbringung
- Die Zuweisung der Fälle erfolgt durch die Jugendgerichtshilfe der Stadt Karlsruhe und des Stadtamtes Durlach durch die Übersendung eines Formblattes („Vermittlungsauftrag") mit den erforderlichen Daten des jeweiligen Einzelfalls.
- Entgeltvereinbarung mit der Stadt Karlsruhe.

5. „sich der Betreuung und Aufsicht einer bestimmten Person (Betreuungshelfer) zu unterstellen". a) Die Vorschrift kommt nicht nur bei Jugendlichen, sondern auch besonders bei Heranwachsenden in Betracht, denn § 12 ist auf Heranwachsende nicht anwendbar. 28

b) Neben der in § 12 Ziff. 1 genannten Erziehungsbeistandschaft enthält Nr. 5 eine ähnlich formulierte (Betreuungs-)Weisung, die den Jugendlichen der Betreuung und Aufsicht einer bestimmten Person (Betreuungshelfer/in) unterstellt. Die **Abgrenzung der beiden Erziehungsmaßregeln** ist schwer zu ziehen, da in beiden Fällen entsprechend der „positiven Individualprävention" der Jugendliche in seiner „Erziehung gefördert und gesichert" bzw „bei der Bewältigung von Entwicklungsproblemen möglichst unter Einbeziehung des sozialen Umfelds und unter Erhaltung des Lebensbezugs zur Familie" gefördert werden soll.[48] 29

c) Die **Anwendung der Weisung nach Nr. 5** wird allgemein vorgeschlagen bei wiederholter Begehung leichter bis mittelschwerer Delikte sowie auch bei Mehrfach- und Intensivtätern. Bei Bagatellfällen soll sie ausscheiden.[49] Während Nr. 5 im Gegensatz zu § 12 Ziff. 1 zeitlich zu begrenzen ist (gem. § 11 Abs. 1 soll sie nicht mehr als ein Jahr dauern) und die Unterstellung eines Jugendlichen unter einen Betreuungshelfer letztlich auch ohne Einwilligung der Verfahrensbeteiligten erzwungen werden kann (§ 11 Abs. 3), sind diese Folgen bei der Erziehungsbeistandschaft nicht vorgesehen. Diese ist ohne Zeitbegrenzung und Zwangsmittel weitgehend auf das Zusammenwirken der Beteiligten (insb. des Jugendamtes) unter Mitwirkung qualifizierter Sozialarbeiter angewiesen (vgl § 12 Rn 19 ff). § 12 soll demnach offensichtlich zur Anwendung kommen, wenn ohne Rückfallgefahr mit rein erzieherischen Mitteln dem Jugendlichen geholfen werden kann. Das Gericht gibt mit der Anordnung der Erziehungsbeistandschaft „das Heft aus der Hand" und überlässt die weiteren Maßnahmen dem hierzu berufenen Jugendamt. Demgegenüber konzentriert sich die Betreuungsweisung, zeitlich beschränkt – also in nahem Zeitraum zur Straftat und in engem Bezug auf diese – unter Mitwirkung von meist ehrenamtlich Tätigen oder der Jugendgerichtshilfe (vgl § 38 Abs. 2 S. 7), auf die Aufsicht und individuelle Betreuung. Sie kann in Form der Hilfe bei Familien,- Schul-, Berufs- und Wohnungsproblemen bestehen. Sie kann aber auch, zeitnah zur Tat, zur Vermeidung von Untersuchungshaft oder im Rahmen des § 71 angeordnet werden. 30

d) Die **Dauer** der Weisung darf regelmäßig **12 Monate** nicht überschreiten, kann aber **vor** ihrem Ablauf auf drei Jahre verlängert werden (§ 11 Abs. 2). Regelmäßig dürfte in den meisten Fällen eine Laufzeit von zunächst 6 Monaten genügen. 31

e) Als **Betreuungspersonen** kommen einerseits ehrenamtlich Tätige in Betracht, die einen gewissen Bezug zum Jugendlichen haben, zB freiwillige Familienhelfer, soweit vorhanden, oder hin und wieder auch Aufsichtspersonen bei Verwandten, beim betreuten Wohnen oder in Heimen. Andererseits kann das Gericht es auch der Jugendgerichtshilfe überlassen, eine bestimmte Person, die auch bei einem 32

---

48 Eine nachvollziehbare Abgrenzung bietet keine Kommentierung, siehe insb. Kunkel in LPK-SGB VIII, 3. Aufl. 2006, § 30 Rn 3, 13.
49 Ostendorf, § 10 Rn 16; D/S/S-Diemer, § 10 Rn 36.

freien Träger beschäftigt sein kann, zu benennen.[50] Die ausgewählte Person muss dann selbstverständlich dem Gericht namentlich mitgeteilt werden, um dem Gericht die Möglichkeit der Überwachung zu geben. Sofern das Gericht diese Person für ungeeignet hält, kann es stets eine andere Person benennen. Sofern das Gericht keine Betreuungsperson benennt, wird die Betreuungshilfe durch die Jugendgerichtshilfe ausgeübt (§ 38 Abs. 2 S. 7). In der Praxis hat sich die Überlassung der Betreuungshilfe an die Jugendgerichtshilfe dann bewährt, wenn sich ein gewisses Vertrauensverhältnis zwischen dem/der Jugendlichen und Jugendgerichtshilfe herausgebildet und die Jugendgerichtshilfe dies vorgeschlagen hat. In diesem Fall wurde entsprechend der Intention des Gesetzes ein bestimmter Mitarbeiter der JGH oder dessen Vertreter bestimmt, um den persönlichen Bezug zu gewährleisten. Vorteilhaft ist hierbei, dass unter enger Anknüpfung an die begangene Straftat eine erzieherische Begleitung gewährleistet sein kann.[51] Die Bewährungshilfe kann dann, wenn sie in einem anderen Verfahren des Jugendlichen oder Heranwachsenden schon tätig ist, herangezogen werden, sollte aber sonst nicht beauftragt werden.[52] Deren Belastungszahlen lassen das gewöhnlich auch nicht zu.

33 **f)** Der Betreuungshelfer ist nach dem Gesetzeswortlaut zur **Aufsicht** berufen. Dies schließt die Befugnis mit ein, den Jugendlichen zu überwachen, da nur auf diese Weise zuverlässig beurteilt werden kann, ob die Weisung befolgt wird. Das Gericht darf allerdings nicht die ergänzende Weisung erteilen, der Jugendliche habe den Weisungen und Anordnungen des Bereuungshelfers Folge zu leisten, da das Gericht sein Weisungsrecht nicht delegieren kann. Im Übrigen wäre sie zu ungenau, um daraus eventuell Ungehorsamsarrest herleiten zu können.

34 **g) Widersetzt** sich der Jugendliche den Ratschlägen und Anordnungen des Betreuungshelfers, kommt Jugendarrest gem. § 11 Abs. 3 nur in Betracht, wenn er sich **völlig** der Aufsicht und Betreuung entzieht.[53] Generell bietet sich in einem solche Fall aber an, die Weisung nach § 11 Abs. 2 zu ändern oder eventuell genauer zu fassen.

35 **6. „an einem sozialen Trainingskurs teilzunehmen".** a) Eine Weisung, an einem **sozialen Trainingskurs** teilzunehmen, kommt häufig dann in Betracht, wenn bei leichter oder mittlerer Delinquenz oder bei wiederholten Verfehlungen gleicher Art eine gesteigerte erzieherische Einwirkung auf den Jugendlichen oder Heranwachsenden erforderlich erscheint. Die Weisung soll nach der Vorstellung des Gesetzgebers einer problem- und handlungsorientierten Aufarbeitung der zur Straftat führenden Schwierigkeiten im Rahmen der Gruppenarbeit dienen und Lösungsmöglichkeiten sichtbar machen sowie Hilfestellungen geben.[54] Mit ihnen soll Jugendlichen mit Erziehungsdefizit die Sozialkompetenz vermittelt werden, ein Leben ohne Straftaten zu führen. Die Kursgestaltungen sind äußerst vielfältig. Sie werden regelmäßig von örtlichen Jugendämtern oder freien Trägern angeboten.

Sie beanspruchen in der Regel bis zu 40 Stunden, können aber bei einem Anti-Gewaltkurs auch einschließlich der Vor- und Nachbereitung bis zu 6 Monaten dauern (gem. § 11 Abs. 2 soll diese Weisung nicht länger als 6 Monate dauern). Angeboten werden Wochenendkurse, Blockkurse, Dauerkurse und Kombinationen davon. Es sollte darauf geachtet werden, dass insoweit fachlich geschultes

---

50 Ostendorf, § 10 Rn 16, aM Eisenberg, § 10 Rn 24 a.
51 In der Praxis hat sich die Betreuung durch die JGH sehr bewährt.
52 Eisenberg, § 10 Rn 24.
53 D/S/S-Diemer, § 10 Rn 40.
54 BT-Drucks. 11/5829, 11.

Personal eingesetzt wird, da sonst der erzieherische Nutzen infrage stehen kann. Üblich sind bei Alkohol- und Drogenproblemen auch Seminare niederschwelliger Art. Hier allein die Projekte im Landgerichtsbezirk Karlsruhe aufzuzählen, würde den Platz sprengen. Erwiesen hat sich in der Praxis allerdings, dass nur ein bis etwa drei Beratungsgespräche bei den Drogenberatungsstellen keinen erzieherischen Effekt haben, da die Beratungsstellen häufig kurze „Zwangszuweisungen" ablehnen und viel zu spät Termine anbieten.[55]

b) Im Landgerichtsbezirk Karlsruhe wird die nachfolgend dargestellte **Leistungsbeschreibung bei einem Anti-Aggressivitätskurs** zugrunde gelegt:[56] 36

Leistungsbeschreibung Anti-Aggressivitäts-Training (AAT)
Sozialpädagogisch, konfrontatives Gruppenangebot zum Abbau von Gewaltbereitschaft

1. Art des Leistungsangebotes

Das Anti-Aggressivitäts-Training basiert auf einem lerntheoretisch-kognitiven Paradigma und ist im Bereich der tertiären Prävention angesiedelt. Es erstreckt sich über 72 Trainingsstunden in 18 mehrstündigen Trainingseinheiten mit intensiver Blockeinheit an einem Wochenende.

Das Anti-Aggressivitäts-Training ist:
- ein gruppenpädagogisches Angebot im Rahmen der §§ 27, 29, 41 SGB VIII und § 10 JGG.
- eine konfrontative, deliktspezifische Form der Gruppenarbeit mit der Zielrichtung Verhaltens- bzw. Persönlichkeitstraining.
- ein wachstumsorientiertes Angebot, das von der Entwicklungsbereitschaft der Teilnehmer/-innen ausgeht.
- auf max. 6 männliche oder weibliche Teilnehmer/-innen (Jugendliche und junge Volljährige) ausgerichtet.

Die Kurse werden geschlechtsspezifisch sowohl für weibliche als auch männliche Teilnehmer/-innen durchgeführt.

2. Ziel des Leistungsangebotes

Verurteilte Gewalttäter/-innen neigen in der Regel dazu subjektiv die Auseinandersetzung mit der Tat einzustellen, die eigene Tatbeteiligung beschönigend zu bagatellisieren oder dem Opfer die eigentliche Schuld am Geschehen zuzuweisen. Solche Neutralisierungsstrategien verhindern soziales Lernen und Verhaltenskorrekturen sowie den wichtigen Ausgleich zwischen Opfern und Tätern. Hauptziel des Anti-Aggressivitäts-Trainings ist, dass die Teilnehmer/-innen lernen, ein gewaltfreies Leben zu führen. Hierbei stehen die Veränderung gewaltfördernder Einstellungen und Persönlichkeitsanteile und damit die Verringerung der Gewaltbereitschaft im Vordergrund.

Weitere Ziele des Anti-Aggressivitäts-Trainings sind:
- Wandlung der sekundären Motivation (Druck von außen) zur Veränderung hin zu einer primären Motivation (der Wunsch sich zu verändern).
- Durchbrechen von Neutralisierungsstrategien und das Erhöhen der subjektiven Hemmschwellen.
- Vermittlung gewaltkonträrer Werte und Normen.
- Übernahme der Tatverantwortung.
- Zugang zur eigenen Emotionalität.

---

55 Zur fragwürdigen „Erfolgskontrolle" Ostendorf, § 10 Rn 17; befragte Jugendliche haben das Urteil der anderen Kursteilnehmer über die eigene Straftat bei den Kursen mehr beeindruckt als die gerichtliche Weisung. Die Kurse wurden im Allgemeinen von ihnen positiv bewertet.

56 Mit freundlicher Erlaubnis des Vereins für Jugendhilfe Karlsruhe e.V. Die Leistungsbeschreibung zum AAT wurde vom Verein für Jugendhilfe e.V. erarbeitet.

- Opferempathie herstellen.
- Betroffenheit bezüglich der verübten Gewalttaten herstellen.
- Verbesserung der Reflektionsfähigkeit.
- Reduzierung der Feindlichkeitswahrnehmung.
- Entwicklung, Überprüfung und Einübung neuer Konfliktlösungs- / Verhaltensstrategien (neue Handlungskompetenz)

3. *Zu betreuender Personenkreis (Zielgruppe)*
- Jugendliche und junge Volljährige die (mehrfach) durch gewalttätige / gewaltnahe Handlungen bzw. entsprechende Delikte aufgefallen sind.
- Die Teilnahme basiert auf einer richterlichen Anordnung im Rahmen des § 10 JGG und der Bereitschaft zur aktiven Mitarbeit und regelmäßigen Teilnahme am Training.
- Eine Teilnahme auf freiwilliger Basis im Rahmen der §§ 27, 29, 41 SGB VIII ist ebenfalls möglich.
- Für TeilnehmerInnen mit erheblicher Alkohol-, Drogenproblematik und / oder psychischen Auffälligkeiten kann das Training allerdings nicht die notwendige therapeutische Behandlung ersetzen und kann somit nur als begleitendes Angebot zu einer Therapie verstanden werden.
- Die TeilnehmerInnen müssen eine Veränderungsbereitschaft aufweisen und in der Lage sein, dem Training kognitiv und sprachlich folgen zu können.
- Eignung und Motivation der Teilnehmer/-innen werden in Vorgesprächen mit der Jugendgerichtshilfe bzw. dem Sozialen Dienst sowie den Trainer/-innen geprüft.

4. *Leistungsbereiche*

4.1 *Leistungen der TrainerInnen*

Das Anti-Aggressivitäts-Training ist modular aufgebaut und findet über einen Zeitraum von 3-5 Monaten jeweils an einem Abend pro Woche statt. Zudem beinhaltet das Anti-Aggressivitäts-Training ein Intensivwochenende (von Freitag bis Sonntag). Dieses findet in der Regel außerhalb von Karlsruhe statt. Das Training erstreckt sich insgesamt auf 18 Trainingseinheiten à 4 Stunden, davon finden 5 Einheiten mit à 4 Stunden an einem Wochenende statt. Das Training ist auf eine Teilnehmer/-innenzahl von maximal 6 Teilnehmer/-innen ausgerichtet.

Das Anti-Aggressivitäts-Training baut inhaltlich und methodisch modular aufeinander auf und beinhaltet die folgenden 3 Phasen:
1. Phase – Gruppenfindung
   - Vorstellungsgespräche
   - Durchführung von Persönlichkeitstests (FAF / Frankfurter Aggressionsfragebogen, FPI – R II / Freiburger Persönlichkeitsinventar-Gewaltauffälligkeit)
   - Rahmenbedingungen, Vertrag
   - Rituale, Regeln
   - Kennenlernen
   - Vertrauens-, Beziehungsaufbau durch erlebnispädagogische Elemente als Grundlage für 3. Phase (Konfrontation)
   - Taten, Opfer, Gericht
   - Tatschilderung (Tathergang und Konsequenzen)
   - Life-Act-Rollenspiel zur Tatrekonstruktion
2. Phase – Biographie (Intensivwochenende)
   - Erstellen eines Persönlichkeitsprofils
   - Biographiearbeit u. a. anhand sozio- und psychodramatischer Elemente
   - Aufarbeitung eigener Gewalterfahrungen als Opfer / Täter
   - Wahrnehmungsübungen
   - Reflexion der eigenen Aggression (z.B. Aggressionsauslöser)
   - Körpersprachen-, Kommunikationstraining
3. Phase – Konfrontation
   - Opferempathie
   - Anti–Blamier–Training
   - Widerlegen der Neutralisierungstechniken

- Gruppenkonfrontation (z.B. Spiegelungen)
- Provokative Konfrontation
- Heißer Stuhl
- Abschlussprüfung (Umsetzung neu erlernter Verhaltensstrategien)
- Erneute Durchführung der Persönlichkeitstests (FAF / FPI – R II) zum Abschluss des AAT

Sonstige Leistungen:
- Einzelgespräche vor Trainingsbeginn mit potenziellen Teilnehmern/-innen zur Abklärung der Motivation und Eignung.
- Planung des Trainingsablaufes auf der inhaltlichen und organisatorischen Ebene.
- Vorbereitung, Durchführung, Nachbereitung der einzelnen Trainingseinheiten.
- Enge und zeitnahe Kooperation mit dem beteiligten Zuweiser (z.B. bei Fehlzeiten).
- Auswertung der Persönlichkeitstests durch eine Dipl. Psychologin.
- Regelmäßiger Austausch mit der Jugendgerichtshilfe, Sozialem Dienst, Bewährungshilfe.
- Schriftliche Rückmeldung über die Teilnahme sowie kurze schriftliche Stellungnahme über die Vergleichswerte der Persönlichkeitstests.
- Gegebenenfalls Vermittlung in weiterführende Hilfen, z.B. an den Sozialen Dienst, Drogenberatung, Kinder- und Jugendpsychiatrie.
- Teilnahme an Anleitungs-, Auswertungsgesprächen und Supervision

Die beschriebenen Inhalte und Methoden werden durch die individuellen Zusatzqualifikationen sowie durch Fort- und Weiterbildung der Trainer/-innen stetig weiterentwickelt und bei Bedarf ergänzt.

4.2. Leistungen im Bereich Organisation, Verwaltung und Leitung
- Fachliche Anleitung der Trainer/-innen
- Koordination und Abklärung organisatorischer Fragen.
- Außenvertretung und Netzwerkarbeit
- Inhaltliche und konzeptionelle Weiterentwicklung und Ausgestaltung des Konzeptes.
- Leistungsbeschreibung und Kostenkalkulation.
- Abrechnung und Kostenrechnung.
- Teilnahme am AK ambulante Hilfen JGG im Stadt- u. Landkreis Karlsruhe

5. Qualität des Leistungsangebotes und Qualifikation des Personals

Die Qualität der Leistungen und deren Weiterentwicklung werden durch die beschriebenen Rahmenbedingungen gesichert. Hervorgehoben wird:
- Abgeschlossene Ausbildung der Trainer/-innen zum Anti-Aggressivitäts-Trainer / zur Anti-Aggressivitäts-Trainerin beim ISS Frankfurt.
- Durchführung des Trainings durch zwei ausgebildete Anti-Aggressivitäts-Trainer/-innen.
- Supervisorische Begleitung des Trainer/-innen Teams.
- Regelmäßiger Austausch mit den Mitarbeiter/-innen der Jugendgerichtshilfe, Bewährungshilfe zur Bedarfsklärung und Weiterentwicklung des Angebotes.
- Schriftliche Verlaufsdokumentation des Trainings.
- Evaluierung durch begleitende Persönlichkeitstests und Einzelfallanalyse.
- Regelmäßige Anleitungs- und Auswertungsgespräche.
- Qualitätsentwicklung im Rahmen der QE des Trägers nach DIN EN ISO 9001:2008 zertifiziertes Qualitätsmanagementsystem (Neuzertifizierung 2009)
- kostenbewusste Leistungserbringung durch internes Controlling.

6. Voraussetzungen zur Leistungserbringung
- Verbindliche Anmeldung durch die zuständige Jugendgerichtshilfe bzw. den Sozialen Dienst mit entsprechenden Unterlagen (Hilfeplan JGH, Urteil) gemäß Aufnahmeraster.
- Bereitschaft zur regelmäßigen und aktiven Mitarbeit im Training.
- Veränderungsbereitschaft an der eigenen Gewaltproblematik.
- Eignung und Motivation der Teilnehmer/-innen werden von den Zuweisern/-innen sowie von den AAT-Trainer/-innen geprüft.

37 c) Im Landgerichtsbezirk Karlsruhe werden überdies auf der Grundlage der folgenden Leistungsbeschreibung für **soziale Trainingskurse** diese sehr erfolgreich durchgeführt (Auszug):[57]

Leistungsbeschreibung Sozialer Trainingskurs

1. Art des Leistungsangebotes

Als geeignete Alternative zu Mehrfachsanktionen und Arrest, werden die sozialen Trainingskurse für je 8 weibliche und männliche junge Menschen angeboten. Die Kurse werden von zwei sozialpädagogischen Fachkräften mit Erfahrung in der Arbeit mit straffälligen Jugendlichen und in der Durchführung von sozialen Trainingskursen durchgeführt.

Der soziale Trainingskurs ist:
- ein gruppenpädagogisches, geschlechtsspezifisches Angebot im Rahmen der §§ 27, 29, 41 SGB VIII und § 10 JGG.
- auf eine Teilnehmerzahl von 8 männlichen oder weiblichen TeilnehmerInnen ausgerichtet und wird geschlechtsspezifisch sowohl für weibliche als auch männliche Jugendliche und junge Volljährige durchgeführt.

2. Ziel des Leistungsangebotes

Den Jugendlichen und jungen Volljährigen sollen durch eine produktive Auseinandersetzung mit jugendrelevanten Themen neue Erfahrungen und Sichtweisen vermittelt werden. Dies beinhaltet vor allem:
- Die Reflexion der eigenen Lebenssituation zur Förderung sozialer Kompetenz.
- Die Erarbeitung von Lösungsstrategien in Konfliktsituationen.
- Die Aufarbeitung der eigenen Straftat und die Übernahme der eigenen Verantwortlichkeit.
- Auseinandersetzung mit dem Thema Straffälligkeit und Gewalt.
- Die Förderung der Beziehungsfähigkeit durch erlebnispädagogisch orientierte Gruppenarbeit.
- Die Vermittlung von Erfolgserlebnissen zur Leistungsmotivation, Erfahren von Selbstsicherheit und Vertrauen.
- Die Vermittlung von Sachinformationen.

3. zu betreuender Personenkreis (Zielgruppe)
- Jugendliche und junge Erwachsene, deren Straftat Ausdruck von Entwicklungsschwierigkeiten, Verhaltensproblemen, persönlich schwierigen Lebenslagen oder Sozialisationsdefiziten ist.
- Die Teilnahme basiert auf einer richterlichen Anordnung im Rahmen des § 10 JGG sowie der notwendigen Bereitschaft zur aktiven Mitarbeit und regelmäßigen Teilnahme am sozialen Trainingskurs.
- Eine Teilnahme auf freiwilliger Basis im Rahmen der §§ 27, 29, 41 SGB VIII ist ebenfalls möglich.
- Die verbindliche Anmeldung erfolgt durch die zuständige Jugendgerichtshilfe / das zuständige Jugendamt mit entsprechenden Unterlagen (Hilfeplan JGH, Urteil) und einer Zusage zur Übernahme der Kosten.
- Für junge Menschen mit erheblicher Alkohol- oder Drogenproblematik kann der Soziale Trainingskurs allerdings nicht die notwendige therapeutische Behandlung ersetzen.

4. Leistungsbereiche

4.1 Leistungen der TrainerInnen

Der soziale Trainingskurs findet jeweils an einem Abend pro Woche statt und beinhaltet

---

57 Mit freundlicher Zustimmung des Vereins für Jugendhilfe Karlsruhe e.V.

- 10 Trainingseinheiten mit je 3 Stunden für männliche Teilnehmer
- 8 Trainingseinheiten mit je 3 Stunden für weibliche Teilnehmerinnen sowie Vor- und Abschlussgespräche mit den einzelnen Teilnehmerinnen mit insgesamt 1,5 Stunden.

Der Kurs wird von jeweils 2 in Gruppenarbeit erfahrenen pädagogischen Fachkräften durchgeführt.

Der soziale Trainingskurs als soziale Gruppenarbeit basiert auf einer Mischform aus handlungsorientierter und lerntheoretischer Methodik mit erlebnis- / gruppenpädagogischen Elementen. Im Mittelpunkt steht themenzentriertes Arbeiten in der Gruppe mit verschiedenen Methoden und Medien (z.B. Rollen-, Wahrnehmungs- und Interaktionsspiele), die es jeder Teilnehmerin/ jedem Teilnehmer ermöglichen sollen, sich den eigenen Fähigkeiten entsprechend einzubringen, um alte Handlungsmuster aufzubrechen und neue Lösungsstrategien zu erarbeiten.

Leistungen sind im Einzelnen:
- Planung des Kursablaufes auf der inhaltlichen und organisatorischen Ebene.
- Die Vorbereitung, Durchführung und Nachbereitung der einzelnen Kursabende
- Die Teilnahme an Anleitungs- und Auswertungsgesprächen.
- Die inhaltliche und konzeptionelle Weiterentwicklung des Kurses.
- Regelmäßiger Austausch mit dem Jugendamt, der Jugendgerichtshilfe und Bewährungshilfe.
- Die Erstellung einer schriftlichen Verlaufsdokumentation.
- Eine schriftliche Rückmeldung an die Zuweiser über die erfolgte Teilnahme zum Abschluss des Trainings.

Zusätzliche Leistungen in der Arbeit mit weiblichen Teilnehmerinnen:
- Einzelgespräche zu Beginn und zum Ende des Trainings

5. Voraussetzungen zur Leistungserbringung

- Verbindliche Anmeldung mit Kostenzusage durch die zuständige Jugendgerichtshilfe mit den entsprechenden Unterlagen (Bericht der Jugendgerichtshilfe, Urteil) bzw. durch den Sozialen Dienst bei Teilnahme ohne gerichtliche Auflage.
- Bereitschaft zur regelmäßigen Teilnahme und aktiven Mitarbeit am sozialen Trainingskurs.

7. „sich zu bemühen, einen Ausgleich mit dem Verletzten zu erreichen (Täter-Opfer-Ausgleich)"[58] Das 1. JGGÄndG hat diese Weisung ausdrücklich in den Katalog aufgenommen. Sie orientiert sich an der Regelung des § 46 Abs. 2 S. 2 StGB und tritt neben die in § 15 Abs. 1 Ziff. 2 aufgenommene Auflage, sich persönlich beim Verletzten zu entschuldigen. Hieraus wird die rechtliche Folgerung gezogen, dass die Weisung nach § 10 dort systemwidrig sei, da der TOA sühnenden Charakter habe.[59] Abgesehen davon, dass diese Auffassung ersichtlich sonst nicht vertreten wird, könnte man auch umgekehrt argumentieren und § 15 Abs. 1 Ziff. 2 als systemwidrig ansehen. Wollte man danach dieser Argumentation folgen, dass die Weisung der Nr. 7 bei einer Anlasstat, die nur Erziehungsmaßregeln (ohne der Erforderlichkeit sühnender Maßnahmen) erlaubt, unzulässig ist, wäre die Weisung praktisch nie anwendbar, da sie in der Regel beide Komponenten enthält. Zu begrüßen ist daher, dass der Gesetzgeber den erzieherischen Charakter des TOA erkannt und in den Katalog aufgenommen hat. 38

Der **Schwerpunkt des TOA** liegt nach dessen Konzeption nicht in einer einmaligen, einseitigen und „persönlichen", erfahrungsgemäß in der Hauptverhandlung unter deren besonderen Verhältnissen gemachten (häufig unwirklichen), vom Geschädigten nicht immer geforderten Entschuldigung, sondern in einer doppel- 39

---

58 Zur umfangreichen Literatur siehe D/S/S-Diemer, § 10 Rn 43 b.
59 D/S/S-Diemer, § 10 Rn 43.

ten Zielsetzung der „positiven Sozialprävention". Ziel des TOA ist die schwerpunktmäßig erzieherische Aufarbeitung der Tat durch den Täter und der materielle und/oder immaterielle Schadensausgleichs zugunsten des Opfers.[60] An den Ausgleich des materiellen Schadens dürfen bei den idR mittellosen Jugendlichen und auch Heranwachsenden nicht allzu hohe Erwartungen geknüpft werden, wobei aber immer wieder zu beobachten ist, dass dieser häufig auch abschließend geregelt wird. Hier bietet sich der oben dargestellte „Opferfonds" als Hilfe an (Rn 25 ff).

40 Der Täter-Opfer-Ausgleich setzt, wie das Wort deutlich sagt, einen „kommunikativen Prozess zwischen Täter und Opfer"[61] voraus, der damit den Ablauf dieser Maßnahme umschreibt. Zwar wird kein Geständnis vorausgesetzt, aber eine weitgehende Klärung des Sachverhalts sollte vorliegen, da im Wesentlichen nur die Folgen der Straftat erörtert werden sollen. Dies schließt nicht aus, dass der Mediator mit den Beteiligten nochmals den Sachverhalt feststellt, da häufig weitere wichtige Einzelheiten vorgetragen werden (zB häufig auch ein Tatbeitrag des Opfers). Regelmäßig wird der jugendliche/heranwachsende Straftäter von der Jugendgerichtshilfe, der Jugendstaatsanwaltschaft oder nach Anklageerhebung vom Gericht befragt, ob er dem TOA zustimmt. Wird dies verneint, kommt eine Weisung nicht mehr in Betracht, da sie erzieherisch ins Leere läuft. Dies schließt häufig nicht aus, dass nach einer Beweisaufnahme und Klärung des Sachverhalts in einem Hauptverhandlungstermin die Zustimmung noch erfolgt bzw erfolgen kann. Stimmt der Jugendliche/Heranwachsende dem TOA zu, übergibt in der Regel die beauftragte JGH das weitere Verfahren an einen insoweit besonders ausgebildeten Sozialarbeiter (neutralen Mediator), der dem Jugendlichen (regelmäßig in Abwesenheit anderer, auch Anwälte) den Sinn des TOA erklärt und das Gespräch mit dem Geschädigten vorbereitet. Einige Jugendämter lehnen wegen der regelmäßig übernommenen Kosten des TOA eine Abgabe dann ab, wenn von vorne herein nicht feststeht, ob das Opfer den TOA ablehnt. Da nach dem Gesetzeswortlaut das Bemühen des TOA ausreicht,[62] sollte auf das erzieherische Gespräch im Rahmen des TOA nicht verzichtet werden. In der Praxis kann auch das ohne den Geschädigten erfolgte Ausgleichsgespräch dann zur Einstellung des Verfahrens führen, wenn in dem von dem Moderator üblicherweise vorgelegten Bericht das „Bemühen" des Jugendlichen sichtbar geworden ist.[63]

41 Stimmt das Opfer dem TOA zu, wird dieses zu einem vorbereitenden Gespräch gebeten, wobei mit ihm auch der Sachverhalt erörtert wird, damit der Moderator eventuelle Differenzen feststellen kann. Im Anschluss daran werden beide, wenn Einvernehmen besteht, zu dem nun dritten (nicht notwendig einzigen), gemeinsamen Gespräch geladen, in dem der TOA angestrebt wird. Überwiegend endet das Gespräch mit einer schriftlich festgelegten Vereinbarung.[64]

Der TOA ist nicht von vorne herein auf bestimmte Deliktgruppen beschränkt. Die Taten sollten aber von einem gewissen Gewicht sein,[65] wobei im Unterschied zu § 153 a StPO auch Verbrechen infrage kommen können (zB aus der Praxis:

---

60 Eisenberg, § 10 Rn 27.
61 BGH v. 18.11.1999, 4 StR 435/99, NStZ 2000, 205.
62 Eisenberg, § 10 Rn 27.
63 In nahezu allen TOA-Fällen wurde nach dessen Durchführung im Gerichtsbezirk Bruchsal so verfahren.
64 Ostendorf, § 10 Rn 18 weist zutreffend darauf hin, dass der TOA eine „hohe Erfolgsquote" hat und nahezu immer angenommen wird – ohne dass mit sonst nachteiligen Maßnahmen gedroht worden ist.
65 So die Gesetzesbegründung (BT Drucks. 11/5829, 17).

Raub oder räuberische Erpressung eines Schulbrotes oder einer Zigarette in der Pause).
Nachfolgend wird die Leistungsbeschreibung TOA im Landgerichtbezirk Karlsruhe vorgestellt:[66]

Leistungsbeschreibung Täter-Opfer-Ausgleich bei Jugendlichen und jungen Volljährigen

1. Art des Leistungsangebotes

Der Täter-Opfer-Ausgleich bei Jugendlichen und jungen Volljährigen (in Folge als „junge Täter" bezeichnet) ist eine Leistung der Jugendhilfe im Rahmen der Mitwirkung im Verfahren nach dem Jugendgerichtsgesetz (JGG) gem. § 52 SGB VIII.
Durch die mittels eines neutralen Vermittlers angeregte Auseinandersetzung mit der Tat und den Tatfolgen soll der junge Täter zu einer inneren und äußeren Verhaltensänderung bewegt werden.
Gesetzliche Grundlagen: § 52 SGB VIII in Verbindung mit § 38 JGG.

2. Ziel des Leistungsangebotes

Hauptziel des Täter-Opfer-Ausgleichs ist die direkte Auseinandersetzung zwischen den Beschuldigten und Geschädigten einer Straftat, in der Absicht beim Täter einen Prozess einzuleiten, der zur Reflexion und Verantwortungsübernahme bezüglich der Tat und deren Folgen für das Opfer führt und in einen Ausgleich mit dem Geschädigten und, wo nötig, in eine Schadenswiedergutmachung mündet. Angestrebt wird ein Prozess der Verhaltensänderung und damit ein erzieherischer Prozess bei Jugendlichen, deren Entwicklung i.d.R. noch nicht abgeschlossen ist und die deshalb noch Veränderungspotenzial besitzen.
Beim Geschädigten soll eine zum Vorfall zeitnahe Konfliktbearbeitung und Schadenswiedergutmachung (wo nötig und möglich) erreicht werden und damit eine Entlastung der durch die Straftat entstandene Belastung (Abbau von Ängsten, Spannungen, Loswerden von schlechten Gefühlen, Erfahren von Genugtuung).

3. Zielgruppe

Jugendliche und junge volljährige Einzeltäter oder Gruppen von Jugendlichen, die zum ersten Mal oder als Wiederholungstäter Straftaten aus dem mittleren Deliktbereich begangen haben: Weder Delikte, die wegen Geringfügigkeit eingestellt würden, noch schwere Verbrechenstatbestände wie Mord oder Totschlag. Besonders geeignet sind erfahrungsgemäß Körperverletzungsdelikte oder sonstige „ Beziehungsstraftaten" mit einem persönlich geschädigten Opfer. Als weniger geeignet haben sich Kaufhausdiebstähle, Leistungserschleichungen und das Spektrum der Beschaffungskriminalität Drogenabhängiger erwiesen.

4. Leistungen der sozialpädagogischen Fachkraft

Der Täter-Opfer-Ausgleich bei Jugendlichen und jungen Volljährigen ist eine pädagogische Hilfeleistung aus dem Spektrum der Kommunikationstechniken zur Bewirkung einer Verhaltensänderung.
In getrennten Vorgesprächen erforscht der/die Konfliktschlichter/In Umstände, Hintergründe und Folgen der Tat sowohl beim Täter als auch beim Opfer. Dabei muss besonders beim persönlich Geschädigten sensibel mit den Tatfolgen umgegangen werden. Bei manchmal nur teilweise geständigen Tätern muss vorsichtig der Prozess der Auseinandersetzung mit der Tat eingefädelt werden. Im Aufeinandertreffen der Tatparteien muss so moderiert werden, dass ein Prozess in Gang kommt, der zufriedenstellende Ergebnisse für beide Seiten bringt.
Dies verlangt hohe kommunikative Fähigkeiten des Mitarbeiters. Er muss psychologische Fachkenntnisse besitzen und pädagogisches Geschick im Umgang mit unterschiedlichen Menschen bei geringem Bekanntheitsgrad. Er muss Kenntnisse über Gruppenprozesse haben und über juristische Fachkenntnisse verfügen.

---

66 Mit freundlicher Erlaubnis des Vereins für Jugendhilfe Karlsruhe e.V.

Nach Abschluss des Verfahrens wird ein Abschlussbericht gefertigt, aus dem sowohl der Verlauf als auch das Ergebnis ersichtlich ist.
Die Einigungs- bzw. Wiedergutmachungsvereinbarung wird fixiert und die darin enthaltenen Vereinbarungen überwacht.
Die Gesamtstundenzahl pro Fall beträgt durchschnittlich 10 Stunden

5. Voraussetzungen für die Leistungserbringung
- Zuweisung der Fälle durch örtlichen Jugendhilfeträger, Sachgebiet Jugendgerichtshilfe oder in begründeten Ausnahmefällen auch seitens des Sozialen Dienstes nach Eignungsprüfung durch TOA-Fachkraft beim Sachgebiet Jugendgerichtshilfe.
- Bereitschaft der Beteiligten zur Mitarbeit.
- Akteneinsicht

43 8. „den Verkehr mit bestimmten Personen oder den Besuch von Gast- oder Vergnügungsstätten zu unterlassen". Diese Weisung erscheint als ein Unterfall der Nr. 1. Der **Zweck** dieser Weisung liegt darin, den im persönlichen Umfeld des Jugendlichen/Heranwachsenden liegenden Ursachen der konkreten Straftat zu begegnen. Wegen des Bestimmtheitserfordernisses muss die genaue Person oder die Gaststätte mit Uhrzeit und Dauer der Weisung benannt werden und eine gewisse Wiederholungsgefahr vorhanden sein. Wegen der in der Regel Unkontrollierbarkeit solcher Weisungen spielt sie in der Praxis keine Rolle.[67] Wenn man das Fußballstadion zu „Vergnügungsstätten" rechnet, dann war nach Schlägereien dort das Verbot, zu einem oder zwei Spiele zu gehen, erzieherisch durchaus wirksam. Die Eltern hatten dabei Überwachung zugesagt.

44 9. „an einem Verkehrsunterricht teilzunehmen". Regelmäßig wird die Weisung, an einem **Verkehrsunterricht** teilzunehmen, aus Anlass einer Verkehrsstraftat gegeben. Neben dieser Weisung sind weitere Weisungen möglich, vor allem wenn es sich um eine Wiederholungstat handelt (häufig wird noch ein Ergebnisbericht von dem Verkehrsunterricht verlangt, um „die Aufmerksamkeit zu fördern").
Ordnungswidrigkeiten dürfen dagegen nur durch Bußgeld geahndet werden.

IV. Allgemeine weitere Weisungen gem. Abs. 1

45 Zunächst wird auf die unter I. genannten **allgemeinen Voraussetzungen** verwiesen. Hierzu zählt im Wesentlichen, dass die Weisungen erzieherisch geeignet, klar und eindeutig, zeitlich begrenzt und der Straftat angemessen sein müssen. In deren Rahmen ist dem Richter ein **weiter Spielraum** gegeben. Er muss, wie ausgeführt, nicht zunächst die Katalog-Weisungen prüfen und verneinen.[68]

46 Allgemein wird es für zulässig gehalten, binnen einer bestimmten Frist nachzuweisen, dass sich der Jugendliche allgemein um eine, allerdings nicht um eine bestimmte, auch versicherungspflichtige **Arbeit** bemüht hat.

47 Abzulehnen ist die Auffassung, dass man einer werdenden jugendlichen oder heranwachsenden Mutter die Weisung erteilen darf, nach dem **Mutterschutz** sich um eine versicherungspflichtige Tätigkeit zu bemühen, selbst wenn die Großeltern das Kind versorgen können. Dem widerspricht eindeutig der vom Gesetzgeber im Unterhaltsrecht zugunsten der Kinder normierte Grundsatz, dass die Mutter in

---

67 Zutreffend Ostendorf, § 10 Rn 19.
68 Der Befürworter der Subsidiarität kann „getrost" davon ausgehen, dass der Jugendrichter die geeigneten Weisungen prüft. Die Konsequenz dieser Auffassung wäre nur die, dass alle neun Nummern ausdrücklich verneint werden müssten, bei den üblichen Alltagsfällen zu viel des Guten.

den ersten drei Jahren nach der Geburt das Kind pflegen und erziehen kann, ohne ihre sonstige Erwerbspflicht zu verletzen (§ 1615 l Abs. 2 S. 2 und 3 BGB).[69]

Zulässig ist die Weisung, **Urinkontrollen** durchzuführen, wobei bei dem Nachweis von Betäubungsmitteln im Urin die strafrechtliche Verfolgung der Staatsanwaltschaft vorbehalten werden muss, falls ein Verdacht des Verstoßes gegen das BtMG vorliegen sollte.[70] Ein Ungehorsamsarrest dürfte in diesen Fällen unzulässig sein, da dem dann zuständigen Jugendgericht die Feststellung der Straftat vorbehalten ist. Es können aber nachträglich andere Erziehungsmaßregeln nach § 11 Abs. 2 festgesetzt werden. — 48

Die Weisung, eine Arbeit aufzunehmen, um der **Unterhaltspflicht** nachzukommen, dürfte nach den erörterten Grundsätzen unzulässig sein, da ein Verstoß gem. § 170 b StGB strafbewehrt ist und eine Doppelahndung vorliegen kann, wenn Jugendarrest zu verhängen wäre.[71] In den Verfahren, die eine Weisung rechtfertigen, ist die Frage der Unterhaltspflichtverletzung eher unwahrscheinlich. — 49

Weisungen, die **mit Geldausgaben** verbunden sind, sollten zurückhaltend erteilt werden, zumal sie häufig auch sühnenden Charakter haben können (indirekte Geldauflage) (vgl § 15 Abs. 1 Ziff. 4). Zulasten der Eltern darf eine solche Auflage nicht erteilt werden (etwa Auflage zum Nachhilfeunterricht, Fahrschulunterricht).[72] Natürlich kann aber erwartet werden, dass der Jugendliche etwa auf eigene Kosten die Fahrt zur Arbeitsstelle, bei der er seine Arbeitsstunden ableisten soll, bezahlt. — 50

Die Weisung, ein **Verkehrsmittel** (zB Fahrrad, Mofa, Roller oder Auto) für eine bestimmte Zeit nicht zu benutzen, ist in der Regel unzulässig, da die §§ 44 und 69 ff StGB das Fahrverbot oder die Fahrerlaubnisentziehung ausdrücklich regeln (allerdings kann man den Umstand des häufig vorkommenden Wegschlusses berücksichtigen, wenn die Eltern glaubhaft erklärt haben, das („frisierte") Mofa für eine Weile weggesperrt oder „aus Frust" sofort verkauft zu haben.[73] — 51

Zulässig ist die Weisung, einen „**Besinnungsaufsatz**" zu schreiben, sofern er im unmittelbaren Bezug zur Straftat steht (bewährt hat sich die Weisung: „Einen 2-Seiten DIN-A 4 Aufsatz in Schriftgröße 12 über das Thema zu verfassen: Die Straftat und die Folgen für mich"). Hier mag die Befürchtung greifen, dass sich der Jugendliche den Aufsatz durch andere schreiben lässt. In der Praxis war dies aber, wenn die Straftat einbezogen wird, ersichtlich nicht der Fall. Auch wurden kritische Ausführungen über das gesamte Verfahren gemacht, die eine Reflexion über die Anmerkungen durchaus zuließen. Allgemeine Besinnungsaufsätze stehen regelmäßig nicht im Bezug zur Straftat und sind daher nicht zulässig.[74] Zulässig dürfte auch sein, einem Jugendlichen oder Heranwachsenden aufzugeben, sich mit einem auf die Tat bezogenen Buch zu beschäftigen. Gute Erfahrungen wurden im Hinblick auf „rechte" Straftaten gemacht, wenn die Jugendgerichtshilfe ein Buch über das Schicksal der Juden zur Lektüre empfahl. — 52

---

69 D/S/S-Diemer, § 10 Rn 48.
70 Die idR bei Privatärzten durchgeführten Urinkontrollen sollten erfahrungsgemäß unbedingt nochmals „amtlich" überprüft werden.
71 D/S/S-Diemer, in § 10 Rn 48, anders in Rn 15.
72 Anders wohl Eisenberg, § 10 Rn 31.
73 Dies kommt nach meiner Erfahrung nicht selten vor, da diese Fälle häufig eine familiäre Vorgeschichte hatten (Verbote der Eltern, die nicht eingehalten wurden).
74 Eisenberg, § 10 Rn 36.

V. Weisungen gem. Abs. 2

53 1. Allgemeine Voraussetzungen. Als weitere Erziehungsmaßregeln werden die heilerzieherische Behandlung und die Entziehungskur in den Katalog aufgenommen.

Diese beiden Weisungen unterscheiden sich zunächst von den neun Katalogweisungen des Abs. 1 dadurch, dass diese nur mit Zustimmung des Erziehungsberechtigten und des gesetzlichen Vertreters und bei über 16-jährigen Straftätern nur mit dessen Einverständnis auferlegt werden dürfen. Die Weisung, sich einer **heilerzieherischen Behandlung** durch einen Sachverständigen oder einer **Entziehungskur** in einer entsprechenden Einrichtung zu unterziehen, unterliegt wie die anderen Weisungen weiter den allgemeinen Zulässigkeitsvoraussetzungen. Insbesondere müssen sie einen Bezug zur Straftat haben und dürfen nicht gegen das Übermaßverbot verstoßen.

54 Problematisch kann es sein, wenn die Frage der strafrechtlichen Verantwortlichkeit gem. § 3 nicht geklärt ist.[75] Da die Weisung erheblich in die Lebensführung eines Jugendlichen eingreift, muss deren Vorliegen gefordert werden. Das Verfahren vorläufig einzustellen und dann nach Durchführung der Maßnahme gem. §§ 45, 47 einzustellen,[76] kann schon deshalb keine Lösung sein, da diese Einstellung im Erziehungsregister eingetragen wird und dadurch eine eventuell ungerechtfertigte Stigmatisierung, die nach allgemeiner Meinung verhindert werden soll, gerade in diesem Bereich vermieden werden muss.[77] Im Falle des § 3 kommt mit gutem Grund dann S. 2 zum Zuge, wonach der Jugendrichter dieselben Maßnahmen wie ein Familienrichter anordnen kann.

55 2. Die Zustimmung gem. Abs. 2. a) Die beiden Weisungen **dürfen nur mit Zustimmung** des Erziehungsberechtigten oder des gesetzlichen Vertreters angeordnet werden und **dies soll**, wenn der Jugendliche das 16. Lebensjahr vollendet hat, nur mit dessen Einverständnis geschehen. Das Einverständnis von Jugendlichen unter 16 Jahren entsprechend vorauszusetzen, widerspricht dem Gesetzeswortlaut und ist daher abzulehnen.[78] Eine andere Frage ist, ob dann eine solche Maßnahme sinnvoll ist (dazu unten Rn 58). Der Regelung liegt ersichtlich die Annahme zugrunde, dass die Eltern, die der Maßnahme zustimmen, im Rahmen ihres umfassenden elterlichen Sorgerechts auch die Interessen des Kindes am Ehesten wahrnehmen können.

Ein Heranwachsender muss selber sein Einverständnis erklären, da er zu diesen erzieherischen Maßnahmen nicht gezwungen werden kann.

56 b) Fehlt die **Zustimmung des Erziehungsberechtigten**, ist die Weisung rechtswidrig und muss auf ein Rechtsmittel (§ 298 StPO) aufgehoben werden. **Widerruft** der Erziehungsberechtigte seine Zustimmung nachträglich, so ist dies hinzunehmen und es kann nur gem. § 11 Abs. 2 mit einer Änderung der Weisung reagiert werden. Auch der Heranwachsende kann seine Zustimmung jederzeit widerrufen. Auch er muss dann aber gewärtigen, dass bei seinem Widerruf das Gericht gem. § 11 Abs. 2 die Weisung anpasst.

57 c) Das **Einverständnis des 16-jährigen** Jugendlichen mit der Maßnahme ist nicht zwingend („soll"), aber nach dem Wortlaut regelmäßig erforderlich. Nur in be-

---

75 Ostendorf, § 10 Rn 24.
76 So Eisenberg, § 10 Rn 43.
77 Es ist schon vorgekommen, dass ein solcher Eintrag einen Jugendlichen jahrelang verfolgt hat, bis eine Überprüfung die Unrechtmäßigkeit der Eintragung ergeben hat.
78 Eisenberg, § 10 Rn 37.

gründeten Ausnahmefällen ist es unbeachtlich. Zieht der Jugendliche sein Einverständnis zurück, ist auch dies zu beachten. Dies folgt aus der Intensität der Maßnahme, die den inhaltlichen Maßnahmen der §§ 63, 64 StGB nahe kommt.

d) Die im Abs. 2 genannten Weisungen setzen, da Zustimmung und gegebenenfalls Einverständnis vorausgesetzt wird, dem Grunde nach Freiwilligkeit voraus. Dies wird von **jugendpsychiatrischer Seite** zum Teil anders betrachtet. Es besteht nämlich die vielfältige Erfahrung, dass eine Intervention (sei es ein Training, eine Unterbringung in einem Heim oder in einer Therapieeinrichtung oder auch eine Psychotherapie), die unter Zwang begonnen hat, durchaus in Freiwilligkeit übergehen und erfolgreich und mit Billigung des Patienten oder Probanden weitergeführt werden kann.[79] Hierfür gibt es auch eine theoretische Erklärung und zahlreiche praktische Beispiele. Die theoretische Erklärung geht auf Allports Konzept der „funktionellen Autonomie der Motive"[80] zurück. In dieser Konzeption können sich aktuelle Motive von vorangehenden, länger zurückliegenden emanzipieren und verselbstständigen. Allport verdeutlicht dies am Bespiel eines Menschen, der in der Kindheit zum Geigenspielen mehr oder weniger gezwungen wurde, der aber im Verlaufe des Übens seiner eigenen Fähigkeiten gewahr wurde und das Geigenspiel später freiwillig fortsetzte. Auf die Weisung, sich einer heilpädagogischen Behandlung zu unterziehen, bezogen, kann dies im Analogieschluss bedeuten, dass ein Jugendlicher, der sich einer solchen Behandlung zu unterziehen hat, im Laufe derselben zu der Erkenntnis gelangt, dass diese ihm nützlich ist, so dass er sie freiwillig fortführen möchte. Hinzu kommt, dass sich auch bei als Auflage erteilten therapeutischen Interventionen in vielen Fällen eine Bindung bzw Übertragung zum Therapeuten herausbildet, die ein weiteres Motiv zur Fortführung der Behandlung darstellt.

3. Die besonderen Voraussetzungen der Anweisungen. Die **Weisungen nach § 10 Absatz 2** bezüglich einer heilerzieherischen Behandlung oder einer Entziehungskur liegen **unter der Schwelle** einer Einweisung in ein psychiatrisches Krankenhaus oder einer Entziehungsanstalt gemäß der §§ 63 und 64 StGB. Es geht dabei in der Regel auch nicht um ausgeprägte psychische Störungen, die den Eingangsmerkmalen der §§ 20 und 21 StGB entsprechen. Vielmehr beziehen sich derartige Maßnahmen auch und besonders auf „den Umgang mit Krisensituationen, in denen Maßnahmen zur Anwendung kommen, die zeitweise die Freiheit des Kindes/Jugendlichen einschränken. Zwischen dem therapeutisch-pädagogischen Team, den betroffenen Menschen und den Sorgeberechtigten/Eltern müssen Interventionsstrategien vereinbart werden, die transparent, vorhersehbar und verbindlich gestaltet sind".[81]

4. Die heilerzieherische Behandlung. a)Die **heilerzieherische Behandlung** durch einen Sachverständigen kommt in Betracht, wenn die Anlasstat ihre Ursache hauptsächlich in außergewöhnlichen seelischen Konflikten, Erlebnisreaktionen oder charakterlichen Fehlreaktionen hat. Als **Anlasstaten** können nahezu alle Delikte Jugendlicher angesehen werden, sofern sie einen bestimmten Schweregrad nicht überschreiten und keine Einweisung in ein psychiatrisches Krankenhaus oder eine Entziehungsanstalt gemäß §§ 63 und 64 StGB erfordern. In der Praxis geht es meist um Störungen des Sozialverhaltens, Aggressionshandlungen, Sexu-

---

79 Vgl Venzlaff/Förster–Günter, S. 728.
80 Allport, Gestalt und Wachstum in der Persönlichkeit, 1970.
81 Fegert/Späth/Salgo (Hrsg.): Freiheitsentziehende Maßnahmen in Jugendhilfe und Kinder- und Jugendpsychiatrie, 2001, S. 281 – 287.

aldelikte,[82] Brandstiftungen, Diebstähle, Mobbingdelikte. Die Verhaltensstörungen können psychischer oder physisch-geistiger Art sein.

61 b) Der **Begriff** der heilerzieherische Behandlung ist nicht auf Heilpädagogik im engeren Sinne beschränkt, sondern umschließt alle Arten von therapeutischen Interventionen, einschließlich psychotherapeutischer Maßnahmen. Dabei ist Voraussetzung, dass die angeordneten Behandlungsmaßnahmen wissenschaftlich begründet sind oder für sie zumindest empirische Erfahrungswerte vorliegen. Die Durchführung der heilerzieherischen Behandlung kann sowohl ambulant als auch stationär, einzeln oder in Gruppen erfolgen. Dabei ist auch das soziale Umfeld, insb. die Familie, auf freiwilliger Basis einzubeziehen.[83] Denkbar sind unter den verschiedenen Behandlungsformen:[84]

- eine analytische Therapie
- eine Gesprächspsychotherapie
- eine Verhaltenstherapie
- eine Sozialtherapie

62 c) Zur heilerzieherische Behandlung ist ein **Sachverständiger** hinzuzuziehen. Was die Qualifikation des Sachverständigen betrifft, der die Behandlung durchführt, kommen Fachkräfte verschiedener Disziplinen infrage unter denen – je nach angewandter Methode und Therapieziel – Fachärzte für Kinder- und Jugendpsychiatrie, Ärzte mit psychotherapeutischer Zusatzausbildung, psychologische Psychotherapeuten sowie Heil- und Diplompädagogen mit einschlägiger Zusatzausbildung und Erfahrung zu nennen sind. Gefordert werden muss, dass jeder, der heilerzieherische Behandlungen durchführt, nicht nur über eine solide Ausbildung in angewandten Therapieverfahren verfügt, sondern auch über hinreichende Erfahrungen im Umgang mit jugendlichen Straftätern.

63 5. Die Entziehungskur. Die **Entziehungskur** ist von der Maßregel der Besserung und Sicherung „Unterbringung in einer Entziehungsanstalt" gem. §§ 61 Nr. 2, 64 StGB abzugrenzen. Während die Unterbringung in einer Entziehungsanstalt eine Suchtmittelabhängigkeit mit dem Hang, erhebliche, rechtswidrige Taten zu begehen, voraussetzt,[85] kann die Weisung, eine Entziehungskur, die nicht notwendig in einer Anstalt stattfinden muss, zu machen, bei lediglich wiederholtem Suchtmittelmissbrauch angeordnet werden. Sie kommt bei Drogen- und Alkoholmissbrauch in Betracht, wenn eine gewisse Erfolgsaussicht der Kur gegeben ist.[86]

Für die Anordnung einer Entziehungskur genügt wiederholter Drogenmissbrauch, wobei die Entziehungskur häufig mit sozialen Trainingskursen kombiniert wird.[87] Hier ergibt sich allerdings die Problematik, dass gerade bei Drogenkonsumenten die Therapiemotivation häufig fehlt, so dass für diesen Personenkreis auch das Prinzip der Freiwilligkeit infrage gestellt werden kann.[88]

Die Weisungen gem. Abs. 2 werden, wie zutreffend festgestellt wird,[89] „vergleichsweise selten" jedenfalls durch den Jugendeinzelrichter oder das Jugend-

---

82 Engstler, Die heilerzieherische Behandlung gem. § 10 Abs. 2 JGG in der jugendstrafrechtlichen Praxis, 1985, S. 25 ff; Ostendorf, § 10 Rn 26.
83 Vgl Ostendorf, § 10 Rn 25; Engstler aaO Anm. 81.
84 S. hierzu im Einzelnen Eisenberg, § 10 Rn 50 ff.
85 Zu den Voraussetzungen: HK-GS-Rössner/Best, § 64.
86 Ostendorf, § 10 Rn 27; in der Praxis spielt diese Weisung keine Rolle.
87 Ostendorf, § 10 Rn 27.
88 Zur Drogenproblematik eingehend Eisenberg, § 10 Rn 61 ff.
89 Eisenberg, § 10 Rn 40.

schöffengericht angeordnet. Betrachtet man die erwogenen Überlegungen zu den Maßnahmen (insb. bei der Entziehungskur), dürfte im Hinblick auf die Anlasstaten das Instrument des § 10 Abs. 2 zur Beseitigung der erzieherischen Defizite fraglich sein. Unter Beachtung der Verhältnismäßigkeit der Maßnahmen kommen daher nur sog. „niederschwellige" Angebote in Betracht, die in wenigen Terminen eher allgemein vor den Gefahren des Drogenmissbrauchs warnen. Diese anzuordnen sollte allerdings auch gem. Abs. 1 ohne Zustimmung oder Einwilligung möglich sein, da sie allein darauf angelegt sind, die fehlende Unrechtseinsicht beim (geringen) Drogenkonsum zu beseitigen. Bei betäubungsmittelabhängigen Drogenkonsumenten wird eher der § 35 BtMG herangezogen, der die Unterbringung in einer entsprechenden Entziehungsanstalt vorsieht.

6. Verfahren. a) Die Weisung der heilerzieherischen Behandlung sollte grundsätzlich **nach vorheriger Anhörung des** zu bestimmenden oder eines sonstigen **Sachverständigen** erfolgen, da das Gericht in der Regel nicht die erforderliche Sachkunde zur Einsetzung eines geeigneten Sachverständigen besitzt. Die Befürchtung, die Weisung stünde so zur Disposition des Sachverständigen, dürfte zu vernachlässigen sein, da sie erheblich in die „Lebensführung" des Jugendlichen eingreift und eine unsachgemäße Entscheidung dem Erziehungsziel zuwiderlaufen würde.[90]

b) Die **Durchführung** der Weisung obliegt der Jugendgerichtshilfe gem. § 38 Abs. 3 S. 5, die deshalb in jedem Falle vorher anzuhören ist. Einen Bewährungshelfer mit der Durchführung zu beauftragen, sollte vermieden werden.[91] Eine Einschaltung von Privatpersonen ist in den Fällen des Abs. 2 nicht zulässig.[92] Diese Maßnahmen greifen bereits erheblich in die Privatsphäre des Jugendlichen ein, so dass die Jugendgerichtshilfe für die Überwachung verantwortlich bleiben muss. Anders verhält es sich bei den Weisungen gem. Abs. 1, da hier die Jugendgerichtshilfe erfahrungsgemäß nicht das nötige Personal und die Räume hat. Bei Soldaten der Bundeswehr ist regelmäßig der Disziplinarvorgesetzte zu hören (§ 112 d). Der Jugendrichter bleibt jedoch stets Vollstreckungsleiter (§ 82 Abs. 1 S. 1).

c) Der **Urteilstenor** muss die Weisung so genau wie möglich umschreiben, so dass der Inhalt und die notwendig zu bestimmende Laufzeit klar zum Ausdruck kommen. Ergänzt werden kann sie aber auch durch die Begründung des Urteils, um das Ziel der Maßnahme genau zu erfassen.

d) Die bei der Durchführung der Weisung entstehenden **Kosten** und Auslagen gehören nicht zu den Verfahrenskosten im Sinne des § 74, § 465 StPO, da die Weisung nicht erzwingbar ist und damit Vollstreckungskosten nicht entstehen können.[93] Daher ist es Aufgabe des Gerichts, die Kostenfrage bei der durchzuführenden Maßnahme vorab zu klären. In Betracht kommen kann die Kostentragungspflicht der Jugendhilfeträger nach SGB VIII (KJHG) (Jugendämter).

---

90 Eisenberg, § 10 Rn 38 (anders wohl in der 13. Aufl.).
91 Ostendorf, § 10 Rn 6.
92 AM Eisenberg, § 10 Rn 71.
93 Vgl hierzu ausführlich Ostendorf, § 10 Rn 29; Eisenberg, § 10 Rn 81.

§ 11 Laufzeit und nachträgliche Änderung von Weisungen; Folgen der Zuwiderhandlung

(1) ¹Der Richter bestimmt die Laufzeit der Weisungen. ²Die Laufzeit darf zwei Jahre nicht überschreiten; sie soll bei einer Weisung nach § 10 Abs. 1 Satz 3 Nr. 5 nicht mehr als ein Jahr, bei einer Weisung nach § 10 Abs. 1 Satz 3 Nr. 6 nicht mehr als sechs Monate betragen.

(2) Der Richter kann Weisungen ändern, von ihnen befreien oder ihre Laufzeit vor Ablauf bis auf drei Jahre verlängern, wenn dies aus Gründen der Erziehung geboten ist.

(3) ¹Kommt der Jugendliche Weisungen schuldhaft nicht nach, so kann Jugendarrest verhängt werden, wenn eine Belehrung über die Folgen schuldhafter Zuwiderhandlung erfolgt war. ²Hiernach verhängter Jugendarrest darf bei einer Verurteilung insgesamt die Dauer von vier Wochen nicht überschreiten. ³Der Richter sieht von der Vollstreckung des Jugendarrestes ab, wenn der Jugendliche nach Verhängung des Arrestes der Weisung nachkommt.

Richtlinien zu § 11

1. Bei Weisungen, denen der Jugendliche längere Zeit hindurch nachzukommen hat, empfiehlt es sich, in angemessenen Zeitabständen zu prüfen, ob es aus Gründen der Erziehung geboten ist, die Weisung oder ihre Laufzeit zu ändern oder die Weisung aufzuheben. Zur Anhörung der Jugendgerichtshilfe, eines bestellten Betreuungshelfers und des Leiters eines sozialen Trainingskurses wird auf § 65 Abs. 1 Satz 2 hingewiesen.

2. Unter Beachtung des Grundsatzes der Verhältnismäßigkeit soll die Staatsanwaltschaft darauf hinwirken, daß bei Zuwiderhandlungen gegen Weisungen Jugendarrest nur verhängt wird, wenn mildere Maßnahmen, z.B. eine formlose Ermahnung, nicht ausreichen. Ist Jugendarrest nach § 11 Abs. 3 Satz 1 zu verhängen, so regt die Staatsanwaltschaft an, ein solches Maß festzusetzen, das im Wiederholungsfall gesteigert werden kann, falls sich dies aus erzieherischen Gründen als notwendig erweist.

3. Vor der Verhängung von Jugendarrest ist dem Jugendlichen Gelegenheit zur mündlichen Äußerung zu geben (§ 65 Abs. 1 Satz 3).

I. Anwendungsbereich 1	2. Festsetzung des Jugendarrestes 20
II. Laufzeit 3	3. Das Verfahren 25
III. Änderung von Weisungen sowie der Laufzeit 9	4. Der Beschluss über den Jugendarrest 27
IV. Nichterfüllung von Weisungen 18	5. Ordnungswidrigkeitenverfahren 28
1. Rechtsnatur des Jugendarrestes gem. Abs. 3 18	

I. Anwendungsbereich

1 Die Vorschrift gilt für Jugendliche und Heranwachsende auch vor den für allgemeine Strafsachen zuständigen Gerichten (§§ 105 Abs. 1, 104 Abs. 1 Nr. 1, § 112).

2 § 11 entspricht der erzieherischen Zielsetzung der Weisungen, flexibel auf die weitere Entwicklung des Jugendlichen oder Heranwachsenden Rücksicht zu nehmen. Eine nachträgliche Änderung kommt namentlich dann in Betracht, wenn die Entwicklung des Jugendlichen oder die Änderung der Lebensverhältnisse eine Anpassung notwendigerweise erforderlich machen oder wenn sie sich als unzweckmäßig oder undurchführbar erweisen.

II. Laufzeit

Das Gericht hat die Laufzeit der verhängten Weisung zu bestimmen. Eine zeitlich unbegrenzte Weisung ist unzulässig. Die Bestimmung hat bereits im **Urteil** oder im **Einstellungsbeschluss** nach § 47 zu erfolgen, damit der Jugendliche sich nach entsprechender Belehrung auf die Erfüllung rechtzeitig einstellen kann. Die Frist sollte zeitlich alsbald nach der Rechtskraft des Urteils beginnen. Allerdings ist zu empfehlen, auf die persönlichen Umstände, wie Schule, Prüfungen und Arbeitsstelle, Rücksicht zu nehmen. 3

Die Laufzeit darf, auch bei einer Abänderung, insgesamt **zwei Jahre** nicht überschreiten. Sie beginnt mit der **Rechtskraft** der ersten Entscheidung. Ist im Urteil nichts bestimmt, hat das Gericht die Dauer der Weisung nachträglich zu beschließen und bekannt zu machen. Eines Beschlusses im Rahmen des § 65 bedarf es dafür nicht. Wurde keine Entscheidung getroffen, endet die Weisung spätestens nach zwei Jahren bzw. gem. Abs. 2 nach drei Jahren ab Rechtskraft der zugrunde liegenden Entscheidung. 4

Erzieherische Maßnahmen gem. § **47 Abs. 1** unterliegen einer Frist von **6 Monaten** (§ 47 Abs. 1 S. 2). 5

Die Laufzeit einer Weisung, sich der **Betreuung** und Aufsicht einer bestimmten Person (Betreuungshelfer) zu unterstellen (Ziff. 5), soll nicht mehr als **ein Jahr** betragen. 6

Die Laufzeit der Weisung, an einem **sozialen Trainingskurs** teilzunehmen (Ziff. 6), soll nicht mehr als **sechs Monate** dauern. 7

Nur in begründeten Ausnahmefällen dürfen diese beiden Fristen überschritten werden. Dieser jeweiligen Regeldauer liegt die gesetzliche Annahme zugrunde, dass Weisungen, je länger sie dauern, kaum noch einen erzieherischen Erfolg versprechen. Damit wird auch dem Grundsatz des Übermaßverbotes Geltung verschafft. 8

III. Änderung von Weisungen sowie der Laufzeit

Gemäß Abs. 2 können Weisungen auch nach Rechtskraft des Urteils geändert oder von ihnen befreit werden, wenn dies „aus Gründen der Erziehung" geboten ist. Die Entscheidung hierüber (zum Verfahren siehe § 65) steht im pflichtgemäßen Ermessen des Gerichts. Sie umfasst sowohl die Abwandlung einer bereits erteilten Weisung, als auch die Ersetzung der Weisung durch eine andere, erzieherisch wirksamere Weisung. § 11 Abs. 2 enthält daher eine Einschränkung der Rechtskraft des Urteils in der Weise, dass zwar die festgestellte Schuld und die Entscheidung über die Art der Rechtsfolge (§§ 5 Abs. 1, 9 Nr. 1) feststeht, nicht aber die einzelne Anordnung der Weisung gem. § 10.[1] Zuchtmittel dürfen, da deren Voraussetzungen andere sind (ahndender Charakter), nicht festgesetzt werden. 9

Ohne neu hinzugetretene oder bekannt gewordene Umstände ist eine Veränderung nach § 11 Abs. 2 **unzulässig**. Insbesondere kann die nachträglich abweichende Beurteilung des dem Urteil zugrunde liegenden Sachverhalts nicht zu einer Änderung führen. Dem stünde das Verbot des „ne bis in idem", also der nochmaligen Verurteilung, entgegen. 10

Gründe für eine Abänderung sind namentlich gegeben, wenn sich Tatsachen im Bereich der persönlichen oder sozialen Verhältnisse, hinsichtlich der Entwicklung 11

---

[1] D/S/S-Diemer, § 10 Rn 5.

oder Erreichen des ursprünglich erstrebten erzieherischen Zieles ergeben haben. Als weiterer Abänderungsgrund kann die nachträgliche Unzumutbarkeit oder Undurchführbarkeit der Weisung in Betracht kommen, wobei es allerdings nicht ausreichend sein kann, wenn der Jugendliche die Maßnahme schuldhaft nicht erfüllt hat. Nachträglich können sich vielfach Abhängigkeiten vom Elternhaus, von der Schule oder Arbeitsplatz auswirken, die eine Anpassung erfordern. Berücksichtigt werden können Umstände, die nach Erlass des Urteils bekannt werden, auch wenn sie schon vorher vorlagen.

Eine Änderung der Weisung kommt auch dann in Betracht, sollte einer der Beteiligten bei einer Weisung gem. § 10 Abs. 2 seine Einwilligung widerrufen (s. dort).

12 Die geänderten Weisungen dürfen, wie ausgeführt, **wiederum nur Weisungen** sein und zwar auch bei Soldaten der Bundeswehr,[2] wenn sie erzieherisch sinnvoller und wirksamer sind. Hierbei muss dem Gericht ein angemessener Spielraum zugebilligt werden. Zwar sind „völlig neue Weisungen"[3] sicher nicht davon erfasst, aber unter Berücksichtigung der festgestellten Straftat und der Persönlichkeit des Jugendlichen darf eine andere „Katalogweisung" oder eine sonstige erzieherische Weisung erteilt werden. So muss es möglich sein, anstelle eines gescheiterten Sozialen Trainingskurses (Ziff. 6), der in der Regel in der geforderten Zeit und aus organisatorischen Gründen nicht durch Zwang („Ungehorsamsarrest") wiederholt werden kann, durch eine zeitlich entsprechende Arbeitsleistung (Ziff. 4) zu ersetzen. Das Gleiche muss bei der Anordnung des TOA (§ 10 Abs. 1 Ziff. 7) gelten, da dieser aus vielerlei Gründen scheitern kann, eine erzieherische Maßnahme angesichts der häufig nicht geringen Straftat aber dringend geboten erscheint. Schließlich kann im Rahmen des § 10, der keine abschließende Regelung darstellt, eine Geldauflage festgesetzt werden, wenn damit eine Tatkompensation (ähnlich TOA) verbunden ist. Es kommen Fälle vor, in denen der Jugendliche zunächst ohne Arbeit war, dann aber Arbeit bekommen hat und die Arbeitsweisung nicht mehr zu erfüllen war. Eine Geldauflage gem. § 15 ist jedoch (zutreffend) nicht zulässig.[4]

13 Den Verurteilten darf die **neue Weisung** auch „härter" treffen, wenn der erzieherische Zweck so besser erreicht werden kann. Der Rechtsgedanke des Verschleiderungsverbots gilt insoweit nicht.[5] Die Entscheidung darf allerdings nicht dazu führen, dass zB die Arbeitsauflage nur deshalb erhöht wird, weil der erzieherische Erfolg noch nicht absehbar ist,[6] zumal der „Erfolg" einer Weisung in der Regel kaum messbar ist. In jedem Fall ist wiederum das Übermaßverbot zu beachten.

14 Überlässt das Jugendgericht gem. § 53 die Auswahl und Anordnung von Erziehungsmaßregeln dem Familiengericht, entscheidet dieses über etwaige Änderungen oder die Befreiung von Weisungen bzw über deren Laufzeit. Über den Ungehorsamsarrest darf das Familiengericht nicht entscheiden. Diese Entscheidung bleibt dem Jugendstrafgericht vorbehalten.

---

2 D/S/S-Diemer, § 10 Rn 6; aM Ostendorf, § 10 Rn 4; nach § 112 a Nr. 3 soll das Gericht die Weisungen den Besonderheiten anpassen; das muss auch für spätere Änderungen gelten.
3 D/S/S-Diemer, § 10 Rn 7.
4 Eisenberg, § 11 Rn 8; Ostendorf, § 11 Rn 4.
5 HM, D/S/S-Diemer, § 11 Rn 8; aM Ostendorf, § 11 Rn 4, der nicht darlegt, wie das Gericht einen „Vertrauensverlust" feststellen kann.
6 D/S/S-Diemer, § 11 Rn 7; Ostendorf, § 11 Rn 4; kritisch Eisenberg, § 11 Rn 5.

Länger dauernde Weisungen sind **regelmäßig zu überwachen**. Die Überwachungsfrist hängt vom Einzelfall ab. Spätestens nach drei Monaten sollte das Gericht die Maßnahme überprüfen. 15

Eine **Befreiung von Erziehungsmaßregeln** kann in Betracht kommen, wenn keine Einwirkungsmöglichkeit mehr besteht, sich sonst die Ungeeignetheit der Weisung ergeben hat oder das Erziehungsziel bereits erreicht wurde. Fehler bei der Bewertung der Strafbarkeitsvoraussetzungen oder bei einem unzulässigen Straffolgenausspruch darf damit aber nicht korrigiert werden.[7] 16

Das **Verfahren** regelt § 65. Die Entscheidung ergeht nach Anhörung der Beteiligten durch Beschluss. Die Jugendgerichtshilfe ist jedenfalls dann anzuhören, wenn sie, was üblicherweise geschieht, die Erziehungsmaßregeln überwacht oder vorgeschlagen hat. Die Änderung der Weisung, die Befreiung von ihnen, die Verlängerung der Laufzeit sowie die Befreiung von Auflagen kann gem. § 304 StPO mit der einfachen Beschwerde angefochten werden, sofern eine Beschwer gegeben ist und § 55 nicht entgegensteht. 17

IV. Nichterfüllung von Weisungen

1. Rechtsnatur des Jugendarrestes gem. Abs. 3.
Die **Einordnung** des im Abs. 3 zulässigen Jugendarrestes ist **umstritten** und im Rahmen des Erziehungsauftrags des JGG nicht eindeutig umschrieben. Jugendarrest ist im Sanktionsgefüge des Jugendgerichtsgesetzes einerseits „Zuchtmittel" gem. § 16. Dieser kommt gem. § 5 Abs. 2 erst zur Anwendung, wenn Jugendstrafe noch nicht geboten ist, dem Jugendlichen aber eindringlich zum Bewusstsein gebracht werden muss, dass er für das von ihm begangene Unrecht einzustehen hat. Jugendarrest kommt andererseits gem. § 11 Abs. 3, auf den §§ 15 Abs. 3 S. 2 (Auflagen bei Zuchtmitteln), 23 Abs. 1 S. 4 (Weisungen und Auflagen in der Bewährungszeit), § 29 S. 2 iVm § 23 (Weisungen und Auflagen beim Schuldspruch gem. § 27) verweisen, trotz des zugrunde liegenden „minderen Eingriffs" in Betracht, wenn der Verurteilte schuldhaft den gerichtlichen Weisungen und Auflagen nicht nachgekommen ist. 18

Im Hinblick auf die von § 16 getrennte Regelung des Jugendarrestes bei Nichtbefolgung einer Weisung oder Auflage ist § 11 Abs. 3 „eine in das Jugendgerichtsgesetzes eingeschobene **besondere jugendstrafrechtliche Reaktionsmöglichkeit** auf die Nichtbefolgung eines Urteils und zwar mit dem Zweck, auf die Befolgung der staatlich angeordneten Maßnahme hinzuwirken".[8] Diese Auffassung setzt zutreffend (quasi akzessorisch) den Schwerpunkt auf eine ergänzende und auf die zugrunde liegende Weisung oder Auflage bezogene „Reaktionsmöglichkeit" und nicht auf „eine jugendstrafrechtliche Reaktion im materiellrechtlichen Sinne. Der Jugendarrest gem. § 11 Abs. 3 ist danach nur **„Beugemaßnahme"** zur Erfüllung der Weisung, nicht jedoch „Ahndungsmittel".[9] Sie erledigt sich sofort, wenn der Jugendliche die aus dem Urteil herrührende Maßnahme erfüllt (Abs. 3 S. 3). Der Jugendarrest ist danach keine „Ersatzmaßnahme, mit der die ursprüngliche Reaktion ersatzweise korrigiert wird".[10] Der Beschluss ersetzt das vorherige Urteil auch nicht inhaltlich. Da der Jugendarrest nach dem Willen des Gesetzge- 19

---

7 Ostendorf, § 11 Rn 6.
8 Eisenberg, § 11 Rn 12.
9 D/S/S-Diemer, § 11 Rn 11.
10 Ostendorf, § 11 Rn 11, der damit im Grunde die Rechtsfolgen des Urteils ersetzt u.a. mit der Folge, dass von der ursprünglichen Weisung abgesehen werden müsste und Arrest in vorliegenden Verfahren insgesamt nur nicht über 4 Wochen hinausgehen darf.

bers kein förmliches Nachverfahren zum Strafverfahren ist, „nur" an die **schuldhafte** Nichtbefolgung einer gerichtlichen bereits bestimmten Maßnahme anknüpft und daraus Konsequenzen zieht, ist alleiniger Bezug des Jugendarrestes der Schuldspruch des ursprünglichen, rechtskräftigen Urteils. Der Jugendarrest verfolgt das erzieherisch begründete Ziel, der nicht befolgten Weisung oder Auflage mit angemessenen (jugendadäquaten) Mitteln unter weiterer Beachtung des Übermaßverbotes Geltung zu verschaffen. Das nicht „vollstreckbare" Urteil stünde sonst im „luftleeren Raum" und wäre erzieherisch schädlich.[11]

20 **2. Festsetzung des Jugendarrestes.** Die Verhängung des Arrestes lässt den Bestand der Weisung unberührt.[12] Die **wiederholte** Anordnung eines Arrestes wegen eines erneuten Verstoßes gegen dieselbe Weisung oder Auflage oder eine andere im selben Urteil angeordnete Weisung oder Auflage ist, wie das Wort „insgesamt" ergibt, **zulässig.**[13] Die erneute Entscheidung hat selbstverständlich das Gebot der Verhältnismäßigkeit sowie das erzieherische Ziel der Maßnahme zu beachten. Daher ist stets zu prüfen, ob nicht zunächst eine andere (mildere) Maßnahme nach Abs. 2 zu treffen ist. Eine andere Weisung ist insbesondere dann angezeigt, wenn die ursprüngliche nicht wiederholt werden kann (zB wenn ein bestimmter, nicht wiederholbarer Termin abgelaufen ist oder nicht eingehalten wurde). Bei wiederholten Verstößen sollte zunächst der Ungehorsamsarrest vollstreckt werden, auch wenn danach weitere Verstöße vorgekommen sind.

21 Das in Abs. 3 S. 2 festgelegte **Höchstmaß** von 4 Wochen ist von dem Höchstmaß des § 16 Abs. 4 (ebenfalls 4 Wochen) **unabhängig.**[14] Dies lässt sich daraus ableiten, dass das jugendgerichtliche Urteil neben Weisungen zusätzlich auch auf Jugendarrest erkennen darf (§ 8 Abs. 1) und jede richterlich angeordnete Maßnahme vom Prinzip der Erziehung her zu beachten und durchzusetzen ist. Daher kann in einem Verfahren eine Arrestdauer von maximal acht Wochen verhängt und vollstreckt werden. Die Kritiker dieser Auffassung weisen allerdings zurecht darauf hin, dass eventuell das Urteil auf die Ungeeignetheit der zugrunde liegenden Weisung bzw Auflage hindeutet und deshalb eine Änderung der Weisung angezeigt erscheinen lässt.[15] Der Beschluss ist, und das spricht auch für die Bindung und gegen Ersetzung des ursprünglichen Urteils, nicht dazu da, nachträglich das zugrunde liegende Urteil nachzubessern bzw zu verschärfen oder eine mögliche falsche Prognose zu korrigieren. In einem solchen Fall muss auch berücksichtigt werden, dass kurzfristige, freiheitsentziehende Maßnahmen im Jugendstrafrecht die Ausnahme bilden sollen und nur bei erheblichen Verstößen in Betracht kommen.

22 Das Jugendgericht muss von der **Vollstreckung des Jugendarrestes absehen,** wenn der Jugendliche nach der Verhängung des Jugendarrestes und vor der Vollstreckung der Weisung nachkommt (Abs. 3 S. 3).[16] Dies gilt auch dann, wenn die Vollstreckung bereits an den Vollstreckungsleiter der Arrestanstalt abgegeben worden ist.[17] Diese gesetzliche Regelung weist darauf hin, dass der Jugendarrest die Weisung oder Auflage nicht ersetzt, denn sonst wäre sie überflüssig. Bietet die Jugendarrestanstalt die Möglichkeit, dort die Weisung zu erfüllen, ist mit Ableis-

---

11 D/S/S-Diemer, § 11 Rn 11.
12 HM; aM ausf. Ostendorf, § 11 Rn 12.
13 HM; einschr. Eisenberg, § 10 Rn 21.
14 D/S/S-Diemer, § 11 Rn 15; aM Ostendorf, § 10 Rn 13; Eisenberg, § 10 Rn 21.
15 Eisenberg, § 10 Rn 19.
16 D/S/S-Diemer, § 11 Rn 19.
17 BGH v. 4.9.2002, 2 Ars 218/02, BGHSt 48, 1; Eisenberg, § 11 Rn 24.

tung der Auflage die Vollstreckung beendet. Der Vollstreckungsleiter erlässt einen entsprechenden Beschluss.

Ist der **Jugendarrest vollstreckt**, kann gem. Abs. 2 **von der weiteren Erfüllung** der Weisung oder Auflage **abgesehen werden** (Verfahren: § 65). Dies bedarf jedoch in jedem Fall der Einzelprüfung. Es sollte dabei bedacht werden, dass der Freiheitsentzug als der stärkste staatliche Eingriff in die Freiheitsrechte des Einzelnen eingreift und erfahrungsgemäß erheblichen Eindruck auf die Jugendlichen macht. Zwar waren in der Praxis auch Verfahren anhängig, in denen der Jugendliche den Arrest „cool" fand, aber abgesehen davon, dass dies die absolute Ausnahme darstellte, kann in solchen Fällen das Verfahren mit der Wiederholung von zulässigen, auch nach Abs. 2 geänderten Maßnahmen fortgesetzt werden. Um dies zu beurteilen, empfiehlt es sich regelmäßig, den Entlassungsbericht der Jugendarrestanstalt heranzuziehen. 23

3. Das Verfahren. Das Verfahren richtet sich nach § 65 (s. auch dort). 24

Ist ein Jugendarrest **beabsichtigt**, ist neben der Jugendstaatsanwaltschaft der Verurteilte einschließlich seines gesetzlichen Vertreters oder Erziehungsberechtigten **anzuhören**. Der Jugendliche ist stets mündlich anzuhören (§ 65 Abs. 1 S. 3). Da die Jugendgerichtshilfe (Bewährungshelfer) in der Regel die Erfüllung der Weisungen oder Auflagen überwacht und vor allem deren Nichtbeachtung dem Gericht mitteilt, sollte sie auch vom Termin benachrichtigt werden (§ 65 Abs. 1 S. 1 und 2), um eventuell neuere Entwicklungen noch berücksichtigen zu können.

Im Anhörungstermin sollte regelmäßig eine angemessene **Nachfrist** gesetzt werden (ein Monat hat sich bewährt), die erfahrungsgemäß mit nur ganz wenigen Ausnahmen eingehalten wird. 25

▶ **Es kann folgender Beschluss zur Nachfrist empfohlen werden:**
„Dem Jugendlichen wird zur Erfüllung der nicht erledigten Weisung ... eine Nachfrist bis ... gesetzt. Kommt er schuldhaft dieser Frist nicht nach, wird ohne weitere Anhörung ein Ungehorsamsarrest von ... verhängt". ◀

Zuständig für die Entscheidung ist der Jugendrichter des ersten Rechtszuges. Er kann das Verfahren an den Jugendrichter abgeben, in dessen Bezirk sich der Jugendliche aufhält, wenn dieser seinen Aufenthalt gewechselt hat. § 42 Abs. 3 Satz 2 gilt entsprechend (§ 65 Abs. 1 S. 4 und 5). 26

4. Der Beschluss über den Jugendarrest. Der zu verhängende Arrest hat sich nicht an dem „Ungehorsam" des Jugendlichen zu orientieren,[18] sondern allein an der nicht erfüllten Weisung. So wäre es zB unzulässig, bei (noch) nicht erfüllten zehn Arbeitsstunden vier Wochen Jugendarrest festzusetzen. Hier wäre eindeutig das Übermaßverbot verletzt. 27

Das Gericht hat zu prüfen, ob ein **vorsätzlicher oder fahrlässiger Verstoß** gegen die durch Urteil festgesetzte Weisung/Auflage gegeben ist. Zudem muss der Jugendliche zuvor über die Rechtsfolgen des Verstoßes belehrt worden sein. Deshalb ist genau darauf zu achten, dass diese Belehrung in der Hauptverhandlung erfolgt und dies protokolliert wird. Eine nachträgliche Belehrung ist jedoch zulässig. Ein Arrest im Rahmen der §§ 45, 47 ist unzulässig.

Wurde im Falle des § 10 Abs. 2 die Zustimmung des Erziehungsberechtigten oder des Heranwachsenden **widerrufen**, darf ein Arrest nicht mehr verhängt werden.

---

18 Ostendorf, § 11 Rn 8 weist insoweit zutreffend darauf hin, dass nicht der Ungehorsam geahndet werden darf.

Wird ein Jugendlicher nach Verhängung des Arrestes gem. Abs. 3 in einem weiteren Verfahren strafrechtlich zur Verantwortung gezogen, ist zu prüfen, ob dieses **noch nicht erledigte Verfahren** gem. § 31 Abs. 2 in das neue, nachträgliche Verfahren **einbezogen** oder von einer Einbeziehung gem. § 31 Abs. 3 abgesehen wird. Gem. § 31 Abs. 2 S. 2 kann das einbeziehende Gericht Erziehungsmaßregeln und Zuchtmittel für erledigt erklären, wenn auf Jugendstrafe erkannt wurde. Eine entsprechende Anwendung des § 47 sowie des § 154 StPO dahin, dass dann von der Vollstreckung des Jugendarrestes abgesehen werden kann, wenn in einem anderen Urteil auf eine freiheitsentziehende Maßnahme erkannt wurde, ist abzulehnen.[19]

Die Vollstreckung des Jugendarrestes ist unzulässig, wenn seit Eintritt der Rechtskraft ein Jahr verstrichen ist (§ 87 Abs. 4).

Gegen den Arrestbeschluss ist **sofortige Beschwerde** zulässig. Diese hat aufschiebende Wirkung (§ 65 Abs. 2 S. 2 und 3).

28　5. Ordnungswidrigkeitenverfahren. Im OWi-Verfahren gegen Jugendliche und Heranwachsende kann gem. § 98 Abs. 2 – 4 OWiG ein Jugendarrest von längstens **einer** Woche verhängt werden, wenn anstelle der Geldbuße eine richterliche Weisung nicht befolgt wurde. Auch diese Regelung sieht unter Bezug auf die zugrunde liegende Tat eine deutliche Beschränkung vor.

§ 12　Hilfe zur Erziehung

Der Richter kann dem Jugendlichen nach Anhörung des Jugendamts auch auferlegen, unter den im Achten Buch Sozialgesetzbuch genannten Voraussetzungen Hilfe zur Erziehung
1. in Form der Erziehungsbeistandschaft im Sinne des § 30 des Achten Buches Sozialgesetzbuch oder
2. in einer Einrichtung über Tag und Nacht oder in einer sonstigen betreuten Wohnform im Sinne des § 34 des Achten Buches Sozialgesetzbuch

in Anspruch zu nehmen.

Richtlinie zu § 12
Auf die Richtlinie Nr. 2 zu § 105 wird hingewiesen:

Richtlinien zu § 105
[...]
2. Hilfe zur Erziehung (§ 9 Nr. 2, § 12) kann gegen Heranwachsende nicht angeordnet werden. Stattdessen kommt namentlich die Weisung in Betracht, sich einem Betreuungshelfer zu unterstellen (§ 10 Abs. 1 Satz 3 Nr. 5).

§ 27 SGB VIII　Hilfe zur Erziehung
(1) Ein Personensorgeberechtigter hat bei der Erziehung eines Kindes oder eines Jugendlichen Anspruch auf Hilfe (Hilfe zur Erziehung), wenn eine dem Wohl des Kindes oder des Jugendlichen entsprechende Erziehung nicht gewährleistet ist und die Hilfe für seine Entwicklung geeignet und notwendig ist.
(2) Hilfe zur Erziehung wird insbesondere nach Maßgabe der §§ 28 bis 35 gewährt. Art und Umfang der Hilfe richten sich nach dem erzieherischen Bedarf im Einzelfall;

19　D/S/S-Diemer, § 11 Rn 20; aM Brunner/Dölling, § 11 Rn 5.

dabei soll das engere soziale Umfeld des Kindes oder des Jugendlichen einbezogen werden.

(3) Hilfe zur Erziehung umfasst insbesondere die Gewährung pädagogischer und damit verbundener therapeutischer Leistungen. Sie soll bei Bedarf Ausbildungs- und Beschäftigungsmaßnahmen im Sinne von § 13 Abs. 2 einschließen.

§ 30 SBG VIII   Erziehungsbeistand, Betreuungshelfer
Der Erziehungsbeistand und der Betreuungshelfer sollen das Kind oder den Jugendlichen bei der Bewältigung von Entwicklungsproblemen möglichst unter Einbeziehung des sozialen Umfelds unterstützen und unter Erhaltung des Lebensbezugs zur Familie seine Verselbständigung fördern.

§ 34 SGB VIII   Heimerziehung, sonstige betreute Wohnform
Hilfe zur Erziehung in einer Einrichtung über Tag und Nacht (Heimerziehung) oder in einer sonstigen betreuten Wohnform soll Kinder und Jugendliche durch eine Verbindung von Alltagserleben mit pädagogischen und therapeutischen Angeboten in ihrer Entwicklung fördern. Sie soll entsprechend dem Alter und Entwicklungsstand des Kindes oder des Jugendlichen sowie den Möglichkeiten der Verbesserung der Erziehungsbedingungen in der Herkunftsfamilie
1. eine Rückkehr in die Familie zu erreichen versuchen oder
2. die Erziehung in einer anderen Familie vorbereiten oder
3. eine auf längere Zeit angelegte Lebensform bieten und auf ein selbständiges Leben vorbereiten.

Jugendliche sollen in Fragen der Ausbildung und Beschäftigung sowie der allgemeinen Lebensführung beraten und unterstützt werden.

Schrifttum:
Kunkel (Hrsg.) Sozialgesetzbuch VIII, 3. Aufl., 2006.

I. Anwendungsbereich	1	2. Voraussetzungen des § 27 SGB VIII	6
II. Allgemeine jugendstrafrechtliche Voraussetzungen	2	IV. Die Hilfe zur Erziehung im Einzelnen	13
1. Vorliegen einer Straftat	2	1. Die Erziehungsbeistandschaft gem. § 30 SGB VIII	13
2. Sonstige jugendstrafrechtliche Voraussetzungen	3	2. Heimerziehung, sonstige betreute Wohnform gem. § 34 SGB VIII	19
III. Allgemeine Voraussetzungen der Auflage nach § 27 SGB VIII	5	V. Weitere Verfahrensfragen	24
1. Anhörung des Jugendamtes	5		

I. Anwendungsbereich

§ 12 gilt ausschließlich für **Jugendliche**. Für Heranwachsende ist dies gem. § 105 ausgeschlossen. § 41 SGB VIII (Hilfe für junge Volljährige) ist demnach auf der Grundlage des § 12 nicht anzuwenden. Gegen Soldaten darf Hilfe zur Erziehung nach § 12 nicht angeordnet werden (gem. § 112 a; § 12 dürfte in der Praxis wegen des Alters der Soldaten keine Rolle spielen). Mit der Erreichung der Volljährigkeit entfällt die Verpflichtung, Erziehungsbeistandschaft oder die Heimunterbringung „in Anspruch zu nehmen". 1

II. Allgemeine jugendstrafrechtliche Voraussetzungen

2 **1. Vorliegen einer Straftat.** Wesentliche Voraussetzung einer Anordnung nach § 12 ist die Feststellung einer rechtswidrig und schuldhaft begangenen Straftat des Jugendlichen. Insbesondere muss die strafrechtliche Verantwortlichkeit gem. § 3 S. 1 vorliegen und positiv festgestellt werden. Liegt diese nicht vor, sind Maßnahmen nach § 12 durch den Jugendrichter unzulässig.[1] Zur Erziehung eines Jugendlichen, der mangels Reife strafrechtlich nicht verantwortlich ist, kann der Jugendrichter jedoch dieselben Maßnahmen anordnen wie das Familiengericht (§ 3 Satz 2). Dies bedeutet eine formale Kompetenzerweiterung des Jugendstrafrichters auf das Familienrecht.

3 **2. Sonstige jugendstrafrechtliche Voraussetzungen.** Bei der Anordnung dieser Maßnahme sind die allgemeinen jugendstrafrechtlichen Voraussetzungen zu prüfen und zu bejahen. Hierzu zählen im Wesentlichen der **Grundsatz der Verhältnismäßigkeit** und ein **notwendiger Bezug zur Straftat**. Eine geringfügige Verfehlung darf nicht das „Einfallstor" für nachhaltige Maßnahmen wie Unterbringung in einem Heim sein. Die Anordnung nach § 12 muss im Hinblick auf den Zweck der Erziehungsmaßregeln, weitere Straftaten zu verhindern, geeignet, notwendig und angemessen sein. Ein Verschulden des Jugendlichen oder seines Erziehungsberechtigten an den Erziehungsmängeln ist nicht Voraussetzung für die Anordnung.

4 Die Anordnung, die genannten Hilfen in Anspruch zu nehmen, kann nicht erzwungen werden. Insbesondere kann kein Jugendarrest verhängt werden. Die Anordnung ist somit praktisch nicht „vollstreckbar". Deshalb wird empfohlen, „nur von § 10 Gebrauch zu machen und auf § 12 zu verzichten".[2] Diese Überlegung übersieht, dass es möglicherweise Fälle geben kann, in denen zwar das Einvernehmen der Erziehungsberechtigten, nicht aber das des Jugendamtes vorliegt. Das Urteil nach § 12 verpflichtet das Jugendamt, der Inanspruchnahme durch den Jugendlichen zu entsprechen (s. aber Rn 5). Die Vorschrift erweitert somit die Kompetenz des Jugendstrafrichters auf die hier genannten Regelungen des SGB VIII. Stellt das Jugendgericht die Voraussetzungen in seinem Urteil fest, ist das Jugendamt rechtlich daran gebunden.

III. Allgemeine Voraussetzungen der Auflage nach § 27 SGB VIII

5 **1. Anhörung des Jugendamtes.** Eine Entscheidung nach § 12 setzt die vorherige Anhörung des zuständigen Jugendamtes voraus. Im Gegensatz zu früher ist ein **Einvernehmen nicht mehr erforderlich**. Unterbleibt die Anhörung, ist das Urteil nur anfechtbar, wenn das Gericht entscheidungserhebliche Gesichtspunkte zur Persönlichkeit des Jugendlichen nicht ausreichend beachtet hat. Das Jugendamt selber hat kein Rechtsmittel. Die rechtskräftige Anordnung ist vom Jugendamt zu vollziehen, wenngleich das Gericht keine Möglichkeiten hat, die Anordnung überhaupt, weder gegen den Jugendliche, noch gegen das Jugendamt und schon gar nicht gegen den Personensorgeberechtigten durchzusetzen. Eine Regelung wie § 11 Abs. 3 fehlt hier. Der Erziehungsberechtigte dürfte aber einen gerichtlich durchsetzbaren Anspruch gegen das Jugendamt haben, das sich eventuell schadenersatzpflichtig machen kann, wenn es dem Urteil nicht Folge leistet.[3]

---

[1] Eisenberg, § 12 Rn 4.
[2] D/S/S-Diemer, § 12 Rn 4.
[3] In der Praxis dürfte das jedoch nicht vorkommen.

2. Voraussetzungen des § 27 SGB VIII. Nach Anhörung des Jugendamtes (neben 6
der Jugendgerichtshilfe der allgemeine Sozialdienst) prüft der Jugendrichter **eigenständig** die allgemeine „Anspruchsgrundlage" des § 27 SGB VIII. Es müssen
gem. § 12 dessen materiellen und formellen Voraussetzungen vorliegen, denn die
§§ 30, 34 SGB VIII setzen § 27 voraus.

Die materiellen Voraussetzungen sind:[4]
- Eine dem Wohl des Jugendlichen entsprechende Erziehung ist nicht gewährleistet.
- Die Hilfe zur Erziehung muss geeignet sein.
- Die Hilfe zur Erziehung muss notwendig sein.
- Der Personensorgeberechtigte muss einverstanden sein.

Eine dem Wohl des Jugendlichen entsprechende Erziehung ist nicht gewährleistet, 7
wenn im Einzelfall ein Erziehungsmangel (**Erziehungsdefizit**) bei dem Jugendlichen vorliegt und dieser Mangel durch die Eltern nicht behoben wird, ohne dass
ein Verschulden der Eltern vorliegen muss. Es muss sich um einen Mangel im
elterlichen Erziehungsbereich, nicht etwa im schulischen Bereich oder verursacht
durch Krankheit der Eltern oder des Kindes, handeln.

Der Erziehungsmangel ist am Ziel der Erziehung, also an der **Gewährleistung des** 8
Kindeswohls zu messen. Dieses besteht in der Entwicklung der leiblichen, seelischen und gesellschaftlichen Fähigkeiten des Jugendlichen oder der eigenverantwortlichen und gemeinschaftsfähigen Persönlichkeit (§ 1 SGB VIII). Das Ziel ist
erreicht, wenn die Grundbedürfnisse des Jugendlichen befriedigt sind. Diese können sein: geistige und soziale Bindungen insbesondere zu den Eltern, Versorgung,
Körperpflege, Gesundheitsfürsorge, Schutz vor Gefahren. Dabei ist das Umfeld
des Jugendlichen zu berücksichtigen, in dem sich dieser aufhält. **Maßstab** kann
dabei keine „Idealfamilie" oder „normale Durchschnittsfamilie" sein, sondern
die in der **konkreten Familie** erreichbaren Möglichkeiten.[5] Sie sind abhängig vom
Alter und der Entwicklung des Kindes sowie von dem Umfeld, in dem das Kind
aufwächst. Sind die in der konkreten Umgebung erreichbaren Standards für eine
dort erwartbare geistige, körperliche oder seelische Entwicklung des Kindes nicht
erreicht, liegt ein Erziehungsdefizit vor. Die Voraussetzungen der §§ 1666 f BGB,
also einer Kindeswohlgefährdung, müssen noch nicht vorliegen. Eine Gefährdung
der Entwicklung genügt.[6] Bei der Hilfe zur Erziehung steht der öffentlich-rechtliche Leistungsgedanke unterhalb der konkreten Kindeswohlgefährdung im Vordergrund, während § 1666 BGB zum staatlichen Eingriff in das Elternrecht berechtigt.

Die Hilfe zur Erziehung muss **geeignet** sein. Sie muss zunächst generell tauglich 9
sein den **Erziehungsmangel zu beheben**. Sie ist es nicht, wenn die Eltern nicht
mitwirkungsbereit sind. Auch andere, außerfamiliäre Gründe können den Entwicklungsmangel verursacht haben. Zum Beispiel kann Legasthenie zu Entwicklungsstörungen führen. Sie ist jedoch nicht durch Erziehungsmängel hervorgerufen und kann auch nicht durch Hilfe zur Erziehung behoben werden. Hier sind
andere – vor allem besondere schulische Maßnahmen – angezeigt. Fehlt es an der
täglichen Betreuung, weil etwa der/die Erziehungsberechtigte arbeitet, kommt eine Kindertagesstätte in Betracht. Bei einer seelischen Behinderung ist nicht Hilfe

---

4 Siehe im Folgenden Kunkel, § 27 SGB VIII Rn 1 ff.
5 Kunkel, § 27 SGB VIII Rn 3.
6 Eisenberg, § 12 Rn 11.

zur Erziehung, sondern Eingliederungshilfe oder therapeutische Maßnahmen sind hier die geeigneten Hilfen.

10 Die Hilfe zur Erziehung muss „**notwendig**" sein. Sind mehrere Maßnahmen geeignet, das Erziehungsdefizit zu beheben, müssen zunächst die anderen (zB allgemeine Familienhilfen) ausgewählt werden. Erst wenn diese ausscheiden, kommt Erziehungshilfe zur Anwendung. Das Übermaßverbot ist zu beachten. Notwendig ist eine Hilfe auch dann, wenn sie teurer, aber besser zur Beseitigung des Erziehungsmangels geeignet ist. Die Hilfe darf nicht daran scheitern, dass der Personensorgeberechtigte selber den Mangel abstellen könnte, dazu aber nicht bereit ist (zB durch Aufgabe der Arbeitsstelle), denn schuldhaftes Verhalten der Eltern kann nicht zulasten der Kinder gehen.

11 Die Hilfe zur Erziehung unterliegt einer **Rangfolge** dergestalt, dass die familienunterstützende Hilfeart vor der familienersetzenden Hilfeart, also die Erziehungsbeistandshaft vor der Fremdunterbringung zu prüfen ist.

12 Bei der Auslegung der o.a. Begriffe gibt es **kein Ermessen**. Liegen diese Voraussetzungen vor, kommt die Hilfe zur Erziehung oder die Fremdunterbringung in Betracht, wobei kein Auswahlermessen gegeben ist.

Liegen die Tatbestandsvoraussetzungen vor, hat der Jugendliche einen klagbaren Anspruch auf Hilfe zur Erziehung (subjektives öffentliches Recht). ME darf er sich dann auf das rechtskräftige Urteil des Jugendstrafgerichts berufen.

IV. Die Hilfe zur Erziehung im Einzelnen

13 **1. Die Erziehungsbeistandschaft gem. § 30 SGB VIII.** Der Erziehungsbeistand und der Betreuungshelfer sollen den Jugendlichen bei der Bewältigung von Entwicklungsproblemen unterstützen und seine Verselbständigung fördern.[7]

14 Die **Erziehungsbeistandschaft** kommt im Einzelfall als geeignete Hilfe dann in Betracht, wenn der Jugendliche deutliche Entwicklungs- und Verhaltensprobleme zeigt, die familiären Beziehungen es aber zulassen, dass sowohl mit ihm, aber auch dem Sorgeberechtigten zusammen gearbeitet werden kann. Die Probleme können vom Leistungs- und Sozialverhalten in der Schule über innerfamiliäre Probleme bis zum straffälligen Verhalten reichen. Im Unterschied zur Sozialpädagogischen Familienhilfe ist die familiäre Unterstützung des Erziehungshelfes hauptsächlich auf **einen** Jugendlichen ausgerichtet. **Ziel** ist es, dessen Verselbständigung zu fördern, den Lebensbezug zur Familie zu erhalten und das soziale Umfeld unterstützend einzubeziehen (zB Mitschüler, Verein, Freunde). Die Förderung der Verselbständigung kann schließlich dazu führen, dass der ältere Jugendliche im betreuten Wohnen untergebracht wird.

15 Da die Erziehungshilfe gem. §§ 27 ff SGB VIII auf **Freiwilligkeit** beruht, hat das Gericht vorher oder in der Hauptverhandlung die Bereitschaft des Jugendlichen und seines Personensorgeberechtigten anzustreben.[8] Ist die Bereitschaft gegeben, müssen die weiteren Voraussetzungen, insb. eventuell die Dauer und eine geeignete Betreuungsperson, festgelegt werden.[9] § 12 zwingt zwar das Jugendamt auch gegen dessen Auffassung, die Erziehungshilfe sei ungeeignet, zur Durchführung der angeordneten Maßnahme. Aber ohne die helfende Unterstützung des in diesen Verfahren erfahrenen Jugendamtes ist die Durchführung praktisch unmöglich. „De facto" ist das Gericht auf Einvernehmen angewiesen, zumal eine Maßnahme

---

7 Im Einzelnen Kunkel, § 30 SGB VIII Rn 2 ff.
8 Eisenberg, § 12 Rn 15.
9 Eisenberg, § 12 Rn 16.

nicht angeordnet werden darf, deren Erfolg erzieherisch nicht erreicht werden kann.[10] Da das Jugendamt vorher gehört werden muss, wird es von Amts wegen regelmäßig selber prüfen müssen, ob die Voraussetzungen des § 30 SGB VIII vorliegen und bei Bejahung die erforderliche Hilfe einleiten. Daher dürfte sich in diesen Fällen ein Urteil im Jugendstrafverfahren erübrigen, wenn nur diese Maßnahme aufgrund der Straftat infrage kommt. Hier kann sich dann eine Einstellung gem. § 47 anbieten.

Da die Hilfe zur Erziehung nur bei Jugendlichen angeordnet werden kann, sollte sie **rechtzeitig vor der Volljährigkeit** angeordnet werden. Insoweit kommt es nicht auf den Tatzeitpunkt, sondern den Zeitpunkt der Entscheidung an. Dies hängt im Einzelfall davon ab, ob die Hilfe „für seine Entwicklung geeignet und notwendig ist", § 27 Abs. 2 SGB VIII. Bei einer Zeitspanne von unter einem Jahr vor Volljährigkeit die Maßnahme auszuschließen,[11] erscheint zu schematisch, da es insbesondere im Fall der Erziehungsbeistandschaft erzieherisch durchaus Sinn machen kann, sie unverzüglich anzuordnen, um helfend einzugreifen.[12] Dem widerspricht auch nicht der Umstand, dass die Maßnahme nach Vollendung des 18. Lebensjahres nicht mehr angeordnet werden darf. Die Jugendämter können gem. § 41 Abs. 2 SGB VIII auch nach der Volljährigkeit diese Hilfe weiter gewähren und werden dies auch tun, wenn die Voraussetzungen (weiter) vorliegen. Diesen Weg aus zeitlichen Gründen vorher nicht gegangen zu sein, wäre erzieherisch nicht vertretbar. 16

Die Anordnung der Erziehungsbeistandschaft darf im Übrigen nur angeordnet werden, wenn die Straftat auf einem Erziehungsmangel beruht, wobei die Delinquenz regelmäßig ein Indiz für Erziehungsmängel darstellt.[13] Das Gericht setzt nicht das Jugendamt, sondern eine bestimmte Person als Erziehungshelfer ein. Da aber bei den vielfältigen Angeboten auch freier Träger von einem Gericht die Auswahl nicht erwartet werden kann, kann es das Jugendamt bitten, einen zu benennen. Bewährungshelfer kommen aufgrund der verschiedenartigen Aufgabenstellungen als Erziehungshelfer nicht in Betracht.[14] 17

Während einer Bewährungszeit **ruht** eine bestehende Erziehungsbeistandschaft, nicht aber während des Vollzugs einer Jugendstrafe.[15] 18

2. Heimerziehung, sonstige betreute Wohnform gem. § 34 SGB VIII.[16] Die Hilfe zur Erziehung nach § 34 SGB VIII soll Kinder und Jugendliche durch eine Verbindung von Alltagserleben **mit pädagogischen und therapeutischen Angeboten in ihrer Entwicklung fördern.** 19

Diese Vorschrift beschreibt eine Art der Hilfe zur Erziehung im Sinne des § 27 SGB VIII, die auch als Hilfe für junge Volljährige erbracht werden und auch als Eingliederungshilfe für seelisch behinderte Jugendliche erfolgen kann. Konzeptionelles **Merkmal** dieser Hilfe ist, dass dem Jugendlichen außerhalb seiner Familie ein Lebenszusammenhang in einer Einrichtung oder sonstigen betreuten Wohnform angeboten wird, in dem das Alltagsleben mit den erforderlichen pä- 20

---

10 HM, Kunkel, § 30 SGB VIII Rn 10.
11 Eisenberg, § 12 Rn 2.
12 Kunkel, § 30 SGB VIII Rn 8, geht bei der EH von 6 Monaten bis 3 Jahren aus.
13 D/S/S-Diemer, § 12 Rn 10.
14 Eisenberg, § 10 Rn 16.
15 Eisenberg, § 10 Rn 19.
16 Vgl Nonninger in Kunkel, § 34 SGB VIII Rn 7 ff.

dagogischen und therapeutischen Hilfen verbunden und zu einem ganzheitlichen Förderungszusammenhang ausgestaltet wird.[17]

Die **Perspektive**, mit der die Förderung erfolgt, wird vom Alter und dem Entwicklungsstand des Jugendlichen abhängig gemacht. Ziel ist die Verbesserung der Erziehungsmöglichkeiten in der eigenen Familie. Ist dies nicht durchführbar, soll der Jugendliche auf ein selbstständiges Leben vorbereitet werden.

Sie muss über den o.a. allgemeinen Voraussetzungen hinaus im Einzelfall einerseits geeignet und andererseits notwendig sein, wenn sie geleistet werden soll. Geeignet ist die Hilfe, wenn sie dem Bedarfsprofil voraussichtlich entsprechen kann. Notwendig ist sie, wenn sie hinsichtlich ihres Umfangs und ihrer Intensität – unter Berücksichtigung der Rechte des Jugendlichen und seines Personensorgeberechtigten – auch erforderlich ist.

21 Die Hilfe zur Erziehung gemäß § 34 S. 1 SGB VIII unterscheidet zwischen einer Einrichtung über Tag und Nacht (**Heimerziehung**) und einer **sonstigen betreuten Wohnform**. Die Begriffe sind nicht „trennscharf" und stehen heute für eine „adressatengerecht differenzierte Angebotspalette" von Hilfen. Gemeinsam ist ihnen der Charakter als **Hilfe außerhalb der Herkunftsfamilie** und löst diese als alltägliches Bezugssystem ab. Im stationären Zusammenleben mit anderen Jugendlichen werden sie durch pädagogisches Fachpersonal in ihrem Alltagsleben begleitet und unterstützt. Dies unterscheidet sie von der Pflegefamilie, die typischerweise umfassend persönlich verantwortlich ist. Die Hilfe zur Erziehung in sonstigen betreuten Wohnformen unterscheidet sich von der Heimerziehung vor allem durch die vorrangige Berücksichtigung des Ziels der Verselbstständigung des Jugendlichen, so dass diese Maßnahme in Betracht kommt, wenn er älter und in der Lage ist, sich ansonsten selber zu versorgen. Diese Art der Betreuungsform verlangt von den Jugendlichen ein höheres Maß an Eigenverantwortung für die Alltagbewältigung. **Anliegen aller Maßnahmen** ist es, den Jugendlichen entweder in die Herkunftsfamilie zurückzuführen, ihn in einer anderen Familie unterzubringen oder außerhalb einer Familie auf ein selbstständiges Leben vorzubereiten. Die Ausgestaltung der Hilfe zur Erziehung erfolgt auf der Grundlage eines Hilfeplanes unter Beteiligung aller Betroffenen; eine Voraussetzung, die die Mitarbeit des Jugendlichen und des Erziehungsberechtigten sowie des Jugendamtes erfordert.

22 Das Alltagsleben ist im Gesetz besonders erwähnt, weil es im Konzept der Hilfe eine tragende Rolle spielt. Die Jugendlichen sollen **im Alltag** in der Einrichtung jene verlässliche Regelmäßigkeit und Orientierung erfahren, die im häuslichen Umfeld nur mangelhaft oder nicht anzutreffen sind. Damit einhergehen soll die persönliche Anerkennung im Alltag. Eventuell schließt diese Hilfeform Ausbildungs- und Beschäftigungsmaßnahmen ein. Ein weiteres Merkmal dieser Hilfeform ist die **Förderung des Jugendlichen**, so dass in der Regel den Eltern die elterliche Sorge verbleibt.

23 Die Unterbringung in geschlossenen Einrichtungen wird durch § 34 SGB VIII nicht gedeckt. Freiheitsentziehende Maßnahmen sind nur nach § 42 Abs. 5 SGB VIII oder nach familienrechtlichen Vorschriften möglich.[18]

---

17 Kunkel, § 34 SGB VIII Rn 2.
18 Kunkel, § 34 SGB VIII Rn 37; Eisenberg, § 10 Rn 42 a hält eine geschlossene Heimunterbringung „als Notlösung" für möglich, dies dürfte aber im Hinblick auf den fehlenden Bezug von § 12 auf § 42 Abs. 6 SGB VIII unzutreffend sein.

V. Weitere Verfahrensfragen

Liegen die Voraussetzungen der Hilfe zur Erziehung vor, trifft das Gericht in beiden Fällen seine Entscheidung nach pflichtgemäßem Ermessen durch Urteil. Zu beachten ist der Grundsatz der Verhältnismäßigkeit sowie die Rangfolge der beiden Maßnahmen. Die Heimerziehung nach Nr. 2 kommt nur in Betracht, wenn Erziehungsbeistandschaft ausscheidet.[19] 24

Für die Anordnung kommt es auf den Zeitpunkt der (letzten) Tatsachenentscheidung und nicht auf die Tatzeit an.[20] 25

Die richterlich angeordnete Erziehungsbeistandschaft endet mit der Volljährigkeit, kann jedoch gem. § 41 „für junge Volljährige" fortgeführt werden. Sie kann auch aufgehoben werden, wenn der Erziehungszweck erreicht ist. 26

Während einer Bewährungszeit **ruht** die bestehende Erziehungsbeistandschaft (§ 8 Abs. 2 S. 2). 27

Die Urteilsformel kann wie folgt lauten: 28

▶ „Dem Jugendlichen wird auferlegt, Hilfe zur Erziehung in Form der Erziehungsbeistandschaft bzw in einer Einrichtung gem. § 12 Nr. 2 in Anspruch zu nehmen." ◀

Eine nähere Bezeichnung des Betreuers oder der Einrichtung unterbleibt, wenn dies in der Hauptverhandlung nicht festgelegt werden kann. Dies ist aber nachzuholen. 29

Eine Entscheidung nach § 12 Nr. 2 kann mit einem Rechtsmittel angefochten werden (§ 55 Abs. 1 S. 2).

Dritter Abschnitt Zuchtmittel

§ 13 Arten und Anwendung

(1) Der Richter ahndet die Straftat mit Zuchtmitteln, wenn Jugendstrafe nicht geboten ist, dem Jugendlichen aber eindringlich zum Bewußtsein gebracht werden muß, daß er für das von ihm begangene Unrecht einzustehen hat.

(2) Zuchtmittel sind
1. die Verwarnung,
2. die Erteilung von Auflagen,
3. der Jugendarrest.

(3) Zuchtmittel haben nicht die Rechtswirkungen einer Strafe.

Richtlinie zu § 13

Wegen der Eintragung in das Zentralregister oder in das Erziehungsregister wird auf § 5 Abs. 2 und § 60 Abs. 1 Nr. 2 BZRG hingewiesen.

I. Arten der Zuchtmittel	1	III. Anordnung	6
II. Grundlagen und Voraussetzungen	3	IV. Keine Rechtswirkungen einer Strafe	8

---

19 D/S/S-Diemer, § 12 Rn 17.
20 Eisenberg, § 12 Rn 2.

I. Arten der Zuchtmittel

1   Mit dem antiquierten Begriff der Zuchtmittel wird eine im Hinblick auf ihre Eingriffsintensität sehr breit gefächerte Sanktionsgruppe bezeichnet. Sie reicht nach der **abschließenden Aufzählung** des Abs. 2 von der mildesten formellen jugendstrafrechtlichen Reaktion in Gestalt der Verwarnung (§ 14) als eindringlichen Vorhalt der Tat über die Auferlegung bestimmter Handlungspflichten in Form von Auflagen (§ 15) bis hin zum Jugendarrest (§ 16) als der repressiv-stationären Vorstufe zur Jugendstrafe.[1]

2   In der **justiziellen Praxis** sind die Zuchtmittel unter den Verurteilungen nach Jugendstrafrecht die **quantitativ bedeutsamste Sanktion**; dies gilt insbesondere für die ambulanten Zuchtmittel, deren Bedeutung im Anschluss an das 1. JGGÄndG (1990) zulasten der ambulanten Erziehungsmaßregeln sprunghaft anstieg.[2] 2008 wurden insgesamt 129.066 Zuchtmittel (72,3% aller formellen Sanktionen) verhängt (zum Vergleich: 30.203 Erziehungsmaßregeln [16,9%]; 19.255 Jugendstrafen [10,8%]), darunter 34.318 Verwarnungen (19,2%), 73.337 Auflagen (41,1%) und 21.411 Arreste (12%).[3]

II. Grundlagen und Voraussetzungen

3   Die (mit Ausnahme des bereits 1940 normierten Arrests) durch das JGG 1943 eingeführten Zuchtmittel sollten Sanktionsmöglichkeiten für kriminell nicht gefährdete Jugendliche schaffen und kurze Freiheitsstrafen zurückzudrängen.[4] Trotz der teilweise problematischen, von NS-Gedankengut geprägten rechtspolitischen Begründung, insbesondere für den Jugendarrest (Freisler:[5] „[Der Jugendarrest soll] den ehrliebenden, rassisch an sich gesunden jugendlichen Rechtsbrecher zweckentsprechend treffen"), sind die Zuchtmittel keine Relikte nationalsozialistischer Erziehungsideologie, sondern eine sinnvolle Ergänzung des jugendstrafrechtlichen Sanktioneninstrumentariums. Sie erfüllen wie alle Rechtsfolgen des JGG grundsätzlich eine **erzieherische**, daneben aber auch, wie sich dem Wortlaut des § 13 Abs. 1 entnehmen lässt, eine **ahndende, repressive Funktion** und sind gerichtet auf **in der Entwicklung noch beeinflussbare Jugendliche**, die eines **Denkzettels** in Form eines **Mahn- und Ordnungsrufes** bedürfen; sie sollen dem Täter die Autorität der Rechtsordnung zu Bewusstsein bringen und ihn erkennen lassen, dass er für sein Tun einzustehen hat und sich Unrecht nicht lohnt.[6] Im Gegensatz zu den Erziehungsmaßregeln sind sie **nicht auf eine Dauerwirkung angelegt**.[7] Schwer kriminelle, verwahrloste oder stark gefährdete Jugendliche fallen mangels erzieherischer Erreichbarkeit aus dem Anwendungsbereich heraus,[8] wie auch umgekehrt Zuchtmittel wegen ihrer Eingriffsschwere als Sanktion bei jugendtypischer bagatellarischer Delinquenz unangebracht sind und

---

1   D/S/S-Diemer, § 13 Rn 6.
2   S. Heinz, Sanktionierungspraxis in Deutschland 2008 (Stand 1/2010; http://www.uni-konstanz.de/rtf/kis/Sanktionierungspraxis-in-Deutschland-Stand-2008.pdf), S. 112.
3   Datenquelle: Statistisches Bundesamt, Strafverfolgung [Fachserie 10 Reihe 3] 2008; Zeitreihen bei Ostendorf, Grdl. z. §§ 13 – 16, Rn 5.
4   Meier/Rössner/Schöch-Schöch, 10/2.
5   Monatsschrift für Kriminalbiologie und Strafrechtsreform 1939, 209 ff; weitere Nachweise bei Ostendorf, Grdl. z. §§ 13 – 16, Rn 2.
6   Vgl. BGH v. 9.1.1963, 4 StR 443/62, BGHSt 18, 207, 209; Meier/Rössner/Schöch-Schöch, 10/1; Brunner/Dölling, § 13 Rn 2.
7   Brunner/Dölling, § 13 Rn 2; Eisenberg, § 13 Rn 9.
8   Meier/Rössner/Schöch-Schöch, 10/3; Brunner/Dölling, § 13 Rn 3.

hinter den Möglichkeiten der informellen Verfahrenserledigung nach §§ 45, 47 JGG zurücktreten.[9]

Die Verhängung kommt nur in Betracht, wenn Erziehungsmaßregeln nicht ausreichen (§ 5 Abs. 2) und Jugendstrafe (noch) nicht geboten ist (Abs. 1). Die missverständliche Formulierung in § 5 Abs. 2 begründet **keinen generellen Anwendungsvorrang der Erziehungsmaßregeln** vor den Zuchtmitteln; anderenfalls gingen die eingriffsintensivere Heimerziehung oder Erziehungsbeistandschaft der Verwarnung oder Auflage stets vor. In der Praxis sind daher ausgehend vom Verhältnismäßigkeitsgrundsatz zuerst die Anordnung einer Verwarnung oder Auflage, ggf. in **Kombination mit Weisungen** (s. § 8 Abs. 1), und danach in folgender Abstufung Erziehungsbeistandschaft, Jugendarrest, Heimerziehung und schließlich Jugendstrafe zu prüfen.[10] Neben der Jugendstrafe ist nach § 8 Abs. 2 S. 1 als Zuchtmittel nur die Verhängung einer Auflage möglich (Grundsatz der **Einspurigkeit freiheitsentziehender Sanktionen**).[11] 4

Maßnahmen nach § 13 können – auch im Verfahren vor den allgemeinen Gerichten – auf **Jugendliche und Heranwachsende** angewendet werden (§§ 105 Abs. 1, 104 Abs. 1 Nr. 1, 112). Auf dem Gebiet der früheren DDR ist der Begriff der „Zuchtmittel" (Abs. 1) zu ersetzen durch die Aufzählung „Verwarnung, Erteilung von Auflagen und Jugendarrest", so dass Abs. 2 hier nicht anzuwenden ist (Nr. 3 c], d] Kap. III C Abschnitt III der Anlage 1 zum EinigVtr). 5

III. Anordnung

Zuchtmittel verhängt der **Jugendrichter** grundsätzlich durch **Urteil** (zu den Anforderungen an Tenor und Begründung s. § 54 Rn 15 ff, 47); daneben ist die Anordnung von Auflagen durch **Beschluss** im Rahmen der verschiedenen **Aussetzungsmöglichkeiten der Jugendstrafe** (§§ 23 Abs. 1, 29, 57 Abs. 3, 88 Abs. 6) und der richterlichen **Diversion** (§§ 47 Abs. 1 S. 1 Nr. 3, 45 Abs. 3) möglich. Unter den Voraussetzungen des § 45 Abs. 3 kann der **Staatsanwalt** im Rahmen der informellen Verfahrenserledigung die Erteilung von Auflagen durch den Jugendrichter anregen. 6

Die Anordnung von Zuchtmitteln ist in das **Erziehungsregister** einzutragen (§ 60 Abs. 1 Nr. 2 BZRG). Eine BZR-Eintragung erfolgt nur unter den engen Voraussetzungen des § 5 Abs. 2 BZRG. 7

IV. Keine Rechtswirkungen einer Strafe

Nach § 13 Abs. 3 haben Zuchtmittel **keine *Rechts*wirkungen einer Strafe**. Der verurteilte Jugendliche soll in seiner Resozialisierung gefördert und über die Verbüßung der Maßnahme hinaus nicht mit deren Nachwirkungen belastet werden.[12] Dementsprechend ist die Verurteilung zu Zuchtmitteln (trotz der Eintragung in das Erziehungsregister, s. Rn 7) **keine Vorstrafe** (s. auch §§ 53 Abs. 1 Nr. 1; 64 Abs. 1 BZRG); bei einer erneuten Verurteilung darf das Gericht nur allgemein berücksichtigen, dass sich der Angeklagte bisher nicht immer einwandfrei geführt hat.[13] 8

---

9 Ebenso Brunner/Dölling, § 13 Rn 2 („Jugendflegeleien"); Eisenberg, § 13 Rn 11 („Ungezogenheiten"); krit. D/S/S-Diemer, § 13 Rn 7.
10 Meier/Rössner/Schöch-Schöch, 10/3.
11 Zum insoweit problematischen „Warnschussarrest" Verrel/Käufl, „Warnschussarrest" – Kriminalpolitik wider besseres Wissen?, NStZ 2008, 177 ff.
12 BayObLG v. 29.7.1970, 5 St 84/70, BayObLGSt 70, 159, 161.
13 BGH v. 13.3.1975, 4 StR 50/75, VRS 49 (1975), 177, 178 f; D/S/S-Diemer, § 13 Rn 8.

9 Abs. 3 zielte ursprünglich auf den Ausschluss solcher Tatbestände, die den Begriff **Strafe** als **tatbestandliche Voraussetzung einer Rechtsfolge** verwendeten[14] (s. die früher geltenden §§ 42 m[15] [jetzt § 69 StGB] und 48 StGB [Rückfall als Strafschärfungsgrund]). Vom Regelungsgehalt nicht erfasst sind Vorschriften, in denen der Begriff der Strafe im tatsächlichen Sinne als **Folge einer Verurteilung** benutzt wird. Demnach ist auch bei der Anordnung von Zuchtmitteln das **Absehen von Strafe nach § 60 StGB**,[16] eine **Begnadigung**,[17] der **Entzug der Fahrerlaubnis** gemäß § 69 StGB,[18] bei drohender Sanktionierung die Inanspruchnahme des **Auskunftsverweigerungsrechts** nach § 55 StPO[19] sowie die Anwendung des § 154 **Abs. 1 StPO**[20] zulässig. Die von der Rspr unter Berufung auf § 13 Abs. 3 teilweise versagte Anwendung des § 331 StPO[21] ist im Hinblick auf den nunmehr geänderten Wortlaut der Vorschrift (§ 331 Abs. 1 StPO: „Rechtsfolgen der Tat" statt „Strafe") ebenfalls nicht mehr haltbar.

§ 14 Verwarnung

Durch die Verwarnung soll dem Jugendlichen das Unrecht der Tat eindringlich vorgehalten werden.

Richtlinie zu § 14
Wegen des Ausspruchs der rechtskräftig angeordneten Verwarnung (Vollstreckung) wird auf Abschnitt IV Nr. 1 der Richtlinien zu §§ 82 bis 85 hingewiesen.

I. Grundlagen und Voraussetzungen

1 Die Verwarnung ist die zweithäufigste Sanktion des Jugendstrafrechts (s. § 13 Rn 2) und besteht in einer **ausdrücklichen und förmlichen Zurechtweisung** des Täters **durch den Jugendrichter**.[1] Dem Jugendlichen soll unter Hinweis auf die Bedeutung des Schuldvorwurfs und die Folgen für den Verletzten und die Allgemeinheit das Unrecht der Tat eindringlich vorgehalten werden; zugleich spricht der Richter eine Warnung vor weiteren Verfehlungen aus.[2] Um eine Entwertung der Sanktion zu vermeiden, sollte derselbe Jugendliche daher nicht zweimal verwarnt werden.[3]

2 Zwischen der **Ermahnung** im Rahmen des formlosen richterlichen Erziehungsverfahrens (§§ 45 Abs. 3, 47 Abs. 1 S. 1 Nr. 3) und der Verwarnung besteht kein inhaltlicher, sondern nur ein **prozessualer Unterschied**. Die Verwarnung wird

---

14 D/S/S-Diemer, § 13 Rn 8.
15 Hierzu BGH v. 11.11.1954, 4 StR 526/54, BGHSt 6, 394 ff, allerdings ohne Auseinandersetzung mit § 13 Abs. 3.
16 BayObLG vom 26.6.1991, 1 St 119/91, NStZ 1991, 584.
17 Brunner/Dölling, § 13 Rn 7; D/S/S-Diemer, § 13 Rn 9.
18 Noch zu § 42 m StGB: BGH v. 11.11.1954, 4 StR 526/54, BGHSt 6, 394, 396 ff; Brunner/Dölling, § 13 Rn 2; D/S/S-Diemer, § 13 Rn 9.
19 BGH v. 24.1.1956, 1 StR 568/55, BGHSt 9, 34, 35 f; Brunner/Dölling, § 13 Rn 5; D/S/S-Diemer, § 13 Rn 9.
20 Hierzu D/S/S-Diemer, § 13 Rn 10; zur Anwendung des § 154 Abs. 1 StPO im Jugendstrafrecht s. § 45 Rn 13.
21 OLG Düsseldorf v. 10.11.1960, (1) Ss 695/60 (927), NJW 1961, 891; OLG Hamm v. 25.5.1971, 5 Ss 343/71, JR 1972, 73, 74 m. abl. Anm. Brunner.
1 Laubenthal/Baier, Rn 621.
2 Brunner/Dölling, § 14 Rn 1.
3 D/S/S-Diemer, § 14 Rn 5.

durch Urteil angeordnet und muss als formelle Sanktion **gesondert vollstreckt werden**. während die Ermahnung formlos ohne Differenzierung zwischen Anordnung und Vollstreckung erteilt wird. Im Hinblick auf den Verhältnismäßigkeitsgrundsatz hat die Ermahnung, die Geeignetheit des Falls vorausgesetzt, Vorrang vor der Verwarnung.[4]

Die Maßnahme zielt nach überwiegender Meinung auf den **unteren Schwerebereich jugendlicher Delinquenz** und damit auf Täter, die noch keiner Jugendstrafe bzw keines Arrestes bedürfen, bei denen andererseits aber eine bloße formlose Ermahnung nicht ausreicht.[5] Ausnahmsweise kann auch eine Anwendung bei einmaligen schweren Verfehlungen in Betracht kommen.[6] 3

Nach den Umständen des Einzelfalls zu entscheiden ist die **Anordnung bei Heranwachsenden** oder zum Zeitpunkt der Urteilsverkündung schon volljährigen Jugendlichen;[7] der von einer überwiegenden Meinung vertretene prinzipielle Ausschluss dieser Altersgruppe mangels erzieherischer Effektivität[8] ist zu schematisch und widerspricht bei Heranwachsenden zudem den Vorgaben des § 105 Abs. 1, der auch § 14 ausdrücklich für anwendbar erklärt. 4

Die Verwarnung kann **isoliert** oder in **Kombination mit anderen ambulanten Maßnahmen** (§ 8 Abs. 1) ausgesprochen werden. Ersteres ist sinnvoll, wenn der Jugendliche schon von der Durchführung des Hauptverfahrens ausreichend beeindruckt ist. Besteht jedoch die Gefahr, dass der Delinquent die Verwarnung nicht ernst nimmt und als Ausbleiben einer (fühlbaren) Reaktion missversteht,[9] ist eine Maßnahmenkombination angezeigt, bei der das verwirklichte Unrecht durch die Verwarnung dann besonders hervorgehoben werden kann.[10] Neben Jugendarrest oder Jugendstrafe erscheint ein solcher Appell allerdings deplaziert, weshalb eine zusätzliche Verwarnung hier unzweckmäßig ist.[11] 5

II. Anordnung und Vollstreckung

Die Anordnung erfolgt durch Urteil, bei dem schon im Tenor der Unterschied zwischen Anordnung und Vollstreckung deutlich werden sollte („Der Angeklagte ist zu verwarnen").[12] 6

Die auf die Verurteilung folgende Vollstreckung erfordert die **Rechtskraft des Urteils**. Möglich sind zwei Konstellationen: 7

Im **Idealfall** verzichten die Beteiligten auf Rechtsmittel, so dass **sofortige Rechtskraft** eintritt und der Jugendrichter die Verwarnung **im direkten Anschluss an die Hauptverhandlung**, dh noch unter ihrem unmittelbaren Eindruck, vollstrecken kann und zwar möglichst in **Anwesenheit der Erziehungsberechtigten** (RiJGG zu § 14, IV. Nr. 1 zu §§ 82 – 85). Dies ist die auch unter Beschleunigungsgesichtspunkten („Die Strafe folgt der Tat auf dem Fuße") vorzugswürdige Alternative. 8

Tritt die **Rechtskraft erst nach Ablauf der Rechtsmittelfrist** ein, kann die Verwarnung nicht sofort vollstreckt werden. Diese Konstellation dürfte in der Praxis 9

---

4 Meier/Rössner/Schöch-Schöch,10/9; Laubenthal/Baier, Rn 621.
5 D/S/S-Diemer, § 14 Rn 1; Meier/Rössner/Schöch-Schöch, 10/7; Brunner/Dölling, § 14 Rn 2.
6 Eisenberg, § 14 Rn 6; Ostendorf, § 14 Rn 4.
7 Vgl Ostendorf, § 14 Rn 4.
8 Brunner/Dölling, § 14 Rn 4; Laubenthal/Baier, Rn 622.
9 Meier/Rössner/Schöch-Schöch, 10/6.
10 Brunner/Dölling, § 14 Rn 3; aA Eisenberg, § 14 Rn 7.
11 D/S/S-Diemer, § 14 Rn 3.
12 D/S/S-Diemer, § 14 Rn 6.

nicht selten sein, da Verfahren, bei denen eine Verwarnung in Betracht kommt, oftmals in einem vereinfachten Jugendverfahren ohne Anwesenheit des Staatsanwalts durchgeführt werden (vgl § 78 Abs. 2). Um eine persönliche Verwarnung durchzuführen, muss der Richter einen **gesonderten Vollstreckungstermin** ansetzen, zu dem der Verurteilte allerdings mangels gesetzlicher Grundlage **nicht zwangsweise vorgeführt** werden kann. Einwänden, dass ein solcher Termin unökonomisch und für den Jugendlichen mit erneutem Aufwand (Anfahrt, Verlust der Arbeitszeit, etc.) verbunden ist,[13] steht entgegen, dass der Delinquent dies als Folge der Tat und auch im Hinblick auf die Denkzettelwirkung der Zuchtmittel grundsätzlich hinzunehmen hat.[14] Nicht durchgeführt werden sollten aber Sammeltermine mit kollektiver Verwarnung mehrerer Delinquenten.[15] Nur in Ausnahmefällen, etwa wenn das Verfahren besondere Eindruckswirkung hatte oder ein persönliches Erscheinen schlechthin unzumutbar ist, sollte aus Gründen der Verhältnismäßigkeit eine gesetzlich nicht ausgeschlossene, jedoch erzieherisch weniger effektive[16] **schriftliche Verwarnung** erfolgen.

10 Zur **Umgehung der Vollstreckungsproblematik** bei späterer Rechtskraft werden verschiedene weitere Konstruktionen diskutiert. Vorgeschlagen wird, dass der Staatsanwalt bereits bei Antragsstellung auf Durchführung des vereinfachten Verfahrens einen Rechtsmittelverzicht für den Fall einer isolierten Verwarnung erklären sollte.[17] Dies widerspricht zwar nicht der grundsätzlichen Bedingungsfeindlichkeit des Rechtsmittelverzichts,[18] da eine innerprozessuale Bedingung vorliegt, geschieht aber vor Erlass des Urteils und damit zu einem unzulässigen Zeitpunkt.[19] Der Staatsanwalt verliert auf diese Weise seine Kontrollmöglichkeiten ohne Kenntnis der Entscheidung mit Bedingungseintritt. Rechtlich problematisch sind auch die Empfehlungen, bereits nach Urteilsverkündung den Jugendlichen nachdrücklich zurechtzuweisen und später unter Bezugnahme auf die Zurechtweisung schriftlich zu verwarnen[20] bzw die Verwarnung ähnlich wie bei § 59 StGB unter Vorbehalt der späteren Rechtskraft auszusprechen.[21] Beide Alternativen stellen eine unzulässige Vollstreckung vor Eintritt der Rechtskraft (§ 449 StPO) dar: Die letztgenannte unmittelbar, die erstgenannte durch eine faktische Vorwegnahme der Verwarnung. De lege ferenda plädiert die 2. Jugendstrafrechtsreformkommission der DVJJ dafür, die Verwarnung zugunsten des im Jugendstrafrecht ohnehin anwendbaren Schuldspruchs ohne Sanktionierung nach § 60 StGB (vgl § 13 Rn 9; § 2 Rn 2) zu streichen.[22]

11 Die Verwarnungsvollstreckung kann auch durch den Jugendrichter eines anderen Gerichts (etwa bei Wohnsitzwechsel des Jugendlichen) im Wege der **Amtshilfe** durchgeführt werden;[23] lehnt der ersuchte Richter dies ab, entscheidet die Aufsichtsbehörde auf dem Justizverwaltungsweg.

---

13 Brunner/Dölling, § 14 Rn 5.
14 D/S/S-Diemer, § 14 Rn 7.
15 Laubenthal/Baier, Rn 625.
16 Vgl auch Meier/Rössner/Schöch-Schöch, 10/10, Laubenthal/Baier, Rn 625.
17 So D/S/S-Diemer, § 14 Rn 7.
18 Meyer-Goßner, § 302 StPO Rn 20.
19 BGH v. 28.8.1997, 4 StR 240/97, NStZ 1998, 31, 33; Meyer-Goßner, § 302 StPO Rn 14.
20 Brunner/Dölling, § 14 Rn 5.
21 Ostendorf, § 14 Rn 9.
22 2. DVJJ-Jugendstrafrechtsreformkommission, DVJJ-J 2002, 227, 248; Ostendorf, Weiterführung der Reform des Jugendstrafrechts, StV 2002, 436, 443.
23 OLG Hamm v. 15.10.1969, 3 Sbd 13-36/69, ZfJ 1970, 56, 57.

§ 15 Auflagen

(1) ¹Der Richter kann dem Jugendlichen auferlegen,
1. nach Kräften den durch die Tat verursachten Schaden wiedergutzumachen,
2. sich persönlich bei dem Verletzten zu entschuldigen,
3. Arbeitsleistungen zu erbringen oder
4. einen Geldbetrag zugunsten einer gemeinnützigen Einrichtung zu zahlen.

²Dabei dürfen an den Jugendlichen keine unzumutbaren Anforderungen gestellt werden.

(2) Der Richter soll die Zahlung eines Geldbetrages nur anordnen, wenn
1. der Jugendliche eine leichte Verfehlung begangen hat und anzunehmen ist, daß er den Geldbetrag aus Mitteln zahlt, über die er selbständig verfügen darf, oder
2. dem Jugendlichen der Gewinn, den er aus der Tat erlangt, oder das Entgelt, das er für sie erhalten hat, entzogen werden soll.

(3) ¹Der Richter kann nachträglich Auflagen ändern oder von ihrer Erfüllung ganz oder zum Teil befreien, wenn dies aus Gründen der Erziehung geboten ist. ²Bei schuldhafter Nichterfüllung von Auflagen gilt § 11 Abs. 3 entsprechend. ³Ist Jugendarrest vollstreckt worden, so kann der Richter die Auflagen ganz oder zum Teil für erledigt erklären.

Richtlinien zu § 15

1. Die Wiedergutmachung des Schadens kann auch in Arbeitsleistungen für den Geschädigten bestehen (vgl. hierzu die Richtlinie Nr. 5 zu § 10).

2. Im Hinblick auf eine Wiedergutmachung des Schadens oder eine Entschuldigung bei dem Verletzten wird auf die Richtlinie Nr. 4 zu § 10 hingewiesen.

3. Zur Auflage, Arbeitsleistungen zu erbringen, wird auf § 540 RVO hingewiesen.

4. Wegen der Kosten der Durchführung von Auflagen wird auf die Richtlinie Nr. 6 zu § 10 hingewiesen.

5. Die Staatsanwaltschaft wirkt darauf hin, daß das Gericht den Jugendlichen über die Bedeutung der Weisungen und Folgen schuldhafter Zuwiderhandlung (§ 11 Abs. 3 Satz 1) belehrt und diese Belehrung in der Niederschrift über die Hauptverhandlung vermerkt oder sonst aktenkundig gemacht wird.

6. Wegen der Folgen schuldhafter Nichterfüllung von Auflagen wird auf die Richtlinien Nrn. 2 und 3 zu § 11 hingewiesen. Geldleistungen, die nach § 15 Abs. 1 Satz 1 Nr. 1 und 4 auferlegt worden sind, können nicht zwangsweise beigetrieben werden.

Schrifttum:

Kremerskothen, Arbeitsweisungen und Arbeitsauflagen im Jugendstrafrecht, 2001.

I. Grundlagen 1	a) Grundlagen und Voraussetzungen 13
II. Einzelne Auflagen 4	b) Verfahren 14
1. Schadenswiedergutmachung (Abs. 1 S. 1 Nr. 1) .. 5	3. Erbringung von Arbeitsleistungen
a) Grundlagen 5	(Abs. 1 S. 1 Nr. 3) 15
b) Voraussetzungen 6	a) Grundlagen 15
c) Verfahren 12	b) Verfassungsmäßigkeit 16
2. Entschuldigung (Abs. 1 S. 1 Nr. 2) 13	c) Verfahren 17

Linke

4. Zahlung eines Geldbetrages zugunsten einer gemeinnützigen Einrichtung (Abs. 1 S. 1 Nr. 4, Abs. 2) 18	b) Voraussetzungen 19
	c) Verfahren 22
	III. Änderung und Befreiung von Auflagen 23
a) Grundlagen 18	IV. Nichterfüllung/Ungehorsamsarrest 24

I. Grundlagen

1 Auflagen sind eine **tatbezogene Sühneleistung**, durch die der Jugendliche von weiteren Straftaten abgehalten werden soll.[1] Die Verhängung richtet sich im Allgemeinen nach den in § 13 Rn 3 f genannten Grundsätzen. Eine Begrenzung erfolgt wie bei den Weisungen (§ 10 Abs. 1 S. 2) durch das **Korrektiv der Unzumutbarkeit** (Abs. 1 S. 2), welches die strikte Wahrung des Verhältnismäßigkeitsgrundsatzes und die Berücksichtigung der berechtigten Belange und Interessen des Betroffenen vorschreibt (vgl § 10 Rn 12).[2] Ebenso wie Weisungen können Auflagen nicht nur als eigenständige Sanktion, sondern auch als **flankierende Maßnahmen** zu ausgesetzten Jugendstrafen erteilt werden (§§ 23 Abs. 1, 29, 57 Abs. 3, 88 Abs. 6).

2 Zu den durch den EinigVtr bedingten Besonderheiten des Wortlauts auf dem Gebiet der früheren DDR s. Nr. 3 b) Kap. III C Abschnitt III der Anlage 1 zum EinigVtr. Für Soldaten der Bundeswehr gelten die Modifizierungen der §§ 112 a Nr. 3, 112 d.

3 Die Einführung der Arbeitsauflage durch das 1. JGGÄndG im Jahr 1990 hat zu einem stetigen Bedeutungsverlust der bis dahin die Praxis dominierenden Geldauflage geführt. Heute ist die Anordnung von Arbeitsleistungen nicht nur die häufigste Auflagenart, sondern die quantitativ bedeutsamste formelle Sanktion des JGG überhaupt. 2008 wurden 52.101 Arbeitsauflagen (71,1%), 17.673 Geldauflagen (24,1%), 3.331 Schadenswiedergutmachungen (4,5%) und 232 Entschuldigungen (0,3%) ausgesprochen; der Anteil der Arbeitsauflagen an allen formellen Sanktionierungen beträgt 29,2%.[3]

II. Einzelne Auflagen

4 Die möglichen Auflagen sind im Unterschied zu den Weisungen (s. § 10 Abs. 1 S. 3) in Abs. 1 **abschließend aufgezählt**; eine erweiternde Auslegung durch Schaffung neuer Eingriffstatbestände ist aus Gründen des **strafrechtlichen Bestimmtheitsgebotes** (Art. 103 Abs. 2 GG) nicht möglich.[4]

5 **1. Schadenswiedergutmachung (Abs. 1 S. 1 Nr. 1). a) Grundlagen.** Die Schadenswiedergutmachung als eine **besondere Ausgestaltung des Täter-Opfer-Ausgleichs** (s. zum insoweit „konkurrierenden" freiwilligen Täter-Opfer-Ausgleich § 10 Rn 14; § 45 Rn 31) dient der Änderung bzw Stabilisierung der inneren Einstellung des Jugendlichen durch Einsicht, Reue und Sühne.[5] Diese nur gegenüber einem hiermit **einverstandenen Tatopfer**[6] mögliche Auflage kann erfolgen durch eine **Naturalrestitution** oder **Ersatzleistung**, die in der Regel in einer **Geldzah-**

---

1 Brunner/Dölling, § 15 Rn 1; D/S/S-Diemer, § 15 Rn 2.
2 Laubenthal/Baier, Rn 627.
3 Datenquelle: Statistisches Bundesamt, Strafverfolgung (Fachserie 10 Reihe 3) 2008; s. auch § 13 Rn 2 und die Zeitreihen bei Ostendorf, Grdl. z. §§ 13-16, Rn 5.
4 BVerfG v. 21.10.1981, 1 BvR 52/81, StV 1982, 67, 68 (zu § 56 b StGB); D/S/S-Diemer, § 15 Rn 3.
5 D/S/S-Diemer, § 15 Rn 4; s. auch RiJGG Nr. 2 zu § 15, Nr. 4 zu § 10.
6 Ostendorf, § 15 Rn 6.

lung bestehen wird. Zulässig ist auch eine **Arbeitsleistung für den Geschädigten** (RiJGG Nr. 1 zu § 15). Die Aufnahme eines Arbeitsverhältnisses zum Erwerb der finanziellen Grundlage der Wiedergutmachung kann jedoch nicht angeordnet werden.[7] Sinnvoll kann die Kombination einer Wiedergutmachungsauflage mit einer Betreuungsweisung sein, insbesondere um Hilfestellungen bei der Schadensbegleichung leisten zu können.[8]

b) Voraussetzungen. Die Tat muss einen zum Zeitpunkt der Anordnung **tatsächlich noch bestehenden Schaden** verursacht haben. Voraussetzung der Wiedergutmachung ist ein nach **zivilrechtlichen Maßstäben** zu prüfender[9] **Anspruch** des Tatopfers gegen den Delinquenten, welcher sich idR aus deliktischer Haftung (vor allem § 823 Abs. 1 S. 2 BGB), ggf auch aus Vertrag ergibt und auch auf Ersatz eines immateriellen Schadens (s. § 253 Abs. 2 BGB) gerichtet sein kann. Besteht nur ein Anspruch auf Ersatz des Vertrauensschadens, kann im Rahmen der Schadenswiedergutmachung nicht der Erfüllungsschaden zugesprochen werden;[10] fehlt ein Anspruch gänzlich, ist die Anordnung trotz § 55 Abs. 1 anfechtbar.[11] Es besteht grds. **keine Bindung** des Jugendrichters **an (Vor-)Entscheidungen des Zivilgerichts**; ggf ist aber die Auflage bei abweichender rechtlicher Beurteilung anzupassen.[12] Umgekehrt bindet die strafrechtliche Wiedergutmachungsanordnung die Beteiligten nicht zivilrechtlich,[13] die Feststellungen des Strafurteils können aber ggf im Prozesskostenhilfebewilligungsverfahren zu einer Beweisantizipation führen.[14]

Eine bloß **fahrlässige Schadensverursachung** hindert die Anordnung einer Wiedergutmachung prinzipiell nicht, setzt aber voraus, dass dieser Schaden auch Gegenstand eines Fahrlässigkeitsdelikts ist. So kann nur die Wiedergutmachung der durch eine fahrlässige Körperverletzung im Straßenverkehr verursachten Schäden, nicht aber der gleichzeitig mitverwirklichten (straflosen) fahrlässigen Sachbeschädigung auferlegt werden.[15]

Bei Bemessung der Wiedergutmachungsleistung ist auch zu berücksichtigen, ob das Opfer ein **Mitverschulden** an der Schadensentstehung (§ 254 BGB) trifft, der Täter als **Gesamtschuldner** mit anderen Mittätern haftet (§ 840 BGB) oder bereits einer **Zwangsvollstreckung** ausgesetzt ist. In diesen Fällen kann eine Restitution ggf unzumutbar sein (Abs. 1 S. 2, s. auch Rn 1).[16] Ist der Anspruch **nachträglich erloschen**, etwa durch **Erfüllung** (zB durch eine Versicherung) bzw deren Surrogate (§§ 362 ff BGB) oder **Erlass** (§ 397), ist von der Auflage gemäß Abs. 3 S. 1 (Rn 23) ganz oder zum Teil zu befreien.[17] Ganz von einer Wiedergutmachungsauflage absehen sollte der Richter, wenn zwischen Delinquent und Tatopfer **Streit über Art oder Höhe des Schadensersatzes** besteht, da anderenfalls die erzieherische Wirkung der Maßnahme durch ein späteres Zivilurteil konterkariert werden könnte.[18]

---

7 BVerfG v. 21.10.1981, 1 BvR 52/81, StV 1982, 67 ff; D/S/S-Diemer, § 15 Rn 6.
8 Brunner/Dölling, § 15 Rn 8; Ostendorf, § 15 Rn 3.
9 OLG Stuttgart 7.1.1980, 1 Ws 2/80, NJW 1980, 1114; D/S/S-Diemer, § 15 Rn 6.
10 OLG Stuttgart 7.1.1980, 1 Ws 2/80, NJW 1980, 1114 f.
11 Eisenberg, § 15 Rn 6.
12 HansOLG v. 30.10.1981, 1 Ws 379/81, MDR 1982, 340, 341.
13 OLG Karlsruhe v. 5.10.1977, 1 Ws 356/66, Die Justiz 1978, 112; D/S/S-Diemer, § 15 Rn 6, 11.
14 OLG Frankfurt/M. v. 2.4.1997, 21 W 14/97.
15 D/S/S-Diemer, § 15 Rn 10; Ostendorf, § 15 Rn 4.
16 D/S/S-Diemer, § 15 Rn 9.
17 D/S/S-Diemer, § 15 Rn 6; Ostendorf, § 15 Rn 10.
18 Brunner/Dölling, § 15 Rn 6 a; Laubenthal/Baier, Rn 632.

9 Nach hM steht die **Einrede der Verjährung** einer Wiedergutmachungsauflage nicht entgegen.[19] Sie hindert zwar die zivilrechtliche Durchsetzbarkeit des Anspruchs, beseitigt aber nicht den durch die Tat entstandenen Schaden und das spezifisch strafrechtliche Wiedergutmachungsinteresse. Wegen der Sühne- und „Denkzettel"-Funktion der Auflage ist es geradezu geboten, dem Täter zu verdeutlichen, dass er sich nicht durch den Rückzug auf formalrechtliche Verteidigungsmittel aus der Verantwortung ziehen kann, sondern für sein Tun einstehen muss (vgl § 13 Rn 3).

10 Der **Schaden** muss **beim Tatopfer** entstandenen sein; der Ausgleich eines bloß mittelbar entstandenen Schadens, zB beim Staat oder bei Versicherungen, kann nicht angeordnet werden.[20] Dies gilt insbesondere für die **Kosten des gerichtlichen Verfahrens**, die auch wegen der Gefahr der **Umgehung des § 74** nicht Gegenstand einer Wiedergutmachungsauflage sein können, zumal der Jugendliche diese nicht als Restitution der Tatfolgen, sondern als mit der Tat in keinem Zusammenhang stehende Verfolgung fiskalischer Interessen durch den Staat wahrnehmen wird.[21]

11 Die Wiedergutmachung darf das **persönliche und wirtschaftliche Leistungsvermögen** nicht überschreiten. Der Jugendliche ist nur „nach Kräften" zur Wiedergutmachung zu verpflichten (Abs. 1 S. 1 Nr. 1). Daher kann eine Verpflichtung zum nur **teilweisen Schadensersatz** oder zu **Ratenzahlung** angezeigt sein.[22]

12 c) **Verfahren**. Schadensumfang und Leistungsfähigkeit bedürfen einer **umfassenden Klärung in der Hauptverhandlung** und sind **im Urteil darzulegen**. Darüber hinaus ist eine eindeutige Bezeichnung von Art und Höhe der zu erbringenden Leistungen im Urteilstenor aus Gründen der erzieherischen Klarheit und zur Überprüfung der Ableistung der Maßnahme mit der etwaigen Folge eines Ungehorsamsarrestes erforderlich.[23]

13 **2. Entschuldigung (Abs. 1 S. 1 Nr. 2). a) Grundlagen und Voraussetzungen.** Die sehr geringe praktische Bedeutung (Rn 3) dieser Auflage resultiert daraus, dass die pädagogisch durchaus sinnvolle und wichtige Entschuldigung zumeist Bestandteil eines TOA nach § 10 Abs. 1 S. 3 Nr. 7 oder § 45 Abs. 2 S. 2 ist und dann nicht gesondert statistisch erfasst wird.[24] Der persönliche Anwendungsbereich ist auf Delinquenten beschränkt, bei denen jugendtypische Hemmungen vor einer selbstständig veranlassten Kontaktaufnahme mit dem Tatopfer durch eine richterliche Anordnung überwunden werden können.[25] In der Hauptverhandlung ist im Hinblick auf einen erzieherischen Effekt der Auflage sicherzustellen, dass auf Seiten des Jugendlichen eine generelle **Bereitschaft zur Bitte um Entschuldigung**[26] und als Gegenstück auf Seiten des Verletzten möglichst eine **Bereitschaft zur Annahme** besteht. Fehlt letztere, steht dies jedoch der Erfüllung der Auflage nicht entgegen, da auch die nicht angenommene Entschuldigung einen Beitrag zur

---

19 OLG Stuttgart v. 7.1.1980, 1 Ws 2/80, NJW 1980, 1114; OLG Stuttgart v. 29.6.1971, 2 Ws 118/71, MDR 1971, 1025 (beide zu § 56 b StGB); Brunner/Dölling, § 15 Rn 5; Ostendorf, § 15 Rn 7; aA Eisenberg, § 15 Rn 6; Laubenthal/Baier, Rn 632.
20 D/S/S-Diemer, § 15 Rn 5.
21 BGH v. 3.10.1956, 4 StR 345/56, NJW 1956, 1886 (= BGHSt 9, 365, 366 f); Brunner/Dölling, § 15 Rn 7.
22 D/S/S-Diemer, § 15 Rn 8.
23 D/S/S-Diemer, § 15 Rn 11; Laubenthal/Baier, Rn 634.
24 Meier/Rössner/Schöch-Schöch, 10/18.
25 Ostendorf, § 15 Rn 11.
26 Brunner/Dölling, § 15 Rn 9; aA D/S/S-Diemer, § 15 Rn 13.

Wiederherstellung des Rechtsfriedens sein kann;[27] zu bedenken ist aber stets die Gefahr, dass der Jugendliche die Entschuldigung pädagogisch kontraproduktiv als demütigend empfinden kann.[28] Bei entsprechender Eignung des Einzelfalls, zB wegen erzieherischer Defizite, ist **auch bei Heranwachsenden** eine Anordnung möglich.[29]

b) Verfahren. Die Entschuldigung soll **persönlich** und **unter Aufsicht des Richters** erfolgen; nicht ausreichend ist eine schriftliche oder durch Dritte übermittelte Entschuldigung.[30] Voraussetzungen sind daher die Klärung der Bereitschaft der Beteiligten in der Hauptverhandlung, die sofortige Rechtskraft des Urteils und die Anwesenheit des Tatopfers nach der Urteilsverkündung.[31] 14

3. Erbringung von Arbeitsleistungen (Abs. 1 S. 1 Nr. 3). a) Grundlagen. Arbeitsauflagen ermöglichen als Ergänzung zu den identisch formulierten Arbeitsweisungen nach § 10 Abs. 1 Nr. 4 den flexiblen Einsatz von Arbeitsleistungen im jugendstrafrechtlichen Sanktionenspektrum:[32] Während die Weisungen auf eine erzieherische Wirkung ausgerichtet sind und dem Jugendlichen Arbeit als strukturgebendes, sinnstiftendes Element im Alltag nahebringen sollen (vgl. auch § 10 Rn 14), verfolgen die Arbeitsauflagen eine primär **ahndende Zielrichtung**, dienen der **Unrechtsverdeutlichung** und erfüllen eine **Denkzettelfunktion**.[33] Dieser Unterschied dogmatischer Natur wird indes für die Delinquenten kaum spürbar sein, was nicht zuletzt auf die oftmals nicht differenzierende Terminologie („Sozialstunden, gemeinnützige Leistungen") in der Praxis zurückzuführen ist.[34] Die erhebliche praktische Bedeutung der Arbeitsauflage beruht einerseits auf den meist nur geringen Einkünften Jugendlicher, die eine finanzielle Wiedergutmachung oder Geldauflage ausschließen, andererseits darauf, dass nicht erfüllte Geldauflagen in der Regel in Arbeitsleistungen umgewandelt werden (Abs. 3 S. 1, s. auch Rn 23).[35] 15

b) Verfassungsmäßigkeit. Es besteht **kein Widerspruch zum Verbot der Zwangsarbeit** nach Art. 12 Abs. 2, 3 GG. Aus der Entscheidung des BVerfG zur Verfassungsmäßigkeit der Arbeitsweisung ergibt sich, dass Arbeitspflichten, die als Folge einer Straftat der Erziehung von Jugendlichen und Heranwachsenden dienen, den Betroffenen nicht herabwürdigen und dessen Lebensführung nur punktuell einschränken, nicht den Schutzbereich des Art. 12 Abs. 2, 3 GG berühren.[36] Diese Voraussetzungen erfüllt die Arbeitsauflage, die gleichermaßen in ihrem Umfang durch den Erziehungsgrundsatz und das Korrektiv der Unzumutbarkeit (Rn 1) begrenzt wird. Die primär ahndende Zielsetzung rechtfertigt keine andere Beurteilung, da alle Auflagen auch einen erzieherischen Zweck verfolgen;[37] im Übrigen hat das BVerfG in der ebenfalls repressiv ausgerichteten Bewährungsauflage 16

---

27 Meier/Rössner/Schöch Schöch, 10/17; aA Laubenthal/Baier, Rn 636.
28 Brunner/Dölling, § 15 Rn 9; Meier/Rössner/Schöch-Schöch, 10/17.
29 Eisenberg, § 15 Rn 13; D/S/S-Diemer, § 15 Rn 13; aA Ostendorf, § 15 Rn 11 („Erziehungsmittel bei Kindern").
30 D/S/S-Diemer, § 15 Rn 13; Eisenberg, § 15 Rn 13; aA Laubenthal/Baier, Rn 637.
31 Streng, Jugendstrafrecht, § 15 Rn 403.
32 BT-Drucks. 11/5829, 18.
33 Vgl. BT-Drucks. 11/5829, 18; Meier/Rössner/Schöch-Schöch, 10/19.
34 Meier/Rössner/Schöch-Schöch, 10/19.
35 Laubenthal/Baier, Rn 638; Meier/Rössner/Schöch-Schöch, 10/21.
36 BVerfG v. 13.1.1987, 2 BvR 209/84, NStZ 1987, 275 f (= BVerfGE 74, 102, 122 f).
37 BT-Drucks. 11/5829, 18; Böttcher/Weber, Erstes Gesetz zur Änderung des Jugendgerichtsgesetzes, NStZ 1990, 561, 565; aA Ostendorf, § 15 Rn 13; Eisenberg, JR 2003, 216, 217.

zur Erbringung gemeinnütziger Leistungen nach § 56 b Abs. 2 S. 1 Nr. 3 StGB keinen Verstoß gegen das Zwangsarbeitsverbot gesehen.[38]

17 **c) Verfahren.** Arbeitsleistungen sollten aus Gründen der Bestimmtheit und Kontrolle nicht in Wochen, sondern **in Stunden bemessen** werden. Eine grundsätzlich wünschenswerte, gesetzliche Höchstgrenze existiert nicht,[39] ein Vergleich zur Maximaldauer des Ungehorsamsarrests (vier Wochen, § 11 Abs. 3 S. 2) legt allerdings eine **Obergrenze von 240 Stunden** bei einer täglichen Arbeitszeit von 6 Stunden nahe.[40] Bei der Bemessung sind schulische und familiäre Verpflichtungen zu berücksichtigen.[41] Entsprechendes gilt hinsichtlich Neigungen und Fähigkeiten des Jugendlichen bei **Auswahl der Arbeitsstelle.**[42] Im **Urteil** ist die **genaue Bestimmung von Art und Umfang** der zu erbringenden Leistungen erforderlich.[43] Durchführung und Überwachung der Arbeitsleistungen erfolgen regelmäßig über die JGH oder freie Träger (vgl § 38 Abs. 2 S. 5). Gesetzlicher **Unfallversicherungsschutz** besteht gemäß § 2 Abs. 2 S. 2 SGB VII. Der **Haftpflichtversicherungsschutz** des Jugendlichen ist abhängig von der jeweiligen Arbeitsstelle, eine generelle gesetzliche Regelung existiert nicht (beachte hierzu auch Nr. 36.2 Empfehlung Rec(2008)11 des Ministerkomitees des Europarates im Anhang).[44]

18 **4. Zahlung eines Geldbetrages zugunsten einer gemeinnützigen Einrichtung (Abs. 1 S. 1 Nr. 4, Abs. 2). a) Grundlagen.** Die Auflage der Geldzahlung ersetzt faktisch die im Jugendstrafrecht unzulässige Geldstrafe[45] und ist entweder bei **leichten Verfehlungen** (Abs. 2 Nr. 1, s. zu den weiteren Voraussetzungen Rn 20), die allerdings nicht der für die Diversion (§§ 45, 47) vorgesehenen Kleinst- und Bagatelldelinquenz zuzuordnen sein sollten, oder zur **Abschöpfung eines beim Delinquenten verbliebenen Gewinns** aus der Tat anwendbar (Abs. 2 Nr. 2, s. Rn 21). Die erzieherische Wirkung der Geldauflage ist eher als gering einzuschätzen; bei ihrer Verhängung sollte jedenfalls bedacht werden, dass bei dem Täter nicht der Eindruck entstehen darf, mit Geld sei jeder Fehler zu beheben.[46] Aufgrund des in der Regel vorhandenen höheren Einkommens kommt die Auflage insbesondere bei **Verkehrsdelikten Heranwachsender** in Betracht.[47] Die Anordnung einer Geldauflage darf eine (gleichzeitig angeordnete) **Schadenswiedergutmachung** (Rn 5 ff) **nicht gefährden.**[48]

19 **b) Voraussetzungen.** Die Geldzahlung ist an eine **gemeinnützige Einrichtung** zu leisten. Hierunter sind nur solche Institutionen zu verstehen, deren Tätigkeit aus-

---

38 BVerfG v. 14.11.1990, 2 BvR 1462/87, NStZ 1991, 181 (= BVerfGE 83, 119, 126 ff); vgl auch Meier/Rössner/Schöch-Schöch, 10/20.
39 Anders die Rechtslage in Österreich, vgl § 202 Abs. 1 ÖStPO.
40 Feuerhelm, Die gemeinnützige Arbeit im Strafrecht, NK 1999, 22, 23; Trenczek, Jugendstrafrechtliche Arbeitsleistungen – Grenzen der Zulässigkeit und Beteiligung der Jugendhilfe, ZJJ 2004, 57, 59.
41 Trenczek, ZJJ 2004, 57, 59.
42 Laubenthal/Baier, Rn 640; zur Ableistung der Arbeit in Privatunternehmen in sog. „public-private-partnerships" Brandt, Zukunft ambulanter jugendstrafrechtlicher Maßnahmen vor dem Hintergrund von § 36 a SGB VIII, NStZ 2007, 190, 193 f.
43 KG Berlin v. 1.3.2006, (5) 1 Ss 479/05 (89/05).
44 Ausführlich zur Thematik Brandt, NStZ 2007, 190, 194 f; Höynck, Versicherungsrechtliche Fragen bei Auflagen und Weisungen im Rahmen des JGG, DVJJ-J 2000, 285 ff.
45 Meier/Rössner/Schöch-Schöch, 10/22; krit. hierzu Ostendorf, § 15 Rn 14.
46 Eisenberg, § 15 Rn 15.
47 Brunner/Dölling, § 15 Rn 10; Meier/Rössner/Schöch-Schöch, 10/22.
48 Brunner/Dölling, § 15 Rn 10.

schließlich und unmittelbar die Allgemeinheit fördert.[49] Finanzielle Einbußen zugunsten des Gemeinwohls können dem Jugendlichen eher verständlich gemacht werden, wenn bei Auswahl der Einrichtung **Vorbehalte aus religiösen oder weltanschaulichen Gründen** berücksichtigt werden[50] und der Jugendliche die Ziele der Einrichtung akzeptieren kann.[51] Aus diesen Grundsätzen sowie aus einem Umkehrschluss zu § 56b Abs. 2 Nr. 1, 4 StGB folgt, dass die Anordnung von **Zahlungen an die Staatskasse** nicht zulässig ist.[52]

Die in Abs. 2 Nr. 1 vorgesehene Möglichkeit zur Verhängung der Auflage bei leichteren Delikten setzt die Prognose voraus, dass der Täter den erforderlichen Geldbetrag **aus eigenen, ihm zur Verfügung stehenden Mitteln** (Einkommen, Taschengeld) aufbringt. Wenngleich keine zahlenmäßige Begrenzung existiert, ist die Höhe – den Grundsätzen der Berechnung der Tagessatzhöhe bei der Geldstrafe folgend – so zu bemessen, dass **kein offenbares Missverhältnis** zur **Tatschuld** und den **wirtschaftlichen Verhältnissen** des Delinquenten besteht.[53] Ein zu hoher Betrag könnte für den Jugendlichen den Anreiz setzen, weitere Straftaten zur Erfüllung der Auflage zu begehen.[54] Schwer zu kontrollieren und im Übrigen wohl auch nicht strafbewehrt[55] ist die dem Erziehungszweck der Auflage widersprechende **Zahlung durch Dritte**. Inwieweit in derartigen Fällen ein Ungehorsamsarrest (Rn 24) wegen Nichterfüllung geboten ist, richtet sich entsprechend der vom Jugendlichen vorgetragenen Gründe nach dem Einzelfall.[56] Unter dem Gesichtspunkt der Zumutbarkeit (Abs. 1 S. 2) kann eine **Ratenzahlung** angezeigt sein, wobei die Bemessung der Ratenhöhe auch von den Ahndungs- und Erziehungsfunktion der Auflage abhängt.[57] 20

Die Alternative der Geldauflage zur Gewinnabschöpfung (Abs. 2 Nr. 2) stellt aufgrund mangelnder Vollstreckbarkeit zwar keinen Verfall im Sinne der §§ 73 ff StGB dar, entfaltet aber **Verfallswirkung**.[58] Der **Gewinn** aus der Tat muss noch **tatsächlich beim Täter vorhanden** sein; die Möglichkeit, ihn an den Geschädigten abzuführen, darf nicht bestehen.[59] Eine zwangsweise Durchsetzung in Form einer Verrechnung der Geldauflage mit beschlagnahmten Geldern oder sonstigen Vermögensgegenständen des Täters[60] ist ebenso unzulässig wie die Einziehung eines Wertersatzes (§ 74c StGB) oder Abführung des Mehrerlöses (§ 8 WiStG).[61] 21

---

49 OLG Düsseldorf v. 31.1.1962, 2 Ss 395/61, JMBl. NRW 62, 191; vgl auch § 52 Abs. 1 S. 1 AO.
50 Eisenberg, § 15 Rn 14; Ostendorf, § 15 Rn 17; enger D/S/S-Diemer, § 15 Rn 20.
51 BGH v. 18.1.2000, 1 StR 619/09, BGHR JGG § 15 Geldauflage 1; OLG Nürnberg v. 12.12.2007, 2 St Ss 222/07, NStZ-RR 2008, 128.
52 BGH v. 18.1.2000, 1 StR 619/09, BGHR JGG § 15 Geldauflage 1; OLG Nürnberg v. 12.12.2007, 2 St Ss 222/07, NStZ-RR 2008, 128.; Meier/Rössner/Schöch-Schöch, 10/24.
53 OLG Frankfurt/M. v. 26.1.1989, 3 Ws 56/89, StV 1989, 250; OLG Hamm v. 5.11.1971, 3 Ws 324/71, ZfJ 1972, 357, 358; v. 9.5.1969, 3 Ws 128/69, GA 1969, 383.
54 Eisenberg, § 15 Rn 16.
55 Vgl die Rspr des BGH zur Zahlung einer Geldstrafe durch Dritte, BGH v. 7.11.1990, 2 StR 439/90, BGHSt 37, 226, 229 f.
56 Brunner/Dölling, § 15 Rn 12b.
57 D/S/S-Diemer, § 15 Rn 20.
58 Brunner/Dölling, § 15 Rn 11; Streng, § 15 Rn 405.
59 D/S/S-Diemer, § 15 Rn 17; Brunner/Dölling, § 15 Rn 11.
60 OLG Hamm v. 1.12.1986, 2 Ws 201/86 (zu § 56b StGB); D/S/S-Diemer, § 15 Rn 17.
61 BGH v. 13.7.1954, 1 StR 465/53, BGHSt 6, 258, 259; D/S/S-Diemer, § 15 Rn 17.

22 c) **Verfahren.** Wie bei der Schadenswiedergutmachung ist die **genaue Bezeichnung** des zu entrichtenden Betrages und der Einrichtung im **Urteilstenor** erforderlich.[62] Die Auflage ist mit Zahlung der Summe erfüllt. Daher reicht anstelle der Erbringung eines Zahlungsnachweises durch den Jugendlichen die **Nachfrage beim Empfänger** zur Kontrolle des Zahlungseingangs. Die Auferlegung weiterer Nachweis- und Mitteilungspflichten im Zusammenhang mit der Zahlung kann erzieherisch angezeigt sein, ist aber nur im Rahmen einer zusätzlichen Weisung möglich.[63]

III. Änderung und Befreiung von Auflagen

23 Aus Abs. 3 S. 1 folgt, dass durch das Urteil nur die Sanktionsart der Auflage in Rechtskraft erwächst, nicht aber deren konkrete Ausgestaltung.[64] Möglich ist demnach die nachträgliche, auch stärker belastende[65] Änderung oder (teilweise) Befreiung von Auflagen, soweit dies aus **erzieherischen Gründen** gerechtfertigt ist.[66] Erlaubt ist insbesondere die **Anpassung** einer Auflage **an geänderte wirtschaftliche oder persönliche Verhältnisse** des Jugendlichen (zB Umwandlung einer Geldstrafe in eine Arbeitsauflage bei Arbeitslosigkeit des Delinquenten).[67] **Kein Grund** ist eine **andere Beurteilung des Unrechtsgehalts** der Tat, da diese der Rechtskraft unterliegt und nur in der Hauptverhandlung festgestellt werden kann.[68] Der Richter muss im Hinblick auf die unterschiedlichen Zielsetzungen jugendstrafrechtlicher Rechtsfolgen die einmal angeordnete Sanktionsart beibehalten. Unzulässig ist daher die Umwandlung von Auflagen in Weisungen und umgekehrt[69] oder in einen Jugendarrest. Auch hindert die Erfüllung einer Auflage die Anordnung weiterer, zusätzlicher Maßnahmen, etwa weil aus Sicht des Richters die Denkzettelwirkung noch nicht erreicht wurde.[70]

IV. Nichterfüllung/Ungehorsamsarrest

24 Auflagen sind **nicht zwangsweise vollstreckbar**, was sich im Fall von Entschuldigung und Arbeitsauflage schon aus der Höchstpersönlichkeit der Pflicht ergibt; bzgl Wiedergutmachung und Geldauflage s. auch RiJGG Nr. 6 zu § 15. Bei schuldhafter, vom Jugendlichen zu vertretender Nichterfüllung kann nach § 15 Abs. 3 S. 2 unter den Voraussetzungen des § 11 Abs. 3 Jugendarrest als **Ungehorsamsarrest** angeordnet werden. Die Entscheidung ergeht durch Beschluss; dem Jugendlichen ist im Vorfeld Gelegenheit zur mündlichen Äußerung zu geben (§ 65 Abs. 1 S. 1, 3).[71] Erforderlich ist eine vorherige **Belehrung** über die Folgen der Nichterfüllung; die Staatsanwaltschaft soll darauf hinwirken, dass diese erteilt und in der Verhandlungsniederschrift oder anderweitig aktenkundig gemacht wird (RiJGG Nr. 5 zu § 15). Ungehorsamsarrest ist auch bei einer Entschuldigungsauflage möglich,[72] doch wird dieser Fall in der Praxis wegen der vorherigen Feststellung der Bereitschaft und der Durchführung in der Hauptver-

---

62 OLG Düsseldorf v. 13.4.1960, 2 Ss 203/60, JMBl 1960, 220 f.
63 D/S/S-Diemer, § 15 Rn 20; Ostendorf, § 15 Rn 18; aA Brunner/Dölling, § 15 Rn 12 a.
64 Streng, § 15 Rn 406.
65 Meier/Rössner/Schöch-Schöch, 10/26; Streng, § 15 Rn 406; Ostendorf, § 15 Rn 19.
66 D/S/S-Diemer, § 15 Rn 22.
67 Vgl Meier/Rössner/Schöch-Schöch, 10/26.
68 D/S/S-Diemer Rn 22.
69 Brunner/Dölling, § 15 Rn 13.
70 D/S/S-Diemer, § 15 Rn 24.
71 S. auch LG Arnsberg v. 2.12.2009, 2 Qs 98/09.
72 D/S/S-Diemer, § 15 Rn 13; aA Brunner/Dölling, § 15 Rn 12 a; Ostendorf, § 15 Rn 12.

handlung kaum von Bedeutung sein. Zur Nichterfüllung einer Geldauflage bei Zahlung durch Dritte s. Rn 20.

Wird die Auflage noch zwischen Verhängung und Verbüßung des Arrests erfüllt, 25 ist eine Vollstreckung ausgeschlossen (§§ 15 Abs. 3 S. 2, 11 Abs. 3 S. 3). Nach Vollstreckung kann der Richter die Auflage für erledigt erklären, dies ist aber nicht zwingend.[73] Die Erledigterklärung setzt voraus, dass Unrechts- und Schuldgehalt der Tat durch Verbüßung des Arrests abgegolten sind und eine Aufrechterhaltung der Auflage aus erzieherischen Gründen unverhältnismäßig ist.[74]

§ 16 Jugendarrest

(1) Der Jugendarrest ist Freizeitarrest, Kurzarrest oder Dauerarrest.
(2) Der Freizeitarrest wird für die wöchentliche Freizeit des Jugendlichen verhängt und auf eine oder zwei Freizeiten bemessen.
(3) [1]Der Kurzarrest wird statt des Freizeitarrestes verhängt, wenn der zusammenhängende Vollzug aus Gründen der Erziehung zweckmäßig erscheint und weder die Ausbildung noch die Arbeit des Jugendlichen beeinträchtigt werden. [2]Dabei stehen zwei Tage Kurzarrest einer Freizeit gleich.
(4) [1]Der Dauerarrest beträgt mindestens eine Woche und höchstens vier Wochen. [2]Er wird nach vollen Tagen oder Wochen bemessen.

Richtlinien zu § 16
1. Wöchentliche Freizeit ist die Zeit von der Beendigung der Arbeit am Ende der Woche bis zum Beginn der Arbeit in der nächsten Woche. Bei Jugendlichen, die an Sonntagen beschäftigt werden, tritt an die Stelle dieser Freizeit die entsprechende Freizeit während der Woche. Der Freizeitarrest kann auch an einem Feiertag vollstreckt werden, jedoch nicht über die regelmäßige Dauer der wöchentlichen Freizeit hinaus. Hinsichtlich der Arrestdauer wird auf § 25 JAVollzO und § 5 BwVollzO verwiesen.
2. Wegen der Berücksichtigung von Untersuchungshaft bei Jugendarrest wird auf § 52 und die Richtlinien dazu verwiesen.

Schrifttum:
Arndt, Kriminologische Untersuchungen zum Jugendarrest. Göttingen: Diss. 1970; *Eisenhardt*, Gutachten über den Jugendarrest, 1989; *Eisenhardt*, Der Jugendarrest. Eine Chance der Kriminalprävention, 2010; *Keiner*, Jugendarrest. Zur Praxis eines Reform-Modells, 1989; *Meyer-Höger*, Jugendarrest. Entstehung und Weiterentwicklung einer Sanktion, 1998; *Reichenbach,* Über die Zulässigkeit der Verbindung eines Schuldspruchs nach § 27 JGG mit Jugendarrest, 2005; *Riechert-Rother,* Jugendarrest und ambulante Maßnahmen: Anspruch und Wirklichkeit des 1. JGGÄndG, 2008; *Schwegler*, Dauerarrest als Erziehungsmittel für junge Straftäter, 1999; *Vietze*, Der Einstiegsarrest – eine zeitgemäße Sanktion?, 2004.

I. Grundlagen und Anwendungsbereich 1	3. Wirksamkeit bzw Zielerreichung 16
1. Geschichte des Jugendarrests 5	II. Jugendarrest 18
	1. Begriffliches 18
2. Anwendungsbereich 12	2. Berechnung 20
	3. Andere Arrestformen 22

---
73 Brunner/Dölling, § 15 Rn 12 a; aA Ostendorf, § 15 Rn 18 ("generelle Verpflichtung").
74 D/S/S-Diemer, § 15 Rn 26.

4. Systematik................ 24	3. Rechtsmittelverzicht...... 32
5. Teleologische Auslegung.. 27	4. Ausländerrechtliches Verfahren.................... 34
III. Verfahrenshinweise........... 29	
1. Tenor...................... 29	IV. Reform („Warnschussarrest") 35
2. Vollstreckung............. 31	

I. Grundlagen und Anwendungsbereich

1   Der Jugendarrest gehört zu den umstrittensten Sanktionen im Jugendgerichtsgesetz. Grund für die Kritik ist, dass ihm eine **nationalsozialistische Geschichte** nachgesagt wird (s.u. 1.), dass die Zielbestimmung unklar ist (s.u. 2.) und dass die Zielerreichung bzw seine Wirksamkeit in Zweifel gezogen werden (s.u. 3.).

2   Problematisch ist vor allem, dass im Jugendarrest in seinen unterschiedlichen Erscheinungsformen **verschiedene Zielgruppen** erfasst werden, die eigentlich getrennt werden sollten. Das ist freilich weniger ein Problem der Verhängung, sondern des sich anschließenden Vollzugs (vgl § 90).

3   Dennoch hat sich der Jugendarrest bis heute gehalten. Rechtspolitiker wollen auf ihn nicht verzichten. Praktiker sehen bei der Abschaffung eine große Lücke zwischen den ambulanten Erziehungsmaßregeln einerseits[1] und der Jugendstrafe andererseits und halten gleichfalls an ihm fest.[2]

4   Vor allem Stimmen in der Kriminalpolitik wollen seinen Anwendungsbereich noch ausweiten, indem ein **„Warn(schuss)arrest"** eingeführt werden soll, also eine Verurteilung zu Jugendstrafe zur Bewährung, gekoppelt mit einem Jugendarrest zur Warnung.

5   **1. Geschichte des Jugendarrests**[3] „Die Vergangenheit des Jugendarrests ist belastet, die Gegenwart – gemessen an der Vollzugswirklichkeit – überwiegend trostlos, die Existenzberechtigung und damit die Zukunft ungewiss."[4] An dieser Einschätzung aus dem Jahr 1991 hat sich bis heute nicht viel geändert. Um den Jugendarrest beurteilen zu können, bedarf es **rechtshistorischer Kenntnisse**.

6   Die Wurzeln des Jugendarrests liegen in **reformpädagogischen Gedanken** (und nicht in nationalsozialistischem Gedankengut). Einer der profiliertesten Vertreter war Foerster,[5] der – unter dem Einfluss eines religiös geprägten Ehrbegriffs – den Jugendarrest (ohne diesen Begriff selbst zu verwenden) von der Strafe trennen und „Selbstachtung" fördern wollte. Foerster sprach sich für eine Besinnungsstrafe aus.

7   Soweit ersichtlich hat Schaffstein[6] dem Jugendarrest Kontur verliehen. Von ihm kam die Forderung nach einem Dauerrest bis zu drei Monaten und nach dem Freizeitarrest. Was Foerster als **Besinnungsstrafe** verstanden wissen wollte, deutete Freisler[7] – damals Staatssekretär im Reichsjustizministerium und später berüchtigter Präsident des Volksgerichtshofs – in eine Überzufügung mit **Schockwirkung** um. Dieser Gedanke, der sich bis heute in der Öffentlichkeit und leider

---

1   Dazu Riechert-Rother.
2   Dagegen Schäffer, Jugendarrest – eine kritische Betrachtung, DVJJ-Journal 2002, 43 – 47.
3   Übersicht bei Eisenhardt, S. 11 ff.
4   Sonnen, Mindestanforderungen an einen erzieherisch ausgestalteten Jugendarrest, DVJJ-Journal 1991, 56 unter Hinweis auf Dünkel, Freiheitsentzug für junge Rechtsbrecher, 1990.
5   Foerster, Weg und Aufgabe des Jugendstrafrechts, 1912 passim.
6   Schaffstein in: Gedächtnisschrift für H. Kaufmann, 1986, S. 393 – 422.
7   Freisler, Zur Handhabung des Jugendarrestes, Deutsche Justiz 1940, 1405 – 1414.

auch in Praxis und Politik hält, ist ein schweres Erbe und ein Hindernis für eine durchgreifende Reform des Jugendarrests im 21. Jahrhundert.

Erstmals eingeführt wurde der Jugendarrest – unter den Bedingungen des 2. Weltkriegs im Oktober 1940. Eine kurz darauf erlassene weitere Verordnung kennzeichnet den Jugendarrest erstmals als „**Zuchtmittel**", grenzt ihn aber von einer Kriminalstrafe ab. Im Jahr 1943 wurde er in das Reichsjugendgerichtsgesetz übernommen. Damit sollte die kurze Jugendstrafe abgeschafft werden. Geformt nach einem totalitären Straf- und Disziplinierungsverständnis sowie einem autoritären Erziehungsbegriff der Nationalsozialisten setzte sich der Jugendarrest aus Ahndung, Strafe, Sühne und Erziehung zusammen. Er wurde als „Ehrenstrafe" aufgefasst, welche durch den kurzen Ausschluss aus der „Volksgemeinschaft" an das Ehrgefühl des „gutgearteten" Jugendlichen appellieren sollte. Dahinter stand – neudeutsch formuliert – eine Short-sharp-shock-Ideologie.

1953 wurde der Jugendarrest nahezu unverändert in das Jugendgerichtsgesetz übernommen, um eine kurze Jugendstrafe zu vermeiden. Die überkommene Arrestideologie wurde vom BGH übernommen, wo in einer Grundsatzentscheidung aus dem Jahr 1963[8] ein „kurzer, harter Zugriff auf das Ehrgefühl", eine eindringliche **Warnung** für die Zukunft, ein „eindringlicher und fühlbarer Ordnungsruf, welcher den Jugendlichen davor schützen soll, auf dem erstmalig eingeschlagenen Weg fortzufahren" gefordert bzw gebilligt wurde.

Nach 1968 folgte **Kritik** am Arrestverständnis und an der Arrestpraxis. In diesem Zusammenhang sprach man sich für den Ausbau der ambulanten Sanktionen aus. 1974 wurden die sogenannten „strengen Tage" und das „harte Lager" abgeschafft. Mit der Neuregelung der Jugendarrestvollzugsordnung im Jahr 1976 ging eine **sozialpädagogische Wende** einher.[9] In den 80er-Jahren wurde die Kritik am Kurz- und Freizeitarrest immer lauter, zuweilen wurde die völlige Abschaffung des Jugendarrests gefordert.[10] Empirische Untersuchungen stellten desolate Zustände in den Jugendarrestanstalten fest.[11]

Mit dem 1. JGG-ÄndG im Jahr 1990 verkürzte der Gesetzgeber den Freizeitarrest auf **zwei Freizeiten** und sprach sich mit § 90 Abs. 1 S. 2 und 3 JGG für eine stärkere erzieherische Gestaltung des Jugendarrests aus. An der antiquierten Zielsetzung von § 90 Abs. 1 S. 1 JGG hielt man aber fest. Seitdem hat es keine „äußere Reform" des Jugendarrests gegeben.[12] Die innere Reform, bei der sich ambitionierte Praktiker hervorgetan haben, ist nur partiell vorangekommen.[13]

---

8 BGH v. 9.1.1963, 4 StR 443/63, BGHSt 18, 207 ff.
9 Plewig, Zur Reform des Jugendarrests oder: Was man so alles über „kriminelle" Jugendliche weiß, MschrKrim 1980, 20 – 32.
10 Feltes, Jugendarrest – Renaissance oder Abschied von einer umstrittenen jugendstrafrechtlichen Sanktion, ZfStW 1988, 158 – 183.
11 Arndt; Eisenhardt 1989 und 2010; Pfeiffer, Jugendarrest – Für wen eigentlich?, MschrKrim 1981, 28 ff; Schumann, Der „Einstiegsarrest" – Renaissance der kurzen Freiheitsstrafe im Jugendrecht?, ZRP 1984, 319 ff; Koepsel in: FS Böhm 1999, S. 619 ff.
12 Das gilt für das gesamte Jugendstrafrecht. Es blieb beim 1. JGG-ÄndG.
13 Eckdaten bei Ostendorf, Reform des Jugendarrestes, MschrKrim 1995, 352 – 365; Keiner; Laue, Jugendarrest in Deutschland, DVJJ-Journal 1995, 91 – 96; Hinrichs, Praxis des Jugendarrestes, DVJJ-Journal 1995, 96 – 103; Meyer-Höger; Hinrichs, Auswertung einer Befragung der Jugendarrestanstalten in der Bundesrepublik Deutschland 1999, DVJJ-Journal 1999, 267 – 272; Kobes/Pohlmann, Jugendarrest – zeitgemäßes Zuchtmittel?, ZJJ 2003, 370 – 377.

12 **2. Anwendungsbereich.** Die Verhängung von Jugendarrest ist zulässig bei **Jugendlichen.**[14] Jugendarrest ist auch zulässig bei zur Tatzeit **Heranwachsenden**, wenn Jugendstrafrecht angewendet wird (vgl § 105 Abs. 1 S. 1 Hs 1), und bei Soldaten (dazu § 112 a). Durch eine wenig nachdrückliche Vollstreckung kommt es in der Praxis dazu, dass viele Arrestanten im Erwachsenenalter sind. Die Spannweite reicht dann von 14 bis 24 Jahre. Das ist erzieherisch negativ.

13 Die knappe gesetzliche Regelung des Jugendarrests in § 16 JGG lässt den Anwendungsbereich des Jugendarrests im Übrigen weitgehend offen. Entsprechend diffus wird er angewendet. Immerhin lassen sich aus der **Stellung „in der Mitte" des jugendstrafrechtlichen Sanktionensystems**[15] zwei negative Ausgrenzungen vornehmen. Jugendarrest (und andere Zuchtmittel) sollen auf der einen Seite nicht angeordnet werden, wenn Erziehungsmaßregeln nach § 10 ff. JGG ausreichen. Jugendarrest (und andere Zuchtmittel) sollen auf der anderen Seite nicht eingesetzt werden, wo Jugendstrafe (auch zur Bewährung) notwendig ist. Wer „Warn(schuss)arrest" fordert, kippt diese Eckpunkte und vermengt die Sanktionsarten des JGG. Ganz allgemein ist darauf abzustellen, ob Jugendarrest zur Erziehung notwendig ist, ob er ausreichend ist und ob der Jugendliche jedenfalls ein Stück weit motiviert ist, Angebote im Jugendarrest anzunehmen.

14 Den positiven Anwendungsbereich des Jugendarrests abstrakt nach bestimmten **Kriterien** festzulegen, ist schwierig bis unmöglich. Im Rahmen einer kriminologischen Festlegung könnte man auf das **Alter** abstellen. Danach bietet sich Jugendarrest eher bei Heranwachsenden an, wenn sie nach Jugendstrafrecht verurteilt werden. Jugendliche erscheinen weniger geeignet, weil bei ihnen eine passive „Ansteckungsgefahr" besteht. Jugendarrest bei jungen Erwachsenen ist gleichfalls weniger empfehlenswert, weil sie vom Jugendarrest kaum beeinflusst werden können und weiter die Gefahr besteht, dass sie jüngere Arrestanten negativ beeinflussen. Man könnte aber auch auf die **Zahl der bisher verübten Straftaten** bzw. die Zahl der bisherigen Ermittlungs- oder Strafverfahren abstellen. Für „Ersttäter" kann Jugendarrest in Betracht kommen, etwa bei einem nicht unbedeutenden Schuldgehalt der Tat, zum Beispiel bei vorsätzlichen oder fahrlässigen Körperverletzungsdelikten. „Gefühlsmäßig" passt der Jugendarrest am besten auf Gelegenheitstäter, wie immer man diesen unscharfen Begriff definieren will. Stellt man bei „Schwellentätern" oder „Mehrfach- und Intensivitätern" ausschließlich auf die Zahl der verübten Straftaten ab,[16] so dürften sich diese weniger für den Jugendarrest eignen. Außerdem besteht bei ihnen die Gefahr, dass sie andere Jugendliche im Jugendarrest negativ beeinflussen. Eine Bestimmung des Anwendungsbereichs rein nach dem **Schuldgehalt** (Arrest für Vorsatztaten, kein Arrest für Fahrlässigkeitstaten) wäre ebenso schematisch wie die Abgrenzung nach **Täterschaft und Teilnahme** (Arrest für „Mitläufer", kein Arrest, sondern Jugendstrafe für Haupttäter). Unter kriminologischem Blickwinkel sollte man eine Lebenslängsschnittsbetrachtung und eine Lebensquerschnittsbetrachtung vornehmen und dissoziale Auffälligkeiten bei der Verhängung von Jugendarrest berücksichtigen. Jugendliche, die im Lebensquerschnitt **Syndrome früher krimineller**

---

14 Vgl Wortlaut „*Jugend*arrest".
15 Jung, Der Jugendarrest im jugend(straf)rechtlichen Sanktionensystem, JZ 1978, 621 – 625.
16 Von Schwellentätern spricht man bei Personen unter 21 Jahren, die mindestens fünf Gewaltstraftaten von einigem Gewicht (insbesondere Raubstraftaten) begangen haben und zukünftig mit hoher Wahrscheinlichkeit derartige Straftaten begehen werden.

Gefährdung zeigen,[17] kommen eher für den Jugendarrest in Betracht als solche insoweit unauffälligen Jugendlichen, insbesondere wenn im Jugendarrest soziale Kompetenzen vermittelt werden. Wer sich im Lebenslängsschnitt[18] von früher Jugend an kontinuierlich zur (schweren) Jugendkriminalität hinentwickelt hat, dürfte mit Jugendarrest nicht zu erziehen sein. Bei Kriminalität im Rahmen eines kriminellen Übersprungs erscheint Jugendarrest überzogen. Am ehesten passt der Jugendarrest bei der **Verlaufsform „(Jugend-)Kriminalität im Rahmen der Persönlichkeitsreifung"**. Aber auch hier kommt es auf den Einzelfall an.

Aus der Rechtsprechung lassen sich keine Anwendungsfälle für den Jugendarrest ablesen. Sie befasst sich – soweit aus den veröffentlichten Entscheidungen ersichtlich – mit Koppelungsverboten.[19] Dementsprechend fallen die Kommentare zu § 16 JGG kurz aus.[20] 15

3. Wirksamkeit bzw Zielerreichung. Wesentlicher Kritikpunkt am Jugendarrest ist seine angeblich mangelhafte bis fehlende Wirksamkeit.[21] Soweit das mit den Quoten der Vorbestraften im Jugendarrest begründet wird, werden Ursache und Wirkung nicht beachtet. Aber auch die hohen **Rückfallquoten** nach Jugendarrest sind nicht geeignet, ihm Wirksamkeit abzusprechen. Die Rückfallquoten können gerade darauf zurückzuführen sein, dass man es im Jugendarrest mit einer **ungünstigen Vorauslese** zu tun hat. Mitursächlich könnte sein, dass die Arrestanten im Beobachtungszeitraum nach dem Jugendarrest regelmäßig junge Erwachsene sind, die als besonders kriminalitätsbelastet gelten. 16

Bei der Frage, welches **Ziel** der Jugendarrest haben kann, ist auch zu berücksichtigen, was der Jugendarrest sinnvollerweise leisten kann. Dabei wird man berücksichtigen, dass man es immer mehr mit dissozialen jungen Menschen zu tun hat, die psychosoziale Probleme haben und diese in den Jugendarrest einbringen. Ebenfalls sollte bedacht werden, dass die Zeit für eine erzieherische Einwirkung – noch viel stärker als bei der Jugendstrafe – begrenzt ist. Was kann im Minimum an zwei Wochenenden oder maximal innerhalb von vier Wochen bewirkt werden? Unter Berücksichtigung dieser Überlegung ist die **Rückfallverhinderung** ein zu hohes Ziel, das den Jugendarrest und die in ihm Tätigen überfordert. Schließlich ist zu beachten, dass sich die aus dem Jugendarrest Entlassenen in der Adoleszenz und damit in einer Altersstufe befinden, die besonders kriminalitätsanfällig ist und von kritischen Lebensereignissen begleitet wird. Ist das Rückfallkriterium bereits für die Jugendstrafe ein kritisch zu hinterfragendes Kriterium,[22] so gilt das erst recht für den Jugendarrest.[23] Das gilt aber auch für die Beurteilung der Wirksamkeit ambulanter Maßnahmen. In der Literatur werden sie erfolgreicher beurteilt als der Jugendarrest. Das könnte aber eine Auswirkung der ungünstigen Vorauslese der Jugendlichen im Jugendarrest sein. Nach alledem 17

---

17 Zum sozioscolaren Symdrom, zum Schulsyndrom, zum Leistungssyndrom, zum Freizeitsyndrom, zum Kontaktsyndrom und zum Syndrom früher krimineller Gefährdung vgl etwa Bock, S. 229 – 239.
18 Vgl grundsätzlich Bock, S. 189 – 199.
19 Für die Aussetzung der Verhängung einer Jugendstrafe statt aller grundsätzlich BVerfG v. 9.12.2004, 2 BvR 930/04, NStZ 2005, 642.
20 Vgl Brunner/Dölling; Eisenberg; Ostendorf; D/S/S-Sonnen jeweils zu § 16 JGG.
21 Hartenstein, Zur Wirksamkeit des Jugendarrestvollzugs, MschrKrim 1966, 314 – 342; Kaiser, Zum Stand der Behandlungs- und Sanktionsforschung in der Jugendkriminologie, dargestellt am Beispiel des Jugendarrestes, MschrKrim 1969, 16 – 28.
22 Obergfell-Fuchs/Wulf, Die Evaluation des Strafvollzugs, ZJJ 2008, 231 ff; dies., Wirksamkeit des Justizvollzugs. Politische, praktische und wissenschaftliche Aspekte der Evaluation, Justizministerium Baden-Württemberg 2010, S. 58.
23 Dazu instruktiv Eisenhardt, S. 27 ff.

sollte man die Rückfallvermeidung zwar als ein Fernziel des Jugendarrests ansehen, insgesamt aber weniger anspruchsvoll sein. Wenn es gelingt, die Jugendlichen im Jugendarrest **zu sozialer Verantwortung zu befähigen** (Rückfallvermeidung „schimmert" in dieser Formulierung noch durch), so wäre schon viel erreicht. Die soziale Verantwortung kann sich auf die eigene Gesundheit, den Leistungsbereich, die Ordnung finanzieller Angelegenheiten, die Gestaltung von Kontakten und Freizeit und vieles andere mehr beziehen, was zu einem gelingenden Leben gehört. Und selbst wenn es „nur" gelänge, die **Kinder- und Menschenrechte der Jugendlichen im Arrest zu wahren**, wäre das schon ein – nicht selbstverständlicher – Erfolg. Ein Jugendarrestvollzugsgesetz müsste die Nah- und Fernziele des Jugendarrests unter Berücksichtigung der verschiedenen Arrestformen verbindlich formulieren. Solange dies nicht der Fall ist, fehlt den Verantwortlichen in der Jugendstrafrechtspflege eine Orientierungshilfe.

II. Jugendarrest

18 1. **Begriffliches.** Kritisch ist bereits der **Begriff** „Jugendarrest". Der Oberbegriff lautet „Arrest". Das ist zugleich eine Disziplinarmaßnahme im deutschen (Jugend-)Strafvollzugsrecht.[24] Schon der Begriff, aber auch dieselbe Höchstfrist von Jugendarrest und Arrest im Strafvollzug[25] rücken den Jugendarrest in die Nähe der Jugend- bzw Freiheitsstrafe. Das wird nun noch dadurch verstärkt, dass die Gesetzgebungskompetenz für den Jugendarrestvollzug nicht beim Bund, sondern über Art. 74 Abs. 1 GG („Strafvollzug") bei den Ländern liegen soll[26] und die Länder sich anschicken, Jugendarrestvollzugsgesetze zu planen. Das wirkt sich im Vollzug aus, wo der Jugendarrest immer wieder „der kleine Bruder" der Jugendstrafe ist und vollzugsähnlich ausgestaltet wird. Ähnliche Begriffe sind der Arrest im Zivilprozess als Maßnahme zur Sicherung der Zwangsvollstreckung,[27] der Hausarrest als Gebot, ein Haus oder eine Wohnung nicht zu verlassen,[28] der Strafarrest als Disziplinarstrafe beim Militär,[29] der Disziplinararrest als Disziplinarmaßnahme beim Militär[30] oder der Stubenarrest als – zweifelhafte – Erziehungsmaßnahme in der Familie[31] oder in Heimen. Umgangssprachlich bedeutet Arrest auch „Festnahme". In jedem Fall assoziiert man mit diesem Begriff eine **repressive Maßnahme**. Zusammen mit der sanktionsrechtlichen Einordnung als „Zuchtmittel", mit den Unterbegriffen „Beugearrest", „Einstiegsarrest", „Warnschussarrest" ergibt sich eine semantische Schräg- und Schieflage, welche eine rationale kriminalpolitische Diskussion erschwert. Es wäre hilfreich, wenn der Gesetzgeber sich zu einer **begrifflichen „Abrüstung"** entschließen könnte.

---

24 Vgl etwa § 103 Abs. 1 Nr. 9 StVollzG: „Arrest bis zu vier Wochen".
25 Im Jugendstrafvollzug ist das Höchstmaß des Disziplinararrests zwei Wochen. Merkwürdig ist, dass das Höchstmaß des Zuchtmittels „Jugendarrest" damit doppelt so hoch ist.
26 So die einvernehmliche Meinung im Strafvollzugsausschuss der Länder, die vom Bundesministerium der Justiz geteilt wird.
27 Vgl §§ 916 ff ZPO.
28 Vgl etwa das baden-württembergische Gesetz zur elektronischen Aufsicht im Vollzug der Freiheitsstrafe vom 30.9.2009, GBl 2009, 360.
29 §§ 9 ff WehrstrafG.
30 § 26 Wehrdisziplinarordnung: 3 bis 21 Tage.
31 Dagegen das Gesetz zur Ächtung der Gewalt in der Erziehung und zur Änderung des Kindesunterhaltsrechts vom 2.11.2000, BGBl. I, 1479. Der die Ächtung der Gewalt in der Erziehung betreffende Teil trat am 8.11.2000 in Kraft und hat § 1631 Abs. 2 BGB wie folgt gefasst: „Kinder haben ein Recht auf gewaltfreie Erziehung. Körperliche Bestrafungen, seelische Verletzungen und andere entwürdigende Maßnahmen sind unzulässig."

Die begriffliche Unsauberkeit setzt sich beim „**Freizeitarrest**" fort. Unter Freizeit 19
versteht man die freie Zeit des Tages nach Abzug der Zeiten für Arbeit, Essen,
Körperpflege und Schlaf. Danach haben die Menschen unterschiedlich lange Freizeit. Abs. 2 definiert den Freizeitarrest aber nicht individuell. Er wird auf eine
oder zwei Freizeiten bemessen. Bis 1990 waren vier Freizeiten zulässig. Das wurde
mit dem 1. JGG-ÄndG verkürzt, weil sich die richtige Auffassung durchgesetzt
hatte, dass die dritte oder vierte Freizeit nur eine Gewöhnung an den Arrest, aber
sonst nichts bringt. Aber noch mehrere Jahre nach der gesetzlichen Abschaffung
lauten jugendrichterliche Urteile auf vier Freizeiten. Die Vollzugsleiter korrigierten dies über § 87 Abs. 3 JGG: Aus Abs. 3 S. 2 ergibt sich, dass eine Freizeit
zwei Tagen gleichsteht. Zwei Tage wären 48 Stunden. Da der Freizeitarrest meist
am Wochenende vollzogen wird, müssten die Arrestanten entweder am Freitagabend einrücken, um am Sonntagabend entlassen werden zu können, oder sie
müssten am Samstagmorgen einrücken, müssten dann aber am Montagmorgen
entlassen werden. Das kollidiert dann mit Schule, Ausbildung und Beruf, insbesondere wenn lange Rückreisezeiten hinzukommen. Daher wird der Freizeitarrest
in der Praxis aus organisatorischen Gründen oft von Samstagmorgen bis Sonntagabend vollzogen, was auch nicht konsequent ist.[32] Funktionen der Freizeit sind
vor allem Regeneration, Rekreation, Kompensation, Kommunikation, Interaktion, Partizipation, Suspension und Emanzipation. Entzieht man den Jugendlichen
die Freizeit, nimmt man ihnen also zunächst einmal wichtige Elemente zur Teilhabe am sozialen Leben. Im Vollzug des Jugendarrests müssen dann mit erheblichem Aufwand, mit unzureichenden Mitteln und mit einem unbefriedigenden
Ergebnis Ersatzprogramme angeboten werden, um die negativen Folgen der Arrestierung zu vermeiden.

2. Berechnung. Für die Vollstreckung von Kurz- und Dauerarrest wird der Tag 20
zu 24 Stunden, die Woche zu sieben Tagen gerechnet. Die Arrestzeit wird ab der
Annahme zum Vollzug nach Tagen und Stunden berechnet. Die Stunde, in deren
Verlauf der Jugendliche angenommen worden ist, wird voll angerechnet, § 25
Abs. 1 JAVollzO.

Dauerarrest[33] in Höhe eines Monats darf also nicht angeordnet werden. Der 21
Vollzugsleiter müsste dies über § 87 Abs. 3 JGG korrigieren. Das derzeit geltende
gesetzliche Höchstmaß wird in der Literatur für zu hoch angesehen.[34] Allerdings
fragt man sich, was in einer kürzeren Zeit denn erzieherisch erreicht werden kann,
insbesondere wenn man den Jugendarrest als stationäres soziales Training ausgestalten möchte. Das Mindestmaß des Dauerarrests ist eine Woche. Innerhalb
des Zeitraums von vier Wochen, also 28 Tagen, kann aus Schuldgesichtspunkten
und erzieherischen Erwägungen eine **Bemessung nach Tagen** in Betracht kommen. Abs. 4 S. 2 lässt das zu.

3. Andere Arrestformen. Sprachlich und juristisch problematisch ist der „**Beuge-** 22
oder Ungehorsamsarrest", § 11 Abs. 3. Bedenklich ist wieder die militante Be-

---

32 Vgl § 25 Abs. 3 Jugendarrestvollzugsordnung (JAVollzO) In der Fassung der Bekanntmachung vom 30. November 1976 (BGBl I, 3270) sowie die RiJGG Nr. 1 zu
§ 16 JGG.
33 Schwegler, Erziehung durch Unrechtseinsicht? Gesetzliche Konzeption, richterliche
Einschätzungen und erzieherische Wirksamkeit des Dauerarrestes, Kriminologische
Journal 2001, 116 – 131 und Schwegler.
34 Ostendorf, § 16 Rn 12.

grifflichkeit.[35] Hinzu kommt, dass die Einstufung als Beuge- oder Ungehorsamsarrest praktische Bedeutung hat. Fasst man ihn als „Beugearrest" auf, so bleibt die ursprünglich angeordnete Erziehungsmaßregel bestehen. Der „Beuge- oder Erzwingungsarrest" dient dann dazu, **die Erziehungsmaßregel durchzusetzen.** Dazu muss dem Jugendlichen im „Beugearrest" Gelegenheit gegeben werden, etwa gemeinnützige Leistungen zu erbringen. Versteht man § 11 Abs. 3 JGG dagegen als „Ungehorsamsarrest", so ersetzt diese Anordnung die Erziehungsmaßregel („Ersatzarrest" analog zur Ersatzfreiheitsstrafe). Der Arrest ist dann **rein repressiver Natur.** Das ist mit § 2 Abs. 1 S. 2 JGG nicht vereinbar. Richtiger Ansicht nach ist § 11 Abs. 3 JGG als Erzwingungsarrest zu versehen. Hiernach verhängter Jugendarrest darf bei einer Verurteilung insgesamt die Dauer von vier Wochen nicht überschreiten, § 11 Abs. 3 S. 2. Der Richter sieht von der Vollstreckung des Jugendarrests ab, wenn der Jugendliche nach Verhängung des Arrests der Weisung nachkommt.

23 Unter „Warn(schuss)arrest"[36] oder „Einstiegsarrest"[37] versteht man landläufig eine Kombination zwischen Jugendarrest und einer bedingten Jugendstrafe. Das kann die Aussetzung der Verhängung von Jugendstrafe nach § 27 JGG sein, die Aussetzung der Vollstreckung der Jugendstrafe nach § 21 JGG oder die Vorbewährung nach § 57 Abs. 1 S. 1 Var. 2 JGG. Die Koppelung mit § 27 JGG wird als Einstiegsarrest im engeren Sinne bezeichnet,[38] die Koppelung mit §§ 21, 57 JGG als Einstiegsarrest im weiteren Sinne.[39]

24 **4. Systematik.** Der Jugendarrest steht mitten im Sanktionensystem des JGG. § 16 JGG grenzt auf der einen Seite an ambulante Zuchtmittel an (§§ 13 – 15), auf der anderen Seite an die Jugendstrafe in ihren unterschiedlichen Formen (§§ 17 ff). Insofern muss man den Jugendarrest als **Eckpunkt im jugendstrafrechtlichen Sanktionensystem** zur Kenntnis nehmen und dies bei Reformüberlegungen berücksichtigen. Würde man den Jugendarrest ersatzlos abschaffen, würde eine große Lücke zwischen den ambulanten Sanktionen und der Jugendstrafe als Kriminalstrafe bestehen. Jugendrichter und Jugendstaatsanwälte wären gezwungen, auf die eine oder andere Seite auszuweichen. Das könnte dazu führen, dass Erziehungsmaßregeln bei Jugendlichen verhängt werden, die auf die Erziehungsmaßregel nicht mehr ansprechen. Eine weitere mögliche Folge wäre, dass vermehrt Jugendstrafen (zur Bewährung) angeordnet werden. Damit hat der Jugendarrest zumindest eine **„Lückenbüßerfunktion".** Ob ihn das legitimiert, mag offen bleiben. Eine ersatzlose Abschaffung wäre jedenfalls problematisch.

25 Unter systematischen Gesichtspunkten ist zu diskutieren, ob der Jugendarrest eine stationäre Sanktion ist, wovon immer wieder ausgegangen wird. Der Begriff „Arrest" deutet umgangssprachlich darauf hin. Geht man von Arrest als **„Festnahme"** aus, so deutet das zunächst einmal darauf hin, dass der Jugendliche eine Zeitlang festgenommen wird. „Festnahme" bedeutet freilich nicht, dass der Ju-

---

35 Ostendorf, Wider die Verselbständigung des sogenannten Ungehorsamsarrestes zu einer zusätzlichen jugendgerichtlichen Sanktion, Zentralblatt für Jugendrecht 1983, 563 ff.
36 Dem Verfasser geht das militante Wort nicht über die Feder, daher: „schuss" in Klammern.
37 Auch dieser Begriff ist verunglückt. In was sollen die Arrestanten einsteigen? In eine kriminelle Karriere? Vgl Breymann/Sonnen, Wer braucht eigentlich den Einstiegsarrest?, NStZ 2005, 669 – 673.
38 Reichenbach.
39 Vietze, S. 18; Findeisen, Der Einstiegs- bzw Warnschussarrest – ein Thema in der Diskussion, ZJJ 2007, 25.

gendliche von der Polizei festgenommen und – ggf unter unmittelbarem Zwang – dem Jugendarrest zugeführt wird. Die meisten Jugendlichen stellen sich „freiwillig". Reduziert man „Arrest" auf eine „Festnahme", so heißt das, dass der Jugendliche während des Arrests die Jugendarrestanstalt nicht verlassen darf. Das geht in Richtung „**stationäre Sanktion**". Damit ist aber noch nicht entschieden, ob die Jugendarrestanstalten nach außen gesichert sein müssen. Die JAVollzO lässt das jedenfalls offen. Begrifflich wäre auch eine Jugendarrestanstalt denkbar, die offen ist. Wenn es offenen Jugendstrafvollzug und Jugendstrafvollzug in freien Formen gibt, dann müsste es – erst recht – einen **offenen Arrestvollzug** und einen **Jugendarrest in freien Formen** geben können. Das lässt eine Arrestgestaltung als Jugendbildungsstätte[40] oder – praktisch gleichbedeutend - als stationären sozialen Trainingskurs[41] zu.

Der Jugendarrest ist von der Systematik her und in der Wirklichkeit das am meisten einschneidende Zuchtmittel. **Strafe und Erziehung** liegen hier eng beieinander. Missverständnisse, Überschneidungen, Vermischungen und Grenzüberschreitungen sind so möglich. Auch das Subsidiaritätsprinzip hilft da wenig. Zwar entspricht es dem Grundsatz der Verhältnismäßigkeit, wenn der Jugendrichter erst zu Erziehungsmaßregeln und dann zu Zuchtmitteln, insbesondere Jugendarrest greift. Das kann aber leicht in eine schematische Anwendung abgleiten, wonach zunächst immer die Erziehungsmaßregel kommt. Schematisch wäre es auch, würde man nach einem erstmaligen Jugendarrest immer gleich mit Jugendstrafe reagieren. In der Anwendung des Jugendarrests in seinen unterschiedlichen Erscheinungsformen ist vielmehr Flexibilität angesagt. 26

5. Teleologische Auslegung. Aus § 16 lässt sich nur wenig bezüglich **Sinn und Zweck** des Jugendarrests herleiten, weil die Norm im Wesentlichen nur Begriffe klärt und Formalia regelt. Es ist merkwürdig, dass die Anordnungsvoraussetzungen in § 16 nicht festgelegt sind. Insoweit unterscheidet sich die Norm von § 17, wo für die Verurteilung zu Jugendstrafe mit „schädlichen Neigungen" und „Schwere der Schuld" immerhin grobe Kriterien vorgegeben sind, die dann – zumindest ansatzweise – in der gesetzlichen Auslegung präzisiert und in der Subsumtion konkretisiert werden können. 27

Daher ist auf die gängigen **Strafzwecke** einzugehen. **Negative Generalprävention**, also Abschreckung potenzieller Jugendlicher von der Begehung von Straftaten, dürfte eindeutig unzulässig und mit dem Erziehungsgedanken des Jugendstrafrechts nicht vereinbar sein. **Positive Generalprävention**, also Herstellung des Vertrauens der Bevölkerung in die Rechtsordnung, widerspricht dem Jugendstrafrecht nicht, wenn der Bevölkerung durch Verhängung von Jugendarresten vermittelt wird, dass Jugendlichen strafrechtliche Normen verdeutlicht werden. Ob dies die Bevölkerung jedoch wahrnimmt, steht auf einem anderen Blatt. Unter negativer Spezialprävention versteht man den Schutz der Bevölkerung vor gefährlichen Straftätern. Diesen Strafzweck kann der Jugendarrest nicht oder nur ansatzweise erfüllen. Während des Jugendarrests kann der Jugendliche im Wesentlichen keine Straftaten zum Nachteil von Bürgerinnen und Bürgern draußen durchführen. Diese Schutzfunktion ist im Jugendarrest aber zeitlich sehr beschränkt. Wenn man Jugendliche im Arrest als rückfallgefährdet betrachtet, dann können sie ihre Straftaten auch nach dem Jugendarrest begehen. Allenfalls für 28

---

40 Bihs/Walkenhorst, Jugendarrest als Jugendbildungsstätte?, ZJJ 2009, 11–21.
41 Wulf, Jugendarrest als Trainingszentrum für soziales Verhalten, ZfStrVo 1989, 93–98; Wulf, Diskussionsentwurf für ein Gesetz über stationäres soziales Training („Jugendarrestvollzugsgesetz"), ZJJ 2010, 191–196.

bestimmte Straftaten, die in der Wochenendfreizeit begangen werden, besteht eine präventive Wirkung, also etwa bei Straftaten im Zusammenhang mit Massensportereignissen am Wochenende. Negative Spezialprävention kann der Jugendarrest also nicht entfalten. Es bleibt die positive Spezialprävention, also Integration und (Re-)Sozialisierung von jungen Straffälligen. Dabei ist § 16 JGG im Licht von § 2 Abs. 1 JGG nF zu interpretieren. Danach soll die Anwendung des Jugendarrests vor allem erneuten Straftaten eines Jugendlichen oder Heranwachsenden entgegenwirken. Um dieses Ziel zu erreichen, ist der Jugendarrest unter Beachtung des elterlichen Erziehungsrechts vorrangig am Erziehungsgedanken auszurichten. Was "Erziehungsgedanke" in vorliegendem Kontext aber bedeutet, ist weit auslegbar. Das JGG definiert den Erziehungsbegriff seinerseits nicht. Das lässt unterschiedliche Schwerpunkte zu. Damit kann bezüglich des Jugendarrests gemeint sein, dem Jugendlichen eindringlich zum Bewusstsein zu bringen, dass er für das von ihm begangene Unrecht einzustehen hat, vgl § 13 Abs. 1. Erziehung im Jugendarrest könnte aber auch Erlebnispädagogik, soziales Training, Anti-Gewalttraining oder Peer-Group-Learning bedeuten.

III. Verfahrenshinweise

29 **1. Tenor.** Die Verhängung von Jugendarrest – in allen Formen – soll deutlich machen, dass es sich um ein **Zuchtmittel** und nicht um eine Strafe handelt.[42] Im Tenor sollte daher die Formulierung „wird verhängt" erscheinen. Das ist kein „Etikettenschwindel" und keine Beschönigung der realen Folge des Urteils: **Freiheitsentzug.**[43] Diese Folge merkt der Arrestant ohnehin bei Arrestantritt. „Vermeidung des Strafcharakters" bezieht sich daher auf die Abgrenzung zu Formen der Jugendstrafe.

30 Nach Abs. 3 wird der **Freizeitarrest** unter den dort genannten Umständen durch Kurzarrest ersetzt. Das ist in den Urteilsgründen zu begründen. Im Tenor sollte nicht aufscheinen, dass im Grunde Freizeitarrest verwirkt ist. Das kann zu Missverständnissen beim Jugendlichen und in der Vollstreckung führen.

31 **2. Vollstreckung.** Wurde im betreffenden Verfahren **Untersuchungshaft** vollstreckt oder der Jugendliche vorläufig untergebracht, so kann der Richter im Urteil aussprechen, dass oder wieweit der Jugendarrest nicht vollstreckt wird (vgl § 52) Voraussetzung ist, dass der Zweck des Jugendarrests durch die Freiheitsentziehung bereits erreicht ist.

32 **3. Rechtsmittelverzicht.** Zuweilen wird empfohlen, bei Verhängung von Jugendarrest die Verurteilten zum **Rechtsmittelverzicht** zu motivieren, damit der Arrest rasch vollstreckt und vollzogen werden kann. Das ist grundsätzlich problematisch. Das gilt auch für „eindeutige" Fälle. Eisenberg[44] spricht von „glatten" Fällen und weist mit Recht darauf hin, dass dies nach der ersten Instanz nicht immer feststeht.

33 Der Jugendarrest wird nach den §§ 82 bis 87 vollstreckt. Der **Vollzug** richtet sich nach § 90. Die Ladung zum Antritt des Jugendarrests obliegt dem **Vollzugsleiter.** Das ist der Jugendrichter am Ort des Vollzugs (§ 90 Abs. 1 S. 2). Zur Verfahrensbeschleunigung ermächtigen Vollzugsleiter zum Teil die **Jugendrichter im Einzugsbereich** der Jugendarrestanstalt, rechtskräftig Verurteilte direkt zum Ar-

---

42 Eisenberg, 14 Aufl., § 16 Rn 34.
43 So aber Ostendorf, 7. Aufl., § 16 Rn 13.
44 Eisenberg, 14. Aufl., § 16 Rn 37.

restantritt zu laden. Das entspricht nicht dem „Mehr-Augen-Prinzip", das hinter der gesetzlichen Regelung steht.

4. Ausländerrechtliches Verfahren. Für das **ausländerrechtliche Verfahren** wurde entschieden, dass bei einem heranwachsenden Ausländer, der – ansonsten unbescholten – wegen Beihilfe zum verbotenen Handeltreiben mit Betäubungsmitteln in nicht geringer Menge (Haschisch) zu einem Jugendarrest von vier Wochen verurteilt worden ist, eine Ausnahme von der Regelausweisung in Betracht kommt.[45]

IV. Reform („Warnschussarrest")[46]

Der Vorschlag, einen sog. Warn(schuss)arrest in den Rechtsfolgenkatalog des JGG aufzunehmen, ist keineswegs neu. Entsprechenden Forderungen und Gesetzesinitiativen[47] war jedoch in der Vergangenheit zumindest auch wegen der nahezu einhelligen Kritik aus der Rechtswissenschaft[48] kein Erfolg beschieden. Gebrauchte man früher die neutralere **Bezeichnung** „Einstiegsarrest", ist in den aktuellen politischen Stellungnahmen von dem einprägsameren, allerdings nicht unproblematischen, polizeirechtlich anmutenden Schlagwort des „Warn(schuss)arrests" die Rede. Meist wird die Forderung nach schwerer (Gruppen-)Gewalt seitens (alkoholisierter) Jugendlicher oder Heranwachsender im öffentlichen Raum, etwa U- oder S-Bahnen, erhoben.[49]

In der Sache beschreiben beide Begriffe die **Kombination** von Jugendarrest mit einer zur Bewährung ausgesetzten Jugendstrafe.[50] Dabei wird zumeist an die lange Zeit streitige Koppelung mit einer nach § 27 zur Bewährung ausgesetzten Verhängung der Jugendstrafe bei unklaren schädlichen Neigungen gedacht. Ebenso ist jedoch die Verbindung mit einer Jugendstrafe denkbar, deren Vollstreckung nach § 21 oder im Wege der sog. Vorbewährung nach § 57 Abs. 1 Alt. 2 zur Bewährung ausgesetzt wird.

Nach derzeitiger Rechtslage sind alle genannten Sanktionskumulationen unzulässig. Dies ergibt sich für die Fälle verhängter Jugendstrafen eindeutig aus dem **Koppelungsverbot** des § 8 Abs. 2 bzw aus dem in dieser Regelung zum Ausdruck kommenden Prinzip der Einspurigkeit freiheitsentziehender Sanktionen. Der langjährige Streit[51] über die Zulässigkeit der vom Wortlaut des § 8 Abs. 2 nicht ausdrücklich untersagten Kombination eines Schuldspruchs nach § 27 mit Jugendarrest ist heute ausgestanden. Denn der schon vom BGH und der überwiegenden Literatur vertretenen Ansicht, dies sei unzulässig,[52] hat sich das BVerfG unter Hinweis auf das Bestimmtheitsgebot des Art. 103 Abs. 2 GG angeschlossen,[53] das eine Rechtsanwendung untersagt, die über den Inhalt einer gesetzlichen

---

45 VGH Mannheim v. 20.2.2001, 11 S 2836/00, NVwZ-Beil. 2001, 49 zu § 47 Abs. 2 Nr. 2 AuslG.
46 Mit Zustimmung der Verfasser beruht die folgende Kommentierung auf Verrel/ Käufl, NStZ 2008, 177 - 181.
47 BR-Drucks. 312/03; BT-Drucks. 14/3189; BT-Drucks 15/3422, 16/1027, s. auch Werwigk-Hertneck/Rebmann, ZRP 2003, 225, 229 f.
48 Statt vieler Breymann/Sonnen, NStZ 2005, 669 und 673; Eisenberg, Bestrebungen zur Änderung des JGG, 1984, S. 9ff; zust. hingegen Findeisen, ZJJ 2007, 25, 30; Schaffstein/Beulke, § 26 IV (185); Vietze, S. 190.
49 Zuletzt im April 2011, verbunden mit der Ankündigung eines - allerdings bis heute nicht erfolgten - Gesetzentwurfs der Bundesregierung bis zum Sommer 2011.
50 Findeisen, ZJJ 2007, 25.
51 Dazu Findeisen, ZJJ 2007, 25, 27 - 29.
52 BGHSt 18, 207.
53 BVerfG, NJW 2005, 2140.

Sanktionsnorm hinausgeht. Nach § 13 Abs. 1 schlössen sich die Anwendungsbereiche von Jugendstrafe und Jugendarrest jedoch gegenseitig aus. Radtke[54] hat in einer sorgfältigen verfassungsrechtlichen, dogmatisch-systematischen Analyse überzeugend dargelegt, dass der Warn(schuss)arrest mit dem geltenden Recht unvereinbar ist, insbesondere gegen das Koppelungsverbot von § 8 verstößt. Er sieht vielmehr - wenn man den Warn(schuss)arrest möchte - die Möglichkeit einer Koppelung von unterschiedlichen Formen bedingter Jugendstrafe und den Vollzug einer kurzen Freiheitsentziehung. Danach wäre der Warn(schuss)arrest keine neue Arrestform, sondern ein **Vorwegvollzug eines Teils der bedingten Jugendstrafe**. Das erscheint dogmatisch überlegen. Außerdem würde dies dazu führen, dass die davon betroffenen „Schwellen- bzw Intensivtäter" nicht mehr in die Jugendarrestanstalten kämen, sondern von den Erst- und Gelegenheitstätern dort getrennt wären. Wie der Vorwegvollzug eines Teils der Jugendstrafe in den Jugendstrafanstalten verlaufen soll, ist dagegen noch ungeklärt und dürfte in der Praxis erhebliche Probleme bereiten.

38 Der Warn(schuss)arrest ließe sich folglich nur im Wege einer **Gesetzesänderung** einführen. Dass eine solche grundsätzlich zulässig wäre, kann auch unter Berücksichtigung der (ursprünglich) divergierenden Zwecke von Jugendstrafe und Jugendarrest[55] nicht bezweifelt werden. Der sich ohnehin nur mittelbar aus dem JGG ergebende Grundsatz der Einspurigkeit ist kein unantastbares Sanktionierungsprinzip. Dem Gesetzgeber kann es daher nicht verwehrt sein, einen Ausnahmefall zu definieren, in dem kurzfristiger Freiheitsentzug neben eine bedingte Jugendstrafe tritt.[56] Die entscheidende Frage ist also nicht, ob der Warn(schuss)arrest ein rechtmäßiges Sanktionsmittel sein kann, sondern ob er zweckmäßig wäre.

39 Eine offene Flanke des Warn(schuss)arrests ist die Beantwortung der Frage, welche **Zielgruppe** mit ihm erreicht bzw welche Lücke im Rechtsfolgenspektrum des JGG geschlossen werden soll. Angesichts der schon bestehenden Sanktionsvielfalt und der dadurch möglichen differenzierten Reaktionen auf Jugendstraftaten müsste ein Bedürfnis für die Einführung einer bisher vom Gesetzgeber ausdrücklich verbotenen bzw nicht vorgesehenen Sanktionskoppelung bestehen. Da eine bedingte Jugendstrafe mit Jugendarrest verbunden werden soll, geht es um gewichtigere Jugendkriminalität, nämlich um Täter, bei denen schädliche Neigungen vorliegen bzw nach § 27 vorliegen können und/oder um Fälle schwerer Schuld, bei denen jedoch jeweils noch eine positive Prognose gestellt bzw dies im Fall der Vorbewährung nicht ausgeschlossen werden kann. Der Warn(schuss)arrest könnte allein für die wohl nur kleine Gruppe solcher Straftäter in Betracht gezogen werden, bei denen Bewährungsauflagen und -weisungen keinen ausreichenden Erfolg versprechen, Jugendarrest bisher nicht verhängt wurde, der Jugendliche (untersuchungs-)haftunerfahren und die kriminelle Gefährdung noch nicht so groß ist, dass eine längere stationäre Erziehung erforderlich ist. Es erscheint jedoch fraglich, ob eine gesetzliche Begrenzung auf diesen Täterkreis gelingt bzw wie eine extensive Anwendung des Warn(schuss)arrests als eine vermeintlich unschädliche „Draufgabe" auf bisher auch ohne Arrestanordnung verhängte bedingte Jugendstrafen verhindert werden kann.

---

54 Radtke, Der sogenannte Warnschussarrest im Jugendstrafrecht - Verfassungsrechtliche Vorgaben und dogmatisch-systematische Einordnung, ZStW 2009, 416 - 449.
55 Laubenthal, JZ 2002, 807, 817.
56 Findeisen, ZJJ 2007, 25, 28; Vietze, S. 91.

Um diese Prognose kreisen letztlich viele Argumente der **Warnschussbefürwor-** 40
ter. So werde die nicht mit einer unmittelbaren Übelwirkung verbundene Bewährungsstrafe von den Jugendlichen häufig als „Freispruch auf Bewährung"[57] oder „Freispruch zweiter Klasse"[58] missverstanden. Ein kurzer Freiheitsentzug könne dagegen „nachdrücklich den Ernst der Situation und die Notwendigkeit einer Verhaltensänderung vor Augen führen".[59] Aufgrund dieser Wirkungen könne sogar häufiger als bisher eine günstige Prognose gestellt und damit die Zahl vollstreckter - und bekanntlich besonders rückfallträchtiger - Jugendstrafen letztlich verringert werden.[60]

Gegen ein solches **Bedürfnis für den Warnschuss** spricht jedoch, dass das JGG 41
schon jetzt einen breiten Katalog von Bewährungsweisungen und -auflagen zur Verfügung stellt, mit denen die ausgesetzte Jugendstrafe sehr wohl „fühlbar" gemacht werden kann. Im Übrigen ist es Aufgabe der am Jugendstrafverfahren beteiligten Personen, insbesondere der Jugendrichter, die Schwere der Sanktion „Jugendstrafe auf Bewährung" zu verdeutlichen.[61] Für den Warn(schuss)arrest blieben also nur Fälle übrig, in denen solche flankierenden Maßnahmen von vornherein aussichtslos erscheinen, dem Jugendlichen der Ernst der Lage also nur durch die Erfahrung eines kurzzeitigen Freiheitsentzugs vermittelt werden kann. Insoweit muss aber bedacht werden, dass der Warnschuss nur bei gleichzeitigem Vorliegen der Voraussetzungen der Jugendstrafe eingreifen soll. Es muss sich folglich entweder um einen im Grunde „gut gearteten" Täter mit einer dennoch schweren Jugendverfehlung (§ 17 Abs. 2 Var. 2) handeln, der aber nur selten einer stationären Abschreckungssanktion bedarf. Oder es geht um einen erheblich rückfallgefährdeten Jugendlichen (§ 17 Abs. 1 Var. 1), der jedoch regelmäßig schon die Sanktionsstufe Jugendarrest durchlaufen haben dürfte und damit als „Hafterfahrener" nicht mehr für den Warn(schuss)arrest geeignet ist. Gleiches gilt für Personen, die bereits Untersuchungshaft verbüßt haben. Nach wie vor wird bei Jugendlichen und Heranwachsenden in erheblichem Umfang U-Haft angeordnet. So lag die U-Haft-Rate bei Jugendlichen und Heranwachsenden in Deutschland - bei starken Unterschieden zwischen den einzelnen Bundesländern - am 31.3.2008 bei 22,3 %.[62]

In diesen Zahlen spiegelt sich die problematische **Bedeutung apokrypher Haft-** 42
gründe in der Jugendstrafrechtspraxis wider. Untersuchungshaft wird offenbar in rechtswidriger Weise als Ersatz für eine nicht vorgesehene kurzfristige Jugendstrafe sowie zur Erzielung eines sehr tatzeitnahen erzieherischen Schocks eingesetzt, der den Jugendlichen zur Besinnung bringen soll. Die augenfällige Übereinstimmung mit der Intention des Warn(schuss)arrests zeigt nach Ansicht seiner Befürworter nicht nur das praktische Bedürfnis für eine solche Sanktion. Vielmehr könnten systemwidrige U-Haft-Anordnungen durch den Warn(schuss)arrest zurückgedrängt werden, der damit nicht nur unter dem Aspekt erleichterter Strafaussetzungsentscheidungen, sondern auch im Bereich der U-Haft zu einer

---

57 Findeisen, ZJJ 2007, 25, 29; Werwigk-Hertneck/Rebmann, ZRP 2003, 225; BT-Drucks. 15/3422.
58 Wiesbadener Erklärung der CDU v. 5.1.2008.
59 Werwigk-Hertneck/Rebmann, ZRP 2003, 225, 229 f; BT-Drucks. 15/3422.
60 Vietze, S. 148 f.
61 Schöch in Kaiser/Schöch: Kriminologie, Jugendstrafrecht, Strafvollzug, 6. Aufl., Fall 13, Rn 14.
62 Diese Zahl und weitere Daten bei Dünkel im Greifswalder Inventar zum Strafvollzug: http://www.rsf.uni-greifswald.de/duenkel/gis/jugendvollzug/untersuchungshaft/landkarten.html, zuletzt besucht am 14.6.11.

Vermeidung von Freiheitsentziehungen beitrage.⁶³ Dabei wird jedoch übersehen, dass über die Anordnung von Untersuchungshaft und über die spätere Sanktion von unterschiedlichen Personen und vor allem zu unterschiedlichen Zeitpunkten entschieden wird. Der Erlass eines Haftbefehls erfolgt in aller Regel schon kurz nach Entdeckung der Tat bzw Ergreifung eines Tatverdächtigen. Die Einführung eines Warnschusses im Ermittlungsverfahren steht jedoch gar nicht in Rede und wäre zumindest dann, wenn man auf die Denkzettel- und Ahndungsfunktion abstellt, als Verdachtsstrafe verboten. Soweit aber eine rechtswidrige Praxis zeitnahe Verdachtsstrafen ausspricht, wird sie sich hiervon sicher nicht durch die Möglichkeit eines Warn(schuss)arrests abhalten lassen, der selbst bei einer beschleunigten Vollstreckung nach einer rechtskräftigen Verurteilung deutlich tatzeitferner erfolgte als die U-Haft kurz nach Ergreifung eines Tatverdächtigen unter vorgeschobenen Gründen.⁶⁴

43 Kann es sich damit von vornherein nur um eine sehr kleine Zielgruppe für den Warn(schuss)arrest handeln, erhält ein Bedenken besonderes Gewicht, nämlich die Frage, wie sich gewährleisten lässt, dass ein in **Ausnahmefällen** für sinnvoll gehaltenes Instrument darauf beschränkt bleibt und nicht, einmal als Koppelungssanktion legalisiert, auch in Fällen angeordnet wird, die bisher ohne Verhängung von Arrest erfolgreich verlaufen sind. Die Erfahrung gerade in dem durch breite Anordnungsspielräume gekennzeichneten Jugendstrafrecht lehrt, dass die Praxis von angebotenen Sanktionsmöglichkeiten regen und auch in einem vom Gesetzgeber nicht intendierten Sinn Gebrauch macht. Hinzu kommt, dass der Glaube an die dauerhafte Abschreckungswirkung kurzer Freiheitsentziehungen auch in der Justizpraxis verbreitet ist.⁶⁵ Einer möglichen erleichterten Strafaussetzung in Einzelfällen steht also die Gefahr einer extensiven Anwendung des Warnschusses als regelhaft verhängte Annexsanktion zu Bewährungsstrafen gegenüber. Es ist bezeichnend, dass auch die wenigen Befürworter des Warn(schuss)arrestes in der Literatur das Begrenzungsproblem durchaus ernst nehmen, darauf aber nur mit der sehr vagen Empfehlung reagieren, „das Gesetz im Falle einer Einführung [des Warn(schuss)arrestes] restriktiv zu gestalten", um „die Jugendrichter zu einer restriktiven Handhabung dieser Sanktionsform [zu] zwingen".⁶⁶

44 Während sich die Befürworter vom Warn(schuss)arrest eine die Bewährung des Jugendlichen fördernde Abschreckungs- und Isolierungswirkung des „taste of prison" versprechen,⁶⁷ führen Kritiker die zahlreichen ernüchternden Untersuchungen zur Legalbewährung nach Jugendarrest an.⁶⁸ Nach der letzten Rückfallstatistik des BMJ weist der Jugendarrest mit 64,1 % die zweithöchste **Rückfallquote** aller jugendstrafrechtlichen Sanktionen auf, darüber liegt allein die unbedingte Jugendstrafe mit fast 68,6 %, darunter die zur Bewährung ausgesetzte Jugendstrafe mit 62,1 %; am besten schneiden ambulante Maßnahmen mit 50,8 % Rückfallquote ab.⁶⁹ Dies provoziert die Frage, wieso ausgerechnet die Kombination der beiden Sanktionsformen mit der zweit- und dritthöchsten Rück-

---

63 Werwigk-Hertneck/Rebmann, ZRP 2003, 225, 229 Rn 14.
64 Hügel, BewHi 1987, 50, 54.
65 Breymann/Sonnen, NStZ 2005, 669, 672 f.
66 Findeisen, ZJJ 2007, 25, 30.
67 Werwigk-Hertmeck/Rebmann, ZRP 2003, 225, 229 f; BT-Drucks. 15/3422.
68 Breymann/Sonnen, NStZ 2005, 669, 672; Ostendorf, § 16 Rn 3.
69 Jehle/Albrecht/Hohmann-Fricke/Tetal: Legalbewährung nach strafrechtlichen Sanktionen, 2010, S. 61.

fallquote eine sinnvolle Maßnahme zur Verhinderung von Jugendkriminalität sein soll.[70]

Indes sind diese Zahlen allein noch kein schlagender Beweis für die präventive Unwirksamkeit des Warn(schuss)arrests. Denn der **bescheidene Erfolg des Jugendarrestes** dürfte zu einem nicht unerheblichen Teil auf dem **Funktionswandel** beruhen, den er in den vergangenen Jahrzehnten erfahren hat. Der Jugendarrest ist nämlich nicht mehr die ursprünglich vorgesehene Schockmaßnahme für den im Grunde genommenen „gut gearteten" Jugendlichen, der mit einem „fühlbaren Ordnungsruf" zur Besinnung gebracht werden soll.[71] Vielmehr wird er heute oftmals als letztes Mittel vor dem Griff zur Jugendstrafe eingesetzt, also vor allem bei solchen problematischen Tätern, die bereits ambulante Maßnahmen durchlaufen haben und oft erhebliche Sozialisationsdefizite aufweisen. Die ursprüngliche Zielgruppe der nicht ernsthaft kriminell gefährdeten Jugendlichen wird heute mit Erfolg durch ambulante Maßnahmen, wie etwa gemeinnützige Arbeit, sanktioniert.[72]

45

Die hohen Rückfallquoten sind außerdem die Folge eines in zweifacher Hinsicht defizitären Arrestvollzugs. Zum einen beträgt die durchschnittliche Zeitspanne zwischen Tatentdeckung und Arrestantritt nach Untersuchungen aus den 80er und 90er-Jahren 10 bis 13 Monate, wobei allein zwischen Urteil und Vollzug ca. 4 Monate verstreichen[73]. Damit folgt die Sanktion der Tat alles andere als auf dem Fuße und könnte ein Warn(schuss)arrest unter den derzeitigen Arbeitsbedingungen der Justiz keine wirksame Krisenintervention sein. Zum anderen kann der Jugendarrest offenbar nicht die geforderten erzieherischen Impulse geben, die bei der schwierigen Klientel der heutigen Arrestanten aber unbedingt erforderlich sind. Ein Täter, der nicht lediglich jugendtypische Straftaten begeht, sondern erhebliche Auffälligkeiten im Elternhaus, im Schul- oder Freizeitverhalten aufweist, wird sicher nicht durch bloßes Einsperren gebessert, sondern bedarf nachhaltiger Einwirkung. Darüber sollten auch die gerne von Praktikern berichteten Fälle solcher jungen Täter nicht hinwegtäuschen, die sich vor der Verhängung des Jugendarrests stets strafunempfindlich und unbeeindruckt gegeben haben, im Vollzug aber „klein mit Hut" geworden sind.

46

Auch wenn somit und aus methodischen Gründen Zurückhaltung bei der Interpretation der hohen Rückfallhäufigkeit nach Jugendarrest angebracht ist, geben jedoch auch andere Befunde der Sanktionsforschung Anlass zu erheblicher Skepsis gegenüber der erhofften Schockwirkung eines neuen Warnschusses. So haben Befragungen von Jugendarrestanten ergeben, dass diese zwar anfänglich vom Freiheitsentzug beeindruckt waren, diese Schockwirkung jedoch sehr schnell einem Gewöhnungseffekt gewichen und mitunter sogar in Trotz und Aggression umgeschlagen ist, wenn keine Behandlung angeboten wurde.[74] Nach anderen Untersuchungen gaben zwar 80 % der befragten Arrestanten an, sie hätten gelernt, dass sie für die begangene Tat einstehen müssen.[75] Diese Besinnungswirkung führte jedoch – und allein das ist entscheidend – zu keiner Veränderung der bei Arrestantritt und -ende abgefragten Rechtseinstellung.[76] Der Arrestvollzug erzeugt of-

47

---

70 Breymann/Sonnen, NStZ 2005, 669, 672.
71 BGHSt 18, 207, 209.
72 So bereits Laue, DVJJ-J 1994, 320, 323.
73 Ostendorf, MschrKrim 1995, 352, 364; Schumann, ZfJ 1986, 363, 365; Schwegle, Dauerarrest als Erziehungsmittel für junge Straftäter, 1999, 279.
74 Schumann, ZfJ 1986, 363, 365 f.
75 Schwegler, KrimJ 2001, 116, 126.
76 Schwegler, KrimJ 2001, 116, 127.

fenbar bei der Mehrheit der Arrestanten keine Angst vor dem Gefängnis, sondern schwächt sie – nach Eintritt des Gewöhnungseffekts – uU sogar noch ab, da nach Aussagen der Befragten im Strafvollzug mehr Freiheiten bestünden und die Möglichkeit gegeben sei, die Zeit konstruktiv zu nutzen.[77] Es besteht folglich nicht nur die Gefahr, dass ein „Schnupperknast" gar nichts bewirkt, sondern sogar kontraproduktive Folgen haben kann.

48 Nachdenklich sollten schließlich auch übereinstimmende Resultate der deutschen und internationalen Generalpräventionsforschung stimmen. Danach hat die erwartete Sanktionsschwere keinen messbaren Einfluss auf das Legalverhalten, das vielmehr von der individuellen Einschätzung der Normverbindlichkeit, von den informellen Reaktionen im Familien- und Freundeskreis sowie bei manchen Delikten von der angenommenen Entdeckungswahrscheinlichkeit bestimmt wird. In dem bekannten Sherman Report, einer Sekundäranalyse amerikanischer Präventionsprojekte, hat sich sogar gerade die Kombination von Bewährungsstrafen mit anfänglichem kurzem Freiheitsentzug als unwirksam erwiesen.[78] Diese Sanktion ist jedoch mit dem Warn(schuss)arrest insofern nicht vergleichbar, als der Vollzug in normalen Strafanstalten erfolgte und die Jugendlichen nicht wussten, dass sie bald wieder aus der Haft entlassen werden sollten. Die verbreitete Annahme eines dauerhaften **Abschreckungseffekts** kurzer Freiheitsentziehungen ist empirisch nicht belegt. Zwar spricht die hohe Rückfallquote beim Jugendarrest nicht zwingend gegen die präventive Wirkung eines Warn(schuss)arrests, wenn damit ein anderer Täterkreis als die derzeit mit Jugendarrest sanktionierte Klientel angesprochen werden soll. Die vergleichsweise besseren Rückfallquoten bei den ambulanten Sanktionsformen berechtigen aber zu dem Schluss, dass diese Maßnahmen jedenfalls keine schlechteren Effekte als Freiheitsentziehungen haben. Damit steht der Nachweis einer präventiven Überlegenheit des Warn(schuss)arrestes aus.

49 Das aus jugendstrafrechtlicher sowie kriminologischer Sicht schwächste, jedoch immer wieder für den Warn(schuss)arrest vorgebrachte Argument ist die vermeintliche **Gerechtigkeitslücke** in sog. Komplizenfällen. Damit wird die Situation beschrieben, dass gegen einen Tatbeteiligten, bei dem schädliche Neigungen vorliegen bzw vorliegen können, die formell schwerere Sanktion einer bedingten Jugendstrafe, gegen den anderen nicht minder gefährdeten Beteiligten Jugendarrest verhängt wird, was aber im Ergebnis dazu führt, dass nur der an sich „weniger kriminelle" Komplize mit Freiheitsentzug bestraft wird. Abgesehen davon, dass man dem Eindruck einer Ungleichbehandlung wiederum durch eine geeignete Aufklärung über das Wesen der Jugendstrafe und durch fühlbare Bewährungsauflagen und -weisungen entgegentreten kann, ist die unterschiedliche Sanktionierung eine systemkonforme und damit durchaus gewollte Konsequenz des spezialpräventiv ausgerichteten Jugendstrafrechts.[79] Mit Ausnahme der Jugendstrafe wegen der Schwere der Schuld erfolgt die Sanktionsauswahl allein nach erzieherischer Zweckmäßigkeit und strebt anders als das Erwachsenenstrafrecht keinen tatproportionalen Schuldausgleich an.

50 Ungeachtet des Problems der Zielgruppenbestimmung und -begrenzung sowie der Skepsis gegenüber Abschreckungserwartungen könnte ein Warn(schuss)arrest allenfalls dann positive Effekte haben, wenn der Arrestvollzug flächendeckend pädagogisch ausgestaltet, deutlich tatzeitnäher als bis jetzt stattfinden und

---

77 Schumann, ZfJ 1986, 363, 367.
78 www.ncjrs.gov/works/chapter9.htm.
79 Schumann, ZRP 1984, 319, 323.

in ein erzieherisches Gesamtkonzept mit einer sich an den **Arrestvollzug** anschließenden Betreuung eingebunden würde. Kaum vermittelbar und sogar schädlich wäre ein mitten in einer erfolgreich verlaufenden Bewährungszeit vollstreckter Arrest. Ein seriöses Warn(schuss)konzept setzt daher die Bereitschaft voraus, sowohl erheblich in den Jugendarrestvollzug zu investieren als auch die Strafverfolgungsorgane und Jugendgerichte personell so auszustatten, dass kürzere Erledigungszeiten möglich sind. Dann erscheint es aber vorzugswürdig, sich sogleich auf eine Verbesserung oder Umgestaltung der schon vorhandenen Rechtsfolge des Jugendarrests zu konzentrieren, als sich für eine Sanktionskoppelung stark zu machen, die sich nur mühsam in das bestehende Rechtsfolgensystem integrieren lässt.

Vierter Abschnitt Die Jugendstrafe
§ 17 Form und Voraussetzungen

(1) Die Jugendstrafe ist Freiheitsentzug in einer für ihren Vollzug vorgesehenen Einrichtung.

(2) Der Richter verhängt Jugendstrafe, wenn wegen der schädlichen Neigungen des Jugendlichen, die in der Tat hervorgetreten sind, Erziehungsmaßregeln oder Zuchtmittel zur Erziehung nicht ausreichen oder wenn wegen der Schwere der Schuld Strafe erforderlich ist.

Richtlinien zu § 17

1. Jugendstrafe darf nur verhängt werden, wenn andere Rechtsfolgen des Jugendgerichtsgesetzes nicht ausreichen. Sie soll in erster Linie der Erziehung dienen und darf deshalb mit der Freiheitsstrafe nicht gleichgesetzt werden.

2. Wenn Jugendliche und Erwachsene gemeinsam abgeurteilt werden (§ 103), wird es sich in der Regel empfehlen, in der mündlichen Urteilsbegründung das Wesen der Jugendstrafe und ihre Verschiedenheit von der Freiheitsstrafe darzulegen.

Schrifttum:

Balzer, Der strafrechtliche Begriff der schädlichen Neigungen, Diss. Kiel 1964; *Buckolt,* Die Zumessung der Jugendstrafe, 2009; *Dölling,* Die Rechtsfolgen des Jugendgerichtsgesetzes in: Dölling (Hrsg.), Das Jugendstrafrecht an der Wende zum 21. Jahrhundert, 2001, S. 181 - 195; *Dölling/Stelly/Thomas,* in DVJJ (Hrsg.), Dokumentation des Deutschen Jugendgerichtstags 2007; *Dünkel,* Freiheitsentzug für junge Rechtsbrecher, 1990; *Grommes,* Der Sühnebegriff in der Rechtsprechung – eine ideologiekritische Betrachtung, 2006; *Hartmann,* Die Jugendstrafe wegen Schwere der Schuld nach § 17 Abs. 2 (2. Alt.) JGG, Diss. Mainz 1991; *Kurzberg,* Jugendstrafe aufgrund schwerer Kriminalität, 2009; *Lenz,* Die Rechtsfolgensystematik im Jugendgerichtsgesetz, 2007; *Meier,* Richterliche Erwägungen bei der Verhängung von Jugendstrafe und deren Berücksichtigung durch Vollzug und Bewährungshilfe, Diss. Köln 1994; *Meyer-Odewald,* Die Verhängung und Zumessung der Jugendstrafe gemäß § 17 Abs. 2, 2. Alt. JGG im Hinblick auf das zugrundeliegende Antinomieproblem; *Miehe,* Die Bedeutung der Tat im Jugendstrafrecht, 1964; *Petersen,* Sanktionsmaßstäbe im Jugendstrafrecht, 2008; *Schaffstein,* Schädliche Neigungen und Schwere der Schuld als Voraussetzungen der Jugendstrafe, in: Heinitz-FS, Lüttger (Hrsg.), Festschrift für Ernst Heinitz, 1972, S. 461 - 476; *Schaffstein,* Die Dauer der Freiheitsstrafe bei jungen Straffälligen, in: Würtenberger-FS, Herren u.a. (Hrsg.), Festschrift für Thomas Würtenberger, 1977, S. 449 - 463; *Schulz,* Die Höchststrafe im Jugendstrafrecht (10 Jahre) – eine Analyse der Urteile von 1987 – 1996, 2000; *Wasserburg,* Die Jugendstrafe in der Rechtsprechung der LG-Bezirke Frankenthal und Mainz, 1980; *Weber,* Die Anwendung der Jugendstrafe, 1990.

I. Überblick	1	b) Schwere der Schuld	22
1. Normzweck	1	aa) Strafzwecke	22
2. Praxis	3	bb) Unrecht der Tat	23
3. Vereinbarkeit mit dem Grundgesetz	5	cc) Schuld des Täters	25
4. Reformüberlegungen	6	dd) Erziehungsgedanke	28
II. Normvoraussetzungen	9	ee) Fahrlässigkeitstaten	32
1. Absatz 2	9	2. Aussetzung zur Bewährung	33
a) Schädliche Neigungen	10	3. Freiheitsstrafe	34
aa) Erhebliche Persönlichkeitsmängel	11	4. Ausländische Verurteilte	35
bb) Rückfallgefahr	19	5. Revision	36
cc) Gesamterziehung	20		

I. Überblick

1. Normzweck. Die Jugendstrafe ist – neben der Sicherungsverwahrung – die eingriffsintensivste Sanktion des JGG. Sie ist nach **Abs. 1** definiert als Freiheitsentzug in einer für ihren Vollzug vorgesehenen Einrichtung. Mit dem 2. JGGÄndG v. 13.12.2007[1] wurde das Wort „Jugendstrafanstalt" durch „für ihren Vollzug vorgesehenen Einrichtung" ersetzt, um der Tatsache Rechnung zu tragen, dass die Jugendstrafe in freien Formen auch in Einrichtungen freier Träger vollzogen wird.[2] Sie kann gegen Jugendliche und – bei Vorliegen der Voraussetzungen des § 105 Abs. 1 – gegen Heranwachsende verhängt werden. Sie kann nach § 104 Abs. 1 Nr. 1 auch im Verfahren gegen Jugendliche vor den für allgemeine Strafsachen zuständigen Gerichten angeordnet werden.

Die Jugendstrafe gilt als einzige echte Kriminalsanktion des deutschen Jugendstrafrechts.[3] Sie wurde – als „Jugendgefängnis" – durch das JGG 1943 in dessen §§ 4 bis 6 eingeführt.[4] Das JGG 1953[5] besaß bereits die mit dem heutigen Inhalt im Wesentlichen gleiche Regelung in den §§ 17 und 18 sowie die durch das 1. JGGÄndG 1990 aufgehobene Vorschrift des § 19 über die Jugendstrafe von unbestimmter Dauer. Eine der deutschen Jugendstrafe vergleichbare Freiheitsentziehung für junge Straftäter gibt es in allen EU-Mitgliedsstaaten.[6]

2. Praxis. Die Bedeutung der Jugendstrafe für die jugendstrafrechtliche Sanktionspraxis ist nicht zu unterschätzen: Im Jahre 2007 wurden von 121.354 insgesamt in ganz Deutschland nach Jugendstrafrecht Verurteilten 20.480 zu einer Jugendstrafe verurteilt (16,9 %). 1.308 der Verurteilten waren weiblich (6,4 %). 18.072 Verurteilungen lauteten auf eine aussetzungsfähige Jugendstrafe bis zu zwei Jahren; davon ausgesetzt wurden 12.425 (68,8 %). Nicht aussetzungsfähig waren 2.408 Verurteilungen zu Jugendstrafe über zwei Jahren. Somit wurden im Jahre 2007 8.055 Verurteilungen zu unbedingter Jugendstrafe ausgesprochen;

---

1 BGBl. I, 2894.
2 Siehe etwa das „Projekt Chance" in Baden-Württemberg, bei dem die Jugendstrafe bei geeigneten Gefangenen in Einrichtungen der Jugendhilfe vollzogen wird, siehe Dölling/Stelly/Thomas, S. 118
3 Sonnen in D/S/S, § 17 Rn 4.
4 Siehe dazu Ostendorf, Grdl. zu §§ 17 und 18 Rn 2; M. Walter/Wilms, Künftige Voraussetzungen für die Verhängung der Jugendstrafe: Was kommt nach dem Wegfall der „schädlichen Neigungen"?, NStZ 2007, 2.
5 BGBl. I 1953, 751.
6 Siehe den Überblick bei Bochmann, Freiheitsentzug bei jugendlichen Straftätern in Europa, ZJJ 2008, 324.

das sind 6,6 % aller nach Jugendstrafrecht Verurteilten.[7] Dies ist ein etwas höherer Anteil als der der nicht ausgesetzten Freiheitsstrafen bei den nach Erwachsenenstrafrecht Verurteilten (41.717 von 776.277 = 5,4 %).[8] Zu berücksichtigen ist allerdings, dass jugendstrafrechtliche Verfahren zu einem sehr großen Teil informell erledigt werden: Im Jahre 2007 betrug die Zahl der polizeilich registrierten jugendlichen Tatverdächtigen 277.447, der Heranwachsenden 242.878.[9] Am häufigsten wurde wegen Körperverletzungsdelikten zu Jugendstrafe verurteilt (5.307 Verurteilungen), gefolgt von Diebstahl bzw Unterschlagung (5.193), Raubdelikten (3.459) sowie Betäubungsmittel-Straftaten (2.066). Am Stichtag 31.3.2008 verbüßten 6.557 Personen Jugendstrafe, 264 davon waren weiblich.[10]

Die **Rückfallquote** nach Jugendstrafe ist hoch: Nach der Rückfallstatistik 2003[11] wurden von den 1994 aus Jugendstrafe ohne Bewährung Entlassenen innerhalb von 4 Jahren 77,8 % rückfällig, das heißt wieder mit einer Eintragung ins Bundeszentralregister erfasst. Dies ist die höchste Rückfallquote im gesamten deutschen Sanktionenspektrum, also einschließlich der erwachsenenrechtlichen Strafen (zum Vergleich: der Rückfall bei der Freiheitsstrafe ohne Bewährung: 56,4 %). Auch die zur Bewährung ausgesetzte Jugendstrafe wies mit 59,6 % eine hohe Rückfallquote auf, die nur noch vom Jugendarrest mit 70 % übertroffen wurde. Die sog. Wiederkehrerquote, dh die erneute Inhaftierung nach verbüßtem Jugendstrafvollzug, beträgt 56 %.[12] Hierbei ist freilich zu berücksichtigen, dass § 17 Abs. 2 Jugendstrafe als ultima ratio des Jugendstrafrechts nur bei der problematischsten Gruppe jugendlicher und heranwachsender Straftäter vorsieht, die entweder unter erheblichen kriminogenen Erziehungsdefiziten leiden oder durch besonders schwerwiegende Kriminalität auffällig geworden sind. Aufgrund dieses Selektionsprozesses sollte Jugendstrafe – vor allem unter Berücksichtigung der Aussetzungsmöglichkeiten nach §§ 21, 27 und 88 – insbesondere bei stark rückfallgefährdeten Jugendlichen vollstreckt werden, so dass Rückschlüsse auf die tatsächliche Effizienz des Jugendstrafvollzugs aus den Rückfallquoten allein nicht zu ziehen sind. Berichte aus der Praxis legen allerdings die Vermutung nahe, dass die Vollzugsbedingungen häufig noch immer nicht den Anforderungen an eine effiziente (Wieder-)Eingliederung genügen.[13]

3. Vereinbarkeit mit dem Grundgesetz. Auch aufgrund der seit Jahrzehnten konstanten, ernüchternden Rückfallzahlen wurde die **Vereinbarkeit der Jugendstrafe mit dem Grundgesetz**, insbesondere mit dem Schutz der Menschenwürde nach Art. 1 Abs. 1 GG, bisweilen bestritten. Kritisiert wurde vor allem, die Jugendstrafe könne ihre erzieherische, das heißt Rückfall wirksam bekämpfende Funktion nicht erfüllen. Dies liege zunächst an den überwiegend herrschenden defizitären Vollzugsbedingungen, die ein effizientes Eingehen auf die Straftaten fördernde individuelle und umweltbezogene Problematik jugendlicher Straftäter un-

---

7 Alle Zahlen nach Statistisches Bundesamt, Fachserie 10 Reihe 3, Rechtspflege Strafverfolgung 2007, S. 278 f.
8 Siehe Statistisches Bundesamt, Fachserie 10 Reihe 3, Rechtspflege Strafverfolgung 2007, S. 152.
9 Siehe Bundeskriminalamt (Hrsg.), Polizeiliche Kriminalstatistik 2007, S. 72.
10 Statistisches Bundesamt, Rechtspflege Fachserie 10 Reihe 4.1, Strafvollzug 2008, S. 12.
11 Zusammenfassung der Ergebnisse bei Heinz, Die neue Rückfallstatistik – Legalbewährung junger Straftäter, ZJJ 2004, 35.
12 Siehe J. Walter, Bedingungen bestmöglicher Förderung im Jugendstrafvollzug, ZJJ 2006, 236, 239.
13 Zu den „Bedingungen bestmöglicher Förderung im Jugendstrafvollzug" s. J. Walter, ZJJ 2006, 236, 249.

möglich mache. Zum anderen sei eine erzieherische Strafe an sich schon widersprüchlich, weil jede echte Kriminalsanktion den Verurteilten als kriminell abstemple und allein dadurch schon seine Eingliederung bzw Wiedereingliederung in die Gesellschaft erschwere. Unter Berücksichtigung dieser Kritikpunkte kam das OLG Schleswig[14] aber zu der Überzeugung, die Jugendstrafe sei verfassungsgemäß, ihre generelle Schädlichkeit könne nicht angenommen werden. Soweit in Einzelfällen Verstöße gegen die Würde des Menschen durch den Vollzug der Jugendstrafe gegeben seien, könne dies nicht zur Verfassungswidrigkeit des strafrechtlichen Gesetzesbefehls und des hieraus abgeleiteten strafgerichtlichen Urteils führen. In diesen Fällen gehe es vielmehr um die Verfassungsmäßigkeit des Vollzugs, nicht aber um das Rechtsinstitut Jugendstrafe generell. Zu beachten ist aber, dass das **BVerfG** in seiner Entscheidung vom 31.5.2006 eine gesetzliche Grundlage auch für die resozialisierende Ausrichtung des Vollzugs gefordert hat: „Der Gesetzgeber selbst ist verpflichtet, ein wirksames Resozialisierungskonzept zu entwickeln und den Strafvollzug darauf aufzubauen." Und: „Der Staat muss den Strafvollzug so ausstatten, wie es zur Realisierung des Vollzugsziels erforderlich ist."[15] Bei der – grundsätzlich zulässigen – Verhängung von Jugendstrafe gegenüber einem psychisch Kranken ist die Grundrechtskonformität des Strafvollzugs nur dann gewährleistet, wenn dem Verurteilten mit Blick auf seine psychische Erkrankung eine ausreichende medizinische Behandlung und Betreuung zuteil wird.[16]

6 **4. Reformüberlegungen.** Dürfte sich eine Verfassungswidrigkeit des Rechtsinstituts Jugendstrafe an sich nicht begründen lassen, so differenziert die rechtspolitische Diskussion nach den verschiedenen Verhängungsvoraussetzungen des Abs. 2. Erscheint die Jugendstrafe wegen Schwere der Schuld der überwiegenden Meinung als unverzichtbar, steht demgegenüber die **Jugendstrafe wegen schädlicher Neigungen** seit langer Zeit im Zentrum der Kritik: Dies beginnt schon bei der gesetzlichen Wortwahl, denn die Zuschreibung „schädlicher Neigungen" im jugendstrafrechtlichen Urteil wirkt stigmatisierend.[17] Es wird zumeist gefordert, einen anderen Begriff zu setzen, der an die Gefahr der Begehung neuer schwerwiegender Taten anknüpft.[18] Darüber hinaus erscheint diese Anordnungsvoraussetzung innerhalb der EU als einzigartig.[19] Tiefer geht der Vorwurf, die Jugendstrafe könne ihr erzieherisches Ziel der Rückfallverhinderung durch Resozialisierung nicht erreichen. Neben den unzulänglichen praktischen Vollzugsbedingungen erscheint es insbesondere fraglich, ob Jugendliche und junge Erwachsene unter den Umständen länger anhaltender Unfreiheit auf ein Leben in Freiheit vorbereitet werden können. Als resozialisierungsfeindlich genannt werden: der Verlust sozialer Bindungen während des Aufenthalts im Strafvollzug, die reduzierten Möglichkeiten einer Schul- oder Berufsausbildung, die Gefahr „krimineller Ansteckung" und die Unmöglichkeit, Selbstverantwortung unter den Bedingungen weitgehender Reglementierung innerhalb einer Jugendstrafanstalt zu lernen.[20] Insbesondere eine langjährige Jugendstrafe hat unter diesen Umständen

---

14 OLG Schleswig v. 10.12.1984, 1 Ss 270/84, NStZ 1985, 475 m.Anm. Schüler-Springorum; Anm. Streng, StV 1985, 421.
15 BVerfG v. 31.5.2006, 2 BvR 1673, 2402/04, BVerfGE 116, 69, 89.
16 BVerfG v. 8.2.2007, 2 BvR 2060/06, NStZ-RR 2007, 187, 188.
17 Ostendorf, § 17 Rn 3.
18 Schaffstein/Beulke, S. 158; Dölling in Dölling (Hg.), S. 192 f; siehe auch den Bundesrat im Gesetzgebungsverfahren zum 1. JGGÄndG, BT-Drucks. 11/5829, 42.
19 Bochmann, ZJJ 2008, 324, 326.
20 Siehe Streng, Die Jugendstrafe wegen schädlicher Neigungen, GA 1984, 149, 153 ff.

wohl eine deutlich desozialisierende Wirkung.[21] Dementsprechend hat der 64. DJT 2002 mit knapper Mehrheit für den Wegfall der Jugendstrafe wegen schädlicher Neigungen votiert.[22] Der Gesetzgeber hat sich dieser Forderung bisher nicht angeschlossen. Ein Teil des Schrifttums hält die Jugendstrafe wegen schädlicher Neigungen bei einem gewissen Kreis von Tätern dagegen für unverzichtbar, nämlich bei denjenigen, „die immer wieder Taten von Gewicht begehen, ohne dass es gelingt, sie durch Erziehungsmaßregeln und Zuchtmittel zu beeinflussen."[23] Notwendig ist dann aber eine konsequente Orientierung des Jugendstrafvollzugs am Erziehungsgedanken.[24]

Ein weiterer Reformvorschlag besteht in der Anhebung der sog. Bestrafungsmündigkeit auf 16 Jahre, das heißt das Verbot der Verhängung von **Jugendstrafe gegen 14- und 15-jährige** Jugendliche, die dann bei bestehender Strafreife nach § 3 nur noch mit Erziehungsmaßregeln oder Zuchtmitteln belegt werden könnten.[25] Doch wurde diese Forderung auch angesichts der Begehung schwerer Gewalttaten durch sehr junge Täter in weiterer Folge modifiziert: Die Verhängung der Jugendstrafe soll gegenüber 14- und 15-Jährigen nur dann möglich sein, wenn diese sich wegen Tötungsdelikten bzw. schwerer Gewaltdelikte strafbar gemacht haben.[26] Entscheidend ist hierbei aber die gerichtliche Praxis, die bei der Verhängung von Jugendstrafe gegen sehr junge Täter äußerste Zurückhaltung zeigt und insbesondere schädliche Neigungen nur dann annehmen sollte, wenn andere Maßnahmen bisher erfolglos waren und auch weiterhin aussichtslos erscheinen. 7

Einen umgekehrten Reformbedarf im Sinne einer Ausweitung der Jugendstrafe sehen Initiativen zum einen zur generellen Erhöhung der Höchststrafe bei Jugendlichen auf 10 Jahre und zum zweiten zur Ergänzung der Anwendungsvoraussetzungen in Abs. 2 um einen Strafgrund der „Verteidigung der Rechtsordnung".[27] Beide Initiativen zielen auf eine **Verankerung generalpräventiver Gesichtspunkte** im JGG, die aber nach der ganz überwiegenden und zutreffenden Meinung im deutschen Jugendstrafrecht **keinen Platz** haben. 8

II. Normvoraussetzungen

1. Absatz 2. Abs. 2 nennt die **Voraussetzungen der Verhängung** von Jugendstrafe. Alternativ genügt das Vorliegen schädlicher Neigungen von solchem Ausmaß, dass Erziehungsmaßregeln oder Zuchtmittel zur Erziehung nicht ausreichen, oder die Erforderlichkeit von Strafe wegen Schwere der Schuld. Bei der Verhängung von Jugendstrafe ist grundsätzlich eine **sorgfältige Sanktionsbegründung** notwendig.[28] Dies ergibt sich zwar bereits aus § 54 Abs. 1 für jede jugendstrafrechtliche Verurteilung, gilt aber bei der Jugendstrafe wegen ihres Charakters als *ultima ratio* in besonderem Maße. Erforderlich sind daher eine sorgfältige 9

---

21 25. JGT, DVJJ-J 2001, 343: „Vollstreckbare Jugendstrafe mit ihren schädigenden Auswirkungen allein zum Zweck der Erziehung des Täters verhängen zu wollen, ist in sich widersprüchlich.".
22 Siehe NJW 2002, 3073, 3078.
23 Dölling in Dölling (Hg.), S. 192 f; siehe auch Schaffstein/Beulke, S. 158.
24 Dölling, in Dölling (Hg.), S. 192 f.
25 Siehe 2. Jugendstrafrechtsreform-Kommission der DVJJ, DVJJ-J 2001, 345, 346, 355.
26 2. Jugendstrafrechtsreform-Kommission, DVJJ-J 2002, 227, 247, 254 f; so auch der Beschluss des 64. DJT, NJW 2002, 3073, 3078; Schöch in Meier/Rössner/Schöch, § 11 Rn 37.
27 Hinz, Soziales Gebot oder Lebenslüge – Der Erziehungsgedanke bei der Jugendstrafe, ZRP 2005, 192, 194.
28 Siehe OLG Jena v. 13.1.1998, 1 Ss 302/97, NStZ-RR 1998, 119, 120.

Auseinandersetzung mit der Biografie des Angeklagten, eine Bewertung der Tat im Zusammenhang mit seinen Lebensverhältnissen sowie die eingehende Begründung der konkreten Rechtsfolge.

10 a) **Schädliche Neigungen.** Der Begriff stammt aus dem ÖJGG von 1928 und wurde 1941 durch die VO über die unbestimmte Verurteilung[29] in das deutsche Jugendstrafrecht eingeführt.[30] Schädliche Neigungen sind nach ständiger Rechtsprechung „erhebliche Anlage- oder Erziehungsmängel, die ohne längere Gesamterziehung des Täters die Gefahr weiterer Straftaten begründen. Sie können in aller Regel nur bejaht werden, wenn erhebliche Persönlichkeitsmängel schon vor der Tat, wenn auch verborgen, angelegt waren".[31] Diese Definition beinhaltet somit drei Voraussetzungen:[32] Erhebliche Persönlichkeitsmängel, die Rückfallgefahr für (erhebliche) Straftaten und die Notwendigkeit einer längeren Gesamterziehung.

11 aa) **Erhebliche Persönlichkeitsmängel.** Die im zweiten Satz der Standarddefinition genannten Persönlichkeitsmängel erfassen nach dem ersten Satz „Anlage- oder Erziehungsmängel"; es ist also grundsätzlich gleichgültig, welchen Ursprungs die Persönlichkeitsmängel sind, ob sie eher anlagebedingten Prädispositionen des Täters oder seiner fehlgeschlagenen Sozialisation aufgrund einer „unzulänglichen Erziehung" oder „ungünstigen Umwelteinflüssen" zuzurechnen sind.[33] Trotz der ursprünglichen Orientierung dieser Definition an der Richtlinie Nr. 1 zu § 6 RJGG aus dem Jahre 1943[34] lässt die aktuelle Begriffsinterpretation keine Präferenz für einen kriminologisch überholten anlageorientierten Biologismus erkennen.[35] Letztlich befasst sich die Standarddefinition nicht mit den Entstehungsbedingungen der Persönlichkeitsmängel.[36] Sie müssen nur die Gefahr weiterer (erheblicher) Straftaten begründen. Festgestellte Bildungs- oder Sozialisationsdefizite dürfen nicht nur auf entwicklungsbedingten Reifeverzögerungen, sondern müssen auf erheblichen, schon verfestigten Persönlichkeitsmängeln beruhen.[37]

12 In der Praxis können **Hinweise für das Vorliegen kriminogener Persönlichkeitsmängel** sein:

- erhebliche **Vorstrafen:**[38] Es reicht hierbei nicht aus, wenn ein wegen eines Drogendelikts zu vier Wochen Dauerarrest Verurteilter alsbald nach seiner Entlassung wieder mit einem Drogendelikt auffällig wird, wenn die Beweggründe für seine Tat eher in den aktuellen sozialen Lebensumständen zu suchen sind.[39] Grundsätzlich müssen Vortaten abgeurteilt sein, ein Tatverdacht

---

29 RGBl. 1941, I, 567.
30 Balzer, S. 7 f.
31 BGH v. 9.6.2009, 5 StR 55/09, NStZ 2010, 280; BGH v. 10.3.1992, 1 StR 105/92, BGHR JGG § 17 Abs. 2 Schädliche Neigungen 5; OLG Karlsruhe v. 28.9.2006, 3 Ss 140/06, StV 2007, 3.
32 Siehe Sonnen in D/S/S, § 17 Rn 12 ff.
33 BGH v. 29.9.1961, 4 StR 301/61, BGHSt 16, 261, 262 (= NJW 1961, 2359).
34 Streng, Jugendstrafrecht Rn 427.
35 So aber Ostendorf, Grdl. zu §§ 17 und 18 Rn 6: „biologische Verbrechenspathologie"; s. auch Sonnen in D/S/S, § 17 Rn 12.
36 BGH v. 9.1.1958, 4 StR 514/57, BGHSt 11, 169, 170 (= NJW 1958, 638); krit. hierzu Eisenberg, § 17 Rn 18 a, der darin ein Spannungsverhältnis mit dem Schuldprinzip sieht.
37 OLG Karlsruhe v. 28.9.2006, 3 Ss 140/06, StV 2007, 3, 4; Streng, Rn 428.
38 Siehe BGH v. 23.5.2001, 2 StR 79/01.
39 Siehe AG Bremen – Blumenthal v. 18.6.1992, 31 LS 502 Js 41599/91, StV 1994, 600.

reicht ebenso wenig aus wie rechtswidrige Taten aus der Kindheit.[40] Das Gericht muss darlegen, warum vorherige Verurteilungen als Hinweise auf Persönlichkeitsmängel interpretiert werden; die bloße Nennung der Taten reicht nicht aus;[41] es muss sich aus der Begründung erkennen lassen, warum es sich um erhebliche Straftaten handelt, aus denen sich das Vorliegen schädlicher Neigungen erschließen lässt.[42]

- eine brutale und rücksichtslose Begehungsweise,[43] insbesondere bei einem besonders gefährlichen Tötungsdelikt[44] – obwohl die abstrakte Tatschwere allein noch nichts über einen erheblichen Persönlichkeitsmangel aussagen muss;[45]
- ein „professionelles" Vorgehen;[46]
- das Entgleiten aus dem erzieherischen Einfluss der Eltern;
- der Abbruch der Schulausbildung;[47]
- die organisatorische Zugehörigkeit zu und die Identifizierung mit der rechtsradikalen Szene.[48]

Gegen das Vorliegen schädlicher Neigungen können sprechen: 13

- geringes Alter;
- minder schwerer Fall;
- geringer Tatbeitrag;[49]
- das Tatmotiv einer „falsch verstandenen Hilfsbereitschaft";[50]
- die Tat als „Falsche Reaktion auf eine ausländerfeindliche Demütigung";[51]
- zielstrebiges Verhalten in der Schule sowie
- geordnete, unbelastete Familienverhältnisse:[52] Auch eine schwerwiegende Fehlentwicklung aufgrund eines Einbezogenseins in ein hoch problematisches „familiäres Bindungssystem" – der 16 Jahre alte Angeklagte lebte mit seiner Mutter in einer „engen Symbiose mit ödipalen Tendenzen" und tötete seinen Stiefvater nach dem Plan der Mutter gemeinsam mit dieser – lässt keinen Schluss auf schädliche Neigungen zu.[53]

---

40 BGH v. 9.5.1995, 5 StR 171/94, bei Böhm, NStZ 1995, 535; Eisenberg, Rn 23. Nach OLG Hamm v. 7.12.1999, 2 Ss 1237/99, StV 2001, 176, können weitere anhängige Verfahren nur dann als Hinweise auf schädliche Neigungen herangezogen werden, wenn der Angeklagte die darin erhobenen Vorwürfe eingeräumt hat.
41 OLG Hamm v. 7.12.1999, 2 Ss 1237/99, StV 2001, 176.
42 BGH v. 9.11.2009, 3 StR 400/09, NStZ 2010, 281.
43 Siehe aber auch BGH v. 17.3.1995, 2 StR 65/95, bei Böhm, NStZ 1995, 535, wo das rücksichtslose, aber situationsbedingte Nichtbeachten des Opferwillens bei einem Sexualdelikt keine schädlichen Neigungen begründen konnte.
44 BGH v. 9.8.2001, 4 StR 115/01, NStZ 2002, 89: Brandanschlag auf Ausländerwohnheim.
45 Siehe BGH v. 24.9.1997, 2 StR 422/97, StV 1998, 331: Vergewaltigung mit „Gewaltanwendung an der unteren Grenze derartiger Fälle"; BGH v. 7.2.1984, 3 StR 395/83, StV 1984, 253; Ostendorf, § 17 Rn 3.
46 Siehe OLG Hamm v. 5.7.2006, 3 Ss 260/2006, StV 2007, 2, 3.
47 BGH v. 9.8.2001, 4 StR 115/01, NStZ 2002, 89.
48 OLG Hamm v. 1.2.2006, 1 Ss 432/05, NStZ 2007, 45.
49 OLG Hamm v. 12.4.1999, 2 Ss 291/99, NStZ-RR 1999, 377.
50 BGH v. 11.11.1060, 4 StR 387/60, BGHSt 15, 224 (= NJW 1961, 278).
51 BGH v. 9.6.2009, 5 StR 55/09, NStZ 2010, 280.
52 BGH v. 11.2.2003, 4 StR 8/03.
53 BGH v. 16.11.1993, 4 StR 591/93, StV 1994, 598.

14 Die Persönlichkeitsmängel müssen vor und während der Tat und noch im Zeitpunkt der Urteilsfällung vorliegen.[54] Nach ständiger Rechtsprechung können schädliche Neigungen nur bejaht werden, wenn **Persönlichkeitsmängel schon vor der Tat** – und sei es auch verborgen – angelegt waren.[55] Was unter „verborgenen Persönlichkeitsmängeln" zu verstehen ist, ist dabei unklar. Schädliche Neigungen sind jedenfalls zu verneinen, wenn ein heranwachsender Angeklagter bisher strafrechtlich kaum auffällig geworden ist und hinsichtlich seines bisherigen Lebensweges keine Besonderheiten aufweist und auch nach der Entlassung aus der Untersuchungshaft nicht wieder straffällig geworden ist.[56]

15 Das Erfordernis des Vorliegens kriminogener Persönlichkeitsmängel bereits vor der Tat impliziert, dass die Bejahung schädlicher Neigungen bei einem **Ersttäter** nur im Ausnahmefall infrage kommt. Jedenfalls bestehen bei Ersttaten ganz besonders hohe Begründungsanforderungen (s. auch Rn 17).[57] Insbesondere mit einer Enthemmung durch Alkoholisierung, dem Einfluss von Mittätern und einem – auch bei einer an sich schweren Tat – geringen Tatbeitrag muss sich das Urteil auseinandersetzen, denn dabei handelt es sich durchgehend um Tatmodalitäten, die das Vorliegen schädlicher Neigungen an sich schon zweifelhaft erscheinen lassen (s. auch Rn 13).[58]

16 Die schädlichen Neigungen müssen **in der Tat hervorgetreten** sein, das heißt die Anlasstat muss **symptomatisch** für die Persönlichkeitsmängel sein. Dies bedeutet, dass „**Konflikts-, Gelegenheits- oder Nottaten**" grundsätzlich keinen Anknüpfungspunkt für die Bejahung schädlicher Neigungen darstellen.[59] Auch Taten, die situationsbedingt auf einem kurzzeitig gefassten Entschluss beruhen, sprechen gegen ein Hervortreten schädlicher Neigungen, auch wenn die Täter über einen längeren Zeitraum den Willen einer jungen Frau rücksichtslos missachtet haben, um ihre sexuellen Bedürfnisse zu befriedigen.[60] Genauso spricht Verführung oder Beeinflussung durch andere während und vor der Tatbegehung innerhalb einer Gruppe gegen kriminogene Persönlichkeitsmängel,[61] es sei denn eine allzu leichte Beeinflussbarkeit lässt weitere Straftaten befürchten.[62] In den meisten Fällen wird die Tat aber von einer spezifischen Situation mitbestimmt sein, weniger von einem zur Kriminalität hindrängenden Persönlichkeitsmangel.

17 Das Tatgericht muss in den Urteilsgründen darlegen, dass die schädlichen Neigungen auch noch zum **Zeitpunkt des Urteils** vorliegen und weitere Straftaten

---

54 BGH v. 9.11.2009, 3 StR 400/09, NStZ 2010, 281; BGH v. 9.6.2009, 5 StR 55/09, NStZ 2010, 280.
55 BGH v. 20.7.2010, 5 StR 199/10, NStZ-RR 2010, 387.
56 BGH v. 17.3.1995, 2 StR 65/95, bei Böhm, NStZ 1995, 535.
57 So bereits BGH v. 29.9.1961, 4 StR 301/61, BGHSt 16, 261, 262 (= NJW 1961, 2359); BGH v. 24.9.1997, 2 StR 422/97, StV 1997, 331; OLG Hamm v. 5.7.2006, 3 Ss 260/2006, StV 2007, 2.
58 BGH v. 3.3.1993, 3 StR 618/92, StV 1993, 531.
59 BGH v. 9.1.1958, 4 StR 514/57, BGHSt 11, 169, 170 (= NJW 1958, 638); BGH v. 24.9.1997, 2 StR 422/97, BGHR § 17 Abs. 2 JGG Schädliche Neigungen 8; BGH v. 11.2.2003, 4 StR 8/03, , BeckRS 2003 02878; OLG Hamm v. 12.4.1999, 2 Ss 291/99, NStZ-RR 1999, 377.
60 BGH v. 17.3.1995, 2 StR 65/95, bei Böhm, NStZ 1995, 535.
61 Insofern bedenklich BGH v. 9.8.2001, 4 StR 115/01, NStZ 2002, 89, wo gerade das Nachgeben gegenüber dem Vorwurf der Mittäter, feige zu sein, als Hinweis auf einen Persönlichkeitsmangel interpretiert wird.
62 BGH v. 9.1.1958, 4 StR 514/57, BGHSt 11, 169, 170 (= NJW 1958, 638); Brunner/Dölling, Rn 12.

befürchten lassen.⁶³ Schon eine längere straffreie Zeit nach der Tatbegehung spricht gegen schädliche Neigungen.⁶⁴ Bei einem wegen Drogendelikten Verurteilten ist das Abstandnehmen von weiteren Drogengeschäften, das Lossagen von den ehemaligen Bandenmitgliedern und der Gelderwerb durch legale Arbeit ein Hinweis auf den Wegfall schädlicher Neigungen.⁶⁵ Gegen fortbestehende schädliche Neigungen sprechen auch das Zusammensein mit einer Freundin, die auf das Tatgericht „einen guten Eindruck macht", das ernsthafte Bemühen um eine Lehrstelle, das Kontakthalten zu einem Sozialarbeiter⁶⁶ und das wieder aufgenommene Zusammenleben mit der Familie, die über den ordentlichen Lebenswandel des Täters wacht.⁶⁷ Auch bereits bei einem Jugendlichen, der sich nach erlittener Untersuchungshaft in der Hauptverhandlung „ohne größere Beschönigungsversuche" geständig zeigt, muss die fortdauernde Annahme schädlicher Neigungen besonders begründet werden.⁶⁸ Andererseits wird vom BGH auch ein Fehlverhalten während der Untersuchungshaft – Gewalt gegen Mitgefangene – als Indiz für schädliche Neigungen herangezogen.⁶⁹ Insbesondere bei **Ersttätern** bedarf die Annahme auch zum Urteilszeitpunkt bestehender schädlicher Neigungen einer eingehenden Begründung aufgrund einer Gesamtwürdigung von Tat und Täter.⁷⁰

Das auf Entlastung zielende **Verteidigungsverhalten** des Angeklagten in der Hauptverhandlung stellt dabei keine geeignete Entscheidungsgrundlage dar, zumal selbst Leugnen der vorgeworfenen Tat nicht zum Nachteil des bestreitenden Angeklagten berücksichtigt werden darf (s. auch Rn 27).⁷¹ Die Voraussetzung des Noch-Vorliegens schädlicher Neigungen im Zeitpunkt der letzten Tatsachenverhandlung eröffnet besondere Möglichkeiten der Verteidigung, denn zwischenzeitliche Änderungen in der Lebenssituation des jungen Angeklagten können dazu führen, dass trotz des Hervortretens schädlicher Neigungen in der Tat Jugendstrafe nicht mehr verhängt werden darf. Darauf sollte die Verteidigung in Zusammenarbeit mit Erziehungsberechtigten und Jugendgerichtshilfe hinwirken.⁷² 18

bb) Rückfallgefahr. Die zweite Voraussetzung für die Verhängung einer Jugendstrafe wegen schädlicher Neigungen ist die **Gefahr der weiteren Begehung von Straftaten**. Erforderlich ist somit eine Prognose, aufgrund der festgestellten und in der Tat hervorgetretenen Persönlichkeitsmängel werde der Verurteilte weiterhin Straftaten begehen.⁷³ Dabei muss es sich um **erhebliche** Straftaten handeln. Das bedeutet zunächst, dass nicht nur lediglich gemeinlästige oder Bagatelltaten zu erwarten sind.⁷⁴ „Schädlich" sind die Neigungen nur dann, wenn die der 19

---

63 BGH v. 9.6.2009, 5 StR 55/09, NStZ 2010, 280; OLG Hamm v. 5.7.2006, 3 Ss 260/2006, StV 2007, 2; BGH v. 24.6.2004, 1 Ss 217/04, ZJJ 3/2004, 298.
64 BGH v. 10.3.1992, 1 StR 105/92, StV 1992, 431; Ostendorf, § 17 Rn 3.
65 BGH v. 3.9.1997, 2 StR 343/97, StV 1998, 331.
66 OLG Hamm v. 12.4.1999, 2 Ss 291/99, NStZ-RR 1999, 377. Siehe auch BGH v. 11.4.1989, 1 StR 108/89, BGHR JGG § 17 Abs. 2 Schwere der Schuld 1.
67 BGH v. 9.6.2009, 5 StR 55/09, NStZ 2010, 280.
68 OLG Hamm v. 5.7.2006, 3 Ss 260/2006, StV 2007, 2; OLG Köln v. 5.11.2002, Ss 435 – 436/02, StV 2003, 457.
69 BGH v. 9.8.2001, 4 StR 115/01, NStZ 2002, 89, 90.
70 BGH v. 24.9.1997, 2 StR 422/97, BGHR § 17 Abs. 2 JGG Schädliche Neigungen 8.
71 OLG Hamm v. 24.6.2004, 1 Ss 217/04, ZJJ 3/2004, 298; Eisenberg, § 17 Rn 23 b.
72 Zieger, Rn 65; Eisenberg, § 17 Rn 23.
73 LG Gera v. 6.8.1998, 651 Js 40638/97 – 4 Ns, StV 1999, 660; Sonnen in D/S/S, § 17 Rn 19.
74 BGH v. 9.8.2001, 4 StR 115/01, NStZ 2002, 89; OLG Hamm v. 1.2.2006, 1 Ss 432/05, NStZ 2007, 45; OLG Hamm v. 7.12.1999, 2 Ss 1237/99, StV 2001, 176; OLG Hamm v. 12.4.1999, 2 Ss 291/99, NStZ-RR 1999, 377.

Rechtsgemeinschaft drohenden Gefahren von einigem Gewicht sind.[75] Nicht ausreichend sind daher die Erwartung wiederholten Schwarzfahrens, des Fahrens ohne Fahrerlaubnis oder fortgesetzter kleinerer Ladendiebstähle.[76]

20 cc) **Gesamterziehung.** Schließlich dürfen als dritte Voraussetzung Erziehungsmaßregeln oder Zuchtmittel zur Erziehung nicht ausreichen. Zur Verhinderung von Rückfällen muss eine **längere Gesamterziehung** in einer zum Vollzug der Jugendstrafe geeigneten Einrichtung oder – bei der zur Bewährung ausgesetzten Jugendstrafe – zumindest im Rahmen der Bewährungshilfe erforderlich sein. Es ist also eine **Verhältnismäßigkeitsprüfung** notwendig. Dabei kann die spezialpräventive Geeignetheit der Jugendstrafe bereits angesichts der hohen Rückfallzahlen nach Jugendstrafvollzug bezweifelt werden (s.o. Rn 4). In der Praxis wird aber sowohl die generelle Geeignetheit der Jugendstrafe an sich als auch die Erziehungsfähigkeit des einzelnen Jugendlichen oder Heranwachsenden unterstellt.[77] Das Gericht muss aber im Einzelfall darlegen, welche Wirkungen von der verhängten Strafe auf den Verurteilten ausgehen sollen.[78] Zu prüfen ist stets, ob Jugendstrafe im Einzelfall erforderlich ist, ob also nicht Erziehungsmaßregeln oder Zuchtmittel als weniger eingriffsintensive Maßnahmen ausreichen, Rückfälle zu vermeiden. Theoretisch müssten sich Überschneidungen mit Weisungen, Erziehungsbeistandschaft oder Zuchtmitteln ausschließen lassen, denn diese setzen stets eine Täter voraus, der keine erheblichen Erziehungsmängel aufweist.[79] Schwieriger ist die Abgrenzung zur betreuten Wohnform nach § 12 Nr. 2. Auch sie ist auf Jugendliche mit erheblichen Erziehungsdefiziten zugeschnitten und eine in Erwägung zu ziehende Alternative zur Vermeidung der Jugendstrafe.[80] Sie kommt insbesondere dann in Betracht, wenn das Gewicht der Tat Jugendstrafe nur von einer Dauer zulässt, in der eine an sich notwendige erzieherische Einwirkung nicht möglich ist.[81]

21 Kann nach Erschöpfung aller Erkenntnismöglichkeiten weder das Vorliegen noch das Nichtvorliegen schädlicher Neigungen im zur Verhängung der Jugendstrafe erforderlichen Umfang bejaht werden, sind die §§ 27 – 30 anzuwenden.

22 b) **Schwere der Schuld. aa) Strafzwecke.** Nach der zweiten Alternative des Abs. kann Jugendstrafe auch wegen **Schwere der Schuld** verhängt werden. Hierbei stehen die **Strafzwecke** der Vergeltung und Sühne im Vordergrund (siehe dazu aber Rn 28), so dass Jugendstrafe wegen Schwere der Schuld dann als erforderlich erscheint, wenn – nach einer häufigen Formulierung – ein Absehen von Strafe zugunsten von Erziehungsmaßregeln oder Zuchtmitteln in unerträglichem Widerspruch zum allgemeinen Gerechtigkeitsgefühl stehe.[82] Die Schwere der Schuld bemisst sich nach dem Gewicht der Tat und der persönlichkeitsbegründeten Beziehung des Jugendlichen zu seiner Tat.[83] Hierbei steht allerdings die innere Tatseite, also die charakterliche Haltung des Jugendlichen zu der Tat und sein Per-

---

75 LG Gera v. 6.8.1998, 651 Js 40638/97 – 4 Ns, StV 1999, 660.
76 Brunner/Dölling, § 17 Rn 11.
77 Siehe Streng, Rn 429, mit der Ausnahme der „medizinischen Unerziehbarkeit".
78 OLG Karlsruhe v. 28.9.2006, 3 Ss 140/06, StV 2007, 3, 4.
79 Brunner/Dölling, § 17 Rn 20.
80 Schöch in Meier/Rössner/Schöch, § 11 Rn 8; Streng, Jugendstrafrecht, Rn 387 f.
81 Brunner/Dölling, § 17 Rn 12 c.
82 Schaffstein/Beulke, S. 156; Schöch in Meier/Rössner/Schöch, § 11 Rn 12; Brunner/Dölling, § 17 Rn 14.
83 BGH v. 7.10.2004, 3 StR 136/04, StV 2005, 66; BGH v. 9.8.2000, 3 StR 176/00, NStZ-RR 2001, 215, 216; Brunner/Dölling, § 17 Rn 14.

sönlichkeitsbild, im Vordergrund.[84] Dem äußeren Gehalt der Tat kommt nur insofern Bedeutung zu, als aus ihm Schlüsse auf die Persönlichkeit des Täters und die Schuldhöhe gezogen werden können.[85]

bb) **Unrecht der Tat.** Der Gefahr der Überbetonung einer „Charakterschuld" 23 und der Etablierung eines Gesinnungsstrafrechts begegnet die Rspr dadurch, dass sie für die Bejahung schwerer Schuld grundsätzlich die Begehung eines Kapitalverbrechens[86] oder einer anderen **besonders schweren Tat** verlangt,[87] so zB besonders schwere Fälle von Raub,[88] gravierende Sexualdelikte, aber auch ausnahmsweise Fahrlässigkeitstaten, wenn der Schaden außergewöhnlich ist und der Täter sich besonders nachlässig gezeigt hat (s.u. Rn 32). Anderseits ist bei einem Vergehen mit vergleichsweise geringem Gewicht – etwa einer unterlassenen Hilfeleistung nach § 323 c StGB,[89] einer einfachen Körperverletzung[90] oder auch einem Raub im minder schweren Fall mit geringem Schaden – Jugendstrafe wegen Schwere der Schuld kaum begründbar.[91]

Allgemein entscheidet aber nicht die abstrakte Schwere des verwirklichten Tat- 24 bestands, sondern das **konkrete Tatunrecht**, so dass etwa auch eine Verurteilung wegen Vergewaltigung nicht ohne Weiteres die Annahme einer besonders schweren Schuld rechtfertigt, wenn die Tat einer besonderen „Verführungssituation" entspringt.[92] Grundsätzlich stellt das im Einzelfall verwirklichte Tatunrecht somit die Basis für die Bejahung der Schwere der Schuld dar. Fehlt es daran, ist die Schwere der Schuld nicht begründbar. Ein Vergehen mit vergleichsweise geringem Schaden kann daher auch dann nicht Schwere der Schuld begründen, wenn es „bedenkenlos" begangen wurde, weil das Gewicht der (wenn auch „äußerst niederträchtigen") Tat zu gering ist.[93]

cc) **Schuld des Täters.** Anderseits genügt das objektive Tatunrecht alleine nicht 25 für die Begründung der Schwere der Schuld. Entscheidend ist die Schuld des Täters, nicht der schwere Unrechtsgehalt der Tat, der lediglich als notwendige, aber nicht hinreichende Bedingung zu gelten hat. Dem äußeren Unrechtsgehalt der Tat kommt danach nur insofern Bedeutung zu, als aus ihm Schlüsse auf die Persön-

---

84 BGH v. 11.11.1960, 4 StR 387/60, BGHSt 15, 224 (= NJW 1961, 278); Streng, Rn 432.
85 BGH v. 29.9.1961, 4 StR 301/61, BGHSt 16, 261, 263 (= NJW 1961, 2359); BGH v. 9.8.2000, 3 StR 176/00, NStZ-RR 2001, 215, 216.
86 Siehe BGH v. 16.3.2006, 4 StR 594/05, NStZ 2006, 503: Gemeingefährlicher 3-facher Heimtückemord durch eine nächtliche Geisterfahrt ohne Fahrzeugbeleuchtung.
87 BGH v. 7.10.2004, 3 StR 136/04, StV 2005, 66; KG v. 7.10.2008, (3) 1 Ss 345/08, StV 2009, 91. Anders noch BGH v. 11.11.1960, 4 StR 387/60, BGHSt 15, 224 (= NJW 1961, 278).
88 BGH v. 7.10.2008, (3) 345/08, StV 2009, 91: Besonders schwere Raub- und Erpressungstaten, die im Verhältnis zu vergleichbaren häufig vorkommenden, gruppendynamisch geprägten räuberischen Delikten unter Jugendlichen „herausragen" würden, muss das Gericht besonders begründen. Anders LG Berlin v. 23.8.2005, (524) 80 Js 736/04 LS Ns (45/05), NStZ 2007, 46: Ein von mehreren Mittätern mit Schlägen und Tritten begangener Raubüberfall gegen ein willkürlich ausgewähltes Opfer auf offener Straße begründet für sich schon die Schwere der Schuld; dies steht auch beim sog. „Abziehen" unter gleichaltrigen Jugendlichen im Raum.
89 OLG Schleswig v. 22.12.2003, 1 Ss 128/03, SchlHA 2004, 261.
90 OLG Hamm v. 28.6.2005, 3 Ss 194/05, ZJJ 2005, 447.
91 BGH v. 7.10.2004 – 3 StR 136/04, StV 2005, 66.
92 BGH v. 2.12.2008, 4 StR 543/08, NStZ 2009, 450.
93 BGH v. 20.1.1998, 4 StR 656/97, StV 1998, 332: Beihilfe zu einem Diebstahl gegen einen an den Rollstuhl gebundenen 91-jährigen Mann; OLG Frankfurt aM v. 21.4.2008, 1 Ss 313/07, StV 2009, 92.

lichkeit des Täters und die Schuldhöhe gezogen werden können.[94] Bei einem Betäubungsmittel-Delikt reicht allein der Hinweis auf die Anzahl der Taten und die „große Menge Haschisch" daher nicht aus.[95] Bei Raub- und Erpressungstaten genügt der Hinweis auf die Anzahl der Taten und ihre Verbrechensqualität im Erwachsenenstrafrecht nicht, wenn die Tatbegehungen in einem engen Zusammenhang stehen und die Folgen für die Tatopfer – auch aufgrund des relativ geringen Gewalteinsatzes – nicht sehr gravierend sind.[96] Allgemein kann der Hinweis auf den Verbrechenscharakter der Tat nach Erwachsenenstrafrecht die Schwere der Schuld nicht allein begründen.[97]

26 Zu berücksichtigen sind vielmehr alle **für das Maß der Schuld bedeutsamen Gesichtspunkte**,[98] so die Tatfolgen und die Art der Tatbegehung, die Tatmotive, der Grad der strafrechtlichen Verantwortlichkeit und die Einstellung zur Tat. Hierbei ist allerdings zu beachten, dass die Schuldzumessung im Jugendstrafrecht nicht nach den gleichen Kriterien vorgenommen werden kann wie im Erwachsenenstrafrecht. Schuldzuschreibung darf nicht pauschalisierend parallel zum Erfolgsstrafrecht erfolgen, sondern muss die jugendtypische individuelle Schuldfähigkeit berücksichtigen.[99] Das Alter und noch mehr der individuelle Reifegrad sind dabei besonders zu berücksichtigen: Allgemein kann bei jungen Tätern eine Norminternalisierung und Normbindung wie bei Erwachsenen nicht vorausgesetzt werden. Hierbei ist insbesondere die im Vergleich zu Erwachsenen geringere Handlungsautonomie zu berücksichtigen. Dies führt dazu, dass die Schwere der Schuld vor allem bei Jugendlichen eingehend begründet werden muss, die bei Begehung der Tat die Grenze zur Strafmündigkeit erst vor kürzerer Zeit überschritten haben.[100]

27 Neben diesem alters- und reifebezogen verminderten Schuldvorwurf bei Jugendlichen und Heranwachsenden sind aber die allgemeinen Maßstäbe und Grenzen der **Schuldzumessung** zu beachten. So müssen als schuldmindernd etwa berücksichtigt werden: Geständnis, Verleitung zur Tat durch Erwachsene,[101] altruistisches Handeln ohne eigene Gewinnabsicht, Einsicht und Reue.[102] Rechtmäßiges Verteidigungsverhalten darf dem Jugendlichen oder Heranwachsenden ebenso wenig zum Nachteil gereichen wie einem Erwachsenen: So darf die Verhängung der Jugendstrafe wegen Schwere der Schuld nicht damit begründet werden, der den Tatvorwurf bestreitende Angeklagte habe in der Hauptverhandlung kein Wort der Entschuldigung oder des Bedauerns geäußert, denn auch bei Jugendlichen ist das Leugnen der Tat ein rechtsstaatlich angemessenes Verteidigungsver-

---

94 BGH v. 29.9.1961, 4 StR 301/61, BGHSt 16, 261, 263; BGH v. 11.11.1960, 4 StR 387/60, BGHSt 15, 224, 226 f; aA Tenckhoff, Jugendstrafe wegen Schwere der Schuld?, JR 1977, 487, der die Schwere der Schuld als „Schwere des verschuldeten Unrechts" verstanden wissen will.
95 OLG Hamm v. 30.3.2000, 3 Ss 214/00, StV 2001, 175.
96 BGH v. 7.10.2008, (3) 345/08, StV 2009, 91.
97 Siehe etwa OLG Hamm v. 7. 3. 2005, 2 Ss 71/05, NStZ-RR 2005, 245, das die Verurteilung wegen Einfuhr von Betäubungsmitteln in nicht geringer Menge zu Jugendstrafe wegen Schwere der Schuld durch die Vorinstanz aufgehoben hat, weil diese die Rechtsfolge nur mit dem Verbrechenscharakter der Tat und ihre Mindeststrafe von zwei Jahren bei Erwachsenen begründet hat.
98 Brunner/Dölling, § 17 Rn 14.
99 Streng, Rn 433; Brunner/Dölling, § 17 Rn 14.
100 Siehe etwa BGH v. 21.2.2008, 5 StR 511/07, NStZ-RR 2008, 258.
101 BGH v. 27.11.1995, 1 StR 634/95, NStZ 1995, 232: Abhängigkeit des Angeklagten von der kurdisch-türkischen Familie beim Drogenhandel.
102 BGH v. 11.11.1960, 4 StR 387/60, BGHSt 15, 224, 227.

halten, das nicht strafschärfend berücksichtigt werden darf und zu dem sich der Angeklagte in Widerspruch setzen würde, wenn er sich entschuldigt.[103]

dd) Erziehungsgedanke. Nach früherer Rspr ist auch bei der Entscheidung, ob Jugendstrafe zu verhängen ist, das Wohl des Jugendlichen und damit der Erziehungsgedanke maßgeblich. Danach darf auf Jugendstrafe wegen Schwere der Schuld nur dann erkannt werden, wenn diese aus erzieherischen Gründen geboten ist.[104] Im Schrifttum wird dieser Versuch einer Harmonisierung der beiden Varianten der Jugendstrafe überwiegend zu Recht abgelehnt: Er widerspricht dem Willen des Gesetzgebers, der betonte, auf die Schuldstrafe könne nicht verzichtet werden, „da sonst die Möglichkeit einer Bestrafung Jugendlicher, die zwar schuldhaft gehandelt haben, aber nicht erzieherisch bedürftig oder erziehungsfähig sind, ganz ausgeschlossen werde."[105] Dem wird der Wortlaut des Gesetzes gerecht, der klar zwischen Erziehungsstrafe und Schuldstrafe unterscheidet und beide als selbstständige Alternativen nebeneinander stellt. Darüber hinaus sind die in § 18 Abs. 1 S. 2 und § 105 Abs. 3 festgelegten Strafobergrenzen von zehn Jahren nur als reine Ausprägungen des Sühnegedankens zu interpretieren, wenn man – mit der Rspr[106] und der hL[107] – davon ausgeht, dass eine Jugendstrafe über fünf Jahren erzieherisch kaum wirksam und eher kontraproduktiv ist: Die konstruktiven Maßnahmen der schulischen und beruflichen Bildung, des sozialen Trainings und der therapeutischen Einwirkung sind früher abgeschlossen[108] und langer Freiheitsentzug lässt besonders bei jungen Menschen schädliche Wirkungen befürchten (s. § 18 Rn 6 f). Davon ist auch der Gesetzgeber ausgegangen, der im JGG 1953 den im RJGG geltenden Regelstrafrahmen für Jugendliche von bis zu zehn Jahren[109] auf fünf Jahre abgesenkt und die erhöhte Jugendstrafe nur für besondere Schwere der Schuld vorgesehen hat.[110] Schließlich führt die Auffassung der Rspr zu der kaum vertretbaren Konsequenz, dass ein jugendlicher Mörder, der nicht erziehungsbedürftig ist, nicht zu Jugendstrafe, sondern höchstens zu

28

---

103 BGH v. 15.9.1999, 2 StR 392/99, StV 1999, 657.
104 BGH v. 29.9.1961, 4 StR 301/61, BGHSt 16, 261, 263. Der BGH v. 11.11.1960, 4 StR 387/60, BGHSt 15, 224, 225 f, argumentiert vor allem mit einem Vergleich zu § 4 Abs. 2 JGG 1943, wonach „Jugendgefängnis" zu verhängen war, „wenn das Bedürfnis der Volksgemeinschaft nach Schutz und Sühne wegen der Größe der Schuld" die Strafe erfordert. Bei der Neufassung des JGG im Jahre 1953 sei der Gedanke bestimmend gewesen, dass im JGG 1943 eine „Überbetonung des Schutzbedürfnisses und des Sühnebedürfnisses der Allgemeinheit" herrschend gewesen sei. Nach der neuen Fassung des § 17 Abs. 2 stehe dagegen – dem Geist des gesamten neuen Gesetzes entsprechend – das Wohl des Jugendlichen im Vordergrund.
105 BT-Drucks. 1/3264, 40.
106 BGH v. 27.11.1995, 1 StR 634/95, NStZ 1996, 232: „…nach allgemeiner Meinung eine Anstaltserziehung nur bis zu 5 Jahren Erfolg verspricht." Siehe auch BGH v. 16.4.2007, 5 StR 335/06, NStZ 2007, 522. Abweichend BGH v. 7.5.1996, 4 StR 182/96, NStZ 1996, 496 m. abl. Anm. Streng, StV 1998, 336.
107 Brunner/Dölling, § 18 Rn 3; Sonnen in D/S/S, § 18 Rn 6; Schaffstein/Beulke, § 23 II. 2.
108 Dölling, Anm. zu BGH v. 7.5.1996, 4 StR 182/96, NStZ 1996, 496, NStZ 1998, 39.
109 § 5 Abs. 1 RJGG 1943, RGBl. I, 637, 639.
110 Siehe BT-Drucks. I/3264, 41: „Erfahrungsgemäß ist Anstaltserziehung nur innerhalb eines Zeitraums von etwa 4 Jahren erfolgversprechend. Diese Erkenntnis hat sich in Wissenschaft und Praxis überwiegend durchgesetzt. Freiheitsentziehungen, die sich über einen längeren Zeitraum als 5 Jahre erstrecken, führen fast immer zu einem erzieherischen Misserfolg. Es ist deshalb nicht angebracht, den für Jugendliche geltenden Strafrahmen von 10 Jahren beizubehalten. Nur für besonders schwere Fälle, bei denen der Täter selbst empfinden muss, dass eine fünfjährige Strafe keine ausreichende Sühne gestattet, dürfte der bisherige Strafrahmen nicht zu entbehren sein."

Jugendarrest verurteilt werden dürfte. All dies macht deutlich, dass die Jugendstrafe wegen Schwere der Schuld in erster Linie dem Bedürfnis der Allgemeinheit nach Realisierung von Gerechtigkeit, also Schuldausgleich und Vergeltung, dient.[111]

29 Unterdessen hat die Rspr ihre **Haltung modifiziert:** Nach dem BGH ist eine Jugendstrafe im oberen Bereich des Strafrahmens bis zu zehn Jahren „allein mit dem Erziehungsgedanken nicht mehr zu begründen". Es kann sich aber „ihre Berechtigung aus anderen Strafzwecken, namentlich aus dem Sühnegedanken und dem Erfordernis gerechten Schuldausgleichs, ergeben."[112] Bereits früher wurde eine Jugendstrafe von neun Jahren „zur Sühne der Tat und zur Schuldvergeltung" akzeptiert, „auch wenn eine Strafe in dieser Höhe aus erzieherischen Gründen nicht notwendig war." Es sei nicht verlangt, dass der Grundgedanke der Erziehung des Jugendlichen, der das Jugendstrafrecht beherrscht, *allein* für die Höhe der Jugendstrafe bestimmend sein muss.[113] Der Tatrichter sei nicht gehindert, die Gesichtspunkte der Sühne der Schuld und der Vergeltung für begangenes Unrecht bei der Bemessung der Jugendstrafe angemessen zu berücksichtigen.[114] Der Schwere der Schuld wird in der Folge in einer Entscheidung „eigenständige Bedeutung" beigemessen, gleichzeitig aber betont, „eine ‚reine Schuldstrafe freilich wäre unzulässig".[115] Deutlich wird die veränderte Betrachtungsweise in einem Urteil aus dem Jahre 1989, in dem der BGH die Verhängung der Jugendstrafe wegen Schwere der Schuld akzeptiert und es als zutreffend erachtet, dass bei der Bestimmung der Strafhöhe der Erziehungszweck in den Vordergrund gestellt wird.[116]

30 Mittlerweile **trennt** die neuere Rspr des BGH bisweilen mehr oder weniger konsequent **zwischen Sanktionswahl und ihrer Bemessung:** Während die Entscheidung über die Verhängung der Jugendstrafe wegen Schwere der Schuld allein auf die Notwendigkeit des Schuldausgleichs gestützt werden kann, ist bei der Bemessung der Jugendstrafe der Erziehungsgedanke zu berücksichtigen.[117] Dies fordert schon § 18 Abs. 2 (siehe zur Bemessung der Jugendstrafe wegen Schwere der Schuld § 18 Rn 15 ff). Doch ist diese Trennung von der Rspr nicht immer konsequent durchgehalten: So wird bisweilen moniert, dass Umstände, die aus Erziehungsgründen die *Verhängung* von Jugendstrafe wegen Schwere der Schuld gebieten könnten, dem erstinstanzlichen Urteil zu entnehmen seien.[118] Noch weniger einheitlich ist die Rspr der OLGe: Hier wird gefordert, das Urteil hätte sich darüber äußern müssen, „warum dem Erziehungsaspekt nur durch Verhängung einer Jugendstrafe Rechnung getragen werden kann."[119] Das OLG Hamm betont, es entspreche ständiger Rspr, dass die Jugendstrafe wegen Schwere der

---

111 Streng, Rn 436.
112 BGH v. 27.11.1995, 1 StR 634/95, NStZ 1996, 232, 233.
113 BGH v. 22.4.1980, 1 StR 111/80, StV 1981, 26, 27: Hervorhebung im Original.
114 BGH v. 22.4.1980, 1 StR 111/80, StV 1981, 26, 27.
115 BGH v. 1.12.1981, 1 StR 634/81, StV 1982, 173.
116 BGH v. 11.4.1989, 1 StR 108/89, BGHR § 17 Abs. 2 JGG Schwere der Schuld 1.
117 Siehe etwa BGH v. 21.2.2008, 5 StR 511/07, NStZ-RR 2008, 258; BGH v. 24.7.1997, 1 StR 287/97, StV 1998, 335: „... kann Jugendstrafe auch verhängt werden, um über die erzieherische Einwirkung hinaus dem Grundsatz des Schuldausgleichs und der gerechten Sühne zu genügen."
118 BGH v. 2.12.2008, 4 StR 543/08, NStZ 2009, 450.
119 OLG Brandenburg v. 15.6.1999, 2 Ss 34/99, StV 1999, 658. Siehe auch OLG Braunschweig v. 14.12.2001, 2 Ss (S) 32/01 (86), NZV 2002, 194: „... auf Jugendstrafe wegen Schwere der Schuld nur dann erkannt werden darf, wenn diese aus erzieherischen Gründen erforderlich ist.".

Schuld aus erzieherischen Gründen erforderlich sein müsse.[120] Nicht konsequent ist es wiederum, wenn dasselbe Gericht in einem Judiz aus demselben Jahr betont, dass „für die *Bemessung* der Strafhöhe in erster Linie erzieherische Gesichtspunkte auch dann maßgebend sind, wenn eine Jugendstrafe *allein* wegen Schwere der Schuld verhängt wird."[121]

Die Rspr lässt alles in allem **keine klare Linie** erkennen. Dem Wortlaut und der Systematik sowie dem Willen des Gesetzgebers entspricht einzig eine Lösung, die konsequent zwischen der Entscheidung über das „Ob" der Jugendstrafe wegen Schwere der Schuld und ihrer Bemessung als dem „Wie" unterscheidet. *Ob* der Jugendliche zu einer Jugendstrafe wegen Schwere der Schuld zu verurteilen ist, ist allein vom Maß seiner Schuld – unter Berücksichtigung der jugendgemäßen Schuldminderung (o. Rn 26) – abhängig. In Durchbrechung des Erziehungsgedankens spielen bei dieser Frage allein Gerechtigkeitsgesichtspunkte, also die Notwendigkeit eines gerechten Schuldausgleichs, eine Rolle. Die *Bemessung* der Jugendstrafe muss dagegen in Anwendung von § 18 Abs. 2 dem Erziehungszweck gehorchen (s. § 18 Rn 16). 31

ee) **Fahrlässigkeitstaten.** Bei **Fahrlässigkeitstaten** kommt Jugendstrafe wegen Schwere der Schuld nur ganz ausnahmsweise in Betracht.[122] Auch bei schwersten Tatfolgen gilt die Prämisse, dass dem äußeren Unrechtsgehalt einer Tat nur insofern Bedeutung zukommt, als aus ihm Schlüsse auf die Persönlichkeit des Täters und die Schuldhöhe gezogen werden können (o. Rn 24 f).[123] Im Vordergrund steht daher das Ausmaß der Pflichtwidrigkeit. Schwere der Schuld ist danach ausnahmsweise zu bejahen, wenn es sich um einen besonders verwerflichen Grad von leichtsinniger oder rücksichtsloser Gefährdung fremden Lebens und fremder Gesundheit handelt.[124] Dies wird regelmäßig nur bei bewusster Fahrlässigkeit anzunehmen sein. In der Praxis sind Verurteilungen zu Jugendstrafe aufgrund Fahrlässigkeitstaten nicht selten: 2007 wurden wegen Straftaten im Straßenverkehr 738 Verurteilungen zu Jugendstrafe ausgesprochen, das sind knapp 5 % aller Verurteilungen wegen Straftaten im Straßenverkehr. Außerhalb des Straßenverkehrs gab es 76 Verurteilungen zu Jugendstrafe wegen fahrlässiger Tötung oder Körperverletzung.[125] Wenn darin auch die Verurteilungen zu Jugendstrafe 32

---

120 OLG Hamm v. 7.3.2005, 2 Ss 71/05, NStZ-RR 2005, 245.
121 OLG Hamm v. 9.2.2005, 3 Ss 520/04, NStZ 2005, 645; OLG Hamm v. 28.6.2005 – 3 Ss 194/05, ZJJ 2005, 447.
122 Brunner/Dölling, § 17 Rn 16; Schöch in Meier/Rössner/Schöch, § 11 Rn 19; Streng, Rn 434; Schaffstein/Beulke, § 22 II 2 c. Die Jugendstrafe wegen Schwere der Schuld auf Vorsatztaten beschränken will Ostendorf, Rn 6. So wohl auch Sonnen in D/S/S, § 17 Rn 26.
123 Trotz schwerer Tatfolgen haben OLG Karlsruhe v. 4.7.1996, 2 Ss 67/96, NStZ 1997, 241 m. Anm. Böhm; BayObLG v. 9.4.1984, RReg 1 St 1/84, StV 1985, 155 m. Anm. Böhm, die Verurteilungen zu Jugendstrafe wegen Schwere der Schuld nach Verkehrsunfällen aufgehoben. Verurteilt wurde dagegen bei OLG Braunschweig v. 14.12.2001, 2 Ss (S) 32/01 (86), NZV 2002, 194; AG Dillenburg v. 17.4.1986, LS Js 10138/85 jug, NStZ 1987, 409 m. Anm. Böhm u. Anm. Eisenberg.
124 Böhm, Anm. zu OLG Karlsruhe v. 4.7.1996, 2 Ss 67/96, NStZ 1997, 241, NStZ 1997, 242: bei Wiederholungstaten von durch Vorerfahrungen gewarnte Täter oder bei einer Mehrzahl an gravierenden Pflichtverstößen; s. auch Schöch in Meier/Rössner/Schöch, § 11 Rn 19: „nur bei wiederholten persönlichkeitstypischen Fahrlässigkeitstaten und bei besonders grober Leichtfertigkeit nach eingehender Persönlichkeitsermittlung im Einzelfall".
125 Statistisches Bundesamt, Fachserie 10 Reihe 3, Rechtspflege Strafverfolgung 2007, S. 284, 294.

wegen schädlicher Neigungen enthalten sind, so scheint sich der von der herrschenden Meinung geforderte absolute Ausnahmecharakter der Jugendstrafe wegen Schwere der Schuld aufgrund von Fahrlässigkeitstaten dennoch nicht widerzuspiegeln.

33 **2. Aussetzung zur Bewährung.** Die **Strafaussetzung zur Bewährung** nach § 21 ist sowohl bei Schwere der Schuld als auch bei schädlichen Neigungen möglich. Zwar besteht ein Spannungsverhältnis zwischen den Voraussetzungen der Verhängung der Jugendstrafe wegen schädlicher Neigungen und den Anforderungen der Strafaussetzung nach § 21 JGG: Die Aussetzung verlangt eine günstige Prognose, dass der Jugendliche auch ohne die Einwirkung des Strafvollzugs durch die ambulante erzieherische Einwirkung straftatenfrei bleibe, während Voraussetzung für die Jugendstrafe wegen schädlicher Neigungen die Überzeugung ist, dass der Jugendliche gerade einer stationären Gesamterziehung bedarf und ambulante Maßnahmen daher nicht ausreichen (o. Rn 20).[126] Die in Abs. 2 erwähnte Erforderlichkeit der Jugendstrafe bezieht sich aber vor allem auf deren Verhängung, nicht die Vollstreckung. So kann die Prognose bei sorgfältiger Berücksichtigung von Persönlichkeit und sozialen Umständen ergeben, dass die längere Gesamterziehung bereits durch die Verhängung der Jugendstrafe und die mit der Aussetzungsentscheidung verbundenen Nebenentscheidungen sowie insbesondere durch den Druck des Widerrufs erreicht werden kann.[127] Bei festgestellten verfestigten kriminellen Neigungen und Verwahrlosung gilt die längere stationäre Gesamterziehung dagegen als unverzichtbar.[128] Kann nicht geklärt werden, ob beim Verurteilten schädliche Neigungen in einem die Jugendstrafe notwendig machenden Ausmaß vorliegen, ist die Aussetzung der Verhängung nach § 27 angemessen. Zur Zurückstellung der Strafvollstreckung bei betäubungsmittelabhängigen Jugendlichen nach §§ 38, 35, 36 BtMG siehe Brunner/Dölling, § 17 Rn 23 ff.

34 **3. Freiheitsstrafe.** Jugendstrafe wird in einigen Fällen der **Freiheitsstrafe gleichgestellt**: Nach § 112a Abs. 1 Nr. 2 StPO ist nach hM bei Anwendung auf Jugendliche und Heranwachsende für den **Haftgrund der Wiederholungsgefahr** eine Straferwartung von einem Jahr Jugendstrafe – allerdings ohne Einbeziehung früherer Taten nach § 31 Abs. 2 – ausreichend.[129] Die **Reststrafaussetzung der Freiheitsstrafe** für Erstverbüßer schon nach der Hälfte der Freiheitsstrafe ist nach hM gem. § 57 Abs. 2 Nr. 1 StGB auch dann ausgeschlossen, wenn der Verurteilte bereits Jugendstrafe verbüßt hat.[130] Als formelle Anordnungsvoraussetzung der **Sicherungsverwahrung** nach § 66 Abs. 1 StGB gilt auch eine Jugendstrafe nach hM als Vorverurteilung im Sinne der Nr. 1,[131] wobei bei Einheitsstrafe nach § 31 erkennbar sein muss, dass der Täter wenigstens bei einer der ihr zugrunde liegenden Straftaten eine Jugendstrafe von mindestens einem Jahr verwirkt hätte.[132]

---

126 Streng, § 17 Rn 466.
127 Eisenberg, § 17 Rn 11.
128 Streng, § 17 Rn 466.
129 OLG Braunschweig v. 29.5.2008, Ws 188/08, StraFo 2008, 330; Ostendorf, § 72 Rn 3; Meyer-Goßner, § 112a StPO Rn 10; aA Eisenberg, § 17 Rn 36; D/S/S-Sonnen, § 17 Rn 28.
130 OLG Karlsruhe v. 4.4.1989, 2 Ws 24/89, NStZ 1989, 323; Fischer, § 57 StGB Rn 22; aA Eisenberg, § 17 Rn 36a.
131 BGH v. 14.7.1999, 3 StR 209/99, NJW 1999, 3723; Fischer, § 66 StGB Rn 5; aA Eisenberg, § 17 Rn 37.
132 BGH v. 27.5.1975, 5 StR 115/75, BGHSt 26, 152.

4. Ausländische Verurteilte. Bei ausländischen Verurteilten kann die Verhängung einer Jugendstrafe die **Ausweisung** nach dem AufenthG zur Folge haben. An sich zwingend ist die Ausweisung nach § 53 AufenthG, wenn der Ausländer wegen vorsätzlicher Straftaten zu einer (oder mehreren) Jugendstrafe(n) von (zusammen) mindestens drei Jahren verurteilt wird. Bei Verurteilungen wegen Verstoßes gegen das BtmG oder bei bestimmten Taten des Landfriedensbruches genügt bereits eine Verurteilung zu zwei Jahren Jugendstrafe, wenn diese nicht zur Bewährung ausgesetzt wird. Bei der gleichen Verurteilung wegen anderer vorsätzlicher Straftaten droht nach § 54 Nr. 1 AufenthG die Ausweisung im Regelfall. Zu beachten ist aber der besondere Ausweisungsschutz des § 56 Abs. 2 AufenthG, wonach die Ausweisung von Jugendlichen und Heranwachsenden, die eine Niederlassungs- oder Aufenthaltserlaubnis besitzen, auch bei Vorliegen an sich zwingender Gründe im Ermessen der Behörde steht. Auch bei Minderjährigen, deren Eltern sich rechtmäßig im Bundesgebiet aufhalten, sind die Ausweisungsmöglichkeiten nach § 56 Abs. 2 S. 2 AufenthG eingeschränkt. Nicht in den Genuss des besonderen Ausweisungsschutzes kommen dagegen Heranwachsende, die wegen serienmäßiger Begehung nicht unerheblicher vorsätzlicher Straftaten, wegen schwerer Straftaten oder einer besonders schweren Straftat rechtskräftig verurteilt werden.

35

5. Revision. In der Revision gegen eine Verurteilung zur Jugendstrafe sowohl wegen schädlicher Neigungen als auch wegen Schwere der Schuld führt die Verneinung des Vorliegens schädlicher Neigungen zur Aufhebung des gesamten Strafausspruches, weil der Fehler regelmäßig zuungunsten des Verurteilten Einfluss auf die Höhe der erkannten Strafe hat.[133]

36

§ 18 Dauer der Jugendstrafe

(1) ¹Das Mindestmaß der Jugendstrafe beträgt sechs Monate, das Höchstmaß fünf Jahre. ²Handelt es sich bei der Tat um ein Verbrechen, für das nach dem allgemeinen Strafrecht eine Höchststrafe von mehr als zehn Jahren Freiheitsstrafe angedroht ist, so ist das Höchstmaß zehn Jahre. ³Die Strafrahmen des allgemeinen Strafrechts gelten nicht.

(2) Die Jugendstrafe ist so zu bemessen, daß die erforderliche erzieherische Einwirkung möglich ist.

Richtlinien zu § 18

1. Der Umstand, daß Jugendstrafe von weniger als sechs Monaten nicht ausgesprochen werden kann, darf nicht dazu führen, daß Jugendarrest in Fällen verhängt wird, in denen dieser nicht angebracht ist. Ist weder Jugendstrafe noch Jugendarrest gerechtfertigt, so kann das Gericht mehrere Maßnahmen miteinander verbinden (§ 8) und vor allem Weisungen erteilen, die eine länger dauernde erzieherische Einwirkung ermöglichen (vgl. § 10 und die Richtlinien dazu).

2. Die vom Gesetz angeordnete vorrangige Berücksichtigung des Erziehungsgedankens bedeutet nicht, daß Belange des Schuldausgleichs ausgeschlossen wären. Sie darf nicht dazu führen, daß die obere Grenze schuldangemessenen Strafens überschritten wird.

---

133 BGH v. 29.9.1961, 4 StR 301/61, BGHSt 26, 261, 262 f; BGH v. 19.6.1998, 2 StR 238/98, bei Böhm, NStZ-RR 1999, 290; BGH v. 3.9.1997, 2 StR 343/97, StV 1998, 331; Eisenberg, § 17 Rn 40; D/S/S-Sonnen, § 17 Rn 29; aA BGH v. 25.11.1998, 3 StR 456/98, bei Böhm, NStZ-RR 1999, 290.

3. Wegen der Anrechnung von Untersuchungshaft auf Jugendstrafe wird auf § 52 a und die Richtlinien dazu hingewiesen.

Schrifttum:
Siehe die Angaben zu § 17.

I. Normzweck 1	b) Höchststrafe 6
II. Normvoraussetzungen 2	3. Strafzumessungspraxis.... 8
1. Erwachsenenstrafrecht.... 2	4. Strafzumessung.......... 9
2. Strafrahmen 4	5. Rechtsmittel.............. 25
a) Mindeststrafe.......... 4	

I. Normzweck

1 Die Vorschrift regelt die **Bemessung** der nach § 17 angeordneten Jugendstrafe. Sie gilt uneingeschränkt für Jugendliche. Für Heranwachsende, auf die nach § 105 Abs. 1 Jugendstrafrecht angewendet wird, gilt nach § 105 Abs. 3 ergänzend das generell erhöhte Höchstmaß von zehn Jahren.

II. Normvoraussetzungen

2 1. **Erwachsenenstrafrecht.** Nach **Abs. 1 S. 3** gelten die **Strafrahmen des Erwachsenenstrafrechts** bei der Bemessung der Jugendstrafe nicht. Damit sind die Strafzumessungsvorgaben des allgemeinen Strafrechts grundsätzlich irrelevant.[1] Das Doppelverwertungsverbot nach § 46 Abs. 3 StGB gilt daher bei der jugendstrafrechtlichen Zumessung nicht.[2] Die Bezeichnung einer Tat als minder oder besonders schwerer Fall hat im jugendstrafrechtlichen Urteilstenor keinen Platz.[3] Mittelbar werden die Strafrahmen des StGB aber in der Urteilsbegründung bei der Strafbemessung, auch zur Verhinderung einer Schlechterstellung junger Täter gegenüber Erwachsenen, beachtlich (s.u. Rn 12 f).

3 Für die prinzipielle Nichtgeltung der erwachsenenrechtlichen Strafrahmen gibt es zwei **Gründe**: Zum einen ist der jugendrechtliche Strafrahmen generell milder als der des Erwachsenenrechts. Dies beruht auf der Einsicht, dass noch nicht voll ausgereifte Menschen nicht in gleichem Umfang zur Verantwortung gezogen werden dürfen wie Erwachsene.[4] Zum zweiten ist das Erwachsenenstrafrecht ganz überwiegend ein Tatstrafrecht und seine Strafrahmen sind auf diese Charakteristik zugeschnitten, so dass sie im vor allem täterorientierten Jugendstrafrecht nicht zweckdienlich erscheinen.

4 2. **Strafrahmen. a) Mindeststrafe.** Nach **Abs. 1 S. 1** gilt bei der Bemessung der Jugendstrafe daher grundsätzlich ein **einheitlicher Strafrahmen von sechs Monaten bis zu fünf Jahren**. Dieser Strafrahmen soll den Erziehungszweck der Jugendstrafe gewährleisten: Die – im Vergleich zum Erwachsenenstrafrecht (§ 38 Abs. 2 StGB: Mindestmaß ein Monat) – sehr hohe **Mindeststrafe** wird damit gerechtfertigt, dass eine kürzere Einwirkung auf den stark erziehungsbedürftigen Jugendlichen angesichts der erzieherisch kontraproduktiven Wirkungen kurzen Freiheitsentzugs (Stigmatisierung, Abbruch wichtiger persönlicher und sozialer

---

1 Eisenberg, § 18 Rn 3. Für die Nichtrelevanz des § 29 Abs. 3 BtmG siehe OLG Düsseldorf v. 10.5.1999, 2 b Ss 95-99 – 42-99 I, NStZ-RR 1999, 310.
2 BGH v. 28.8.1996, 3 StR 205/96, NStZ-RR 1997, 21.
3 BGH v. 3.4.1991, 2 StR 28/91, bei Böhm, NStZ 1991, 523; Brunner/Dölling, § 18 Rn 6 a; Schöch in Meier/Rössner/Schöch, § 11 Rn 23.
4 Schöch in Meier/Rössner/Schöch, § 11 Rn 20.

Bindungen, Verlust von Ausbildungs- oder Arbeitsplatz,[5] Gefahr der „kriminellen Ansteckung") keinen erzieherischen Erfolg erwarten lässt. Dies ist als empirische Aussage problematisch, weil sich dafür bisher keine Belege finden ließen.[6]

Die Zurückdrängung der kurzen Freiheitsstrafe gilt seit Franz v. Liszt und der Jugendgerichtsbewegung zu Beginn des 20. Jahrhunderts als ein kriminalpolitisches Hauptziel. Die Heraufsetzung der Mindeststrafe im Jugendrecht gilt als Vorbild für die Regelung des § 47 StGB, mit der im Erwachsenenstrafrecht die kurze Freiheitsstrafe zur Ausnahme wird.[7] Doch bietet sich im Erwachsenenstrafrecht die Alternative der Geldstrafe, während im Jugendstrafrecht dann, wenn die Voraussetzungen der Verhängung von Jugendstrafe vorliegen, nur die Möglichkeit einer längeren Strafe verbleibt. Reformbemühungen um Absenkung der Mindeststrafe auf drei Monate,[8] die auch von einer europäischen Tendenz zur Verhängung kurzer Jugendstrafen genährt werden, waren bisher erfolglos. Daher ist es notwendig, die Voraussetzungen der Jugendstrafe restriktiv zu interpretieren: Wenn sich bei einem anhaltenden Erziehungsbedürfnis Alternativen in Form von länger wirkenden Erziehungsmaßregeln auftun, sollten diese genutzt werden.[9] In der Praxis kommt die Anordnung der sechs Monate unterschreitenden Jugendstrafe aufgrund Anrechnung von Untersuchungshaft oder dem Widerruf einer Strafrestaussetzung nicht ganz selten vor.[10] 5

b) Höchststrafe. Auf der anderen Seite ist das **regelmäßige Höchstmaß** der Jugendstrafe beschränkt, denn Jugendstrafen, die fünf Jahre überschreiten, werden schädliche Wirkungen beigemessen: Eine Vorbereitung auf ein straftatenfreies und selbstständiges Leben in Freiheit erscheint nach längerem Anstaltsaufenthalt tatsächlich wenig erfolgversprechend, denn Negativwirkungen torpedieren einen möglichen erzieherischen Erfolg: Dazu gehören Abstumpfung und Unselbstständigkeit,[11] aber auch die Schwierigkeit, gerade einen jungen Menschen zu motivieren, sich zu schulen und auszubilden, wenn die erworbenen Fähigkeiten erst nach langer Zeit gebraucht und angewendet werden können. 6

Nach **Abs. 1 S. 2** ist das **Höchstmaß** der gegen Jugendliche verhängten Jugendstrafe **zehn Jahre**, wenn es sich bei der abgeurteilten Tat um ein Verbrechen handelt, für das nach dem Erwachsenenstrafrecht eine Höchststrafe von über zehn Jahren Freiheitsstrafe vorgesehen ist. Entscheidend ist hierbei die im Gesetz angedrohte Höchststrafe, nicht die im Einzelfall verwirkte Strafe, so dass mildernde Umstände oder die mögliche Qualifizierung als minder oder besonders schwerer Fall bei dieser Frage außer Betracht bleiben.[12] Da es sich bei der fünf Jahre überschreitenden Jugendstrafe nach allgemeiner Meinung nicht mehr um eine erzieherisch günstige und daher spezialpräventiv notwendige Freiheitsentziehung han- 7

---

5 Siehe BGH v. 24.7.1997, 1 StR 287/97, StV 1998, 335.
6 Siehe Eisenberg, § 18 Rn 4; Streng, § 18 Rn 440 f.
7 Schöch in Meier/Rössner/Schöch, § 11 Rn 21.
8 So Albrecht, Gutachten zum 64. Deutschen Juristentag 2002, S. D 152, allerdings unter der Forderung, die erzieherische Zielsetzung des Jugendstrafrechts zu streichen. Die Forderung nach einer Absenkung der Jugendstrafe wurde beim Juristentag mehrheitlich abgelehnt, 64. DJT, NJW 2002, 3073, 3078.
9 Brunner/Dölling, § 18 Rn 1; Eisenberg, § 18 Rn 6.
10 Böhm/Feuerhelm, S. 230.
11 Streng, § 18 Rn 442; Schaffstein/Beulke, § 23 II. 2; Dölling, Anm. zu BGH v. 7.5.1996, 4 StR 182/96, NStZ 1996, 496, NStZ 1998, 39: „Gefahr der Entmutigung und Abstumpfung".
12 BGH v. 12.7.1955, 2 StR 188/55, BGHSt 8, 78.

deln kann,[13] liegt der Sinn dieser Regelung einzig im Ausgleich schwerer Schuld nach der Begehung besonders unrechtsträchtiger Taten.[14] Die in § 18 genannten Höchstmaße dürfen auch nicht bei der Bildung einer Einheitsstrafe nach § 31 überschritten werden.[15]

8   **3. Strafzumessungspraxis.** Die **Praxis** zeigt ein deutliches Überwiegen der kurzen Jugendstrafen: Von den 20.480 Verurteilungen zu Jugendstrafe im Jahre 2007[16] entfielen 3.363 (16,4 %) auf die Mindeststrafe von sechs Monaten, 7.629 (37,3 %) Verurteilungen lauteten auf mehr als sechs Monate bis zu einem Jahr. Über zwei Jahre Jugendstrafe wurden bei 2.408 (11,8 %) Verurteilungen verhängt, wovon auf das erhöhte Höchstmaß von fünf bis zehn Jahren 121 (0,6 %) Verurteilungen entfielen. Die Bemessungspraxis der deutschen Jugendstrafgerichte erscheint somit alles in allem eher zurückhaltend, woraus deutlich wird, dass für die in der Diskussion stehende Erhöhung des Höchstmaßes auf 15 Jahre Jugendstrafe[17] kein praktischer Bedarf besteht.[18]

9   **4. Strafzumessung. Abs. 2** gibt für die **Bemessung** der Jugendstrafe als einziges Kriterium die **erforderliche erzieherische Einwirkung** vor. Daraus folgt nach allgemeiner Meinung, dass Erwägungen der Abschreckung im Sinne der negativen Generalprävention bei der Strafzumessung keinen Platz haben.[19] Dies ergibt sich bereits aus der Nichterwähnung der Verteidigung der Rechtsordnung im gesamten JGG und der grundsätzlichen Unvereinbarkeit der Abschreckung der Allgemeinheit mit einem spezialpräventiv ausgerichteten Täterstrafrecht. Die positive Generalprävention als Stärkung der Rechtstreue der Bevölkerung dürfte bei Jugendlichen eine noch geringere empirisch nachweisbare Wirkung haben als bei Erwachsenen und ist als Aspekt des strafzumessungsrelevanten gerechten Schuldausgleichs bereits angemessen berücksichtigt.[20]

10   Im Gegensatz zu § 46 StGB ist der gerechte Schuldausgleich als Strafzumessungszweck nicht genannt. Dennoch ist nach überwiegender Meinung neben dem vorrangigen Erziehungsgedanken auch der Schuldausgleich zu berücksichtigen. Die Rspr geht zum Teil davon aus, dass **Erziehungsgedanke und Schuldausgleich** miteinander in Einklang stehen, „da die charakterliche Haltung und das Persönlichkeitsbild, wie sie in der Tat zum Ausdruck gekommen sind, nicht nur für das Erziehungsbedürfnis, sondern auch für die Bewertung der Schuld von Bedeutung

---

13   BGH v. 16.4.2007, 5 StR 335/06, NStZ 2007, 522; BGH v. 15.5.1996, 2 StR 119/96, NStZ 1997, 29; BGH v. 27.11.1995, 1 StR 634/95, NStZ 1996, 232; Brunner/Dölling, § 18 Rn 3; Schaffstein/Beulke, § 23 II. 2; abweichend BGH v. 23.4.1998, 4 StR 12/98, NStZ-RR 1998, 285; v. 7.5.1996, 4 StR 182/96, NStZ 1996, 496 m. abl. Anm. Streng, StV 1998, 336.
14   Streng, § 18 Rn 442. Zum europäischen Vergleich der Höchstdauer des Freiheitsentzugs nach Jugendstrafrecht, bei dem Deutschland im Mittelfeld liegt, siehe Bochmann, Freiheitsentzug bei jugendlichen Straftätern in Europa, ZJJ 2008, 324, 326 f.
15   Eisenberg, § 18 Rn 8.
16   Siehe Statistisches Bundesamt, Fachserie 10 Reihe 3, Rechtspflege Strafverfolgung 2007, S. 278 f.
17   So zumindest für Mord das Vorhaben der CDU/CSU/FDP-Koalition laut Koalitionsvertrag 2009, S. 64.
18   So auch Schulz, Höchststrafe, 2000, S. 217 ff, nach dem es im Zeitraum von 1987 bis 1996 lediglich 64 jugendstrafrechtliche Urteile gab, bei denen insgesamt 74 Jugendliche oder Heranwachsende zur Höchststrafe von 10 Jahren verurteilt wurden.
19   BGH v. 11.11.1960, 4 StR 387/60, BGHSt 15, 224, 226; BGH v. 7.9.1993, 5 StR 455/93, NJW 1994, 395, 396; BayObLG v. 9.4.1984, RReg 1 St 1/84, StV 1985, 155; Brunner/Dölling, § 18 Rn 9 a; D/S/S-Sonnen, § 18 Rn 16; Eisenberg, § 18 Rn 23; Schöch in Meier/Rössner/Schöch, § 11 Rn 30.
20   Brunner/Dölling, § 18 Rn 9 a; D/S/S-Sonnen, § 18 Rn 16.

sind"²¹ bzw andersherum „strafschärfende Gesichtspunkte nicht nur für das Ausmaß der verwirklichten Schuld, sondern auch für den bestehenden Erziehungsbedarf von erheblichem Gewicht sind."²² Darüber hinaus wird der schuldbezogene Aspekt der Tatverarbeitung, die Vermittlung der Einsicht in das begangene Unrecht und in die persönliche Verantwortlichkeit, als erzieherisches Anliegen des Jugendstrafvollzugs angesehen.²³ Dies führt dazu, dass ebenfalls der Erziehungsauftrag eine schuldangemessene Strafzumessung fordert, auch weil mit einer „Jugendstrafe, die so gering bemessen wäre, dass das Maß der Schuld unangemessen verniedlicht würde", der erzieherische Zweck verfehlt würde.²⁴ Nach dieser von der Rspr vertretenen Auffassung stehen Erziehung und Schuld somit in einem Wechselspiel: Kriterien, die für schwere Schuld sprechen, deuten auch auf ein vorhandenes erhebliches Erziehungsbedürfnis hin und ein Erziehungserfolg ist nur dann zu erwarten, wenn die Strafe schuldangemessen ist.²⁵ Dies führt im Ergebnis dazu, dass dieselben Erwägungen sowohl schädliche Neigungen als auch Schwere der Schuld begründen können.²⁶

Die **Schuld** spielt eine dominante Rolle auch bei der Bemessung der Jugendstrafe wegen Schwere der Schuld (s. auch § 17 Rn 25). Die Schuldschwere ist nicht nur Grund für die Verhängung der Strafe, sondern auch ein wichtiger Bemessungsfaktor: Sie steckt den konkreten Strafrahmen zwischen der schon und der noch schuldangemessenen Strafe ab.²⁷ Nach ständiger Rechtsprechung sind für die Bewertung der Schuld als Strafzumessungsgesichtspunkt in erster Linie die charakterliche Haltung und das Persönlichkeitsbild, wie sie in der Tat zum Ausdruck gekommen sind, von Bedeutung: Dem äußeren Unrechtgehalt der Tat kommt nur insofern Bedeutung zu, als aus ihm Schlüsse auf die Täterpersönlichkeit und die Schuldhöhe gezogen werden können.²⁸ Es ist daher nicht nur eine verminderte Schuldfähigkeit des Jugendlichen bei der Strafzumessung zu berücksichtigen,²⁹ sondern auch schuldrelevantes Nachtatverhalten wie etwa Sühnebereitschaft und

11

---

21 BGH v. 23.3.2010, 5 StR 556/09, NStZ-RR 2010, 290; BGH v. 31.10.1995, 5 StR 470/94, NStZ-RR 1996, 120; BGH v. 16.11.1993, 4 StR 591/93, StV 1994, 598, 599; s. auch BGH v. 16.4.2007, 5 StR 335/06, NStZ 2007, 522.
22 BGH v. 27.11.2008, 5 StR 495/08, StV 2009, 93.
23 Siehe Dölling StV 1998, 39.
24 BGH v. 7.9.1993, 5 StR 455/93, NJW 1994, 395, 396; BGH v. 31.10.1995, 5 StR 470/94, NStZ-RR 1996, 120: Bewährungsstrafen bei „rassistischer und fremdenfeindlicher Gewaltbereitschaft" bei einer „in einer Pogromstimmung verübten – von Gefühlsroheit und besonderer Brutalität geprägten – Teilnahme an einem Tötungsdelikt aus niedrigen Beweggründen". Zuletzt BGH v. 27.11.2008, 5 StR 495/08, StV 2009, 93: Es „ist nämlich zu beachten, dass von einer dem verwirklichten Unrecht unangemessen milden Reaktion bestärkende Wirkungen auf jugendliche Täter ausgehen können.".
25 Siehe BGH v. 27.11.2008, 5 StR 495/08, StV 2009, 93. Zum dabei häufig eingesetzten „Transferbegriff" der „Sühne" siehe Grommes, S. 189 ff; Streng, Der Erziehungsgedanke im Jugendstrafrecht, ZStW 1994, 60, 72 f.
26 Siehe BGH v. 28.8.1996, 3 StR 205/96, NStZ-RR 1997, 21: Die Schwere der Schuld wurde mit der Vielzahl der begangenen Taten und mit der Art der Tatbeteiligung des Angekl. („besonders aktiv", „besonders brutal", „rücksichtslos") begründet. Der „daraus gezogene Schluss auf eine ‚erhebliche Fehlentwicklung' des Angekl.", also auf das Vorliegen schädlicher Neigungen, begegne keinen rechtlichen Bedenken.
27 BGH v. 9.11.1996, 4 StR 507, 95, StV 1996, 270, 271.
28 BGH v. 11.11.1960, 4 StR 387/60, BGHSt 15, 224, 226; BGH v. 29.9.1961, 4 StR 301/61, BGHSt 26, 261, 262 f; BGH v. 7.5.1996, 4 StR 182/96, NStZ 1996, 496; Brunner/Dölling, § 18 Rn 8.
29 BGH v. 16.11.1993, 4 StR 591/93, StV 1994, 598; OLG Zweibrücken v. 20.6.1994, 1 Ss 42/94, StV 1994, 599.

der Versuch, das eigene Fehlverhalten aufzuarbeiten.[30] Es sind vor allem bei verhältnismäßig hohen Strafen alle im Sinne des § 267 Abs. 3 StPO bestimmenden strafmildernden Umstände im Urteil zu behandeln, auch wenn das Gericht ihre Relevanz im konkreten Fall verneint.[31]

12 Bei Vorliegen **minder schwerer Fälle** bedarf es ihrer Erörterung, weil die Strafrahmen des allgemeinen Strafrechts auch im Jugendstrafrecht insoweit Bedeutung erhalten, als in ihnen die Bewertung des Tatunrechts zum Ausdruck kommt.[32] Bei unbenannten minder schweren Fällen ist – wie im Erwachsenenrecht – eine Gesamtbetrachtung notwendig, bei der alle Umstände heranzuziehen und zu würdigen sind, die für die Wertung der Tat und des Täters in Betracht kommen, gleichgültig, ob sie der Tat selbst innewohnen, sie begleiten, ihr vorausgehen oder nachfolgen.[33] Umstände, die im Erwachsenenrecht Strafrahmenverschiebungen begründen, müssen auch bei der Strafzumessung im Jugendstrafrecht berücksichtigt werden.[34] Dies gilt auch für besonders schwere Fälle bzw. Regelbeispiele des Erwachsenenrechts.[35] Auch andere den Unrechts- und Schuldgehalt der Tat betreffende Umstände sind zu berücksichtigen: Zu beachten ist bei der Anwendung von Jugendstrafe insbesondere eine mögliche erhebliche Verminderung der Schuld nach § 21 StGB[36] sowie die fakultative Strafmilderung nach § 23 Abs. 2 StGB beim Versuch.[37]

13 Die **Strafrahmenobergrenzen des allgemeinen Strafrechts** dürfen nach allgemeiner Meinung auch bei Anwendung von Jugendstrafrecht nicht überschritten werden.[38] Wenn im Erwachsenenstrafrecht ein minder schwerer Fall zu bejahen wäre, darf die Jugendstrafe nicht über das dort vorgesehene Strafmaß hinausgehen.[39] Dies gilt sowohl für die Jugendstrafe wegen Schwere der Schuld als auch wegen schädlicher Neigungen. Darüber hinaus sollen sich Jugendstrafen angesichts der bei Jugendlichen gegenüber Erwachsenen generell verminderten Schuld (s. § 17 Rn 26) den erwachsenenrechtlichen Höchstgrenzen nicht annähern[40] bzw. allgemein niedriger ausfallen als die Freiheitsstrafen gegen Erwachsene in einem vergleichbaren Fall.[41]

14 Allgemein bildet die **Schuldangemessenheit** die Höchstgrenze der Strafzumessung, die nie, auch nicht zur Ermöglichung einer als notwendig erachteten Erzie-

---

30 BGH v. 16.11.1993, 4 StR 591/93, StV 1994, 598.
31 BGH v. 2.12.1992, 3 StR 521/92, StV 1993, 531.
32 BGH v. 1.7.1982, 3 StR 192/82, NStZ 1982, 466 für einen Fall des § 213 StGB.
33 BGH v. 9.11.1995, 4 StR 507/95, StV 1996, 270.
34 BGH v. 17.3.1992, 5 StR 652/91, StV 1992, 432; BGH v. 8.9.1989, 2 StR 207/89, StV 1989, 545; BGH v. 3.12.1985, 1 StR 555/85, StV 1986, 304: „Da der minder schwere Fall alle Umstände umfasst, die für die Wertung der Tat und des Täters von Bedeutung sind, kommt dem Umstand, dass der Täter Jugendlicher oder Heranwachsender ist, wesentliche Bedeutung zu.".
35 Siehe BGH v. 14.10.1999, 4 StR 312/99, NStZ 2000, 194, 195; Eisenberg, § 18 Rn 5; Schaffstein/Beulke, § 23 III.
36 BGH v. 5.8.1982, 4 StR 401/82, NStZ 1982, 477, aufgrund in der Kindheit erlittener Kopfverletzungen.
37 BGH v. 21.4.1983, 4 StR 99/83, bei Böhm, NStZ 1983, 448; siehe auch BGH v. 28.4.1982, 2 StR 808/81, StV 1982, 473.
38 Brunner/Dölling, § 18 Rn 15; Böhm/Feuerhelm, S. 229; Schaffstein/Beulke, § 23 III; Streng, § 18 Rn 443; anders noch BGH v. 25.1.1972, 4 StR 541/71, NJW 1972, 693 und insb. BGH v. 25.2.1955, 2 StR 556/54, MDR 1955, 372. Durch die Anhebung der Strafrahmen durch das 6. StrRG 1998 ist dieses Problem weitgehend entschärft.
39 Schaffstein/Beulke, § 23 III.
40 Brunner/Dölling, § 18 Rn 15; Streng, § 18 Rn 443; Ostendorf, § 18 Rn 5.
41 Böhm/Feuerhelm, S. 228 f.

hung, überschritten werden darf.[42] Dies folgt aus dem allgemeinen verfassungsrechtlich verankerten Schuldprinzip, das ein „Schuldüberschreitungsverbot" bedingt.[43] Dies wird auch durch den Erziehungsgedanken gefordert, da eine das Maß der Schuld überschreitende Strafe regelmäßig als ungerecht empfunden und die Erziehung daher eher erschweren als ermöglichen wird.[44]

Auf der anderen Seite kann es aber bei der **Jugendstrafe wegen Schwere der Schuld** der Aspekt der Schuldvergeltung insbesondere bei Kapitalverbrechen gebieten, dass eine höhere als die erzieherisch notwendige Strafe zu verhängen ist.[45] Während der Schuld also eine limitierende Funktion zukommt, begrenzt die Erziehungsnotwendigkeit das Strafmaß bei der Jugendstrafe wegen Schwere der Schuld nicht. Dies ist die Konsequenz aus der Rechtfertigung der Jugendstrafe wegen Schwere der Schuld allein aus Gründen des Schuldausgleichs (s.o. § 17 Rn 25, 28 ff). Dementsprechend limitiert der Erziehungszweck die Bemessung der Jugendstrafe wegen schädlicher Neigungen als einer „Erziehungsstrafe" (s. auch § 17 Rn 28 ff). 15

Innerhalb des so abgesteckten Rahmens ist nach Abs. 2 der **Erziehungsgedanke** zu berücksichtigen: In neuerer Zeit wird formuliert, dass sich die Bemessung der Jugendstrafe wegen Schwere der Schuld grundsätzlich in erster Linie nach erzieherischen Erfordernissen zu richten hat.[46] Angesichts der überwiegend schädlichen, entsozialisierenden Wirkungen, insbesondere längerer Freiheitsentziehungen, wirkt sich der Erziehungsaspekt bei der Jugendstrafe wegen Schwere der Schuld regelmäßig strafmildernd aus.[47] Zu berücksichtigen ist im Einzelnen die Entwicklung des Jugendlichen vor der Tat, sein Nachtatverhalten und die Wirkungen, die von einem (längeren) Freiheitsentzug für die weitere Entwicklung des Verurteilten zu erwarten sind. Eine lediglich formelhafte Erwähnung des Erziehungsgedankens in den Urteilsgründen genügt nicht.[48] 16

Gegen einen erhöhten Erziehungsbedarf spricht eine bis zur Tat ohne größere Probleme verlaufene Persönlichkeitsentwicklung,[49] insbesondere das Fehlen bisheriger strafrechtlicher Auffälligkeiten, die Integration in einer funktionierenden Familie[50] und das Nachgehen einer geregelten Ausbildung.[51] 17

Auch dem **Nachtatverhalten** kommt Bedeutung zu: Strafzumessungsrelevant sind (Teil-)Geständnis[52] und darüber hinausgehende Aufklärungsbemühungen des Angeklagten,[53] Reue, der Versuch von Wiedergutmachungsleistungen, aber auch 18

---

42 BGH v. 14.8.1996, 2 StR 357/96, StV 1998, 334; BGH v. 9.2.1990, 3 StR 379/89, NStZ 1990, 389; BGH v. 13.8.1985, 1 StR 250 85, NStZ 1986, 71; D/S/S-Sonnen, § 18 Rn 14; Eisenberg, § 18 Rn 11; Schöch in Meier/Rössner/Schöch, § 11 Rn 29; Schaffstein/Beulke, § 23 III; Streng, § 18 Rn 447.
43 BVerfG v. 17.1.1979, 2 BvL 12/77, BVerfGE 50, 205, 214 f.
44 Brunner/Dölling, § 18 Rn 13; Streng, § 18 Rn 447.
45 BGH v. 27.11.1995, 1 StR 634/95, NStZ 1996, 232.
46 BGH v. 27.11.2008, 5 StR 495/08, StV 2009, 93.
47 Siehe BGH v. 21.7.1995, 2 StR 309/95, StV 1996, 269.
48 BGH v. 9.11.2090, 3 StR 400/09, NStZ 2010, 281.
49 Siehe BGH v. 27.11.2008, 5 StR 495/08, StV 2009, 93; BGH v. 21.7.1995, 2 StR 309/95, StV 1996, 269; BGH v. 18.8.1992, 4 StR 313/92, StV 1993, 532.
50 BGH v. 18.8.1992, 4 StR 313/92, StV 1993, 532.
51 BGH v. 15.7.1987, 2 StR 353/87, StV 1988, 307; KG v. 7.10.2008, (3) 1 Ss 345/08, StV 2009, 91.
52 BGH v. 4.12.1985, 1 StR 551/85, bei Böhm, NStZ 1986, 446, 447.
53 BGH v. 19.8.1997, 1 StR 227/97, NStZ 1998, 90.

"erzieherische Wirkungen vollzogener Untersuchungshaft"[54] bzw Strafhaft,[55] die Auflösung der kriminogenen Clique[56] oder die Loslösung des Angeklagten davon[57] sowie die Eingehung einer festen Beziehung.[58]

19 Schließlich sind die **Wirkungen des Strafvollzugs** insbesondere für Schule und Ausbildung zu beachten: Angesichts immer noch defizitärer Möglichkeiten des Jugendstrafvollzugs sind Möglichkeiten der Fortführung begonnener Ausbildung zu prüfen, etwa durch Strafvollstreckung im offenen Vollzug.[59] Auch die Gefahr einer Beschädigung stabilisierender sozialer Beziehungen ist zu berücksichtigen[60] ebenso wie eine drohende zwingende Ausweisung bei einem Angeklagten, der keinen Kontakt zum Heimatland hat (s. § 17 Rn 35).[61] Die ausdrückliche Verneinung schädlicher Neigungen spricht für das Vorliegen eines allenfalls nur geringen Erziehungsbedarfs.[62]

20 Wenn sich nach diesen Kriterien kein oder nur ein **geringer Erziehungsbedarf** durch Gesamterziehung in Unfreiheit ergibt bzw wenn der Freiheitsentzug erziehungsschädliche Wirkungen erwarten lässt, ist die Jugendstrafe an der unteren Grenze des Schuldangemessenen zu bemessen. Eine Unterschreitung dieser Grenze ist bei der Jugendstrafe wegen Schwere der Schuld nicht möglich, weil sonst ihr Zweck des gerechten Schuldausgleichs nicht erreicht werden kann.[63]

21 Bei der **Jugendstrafe wegen schädlicher Neigungen** ist die Strafhöhe bis zur oberen Grenze des Schuldangemessenen (Rn 14) allein nach erzieherischen Erwägungen zu bestimmen. Fehlerhaft ist ein Urteil, das sich einzig und allein mit Strafzumessungserwägungen aus dem Erwachsenenstrafrecht auseinandersetzt.[64] Das gilt auch für Heranwachsende, wenn auf sie Jugendstrafrecht angewendet wird.[65] Im Rahmen einer Gesamtabwägung sind stattdessen die Persönlichkeit des Angeklagten, seine erzieherischen Defizite, seine Entwicklung nach der vorgeworfenen Straftat und der Eindruck, den er im Strafverfahren einschließlich Untersuchungshaft hinterlassen hat sowie seine Sozialprognose zu berücksichtigen.[66] Es werden hierbei alle in Rn 11 - 14 genannten Gesichtspunkte bedeutsam. Sofern diese relevant sind, sind sie in der Urteilsbegründung zu behandeln. Begründungen wie: „Wegen der schädlichen Neigungen des Angeklagten muss eine Jugendstrafe in einer Höhe verhängt werden, die den Angeklagten nachhaltig erzieherisch beeinflusst"[67] bzw die Höhe der Jugendstrafe sei erforderlich, „um zu gewährleisten,

---

54 BGH v. 27.11.2008, 5 StR 495/08, StV 2009, 93; BGH v. 18.8.1992, 4 StR 313/92, StV 1993, 532; BGH v. 10.9.1985, 1 StR 416/85, StV 1986, 68; siehe auch – freilich im Zusammenhang mit der Verhängung der Jugendstrafe – OLG Frankfurt aM v. 21.4.2008, 1 Ss 313/07, StV 2009, 92.
55 BGH v. 20.6.1996, 4 StR 264/96, NStZ-RR 1996, 347.
56 BGH v. 10.9.1985, 1 StR 416/85, StV 1986, 68.
57 BGH v. 20.6.1996, 4 StR 264/96, NStZ-RR 1996, 347.
58 BGH v. 3.12.2002, 4 StR 426/02, StV 2003, 458.
59 BGH v. 27.11.2008, 5 StR 495/08, StV 2009, 93.
60 BGH v. 3.12.2002, 4 StR 426/02, StV 2003, 458.
61 OLG Frankfurt v. 30.4.2003, 1 Ss 378/02, StV 2003, 459.
62 Siehe KG v. 7.10.2008, (3) 1 Ss 345/08, StV 2009, 91.
63 Üblicherweise wird die Unterschreitung der Schulduntergrenze aufgrund der damit verbundenen erziehungsschädlichen Wirkung einer „verniedlichenden" Strafe abgelehnt, s. BGH v. 7.9. 1993, 5 StR 455/93, NJW 1994, 395, 396; BGH v. 31.10.1995, 5 StR 470/94, NStZ-RR 1996, 120; Schöch in Meier/Rössner/Schöch, § 11 Rn 31.
64 BGH v. 15.7.1987, 2 StR 353/87, StV 1988, 307.
65 BGH v. 10.11.1987, 1 StR 591/87, StV 1988, 307.
66 Schaffstein/Beulke, § 23 III.
67 BGH v. 20.6.1996, 4 StR 264/96, NStZ-RR 1996, 347.

dass auf den Angeklagten zur Stabilisierung seiner Persönlichkeit erzieherisch eingewirkt werden kann",⁶⁸ reichen nicht aus.

Die Strafzumessung darf nicht mit **Erwägungen zur Strafaussetzung** vermischt werden. Formulierungen wie „zur Vermeidung von weiteren Straftaten durch den Angeklagten kann eine Jugendstrafe, welche noch zur Bewährung ausgesetzt werden könnte, nicht verhängt werden" sind unzulässig, weil zunächst die Strafhöhe unabhängig von Überlegungen zur möglichen Strafaussetzung und zur möglichen Anrechnung von Untersuchungshaft festzusetzen ist.⁶⁹ 22

Auch eine Vermischung von **Jugendstrafe und Maßregel** ist unzulässig, namentlich insb. dann, wenn die Jugendstrafe mit Gründen erhöht wird, die zur Anordnung der Unterbringung in einem psychiatrischen Krankenhaus herangezogen wurden.⁷⁰ Umstände, die – etwa als Symptome einer Persönlichkeitsstörung – eine verminderte Schuldfähigkeit begründen, dürfen nicht die Notwendigkeit einer längeren Gesamterziehung stützen und somit als straferschwerend bewertet werden.⁷¹ Mit dem Wesen der Jugendstrafe ist es unvereinbar, ihre Höhe von der voraussichtlichen Heilungsdauer einer krankhaften seelischen Störung abhängig zu machen. Falls ein solcher Krankheitszustand vorliegt, ist zu dessen Beseitigung allein die Maßregel die zulässige Sanktion.⁷² Grundsätzlich schließen sich die Verurteilung zu Jugendstrafe und die Anordnung der Unterbringung in einem psychiatrischen Krankenhaus nicht aus.⁷³ Auf der anderen Seite ist aber § 5 Abs. 3 zu beachten, wonach von der Verhängung einer Jugendstrafe abgesehen werden kann, wenn eine Maßregel nach § 63 StGB oder § 64 StGB die Ahndung durch Jugendstrafe entbehrlich macht. 23

Strafzumessungsrelevant ist stets auch die seit der Tat bzw dem Verfahrensbeginn vergangene **Zeit**. Die zwischen der Tatbegehung und dem Urteil verstrichene Zeit wiegt bei Jugendlichen und Heranwachsenden schwerer als bei Erwachsenen, weil sie sich in der Entwicklung befinden und sich in relativ kurzer Zeit erhebliche Veränderungen in der Persönlichkeit, den Lebensumständen oder dem Umfeld ergeben können. Dies ist bei der Strafzumessung nach erzieherischen Gesichtspunkten zu berücksichtigen.⁷⁴ So kann der starke Eindruck einer zwischenzeitlich erlittenen Untersuchungs- oder Strafhaft das Erziehungsbedürfnis reduzieren, ebenso der zwischenzeitliche Aufbau eines stabilen Beziehungsumfeldes und die Loslösung von der Gruppe, aus der heraus die Straftaten begangen wurden (s. zu Nachw. Rn 18 f). Darüber hinaus ist eine erhebliche Zeitspanne zwischen Tat und Urteil bzw eine lange Verfahrensdauer wie bei Erwachsenen auch schuldrelevant. Hierbei können drei Strafmilderungsgründe entstehen: a) Langer zeitlicher Abstand zwischen Tat und Urteil, b) Belastungen durch lange Verfahrensdauer, c) Verletzung des Beschleunigungsverbots nach Art. 6 Abs. 1 S. 1 EMRK.⁷⁵ Alle diese Aspekte spielen auch im Jugendstrafverfahren eine Rolle, so dass eine Jugendstrafe wegen **Schwere der Schuld** entsprechend reduziert bzw bei einer rechtsstaatswidrigen Verfahrensverzögerung ein Teil der Strafe für vollstreckt er- 24

---

68 BGH v. 15.7.1987, 2 StR 353/87, StV 1988, 307.
69 BGH v. 12.3.2008, 2 StR 85/08, StV 2009, 90.
70 BGH v. 9.9.1997, 4 StR 377/97, NStZ 1998, 86.
71 BGH v. 10.7.1987, 2 StR 324/87, NJW 1987, 3015.
72 BGH v. 9.9.1997, 4 StR 377/97, NStZ 1998, 86.
73 BVerfG v. 8.2.2007, 2 BvR 2060/06, NStZ-RR 2007, 187.
74 BGH v. 20.6.1996, 4 StR 264/96, NStZ-RR 1996, 347; Eisenberg, § 18 Rn 15.
75 Siehe BGH v. 21.12.1998, 3 StR 561/98, NJW 1999, 1198.

klärt⁷⁶ werden muss.⁷⁷ Bei einer Jugendstrafe wegen **schädlicher Neigungen** hat der BGH bisher eine Kompensation einer rechtsstaatswidrigen Verfahrensverzögerung abgelehnt: Da die Strafe allein nach erzieherischen Gesichtspunkten bemessen und in diesem Rahmen bereits der lange Zeitraum zwischen Tatbegehung und Urteil berücksichtigt sei, sei es nicht möglich, einen bezifferten Abschlag von der erzieherisch gebotenen Strafe vorzunehmen.⁷⁸ Dies ist mit der Maßgabe hinzunehmen, dass eine Verfahrensverzögerung nicht das Maß der Schuld so weit herabsetzen darf, dass die erzieherisch gebotene Strafe die Schuld übersteigt.

25 **5. Rechtsmittel.** Die Strafzumessung ist in der **Revision** nur begrenzt beanstandbar: Sie ist grundsätzlich Sache des Tatgerichts, das allein in der Lage ist, sich aufgrund der Hauptverhandlung ein umfassendes Bild von Tat und Täter zu verschaffen. Das Revisionsgericht kann nur eingreifen, wenn die Strafzumessungserwägungen in sich fehlerhaft sind, wenn das Tatgericht rechtlich anerkannte Strafzwecke außer Betracht lässt oder wenn sich die Strafe so weit nach oben oder unten von ihrer Bestimmung, gerechter Schuldausgleich zu sein, löst, dass sie nicht mehr innerhalb des Spielraums liegt, der dem Tatgericht bei der Strafzumessung eingeräumt ist.⁷⁹ Da bei der Jugendstrafe die Strafzumessung vor allem vom Eindruck der Persönlichkeit des Täters abhängig ist, kommt eine exakte Richtigkeitskontrolle nicht infrage; im Zweifel muss die Strafzumessung durch das Tatgericht hingenommen werden.

26 Wird in der Revision der **Schuldspruch geändert**, folgt daraus nicht zwangsläufig, dass auch die Jugendstrafe neu bemessen werden muss: Bei einem Heranwachsenden wurde die Verurteilung wegen Mordes zu einer Verurteilung wegen Totschlags abgeändert. Die Schuldspruchänderung veränderte im Jugendstrafrecht den Strafrahmen nicht. Die für die fälschliche Bejahung des Mordvorwurfs maßgebliche Motivation des Täters – seine menschenverachtende Haltung gegenüber Ausländern – sei bei der Entscheidung über die Schwere der Schuld und auch bei der Bemessung der Jugendstrafe zutreffend gewürdigt worden.⁸⁰ Ähnlich eine Entscheidung, bei der nach dem BtmG strafbare Taten irrtümlich unter Verbrechenstatbestände subsumiert wurden. Auch hier konnte ausgeschlossen werden, dass das Gericht die Jugendstrafe, deren Höhe insbesondere am Erziehungsbedürfnis ausgerichtet wurde, anders bemessen hätte.⁸¹ Andererseits kann aber bei Jugendstrafe sowohl wegen Schwere der Schuld als auch wegen schädlicher Neigungen in der Revision regelmäßig nicht ausgeschlossen werden, dass sich die

---

76 Nach dem Vollstreckungsmodell des Großen Senats in BGH v. 17.1.2008, 1 GSSt 1/07, BGHSt 52, 124 (= NJW 2008, 860); Die Pflicht zur Berücksichtigung einer Verletzung der Strafzumessung bei der Jugendstrafe wegen Schwere der Schuld hatte schon BGH v. 15.5.1996, 2 StR 119/96, NStZ 1997, 29, festgestellt.
77 BGH v. 27.11.2008, 5 StR 495/08, StV 2009, 93: Für eine „nicht mehr hinnehmbare Verzögerung" von 6 Monaten wurde bei den Jugendstrafen von 3 Jahren und 6 Monaten bzw 2 Jahren und 11 Monaten jeweils ein Monat als vollstreckt erklärt (insoweit nicht abgedruckt); BGH v. 5.5.1996, 2 StR 119/96, NStZ-RR 1997, 29 m. Anm. Scheffler.
78 BGH v. 26.10.2006, 3 StR 326/06, NStZ-RR 2007, 61 m. abl. Anm. Ostendorf, StV 2008, 114; BGH v. 5.12.2002, 3 StR 417/02, NStZ 2003, 364; aA Eisenberg, § 18 Rn 15 e.
79 BGH v. 9.11.1996, 4 StR 507, 95, StV 1996, 270, 271.
80 BGH v. 7.9.1993, 5 StR 455/93, NStZ 1994, 124.
81 BGH v. 21.12.1993, 2 StR 662/93, bei Böhm, NStZ 1994, 528.

fälschliche Annahme schädlicher Neigungen bei der Bemessung der Jugendstrafe zum Nachteil des Verurteilten ausgewirkt hat.[82]

§ 19 aF Unbestimmte Jugendstrafe (aufgehoben)

(1) Der Richter verhängt Jugendstrafe von unbestimmter Dauer, wenn wegen der schädlichen Neigungen des Jugendlichen, die in der Tat hervorgetreten sind, eine Jugendstrafe von höchstens vier Jahren geboten ist und sich nicht voraussehen lässt, welche Zeit erforderlich ist, um den Jugendlichen durch den Strafvollzug zu einem rechtschaffenen Lebenswandel zu erziehen.

(2) Das Höchstmaß der Jugendstrafe von unbestimmter Dauer beträgt vier Jahre. Der Richter kann ein geringeres Höchstmaß bestimmen oder das Mindestmaß (§ 18 Abs. 1) erhöhen. Der Unterschied zwischen dem Mindest- und dem Höchstmaß soll nicht weniger als zwei Jahre betragen.

(3) Die Jugendstrafe von unbestimmter Dauer wird nach den für das Vollstreckungsverfahren geltenden Vorschriften (§ 89 Abs. 3 und 4) in eine bestimmte Jugendstrafe umgewandelt, sobald der Jugendliche aus dem Strafvollzug entlassen wird.

Schrifttum:
Näther, Die Lebensbewährung zu unbestimmter Jugendstrafe verurteilter Jugendlicher und Heranwachsender, 1967; *von Hinüber*: Untersuchungen über die Lebensbewährung unbestimmt verurteilter Jugendlicher, 1961.

Wegen der **kriminalpolitischen Bedeutung** dieser Sanktion – „**Eckpunktediskussion**" – erfolgt hier eine kurze Kommentierung der Grundlagen. Die mittlerweile aufgehobene Vorschrift regelte die **unbestimmte Jugendstrafe**. Sie wurde zunächst durch eine Verordnung vom 10.9.1941 (RGBl I, 567) eingeführt. Man versprach sich damals mit ihr eine bessere Erreichung des Erziehungsziels. Bei der Neubekanntmachung des JGG am 4.8.1953 (BGBl I, 751) wurde das Institut der unbestimmten Jugendstrafe beibehalten, weil sie nach damaliger und auch heute noch zutreffender Auffassung kein nationalsozialistisches Unrecht enthielt. Sie wurde dann durch das Erste Gesetz zur Änderung des Jugendgerichtsgesetzes (JGGÄndG) vom 30.8.1990 aufgehoben (BGBl I, 1853). 1

Die unbestimmte Jugendstrafe wurde während der Zeit des „Dritten Reichs" eingeführt. In jener Zeit gab es eine ganze Reihe von problematischen Neuerungen (Beseitigung der Strafaussetzung zur Bewährung, Auflockerung der Altersgrenzen, Anwendung des Erwachsenenstrafrechts auf „charakterlich abartige Schwerverbrecher", Schlechterstellung bestimmter Volksgruppen). Die unbestimmte Jugendstrafe lässt sich aber nicht als nationalsozialistisches Unrecht bezeichnen.[1] Dies zeigt auch ein Blick auf andere Rechtsordnungen, wo ähnliche Sanktionen vorgesehen sind. 2

Die unbestimmte Jugendstrafe wurde aber abgeschafft, weil sie im Laufe der Zeit von der Praxis immer weniger angewendet wurde. Das zeigt die rechtstatsächliche Entwicklung, denn die Anordnungen der unbestimmten Jugendstrafe waren während der Geltungsdauer des § 19 JGG aF stark rückläufig. Das betrifft sowohl die 3

---
82 BGH v. 17.3.1995, 2 StR 65/95, StV 1996, 268; BGH v. 30.5.1983, 3 StR 142/83, bei Böhm, NStZ 1983, 448; Schaffstein/Beulke, § 23 III.
1 Anders Wolff, Jugendliche vor Gericht im Dritten Reich. Nationalsozialistische Jugendstrafrechtspolitik und Justizalltag, 1992.

absolute Zahl der Anordnungen als auch den relativen Anteil an den Verurteilungen nach Jugendstrafrecht. Im Jahr 1967 wurde sie bundesweit noch in 1.045 Fällen verhängt. Das entsprach 1,4 Prozent aller Verurteilungen nach Jugendstrafrecht. Im Jahr 1977 wurden nur noch 460 unbestimmte Jugendstrafen verhängt. Das entsprach lediglich 0,4 Prozent aller Verurteilungen nach Jugendstrafrecht. Und im letzten Jahr der Geltung von § 19 aF wurden nur noch 77 unbestimmte Jugendstrafen ausgesprochen (= 0,09 aller Verurteilten nach Jugendstrafrecht).[2]

4 Analysiert man den Regelungsgehalt der Norm grammatikalisch, so ist festzustellen, dass die Jugendstrafe nach § 19 aF nicht „völlig" unbestimmt war. Durch die Notwendigkeit einer Ober- und einer Untergrenze war sie nur „relativ" unbestimmt. Gerade diese Unbestimmtheit belastet junge Menschen besonders. Ein Jahr oder ein Monat stellen im Leben eines jungen Menschen relativ gesehen einen viel längeren Zeitraum dar, länger als bei einem Erwachsenen, der vielleicht doppelt so alt ist. Alltagserfahrungen sprechen dafür, dass Kinder oder Jugendliche die Zeit von einem Weihnachtsfest zum anderen als eine schier endlose Zeitspanne empfinden. Was für Zeiten in Freiheit gilt, hat für Haftzeiten eher eine noch größere Berechtigung. Von daher ist die zeitliche Unbestimmtheit einer Jugendstrafe aus jugendkriminologischen Gesichtspunkten eher problematisch und erzieherisch weniger sinnvoll.

5 Vergleicht man die unbestimmte Jugendstrafe mit anderen Sanktionen nach deutschem Recht, so ist festzustellen, dass die bestimmte Jugendstrafe auf der anderen Seite durch die Möglichkeit der Strafrestaussetzung nach § 88 auch nicht ganz bestimmt ist. Misst man die unbestimmte Jugendstrafe an der Obergrenze, so ist die psychologische Situation mit der bestimmten Jugendstrafe vergleichbar. Allerdings werden die Betroffenen anders denken. Sie empfinden die Strafrestaussetzung als Möglichkeit zur Strafzeitverkürzung. Auf der anderen Seite sehen sie in der „Gummistrafe" eine Verlängerungsmöglichkeit der Strafuntergrenze.

6 Nun gibt es im deutschen (Erwachsenen-)Strafrecht mit der lebenslangen Freiheitsstrafe auch eine unbestimmte Strafe unter dem Vorbehalt einer grundsätzlichen Aussetzungsmöglichkeit gemäß § 57 a StGB. Das Bundesverfassungsgericht hat sie für verfassungsgemäß erachtet. Andererseits kann daraus nicht ohne Weiteres geschlossen werden, dass deshalb auch im Jugendstrafrecht eine unbestimmte Sanktion verfassungsgemäß bzw kriminalpolitisch sinnvoll wäre.

7 Für die verfassungsrechtliche Diskussion ist immerhin von Bedeutung, dass die unbestimmte Jugendstrafe nach dem Zweiten Weltkrieg fast vierzig Jahre im Jugendgerichtsgesetz verankert war und es in dieser Zeit niemals verfassungsrechtliche Zweifel, eine Verfassungsbeschwerde oder gar eine verfassungsgerichtliche Entscheidung dazu gab. Die Vorschrift ist lediglich aufgrund einer kriminalpolitischen Willensbildung aufgehoben worden. Eingehender zu diskutieren wäre, ob der Erziehungsgedanke, das Schuldprinzip und die Menschenrechte der jungen Verurteilten gegen die Verfassungsmäßigkeit der unbestimmten Jugendstrafe sprechen.

8 Die Ergebnisse von Rückfalluntersuchungen sprechen jedenfalls nicht für das Institut der unbestimmten Jugendstrafe. Die Rückfallhäufigkeit im Anschluss an die Jugendstrafe von unbestimmter Dauer soll bei neun bis zwölf Monaten sowie bei ein bis eineinhalb Jahren effektiver Strafdauer größer, bei sechs bis neun Monaten

---

2 Statistisches Bundesamt, Rechtspflege (Fachserie 10), Strafverfolgung 1989 (Reihe 3), 1991, Tabelle 4.1., S. 59, Prozentsatz: Eigene Berechnung.

hingegen geringer sein als bei der Jugendstrafe von bestimmter Dauer des jeweils entsprechenden Zeitraums.[3] Bei der Interpretation dieser Ergebnisse ist freilich zu berücksichtigen, dass die zu unbestimmter Jugendstrafe Verurteilten eine besonders ungünstige Auslese aus allen Verurteilten nach Jugendstrafrecht darstellten und dies auf die Rückfallquoten durchschlägt.

Für die Reformdiskussion gilt, dass eine unbestimmte Jugendstrafe, wie sie § 19 JGG aF vorsah, wohl eher nicht verfassungswidrig wäre. Aus kriminologischen und pönologischen Erwägungen besteht aber keine Veranlassung zur Neubelebung dieses Rechtsinstituts. **9**

In jüngster Zeit sind mit der nachträglichen Sicherungsverwahrung für Jugendliche und Heranwachsende sowie mit der vorbehaltenen Sicherungsverwahrung für Heranwachsende zeitlich unbestimmte Sanktionen, hier als freiheitsentziehende Maßregeln der Besserung und Sicherung, in das Jugendstrafrecht geraten (§§ 7 Abs. 2 und 3, 106 Abs. 3 und die Kommentierungen dazu). Hinsichtlich des Zeitpunkts gilt für die nachträgliche Sicherungsverwahrung, dass davon erst junge Erwachsene betroffen sein können. Voraussetzung ist nämlich die Verurteilung zu einer Jugendstrafe von mindestens sieben Jahren wegen bestimmter Delikte (vgl § 7 Abs. 2). Unter Berücksichtigung der Strafmündigkeitsgrenze von 14 Jahren (vgl § 19 StGB, § 1 Abs. 2 JGG) muss der Betroffene damit bei Antritt der nachträglichen Sicherungsverwahrung über 21 Jahre alt sein. Für die vorbehaltene Sicherungsverwahrung bei Heranwachsenden gilt, dass in § 106 Abs. 4 eine Freiheitsstrafe von mindestens fünf Jahren vorausgesetzt wird. Bei Ende der Strafe und Antritt einer dann ausgesprochenen Sicherungsverwahrung wäre der Betroffene dann mindestens 22 Jahre. Jugendliche und Heranwachsende können sich auch nach den neuen Vorschriften in Deutschland nicht in Sicherungsverwahrung befinden. Dessen ungeachtet stellen sich manche Vorwirkungen der zeitlich unbestimmten Maßregel bereits während der vorangehenden Jugend- oder Freiheitsstrafe ein. **10**

Während die Einführung der vorbehaltenen und der nachträglichen Sicherungsverwahrung im Jugendstrafrecht in der Fachöffentlichkeit heftig diskutiert wird und überwiegend abgelehnt wurde, nimmt es die (Fach-)Öffentlichkeit ohne Weiteres hin, dass es seit jeher eine Unterbringung in einem psychiatrischen Krankenhaus als freiheitsentziehende und unbefristete Maßregel der Besserung und Sicherung im deutschen Jugendstrafrecht gibt (vgl § 7 Abs. 1 JGG iVm §§ 61 Nr. 1, 63 StGB). Diese Maßregel ist zulässig bei Schuldunfähigkeit bzw bei verminderter Schuldfähigkeit und Gefährlichkeit für die Allgemeinheit. Zuverlässige Daten über die Zahl der in einem psychiatrischen Krankenhaus Untergebrachten und die Zeitdauer der Unterbringung bei Jugendlichen und Heranwachsenden liegen bundesweit nicht vor; das kennzeichnet die desolate Lage in diesem Bereich. In sieben Bundesländer sollen es im Jahr 2009 immerhin über 300 Personen sein. Bei 79 soll die Unterbringungsdauer über fünf Jahre betragen.[4] Gerade bei diesen psychisch auffälligen und wenig belastbaren jungen Menschen dürfte sich die Tatsache der Unterbringung und die Unbestimmbarkeit der Zeitdauer besonders negativ auswirken. Ostendorf, § 7 Rn 9 ist in zweifacher Hinsicht zuzustimmen. Mit dieser Einweisung kann bei den Langzeitpatienten das Leben zerstört werden. Es ist grundrechtlich geboten, einen speziellen Jugendmaßregelvollzug einzurichten. Hinzuzufügen ist: Maßregelvollzugsgesetze für Jugendliche und Heranwachsende sind – wo es sie noch nicht gibt – verfassungsrechtlich notwendig. Das gilt **11**

---

3 Zitiert nach Göppinger, Kriminologie, 3. Aufl., 1976, S. 307 mwN aus der Lit.
4 BT-Drucks. 16/13142 zum Jugendstrafrecht im 21. Jahrhundert.

insbesondere vor dem Hintergrund der Entscheidung des Bundesverfassungsgerichts vom 31. Mai 2006 zur Notwendigkeit eines Jugendstrafvollzugsgesetzes.[5]

Fünfter Abschnitt Aussetzung der Jugendstrafe zur Bewährung

§ 20 (weggefallen)

§ 21 Strafaussetzung

(1) [1]Bei der Verurteilung zu einer Jugendstrafe von nicht mehr als einem Jahr setzt der Richter die Vollstreckung der Strafe zur Bewährung aus, wenn zu erwarten ist, daß der Jugendliche sich schon die Verurteilung zur Warnung dienen lassen und auch ohne die Einwirkung des Strafvollzugs unter der erzieherischen Einwirkung in der Bewährungszeit künftig einen rechtschaffenen Lebenswandel führen wird. [2]Dabei sind namentlich die Persönlichkeit des Jugendlichen, sein Vorleben, die Umstände seiner Tat, sein Verhalten nach der Tat, seine Lebensverhältnisse und die Wirkungen zu berücksichtigen, die von der Aussetzung für ihn zu erwarten sind.

(2) Der Richter setzt unter den Voraussetzungen des Absatzes 1 auch die Vollstreckung einer höheren Jugendstrafe, die zwei Jahre nicht übersteigt, zur Bewährung aus, wenn nicht die Vollstreckung im Hinblick auf die Entwicklung des Jugendlichen geboten ist.

(3) [1]Die Strafaussetzung kann nicht auf einen Teil der Jugendstrafe beschränkt werden. [2]Sie wird durch eine Anrechnung von Untersuchungshaft oder einer anderen Freiheitsentziehung nicht ausgeschlossen.

Richtlinien zu § 21

1. Die Entscheidung darüber, ob eine Jugendstrafe zur Bewährung auszusetzen ist, setzt – auch bei Erstbestraften – eine sorgfältige Erforschung der Persönlichkeit und der Lebensverhältnisse des Jugendlichen voraus. Bei günstiger Prognose ist eine Jugendstrafe von nicht mehr als einem Jahr auszusetzen. Bei Jugendstrafe von mehr als einem Jahr bis zu zwei Jahren bedarf es jedoch zusätzlich der Prüfung, ob besondere Umstände in der bisherigen und absehbaren Entwicklung des Jugendlichen die Vollstreckung gebieten.

2. Für den Erfolg der Aussetzung der Jugendstrafe zur Bewährung ist es von Bedeutung, ob der Jugendliche fähig und willens ist, sich zu bessern. Sein Einverständnis mit der Maßnahme ist zwar nicht vorgeschrieben; eine Aussetzung ohne dieses Einverständnis ist aber nur sinnvoll, wenn erwartet werden kann, daß der Jugendliche in der Bewährungszeit zu einer bejahenden Einstellung kommt.

3. Aus erzieherischen Gründen empfiehlt es sich, dem Jugendlichen bewußt zu machen, daß die Jugendstrafe im Vertrauen auf seine Fähigkeit und seinen Willen, sich zu bewähren, ausgesetzt wird und daß ihm daraus eine besondere Verpflichtung erwächst.

4. Die Verurteilung zu einer Jugendstrafe von nicht mehr als zwei Jahren wird nicht in das Führungszeugnis aufgenommen, wenn Strafaussetzung zur Bewährung bewilligt und diese Entscheidung nicht widerrufen worden ist (vgl. § 32 Abs. 2 Nr. 3 BZRG).

---

5 BVerfGE 116, 69.

Schrifttum:
Weigelt, Bewähren sich Bewährungsstrafen? Eine empirische Untersuchung der Praxis und des Erfolgs der Strafaussetzung von Freiheits- und Jugendstrafen, 2009; *Westphal,* Die Aussetzung der Jugendstrafe zur Bewährung gemäß § 21 JGG, 1995.

I. Grundlagen	1	3. Jugendstrafe von mehr als einem bis zu zwei Jahre (Abs. 2)	20
II. Die Voraussetzungen im Einzelnen	5		
1. Dauer der Jugendstrafe ...	5	III. Verfahrensrechtliche Hinweise	22
2. Jugendstrafe von nicht mehr als einem Jahr (Abs. 1)	7		

I. Grundlagen

Ebenso wie das allgemeine Strafrecht (§ 56 StGB) kennt auch das Jugendstrafrecht die Strafaussetzung zur Bewährung. Rechtstechnisch handelt es sich um eine Modifikation der Vollstreckung der vom Gericht nach § 17 verhängten Jugendstrafe: Der Verurteilte braucht die Strafe nicht anzutreten, sondern wird der Aufsicht und Leitung eines Bewährungshelfers unterstellt und muss während der Bewährungszeit den vom Gericht erteilten Weisungen und Auflagen nachkommen. Leistet er den Anweisungen Folge und begeht keine weitere Straftat, dann wird die Jugendstrafe nach Ablauf der Bewährungszeit erlassen (§ 26 a) und der Strafmakel außer bei Sexualdelikten für beseitigt erklärt (§ 100). Entzieht sich der Jugendliche demgegenüber der Aufsicht des Bewährungshelfers, verstößt er gegen die Weisungen oder Auflagen oder begeht in der Bewährungszeit weitere Taten, so wird die Aussetzungsentscheidung widerrufen und die Jugendstrafe vollstreckt (§ 26). Der Jugendliche erlangt damit die Chance, die Vollstreckung der gegen ihn verhängten Strafe abzuwenden, indem er den ihm vom Gericht auferlegten Verpflichtungen nachkommt, sich nunmehr straffrei führt und in diesem Sinne „bewährt". 1

Zweck der Regelung ist es, die oft schädlichen Wirkungen des stationären Freiheitsentzugs nach Möglichkeit zu vermeiden und auf die Entwicklung des Jugendlichen stattdessen durch eine **ambulante „Doppelstrategie"** einzuwirken: Einerseits wird durch Weisungen und die Unterstellung unter die Aufsicht und Leitung eines Bewährungshelfers in die Lebensführung des Jugendlichen eingegriffen, um ihn bei der Bewältigung von Problemlagen zu unterstützen; andererseits wird er mit dem Druck des drohenden Bewährungswiderrufs gezwungen, sich nunmehr unauffällig zu verhalten und in seinem Verhalten an die gesellschaftlichen Anforderungen anzupassen. Hinter dieser Konzeption steht die Vorstellung des Gesetzgebers, dass es für die Verwirklichung des Erziehungsziels des Jugendstrafrechts – der Entwicklung zu einem Leben ohne Straftaten – nicht zwingend der Vollstreckung der Jugendstrafe bedarf, sondern dass sich dieses Ziel unter den in § 21 Abs. 1 und 2 genannten Voraussetzungen auch auf ambulantem Weg erreichen lässt. Um die hierin liegende „Besserstellung" zu kompensieren, können dem Jugendlichen Auflagen erteilt werden. 2

Vor dem skizzierten kriminalpolitischen Hintergrund wird die Strafaussetzung zur Bewährung in der Praxis oft nicht von ihrer rechtstechnischen Seite her als Modifikation der Vollstreckung der Jugendstrafe, sondern von ihrer Intention her als eigenständige, in der Eingriffsintensität zwischen Jugendarrest und Jugend- 3 strafvollzug angesiedelte Sanktionsart begriffen.[1] Das ist unschädlich, solange sich hiermit nicht die Vorstellung verbindet, die Entscheidung über die Strafaussetzung folge eigenen, von § 17 unabhängigen Regeln. Angesichts des bei erneutem Fehlverhalten drohenden Widerrufs und der dann unvermeidlichen Vollstreckung im stationären Vollzug darf die Entscheidung über die Aussetzung erst dann erfolgen, wenn zuvor festgestellt worden ist, dass Jugendstrafe wegen schädlicher Neigungen oder Schwere der Schuld überhaupt verhängt werden darf; das Gericht darf zur „Aussetzungsstrafe" nicht allein deshalb greifen, weil es hierin zB bei einem Wiederholungstäter eine erzieherisch sinnvolle Sanktion sieht. Allerdings ist es mit Blick auf § 18 Abs. 2 zulässig, den erzieherischen Nutzen der Aussetzung bei der Bemessung der Dauer der Jugendstrafe zugunsten des Jugendlichen zu berücksichtigen; anders als im allgemeinen Strafrecht darf eine Jugendstrafe von nicht mehr als 2 Jahren mit dem erklärten Ziel verhängt werden, die Strafaussetzung zu ermöglichen.[2]

4 In der **Praxis** findet die Strafaussetzung zur Bewährung breite Anwendung. Mehr als ¾ der Jugendstrafen bis zu einem Jahr und mehr als die Hälfte der Jugendstrafen bis zu zwei Jahren werden von den Gerichten zur Bewährung ausgesetzt.[3] Dass die Gerichte mit dieser Entscheidungspraxis kein unvertretbares Risiko eingehen, sondern das Erziehungsziel des Jugendstrafrechts im Gegenteil erfolgreich umsetzen, zeigt der Blick auf die Rückfallstatistik: Nach der Auswertung der BZR-Einträge durch *Jehle/Heinz/Sutterer* sind von allen 1994 zu Jugendstrafe mit Bewährung Verurteilten nur 59,6 % der Verurteilten innerhalb eines Beobachtungszeitraums von vier Jahren erneut auffällig geworden; 40,4 % blieben unauffällig. Demgegenüber betrug die Rückfallquote bei denjenigen Jugendlichen und Heranwachsenden, die zu einer Jugendstrafe ohne Bewährung verurteilt und 1994 aus dem Vollzug entlassen worden waren, 81,2 %, die Legalbewährungsquote 18,8 %.[4] Zwar lassen sich diese Zahlen nicht zwingend als Erfolg der ambulanten Behandlungskonzeption der Strafaussetzung interpretieren. Hiergegen spricht, dass die Aussetzung schon kraft Gesetzes nur bei denjenigen Verurteilten erfolgen darf, die von vornherein nur ein geringes Rückfallrisiko aufweisen; die geringere Rückfallquote nach Aussetzungsentscheidungen spiegelt also möglicherweise nur das gesetzliche Programm wider (s.u. Rn 7). Die Zahlen machen aber immerhin deutlich, dass die Gerichte das Rückfallrisiko der Verurteilten überwiegend zutreffend einschätzen und die Aussetzungsvorschriften insgesamt zielführend umsetzen; sie belegen, dass es auch bei der schwierigen Klientel, gegen die nach § 17 eine Jugendstrafe verhängt wird, nicht zwingend der Strafvollstreckung bedarf, um das Erziehungsziel des Jugendstrafrechts – die Legalbewährung – zu erreichen.

II. Die Voraussetzungen im Einzelnen

5 **1. Dauer der Jugendstrafe.** Nach § 21 Abs. 1 und 2 kann die Vollstreckung von Jugendstrafen, die zwei Jahre nicht übersteigen, zur Bewährung ausgesetzt werden. Maßgeblich ist die Dauer der vom Gericht im Urteil ausgesprochenen Strafe. Bewegt sich diese im Bereich bis zu zwei Jahre, kommt es für die Aussetzung allein

---

1 Westphal, S. 155 ff; Ostendorf, Grdl. z. §§ 21-26 a Rn 3; D/S/S-Sonnen, § 21 Rn 5.
2 Laubenthal/Baier, Rn 725; Schaffstein/Beulke, S. 172; Eisenberg, § 21 Rn 4; zur andersartigen Rechtslage im allgemeinen Strafrecht BGH v. 17.9.1980, 2 StR 355/80, BGHSt 29, 319, 321 f.
3 Statist. Bundesamt, Strafverfolgung 2008, Tab. 4.1; vgl auch BT-Drucks. 16/13142, 71; Daten aus früheren Jahren bei Ostendorf, Grdl. z. §§ 21-26 a Rn 5.
4 Jehle/Heinz/Sutterer, S. 62; Weigelt, S. 198 ff.

auf das Vorliegen der materiellen Voraussetzungen an, wobei nach Abs. 1 und 2 zwischen Strafen bis zu einem Jahr (einschließlich) und Strafen von mehr als einem Jahr bis zu zwei Jahren (einschließlich) zu unterscheiden ist. Bei Strafen, die zwei Jahre nicht übersteigen, spielt es keine Rolle, dass ein Teil der Strafe nach § 52 a durch die Anrechnung von Untersuchungshaft oder einer anderen Freiheitsentziehung abgegolten wird (Abs. 3 Satz 2). Erforderlich ist lediglich, dass sich die Strafvollstreckung infolge der Anrechnung nicht ganz erledigt hat und ein Strafrest verbleibt, über dessen Aussetzung nach § 21 entschieden werden kann.[5]

Übersteigt die vom Gericht verhängte Jugendstrafe die Zweijahresgrenze, ist die Aussetzung ausgeschlossen. Die Aussetzung eines Teils der Strafe ist unzulässig (Abs. 3 Satz 1). Wird der Jugendliche zu einer Jugendstrafe von zB 30 Monaten verurteilt, dürfen nicht 24 Monate ausgesetzt und 6 Monate zur Vollstreckung gebracht werden; eine derartige Aufsplitterung hat der Gesetzgeber nicht gewollt. In Betracht kommt in diesem Fall lediglich die Strafrestaussetzung nach § 88, die die Verbüßung von mindestens einem Drittel der Strafe voraussetzt (s.u. § 88 Rn 22). Das Verbot der nur teilweisen Aussetzung soll nach einer im Schrifttum verbreiteten Meinung auch dann gelten, wenn die Vollstreckung der die Zweijahresgrenze übersteigenden Jugendstrafe zum Teil durch Anrechnung nach § 52a erledigt wird und der zu verbüßende Rest zwei Jahre oder weniger beträgt.[6] Diese Auffassung lässt sich allerdings nur mit Schuldschwereerwägungen begründen und überzeugt im Jugendstrafrecht nicht. 6

2. Jugendstrafe von nicht mehr als einem Jahr (Abs. 1). Bewegt sich die vom Gericht verhängte Jugendstrafe im Bereich von sechs Monaten bis zu einem Jahr, kommt es für die Aussetzung allein auf das Vorliegen einer günstigen Prognose über das weitere Verhalten des Jugendlichen an. Auf die Schwere der Schuld darf ebenso wenig abgestellt werden wie auf generalpräventive Erwägungen zur Abschreckung Anderer oder (anders als im Erwachsenenstrafrecht, vgl § 56 Abs. 3 StGB) zur Notwendigkeit der Verteidigung der Rechtsordnung.[7] Die Prognoseentscheidung ist eine Einzelfallentscheidung, bei der sämtliche Umstände zu berücksichtigen sind, die einen Rückschluss auf das künftige Verhalten des Jugendlichen zulassen. Generalisierende Ausgrenzungen einzelner Delikte oder Deliktsgruppen aus dem Anwendungsbereich des § 21 (zB Gewalt- oder Sexualdelikte, Verstöße gegen das BtMG, AufenthG oder AsylVfG) sind ebenso unzulässig wie Ausgrenzungen einzelner Tätergruppen (zB Wiederholungstäter, Drogenabhängige, Nichtdeutsche).[8] In problematischen Konstellationen ist stets danach zu fragen, ob die Voraussetzungen für eine günstige Prognose nicht durch die entsprechende Gestaltung der Weisungen geschaffen werden können. Dies gilt auch in den Fällen, in denen die Verhängung der Jugendstrafe mit dem Vorliegen schädlicher Neigungen begründet wird. Schädliche Neigungen und die Erwartung künftiger Straffreiheit bei Aussetzung zur Bewährung schließen sich nicht aus, da die für die Verhängung der Jugendstrafe notwendige „Gesamterziehung" (s.o. § 17 Rn 20) auch durch geeignete ambulante Maßnahmen erfolgen kann.[9] 7

---

5 Ostendorf, § 21 Rn 4; BGH v. 24.3.1982, 3 StR 29/82, BGHSt 31, 25 m. abl. Anm. Stree, NStZ 1982, 327: zu § 56 Abs. 4 StGB.
6 Westphal, S. 173; Brunner/Dölling, § 21 Rn 5; D/S/S-Sonnen, § 21 Rn 17; unter Bezugnahme auf BGH v. 12.3.1954, 1 StR 333/53, BGHSt 5, 377, 378 (zu § 23 StGB aF).
7 BGH v. 15.2.1994, 5 StR 747/93, bei Böhm, NStZ 1994, 530.
8 Eisenberg, § 21 Rn 18; D/S/S-Sonnen, § 21 Rn 13.
9 Meier/Rössner/Schöch-Rössner, § 12 Rn 5; Brunner/Dölling, § 17 Rn 22; Eisenberg, § 17 Rn 11.

8 Die Strafaussetzung setzt nach dem Gesetzestext die Erwartung voraus, dass der Jugendliche künftig einen „**rechtschaffenen Lebenswandel**" führen wird. Mit dem Begriff wird nach heute überwiegender Auffassung keine vom Erwachsenenstrafrecht (vgl § 56 Abs. 1 StGB) abweichende Zielsetzung verfolgt.[10] Es geht nicht darum, den Jugendlichen qua Sanktion zu Tugendhaftigkeit oder der Anerkennung bürgerlicher Wertvorstellungen zu erziehen. In der pluralen, freiheitlichen Gesellschaft lässt sich der Begriff nur als Verpflichtung auf die Anerkennung der Strafrechtsordnung als dem demokratisch legitimierten ethischen Minimum verstehen (vgl § 2 Abs. 1 S. 1). Vom Jugendlichen wird erwartet, dass er sich künftig straffrei führt. Auf das sonstige Sozialverhalten, also zB darauf, dass er regelmäßig zur Schule geht, nicht raucht und nicht im Übermaß Alkohol zu sich nimmt, kommt es nicht an. Nicht ausgeschlossen ist es damit jedoch, im allgemeinen Sozialverhalten nach Anhaltspunkten für die Prognose des künftigen Legalverhaltens zu suchen.

9 Voraussetzung für die Strafaussetzung ist, dass von dem Jugendlichen straffreies Verhalten zu erwarten ist. „**Erwarten**" bedeutet mehr als die bloße Hoffnung auf straffreies Verhalten, verlangt aber weniger als sichere Gewähr. Der Begriff kalkuliert die Möglichkeit des Fehlschlags mit ein. In der Sache geht es um die Abwägung der Wahrscheinlichkeit, dass der Jugendliche keine weiteren Straftaten begeht, gegen die Wahrscheinlichkeit, dass er rückfällig wird. Dabei dürfen die Erwartungen an den Jugendlichen nicht zu hoch gespannt werden. Angesichts des immer wieder bestätigten kriminologischen Befunds, dass die meisten Straftaten gerade von Jugendlichen und Heranwachsenden begangen werden,[11] würde die Strafaussetzung entwertet, wenn schon die bloße Möglichkeit weiterer Taten als Grund für die Versagung der Aussetzung genommen würde. Die Rechtsprechung lässt es genügen, dass die Wahrscheinlichkeit künftigen straffreien Verhaltens jedenfalls höher ist als die diejenige neuer Straftaten.[12] Das erscheint im Grundsatz sachgerecht, wenngleich damit nur ein allgemein gehaltener Maßstab angegeben wird; weder ist es beim gegenwärtigen Stand der empirischen Prognoseforschung möglich, das individuelle Rückfallrisiko exakt zu bestimmen, noch ist es in normativer Hinsicht möglich, nachprüfbare Kriterien dafür anzugeben, um wie viel „höher" die Wahrscheinlichkeit künftigen straffreien Verhaltens für die Aussetzung sein muss. Die Entscheidung, ob die im Einzelfall ermittelte Wahrscheinlichkeit für die Aussetzung genügt, geht letzten Endes immer mit einer Risikoabwägung einher, die sich am Sinn und Zweck des § 21 orientieren muss.[13] Das Risiko weiterer Taten ist im Bereich der kleineren Kriminalität eher hinzunehmen als im Bereich der mittleren oder der schweren Kriminalität.

10 Im Mittelpunkt der Prognoseentscheidung steht die empirisch begründete **Einschätzung des künftigen Legalverhaltens** des Jugendlichen. Auszuwerten ist der gesamte Sachverhalt zur Persönlichkeit des Jugendlichen und seinen Lebensverhältnissen (Nr. 1 Satz 1 RL JGG); ggf sind Nacherhebungen iSd § 43 durchzuführen. Berücksichtigt werden dürfen nicht nur die Umstände, die sich bei dem Jugendlichen als Risikofaktoren weiterer Straffälligkeit darstellen; auch etwaige

---

10 Laubenthal/Baier, Rn 730; Ostendorf, § 21 Rn 6; D/S/S-Sonnen, § 21 Rn 6; Eisenberg, § 5 Rn 5.
11 H.-J. Albrecht/Grundies, Justizielle Registrierungen in Abhängigkeit vom Alter, MschKrim 92 (2009), 327 f.
12 BGH v. 13.8.1997, 2 StR 363/97, NStZ 1997, 594; v. 6.9.1985, 3 StR 185/85, NStZ 1986, 27 (beide zu § 56 StGB); Laubenthal/Baier, Rn 733; Brunner/Dölling, § 21 Rn 6 b.
13 Vertiefend Meier, Sanktionen, S. 97 ff, 102 f.

Schutzfaktoren müssen Eingang in die Betrachtung finden, die die Rückfallwahrscheinlichkeit trotz einer schwierigen Ausgangslage reduzieren.[14] Die im Gesetz hervorgehobenen Prognosefaktoren (Abs. 1 Satz 2) tragen nur beispielhaften Charakter. Kein Faktor darf in seiner Bedeutung verallgemeinert werden; stets kommt es auf die Umstände des Einzelfalls und ihre Würdigung vor dem Hintergrund des kriminologischen Erfahrungswissens an.

Deutlich wird dies bei dem in der Justizpraxis wichtigen Faktor der **Vorauffälligkeit**: Zwar hat sich in einer Vielzahl von empirisch-kriminologischen Rückfallstudien gezeigt, dass die Vorauffälligkeit eines Jugendlichen für die Prognose des weiteren Verhaltens ein wesentlicher Indikator ist; er signalisiert bei dem Jugendlichen eine Gefährdungslage, die sich ceteris paribus auch künftig in Straffälligkeit niederschlagen kann. Die kriminologische Rückfallforschung zeigt indes auf der anderen Seite auch, dass die Wahrscheinlichkeit weiterer Straffälligkeit ab einem gewissen Punkt in der Entwicklung wieder abnimmt; kriminelle Karrieren werden nicht nur begonnen und fortgesetzt, sondern sie werden infolge von Veränderungen in der Entwicklung oder im Umfeld auch wieder beendet.[15] Jede Straftat kann in der persönlichen Entwicklung die letzte gewesen sein; statistisch gesehen nimmt die Wahrscheinlichkeit des Abbruchs einer kriminellen Karriere mit der Zahl der Verurteilungen sogar deutlich zu. Vor einer Überbetonung der strafrechtlichen Vorbelastung bei der Prognoseentscheidung ist deshalb zu warnen: Verwertbar ist dieser Umstand bei der Kriminalprognose nur dann, wenn zugleich danach gefragt wird, aus welchen Gründen die bisherigen Taten begangen wurden und ob und ggf wie sich die Begleitumstände seither verändert haben. In der Rechtsprechung ist anerkannt, dass frühere Verurteilungen und Bewährungsversagen eine neuerliche Strafaussetzung zur Bewährung nicht automatisch ausschließen.[16] 11

Nach dem Gesetz (Abs. 1 Satz 2) ist bei der Prognoseerstellung auch das **Verhalten nach der Tat** zu berücksichtigen. Ähnlich wie bei der Vorauffälligkeit handelt es sich auch hierbei um einen problematischen Prognosefaktor, da das Nachtatverhalten durch Einflüsse geprägt sein kann, die oft keine eindeutigen Schlussfolgerungen zum künftigen Legalverhalten des Jugendlichen erlauben. Das Bemühen um Wiedergutmachung kann allein durch prozesstaktische Erwägungen bestimmt sein; das Abstreiten der Tat und die vehemente Ablehnung von Wiedergutmachungsleistungen können Ausdruck von Angst und Hilflosigkeit des Jugendlichen oder die Folge einer entsprechenden anwaltlichen Beratung sein.[17] Solange das Gericht die Hintergründe nicht kennt, sollte bei der Prognose auf das Nachtatverhalten nicht zu viel Gewicht gelegt werden. 12

Eine maßgebliche Bedeutung kommt demgegenüber den **aktuellen Lebensverhältnissen** des Jugendlichen und ihrer absehbaren künftigen Entwicklung zu. Dabei geht es vor allem um die soziale Einbindung des Jugendlichen, die Tragfähigkeit seiner Beziehungen zu Familie und Bekannten, die Einbindung in die schulische oder berufliche Ausbildung, die Art der Freizeitgestaltung und die sozioökonomischen Rahmenbedingungen für die weitere Entwicklung. Auch hier gilt, 13

---

14 D/S/S-Sonnen, § 21 Rn 12.
15 Kerner, in: Kaiser-FS, S. 141 ff; Stelly u.a. MschKrim 81 (1998), 108 ff.; H.-J. Albrecht/Grundies, MschKrim 92 (2009), 327 f, 333 ff.
16 BGH v. 26.10.2006, 3 StR 326/06, StV 2008, 113, 114; v. 9.11.1995, 4 StR 507/95, StV 1996, 270, 271; OLG Frankfurt/M. v. 4.8.1976, 2 Ss 267/76, NJW 1977, 2175, 2176: zu § 56 StGB.
17 BGH v. 11.6.1993, 4 StR 244/93, StV 1993, 533; Eisenberg, § 21 Rn 25; Ostendorf, § 21 Rn 16.

dass problematische Lebensverhältnisse für sich genommen nur wenig aussagekräftig sind; in erster Linie kommt es darauf an, welche Bedeutung sie für die Entwicklung des Jugendlichen haben. Die Strafaussetzung ist keine Sanktionsart, die sozial benachteiligten Jugendlichen vorenthalten werden darf.

14 Daneben spielen die **Wirkungen, die von der Aussetzung zu erwarten sind**, eine große Rolle. Hier geht es in erster Linie um die Unterstellung unter die Aufsicht und Leitung eines Bewährungshelfers gem. § 24 und die problembezogene Ausgestaltung der Weisungen und Auflagen nach § 23. Das Gericht muss prüfen, welche Maßnahmen im Einzelfall geeignet und erforderlich sind, um die weitere Entwicklung des Jugendlichen positiv zu beeinflussen und das Risiko weiterer Straftaten in einem für die Aussetzung relevanten Maß zu reduzieren. Bei einem therapiebereiten, drogenabhängigen Angeklagten kann es die Fürsorgepflicht des Gerichts im Einzelfall sogar gebieten, dass sich das Gericht selbst um einen geeigneten Therapieplatz für den Angeklagten bemühen muss.[18]

15 Bedeutsam ist auch das in der Hauptverhandlung erklärte **Einverständnis des Jugendlichen** mit der Strafaussetzung zur Bewährung. Hierbei handelt es sich zwar nicht um eine vom Gesetz vorgeschriebene Voraussetzung. Für den Erfolg der Maßnahme ist es jedoch wesentlich, ob sich der Jugendliche auch selbst darum bemühen will, die Strafvollstreckung dadurch abzuwenden, dass er den ihm auferlegten Verpflichtungen nachkommt und sich straffrei führt (Nr. 2 RL JGG). Dabei muss auch hier wieder berücksichtigt werden, dass die Verweigerung einer derartigen Bereitschaftserklärung Ausdruck der besonderen psychischen oder sozialen Belastungen sein kann, denen der Jugendliche im Prozess ausgesetzt ist.[19]

16 Für die **Vorgehensweise bei der Prognoseerstellung** sind in der Kriminologie zahlreiche Verfahren entwickelt worden. Von den sog. wissenschaftlichen Prognosemethoden scheiden im vorliegenden Zusammenhang sowohl die veraltete statistische Prognose als auch die klinische Methode aus: erstere deshalb, weil sie die Dynamik des Entwicklungsgeschehens bei Jugendlichen zu wenig berücksichtigt und die protektiven Faktoren weitgehend vernachlässigt, letztere deshalb, weil der mit ihr verbundene Aufwand an Zeit und Kosten bei Aussetzungsentscheidungen nach § 21 in keinem Verhältnis zur Bedeutung der Sache steht. Das Gericht ist dementsprechend weitgehend auf seine Erfahrung im Umgang mit straffälligen Jugendlichen und der Einschätzung von Gefährdungslagen angewiesen. Eine Hilfestellung bietet die „Methode der idealtypisch-vergleichenden Einzelfallanalyse", die die Aufmerksamkeit auf die maßgeblichen Einflussfaktoren im Längsschnitt der biographischen Entwicklung, im Querschnitt des gegenwärtigen Entwicklungsstands sowie in den verhaltensbestimmenden Interessenlagen und Wertvorstellungen des Jugendlichen lenkt (s. § 5 Rn 28 ff).[20]

---

18 BGH v. 18.6.1991, 5 StR 217/91, NJW 1991, 3289, 3290: zu § 56c Abs. 3 StGB; ähnlich BGH v. 8.10.1991, 4 StR 440/91, StV 1992, 63.
19 Eisenberg, § 21 Rn 26.
20 Grundlegend Göppinger, S. 33 ff; aus neuerer Zeit Wulf, Einzelfall-Kriminologie in der Jugendstrafrechtspflege, ZJJ 2006, 147 ff (mit Checkliste); Bock, MIVEA als Hilfe für die Interventionsplanung im Jugendstrafverfahren, ZJJ 2006, 282 ff.; Oetting, Das wahre Leben pocht zwischen den Idealtypen, NK 2008 (4), 124 ff; aus anwaltlicher Sicht: Schallert, Erkennen krimineller Gefährdung und wirksames Eingreifen, DVJJ-Journal 1998, 17 ff; kritisch Graebsch/Burkhardt, MIVEA – Young Care?, ZJJ 2006, 140 ff.; weiterführend Meier, § 7 Rn 36 ff; Kindler, Wieder und wieder oder doch nicht mehr?, ZJJ 2010, 289 ff.

Maßgeblicher Zeitpunkt für die Prognose ist die Zeit der tatrichterlichen Entscheidung, nicht diejenige der Tat.[21] Die Persönlichkeitsentwicklung, die der Jugendliche seit der Tat durchlaufen hat, und die Veränderungen, die sich in seinem sozialen Umfeld ergeben haben, sind ebenso zu berücksichtigen wie Entwicklungen, die durch Leistungen der Jugendhilfe oder ggf den Vollzug von U-Haft angestoßen worden sind. Kommt es zu einer Stabilisierung der Verhältnisse, kann aus einer zur Zeit der Tat ungünstigen Prognose eine günstige werden, die die Strafaussetzung rechtfertigt. Für die Verteidigung ergeben sich hieraus vielfältige Ansatzpunkte, um schon im Vorfeld der Hauptverhandlung gemeinsam mit dem Jugendlichen, seinen Erziehungsberechtigten und dem Jugendamt (vgl § 52 Abs. 2 SGB VIII) auf die Schaffung der Voraussetzungen für eine günstige Prognose hinzuwirken.[22]

Lässt sich die künftige Entwicklung des Jugendlichen auch nach Auswertung des gesamten prognoserelevanten Sachverhalts nicht sicher beurteilen, ist für eine Indubio-pro-reo-Entscheidung kein Raum. Da die Prognose letztlich auf einer Risikoabwägung beruht (s.o. Rn 9), ist der **Zweifelssatz** hier **nicht anwendbar**.[23] Wenn es für die im Gesetz genannte „Erwartung" darauf ankommt, dass die Wahrscheinlichkeit künftigen straffreien Verhaltens höher ist als die diejenige neuer Straftaten (s.o. Rn 9), muss die Aussetzung in einer „Pattsituation" gleicher Wahrscheinlichkeiten versagt werden.[24] Damit ist nicht gesagt, dass der Jugendliche im stationären Freiheitsentzug besser zu einem Leben ohne Straftaten befähigt werden könnte als unter der erzieherischen Einwirkung während der Bewährungszeit; die im Gesetz suggerierte spezialpräventive Effektivität des Vollzugs ist in den meisten Fällen Fiktion, nicht Wirklichkeit. Indes wird der Jugendliche während des Strafvollzugs physisch daran gehindert, weitere Straftaten zu begehen. Der Gesetzgeber geht mit der „Erwartens"-Klausel zwar das Risiko weiterer Straffälligkeit des Jugendlichen ein, entscheidet sich bei einer „Pattsituation" aber für den Vorrang des Sicherheitsinteresses der Allgemeinheit.

Wenn zu erwarten ist, dass der Jugendliche künftig auch ohne die Einwirkung des Strafvollzugs keine Straftaten mehr begehen wird, ist die Aussetzung obligatorisch. Das Gericht hat kein Ermessen.

3. Jugendstrafe von mehr als einem bis zu zwei Jahre (Abs. 2). Bei Jugendstrafen von mehr als einem Jahr kommt es für die Aussetzung zusätzlich zum Vorliegen einer günstigen Prognose (s.o. Rn 7 ff) darauf an, dass die Vollstreckung nicht „im Hinblick auf die Entwicklung des Jugendlichen geboten" ist. Das Gesetz weicht mit dieser Formulierung von der Regelung im allgemeinen Strafrecht ab, wo für die Aussetzung von Freiheitsstrafen von mehr als einem Jahr „besondere Umstände" vorliegen müssen (§ 56 Abs. 2 StGB). Im Jugendstrafrecht brauchen keine „besonderen" Umstände vorzuliegen; die Aussetzung soll bei einer günstigen Prognose auch im Bereich bis zu zwei Jahren die Regel sein.

Unklar ist, in welchen Fallkonstellationen die Vollstreckung **„im Hinblick auf die Entwicklung des Jugendlichen geboten"** sein kann, wenn zugleich die begründete Erwartung besteht, dass der Jugendliche auch ohne die Einwirkung des Strafvollzugs keine Straftaten mehr begehen wird. Das Erfordernis einer günstigen Prognose nach Abs. 1 und die Gebotenheit der Vollstreckung nach Abs. 2 stehen in einem offenkundigen Widerspruch zueinander, der im Gesetzgebungsverfahren

---

21 BGH v. 8.10.1990, 4 StR 426/90, StV 1991, 424.
22 Zieger, Rn 76.
23 Ostendorf, § 21 Rn 28; vertiefend Meier, Sanktionen, S. 103 f.
24 AA Westphal, S. 196 ff; D/S/S-Sonnen, § 21 Rn 11: im Zweifel aussetzen.

(die Neufassung des Abs. 2 geht auf das 1. JGGÄndG von 1990 zurück) nicht aufgelöst wurde.[25] Höchstrichterliche Entscheidungen, in denen die Strafaussetzung beanstandet wurde, weil die Vollstreckung trotz positiver Prognose geboten sei, liegen nicht vor. Sogar bei einer Verurteilung wegen Mordes hat der BGH die Aussetzung unbeanstandet gelassen.[26] Einzelnen Stimmen in der Lit. zufolge soll die Vollstreckung dann geboten sein, wenn die Aussetzung vom Jugendlichen als „unverständliche Milde" empfunden würde.[27] Derartige Fälle mag es geben, etwa bei Jugendlichen mit Migrationshintergrund. Indes wird in diesen Fällen schon die günstige Prognose zu verneinen sein, da ohne die Einwirkung des Strafvollzugs weitere Straftaten zu erwarten sind. Zustimmung verdient deshalb die überwiegende Meinung in der Lit., wonach die Klausel in Abs. 2 keine eigenständige Bedeutung hat.[28] Sofern eine günstige Prognose iSd Abs. 1 zu bejahen ist, muss daher auch die Vollstreckung der Jugendstrafe, die ein Jahr übersteigt, zur Bewährung ausgesetzt werden. Die Schwere der Schuld oder generalpräventive Erwägungen dürfen nicht berücksichtigt werden.

III. Verfahrensrechtliche Hinweise

22 Die Aussetzung der Vollstreckung kann entweder im Urteil oder, anders als im allgemeinen Strafrecht, nachträglich durch Beschluss ausgesprochen werden (§ 57 Abs. 1 und 2); die Wahl steht nach hM im Ermessen des Gerichts (s.u. § 57 Rn 4). Wird die Strafe schon im Urteil ausgesetzt, ist das in der Urteilsformel zum Ausdruck zu bringen (§ 57 Abs. 4 iVm § 260 Abs. 4 Satz 4 StPO).

▶ Tenor:

„Die Vollstreckung der Jugendstrafe wird zur Bewährung ausgesetzt." ◀

Soll die Entscheidung erst zu einem späteren Zeitpunkt getroffen werden, muss dies entsprechend § 57 Abs. 4 iVm § 267 Abs. 3 Satz 4 StPO in den Urteilsgründen mitgeteilt werden, sofern die Aussetzung in der Hauptverhandlung beantragt worden ist.[29] Die im Zusammenhang mit der Aussetzung notwendigen Nebenentscheidungen nach §§ 22 bis 25 ergehen, auch wenn sie zugleich mit dem Urteil verkündet werden, in einem Beschluss (§ 58 Abs. 1). Wenn die Vollstreckung der Strafe ausgesetzt wird, ist dem Jugendlichen die Erwartung, dass er sich künftig straffrei führt, in der mündlichen Urteilsbegründung eindringlich bewusst zu machen (Nr. 3 RLJGG).

23 Die Entscheidung über die Aussetzung ist mit der sofortigen Beschwerde anfechtbar, sofern sie allein angefochten wird. Dies gilt auch dann, wenn die Entscheidung im Urteil ergangen ist (§ 59 Abs. 1). Gegen die Nebenentscheidungen ist die einfache Beschwerde zulässig (§ 59 Abs. 2).

24 Die zur Bewährung ausgesetzte Jugendstrafe wird nicht in das Führungszeugnis eingetragen, wenn die Aussetzung nicht widerrufen wird (§ 32 Abs. 2 Nr. 3 BZRG).

---

25 Vgl BT-Drucks. 11/5829, 20.
26 BGH v. 16.11.1993, 4 StR 591/93, StV 1994, 598, 599.
27 Böttcher/Weber, Erstes Gesetz zur Änderung des Jugendgerichtsgesetzes, NStZ 1991, 8; Brunner/Dölling, § 21 Rn 11 a.
28 Meier/Rössner/Schöch-Rössner, § 12 Rn 3; Laubenthal/Baier, Rn 735; Schaffstein/Beulke, S. 174; Böhm/Feuerhelm, S. 239; D/S/S-Sonnen, § 21 Rn 19.
29 BGH v. 13.1.1960, 2 StR 557/59, BGHSt 14, 74.

§ 22 Bewährungszeit

(1) ¹Der Richter bestimmt die Dauer der Bewährungszeit. ²Sie darf drei Jahre nicht überschreiten und zwei Jahre nicht unterschreiten.

(2) ¹Die Bewährungszeit beginnt mit der Rechtskraft der Entscheidung über die Aussetzung der Jugendstrafe. ²Sie kann nachträglich bis auf ein Jahr verkürzt oder vor ihrem Ablauf bis auf vier Jahre verlängert werden. ³In den Fällen des § 21 Abs. 2 darf die Bewährungszeit jedoch nur bis auf zwei Jahre verkürzt werden.

Die erste und wichtigste Nebenentscheidung im Bewährungsbeschluss betrifft die Dauer der Bewährungszeit. Dabei geht es um den Zeitraum, innerhalb dessen der Verurteilte daraufhin beobachtet wird, ob er den ihm auferlegten Verpflichtungen nachkommt und sich nunmehr straffrei führt. Die **zeitlichen Grenzen** für die Bemessung sind enger gefasst als im Erwachsenenstrafrecht: Während dort im Rahmen von zwei bis fünf Jahren zur Verfügung steht (§ 56 a StGB), liegt er im Jugendstrafrecht zwischen zwei und drei Jahren (Abs. 1 Satz 2) und kann nachträglich bis auf ein Jahr verkürzt oder bis auf vier Jahre verlängert werden (Abs. 2 Satz 2). Der Gesetzgeber trägt damit dem Umstand Rechnung, dass Zeit im Leben von Jugendlichen einen anderen Stellenwert hat als im Leben von Erwachsenen; die wesentlichen für die weitere Entwicklung prägenden Veränderungen (Ablösung vom Elternhaus, Bindung an Gleichaltrige, Beendigung der schulischen Ausbildung, Eintritt in das Erwerbsleben) finden meist innerhalb kurzer Phasen statt, so dass es unverhältnismäßig wäre, straffällig gewordene Jugendliche über ebenso lange Zeiträume hinweg der staatlichen Aufsicht zu unterwerfen wie Erwachsene. 1

Innerhalb des vorgegebenen Rahmens muss sich die **Bemessung** der Bewährungsdauer am Ziel der ambulanten Einwirkung auf den Jugendlichen zur Förderung eines Lebens ohne Straftaten sowie am Verhältnismäßigkeitsprinzip orientieren.[1] In der Regel genügt eine zweijährige Bewährungszeit, da die Jugendliche auch dann, wenn er die Jugendstrafe voll verbüßen würde, spätestens nach diesem Zeitraum der staatlichen Kontrolle entzogen wäre (vgl § 7 iVm § 68 f StGB). Ein längerer Zeitraum darf nur dann festgelegt werden, wenn dies aus besonderen Gründen, die in der Entwicklung des Jugendlichen und den zu ihrer Förderung ergriffenen Maßnahmen wurzeln müssen, geboten erscheint. Die Vorstellung, grundsätzlich eine dreijährige Bewährungszeit auszusprechen und diese bei Wohlverhalten des Jugendlichen abzukürzen, verkennt den Eingriffscharakter, der mit der in der Bewährungszeit stattfindenden Überwachung verbunden ist, und ist mit dem Verhältnismäßigkeitsgrundsatz nicht vereinbar. 2

Die Bewährungszeit beginnt mit der Rechtskraft der Entscheidung über die Aussetzung nach § 57. Werden die Nebenentscheidungen erst zu einem späteren Zeitpunkt getroffen, wirkt die Entscheidung über die Bewährungszeit kraft Gesetzes (Abs. 2 Satz 1) auf den Zeitpunkt der Aussetzungsentscheidung zurück. Die Dauer der Bewährungszeit kann entweder als Strafquantum (zB zwei Jahre; zum Fristende vgl § 188 BGB) oder durch die Benennung eines Endtermins (zB 31.12. oder Geburtstag des Verurteilten) angegeben werden.[2] Freiheitsentzug, den der Jugendliche während der Bewährungszeit erleidet, verlängert die Bewährungszeit 3

---

1 Ostendorf, Die Bewährungszeit im Jugendstrafrecht und ihre Abänderung, StV 1987, 320; ders., § 22 Rn 5; D/S/S-Sonnen, § 22 Rn 2.
2 Brunner/Dölling, § 22 Rn 2; kritisch zur Angabe eines Endtermins: Ostendorf, § 22 Rn 3.

nicht (anders als die Dauer zB der Führungsaufsicht, vgl § 7 iVm § 68 c Abs. 3 Satz 2 StGB).[3]

4 Die nachträgliche Verkürzung oder Verlängerung der Bewährungszeit steht im pflichtgemäßen Ermessen des Gerichts. Die **nachträgliche Verkürzung** kommt in Betracht, wenn sich der Jugendliche in eine positive Richtung entwickelt und diese Entwicklung die weitere Überwachung nicht geboten erscheinen lässt; es geht nicht um die „Belohnung" für rechtstreues Verhalten.[4] Bei Jugendstrafen von mehr als einem bis zu zwei Jahr/en darf die Bewährungszeit nur bis auf zwei Jahre verkürzt werden (Abs. 2 Satz 3). Die **nachträgliche Verlängerung** setzt besondere, nachträglich bekannt gewordene Umstände voraus, die die Verlängerung zur erzieherischen Einwirkung notwendig erscheinen lassen. Hierzu gehören insbesondere die in § 26 Abs. 1 Satz 1 genannten Entwicklungen, die den Widerruf der Strafaussetzung rechtfertigen können; gegenüber dem Widerruf ist die Verlängerung der Bewährungszeit die mildere, vorrangig zu prüfende Reaktion (§ 26 Abs. 2 Nr. 2; s.u. § 26 Rn 11 ff). Nach dem Gesetzestext (Abs. 2 Satz 2) muss die nachträgliche Verlängerung vor dem Ablauf der Bewährungszeit erfolgen. Da die zur Verlängerung führenden Umstände (zB eine erneute Straftat) jedoch auch erst am letzten Tag der Bewährungszeit auftreten können, kann der förmliche Verlängerungsbeschluss auch noch nach dem Ablauf der Bewährungszeit ergehen.[5] Die nachträgliche Verlängerung schließt sich an die ursprüngliche Bewährungszeit unmittelbar an.

5 Während der Bewährungszeit ruht die Frist für die Vollstreckungsverjährung (§ 2 Abs. 2 iVm § 79 a Nr. 2 b StGB). Die Entscheidung zur Dauer der Bewährungszeit ist mit der einfachen Beschwerde anfechtbar (§ 59 Abs. 2).

§ 23 Weisungen und Auflagen

(1) ¹Der Richter soll für die Dauer der Bewährungszeit die Lebensführung des Jugendlichen durch Weisungen erzieherisch beeinflussen. ²Er kann dem Jugendlichen auch Auflagen erteilen. ³Diese Anordnungen kann er auch nachträglich treffen, ändern oder aufheben. ⁴Die §§ 10, 11 Abs. 3 und § 15 Abs. 1, 2, 3 Satz 2 gelten entsprechend.

(2) Macht der Jugendliche Zusagen für seine künftige Lebensführung oder erbietet er sich zu angemessenen Leistungen, die der Genugtuung für das begangene Unrecht dienen, so sieht der Richter in der Regel von entsprechenden Weisungen oder Auflagen vorläufig ab, wenn die Erfüllung der Zusagen oder des Anerbietens zu erwarten ist.

Richtlinien zu § 23

1. Wegen des Inhalts von Weisungen und Auflagen im Rahmen der Bewährung wird auf die Richtlinie Nr. 1 zu § 10 und die Richtlinien Nrn. 1 bis 3 zu § 15, wegen der Kosten ihrer Durchführung auf die Richtlinie Nr. 6 zu § 10 hingewiesen.

2. Für die nachträgliche Änderung von Weisungen oder Auflagen gilt die Richtlinie Nr. 1 zu § 11 entsprechend.

---

3 OLG Braunschweig v. 8.2.1964, Ws 173/63, NJW 1964, 1581, 1584 m. Anm. Dreher (zu § 24 StGB aF); Ostendorf, § 22 Rn 6.
4 So aber Ostendorf, StV 1987, 320, 321.
5 OLG Koblenz v. 4.12.1980, 1 Ws 702/80, NStZ 1981, 260: zu § 56 f StGB; Ostendorf, StV 1987, 320, 321; Brunner/Dölling, § 22 Rn 4; Eisenberg, §§ 26, 26 a Rn 11.

3. Die Weisungen oder Auflagen werden in einem Bewährungsplan zusammengestellt, der dem Jugendlichen auszuhändigen ist (§ 60).
4. Für die Befragung, ob der Jugendliche Zusagen machen oder sich zu Leistungen erbieten will, gilt § 57 Abs. 3 Satz 1.

Schrifttum:
Trapp, Rechtswirklichkeit von Auflagen und Weisungen bei der Strafaussetzung zur Bewährung, 2003.

I. Grundlagen 1	4. Überwachung; Konsequenzen bei Nichtbefolgung 7
II. Die Voraussetzungen im Einzelnen 2	5. Zusagen und Anerbieten (Abs. 2) 8
1. Weisungen (Abs. 1 Satz 1) 2	
2. Auflagen (Abs. 1 Satz 2) . . 5	
3. Laufzeit, nachträgliche Änderungen 6	III. Verfahrensrechtliche Hinweise 10

I. Grundlagen

Nach der Bestimmung der Dauer der Bewährungszeit betrifft die zweite Nebenentscheidung im Bewährungsbeschluss die Erteilung von Weisungen und Auflagen. Hierbei geht es um die Festlegung der Verpflichtungen, denen der Verurteilte in der Bewährungszeit nachkommen muss, um den Widerruf der Aussetzung zu vermeiden. Die Weisungen und Auflagen haben im Jugendstrafrecht dieselben Funktionen wie im Erwachsenenrecht (§§ 56 b und c StGB): Mit den Weisungen wird in die Lebensführung des Jugendlichen eingegriffen, um ihn bei der Bewältigung von Problemlagen zu unterstützen; mit den Auflagen wird ein Ausgleich dafür geschaffen, dass dem Jugendlichen das Übel der vollstreckten Jugendstrafe erspart bleibt. Da die Entwicklung von Jugendlichen oft einem schnellen Wandel unterliegt, der im Interesse des Erziehungsziels des Jugendstrafrechts – der Befähigung zu einem Leben ohne Straftaten (§ 2 Abs. 1) – eine flexible Anpassung verlangt, können die Weisungen und Auflagen auch zu einem späteren Zeitpunkt noch getroffen, abgeändert oder wieder aufgehoben werden. Vorrang räumt der Gesetzgeber freiwilligen Zusagen des Jugendlichen für die künftige Lebensführung und dem freiwilligen Angebot von Leistungen für den angemessenen Ausgleich ein. Er eröffnet dem Jugendlichen damit die Chance, auf Art und Umfang der Sanktionsfolgen Einfluss zu nehmen. Für den kriminalpräventiven Erfolg der Aussetzung der Bewährung kommt es maßgeblich darauf an, dass mit der Auswahl der Weisungen, Auflagen, Zusagen und Anerbieten an die in der Tat zum Ausdruck gelangenden besonderen Problemlagen des einzelnen Verurteilten angeknüpft wird.[1]

II. Die Voraussetzungen im Einzelnen

1. Weisungen (Abs. 1 Satz 1). Sofern der Jugendliche keine Zusagen für seine künftige Lebensführung macht, sind ihm in der Regel entsprechende Weisungen

---

[1] Meier, What works? – Die Ergebnisse der neueren Sanktionsforschung aus kriminologischer Sicht, JZ 2010, 116 f; vgl ferner Mayer/Schlatter/Zobrist, Das Konzept der risikoorientierten Bewährungshilfe, BewHi 2007, 33 ff; Mayer, Diagnostik und Interventionsplanung in der Bewährungshilfe, BewHi 2007, 147 ff; ders., Ein strukturiertes risikoorientiertes Interventions-Programm für die Bewährungshilfe, BewHi 2007, 367 ff; Klug, „Risikoorientierte Bewährungshilfe" – ein Modell?, BewHi 2008, 167 ff; ders., Was kommt „nach" den Standards? Methodische Herausforderungen für die Soziale Arbeit der Justiz, BewHi 2009, 297 ff.

zu erteilen. Zweck der Weisungen ist die erzieherische Beeinflussung des Jugendlichen. Ebenso wie die isoliert verhängbaren Weisungen nach § 10 haben die Bewährungsweisungen die Aufgabe, durch Eingriffe in die Lebensführung des Jugendlichen die Entwicklung zu einem straffreien Verhalten zu fördern und zu sichern. Beispiele sind Anordnungen, die sich auf den Aufenthaltsort oder die Wohnverhältnisse des Jugendlichen, die Annahme einer Ausbildungs- oder Arbeitsstelle, den Kontakt zu bestimmten Personen oder den Besuch von Gast- oder Vergnügungsstätten beziehen (§ 10 Abs. 1 Satz 3 Nr. 1, 2, 3, 8).[2] In geeigneten Fällen kann die Verpflichtung zur Teilnahme an einem sozialen Trainingskurs sinnvoll sein, wobei vor der Anordnung mit der Jugendgerichtshilfe geklärt werden sollte, welche Maßnahme konkret in Betracht kommt (Nr. 3 Satz 2 iVm Nr. 2 Satz 3 RL zu § 10 JGG). Aus der Funktion der Weisung und dem Verweis in § 23 Abs. 1 Satz 4 auf die offene Regelung in § 10 Abs. 1 Satz 3 („insbesondere") ergibt sich, dass das Gericht im Rahmen der Zumutbarkeit und der sonstigen verfassungsrechtlichen Grenzen auch solche Bewährungsweisungen erteilen darf, die im Katalog des § 10 nicht aufgelistet sind. Hierzu gehört etwa die an einen drogengefährdeten Jugendlichen gerichtete Weisung, keine Betäubungsmittel mehr zu konsumieren und zum Nachweis der Drogenfreiheit in bestimmten Zeitabständen einen Urintest durchführen zu lassen.[3] Die Weisung, sich einer heilerzieherischen Behandlung oder einer Entziehungskur zu unterziehen, darf nur mit Zustimmung des Erziehungsberechtigten ergehen. Sofern der Jugendliche 16 Jahre oder älter ist, soll zur Sicherung der notwendigen Mitwirkungsbereitschaft auch das Einverständnis des Jugendlichen eingeholt werden (§ 23 Abs. 1 Satz 4 iVm § 10 Abs. 2); der Jugendliche ist insoweit zu befragen (§ 57 Abs. 3 Satz 2).

3 Zweifelhaft kann sein, inwieweit das Gericht dem Jugendlichen die Weisung erteilen darf, Anordnungen des Bewährungshelfers allgemein oder für bestimmte Lebensbereiche nachzukommen. Insoweit ist davon auszugehen, dass die allgemein gehaltene Weisung, den Anordnungen des Bewährungshelfers Folge zu leisten, unzulässig ist, da sie nicht nur unbestimmt ist (was im Hinblick auf die Möglichkeit des Bewährungswiderrufs nach § 26 Abs. 1 Nr. 2 problematisch ist), sondern die Delegation der Weisungskompetenz auf den Bewährungshelfer auch mit der richterlichen Verantwortung für die Sanktion nicht vereinbar ist.[4] Nicht ausgeschlossen ist es auf der anderen Seite, mit der Weisung nur den Rahmen für die dem Jugendlichen auferlegte Verpflichtung anzugeben und die Konkretisierung dem Bewährungshelfer zu überlassen. Zulässig ist also zB die Weisung, zum Nachweis der Drogenfreiheit Urinproben nach näherer Bestimmung durch den Bewährungshelfer abzugeben.[5]

4 Die Erteilung von Weisungen steht nicht im Ermessen des Gerichts, sondern „soll" erfolgen (andersartige Regelung als im Erwachsenenrecht, vgl § 56c Abs. 1 StGB). Der Gesetzgeber geht davon aus, dass Jugendliche, die zu einer Jugendstrafe verurteilt werden, regelmäßig eine spezialpräventive Einwirkung benötigen. In Fällen, in denen die Jugendstrafe wegen schwerer Schuld verhängt wird, muss diese Annahme jedoch nicht zwingend zutreffen; insbesondere bei

---

2 Ausf. zur Rechtswirklichkeit Trapp, S. 194 ff.
3 BVerfG v. 21.4.1993, 2 BvR 930/92, NJW 1993, 3315 (zu § 56c StGB); LG Detmold v. 1.9.1998, 4 Qs 109/98, StV 1999, 662, 663.
4 Meier/Rössner/Schöch-Rössner, § 12 Rn 12; Laubenthal/Baier, Rn 744; Eisenberg, § 23 Rn 14; D/S/S-Sonnen, § 23 Rn 3; vgl auch BT-Drucks. 16/13142, 76.
5 OLG Zweibrücken v. 22.8.1989, 1 Ws 371/89, JR 1990, 121, 122 m. krit. Anm. Stree (zu § 56c StGB); Eisenberg, § 23 Rn 15; krit. Laubenthal/Baier, Rn 744; Streng, Rn 479; Ostendorf, § 23 Rn 3.

Not- oder Konflikttaten kann es sich bei den Verurteilten auch um Jugendliche handeln, die einer weiteren erzieherischen Einwirkung nicht bedürfen. Vor einer schematischen Erteilung von Weisungen ist deshalb zu warnen.[6] Die Weisungen dürfen nicht den Charakter einer ahndenden Rechtsfolge der Tat erhalten. – Zur Gewährleistung der Kontrolle über den Jugendlichen muss ihm in jedem Fall die Weisung erteilt werden, dem Gericht während der Bewährungszeit jeden Wechsel seines Aufenthalts sowie seines Ausbildungs- oder Arbeitsplatzes anzuzeigen (§ 60 Abs. 1 S. 3).

2. Auflagen (Abs. 1 Satz 2). Zusätzlich oder als Alternative zu Weisungen kann das Gericht dem Jugendlichen Auflagen erteilen. Anders als Weisungen haben Auflagen ahndende Funktionen; dies ergibt sich nicht nur aus der Parallele zu § 56 b StGB, sondern auch aus § 5 Abs. 2, § 13 sowie der ausdrücklichen Regelung in Abs. 2, wonach auch die vom Jugendlichen freiwillig angebotenen Leistungen „der Genugtuung für das begangene Unrecht dienen" müssen.[7] Die Ahndungsfunktion schließt es nicht aus, die Entscheidung über das Ob und Wie an erzieherischen Überlegungen zu orientieren und in den Auflagen nicht lediglich einen „Denkzettel" für die Tat, sondern ähnlich wie in den Weisungen einen konstruktiven Beitrag zur Förderung der Entwicklung des Jugendlichen zu sehen. Aus dem abschließenden Katalog zulässiger Auflagen in § 15 sollten deshalb in erster Linie diejenigen Maßnahmen Anwendung finden, die auf die Bewältigung des Konflikts mit dem Tatopfer abzielen, also die Verpflichtung zur Schadenswiedergutmachung, zur Entschuldigung und ggf zur Erbringung von Arbeitsleistungen für den Verletzten (§ 15 Abs. 1 Satz 1 Nr. 1, 2, 3; Nr. 1 RL zu § 15 JGG). Diese Maßnahmen führen dem Jugendlichen die Verantwortlichkeit für die Tat vor Augen und weisen ihm zugleich den Weg für die konstruktive Konfliktlösung. Diejenigen Maßnahmen hingegen, die die Tat auf den strafrechtlichen Normbruch verkürzen und die „Realdimension" des Tatgeschehens unberücksichtigt lassen, leisten zur erzieherischen Einwirkung nur einen indirekten Beitrag. Die Verpflichtung zur Erbringung gemeinnütziger Arbeitsleistungen oder zur Zahlung von Geldbeträgen an gemeinnützige Einrichtungen sollten dementsprechend nur nachrangig ausgesprochen werden, zB bei opferlosen Delikten.[8] Auch für die Auflagen gilt, dass sich eine schematische Anwendung verbietet. Unzumutbare Leistungen dürfen dem Jugendlichen nicht abverlangt werden (§ 23 Abs. 1 Satz 4 iVm § 15 Abs. 1 Satz 2).

3. Laufzeit, nachträgliche Änderungen. Sofern die vom Gericht ausgesprochene Verpflichtung in einem längerfristigen Eingriff in die Lebensführung des Jugendlichen besteht (wie zB bei Weisungen zum Aufenthaltsort oder zur Teilnahme an einem sozialen Trainingskurs), ist die Laufzeit auf den nach § 22 bestimmten Zeitraum beschränkt. Die in § 11 Abs. 1 genannten kürzeren Fristen sind nicht anwendbar. Während der Laufzeit empfiehlt es sich, die Notwendigkeit und Zweckmäßigkeit in angemessenen Zeitabständen zu überprüfen (vgl Nr. 1 RL zu § 11 JGG). Ebenso wie der Bewährungszeitraum nachträglich verkürzt oder verlängert werden kann (s.o. § 22 Rn 4), können auch die Weisungen und Auflagen nachträglich geändert, aufgehoben oder auch erstmals erlassen werden, um die Sanktion an die Entwicklung des Jugendlichen und seine sich ggf verändernden Lebensverhältnisse anzupassen (Abs. 1 Satz 3). Sofern in der nachträglichen Än-

---

6 Brunner/Dölling, § 23 Rn 2.
7 Laubenthal/Baier, Rn 747; Schaffstein/Beulke, S. 176; Brunner/Dölling, § 23 Rn 1; aA Eisenberg, § 23 Rn 5; D/S/S-Sonnen, § 23 Rn 2 (kein Funktionsunterschied zu Weisungen).
8 Vertiefend Meier, Sanktionen, S. 337 ff.

derung eine zusätzliche Beschwer liegt, setzt die Änderung voraus, dass sich die objektive Situation oder der diesbezügliche Informationsstand des Gerichts nachträglich geändert haben.[9] Zu den die Anpassung des Bewährungsbeschlusses tragenden neuen Tatsachen gehören insbesondere die in § 26 Abs. 1 Satz 1 genannten Entwicklungen, die den Widerruf der Strafaussetzung rechtfertigen. Gegenüber dem Widerruf ist die Anpassung der Weisungen und Auflagen eine vorrangig zu prüfende Reaktion (§ 26 Abs. 2 Nr. 1; s.u. Rn 7 sowie § 26 Rn 12).

7 **4. Überwachung; Konsequenzen bei Nichtbefolgung.** Die Überwachung der Weisungen und Auflagen obliegt dem Gericht (§ 453 b Abs. 1 StPO), wird in der Praxis aber allein von der Bewährungshilfe wahrgenommen (§ 24 Abs. 3 Satz 2). Erhebliche Zuwiderhandlungen muss die Bewährungshilfe dem Gericht mitteilen (§ 25 Satz 4). Kommt der Jugendliche seinen Verpflichtungen schuldhaft nicht nach, stehen dem Gericht drei Reaktionsmöglichkeiten zur Verfügung, unter denen mit Blick auf das Erziehungsziel sowie nach Verhältnismäßigkeitsgrundsätzen auszuwählen ist: Zunächst ist die Notwendigkeit und Zweckmäßigkeit der im Bewährungsbeschluss erteilten Weisungen und Auflagen zu überprüfen. Sofern die dem Jugendlichen erteilten Verpflichtungen deshalb nicht befolgt werden, weil sie keine für den Entwicklungsstand und die Lebenssituation des Jugendlichen adäquate Reaktion darstellen, müssen sie angepasst und können ggf verschärft werden (Erteilung weiterer Weisungen oder Auflagen, Verlängerung der Bewährungs- oder Unterstellungszeit, erneute Unterstellung unter die Bewährungshilfe; § 26 Abs. 2). Bei gravierenderen Verstößen kommt als zweite Reaktionsmöglichkeit die Verhängung und Vollstreckung von Ungehorsamsarrest für die Dauer von bis zu vier Wochen in Betracht. Obwohl der Gesetzgeber den Ungehorsamsarrest nicht im Kontext von § 26 aufgeführt hat, ergibt sich die Zulässigkeit aus Abs. 1 Satz 4 iVm § 11 Abs. 3 bzw § 15 Abs. 3 Satz 2.[10] Nach Beendigung der Vollstreckung des Ungehorsamsarrests können die im Bewährungsbeschluss erteilten Weisungen und Auflagen an die neue Situation angepasst werden. Dritte Reaktionsstufe ist der Widerruf der Aussetzung zur Bewährung, der zur Vollstreckung der verhängten Jugendstrafe führt (§ 26 Abs. 1). Ob der ggf zuvor vollstreckte Ungehorsamsarrest dabei auf die Jugendstrafe anzurechnen ist, ist umstritten, richtigerweise aber mit Blick auf die Gleichbehandlung aller Widerrufsgründe zu bejahen (s.u. § 26 Rn 13).

8 **5. Zusagen und Anerbieten (Abs. 2).** Vorrangig vor der Erteilung von Weisungen oder Auflagen ist zu prüfen, ob der Jugendliche freiwillig Zusagen für seine künftige Lebensführung macht oder Leistungen anbietet, die der Genugtuung für das begangene Unrecht dienen. Der Jugendliche ist insoweit zu befragen (§ 57 Abs. 3 Satz 1); dabei ist das Spannungsverhältnis mit der Verteidigungsposition im Blick zu behalten.[11] Zweck des Vorrangs der Selbstverpflichtung ist es, den Jugendlichen an der Entscheidung über die Nebenfolgen der Strafaussetzung zu beteiligen; der Jugendliche soll sich nicht nur als Objekt der Strafrechtspflege sehen, sondern an der Festlegung der aus der Tat zu ziehenden Konsequenzen

---

9 OLG Stuttgart v. 26.8.20003, 1 Ws 231/03, NStZ-RR 2004, 89 (zu § 56 e StGB); Ostendorf, § 23 Rn 11; Brunner/Dölling, § 23 Rn 5; aA Eisenberg, § 23 Rn 9 (spätere Beschwer durch Auflagen grundsätzlich unzulässig).
10 Laubenthal/Baier, Rn 777; Streng, Rn 496; Schaffstein/Beulke, S. 177 f; Ostendorf, § 23 Rn 12; Brunner/Dölling, § 23 Rn 7; krit. Eisenberg, §§ 26, 26 a Rn 13; D/S/S-Sonnen, § 23 Rn 10 („veraltetes Repressionsinstrument").
11 Ostendorf, § 23 Rn 7; D/S/S-Sonnen, § 23 Rn 12; Zieger, Rn 78.

mitwirken können („kooperative Sanktionierung").[12] Der Jugendliche kann sich zu Änderungen in seiner Lebensführung und Leistungen verpflichten, die vom Gericht auch als Weisung oder Auflage angeordnet werden könnten. Er kann sich aber auch zu solchen Maßnahmen verpflichten, die vom Gericht nicht angeordnet werden dürften, weil sie mit Blick auf die Grundrechte oder die Zumutbarkeitsgrenze unzulässig wären;[13] zu denken ist an politisch oder religiös orientierte Selbstverpflichtungen (zB Austritt aus einer Jugendorganisation). Für die Gleichwertigkeit mit einseitig angeordneten Maßnahmen kommt es darauf an, ob die eingegangenen Selbstverpflichtungen geeignet und ausreichend sind, die vom Gericht für notwendig gehaltenen Sanktionsziele (Beeinflussung der Lebensführung, Unrechtsausgleich) zu verwirklichen.

Das Gericht sieht von der Erteilung von Weisungen oder Auflagen ab, wenn die Erfüllung der Selbstverpflichtungen „zu erwarten" ist. Für die „Erwartung" ist auch hier nicht die sichere Gewissheit erforderlich; es genügt, dass das Gericht die Erfüllung für überwiegend wahrscheinlich hält (vgl oben § 21 Rn 9). Für die Beurteilung ist der Einzelfall maßgeblich; dabei ist die Möglichkeit einer durch den Druck der Verfahrenslage bedingten Überschätzung der Leistungs- und Durchhaltefähigkeit einzukalkulieren.[14] Die Fürsorgepflicht des Gerichts kann es gebieten, den Jugendlichen von unrealistischen Zusagen oder Anerbieten abzuhalten. Die Überwachung der eingegangenen Selbstverpflichtungen ist die Aufgabe der Bewährungshilfe (§ 24 Abs. 3 Satz 2). Erhebliche Zuwiderhandlungen werden dem Gericht mitgeteilt (§ 25 Satz 4). Das Gericht kann reagieren, indem es die Zusagen und Anerbieten nachträglich als Weisungen oder Auflagen festsetzt. Für die Anordnung von Ungehorsamsarrest oder den Widerruf der Aussetzung gibt es keine Rechtsgrundlage. 9

III. Verfahrensrechtliche Hinweise

Die Entscheidung über die Weisungen und Auflagen ergehen durch Beschluss (§ 58 Abs. 1), der mit der unbefristeten Beschwerde angefochten werden kann (§ 59 Abs. 2). Die erteilten Weisungen und Auflagen werden in einem Bewährungsplan zusammengestellt (§ 60 Abs. 1). 10

§ 24 Bewährungshilfe

(1) ¹Der Richter unterstellt den Jugendlichen in der Bewährungszeit für höchstens zwei Jahre der Aufsicht und Leitung eines hauptamtlichen Bewährungshelfers. ²Er kann ihn auch einem ehrenamtlichen Bewährungshelfer unterstellen, wenn dies aus Gründen der Erziehung zweckmäßig erscheint. ³§ 22 Abs. 2 Satz 1 gilt entsprechend.

(2) ¹Der Richter kann eine nach Absatz 1 getroffene Entscheidung vor Ablauf der Unterstellungszeit ändern oder aufheben; er kann auch die Unterstellung des Jugendlichen in der Bewährungszeit erneut anordnen. ²Dabei kann das in Absatz 1 Satz 1 bestimmte Höchstmaß überschritten werden.

---

12 Ostendorf, in: Bundesministerium der Justiz (Hrsg.), Jugendstrafrechtsreform durch die Praxis, 1989, S. 328 ff.; vgl hierzu auch Weber/Matzke, „Jugendvertrag" als jugendkriminalrechtlicher Verfahrensabschluss, ZfJ 1996, 171 ff zu dem in Dänemark praktizierten Modell des „Jugendvertrags".
13 Vgl LK-Hrubach, § 56 b Rn 22; Meier, Sanktionen, S. 111.
14 Ostendorf, § 23 Rn 7; Brunner/Dölling, § 23 Rn 8, Zieger, Rn 78.

(3) ¹Der Bewährungshelfer steht dem Jugendlichen helfend und betreuend zur Seite. ²Er überwacht im Einvernehmen mit dem Richter die Erfüllung der Weisungen, Auflagen, Zusagen und Anerbieten. ³Der Bewährungshelfer soll die Erziehung des Jugendliche fördern und möglichst mit dem Erziehungsberechtigten und dem gesetzlichen Vertreter vertrauensvoll zusammenwirken. ⁴Er hat bei der Ausübung seines Amtes das Recht auf Zutritt zu dem Jugendlichen. ⁵Er kann von dem Erziehungsberechtigten, dem gesetzlichen Vertreter, der Schule, dem Ausbildenden Auskunft über die Lebensführung des Jugendlichen verlangen.

Richtlinien zu §§ 24 und 25

1. Da der Bewährungshelfer seine Überwachungsaufgaben im Einvernehmen mit dem Gericht erfüllt und das Gericht ihm auch für seine betreuende Tätigkeit Anweisungen erteilen kann, ist eine enge persönliche Zusammenarbeit zwischen Gericht und Bewährungshelfer unerläßlich. Es empfiehlt sich jedoch, die Selbständigkeit des Bewährungshelfers bei der Betreuung des Jugendlichen möglichst nicht einzuschränken.

2. Das Gericht unterstützt den Bewährungshelfer in dem Bemühen, ein persönliches, auf Vertrauen beruhendes Verhältnis zu dem Jugendlichen zu gewinnen.

3. Um die Entwicklung des Jugendlichen während der Bewährungszeit beobachten zu können, empfiehlt es sich, dem Bewährungshelfer zur Pflicht zu machen, in anfangs kürzeren, später längeren Zeitabständen über seine Tätigkeit und über die Führung des Jugendlichen zu berichten (§ 25 Satz 3). Ferner empfiehlt es sich, darauf hinzuwirken, daß der Bewährungshelfer nicht nur gröbliche und beharrliche Verstöße des Jugendlichen gegen Weisungen, Auflagen, Zusagen oder Anerbieten (§ 25 Satz 4), sondern auch alles Wesentliche mitteilt, was ihm über die Entwicklung des Jugendlichen, seine Lebensverhältnisse und sein Verhalten bekannt wird. Besondere Vorfälle teilt der Bewährungshelfer dem Gericht sofort mit. Für den Schlußbericht des Bewährungshelfers wird auf die Richtlinie Nr. 1 zu §§ 26, 26a hingewiesen.

4. Gegenüber anderen Personen und Stellen wird der Bewährungshelfer Verschwiegenheit wahren, um insbesondere auch das für die Erziehungsarbeit notwendige Vertrauensverhältnis zwischen ihm und dem Jugendlichen nicht zu beeinträchtigen. Dies gilt nicht im Verhältnis zu den dienstaufsichtsführenden Stellen.

5. Vor Bestellung eines ehrenamtlichen Bewährungshelfers soll seine Eignung für die Betreuung des Jugendlichen sorgfältig geprüft und seine Einwilligung eingeholt werden.

6. Soweit in den Ländern für die Tätigkeit der Bewährungshilfe, auch im Rahmen der Führungsaufsicht (§§ 68 a ff. StGB), spezielle Verwaltungsvorschriften ergangen sind, wird auf diese hingewiesen.

Schrifttum:

Block, Rechtliche Strukturen der Sozialen Dienste in der Justiz, 2. Aufl., 1997; *Peters, H., Cremer-Schäfer*, Die sanften Kontrolleure. Wie Sozialarbeiter mit Devianten umgehen, 1975; *Wölffel*, Diversion im Hamburger Jugendstrafverfahren: Jugendbewährungshilfe als neuer Diversionsagent, 1993.

I. Grundlagen	1	4. Zutritts- und Auskunftsrecht	9
II. Die Voraussetzungen im Einzelnen	3	5. Verschwiegenheitspflicht	10
1. Dauer der Unterstellung	3	6. Nachträgliche Änderungen (Abs. 2)	12
2. Auswahl des Bewährungshelfers	4	III. Verfahrensrechtliche Hinweise	13
3. Aufgaben des Bewährungshelfers	5		

I. Grundlagen

Die dritte Nebenentscheidung im Bewährungsbeschluss betrifft die Unterstellung des verurteilten Jugendlichen unter die Aufsicht und Leitung eines Bewährungshelfers. Anders als im allgemeinen Strafrecht (§ 56 d Abs. 1 StGB) ist die Unterstellung obligatorisch. Dabei hat die Bewährungshilfe auch im Jugendstrafrecht eine Doppelfunktion: Sie soll dem Verurteilten einerseits Hilfe und Unterstützung bei der Lebensführung und der Bewältigung der Folgen der Tat zukommen lassen; der Jugendliche soll sozialarbeiterisch betreut und in seiner Entwicklung gefördert werden. Auf der anderen Seite ist die Bewährungshilfe Hilfe für das Gericht; sie soll die Erfüllung der auferlegten oder freiwillig übernommenen Verpflichtungen überwachen und dem Gericht über die Lebensführung des Verurteilten berichten sowie grobe oder beharrliche Verstöße mitteilen. In der Institution der Bewährungshilfe setzt sich damit die kriminalpolitische „Doppelstrategie" fort, die dem gesamten Aussetzungsrecht zugrunde liegt (s.o. § 21 Rn 2). Die Aufgabenbeschreibung des § 24 ist im Zusammenhang mit § 25 zu lesen, der die Verpflichtungen der Bewährungshilfe gegenüber dem Gericht regelt. 1

Auch wenn der Beitrag der Bewährungshilfe zur Umsetzung des jugendstrafrechtlichen Erziehungsziels aus methodischen Gründen (Probleme der Kontrollgruppenbildung) nicht sicher nachzuweisen ist, lässt sich nicht übersehen, dass der Bewährungshilfe für die Unterstützung des verurteilten Jugendlichen und die Stabilisierung seiner Lebensverhältnisse oft eine erhebliche Bedeutung zukommt. Die Bewährungshilfe bietet die Gewähr, dass der Jugendliche nach der Verurteilung nicht auf sich selbst gestellt ist, sondern Ansprechpartner hat, die ihm bei der Bewältigung seiner Probleme und der Erfüllung seiner Verpflichtungen gegenüber dem Gericht mit sozialarbeiterischer Kompetenz zur Seite stehen. Manche der für das Durchstehen der Bewährungszeit erkennbaren Risiken können abgeschwächt, neue Perspektiven können eröffnet werden. Die Angebote der Bewährungshilfe können vielfältig sein. Die Einzelfallhilfe steht im Vordergrund; in Betracht kommen aber auch Gruppenangebote. In den Stadtstaaten und auch in einigen Flächenländern hat sich eine auf den Umgang mit straffällig gewordenen Jugendlichen und Heranwachsenden spezialisierte Jugendbewährungshilfe etabliert.[1] 2

II. Die Voraussetzungen im Einzelnen

1. Dauer der Unterstellung. Der Zeitraum, für den der Verurteilte der Bewährungshilfe unterstellt wird, kann, muss aber nicht mit der Bewährungszeit identisch sein. Beide Zeiträume haben denselben Anfangspunkt: Sie beginnen mit der Rechtskraft der Entscheidung über die Aussetzung der Jugendstrafe (Abs. 1 Satz 3, § 22 Abs. 2 Satz 1). Während die Bewährungszeit jedoch mindestens zwei und höchstens drei Jahre beträgt (§ 22 Abs. 1 Satz 2), liegt das Höchstmaß für die Unterstellung unter die Bewährungshilfe bei zwei Jahren (Abs. 1 Satz 1); ein Mindestmaß ist nicht festgelegt. Konsequenz ist, dass der Jugendliche jedenfalls in der Anfangsphase der Bewährung obligatorisch der Bewährungshilfe unterstellt wird; alles Weitere wird späteren Entscheidungen überlassen, mit denen die Dauer der Unterstellung an die Entwicklung des Jugendlichen und die ggf stattfindenden 3

---

[1] Vgl Cornel, Probanden der Bewährungshilfe für Jugendliche und Heranwachsende in Berlin, BewHi 2000, 302 ff (betr. Berlin); Matt, Berufshilfe und Jugendbewährungshilfe, BewHi 2003, 319 ff (betr. Bremen); Wölffel, Diversion im Hamburger Jugendstrafverfahren, 1993; vgl zur Praxis der Bewährungshilfe auch BT-Drucks. 16/13142, 72 ff; Reckling, Jugendstrafe mit Aussetzung zur Bewährung, ZJJ 2009, 371 f.

Veränderungen in seiner Lebenssituation angepasst wird (s.u. Rn 12). Der Gesetzgeber geht von der Überlegung aus, dass gerade junge Menschen, die zu einer ausgesetzten Strafe verurteilt werden, regelmäßig der Unterstützung und Kontrolle bedürfen, um ihr Leben „in Ordnung" zu bringen (vgl auch die Sonderregelung für unter 27-jährige Verurteilte in § 56 d Abs. 2 StGB).[2] Sofern diese gesetzgeberische Annahme im Einzelfall nicht zutrifft (was etwa bei Not- und Konflikttaten oder bei Fahrlässigkeitstaten denkbar ist), kann das Gericht hierauf mit der Abkürzung der Unterstellungsdauer reagieren.

4 **2. Auswahl des Bewährungshelfers.** Das Gericht muss den Bewährungshelfer im Bewährungsbeschluss namentlich benennen und darf die Auswahl nicht Dritten überlassen (s.u. § 25 Rn 2). Aus der abgestuften Regelung in Abs. 1 Satz 1 und 2 ergibt sich, dass der Jugendliche grundsätzlich einem hauptamtlichen Bewährungshelfer zu unterstellen ist (zur Organisation der hauptamtlichen Bewährungshilfe s.u. § 113 Rn); die Benennung eines ehrenamtlichen Bewährungshelfers kommt nur in Ausnahmefällen in Betracht. Dahinter steht die Vorstellung, dass der Umgang mit straffällig gewordenen Jugendlichen hohe Anforderungen an die Fachkompetenz und die Persönlichkeit des Bewährungshelfers stellt (Kontakt- und Konfliktfähigkeit), die bei ehrenamtlichen Bewährungshelfern in der Regel nicht vorausgesetzt werden können.[3] Dennoch kann es im Einzelfall sinnvoll sein, auch an die Benennung eines ehrenamtlichen Bewährungshelfers zu denken. „Aus Gründen der Erziehung zweckmäßig" kann dies dann sein, wenn der Ehrenamtliche über spezifische Kompetenzen verfügt, die in der hauptamtlichen Bewährungshilfe nicht abgedeckt sind (zB besondere Sprachkenntnisse oder sozio-kulturelle Kompetenzen). Auch Behördenferne und größere Flexibilität können Vorteile sein, die Ehrenamtlichen einen besseren Zugang zu Jugendlichen eröffnen als Hauptamtlichen.[4]

5 **3. Aufgaben des Bewährungshelfers.** Der Bewährungshelfer hat im Verhältnis zum Jugendlichen zwei Aufgaben: dem Jugendlichen helfend und betreuend zur Seite zu stehen (Abs. 3 Satz 1) und ihn bei der Erfüllung der Weisungen, Auflagen, Zusagen und Anerbieten zu überwachen (Abs. 3 Satz 2). Dazu wie der Bewährungshelfer diese beiden Aufgaben im Einzelfall erfüllen soll, macht das Gesetz keine Vorgaben. Festgeschrieben wird lediglich, dass sich auch der Bewährungshelfer am Ziel der Erziehung des Jugendlichen orientieren und mit den Erziehungsberechtigten bzw gesetzlichen Vertretern vertrauensvoll zusammenarbeiten soll (Abs. 1 Satz 3). Die Aufgabenerfüllung richtet sich demgemäß nach den Standards, die die Sozialarbeit für den Umgang mit sozialen Problemen entwickelt hat.[5] Dabei kommt es maßgeblich darauf an, im Umgang mit den Bewährungshilfeprobanden kein unspezifisches Programm allgemein für sinnvoll erachteter sozialarbeiterischer Unterstützungsmaßnahmen zur Anwendung zu bringen, sondern es geht darum, innerhalb des Gerüsts von Hilfe und Kontrolle individualisierende Handlungs- und Interventionsformen zu entwickeln, die an die in der

---

2 Böhm, Zur Änderung des Jugendgerichtsgesetzes, NJW 1991, 537; Schaffstein/Beulke, S. 176; Laubenthal/Baier, Rn 751; Brunner/Dölling, § 25 Rn 1; D/S/S-Sonnen, §§ 24, 25 Rn 9.
3 Brunner/Dölling, § 25 Rn 11 f.
4 Meier/Rössner/Schöch-Rössner, § 12 Rn 21; Ostendorf, §§ 24-25 Rn 3; D/S/S-Sonnen, §§ 24, 25 Rn 7 f.
5 Die meist landesspezifischen Standards sind idR über das Internet verfügbar, vgl etwa Nds. Justizministerium, Standards der Bewährungshilfe, 3. Aufl., 2003.

Tat zum Ausdruck gelangenden besonderen Problemlagen des jeweiligen Probanden anknüpfen.[6]

Die **Betreuung** des Jugendlichen wird vor allem vom Grundsatz der „Hilfe zur Selbsthilfe" geleitet, dh die Hilfs- und Betreuungsangebote zielen darauf ab, die Verurteilten je nach Voraussetzungen, individuellen Fähigkeiten und Lebenslage zu selbstständigem Handeln zu ermutigen und zu unterstützen. Dabei geht es in erster Linie um Beratungsangebote, die an die gegebenen psycho-sozialen Problemlagen anknüpfen; Beispiele sind die Beratung bei schulischen oder beruflichen Fragen oder die Beratung zum Umgang mit Schulden, Sucht oder Behördenkontakten. Soweit erforderlich wird die Bewährungshilfe auch vermittelnd tätig (zB in Form von Vermittlung an andere Fach- und Hilfsdienste wie Straffälligen-Hilfsvereine, Schuldnerberatung, Suchtberatung oder Vermittlung an andere Behörden oder Institutionen etc.) oder sie unternimmt eigene Aktivitäten, um den Verurteilten zu unterstützen (zB in Form von Geldverwaltung, Führen von Schriftverkehr, Abgabe von Stellungnahmen etc.). Darüber hinaus werden, je nach der Situation vor Ort, einzelfallübergreifende Angebote gemacht, etwa in Form von Projekt- oder Gruppenarbeit (zB Arbeits-, Wohn- oder Freizeitprojekte, problemorientierte Gruppenarbeit). Bei alledem ist die Bewährungshilfe damit konfrontiert, dem Verurteilten nur eingeschränkt Anweisungen erteilen zu können (s.o. § 23 Rn 3); sie muss sich darum bemühen, das Vertrauen des Verurteilten zu gewinnen und ihn zur Mitarbeit zu motivieren. 6

Auch die **Überwachung** der Erfüllung der Weisungen, Auflagen, Zusagen und Anerbieten, die der Bewährungshelfer im Einvernehmen mit dem Gericht durchführt, ist in die fachlichen Standards der Sozialarbeit eingebunden; der Jugendliche wird auch insoweit nicht allein gelassen, sondern sozialarbeiterisch betreut. Wesentliche Elemente der Betreuung sind insoweit die nochmalige Erklärung des Inhalts der Verpflichtungen und des Verfahrensablaufs, die Aufklärung über die Folgen von Verstößen, die Klärung des Anforderungsprofils der betreffenden Verpflichtungen und der persönlichen Voraussetzungen des Jugendlichen, die Vermittlung von entsprechenden Einsatzstellen, Therapieeinrichtungen und Kostenträgern, begleitende Gespräche, Krisenintervention bei auftretenden Konflikten sowie die kontinuierliche Sachstandsklärung, um der Berichtspflicht gegenüber dem Gericht (s.u. § 25 Rn 5) nachkommen zu können. Aus der Sicht der Bewährungshilfe ist die Überwachung der Erfüllung der Weisungen etc. letztlich nichts anderes als ein besonders gelagerter Anwendungsfall für die allgemeine Betreuungstätigkeit, die sie gegenüber dem Jugendlichen entfaltet. 7

Dabei darf nicht übersehen werden, dass der Bewährungshelfer dem Jugendlichen bei der Überwachung weniger als Sozialarbeiter denn als Teil des strafrechtlichen Kontrollsystems gegenübertritt; als Sozialarbeiter zählen die Bewährungshelfer zu den „sanften Kontrolleuren".[7] Auch wenn der Bewährungshelfer bei der Überwachung den fachlichen Standards der Sozialarbeit folgt, ist er bei seiner Tätigkeit nicht nur persönlicher Betreuer des Jugendlichen, sondern auch Repräsentant von 8

---

6 Meier, What works? - Die Ergebnisse der neueren Sanktionsforschung aus kriminologischer Sicht, JZ 2010, 116 f; zum Konzept der risikoorientierten Bewährungshilfe genauer Mayer/Schlatter/Zobrist, Das Konzept der Risikoorientierten Bewährungshilfe, BewHi 2007, 33 ff; Mayer, Diagnostik und Interventionsplanung in der Bewährungshilfe, BewHi 2007, 147 ff, 367 ff; Klug, Methodische Grundlagen der Bewährungshilfe, BewHi 2007, 235 ff; ders., „Risikoorientierte Bewährungshilfe" - ein Modell?, BewHi 2008, 167 ff; ders., Was kommt „nach" den Standards? Methodische Herausforderungen für die Soziale Arbeit der Justiz, BewHi 2009, 297 ff.
7 Peters/Cremer-Schäfer, Die sanften Kontrolleure, 1975.

Staat und Gesellschaft, der an der Sanktionierung des Jugendlichen mitwirkt.[8] In den Aufgaben, die das Gesetz der Bewährungshilfe zuweist, ist damit ein **Spannungsverhältnis** angelegt, das sich im Einzelfall gleichermaßen zum Nachteil der Betreuungs- wie zum Nachteil der Überwachungsaufgabe auswirken kann: Während die Betreuung des Jugendlichen voraussetzt, dass der Bewährungshelfer das Vertrauen des Jugendlichen gewinnt und ihn in seinen Schwierigkeiten beim Durchstehen der Bewährungszeit unvoreingenommen wahrnimmt, geht mit der Überwachung einher, dass der Bewährungshelfer gegenüber dem Gericht über die Lebensführung des Jugendlichen und die Erfüllung der Verpflichtung wahrheitsgemäß berichtet und damit seitens des Jugendlichen gewachsene Hoffnung auf einseitige Parteilichkeit wieder zerstört. Auflösen lässt sich dieses in der Tätigkeit der Bewährungshilfe angelegte Spannungsverhältnis zwischen Betreuung und Kontrolle nur dann, wenn der Bewährungshelfer dem Jugendlichen von Anfang an in größtmöglicher Offenheit gegenübertritt und auf die Berichtspflichten gegenüber dem Gericht hinweist.[9] Förmliche Belehrungspflichten über das Schweigerecht des Jugendlichen bestehen nicht.[10]

9 **4. Zutritts- und Auskunftsrecht.** Um dem Bewährungshelfer die Erfüllung seiner Aufgaben zu ermöglichen, stellt ihm das Gesetz ein Zutritts- und Auskunftsrecht zur Seite (Abs. 3 Satz 4 und 5). Das Zutrittsrecht gibt ihm die Möglichkeit, sich während der üblichen Zeiten den Zugang zum Jugendlichen zu verschaffen, unabhängig davon wo sich dieser aufhält; ggf kann er das Recht unter Inanspruchnahme der Polizei durchsetzen (Vollzugshilfe). Sofern in einer anderen Sache eine Hauptverhandlung stattfindet, hat der Bewährungshelfer ein Anwesenheitsrecht (§ 48 Abs. 2 Satz 1). Befindet sich der Jugendliche in U-Haft, steht ihm das Zutrittsrecht in demselben Umfang zu wie einem Verteidiger (§ 93 Abs. 3). Daneben hat der Bewährungshelfer ein Auskunftsrecht gegenüber Erziehungsberechtigten, gesetzlichen Vertretern, Schule und Ausbildenden über die Lebensführung des Jugendlichen. Eine zwangsweise Durchsetzung dieses Rechts ist nicht möglich.[11] Das Gesetz regelt lediglich die Zulässigkeit der Informationsgewinnung.

10 **5. Verschwiegenheitspflicht.** Über die im Rahmen seiner Tätigkeit gewonnenen Kenntnisse hat der Bewährungshelfer unbeschadet der Berichts- und Meldepflicht gegenüber dem auftraggebenden Gericht (§ 25 Satz 3 und 4; s.u. § 25 Rn 5) Stillschweigen zu wahren. Die Rechtsgrundlagen für die Verschwiegenheitspflicht finden sich in den Anstellungsverhältnissen, zB § 37 Abs. 1BeamtStG, § 3 Abs. 2 TV-L. Die Verschwiegenheitspflicht gilt auch gegenüber den Eltern des Jugendlichen, der Schule, dem Arbeitgeber und, sofern es für die Informationsweitergabe keine bereichsspezifischen Sonderregelungen gibt, anderen Behörden. Innerbehördlich, insbesondere gegenüber den dienstaufsichtsführenden Stellen, besteht keine Schweigepflicht (Nr. 4 RL JGG).[12] Je nach Anstellungsverhältnis ist die Verschwiegenheitspflicht nach § 203 Abs. 2 Nr. 1 oder 2 StGB strafbewehrt.

---

8 BVerfG v. 19.7.1972, 2 BvL 7/71, BVerfGE 37, 367, 382.
9 Laubenthal/Baier, Rn 759; Eisenberg, § 25 Rn 19.
10 Dafür aber Schipholt, Der Umgang mit einem zweischneidigen Schwert, NStZ 1993, 470 ff; Ostendorf, §§ 24-25 Rn 6.
11 Ostendorf, §§ 24-25 Rn 8; D/S/S-Sonnen, §§ 24, 25 Rn 20; Eisenberg, § 25 Rn 27; aA Brunner/Dölling, § 25 Rn 10: Beantragung einer richterlicher Vernehmung.
12 Schenkel, Keine berufsbezogene Schweigepflicht hauptamtlicher Bewährungshelfer nach § 203 I Nr 5 StGB, NStZ 1995, 67ff; Brause, Datenschutz in der Bewährungs- und Gerichtshilfe unter besonderer Berücksichtigung Thüringens, BewHi 1996, 228; Brunner/Dölling, § 25 Rn 9.

Soweit der Bewährungshelfer in einem anderen, insbesondere wegen neuer Straftaten eingeleiteten Verfahren als Zeuge vernommen werden soll, steht ihm kein Zeugnisverweigerungsrecht nach § 53 StPO zu. Auch ein unmittelbar aus der Verfassung (Art. 2 Abs. 1 iVm Art. 1 Abs. 1 GG) abgeleitetes Zeugnisverweigerungsrecht steht ihm nicht zu, da er Teil des strafrechtlichen Kontrollsystems ist und der Jugendliche die Geheimhaltung von ihm von vornherein nicht erwartet.[13] Hauptamtliche Bewährungshelfer sind jedoch Angehörige des öffentlichen Dienstes und benötigen daher für die Aussage nach § 54 StPO eine Aussagegenehmigung ihres Dienstvorgesetzten. In manchen Bundesländern ist die Genehmigung generell erteilt worden.[14] Sofern der Bewährungshelfer eine Aussagegenehmigung hat, soll er in der Hauptverhandlung zur Entwicklung des Jugendlichen in der Bewährungszeit gehört werden (§ 50 Abs. 4 Satz 1). 11

6. Nachträgliche Änderungen (Abs. 2). Entsprechend der Flexibilität, die der Gesetzgeber dem Gericht bei der Bestimmung der Dauer der Bewährungszeit (§ 22 Abs. 2 Satz 2) und der Anordnung von Weisungen und Auflagen gewährt (§ 23 Abs. 1 Satz 3), eröffnet er auch bei der Unterstellung unter die Bewährungshilfe die Möglichkeit, die im Bewährungsbeschluss getroffenen Anordnungen nachträglich zu ändern. Die Unterstellungszeit kann abgekürzt oder bis zum gesetzlichen Höchstmaß von zwei Jahren (Abs. 1 Satz 1) verlängert werden, und die Unterstellung kann vorzeitig auch ganz aufgehoben werden. Darüber hinaus ist es möglich, eine einmal aufgehobene Unterstellung innerhalb der Bewährungszeit erneut anzuordnen. Dabei darf die Gesamtdauer der Unterstellung zwar das Höchstmaß für die Unterstellung (zwei Jahre), aber nicht das Höchstmaß für die Bewährung (vier Jahre; § 22 Abs. 2 Satz 2) überschreiten. Nachträgliche Änderungen, die den Jugendlichen belasten, setzen das Auftreten oder Bekanntwerden neuer Tatsachen voraus. Hauptanwendungsfall sind die in § 26 Abs. 1 Satz 1 genannten Entwicklungen, die den Widerruf der Strafaussetzung rechtfertigen. Gegenüber dem Widerruf sind die Verlängerung der Bewährungszeit und die Wiederanordnung der Unterstellung vorrangig zu prüfende Reaktionen (§ 26 Abs. 2 Nr. 2 und 3; s.u. § 26 Rn 11 ff). 12

III. Verfahrensrechtliche Hinweise

Die Unterstellung des Jugendlichen unter die Bewährungshilfe und die Bestimmung der Dauer der Unterstellungszeit erfolgen durch Beschluss nach § 58 Abs. 1. In dem Beschluss wird der ausgewählte Bewährungshelfer namentlich benannt. Der Beschluss zur Dauer der Unterstellungszeit kann mit der einfachen Beschwerde angefochten werden (§ 59 Abs. 2). Der Name des Bewährungshelfers wird in den Bewährungsplan eingetragen (§ 60 Abs. 2). Ein hauptamtlicher Bewährungshelfer kann in einer anderen dem Verurteilten angelasteten Sache nicht zum Pflichtverteidiger bestellt werden.[15] 13

---

13 BVerfG v. 19.7.1972, 2 BvL 7/71, BVerfGE 33, 367, 380 f; Schenkel NStZ 1995, 67, 71.
14 Block, Rechtliche Strukturen der Sozialen Dienste in der Justiz, 2. Aufl., 1997, S. 173 f.
15 BGH v. 17.11.1964, 1 StR 442/64, BGHSt 20, 95.

§ 25 Bestellung und Pflichten des Bewährungshelfers

¹Der Bewährungshelfer wird vom Richter bestellt. ²Der Richter kann ihm für seine Tätigkeit nach § 24 Abs. 3 Anweisungen erteilen. ³Der Bewährungshelfer berichtet über die Lebensführung des Jugendlichen in Zeitabständen, die der Richter bestimmt. ⁴Gröbliche oder beharrliche Verstöße gegen Weisungen, Auflagen, Zusagen oder Anerbieten teilt er dem Richter mit.

I. Grundlagen	1	2. Weisungsbefugnis des Gerichts (Satz 2)	4
II. Die Voraussetzungen im Einzelnen	3	3. Berichts- und Meldepflicht (Satz 3 und 4)	6
1. Bestellung des Bewährungshelfers (Satz 1)	3	III. Verfahrensrechtliche Hinweise	10

I. Grundlagen

1   Die Vorschrift knüpft an § 24 an und regelt die Stellung des Bewährungshelfers im Verhältnis zum Gericht. Auch hier drückt sich das Spannungsverhältnis aus, das die gesamte Tätigkeit der Bewährungshilfe kennzeichnet (s.o. § 24 Rn 1): Auf der einen Seite erfüllt die Bewährungshilfe mit der Überwachung des Jugendlichen eine Aufgabe für das Gericht. Nach § 453 b Abs. 1 StPO ist die Überwachung der Lebensführung des Verurteilten, namentlich die Erfüllung der Auflagen, Weisungen, Anerbieten und Zusagen, eine eigene Aufgabe desjenigen Gerichts, das die Aussetzung angeordnet hat bzw an das die Überwachung abgegeben worden ist. Diesem Aspekt der Bewährungshilfetätigkeit entspricht es, dass das Gericht dem Bewährungshelfer für seine Tätigkeit Anweisungen erteilen darf und der Bewährungshelfer gegenüber dem Gericht berichtspflichtig ist. Auf der anderen Seite erfüllt die Bewährungshilfe mit der Betreuung des Jugendlichen eine genuin sozialarbeiterische Aufgabe, die eigenständige Fachkompetenz verlangt, eigenen Qualitätsstandards folgt und in ihrem Kern darauf abzielt, den Jugendlichen zu stabilisieren und bei einer straffreien Lebensführung zu unterstützen. Der unvoreingenommene Umgang mit dem Jugendlichen, das Erarbeiten einer Vertrauensbasis und die gemeinsame Suche nach Lösungen für die meist vielfältigen Probleme des Jugendlichen sind in diesem Prozess wichtige Elemente, die in ihrem Erfolg freilich durch die dem Jugendlichen bekannte Überwachungstätigkeit für das Gericht und das hieraus folgende latente Misstrauen gefährdet werden können.[1]

2   Diesem Spannungsverhältnis trägt der Gesetzgeber in § 25 Rechnung. Auf der einen Seite ist danach von der Überwachungstätigkeit der Bewährungshilfe als gegebenem Faktum auszugehen. Gerade § 25 mit der Konstituierung der Verpflichtungen gegenüber dem Gericht zwingt dazu, die Bewährungshilfe als Teil des strafrechtlichen Kontrollsystems und nicht etwa als Teil des staatlichen Jugendhilfesystems anzusehen. Auf der anderen Seite sind dem Zugriff des Gerichts auf die Ausgestaltung des Verhältnisses des Bewährungshelfers zum Jugendlichen Grenzen gesetzt. Für die Überwachungstätigkeit ist zwischen Bewährungshilfe und Gericht „Einvernehmen" anzustreben (§ 24 Abs. 3 Satz 2); die Mitteilungspflicht reduziert sich auf „gröbliche" und „beharrliche" Verstöße gegen die auferlegten bzw übernommenen Verpflichtungen. Der Bewährungshilfe verbleibt

---

1   Eisenberg, § 25 Rn 23; Streng, Rn 485; aus empirischer Sicht zur Beziehung von Bewährungshelfer und Proband Kawamura-Reindl/Stancu, Die Beziehungsqualität zwischen Bewährungshelfern und ihren jugendlichen und heranwachsenden Probanden, BewHi 2010, 133 ff.

damit ein Kernbereich sozialarbeiterischer Tätigkeit, den sie ohne Einflussnahme seitens des Gerichts nach ihren fachlichen Standards eigenverantwortlich ausfüllen kann.

II. Die Voraussetzungen im Einzelnen

1. Bestellung des Bewährungshelfers (Satz 1). Mit der Unterstellung des Verurteilten unter die Aufsicht und Leitung eines Bewährungshelfers (§ 24 Abs. 1 Satz 1 und 2) erfolgt zugleich die Auswahl und Bestellung der konkreten Person, die die Aufgabe des Bewährungshelfers übernehmen soll. Die Bestellung durch den Richter ist obligatorisch; Dritten, zB einem Koordinator der Bewährungshilfe in dem betreffenden Gerichtsbezirk, darf sie nicht überlassen werden. Dies schließt nicht aus, dass sich der Richter vor der Bestellung eines hauptamtlichen Bewährungshelfers bei der Bewährungshilfe erkundigt, wer die Betreuung des Jugendlichen am zweckmäßigsten übernehmen kann.[2] Vor der Bestellung eines ehrenamtlichen Bewährungshelfers ist das Gericht gehalten, die Eignung des Betreffenden für die Betreuung des Jugendlichen sorgfältig zu prüfen und seine Einwilligung einzuholen (Nr. 5 RLJGG). Das in § 58 geregelte förmliche Verfahren findet auf die Bestellung des Bewährungshelfers keine Anwendung (s.u. § 58 Rn 2). Der Name des Bewährungshelfers wird in den Bewährungsplan eingetragen (§ 60 Abs. 2). 3

2. Weisungsbefugnis des Gerichts (Satz 2). Der Bewährungshelfer untersteht während seiner Tätigkeit der Weisungsbefugnis des Gerichts. Die Weisungsbefugnis beschränkt sich nicht auf die Überwachung der Erfüllung der Weisungen, Auflagen, Zusagen und Anerbieten (§ 24 Abs. 3 Satz 2), die eine eigene Aufgabe des Gerichts ist (§ 453 b Abs. 1 StPO), sondern erstreckt sich auch auf die sozialarbeiterische Betreuung des Jugendlichen (§ 24 Abs. 3 Satz 1) sowie auf die gesamte konkrete Ausgestaltung des Auftrags (§ 24 Abs. 3 Satz 3 bis 5). Um der Verantwortung des Gerichts für den Erfolg der Sanktionsvollstreckung Rechnung zu tragen, ist dies theoretisch konsequent. Nicht übersehen werden darf jedoch, dass den Gerichten die fachliche Kompetenz zur Einflussnahme auf die Tätigkeit der Bewährungshilfe in der Regel fehlt; der Richter ist kein Sozialarbeiter.[3] Anzustreben ist deshalb trotz der formal beim Gericht verbleibenden Weisungsbefugnis ein kooperatives Verhältnis von Bewährungshilfe und Gericht, das durch vertrauensvolle Zusammenarbeit und wechselseitigen Respekt für die unterschiedlichen Aufgaben in der Strafvollstreckung getragen wird.[4] Im Gesetz ist dieser Kooperationsgedanke nur für die Überwachung des Jugendlichen zum Ausdruck gebracht; nach § 24 Abs. 3 Satz 2 überwacht der Bewährungshelfer die Erfüllung der Weisungen, Auflagen, Zusagen und Anerbieten „im Einvernehmen" mit dem Gericht. Richtig ist es jedoch, hierin einen allgemeinen Gedanken zu sehen und ihn auf die gesamte Tätigkeit der Bewährungshilfe zu erstrecken, die formal unter der Weisungsbefugnis des Gerichts steht. Deutlich wird dies auch in den Richtlinien, in denen die enge persönliche Zusammenarbeit von Gericht und Bewährungshilfe für „unerlässlich" erklärt wird (Nr. 1 Satz 1 RLJGG). Trotz der formal weiterreichenden Weisungsbefugnis sollte die Selbstständigkeit des 4

---

2 Ostendorf, §§ 24-25 Rn 5.
3 D/S/S-Sonnen, §§ 24, 25 Rn 25; Cornel, Rechtliche Aspekte der Wahrnehmung der Dienst- und Fachaufsicht im Bereich der Bewährungshilfe, GA 1990, 59 ff.
4 Brunner/Dölling, § 25 Rn 1 b.

Bewährungshelfers bei der Betreuung des Jugendlichen vom Gericht geachtet und möglichst nicht eingeschränkt werden (Nr. 1 Satz 2 RLJGG).[5]

5 Wenn sich das Zusammenwirken von Bewährungshilfe und Gericht am Kooperationsgedanken orientiert, erübrigt sich die Frage nach den Konsequenzen, die die Nichtbefolgung richterlicher Anweisungen durch den Bewährungshelfer auslöst. Rechtlich setzt sich im Konfliktfall das Gericht durch. Die Befugnis zur Bestellung des Bewährungshelfers (Satz 1; s.o. Rn 2) schließt die Befugnis zur Abbestellung und Neubestellung eines anderen Bewährungshelfers ein. Da mit dieser Maßnahme jedoch in den Bereich eingegriffen wird, der dem Bewährungshelfer zur eigenverantwortlichen Ausgestaltung überlassen bleiben sollte, muss die Abbestellung auf schwerste Konfliktfälle beschränkt bleiben, bei denen sich die fehlende Kooperation zwischen Bewährungshilfe und Gericht jenseits persönlicher Unverträglichkeiten auf den Erfolg der dem Jugendlichen auferlegten Sanktion auszuwirken droht.

6 **3. Berichts- und Meldepflicht (Satz 3 und 4).** Unbeschadet der allgemeinen Verschwiegenheitspflicht, der der Bewährungshelfer unterliegt (s.o. § 24 Rn 10 f), ist der Bewährungshelfer gegenüber dem Gericht zur Erstattung regelmäßiger Berichte über die Lebensführung und, soweit hierzu Anlass besteht, zur Meldung gröblicher oder beharrlicher Verstöße gegen die dem Verurteilten erteilten Auflagen, Weisungen, Anerbieten und Zusagen verpflichtet. Funktion der Berichts- und Meldepflicht ist es, dem Gericht die für nachträgliche Entscheidungen wie die Verkürzung oder Verlängerung der Bewährungszeit (s.o. § 22 Rn 4), die Änderung von Weisungen und Auflagen (s.o. § 23 Rn 6), die Änderung oder Aufhebung der Unterstellung unter die Bewährungshilfe (s.o. § 24 Rn 12), insbesondere aber die für die Entscheidung über den Widerruf der Aussetzung oder den Erlass der Jugendstrafe (§§ 26, 26 a) erforderlichen Informationen zukommen zu lassen. Die Berichte und Mitteilungen müssen dementsprechend aussagekräftig sein; sie dürfen sich nicht in der Weitergabe rein formaler Angaben erschöpfen, sondern müssen den für die kriminologisch verständige Würdigung erforderlichen Sachverhalt unvoreingenommen, differenziert und mit den entsprechenden Quellenangaben schildern. Dabei darf nicht einseitig auf die Risikofaktoren abgestellt werden, die zwischenzeitlich zutage getreten sind und Veränderungen in der Gefährdungslage signalisieren, sondern es muss gleichermaßen auch auf die Schutzfaktoren hingewiesen werden, die etwaige Gefährdungen abfedern und eine positive Entwicklung des Jugendlichen nahe legen. Die Berichte und Mitteilungen müssen wahrheitsgemäß und vollständig sein.

7 Die **Berichte über die Lebensführung des Jugendlichen** erfolgen in Zeitabständen, die der Richter bestimmt. Dabei empfiehlt es sich, die Berichte anfangs in kürzeren, später in längeren Abständen zu erstatten (Nr. 3 Satz 1 RLJGG). Eine besondere Bedeutung kommt dem Erst- und dem Schlussbericht zu. Beide müssen ausführlich sein. Der Erstbericht muss eine umfassende Bestandsaufnahme zur Persönlichkeit des Jugendlichen, seinen Lebens- und Familienverhältnissen und der Entwicklung seit der letzten tatrichterlichen Hauptverhandlung enthalten, so wie sie sich aus der Sicht der Bewährungshilfe darstellt. Spätere Berichte können sich auf die Mitteilung von Änderungen beschränken. Der Schlussbericht, der so rechtzeitig vor Ablauf der Unterstellungszeit erstattet werden muss, dass die Unterstellungs- bzw Bewährungszeit noch verlängert werden kann (Nr. 1 RLJGG zu

---

5 Ostendorf, §§ 24-25 Rn 13; Eisenberg, § 25 Rn 8; Foth, Grenzen der Berichtspflicht des Bewährungshelfers, BewHi 1987, 197 f.

§§ 26 und 26a JGG), muss sich zur Frage des Straferlasses oder des Widerrufs äußern.[6]

Gröbliche oder beharrliche **Verstöße gegen Weisungen, Auflagen, Zusagen oder Anerbieten** müssen dem Gericht unabhängig von der allgemeinen Berichtspflicht mitgeteilt werden. Allerdings müssen nicht alle Verstöße mitgeteilt werden, sondern nur solche, die nach § 26 Abs. 1 Nr. 2 und 3 geeignet sind, zu einem Widerruf der Strafaussetzung zu führen (s.u. § 26 Rn 7, 9). Dem Bewährungshelfer verbleibt damit ein Beurteilungsspielraum, den er für den Umgang mit dem Jugendlichen und die Bewältigung von krisenhaften Entwicklungen sozialpädagogisch nutzen kann. 8

Umstritten ist, ob der Bewährungshelfer dem Gericht auch **neue Straftaten** des Jugendlichen mitteilen muss, die ihm im Rahmen seiner Tätigkeit bekannt werden. Explizit ist ihm diese Pflicht im Gesetz nicht auferlegt. Sie ergibt sich jedoch aus der Funktion der Bewährungshilfe, das Gericht bei der Überwachung der Lebensführung des Verurteilten während der Bewährungszeit (§ 453b Abs. 1 StPO) zu unterstützen.[7] Allerdings hat die Bewährungshilfe auch insoweit einen Beurteilungsspielraum, als sie dem Gericht nicht jede neue Straftat mitteilen muss, sondern nur solche, die nach § 26 Abs. 1 Nr. 1 zum Widerruf der Strafaussetzung führen können. Neue Straftaten, die zu der Bezugstat in keinem inneren, „kriminologischen" Zusammenhang stehen und deshalb der richterlichen Erwartung, dass der Jugendliche keine weiteren Taten begehen werde (§ 21 Abs. 1 Satz 1), nicht zugrunde gelegen haben können, brauchen nicht mitgeteilt zu werden (dazu genauer unten § 26 Rn 6). Ausgeschlossen von der Meldepflicht sind dementsprechend die meisten Fahrlässigkeitstaten, aber auch solche vorsätzlichen Bagatelltaten, bei denen das Verfahren von den Strafverfolgungsorganen auch in Kenntnis der Vorauffälligkeit nach § 153 StPO folgenlos eingestellt werden würde.[8] Da über den Widerruf allerdings nicht der Bewährungshelfer, sondern das Gericht entscheidet, darf der Kreis der mitteilungspflichtigen neuen Taten nicht zu eng gezogen werden. 9

III. Verfahrensrechtliche Hinweise

In welcher Form die Bewährungshilfe ihrer Berichts- und Meldepflicht nachkommt, ist im Gesetz nicht festgelegt. Fernmündliche Kontaktaufnahme zum auftraggebenden Gericht kann genügen; es empfiehlt sich jedoch die Abfassung schriftlicher Berichte, die zur Akte genommen werden können. Soweit die Angaben des Bewährungshelfers in einem neuen Strafverfahren wegen neuer Straftaten verwertet werden sollen, müssen sie strengbeweislich in das Verfahren eingeführt werden; die lediglich informatorische Anhörung des Bewährungshelfers genügt nicht.[9] 10

---

6 Brunner/Dölling, § 25 Rn 2; Eisenberg, § 25 Rn 13; Ostendorf, §§ 24-25 Rn 11.
7 Meier, Sanktionen, S. 117; aA D/S/S-Sonnen, §§ 24, 25 Rn 26 (keine Mitteilungspflicht).
8 Laubenthal/Baier, Rn 760; Ostendorf, §§ 24-25 Rn 11; Brunner/Dölling, § 25 Rn 2a; aA Schaffstein/Beulke, S. 190 (Mitteilungspflicht nur bzgl erheblicher Taten); aA auch Eisenberg, § 25 Rn 17 (Mitteilungspflicht ist restriktiv zu handhaben).
9 OLG Celle v. 7.11.1994, 3 Ss 285/94, StV 1995, 292; Eisenberg, § 25 Rn 28.

§ 26 Widerruf der Strafaussetzung

(1) ¹Der Richter widerruft die Aussetzung der Jugendstrafe, wenn der Jugendliche
1. in der Bewährungszeit eine Straftat begeht und dadurch zeigt, daß die Erwartung, die der Strafaussetzung zugrunde lag, sich nicht erfüllt hat,
2. gegen Weisungen gröblich oder beharrlich verstößt oder sich der Aufsicht und Leitung des Bewährungshelfers beharrlich entzieht und dadurch Anlaß zu der Besorgnis gibt, daß er erneut Straftaten begehen wird, oder
3. gegen Auflagen gröblich oder beharrlich verstößt.

²Satz 1 Nr. 1 gilt entsprechend, wenn die Tat in der Zeit zwischen der Entscheidung über die Strafaussetzung und deren Rechtskraft begangen worden ist.

(2) Der Richter sieht jedoch von dem Widerruf ab, wenn es ausreicht,
1. weitere Weisungen oder Auflagen zu erteilen,
2. die Bewährungs- oder Unterstellungszeit bis zu einem Höchstmaß von vier Jahren zu verlängern oder
3. den Jugendlichen vor Ablauf der Bewährungszeit erneut einem Bewährungshelfer zu unterstellen.

(3) ¹Leistungen, die der Jugendliche zur Erfüllung von Weisungen, Auflagen, Zusagen oder Anerbieten (§ 23) erbracht hat, werden nicht erstattet. ²Der Richter kann jedoch, wenn er die Strafaussetzung widerruft, Leistungen, die der Jugendliche zur Erfüllung von Auflagen oder entsprechenden Anerbieten erbracht hat, auf die Jugendstrafe anrechnen.

Richtlinien zu §§ 26 und 26 a

1. Vor Ablauf der Unterstellungszeit legt der Bewährungshelfer dem Gericht einen Schlußbericht so rechtzeitig vor, daß Maßnahmen nach § 26 Abs. 2 in der gebotenen Zeit getroffen werden können, namentlich die Bewährungs- oder Unterstellungszeit noch verlängert werden kann (§ 26 Abs. 2 Nr. 2, § 22 Abs. 2 Satz 2, § 24 Abs. 2 Satz 1). Der Bewährungshelfer ergänzt diesen Schlußbericht bis zum Ablauf der Unterstellungszeit, falls ihm Umstände bekannt werden, die für die Entscheidung über den Erlaß der Jugendstrafe oder den Widerruf der Strafaussetzung von Bedeutung sein können.

2. Kommt eine Entscheidung nach § 26 in Betracht, ist dem Jugendlichen Gelegenheit zur mündlichen Äußerung zu geben (§ 58 Abs. 1 Satz 3); auf § 58 Abs. 1 Satz 2 wird hingewiesen.

3. Wegen der Beseitigung des Strafmakels nach Erlaß einer Strafe oder eines Strafrestes wird auf § 100 hingewiesen.

4. Falls der Widerruf der Aussetzung in Betracht kommt, kann das Gericht vorläufige Maßnahmen treffen, um sich der Person des Jugendlichen zu versichern (§ 58 Abs. 2 JGG i.V.m. § 453 c StPO).

Schrifttum:

Kraus, Der Bewährungswiderruf gemäß § 56 f Abs. 1 Satz 1 Nr. 1 StGB und die Unschuldsvermutung, 2007.

I. Grundlagen 1	3. Widerruf wegen Verstoßes gegen Auflagen 9
II. Die Voraussetzungen im Einzelnen 4	4. Abschließende Regelung .. 10
1. Widerruf bei neuer Straftat 4	5. Subsidiarität des Widerrufs (Abs. 2) 11
2. Widerruf wegen Verstoßes gegen Weisungen 7	

6. Anrechnung von Leistungen (Abs. 3) 15

III. Verfahrensrechtliche Hinweise 17

I. Grundlagen

Die Vorschrift regelt die Reaktionsmöglichkeiten des Gerichts, wenn der Jugendliche während der Bewährungszeit die in ihn gesetzten Erwartungen nicht erfüllt. Der Strafaussetzung liegen zwei unterschiedliche Erwartungen zugrunde: Zum einen erwartet das Gericht, dass sich der Jugendliche schon die Verurteilung zur Warnung dienen lässt und auch ohne die Einwirkung des Strafvollzugs einen rechtschaffenen Lebenswandel führt, konkret: dass er keine weiteren Straftaten begeht (s.o. § 21 Rn 8). Diese Erwartung wird enttäuscht, wenn der Jugendliche mit neuen Taten in Erscheinung tritt. Außer den Rechtsfolgen, die die neuen Taten nach sich ziehen, muss der Jugendliche deshalb auch mit dem Widerruf der Strafaussetzung rechnen, wobei die widerrufene Jugendstrafe nach den Grundsätzen des § 31 Abs. 2 und 3 in die für die neuen Taten verhängte Sanktion einbezogen werden kann (s.u. § 31 Rn 24). Zum anderen erwartet das Gericht, dass der Jugendliche den im Aussetzungsbeschluss festgelegten Verpflichtungen nachkommt, konkret: dass er die Weisungen, Auflagen, Zusagen und Anerbieten erfüllt, die ihm vom Gericht auferlegt oder von ihm freiwillig übernommen worden sind, und den Kontakt zum Bewährungshelfer hält. Wenn der Jugendliche diese zweite Erwartung enttäuscht, stellt er den Sanktionszweck des Aussetzungsbeschlusses infrage. Er missachtet die Autorität der richterlichen Entscheidung und gefährdet die positiven Wirkungen, die sich das Gericht von der Beeinflussung der Lebensführung des Jugendlichen versprochen hat. Auch in diesem Fall muss der Jugendliche deshalb mit dem Widerruf rechnen.

In beiden Fällen liegt der Grund für den Widerruf in der Neueinschätzung der spezialpräventiven Notwendigkeit der im Ausgangsverfahren verhängten Jugendstrafe. Die ambulante „Doppelstrategie", die das Gericht mit der Aussetzung verfolgt hat (s.o. § 21 Rn 2), hat sich augenscheinlich nicht als der richtige Weg erwiesen, so dass die Verschonung des Jugendlichen vom Vollzug der Strafe rückblickend nicht mehr sachgerecht erscheint. Mit dem Widerruf wird die Jugendstrafe an die vom Jugendlichen nach dem Urteil gezeigte Entwicklung angepasst. Der Widerruf ist deshalb von seiner Zielrichtung her keine Sanktion für das Fehlverhalten des Jugendlichen während der Bewährungszeit,[1] sondern Ausdruck des spezialpräventiven Erziehungszwecks, der dem gesamten jugendstrafrechtlichen Sanktionssystem zugrunde liegt. Indes muss man sehen, dass dem Widerruf faktisch durchaus eine sanktionsähnliche Wirkung zukommt. Das auf dem verurteilten Jugendlichen lastende Strafübel ändert seinen Charakter: Aus der ambulanten Maßnahme wird eine stationäre; die Eingriffsintensität verschärft sich. Da der Freiheitsverlust seinen Anlass und seine Legitimation aus dem in der Bewährung gezeigten Fehlverhalten bezieht (neue Straftat, Missachtung der Verpflichtungen), liegt es nahe, den Widerruf faktisch nicht nur als spezialpräventiv notwendige Anpassung an die Entwicklung des Jugendlichen, sondern als Sanktion zu begreifen, mit der das betreffende Fehlverhalten geahndet wird. Auch wenn diese praktische Konsequenz keineswegs der Intention des Gesetzes entspricht, folgt aus ihr doch, dass die im Gesetz genannten Widerrufsvoraussetzungen eng ausgelegt werden müssen und insbesondere der Verhältnismäßigkeitsgrundsatz

---

[1] So ausdrücklich für das allgemeine Strafrecht: LG München I v. 19.12.2001, 25 Qs 86/01, StV 2003, 347; Fischer, § 56 f Rn 8.

beachtet werden muss. Der Widerruf der Strafaussetzung kommt nur als ultima ratio in Betracht.

3 Hohe Anforderungen sind an die Widerrufsvoraussetzungen aber auch noch aus einem zweiten, kriminologischen Grund zu stellen. Kriminologisch ist es keineswegs selbstverständlich, dass der Jugendliche die Bewährungszeit problemlos durchsteht. Dass er die ihm erteilten bzw von ihm übernommenen Verpflichtungen erfüllt, Kontakt zum Bewährungshelfer hält und keine weiteren Straftaten begeht, ist in der Praxis eher die Ausnahme als die Regel. Das Austesten von Grenzen, das Missachten von Autoritäten und auch das Begehen von Straftaten gehört zu den jugendtypischen Erscheinungen, so dass die Erwartungen an die Lebensführung des Jugendlichen während der Bewährungszeit von vornherein nicht allzu hoch gespannt werden dürfen. Dies gilt erst recht für diejenigen Jugendlichen, die durch ihre Vorauffälligkeit in den Anwendungsbereich der Jugendstrafe gelangt sind und bei denen die Straffälligkeit oft durch mehrdimensionale psychosoziale Problemlagen bedingt ist. Auch vor dem kriminologischen Hintergrund ist es daher nicht angezeigt, auf das Bekanntwerden neuer Auffälligkeiten zwingend mit dem Widerruf der Aussetzung zu reagieren. Dass der „schwierige" Jugendliche im Jugendvollzug gebessert wird, ist oft eher Hoffnung als Realität. Sowohl mit Blick auf das Verhältnismäßigkeitsprinzip als auch mit Blick auf den Erziehungsgedanken ist es deshalb notwendig, in der Situation des drohenden Widerrufs den Blick auch auf die Alternativen zur Vollstreckung der Jugendstrafe zu lenken. In Absatz 2 stellt der Gesetzgeber mehrere Alternativen zur Verfügung, unter denen das Gericht nach erzieherischen und Verhältnismäßigkeitsgesichtspunkten wählen kann. Dem Gericht ist es möglich, trotz der erneuten Auffälligkeiten des Jugendlichen die ursprünglich eingeschlagene ambulante Sanktionsstrategie fortzusetzen und dem Jugendlichen den Aufenthalt in der Jugendstrafanstalt zu ersparen. In der Praxis sind die Widerrufsquoten dementsprechend keineswegs übermäßig hoch, sondern liegen bei deutlich unter 20 %.[2]

II. Die Voraussetzungen im Einzelnen

4 **1. Widerruf bei neuer Straftat.** Erster möglicher Anknüpfungspunkt für den Widerruf ist die Begehung einer neuen Straftat. Der Begriff der „Straftat" ist entsprechend dem soeben Gesagten (s.o. Rn 2) eng auszulegen. Der Begriff schließt Ordnungswidrigkeiten aus. Er ist auch nicht identisch mit dem Begriff der „rechtswidrigen Tat" iSd § 11 Abs. 1 Nr. 5 StGB, der auf das Erfordernis der Schuld verzichtet. Der Jugendliche muss bei Begehung der neuen Tat schuldfähig iSd § 3 Satz 1 gewesen sein.[3] Die neue Straftat muss entweder „in der Bewährungszeit" (Abs. 1 Satz 1 Nr. 1) oder in dem Zeitraum zwischen dem Erlass des Aussetzungsbeschlusses und dem Eintritt seiner Rechtskraft (Abs. 1 Satz 2)[4] begangen worden sein.

5 In prozessualer Hinsicht setzt der Begriff der „Straftat" voraus, dass der Jugendliche wegen der neuen Tat in einem förmlichen Strafverfahren rechtskräftig verurteilt worden ist; hierzu zwingt die **Unschuldsvermutung** (Art. 6 Abs. 2

---

2 Ostendorf, Grdl. z. §§ 21 - 26 a Rn 6.
3 Vgl OLG Düsseldorf v. 6.11.1985, 1 Ws 918/85, StV 1986, 346: zu § 56 f StGB.
4 Krit. Ostendorf, §§ 26 - 26 a Rn 4 (rechtsstaatlich bedenklich).

EMRK).⁵ Ob und inwieweit von diesem Erfordernis abgewichen werden darf, ist noch nicht abschließend geklärt. Zutreffend erscheint es, ausgehend von der Schutzfunktion der EMRK in der Unschuldsvermutung ein „Prozessgrundrecht" zu sehen, auf das der Betroffene – nach Aufklärung über die Konsequenzen – wirksam verzichten kann.⁶ Ein Widerruf kann deshalb auch dann erfolgen, wenn der Jugendliche hinsichtlich der neuen Tat vor einem Richter ein glaubhaftes Geständnis ablegt und das über den Widerruf entscheidende Gericht von der Schuld des Jugendlichen überzeugt ist. Für den Jugendlichen kann dieser Weg von Vorteil sein, wenn er einen schnellen Strafantritt anstrebt, um im Anschluss an die Strafverbüßung sein Leben möglichst rasch neu zu ordnen.⁷ Verzichtbar ist jedoch auch in diesem Fall nur die Sachaufklärung durch das Gericht; die neue Tat muss hiervon unabhängig prozessual verfolgbar sein. Wird wegen der neuen Tat ein notwendiger Strafantrag nicht gestellt, scheidet der Widerruf deshalb auch bei glaubhaftem Geständnis aus.⁸ Eine im Ausland begangene Tat, zu der sich der Jugendliche bekennt, ist nur dann verfolgbar, wenn nach §§ 3 ff StGB das deutsche Strafrecht anwendbar ist.

Einschränkend gilt, dass nur solche neuen Taten den Widerruf rechtfertigen, durch die der Jugendliche zeigt, dass sich „die **Erwartung**, die der Strafaussetzung zugrunde lag, **nicht erfüllt** hat". Der Sinn dieser Einschränkung liegt darin, den Erziehungsanspruch, der mit der Jugendstrafe verfolgt wird, auf ein realistisches Maß zurückzuschrauben. Die der Aussetzungsentscheidung zugrunde liegende Erwartung, dass der Jugendliche einen „rechtschaffenen Lebenswandel" führen werde, schließt die Möglichkeit des Fehlschlags von vornherein ein (s.o. § 21 Rn 9). Das erkennende Gericht muss keineswegs prognostizieren, dass der Jugendliche überhaupt keine Straftaten mehr begehen wird. Es genügt die Erwartung, dass Taten, wie sie der Verurteilung zugrunde liegen, nicht mehr vorkommen. Zum Widerruf berechtigt deshalb nicht irgendeine neue Tat des Jugendlichen, sondern nur eine solche, an die das erkennende Gericht in diesem Sinne gedacht hat.⁹ Die zum Widerruf berechtigende neue Tat muss zu der früheren Tat in einem inneren Zusammenhang stehen; sie muss nach ihrer Art, den Umständen oder Beweggründen als die Fortsetzung einer Linie erscheinen, die auch der früheren Tat zugrunde gelegen hat. Dies ist gemeint, wenn in der Literatur gelegentlich von einem „kriminologischen" Zusammenhang gesprochen wird, der zwischen der früheren und der neuen Tat bestehen müsse.¹⁰ Eine exakte Abgrenzung kann mit solchen Formulierungen zwar nicht gewährleistet werden. Es entspricht jedoch überwiegender Auffassung, dass beispielsweise nach der Verurteilung wegen eines (vorsätzlichen) Eigentums- oder Vermögensdelikts die Begehung eines fahrlässigen Straßenverkehrsdelikts kaum zum Widerruf berechtigt.¹¹ Auch neue

6

---

5 EGMR v. 3.10.2002, Beschwerde Nr. 37568/97, StV 2003, 82, 85 m. Anm. Pauly: zu § 56f StGB; grundlegend Kraus, S. 103 ff; aA nach wie vor Schönke/Schröder-Stree, § 56f Rn 3a.
6 Ostendorf, §§ 26 - 26a Rn 7; Kraus, S. 191 ff.
7 OLG Köln v. 9.6.2004, 2 Ws 209/04, NStZ 2004, 685 (686); OLG Stuttgart v. 26.7.2004, 4 Ws 180/04, NJW 2005, 83, 84 (beide zu § 56f StGB); Ostendorf, §§ 26 - 26a Rn 7; Laubenthal/Baier, Rn 772; krit. Eisenberg, §§ 26, 26a Rn 5.
8 Eisenberg, §§ 26, 26a Rn 5; aA OLG Hamburg v. 22,12,1978, 1 Ws 465/78, JR 1979, 379 m. Anm. Zipf: zu § 56f StGB; MüKo-StGB-Groß, § 56f StGB Rn 9.
9 AA (für das allg. Strafrecht): Fischer, § 56f StGB Rn 8: jede neue Tat von nicht ganz unerheblichem Gewicht.
10 Ostendorf, §§ 26 - 26a Rn 5; D/S/S-Sonnen, §§ 26, 26a Rn 10.
11 Laubenthal/Baier, Rn 771; Streng, Jugendstrafrecht, Rn 493; Eisenberg, §§ 26, 26a Rn 6f.

Taten, die zu der früheren Tat in einem „kriminologischen" Zusammenhang stehen, rechtfertigen den Widerruf im Übrigen nur dann, wenn sich infolge der neuen Tat die Prognose über das weitere Legalverhalten des Jugendlichen ändert; aus der bis dahin grundsätzlich positiven muss eine negative Prognose werden. Auch einschlägige neue Taten können deshalb den Widerruf dann nicht rechtfertigen, wenn sie Symptom einer vorübergehenden krisenhaften Entwicklung sind, die sich zwischenzeitlich wieder stabilisiert hat.[12]

7 **2. Widerruf wegen Verstoßes gegen Weisungen.** Zweiter möglicher Anknüpfungspunkt ist der gröbliche oder beharrliche Verstoß gegen die Weisungen, die dem Jugendlichen im Bewährungsbeschluss erteilt und im Bewährungsplan niedergelegt wurden. Gleichgestellt ist der Fall, dass sich der Jugendliche beharrlich der Aufsicht und Leitung des Bewährungshelfers entzieht (Abs. 1 Satz 1 Nr. 2). Die Formulierungen „**gröblich**" und „**beharrlich**" machen deutlich, dass kleinere Verstöße nicht genügen, sondern dass nur die schwerwiegende, trotz Ermahnung fortgesetzte Missachtung der vom Gericht verfügten Maßnahmen zum Widerruf berechtigt. „Gröblich" deutet insoweit auf herausgehobene, „beharrlich" auf wiederholte Verstöße hin. Da kleinere Verstöße ausgenommen sind, muss eine Schwereeinschätzung erfolgen, in deren Rahmen die Bedeutung der richterlichen Anordnung für die Erreichung des Erziehungszwecks ebenso gewürdigt werden muss wie die Motive des Jugendlichen. Die Nichtbefolgung einer nachvollziehbar unsinnigen Weisung, die dem Entwicklungstand oder der Lebenssituation des Jugendlichen nicht (mehr) angemessen ist, wird man kaum als „gröblich" einstufen können.[13]

8 Auch hier gilt, dass das „gröbliche oder beharrliche" Verhalten des Jugendlichen den Widerruf für sich genommen noch nicht rechtfertigt (s.o. Rn 6). Hinzu kommen muss, dass der Verstoß gegen die Weisungen bzw die Missachtung der Bewährungshilfe „**Anlass zur Besorgnis**" gibt, dass weitere Straftaten begangen werden. Sinn dieser Einschränkung ist, dass nur dasjenige Fehlverhalten des Jugendlichen, das Auswirkungen auf den Erziehungszweck der verhängten Bewährungsstrafe hat, den Widerruf rechtfertigen soll. Anders als beim Verstoß gegen Auflagen (s.u. Rn 9) ist der Widerruf bei den Weisungen kein zulässiges Mittel zur Sanktionierung von bloßem Ungehorsam. Im Zusammenhang mit der Prognosestellung können im Übrigen auch Straftaten gewürdigt werden, die noch nicht rechtskräftig abgeurteilt worden sind und hinsichtlich derer auch kein Geständnis vorliegt (s.o. Rn 5), für deren Begehung in der Bewährungszeit jedoch objektivierbare Verdachtsmomente vorliegen.[14] Da die Prognoseentscheidung eine Risikoabwägung enthält (s.o. § 21 Rn 18), ist die Unschuldsvermutung hier nicht anwendbar.

9 **3. Widerruf wegen Verstoßes gegen Auflagen.** Zum dritten kommt ein Widerruf dann in Betracht, wenn der Verurteilte „gröblich oder beharrlich" (s.o. Rn 7) gegen die ihm erteilten Auflagen verstößt (Abs. 1 Satz 1 Nr. 3). Den Auflagen liegt keine spezifische Erwartung hinsichtlich der Lebensführung des Jugendlichen zugrunde; sie dienen vor allem dem Ausgleich dafür, dass dem Verurteilten die Verbüßung der Jugendstrafe erspart bleibt (s.o. § 23 Rn 1). Anders als bei den ersten beiden Widerrufsgründen ist der Widerruf wegen Verstoßes gegen Auflagen deshalb nicht davon abhängig, dass sich infolge des Verstoßes die Legalprognose

---

12 LG Hamburg v. 8.8.1983, (83) Qs 21/83, StV 1984, 32; LG Dortmund v. 20.7.1992, Ws 90/92, StV 1992, 588.
13 MüKo-StGB-Groß, § 56 f StGB Rn 14.
14 LG Bückeburg v. 22.1.2003, Qs 5/03, NStZ 2005, 168, 171.

ändert und nunmehr weitere Straftaten zu befürchten sind.[15] Der Widerruf hat hier vielmehr eine Ausgleichsfunktion; wenn der Verurteilte die ihm im Bewährungsbeschluss abverlangten Leistungen nicht erbringt, soll ihn die volle Härte der vom erkennenden Gericht verhängten Sanktion treffen.[16] Indes ist es erzieherisch und unter Verhältnismäßigkeitsgesichtspunkten problematisch, einen Jugendlichen bei gleich bleibend guter Prognose nur deshalb in den Jugendvollzug zu bringen, weil er die Auflagen nicht erfüllt. Vorzugswürdig ist es, hier mit dem Druckmittel des Ungehorsamsarrests zu arbeiten (s.u. Rn 13) und den Widerruf der Bewährung nur in gravierenden Ausnahmefällen zur Anwendung zu bringen.

4. Abschließende Regelung. Abs. 1 enthält eine abschließende Aufzählung der Widerrufsgründe. Hat der Jugendliche freiwillig Zusagen für seine Lebensführung gemacht oder Leistungen angeboten, die der Genugtuung für das begangene Unrecht dienen, und kommt diesen freiwillig übernommenen Verpflichtungen nicht nach, ist der Widerruf nicht möglich.[17] In Betracht kommt jedoch die nachträgliche Festsetzung von Weisungen und Auflagen (s.o. § 23 Rn 6), deren Nichterfüllung dann zum Bewährungswiderruf führen kann. 10

5. Subsidiarität des Widerrufs (Abs. 2). Wenn einer der in Abs. 1 Satz 1 Nrn. 1 bis 3 genannten Widerrufsgründe vorliegt, bedeutet dies nicht zwingend, dass die Aussetzungsentscheidung auch widerrufen wird. Vorrangig muss das Gericht nach Alternativen zum Widerruf suchen. Sowohl unter erzieherischen Gesichtspunkten als auch mit Blick auf das Verhältnismäßigkeitsprinzip kann der Widerruf nur ultima ratio sein. 11

Die stets zuerst zu prüfende, eingriffsärmste Alternative besteht in der **Anpassung der** im Bewährungsbeschluss genannten **Nebenentscheidungen** an die vom Jugendlichen gezeigte Entwicklung. Abs. 2 eröffnet insoweit drei Optionen, mit denen das Gericht flexibel auf den zutage tretenden Betreuungs- und Kontrollbedarf reagieren kann. Da die Nebenentscheidungen nicht in Rechtskraft erwachsen, sondern nach Ermessen des Gerichts bis zum Ende der Bewährungszeit abänderbar sind (§ 22 Abs. 2 Satz 2, § 23 Abs. 1 Satz 3, § 24 Abs. 2), kann das Gericht auf Fehlverhalten mit der Erteilung weiterer Weisungen oder Auflagen (Nr. 1), der Verlängerung der Bewährungs- oder Unterstellungszeit (Nr. 2) oder der erneuten Unterstellung des Jugendlichen unter die Aufsicht und Leitung eines Bewährungshelfers (Nr. 3) reagieren. Obwohl im Gesetz nicht genannt kommt als mildere Alternative auch der Austausch sich als ungeeignet erweisender Maßnahmen durch andere, geeigneter erscheinende Maßnahmen einschließlich der Bestellung eines neuen Bewährungshelfers in Betracht.[18] 12

Sofern der Jugendliche in der Bewährungszeit gegen Weisungen und Auflagen verstößt, kommt als zweite Alternative zum Widerruf auch die Verhängung von **Ungehorsamsarrest** nach § 11 Abs. 3, § 15 Abs. 3 Satz 2 für die Dauer von bis zu 4 Wochen in Betracht. Diese Alternative ist in Abs. 2 zwar nicht vorgesehen; ihre Zulässigkeit ergibt sich jedoch aus dem Verweis in § 23 Abs. 1 Satz 4.[19] Kommt es nach Verbüßung des Ungehorsamsarrests infolge weiterer Auffälligkeiten des Jugendlichen zum Widerruf der Bewährung nach § 26 Abs. 1, muss die im Ju- 13

---

15 Brunner/Dölling, § 26 a Rn 5; Laubenthal/Baier, Rn 774; aA Ostendorf, §§ 26 - 26 a Rn 10.
16 Krit. Eisenberg, §§ 26, 26 a Rn 9: Inkonsistenz.
17 Eisenberg, §§ 26, 26 a Rn 3; Brunner/Dölling, § 26 a Rn 6.
18 Ostendorf, §§ 26 - 26 a Rn 13.
19 Brunner/Dölling, § 26 a Rn 8; Ostendorf, §§ 26 - 26 a Rn 16; Laubenthal/Baier, Rn 777; Streng, Jugendstrafrecht, Rn 496; krit. Eisenberg, §§ 26, 26 a Rn 13.

gendarrest verbüßte Zeit auf die Dauer der Jugendstrafe angerechnet werden. Hiergegen lässt sich zwar einwenden, dass es sich um unterschiedliche Reaktionsformen handele, die unterschiedliche Ziele verfolgten und wechselseitig nicht kompensierbar seien.[20] Berücksichtigt werden muss jedoch auch, dass ein Jugendlicher, der, ohne neue Straftaten zu begehen, gegenüber richterlichen Anordnungen ungehorsam ist, nicht schlechter gestellt werden darf als ein Jugendlicher, dessen Bewährung wegen einer neuen Straftat widerrufen wird.[21]

14 Um den drohenden Widerruf zu vermeiden, wird in der Praxis gelegentlich als dritte Alternative an den Weg gedacht, gegen den Jugendlichen einen **Sicherungshaftbefehl** zu erlassen (§ 453c StPO) und die vom Jugendlichen in der U-Haft verbrachte Zeit als „Denkzettel" zu bewerten, die den Widerruf entbehrlich mache.[22] Wenngleich damit in der Sache derselbe Effekt erzielt wird wie mit dem Ungehorsamsarrest (s.o. Rn 13), ist dieser Weg jedoch wegen Formenmissbrauchs unzulässig. Ein Sicherungshaftbefehl, der nicht auf die Ermöglichung der Strafvollstreckung abzielt, sondern gerade auf deren Vermeidung, ist von § 453c StPO nicht gedeckt.[23] Im Jugendstrafrecht gilt dies umso mehr, als der Haftbefehl in der Praxis nicht in der Jugendarrestanstalt (vgl § 90), sondern in der erziehungsfeindlichen U-Haft vollstreckt wird. Die „Denkzettelwirkung", die sich das Gericht von diesem Weg verspricht, beruht auf falschen Vorstellungen über die präventive Wirkung der jugendstrafrechtlichen Sanktionen.[24] Der Erlass eines Sicherungshaftbefehls kommt nur dann in Betracht, wenn der Widerruf der Aussetzung unvermeidbar ist und einer der in § 453c Abs. 1 StPO genannten Haftgründe vorliegt (s.u. § 58 Rn 10).

15 **6. Anrechnung von Leistungen (Abs. 3).** Kommt es zur Vollstreckung der verhängten Jugendstrafe, werden die vom Jugendlichen in der Bewährungszeit erbrachten Leistungen grundsätzlich nicht erstattet (Abs. 3 Satz 1). Bei den Leistungen, die der Jugendliche zur Erfüllung von Weisungen und entsprechenden Zusagen erbracht hat (§ 23 Abs. 1 Satz 1, Abs. 2), ist dies theoretisch konsequent. Die Veränderungen in der Lebensführung, die mit den Weisungen und Zusagen erreicht werden sollten, behalten ihren Wert für den Jugendlichen in der Regel auch dann, wenn die Jugendstrafe vollstreckt wird. Die positiven Wirkungen, die bspw mit der Teilnahme an einem sozialen Trainingskurs oder Täter-Opfer-Ausgleich ausgehen können, sind von der Vollstreckung der Jugendstrafe unabhängig. Der Anrechnungsausschluss kann allerdings auch zu Härten führen, bspw im Zusammenhang mit der Erbringung von Arbeitsleistungen oder der Durchführung von stationären Therapien. De lege lata kann diesen Härten nicht abgeholfen werden.[25]

16 Bei Leistungen, die der Jugendliche zur Erfüllung von Auflagen und Anerbieten erbracht hat (§ 23 Abs. 1 Satz 2, Abs. 2), ist das anders. Auch wenn diese Leistungen erzieherisch ausgestaltet sind, besteht ihre Funktion im Ausgleich dafür, dass dem Jugendlichen das Übel der vollstreckten Jugendstrafe erspart bleibt. So-

---

20 Brunner/Dölling, § 26a Rn 12.
21 Ebenso (wenn auch mit abweichenden Begründungen) Laubenthal/Baier, Rn 781; Eisenberg, §§ 26, 26a Rn 25; Ostendorf, §§ 26 - 26a Rn 18.
22 Eisenberg, §§ 26, 26a Rn 14.
23 Zur Kritik an den „apokryphen" Haftgründen Bussmann/England, Vermeidung von U-Haft an Jugendlichen und Heranwachsenden, ZJJ 2004, 280 ff; Laubenthal/Baier, Rn 322 ff.
24 Heinz, Zahlt sich Milde aus?, ZJJ 2005, 308 f.
25 LG Offenburg v. 12.11.2003, 8 Qs 10/03, NStZ-RR 2004, 58; aA Ostendorf, §§ 26 - 26a Rn 18: analoge Anwendung des Abs. 3 Satz 2.

fern es aufgrund des Widerrufs dennoch zur Vollstreckung kommt, stellen sich diese Leistungen aus der Sicht des Jugendlichen als vergebliche Aufwendungen dar. Abs. 3 Satz 2 sieht deshalb vor, dass diese Leistungen angerechnet werden können. Der Maßstab für die Anrechnung steht im Ermessen des Gerichts. Im Rahmen der Ermessensausübung kann der dem Jugendlichen ggf verbleibende Wert der erbrachten Leistungen berücksichtigt werden. Hat der Jugendliche Wiedergutmachungsleistungen erbracht, zu denen er zivilrechtlich verpflichtet war, kommt eine Anrechnung nicht in Betracht (vgl § 56 f Abs. 3 Satz 2 StGB). Sofern in der Bewährungszeit Ungehorsamsarrest vollstreckt worden ist, ist die Anrechnung der im Arrest verbrachten Zeit zwingend (s.o. Rn 13). Das Gleiche gilt für den Zeitraum, den der Jugendliche in Sicherungshaft verbracht hat (§ 453 c Abs. 2 Satz 1 StPO).

III. Verfahrensrechtliche Hinweise

Der Widerruf der Strafaussetzung ebenso wie die Anordnung der Alternativen zum Widerruf ergehen durch Beschluss (58 Abs. 1 Satz 1). Mit Blick auf den prozessualen Beschleunigungsgrundsatz, aber auch mit Blick auf die besondere, meist schnellem Wandel unterliegende Lebenssituation von Jugendlichen ist eine zügige Entscheidung geboten, wenn aus dem Bericht der Bewährungshilfe (§ 25 Satz 3 und 4) Tatsachen deutlich werden, die nach Abs. 1 zum Widerruf führen. Allerdings kann es im Einzelfall sinnvoll sein, mit der Entscheidung zuzuwarten, um das weitere Verhalten des Jugendlichen zu beobachten. Der Widerrufsbeschluss kann unter diesem Gesichtspunkt auch noch nach dem Ende der Bewährungszeit erlassen werden, weil die entsprechenden Umstände, zB die Begehung einer neuen Straftat, auch erst am letzten Tag der Bewährungszeit auftreten können (s.o. § 22 Rn 4).[26] Die Entscheidung über den Widerruf kann sich hierdurch erheblich verzögern, da ggf zunächst die rechtskräftige Entscheidung über die Begehung der neuen Tat abgewartet werden muss (s.o. Rn 5). Exakte zeitliche Grenzen, bis wann spätestens über den Widerruf entschieden worden sein muss, lassen sich deshalb nicht angeben.[27] Sofern jedoch der Schlussbericht des Bewährungshelfers (s.o. § 25 Rn 6) zu möglichen Widerrufsgründen keine Angaben macht und auch sonst keine Erkenntnisse über etwaige Widerrufsgründe vorliegen, sollte die Entscheidung über den Widerruf nach Ablauf der Bewährungszeit unverzüglich erfolgen. Zuzustimmen ist der Auffassung, die einen Zeitabstand von zehn Monaten zwischen erneutem Urteil und Widerruf für zu lang hält.[28] Aus dem Zeitablauf erwächst ein Vollstreckungshindernis.

Kommen der Widerruf oder die Anordnung von Alternativen in Betracht, sind der Jugendliche, die Bewährungshilfe und die Staatsanwaltschaft zu hören; dem Jugendlichen ist die Gelegenheit zur mündlichen Äußerung zu geben (§ 58 Abs. 1 Satz 2 und 3). Der Widerruf kann mit der sofortigen Beschwerde angefochten werden (§ 59 Abs. 3), die übrigen Entscheidungen mit der einfachen Beschwerde (§ 59 Abs. 2). Ist der Widerruf unvermeidbar, können vom Gericht Sicherungsmaßnahmen bis hin zum Erlass eines Sicherungshaftbefehls getroffen werden (§ 453 c StPO).

---

26 OLG Celle v. 22.9.2009, 2 Ws 206/09, NStZ-RR 2010, 27.
27 AA Ostendorf, §§ 26 - 26 a Rn 3: 30 Tage, entsprechend § 229 Abs. 2 StPO.
28 LG München I v. 24.5.2002, JK Qs 30/02, StV 2002, 434; krit. auch Eisenberg, §§ 26, 26 a Rn 22.

§ 26 a Erlaß der Jugendstrafe

¹Widerruft der Richter die Strafaussetzung nicht, so erläßt er die Jugendstrafe nach Ablauf der Bewährungszeit. ²§ 26 Abs. 3 Satz 1 ist anzuwenden.

1 Kommt nach Ablauf der Bewährungszeit ein Widerruf nicht in Betracht, muss die Jugendstrafe erlassen werden. Der Entscheidung gehen Abschlussermittlungen über das Verhalten des Jugendlichen während der Bewährungszeit voraus. Wesentliche Bedeutung kommt dabei dem Schlussbericht des Bewährungshelfers zu (Nr. 1 RLJGG zu §§ 26 und 26 a JGG; s.o. § 25 Rn 6).

▶ **Tenor des Beschlusses:**
„Die durch Urteil des Amtsgerichts ... vom ... verhängte Jugendstrafe von ... Monaten/Jahren wird nach Ablauf der Bewährungszeit erlassen."¹ ◀

2 Der Beschluss über den Straferlass ist nicht anfechtbar (§ 59 Abs. 4). Die Sache ist damit vollständig erledigt; in eine neue Verurteilung darf die Bewährungsstrafe nicht mehr einbezogen werden.² Sofern der Verurteilung keine Sexualstraftat zugrunde gelegen hat, wird zugleich mit dem Erlass der Strafmakel für beseitigt erklärt (§ 100).

▶ **Tenor:**
„Der Strafmakel wird beseitigt." ◀

Die Leistungen, die der Jugendliche während der Bewährungszeit erbracht hat, werden nicht erstattet. Ein Widerruf des Straferlasses, der im allgemeinen Strafrecht zulässig ist (§ 56 g Abs. 2 StGB), ist im Jugendstrafrecht ausgeschlossen.

Sechster Abschnitt Aussetzung der Verhängung der Jugendstrafe

§ 27 Voraussetzungen

Kann nach Erschöpfung der Ermittlungsmöglichkeiten nicht mit Sicherheit beurteilt werden, ob in der Straftat eines Jugendlichen schädliche Neigungen von einem Umfang hervorgetreten sind, daß eine Jugendstrafe erforderlich ist, so kann der Richter die Schuld des Jugendlichen feststellen, die Entscheidung über die Verhängung der Jugendstrafe aber für eine von ihm zu bestimmende Bewährungszeit aussetzen.

Richtlinie zu § 27

Der Schuldspruch nach § 27 wird nicht in das Führungszeugnis aufgenommen (vgl. § 32 Abs. 2 Nr. 2 BZRG).

I. Grundlagen	1	2. Erschöpfung der Ermittlungsmöglichkeiten	7
II. Die Voraussetzungen im Einzelnen	4	3. Ermessen	8
1. Unsicherheit über den Umfang der schädlichen Neigungen	4	III. Verfahrensrechtliche Hinweise	14

---

1 Jäckel, Aussetzung der Verhängung einer Jugendstrafe, Strafaussetzung zur Bewährung und Vorbewährung im Jugendstrafrecht, JA 2010, 543.
2 BGH v. 6.8.1991, 4 StR 343/91, StV 1992, 433.

I. Grundlagen

Die Vorschrift nimmt auf die Voraussetzungen für die Verhängung von Jugendstrafe wegen schädlicher Neigungen nach § 17 Abs. 2, 1. Alt. Bezug und regelt den Fall, dass das Gericht nicht in der Lage ist, sich aus dem Inbegriff der Verhandlung die Überzeugung vom Vorliegen der Voraussetzungen für die Verhängung von Jugendstrafe zu verschaffen. Wenn es § 27 nicht gäbe, müsste sich das Gericht im Zweifel mit der Verhängung von Erziehungsmaßregeln oder Zuchtmitteln als weniger eingriffsintensiven Sanktionsformen begnügen. § 27 eröffnet dem Gericht jedoch die Möglichkeit, von der Verhängung von Jugendstrafe zunächst abzusehen und die weitere Entwicklung des Jugendlichen abzuwarten, ehe es eine endgültige Entscheidung trifft. Von der Strafaussetzung zur Bewährung nach § 21 unterscheidet sich § 27 darin, dass hier nicht die Vollstreckung, sondern die Verhängung der Strafe zur Bewährung ausgesetzt wird. Die Bewährungszeit kann vom Gericht jedoch in derselben Weise ausgestaltet werden wie bei der Aussetzung der Vollstreckung nach § 21: Der Jugendliche wird der Aufsicht und Leitung eines Bewährungshelfers unterstellt und muss während der Bewährungszeit Weisungen und Auflagen nachkommen (§ 29). Leistet er den Anweisungen Folge und führt sich so, wie es das Gericht von ihm erwartet, wird der Schuldspruch nach Ablauf der Bewährungszeit getilgt (§ 30 Abs. 2). Gibt der Jugendliche demgegenüber durch sein Verhalten während der Bewährungszeit zu erkennen, dass bei ihm schädliche Neigungen in dem für die Verhängung von Jugendstrafe erforderlichen Maß vorliegen, wird vom Gericht nunmehr auf Jugendstrafe erkannt (§ 30 Abs. 1). Die Vollstreckung der erkannten Jugendstrafe kann dabei wiederum nach § 21 zur Bewährung ausgesetzt werden. Die Aussetzung der Verhängung nach § 27 hat im allgemeinen Strafrecht keine Entsprechung. Von der Verwarnung mit Strafvorbehalt nach § 59 StGB unterscheidet sich § 27 darin, das der Jugendliche lediglich schuldig gesprochen, aber nicht verwarnt wird; auch wird die Dauer der bei Nichtbewährung drohenden Jugendstrafe noch nicht konkret bestimmt.[1]

Zweck der in § 27 geregelten Sanktionsform ist es, den gerade im Zusammenhang mit der Verhängung von Jugendstrafe wegen schädlicher Neigungen besonders bedeutsamen **Subsidiaritätsgrundsatz** zum Tragen zu bringen.[2] Da es nicht um Jugendliche geht, bei denen die Jugendstrafe schon wegen der Schwere der Schuld angezeigt ist, sondern um Jugendliche, die in ihrer Entwicklung gefährdet und von denen uU weitere erhebliche Straftaten zu erwarten sind (s.o. § 17 Rn 10 ff), darf Jugendstrafe nur das letzte Mittel der strafrechtlichen Reaktion sein; im Zweifel muss zu weniger eingriffsintensiven Maßnahmen gegriffen werden. § 27 eröffnet dem Gericht dabei eine neue, kriminalpolitisch sinnvolle Sanktionsoption, die zwischen den Erziehungsmaßregeln und Zuchtmitteln auf der einen und der Jugendstrafe auf der anderen Seite angesiedelt ist. Stärker als bei den Erziehungsmaßregeln und Zuchtmitteln wird der Jugendliche begleitet und kontrolliert, was in der Unterstellung unter die Aufsicht und Leitung eines Bewährungshelfers zum Ausdruck kommt. Auch ist der auf dem Jugendlichen lastende Druck größer, da der Jugendliche unter dem „Damoklesschwert" der Verhängung der Jugendstrafe steht. Auf der anderen Seite bleiben ihm die Verhängung der Jugendstrafe und der damit einhergehende Stigmatisierungseffekt zunächst erspart.

---

1 Krit. zu dem Regelungskonzept Kusch, Plädoyer für die Abschaffung des Jugendstrafrechts, NStZ 2006, 67 f; dagegen jedoch Ostendorf, Gegen die Abschaffung des Jugendstrafrechts oder seiner Essentialia, NStZ 2006, 320 ff.
2 Laubenthal/Baier, Rn 792.

Dabei gehen die Rechtswirkungen des § 27 insofern noch über die des § 21 hinaus, als im Fall der Bewährung nicht nur die Strafe erlassen, sondern sogar der Schuldspruch getilgt wird (vgl § 26 a Satz 1 einerseits, § 30 Abs. 2 andererseits). Die Aussetzung der Verhängung wird deshalb auch als „bedingte Verurteilung" bezeichnet.[3]

3 In der **Praxis** spielt die Aussetzung der Verhängung nur eine geringe Rolle. Während pro Jahr etwa 19.000 Jugendliche und Heranwachsende mit Jugendstrafe belegt werden, wird nur bei knapp 3.000 Jugendlichen und Heranwachsenden eine Entscheidung nach § 27 getroffen.[4] In dem Verhältnis von etwa 6 : 1 spiegeln sich die restriktiven Anforderungen wider, die der Gesetzgeber an die Eröffnung dieser Sanktionsoption geknüpft hat; das Maß der schädlichen Neigungen des Verurteilten darf sich erst „nach Erschöpfung der Ermittlungsmöglichkeiten" nicht mit Sicherheit beurteilen lassen.[5] Dabei erweist sich die Sanktionsvariante des § 27 mit Blick auf die Legalbewährung als durchaus erfolgsgeeignete Interventionsform: Den 2.830 Jugendlichen und Heranwachsenden, die 2008 eine Entscheidung nach § 27 erhielten, standen in demselben Jahr lediglich 601 Personen gegenüber, bei denen die Jugendstrafe angesichts der schlechten Führung des Verurteilten während der Bewährungszeit nach § 30 Abs. 1 verhängt wurde.[6] Selbst wenn sich hieraus keine unmittelbaren Aussagen zur Legalbewährung gewinnen lassen (die „Rückfallquote" läge nach diesen Zahlen bei 21,2 %) und sich im Übrigen auch ein Vergleich mit den Zahlen für die Legalbewährung nach Vollstreckungsaussetzung (s.o. § 21 Rn 4) wegen der unterschiedlichen langen Beobachtungszeiträume verbietet,[7] machen die statistischen Befunde deutlich, dass die Mehrheit der Verurteilten bei einer Sanktionierung nach § 27 den Bewährungszeitraum erfolgreich durchläuft. Trotz der unklaren, nicht ausschließbar negativen Prognose ist die Verhängung der Jugendstrafe bei der Mehrzahl der Jugendlichen und Heranwachsenden nicht zwingend erforderlich, um das Erziehungsziel des Jugendstrafrechts – die Legalbewährung – zu erreichen.

II. Die Voraussetzungen im Einzelnen

4 **1. Unsicherheit über den Umfang der schädlichen Neigungen.** Im Kern geht es bei § 27 um eine Zweifelsregel für den Fall, dass die Voraussetzungen für die Verhängung von Jugendstrafe wegen schädlicher Neigungen nach § 17 Abs. 2, 1. Alt. nicht sicher beurteilt werden können.[8] Die Aussetzung der Verhängung kommt dann nicht in Betracht, wenn das Gericht davon überzeugt ist, dass die Verhängung von Jugendstrafe wegen schädlicher Neigungen erforderlich ist oder umgekehrt dass es trotz bereits erkennbarer schädlicher Neigungen genügt, auf die Tat mit Erziehungsmaßregeln oder Zuchtmitteln zu reagieren. Ebenso wenig kommt die Vorgehensweise nach § 27 in Betracht, wenn das Gericht die Verhängung von Jugendstrafe wegen Schwere der Schuld nach § 17 Abs. 2, 2. Alt für

---

3 BayObLG v. 29.10.1970, RReg. 8 St 134/70, GA 1971, 181 (182); Meier/Rössner/ Schöch-Rössner, § 12 Rn 25; Schaffstein/Beulke, S. 181; D/S/S-Diemer, § 27 Rn 2.
4 Statist. Bundesamt, Strafverfolgung 2008, Tab. 2.2 und 4.1; Daten aus früheren Jahren bei Laubenthal/Baier, Rn 515.
5 Vgl auch Wenger, in: Busch/Müller-Dietz/Wetzstein, S. 70 ff mit weiteren Gründen für die seltene Anwendung.
6 Siehe vorvorangegangene Fn.; anderer Berechnungsansatz bei Ostendorf, Grdl. z. §§ 27-30 Rn 4.
7 Streng, Jugendstrafrecht, Rn 553; Laubenthal/Baier, Rn 810.
8 D/S/S-Diemer, § 27 Rn 3.

erforderlich hält.⁹ § 27 beschränkt sich auf den Fall, dass ausschließlich Jugendstrafe wegen schädlicher Neigungen in Rede steht.

Unklar und umstritten ist, worauf sich die Zweifel des Gerichts beziehen müssen. 5
Nach dem Gesetzeswortlaut muss sich die Unsicherheit auf den **Umfang** der schädlichen Neigungen beziehen. Das Gericht muss unsicher sein, ob die schädlichen Neigungen ein Maß erreicht haben, dass die Verhängung von Jugendstrafe erforderlich ist. Es scheint danach nicht zu genügen, wenn das Gericht im Zweifel ist, ob überhaupt schädliche Neigungen vorliegen. Das „Ob" scheint nach dem Gesetzeswortlaut geklärt sein zu müssen, nur das Ausmaß darf unsicher sein. In diesem Sinn wird § 27 von einer starken Meinung in der Literatur ausgelegt.¹⁰

Die Auslegung wäre schlüssig, wenn sich zwischen dem Vorliegen von schädli- 6
chen Neigungen an sich und dem für die Verhängung von Jugendstrafe nach § 17 Abs. 2, 1. Alt. erforderlichen Maß klar unterscheiden ließe. Dies ist jedoch nicht der Fall. Das Konzept der „schädlichen Neigungen" knüpft auf der einen Seite an die Legalprognose und auf der anderen an die Erforderlichkeit von Jugendstrafe an (s.o. § 17 Rn 10 ff). Die Schwierigkeiten des Gerichts bei der Feststellung tatsächlicher Urteilsgrundlagen und damit auch Unsicherheit und Zweifel beziehen sich vor allem auf die **Legalprognose**, also auf die Wahrscheinlichkeit weiterer erheblicher Straftaten, da sich die Erforderlichkeit von Jugendstrafe in erster Linie nach normativen Maßstäben beurteilt. Praxisnah ist der Fall, dass das Gericht auch nach Auswertung der bekannten Umstände die Entwicklung des Jugendlichen im strafrechtsrelevanten Bereich nur schwer einschätzen kann, aber davon überzeugt ist, dass bei einer deutlicher zutage tretenden negativen Prognose Erziehungsmaßregeln oder Zuchtmittel nicht mehr ausreichen würden, sondern die Verhängung von Jugendstrafe erforderlich wäre. Dieser Fallkonstellation will § 27 ersichtlich Rechnung tragen, wenngleich dies im Wortlaut der Vorschrift mit der missglückten Formulierung vom „Umfang" der schädlichen Neigungen nicht deutlich zum Ausdruck kommt. § 27 verfolgt das Ziel, zwischen den Erziehungsmaßregeln und Zuchtmitteln auf der einen und der (verhängten) Jugendstrafe auf der anderen Seite eine Sanktionsoption zu schaffen, die die weitere Entwicklung des Jugendlichen zunächst abwartet (s.o. Rn 2). Diesem Ziel wird nur eine Auslegung gerecht, die nicht zwischen „Ob" und „Umfang" unterscheidet, sondern von Unsicherheit über den Umfang dann spricht, wenn zweifelhaft ist, ob mit weiteren Taten in einem die Verhängung von Jugendstrafe rechtfertigenden Maß zu rechnen ist.¹¹ Typische Anwendungsfälle für die Vorgehensweise nach § 27 sind in diesem Sinn Jugendliche, die zuvor nicht negativ aufgefallen sind, sich aber plötzlich in massiver Weise strafbar machen, oder Jugendliche, die zwar zuvor in erheblicher Weise verhaltensauffällig waren, bei denen aber im Zeitraum bis zur Verhandlung eine stabilisierende Entwicklung stattgefunden hat oder doch nicht auszuschließen ist.¹²

2. Erschöpfung der Ermittlungsmöglichkeiten. Die Unsicherheit über den Um- 7
fang der schädlichen Neigungen setzt voraus, dass die Ermittlungsmöglichkeiten

---

9 BGH v. 9.1.1963, 4 StR 443/62, BGHSt 18, 207, 210; Eisenberg, § 27 Rn 9; D/S/S-Diemer, § 27 Rn 6.
10 Eisenberg, § 27 Rn 11; D/S/S-Diemer, § 27 Rn 5; Laubenthal/Baier, Rn 795; Spahn, ZJJ 2004, 204 f (Anmerkung); wohl auch BayObLG v. 29.10.1970, RReg. 8 St 134/70, GA 1971, 181, 182.
11 OLG Düsseldorf v. 13.3.1989, 2 Ss 58/89 -10/89 III, MDR 1990, 466; Schaffstein/Beulke, S. 182; Ostendorf, § 27 Rn 3; Keiser, Grundfälle zum Jugendstrafrecht, JuS 2002, 1080.
12 Heublein, § 27 JGG - eine ungeliebte Vorschrift?, ZfJ 1995, 439.

erschöpft sind. Von „Erschöpfung" kann grundsätzlich erst dann gesprochen werden, wenn sämtliche erkennbaren und sinnvollen Erkenntnismittel ausgewertet worden sind, wofür § 43 Anhaltspunkte liefert.[13] Die Anforderungen an den Umfang und die Intensität der Ermittlungen dürfen dabei jedoch nicht überspannt werden; für die Aussetzung der Verhängung können keine weitergehenden Ermittlungen erforderlich sein als für die Verhängung von Jugendstrafe wegen schädlicher Neigungen. Die Einschaltung eines jugendpsychologischen oder -psychiatrischen Sachverständigen (§ 43 Abs. 2) kommt deshalb nur in Ausnahmefällen in Betracht.[14]

8   3. **Ermessen.** Die Vorgehensweise nach § 27 steht im Ermessen des Gerichts. Den Orientierungspunkt liefert das Leitprinzip der Rückfallverhinderung durch Erziehung (s.o. § 2 Rn 3). Maßgeblich ist, ob sich das Gericht von der durch § 27 ermöglichten Einwirkung auf den Jugendlichen einen besseren Erfolg für die Rückfallverhinderung verspricht als von der isolierten Verhängung von Erziehungsmaßregeln oder Zuchtmitteln.

9   Für die sachgerechte Ausübung des Ermessens kann es im Einzelfall bedeutsam sein, ob und inwieweit das Vorgehen nach § 27 **mit anderen Rechtsfolgen kombiniert** werden darf. Dabei ist davon auszugehen, dass der Jugendliche der Aufsicht und Leitung eines Bewährungshelfers unterstellt wird und ihm Weisungen und Auflagen erteilt werden können, sofern er nicht von sich aus Zusagen für seine Lebensführung macht oder Leistungen anbietet, die der Genugtuung für das begangene Unrecht dienen (s.u. § 29 Rn 1). Die Durchführung dieser Maßnahmen steht unter dem Druck der drohenden Verhängung der Jugendstrafe, wobei die Vollstreckung wiederum zur Bewährung ausgesetzt werden kann (s.u. § 30 Rn 8). Die Frage nach der Zulässigkeit noch weitergehender Rechtsfolgen stellt sich nur dann, wenn zweifelhaft ist, ob der Jugendliche schon auf diesem Weg zu einem Leben ohne Straftaten gebracht werden kann.

10 In der Praxis gibt es eine starke Richtung, die im Zusammenhang mit der Aussetzung der Verhängung der Jugendstrafe ein repressiveres Vorgehen befürwortet und die Kombination mit **Jugendarrest** für richtig hält. Hierfür wird angeführt, dass es sinnvoll sein könne, den Bewährungsprozess im Sinne eines „Warnschusses" einzuleiten, um dem Jugendlichen zu verdeutlichen, dass eine grundlegende Änderung seiner bisherigen Verhaltensweisen erforderlich sei. Allein mit ambulanten Sanktionen lasse sich der Ernst der Situation nicht immer hinreichend bewusst machen. Es bedürfe einer spürbaren Reaktion, um gerade die dem Anwendungsbereich des § 27 unterfallende, in ihrer Entwicklung gefährdete Klientel zu einem Leben ohne Straftaten zu veranlassen. Teilweise wird es dabei schon de lege lata für zulässig gehalten, die Vorgehensweise nach § 27 mit Jugendarrest zu kombinieren. Das Kopplungsverbot des § 8 Abs. 2 Satz 1 stehe dem nicht entgegen, weil die Jugendstrafe im Zusammenhang mit § 27 nicht verhängt werde.[15] Überwiegend wird die Kombination allerdings nur als rechtspolitisches Vorhaben

---

13 BayObLG v. 29.10.1970, RReg. 8 St 134/70, GA 1971, 181, 183; Meier/Rössner/Schöch-Rössner, § 12 Rn 25.
14 Eisenberg, § 27 Rn 10, § 43 Rn 33 a; Ostendorf, § 27 Rn 5.
15 AG Winsen v. 24.4.1981, 8 LS 32 Js 1679/80 (10/81), NStZ 1982, 120 m. Anm. Bietz; LG Augsburg v. 22.1.1986, Jug Ns 412 Js 34667/85, NStZ 1986, 507 m. Anm. Brunner und Schaffstein; AG Meppen v. 9.2.2004, 13 Ds 320 Js 34513/03 (227/03), ZJJ 2004, 200 m. Anm. Spahn; Reichenbach, Über die Zulässigkeit der Verbindung eines Schuldspruches nach § 27 JGG mit Jugendarrest, NStZ 2005, 136 ff.

de lege ferenda befürwortet. Ausdruck findet diese Richtung in zahlreichen Gesetzentwürfen zur Lockerung des Kopplungsverbots in § 8 Abs. 2.[16]

Die höchstrichterliche Rechtsprechung und die ganz herrschende Meinung in der Literatur lehnen diese Richtung zu Recht ab.[17] **De lege lata** ist festzustellen, dass die Aussetzung der Verhängung nach § 27 und Jugendarrest unterschiedliche Adressatenkreise haben. Während sich die Aussetzung der Verhängung an Jugendliche richtet, bei denen sich das Gericht in der Hauptverhandlung über die Wahrscheinlichkeit weiterer erheblicher Taten und damit die Erforderlichkeit von Jugendstrafe kein abschließendes Urteil bilden kann (s.o. Rn 4ff), setzt der Jugendarrest wie die anderen Zuchtmittel die richterliche Überzeugung voraus, dass Jugendstrafe gerade nicht geboten ist (§ 13 Abs. 1). Wenn man die Anwendungsvoraussetzungen für die verschiedenen Sanktionsformen ernst nimmt, können beide Voraussetzungen nicht gleichzeitig erfüllt sein. Aber auch das Kopplungsverbot des § 8 Abs. 2 spricht gegen die Kombination, da die Vorgehensweise nach § 27 im Zusammenhang mit der Entscheidung nach § 30 gesehen werden muss; beide Entscheidungen bilden eine Einheit. Die Aussetzung der Verhängung der Jugendstrafe nach § 27 steht danach unter der aufschiebenden Bedingung, dass sich der Umfang der schädlichen Neigungen zu einem späteren Zeitpunkt besser beurteilen lässt. Es besteht durchaus die Möglichkeit, dass es bei weiterem Fehlverhalten des Jugendlichen zur Verhängung von Jugendstrafe kommt und damit die Situation eintritt, die § 8 Abs. 2 gerade vermeiden will: die parallele Verhängung zweier unterschiedlicher freiheitsentziehender Maßnahmen wegen einer Tat. In der Missachtung von § 8 Abs. 2 hat das BVerfG deshalb zu Recht einen Verstoß gegen das Verbot analoger Rechtsanwendung zum Nachteil des Betroffenen (Art. 103 Abs. 2 GG) gesehen.[18]

Seit der Entscheidung des BVerfG hat der Streit de lege lata seine Brisanz verloren. **De lege ferenda** wird jedoch weiter gestritten.[19] Dabei ist festzustellen, dass die Divergenz der Anwendungsbereiche der Aussetzung der Verhängung und des Jugendarrests (§ 27 einerseits, § 13 Abs. 1 andererseits) allein durch die Auflockerung des Kopplungsverbots in § 8 Abs. 2 nicht beseitigt wird. Hinzuweisen ist aber auch darauf, dass der präventive Nutzen des „Warnschussarrests" empirisch nicht belegt ist (s. § 16 Rn 35 ff). Die Rückfallstatistik von *Jehle/Heinz/Sutterer* (s.o. § 21 Rn 4) gibt nur die Basisraten für den Rückfall an und liefert damit Anhaltspunkte für die kriminalpolitische Risikoeinschätzung in den jeweiligen Tätergruppen; sie sagt nichts über die spezialpräventive Effektivität des Arrests im Vergleich zur Bewährungsstrafe aus. Der Statistik lässt sich aber immerhin

---

16 Zuletzt BT-Drucks. 16/1027.
17 BGH v. 9.1.1963, 4 StR 443/62, BGHSt 18, 207; OLG Celle v. 22.1.1988, 1 Ss 9/88, NStZ 1988, 315 m.Anm. Bietz; BayObLG v. 19.6.1998, 2 St RR 91/88, StV 1999, 657; Ostendorf, § 27 Rn 10; Brunner/Dölling, § 27 Rn 13 ff; D/S/S-Diemer, § 8 Rn 6; Laubenthal/Baier, Rn 450 f; Meier/Rössner/Schöch-Rössner, § 12 Rn 28; Keiser, JuS 2002, 1080.
18 BVerfG NJW 2005, 2140, 2141.
19 Findeisen, Der Einstiegs- bzw Warnschussarrest, ZJJ 2007, 25 ff; Heinz, Bekämpfung der Jugendkriminalität durch Verschärfung des Jugendstrafrechts!?, ZJJ 2008, 62 f; Ostendorf, Jugendstrafrecht – Reform statt Abkehr, StV 2008, 151; Verrel/Käufl, Warnschussarrest – Kriminalpolitik wider besseres Wissen?, NStZ 2008, 177 ff; Müller-Piepenkötter/Kubink, Warn(schuss)arrest als neue Sanktion - rationale Perspektiven für eine ewige Kontroverse, ZRP 2008, 176 ff.; Radtke, Der sogenannte Warnschussarrest im Jugendstrafrecht - Verfassungsrechtliche Vorgaben und dogmatisch-systematische Einordnung, ZStW 121 (2009), 420 ff.

entnehmen, dass die Rückfallquote nach Jugendarrest bei 70,0 % liegt,[20] was für sich genommen nicht zu allzu großem Optimismus Anlass gibt. Methodisch brauchbare Rückfallstudien zum Jugendarrest liegen nicht vor. Im internationalen Bereich lassen sich jedoch dem Maryland-Report, der anerkannten Sekundäranalyse von Rückfallstudien, Anhaltspunkte entnehmen. Zur präventiven Wirkung von Schockprogrammen, mit denen der „Warnschussarrest" vergleichbar ist, heißt es dort eindeutig: „Reviews of the research examining shock programs have provided little evidence of a deterrent effect".[21] Auch weitere US-amerikanische Untersuchungen belegen, dass bei Jugendlichen Maßnahmen, die lediglich auf Abschreckung setzen, spezialpräventiv nicht wirksam sind.[22] Nimmt man hinzu, dass die Arresterfahrung für viele Jugendliche, die vom Gericht eine Jugendstrafe zu Bewährung erhalten, in der Realität vermutlich gar nicht mit dem „Schock" verbunden ist, den sich Teile der Kriminalpolitik davon versprechen, weil gerade in dieser Zielgruppe viele Jugendliche bereits Erfahrung mit der U-Haft gesammelt haben,[23] ist gegenüber der Annahme, dass sich mit dem Warnschussarrest die spezialpräventive Effektivität der Bewährung verbessern ließe, deutliche Skepsis angebracht.

13 Ebenso wenig wie mit Jugendarrest darf die Aussetzung der Verhängung mit **Heimerziehung** nach § 12 Nr. 2 kombiniert werden. Auch hier steht das Kopplungsverbot des § 8 Abs. 2 entgegen, das vom Grundsatz der Einspurigkeit der freiheitsentziehenden Maßnahmen ausgeht.[24] Mit den anderen gesetzlich zulässigen Rechtsfolgen des JGG sind demgegenüber Kombinationen möglich. Dies gilt grundsätzlich auch für die Verbindung mit den beiden **freiheitsentziehenden Maßregeln** nach §§ 63 und 64 StGB; allerdings wird hier in der Regel besonders zu prüfen sein, ob die Jugendstrafe nicht entbehrlich ist (§ 5 Abs. 3).[25] Die Anordnung eines **Fahrverbots** (§ 44 StGB) wird von manchen Stimmen in der Literatur neben der Vorgehensweise nach § 27 für unzulässig gehalten, da das Fahrverbot als „Nebenstrafe" begrifflich eine im Urteil verhängte „Hauptsanktion" voraussetze.[26] Dies überzeugt jedoch nicht, da die Vorgehensweise nach § 27 mit der Entscheidung nach § 30 eine Einheit bildet und die Reaktion des Jugendlichen auf das Fahrverbot zudem Anhaltspunkte für den Umfang der schädlichen Neigung liefern kann.[27]

III. Verfahrensrechtliche Hinweise

14 Das Vorgehen nach § 27 bedeutet praktisch, dass das Gericht die Schuld des Jugendlichen feststellt und die Entscheidung über die Verhängung der Jugendstrafe für höchstens zwei Jahre (vgl § 28 Abs. 1) zurückstellt. Die Schuldfeststellung und die Entscheidung über die Aussetzung der Verhängung erfolgen im Urteil (§ 62

---

20 Jehle/Heinz/Sutterer, S. 57.
21 Sherman et al., S. 340.
22 Lipsey/Wilson, in: Loeber/Farrington, S. 324; Graebsch, Gefangene helfen Jugendlichen nicht - wem dann?, NK 2006 (2), 46 ff; dies., Ist Knast nicht cool?, ZfStrVo 2006, 161.
23 Verrel/Käufl, NStZ 2008, 177, 180.
24 BGH v. 17.5.1988, 5 StR 153/88, BGHSt 35, 288 m. Anm. Böhm JR 1989, 297 ff: betr. Fürsorgeerziehung; Ostendorf, § 27 Rn 11.
25 BGH v. 29.1.2002, 4 StR 529/01, StV 2002, 416; BGH v. 19.2.2003, 2 StR 478/02, NStZ-RR 2003, 186; vgl aber auch D/S/S-Diemer, § 27 Rn 12, wonach sich die Frage der „Entbehrlichkeit" erst im Nachverfahren (§ 30) stellt.
26 MüKO-StGB-Athing, § 44 StGB Rn 4; Eisenberg, § 27 Rn 20; Bareis, Nebenstrafen und Nebenfolgen jugendstrafrechtlicher Verurteilungen, ZJJ 2006 (H. 4), 273.
27 Schöch, JR 1978, 75 (Anmerkung); Ostendorf, § 27 Rn 9; D/S/S-Diemer, § 27 Rn 11.

Abs. 1 Satz 1), die Bestimmung der Bewährungszeit, die Unterstellung des Jugendlichen unter die Aufsicht und Leitung eines Bewährungshelfers sowie die Erteilung der Weisungen und Auflagen in einem Beschluss (§ 62 Abs. 4, § 58 Abs. 1 Satz 1), der mit dem Urteil zu verkünden ist (vgl § 268 a Abs. 1 Hs 2 StPO).

▶ **Tenor des Urteils:**
„Der Angeklagte ist des ... schuldig. Die Entscheidung über die Verhängung einer Jugendstrafe wird zur Bewährung ausgesetzt."[28] ◀

Im vereinfachten Jugendverfahren darf die Aussetzung der Verhängung der Jugendstrafe nicht erfolgen (vgl § 78 Abs. 1 Satz 2).[29]

In der Urteilsbegründung muss das Gericht darauf eingehen, weshalb die Vorgehensweise nach § 27 gewählt worden ist (§ 62 Abs. 1 Satz 2 iVm § 267 Abs. 3 Satz 4 StPO). Es müssen Ausführungen dazu erfolgen, worauf sich die Unsicherheit über den Umfang der schädlichen Neigungen gründet und warum die Ermittlungsmöglichkeiten zur Beseitigung der Unsicherheit erschöpft sind.

Die Anfechtung der Entscheidung nach § 27 wird nicht durch § 55 Abs. 1 eingeschränkt. Legt lediglich der Angeklagte, zu seinen Gunsten die Staatsanwaltschaft oder sein gesetzlicher Vertreter das Rechtsmittel ein und gelangt das im weiteren Verlauf des Verfahrens mit der Sache befasste Gericht zu dem Ergebnis, dass die Voraussetzungen des § 27 nicht vorliegen, sondern Jugendstrafe zu verhängen ist, muss die Vollstreckung der Jugendstrafe wegen des Verbots der reformatio in peius (§§ 331, 358 Abs. 2 StPO) zwingend zur Bewährung ausgesetzt werden.[30]

Wird das Urteil nicht oder erfolglos angefochten, erwachsen der Schuldspruch und die ihn unmittelbar tragenden Feststellungen in Rechtskraft, bei Heranwachsenden auch die Entscheidung nach § 105, da sie Voraussetzung für die Aussetzung der Verhängung der Jugendstrafe ist. Die Feststellungen zu den sanktionsspezifischen Voraussetzungen für die Aussetzung der Verhängung erwachsen nicht in Rechtskraft, da das Gericht von ihrem Vorliegen gerade nicht überzeugt ist; insoweit bleibt die endgültige Entscheidung dem Nachverfahren (§ 30) vorbehalten.[31]

Der Schuldspruch wird nach Eintritt der Rechtskraft in das Zentralregister eingetragen (§ 4 Nr. 4 BZRG), ebenso die mit dem Schuldspruch verbundenen Erziehungsmaßregeln, Zuchtmittel, Nebenstrafen und Nebenfolgen (§ 5 Abs. 2 BZRG). Die Eintragungen werden nicht in das Führungszeugnis aufgenommen (§ 32 Abs. 2 Nr. 2 BZRG).

§ 28 Bewährungszeit

(1) Die Bewährungszeit darf zwei Jahre nicht überschreiten und ein Jahr nicht unterschreiten.

(2) ¹Die Bewährungszeit beginnt mit der Rechtskraft des Urteils, in dem die Schuld des Jugendlichen festgestellt wird. ²Sie kann nachträglich bis auf ein Jahr verkürzt oder vor ihrem Ablauf bis auf zwei Jahre verlängert werden.

---
28 Eisenberg, § 54 Rn 16; Brunner/Dölling, § 54 Rn 6; aA Meyer-Goßner/Appl, S. 250: Bestimmung der Bewährungszeit im Urteilstenor.
29 BayObLG v. 29.10.1970, RReg. 8 St 134/70, GA 1971, 181; D/S/S-Schoreit, § 62 Rn 3.
30 BGH v. 13.3.1956, 2 StR 472/55, BGHSt 9, 104 (106); D/S/S-Diemer, § 27 Rn 16.
31 Brunner/Dölling, § 27 Rn 3; Eisenberg, § 27 Rn 25 f.

1 Die Entscheidung über die Verhängung der Jugendstrafe wird für eine vom Gericht zu bestimmende Bewährungszeit ausgesetzt. Die zeitlichen Grenzen sind gegenüber den Grenzen, die bei Aussetzung der Vollstreckung gelten (§ 22), abgekürzt: Das Höchstmaß beträgt lediglich zwei (statt drei), das Mindestmaß ein (statt zwei) Jahre. Hierin spiegelt sich wider, dass das Gericht beim Vorgehen nach § 27 unsicher ist, inwieweit bei Jugendlichen schädliche Neigungen vorliegen; eine Gleichbehandlung mit den Jugendlichen, bei denen das Gericht vom Vorliegen der Voraussetzungen von Jugendstrafe überzeugt ist und lediglich die Vollstreckung der Strafe zur Bewährung aussetzt, ist daher nicht sachgerecht. In der Literatur wird überdies darauf hingewiesen, dass in der Ungewissheit des Jugendlichen über die Verhängung der Jugendstrafe eine erhebliche psychische Belastung liege, die destabilisierend wirken könne; es sei daher auch unter präventiven Gesichtspunkten sinnvoll, die Phase der Ungewissheit nicht allzu lang andauern zu lassen.[1] Innerhalb des zeitlichen Rahmens von ein bis zwei Jahren richtet sich die Bestimmung der Bewährungszeit danach, welcher Zeitraum voraussichtlich erforderlich ist, um die zum Zeitpunkt des Urteils bestehende Unsicherheit über den Umfang der schädlichen Neigungen zu beheben und das Nachverfahren gem. § 30 durchzuführen.

2 Die vom Gericht bestimmte Bewährungszeit kann nachträglich verkürzt oder verlängert werden, allerdings dürfen die in Abs. 1 festgelegten Grenzen von einem bzw. zwei Jahren dabei nicht unter- oder überschritten werden (Abs. 2 Satz 2). Für die nachträgliche Verkürzung ist maßgeblich, ob die Unsicherheit über den Umfang der schädlichen Neigungen behoben ist, so dass ein weiteres Abwarten nicht erforderlich erscheint. Die nachträgliche Verlängerung setzt, da sie mit einer weiteren Belastung des Jugendlichen verbunden ist, neue, nachträglich bekannt gewordene Umstände voraus, die die Verlängerung zur erzieherischen Einwirkung notwendig erscheinen lassen (s.o. § 22 Rn 4); das bloße Fortbestehen der Unsicherheit über den Umfang der schädlichen Neigungen genügt nicht.[2]

3 Während der Bewährungszeit ruht die Frist für die Vollstreckungsverjährung (§ 2 Abs. 2 iVm § 79 a Nr. 2 b StGB analog). Die Entscheidung zur Dauer der Bewährungszeit ist mit der einfachen Beschwerde anfechtbar (§ 63 Abs. 2 iVm § 59 Abs. 2).

§ 29 Bewährungshilfe

[1]Der Jugendliche wird für die Dauer oder einen Teil der Bewährungszeit der Aufsicht und Leitung eines Bewährungshelfers unterstellt. [2]Die §§ 23, 24 Abs. 1 Satz 1 und 2, Abs. 2 und 3 und die §§ 25, 28 Abs. 2 Satz 1 sind entsprechend anzuwenden.

1 Um die Unsicherheit über den Umfang der schädlichen Neigungen zu beheben und den Jugendlichen vor weiterer Straffälligkeit zu bewahren, sind während der Bewährungszeit dieselben Maßnahmen möglich, die auch im Zusammenhang mit der Aussetzung der Vollstreckung ergriffen werden können. Das Gericht unterstellt den Jugendlichen der Aufsicht und Leitung eines Bewährungshelfers, der dem Jugendlichen helfend und betreuend zur Seite steht und die Erfüllung der Weisungen, Auflagen, Zusagen und Anerbieten überwacht (§ 29 Satz 2 iVm § 24

---

1 Ostendorf, § 28 Rn 1.
2 D/S/S-Diemer, § 28 Rn 3; Laubenthal/Baier, Rn 797; aA Eisenberg, § 28 Rn 2.

Abs. 3 Satz 1 und 2). Der Bewährungshelfer berichtet dem Gericht über die Lebensführung des Jugendlichen und teilt gröbliche oder beharrliche Verstöße gegen die getroffenen Anordnungen oder Vereinbarungen mit (§ 29 Satz 2 iVm § 25 Satz 3 und 4). Ziel ist es, den in seiner weiteren Entwicklung gefährdet erscheinenden Jugendlichen mit der „Doppelstrategie" der Betreuung und Kontrolle (s.o. § 21 Rn 2) zu stabilisieren und bei einer Lebensführung ohne Straftaten zu unterstützen. Sofern der Jugendliche keine Zusagen für seine künftige Lebensführung macht, werden ihm Weisungen erteilt; sofern er sich nicht zu angemessenen Leistungen als Ausgleich für das begangene Unrecht erbietet, werden ihm Auflagen erteilt (§ 29 Satz 2 iVm 23 Abs. 1 Satz 1 und 2, Abs. 2).

Kommt der Jugendliche den Weisungen, Auflagen, Zusagen oder Anerbieten nicht nach, entzieht er sich der Aufsicht und Leitung des Bewährungshelfers oder begeht er während der Bewährungszeit eine weitere Straftat, können hierin Gründe liegen, das Nachverfahren gem. § 30 einzuleiten und die zunächst noch ausgesetzte Jugendstrafe zu verhängen, sofern die Voraussetzungen hierfür erfüllt sind (§ 30 Abs. 1). Eine ausdrückliche Regelung wie in § 26 Abs. 2, wonach vorrangig zum Widerruf der Strafaussetzung mildere Maßnahmen geprüft werden müssen (s.o. § 26 Rn 11 ff), fehlt bei der Aussetzung der Verhängung. Das mag erklärlich sein, weil die Verhängung der Jugendstrafe nach § 30 Abs. 1 nicht zwingend auch deren Vollstreckung bedeutet; unter den Voraussetzungen des § 21 kann die Vollstreckung der nach § 30 Abs. 1 verhängten Strafe wiederum zur Bewährung ausgesetzt werden. Dennoch ist es unter Verhältnismäßigkeitsgesichtspunkten zwingend, vorrangig zur Einleitung des Nachverfahrens die Alternativen in den Blick zu nehmen. Geprüft werden muss, ob es nicht genügt, auf das vom Jugendlichen gezeigte Fehlverhalten mit der Verlängerung der Bewährungs- oder Unterstellungszeit oder der Erteilung weiterer Weisungen oder Auflagen zu reagieren (§ 28 Abs. 2 Satz 2, § 29 Satz 2 iVm § 23 Abs. 1 Satz 3, § 24 Abs. 2 Satz 1). Im Übrigen kann die Befolgung erteilter Weisungen und Auflagen auch mit der Verhängung von Ungehorsamsarrest erzwungen werden (§ 29 Satz 2 iVm § 23 Abs. 1 Satz 4). Ein Sicherungshaftbefehl (§ 453 c StPO), der nicht auf die Ermöglichung der Strafvollstreckung abzielt, sondern gerade auf deren Vermeidung („Krisenintervention"), darf hingegen nicht erlassen werden (s.u. § 62 Rn 8; § 58 Rn 11). 2

§ 30 Verhängung der Jugendstrafe; Tilgung des Schuldspruchs

(1) Stellt sich vor allem durch schlechte Führung des Jugendlichen während der Bewährungszeit heraus, daß die in dem Schuldspruch mißbilligte Tat auf schädliche Neigungen von einem Umfang zurückzuführen ist, daß eine Jugendstrafe erforderlich ist, so erkennt der Richter auf die Strafe, die er im Zeitpunkt des Schuldspruchs bei sicherer Beurteilung der schädlichen Neigungen des Jugendlichen ausgesprochen hätte.

(2) Liegen die Voraussetzungen des Absatzes 1 nach Ablauf der Bewährungszeit nicht vor, so wird der Schuldspruch getilgt.

I. Grundlagen	1	2. Strafausspruch	7
II. Die Voraussetzungen im Einzelnen	2	3. Tilgung des Schuldspruchs (Abs. 2)	9
1. Sicherheit über den Umfang der schädlichen Neigungen (Abs. 1)	2	III. Verfahrensrechtliche Hinweise	10

I. Grundlagen

1 Das in § 30 geregelte Nachverfahren bildet zusammen mit dem Hauptverfahren nach § 27 und der dort getroffenen Entscheidung zur Aussetzung der Verhängung der Jugendstrafe eine Einheit. Anders als bei der Aussetzung der Vollstreckung (§ 26) geht es nicht um den Widerruf einer bereits getroffenen Sanktionsentscheidung, sondern die Entscheidung selbst ist noch gar nicht ergangen. Beim Vorgehen nach § 27 hat das Gericht die Entscheidung für den im Bewährungsbeschluss genannten Zeitraum ausgesetzt, weil es den Umfang der schädlichen Neigungen nicht mit der erforderlichen Sicherheit beurteilen konnte. Für das Herbeiführen der noch ausstehenden Sanktionsentscheidung muss dementsprechend eine weitere Hauptverhandlung stattfinden; die Entscheidung selbst ergeht durch Urteil (§ 62 Abs. 1). In der Sache entspricht dies dem aus dem anglo-amerikanischen Bereich bekannten Modell der zweigeteilten Hauptverhandlung.[1] Dabei hat das Gericht drei Entscheidungsmöglichkeiten: Wenn es nunmehr davon überzeugt ist, dass bei dem Jugendlichen die in § 17 Abs. 2, 1. Alt. genannten Voraussetzungen erfüllt sind, muss jetzt auf Jugendstrafe erkannt werden (§ 30 Abs. 1). Ist das Gericht hiervon nicht überzeugt, kommt es darauf an, ob das Nachverfahren noch während der im Bewährungsbeschluss bestimmten Bewährungszeit stattfindet oder ob die Bewährungszeit bereits abgelaufen ist. Solange die Bewährungszeit noch läuft, ergeht der Beschluss, dass die Entscheidung über die Verhängung der Strafe weiterhin ausgesetzt bleibt (§ 62 Abs. 3). Ist die Bewährungszeit dagegen bereits abgelaufen, muss der Schuldspruch jetzt getilgt werden (§ 30 Abs. 2).

II. Die Voraussetzungen im Einzelnen

2 **1. Sicherheit über den Umfang der schädlichen Neigungen (Abs. 1).** Die Verhängung der Jugendstrafe nach § 30 Abs. 1 setzt voraus, dass die Unsicherheit über den Umfang der schädlichen Neigungen behoben und das Gericht davon überzeugt ist, dass die in § 17 genannten Voraussetzungen erfüllt sind. Das in der Bewährungszeit gezeigte Verhalten muss im Zusammenhang mit dem früheren Verhalten die Feststellung tragen, dass in der Tat schädliche Neigungen in dem für die Verhängung von Jugendstrafe erforderlichen Umfang hervorgetreten sind.

3 Beurteilungsgrundlage für die Entscheidung nach § 30 Abs. 1 ist das vom Jugendlichen in der Bewährungszeit gezeigte Verhalten. Das vor der Aussetzungsentscheidung gezeigte Verhalten kann ebenfalls in die Beurteilung einbezogen werden, da die sanktionsspezifischen Voraussetzungen für die Vorgehensweise nach § 27 nicht in Rechtskraft erwachsen (s.o. § 27 Rn 17). Allerdings ist es im Nachverfahren nicht zulässig, das Verhalten vor der Aussetzungsentscheidung im Nachverfahren lediglich neu zu bewerten und allein aufgrund einer Neubewertung nunmehr zur Überzeugung vom Vorliegen schädlicher Neigungen zu gelangen.[2] Wie § 30 Abs. 1 mit dem Hinweis auf die „schlechte Führung" des Jugendlichen deutlich macht, kommt die Verhängung der Jugendstrafe im Nachverfah-

---

[1] Wenger, in: Busch/Müller-Dietz/Wetzstein, S. 80 ff.
[2] D/S/S-Diemer, § 30 Rn 6.

ren nur dann in Betracht, wenn sich die Überzeugung vom Vorliegen schädlicher Neigungen auf neue, erst **während der Bewährungszeit bekannt gewordene Tatsachen** gründet, die im Zusammenhang mit dem früheren Verhalten die Verhängung der Jugendstrafe rechtfertigen. Dabei kann es sich auch um solche Umstände handeln, die in die Zeit vor der Aussetzungsentscheidung fallen, aber erst im Nachhinein bekannt werden; mit dem Wortlaut („herausstellen") ist dies ebenso vereinbar wie mit dem Sinn und Zweck des § 30 Abs. 1.[3] Wenn sich der Jugendliche demgegenüber während der Bewährungszeit unauffällig führt, schlägt die frühere Unsicherheit über das Vorliegen schädlicher Neigungen nunmehr zu seinen Gunsten aus; ist das Ende der Bewährungszeit erreicht, muss nach § 30 Abs. 2 verfahren und der Schuldspruch getilgt werden.

Eine herausgehobene Bedeutung misst das Gesetz der „**schlechten Führung**" während der Bewährungszeit bei. Der Begriff geht weit über die sonst im Gesetz für wesentlich gehaltene strafnormkonforme Lebensführung (vgl § 2 Abs. 1 Satz 1) hinaus und erfasst die gesamte Entwicklung in den für die Beurteilung schädlicher Neigungen relevanten Bereichen. Aus kriminologischer Sicht geht es vor allem um das Verhalten in den zentralen Integrationsbereichen Familie, Schule und Beruf (s.o. § 21 Rn 13), aber auch um neu zutage tretende Gefährdungslagen wie den Anschluss an deviante Peers oder einen problematischen Umgang mit Alkohol und Drogen. Wenn und soweit in dieser Hinsicht Entwicklungen sichtbar werden, die die Annahme rechtfertigen, dass weitere erhebliche Straftaten wahrscheinlich sind, ist aus rechtlicher Sicht jedoch stets erforderlich, dass die Entwicklungen zu dem früheren Verhalten in einer inneren, „kriminologischen" (s.o. § 26 Rn 6) Beziehung stehen. Im Nachverfahren geht es nicht um die Ahndung der „schlechten Führung", sondern um die abschließende Entscheidung über die richtige Reaktion auf die bereits im Schuldspruch missbilligte Tat. Die Verhängung der Jugendstrafe nach § 30 Abs. 1 ist nur dann zulässig, wenn die im Nachverfahren deutlicher erkennbaren schädlichen Neigungen auch schon in der zurückliegenden Tat hervorgetreten sind. Die schädlichen Neigungen müssen zudem ein Gewicht erreichen, das die Ahndung der zurückliegenden Tat durch die Verhängung von Jugendstrafe rechtfertigt. 4

Anhaltspunkte für prognostische relevante Entwicklungen können sich auch daraus ergeben, wie der Jugendliche mit den Weisungen, Auflagen, Zusagen oder Anerbieten umgeht, die im Bewährungsbeschluss festgelegt sind. Allein auf die **Nichterfüllung der** übernommenen oder auferlegten **Verpflichtungen** darf das Vorgehen nach § 30 Abs. 1 jedoch nicht gestützt werden; auch insoweit gilt, dass die Verhängung der Jugendstrafe nicht der Disziplinierung des Jugendlichen, sondern allein der Reaktion auf die bereits missbilligte Tat gilt. Vorrangig sind daher bei Nichterfüllung die Alternativen zum Nachverfahren, also die Änderung des Bewährungsbeschlusses und/oder die Verhängung von Ungehorsamsarrest zu prüfen (s.o. § 29 Rn 2). Das gleiche gilt, wenn sich der Jugendliche der Aufsicht und Leitung des Bewährungshelfers entzieht. 5

In der Praxis kommt die größte Bedeutung **weiteren Straftaten** des Jugendlichen zu. Wenn es zur Verhängung von Jugendstrafe kommt, geschieht dies in der Regel wegen neuer Taten.[4] Selbst wenn der Jugendliche in der Bewährungszeit weitere Straftaten begeht, muss dies jedoch nicht zwingend zur Einleitung des Nachverfahrens und der Verhängung der Jugendstrafe führen. Maßgeblich ist auch hier 6

---

3 Eisenberg, § 30 Rn 4; Brunner/Dölling, § 30 Rn 7 a; aA Ostendorf, § 30 Rn 1; D/S/S-Diemer, § 30 Rn 6.
4 Wenger, in: Busch/Müller-Dietz/Wetzstein, S. 86 f.

allein die Indizwirkung für die schädlichen Neigungen, die in der zurückliegenden Tat hervorgetreten sein müssen. Bei einschlägigen weiteren Delikten ist diese Indizwirkung stärker als bei nicht einschlägigen Delikten; bei Delikten, die genauso schwer wiegen wie die zurückliegende Tat oder sogar schwerer ist sie stärker als bei Bagatelldelikten.[5] Da die Verhängung der Jugendstrafe nach § 30 Abs. 1 anders als der Widerruf der Vollstreckungsaussetzung (§ 26 Abs. 1) nicht an die Begehung einer „Straftat" anknüpft, sondern an die durch die „schlechte Führung" indizierten schädlichen Neigungen, dürften dabei für die Feststellung der weiteren Taten geringere prozessuale Anforderungen gelten als beim Widerruf. Die Verhängung der Jugendstrafe nach § 30 Abs. 1 dürfte nicht voraussetzen, dass der Jugendliche wegen der neuerlichen Tat in einem förmlichen Verfahren rechtskräftig verurteilt worden ist (s.o. § 26 Rn 5), sondern es muss lediglich festgestellt werden, ob die schädlichen Neigungen im für die Verhängung von Jugendstrafe erforderlichen Umfang vorliegen; der Begehung weiterer Taten kommt insoweit lediglich Indizwirkung zu. Die Frage ist allerdings bislang noch nicht höchstrichterlich entschieden worden.

7 **2. Strafausspruch.** Wenn das Gericht vom Vorliegen schädlicher Neigungen im erforderlichen Umfang überzeugt ist, wird auf die Strafe erkannt, die das Gericht im Hauptverfahren nach § 27 bei sicherer Beurteilung der schädlichen Neigungen ausgesprochen hätte. Die im Gesetz gewählte Formulierung macht deutlich, dass es für die Bemessung der Dauer der Jugendstrafe nach § 18 Abs. 2 ausschließlich auf die im Schuldspruch missbilligte Tat und die darin hervorgetretenen schädlichen Neigungen ankommt; die während der Bewährungszeit gezeigte „schlechte Führung", die im Nachverfahren die Verhängung der Jugendstrafe legitimiert, soll bei der Strafzumessung ersichtlich ausgeblendet bleiben. In der Literatur gibt es dementsprechend eine starke Meinung, die davon ausgeht, dass das während der Bewährungszeit gezeigte Fehlverhalten nicht strafschärfend berücksichtigt werden dürfe.[6] In der Theorie ist diese Aussage sicherlich schlüssig, in der Praxis muss man jedoch sehen, dass sich die Strafzumessung im Jugendstrafrecht nicht nach dem Prinzip der Tatproportionalität vollzieht, sondern sich in erster Linie an erzieherischen Gesichtspunkten ausrichtet (§ 18 Abs. 2); aus der Tatbewertung folgt im Jugendstrafrecht lediglich das Verbot der Überschreitung der Schuldobergrenze.[7] Bei der **Bemessung der Dauer** der nach § 17 Abs. 2, 1. Alt. verhängten Strafe spielen die schädlichen Neigungen und die durch sie indizierte Einwirkungsnotwendigkeit auf den Jugendlichen dementsprechend eine ausschlaggebende Rolle. Da der Umfang der schädlichen Neigungen beim Vorgehen nach §§ 27, 30 Abs. 1 erst in der Bewährungszeit zutage tritt, kann die in dieser Zeit gezeigte „schlechte Führung" bei der Strafzumessung richtigerweise nicht unberücksichtigt bleiben; vielmehr ist umgekehrt erforderlich, auch dieses Verhalten in die notwendige umfassende Würdigung der Persönlichkeit des Jugendlichen einfließen zu lassen.[8] Im Ergebnis kann und darf sich dies im Rahmen des dem Gericht zur Verfügung stehenden Spielraums auch zum Nachteil des Jugendlichen auswirken.[9] Kontrolliert werden könnte ein „Verstoß" gegen das Strafschärfungsverbot ohnehin nicht, da das Gericht zum Zeitpunkt des Schuldspruchs

---

5 BGH v. 6.4.1956, 2 StR 91/56, BGHSt 9, 160 (162); D/S/S-Diemer, § 30 Rn 8; Ostendorf, § 30 Rn 2.
6 Eisenberg, § 30 Rn 9; D/S/S-Diemer, § 30 Rn 10, Brunner/Dölling, § 30 Rn 8.
7 Meier/Rössner/Schöch-Schöch, § 11 Rn 25 ff.
8 AA Streng, Jugendstrafrecht, Rn 552; Laubenthal/Baier, Rn 804.
9 Im Ergebnis übereinstimmend Ostendorf, § 30 Rn 5; vgl auch Wenger, in: Busch/Müller-Dietz/Wetzstein, S. 81 f.

nicht niederlegt, welche Strafe es aussprechen würde, wenn es die schädlichen Neigungen des Jugendlichen sicher beurteilen könnte.

Die Vollstreckung der im Nachverfahren verhängten Strafe kann wiederum nach § 21 zur **Bewährung** ausgesetzt werden; eine frühere Regelung, die dies ausschloss (§ 30 Abs. 1 Satz 2 aF), ist durch das 1. JGGÄndG aufgehoben worden. Die für die Verhängung von Jugendstrafe wegen schädlicher Neigungen erforderliche negative Prognose (s.o. § 17 Rn 19) und die für die Aussetzung der Vollstreckung erforderliche positive Prognose (s.o. § 21 Rn 7 ff) stehen zwar in einem Spannungsverhältnis zueinander, schließen sich aber nicht wechselseitig aus. Insbesondere kann versucht werden, auf die weitere Lebensführung des Jugendlichen durch neue, an die geänderte Gefährdungslage angepasste Weisungen Einfluss zu nehmen. 8

3. Tilgung des Schuldspruchs (Abs. 2). Vermag es das Gericht am Ende der Bewährungszeit nicht, sich die Überzeugung vom Vorliegen schädlicher Neigungen in dem für die Verhängung von Jugendstrafe erforderlichen Umfang zu verschaffen, ist es nicht nur an der Verhängung der Strafe gehindert, sondern muss nach Abs. 2 auch den im Verfahren nach § 27 ergangenen Schuldspruch tilgen. Vor dem Ende der Bewährungszeit ist die Tilgung des Schuldspruchs nicht zulässig; das Gericht kann vorher lediglich die weitere Aussetzung der Entscheidung über die Verhängung (§ 62 Abs. 3) oder die nachträgliche Abkürzung der Bewährungszeit (§ 28 Abs. 2 Satz 2) beschließen. Tilgung des Schuldspruchs bedeutet, dass die belastenden Wirkungen der Verurteilung ex nunc beseitigt werden. Die dem Jugendlichen erteilten Weisungen und Auflagen werden ebenso aufgehoben wie die Unterstellung unter die Bewährungshilfe; eine Erstattung bereits erbrachter Leistungen erfolgt nicht (s.o. § 26 a Rn 1). Die Eintragung über den Schuldspruch wird aus dem Zentralregister entfernt (§ 13 Abs. 2 Satz 2 Nr. 1 BZRG; s.o. § 27 Rn 18). Neuerliche Sanktionen dürfen auf der Grundlage des Schuldspruchs nicht mehr ergehen.[10] 9

III. Verfahrensrechtliche Hinweise

Die Entscheidung über die Verhängung der Jugendstrafe nach § 30 Abs. 1 ergeht aufgrund einer Hauptverhandlung durch Urteil (§ 62 Abs. 1 Satz 1). 10

▶ **Tenor:**

„Der Angeklagte wird wegen ... zu einer Jugendstrafe von ... verurteilt."[11] ◀

Kann sich das Gericht in der Hauptverhandlung am Ende der Bewährungszeit nicht die Überzeugung vom Vorliegen schädlicher Neigungen im notwendigen Umfang verschaffen, wird der Schuldspruch nach § 30 Abs. 2 durch Urteil beseitigt.

▶ **Tenor:**

„Der Schuldspruch aus dem Urteil des ... Gerichts vom ... wird getilgt."[12] ◀

Erfolgt die Entscheidung während der noch laufenden Bewährungszeit, darf der Schuldspruch nicht getilgt werden, vielmehr ergeht der Beschluss, dass die Entscheidung über die Verhängung der Strafe weiterhin ausgesetzt bleibt (§ 62 Abs. 3). Nach der Bewährungszeit kann die Tilgung des Schuldspruchs mit Zu-

---

10 BGH v. 9.1.1963, 4 StR 443/62, BGHSt 18, 207, 211 f; Ostendorf, § 30 Rn 8; Eisenberg, § 30 Rn 15.
11 D/S/S-Diemer, § 30 Rn 14.
12 D/S/S-Diemer, § 30 Rn 15.

stimmung der Staatsanwaltschaft auch ohne Hauptverhandlung durch Beschluss erfolgen (§ 62 Abs. 2).

11 Für die Beurteilung der Entwicklung des Jugendlichen kommt den Berichten der Bewährungshilfe (§ 29 Satz 2 iVm § 25 Satz 3 und 4) maßgebliche Bedeutung zu. Das Gericht ist allerdings, da das Nachverfahren in einer Hauptverhandlung stattfindet (§ 62 Abs. 1), auch von Amts wegen verpflichtet, den Sachverhalt in seinen entscheidungserheblichen Teilen aufzuklären (§ 244 Abs. 2 StPO).[13] Es gelten die Regeln des Strengbeweises.

12 Das Gericht ist an das nach § 27 ergangene, in Rechtskraft erwachsene Urteil hinsichtlich des Schuldspruchs und der ihn unmittelbar tragenden Feststellungen gebunden; lediglich die Feststellungen zu den sanktionsspezifischen Voraussetzungen für die Aussetzung der Verhängung von Jugendstrafe wegen schädlicher Neigungen erwachsen nicht in Rechtskraft (s.o. § 27 Rn 17). Führt die Beweiserhebung im Nachverfahren zu Zweifeln, ob der Schuldspruch zu Recht ergangen ist (etwa weil der Jugendliche zum Zeitpunkt der Tat nicht schuldfähig war, § 3 Satz 1), muss die Verhängung der Jugendstrafe abgelehnt und der Schuldspruch nach § 30 Abs. 2 getilgt werden. Das Gericht kann sich in diesem Fall trotz der Rechtskraft des Schuldspruchs nicht die Überzeugung verschaffen, dass in der festgestellten Tat schädliche Neigungen hervorgetreten sind.[14] Werden im Nachverfahren Prozesshindernisse bekannt, ist das Verfahren einzustellen (§§ 206 a, 260 Abs. 3 StPO).

13 Begeht der Jugendliche während der Bewährungszeit eine weitere Straftat (zu deren Bedeutung für die Beurteilung des Umfangs schädlicher Neigungen s.o. Rn 6) und wird hierfür verurteilt, kann die nach § 27 getroffene Entscheidung unter den Voraussetzungen des § 31 Abs. 2 Satz 1, Abs. 3 in die neue Entscheidung einbezogen werden (zur umstrittenen Frage, ob dies auch für die nachträgliche Entscheidung über die Einbeziehung nach § 66 gilt, s.u. § 66 Rn 4).[15] Entscheidet sich das neue Gericht für die Einbeziehung, kann die Entscheidung über die Verhängung der Jugendstrafe auch in dem neuen Verfahren wieder nach § 27 zur Bewährung ausgesetzt werden.[16] Eine Hauptverhandlung nach § 62 Abs. 1, in der über die Verhängung der Jugendstrafe nach § 30 Abs. 1 entschieden wird (s.o. Rn 10), ist in diesem Fall nicht erforderlich.

14 Soweit der Jugendliche im Verfahren U-Haft oder eine andere Freiheitsentziehung erlitten hat, muss dies unter den Voraussetzungen des § 52 a auf die Jugendstrafe angerechnet werden. Dasselbe gilt dann, wenn die Anrechnungsregeln nach der Rechtsprechung des BGH zur „Vollstreckungslösung" bei rechtsstaatswidriger Verfahrensverzögerung[17] analog angewandt werden.[18] Wird im Nachverfahren festgestellt, dass die Voraussetzungen für die Verhängung von Jugendstrafe nicht vorliegen, so dass der Schuldspruch getilgt werden muss, ist eine Kompensation der erlittenen Nachteile nicht möglich. Ist wegen eines Teilfreispruchs eine Haft-

---

13 D/S/S-Diemer, § 30 Rn 7.
14 Im Ergebnis ebenso Brunner/Dölling, § 30 Rn 10; Eisenberg, § 30 Rn 19 f; aA D/S/S-Diemer, § 30 Rn 4: Höhergewichtung der Rechtskraft gegenüber der materiellen Gerechtigkeit.
15 Heublein, § 27 JGG - eine ungeliebte Vorschrift?, ZfJ 1995, 437; Ostendorf, § 31 Rn 9; D/S/S-Schoreit, § 31 Rn 65.
16 Eisenberg, § 30 Rn 12.
17 BGH v. 17.1.2008, GSSt 1/07, BGHSt 52, 124, 128 ff.
18 Vgl zur „Strafzumessungslösung" demgegenüber BGH v. 5.12.2002, 3 StR 417/02, NStZ 2003, 364.

entschädigung nach dem StrEG zu gewähren, wird im Nachverfahren auch über die Entschädigung entschieden.[19]

Siebenter Abschnitt Mehrere Straftaten
§ 31 Mehrere Straftaten eines Jugendlichen

(1) ¹Auch wenn ein Jugendlicher mehrere Straftaten begangen hat, setzt der Richter nur einheitlich Erziehungsmaßregeln, Zuchtmittel oder eine Jugendstrafe fest. ²Soweit es dieses Gesetz zuläßt (§ 8), können ungleichartige Erziehungsmaßregeln und Zuchtmittel nebeneinander angeordnet oder Maßnahmen mit der Strafe verbunden werden. ³Die gesetzlichen Höchstgrenzen des Jugendarrestes und der Jugendstrafe dürfen nicht überschritten werden.

(2) ¹Ist gegen den Jugendlichen wegen eines Teils der Straftaten bereits rechtskräftig die Schuld festgestellt oder eine Erziehungsmaßregel, ein Zuchtmittel oder eine Jugendstrafe festgesetzt worden, aber noch nicht vollständig ausgeführt, verbüßt oder sonst erledigt, so wird unter Einbeziehung des Urteils in gleicher Weise nur einheitlich auf Maßnahmen oder Jugendstrafe erkannt. ²Die Anrechnung bereits verbüßten Jugendarrestes steht im Ermessen des Richters, wenn er auf Jugendstrafe erkennt.

(3) ¹Ist es aus erzieherischen Gründen zweckmäßig, so kann der Richter davon absehen, schon abgeurteilte Straftaten in die neue Entscheidung einzubeziehen. ²Dabei kann er Erziehungsmaßregeln und Zuchtmittel für erledigt erklären, wenn er auf Jugendstrafe erkennt.

Richtlinien zu § 31

1. Ein rechtskräftiges Urteil wird im Gegensatz zu § 55 StGB auch einbezogen, wenn die weitere Straftat nach seiner Verkündung begangen worden ist.

2. Ist durch das frühere Urteil Jugendstrafe verhängt und die Vollstreckung nach § 21 zur Bewährung ausgesetzt worden, so bedarf es zur Einbeziehung nicht des Widerrufs der Aussetzung. Das gleiche gilt, wenn nach §§ 88, 89 während der Vollstreckung einer Jugendstrafe Aussetzung zur Bewährung angeordnet worden ist. Ist in dem früheren Urteil nach § 27 lediglich die Schuld festgestellt worden, so wird durch die Einbeziehung dieses Urteils auch das ihm zugrundeliegende Verfahren erledigt.

3. Bei der neuen Entscheidung ist von den tatsächlichen Feststellungen und dem Schuldspruch des einzubeziehenden rechtskräftigen Urteils auszugehen. Es wird jedoch insoweit erneut Beweis zu erheben sein, als dies für die Gesamtbeurteilung des Angeklagten, insbesondere im Hinblick auf die Festsetzung einer neuen Maßnahme oder Jugendstrafe erforderlich ist.

4. Ist wegen der neuen Straftat eine Verschärfung des früheren Urteils nicht angemessen, so verfährt die Staatsanwaltschaft in der Regel nach § 154 StPO. Dies gilt auch, wenn es ausreicht, die Aussetzung einer Jugendstrafe oder eines Strafrestes zur Bewährung zu widerrufen (§§ 26, 88, 89) oder ein nach Schuldspruch ausgesetztes Verfahren fortzusetzen (§ 30).

5. Über die Anrechnung oder Berücksichtigung von Untersuchungshaft, die im Zusammenhang mit einem einbezogenen Urteil vollzogen worden ist, wird neu zu entscheiden sein.

---

19 LG Offenburg v. 27.5.2003, 8 Qs 2/03, NStZ-RR 2003, 351, 352; D/S/S-Schoreit, § 62 Rn 5; aA Eisenberg, § 27 Rn 23: sofortige Entscheidung im Verfahren nach § 27.

I. Persönlicher Anwendungsbereich 1
1. Jugendliche 1
2. Heranwachsende 2
3. Neue Bundesländer 3
II. Sachlicher Anwendungsbereich 4
1. Grundlagen der Regelungen 4
2. Grundsatz der einheitlichen jugendstrafrechtlichen Rechtsfolgen 5
3. Entscheidung durch Urteil 6
4. Entscheidung durch Beschluss 7
5. Neue Maßnahmen im Urteil 8
6. Ausschluss einer Einbeziehung 9
7. Ordnungswidrigkeiten 10
8. Einbeziehung ausländischer Urteile 11
9. Strafrahmen bei Heranwachsenden 12
10. Aussetzung der Verhängung der Jugendstrafe 13
III. Einbeziehung von Urteilen in verschiedenen Verfahren gemäß Abs. 2 und Abs. 3 14
1. Geltung des Einheitsprinzips 14
2. Neue, einheitliche Beurteilung der Rechtsfolgen 15
3. Einbeziehung von Urteilen nach allgemeinem Strafrecht 16
4. Einbeziehung bei Erwachsenen 17
5. Einbeziehung in Fällen von Nebenstrafen oder Maßregeln der Besserung und Sicherung 18
6. Umfassende Einbeziehung 19
IV. Fortdauer früher verhängter Rechtsfolgen 20
1. Keine parallele Vollstreckung verschiedener jugendgerichtlicher Entscheidungen 20
2. Einbeziehung einzelner Maßnahmen 21
   a) Erziehungsmaßregeln und Zuchtmittel 21
   b) Hilfe zur Erziehung ... 22
   c) Verwarnung 23
   d) Jugendarrest 24
   e) Jugendstrafe 25
   f) Schuldspruch 26
   g) Sonstige Erledigung ... 27
V. Maßgebender Zeitpunkt der Einbeziehung 28
VI. Vorbehalt der erzieherischen Zweckmäßigkeit 30
1. Absehen von der Einbeziehung gem. Abs. 2 S. 2 und Abs. 3 30
2. Einbeziehung bei Vorliegen der gesetzlichen Höchstgrenze von Jugendarrest und Jugendstrafe ... 31
3. Absehen der Einbeziehung im Einzelnen 32
4. Pflichtgemäßes Ermessen 36
VII. Durchführung des Verfahrens 37
1. Gegenstand der Einbeziehung 37
2. Beachtung der Kompetenz eines Gerichts 38
3. Keine Bindung an die Rechtsfolgen 39
4. Widersprüchliche Feststellungen 40
5. Eingeschränkte Beweiserhebung 41
6. Auswirkung früherer Sanktionen auf das neue Urteil 42
7. Anrechnung von Untersuchungshaft 43
VIII. Rechtsfolgen der Einbeziehung 44
1. Wegfall der früheren Rechtsfolgen 44
2. Tilgungsfrist 45
3. Rechtliche Auswirkung für vollzogene Maßnahmen im Einzelnen 46
   a) Erziehungsmaßregeln 47
   b) Zuchtmittel 48
   c) Jugendstrafe 49
   d) Entscheidung über die Aussetzung zur Bewährung 50
   e) Fahrverbot 51
IX. Rechtswirkungen einer Jugendstrafe im allgemeinen Strafrecht 52
X. Urteilsfassung 53
XI. Rechtsmittel 56
1. Gegen das Unterlassen der Einbeziehung 56
2. Gegen eine Einbeziehung 60
3. Gegen die einheitliche Sanktion 62

I. Persönlicher Anwendungsbereich

1. Jugendliche. Die Vorschriften der §§ 31, 32 regeln die **Rechtsfolgen von Straftaten gegen Jugendliche** auch vor den für allgemeine Strafsachen zuständigen Gerichten (§ 104 Abs. 1 Nr. 1). 1

2. Heranwachsende. Die Vorschriften gelten auch für **Heranwachsende** und zwar sowohl vor den Jugendgerichten als auch vor den für allgemeine Strafsachen zuständigen Gerichten, wenn gemäß § 105 Abs. 1 Jugendrecht anzuwenden ist. (§§ 105 Abs. 1, 112 S. 1 iVm § 104 Abs. 1 Nr. 1). 2

3. Neue Bundesländer. In den **neuen Bundesländern** gelten anstelle des Wortes „Zuchtmittel" die Worte „Verwarnung, Erteilung von Auflagen und Jugendarrest". 3

II. Sachlicher Anwendungsbereich

1. Grundlagen der Regelungen. Im 7. Abschnitt des JGG wird das **Zusammentreffen mehrerer Straftaten**, die ein Jugendlicher oder Heranwachsender bis zu einer Verurteilung begangen hat, systematisch geregelt. Da für das Jugendstrafverfahren im Rahmen der Schuldfeststellung die Grundsätze für eine tateinheitliche Straftat (§ 52 StGB) und tatmehrheitliche (§ 53 StGB) Straftaten gelten, war im Rahmen der Rechtsfolgenentscheidung zu regeln, welche jugendstrafrechtliche Maßnahmen im Urteil festzusetzen sind. 4

2. Grundsatz der einheitlichen jugendstrafrechtlichen Rechtsfolgen. Ziel der §§ 31 und 32 sowie § 66 Abs. 2 S. 2 ist es, **eine einheitliche Sanktionierung mehrerer Straftaten** im Interesse einer Individualprävention zum Zeitpunkt der letzten gerichtlichen Entscheidung zu gewährleisten. Diese Regelung weicht von den Bestimmungen der §§ 54, 55 StGB (Bildung der Gesamtstrafe) ab; vor allem von deren Voraussetzung in § 54 StGB, wonach die Gesamtstrafe durch Erhöhung der verwirkten höchsten Strafe gebildet wird und von den einschränkenden Voraussetzungen im § 55 StGB, wonach die einzubeziehende Straftat vor der früheren Verurteilung begangen worden sein muss. Das Bedürfnis einer jugendstrafrechtlich adäquaten Regelung betraf nicht nur die Folgen einer Mehrzahl von Straftaten bis zu einer gerichtlichen Entscheidung, sondern auch bei mehreren gerichtlichen Entscheidungen gegen denselben Jugendlichen oder Heranwachsenden, wenn diese noch nicht vollständig erledigt waren. Mit dem Nebeneinander von Jugend- und Erwachsenenstrafrecht war auch eine einheitliche Lösung der Rechtsfolgen für Straftaten in verschiedenen Alters- und Reifestufen geboten (§§ 32, 105 Abs. 2; s. dort). 5

Die getroffenen Regelungen folgen dem Anliegen aller Strafverfahren gegen Jugendliche oder Heranwachsende, dass jedes zuletzt entscheidende Gericht unter Beachtung aller bisherigen Straftaten, ob erledigt oder nicht, und unter Würdigung des bisherigen Gesamtverhaltens eines Jugendlichen oder Heranwachsenden durch Urteil oder durch Beschluss (gem. § 66 Abs. 2 S. 2) **grundsätzlich neu** über die erzieherisch erforderlichen Maßnahmen zu befinden hat.

3. Entscheidung durch Urteil. Abs. 1 regelt die Aburteilung mehrerer Straftaten (Tatmehrheit) in einem Verfahren, 6

Abs. 2 die Aburteilung mehrerer Straftaten in verschiedenen Jugendstrafverfahren.

In beiden Fällen kommt unabhängig von der Anzahl der verwirkten Straftaten das erzieherisch begründete Ziel der einheitlichen Rechtsfolgen im Jugendstrafrecht zur Anwendung ("**Einheitsprinzip**").[1] Im Rahmen der einheitlichen Rechtsfolgenverhängung ist erneut eine Koppelung gem. § 8 (Verbindung von Maßnahmen und Jugendstrafe) zulässig. Die gesetzlichen Höchstgrenzen des Jugendarrestes und der Jugendstrafe dürfen nicht überschritten werden (Abs. 1 S. 3). Diese Regelung gilt für tateinheitlich wie für tatmehrheitlich begangene Straftaten, deren Konkurrenzen nach dem allgemeinen Strafrecht zu beurteilen sind. Diese materiell rechtliche Beurteilung, die auch im Tenor ihren Niederschlag findet, wird unabhängig von § 31 getroffen.

Die Anwendung des Einheitsprinzips gemäß § 31 setzt stets voraus, dass ein **Urteil** gesprochen wird.

7   **4. Entscheidung durch Beschluss.** Erweitert wird die Regelung der §§ 31 und 32 lediglich gem. § 66 Abs. 2 S. 2 auf das nachträgliche Beschlussverfahren, das ähnlich wie in § 55 StGB eine nachträgliche, einheitliche Entscheidung bei mehrfacher Verurteilung ohne Beachtung des § 31 ermöglicht (s. dort).

8   **5. Neue Maßnahmen im Urteil.** Einheitlich werden in dem einbeziehenden Urteil Erziehungsmaßregeln, Zuchtmittel, ein Schuldspruch[2] oder eine Jugendstrafe sowie sämtliche Nebenentscheidungen einschließlich der Maßregeln der Besserung und Sicherung festgesetzt. In dem einbeziehenden Urteil werden im Tenor auch die neu begangenen Straftaten und deren Konkurrenzverhältnis im Einzelnen festgestellt, nicht jedoch die Straftaten aus den nicht erledigten und einbezogenen Urteilen. Die in den einbezogenen Urteilen begangenen Straftaten sind jedoch in den Gründen zumindest kurz darzustellen. Eine reine Bezugnahme genügt nicht.[3]

Jedoch hat jede Einbeziehung früher verhängter Rechtsfolgen zur Voraussetzung, dass diese noch nicht vollständig ausgeführt, vollstreckt oder sonst erledigt sind. Trifft dies nur auf einzelne Rechtsfolgen zu, so werden nur diese nicht erledigten von der Einbeziehung erfasst, auch wenn sich die Einbeziehung auf das gesamte frühere Urteil erstreckt. In diesen Fällen soll der neue Tatrichter deshalb der Klarstellung wegen aussprechen, welche der früher verhängten Rechtsfolgen sich bereits erledigt haben. Dies gilt insb. für die abgelaufene Sperrfrist einer Führerscheinsperre.[4]

▶ **Die Formulierung im Urteil könnte lauten:**
„Die in dem Urteil vom ... (Az) angeordnete Fahrerlaubnisentziehung ist erledigt." ◀

9   **6. Ausschluss einer Einbeziehung. a)** Ausgeschlossen ist die Einbeziehung eines Strafurteils in einen einstellenden **Gerichtsbeschluss gem. §§ 45, 47**.[5] Die Einbeziehung einer gem. §§ 45, 47 angeordneten Maßnahme in ein Strafurteil ist ebenfalls unzulässig, da diese nicht als Teil einer formeller Entscheidungen zum Abschluss eines Verfahrens angesehen werden können.[6]

b) Nicht einbezogen werden kann ein Beschluss des Ungehorsamsarrestes gem. §§ 11 Abs. Abs. 3, 15 Abs. 3 S. 3.[7] Diese Art des Arrestes schließt das zugrunde liegende Strafverfahren nicht ab und entfällt, wenn die Auflage noch vor Vollstreckung erfüllt wird (§ 11 Abs. 3 S. 3). Es wäre, wollte man die Einbeziehung

---

1   D/S/S-Schoreit, § 31 Rn 2.
2   HM.
3   BGH StV 1989, 307.
4   BGHSt 42, 299.
5   HM; Ostendorf, § 31 Rn 2; Eisenberg, § 10 Rn 7.
6   Eisenberg, § 10 Rn 7.
7   Eisenberg, § 31 Rn 6; Ostendorf, § 31 Rn 2.

zulassen, in diesem Fall zu fragen, wie mit der zugrunde liegenden Entscheidung zu verfahren wäre.

Eine ein Strafverfahren abschließende Entscheidung muss jedoch ein Strafurteil einbeziehen, bei dem eine erteilte Weisung sowie der wegen deren Nichtbefolgung angeordnete Jugendarrest noch nicht erledigt ist. In diesem Fall ist gemäß § 31 Abs. 3 zu prüfen, ob jetzt von der Vollstreckung des bereits angeordneten „Ungehorsamsarrestes" als Folge des zugrunde liegenden Urteils abgesehen werden kann.[8]

7. Ordnungswidrigkeiten. § 31 gilt nicht für **Geldbußen** im Ordnungswidrigkeiten-Verfahren.[9] Mehrere Ordnungswidrigkeiten werden stets selbstständig und getrennt festgesetzt.[10] Sind eine Straftat und eine Ordnungswidrigkeit in einem Strafverfahren (zB reine Vorfahrtsverletzung nach der StVO und Unfallflucht) zu verurteilen, werden die Straftaten nach dem „Einheitsprinzip" und die Ordnungswidrigkeit getrennt davon geahndet. Sind mehrere Geldbußen verwirkt, kann dies bei deren Höhe berücksichtigt werden, wenn dies zu einer „abträglichen Geldbußenhäufung führt".[11] Da die Höhe der Geldbuße u.a. Einfluss auf die Punkte im Verkehrszentralregister haben kann, sollte dies berücksichtigt werden, zumal § 78 Abs. 4 OWiG regelt: „Wird gegen einen Jugendlichen oder Heranwachsenden eine Geldbuße festgesetzt, so kann der Jugendrichter zugleich eine Vollstreckungsanordnung nach § 98 Abs. 1 OWiG treffen".

8. Einbeziehung ausländischer Urteile. Die §§ 31, 32 sind auch **bei ausländischen Urteilen** anwendbar. Bei rechtskräftigen Urteilen im Ausland und Auslieferung an die Bundesrepublik Deutschland ist der Grundsatz der Spezialität nach Art. 14 EuAlÜbk[12] zu beachten.[13] Hierbei sind diese Voraussetzungen für jede einzelne Straftat zu prüfen.[14] Die Auslandsstraftat darf, wenn sie im Inland nicht verfolgbar ist, nicht strafschärfend verwendet, wohl aber unter Umständen als Indiz verwertet werden.[15] Als Vorstrafe bei der Verfolgung einer neuen Tat darf sie berücksichtigt werden.[16]

9. Strafrahmen bei Heranwachsenden. Der **Strafrahmen** ist der gleiche, als ob eine Straftat vorläge. Gilt bei einer der mehreren Straftaten der erhöhte Strafrahmen der §§ 18 Abs. 1 S. 2, 105 Abs. 3, so ist dieser für alle einheitlich zu würdigenden Straftaten heranzuziehen.

10. Aussetzung der Verhängung der Jugendstrafe. Unter den **Begriff der Jugendstrafe** fallen auch die verschiedenen Formen der Aussetzung (Bewährung, Vorbewährung, Aussetzung gem. § 27).[17]

---

8 BGH v. 26.5.2009, 3 StR 177/09; Eisenberg, § 31 Rn 7 a; D/S/S-Schoreit, § 31 Rn 4; Dallinger/Lackner, § 31 Rn 49.
9 Göhler-Gürtler, § 20 OWiG Rn 2, 4.
10 HM; D/S/S-Schoreit, § 32 Rn 5 mwN.
11 D/S/S-Schoreit, § 31 Rn 5.
12 BGBl. 1976 II, 1778.
13 BGH v. 26.2.1997, 3 StR 597/96, StV 1998, 324: nur die zur Auslieferung führenden, im Haftbefehl aufgeführten Delikte dürfen bei § 31 berücksichtigt werden.
14 Ostendorf, § 31 Rn 5; Eisenberg, § 31 Rn 10.
15 BGH v. 20.12.1968, 1 StR 508/67, BGHSt 22, 307; D/S/S-Schoreit, § 31 Rn 10.
16 BGH v. 19.2.1969, 2 StR 612/68, BGHSt 22, 318.
17 Eisenberg, § 31 Rn 12.

III. Einbeziehung von Urteilen in verschiedenen Verfahren gemäß Abs. 2 und Abs. 3

14 1. **Geltung des Einheitsprinzips.** Die Geltung des Einheitsprinzips bei der Aburteilung mehrerer Straftaten eines Jugendlichen oder Heranwachsenden, auf den Jugendstrafrecht anzuwenden ist, in verschiedenen Strafverfahren ist entsprechend Abs. 1 in Abs. 2 und Abs. 3 geregelt. Sie gehen § 55 StGB vor. Anders als dort kommt es nicht darauf an, in welcher zeitlichen Reihenfolge die Straftaten begangen worden sind. Die neuen Straftaten müssen auch nicht vor der früheren Verurteilung begangen worden sein (RL Nr. 1). Ist die Vorverurteilung bereits in ein anderes, **nicht** rechtskräftiges Urteil einbezogen worden, scheidet eine Einbeziehung aus.[18] Aus dem vorherigen, rechtskräftigen Urteil kann insb. weiter vollstreckt werden. [19]Einbezogen werden auch rechtskräftige Beschlüsse nach § 66.

15 2. **Neue, einheitliche Beurteilung der Rechtsfolgen.** Die Maßnahmen sind **einheitlich**, ohne Rücksicht auf die Zahl der Taten, festzusetzen. Die der früheren Verurteilung zugrunde liegenden Straftaten und die neuen Straftaten sind einheitlich neu zu bewerten und für alle Taten ist selbstständig und losgelöst vom früheren Strafausspruch eine neue Rechtsfolge festzusetzen und zu begründen. Die früheren Straftaten sind daher angemessen und für die Bemessung der Rechtsfolgen im neuen Urteil ausreichend darzustellen. Sind in dem einzubeziehenden Urteil weitere vorherige Gerichtsurteile einbezogen worden, sind sämtliche Straftaten, auch die damals einbezogenen, erneut einzubeziehen und im Urteilsausspruch entsprechend **einzeln** zu kennzeichnen.[20] Die gesetzlichen Höchstgrenzen der zu verhängenden Maßnahmen sind erneut zu beachten.

16 3. **Einbeziehung von Urteilen nach allgemeinem Strafrecht.** Bei Anwendung des Jugendstrafrechts auf **Heranwachsende** ist gemäß §§ 105 Abs. 2, 31 Abs. 2 S. 1, Abs. 3 sowie bei einer nachträglichen Entscheidung gemäß §§ 109 Abs. 2 S. 1, 66 (nachträglicher Beschluss) eine Einbeziehung eines Urteils nach Erwachsenenstrafrecht auch dann vorgesehen, wenn der Heranwachsende wegen eines Teils der Strafen bereits nach allgemeinem Strafrecht rechtskräftig verurteilt worden ist. Einbezogen werden **alle rechtskräftigen Verurteilungen** einschließlich der rechtskräftigen **Strafbefehle**. Für die Einbeziehung kommt es nicht darauf an, ob auch die Voraussetzungen des § 55 StGB vorliegen, insb. die abzuurteilenden Taten nach der letzten Entscheidung begangen worden sind, sofern auf eine jugendrichterliche Maßnahme erkannt wird. Bei Heranwachsenden können Verurteilungen zu Geld- oder Freiheitsstrafe einbezogen werden.[21]

17 4. **Einbeziehung bei Erwachsenen.** Ist ein **erwachsener Angeklagter** wegen Straftaten rechtskräftig verurteilt worden, die er als Erwachsener begangen hat, ist dieses, noch nicht erledigte Strafurteil gem. § 105 Abs. 2 iVm § 31 Abs. 2 S. 1 in das nunmehrige Urteil einzubeziehen, wenn Jugendstrafrecht anzuwenden ist.[22]

Führt in einem solchen Fall gem. § 32 das Schwergewicht der Straftaten zur Anwendung des allgemeinen Strafrechts, ist § 55 StGB anzuwenden und die dortige Einschränkung auf Verurteilungen vor dem letzten Urteil zu beachten.

---

18 BGH NJW 2003, 2036.
19 HM; BVerfG v. 19.3.2001, 2 BvR 430/01.
20 D/S/S-Schoreit, § 31 Rn 11.
21 BGH v. 21.10.1980, 1 StR 451/80, NStZ 1981, 355; Eisenberg, § 10 Rn 14.
22 Ständige Rspr des BGH: BGH v. 2.5.1990, 2 StR 64/90, BGHSt 37, 34; BGH v. 23.11.1993, BGHSt 40, 1; BGH v. 6.8.1997, 3 StR 272/97, StV 1998, 345.

5. Einbeziehung in Fällen von Nebenstrafen oder Maßregeln der Besserung und Sicherung. Da der Gesetzeswortlaut des Abs. 2 allein die „Erziehungsmaßregeln, Zuchtmittel oder Jugendstrafe" erwähnt, ist **streitig**, ob Urteile einzubeziehen sind, die **nur** diese Maßnahmen enthalten. Hieraus wird gefolgert, dass Urteile, die sich auf die Verhängung von Nebenstrafen oder Nebenfolgen oder einer Maßregel der Besserung und Sicherung beschränkt haben oder aus denen nur noch solche Nebenfolgen und Maßregeln übrig geblieben sind, nicht einbeziehungsfähig seien, weil mit ihnen keine spezifisch erzieherischen Zwecke verfolgt würden. Wird wegen der neuen Tat nur auf Nebenstrafen oder –folgen oder auf Maßregeln der Besserung und Sicherung erkannt oder sind aus dem einzubeziehenden Urteil nur solche **noch** vorhanden bzw noch nicht erledigt, so ist **§ 31 Abs. 2** jedenfalls dann **anwendbar**, wenn in der Entscheidung auf § 5 Abs. 3 zurückgegriffen wurde bzw wird.[23] Zutreffend ist die Auffassung, dass jedenfalls dann, wenn eine frühere Verurteilung gemäß § 5 Abs. 3 lediglich deshalb von der Verhängung einer Jugendstrafe oder von Zuchtmitteln abgesehen hat, weil die zugleich angeordnete Unterbringung in einem psychiatrischen Krankenhaus oder einer Entziehungsanstalt eine weitere Ahndung nicht erheblich macht, diese gemäß § 31 Abs. 2 Satz 1 in die neue Entscheidung einbezogen werden kann. In diesen Fällen wird jeweils ein Schuldspruch vorausgesetzt, der, wie bei § 27, einbezogen werden kann. Offen gelassen hat er BGH folgende Fälle: Freispruch wegen Verbotsirrtums, aber Anordnung der Unbrauchbarmachung nach § 74 d StGB, Freispruch wegen Altersunreife, aber Entziehung der Fahrerlaubnis, Einziehung von Sachen in einem objektiven Verfahren. ME dürfen die Entscheidungen in diesen Fällen nicht einbezogen werden, denn es wurden nicht „mehrere Straftaten" begangen (Abs. 1 S. 1).

Aus dem Gesagten folgt, dass auch eine **Verurteilung gem. §§ 9, 53** mit Überweisung an das Familiengericht zur Auswahl der Erziehungsmaßregeln unter § 31 Abs. 2 fällt. Einbezogen werden auch Urteile, die von einem Gericht aufgrund besonderer Zuständigkeit gefällt wurden (§ 102 und 103 Abs. 2 S. 2).[24] Eine **Ausnahme** gilt nur im Fall einer früheren Entscheidung eines Oberlandesgerichts gem. § 102, wenn das Oberlandesgericht auf einen Schuldspruch nach § 27 erkannt hat.[25] In diesen Fällen den Jugendgerichten die entsprechende Sachkunde für das Nachverfahren gem. § 30 einzuräumen, erscheint zumindest zweifelhaft.

6. Umfassende Einbeziehung. Die Wörter „wegen eines Teils der Straftaten" (Abs. 2 S. 1) beziehen sich auf alle bekannt gewordenen und noch nicht erledigten, rechtskräftigen Strafurteile oder Beschlüsse nach § 66, die einen Schuldspruch enthalten.[26]

IV. Fortdauer früher verhängter Rechtsfolgen

1. Keine parallele Vollstreckung verschiedener jugendgerichtlicher Entscheidungen. Nicht vollständig ausgeführt, verbüßt oder sonst erledigt dürfen die früher verhängten Rechtsfolgen sein. Es soll verhindert werden, dass, erzieherisch nachteilig, verschiedene Straf- und Erziehungsmittel nebeneinander vollstreckt werden (Ausnahme: Abs. 3). Die Einbeziehung betrifft zwar immer das ganze Strafurteil, doch dürfen bereits erledigte einzelne Maßnahmen aus dem rechtskräftigen Urteil

---

23 HM; BGH v. 9.12.1992 – 3 StR 434/92, BGHSt 39, 92, NJW 1993, 1404; Eisenberg, § 31 Rn 16; Ostendorf, § 31 Rn 7.
24 Ostendorf, § 31 Rn 9.
25 Eisenberg, § 102 Rn 3; aM Ostendorf, § 10 Rn 9; D/S/S-Schoreit, § 10 Rn 65.
26 D/S/S-Schoreit, § 31 Rn 13.

nicht erneut angeordnet werden, wenn sie sonst nicht neu veranlasst sind. Es empfiehlt sich daher, im Urteilstenor festzustellen, dass bestimmte Rechtsfolgen aus dem einbezogenen Urteil erledigt sind, um die Vollstreckung zu erleichtern (Musterformulierung s. Rn 8). Dies gilt insb. für abgelaufene Sperrfristen einer Fahrerlaubnisentziehung. Einer Schlechterstellung, die daraus entstehen kann, dass der Verurteilte nur einen Teil der Rechtsfolgen geleistet hat bzw nur ein Teil vollstreckt worden ist und diese Teile nicht mehr einbezogen werden können, ist dadurch zu begegnen, dass diese bereits erledigten Teile bei der neuen Rechtfolge zu berücksichtigen sind. Bei der Frage, ob von der früheren Rechtsfolge bereits ein Teil vollständig erledigt ist, wird nach der Art der Rechtsfolge zu unterscheiden sein.

Wird gem. § 31 Abs. 2 unter Einbeziehung eines früheren Urteils einheitlich auf Jugendstrafe erkannt und hat der Angeklagte aufgrund des einbezogenen Urteils Jugendstrafe verbüßt, so ist die verbüßte Strafe kraft Gesetzes anzurechnen. Eines Ausspruchs über die Anrechnung in der Urteilsformel bedarf es nicht.[27]

21 **2. Einbeziehung einzelner Maßnahmen. a) Erziehungsmaßregeln und Zuchtmittel.** Erziehungsmaßregeln und Zuchtmittel, mit Ausnahme des Arrestes, dürfen nach dem Wortlaut nicht „ ausgeführt" sein. Wann dies der Fall ist, kann nicht immer ohne Weiteres festgestellt werden. Zweifel können sich vor allem dann ergeben, wenn das Urteil oder ein nachträglicher Änderungsbeschluss entgegen § 11 Abs. 1 keine zeitliche Begrenzung enthält. Ausschlaggebend wird sein, ob nach dem Zweck der Anordnung Erledigung eingetreten ist, vor allem, wenn der Verurteilte sich an die Ge- oder Verbote regelmäßig gehalten hat. Ausgeführt sind sie in jedem Falle dann, wenn sie aus tatsächlichen oder rechtlichen Gründen nicht mehr erfüllt werden können. Mit der Verbüßung des Jugendarrestes gem. 11 Abs. 3 ist die zugrunde liegende Maßnahme noch nicht „ausgeführt". Dies ist erst der Fall, wenn sie vom Jugendlichen vollständig erfüllt wurde oder die Maßnahme sich sonst, zB durch Befreiung, erledigt hat. Es müssen alle aus dem Urteil zu entnehmenden Maßnahmen vollständig erfüllt sein.

22 **b) Hilfe zur Erziehung.** Hilfe zur Erziehung gemäß §§ 30, 34 SGB VIII ist erledigt, wenn die gesetzlichen Ziele entsprechend dem Hilfeplan erreicht sind. Die Maßnahmen nach § 12 enden in jedem Falle mit dem Erreichen der Volljährigkeit, mit der richterlichen Aufhebung der Maßnahme bei Erreichung des Erziehungswerks oder mit dem Widerruf der Zustimmung der Erziehungsberechtigten. Diese Anordnung spielt in der Praxis kaum eine Rolle.

23 **c) Verwarnung.** Bei der Verwarnung (§ 14) kommt es darauf an, ob sie nach Rechtskraft des Urteils erteilt worden ist. Sie erfolgt in der Regel im Anschluss an die Hauptverhandlung, kann aber auch (selten) in einem getrennten Termin erfolgen.

24 **d) Jugendarrest.** Jugendarrest ist erledigt, wenn er verbüßt ist, von der Vollstreckung abgesehen wurde (§ 87 Abs. 3) oder seit Rechtskraft der Entscheidung ein Jahr verstrichen ist (§ 87 Abs. 4), da er dann nicht mehr vollstreckt werden darf.[28] Ist der Ungehorsamsarrest noch nicht vollständig verbüßt, kommt eine Einbeziehung des zugrunde liegenden Urteils oder Abs. 3 in Betracht.

---

27 BGH v. 14.11.1995, 1 StR 483/95, BGHSt 41, 315.
28 Eisenberg, § 31 Rn 24.

e) **Jugendstrafe.** Jugendstrafe ist erledigt, wenn sie vollständig vollstreckt ist. Sie ist auch erledigt, wenn Vollstreckungsverjährung (§§ 2 Abs. 2, §§ 79 ff StGB), Straferlass (§ 26 a),[29] ein Gnadenweis oder Amnestie vorliegt. 25

f) **Schuldspruch.** Ein **Schuldspruch** nach § 27 ist mit Rechtskraft einer Entscheidung gemäß § 30 erledigt. Einbezogen wird das gemäß § 30 gefällte, rechtskräftige Urteil. Die Tilgung des Schuldspruchs hindert eine Einbeziehung endgültig. Nicht erledigt ist eine Schuldfeststellung, solange die Bewährungszeit läuft und der Schuldspruch nicht getilgt ist. 26

g) **Sonstige Erledigung.** Eine **sonstige Erledigung** kann auf tatsächlichen oder rechtlichen Gründen beruhen. Tatsächlich kann eine Erledigung eingetreten sein, wenn eine Weisung oder ein Zuchtmittel nicht mehr erledigt werden kann, weil etwa der Täter-Opfer-Ausgleich mangels Teilnahme des Opfers oder eine Arbeitsweisung infolge Erkrankung des Verurteilten nicht mehr durchführbar ist. Allerdings ist zu beachten, dass gem. § 11 Abs. 2 eine Änderung der nicht erfüllbaren Weisung in Betracht kommen kann. Rechtlich kann die Verjährung, der Straferlass, Gnadenweis oder eine Amnestie entgegen stehen. 27

V. Maßgebender Zeitpunkt der Einbeziehung

Maßgebender Zeitpunkt für die Einbeziehung einer Entscheidung ist der Zeitpunkt der jeweiligen, **letzten tatrichterlichen Entscheidung**.[30] Ist in einer an sich einzubeziehenden Vorstrafe die Bewährungszeit abgelaufen, hat das Gericht eine Erkundigungspflicht bezüglich des Standes der Vollstreckung, denn es sind Fälle denkbar, in denen noch nachträglich eine Verlängerung in Betracht kommt (§§ 22 Abs. 2 S. 2, 26, 26 a).[31] Ist dem Gericht der letzten Tatsacheninstanz die Erledigung bekannt, kommt eine Einbeziehung nicht in Betracht. 28

Umstritten sind die Fälle, in denen die Einbeziehung in dem Urteil nicht erfolgt ist, obwohl ein Vor-Urteil noch nicht erledigt war und während des **Revisionsverfahrens** tatsächlich Erledigung eingetreten ist. Nach Zurückverweisung eines Urteils aus der Revision kommt eine Einbeziehung eines früheren, bei der letzten tatrichterlichen Entscheidung nicht erledigten Urteils auch dann in Betracht, wenn zwischenzeitlich, aus welchen Gründen auch immer, Erledigung eingetreten ist.[32] Der BGH kann unter Berücksichtigung des Beschleunigungsgebots in Jugendstrafverfahren entsprechend § 354 Abs. 1 in geeigneten Fällen die Einbeziehung selber vornehmen. 29

VI. Vorbehalt der erzieherischen Zweckmäßigkeit

1. Absehen von der Einbeziehung gem. Abs. 2 S. 2 und Abs. 3. Gemäß § 31 Abs. 3 S. 1 steht die Einbeziehung nach Abs. 2 unter dem **Vorbehalt erzieherischer Zweckmäßigkeit.** Aus der Gesetzesfassung folgt zunächst, dass die Einbeziehung in der Regel zweckmäßig ist, also zu erfolgen hat.[33] § 31 sieht folgende Ausnahmen vor: 30

- gem. § 31 Abs. 2 steht es im Ermessen des Gerichts, einen bereits verbüßten Jugendarrest auf die erkannte Jugendstrafe anzurechnen und

---

29 BGH v. 26.9.2003, 2 StR 192/03.
30 D/S/S-Schoreit, § 31 Rn 21; Eisenberg, § 31 Rn 27; Ostendorf, § 31 Rn 13.
31 D/S/S-Schoreit, § 31 Rn 21; Eisenberg, § 26 a Rn 11 zur Verlängerung.
32 HM, BGH v. 12.9.2000, 2 StR 358/00, StV 2001, 179; D/S/S-Schoreit, § 31 Rn 21 – 23; Eisenberg, § 31 Rn 27; aM Ostendorf, § 31 Rn 13.
33 D/S/S-Schoreit, § 31 Rn 25.

■ gem. Abs. 3 kann ein Gericht von der Einbeziehung eines noch nicht erledigten Strafurteils absehen, wenn dies „aus erzieherischen Gründen zweckmäßig" erscheint.

Die Entscheidung der Einbeziehung oder Nichteinbeziehung ist in jedem Einzelfall genau zu prüfen und ausführlich zu begründen. Das **Koppelungsverbot** des § 8 darf dabei nicht umgangen werden.[34] Die Gesamtbetrachtung muss ergeben, dass die parallele Vollstreckung beider Urteile aus persönlichen oder sachlichen Gründen erzieherisch geboten erscheint.

31 **2. Einbeziehung bei Vorliegen der gesetzlichen Höchstgrenze von Jugendarrest und Jugendstrafe.** Beabsichtigt das Gericht, eine Jugendstrafe oder Jugendarrest festzusetzen, die unter Berücksichtigung der einzubeziehenden Strafe die gesetzliche Höchstgrenze überschreiten würde, stellt sich die Frage, ob in diesen Fällen auch Abs. 3 eingreifen kann. Eine Einbeziehung ist in der Regel dann verpflichtend, wenn das Gericht ohne Einbeziehung der Entscheidung durch das neue Urteil die Höchstgrenzen des Jugendarrestes oder der Jugendstrafe überschreiten würde und dies aus erzieherischen Gründen notwendig erscheint.[35] ME ist das regelmäßig bei der Verhängung von jeweils vier Wochen Jugendarrest anzunehmen, da diese kurzen freiheitsentziehenden Maßnahmen wegen der fragwürdigen erzieherischen Wirkung in dieser Länge vermieden werden sollten. Hier sind alternativ mehrere unterschiedliche Maßnahmen denkbar, die bei der Festsetzung der jeweiligen Höchststrafe ausscheiden.

Eine **Ausnahme** von diesem Grundsatz ist nur dann zuzulassen, wenn bereits eine Höchststrafe von 5 bzw 10 Jahren Jugendstrafe angeordnet worden ist und neue „schwerste Straftaten" begangen wurden. Nach der ständigen Rechtsprechung des BGH[36] kommt der Ausnahmetatbestand des § 31 Abs. 3 dann in Betracht, „wenn es nach einem ersten Urteil unter Missachtung der davon ausgehenden Warnfunktion erneut zu Straftaten kommt. Dem Angeklagten soll durch die Bildung zweier selbstständiger Jugendstrafen das Ausmaß seiner erneuten Rechtsgutverletzung eindringlich nahegebracht und er soll nicht in dem Glauben bestärkt werden, er habe „freie Hand" für die Begehung weiterer Straftaten".[37]

Da bei der Nichteinbeziehung zwei Strafen nebeneinander verhängt werden, muss nach dem BGH[38] berücksichtigt werden, dass nicht entgegen den Regeln bei der Gesamtstrafenbildung Erwachsener (Ermäßigung der verwirkten höchsten Strafe) eine Schlechterstellung des Angeklagten erfolgt.

Unzulässig ist auch die Anwendung des § 31 Abs. 3 hinsichtlich einzelner Straftaten aus dem einbezogenen Urteil.[39]

32 **3. Absehen der Einbeziehung im Einzelnen.** Ohne die Prüfung des Einzelfalles außer Acht zu lassen, können ausnahmsweise weitere, stets zu begründende Gründe für eine Nichteinbeziehung sprechen:[40]

33 a) Eine Einbeziehung kann entfallen, wenn die eventuell beabsichtigte Maßnahme im Hinblick auf die bereits verhängten Sanktionen aus dem rechtskräftigen Urteil

---

34 Ostendorf, § 31 Rn 14; Eisenberg, § 8 Rn 13.
35 Ostendorf, § 31 Rn 15; Eisenberg, § 31 Rn 33.
36 BGH v. 6.12.1988, 1 StR 620/88, BGHSt 36, 37; BGH v. 12.7.1995, 2 StR 60/95, NStZ 1995, 595; wie hier: Ostendorf, § 31 Rn 15 mwN, einschränkend Eisenberg, § 31 Rn 33.
37 Ausf. D/S/S-Schoreit, § 31 Rn 60 – 62.
38 BGH v. 6.12.1988, 1 StR 620/88, BGHSt 36, 37.
39 D/S/S-Schoreit, § 31 Rn 54.
40 Eisenberg, § 31 Rn 29 – 32; Ostendorf, § 31 Rn 16 – 18.

unbedeutend erscheinen. Bei **Bagatellfällen** im neuen Verfahren sollte auch die Einstellung gem. § 154 StPO geprüft werden, da ein Verfahrensabschluss mit einer nur leicht abweichenden Entscheidung erzieherisch schädlich sein kann. In der Praxis wird in solchen Fällen häufig im Rahmen einer laufenden Bewährung eine angemessene Maßnahme (erweiterte Auflage) getroffen und nach deren Erledigung das neue Bagatellverfahren eingestellt. Erkennt das Jugendgericht auf Jugendstrafe, kann es nach Abs. 3 S. 2 Erziehungsmaßregeln und Zuchtmittel für erledigt erklären.[41] In solchen Fällen ist auch zu bedenken, dass ein neues Urteil eine Bewährungszeit neu in Lauf setzen würde, was im Hinblick auf das bisherige Verhalten unangemessen sein kann.

b) Eine Einbeziehung kann auch dann unangemessen sein, wenn die zu treffenden neuen **Maßnahmen** den bereits getroffenen nicht widersprechen, sondern nur **ergänzen** (kommt beim Einzelrichter häufig vor). Dies ist zB dann der Fall, wenn der Jugendliche eine Arbeitsweisung fast erledigt hat und im neuen Verfahren ein TOA die richtige Maßnahme ist. Das frühere Urteil wäre bei einer Einbeziehung nicht weiter Grundlage der laufenden Maßnahme und müsste möglicherweise (teilweise) neu angeordnet werden. Hier erscheint die Einbeziehung als reiner Formalismus, der erzieherisch schädlich sein kann. Die Höchstgrenzen insb. beim Jugendarrest müssen hier aber gewahrt bleiben, ebenso ist § 8 zu beachten. Beide parallelen Maßnahmen dürfen auch nicht dem Einheitsprinzip der erzieherischen Wirksamkeit widersprechen. 34

c) Eine Einbeziehung sollte auch **unterbleiben**, wenn diese zu ungewöhnlichen, für den Jugendlichen oder Heranwachsenden **schweren Härten** führen würde. Eine Härte wird insbesondere anzunehmen sein, wenn durch die Einbeziehung Jugendstrafe ohne Bewährung (§ 21 Abs. 1 und 2) zu verhängen wäre, diese aber erzieherisch nicht geboten erscheint.[42] Keine Härte ist anzunehmen, wenn erst nach einer Berufung in der Berufungsinstanz ein anderes rechtskräftiges Urteil einzubeziehen ist, da dies für den Angeklagten keineswegs „überraschend" kommt und grundsätzlich auch hier der Einheitsgedanke der erzieherischen Maßnahme zum Ausdruck kommen muss.[43] 35

Kein Maßstab ist der Umstand, dass es sich um ungleich gelagerte Fälle handelt.[44]

4. Pflichtgemäßes Ermessen. Die Entscheidung, ob eine rechtskräftige Entscheidung einzubeziehen ist oder nicht, liegt im **pflichtgemäßen Ermessen** des Gerichts, das aber nachvollziehbare Gründe anführen muss, die unter dem Gesichtspunkt der Erziehung das Nebeneinander der Sanktionen rechtfertigen können. Kann eine Verurteilung nicht mehr einbezogen werden, weil die Sanktion oder Strafe bereits erledigt ist, kann darin eine Härte liegen, die bei der neuen Festsetzung der Maßnahme zu berücksichtigen ist. Ein solcher Fall kommt in der ersten Instanz häufiger dann vor, wenn der Jugendliche eine Arbeitsauflage derart schnell erledigt hat, dass ein nachfolgendes Verfahren das erste nicht mehr einbeziehen kann, insbesondere, wenn die neu zu verhandelnde Straftat vor dem letzten Urteil begangen wurde und die neue Maßnahme nicht wesentlich von der alten abweichen würde. 36

---

41 Eisenberg, § 31 Rn 31.
42 D/S/S-Schoreit, § 31 Rn 57.
43 AM Ostendorf, § 31 Rn 18.
44 HM.

VII. Durchführung des Verfahrens

37 **1. Gegenstand der Einbeziehung.** Gegenstand der Einbeziehung sind nicht nur die Rechtsfolgen des früheren Urteils, sondern das **gesamte Urteil** einschließlich des Schuldspruchs. Der Schuldspruch und die ihn tragenden Feststellungen sind für das nachfolgende Gericht bindend.[45] Im Fall einer Einbeziehung eines Schuldspruchs gem. § 27, welche allgemein als zulässig angesehen wird (Ausnahme im Fall des § 102),[46] ist nur die Rechtskraft des Schuldspruchs mit den diesen unmittelbar tragenden Gründen bindend.

38 **2. Beachtung der Kompetenz eines Gerichts.** Bei der **sachlichen Zuständigkeit** des Gerichts sind die Rechtsfolgen zu **berücksichtigen**, welche bei einer Einbeziehung zu erwarten sind. Der Jugendrichter darf bei der Einbeziehung gem. § 31 Abs. 2 seine Kompetenz im Sinne des § 39 nicht überschreiten. Im Übrigen können aber auch Urteile von Gerichten höherer Ordnung einbezogen werden.[47] Das Gericht muss bei der möglichen Einbeziehung eines Urteils gemäß § 68 die Frage der **Pflichtverteidigung** prüfen und jedenfalls dann neben § 140 Abs. 2 StPO eine Pflichtverteidigung anordnen, wenn unter dem Gesichtspunkt der Schwere der Schuld eine Jugendstrafe in Betracht kommen kann.[48]

39 **3. Keine Bindung an die Rechtsfolgen.** Während bezüglich des Schuldspruchs des einbezogenen Urteils eine Bindungswirkung besteht, sind die Feststellungen zum **Rechtsfolgenausspruch nicht bindend.** Dies gilt auch für die dazu getroffenen Feststellungen. Eine Bindung besteht auch nicht bezüglich der Kostenentscheidung.[49] Das neue Urteil ist unter zusammenfassender eigenständiger Würdigung der in dem früheren Urteil rechtskräftig festgestellten Straftaten und der neuen Straftaten dem Prinzip der Einheitssanktion folgend zu fällen. Es hat demnach originär und „unabhängig" sämtliche Straftaten auch nach einer etwaigen Änderung der Beurteilung der erzieherischen Bedürfnisse zu entscheiden.[50] Eine rein rechnerische Addition der alten, verwirkten und der neuen Sanktion ist nicht zulässig. Dies gilt selbstverständlich auch für die Urteile, die bereits früher einbezogen waren. Demnach sind in dem neuen Urteil alle zugrunde liegende Straftaten ausreichend darzustellen und zu würdigen.

40 **4. Widersprüchliche Feststellungen.** Eine umfassende Bindung des nunmehr entscheidenden Gerichts an frühere Feststellungen zur Schuld und den sie tragenden Gründen kann bei von diesen abweichenden neuen Feststellungen zu Konflikten führen. In diesen Fällen darf das neu entscheidende Gericht von der vorherigen Entscheidung abweichen. So darf eine mit „schädlichen Neigungen" begründete Jugendstrafe nicht zu einer weiteren Jugendstrafe führen, wenn die Gesamtschau der Straftaten diese Maßnahme nicht mehr rechtfertigt.[51]

Eine teilweise Bindung kann sich aus den sog. doppelrelevanten Tatsachen ergeben. Sind Feststellungen sowohl für den Schuldspruch wie für den Rechtsfolgenausspruch von Bedeutung, ist eine Bindung gegeben. Diese ist zB der Fall, wenn eine Einschränkung der Schuldfähigkeit oder ein Regelfall eines besonders schwe-

---

45 HM.
46 D/S/S-Schoreit, § 31 Rn 65.
47 Eisenberg, § 39 Rn 13; D/S/S-Schoreit, § 31 Rn 65.
48 D/S/S-Diemer § 68 Rn 10.
49 Eisenberg, § 31 Rn 46.
50 BGH v. 5.3.1982, 3 StR 26/82, StV 1982, 338; Eisenberg, § 31 Rn 38.
51 Eisenberg, § 31 Rn 39.

ren Falles vorliegt. Anderes kann nur gelten, wenn sich die zugrunde liegenden Verhältnisse (zB der Schuldfähigkeit) insoweit geändert haben.[52]

5. Eingeschränkte Beweiserhebung. Eine Wiederholung der Beweisaufnahme zu den einbezogenen Straftaten findet grundsätzlich nicht mehr statt, da die Feststellungen des Urteils bindend feststehen. Soweit jedoch das ein rechtskräftiges Urteil einbeziehende Gericht hinsichtlich der neu zu treffenden Prognoseentscheidung Widersprüche feststellt, kann auch eine neue Beweisaufnahme stattfinden, um die möglichen Widersprüche aufzuklären.[53] 41

6. Auswirkung früherer Sanktionen auf das neue Urteil. Das Gericht ist nicht nur befugt, sondern verpflichtet, losgelöst von der früheren Rechtsfolge eine eigenständige, den gesamten Straftaten und der Täterpersönlichkeit angemessene Rechtsfolge festzustellen. Dieser Grundsatz kann scheinbar im deutlichen Widerspruch zu dem Grundsatz der Rechtskraft des einbezogenen Urteils stehen. In diesem Zusammenhang wird die Frage erörtert, ob das neue (Gesamt-)Urteil bei vergleichbaren neuen Sanktionen nicht „besser" oder „milder" ausfallen darf als das alte (beschränktes Verbesserungsverbot).[54] So wäre es danach verboten, statt der bisherigen Jugendstrafe ohne Bewährung nun eine Jugendstrafe mit Bewährung zu geben. Umgekehrt könnte auch daran gedacht werden, ein „Verschlechterungsverbot" im Hinblick auf das vorherige Strafurteil anzunehmen. Allen Überlegungen ist eines gemeinsam, nämlich der Grundsatz des Verbots der „Revision" des vorherigen Strafurteils. Diesen zu befolgen muss aus rechtsstaatlichen wie erzieherischen Gründen zunächst beachtet werden. 42

Unabhängig von diesem Grundsatz können früher bestimmte Rechtsfolgen, insb. der Verlauf der Vollstreckung von Maßnahmen sowie neue Erkenntnisse über die Persönlichkeit des Jugendlichen Auswirkungen auf die neuen Maßnahmen haben. Hier muss im Hinblick auf den Willen des Gesetzes, erzieherisch wirksame Rechtsfolgen zu bestimmen, im neuen Urteil eine Anpassung möglich sein. Das bedeutet, dass die neue Rechtsfolge durchaus auch milder sein kann als die vorherige.[55]

7. Anrechnung von Untersuchungshaft. Neu zu treffen ist auch eine Entscheidung über die Anrechnung der Untersuchungshaft aus dem einbezogenen Urteil (s. RL Nr. 5).[56] Dies gilt gem. § 52a sowohl für die Anrechnung als auch für den Ausschluss der Anrechnung, sofern er weiterhin gewollt ist. 43

VIII. Rechtsfolgen der Einbeziehung

1. Wegfall der früheren Rechtsfolgen. Mit der Einbeziehung wird das frühere Urteil mitsamt seinem gesamten Rechtsfolgenausspruch hinfällig. Dies gilt auch für die Maßregeln der Besserung und Sicherung, für Nebenstrafen und Nebenfolgen sowie für die Kostenentscheidung. Diese Wirkung tritt mit der Rechtskraft des neuen Urteils ein, so dass kein (weiteres) Vollstreckungshindernis für das einbezogene Urteil besteht.[57] Das Gericht muss also auch die Voraussetzungen der **Maßregeln der Besserung und Sicherung sowie der Nebenstrafen und Nebenfolgen neu prüfen** und neu festsetzen. Sieht das Gericht, im Gegensatz zum einbe- 44

---

52 D/S/S-Schoreit, § 31 Rn 29.
53 Eisenberg, § 31 Rn 39; Ostendorf, § 31 Rn 21.
54 D/S/S-Schoreit, § 31 Rn 31.
55 HM; Eisenberg, § 31 Rn 42; Ostendorf, § 31 Rn 21; D/S/S-Schoreit, § 31 Rn 31–33.
56 BGH v. 23.8.1974, 2 StR 298/74, BGHSt 25, 355.
57 BVerfG v. 19.3.2001, 2 BvR 430/01, NStZ 2001, 447; Ostendorf, § 31 Rn 23.

zogenen Urteil, in seiner neuen Entscheidung von der Auferlegung der Kosten ab, so sind schon bezahlte Kosten zu erstatten.[58]

45 **2. Tilgungsfrist.** Die **Tilgungsfrist** im Fall einer nachträglicher Bildung einer einheitlichen Jugendstrafe beginnt gem. § 36 S. 2 Nr. 1 BZRG mit dem Tag des ersten Urteils zu laufen, und zwar unabhängig davon, ob die Voraussetzungen einer nachträglichen Gesamtstrafenbildung vorgelegen hätten.[59]

46 **3. Rechtliche Auswirkung für vollzogene Maßnahmen im Einzelnen.** Soweit Rechtsfolgen aus dem früheren Urteil bereits ausgeführt oder vollzogen wurden, sind die Auswirkungen unterschiedlich. Die Wirkungen treten stets ab Rechtskraft ein.

47 a) **Erziehungsmaßregeln.** Soweit Rechtsfolgen bereits ausgeführt oder vollzogen sind, gilt für **Erziehungsmaßregeln**, dass sie gegenstandslos geworden sind. Dies gilt auch für die Erziehungsbeistandschaft und die Hilfe zur Erziehung gem. § 12 Nr. 2. Eine Anrechnung findet nicht statt. Regelmäßig sollte die (teilweise) Erfüllung aber bei der Beurteilung neuer Erziehungsmaßregeln seinen Niederschlag finden.

48 b) **Zuchtmittel.** Im Bereich der **Zuchtmittel** werden die Maßnahmen in dem bisherigen, aktuellen Stadium der Vollstreckung beendet. Das gilt auch für den Jugendarrest, sofern nicht erneut auf diesen erkannt wird. Wurde ein Teil bereits vollstreckt, ist er bei einer erneuten Festsetzung anzurechnen. Wurde Jugendarrest vollstreckt und wird nunmehr auf Jugendstrafe erkannt, kann das Gericht nach seinem Ermessen den verbüßten Jugendarrest anrechnen (Abs. 2 S. 2).

49 c) **Jugendstrafe.** War **Jugendstrafe** verhängt worden und wird erneut auf Jugendstrafe erkannt, wird eine bereits vollstreckte Jugendstrafe kraft Gesetzes angerechnet. Die Einbeziehung berührt die Vollstreckung einer einbezogenen Strafe nicht. War der Verurteilte nach Teilvollstreckung auf freiem Fuß, liegt eine Strafunterbrechung vor (§ 40 StVollstO).[60]

50 d) **Entscheidung über die Aussetzung zur Bewährung.** Entscheidungen der **Aussetzung zur Bewährung** gem. §§ 21, 27, 88 in dem einbezogenen Urteil verlieren ebenfalls ihre Wirkung. Die Bewährungszeit, der Bewährungsplan und die Bewährungsauflagen sind neu festzusetzen. Eine Anrechnung der früheren Bewährungszeit auf die neue ist ausgeschlossen, die Zeit ist aber im Rahmen der Prognose zu berücksichtigen. Mit dem Wegfall der einbezogenen Aussetzungsentscheidungen werden auch die auf sie bezogenen Bewährungsanordnungen gegenstandslos. Bereits erbrachte Leistungen **können** angerechnet werden, wenn dies erzieherisch geboten ist.[61] Entgegen der Meinung in der Literatur sollte dem Gericht ein am Erziehungsgedanken orientiertes Ermessen eingeräumt werden (s. Abs. 3), das an dem „allgemeinen Gerechtigkeitsempfinden"[62] – was immer das auch heißen mag – anknüpfen kann.

51 e) **Fahrverbot.** Das für die Jugendstrafe Ausgeführte gilt auch für die Nebenstrafe des Fahrverbotes.

---

58 Eisenberg, § 31 Rn 46.
59 Eisenberg, § 31 Rn 46 a.
60 Eisenberg, § 31 Rn 50.
61 Str.; BGH v. 3.3.2004, 1 StR 71/04, BGHSt 49, 92; D/S/S-Schoreit, § 31 Rn 36; aM Eisenberg, § 31 Rn 51, Ostendorf, § 31 Rn 23.
62 Eisenberg, § 31 Rn 51.

IX. Rechtswirkungen einer Jugendstrafe im allgemeinen Strafrecht

Die Jugendstrafe wird, wenn sie Grundlage für Rechtsfolgen im Erwachsenenstrafrecht ist, der Freiheitsstrafe gleichgesetzt. Die Voraussetzung einer „**Freiheitsstrafe**" ist u.a. in **§ 66 StGB** (Unterbringung in der Sicherungsverwahrung) zu prüfen. Eine einheitliche Jugendstrafe gem. § 31 reicht aus, wenn zu erkennen ist, dass bei getrennter Aburteilung wenigstens bei einer der ihr zugrunde liegenden Straftaten eine Jugendstrafe von einem Jahr verwirkt gewesen wäre.[63] 52
Gleiches muss für § 66 Abs. 4 S. 1 StGB gelten.[64]

X. Urteilsfassung

Der **Urteilstenor** muss eindeutig zum Ausdruck bringen, dass und ggf welche Urteile einbezogen werden. Nicht genannt werden die einbezogenen Taten. Unschädlich ist aber der Hinweis: „wegen der dort bezeichneten Taten". Einbezogen wird nur das Urteil. Das neue Urteil muss grundsätzlich alle Rechtsfolgen aussprechen.[65] Es darf zB ein bereits vollstreckter Teil einer früheren Jugendstrafe nicht weggelassen und nur noch der zu vollstreckende Teil genannt werden. Ist von mehreren, im selben Urteil ausgesprochenen Rechtsfolgen eine bereits vollständig erledigt, sollte dies im Tenor klargestellt werden.[66] Die Anrechnung einer teilweise verbüßten Jugendstrafe muss nicht aufgenommen werden, da deren Anrechnung gesetzlich vorgeschrieben ist. (§ 51 Abs. 2 StGB).[67] Im Urteil ist die Anrechnung von Jugendarrest auszusprechen. Auch die neu zu treffende Entscheidung über die Anrechnung der U-Haft muss im Tenor enthalten sein.[68] Ebenfalls muss schließlich zur Möglichkeit, Erziehungsmaßregeln und Zuchtmittel für erledigt zu erklären, wenn auf Jugendstrafe erkannt wird, Stellung bezogen werden. Nicht zulässig ist dabei aber die Umwandlung von Erziehungsmaßregeln und Zuchtmittel.[69] 53

In den **Urteilsgründen** sind auch die der vorherigen Verurteilung zugrunde liegenden Sachverhalte ausreichend mitzuteilen und eine Gesamtwürdigung aller der Einbeziehung unterliegenden Taten muss vorgenommen werden. Dies gilt auch für die zuvor in ein weiteres Urteil einbezogenen Taten („Kettenurteile"). 54

Im Urteil ist eine neue, von dem einbezogenen Urteil losgelöste **Kostenentscheidung** zu treffen. Wird in dem neuen Urteil von der Auferlegung der Kosten abgesehen, sind schon bezahlte Kosten in dem einbezogenen Verfahren von der Staatskasse zu erstatten. 55

XI. Rechtsmittel

1. Gegen das Unterlassen der Einbeziehung. Das unberechtigte Unterlassen der Einbeziehung ist mit der Berufung oder Revision angreifbar. Der Rechtsmittelführer darf grundsätzlich nicht auf das Nachverfahren gemäß § 66 verwiesen werden, wobei die Anfechtung nicht der Beschränkung des § 55 Abs. 1, wohl aber derjenigen des Abs. 2 unterliegt. Liegen die Vorstrafakten aus welchen Gründen auch immer nicht vor, sind sie beizuziehen und nicht auf das Nachverfahren zu 56

---

63 HM; BGH v. 27.5.1975, 5 StR 115/75, BGHSt 26, 152, 155; Ostendorf, § 31 Rn 25 – 26 mwN; HK-GS-Rössner/Best, § 66 StGB Rn 4; **aM** Eisenberg, § 31 Rn 53 – 55.
64 Ostendorf, § 31 Rn 27.
65 BGH v. 13.12.1961, 2 StR 548/61, BGHSt 16, 335.
66 BGH v. 14.11.1996, 1 StR 598/96, StV 98, 344.
67 BGH NStZ 96, 279.
68 BGH v. 23.8.1974, 2 StR 298/74, BGHSt 25, 355.
69 OLG Celle v. 13.9.2000, 33 SS 73/00, StV 2001, 179.

verweisen.⁷⁰ Ob dies auch gilt, wenn der Angeklagte gegen ein rechtskräftiges Urteil Wiedereinsetzung gegen die Versäumung der Rechtsmittelfrist beantragt hat, muss am Einzelfall entschieden werden. Da die Jugendstrafverfahren beschleunigt durchzuführen sind, entfällt die Einbeziehung des rechtskräftigen Urteils, wenn eine Entscheidung nicht unmittelbar bevorsteht.⁷¹

57 Eine isolierte Anfechtung gem. § 31 Abs. 2 ohne eine Anfechtung der Rechtsfolgen ist nicht zulässig. Es muss eine Änderung der Sanktionierung erstrebt werden.

58 Bei einer Revision ist zur Überprüfung der Rechtsfolgen die Sachrüge gem. § 344 Abs. 2 StPO zu erheben.

59 Wird auf die Berufung des Verurteilten hin eine rechtskräftige Verurteilung zur Jugendstrafe auf Bewährung in eine neue Jugendstrafe einbezogen, jetzt aber keine Bewährung gegeben, so hat der Rechtsmittelführer kein weiteres Rechtsmittel mehr, auch nicht die Möglichkeit der sofortigen Beschwerde gem. § 59 Abs. 3, sofern auch die Staatsanwaltschaft zum Nachteil des Angeklagten Berufung eingelegt hat.⁷²

60 **2. Gegen eine Einbeziehung.** Wird gegen eine Einbeziehung eines Urteils Rechtsmittel eingelegt, ist auch hier über die Rechtsfolge insgesamt neu zu entscheiden. Wurde in dem einbeziehenden Urteil entgegen dem Grundsatz der vollständigen Neufestsetzung der Rechtsfolgen nur der noch nicht verbüßte Teil der Jugendstrafe einbezogen, gilt das Verschlechterungsverbot nicht, wenn auch die Staatsanwaltschaft Berufung eingelegt hat.⁷³ Dann kann die Jugendstrafe erhöht werden.

61 Ein Rechtsmittel kann auch darauf gestützt werden, dass sich die Begründung nicht auf das einbezogene Urteil erstreckt hat oder dass Einsatzstrafen nach allgemeinem Strafrecht verhängt wurden.

62 **3. Gegen die einheitliche Sanktion.** Bei Tateinheit ist nur eine Tat im prozessualen Sinn zu ahnden, so dass eine Teilanfechtung ausgeschlossen ist. Bei Tatmehrheit ist eine Teilanfechtung möglich und zwar nur bezüglich der Schuldfrage für eine Tat. Die Frage der Sanktion kann dann aber erneut nur einheitlich beantwortet und entschieden werden. Wird im Revisionsverfahren zurückverwiesen, tritt hinsichtlich des verbliebenen, rechtskräftigen Schuldspruchs eine Bindung ein.⁷⁴

§ 32 Mehrere Straftaten in verschiedenen Alters- und Reifestufen

¹Für mehrere Straftaten, die gleichzeitig abgeurteilt werden und auf die teils Jugendstrafrecht und teils allgemeines Strafrecht anzuwenden wäre, gilt einheitlich das Jugendstrafrecht, wenn das Schwergewicht bei den Straftaten liegt, die nach Jugendstrafrecht zu beurteilen wären. ²Ist dies nicht der Fall, so ist einheitlich das allgemeine Strafrecht anzuwenden.

Schrifttum:
Bringewat, Das Nebeneinander von Jugend- und Freiheitsstrafe und angemessener Härteausgleich - BGHSt 36, 270, JuS 1991, 319 ff; *Schoreit*, Zur Frage der Bildung einer

---

70 D/S/S-Schoreit, § 31 Rn 72, Ostendorf, § 31 Rn 29.
71 Andere Meinung D/S/S-Schoreit, § 31 Rn 73; Ostendorf, § 31 Rn 29.
72 Eisenberg, § 31 Rn 69, Ostendorf, § 31 Rn 31.
73 BGH v. 13.12.1961, 2 StR 548/61, BGHSt 16, 335.
74 Ostendorf, § 31 Rn 34.

Gesamtstrafe aus einer Jugendstrafe und einer Freiheitsstrafe, NStZ 1989, 461 ff; ders. Gesamtstrafenbildung unter Einbeziehung einer Jugendstrafe, ZRP 1990, 175 ff.

I. Anwendungsbereich...........	1	5. Teilrechtskraft und	
1. Persönlicher Anwendungsbereich..................	1	Rechtsmittel...............	7
		6. Härteausgleich............	8
2. Sachlicher Anwendungsbereich......................	2	7. Jugendstrafe nach rechtskräftigem Urteil bzgl Straftaten nach dem 21. Lebensjahr.....................	9
II. Voraussetzungen..............	3		
1. Allgemeine Strafvoraussetzungen....................	3	8. Schwergewicht der Straftaten.......................	11
2. Tatmehrheit..............	4		
3. Gleichzeitige Aburteilung	5	9. Ermessen.................	14
4. Entscheidung im Nachverfahren gem. § 30........	6	III. Verfahrensfragen..............	15
		IV. Rechtsmittel...................	19

I. Anwendungsbereich

1. Persönlicher Anwendungsbereich. § 32 findet wie § 31 in Verfahren gegen Jugendliche auch vor den für allgemeine Strafsachen zuständigen Gerichten Anwendung (§ 104 Abs. 1 Nr. 1). Dasselbe gilt auch für Heranwachsende, und zwar vor den Jugendgerichten als auch vor den für allgemeine Strafsachen zuständigen Gerichten. Voraussetzung ist, dass bei gleichzeitiger Aburteilung ein Teil der Straftaten nach Jugendstrafrecht, der übrige Teil nach allgemeinem Strafrecht abzuurteilen wäre. 1

2. Sachlicher Anwendungsbereich. Die Vorschrift regelt grundsätzlich die **einheitliche Anwendung** von Jugendstrafrecht oder allgemeinem Strafrecht in Fällen gleichzeitiger Aburteilung mehrerer **Straftaten** derselben Person aus verschiedenen Alters- und Reifestufen. Dies trifft zunächst auf Jugendliche und Heranwachsende zu, die in verschiedenen Altersstufen Straftaten begangen haben. Fraglich ist, ob ebenfalls „Straftaten" gemeint sind, die der Angeklagte **auch** als Erwachsener begangen hat, denn § 105 spricht jeweils nur von Heranwachsenden. Die Verhängung einer einheitlichen Jugendstrafe unter Einbeziehung eines auf Freiheitsstrafe lautenden Urteils ist gleichermaßen zulässig, wenn das einzubeziehende Urteil nur wegen einer Straftat ergangen ist, die der Angeklagte als Erwachsener begangen hat. Die Höhe der Jugendstrafe ist unabhängig vom Strafausspruch der einbezogenen Entscheidung zu bestimmen.[1] 2

Die Vorschrift entspricht „dem Prinzip der möglichst einheitlichen Reaktion".[2] Soweit dies rechtlich zulässig ist, soll die gleichzeitige Vollstreckung unterschiedlicher Strafsanktionen vermieden werden, wobei bei einzelnen Fallgestaltungen unterschiedliche Lösungsansätze gesucht werden.

II. Voraussetzungen

1. Allgemeine Strafvoraussetzungen. Zunächst ist die Feststellung aller Straftatvoraussetzungen einschließlich der strafrechtlichen Verantwortlichkeit (§ 3, § 20 StGB) sowie der Verfolgungsvoraussetzungen (Strafantrag usw) zu prüfen. Eine Straftat muss nach Jugendstrafrecht, eine andere nach allgemeinem Strafrecht abzuurteilen sein, gegebenenfalls nach Prüfung des § 105. Sind alle Straftaten 3

---

1 BGH v. 2.5.1990, 2 StR 64/90, BGHSt 37, 34, NStZ 91, 184; D/S/S-Schoreit, § 32 Rn 1.
2 BGH v. 23.11.1993, 5 StR 573/93, BGHSt 40, 1.

einheitlich nach den jugendstrafrechtlichen Vorschriften zu ahnden, ist § 31 und nicht § 32 anwendbar.

4 **2. Tatmehrheit.** Es müssen **mehrere Straftaten** im Sinne einer **Tatmehrheit** nach § 53 StGB vorliegen. Über den gesetzlichen Wortlaut hinaus wird diese Vorschrift entsprechend auch auf Dauerdelikte sowie sonstige Formen der Beurteilung mehrerer Tatbestandsverwirklichungen einer Tat erstreckt. Dabei kann es eine Rolle spielen, ob der Gesamtvorsatz noch in einer früheren Alters- und Reifestufe gefasst und erst später in Einzelteilen verwirklicht worden ist.[3] § 32 iVm § 105 Abs. 1 ist demnach anwendbar, wenn sich mehrere strafrechtlich bedeutsame Vorgänge, die im Rechtssinne als eine Tat zu werten sind, über mehrere Altersstufen hinziehen.[4]

5 **3. Gleichzeitige Aburteilung.** Weitere Voraussetzung für die Anwendung des § 32 ist, dass die einzelnen Straftaten **gleichzeitig** in einem Verfahren abgeurteilt werden. Unerheblich ist, ob die Taten von vornherein zusammen angeklagt oder später dazu verbunden werden. Danach ist es nicht zulässig, bei gleichzeitiger Aburteilung von Taten, auf die teils Jugendstrafrecht, teils allgemeines Strafrecht anzuwenden wäre, sowohl auf Jugendstrafe als auch auf Erwachsenenstrafe zu erkennen; vielmehr ist entsprechend dem Schwergewicht der Taten entweder nur nach Jugendstrafrecht oder nur nach Erwachsenenstrafrecht zu verurteilen.[5]

6 **4. Entscheidung im Nachverfahren gem. § 30.** Wird in einem Nachverfahren gem. § 30 eine neue Tat mitverhandelt, ist § 32 anwendbar, da eine Sanktion noch nicht verhängt worden war.[6]

7 **5. Teilrechtskraft und Rechtsmittel.** § 32 gilt entsprechend im Verlauf eines Strafverfahrens auch dann, wenn aufgrund der Beschränkung eines Rechtsmittels wegen einer oder mehrerer Taten Teilrechtkraft eingetreten ist und im Übrigen im Rechtsmittelverfahren oder nach Zurückverweisung nur noch über eine Tat sowie über die Rechtsfolgen insgesamt zu entscheiden ist. [7] Selbst wenn das Revisionsgericht bezüglich einer Teilverurteilung nach Erwachsenenrecht die zugrunde liegenden Feststellungen des ersten Urteils von der Aufhebung ausgenommen, die Einzelfreiheitsstrafe und den Gesamtstrafenausspruch aber aufgehoben hat, ist in diesem Umfang eine insgesamt neue Entscheidung über die Straffrage gem. § 105 erforderlich. Kommt das nach dem Rechtsmittel befasste Gericht zu der Annahme, dass – trotz der rechtskräftigen Teilverurteilungen nach Erwachsenenstrafrecht – nach dem Schwergewicht aller Straftaten Jugendstrafrecht Anwendung finden soll, ist nach Jugendstrafrecht zu verurteilen. Bei verbleibenden Zweifeln, wo das Schwergewicht liegt, ist allgemeines Strafrecht anzuwenden. [8] Durch diese verfahrensmäßige Besonderheit soll der Angeklagte keine Nachteile erleiden.

8 **6. Härteausgleich.** Nicht anwendbar, auch nicht analog, ist nach dem eindeutigen Wortlaut des § 32 der Fall, dass ein Angeklagter bereits rechtskräftig nach Jugendstrafrecht verurteilt wurde und danach nach allgemeinem Strafrecht be-

---

[3] Eisenberg, § 32 Rn 13; Ostendorf, § 32 Rn 3.
[4] BGH StV 2008, 117.
[5] BGH v. 23.3.2000, 4 StR 502/ 99; BGH v. 2.5.1990, 2 StR 64,/90, BGHSt 37, 34.
[6] Eisenberg, § 32 Rn 5.
[7] HM.
[8] BGH v. 15.3.2005, 4StR 67/05; Eisenberg, § 32 Rn 6 mwN; Ostendorf, § 32 Rn 5, 19.

straft wird (str.).⁹ Dieser Fall ist im Gesetz jedenfalls bezüglich der einheitlichen Sanktionierung nicht geregelt, denn auch § 66 erlaubt nur eine Entscheidung gem. § 31 (einheitliche Rechtsfolge bei Anwendung von Jugendstrafrecht). Diese gesetzliche Regelung erscheint insbesondere dann für den erneut Verurteilten nachteilig, wenn die später abgeurteilte Tat vor dem vorausgegangenen Urteil begangen wurde und die Bildung einer Gesamtstrafe gem. § 55 StGB wegen der gesonderten Regelung des § 32 keine Anwendung findet. In diesen Fällen **muss** strafmildernd berücksichtigt werden, „dass die unverkürzte Vollziehung der Jugendstrafe und der Freiheitsstrafe des allgemeinen Strafrechts eine durch die Schwere der Straftaten nicht gerechtfertigte Härte bedeuten würde".¹⁰ Der Härteausgleich ist bereits bei den einzelnen Strafen, nicht erst bei der Gesamtstrafenbildung vorzunehmen.

7. Jugendstrafe nach rechtskräftigem Urteil bzgl Straftaten nach dem 21. Lebensjahr . Gesetzlich nicht ausdrücklich geregelt, aber anwendbar ist § 32 in Verbindung mit § 105 Abs. 1 und 2, wenn der Angeklagte bereits wegen einer oder mehrerer Taten nach dem **Erwachsenenstrafrecht** verurteilt worden ist, die er **nach dem 21. Lebensjahr** begangen hat und jetzt über eine Straftat entschieden werden soll, die er zuvor als **Heranwachsender** begangen hat (str.). Kommt das Gericht zu dem Ergebnis, dass jetzt Jugendstrafrecht anzuwenden ist (§ 105 Abs. 1, der auch auf § 32 verweist), kommen die Grundsätze des § 32 (Verurteilung nach dem Schwergewicht der Straftaten) zur Anwendung.¹¹ Zweifelhaft könnte dies aber sein, weil § 105 Abs. 2 nicht auf § 32 verweist und eine gleichzeitige Verurteilung nicht gegeben ist.

Eine solche Einbeziehung darf nach der Rechtsprechung des BGH jedoch „**nicht automatisch**" erfolgen. Vielmehr hat der Einbeziehung auch eine Neubeurteilung der früheren Tat(en) hinsichtlich der Frage voranzugehen, ob aufgrund neuer Erkenntnisse für sie Jugendstrafrecht anwendbar ist. Diese Neubeurteilung muss aufgrund einer Gesamtbewertung der Taten, also der bereits abgeurteilten und der neu zu verurteilenden vorgenommen werden. Maßstab ist nach § 32 S. 1, wo das Schwergewicht bei den Straftaten liegt, die nach Jugendstrafrecht zu beurteilen wären.¹² In diesem Zusammenhang muss das Gericht gem. § 31 Abs. 3 iVm § 105 Abs. 2 die Frage prüfen, ob von einer Einbeziehung abgesehen werden kann. Kommt das Gericht zu dem Ergebnis, dass das Schwergewicht nicht bei der nach Jugendstrafrecht zu beurteilenden Tat liegt, hat es einheitlich das allgemeine Strafrecht mit der Folge anzuwenden, dass eine Strafe nach allgemeinem Strafrecht festzustellen und dann nach § 55 StGB zu entscheiden ist. Eine getrennte Verurteilung nach Erwachsenenstrafrecht kommt in diesem Fall nicht in Betracht.¹³

Prüfungspunkte des Gerichts in diesen Fällen:¹⁴

Zunächst ist zu prüfen, ob gem. § 105 Abs. 1 Jugendstrafrecht zur Anwendung kommt. Wird das bejaht, ist zu prüfen, ob das Schwergewicht bei der im Alter als Heranwachsender begangenen Tat oder bei der Erwachsenentat liegt. Dem-

---

9 St. Rspr des BGH: BGH v. 29.2.1956, 2 StR 25/56, BGHSt 10, 100; BGH v. 6.5.1960, 4 StR 107/60, BGHSt 14, 287; Ostendorf, § 32 Rn 7; aM Eisenberg, § 32 Rn 9 ff: er wendet § 32 analog an.
10 BGH v. 6.5.1960, 4 StR 107/60, BGHSt 14, 287; ausführlich D/S/S-Schoreit, § 32 Rn 4; ähnlich und für die analoge Anwendung des § 55 StGB: Ostendorf, § 32 Rn 8.
11 St. Rspr: s. Anm. 9; D/S/S-Schoreit, § 32 Rn 4 ff; aM ausf. Ostendorf, § 32 Rn 9.
12 BGH v. 23.11.1993, 5 StR 573/93, BGHSt 40, 1.
13 BGH v. 23.11.1993, 5 StR 573/93, BGHSt 40, 1.
14 BGH v. 23.11.1993, 5 StR 573/93, BGHSt 40, 1.

gemäß ist entweder § 32 S. 1, also eine einheitliche Sanktion nach Jugendrecht, oder § 32 S. 2 (entsprechend), also eine Gesamtstrafe nach § 55 StGB anzuwenden. Schließlich besteht noch die Möglichkeit, nach § 31 Abs. 3 S. 1 von der Einbeziehung der abgeurteilten Erwachsenentat bei der Verhängung der Sanktion nach Jugendrecht abzusehen. Bei allen Entscheidungen ist der für den Heranwachsenden zuständige Richter in seiner Beurteilung frei. Eine Bindung an die Rechtsfolgen des einzubeziehenden Urteils besteht nicht. Zu beachten ist bei einem Rechtsmittel nur das Verbot der Schlechterstellung.

11 **8. Schwergewicht der Straftaten.** Nach dem Gesetzeswortlaut ist zuerst zu prüfen, ob das **Schwergewicht** bei den Straftaten liegt, die nach **Jugendrecht** zu beurteilen sind. Ist das nicht der Fall, ist allgemeines Strafrecht anzuwenden. Kann das Gericht nicht feststellen, wo das Schwergewicht liegt, ist allgemeines Strafrecht maßgebend.[15]

12 Der **Begriff „Schwergewicht"** ist rechtlich kaum fassbar. Er kann allenfalls allgemein eingegrenzt werden, ohne dass genau bestimmt werden könnte, wo die Grenzen liegen. Die rein rechnerische Anzahl und der nach dem allgemeinen Strafrecht zum Ausdruck kommende Unrechtsgehalt der Straftaten sind nicht ausschlaggebend, aber diese Kriterien können Ausgangspunkt der Überlegungen sein.[16] Von entscheidende Bedeutung ist wie allgemein im Jugendstrafrecht die Bewertung der Tatursachen und die „Täterpersönlichkeit bei Berücksichtigung auch der Umweltbedingungen" (§ 105 Abs. 1 Nr. 1). Die Ermittlung der Tatwurzeln ist dabei unerlässlich.[17] Wenn die ersten Straftaten „eine auslösende Bedeutung für die weiteren Straftaten hatten", ist die Anwendung von Jugendstrafrecht jedenfalls naheliegend. Spätere auch nach Volljährigkeit begangene Straftaten, insbesondere bei sich wiederholenden, gleichartigen Straftaten, können vielfach Folge und Ausfluss früherer, im Heranwachsendenalter gefasster Tatentschlüsse sein. Das kann zB bei einer einheitlichen Serie von Betäubungsmittel-Geschäften gegeben sein. Der „Einstiegstat" kann deshalb eine besondere Bedeutung zukommen, da ihre Tatbegehung häufig einer besonderen kriminelle Energie bedarf. Zweifelhaft erscheint allerdings, dass die „Gewöhnung" an Straftaten eine geringere Vorwerfbarkeit nach sich ziehen kann.[18] In die Beurteilung kann, wie ausgeführt, zwar ein tatbezogener schwerer Unrechtsgehalt einbezogen werden, aber letztlich kommt es auf den **Schwerpunkt der Verantwortlichkeit** bezüglich der im jugendlichen und heranwachsenden Alter begangenen Straftaten einerseits und der im Alter nach dem 21. Lebensjahr begangenen andererseits an. Entscheidende Bedeutung haben somit die Persönlichkeitsbeurteilung und die Bewertung der Tatursachen.

13 Als **Beurteilungszeitpunkt** ist vom Zeitpunkt der (letzten) Tat auszugehen, da Straftaten, nicht die Lebensführung des Angeklagten insb. nach der Straftat, Gegenstand des Strafverfahrens sind. Dies schließt aber keinesfalls aus, die nachträgliche Entwicklung des Angeklagten als Indiz dafür heranzuziehen, bei welcher Straftat das Schwergewicht gelegen hat.[19]

14 **9. Ermessen.** Die Entscheidung, welche Rechtsfolgen, Jugend- oder Erwachsenenstrafrecht, anzuwenden sind, liegt im pflichtgemäßen Ermessen des Gerichts,

---

15 HM; kritisch: Eisenberg, § 32 Rn 17; aM Ostendorf, § 32 Rn 14.
16 Ostendorf, § 32 Rn 11; D/S/S-Schoreit, § 32 Rn 21; BGH v. 8.1.1986, 3 StR 457/85, BGH NStZ 1986, 219.
17 BGH v. 8.1.1986, 3 StR 457/85, NStZ 86, 219; BGH v. 18.6.2009, 3 StR 171/09.
18 BGH v. 24.3.1954, 6 StR 84/54, BGHSt 6, 6.
19 D/S/S-Schoreit, § 32 Rn 24; Ostendorf, § 32 Rn 13; aM Eisenberg, § 32 Rn 14.

das seine Beurteilungsmaßstäbe im Urteil darzulegen hat. Geschieht dies nicht, kann die Revision auf § 337 StPO gestützt werden.[20] Lässt sich nicht eindeutig feststellen, wo das Schwergewicht der Straftaten liegt, ist nach hM allgemeines Strafrecht mit Einzelstrafen und Gesamtstrafenbildung anzuwenden. Dabei kann durchaus das Alter des Angeklagten Einfluss auf die Höhe der einzelnen Strafen haben.

III. Verfahrensfragen

Werden Straftaten in verschiedenen Alters- und Reifestufen zusammen angeklagt und verhandelt, ergeben sich keine Besonderheiten. § 103 greift nicht ein, da dort die Verbindung von Strafsachen gegen Jugendliche und Erwachsene und nicht gegen denselben Angeklagten wie in § 32 geregelt wird. 15

Zu beachten ist auch § 237 StPO, der die Frage der Verbindung mehrerer bei einem Gericht anhängiger Strafsachen regelt. 16

Das Gericht hat einen **Ermessensspielraum**, verschiedene Verfahren zu verbinden. Dieses Ermessen verdichtet sich jedenfalls dann zu einer prozessualen Verpflichtung, wenn dies aus der erzieherischen Zielsetzung einer einheitlichen Rechtsfolgenverhängung geboten ist.[21] Eine Einbeziehung kommt nicht in Betracht, wenn aus prozessökonomischen Gründen der Prozess derart verzögert würde, dass das anerkannte Ziel einer zügigen Verfahrensführung gefährdet wäre und in einem weiteren Verfahren für den Angeklagten keine gewichtigen Nachteile zu befürchten sind. Zuständig für die Verbindung ist das Jugendgericht. Die Ausnahmen des § 103 Abs. 2 S. 2 gelten nicht (§§ 107, 108 Abs. 1).[22] 17

Der Grundsatz der einheitlichen Rechtsfolgenverhängung bei Straftaten in verschiedenen Altersstufen verpflichtet in der Regel auch die **Staatsanwaltschaft**, eine zusammenfassende Anklage zu erheben.[23] Ein Angeklagter hat das Recht, von den Strafgerichten unter Berücksichtigung aller maßgeblichen strafrechtlichen Umstände der Straftaten be- und eventuell verurteilt zu werden. Die Erwägung der gegenteiligen Meinung, es könne Gründe geben, die „Alternativen des § 32 zu vermeiden", können schon deshalb nicht greifen, weil es letztlich Aufgabe des Gerichts ist, die „Alternativen" zu würdigen. Eine Teileinstellung gem. § 154 StPO mit der Folge, dass die Anwendung materiellen Jugendstrafrechts ausgeschlossen wäre, führt ggf zu einer analogen Anwendung des § 32, so dass das Gericht unter Berücksichtigung der nicht angeklagten Taten eine Wertung durchführen muss, auf welchen Taten das Schwergewicht liegt.[24] Klagt die Staatsanwaltschaft später eine zunächst nach § 154 StPO eingestellte Straftat im Alter von über 21 Jahren an, etwa weil Teile der zunächst erhobenen Anklage nicht zur Verurteilung geführt haben, liegt kein Verfahrenshindernis gem. § 260 Abs. 3 StPO vor.[25] 18

---

20 Ostendorf, § 32 Rn 14.
21 Eisenberg, § 32 Rn 19; Ostendorf, § 32 Rn 17; iE ebenso D/S/S-Schoreit, § 32 Rn 25; BGH v. 29.2.1956, 2 StR 25/56, BGHSt 10, 100.
22 Ostendorf, § 32 Rn 18.
23 AM D/S/S-Schoreit, § 32 Rn 25.
24 Eisenberg, § 32 Rn 20 mwN.
25 BGH v. 31.10.1989, 1 StR 501/89, BGH NJW 1990, 920; BGH v. 12.10.1989, 4 StR 445/89, BGHSt 36, 270.

IV. Rechtsmittel

19 Das Rechtsmittel gegen ein Urteil mit einer einheitlichen Rechtsfolge nach Jugendrecht kann nur gegen dieses insgesamt erfolgen. Eine Teilanfechtung ist nur hinsichtlich der Schuldfrage einer (tatmehrheitlichen) Straftat möglich. Nach Zurückverweisung kann auch dann § 32 angewendet werden, wenn keine „gleichzeitige Aburteilung" mehr gegeben ist. Dies gilt auch, wenn einheitlich Erwachsenenstrafrecht angewendet wurde und die auf einen Strafausspruch begrenzte Anfechtung Erfolg hatte (s. auch oben Rn 7).[26]

Zweites Hauptstück Jugendgerichtsverfassung und Jugendstrafverfahren

Erster Abschnitt Jugendgerichtsverfassung

§ 33 Jugendgerichte

(1) Über Verfehlungen Jugendlicher entscheiden die Jugendgerichte.

(2) Jugendgerichte sind der Strafrichter als Jugendrichter, das Schöffengericht (Jugendschöffengericht) und die Strafkammer (Jugendkammer).

(3) ¹Die Landesregierungen werden ermächtigt, durch Rechtsverordnung zu regeln, daß ein Richter bei einem Amtsgericht zum Jugendrichter für den Bezirk mehrerer Amtsgerichte (Bezirksjugendrichter) bestellt und daß bei einem Amtsgericht ein gemeinsames Jugendschöffengericht für den Bezirk mehrerer Amtsgerichte eingerichtet wird. ²Die Landesregierungen können die Ermächtigung durch Rechtsverordnung auf die Landesjustizverwaltungen übertragen.

Schrifttum:

Arnold, Die Wahlbefugnis der Staatsanwaltschaft bei Anklageerhebung, insbesondere in Jugendschutzsachen, 2007; *Gollwitzer*, Die Bindungswirkung des Verweisungsbeschlusses nach § 270 StPO, Festschrift für Peter Rieß, 2002, S. 135 - 152; *Kemper*, FamFG, FGG, ZPO, Kommentierte Synopse, 2009; *Schlothauer/Weider*, Verteidigung im Revisionsverfahren, 2008.

I. Jugendstrafrechtliche und prozessrechtliche Grundlagen zu den §§ 33 – 42 und deren Systematik 1	III. § 33 Abs. 2: Systematischer Überblick über die Spruchkörperaufteilung 14
II. § 33 Abs. 1: Jugendgerichte und deren Zuständigkeiten in den einzelnen Verfahrensstadien 4	IV. § 33 Abs. 3: Rechtsverordnungen, Bezirksjugendrichte 15
	V. Revisibilität 21

I. Jugendstrafrechtliche und prozessrechtliche Grundlagen zu den §§ 33 – 42 und deren Systematik

1 Die ersten beiden Abschnitte des zweiten Hauptstücks des JGG regeln die **Jugendgerichtsverfassung** und die sachliche wie die örtliche Zuständigkeit der Jugendgerichte. Systematisch folgerichtig schließt sich an die beiden ersten Abschnitte der dritte Abschnitt über den Ablauf des Jugendstrafverfahrens an. Durch diese spezifisch jugendstrafrechtlichen Bestimmungen, die über § 2 Abs. 2 (vgl auch die Referenznorm in § 10 StGB) gelten, werden die insoweit allgemeinen

---

26 BGH v. 23.3.2000, BGH NStZ 2000, 483.

bzw allgemeineren Normen der StPO verdrängt bzw ergänzt. Zugleich bringen diese Regelungen auf strafprozessualer und gerichtsverfassungsrechtlicher Ebene die Qualität des Jugendstrafrechts als ein Aliud gegenüber dem Erwachsenenstrafrecht zum Ausdruck: Mit dem wesentlich erweiterten und modifizierten Rechtsfolgenspektrum des JGG (vgl §§ 5 ff) gegenüber dem StGB (dort §§ 38 ff) korrespondiert in verfahrenstechnischer Perspektive ein genuin jugendstrafrechtlicher Prozess mit zahlreichen Besonderheiten. Folgerichtig schließt der BGH[1] hieraus, bei der Ahndung von Taten jugendlicher oder heranwachsender Straftäter sollen nur Gerichte zur Entscheidung berufen sein, die nach Besetzung und Ausstattung den Anliegen eines jugendgemäßen Verfahrensablaufs und einer maßgeblich am Erziehungsgedanken orientierten Entscheidungsfindung gerecht werden können (s. hierzu die Ausführungen zu § 37).

Auf den ersten Blick mag die Normierung der **Jugendgerichtshilfe** in § 38 JGG innerhalb der Jugendgerichtsverfassung in systematischer Hinsicht etwas fragwürdig erscheinen: Einerseits hätte jene Regelung in § 43 Eingang finden können, zumal sich (erst) der dritte Abschnitt mit dem Jugendstrafverfahren befasst und die JGH gemäß § 38 Abs. 3 S. 1 u. S. 2 bereits ab dem Ermittlungsverfahren bzw insgesamt möglichst frühzeitig einzubeziehen ist. Ebenso ist in den ersten beiden Abschnitten im engeren Sinne lediglich die Rede von den Jugendgerichten – Jugendrichter, Jugendschöffengericht, Jugendkammer und von der Jugendstaatsanwaltschaft –, also von originär justiziellen Protagonisten ieS. Andererseits bringt die Nennung der JGH bereits innerhalb dieses ersten Abschnitts deren besondere und zentrale Stellung und Funktion im gesamten Jugendstrafverfahren zum Ausdruck: Die JGH ist unmittelbar Prozessbeteiligte, die untrennbar mit dem Netz der Jugendgerichtsverfassung verknüpft ist. Aufgrund ihrer weichenstellenden Unterstützungs- und Hilfefunktion für das gesamte Jugendstrafverfahren einschließlich der Auswahl der Reaktionsfolgen gebührt ihr dementsprechend eine zentrale Position im Regelungsabschnitt über die Jugendgerichtsverfassung.

Im Zusammenhang mit der Darstellung der Jugendgerichtsverfassung ist auf eine (nicht nur) **terminologische Besonderheit** hinzuweisen: Im jugendstrafrechtlichen Schrifttum[2] wird erläutert, es werde bei den Bezeichnungen Strafrichter als Jugendrichter, Schöffengericht als Jugendschöffengericht und Strafkammer als Jugendkammer unzutreffend von den **Erwachsenengerichten** ausgegangen. Auch werde diese „Gleichsetzung" nicht der Tatsache gerecht, dass sich die Zuständigkeitsbegrenzung zwischen den unterschiedlichen Erwachsenengerichten wesentlich von derjenigen der Jugendgerichte unterscheide. Schließlich bräuchten die Jugendrichter überhaupt keine Zuständigkeit als Erwachsenengericht oder bei einem Erwachsenengericht zu haben. – Diese Hinweise sind zwar der Sache nach inhaltlich vollumfänglich berechtigt, allerdings dient die Bezeichnung „Erwachsenengericht" ausschließlich aus analytischen und nicht zuletzt auch aus didaktischen Gründen dazu, einen Ausgangspunkt zugunsten der Darstellung zu definieren: Weil das Jugendstrafrecht als ein Aliud gegenüber dem Erwachsenenstrafrecht ausgestaltet ist, muss folgerichtig auch im Rahmen der Jugendgerichtsverfassung zunächst vom (vergleichsweise schon eher bekannten) System des Erwachsenenrechts ausgegangen werden, um daran anknüpfend die Andersartigkeit und die wesentlichen Abweichungen des Jugendstrafrechts bzw des Gerichtsverfassungsrechts darlegen zu können. Diesen Referenzrahmen vermag das Jugendstrafrecht in systematischer Sicht mit seinem Bezug auf das für erwachsene

---

1 BGH v. 23.5.2002, 3 StR 58/02, BGHSt 47, 311, 317 (= NStZ 2003, 47 f).
2 D/S/S-Schoreit, § 33 Rn 14.

Straftäter (bzw Tatverdächtige) geltende Recht konsistent zu ziehen. Daher wird auch im Rahmen dieser Kommentierung auf den Vergleich Erwachsenenrecht (bzw synonym allgemeines Strafrecht) – Jugendrecht abgestellt.

II. § 33 Abs. 1: Jugendgerichte und deren Zuständigkeiten in den einzelnen Verfahrensstadien

4 Jugendgerichte sollen nach (nicht unmissverständlicher) Auffassung des BGH[3] besondere Gerichte darstellen, die den ordentlichen Gerichten „wesensgleich" seien. Hier ist zu konkretisieren, dass Jugendgerichte nicht nur „gleich" im Sinne von „ähnlich" sind, sondern sie sind **Bestandteile der ordentlichen Gerichtsbarkeit**. Ein Teil der ordentlichen Gerichtsbarkeit fungiert in Gestalt des Jugendgerichts und die sachliche Zuständigkeit von Jugendgerichten ist damit identisch mit der sachlichen Zuständigkeit der für Erwachsene zuständigen Strafgerichte. Nach Ansicht des BGH[4] wird den Jugendgerichten aber innerhalb derselben Gerichtszuständigkeit ein besonderer sachlicher Geschäftskreis zugewiesen. Insofern folgert der BGH zutreffend, es bestünden keine Bedenken gegen eine Abgabe des Verfahrens vom Erwachsenengericht an das Jugendgericht, soweit es sich um Gerichtsabteilungen gleichen Ranges handelt. Ausgeschlossen ist nach ebenso trefflicher Ansicht des BGH lediglich die Abgabe eines irrtümlich an das Erwachsenengericht gerichteten Falls durch dieses Gericht an ein Jugendgericht niederer Ordnung oder ein Jugendgericht eines anderen Gerichtsbezirks, weil hierbei das Gebot der Entscheidung durch ein gleichrangiges Gericht verletzt würde. Auch wenn der BGH letztlich die verfassungsrechtlichen Konsequenzen nicht zieht, ist ein derartiges Verfahren im Zusammenhang mit dem Prinzip des gesetzlichen Richters aus Art. 101 Abs. 1 S. 2 GG zu betrachten.

5 Von dem durch den BGH[5] entschiedenen Fall einer irrtümlichen Anrufung des Erwachsenengerichts anstelle des Jugendgerichts abgesehen, verbleibt es im Jugendstrafverfahren bei der Anwendbarkeit von § 209 StPO, wonach das (Jugend-)Gericht nach Erhebung der **Anklage** nach Abs. 1 bzw nach Abs. 2 dieser Norm das Hauptverfahren vor einem Gericht niedrigerer bzw höherer Ordnung eröffnen kann, sofern es dessen Zuständigkeit für begründet hält. Dies gilt auch für den Fall, dass anstelle des Jugendgerichts zunächst bei einem Erwachsenengericht die Anklage erhoben worden ist, ohne dass dies auf einen in der vorgenannten Rn beschriebenen Irrtum zurückzuführen ist. Daher kann die zunächst bei einem Erwachsenengericht erhobene Anklage nach § 209 StPO an das Jugendgericht (niederer oder höherer Ordnung) abgegeben werden. Zu beachten ist hierbei auch § 209 a Nr. 2 a StPO, jeweils mit der Besonderheit, dass in diesem Zusammenhang mit der Abgabe eines Verfahrens bzw mit dem Verweis an ein anderes Gericht stets nur auf § 209 a Nr. 2 a StPO, nicht aber auf § 209 a Nr. 2 b

---

3 BGH v. 5.10.1962, GSSt 1/62, BGHSt 18, 79, 82.
4 BGH v. 20.12.1962, 2 ARs 81/62, BGHSt 18, 173, 175.
5 BGH v. 20.12.1962, 2 ARs 81/62, BGHSt 18, 173 ff.

StPO⁶ Bezug genommen wird, so dass dies nicht für Jugendschutzsachen Geltung beansprucht.⁷

Ebenso kann im Jugendstrafverfahren **nach Eröffnung des Hauptverfahrens** und noch vor Beginn der Hauptverhandlung das (zunächst angerufene) Erwachsenengericht die Akten nach § 225 a StPO (diese Norm gilt von der Eröffnung des Hauptverfahrens [§ 203 StPO] bis zum Beginn der Hauptverhandlung) durch Vermittlung der Staatsanwaltschaft einem höheren Jugendgericht vorlegen – jenes prüft dann, ob es den Fall übernimmt (siehe wiederum auch § 209 a Nr. 2 a StPO) und trifft einen Übernahmebeschluss gemäß § 225 a Abs. 1 S. 2: Wird die Übernahme abgelehnt, darf das entscheidende Gericht die Sache nicht an ein anderes Gericht weiterleiten, sondern die Akten müssen an das vorlegende Gericht zurückgesandt werden.⁸ Die Abgabe an ein niederes Gericht wird nach Eröffnung des Hauptverfahrens durch § 269 StPO ausgeschlossen. Insbesondere verbietet darüber hinausgehend im Verhältnis des Erwachsenenstrafrechts zum Jugendstrafrecht die Vorschrift des § 47 a, dass sich ein Jugendgericht nach Eröffnung des Hauptverfahrens für unzuständig erklärt, weil die Sache vor ein für allgemeine Strafsachen zuständiges Gericht gleicher oder niederer Ordnung gehöre.⁹ Der BGH¹⁰ konkretisiert die Vorschrift des § 47 a zutreffend, als sich jene nach dem Wortlaut lediglich an ein Jugendgericht richte, nicht aber an den BGH als Revisionsgericht, für das diese Vorschrift in diesem Zusammenhang demzufolge keine Geltung zu beanspruchen vermag, da der BGH als Revisionsgericht kein Jugendgericht iSv § 47 a darstellt (vgl auch Rn 14 sowie § 37 Rn 1). Zu beachten ist in diesem Zusammenhang insbesondere § 47 a S. 2 iVm § 103 Abs. 2 S. 2 u. S. 3, wonach die Zuständigkeit der Jugendgerichte für die dort normierten Konstellationen entfällt und stattdessen die Strafkammer als Wirtschaftsstrafkammer bzw. als Staatsschutzkammer nach §§ 74 a, 74 c (ggf iVm § 74 e) GVG zuständig ist (hierzu ausführlich in Rn 9). Gemäß § 6 a S. 3 StPO muss der entsprechende Einwand der Unzuständigkeit in Bezug auf eine erforderliche Abgabe nach § 47 a S. 2 iVm § 103 Abs. 2 S. 2 u. 3 spätestens bis zum Vernehmungsbeginn geltend gemacht werden (s. Rn 21).

6

Nach **Beginn der Hauptverhandlung** darf gemäß § 269 StPO ein Erwachsenengericht, das sich für unzuständig hält, weil das Verfahren seiner Ansicht nach vor

7

---

6 Zu § 209 a Nr. 2 b StPO siehe Arnold, S. 203 f, dort mit empirischen Befunden zur Anwendung dieser Norm.
7 Vgl auch BGH v. 31.1.1996, 2 StR 621/95, BGHSt 42, 39 ff sowie LG Zweibrücken v. 4.1.2005, Qs 119/04, NStZ-RR 2005, 153 zum Rangverhältnis zwischen Jugendgerichten und Gerichten für allgemeine Strafsachen; siehe auch Dölling, Neues aus der Rechtsprechung zum Jugendstrafrecht, NStZ 2009, 193, 197. Zu Jugendschutzsachen siehe auch die Kommentierungen zu § 33 Rn 5, § 34 Rn 5, § 36 Rn 1, § 39 Rn 2, § 40 Rn 4, § 41 Rn 1.
8 Eisenberg § 39 Rn 20. Nach zutreffender Auffassung des BGH (v. 19.2.2009, 3 StR 439/08, NStZ 2009, 579 [= StV 2009, 508]) ändert auf der Ebene des Erwachsenenstrafrechts auch eine rechtsfehlerhafte Verweisung durch den Strafrichter an das Schöffengericht nach Eröffnung des Hauptverfahrens nichts daran, dass die Verweisung bindend ist und eine Rückgabe an den Strafrichter ausgeschlossen ist. Bejaht ein Gericht höherer Ordnung fehlerhaft seine Zuständigkeit, bleibe die Beanstandung der sachlichen Unzuständigkeit im Revisionsverfahren (§ 338 Nr. 4 StPO) im Hinblick auf die Vorschrift des § 269 StPO regelmäßig ohne Erfolg, weil die weitergehende sachliche Zuständigkeit des Gerichts höherer Ordnung die dahinter zurückbleibende des Gerichts niedrigerer Ordnung mit einschließe.
9 Vgl auch Schlothauer/Weider S. 62 Rn 171.
10 BGH v. 28.4.1988, 4 StR 33/88, BGHSt 35, 267 f, dem offenbar folgend: D/S/S-Schoreit, § 40 Rn 4.

ein Gericht niederer Ordnung gehöre, sich dennoch nicht für unzuständig erklären (ein derartiger Verweis ist nach § 209 Abs. 1 StPO nur zum Zeitpunkt des Eröffnungsbeschlusses zulässig, s. o., Rn 5, 6). Nach zutreffender Auffassung von Eisenberg[11] gilt die Bestimmung des § 269 StPO entsprechend auch bereits vor Beginn einer Hauptverhandlung, da sie in Abwandlung zu § 6 StPO einen allgemeinen Rechtsgrundsatz enthält und weil nach berechtigter Ansicht der Rspr[12] die größere bzw umfassendere sachliche Zuständigkeit die geringere mit einschließt. Die Verweisung des Falles an das zuständige höhere Gericht richtet sich nach Beginn der Hauptverhandlung demgegenüber nach § 270 StPO (iVm § 209 a Nr. 2 a StPO). Diese Norm dient primär der Verfahrensbeschleunigung.[13] Allerdings ist noch nicht vollständig geklärt, von welchem Erkenntnisstand an und ab welchem Zeitpunkt das Gericht von dieser Verweisungsmöglichkeit Gebrauch zu machen hat.[14] Nach § 270 Abs. 3 StPO entfaltet dieser Verweisungsbeschluss die Wirkung eines Eröffnungsbeschlusses (§ 203 StPO), wenngleich er jenen nicht zu ersetzen vermag.[15] Wenn eine Strafkammer, vor der die Jugendkammer gemäß § 209 a Nr. 2 a StPO ein bei ihr angeklagtes Verfahren eröffnet hat, in der Hauptverhandlung zu der Erkenntnis gelangt, dass der Angeklagte entgegen der Einschätzung der Jugendkammer bei Begehung der Tat (nicht ausschließbar) noch Heranwachsender war, ist die Strafkammer ungeachtet des Eröffnungsbeschlusses gehalten, die Sache gemäß § 270 Abs. 1 an die zuständige Jugendkammer zu verweisen.[16] Trotz der damit zwangsläufig verbundenen Verfahrensverzögerung ist dieser Entscheidung des BGH zu folgen, weil sie der erzieherischen Konzeption des Jugendstrafrechts entspricht, an welcher sich auch die Jugendgerichtsverfassung zu orientieren hat. Eine noch weitergehende Verfahrensverlangsamung durch erneuten Rückverweis von der Jugendkammer an die Strafkammer wird durch § 47 a S. 1 ausgeschlossen.

8 Mit dem Hinweis in § 270 Abs. 1 S. 1, 2. Hs StPO auf § 209 a Nr. 2 a StPO wird klargestellt, dass auch für die Frage der Abgabe gemäß § 270 die Jugendgerichte gegenüber allgemeinen Gerichten gleicher Ordnung Gerichten höherer Ordnung gleichstehen. Der Strafrichter (als Einzelrichter) verweist also an den Jugendrichter gemäß § 270 StPO, gleichfalls das Schöffengericht an das Jugendschöffengericht.[17]

9 Das **Verhältnis zwischen § 47 a und § 103 Abs. 2** ist nach hier vertretener Meinung von einem **Regel-Ausnahme-Prinzip** geprägt. Die Rechtsprechung hat im Zusammenhang mit der Regelung des § 47 a demgegenüber einen methodisch-argumentativ angreifbaren Weg gewählt, wonach sie im Ergebnis eine Qualifizierung von § 103 Abs. 2 S. 2 u. 3 als leges speciales gegenüber § 47 a S. 1 iVm § 103 Abs. 2 S. 1 ablehnt. So betont der BGH,[18] die Bestimmung des § 103 [der BGH bezieht sich zwar auf Abs. 3, jedoch ist diese Argumentation auf Abs. 2 S. 2 u. 3 übertragbar] sei im Zusammenhang mit § 47 a zu interpretieren. Diese

---

11 Eisenberg § 33 – 33 b Rn 34 mwN.
12 BGH v. 22.12.2000, 3 StR 378/00, BGHSt 46, 238, 240 mwN; OLG Bremen v. 8.8.1997, Ss 18/97, NStZ-RR 1998, 53; beiden folgend: Gollwitzer in: FS Riess, S. 136 f.
13 Vgl Gollwitzer in: FS Riess, S. 136.
14 Anm. v. Riess zu BGH v. 23.5.2002, 3 StR 58/02 (BGHSt 47, 311) in: NStZ 2003, 49.
15 BGH v. 20.11.1987, 3 StR 493/87, BGH NStZ 1988, 236 m. Zustimmung v. Gollwitzer in: FS Riess, S. 136.
16 So BGH v. 23.5.2002, 3 StR 58/02, BGHSt 47, 311 f (= NStZ 2003, 47 f mit Zustimmung v. Riess.
17 D/S/S-Schoreit, § 39 Rn 11.
18 BGH v. 4.11.1981, 2 StR 242/81, BGHSt 30, 260 ff.

Regelung sei im Verhältnis zu § 103 sogar vorrangig und schränke den Anwendungsbereich von § 103 entsprechend ein, so dass eine [nach § 103 Abs. 2 S. 2 eigentlich gebotene] Zuständigkeitsübertragung auf das allgemeine Gericht durch § 47a blockiert werde. Die parlamentarischen Quellen[19] sollen diesen Befund nach Auffassung des BGH[20] bestätigen, indem nach § 103 Abs. 2 [S. 1] grundsätzlich eine vorrangige Zuständigkeit der Jugendgerichte bestehe. Dieser Argumentation des BGH kann zwar in einigen Prämissen und auch im Ergebnis, nicht jedoch in allen Teilen der Begründung gefolgt werden. Zustimmung verdient dieses Judikat zunächst in dem (durch die normativen Vorgaben bereits evidenten) Befund, dass die Regelung des § 103 im Lichte von § 47a gesehen werden muss, denn immerhin verweist der Satz 2 des § 47a auf die Vorschrift des § 103, folglich muss diese Wechselbezüglichkeit auch in der Norminterpretation ihren Niederschlag finden. Ebenso ist zutreffend, dass § 103 Abs. 2 S. 1 für alle nicht zur Zuständigkeit der Wirtschaftsstraf- oder Staatsschutzkammern gehörenden Jugendsachen zwingend die Zuständigkeit des Jugendgerichts vorschreibt. Dies resultiert auch unmittelbar aus dem normlogischen Zusammenspiel von § 47a iVm § 103 Abs. 2 S. 2 u. 3, wonach (im Gegensatz zur grundsätzlichen Regelung des § 103 Abs. 2 S. 1) nur für ganz bestimmte (Ausnahme-)Fälle eine Zuständigkeit der Wirtschaftsstraf- bzw der Staatsschutzkammer begründet werden soll. Schließlich lässt sich diese Entscheidung neben dem Gesichtspunkt der Verfahrensökonomie (Vermeidung weiterer und zeitraubender Übertragungen) auch unter dem Aspekt einer primär jugendgemäßen Entscheidung (argumentum ex § 37 und § 34 Abs. 2) begründen. Als dezidert unzutreffend muss allerdings die (nicht näher dargelegte) Behauptung des BGH bewertet werden, die Regelung des § 47a sei im Verhältnis zu § 103 vorrangig und schränke den Anwendungsbereich von § 103 entsprechend ein. Es ist nicht ersichtlich, warum die Regelung des § 47a dem § 103 vorgehen sollte, denn § 47a S. 2 erklärt vielmehr die uneingeschränkte und nicht relativierte Geltung von § 103 im Rahmen des Hauptverfahrens. Die systematische Auslegung von § 47a S. 1 einerseits und von § 103 Abs. 2 S. 1 andererseits statuiert zunächst die grundsätzliche Zuständigkeit der Jugendgerichte, wobei nach § 47a S. 1 eine – an sich und je nach Fallkonstellation eigentlich gebotene – Verweisung an ein Erwachsenengericht gleicher oder niederer Ordnung nach der Eröffnung des Hauptverfahrens unzulässig ist. Damit wird zugunsten einer jugendgerichtlichen Entscheidung (vgl § 47a S. 1 iVm § 33 Abs. 2) bewusst in Kauf genommen, dass im Falle eines zu späten Einwands ein konzeptionell eigentlich unzuständiges Gericht entscheidet. Während § 47a S. 1 iVm § 103 Abs. 2 S. 1 dieses Regelprinzip bildet, folgt mit § 47a S. 2 eine Ausnahmeregelung, nach welcher die Bestimmung des § 103 Abs. 2 S. 2 u. 3 unberührt zu bleiben hat. Zusammen mit dieser Norm entfaltet § 47a S. 2 demnach eine Sperrwirkung gegenüber den grundsätzlichen jugendgerichtlichen Zuweisungsnormen der §§ 47a S. 1, 103 Abs. 2 S. 1 mit der dann zwingenden Konsequenz, dass die genuin jugendrichterliche Zuständigkeit durch die Spezialzuweisung des § 103 Abs. 2 S. 2 u. 3 durchbrochen bzw verdrängt und somit die Zuständigkeit der allgemeinen Strafgerichtsbarkeit begründet wird. Auch stellt der Satz 2 des § 47a klar, dass die Grundsatzregelung des Satzes 1 gegenüber den Sonderregelungen in § 103 Abs. 2 S. 2 u. 3 zurücktritt.[21] Eine auch auf die Ausnahmeregelung übergreifende Klammerwirkung des § 47a S. 1 bzgl der zeitlichen Sperrwirkung ab Hauptverfahrensbeginn hinsichtlich der durch § 103 Abs. 2 S. 2 u. 3 er-

---

19 BT-Drucks. 8/976, 69.
20 BGH v. 4.11.1981, 2 StR 242/81, BGHSt 30, 260, 262.
21 Eisenberg, § 47a Rn 6.

öffneten Spezialzuständigkeit ist nicht anzunehmen, weil die letztgenannte Norm in diesem Ausnahmefall die Spezialzuweisung an die Wirtschafts- bzw an die Staatsschutzkammer ermöglichen soll und weil die Verweisungsbestimmung des § 47a S. 2 genau diese Ausnahmemöglichkeit sicherstellen soll. Wortlaut und Systematik legen ein solches Textverständnis nahe, zumal die grundsätzliche Zuständigkeit der Jugendgerichtsbarkeit in den Fällen der Staatsschutz- und der Wirtschaftsstrafsachen zugunsten der speziell hierfür geschaffenen Strafkammern des allgemeinen Strafrechts ausnahmsweise aufgegeben und zugunsten der entsprechenden Fachgerichte begründet werden muss. Im Rahmen des Gesetzgebungsverfahrens[22] wurde die Einfügung von § 47a mit der (inzwischen nicht mehr ganz unanzweifelbaren) Begründung gerechtfertigt, ein Jugendgericht sei genauso gut in der Lage wie ein Erwachsenengericht, Erwachsenensachen zu verhandeln. Dem ist jedoch neben der (nicht zuletzt materiell-rechtlichen) Komplexität staatsschutzrechtlicher (vgl § 74a GVG iVm § 103 Abs. 2 S. 2) und wirtschaftsstrafrechtlicher Verfahren (vgl § 74c GVG iVm § 103 Abs. 2 S. 2) inzwischen und insoweit zu widersprechen, als die Verweisungsnorm des § 47a S. 2 bezüglich § 103 Abs. 2 S. 2 u. 3 gerade dazu dient, die teilweise sehr speziellen Staatsschutz- und Wirtschaftsstrafsachen den besser dazu eingerichteten und ausgebildeten Strafkammern der allgemeinen Gerichtsbarkeit zu überlassen, so dass im Interesse einer sachlich-inhaltlich „richtigeren" Entscheidung in diesen Ausnahmefällen auch der Verzicht auf eine originär und spezifisch jugendrichterliche Behandlung in Kauf genommen werden muss. Dass nach der vom BGH herangezogenen parlamentarischen Stellungnahme „grundsätzlich" die vorrangige Zuständigkeit der Jugendgerichte zu beachten ist, vermag vor diesem Hintergrund letztlich nicht über die Zulässigkeit einer mit Wortlaut und Systematik zu vereinbarenden Ausnahmeregelung unter Qualifizierung von § 47a S. 2 iVm § 103 Abs. 2 S. 2 u. 3 als Spezialvorschriften zu § 47a S. 1 hinwegzutäuschen, zumal eine genauere Lektüre der Parlamentsunterlagen[23] ausdrücklich belegt, dass Satz 2 von § 103 Abs. 2 die beiden Ausnahmen (Wirtschaftsstraf- bzw Staatsschutzkammer) ggü dem grundsätzlichen Vorrang der Jugendgerichte vorsieht. Demnach soll die Zuständigkeit der Wirtschaftsstraf- bzw der Staatsschutzkammer für Jugendliche auch immer dann vorgehen, wenn eine Verbindung nach § 103 Abs. 1 erfolgt. Der von § 47a S. 1 iVm § 103 Abs. 2 S. 1 grundsätzlich eröffnete Anwendungsbereich zugunsten der genuin zuständigen Jugendgerichte wird von den einschränkenden und in Spezialfällen vorgehenden § 47a S. 2 iVm § 103 Abs. 2 S. 2 u. 3 verschlossen und stattdessen in diesen Ausnahmefällen die Zuständigkeit der Staatsschutzkammer bzw der Wirtschaftsstrafkammer statuiert.[24] § 47a S. 1 ist demnach – und insoweit gebührt dem BGH im Ergebnis Zustimmung – so auszulegen, dass das Verweisungsverbot grundsätzlich [und nur] für alle Fälle zu gelten hat, die nicht der Zuständigkeit der Wirtschaftsstraf- bzw der Staatsschutzkammer[25] und somit nicht den Regelungen des § 47a S. 2 iVm § 103 Abs. 2 S. 2 u. 3 unterfallen.[26]

---

22 BT-Drucks. 8/976, 69.
23 BT-Drucks. 8/976, 70, dort zu Nr. 8 (§ 103).
24 Siehe zu diesem Problem auch Meyer-Goßner, Die Verbindung verschiedener gegen denselben Angeklagten bei demselben Landgericht anhängiger Verfahren, NStZ 1989, 297, 299.
25 So war die Fallkonstellation in BGH v. 4.11.1981, 2 StR 242/81, BGHSt 30, 260, 262.
26 Siehe hierzu auch Eisenberg, § 103 Rn 15 sowie hier Trüg, § 47a Rn 1, 4, 7 ff.

§ 33 Abs. 1 eröffnet den Anwendungsbereich von Jugendgerichten iwS (eine genauere Aufteilung hierzu enthält Abs. 2) zugunsten der Verfehlungen von Jugendlichen. „**Jugendliche**" sind nach der Legaldefinition des § 1 Abs. 2 Minderjährige zwischen 14 und unter 18 Jahren, wobei die genaue Fristenberechnung nach § 187 Abs. 2 S. 2 BGB erfolgt. Maßgeblich ist gemäß § 1 Abs. 2 die Zeit der Tat, so dass auch Erwachsene vor Jugendgerichten angeklagt werden können.[27] Bereits in einem frühen Judikat entschied der BGH,[28] das Jugendstrafrecht habe auch dann Anwendung zu finden – und demzufolge sei das Jugendgericht zuständig -, wenn sich nicht klären lässt, ob der Angeklagte die Straftat vor oder nach dem Zeitpunkt begangen hat, von dem ab er dem Erwachsenenstrafrecht untersteht. Dieser persönliche Erfassungsbereich der Jugendgerichtsverfassung wird von § 107 JGG zugunsten der Erstreckung auch auf **Heranwachsende** erweitert. Jedoch gilt dies nach § 112 S. 1 nicht vor den für allgemeine Strafsachen zuständigen Gerichten, soweit nicht die Voraussetzungen des § 103 Abs. 1, Abs. 2 S. 1 vorliegen.[29] Auch bei der Verbindung von Strafsachen gegen Jugendliche und Erwachsene gemäß § 103 Abs. 1 ist nach Abs. 2 S. 1 dieser Norm wiederum das Jugendgericht zuständig. Zu den Ausnahmen hiervon, wonach anstelle des Jugendgerichts die Staatsschutzkammer bzw die Wirtschaftsstrafkammer nach §§ 74 a, 74 c GVG auch für die Strafsachen gegen Jugendliche zuständig sind, siehe die Ausführungen in Rn 9. Zu beachten ist schließlich die Zuständigkeitsregelung in § 102 zugunsten des Bundesgerichtshofs und der Oberlandesgerichte, die durch die jugendstrafrechtlichen Spezialzuweisungen nicht berührt werden.

10

Der Begriff der „**Verfehlung**" nach § 33 Abs. 1 entspricht dem des § 1 Abs. 1, welcher den materiellen Anwendungsbereich des JGG auf alle Verhaltensweisen bezieht, die nach den allgemeinen Vorschriften (also nach dem StGB [dort § 12: Vergehen und Verbrechen] inklusive strafrechtlicher Nebengesetze, zB BtMG, StVG etc.) mit Strafe bedroht sind. Synonym ist auch der Begriff der Verfehlung aus § 105 Abs. 1 S. 1 zu nennen, nicht aber der jugendstrafrechtlich sogar jugendkriminologisch engere Begriff der Jugendverfehlung in § 105 Abs. 1 S. 1 Nr. 2, der primär eine Abgrenzungsfunktion gegenüber der „Jugendtümlichkeit" in Abs. 1 Nr. 1 des § 105 wahrnimmt.

11

Gegenüber dem Vorgenannten stellen **Ordnungswidrigkeiten** keine Verfehlungen iSv § 33 dar. Dies ergibt sich bereits aus dem unmissverständlichen Wortlaut von § 1 Abs. 1, wonach es sich bei dem Verhalten des Jugendlichen bzw Heranwachsenden um eine strafbewehrte Tat handeln muss (vgl auch § 1 OWiG). Insofern eröffnet und limitiert § 33 Abs. 1 den Erfassungsbereich der Jugendgerichtsverfassung. Mit der Vorschrift des § 68 Abs. 2 OWiG wird jedoch die Zuständigkeit des Jugendrichters für OWi-Verfahren gegen Jugendliche und Heranwachsende begründet (vgl auch § 34 Rn 5). Damit greift die jugendstrafrechtliche Gerichtsverfassung von den originären Zuständigkeitsregelungen der §§ 33 ff punktuell über auf den Bereich des OWi-Rechts, um auch auf diesem Gebiet eine jugendstrafrechtlich (mit-)geprägte Entscheidung gewährleisten zu können. Diese jugendstrafrechtliche Prägung auch auf dem Sektor der Ordnungswidrigkeiten spiegelt sich letztlich in § 46 Abs. 1 OWiG wider, wonach für das Bußgeldverfahren auch die Regelungen des JGG gelten, soweit das OWiG nichts anderes bestimmt. Das Recht der Ordnungswidrigkeiten wird somit auch von der in die-

12

---

27 Vgl D/S/S-Schoreit, § 33 Rn 13.
28 BGH v. 23.2.1954, 1 StR 723/53, BGHSt 5, 366.
29 Vgl Eisenberg §§ 33 – 33 b Rn 2.

sem Zusammenhang subsidiären Geltung der JGG-Regelungen mitbestimmt. Insoweit ist das OWiG im Vergleich zur Geltung des allgemeinen Strafrechts nach § 10 StGB als „dominanter" in Bezug auf Jugendliche und Heranwachsende zu bezeichnen, als diese Norm die Geltung des StGB zugunsten des Vorrangs des JGG zurücknimmt, das StGB also gegenüber dem JGG als subsidiär einzustufen ist, was durch die entsprechende Referenznorm des § 2 Abs. 2 bestätigt wird.[30]

13 Schließlich stellen die unterschiedlichen Verstöße gegen die Verpflichtungen aus den §§ 51, 70 StPO, §§ 380, 390 ZPO, § 89 FamFG (bis zum 1.9.2009: § 33 FGG)[31] und § 178 GVG ebenfalls **keine Verfehlungen** iSd Jugendstrafrechts und somit nicht nach § 33 Abs. 1 dar, weil es sich dabei nicht um strafbewehrte Verhaltensweisen handelt (s.o., Rn 12).

III. § 33 Abs. 2: Systematischer Überblick über die Spruchkörperaufteilung

14 § 33 Abs. 2 enthält als konkretisierende Bestimmung zu Abs. 1 eine Auflistung der drei **unterschiedlichen Spruchkörper** der Jugendgerichtsbarkeit. Während das Jugendschöffengericht wie die Jugendkammer im Abschnitt über die Jugendgerichtsverfassung in den §§ 33 a, 33 b weitere Ausführungen zur jeweiligen Spruchkörperbesetzung erhalten, finden sich zum Strafrichter als Jugendrichter neben Abs. 3 in den §§ 34 und 39 weitere Referenzbestimmungen. Die Korrespondenznormen zum Jugendschöffengericht befinden sich, abgesehen von § 33 a, in § 40 sowie in § 35 bzgl der Auswahl der Schöffen. Die Referenzregelung zur Jugendkammer ist (außer in § 33 b) in § 41 enthalten. Aus diesen Ausführungen wird ersichtlich, dass lediglich auf der Ebene der Amts- und der Landgerichte eine Jugendgerichtsbarkeit existiert, nicht aber auf der Ebene der Oberlandesgerichte bzw des Bundesgerichtshofs (vgl Rn 6, § 37 Rn 1). Dies folgt schon allein aus dem Wortlaut von § 33 Abs. 2. Die für die allgemeinen Strafsachen zuständigen Senate der Oberlandesgerichte und des Bundesgerichtshofs entscheiden über die Revision in Jugendstrafsachen (§ 102 S. 1 sowie § 135 GVG).[32] Schoreit[33] spricht sich für eine Spezialisierung auch auf der Ebene der Oberlandesgerichte und des Bundesgerichtshofs aus, welche bereits durch eine andere Geschäftsverteilung erreicht werden könne, indem Jugendsachen einem Senat oder mehreren spezialisierten Senaten zugewiesen würden.

IV. § 33 Abs. 3: Rechtsverordnungen, Bezirksjugendgerichte

15 Der Abs. 3 des § 33 beinhaltet eine Ermächtigungsgrundlage iSv Art. 80 Abs. 1 GG zugunsten der Schaffung von **Rechtsverordnungen**[34] durch die Landesregierungen. Der Begriff der Landesregierung bezieht sich – wie auch jener der Bundesregierung, vgl Art. 62 GG) auf das Kollegialorgan in seiner Gesamtheit, nicht

---

30 Zum OWi-Verfahren siehe auch § 34 Rn 5, § 39 Rn 2, § 41 Rn 19, § 42 Rn 6.
31 § 33 FGG ist durch das Gesetz zur Reform des Verfahrens in Familiensachen und in den Angelegenheiten der freiwilligen Gerichtsbarkeit (FGG-Reformgesetz – FGG-RG) v. 17.12.2008 aufgehoben und durch die Neuregelung des § 89 FamFG ersetzt worden. Die Rechtslage hat sich hier geändert: Es erfolgt keine Verhängung von Zwangsmitteln mehr, sondern von Ordnungsmitteln. Siehe hierzu auch Kemper, S. 103 ff.
32 Siehe Meier/Rössner/Schöch-Meier, § 13 I 1 S. 271 Rn 5; Schaffstein/Beulke, § 28 III 1 S. 196.
33 D/S/S-Schoreit, § 33 Rn 15 mwN.
34 Das Verordnungsrecht der Exekutive ist nach Art. 80 GG gesetzesabhängig; ein originäres Verordnungsrecht steht der Exekutive – von Ausnahmen abgesehen – nicht zu (Horsch, Anpassung des nationalen Rechts an das Gemeinschaftsrecht – Wie weit darf die Ermächtigung der Exekutive gehen?, ZRP 2009, 48).

auf einzelne Ressortminister. Eine Ausnahme gestattet das BVerfG[35] zugunsten einzelner Landesminister nur für den Fall, wenn nach dem jeweiligen Landesverfassungsrecht unter „Landesregierung" auch der einzelne Landesminister verstanden werden darf. Nach Ansicht des BVerfG darf in keinem Fall ein Bundesgesetz einen Landesminister unmittelbar ermächtigen. Bislang haben zehn Landesregierungen von der Möglichkeit, per Rechtsverordnung zu regeln, dass ein Richter bei einem Amtsgericht zum Jugendgericht für den Bezirk mehrerer Amtsgerichte bestellt wird, Gebrauch gemacht.[36]

Trotz der strengen verfassungsrechtlichen Vorgaben, welche die Bestimmtheitsregelung des Art. 80 Abs. 1 S. 2 GG an das der Rechtsverordnung zugrunde liegende ermächtigende formelle und zugleich materielle Gesetz stellt, wonach Inhalt, Zweck und Ausmaß in der Ermächtigungsgrundlage ausdrücklich aufgeführt werden müssen, sind **verfassungsrechtliche Bedenken** in Bezug auf § 33 Abs. 3 nicht erkennbar. Der Erfassungs- und Regelungsbereich sowie der damit verfolgte Zweck (s.u.) sind unmittelbar einsichtig und nachvollziehbar (zweifelnd hingegen Ostendorf,[37] wobei die Zweifel an der Verfassungskonformität „nur mit Mühe in entsprechender Anwendung des § 58 GVG behoben werden könnten", dazu in Rn 19). 16

Die Funktion des sog. **Bezirksjugendrichters** dient dazu, die örtliche Zuständigkeit zu bündeln und personell möglichst auf einen einzigen Strafrichter als Jugendrichter zu übertragen. Diese Konzentrationsmöglichkeit entspricht unmittelbar dem Prinzip der sachlichen Bündelung nach § 34 (siehe § 34 Rn 9) sowie mittelbar § 37, wonach die betreffenden (Bezirks-)Richter erzieherisch-pädagogisch befähigt sein sollen und wonach möglichst eine Richterperson mit allen forensisch-erzieherischen Aufgaben betraut sein soll (analog gilt dies auch für das Bezirksschöffengericht als Kollegialspruchkörper). Im optimalen Fall kann durch diese Konzentration auf einen Bezirksjugendrichter bzw auf ein Bezirksschöffengericht darüber hinaus eine einheitliche Spruchpraxis sichergestellt werden, was nicht zuletzt für die Reaktionsauswahl (vgl §§ 5 ff) von Bedeutung sein wird. Andererseits ist jedoch auch auf die berechtigten Bedenken der (Kommentar-)Literatur[38] hinzuweisen, nach welchen sich die Einrichtung von Bezirksjugendgerichten eher in Ballungsgebieten mit mehreren dicht beieinander liegenden Amtsgerichten empfiehlt und weniger in vergleichsweise dünn besiedelten Flächenstaaten mit entsprechend großem räumlichen Einzugsbereich, wo die Jugendrichter mit der konkreten Situation „vor Ort" zwangsläufig nicht so vertraut sein können. Um die Bezirksjugendrichter angesichts der durch § 33 Abs. 3 ermöglichten Zuständigkeitsbündelung von den weiteren regulären und fachlich schwierigeren fami- 17

---

35 BVerfGE v. 10.5.1960, 2 BvL 76/58, BVerfGE 11, 77, 85 f.
36 Siehe hierzu im Schönfelder Nr. 89 die Anm. 2 zu § 33 Abs. 3 mit einem Fundstellenverzeichnis für die Länder Baden-Württemberg, Bayern, Berlin, Brandenburg, Hamburg, Hessen, Niedersachsen, Nordrhein-Westfalen, Rheinland-Pfalz und Schleswig-Holstein.
37 Ostendorf, § 33 b Rn 13.
38 D/S/S-Schoreit, § 33 Rn 17; Eisenberg, §§ 33 - 33 b Rn 23; Brunner/Dölling, §§ 33–33 b Rn 10; Streng, Jugendstrafrecht, S. 50, dort Rn 1 aE; Laubenthal/Baier Rn 142.

liengerichtlichen (und bis zum 1.9.2009 von den vormundschaftsrichterlichen)[39] Aufgaben zu entlasten, sieht § 34 Abs. 2 S. 2 für diese Richter eine Entbindungsregelung in besonderen Ausnahmesituationen vor.

18 Dass sich **Bezirksjugendschöffengerichte** häufiger empfehlen sollen als Bezirksjugendgerichte, wie Schoreit[40] vertritt, scheint in dieser Absolutheit letztlich nicht zu überzeugen: Es steht in diesem Zusammenhang weniger die Frage im Vordergrund, welches von beiden Gerichten „besser" bzw besser geeignet ist, vielmehr wird diese Frage letztlich von der erstinstanzlichen Zuständigkeit entschieden, je nachdem, ob der Jugendrichter gemäß § 33 Abs. 2 iVm §§ 34 Abs. 1, 39 oder das Jugendschöffengericht nach § 33 Abs. 2 iVm §§ 33 a, 40 (auch sachlich) zuständig ist. Auch verfügt das Jugendschöffengericht nach § 40 Abs. 1 lediglich über eine „Restzuständigkeit", namentlich dann bzw nur dann, wenn nicht die Zuständigkeit eines anderen Gerichts begründet ist, so dass auch infolgedessen nicht von einem „Wahlrecht" ausgegangen werden kann (vgl § 40 Rn 9, 11). Schließlich wird auf das Risiko der Stigmatisierung hingewiesen,[41] weshalb bei Verfahren, in denen keine Jugendstrafe zu erwarten ist, größte Zurückhaltung mit der Anklage zum Jugendschöffengericht an den Tag zu legen sei. Vor diesem Hintergrund erübrigt sich die Frage nach einem „eher empfehlenswert" bzgl des einen oder des anderen Jugendgerichts und auch das Argument der Vorteilhaftigkeit möglichst ortsnaher Gerichte relativiert sich.[42]

19 Von der Möglichkeit, gemäß § 58 Abs. 1 GVG einzelne spezielle Zuweisungen vorzunehmen, indem isoliert eine Zuständigkeit des Bezirksjugendgerichts bzw des Bezirksschöffengerichts nur für Jugendliche oder nur für Heranwachsende im Wege des Erlasses von Rechtsverordnungen begründet wird, soll nach Eisenberg[43] abzusehen sein, weil die andernfalls zu befürchtende Zuständigkeitszersplitterung einer einheitlichen Behandlung aller anfallenden Jugendsachen mit allen jugendrichterlichen Aufgaben widerspreche. Allerdings ist dieser Hinweis Eisenbergs in Bezug auf eine isolierte Zuständigkeitsschaffung nur für Jugendliche bzw nur für Heranwachsende insoweit zu relativieren, als sich die Vorschrift des § 58 GVG lediglich auf die Konzentration der örtlichen Zuständigkeit auf Amtsgerichtsebene (auch über Landgerichtsbezirke hinaus) bezieht[44] und als diese Konzentration nach dem Wortlaut dieser Norm einer sachdienlichen Förderung dienen muss. Was als „sachdienlich" zu bewerten ist, kann dementsprechend nur fallorientiert beurteilt werden und ergibt sich aus dem normlogischen Zusammenspiel weiterer anzuwendender Bestimmungen. Insofern bedarf die prinzipiell über § 2 anwendbare Vorschrift des § 58 GVG in diesem Kontext einer jugendstrafrechtlich kompatiblen und systemkonformen Auslegung, insbesonde-

---

39 Durch das Gesetz zur Reform des Verfahrens in Familiensachen und in den Angelegenheiten der freiwilligen Gerichtsbarkeit (FGG-Reformgesetz – FGG-RG) v. 17.12.2008 (BGBl. I 2008, 2586 ff.) sind die Vormundschaftsgerichte aufgelöst worden. Zur Aufhebung der Vormundschaftsgerichte zum 1.9.2009 infolge der FFG-Reform siehe Borth, Einführung in das Gesetz zur Reform des Verfahrens in Familiensachen und in den Angelegenheiten der freiwilligen Gerichtsbarkeit v. 17.12.2008 (FGG-ReformG), FamRZ 2009, 157, 164.
40 D/S/S-Schoreit, § 33 Rn 17.
41 Schaffstein/Beulke, § 29 II 2, S. 203; siehe auch die Kommentierung zu § 40 Rn 9.
42 Ebenfalls kritisch zur Errichtung gemeinsamer Jugendschöffengerichte bei einem AG für den Bezirk mehrerer AGe: Eisenberg, § 33 – 33 b Rn 26, dort allerdings mit Hinweis darauf, dass das Argument der Ortsnähe hierbei nicht so sehr im Vordergrund stehen sollte, sei nicht hinreichend erkennbar.
43 Vgl Eisenberg, §§ 33 – 33 b Rn 24.
44 Meyer-Goßner, § 58 GVG Rn 2.

re durch die besondere Beachtung von § 34 Abs. 2 S. 1 u. 2 iVm § 34 Abs. 3, wonach die jugendrichterliche Aufgabenwahrnehmung neben den jugendstrafrechtlichen auch die familienrichterlichen Aufgaben mitumfassen soll, um eine Bündelung möglichst aller jugendrechtlichen Aspekte in Personalunion gewährleisten zu können. Hinsichtlich der Anwendbarkeit dieser Norm ist zu ergänzen, dass § 58 GVG trotz der systematischen Platzierung im 4. Abschnitt (Schöffengerichte) nach dem BVerfG[45] auch Strafsachen und Entscheidungen betrifft, die vor die Zuständigkeit des Strafrichters gehören, so dass über die mit einzubeziehende Bestimmung des § 33 Abs. 2 iVm § 24 GVG zugleich die Zuständigkeit zugunsten des Jugendrichters eröffnet ist.

Abs. 3 S. 2 beinhaltet eine **Subdelegationsmöglichkeit** zugunsten einer Übertragung der Ermächtigung von den Landesregierungen auf die Landesjustizverwaltungen. Die Regelung basiert verfassungsrechtlich auf Art. 80 Abs. 1 S. 4 GG, worin diese Weiterübertragungsmöglichkeit der Ermächtigung im Wege einer Rechtsverordnung genannt wird. 20

V. Revisibilität

Zunächst ist auf die grundsätzliche Möglichkeit der **Verfahrensrüge** nach § 338 Nr. 4 StPO hinzuweisen. Nach Ansicht des BGH[46] hat das Revisionsgericht nicht von Amts wegen, sondern nur auf eine Rüge hin zu prüfen, ob der Jugendrichter oder der Amtsrichter zu entscheiden hatte.[47] Ein Besetzungseinwand gemäß § 6 a StPO, der bei verspätetem Vorbringen zur Präklusion führt, ist in diesem Zusammenhang nicht erforderlich, zumal § 6 a StPO (ebenso wie §§ 16, 222 a StPO) nach Auffassung des BGH[48] nicht im Verhältnis Erwachsenengerichtsbarkeit zur Jugendgerichtsbarkeit gilt. Vielmehr ist hierbei die Vorschrift des § 47 a – und inzident auch die Regelung des § 103 zu beachten (speziell hierzu Rn 9). Trotz Unzuständigkeit hat das Jugendgericht im Falle des § 47 a S. 1 nach Eröffnung des Hauptverfahrens das Verfahren in 1. Rechtszug durchzuführen. Auch kann diese Unzuständigkeit des Jugendgerichts von dem erwachsenen Angeklagten nicht im Wege der Revisionsrüge nach § 338 Nr. 4 StPO geltend gemacht werden.[49] Im Umkehrschluss zu § 47 a gilt, dass eine Revision wegen Unzuständigkeit des Jugendgerichts nicht ausgeschlossen ist, wenn das Jugendgericht die Sache an ein Erwachsenengericht höherer Ordnung hätte abgeben müssen, da sich § 47 a lediglich auf Gerichte gleicher oder niederer Ordnung bezieht. 21

§ 33 a [Besetzung des Jugendschöffengerichts]

(1) ¹Das Jugendschöffengericht besteht aus dem Jugendrichter als Vorsitzenden und zwei Jugendschöffen. ²Als Jugendschöffen sollen zu jeder Hauptverhandlung ein Mann und eine Frau herangezogen werden.

(2) Bei Entscheidungen außerhalb der Hauptverhandlung wirken die Jugendschöffen nicht mit.

---

45 BVerfGE v. 1.10.1968, 2 BvL 6, 7, 8, 9/67, BVerfGE 24, 155, 168 – dem folgend: KK-StPO-Hannich, § 58 GVG Rn 1.
46 BGH v. 5.10.1962, GSSt 1/62, BGHSt 18, 79.
47 Berechtigt zustimmend: KK-StPO-Kuckein, § 338 Rn 69 mwN.
48 BGH v. 4.11.1981, 2 StR 242/81, BGHSt 30, 260; BGH v. 9.10.2002, 2 StR 344/02, BGH StV 2003, 454.
49 Meyer-Goßner, Vor § 1 Rn 13 und § 338 Rn 34; BGH, StraFo 2004, 103; Eisenberg, § 33 – 33 b Rn 40; Brunner/Dölling, § 47 a Rn 2.

Schrifttum:
Volk, Der Laie als Strafrichter, Festschrift für Hanns Dünnebier, 1982, S. 373 - 389; *Sowada*, Der gesetzliche Richter im Strafverfahren, 2002.

I. Systematischer Überblick	1	IV. Prinzipielle Notwendigkeit des Einsatzes von Jugendschöffen?	5
II. Reguläre Spruchkörperbesetzung und Mitwirkungsbefugnisse der Jugendschöffen	2	V. Notwendigkeit der Schaffung eines „erweiterten Jugendschöffengerichts" nach § 29 Abs. 2 GVG?	6
III. Paritätische Besetzung des Jugendschöffengerichts	4		

I. Systematischer Überblick

1 Die Regelungen zum Jugendschöffengericht finden sich in **systematischer Perspektive** neben der Ausgangsnorm des § 33 Abs. 2 (iVm Abs. 3) in § 33 a, worin die Zusammensetzung des Spruchkörpers beschrieben wird, während in § 35 die Auswahl und Bestimmung der Jugendschöffen aufgeführt ist. § 40 normiert schließlich die sachliche Zuständigkeit des Jugendschöffengerichts.

II. Reguläre Spruchkörperbesetzung und Mitwirkungsbefugnisse der Jugendschöffen

2 Nach Abs. 1 S. 1 der Norm besteht das Jugendschöffengericht aus dem Jugendrichter als Vorsitzendem und zwei Jugendschöffen. Die **gerichtsverfassungsrechtlichen Korrespondenznormen** finden sich in den §§ 28 ff GVG, welche über die Transformationsregelung des § 2 Abs. 2 Geltung auch in der Jugendgerichtsverfassung erlangen. Das Prinzip, wonach gemäß § 33 a Abs. 1 S. 2 zu jeder Hauptverhandlung ein Mann und eine Frau herangezogen werden sollen, findet in § 29 Abs. 1 S. 1 GVG insofern eine allgemeine Grundlage, als nach der letztgenannten Regelung zwei Schöffen einzubeziehen sind. Dass die Jugendschöffen nach § 33 a Abs. 2 außerhalb der Hauptverhandlung nicht mitwirken, ist entsprechend in § 30 Abs. 2 GVG verankert.[1] Prinzipiell üben die Jugendschöffen nach § 30 Abs. 1 GVG während der Hauptverhandlung das Richteramt in vollem Umfang und mit gleichem Stimmrecht und in gleicher Verantwortung wie die Richter beim Amtsgericht aus.[2] Nach § 196 GVG können die beiden Schöffen beim Jugendschöffengericht den Jugendschöffenrichter mehrheitlich überstimmen. Die Jugendschöffen sind als gesetzliche Richter iSv Art. 92, 101 Abs. 1 S. 2 GG iVm §§ 1, 44 - 45 a DRiG zu sehen, was wiederum unter revisionsrechtlichen Gesichtspunkten (vgl § 338 Nr. 1 und Nr. 2 StPO) bedeutsam werden kann.

3 Zu dem umstrittenen Problem der **Aktenkenntnis durch die Schöffen** und deren möglicher Benachteiligung ggü den Berufsrichtern ist spätestens mit der Entscheidung des BGH[3] insoweit eine (weitere) wünschenswerte Aufweichung des überkommenen Verbots der Aktenkenntnis durch Schöffen erfolgt, als der BGH klargestellt hat, dass eine Überlassung von Aufzeichnungsprotokollen aus den Akten

---
1 Zu weiteren Details hinsichtlich außerhalb der Hauptverhandlung zu treffender Entscheidungen siehe KK-StPO-Hannich, § 30 GVG Rn 5.
2 BGH v. 26.3.1997, 3 StR 421/96, BGHSt 43, 36, 39 f (= NJW 1997, 1792); BGH v. 10.12.1997, 3 StR 250/97, BGHSt 43, 360, 365. Zu der Frage der Sachkenntnis von Schöffen im Verhältnis zu den Berufsrichtern siehe den instruktiven Beitrag von Trück, Die Rechtsprechung des BGH zur Ablehnung von Beweisanträgen auf Vernehmung eines Sachverständigen, NStZ 2007, 377, 380 f.
3 BGH v. 26.3.1997, 3 StR 421/96, BGHSt 43, 36, 38 m. Zustimmung von Sonnen/Kalcher, Akteneinsichtsrecht für Jugendschöffen, DVJJ-Journal 2003, 59 ff.

an die Schöffen als Begleittext zum besseren Verständnis des Inhalts der Beweisaufnahme zulässig ist. Ganz ohne Aktenkenntnis wäre das Amt der Schöffen dezidiert nicht zu führen und sie bedürfen zumindest einiger Akteninformationen, um überhaupt ihre Mitwirkungs- und Fragebefugnisse (vgl § 240 Abs. 2 S. 1 StPO) als solche in vollem Umfang gleichberechtigt und als gesetzliche Richter iSd Art. 101 Abs. 1 S. 2 GG wahrnehmen zu können. RiStBV Nr. 126 Abs. 2 verlangt darüber hinaus von den Berufsrichtern, dazu beizutragen, dass die Schöffen die ihnen vom Gesetz zugewiesenen Aufgaben wahrnehmen können, wozu auch (abgesehen vom Nichtzugänglichmachen der Anklageschrift nach RiStBV Nr. 126 Abs. 3 S. 1) die prinzipielle Befugnis zur Akteneinsichtnahme gehören muss, wenn die (Jugend-)Schöffen nicht als bloße Statisten auftreten sollen. Eine nicht gänzlich auszuschließende Beeinträchtigung des Unmittelbarkeitsgrundsatzes ist im Interesse einer forensisch umfassenden Sachverhaltsaufklärung hinzunehmen. Auch die systematische Auslegung, auf welche sich der BGH[4] explizit bezieht, führt mit der Schaffung von § 249 Abs. 2 StPO vor gut zwei Jahrzehnten zu dem Ergebnis, dass der Gesetzgeber den Schöffen das Selbstleseverfahren in Bezug auf die Kenntnisnahme von Urkunden nicht nur gestattet, sondern ausdrücklich vorschreibt. Schließlich ist es Sache der für die Schöffenberufung zuständigen Organe, nur solche Persönlichkeiten auszuwählen, von denen eine Unterscheidung von Aktenkenntnis und Geschehen in der Hauptverhandlung erwartet werden kann.[5] Die Gefahr, dass Schöffen durch die Aktenkenntnis auf ein bestimmtes Bild vom Angeklagten festgelegt sein könnten, besteht ebenso bei Berufsrichtern, die sich auch nicht in jedem Einzelfall mit professioneller Distanz von einem gewissen Vor-Urteil freimachen können.[6]

III. Paritätische Besetzung des Jugendschöffengerichts

Die Sollbestimmung in § 33 a Abs. 1 S. 2, nach welcher zu jeder Hauptverhandlung **ein Mann und eine Frau** herangezogen werden soll, ist im Zusammenhang mit § 35 Abs. 1 S. 2 und mit Abs. 2 zu sehen, wobei eine gleiche Anzahl von Männern und Frauen zu wählen ist. Dementsprechend kann darauf geschlossen werden, dass die Schöffenbank in Jugendstrafsachen nicht gleichgeschlechtlich besetzt sein soll. Nach § 35 Abs. 2 S. 2 sollen die Vorgeschlagenen erzieherisch befähigt und in der Jugenderziehung erfahren sein. Es dürfte – trotz des gesellschaftlichen Wandels, trotz pluralistischer Ausdifferenzierungen und vielfältiger sozialer Umbau- und Veränderungsprozesse – nach wie vor als eine Selbstverständlichkeit anzusehen sein, dass die von § 35 Abs. 2 S. 2 geforderte erzieherische Befähigung regulär am besten durch eine unterschiedliche Spruchkörperbesetzung zum Ausdruck kommen kann, so wie dies auf familienrechtlicher Ebene auch für die Elternschaft gilt (vgl §§ 1626 Abs. 3, 1627 BGB). Das männliche und

4

---

4 BGH v. 26.3.1997, 3 StR 421/96, BGHSt 43, 36, 41. Nach Volk, S. 373, 383, darf den Schöffen nicht nur die Fähigkeit zu unvoreingenommenem Urteil und innerer Distanzierung zugetraut werden; vielmehr müsse diese Fähigkeit den Schöffen letztlich zugemutet werden, weil das strafprozessuale System dazu zwinge. Ergänzend zu diesem Fragenkreis: Meyer-Goßner, § 30 GVG Rn 2; schließlich nochmals BGH v. 10.12.1997, 3 StR 250/97, BGHSt 43, 360, 364 mit eindeutiger Tendenz zu einer restriktiven Annahme von „besonderen Umständen") von potenziellen Verfahrensverstößen gegen den Unmittelbarkeitsgrundsatz in derartigen Fallkonstellationen.
5 Berechtigt KK-StPO-Hannich, § 30 GVG Rn 2.
6 So die zutreffende Einschätzung durch Ellbogen, Das Akteneinsichtsrecht der Schöffen, DRiZ 2010, 136, 138 mit einer systematischen Übersicht zu den jeweils vorgebrachten Argumenten Pro und Contra Akteneinsichtsrecht durch Schöffen und mit einem Votum zugunsten einer Streichung von Nr. 126 Abs. 3 RiStBV.

weibliche Element, das die vollständige Familie auszeichnet, soll ausgewogen in der Gerichtsbesetzung vertreten sein.[7] Im Umkehrschluss hierzu ist bislang (noch) nicht dargelegt worden, dass und warum ausschließlich Männer oder ausschließlich Frauen pro Spruchkörper eine jugendstrafrechtlich/jugendkriminologisch substantiiertere oder pädagogisch tragfähigere und letztlich „bessere" Entscheidung treffen könnten. Zusammen mit Schoreit[8] ist festzuhalten, dass zumindest solange, wie das Laienrichteramt akzeptiert wird, eine paritätische Beteiligung von Frauen im Jugendstrafbereich schon aus verfassungsrechtlichen Gründen geboten ist. Allerdings wird eine Verletzung der Sollvorschrift des § 33 a Abs. 1 S. 2 durch Doppelbesetzung nur mit Männern bzw. nur mit Frauen prinzipiell nicht als revisibel angesehen, es sei denn, diese Besetzung wäre willkürlich erfolgt.[9] In der Praxis wird die gesetzlich geforderte paritätische Besetzung nach Brunner/Dölling[10] eingehalten.

IV. Prinzipielle Notwendigkeit des Einsatzes von Jugendschöffen?

5 An dem **Einsatz von Jugendschöffen** ist grundsätzlich festzuhalten.[11] Die Kritik von Kühne,[12] der Schöffe habe für das Strafverfahren allenfalls nur noch Symbolwert, wobei zu beachten sei, dass Symbole, die ihre Funktionalität verloren haben, Gefahr liefen, zur Verdeckung von Etikettenschwindel missbraucht zu werden, ist insofern haltlos und unsubstantiiert, als die Schöffen bekanntlich richterliche Aufgaben wahrnehmen und aufgrund ihrer unterschiedlichen Besetzung eine ideale **erzieherisch zu begründende Ergänzung zum Einzel-Berufsrichter** darstellen (können). Dies gilt insbesondere für den Einsatz von Lehrerinnen und Lehrern,[13] die infolge ihrer schulisch-professionellen Befassung mit Erziehung iwS ein besonderes pädagogisches Geschick, zumindest aber eine entsprechende pädagogische Sensibilisierung für Erziehungs- und Entwicklungsfragen, aufweisen dürften. Insofern hat die Einbeziehung von Schöffen zugleich den positiven Effekt, dass die Mitwirkung von Nicht-Juristen beim Verfahren und beim Entscheidungsprozess zwangsläufig zu einer größeren argumentativen Breite und zu einer Intensivierung bei der Urteilsberatung führen kann, indem sich Berufs- und Laienrichter trotz und wegen ihres unterschiedlichen Professionalitätsverständnisses gleichberechtigt und selbstkritisch auseinandersetzen müssen.[14] Auch kann hierdurch eine lebensnahe Entscheidungspraxis bei der Reaktionsauswahl leichter zu gewährleisten sein als bei einer ausschließlich „justizinternen" Entscheidungsfindung durch Berufsrichter.[15] Jene sollen der Schöffenbeteiligung in Strafverfahren „durchaus positiv" gegenüberstehen.[16] Nicht zuletzt vor dem Hintergrund der Widerspruchsfreiheit des Rechts im Sinne des Anerkennens von jus-

---

7 Böhm/Feuerhelm, § 12 S. 100.
8 D/S/S-Schoreit, § 33 a Rn 3.
9 D/S/S-Schoreit, § 33 a Rn 3; Eisenberg, § 33 – 33 b Rn 43 spricht sich auf jeden Fall dann dezidiert für die Revisibilität aus, wenn in einer Hauptverhandlung, ohne dass eine gesetzliche Ausnahme nach § 54 GVG vorliegt, nicht die durch Auslosung bestimmten Jugendschöffen mitwirken.
10 Brunner/Dölling, §§ 33 - 33 b Rn 9 a.
11 In dieser wünschenswerten Deutlichkeit auch Ostendorf, Grdl. z. §§ 33 – 38 Rn 10.
12 Kühne, Laienrichter im Strafprozess?, ZRP 1985, 237, 239.
13 Dieses Beispiel benennt Robert Wagner, Die Rechtsstellung der Jugendschöffen, Zbl 1982, 325, 330.
14 So die durchweg überzeugenden Argumente von Hauber, Ist die Laienbeteiligung im Jugendstrafverfahren noch vertretbar?, Zbl 1978, 329, 333; vgl auch Gerstein, Die Aufgabe von Jugendschöffen im Strafprozeß, ZfJ 1997, 47, 52.
15 In diesem Punkt aber zweifelnd: Ostendorf, Grdl. z. §§ 33-38 Rn 10.
16 Streng, Jugendstrafrecht, § 6 I 8 Rn 17 S. 58; Eisenberg, § 35 Rn 3.

tizexternem Sachverstand und praktischer Lebenserfahrung zeigt eine systematische Betrachtung, dass beispielsweise Arbeitsgerichte nach §§ 21 ff ArbGG ebenfalls mit ehrenamtlichen Richtern zu besetzen sind, die aufgrund ihrer Arbeitnehmer- bzw ihrer Arbeitgeberposition über eine besondere Sachkunde und Praxiserfahrung verfügen,[17] die für die Berufsrichter für die Entscheidungsfindung von großem Nutzen sind. Entsprechendes gilt bzgl § 105 Abs. 1 iVm § 109 Abs. 1, Abs. 2 GVG für die Bildung der Kammer für Handelssachen,[18] welche der ehrenamtlichen Spruchkörperbesetzung durch kaufmännisch erfahrene Personen bedarf. Allerdings kann bzw darf das grundsätzliche Erfordernis des Einsatzes von Jugendschöffen dezidiert nicht so weit reichen wie die Forderung, jene durch „qualifizierte Beisitzer", also durch „Jugendfachrichter" zu ersetzen,[19] denn ein „Mehr" an erzieherischer Befähigung als § 35 Abs. 2 S. 2 sie für Jugendschöffen verlangt, wird schließlich auch nicht im Hinblick auf die erzieherische Qualifikation von Jugendrichtern und Jugendstaatsanwälten nach Maßgabe von § 37 vorausgesetzt. Als reichlich überzogen ist deshalb die punktuell angeregte Neufassung von § 35 Abs. 3 zu beurteilen, nach welcher die Vorgeschlagenen (Jugendschöffen) über eine abgeschlossene psychiatrische, psychologisch-pädagogische, sozialpädagogische oder soziologische Ausbildung verfügen sollen.[20] Mit einer derartigen Forderung dürfte das Jugendstrafverfahren letztlich als überfrachtet zu bezeichnen sein, zumal es auf forensischer Ebene (abgesehen von der Notwendigkeit entwicklungspsychologischer und oftmals zumindest laienhaft bekannter Basiszusammenhänge) keiner psychiatrischen Zusatzqualifikation bedarf, steht doch keine klinisch-theoretische „Pathologisierung" des Jugendlichen, als vielmehr eine praxisorientierte und lebensnah-pragmatische Entscheidungsfindung im Vordergrund. Überdies vermag die Jugendgerichtshilfe nach § 38 iVm § 43 weitere erzieherische Belange einzubringen (vgl § 33 Rn 2), so dass es keiner noch stärkeren fachlichen Qualifizierung von Jugendschöffen bedarf. Darüber hinausreichende Bedürfnisse im Einzelfall (beispielsweise bei forensisch-psychiatrischen Fragestellungen) dürften durch die gezielte Einbeziehung von Sachverständigen zu erfüllen sein. Schließlich verbleibt dem Jugendrichter nach § 53 die Möglichkeit, dem Familienrichter im Urteil die Auswahl und Anordnung von Er-

---

17 Dies gilt selbst bzw sogar für die Spruchkörperbesetzung des Bundesarbeitsgerichts nach § 43 Abs. 2 ArbGG, wonach die ehrenamtlichen Richter über besondere Kenntnisse und Erfahrungen auf dem Gebiet des Arbeitsrechts und des Arbeitslebens besitzen müssen.
18 Siehe schließlich auch § 110 GVG, wonach an Seeplätzen ehrenamtliche Richter aus dem Kreis der Schifffahrtskundigen ernannt werden dürfen.
19 Dies postuliert jedoch Delitzsch, Empfiehlt es sich, den Jugendschöffen durch einen ehrenamtlich tätigen Jugendfachrichter zu ersetzen? – Gedanken zu einer Reform des § 35 JGG, MschrKrim 1979, 26, 29.
20 So aber Delitzsch, Mschrkrim 1979, 26, 33.

ziehungsmaßregeln zu überlassen,[21] wenn aus jugendrichterlicher Sicht eine Jugendstrafe nicht geboten ist.

V. Notwendigkeit der Schaffung eines „erweiterten Jugendschöffengerichts" nach § 29 Abs. 2 GVG?

6 Nach § 29 Abs. 2 GVG kann auf Antrag der Staatsanwaltschaft die Zuziehung eines zweiten Richters beim Amtsgericht beschlossen werden, wenn dessen Mitwirkung nach dem Umfang der Sache notwendig erscheint.[22] Sinnvoll könnte eine derartige Regelung auch vor dem Hintergrund einer erhöhten Richtigkeitsgewähr („Vier-Augen-Prinzip") sein – unterstellt, die Fehleranfälligkeit von Urteilen wird durch mehrere Richter reduziert.[23] Prinzipiell könnte diese Bestimmung über § 2 Abs. 2 auch im Jugendstrafverfahren zur Anwendung gelangen, so dass die Bildung eines **„erweiterten Schöffengerichts"** (vgl auch § 40 Rn 9) zunächst grundsätzlich denkbar ist, wie dies beispielsweise von Ostendorf[24] zumindest „angedacht" wird. Überwiegend wird die Einbeziehung von § 29 Abs. 2 GVG auf der Ebene des Jugendstrafrechts jedoch abgelehnt, weil die Regelungen der §§ 33, 33 a als abschließend anzusehen seien. Für diese Ansicht spricht die systematische Interpretation, nach welcher besonders umfangreiche Jugendsachen, die sich deswegen nicht für das Jugendschöffengericht eignen, bereits nach den geltenden Regelungen nach § 40 Abs. 2 iVm § 41 Abs. 1 Nr. 2 der Jugendkammer zur Übernahme vorgelegt werden können,[25] es also in Ermangelung einer Regelungslücke keiner (letztlich redundanten) Schaffung eines erweiterten Jugendschöffengerichts bedarf. Dieser Befund ist auch insofern überzeugend, als andernfalls, also bei Errichtung eines erweiterten Jugendschöffengerichts, jene letztgenannten Regelungen überflüssig wären bzw sie dann dementsprechend auf das erweiterte Jugendschöffengericht zugeschnitten werden müssten.

---

21 Freilich steht die Vorschrift des § 53 in einem letztlich unauflösbaren Spannungsfeld zu § 34 Abs. 2, Abs. 3, nach welchem der Jugendrichter bestimmte familien- und vormundschaftsgerichtliche Aufgaben zu übernehmen hat und sie gerade nicht, wie § 53 ermöglicht, einem anderen Gericht überlassen darf. Mit § 53 hat der Gesetzgeber nach zutreffender Deutung von Ostendorf, Grdl. zu § 53 Rn 3, auf Umwegen den Versuch unternommen, das Ziel einer Verknüpfung von strafrichterlichen und familien- bzw vormundschaftsrichterlichen Aufgaben zu erreichen, wenn schon die grundsätzliche Forderung nach Personenidentität nach § 34 Abs. 2 nicht erfüllt ist. Zur Auflösung der Vormundschaftsgerichte zum 1.9.2009 infolge der FGG-Reform siehe Borth, Einführung in das Gesetz zur Reform des Verfahrens in Familiensachen und in den Angelegenheiten der freiwilligen Gerichtsbarkeit v. 17.12.2008 (FGG-ReformG), FamRZ 2009, 157, 164.
22 Unter „Umfang der Sache" ist beispielsweise die Anzahl der Angeklagten und die Anzahl der Delikte oder auch umfangreiches Beweismaterial zu verstehen, also eine Beurteilung nach quantitativen Kriterien (Deisberg/Hohendorf, Das erweiterte Schöffengericht – ein Stiefkind der Rechtspflege?, DRiZ 1984, 261, 268) sowie LG Aschaffenburg v. 13.4.2007, KLS 109 Js 14888/98, StV 2007, 522; siehe auch § 40 Rn 9.
23 So die Einschätzung durch Radtke/Bechtoldt, Bewegliche Zuständigkeiten (§ 39 II 1 GVG) und die Bedeutung der Rechtsfolgenerwartung (§ 25 Nr. 2 GVG), GA 2002, 586, 598. Mit Sowada, S. 689 f, bestehen in materieller Hinsicht gegen die Hinzuziehung eines weiteren Richters keine verfassungsrechtlichen Bedenken, zumal auch die verbleibenden und letztlich unvermeidbaren Interpretationsspielräume hinzunehmen sind. Zur beweglichen Zuständigkeit siehe auch § 41 Rn 10.
24 Ostendorf, Grdl. z. §§ 33 - 38 Rn 9.
25 Deisberg/Hohendorf, DRiZ 1984, 261, 273; D/S/S-Schoreit, § 33 a Rn 2; Schaffstein/Beulke, § 28 III 1 a S. 195.

§ 33 b [Besetzung der Jugendkammer]

(1) Die Jugendkammer ist mit drei Richtern einschließlich des Vorsitzenden und zwei Jugendschöffen (große Jugendkammer), in Verfahren über Berufungen gegen Urteile des Jugendrichters mit dem Vorsitzenden und zwei Jugendschöffen (kleine Jugendkammer) besetzt.

(2) ¹Bei Eröffnung des Hauptverfahrens beschließt die große Jugendkammer, daß sie in der Hauptverhandlung mit zwei Richtern einschließlich des Vorsitzenden und zwei Jugendschöffen besetzt ist, wenn nicht die Sache nach den allgemeinen Vorschriften einschließlich der Regelung des § 74 e des Gerichtsverfassungsgesetzes zur Zuständigkeit des Schwurgerichts gehört oder nach dem Umfang oder der Schwierigkeit der Sache die Mitwirkung eines dritten Richters notwendig erscheint. ²Ist eine Sache vom Revisionsgericht zurückverwiesen worden, kann die nunmehr zuständige Jugendkammer erneut nach Satz 1 über ihre Besetzung beschließen.

(3) § 33 a Abs. 1 Satz 2, Abs. 2 gilt entsprechend.

I. Grundsätzliche Spruchkörperbesetzung der großen und der kleinen Jugendkammer 1	3. Gründe gegen die Kammerreduktion auch bei jugendschöffengerichtlichen Berufungsverfahren 5
II. Fakultative Kammerreduktion bei der großen Jugendkammer nach § 33 b Abs. 2 2	a) Wortlaut und Systematik 5
III. Kammerreduktion auch bei Berufungen gegen Urteile des Jugendschöffengerichts? 3	b) Grenzen der normativen Ableitungsmöglichkeiten in § 33 b Abs. 2 6
1. Problemaufriss und forensische Praxis 3	c) Klärung des Bestehens einer planwidrigen Regelungslücke 7
2. Gründe für die Kammerreduktion auch bei jugendschöffengerichtlichen Berufungsverhandlungen 4	4. Ergebnis 8
	IV. Ergänzende Hinweise 9

I. Grundsätzliche Spruchkörperbesetzung der großen und der kleinen Jugendkammer

§ 33 b regelt die Besetzung der Jugendkammer, die auf zwei unterschiedliche 1 Weisen erfolgen kann: Die große Jugendkammer ist mit insgesamt drei Berufsrichtern und zwei Jugendschöffen besetzt, bei der kleinen Jugendkammer wirken ein Berufsrichter als Vorsitzender und zwei Jugendschöffen mit. Diese letztgenannte Besetzung entspricht jener beim Jugendschöffengericht nach § 33 a Abs. 1 S. 1, wonach ebenfalls ein Berufsrichter und zwei Jugendschöffen mitwirken. Während für die große Jugendkammer die erstinstanzliche Spruchkörperbesetzung als solche allgemein normiert wird, hat der Gesetzgeber für die kleine Jugendkammer eine ausdrückliche Einschränkung getroffen, dass es sich dabei um Berufungsverfahren gegen die Urteile des Jugendrichters handeln muss.[1] Dass die große Jugendkammer neben den erstinstanzlichen Sachen auch die Berufungssachen gegen die Urteile des Jugendschöffengerichts erfasst, resultiert nicht unmit-

---

[1] Diese notwendige Präzisierung und Fokussierung auf Berufungen gegen die Urteile des Jugendrichters ist auf Initiative des Rechtsausschusses des Bundestages in § 33 b aufgenommen worden, während demgegenüber die ursprüngliche Fassung des Bundesrates sich allgemein auf „Verfahren gegen Berufungen" [...] bezog (BT-Drucks. 12/3832, 16).

telbar aus dem Wortlaut des § 33 b Abs. 1, kann aber letztlich aus dem Umkehrschluss zu § 33 b Abs. 1 gefolgert werden. Aus der Nichtnennung der großen Jugendkammer im Zusammenhang mit Berufungen gegen Entscheidungen des Jugendschöffengerichts in § 33 b Abs. 1 S. 1 sowie aus der ausdrücklichen Erwähnung in § 41 Abs. 2 S. 1 resultiert die klassische Besetzung der großen Jugendkammer mit drei Berufsrichtern und mit zwei Jugendschöffen (zum Sonderproblem der Geltung der Kammerreduktion nach Abs. 2 auch hierfür siehe unter Rn 2). Demgegenüber ist im Erwachsenenstrafrecht ausschließlich die kleine Strafkammer nach § 76 Abs. 1 S. 1 GVG sowohl für die Berufungen gegen die Urteile des Strafrichters, als auch gegen die Berufungen gegen die Urteile des Schöffengerichts zuständig. Der Bundesrat[2] plante ursprünglich und analog zu den vorgenannten Regelungen im Erwachsenenstrafverfahren, die kumulative Zuständigkeit der kleinen Jugendkammer auch für Berufungen gegen die Urteile des Jugendschöffengerichts vorzusehen, um die Justiz zu entlasten. Allerdings hat sich die Bundesregierung[3] dagegen und für die derzeitige zweigeteilte Berufungszuständigkeit beider Jugendkammern entschieden, weil eine Überprüfung des schöffengerichtlichen Urteils durch nur einen Berufsrichter (mit zwei Schöffen) angesichts der Strafkompetenz des Jugendschöffengerichts sehr problematisch erschien, zumal auch ein weiteres Rechtsmittel gegen das Berufungsurteil nach § 55 ausgeschlossen ist.

II. Fakultative Kammerreduktion bei der großen Jugendkammer nach § 33 b Abs. 2

2 § 33 b Abs. 2 verankert eine Modifizierungsmöglichkeit in Bezug auf Abs. 1 S. 1: Hiernach ist, abweichend von der vorgenannten grundsätzlichen Kammerbesetzung mit drei Berufsrichtern und zwei Jugendschöffen, eine Verkleinerung der großen Jugendkammer um einen Berufsrichter zulässig, so dass die große Jugendkammer nach Abs. 2 S. 1 mit zwei Berufsrichtern und mit zwei Jugendschöffen entscheiden kann, wenn nicht die Zuständigkeit des Schwurgerichts nach den allgemeinen Vorschriften gegeben ist (vgl § 41 Abs. 1 Nr. 1) und wenn weder der Umfang, noch die Schwierigkeit der Sache[4] die (reguläre) Mitwirkung des dritten Berufsrichters notwendig macht. Nach den empirischen Erhebungen von Arenhövel/Otte[5] werde in den Jugendkammerverfahren deutlich häufiger in einer Dreier-Besetzung verhandelt als in den (allgemeinen) Strafkammerverfahren. Dennoch erscheint die Spruchkörperverkleinerung unter justizökonomischen Gesichtspunkten sinnvoll und notwendig, um erforderliche forensische Kapazitäten nicht durch vergleichsweise einfach strukturierte Fälle zu blockieren. Letztlich dient diese Bündelung knapper Ressourcen (auch) dazu, die Aufgaben und Zielsetzungen des Jugendstrafrechts weiterhin ohne wesentliche Abstriche erfüllen zu können,[6] wozu zwangsläufig eine adäquat-bedarfsorientierte Aufgabenverteilung

---

2 BT-Drucks. 12/1217, 49 f.
3 BT-Drucks. 12/1217, 70; vgl auch BT-Drucks. 12/3832, 45 (zu Art. 6 Nr. 2).
4 Nach Schlothauer, Verfahrens- und Besetzungsfragen bei Hauptverhandlungen vor der reduzierten Strafkammer nach dem Rechtspflegeentlastungsgesetz, StV 1993, 147, handelt es sich hierbei primär um Schwierigkeiten der Beweisführung, zB bei Indizienverfahren, bei der Glaubwürdigkeitsbeurteilung von Zeugen, bei der Beweiserhebung zur inneren Tatseite, der Feststellung der Schuldfähigkeit sowie in Fällen, in denen sich Mitangeklagte gegenseitig belasten.
5 Arenhövel/Otte, Situation der Strafkammern der Landgerichte (Teil 2), DRiZ 2010, 270 (272).
6 Vgl Böttcher/Mayer, Änderungen des Strafverfahrensrechts durch das Entlastungsgesetz, NStZ 1993, 153 (158).

gehört. Nach Ansicht der Literatur[7] handelt es sich bei der Frage der Kammerreduktion um eine unanfechtbare Ermessensentscheidung. Wie Abs. 2 ausdrücklich festschreibt, muss der Beschluss, die Kammergröße zu reduzieren, (bereits) „bei Eröffnung des Hauptverfahrens" erfolgen. Andernfalls, dh im Falle des Unterlassens eines derartigen Beschlusses, muss in voller Besetzung entschieden werden.[8] Nach der Eröffnung des Hauptverfahrens ist ein derartiger Beschluss, wie der Wortlaut von § 33 b Abs. 2 nahelegt, nicht mehr zulässig;[9] ebenso wenig kann eine bereits beschlossene Kammerreduktion wieder zurückgenommen werden.[10] Diese Präklusion dient dazu, rechtzeitig und mit verbindlicher Wirkung festzulegen, aus welchen Personen sich der Spruchkörper der Jugendkammer zusammensetzt und mit wievielen Richtern sich der Jugendliche vor „seinem" Gericht letztlich konfrontiert sieht. Nach berechtigter Rechtsprechung des BGH[11] darf der Grundsatz der Unabänderbarkeit der mit der Eröffnung des Hauptverfahrens getroffenen Entscheidung über eine Besetzungsreduktion nach § 33 b Abs. 2 S. 1 nur dann ausnahmsweise durchbrochen werden, wenn sich durch eine Verbindung erstinstanzlicher landgerichtlicher Verfahren die Schwierigkeit und/oder der Umfang der Sache erheblich erhöhen und sich deshalb [Kausalitätspostulat!] auf der Grundlage getrennter Verfahrensdurchführung zunächst beschlos-

---

7 Meyer-Goßner StPO, § 76 GVG Rn 4 mwN; Heß/Wenske, Die Besetzungsreduktion der Großen Strafkammern auf dem endgültigen gesetzgeberischen Prüfstand, DRiZ 2010, 262.
8 Hansens, Der Einfluß des Rechtspflege-Entlastungsgesetzes auf den Strafprozeß, AnwBl. 1993, 198 (200); dem folgend: D/S/S-Schoreit, § 33 b Rn 3.
9 Vgl BGH v. 11.2.1999, 4 StR 657/98, BGHSt 44, 361 ff, wonach die Rüge fehlerhafter Besetzung des Gerichts nach § 338 Nr. 1 StPO iVm §§ 222 a, 222 b StPO ohne Erfolg bleibt, wenn bzw weil die Revision infolge Präklusion von der Rüge ausgeschlossen ist.
10 D/S/S-Schoreit, § 33 b Rn 4; Meyer-Goßner, § 76 Rn 4 mwN.
11 BGH v. 29.1.2009, 3 StR 567/08, NJW 2009, 1760 (= NStZ 2009, 654 = ZJJ 2009, 154) mit zutreffender Besprechung von Freuding, Unabänderlichkeit einer Entscheidung über die Besetzungsreduktion?, NStZ 2009, 611. In diesem Judikat hatten die beteiligten Strafkammern jeweils die Eröffnung des Hauptverfahrens beschlossen und dabei jeweils die Kammerreduktion auf zwei Berufsrichter einschließlich des Vorsitzenden (und zwei Jugendschöffen) verfügt. Weder in, noch nach dem Verbindungsbeschluss hat die Jugendkammer eine erneute Entscheidung über eine Kammerreduktion getroffen, sondern entsprechend der zuvor getroffenen Einzelentscheidungen der beiden einzelnen Strafkammern die verminderte Kammerbesetzung unverändert beibehalten. In seiner Revisionsentscheidung verwarf der BGH zutreffend den Einwand der Verteidigung, nach welcher im Zusammenhang mit dem Verbindungsbeschluss eine erneute Beschlussfassung über die Kammerbesetzung nach § 33 b Abs. 2 S. 1 hätte erfolgen müssen. Der BGH begründete dies ua mit dem Schweigen des Gesetzes auf diese Frage. In seiner Besprechung vertritt Freuding (aaO, S. 612) die berechtigte Ansicht, im Laufe der Hauptverhandlung eingetretene Änderungen des Umfangs oder des Schwierigkeitsgrades spielten keine Rolle [mehr], weil andernfalls bei der Bewertung aus der ex-post-Perspektive Prozessbeteiligte durch ihr Prozessverhalten eine Änderung des Umfangs oder der Schwierigkeit herbeiführen und damit selbst einen Revisionsgrund schaffen könnten. Eisenberg, § 33 - 33 b Rn 16 a, spricht sich demgegenüber für eine Durchbrechung des Grundsatzes des Fortbestandes unter engen Voraussetzungen aus, wenn sich die Besetzungsentscheidung aufgrund nachträglich eingetretener Verfahrensabläufe als nicht mehr sachgerecht erweisen sollte, z.B. durch die Verbindung erstinstanzlicher Verfahren, durch die Schwierigkeit der Sache bzw. auch wegen des Umfangs. Jenen Einwänden sind allerdings die von Freuding getroffenen Feststellungen entgegenzuhalten, nach welchen darauf zu achten ist, dass die Prozessbeteiligten nicht künstlich Revisionsgründe herbeiführen können. Schließlich bezieht sich der Wortlaut von § 33 b Abs. 2 auf den Zeitpunkt der Eröffnung des Hauptverfahrens, welcher hierbei bereits überschritten war. Siehe auch die nächste Fn sowie Rn 11 und § 40 Rn 11.

senen Besetzungsreduktion als nicht mehr sachgerecht erweist. Demnach gilt die ursprünglich beschlossene Kammerbesetzung der Einzelstrafkammern auch nach dem Verbindungsbeschluss fort und braucht, abgesehen von dem beschriebenen Ausnahmefall, nicht wiederholt entschieden zu werden.

III. Kammerreduktion auch bei Berufungen gegen Urteile des Jugendschöffengerichts?

3   1. **Problemaufriss und forensische Praxis.** Während in § 33 b Abs. 1 Hs 2 eine Besetzungsoption zugunsten der kleinen Jugendkammer in Berufungssachen gegen Urteile des Jugendrichters explizit normiert ist und die Besetzung der großen Jugendkammer in § 33 b Abs. 1 Hs 1 für erstinstanzliche Verfahren verankert ist, fehlt eine vergleichbare Besetzungsregelung zugunsten der großen Jugendkammer in Berufungsverfahren gegen die Urteile des Jugendschöffengerichts. Die Rechtsprechung und ein Teil der Kommentarliteratur[12] entscheiden sich in gerichtsorganisatorisch-pragmatisch nachvollziehbarer Weise für folgenden Lösungsweg: Das BayObLG und Folgegerichte[13] judizierten, auch in Verfahren über Berufungen gegen Urteile des Jugendschöffengerichts könne die große Jugendkammer in der Hauptverhandlung mit nur zwei Richtern einschließlich des Vorsitzenden besetzt sein. Jedoch ist fraglich, ob diese forensische Praxis mit Wortlaut und Systematik dieser Regelung(en) zu vereinbaren ist.

4   2. **Gründe für die Kammerreduktion auch bei jugendschöffengerichtlichen Berufungsverhandlungen.** Die von der Rechtsprechung und partiell auch vom Schrifttum vorgebrachten Gründe für eine Kammerreduktion auch in diesen Fällen sind beachtlich und in weiten Teilen überzeugend. In dem vorgenannten Judikat führte das BayObLG aus, die Regelung des § 33 b Abs. 2 finde im Wege verfassungskonformer, mit dem Wortlaut der Norm noch vereinbarer Auslegung auch in Berufungsverfahren gegen Urteile des Jugendschöffengerichts Anwendung. Eine Regelungslücke bestehe jedoch nicht. Zudem seien Berufungssachen im Zusammenhang mit der Kammerreduktion nicht ausdrücklich ausgenommen worden. Auch enthalte die Vorschrift des § 33 b Abs. 2 lediglich ergänzende Regelungen für das erstinstanzliche Verfahren, aus denen eine Einschränkung für Berufungssachen nicht entnommen werden könne. Weiterhin sei kein Grund erkennbar, der erstinstanzlich verhandelnden Jugendkammer eine Verkleinerung zu gestatten, ihr dies aber in der Berufungsverhandlung zu versagen, zumal die Besetzungser-

---

12 Siehe grds. Eisenberg, §§ 33 – 33 b Rn 16 und Rn 16 b – allerdings widersprüchlich im Vergleich zu Kommentierung in § 41 Rn 9, worin Eisenberg bei Berufungssachen gegen Urteile des Jugendschöffengerichts die Mitwirkung von drei Berufsrichtern fordert; D/S/S-Schoreit, § 33 b Rn 5; Meyer-Goßner, § 76 Rn 5; aA Ostendorf, § 33 b Rn 11 sowie bereits in DRiZ 1995, 304 mit ausführlichem Hinweis darauf, die Norm stelle auf die „Eröffnung des Hauptverfahrens" ab, so dass für die Ausdehnung auf Berufungsverfahren kein Raum mehr sei. Siehe auch LG Aschaffenburg v. 13.4.2007, KLS 109 Js 14888/98, StV 2007, 522: „Im Zweifel" sollten *drei* Berufsrichter herangezogen werden.
13 BayObLG v. 1.9.1997, 1 St RR 109/97, NStZ 1998, 102 ff (= StV 1998, 321); dem folgend: wiederum BayObLG v. 31.7.2000, 2 St RR 102/00, NStZ-RR 2001, 49 f; OLG Düsseldorf v. 9.3.2000, 2 b Ss 23/00-19/00 I, NStZ-RR 2000, 280 f (= StV 2001, 166 f); OLG Koblenz v. 8.1.2007, 1 Ss 381/06, StV 2008, 117 (= NStZ-RR 2008, 218); OLG Brandenburg v. 19.7.2007, 2 Ss 43/07, StV 2008, 117 (= NStZ 2009, 43), siehe auch Dölling, NStZ 2009, 193, 196, (hierfür sei ein förmlicher Beschluss der großen Jugendkammer erforderlich, eine Verfügung des Vorsitzenden, mit der die Gerichtsbesetzung in der Berufungshauptverhandlung bestimmt wird, genüge nicht. Ist eine förmliche Entscheidung unterblieben, soll es bei der Besetzung mit drei Berufsrichtern verbleiben [so auch Ostendorf, § 33 b Rn 11].

leichterung ohnehin nur in den Verfahren infrage kommt, deren Umfang und Schwierigkeit keinen dritten Berufsrichter erfordert. Diesem letztgenannten Argument des BayObLG ist uneingeschränkt beizupflichten, weil ein sachlich-logisch nachvollziehbarer Grund für die Beschränkung der Kammerreduktion nur auf erstinstanzliche Fälle dezidiert nicht erkennbar ist[14] und weil in systematischer Perspektive selbst nach Zurückverweisung der Sache durch das Revisionsgericht nach § 33 b Abs. 2 S. 2 die zuständige Jugendkammer erneut über ihre Besetzung nach Abs. 2 S. 1 entscheiden kann.

3. Gründe gegen die Kammerreduktion auch bei jugendschöffengerichtlichen Berufungsverfahren. a) Wortlaut und Systematik. Die vorgenannten Ausführungen des BayObLG beggnen – trotz ihrer genuin und substanziell überzeugenden und nachvollziehbaren Argumentation – hinsichtlich der Vereinbarkeit mit dem Wortlaut der Norm letztlich entscheidenden Bedenken. Die strikte Orientierung an der gesetzgeberischen Systematik sowie am Wortlaut führt zu der Annahme, dass eine Kammerreduktion für Berufungen gegen Urteile des Jugendschöffengerichts in Ermangelung einer diesbezüglichen Bestimmung von Gesetzes wegen nicht vorgesehen ist und dass es hiernach bei der Regelung des § 33 b Abs. 1 S. 1 zu verbleiben hat, nach welcher auch in Berufungsverfahren gegen Urteile des Jugendschöffengerichts die reguläre Kammerbesetzung mit drei Berufsrichtern und mit zwei Jugendschöffen zwingend vorgeschrieben ist.[15]

b) Grenzen der normativen Ableitungsmöglichkeiten in § 33 b Abs. 2. Dass die Vorschrift des § 33 b Abs. 2 lediglich ergänzende Regelungen für das erstinstanzliche Verfahren enthalten soll, aus denen eine Einschränkung für Berufungssachen nicht entnommen werden könne, kann so eindeutig nicht abgeleitet werden: Eine Nicht-Aussage zu Berufungen gegen Urteile des Jugendschöffengerichts darf nicht in eine Positiv-Aussage zugunsten der Kammerreduktion auch für diese Fälle umgedeutet werden, weil ansonsten der gesetzgeberische Wille, bestimmte Verfahrensoptionen zu regeln bzw auch nicht zu regeln, hierdurch unterlaufen würde. Auch dass keine Regelungslücke bestehe, wird vom BayObLG zwar zunächst behauptet, im weiteren Argumentationsverlauf jedoch wieder zurückgenommen bzw insoweit relativiert, als der Grundsatz des gesetzlichen Richters und Gründe der Rechtssicherheit eine möglichst frühzeitige und unabänderliche Besetzungsentscheidung gebieten.[16] Diese „Begründung" vermag jedoch nicht zu überzeugen, denn das Erfordernis einer frühzeitigen und eindeutigen Kammerbesetzung ist in Bezug auf Berufungen gegen Urteile des Jugendschöffengerichts als ein letztlich nichtssagender Allgemeinplatz anzusehen, denn die zentrale Frage bei dem Aufspüren einer Regelungslücke muss lauten, ob genau für diesen Fall der Berufung gegen eine Entscheidung des Jugendschöffengerichts (k)eine gesetzliche Norm existiert. Diese Frage lässt sich nicht apodiktisch mit einem klaren „Ja" oder „Nein" beantworten, sondern sie muss im Wege einer systematischen Betrachtung geklärt werden.

---

14 So (neben dem vorgenannten BayObLG) auch zutreffend das OLG Düsseldorf v. 9.3.2000, 2 b Ss 23/00-19/00 I, NStZ-RR 2000, 280 f (= StV 2001, 166 f) und bereits grundlegend erkannt und systematisch umfassend dargestellt von Detlev Schmidt, Die Besetzung der großen Jugendkammer in Verfahren über Berufungen gegen Urteile des Jugendschöffengerichts (§ 33 b JGG), NStZ 1995, 215 f.
15 So im Ergebnis auch von Schmidt (siehe vorgenannte Fn, dort S. 217) beurteilt.
16 Zu dieser Widersprüchlichkeit bzgl des Bestehens einer Regelungslücke siehe instruktiv Rzepka, Anmerkung zu OLG Düsseldorf v. 9.3.2000, 2 b Ss 23/00-19/00 I, NStZ-RR 2000, 280 f (= StV 2001, 166, 168, dort Fn 14).

7 c) Klärung des Bestehens einer planwidrigen Regelungslücke. Das OLG Düsseldorf[17] hält – anders als das BayObLG[18] – eine Regelungslücke für gegeben, denn aus dem Schweigen der Gesetzesmaterialien folge, dass der Gesetzgeber die Problematik nicht erkannt und sich deshalb nicht mit ihr befasst habe. Dieser Befund bedarf einer genaueren Analyse, weil von dem Ergebnis die Zulässigkeit bzw Nichtzulässigkeit einer analogen Anwendung von § 33 b Abs. 2 auch für die Berufungsverfahren gegen Urteile des Jugendschöffengerichts abhängt: Der Gesetzgeber hat diese Fallkonstellation bei der Schaffung des Rechtspflege-Entlastungsgesetzes deshalb nicht explizit normativ erfasst, weil er möglicherweise davon ausgegangen ist, nur die Besetzung bei Berufungen gegen Urteile des Jugendrichters solle verkleinert werden, während es bei den Berufungen gegen Urteile des Jugendschöffengerichts bei der regulären Besetzung mit drei Berufsrichtern verbleiben soll, so wie es die §§ 33 b Abs. 1 und 41 Abs. 2 S. 1 vorschreiben. Bei dieser systematischen Interpretation ist eine Regelungslücke nicht erkennbar, weil aus dem Vorhandensein einer speziellen Detailregelung für einen Fall (Berufung gegen Urteile des Jugendrichters) nicht zugleich auf das legislative Erfordernis einer gleichlautenden Regelung für einen ähnlich gelagerten Fall (Berufungen gegen Urteile des Jugendschöffengerichts) geschlossen werden darf und weil diese zweite Fallkonstellation im Unterschied zur ersten nicht spezialgesetzlich, sondern nach den grundsätzlichen Vorschriften der regulären Kammerbesetzung normiert ist. Der Bundesrat[19] hat im Juli 2000 im Rahmen seines Gesetzesentwurfs erklärt, es sei eine Regelung darüber, ob in den Berufungsverfahren gegen Urteile des Jugendschöffengerichts eine drei- oder zweiköpfige Berufsrichteranzahl erforderlich ist, nicht mehr notwendig, denn der 4. Strafsenat des BGH[20] sowie das vorgenannte BayObLG hätten die Bestimmung des § 33 b Abs. 2 entsprechend angewendet. Die Bundesregierung[21] hat dem in ihrer Stellungnahme zwar nicht widersprochen, sondern der Beibehaltung der Besetzungsreduktion insgesamt zugestimmt, jedoch hat die Regierung speziell zur Frage der Kammerreduktion bei Berufungen gegen jugendschöffengerichtliche Urteile nicht Stellung bezogen. Dies möglicherweise als „stillschweigende Zustimmung" der gesetzgebenden Körperschaften gerade zu dieser Detailfrage qualifizieren zu wollen, wäre allerdings zu weitgehend, denn aus der zuvor entwickelten systematischen und grammatikalischen Interpretation ist eine normative Entscheidung über diese spezielle Kammerbesetzung bereits vorhanden, so dass es einer expliziten Bezugnahme des Gesetzgebers bedarf, um diese Regelung abzuändern. Selbst wenn eine Regelungslücke besteht, wie die höchstrichterliche Judikatur und der Bundesrat annehmen, da der Gesetzgeber genau diesen Fall der Kammerbesetzung gegen jugendschöffengerichtliche Berufungsverfahren ihrer Ansicht nach nicht geregelt haben soll, kann diese Regelungslücke nicht als planwidrig beurteilt werden, weil der Gesetzgeber spätestens mit der Erledigungserklärung des entsprechenden Gesetzesentwurfs keine weitere Aussagen zu den Ausführungen des Bundesrates treffen wollte, obwohl ihm (dem Gesetzgeber, insbesondere dem Bundestag) dieser Gesetzesentwurf bekannt gewesen ist. Dieser gesetzgeberische Wille zur Nicht-Kodifikation verschließt den Weg zur Annahme der Planwidrigkeit einer

---

17 OLG Düsseldorf v. 9.3.2000, 2 b Ss 23/00-19/00 I, NStZ-RR 2000, 280 f (= StV 2001, 166 f).
18 BayObLG v. 1.9.1997, 1 St RR 109/97, NStZ 1998, 102 ff (= StV 1998, 321); BayObLG v. 31.7.2000, 2 St RR 102/00, NStZ-RR 2001, 49 f.
19 BT-Drucks. 14/3831, 5.
20 BGH v. 23.4.1996, 4 StR 142/96, BGHR StPO § 328 Abs. 1 Überleitung 2.
21 BT-Drucks. 14/3831, 7. Der Rechtsausschuss des Bundestages (= 6. Ausschuss) hat in BT-Drucks. 14/4542, 4 diesen Entwurf für erledigt erklärt.

Regelungslücke, da der Gesetzgeber das Fehlen einer normativen Regelung nicht „vergessen" bzw „übersehen" hat, sondern weil der Gesetzgeber eine bestimmte Materie dezidiert nicht regeln bzw ändern wollte.

4. Ergebnis. Eine analoge Anwendung von § 33 b Abs. 2 auch für Berufungsverfahren gegen Urteile des Jugendschöffengerichts ist in Ermangelung einer planwidrigen Regelungslücke und angesichts der klaren Wortlautvorgaben dezidiert nicht zulässig. Die große Jugendkammer hat somit gemäß § 33 b Abs. 1, 1. Hs iVm § 41 Abs. 2 S. 1 bei Berufungen gegen Urteile des Jugendschöffengerichts in vollständiger Besetzung, also mit drei Berufsrichtern und mit zwei Jugendschöffen, zu judizieren. Nicht zuletzt wird dieses Ergebnis von dem Umstand einer verbesserten Qualität (auch im Sinne einer deutlich verringerten Fehlerhäufigkeit) und einer erhöhten Akzeptanz der Entscheidungen mitgetragen, welche eine Dreier-Besetzung anstelle der reduzierten Kammer zu treffen hat.[22] 8

IV. Ergänzende Hinweise

Im Kommentarschrifttum[23] wird auf die Möglichkeit der **Umdeutung einer Berufungsverhandlung in ein erstinstanzliches Verfahren** hingewiesen. Nachdem die große Jugendkammer in der Berufungsverhandlung über ein Urteil des Jugendschöffengerichts durch eine Einbeziehung dessen Strafbann (vier Jahre) überschritten hatte, wurde die Berufungsverhandlung in eine erstinstanzliche umgedeutet, zumal die große Jugendkammer nach § 33 a Abs. 1 S. 1 zugleich erstinstanzlich zuständig sein kann. Eine derartige Umwandlung des Berufungsverfahrens in ein erstinstanzliches Verfahren komme in Betracht, damit die Jugendkammer nicht ihre Berufungskompetenz von vier Jahren überschreite.[24] 9

Wird eine zunächst unterbliebene Entscheidung über die Eröffnung des Hauptverfahrens[25] in der Hauptverhandlung nachgeholt, so entscheidet darüber beim Landgericht auch dann die große Straf- bzw Jugendkammer in ihrer Besetzung außerhalb der Hauptverhandlung mit drei Berufsrichtern ohne Mitwirkung der Schöffen, wenn die Kammer die Hauptverhandlung in reduzierter Besetzung (§§ 76 Abs. 2 S. 1 GVG, 33 b Abs. 2 S. 1) durchführt.[26] 10

Wenn die Jugendkammer gemäß § 33 b Abs. 2 mit zwei anstelle von drei Berufsrichtern entscheiden möchte, bedarf es auch dann eines entsprechenden Beschlusses nach dieser Norm, wenn die Sache durch **Verweisung nach § 270 Abs. 1 S. 1 StPO** zum Landgericht gekommen ist und daher eine Eröffnung des Hauptverfahrens nicht notwendig ist.[27] 11

---

22 Heß/Wenske, DRiZ 2010, 262, 264, 266 - Auf S. 269 fordern die Autoren eine Novellierung von § 33 b.
23 D/S/S-Schoreit, § 33 b Rn 7 mit Bezugnahme auf BGH v. 23.4.1996, 4 StR 142/96, BGHR StPO § 328 Abs. 1 Überleitung 2.
24 OLG München v. 15.2.2005, 4 St RR 001/05, NStZ-RR 2005, 292, dort in Fn 29.
25 „Bei der Eröffnung des Hauptverfahrens' iSd § 76 Abs. 2 GVG bedeutet zugleich mit der Eröffnungsentscheidung; eine spätere Beschlussfassung ist nicht mehr möglich (BGH v. 5.8.2008, 5 StR 317/08, NStZ 2009, 53).
26 BGH v. 2.11.2005, 4 StR 418/05, BGHSt 50, 267 (= NStZ 2006, 298); siehe auch Dölling, NStZ 2009, 193, 196.
27 BGH v. 11.2.1999, 4 StR 657/98, BGHSt 44, 361 f; dem folgend: D/S/S-Schoreit, § 33 b Rn 5; zur revisionsrechtlichen Bedeutung siehe Freuding, Nachweis in Fn 11.

12 Die Bestimmung des § 33 b Abs. 2 ist ein **Zeitgesetz**, dessen Geltung derzeit bis zum 31.12.2011 befristet ist.[28]

§ 34 Aufgaben des Jugendrichters

(1) Dem Jugendrichter obliegen alle Aufgaben, die ein Richter beim Amtsgericht im Strafverfahren hat.

(2) [1]Dem Jugendrichter sollen für die Jugendlichen die familiengerichtlichen Erziehungsaufgaben übertragen werden. [2]Aus besonderen Gründen, namentlich wenn der Jugendrichter für den Bezirk mehrerer Amtsgerichte bestellt ist, kann hiervon abgewichen werden.

(3) Familiengerichtliche Erziehungsaufgaben sind
1. die Unterstützung der Eltern, des Vormundes und des Pflegers durch geeignete Maßnahmen (§ 1631 Abs. 3, §§ 1800, 1915 des Bürgerlichen Gesetzbuches),
2. die Maßnahmen zur Abwendung einer Gefährdung des Jugendlichen (§§ 1666, 1666 a, 1837 Abs. 4, § 1915 des Bürgerlichen Gesetzbuches).

Richtlinien zu § 34

1. Zu den Aufgaben des Jugendrichters gehören nach § 34 Abs. 1 auch die richterlichen Handlungen im Ermittlungsverfahren sowie die Erledigung der Rechtshilfeersuchen in Jugendsachen. Es empfiehlt sich, ihm bei der Geschäftsverteilung auch die Erledigung der Rechtshilfe in sonstigen Strafsachen zu übertragen, wenn um Vernehmung von Minderjährigen ersucht wird.

2. Wird der Richter beim Amtsgericht als Jugendrichter oder Vollstreckungsleiter mit Jugendlichen oder Heranwachsenden befaßt, für die ein anderes Amtsgericht als Vormundschaftsgericht zuständig ist, so kann es angebracht sein, daß das Gericht des Jugendrichters oder Vollstreckungsleiters gemäß § 46 des Gesetzes über die Angelegenheiten der freiwilligen Gerichtsbarkeit die Aufgaben des Vormundschaftsgerichts übernimmt. Die übernommenen vormundschaftsrichterlichen Aufgaben kann der Jugendrichter nach der gleichen Vorschrift wieder abgeben.

3. Werden nach Einleitung eines Strafverfahrens vormundschaftsrichterliche Maßnahmen für Jugendliche oder Heranwachsende erforderlich, gegen die Anklage vor einem anderen Gericht erhoben ist oder erhoben werden soll, so sollte das Vormundschaftsgericht prüfen, ob sich die Abgabe der vormundschaftsrichterlichen Aufgaben an das

---

28 BGBl. I 2008 v. 7.12.2008, 2348 (Gesetz zur Änderung des Gesetzes zur Entlastung der Rechtspflege); Heß/Wenske, DRiZ 2010, 262; vgl auch BT-Drucks. 16/10570 unter Hinweis auf die „letztmalige" Verlängerung sowie mit Hinweisen auf S. 3 zu dem Bedürfnis nach einer umfassenden Evaluierung im Hinblick auf die Fälle, in denen von einer Besetzungsreduktion Gebrauch gemacht wird und wie sich die Ausstattung der Spruchkörper in der Praxis gestaltet und ob und ggf welchen Einfluss die Besetzungsreduktion auf die Verfahrensdauer und die Qualität der Entscheidung hat [jene Erkenntnisse setzen allerdings, um hinreichend valide zu sein, die Kenntnis der Alternative, namentlich der Erfahrungen bei vollständiger Spruchkörperbesetzung, voraus]; vgl auch BT-Drucks. 16/10893 mit Hinweis auf verfassungsrechtliche Bedenken im Falle der Möglichkeit einer dauerhaften Besetzungsreduktion; sowie die Beschlussfassung in BT-Drucks. 864/08; siehe ergänzend von Preuschen, Die Modernisierung der Justiz, ein Dauerthema – Die Rechtsänderungen durch das 2. Justizmodernisierungsgesetz, NJW 2007, 321, 324. Zu den empirischen Untersuchungen durch Dölling/Feltes siehe die Nachweise in Heß/Wenske, DRiZ 2010, 262 dort Fn 3.

Jugendgericht empfiehlt, das bereits mit ihnen befaßt ist oder demnächst befaßt werden wird.

Schrifttum:

Arbeitsgruppe „Familiengerichtliche Maßnahmen bei Gefährdung des Kindeswohls", Abschlussbericht vom 17. November 2006, abrufbar unter der URL: http://www.dij uf.de/de/downloads/pdf/online_service/fachliche_hinweise_stellungnahmen_des_dijuf/ Abschlussbericht.pdf; *Czerner,* Vorläufige Freiheitsentziehung bei delinquenten Jugendlichen zwischen Repression und Prävention, 2008; *Drews,* Die Aus- und Fortbildungssituation von Jugendrichtern und Jugendstaatsanwälten in der Bundesrepublik Deutschland – Anspruch und Wirklichkeit von § 37 JGG, 2005; *Kemper,* FamFG, FGG, ZPO, Kommentierte Synopse, 2009; Kunkel (Hrsg.), Sozialgesetzbuch VIII, Kinder- und Jugendhilfe, 3. Aufl. 2006; *Münchener Kommentar zum Bürgerlichen Gesetzbuch,* Bd. 8, Familienrecht II, 5. Aufl. 2008; *Simon,* Der Jugendrichter im Zentrum der Jugendgerichtsbarkeit, 2003; J. von Staudingers Kommentar zum Bürgerlichen Gesetzbuch mit Einführungsgesetz und Nebengesetzen, Buch 4, Familienrecht, §§ 1626 - 1631 (Elterliche Sorge 1 – Inhaberschaft und Inhalt), Neubearbeitung 2007.

I. Jugendstrafrechtliche Grundlagen und Systematik 1	IV. § 34 Abs. 2 und Abs. 3: Geschäftsverteilung, Übertragungsmöglichkeit und Beschreibung familiengerichtlicher Erziehungsaufgaben 6
II. Anwendungs- und Erfassungsbereich der Norm in Bezug auf die jugendgerichtlichen Spruchkörper 3	V. Ausnahmeregelung nach § 34 Abs. 2 S. 2 9
III. § 34 Abs. 1: Jugendrichterliche Aufgabenwahrnehmung 4	

I. Jugendstrafrechtliche Grundlagen und Systematik

Der Grundsatz, nach welchem das Jugendstrafrecht als **Erziehungsstrafrecht** geplant und strukturiert ist, spiegelt sich im Gesetz an zahlreichen Stellen wider: In § 34 Abs. 2 findet sich die grundsätzliche Regelung, wonach dem Jugendrichter die familiengerichtlichen (und bis zum 1.9.2009 die vormundschaftsrichterlichen)[1] Aufgaben übertragen werden sollen. Im Falle der verneinten Verantwortlichkeit nach § 3 S. 2 kann der Jugendrichter dieselben Maßnahmen anordnen wie der Familienrichter. Der neu in § 2 implementierte Abs. 1 (der bisherige einzige Satz dieser Norm wurde zu Abs. 2) ist durch Gesetz vom 13.12.2007[2] als Zieldefinition der Anwendung des materiellen und formellen Jugendstrafrechts eingeführt worden und § 2 Abs. 1 S. 2 rekurriert insbesondere auf die Ausrichtung der Rechtsfolgen auf den Erziehungsgedanken.[3] Nach § 12 richten sich die dort genannten unterschiedlichen Formen der Hilfe zur Erziehung nach den Voraussetzungen der §§ 30, 34 SGB VIII, so dass diese erzieherisch konzeptionierten Bestimmungen in diesem Zusammenhang als Rechtsgrundverweisungen anzuse- 1

---

1 § 34 Abs. 2 ist durch das Gesetz zur Reform des Verfahrens in Familiensachen und in den Angelegenheiten der freiwilligen Gerichtsbarkeit (FGG-Reformgesetz – FGG-RG) v. 17.12.2008 geändert und die Zuständigkeit der Vormundschaftsgerichte zum 1.9.2009 aufgehoben worden, BGBl. I 2008, 2736, Art. 84 Nr. 2. Nach BT-Drucks. 16/6308, 356, handelt es sich um eine Anpassung an die neue Gesetzeslage, vgl auch § 151 Nr. 8 FamFG. Zur Auflösung der Vormundschaftsgerichte infolge der FGG-Reform siehe Borth, Einführung in das Gesetz zur Reform des Verfahrens in Familiensachen und in den Angelegenheiten der freiwilligen Gerichtsbarkeit v. 17.12.2008 (FGG-ReformG), FamRZ 2009, 157, 164.
2 BGBl. I 2007, 2894.
3 Insgesamt zu § 2 Abs. 1 siehe die instruktive Gesamtdarstellung bei Eisenberg, § 2 Rn 2 - 16 sowie die Begründung in der betreffenden BT-Drucks. 16/6293, 9 f.

hen sind.[4] Gemäß § 71 Abs. 2 S. 3 hat sich die einstweilige Unterbringung in einem Heim (sowohl zur Vermeidung einer weiteren Gefährdung der Entwicklung, als auch zur Vermeidung der Untersuchungshaft nach § 72 Abs. 4) an den Regelungen des § 34 SGB VIII zu orientieren. § 98 statuiert eine Zuständigkeitsregelung zugunsten desjenigen Jugendrichters des Amtsgerichts, dem die familienrichterlichen Erziehungsaufgaben für den Verurteilten oblagen. § 53 als „Annex"- bzw als „Reservebestimmung" zu § 34 ermöglicht schließlich die Überlassung der Auswahl und Anordnung von Erziehungsmaßregeln an den Familienrichter für den Fall, dass (abgesehen von der Konstellation des Nichterkennens auf Jugendstrafe) der Jugendrichter nicht zuletzt auch aus erzieherischen Gründen die jugendstrafrechtliche Reaktionsauswahl nicht selbst treffen, sondern dies eher dem Familienrichter anheimstellen möchte. Während § 34 die Heranziehung jugendstrafrechtsexterner Normen, namentlich des BGB, durch den Jugendrichter gestattet, ermöglicht § 53 demgegenüber die Delegierung der originär jugendstrafrechtlichen Reaktionsverhängung vom Jugendrichter an den Familienrichter. Damit zieht das JGG die Konsequenz aus seiner erzieherischen Konzeption und verklammert in systematischer Perspektive die jugendstrafrechtlichen Bestimmungen mit den Regelungen des Familienrechts und nicht zuletzt auch mit einzelnen Normen des KJHG, welche wiederum auch über das BGB (vorwiegend über die §§ 1631 Abs. 3, 1666 BGB) Eingang und Anwendung im Jugendstrafrecht finden. Der Grundgedanke einer ganzheitlichen Betrachtung und Behandlung von Jugenddelinquenz wird auf gesetzgeberischer Ebene aufgenommen und im Wege dieser möglichst einheitlichen Verfahrenspraxis umgesetzt. Nach einer bundesweiten empirischen Erhebung von Drews[5] im Jahr 2003 gaben lediglich 3,89% der antwortenden Jugendrichter an, neben dem Amt des Jugendrichters auch als Familien- und Vormundschaftsrichter tätig zu sein; weitere 6,49% übten neben dem Amt des Jugendrichters auch vormundschaftliche Geschäfte aus. Etwas höher fielen die eruierten Befunde von Simon[6] aus dem Jahr 2001 aus, nach welchen 8 von 70 befragten Richtern (= 11,4%) das Amt des Vormundschaftsrichters in Verbindung mit dem Jugendrichteramt ausübten – einem weiteren Richter waren neben den Jugendstrafsachen auch Familiensachen zugewiesen.

2 Im Kommentar- und Lehrbuchschrifttum[7] wird auf das Problem der **Unbefangenheit** des Jugendrichters aufmerksam gemacht: So werde die zwischen Jugendrichter und Familien- bzw Vormundschaftsrichter bestehende Verbindung „meist unkritisch als vorteilhaft bewertet", obwohl sie zu Konflikten mit anderen Rechtsgrundsätzen führen könne, insbesondere auch mit dem Datenschutz (vgl §§ 61 ff SGB VIII). Der Jugendrichter könne aufgrund seines Vorwissens, das er in der Funktionswahrnehmung als Familienrichter erlangt habe, bei seiner jugendrichterlichen Tätigkeit voreingenommen und befangen sein. Diese Bedenken sind insoweit deutlich zu relativieren als zurückzuweisen, als § 34 genau dieses Vorwissen, das zu einer vermeintlichen „Befangenheit" führen soll, seinerseits zwingend voraussetzt, damit die jugendgerichtlichen Maßnahmen möglichst „aus einem Guss" und einheitlich ausfallen können. Zudem ist ein Vorwissen[8] vom

---
4 Siehe hierzu Czerner, S. 143.
5 Drews, S. 86 sowie Ostendorf/Hinghaus/Kasten, Kriminalprävention durch das Familiengericht, FamRZ 2005, 1514, 1516.
6 Simon, S. 67, 168.
7 D/S/S-Schoreit, § 34 Rn 5; Eisenberg, § 34 Rn 8; Laubenthal/Baier, S. 77 Rn 192.
8 Zur grundsätzlichen Bedeutung des richterlichen Vorwissens und seines Vorverständnisses siehe Günter Hirsch, „Vom Vorurteil zum Urteil", ZRP-Rechtsgespräch, ZRP 2009, 61 f.

Jugendstrafrecht ohnehin auch deshalb implizit vorausgesetzt, als das Jugendgericht detaillierte Vorinformationen und Persönlichkeitsbeurteilungen durch den gezielten Einsatz der JGH nach § 38 Abs. 2 und Abs. 3 iVm § 43 benötigt, um überhaupt eine erzieherisch fundierte und auf diesen Jugendlichen individuell abgestimmte Entscheidung treffen zu können (vgl auch § 50 SGB VIII iVm § 213 FamFG (bis zum 1.9.2009: § 49 a Abs. 1 Nr. 4, Nr. 5 und Nr. 8 FGG)[9] sowie § 52 SGB VIII – siehe hier auch Rn 5).

II. Anwendungs- und Erfassungsbereich der Norm in Bezug auf die jugendgerichtlichen Spruchkörper

§ 34 gilt über seinen vergleichsweise engen Wortlaut („Der Jugendrichter") hinaus über die allgemeine Bestimmung des § 33 Abs. 1 iVm § 33 Abs. 2 sowohl für den Jugendrichter als Einzelrichter, als auch für das Jugendschöffengericht. Sofern vorliegend vom „Jugendrichter" die Rede ist, werden diese beiden Spruchkörper iSv § 33 Abs. 2 synonym miteinbezogen. In Verfahren gegen Jugendliche vor den für allgemeine Strafsachen zuständigen Gerichten gilt § 34 nach den Vorgaben von § 104 Abs. 1 nicht, zumal nur die Jugendgerichtsbarkeit der von § 34 ermöglichten Konzentration jugendstrafrechtlicher und familienrechtlicher Aufgaben auf einen Spruchkörper bedarf (andernfalls bedürfte es auch nicht dieser Abgrenzung gegenüber der allgemeinen Gerichtsbarkeit). Während die Bestimmung des § 34 Abs. 1 über die Vorschrift des § 107 auch für Heranwachsende vor Jugendgerichten Geltung beansprucht, werden die Heranwachsenden nach dem Umkehrschluss zu § 107 aus dem Erfassungsbereich der Abs. 2 und 3 von § 34 ausgeklammert, weil gegenüber volljährigen (§ 2 BGB) Beschuldigten kein Erziehungsrecht des Staates mehr besteht.[10] Gemäß § 112 S. 1 iVm § 104 Abs. 1 gilt § 34 nicht für Heranwachsende in Verfahren vor den für allgemeine Strafsachen zuständigen Gerichten. 3

III. § 34 Abs. 1: Jugendrichterliche Aufgabenwahrnehmung

Der erste Absatz trifft als grundsätzliche Bestimmung zunächst eine **Aufgabenzuweisung** an den Jugendrichter, der alle Aufgaben wahrzunehmen hat, die einem Richter beim Amtsgericht im Strafverfahren obliegen (vgl auch § 39). Mit diesem gerichtsverfassungsrechtlichen Rekurs auf § 24 GVG ist jedoch der Arbeitsbereich des Jugendrichters nur abstrakt umrissen, wie die Folgeabsätze 2 und 3 zeigen (siehe Rn 6 ff). 4

Zu den **spezifisch jugendrichterlichen Aufgaben** gehören vor allem die folgenden, hier nur normativ aufgeführten Bereiche: §§ 45 Abs. 3, 73, 77 Abs. 1, 82 ff, 88, 97 ff. Außerhalb der Hauptverhandlung sind dies nach der Grundregelung des § 30 Abs. 2 GVG vornehmlich die richterlichen Handlungen zu §§ 98, 100, ff, 5

---

9 § 49 a FGG ist durch das Gesetz zur Reform des Verfahrens in Familiensachen und in den Angelegenheiten der freiwilligen Gerichtsbarkeit (FGG-Reformgesetz – FGG-RG) v. 17.12.2008 aufgehoben und u.a. durch die zum 1.9.2009 in Kraft getretenen §§ 162, 205, 213 FamFG ersetzt worden. Siehe hierzu Kemper, S. 161, 187, 191 f.
10 Eine andere Frage ist es demgegenüber, ob und inwieweit erzieherische Hilfen sogar auch weit über den Eintritt der Volljährigkeitsalters hinaus indiziert sein können und gewährt werden dürfen, wie dies beispielsweise § 41 SGB VIII vorsieht (vgl Kindle in: Kunkel, Sozialgesetzbuch VIII, 3. Aufl. 2006, § 41 Rn 11), wenn der Betroffene selbst (und nicht mehr die Eltern wegen Art. 6 Abs. 2 GG) dies wünscht und für sich beantragt, denn dem Staat kommt kein Erziehungsrecht zu, vor allem auch dann nicht subsidiär, wenn die Eltern selbst keines mehr wegen des Eintritts der Volljährigkeit ausüben dürfen.

105, 114 ff (StPO iVm § 72 JGG), 125 Abs. 1, 126 Abs. 1, 128, 162, 165, 166 StPO, § 157 GVG. Auch Jugendschutzsachen (§ 26 GVG)[11] gehören zu diesem jugendrichterlichen Aufgabenfeld wie Privatklagesachen gegen Heranwachsende und gerichtliche Verfahren wegen Ordnungswidrigkeiten (§ 68 Abs. 2 OWiG).[12] Diese Aufgabenzuweisung nach § 34 Abs. 1 beinhaltet eine zwingende gesetzliche Regelung für die Aufstellung eines Geschäftsverteilungsplans, wobei es auch als unzulässig angesehen wird, einzelne Aufgaben aufgrund eines Geschäftsverteilungsplans davon auszunehmen.[13] Nach Eisenberg[14] sollen Anhaltspunkte dafür bestehen, dass bei der Zuweisung von Jugendrichter-Dezernaten organisatorische Gesichtspunkte der Justizverwaltung die von § 34 berechtigt verlangten Eigenschaften der erzieherischen Eignung und Erfahrung überlagern und somit die gesetzgeberische Zielvorstellung dieser Norm unterlaufen bzw eindämmen. Diese Bedenken hinsichtlich einer genügend hohen Intensität der erzieherischen „Durchdringung" des gesamten Jugendstrafverfahrens sind allerdings zu relativieren und teilweise zurückzuweisen: Mit der Bündelung erzieherischer Aufgaben in § 34, kombiniert mit der Forderung nach einer erzieherischen Befähigung und Erfahrung von Jugendrichtern, ist dezidiert keine Aussage darüber getroffen, dass ein Jugendrichter das gesamte Jugendstrafverfahren von Beginn des Ermittlungsverfahrens bis zum rechtskräftigen Verfahrensabschluss bzw bis zur Vollstreckungserledigung in Personalunion mitbegleiten müsste. Die §§ 34, 37 verlangen lediglich die erzieherische Befähigung, nicht aber eine dezernatsmäßige Personalunion (vgl auch § 36 Rn 6, 7). Folglich ist es auch nicht mit dem Gesetz zu vereinbaren, eine solche zu fordern, denn es ist nicht Sinn dieser Vorschriften, das gesamte Jugendstrafverfahren einschließlich des Ermittlungsverfahrens bei einem einzigen Richter zu konzentrieren.[15] Ebenso wenig widerspricht es den §§ 34, 37, wenn bestimmte Ermittlungssachen einem Richter zugewiesen werden, der im Übrigen nicht als Jugendrichter eingesetzt ist,[16] zumal es in jenem Kontext primär um die Sachverhaltsaufklärung und weniger um erzieherische Belange geht. Mit dem LG Berlin[17] ist daher die Grundsatzforderung aufzustellen, dass in allen Bereichen überhaupt ein Jugendrichter tätig wird, damit die in § 37 genannte besondere Qualifikation im Verfahrensablauf gewährleistet ist. Bereits das BVerfG[18] wies unter systematischer Bezugnahme auf die §§ 41, 72 Abs. 6 auf die Übertragungsmöglichkeit bestimmter richterlicher Aufgaben auf ein anderes Gericht bzw auf einen anderen Richter hin. Auch ist bei zahlreichen Ermittlungsmaßnahmen überhaupt kein Bedarf für das spezifische Know-how eines Jugendrichters, beispielsweise für die Entziehung der Fahrerlaubnis, eine Durchsuchungsanordnung – hierbei ist weder die Kenntnis des jugendstrafrechtlichen Reaktionsinventars, noch eine besondere erzieherische Befähigung nach § 37 not-

---

11 Zu Jugendschutzsachen siehe auch die Kommentierungen zu § 33 Rn 5, § 36 Rn 1, § 39 Rn 2, § 40 Rn 4, § 41 Rn 1.
12 D/S/S-Schoreit, § 34 Rn 3 – zu OWi-Sachen siehe auch § 33 Rn 12, § 39 Rn 2, § 41 Rn 19, § 42 Rn 6.
13 Eisenberg, § 34 Rn 6 mwN; D/S/S-Schoreit, § 34 Rn 3; Ostendorf, § 34 Rn 2.
14 Eisenberg, § 34 Rn 7; kritisch ebenfalls D/S/S-Schoreit, § 33 Rn 16.
15 So aber fälschlich das VG Schleswig v. 13.6.1990, 9 A 281/89(93), DRiZ 1991, 98 f.
16 So jedoch wiederum fälschlich das VG Schleswig v. 13.6.1990, 9 A 281/89(93), DRiZ 1991, 98 f.
17 LG Berlin v. 19.12.2005, 509 AR 10/05, NStZ 2006, 525.
18 BVerfG v. 12.5.2005, 2 BvR 332/05, NStZ 2005, 643 mit Hinweis auf die entscheidende Grenze einer „willkürlichen" Geschäftsverteilung, vgl auch die §§ 102 JGG und 120 GVG; siehe auch Dölling, Aus der neueren Rechtsprechung zum Jugendstrafrecht, NStZ 2009, 193, 197.

wendig.[19] Schließlich erfordert auch die Anordnung von Untersuchungshaft gegenüber Jugendlichen nach §§ 112 ff StPO iVm § 72 inklusive der Frage über eine mögliche alternative Heimunterbringung nach § 72 Abs. 4 iVm § 71 keine spezifisch jugendstrafrechtlichen Befähigungen eines bestimmten Richters. Auch die Frage einer erzieherischen Gestaltung der Untersuchungshaft gemäß § 93 Abs. 2[20] aF war nicht notwendig im Zusammenhang mit den §§ 34, 37 zu sehen, denn die Untersuchungshaft darf gerade nicht aus erzieherischen Erwägungen verhängt und vollstreckt werden, erst und nur ihr Vollzug ist erzieherisch zu gestalten, um eine Kompensation für die faktisch an der Erziehung verhinderten Eltern zu schaffen.[21] Auch entstünde möglicherweise im Falle einer jugendrichterlichen Personalunion vom Ermittlungsbeginn bis zum Verfahrensabschluss das in Rn 2 thematisierte Problem der Wahrung der richterlichen Unbefangenheit, weil ein Jugendrichter durch spezifische Ermittlungsmaßnahmen bereits durch den bloßen Verdacht als solchen zu stark von der Täterschaft überzeugt sein könnte, während diese Gefahr bei einem Richterwechsel als niedriger anzusetzen ist. Das OLG Jena[22] judiziert daher folgerichtig, dass ein Unterbringungsbefehl nicht schon deshalb aufzuheben sei, weil er von einem Ermittlungsrichter statt von dem nach § 126 a Abs. 2 S. 1, 125 Abs. 1 StPO iVm § 34 Abs. 1 zuständigen Jugendrichter und damit nicht vom gesetzlichen Richter nach Art. 101 Abs. 1 S. 2 GG erlassen worden ist.

IV. § 34 Abs. 2 und Abs. 3: Geschäftsverteilung, Übertragungsmöglichkeit und Beschreibung familiengerichtlicher Erziehungsaufgaben

Die Absätze 2 und 3 des § 34 betreffen die **Geschäftsverteilung** durch den Geschäftsverteilungsplan.[23] Nach Satz 1 des Absatzes 2 sollen dem Jugendrichter bestimmte familiengerichtliche (und bis zum 1.9.2009 vormundschaftsgerichtliche)[24] Erziehungsaufgaben übertragen werden. Diese Erziehungsaufgaben kommen zusätzlich zu den „klassischen" Aufgaben nach Abs. 1 iVm § 24 GVG hinzu.

6

---

19 So die vollumfänglich überzeugende Darlegung von Reichenbach, Der Jugendermittlungsrichter, zugleich Besprechung von BVerfG, Beschl. v. 12.5.2005 – 2 BvR 332/05, NStZ 2005, 617 f (dort mit weiteren Argumenten aus der Praxis auf S. 621).
20 Zur Novellierung des Vollzugs der Untersuchungshaft infolge der Föderalismusreform siehe BT-Drucks. 16/11644 vom 21.1.2009, dort S. 10 (Art. 3 Nr. 4) zur Aufhebung von § 93 JGG sowie auf S. 36 mit Hinweis auf die Neuregelung des § 89 c JGG, welcher substantiell die Regelung des § 93 aufgenommen hat. Auf S. 42 dieser BT-Drucks. findet sich die Gegenäußerung des Bundesrates unter Bezugnahme auf die veränderten Gesetzgebungskompetenzen auch hinsichtlich der Normierung der erzieherischen Vollzugsgestaltung sowie abschließend auf S. 46 die Gegenäußerung der Bundesregierung. Zum Gesetzesbeschluss siehe BGBl I 2009, 2274 f. Die Reform des Untersuchungshaftrechts und die neue Bestimmung des § 89 c wird auch erläutert von Ostendorf, Neue Gesetze im Jugendstrafrecht, ZJJ 2010, 199, 201 f; siehe auch Piel/Püschel/Tsambikakis/Wallau, Der Entwurf eines Untersuchungshaftvollzugsgesetzes NRW – Ein rechtliches und politisches Ärgernis, ZRP 2009, 33 ff.
21 Hierzu ausführlich Czerner, S. 14, 22, 429-432.
22 OLG Jena v. 29.1.2007, 1 Ws 16/07, NStZ-RR 2007, 217; hierzu auch Dölling, NStZ 2009, 193, 197.
23 D/S/S-Schoreit, § 34 Rn 1.
24 § 34 Abs. 2 ist durch das Gesetz zur Reform des Verfahrens in Familiensachen und in den Angelegenheiten der freiwilligen Gerichtsbarkeit (FGG-Reformgesetz – FGG-RG) v. 17.12.2008 geändert und die Zuständigkeit der Vormundschaftsgerichte zum 1.9.2009 aufgehoben worden, BGBl. I 2008, 2736, Art. 84 Nr. 2. Nach BT-Drucks. 16/6308, 356, handelt es sich um eine Anpassung an die neue Gesetzeslage, vgl auch § 151 Nr. 8 FamFG. Zur Auflösung der Vormundschaftsgerichte infolge der FGG-Reform siehe Borth, FamRZ 2009, 157, 164.

Was unter „familiengerichtlichen Erziehungsaufgaben" zu verstehen ist, wird von Abs. 2 nicht weiter konkretisiert, sondern als bereits bekannt vorausgesetzt, wobei Abs. 3 eine (letztlich nicht abschließende) Legaldefinition jener Erziehungsaufgaben aufzählt (siehe folgende Rn). Diese Erziehungsaufgaben nach Abs. 3 sind sowohl von den erzieherischen Maßnahmen nach § 45 Abs. 3 als auch von den Erziehungsmaßregeln iSv § 9 ff zu unterscheiden.[25]

7 Aus dem Wortlaut des Absatzes 3 ließe sich auf den ersten Blick folgern, dass es sich bei der Auflistung um einen numerus clausus zulässiger Erziehungsaufgaben handeln könnte:[26] „**Familiengerichtliche Erziehungsaufgaben sind**". Dieser (vermeintliche) „numerus clausus" erfährt allerdings insofern eine gewisse Aufweichung bzw einen unscharfen Randbereich, als beispielsweise die zuerst genannten Unterstützungsangebote an die Eltern nach § 1631 Abs. 3 BGB nicht exakt definiert werden (können). Jene werden von dieser Norm noch nicht einmal umrissen, vielmehr erschöpft sich der Regelungsgehalt von § 1631 Abs. 3 BGB in der generellen Verpflichtung des Familiengerichts, die Eltern auf Antrag bei der Erziehung zu unterstützen. Auf welche Weise und durch welche erzieherische Mittel dies geschehen kann, lässt § 1631 Abs. 3 BGB offen. Primär wird es darauf ankommen, zwischen dem Minderjährigen und seinen Eltern zu vermitteln sowie eine Hinführung zu Jugendhilfeleistungen einschließlich der Kontaktherstellung mit einzelnen Institutionen iSv SGB VIII zu initiieren sowie Hilfen bei der Aufenthaltsermittlung zu gewähren. Es kann angesichts der Vielfalt und Variationsbreite der einzelnen Fallkonstellationen keinen bzw keinen abschließenden Katalog bestimmter gerichtlicher Unterstützungsmaßnahmen geben.[27] Ergänzend ist auch auf die Bezugnahme zu § 1666 BGB[28] hinzuweisen, wonach die elterliche Sorge erst und nur dann zu entziehen ist, wenn dem Erziehungsnotstand auch nicht durch „öffentliche Hilfen" abgeholfen werden kann. Unter „öffentliche Hilfen" sind die Hilfsmaßnahmen nach den §§ 27 ff SGB VIII/KJHG zu verstehen. Vor dem Hintergrund dieser Offenheit erzieherischer Maßnahmen nach § 1631 Abs. 3 BGB einerseits und den § 27 ff SGB VIII andererseits kann im Ergebnis somit nicht von einem numerus clausus bestimmter Erziehungsaufgaben in § 34 Abs. 3 ausgegangen werden. Allerdings ist durch das Gesetz zur Erleichterung familiengerichtlicher Maßnahmen bei Gefährdung des Kindeswohls vom 4.7.2008[29] insoweit eine Konkretisierung möglicher familiengerichtlicher Maß-

---

25 Hierauf macht berechtigt Eisenberg, § 34 Rn 14, aufmerksam.
26 Dies wird offen gelassen von D/S/S-Schoreit, § 34 Rn 7, worin lediglich die Rede ist von einer „Definition" der familien- und vormundschaftsrichterlichen Erziehungsaufgaben.
27 Zutreffend Salgo in: Staudinger-BGB, § 1631 Rn 96 ff. Nach einer wesentlich engeren – und die normative Weite der Norm unterschätzenden – Ansicht (Huber in: Münchener Kommentar-BGB, § 1631 Rn 44) soll für § 1631 Abs. 3 BGB demgegenüber nur ein vergleichsweise schmales Betätigungsfeld verbleiben, das im äußersten Fall im Aussprechen von Ermahnungen und Verwarnungen besteht, beispielsweise zur Bekräftigung elterlicher Umgangsverbote.
28 In Verfahren zur Kindeswohlgefährdung nach den §§ 1666, 1666 a BGB greift § 24 FamFG ein, wobei unerheblich ist, ob die Anregung vom Jugendamt oder von sonstigen Beteiligten erfolgt, Borth, FamRZ 2009, 157, 160. Zu beachten sind in diesem Zusammenhang auch die §§ 157 ff FamFG sowie § 166 FamFG.
29 BGBl. I, 1188 f, in Kraft getreten am 12.7.2008 (siehe auch BR-Drucks. 550/07, BT-Drucks. 16/6815, BT-Drucks. 16/8914 zum Novellierungsverfahren). Insgesamt zu den in den letzten Jahren erfolgten Novellierungen zugunsten eines früheren und gezielteren Eingreifens bei Verdacht einer Kindeswohlgefährdung siehe Czerner, Der Schutz des ungeborenen Kindes vor der eigenen Mutter durch zeitliche Vorverlagerung zivil- und strafrechtlicher Regelungen?, ZKJ 2010, 220 ff.

nahmen erfolgt, als die Neufassung von § 1666 Abs. 3 BGB in den Nummern 1 - 5 einen – nicht abschließenden – Katalog unterschiedlicher Interventionsformen benennt. Dieser, aus rechts- und familienpolitischen Gründen wünschenswerten Novellierung von § 1666 Abs. 3 BGB steht jedoch ein rechtsstaatlich bedenklicher Abbau von Tatbestandsvoraussetzungen in § 1666 Abs. 1 BGB nF gegenüber (vgl auch Rn 8). So ist die Norm nicht nur in Bezug auf den Bestimmtheitsgrundsatz nach Art. 103 Abs. 2 GG, sondern auch und vor allem hinsichtlich der Vereinbarkeit mit Art. 6 Abs. 2 GG und Art. 6 Abs. 3 GG auf eine sehr problematische Weise reformiert worden[30] und es trifft dezidiert nicht zu, dass mit der erfolgten Tatbestandsreduktion keine Eingriffsschwellenverschiebung „nach unten" intendiert sein soll.[31]

Dass die Erziehungsaufgaben nach § 34 Abs. 3 Nr. 1 nur mit „**Einverständnis**"[32] der Personensorgeberechtigten zulässig sind, resultiert (neben dem Unterschied zu Nr. 2) aus der Rechtsnatur der erzieherischen Hilfen, insbesondere nach § 1631 Abs. 3 BGB, welche nur auf elterlichen Antrag zulässig sind, wie dies der elterliche Erziehungsprimat nach Art. 6 Abs. 2 S. 1 GG zwingend vorgibt.[33] Dieser elterliche Antrag, welcher in der forensischen Praxis letztlich eher als „Einverständnis" zu charakterisieren sein wird, weil das Jugendgericht den Eltern ein entsprechendes Hilfeangebot unterbreiten wird, ist zwingende Voraussetzung für die Unterstützung nach § 1631 Abs. 3 BGB und jener Antrag vermag nicht durch den Jugendrichter stellvertretend ersetzt zu werden, wie dies beispielsweise nach § 1666 Abs. 3 Nr. 5 BGB nF möglich ist. Die Erziehungsaufgaben gemäß § 34 Abs. 3 Nr. 2 sind dementsprechend als eingriffsintensivere Maßnahmen ausgestattet und können bzw. müssen auch ohne bzw. gegen den elterlichen Willen angeordnet und vollstreckt werden, um den Schutzauftrag des staatlichen Wächteramtes nicht durch eine elterliche Vetooption zu unterlaufen.[34] Folglich müssen für derartige Erziehungsaufgaben entsprechende Gefährdungslagen des Jugendlichen iSv § 1666 BGB zu besorgen sein.[35] Hinzuweisen ist in diesem Zusammenhang auf die (zumindest leichte) Absenkung der von § 1666 BGB mar-

8

---

30 Zu diesen verfassungs- und familienrechtlichen Folgeproblemen: Czerner, S. 28 f, S. 222, dort Fn 887.
31 So aber fälschlich Meysen, Neuerungen im zivilrechtlichen Kinderschutz, NJW 2008, 2673 sowie Meysen, Erleichterung familienrichterlicher Maßnahmen bei Gefährdung des Kindeswohls, ZJJ 2007, 302, 304. Umso verwunderlicher und widersprüchlicher ist, dass nach Meysen „mögliche Hürden bei der Anrufung des Familiengerichts beseitigt, eine frühzeitige Einschaltung erreicht und die richterliche Entscheidung erleichtert werden" sollten und eine Verschlankung der Voraussetzungen für Eingriffe in die elterliche Sorge bezweckt wurde – dies kann entgegen Meysen nur unter der Prämisse eines erleichterten Zugriffs und somit unter Absenkung der bisherigen und als zu hoch beurteilten Eingriffsschwellen erfolgen.
32 Den semantisch etwas schwachen, letztlich dennoch zutreffenden Terminus des „Einverständnisses" verwenden D/S/S-Schoreit, § 34 Rn 7 und Eisenberg, § 34 Rn 14.
33 Czerner, S. 15 f (verfassungsrechtliche Ausgangslage), S. 198 ff (familienrechtliche Ebene, insbesondere in Bezug auf § 1666 BGB).
34 Zu diesem Problem des Nichtanerkennens einer „elterlichen Vetooption" bzgl staatlicher Erziehungseingriffe siehe Czerner, S. 21.
35 Unzureichend und die anfänglich oftmals nur hypothetischen Annahmen über das *mögliche* Vorliegen einer Kindeswohlgefährdung, solle der Begriff des *Verdachts* der Kindeswohlgefährdung künftig nicht mehr verwendet werden (so allerdings Wulf/Reich, Kindeswohlprognose – Ein kriminologischer und viktimologischer Beitrag, ZKJ 2007, 266 – dem künftigen Verzicht auf den *Verdacht* einer Kindeswohlgefährdung ebenfalls berechtigt widersprechend: Bringewat, Die Abschätzung des Gefährdungsrisikos gem. § 8 a Abs. 1 S 1 SGB VIII, ZKJ 2008, 297, 299.

kierten Gefährdungsschwelle durch die Schaffung von § 8a Abs. 3 S. 1, 2. Hs SGB VIII,[36] wonach das Familiengericht zu informieren ist, wenn die Eltern im Konfliktfalle mit dem Jugendamt nicht kooperieren (wollen). Schließlich ist nochmals auf die im Juli 2008 erfolgte Änderung von § 1666 BGB hinzuweisen[37] (vgl Rn 7), nach welcher die spezifischen Gefährdungsmodalitäten (elterliches Erziehungsversagen, Vernachlässigung) entfallen sind, um dem Gericht den oftmals schwierigen bis kaum möglichen Kausalitätsnachweis zwischen Gefährdungshandlung und Gefährdungssituation zu ersparen.[38]

V. Ausnahmeregelung nach § 34 Abs. 2 S. 2

9 Eine **Ausnahme** vom grundsätzlichen Prinzip der Konzentration jugendstrafrechtlicher und familiengerichtlicher Aufgaben nach § 34 Abs. 2 S. 1 benennt Abs. 2 S. 2 für den Fall, dass ein Jugendrichter für den Bezirk mehrerer Amtsgerichte nach § 33 Abs. 3 S. 1 bestellt ist (vgl § 33 Rn 17): Insofern durchbricht die Funktion als Bezirksjugendschöffenrichter die genuin zu fordernde Ämterunion. Eine Konzentration jugendstrafrechtlicher und familienrechtlicher Aufgaben wird ausnahmsweise nachrangig gegenüber der örtlich-regionalen Bündelung.

§ 35 Jugendschöffen

(1) ¹Die Schöffen der Jugendgerichte (Jugendschöffen) werden auf Vorschlag des Jugendhilfeausschusses für die Dauer von fünf Geschäftsjahren von dem in § 40 des Gerichtsverfassungsgesetzes vorgesehenen Ausschuß gewählt. ²Dieser soll eine gleiche Anzahl von Männern und Frauen wählen.

(2) ¹Der Jugendhilfeausschuß soll ebensoviele Männer wie Frauen und muss mindestens die doppelte Anzahl von Personen vorschlagen, die als Jugendschöffen und -hilfsschöffen benötigt werden. ²Die Vorgeschlagenen sollen erzieherisch befähigt und in der Jugenderziehung erfahren sein.

(3) ¹Die Vorschlagsliste des Jugendhilfeausschusses gilt als Vorschlagsliste im Sinne des § 36 des Gerichtsverfassungsgesetzes. ²Für die Aufnahme in die Liste ist die Zustimmung von zwei Dritteln der anwesenden stimmberechtigten Mitglieder, mindestens jedoch der Hälfte aller stimmberechtigten Mitglieder des Jugendhilfeausschusses erforderlich. ³Die Vorschlagsliste ist im Jugendamt eine Woche lang zu jedermanns Einsicht aufzulegen. ⁴Der Zeitpunkt der Auflegung ist vorher öffentlich bekanntzumachen.

---

36 Zu § 8a siehe u.a. Katzenstein, Literatur und Materialien zu § 8a SGB VIII, ZKJ 2008, 148 ff.
37 BGBl. I 1188; siehe hierzu beispielsweise neben den vorgenannten Angaben auch Hildebrandt, „...in der Hoffnung, dass Sie nicht das Jugendamt alarmieren!", ZKJ 2008, 396 ff; Willutzki, Kinderschutz aus Sicht des Familiengerichts, ZKJ 2008, 139 ff; Wiesner, Kinderschutz aus der Sicht der Jugendhilfe, ZKJ 2008, 143 ff; Coester, Inhalt und Funktionen des Begriffs der Kindeswohlgefährdung – Erfordernis einer Neudefinition?, JAmt 2008, 1 ff.
38 So die Ergebnisse der Arbeitsgruppe „Familiengerichtliche Maßnahmen bei Gefährdung des Kindeswohls, S. 5, 27, denen der Gesetzgeber bei der Novellierung des § 1666 BGB (u.a. Normen) gefolgt ist: BR-Drucks. 550/07, S. 7, 10, 16, BT-Drucks. 16/6815, S. 9, 10, 14, BT-Drucks. 16/8914, S. 4 f, 10, 13 f – hierzu ausführlich Czerner S. 222 f, dort Fn 887.

(4) Bei der Entscheidung über Einsprüche gegen die Vorschlagsliste des Jugendhilfeausschusses und bei der Wahl der Jugendschöffen und -hilfsschöffen führt der Jugendrichter den Vorsitz in dem Schöffenwahlausschuß.

(5) Die Jugendschöffen werden in besondere für Männer und Frauen getrennt zu führende Schöffenlisten aufgenommen.

(6) Die Wahl der Jugendschöffen erfolgt gleichzeitig mit der Wahl der Schöffen für die Schöffengerichte und die Strafkammern.

Schrifttum:
Sachs, Grundgesetz, Kommentar, 5. Aufl. 2009; *Schlothauer/Weider*, Verteidigung im Revisionsverfahren, 2008; *Schmidt-Räntsch*, Deutsches Richtergesetz, Richterwahlgesetz, Kommentar, 6. Aufl. 2009; *Sowada*, Der gesetzliche Richter im Strafverfahren, 2002.

I. Erstellung der Jugendschöffen-Vorschlagsliste durch den Jugendhilfeausschuss 2	Vorschlagsliste und Wahlverfahren 3
II. Auswahlkriterien für die Aufnahme in die Jugendschöffen-	III. Teilnahme der Jugendschöffen an den Verhandlungsterminen 9
	IV. Revisibilität 10

Die **allgemeinen Regelungen** zur Auswahl und zu den Befugnissen der Schöffen nach den §§ 28 ff, 77 GVG werden für die Jugendgerichtsverfassung nach Maßgabe von § 35 erheblichen Änderungen unterworfen, so dass die allgemeinen gerichtsverfassungsrechtlichen Bestimmungen nach § 2 Abs. 2 nur subsidiär gelten. 1

I. Erstellung der Jugendschöffen-Vorschlagsliste durch den Jugendhilfeausschuss

Abweichend von § 36 Abs. 1 GVG wird die **Vorschlagsliste** für die zu wählenden Schöffen nicht von der Gemeinde aufgestellt, sondern nach der spezialgesetzlichen Regelung des § 35 Abs. 1 S. 1 iVm § 71 SGB VIII von einem **Jugendhilfeausschuss**, der bei den Jugendämtern gebildet ist und der nach § 70 Abs. 1 SGB VIII Aufgaben des Jugendamtes wahrzunehmen hat. Die Zusammensetzung des Jugendhilfeausschusses richtet sich nach § 71 SGB VIII. Dieser Ausschuss soll gemäß § 35 Abs. 1 S. 2 eine gleiche Anzahl von Männern und Frauen wählen. In dieser Regelung spiegelt sich die paritätische Besetzung des Jugendschöffengerichts nach § 33a Abs. 1 S. 2 wider (siehe § 33a Rn 4), wonach bei jeder Hauptverhandlung ein Mann und eine Frau herangezogen werden sollen. Um eine hinreichende Auswahlmöglichkeit hinsichtlich der am besten geeigneten Schöffenkandidatinnen und -kandidaten gewährleisten zu können, soll der Jugendhilfeausschuss nach § 35 Abs. 2 S. 1 mindestens die doppelte Anzahl von Personen vorschlagen, als letztlich benötigt werden. Die Gesamtzahl der benötigten Haupt- und Hilfsschöffen hat der LG- bzw der AG-Präsident gemäß § 77 Abs. 2 GVG bzw nach § 43 GVG zu bestimmen. Die Zahl der Jugendschöffen bei einem gemeinsamen Jugendschöffengericht (§ 33 Abs. 3) ist nach § 58 Abs. 2 GVG angemessen auf die einzelnen zugehörigen AG-Bezirke zu verteilen.[1] Eine Aufnahme in die Jugendschöffen-Vorschlagsliste setzt nach § 35 Abs. 3 S. 2 die Zustimmung 2

---

1 Vgl Eisenberg § 35 Rn 11 mwN; D/S/S-Schoreit, § 35 Rn 12.

von zwei Dritteln der stimmberechtigten Mitglieder des Jugendhilfeausschusses voraus.[2]

II. Auswahlkriterien für die Aufnahme in die Jugendschöffen-Vorschlagsliste und Wahlverfahren

3 In die vom Jugendhilfeausschuss zu bildende Vorschlagsliste dürfen nur diejenigen Personen aufgenommen werden, die nach den gerichtsverfassungsrechtlichen **Auswahlkriterien** für das Schöffenamt infrage kommen.

4 Dass das „Ehrenamt" eines Schöffen nach § 31 GVG nur **Deutschen** verliehen werden kann, ist zumindest angesichts der Wortlauts der Norm fragwürdig, denn es suggeriert, nur Deutschen iSd Art. 116 GG könne in diesem Zusammenhang „Ehre" zukommen, nichtdeutschen Mitbürgern hingegen nicht. Mit dem allgemeinen Gleichheitssatz aus Art. 3 Abs. 1 GG ist die Regelung des § 31 GVG nach hier vertretener Auffassung nicht unproblematisch zu vereinbaren, da ein tragfähiger Grund für diese Andersbehandlung nicht erkennbar ist. Der vorgebrachte Einwand, gegen die Einbeziehung von Nichtdeutschen sprächen Belange der „Sicherheit und Praktikabilität",[3] wird lediglich behauptet, aber nicht begründet. Der systematische Hinweis auf § 9 Nr. 1 DRiG, wonach nur Deutsche in das Richterverhältnis zu berufen sind,[4] vermag zumindest in Bezug auf die Auswahl der Jugendschöffen insofern nicht zu überzeugen, als an diese Schöffen ausschließlich erzieherische und nicht davon losgelöste nationalitätsspezifische Anforderungen zu stellen sein sollten (vgl § 35 Abs. 2 S. 2). Auch vor dem Hintergrund, dass oftmals über nichtdeutsche Jugendliche in der Hauptverhandlung zu entscheiden ist, scheint ein Ausschluss nichtdeutscher Schöffen nicht zuletzt aus migrations- und kulturspezifischen Zusammenhängen schwerlich aufrecht erhalten werden zu können. Der Befürchtung, nichtdeutsche Schöffen könnten möglicherweise grundgesetzwidrig judizieren, da sie nicht dem Staatsvolk nach Art. 20 Abs. 2 GG angehören (s.u.), steht eine verfassungsrechtliche Bindung über die Vereidigung nach § 45 Abs. 2 – Abs. 7 DRiG[5] entgegen. Notfalls könnte auch zu einem späteren Zeitpunkt entweder eine Streichung von der Schöffenliste nach § 52 Abs. 1 GVG erfolgen, wenn sich die Nichteignung des nichtdeutschen Schöffen erst später, dh nach seiner Wahl, herauskristallisieren sollte.[6] Es stellt sich

---

2 Zur (nicht unberechtigten) Kritik an diesem, lediglich „formaljuristisch" unbedenklichen Auswahlverfahren siehe ausführlich bereits BGH v. 2.12.1958, 1 StR 375/58, BGHSt 12, 197, 200 f, Eisenberg, § 35 Rn 9 sowie Ostendorf, § 35 Rn 5.
3 D/S/S-Schoreit, § 35 Rn 3.
4 Vgl auch die Kommentierungen von Schmidt-Räntsch, DRiG, § 9 Rn 3, 4.
5 Nach Anger (Die Verfassungstreuepflicht der Schöffen, NJW 2008, 3041 f) kann aus dem Inhalt der Eidesleistung eine einfach-rechtliche Verfassungstreuepflicht herausgelesen werden, obwohl § 9 Nr. 2 DRiG nicht auf §§ 44 – 45 a DRiG verweist. Siehe auch Schmidt-Räntsch, DRiG, § 45 Rn 14-21 sowie § 9 Rn 12 - 18.
6 Das BVerfG (v. 6.5.2008, 2 BvR 337/08, NJW 2008, 2568) begründet die Entfernung aus dem Schöffenamt mit fehlender Verfassungstreue, wobei für die Amtsenthebung ehrenamtlicher Richter nicht zwingend die gleichen Gründe gelten müssten wie für die Entlassung hauptamtlicher Richter, denn ehrenamtlichen Richtern werde mit der Amtsenthebung nicht gleichzeitig die wirtschaftliche Existenzgrundlage entzogen. Daher sei eine Amtsenthebung ehrenamtlicher Richter ohne ein konkretes Dienstvergehen und ohne förmliches Disziplinarverfahren verfassungsrechtlich nicht zu beanstanden. Dieses Judikat erscheint insofern als nicht unproblematisch, als das BVerfG isoliert auf die ökonomische Situation der beiden Richtergruppen abstellt. Bedeutender und unter dem Gesichtspunkt der Wahrung der Verfassung sollten jedoch eher die Fragen nach Art und Intensität eines Verfassungsverstoßes sein, welcher letztlich und

zudem die Frage, ob angesichts des fortschreitenden europäischen Einigungsprozesses die Existenz des kommunalen Wahlrechts für alle Unionsbürger nicht mittel- bis langfristig insgesamt dazu zwingen kann, den restriktiven Erfassungsbereich von § 31 GVG noch stärker auszuweiten,[7] auch wenn, wie insoweit zutreffend eingewendet wird,[8] die Rechtspflege nicht in den Zuständigkeitsbereich der Kommunalverwaltungen fällt, sondern Sache des Staates, also des Bundes und der Länder ist. Hierbei ist auch zu fragen, ob der Einwand, die Staatsgewalt könne nur von denjenigen ausgeübt werden, wenn die Organe der Rechtsprechung zugleich dem Volk angehören, in dessen Namen sie sprechen,[9] auf Dauer noch aufrecht zu erhalten ist, denn es könnte mit „Im Namen des Volkes" in diesem Zusammenhang anstelle des staatsrechtlich restriktiven Adressatenkreises iSd Art. 20 Abs. 2 GG auch die allgemeine Wohnbevölkerung unabhängig von ihrer nationalen Zugehörigkeit iSv Art. 116 GG gemeint sein.[10] Von diesen Fragen unberührt bleibt die unverzichtbare Voraussetzung, dass ein Schöffe – ungeachtet seiner Nationalität – der deutschen Sprache mächtig sein muss (vgl auch § 184 S. 1 GVG) – andernfalls ist er unfähig, das Schöffenamt auszuüben.[11]

§ 32 GVG benennt zunächst zwei Hauptgruppen, die – so die unwiderlegbare 5 gesetzgeberische Vermutung – unfähig zum Schöffenamt sind. Demgegenüber führen die Soll-Bestimmungen der §§ 33, 34 GVG einzelne Personengruppen auf, aus deren Kreis keine Schöffen berufen werden sollen.

Entgegen der Beurteilung von Eisenberg[12] und Schoreit,[13] das in § 33 Nr. 1 GVG 6 angesetzte **Mindestalter** von 25 Lebensjahren sei zur Schöffenberufung zu hoch, ist an der gegenwärtigen Altersbegrenzung festzuhalten. Es scheint erzieherisch-pädagogisch kaum einsichtig und noch schwerer vermittelbar, dass sich ein Jugendlicher von einem nur wenige Jahre älteren Schöffen als Richter beeindrucken

---

entscheidend losgelöst von der finanziellen Situation des betreffenden Richters festzustellen ist. Auch erscheint es im Hinblick auf §§ 44, 44 a DRiG nicht unbedenklich, wenn vor diesem fiskalischen Hintergrund nach Auffassung des BVerfG die Amtsenthebung eines ehrenamtlichen Schöffen auch ohne konkretes Dienstvergehen zulässig sein soll, zumal Schöffen als gesetzliche Richter iSd Art. 101 Abs. 1 S. 2 GG anzusehen sind und niemand seinem gesetzlichen Richter entzogen werden darf (vgl auch § 33 a Rn 2). Nach Ansicht des BVerwG (II C 68.73, BVerwGE 47, 330, 335) ist unter „Gewähr bieten" das Fehlen von Zweifeln an der Verfassungstreue zu verstehen.

7 So im Ergebnis Jutzi, Zulassung von Ausländern als ehrenamtliche Richter, DRiZ 1997, 377, 380 und sehr entschieden dafür: Röper, Anspruch der Unionsbürger auf das Amt des ehrenamtlichen Richters, DRiZ 1998, 195, 200.
8 Siehe Wassermann, Multiethnische Gerichte?, NJW 1996, 1253 f und von Bargen, Die Rechtsstellung der Richterinnen und Richter in Deutschland – Teil 1, DRiZ 2010, 100 f.
9 Jutzi, DRiZ 1997, 377, 379.
10 Dezidiert aA freilich die stRspr des BVerfG: BVerfGE v. 31.10.1990, 2 BvF 2, 6/89, BVerfGE 83, 37 (dort bereits in Nr. 3 a und Nr. 4 des Tenors), S. 51 f; BVerfGE v. 31.10.1990, 2 BvF 3/89, BVerfGE 83, 60, 71 f; BVerfGE v. 5.12.2002, 2 BvR 5, 6/98, BVerfGE 107, 59, 86 ff; vgl ergänzend auch BVerfG v. 18.7.2005, 2 BvR 2236/04, BVerfGE 113, 273, 294 ff sowie Sachs in: Sachs, GG, Art. 20 Rn 27 a.
11 LG Bochum v. 12.8.2005, 3221 Haupt 172, NJW 2005, 3227. Zutreffend lehnt das LG Bochum die Hinzuziehung eines Dolmetschers nach § 185 GVG für den Schöffen ab, weil jener nicht zum Erfassungsbereich dieser Bestimmung gehört und weil ein Dolmetscher an der Beratung nach § 193 Abs. 1 GVG nicht teilnehmen darf. Zur Bedeutung des Schutzes der deutschen Sprache, auch im Zusammenhang mit § 184 GVG und § 23 VerwVerfG, siehe Aden, Deutsch ins Grundgesetz, ZRP 2009, 53 f.
12 Eisenberg, § 35 Rn 2.
13 D/S/S-Schoreit, § 35 Rn 7.

lässt. Auch dürfte eine derartige Spruchkörperbesetzung – nicht zuletzt auch aus der Sicht des involvierten Berufsrichters, sondern auch aus der Sicht der Bevölkerung – als eine Art „Schülergericht" angesehen werden. Zudem wäre es aus systematisch-dogmatischen Gründen widersprüchlich, einen Heranwachsenden zum gesetzlichen Richter zu bestellen, der selbst noch im Falle seines eigenen Delinquierens nach § 105 dem Jugendstrafrecht und nicht zuletzt auch den erzieherischen Hilfsangeboten des KJHG (siehe dort § 41 Abs. 1 S. 2 SGB VIII, bis über die Vollendung des 21. Lebensjahres hinaus, vgl auch § 34 Rn 3) unterfallen könnte.

7 Zum weiteren Verfahren hinsichtlich der Schöffen-Vorschlagsliste siehe neben den allgemeinen gerichtsverfassungsrechtlichen Bestimmungen der 32 ff GVG insbesondere auch § 35 Abs. 3 – 5. Gegen die nach den vorgenannten Rn aufgestellte Vorschlagsliste kann gemäß § 37 GVG binnen Wochenfrist **Einspruch** eingelegt werden, wobei sich die Einspruchsgründe auf die Regelungen der §§ 32, 33 bzw § 34 GVG beziehen müssen. Die Entscheidung über die Einsprüche erfolgt nach § 35 Abs. 4 unter Vorsitz des Jugendrichters. Das weitere Vorgehen hinsichtlich der Einsprüche richtet sich wiederum nach den allgemeinen Vorschriften der §§ 38 ff GVG.

8 Der allgemeine Schöffenwahlausschuss[14] wählt die **Jugendschöffen** aus der Vorschlagsliste (§ 35 Abs. 1 S. 1 iVm § 40 GVG) unter Vorsitz des Jugendrichters (§ 35 Abs. 4 – bei Bezirksjugendgerichten hat der Bezirksjugendrichter in allen Wahlausschüssen seines Bezirks den Vorsitz).[15] Gemäß § 42 Abs. 1 GVG ist hierbei (ebenso wie auch zur Aufnahme in die Vorschlagsliste nach § 35 Abs. 3 S. 2, siehe Rn 2) eine Zwei-Drittel-Mehrheit erforderlich. Die gewählten Schöffen werden nach § 35 Abs. 5 in getrennte Schöffenlisten für Männer und Frauen aufgenommen und gemäß § 44 GVG sind wiederum getrennte Schöffenlisten für die Haupt- und die Hilfsschöffen bei jedem Amtsgericht zu fertigen. Die Reihenfolge der Heranziehung von Haupt- und Hilfsschöffen richtet sich nach § 47 GVG bei Einrichtung von Hilfsjugendschöffengerichten bzw bei Hilfsjugendstrafkammern (siehe auch § 46 GVG[16] sowie Rn 9).

III. Teilnahme der Jugendschöffen an den Verhandlungsterminen

9 Auf der Grundlage der Schöffenlisten erfolgt gemäß den allgemeinen Regelungen des § 45 GVG und § 77 Abs. 3 GVG die Auslosung für die Schöffenteilnahme an den Sitzungstagen. Nach § 45 Abs. 1 und Abs. 2 werden die Hauptschöffen für die ordentlichen Sitzungstage eingesetzt, die Hilfsschöffen können an den zusätzlichen Sitzungstagen und auch zur Vertretung nach § 47 GVG eingesetzt werden. Ist ein Hauptschöffe gehindert, an einer vorgesehenen Sitzung mitzuwirken, weil er nicht erreicht werden kann, weil er ausbleibt oder von dem Vorsitzenden auf seine Bitte von der Dienstleistung entbunden wird, weil er an deren Teilnahme infolge unabwendbarer Umstände gehindert ist oder ihm diese nicht zugemutet werden kann (vgl § 54 GVG), sind die Schöffen aus der Hilfsschöffenliste heranzuziehen (§§ 47, 49 Abs. 1 GVG). Gemäß § 54 Abs. 3 S. 1 GVG ist die Entschei-

---

14 Zur ordnungsgemäßen Besetzung des Schöffenwahlausschusses unter ausdrücklicher Bezugnahme auf Art. 101 Abs. 1 S. 2 GG siehe BVerfGE v. 9.6.1971, 2 BvR 114, 127/71, BVerfGE 31, 181, 183.
15 Ostendorf, § 35 Rn 9; Eisenberg, § 35 Rn 14; Brunner/Dölling, § 35 Rn 3.
16 Zu § 46 GVG bzgl der Schöffenauswahl aus einer Hilfsstrafkammer siehe BGH v. 9.11.1982, 5 StR 471/82, BGHSt 31, 157 f, wonach die Schöffen nicht nach §§ 46, 77 GVG ausgelost werden dürfen, vielmehr müssen sie nach §§ 47, 49 Abs. 1 77 Abs. 1 GVG aus der Hilfsschöffenliste zugewiesen werden.

dung des Vorsitzenden nicht anfechtbar. Demzufolge ist diese Entscheidung nach § 336 S. 2 StPO nicht revisibel, es sei denn, die Entscheidung wäre willkürlich erfolgt.[17] Nach Auffassung des BGH[18] ist es unzulässig, die Sitzungstage der Strafkammer auch als Sitzungstage der Jugendkammer zu bestimmen und es dem Vorsitzenden der Jugendkammer zu überlassen, hieraus nach Bedarf einen als Sitzungstag für die Jugendkammer auszuwählen. Mit diesem Judikat unterstreicht der BGH nicht nur die Ernsthaftigkeit des Prinzips des gesetzlichen Richters aus Art. 101 Abs. 1 S. 2 GG auch im Hinblick auf die stimmige Spruchkörperbesetzung durch Schöffen, sondern zugleich auch die Vermeidung von Willkür bei der Zusammensetzung der Richterkollegien[19] (zur Revision bei etwaigen Verstößen siehe die folgende Rn).

IV. Revisibilität

Fehler im Zusammenhang mit der Erstellung der Vorschlagsliste für die Schöffenwahl sind begrenzt revisibel; soweit die betreffenden Fehler außerhalb des Einwirkungsbereichs der Gerichte liegen, sollen sie der Revision generell entzogen sein.[20] Bei Verstoß gegen die Bestimmungen in §§ **31 S. 2, 32** GVG ist der absolute Revisionsgrund nach § 338 Nr. 1 StPO erfüllt.[21] Wirkt eine Person an einer Hauptverhandlung mit, die nicht auf der Vorschlagsliste aufgeführt war und die dennoch gewählt wird, ist das Gericht nicht ordnungsgemäß besetzt und es ist allein deswegen der absolute Revisionsgrund nach § 338 Nr. 1 StPO gegeben.[22] Wird die ausgeloste Reihenfolge bei der Schöffenbesetzung (auch hinsichtlich der Hilfsschöffen) nicht eingehalten, liegt nach berechtigter Ansicht von Ostendorf[23] der absolute Revisionsgrund gemäß § 338 Nr. 1 StPO vor, es sei denn, es wurde nach § 54 GVG von der Einzelsitzung entbunden. Demgegenüber führt ein Verstoß gegen § 33 Nr. 3 GVG nach Auffassung des BGH[24] nicht zur Revision, zumal diese Vorschrift lediglich als Soll-Bestimmung ausgestaltet ist.

10

§ 36 Jugendstaatsanwalt

Für Verfahren, die zur Zuständigkeit der Jugendgerichte gehören, werden Jugendstaatsanwälte bestellt.

---

17 OLG Hamm v. 28.5.2001, 2 Ss 400/01, NStZ 2001, 611 mit Hinweis auf strenge Prüfungsmaßstäbe im Hinblick auf die Feststellung des Verhindertseins; so auch Schlothauer/Weider S. 100 Rn 279.
18 BGH v. 10.8.1960, 2 StR 307/60, BGHSt 15, 107, 109 – die Geltung dieser Auffassung auch für Jugendschöffen nach § 35 wird vom BGH ausdrücklich betont.
19 Zu den zahlreichen Judikaten des BVerfG bzgl einer willkürlichen Rechtsverletzung allein in Bezug auf die Wahrung des Prinzips des gesetzlichen Richters nach Art. 101 Abs. 1 S. 2 GG siehe Sowada, S. 202 Fn 1 f.
20 BGH v. 30.4.1968, 1 StR 87/68, BGHSt 22, 122, 123 f; BGH v. 30.7.1991, 5 StR 250/91, BGHSt 38, 47, 51; so auch Schlothauer/Weider, S. 94 Rn 264.
21 Ostendorf, § 35 Rn 3; Eisenberg, § 35 Rn 17.
22 In dieser gebotenen Deutlichkeit: BGH v. 7.9.1976, 1 StR 511/76, BGHSt 26, 393 ff; Eisenberg, § 35 Rn 17; Brunner/Dölling, § 35 Rn 3; Ostendorf, § 35 Rn 7.
23 Ostendorf, § 35 Rn 10.
24 BGH v. 2.11.1981, 5 StR 566/81, BGHSt 30, 255, 257; D/S/S-Schoreit, § 35 Rn 5 mit Hinweis darauf, dies gelte für § 34 GVG entsprechend (so auch Meyer-Goßner, § 33 GVG Rn 7).

Richtlinie zu § 36

Der zuständige Jugendstaatsanwalt soll nach Möglichkeit die Anklage auch in der Hauptverhandlung vertreten, sofern er nicht im vereinfachten Jugendverfahren von der Teilnahme an der mündlichen Verhandlung absieht (§ 78 Abs. 2).

Schrifttum:

Drews, Die Aus- und Fortbildungssituation von Jugendrichtern und Jugendstaatsanwälten in der Bundesrepublik Deutschland – Anspruch und Wirklichkeit von § 37 JGG, 2005; *Schlothauer/Weider*, Verteidigung im Revisionsverfahren, 2008; *Simon*, Der Jugendrichter im Zentrum der Jugendgerichtsbarkeit, 2003.

1 § 36 betrifft die **Geschäftsverteilung** innerhalb der Staatsanwaltschaft für Verfahren, die zur Zuständigkeit der Jugendgerichte iSv §§ 33 ff, §§ 39 - 42 gehören. Es werden daher Jugendstaatsanwälte bestellt für Verfahren gegen Jugendliche und Heranwachsende vor den Jugendgerichten (§§ 33, 107), für gemäß § 103 gegen Jugendliche (bzw Heranwachsende) und Erwachsene verbundene Verfahren (§ 103 Abs. 2 S. 1) und in Jugendschutzsachen, wenn die Anklage zum Jugendgericht erhoben wird (siehe § 26 Abs. 2, § 74 b GVG).[1] Die Tätigkeit der Jugendstaatsanwaltschaft ist auf das Erkenntnisverfahren des ersten Rechtszugs und auf die Berufung beschränkt, da im Revisionsverfahren keine Jugendgerichte bestehen (vgl § 33 Abs. 2) und die Vollstreckung – abweichend von der allgemeinen Regelung des § 451 StPO – gemäß § 82 dem Jugendrichter obliegt.[2] Die Gegenmeinung von Ostendorf,[3] auch die Jugendstaatsanwaltschaft habe die Revision zu vertreten, was aus dem Sachzusammenhang folge, da die Revisionsgerichte bei Aufhebung regulär das Verfahren nach § 354 StPO zurückweisen, vermag insofern nicht zu überzeugen, als sie in unauflösbarem Widerspruch zur zentralen Bestimmung des § 33 Abs. 2 iVm § 36 steht. Nur für die Verfahren, die zur Zuständigkeit der Jugendgerichte gehören, werden Jugendstaatsanwälte bestellt – dies richtet sich nach der Vorgabe des § 33 Abs. 2. Für die jugendgerichtliche Praxis hat Ostendorf eine systematisch umfassende und empfehlenswerte Handreichung entwickelt, in welcher neben den besonderen persönlichen Qualifikationen des Sitzungsvertreters auf der Ebene jugendrichterlicher Entscheidungen die Anwendbarkeit des Jugendstrafrechts auf Jugendliche und Heranwachsende sowie das gesamte Reaktionsinventar inklusive der spezifisch jugendstrafverfahrensrechtlichen Besonderheiten dargestellt werden.[4]

2 Die **örtliche Zuständigkeit** der Jugendstaatsanwaltschaft bemisst sich nach derjenigen der Gerichte (vgl § 143 Abs. 1 GVG sowie § 42). Wechselt die Gerichtszuständigkeit durch Abgabe oder im Rahmen der Vollstreckung, bleibt es gem. § 85 Abs. 7 nF iVm § 451 Abs. 3 StPO bei der ursprünglichen Zuständigkeit, wobei diese Zuständigkeit abgegeben werden kann, wenn dies im Interesse des Verurteilten geboten erscheint und die Staatsanwaltschaft am Ort der Vollstreckung zustimmt.[5]

3 Eine Funktionstrennung wie bei den Jugendgerichten (§ 33) fehlt bei den Staatsanwaltschaften. Die Jugendstaatsanwälte sind organisatorisch-personell in die

---

1 Eisenberg, Geschäftsverteilungen im Jugendstrafverfahren – Bestrebungen zu neuerlichen Konflikten der Jugendstrafjustiz mit dem Gesetz, GA 2002, 579 f. Zu Jugendschutzsachen siehe auch die Kommentierungen zu § 33 Rn 5, § 34 Rn 5, § 39 Rn 2, § 40 Rn 4, § 41 Rn 1.
2 Eisenberg, § 36 Rn 8; Brunner/Dölling, § 36 Rn 5.
3 Ostendorf, § 36 Rn 2.
4 Ostendorf, Anleitung für Sitzungsvertreter der Staatsanwaltschaft in der Hauptverhandlung vor dem Jugendgericht, ZJJ 2010, 183 ff.
5 Ostendorf, § 36 Rn 5.

Staatsanwaltschaften bei den Landgerichten als eine von mehreren Abteilungen eingebunden.[6]

Während der Jugendstaatsanwalt in der Hauptverhandlung keine anderen Aufgaben wahrzunehmen hat als der Staatsanwalt bei den allgemeinen Strafgerichten und er nach § 78 im vereinfachten Jugendverfahren nicht anwesend zu sein braucht, kommt ihm im Rahmen des Vorverfahrens eine besondere Stellung zu, indem die Staatsanwaltschaft im Wege der Diversion, insbesondere nach § 45 Abs. 1, zahlreiche Verfahren bereits frühzeitig einstellen kann.[7]

Nicht nur die Jugendgerichtsbarkeit ieS, sondern auch die Jugendstaatsanwälte, welche qua Opportunitätsprinzip nach § 151 StPO (abgesehen von diversen Ermittlungsmaßnahmen) den Fall vor Gericht bringen, sollen erzieherisch ausgebildet sein. Eine zentrale Bedeutung kommt dieser Vorschrift insbesondere bei dem **staatsanwaltschaftlichen Sanktionsvorschlag** im Rahmen des Schlussvortrags zu (§ 258 Abs. 1, 2 StPO), wenn sie sich zu der Auswahl bestimmter Erziehungsmaßregeln, Zuchtmitteln oder auch der Jugendstrafe auszusprechen hat und dies – nach dem jugendstrafrechtlichen Leitbild als Erziehungsstrafrecht (vgl auch § 2 Abs. 1 in der Kommentierung zu § 34 Rn 1) - auch erzieherisch begründen muss.

Aus den vorgenannten erzieherischen Gründen ist es auch sinnvoll und wichtig, dass der Sachbearbeiter der Jugendstaatsanwaltschaft (abgesehen vom vereinfachten Jugendverfahren) die Anklage auch möglichst in der Hauptverhandlung vertreten soll, also auch hierbei von einer **Übertragung auf einen Sitzungsvertreter** abgesehen werden soll.[8] In der Konsequenz bedeutet dies nach Eisenberg,[9] dass sogar eine Aussetzung der Hauptverhandlung nach den §§ 228, 229 StPO in Betracht kommen soll. Eine derartige Forderung erscheint allerdings vor dem Hintergrund, dass nach § 142 Abs. 3 GVG die Sitzungsvertretung durch Referendare ausdrücklich für zulässig erklärt wird, nahezu schikanös, wird hierdurch suggeriert, das Gericht sei nach § 226 Abs. 1 StPO durch den Einsatz des Referendars nicht ordnungsgemäß besetzt, so als sei die Staatsanwaltschaft überhaupt nicht präsent (siehe auch § 227 StPO, wonach mehrere Staatsanwälte „arbeitsteilig" in der Hauptverhandlung mitwirken dürfen). Eisenbergs Forderung leidet an einer zu starken Betonung des Rechtsgedankens von § 36 und diese Norm besagt lediglich, dass institutionell überhaupt Jugendstaatsanwälte bestellt werden und zum Einsatz gelangen sollen,[10] nicht aber, dass Anklageverfasser und Sitzungsvertreter eine Personalunion bilden sollen, dies wird lediglich von RL zu § 36 festgeschrieben. Insofern besteht – entgegen Eisenberg[11] und auch entgegen Ostendorf[12] – überhaupt kein Konflikt zwischen § 36 und § 142 Abs. 3 GVG, denn die RL zu § 36 stellt kein formelles und zugleich materielles Gesetz dar, das mit der prozessualen Regelung des § 142 Abs. 3 GVG auf gesetzlicher Ebene in

---

6 Drews, S. 77 f.
7 Vgl Laubenthal/Baier, Pkt. 4.2, S. 65 Rn 152; Streng, Jugendstrafrecht, § 6 III, S. 65 Rn 34.
8 So die Forderung von Eisenberg, § 36 Rn 10; Eisenberg, Zu einem Konflikt der Staatsanwaltschaft mit dem Gesetz (§ 36 JGG), NStZ 1994, 67, 69.
9 Eisenberg, Grundsätzliche Unzulässigkeit der Sitzungsvertretung durch Referendare in Jugendsachen, DRiZ 1998, 161, 163.
10 Genau hierin liegt der einzige und wesentliche normative Gehalt von § 36 und es trifft daher nicht zu, wie Eisenberg konzediert (DRiZ 1998, 161), dass andernfalls § 36 jede eigenständige Bedeutung abgesprochen würde.
11 Eisenberg, DRiZ 1998, 161.
12 Ostendorf, § 36 Rn 7.

Widerspruch geraten kann. Die RL beinhalten lediglich Verwaltungsvorschriften mit Anleitungen und Orientierungshilfen[13] – mit derartigen untergesetzlichen Bestimmungen vermag prinzipiell (und ungeachtet des sachlichen Inhalts) keine normative Konkurrenzsituation zu entstehen, weil sich stets auf (mindestens zwei) unterschiedliche Gesetze beziehen muss. § 36 einerseits und § 142 Abs. 3 GVG andererseits stehen demnach in keinem Konkurrenzverhältnis, sondern es ist von einem Aliud-Verhältnis auszugehen. Auch würde die von Eisenberg favorisierte Aussetzung des Verfahrens zu einer unvertretbaren und nicht unerheblichen Verfahrensverzögerung führen, welche ihrerseits dezidiert nicht mit dem Beschleunigungsprinzip und dem Erfordernis nach einer möglichst tatnahen Reaktion vereinbar ist.[14] Nicht zuletzt wird durch die Ablehnung der Übertragungsmöglichkeit auf Referendare deren Lernmöglichkeit im Hinblick auf die erzieherische Erfahrung iSd § 37 weitgehend ausgeschlossen. Insofern ist es auch widersprüchlich, wenn es (abweichend von § 142 Abs. 3 GVG) einerseits unzulässig sein soll, Rechtsreferendare als Sitzungsvertreter der Staatsanwaltschaft einzusetzen[15] und andererseits die Spezialisierung im Referendariat zu fordern,[16] denn dem anwesenden Jugendrichter (und nicht zuletzt auch der Staatsanwaltschaft) obliegt die Kontrolle über die Tätigkeit des Sitzungsvertreters auch im Hinblick auf dessen erzieherische Befähigung. Auch stellt sich hierbei die Frage, wann der forensische Praktiker die zwingend notwendige erzieherische Erfahrung und Befähigung dann sonst überhaupt erwerben soll bzw kann, wenn selbst der Vorbereitungsdienst – wiederum bzw vermeintlich aus erzieherischen Gründen – gerade hierzu keine Gelegenheit bieten können soll. Wie der Chirurg sein Handwerk nicht in der Bibliothek erlernen kann, vermag der Sitzungsvertreter außerhalb des Gerichtssaals nicht mit der hier geforderten Lebenswirklichkeit konfrontiert zu werden.[17]

7 § 36 wird als bloße **Ordnungsvorschrift** betrachtet,[18] was sich nach Auffassung von Eisenberg angesichts der Bedeutung des Jugendstaatsanwalts für das gesamte

---

13 Eisenberg, Einleitung Rn 5. Vor diesem Hintergrund ist die Schlussfolgerung von Middelhof (Referendare als Sitzungsvertreter der Staatsanwaltschaft im Jugendstrafverfahren, ZfJ 1987, 66), da es sich bei § 36 lediglich um eine Ordnungsvorschrift handele [siehe auch hier Fn 18 und Fn 26], hätten auch entsprechende Richtlinien keinen gesetzlich bindenden Charakter, als dezidiert unzutreffend zurückzuweisen. Dass die Richtlinien keine gesetzliche Bindungswirkung aufweisen, hängt nicht mit der Einstufung einzelner gesetzlicher Bestimmungen als Ordnungsvorschriften zusammen, sondern ausschließlich damit, dass die Richtlinien gerade kein formelles und zugleich materielles Gesetz iSd Art. 76 ff GG darstellen, da sie nicht im Wege eines förmlichen Gesetzgebungsverfahrens zustande gekommen sind und sie deshalb als untergesetzliche Bestimmungen anzusehen sind. Mit einer Qualifizierung als „Ordnungsvorschrift" hat diese Unterscheidung überhaupt nichts zu tun.
14 So auch berechtigt gegen Eisenberg: Löhr, Die reine Lehre und die Erfordernisse der Praxis, DRiZ 1998, 165, 167 f.
15 So jedoch Drews, S. 166 unter Bezugnahme auf Eisenberg § 36 Rn 14. Siehe auch Hälmken, Der Jugendstaatsanwalt: Anspruch und Wirklichkeit – Sitzungsvertretung durch Rechtsreferendare, ZJJ 2008, 147, der polemisierend von „Durchlauferhitzern" und von einer „Perversion" im Jugendstrafverfahren spricht.
16 Simon, S. 185.
17 Vgl auch Löhr, DRiZ 1998, 165, 168 sowie bzgl der in den letzten Jahren optimierten universitären Ausbildung von Referendaren im entsprechenden (jugend-)strafrechtlich/kriminologischen Schwerpunktbereich siehe § 37 Rn 3, dort insbesondere Fn 9.
18 Schaffstein/Beulke, § 28 VI S. 200, dort Fn 19; Feuerhelm/Böhm, § 13 Nr. 1, S. 100 f; Brunner/Dölling, § 36 Rn 1; Schlothauer/Weider, S. 126 Rn 350 mwN. Zur Unterscheidung von Ordnungsvorschriften einerseits und Richtlinien andererseits siehe hier Fn 12.

Verfahren kaum vertreten lassen soll.[19] Denn selbst wenn die Verletzung des § 36 revisionsrechtlich keine Folgen haben soll, resultiert nach Eisenberg nicht, dass diese gesetzlichen Organisationsvorschriften unbeachtet bleiben dürften. Das OLG Karlsruhe[20] hat jedoch berechtigt festgestellt, eine Revision nach § 358 Nr. 5 StPO komme bereits deshalb nicht in Betracht, weil die Staatsanwaltschaft iSv § 142 GVG ordnungsgemäß vertreten war, von einer „Abwesenheit"[21] iSv § 338 Nr. 5 StPO bei der Entsendung von Sitzungsvertretern also nicht ausgegangen werden kann (hierzu bereits die vorgenannte Rn). Auch Eisenberg[22] stellt die entscheidende Frage, ob und wann ein Urteil gemäß § 337 StPO auf dem Verstoß – es müsste entgegen Eisenberg richtig heißen: vermeintlichen Verstoß – beruht, wobei die Beruhensfrage nicht generell zu verneinen sei, da nie ausgeschlossen werden könne, dass das Urteil bei Sitzungsvertretung durch einen Jugendstaatsanwalt anders ausgefallen wäre. Auch wenn die bloße Möglichkeit, dass das Urteil auf dem Fehler beruht, ausreicht,[23] gilt, dass ein Nichtberuhen regelmäßig dann anzunehmen ist, wenn der Verstoß gegen das Verfahrensrecht ersichtlich folgenlos geblieben ist, also wenn es um eine wirkungslose Verletzung einer bloßen Ordnungsvorschrift handelte.[24] Auch wenn ein derartiges Beruhen nicht a priori ausgeschlossen werden kann, so scheint es doch eher rein theoretischer Natur zu sein,[25] so dass im Ergebnis die Beruhensfrage zu verneinen sein müsste. Diese Frage kann aber insofern dahingestellt und nur ansatzweise beantwortet bleiben, als nicht § 36, wie schon in der vorangegangenen Rn festgestellt, sondern lediglich die RL zu dieser Bestimmung eine Personenidentität von Anklageverfasser und Sitzungsvertreter verlangt. Eine Revision lässt sich allerdings nur auf gesetzliche (dh primär formelle und zugleich materielle Gesetze iSv Art. 76 ff GG)[26] und nicht auf untergesetzliche Regelungen (wie RL) stützen, so dass dieses Rechtsmittel – ungeachtet einer hypothetischen Beruhensbejahung – hierbei nicht einsetzbar ist. Daher ist die Sitzungsvertretung durch Referendare unter revisionsrechtlichen Gesichtspunkten dezidiert nicht zu beanstanden.

§ 37 Auswahl der Jugendrichter und Jugendstaatsanwälte

Die Richter bei den Jugendgerichten und die Jugendstaatsanwälte sollen erzieherisch befähigt und in der Jugenderziehung erfahren sein.

Richtlinien zu § 37

1. Bei der Besetzung der Jugendgerichte und bei der Auswahl der Jugendstaatsanwälte sollte in besonderem Maße auf Eignung und Neigung Rücksicht genommen werden.

---

19 Eisenberg, GA 2002, 579, 582; Eisenberg, DRiZ 1998, 161, 164 sowie Eisenberg, § 36 Rn 13.
20 OLG Karlsruhe v. 22.10.1987, 4 Ss 84/87, NStZ 1988, 241.
21 Zu diesem Begriff der „Abwesenheit" siehe KK-StPO-Kuckein, § 338 StPO Rn 72.
22 Eisenberg, NStZ 1994, 67, 69.
23 Meyer-Goßner, § 337 Rn 37 mwN zur Rechtsprechung.
24 BGH v. 3.11.1981, 5 StR 566/81, BGHSt 30, 255, 257, dem folgend: KK-StPO-Kuckein, § 337 Rn 38.
25 Vgl Meyer-Goßner, § 337 Rn 37.
26 Noch weitergehend: HK-GS-Temming, § 337 StPO Rn 4 unter ausdrücklichen Hinweis darauf, Verwaltungsvorschriften, die (lediglich) als Selbstbindung des Verwaltungsermessens zu verstehen sind, fallen nicht unter den revisionsrechtlichen Anwendungsbereich (vgl auch vorliegend Fn 13).

Die Jugendkammer soll nach Möglichkeit mit erfahrenen früheren Jugend- und Vormundschaftsrichtern besetzt werden.

2. In der Jugendstrafrechtspflege sind besondere Erfahrungen notwendig, die regelmäßig erst im Laufe längerer Zeit erworben werden können. Ein häufiger Wechsel der Richter bei den Jugendgerichten und der Jugendstaatsanwälte muß daher nach Möglichkeit vermieden werden.

3. Für die Tätigkeit der Richter bei den Jugendgerichten und der Jugendstaatsanwälte sind Kenntnisse auf den Gebieten der Pädagogik, der Jugendpsychologie, der Jugendpsychiatrie, der Kriminologie und der Soziologie von besonderem Nutzen. Eine entsprechende Fortbildung sollte ermöglicht werden.

4. Den Richtern bei den Jugendgerichten und den Jugendstaatsanwälten wird empfohlen, mit Vereinigungen und Einrichtungen, die der Jugendhilfe dienen, Fühlung zu halten.

Schrifttum:

Arbeitsgruppe „Familiengerichtliche Maßnahmen bei Gefährdung des Kindeswohls", Abschlussbericht vom 14.7. Juli 2009, abrufbar unter der URL: http://sfbb.berlin-brandenburg.de/sixcms/media.php/5488/RS_G_4224_Ergebnisse_AG_Familiengerichtliche_Ma%C3%9Fnahmen_Anlage.pdf; *Czerner*, Vorläufige Freiheitsentziehung bei delinquenten Jugendlichen zwischen Repression und Prävention, 2008; *Drews*, Die Aus- und Fortbildungssituation von Jugendrichtern und Jugendstaatsanwälten in der Bundesrepublik Deutschland – Anspruch und Wirklichkeit von § 37 JGG, 2005; *Kerner/Czerner*, Die Empfehlungen des Europarates zum Freiheitsentzug im Kontext europäischer und internationaler Instrumentarien zum Schutz der Menschenrechte, in: Freiheitsentzug, Die Empfehlungen des Europarates 1962-2003, Hrsg.: Deutschland, Österreich, Schweiz, 2004; *Simon*, Der Jugendrichter im Zentrum der Jugendgerichtsbarkeit. Ein Beitrag zu Möglichkeiten und Grenzen des jugendrichterlichen Erziehungsauftrages in Hinblick auf § 37 JGG, 2003.

I. Anwendungsbereich und Adressatenkreis 1
II. Inhalt und Grenzen der erzieherischen Befähigung und Erfahrung 3
   1. Grundsätzliches 3
   2. § 37 im Spannungsfeld mit der gerichtlichen Aufklärungspflicht 4
   3. Präzisierung der erzieherischen Erfahrung und Befähigung 5
III. Revisibilität 6

I. Anwendungsbereich und Adressatenkreis

1 § 37 bezieht sich auf die Richter bei den **Jugendgerichten** nach § 33 und auf die Jugendstaatsanwälte gemäß § 36, wobei die letztgenannte Norm eine spezifische Regelung zugunsten der Jugendstaatsanwälte beinhaltet. Deren erzieherische Befähigung und Erfahrung leitet sich allerdings aus § 37 ab. Wie bereits in den Kommentierungen zu § 33 Rn 6 festgestellt, existieren bei den Strafsenaten der OLGs und des BGH keinerlei „Jugendsenate", so dass die Vorschrift des § 37 dort keine unmittelbare Anwendung finden kann. Da aber das OLG bzw der BGH (je nach Instanzenzug) letztlich über die Rechtsmittel zu entscheiden haben, kommt ihnen zumindest mittelbar eine erzieherische Aufgabe zu.[1] Jugendliche werden ebenso wie Heranwachsende von dem Regelungsbereich des § 37 umfasst (§ 107).

---

1 Zutreffend Ostendorf, § 37 Rn 1.

Dass die jugendrichterliche **Erziehungsbefähigung bereits vor Amtsantritt** vorhanden sein muss,[2] lässt sich zwar dem Wortlaut von § 37 nicht entnehmen, dürfte allerdings grundsätzlich implizit vorauszusetzen sein, weil andernfalls eine entsprechende Auswahl von Jugendrichtern nicht erfolgen dürfte, wenn deren fachlich-pädagogische Qualifikation zweifelhaft bzw nicht hinreichend positiv belegt ist. Jedoch gilt gerade in diesem Bereich, dass die geforderten Qualifikationen regulär erst im Laufe der Berufstätigkeit erworben werden (können), so dass aus der Praxis der Einwand geltend gemacht wird, zu hohe Forderungen gingen an der Realität vorbei.[3] RL Nr. 2 zu § 37 trägt diesem Umstand Rechnung und erläutert, dass – wie der Begriff der „Erfahrung" bereits semantisch festschreibt – bestimmte Erfahrungen zwangsläufig erst und nur im Laufe der forensischen Praxis erworben werden können. Zum vergleichbaren Problem im Rahmen der Sitzungsvertretung siehe § 36 Rn 6.

2

II. Inhalt und Grenzen der erzieherischen Befähigung und Erfahrung

1. Grundsätzliches. Diese Norm steht, ebenso wie § 36, in engem Zusammenhang mit der Bestimmung des § 34, damit sich die Verbindung jugendstrafrechtlicher mit familienrechtlichen (und bis zum 1.9.2009 vormundschaftsrechtlichen)[4] Aufgaben auf ein hinreichend tragfähiges **Fundament persönlicher richterlicher Befähigung und Erfahrung** stützen lässt, um dem jugendstrafrechtlichen Erziehungsgedanken nicht nur bei der Reaktionsauswahl (so ist es jetzt ausdrücklich in § 2 Abs. 1 verankert, vgl § 34 Rn 1), sondern bereits bei den Rechtsanwendern zur Geltung zu verhelfen. Wenn jedoch nach der Untersuchung von Drews im Jahr 2003 45% (N=39) der befragten Richter[5] angaben, eher zufällig Jugendrichter geworden zu sein, stellt sich die Frage nach einer normativ gezielt gewünschten erzieherischen Befähigung umso stärker. Vor diesem Hintergrund der Durchdringung des gesamten jugendstrafrechtlichen Verfahrensablaufs greift die Einschätzung Ostendorfs[6] fast zu kurz, es dürften nicht zu hohe und unrealistische Ansprüche an die erzieherischen Qualitäten des Jugendrichters gestellt werden, da der persönliche Kontakt außer im Falle des Arrestvollzugsleiters sowie des Vollstreckungsleiters bei Jugendstrafen im Regelfall auf die Hauptverhandlung begrenzt sei, bei welcher die Kürze der Zeit und die situative Bedrängnis

3

---

2 So die entsprechende Forderung von Eisenberg, § 37 Rn 10 mwN und von Simon, S. 111, 168.
3 Vgl die Einschätzung von staatsanwaltlicher Seite: Döppner, Geheimwissenschaft Pensenschlüssel und Geschäftsverteilung – Ein Praxisbericht aus dem jugendstaatsanwaltlichen Dezernat, DVJJ-Journal 2003, 5, 8. Drews, S. 114, gelangt aufgrund ihrer empirischen Analyse (u.a. Befragung von 85 Richtern) zum gleichen Ergebnis.
4 Durch das Gesetz zur Reform des Verfahrens in Familiensachen und in den Angelegenheiten der freiwilligen Gerichtsbarkeit (FGG-Reformgesetz – FGG-RG) v. 17.12.2008 wurden die Vormundschaftsgerichte zum 1.9.2009 aufgelöst. Zur Aufhebung der Vormundschaftsgerichte siehe Borth, Einführung in das Gesetz zur Reform des Verfahrens in Familiensachen und in den Angelegenheiten der freiwilligen Gerichtsbarkeit v. 17.12.2008 (FGG-ReformG), FamRZ 2009, 157, 164.
5 Drews, S. 91 – etwas niedriger fällt der Anteil derjenigen Jugendrichter, die „zufällig" diese Funktion wahrnehmen, nach Simon, S. 73 mit 30% aus (N= 21 von 70 befragten Richtern). Insofern vermag auch heute noch die vor einem Vierteljahrhundert abgegebene Bewertung von Kreuzer (Heranwachsende, kurze Freiheitsstrafen und Beschlußverwerfungspraxis, StV 1982, 438 f), jugendstrafrechtliche Befähigung und erzieherische Erfahrung seien selten genug Leitkriterien für die Richterauswahl, ihre Geltung zu beanspruchen.
6 Ostendorf, § 37 Rn 4; siehe auch VGH Mannheim v. 27.10.2005, 4 S 1830/05, NJW 2006, 2424, 2426 in Bezug auf die Ermessensentscheidung des Präsidiums bei der Richterauswahl.

keine bleibende pädagogische Einflussnahme ermöglichten. Vielmehr hat der Jugendrichter von allen Spruchrichtern den größten Spielraum in der Auswahl der zu ergreifenden Maßnahmen (vgl § 34 Rn 7) und auch in der Verfahrensgestaltung – mit der Größe dieses Spielraums wächst zugleich auch die Gefahr des erzieherischen „Danebengreifens".[7] Berechtigt weist Simon[8] auf die Qualifizierung der Sanktionsentscheidung als Prognoseentscheidung hin, bei welcher der Jugendrichter besonders zu bedenken hat, welche negativen Folgen die ausgewählte Reaktion für den jeweiligen Jugendlichen in seiner konkreten Situation haben kann. Eine wichtige Schulung zugunsten der von § 37 geforderten Qualifikation kann in der Belegung des entsprechenden strafrechtlich geprägten Schwerpunktbereichs (bzw der früheren Wahlfachgruppe „Kriminologie, Jugendstrafrecht, Strafvollzug") gesehen werden, um zumindest eine gewisse Sensibilisierung in Bezug auf die jugendstrafrechtlich involvierte Klientel zu erfahren[9] – wenngleich die bloße Sensibilisierung als solche nicht ausreicht. Das BVerfG[10] fordert dementsprechend die zwingende Berücksichtigung der erzieherischen Befähigung nach § 37 JGG auch im Rahmen der Besetzung von Richterstellen. Ein zentrales verfassungsrechtliches Korrektiv hinsichtlich der erzieherischen Betätigung seitens der Jugendgerichte findet sich schließlich in der Subsidiarität des staatlichen Wächteramtes nach Art. 6 Abs. 2 S. 2 GG.[11]

4   **2. § 37 im Spannungsfeld mit der gerichtlichen Aufklärungspflicht .** Nach Ansicht des Schrifttums[12] sei in geeigneten Fällen im Rahmen der Aufklärungspflicht nach § 244 Abs. 2 StPO ein **Sachverständiger** beizuziehen. Dieser strafprozessual grundsätzlich einleuchtenden Forderung ist jedoch nochmals die zentrale „Botschaft" des § 37 entgegenzuhalten: Eine unzureichende bzw lückenhafte erzieherische Erfahrung bzw Befähigung von Jugendrichtern darf nicht in ein Ausweichen in allgemeine Strafverfahrensprinzipien des Beweisrechts führen, denn andernfalls würde eine zu häufige Anrufung von Sachverständigen in Bezug auf erzieherische Einzelfragen letztlich eine Kapitulation vor dem erzieherischen Auftrag des § 37 iVm § 2 Abs. 1 (vgl § 34 Rn 1) beinhalten. Eine (weitere) Aufklärung iSd § 244 Abs. 2 StPO durch Hinzuziehung eines Sachverständigen darf also erst und nur dann erfolgen, wenn selbst eine gute bis durchschnittliche erzieherische Befähigung bzw Erfahrung eines Jugendrichters im Einzelfall nicht mehr aus-

---

7   So die berechtigte Risikobeschreibung von Brunner/Dölling, § 37 Rn 1.
8   Simon, S. 12.
9   Angesichts des Durchschnittsalters der von Drews (S. 79) befragten Jugendrichter und Jugendstaatsanwälte und der damit verbundenen Frage nach dem Zeitpunkt des Studienabschlusses sind die Befunde von Drews (S. 95, 101) hinsichtlich der oftmals unzureichenden Angebote durch entsprechende universitäre Lehrveranstaltungen als nicht (mehr) valide zu bezeichnen (vgl auch Simon, S. 82 f mit einem etwas niedrigeren Durschnittsalter zwischen 42 und 50 Jahren (Simon, S. 65), dort haben gut 25% der Befragten keine entsprechenden Lehrveranstaltungen besucht). Es kann stattdessen davon ausgegangen werden, dass jene forensisch tätigen Praktiker in den 70er- und 80er-Jahren studiert haben und so lassen sich auch die von Drews eruierten und sehr niedrig anmutenden Zahlen (zwischen 10% und knapp 39% der befragten Jugendrichter) in Bezug auf besuchte bzw belegte Lehrveranstaltungen verständlich(er) erklären. Vor diesem Hintergrund wird auch der von Drews (S. 117) ermittelte Befund, knapp 84% der Richterschaft würden sich unzureichend ausgebildet fühlen, nachvollziehbar.
10 BVerfG v. 28.11.2007, 2 BvR 1431/07, ZJJ 2008, 189.
11 Diesen wichtigen Hinweis gibt Eisenberg, § 37 Rn 3; zur Subsidiarität des staatlichen Wächteramtes und der dadurch bedingten restriktiven Erziehungsbefugnis des Staates siehe Czerner, S. 15 ff, 198 ff.
12 D/S/S-Diemer, § 37 Rn 2; vgl auch Drews, S. 161 sowie Simon, S. 119 f.

reicht. Nach den empirischen Erhebungen von Simon[13] haben die befragten Richter nur in ca. 5,7% der Fälle einen sachverständigen Rat eingeholt.

3. Präzisierung der erzieherischen Erfahrung und Befähigung. Entscheidend für eine **erzieherische Befähigung** ist letztlich weder die Anzahl der eigenen Kinder, noch die Mitwirkung in der Jugendarbeit – diesen Faktoren kann lediglich eine, wenn auch nicht zu unterschätzende Indizfunktion zugunsten erzieherischer Erfahrung und Befähigung abgeleitet werden. Berechtigt warnt Diemer[14] vor einem allzu eifrigen Engagement für die Jugenderziehung, um nicht einer „ideologischen Überhöhung" und letztlich der Entfremdung von den allgemeinen Grundsätzen eines rechtsstaatlichen Ermittlungs- und Strafverfahrens zu unterliegen. Als Grundorientierung mag eine „Formel" von Breymann[15] dienen: „Das Jugendstrafrecht fordert Fachleute; wer im Erziehungsbereich Laie ist, soll auch als guter Strafrechtler nicht Jugendrichter oder Jugendstaatsanwalt sein". In § 37 drückt sich nach Breymann[16] die Erkenntnis aus, dass das Jugendstrafrecht Ausdruck einer besonderen ethisch begründeten Verantwortung für junge Menschen ist, aus der sich Forderungen und Verantwortlichkeiten ergeben, die ohne entsprechende Fachlichkeit nicht einzulösen sind. Auch besteht eine weite Kluft zwischen juristischer und pädagogisch-erzieherischer Handlungslogik, zumal es zwei sehr konträre Denksysteme sind, die verschiedenen Traditionen entspringen und verschiedene gesellschaftliche Aufgaben wahrnehmen.[17] Entscheidend ist auch in diesem Zusammenhang letztlich („nur") die Orientierung an jugendstrafrechtlichen Zielsetzung der Legalbewährung, so dass sich (auch) hieraus einige Restriktionen in Bezug auf Art und Ausmaß erzieherischer Betätigung des Jugendrichters ergeben. Insofern geht es bei der Auswahl von geeigneten Jugendrichterinnen und Jugendrichtern sowie bei dieser spezifischen Form pädagogischer Kommunikationsprozesse um die Einschätzung der richterlichen Selbstkontrolle iS der Fähigkeit und Bereitschaft zur Reflektion über solche Faktoren, die den Entscheidungsprozess mitbeeinflussen[18] (können), soweit eine solche Einschätzung nachvollziehbar getroffen werden kann. Gerade unter erzieherischen Gesichtspunkten müssen sich Jugendrichter stets der Gefahr bewusst sein, dass auch in scheinbar noch so klaren Fällen auch „alles ganz anders" sein könnte, so dass auch ein Misstrauen gegen sich selbst im Sinne einer selbstkritischen Bereitschaft eine neue Evidenz wider die eigene Sicht der Dinge innerlich zuzulassen.[19] Zusammen mit Streng[20] ist das Ziel darin zu sehen, dass der Richter in Kenntnis **jugendkriminologischer Befunde** möglichst wenige „biographische Stolpersteine" für den jugendlichen Delinquenten schafft und nach Möglichkeit Hilfestellungen für ein künftiges Wohlverhalten initiiert, um eine positive Entwicklung zu fördern. Hierzu bieten die in

---

13 Simon, S. 120, befragt wurden im Jahr 2001 insgesamt 70 Richter aus dem Saarland und aus Rheinland-Pfalz.
14 D/S/S-Diemer, § 37 Rn 2 und 3 – zugleich mit der Feststellung, der Jugendrichter habe von einer Betätigung als „Hobbypsychologe", Abstand zu nehmen.
15 Breymann, Jugendakademie – Zu den Grundlagen der Weiterbildung für Jugendrichter und Jugendstaatsanwälte, ZJJ 2005, 185, 188.
16 Breymann, Jugendakademie – Zu den Grundlagen der Weiterbildung für Jugendrichter und Jugendstaatsanwälte (Teil 2), ZJJ 2005, 279, 281 f.
17 Dick, Erwachsenenbildung, Arbeitsforschung, Professionsentwicklung – Ein Ansatz zur Förderung jugendrichterlicher Kompetenz, ZJJ 2005, 290, 292.
18 Eisenberg, § 37 Rn 4; ähnlich auch Breymann, ZJJ 2005, 185, 190.
19 Kerner/Czerner, S. 14 (dort allerdings hinsichtlich der Unschuldsvermutung nach Art. 6 Abs. 2 EMRK formuliert); siehe auch Breymann, ZJJ 2005, 279, 286 in Bezug auf das Risiko einer überhöhten Selbstzufriedenheit von Jugendrichtern.
20 Streng, Jugendstrafrecht, § 6 Nr. 8 Rn 15 S. 57.

§ 34 angelegten Verbindungen zum Familienrecht ideale normative Voraussetzungen, die ihrerseits ein breitgefächertes Reaktionsinventar zugunsten des Jugendrichters eröffnen. Eine Ausdifferenzierung finden diese erzieherischen Zielsetzung in den Richtlinien zum JGG: Nach RL Nr. 3 zu § 37 sollen die Jugendrichter und Jugendstaatsanwälte auf den Gebieten der Pädagogik, der Jugendpsychologie, der Jugendpsychiatrie, der Kriminologie und der Soziologie Kenntnisse haben. Seit der Einführung von § 2 Abs. 1 JGG (hierzu § 34 Rn 1) kann daher eine besondere Beachtung kriminologischer, pädagogischer jugendpsychologischer und anderer fachlicher Kenntnisse gefordert werden.[21] Auch ist die Forderung nach einer verpflichtenden Fortbildung für Jugend- bzw Familienrichter zu diskutieren, wie sie bspw vom Abschlussbericht Familiengerichtliche Maßnahmen bei Gefährdung des Kindeswohls vom 14.7.2009 (S. 23 - 28) und auch auf parlamentarischer Ebene[22] erhoben wurden (dort speziell für Familienrichterinnen und –richter). Ebenso soll neben der Möglichkeit zu Fortbildungen[23] ein häufiger Wechsel der Richter bei den Jugendgerichten und den Jugendstaatsanwälten vermieden werden (RL Nr. 2 zu § 37).

III. Revisibilität

6 Nach Auffassung der Rechtsprechung[24] begründet ein Verstoß gegen die **Ordnungsvorschrift** des § 37 nicht die Revision. Dass es sich bei § 37 lediglich um eine Soll-Bestimmung handelt, resultiert bereits aus deren Wortlaut. Der BGH legte dar, ein Verstoß gegen § 37 könne dann eine Aufklärungsrüge nach § 337 StPO begründen, wenn die Mitglieder des Spruchkörpers nicht die entsprechende vom Gesetz geforderte Qualifikation nach § 37 besitzen, deshalb nicht hinreichend sachkundig seien und (dennoch) auf die Beiziehung eines Sachverständigen verzichtet haben. Dieser Nachweis wird – entgegen der Einschätzung von Drews[25] – dezidiert nicht durch die bloße Zuhilfenahme von Teilnahmebescheinigungen oder anderen Nachweisen, beispielsweise aus der Personalakte des Jugenddezernenten, zu erbringen sein, denn erzieherische Befähigung ist keine persönliche Qualifikation, welche sich bloß durch eine Teilnahme an entsprechenden Kursen und Fortbildung „erlernen" lässt. Vielmehr setzt ein derartiger Nachweis nach berechtigter Ansicht von Diemer[26] mindestens den – in der Praxis jedoch kaum valide zu erbringenden – Beleg voraus, dass die betreffenden Jugendrichter iSv § 37 unerfahren und nicht hinreichend befähigt sind. Ein derartiger Nachweis müsste fast durch eine persönliche Exploration der jeweiligen Richter geführt werden, was unter revisionsrechtlichen Gesichtspunkten kaum gelingen dürf-

---

21 Vgl Eisenberg, § 2 Rn 2 mwN und Hälmken, Der Jugendstaatsanwalt: Anspruch und Wirklichkeit – Sitzungsvertretung durch Rechtsreferendare, ZJJ 2008, 147 f.
22 BT-Drucks. 17/2411, 3.
23 Nach den Darstellungen von Breymann, ZJJ 2005, 219 f, seien die bisherigen Fortbildungsbemühungen nicht in der Lage, den Anspruch von § 37 einzulösen.
24 BGH v. 21.1.1958, 1 StR 602/57, NJW 1958, 639; Schoreit, Erstinstanzliche Zuständigkeit der Bundesanwaltschaft und der Oberlandesgerichte in Strafverfahren gegen Jugendliche und Heranwachsende gem. §§ 120, 142 a GVG, § 102 JGG, NStZ 1997, 69 f; ebenso die Erfolgschancen bei einer allein auf § 338 Nr. 1 StPO gestützten Revision bzgl § 37 negierend: Ostendorf, § 37 Rn 7; Eisenberg, § 37 Rn 15; Döppner, DVJJ-Journal 2003, 5, 7.
25 Drews, S. 172.
26 D/S/S-Diemer, § 37 Rn 4; vgl auch Simon, S. 182; schließlich fragt auch Drews, S. 172, wie und womit eine derartige Verfahrensrüge begründbar sein solle.

te.[27] Allein vor diesem Hintergrund ist der von der DVJJ-Kommission,[28] Schoreit[29] und Drews[30] erhobenen Forderung, die Soll-Norm des § 37 in eine Muss-Vorschrift umzuwandeln, entgegenzutreten.

Ein (allerdings nur selten zu einer Urteilsaufhebung führender) Verstoß gegen § 37 dürfte anzunehmen sein, wenn sämtliche Strafkammern zu Jugendkammern erklärt werden,[31] denn es kann unterstellt werden, dass nicht alle Strafkammern bzw nicht alle dort tätigen Richter in gleichem Maße über die von § 37 geforderte erzieherische Erfahrung und Befähigung verfügen.

§ 38 Jugendgerichtshilfe

(1) Die Jugendgerichtshilfe wird von den Jugendämtern im Zusammenwirken mit den Vereinigungen für Jugendhilfe ausgeübt.

(2) [1]Die Vertreter der Jugendgerichtshilfe bringen die erzieherischen, sozialen und fürsorgerischen Gesichtspunkte im Verfahren vor den Jugendgerichten zur Geltung. [2]Sie unterstützen zu diesem Zweck die beteiligten Behörden durch Erforschung der Persönlichkeit, der Entwicklung und der Umwelt des Beschuldigten und äußern sich zu den Maßnahmen, die zu ergreifen sind. [3]In Haftsachen berichten sie beschleunigt über das Ergebnis ihrer Nachforschungen. [4]In die Hauptverhandlung soll der Vertreter der Jugendgerichtshilfe entsandt werden, der die Nachforschungen angestellt hat. [5]Soweit nicht ein Bewährungshelfer dazu berufen ist, wachen sie darüber, daß der Jugendliche Weisungen und Auflagen nachkommt. [6]Erhebliche Zuwiderhandlungen teilen sie dem Richter mit. [7]Im Fall der Unterstellung nach § 10 Abs. 1 Satz 3 Nr. 5 üben sie die Betreuung und Aufsicht aus, wenn der Richter nicht eine andere Person damit betraut. [8]Während der Bewährungszeit arbeiten sie eng mit dem Bewährungshelfer zusammen. [9]Während des Vollzugs bleiben sie mit dem Jugendlichen in Verbindung und nehmen sich seiner Wiedereingliederung in die Gemeinschaft an.

(3) [1]Im gesamten Verfahren gegen einen Jugendlichen ist die Jugendgerichtshilfe heranzuziehen. [2]Dies soll so früh wie möglich geschehen. [3]Vor der Erteilung von Weisungen (§ 10) sind die Vertreter der Jugendgerichtshilfe stets zu hören; kommt eine Betreuungsweisung in Betracht, sollen sie sich auch dazu äußern, wer als Betreuungshelfer bestellt werden soll.

Richtlinien zu § 38

1. Die Staatsanwaltschaft und das Gericht wirken darauf hin, daß der Bericht, in dem die Jugendgerichtshilfe ihre Erhebungen niederlegt, unter Verzicht auf Ausführungen zur Schuldfrage ein Bild von der Persönlichkeit, der Entwicklung und der Umwelt der beschuldigten Person ergibt. Der Bericht soll angeben, auf welchen Informationen er beruht. Werden im Bericht nicht alle vorliegenden Informationen verarbeitet, so soll dies zum Ausdruck gebracht werden. Es ist anzugeben, ob Leistungen der Jugendhilfe in Betracht kommen (§ 52 Abs. 2 SGB VIII).

---

27 So letztlich überzeugend dargelegt von D/S/S-Diemer, § 37 Rn 4.
28 2. Jugendstrafrechtsreform-Kommission, Abschlussbericht vom 15.8.2002, DVJJ-Journal 2002, 227, 235.
29 Schoreit, NStZ 1997, 69, 71.
30 Drews, S. 171 f, 176 f.
31 Eisenberg, § 37 Rn 14 mit Hinweis auf Schaffstein/Beulke, § 28 III 2, S. 197.

2. Berichte der Jugendgerichtshilfe sind von der Akteneinsicht nach Nr. 185 Abs. 3 und 4 RiStBV grundsätzlich auszuschließen.

Schrifttum:
Fischer, in: Schellhorn/Schellhorn/Fischer/Mann (Hrsg.), SGB VIII, Kinder- und Jugendhilfe, 3. Aufl., 2007; Stähr, in: Hauck/Noftz/Stähr (Hrsg.), Sozialgesetzbuch (SGB) VIII: Kinder- und Jugendhilfe, 2007; Kunkel, in: Kunkel (Hrsg.), Sozialgesetzbuch VIII, Kinder- und Jugendhilfe, Lehr- und Praxiskommentar, 3. Aufl., 2006; Laubenthal, Jugendgerichtshilfe im Strafverfahren, 1993; Münder, Kinder- und Jugendhilferecht, 6. Auflage, Köln 2007; Trenczek, Die Mitwirkung der Jugendhilfe im Strafverfahren, 2003.

I. Anwendungsbereich und Zielsetzung 1	III. Kompetenz, Rechte und Pflichten in der jugendstrafrechtlichen Hauptverhandlung 20
1. Persönlicher Geltungsbereich 1	1. Mitwirkungsrecht der Jugendgerichtshilfe und ihre Durchführung 20
2. Sachlicher Geltungsbereich 2	2. (Ausnahmsweise) Pflicht zur Teilnahme 25
II. Die besondere Stellung der Jugendgerichtshilfe im System jugendstrafrechtlicher Kontrolle 3	3. Sonstige Möglichkeiten zur Durchsetzung der Anwesenheit der Jugendgerichtshilfe in der Hauptverhandlung 28
1. Jugendgerichtshilfe als Bestandteil der Jugendhilfe 3	a) Ladung des Gerichtshelfers als Zeugen ... 28
2. Aufgaben der Jugendhilfe im Jugendstrafrecht 7	b) Aktenbeschlagnahme .. 32
a) Aufgabenvielfalt und Rollenkonflikte 7	c) Einführung des Berichts der Jugendgerichtshilfe 33
b) Hilfe und Betreuung. . 9	4. Sanktionskompetenz: Richterliche Entscheidung oder Steuerungszuständigkeit der Jugendhilfe nach § 36 a Abs. 1 SGB VIII 35
c) Erforschung der Persönlichkeit im Ermittlungsverfahren und Bericht 11	5. Kostenzuständigkeit für jugendstrafrechtlich angeordnete Erziehungsmaßnahmen 39
d) Realisierung des Vorrangs der Erziehung ... 15	IV. Rechtsfolgen bei Mitwirkungsfehlern 40
e) Durchführung und Überwachung jugendstrafrechtlicher Sanktionen 17	
f) Datenschutz 19	

I. Anwendungsbereich und Zielsetzung

1 **1. Persönlicher Geltungsbereich.** Die Vorschrift will das erzieherische Potenzial des Kinder- und Jugendhilfegesetzes (SGB VIII) im dualen System von Jugendstrafrecht und Jugendhilfe mit der in Abs. 1 genannten „Jugendgerichtshilfe" auch im JGG zur Wirkung bringen. Daher gilt die Vorschrift in persönlicher Hinsicht für alle Strafsachen von Jugendlichen vor Jugendgerichten wie auch vor denen für allgemeine Strafsachen (§ 104 Abs. 1 Nr. 2) und von Heranwachsenden gem. § 107 mit besonderem Hinweis auf das Verfahren (§ 109 Abs. 1 S. 2) und mit entsprechender Anwendung auch vor Gerichten für allgemeine Strafsachen (§ 112 S. 1 iVm § 104 Abs. 1 Nr. 2); § 104 Abs. 3 lässt aus Gründen der Staatssicherheit eine Ausnahme zu. Nach § 1 Abs. 2 ist auf das Alter zum Tatzeitpunkt abzustellen.

2. **Sachlicher Geltungsbereich.** Die Jugend(gerichts)hilfe (JGH) ist in jeder Tatsacheninstanz, dh neben der Eingangsinstanz und im vereinfachten Jugendverfahren, zu beteiligen. Allerdings kann in vereinfachten Verfahren nach § 78 Abs. 3 S. 1 ausnahmsweise im Interesse von Vereinfachung und Beschleunigung davon abgesehen werden. Zu benachrichtigen ist die JGH aber auch dann (§ 78 Abs. 3 S. 2). Ebenso gilt der Grundsatz im Ordnungswidrigkeitsverfahren mit der Ausnahmemöglichkeit nach § 46 Abs. 6 OWiG, wenn erzieherische Fragen nicht auftauchen. Entsprechend der Aufgabenstellung, erzieherische und soziale Fakten zur Geltung zu bringen (Abs. 2 S. 1), entfällt die von § 38 vorgesehene Mitwirkung in der Revisionsinstanz mit nur rechtlichen Prüfungen auf der bereits ermittelten Tatsachenbasis.

II. Die besondere Stellung der Jugendgerichtshilfe im System jugendstrafrechtlicher Kontrolle

1. **Jugendgerichtshilfe als Bestandteil der Jugendhilfe.** Nach Abs. 1 ist die Jugendgerichtshilfe nicht eine Institution der Justiz wie die Gerichtshilfe im allgemeinen Strafverfahren (§ 160 Abs. 3 S. 2 StPO iVm Art. 294 S. 1 EGStGB), sondern deren Träger sind die **Jugendämter** im Zusammenwirken mit den Vereinigungen der freien Jugendhilfe (§ 38 Abs. 1 JGG und § 3 Abs. 2 SGB VIII). Die Funktion des Jugendamtes als Träger der Jugendgerichtshilfe wird zudem in § 52 SGB VIII korrespondierend gesetzlich festgelegt. Sachlich zuständig ist nach § 85 Abs. 1 SGB VIII das örtliche Jugendamt, das die **Jugendgerichtshilfe als Pflichtaufgabe** wahrnimmt. Die damit verbundene „**Leistungsverantwortung**" obliegt den Trägern öffentlicher Jugendhilfe. Die Durchführung der Leistung kann aber anlässlich bzw im Rahmen eines Jugendstrafverfahrens nach § 76 Abs. 1 SGB VIII auf anerkannte Träger der freien Jugendhilfe übertragen werden. Den **freien Trägern** kommt nach § 4 Abs. 2 SGB VIII ein „relativer" Vorrang für den Fall zu, dass die Leistungen nicht schon vom öffentlichen Träger vorgehalten oder erbracht werden. Die hier entstehende Problematik betrifft weniger organisatorische Fragen als finanzielle Aspekte, weil die **Finanzierung** nämlich in der Hand der öffentlichen Jugendhilfe bleibt und durch freie Träger keine Mehrkosten verursacht werden dürfen (§§ 5 Abs. 2, 36 SGB VIII). Im Bereich des § 38 spielen freie Träger keine große Rolle, es besteht aber jederzeit die Möglichkeit, sie nach § 76 Abs. 1 SGB VIII insbesondere bei Hilfen zur Erziehung einzubeziehen.[1]

Die „**duale" Lösung des deutschen Jugendrechts**, Strafe und Erziehung straffälliger Jugendlicher einerseits im JGG zu kombinieren, die Durchführung der Erziehung aber einem anderen Ressort – der Jugendhilfe – zu überlassen, bringt erhebliche **Koordinationsprobleme** mit sich. Uneingeschränkt begrüßenswert und seit der Einführung von JWG 1922 bzw JGG 1923 gewollt ist, dass die der Justiz überlegene pädagogische Kompetenz der Jugendhilfe straffälligen Jugendlichen zugutekommen und die soziale Prävention nach Straftaten stärken soll. Im Grundsatz wird das duale System so auch kaum infrage gestellt. Andererseits enthält es schwierige **Kompetenz- und Finanzierungskonflikte**, die die wirkungsvolle (Re-)Sozialisierung von jugendlichen Straftätern behindern können (Rn 35 ff). Hier sind Bemühungen einer Harmonisierung im Interesse der jugendlichen Straftäter angebracht,[2] um das Sachproblem der Kombination von Strafe

---

[1] Zur Einbeziehung Ostendorf, § 38 Rn 4.
[2] Zu entsprechend unterschiedlichen Ansätzen von der einheitlichen Zuordnung zur Justiz bis zur Trennung s. Eisenberg, § 38 Rn 9.

und Erziehung nach Straftaten Jugendlicher mit dem Sachverstand und den Institutionen zweier selbstständiger Disziplinen (Justiz und Sozialpädagogik) im Einzelfall zu lösen.

5 Die **Organisation der Jugendgerichtshilfe** innerhalb des Jugendamtes kann im Rahmen der **kommunalen Selbstverwaltung** unterschiedlich gestaltet werden. In der Praxis finden sich folgende Formen: eigene Abteilung oder Spezialgebiet der Erziehungshilfe bzw eigenständiges Arbeitsgebiet oder -gruppe des Allgemeinen Sozialdienstes.[3] Welche Organisationsform die besten Ergebnisse liefert, ist umstritten. In jedem Fall lassen viele Erkenntnisse vermuten, dass ohne eine auf **straffällige Jugendliche und ihre besonderen Problemlagen** hinsichtlich Prognose und Prävention spezialisierte Einrichtung erhebliche Wirkungseinbußen zu befürchten sind.[4]

6 Aus der Zuordnung der Jugendgerichtshilfe zur Jugendhilfe und ihrer entsprechenden Organisation wird eine besondere, **eigenständige Stellung im Jugendstrafrecht** gefolgert. Die Aufgaben reichen von der ganz selbstständigen Hilfe für die einer Straftat beschuldigten Jugendlichen und Heranwachsenden über die fachkundige Unterstützung des Gerichts bei der Persönlichkeitserforschung zur Rechtsfolgenbestimmung bis zur Einbindung in den Vollzug bestimmter Sanktionen. Entsprechend mehr oder weniger stark ausgeprägt ist die Eigenkompetenz bzw der Bezug zu gerichtlichen Entscheidungen (s. Rn 7, 9 ff, 17 f). Insgesamt wird ihre Rechtsstellung als „Prozessorgan eigener Art" bezeichnet.[5] Diese Definition bietet den wichtigen Hinweis auf die möglichst weitgehende Selbstständigkeit der Jugendgerichtshilfe bei ihrer fachlichen Tätigkeit im Jugendstrafverfahren. Die Feinabstimmung der Kooperation zwischen Justiz und Jugendgerichtshilfe erfolgt bei der folgenden Betrachtung der verschiedenen Aufgaben und der gesetzlichen Vorgaben.

7 **2. Aufgaben der Jugendhilfe im Jugendstrafrecht. a) Aufgabenvielfalt und Rollenkonflikte.** Die im JGG und SGB VIII enthaltenen Aufgaben der Jugendgerichtshilfe gehen in drei unterschiedliche Richtungen mit jeweils anderen Anforderungen und rechtlichen Rahmenbedingungen: (1) **Erziehungs- und Betreuungshilfe**, (2) **Hilfe für die Rechtsfolgenbestimmung** und (3) **partielle Kontrollfunktion bei deren Durchführung**. Eine Gewichtung der Aufgaben ist dem Gesetz nicht zu entnehmen. Diese entsteht allenfalls, wenn unterschiedliche Perspektiven (der Justiz oder Jugendhilfe) eingenommen werden. Bei genauer und differenzierter Betrachtung sind insbesondere die beiden zentralen Aufgaben der Erziehungshilfe und der Hilfe bei der Rechtsfolgenbestimmung von großer Bedeutung. Beide gewähren zugleich eine große **Selbstständigkeit** und **Unabhängigkeit** für die Jugendhilfe, die nur wenige Ansatzpunkte für Rollenkonflikte bietet. Die Kontrollfunktion bei der Durchführung einzelner Rechtsfolgen nach einer Verurteilung ist insgesamt eher von untergeordneter Bedeutung.[6] Insbesondere aus § 52 Abs. 2 S. 1 SGB VIII folgt, dass die **Hilfs- und Betreuungsmaßnahmen des Jugendamts** uneingeschränkt in eigener Regie und Verantwortung erfolgen. Das Ermittlungsverfahren wegen der Straftat eines Jugendlichen ist nur **Anlass**, eventuell notwendige Leistungen zu prüfen. Ein weitergehender oder gar rechtlicher Zusammenhang mit den Jugendstrafverfahren besteht nicht. Die Justiz hat insoweit keine Einflussmöglichkeit auf das Jugendamt. Umgekehrt hat die Justiz aber

---

3 Laubenthal/Baier, Rn 173.
4 S. mit Nachweisen Ostendorf, § 38 Rn 4 a.
5 Brunner/Dölling, § 38 Rn 1; Ostendorf, § 38 Rn 6.
6 Eisenberg, § 38 Rn 15.

erzieherische Interventionen der Jugendhilfe zu berücksichtigen, die deshalb der Staatsanwaltschaft oder dem Gericht gem. § 52 Abs. 2 S. 2 SGB VIII mitzuteilen sind. Sie können nämlich zum Absehen von der Verfolgung nach § 45 Abs. 2 oder zur Einstellung nach § 47 Abs. 1 Nr. 2 führen. In diesem Zusammenhang ist die Justiz gehalten, das Handeln der Jugendhilfe rechtlich zu berücksichtigen.

Der **Rollenkonflikt zwischen Erziehungs- und Ermittlungsauftrag** ist bei einer 8 differenzierten Betrachtung der Zeugenpflicht des Jugendgerichtshelfers auch bei der justizbezogenen konfliktträchtigen Ermittlungshilfe[7] weitgehend zu entschärfen. Die gesetzlich in § 52 Abs. 2 S. 1 SGB VIII geregelte Erziehungshilfe ist deutlich vom Jugendstrafverfahren getrennt. Daher ist dieser Bereich von der Ermittlungsaufgabe zur Persönlichkeit mit dem Ziel einer erzieherisch fundierten Rechtsfolgenbestimmung frei. So entfällt von vornherein jede Pflicht des Jugendgerichtshelfers, aus diesem Verhältnis zu berichten. Zudem ist der Jugendgerichtshelfer als staatlich anerkannter Sozialarbeiter nach § 203 Abs. 1 Nr. 5 StGB grundsätzlich zum Schweigen verpflichtet. Wenn aus dieser Schweigepflicht nach hM auch kein **Zeugnisverweigerungsrecht** vor Gericht folgt (s. Rn 29),[8] so ist damit doch eine deutlich sichtbare Schutzzone vorhanden, die sich im Hinblick auf Art. 2 Abs. 1 iVm Art. 1 Abs. 1 GG im **Einzelfall des Vertrauensverhältnisses** zu einem Zeugnisverweigerungsrecht verdichten kann,[9] in jedem Fall aber vom Gericht im Sinne des Verhältnismäßigkeitsgrundsatzes (**Vertrauensschutz gegen Wahrheitsermittlung**) zu beachten ist. Zu demselben Ergebnis kann man durch eine an der „Funktionsfähigkeit der Jugendhilfe" orientierten Auslegung des § 54 StPO gelangen und dem Jugendamt eine entsprechende Anwendung der Ablehnung einer Aussagegenehmigung für den beamteten Jugendgerichtshelfer einräumen.[10] Eine andere Beurteilung ist nur in dem **Ermittlungsbereich der Jugendgerichtshilfe für die Rechtsfolgenanwendung** vorzunehmen, denn hier müssen ermittelte Tatsachen dem Gericht mitgeteilt werden (Abs. 2 S. 1). Bei der **Überwachungsaufgabe** weist das Gesetz ausdrücklich auf den Verhältnismäßigkeitsgrundsatz hin, wenn nach **Abs. 2 S. 6** nur erhebliche Vorfälle während der Kontrollphase dem Gericht mitgeteilt werden müssen. Daraus folgt auch, dass bei der Ermittlungsaufgabe der Verhältnismäßigkeitsgrundsatz erst recht gilt und die Zeugenpflicht wie dargelegt beschränkt ist.

b) Hilfe und Betreuung. Nach § 52 Abs. 2 S. 1 SGB VIII soll das Jugendamt die 9 Straftat eines Jugendlichen oder Heranwachsenden (bzw nach § 41 Abs. 1 SGB VIII eines Jungerwachsenen bis 27 Jahre) zum Anlass der Prüfung nehmen, ob wegen der damit möglicherweise verbundenen **Lebens- oder Erziehungssituation** die Notwendigkeit für besondere jugendhilferechtliche Hilfen besteht. Das Jugendamt hat an dieser Stelle entscheidende Weichen für die Integration von Straftätern und die Prävention von weiteren Straftaten zu stellen. Dazu gehören je nach individuellem Bedarf **sämtliche Hilfsmöglichkeiten** des SGB VIII, insbesondere die spezifisch kriminalpräventiven der Krisenintervention mit Beratung und ggf Vermittlung an kriminalpräventiv arbeitende kommunale Projekte und die Gewährung von Hilfen zur Erziehung nach §§ 27 ff. SGB VIII, wenn die Voraussetzungen der Erziehungsbeeinträchtigung und -geeignetheit vorliegen.

---

7 Eisenberg, § 38 Rn 30; Laubenthal/Baier Rn 214 ff; Ostendorf, § 38 Rn 10; Streng, § 38 Rn 120.
8 Meyer-Goßner, § 53 StPO Rn 4; Lackner/Kühl, § 203 StGB Rn 24; KMR-Neubeck, mit vielen Nachweisen zu § 53 StPO Rn 5 – 7; KK-StPO-Senge, § 53 StPO Rn 3; aA Foth, Zur Schweigepflicht der freien Sozialdienste im Strafprozeß, JR 1976, 8 f.
9 BVerfG v. 19.7.1972, 2 BvL 7/71, BVerfGE 33, 367 (= NJW 1972, 2214 – 2217).
10 Ostendorf, § 38 Rn 9.

In diesem Bereich arbeitet das Jugendamt nur nach den **Vorgaben des Jugendhilferechts und eigenen fachlichen Standards**, unabhängig von jedem Einfluss der Justiz. Das folgt schon daraus, dass die allgemeinen Leistungen der Jugendhilfe für straffällige Jugendliche, wie sie § 52 Abs. 2 S. 1 SGB VIII anspricht, in § 38 nicht genannt werden. Die Zusammenarbeit nach § 38 Abs. 2 und 3 bezieht sich ausschließlich auf **verfahrensbezogene Tätigkeiten** wie die Erforschung der Persönlichkeit zur Rechtsfolgenbestimmung. Nur in diesem Bereich der Information über die Persönlichkeit und die Sanktionsvoraussetzungen schreibt § 38 eine Zusammenarbeit mit dem Jugendamt vor und räumt der Justiz eine Kompetenz zur Mitsprache im Rahmen ihrer spezifischen jugendstrafrechtlichen Aufgaben ein.

10 Bei den ausdrücklich in § 38 genannten **speziellen jugendstrafrechtlich orientierten Betreuungsaufgaben** besteht selbstverständlich eine Verpflichtung des Jugendamtes zur Mitwirkung. Das sind die Tätigkeit als Betreuungshelfer (Abs. 2 S. 7), die Zusammenarbeit mit dem Bewährungshelfer (Abs. 2 S. 8) und die Betreuung während des Vollzugs (Abs. 2 S. 9). Alle anderen Hilfs- und Betreuungsaufgaben zur Integration und Prävention liegen in der alleinigen Verantwortung des Jugendamtes.

11 c) **Erforschung der Persönlichkeit im Ermittlungsverfahren und Bericht.** Im Jugendstrafverfahren wird die allgemeine **Aufklärungspflicht** zum Tatgeschehen nach § 2 iVm §§ 155, 244 Abs. 2 StPO erweitert und erstreckt sich als Obliegenheit der Justiz nach § 43 **Abs. 1** auch auf die Lebens- und Familienverhältnisse, den Werdegang und das bisherige Verhalten des Beschuldigten. Neben Nachfragen bei den Erziehungsberechtigten, Lehrern und Ausbildern (§ 43 Abs. 1 und 2) sieht das Gesetz nach § 43 Abs. 1 S. 4 iVm Abs. 2 und 3 dazu die „Heranziehung" (Abs. 3 S. 1) bzw „Geltungsverschaffung" der sozialen Fakten (Abs. 2 S. 1) und „Unterstützung" (Abs. 2 S. 2) durch die Jugendgerichtshilfe vor. In diesem engen speziellen Tätigkeitsbereich der Persönlichkeitserforschung zur entsprechend fundierten Rechtsfolgenbestimmung ist die Jugendgerichtshilfe damit auch in den **rechtlichen Rahmen des Jugendstrafrechts** eingebunden. Das entsprechende Verfahrensrecht liegt weitgehend in der Verantwortung der Justiz. Unabhängig davon bleibt die Jugendgerichtshilfe hinsichtlich ihrer **fachlichen** Arbeit bei der Erforschung und der psycho-sozialen Diagnose selbstständig und unabhängig.

12 Die **Grundlagen für die Persönlichkeitsbeurteilung** schafft die Jugendgerichtshilfe selbstständig. In der Regel wird sie vorrangig ein fachlich orientiertes Gespräch führen. Wegen der Einbindung in das Jugendstrafverfahren bei dieser Aufgabe, im Gegensatz zur davon unabhängigen Hilfe und Betreuung (Rn 9 f), ist der Jugendliche über die mögliche Verwertung seiner Angaben im Strafverfahren ebenso zu **belehren** wie über sein Recht, die Auskunft zu verweigern.[11] Die Unterlassung dieser Belehrung kann wie bei § 136 Abs. 2 S. 2 StPO zu einem **Verwertungsverbot** der Erkenntnisse der Jugendgerichtshilfe im Verfahren führen.[12] Im Übrigen wird der Jugendgerichtshelfer möglichst viele „sekundäre Erkenntnisquellen" wichtiger Bezugspersonen und auch Akten heranziehen, in deren Kontext die eigenen Angaben des Jugendlichen zu überprüfen sind.[13] In diesem Zusammenhang geht es vor allem um die **Objektivierung** der Angaben des Beschul-

---

11 Eisenberg, § 38 Rn 43; Laubenthal/Baier, Rn 184 ff.
12 S. allgemein BGH v. 27.2.1992, 5 StR 190/91, BGHSt 38, 214 ff (= NStZ 1992, 294 – 295); speziell zur Jugendgerichtshilfe BGH v. 21.9.2004, 3 StR 185/04, NStZ 05, 219.
13 Näher dazu Laubenthal/Baier, Rn 184 ff.

digten.¹⁴ Weitere **Ermittlungen zum Tatgeschehen** im Sinne einer Aufklärung nach § 2 iVm §§ 155, 244 Abs. 2 StPO gehören **nicht** zur Aufgabe der Jugendgerichtshilfe und können daher auch nicht verlangt werden. Der an die Jugendgerichtshilfe gerichtete Aufklärungsanspruch nach §§ 43 Abs. 1 S. 4 iVm Abs. 2 und 3 zielt nur auf die Persönlichkeitserforschung.

Über das **Ergebnis der Nachforschungen** zur Persönlichkeit ist im Jugendstrafverfahren zu berichten (Abs. 3 S. 3). Dies kann mündlich oder schriftlich erfolgen. Der **Bericht** bezieht sich zunächst in objektiver Darstellung auf die Tatsachen, die für die Rechtsfolgenbestimmung relevant sind, da die am Ende zu treffende Rechtsfolgenentscheidung in der alleinigen Verantwortung der Justiz liegt (s. Rn 36 ff). Nach Abs. 2 S. 2 Hs. 2 ist auf dieser Basis eine Äußerung der Jugendgerichtshilfe zu den zu ergreifenden Maßnahmen im Jugendstrafverfahren vorgesehen. **Diese sachverständige Entscheidungshilfe** sollte eine fachkundige Analyse der erfassten kriminalitätsrelevanten Persönlichkeitsmerkmale und Lebensbereiche darstellen. Die **kriminologische Einzelfallanalyse** orientiert sich am besten an den Erkenntnissen zum Verlauf krimineller Entwicklungen (Entwicklungskriminologie; s. Vor §§ 1 ff Rn 11 ff). Diese Perspektive erlaubt es nämlich, die für die Rechtsfolgen grundlegende Unterscheidung zwischen der **Hinentwicklung** zu intensiven Formen der Kriminalität und der jugendtypischen **Episodenkriminalität** zu treffen. Entsprechend intensive Erörterungen hinsichtlich des **Erziehungsbedarfs der Intensivtäter** können sich daran anschließen, während bei sich häufig spontan bewährenden Episodentätern die Überlegungen zum ahndenden Reaktionsbedarf weniger sozialpädagogische Beratung benötigen. Diese sinnvolle Differenzierung findet sich in **Abs. 3 S. 3,** wenn die Stellungnahme der Jugendgerichtshilfe stets bei den allein auf die Erziehung des Jugendlichen abhebenden **Weisungen** verlangt wird, und implizit dies dann nicht in gleicher Weise für die Zuchtmittel gilt. Zur Feindifferenzierung der Erziehungsbedürfnisse und zum Entgegenwirken bei absehbaren kriminellen Gefährdungen oder Entwicklungen ist es sinnvoll, mit einem Prognoseinstrument zu arbeiten, das **Spielraum für die Einzelfallbeurteilung** ebenso bietet wie **wissenschaftlich abgesicherte Grundlagen.** Als in der Praxis erprobtes Beispiel ist dazu auf die **idealtypisch-vergleichende Einzelfallanalyse (MIVEA)** hinzuweisen, die beide Forderungen gerade für die Rechtsfolgenbestimmung im Jugendstrafrecht erfüllt.¹⁵ Diese rechtsfolgenorientierte kriminologische Einzelfallanalyse wird deshalb hinsichtlich Erhebung und Analyse für die Praxisanwendung in dieser Kommentierung ausführlich erläutert (s. § 5 Rn 30 ff).

Besondere Anforderungen an die Berichte finden sich in **Abs. 2 S. 3** hinsichtlich der **Beschleunigung** in Haftsachen, um **U-Haft** bei Jugendlichen im Rahmen der §§ 71, 72 möglichst einzuschränken. Nach § 72 a ist die Jugendgerichtshilfe umgekehrt unverzüglich von einer U-Haft zu unterrichten und hat das Recht zum Verkehr mit dem Betroffenen wie ein Verteidiger (§ 72 b). Die **Unmittelbarkeit** und Authentizität des Berichts will Abs. 2 S. 4 sicherstellen, indem der die Erhebungen durchführende Jugendgerichtshelfer selbst berichtet.

d) Realisierung des Vorrangs der Erziehung. Selbstständige Jugendhilfe kann bei der **Vermeidung jugendstrafrechtlicher Sanktionen** eine große Rolle spielen. **§ 45 Abs. 2** enthält zwei noch zu wenig beachtete prinzipielle Vorgaben im Verhältnis von Jugendstrafrecht und Jugendhilferecht: Im Rahmen der Verhältnismäßigkeit ist auf Jugendkriminalität **vorrangig mit erzieherischen Maßnahmen**

---

14 Schaffstein/Beulke, S. 228.
15 Rössner, in: Meier/Rössner/Schöch, § 6 Rn 35 ff.

zu reagieren und das erzieherische Potenzial der Gemeinschaft und Jugendhilfe auch bei straffälligen Jugendlichen einzusetzen. Die Sanktionen des JGG kommen nur infrage, wenn die außerjustizielle Intervention gegen die Straftat eines Jugendlichen nicht ausreicht (allgemein dazu s. § 2 Rn 5). Im Rahmen dieser Prinzipien kann der Jugendhilfe bei dem von ihr geforderten möglichst **frühen Einsatz von Hilfsmaßnahmen** nach § 52 Abs. 2 S. 1 SGB VIII die Handlungsmacht über den Erziehungsprozess in vollem Umfang zukommen. Die justizielle Entscheidung hat deren Reaktion nur noch zu werten (Rn 7). Der mögliche **Rückzug des Jugendstrafrechts** durch § 45 Abs. 2 bzw § 47 Abs. 1 Nr. 2 könnte in einem Großteil der jugendstrafrechtlichen Kontrolle zur Einspurigkeit der Jugendhilfe führen. Aus ökonomischen sowie Gründen der Verhältnismäßigkeit sollte dieser große erzieherische Einsatz aber vor allem bei abzusehenden kriminellen **Entwicklungen zur Intensivtäterschaft** herangezogen werden.

16 Bei den **Episodentätern** ist der Hinweis des Gesetzes in § 45 Abs. 2 S. 2 beachtenswert, denn der hervorgehobene **Täter-Opfer-Ausgleich** ist eine tatbezogene Reaktion mit großem punktuellen Erziehungswert. Er eignet sich wie keine andere Reaktion, dem Täter bewusst zu machen, dass er gegen elementare Verhaltensregeln verstoßen und für die Folgen einzustehen hat. Die Verantwortungsübernahme deckt auch die dem Jugendstrafrecht zukommende Funktion der Normverdeutlichung, ohne entsozialisierend und desintegrierend zu wirken. TOA ist der klassische Fall einer integrierenden Sanktion (im Einzelnen s. § 2 Rn 11).

17 e) **Durchführung und Überwachung jugendstrafrechtlicher Sanktionen.** Neben dem unabhängigen Bereich der Hilfe und Betreuung von Jugendlichen anlässlich einer Straftat (Rn 9 f) und der verfahrensbezogenen Informationen zur erzieherisch fundierten Rechtsfolgenbestimmung enthält § 38 die Verpflichtung der Jugendgerichtshilfe für einige spezifische justizbezogene Tätigkeiten beim Vollzug jugendstrafrechtlicher Sanktionen. Nach **Abs. 2 S. 7** ist die vom Gericht angeordnete **Betreuungsweisung** nach § 10 Abs. 1 S. 3 Nr. 5 grundsätzlich von der Jugendgerichtshilfe **auszuführen** und zu kontrollieren. Nach **Abs. 2 S. 5** wird **die Vollstreckung von Auflagen und Weisungen nach §§ 10, 15, 45 Abs. 3 durch sie überwacht**. In diesem Rahmen müssen dem Gericht aber nur **erhebliche Zuwiderhandlungen** gemeldet werden, um einen pädagogischen Spielraum der Jugendgerichtshilfe auch noch bei der Vollstreckung von erzieherischen Maßnahmen zu eröffnen. Im Hinblick auf dieses Ziel ist die „**Erheblichkeit**" einer Zuwiderhandlung auf gravierende Fälle zu beschränken, insbesondere wenn die Jugendgerichtshilfe das Fehlverhalten pädagogisch aufarbeitet und darauf hinwirkt, den Jugendlichen zur Einhaltung der Auflagen und Weisungen zu bringen.

18 Die **Durchführung von Weisungen gem.** § 10, die nicht wie die Betreuungsweisung in § 38 ausdrücklich genannt sind, aber vom Gericht angeordnet wurden und mit den **Aufgaben der Jugendhilfe nach dem SGB VIII** übereinstimmen, wie zB die sozialen Trainingskurse (§ 10 Abs. 1 S. 3 Nr. 6) und die Unterbringung in einer Familie oder einem Heim (§ 10 Abs. 1 S. 3 Nr. 1), sind ein **offener Streitpunkt** der Kompetenzverteilung zwischen Justiz und Jugendhilfe. Während der Gesetzgeber bei der Einführung der neuen ambulanten Maßnahmen beim 1. JGGÄndG recht selbstverständlich davon ausging, dass Reaktionen im JGG bei parallelen Erziehungshilfen im SGB VIII auch ohne besondere Verpflichtung von den Jugendämtern durchgeführt werden,[16] ist diese Aufgabenverteilung heute nicht mehr so eindeutig. Unsicherheiten brachte insbesondere die Übertragung

---

16 BT-Drucks. XI, 5829, 22.

der sog. „Steuerungsverantwortung" für Maßnahmen nach dem SGB VIII auf die Jugendämter (§ 36 a SGB VIII, eingefügt durch das Kinder- und Jugendhilfeweiterentwicklungsgesetz von 2005). Es besteht nun die Gefahr, dass entgegen der erziehungsorientierten Ziele gem. § 2 dem JGG in der Praxis die zentralen Erziehungsmittel der Rechtsfolgen entzogen werden.[17] Zu diesem Kompetenz- und Finanzierungskonflikt und einer Lösung siehe die weiter unten noch folgenden Ausführungen (Rn 35 ff).

f) **Datenschutz.** Mit dem Kinder- und Jugendhilfeweiterentwicklungsgesetz 19 (KICK) von 2005 wurde entgegen dem unbefriedigenden früheren Rechtszustand[18] eine für die Zusammenarbeit von Justiz und Jugendgerichtshilfe erträgliche **spezielle Datenschutzregelung** für die Jugendgerichtshilfe im Strafverfahren geschaffen. In § 62 Abs. 3 Nr. 2 c SGB VIII ist jetzt geregelt, dass Sozialdaten auch ohne Mitwirkung Betroffener erhoben werden dürfen, wenn sie den Aufgaben der Jugendämter nach § 52 SGB VIII dienen. Damit steht fest, dass Erhebungen für die **unmittelbar verfahrensbezogenen Aufgaben der Datenerhebung zur Rechtsfolgenbestimmung** (s.o. Rn 11 ff) und für die **Sanktionsüberwachung** (Rn 17 f) zulässig sind und an die Justiz zur Nutzung übermittelt werden dürfen. Hinsichtlich der Daten, die im **Rahmen der selbstständigen Hilfs- und Betreuungsangebote** aufgrund der Erziehungssituation nur anlässlich der Straftat festgestellt werden (s. Rn 9 f), ist die einschlägige allgemeine **Datenschutzregelung des § 65 SGB VIII** zu beachten, weil es sich um eine verfahrensunabhängige **Leistung zu Jugendhilfezwecken** handelt. § 52 Abs. 2 S. 1 SGB VIII verweist insoweit nur auf die Prüfung solcher Leistungen, bezieht sie jedoch **nicht** in das Strafverfahren ein. Danach ist die Weitergabe der in diesem Erziehungsverhältnis anvertrauten Daten in das Verfahren nur unter den engen **Voraussetzungen der Ausnahmetatbestände von § 65 Abs. 1 Nr. 1-5 SGB VIII** möglich. Relevant werden könnte insoweit nur **Nr. 1**, wenn es um die **Gefährdung des Jugendlichenwohls** geht und der Jugendrichter als Familienrichter gem. § 34 Abs. 2 und 3 oder § 53 tätig wird, und **Nr. 5**, wenn der Jugendgerichtshelfer als Zeuge vernommen werden soll und der gerichtlichen Anordnung zum Zeugnisverweigerungsrecht des Jugendgerichtshelfers die Aussage zur „befugten" iSd § 203 StGB macht (zur Problematik s. Rn 8 mit dem wichtigen Hinweis auf das einschränkende Verhältnismäßigkeitsprinzip für die Anordnung der Zeugenvernehmung).

III. Kompetenz, Rechte und Pflichten in der jugendstrafrechtlichen Hauptverhandlung

1. Mitwirkungsrecht der Jugendgerichtshilfe und ihre Durchführung. Nach 20 Abs. 3 S. 1 und 2 soll die Jugendgerichtshilfe zum frühest möglichen Zeitpunkt über die Einleitung des Verfahrens informiert werden (Abs. 3 S. 2, s. auch §§ 70, 43 Abs. 1 S. 1 und RLJGG Nr. 6 S. 2 zu § 43). Aus dieser prozessualen frühen Heranziehungspflicht durch Staatsanwaltschaft und Gericht folgt nach allgemeiner Meinung ein **Recht auf Teilnahme und Mitwirkung** im gesamten Verfahren. Korrespondierend dazu ist die Mitwirkung des Jugendamts auch in § 52 Abs. 1 SGB VIII festgeschrieben. Konkretisiert wird das Mitwirkungsrecht durch die Heranziehung mit dem Recht auf Anwesenheit in der Hauptverhandlung (§ 50 Abs. 3 S. 1) sowie der Äußerungsrechte (Abs. 2 S. 2 bzgl zu ergreifender Maßnahmen und Abs. 3 S. 3 bzgl der Anhörungspflicht vor Erteilung von Weisungen, § 50 Abs. 3 S. 2 in der Hauptverhandlung. An der Hauptverhandlung soll

---

17 Ostendorf, § 38 Rn 19 a; Streng, § 38 Rn 118.
18 S. dazu Streng, § 38 Rn 119.

derjenige Vertreter der Jugendgerichtshilfe teilnehmen, der auch die Ermittlungen durchgeführt hat (§ 38 Abs. 2 S. 4), um dem Gericht ähnlich wie ein Sachverständiger authentische Auskünfte zur Entwicklung des Jugendlichen zu geben. Sonst würde der schriftliche Bericht ausreichen.

21 Nach § 50 Abs. 3 ist der Hauptverhandlungstermin der Jugendgerichtshilfe rechtzeitig, aber nicht fristgebunden,[19] mitzuteilen. Nach § 50 Abs. 3 S. 2 ist ihr auf Verlangen das Wort zu erteilen. Wie oft und wie lange dies geschieht, unterliegt der Verhandlungsleitung des Vorsitzenden (§ 238 Abs. 1, 2 StPO), die sich an der auf § 43 bezogenen Aufklärungspflicht (§ 243 Abs. 2 StPO) orientiert.[20] Zudem bestehen die genannten ausdrücklichen Anhörungspflichten (Rn 20). Der **Mitwirkungsanspruch** folgt zudem aus dem Jugendhilferecht nach § 52 Abs. 2 SGB VIII. In Parallelität zur frühzeitigen Heranziehung ist dort frühzeitig zu prüfen, ob jugendhilferechtliche Maßnahmen infrage kommen. So soll der grundsätzliche Vorrang der Erziehung straffälliger Jugendlicher im Gesamtsystem jugendrechtlicher Kontrolle gesichert werden, zB hinsichtlich der Verfahrenseinstellung nach § 45 Abs. 2 S. 1 bei vorausgegangenen erzieherischen Bemühungen (§ 2 Rn 3 ff). § 52 Abs. 2 S. 2 SGB VIII hebt diesen Aspekt hervor, indem eine **Mitteilungspflicht** von entsprechend eingeleiteten Maßnahmen an Staatsanwaltschaft und Gericht konstatiert wird. Nur so ist das pädagogische Potenzial des Jugendstrafverfahrens zu nutzen.

22 Aus der Stellung der **Jugendgerichtshilfe als Prozessorgan eigener Art** folgt andererseits, dass sie nur die ihr ausdrücklich zugewiesenen Rechte und Pflichten, nicht aber die allgemeinen der Verfahrensbeteiligten hat. Daher stehen ihr nicht zu: Recht auf Akteneinsicht,[21] Beweisanträge,[22] Fragen[23] und Rechtsmittel.[24] Dennoch sind **Akteninformationen** an die Jugendgerichtshilfe von den Strafverfolgungsbehörden insoweit zulässig als sie zur Erfüllung ihrer Aufgaben, insbesondere der Berichterstellung, notwendig sind.[25]

23 Die Jugendgerichtshilfe kann aber **Anregungen** geben[26] und sollte sozialpädagogische Aspekte in diesem Rahmen durchaus offensiv vertreten.[27] Im Einzelfall können ihr konkrete Fragen gegenüber dem Angeklagten oder anderen Beteiligten erlaubt werden.[28] Bei den Ermittlungen hat die Jugendgerichtshilfe den Angeklagten selbstverständlich auf das ihm zustehende Aussageverweigerungsrecht hinzuweisen.[29] Zudem kann sie nach § 51 beantragen, den Jugendlichen und seinen gesetzlichen Vertreter vorübergehend von der Hauptverhandlung auszuschließen,[30] wenn sonst Nachteile für die Erziehung zu befürchten sind.

---

19 Laubenthal/Baier, Rn 200.
20 Brunner/Dölling, § 50 Rn 13.
21 Ostendorf, § 38 Rn 24; Brunner/Dölling, § 38 Rn 7 (aber unter Umständen nach § 478 Abs. 2, 3 StPO); Eisenberg, § 38 Rn 27.
22 Ostendorf, § 38 Rn 24, § 50 Rn 14; Brunner/Dölling, § 38 Rn 7; Eisenberg, § 38 Rn 28.
23 Ostendorf, § 38 Rn 24, § 50 Rn 14; Brunner/Dölling, § 38 Rn 7; Eisenberg, § 38 Rn 28.
24 OLG Frankfurt v. 21.2.1995, 3 Ws 109/95, NStZ-RR 1996, 251; Ostendorf, § 38 Rn 24; Brunner/Dölling, § 38 Rn 7; D/S/S-Schoreit, § 55 Rn 11; Potrykus, § 38 Bem. 6.
25 Ostendorf, § 38 Rn 24; Brunner/Dölling, § 38 Rn 7.
26 Brunner/Dölling, § 38 Rn 7; Eisenberg, § 38 Rn 28.
27 Trenczek, S. 25.
28 Brunner/Dölling, § 38 Rn 7.
29 Ostendorf, § 38 Rn 9 a m.w.N.
30 D/S/S-Sonnen, § 38 Rn 15.

Trotz der gesetzlich vorgegebenen Mitwirkungserfordernisse der Jugendgerichtshilfe im Hauptverfahren nach Abs. 3 S. 1 und 2 bzw § 52 Abs. 1 SGB VIII werden diese in der **Praxis** sehr **unterschiedlich** erfüllt. Frühere Untersuchungen kommen auf eine Mitwirkungsquote von 50-80 %.[31] Eine jüngere Untersuchung zu Ende der 1990er Jahre kommt zu dem Ergebnis, dass rd. ⅓ der spezialisierten und die Hälfte der teilspezialisierten Jugendamtsmitarbeiter bei ihren Fällen gelegentlich nicht zur gerichtlichen Hauptverhandlung geht. Beim Allgemeinen Sozialdienst bleiben danach sogar 20 % fern. Gründe liegen entweder im organisatorischen Bereich, wie Terminüberschneidung, Zeitmangel ua, oder in der geringen Bedeutung des Verfahrens.[32] Die **nicht zufriedenstellende tatsächliche Situation** führt zu den wichtigen Fragen, wie zum einen eine möglichst breite Mitwirkung und zum anderen eine Teilnahme besonders in Verfahren zu erreichen ist, wo sie vom Gericht als Voraussetzung einer sachlich angemessenen Entscheidung für notwendig gehalten wird. Zu klären ist also, ob generell oder in bestimmten Konstellationen aus dem Mitwirkungsrecht eine Mitwirkungspflicht wird. 24

2. (Ausnahmsweise) Pflicht zur Teilnahme. Die in Abs. 3 JGG und in § 52 Abs. 1 SGB VIII übereinstimmende Regelung gibt für beide Rechtsbereiche vor, dass die Jugendgerichtshilfe zur Mitwirkung im Jugendstrafverfahren „heranzuziehen" ist. Nach § 50 Abs. 3 ist damit v.a. die im Strafverfahren zentrale Hauptverhandlung gemeint. Bei der Auslegung des Wortlauts „ist die Jugendgerichtshilfe heranzuziehen" ist zunächst festzustellen, dass in dem Kontext der Doppelregelung im JGG und im SGB VIII die Anwesenheit in der Hauptverhandlung nicht erst nach Aufforderung durch das Gericht in bestimmten Fällen erfolgt, sondern beide – Justiz und Jugendamt – von Gesetzes wegen tätig werden.[33] Dh neben dem damit der JGH selbstverständlich eingeräumten Recht zur Teilnahme an jeder Hauptverhandlung folgt daraus zugleich eine gesetzliche **Leitlinie zur Realisierung der Anwesenheit.** Diese im Normalfall verpflichtende Vorgabe enthält auf der einen Seite **Lockerungen,** wenn es nicht um einen pädagogischen Sachverhalt oder nur eine Bagatelle geht,[34] und verdichtet sich auf der anderen Seite zur **Anwesenheitspflicht,** wenn die allgemeine Leitlinie durch zwingenden prozessrechtlichen Notwendigkeiten konkretisiert wird. Die Leitlinie eröffnet so einen unterschiedlich großen, am Ende auf Null reduzierten Spielraum für **beschränkte Ermessensentscheidungen.** Ein freies Ermessen der JGH zur Teilnahme ist durch die klare gesetzliche Leitlinie ausgeschlossen.[35] 25

Eine Pflicht zur Mitwirkung liegt danach vor, wenn die Anwesenheit der Jugendgerichtshilfe aus rechtlichen Gründen zwingend geboten ist. Dies betrifft vor allem den Fall der **Durchführung eines ordnungsgemäßen Jugendstrafverfahrens,** das der Disposition der Beteiligten entzogen ist: Der Verstoß gegen Abs. 3 S. 1 JGG und § 52 Abs. 1 SGB VIII begründet nämlich in solchen Fällen wegen einer möglichen Entscheidungsbeeinflussung durch fehlende sozialpädagogische 26

---

31 Heinz/Hügel, Erzieherische Maßnahmen im deutschen Jugendstrafrecht, informelle und formelle Erledigungsmöglichkeiten aus empirischer Sicht, 1987, S. 48 f; Momberg, MschKrim 1982, 70 f.
32 Trenczek, S. 146 f.
33 Ostendorf, § 38 Rn 8.
34 OLG Saarbrücken v. 6.5.1999, Ss 24–99 40–99, NStZ-RR 1999, 284 f; Brunner/Dölling, § 38 Rn 8.
35 Andere Ansicht mit dem Hinweis auf ein so nicht nachvollziehbares Freiwilligkeitsprinzip D/S/S-Sonnen, § 38 Rn 25.

Aspekte des § 43 die Revision und führt so zur Aufhebung des Urteils.[36] Da die Jugendgerichtshilfe über § 52 Abs. 1 SGB VIII in die gesetzliche Heranziehungsregelung eingebunden ist, vor allem indem sie gesetzlich und nicht erst auf Anforderung durch das Gericht zur Mitwirkung angehalten ist,[37] muss sie der gesetzlichen Vorgabe zumindest dann nachkommen, wenn diese im Rahmen des Gerichtsverfahrens zur Vermeidung von Rechtsverstößen iSd § 337 StPO unabdingbar ist. Die Einhaltung allgemeinverbindlicher Rechtsregeln in einem Gerichtsverfahren ist nicht nur eine justizinterne Frage, sondern ein **Anliegen jeglicher staatlicher Tätigkeit**.[38] Die Beurteilung, in welchen konkreten Verfahren aus den genannten prozessualen Gründen die Anwesenheit und Mitwirkung der Jugendgerichtshilfe unabdingbar ist, obliegt dem **Gericht im Rahmen der Aufklärungspflicht nach § 244 Abs. 2 StPO**. Die Notwendigkeit der Anwesenheit in der Hauptverhandlung im Blick auf die Aufklärungspflicht beruht darauf, dass die Verwertung des Berichts nach einer Hauptverhandlung grundsätzlich erfolgen darf, wenn er **mündlich** erstattet wurde.[39] Das **Gericht** muss zur ausnahmsweisen Auslösung der Anwesenheitspflicht das Jugendamt über die **Unverzichtbarkeit der Mitwirkung** informieren.[40] Diese materiell begründete Anwesenheitspflicht des Jugendamts besteht unabhängig davon, ob das Erscheinen mit prozessualen Mitteln zu erzwingen ist. Von einer staatlichen Behörde ist rechtstreues Verhalten stets zu erwarten (zu Fragen der Zwangsmittel s.u. Rn 27 ff). Die Gesamtrechtsordnung insbesondere im Bereich der unabhängigen Rechtsprechung darf nicht durch Ressortpolitik konterkariert werden. Eine Mitwirkungspflicht der Jugendgerichtshilfe ergibt sich in einem weiteren **Ausnahmefall aus Gründen des individuellen Rechtsschutzes** nach § 52 Abs. 3 SGB VIII. Danach ist ein entsprechend verunsicherter, ängstlicher oder besonders hilfloser Jugendlicher zur Hauptverhandlung zu begleiten, wenn er es wünscht.[41] Die gesetzliche Leitlinienregelung zur Anwesenheit mit der Skala unterschiedlicher Verbindlichkeit ist „unvollkommen" hinsichtlich des zuvor dargelegten verpflichtenden Teils. Das Gesetz sieht – wohl im Hinblick auf die selbstverständliche staatliche Mitwirkungspflicht des Jugendamts in zwingenden Fallen – von irgendwelchen Zwangsmitteln ab.

27 Die **Auferlegung** der durch die Säumnis entstandenen **Verfahrenskosten** entsprechend der §§ 51, 77, 145 Abs. 4, 467 Abs. 2 StPO, 56 GVG ist mangels klarer Regeln nicht durchsetzbar.[42] Eine Analogie zu den Vorschriften, die für Zeugen und Sachverständige gelten, verbietet sich aufgrund der **fehlenden Vergleichbar-**

---

36 BGH v. 17.2.1982, 3 StR 484/81, NStZ 1982, 257; BGH, StV 1982, 336 f; OLG Saarbrücken v. 6.5.1999, Ss 24–99 40–99, NStZ-RR 1999, 284 f; Brunner/Dölling, § 38 Rn 8; Eisenberg, § 38 Rn 52; Ostendorf, § 38 Rn 25.
37 So zutreffend Ostendorf, § 38 Rn 7.
38 Dieser Grundsatz wird durch Verwaltungsrichtlinien – hier RL JGG Nr. 8 S. 3 zu § 43 – weder in der einen noch anderen Richtung berührt; aA Trenczek, S. 26; nicht gesehen werden die Zusammenhänge von Eisenberg, Kostenpflicht für nicht erschienene Jugendgerichtshilfe, NStZ 1985, 42 – nur justizintern.
39 OLG Hamm v. 24.6.2004, 1 Ss 217/04, ZJJ 2004, 298; Brunner/Dölling, § 38 Rn 13, Eisenberg, § 38 Rn 48.
40 Laubenthal/Baier Rn 206; Ostendorf, § 38 Rn 7, HK-GS/Hartmann, § 160 StPO Rn 25.
41 Laubenthal/Baier, Rn 205; Trenczek, S. 26.
42 So auch OLG Karlsruhe v. 30.9.1991, 3 Ws 56/91, NStZ 1992, 251; Brunner/Dölling, § 50 Rn 12; Ostendorf, § 38, § 50 Rn 13; Eisenberg, § 50 Rn 26; aA: OLG Köln v. 24.6.1986, Ss 236/86, NStZ 1986, 569, 570; Schaffstein/Beulke, S. 226 f.

keit,⁴³ da die Jugendgerichtshilfe u.a. keine notwendige Prozessbeteiligte⁴⁴ darstellt sowie aufgrund der bewusst in Kauf genommenen Regelungslücke.⁴⁵ Zudem wäre der Effekt fraglich, da eine durchgesetzte bloße Anwesenheit während der Hauptverhandlung bei den gefragten pädagogischen Hilfen nicht weiterführt.⁴⁶

3. Sonstige Möglichkeiten zur Durchsetzung der Anwesenheit der Jugendgerichtshilfe in der Hauptverhandlung. a) Ladung des Gerichtshelfers als Zeugen. Die Jugendgerichtshilfe wird in der Hauptverhandlung in erster Linie als **Prozessorgan eigener Art** (Rn 6) tätig und genießt in dieser Funktion eine gewisse Unabhängigkeit von allen anderen Prozessbeteiligten. Als Institution ist sie damit nicht in der Beweismittelsituation des Zeugen. Das schließt jedoch nicht aus, dass im Interesse der Wahrheitsermittlung der **einzelne Vertreter in die Rolle des Zeugen** gelangen kann wie andere Prozessbeteiligte auch.⁴⁷ Freilich darf die Zeugenvernehmung nur als **letztes Mittel der Aufklärung** erfolgen, da die Stellung als Prozessorgan eigener Art⁴⁸ zu beachten und Rollenkonflikte sowie Beeinträchtigungen der Betreuungsfunktion zu vermeiden sind.⁴⁹ 28

Aufgrund der Aufklärungs- und Betreuungsaufgabe der Jugendgerichtshilfe und der mit letzterer verbundenen Vertrauensstellung für den Jugendlichen stellt sich die Frage nach einem Zeugnisverweigerungsrecht entsprechend den in § 53 Abs. 1 Nr. 3 StPO enthaltenen beruflichen Aufgaben. Eine unmittelbare oder analoge Anwendung, zB auf die Sozialarbeit, scheidet aus, da es sich im Interesse der Wahrheitsermittlung um enge Ausnahmen handelt, die der Gesetzgeber bewusst enumerativ abschließend aufgeführt hat.⁵⁰ Enge Ausnahmen sind nur **unmittelbar aus Art. 1 Abs. 1, 2 Abs. 1 GG** herzuleiten, wenn bei genauer Abwägung des Einzelfalles, zB bei der Verfolgung einer Bagatelle, Geheimnisse aus der Intimsphäre offenbart werden müssten (s. auch o. Rn 8).⁵¹ 29

Eine Verhinderung der Aussage lässt sich durch die **Versagung der Aussagegenehmigung** bei Angestellten des Jugendamts – nicht der freien Träger – nach § 54 StPO iVm § 39 Abs. 2, 3 BRRG und § 62 BBG⁵² erreichen. Die Genehmigung ist aber der Normalfall, da ansonsten das Fehlen eines Zeugnisverweigerungs- 30

---

43 Laubenthal/Baier, S. 83 Rn 212; aA insoweit OLG Karlsruhe v. 30.9.1991, 3 Ws 56/91, NStZ 1992, 251, 252.
44 Laubenthal/Baier, S. 83 Rn 212; Albrecht, Keine Auferlegung der Kosten auf die nicht erschienene Jugendgerichtshilfe, StV 1985, 159, 160; aA: Ostendorf, § 38 Rn 7; ders., Jugendhilfe und Justiz – Organisationsbedingungen einer Gesamtverantwortung, ZJJ 2006, 155, 159.
45 OLG Karlsruhe v. 30.9.1991, 3 Ws 56/91 NStZ 1992, 251, 252; Eisenberg, Anm. zu LG Frankfurt v. 15.5.1984, 5/3 Qs 15/84, NStZ 85, 43.
46 Rosenthal, Anm. zu LG Frankfurt a.M. v. 15.5.1984, 5/3 Qs 15/84, ZfJ 1984, 435, 436.
47 Eisenberg, § 50 Rn 32 a; D/S/S-Schoreit, § 38 Rn 26; Brunner/Dölling, § 38 Rn 13 ff; Schaffstein/Beulke, S. 227.
48 Eisenberg, § 50 Rn 32 a.
49 Eisenberg, § 38 Rn 30.
50 HK-GS/Trüg, § 53 StPO Rn 4.
51 BVerfG v. 19.7.1972, 2 BvL 7/71, NJW 1972, 2214; Eisenberg, § 38 Rn 30.
52 D/S/S-Sonnen, § 38 Rn 26; Eisenberg, Beschlagnahme von Akten der Jugendgerichtshilfe durch das Jugendgericht, NStZ 1986, 308, 309; vgl für freie Träger der Jugendhilfe: Kunkel, Hat der Jugendgerichtshelfer ein Zeugnisverweigerungsrecht im Strafprozess?, ZJJ 2004, 425, 427.

rechts umgangen würde.[53] Die Versagung einer Aussagegenehmigung wird sich so ebenfalls auf wenige besonders gelagerte Ausnahmefälle beschränken.[54]

31 Auf den allgemeinen **Sozialdatenschutz** gegründete Herleitungen eines **Zeugnisverweigerungsrechts** aus § 35 Abs. 3 SGB I[55] oder §§ 69, 73 SGB X[56] sind mit der speziellen Regelung der Materie in §§ 38, 43 nicht in Einklang zu bringen. Die materielle Befugnis dieser Rechtsgrundlage zur Erhebung und Weitergabe von Daten bei Aufgaben der Jugendgerichtshilfe wird auch durch die Datenschutzregelung der §§ 61 ff SGB VIII nicht berührt. Diese Vorschriften regeln nur die datenschutzrechtliche Abwicklung (Rn 19). [57]

32 b) **Aktenbeschlagnahme.** Eine bestehende Aufklärungspflicht für das Gericht (§ 244 Abs. 2 StPO) könnte auch dadurch geklärt werden, dass es die notwendigen Informationen mit einer **Beschlagnahme der Akten nach § 94 Abs. 2 StPO** erreicht werden. Grundsätzlich können auch behördliche Akten bei Nichtherausgabe beschlagnahmt werden.[58] Eine Sperrerklärung aus Staatswohlgründen nach § 96 StPO liegt sachlich fern. Der Sozialdatenschutz steht der Beschlagnahme insoweit nicht entgegen als in den Akten Daten zur Aufgabenerfüllung der Jugendgerichtshilfe iSd § 69 Abs. 1 Nr. 1 SGB X enthalten sind. Zu beachten ist jedoch die **jugendhilfespezifische datenschutzrechtliche Einschränkung** durch § 65 Abs. 1 Nr. 1-3 SGB VIII, die sich auf anvertraute Daten zum spezifischen Zweck persönlicher und erzieherischer Hilfe bei Gefährdung des Wohls des Jugendlichen bezieht (Rn 19).[59]

33 c) **Einführung des Berichts der Jugendgerichtshilfe.** Der einfachen Verlesung des meist schriftlich abgefassten Jugendgerichtshilfeberichts mit den erzieherischen, sozialen und fürsorgerischen (Abs. 2 S. 1) Gesichtspunkten steht bei Abwesenheit des Amtsvertreters das **Mündlichkeitsprinzip** der Hauptverhandlung (§ 250 StPO) entgegen. Die **Durchbrechung des Unmittelbarkeitsprinzips** in Abwägung des Beweiswerts unmittelbarer Erkenntnisse mit dem von schriftlichen Äußerungen ist in den Fallgruppen des § 251 StPO möglich. Für den Bericht der Jugendgerichtshilfe sind dabei folgende Verbesserungsmöglichkeiten einschlägig: (1) Immer ist die Verlesung wie auch sonst gem. § 251 Abs. 2 StPO im Falle eines **unüberwindlichen Hindernisses** zulässig.[60] (2) Nach **§ 251 Abs. 1 Nr. 1 und 2 StPO** sind **schriftliche Erklärungen** im Einverständnis von Angeklagten, Verteidiger und Staatsanwalt zu verlesen, wenn sie von Zeugen, Sachverständigen oder Mitbeschuldigten stammen und wenn der Angeklagte durch einen Verteidiger vertreten ist. Obwohl der Vertreter der Jugendgerichtshilfe als möglicher Urheber einer schriftlichen Erklärung nicht aufgeführt ist, ergibt sich aus seiner oben dargelegten ersatzweisen Zeugenstellung (Rn 28), dass er unter diese Regelung fällt. Dh der Jugendhilfebericht darf bei Abwesenheit des mit den Nachforschungen beauftragten Vertreters des Jugendamts (Abs. 2 S. 4) verlesen werden,

---

53 Laubenthal, S. 132; Eisenberg, NStZ 1986, 308, 309; aA: Kunkel, ZJJ 2004, 425, 426 f; D/S/S-Sonnen, § 38 Rn 13.
54 Eisenberg, § 38 Rn 30; Laubenthal, S. 132; Brunner/Dölling, § 38 Rn 14.
55 Kunkel, ZJJ 2004, 425, 426 f; D/S/S-Sonnen, § 38 Rn 15.
56 D/S/S-Sonnen, § 38 Rn 13; Kunkel, ZJJ 2004, 425, 426 f.
57 So überzeugend Ostendorf, § 43 Rn 5 – 5 e mit eingehender Begründung; Laubenthal/Baier, Rn 192; aA Eisenberg, § 38 Rn 43 a.
58 BGH v. 18.3.1992, I BGs 90/92, BGHSt 38, 237.
59 OLG Köln v. 24.6.1986, Ss 236/86, NStZ 1986, 569; LG Trier v. 19.1.2000, 2 a Qs 2/00, NStZ-RR 2000, 248; Brunner/Dölling, § 38 Rn 19 b; Laubenthal/Baier, Rn 192 f; aA D/S/S-Sonnen, § 38 Rn 12.
60 Brunner/Dölling, § 38 Rn 13; HK-GS/Hartmann, § 160 StPO Rn 22.

wenn der Jugendliche einen Verteidiger hat und dieser sowie der Angeklagte selbst damit einverstanden sind (§ 251 Abs. 1 Nr. 1 StPO). (3) Mit § 251 Abs. 1 Nr. 2 StPO sind die Fälle zu lösen, bei denen eine unmittelbare Anwesenheit eines Vertreters des Jugendamts – zur Not als Zeuge – nicht zu erreichen ist, weil das Jugendamt aus welchen Gründen auch immer eine Mitwirkung in der Hauptverhandlung ablehnt, aber einen Bericht vorgelegt hat. Dies ist ein Fall der **rechtlichen Unerreichbarkeit**, da das Gericht keine Kompetenz hat, die unmittelbare Anwesenheit zu erzwingen.[61] (4) Die Verlesung des Jugendhilfeberichts nach § 251 Abs. 3 StPO im **Freibeweisverfahren** ist zulässig,[62] wenn es in der Hauptverhandlung um Fragen einer **Einstellung** nach §§ 47, 45 vor allem auch im Hinblick auf andere jugendhilferechtliche Maßnahmen oder prozessuale Aspekte geht. Wie § 251 Abs. 3 StPO zu entnehmen ist, ist nur die Verlesung zu Tatsachen- und Rechtsfolgenfragen ausgeschlossen. Bei der Schuldfeststellung und der Festsetzung von formellen Rechtsfolgen im Urteil darf der Bericht jedoch **nicht verwertet werden**. Eine formell **zulässige Einführung des Berichts in die Hauptverhandlung** ist in der Weise möglich, dass das Gericht den Tatsachenteil des Berichts der Befragung des Angeklagten zugrunde legt und dessen unmittelbares Bekunden verwertet.[63] Keine Befugnis zum Verlesen ergibt sich aus § 256 StPO, da die JGH selbst Prozessorgan ist.[64]

Die Zulässigkeit der Verlesung des schriftlichen Berichts der Jugendgerichtshilfe beinhaltet aber nur die rechtmäßige Gewinnung der Erkenntnisgrundlage. Bei der **Bewertung** geht es entscheidend um den Umfang der Aufklärung hinsichtlich der Tatsachen für die Rechtsfolgenentscheidung gem. § 244 Abs. 2 StPO. Bei Anhaltspunkten dafür, dass mehr Aufklärung bei persönlicher Anwesenheit des beauftragten Jugendgerichtshelfers nötig und möglich gewesen wäre, kann diese verletzt sein.[65] 34

4. Sanktionskompetenz: Richterliche Entscheidung oder Steuerungszuständigkeit der Jugendhilfe nach § 36 a Abs. 1 SGB VIII. Die Frage nach der Sanktionskompetenz der Jugendgerichte ist aktuell stark umstritten. Die Einführung des § 36 a Abs. 1 S. 1 Hs. 2 SGB VIII hat die Diskussion unter dem Stichwort der Steuerungskompetenz der Träger öffentlicher Jugendhilfe erneut angefacht. Die in § 36 a Abs. 1 SGB VIII enthaltene **Verknüpfung der jugendrichterlichen Entscheidung mit dem fiskalischen Interesse der Jugendhilfe** mit Angebot für jugendstrafrechtliche Sanktionen mit Überschneidungen zu Jugendhilfemaßnahmen, wie sie insbesondere die erzieherisch orientierten Weisungen nach § 10 enthalten, ist bei Betrachtung der rechtsstaatlichen Grundlagen nicht nachvollziehbar und bringt erhebliche Probleme mit sich. Die Mitentscheidungskompetenz des Trägers der öffentlichen Jugendhilfe über die vom Jugendrichter im Rahmen der Vorgaben des jugendstrafrechtlichen Sanktionensystems für richtig gehaltenen Erziehungsmaßregeln ist bei Licht besehen ein elementarer **Eingriff in die richterliche Unabhängigkeit nach Art. 97 Abs. 1 GG**. Es ist nicht widerspruchsfrei zu begründen, dass die jugendrichterliche Entscheidung an das fiskalische Erwägen des Trägers öffentlicher Jugendhilfe gebunden wird (und nicht etwa an dessen pädagogische Kompetenz). Man stelle sich einmal vor, die Entscheidung des Jugendrichters über die Verhängung einer Jugendstrafe werde davon abhängig ge- 35

---

61 HK-GS/Schork, § 251 StPO Rn 5.
62 Laubenthal, S. 118.
63 Brunner/Dölling, § 38 Rn 13; Ostendorf, § 38 Rn 9; Schaffstein/Beulke, S. 229.
64 Ostendorf, § 38 Rn 8; aA Eisenberg, Anm. zu BGH vom 6.6.1984, 2 StR 185/84, NStZ 1985, 84 f.
65 BGH v. 6.6.1984, 2 StR 185/84, NStZ 1984, 467.

macht, dass die Vollzugsbehörde den Haftplatz finanziert. In der vergleichbaren Entscheidungssituation über die bestmögliche Förderung eines straffälligen Jugendlichen wird der Erziehungsanspruch des JGG und der für seine Anwendung verantwortlichen Staatsanwälte und Richter aber fiskalisch eingeschränkt. Neben den (verfassungs-)rechtlichen Bedenken zeigt sich darin eine nicht hinnehmbare **Geringschätzung** nicht nur der Unabhängigkeit der Rechtsprechung, sondern auch der straffällig gewordenen Jugendlichen. Die Regelung sollte daher unverzüglich vom Gesetzgeber überdacht werden. Entweder man findet eine Regelung, die die erzieherisch orientierten Entscheidungen der Jugendrichter zumindest nicht fiskalisch einschränkt oder man belässt im JGG nur mehr die Grundentscheidung über die jugendstrafrechtliche Verantwortung für eine begangene Straftat und überweist den Sanktionsprozess zur konkreten Auswahl und Durchführung der Maßnahmen bei Weisungen ganz in das Jugendhilferecht – ähnlich wie in dem berühmt gewordenen Massachusetts Programm in den 1970er-Jahren.[66] In der jetzigen Form bestehen erhebliche Anzeichen für die **Verfassungswidrigkeit** der Regelung.[67] Das Bundesverfassungsgericht hat eine durch das AG Eilenburg beschlossene Vorlage in der Sache leider nicht entschieden, sondern diese als unzulässig abgewiesen.[68]

36 Die Argumente für die in die gerichtliche Entscheidung eingreifende Steuerungskompetenz des Jugendamtes können die grundlegenden verfassungsrechtlichen Bedenken nicht entkräften Die nicht überzeugende, vor allem Interessen geleitete Argumentation lässt ganz außer Acht, dass **Verfassungsrechte und –grundsätze ihre Funktion in der sozialen Wirklichkeit** erfüllen müssen. Die Frage der optimalen Realisierung durch entsprechende Organisation und Verfahrensregelungen wird daher in der aktuellen verfassungsrechtlichen Diskussion zu Recht betont.[69] Nach geltendem Recht ist danach selbstverständlich davon auszugehen, dass im Rahmen der grundgesetzlichen Vorgaben zur Gewaltenteilung **dem Jugendrichter die Befugnis zukommt**, im Urteil die im JGG vorgesehenen und dem Richterspruch vorbehaltenen Sanktionen für jugendliches strafbares Verhalten festzusetzen. Handelt es sich um eine Jugendstrafe oder Jugendarrest, ist die Justiz sowieso für Vollstreckung und Vollzug zuständig. Im Bereich der neuen ambulanten Maßnahmen jedoch fehlt diese „Durchführungsinstanz" der Justiz bis auf die Betreuungsweisung (Abs. 2 S. 7).[70]

37 Bei der Frage des grundsätzlichen Verhältnisses von Justiz und Jugendhilfe bei der Realisierung des erzieherisch ausgerichteten Reaktionsteils im JGG sind vorerst jedenfalls die Verfassungsgrundsätze der richterlichen Unabhängigkeit (Art. Art. 97 Abs. 1 GG) und der vorrangige Anspruch des verurteilten Jugendli-

---

66 Coates/Miller/Ohlin, Diversity in a Youth Correctional System, 1978.
67 Ausführlich zu der Problematik: Bareis, Verstößt § 36 a Abs. 1 SGB VIII gegen die richterliche Unabhängigkeit?, ZJJ 2006, 11 ff; Goerdeler, The never ending story: das Verhältnis von Jugendhilfe und Justiz im Jugendstrafrecht, Einige Anmerkungen zur „Steuerverantwortung des öffentlichen Jugendhilfeträger", ZJJ 2006, 4, 7 ff.
68 BVerfG v. 11.1.2007, 2 BvL 7/06, ZJJ 2007, 213 ff.
69 Hesse, in: Benda/Maichofer/Vogel (Hrsg.), Hb des Verfassungsrechts, Bd 1, 2. Aufl. 1994, § 5 Rn 42 ff.
70 In unserem Marburger Kriminalwissenschaftlichen Institut arbeitet die Wiss. Mitarbeiterin Katharina Königschulte an einer differenzierten Untersuchung der rechtlichen Hintergründe und Problemstellungen des Sanktionskompetenzkonflikts zwischen Justiz und Jugendhilfe und ihrer entsprechenden Lösung. In diesem Rahmen erfolgt auch eine empirische Untersuchung, um die Realität und die Bedürfnisse der Praxis zu erfassen. Die Ergebnisse der Dissertation werden in der 2. Aufl. verarbeitet und können neue Perspektiven eröffnen.

chen auf Erziehung und Persönlichkeitsförderung im Jugendstrafverfahren (§§ 2, 5) zu berücksichtigen. Der Jugendrichter wäre sonst nicht in der Lage, über die vom JGG vorgesehene gesetzliche Maßnahme unabhängig und am Erziehungsinteresse des Jugendlichen orientiert zu entscheiden. Insbesondere die fiskalischen Erwägungen bei der Steuerungsentscheidung der Jugendhilfe stehen den verfassungsrechtlichen Vorgaben entgegen.

Im **Ergebnis** kommt so dem **Jugendrichter** die **unbeschränkte Entscheidungskompetenz** über im JGG vorgesehene Erziehungsmaßnahmen orientiert an den Voraussetzungen nach JGG und SGB VIII bei unmittelbar den Jugendlichen verpflichtenden Weisungen zu. Die Jugendhilfe wird diese wegen des nur bei ihr realisierten Unterbaus durchführen und überwachen. Freilich hat die jugendrichterliche Entscheidung im Blick auf eine konstruktive Zusammenarbeit mit der Jugendhilfe die örtlichen **Realisierungsmöglichkeiten einer Entscheidung** hinsichtlich der Durchführung zu berücksichtigen.[71] Diese **Form der Kommunikation** ist in § 12 ausdrücklich geregelt, wo die Anhörung des Jugendamts vor der Auferlegung von Hilfen zur Erziehung für den Jugendlichen (nicht der unmittelbaren Verpflichtung wie bei den Weisungen) zu hören ist. In diesem speziellen Bereich der Hilfen zur Erziehung nach §§ 30, 34 SGB VIII hat § 36 a SGB VIII das Gebot der Kooperation zwischen Justiz und Jugendhilfe mit der Steuerungsverantwortung gestärkt. 38

5. Kostenzuständigkeit für jugendstrafrechtlich angeordnete Erziehungsmaßnahmen. Ebenso umstritten wie die Entscheidungskompetenz bei Erziehungsmaßnahmen ist die Frage der Kostentragung der jugendstrafrechtlichen Rechtsfolgen zwischen Justiz und den Trägern der öffentlichen Jugendhilfe, wobei eigentlicher Streitgegenstand die **knappe Finanzierung der Jugendhilfe** ist. Zunächst richtet sich die Kostentragung der Rechtsfolgen eines Strafverfahrens nach der StPO. Das gilt nach hM auch im Rahmen eines Jugendstrafverfahrens (§ 2 Abs. 2).[72] Nach §§ 464, 465 StPO sind die Kosten des Verfahrens bei Verurteilung dem Angeklagten aufzuerlegen. Im Jugendstrafrecht kann aber gem. § 74 davon abgesehen werden. Dann fallen die Kosten bei der Staatskasse an.[73] Die Frage, ob die notwendigen Auslagen des Angeklagten überhaupt auch nach § 74 der Staatskasse auferlegt werden können, ist allerdings umstritten.[74] Zu den Kosten des Verfahrens zählen nach § 464 a Abs. 1 S. 2 StPO auch die Vollstreckungskosten. Nach hM sind Weisungen schon nicht vollstreckbar und können daher nicht darunter gefasst werden.[75] 39

IV. Rechtsfolgen bei Mitwirkungsfehlern

Hat die Jugendgerichtshilfe an einer Hauptverhandlung aufgrund unterlassener Mitteilung über deren Ort und Zeit nicht teilgenommen, so kann ein **Revisions-** 40

---

71 Überzeugende Vorschläge zur Gestaltung dieser Kooperation und Kommunikation finden sich bei Sommerfeld, in DVJJ (Hrsg.), Dokumentation des 27. Deutschen Jugendgerichtstages, 2008, S. 201 ff.
72 Eisenberg, § 74 Rn 5; Ostendorf, § 74 Rn 4.
73 Eisenberg, § 74 Rn 8; Koblenz JBl Rhld-Pf 99, 25.
74 **Verneinend:** BGH v. 15.11.1988, 4 StR 528/88, NStZ 1989, 239; LG Freiburg v. 14.1.2000, VI Qs 47/99, NStZ-RR 2000, 183; Meyer-Goßner, § 465 StPO Rn 1; **bejahend:** Bizer, ZfJ 1992, 616, 621; Brunner/Dölling, § 74 Rn 7; Eisenberg, § 74 Rn 15; Ostendorf, § 74 Rn 2, 10, 11.
75 Brunner/Dölling, § 74 Rn 9, § 10 Rn 20, 22 a; Eisenberg, § 74 Rn 12; OLG Koblenz, Beschluss vom 23.6.2008, 2 VAs 5/08, NStZ-RR 2009, 160; OLG Frankfurt, Beschluss vom 4.8.1995, 3 VAs 15/95, NStZ-RR 1996, 183, 183 f.; Bizer, ZfJ 1992.

grund nach § 337 StPO gegeben sein. Die darin liegende Beschränkung des Teilnahmerechts der Jugendgerichtshilfe stellt einen Gesetzesverstoß dar (Rn 20 f). Wenn nicht ausgeschlossen werden kann, dass die Beteiligung entscheidungsrelevant war, sind alle Voraussetzungen der Revision nach § 337 StPO erfüllt.[76] Die Revision betrifft die Aufhebung der verhängten Sanktion, (bei Jugendlichen) wegen § 3 möglicherweise auch den Schuldspruch.[77] Ein Verzicht auf die Beteiligung der Jugendgerichtshilfe seitens des Angeklagten, seines Verteidigers oder seiner Erziehungsberechtigten oder gesetzlichen Vertreter können einen Verstoß nicht heilen, da das Teilnahmerecht der Jugendgerichtshilfe nicht zu ihrer Disposition steht.[78] Ob durch Verlesen des Berichts der Jugendgerichtshilfe durch den Richter auch die Aufklärungspflicht erfüllt ist, ist vom Einzelfall abhängig (Rn 11, 34). Die Verpflichtung, die Jugendgerichtshilfe zu informieren, besteht auch im vereinfachten Jugendverfahren,[79] nicht jedoch vor dem Revisionsgericht.[80]

Zweiter Abschnitt Zuständigkeit

§ 39 Sachliche Zuständigkeit des Jugendrichters

(1) ¹Der Jugendrichter ist zuständig für Verfehlungen Jugendlicher, wenn nur Erziehungsmaßregeln, Zuchtmittel, nach diesem Gesetz zulässige Nebenstrafen und Nebenfolgen oder die Entziehung der Fahrerlaubnis zu erwarten sind und der Staatsanwalt Anklage beim Strafrichter erhebt. ²Der Jugendrichter ist nicht zuständig in Sachen, die nach § 103 gegen Jugendliche und Erwachsene verbunden sind, wenn für die Erwachsenen nach allgemeinen Vorschriften der Richter beim Amtsgericht nicht zuständig wäre. ³§ 209 Abs. 2 der Strafprozeßordnung gilt entsprechend.

(2) Der Jugendrichter darf auf Jugendstrafe von mehr als einem Jahr nicht erkennen; die Unterbringung in einem psychiatrischen Krankenhaus darf er nicht anordnen.

Richtlinie zu §§ 39 – 41

Die Entscheidung der Jugendkammer nach § 40 Abs. 2 kann nicht die Staatsanwaltschaft oder der Angeschuldigte, sondern nur der Vorsitzende des Jugendschöffengerichts herbeiführen. Für die Übernahme werden namentlich Strafsachen in Betracht kommen, die wegen der großen Anzahl von Beschuldigten oder Zeugen von einem Berufsrichter allein nicht sachgemäß erledigt werden können.

I. Systematischer Überblick und Erfassungsbereich 1	III. Zuständigkeitswechsel vor Eröffnung des Hauptverfahrens 8
II. Zuständigkeitswechsel nach § 209 Abs. 2 StPO 7	IV. Zuständigkeitswechsel im Hauptverfahren 9
	V. Rechtsmittel 12

---

76 BGH v. 17.2.1982, 3 StR 484/81, NStZ 1982, 257; BGH v. 11.6.1993, 4 StR 290/93, StV 1993, 536; BGH v. 29.6.2000, 1 StR 123/00, NStZ-RR 2001, 27 (keine Heilung durch Heranziehung der Gerichtshilfe).
77 OLG Karlsruhe, MDR 1975, 422 f.
78 BGH, StV 1982, 27; OLG Karlsruhe, MDR 1975, 422; Eisenberg, § 38 Rn 53; Laubenthal/Baier, Rn 201.
79 RLJGG S. 2 zu § 78; Ostendorf, § 50 Rn 7; Brunner/Dölling, § 50 Rn 12.
80 H.M.: Dallinger/Lackner, § 50 Rn 32; Brunner/Dölling, § 50 Rn 12; D/S/S-Schoreit, § 50 Rn 5; m.E. Ostendorf, § 50 Rn 6; aA: Potrykus, § 50 Bem. 4.

I. Systematischer Überblick und Erfassungsbereich

§ 39 gilt für Angeklagte vor Jugendgerichten, nicht vor den für allgemeine Strafsachen zuständigen Gerichten (§§ 104 Abs. 1, 112 S. 1).[1] Der Jugendrichter ist nach dieser Norm für die **Verfehlungen** Jugendlicher und über die Verweisungsnorm des § 108 Abs. 1 auch für die Verfehlungen Heranwachsender zuständig. Der Jugendrichter ist darüber hinaus auch dann für die Verfehlungen Heranwachsender zuständig, wenn die Anwendung des allgemeinen Strafrechts zu erwarten ist und nach § 25 GVG der Strafrichter zu entscheiden hätte – hierbei (dh gegen den nach Erwachsenenstrafrecht Abzuurteilenden) darf nach § 25 Nr. 2 GVG jedoch die Straferwartung nicht über zwei Jahren liegen (vgl Rn 5).

In **Bußgeldsachen** resultiert die Zuständigkeit des Jugendrichters gegenüber Jugendlichen und Heranwachsenden aus **§ 68 Abs. 2 OWiG** (hierzu § 33 Rn 12, § 34 Rn 5, § 41 Rn 19, § 42 Rn 6). Für Jugendschutzsachen ist die Zuständigkeit der Jugendgerichte nicht nach § 39 gegeben, sondern nach § 26 GVG iVm § 74 b GVG eröffnet.[2]

Abs. 1 S. 1 statuiert zunächst eine **Positivbestimmung** zugunsten derjenigen Bereiche, für die der Jugendrichter als Einzelrichter (vgl §§ 33, 34) sachlich zuständig ist: Zum Begriff der von Abs. 1 S. 1 erfassten Verfehlung siehe § 33 Rn 10. Auch die von dieser Norm einbezogenen Erziehungsmaßregeln (§§ 9 - 12) sowie die Zuchtmittel (§§ 13 - 16) und auch die nach dem JGG zulässigen Nebenstrafen und Nebenfolgen sowie die Entziehung der Fahrerlaubnis definieren das zulässige Sanktionsinventar zugunsten des Jugendrichters als Einzelrichter. Im Umkehrschluss zu S. 1 soll die Verhängung einer Jugendstrafe nach § 17 grundsätzlich nicht mehr unter die Strafgewalt des Jugendrichters als Einzelrichter fallen. Dies gilt selbst dann, wenn eine Aussetzung der Verhängung nach § 27 wahrscheinlich ist.[3] Abs. 2 von § 39 stellt aber eine Ausnahme zu diesem – „nur" grundsätzlichen Verbot der Verhängung von Jugendstrafe nach Abs. 1 S. 1 dar und benennt die Maximalstrafdauer von einem Jahr Jugendstrafe. Dieses zulässige Höchstmaß der Strafdauer darf der Jugendrichter allerdings auch nicht bei einer Einbeziehung nach § 31 Abs. 2 überschreiten.[4] Der Grund für diesen – nur scheinbaren – Wi-

---

1 Vgl Ostendorf, § 39 Rn 1.
2 Zu Jugendschutzsachen siehe auch die Kommentierungen zu § 33 Rn 5, § 34 Rn 5, § 36 Rn 1, § 40 Rn 4, § 41 Rn 1.
3 D/S/S-Schoreit, § 39 Rn 3; Ostendorf, § 39 Rn 3; vgl aber Eisenberg, § 39 Rn 12. Etwas anderes gilt, wenn sich erst im Laufe des Verfahrens nach Anklageerhebung die Erwartung herauskristallisiert, dass im Nachverfahren eine Jugendstrafe von nicht mehr als einem Jahr festzusetzen sein wird (D/S/S-Schoreit, § 39 Rn 12). Siehe auch die systematisch umfassende Übersicht bei Ostendorf, Anleitung für Sitzungsvertreter der Staatsanwaltschaft in der Hauptverhandlung vor dem Jugendgericht, ZJJ 2010, 183, 185.
4 D/S/S-Schoreit, § 39 Rn 12; Ostendorf, § 39 Rn 9; Eisenberg, § 39 Rn 13. Für Strewe (Ausweitung der Zuständigkeit des Jugendrichters – Anregung zur Änderung des § 39 JGG, ZRP 2003, 287) folgt aus der Einbeziehung noch nicht vollständig ausgeführter, verbüßter eingeschlossener Sanktionen unter Einbeziehung des Urteils, dass regulär nur auf Jugendstrafe erkannt werden könne, was eine erhebliche Belastung der Jugendschöffengerichte mitsichbringe. Dies wiederum widerspreche dem Beschleunigungsgebot. Deshalb müsse § 39 Abs. 2 dahingehend geändert werden, dass (in Anlehnung der Rechtsfolgenkompetenz des Strafrichters) künftig der Jugendrichter für Verfehlungen von Jugendlichen zuständig sein solle, für die eine Jugendstrafe von nicht mehr als zwei Jahren zu erwarten ist. Diese diskussionswürdigen Vorschläge zur Novellierung von § 39 sind im Schrifttum von Praktikerseite allerdings auf heftigen Widerstand (u.a. unter Negierung einer Verfahrensbeschleunigung) gestoßen (vgl Anm. zu Strewe: Kuba, ZRP 2004, 28 und Kropp, ZRP 2004, 57 f).

derspruch liegt in der Prozessökonomie und in der richterlichen Sanktionierungsflexibilität für den Fall, dass zunächst nicht von der Verhängung von Jugendstrafe ausgegangen worden war und sich erst später im Laufe der Hauptverhandlung deren Notwendigkeit bzw Unvermeidlichkeit herauskristallisiert. Die Zuständigkeit einerseits und der sog. Strafbann (bzw die Strafgewalt) andererseits decken sich also nicht.[5] Aus diesem Regel-Ausnahme-Prinzip darf allerdings nicht gefolgert werden, dass die Staatsanwaltschaft aufgrund dieses richterlichen „Sanktionsprivilegs" nach § 39 Abs. 2 1. Hs auch dann beim Jugendrichter als Einzelrichter anklagen darf, wenn sie von vornherein von einer Jugendstrafe ausgeht, weil sie andernfalls die klare und eindeutige Grundentscheidung des Abs. 1 S. 1 zugunsten der dort enumerativ genannten zulässigen Rechtsfolgen unterlaufen würde. Das BVerfG[6] weist zudem berechtigt auf die zentrale Bedeutung des Prinzips des gesetzlichen Richters nach Art. 101 Abs. 1 S. 2 GG hin: Dieses Prinzip solle die Manipulierung der rechtsprechenden Organe verhindern. Vor diesem Hintergrund steht der Staatsanwaltschaft bei der Frage der Anklageerhebung vor einem bestimmten Jugendgericht kein freies Auswahlermessen in Bezug auf § 33 Abs. 2 zu, sondern deren Entscheidung unterliegt dem pflichtgemäßen Ermessen und ist in vollem Umfang gerichtlich überprüfbar. Die von Ostendorf[7] geäußerten rechtsstaatlichen Bedenken hinsichtlich der Antizipierung der zu erwartenden Rechtsfolge(n) sind zusammen mit Schoreit[8] zurückzuweisen, denn mit den vorgenannten Kontrollmechanismen und der flexiblen Verfahrensweise nach dem Regel-Ausnahme-Prinzip können gewisse „Fehlentscheidungen" idR genügend ausgeglichen werden (vgl auch Rn 6).

4   Abs. 2, 2. Hs limitiert die Strafgewalt, die hierbei (lediglich) eine **Unterbringung in einem psychiatrischen Krankenhaus** ausschließt: Weil die Maßregeln der Unterbringung in einer Entziehungsanstalt nach § 64 StGB und die Führungsaufsicht nach § 68 StGB von § 39 Abs. 2, 2. Hs nicht untersagt werden, können diese beiden Maßregeln über § 7 vom Jugendrichter als Einzelrichter angeordnet werden.

5   Abs. 1 S. 2 der Norm enthält eine **Negativbestimmung** hinsichtlich derjenigen Bereiche, für die der Jugendrichter als Einzelrichter nicht zuständig ist: Der Bezug auf § 103 ist insofern von zentraler Bedeutung, als eine Verbindung von Sachen gegen Jugendliche (bzw Heranwachsende, § 112 S. 1) und Erwachsene dann keine Zuständigkeit des Jugendrichters begründet, wenn für die Verhandlung der Erwachsenensachen das Amtsgericht nicht zuständig wäre, weil gegen den nach Erwachsenenstrafrecht Abzuurteilenden eine Freiheitsstrafe von mehr als zwei Jahren erwartet wird (vgl § 25 Nr. 2 GVG) und somit die Zuständigkeit des Schöffengerichts gegeben wäre.[9] Diese Regelung ist konsistent, denn wenn schon für Erwachsene in bestimmten Fällen das Amtsgericht nicht (mehr) zuständig wäre, muss dies konsequenter Weise auch für die sachliche Zuständigkeit in Bezug auf Jugendsachen gelten, so dass dann für jene ebenfalls nicht (mehr) der Jugendrichter als Einzelrichter nach § 39, sondern das Jugendschöffengericht gemäß § 40 oder die Jugendkammer nach § 41 (Abs. 1 Nr. 3) sachlich zuständig ist.

---

5 Streng, Jugendstrafrecht, § 6 Nr. 2 Rn 3, S. 51.
6 BVerfG v. 19.7.1967, 2 BvR 489/66, BVerfGE 22, 254, 258 f in Bezug auf § 25 GVG mit einhelliger Zustimmung von Laubenthal/Baier, S. 55 Rn 121; D/S/S-Schoreit, § 39 Rn 5; Eisenberg, § 39 Rn 8; Ostendorf (7. und 8. Aufl. bzgl einer späteren Entscheidung des BVerfG) § 39 Rn 3.
7 Ostendorf, § 39 Rn 3.
8 D/S/S-Schoreit, § 39 Rn 3.
9 Zur parlamentarischen Begründung für diese Regelung siehe BT-Drucks. 8/976, 68 f.

Angesichts der flexiblen Handhabbarkeit der Zuständigkeit nach beiden Absätzen dieser Norm sind Unsicherheiten nicht auszuschließen, ob bei Zweifeln besser beim Jugendrichter als Einzelrichter oder beim Jugendschöffengericht nach § 40 Anklage zu erheben ist (siehe hierzu bereits Rn 3). Vor dem Hintergrund des besonderen Unwerturteils, das zugleich mit einer Anklage vor dem Jugendschöffengericht verbunden ist, empfiehlt sich aus Verhältnismäßigkeitsgründen wie aus Stigmatisierungsgesichtspunkten eher die Anklage vor dem Jugendrichter.[10] Lediglich bei Zweifeln an der Sanktionskompetenz nach Abs. 2 ist das höherstufige Gericht mit der Sache zu befassen.[11]

II. Zuständigkeitswechsel nach § 209 Abs. 2 StPO

Nach zutreffender Ansicht des OLG Köln[12] ist für die Frage der **Eröffnungszuständigkeit** die Rechtsfolgenerwartung im Falle der Verurteilung entscheidend, wobei im Grundsatz vom Regelstrafrahmen der angeklagten Straftatbestände auszugehen ist. Dabei ist nach dem OLG Köln nicht die zum Zeitpunkt der Eröffnung wahrscheinlichste Strafe, sondern die unter den konkreten Umständen den oberen Rand der Straferwartung bildende Strafe maßgeblich, damit das zuständige Gericht bei der Rechtsfolgenbemessung einen ausreichenden Spielraum hat und spätere Rückverweisungen nach § 270 Abs. 1 StPO nach Möglichkeit vermieden werden. Kommt der Jugendrichter schon vor dem Eröffnungsbeschluss zu der Überzeugung, dass – entgegen der Einschätzung der Staatsanwaltschaft – die in Abs. 1 S. 1 genannten Reaktionsformen nicht ausreichen werden, ist das Hauptverfahren vor dem Jugendschöffengericht zu eröffnen.[13] Nach § 39 Abs. 1 S. 3 ist der Zuständigkeitswechsel iSv § 209 Abs. 2 StPO für den Jugendrichter nach Anklageerhebung möglich, wenn es die Zuständigkeit eines **höheren Gerichts** für gegeben erachtet. Demgegenüber kann ein Zuständigkeitsübergang „nach unten" in Ermangelung eines niedrigeren Gerichts iSv § 209 Abs. 1 nicht erfolgen, weil der Jugendrichter in diesem Zusammenhang die erste Stufe der sachlichen Zuständigkeitsverteilung bekleidet (argumentum ex § 39 Abs. 1 S. 3, vgl § 40 Rn 8). Die entsprechende Anwendbarkeit von § 209 Abs. 2 hat zur Folge, dass das Gericht, bei dem Anklage erhoben worden ist, seine Zuständigkeit prüft (vgl § 6 StPO) und bei Bedarf, falls es die Zuständigkeit eines Gericht höherer Ordnung für gegeben hält, die Sache diesem zur Entscheidung vorlegt; die Vorlegung erfolgt durch Vermittlung der Staatsanwaltschaft.[14]

III. Zuständigkeitswechsel vor Eröffnung des Hauptverfahrens

Eine Bindung entsteht für das Gericht durch die **Erhebung der Anklage** nach § 206 StPO nicht. Vor Eröffnung des Hauptverfahrens kann daher eine entsprechende Mitteilung an die Staatsanwaltschaft im Umkehrschluss zu § 156 StPO zur Rücknahme der Anklageschrift und zur Erhebung der Anklage beim zuständigen Gericht führen.[15] Ist der Jugendrichter in diesem Verfahrensstadium der Auffassung, nicht er, sondern das Jugendschöffengericht oder die Jugendkammer sei sachlich zuständig, legt er jenem gemäß § 39 Abs. 1 S. 3 iVm § 209 Abs. 2 StPO die Akten durch Vermittlung der Staatsanwaltschaft vor. Diese Vermittlung über die Staatsanwaltschaft ist selbst dann obligatorisch, wenn der Jugendrichter

---
10 Ostendorf, § 39 Rn 4; aA: D/S/S-Schoreit, § 39 Rn 4.
11 Ostendorf, § 39 Rn 4.
12 OLG Köln v. 11.4.2000, 2 Ws 166/00, NStZ-RR 2000, 313 f mwN.
13 Schaffstein/Beulke, § 29 Nr. 1, S. 202.
14 Schoreit in: Diemer/Schoreit/Sonnen § 39 Rn 8.
15 Eisenberg § 39 Rn 15.

zugleich Vorsitzender des Jugendschöffengerichts ist – auch dann muss die Abgabe über die Staatsanwaltschaft erfolgen, obwohl beide demselben Amtsgericht angehören, denn auch in diesem Verhältnis wird die uneingeschränkte Geltung von § 39 Abs. 1 S. 3 iVm § 209 Abs. 2 StPO zutreffend bejaht (vgl auch § 33 Abs. 2 StPO).[16] Das Gericht höherer Ordnung, dem vom Jugendrichter vorgelegt wurde, prüft wiederum seine Zuständigkeit autonom, weil es durch die Vorlage nicht gebunden wird. Wenn es selbst die Sache nicht gemäß § 209 Abs. 2 weiterverweist, hat es die Sache vor sich selbst oder nach § 209 Abs. 1 bei dem zuständigen Gericht niedrigerer Ordnung, das auch das vorlegende Gericht sein kann, zu eröffnen oder insgesamt die Eröffnung des Hauptverfahrens nach § 204 StPO abzulehnen.[17] Eine interne Abgabe zwischen Jugendrichtern oder Spruchkörpern derselben Ordnung und desselben Gerichts ist formlos möglich.[18]

IV. Zuständigkeitswechsel im Hauptverfahren

9   Zu den Regelungen bzgl dem Zeitrahmen **vor Beginn der Hauptverhandlung** (§ 225 a StPO) siehe § 33 Rn 6.

10 Zu den Regelungen **ab Beginn der Hauptverhandlung** (§ 270 StPO) siehe § 33 Rn 7.

11 Während bei § 225 a die Übernahme durch Beschluss des höheren Gerichts zustande kommt, bindet im Falle des § 270 StPO der Beschluss des Gerichts niederer Ordnung das Gericht der höheren Ordnung. Im Falle einer unrichtigen (nicht willkürlichen) Verweisung gilt diese Bindungswirkung im Interesse einer zügigen Verfahrenserledigung ebenfalls.[19]

V. Rechtsmittel

12 Wenn der Jugendrichter entgegen seiner Sanktionskompetenz (siehe Rn 3) oder entgegen der Sachzuweisung nach § 39 Abs. 1 S. 2 oder gemäß § 41 Abs. 1 verurteilt hat, muss dieser Gesetzesverstoß in der Revision nach § 338 Nr. 4 StPO beachtet werden. Insoweit bedarf es auch keiner Rüge, weil eine Prozessvoraussetzung fehlt.[20] Hat der Richter seine Rechtsfolgenkompetenz nach Abs. 2 von § 39 überschritten, fehlt die sachliche Zuständigkeit, was vom Revisionsgericht von Amts wegen berücksichtigt wird und zur Urteilsaufhebung führt.[21] Das Revisionsgericht kann eine Sache, die vom Jugendschöffengericht oder von der Jugendkammer gekommen ist, nach § 354 Abs. 3 StPO auch an den Jugendrichter zurückverweisen.[22] Im Übrigen siehe auch die Verweisungsvorschrift des § 355 StPO.

---

16 D/S/S-Schoreit, § 39 Rn 8; Ostendorf, § 39 Rn 6; Eisenberg, § 39 Rn 17, 18; vgl Meyer-Goßner, § 209 Rn 3.
17 Ostendorf, § 39 Rn 6; Eisenberg, § 39 Rn 17; D/S/S-Schoreit, § 39 Rn 9.
18 BGH v. 30.10.1973, 5 StR 496/73, BGHSt 25, 242 ff; dem zustimmend: D/S/S-Schoreit, § 39 Rn 9.
19 BGH v. 13.2.1980, 3 StR 5/80, BGHSt 29, 216, 219; dem folgend: D/S/S-Schoreit, § 39 Rn 10; Ostendorf, § 39 Rn 7; Eisenberg, § 39 Rn 23 mwN.
20 BGH v. 10.1.1957, 2 StR 575/56, BGHSt 10, 74 ff mit der Begründung, der Umstand, dass der Mangel der Zuständigkeit des Gerichts in § 338 Nr. 4 StPO unter den absoluten Revisionsgründen aufgeführt ist, die – auf Rüge – stets zur Aufhebung des angefochtenen Urteils führen, bilde deshalb keinen zwingen Grund für die Annahme, der Mangel der sachlichen Zuständigkeit sei im Revisionsverfahren nur auf Rüge zu beachten; dem folgend: Ostendorf, § 39 Rn 10; D/S/S-Schoreit, § 39 Rn 14 mwN.
21 Eisenberg, § 39 Rn 24.
22 Ostendorf, § 39 Rn 10; Eisenberg, § 39 Rn 25.

§ 40 Sachliche Zuständigkeit des Jugendschöffengerichts

(1) ¹Das Jugendschöffengericht ist zuständig für alle Verfehlungen, die nicht zur Zuständigkeit eines anderen Jugendgerichts gehören. ²§ 209 der Strafprozeßordnung gilt entsprechend.

(2) Das Jugendschöffengericht kann bis zur Eröffnung des Hauptverfahrens von Amts wegen die Entscheidung der Jugendkammer darüber herbeiführen, ob sie eine Sache wegen ihres besonderen Umfangs übernehmen will.

(3) Vor Erlaß des Übernahmebeschlusses fordert der Vorsitzende der Jugendkammer den Angeschuldigten auf, sich innerhalb einer zu bestimmenden Frist zu erklären, ob er die Vornahme einzelner Beweiserhebungen vor der Hauptverhandlung beantragen will.

(4) ¹Der Beschluß, durch den die Jugendkammer die Sache übernimmt oder die Übernahme ablehnt, ist nicht anfechtbar. ²Der Übernahmebeschluß ist mit dem Eröffnungsbeschluß zu verbinden.

Schrifttum:
Schlothauer/Weider, Verteidigung im Revisionsverfahren, 2008; *Statistisches Bundesamt*, Fachserie 10, Rechtspflege, Reihe 2.6 (Staatsanwaltschaften) [Berichtsjahr 2009].

I. Anwendungsbereich der Norm und Abgrenzung gegenüber § 24 GVG 1	IV. Beweiserhebungen nach Abs. 3 13
II. Abs. 1 und systematische Stellung der Vorschrift innerhalb des Zweiten Abschnitts 6	V. Verfahrenstechnische Hinweise nach Abs. 4 und Rechtsmittel 15
III. Flexible Zuständigkeitsaufteilung gemäß § 40 Abs. 2 9	

I. Anwendungsbereich der Norm und Abgrenzung gegenüber § 24 GVG

Zum persönlichen und sachlichen Anwendungsbereich der Korrespondenzvorschrift zu § 33 a siehe zunächst grundsätzlich § 39 Rn 1, 2. In Verfahren gegen **Heranwachsende** ist nach § 108 Abs. 3 S. 1 bei der Heranziehung des **allgemeinen Strafrechts** die Vorschrift des § 24 Abs. 2 GVG anzuwenden. Nach dieser Bestimmung darf das Gericht auf maximal vier Jahre Freiheitsstrafe erkennen und es darf keine Unterbringung in einem psychiatrischen Krankenhaus allein oder neben einer Strafe oder in der Sicherungsverwahrung anordnen¹ (vgl Rn 7 sowie § 108 Abs. 3 S. 1 iVm § 24 Abs. 2 GVG). Dies ist durch die unterschiedliche Aufgabenverteilung zwischen Amtsgericht und Landgericht im Erwachsenen- und im Jugendstrafrecht zu erklären.² Die über § 108 Abs. 3 S. 1 in § 40 implementierte und dort geltende Regelung des § 24 Abs. 2 GVG wird im Hinblick auf eine höhere Strafwartung, die vier Jahre übersteigt sowie hinsichtlich der Unterbringung eines Beschuldigten in einem psychiatrischen Krankenhaus allein oder neben einer Strafe oder in der Sicherungsverwahrung nach § 106 Abs. 3, 5, 6 modifi-

1

---

1 Zur Revisibilität siehe BGH v. 5.10.1962, GSSt 1/62, BGHSt 18, 79 ff sowie Schlothauer/Weider S. 57 Rn 158 für den Fall des Überschreitens der Strafgewalt und die Prüfung der allgemeinen Sachrüge durch das Revisionsgericht wegen sachlicher Unzuständigkeit (einer Verfahrensrüge wegen der Verletzung des § 270 StPO, wonach das Gericht eine gebotene Verweisung unterlassen hat, bedarf es nach Schlothauer/Weider nicht).
2 D/S/S-Schoreit, § 40 Rn 3.

ziert, wobei in diesem Fall nach dem Wortlaut von § 108 Abs. 3 S. 2 nicht mehr das Jugendschöffengericht nach § 40, sondern die Jugendkammer nach § 41 zuständig ist[3] (vgl § 41 Rn 13, dort auch Fn 36 zu der Zuständigkeitsabgrenzung zwischen Jugendschöffengericht und Jugendkammer für den Fall einer höheren Strafdauer). Nach Auffassung des OLG Stuttgart[4] darf das Jugendschöffengericht gegen einen Heranwachsenden auch dann die Unterbringung in einem psychiatrischen Krankenhaus anordnen, wenn bei diesem allgemeines Strafrecht zur Anwendung kommt, weil die Zuständigkeit der Jugendkammer mangels Vorliegens der Voraussetzungen von § 41 (aF) nicht gegeben sei. Offenbar genügte dem OLG Stuttgart der obligatorische Zuständigkeitswechsel auf die Jugendkammer in § 108 Abs. 3 S. 2 nicht und es fordert kumulativ die Voraussetzungen von § 41 (aF), um (erst und nur dann) deren Zuständigkeit zu begründen. Nach dieser Auslegung wäre in der Vorschrift des § 108 Abs. 3 S. 2 eine Rechtsgrundverweisung zu sehen, wonach die Zuständigkeitsbegründung zugunsten der Jugendkammer zugleich auch von deren Originärzuständigkeit nach § 41 (aF) abhängt. Jedoch gehen die spezifischen Zuständigkeitsregelungen des JGG für das Jugendschöffengericht den insoweit allgemeinen Bestimmungen des GVG vor.[5] Für die Zulässigkeit der Unterbringung in einem psychiatrischen Krankenhaus auch durch das Jugendschöffengericht spricht der Umkehrschluss zu § 39 Abs. 2, 2. Hs, zumal eine derartige Beschränkung in § 40 fehlt und die Eingrenzung in § 24 Abs. 2 GVG wiederum durch § 108 Abs. 3 S. 2 für die dort genannten Fallkonstellationen aufgehoben wird[6] (siehe aber § 41 Rn 13). Das BVerfG[7] erachtet dies hinsichtlich der Beachtung des Prinzips des gesetzlichen Richters aus Art. 101 Abs. 1 S. 2 GG als zulässig.

2 Bei der **Anwendung von Jugendstrafrecht** gegenüber **Heranwachsenden** verbleibt es, da hierbei kein Fall des § 108 gegeben ist und somit die Beschränkung des § 24 Abs. 2 GVG nicht zum Einsatz gelangt, bei der Kompetenz des Jugendschöffengerichts.[8]

3 Durch die **Einbeziehungsklausel des § 31 Abs. 2** kann die oben beschriebene Sanktionskompetenz des Jugendschöffengerichts ausgedehnt werden, indem auch Verfahren, die vor dem OLG nach § 120 GVG oder nach § 41 vor der Jugendkammer abgeschlossen werden, miteinbezogen werden dürfen.[9] Diese Einbeziehungsmöglichkeit gilt auch dann, wenn eine Schuldfeststellung gemäß § 27 durch eine Jugendkammer vorzunehmen ist, wobei wiederum die Begrenzungsvorschrift des § 108 Abs. 3 S. 1 zu berücksichtigen ist.[10]

---

3   Die Regelungen des § 106 Abs. 1 - 6 wurden durch das Gesetz zur Einführung der nachträglichen Sicherungsverwahrung bei Verurteilungen nach Jugendstrafrecht vom 9.7.2008 (BGBl. I, 1212) nicht geändert, jedoch wurde § 106 Abs. 7 hinzugefügt.
4   OLG Stuttgart v. 27.10.1987, 3 Ws 342/87, NStZ 1988, 225 f.
5   Vollumfänglich berechtigt: D/S/S-Schoreit, § 40 Rn 3; so auch Streng, Jugendstrafrecht, § 6 I 2 Rn 5, S. 52 und Schaffstein/Beulke, § 29 II 2, S. 202 Fn 2 sowie Laubenthal/Baier, 4.1.2.2 (2) Rn 133, S. 58.
6   Vgl demgegenüber aber Ostendorf (7. Aufl.), § 40 Rn 5 sowie in der 8. Aufl. § 40 Rn 5, wobei diese Streitfrage nun durch den Gesetzgeber korrigiert worden ist
7   BVerfG (Vorprüfungsausschuss) v. 11.10.1985, 2 BvR 1173/85, NJW 1986, 771, dem folgend: Brunner/Dölling, §§ 39 - 41 Rn 16 – zweifelnd dagegen im Hinblick auf die Vereinbarkeit dieser Regelung mit dem Prinzip des gesetzlichen Richters: Eisenberg, Zur Frage der sachlichen Zuständigkeit des Jugendschöffengerichts bei Anordnung der Unterbringung, NJW 1986, 2408, 2411.
8   D/S/S-Schoreit, § 40 Rn 3.
9   Ostendorf, § 40 Rn 6; D/S/S-Schoreit, § 40 Rn 2; Eisenberg, § 40 Rn 6.
10 Ostendorf, § 40 Rn 6.

Zum Verfahren in einer **Jugendschutzsache** vor dem Jugendschöffengericht gegen 4
einen Erwachsenen gemäß § 26 GVG siehe Eisenberg § 40 Rn 4 mwN sowie allgemein auch Eisenberg § 33 – 33 b Rn 5.[11]

Nach der allgemeinen Regelung des § 6 StPO hat das Jugendschöffengericht, wie 5
der Jugendrichter auch, seine sachliche Zuständigkeit in jeder Lage des Verfahrens vom Amts wegen zu prüfen. Außerhalb der Hauptverhandlung entscheidet hierüber nur der Berufsrichter gemäß § 30 Abs. 2 GVG.

II. Abs. 1 und systematische Stellung der Vorschrift innerhalb des Zweiten Abschnitts

Im Schrifttum[12] wird die Zuständigkeit von § 40 teilweise mit dem Adjektiv „all- 6
gemein" charakterisiert. Diese Beschreibung ist allerdings insofern missverständlich, als sie suggeriert, das Jugendschöffengericht sei grundsätzlich bzw regulär zuständig. Dies trifft allerdings bereits in empirischer Sicht nicht zu, da mit deutlichem Abstand die meisten Verfahren vor dem Jugendrichter als Einzelrichter nach § 39 zur Aburteilung gelangen[13] und jener den Großteil des jugendstrafrechtlichen Reaktionsspektrums auszuschöpfen vermag. Insofern gebührt sowohl in quantitativer als auch in qualitativer Perspektive hinsichtlich der verhängten Reaktionen eher dem Jugendrichter als Einzelrichter nach § 39 die Qualifizierung als „allgemeines" Gericht. Die Zuständigkeit des Jugendschöffengerichts ist demgegenüber auf andere Weise statt mit dem Adjektiv „allgemein" zu beschreiben, zumal es sich mittelschwerer bis höchstwahrscheinlich schwerer Kriminalität zu befassen hat: § 40 nimmt im Ensemble der sachlichen Zuständigkeitsaufteilung eine Zwischenposition bzw eine Residualfunktion wahr. Als Zwischenposition ist diese Bestimmung zwischen der jugendrichterlichen Zuständigkeit und jener der Jugendkammer lokalisiert, als Residualzuständigkeit dient § 40 nach Abs. 1 S. 1 für alle Sachen, die weder der sachlichen Zuständigkeit des Jugendrichters nach § 39, noch der sachlichen Zuständigkeit der Jugendkammer nach § 41 unterfallen. Diese Negativabgrenzung zur sachlichen Zuständigkeitsbegründung gilt auch im Hinblick auf die vorrangigen Regelungen der §§ 102, 103 Abs. 2 S. 2 iVm § 120 GVG.

Es besteht eine **unbeschränkte Rechtsfolgenkompetenz** des Jugendschöffenge- 7
richts. Die obere Straferwartungsgrenze ist nicht ausdrücklich in § 40 normiert, jedoch resultiert sie aus § 18 Abs. 1 S. 2 bzw aus § 105 Abs. 3 und beträgt zehn Jahre. Ostendorf[14] weist in diesem Zusammenhang berechtigt auf die Widersprüchlichkeit der umfassenden Sanktionskompetenz des Jugendschöffengerichts für Sanktionen nach dem JGG hin, während nach der Regelung des § 108 Abs. 3 S. 1 gegenüber Heranwachsenden bei der Anwendung von allgemeinem Strafrecht nicht mehr als vier Jahre Freiheitsstrafe ausgesprochen werden dürfen

---

11 Zu Jugendschutzsachen siehe auch die Kommentierungen zu § 33 Rn 5, § 34 Rn 5, § 36 Rn 1, § 39 Rn 2, § 41 Rn 1.
12 D/S/S-Schoreit, § 40 Rn 1; Eisenberg, NJW 1986, 2408; Eisenberg, § 40 Rn 5; Schaffstein/Beulke, § 29 II 2 S. 202.
13 Für das Berichtsjahr 2009 weist das Statistische Bundesamt (Tab. 2.2.1.1, S. 26) 1.622 (= 0,77%) Verfahren vor der Jugendkammer angeklagt wurden, 40.864 Fälle (= 19,23%) gelangten zur Anklage vor dem Jugendschöffengericht und 170.021 (= 80%) Verfahren sind beim Jugendrichter angeklagt worden.
14 Ostendorf (7. Aufl.), § 40 Rn 5, vgl aktualisierend auch in der 8. Aufl. aaO mit Hinweis auf die gesetzgeberischen Korrekturen; siehe hierzu auch die Ausführungen des OLG Saarbrücken v. 15.5.1984, 1 Ws 42/84, NStZ 1985, 93 sowie des OLG Karlsruhe v. 3.5.1974, 1 Ws 116/74, GA 1975, 27.

(vgl Rn 1). Nach Ostendorf ist dies nur mit einer Angleichung an die Sanktionskompetenz des Erwachsenenschöffengerichts gemäß § 24 Abs. 2 GVG zu erklären.

8 Anders als der Jugendrichter in § 39 Abs. 1 S. 3, der die erste Stufe der Zuständigkeitsaufteilung bekleidet und der demzufolge nicht weiter „nach unten" verweisen kann (vgl § 39 Rn 7), vermag das Jugendschöffengericht nach § 40 Abs. 1 S. 2 iVm § 209 StPO vor Eröffnung des Hauptverfahrens die Sache sowohl vor dem Jugendrichter nach § 39 als auch vor der Jugendkammer nach § 41 zu eröffnen. Ist nach Ansicht des Jugendschöffengerichts nicht dieses selbst, sondern die Jugendkammer oder ein Erwachsenengericht höherer Ordnung zuständig, ist die Sache nach § 40 Abs. 1 S. 2 iVm § 209 Abs. 2 StPO vom Jugendschöffengericht durch Vermittlung der Staatsanwaltschaft dem höheren Gericht zur Entscheidung vorzulegen. Wird der Jugendrichter als zuständig erachtet, eröffnet der Vorsitzende des Jugendschöffengerichts gemäß § 40 Abs. 1 S. 2 iVm § 209 Abs. 1 StPO das Hauptverfahren vor dem Jugendrichter. Zu den Regelungen bzgl dem Zeitrahmen **vor Beginn der Hauptverhandlung** (§ 225 a StPO) siehe § 33 Rn 6. Zu den Regelungen **ab Beginn der Hauptverhandlung**, wonach es die Sache durch Beschluss an das zuständige Erwachsenengericht höherer Ordnung gemäß § 270 Abs. 1 S. 1 StPO verweist, siehe § 33 Rn 7. Wenn das Verfahren bereits vor dem Jugendschöffengericht eröffnet ist, kommt eine Abgabe wegen § 269 StPO nicht mehr in Betracht[15] (siehe auch § 33 Rn 8). Nach Eröffnung des Hauptverfahrens darf sich das Jugendschöffengericht gemäß § 47 a nicht deshalb für unzuständig erklären, weil ein Erwachsenengericht gleicher oder niedrigerer Ordnung für zuständig erachtet wird (hierzu § 33 Rn 9).

III. Flexible Zuständigkeitsaufteilung gemäß § 40 Abs. 2

9 Abs. 2 bietet eine **Übernahmemöglichkeit zugunsten der Jugendkammer** nach § 41 Abs. 1 Nr. 2, wenn die Sache besonders umfangreich ist. Dabei gestatten nur umfangreiche Sachen eine Übernahme, nicht dagegen Sachen von besonderer Bedeutung iSd § 24 Abs. 1 Nr. 3 GVG[16] bzw von besonderer Schwierigkeit iSd § 33 b Abs. 2 S. 1, sofern sich jene von der ausschließlich quantitativen Bewertung „umfangreich" hinlänglich abschichten lassen. Der Umfang zeigt sich neben dem Vorhandensein von mehreren Taten, mehreren Tätern und mehreren Zeugen in der Hauptverhandlung (auch) darin, dass außer den Verteidigern, Bewährungshelfern, Dolmetschern auch Eltern als gesetzliche Vertreter, Jugendgerichtshelfer, Heimleiter etc. zu Wort kommen[17] (müssen). Obwohl es eindeutige und sichere Kriterien für die Bejahung einer Umfangsache nicht gibt, kann als Orientierungsrahmen der Umfang einer Tagessache dienen[18] (siehe auch § 33 a Rn 6, dort Fn 22). RL zu §§ 39 bis 41 bezieht Sachen in eine Übernahme mit ein, die wegen der großen Anzahl an Beschuldigten oder Zeugen von einem Berufsrichter allein nicht sachgerecht erledigt werden können. Als Entscheidungskriterium könnte deshalb auch die Frage dienen, ob es sich dabei um eine Sache handelt, für die im Rahmen des Erwachsenenverfahrens die Hinzuziehung eines weiteren Berufsrichters nach § 29 Abs. 2 S. 1 GVG (= erweitertes Schöffengericht) beantragt werden würde – falls ja, so soll die Jugendkammer den Fall übernehmen. Die Jugendkammer bietet aufgrund ihrer personellen Spruchkörperbesetzung mit drei

---

15 Siehe auch Ostendorf, § 40 Rn 3; D/S/S-Schoreit, § 40 Rn 5.
16 Hierauf weist berechtigt das OLG Karlsruhe hin: v. 3.5.1974, 1 Ws 116/74, GA 1975, 27 (dort seinerzeit noch bezogen auf § 24 Abs. 1 Nr. 2 GVG).
17 Simon, Das Umfangsverfahren im Jugendstrafrecht, DRiZ 1980, 455 f.
18 Simon, DRiZ 1980, 455 f.

Berufsrichtern[19] und zwei Jugendschöffen (vgl § 33 b Abs. 1 und § 33 b Abs. 2 S. 1 2. Hs) strukturell-organisatorisch höhere Arbeitskapazitäten als das Jugendschöffengericht, so dass es nicht zuletzt auch im Interesse eines möglichst zügigen Verfahrensablaufs geboten sein kann, besonders umfangreiche Sachen gleich vor der Jugendkammer anzuklagen. Allerdings ist mit dieser aus Beschleunigungsgründen gebotenen Vermeidung eines „Umwegs" über das „eigentlich" zuständige Jugendschöffengericht und der Eröffnung vor der Jugendkammer zwangsläufig der Nachteil einer „forensischen Stigmatisierung" verbunden (vgl § 33 Rn 18), weil nun ein Gericht mit der Sache befasst ist, das ansonsten Fälle der Schwerkriminalität bearbeitet, für welche die Zuständigkeit des Schwurgerichts gegeben ist.

Auch wenn die Übernahmefrage nach dem eindeutigen Wortlaut von § 40 Abs. 2 und auch nach RL zu §§ 39 bis § 41 eine **ausschließlich forensische Frage** ist, die vom Jugendschöffengericht an die Jugendkammer gerichtet wird und die von jenem zu entscheiden ist, wird es als zulässig (und je nach Fallkonstellation sogar als ratsam) anzusehen sein, wenn von anderen Verfahrensbeteiligten Anregungen gegeben werden dürfen.[20] 10

Die Übernahmeentscheidung ist eine **Ermessensfrage**.[21] Faktisch kommt es für die Begründung der Zuständigkeit der Jugendkammer auf die Initiative des jeweiligen Vorsitzenden des Jugendschöffengerichts und auf die „Übernahmefreudigkeit" der angerufenen Jugendkammer an.[22] Als bedenklich ist es daher zu beurteilen, wenn beispielsweise das Verfahren gegen einen Beschuldigten mit vergleichsweise geringfügigem Tatvorwurf wegen Sachzusammenhangs mit einem schwerwiegendem Delikt einer Vielzahl von Beschuldigten verbunden und auf diese Weise ein besonderer Umfang bejaht (bzw künstlich „hergestellt") wird.[23] 11

Die Entscheidung darüber, ob die Jugendkammer eine Sache wegen ihres Umfangs anstelle des Jugendschöffengerichts übernehmen will, muss **bis zur Eröffnung des Hauptverfahrens** erfolgen. Eine systematische Ergänzung findet diese Regelung in § 40 Abs. 4 S. 2, nach welcher der Übernahmebeschluss mit dem Eröffnungsbeschluss zu verbinden ist, so dass das Hauptverfahren zeitgleich mit der Übernahmeerklärung durch die Jugendkammer eröffnet wird. Somit ist das Übernahmeverfahren als Teil des Zwischenverfahrens anzusehen.[24] 12

IV. Beweiserhebungen nach Abs. 3

Noch vor Erlass des Übernahmebeschlusses und somit auch vor Erlass des Eröffnungsbeschlusses (vgl auch Abs. 2 und Abs. 4 S. 2 sowie die vorgenannte Rn) ist die Möglichkeit zugunsten des Angeschuldigten gegeben, einzelne **Beweiser-** 13

---

19 Die Frage nach der Spruchkörperbesetzung gemäß § 33 b Abs. 2 mit zwei anstelle von regulär drei Berufsrichtern (siehe § 33 b Rn 1 ff) ist in diesem Zusammenhang insofern unbedeutend, als § 33 b Abs. 2, 2. Hs ausdrücklich die Mitwirkung des dritten Berufsrichters in umfangreichen Sachen ermöglicht. Allerdings wird mit der Abgaberegelung nach § 40 Abs. 2 die hier fehlende Möglichkeit kompensiert, wie im Erwachsenenstrafverfahren gemäß § 29 Abs. 2 S. 1 GVG einen zweiten Berufsrichter (= erweitertes Schöffengericht) heranzuziehen (so berechtigt Ostendorf, § 40 Rn 7).
20 So Ostendorf, § 40 Rn 7.
21 BT-Drucks. 16/3038, 74, dem folgend: Eisenberg, § 40 Rn 11; Ostendorf, § 40 Rn 7; D/S/S-Schoreit, § 40 Rn 7.
22 D/S/S-Schoreit, § 40 Rn 6.
23 So Eisenberg, § 40 Rn 11, vgl auch § 33 - 33 b, Rn 16 a; dem folgend: D/S/S-Schoreit, § 40 Rn 8; siehe auch hier § 33 b Rn 2, Fn 10.
24 Zutreffend Eisenberg, § 40 Rn 12; Ostendorf, § 40 Rn 8.

hebungen vor der Hauptverhandlung zu beantragen. Eine solche Rechtswahrnehmung macht die Beiordnung eines Rechtsanwalts als Pflichtverteidiger gemäß § 68 Nr. 1 iVm § 140 Abs. 2 StPO erforderlich.[25] Für den Angeschuldigten ist hierin ein Ausgleich für den Verlust einer Tatsacheninstanz zu sehen, wenngleich fraglich ist, inwieweit dies über die genuinen Antragsrechte nach §§ 201, 202 StPO hinausreicht.[26] Der Jugendkammer wird damit noch vor ihrer Entscheidung hinsichtlich einer etwaigen Übernahme der Sache vom Jugendschöffengericht die Möglichkeit gegeben, sich anhand der vom Angeschuldigten gestellten Beweisanträge einen Überblick über den möglichen Umfang der Beweisaufnahme zu machen.

14   Der **Begriff des Angeschuldigten** in § 40 Abs. 3 ist in systematischem Zusammenhang mit der Legaldefinition in § 157 StPO zu sehen, wonach ein Angeschuldigter ein Beschuldigter ist, gegen den die öffentliche Anklage nach § 170 Abs. 1 StPO erhoben ist. Folgerichtig spricht § 40 Abs. 3 nicht vom Angeklagten, denn dieser Status wird erst mit der Eröffnung des Hauptverfahrens erreicht, woran es in diesem Stadium vor Erlass des Übernahmebeschlusses, welcher nach Abs. 4 S. 2 mit dem Eröffnungsbeschluss zu verbinden ist, noch mangelt.

V. Verfahrenstechnische Hinweise nach Abs. 4 und Rechtsmittel

15   Die in S. 1 normierte **Unanfechtbarkeitsklausel** bzgl der Übernahme bzw Nichtübernahme der Sache durch die Jugendkammer steht in einem gewissen Zusammenhang mit § 210 StPO und geht über diese Regelung insoweit deutlich hinaus, als prinzipiell kein Rechtsmittel gegen diese Entscheidung der Jugendkammer zur Verfügung steht. Im Falle der Nichtübernahme durch die Jugendkammer ist davon auszugehen, dass die Sache entgegen der ursprünglichen Annahme durch das Jugendschöffengericht als nicht so umfangreich anzusehen ist, dass es eine Befassung durch die Jugendkammer nach § 40 Abs. 2 iVm § 33 b Abs. 2 S. 1, 2. Hs rechtfertigen könnte, so dass es bei der regulären Zuständigkeit des Jugendschöffengerichts verbleiben kann. Im Falle der Übernahme durch die Jugendkammer ist demgegenüber davon auszugehen, dass die Sache nach als zutreffend befundener Ansicht des Jugendschöffengerichts so umfangreich ist, dass es eine Befassung durch die Jugendkammer nach § 40 Abs. 2 iVm § 33 b Abs. 2 S. 1, 2. Hs rechtfertigen kann. Nur ausnahmsweise wird die Möglichkeit der Anfechtbarkeit zu bejahen sein, wenn die Übernahme willkürlich erfolgt ist,[27] wovor allerdings ein arbeitsökonomisches Vorgehen schützen dürfte.[28] De lege ferenda ist zu erwägen, § 40 Abs. 4 dahingehend zu ändern, dass gegen den ablehnenden Beschluss der Jugendkammer die sofortige Beschwerde der Staatsanwaltschaft zugelassen werden könnte, um auf diese Weise eine gewisse Objektivierung der Entscheidung zu erreichen.[29]

16   Nach zutreffender Auffassung des BGH[30] ersetzt der **Übernahmebeschluss** den Eröffnungsbeschluss nicht und im Übernahmebeschluss kann demzufolge keine schlüssige Eröffnung des Hauptverfahrens gesehen werden. Auf die Beschleunigungsfunktion von S. 2 wurde bereits in Rn 9 hingewiesen.

---

25 Ostendorf, § 40 Rn 8.
26 Kritisch dazu: Eisenberg, § 40 Rn 12; Ostendorf, § 40 Rn 8.
27 Vgl BVerfG (Vorprüfungsausschuss) v. 11.10.1985, 2 BvR 1173/85, NJW 1986, 771 f.
28 Berechtigt daher Ostendorf, (7. Aufl.) § 40 Rn 9.
29 So der diskussionswürdige Vorschlag von Simon, DRiZ 1980, 455 f.
30 BGH v. 8.10.2002, 4 StR 349/02, StV 2003, 455.

§ 41 Sachliche Zuständigkeit der Jugendkammer

(1) Die Jugendkammer ist als erkennendes Gericht des ersten Rechtszuges zuständig in Sachen,
1. die nach den allgemeinen Vorschriften einschließlich der Regelung des § 74 e des Gerichtsverfassungsgesetzes zur Zuständigkeit des Schwurgerichts gehören,
2. die sie nach Vorlage durch das Jugendschöffengericht wegen ihres besonderen Umfangs übernimmt (§ 40 Abs. 2),
3. die nach § 103 gegen Jugendliche und Erwachsene verbunden sind, wenn für die Erwachsenen nach allgemeinen Vorschriften eine große Strafkammer zuständig wäre,
4. bei denen die Staatsanwaltschaft wegen der besonderen Schutzbedürftigkeit von Verletzten der Straftat, die als Zeugen in Betracht kommen, Anklage bei der Jugendkammer erhebt und
5. bei denen dem Beschuldigten eine Tat der in § 7 Abs. 2 bezeichneten Art vorgeworfen wird und eine höhere Strafe als fünf Jahre Jugendstrafe oder die Unterbringung in einem psychiatrischen Krankenhaus zu erwarten ist.

(2) [1]Die Jugendkammer ist außerdem zuständig für die Verhandlung und Entscheidung über das Rechtsmittel der Berufung gegen die Urteile des Jugendrichters und des Jugendschöffengerichts. [2]Sie trifft auch die in § 73 Abs. 1 des Gerichtsverfassungsgesetzes bezeichneten Entscheidungen.

Schrifttum:
Arnold, Die Wahlbefugnis der Staatsanwaltschaft bei Anklageerhebung insbesondere in Jugendschutzsachen, 2007; *Rohde,* Die Rechte und Befugnisse des Verletzten im Strafverfahren gegen Jugendliche, 2009; *Schlothauer/Weider,* Verteidigung im Revisionsverfahren, 2008; *Sowada,* Der gesetzliche Richter im Strafverfahren, 2002.

I. Grundstruktur und Systematik der Norm 1	4. Schutzbedürftigkeit des Verletzten nach § 41 Abs. 1 Nr. 4 8
II. Erstinstanzliche Zuständigkeit der großen Jugendkammer: § 41 Abs. 1 3	5. § 41 Abs. 1 Nr. 5 iVm § 7 Abs. 2 13
1. Zuständigkeit des Schwurgerichts: § 41 Abs. 1 Nr. 1 ... 4	III. Zuständigkeit beider Jugendkammern als Rechtsmittel- und Beschwerdegericht nach
2. Übernahme vom Jugendschöffengericht: § 41 Abs. 1 Nr. 2 iVm § 40 Abs. 2 6	§ 41 Abs. 2 14
	1. Rechtsmittelgericht gemäß § 41 Abs. 2 S. 1 14
3. Verbundene Strafsachen nach § 103 iVm § 41 Abs. 1 Nr. 3 7	2. Beschwerdegericht gemäß § 41 Abs. 2 S. 2 iVm § 73 Abs. 1 GVG 17

I. Grundstruktur und Systematik der Norm

Zum **persönlichen und sachlichen Anwendungsbereich** siehe zunächst grundsätzlich § 39 Rn 1, 2. In Verfahren vor den für allgemeine Strafsachen zuständigen Gerichten findet § 41 gemäß den §§ 102, 103 Abs. 2 S. 2 und 3, 112 S. 1 keine Anwendung.[1] In Verfahren gegen einen Erwachsenen wegen einer Jugendschutzsache nach § 74 b GVG richtet sich die sachliche Zuständigkeit nach allgemeinem 1

---

1 Eisenberg, § 41 Rn 2.

Strafverfahrensrecht (§ 74 b S. 2 iVm §§ 73, 74 GVG).[2] Nach Eröffnung des Hauptverfahrens darf die Jugendkammer als Jugendschutzkammer ihre Zuständigkeit nicht mehr mit der Begründung verneinen (und das Verfahren einstellen), die Schwurgerichtskammer sei zuständig, da nach Zulassung der Anklage die Jugendkammer als Jugendschutzgericht im Verhältnis zur Schwurgerichtskammer als ranggleich gilt (§§ 225 a Abs. 1 S. 1, 2. Hs bzw 270 Abs. 1 S. 1, 2. Hs, 209 a Nr. 2 a (nicht auch Nr. 2 b) StPO.[3]

2   § 41 ist die **Korrespondenzvorschrift zu § 33 b**, welche die Spruchkörperbesetzung der Jugendkammer regelt. § 41 bezieht sich im Hinblick auf die Besetzung sowohl auf die große, als auch auf die kleine Jugendkammer. In instanzieller Perspektive normiert § 41 die sachliche Zuständigkeit der Jugendkammer einerseits als erstinstanzliches Gericht gemäß Abs. 1, andererseits als Rechtsmittelgericht nach Abs. 2.

II. Erstinstanzliche Zuständigkeit der großen Jugendkammer: § 41 Abs. 1

3   Abs. 1 benennt in den Nummern 1 - 5 zunächst die **fünf Sachbereiche**, für welche die Jugendkammer als erkennendes Gericht des ersten Rechtszuges zuständig ist. Die Zuständigkeitsregelung des § 41 Abs. 1 Nr. 5 wurde mit dem Gesetz zur Einführung der nachträglichen Sicherungsverwahrung bei Verurteilungen nach Jugendstrafrecht vom 9.7.2008 eingeführt[4] (siehe Rn 13). Eine in § 41 nicht erwähnte und systematisch an anderer Stelle verankerte sechste sachliche Zuständigkeitsregelung findet sich in § 108 Abs. 3 S. 2, nach welcher die große Jugendkammer bei der Anwendung von allgemeinem Strafrecht gegenüber Heranwachsenden zuständig ist, wenn im Einzelfall eine höhere Strafe als vier Jahre Freiheitsstrafe oder die Unterbringung des Beschuldigten in einem psychiatrischen Krankenhaus, allein oder neben einer Strafe, oder in der Sicherungsverwahrung zu erwarten ist. Dass hierbei jeweils die große Jugendkammer zuständig ist, resultiert nicht aus § 41, sondern aus der Spruchkörperbesetzungsregelung in § 33 b Abs. 1 (hierzu § 33 b Rn 1, 2).

4   **1. Zuständigkeit des Schwurgerichts: § 41 Abs. 1 Nr. 1.** § 41 Abs. 1 Nr. 1 bezieht sich auf die **Zuständigkeit des Schwurgerichts** nach § 74 Abs. 2 S. 1 GVG, wobei § 74 e GVG zu beachten ist. Das bedeutet im systematischen Kontext, dass bei einer verbundenen Strafsache gegen Erwachsene die eigentlich nach § 103 Abs. 2 S. 2 bestehende Zuständigkeit einer Wirtschaftsstrafkammer oder Staatsschutzkammer letztlich von der durchgreifenden Schwurgerichtszuständigkeit der Jugendkammer gemäß § 41 Abs. 1 Nr. 1 verdrängt wird.[5]

5   Gefordert wird ein **hinreichender Tatverdacht iSd § 203 StPO** zum Anklagezeitpunkt, um einer drohenden Stigmatisierungsgefahr und der Gefahr einer Sankti-

---

2   Eisenberg, § 41 Rn 3.
3   Eisenberg, § 41 Rn 16 mwN, siehe zur Gleichrangigkeit auch OLG Saarbrücken v. 22.8.2003, 1 Ws 97/03, NStZ-RR 2003, 377. Zu Jugendschutzsachen siehe auch die Kommentierungen zu § 33 b Rn 5, § 34 Rn 5, § 36 Rn 1, § 39 Rn 2, § 40 Rn 4.
4   BGBl. I, 1212.
5   Systematisch zutreffend daher Ostendorf, § 41 Rn 3 und Brunner/Dölling, §§ 39 - 41 Rn 10; D/S/S-Schoreit, § 41 Rn 2. Rieß, Vergessene Schwurgerichtszuständigkeiten, NStZ 2008, 546 Fn 1, macht auf die uneinheitliche Terminologie aufmerksam: §§ 74 Abs. 2, 76 Abs. 2 S. 1 GVG: „Strafkammer als Schwurgericht" einerseits, „Schwurgericht" in der Vorrangregelung des § 74 e GVG andererseits.

onsausweitung wirksam entgegentreten zu können.⁶ Daher solle im Zweifel nach § 209 Abs. 1 StPO das Hauptverfahren vor dem Jugendgericht bzw vor dem Jugendschöffengericht eröffnet werden. Nach der Eröffnung vor der Jugendkammer verbleibt es jedoch selbst dann bei deren Zuständigkeit, wenn der Verdacht einer Katalogtat nach § 74 Abs. 2 S. 1 GVG zwischenzeitlich entfällt.⁷ Diese Auffassung lässt sich systematisch mit der Regelung des § 47 a Abs. 1 begründen und sie resultiert, abgesehen von der vorerwähnten Stigmatisierungsgefahr, aus dem Beschleunigungsgebot, um weitere zeitraubende Zuständigkeitswechsel hierbei auszuschließen.

2. Übernahme vom Jugendschöffengericht: § 41 Abs. 1 Nr. 2 iVm § 40 Abs. 2. Eine zweite Zuständigkeitszuweisung zugunsten der Jugendkammer erfolgt durch den **Übernahmebeschluss** der Jugendkammer nach § 40 Abs. 2 iVm § 41 Abs. 1 Nr. 2. Hierbei ist darauf zu achten, dass ausschließlich der Umfang einer Sache einen Übernahmebeschluss rechtfertigt (hierzu § 40 Rn 9 - 12). Im Schrifttum⁸ wird darauf hingewiesen, diese forensisch-praktisch wichtige Zuständigkeit sei konstruktiv verfehlt, weil die Staatsanwaltschaft umfangreiche Sachen nicht unmittelbar bei der Jugendkammer, sondern (zunächst) beim Jugendschöffengericht, also bei einem letztlich unzuständigen Gericht, anklagen müsse, um bei diesem auf den Übernahmebeschluss nach § 40 Abs. 2 hinzuwirken, obwohl dies gesetzlich so nicht vorgesehen sei. 6

3. Verbundene Strafsachen nach § 103 iVm § 41 Abs. 1 Nr. 3. Die Jugendkammer ist nach § 41 Abs. 1 Nr. 3 iVm §§ 103 Abs. 1, 112 S. 1 auch für Sachen zuständig, die gegen Jugendliche und Erwachsene verbunden sind (§ 2 iVm §§ 237, 13 StPO) und wenn für die Erwachsenen nach den allgemeinen Vorschriften der §§ 74 Abs. 1, 76 Abs. 1 S. 1 1. Hs GVG eine große Strafkammer zuständig wäre. Diese Regelung dient dem Zweck, für Erwachsene auch in den Fällen, in denen infolge der Verbindung nach § 103 Abs. 2 S. 1 ein Jugendgericht zuständig ist, einen landgerichtlichen Spruchkörper zu erhalten⁹ (vgl auch § 39 Abs. 1 S. 2). Um die hiermit möglicherweise verbundenen Nachteile zu vermeiden, soll uU von einer Verbindung abgesehen werden.¹⁰ Hiervon unberührt bleibt die vorrangige Zuständigkeit der Wirtschaftsstrafkammer und der Staatsschutzkammer nach § 103 Abs. 2 S. 2, 3 iVm §§ 74 a, c GVG (vgl § 33 Rn 9). Verbleibt es in anderen Fällen der Verbindung von Strafsachen gegen Jugendliche und Erwachsene bei der Zuständigkeit des Jugendgerichts, kann sich dieses gemäß § 41 Abs. 1 Nr. 3 vom Amtsgericht auf die Jugendkammer verschieben, sofern für den Erwachsenen eine große Strafkammer nach § 74 GVG zuständig wäre. Ist die Anordnung der Sicherungsverwahrung zu erwarten, kommt gemäß § 74 Abs. 1 GVG iVm § 41 Abs. 1 Nr. 3 gleichfalls nur die Zuständigkeit der Jugendkammer für die verbundene Sache in Betracht¹¹ (siehe Rn 13). 7

4. Schutzbedürftigkeit des Verletzten nach § 41 Abs. 1 Nr. 4. Die bisherige dreigeteilte Zuständigkeitsaufteilung zugunsten der Jugendkammer ist mit dem 2. 8

---

6 Ostendorf, § 41 Rn 3 sowie D/S/S-Schoreit, § 41 Rn 2; Eisenberg, § 41 Rn 5 spricht demgegenüber von einem „ernsthaften" Verdacht – wie jener Verdacht gegenüber dem klassisch-tradierten hinreichenden Tatverdacht abgrenzbar sein soll, muss sophistischen Reflexionen anheimgestellt bleiben.
7 So Ostendorf, § 41 Rn 3 mwN.
8 D/S/S-Schoreit, § 41 Rn 3.
9 Eisenberg, § 41 Rn 7.
10 Ostendorf, § 41 Rn 5; so auch Brunner/Dölling, §§ 39 41 Rn 12.
11 D/S/S-Schoreit, § 41 Rn 5.

Justizmodernisierungsgesetz[12] vom 22.12.2006 um eine vierte und unter **Opferschutzgesichtspunkten** bedeutsame Variante erweitert worden, hinter welche das Risiko einer potenziellen Stigmatisierungsgefahr zulasten des jugendlichen Beschuldigten (vgl § 40 Rn 9 sowie hier Rn 5) im Interesse des Opferschutzes zurückzutreten hat. Mit dieser Erweiterung ist die allgemeine Regelung von § 24 Abs. 1 Nr. 3 GVG nun ausdrücklich auch im Jugendstrafrecht verankert worden, so dass die Frage, ob die Jugendkammer neben den in § 41 Abs. 1 enumerativ aufgeführten Fällen über § 2 iVm § 24 Abs. 1 Nr. 3 GVG vormals auch in jenen Fällen besonderer Schutzwürdigkeit der von der Straftat Verletzten zuständig werden durfte, obsolet geworden ist.[13]

9 Eine besondere Bedeutung iSv § 24 Abs. 1 Nr. 3 GVG (aF) lehnte der BGH[14] vor Inkrafttreten des 2. Justizmodernisierungsgesetzes (siehe Rn 8) für den Fall ab, in welchem einem Kind als Opfer einer Sexualstraftat allein eine weitere Vernehmung in einer zweiten Tatsacheninstanz erspart werden sollte. Jedoch ist mit diesem, ausschließlich auf § 24 Abs. 1 Nr. 3 GVG aF bezogenen Judikat nicht zugleich auch die Frage nach der **besonderen Schutzbedürftigkeit des Opfers** iSv § 41 Abs. 1 Nr. 4 (bzw synonym jetzt auch § 24 Abs. 1 Nr. 3 GVG nF)[15] beantwortet, so dass dieser Fall nun auch in rechtlicher Perspektive neu zu bewerten wäre. Die vergleichsweise objektiv zu bestimmende besondere Bedeutung eines Falls[16] ist sorgfältig von der wesentlich schwierigeren Frage nach der Schutzbedürftigkeit eines Opfers zu unterscheiden, welche letztlich auch zahlreiche individuell-situative Elemente miteinbeziehen muss, um einen effektiven Opferschutz gewährleisten zu können. Jene Schutzbedürftigkeit ist nach der Ergänzung von § 24 Abs. 1 Nr. 3 GVG sowie der Einfügung von § 41 Abs. 1 Nr. 4 zu bejahen, wenn durch eine weitere Vernehmung psychische Auswirkungen auf den Opferzeugen zu befürchten sind.[17] Dies kann bei allen Opfern von Straftaten der Fall sein, die sich gegen höchstpersönliche Rechtsgüter richten, insbesondere aber und

---

12 BGBl. I 3416, 3432, Art. 23 – hierzu Keiser, Jugendliche Straftäter als strafrechtlich Erwachsene? Das Phänomen der „Adulteration" im Lichte internationaler Menschenrechte, ZStW 2008, 25, 55 f sowie Rohde, S. 150 f, 189 - 201.
13 Bedauerlicherweise enthält die Neukommentierung zu § 24 Abs. 1 Nr. 3 GVG durch Kissel/Mayer, Gerichtsverfassungsgesetz, 6. Aufl. 2010, § 24 Rn 29, keinerlei Hinweise auf diese Frage möglicherweise konkurrierender Normen (ebenso wenig die Vorauflage in § 24 Rn 29) und es ist in der 6. Aufl. auch kein systematischer Hinweis auf die Übernahme dieser Regelung in § 41 Abs. 1 Nr. 4 erfolgt – anders hingegen bei Meyer-Goßner, § 24 GVG Rn 6.
14 BGH v. 10.5.2001, 1 StR 504/00, BGHSt 47, 16, 19. Allerdings ist nach Sowada, S. 574 f, 587, auch für den Zeitraum vor der Novellierung des § 24 Abs. 1 Nr. 3 GVG die Tendenz erkennbar geworden, die besondere Bedeutung iSd Vorschrift auch auf den (kindlichen) Opferschutz auszuweiten.
15 § 24 Abs. 1 Nr. 3 GVG ist durch das zum 1.9.2004 in Kraft getretene Opferrechtsreformgesetz neu gefasst worden (BGBl. I 1354, 1357, Art. 2 Nr. 1). Zum Entwurf eines 2. Opferrechtsreformgesetzes siehe Celebi, Kritische Würdigung des Opferrechtsreformgesetzes, ZRP 2009, 110 f.
16 Siehe hierzu die umfassende Kasuistik bei KK-StPO-Hannich, § 24 GVG Rn 5 - 11.
17 BT-Drucks. 16/3640, 53 zu Art. 23 mit Bezugnahme auf BT-Drucks. 16/3038, 74 zu Art. 23 (die Einfügung von § 41 Abs. 1 Nr. 4 geht auf die Initiative des Bundesrates zurück); dem bzgl § 24 Abs. 1 Nr. 3 GVG folgend: Kissel/Mayer, Gerichtsverfassungsgesetz, 6. Aufl. 2010, § 24 Rn 19.

grundsätzlich[18] bei (kindlichen und erwachsenen) Opfern von Sexualdelikten.[19] Entscheidend ist die individuelle Schutzbedürftigkeit des Zeugen in dem konkreten Strafverfahren.[20] Dabei müssen die zu befürchtenden Auswirkungen deutlich über die Auswirkungen hinausgehen, die üblicherweise bei gleichgelagerten Sachverhalten zu erwarten sind. Das Adjektiv „besonders" legt eine derartige und restriktive Interpretation nahe. Die Staatsanwaltschaft hat in Bezug auf § 41 Abs. 1 Nr. 4 ebenso die Umstände anzugeben wie im Falle des § 24 Abs. 1 Nr. 3 GVG, aus denen sich die besondere Schutzbedürftigkeit des Verletzten ergibt.[21]

Dezidiert entgegenzutreten ist der Aufforderung, § 24 Abs. 1 Nr. 3 GVG – bzw synonym und zwangsläufig auch § 41 Abs. 1 Nr. 4 – infolge ihrer **vermeintlichen Verfassungswidrigkeit** durch die Staatsanwaltschaften nicht anwenden zu lassen[22] bzw gar abschaffen zu wollen[23], weil andernfalls angeblich die verfassungsrechtlichen Rahmenbedingungen vollständig aus dem Blick gerieten. Verfassungsrechtliche Bedenken in Bezug auf Art. 101 Abs. 1 S. 2 GG sowie hinsichtlich Art. 103 Abs. 2 GG gegen diese bewegliche Zuständigkeit zugunsten eines ausgewogenen Opferschutzes sind entgegen der überzogenen Kritik von Heghmanns[24] (diese Regelung diene primär der Instrumentalisierung des GVG) und auch von Rohde[25] nicht erkennbar, zumal sich das Gericht nach der abstraktgenerellen Norm des § 41 Abs. 1 Nr. 4 ebenso genau (oder ungenau) bestimmen lässt wie nach der tradierten und zwangsläufig „weichen" Zuständigkeitsregelung in § 24 Abs. 1 Nr. 2 GVG, denn auch hierbei ist zu diesem Zeitpunkt unklar, ob im Einzelfall eine höhere Freiheitsstrafe als vier Jahre verhängt werden wird. Dass der Täter „nicht unbedingt etwas dafür kann", ob er auf ein Opfer mit einer

---

18 Das grundsätzliche Schutzbedürfnis von kindlichen Opferzeugen bejahen Laubenthal/Nevermann-Jaskolla, Die Rechte des Kindes als Zeuge im Strafverfahren, JArb 2005, 294, 299.
19 BT-Drucks. 16/3038, 74, dem folgend: Meyer-Goßner, § 24 GVG Rn 6, auch in Bezug auf die neue Gesetzeslage betreffs § 41 Abs. 1 Nr. 4.
20 BT-Drucks. 16/3038, 74, dem folgend: LG Hechingen v. 28.11.2005, 1 AR 31/05, NStZ-RR 2006, 51 sowie bzgl § 24 Abs. 1 Nr. 3 GVG: Kissel/Mayer, Gerichtsverfassungsgesetz, 6. Aufl. 2010, § 24 Rn 19.
21 BT-Drucks. 16/3038, 74; so auch OLG Hamburg v. 4.3.2005, 2 Ws 22/05, NStZ 2005, 654 f hinsichtlich der staatsanwaltschaftlichen Darlegungspflicht gemäß § 24 Abs. 1 Nr. 3 GVG.
22 So aber die nahezu an einen Aufruf zur absichtlichen Gesetzesmissachtung grenzende Position von Heghmanns, Die sachliche Gerichtszuständigkeit nach dem Opferrechtsreformgesetz, DRiZ 2005, 288, 292. Auch ein Verstoß gegen Art. 1, 40 Abs. 1 KRK ist entgegen Eisenberg, § 41 Rn 7 a (dort auch mit unzutreffendem Verweis auf Keiser, ZStW 2008, 25, 55) nicht feststellbar.
23 Siehe diese drastische Forderung von Rohde, S. 200.
24 Heghmanns, DRiZ 2005, 288, 291, dem folgend: Eisenberg, § 41 Rn 7 a mit weiterer Kritik infolge der hierdurch bedingten Rechtsmittelbeschränkung. Die Frage nach einer vermeintlichen Verfassungswidrigkeit von § 24 Abs. 1 Nr. 3 GVG, wie sie von Sowada, S. 585 ff, in bemerkenswerter Gründlichkeit und Ausgewogenheit analysiert wird, lässt sich nicht unproblematisch bei der später eingefügten Schutzklausel beziehen. Zur beweglichen Zuständigkeit insgesamt sowie deren vermeintlicher Verfassungswidrigkeit im Hinblick auf Art. 101 Abs. 1 S. 2 GG siehe die letztlich nicht überzeugende Darstellung bei Arnold, S. 157 ff, 164, 204 f. Entgegen Arnold ist es nicht als Verfassungsverstoß zu werten, wenn der einfachgesetzliche Normgeber flexible und nachkontrollierbare Zuständigkeitsregelungen aufstellt, mit denen einzelfallorientierte forensische Zuweisungen vorgenommen und auch korrigiert werden können. Erst die hierdurch getroffene „endgültige" gerichtliche Zuständigkeit unterfällt dann (als „gesetzlicher Richter") dem verfassungsrechtlichen Schutz aus Art. 101 Abs. 2 S. 2 GG.
25 Rohde, S. 193 ff.

stabilen oder instabilen psychischen Grundkonstitution stößt, wie Heghmanns[26] und Rohde[27] unterstellen und daraus ein eher zufälliges Moment von Ungleichbehandlung und damit die Verfassungswidrigkeit von § 24 Abs. 1 Nr. 3 GVG (nF) ableiten, indem einem Täter zwei Rechtsmittel eröffnet werden, dem anderen Täter bei gleicher Tat nur eines, lässt sich letztlich nur mit der Verwirklichung des allgemeinen Lebens- und Bestrafungsrisikos bei der Begehung von Straftaten belegen. Es ist – vor allem bei der hier zugrunde liegenden Deliktskategorie und generell im Strafrecht, wie allein die Existenz erfolgsqualifizierter Delikte seit jeher zeigt – in die Täter-Risikosphäre einzubeziehen, dass ein Opfer sensibler auf derartige Rechtsgutsverletzungen reagiert als ein anderes. Dieses Risiko hat der Täter zu tragen und zwangsläufig auch mit dem Verlust einer Tatsacheninstanz zu „bezahlen", zumal das Jugendstrafrecht ohnehin zu einer Rechtsmittelbeschränkung nach § 55 zwingt. Insofern fügen sich § 24 Abs. 1 Nr. 3 GVG, § 41 Abs. 1 Nr. 4 systemkonform und harmonisch in das Ensemble des Jugendstrafrechts ein.

11 Ist die Jugendkammer entgegen der bei ihr nach § 41 Abs. 1 Nr. 4 anklagenden Staatsanwalt der Ansicht, es sei **keine besondere Schutzbedürftigkeit** gegeben, kann die Kammer nach § 209 Abs. 1 StPO vorgehen und das Hauptverfahren beim Jugendschöffengericht bzw beim Jugendrichter eröffnen.[28] Fraglich ist allerdings, was zu geschehen hat, wenn die Staatsanwaltschaft in Verkennung einer bestehenden besonderen Schutzbedürftigkeit des Verletzten dennoch nicht nach § 41 Abs. 1 Nr. 4 bei der Jugendkammer, sondern beim Jugendschöffengericht oder beim Jugendrichter anklagt. Eine Übernahmeentscheidung durch die Jugendkammer nach § 40 Abs. 2 herbeiführen zu wollen, ist insofern sehr problematisch bzw ausgeschlossen, als diese Norm eine Übernahme durch die Jugendkammer nur wegen des besonderen Umfangs der Sache gestattet, nicht aber wegen deren besonderer Bedeutung etc (vgl § 40 Rn 9). Im Gesetzgebungsverfahren[29] wurde eine derartige Verfahrensübernahme in diesem Zusammenhang unter dem Gesichtspunkt größter Verfahrensbeschleunigung zutreffend abgelehnt, zumal auch dem Jugendschöffengericht gegenüber der Staatsanwaltschaft keine erhöhte fachliche Kompetenz zur Beurteilung der Frage nach der besonderen Schutzbedürftigkeit zukomme. Nach Ostendorf[30] sind die Akten im Wege von § 209 Abs. 2 StPO durch Vermittlung der Staatsanwaltschaft der Jugendkammer zur Entscheidung vorzulegen und die gerichtliche Prüfung endet mit der Eröffnung des Hauptverfahrens (sog. Zuständigkeitsperpetuierung); eine Verweisung vom Jugendrichter an die Jugendkammer nach § 270 StPO aufgrund geänderter Um-

---

26 Heghmanns, DRiZ 2005, 288, 291. Notwendige Opferschutz-Gesichtspunkte werden auch verkannt von der einseitig auf die Beschuldigteninteressen fixierten Darstellung von Bung, Zweites Opferrechtsreformgesetz: Vom Opferschutz zur Opferermächtigung, StV 2009, 430 ff. Auch Rohde (S. 218) verkennt die Bedeutung eines effektiven Opferschutzes, wenn er die Berücksichtigung von Opferbelangen dem Erziehungsgedanken „stets" untergeordnet wissen will. Bei dieser einseitigen Betrachtungs- und Beurteilungsweise sei nur am Rande der Hinweis gestattet, dass eine Konfrontation des jugendlichen Täters mit den Folgen und Konsequenzen seines von ihm verursachten Verhaltens nicht zuletzt auch eine zentrale erzieherische Bedeutung hat, namentlich, dass er die Verantwortung für sein Handeln/Unterlassen zu tragen hat.
27 Rohde, S. 192 f, 199.
28 BT-Drucks. 16/3038, 74 und Ostendorf, § 41 Rn 5 a mit Hinweis darauf, der Staatsanwaltschaft stehe in diesem Fall die sofortige Beschwerde nach § 210 Abs. 2 StPO zur Verfügung.
29 BT-Drucks. 16/3038, 74.
30 Ostendorf, § 41 Rn 5 a mwN.

stände in der Hauptverhandlung scheidet daher aus. Ratsam ist in derartigen Fällen möglichst im Vorfeld eine entsprechende Anregung durch die Verfahrensbeteiligten (vgl § 40 Rn 10).

Die Entscheidung der Staatsanwaltschaft unterliegt der **gerichtlichen Überprüfung** in vollem Umfang, welche allerdings ohne gutachterliche Stellungnahmen angesichts der prognostizierenden Umstände nur schwerlich möglich sein wird.[31] 12

5. § 41 Abs. 1 Nr. 5 iVm § 7 Abs. 2. Die Regelung des § 41 Abs. 1 Nr. 5 wurde mit dem Gesetz zur Einführung der **nachträglichen Sicherungsverwahrung** bei Verurteilungen nach Jugendstrafrecht zum 9.7.2008 eingeführt.[32] Diese Referenznorm zu dem ebenfalls neugefassten § 7 Abs. 2, welcher die Voraussetzungen der nachträglichen Anordnung der Unterbringung in der Sicherungsverwahrung nach einer Verurteilung zu Jugendstrafe benennt,[33] eröffnet die Zuständigkeit der Jugendkammer für schwerste Verbrechen, die voraussichtlich mit mehr als fünf Jahren Jugendstrafe oder mit einer Unterbringung in einem psychiatrischen Krankenhaus sanktioniert werden. Damit ist die Zuständigkeit der Jugendkammer für die nachträgliche Anordnung der Sicherungsverwahrung (zuvor noch für § 106 Abs. 5 und 6 ausdrücklich in § 74 f GVG normiert) nunmehr explizit im JGG verankert worden.[34] Nach den parlamentarischen Begründungen[35] resultiert die 13

---

31 Eisenberg, § 41 Rn 7 c; Meyer-Goßner, § 24 GVG Rn 9.
32 BGBl. I, 1212. Siehe zu dieser Neuregelung die Übersichtsbeiträge von Kinzig, Die Einführung der nachträglichen Sicherungsverwahrung für Jugendliche, ZJJ 2008, 245 ff; von Ullenbruch, Das „Gesetz zur Einführung der nachträglichen Sicherungsverwahrung bei Verurteilungen nach Jugendstrafrecht" – ein Unding?, NJW 2008, 2609 ff (siehe aber der letztgenannte Beitrag jedoch ohne Erläuterung von § 41 Abs. 1 Nr. 5); von Brettel, Gesetzeslücken bei Sicherungsverwahrung nach Verurteilung zu Jugendstrafe, ZRP 2010, 121 sowie von Ostendorf, Neue Gesetze im Jugendstrafrecht, ZJJ 2010, 199, 201 und von Eisenberg, „Feindliche Übernahme" im Jugendstrafrecht?, NJW 2010, 1507 f (siehe auch die folgende Fn).
33 BT-Drucks. 16/6562, 8; vgl auch die entsprechende Beschlussempfehlung des Rechtsausschusses in BT-Drucks. 16/9643. Der BGH v. 9.3.2010, 1 StR 554/09, NStZ 2010, 381 (= StV 2010, 515 = ZJJ 2010, 206), erachtet die Vorschrift des § 7 Abs. 2 als verfassungskonform. Dies wird vor dem Hintergrund der zur der nachträglichen Anordnung der Sicherungsverwahrung ergangenen Judikatur des EGMR (v. 17.12.2009, 19359/04, NJW 2010, 2495 [= NStZ 2010, 263]) u.a. kritisch bewertet von Kreuzer, Sicherungsverwahrung nach Jugendstrafrecht angesichts divergierender Urteile des BGH und EGMR, NStZ 2010, 473 ff und von Frister/Kliegel, Probleme der Zuständigkeit bei vorbehaltener Anordnung der nachträglichen Sicherungsverwahrung gemäß § 74 f GVG, NStZ 2010, 484 ff. Siehe hierzu auch Radtke, Konventionswidrigkeit des Vollzugs erstmaliger Sicherungsverwahrung nach Ablauf der früheren Höchstfrist?, NStZ 2010, 537 mwN dort in Fn 1. Beachte schließlich auch die bislang jüngste Judikatur des BGH zu dieser Gesamtproblematik: BGH v. 21.7.2010, 5 StR 60/10, NStZ 2010, 565.
34 Ostendorf, Grdl. zu §§ 39 – 42 Rn 2 sowie § 41 Rn 5 b mit dem ergänzenden Hinweis, wenn sich der hinreichende Tatverdacht sowohl auf eine Katalogtat wie auch auf eine Nicht-Katalogtat bezieht, muss auch ohne Berücksichtigung der Nicht-Katalogtat eine (Einheits-)Jugendstrafe von mindestens fünf Jahren zu erwarten sein. Siehe auch die vorgenannte Fn. Nach Frister/Kliegel (NStZ 2010, 484 f) könne die Vorschrift des § 74 f Abs. 2 GVG in Jugendsachen allenfalls bei einer Verurteilung nach Jugendstrafrecht zur Anwendung gelangen. Nach erfasse diese Norm alle Fälle, in denen im ersten Rechtszug ausschließlich das AG als Tatgericht entschieden. Damit gelte die Vorschrift auch für Fälle, in denen im zweiten Rechtszug die kleine Berufungskammer entschieden hat, da auch hier im ersten Rechtszug ausschließlich das AG entschieden hat. Es sei also in diesem Fall die große Strafkammer des LG zuständig.
35 BT-Drucks. 16/6562, 10.

Zuständigkeit der Jugendkammer für die Verhandlung und Entscheidung über die nachträgliche Sicherungsverwahrung bereits aus § 7 Abs. 4 S. 1 iVm § 74 f Abs. 2 GVG, der für entsprechende Fälle die Zuständigkeitsverlagerung vom Amtsgericht auf das Landgericht regelt, die Zuweisung zu den Jugendgerichten jedoch unberührt lässt. Darüber hinaus soll die Jugendkammer stets als erkennendes Tatgericht zuständig sein, wenn eine nachträgliche Anordnung der Sicherungsverwahrung in Betracht kommt. Wegen der Schwere des – potenziellen – Eingriffs erscheine dies geboten, zumal damit auch möglichst vermieden werden solle, dass das Tatgericht und das über die nachträgliche Sicherungsverwahrung entscheidende Gericht auseinanderfallen.[36] Anders als § 74 Abs. 1 S. 2 GVG stellt § 41 Abs. 1 Nr. 5 nicht darauf ab, dass die Unterbringung in der Sicherungsverwahrung zu erwarten ist und verlangt auch keine materielle Prüfung, ob eine nachträgliche Anordnung der Sicherungsverwahrung in dem betreffenden Fall in Betracht kommt, um die noch vor Anklageerhebung erforderliche Gefährlichkeitsprognose angesichts der prognostischen Unsicherheiten nicht anstellen zu müssen.[37] Die zeitliche Grenze in § 41 Abs. 1 Nr. 5 wurde mit der Strafdauer von mehr als fünf Jahren zwei Jahre niedriger angesetzt als in der Bezugsnorm des § 7 Abs. 2, weil eine Sanktionsprognose für die kürzere Strafdauer leichter abgegeben werden könne.[38] Ob diese Erleichterung allein infolge des relational nur leicht verkürzten Prognosezeitraums tatsächlich eintritt, bleibt in der forensischen Praxis abzuwarten. Mit der Regelung des § 41 Abs. 1 Nr. 5 werden die Voraussetzungen der neuen Zuständigkeitsvorschrift auch in jenen Fällen erfüllt sein, in denen keine Anzeichen für eine erhebliche künftige Gefährlichkeit bestehen. Dabei solle es jedoch angesichts der in Rede stehenden Taten vielfach um Fälle gehen, in denen auch sonst die Jugendkammer zuständig wäre.[39] Schließlich bleibt abzuwarten, ob es im Rahmen der Zuständigkeitsverschiebung eher häufiger zu einer nachträglichen Anordnung von Sicherungsverwahrung kommen wird, als im Gesetzgebungsverfahren geäußert wurde.[40]

III. Zuständigkeit beider Jugendkammern als Rechtsmittel- und Beschwerdegericht nach § 41 Abs. 2

14 1. **Rechtsmittelgericht gemäß § 41 Abs. 2 S. 1.** Nach § 41 Abs. 2 S. 1 ist die Jugendkammer für die Verhandlung und die Entscheidung über die **Berufung gegen die Urteile des Jugendrichters und des Jugendschöffengerichts** zuständig. Diese Zuständigkeit der Jugendkammer wird nicht dadurch aufgehoben, dass ein durch

---

36 So die Begründung in BT-Drucks. 16/6562, 10.
37 BT-Drucks. 16/6562, 10. Zutreffend wird hierbei davon ausgegangen, dass selbst nach abgeschlossener Beweisaufnahme zum Urteilszeitpunkt eine derartige Gefährlichkeitsprognose nicht mit hinreichender Genauigkeit zu treffen sei, so dass aus diesem Grunde auf dem Gebiet des Jugendstrafrechts generell auf die Einführung der Sicherungsverwahrung verzichtet werde und stattdessen „lediglich" deren nachträgliche Anordnung bedeutsam werden könne. Zum Nichterfordernis einer Gefährlichkeitsprognose und den damit zusammenhängenden kriminalpolitischen Aspekten im Hinblick auf Heranwachsende und Erwachsenen siehe Ostendorf, § 41 Rn 5 b mwN.
38 Vgl BT-Drucks. 16/6562, 10.
39 BT-Drucks. 16/6562, 10 f mit ergänzendem Hinweis darauf, dass auch im Übrigen angesichts entsprechender Taten und Sanktionsprognose die Zuständigkeit der Jugendkammer angemessen erscheine. Nach Frister/Kliegel (NStZ 2010, 484 mwN dort in Fn 9) sei es zumindest theoretisch denkbar, dass das Jugendschöffengericht aufgrund seiner unbeschränkten Rechtsfolgenkompetenz eine – für §§ 7 Abs. 2, Abs. 3 erforderliche – 7-jährige Jugendstrafe ausgesprochen hat.
40 So die Bedenken von Eisenberg, § 41 Rn 8.

das Urteil betroffener Erwachsener Berufung eingelegt hat.[41] § 41 Abs. 2 S. 1 normiert lediglich, dass die Jugendkammer für Berufungen zuständig ist, demgegenüber resultiert die jeweilige Spruchkörperaufteilung innerhalb der Jugendkammer aus § 33 b Abs. 1, 2. Hs: Hiernach ist die (kleine) Jugendkammer in Berufungssachen gegen Urteile des Jugendrichters mit dem Vorsitzenden und zwei Jugendschöffen zu besetzen. Dass die Berufungsbesetzung der Jugendkammer gegen Urteile des Jugendschöffengerichts nicht ausdrücklich in § 33 b Abs. 1 geregelt ist, hat zur Folge, dass es in diesem Fall bei der regulären Besetzung als große Jugendkammer nach § 33 b Abs. 1, 1. Hs mit drei Richtern und zwei Jugendschöffen verbleibt (siehe bereits § 33 b Rn 1). Eine Kammerreduktion auf zwei Berufsrichter kommt in diesem Zusammenhang nicht in Betracht[42] (siehe hierzu § 33 b Rn 3-8). Revisionsinstanz ist das Oberlandesgericht gemäß § 121 Abs. 1 GVG und gegen die erstinstanzlichen Urteile der Jugendkammer gemäß § 135 Abs. 1 GVG der Bundesgerichtshof.[43]

Als Berufungsgericht muss die Jugendkammer (auch) die **Zuständigkeit des Jugendgerichts als erste Instanz prüfen**. Falls dessen erstinstanzliche Zuständigkeit nicht gegeben war, muss die Jugendkammer das Urteil aufheben und gemäß § 328 Abs. 2 StPO an das zuständige Jugendgericht zurückverweisen.[44] Dies kann sogar, falls das Jugendgericht seine eigene Kompetenz überschritten hatte, die Jugendkammer sein, die dann als erstinstanzliches Gericht die Sache verhandeln darf und wobei es einer förmlichen Verweisung nicht bedarf.[45] In dieser Konstellation der erstinstanzlichen Befassung durch die Jugendkammer ist sie zwar nicht an den Sanktionsrahmen des vorherigen Jugendgerichts, aber an das Verschlechterungsgebot der reformatio in peius gebunden.[46] 15

Bei der Jugendkammer können **Verfahren der ersten und zweiten Instanz** zur gemeinsamen Verhandlung verbunden werden, wenn sie sich in gleicher Verfahrenslage befinden.[47] 16

2. Beschwerdegericht gemäß § 41 Abs. 2 S. 2 iVm § 73 Abs. 1 GVG. Neben ihrer Funktion als Berufungsgericht gegen die Urteile des Jugendrichters und des Jugendschöffengerichts ist die Jugendkammer gemäß § 41 Abs. 2 S. 2 iVm § 73 Abs. 1 GVG auch **Beschwerdegericht** über Verfügungen und Entscheidungen des Jugendrichters und über Entscheidungen des Jugendschöffengerichts[48] sowie über Anträge auf gerichtliche Entscheidung nach § 161 a Abs. 3 StPO, also bei 17

---

41 BGH v. 30.1.1968, 1 StR 319/67, BGHSt 22, 48, 52.
42 So auch Eisenberg, § 41 Rn 9; aA D/S/S-Schoreit, § 41 Rn 8.
43 Vgl auch Ostendorf, § 41 Rn 8.
44 BGH v. 15.4.1975, 1 StR 388/74, BGHSt 26, 106, 108. Nach BGH v. 30.7.1996, 5 StR 288/95, BGHSt 42, 205, hat das Revisionsgericht nur auf eine entsprechende Verfahrensrüge zu prüfen, ob das Berufungsgericht die Vorschrift des § 328 Abs. 2 StPO verletzt hat (vgl auch Schlothauer/Weider, S. 59 f Rn 163).
45 BGH v. 21.3.1967, 1 StR 60/67, BGHSt 21, 229 ff, problematisierend in Bezug auf die Spruchkörperbesetzung der Jugendkammer im Vergleich zur kleinen Strafkammer im allgemeinen Strafrecht nach § 76 Abs. 1 S. 1 GVG: Eisenberg, § 41 Rn 11; siehe auch BGH v. 31.1.1996, 2 StR 621/95, NStZ 1996, 346 (die Jugendkammer als Jugendschutzgericht im Verhältnis zur Schwurgerichtskammer ranggleich, s. dazu auch Anm. v. Katholnigg auf S. 346 f) sowie OLG Jena v. 8.1.2003, 1 Ss 280/02, NStZ-RR 2003, 139.
46 BGH v. 13.5.1982, 3 StR 129/82, BGHSt 31, 63, 66.
47 BGH v. 15.11.1972, 2 ARs 300/72, BGHSt 25, 51, 53 f sowie BGH v. 18.1.1990, 4 StR 616/89, BGHSt 36, 348, 350 f.
48 Ostendorf, § 41 Rn 9.

Maßnahmen der Staatsanwaltschaft in Fällen des Zeugenungehorsams,[49] dh bei unberechtigtem Ausbleiben oder unberechtigter Weigerung eines Zeugen oder Sachverständigen, wenn sich das Verfahren gegen Jugendliche oder Heranwachsende richtet.[50] Als Beschwerdegericht ist innerhalb der Jugendkammer die große Jugendkammer zuständig, da sich die Zuständigkeit der kleinen Jugendkammer nach dem Wortlaut von § 33 b Abs. 1 ausschließlich auf Berufungen gegen Urteile des Jugendrichters bezieht (siehe hierzu bereits hier Rn 14 sowie in § 33 b Rn 1 und Rn 3-8).

18 Im **Vollstreckungsverfahren** hat die Jugendkammer über die vom Vollstreckungsleiter getroffenen Anordnungen nach § 83 Abs. 2 zu entscheiden.

19 In Verfahren über **Ordnungswidrigkeiten** hat die Jugendkammer die Rechtsmittelentscheidung in folgenden Fällen zu treffen: §§ 70 Abs. 2, 100 Abs. 2 S. 2, 104 Abs. 3 S. 1, 108 Abs. 1 S. 2, 2. Hs, 110 Abs. 2 S. 2 OWiG[51] sowie die Entscheidung über die Rechtsbeschwerde nach § 79 Abs. 3 OWiG.[52] Die Möglichkeit zur weiteren Beschwerde ist gemäß § 46 Abs. 1 OWiG iVm § 310 Abs. 2 StPO nicht gegeben.[53]

§ 42 Örtliche Zuständigkeit

(1) Neben dem Richter, der nach dem allgemeinen Verfahrensrecht oder nach besonderen Vorschriften zuständig ist, sind zuständig
1. der Richter, dem die familiengerichtlichen Erziehungsaufgaben für den Beschuldigten obliegen,
2. der Richter, in dessen Bezirk sich der auf freiem Fuß befindliche Beschuldigte zur Zeit der Erhebung der Anklage aufhält,
3. solange der Beschuldigte eine Jugendstrafe noch nicht vollständig verbüßt hat, der Richter, dem die Aufgaben des Vollstreckungsleiters obliegen.

(2) Der Staatsanwalt soll die Anklage nach Möglichkeit vor dem Richter erheben, dem die familiengerichtlichen Erziehungsaufgaben obliegen, solange aber der Beschuldigte eine Jugendstrafe noch nicht vollständig verbüßt hat, vor dem Richter, dem die Aufgaben des Vollstreckungsleiters obliegen.

(3) ¹Wechselt der Angeklagte seinen Aufenthalt, so kann der Richter das Verfahren mit Zustimmung des Staatsanwalts an den Richter abgeben, in dessen Bezirk sich der Angeklagte aufhält. ²Hat der Richter, an den das Verfahren abgegeben worden ist, gegen die Übernahme Bedenken, so entscheidet das gemeinschaftliche obere Gericht.

Richtlinien zu § 42

1. Bei Verfehlungen von geringem Unrechtsgehalt, bei denen vormundschaftsrichterliche Maßnahmen nicht erforderlich sind, stellt die Staatsanwaltschaft den Antrag in der Regel bei dem Jugendgericht, in dessen Bezirk sich die auf freiem Fuß befindliche

---

49 D/S/S-Schoreit, § 41 Rn 12.
50 Vgl Ostendorf, § 41 Rn 9.
51 Eisenberg, § 41 Rn 14. Zum OWi-Verfahren siehe auch § 33 Rn 12 sowie § 34 Rn 5, § 39 Rn 2, § 42 Rn 6.
52 Ostendorf, § 41 Rn 9.
53 Brunner/Dölling, §§ 39 - 41 Rn 40. Zum OWi-Verfahren siehe auch § 33 Rn 12 sowie § 34 Rn 5, § 39 Rn 2, § 42 Rn 6.

beschuldigte Person zur Zeit der Erhebung der Anklage aufhält (§ 42 Abs. 1 Nr. 2) oder in dessen Bezirk diese Person ergriffen worden ist (§ 9 StPO).

2. Wird die Anklage im Falle des § 42 Abs. 1 Nr. 3 nicht vor dem danach zuständigen Gericht erhoben, so übersendet die Staatsanwaltschaft dem Vollstreckungsleiter eine Abschrift der Anklage und teilt den Ausgang des Verfahrens mit.

Schrifttum:
Czerner, Vorläufige Freiheitsentziehung bei delinquenten Jugendlichen zwischen Repression und Prävention, 2008; *Kemper*, FamFG, FGG, ZPO, Kommentierte Synopse, 2009.

I. Jugendstrafrechtliche Grundlagen, Anwendungsbereich und systematischer Überblick 1	III. Staatsanwaltschaftliche Anklageerhebung bei unvollständiger Strafverbüßung nach § 42 Abs. 2 16
II. Richterliche Zuständigkeiten nach § 42 Abs. 1 7	IV. Aufenthaltswechsel des Angeklagten gemäß § 42 Abs. 3 20
1. § 42 Abs. 1 Nr. 1 8	V. Revisibilität 24
2. § 42 Abs. 1 Nr. 3 14	

I. Jugendstrafrechtliche Grundlagen, Anwendungsbereich und systematischer Überblick

Die Vorschrift steht in **engstem Zusammenhang mit § 34 und auch mit § 37**, sowohl in Bezug auf den Jugendrichter als auch auf den Jugendstaatsanwalt, und dient dem Zweck, die forensisch-erzieherische Aufgabenwahrnehmung auch im Hinblick auf die örtliche Zuständigkeitszuweisung zu gewährleisten. Es soll eine möglichst umfassende und nicht durch geografische Zufälligkeiten bzw unterschiedliche Verfahrensstadien bedingte „Lücke" erzieherischer Interventionen für die gesamte Dauer des Jugendstrafrechts, dh vom Beginn des Ermittlungsverfahrens bis zum vollständigen Abschluss des Vollstreckungsverfahrens, sicherstellen können (was jedoch im Hinblick auf die Zeitpunkte der Anklage in § 42 Abs. 1 Nr. 2 und in Abs. 2 dieser Norm nicht unproblematisch ist). Demnach wird zunächst in Abs. 1 die Zentralfigur, der Jugendrichter, für die dort genannten Fälle für zuständig erklärt. Abs. 2 wendet sich demgegenüber an den Jugendstaatsanwalt für den Fall einer noch nicht vollständig erledigten Strafverbüßung. Abs. 3 schließlich regelt den Fall eines Aufenthaltsortswechsels des Angeklagten, um hierbei die gesetzlich geforderte Bündelung familienrichterlicher (und bis zum 1.9.2009 vormundschaftsrichterlicher)[1] Aufgaben mit dem jeweils zuständigen Jugendrichter aufrechterhalten zu können. Im Schrifttum[2] wird allerdings gegen die von § 42 intendierte räumlich-personelle Entscheidungsnähe die andererseits in § 33 Abs. 3 vorgesehene Möglichkeit der Einrichtung von Bezirksjugendgerichten auf der Ebene der Amtsgerichte entgegengehalten (vgl § 33 Rn 15 - 19), weil in weniger dicht besiedelten Flächenstaaten mit entsprechend großem räumlichen Einzugsbereich die Jugendrichter mit der jeweiligen Situation konkret „vor Ort" nicht so vertraut seien.

Der **Anwendungs- und Erfassungsbereich** von § 42 bezieht sich ausschließlich auf Verfahren vor den Jugendgerichten iSv § 33. Damit wird die Vorschrift des § 42

---

1 Durch das Gesetz zur Reform des Verfahrens in Familiensachen und in den Angelegenheiten der freiwilligen Gerichtsbarkeit (FGG-Reformgesetz – FGG-RG) v. 17.12.2008 wurden die Vormundschaftsgerichte aufgelöst. Zur Aufhebung der Vormundschaftsgerichte siehe Borth, Einführung in das Gesetz zur Reform des Verfahrens in Familiensachen und in den Angelegenheiten der freiwilligen Gerichtsbarkeit v. 17.12.2008 (FGG-ReformG), FamRZ 2009, 157, 164.
2 Laubenthal/Baier, 4.1.2.4 Rn 142, S. 61.

über den engen Wortlaut hinaus auf alle erstinstanzlichen Arten der Jugendgerichte bezogen, also neben dem Jugendrichter auch das Jugendschöffengericht und die Jugendkammer, weil die hierfür maßgeblichen Gründe – wenn auch etwas eingeschränkt – für alle Gerichte zutreffen, in deren Bezirk sich der Täter aufhält oder die familienrichterlichen Erziehungsaufgaben und die Aufgaben des Vollstreckungsleiters wahrzunehmen sind.[3] Verfassungsrechtliche Probleme im Hinblick auf die Wahrung des Prinzips des gesetzlichen Richters nach Art. 101 Abs. 1 S. 2 GG sowie in Bezug auf den Bestimmtheitsgrundsatz gemäß Art. 103 Abs. 2 GG werden durch diese Auslegung nicht hervorgerufen, da der in § 42 nur allgemein verwendete (Ober-)Begriff des Richters nach gebotener systematisch-teleologischer Interpretation einer Konkretisierung und Spruchkörperdifferenzierung durch § 33 unterliegt.

3   Der allgemeine Verweis in § 108 Abs. 1 gilt nicht in Bezug auf §§ 42 Abs. 1 Nr. 1, 42 Abs. 2, weil sich die dort genannten familienrichterlichen Erziehungsaufgaben **ausschließlich auf Jugendliche**, nicht aber auf Heranwachsende beziehen dürfen (siehe § 34 Rn 3).

4   Über die Vorschrift des § 143 Abs. 1 GVG wird die **örtliche Zuständigkeit der Staatsanwaltschaft** auch in Bezug auf ihre Aufgaben nach § 42 Abs. 2 normiert.

5   Der Begriff des **Beschuldigten** in Abs. 1 und Abs. 2 kann grundsätzlich als Oberbegriff iSd § 157 StPO zu verstehen sein, dh er umfasst auch den Angeschuldigten sowie den Angeklagten (zu den Besonderheiten aufgrund des neu geschaffenen § 162 StPO siehe Rn 13). Lediglich in Abs. 3 ist zwangsläufig die Rede vom Angeklagten, weil hierbei das Hauptverfahren gegen ihn bereits eröffnet ist und nunmehr aufenthaltsbedingt eine Abgabe des Verfahrens an einen anderen Richter in Erwägung zu ziehen ist (siehe Rn 20).

6   Nach einem **Einspruch gegen einen Bußgeldbescheid** richtet sich die örtliche Zuständigkeit über die Verweisungsvorschrift des § 46 Abs. 1 OWiG einerseits nach § 42, andererseits über die insofern allgemeine(re) Regelung des § 68 OWiG[4] (s. auch § 7 StPO).

II. Richterliche Zuständigkeiten nach § 42 Abs. 1

7   Der vergleichsweise offene und objektiv uneindeutige Wortlaut von § 42 Abs. 1 statuiert die Zuständigkeit weiterer bzw anderer Richterpersonen, wobei prima facie unklar ist, ob mit dem Wort „neben" eine kumulative oder alternative Zuständigkeitsregelung intendiert ist. Als missverständlich erscheint angesichts der Vorrangigkeit jugendstrafrechtlicher Spezialregelungen nach § 2 Abs. 2 die Ansicht, die verschiedenen Gerichtsstände des allgemeinen Strafverfahrensrechts und des Jugendstrafrechts stünden gleichberechtigt nebeneinander.[5] Damit werden die grundsätzlich auch im Jugendstrafverfahren geltenden allgemeinen straf-

---

3   So zutreffend BGH v. 20.7.1962, 4 StR 194/62, BGHSt 18, 1, 4, dem mit der genannten Begründung zustimmend: Brunner/Dölling, § 42 Rn 1; s. auch Ostendorf, § 42 Rn 2; Eisenberg, § 42 Rn 7.
4   BGH v. 23.7.1969, 2 ARs 201/69, BGHSt 23, 79 f sowie BGH v. 18.1.1974, 2 ARs 369/73, BGHSt 25, 263 (265 mit weiteren Verfahrensfragen), dem folgend: D/S/S-Schoreit, § 42 Rn 3. Zu weiteren Detailregelungen in Bezug auf OWi-Verfahren siehe LG Cottbus v. 11.12.1997, 23 Qs 55/97, NStZ-RR 1998, 285 f sowie D/S/S-Schoreit, § 42 Rn 3 und 4 und Brunner/Dölling, § 42 Rn 13. Zum OWi-Verfahren siehe auch § 33 Rn 12 sowie § 34 Rn 5, § 39 Rn 2, § 41 Rn 19.
5   So aber Schaffstein/Beulke, § 29 III 3, S. 204, zutreffend hingegen: Laubenthal/Baier, 4.1.2.4 Rn 138, S. 60 m. Hinweis auf Eisenberg, § 42 Rn 6; Brunner/Dölling, § 42 Rn 2; Ostendorf, § 42 Rn 4.

verfahrensrechtlichen Regelungen der §§ 7 ff StPO hinsichtlich der örtlichen Zuständigkeit durch die **Primärzuständigkeit gemäß § 42** entsprechend ergänzt und modifiziert.

1. **§ 42 Abs. 1 Nr. 1.** Diese Bestimmung ist einerseits an die forensische Aufgabenzuweisung gemäß § 34 gekoppelt und normiert auf der Ebene der örtlichen Zuständigkeit (nochmals) die **Konzentration familiengerichtlicher (und bis zum 1.9.2009 vormundschaftsgerichtlicher)**[6] **Funktionen.** Dabei bestimmt sich die Zuständigkeit nicht, wie der insoweit missverständliche Wortlaut von § 42 Abs. 1 Nr. 1 nahelegen könnte, in Abhängigkeit von der sachlichen Zuständigkeit, sondern danach, in welchem Gerichtsbezirk die familienrichterlichen Erziehungsaufgaben wahrzunehmen sind.[7] Die Zuständigkeit nach § 42 Abs. 1 besteht unabhängig davon, ob das Familiengericht bereits in einer Familiensache mit dem jeweiligen Jugendlichen befasst ist und ob dem Gericht nur die familienrichterlichen Erziehungsaufgaben übertragen sind.[8] Für die Begründung der örtlichen Zuständigkeit nach § 42 Abs. 1 Nr. 1 ist es unerheblich, ob eine Personalunion iSd § 34 Abs. 2 S. 1 besteht, dh es besteht keine Notwendigkeit, dass der Jugendrichter zugleich auch Familienrichter (bis zum 1.9.2009: Vormundschaftsrichter) ist.[9] Die Zuständigkeit des Familiengerichts folgt(e) u.a. aus § 621 ZPO[10] sowie aus §§ 23 b, 23 d GVG (vormals § 23 c GVG),[11] wobei sich die Verfahrensgestaltung nach den Vorschriften des FamFG oder der ZPO richten kann (zu beachten ist die frühere Verfahrensbestimmung des § 621 a ZPO[12] bzgl des FamFG).[13] In

8

---

6 Durch das Gesetz zur Reform des Verfahrens in Familiensachen und in den Angelegenheiten der freiwilligen Gerichtsbarkeit (FGG-Reformgesetz – FGG-RG) v. 17.12.2008 wurden die Vormundschaftsgerichte aufgelöst.
7 So der Hinweis von Eisenberg, § 42 Rn 8 mwN – vgl Ostendorf, § 42 Rn 5: Die örtliche Zuständigkeitsregelung setzt die funktionelle Zuständigkeit voraus.
8 Eisenberg, § 42 Rn 8; Brunner/Dölling, § 42 Rn 4; Ostendorf, § 42 Rn 5.
9 D/S/S-Schoreit, § 42 Rn 5; Ostendorf, § 42 Rn 5, siehe auch die folgenden Fn zur Novellierung des FGG und zahlreicher weiterer Bestimmungen.
10 Vgl Eisenberg (13. Aufl.), § 42 Rn 8; Bezjak/Sommerfeld, Die örtliche Zuständigkeit des Ermittlungsrichters im Jugendstrafverfahren, ZJJ 2008, 251, 253. Zu beachten ist in diesem Zusammenhang allerdings die Reform des FGG-Verfahrens, welche zum 1.9.2009 in Kraft getreten ist. § 621 ZPO ist durch das Gesetz zur Reform des Verfahrens in Familiensachen und in den Angelegenheiten der freiwilligen Gerichtsbarkeit (FGG-Reformgesetz – FGG-RG) v. 17.12.2008, BGBl. I 2008, 2702, Art. 29 Nr. 15, aufgehoben worden (die Aufhebung betrifft das gesamte 6. Buch der ZPO, vgl BT-Drucks. 16/6308, 121, Art. 29 Nr. 15); siehe die ausführliche Gesamtdarstellung von Borth, Einführung in das Gesetz zur Reform des Verfahrens in Familiensachen und in den Angelegenheiten der freiwilligen Gerichtsbarkeit v. 17.12.2008 (FGG-ReformG), FamRZ 2009, 157 ff.
11 § 23 c GVG ist durch das Gesetz zur Reform des Verfahrens in Familiensachen und in den Angelegenheiten der freiwilligen Gerichtsbarkeit (FGG-Reformgesetz – FGG-RG) v. 17.12.2008 in § 23 d GVG geändert worden, BGBl. I 2008, 2695, Art. 22 Nr. 10; auch § 23 b GVG ist durch diese Reform erheblichen Änderungen unterworfen worden.
12 § 621 a ZPO ist durch das Gesetz zur Reform des Verfahrens in Familiensachen und in den Angelegenheiten der freiwilligen Gerichtsbarkeit (FGG-Reformgesetz – FGG-RG) v. 17.12.2008 aufgehoben worden, BGBl. I 2008, 2702, Art. 29 Nr. 15.
13 D/S/S-Schoreit, § 42 Rn 5 a.

den Fällen des § 621 Abs. 1 Nr. 4, 5 und 8 ZPO galten die ZPO-Regelungen unmittelbar.[14]

9 Dieser, gegenüber dem subsidiären Gerichtsstand des § 8 Abs. 2 StPO vorrangige Gerichtsstand[15] des auf freiem Fuß befindlichen Beschuldigten soll nach RL Nr. 1 zu § 42 vom Staatsanwalt bei **geringfügigen Vergehen** gewählt werden, wenn keine familiengerichtlichen Aufgaben erforderlich sind.[16] RL Nr. 1 aE ergänzt die gesetzliche Regelung für den Fall des Ergreifens des Beschuldigten iSd § 9 StPO.

10 „**Aufenthalt**" iSd § 42 Abs. 1 Nr. 2 und Wohnsitz iSd § 7 BGB, der eine ständige Niederlassung erfordert, sind – wenngleich Aufenthalt und Wohnort oftmals identisch sind[17] – zu unterscheiden, wobei für den Aufenthalt bereits genügt, dass sich eine Person an einem bestimmten Ort zu einem bestimmten Zeitpunkt (vorübergehend) aufhält.[18] Nach § 8 StPO ist hierfür der Zeitpunkt der Anklageerhebung entscheidend. Danach ist § 42 Abs. 3 einschlägig. Die Abgabe ist nach Auffassung des BGH[19] (noch) nicht zulässig, wenn der Angeklagte seinen Aufenthaltsort vor Anklageerhebung gewechselt hat. § 42 Abs. 1 Nr. 2 modifiziert insoweit die allgemeinere Regelung des § 8 Abs. 1 StPO (vgl Rn 7), welche primär an den Wohnsitz anknüpft (für Kinder gilt gemäß § 11 BGB der Wohnsitz der Eltern).[20] Nach Ansicht des BGH[21] genügt es für die Verfahrensabgabe, wenn der Angeklagte angibt, dass er in H-Stadt auf der Straße lebt und postalisch über seine Mutter erreichbar ist. Jedoch ist die mit dieser Vorschrift ermöglichte Verfahrensbeschleunigung dann nicht zu erreichen, wenn es nur um eine sehr kurze Aufenthaltsdauer geht, so dass § 42 Abs. 1 Nr. 2 hierbei unanwendbar ist.[22] Etwas anderes kann allerdings dann gelten, wenn sich der jugendliche Angeklagte bspw anlässlich der Einäscherung seiner verstorbenen Großmutter für längere Zeit an deren letzten Wohnsitz aufhält, weil hierbei angesichts des zeitlichen Zwischenraums von regulär 2 - 4 Wochen die Erreichbarkeit des Beschuldigten gewährleistet sein kann.

11 „**Auf freiem Fuß**" ist der Beschuldigte nach einer sehr weit gefassten Definition, wenn er in keiner Weise durch eine behördliche Anordnung in seiner Freiheit und

---

14 Für die frühere Rechtslage: Keidel/Kuntze/Winkler, Freiwillige Gerichtsbarkeit, 15. Aufl., 2003, Vorb. §§ 19-30 Rn 16. § 621 ZPO ist durch das Gesetz zur Reform des Verfahrens in Familiensachen und in den Angelegenheiten der freiwilligen Gerichtsbarkeit (FGG-Reformgesetz – FGG-RG) v. 17.12.2008, BGBl. I 2008, 2702, Art. 29 Nr. 1, aufgehoben worden (die Aufhebung betrifft das gesamte 6. Buch der ZPO). Siehe hierzu Kemper, S. 124, 151f, 154, 203f. Zum Problem bei Getrenntleben des jugendlichen Beschuldigten und seiner Eltern (vgl § 36 FGG aF, § 11 BGB iVm §§ 7, 8 BGB) bspw im Falle einer Heimunterbringung sowie zum Fall eines Doppelwohnsitzes siehe Ostendorf § 42 Rn 5a. § 36 FGG ist durch das Gesetz zur Reform des Verfahrens in Familiensachen und in den Angelegenheiten der freiwilligen Gerichtsbarkeit (FGG-Reformgesetz – FGG-RG) v. 17.12.2008 aufgehoben worden, siehe hierzu Kemper, S. 153f.
15 Vgl Schaffstein/Beulke, § 29 III 2, S. 204.
16 Zu der damit zusammenhängenden Frage der Rangfolge innerhalb des § 42 Abs. 1 siehe D/S/S-Schoreit, § 42 Rn 7.
17 Bezjak/Sommerfeld, ZJJ 2008, 251, 254.
18 Ostendorf, § 42 Rn 6.
19 BGH v. 30.6.1959, 2 ARs 158/58, BGHSt 13, 209.
20 Ostendorf, § 42 Rn 6.
21 BGH v. 10.1.2007, 2 ARs 545/06, 2 AR 308/06, ZJJ 2007, 82, dem folgend: D/S/S-Schoreit, § 42 Rn 6; siehe auch Dölling, Aus der neueren Rechtsprechung zum Jugendstrafrecht, NStZ 2009, 193, 197.
22 Brunner/Dölling, § 42 Rn 5.

in der Wahl seines Aufenthaltsortes beschränkt ist.[23] Entscheidend ist, dass der Gerichtsstand des Aufenthalts des Beschuldigten nach § 42 Abs. 1 Nr. 2 nicht willkürlich durch behördliche Freiheitsbeschränkungen beeinflussbar sein soll, so dass er nicht seinem gesetzlichen Richter nach Art. 101 Abs. 1 S. 2 GG entzogen werden kann – der Beschuldigte soll vor Zuständigkeitsveränderungen gegen seinen Willen geschützt werden.[24] Dementsprechend ist die Voraussetzung „auf freiem Fuße" nach zutreffender Ansicht des BGH[25] nicht erfüllt, wenn der Jugendliche aufgrund richterlich angeordneter Heimerziehung untergebracht ist. Folgerichtig befindet sich – im Einklang mit einer im Schrifttum[26] stark verbreiteten Position – derjenige Beschuldigte auf freiem Fuß, der bei Anklageerhebung aufgrund einer Weisung nach § 10 einem Aufenthaltsgebot oder -verbot unterliegt. Dabei vermag weniger die hierfür unterbreitete Begründung zu überzeugen, dass die Befolgung der Weisung nicht erzwungen, sondern lediglich deren Nichtbefolgung gemäß § 11 Abs. 3 geahndet werden kann,[27] vielmehr ist letztlich entscheidend, dass der Beschuldigte hierbei keinerlei Entziehung seiner Freiheit nach Art. 104 Abs. 2 GG ausgesetzt ist und sich – mit Ausnahme des betreffenden Ortes iSv § 10 Abs. 1 Nr. 1 – jeden anderen und x-beliebigen Aufenthaltsort frei wählen und sich dort rechtlich erlaubt und tatsächlich hinbegeben darf. Demzufolge führt – wiederum in Einklang mit der vorerwähnten höchstrichterlichen Judikatur – eine familienrechtliche Unterbringung nach § 1666 BGB sowie nach § 1631b BGB, zumal sie mit einer Freiheitsentziehung einhergehen,[28] zu einer Verneinung

---

23 BGH v. 30.6.1959, 2 ARs 158/58, BGHSt 13, 209, 212, dem folgend: Ostendorf, § 42 Rn 7 sowie Bezjak/Sommerfeld, ZJJ 2008, 251, 253 – demgegenüber erachten D/S/S-Schoreit, § 42 Rn 9 und Brunner/Dölling, § 42 Rn 5 diese Definition als zu weitgehend.
24 D/S/S-Schoreit, § 42 Rn 8 und Eisenberg, § 42 Rn 10, weitergehend: Ostendorf, § 42 Rn 7.
25 BGH v. 30.6.1959, 2 ARs 158/58, BGHSt 13, 209 – dieser Beschluss bezieht sich auf die obsolete Fürsorgeerziehung als richterlich angeordnete Heimerziehung.
26 D/S/S-Schoreit, § 42 Rn 8; Eisenberg, § 42 Rn 11; Brunner/Dölling, § 42 Rn 5 – aM: Ostendorf, § 42 Rn 7 mit dem inhaltsschwachen Begründungsversuch, am unfreiwilligen Aufenthaltsort sei die soziale Handlungskompetenz am wenigsten gesichert, denn es wird kaum jeder andere Aufenthaltsort außer der in § 10 Abs. 1 Nr. 1 bezeichnete als „unfreiwilliger Aufenthaltsort" bewertet werden können, zumal die Freizügigkeit als solche durch diese Weisung nicht angetastet wird. Ostendorfs Auffassung scheint auch vor dem Hintergrund seiner weiteren Position inkonsistent, Wehrpflichtsoldaten befänden sich auf freiem Fuß, da hierbei, auch bei widerwilligem Dienstantritt, nur eine allgemeine Einschränkung von Freiheitsrechten erfolgt, die nicht mit einem individuellem Freiheitsentzug vergleichbar sei. Dies dürfte umso eher für Betroffene einer Weisung nach § 10 Abs. 1 Nr. 1 gelten, deren Freiheit hierdurch nicht entzogen ist und die sich daher auf freiem Fuß iSv § 42 Abs. 1 Nr. 2 befinden.
27 So aber die nur wenig aussagekräftige Ansicht von D/S/S-Schoreit, § 42 Rn 8.
28 Zur Qualifizierung von § 1631b BGB als freiheitsentziehende Maßnahme siehe Czerner, Die elterlich initiierte Unterbringung gemäß § 1631b BGB: ein familienrechtliches Fragment im vormundschafts- und verfassungsrechtlichen Spannungsfeld, AcP 2002, 72, 84 f. Dass auch § 1666 Abs. 1 BGB zu einer freiheitsentziehenden Maßnahme in Form einer familienrechtlichen Unterbringung legitimiert (bzw verpflichtet iam), die im Unterschied zu § 1631b BGB keine elterliche Antragstellung voraussetzt und die ihrerseits vom Familiengericht im Falle einer Gefährdung des Kindeswohls angeordnet werden kann, kommt selbst in der Neufassung von § 1666 BGB durch das Gesetz zur Erleichterung familiengerichtlicher Maßnahmen bei Gefährdung des Kindeswohls v. 4.7.2008 (BGBl. I, 1188 – siehe § 34 Rn 8) trotz Ausdifferenzierung der nicht abschließenden gerichtlichen Maßnahmen in § 1666

der Voraussetzung „auf freiem Fuß". Ebenfalls nicht auf freiem Fuß sind Untergebrachte nach den §§ 9 Nr. 2, 12 JGG, 34 SGB VIII.[29] Demgegenüber sollen sich die im Rahmen sonstiger Hilfen nach dem KJHG Untergebrachte, die keinerlei Beschränkungen unterliegen, auf freiem Fuß befinden[30] – hierfür dürfte aber letztlich die konkret-situative Ausgestaltung der jeweiligen Maßnahme entscheidend sein.

12 **Unstreitig trifft die Ablehnung des Merkmals „auf freiem Fuß"** für folgende Personen zu: Jugendstrafgefangene, im Maßregelvollzug Befindliche (vgl § 7, 63 StGB), Jugendarrestanten (§ 13 Abs. 2 Nr. 3, 16), Untersuchungsgefangene (§§ 112 ff StPO iVm §§ 72) bzw alternativ Untergebrachte nach § 72 Abs. 4 iVm § 71 Abs. 2, vorläufig Festgenommene (§ 127 StPO), zur Beobachtung Untergebrachte (§ 73 iVm §§ 104 Abs. 1 Nr. 12, 109 Abs. 1 S. 1, 112 S. 1, § 81), einstweilig nach § 71 Abs. 2 außerhalb der Untersuchungshaft Untergebrachte, einstweilig nach § 126 a StPO Untergebrachte, in Sicherungshaft Befindliche (§ 453 c StPO).[31]

13 Durch die **Novellierung des § 162 StPO** infolge der Umsetzung des **Gesetzes zur Neuregelung der Telekommunikationsüberwachung** und anderer verdeckter Ermittlungsmaßnahmen sowie zur Umsetzung der Richtlinie 2006/24/EG vom 21.12.2007[32] ist auch die örtliche Zuständigkeitsregelung in § 42 Abs. 1 Nr. 2 betroffen. Während es nach der früheren Rechtslage unerheblich war, ob die Staatsanwaltschaft ihren Antrag auf Vornahme von Untersuchungshandlungen nach § 162 StPO aF oder nach § 42 gestellt hat, war regulär das Amtsgericht örtlich zuständig, in dem der Beschuldigte seinen Wohnsitz hatte, so dass es letztlich ebenso unerheblich war, ob das Gericht nach § 162 StPO aF oder nach § 42 zuständig war.[33] Durch die Neufassung von § 162 StPO hat sich diese Lage geändert. Stellt die Staatsanwaltschaft ihren Antrag auf Vornahme einer Untersuchungshandlung nach § 162 StPO nF, soll regulär das Amtsgericht zuständig sein, in dessen Bezirk die Staatsanwaltschaft ihren Sitz hat (vgl § 162 Abs. 1 S. 1 StPO), während ein nach § 42 gestellter Antrag weiterhin regulär an das Amtsgericht zu richten sein soll, in dessen Bezirk der Beschuldigte seinen Aufenthalt hat bzw wohnt.[34] Daher wird die Frage gestellt, ob § 42 im Ermittlungsverfahren gegen Jugendliche überhaupt anwendbar ist: falls ja, würde weiterhin das sog. Wohnortprinzip bei Jugendlichen gelten, falls nicht und käme § 162 StPO nF über § 2 Abs. 2 allein zur Anwendung, wäre regulär das Amtsgericht zuständig, in dessen Bezirk die Staatsanwaltschaft ihren Sitz hat.[35] Problematisch ist, dass § 42 mehrfach an die Anklage anknüpft. So findet nach dem Wortlaut diese Norm erst dann

---

Abs. 3 Nr. 1 – 6 BGB nF nicht zum Ausdruck. Lediglich aus dem Wort „insbesondere" ist – systematisch-teleologisch ableitbar – die Befugnis auch zur Unterbringung nach § 1666 BGB gegeben, zumal diese Norm ultima ratio im Interventionsspektrum familienrechtlicher Schutzmaßnahmen iSv Art. 6 Abs. 2 S. 2 GG ist (vgl auch Czerner, S. 15 f, 198 ff.). Demgegenüber war eine Unterbringung bis zum Inkrafttreten des Sorgerechts-Reformgesetzes (BGBl. I 1979, 1061 Art. 1 Nr. 7) zum 1.1.1980 ausdrücklich in § 1666 Abs. 1 S. 2 BGB aF normiert, hierzu Czerner, S. 69 f.
29 So auch Eisenberg, § 42 Rn 11 mwN – dies gilt, obwohl § 34 SGB VIII keine Ermächtigungsgrundlage zugunsten einer freiheitsentziehenden Maßnahme darstellt, statt aller: Kunkel-SGB VIII-Nonninger, § 34 Rn 37.
30 Eisenberg, § 42 Rn 11.
31 Vgl die Aufzählung bei Eisenberg, § 42 Rn 11.
32 BGBl. I 3198, 7.
33 Bezjak/Sommerfeld, ZJJ 2008, 251, 254.
34 Bezjak/Sommerfeld, ZJJ 2008, 251, 254.
35 Bezjak/Sommerfeld, ZJJ 2008, 251, 254.

Anwendung, wenn es um die örtliche Zuständigkeit zur Anklageerhebung geht (vgl Abs. 1 Nr. 2).[36] Der Gesetzgeber wollte mit § 42 Abs. 1 Nr. 2 sicherlich nicht zum Ausdruck bringen, dass der Antrag auf Vornahme einer Ermittlungshandlung bei dem Gericht zu stellen ist, bei dem sich der Beschuldigte zum Zeitpunkt der Erhebung der Anklage aufhält.[37] Das Gericht, in dessen Bezirk sich der Beschuldigte zum Zeitpunkt der Anklageerhebung aufhält, ist zum Zeitpunkt des Ermittlungsverfahrens nicht sicher anzugeben und würde daher ein in der Zukunft liegendes Kriterium zur Beurteilung des Gerichtsstandes darstellen.[38] Im Übrigen geht der Wortlaut des § 42 Abs. 1 Nr. 2 von einer gegenwärtigen Sachlage des Aufenthalts aus, denn die Rede ist von dem Bezirk, in dem sich der Beschuldigte zum Zeitpunkt der Anklage *aufhält* und nicht aufhalten *wird* (vgl auch RL zu § 42 und zu § 108).[39] In der gerichtlichen Praxis hat die Neufassung von § 162 StPO nF bereits zu erheblichen Verunsicherungen geführt.[40] Zur Behebung dieser Unsicherheit wird daher der diskussionswürdige Vorschlag unterbreitet, im Rahmen einer künftigen Präzisierung von § 42 klarzustellen, dass diese Norm nicht nur für Anklagen, sondern für das gesamte Ermittlungsverfahren gilt.[41]

2. § 42 Abs. 1 Nr. 3. Diese Regelung ist für den Fall einer noch nicht vollständig verbüßten Jugendstrafe iSd §§ 17, 18 konzipiert und sie begründet die örtliche Zuständigkeit des Vollstreckungsleiters nach § 82. Sinn und Zweck dieser Regelung bestehen u.a. darin, umständliche Transporte des Häftlings zu vermeiden, wenn der Vollstreckungsleiter die neue Strafsache übernimmt (siehe auch Rn 16). Als vollständig vollstreckt dürfte neben der Vollverbüßung auch die Teilverbüßung nach § 88 insofern anzusehen sein, als gemäß § 88 Abs. 6 iVm § 22 Abs. 1 S. 1 die Maximaldauer der Bewährungszeit von drei Jahren noch in die Vollstreckungsphase zwingend miteinzubeziehen ist, um eine möglichst lange und bis zur vollumfänglichen Erledigung der Jugendstrafe beizubehaltende Zuständigkeit des Vollstreckungsleiters nach § 42 Abs. 1 Nr. 3 gewährleisten zu können. Diese Zuständigkeit endet mit der vollständigen Verbüßung oder dem Erlass der Strafe nach §§ 88 Abs. 6, 26 a, 59 Abs. 4. Demgegenüber genügt eine zur Bewährung ausgesetzte Jugendstrafe nicht zur Zuständigkeitsbegründung nach § 42 Abs. 1 Nr. 3,[42] weil es hierbei an der nach dem Wortlaut erforderlichen Verbüßung der Jugendstrafe in einer Jugendstrafanstalt nach § 17 Abs. 1 fehlt. Ebenso wenig unterfällt aus den gleichen Gründen die Vollstreckung von Jugendarrest nach § 16 iVm § 87 dieser Zuständigkeitsregelung. Wurde die Vollstreckung nach

---

36 Bezjak/Sommerfeld, ZJJ 2008, 251, 254, dem folgend: Ostendorf, Grdl. zu §§ 39 – 42 Rn 7 a mwN.
37 Bezjak/Sommerfeld, ZJJ 2008, 251, 254.
38 Bezjak/Sommerfeld, ZJJ 2008, 251, 254.
39 Bezjak/Sommerfeld, ZJJ 2008, 251, 254.
40 Bezjak/Sommerfeld ZJJ 2008, 251 (255 mwN bzgl einiger Fälle). Siehe einerseits LG Köln v. 30.4.2008, 104 Qs 84/08, ZJJ 2008, 390, das sich im Interesse des Beschleunigungsprinzips für den Vorrang von § 162 StPO gegenüber § 42 Abs. 1 ausspricht; andererseits das LG Kiel v. 12.6.2008, 29 Gs 81/08, ZJJ 2008, 392, das demgegenüber unter Betonung der Geltung des § 42 Abs. 1 auch im Ermittlungsverfahren von dessen Vorrang vor der Regelung des § 162 StPO ausgeht.
41 Bezjak/Sommerfeld ZJJ 2008, 251, 255; so auch Ostendorf, Grdl. zu §§ 39 – 42 Rn 7 a. § 42 Abs. 1 Nr. 2 könne nach Ansicht der Autoren dergestalt geändert werden, dass der Richter zuständig ist, in dessen Bezirk sich der auf freiem Fuß befindliche Beschuldigte aufhält, wobei der Zusatz „zur Zeit der Erhebung der Anklage" entfallen könne. § 42 Abs. 2 könne dahingehend geändert werden, dass der Staatsanwalt die Anklage oder den Antrag auf Vornahme einer gerichtlichen Untersuchungshandlung bei den dort genannten Gerichten stellt.
42 D/S/S-Schoreit, § 42 Rn 11; Brunner/Dölling, § 42 Rn 6.

§ 85 Abs. 5 abgegeben, ist der neue Vollstreckungsleiter zuständig; auch wenn der abgebende Richter aufgrund der Widerrufsmöglichkeit potenzieller Vollstreckungsleiter bleibt, ist seine Zuständigkeit nicht mehr begründet, da die Abgabe gerade deshalb erfolgt, weil keine Vollzugsnähe mehr besteht.[43]

15 Wird die Anklage im Fall des § 42 Abs. 1 Nr. 3 nicht vor dem dafür zuständigen Gericht erhoben, übersendet die Staatsanwaltschaft dem Vollstreckungsleiter nach RL Nr. 2 zu § 42 eine Abschrift der Anklage und teilt ihm den Ausgang des Verfahrens mit.

III. Staatsanwaltschaftliche Anklageerhebung bei unvollständiger Strafverbüßung nach § 42 Abs. 2

16 Abs. 2 versteht sich in Anknüpfung an die drei enumerativ aufgeführten Optionen nach Abs. 1 als **Handlungsdirektive an den Staatsanwalt**, der je nach Verfahrensstadium – Erkenntnis- oder Vollstreckungsverfahren – die Anklage entweder vor dem Jugendrichter iSv § 34, dem die familiengerichtlichen (bis zum 1.9.2009: oder die vormundschaftsrichterlichen)[44] Erziehungsaufgaben obliegen, oder im Falle laufender Strafvollstreckung vor dem Jugendrichter als Vollstreckungsleiter iSd § 82 Abs. 1 (§§ 84, 85 Abs. 2 und 3) erheben soll. § 42 Abs. 2 statuiert damit zugleich Anweisungen an den Staatsanwalt, wie er die Prioritäten zu setzen hat, wenn er mehrere örtliche Zuständigkeiten nebeneinander vorfindet,[45] ohne dabei einen Zuständigkeitsvorrang für ein bestimmtes Gericht zu begründen.[46] Die hierbei vorrangige Zuständigkeit des Vollstreckungsleiters im Falle der laufenden Vollstreckung nach § 42 Abs. 2 iVm § 42 Abs. 1 Nr. 3 resultiert neben dem eindeutigen Wortlaut „solange aber..." aus der im Zweifel genaueren Kenntnis der aktuellen Situation der Erziehungsbedürftigkeit des Jugendlichen durch den Vollstreckungsleiter und dient ebenso wie § 42 Abs. 1 Nr. 3 der Vermeidung unnötiger Transporte zu Gerichtsterminen in einer anderen Stadt[47] (vgl Rn 14). Erst (und nur dann) wenn der Gerichtsstand des Vollstreckungsleiters nicht gegeben ist, soll die Anklage möglichst vor dem Gericht der familienrichterlichen Zuständigkeit iSv Abs. 1 Nr. 1 erfolgen,[48] worin zugleich die Subsidiarität dieser Nr. ggü Nr. 3 aus § 42 Abs. 1 abgeleitet werden kann.

17 Hat die Staatsanwaltschaft bei einem Gericht Anklage erhoben, das überhaupt zuständig ist, darf dieses die Entscheidung der Staatsanwaltschaft nicht überprü-

---

43 So überzeugend Ostendorf, § 42 Rn 8 und D/S/S-Schoreit, § 42 Rn 12; demgegenüber unter Bezugnahme auf obsolete RL 3 zu § 27 RJGG 1943 zu entsprechenden Regelungen für eine Doppelzuständigkeit beider Vollstreckungsleiter: Eisenberg, § 42 Rn 14, wofür jedoch aus den oben erwähnten Gründen keinerlei praktischen Gründe sprechen dürften und eine Doppelzuständigkeit eher zu Missverständnissen und zu uneinheitlichen erzieherischen Interventionen während der Strafvollstreckung führen kann.
44 Durch das Gesetz zur Reform des Verfahrens in Familiensachen und in den Angelegenheiten der freiwilligen Gerichtsbarkeit (FGG-Reformgesetz – FGG-RG) v. 17.12.2008 wurden die Vormundschaftsgerichte aufgelöst, siehe auch BGBl. I 2008, 2736 Nr. 3.
45 Streng, Jugendstrafrecht, § 6, 4 Rn 9, S. 54.
46 BGH v. 14.5.2008, 2 ARs 168/08 – 2 AR 99/08, ZJJ 2008, 296, NStZ 2008, 695; siehe auch Dölling, NStZ 2009, 193, 197.
47 So auch Streng, Jugendstrafrecht, § 6, 4 Rn 9, S. 54; Laubenthal/Baier, 4.1.2.4 Rn 140, S. 61.
48 Laubenthal/Baier, 4.1.2.4 Rn 140, S. 61.

fen.[49] Ist bei ihm **kein Gerichtsstand begründet**, lehnt das Gericht die Eröffnung des Hauptverfahrens ab; eine Abgabe an ein anderes Gericht kommt mangels gesetzlicher Grundlage nicht in Betracht, da § 209 StPO hierbei nicht gilt,[50] zumal diese Norm für die instanzielle Zuständigkeit konzipiert ist. Eine Abgabe nach § 42 Abs. 3 soll(te) in diesem Fall möglich sein.[51] Nach der Eröffnung des Hauptverfahrens bis zur Vernehmung des Angeklagten zur Sache ist eine Unzuständigkeitserklärung durch das Gericht (verbunden mit einer Entscheidung nach § 206 a, 260 Abs. 3 StPO) wegen § 16 StPO nur auf Einwand des Angeklagten möglich.[52]

Eine Anklage soll dann beim **Tatortgericht iSd § 7 StPO** – und damit nach allgemeinen Regelungen anstelle der regulär vorrangigen Spezialregelungen des § 42 (Abs. 2) erhoben werden, wenn anderenfalls die Beweisaufnahme (zB in Verkehrssachen) zu einem unverhältnismäßigen und unzumutbaren Aufwand führen[53] oder bei Gruppendelikten die verfahrenstechnische Aufspaltung zu Reibungsverlusten, Verzögerungen und der Gefahr einander widersprechender Entscheidungen führen würde[54] (siehe auch die Ausführungen in Rn 13 zu § 162 StPO nF bzgl § 42 Abs. 1 Nr. 2).

18

§ 42 Abs. 2 enthält eine **Ermessensbindung** für die Staatsanwaltschaft, nach Möglichkeit dem Gerichtsstand des Vollstreckungsleiters und, wenn sich der Beschuldigte nicht im Strafvollzug befindet, dem Gerichtsstand der familiengerichtlichen Zuständigkeit den Vorzug zu geben.[55]

19

IV. Aufenthaltswechsel des Angeklagten gemäß § 42 Abs. 3

Ist eine Anklage noch nicht erhoben, kann der Staatsanwalt formlos an den Staatsanwalt des neuen Aufenthaltsortes abgeben.[56] Wechselt der Jugendliche freiwillig oder zwangsweise seinen Aufenthalt nach der Eröffnung des Hauptverfahrens, kann der Richter das Verfahren mit Zustimmung des Staatsanwalts an

20

---

49 BGH v. 16.11.1976, 2 ARs 360/76, zit. nach D/S/S-Schoreit, § 42 Rn 14; dem folgend: Eisenberg, § 42 Rn 16 mwN; BGH v. 14.5.2008, 2 ARs 168/08 – 2 AR 99/08, ZJJ 2008, 296.
50 Eisenberg, § 42 Rn 16, vgl auch Meyer-Goßner, § 16 Rn 5 – jedoch soll eine Abgabe unschädlich sein, soweit die Staatsanwaltschaft zustimmt und ein ausdrücklicher Eröffnungsbeschluss des angegangenen Gerichts vorliegt (OLG Braunschweig v. 21.7.1961, Ss 119/61, JZ 1962, 420; OLG Karlsruhe v. 23.7.1976, 1 SS (B) 292/76, GA 1977, 58, dem folgend: Brunner/Dölling, § 42 Rn 8. Eine andere Lösung hierfür schlägt Ostendorf (§ 42 Rn 10) vor: Eine Abgabe mit Einverständnis der Staatsanwaltschaft könne als Rücknahme der Anklage (siehe aber § 156 StPO!) und als Neuanklage bei dem „angegangenen" Gericht gedeutet werden, wobei das abgebende Gericht nur als „Bote" tätig werde; in einem solchen Fall habe das neue Gericht über die Eröffnung des Verfahrens zu entscheiden.
51 Ostendorf (7. Aufl.), § 42 Rn 10 – siehe aber in der 8. Aufl. aaO: Eine Abgabe nach § 42 Abs. 3 sei ausgeschlossen.
52 Vgl Eisenberg, § 42 Rn 16.
53 BGH v. 23.7.2001, 2 ARs 185/01 zit. bei Böhm, NStZ 2002, 471, 473, vgl auch RL zu § 108 S. 2.
54 Lange, Darf und soll die Staatsanwaltschaft bei Gruppendelikten Jugendlicher in besonderen Fällen abweichend von den Gerichtsständen des § 42 JGG eine gemeinsame Anklage zum Tatortgericht erheben?, NStZ 1995, 110 f (mit einem instruktiven Fallbeispiel und Abgrenzungskriterien zur Anwendung von § 42 bzw § 7 StPO auf S. 111 f).
55 Schaffstein/Beulke, § 29 III 3, S. 204; Laubenthal/Baier, 4.1.2.4 Rn 140, S. 61, beide seinerzeit auf die Zuständigkeit der Vormundschaftsgerichte (bis zum 1.9.2009) bezogen, vgl BGBl. I 2008, 2736 Nr. 3 v. 17.12.2008.
56 Eisenberg, § 42 Rn 19.

das **Gericht des neuen Wohnsitzes** abgeben, in dessen Bezirk sich der Angeklagte nunmehr aufhält. Nur der die Betreuungsmöglichkeiten „vor Ort" kennende und überschauende Jugendrichter kann die am neuen Wohnort verfügbaren Maßnahmen von Jugendhilfeeinrichtungen am besten auswählen.[57] Örtlich zuständig wird dann das Jugendgericht des neuen Aufenthaltsortes.[58] Nach Ansicht des BGH[59] soll dies auch in Bezug auf einen Jugendlichen gelten, der während der Vollstreckung einer Erziehungshilfe iSv §§ 9 Nr. 2, 12 Nr. 2 von einem Heim in ein anderes verlegt wird. Allerdings spricht gegen eine Abgabe des Verfahrens an den Richter des neuen Wohnortes, wenn hierdurch das Verfahren verzögert oder angesichts einer dann Tatort-fern durchzuführenden Beweisaufnahme erschwert würde.[60] In der höchstrichterlichen Judikatur wird jedoch meistens darauf abgestellt, dass die Anklageerhebung vor dem Aufenthaltswechsel erfolgt sein müsse.[61] Auch kann der Beschuldigte seinen Wohnsitz schon vor Anklageerhebung aufgegeben haben; § 42 Abs. 3 ist anwendbar, sofern nur der jetzige Aufenthalt – nach einem anderweitigen Zwischenaufenthalt – nach Eröffnung des Hauptverfahrens genommen wurde.[62] Die Abgabemöglichkeit endet mit Urteilserlass im ersten Rechtszug, danach würde in unzulässiger Weise in den Instanzenzug eingegriffen.[63] Deshalb kann auch das Rechtsmittelgericht oder das Erstgericht nach Zurückverweisung nicht mehr nach dieser Vorschrift abgeben,[64] auch nicht im Nachverfahren nach § 30[65] (vgl § 62 Abs. 4, worin ausdrücklich nur auf § 58 Abs. 3 S. 1 und nicht auch auf § 58 Abs. 3 S. 3 verwiesen wird).[66]

21 Da im **Vereinfachten Verfahren** die Terminanberaumung der Eröffnung des Hauptverfahrens gleichsteht (vgl §§ 76 – 78), soll nach Ostendorf[67] auch hierbei eine Verweisung nach § 42 Abs. 3 möglich sein. Wenn rechtzeitig iSv § 16 S. 3 StPO eine begründete Revision erhoben wird, weil das Verfahren vor einem unzuständigen Gericht eröffnet wurde, scheide diese Verfahrensart aus, wobei es auf die Freiwilligkeit des Aufenthaltswechsels hier im Unterschied zu § 42 Abs. 1 Nr. 2 nicht ankomme.[68] Demgegenüber hält die überwiegend vertretene

---

57 Streng, Jugendstrafrecht, § 6, 4 Rn 10, S. 54.
58 Laubenthal/Baier, 4.1.2.4 Rn 141, S. 61.
59 BGH v. 30.6.1959, 2 ARs 158/58, BGHSt 13, 209, dem folgend: Schaffstein/Beulke, § 29 III 3, S. 204.
60 Streng, Jugendstrafrecht, § 6, 4 Rn 10, S. 54 mit Bezug auf D/S/S-Schoreit, § 42 Rn 16; Brunner/Dölling, § 42 Rn 11; weitere Gründe, die eher zur Ablehnung der Abgabe führen: Eisenberg, § 42 Rn 19 a sowie Brunner/Dölling, § 42 Rn 10 a.
61 BGH v. 10.1.2007, 2 ARs 544/06; v. 7.2.2007, 2 ARs 547/06; v. 31.1.2007, 2 ARs 556/06 – sämtlich zit. bei D/S/S-Schoreit, § 42 Rn 16. Differenzierend zu diesem Problem unter präzisierender Betrachtung des Wortlauts von § 42 Abs. 3: Ostendorf, § 42 Rn 11.
62 D/S/S-Schoreit, § 42 Rn 16 mwN; siehe auch hier Rn 22.
63 BGH v. 13.8.1963, 2 ARs 172/63, BGHSt 19, 177, 179; Brunner/Dölling, § 42 Rn 12; Laubenthal/Baier, 4.1.2.4 Rn 141, S. 61.
64 BGH v. 15.2.1963, BGHSt 18, 261 f mit Bezugnahme auf BGH v. 4.4.1957, 2 ARs 49/57, BGHSt 10, 177.
65 Brunner/Dölling, § 42 Rn 12.
66 Ostendorf (7. Aufl.), § 42 Rn 12 mit Bezugnahme auf BGH v. 12.1.1956, 3 ARs 172/55, BGHSt 8, 346 ff.
67 Ostendorf, § 42 Rn 11.
68 BGH v. 30.6.1959, 2 ARs 158/58, BGHSt 13, 209, 214, dem folgend: Ostendorf, § 42 Rn 11; siehe aber D/S/S-Schoreit, § 42 Rn 17 sowie Eisenberg, § 42 Rn 22 und Rn 20 bzgl der Anwendbarkeit von § 42 Abs. 3 (im Gegensatz zu § 42 Abs. 1 Nr. 2) auf Angeklagte, welche sich nicht auf freiem Fuß befinden.

Ansicht[69] im vereinfachten Jugendverfahren die Abgabe wegen Wechsels des Aufenthalts des Angeklagten für unzulässig, weil hier niemals die zur Abgabe erforderliche Bindung des Gerichts eintritt, da das Gericht gemäß § 77 Abs. 1 bis zur Entscheidung dieses Verfahrens, dh bis zur Verkündung des Urteils, ablehnen kann.

Bei **mehrfachem Aufenthaltswechsel** ist – entgegen der Regelung in § 58 Abs. 3 S. 2 – eine mehrfache Abgabe zulässig,[70] wobei auch hierbei darauf zu achten ist, dass es nicht zu unangemessenen Verfahrensverzögerungen kommt.[71] Bei häufigen Ortswechseln des Angeklagten ist eine Abgabe nach § 42 Abs. 3 S. 1 regelmäßig nicht zweckmäßig.[72] 22

Die **Entscheidung des gemeinschaftlichen oberen Gerichts** nach § 42 Abs. 3 S. 2 hat zu erfolgen, wenn das Gericht des neuen Aufenthaltsorts des Angeklagten die Verfahrensübernahme ablehnt. Hierbei liegt eine wirksame Abgabe nicht vor und die Sache bleibt bei dem um Übernahme ersuchenden Gericht anhängig und das gemeinschaftliche obere Gericht hat zu entscheiden.[73] Ein solcher Antrag soll gemäß § 12 Abs. 2 StPO auch dann in Betracht kommen, wenn der Beschuldigte seinen Aufenthaltsort schon vor der Anklageerhebung gewechselt hatte, vorausgesetzt, dass das Gericht, an das die Sache gemäß § 12 Abs. 2 übertragen werden soll, schon bei der Eröffnung das Hauptverfahrens (auch) zuständig war.[74] 23

V. Revisibilität

Der Verstoß gegen die örtliche Zuständigkeit führt zum Vorliegen eines **absoluten Revisionsgrundes nach § 338 Nr. 4 StPO**, wenn der Einwand rechtzeitig (§ 16 S. 3 StPO) erhoben wurde.[75] Etwas anderes soll nur gelten, wenn auch bei diesem Gericht ein Gerichtsstand begründet würde, wenn die Staatsanwaltschaft einverstanden war und das Verfahren bei dem angegangenen Gericht eröffnet wurde.[76] Bei Abgaben nach § 42 Abs. 3 an ein unzuständiges Gericht ist dieser Revisionsgrund ebenfalls gegeben.[77] 24

---

69 BGH v. 14.11.1958, 2 ARs 182/58, BGHSt 12, 180, 182 f; Brunner/Dölling, § 42 Rn 11; D/S/S-Schoreit, § 42 Rn 19; Eisenberg, § 42 Rn 20.
70 BGH v. 13.10.1959, 2 ARs 55/59, BGHSt 13, 284 (286), dem folgend: Ostendorf, § 42 Rn 11; Eisenberg, § 42 Rn 23; D/S/S-Schoreit, § 42 Rn 17.
71 Ostendorf, § 42 Rn 11.
72 BGH, 2 ARs 185/05/2 AR 105/05; 2 ARs 325/04/2 AR 155/04; 2 ARs 140/04/2 AR 83/04 – sämtlich zit. bei Ostendorf, Übersicht zur Rechtsprechung in Jugendstrafsachen seit 2003, ZJJ 2005, 396 Fn 4.
73 Vgl BGH v. 2.6.1961, 2 ARs 70/61, BGHSt 16, 84 sowie BGH v. 19.4.1972, 2 ARs 79/72, BGHSt 24, 332, 334 f; dem folgend: Eisenberg, § 42 Rn 24.
74 Vgl BGH v. 30.6.1959, 2 ARs 158/59, BGHSt 13, 209, 217; D/S/S-Schoreit, § 42 Rn 21; Eisenberg, § 42 Rn 25. Zum Vorgehen bei der Abgabe des Verfahrens siehe Ostendorf § 42 Rn 13.
75 Ostendorf, § 42 Rn 14; Eisenberg, § 42 Rn 26; D/S/S-Schoreit, § 42 Rn 22.
76 Brunner/Dölling, § 42 Rn 14.
77 Ostendorf, § 42 Rn 14.

Dritter Abschnitt Jugendstrafverfahren
Erster Unterabschnitt Das Vorverfahren

§ 43 Umfang der Ermittlungen

(1) [1]Nach Einleitung des Verfahrens sollen so bald wie möglich die Lebens- und Familienverhältnisse, der Werdegang, das bisherige Verhalten des Beschuldigten und alle übrigen Umstände ermittelt werden, die zur Beurteilung seiner seelischen, geistigen und charakterlichen Eigenart dienen können. [2]Der Erziehungsberechtigte und der gesetzliche Vertreter, die Schule und der Ausbildende sollen, soweit möglich, gehört werden. [3]Die Anhörung der Schule oder des Ausbildenden unterbleibt, wenn der Jugendliche davon unerwünschte Nachteile, namentlich den Verlust seines Ausbildungs- oder Arbeitsplatzes, zu besorgen hätte. [4]§ 38 Abs. 3 ist zu beachten.

(2) [1]Soweit erforderlich, ist eine Untersuchung des Beschuldigten, namentlich zur Feststellung seines Entwicklungsstandes oder anderer für das Verfahren wesentlicher Eigenschaften, herbeizuführen. [2]Nach Möglichkeit soll ein zur Untersuchung von Jugendlichen befähigter Sachverständiger mit der Durchführung der Anordnung beauftragt werden.

Richtlinien zu § 43

1. Die Ermittlungen der Staatsanwaltschaft haben auch die Aufgabe, eine sachgerechte Entscheidung über die Rechtsfolgen der Tat zu ermöglichen. Nr. 17 RiStBV gilt entsprechend.

2. Zur Persönlichkeitsforschung sollen Akten über Vorstrafen und vormundschaftsrichterliche Akten beigezogen werden. Wichtige Aufschlüsse über die Persönlichkeit des Jugendlichen können Akten von Vollzugsanstalten, Berichte von Heimen der Jugendhilfe sowie Aufzeichnungen der Schule geben.

3. Befindet sich der Jugendliche in Untersuchungshaft, so fordert die Staatsanwaltschaft oder das Gericht in der Regel von der Vollzugsanstalt einen Bericht über die von ihr vorgenommene Persönlichkeitserforschung, über das Verhalten des Jugendlichen in der Anstalt und über seine besonderen Eigenarten an (Nr. 79 UVollzO).

Ebenso ist zu verfahren, wenn der Jugendliche sich in Strafhaft befindet. Ist die einstweilige Unterbringung in einem Heim der Jugendhilfe (§ 71 Abs. 2, § 72 Abs. 4) erfolgt, so soll die Heimleitung gehört werden.

4. Wird dem Beschuldigten Hilfe zur Erziehung in einem Heim oder einer vergleichbaren Einrichtung gewährt, so soll außer dem Jugendamt auch die Leitung der Einrichtung unmittelbar um Äußerung ersucht werden.

5. Untersteht der Beschuldigte der Aufsicht und Leitung eines Bewährungshelfers oder ist für ihn ein Erziehungsbeistand bestellt, so soll auch dieser gehört werden.

Dies gilt entsprechend, wenn der Beschuldigte einem Betreuungshelfer unterstellt ist oder an einem sozialen Trainingskurs teilnimmt.

6. Die Maßnahmen und Strafen des Jugendstrafrechts sind regelmäßig dann am wirksamsten, wenn sie der Tat auf dem Fuße folgen. Die Staatsanwaltschaft wirkt darauf hin, daß das Jugendamt verständigt wird, sobald der Stand der Ermittlungen dies erlaubt, und daß das Jugendamt seine Erhebungen mit größter Beschleunigung durchführt. In geeigneten Fällen kann ein mündlicher oder fernmündlicher Bericht – dem schriftlichen Bericht vorausgehend oder statt eines solchen – angefordert werden, dessen Inhalt die Staatsanwaltschaft oder das Gericht in den Akten vermerkt.

7. Die Staatsanwaltschaft teilt dem Jugendamt so bald wie möglich – in der Regel fernmündlich – mit, ob und bei welchem Gericht sie Anklage erheben oder Antrag im vereinfachten Jugendverfahren (§ 76) stellen wird. Soll das Verfahren durchgeführt werden, so wird das Jugendamt im allgemeinen dem Gericht unmittelbar berichten und der Staatsanwaltschaft eine Abschrift des Berichts übersenden. Dies sollte so rechtzeitig erfolgen, daß das Erforderliche noch vor Durchführung der Hauptverhandlung veranlaßt werden kann. Erwägt die Staatsanwaltschaft, nach § 45 von der Verfolgung abzusehen, hält sie aber noch eine Äußerung des Jugendamtes für erforderlich, so ersucht sie das Jugendamt, ihr zu berichten. In anderen geeigneten Fällen, namentlich wenn die Staatsanwaltschaft wegen nicht erwiesener Schuld das Verfahren einstellen will, benachrichtigt sie das Jugendamt, daß und weshalb sich der Bericht erübrigt.

8. Die Untersuchung des Jugendlichen durch einen Sachverständigen kann insbesondere veranlaßt sein,

a) wenn Grund zu der Annahme besteht, daß die Verfehlung mit einer psychischen Krankheit des Jugendlichen zusammenhängt,

b) wenn der Jugendliche durch seelische, geistige oder körperliche Besonderheiten auffällt oder

c) wenn der Jugendliche ohne erkennbare Ursachen erheblich verwahrlost ist.

9. § 43 gilt auch im Verfahren gegen Jugendliche vor den für allgemeine Strafsachen zuständigen Gerichten und im Verfahren gegen Heranwachsende (§ 104 Abs. 1 Nr. 3, § 109 Abs. 1 Satz 1; vgl. jedoch § 104 Abs. 3, § 112).

Schrifttum:

Dölling (Hrsg), Gutachten im Jugendstrafverfahren, Landesgruppe Baden-Württemberg der DVJJ, 2008; *Du Bois* (Hrsg.), Praxis und Umfeld der Kinder- und Jugendpsychiatrie, 1990; *Feuerhelm/Kügler,* „Das Haus des Jugendrechts" in Stuttgart-Bad Cannstatt, 2003; *Heim,* Psychiatrisch-psychologische Begutachtung im Jugendstrafrecht, 1986; *Jessnitzer/Ulrich,* der gerichtliche Sachverständige, 11. Aufl. 2001; *Kraft,* Tendenzen in der Entwicklung des Jugendstrafrechts seit der Jugendgerichtsbewegung, 2004; *Laubenthal,* Jugendgerichtshilfe im Strafverfahren, 1993; *Mertens,* Schnell oder gut, die Bedeutung des Beschleunigungsgrundsatz im Jugendstrafverfahren, 2003; *Nothacker,* „Erziehungsvorrang" und Gesetzesauslegung im Jugendgerichtsgesetz, 1985; *Rasch,* Forensische Psychiatrie, 2. Aufl. 1999; *Rennen-Allhof,* Praxis der Kinderpsychologie und -psychiatrie, 1991; *Richmann,* Die Beteiligung des Erziehungsberechtigten und gesetzlichen Vertreters am Jugendstrafverfahren, 2002; *Webers,* Datenschutz in der öffentlichen Jugendgerichtshilfe, 2005; *Wenn,* Die Begutachtung der Schuldfähigkeit von jugendlichen Straftätern, 1995.

I. Persönlicher und sachlicher Anwendungsbereich 1	a) Vernehmung des jugendlichen Beschuldigten 9
II. Verhältnismäßigkeit 3	b) Vernehmung des heranwachsende Beschuldigten 12
III. Das Ermittlungsverfahren gegen Jugendliche und Heranwachsende 4	c) Anwesenheitsberechtigung Dritter 13
1. Einleitung des Ermittlungsverfahrens 4	IV. Persönlichkeitserforschung 14
2. Staatsanwaltschaftliche Ermittlungen 5	1. Aufgabenverteilung 14
	a) Staatsanwaltschaft 14
3. Die Polizei als Ermittlungsperson in Verfahren gegen Jugendliche 7	b) Jugendgerichtshilfe 15
4. Vernehmung des Beschuldigten im Ermittlungsverfahren 9	c) Verhältnis der Staatsanwaltschaft zur JGH bei der Persönlichkeitserforschung 16

d) Anforderung des JGH-Berichts	17	b) Datenschutz bei Kooperationsmodellen	40
2. Art und Umfang der Persönlichkeitserforschung	19	VI. Sachverständiger (§ 43 Abs. 2)	41
		1. Subsidiarität	41
a) Umfassende Persönlichkeitserforschung	20	2. Zuständigkeit zur Beauftragung	42
b) Besonderheiten bei Zuwanderern	22	3. Beauftragung	43
3. Quellen	23	4. Keine obligatorische Begutachtung	44
a) Angaben des Beschuldigten	24	5. Erfordernis der Begutachtung	45
b) Eltern, gesetzliche Vertreter und Erziehungsberechtigte	26	a) Bei Tötungs- und Sexualdelikten	45
aa) Verlässlichkeit	26	b) Gewalt- und Seriendelikte	46
bb) Keine Pflicht zur Angabe	27	c) Feststellung der Strafreife	47
c) Schule und Ausbildender	28	6. Auswahl und Eignung	48
aa) Subsidiarität	28	a) Befähigung	48
bb) Zu befragende Personen	29	b) Fachrichtung	49
cc) Einsicht in schriftliche Unterlagen	30	c) Beurteilung der Sozialprognose	50
d) Behörden	31	7. Eingrenzung des Auftrags	51
e) Soziales Umfeld	32	a) Beschreibung des Auftrags	51
f) Form	33	b) Akteneinsicht des Sachverständigen	52
g) Beiziehen von Akten	34	8. Unabhängigkeit des Sachverständigen	53
h) Verhalten des Beschuldigten als nicht Strafmündiger	35	9. Ambulante und stationäre Begutachtung	54
aa) Erkenntnisse aus Polizei- und Jugendamtsakten	35	10. Keine Mitwirkung des Beschuldigten	55
bb) Erkenntnisse aus staatsanwaltschaftlichen Akten	36	11. Mitteilung von Erkenntnissen durch den Sachverständigen	56
V. Kooperation	37	12. Aufklärung des zu Untersuchenden	57
1. Frühzeitige Zusammenarbeit zwischen den beteiligten Behörden	37	13. Körperliche Untersuchung	58
		14. Form des Gutachtens	59
2. Kooperationsmodelle	38	VII. Rechtsmittel	60
3. Datenschutz	39		
a) Aufnahme von Sozialdaten in den JGH-Bericht	39		

I. Persönlicher und sachlicher Anwendungsbereich

1   Die Vorschrift gilt für Jugendliche und Heranwachsende gleichermaßen und zwar auch in Verfahren vor den für allgemeine Strafsachen zuständigen Gerichten (§ 104 Abs. 1 Nr. 3), allerdings mit der Einschränkung des § 104 Abs. 3. Die Norm ist auch anwendbar, wenn der Beschuldigte zur Zeit der Tat noch Jugendlicher oder Heranwachsender war, zum Zeitpunkt der Einleitung der Ermittlungen gegen ihn oder bei deren Abschluss bereits das 21. Lebensjahr erreicht hat. Die Erstreckung des § 43 auf Heranwachsende ist nur logisch, da mit der Erforschung der Persönlichkeit gerade ein Hilfsmittel geliefert werden soll, ob auf einen

Heranwachsenden noch das Jugendstrafrecht angewendet werden kann. Inwieweit in den Fällen, in denen zwischen der Begehung der Tat und der Einleitung der Ermittlungen oder einer Hauptverhandlung viel Zeit, unter Umständen Jahre, vergangen ist, es noch Sinn macht, die Persönlichkeit zurzeit der Tat zu erforschen, ist im Einzelfall vom Ermittlungsführer, im Ermittlungsverfahren vom Jugendstaatsanwalt, nach Anklageerhebung vom Jugendrichter zu entscheiden. Dabei hat er die Grundsätze der Verhältnismäßigkeit, insbesondere bei eingeschränkten Erforschungsmöglichkeiten zu beachten.

Die Norm ist grundsätzlich auch im Vereinfachten Jugendverfahren anzuwenden, wegen der auch hier zu beachtenden Verhältnismäßigkeit dürfte allerdings die Einschaltung eines Sachverständigen nach Abs. 2 ausscheiden und auch die übrigen Erforschungsmöglichkeiten können wesentlich eingeschränkt werden. Gleiches gilt für das Bußgeldverfahren, wobei hier zu beachten ist, dass hier für den jugendlichen oder heranwachsenden Betroffenen teilweise weitreichende und sein Leben maßgeblich beeinflussende Rechtsfolgen getroffen werden können. 2

II. Verhältnismäßigkeit

Die ständige Beachtung der Angemessenheit von Zweck und Mittel ergibt sich 3
schon aus der Fassung des § 43 als „Soll-Bestimmung". Dies indiziert grundsätzlich ein Regel-Ausnahme-Verhältnis, wonach vom Erfordernis der Erforschung der Gesamtpersönlichkeit des beschuldigten Jugendlichen oder Heranwachsenden ausgegangen wird und nur bei Vorliegen sachlich begründeter, nicht unerheblicher Umstände nach Ausübung pflichtgemäßen Ermessens davon abgesehen werden kann. Das „soll" in Abs. 1 S. 1 bezieht sich dabei nicht nur auf die zeitliche Vorgabe „so bald wie möglich", sondern auf die Aufgabe insgesamt. Die Anforderung der raschen Ermittlung ist eine explizite Hervorhebung des dem Jugendstrafrecht innewohnenden besonderen Beschleunigungsgebots. Im Sinne des § 43 Abs. 1 soll jedoch nicht nur der Verfahrensgang beschleunigt, sondern die Persönlichkeitserforschung möglichst in einem frühen Stadium der Ermittlungen begonnen werden.[1] Andererseits steht der Gebrauch der Vorschrift in allen Gesichtspunkten unter dem Grundsatz der Verhältnismäßigkeit. Dies gilt sowohl für die zeitliche Komponente des § 43 Abs. 1 S. 1 als auch für den Umfang der anzustellenden Ermittlungen. Der Begriff der „Ermittlungen" in der amtlichen Überschrift betrifft in erster Linie nicht die Vorschriften über die Tatsachenermittlung und Tataufklärung wie sie in der StPO dargelegt sind. Es handelt sich vielmehr um die Erforschung der Merkmale, die eine strafrechtliche Persönlichkeitsbeurteilung[2] zulassen sollen. Die Ermittlungen werden auf den „Stellenwert der mutmaßlichen Tat im Lebenszusammenhang" des Jugendlichen erstreckt.[3] Sie sind jedoch mit den allgemeinen Ermittlungen verwoben.

III. Das Ermittlungsverfahren gegen Jugendliche und Heranwachsende

1. Einleitung des Ermittlungsverfahrens. Der § 43 setzt das bereits eingeleitete 4
Ermittlungsverfahren voraus. Dies bedeutet, den Ermittlungsbehörden (Staatsanwaltschaft oder Polizei) ist eine Straftat bekannt geworden, hinsichtlich derer zumindest ein Anfangsverdacht[4] der Täterschaft oder Beteiligung eines Jugendlichen oder Heranwachsenden besteht. Dabei ist es unerheblich, ob bei mehreren

---

1 Mertens, S. 94.
2 Ostendorf, § 43 Rn 4.
3 Eisenberg, § 43 Rn 10.
4 Meyer-Goßner, § 152 StPO Rn 4.

Tätern unterschiedlicher Altersgruppen das Schwergewicht des Vorwurfs bei Erwachsenen liegt. Jeder in ein Ermittlungsverfahren als Beschuldigter verwickelter Jugendlicher oder Heranwachsender hat den Anspruch auf die Anwendung des Jugendstrafrechts bzw die fehlerfreie Überprüfung, ob auf ihn Jugendstrafrecht anzuwenden ist und damit auch auf die einer Entscheidung des Jugendrichters vorangehende Aufklärung nach dem JGG. Der Beginn der Ermittlungen zur Persönlichkeitserforschung, einschließlich der Beauftragung der JGH durch den Jugendstaatsanwalt unmittelbar nachdem der Anfangsverdacht einer Straftat eines Jugendlichen bekannt geworden ist, ist in der Praxis in den allermeisten Fällen nicht sinnvoll. Es ist legitim und geboten, zunächst eine bestimmte Zeit abzuwarten, ob und in welchem Umfang sich der Tatverdacht gegen den Beschuldigten erhärtet. Bereits das Zusammentragen von Informationen über den Jugendlichen ist ein Eingriff in seine Persönlichkeitssphäre und das zu einem Zeitpunkt, zu dem es an einem ausreichend konkretisierbaren Verdacht fehlen kann.[5] Solange die Möglichkeit besteht, der Beschuldigte könne als Täter ausscheiden oder die Tat könne ihm nicht hinreichend sicher nachgewiesen werden, widerspricht es seinen Rechten als Beschuldigter und jeglicher Arbeitsökonomie mit der Persönlichkeitsforschung überhaupt zu beginnen. Die weitgehend geübte Praxis, die JGH bei Bagatelldelikten und weniger gravierenden Vorwürfen erst nach Abschluss der staatsanwaltschaftlichen Prüfung und Fertigung einer Anklageschrift einzuschalten, begegnet also keinen Bedenken, sondern entspricht der Vorschrift. Selbst bei schwerwiegenderen Vorwürfen gebietet die Abwägung zwischen dem Beschleunigungsgebot und den möglichen Auswirkungen der Erforschungshandlungen eine gewisse Zurückhaltung. Ist richterlich ein dringender Tatverdacht festgestellt und liegt ein Haftbefehl vor, wird der Beschleunigungsgedanke Vorrang haben.

5   **2. Staatsanwaltschaftliche Ermittlungen.** Sowohl die StPO (§ 160 Abs. 1), als auch das JGG (vgl RiLi Nr. 1 zu § 43) sieht den Staatsanwalt als die Institution, die die Ermittlungen führt. Er hat den Auftrag, den Sachverhalt zu erforschen und ist „Herr des Verfahrens" in diesem Stadium.[6] Die überwiegende Praxis sieht sowohl im Erwachsenen- als auch im Jugendstrafrecht anders aus. Mehr noch als bei Strafverfahren gegen Erwachsene beginnen die Ermittlungen gegen Jugendliche bei der Polizei und erreichen die Kenntnis der Staatsanwaltschaft erst mit der (die polizeilichen Ermittlungen abschließenden) Strafanzeige. Der in § 43 Abs. 1 vorgesehene Zeitpunkt „Einleitung des Verfahrens" liegt daher in aller Regel vor Kenntniserlangung der Staatsanwaltschaft und des Jugendamts. Diese allgemein bedauerte[7], aber hingenommene und auch rechtmäßige[8] Praxis wird den besonderen Anforderungen der Jugendstrafverfolgung mit ihren gesetzlichen Vorgaben nicht gerecht. Die Darstellung bei Albrecht,[9] wonach sich die Grenzen zwischen strafverfahrensrechtlichen und polizeirechtlichen Eingriffsbefugnissen verwischt hätten, kann in der täglichen Praxis (noch) nicht festgestellt werden. Die aufgezeigten Gefahren sind angesichts der Forderung nach Sanktionierung durch die Polizei[10] nicht von der Hand zu weisen. Soweit in einzelnen Ländern Kooperati-

---

5   Kraft, S. 277.
6   BVerfG v. 26.4.1975, 2 BvR 883/75, NJW 1976, 231.
7   Eisenberg, Einl. Rn 13; Albrecht, P.-A., § 45 I 3.
8   Meyer-Goßner, § 163 StPO Rn 1.
9   Albrecht, P.-A. § 45 I 3.
10 Vgl dazu auch Kusch, Plädoyer für die Abschaffung des Jugendstrafrechts, NStZ 2006, 65 und die Entgegnung von Ostendorf, Gegen die Abschaffung des Jugendstrafrechts oder seiner Essentialia, NStZ 2006, 320.

ons- und Kommunikationsmodelle (beispielsweise den weitgehend in verschiedenen Ausformungen umgesetzten Programmen für „jugendliche Intensivtäter") etabliert sind, wird genau auf die Einhaltung der Grenzen der gesetzlich zugewiesenen Aufgaben zu achten sein. Ein wesentliches Ziel dieser Modelle muss auch sein, die idealtypische Situation nach der StPO und dem JGG soweit als möglich herzustellen (vgl dazu auch unten Rn 35).

Im Ermittlungsverfahren gegen Jugendliche gelten uneingeschränkt die in §§ 152, 160 ff StPO dargelegten und dazu entwickelten Grundsätze. Die Vorschrift des § 43 JGG ergänzt die für die Ermittlungen gegen Erwachsene gültigen Vorschriften. Die in § 160 Abs. 3 StPO aufgeführte Verpflichtung der Staatsanwaltschaft, die Umstände zu ermitteln, die für die Rechtsfolge der Tat von Bedeutung sind, wird in § 43 präzisiert und mit dem das Jugendstrafrecht beherrschenden Erziehungsgedanken versehen und vertieft. So sind grundsätzlich auch bei Erwachsenen bei schweren Taten die Entwicklung der Persönlichkeit und die Umstände, die zu der Tat geführt haben, zu ermitteln.[11] Der Staatsanwalt kann sich dabei der im Gegensatz zur JGH eher wenig in Anspruch genommenen Gerichtshilfe bedienen. Die Vorschrift des § 43 ist aber mehr als eine reine Klarstellungsnorm oder Interpretationshilfe. Die Ausformulierung der zu erforschenden Umstände, die in ihren Aufgaben (§ 38) sehr viel konkreter definierten Aufgaben der JGH gegenüber der Gerichtshilfe führen dazu, dass der JGH-Bericht (eingeschränkt im vereinfachten Jugendverfahren) als eine grundsätzliche Voraussetzung des Jugendstrafprozess angesehen werden muss.

3. Die Polizei als Ermittlungsperson in Verfahren gegen Jugendliche. Die Tatsachenermittlung liegt in den Händen der Polizei als „Ermittlungsperson" der Staatsanwaltschaft (§ 152 GVG). Das JGG sieht keine besondere „Jugendpolizei" vor. Einzelne Vorschriften zur polizeilichen Bearbeitung von Verfahren gegen Jugendliche sind beispielsweise die von den Länderinnenministern im Jahr 1995 neu gefasste und 1996 in Kraft getretene Polizeidienstvorschrift (PDV) 382 „Bearbeitung von Jugendsachen" oder die am 1.1.2005 in Kraft getretenen „Gemeinsamen Richtlinien des Justizministeriums, des Innenministeriums und des Sozialministeriums zur Förderung von Diversionsmaßnahmen und zur Zusammenarbeit von Staatsanwaltschaft, Polizei und Jugendgerichtshilfe bei Straftaten jugendlicher oder heranwachsender Beschuldigter sowie delinquentem Verhalten von Kindern" des Landes Baden-Württemberg. Die PDV 382 setzt bereits den „Jugendsachbearbeiter" bei der Polizei voraus, an den, nachdem die ersten Ermittlungen durch andere Beamte getätigt worden sind, die weitere Sachbearbeitung weitergegeben werden soll (PDV 382, 3.2.2). Zur Qualifikation des Jugendsachbearbeiters führt die Vorschrift (1.6) aus: „Mit der Bearbeitung von Jugendsachen sind besonders geschulte Polizeibeamte (Jugendsachbearbeiter) zu beauftragen". Offensichtlich sahen die Vorschriftengeber aber bereits einen möglichen Mangel solcher besonders geschulter Beamter voraus, da sie hilfsweise den Einsatz „anderer geeigneter Polizeibeamter" zuließen. Vorgaben für die Aus- und Weiterbildung der Jugendsachbearbeiter enthält die PDV 382 nicht, dies blieb den Ausbildungsvorschriften der einzelnen Länder überlassen.

Aus Gründen des Beschleunigungsgebots sind die polizeilichen Ermittlungen gegen Jugendliche „im Interesse der Minderjährigen und Heranwachsenden tatzeitnah zu führen" (PDV 382, 3.2.1). Diese Selbstverständlichkeit der tatzeitnahen Bearbeitung gilt aus den verschiedensten Gründen in allen Ermittlungsverfahren. Nicht zeitnah geführte Ermittlungen tragen naturgemäß die Gefahr un-

---

11 Meyer-Goßner, § 160 StPO Rn 17.

zureichender Sachaufklärung in sich und gefährden den staatlichen Anspruch auf Strafverfolgung. Darüber hinaus steht jedem Beschuldigten auch der Anspruch auf möglichst baldige Beendigung der gegen ihn erforderlichen Ermittlungen zu, da diese für ihn belastend sind und er die Unschuldsvermutung für sich in Anspruch nehmen kann. Wenn in der PDV 382 ausdrücklich das Interesse der dem JGG unterfallenden Personen hervorgehoben wird, so verpflichtet dies die Polizeibehörden, auch die entsprechenden personellen und sachlichen Voraussetzungen zu schaffen.

9 **4. Vernehmung des Beschuldigten im Ermittlungsverfahren. a) Vernehmung des jugendlichen Beschuldigten.** Das JGG sieht für die Stellung des jugendlichen oder heranwachsenden Beschuldigten gegenüber der Polizei und Staatsanwaltschaft keine besondere Regelung vor. Die Vernehmung erfolgt nach den Vorschriften der StPO. Bei Heranwachsenden ist das Verfahren vor Polizei und Staatsanwaltschaft unproblematisch. Bei der Vernehmung jugendlicher Beschuldigter sind jedoch besondere Grundsätze zu beachten. In der StPO ist lediglich in § 52 Abs. 2 für den minderjährigen aussageverweigerungsberechtigten Zeugen eine Regelung getroffen: Die Aussage des minderjährigen Zeugen darf nur verwertet werden, wenn er über sein Aussageverweigerungsrecht genügend Vorstellung hat, andernfalls bedarf es der Zustimmung des gesetzlichen Vertreters. Mit Ausnahme des § 241 a StPO ist dies die einzige Vorschrift, die auf jugendliche Prozessbeteiligte abstellt. Für den Umgang der Ermittlungsbehörden gilt für jugendliche Beschuldigte gleichermaßen wie für Erwachsene der § 136 a StPO, der als Ausprägung[12] des Art. 1 GG unantastbares Menschenrecht ist und für alle mit der Strafverfolgung befassten Organe gilt.[13] Die in § 136 a StPO aufgezählten Arten der Beeinträchtigung der Willensentschließung und Willensbetätigung sind nicht abschließend und enthalten nur Beispiele unzulässiger Beeinträchtigung.[14] Der Beschuldigte muss danach zu jedem Zeitpunkt seiner Vernehmung in der Lage sein, nicht nur seine Rolle zu erkennen, sondern auch die Auswirkungen seiner Angaben abschätzen können. Bei der Vernehmung, insbesondere der Belehrung des Jugendlichen muss daher seinen individuellen Voraussetzungen, insbesondere seiner Persönlichkeitsentwicklung und seinem Reifegrad, ausreichend Beachtung entgegengebracht werden. Die Widerstandskraft eines Jugendlichen wird in der Regel nicht in der Weise wie bei einem Erwachsenen ausgeprägt sein.[15] Der vielfach zitierte Fall der mehrstündigen Vernehmung eines 14-Jährigen zur Nachtzeit[16] lässt sich grundsätzlich als Beispiel heranführen, auch wenn das BVerfG[17] den konkreten Fall nicht beanstandet hat. Stets wird auch die momentane psychische Situation des jugendlichen Beschuldigten beobachtet werden müssen, die im Einzelfall zum Abbruch der Vernehmung führen muss. Örtliche und zeitliche Orientierungslosigkeit, Hinweise auf Beeinflussung durch Alkohol oder andere Drogen können bei Jugendlichen schneller als bei Erwachsenen dazu führen, eine Vernehmung als nicht verwertbar anzusehen.

---

12 Peters, Strafprozess, 4. Aufl. 1985, S. 337.
13 BGH v. 6.12.1961, 2StR 485/60, BGHSt 17, 14, 19.
14 BGH v. 16.2.1954, 1 StR 578/53, BGHSt 5, 332, 334; LR-Hanack, § 136 a StPO Rn 17; Meyer-Goßner, § 136 a StPO Rn 6.
15 Vgl dazu Eisenberg, Anwendungsmodifizierung bzw Sperrung von Normen der StPO durch Grundsätze des JGG, NStZ 1999, 281 ff.
16 Albrecht, P.- A., § 45 II 1; Eisenberg, Zum Schutzbedürfnis jugendlicher Beschuldigter im Ermittlungsverfahren, NJW 1988, 1250.
17 BVerfG v. 5.5.1987, 2BvR 599/86, NJW 1988, 1256.

Beim Jugendliche gehört dazu auch die Fähigkeit, sein Aussageverweigerungsrecht, über das er altersgerecht zu belehren ist, zu erkennen und darüber frei zu entscheiden, In der PDV 382 (3.4.3) ist eindeutig festgelegt, dass eine förmliche Vernehmung nicht erfolgen darf, wenn für den Beamten zu erkennen ist, dass der Jugendliche die Belehrung nicht versteht, keine Einsicht in die Tragweite seiner Entscheidung hat oder bei ihm die Voraussetzungen des § 3 nicht vorliegen. Die Belehrung muss für den Jugendlichen verständig und eindeutig klarstellen, dass es ihm frei steht, nicht auszusagen, obwohl er von einem staatlichen Ermittlungsorgan in amtlicher Eigenschaft befragt wird.[18] Eine Belehrung, die diesen Ansprüchen nicht gerecht wird, verstößt gegen § 136 a StPO. Ein Jugendlicher ist grundsätzlich über sein Recht zu belehren, sich mit einem Erziehungsberechtigten besprechen zu können Dieses Recht des Jugendlichen wird aus §§ 2, 67 Abs. 1 in Verbindung mit §§ 136 Abs. 1 S. 2, 163 a Abs. 4 StPO abgeleitet. Es wird damit begründet, der Jugendliche könne alters- und reifebedingt auch bei grundsätzlicher Kenntnis seiner Aussagefreiheit ohne Beistand nicht in der Lage sein, sein Schweigerecht gegenüber den Strafverfolgungsbehörden durchzusetzen. Unterbleibt diese Belehrung bei einer polizeilichen Vernehmung, so kann dies zu einer Unverwertbarkeit der Vernehmung führen.[19] Allein die unterlassene Belehrung in dieser Hinsicht wird allerdings nicht ausreichen, um zu einer Unverwertbarkeit zu gelangen, sondern sie ist immer unter dem Schutzgedanken der betreffenden Normen zu sehen. So wird die Verwertbarkeit stets dann gegeben sein, wenn der Jugendliche den Beistand eines von den Erziehungsberechtigten beauftragten Verteidigers genießt. Erklärt der verstandesreife oder von einem Verteidiger vertretene Jugendliche von vornherein, er wolle die Anwesenheit seiner Erziehungsberechtigten nicht und/oder diese zeigen trotz Kenntnis der Vernehmung kein Interesse, sich mit dem Jugendlichen zu besprechen oder erklären, sie wollten, dass der Jugendliche aussage, so liegt bei einer Vernehmung weder eine den Schutzzweck der Vernehmung oder das Elternrecht verletzende Handlung vor. Es bedarf allerdings keiner förmlichen Belehrung. Ausreichend ist, wenn dem verstandesreifen Jugendlichen sein Recht eindeutig und unmissverständlich dargelegt wird.

10

Die Vernehmung des jugendlichen Beschuldigten durch Verwendung eines Anhörungsbogens wird allgemein als nicht zulässig angesehen.[20] Dabei wird auf die PDV 382 (3.6.18.) hingewiesen, wonach „im Hinblick auf die erzieherischen Zwecke des Jugendstrafverfahrens und den besonderen Umfang der Ermittlungen in Jugendsachen" keine schriftlichen Äußerungen von Jugendlichen (und nur in Ausnahmefällen von Heranwachsenden) anstelle einer Vernehmung einzuholen sind. Dadurch soll zum einen der Besorgnis Rechnung getragen werden, der Jugendliche könne, ohne dass der Ermittelnde eine persönlichen Eindruck von ihm hat, aufgrund seines Entwicklungsstandes nicht in der Lage sein, den Vorwurf überhaupt zu erfassen und sich entsprechend zu äußern. Zum andern sollte nicht der Eindruck entstehen, er sei lediglich ein „unpersönlicher Aktenvorgang". Eine schriftliche Erklärung eines jugendlichen Beschuldigten nach entsprechender verständlicher Belehrung ist jedoch nicht grundsätzlich unverwertbar, sie wird jedoch sehr aufmerksam und kritisch von allen Ermittlungsorganen und vom Jugendrichter zu prüfen sein.

11

---

18 BGH v. 13.5.1996, GS StR 1/96, BGHSt 42, 139, 147.
19 OLG Celle v. 25.11.2009, 32 Ss 41/09, StraFo 2010, 114.
20 Eisenberg, NStZ 1999, 281 f.

12 **b) Vernehmung des heranwachsende Beschuldigten.** Beim heranwachsenden Beschuldigten ist die Versendung eines Anhörungsbogens bei Bagatelldelikten und einfach gelagerten Sachverhalten unbedenklich und sogar empfehlenswert, es sei denn, es liegen Erkenntnisse vor, die den Schluss zulassen, er sei aufgrund seiner Persönlichkeit nicht in der Lage, seine Rechte wahrzunehmen. Dies gilt in Übrigen auch für Erwachsene. Eine derartige Vernehmung bringt in aller Regel eine Entlastung des ermittelnden Beamten, ohne dass dem Ermittlungserfordernis geschadet wird und gibt ihm bei zu erwartenden knapper werdenden Personalressourcen die Möglichkeit, sich verstärkt um aufwändigere Verfahren zu kümmern. Das dem Beschuldigten zustehende rechtliche Gehör ist aber nur gewahrt, wenn im Anhörungsbogen der ihm zur Last gelegte Sachverhalt eindeutig und umfassend für ihn verständlich geschildert ist. Damit dürfte aus rein pragmatischen Gründen der Anwendungsbereich des Anhörungsbogens im Wesentlichen auf die Massendelikte wie Leistungserschleichungen, Ladendiebstähle, Fahren ohne Fahrerlaubnis uä beschränkt sein. Angesichts der Zahl dieser Verfahren scheint dies aber eine nicht unerhebliche Erleichterung zu sein. Der in der PDV 382 angeführte „besondere Umfang" der Ermittlungen dürfte in diesen Fällen auch kaum ersichtlich sein.

13 **c) Anwesenheitsberechtigung Dritter.** Eine Anwesenheitspflicht des Erziehungsberechtigten, Vertreters des Jugendamtes oder sonstigen Beistands besteht auch bei der Vernehmung Jugendlicher nicht. Die Abwesenheit des Erziehungsberechtigten führt daher nicht zur Unverwertbarkeit der Vernehmung. Die Rechte des Erziehungsberechtigten oder gesetzlichen Vertreters (§ 67 Abs. 1) sind jedoch in jedem Stadium der Ermittlungen unter den Einschränkungen des § 67 Abs. 4 zu gewährleisten. Daraus folgt eine grundsätzliche Benachrichtigungspflicht der Eltern oder Erziehungsberechtigten durch den Vernehmungsbeamten.[21] Dabei soll die Benachrichtigung an den Erziehungsberechtigten oder gesetzlichen Vertreter über das eingeleitete Ermittlungsverfahren parallel zur Benachrichtigung des Jugendlichen erfolgen, spätestens aber bei der abschließenden Vernehmung.[22] Sind diese nicht in angemessener Zeit erreichbar, wird die Vernehmung auch ohne ihre Beteiligung erfolgen können. Eine polizeiliche Vernehmung eines Jugendlichen wegen einer Straftat, die er mit seinem Vater zusammen verübt hat, ist verwertbar, wenn sie in Abwesenheit des Vaters erfolgte und der Jugendliche ordnungsgemäß über seine Rechte belehrt worden ist.[23] Umgekehrt dazu ergibt sich das Recht des Jugendlichen, dass er sich immer des Rates und des Beistandes des Erziehungsberechtigten bedienen kann. Auch über dieses Recht ist er wie über sein Aussageverweigerungsrecht zu belehren.[24] Die freie Wahl des Verteidigers steht jedem verstandesreifen Jugendlichen zu, auch darüber muss er belehrt werden. Im Einzelfall kann die Belehrung auf einem Formblatt nicht ausreichend sein. Im Fall eines Vorwurfs, der zu einer notwendigen Verteidigung (§ 68, §§ 140, 141 Abs. 3 StPO) führen kann, ist bereits bei der ersten Vernehmung des Beschuldigten unter Abwägung des Gewichts des Vorwurfes mit der Verstandesreife des Beschuldigten die Hinzuziehung eines Verteidigers unter dem Gesichtspunkt des § 136 a StPO erforderlich.

---

21 Dazu auch Eisenberg, NJW 1988, 1250; Richmann, S. 76 f.
22 Richmann, S. 72.
23 BVerfG NJW 1988, 1256.
24 Eisenberg, § 67 Rn 11 b.

IV. Persönlichkeitserforschung

1. Aufgabenverteilung. a) Staatsanwaltschaft. Die Aufgabe der Persönlichkeits- 14
erforschung (der gängige Begriff wird von Ostendorf zu Recht als zu eng angesehen,[25] soll aber hier der Einfachheit halber weiter verwendet werden) ist im Vorverfahren dem Ermittlungsführer, also dem Jugendstaatsanwalt zugeordnet. Die Umsetzung dieser Aufgabe obliegt jedoch, wie sich aus § 38 Abs. 2 S. 2 ergibt,[26] der JGH. Die Verantwortlichkeit der Staatsanwaltschaft für die Persönlichkeitserforschung bleibt aber bestehen. Der Gesetzgeber bringt dies durch die Formulierung in § 38 Abs. 2 S. 2 „sie unterstützt ... die beteiligten Behörden ..." zum Ausdruck. Mit Anklageerhebung geht diese Aufgabe auf den Jugendrichter über (§ 202 StPO). Der Staatsanwaltschaft bleibt es aber unbenommen, bei entsprechendem Anlass auch in dieser Richtung weitere Nachermittlungen anzustellen.

b) Jugendgerichtshilfe. Die JGH als zwingend vom Gesetz vorgesehene Institu- 15
tion der Jugendämter ist im Rahmen des § 43 Abs. 1 verpflichtet, tätig zu werden und die Erkenntnisse über die Persönlichkeit des Beschuldigten zu erheben. Auch ihre Tätigkeit unterliegt dem Grundsatz der Verhältnismäßigkeit. Sie hat daher nach pflichtgemäßem Ermessen zu entscheiden, ob und wie sie dem Antrag der Staatsanwaltschaft nachkommt. Die JGH muss bei ihrer Entscheidung sachlich zwischen dem Vorwurf, der dem Beschuldigten gemacht wird, der Bedeutung des möglichen Rechtsfolgeausspruchs für sein weiteres persönliches Schicksal und dem Eingriff, den ihr Tätigwerden darstellt, abwägen. Dabei kann auch die personelle und sachliche Ausstattung der Jugendämter (oder der beauftragten freien Träger der Jugendhilfe) eine Rolle spielen. Die Verpflichtung der JGH, in jedem Fall umfassend über die Persönlichkeit des Jugendlichen zu berichten, kann durch die tatsächlich vorliegenden Voraussetzungen eingeschränkt sein. Zu einer Aushöhlung des „Regel-Ausnahme-Prinzips", das vorgegeben ist, darf es jedoch nicht kommen. Die sich daraus ergebenden Konsequenzen für das Organ JGH wurden von Eisenberg[27] anhand der ähnlich gelagerten Problematik des Nichterscheinens eines Vertreters der JGH in der Hauptverhandlung dargelegt.

c) Verhältnis der Staatsanwaltschaft zur JGH bei der Persönlichkeitserfor- 16
schung. Da die JGH keine Ermittlungsperson der Staatsanwaltschaft im Sinne der §§ 152 GVG, 161 StPO ist, kann sie von der Staatsanwaltschaft nicht zu einer Handlung angewiesen werden. Die JGH ist selbstständiges Prozessorgan im Jugendstrafverfahren,[28] das eine „freie und eigenverantwortliche" Rechtsstellung genießt.[29] Dies gilt nicht nur für den Jugendgerichtshelfer in der Hauptverhandlung, sondern in jedem Stadium des Verfahrens. Die Ansicht, der Staatsanwaltschaft sei die Überwachung der JGH zugebilligt,[30] findet im Gesetz keine Stütze und ist auch mit der Doppelfunktion des Jugendgerichtshelfers als Erforscher der Persönlichkeit und Helfer für den betroffenen Jugendlichen kaum vereinbar. Die Staatsanwaltschaft hat jedoch zu überprüfen, ob die Erkenntnisse der JGH auf rechtmäßige Art und Weise erlangt und damit für das Verfahren verwertbar sind. Sofern eine Verpflichtung der JGH auf Mitwirkung festgestellt wurde,[31] bezog sich dies nur auf das gerichtliche Verfahren und wurde durch die revisionsrecht-

---

25 Ostendorf, § 43 Rn 4.
26 Eisenberg, § 43 Rn 16; Brunner-Dölling, § 43 Rn 12.
27 Anmerkung zur Entscheidung des LG Frankfurt v. 15.5.1984, NStZ 1985, 43.
28 D/S/S-Sonnen, § 43 Rn 3; Ostendorf, § 43 Rn 7.
29 LG Frankfurt v. 15.5.1984, 5/3 Qs 15/85, NStZ 1985,42.
30 Brunner-Dölling, § 43 Rn 3.
31 OLG Köln v. 24.6.1986, Ss 236/86, NStZ 1986, 569; LG Trier NStZ-RR 2000, 248.

lich überprüfbare richterliche Aufklärungspflicht des § 244 Abs. 2 StPO gerechtfertigt.

17 **d) Anforderung des JGH-Berichts.** Sieht der Jugendstaatsanwalt bei seiner gesetzlichen Aufgabe das Erfordernis eines JGH-Berichts vor Abschluss seiner Ermittlungen, so kann er einen solchen anfordern. Trotz aller Selbstständigkeit ist die JGH aus ihrer Unterstützungspflicht (§§ 38 Abs. 2 S. 2, 43 Abs. 1) grundsätzlich gehalten, diesem Auftrag nachzukommen. Sie kann aber aus den oben genannten Gründen bei dieser, im Jugendstrafverfahren bedeutsamsten Aufgabe eigenständig entscheiden, in welcher Weise sie ihrer Unterstützungspflicht nachkommt. Es steht ihr das Recht zu, sich auf diejenigen Verfahren mehr zu konzentrieren, die ihrer Ansicht nach einer sozialpädagogischen Intervention bedürfen, um ein Abgleiten in eine kriminelle Karriere des Jugendlichen zu verhindern.[32] Da sie nicht dem Legalitätsprinzip unterliegt,[33] ist diese Entscheidung nur sehr eingeschränkt überprüfbar und anzugreifen. Die JGH sollte sich allerdings den Anforderungen der Staatsanwaltschaft (und nach Anklageerhebung des Jugendrichters) nicht ohne sehr stichhaltige Gründe verweigern.

18 Kommt die JGH den Anforderungen nicht nach, so stehen den Justizorganen nur sehr beschränkte Möglichkeiten zur Verfügung, die Mithilfe der JGH zu gewinnen. Er kann und muss gegebenenfalls selbst die Erkenntnisse von den in § 43 Abs. 1 S. 2 aufgeführten Personen einholen[34] oder durch seine Ermittlungspersonen einholen lassen. Dabei stehen ihm auch bei der Persönlichkeitserforschung die Zwangsmöglichkeiten der §§ 161 a, 51 ff StPO zur Verfügung, sofern es sich um die Anhörung von Zeugen handelt. Bei der Ladung und Vernehmung von Angehörigen des Jugendamtes ist allerdings wegen § 65 SGB VIII große Zurückhaltung geboten. Schließlich bleibt ihm noch die Möglichkeit, sich nach § 43 Abs. 2 eines Sachverständigen zu bedienen, wobei er wegen des damit verbundenen zeitlichen und finanziellen Aufwands den Gedanken der Verhältnismäßigkeit nicht aus den Augen verlieren sollte. In der Praxis ist ein derartiges Auseinanderklaffen allerdings außerordentlich selten und sollte von allen Beteiligten im Interesse des Jugendlichen vermieden werden.

19 **2. Art und Umfang der Persönlichkeitserforschung.** Art und Umfang der Persönlichkeitserforschung durch die JGH hängen von den Gegebenheiten des Einzelfalls ab. Dies gilt sowohl für die Umstände und das Gewicht des vorgeworfenen Fehlverhaltens des Jugendlichen oder Heranwachsenden wie auch für die Beachtung einer möglichen Fehlentwicklung in der Person des Beschuldigten, die durch den Jugendrichter korrigiert werden soll. Dies kann dazu führen, dass zwar nicht bei einzelnen, aber doch häufig oder seriemmäßig begangenen Bagatelldelikten eine gründliche Erforschung notwendig ist. Eine Verpflichtung nach aufgelisteten Delikten, etwa grundsätzlicher Verzicht auf die Persönlichkeitserforschung bei Leistungserschleichungen oder Ladendiebstählen, unter den Voraussetzungen des § 248 a StGB bietet sich nicht an und verstößt auch gegen die der JGH gesetzlich zugewiesene Aufgabe.

20 **a) Umfassende Persönlichkeitserforschung.** Das Gesetz sieht unter Berücksichtigung dieser Verhältnismäßigkeit eine umfassende Erforschung vor. Die beispielhafte Aufzählung „Lebens- und Familienverhältnis", „Werdegang" und „bisheriges Verhalten" werden durch die Generalklausel „alle übrigen Umstände" ergänzt. Die „körperliche" Eigenart, die bis zum JGG 1953 im Gesetz stand, ist

---
32 Mörsberger in: Wiesner SGB VIII, 3. Aufl. 2006, § 52 Rn 35.
33 Eisenberg, § 43 Rn 16 a.
34 Brunner-Dölling, § 43 Rn 14.

damit aufgefangen, denn es unterliegt keinen Zweifeln, dass physische Besonderheiten oder körperliche Behinderungen, gerade wenn sie nicht offensichtlich sind, auf die Entwicklung eines Jugendlichen großen Einfluss haben können.

Teilweise wird die Persönlichkeitserforschung auf eine strafrechtliche Persönlichkeitsbeurteilung eingeschränkt, eine allgemeine erzieherische oder moralische Persönlichkeitsbewertung stehe außerhalb des Gesetzeszwecks.[35] Eine Trennung der Persönlichkeitserforschung nach diesen Kriterien erscheint für die Praxis wenig hilfreich. Gefordert ist eine möglichst ganzheitliche Betrachtung der Persönlichkeit mit dem Ziel vor Augen, wem und zu was der Bericht dienen soll, nämlich der Unterstützung des Jugendrichters bei der Findung der (Straf-)Rechtsfolge oder dem Staatsanwalt bei seiner Entscheidung über die zu treffende Abschlussverfügung. Die Darlegung allgemeiner Wertvorstellungen des Beschuldigten gehört dazu ebenso wie die Erkenntnisse über die „ethische Entwicklung".[36] Hinsichtlich der mutmaßlichen Straftat gibt der § 43 Abs. 1 der JGH keine Legitimation zur Ermittlung, sie kann jedoch den Vorwurf miteinbeziehen. 21

b) Besonderheiten bei Zuwanderern. Die erforderliche Darlegung der Normen- und Wertvorstellungen des Jugendlichen[37] erfordert in den Fällen, in denen ein Migrationshintergrund besteht, besondere Aufmerksamkeit und gegebenenfalls Kenntnisse über Kultur und Verhältnisse des Herkunftslandes. Eine Beurteilung des Beschuldigten ohne ausreichende Berücksichtigung des Integrationsstandes und der Spannungen, die sich beim Aufeinandertreffen verschiedener Kulturkreise ergeben können, ist nicht möglich. Dies gilt auch dann, wenn der Beschuldigte bereits im Inland geboren und/oder hier aufgewachsen ist. Die Hinzuziehung einer sachkundigen Auskunftsperson bietet sich oft an. Ein Bericht, der diese Umstände nicht ausreichend würdigt, ist fehlerhaft. 22

3. Quellen. Die der JGH zur Verfügung stehenden Quellen scheinen sich nach den Erfahrungen der jugendstrafrechtlichen Praxis seit der Untersuchung von Momberg[38] wenig geändert zu haben: wesentlichste, nicht selten einzige Quelle, die in Anspruch genommen wird, sind die Angaben des Beschuldigten selbst. Gelegentliche Stellungnahmen der JGH wie „ein Bericht konnte nicht erstellt werden, da der Jugendliche der Ladung zu einem Gespräch nicht gefolgt ist" geben den tatsächlichen Stellenwert dieser Quelle auch wieder. Für die Mehrzahl der Fälle dürfte dies auch ausreichend und unter dem Gesichtspunkt der Verhältnismäßigkeit auch nicht zu beanstanden sein. Die Anforderungen an den Umfang und damit auch die Inanspruchnahme weiterer Quellen steigt mit dem Gewicht des Vorwurfs und der für den Jugendlichen zu erwartenden Rechtsfolge. 23

a) Angaben des Beschuldigten. Die Angaben des Beschuldigten sind für die Ermittlung rein deskriptiver Lebensdaten und –umstand nicht selten die einzige Quelle, da insbesondere bei Zuwanderern aus Entwicklungsländern Erziehungsberechtigte oder sonstige verlässliche Auskunftspersonen nicht zur Verfügung stehen. Dies verpflichtet den Jugendgerichtshelfer zu besonders sorgfältiger Vorgehensweise. Ergeben sich Zweifel an der Schilderung des Beschuldigten, was seine objektiven Lebensdaten bis hin zum Geburtsdatum betrifft, oder erkennt er Widersprüche zu anderen Erkenntnissen, die er besitzt, so sollte dies im Bericht zum Ausdruck kommen und nicht nur die Angaben als feststehende Tatsachen dargelegt werden. Bedeutsam ist aber auch der Eindruck, den der Jugendgerichts- 24

---

35 Ostendorf, § 43 Rn 4.
36 BayObLG, DAR 1956 zu § 105 JGG.
37 Eisenberg, § 43 Rn 12.
38 MschrKrim 1982, 72.

helfer aus seinem Gespräch mit dem Jugendlichen gewinnt. Sprachgewandtheit, Verhalten und spontane Äußerungen sowie sein gesamtes Erscheinungsbild können geeignet sein, zur Gesamtbeurteilung beizutragen.[39] Auch diese Beobachtungen sollten in den Bericht aufgenommen werden. Sie sind unmittelbare Erkenntnisquellen; nur als mittelbar sind die subjektiv geprägten Eindrücke des Jugendgerichtshelfers oder seine Schlüsse, die er aus dem Verhalten des Beschuldigten zieht, anzusehen.

25 Ort und Zeit des persönlichen Gesprächs sollten nach den Besonderheiten des Falles und den persönlichen Umständen des Beschuldigten festgelegt werden. Grundsätzlich bestehen keine Bedenken, den Jugendlichen in das Büro des Jugendamtsmitarbeiters zu bestellen.[40] Dieser amtliche Ort kann geeigneter sein als etwa ein jugendtypischer Szenetreff. Es ist überhaupt nicht einzusehen, warum der tatverdächtige Jugendliche sich nicht der Persönlichkeitserforschung in einem Amt stellen sollte. Im Falle der Anklage wird er zu Gericht müssen. Der Gefahr, er könne von Amtsräumen eingeschüchtert sein, sollte ein Jugendgerichtshelfer begegnen können. Rücksicht sollte allerdings auf den Zeitpunkt des Gesprächs genommen werden; der Beschuldigte sollte möglichst wenig Schul-, Ausbildungs- oder Arbeitszeit versäumen.

26 **b) Eltern, gesetzliche Vertreter und Erziehungsberechtigte. aa) Verlässlichkeit.** Eltern, gesetzliche Vertreter und Erziehungsberechtigte sollen gehört werden. Deren Auskünfte können von großer Bedeutung für die Persönlichkeitserforschung sein. Da in § 109 Abs. 1 auf die gesamte Vorschrift des § 43 verwiesen wird, steht der Anhörung der Eltern und früheren gesetzlichen Vertretern auch bei heranwachsenden Beschuldigten nichts entgegen. Diese Personengruppe ist in aller Regel in der Lage, anders nicht oder nur mit großem Aufwand zu erreichende Informationen über die Familiengeschichte, geistige und körperliche Entwicklung oder Krankheiten des Beschuldigten oder vermehrt in der Familie aufgetretene Krankheiten zu liefern. Der Jugendgerichtshelfer erhält zugleich einen verwertbaren Eindruck, welchen Einflüssen der Beschuldigte in der Familie ausgesetzt gewesen sein könnte. Wie auch die Angaben des Jugendlichen selbst, unterliegen auch die Angaben der Eltern und Erziehungsberechtigten eingeschränkter Verlässlichkeit, da die Neigung, Geschehnisse in ihrem Sinn darzustellen und eigenes Fehlverhalten zu negieren, groß ist.[41] Der Jugendgerichtshelfer wird deshalb auch hier die entsprechende Sorgfalt bei der Übernahme der Informationen walten lassen müssen.

27 **bb) Keine Pflicht zur Angabe.** Bei Beschuldigten, Eltern und gesetzlichen Vertretern besteht keine Pflicht, der Ladung der Jugendgerichtshilfe nachzukommen und deren Fragen zu beantworten. Die Befragung sowohl des Beschuldigten als auch seiner Angehörigen durch einen Vertreter der JGH ist eine Vernehmung im Sinne des § 252 StPO, da der Jugendgerichtshelfer zwar nicht im Tatsachenbereich, aber bei der Persönlichkeitserforschung im Verfahren gegen den Jugendlichen ermittelt.[42] Dies bedeutet, dass nicht nur der Jugendliche wie vor der Polizei und Staatsanwaltschaft zu belehren und darauf hinzuweisen ist, dass er sich eines Verteidigers bedienen kann, sondern auch die nach § 52 StPO zeugnisverweigerungsberechtigten Personen in entsprechender Anwendung der Vorschriften der StPO, die für Polizei und Staatsanwaltschaft gelten. Dies ist erforderlich, da der

---

39 Eisenberg, § 43 Rn 19.
40 So aber Ostendorf, § 43 Rn 9.
41 Rennen-Allhof, S. 333.
42 BGH v. 21.9.2004, GrS 3StR 185/04, NStZ 2005, 219 f.

Jugendgerichtshelfer die von ihm gewonnenen Erkenntnisse über die Persönlichkeit den Justizorganen spätestens in der Hauptverhandlung vollständig weiterzugeben hat. Der Jugendgerichtshelfer ist insoweit Zeuge und hat darüber kein Aussageverweigerungsrecht.[43] Der Schutz des Sozialgeheimnisses nach § 61 Abs. 1 SGB VIII greift nicht ein.[44] Dieser Stellung als Ermittlungsorgan steht auch die Verpflichtung der JGH als Teil der öffentlichen Jugendhilfe zur Gewährung von Jugendhilfeleistungen als Betreuungshilfe nicht entgegen.[45] Die Einführung der Angaben zeugnisverweigerungsberechtigter Personen in den Strafprozess über den Bericht der JGH verstößt gegen § 252 StPO und darf nicht verwertet werden, wenn diese Personen von ihrem Aussageverweigerungsrecht Gebrauch machen. Aber auch solange nur Ungewissheit besteht, ob sie von ihrem Aussageverweigerungsrecht Gebrauch machen werden, dürfen nichtrichterliche Personen in der Hauptverhandlung nicht über frühere Aussagen gehört werden.[46] Entsprechend wird bei eventuellen Anhaltspunkten eine Belehrung nach § 55 StPO erfolgen müssen.

c) Schule und Ausbildender. aa) Subsidiarität. Die Anhörung „der Schule oder des Ausbildenden" steht unter dem **Vorbehalt des Ausschlusses nachteiliger Folgen** für Ausbildung und Berufsausübung. Die kategorische Formulierung des § 43 Abs. 1 S. 3 („Die Anhörung ... unterbleibt ...") schließt das Ermessen des Ermittelnden insoweit aus und führt allenfalls zu einem Beurteilungsspielraum hinsichtlich der nachteiligen Folgen. Die vom Gesetz hervorgehobenen Beispiele des möglichen Verlustes von Arbeits- oder Ausbildungsplatz helfen bei der Beurteilung der zu vermeidenden unerwünschten Nachteile. Darunter sind alle Folgen erfasst, die unabhängig von der vom Jugendrichter zu treffenden Rechtsfolge den persönlichen Werdegang und die beruflichen Perspektiven negativ beeinträchtigen können. So führt nicht nur der zu besorgende Verlust des Arbeits- oder Ausbildungsplatzes zur Unzulässigkeit der Befragung.[47] Wesentliche Nachteile sind auch mögliche Benachteiligungen durch Lehr- und Ausbildungspersonal und schon die zu befürchtende Änderung der Einstellung und der Erwartungshaltung gegenüber dem Beschuldigten.[48] Dem Verlust des Arbeitsplatzes entspricht auch die Aussicht, der in Ausbildung befindliche Jugendliche oder Heranwachsende könne nach Beendigung der Ausbildungszeit vom Betrieb nicht übernommen oder nach Ablauf eines befristeten Arbeitsverhältnisses nicht weiterbeschäftigt werden.[49] Der Ermittler hat besonders zu beachten, dass er bei Erforschung dieser Quellen den persönlichen Bereich des Beschuldigten verlässt, in dem dieser noch Schutz erwarten kann. Dies führt im Ergebnis dazu, dass nur bei schwerwiegenden Vorwürfen, etwa Kapitaldelikten, Serientaten, Handel mit Betäubungsmitten oder wiederholte Gewaltdelikte diese Befragung rechtfertigen und zudem der Tatverdacht gefestigt sein muss. Weiterhin ist zu prüfen, ob die Erkenntnisse nicht auch auf weniger den Beschuldigten belastende Weise gewonnen werden können. Die Gefahr wird in der Regel ausscheiden, wenn der Beschuldigte bekanntermaßen in Untersuchungshaft sitzt oder der Tatvorwurf in Schule und Betrieb weitgehend bekannt ist.

28

---

43 BVerfG v. 19.7.1972, 2 BvL 7/71, NJW 1972, 2214.
44 Meyer-Goßner, § 161 StPO Rn 6.
45 BGH v. 21.9.2004, GrS 3StR 185/04, NStZ 2005, 219 f.
46 BGH v. 11.4.1973, 2StR 42/73, BGHSt 25, 176 f.
47 Ostendorf, § 43, Rn 11.
48 Eisenberg, § 43 Rn 20 b.
49 Laubenthal, S. 72.

29 **bb) Zu befragende Personen.** Da das Gesetz von „Schule" und „Ausbildendem" spricht, obliegt dem Jugendgerichtshelfer auch die Prüfung, welche natürlichen Personen er für seine Erkundigungen heranzieht. Dies kann sowohl der Klassen- oder Fachlehrer, aber auch ein Angehöriger der Schulleitung oder Schulverwaltung sein, nicht aber die Mitschüler (dazu unten Rn 33). Soweit möglich, sollte aber nicht in das pädagogische Verhältnis eingegriffen werden, so dass es sich anbietet, mit dem Lehrer, der täglichen Kontakt mit dem Beschuldigten hat, nur dann zu reden, wenn die Anhörung der Schulleitung nicht ausreicht. In größeren Ausbildungsbetrieben bietet sich nicht nur der unmittelbare Ausbilder an, es können auch Auskünfte aus der für die Ausbildung zuständigen Stellen sein.

30 **cc) Einsicht in schriftliche Unterlagen.** Die Richtlinien zu § 43 führen ausdrücklich die Einsicht in „Aufzeichnungen" der Schule als mögliches Mittel an, wobei sich aus dem Kontext ergibt, dass diese ohne persönliches Gespräch beigezogen werden sollen. Es kann sich dabei um Zeugnisse, Beurteilungen aus besonderem Anlass oder um Vermerke über Leistungen und Leistungsfähigkeit handeln. Eine Verpflichtung von Schule oder Betrieb, dem Jugendgerichtshelfer in derartige Unterlagen Einsicht zu gewähren oder sie gar herauszugeben, besteht nicht. Sind sie unabdingbar erforderlich, so bleibt bei Weigerung nur der Weg über einen richterlichen Beschlagnahmebeschluss.

31 **d) Behörden.** Der in § 43 Abs. 1 S. 2 aufgeführte Personenkreis ist nicht abschließend und schränkt die Erforschungsquellen nicht ein, sonder hebt nur einzelne Gruppen besonders heraus. In den Richtlinien zu § 43 sind, ebenfalls nicht abschließend, weitere Auskunftsmöglichkeiten aufgeführt. Dies gilt insbesondere für Beschuldigte, die sich in Untersuchungs- oder Strafhaft befinden (Nr. 3). Von der dort als Regel aufgeführten Anforderung eines Berichts der Vollzugsanstalt durch Staatsanwalt und Jugendrichter wird in der Praxis wenig Gebrauch gemacht. Für das weitere Verfahren wirkt sich dies kaum aus, da im JGH-Bericht auf das Verhalten in der Haft eingegangen werden sollte. Die in den Richtlinien Nr. 4 und 5 vorgesehene Anhörung von Heimleitung und Jugendamt bei entsprechender Hilfe zu Erziehung, des Bewährungshelfers, Erziehungsbeistands oder Betreuungshelfers drängt sich in vielen Fällen auf. Steht der Beschuldigte in einem Wehrdienstverhältnis ist § 112 d zu beachten.

32 **e) Soziales Umfeld.** Die Befragung von Mitschülern und Kollegen ist keine Anhörung von Schule oder Ausbildenden, sondern gehört zu den Ermittlungen im „sozialen Umfeld", zu dem auch Freunde, Nachbarn, Bekannte, Sportkameraden uä zählen. Zwar können hier bedeutsame Erkenntnisse für die Beurteilung der Persönlichkeit erwartet werden, die Gefahren für den Beschuldigten, die diese Ermittlungen mitsichbringen können, sind allerdings groß.[50] Der Ermittelnde wird kaum umhin können, den Tatverdacht zu offenbaren. Die angesprochenen Personen unterliegen keiner Verschwiegenheitspflicht, so dass mit einer Verbreitung, möglicherweise sogar Verzerrung der preisgegebenen Tatsachen zu rechnen ist. Dies erfordert noch mehr die sorgfältige Abwägung des Nutzens mit den unvermeidbaren Nachteilen als etwa bei Ämtern oder in der Schule. Eine Ermittlung in diesem Kreis wird nur zulässig sein, wenn dort bekannt ist - wenn auch nicht in allen Einzelheiten - was dem Beschuldigten vorgeworfen wird. Der Ermittelnde hat auch darauf zu achten, nichts preiszugeben, was den Tatsachenermittlungserfolg gefährden könnte.

---

50 So auch Ostendorf, § 43 Rn 13.

f) Form. Besondere Formvorschriften für die Art der Anhörung bestehen nicht. 33
Eine Protokollierung über die Anhörung des Beschuldigten oder anderer Auskunftspersonen ist nicht erforderlich. Die Anhörung kann sowohl unmittelbar mündlich, telefonisch, schriftlich oder unter Verwendung moderner elektronischer Kommunikationsmittel erfolgen. Der Anhörende sollte jedoch die Art, wie die Ermittlung erfolgt ist, festhalten und zumindest als internen Vermerk Ort und Zeit dokumentieren, da diese Umstände für eine spätere Bewertung durch das Gericht von Bedeutung sein können.

g) Beiziehen von Akten. Akten, Vermerke oder schriftlich niedergelegte Vorgänge bieten sich als Erkenntnisquellen an. Vorstrafenakten (Richtlinien Nr. 2) sollen 34
beigezogen werden. Die grundsätzlichen Bedenken zur Geeignetheit amtlicher und gerichtlicher Akten[51] für die Persönlichkeitserforschung sind nicht von der Hand zu weisen. Akteninhalte als feststehende Tatsachen zu übernehmen, birgt die Gefahr der Verfestigung bereits früher getroffener Entscheidungen. Vorakten bilden in der Regel nur einen Ausschnitt der tatsächlichen Vorgänge ab und können dazu vom Verfasser subjektiv geprägt sein, ohne dass dies zu erkennen ist. Aus dem Fortschreiben von Akteninhalten kann der Trend zu einer zunehmend negativen Persönlichkeitsbeschreibung entstehen, woraus sich die Gefahr einer „Eigendynamik von Akteninhalten mit kriminalisierenden Wirkungen" ergeben kann.[52] Wo solche Vorakten existieren sollte man aber nicht von vorneherein verzichten, sondern sie mit den gebotenen Vorbehalten in die Persönlichkeitserforschung miteinbeziehen.

h) Verhalten des Beschuldigten als nicht Strafmündiger. aa) Erkenntnisse aus 35
Polizei- und Jugendamtsakten. Umstritten ist, ob und wieweit Ermittlungsakten, die strafrechtliche Verstöße des Beschuldigten zum Gegenstand haben, die dieser als Kind begangen hat, zur Persönlichkeitserforschung herangezogen werden dürfen. Delinquentes Verhalten eines Kindes ist ein bedeutsamer Teil des „bisherigen Verhaltens" im Sinne des § 43 Abs. 1, das für die Würdigung der Persönlichkeit eines jugendlichen oder heranwachsenden Beschuldigten erheblich sein kann. Die Entwicklung einer Persönlichkeit beginnt nicht mit dem Erreichen des 14. Lebensjahres. Etwa zur Beurteilung, ob bei einem nun straffrei gewordenen Angeklagten schädliche Neigungen im Sinne des § 17 Abs. 2 vorliegen, sind derartige Erkenntnisse nahezu unverzichtbar. Dennoch muss den vorherrschenden Bedenken, es könne dann ein Verstoß gegen den verfassungsrechtlich garantierten Grundsatz der Unschuldsvermutung (Art. 6 Abs. 2 MRK) vorliegen, Rechnung getragen werden, da eine richterliche Bestätigung strafrechtlich relevanten Verhaltens, die allein diese Unschuldsvermutung beseitigen könnte, nicht vorliegt. In der Literatur[53] wird das Beiziehen und Verwerten von „Polizeiakten", die delinquentes Verhalten des Beschuldigten im Kindesalter zum Gegenstand haben, als rechtswidrig oder zumindest bedenklich angesehen. Die Übernahme von Erkenntnissen aus Polizeiregistern und die Wertung im Erforschungsbericht ohne nähere Prüfung sind nicht zulässig. Die dort erfassten Daten beziehen sich bei Kindern auf die juristische Einordnung der Polizei und die Erfassung als Täter („T-Gruppen"). Einen verlässlichen Hinweis auf die gesicherte Tatbegehung geben sie nicht. Die Gefahr, wonach der polizeilich festgehaltene Tatverdacht sich zur nachgewiesenen Straftat qualifiziert, ist umso größer, je mehr Taten beim

---

51 Vgl Eisenberg, § 43 Rn 23 mit weiteren Nachweisen.
52 Laubenthal, S. 73 f.
53 Eisenberg, § 43 Rn 24; Ostendorf, § 43 Rn 14; Laubenthal, S. 77.

einzelnen Jugendlichen erfasst sind. Ostendorf[54] will für die Diagnose nach § 43 nur kinderdelinquentes Verhalten als verwertbar ansehen, das unabhängig von polizeilichen Vorgängen Anlass für das Jugendamt waren, auf dem Gebiet der Jugendhilfe tätig zu werden. Dies ist sicher unbedenklich. Da die vom Jugendamt getroffenen Hilfemaßnahmen unabhängig von der strafrechtlichen Bewertung Bestandteil des Werdegangs des Jugendlichen geworden sind und Auswirkungen auf seine weitere persönliche Entwicklung haben können. Unbedenklich ist auch das wertungsfreie Aufführen der den Jugendamt bekannt gewordenen Vorwürfe im Bericht. Die Polizei hat nach der PDV 382 (3.2.7) die Verpflichtung, das Jugendamt unverzüglich zu unterrichten, wenn fürsorgerische Maßnahmen erforderlich sind.

36 bb) **Erkenntnisse aus staatsanwaltschaftlichen Akten.** Das Beiziehen und Verwerten von Ermittlungsakten, die durch staatsanwaltschaftliche Verfügung (Einstellung gemäß § 19 StGB) abgeschlossen worden sind, bedarf differenzierter Betrachtung: Die Polizei hat bei Vorliegen des Verdachts einer strafbaren Handlung den Sachverhalt aufzuklären und den Täter zu ermitteln. Ergeben sich Hinweise oder die sichere Erkenntnis, wonach ein Kind der Täter sein könnte, so beendet dies nicht die Ermittlungsverfahren, es richtet sich nur gegen einen Täter, der mangels Schuldfähigkeit (§ 19 StGB) nicht Beschuldigter sein und wegen des sich daraus ergebenden Verfahrenshindernis nicht strafrechtlich verfolgt werden kann. Die Prüfung dieser Voraussetzung ist ausschließlich Aufgabe der Staatsanwaltschaft.[55] Die Akten sind daher, ob mit förmlicher Anzeige oder einfachem Vermerk der Staatsanwaltschaft vorzulegen. Bei der zu treffenden Abschlussverfügung hat der Jugendstaatsanwalt zu unterscheiden, ob das Verfahren mangels hinreichenden Tatverdachts, fehlender Rechtswidrigkeit oder wegen der sich aus dem Alter des Kindes ergebenden Schuldunfähigkeit einzustellen ist. Im ersteren Fall sind die Ermittlungsakten unter keinen Umständen verwertbar. Liegen Tatbestandsmäßigkeit und Rechtswidrigkeit hinreichend vor, so kann eine gerichtliche Verwertung des Vorgangs bei der Beurteilung der Persönlichkeit möglich sein. Eine Einführung nur über den Bericht des Jugendgerichtshelfers ist jedoch wegen der Unschuldsvermutung genauso wenig möglich, wie durch (teilweises) Verlesen. Will der Jugendrichter die Erkenntnisse aus solchen Ermittlungsverfahren für seine Rechtsfolge verwerten, so kann er sie durch Vorhalt an den Angeklagten einführen. Gelangt er aufgrund dessen Angaben zu dem sicheren Ergebnis, dieser habe die Straftat begangen, steht der Verwertung nichts mehr entgegen. Der Jugendrichter wird bei der Bewertung dieser Erkenntnisse immer dem damaligen Alter des Angeklagten und der Tatsache des schuldunfähigen Handelns Rechnung tragen müssen, weshalb die Bedeutung solcher Vorgänge in der Praxis nicht von solch großer Wichtigkeit ist.

V. Kooperation

37 **1. Frühzeitige Zusammenarbeit zwischen den beteiligten Behörden.** Aus der Vorschrift, noch während der Ermittlungen mit der Erforschung der Persönlichkeit zu beginnen, ergibt sich das Gebot der frühzeitigen Zusammenarbeit zwischen den beteiligten Institutionen Polizei, Staatsanwaltschaft und Jugendamt. In den Richtlinien zu § 43 (Nr. 6 und 7) sind Informationswege aufgezeigt. Danach hat die Staatsanwaltschaft darauf hinzuwirken, dass das Jugendamt verständigt wird, sobald die Ermittlungen dies erlauben. Dieser Zeitpunkt wäre auf jeden Fall dann

---

54 Ostendorf, § 43 Rn 14.
55 Meyer-Goßner, § 170 StPO Rn 1, Einl. Rn 141.

erreicht, wenn die Polizei offen gegen einen Beschuldigten ermittelt. Eine frühzeitige Mitteilung ist bedeutsam, weil das Jugendamt erst dann zu einer Prüfung geeigneter Leistungen der Jugendhilfe nach § 52 Abs. 2 SGB VIII in der Lage ist. Aus dieser Regel ergibt sich dann umgekehrt die die Pflicht des Jugendamtes während des Ermittlungsverfahrens gegenüber dem Staatsanwalt (später gegenüber dem Jugendrichter), diesen umgehend davon zu unterrichten, damit dieser seinerseits die Möglichkeit eines Absehens von der Verfolgung nach § 45 (der Richter nach § 47) im Hinblick auf diese Leistung prüfen kann. Die PDV 382 sieht ausdrücklich eine sofortige Unterrichtung des Staatsanwalts durch die Polizei nicht vor; gefordert ist nur die enge Zusammenarbeit zwischen Polizei, Staatsanwaltschaft und Jugendamt (Nr. 3.1.2). Eine Konkretisierung ist beispielsweise in den „Zusammenarbeits- und Diversionsrichtlinien" des Landes Baden-Württemberg (s. § 45) niedergelegt. Danach hat die ermittelnde Polizeidienststelle grundsätzlich zeitnah zur Anzeigenaufnahme mit dem zuständigen Dezernenten der Staatsanwaltschaft unter Berücksichtigung eventueller lokaler Vereinbarungen in geeigneter Form Kontakt aufzunehmen. Damit die Staatsanwaltschaft dadurch nicht lahmgelegt wird, sind die zahlenmäßig am häufigsten begangenen (Bagatell-)Delikte ausgespart. Diese Benachrichtigungspflicht ermöglicht nicht nur die beschleunigte Persönlichkeitsforschung. In Ermittlungsverfahren, die größeren Umfang, Komplexität oder sonstige Bedeutung erwarten lassen, gibt sie dem Staatsanwalt die gesetzlich vorgesehene Leitung des Verfahrens zurück und optimiert das weitere Ermittlungsverfahren. Der Staatsanwalt kann frühzeitig durch konkrete Ermittlungsaufträge und eine Eingrenzung des Ermittlungsstoffes durch eine sofort oder später zu treffende Verfügung gemäß §§ 154, 154a StPO nicht gebotene Ermittlungen reduzieren und so zur Beschleunigung des gesamten Verfahrens beitragen. Dies setzt jedoch sowohl beim Dezernenten der Staatsanwaltschaft als auch beim polizeilichen Sachbearbeiter eine gewisse Erfahrung voraus, soll sie den angestrebten Erfolg haben.

2. Kooperationsmodelle. Um diese Informations- und Kooperationsmöglichkeiten im Sinne einer beschleunigten Bearbeitung zu optimieren, sind in einzelnen Ländern verschiedene Modelle erörtert oder auch eingeführt worden.[56] Solche Modelle können geeignet sein, das Verfahren ohne Qualitätsverlust zu beschleunigen. Bei allen Modellen wird aber darauf zu achten sein, dass die gesetzlichen Zuständigkeitsgrenzen nicht verletzt werden. Insbesondere sollte der Grundsatz erhalten bleiben, wonach die Polizei sich auf die dem Beschuldigtenkreis entsprechenden Ermittlungen zum Tatvorwurf beschränken sollte und die Ermittlungen zur Persönlichkeitsforschung der JGH obliegen. Gleiches gilt auch für die Abgrenzung der Aufgaben von Staatsanwaltschaft und Polizei, besonders was die – nicht zulässige - „Polizeidiversion (dazu § 45) betrifft. Die auch für das Vorgehen außerhalb solcher Kooperationsmodelle geltende Forderung nach Zurückhaltung der Polizei wegen der Gefahr unnötiger Bloßstellung jugendlicher Beschuldigter[57] bei der Persönlichkeitsforschung ist besonders zu beachten

3. Datenschutz. a) Aufnahme von Sozialdaten in den JGH-Bericht. Die vom JGG geforderte Zusammenarbeit, insbesondere die normierte Unterstützungsaufgabe von Jugendstaatsanwalt und Jugendrichter durch die JGH bei der Persönlichkeitsforschung, wirft, sofern Jugendamtsakten und Akten der „Sozialen Dienste" herangezogen und Sozialdaten übermittelt werden, eine datenschutz-

---

56 Beispielsweise für das „Haus des Jugendrechts" in Stuttgart-Bad Cannstatt: Feuerhelm/Kügler, S. 21ff.
57 Zieger, Rn 117.

rechtliche Problematik auf, die sich aus den Bestimmungen zum Sozialgeheimnis ergeben. Die Staatsanwaltschaft kann zur Erfüllung ihres gesetzlichen Auftrags, zu der auch die Persönlichkeitsforschung gehört, nach § 161 Abs. 1 StPO von allen Behörden Auskunft verlangen, soweit nicht andere gesetzliche Vorschriften ihre Befugnisse besonders regeln. Nach der Bestimmung des § 35 Abs. 1 S. 1 SGB I besitzt jeder den Anspruch, dass ihn betreffende Sozialdaten von Leistungsträgern nicht unbefugt erhoben, verarbeitet oder genutzt werden. Die „Sozialen Dienste" sind Sozialleistungsträger im Sinne des § 35 Abs. 1 S. 1 SGB I iVm § 12 Abs. 1 SGB I. Durch § 61 Abs. 1 SGB VIII (Kinder- und Jugendhilfe) finden die allgemein für die Sozialleistungsträger geltenden Vorschriften der §§ 67 – 85 a SGB X geltenden Datenschutzbestimmungen neben den besonderen Datenschutzvorschriften der §§ 61 – 68 SGB VIII Anwendung. Eine Verwendung dieser Daten ist mit Einwilligung des Betroffenen immer möglich.[58] Die gesetzliche Durchbrechung des Sozialgeheimnisses für die JGH in ihrer Eigenschaft als Unterstützungsorgan im Jugendstrafverfahren ergibt sich aus § 62 Abs. 3 Nr. 2 SGB VIII iVm § 52 Abs. 1 SGB VIII. Nach § 62 Abs. 3 Nr. 2 c SGB VIII dürfen Sozialdaten auch ohne Mitwirkung des Betroffenen erhoben werden, wenn ihre Erhebung beim Betroffenen nicht möglich ist oder die jeweilige Aufgabe ihrer Art nach eine Erhebung bei Anderen erforderlich macht und die Kenntnis der Daten für die Wahrnehmung einer Aufgabe nach § 52 SGB VIII notwendig ist. Das Jugendamt hat nach Maßgabe der §§ 38 und 50 Abs. 3 S. 2 in Verfahren nach dem JGG mitzuwirken. Ohne diese Befreiung könnte die JGH ihre Doppelrolle, sowohl für die Justizorgane als auch für den Jugendlichen Hilfe zu sein, nicht nachkommen.[59] Dies bedeutet zunächst, dass die JGH bei der Mitwirkungspflicht im Jugendstrafverfahren den Vorschriften des JGG unterworfen ist, das keine datenschutzrechtlichen Bestimmungen enthält. Zu einer unbeschränkten Verwertung (Nutzung im Sinne des § 35 Abs. 1 S. 1 SGB I) der beim Jugendamt vorhandenen Daten kann dies jedoch nicht führen. Die Erhebung, Verarbeitung und Übermittlung der Daten durch die Aufnahme in den JGH-Bericht sind nur zulässig, soweit sie zur Persönlichkeitserforschung notwendig sind, ohne die Verwendung der Akten eine Gesamtbeurteilung des Beschuldigten scheitert und die Rechtsfolgenentscheidung des Jugendrichters oder die Entscheidung des Jugendstaatsanwalts über die Abschlussverfügung deshalb erschwert wird. Das Jugendamt hat daher nach pflichtgemäßem Ermessen die Zulässigkeit der Weitergabe zu prüfen[60]. Dabei sind der Vorwurf, der dem Beschuldigten gemacht wird, mit der zu erwartenden Rechtsfolge, der Wertgehalt der zur Verfügung stehenden Akte für die Persönlichkeitsbeurteilung und eine mögliche Beschädigung des Jugendamtes wegen der Weitergabe durch einen Vertrauensverlust des Jugendlichen bei einer weiteren Zusammenarbeit abzuwägen. Aus diesen Gründen dürfte eine Verwertung von Sozialdaten bei einfacher und mittlerer Kriminalität regelmäßig ausscheiden. Die Weitergabe ist jedoch auf Staatsanwaltschaft und Gericht beschränkt, an die Polizei dürfen die Daten auf keinen Fall weitergegeben werden[61]

40 **b) Datenschutz bei Kooperationsmodellen.** Besondere Beachtung sollte dem Datenschutz bei Kooperationsmodellen gegeben werden, die Erörterung und Erfahrungsaustausch über Jugendliche zum Gegenstand haben. Bei diesen Programmen handelt es sich in der Regel nicht um Maßnahmen im Rahmen des JGG wegen eines dem Jugendlichen gemachten strafrechtlichen Vorwurfs, sondern um reine

---

58 Meyer-Goßner, § 161 StPO Rn 6; LPK-SGB VIII-Riekenbrauk, § 52 Rn 36.
59 LPK-SGB VIII-Kunkel, § 61 Rn 262.
60 Dazu auch Webers, S. 136 ff
61 LPK-SGB VIII-Kunkel, § 61 Rn 263.

Präventionsprogramme. Derartige Modelle, beispielsweise die in einzelnen Ländern unterschiedlich ausgestalteten Programme für „Jugendliche Intensivtäter" sehen größtenteils Koordinierungsgespräche und Fallerörterungen vor, an denen Vertreter der Polizei, der Staatsanwaltschaft, des Jugendamtes, des Ausländeramtes und eventuell befasster freier Träger der Jugendhilfe beteiligt sind. Die datenschutzrechtliche Lage wird dabei zu Recht als unübersichtlich und kompliziert bezeichnet.[62] In diese Gespräche dürfen personenbezogene Daten grundsätzlich nur eingebracht werden, soweit die Voraussetzungen dafür vorliegen, sie den anderen Beteiligten zugänglich zu machen. Dabei fällt § 52 SGB VIII als Ermächtigungsnorm fort, es bleibt jedoch als Grundlage § 62 Abs. 3 Nr. 2, insbesondere Nr. 2 a und c SGB VIII. Die Jugendämter dürfen dabei nur solche Informationen über Jugendliche einbringen, als diese zum Erreichen ihrer gesetzlichen Aufgabe erforderlich sind, ohne den Erfolg einer Jugendhilfeleistung zu gefährden. Mit Rücksicht auf das besondere schutzwürdige Vertrauensverhältnis und die „Sensibilität" soll davon nur restriktiv Gebrauch gemacht werden.[63] Dem wird auch zuzustimmen sein; Art und Umfang der Preisgabe der Daten wird aber unter Beachtung von Verhältnismäßigkeitsgrundsätzen im Einzelfall zu treffen sein

VI. Sachverständiger (§ 43 Abs. 2)

1. Subsidiarität. Die Inanspruchnahme eines Sachverständigen gemäß § 43 Abs. 2 zur Persönlichkeitserforschung ist den übrigen Möglichkeiten des Abs. 1 gegenüber subsidiär. Dies stellt die Formulierung „soweit erforderlich" klar. Bevor der Gutachterauftrag vergeben wird, hat der Anordnende die Erforderlichkeit eines Sachverständigengutachtens zu prüfen. Gelangt der Anordnende nach seiner Einschätzung des Verfahrens und der Person des Beschuldigten zum Ergebnis, seine und die Möglichkeiten der JGH reichten nicht aus, den Täter in seiner Gesamtpersönlichkeit ausreichend sicher zu beurteilen, kann der Sachverständige auch unabhängig vom gesetzlichen Auftrag der JGH in Anspruch genommen werden. Dies kann besonders infrage kommen, wenn Grund zur Annahme besteht, die Verfehlung könne mit einer psychischen Erkrankung des Jugendlichen zusammenhängen, der Jugendliche durch „seelische, geistige oder körperliche Besonderheiten" auffällt oder nicht nachvollziehbar verwahrlost (RiLi zu § 43 Nr. 8). 41

2. Zuständigkeit zur Beauftragung. Außer dem Hinweis in § 43 Abs. S. 2, wonach die Untersuchung des Beschuldigten „nach Möglichkeit" von einem zur Untersuchung von Jugendlichen befähigten Sachverständigen zu erfolgen hat, enthält das JGG keine besonderen Regelungen für den Sachverständigen, so dass die Vorschriften der StPO heranzuziehen sind. Danach ist bis zur Erhebung der öffentlichen Klage der Jugendstaatsanwalt (§§ 161 a Abs. 1, 73 StPO), ab diesem Zeitpunkt der erkennende Richter zur Anordnung berechtigt.[64] Ob es zweckmäßig ist, dass der Staatsanwalt bereits im Ermittlungsverfahren einen Sachverständigen beauftragt oder dies dem für die Eröffnung des Hauptverfahrens zuständigen Jugendrichter überlassen soll,[65] hängt von den Umständen des Einzelfalls ab. Für eine spätere Beauftragung durch das Gericht spricht zunächst, dass der Richter die Aufklärungspflicht in der Hauptverhandlung zu tragen hat. Diesem Ar- 42

---

62 Kintzi, Datenaustausch zwischen Behörden – kooperative Reaktionen auf Jugendkriminalität sowie (datenschutzrechtliche) Berechtigung und Pflicht der Schule zur Unterrichtung der Polizei, DRiZ 2008, 21.
63 Kintzi, DRiZ 2008, 21, 24.
64 Laubenthal/Baier, Rn 266.
65 Dies soll nach Eisenberg, § 43 Rn 30 die Regel sein.

gument ist zunächst entgegenzuhalten, dass die Beauftragung des Sachverständigen im JGG im Unterabschnitt „Vorverfahren" geregelt ist. Zusammen mit § 43 Abs. 1 lässt sich der Schluss ziehen, der Gesetzgeber habe auch die Untersuchung des jugendlichen Delinquenten zur Persönlichkeitserforschung den Aufgaben des Ermittlungsführers, also dem Jugendstaatsanwalt, zugeordnet. Der Polizei steht die Hinzuziehung eines Sachverständigen zur Untersuchung des Beschuldigten im Rahmen des JGG nicht zu.[66] Zwar kann die Polizei in Ermittlungsverfahren gegen Jugendliche und Heranwachsende auch Sachverständige beauftragen,[67] ihre Kompetenzen beschränken sich aber auf die Sachermittlungen.[68]

43 **3. Beauftragung.** Die Beauftragung des Sachverständigen durch den Jugendstaatsanwalt muss zwingend erfolgen, wenn dieser für seine Abschlussverfügung ein Gutachten über die Persönlichkeitsstruktur des Beschuldigten benötigt. Dies ist regelmäßig der Fall, wenn sich Hinweise auf mögliche Schuldunfähigkeit oder mangelnde Strafreife nach § 3 abzeichnen. Ebenso kann das Beschleunigungsgebot erfordern, das Gutachten bereits vor Anklageerhebung in Auftrag zu geben. Bei angeordneter Untersuchungshaft bietet sich dies an. Sofern der erkennende Richter nach der Geschäftsverteilung des zuständigen Gerichts bereits feststeht, kann es zweckmäßig sein, den Umfang und gegebenenfalls auch die Auswahl des zu beauftragenden Sachverständigen mit diesem abzustimmen. Ist ein Verteidiger legitimiert oder beigeordnet, spricht nichts dagegen, auch diesen einzubeziehen. Dies hat jedoch mehr prozessökonomische als rechtliche Gründe. Für den Sonderfall des Altersgutachtens[69] muss das Gutachten, in der Regel eines Radiologen oder Zahnarztes, möglichst frühzeitig, also in jedem Fall während des Vorverfahrens, eingeholt werden.

44 **4. Keine obligatorische Begutachtung.** Das JGG hat ausdrücklich von einer obligatorischen oder regelmäßigen Begutachtung jugendlicher Straftäter abgesehen. Diese mehrfach vor allen in länger zurückliegender Zeit[70] erhobene Forderung enthält die Gefahr, wonach die Entscheidungshoheit im Jugendstrafverfahren auf den Sachverständigen übertragen wird. Außerdem wäre dies heute personell und haushaltstechnisch nicht zu leisten. Die Meinung unterstellt auch, jegliche strafrechtliche Verfehlung eines Jugendlichen könne mit einer Persönlichkeitsstörung oder krankhafter Abweichung vom Normverhalten einhergehen.

45 **5. Erfordernis der Begutachtung. a) Bei Tötungs- und Sexualdelikten.** Die Beauftragung des Sachverständigen hat nach ganz unbestrittener Ansicht[71] entsprechend dem § 43 innewohnenden Verhältnismäßigkeitsprinzip zu erfolgen. Sie verlangt die Berücksichtigung und Bewertung mehrerer Gesichtspunkte. Erster und offensichtlichster Anhaltspunkt für die Entscheidung, sich eines Gutachters zu bedienen, ist die dem Beschuldigten vorgeworfene Tat. Überwiegend wird die Meinung vertreten, die Schwere der Verfehlung habe zwar erhebliche Bedeutung für die Beauftragung eines Sachverständigen, aber selbst bei Tötungsdelikten könne es nicht allein darauf ankommen.[72] Dagegen spricht die praktische Erfah-

---

66 Eisenberg, Einzelne Aspekte der Heranziehung psychologischer bzw. psychiatrischer Sachverständiger in Jugendstrafverfahren, ZJJ 2006, 125.
67 Meyer-Goßner, § 73 StPO Rn 1.
68 Eisenberg, § 43 Rn 16 a, 20.
69 Dazu Zieger, Rn 138.
70 Würtenberger, Zur Beurteilung der Persönlichkeit des Rechtsbrechers vor dem richterlichen Urteil, NJW 1952, 250.
71 Eisenberg, § 43 Rn 29,32; Ostendorf, § 43, 15 a; Nothacker, S. 161.
72 Eisenberg, § 43 Rn 34; Focken/Pfeiffer, Thesen zur Zusammenarbeit des Jugendrichters mit dem Psychiatrisch-psychologischen Sachverständigen, Zbl 1979, 380.

rung in Strafverfahren, die Tötungsdelikte oder andere schwerste Verbrechen Jugendlicher oder Heranwachsender zum Gegenstand haben. Es ergeben sich in den allermeisten Fällen spätestens während der Hauptverhandlung ausreichende Anhaltspunkte, die eine Begutachtung notwendig machen. Bereits der hinreichende Verdacht, ein Jugendlicher oder Heranwachsender könne ein vorsätzliches Tötungsdelikt begangen haben, indiziert in der Regel die Begutachtung durch einen Sachverständigen.[73] Bei Sexualdelikten wird die differenzierter zu sehen sein. Derartige Straftaten weisen eine große Bandbreite in der Begehungsweise auf. Es kann deshalb nicht jedes sexuelle Fehlverhalten auf eine so gravierende Fehlentwicklung oder gar krankhafte Störung schließen lassen, die sich nicht mit den Mitteln des § 43 Abs. 1 aufklären lassen könnte. Dies gilt insbesondere, wenn es sich um wenig schwerwiegende oder einmalige Delikte während der Pubertät handelt.

b) Gewalt- und Seriendelikte. Mehrfach begangene Gewaltdelikte oder Serienstraftaten können ebenfalls Anlass für das Einholen eines Sachverständigengutachtens sein. Dies gilt hauptsächlich, wenn vorhergegangene Jugendhilfeleistungen oder gerichtliche Sanktionen offensichtlich erfolglos waren. Einher mit diesen Kriterien geht die zu erwartende Rechtsfolge. Die Beauftragung steht dann außer Verhaltnis, wenn im Falle einer Verurteilung nicht die Verhängung von Jugendstrafe zu erwarten ist. Ausnahmsweise kann es, wenn Weisungen wie etwa in § 10 Abs. 1 Nr. 2 und 3 angezeigt sind, geboten sein, sich der Meinung eines Sachverständigen zu bedienen, da diese Maßnahmen eine bedeutsame und auf einen längeren Zeitraum hin beeinflussende Wirkung auf den Jugendlichen entfalten können.

46

c) Feststellung der Strafreife. Strengere Anforderungen an die Verhältnismäßigkeit sind in den Fällen zu stellen, in denen die Strafreife nach § 3 infrage steht oder wenn ausreichend Hinweise vorhanden sind, die Schuldfähigweit des Jugendlichen oder Heranwachsenden könnten nach § 20 StGB ausgeschlossen oder nach § 21 StGB gemindert sein. Ähnliches gilt für die Beurteilung des Entwicklungsstandes nach § 105 Abs. 1 JGG.[74]

47

6. Auswahl und Eignung. a) Befähigung. Die Auswahl des Sachverständigen hat in der Literatur, weniger in der Rechtsprechung, eine breite Diskussion entfacht. Über alle Meinungen, welcher Fachrichtung der Sachverständige anzugehören hat, ist als erste Voraussetzung zu beachten, dass es sich um einen zur Untersuchung Jugendlicher befähigten Gutachter handeln muss. Das Gericht ist verpflichtet zu klären, ob der als Sachverständige zu hörende Gutachter die erforderliche Sachkunde besitzt und ob gegen die Zuverlässigkeit seiner Bekundungen Bedenken bestehen.[75] Die Einschränkung „nach Möglichkeit" trägt allein der Befürchtung Rechnung, es könnten nicht genug qualifizierte Sachverständige zur Verfügung stehen, um in zumutbarer Zeit das Gutachten zu erstellen. Es ist dann zwischen dem Beschleunigungsgebot, insbesondere in Haftsachen und den Anforderungen an den Sachverständigen insoweit abzuwägen und gegebenenfalls ein anderer fachlich geeigneter Sachverständiger heranzuziehen. Es ist Aufgabe des Gerichts, sich über die Befähigung des Sachverständigen Kenntnis zu ver-

48

---

73 So auch die beiden Entscheidungen des BGH v. 30.8.2007, 5StR 193/07 und 5 StR 197/07.
74 BGH v. 18.4.1984, 2StR 103/84, NStZ 1984, 467 (mit Anmerkung Brunner) und Anmerkung Eisenberg, NStZ 1985, 84.
75 BGH v. 16.2.1965, 3StR 50/64, BGHSt 20, 164, 166.

schaffen. Soweit er nicht bereits gerichtsbekannt ist, kann dies durch seine Befragung über Ausbildung und berufliche Erfahrung geschehen.

49 **b) Fachrichtung.** Beim Streit, ob zur Begutachtung eines nicht kranken Angeklagten ein Psychiater oder Psychologe zu beauftragen ist, hat die Rechtssprechung[76] dies in das pflichtgemäße Ermessen des Tatrichters gestellt. Damit dieser sein Ermessen auch ausüben kann, sind bei ihm „Grundkenntnisse" in Bezug auf die zu beurteilenden Probleme zu verlangen.[77] Sichere Abgrenzungskriterien, für welche Fachrichtung der Jugendrichter zu entscheiden hat, sind nicht vorhanden. Wesentlicher Gesichtspunkt der Auswahl wird das begangene Delikt und die formulierte Auftragsstellung sein. Dabei kann die Faustregel nützen, wonach ein Psychiater heranzuziehen ist, wenn es sich um die Diagnostik einer Psychose oder einer hirnorganischen Erkrankung handelt, ein Psychologe, wenn eine differenzierte Persönlichkeitsdiagnostik, prognostische Erwägungen bei nicht psychisch Kranken oder des Reifegrades des Beschuldigten erwartet wird. Psychologische Tests sollten von einem Psychologen durchgeführt und ausgewertet werden.[78] Zur Feststellung der erforderlichen Strafreife nach § 3 oder der Begutachtung des Entwicklungsstandes nach § 105 wegen der Anwendung von Jugend- oder allgemeinem Strafrecht wird überwiegend ein Psychologe als geeigneter angesehen, der auf dem Gebiet der Entwicklungspsychologie über ausreichend Erfahrung verfügt.[79] Dabei ist es unerheblich, ob es sich um einen niedergelassenen oder klinisch tätigen Psychologen handelt. In beiden Fällen wird jedoch auch die Kompetenz eines entsprechend erfahrenen Psychiaters nicht zu bezweifeln sein.[80] Für den Fall, dass eine Krankheit, welcher Art auch immer, zu diagnostizieren ist, sollte ein Sachverständiger mit möglichst klinischer Erfahrung auf dem infrage kommenden medizinischen Sachgebiet, etwa ein Neurologe oder Suchtmediziner beigezogen werden.[81] Steht die Frage der Schuldunfähigkeit nach §§ 20, 21 StGB zur Beurteilung an, kann auch ein Gerichtsmediziner als geeigneter Sachverständiger infrage kommen.

Eine derartige Kompetenzverteilung wird allerdings dadurch relativiert, dass es aus allen Bereichen dieses Personenkreises Sachverständige gibt, die über die erforderlichen Kenntnisse in anderen Bereichen verfügen.[82]

50 **c) Beurteilung der Sozialprognose.** Zur Beurteilung der Sozialprognose wird auch ein geschulter und entsprechend ausgebildeter Sozialpädagoge herangezogen werden können. Dies gilt besonders, wenn die Sozialprognose für die zu treffende erzieherische Maßnahme von Bedeutung und eine stationäre Unterbringung[83] oder zu verbüßende Jugendstrafe infrage kommt.

51 **7. Eingrenzung des Auftrags. a) Beschreibung des Auftrags.** Der Auftrag an den Sachverständigen ist möglichst genau zu beschreiben und einzugrenzen.[84] Dies ergibt sich aus der Leitungsbefugnis des Staatsanwalts oder Richters (§§ 161a

---

- 76 BGH v. 21.4.1987, 1StR 77/87, NStZ 1988, 85 f mit weiteren Verweisungen auf frühere Rechtsprechung.
- 77 Rasch, S. 30 ff.
- 78 Heim, S. 62 ff, 105.
- 79 Eisenberg, § 43 Rn 44; Ostendorf, § 43 Rn 16.
- 80 Rasch, Die Auswahl des richtigen Psycho-Sachverständigen im Strafverfahren, NStZ 1992, 261, der insbesondere bei der Frage der Anwendung von Jugendstrafrecht auf Heranwachsende einen jugendpsychiatrischen Experten für geeigneter hält.
- 81 BGH v. 21.5.1969, 4StR 446/68, BGHSt 23, 8, 15.
- 82 Rasch, NStZ 1992, 261, 264.
- 83 Eisenberg, § 43 Rn 45.
- 84 LR-Krauß, § 78 Rn 4.

Abs. 1 S. 2, 78 StPO). Der Auftraggeber hat dem Sachverständigen die Beweisfragen unmissverständlich zu formulieren und dem Überschreiten des Gutachterauftrags entgegenzuwirken.[85] Dazu gehört auch die Mitteilung der dem Gericht oder der Ermittlungsbehörde bekannten Anknüpfungstatsachen, von denen der Sachverständige in seinem Gutachten ausgehen soll.

b) Akteneinsicht des Sachverständigen. Da ein Sachbericht des Auftraggebers oft die Gefahr der Unvollständigkeit birgt, können dem Sachverständigen die Ermittlungsakten, soweit sie für seinen Auftrag erforderlich sind, zur Verfügung gestellt werden. Eine routinemäßige Überlassung der Akten, in die der Sachverständige übrigens nur „auf sein Verlangen" hin (§ 80 Abs. 1, 2 StPO) Einsicht nehmen kann, ist nicht zulässig.[86] Die bei einer vollständigen Aktenübersendung gesehene Gefahr, der Sachverständige könnte „durch unbewusste Vorurteilsbildung und Einschränkung in der sozialen Wahrnehmung" beeinflusst werden,[87] ist sorgfältig mit den Anforderungen an das Gutachten abzuwägen. Insbesondere wenn sich der Gutachter kriminalprognostisch äußern soll, sollten ihm die gesamten Akten nicht vorenthalten werden.[88] Andernfalls kann es nicht ausgeschlossen werden, dass der Sachverständige nur eine unzureichende Würdigung vornehmen kann und das Gericht deshalb seine Aufklärungspflicht nach § 244 Abs. 2 StPO verletzen könnte. Oft vermag der Staatsanwalt oder Richter auch nicht abzuschätzen, welche Aktenteile der Gutachter aus seiner Sicht benötigt. Die Frage in welchem Umfang Akten zur Verfügung gestellt werden müssen, lässt sich nur anhand des Einzelfalles lösen. 52

8. Unabhängigkeit des Sachverständigen. Selbstverständlich ist, dass die beauftragende Stelle keinen Einfluss auf die sachliche Tätigkeit des Sachverständigen ausüben darf. Aber auch die fachliche Gestaltung der Untersuchung liegt allein beim Sachverständigen einschließlich der Bestimmung von Ort und Zeit. Der Gutachter hat sowohl bei der Auswahl seiner Informationen, als auch seiner Methodik die freie Wahl. Ihm darf nicht vorgeschrieben werden, welche Untersuchungsmethoden er anwenden und welche er vermeiden soll.[89] Es bleibt dem beauftragten psychiatrischen Sachverständigen unbenommen, einen Psychologen zuzuziehen, dessen Befunde er nach eigener Prüfung in sein Gutachten aufnehmen kann.[90] 53

9. Ambulante und stationäre Begutachtung. Die Begutachtung des Jugendlichen muss vorrangig ambulant erfolgen. Erst wenn dann ein verwertbares Gutachten nicht erstellt werden kann, darf an eine stationäre Unterbringung gedacht werden, da in die Lebensverhältnisse des Jugendlichen so wenig wie möglich eingegriffen werden soll. Der Jugendliche erhält vom Staatsanwalt bzw Richter oder vom Gutachter in deren Auftrag die schriftliche Ladung, beim Sachverständigen zu erscheinen. Erscheint er nicht, kann er nicht vorgeführt werden.[91] Der Sachverständige ist weder Ermittlungsperson der Staatsanwaltschaft, noch verfügt er über eigene Hoheitsrechte oder ist zu Vernehmungen befugt. Bleibt der Beschuldigte aus, kann der Staatsanwalt oder Richter ihn zu sich laden und vernehmen, 54

---

85 Meyer-Goßner, § 78 Rn 3.
86 Meyer-Goßner, § 80 Rn 3.
87 Eisenberg, § 43 Rn 53.
88 Kröber, Gang und Gesichtspunkte der kriminalprognostischen psychiatrischen Begutachtung, NStZ 1999, 593, 598.
89 BGH v. 22.5.1991, 2 StR 453/90, NStZ 1992, 27.
90 BGH v. 22.7.1997, 1StR 334/97, NStZ 1997, 610.
91 Zweifelnd Eisenberg, § 43 Rn 37; ablehnend Brunner-Dölling, § 43 Rn 15 a und Ostendorf, § 43 Rn 17.

dabei dem Sachverständigen die Anwesenheit gestatten und ein Fragerecht einräumen (§§ 133, 163a, 80 Abs. 2 StPO). Es bleibt auch die Möglichkeit, den Sachverständigen in die Hauptverhandlung zu laden, damit er aufgrund seiner Beobachtungen und Fragen dort sein Gutachten erstatten kann. Bei Jugendlichen sind die Eltern und Erziehungsberechtigten über die Vorladung zum Sachverständigen zu informieren, sie haben auch ein Anwesenheitsrecht bei der Exploration (entsprechende Anwendung des § 67 Abs. 1), sofern der verstandesreife Jugendliche nicht widerspricht. Diese Möglichkeit für den Jugendlichen, sich der Untersuchung ohne Anwesenheit seiner gesetzlichen Vertreter zu stellen, ergibt sich aus der Übertragung des Gedankens, dass er auch über sein Aussageverhalten frei entscheiden kann.

55 **10. Keine Mitwirkung des Beschuldigten.** Der Jugendliche ist zur Mitarbeit bei der Erstellung des Gutachtens nicht verpflichtet. Er befindet sich zum Zeitpunkt der Untersuchung je nach Stand des Verfahrens in der Position des Beschuldigten, Angeschuldigten oder Angeklagten. Daher muss er vom Sachverständigen vor der Untersuchung über sein Aussageverweigerungsrecht belehrt werden.[92] Dies ist besonders bedeutsam, wenn im Rahmen der Exploration über die vorgeworfene Tat oder besondere Tatumstände gesprochen wird. Der Sachverständige hat vor Gericht kein Aussageverweigerungsrecht und muss eventuell bei der Untersuchung erfahrene Tatsachen dem Gericht als Zeuge mitteilen. Soweit er Arzt oder Psychotherapeut ist, unterliegt er nur eingeschränkt der beruflichen Schweigepflicht. Die Offenbarung von Geheimnissen des Untersuchten ist zwar tatbestandsmäßig im Sinne des § 203 StGB, jedoch im Umfang des Untersuchungsauftrages durch die Pflicht zur Gutachtenserstellung gerechtfertigt.[93]

56 **11. Mitteilung von Erkenntnissen durch den Sachverständigen.** Der Sachverständige darf in seinem Gutachten aber nur „Befundtatsachen" mitteilen,[94] Zusatztatsachen können nur durch Zeugenbeweis in die Hauptverhandlung eingeführt werden, der Sachverständige unterliegt insoweit dem § 53 StPO.[95] Auch Erkenntnisse, die der Sachverständige als früher behandelnder Arzt erlangt hat, dürfen ohne Zustimmung des Untersuchten nicht bekannt gegeben werden.

57 **12. Aufklärung des zu Untersuchenden.** Der Jugendliche soll so aufgeklärt werden, dass er selbstständig über die Bedeutung seiner Äußerungen gegenüber dem Sachverständigen im Klaren ist, die in das dem Gericht vorzutragenden Gutachten einfließen werden und dass dieses Gutachten auch negative Folgen für ihn haben kann. Nur dann kann aus der Teilnahme des Untersuchten seine schlüssige Einwilligung zur Verwertung seiner Angaben im Gutachten und zur Bekanntgabe vor Gericht hergeleitet werden. Die Aufklärung hat sich daher auch auf die Bedeutung des Gutachtens zu erstrecken. Da der Beschuldigte sich in jedem Stadium des Verfahrens eines Verteidigers bedienen kann, hat dieser auch bei ambulanten Untersuchung seines Mandanten ein Anwesenheitsrecht. Da die Anwesenheit einer dritten Person, auch bei einer „kooperativen Verteidigung" die Exploration in aller Regel stören wird, ist eine vorherige Absprache zwischen Richter, Staatsanwalt und Verteidiger sinnvoll. Der Sachverständige wird in seinem Gutachten auch zum Ausdruck bringen müssen, wenn sich bei ihm der Eindruck verfestigt,

---

92 Anders BGH v. 20.7.1995, 1StR 338/95, NJW 1998, 838 f mit kritischer Besprechung Schmidt-Recla, NJW 1998, 800.
93 BGH v. 28.10.1992, 3StR 367/92, NStZ 1993, 142.
94 Fischer, § 203 Rn 40; Ostendorf, § 43 Rn 18.
95 St. Rspr beispielsweise BGH v. 30.10.1968, 4StR 281/68, BGHSt 22, 268, 271; v. 11.2.1992, 1 StR 633/92, NStZ 1993, 245.

das Verhalten des Beschuldigten könnte durch die Anwesenheit Dritter beeinflusst sein.

13. Körperliche Untersuchung. Zur körperlichen Untersuchung des Jugendlichen im Rahmen der Begutachtung seines Entwicklungsstandes bedarf es, soweit er nicht zustimmt, eines richterlichen Beschlusses nach § 81 a StPO. Die in § 81 a StPO vorgesehene Anordnung durch den Staatsanwalt oder seiner Ermittlungspersonen dürfte bei einer Begutachtung im Rahmen des § 43 ausscheiden. 58

14. Form des Gutachtens. Das Gutachten des Sachverständigen ist an keine Form gebunden. Die Einführung in die Hauptverhandlung erfolgt durch den mündlichen Vortrag des Sachverständigen, sofern nicht die Voraussetzungen für eine Verlesung des Gutachtens gemäß § 256 Abs. 1 Nr. 1 a StPO vorliegen. Außer bei ganz einfachen Fragestellungen sollte davon aber bei Gutachten zur Persönlichkeitserforschung abgesehen werden. Nicht entscheidend ist ein in aller Regel bereits vor der Hauptverhandlung erstattetes schriftliches Gutachten. Das Gutachten des Sachverständigen verliert nicht an Wert, wenn er nach Anwesenheit in der Hauptverhandlung aufgrund des Verhaltens des Angeklagten oder anderer Tatsachen zu einem anderen Ergebnis gelangt. Er wird seine Abweichung vom schriftlichen Gutachten aber so darlegen müssen, dass sich der Richter im Urteil mit der Abweichung auseinandersetzen kann, ohne dass das Urteil an einem überprüfbaren Darlegungsmangel leidet. Das schriftliche Gutachten ist aber nach Erstellung unverzüglich dem Verteidiger und sofern es gegenüber dem Gericht erstattet wurde, der Staatsanwaltschaft bekannt zu machen. Der Beschuldigte/Angeklagte selbst hat kein Recht auf Überlassung. Um eine Wertung durch das Gericht zu ermöglichen, hat der Sachverständige das Gutachten in einer allen Beteiligten verständlichen Form und Sprache zu erstatten.[96] Er hat die ihm zur Verfügung stehenden Erkenntnisquellen vollständig anzuführen, den Gang der Exploration (einschließlich Ort und Zeit), das Verhalten des Untersuchten, die absolvierten Tests anzugeben und die Methode darzulegen, nach der er vorgegangen ist. Dazu gehört auch die Offenbarung des Gutachters, wenn er bei Erfüllung seines Auftrags von anerkannten Lehren seiner Disziplin abweicht und eine von der herrschenden Lehre abweichende Meinung vertritt. Zu einem Ablehnungsgrund nach § 74 StPO führt dies nicht. Legen die angewandten Methoden des Sachverständigen den Verdacht mangelnder Sachkunde nahe, so muss ein weiterer Sachverständiger herangezogen werden.[97] Der Richter ist nicht gezwungen, sich dem Gutachten des Sachverständigen anzuschließen. Entscheidet er sich abweichend, muss er sich aber im Urteil mit dem Gutachten auseinandersetzen und seine abweichende Meinung begründen.[98] Keiner weiteren Begründung bedarf es allerdings wenn der Richter vom Rechtsfolgenvorschlag, den der Sachverständige machen darf[99], abweicht, da dieser Vorschlag nicht Bestandteil seines eigentlichen Gutachtens ist. 59

VII. Rechtsmittel

Ein Verstoß gegen § 43 ist unmittelbar mit Rechtsmitteln nicht anzugreifen, da sich die Vorschrift nur auf das Ermittlungsverfahren bezieht. Es kann jedoch eine 60

---

96 Dazu auch Schepker in: Du Bois, S. 90, wonach eine ausführliche Erörterung des Gutachtens erforderlich ist, für die die allgemeine Verständlichkeit Voraussetzung ist
97 Jessnitzer/Ulrich, Rn 166, 230.
98 St. Rspr: BGH v. 15.4.1983, 2 StR 78/83, NStZ 1983, 377; v. 20.6.2000, 5 StR 173/00, NStZ 2000, 550 f.
99 Eisenberg § 43 Rn 54 c; Wenn, S. 38.

Verletzung der gerichtlichen Aufklärungspflicht nach § 244 Abs. 2 StPO vorliegen, wenn die Persönlichkeit des Angeklagten nicht ausreichend mit allen unter Verhältnismäßigkeitsgesichtspunkten zur Verfügung stehenden Mitteln aufgeklärt wurde und das Urteil darauf beruht oder wenn überhaupt keine Persönlichkeitserforschung vorgenommen wurde.[100]

§ 44 Vernehmung des Beschuldigten

Ist Jugendstrafe zu erwarten, so soll der Staatsanwalt oder der Vorsitzende des Jugendgerichts den Beschuldigten vernehmen, ehe die Anklage erhoben wird.

Richtlinien zu § 44

1. Die Vernehmung dient vor allem dem Zweck, vor der Hauptverhandlung, in der sich der Jugendliche vielfach nicht unbefangen gibt, ein persönliches Bild von ihm zu erhalten und dadurch auch die Prüfung der strafrechtlichen Verantwortlichkeit (§ 3) zu erleichtern. Eine solche Vernehmung kann auch im Verfahren gegen Jugendliche vor den für allgemeine Strafsachen zuständigen Gerichten angezeigt sein, obwohl sie dort nicht vorgeschrieben ist (§ 104); das gleiche gilt im Hinblick auf § 105 auch im Verfahren gegen Heranwachsende (§ 109). Die Vernehmung kann die Grundlage für die Entschließung bilden, ob die Untersuchung des Jugendlichen nach § 43 Abs. 2 oder § 73 Abs. 1 angezeigt ist. Dies gilt auch für die Entscheidung über eine Verteidigerbestellung gemäß § 68.

2. Bei der Vernehmung sind die in Nr. 19 RiStBV dargelegten Grundsätze und, wenn Schulkinder vernommen werden, etwa hierfür ergangene Bestimmungen zu beachten.

I. Persönlicher Anwendungsbereich 1	IV. Form der Vernehmung 4
II. Vernehmung durch den Staatsanwalt 2	V. Vernehmungskompetenz 5
III. Vernehmung durch den Jugendrichter 3	VI. Anwendungsbereich 7

I. Persönlicher Anwendungsbereich

1 Die Vorschrift ist nur in Verfahren gegen Jugendliche vor den Jugendgerichten anwendbar. In Verfahren gegen Jugendliche und Heranwachsende vor den für allgemeine Strafsachen zuständigen Gerichten kann der Staatsanwalt oder der Richter des Gerichtes der Hauptsache allerdings von der Regelung Gebrauch machen (§§ 104 Abs. 2, 112 Abs. S. 1). In Verfahren gegen Heranwachsende vor dem Jugendrichter gilt die Vorschrift nicht. Jugendstaatsanwalt und Jugendrichter können den heranwachsenden Beschuldigten jedoch nach den Vorschriften des allgemeinen Strafverfahrens anhören (vgl unten Rn 2)

II. Vernehmung durch den Staatsanwalt

2 Die Regelung ist mehr als eine Hervorhebung der auch in Verfahren gegen Erwachsene möglichen Vernehmung durch den Staatsanwalt im Ermittlungsverfahren (§ 163a Abs. 3 StPO) und des für die Eröffnung des Hauptverfahrens zuständigen Richters im Zwischenverfahren (§ 202 StPO). Die Möglichkeit dieser Vernehmungen bleibt durch § 44 unberührt. Die Vorschrift des § 44 richtet sich

---

100 BGH v. 5.10.1954, 2 StR 194/54, BGHSt 6, 326, 329.

aus den Gründen des regelmäßigen Ablaufs eines Ermittlungsverfahrens gegen Jugendliche in erster Linie an den Jugendstaatsanwalt („vor Erhebung der Anklage"). Während nach den allgemeinen Vorschriften der Staatsanwalt als Ermittlungsführer die Vernehmung des Beschuldigten selbst durchführen kann, soll er, sofern die Voraussetzungen des § 17 Abs. 2 mit einiger Wahrscheinlichkeit vorliegen können, den Beschuldigten selbst vernehmen. Dies muss nicht die Vernehmung des Beschuldigten im Rahmen der Sachermittlungen sein. Die Vernehmung nach § 44 **dient in erster Linie der Persönlichkeitserforschung.** Dies ergibt sich daraus, dass in der Vorschrift auf die zu erwartende Rechtsfolge und nicht auf die Sachaufklärung abgestellt ist.

III. Vernehmung durch den Jugendrichter

Die Vernehmung soll vor allem dem Zweck dienen, sich vor der Hauptverhandlung ein persönliches Bild vom Jugendlichen zu verschaffen, da befürchtet wird, der Jugendliche könne sich vor Gericht nicht unbefangen zeigen (RiLi 1). Soweit die Vorschrift den Richter betrifft, wendet sie sich an den **Vorsitzenden des Jugendgerichts**, vor dem die Hauptverhandlung stattfindet. Da vor Anklageerhebung in vielen Fällen dieses Gericht nicht bekannt ist, wird der Anwendungsbereich der Vorschrift dadurch eingeschränkt sein, da die Vernehmung nur dann Sinn macht, wenn genau der Richter den Beschuldigten vernimmt, der später im gerichtlichen Verfahren den Vorsitz führt.

3

IV. Form der Vernehmung

Eine Form für diese Vernehmung ist im JGG nicht vorgeschrieben. Da die Richtlinien auch auf die zu vermeidende Befangenheit in der Hauptverhandlung abzielen, wird vielfach gefordert, das Gespräch müsse in einer „entspannten Atmosphäre",[1] „zwanglos und ohne Protokollführer"[2] erfolgen. Dabei sollte nicht vergessen werden, **dass das Gespräch nach § 44 eine Ermittlungshandlung, nämlich eine Vernehmung des Beschuldigten ist,** vor deren Beginn er über sein Aussageverweigerungsrecht und sein Recht, einen Verteidiger beizuziehen, zu belehren ist. Bei dem Gespräch dürfte die Erforschung der Persönlichkeit und die Sachaufklärung nicht zu trennen sein. Selbst wenn der Jugendrichter oder Jugendstaatsanwalt bemüht ist, nicht über den Vorwurf selbst zu sprechen, so sind doch spontane Äußerungen des Beschuldigten zum Vorwurf nicht zu verhindern und es ist tatsächlich schwer vorstellbar, wie mit dem jugendlichen Beschuldigten eine Vernehmung stattfinden soll, die den Gegenstand des Verfahrens nicht berührt. Soll die Vernehmung gar die polizeiliche Vernehmung ersetzen, was teilweise als wünschenswert angesehen wird,[3] so ist auf alle Formvorschriften zu achten, einschließlich der Benachrichtigung der Erziehungsberechtigten, damit diese ihr Anwesenheitsrecht ausüben können. **Das Festhalten der Aussage in einem Protokoll, das von einem hinzuzuziehenden Protokollführer zu fertigen und vom Beschuldigten zu genehmigen ist, ist dann unumgänglich (§§ 168, 168 a StPO).** Die Formulierung der Vorschrift und ihre Stellung im System des JGG spricht aber eher dafür, dass es sich bei der Vernehmung um ein „Gespräch" handeln soll, das zusätzlich zu der polizeilichen oder staatsanwaltschaftlichen Vernehmung zur Sachaufklärung geführt werden soll, bei einer richterlichen Vernehmung entbindet dies nicht von den Formerfordernissen, da das Ergebnis dieses Gesprächs ge-

4

---

1 Eisenberg, § 44, Rn 4.
2 Brunner/Dölling, § 44 Rn 1.
3 Brunner/Dölling, § 44 Rn 2.

rade der Persönlichkeitserforschung dienen und zur Bestimmung der Rechtsfolge beitragen soll.

V. Vernehmungskompetenz

5 Der Jugendrichter der Hauptsache kann von sich aus eine Vernehmung des Beschuldigten vor Erhebung der Anklage nicht anberaumen, da die Vorschrift des § 44 nicht die allgemeine Zuständigkeiten der StPO durchbrechen kann. **Die Entscheidung, ob der Jugendliche vor Anklageerhebung durch den Jugendrichter vernommen werden soll, obliegt dem Jugendstaatsanwalt,** er hat bei der richterlichen Vernehmung auch ein Anwesenheitsrecht. Ob es sich anbietet, darauf zu verzichten, wie teilweise vorgeschlagen wird,[4] hängt vom Einzelfall ab. Eine unterbliebene Benachrichtigung des Jugendstaatsanwalts kann unter Umständen zur Besorgnis der Befangenheit führen.

6 Der Jugendstaatsanwalt kann diese Vernehmung beim zuständigen Jugendrichter anregen oder beantragen. Umstritten ist, ob der Richter den Antrag auf richterliche Vernehmung ablehnen kann. Überwiegend[5] soll für die Vernehmung nach § 44 die Vorschrift des § 162 StPO gelten, so dass dem Richter nur die Überprüfung der gesetzlichen Zulässigkeit nach § 162 Abs. 3 StPO, nicht aber ein Ablehnungsrecht zusteht. Dabei wird aber die Besonderheit der Vernehmung nach § 44 verkannt. Nach § 162 Abs. 1 StPO stellt die Staatsanwaltschaft ihren Antrag, wenn sie „die Vornahme einer richterlichen Untersuchungshandlung für erforderlich hält", in der Regel zu Beweissicherungszwecken oder um eine Förderung des Verfahrens zu erzielen, die er mit eigenen Möglichkeiten nicht erreichen kann.[6] Dies ist bei der Vernehmung nach § 44 gerade nicht der Fall, da dem Staatsanwalt ausdrücklich auch die Vernehmung zugewiesen ist.[7] Vernimmt der Richter, so hat er den Beschuldigten auch über sein Recht der Beweiserhebung hinzuweisen.

VI. Anwendungsbereich

7 In der Praxis wird von der Vorschrift des § 44 außerordentlich wenig Gebrauch gemacht. Dabei könnte die Arbeitsbelastung möglicherweise ein Grund sein.[8] Ein weiterer Grund ist die zwangsläufig zu erwartende Verfahrensverzögerung und die Persönlichkeitserforschung der Jugendgerichtshilfe, die bei zu erwartender Jugendstrafe in aller Regel tätig werden wird.

8 Die Vernehmung nach § 44 ist vom Beschuldigten nicht zu erzwingen. Sofern auf andere gesetzmäßige Weise seinem Anspruch auf rechtliches Gehör Genüge getan wurde, kann sein Antrag, von Jugendstaatsanwalt oder Jugendrichter vernommen zu werden, abgelehnt werden. **Die unterlassene Anhörung kann nicht im Wege der Revision gerügt werden,** da es sich um eine reine „Sollvorschrift" handelt. Eine spätere Aufklärungsrüge wird ebenfalls wenig Aussicht auf Erfolg haben, da sie nur damit begründet werden könnte, dass die Persönlichkeit des Angeklagten in der Hauptverhandlung nicht ausreichend aufgeklärt wurde und dies durch die Vernehmung vor Anklageerhebung hätte erfolgen können.

---

4 Brunner/Dölling, § 44 Rn 1; Ostendorf, § 44 Rn 3.
5 Brunner/Dölling, § 44 Rn 5; Dallinger/Lackner, § 44 Rn 5; offensichtlich zweifelnd: Eisenberg, § 44 Rn 9.
6 Vgl Meyer-Goßner, § 162 Rn 3, 4.
7 Im Ergebnis auch Ostendorf, § 44 Rn 4.
8 Brunner/Dölling, § 44 Rn 6.

§ 45 Absehen von der Verfolgung

(1) Der Staatsanwalt kann ohne Zustimmung des Richters von der Verfolgung absehen, wenn die Voraussetzungen des § 153 der Strafprozeßordnung vorliegen.

(2) ¹Der Staatsanwalt sieht von der Verfolgung ab, wenn eine erzieherische Maßnahme bereits durchgeführt oder eingeleitet ist und er weder eine Beteiligung des Richters nach Absatz 3 noch die Erhebung der Anklage für erforderlich hält. ²Einer erzieherischen Maßnahme steht das Bemühen des Jugendlichen gleich, einen Ausgleich mit dem Verletzten zu erreichen.

(3) ¹Der Staatsanwalt regt die Erteilung einer Ermahnung, von Weisungen nach § 10 Abs. 1 Satz 3 Nr. 4, 7 und 9 oder von Auflagen durch den Jugendrichter an, wenn der Beschuldigte geständig ist und der Staatsanwalt die Anordnung einer solchen richterlichen Maßnahme für erforderlich, die Erhebung der Anklage aber nicht für geboten hält. ²Entspricht der Jugendrichter der Anregung, so sieht der Staatsanwalt von der Verfolgung ab, bei Erteilung von Weisungen oder Auflagen jedoch nur, nachdem der Jugendliche ihnen nachgekommen ist. ³§ 11 Abs. 3 und § 15 Abs. 3 Satz 2 sind nicht anzuwenden. ⁴§ 47 Abs. 3 findet entsprechende Anwendung.

Richtlinien zu § 45

1. Bei kleineren bis mittelschweren Verfehlungen ist stets zu prüfen, ob auf eine jugendstrafrechtliche Sanktion durch Urteil verzichtet werden kann.

2. Eine Anwendung von § 45 Abs. 1 ist insbesondere bei Taten erstmals auffälliger Jugendlicher zu prüfen, wenn es sich um jugendtypisches Fehlverhalten mit geringem Schuldgehalt und geringen Auswirkungen handelt, das über die bereits von der Entdeckung der Tat und dem Ermittlungsverfahren ausgehenden Wirkungen hinaus keine erzieherischen Maßnahmen erfordert.

3. Erzieherische Maßnahmen im Sinne von § 45 Abs. 2 sollen geeignet sein, die Einsicht des Jugendlichen in das Unrecht der Tat und deren Folgen zu fördern. Sie können von den Erziehungsberechtigten, aber z.B. auch vom Jugendamt, der Schule oder dem Ausbilder ausgehen. Ist noch keine angemessene erzieherische Reaktion erfolgt, so prüft die Staatsanwaltschaft, ob sie selbst die Voraussetzungen für die Einstellung des Verfahrens herbeiführen kann (z.B. indem sie ein erzieherisches Gespräch mit dem Jugendlichen führt oder ihn ermahnt oder eine Schadenswiedergutmachung im Rahmen eines Täter-Opfer-Ausgleichs anregt). Erforderlich hierfür ist, daß der Beschuldigte den Tatvorwurf nicht ernstlich bestreitet, das Anerbieten der Staatsanwaltschaft annimmt und die Erziehungsberechtigten und die gesetzlichen Vertreter nicht widersprechen.

4. Erwägt die Staatsanwaltschaft eine Anregung nach § 45 Abs. 3, so unterrichtet sie die Jugendgerichtshilfe unter Mitteilung des Tatvorwurfs, sofern sie diese nicht schon zur Vorbereitung dieser Entscheidung gehört hat.

5. § 45 gilt auch im Verfahren gegen Jugendliche vor den für allgemeine Strafsachen zuständigen Gerichten (§ 104 Abs. 1 Nr. 4), im Verfahren gegen Heranwachsende nur, wenn Jugendstrafrecht zur Anwendung kommt (§ 109 Abs. 2).

Schrifttum:

Bareinske, Sanktion und Legalbewährung im Jugendverfahren in Baden-Württemberg – eine Analyse der Legalbewährung von jugendlichen Straftätern nach einer formellen bzw. informellen Erledigung anhand der Freiburger Kohortenstudie, 2004; *Bundesministerium der Justiz (Hrsg.) Arbeitsgruppe Täter-Opfer-Ausgleich*: Statistik Täter-Opfer-Ausgleich in Deutschland, 2008; *Böhm/Feuerhelm,* Einführung in das Jugendstrafrecht, 2004; *Burscheidt,* Das Verbot der Schlechterstellung, 2000; *Dirnaichner,* Der nordamerikanische

Diversionsansatz und rechtliche Grenzen seiner Rezeption im bundesdeutschen Strafrecht, 1990; *Goeckenjan,* Neuere Tendenzen in der Diversion, 2005; *Grote,* Diversion im Jugendstrafrecht, 2006; *Heinz/Hügel,* Erzieherische Maßnahmen im deutschen Jugendstrafrecht, 1987; *Heinz/Storz,* Diversion im Jugendstrafverfahren der Bundesrepublik Deutschland, 1992; *Körner,* Betäubungsmittelgesetz, 2007; *Lenz,* Die Rechtsfolgensystematik im JGG, 2007; *Kastner/Sessar* (Hrsg.), Strategien gegen die anwachsende Jugendkriminalität und ihrer gesellschaftlichen Ursachen (Berichte der Enquete-Kommission der Hamburger Bürgerschaft, 2001; *Kuhlen,* Diversion im Jugendstrafverfahren, 1988; *Mischnick,* Der Täter-Opfer-Ausgleich und der außergerichtliche Tatausgleich in der Behördenwirklichkeit, 1998; *Nothacker,* Erziehungsvorrang und Gesetzesauslegung im Jugendgerichtsgesetz, 1985; *Petersen,* Sanktionsmaßstäbe im Jugendstrafrecht, 2008; *Sabaß,* Schülergremien in der Jugendstrafrechtspflege – Ein neuer Diversionsansatz. Das kriminalpädagogische Schülerprojekt Aschaffenburg und die US-amerikanischen Teen courts, 2004; *Schaffstein,* Überlegungen zur Diversion in: FS Jescheck, 1985; *Weber,* Betäubungsmittelgesetz, 2009

I. Persönlicher Anwendungsbereich	1
II. Diversion	2
1. Entstehung des Diversionsgedankens in Deutschland	2
2. Entwicklung der informellen Erledigungen	3
3. Ziele der Diversion	4
4. Rückfallquote	5
5. Grenzen des informellen Verfahrens	6
6. Kritik an der Diversion ...	7
7. Diversionsrichtlinien	8
III. Informelle Erledigungsmöglichkeiten außerhalb des JGG	9
1. Verhältnis zu den Vorschriften des JGG	9
2. §§ 153, 153 a StPO	10
a) § 153 StPO	10
b) § 153 a StPO	11
3. § 153 b – f StPO	12
4. §§ 154, 154 a – c StPO	13
5. § 31 a BtMG	14
IV. Einstellung nach § 170 Abs. 2 StPO	15
V. Einstellungen nach § 45	16
1. Voraussetzungen	16
2. Deliktsarten	17
3. Anwendung des § 45 Abs. 1	18
a) Geringe Schuld	18
b) Mangelndes öffentliches Interesse	19
c) Mitteilung über den Ausgang des Verfahrens	20
4. Anwendung des § 45 Abs. 2	21
a) Sachlicher Anwendungsbereich	21
b) Entscheidungskompetenz des Jugendstaatsanwalt – „Polizeidiversion"	22
c) „Ermahnung" durch die Polizei	23
d) Sofortiger Schadensausgleich	24
e) Anordnungskompetenz	25
f) Erzieherische Maßnahmen	26
aa) Begriff	26
bb) Entdeckung der Tat	27
cc) Erziehungsrecht der Eltern und Erziehungsberechtigten	28
dd) Maßnahmen durch Personen des „sozialen Umfeld"	29
ee) Ermahnungsgespräche	30
g) Täter-Opfer-Ausgleich	31
aa) Zweck	31
bb) TOA als Diversionsmaßnahme	32
cc) Sachliche Eignung	33
dd) Abschluss des Ausgleichsverfahrens	34
h) Kriminalpädagogische Schülerprojekte / Teen Courts	35
aa) Entstehungsgeschichte und Erscheinungsformen	35
bb) Kritik	36
5. Anwendung des § 45 Abs. 3	37
a) Systematische Einordnung	37

b) Geständnis............	38	f) Aussetzung der Entscheidung..............	44
aa) Erfordernis.......	38	6. Rechtskraft..............	45
bb) Fehlerquelle.......	39	7. Ordnungswidrigkeitenverfahren....................	46
cc) Überprüfungspflicht des Jugendrichters............	40	8. Rechtsmittel..............	47
c) Ermahnung durch den Richter.................	41	VI. Diversionsrichtlinien Baden-Württemberg	48
d) Weisungen.............	42		
e) Anregung der Staatsanwaltschaft.............	43		

I. Persönlicher Anwendungsbereich

Die Vorschrift gilt auch für Jugendliche in Verfahren vor den für allgemeine Strafsachen zuständigen Gerichten (§ 104 Abs. 1 Nr. 4). Ebenso findet sie Anwendung in Verfahren gegen Heranwachsende, sofern Jugendstrafrecht angewendet wird und zwar vor dem Jugendrichter (§§ 109 Abs. 2 S. 1, 105 Abs. 1) und vor den für allgemeine Strafsachen zuständigen Gerichte (§§ 105 Abs. 1; 112, 104 Abs. 1 Nr. 4) 1

II. Diversion

1. Entstehung des Diversionsgedankens in Deutschland. Der Gedanke im deutschen Strafrecht, das Legalitätsprinzip bei Delikten minderschwerer Art und geringer Schuld des Täters durch das Opportunitätsprinzip zu durchbrechen ist nicht neu. Für den Bereich des allgemeinen Strafrechts gelten insoweit die §§ 3, 153 ff StPO. Im Jugendstrafrecht, das ebenfalls dem Legalitätsprinzip unterworfen ist, waren die Bestrebungen, in noch weitergehenden Maß von der Erledigung durch Urteil im förmlichen Verfahren absehen zu können, schon im Gange, bevor die Diskussion um die Diversion ab etwa Mitte der 80iger Jahre verstärkt einsetzte und bis heute nicht zur Ruhe gekommen ist. Schon vor dem ersten Weltkrieg wurde in einem Entwurf zur Änderung der Strafprozessordnung der Gedanke niedergelegt, es erscheine als „grundlose Härte" bei „Verfehlungen harmloser Art" den Jugendlichen einem gerichtlichen Verfahren zu unterziehen, das ihn für sein weiteres Leben unnötig belasten und zu weiteren Schäden führen könne.[1] Es war damals weniger das Erscheinen vor dem Richter, das als gefährdend angesehen wurde, sondern die weitgehend schärferen Rechtsfolgen, die damals zur Anwendung kamen. Der Gedanke des nichtförmlichen Verfahrens hat dann in § 32 des JGG 1923 Eingang gefunden und wurde von den nachfolgenden Jugendgerichtsgesetzen, teilweise mit Änderungen, übernommen. Die derzeit geltenden Vorschriften der §§ 45 und 47 über die Erledigung ohne Urteil wurden durch das 1. JGGÄndG im Jahr 1990 eingeführt. 2

2. Entwicklung der informellen Erledigungen. Für die nach §§ 45, 47 vorgesehenen Möglichkeiten der staatsanwaltschaftlichen und richterlichen Erledigung von Strafverfahren gegen Jugendliche ohne gerichtliche Sanktion wurde der aus den Vereinigten Staaten stammende Begriff „Diversion" übernommen. Ungeachtet der Unterschiede der Rechtssysteme und der Anwendungsbereiche[2] lassen sich unter dem Begriff alle Arten der Beendigung eines Ermittlungsverfahrens (mit Ausnahme der Einstellung gemäß § 170 Abs. 2 StPO) gegen Jugendliche ohne förmliches gerichtliches Verfahren zusammenfassen. Im Regierungsentwurf zum 3

---

1 Heinz, Diversion im Jugendstrafverfahren, ZStW 104, 595.
2 Vgl dazu Böhm/Feuerhelm, S. 106; Heinz, ZStW 104, 594 f.

1. JGGÄndG vom 27.11.1989[3] war auch der Begriff der „informellen Erledigung" im Gegensatz zur formellen (gerichtlichen) Erledigung gebraucht. Das Gesetz unterscheidet die staatsanwaltschaftliche und die richterliche Diversion, die Polizeidiversion (s.u. Rn 22) sieht es nicht vor. Die Entwicklung beim Gebrauch der Diversion geht eindeutig von der formellen Sanktionierung weg. In der Zeit von 1981 bis 2003 stieg in den alten Bundesländern und Westberlin der Anteil der Personen, die nach Jugendrecht ohne förmliches Verfahren sanktioniert wurden, von 44 % auf 69 %, wobei die Zahlen seit 1995 etwa konstant sind. Innerhalb dieser Gruppe fällt der starke Anstieg der Einstellungen nach § 45 Abs. 1 und 2 durch die Staatsanwaltschaft von etwa 17 % im Jahr 1981 auf über 50% im Jahr 2003 auf bei einem gleichzeitigen Rückgang der Einstellungen mit richterlicher Beteiligung.[4] Diese Entwicklung zeigt, welche Rolle dem Jugendstaatsanwalt bei der Entscheidung zukommt, er ist die „rechtsstaatliche Schaltstelle" für die vor- und außergerichtliche Erledigung von Jugendstrafverfahren[5] und Jugendstaatsanwälte haben ungeachtet vorhandener Bedenken[6] starken Gebrauch davon gemacht.

4 **3. Ziele der Diversion.** Die mit der Diversion verfolgten Ziele gehen in ganz verschiedene Richtungen: Der erste Gedanke war ganz offensichtlich, die sich in einem gerichtlichen Verfahren ergebende Konfrontation mit der Justiz, die als stigmatisierend angesehen wird,[7] zu vermeiden oder zu minimieren und damit den Jugendlichen geringer zu belasten, da bereits das Verfahren und seine Begleitumstände als „quasisanktionell" empfunden würden.[8] Weiter soll die Reaktionszeit zwischen Tat und Rechtsfolge durch das formlose Verfahren verringert werden, um damit noch unmittelbarer auf den Täter einwirken zu können, der dann noch einen engeren Bezug zur Tat hat. Die Diversion soll auch den Vorteil bergen, es könne besser auf den Beschuldigten reagiert und flexiblere Problemlösungshilfen als in einem Urteil[9] und individuelle Konfliktaufbereitung geboten werden.[10] Als drittes Ziel wird gesehen, die Justiz, dh in erster Linie die Jugendrichter zu entlasten. Dazu soll zur Beschleunigung des Gangs im Jugendstrafverfahren und zur Verminderung der Kosten beigetragen werden. Letzteres klingt zunächst sachfremd, da das System des JGG den Erziehungsgedanken und nur diesen, nicht aber Wirtschaftlichkeitsgrundsätze der Justiz fördert. Wichtiger und erfreulicher Aspekt ist, dass sich Jugendstaatsanwälte und Jugendrichter bei nicht unerschöpflichen Personalressourcen auf die gewichtigeren Verfahren der mittleren und schweren Jugendkriminalität konzentrieren und die Bearbeitung dieser Verfahren beschleunigen können. Eine nicht zu vernachlässigende Rolle kann unter Umständen auch die Entlastung des jugendlichen Beschuldigten von Kosten sein,

---

3 BT-Drucks. 11/5829.
4 Quelle: Konstanzer Inventar Sanktionsforschung; Heinz, Zahlt sich Milde aus? Diversion und ihre Bedeutung für die Sanktionspraxis, ZJJ 2005, 166, 176.
5 Böhm/Feuerhelm, S. 106.
6 Vgl Laubenthal/Baier, Rn 291.
7 Ostendorf, Grundlagen zu §§ 45 und 47 Rn 4; Heinz, ZStW 104, 592; dagegen für eine Überbewertung der Stigmatisierungswirkung der formellen Hauptverhandlung: Müller, Diversion im Jugendstrafrecht und rechtsstaatliches Verfahren, DRiZ 1996, 443.
8 Lenz, S. 184.
9 Heinz, ZStW 104, 592; vgl dazu auch Haustein/Nithammer: Das Berliner Büro für Diversionsberatung und –vermittlung, DVJJ-Journal 1999, 427.
10 Ostendorf, Grundlagen zu §§ 45 und 47 Rn 4; dazu auch Müller-Piepenkötter/Kubink: „Gelbe Karte" für junge Straftäter - Ein Projekt der rationalen Kriminalpolitik, ZRP 2007, 61.

die bei einem förmlichen Verfahren auf ihn entfallen können und die ihn über die gerichtliche Sanktion hinaus mehr belasten können als die stigmatisierende Wirkung vor Gericht zu erscheinen.

4. Rückfallquote. Ob und wieweit sich die Diversion auf die Rückfallquote auswirkt, ist nicht eindeutig belegt. Die Auswertung der vorliegenden Statistiken scheint für eine größere Legalbewährung bei informeller Erledigung zu sprechen, insbesondere wenn die Einstellung des Verfahrens an absolvierte Programme (Soziale Trainingskurse, Täter-Opfer-Ausgleich uä) gekoppelt ist. Bisher liegen aber nur einzelne, regionale oder lokale Untersuchungen vor.[11] Darüber hinaus bestehen in den einzelnen Bundesländern erhebliche Unterschiede in der Anwendung der Diversion.[12] Heinz weist auf die Schwierigkeiten und Grenzen der Wirkungsforschung hin.[13] Danach lassen sich berechtigte Bedenken anmelden, ob eine Feststellung der Veränderung der Rückfallquote überhaupt möglich ist. Die Auswertung der im Bundeszentralregister eingetragenen Verurteilungen und Einstellungen gemäß §§ 45 und 47 im Jahr 1994 mit den erneuten Sanktionierungen dieser Täter bis 1998 durch Jehle, Heinz und Sutterer[14] gelangt unter anderem zu dem Ergebnis, wonach die Rückfallraten nach formellen ambulanten Sanktionen deutlich höher sind als nach informellen Sanktionen. Mehr als Indizien für den Vorteil von Diversionsmaßnahmen bei Massen- und Bagatellkriminalität können der Auswertung aber nicht entnommen werden. Es fehlt für eine Wirkungsaussage an der Vergleichbarkeit der unterschiedlich sanktionierten Gruppen.[15] Bei allen statistischen Auswertungen, die den Vorteil der informellen Erledigung belegen sollen, bleibt ein wesentlicher Punkt außer Acht oder wird nicht ausreichend berücksichtigt, weil er schwer oder kaum messbar ist: Ungeklärt ist bisher auch, ob bei der Auswahl des Jugendstaatsanwalt, im Fall des § 47 auch der Jugendrichter, der Entscheidungsträger mehr geneigt ist, einen Straftäter einer Diversionsmaßnahme zuzuführen, wenn er aus den Akten den Eindruck gewinnt, der Täter komme aus einem geordneten sozialen Umfeld. Drücken die Akten ein wenig geordnetes Umfeld oder schwierige Familienverhältnisse aus, so könnte sein, dass dieser Straftäter, der aufgrund seiner Herkunft gefährdeter ist, eher dem förmlichen Verfahren zugeführt wird. Mangels ausreichend bekannter Untersuchungen kann dies auch nur Hypothese sein. Selbst wenn derartige Kriterien nur vereinzelt Platz greifen, kann es genügen, ein statistisches Ergebnis zu beeinflussen. Dem Schluss, die informellen Maßnahmen seien der förmlichen Entscheidung zumindest nicht unterlegen, kann sicher nicht widersprochen werden. Damit ist nach dem Gedanken des JGG, den erzieherischen Zweck mit dem möglichst geringsten repressiven Eingriff in den Lebensablauf des Jugendlichen zu erreichen, für den Jugendstaatsanwalt vorgegeben, in jedem Fall zu prüfen, ob unter Berücksichtigung der Tat, der Persönlichkeit des Täters und eventuell vorherigen delinquenten Verhaltens ein informeller Abschluss in Aussicht genommen werden kann.

5. Grenzen des informellen Verfahrens. Dass die Möglichkeiten der Diversion an Grenzen stoßen, dürfte aber auch nicht bezweifelt werden können. Insbesondere bei mehrfach vorbelasteten Tätern scheinen diese bald erreicht zu sein,[16] wenn

---

11 Eisenberg, § 45 Rn 17 f – h; Heinz, ZStW 104, 614 ff; Bareinske, S. 115 ff.
12 Ostendorf, Grdl. zu §§ 45 und 47 Rn 7.
13 Heinz, ZStW 104, 611 ff; vgl dazu auch Heinz/Storz, S. 50.
14 Dazu Heinz, Die neue Rückfallstatistik – Legalbewährung junger Straftäter, ZJJ 2004, 35 ff.
15 Heinz, ZJJ 2004, 35, 47.
16 Heinz/Hügel, S. 3.

auch entgegen mancher Richtlinien die Diversion selbst bei „Jugendlichen Intensivtätern" nicht grundsätzlich ausgeschlossen sein sollte.[17] Die Gefahr, wonach die „schematische Abwicklung" von Diversion[18] auf Dauer zu einer Abnutzung und Beeinträchtigung der Wirkung der staatlichen Reaktion führen kann („einen Ladendiebstahl darf man ungestraft begehen"), sollte nicht von der Hand gewiesen werden. Im Bereich der unteren und allenfalls der mittleren Kriminalität wird die Diversion aber überwiegend als „prinzipiell vernünftig, sachgerecht und erfolgreich" angesehen.[19]

7 **6. Kritik an der Diversion.** Kritik wird an der Diversionspraxis überwiegend aus rechtsstaatlichen Gesichtspunkten erhoben. Die Diversion, soweit sie ohne richterliche Beteiligung erfolgt, verletze den Grundsatz, wonach keine strafrechtliche Sanktion verhängt werden dürfe (und sei es nur der Nachteil des Eintrags einer Einstellung nach § 45 Abs. 1 ins Erziehungsregister), ohne dass die Schuld richterlich festgestellt worden ist.[20] Die richterliche Kontrolle sei ausgeschlossen, ein Rechtsmittel nicht möglich.[21] Diesen durchaus berechtigten Bedenken wird überwiegend mit den Erfolgen der Diversion und dem Erziehungsgedanken des JGG begegnet. Danach ist die Praxis Diversion gerechtfertigt, wenn der Einstellung nach § 170 Abs. 2 StPO bei mangelndem Tatverdacht der Vorrang gegenüber der Einstellung nach § 45 Abs. 1 und 2 gegeben, der Verhältnismäßigkeitsgrundsatz eingehalten und die Anordnungskompetenz des Staatsanwalts auf solche erzieherischen Maßnahmen beschränkt wird, die in ihrer Intensität hinter denjenigen zurückbleiben, die nach § 45 Abs. 3 auferlegt werden können.[22] In der Tat ist es bedenklich, dass der Jugendliche die Verweigerung einer Einstellung nach § 170 Abs. 2 StPO nicht angreifen kann, allenfalls mit dem Mittel der Dienstaufsichtsbeschwerde. In erster Linie gilt dies für die „sanktionslose" Einstellung nach § 45 Abs. 1 oder bei bereits erfolgten Maßnahmen nach Abs. 2. Der Beschuldigte kann sich der intervenierenden (mit einer Anordnung verbundenen) Diversion nur entziehen, wenn er ausdrücklich der beabsichtigten Maßnahme widerspricht oder der Auflage nicht nachkommt. Erzwingt er die richterliche Entscheidung durch bloße Verweigerung, läuft er Gefahr, sich in einer späteren Hauptverhandlung, der er sich unterziehen muss, Nachteile zu erleiden. Allein die Eintragung ins Erziehungsregister stellt für den Jugendlichen einen Nachteil dar, der auch nicht dadurch kompensiert werden kann, dass dem nachfolgenden Richter die Bedeutung des § 45 bekannt ist.[23] In der täglichen jugendrichterlichen Praxis werden Akten von Vorverfahren, die nach §§ 45, 47 erledigt wurden selten beigezogen. Zur Kenntnis genommen und bekannt gegeben wird jedoch die entsprechende Eintragung im Erziehungsregister. Infrage gestellt wird auch die „Anordnungskompetenz" des Jugendstaatsanwalts bei der Auflagenerteilung nach § 45 Abs. 2 (dazu unten Rn 21 ff).

8 **7. Diversionsrichtlinien**[24] Um eine möglichst gleichartige Handhabung der Diversion durch die Staatsanwaltschaften zu sichern, wurden von fast allen Bun-

---

17 Vgl dazu Müller-Rakow, Fallkonferenzen im Ermittlungsverfahren gegen jugendliche und heranwachsende „Mehrfach- und Intensivtäter", ZJJ 2008, 275.
18 Brunner-Dölling, § 45 Rn 10.
19 Kastner/Sessar, S. 183.
20 Kuhlen, S. 52; Dirnaichner, S. 240; Böhm/Feuerhelm, § 13.3.
21 Vgl Schaffstein in: FS Jescheck, S. 948.
22 Zieger, Rn 162.
23 Brunner/Dölling, § 45 Rn 3; Burscheidt, S. 82.
24 Exemplarisch siehe die Diversions-Richtlinien des Landes Baden-Württemberg im Anhang zu § 45 JGG.

desländern „Diversionsrichtlinien" erlassen, die allerdings in Teilen differieren. Lediglich in Bayern hat man bisher davon abgesehen und vertraut auf die vergleichbare Anwendung der §§ 45, 47 durch Jugendstaatsanwälte und Jugendrichter; in Hessen existiert ein – nicht veröffentlichter - Runderlass von Justiz-, Sozial- und Innenministerium aus dem Jahr 1989 und eine ebenfalls unveröffentlichte Unterrichtung der Leiter der Staatsanwaltschaften aus dem Jahr 1994.

Ob dadurch die in Bayern niedrigere Diversionsrate zu erklären ist, lässt sich nicht ohne Weiteres feststellen.[25] Untersuchungen über regionale unterschiedliche Anwendung der Diversion in Bayern sind nicht bekannt. Gleichfalls fehlen aber auch von den anderen Ländern, in denen Regelungen getroffen wurden, entsprechende Untersuchungen, inwieweit die Richtlinien zu einer Vereinheitlichung geführt haben. Da in dem Bereich der Anwendung des § 45 eine zur einheitlichen Anwendung führende Rechtsprechung fehlt, haben die Richtlinien durchaus Sinn. Sie bergen jedoch, insbesondere wenn in einzelnen Richtlinien Katalogstraftaten aufgeführt sind oder auf Vorbelastungen des Beschuldigten hingewiesen werden, die Gefahr schematischer Anwendung.[26] Alle Richtlinien sind allerdings so gefasst, dass es dem Staatsanwalt möglich ist, im einzelnen Fall von ihnen abzuweichen. Die Richtlinien sollten in erster Linie nicht den Zweck verfolgen, den Jugendstaatsanwalt anzuhalten, bestimmte Delikte nicht der Diversion zuzuführen, sondern umgekehrt ihn dazu bewegen, bestimmte Deliktsgruppen informell zu erledigen.

III. Informelle Erledigungsmöglichkeiten außerhalb des JGG

1. Verhältnis zu den Vorschriften des JGG. Das JGG schließt durch die §§ 45, 47 die Einstellungsmöglichkeiten nach den dem Opportunitätsprinzip unterfallenden Normen anderer Gesetze nicht grundsätzlich aus. Die Anwendung solcher Vorschriften auf Jugendliche ist allerdings nur zulässig, soweit die Vorschriften des JGG eine abschließende Regelung enthalten, Dies ist ohne Zweifel im Verhältnis des § 376 StPO zu § 80 Abs. 1 der Fall.

2. §§ 153, 153 a StPO. a) § 153 StPO. Umstritten ist in der Literatur, ob durch die §§ 45, 47 die Anwendung des § 153 StPO auf Jugendliche ausgeschlossen ist. Der Gesetzeswortlaut legt eine Verdrängung des § 153 StPO durch § 45 Abs. 1 nahe. Es scheint wenig Sinn zu machen, dem Jugendstaatsanwalt die Möglichkeit des § 45 Abs. 1 unter den Bedingungen einzuräumen, die er auch außerhalb dieses speziellen Gesetzes nach allgemeinen prozessrechtlichen Normen hat. Für die Einstellung nach §§ 45 Abs. 1 und 2 ist niemals, im Gegensatz zu § 153 StPO, die Zustimmung des Gerichts erforderlich, dies ist im Gesetz nicht vorgesehen. Die Regelung des § 45 kann deshalb gegenüber der Einstellung nach § 153 StPO als eine für den Beschuldigten günstigere Regelung angesehen werden, da das Legalitätsprinzip weiter durchbrochen ist und das Verfahren unter erleichterten Umständen eingestellt werden kann. Weithin wird dies bezweifelt: Der Jugendliche erleide bei einer Einstellung nach §§ 45, 47 einen Nachteil, weil diese Entscheidung gemäß § 60 Abs. 1 Nr. 7 BZRG in das Erziehungsregister eingetragen werde. Er stehe dadurch schlechter als ein Erwachsener, da eine Einstellung nach

---

25 Nach Heinz, ZJJ 2005, 176, lag die Diversionsrate im Jahr 2003 in Bayern bei 61 %, damit deutlich unter der Quote, die in den Stadtstaaten und in den neuen Bundesländern ermittelt wurde, jedoch beispielsweise nicht signifikant unter der Rate von Baden-Württemberg (67 %) oder Niedersachsen (65 %).
26 Insbesondere zu den Diversionsrichtlinien von Sachsen-Anhalt: Breymann, Diversion – Umleitung ins Wunderland, ZJJ 2003, 289; Walter, Diversionsrichtlinien Sachsen-Anhalt: Dysfunktional und rechtswidrig, ZJJ 2003, 293.

§§ 153, 153 a StPO nicht im Bundeszentralregister erfasst wird.[27] Die Regelung des § 60 Abs. 1 Nr. 7 BZRG wird teilweise, da sie gegen das Verhältnismäßigkeitsgebot verstoße, für verfassungswidrig gehalten,[28] teilweise wird auch der individualpräventive Nutzen angezweifelt,[29] weshalb Heinz[30] zum Verzicht auf die Eintragung von Diversionsentscheidungen in das Erziehungsregister rät. Diese Bedenken, die sogar in die schleswig-holsteinischen Diversionsrichtlinien (2.2) eingeflossen sind, sind nicht von der Hand zu weisen. Die unterschiedliche Regelung der Eintragungsmöglichkeiten führt aber nicht per se zu der Annahme, die Regelungen des JGG seien nicht abschließend, weil ungünstiger für den Beschuldigten.[31] Der Grundsatz, der Jugendliche müsse in allen Verfahrenslagen zumindest gleich oder günstiger gestellt sein als ein Erwachsener, kann durchaus infrage gestellt werden.[32] Der Gesetzgeber hat nicht ohne Absicht eine unterschiedliche Handhabung der Registereintragung bei Erwachsenen und Jugendlichen herbeigeführt. Die Eintragung im Erziehungsregister soll die am Erziehungsgedanken des JGG orientierten Möglichkeiten der Verfahrensbeendigung ohne Urteil ergänzen.[33] Dem Jugendrichter (und dem Jugendstaatsanwalt im Vorverfahren) soll damit die Gelegenheit eröffnet werden, die Persönlichkeit des Angeklagten/Beschuldigten möglichst umfassend würdigen zu können. Die unterschiedliche Regelung verfolgt damit einen, dem JGG als dem für Jugendliche zwingend anzuwendendem Gesetz entsprechenden Zweck. Die §§ 45, 47 verdrängen daher als speziellere jugendrechtliche Vorschriften den § 153 StPO.[34] Für die vermittelnde Ansicht, eine Einstellung nach § 153 StPO sei möglich, wenn die Zustimmung des Gerichts vorliege,[35] bleibt dann kein Raum, da die Vorlage der Akten an das Gericht zur Einholung der Zustimmung beim Staatsanwalt bereits den Weg des § 45 verlassen und den des § 153 StPO betreten hat.

11 **b) § 153 a StPO.** Gleiches gilt auch für die Anwendung des § 153 a StPO, die dem § 45 Abs. 2, teilweise dem Abs. 3 entspricht. Sofern der Staatsanwalt die Voraussetzungen des § 45 Abs. 2 vorliegend sieht, gilt grundsätzlich dasselbe wie beim Verhältnis zu § 153 StPO. Eisenberg[36] sieht eine Verdrängung des § 153 a StPO nur dann, wenn der Staatsanwalt das Verfahren gemäß § 45 Abs. 2 nach bereits erfolgter Anordnung einer erzieherischen Maßnahme einstellen will, da das öffentliche Interesse an der Strafverfolgung durch die erfolgte Anordnung einer Auflage bereits weggefallen sei. Dies zwingt aber nicht zu dem Schluss, ansonsten könne § 153 a StPO angewendet werden. In der Literatur wird teilweise die ausnahmsweise Anwendung des § 153 a StPO befürwortet, wenn wegen des fehlen-

---

27 LG Itzehoe v. 23.12.1992, 9 Qs 167/93, StV 1993, 537; Ostendorf, § 43 Rn 5; Bohnert, Die Reichweite der staatsanwaltschaftlichen Einstellung im Jugendstrafrecht, NJW 1980, 1931; Bottke, Zur Ideologie und Teleologie des Jugendstrafverfahrens, ZStW 95, 93.
28 Goeckenjan, S. 41, 46.
29 Burscheidt, S. 71.
30 Neues zur Diversion im Jugendstrafverfahren, Kooperation, Rolle und Rechtsstellung der Beteiligten, MschrKrim 1993, 373 f.
31 So aber Eisenberg, § 45 Rn 9.
32 Böhm/Feuerhelm, S. 104; vgl zur Vereinbarkeit der unterschiedlichen Behandlung mit Art. 3 GG: Grunewald, Der Individualisierungsauftrag des Jugendstrafrechts – Über die Reformbedürftigkeit des JGG, NStZ 2002, 456; Fahl, Der Deal im Jugendstrafverfahren und das sog. Schlechterstellungsverbot, NStZ 2009, 615.
33 Brunner/Dölling, § 45 Rn 3.
34 LG Aachen v. 20.7.1990, 91 Qs 18/90, NStZ 1991, 450 mit abl. Anm. Eisenberg; D/S/S–Diemer, § 45 Rn 9; LR-Beulke, § 153 Rn 14.
35 Eisenberg, § 45 Rn 10 a; Albrecht, P.-A., § 14 V 2.
36 § 45 Rn 11.

den Geständnisses die Anwendung des § 45 Abs. 3 ausscheidet.[37] Diese Ansicht umgeht in unzulässiger Weise die Geständnisvoraussetzung des § 45 Abs. 3.[38] Für § 45 als umfassende Spezialnorm spricht auch, dass der Einstellung im Jugendrecht nach §§ 45 Abs. 2 und 3, 47 auch Verbrechenstatbestände zugänglich sind, während dies in den §§ 153, 153a StPO ausgeschlossen ist.

3. § 153b – f StPO. Eine Einstellung des Verfahrens gegen Jugendliche nach den §§ 154b – f StPO ist uneingeschränkt möglich. Nach einer Meinung[39] soll § 153b StPO im Jugendstrafrecht nur anzuwenden sein, wenn die Verhängung von Jugendstrafe in Betracht komme, da sich der Begriff „Strafe" in § 153b StPO nur auf die Jugendstrafe beziehe. Dies gelte auch, wenn auf einen Heranwachsenden Jugendstrafrecht angewendet werden kann. Wegen der von §§ 47, 47 eröffneten Möglichkeiten bestehe keine Veranlassung, auf § 153b StPO zurückzugreifen. Dieser Meinung kann nicht gefolgt werden. Zunächst bleibt außer Acht, dass im Jugendstrafrecht nicht nur die Jugendstrafe „Strafe" ist, sondern wegen der erweiterten Sanktionsmöglichkeiten gegenüber dem allgemeinen Strafrecht auch alle Erziehungsmaßregeln und Zuchtmittel,[40] also alle Rechtsfolgen, die bei einem Erwachsenen zu einer Strafe führen. Die Anwendung des § 154b StPO wird teilweise für zulässig gehalten, wenn eine Einstellung nach §§ 45, 47 nicht möglich sei; eine Verdrängung des § 154b StPO iVm § 46a StGB nach einem Täter-Opfer-Ausgleich liege auf jeden Fall vor.[41] Dagegen spricht, dass sich die Vorschrift auf materiell-rechtliche Normen bezieht, nach denen ausdrücklich von der Strafverfolgung abgesehen werden kann und die dem Bereich der Strafzumessung zugeordnet sind,[42] während die §§ 45 Abs. 2 und 3, 47 hinsichtlich sämtlicher Straftatbestände gelten. Das Absehen von der Erhebung der Anklage nach § 153b Abs. 1 StPO (mit obligatorischer Zustimmung des Gerichts) bzw die Einstellung des Verfahrens nach § 153b Abs. 2 StPO wird daher nicht von den unter anderen Voraussetzungen geltenden §§ 45, 47 verdrängt.[43] Die §§ 153c – f StPO gelten als Sonderregelungen unbestritten neben den §§ 45, 47. **12**

4. §§ 154, 154a – c StPO. Ebenso sind die §§ 154, 154a – c StPO sowohl im Ermittlungsverfahren als auch nach Erhebung der Anklage (§§ 154 Abs. 2, 154a Abs. 2, § 154b Abs. 4 StPO) in Verfahren gegen Jugendliche anwendbar. Die Vorschriften dienen der Verfahrensökonomie, wobei das Beschleunigungsgebot des Jugendstrafrechts, besonders die Anwendung im Ermittlungsverfahren, nahe liegt. Sofern das Gesetz von „Strafe" spricht, gilt wie im Fall des § 153b StPO (siehe Rn 12), dass auch Erziehungsmaßregeln und Zuchtmittel erfasst sind. Das Absehen von der Verfolgung nach §§ 154, 154a StPO setzt nicht die richterliche Ahndung der Vortat voraus, sondern ist auch dann möglich, wenn nach § 45 Abs. 2 oder 3 eine Diversionsmaßnahme erfolgte oder eingeleitet ist. Nach dem Sinn der §§ 154, 154a StPO kann dies aber nur möglich sein, wenn nicht eine andere, höhere Qualität der Ahndung erforderlich ist, insbesondere wenn wegen der einzustellenden Tat eine Anwendung des § 45 Abs. 2 nicht mehr infrage kommt. Bei der Anwendung der §§ 154, 154a StPO sollte aber die mögli- **13**

---

37 Eisenberg, § 45 Rn 11; Meyer-Goßner, § 153a StPO Rn 4; Bottke, ZStW 95, 938; Nothacker, Das Absehen von der Verfolgung im Jugendstrafverfahren (§ 45 JGG), JZ 1982, 62.
38 Ostendorf, § 45 Rn 6; Böhm/Feuerhelm, S. 104.
39 KK-Schoreit, § 153b StPO Rn 13; Meyer-Goßner, § 153b StPO Rn 5.
40 Brunner/Dölling, § 5 Rn 8; Eisenberg, § 5 Rn 11.
41 LR-Beulke, § 153b Rn 6.
42 Eisenberg, § 45 Rn 13.
43 So auch Eisenberg, § 45 Rn 13.

Blessing

cherweise kontraproduktive Wirkung auf den jugendlichen Beschuldigten oder Angeklagten nicht vergessen werden. Er erkennt, dass er wegen Taten, hinsichtlich derer nach dem Ergebnis der Ermittlungen die Gewissheit bestehen kann, dass eine sichere Verurteilung erfolgen wird, nicht weiter verfolgt wird. Wird ihm dieses Vorgehen nicht ausreichend erklärt, kann das bei ihm zu einer Bestätigung seines Handelns in diesem Fall führen. Bedenken gegen die Anwendung des § 154 StPO bestehen auch dann, wenn dadurch die „Schwergewichtsregelung" des § 32 umgangen werden soll.[44]

14 5. § 31 a BtMG. In Betäubungsmittelsachen steht dem Jugendstaatsanwalt bei den entsprechenden Voraussetzungen die Auswahl der Einstellung nach § 31 a BtMG oder des § 45 frei. Dies ergibt sich schon aus der Fassung des § 31 a BtMG als Ermessensvorschrift („kann"),[45] die einen weiten Ermessensspielraum lässt. Dem Jugendstaatsanwalt bleibt es aus erzieherischen Gründen unbenommen, nicht von § 31 a BtMG, sondern von § 45, insbesondere Abs. 2 und 3, Gebrauch zu machen.[46] Es bietet sich unter dem Gesichtspunkt der Frühintervention an, bei Jugendlichen in diesem Bereich konsequent zu reagieren und möglichst wenig zur folgenlosen Einstellung des § 31 a BtMG zu greifen,[47] zumal die „episodenhafte Abgeschlossenheit" des Betäubungsmittelmissbrauchs in der jugendstrafrechtlichen Praxis sehr häufig und zumeist wenig glaubhaft, größtenteils auch widerlegbar, vorgetragen wird. Soweit von Jugendämtern oder Drogenberatungseinrichtungen spezielle Programme angeboten werden (wie etwa das weit verbreitete Programm „FreD"[48] oder vergleichbare Projekte), sollte auch bei Kleinstmengen „weicher" Drogen darauf zugegriffen werden. Die zu § 31 a BtMG zum Teil schon vor längerer Zeit ergangenen Verwaltungsvorschriften und Richtlinien, die zum Teil eine sehr großzügige Anwendung des § 31 a BtMG nahe legen, sind durch neuere Erkenntnisse zur Gefährlichkeit „weicher Drogen" und insbesondere dem Cannabis-Konsum im jugendlichen Alter überholt.[49] Die Verfahrenseinstellungen nach §§ 38, 37 Abs. 1 S. 1 und 2 BtMG ist neben der Einstellung nach § 45 möglich, sie sollte dieser sogar vorgehen.[50]

IV. Einstellung nach § 170 Abs. 2 StPO

15 Bevor von den Einstellungsmöglichkeiten nach § 45 Gebrauch gemacht wird, ist vom Jugendstaatsanwalt besonders sorgfältig zu prüfen, ob das Verfahren nicht aus rechtlichen oder tatsächlichen Gründen eingestellt werden muss. Dies ist eine rechtsstaatliche Selbstverständlichkeit, die eigentlich einer Erwähnung nicht be-

---

44 Zieger, Rn 147; Drees, Einfluss von Teileinstellungen nach § 154 StPO auf die Anwendbarkeit von formellem und materiellem Strafrecht, NStZ 1995, 481.
45 Körner, § 31 a Rn 23.
46 Anders offensichtlich die schleswig-holsteinischen Diversionsrichtlinien Nr. 2.3, wonach der Staatsanwalt dem § 31 a BtMG den Vorrang geben soll.
47 So auch Weber, § 31 a Rn 19.
48 „Frühintervention bei erstauffälligen Drogenkonsumenten": jungen Konsumenten illegaler Drogen sollen nach ihrer polizeilichen Erstauffälligkeit in Verbindung mit § 31 a BtMG und § 153 StPO auf freiwilliger Basis oder als Auflage nach §§ 45, 47 oder § 153 a StPO ein gezieltes Angebot der Drogenberatung gemacht werden. Die Ansprache der Zielgruppe soll dabei schon beim polizeilichen Aufgriff erfolgen (bedenklich nahe an der „Polizeidiversion", da die Maßnahme, ohne dass Staatsanwaltschaft oder Gericht informiert ist, bereits durchgeführt sein kann, ist aber auch noch durch den Staatsanwalt oder Richter möglich.
49 Dazu: Patzak/Marcus/Goldhausen, Cannabis – wirklich eine harmlose Droge?, NStZ 2006, 259.
50 Ostendorf, § 45 Rn 8.

dürfen sollte. Der Jugendstaatsanwalt sollte sich hüten, Rechts- oder Beweisprobleme durch Anwendung des § 45 zu umgehen. Wegen der Eintragungspflicht in das Erziehungsregister hat dies eine größere Bedeutung als die Einstellung nach dem Opportunitätsprinzip im allgemeinen Strafrecht. Bei Vorwürfen, die so belanglos sind, dass eine vollständige Ausermittlung gegen Verhältnismäßigkeitsgrundsätze verstoßen würde, soll eine Einstellung nach § 170 Abs. 2 StPO unter dem Grundsatz „in dubio pro reo" möglich sein.[51] Schließt man wie hier (Rn 10) die Anwendung des § 153 StPO aus, so bleibt aus verfahrensökonomischen Gründen wenig andere Wahl, auch wenn dies aller Strafrechtsdogmatik widerspricht und wegen des auch im Jugendstrafverfahren geltenden Legalitätsprinzips bedenklich ist; dies dürfte aber unter dem erzieherischen Grundgedanken des Jugendstrafrechts, den Beschuldigten nicht über die Maßen zu belasten, gerechtfertigt sein.

V. Einstellungen nach § 45

1. Voraussetzungen. Die Einstellung des Verfahrens durch den Jugendstaatsanwalt nach § 45 Abs. 1 und 2 bietet sich vor allem bei Bagatell- und Massendelikten an, beschränkt sich aber nicht darauf. Auch für andere Taten, die unter dem Eindruck und Einfluss einer besonderen Entwicklungs- und Lebenssituation von Jugendlichen begangen werden, steht die Vorschrift offen. Die Aufzählung von Deliktsgruppen in den verschieden Diversionsrichtlinien könnte dies vergessen lassen. Der Jugendstaatsanwalt hat jeden Einzelfall zu prüfen und nach dem ihm überlassenen gesetzlichen Spielraum zu entscheiden. Ausgeschlossen wegen des Verweises auf § 153 StPO ist die Einstellung von Verbrechenstatbeständen nach § 45 Abs. 1. Die Anwendung des § 45 Abs. und 3 setzt keinen geständigen Täter voraus.[52] Es besteht auch kein Anlass, den Gebrauch von Diversionsmaßnahmen nach Abs. 1 und Abs. 2 entgegen dem Gesetzeswortlaut in dieser Weise einzuschränken. Gleichfalls lässt das Gesetz eine Einstellung nach § 45 auch bei mehrfach straffällig gewordenen Jugendlichen zu. Soweit die einzelnen Diversionsrichtlinien dazu Ausführungen enthalten, wird dem Jugendstaatsanwalt oft nahegelegt, bei Mehrfachtätern von der Diversion abzusehen oder zumindest in der Stufenhierarchie des § 45 weiterzurücken.[53] Auch hier sollte sich der Staatsanwalt keine schematische Vorgehensweise zu eigen machen. In der Mehrzahl der Fälle wird es sich nahezu aufdrängen, bei einem gleichartigen Delikt im Wiederholungsfall § 45 Abs. 1 erneut anzuwenden, insbesondere wenn die Taten zeitnah aufeinanderfolgen. Ist eine nach § 45 Abs. 2 oder 3 angeordnete Maßnahme erfolglos geblieben und ein Rückfall eingetreten, so legt dies nicht zwingend nahe, ins förmliche Verfahren zu wechseln, soweit ansonsten die Voraussetzungen des § 45 vorliegen. Gerade bei mehrfach Auffälligen, deren Lebenssituation von „belastenden Faktoren und unzureichender Handlungskompetenz" gekennzeichnet ist, wird vorgeschlagen, verstärkt von § 45 Abs. 2 Gebrauch zu machen. Rückfälle könnten allerdings Anlass sein, über die Richtigkeit und Geeignetheit der zuerst angeordneten Maßnahme nachzudenken und gegebenenfalls nun eine andersartige zu wählen. Liegen Taten aus verschiedenen Deliktsarten vor oder liegt zwischen den Taten eine längere Zeitspanne (als kritischen Zeitabstand könnte man zwei Jahre ansetzen), sollte man einer erneuten Diversion den Vorrang geben.

---

51 Ostendorf, § 45 Rn 4 mit weiteren Nachweisen.
52 So aber beispielsweise die saarländische Richtlinie Nr. 2.2.2 und die Diversionsrichtlinie von Sachsen-Anhalt B I 1, anders die Diversionsrichtlinien von Baden-Württemberg, Abschnitt II – Vorbemerkung.
53 ZB Baden-Württemberg II.1; Sachsen I.3 a; Sachsen-Anhalt II.6.

Blessing

17 **2. Deliktsarten.** Die Diversionsrichtlinien empfehlen die Anwendung des § 45 unter anderem bei folgenden Delikten:
- sämtliche Straftaten, bei denen auf § 248 a StGB verwiesen ist,[54]
- fahrlässige Körperverletzung,
- leichte Fälle der vorsätzliche Körperverletzung,
- leichte Fälle der Beleidigung,
- unbefugter Gebrauch von Kraftfahrzeugen,
- Beförderungserschleichungen,
- leichte Fälle der Sachbeschädigung,
- einfache Vergehen im Straßenverkehr.

Aus dem Nebenstrafrecht sollen in Betracht kommen:
- Fahren ohne Fahrerlaubnis,
- leichte Vergehen nach dem Waffengesetz,
- leichte Vergehen nach dem Urheberrechtsgesetz,
- leichte Vergehen nach dem Aufenthaltsgesetz
- leichte Verstöße nach dem BtMG.

18 **3. Anwendung des § 45 Abs. 1. a) Geringe Schuld.** Die Anwendung des § 45 Abs. 1 verlangt zunächst die Prüfung der Voraussetzungen des § 153 StPO, nämlich geringe Schuld und mangelndes öffentliches Interesse. Bei der Bewertung der Schuld gelten zunächst die Grundsätze des allgemeinen Rechts. Danach liegt eine geringe Schuld vor, wenn sie im Vergleich mit Vergehen gleicher Art nicht unerheblich unter dem Durchschnitt liegt.[55] Die zu erwartende Strafe müsste dann im untersten Bereich des gesetzlichen Strafrahmens sein. Dabei sind die in § 46 Abs. 2 StGB aufgeführten, die Schuld des Täters betreffenden Umstände zu berücksichtigen. Bei jugendlichen Tätern sind diese Gesichtspunkte zu übertragen und unter Berücksichtigung seines individuellen Entwicklungsstandes zu beurteilen. Dies unterscheidet die Bemessung der Schuld erheblich von der des Erwachsenen. Während bei diesen von einem gefestigten Stand seiner Fähigkeiten, den Umfang seines Verschuldens und die Auswirkungen seiner Tat abzuschätzen, ausgegangen werden kann, ist bei Jugendlichen zu beachten, dass sie gerade im Alter von 14 bis 18 Jahren einem sehr dynamischen Reifeprozess unterworfen sind. Die gewöhnlich in diese Lebensphase fallende Pubertät, ungleich stärkere Einflüsse des sozialen Umfelds, die Auswirkungen des Wechsels aus einem anderen Kulturkreis bei Zuwanderern und Belastungen aus besonderen familiären Situationen, etwa Trennung, Krankheit oder Tod der Eltern, sind bei der Feststellung des Grades der Schuld zu berücksichtigen. Dies führt dazu, den Merkmalen „Vorleben des Täters" und „persönliche Verhältnisse" in § 46 StGB ein ungleich größeres Gewicht zuzumessen als bei Erwachsenen. Überdies üben gruppendynamische Prozesse bei Jugendlichen eine ungleich bedeutendere Wirkung aus als bei Erwachsenen. Die Quote der durch Diversion nach § 45 Abs. 1 abzuschließenden Verfahren muss daher zwangsweise größer sein als die Quote der Einstellungen nach § 153 StPO bei Erwachsenen.

---

54 In einigen Richtlinien sind darüber hinaus auch absolute Schadensgrenzen angegeben wie etwa 100 DM in den Bremer Richtlinien von 1988, 25 Euro in den geänderten sächsischen Richtlinien von 2001 oder von 50 Euro in den Richtlinien von 2004 in Nordrhein-Westfalen. Dies Beträge halten sich aber alle im Rahmen der Beträge, die als gering im Sinne de § 248 a angesehen werden, vgl Fischer, § 248 a Rn 3.
55 LR-Beulke, § 153 StPO Rn 24; Meyer-Goßner, § 153 StPO Rn 4.

b) Mangelndes öffentliches Interesse. Das mangelnde öffentliche Interesse an der 19
Strafverfolgung wird in der Regel bei Vergehen mit geringer Schuld indiziert und
nur bei Vorliegen bestimmter Gründe bejaht werden können. Dies sind hauptsächlich Gedanken der Spezial- und Generalprävention,[56] ein besonderes Interesse der Allgemeinheit an der konkreten Straftat[57] oder die außergewöhnlichen
Folgen der Tat. In Verfahren gegen Jugendliche wird allenfalls der Gesichtspunkt
der Spezialprävention eine größere Rolle spielen dürfen, da die andern Gründe
wegen mangelnder Verhältnismäßigkeit im Hinblick auf den Erziehungsgedanken des Jugendstrafrechts ausscheiden. Einschränkungen erfährt das öffentliche
Interesse bei zu langer Verfahrensdauer.

c) Mitteilung über den Ausgang des Verfahrens. Der Jugendliche und seine Eltern 20
und gesetzlichen Vertreter haben einen Anspruch auf die Mitteilung der Verfahrensbeendigung nach § 45 Abs. 1 durch die Staatsanwaltschaft. Der Beschuldigte
sollte wissen, dass das Verfahren gegen ihn nicht irgendwo versandet ist, sondern
justizielle Strafverfolgungsbehörden mit ihm befasst waren und das ihm zur Last
gelegte Verhalten geprüft haben. Er sollte weiterhin aufgeklärt werden, dass er
im Wiederholungsfall nicht mit erneuter, zumindest folgenloser Einstellung rechnen kann. Ob dies in einem vorformulierten (oft nicht unterschriebenen) Standardschreiben geschieht oder eine individuell verfasste Einstellungsverfügung gefertigt wird, hängt vom Einzelfall ab. Bei Massendelikten, die insbesondere von
der Episodenhaftigkeit geprägt sind, dürfte der Gebrauch vorformulierter Einstellungsverfügungen unschädlich und angesichts der Arbeitsbelastung der
Staatsanwaltschaften auch nicht vermeidbar sein. Die Wirkung der Form der
Einstellungsverfügung („der Jugendliche soll merken, dass man sich mit seiner
Person befasst hat") scheint nach den täglichen Erfahrungen auch überschätzt zu
werden. Der Jugendliche und seine gesetzlichen Vertreter müssen aber auch erfahren, dass es sich um eine Erledigung handelt, die ins Erziehungsregister eingetragen wird und die bei weiteren Verfahren eine Rolle spielen kann. Explizit
ausgeführt muss das in der Mitteilung jedoch nicht sein.

4. Anwendung des § 45 Abs. 2. a) Sachlicher Anwendungsbereich. Eine Einstel- 21
lung nach § 45 Abs. 2 kann nach erfolgten oder eingeleiteten erzieherischen Maßnahmen in Betracht kommen. Die Anwendung setzt nicht die Anforderungen des
§ 153 StPO voraus, dem Jugendstaatsanwalt sind also wesentlich weitreichendere
Möglichkeiten gegeben, das Verfahren informell zu beenden. § 45 Abs. 2 ist keine
Ermessensnorm. Der Jugendstaatsanwalt hat von der Verfolgung abzusehen,
wenn er zur Meinung gelangt, der Jugendliche sei durch eine bereits erfolgte oder
eingeleitete erzieherische Maßnahme so beeindruckt worden, dass auf eine richterliche Beteiligung nach Abs. 3 oder gar auf das gesamte formelle Verfahren verzichtet werden kann.[58] Dabei steht ihm ein weiter, rechtlich nicht überprüfbarer
Beurteilungsspielraum zu. Soweit in Diversionsrichtlinien zur Anwendung des
§ 45 Abs. 2 im Gegensatz zu Abs. 1 einzelne Strafvorschriften aufgeführt sind, die
sich im Bereich der unteren Kriminalität bewegen,[59] widerspricht dies dem Gedanken der Norm, wenn die Diversionsrichtlinien so verstanden werden, dass sie
eine Beschränkung der einzustellenden Verfahren sein sollen (vgl dazu oben
Rn 8). Mit dem § 45 Abs. 2 sollen gerade Delikte erfasst werden können, die über
den Voraussetzungen einer Einstellen nach den §§ 153, 153a StPO liegen. Ein

---

56 LR-Beulke, § 153 StPO Rn 31.
57 KK-Schoreit, § 153 StPO Rn 25.
58 Brunner/Dölling, § 45 Rn 18.
59 Bspw. in den sächsischen Richtlinien II.3 und in den Richtlinien von Sachsen-Anhalt
I.4.

Absehen von der förmlichen Anklage in Verbindung mit erzieherischen Maßnahmen bei sehr jungen Tätern kann sich in den Fällen der Straftaten im Schulbereich anbieten, auch wenn die Handlung einen Tatbestand, etwa den Raub oder der räuberischen Erpressung (in der Regel in einem minderschweren Fall), erfüllt und der Schaden und die Gewaltausübung oder Gewaltandrohung gering ist. Gleiches gilt für räuberische Diebstähle im Ladendiebstahlsbereich. Ebenso sollte die Möglichkeit bei Sexualdelikten geprüft werden, wenn sich der Täter in einer Entwicklungsphase befindet, in der er sein Verhalten in diesem Bereich und die Auswirkungen seiner Tat (noch) nicht ausreichend einzuschätzen vermag. Kein Grund in das förmliche Verfahren überzugehen, sind auch Verstöße gegen §§ 223, 224 StGB, insbesondere wenn die Gefährlichkeit nur daher rührt, dass die Tat von Mehreren begangen wurde (§ 224 Abs. 1 Nr. 4) und die körperliche oder seelische Integrität des Opfers nicht zu sehr verletzt wurde. Die Entscheidung wird in jedem Einzelfall zu prüfen sein, von einer kasuistischen Anwendungspraxis sollte unbedingt Abstand genommen wehren.

22 **b) Entscheidungskompetenz des Jugendstaatsanwalt – "Polizeidiversion".** Die Entscheidungskompetenz, ein Verfahren nach § 45 Abs. 2 einzustellen, liegt ausschließlich beim Jugendstaatsanwalt. An dieser Kompetenz kann faktisch dadurch gerührt werden, wenn während des Ermittlungsverfahrens ohne Befassung und Mitwirkung des Staatsanwalts durch Ermittlungsbehörden erzieherische Maßnahmen im Hinblick auf eine spätere (mögliche) Einstellung eingeleitet oder bereits abgeschlossen wurden und dem Täter bedeutet wird, er könne bei der Erfüllung der Maßnahmen mit einer Einstellung durch die Staatsanwaltschaft rechnen. Diese Gefahr bergen insbesondere von der Polizei angeregte „freiwillige" Maßnahmen, wie etwa einen Aufsatz zu schreiben oder den Schulhof oder Gehsteige zu reinigen. Unbedenklich sind dagegen die Aufforderungen der Polizei nach sofortiger Schadenswiedergutmachung oder Entschuldigung beim Opfer. Gleichfalls sind von der Schule, der Ausbildungsstätte oder anderen privaten oder kirchlichen Einrichtungen in die Wege geleitete erzieherische Maßnahmen möglich und begrüßenswert. Die Polizei hat aus Gründen ihrer uneingeschränkten Bindung an das Legalitätsprinzip keine Befugnis, auf eigene Initiative irgendwelche Diversionsmaßnahmen einzuleiten oder durchzuführen.[60] Die Polizei ist auch nicht befugt, erzieherische Maßnahmen zu vermitteln oder unmittelbar beim Jugendlichen oder dessen gesetzlichem Vertreter anzuregen. Es sollte jedoch nicht unbeachtet bleiben, dass bereits die polizeiliche Ladung und Vernehmung, insbesondere wenn die Erziehungsberechtigten miteingebunden sind, eine hohe spezialpräventive Wirkung erzielen kann. Dagegen sind polizeiliche Maßnahmen im Rahmen der der Polizei zustehenden Prävention zulässig, wie auch Anregungen der Polizei auf erforderliche und ausreichende erzieherische Maßnahmen für den Jugendlichen an den Jugendstaatsanwalt. Derartige Mitteilungen können außerordentlich hilfreich sein, da der polizeiliche Sachbearbeiter aufgrund der im Ermittlungsverfahren gewonnenen Erkenntnisse oder ansonsten amtsbekannten Lebensumstände des Jugendlichen der Staatsanwaltschaft gegenüber einen erheblichen Informationsvorsprung besitzt und die Weitergabe dieses Wissens bei der Persönlichkeitserforschung (vgl § 43) zu einem Beschleunigungseffekt und zu einer Optimierung der Entscheidung führen kann. Große Bedenken unter dem Gesichtspunkt der Kompetenzverlagerung wird der Verfahrensweise entgegengebracht, wonach die Diversionsmaßnahme durch die Polizei nach telefonischer

---

60 Ganz hM zB: Brunner/Dölling, § 45 Rn 12; Eisenberg, § 45 Rn 20 f; Ostendorf, § 45 Rn 16; Schaffstein in FS Jescheck, S. 953.

(oder Gebrauch sonstiger Kommunikationsmittel, etwa E-Mail) Genehmigung durch den Jugendstaatsanwalt beim Jugendlichen angeregt und überwacht wird.[61] Formell wird gegen diese Vorgehensweise nichts einzuwenden sein. Sie würde den Forderungen nach möglichst rascher Reaktion auf das delinquente Verhalten nachkommen. Von ihr wird aber nur Gebrauch gemacht werden können, wo Kommunikationsstrukturen zwischen (Jugend-)Polizei und Jugendstaatsanwalt eingerichtet und vor allem geübt werden und der Jugendstaatsanwalt die Möglichkeit hat, den Sachverhalt ausreichend zu prüfen. Angesichts der weitgehend zur Verfügung stehenden technischen Mittel sollten solche Kommunikationswege flächendeckend geschaffen werden können. In einigen Diversionsrichtlinien sind auch schon die Voraussetzungen für gemeinsame Dienstbesprechungen von Staatsanwaltschaft, Polizei und Jugendämter geschaffen.[62] Derartige Besprechungen können bei allen Beteiligten die erforderliche Vertrauensbasis schaffen; der unmittelbare persönliche Kontakt und eine personelle Kontinuität bei den jeweiligen Sachbearbeitern sollte nicht unterschätzt werden.

c) „Ermahnung" durch die Polizei. Keine Bedenken bestehen gegen das von ausgebildeten Jugendsachbearbeitern geführte „normverdeutlichende Gespräch", das auch in Anwesenheit und unter Beteiligung der Eltern geführt werden kann. Teilweise werden derartige Gespräche wegen des innewohnenden Belehrungscharakters als sanktionierende Ermahnung gesehen und für rechtswidrig gehalten.[63] Wenn Gegenstand des „normverdeutlichenden Gespräches" die Aufarbeitung der Verfehlung mit dem Jugendlichen sei, um ihm das Unrecht seiner Tat vor Augen zu führen, so handele es sich dabei inhaltlich um eine Ermahnung, die gemäß § 45 Abs. 3 dem Jugendrichter, allenfalls noch nach § 45 Abs. 2 dem Staatsanwalt zustehen. Sofern in einzelnen Diversionsrichtlinien (beispielsweise Berliner Richtlinien von 1999) das „normverdeutlichte Gespräch" vorgesehen sei, verstoße es gegen die Kompetenzregelung des JGG.[64] Diese Meinung misst dem Gespräch eine zu große Eingriffswirkung zu. Es handelt sich dabei in erster Linie um eine rein polizeiliche Präventionsmaßnahme und keine Sanktion, die unter den Voraussetzungen einer sehr engen Zeitnähe zur Tat, eines Geständnisses oder nicht ernsthaften Bestreitens[65] erzieherischen Sinn macht. In der Regel ist bei den niederschwelligen Delikten, bei denen ein solches Gespräch vorgesehen ist, der sachbearbeitende Polizeibeamte die erste Amtsperson, mit der der jugendliche Täter konfrontiert ist. Ein Gespräch über das Unrecht der Tat kommt der allseits erhobenen Forderung einer zeitnahen Reaktion mehr entgegen, als das notwendigerweise erst viel später stattfindende Ermahnungsgespräch beim Jugendstaatsanwalt (§ 45 Abs. 2) oder erst recht beim Jugendrichter (§ 45 Abs. 3). Es darf der Polizei nicht unbenommen sein, beim ersten Zugriff mit dem Jugendlichen ein Gespräch (unter Einhaltung aller gesetzlichen und rechtsstaatlichen Regeln) über die Tat zu führen. Dieses Gespräch verbietet auch nicht ein weiteres Ermahnungsgespräch beim Staatsanwalt oder Richter oder steht weiteren Maßnahmen entgegen. Gleichfalls kann der Jugendstaatsanwalt auch im Hinblick auf das Gespräch bei der Polizei, insbesondere wenn die Eltern miteinbezogen sind,

---

61 Dazu mit weiteren Nachweisen: Brunner/Dölling, § 45 Rn 12.
62 Baden-Württemberg Abschn. V; Nordrhein-Westfalen Nr. 2.1; Saarland Nr. 4; Sachsen-Anhalt, Abschn. D.
63 Goeckenjan, S. 142; Grote, S. 72.
64 Goeckenjan, S. 142.
65 Vgl Richtlinien von Baden-Württemberg, 1.1; Berlin; Sachsen II.1 b; Schleswig-Holstein Nr. 3.1.1.

sofern er eine spezialpräventive Wirkung auf den Jugendlichen feststellen kann, nach § 45 Abs. 2 verfahren.[66]

24 **d) Sofortiger Schadensausgleich.** Ebenso ist das Hinwirken der Polizei auf ein Einverständnis zur sofortigen Rückgabe rechtswidrig erlangter Gegenstände an den Geschädigten oder eine Verzichtserklärung hinsichtlich der Gegenstände, die der Einziehung unterliegen, nicht nur erzieherisch sinnvoll, sondern dient auch dem Opferschutz und der Verfahrensökonomie. Gegebenfalls, nämlich bei fehlender Verstandesreife, ist die Einbeziehung der gesetzlichen Vertreter jedoch erforderlich. Dabei handelt es sich auch nicht um erzieherische Maßnahmen, sondern um polizeiliche Aufgaben, wie auch die viel zitierte Auflage, der Jugendliche habe den ordnungsgemäßen Zustands eines technisch veränderten Mopeds wiederherzustellen und das Fahrzeug der Polizei vorzuführen. Auch hier kann bei einer Beeindruckung des Täters von einer noch folgenden Sanktionierung abgesehen werden. Nicht zulässig ist jedoch die Anordnung der Schadensbeseitigung, etwa bei Aufsprühen von Graffitis oder anderen Sachbeschädigungen.

25 **e) Anordnungskompetenz.** Dem Jugendstaatsanwalt steht bei einer Einstellung des Verfahrens nach § 45 Abs. 2 die Entscheidungskompetenz, nicht jedoch eine Anordnungskompetenz zu. Für eine Anordnung sind bei Jugendlichen nur Eltern, Erzieher im Rahmen des SGB VIII und Familien- und Vormundschaftsrichter[67] zuständig. Heranwachsenden, die nicht unter Vormundschaft stehen, kann eine erzieherische Maßnahme überhaupt nicht angeordnet werden. Der Streit über die „Anordnungskompetenz" des Jugendstaatsanwalts bei der Einstellung nach § 45 Abs. 2 ist gänzlich überflüssig, denn das Gesetz sieht hier überhaupt keine Anordnung vor. Die Rolle des Jugendstaatsanwalts beschränkt sich auf eine Anregung, allenfalls auf das Anbieten einer bestimmten erzieherischen Maßnahme. Eine Anordnung setzt voraus, dass sie mit hoheitlichen Mitteln durchgesetzt und ihre Nichtbefolgung unmittelbar sanktioniert werden kann. Dazu stehen dem Jugendstaatsanwalt gesetzlich keine Mittel zur Verfügung. Die bei Weigerung des Beschuldigten folgende Konsequenz einer Anklage ist aber keine Maßnahme im Rahmen des § 45 Abs. 2, sondern stellt das Verlassen des informellen Verfahrens dar. Der Beschuldigte erleidet dadurch keinen rechtlichen Nachteil.

26 **f) Erzieherische Maßnahmen. aa) Begriff.** Der Begriff „Erzieherische Maßnahme" im Sinne des § 45 Abs. 2 ist weit auszulegen. Man versteht darunter sämtliche Maßnahmen, um auf den Beschuldigten erzieherisch einzuwirken, die von „privater oder öffentlicher Seite"[68] in die Wege geleitet werden und die geeignet sind, den erzieherischen Zweck zu erreichen. In der Praxis wird für eine Einstellung nach § 45 Abs. 2 weitgehend die Ableistung von (gemeinnütziger) Arbeit als Voraussetzung angesehen[69]

27 **bb) Entdeckung der Tat.** Ausreichend kann bereits die Entdeckung der Tat und die Konfrontation mit dem Geschädigten oder der Polizei als Ermittlungsorgan sein. Dabei kann das „normverdeutlichende Gespräch" (vgl Rn 23) durch den Jugendsachbearbeiter eine große Rolle spielen. Um diesen Effekt dem Staatsanwalt zu vermitteln, wird der polizeiliche Sachbearbeiter den Eindruck, den das eingeleitete Ermittlungsverfahren auf den Jugendlichen gemacht hat, darlegen

---

66 So auch Petersen, S. 202.
67 Ostendorf, § 45 Rn 12.
68 Eisenberg, § 45 Rn 19.
69 Vgl zur Arbeitsstelle auch Brandt, Zukunft ambulanter jugendstrafrechtlicher Maßnahmen vor dem Hintergrund des § 36 a SGB VIII, NStZ 2007, 194.

und seine Anregung, von weiteren Maßnahmen könne abgesehen werden, kurz begründen müssen. Dazu kann eine telefonische Nachricht ausreichen.

cc) Erziehungsrecht der Eltern und Erziehungsberechtigten. Die Einbeziehung des Elternhauses in die erzieherischen Maßnahmen der Jugendlichen ist schon aus verfassungsrechtlichen Gründen unabdingbar. Das unmittelbare Erziehungsrecht der Eltern geht nach Art. 6 Abs. 2 S. 1 GG dem nur mittelbar erzieherisch ausgerichteten Anspruch des Staates vor, soweit dies irgendwie möglich ist. Ihnen muss daher eine umfassende Mitwirkung im Jugendstrafverfahren eingeräumt werden, solange sie zur Ausübung der Erziehung berechtigt sind.[70] Dies hat zur Folge, dass der Jugendstaatsanwalt bei seiner Einstellung nach § 45 Abs. 2 zu prüfen hat, ob und auf welche Weise durch die Erziehungsberechtigten auf die Straftat reagiert worden ist. Dieser erzieherischen Maßnahme ist, sofern sie als ausreichend angesehen werden kann, auf den Jugendlichen einzuwirken, grundsätzlich gegenüber einer staatlichen der Vorrang zu geben. Als mögliche Maßnahmen kommen dabei in Betracht:

- gesprächsweise Aufarbeitung des strafrechtlichen Verhaltens innerhalb der Familie,
- Sperrung von Taschengeld,
- Hausarrest oder Auferlegung anderer Einschränkungen wie Fernseh- oder Computerverbot,
- Einschaltung einer Vertrauensperson etwa eines Geistlichen, Lehrers oder Sozialarbeiters,
- Veranlassen einer Entschuldigung beim Opfer und die Schadenswiedergutmachung durch eigenes Taschengeld oder Ersparnisse,
- Inanspruchnahme von Jugendhilfeleistungen,
- Vorstellung und Behandlung bei einem Therapeuten.

Solange sich die Erziehungsmaßnahmen nicht außerhalb der gesetzlichen Grenzen des elterlichen Erziehungsrechts bewegen, sollte sich der Jugendstaatsanwalt bei einer Wertung der Geeignetheit und der Erfolgsaussicht eine Zurückhaltung auferlegen. Insbesondere sollte er nicht eigene oder in der „Schulpädagogik" vertretene Ansichten über die Erziehungsmaxime der Eltern stellen. Gegebenenfalls können vorbereitend zu diesen Maßnahmen Gespräche mit den Eltern durch Jugendstaatsanwalt, Polizei und Jugendamt geführt werden, in denen bestimmte Maßnahmen angeregt werden können. Da derartige Maßnahmen nicht überprüfbar sind, wird der Jugendstaatsanwalt auf die Angaben des Beschuldigten und/oder seiner Eltern angewiesen sein. Ein Vermerk des Jugendsachbearbeiters bei der Polizei kann zur Beurteilung sehr hilfreich sein.

dd) Maßnahmen durch Personen des „sozialen Umfeld". Problematischer ist die Einschaltung anderer Personen oder Einrichtungen aus dem privaten Umkreis des beschuldigten Jugendlichen durch den Jugendstaatsanwalt oder das Jugendamt. Dies bedarf der ausdrücklichen Einwilligung der Eltern oder Erziehungsberechtigten und sollte unter dem Gesichtspunkt der Vermeidung eines zusätzlichen unerwünschten Nachteils (Gedanke des § 43 Abs. S. 3) sehr genau geprüft werden. In Betracht kommt eine Einbeziehung des betrieblichen Ausbilders, der Schule, aber auch anderer Organisationen, zu denen der Jugendliche Kontakt hat wie etwa Sportvereine, Jugendgruppen oder sonstige Vereinigungen. War die Tat im schulischen Nahbereich oder im Verhältnis von Schülern untereinander begangen und wird dies dann von der Schule im Rahmen des Unterrichts aufgear-

---

70 Nothacker, S. 343.

beitet, so wird in das Erziehungsrecht der Eltern nicht eingegriffen. Es handelt sich dann um einen Teil des pädagogischen Auftrags der Schule. Hat der Beschuldigte, auch ohne dass seine Tat oder sein Tatbeitrag erwähnt oder hervorgehoben wird, an einer solchen Aufarbeitung teilgenommen, kann dies Anlass sein, das Verfahren nach § 45 Abs. 2 einzustellen.

30 ee) **Ermahnungsgespräche.** Ermahnungsgespräche sind erzieherische Maßnahmen und könne durch den Jugendstaatsanwalt selbst oder durch Mitarbeiter der Jugendgerichtshilfe oder beauftragter freier Träger durchgeführt werden. Die Entscheidung, wer dieses Gespräch führt, obliegt dem Jugendstaatsanwalt. Dabei sollten räumliche Aspekte, wie Anreisewege und –kosten, genauso berücksichtigt werden wie die pädagogischen Ansprüche, die an den Gesprächsführer gestellt werden. Eltern und Erziehungsberechtigte müssen von den Terminen Nachricht erhalten und auf ihr Recht zur Teilnahme hingewiesen werden. Diese Ermahnungsgespräche können mit der Anregung anderer Erziehungsmaßnahmen verbunden sein. In Betracht kommen das Schreiben eines Aufsatzes oder Entschuldigungsbriefes oder auch das Hinwirken auf Schadenswiedergutmachung. Soweit von Jugendämtern oder freien Trägern Projekte angeboten sind, die auf die speziell vom Beschuldigten begangenen Straftaten abzielen, sollte von solchen Angeboten Gebrauch gemacht werden. Infrage kommen Drogenberatungsgespräche, Verkehrsunterricht, Kaufhausdiebstahlsprojekte,[71] aber auch Angebote, die unabhängig vom begangenen Delikt eine besonders gefährdete Personengruppe ansprechen wollen (beispielsweise Mädchenprojekte, Integrationsprogramme etc). Die Anleitung und Überwachung dieser Maßnahmen obliegt der JGH nach § 52 Abs. SGB VIII oder dem anordnenden Jugendstaatsanwalt. Von Programmen, die größere finanzielle oder längere zeitliche Belastung nachsichziehen, etwa soziale Trainingskurse oder Anti-Aggressions-Kurse, sollte bei Anwendung des § 45 Abs. 2 Abstand genommen werden.[72] In Anlehnung an § 153 a StPO kann auch in geeigneten Fällen daran gedacht werden, dem Beschuldigten gemeinnützige Arbeitsleistungen oder Zahlung eines Geldbetrages an eine gemeinnützige Einrichtung aufzuerlegen. Diese Auflagen sind zulässig, solange es sich nur um Maßnahmen handelt, die auch der Jugendrichter nach § 45 Abs. 3 auferlegen kann.[73] Diese Maßnahmen sind nicht erzwingbar (siehe oben Rn 25). Sie erfordern die Zustimmung des Jugendlichen und der Erziehungsberechtigten. Die der Erziehungsberechtigten braucht nicht ausdrücklich eingeholt zu werden. Die Zustimmung wird in all den Fällen anzunehmen sein, in denen der Jugendliche zur Erfüllung der Auflage antritt und die Erziehungsberechtigten jedenfalls nicht widersprechen. Voraussetzung dafür ist aber eine Aufklärung über die Möglichkeiten und Folgen der Ablehnung des vorgeschlagenen Verfahrens.[74] Geständig braucht der Täter aber nicht zu sein;[75] die Richtlinien zu § 45 (Nr. 3) sprechen von „nicht ernsthaftem Bestreiten"; einer Einstellung stände demnach auf keinen Fall die Aussageverweigerung entgegen. Die Beurteilung, ob das Bestreiten „ernsthaft" ist oder nicht, dürfte in der Praxis kaum oder nur mit einem erhöhten Arbeitsaufwand des Jugendstaatsanwalt möglich sein. Weder der Gesetzeswortlaut,

---

71 Vgl dazu auch Breymann/Fischer, Projekte der Jugendhilfe gegen Ladendiebstahl, DVJJ-Journal 2000, 291.
72 So auch Brunner/Dölling, § 45 Rn 27; Schaffstein/Beulke, S. 232.
73 Brunner/Dölling, § 45 Rn 26; Heinz, Diversion im Jugendstrafrecht und allgemeinen Strafrecht, Teil 3, DVJJ-Journal 1999, 137.
74 Brunner/Dölling, § 45 Rn 25; Mohren, S. 121.
75 So aber Brunner/Dölling, § 45 Rn 24; Schaffstein in: FS Jescheck, S. 951.

noch der Sinn der Vorschrift, dem Beschuldigten die Möglichkeit zu eröffnen, das formelle Verfahren umgehen zu könne, verlangt das Geständnis.

g) Täter-Opfer-Ausgleich. aa) Zweck. Besondere Bedeutung im Gefüge der Maßnahmen nach § 45 Abs. 2 ist dem Täter-Opfer-Ausgleich zuzumessen. Für eine Einstellung nach § 45 Abs. 2 S. 2 kann es zunächst ausreichen, wenn der Täter sich bemüht, einen Ausgleich mit dem Verletzten zu erreichen. Das Zustandekommen wird nicht vorausgesetzt. Das Gesetz sieht es also bereits als Erfolg an, der weitere erzieherische Maßnahmen erübrigen lässt, wenn sich der Täter um den Erfolg bemüht. Dabei können die Anstrengungen auf Eigeninitiative oder durch Anregung erfolgen. Eine auf den Jugendstaatsanwalt beschränkte Anregungskompetenz gibt es nicht, da der in § 45 Abs. 2 S. 2 erwähnte Ausgleich keine erzieherische Maßnahme im Sinn des § 45 Abs. 1 S. 1 ist, sondern an die Stelle einer angeregten Maßnahme tritt. Insoweit unterscheidet er sich von der Weisung zum Täter-Opfer-Ausgleich in § 10 Abs. 1 Nr. 7 und der Anregung eines Täter-Opfer-Ausgleichs durch den Jugendstaatsanwalt als Diversionsmaßnahme. Jede mit der Sache befasste staatliche Stelle und jede Privatperson, der die Tat bekannt geworden ist, kann auf den Täter Einfluss nehmen, in diesem Sinne initiativ zu werden. In der Praxis sind es durchgängig zu etwa 70 % die Staatsanwaltschaften, die die Einleitung eines Täter-Opfer-Ausgleichs veranlassen[76] In den Diversionsrichtlinien von Baden-Württemberg wird ausdrücklich darauf hingewiesen, in geeigneten Fällen Beschuldigten und Täter nach der Bereitschaft zu einem Täter-Opfer-Ausgleich zu befragen. Dazu gehört auch, sie über dieses Instrument aufzuklären. Im Hinblick auf die nicht zulässige „Polizeidiversion" ist dies unbedenklich, da eine Bindung der Staatsanwaltschaft nicht erfolgt, sondern lediglich dem jugendlichen Täter Gelegenheit gegeben wird, seine Situation im weiteren Verfahren zu verbessern. Gleichzeitig soll dem Geschädigten eine schnelle wirtschaftliche Hilfe zukommen und - was besonders wichtig ist, sofern die Tat zwischen Personen begangen wurde, die sich im selben Umfeld bewegen - eine Befriedungsfunktion ausgeübt werden. Außerhalb der förmlichen Ermittlungsverfahrens wird der Täter-Opfer-Ausgleich aber eher weniger in Anspruch genommen. Bei der Täter-Opfer-Ausgleichsstelle des Jugendamtes Stuttgart waren im Jahr 2005 von insgesamt 244 Fällen nur drei „Selbstmelder" ohne Anzeige.[77] Die in den Vorschriften einiger Länder enthaltenen Anweisungen, wonach der polizeiliche Sachbearbeiter auf die Geeignetheit des Falles für einen Täter-Opfer-Ausgleich hinweisen soll, sind in der Praxis hilfreich. Die Anforderungen an das Bemühen sind geringer als in der Strafzumessungsvorschrift des § 46a StGB und entsprechen mehr der Vorschrift des § 153a StPO.[78]

bb) TOA als Diversionsmaßnahme. Soll der Täter-Opfer-Ausgleich als Diversionsmaßnahme eingesetzt werden, es also zu einem „strafjustiziellen" Täter-Opfer-Ausgleich im Sinne des § 10 Abs. 1 Nr. 7 kommen, besteht die Anregungskompetenz der Staatsanwaltschaft, die ihre Anregung mit der Zusage versehen wird, bei Erfolg oder ernstem Bemühen des Beschuldigten, das Verfahren nach § 45 Abs. 2 einzustellen. Es ist zunächst nur die Staatsanwaltschaft befugt, die JGH, eine vom Jugendamt eingerichtete Stelle oder den beauftragten freien Träger zu Schlichtung einzuschalten, da sie zuvor über Tatschuld, Notwendigkeit (und

---

[76] Bundesministerium der Justiz, Statistik Täter-Opfer-Ausgleich, S. 12.
[77] Jugendamt Stuttgart, Jahresbericht 2005 der Schlichtungsstelle Täter-Opfer-Ausgleich (im Übrigen wurden 78 % der Fälle von der Staatsanwaltschaft und 21 % von den Jugendgerichten zugewiesen).
[78] Zieger, Rn 49.

Geeignetheit) zu entscheiden hat[79] (nach Anklageerhebung geht die Kompetenz im Rahmen der Entscheidung nach § 47 JGG auf den Jugendrichter über). Um als Diversionsmaßnahme geeignet zu sein, wird man einen von professionellen oder ausgebildeten ehrenamtlichen Kräften geleiteten Täter-Opfer-Ausgleich fordern müssen. Die Konfrontation des Opfers mit dem Täter bedarf einer sorgfältigen Vorbereitung. Der Schlichter muss auch im Einzelfall die Ungeeignetheit des Instruments erkennen und die Maßnahme dann abbrechen können. Der Täter-Opfer-Ausgleich ist nicht reine Schadenswiedergutmachungen (was als Diversionsmaßnahme auch in Betracht kommen kann), sondern es muss beim Täter Schuldeinsicht und Unrechtsbewusstsein thematisiert werden. Maßgeblich ist das Anerkennen von Verantwortung für eine Straftat und die Auseinandersetzung mit den strafrechtlichen Kategorien.[80] Kann dies vom Schlichter nicht festgestellt werden, ist der Ausgleich misslungen. Das Verfahren muss dann konsequenterweise im formellen Gang weiter geführt werden.

33 **cc) Sachliche Eignung.** Der Gebrauch des Täter-Opfer-Ausgleichs als Diversionsmaßnahme ist nicht auf Bagatelldelikte oder leichtere (einfache) Körperverletzungsdelikte nach § 223 StGB beschränkt. Es eignen sich im Grunde nahezu alle Tatbestände, bei denen dem Täter natürliche Personen als Geschädigte gegenüberstehen. Verbrechenstatbestände[81] sind ebenso wenig ausgeschlossen wie Sexualstraftaten, bei denen allerdings eine besondere Sorgfaltspflicht dem Opfer gegenüber besteht, die der Mediator zu erfüllen hat. Bei dieser besonderen Art der erzieherischen Maßnahme des § 45 Abs. 2 wird man aber im Gegensatz zu anderen, den geständigen Täter verlangen müssen. Der eingeschaltete Schlichter ist nicht Ermittler und darf nicht dazu missbraucht werden, über dieses Instrument ein noch ausstehendes Geständnis zu erzwingen und sei die Beweislage auch noch so eindeutig. Der Ausgleich könnte sonst entgegen den bisherigen Behauptungen des Beschuldigten mehr als bei anderen Maßnahmen, die angeregt werden, als unzulässiges Schuldeingeständnis gewertet werden.

34 **dd) Abschluss des Ausgleichsverfahrens.** Der Jugendstaatsanwalt braucht, um das Verfahren einstellen zu können, nicht den vollständigen Abschluss des Täter-Opfer-Ausgleichs abzuwarten. Ist Ratenzahlung für Schadenswiedergutmachung oder Schmerzensgeld vereinbart, hat der Beschuldigte mit den Zahlungen begonnen und lässt sich sein ernsthafter Wille erkennen, diese auch bis zur vollständigen Erledigung fortzusetzen, kann dies für eine Einstellung ausreichen, wie auch die Aufnahme von Arbeitsleistungen zu Schadenswiedergutmachung.[82] Die Praxis zeigt, dass der Beschuldigte dennoch gelegentlich bei Mitteilung der Einstellungsverfügung mit der Wiedergutmachung abbricht. Es ist sicher nicht unzulässig, mit der Mitteilung der Verfügung einige Zeit zuzuwarten, soweit die vollständige Erledigung absehbar ist. Weigert sich der Täter schuldhaft, den eingegangen Verpflichtungen nachzukommen, kann das Verfahren wiederaufgenommen werden, da die Einstellungsverfügung nach § 45 Abs. 2 keine Rechtskraft entfaltet (s. unter Rn 45).

Verfahrenshinweis: Da dem Täter-Opfer-Ausgleich auch Verfahren mittlerer Kriminalität zugänglich sind, empfiehlt es sich aus Sicht des Beschuldigten und der Verteidigung frühzeitig einen Täter-Opfer-Ausgleich bei der Staatsanwaltschaft anzuregen. Die Erfahrung hat gezeigt, dass in allen Fällen, in denen schon

---

79 Ostendorf, § 45 Rn 13.
80 Mischnick, S. 27.
81 So auch Ostendorf, § 45 Rn 13.
82 Ostendorf, § 45 Rn 13.

im Ermittlungsverfahren ein Täter-Opfer-Ausgleich angestrebt und sogar schon erfolgreich abgeschlossen wurde, dies zumindest auf den Rechtsfolgenausspruch positive Auswirkungen hatte. In den Vereinbarungen kann, sofern Geschäftsfähige beteiligt sind, auch die zivilrechtliche Seite miterledigt und ein gesonderter Zivilprozess oder ein Adhäsionsverfahren vermieden werden kann. Sollten allerdings über maßvolles Schmerzensgeld hinaus Vereinbarungen angeregt werden, wird wegen möglicherweise noch nicht absehbarer Schäden eine Erledigungsklausel nicht aufzunehmen sein, da im Täter-Opfer-Ausgleich auch die Interessen des Opfers ausreichend berücksichtigt werden müssen.

h) **Kriminalpädagogische Schülerprojekte / Teen Courts. aa) Entstehungsgeschichte und Erscheinungsformen.** „Schülergerichte" werden seit etwa dem Jahr 2000 in Deutschland als eine Möglichkeit angesehen, insbesondere auf Massen- und Bagatellkriminalität bei Jugendlichen zu reagieren. Über einzelne Modellprojekte, bei denen der Begriff „Schülergericht" weitgehend vermieden, sondern zumeist von „kriminalpädagogischen Schülerprojekten" (KPS) die Rede ist, ist die Entwicklung aber bisher nicht hinausgediehen. Breymann[83] zählt im Oktober 2006 in Deutschland insgesamt sieben bestehende Modelle und vier weitere geplante Standorte auf. Der Gedanke der den KPS zugrunde liegt, ist die Hypothese, dass Jugendliche gegenüber gleichaltrigen Personen eine größere Akzeptanz entwickeln, begangenes Unrecht einzusehen als gegenüber Erwachsenen. In den Vereinigten Staaten haben „teen courts" eine lange, teilweise bis vor den 2. Weltkrieg zurückreichende Tradition.[84] Während in den meisten US-amerikanischen Vorbildern Gerichtsverhandlungen mit dem Versuch nachgespielt werden, strafprozessuale Vorschriften einzuhalten, sind die deutschen KPS überwiegend von der Prozessordnung losgelöste Erörterungen des vom Beschuldigten begangenen Unrechts, in der Regel unter Aufsicht eines Lehrers oder Sozialpädagogen. Voraussetzung ist ein geständiger Beschuldigter, der eine der Diversion zugänglichen Straftat begangen hat, der bereit ist, sich dem Spruch der gleichaltrigen „Richter" zu unterwerfen und dessen Erziehungsberechtigte und gesetzliche Vertreter eine Einwilligung dazu erteilen. Bei Erfüllung der Auflage erfolgt in der Regel die zuvor angekündigte Einstellung des Verfahrens durch die Staatsanwaltschaft nach § 45 Abs. 2. Die Projekte sind nicht unumstritten: Die Bayerische Justizministerin sah sie im Mai als erfolgreiche Einrichtungen an, da den Jugendlichen „auf Augenhöhe gesagt (wird), dass ein bestimmtes Verhalten nicht akzeptabel ist".[85] Ein verlässliches Urteil lässt sich aufgrund der vorliegenden Auswertungen jedoch noch nicht ziehen. Die Evaluation des Pilotprojektes in Aschaffenburg,[86] deutet eher darauf hin, dass sich das KPS in seiner Wirksamkeit von anderen, weit weniger aufwändigen und problematischen Diversionsmaßnahmen nicht merkbar unterscheidet.

bb) **Kritik.** Entsprechend ist in neuerer Zeit Kritik an den KPS laut geworden. Rautenberg[87] weist in zum Teil harschen Worten auf den gegenüber den herkömmlichen, dem Unrechtsgehalt der begangenen Straftaten angemessenen Erledigungen nach § 45 Abs. 1 und 2 erhöhten Aufwand für die Staatsanwaltschaft hin. Mit Recht wird von ihm die erhöhte „Prangerwirkung" der Schülergerichte

---

83 Schülergerichte – für wen eigentlich?, JZZ 2007, 5.
84 Vgl die Übersicht der historischen Entwicklung und die Darstellung einzelner Modelle mit weiteren Literaturhinweisen bei Block/Kolberg, Teen Court – Viel Lärm um Nichts?, ZJJ 2007, 8, 10 ff.
85 Pressemitteilung des bayerischen Justizministeriums Nr. 78/07 vom 25.5.2007.
86 Sabaß.
87 Schülergerichte: Kriminalpolitischer Verhältnisblödsinn, NJW 2006. 2749.

hervorgehoben. Die Verfechter des Diversionsgedanken haben dem förmlichen Verfahren gegen Jugendliche die Stigmatisierung des Angeklagten vorgehalten. Das Erscheinen des Jugendlichen vor dem Teen Court auch mit der erforderlichen Einwilligung potenziert diese Bloßstellung geradezu noch (wobei zu hoffen ist, dass die von Breymann[88] zitierten, teilweise abstrusen Auflagen große Ausnahmen sind und derartige Sanktionen von einer Kontrollperson korrigiert werden). Der Gesetzgeber hat nicht umsonst bei Gerichtsverfahren gegen Jugendliche die Öffentlichkeit so ausgeschlossen, dass die Straftat, sei sie auch noch so gering gewesen (nach Sabaß handelte es sich in Aschaffenburg während der Evaluationszeit in 63 % der Fälle um Ladendiebstähle, in 45 % unter den Voraussetzungen des § 248 a StGB, in 18 % der Fälle um Fahren ohne Fahrerlaubnis), publiziert werden kann. Bedenklich ist auch die von Breymann[89] geschilderte Auswahl der Schülerrichter; die Vermutung, eine Akzeptanz werde wohl am ehesten bei bereits gut sozialisierten Tätern zu erwarten sein, ist nicht von der Hand zu weisen. Seinem Fazit, wonach die KPS nur sehr eingeschränkt als Diversionsmaßnahme geeignet und mehr politisch als pädagogisch motiviert sind, wird kaum zu widersprechen sein.

Soweit Jugendlichen im Weg der Diversion auferlegt wird, an Gruppenprojekten teilzunehmen, erfolgt gleichfalls eine Durchbrechung des Nichtöffentlichkeitsgrundsatzes, da andere Teilnehmer von der (gleichartigen) Straftat des Mitteilnehmers erfahren. Diese Projekte, zum Beispiel sogenannte Kaufhausinformationsprojekte bei Ladendiebstählen, Verkehrerziehungskurse bei Verkehrsdelikten oder Drogeninformationsprojekte (etwa „FreD"), vermitteln im Gegensatz zu Schülergerichten präventiv wirkende Aufklärung. Soweit beispielsweise das im Landkreis Esslingen angebotene Kaufhausinformationsprojekt beurteilt werden kann, an dem Sozialpädagogen, Polizei und Angehörige des Einzelhandels beteiligt sind, scheint die Rückfallquote unter den Teilnehmern außerordentlich gering zu sein.

37 **5. Anwendung des § 45 Abs. 3. a) Systematische Einordnung.** Das „jugendrichterliche Ermahnungsverfahren" nach § 45 Abs. 3 ist eine zwischen die Einstellungsmöglichkeiten der Abs. 1 und 2 und dem förmlichen Verfahren geschaltete Stufe, die den Bereich abdecken soll, in dem der Jugendstaatsanwalt die richterliche Mitwirkung für erforderlich hält, von einer Anklage oder einem Antrag im vereinfachten Jugendverfahren zu entscheiden aber absehen will. Nach dem Stufensystem des § 45 soll die Tat von größerem Gewicht sein als einer Abrügung nach Abs. 2 angemessen wäre oder der Jugendstaatsanwalt hält es aus erzieherischen Gründen für erforderlich, den Jugendlichen mit der Autorität des Jugendrichters zu konfrontieren. Von der Möglichkeit wird im Verhältnis zu den Abs. 2 und 3 wenig Gebrauch gemacht.[90] Der Grund mag darin liegen, dass der Jugendstaatsanwalt dieselben Weisungen, die der Jugendrichter erteilen kann, selbst anregen kann und damit meist denselben Erfolg erzielt, da die Weigerung, seiner Anregung Folge zu leisten, gering ist. Dazu kommt das Geständniserfordernis (s. unten Rn 38), das den Kreis möglicher Fälle einschränkt. Hauptsächlich scheint die staatsanwaltschaftliche Praxis kein Bedürfnis für die Wahl des § 45 Abs. 3 zu sehen, da die Lücke zwischen der Einstellung nach § 45 Abs. 2 und dem Antrag auf Entscheidung im vereinfachten Jugendverfahren oder der Anklage zu gering ist.

---

88 JZZ 2007, 5.
89 JZZ 2007, 5.
90 Vgl dazu Konstanzer Inventar Sanktionsforschung bei Heinz, ZJJ 2005, 176.

b) Geständnis. aa) Erfordernis. Im Gegensatz zu § 45 Abs. 1 und 2 fordert 38
Abs. 3 ein Geständnis des Jugendlichen. Der Gesetzgeber hatte dabei offensichtlich den Gedanken, dadurch den Tat- oder Schuldnachweis zu ersetzen oder zumindest zu erleichtern, möglicherweise auch „erziehungspsychologisch" zu wirken.[91] Dem Jugendlichen sollte demonstriert werden, es zahle sich aus, die Tat einzuräumen, um dem förmlichen Verfahren zu entgehen. Diese Voraussetzung wird in der Literatur teilweise kritisch beurteilt und sogar als verfassungswidrigen Verstoß gegen die Unschuldsvermutung gesehen,[92] teilweise werden rechtsstaatliche und verfahrensrechtliche Bedenken aufgeworfen, weil eine Selbstbezichtigung vorausgesetzt werde.[93] Der Jugendliche werde auch schlechter gestellt als der Erwachsene, dessen Zustimmung zur Einstellung nach dem vergleichbaren § 153 a StPO kein Geständnis erfordere und fingiere, sondern von prozessökonomischen Gründen geleitet sein könne.[94]

bb) Fehlerquelle. Die Gefahr des „falschen Geständnis" als Fehlerquelle ist weder 39
dem allgemeinen noch dem Jugendstrafrecht fremd.[95] Hingewiesen wird in diesem Zusammenhang auch auf die erhöhte Geständnisbereitschaft bei Jugendlichen gegenüber Erwachsenen,[96] die tendenziell die größere Quote falscher Geständnisse in sich bergen scheine. Die Gefahr, ein Jugendlicher könnte ein falsches Geständnis aus Neigung oder Solidarität zu Mittätern oder Tätern, die aus seinem Umkreis stammen oder denen er sich zugehörig fühlt, abgeben, ist zweifellos in der Praxis zu beobachten. Auch sind Geständnisse, die der Beschuldigte abgibt, um sich wichtig zu machen, Aufmerksamkeit oder Zuneigung zu erringen, nicht ausgeschlossen. Bei Jugendlichen mit nicht gefestigter Persönlichkeit und möglicherweise problematischem sozialem Hintergrund könnte dies häufiger als bei Erwachsenen anzutreffen sein; allerdings zeigt die tägliche Praxis, dass Jugendliche insoweit auch leichter zu durchschauen sind. Verlässliche Untersuchungen, die sich auf eine ausreichend große Fallzahl stützen, fehlen jedoch.

cc) Überprüfungspflicht des Jugendrichters. Aus diesen Bedenken heraus obliegt 40
es dem Richter bei der Entscheidung über eine Maßnahme nach § 45 Abs. 3, das Geständnis sehr sorgfältig zu überprüfen, ob es mit den übrigen Ergebnissen der Ermittlungen im Einklang steht und durch diese gestützt wird, da es nur aufgrund ausreichenden Beweiswert besitzt.[97] Er ist insoweit in derselben Situation wie als Vorsitzender in der Hauptverhandlung. Hat er Zweifel an der Richtigkeit des Geständnisses, darf er dem Antrag des Jugendstaatsanwalts nicht entsprechen. Im Gegensatz zum Jugendstaatsanwalt, der nur Maßnahmen anregen kann, kann der Jugendrichter Weisungen erteilen. Die Prüfung des Richters muss daher über den Grad des hinreichenden Tatverdachts hinausgehen, er muss letztlich zum selben sicheren Ergebnis kommen, wie wenn er den Beschuldigten im Falle eines förmlichen Verfahrens verurteilen würde. Auch wenn die Weisungen des Richters nicht durch Jugendarrest erzwungen werden können (§ 45 Abs. S. 3) und die Verweigerung nur die Folge der weiteren Fortsetzung des Verfahrens hat,[98] stellen sie eine intensivere Maßnahme dar, die durch ihre Form größeren Sanktionscha-

---

91 Eisenberg, § 45 Rn 24.
92 Goeckenjan, S. 48 ff.
93 Albrecht, P.-A., § 14 B III 2 a.
94 Zieger, Rn 154.
95 Peters, Fehlerquellen im Strafprozess Bd. 1, 1970, S. 516, Bd. 2, 1972, S. 13; Wegener in: FS Schewe, 1991, S. 313; Nothacker, JZ 1982, 59.
96 Dazu Bohnert, NJW 1980, 1929.
97 LR-Gollwitzer, § 244 Rn 33.
98 Albrecht, P.-A., § 14 B III 3 c.

Blessing

rakter hat. Der JGH ist in den Fällen des § 45 Abs. 3 Gelegenheit zur Stellungnahme zu geben (§ 38 Abs. 3 S. 3).

41 c) **Ermahnung durch den Richter.** Die Ermahnung durch den Jugendrichter ist formlos, sie sollte aber aktenkundig gemacht werden. Von einer schriftlichen Ermahnung sollte nur dann Gebrauch gemacht werden, wenn dem Jugendlichen die Anreise zum Gericht wegen zu großer Entfernung nicht zuzumuten ist[99] oder der Jugendliche aus gesundheitlichen, schulischen oder sonstigen Gründen auf absehbare Zeit nicht vor dem Richter erscheinen kann. Darüber hinaus kann in entsprechender Anwendung des § 42 Abs. 1 Nr. 2 der Richter des Aufenthaltsortes herangezogen werden.[100] In der Ermahnung soll der Richter den Jugendlichen eindringlich auf das Unrecht der von ihm begangenen Tat und die daraus entstandenen Folgen hinweisen. Er sollte ihn über die Rechtsfolgen aufklären, die weitere Straftaten des Beschuldigten nachsichziehen.

42 d) **Weisungen.** Die dem Jugendrichter zur Verfügung stehenden Weisungen sind explizit aufgezählt. Da der Richter Anordnungskompetenz hat, bedarf es der Zustimmung des Beschuldigten oder der gesetzlichen Vertreter nicht. Die Anordnung „des Bemühens" zu einem Täter-Opfer-Ausgleich gegen die Zustimmung des Jugendlichen und ohne vorheriges Einholen der Bereitschaftserklärung macht jedoch wenig Sinn. Die anzuordnenden Auflagen in Abs. 3 S. 1 entsprechen den in § 15 aufgeführten Auflagen.

43 e) **Anregung der Staatsanwaltschaft.** Der Jugendrichter ist nicht an die Anregungen der Staatsanwaltschaft gebunden.[101] Er kann ohne deren Zustimmung alternativ oder kumulativ andere Maßnahmen anordnen, er kann es auch bei bloßer Ermahnung belassen und von der Verhängung weiterer Maßnahmen ganz absehen. Dem Staatsanwalt wird die Weiterverfolgung nur erlaubt sein, wenn der Jugendrichter hinter seinen Anregungen zurückbleibt. Ordnet der Richter gleichwertige Auflagen an, etwa angemessene Arbeitsleistungen anstelle eines Geldbetrages, muss dies so beurteilt werden, als sei er der Anregung nachgekommen. Der Gegenmeinung ist allerdings zuzugeben, dass eine Weiterverfolgung bei anderen, auch geringeren Anordnungen des Richters zu Unverständnis beim Beschuldigten führen muss. Der Richter sollte deshalb unbedingt die vorherige Zustimmung des Jugendstaatsanwalts einholen oder eine Einigung herbeiführen.

44 f) **Aussetzung der Entscheidung.** Durch die Regelung in § 45 Abs. 3 S. 2 entsteht für den Jugendstaatsanwalt nach Erteilung von Weisungen oder Auflagen ein Schwebezustand. Er hat mit seiner Entscheidung, das Verfahren einzustellen, zwingend zu warten, bis die angeordneten Auflagen oder Weisungen erfüllt sind oder die dem Beschuldigten gesetzte Frist ohne Erfüllung verstrichen ist. Ist der Jugendliche den Anordnungen nachgekommen, hat er zwingend das Verfahren einzustellen, andernfalls hat er dem Verfahren Fortgang zu gewähren. Für den Gedanken einer „Aussetzung zu Bewährung" durch den Staatsanwalt nach Rücksprache mit dem Richter,[102] was bei Erfüllung von angeordneten Maßnahmen zu einer Einstellung nach § 45 Abs. 2 führen würde, gibt das Gesetz keinen Raum.[103] Nach der Regelung des § 45 Abs. 2 und 3 besteht in der Praxis dafür auch kein Bedürfnis. Vom Beschuldigten erbrachte Teilleistungen sind bei Weiterverfolgung im Urteil bei den Strafzumessungsgründen zu berücksichtigen.

---

99 Eisenberg, § 45 Rn 26.
100 Ostendorf, § 45 Rn 17.
101 Albrecht, P.-A., § 14 B III 3 b; aA Ostendorf, § 45 Rn 17.
102 Vgl Eisenberg, § 45 Rn 30.
103 Albrecht, P.-A., § 14 B III 3 c; Ostendorf, § 45 Rn 19.

6. **Rechtskraft.** Sieht die Staatsanwaltschaft gemäß § 45 Abs. 1 oder Abs. 2 von 45
der weiteren Verfolgung ab, so tritt kein Strafklageverbrauch ein. Die Entscheidung entfaltet auch keine eingeschränkte Rechtskraft.[104] Aus dem Gedanken des Vertrauensprinzips sieht Ostendorf[105] eine Selbstbindung der staatsanwaltschaftlichen Ermessensentscheidung. Dieser Gedanke führt zwar nicht formell zu einem Strafklageverbrauch, der Jugendstaatsanwalt sollte ein Verfahren aber nicht ohne triftige und nachvollziehbare Gründe wiederaufnehmen. Eingeschränkte Rechtskraft entsteht in den Fällen des § 45 Abs. 3, in denen der Jugendrichter den Anregungen der Staatsanwaltschaft ohne wesentliche Änderungen entspricht (oben Rn 43) und der Jugendliche sie vollständig erfüllt hat. Der Staatsanwalt kann dann das eingestellte Verfahren nur wiederaufnehmen, wenn ihm neue Tatsachen oder Beweismittel bekannt geworden sind (§ 45 Abs. 3 S. 4 iVm § 47 Abs. 3). Einer Anklage oder dem ihr gleichstehenden Antrag nach § 76 steht ein Verfahrenshindernis entgegen. Dies soll auch dann der Fall sein, wenn die Staatsanwaltschaft entgegen § 45 Abs. 3 S. 2 das Verfahren einstellt, bevor die Auflagen oder Weisungen erfüllt sind.[106] Dagegen bestehen Bedenken, da die Einstellung nach § 45 Abs. 3 S. 2 gerade die Erfüllung der Auflagen als Voraussetzung der Einstellung vorsieht, S. 4 mithin nur in diesem Fall gelten kann.

7. **Ordnungswidrigkeitenverfahren.** In Bußgeldverfahren geht § 47 OwiG dem 46
§ 45 als lex specialis vor.[107]

8. **Rechtsmittel.** Ein förmliches Rechtsmittel ist gegen eine Einstellung des Verfahrens nach § 45 nicht eröffnet. Die Entscheidung des Staatsanwalts ist nur über die formlose Dienstaufsichtsbeschwerde angreifbar und zwar sowohl durch den Beschuldigten als auch durch den Verletzten. Eine solche dürfte aber für den Beschuldigten nur dann erfolgreich sein, wenn nach Abschluss der Ermittlungen eine Einstellung des Verfahrens nach § 170 Abs. 2 StPO zu treffen gewesen wäre. Für den Verletzten scheidet ein Klageerzwingungsverfahren in entsprechender Anwendung des § 172 Abs. 2 S. 3 StPO aus.[108] 47

VI. Diversionsrichtlinien Baden-Württemberg

Gemeinsame Richtlinien des Justizministeriums, des Innenministeriums und des Sozialministeriums Baden-Württemberg zur Förderung von Diversionsmaßnahmen und zur Zusammenarbeit von Staatsanwaltschaft, Polizei und Jugendhilfe bei Straftaten jugendlicher und heranwachsender Beschuldigter sowie delinquentem Verhalten von Kindern vom 20. Dezember 2004[109] 48

I. Allgemeines

Nach den Erkenntnissen kriminologischer Forschung ist Jugendkriminalität im Bagatellbereich bis hin zu mittelschweren Verfehlungen zumeist ein entwicklungstypisches, großteils unentdeckt bleibendes Verhalten, das sich im weiteren Reifungsprozess von selbst verliert.

Eine jugendstrafrechtliche Reaktion / Sanktion ist somit bei einer Vielzahl von jugendlichen und heranwachsenden Beschuldigten entbehrlich. Die prozessualen Möglichkeiten zur Verfahrenseinstellung gemäß den §§ 45, 47 Jugendgerichtsgesetz (JGG)

---

104 Ganz hM: Dallinger/Lackner, § 45 Rn 21; Eisenberg, § 45 Rn 31.
105 § 45 Rn 20.
106 Ostendorf, § 45 Rn 21.
107 Göhler, § 47 OWiG Rn 21.
108 Meyer-Goßner, § 172 StPO Rn 3.
109 Die Justiz 2005, 72 - 79.

erlauben es daher, nach anderweitiger erzieherischer Einwirkung auf den Beschuldigten von einer weiteren Strafverfolgung abzusehen (Diversion).

Erzieherische Maßnahmen nach §§ 45, 47 JGG haben in erster Linie dann Aussicht auf Erfolg, wenn sie in einem engen zeitlichen Zusammenhang mit der Tat erfolgen. Daher kommt der Polizei, in enger Zusammenarbeit mit der Staatsanwaltschaft und der Jugendgerichtshilfe, aufgrund ihrer örtlichen und persönlichen Nähe zu den Beschuldigten eine besondere Bedeutung zu.

Bei schwerer wiegenden Delikten oder wiederholter Delinquenz ist es erforderlich, zeitnah mit den formellen und informellen Mitteln des Jugendstrafrechts zu reagieren, deutlich und unmissverständlich Grenzen zu setzen sowie Verhaltensalternativen aufzuzeigen.

Die folgenden Richtlinien sollen die Zusammenarbeit der mit Jugendkriminalität befassten Institutionen noch enger und effektiver aufeinander abstimmen, um ein zeitnahes, gemeinsames, individuelles und ursachenorientiertes Vorgehen unter Berücksichtigung der Tatumstände, der Persönlichkeit des Tatverdächtigen und seines sozialen Umfelds zu gewährleisten. Die Richtlinien sollen weiter zur verstärkten Nutzung der Möglichkeiten des Jugendgerichtsgesetzes zur Vermeidung förmlicher Gerichtsverfahren (Diversion und vereinfachtes Jugendverfahren) beitragen. Diese Richtlinien hindern die Staatsanwaltschaft im Rahmen ihres Beurteilungs- und Ermessensspielraums nicht, bei Vorliegen der hier angenommenen Voraussetzungen im Einzelfall von anderen Reaktionsmöglichkeiten Gebrauch zu machen.

Die folgenden Grundsätze gehen den Richtlinien für das Jugendgerichtsgesetz vor und konkretisieren bei Straftaten von Jugendlichen und Heranwachsenden die gemeinsame Verwaltungsvorschrift des Justiz- und Innenministeriums zur Verbesserung der Zusammenarbeit von Staatsanwaltschaft und Polizei vom 6.12.2000 (4111-0050-JUM; 3-1268/22-IM).

II. Anwendungsbereich

Vorbemerkung

Die Anwendung der Einstellungsvorschriften nach § 45 JGG darf nicht zu einer Missachtung der Unschuldsvermutung und zu einer Einschränkung von Verteidigungsrechten führen. Liegt kein für eine Anklageerhebung hinreichender Tatverdacht vor, so ist das Verfahren nach § 170 Abs. 2 StPO einzustellen. Die Anwendung des § 45 Abs. 1 und 2 JGG kommt jedoch auch bei nicht geständigen Beschuldigten in Betracht, sofern der Tat- und Schuldnachweis auf andere Weise geführt werden kann, der Beschuldigte den Tatvorwurf nicht ernstlich bestreitet und zur Mitwirkung bereit ist (Freiwilligkeitsprinzip). § 45 Abs. 3 JGG bleibt unberührt. Zudem verfügt die Staatsanwaltschaft auch nach § 31 BtMG über weit reichende Einstellungsmöglichkeiten im Bereich der so genannten Konsumverfahren. Sind die Voraussetzungen dieser Vorschrift erfüllt, so soll eine vorrangige Anwendung von § 31a BtMG vor § 45 JGG geprüft werden. Das nachfolgend dargestellte abgestufte Vorgehen (Stufenmodell) soll bei hinreichendem Tatverdacht eine angemessene staatliche Reaktion gewährleisten.

Die Staatsanwaltschaft wendet die Reaktionsmöglichkeiten des Jugendgerichtsgesetzes (Diversion / vereinfachtes Jugendverfahren / förmliches Jugendverfahren) in folgender Abstufung an:

1. Diversion nach § 45 Abs. 1 JGG

§ 45 Abs. 1 JGG wird bei leichten Taten erstmals auffälliger Beschuldigter angewandt, wenn es sich um jugendtypisches Fehlverhalten mit geringem Schuldgehalt und geringer Auswirkung der Straftat handelt, das über die von der Entdeckung der Tat und den vom Ermittlungsverfahren ausgehenden Wirkungen hinaus keine erzieherischen Maßnahmen erfordert.

Im Wiederholungsfall wird die Anwendung von § 45 Abs. 1 JGG regelmäßig ausgeschlossen sein. Nur ausnahmsweise kann auch im Wiederholungsfall von der Verfolgung nach dieser Vorschrift abgesehen werden, wenn der Beschuldigte längere Zeit nicht auffällig geworden ist oder das Delikt im Hinblick auf das geschützte Rechtsgut oder die Art der Tatbegehung von der vorangegangenen Straftat erheblich abweicht. In diesen Fällen ist zu prüfen, ob nicht zumindest ein Gespräch mit den Beschuldigten geboten ist.

Als jugendtypische Straftaten geringen Gewichtes können neben den in der Anlage I genannten Delikten auch andere Verfehlungen in Betracht kommen, die durch die Gesamtumstände als geringfügig eingestuft werden können. Entscheidend bleiben bei jeder Verfehlung die Umstände des Einzelfalles.

2. Diversion nach §§ 45 Abs. 2 und 3 JGG

Eine Einstellung des Verfahrens nach § 45 Abs. 2 JGG kommt erst dann in Betracht, wenn § 45 Abs. 1 JGG nicht anzuwenden ist. Das Subsidiaritätsprinzip gebietet es, dass sich der Staat mit erzieherischen Maßnahmen immer dort zurückhält, wo solche Maßnahmen bereits von den Eltern oder anderen mit der Erziehung in erster Linie befassten Personen ergriffen worden sind. Erzieherische Reaktionen aus dem sozialen Umfeld des Jugendlichen in zeitnahem Anschluss an die Tat reichen häufig aus, eine Unrechtseinsicht herbeizuführen und das künftige Verhalten zu beeinflussen. Einer solchen Maßnahme steht das ernsthafte Bemühen des Beschuldigten gleich, einen Ausgleich mit dem Verletzten im Rahmen eines Täter-Opfer-Ausgleichs zu erreichen. Der Täter-Opfer-Ausgleich ist – auch außerhalb der Diversion – angesichts der tatbezogenen Auseinandersetzung mit den Folgen für das Opfer gerade bei jugendlichen und heranwachsenden Beschuldigten von großem erzieherischem Wert. Die Durchführung eines Täter-Opfer-Ausgleichs (vgl. § 45 Abs. 2 Satz 2 JGG) sollte nach Möglichkeit vom Jugendamt oder einem freien Träger in seinem Auftrag vermittelt werden.

Ist eine erzieherische Reaktion noch nicht erfolgt oder erscheinen weitere Einwirkungen notwendig, so leitet die Staatsanwaltschaft geeignete erzieherische Maßnahmen ein, wenn sie weder die Beteiligung des Richters nach § 45 Abs. 3 JGG noch die Erhebung der Anklage für erforderlich hält.

Ein Absehen von der Verfolgung gemäß § 45 Abs. 2 JGG kommt insbesondere bei wiederholter Begehung derjenigen Delikte in Betracht, bezüglich derer das Verfahren im Erstfall sanktionslos gemäß § 45 Abs. 1 JGG eingestellt werden kann, sowie bei Taten, die schwerer wiegen als die in der Anlage genannten Delikte.

Das richterliche Erziehungsverfahren (§ 45 Abs. 3 JGG) hat gegenüber dem förmlichen Jugendstrafverfahren den Vorteil, dass ohne die belastende Förmlichkeit einer Antrags- oder Anklageschrift die richterliche Reaktion schnell und in einem informellen Erziehungsgespräch erfolgen kann. Dieses Verfahren kommt im Einzelfall bei Delikten leichter und mittlerer Kriminalität einschließlich der Wiederholungstaten in Betracht, bei denen erzieherische Maßnahmen über § 45 Abs. 2 JGG hinaus erforderlich, die des § 45 Abs. 3 JGG aber ausreichend erscheinen.

3. § 47 Abs. 1 Satz 2, Abs. 2 Satz 1 JGG

Regt das Jugendgericht zur Vermeidung einer Verurteilung an, das Verfahren gemäß § 47 JGG (vorläufig) einzustellen, so überprüft die Staatsanwaltschaft, ob die Gesichtspunkte, die sie zu einem Antrag gemäß § 76 JGG oder einer Anklage bewogen haben, einer Zustimmung entgegenstehen. Bei ihrer Entscheidung berücksichtigt die Staatsanwaltschaft die inzwischen eingetretenen Veränderungen beim Angeklagten und die beabsichtigten oder durchgeführten erzieherischen Maßnahmen.

4. Vereinfachtes Jugendverfahren nach §§ 76 ff. JGG

Eine Entscheidung im vereinfachten Jugendverfahren kommt bei (wiederholten) Straftaten der leichten oder der mittleren Kriminalität in einfach gelagerten Fällen (geringer Aufklärungsaufwand – Beispiel: Geständnis liegt vor) in Betracht, in denen eine oder mehrere Einstellungen nach § 45 JGG bereits erfolgt sind bzw. aufgrund der Umstände der Tat oder in der Persönlichkeit des Jugendlichen liegende Gründe eine Diversion nicht (mehr) angezeigt ist, aber eine formelle Verhandlung noch nicht erforderlich erscheint.

Das vereinfachte Jugendverfahren hat gegenüber dem förmlichen Jugendverfahren insbesondere den Vorteil, dass die Verhandlung im vereinfachten Jugendverfahren in Abwesenheit der Staatsanwaltschaft und der Jugendgerichtshilfe erfolgen kann. Es stellt daher ein geeignetes Mittel dar, auf delinquentes Verhalten Jugendlicher sehr zeitnah zu reagieren. Es gilt daher, von der Entscheidung im vereinfachten Jugendverfahren verstärkt Gebrauch zu machen.

Die Ausführungen dieser Richtlinien zum vereinfachten Jugendverfahren bei Jugendlichen sind sinngemäß auf das beschleunigte Verfahren bei Heranwachsenden anzuwenden.

5. Förmliches Jugendstrafverfahren

Eine Entscheidung im förmlichen Jugendverfahren ist in den Fällen zu beantragen, in denen Diversionsmaßnahmen oder die Durchführung eines vereinfachten Jugendverfahrens nicht in Betracht kommen und eine formelle Verhandlung vor dem Jugendgericht erforderlich erscheint. Dies sind insbesondere auch Verfahren, deren Aufklärung sich besonders schwierig oder langwierig gestaltet und die somit nicht für Diversionsmaßnahmen oder die Erledigung im Rahmen des vereinfachten Jugendverfahrens geeignet sind.

III. Verfahren und Verfahrensbeteiligte

1. Polizei

Für einen optimalen Informationsfluss und die Beschleunigung des Jugendstrafverfahrens durch Parallelbefassung der Institutionen ist eine intensive und vertrauensvolle Zusammenarbeit zwischen Staatsanwaltschaft, Polizei und Jugendhilfe unerlässlich.

Deshalb hat sich die örtliche Bearbeitungszuständigkeit bei kindlichen und jugendlichen Delinquenten – abgesehen von Sofortmaßnahmen – grundsätzlich an deren Wohnsitz zu orientieren, wie es bereits für die Jugendhilfe (§§ 86, 86 a SGB VIII), die Staatsanwaltschaft (§§ 143 GVG, 42 JGG) und das Jugendgericht (§ 42 JGG) gilt. Die Bearbeitung nach dem Wohnortprinzip gilt nicht für Heranwachsende oder wenn der Delinquent seinen Wohnsitz außerhalb des Landes Baden-Württemberg hat. Die näheren Einzelheiten sind gesondert zu regeln.

Um eine zeitnahe Parallelbefassung aller mit Jugenddelinquenz befasster Institutionen zu gewährleisten und alle Möglichkeiten zur Vermeidung förmlicher Gerichtsverfahren und förmlicher Verurteilung auszuschöpfen, ist es erforderlich, dass die Ermittlungen der Polizei sämtliche Informationen berücksichtigen, die für eine zeitnahe Entscheidung der Staatanwaltschaft über den weiteren Verfahrensverlauf relevant sind.

Die Polizei wird nach einer ersten Einordnung des Falles zwischen den verschiedenen Fallgruppen des Stufenmodells unterscheiden und ihre Ermittlungstätigkeit an den hiernach zu treffenden Maßnahmen ausrichten:

1.1 Diversion nach § 45 Abs. 1 JGG

Bei den in der <u>Anlage I</u> genannten Straftaten sind eingehende Ermittlungen zu Person und sozialem Umfeld des Beschuldigten in der Regel entbehrlich, wenn es sich um die erste Auffälligkeit handelt, der Beschuldigte den Tatvorwurf nicht ernstlich bestreitet und keine tatsächlichen Anhaltspunkte dafür vorhanden sind, dass er in Zukunft weitere Straftaten begehen wird.

Die Polizei beschränkt sich in diesen Fällen regelmäßig auf ein anlässlich der Beschuldigtenvernehmung zu führendes normverdeutlichendes Gespräch, welches den Beschuldigten beeindrucken und somit die erzieherische Wirkung des Ermittlungsverfahrens unterstützen soll. Bei Jugendlichen können hierzu die Erziehungsberechtigten hinzugezogen werden. Gleichzeitig sollen die Beschuldigten in geeigneten Fällen auf Hilfsangebote staatlicher und sozialer Organisationen, insbesondere von Trägern der Jugendhilfe, hingewiesen werden und gegebenenfalls eine entsprechende Handreichung ausgehändigt bekommen.

Hält die Polizei danach weitere Maßnahmen für entbehrlich, so teilt sie dies unter gleichzeitiger Übersendung der Akten der Staatsanwaltschaft mit.

1.2 Vorgehen in den weiteren Stufen

Liegt nach erster Einschätzung der Polizei ein hinreichender Tatverdacht vor und kommt nach ihrer Auffassung eine Befassung im Rahmen der weiteren Stufen des Stufenmodells (II Nr. 2 bis 5) in Betracht, nimmt der Sachbearbeiter der Polizei nach Abschluss der unter Ziff. III 1.3 näher bezeichneten Maßnahmen zeitnah zur Anzeigenaufnahme mit dem zuständigen Dezernenten der Staatsanwaltschaft unter Berücksichtigung der lokalen Vereinbarungen in geeigneter Form (E-Mail, Telefax oder Telefon) Kontakt auf. Diese Kontaktaufnahme unterbleibt, wenn die polizeilichen Ermittlungen nach Durchführung der unter Ziff. III 1.3 näher bezeichneten Maßnahmen abgeschlossen sind. In diesem Fall übersendet die Polizei unverzüglich die Vorgänge an die Staatsanwaltschaft.

Bei der Vorlage des Anzeigenvorgangs an die Staatsanwaltschaft schließt die Polizei in der Regel eine Mehrfertigung der wesentlichen Aktenteile (Erfassungsbeleg Straftat, Erfassungsbeleg Beschuldigter, Niederschrift über die Beschuldigtenvernehmung, Schlussbericht) für die Jugendgerichtshilfe an.

Der Staatsanwalt entscheidet – gegebenenfalls nach vorheriger Heranziehung entsprechender EDV- und Bundeszentralregisterauszüge – über das weitere Vorgehen (Diversion, vereinfachtes Jugendverfahren oder förmliches Jugendverfahren) und unterrichtet den Sachbearbeiter der Polizei über die weiteren Maßnahmen.

Hierbei soll, neben einer Verfahrensbeschleunigung und Parallelbefassung von Staatsanwaltschaft, Polizei und Jugendhilfe, der Ermittlungsaufwand der Polizei durch möglichst konkrete Ermittlungsaufträge sowie eine Begrenzung des Verfahrensstoffes nach §§ 154, 154a StPO seitens der Staatsanwaltschaft durch Vermeidung nicht gebotener polizeilicher Ermittlungen reduziert werden. Zudem versetzt eine zeitnahe Entscheidung der Staatsanwaltschaft über das weitere Vorgehen die Jugendgerichtshilfe bereits frühzeitig in die Lage, im Rahmen ihres Auftrages in eigener Zuständigkeit gezielt geeignete Maßnahmen einzuleiten.

Hält die Staatsanwaltschaft die Mitwirkung der Jugendgerichtshilfe für erforderlich, wird diese – gegebenenfalls über die Polizei – über den Sachverhalt und das geplante weitere Vorgehen unterrichtet.

1.3 Diversion nach §§ 45 Abs. 2 und 3 JGG

Ist aufgrund dieser Richtlinien eine Einstellung nach § 45 Abs. 1 JGG regelmäßig ausgeschlossen und eine Diversion nach §§ 45 Abs. 2 und 3 JGG in Betracht zu ziehen, sollen – regelmäßig vor Kontaktaufnahme mit der Staatsanwaltschaft – insbesondere folgende für eine Entscheidung der Staatsanwaltschaft bedeutsamen Umstände ermittelt und aktenkundig gemacht werden:

- Wirkung des Kontaktes mit der Polizei auf den Beschuldigten
- Erzieherische Maßnahmen, die Erziehungsberechtigte bereits getroffen haben oder die zu erwarten sind
- Nachteilige Folgen der Tat für den Beschuldigten, wie zum Beispiel eigener materieller oder gesundheitlicher Schaden, Verlust der Ausbildungs- oder Arbeitsstelle
- Schadenersatzleistung oder Entschuldigung, wenn und soweit sie bereits erfolgt sind. Andernfalls ist bei den Ermittlungen darauf zu achten, ob ein Täter-Opfer-Ausgleich möglich und sinnvoll erscheint. In geeigneten Fällen sind Beschuldigter und Geschädigter zu befragen, ob sie bereit sind, an einem Täter-Opfer-Ausgleich mitzuwirken. Ist dies der Fall, soll unverzüglich eine entsprechende Entscheidung der Staatsanwaltschaft herbeigeführt werden.

Mit Blick auf die Entscheidung der Staatsanwaltschaft zum weiteren Verfahrensgang soll die Polizei in geeigneten Fällen eine in Betracht kommende sofortige Entschuldigung beim Opfer sowie eine sofortige Schadenswiedergutmachung an Ort und Stelle anregen.

Im Anschluss hält die Polizei regelmäßig und möglichst zeitnah zur Anzeigenaufnahme mit der Staatsanwaltschaft Rücksprache über die weiteren Ermittlungen. Hält diese eine Erledigung nach § 45 Abs. 2 JGG für geboten, soll insbesondere erörtert werden

- welche erzieherische Reaktion in Betracht zu ziehen ist und
- ob hierfür eine Einbeziehung der Jugendgerichtshilfe erforderlich erscheint.

Beispielhaft kommen als erzieherische Maßnahmen namentlich in Betracht:
- Teilnahme an einem Verkehrsunterricht
- Teilnahme an sozialpädagogischen Maßnahmen, die das Jugendamt allgemein anbietet oder vermittelt
- Erzieherisches Gespräch durch Mitarbeiter des Jugendamts oder durch den Jugendsachbearbeiter der Polizei bzw. gemeinsames erzieherisches Gespräch durch Mitarbeiter des Jugendamts und den Jugendsachbearbeiter der Polizei
- Kurzzeitige Hilfsdienste durch gemeinnützige Arbeit.
- Arbeit zur Schadenswiedergutmachung
- Kleinere Geldzahlungen an gemeinnützige Einrichtungen
- Vermittlung eines Täter-Opfer-Ausgleiches durch die Jugendgerichtshilfeoder einen vom Jugendamt beauftragten freien Träger

In Fällen, in denen eine Mitwirkung der Jugendgerichtshilfe nicht erforderlich erscheint, bespricht die Polizei die erzieherischen Maßnahmen mit dem Beschuldigten. Neben dem Beschuldigten sind auch die Sorgeberechtigten zu beteiligen. Dabei ist zu verdeutlichen, dass es sich nicht um eine jugendstrafrechtliche Sanktion, sondern lediglich um eine Anregung handelt, die zu einer späteren Einstellung des Ermittlungsverfahrens durch die Staatsanwaltschaft führen <u>kann</u>. Erforderlich ist weiter, dass die Beschuldigten die Anregung annehmen und die Sorgeberechtigten nicht widersprechen. Die Polizei stellt fest, ob und inwieweit eine angeregte oder vermittelte erzieherische Maßnahme durchgeführt wurde.

Ist die Polizei nach einem Gespräch mit dem Beschuldigten der Auffassung, dass die erzieherische Wirkung des Gesprächs weitere Einwirkungen erübrigt oder zwischenzeitlich aus dem sozialen Umfeld des Beschuldigten eine erzieherische Reaktion getroffen wurde, sind bei der Staatsanwaltschaft entsprechende Änderungen anzuregen.

In Fällen, in denen eine Befassung der Jugendgerichtshilfe zur Durchführung der erzieherischen Maßnahme erforderlich erscheint, verständigt die Staatsanwaltschaft – gegebenenfalls über die Polizei – hierüber die Jugendgerichtshilfe und weist darauf hin, welche freiwilligen Leistungen des Beschuldigten als notwendige Voraussetzung für eine Einstellung des Verfahrens seitens der Staatsanwaltschaft angesehen werden, und bittet die Jugendgerichtshilfe um Mitwirkung bei der Durchführung. Der Jugendgerichtshilfe sind die zur Durchführung der erzieherischen Maßnahme erforderlichen Informationen zur Verfügung zu stellen. Die Polizei übersendet sodann mit einem entsprechenden Hinweis (weitere Befassung durch Jugendgerichtshilfe) die Akten der Staatsanwaltschaft.

Erscheinen Beschuldigte nicht bei der Polizei, machen sie von ihrem Aussageverweigerungsrecht Gebrauch oder bestreiten sie ernstlich den Tatvorwurf, sieht die Polizei von Reaktionen nach 1.1 und 1.3 ab und übersendet die Vorgänge nach Abschluss der Ermittlungen der Staatsanwaltschaft.

1.4 Erledigung außerhalb der Diversion
Vereinfachtes Jugendverfahren nach §§ 76 ff. JGG

Ist aufgrund einer ersten Einschätzung der Polizei eine Einstellung nach § 45 JGG aufgrund dieser Richtlinien regelmäßig ausgeschlossen, führt die Polizei entsprechend der PDV 382 Ermittlungen zu Person und sozialem Umfeld des Beschuldigten, zum Zusammenhang zwischen Tat und Täter sowie zum Stand seiner sittlichen und geistigen Reife durch. Anschließend stimmt die Polizei zeitnah ihre weiteren Ermittlungsschritte mit der Staatsanwaltschaft ab und klärt, ob die Staatsanwaltschaft voraussichtlich das vereinfachte Jugendverfahren beantragen wird. Wird ein Antrag auf Befassung im vereinfachten Jugendverfahren seitens der Staatsanwaltschaft angestrebt, unterrichtet regelmäßig die Polizei (Vorabmeldung) hierüber die Jugendgerichtshilfe mit der Bitte, der Staatsanwaltschaft / dem Gericht zeitnah schriftlich zu berichten. Hierzu stellt sie der Jugendgerichtshilfe die erforderlichen weiteren Informationen zur Verfügung. Die Polizei schließt das Ermittlungsverfahren im Anschluss beschleunigt ab.

Förmliches Jugendstrafverfahren

Bei Straftaten, in denen Diversionsmaßnahmen oder die Durchführung eines vereinfachten Jugendverfahrens nicht in Betracht kommen und eine formelle Verhandlung vor dem Jugendgericht erforderlich erscheint, führt die Polizei die Ermittlungen gemäß PDV 382 durch und übersendet die Akten der Staatsanwaltschaft. Hierzu zählen insbesondere Verfahren, deren Aufklärung sich besonders schwierig oder durch die Anhörung einer Vielzahl von Zeugen langwierig gestaltet. Die Nummern 2 und 3 der gemeinsamen Verwaltungsvorschriften des Justiz- und Innenministeriums zur Verbesserung der Zusammenarbeit von Staatsanwaltschaft und Polizei vom 6.12.2000 bleiben hiervon unberührt.

Sofern eine Mitwirkung der Jugendgerichtshilfe bereits während des Ermittlungsverfahrens erforderlich erscheint, informiert die Staatsanwaltschaft – gegebenenfalls über die Polizei – die Jugendgerichtshilfe und bittet diese um Mitwirkung. Nach Abschluss der Ermittlungen übersendet die Polizei eine Mehrfertigung der wesentlichen Aktenteile der Jugendgerichtshilfe. Hat das Jugendamt Aufgaben der Jugendgerichtshilfe anderen Stellen übertragen, ist bei einvernehmlicher Regelung zwischen Staatsanwaltschaft, Jugendamt und Polizei eine unmittelbare Unterrichtung dieser Stellen zulässig (PDV 382 Nr. 3.2.7). Darüber hinaus soll in geeigneten Fällen der Beschuldigte bzw. dessen Erziehungsberechtigter auf Hilfsangebote staatlicher und sozialer Organisationen, insbesondere von Trägern der Jugendhilfe, hingewiesen und gegebenenfalls eine entsprechende Handreichung ausgehändigt werden.

Eine vorrangige Fallbearbeitung durch die Polizei erfolgt bei in das Initiativprogramm „Jugendliche Intensivtäter" aufgenommenen Personen, bei potenziellen Schwellentätern[110] und bei Anordnung der Untersuchungshaft.

1.5 Weitere Hinweise zur Sachbearbeitung durch die Polizei

Mit der Bearbeitung der vorgenannten Jugendsachen sind die fachlich qualifizierten und für den Umgang mit Jugendlichen besonders fortgebildeten Jugendsachbearbeiter der Schutz- und Kriminalpolizei zu betrauen.

Erscheinen Leistungen der Jugendhilfe – insbesondere bei Vorliegen einer erkennbaren Gefährdung – schon während der polizeilichen Ermittlungen notwendig, unterrichtet die Polizei unverzüglich das Jugendamt. In allen anderen Fällen ist spätestens mit der Abgabe der Ermittlungsvorgänge an die Staatsanwaltschaft das Jugendamt zu unterrichten, sofern eine Gefährdung vorliegt.

Sofern eine Einziehung von Tatwerkzeugen oder von durch die Tat hervorgebrachten Gegenständen in Betracht kommt – insbesondere bei Vergehen nach dem Waffengesetz und dem Urheberrechtsgesetz – werden der Beschuldigte und die Sorgeberechtigten befragt, ob auf diese Gegenstände verzichtet bzw. bei Ton- und Bildträgern oder EDV-Programmen in die Löschung eingewilligt wird.

2. Staatsanwaltschaft

Die Staatsanwaltschaften streben im Rahmen der örtlichen Gegebenheiten eine möglichst weitgehende Regionalisierung der Zuständigkeiten der Jugenddezernate an, so dass im optimalen Fall jeder Polizeidienststelle, dem Jugendamt und den Einrichtungen der Jugendhilfe feste Ansprechpartner der Staatsanwaltschaften zur Verfügung stehen. Dies ermöglicht es, Entscheidungsmaßstäbe der Staatsanwaltschaft für die weiteren am Jugendstrafverfahren beteiligten Institutionen transparent zu machen und die Abläufe und Zusammenarbeitsstrukturen zwischen den Institutionen vor Ort entscheidend zu verbessern.

Wird das Verfahren nicht gemäß der §§ 153, 154, 154a, 170 Abs. 2 StPO oder 31a BtMG eingestellt, verfährt die Staatsanwaltschaft wie folgt:

2.1 Diversion nach § 45 Abs. 1 JGG

Stellt die Staatsanwaltschaft das Ermittlungsverfahren nach § 45 Abs. 1 JGG ein, weist sie in der Einstellungsmitteilung darauf hin, welche Tat dem Beschuldigten zur Last legt und dass sein Verhalten missbilligt wird. Die Staatsanwaltschaft weist ferner darauf hin, dass er bei künftigen Verstößen nicht mit einer folgenlosen Einstellung des Verfahrens rechnen kann. Bei jugendlichen Beschuldigten ist § 67 Abs. 2 JGG zu beachten.

---

110 Jugendliche Delinquenten, die „dauerhaft" in die Kriminalität abzugleiten drohen, diejenigen also, die sich auf dem Weg zum Intensivtäter befinden. Deshalb ist frühzeitig und verstärkt auf jene jugendlichen Delinquenten zu achten, deren Delikte nicht oder nicht mehr "jugendtypisch" sind. Definitorische Ansätze sind hier schwierig. Die Risikofaktoren für Kriminalität sind bekannt, ebenso, dass deren kumulatives Vorliegen die statistische Delinquenzwahrscheinlichkeit deutlich erhöht. Indizien in diesem Sinne sind – wenn auch nicht individualprognostisch – das Vorliegen schwerer Delinquenz in noch sehr jungem Alter, gezieltes und planvolles Vorgehen, aber auch die familiäre Desintegration (Broken-Home-Milieu) und Erziehungsdefizite, Orientierungslosigkeit, Erfahrungen innerfamiliärer Gewalt, sozioökonomische Benachteiligung der Familie und fehlende Zukunftsperspektiven, mangelnde soziale Kompetenz, exzessiver Konsum von Gewalt in Medien, Integrationsprobleme von Ausländern und Aussiedlern, unstrukturiertes Freizeitverhalten und Bedeutung der negativen Peergroup.

2.2 Diversion nach §§ 45 Abs. 2 und 3 JGG

Die Staatsanwaltschaft entscheidet über die weiteren Ermittlungsschritte, legt möglichst präzise Art und Umfang einer erzieherischen Maßnahme als Voraussetzung einer Einstellung nach § 45 Abs. 2 JGG fest und entscheidet, ob zur Durchführung der erzieherischen Maßnahme eine Mitwirkung der Jugendgerichtshilfe erforderlich erscheint.

Nach Durchführung der erzieherischen Maßnahme prüft die Staatsanwaltschaft auf Grundlage der Akten der Polizei und gegebenenfalls des Berichts der Jugendgerichtshilfe die Einstellung des Ermittlungsverfahrens nach § 45 Abs. 2 JGG. Die Staatsanwaltschaft sieht gemäß § 45 Abs. 2 JGG von der Verfolgung ab, wenn sie die bereits durchgeführten Erziehungsmaßnahmen für ausreichend hält.

Stellt die Staatsanwaltschaft das Ermittlungsverfahren nach § 45 Abs. 2 JGG ein, weist sie in der Einstellungsmitteilung darauf hin, welche Tat sie dem Beschuldigten zur Last legt und dass sein straffälliges Verhalten missbilligt wird. Die Staatsanwaltschaft weist ferner darauf hin, dass er bei künftigen Verstößen mit einer jugendgerichtlichen Sanktion rechnen muss. Bei jugendlichen Beschuldigten ist § 67 Abs. 2 JGG zu beachten.

Kommt im Einzelfall eine Einstellung des Verfahrens nach § 45 Abs. 3 JGG in Betracht, so übersendet die Staatsanwaltschaft die Akten dem Gericht mit einer Anregung gemäß Satz 1 der Vorschrift. Davon unterrichtet die Staatsanwaltschaft – gegebenenfalls über die Polizei – die Jugendgerichtshilfe mit der Bitte, dem Gericht beschleunigt zu berichten. Die Staatsanwaltschaft kann sich auf die Anregung beschränken, dass die von der Jugendgerichtshilfe vorgeschlagenen Maßnahmen oder Auflagen angeordnet werden sollen.

2.3 Erledigung außerhalb der Diversion

Vereinfachtes Jugendverfahren nach §§ 76 ff. JGG

Bei Vorliegen der gesetzlichen Voraussetzungen macht die Staatsanwaltschaft vom vereinfachten Jugendverfahren gemäß den §§ 76 ff. JGG bevorzugt Gebrauch. Dabei berücksichtigt sie, dass § 78 Abs. 3 JGG eine erzieherisch wünschenswerte, zeitnah auf die Tat folgende Reaktion ebenso wie eine jugendgemäße formlose Gestaltung der mündlichen Verhandlung in Abwesenheit der Staatsanwaltschaft ermöglicht.

Die Staatsanwaltschaft unterrichtet – gegebenenfalls über die Polizei (Vorabmeldung) – die Jugendgerichtshilfe über die geplante Durchführung des vereinfachten Jugendverfahrens mit der Bitte um Mitwirkung.

Förmliches Jugendstrafverfahren

In Fällen, in denen bei hinreichendem Tatverdacht weder eine Einstellung im Rahmen der Diversion noch die Einleitung eines vereinfachten Jugendverfahrens in Betracht kommt, teilt die Staatsanwaltschaft dem polizeilichen Sachbearbeiter die erforderlichen Ermittlungsmaßnahmen mit und erhebt gegebenenfalls Anklage im Rahmen des formellen Jugendstrafverfahrens. Sofern erforderlich unterrichtet die Staatsanwaltschaft – gegebenenfalls über die Polizei (Vorabmeldung) – die Jugendgerichtshilfe über ihre Entscheidung und bittet um Mitwirkung.

3. Jugendgerichtshilfe

3.1 Diversion nach § 45 Abs. 1 JGG

Im Rahmen von Verfahren, deren Einstellung nach § 45 Abs. 1 JGG erfolgt, ist eine Befassung der Jugendgerichtshilfe grundsätzlich nicht erforderlich.

3.2 Diversion nach §§ 45 Abs. 2 und 3 JGG

Wird die Jugendgerichtshilfe durch die Staatsanwaltschaft oder die Polizei um Mitwirkung gebeten, wird sie im Rahmen ihres Auftrages in eigener Zuständigkeit tätig.

Sie prüft dabei auch, ob weitergehende Hilfen gemäß SGB VIII einzuleiten sind. Kommt sie nach fachlicher Einschätzung des Einzelfalles zu der Auffassung, dass die erzieherische Wirkung des Gespräches weitere Einwirkungen erübrigt oder dass andere als die von der Staatsanwaltschaft genannten freiwilligen Leistungen erzieherisch angezeigt sind, regt sie bei der Staatsanwaltschaft entsprechende Änderungen an.

Die Jugendgerichtshilfe kann dem Vorrang des Erziehungsgedankens bei der Anwendung der §§ 45, 47 JGG zudem insbesondere dadurch Geltung verschaffen, dass sie über bereits im sozialen Umfeld ergriffene Erziehungsmaßnahmen informiert, auf vorhandene pädagogische Angebote hinweist und eigene erzieherische Initiativen entfaltet. Im Anschluss berichtet die Jugendgerichtshilfe den Beteiligten über erfolgte erzieherische Maßnahmen.

In Fällen des § 45 Abs. 3 JGG (richterliches Erziehungsverfahren) berichtet sie darüber hinaus auf Bitte der Staatsanwaltschaft auch dem Gericht.

3.3 Erledigung außerhalb der Diversion

Vereinfachtes Jugendverfahren nach §§ 76 ff. JGG

Zieht die Staatsanwaltschaft die Einleitung eines vereinfachten Jugendverfahrens in Betracht, bittet sie die Jugendgerichtshilfe, in der Regel über eine entsprechende Mitteilung durch die Polizei, um Mitwirkung. Die Jugendgerichtshilfe vereinbart möglichst zeitnah einen Termin mit dem Beschuldigten (und ggfs. dessen Erziehungsberechtigten bei jugendlichen Beschuldigten) und berichtet – in der Regel schriftlich – der Staatsanwaltschaft / dem Gericht in Fällen über die schon bekannten Tatsachen hinaus, wie im sozialen Umfeld auf die Verfehlung des Beschuldigten reagiert wurde und welche Wirkung dies auf ihn gehabt hat. Weiter regt die Jugendgerichtshilfe eine mögliche Sanktion im Rahmen des vereinfachten Jugendverfahrens an. Auf eine persönliche Teilnahme am vereinfachten Jugendverfahren wird seitens der Jugendgerichtshilfe häufig verzichtet werden können.

Förmliches Jugendstrafverfahren

In Fällen, in denen weder eine Einstellung im Rahmen der Diversion noch die Einleitung eines vereinfachten Jugendverfahrens seitens der Staatsanwaltschaft in Betracht gezogen wird, wird die Jugendgerichtshilfe um Mitwirkung gebeten.

3.4 Weitere Hinweise zur Befassung der Jugend(gerichts)hilfe

Erscheinen nach Auffassung der Polizei Leistungen – insbesondere bei Vorliegen einer erkennbaren Gefährdung – der Jugendhilfe schon während der polizeilichen Ermittlungen notwendig, unterrichtet diese unverzüglich das Jugendamt. Das Jugendamt prüft, ob und ggf. welche Leistungen der Jugendhilfe in Betracht kommen.

IV. Zusammenarbeit in Folge delinquenten Verhaltens von Kindern

Kriminologische Erkenntnisse weisen darauf hin, dass die Begehung von mehreren oder schwerwiegenden Straftaten sowie das Auftreten sozial auffälligen Verhaltens[111] bereits im Kindesalter Indikatoren für eine spätere verfestigte Straffälligkeit und zum Teil massive Fehlentwicklungen im Sozialverhalten und damit verstärkten Hilfebedarf darstellen können. Daher ist es erforderlich auf Straftaten und sozial auffälliges Verhalten von Kindern noch frühzeitiger und individueller zu reagieren. Hierbei kommt insbesondere der Kooperation zwischen Polizei und Jugendhilfe entscheidende Bedeutung zu. Zielsetzung dieser Zusammenarbeitsrichtlinien ist daher vor allem eine frühzeitige und persönliche Befassung der Jugendhilfe mit mehrfach delinquenten Kin-

---

111 Sozial auffälliges Verhalten, wie Vermisstsein, hartnäckiges Schulschwänzen, Trunkenheit in der Öffentlichkeit und Aufenthalt in bestimmten Milieus (Trinker, Drogen).

dern im Regelfall ab der zweiten strafrechtlichen Auffälligkeit bzw. bereits bei der ersten Auffälligkeit, sofern nach Einschätzung der Polizei kein kindstypisches, entwicklungsbedingtes Delikt vorliegt und mit der Begehung weiterer Straftaten zu rechnen ist. Auch nach (mehrfacher) sozialer Auffälligkeit von Kindern soll durch eine frühzeitigere persönliche Befassung des Jugendamtes den o. g. kriminologischen Erkenntnissen Rechnung getragen werden.

Hierzu erhebt die Polizei – unter Beachtung der PDV 382 – Angaben zur Tat, zur Person und zum sozialen Umfeld des straffälligen Kindes sowie zum Stand seiner sittlichen und geistigen Reife. Dabei sollen in Absprache mit den Trägern der öffentlichen Jugendhilfe vor Ort weitere bedeutsame Umstände aktenkundig gemacht werden. Über die Ergebnisse der Ermittlungen zur Person und zum Umfeld des tatverdächtigen bzw. sozial auffälligen Kindes berichtet die Polizei schriftlich und gegebenenfalls zusätzlich mündlich umgehend dem Jugendamt.

V. Kooperation von Staatsanwaltschaft, Polizei und Jugendhilfe zur Umsetzung dieser Richtlinien

Regelmäßige Zusammenkünfte auf allen Entscheidungsebenen von Staatsanwaltschaft, Polizei und Jugendhilfe einschließlich der beteiligten Ministerien sollen sicherstellen, dass regional und überregional auftretende Schwierigkeiten bei der Zusammenarbeit der mit delinquentem Verhalten junger Menschen befassten Institutionen, Probleme einer ökonomischen und jugendgerechten Gestaltung der Ermittlungen insbesondere im Bereich der Diversion sowie dem vereinfachten Jugendverfahren und Fragen des gedeihlichen Zusammenwirkens rasch und einvernehmlich gelöst werden. Eine gute Zusammenarbeit zwischen Staatsanwaltschaft, Polizei und Jugendhilfe setzt gegenseitiges Verständnis für die jeweiligen Aufgabenbereiche voraus. Dazu gehört auch, dass die Staatsanwaltschaft der Polizei und Jugendhilfe ihre allgemeinen Entscheidungsmaßstäbe im Jugendstrafverfahren transparent macht, da hiervon maßgeblich der sinnvolle Einsatz der Ressourcen von Polizei und Jugend(gerichts)hilfe abhängt.

Polizeidirektionen / Staatsanwaltschaften / Jugendgerichte / Jugendämter / Bewährungshilfe

Die leitenden Beamten der Staatsanwaltschaft, der Polizeidirektionen und der Jugendämter eines Bezirks treffen einmal jährlich zu Koordinierungsgesprächen unter Beteiligung von Praxisvertretern der jeweiligen Institutionen zusammen. Hierbei legen die Beteiligten im Rahmen eines Erfahrungsaustausches örtliche Verfahrensweisen, Kommunikationswege und Ansprechpartner zur Umsetzung dieser Richtlinien fest. Hierzu sind soweit möglich auch Vertreter der örtlichen Jugendgerichte, der Bewährungshilfe sowie weiterer mit Fragen der Jugendkriminalität befasster Institutionen einzuladen. Die Polizeidirektionen laden zudem in geeigneten Fällen Vertreter der Staatsanwaltschaft und Jugendamt zu den Dienstbesprechungen der Jugendsachbearbeiter ein. Zu den Dienstbesprechungen der Staatsanwaltschaft und der Jugendämter werden bei entsprechendem Bedarf Vertreter anderer mit Jugendkriminalität befasster Institutionen eingeladen.

Eine der zentralen Zielsetzungen der Kooperation vor Ort ist zudem die Förderung und der Ausbau erzieherischer Maßnahmen insbesondere im Rahmen der Diversion nach § 45 Abs. 2 JGG. Diese haben in erster Linie dann Aussicht auf Erfolg, wenn sie in einem engen zeitlichen Zusammenhang mit der Tat erfolgen, konsequent vollzogen und in Bezug zur begangenen Straftat des Beschuldigten stehen, um eine möglichst große erzieherische Wirkung zu entfalten.

Insbesondere die Delikte des Ladendiebstahls, der leichten Körperverletzung und der Sachbeschädigung, denen der weit überwiegende Teil der Kriminalität junger Menschen zuzurechnen ist, bieten hierfür eine Vielzahl von erzieherischen Ansätzen. So sollten die Kooperationspartner vor Ort darauf hinwirken, beispielsweise den Einzelhandel bei Ladendiebstählen, die Verkehrbetriebe bei Sachbeschädigungen und soziale Einrichtungen im Bereich der Körperverletzungsdelikte zur Durchführung erzieherisch wirksamer Diversionsmaßnahmen einzubeziehen. Hierdurch ist es in besonderer Weise möglich, dem Vorrang des Erziehungsgedankens durch Maßnahmen der Diversion zur Verhinderung jugendstrafrechtlicher Sanktionen Geltung zu verschaffen. Es muss daher das Bestreben aller Kooperationspartner sein, bedarfsgerechte Angebote für Diversionsmaßnahmen vor Ort zu erschließen und vorzuhalten.

Hospitationen

Die örtlichen Polizeidienstellen sollen den Mitarbeiterinnen und Mitarbeitern der für ihren Bereich zuständigen Jugendämter Hospitationen in der polizeilichen Jugendsachbearbeitung anbieten. Die Jugendämter sollen ihrerseits prüfen, ob sie ihren Mitarbeiterinnen und Mitarbeitern die Teilnahme an entsprechenden Hospitationen bei den örtlichen Polizeidienststellen sowie – unter Berücksichtigung der Grenzen von Sozialgeheimnis und Legalitätsprinzip und bei Einverständnis der betroffenen Jugendlichen – den mit der Jugendsachbearbeitung beauftragten Beamtinnen und Beamten der örtlichen Polizeidienststellen die Hospitation im Bereich der Jugendhilfe und Jugendgerichtshilfe ermöglichen können.

VI. Inkrafttreten

Diese Richtlinien treten am 1. Januar 2005 in Kraft.

Gleichzeitig treten die Gemeinsamen Richtlinien des Justizministeriums, des Innenministerium und des Sozialministeriums zur Förderung der Diversion bei jugendlichen und heranwachsenden Beschuldigten (Diversions-Richtlinien) vom 04. Dezember 1997(4210 – 111191 JuM; 3-0522.015 IM; 42-6901-0552-1 SM) außer Kraft.

Stuttgart, den 20.12.2004

Anlage

Allgemeine Straftaten:

- Leichte Fälle der Beleidigung (§ 185 StGB)
- Fahrlässige Körperverletzung (§ 229 StGB) bei geringer Schuld und leichten Folgen
- Diebstahl und Unterschlagung (§§ 242, 246, 247 StGB) geringwertiger Sachen (§ 248 a StGB)
- Unbefugter Gebrauch eines Fahrzeuges (§ 248 b StGB), soweit eine Fahrerlaubnis nicht erforderlich ist
- Hehlerei (§ 259 StGB), soweit § 248 a StGB gilt
- Betrug (§ 263 StGB), soweit § 248 a StGB gilt, auch in Zusammenhang mit Urkundenfälschung (§ 267 StGB)
- Erschleichen von Leistungen (§ 265 a StGB)
- Leichte Fälle der Sachbeschädigung (§§ 303, 304 StGB)

Verstöße gegen strafrechtliche Nebengesetze:

- Geringfügige Verstöße gegen das Ausländer- und Asylverfahrensgesetz
- Geringfügige Verstöße gegen das Urheberrechtsgesetz, sofern wirksam auf die Rückgabe der sichergestellten Vervielfältigungsstücke verzichtet oder wirksam in die Löschung eingewilligt wird
- Geringfügige Vergehen nach dem Waffengesetz, sofern wirksam auf die Rückgabe der sichergestellten Gegenstände verzichtet wird

§ 46 Wesentliches Ergebnis der Ermittlungen

Der Staatsanwalt soll das wesentliche Ergebnis der Ermittlungen in der Anklageschrift (§ 200 Abs. 2 der Strafprozeßordnung) so darstellen, daß die Kenntnisnahme durch den Beschuldigten möglichst keine Nachteile für seine Erziehung verursacht.

Richtlinien zu § 46
1. Auf eine für den Beschuldigten verständliche Fassung der Anklageschrift hat die Staatsanwaltschaft besonderes Gewicht zu legen. Einzelheiten über Straftaten gegen die sexuelle Selbstbestimmung oder kriminelle Methoden und ähnliche Angaben sind nur insoweit aufzunehmen, als dies unerläßlich ist. Ausführungen über eine mangelhafte Erziehung des Jugendlichen durch die Eltern sollen unterbleiben.
2. Wenn auch § 46 im Verfahren gegen Jugendliche vor den für allgemeine Strafsachen zuständigen Gerichten und im Verfahren gegen Heranwachsende nicht unmittelbar gilt (§§ 104, 109), so wird doch sein Grundgedanke auch dort zu beachten sein.

I. Persönlicher Anwendungsbereich

Die Vorschrift gilt unmittelbar nur für Jugendliche. **Nach den Richtlinien (Nr. 2) ist sie aber auch im Verfahren gegen Jugendliche vor den für allgemeine Strafsachen zuständigen Gerichten und im Verfahren gegen Heranwachsende dem Sinne nach zu beachten.** Soweit es Jugendliche vor den Erwachsenengerichten betrifft, steht die Anwendung gemäß § 104 Abs. 2 im Ermessen des Gerichts, hinsichtlich Heranwachsender verbietet sich die Anwendung der Norm zumindest nicht, da in § 200 Abs. 2 StPO keine näheren Vorgaben für den Inhalt aufgeführt sind und der Staatsanwalt bei der Gestaltung, insbesondere bei der Darstellung von Details, große Freiheiten besitzt.

II. Erfordernis und Inhalt des Wesentlichen Ermittlungsergebnisses

Für die Abfassung von Anklageschriften gegen Jugendliche und Heranwachsende gelten grundsätzlich die Vorschriften der StPO. § 46 ist die einzige Norm im JGG, die sich auf die Fassung der Anklageschrift bezieht. Die Anklage, die **Informations- und Umgrenzungsfunktion** hat, gliedert sich daher auch in Anklagesatz (§ 200 Abs. 1 S. 1 StPO), in dem die Person des Täters, die ihm nach Ort und Zeit unverwechselbar dargelegte Tat, die äußeren und inneren gesetzliche Merkmale des Tatbestandes und die angewandten Strafvorschriften.[1] Weiter sind das zuständige Gericht, die Beweismittel und gegebenenfalls der Verteidiger aufzuführen (§ 200 Abs. 1 S. 2 StPO). Das wesentliche Ergebnis der Ermittlungen ist vom Wortlaut des Gesetzes als der normale Bestandteil der Anklageschrift vorgesehen. Die Befreiungsmöglichkeit in § 200 Abs. 2 S. 2 StPO hat aber dazu geführt, dass in Jugendsachen wie in allgemeinen Strafsachen von einem wesentlichen Ermittlungsergebnis ganz überwiegend abgesehen wird, wenn die Anklage zum Strafrichter beziehungsweise zum Jugendrichter (§ 33 Abs. 2) erhoben wird.

Inhalt des wesentlichen Ergebnisses des Ermittlungsverfahrens sind die Tatsachen samt Beweisgrundlagen aus denen sich der hinreichende Tatverdacht ergibt.[2] Wie ausführlich dies vom Jugendstaatsanwalt dargestellt wird, ist ihm zum größten Teil selbst überlassen. Lediglich nichtssagende Formeln werden nicht ausreichend sein. Der Staatsanwalt kann aber auf die Fundstellen in den Akten hinweisen und

---
1 Dazu Meyer-Goßner, § 200 Rn 5 bis 8.
2 Meyer-Goßner, § 200 Rn 18.

auf dort niedergelegte Vernehmungen und Berichte Bezug nehmen, ohne diese in der Anklage zu wiederholen. Ferner kann er im wesentlichen Ergebnis der Ermittlungen eine Beweiswürdigung vornehmen, die ihm im Anklagesatz verwehrt ist.[3] **Die Anklage samt wesentlichem Ermittlungsergebnis ist für das erkennende Gericht und den Angeschuldigten bestimmt.** Dementsprechend muss es so ausführlich und verständlich gehalten sein, damit es geeignet ist, dem Angeschuldigten bei der Vorbereitung für seine Einlassung und die Ausübung seines rechtlichen Gehörs gemäß § 33 Abs. 3 StPO vor einem etwaigen Eröffnungsbeschluss zu dienen.[4] Der Verfasser hat deshalb nicht nur an den juristisch ausgebildeten Jugendrichter und die lebenserfahrenen Jugendschöffen zu denken, sondern auch den Empfängerhorizont und die Verstehensfähigkeit des Angeschuldigten und seiner gesetzlichen Vertreter zu bedenken. Sofern sprachliche Defizite beim Angeschuldigten zu erkennen sind, ist die Anklage zu übersetzen. Sind nur die gesetzlichen Vertreter nicht in der Lage, die Anklage zu verstehen, so wird dies in aller Regel nicht erforderlich sein, wenn diesen möglich und zumutbar ist, sich Übersetzungsmöglichkeiten zu verschaffen.

4 Aus diesen Gründen kann es angemessen sein, **auch im Verfahren vor dem (Einzel-)Jugendrichter vermehrt vom wesentlichen Ermittlungsergebnis Gebrauch zu machen,** wenn dies erforderlich ist, um dem Angeschuldigten die entsprechende Hilfestellung zu geben.[5] Auch dem Antrag auf Entscheidung im vereinfachten Jugendverfahren kann ein wesentliches Ergebnis der Ermittlungen angefügt werden.

III. Nachteiligkeit der Darstellung

5 Welche Darstellungen geeignet sind, für die Erziehung nachteilig sein zu können, hängt sehr von den Besonderheiten des Einzelfalles ab, wobei die persönliche und familiäre Situation des jugendlichen Beschuldigten berücksichtigt werden muss. Zurückhaltung kann bei der Darstellung und der Art der Formulierung in der Beschreibung von zum Teil weit zurückliegenden Erziehungsmängeln geboten sein. Diese Umstände sollen zwar nicht verschwiegen werden, aber ist es zu erwarten, dass der Jugendliche auch nach Anklagehebung oder nach dem Urteil (wieder) im familiären Kreis lebt, so könnte es angebracht sein, sie in einer solchen Form darzustellen, dass eine möglicherweise staatlich unterstützte, aber doch verantwortliche Erziehung durch die bisherigen Erziehungsberechtigten weitergeführt werden kann. Gleichermaßen sollte, wenn auf Gutachten im wesentlichen Ergebnis der Ermittlungen hingewiesen wird, vorsichtig formuliert werden, wenn dieses besondere seelische Eigenarten des jugendlichen Angeschuldigten zum Gegenstand hat. Wichtig wäre auf jeden Fall, mehr noch als in Verfahren nach allgemeinem Strafrecht, zum Ausdruck zu bringen, dass die endgültige Beurteilung dem Jugendgericht vorbehalten ist.

---

3 BGH v. 2.12.1987, 1 StR 433/86, NJW 1987, 1209.
4 Meyer-Goßner, § 220 StPO Rn 21.
5 Eisenberg, § 46 Rn 9.

Zweiter Unterabschnitt Das Hauptverfahren

§ 47 Einstellung des Verfahrens durch den Richter

(1) ¹Ist die Anklage eingereicht, so kann der Richter das Verfahren einstellen, wenn
1. die Voraussetzungen des § 153 der Strafprozeßordnung vorliegen,
2. eine erzieherische Maßnahme im Sinne des § 45 Abs. 2, die eine Entscheidung durch Urteil entbehrlich macht, bereits durchgeführt oder eingeleitet ist,
3. der Richter eine Entscheidung durch Urteil für entbehrlich hält und gegen den geständigen Jugendlichen eine in § 45 Abs. 3 Satz 1 bezeichnete Maßnahme anordnet oder
4. der Angeklagte mangels Reife strafrechtlich nicht verantwortlich ist.

²In den Fällen von Satz 1 Nr. 2 und 3 kann der Richter mit Zustimmung des Staatsanwalts das Verfahren vorläufig einstellen und dem Jugendlichen eine Frist von höchstens sechs Monaten setzen, binnen der er den Auflagen, Weisungen oder erzieherischen Maßnahmen nachzukommen hat. ³Die Entscheidung ergeht durch Beschluß. ⁴Der Beschluß ist nicht anfechtbar. ⁵Kommt der Jugendliche den Auflagen, Weisungen oder erzieherischen Maßnahmen nach, so stellt der Richter das Verfahren ein. ⁶§ 11 Abs. 3 und § 15 Abs. 3 Satz 2 sind nicht anzuwenden.

(2) ¹Die Einstellung bedarf der Zustimmung des Staatsanwalts, soweit er nicht bereits der vorläufigen Einstellung zugestimmt hat. ²Der Einstellungsbeschluß kann auch in der Hauptverhandlung ergehen. ³Er wird mit Gründen versehen und ist nicht anfechtbar. ⁴Die Gründe werden dem Angeklagten nicht mitgeteilt, soweit davon Nachteile für die Erziehung zu befürchten sind.

(3) Wegen derselben Tat kann nur auf Grund neuer Tatsachen oder Beweismittel von neuem Anklage erhoben werden.

Richtlinien zu § 47

1. Das Gericht kann in jedem Verfahrensstadium – auch schon vor Eröffnung des Hauptverfahrens – prüfen, ob die Durchführung oder Fortsetzung einer Hauptverhandlung erforderlich ist oder mit Zustimmung der Staatsanwaltschaft nach § 47 i.V.m. § 45 verfahren werden kann. Dies wird insbesondere in Betracht kommen, wenn inzwischen angemessene erzieherische Reaktionen im sozialen Umfeld des Jugendlichen erfolgt sind oder sich aufgrund der Einschaltung der Jugendgerichtshilfe entsprechende Möglichkeiten eröffnen.

2. Im vereinfachten Jugendverfahren bedarf es der Zustimmung der Staatsanwaltschaft zu der Einstellung des Verfahrens nach § 47 Abs. 1 Satz 2, Abs. 2 Satz 1 in der mündlichen Verhandlung nicht, wenn die Staatsanwaltschaft an dieser nicht teilnimmt (§ 78 Abs. 2 Satz 2).

3. § 47 gilt auch im Verfahren gegen Jugendliche vor den für allgemeine Strafsachen zuständigen Gerichten (§ 104 Abs. 1 Nr. 4), jedoch nicht im Verfahren gegen Heranwachsende (§ 109 Abs. 1). Wendet das Gericht Jugendstrafrecht an, so gilt § 47 Abs. 1 Satz 1 Nr. 1, 2 und 3, Abs. 2 und 3 entsprechend (§ 109 Abs. 2).

Schrifttum:
S.o. § 45.

I. Persönlicher und sachlicher Anwendungsbereich	1	2. Einstellung bei mangelnder Strafreife	11
II. Die einzelnen Alternativen des Abs. 1 Satz 1	7	III. Vorläufige Einstellung	12
		IV. Endgültige Einstellung	15
1. Stufenverhältnis des § 47	7	V. Wiederaufnahme	19

I. Persönlicher und sachlicher Anwendungsbereich

1 Die Vorschrift ist auf Jugendliche auch in Verfahren vor den für allgemeine Strafsachen zuständigen Gerichten anzuwenden (§ 104 Abs. Nr. 4). Sie gilt gleichermaßen für Heranwachsende, wenn Jugendstrafrecht zur Anwendung kommt (§§ 105 Abs. 1, 109 Abs. 2 S. 1, 112 S. 1 und 2, 104 Abs. 1 Nr. 4), jedoch findet Abs. 1 Satz 1 Nr. 4 für Heranwachsende logischerweise keine Anwendung, da dieser Teil der Vorschrift sich nur auf Jugendliche beziehen kann, deshalb fehlt auch der gesetzliche Verweis in § 109 Abs. 2 S. 1. Entsprechende Zweifel beim Heranwachsenden führen zur Prüfung der §§ 20, 21 StGB mit dem Ergebnis, dass bei mangelnder Schuldfähigkeit durch Urteil einzustellen ist. Nach herrschender Meinung[1] ist § 47 Abs. 2 S. 4 für Heranwachsende aus dem Gedanken des § 54 Abs. 2 heraus, dessen Geltung für Heranwachsende gemäß § 109 Abs. 2 S. 1 ausgeschlossen ist, nicht anzuwenden. Wenn der Gesetzgeber im Falle eines Urteils keinen Anlass sehe, die Gründe wegen zu befürchtender erzieherischer Nachteile zurückzuhalten, so müsse dies auch für den Beschluss nach § 47 gelten. Der fehlende Hinweis in § 109 Abs. 2 S. 1 wird überwiegend als Redaktionsversehen eingeschätzt.

2 Die Vorschrift ist auf jedes Verfahren vor dem Jugendrichter anzuwenden, also auch im vereinfachten Jugendverfahren, bei dem die Einreichung der Antragschrift der Klageerhebung gleichsteht (§ 76 S. 2).

3 Die Anwendung des § 47 ist nach Anklageerhebung **in allen Stadien des Verfahrens bis zur Verkündung des rechtskräftigen Urteils** möglich. Die Ansicht, wonach § 47 vor Zulassung der Anklage ausscheide, da in § 47 vom Angeklagten die Rede ist[2] und dies nach § 157 die Eröffnung des Hauptverfahrens voraussetze, kann nicht überzeugen. In § 47 Abs. 1 S. 1 ist ausdrücklich auf die eingereichte, also erhobene Anklage abgestellt. Zum Begriff des „Angeklagten" in § 47 Abs. 1 Nr. 4 und Abs. 2 S. 4 vgl unten Rn 11 und Rn 17.

4 Im Zwischenverfahren vor Zulassung der Anklageschrift setzt der Beschluss nach § 47 allerdings zumindest **einen hinreichenden Tatverdacht** voraus. Die Ablehnung der Eröffnung des Verfahrens oder die entsprechende Ablehnung der Antragsschrift im Vereinfachten Jugendverfahren (nicht zu verwechseln mit der Ablehnung gemäß § 77) muss einer Entscheidung nach § 47 vorgehen, insoweit gilt gleiches wie für die Einstellung des Verfahrens durch die Staatsanwaltschaft nach § 45 (s.o. § 45 Rn 6). Der Jugendrichter hat insoweit nach Aktenlage festzustellen, ob eine spätere Verurteilung des Angeschuldigten wahrscheinlich ist, da der Beschluss nach § 47 ins Erziehungsregister eingetragen wird und für spätere Verfahren gegen den Jugendlichen verwendet werden kann.

5 Ist das Hauptverfahren bereits eröffnet, so kann die Entscheidung vor oder in der Hauptverhandlung sowohl in erster als auch in der Berufungsinstanz oder durch das Revisionsgericht erfolgen.[3]

---

1 Brunner/Dölling, § 47 Rn 14; Eisenberg, § 47 Rn 2; Ostendorf, § 47 Rn 1.
2 So offensichtlich Nothacker, S. 324.
3 BGH v. 7.2.2006, 3 StR 263/05.

Da die Norm des § 47 zwar nicht in allen Fällen das Erscheinen des jugendlichen 6
Angeklagten vor Gericht vermeidet, eine Entscheidung durch Urteil aber ausbleibt, ist sie **ihrem Wesen nach eine Diversionsvorschrift**, bei der die Kompetenz durch weiteren Fortgang des Verfahrens auf den Richter übertragen wurde. Es gilt daher für das Verhältnis des § 47 zu allen Einstellungsmöglichkeiten nach Opportunitätsgrundsätzen, was zur Einstellung nach § 45 bereits ausgeführt wurde, insbesondere auch die Verdrängung der §§ 153, 153 a StPO durch eine abschließende jugendspezifische Regelung (s.o. § 45 Rn 8 bis 13).

II. Die einzelnen Alternativen des Abs. 1 Satz 1

1. Stufenverhältnis des § 47. Die einzelnen Varianten des Abs. 1 S. 1 Nr. 1 bis 3 7
stehen in einem Stufenverhältnis, das im Wesentlichen den Abstufungen des § 45 entspricht.

Die Vorschrift des § 47 Abs. 1 S. 1 Nr. 1 entspricht dem § 45 Abs. 1, wenngleich 8
der Staatsanwalt für seine Entscheidung keiner weiteren Zustimmung bedarf. Der Richter hat hier, wie auch der Staatsanwalt im Ermittlungsverfahren, sein pflichtgemäßes Ermessen auszuüben. Nicht erforderlich für die Entscheidung, das Verfahren ohne Urteil zu beenden, ist eine Veränderung der Sach- oder Rechtslage nachdem der Staatsanwalt nach Prüfung des Sachverhalts zum Ergebnis gelangt ist, das Ermittlungsverfahren durch Anklage oder Antragsschrift im Vereinfachten Jugendverfahren abzuschließen. Für die Entscheidung des Richters ist es sinnvoll, wenn dieser sich auch zur Vereinheitlichung des Vorgehens an den Regelungen der Diversionsrichtlinien orientiert. Die Vorschrift trägt dabei dem Gesichtspunkt Rechnung, dass die dem Angeklagten zugerechnete Schuld sich nach Erhebung der Anklage als geringer darstellt, als dies im Ermittlungsverfahren zu erkennen ist. Hauptsächlichster Anwendungsbereich wird eine von der Aktenlage abweichende Beurteilung von Tat und Täter in der Hauptverhandlung oder aufgrund von Vorbringen im Zwischenverfahren sein; nicht ausgeschlossen werden kann aber auch eine abweichende Beurteilung durch den Richter, die sich der Staatsanwalt aber zu eigen machen muss.

Die Einstellungsvoraussetzung des Abs. 1 S. 1 Nr. 2 unterstellt ihrem Sinn nach 9
eine die Anklageschrift **überholende erzieherische Maßnahme**, die im Sinne des § 45 Abs. 2 auf den Jugendlichen einzuwirken geeignet ist. Möglich sind dabei sämtliche Maßnahmen, die bereits im Ermittlungsverfahren oder sogar davor getroffen werden können (vgl § 45 Rn 24 bis 32). In der Praxis dürfte dabei eine erfolgte freiwillige Schadenswiedergutmachung oder ein Täter-Opfer-Ausgleich die größte Rolle spielen, aber auch aufgrund der Tat und des Ermittlungsverfahrens eingeleitete Maßnahmen der Erziehungsberechtigten oder der Schule können ausreichend sein. Geeignete erzieherische Maßnahme kann aber auch das Ermittlungsverfahren an sich und die Auswirkung der erfolgten Anklage mit der Folge des Erscheinenmüssens vor Gericht sein, was sich allerdings durch das Verhalten des Jugendlichen belegen lassen sollte.

Abs. 1 S. 1 Nr. 3 kann nach diesem Stufenverhältnis erst angewendet werden, 10
wenn der Jugendrichter zum Ergebnis kommt, eine Einstellung nach Nr. 1 oder 2 sei nicht ausreichend. Die Norm verlangt entsprechend der Vorschrift des § 45 Abs. 3 den **geständigen Angeklagten**. Ist der Täter nur teilweise geständig, so kann der Richter unter den Voraussetzungen der §§ 154, 154 a StPO das Verfahren teilweise mit Zustimmung der Staatsanwaltschaft vorläufig einstellen, allerdings nach dem Sinn dieser Vorschriften nur dann, wenn auch bei Einräumen dieser Taten eine Verurteilung vermieden werden könnte. Die angeordnete erzieherische

Maßnahme steht insoweit der Strafe oder Maßregel der Besserung und Sicherung gleich. Unter erzieherischen Gesichtspunkten ist diese Vorgehensweise zweifelhaft, da bei zumindest hinreichendem Tatverdacht das bloße Bestreiten der Tat unüberprüft belohnt wird. Ähnliches wird gelten, wenn der Angeklagte nur die einfache Begehung eines angeklagten qualifizierten Deliktes einräumt. Hat der Richter Zweifel an der Richtigkeit des Geständnisses (s. dazu § 45 Rn 35, 36) oder besteht kein hinreichender Verdacht mehr, so sollte der Weg über § 47 Abs. 1 S. 1 Nr. 3 nicht bestritten werden.

11 **2. Einstellung bei mangelnder Strafreife.** Die Einstellung nach § 47 Abs. 1 S. 1 Nr. 4 setzt voraus, dass **nach Eröffnung des Hauptverfahrens** die mangelnde Strafreife erst bekannt wird. Die Vorschrift stellt dies durch den Begriff „Angeklagter" klar, es ergibt sich aber schon aus der Systematik der Einstellungsmöglichkeiten: Liegen entsprechende Erkenntnisse über mangelnde Strafreife im Ermittlungsverfahren oder vor Eröffnung vor, so ist das Verfahren durch den Staatsanwalt einzustellen oder die Eröffnung des Hauptverfahrens abzulehnen. Durch die Einstellung nach Nr. 4 wird der Angeklagte nicht schlechter gestellt, da auch die Einstellung des Verfahrens durch die Staatsanwaltschaft mangels Strafreife ebenfalls in das Erziehungsregister eingetragen wird (§ 60 Abs. 1 Nr. 6 BZRG).

III. Vorläufige Einstellung

12 Durch § 47 Abs. 1 S. 2 wird eine vorläufige Einstellung ermöglicht, die gelegentlich auch als gesetzliche Regelung der „Einstellung auf Bewährung"[4] bezeichnet wird. Diese Möglichkeit verlangt zunächst das Vorliegen der Voraussetzungen des Abs. 1 S. 1 Nr. 2 und 3. Darüber hinaus wird der Jugendrichter zu dem Ergebnis gelangen, dass die in Nr. 3 aufgeführten Möglichkeiten nicht ausreichend sind. Die Regelung soll dem Richter die **Möglichkeit der Kontrolle** geben, der er bei einer Einstellung nach S. 1 Nr. 3 nicht mehr nachkommen kann, da das Verfahren endgültig eingestellt ist. Die gesetzliche Frist von sechs Monaten ist nicht verlängerbar, da sie vom Gesetzgeber als unabdingbare Höchstfrist formuliert ist. Möglich ist aber eine Verlängerung einer die Höchstgrenze nicht erreichenden gesetzten Frist bis auf sechs Monate durch nachträglichen Beschluss.

13 Der Beschluss über die vorläufige Einstellung bedarf der Zustimmung der Staatsanwaltschaft (entsprechend gilt dies auch für den Beschluss, die Frist zu verlängern), da der Richter in seiner Entscheidung, das Verfahren bei Erfüllung der Auflagen etc. gebunden ist und zwingend das Verfahren (ohne Zustimmung der Staatsanwaltschaft Abs. 2 S. 1) einstellen muss.

14 Erfüllt der Jugendliche die Auflagen, Weisungen oder erzieherischen Maßnahmen nicht oder nur teilweise, **ist dem Richter die Möglichkeit des Erzwingungsarrestes verwehrt** (Abs. 2 S. 6). Dies ergibt sich aus dem Sinn der Vorschrift, da von einem formellen Urteil gerade deshalb abgesehen werden soll, wenn der Jugendliche durch die Erfüllung der Bedingung den Beweis erbringt, dass die förmliche Entscheidung nicht erforderlich ist. Eine Weigerung widerlegt diese Annahme. Wird die Auflage etc. in nicht schuldhafter Weise nicht erbracht, etwa weil der Jugendliche durch Krankheit dazu nicht in der Lage ist oder weil wegen einer in der Verantwortung eines Jugendhilfeträgers oder auch des Erziehungsberechtigten liegenden Umstandes dies nicht möglich ist, kann der Richter durch nachträglichen Beschluss mit Zustimmung der Staatsanwaltschaft entsprechend Abs. 1 S. 2

---

4 Ostendorf, § 47 Rn 12.

einen erneuten Beschluss fassen, der möglicherweise geänderte Auflagen enthält, die wiederum in der gesetzlichen Höchstfrist zu erbringen sind.

IV. Endgültige Einstellung

Die Entscheidung nach § 47 ergeht durch zu **begründenden Beschluss** und bedarf der Zustimmung des Staatsanwalts. Die formelhafte Wiederholung des Gesetzestextes wird als Begründung nicht ausreichend sein, obwohl dies in der Praxis oft geübt wird. Die Vorschrift sieht ausdrücklich individuelle Begründung vor, da ansonsten die Regelung des Abs. 2 S. 4 wenig Sinn machen dürfte. Allerdings sollte von dieser Einschränkung wenig Gebrauch gemacht werden, da auch dem Jugendlichen eine nachvollziehbare Erklärung für die richterliche Entscheidung zusteht[5] und der Eindruck vermieden wird, es werde willkürlich über ihn entschieden. Nachteile für die Erziehung sind bei einem sachgerecht begründeten Beschluss auch schwerlich vorstellbar. 15

In dem Beschluss ist **über die Kosten zu entscheiden**. Die Vorschriften des § 467 StPO sind dabei anzuwenden. Danach hat in allen Fällen der Einstellung die Staatskasse die Kosten des Verfahrens zu tragen (§ 467 Abs. 1 StPO). Soweit eine Einstellung nach Abs. 1 S. 1 Nr. 1 bis 3 erfolgt, kann von der Auferlegung der notwendigen Auslagen des Angeklagten auf die Staatskasse nach dem pflichtgemäßen Ermessen des Richters abgesehen werden (Abs. 4). Bei einer Einstellung nach Nr. 4 scheidet dies aus, da es sich hier nicht um eine Ermessensentscheidung handelt. Unter den Gesichtspunkten des § 74 sollte es bei Jugendlichen allerdings kaum in Betracht kommen, die notwendigen Auslagen nicht der Staatskasse aufzuerlegen,[6] aus erzieherischen Gründen kann dies jedoch in Einzelfällen auch geboten sein. 16

Der Beschluss **bedarf nicht der Zustimmung des Angeklagten** bzw Angeschuldigten oder bei Jugendlichen des gesetzlichen Vertreters. Dies wird teilweise als Mangel angesehen,[7] da im Gegensatz zu einer Einstellung gemäß § 153 StPO die Einstellung nach § 47 im Erziehungsregister erfasst wird. 17

Der Beschluss ist **nicht anfechtbar** (Abs. 2 S. 3). Allenfalls besteht die Möglichkeit der Beschwerde durch die Staatsanwaltschaft, wenn deren Zustimmung nicht oder nicht hinsichtlich aller Auflagen vorlag (§ 304 StPO). Eine Beschwerde wird auch als zulässig angesehen, wenn die Einstellung an eine Maßnahme geknüpft ist, die in § 47 nicht genannt ist.[8] 18

V. Wiederaufnahme

Der Einstellungsbeschluss ist endgültig, erwächst aber nur in beschränkte Rechtskraft, da nach Abs. 3 eine Wiederaufnahme aufgrund neuer Tatsachen oder Beweismittel möglich ist. Dabei sind die in der gleichartig gefassten Regelung des § 211 StPO geltenden Grundsätze zu beachten. Neu sind Tatsachen, wenn sie dem Gericht bei seiner früheren Beschlussfassung nicht bekannt waren.[9] Dies bedeutet, dass die Tatsachen, auf die sich eine neue Anklage stützt, vor der ersten Beschlussfassung entstanden sein müssen, die nachträgliche abweichende Beur- 19

---

5 So auch Ostendorf, § 47 Rn 13.
6 Eisenberg, § 47 Rn 22; Ostendorf, § 47 Rn 13.
7 Eisenberg, § 47 Rn 15, § 45 Rn 25.
8 Eisenberg, § 47 Rn 26; Ostendorf, § 47 Rn 16.
9 Meyer-Goßner, § 211 StPO Rn 3.

teilung des Täters aufgrund seines Verhaltens nach der Beschlussfassung rechtfertigen nicht die Wiederaufnahme.[10]

20 Für eine Wiederaufnahme werden „erhebliche" Nova gefordert, die in der Lage sein müssen, der ursprünglichen Entscheidung „die Grundlage zu entziehen".[11] Dies bedeutet, dass im Fall der Wiederaufnahme des Verfahrens nach einer Einstellung gemäß § 47 mit einer Verurteilung gerechnet werden muss. Erscheint auch nach der neuen Sachlage eine Verurteilung entbehrlich und das Verfahren erneut einer Erledigung ohne Urteil zugänglich, so soll die Wiederaufnahme nach Abs. 3 nicht zulässig sein.[12] Dieser Meinung wird zuzustimmen sein, da es einem Jugendlichen nur schwer verständlich zu machen sein wird, ein abgeschlossenes Verfahren wiederaufzunehmen, um es möglicherweise mit anderen Auflagen wieder einer Einstellung zuzuführen.

§ 47 a Vorrang der Jugendgerichte

¹Ein Jugendgericht darf sich nach Eröffnung des Hauptverfahrens nicht für unzuständig erklären, weil die Sache vor ein für allgemeine Strafsachen zuständiges Gericht gleicher oder niedrigerer Ordnung gehöre. ²§ 103 Abs. 2 Satz 2, 3 bleibt unberührt.

I. Jugendstrafrechtliche Grundlagen/Allgemeines 1	2. Sachlich 4
II. Anwendungsbereich 3	III. Verfahrenshinweise 7
1. Persönlich 3	1. Abgabe gem. § 47 a S. 2 ... 7
	2. Rechtsmittelverfahren 8

I. Jugendstrafrechtliche Grundlagen/Allgemeines

1 Den grundsätzlichen **Vorrang** der **Jugendgerichte** nach der **Eröffnung** des Hauptverfahrens (§ 203 StPO) normiert § 47 a S. 1. Ein Jugendgericht darf sich nach dem Eröffnungsbeschluss nicht mit dem Argument für unzuständig erklären, die Sache gehöre vor ein für allgemeine Strafsachen zuständiges Gericht gleicher oder niedrigerer Ordnung.

2 § 47 a wurde durch das Strafverfahrensänderungsgesetz 1979 v. 5.10.1978 in das JGG inkorporiert. Die Vorschrift greift hinsichtlich des Verhältnisses der Jugendgerichte zu allgemeinen Gerichten niedrigerer Ordnung den Rechtsgedanken des § 269 StPO auf, hinsichtlich des Verhältnisses der Jugendgerichte zu allgemeinen Gerichten gleicher Ordnung begründet § 47 a S. 1 über die sonstigen Zuständigkeitsregelungen hinaus den Vorrang der Jugendgerichte neu durch Übertragung des Rechtsgedankens des § 269 StPO und beruhend auf der gesetzlichen Fiktion des § 209 a Nr. 2 StPO. § 47 a liegt die **Überzeugung** zugrunde, dass ein **Erwachsener nicht benachteiligt** wird, wenn er von einem **Jugendgericht** jedenfalls gleicher Ordnung abgeurteilt wird, weil Jugendgerichte ebenso in der Lage sind, Strafsachen gegen Erwachsene zu verhandeln.[1] Lediglich bei willkürlicher Be-

---

10 Ganz hM vgl Brunner/Dölling, § 47 Rn 16; Eisenberg, § 47 Rn 24; Ostendorf, § 47 Rn 14.
11 Ostendorf, § 47 Rn 14.
12 Heiland, Die Wiederaufnahme des nach den §§ 45, 47 JGG eingestellten Strafverfahrens, 2008, S. 69 f.
1 BGH v. 3.12.2003, 2 ARs 383/03, 2 AR 240/03, StraFo 2004, 103; Mutzbauer, Gerichtliche Zuständigkeiten nach der Trennung verbundener Strafverfahren, NStZ 1995, 215.

gründung der Zuständigkeit der Jugendgerichte soll § 47a keine Geltung entfalten.[2] Durch § 47a sollen überdies unnötige Abgaben bzw Verweisungen vermieden und das Verfahren insgesamt beschleunigt werden.[3]

II. Anwendungsbereich

1. Persönlich. Der grundsätzliche Vorrang des Jugendgerichtsverfahrens gilt für Verfahren gegen **Jugendliche** und gegen **Heranwachsende** (§ 109 Abs. 1 S. 1). Geht daher etwa das Jugendgericht bei Eröffnung des Hauptverfahrens davon aus, der Angeschuldigte sei Heranwachsender, stellt sich jedoch nach dem Eröffnungsbeschluss heraus, dass der Angeklagte zur Tatzeit schon 21 Jahre alt war, verbleibt es im Interesse zügiger Erledigung aufgrund der gesetzlichen Annahme, dass Jugendgerichte ebenso wie die allgemeinen Gerichte in der Lage sind, Strafsachen gegen Erwachsene zu verhandeln, bei der grundsätzlichen Zuständigkeit des Jugendgerichts.[4] 3

2. Sachlich. § 47a S. 1 findet grundsätzlich auch Anwendung auf **verbundene Verfahren** gegen Jugendliche/Heranwachsende und Erwachsene iSv § 103 (für Heranwachsende iVm § 112 S. 1). Ferner gilt § 47a auch für das Nachverfahren gem. §§ 62, 30.[5] Lediglich bei Verfahren gegen Erwachsene für die eine Strafkammer als Wirtschaftsstrafkammer (§ 74c GVG) bzw als Staatsschutzkammer (§ 74a GVG) zuständig ist, gilt § 47a S. 1 nicht, wie dessen S. 2 durch Bekräftigung des § 103 Abs. 2 S. 2, 3 ausdrücklich normiert. Das Schwurgericht ist gegenüber der Jugendkammer kein Gericht höherer Ordnung, § 74e GVG gilt insoweit nicht.[6] 4

Auch nach **Trennung** gem. § 2 Abs. 2 StPO eines zunächst verbundenen Verfahrens gegen Jugendliche/Heranwachsende und Erwachsene nach Eröffnung des Hauptverfahrens bleibt es bei § 47a S. 1. Das **Jugendgericht behält** daher seine **Zuständigkeit** und darf die abgetrennte, lediglich Erwachsene betreffende Sache nicht an ein allgemeines Gericht gleicher oder niedrigerer Ordnung abgeben.[7] § 47a S. 2 geht dann § 103 Abs. 3 vor. Erst recht gilt dies, wenn ein Jugendlicher/Heranwachsender aus einem verbundenen Verfahren – etwa aufgrund Verfahrenseinstellung – ausscheidet, der Erwachsene hingegen (noch) abgeurteilt wird. Hingegen kann das Revisionsgericht, wenn es in einer nach § 103 Abs. 1 verbundenen Strafsache nur noch über den Erwachsenen zu entscheiden hat, gem. § 354 Abs. 2, 3 StPO an ein allgemeines Gericht zurückverweisen (§ 209a StPO gilt im Falle der Zurückverweisung nicht).[8] § 47a bindet das Revisionsgericht also nicht. Hält es das Revisionsgericht jedoch für zweckmäßig, etwa aufgrund der Notwendigkeit der Erörterung jugendspezifischer Umstände, so ist es nicht gehindert, 5

---

2 LR-Rieß, § 209a Rn 20 unter Verweis auf LR-Gollwitzer, § 269 Rn 9a mwN.
3 Vgl BT-Drucks. 8/976, 69; OLG Hamm v. 1.7.2010, III-3 RVs 55/10.
4 BGH v. 3.12.2003, 2 AR 383/03, 2 AR 249/03, StraFo 2004, 103; Brunner, Aus der neueren Rechtsprechung zum Jugendstrafrecht, NStZ-RR 2004, 257.
5 OLG Hamm v. 1.7.2010, III-3 RVs 55/10.
6 BGH v. 4.12.2002, 4 StR 103/02; BGH v. 31.1.1996, 2 StR 621/95, NStZ 1996, 346 abl. Anm. Katholnigg und Anm. Brunner, JR 1996, 391; KK-Kuckein, § 338 Rn 69.
7 BGH v. 4.11.1981, 2 StR 242/81, BGHSt 30, 260; BayObLG v. 11.6.1980, RReg 5 St 195/79, NJW 1980, 2090; Eisenberg, § 47a Rn 8; Brunner, Aus der neueren Rechtsprechung zum Jugendstrafrecht, NStZ 1982, 416.
8 BGH v. 28.4.1988, 4 StR 33/88, BGHSt 35, 267: die frühere, entgegenstehende Rechtsprechung ist damit explizit aufgegeben; Brunner, Aus der neueren Rechtsprechung zum Jugendstrafrecht, NStZ 1988, 493.

Trüg

das nur noch Erwachsene betreffende Verfahren an das Jugendgericht zurückverweisen.[9]

6 Im **Zwischenverfahren** (vor Eröffnungsbeschluss) verbleibt es bei der Regelung der §§ 209 Abs. 1, 209 a Nr. 2 StPO,[10] dh das Jugendgericht kann das Hauptverfahren vor dem zuständigen allgemeinen Gericht eröffnen. Einem allgemeinen Gericht höherer Ordnung kann die Sache durch das Jugendgericht auch nach Eröffnung des Hauptverfahrens vorgelegt werden.[11] Im Verhältnis des Jugendrichters zum allgemeinen Schöffengericht soll eine Verweisung gem. § 270 Abs. 1 StPO nach Eröffnung des Hauptverfahrens nach der neueren Rechtsprechung nicht in Betracht kommen, wenn der Jugendrichter bei Anwendung des allgemeinen Strafrechts eine Geldstrafe oder Freiheitsstrafe nicht über vier Jahren verhängen will. Der Jugendrichter hat bei Anwendung allgemeinen Strafrechts dieselbe Rechtsfolgenkompetenz wie der Strafrichter. Der Strafrichter muss zwar bei Eröffnung des Hauptverfahrens die Rechtsfolgenerwartung des § 25 Nr. 2 GVG prüfen, kann aber nach Eröffnung des Hauptverfahrens jede in die Strafgewalt des Amtsgerichts fallende Strafe verhängen. Daher kommt nach hM eine Verweisung des **Straf**richters an das Schöffengericht dann nicht in Betracht, wenn der Strafrichter eine höhere Freiheitsstrafe als zwei Jahre, jedoch von nicht mehr als vier Jahren verhängen will. Dies soll nach der Rechtsprechung auch im Verhältnis des **Jugend**richters zum (Erwachsenen-)Schöffengericht gelten.[12]

III. Verfahrenshinweise

7 **1. Abgabe gem. § 47 a S. 2.** Will ein **Angeklagter** die Abgabe nach § 47 a S. 2 iVm § 103 Abs. 2. S. 2, 3 erreichen, so muss er gem. § 6 a S. 2, 3 StPO einen entsprechenden **Einwand** bis zu Beginn seiner Vernehmung zur Sache in der Hauptverhandlung erheben, da die Zuständigkeit der in den §§ 74 a, 74 c GVG genannten Strafkammern nach Eröffnung des Hauptverfahrens nicht mehr von Amts wegen, sondern nur noch auf „Einwand" des Angeklagten beachtlich ist. **Nach Beginn** seiner **Vernehmung** zur Sache ist dieser Einwand **unzulässig**. Wiedereinsetzung in den vorigen Stand ist ausgeschlossen.[13]

8 **2. Rechtsmittelverfahren.** Verstößt ein Jugendgericht gegen § 47 a S. 1 und legt die Sache nach Eröffnung des Hauptverfahrens einem allgemeinen Gericht gleicher oder niedrigerer Ordnung vor, ist bzgl dieses Rechtsfehlers im **Rechtsmittelverfahren** zu **differenzieren**: Verweist das Jugendgericht an ein allgemeines Gericht niedrigerer Ordnung, so liegt gem. § 6 StPO ein (stets von Amts wegen) zu beachtendes Verfahrenshindernis vor,[14] bei einem Verweis an ein allgemeines Gericht gleicher Ordnung ist mit der Revision eine Verfahrensrüge gem. § 338 Nr. 4 StPO zu erheben.[15] § 209 a Nr. 2 StPO gilt insoweit schon wegen dessen

---

9 BGH v. 27.4.1994, 3 StR 690/93, StV 1994, 415 abl. Anm. H.-J. Schneider; Brunner/Dölling, § 47 a Rn 7.
10 Ostendorf, § 47 a Rn 4.
11 Brunner/Dölling, § 47 a Rn 1 aE; der Jugendrichter sowie das Jugendschöffengericht können mithin der großen Strafkammer vorlegen.
12 BGH v. 3.12.2003, 2 ARs 383/03, 2 AR 240/03, StraFo 2004, 103.
13 LR-Wendisch, § 6 a Rn 19.
14 Brunner/Dölling, § 47 a Rn 3; Meyer-Goßner, § 338 Rn 32.
15 BGH v. 2.11.1954, 5 StR 492/54, BGHSt 7, 26 (Berücksichtigung von Amts wegen) ist seit längerem überholt (BGH v. 5.10.1962, GSSt 1/62, BGHSt-GS 18, 79; BGH v. 11.1.2000, 1 StR 633/99, NStZ 2000, 388; anders OLG Oldenburg v. 7.10.1980, Ss 467/80, NJW 1981, 1384.).

Normtext nicht.[16] § 6 StPO greift in dem zuletzt genannten Fall nicht, weil der Vorrang der Jugendgerichte gegenüber allgemeinen Gerichten gleicher Ordnung nicht zur sachlichen Zuständigkeit gehört.[17]

Wird die Verletzung von § 103 Abs. 2 S. 1 gerügt und erfolgreich vorgebracht, das Jugendgericht und nicht ein allgemeines Gericht sei für die verbundene Sache zuständig gewesen, so verweist die Revisionsinstanz an das Jugendgericht zurück. 9

Prozesshinweis: Angesichts der teilweise anzutreffenden Ausführungen, dass der grundsätzliche Vorrang der Jugendgerichte „**jedenfalls** bei gleichen Spruchabteilungen nicht von Amts wegen zu berücksichtigen" sei, sondern nur auf besondere Verfahrensrüge,[18] kann es sich empfehlen, auch dann eine Verfahrensrüge zu erheben, wenn ein Jugendgericht unter Verstoß gegen § 47a die Sache an ein allgemeines Gericht niedrigerer Ordnung abgibt, obwohl dann richtigerweise ein Verfahrenshindernis besteht (vgl Rn 8). 10

Erklärt sich ein Jugendgericht entgegen § 47a **unzulässigerweise** für **unzuständig**, so gehen darauf beruhende **Verfahrensverzögerungen** stets **zulasten des Staates**, selbst wenn die rechtswidrige Verweisung durch die Verteidigung beantragt wurde.[19] 11

§ 48 Nichtöffentlichkeit

(1) Die Verhandlung vor dem erkennenden Gericht einschließlich der Verkündung der Entscheidungen ist nicht öffentlich.

(2) ¹Neben den am Verfahren Beteiligten ist dem Verletzten, seinem Erziehungsberechtigten und seinem gesetzlichen Vertreter und, falls der Angeklagte der Aufsicht und Leitung eines Bewährungshelfers oder der Betreuung und Aufsicht eines Betreuungshelfers untersteht oder für ihn ein Erziehungsbeistand bestellt ist, dem Helfer und dem Erziehungsbeistand die Anwesenheit gestattet. ²Das gleiche gilt in den Fällen, in denen dem Jugendlichen Hilfe zur Erziehung in einem Heim oder einer vergleichbaren Einrichtung gewährt wird, für den Leiter der Einrichtung. ³Andere Personen kann der Vorsitzende aus besonderen Gründen, namentlich zu Ausbildungszwecken, zulassen.

(3) ¹Sind in dem Verfahren auch Heranwachsende oder Erwachsene angeklagt, so ist die Verhandlung öffentlich. ²Die Öffentlichkeit kann ausgeschlossen werden, wenn dies im Interesse der Erziehung jugendlicher Angeklagter geboten ist.

Richtlinie zu § 48

Personen, die sich im juristischen Studium oder Vorbereitungsdienst befinden sowie Personen, die in Ausbildung bei der Polizei oder für soziale Dienste stehen, kann die Anwesenheit im allgemeinen gestattet werden. Aus erzieherischen Gründen empfiehlt es sich nicht, Schulklassen oder anderen größeren Personengruppen die Teilnahme an der Verhandlung zu erlauben. Dies gilt auch für die Presse; entschließt sich der Vorsitzende dennoch, die Presse in der Hauptverhandlung zuzulassen, so sollte er darauf hinwirken, daß in den Presseberichten der Name des Jugendlichen nicht genannt, sein

---

16 Eisenberg, § 47a Rn 9 - 10; Ostendorf, § 47a Rn 6.
17 Meyer-Goßner, § 6 Rn 6, § 338 Rn 34.
18 KK-Kuckein, § 338 Rn 69 [Herv. nicht im Original].
19 OLG Hamm v. 7.6.1989, BL 157/89, StV 1990, 168: kein „wichtiger Grund" iSv § 121 Abs. 1 StPO, wenn sich das Jugendgericht auf Antrag der Verteidigung – gegen § 47a – als unzuständig erklärt hat.

Lichtbild nicht veröffentlicht und auch jede andere Angabe vermieden wird, die auf die Person des Jugendlichen hindeutet. Nr. 131 Abs. 2 Satz 3 RiStBV gilt sinngemäß.

Nr. 131 RiStBV
[...]
II. Verpflichtet das Gericht die Anwesenden zur Geheimhaltung nach § 174 Abs. 3 GVG, so empfiehlt es sich, auf die Strafbarkeit eines Verstoßes gegen die Schweigepflicht hinzuweisen (§ 353 d Nr. 2 StGB). Ist zu befürchten, dass geheimzuhaltende Tatsachen über den Kreis der Zeugen und Zuhörer hinaus durch Presse und Rundfunk verbreitet werden, so sollen der Vorsitzende und der Staatsanwalt die Berichterstatter zu einer freiwilligen Beschränkung in ihrem Bericht veranlassen, wenn es nicht geboten ist, auch sie zur Geheimhaltung zu verpflichten. Hält ein Berichterstatter die übernommene Verpflichtung nicht ein, so hat der Staatsanwalt – unbeschadet anderer Maßnahmen – darauf hinzuwirken, dass ihm der Zutritt zu Verhandlungen, in denen die Öffentlichkeit ausgeschlossen ist, nicht mehr gestattet ist.

Schrifttum:
Bockemühl (Hrsg.), Handbuch des Fachanwalts für Strafrecht, 3. Aufl. 2006 (zitiert: Bearbeiter in: Bockemühl (Hrsg.); *Nothacker*, „Erziehungsvorrang" und Gesetzesauslegung im JGG. Eine systematisch-methodologische Analyse jugendstrafrechtlicher Rechtsanwendungsprinzipien, 1984; *Soehring*, Presserecht, 3. Aufl. 2000; *Zieger*, Verteidigung in Jugendstrafsachen, 4. Aufl. 2002.

I. Jugendstrafrechtliche Grundlagen 1	a) Abs. 1 26
II. Anwendungsbereich 3	b) Abs. 2 27
1. Abs. 1, Abs. 3 3	c) Abs. 3 28
a) Persönlich 3	III. Verfahrenshinweise 31
b) Sachlich 8	1. Fehlendes Recht zur Anwesenheit nach Zeugenaussage 31
2. Abs. 2 S. 1 u. 2 11	
a) Verfahrensbeteiligte ... 11	2. Zeugenschutz 32
b) Zeugen 12	3. Hinweispflicht 33
c) Verletzter 13	4. Schutz des jugendlichen Angeklagten vor unzulässiger Presse- und Bildberichterstattung 34
d) Beistand des Verletzten 16	
e) Allgemeiner Zeugenbeistand 18	
f) Weitere Anwesenheitsberechtigte 19	5. Beschwerde, § 304 StPO .. 35
3. Abs. 2 S. 3 22	6. Revision 36
4. Ausschluss nach den §§ 169 ff GVG 26	

I. Jugendstrafrechtliche Grundlagen

1 Das Prinzip der Nichtöffentlichkeit in § 48 Abs. 1 dient in erster Linie dem **Persönlichkeitsschutz** des jugendlichen Angeklagten und der Ermöglichung einer jugendadäquaten Verhandlung. Der für das allgemeine Strafverfahren gem. §§ 169, 173 GVG geltende Grundsatz der Öffentlichkeit von Verhandlung und Verkündung des Urteils (vgl auch § 338 Nr. 6 StPO) gilt in Verfahren gegen **Jugendliche** nicht. Der Ausschluss der Öffentlichkeit soll dazu beitragen, Schüchternheit und Hemmungen möglichst abzubauen. Gerade bei Jugendlichen könnten durch eine öffentliche Hauptverhandlung und die Erörterung der persönlichen Entwicklung zudem Stigmatisierungen oder eine Verletzung des Schamgefühls eintreten, die das Verfahren sowie den Entwicklungs- und Reifeprozess negativ beeinflussen. Ferner trägt die Vorschrift **entwicklungspsychologischen** und **jugend-**

pädagogischen Erwägungen Rechnung. Der Betroffene soll sich nicht als Mittelpunkt eines allgemeinen Interesses fühlen und dadurch etwa animiert werden, zu prahlen oder Zuschauer zu seinem Nachteil zu „unterhalten".[1] Inwieweit zu den notwendigen und sinnvollen Gesetzeszielen, die § 48 Abs. 1 verkörpert, auch die **Wahrheitsermittlung** zählt, ist nach hier vertretener Auffassung **offen**, jedenfalls würde dies vor dem Hintergrund des Abs. 3 S. 1 sowie des Amtsermittlungsgrundsatzes (§ 244 Abs. 2 StPO) und der den Gerichten damit zugesprochenen Kompetenz erstaunen, wenngleich zuzugeben ist, dass eine „freie Aussprache",[2] ein „offenes und freies Gespräch mit dem Jugendrichter"[3] bzw eine „Diskussion im Gerichtssaal"[4] die Wahrheitsfindung erleichtern werden. Zweifelhaft ist ferner, ob in der Hauptverhandlung selbst eine „umfassende Persönlichkeitserforschung"[5] stattfinden kann. Richtigerweise ist eine solche nur im Vorfeld zur Hauptverhandlung bzw im Ermittlungsverfahren, sei es durch die „Nachforschungen" der Jugendgerichtshilfe (§ 38), sei es durch Ermittlungen anderer Art, möglich.

Auch außerhalb der Hauptverhandlung ist dem Persönlichkeitsschutz des Jugendlichen Rechnung zu tragen.[6] Daraus folgt richtigerweise, dass etwa eine **öffentliche Zustellung** gem. § 40 StPO **unzulässig ist**.[7] Auch auf den **Terminzetteln**, die vor Sitzungssälen aushängen bzw im Sitzungssaal ausliegen, sollte auf die Nennung des Namens des Jugendlichen verzichtet werden. Bei **Ladungen** von Zeugen ist dies hinsichtlich des Schutzzwecks des § 48 Abs. 1 nicht erforderlich und erst recht nicht zweckmäßig, da Zeugen in der Lage sein sollten, auch im Hinblick auf ein mögliches Auskunftsverweigerungsrecht nach § 55 StPO und die Frage, ob sie sich eines Zeugenbeistandes bedienen sollten, sich auf eine Hauptverhandlung konkret vorbereiten zu können.[8] Auf die Nennung der dem Angeschuldigten vorgeworfenen Strafvorschriften sollte jedoch verzichtet werden (vgl auch Nr. 64 Abs. 1 RiStBV). Das allgemeine Verbot unnötiger Bloßstellung im Ermittlungsverfahren folgt aus Nr. 4 a RiStBV.

2

---

1 Vgl BVerfG v. 14.10.2009, 1 BvR 2430/09, NJW 2010, 1739; BGH v. 6.11.1996, 2 StR 391/96, BGHSt 42, 295; Peters, § 32 RJGG 43 Anm. 1; BT-Drucks. 1/4437, 8; Schaffstein/Beulke, § 37 II. 1; Meier in: Meier/Rössner/Schöch, S. 276; Albrecht, S. 368 f; Nothacker, S. 276; Eisenberg, § 48 Rn 8 mwN; instruktiv zu § 48 sowie zur Nichtöffentlichkeit insgesamt, Schüler-Springorum, Ein Strafverfahren mit nicht-öffentlicher Hauptverhandlung? – Zum Alternativ-Entwurf „Novelle zur Strafprozessordnung", NStZ 1982, 307 ff.
2 Eisenberg, § 48 Rn 8.
3 Brunner/Dölling, § 48 Rn 3.
4 Ostendorf, Grdl. z. §§ 48-51 Rn 3.
5 Eisenberg, § 48 Rn 9 mwN.
6 Brunner/Dölling, § 48 Rn 11; Eisenberg, § 48 Rn 11; Ostendorf, § 48 Rn 6; Böhm/Feuerhelm, S. 73 f; Nothacker, S. 278 f;.
7 OLG Stuttgart v. 29.10.1986, 3 Ws 293/86, StV 1987, 309; DSS-Sonnen, § 2 Rn 15; Eisenberg, § 40 Rn 11; Meyer-Goßner, § 40 Rn 2; SK-Weßlau, § 40 Rn 3; KMR-Paulus, § 40 Rn 3; aA KG Berlin v. 27.9.2005, 4 Ws 128/05, NStZ-RR 2006, 120 (jedoch ohne Mitteilung des Tatvorwurfs) sowie LG Zweibrücken v. 31.1.1991, 3 Js 7477/87 – 1 Ns jug, MDR 1991, 985, jeweils für die Ladung zur Berufungshauptverhandlung. Wie diese jedoch auch KK-Maul, § 40 Rn 8; LR-Wendisch, § 40 Rn 4. § 48 gilt in allen Rechtszügen; das im Text Gesagte gilt auch für §§ 112 S. 1, 104 Abs. 2 (iVm § 48) bzw § 109 Abs. 1 S. 4.
8 Ähnlich Ostendorf, § 48 Rn 6.

II. Anwendungsbereich

3 **1. Abs. 1, Abs. 3. a) Persönlich.** Abs. 1 gilt für Verfahren gegen **Jugendliche** vor Jugendgerichten. Abzustellen ist auf das Alter **zur Zeit der Tat** (§ 1 Abs. 2).[9] In Verfahren gegen Jugendliche vor den für allgemeine Strafsachen zuständigen Gerichten ist die Anwendung des § 48 gem. § 104 Abs. 2 in das Ermessen des Richters gestellt (heute allgM). Diese Ausübung des richterlichen Ermessens sollte in Ansehung der jugendstrafrechtlichen Überlegungen (Rn 1) auch hier zu einem regelmäßigen Ausschluss der Öffentlichkeit führen.

4 § 48 Abs. 1 gilt **nicht** in Verfahren gegen **Heranwachsende** vor den Jugendgerichten. Jedoch kann die Öffentlichkeit ausgeschlossen werden, wenn dies im Interesse des Heranwachsenden geboten ist (§ 109 Abs. 1 S. 4).[10] § 109 Abs. 1 S. 4 ist weit auszulegen.[11] In Verfahren gegen Heranwachsende vor den allgemeinen Gerichten kann § 48 über §§ 112 S. 1, 104 Abs. 2 zur Anwendung gelangen.

5 Für Verfahren gegen Jugendliche und Heranwachsende, gegen Jugendliche und Erwachsene sowie gegen Jugendliche, Heranwachsende und Erwachsene gilt **§ 48 Abs. 3**. Die Verhandlung ist grds. öffentlich. Die Öffentlichkeit kann jedoch – sowohl vor Jugendgerichten als auch vor allgemeinen Gerichten (§ 104 Abs. 2) – **ausgeschlossen** werden, wenn dies **im Interesse der Erziehung des jugendlichen Angeklagten** (Abs. 3 S. 2) oder im Interesse des mitangeklagten Heranwachsenden (§ 109 Abs. 1 S. 4) geboten ist.[12] Als Erziehungsinteressen kommen Persönlichkeits- und Präventionsinteressen in Betracht,[13] so dass auch hierbei auf den Persönlichkeitsschutz des jugendlichen Angeklagten (Rn 1) zu achten ist. Findet Abs. 3 S. 2 Anwendung, so ist Abs. 2 zu beachten.[14]

6 Sind **mehrere Taten** angeklagt, die **teils** im jugendlichen, **teils** im heranwachsenden Alter begangen worden sein sollen, so **gilt** § 48, nicht § 109 Abs. 1 S. 4.[15] Keine Anwendung findet § 32 („Schwergewicht").[16] Es entspricht der Systematik des JGG, in Verfahren vor den Jugendgerichten die Gedanken der Erziehung und des Schutzes des Jugendlichen dem Prinzip der Öffentlichkeit der Hauptverhandlung überzuordnen.[17] Ferner bleibt die Verhandlung auch dann nicht öffentlich, wenn die Taten, die der Angeklagte als Jugendlicher begangen haben soll, gem. § 154 Abs. 2 StPO vorläufig eingestellt wurden und nur noch wegen angeklagter Taten im heranwachsenden Alter verhandelt wird,[18] weil die ausgeschiedenen

---

9 BGH v. 13.12.1967, 2 StR 548/67, BGHSt 22, 24 f.
10 Vgl auch RL Nr. 1 zu § 109.
11 BGH v. 25.2.1998, 3 StR 362/97, BGHSt 44, 44.
12 BGH v. 6.11.1996, 2 StR 391/96, BGHSt 42, 296; BGH v. 25.2.1998, 3 StR 362/97, BGHSt 44, 44: zum Schutz des Jugendlichen und zur Vermeidung künftiger sozialer und beruflicher Schwierigkeiten.
13 Ostendorf, § 48 Rn 18.
14 Dallinger/Lackner, § 48 Rn 34; Ostendorf, § 48 Rn 4; Eisenberg, § 48 Rn 4.
15 BGH v. 13.12.1967, 2 StR 548/67, BGHSt 22, 21; BGH v. 21.11.1969, 3 StR 249/68, 23, 178; Meyer-Goßner, § 169 GVG Rn 2; aA Mitsch, Die Anwendbarkeit des Jugendstrafrechts auf Heranwachsende, JURA 2002, 247.
16 BGH v. 25.3.1998, 3 StR 362/97, BGHSt 44, 44; BGH v. 13.12.1967, 2 StR 548/67, BGHSt 22, 25; BGHR JGG § 48 Abs. 1 Nichtöffentlichkeit 1; vgl auch Schaffstein/Beulke, § 37 II. 1.
17 BGH v. 25.2.1998, 3 StR 362/97, BGHSt 44, 44.
18 BGH v. 25.2.1998, 3 StR 362/97, BGHSt 44, 43 m. abl. Anm. Wölfl, JR 1999, 172.

Taten für die Strafzumessung von Bedeutung sein[19] und die Taten wieder aufgenommen werden können (§ 154 Abs. 3 - 5 StPO).

§ 48 gilt **nicht** in Verfahren gegen Erwachsene vor den Jugendgerichten (**Jugendschutzverfahren**, §§ 26, 74 b GVG).[20] Ebenfalls **nicht** (mehr) anwendbar ist § 48, wenn der jugendliche Angeklagte aus einem **verbundenen Verfahren** (§ 103) ausgeschieden ist[21] und nur noch gegen Erwachsene verhandelt wird.[22] 7

b) Sachlich. § 48 betrifft die Hauptverhandlung **aller Rechtszüge** und schließt die „Verkündung von Entscheidungen", also insb. die Urteilsverkündung, mit ein (§ 260 Abs. 1 StPO).[23] § 48 Abs. 1 weicht damit von § 173 Abs. 1 GVG ab. Auch die Revisionsinstanz ist „erkennendes Gericht" iSv § 48 Abs. 1.[24] Bei Anwendung von § 48 Abs. 3 S. 2 bezieht sich der Ausschluss der Öffentlichkeit richtigerweise auch auf die Urteilsverkündung. § 48 Abs. 3 geht § 173 Abs. 2 GVG vor.[25] 8

In **Ordnungswidrigkeitenverfahren** gegen Jugendliche und Heranwachsende gelten §§ 48, 109 Abs. 1 S. 4 über § 46 Abs. 1 OWiG sinngemäß.[26] 9

§ 48 Abs. 1 geht den §§ 169 ff GVG als **lex specialis** vor. Wie ausgeführt, ist auf das Alter zur Zeit der Tat abzustellen. 10

2. Abs. 2 S. 1 u. 2. a) Verfahrensbeteiligte. § 48 Abs. 2 nennt als zur Anwesenheit berechtigt neben den **Verfahrensbeteiligten** (mit Ausnahme der Zeugen, vgl unten Rn 12) eine Gruppe bestimmter Personen, denen dasselbe Recht zugesprochen ist. **Verfahrensbeteiligte sind**: Gericht, auch der Urkundsbeamte der Geschäftsstelle, Staatsanwaltschaft (§ 226 Abs. 1 StPO), Angeklagter (zum Ausschluss, vgl §§ 50, 51), Verteidigung (§§ 137, 218 StPO), Erziehungsberechtigte (§ 67 Abs. 1, 5), Gesetzlicher Vertreter (§§ 67 Abs. 1, 50 Abs. 2), Pfleger (§ 67 Abs. 4 S. 3), Beistand (§ 69) und die Jugendgerichtshilfe (§§ 38 Abs. 3). 11

b) Zeugen. Zwar sind **Zeugen** auch Verfahrensbeteiligte, ein **Anwesenheitsrecht** gem. § 48 Abs. 2 S. 1 haben sie jedoch – mit Ausnahme des Verletzten, der zumeist Opferzeuge ist, – **nicht**. Bereits nach den allgemeinen Vorschriften der §§ 58 Abs. 1, 243 Abs. 2 S. 1 StPO müssen Zeugen bis zu ihrer Vernehmung den Sitzungssaal verlassen. Nachdem Zeugen aus dem Zeugenstand entlassen sind, endet ihre Verfahrensbeteiligung. Aus § 48 folgt, dass Zeugen auch nach getätigter Aussage grds. kein Recht zur Anwesenheit haben, jedoch kann ihnen die Anwesenheit nach Abs. 2 S. 3 (explizit) gestattet werden.[27] 12

c) Verletzter. Ein gesetzliches Anwesenheitsrecht hat der/die **Verletzte**. Nicht selten wird gerade die Frage der Verletzteneigenschaft umstritten sein. In diesen Fällen bestimmt sich die Verletzteneigenschaft nach dem **hinreichenden Tatverdacht** (§§ 170 Abs. 1: „genügender Anlass", 203 StPO). § 48 Abs. 2 S. 1 geht der 13

---

19 Jedenfalls nach entsprechendem richterlichem Hinweis gem. § 265 StPO, BGH v. 1.6.1981, 3 StR 173/81, BGHSt 30, 147; BGH v. 7.5.2003, 5 StR 103/03, NStZ 2004, 162; LR-Beulke, § 154 Rn 56 f; KK-Schoreit, § 154 Rn 47 f.
20 BGH v. 21.11.1969, 3 StR 249/68, BGHSt 23, 82; BGH v. 11.1.1955, 1 StR 302/54, MDR 1955, 246; Brunner/Dölling, § 48 Rn 9; Ostendorf, § 48 Rn 5.
21 Sei es infolge Abtrennung, Einstellung gem. § 47 oder nach rechtskräftiger Entscheidung.
22 Eisenberg, § 48 Rn 5; Ostendorf, § 48 Rn 5.
23 BGH v. 6.11.1996, 2 StR 391/96, BGHSt 42, 296.
24 BGH v. 20.1.2004, 5 StR 530/03, BGHR JGG § 48 Abs. 1 Nichtöffentlichkeit 3.
25 BGH v. 6.11.1996, 2 StR 391/96, BGHSt 42, 296 = BGH NStZ 1998, 53 m. abl. Anm. Eisenberg; OLG Düsseldorf v. 18.5.1961, (1) Ss 203/61, NJW 1961, 1547.
26 Göhler, § 71 OWiG Rn 61.
27 Brunner/Dölling, § 48 Rn 15; Dallinger/Lackner, § 48 Rn 9; Eisenberg, § 48 Rn 15; Ostendorf, § 48 Rn 13.

Soll-Vorschrift des § 175 Abs. 2 S. 2 GVG vor. Verletzter ist, wer durch die (verdächtigte) Tat (Tatvorwurf) in seinen rechtlich geschützten Interessen betroffen ist. Eine **mittelbare Beeinträchtigung** reicht aus. Die bloße Gefährdung begründet jedoch kein Anwesenheitsrecht, da der Gefährdete richtigerweise nicht Verletzter iSd § 48 Abs. 2 ist.[28] Aus BGHSt 10, 372, auf die sich die Gegenansicht wesentlich stützen will, folgt nichts anders, da sich diese Entscheidung auf § 61 Nr. 2 StPO aF und die Frage des Absehens von der Vereidigung „beim Verletzten" bezieht. Die Interessenlage ist bei § 48 Abs. 2 jedoch eine ganz andere. Das Anwesenheitsrecht des Verletzten dient dessen **Schutzrechten** und kann für einen **Täter-Opfer-Ausgleich (TOA)** bzw. insgesamt für eine Wiedergutmachung förderlich sein.[29] Von „Kontrollrechten" des Verletzten sollte dabei jedoch nicht die Rede sein.[30] Ferner schafft das Anwesenheitsrecht des Verletzten einen gewissen Ausgleich für die in Verfahren gegen Jugendliche gem. § 80 Abs. 3 fehlende Möglichkeit der Nebenklage.

14 Das Anwesenheitsrecht des **Erziehungsberechtigten** und **gesetzlichen Vertreters eines minderjährigen Verletzten** wurde durch das **2. Justizmodernisierungsgesetz v. 22.12.2006** (in Kraft getreten) inkorporiert. Auch das JGG von 1923 sah „den Zutritt" des gesetzlichen Vertreters des Verletzten vor (§ 23). Eine vergleichbare Regelung stellte § 32 Abs. 2 RJGG dar. Nach der hM zu § 48 Abs. 2 aF war erforderlich, dass Erziehungsberechtigter bzw. gesetzlicher Vertreter zumindest mittelbar in eigenen rechtlich geschützten Interessen beeinträchtigt waren und damit selbst als Verletze angesehen werden konnten.

Beispiel: Eine zumindest mittelbare Beeinträchtigung lag für Eltern eines getöteten Kindes vor.[31] Vertretbar erschien bereits nach altem Recht, hier auf eine unmittelbare Beeinträchtigung der Eltern abzustellen (§ 395 Abs. 2 S. 1 StPO).[32]

Die jetzige Regelung ist **sachgerecht**. Zum einen besteht gem. **§ 67 Abs. 1** ein Anwesenheitsrecht für den **Erziehungsberechtigten** und **gesetzlichen Vertreter** des jugendlichen **Angeklagten**, zum anderen gestattet § 406 f Abs. 3 StPO bereits nach allg. Verfahrensrecht grds. bei der Zeugenvernehmung des Verletzten auf Antrag die Anwesenheit einer Person seines Vertrauens, es sei denn, deren Anwesenheit könnte den Untersuchungszweck gefährden. In der überwiegenden Zahl der Fälle tragen Erziehungsberechtigte und gesetzliche Vertreter elterliche Verantwortung gem. Art. 6 Abs. 2 GG, so dass das Recht auf „Pflege und Erziehung der Kinder" ein Recht auf Anwesenheit in einer (jugend-)strafrechtlichen Hauptverhandlung nahe legt, an der das Kind als Verletzter teilnimmt.[33]

15 Freilich muss der Verletzte, wenn er **als Zeuge** vernommen werden soll, bis zu seiner Zeugenvernehmung den Sitzungssaal verlassen.[34] Dies folgt aus den allg. §§ 243 Abs. 2 S. 1, 58 Abs. 1 StPO und ist für die Wahrheitsermittlung unerlässlich. Dem steht auch § 48 Abs. 2 S. 1 nicht entgegen, weil der Verletzte nicht stets Zeuge sein muss. Damit das Anwesenheitsrecht der Verletzten nicht ausgehebelt

---

28 Ostendorf, § 48 Rn 12, aA Brunner/Dölling, § 48 Rn 12; Dallinger/Lackner, § 48 Rn 9.
29 Brunner/Dölling, § 48 Rn 14.
30 Vgl aber Schaal/Eisenberg, Rechte und Befugnisse von Verletzten in Strafverfahren gegen Jugendliche, NStZ 1988, 51.
31 BGH v. 21.4.1955, 3 StR 460/54; Ostendorf, § 48 Rn 12.
32 Potrykus, § 48 Bem. 6 a; Dallinger/Lackner, § 48 Rn 9.
33 Vgl auch BT-Drucks. 16/3038, 59.
34 Eisenberg, § 48 Rn 15; Ostendorf, § 48 Rn 13; Brunner/Dölling, § 48 Rn 27: „können auch ausgeschlossen werden, wenn sie als Zeugen in Betracht kommen".

wird, sollte er grds. als erster Zeuge vernommen werden. Daran sollte sich die Vernehmung der weiteren Anwesenheitsberechtigten anschließen.

d) **Beistand des Verletzten.** Dem Anwesenheitsrecht des Verletzten folgt nach richtiger Auffassung das **Recht zur Anwesenheit** für dessen **Rechtsanwalt** als **Beistand** bzw – im Sinne pflichtgemäßen Ermessens des Vorsitzenden – für eine **Person seines Vertrauens** (§ 406 f Abs. 2 S. 1, Abs. 3 S. 1 StPO).[35] Es handelt sich insoweit um ein derivatives Recht des anwaltlichen Beistandes, abgeleitet aus dem Anwesenheitsrecht des Verletzten. Dagegen kann nicht argumentiert werden, die Nichtöffentlichkeit (Abs. 1) stehe einem Anwesenheitsrecht des Beistandes des Verletzten entgegen.[36] Ferner kann dieses Recht des Beistandes nicht davon abhängen, ob dem beschuldigten Jugendlichen ein Verteidiger bestellt ist,[37] weil es sich um ein eigenes Recht des Verletzten handelt und insoweit unbedingt ist. Jedoch kann eine Verpflichtung zur Bestellung eines Verteidigers bestehen, wenn ein Verletztenbeistand auftritt bzw auftreten wird. **16**

Richtigerweise ist die Anwesenheit des Rechtsanwalts **nicht** auf die Vernehmung des Verletzten **beschränkt** (anders die hM).[38] Eine solche Beschränkung kann auch nicht aus §§ 406 f Abs. 2 S. 1, 406 g Abs. 2 StPO abgeleitet werden, weil § 48 Abs. 2 S. 1 dem Verletzten – anders als die StPO, welche ein solches Recht von der Fähigkeit zum Anschluss zur Nebenklage abhängig macht (§ 406 g Abs. 1),[39] – ein ständiges Recht zur Anwesenheit zugesteht, so dass sich dieses umfassende Recht auch auf dessen Beistand auswirkt. Folgt man – anders als hier – der hM, so ist ein Recht zur Anwesenheit des Beistands des Verletzten jedenfalls unter Abs. 2 S. 3 sehr sorgfältig zu prüfen. **17**

e) **Allgemeiner Zeugenbeistand.** Zutreffenderweise dürfen sich auch Zeugen, die nicht Verletzte sind, eines **Zeugenbeistandes** bedienen. Dessen Anwesenheitsrecht ist in Verfahren gegen Jugendliche auf die Vernehmung des Zeugen beschränkt, da sich insoweit – anders als beim Verletztenbeistand (Rn 17) – die Nichtöffentlichkeit auswirkt.[40] **18**

f) **Weitere Anwesenheitsberechtigte.** Neben dem Verletzten ist zur Anwesenheit berechtigt, der **Bewährungshelfer**, falls der Angeklagte dessen Aufsicht und Leitung untersteht (§§ 24, 25, 29, 88 Abs. 6), der **Betreuungshelfer**, falls der Angeklagte dessen Betreuung und Aufsicht unterstellt ist (§ 10 Abs. 1 S. 3 Nr. 5), der bestellte **Erziehungsbeistand** (§ 30 SGB VIII) und der **Leiter der Einrichtung** bzw **19**

---

35 Ostendorf, § 48 Rn 12.
36 So aber KG v. 16.3.2006, 4 Ws 44-45/06, NStZ-RR 2007, 28; Schaal/Eisenberg, Rechte und Befugnisse von Verletzten in Strafverfahren gegen Jugendliche, NStZ 1988, 57.
37 Eisenberg, § 48 Rn 16: „allenfalls dann [...]"; Schaffstein/Beulke; aA und wie hier Dähn, Die Beteiligung des Verletzten am Strafverfahren gegen Jugendliche, in: FS-Lenckner, S. 675 f.
38 Anders dezidiert und ausführlich Brunner/Dölling, § 48 Rn 15; Ostendorf, § 48 Rn 12 aE; vgl OLG Düsseldorf v. 30. 04.2001, 2 Ws 71/01, NStZ-RR 2001, 304 zur Bestellung eines Ergänzungspflegers für einen minderjährigen Verletzten zur Entscheidung über die Frage der Beauftragung eines Verletztenbeistandes.
39 Auf die Nichtanwendbarkeit des § 406 g StPO im Verfahren gegen Jugendliche berufen sich auch die in vorerwähnter Fn hinaus OLG Stuttgart NJW 2001, 1588; DSS-Schoreit, § 80 Rn 12; aA Böhm, NStZ-RR 2001, 326 Fn 57.
40 Der Zeugenbeistand im allgemeinen Strafrecht hat richtigerweise – gegen die hM – ein aus der Öffentlichkeit der Hauptverhandlung fließendes originäres, umfassendes Anwesenheitsrecht, vgl Rode in: Bockemühl (Hrsg.), Teil F, Kap. 4, Rn 28 mwN auch zur hM.

die den Jugendlichen konkret betreuende Person,[41] wenn dem Jugendlichen Hilfe zur Erziehung in einem Heim oder einer vergleichbaren Einrichtung gewährt wird.

20 Wie bereits gezeigt (Rn 15), sollten die zur **Anwesenheit Berechtigten**, falls sie als Zeugen zu vernehmen sind, **vor sonstigen Zeugen** ohne Anwesenheitsrecht **vernommen** werden, damit das grds. Recht zur Anwesenheit nicht leer läuft.[42]

21 Eine Benachrichtigung bzw **förmliche Ladung** erhalten die zur Anwesenheit Berechtigten jedoch **nur**, wenn dies nach allgemeinen Vorschriften vorgesehen ist, wie etwa für den Zeugen nach § 48 StPO, den Erziehungsberechtigten und gesetzlichen Vertreter (§§ 50 Abs. 2, 67 Abs. 2).[43]

22 **3. Abs. 2 S. 3. Andere Personen** kann der Vorsitzende aus besonderen Gründen, namentlich zu **Ausbildungszwecken**, zulassen. Diese Entscheidung über die Zulassung trifft, anders als nach § 175 Abs. 2 S. 1 GVG, der **Vorsitzende**, nicht das Gericht. § 238 Abs. 2 StPO findet keine Anwendung. Einer Anhörung der Beteiligten bedarf es wie im Falle des § 175 Abs. 2 S. 3 GVG nicht. Ein Rechtsbehelf gegen die Entscheidung nach Abs. 2 S. 3 besteht nicht (anders bei Nicht-Zulassung im Falle von Abs. 2 S. 1 u. 2, vgl Rn 36).[44] Der Vorsitzende entscheidet nach **pflichtgemäßem Ermessen**. Sachliche Gründe müssen die Anwesenheit rechtfertigen. Dabei sind die Gründe für den Ausschluss der Öffentlichkeit nach dem GVG (§§ 171 a, 171 b, 172 GVG) zu beachten. **Ausbildungszwecke** werden die Anwesenheit Einzelner - häufig bei **Studierenden/Referendaren** der Rechts-, aber auch der Sozial- und Verhaltenswissenschaften - nahe legen, ferner bei **Sozialbeitern** sowie **Polizeibeamten** (vgl RL zu § 48, dort S. 1), zudem aber auch zu **wissenschaftlichen Zwecken** sowie bei Mitgliedern von Jugendverbänden.[45] Auch bei **Angehörigen** (§ 11 Abs. 1 Nr. 1 StGB), die nicht bereits unter Abs. 2 S. 1 fallen, werden häufig – das Fehlen schädlichen Einflusses vorausgesetzt – sachliche **Gründe** für die Anwesenheit sprechen.[46] Weil der **Leiter** eines **sozialen Trainingskurses**, an dem der Jugendliche teilnimmt, gem. § 50 Abs. 4 S. 2 angehört werden soll, ist es regelmäßig zweckmäßig, diesen Leiter des Trainingskurses gem. § 48 Abs. 2 S. 3 zuzulassen (vgl Rn 28 zu § 50). Es ist aber stets auf die Gesamtzahl zu achten und dabei ein besonderes Augenmerk auf die individuelle Persönlichkeit des Jugendlichen sowie auf dessen entwicklungspsychologische Reife zu legen. Bei entsprechenden Zweifeln sprechen erzieherische Gründe stets gegen die Anwesenheit.

23 Ein sachlicher Grund für die Anwesenheit **ganzer Schulklassen** oder anderer größerer Personengruppen besteht grundsätzlich **nicht** (so zu Recht auch RL zu § 48, S. 2). In Ansehung der grundsätzlichen Öffentlichkeit allgemeiner Strafverfahren sollten forensische Erfahrungen und Eindrücke dort gesammelt werden.[47] Der

---

41 Eisenberg, § 48 Rn 16 unter Hinweis auf den Zweck der Vorschrift.
42 BGH v. 8.5.193, 2 StR 690/52, BGHSt 4, 206 f; Eisenberg, § 48 Rn 15; einschr. Brunner/Dölling, § 48 Rn 13: „Anwesenheitsberechtigte Zeugen *können* bis zu ihrer Vernehmung gleichwohl entfernt werden [...]".
43 Ostendorf, § 48 Rn 10.
44 Brunner/Dölling, § 48 Rn 21; Ostendorf, § 48 Rn 20.
45 Zutreffend Eisenberg, § 48 Rn 18.
46 Ostendorf, § 48 Rn 14.
47 Vgl dazu Zieger, Rn 200; Heimann in: Bockemühl (Hrsg.), Teil E, Kap. 7 Rn 214; Greupner, Das Nichtöffentlichkeitsgebot des § 48 Abs. 1 JGG unter besonderer Berücksichtigung der Zulassung von Schulklassen zum Jugendstrafverfahren, DRiZ 1985, 389.

§ 48 Abs. 1 zugrunde liegende Persönlichkeitsschutz des Jugendlichen ist gerade bei Anwesenheit von Schulklassen (insb. von „peers") gefährdet.

Unerheblich ist ein **Einverständnis** des Jugendlichen hinsichtlich der Anwesenheit bestimmter Personen, weil § 48 nicht disponibel ist,[48] jedoch sollte – umgekehrt – dessen Bitte, niemanden oder bestimmte Personen nicht zuzulassen, ein hoher Stellenwert zugemessen werden.[49]   24

Auch der Zugang der **Presse** sollte restriktiv gehandhabt werden (vgl auch RL zu § 48, S. 3). Über RL zu § 48, Satz 3 hinaus sind Namensnennungen bzw sonstige Hinweise auf die Identität des Betroffenen, namentlich auch die Veröffentlichung von Lichtbildern, unzulässig und zu untersagen (vgl ergänzend Rn 35). Es ist nicht ausreichend, dass der Vorsitzende lediglich „darauf hinwirkt". Dies folgt aus dem Normzweck des § 48. **Bereits in allgemeinen Strafverfahren** sind der Presse- und erst recht der Bildberichterstattung (§ 169 S. 2 GVG) bei der Abwägung zwischen deren Rechten und den Rechten des Angeklagten Grenzen gesetzt. Insbesondere sind das Persönlichkeitsrecht des Angeklagten, das Resozialisierungsgebot und das Rechtsstaatsprinzip zu achten und untersagen die Namensnennung, es sei denn, es handelt sich um Personen der Zeitgeschichte bzw um besonders spektakuläre Strafverfahren. Zu beachten ist ferner das Recht am eigenen Bild (Ausnahme: § 23 KUrhG für absolute und relative Personen der Zeitgeschichte). In **Jugendstrafverfahren** folgt aus § 48 darüber hinaus generell das **überwiegende Interesse** des Persönlichkeitsschutzes des **Jugendlichen** gegenüber den Aufgaben und Rechten der Presse und deren Berichterstattung (Art. 5 Abs. 1 GG).[50] Sollten bestimmte Journalisten in der Vergangenheit Berichte in einer Weise erstattet haben, die das Persönlichkeitsrecht des Betroffenen verletzt haben, so ist kaum eine Situation denkbar, in der im jetzigen Verfahren sachliche Gründe für die Anwesenheit dieses Journalisten sprechen.[51] Ton- und Fernsehrundfunkaufnahmen sowie **Ton- und Filmaufnahmen** sind bereits nach § 169 S. 2 GVG **untersagt**.   25

4. Ausschluss nach den §§ 169 ff GVG. a) Abs. 1. § 48 Abs. 1 geht den §§ 169 ff GVG vor (vgl Rn 1, 10).   26

b) Abs. 2. Bei der Prüfung der Zulassung gem. § 48 **Abs. 2** S. 3 sind die Ausschlussgründe der §§ 171 a, 171 b, 172 GVG zu berücksichtigen. Diese Ausschlussgründe des allgemeinen Rechts sind auch bzgl derjenigen Anwesenheitsberechtigten nach § 48 **Abs. 2** relevant, die Nicht-Verfahrensbeteiligte sind.[52] Grund dafür ist, dass § 48 zwar lex specialis ist, mit dieser Regelung aber die **Einschränkung** des Grundsatzes der Öffentlichkeit geregelt ist, nicht jedoch eine **Erweiterung** der Öffentlichkeit über das allgemeine Recht hinaus bezweckt ist. Auch § 175 Abs. 1 GVG findet neben § 48 Abs. 2 Anwendung.[53] Die Dienstaufsicht der Beamten der Justizverwaltung nach § 175 Abs. 3 GVG bleibt freilich trotz des Ausschlusses der Öffentlichkeit bestehen.[54] Der Ausschluss von Verfahrensbeteiligten kann nur über die §§ 176 GVG, §§ 51 Abs. 2, 104 Abs. 3 JGG erfolgen.   27

---

48 Ostendorf, § 48 Rn 15.
49 Ostendorf, § 48 Rn 17; Brunner/Dölling, § 48 Rn 21: „beherzigenswert".
50 Lehr, Bildberichterstattung der Medien über Strafverfahren, NStZ 2001, 63; Soehring, S. 391 ff.
51 Vgl auch Brunner/Dölling, § 48 Rn 16.
52 Ostendorf, § 48 Rn 9; Eisenberg, § 48 Rn 13; Schaal/Eisenberg, Rechte und Befugnisse von Verletzten in Strafverfahren gegen Jugendliche, NStZ 1988, 53; Brunner/Dölling, § 48 Rn 25; Dallinger/Lackner, § 48 Rn 13.
53 Ostendorf, § 48 Rn 9.
54 Brunner/Dölling, § 48 Rn 12; Ostendorf, § 48 Rn 9.

28 c) **Abs. 3.** In öffentlichen Verhandlungen gem. § 48 **Abs. 3 S. 1** (sowie gem. §§ 104 Abs. 2, 112 S. 1, 109 Abs. 1 S. 4) finden die allgemeinen Vorschriften der §§ 169 ff GVG vollständige Anwendung. Neben die allgemeinen Ausschlussgründe tritt daher der Ausschluss der Öffentlichkeit nach Abs. 3 S. 2 als weiterer, eigenständiger Grund.[55]

29 Der **Ausschluss der Öffentlichkeit nach Abs. 3 S. 2** erfolgt gem. § 174 Abs. 1 S. 2 GVG durch öffentlich zu verkündenden Beschluss[56] des Gerichts, nicht nur des Vorsitzenden,[57] und kann sich auch nur auf einen Teil der Hauptverhandlung beziehen, etwa auf die Erörterung der persönlichen Lebensverhältnisse des Jugendlichen,[58] auf dessen gesamte Einlassung, auf eine Gutachtenerstattung oder auf den Bericht der JGH.[59] Das Gericht sollte hier – ggf auf entsprechenden Antrag der Verteidigung – flexibel reagieren.

▶ **Antrag auf Ausschluss der Öffentlichkeit (Vorschlag):**
An das Landgericht [...]

„In der Strafsache [...] wird beantragt, für die (weitere) Hauptverhandlung die Öffentlichkeit gem. § 48 Abs. 3 S. 2 JGG (im Falle eines Heranwachsenden iVm § 109 Abs. 1 S. 4 JGG) auszuschließen.

Begründung [...]." ◀

Der Beschluss ist gem. § 174 Abs. 1 S. 3 GVG zu begründen. Zuvor sind alle Verfahrensbeteiligten zu hören.[60] Bei einem umfassenden Ausschluss der Öffentlichkeit ist – wie gezeigt (Rn 8) – auch die Urteilsverkündung erfasst.

30 Der **Beschluss**, welcher den Ausschluss der Öffentlichkeit verkündet, gilt – offenkundig – **nur** für die jeweilige **Instanz.**[61]

III. Verfahrenshinweise

31 **1. Fehlendes Recht zur Anwesenheit nach Zeugenaussage.** In Verfahren gegen Jugendliche nehmen Zeugen häufig nach ihrer Vernehmung ohne ausdrückliche Gestattung im Zuschauerraum platz, obwohl sie – wie gezeigt (Rn 12) – kein Anwesenheitsrecht haben.[62] Hier sollten die verfahrensbeteiligten Juristen, insb. auch die Verteidigung als Interessenvertreter des Angeklagten, darauf achten, dass die Nichtöffentlichkeit der Verhandlung gewahrt wird und der Zeuge den Sitzungssaal verlässt. Die Anwesenheit des Zeugen bedarf andernfalls einer expliziten Gestattung.

---

55 Eisenberg, § 48 Rn 14; Dallinger/Lackner, § 48 Rn 27.
56 OLG Hamm v. 13.3.2000, 2 Ss 213/00, StraFo 2000, 195; auch KG Berlin v. 27.9.2005, 4 Ws 128/05, NStZ-RR 2006, 120 ff; Brunner/Dölling, § 48 Rn 22; einen Formulierungsvorschlag für einen Antrag auf Ausschluss der Öffentlichkeit mit entsprechender Begründung liefert Zieger, Rn 266, Muster 14.
57 Instruktiv OLG Braunschweig v. 7.3.1994, Ss 8/94, StV 1995, 445.
58 BGH v. 14.12.2000, 3 StR 414/00, bei Böhm, NStZ-RR 2001, 325.
59 BGH v. 14.12.2000, 3 StR 414/00, bei Böhm, NStZ-RR 2001, 325; Heimann in: Bockemühl (Hrsg.), Teil E, Kap. 7, Rn 216; Zieger Rn 199 aE.
60 BGH v. 23.1.1957, 2 StR 600/56, BGHSt 10, 120; Brunner/Dölling, § 48 Rn 22; Ostendorf, § 48 Rn 19.
61 Brunner/Dölling, § 48 Rn 23.
62 Vgl auch Ostendorf, § 48 Rn 13 aE.

2. Zeugenschutz. Die **strafprozessualen Vorschriften** über den **Zeugenschutz** finden auch im Jugendstrafrecht Anwendung, insb. §§ 68 a, 68 b, 247 ff StPO.[63] Gerade die Beiordnung eines anwaltlichen Beistands gem. § 68 b StPO ist bei jugendlichen Zeugen nicht selten zweckmäßig, wird hingegen in der Praxis kaum beachtet. 32

3. Hinweispflicht. Ferner ist die **Hinweispflicht** des § 406 h StPO zu beachten. Danach ist der Verletzte auf seine Befugnisse nach den §§ 406 d - g StPO hinzuweisen. Der Hinweis auf die Möglichkeit der Nebenklage entfällt in Verfahren gegen Jugendliche (§ 80 Abs. 3). In Verfahren gegen Heranwachsende muss die Belehrung den Hinweis enthalten, dass der Heranwachsende bei Anwendung von Jugendstrafrecht bei Verurteilung gem. §§ 109 Abs. 2, 74 von der Kostentragung befreit werden kann. Jedenfalls Gericht, Staatsanwaltschaft und beteiligte Rechtsanwälte haben auf diese **kostenrechtlichen Folgen** hinzuweisen. 33

4. Schutz des jugendlichen Angeklagten vor unzulässiger Presse- und Bildberichterstattung. Die oben (Rn 2, 26) dargelegte Rechtslage, die den Schutz den Jugendlichen gewährleisten soll, muss ggf gegen widerstreitende Interessen durchgesetzt werden. Gericht, Staatsanwaltschaft und Verteidigung haben bei der unmittelbaren Vorbereitung bzw Durchführung der Hauptverhandlung darauf zu achten, dass Bildreporter und TV-Teams nicht im Gerichtsgebäude, insb. unmittelbar vor dem Gerichtssaal, oder während Verhandlungspausen im Saal selbst Fotos des Jugendlichen schießen.[64] Das **Hausrecht** obliegt im Saal und unmittelbar davor dem Vorsitzenden, im sonstigen Teil des Gerichtsgebäudes dem Gerichtspräsidenten (Nr. 129 RiStBV, insb. Abs. 3 u. 4).[65] Zumeist wird in den Hausordnungen der betreffenden Gerichte das Fotografieren und Filmen gegen den Willen des Betroffenen untersagt sein. Soweit die Anklageschrift an Pressevertreter ausgehändigt wird, sollte diese geschwärzt sein und das wesentliche Ergebnis der Ermittlungen nicht enthalten. 34

▶ **Antrag auf Schutz des Jugendlichen vor unzulässiger Medienberichterstattung (Vorschlag):**

An das Landgericht [...] Vorsitzender bzw Gerichtspräsident

„In der Strafsache [...] wird beantragt, zum Schutz des jugendlichen Angeklagten vor unzulässiger Presse- und/oder Bildberichterstattung folgende Anordnungen zu treffen [...]." ◀

5. Beschwerde, § 304 StPO. Ein Anwesenheitsberechtigter (Abs. 2 S. 1 und 2) kann sich gegen die Nicht-Zulassung mit der Beschwerde (§ 304 StPO) wenden.[66] 35

6. Revision. Zwar liegt nach § 338 Nr. 6 StPO ein **absoluter** Revisionsgrund vor, „wenn das Urteil auf Grund einer mündlichen Verhandlung ergangen ist, bei die Vorschriften über die Öffentlichkeit des Verfahrens verletzt sind". Nach der – vom Wortlaut losgelösten – Rechtsprechung ist § 338 Nr. 6 StPO jedoch bei unzulässigen Erweiterungen der Öffentlichkeit nicht anwendbar. Erfasst sein soll 36

---

[63] Schaal/Eisenberg, Rechte und Befugnisse von Verletzten in Strafverfahren gegen Jugendliche, NStZ 1988, 53; Brunner/Dölling, § 48 Rn 19; für § 68 b StPO: OLG Stuttgart v. 17.1.2001, 5 Ws 1/01, NJW 2001, 1589.
[64] Vgl auch für einen Formulierungsvorschlag mit ausformulierter Begründung, Zieger Rn 265, Muster 13.
[65] Vgl dazu Lehr, Bildberichterstattung der Medien über Strafverfahren, NStZ 2001, 61 ff; Zieger, Rn 200; allgemein KK-Mayr, § 176 GVG Rn 2; LR-Schäfer/Wickert, § 176 GVG Rn 6.
[66] Brunner/Dölling, § 48 Rn 21; Eisenberg, § 48 Rn 17; Dallinger/Lackner, § 48 Rn 14; aA DSS-Schoreit, § 48 Rn 19.

nur die unzulässige **Einschränkung** der Öffentlichkeit. Daraus folgt, dass die Anwesenheit von Personen unter Verstoß gegen § 48 Abs. 1 lediglich einen **relativen** Revisionsgrund gem. § 337 StPO darstellt.[67] Ein „Beruhen" iSd § 337 StPO muss aus Sicht der hM bei einem Verstoß gegen Abs. 1 des § 48 eigentlich stets vorliegen, wenn sie dessen Normzweck auch auf die Wahrheitserforschung stützt (oben Rn 1), weil dann bei unzulässiger Erweiterung der Öffentlichkeit nicht ausgeschlossen werden kann, dass der Jugendliche aus Gründen der Einschüchterung bzw. der Profilierung verfälschend auf die Wahrheitsfindung (§ 244 Abs. 2 StPO) einwirkt.[68] Ein Fall des § 338 Nr. 6 StPO liegt indes vor, wenn der als Jugendlicher Angeklagte im Zeitpunkt der Anklageerhebung tatsächlich bereits Erwachsener war. Hier begründet die Verletzung der §§ 48 Abs. 3 iVm § 169 GVG den absoluten Revisionsgrund des § 338 Nr. 6 StPO.[69]

37 Die **Weigerung** des Vorsitzenden, **Anwesenheitsberechtigten** (**Abs. 2 S. 1, 2**) die Anwesenheit zu **gestatten**, kann einen **relativen** Revisionsgrund darstellen, wenn diese Weigerung dazu geführt hat, dass dadurch Informationen nicht in das Verfahren eingeführt werden konnten, die Auswirkungen auf das Verfahrensergebnis hätten haben können.[70] Bei Formulierung einer derartigen Rüge ist besonderes Augenmerk auf die Anforderungen des § 344 Abs. 2 S. 2 StPO zu legen. Zur Vorbereitung dieser Rüge sollte die Verteidigung bei erfolgter Weigerung durch das Gericht in der Hauptverhandlung einen entsprechenden Antrag auf Zulassung der betreffenden Person bzw. auf Einführung der in Rede stehenden Informationen stellen.

38 „**Andere Personen**", die kein Recht zur Anwesenheit haben (**Abs. 2 S. 3**), können sich gegen die Nicht-Zulassung oder den Widerruf einer Zulassung nicht auf § 238 Abs. 2 StPO stützten (oben, Rn 22), und können sich dagegen auch **nicht** mit der Revision oder einem Rechtsbehelf wehren.[71] Dies gilt auch für den Fall, dass sie zuvor einen entsprechenden Antrag gestellt haben.[72] Entscheidet sich der Vorsitzende nach pflichtgemäßem Ermessen für eine zahlenmäßige Beschränkung ausnahmsweise zugelassener Pressekorrespondenten, so begründet dies weder einen Verstoß gegen die Informationsfreiheit aus Art. 5 Abs. 1 S. 1 GG noch gegen die Pressefreiheit aus Art. 5 Abs. 1 S. 2 GG.[73]

39 Wird die Öffentlichkeit nach **Abs. 3 S. 2** ohne nähere Prüfung der dort genannten Voraussetzungen oder unter rechtsfehlerhafter Anwendung von Abs. 3 S. 2 ausgeschlossen, so ist der Jugendliche dadurch nicht beschwert,[74] wie sich aus Abs. 1 sowie dem Normzweck des § 48 ergibt. Jedoch kann der mitangeklagte Heranwachsende bzw. Erwachsene diesen Verfahrensfehler gem. § 338 Nr. 6 StPO rügen.[75]

---

67 BGH v. 21.11. 1969, 3 StR 249/68, BGHSt 23, 176; Böhm, NStZ-RR 2001, 325; Meyer-Goßner, § 338 Rn 47; Eisenberg, § 48 Rn 23; Schaffstein/Beulke, § 37 II. 1.
68 Vgl auch Eisenberg, § 48 Rn 23.
69 OLG Hamm v. 1.7.2010, III-3 RVs 55/10.
70 BGH v. 21.11. 1969, 3 StR 249/68, BGHSt 23, 176; Brunner/Dölling, § 48 Rn 21 aE; die zur Anwesenheit Berechtigten selbst können gegen ihren Ausschluss – wie gezeigt (oben Rn 36) Beschwerde (§ 304 StPO) einlegen.
71 Brunner/Dölling, § 48 Rn 21; Ostendorf, § 48 Rn 20.
72 Zutr. Ostendorf, § 48 Rn 20.
73 BVerfG v. 14.10.2009, 1 BvR 2430/09, NJW 2010, 1739.
74 BGH v. 23.1.2003, 4 StR 412/02; BGH v. 23.1.1957, 2 StR 600/56, BGHSt 10, 119 f; Eisenberg, § 48 Rn 24; Brunner/Dölling, § 48 Rn 23; Ostendorf, § 48 Rn 21.
75 OLG Koblenz v. 5.5.1977, 1 Ss 96/77, GA 1977, 374.

§ 49 (aufgehoben)
§ 50 Anwesenheit in der Hauptverhandlung

(1) Die Hauptverhandlung kann nur dann ohne den Angeklagten stattfinden, wenn dies im allgemeinen Verfahren zulässig wäre, besondere Gründe dafür vorliegen und der Staatsanwalt zustimmt.

(2) ¹Der Vorsitzende soll auch die Ladung des Erziehungsberechtigten und des gesetzlichen Vertreters anordnen. ²Die Vorschriften über die Ladung, die Folgen des Ausbleibens und die Entschädigung von Zeugen gelten entsprechend.

(3) ¹Dem Vertreter der Jugendgerichtshilfe sind Ort und Zeit der Hauptverhandlung mitzuteilen. ²Er erhält auf Verlangen das Wort.

(4) ¹Nimmt ein bestellter Bewährungshelfer an der Hauptverhandlung teil, so soll er zu der Entwicklung des Jugendlichen in der Bewährungszeit gehört werden. ²Satz 1 gilt für einen bestellten Betreuungshelfer und den Leiter eines sozialen Trainingskurses, an dem der Jugendliche teilnimmt, entsprechend.

Richtlinie zu § 50

1. Im Jugendstrafverfahren ist der persönliche Eindruck, den das Gericht von dem Jugendlichen erhält, von entscheidender Bedeutung. Eine Hauptverhandlung in Abwesenheit des Angeklagten sollte deshalb nur in Erwägung gezogen werden, wenn es sich um eine geringfügige Verfehlung handelt, auf Grund des Berichts der Jugendgerichtshilfe ein klares Persönlichkeitsbild vorliegt, und das Erscheinen des Jugendlichen wegen weiter Entfernung mit großen Schwierigkeiten verbunden ist oder wenn gegebenenfalls eine Abtrennung des Verfahrens gegen den abwesenden Jugendlichen mit Rücksicht auf eine umfangreiche Beweisaufnahme unangebracht ist.

2. Nimmt die Staatsanwaltschaft im vereinfachten Jugendverfahren an der mündlichen Verhandlung nicht teil, so bedarf es ihrer Zustimmung zur Durchführung der Verhandlung in Abwesenheit des Angeklagten nicht (§ 78 Abs. 2 Satz 2).

3. § 50 Abs. 2 trägt der Tatsache Rechnung, daß die Hauptverhandlung ein bedeutsames Ereignis im Leben und für die Erziehung von Jugendlichen ist. Deshalb ist die Anwesenheit von Erziehungsberechtigten und gesetzlichen Vertretern regelmäßig wichtig. Ihre Teilnahme an der Hauptverhandlung kann auch dazu beitragen, daß das Verfahren alsbald rechtskräftig abgeschlossen wird. Auf § 67 Abs. 5 wird hingewiesen.

4. Schon vor der Hauptverhandlung sollte geprüft werden, ob es im Interesse des Angeklagten angezeigt ist, den in § 50 Abs. 4 Satz 2 und § 48 Abs. 2 genannten Helfern und Betreuungspersonen im Hinblick auf die Betreuung Nachricht vom Hauptverhandlungstermin auch dann zu geben, wenn ihre Ladung nicht aus anderen Gründen erforderlich ist.

5. § 50 Abs. 2 gilt auch im Verfahren gegen Jugendliche vor den für allgemeine Strafsachen zuständigen Gerichten (§ 104 Abs. 1 Nr. 9; vgl. jedoch Ausnahme in § 104 Abs. 3), nicht jedoch im Verfahren gegen Heranwachsende (§ 109 Abs. 1, § 112).

Schrifttum:

Kremer, Der Einfluss des Elternrechts aus Art. 6 Abs. 2, 3 GG auf die Rechtmäßigkeit der Maßnahmen des JGG, 1984; *Laubenthal*, Jugendgerichtshilfe im Strafverfahren, 1993; *Richmann*, Die Beteiligung der Erziehungsberechtigten und des gesetzlichen Vertreters am Jugendstrafverfahren, 2002; *Schaffstein*, Jugendhilfe, Jugendgerichtshilfe und Jugendgerichtsbarkeit in ihrem wechselseitigen Verhältnis, S. 607 - 618, in: Samson u.a. (Hrsg.): Festschrift für Gerald Grünwald, 1999; *Schaffstein*, Aufgabe und verfahrensrechtliche Stellung der Jugendgerichtshilfe, in: Hanack ua (Hrsg.): Festschrift für Hanns Dünnebier, 1982, S. 661 - 677; *Schöch*, Die Gerichtshilfe aus kriminologischer und verfahrensrechtlicher Sicht, in: Kerner u.a. (Hrsg.): Festschrift für Heinz Leferenz, 1983, S. 127 ff.

I. Jugendstrafrechtliche Grundlagen 1	4. Anwesenheit und Ladung von Erziehungsberechtigten und gesetzlichen Vertretern, § 50 Abs. 2 15
II. Anwendungsbereich 3	5. Anwesenheit und Terminsmitteilung an die JGH, § 50 Abs. 3 20
1. Persönlich 3	
a) Abs. 1 3	
b) Abs. 2 4	
c) Abs. 3 5	
d) Abs. 4 6	6. Anhörung des Bewährungshelfers, Betreuungshelfers sowie des Leiters eines sozialen Trainingskurses, § 50 Abs. 4 27
2. Sachlich 7	
a) Vereinfachtes Jugendverfahren 7	
b) Rechtsmittelverfahren 8	
c) Ordnungswidrigkeitenverfahren 9	**III. Verfahrenshinweise** 30
	1. Einführung und Verwertung des JGH-Berichts 30
d) Verfahren gegen Abwesende, §§ 276 ff StPO 10	2. Aussetzung der Hauptverhandlung gem. § 265 Abs. 4 StPO 34
3. Abwesenheit des jugendlichen Angeklagten, Abs. 1 11	
a) Zulässigkeit nach allgemeinem Strafverfahrensrecht 12	3. Revision 35
	a) § 50 Abs. 1 35
b) Besondere Gründe 13	b) § 50 Abs. 2 36
c) Zustimmung der Staatsanwaltschaft 14	c) § 50 Abs. 3 37
	d) § 50 Abs. 4 38

I. Jugendstrafrechtliche Grundlagen

1 § 50 Abs. 1 normiert zunächst eigentlich eine Selbstverständlichkeit. Die gesamte **Hauptverhandlung** hat grundsätzlich in ununterbrochener **Anwesenheit** des angeklagten **Jugendlichen** stattzufinden. Von einem solchen Grundsatz geht zwar auch das allgemeine Strafverfahrensrecht aus (§§ 230 Abs. 1, 285 Abs. 1, 332, 338 Nr. 5 StPO). Dort ist die Durchführung einer Hauptverhandlung in Abwesenheit des Angeklagten aufgrund der normierten Ausnahmen jedoch einerseits weiter gefasst als nach § 50. Insoweit besteht nach § 50 Abs. 1 eine **gesteigerte Anwesenheitspflicht**. Andererseits ist § 51 Abs. 1 zu beachten, wonach der Vorsitzende den Angeklagten für die Dauer von Erörterungen **ausschließen** soll, aus denen **Nachteile für die Erziehung** entstehen können. Der Erziehungsgedanke des JGG erfordert also einerseits eine verstärkte Anwesenheitspflicht als im allgemeinen Strafverfahren, andererseits aber eine weitergehende Durchbrechung des Anwesenheitsgrundsatzes für spezifische Situationen.[1] Ebenfalls als Ausfluss des Erziehungsgedankens sind Abs. 2 - 4 des § 50 zu sehen. Die Anwesenheit und **Teilhabe** von Erziehungsberechtigtem und gesetzlichem Vertreter, der JGH sowie – ggf – Bewährungshelfer, Betreuungshelfer bzw des Leiters eines sozialen Trainingskurses soll durch § 50 Abs. 2 - 4 bewirkt werden (vgl auch § 67 Abs. 1).

2 Wie das Nichtöffentlichkeitsprinzip des § 48 Abs. 1 dient die Anwesenheitspflicht gem. § 50 Abs. 1 dem **Persönlichkeitsschutz** des Jugendlichen. Ferner soll damit auch die aus § 43 folgende Ermittlung der Persönlichkeit des Jugendlichen gewährleistet werden.[2] Eine „jugendspezifische" Kommunikation ist selbstredend nur bei Anwesenheit des Betroffenen möglich. Zudem kann eine angemessene

---

1 Vgl auch Streng, § 7 Rn 80; krit. Böhm, § 9 3.a.).
2 Eisenberg, § 50 Rn 15; Brunner/Dölling, § 50 Rn 1.

Bestimmung der im Jugendstrafrecht gegenüber dem allgemeinen Sanktionenrecht bekanntlich deutlich flexibleren Rechtsfolge regelmäßig nur in Anwesenheit des Jugendlichen erfolgen. Dem entspricht RL zu § 50 Nr. 1 S. 1. Mit der grundsätzlichen Pflicht zur Anwesenheit korrespondiert die Regelung des § 42, wonach die Gerichtsstände des allgemeinen Strafverfahrensrechts (§§ 7 ff StPO) um drei weitere ergänzt werden. Ferner ist § 50 vor dem Hintergrund zu lesen, dass eine **Hauptverhandlung** gegen einen Jugendlichen ohnehin nur stattfindet, **wenn keine Diversionsvorschrift** eingreift, also nicht von Verfolgung abgesehen wird (§ 45) bzw das Verfahren außerhalb der Hauptverhandlung durch Beschluss eingestellt wird (§ 47); vgl aber auch die Möglichkeit des § 47 Abs. 2 S. 2: Einstellung in der Hauptverhandlung.[3]

II. Anwendungsbereich

1. Persönlich. a) Abs. 1. § 50 Abs. 1 betrifft **Jugendliche** vor Jugendgerichten wie vor allgemeinen Gerichten (§ 104 Abs. 2).[4] Für **Heranwachsende** gilt § 50 Abs. 1 zwar gem. § 109 Abs. 1 nicht. Gleichwohl ist eine Hauptverhandlung gegen einen Heranwachsenden in dessen Abwesenheit grundsätzlich zu vermeiden, weil die Frage der Anwendung von Jugendstrafrecht gem. § 105 dessen Anwesenheit regelmäßig notwendig macht.[5] Gerade auch bei leichteren Vorwürfen werden die nach § 43 erforderlichen Feststellungen der Lebensverhältnisse und sonstigen für die Beurteilung des Angeklagten wichtigen Umstände häufig erst in der Hauptverhandlung getroffen. Die Verhandlung in Abwesenheit des angeklagten Heranwachsenden würde dann zu einer schematischen Anwendung des § 105 führen.[6]   3

b) Abs. 2. § 50 Abs. 2 gilt ebenfalls für Jugendliche vor Jugendgerichten und allgemeinen Gerichten (§ 109 Abs. 1 Nr. 9), jedoch nur bis zum Eintritt der Volljährigkeit.[7] Mit Vollendung des 18. Lebensjahres kommen die Vorschriften über die Beteiligung und Rechtsstellung des Erziehungsberechtigten und des gesetzlichen Vertreters nicht mehr in Betracht. Dies gilt neben § 67 auch für § 50 Abs. 2. Im Ausnahmefall des § 104 Abs. 3 (wenn Gründe der Staatssicherheit dies gebieten) kann die Beteiligung des Erziehungsberechtigten und des gesetzlichen Vertreters vor allgemeinen Gerichten unterbleiben. **Keine Anwendung** findet § 50 Abs. 2 in Verfahren gegen **Heranwachsende** (§ 109 Abs. 1 S. 1, § 112; RL Nr. 5 zu § 50).   4

c) Abs. 3. Auch § 50 Abs. 3 findet auf **Jugendliche** vor Jugendgerichten und allgemeinen Gerichten Anwendung (§ 104 Abs. 1 Nr. 2). Auch insoweit ist § 104 Abs. 3 zu beachten. Abs. 3 findet auch auf **Heranwachsende** Anwendung (§ 109 Abs. 1 S. 1, § 112 S. 1). Dies gilt auch nach Vollendung des 21. Lebensjahres[8] und ist notwendig, weil gerade die JGH wertvolle Informationen zur Frage der Anwendbarkeit von Jugendstrafrecht (§ 105) liefern kann.   5

d) Abs. 4. § 50 Abs. 4 gilt für **Jugendliche** vor den Jugendgerichten. Für Verfahren gegen Jugendliche vor allgemeinen Gerichten ist dies in § 104 nicht ausdrück-   6

---

3 Vgl etwa P.-A. Albrecht, § 46 II. 2.
4 Heute allgM, Ostendorf, § 50 Rn 1; Eisenberg, § 50 Rn 1.
5 OLG Hamburg v. 2.10.1962, 2 Ss 62/62, NJW 1963, 67; Streng, § 7 Rn 79; Eisenberg, § 50 Rn 2; Dallinger/Lackner, § 109 Rn 24 iVm § 105 Rn 4.
6 Dazu bereits OLG Hamburg v. 2.10.1962, 2 Ss 62/62, NJW 1963, 67.
7 BGH v. 9.8.1956, 1 StR 269/56, NJW 1956, 1607; OLG Köln v. 9.3.1965, Ss 335/64, NJW 1965, 1393; Eisenberg, § 50 Rn 3.
8 Zutr. BGH v. 12.10.1954, 5 StR 335/54, BGHSt 6, 354; BGH v. 9.3.1982, 1 StR 842/81, StV 1982, 336, m. Anm. Gatzweiler; Eisenberg, § 50 Rn 5.

lich geregelt. Es spricht aber teleologisch viel dafür, Abs. 4 des § 50 über § 104 Abs. 2 auch für Jugendliche vor den allgemeinen Gerichten anzuwenden.[9] In Verfahren gegen **Heranwachsende** vor den Jugendgerichten findet § 50 Abs. 4 Anwendung (§ 109 Abs. 1 S. 1, § 112 S. 1). Auch hier sollte in Verfahren vor allgemeinen Gerichten § 50 Abs. 4 über § 104 Abs. 2 zur Anwendung gelangen.

7   2. **Sachlich.** a) **Vereinfachtes Jugendverfahren.** Auf das **vereinfachte Verfahren** (§§ 76 ff) findet § 50 Abs. 1 Anwendung. Die Zustimmung der Staatsanwaltschaft (§ 50 Abs. 1 aE) ist dann entbehrlich, wenn diese nicht am vereinfachten Verfahren teilnimmt (§ 78 Abs. 2 S. 1, 3, Abs. 3 S. 2; RL Nr. 2 zu § 50).

8   b) **Rechtsmittelverfahren.** Volle **Anwendung** finden die Abs. 3 und 4 des § 50 in der **Berufung.** In der Hauptverhandlung vor dem **Revisionsgericht** gilt § 50 Abs. 3, 4 **nicht**, da bei diesem Rechtsmittel lediglich Rechtsverletzungen (§§ 337, 338 StPO) geprüft werden.[10] Teilweise wird vertreten, eine Heranziehung der JGH bzw der **Bewährungshilfe, Betreuungshilfe** oder des **Leiters** eines **sozialen Trainingskurses** im Revisionsverfahren könne geboten sein, wenn die Auslegung eines entsprechenden Berichts im Streit stehe.[11] Zutreffend dürfte sein, dass die Auslegung dieser Berichte, als Teil der Strafakte wie sonstige Berichte – etwa der Kriminalpolizei –, Sache des Gerichts ist. Wegen des Unmittelbarkeitsgrundsatzes (§ 250 StPO) ist eine Verlesung des Berichts in der Hauptverhandlung ohnehin grundsätzlich unzulässig. Vielmehr müssen die Tatsachen des Berichts mittels Zeugenvernehmung zum Gegenstand der Hauptverhandlung gemacht werden.[12] Eingedenk dessen, entschärft sich das hier erörterte Problem. Hinsichtlich dennoch auftretender Auslegungszweifel im Revisionsverfahren, etwa aufgrund erhobener Aufklärungsrüge (§ 244 Abs. 2 StPO), gehen diese Zweifel stets zugunsten des Angeklagten.

9   c) **Ordnungswidrigkeitenverfahren.** Im **Ordnungswidrigkeitenverfahren** ist Ausgangspunkt für die Frage der Anwesenheit des Betroffenen § 73 OWiG. Danach ist der Betroffene zum Erscheinen in der Hauptverhandlung verpflichtet (§ 73 Abs. 1 OWiG). § 73 OWiG ist lex specialis zu § 50.[13] Gleichwohl ist der Normzweck des § 50 bei der Auslegung des gesamten § 73 OWiG zu berücksichtigen. Daher wird das Gericht einem Antrag auf Entbindung des Angeklagten von der Anwesenheitspflicht (§ 73 Abs. 2 OWiG) mit Zurückhaltung begegnen.[14] Wird der Jugendliche nicht entbunden, so sind auch die **Erziehungsberechtigten** sowie der **gesetzliche Vertreter** gem. § 50 Abs. 2 zu laden.[15] Bei entsprechender Entbindung des betroffenen Jugendlichen ist eine Ladung dem § 50 Abs. 2 nicht erforderlich. Es genügt dann die Mitteilung an den Erziehungsberechtigten und den gesetzlichen Vertreter, dass ihnen das Erscheinen in der Hauptverhandlung frei stehe,[16] weil in diesen Fällen auch die Unterstützungsfunktion des Erziehungsberechtigten und des gesetzlichen Vertreters nicht notwendig ist. Von der **Heranziehung der JGH** kann gem. § 46 Abs. 6 OWiG abgesehen werden, wenn ihre Mitwirkung für die sachgemäße Durchführung des Verfahrens entbehrlich ist.

---

9   Eisenberg, § 50 Rn 6 a.
10 Brunner/Dölling, § 50 Rn 12; Dallinger/Lackner, § 50 Rn 32; wohl auch Eisenberg, § 50 Rn 6; diff. Ostendorf, § 50 Rn 6.
11 Ostendorf, § 50 Rn 6.
12 Eisenberg, § 38 Rn 49; Brunner/Dölling, § 38 Rn 13.
13 Ostendorf, § 50 Rn 8.
14 Vgl Göhler, 14. Aufl. 2006, § 71 OWiG Rn 62; auch Eisenberg, § 50 Rn 9.
15 Brunner/Dölling, § 50 Rn 6; D/S/S-Schoreit § 50 Rn 7; Ostendorf, § 50 Rn 8.
16 Brunner/Dölling, § 50 Rn 6; s.a. Eisenberg, § 50 Rn 10.

Dies wird in einfach gelagerten, routinemäßigen Ordnungswidrigkeitenverfahren, etwa aus dem Bereich des Straßenverkehrs, regelmäßig der Fall sein.

d) Verfahren gegen Abwesende, §§ 276 ff StPO. Streitig ist, ob § 50 nur für die Hauptverhandlung gilt oder auch für das durch §§ 276 ff StPO geregelte „Verfahren gegen Abwesende", welches seit der Aufhebung der §§ 276 Abs. 2, 277 - 284 StPO durch Art. 21 Nr. 74, 75 EGStGB eigentlich gar nicht mehr durchgeführt wird. Geregelt ist durch die §§ 276 - 295 StPO nur noch ein **Beweissicherungsverfahren**, zur Erzwingung oder Sicherung der Gestellung des Beschuldigten, die Vermögensbeschlagnahme sowie das sog. sichere Geleit.[17] Ausgangspunkt ist, dass gem. § 285 Abs. 1 S. 1 StPO gegen einen Abwesenden iSv § 276 StPO „keine Hauptverhandlung" stattfindet. Damit ist richtig, dass § 50 Abs. 1 nicht auf die §§ 276 ff StPO Bezug nimmt.[18] Zu beachten ist jedoch weiter, dass die §§ 276 ff StPO, wenn sie überhaupt Anwendung finden, „im Lichte des JGG", insb. des § 48, auszulegen sind. Dementsprechend können §§ 288, 291 StPO nicht zur Anwendung gelangen.[19] 10

3. Abwesenheit des jugendlichen Angeklagten, Abs. 1. Die Hauptverhandlung gegen einen jugendlichen Angeklagten in dessen **Abwesenheit** ist von drei in Abs. 1 bezeichneten Voraussetzungen abhängig: Zulässigkeit der Durchführung der Hauptverhandlung in Abwesenheit des Angeklagten nach allgemeinem Strafverfahrensrecht, Vorliegen besonderer Gründe und der Zustimmung der Staatsanwaltschaft. 11

a) Zulässigkeit nach allgemeinem Strafverfahrensrecht. Die Zulässigkeit der Durchführung der Hauptverhandlung in Abwesenheit des Angeklagten nach allgemeinem Strafverfahrensrecht bemisst sich nach den §§ 231 - 233 StPO. **Problematisch** ist insb. die **Vergleichbarkeit** der Sanktionen bzw Rechtsfolgen bei Anwendung der §§ 232, 233 StPO. Die hM erklärt die §§ 232, 233 StPO für anwendbar, wenn anstelle der „Erwartung" von Geldstrafe bzw Freiheitsstrafe die Erwartung von Erziehungsmaßregeln (mit Ausnahme der Hilfe zur Erziehung gem. § 12 Nr. 2 in einer Einrichtung) oder Zuchtmitteln tritt.[20] Nach anderer, einschränkender Auffassung soll die Durchführung der Hauptverhandlung in Abwesenheit (gem. § 232 StPO) auch bei Erwartung von Jugendarrest ausgeschlossen sein.[21] **Richtigerweise** scheidet das sog. „Ungehorsamsverfahren" gem. § 232 StPO gegen einen Jugendlichen regelmäßig aus, weil der Erziehungszweck die Anwesenheit des Jugendlichen gebietet.[22] Will der Jugendrichter dennoch § 232 StPO anwenden, so ist dies bei **Erwartung** von **Jugendarrest** deshalb **unzulässig**, weil dieses Zuchtmittel, anders als die in § 232 StPO aufgeführten Sanktionen, freiheitsentziehenden Charakter hat. Die Verhängung von Jugendstrafe sowie die Aussetzung der Verhängung von Jugendstrafe (§§ 27 ff JGG) ist im Falle des § 232 StPO nach allg. Meinung unzulässig, im Falle des § 233 StPO richtigerweise nicht begründbar,[23] weil die Frage des Vorliegens schädlicher Neigun- 12

---

17 LR-Gollwitzer, Vor § 276 Rn 7; Meyer-Goßner, Vorbem. zu §§ 276 ff, Rn 1.
18 Ostendorf, § 50 Rn 5; aA Eisenberg, § 50 Rn 17; Dallinger/Lackner, § 50 Rn 4.
19 Zutr. Ostendorf, § 50 Rn 5.
20 Dallinger/Lackner, § 50 Rn 4; Streng § 7 Rn 77; Brunner/Dölling, § 50 Rn 10; Eisenberg, § 50 Rn 17; LR-Gollwitzer, § 232 StPO Rn 4.
21 Ostendorf, § 50 Rn 10.
22 LR-Gollwitzer, § 232 StPO Rn 4.
23 Zu dieser Differenzierung zutr. Eisenberg, § 50 Rn 17; nach Brunner/Dölling, § 50 Rn 2 soll auch im Falle des § 233 StPO Unzulässigkeit vorliegen; vgl auch Streng, § 7 Rn 77.

gen bzw der Schwere der Schuld (§ 17 Abs. 2) ohne Anwesenheit des Jugendlichen nicht getroffen werden kann und sollte.[24] Zu §§ 231 - 231 c StPO vgl Rn 13.

13 **b) Besondere Gründe.** In Ansehung der Strukturen des Jugendstrafverfahrens werden „**besondere Gründe**" für die Durchführung der Hauptverhandlung in Abwesenheit des Jugendlichen zumeist nicht vorliegen. Soweit RL Nr. 1 S. 2 zu § 50 auf eine „geringfügige Verfehlung" abstellt, wird das Verfahren in diesen Fällen ohnehin regelmäßig einstellungsgeeignet gem. §§ 45, 47 sein.[25] Die „weite Entfernung" (RL Nr. 1 S. 2 zu § 50) sollte aufgrund der flexiblen Regelung zur örtlichen Zuständigkeit (§ 42) ebenfalls nicht zu einer Verhandlung in Abwesenheit führen.[26] Hinsichtlich der weiteren in RL zu § 50 genannten Konstellationen mag es Fälle geben (§§ 231 - 231 c StPO), in denen eine Hauptverhandlung in Abwesenheit zulässig erscheint, wenn das Gericht sich bereits ein klares Bild gemacht hat,[27] gleichwohl sollte eine Bejahung des Vorliegens „besonderer Gründe" zurückhaltend vorgenommen werden.

14 **c) Zustimmung der Staatsanwaltschaft.** Schließlich muss die Zustimmung der Staatsanwaltschaft vorliegen. Gem. § 78 Abs. 2 S. 2 bedarf es der Zustimmung nicht, wenn die Staatsanwaltschaft nicht am vereinfachten Verfahren teilnimmt.

15 **4. Anwesenheit und Ladung von Erziehungsberechtigten und gesetzlichen Vertretern, § 50 Abs. 2.** Erziehungsberechtigte und gesetzliche Vertreter sind bereits gem. § 67 **Verfahrensbeteiligte.** Als solche haben sie in der Hauptverhandlung ein **Anwesenheitsrecht** (§ 48 Abs. 2 S. 1). Ihre **Ladung** soll durch den Vorsitzenden angeordnet werden. Die Ladung bedarf keiner Form (§ 48 StPO), kann daher auch mündlich erfolgen. Erziehungsberechtigte und gesetzlicher Vertreter sind wie Zeugen zu laden und zu entschädigen, § 50 Abs. 2 S. 2. Die Entschädigung folgt gem. § 50 Abs. 2 S. 2 für Erziehungsberechtigte und gesetzliche Vertreter nach dem ZSEG (iVm § 71 StPO). Dass – selbstredend – auch der **angeklagte Jugendliche** zu laden ist, ergibt sich bereits aus der allgemeinen Vorschrift des § 216 StPO und ist im JGG nicht mehr gesondert geregelt.

16 Soweit § 50 Abs. 2 S. 1 normiert, dass der Vorsitzende die Ladung anordnen „soll", ist die **Soll-Vorschrift** vor dem Hintergrund von Art. 6 Abs. 2 GG als „**Muss-Vorschrift**" auszulegen.[28] Auch kann das Recht zur Anwesenheit (§ 48 Abs. 2 S. 1) sonst nicht sinnvoll ausgeübt werden. Lediglich in den Fällen der §§ 51 Abs. 2, 67 Abs. 4 entfällt das Recht zur Anwesenheit. Auch eine Ladung muss dann nicht erfolgen.

17 Die **Anwesenheit** von **Erziehungsberechtigten** und gesetzlichem Vertreter ist deshalb von **hoher Bedeutung**, weil der Persönlichkeitsschutz des Jugendlichen wie auch die Erforschung der Persönlichkeit dies verlangt. Ferner hängt die Frage, inwieweit die jeweilige Rechtsfolge tatsächlich erzieherische Wirkung zeitigt, maßgeblich von den Erziehungsberechtigten und gesetzlichen Vertretern ab.[29] Zudem kann deren Anwesenheit bei allgemein akzeptierter Rechtsfolge den Ein-

---

24 Brunner/Dölling, § 50 Rn 2; nach Dallinger/Lackner, § 50 Rn 5 soll im Falle des § 233 StPO auch die Verhängung von Jugendstrafe möglich sein, jedoch vermieden werden.
25 Zieger, Rn 203; Ostendorf, § 50 Rn 10.
26 Ostendorf, § 50 Rn 10.
27 Nach Eisenberg, § 50 Rn 18, liegen besondere Gründe in den Fällen der §§ 231 Abs. 2, 231a, 231b, 232, 233 StPO regelmäßig nicht vor. Nach Streng, § 7 Rn 78 habe sich das Gericht in diesen Fällen häufig bereits ein klares Bild verschafft.
28 Richmann, S. 294; Ostendorf, § 50 Rn 11; Eisenberg, § 50 Rn 21: „Pflicht zur Ladung"; aA Brunner/Dölling, § 50 Rn 9; wohl auch Streng, § 6 Rn 40.
29 Eisenberg, § 50 Rn 20; Peters, § 33 RJGG 43 Anm. 2.

tritt von Rechtskraft fördern (RL Nr. 3 S. 3 zu § 50), auch im Hinblick auf deren eigenes Anfechtungsrecht (§ 67 Abs. 3).[30] Gleichwohl bleiben geladene Erziehungspersonen der Hauptverhandlung in der Praxis häufig unentschuldigt fern.

Bei **mehreren Erziehungsberechtigten** ist es nach § 67 Abs. 5 S. 3 ausreichend, wenn die Ladung an eine Person gerichtet ist. Um Sinn und Zweck des Abs. 2 des § 50 Rechnung zu tragen, wird es sich aber regelmäßig empfehlen, alle Erziehungsberechtigten und gesetzlichen Vertreter einzeln zu laden. **18**

Gem. § 50 Abs. 2 S. 2 sind Erziehungsberechtigter und gesetzlicher Vertreter auf die Folgen des Ausbleibens hinzuweisen. Damit nimmt die Vorschrift Bezug auf §§ 48, 51, 71 StPO (Ordnungsgeld, Ordnungshaft, zwangsweise Vorführung, Auferlegung der entstandenen Kosten). Das **Recht** zur **Anwesenheit** (§ 48 Abs. 2 S. 1) begründet mithin eine grundsätzliche **Anwesenheitspflicht**.[31] Die **Sanktionierung** des Erziehungsberechtigten bzw des gesetzlichen Vertreters nach § 51 StPO wird sich jedoch in vielen Fällen **kontraproduktiv** auf die (erzieherische) Rechtsfolge, welche gegen den Jugendlichen verhängt wird, auswirken.[32] Die Interessenlage ist hier grundsätzlich eine andere als bei einem „ungehorsamen" Zeugen iSd § 51 StPO. **19**

5. Anwesenheit und Terminsmitteilung an die JGH, § 50 Abs. 3. Ausgangspunkt für die Regelung des § 50 Abs. 3 ist § 38 Abs. 3 S. 1, wonach die **JGH** „im gesamten Verfahren" heranzuziehen ist. § 50 Abs. 3 konkretisiert dieses Recht für die Hauptverhandlung dahingehend, dass dem Vertreter der Jugendgerichtshilfe Ort und Zeit der Hauptverhandlung mitzuteilen sind. Die Mitteilung hat rechtzeitig zu erfolgen, die telefonische Benachrichtigung kurz vor Beginn der Hauptverhandlung ist nicht ausreichend.[33] Nach *Ostendorf* soll auch die Ladungsfrist von einer Woche (§ 217 StPO) nicht genügen, wenn die JGH entgegen § 38 Abs. 3 zuvor nicht am Verfahren beteiligt war, da eine Woche für die Aufgabenerfüllung der JGH (§ 38) nicht ausreiche. Der JGH wird durch Abs. 3 des § 50 die Gelegenheit zugesprochen, nach § 38 Abs. 1, S. 1, 2 zur Gewinnung eines möglichst vollständigen Bildes der Persönlichkeit, der Entwicklung und der Umwelt des Jugendlichen beizutragen. **20**

Nicht einhellig beurteilt wird die Frage, ob der JGH **lediglich der erste von mehreren Hauptverhandlungstagen**[34] oder **alle avisierten Termine**[35] mitzuteilen sind. Zutreffend dürfte sein, dass der JGH alle anberaumten Termine mitzuteilen sind. Dafür spricht der Wortlaut des § 50 Abs. 3 S. 1, wonach Ort und Zeit der „Hauptverhandlung" mitzuteilen sind und „die Hauptverhandlung" offenkundig alle Sitzungstage umfasst. Ferner spricht Sinn und Zweck des § 50 Abs. 3 iVm § 38 für eine umfassende Mitteilung. Im Übrigen ist nicht ersichtlich, welchen Nutzen die Mitteilung lediglich des ersten Tages haben soll. Voraussetzung ist freilich, dass bereits mehrere Tage fest terminiert sind. **21**

Erkrankt der Vertreter der **JGH**, so ist die HV bis zur Gesundung des JGH-Vertreters zu unterbrechen. Droht dadurch eine längere Unterbrechung als die Höchstdauer von drei Wochen (§ 229 Abs. 1 StPO), so sollte seitens des Gerichts **22**

---

30 Dallinger/Lackner, § 50 Rn 13; Eisenberg, § 50 Rn 20.
31 Brunner/Dölling, § 50 Rn 7: „nicht im Belieben".
32 Zutr. Ostendorf, § 50 Rn 11.
33 BGH v. 12.10.1954, 5 StR 335/54, StV 1982, 336; Brunner/Dölling, § 50 Rn 12; Ostendorf, § 50 Rn 12.
34 So BGH v. 1.3.1963, 4 StR 21/63, bei Martin, DAR 1964, 100; Brunner/Dölling, § 50 Rn 12; offen bei Eisenberg, § 50 Rn 24.
35 Ostendorf, § 50 Rn 12.

darauf hingewirkt werden, dass ein Vertreter des erkrankten JGH-Mitarbeiters im Termin erscheint. Die Fortsetzung der HV ohne einen Vertreter der JGH verbietet sich.[36]

23 Gleichwohl besteht **keine allgemeine Pflicht** der JGH zur Anwesenheit und Teilnahme an der HV.[37] Jedoch kann das Gericht die Terminsmitteilung mit dem Hinweis versehen, dass die Hauptverhandlung ohne Bericht sowie ohne Anwesenheit des JGH-Vertreters, der nach § 38 Abs. 2 S. 2 tätig wurde, bzw eines informierten Vertreters nicht stattfinden wird.[38] Es ist dann zwar fernliegend, dass sich das Mitwirkungsrecht der JGH dadurch zur Mitwirkungspflicht verdichtet,[39] jedoch wird eine solche Mitteilung in der Praxis häufig zur erwünschten Teilnahme der JGH führen. Gleichwohl bleibt die JGH – wohl aufgrund von Ressourcenmängeln, teilweise jedoch aus in der (Doppel-)Funktion der JGH liegenden Gründen (Rn 24) – noch immer in nennenswertem Umfang der Hauptverhandlung fern.[40]

24 Mitunter können **Konflikte** zwischen **Jugendgericht** und **JGH** über die Frage der Mitwirkung eines JGH-Mitarbeiters entstehen. Solche Konflikte zwischen Jugendgericht und JGH können sich aus der Doppelfunktion der JGH - Ermittlungshilfe für das Gericht, aber auch Unterstützung für den Jugendlichen zu sein - ergeben.[41] Streitig ist, ob der Dienstbehörde der JGH, wenn die Anwesenheit der JGH durch das Jugendgericht explizit verlangt wurde, sie aber gleichwohl der Hauptverhandlung fern bleibt, analog §§ 51, 77, 145 Abs. 4, 467 Abs. 2 StPO, 56 GVG die **entstandenen Kosten auferlegt** werden können.[42] Mag eine derartige Kostenauferlegung zwar wünschenswert sein, so gibt es sowohl für die **Mitwirkungspflicht** der JGH als auch für die Kostenauferlegung gleichwohl **keine gesetzliche Grundlage**.[43] Für den Fall der fortgesetzten Weigerung der JGH, einen

---

36 BGH v. 13.9.1977, 1 StR 451/77, BGHSt 27, 250, m. Anm. Brunner, JR 1978 175 sowie Pelchen, LM Nr. 1 zu § 38 JGG 1975; BGH v. 21.2.1989, 1 StR 27/89, StV 1989, 308; BGH v. 11.6.1993, 4 StR 290/93, StV 1993, 536; Eisenberg, § 50 Rn 29.
37 BGH v. 13.9.1977, 1 StR 451/77, BGHSt 27, 250; OLG Brandenburg v. 15.5.2001, 2 Ss 2/01, DVJJ-J 2002, 352 m. Anm. Trenczek; BayObLG v. 26.8.1994, 2 St RR 155/95, FamRZ 1995, 254; OLG Karlsruhe v. 30.9.1991, 3 Ws 56/91, NStZ 1992, 251; OLG Köln v. 24.6.1986, Ss 236/86, NStZ 1986, 569; LG Frankfurt v. 15.5.1984, 5/3 Qs 15/84, NStZ 1985, 42 m. Anm. Eisenberg, StV 1985, 158 m. Anm. P.-A. Albrecht auch de lege ferenda sowie Anm. Rosenthal, ZfJ 1984, 435; Eisenberg, Beschlagnahme von Akten der Jugendgerichtshilfe durch das Jugendgericht, NStZ 1986, 309; Eisenberg, § 38 Rn 23, § 50 Rn 26; aA Ostendorf, § 50 Rn 12 u.a. auf den Sanktionsvorschlag (§ 38 Abs. 2 S. 2) abstellend; Streng, § 6 Rn 22.
38 OLG Brandenburg v. 15.5.2001, 2 Ss 2/01, DVJJ-J 2002, 352 m. Anm. Trenczek; Brunner/Dölling, § 50 Rn 12; Eisenberg, § 50 Rn 25.
39 So aber OLG Karlsruhe v. 30.9.1991, 3 Ws 56/91, NStZ 1992, 251 m. zust. Anm. Schaffstein.
40 Empirische Befunde dazu etwa bei Streng, § 6 Rn 23 mwN.
41 Eisenberg, Beschlagnahme von Akten der Jugendgerichtshilfe durch das Jugendgericht, NStZ 1986, 308.
42 OLG Köln v. 24.6.1986, Ss 236/86, NStZ 1986, 570 (in LS 2 exemplarisch genannt); LG Hamburg v. 19.8.1987, 34 Qs 37/87, NStE Nr. 1 zu § 51 StPO; Schaffstein in: FS-Dünnebier, S. 675; Schaffstein/Beulke, § 34 II Nr. 2 g); Northoff, Einsparungen bei der Jugendgerichtshilfe, DRiZ 1984, 405.
43 OLG Karlsruhe v. 30.9.1991, 3 Ws 56/91, NStZ 1992, 251 m. abl. Anm. Schaffstein; LG Frankfurt v. 15.5.1984, 5/3 Qs 15/84, NStZ 1985, 42 m. zust. Anm. Eisenberg, Albrecht, StV 1985, 158 sowie Rosenthal, ZfJ 1984, 435; Ostendorf, § 50 Rn 13; Brunner/Dölling, § 50 Rn 12 auch de lege ferenda; Eisenberg, § 50 Rn 26; wohl auch Böhm, S. 121 Fn 10; Bex, Beschlagnahme von Akten der Jugendgerichts- und Jugendhilfe, DVJJ-J 2000, 409 ff.

kundigen Vertreter zu entsenden, kann der Weg der Vernehmung des JGH-Mitarbeiters als Zeuge mit etwaigen Zwangsmitteln beschritten werden, wenn der JGH-Mitarbeiter bereits die erforderlichen Nachforschungen angestellt hat. Dies ist jedoch davon abhängig, dass der Mitarbeiter eine Aussagegenehmigung durch den Dienstherrn erhält (§ 54 Abs. 1 StPO; vgl dazu Rn 33). Andernfalls sollte ein Sozialpädagoge bzw (JGH-unabhängiger) Sozialarbeiter gerichtlicherseits mit einer Begutachtung beauftragt werden.[44] Denkbar ist auch, die JGH-Akte zu beschlagnahmen.[45] Hierbei ist auf Rechte Dritter zu achten, die ein (partielles) Beschlagnahmeverbot (§ 97 StPO) auslösen können.[46]

Gem. § 50 Abs. 3 S. 2 erhält der Vertreter der **JGH** auf **Verlangen das Wort**. Wann und in welcher Weise dies geschieht, ist eine Frage der Verhandlungsleitung gem. § 238 StPO, dh es entscheidet zunächst der Vorsitzende und bei entsprechender Beanstandung das Gericht. Zweckmäßig wird häufig sein, dem Vertreter der JGH das Wort gegen Ende der Beweisaufnahme, nicht erst nach deren Schluss, jedenfalls aber vor den Schlussvorträgen von Staatsanwaltschaft und Verteidigung zu erteilen.[47] Die Worterteilung ist regelmäßig auch ohne „Verlangen" seitens der JGH bereits aus Gründen der Amtsaufklärung (§ 244 Abs. 2 StPO) veranlasst. Dies folgt schon aus § 38 Abs. 3 S. 3 für den Fall zu erteilender Weisungen bzw einer Betreuungsweisung. Auch zur Ausfüllung der in § 52 SGB VIII genannten Mitwirkung der JGH wird häufig eine kommunikative Teilhabe erforderlich sein.[48]

25

Darüber hinaus hat der Vertreter der **JGH kein Fragerecht** (§ 240 StPO) und ferner **kein Antragsrecht**.[49] Anregungen seitens der JGH können gleichwohl sinnvoll sein.

26

6. Anhörung des Bewährungshelfers, Betreuungshelfers sowie des Leiters eines sozialen Trainingskurses, § 50 Abs. 4. Ausgangspunkt für die **Soll-Vorschrift** der Anhörung des bestellten **Bewährungshelfers** sowie des bestellten **Betreuungshelfers** ist § 48 Abs. 2 S. 1. Nach dieser Vorschrift haben der Bewährungshelfer sowie der Betreuungshelfer in der nichtöffentlichen Hauptverhandlung (§ 48 Abs. 1) ein **Anwesenheitsrecht**. Darüber hinaus sollen diese Funktionsträger auch gehört werden. Dies ist nicht zuletzt vor dem Hintergrund der Amtsaufklärung (§ 244 Abs. 2 StPO) sinnvoll und notwendig, weil sowohl Bewährungs- als auch Betreuungshelfer mit dem Jugendlichen zusammenarbeiten und häufig ihn und sein soziales Umfeld sowie entsprechende Veränderungen kennen. Aussagen „zu der Entwicklung des Jugendlichen" sind daher von dieser Seite zu erwarten.[50] Aus diesem Grund wird das Gericht häufig gehalten sein, diese Funktionsträger zu

27

---

44 So zutr. Ostendorf, § 50 Rn 13.
45 OLG Köln v. 24.6.1986, Ss 236/86, NStZ 1986, 570; LG Trier v. 19.1.2000, 2 a Q 2/00, NStZ-RR 2000, 248; LG Bonn v. 29.8.1985, 32 Qs 59/85, NStZ 1986, 40; Eisenberg, Beschlagnahme von Akten der Jugendgerichtshilfe durch das Jugendgericht, NStZ 1986, 308 ff; Ostendorf, § 50 Rn 13, dessen weiterer Vorschlag, die Medien einzuschalten, freilich abzulehnen ist. Insb. die Strafjustiz sollte sich zur Durchsetzung von Positionen nicht der Medien bedienen. Die Folgen wären unkalkulierbar.
46 Dazu LG Hamburg v. 3.3.1992, 617 Qs 7/72, NStZ 1993, 401 m. zust. Anm. Dölling.
47 Brunner/Dölling, § 50 Rn 13.
48 Brunner/Dölling, § 50 Rn 13.
49 Zu Recht verweist Eisenberg, § 50 Rn 28 e contrario auf §§ 67 Abs. 1, 69 Abs. 3 iVm § 240 Abs. 2 StPO.
50 BT-Drucks. 11/5829, 26; Eisenberg, § 50 Rn 28 a; Brunner/Dölling, § 50 Rn 14.

laden (vgl RL Nr. 4 zu § 50),[51] wenn die Initiative nicht bereits von den genannten Personen selbst ausgeht.

Prozesshinweis: Zur Vermeidung einer (späteren) Aufklärungsrüge (§ 244 Abs. 2 StPO) wird das Gericht gut daran tun, Bewährungs- und Betreuungshelfer anzuhören.[52]

28 Der **Leiter** eines **sozialen Trainingskurses** hat gem. § 48 Abs. 2 kein explizites Recht zur Anwesenheit. Weil dieser jedoch gem. Abs. 4 des § 50 auch gehört werden soll, sollte der Vorsitzende gem. § 48 Abs. 2 S. 3 dem Leiter des sozialen Trainingskurses die Anwesenheit gestatten, um Anwesenheit und Anhörung zu harmonisieren.

29 Zu Recht weist *Eisenberg* darauf hin (§ 50 Rn 28 a), dass die Anhörung des Betreuungshelfers sowie des Leiters eines sozialen Trainingskurses, welche als Leistungen der Jugendhilfe (§ 2 Abs. 2 iVm SGB VIII) durch Jugendämter bzw durch freie Träger durchgeführt werden, unter dem **Primat des Vorrangs des Leistungserfolgs** (§ 64 Abs. 2 SGB VIII) stehen. Richtigerweise wird man den aus §§ 64 Abs. 2 SGB VIII (ggf unter Beachtung des § 65 Abs. 1 S. 1 Nr. 5 SGB VIII) folgenden Vorrang des Leistungserfolgs auf die Anhörung des bestellten Bewährungshelfer entsprechend anzuwenden haben.[53]

III. Verfahrenshinweise

30 **1. Einführung und Verwertung des JGH-Berichts.** Nach allgemeinen Beweisgrundsätzen ist der **JGH-Bericht** zum Gegenstand der **Hauptverhandlung** zu machen („Inbegriff der Verhandlung", §§ 261, 263 StPO).[54] Als Folge des Unmittelbarkeits- sowie des Mündlichkeitsprinzips (§ 250 StPO) ist die **Verlesung** des Berichts (durch den Vorsitzenden bzw das Gericht) grds. **unzulässig.**[55] Nichts anderes ergibt sich aus § 256 Abs. 1 Nr. 1 a StPO. § 256 Abs. 1 Nr. 1 a StPO erfordert die ein Zeugnis oder Gutachten enthaltende Erklärung einer öffentlichen Behörde, die kein Leumundszeugnis darstellt. (Zur Klarstellung: Auch § 256 Abs. 1 StPO nF schließt Leumundszeugnisse – entgegen der missverständlichen Gesetzesfassung – für die gesamte Nr. 1 des § 256 Abs. 1 StPO aus, nicht nur für die Nr. 1 c, wo es Leumundszeugnisse kaum geben wird.)[56] Nach einer Auffassung ist die JGH bereits keine „öffentliche Behörde".[57] Nach anderer Ansicht ist die JGH zwar öffentliche Behörde (vgl auch § 1 Abs. 4 VwVfG), der Bericht des JGH-Vertreters ist jedoch nach dieser Ansicht regelmäßig nicht für die Behörde abgegeben. Für § 256 StPO sei aber Voraussetzung, dass der Erklärende die Behörde repräsentiere.[58] Weiter wird argumentiert, dass der Bericht der JGH einem Leumundszeugnis gleichstehe.[59] Der Begriff „Leumundszeugnis" ist richtigerwei-

---

51 So auch Brunner/Dölling, § 50 Rn 14; vgl auch Streng, § 6 Rn 40.
52 Nach Ostendorf, § 50 Rn 15 verdichtet sich die Soll-Vorschrift im Hinblick auf die Betreuungsfunktion dieser Personen sowie im Hinblick auf die gerichtliche Aufklärungspflicht zu einer Muss-Vorschrift.
53 So zutr. Eisenberg, § 50 Rn 28 a aE.
54 OLG Hamm v. 24.6.2004, 1 Ss 217/04, ZJJ 2004, 298.
55 Vgl etwa OLG Hamm v. 24.6.2004, 1 Ss 217/04, ZJJ 2004, 298; Trenczek, Stellungnahmen der Jugendhilfe im Strafverfahren, DVJJ-J 2003, 38.
56 Meyer-Goßner, § 256 Rn 7 f.
57 KK-Diemer, § 256 Rn 5.
58 Meyer-Goßner, § 256 Rn 6.
59 Laubenthal, S. 118; Schöch in: FS-Leferenz, S. 140 mit dem zutreffenden Argument, dass sich in den JGH-Berichten häufig subjektive Bewertungen anstelle von Tatsachen finden.

se weit auszulegen.⁶⁰ Allen vorgenannten Ansichten ist – zutreffend – gemein, dass der JGH-Bericht nicht gem. § 256 StPO verlesbar ist.

Auch die Verlesung durch einen (unkundigen) Vertreter der JGH („**Gerichtsgeher**") sollte – gegen den BGH⁶¹ – unzulässig sein. Unter den Voraussetzungen des § 251 Abs. 1 Nr. 1 StPO analog ist die Verlesung hingegen – aufgrund der vergleichbaren Interessenlage – zulässig.⁶² Dasselbe sollte für eine Verlesung nach § 251 Abs. 1 Nr. 2 sowie § 251 Abs. 3 StPO (Freibeweis bei Verfahrensfragen) gelten.⁶³ Bei Verlesung trotz Verlesungsverbots besteht regelmäßig ein **Revisionsgrund** (Verletzung von § 261 StPO).⁶⁴ Ferner kann im Falle unzulässiger Verlesung der Inhalt des JGH-Berichts auch nicht durch Vorhalt gegenüber dem Angeklagtem durch den Vorsitzenden eingeführt werden,⁶⁵ auch wenn in praxi in zahlreichen Fällen so verfahren wird. 31

In der Praxis wird weiter – gebilligt durch den BGH⁶⁶ – häufig dergestalt verfahren, dass nach Beendigung der Beweisaufnahme eine **formlose Anhörung** des Vertreters der JGH stattfindet (§ 50 Abs. 3 S. 2), in dieser Teile oder den gesamten Bericht vorträgt bzw vorliest. Der BGH meint, der JGH-Mitarbeiter könne den Bericht ebenso wie ein Sachverständiger das Gutachten in der Hauptverhandlung verlesen.⁶⁷ Ferner wird für zulässig erachtet, dass dem Vertreter der JGH Teile des Berichts vorgehalten werden und dessen erfolgten Antworten als Zeugenbeweis im Urteil verwertet werden.⁶⁸ 32

Richtigerweise sind die Tatsachen des JGH-Berichts mittels Vernehmung von Zeugen in die Hauptverhandlung einzuführen. Dies kann entweder (unter Beachtung des § 252 StPO) durch Vernehmung derjenigen Personen erfolgen,⁶⁹ auf deren Wissen der JGH-Bericht gestützt ist, oder durch **förmliche Vernehmung des Vertreters der JGH**.⁷⁰ Dieser hat kein Zeugnisverweigerungsrecht.⁷¹ Die Verwei- 33

---

60 LR-Gollwitzer, § 256 Rn 30; Meyer-Goßner, § 256 Rn 7.
61 BGH v. 18.4.1984, 2 StR 103/84, NStZ 1984, 467 m. abl. Anm. Brunner; abl. Anm. auch Eisenberg, NStZ 1985, 84 ff.
62 Trenczek, Stellungnahmen der Jugendhilfe im Strafverfahren – fachliche Qualitätsanforderung und strafrechtlicher Umgang, DVJJ-J 2003, 39; Ostendorf, § 38 Rn 9; Laubenthal, S. 119.
63 Laubenthal, S. 118; Bottke, Bemerkungen zur Gerichtshilfe für Erwachsene, MSchrKrim 1981, 73; Brunner/Dölling, § 38 Rn 13.
64 OLG Hamm v. 24.6.2004, 1 Ss 217/04, ZJJ 2004, 298; Eisenberg, § 50 Rn 32; Laubenthal, S. 116 f.
65 OLG Hamm v. 24.6.2004, 1 Ss 217/04, ZJJ 2004, 298; Eisenberg, § 50 Rn 32 d.
66 BGH v. 18.4.1984, 2 StR 103/84, NStZ 1984, 467 im Wesentlichen mit Zweckmäßigkeitsargumententen m. krit. Anm. Brunner ebenda sowie Eisenberg, NStZ 1985, 84.
67 BGH v. 18.4.1984, 2 StR 103/84, NStZ 1984, 467; zust. Trenczek, Stellungnahmen der Jugendhilfe im Strafverfahren – fachliche Qualitätsanforderung und strafrechtlicher Umgang, DVJJ-Journal 2003, 39.
68 BGH v. 23.9.1952, 1 StR 750/51, BGHSt 3, 199; BGH v. 24.10.1957, 4 StR 320/57, BGHSt 11, 159; BGH v. 31.5.1960, 5 StR 168/60, BGHSt 14, 310; zweifelnd Eisenberg, § 50 Rn 32 b.
69 BGH v. 21.9.2004, 3 StR 185/04, NJW 2005, 765.
70 Laubenthal, S. 120; Brunner, Anm. zu BGH v. 18.4.1984, 2 StR 103/84, NStZ 1984, 467; Eisenberg, § 38 Rn 49; Dallinger/Lackner, § 38 Rn 33; abl. D/S/S-Schoreit, § 50 Rn 18.
71 Nachweise zu Forderungen de lege ferenda bei Trenczek, Stellungnahmen der Jugendhilfe im Strafverfahren – fachliche Qualitätsanforderung und strafrechtlicher Umgang, DVJJ-J 2003, 39.

gerung der gem. § 54 Abs. 1 StPO erforderlichen Aussagegenehmigung dürfte wegen des Normzwecks des § 54 StPO nahezu stets unzulässig sein.[72]

34 **2. Aussetzung der Hauptverhandlung gem. § 265 Abs. 4 StPO.** Im Falle eines nichtverteidigten Jugendlichen bei Veränderung rechtlicher und/oder tatsächlicher Umstände, welche zur Anwendung eines schwereren Strafgesetzes iSv § 265 Abs. 3 StPO bzw zu einer höheren Bestrafung iSv § 265 Abs. 2 StPO führen können, wird das Gericht häufig gehalten sein, die Hauptverhandlung gem. § 265 Abs. 4 StPO auszusetzen. Abs. 3 des § 263 bietet bei Jugendlichen nicht genügend Schutz.[73]

35 **3. Revision. a) § 50 Abs. 1.** Eine Hauptverhandlung unter Verstoß gegen Abs. 1 des § 50 begründet den **absoluten** Revisionsgrund des § 338 Nr. 5 StPO.[74]

36 **b) § 50 Abs. 2.** Nach richtiger Auffassung ist die Soll-Vorschrift des § 50 Abs. 2 vor dem Hintergrund von Art. 6 Abs. 2 GG als **Muss-Vorschrift** auszulegen (vgl Rn 16). Ein Verstoß gegen Abs. 2 des § 50, dh die unterbliebene rechtzeitige Ladung des Erziehungsberechtigten bzw des gesetzlichen Vertreters, begründet eine Rechtsverletzung, die einen **relativen** Revisionsgrund (§ 337 StPO) darstellen kann. Voraussetzung ist, dass das Urteil auf dieser Rechtsverletzung beruht. Es wird bei einer Verurteilung des jugendlichen Angeklagten regelmäßig nicht auszuschließen sein, dass das Urteil bei rechtzeitiger Ladung und bei Teilnahme der in Rede stehenden Personen möglicherweise anders, für den Jugendlichen günstiger, ausgefallen wäre. Das erforderliche Beruhen liegt dann vor.[75] Eines weiteren Nachweises des Kausalzusammenhangs zwischen Verletzung des Gesetzes und dem Urteil bedarf es bekanntlich nicht. Selbst wenn man § 50 Abs. 2 seinem Wortlaut entsprechend als reine Soll-Vorschrift auslegt, wird die Nichteinhaltung der dort genannten Voraussetzungen zumeist einen Verstoß gegen § 244 Abs. 2 StPO darstellen und damit die **Aufklärungsrüge** begründen. Diese ist nicht lediglich dann einschlägig, wenn der Jugendliche in seinen Verteidigungsmöglichkeiten beschränkt war,[76] sondern (bereits) dann, wenn das Tatgericht die Wahrheitserforschung nicht mit allen Tatsachen und Beweismitteln durchgeführt hat, welche für die Entscheidung von Bedeutung sein können. Mit einer Einschränkung der Verteidigungsmöglichkeiten kann, muss dies aber nicht einhergehen.

37 **c) § 50 Abs. 3.** Im Fall der **Nichtheranziehung** der **JGH** ist ein **Verfahrensfehler** zu sehen (Verletzung der §§ 38, 50 Abs. 3 ggf iVm § 107), auf welchem das Urteil nach der jüngeren Rechtsprechung des BGH „regelmäßig beruht" (§ 337 StPO).[77] Es kann zumeist nicht ausgeschlossen werden, dass bei Beteiligung der JGH Gesichtspunkte zu Tage getreten wären, die sich zugunsten des angeklagten

---

72 Vgl auch Streng, § 6 Rn 24.
73 Eisenberg, Anwendungsmodalitäten bzw Sperrung von Normen der StPO durch Grundsätze des JGG, NStZ 1999, 284.
74 Ostendorf, § 50 Rn 16; Brunner/Dölling, § 50 Rn 2; Eisenberg, § 50 Rn 29.
75 KK-Kuckein, § 337 Rn 33 ff, insb. Rn 33 mwN; Meyer-Goßner, § 337 Rn 37.
76 So aber Ostendorf, § 50 Rn 17; diff. Brunner/Dölling, § 50 Rn 9.
77 BGH v. 29.6.2000, 1 StR 123/00, NStZ-RR, 2001, 27 (versehentliche Benachrichtigung nicht der JGH, sondern der Gerichtshilfe in Verfahren gegen Heranwachsende), in Abgrenzung zu BGH v. 15.6.1999, 1 StR 271/99 (nicht veröffentlicht); ferner BGH v. 11.6.1993, 4 StR 290/93, StV 1993, 536; vgl auch BGH v. 1.12.1987, 4 StR 482/87, StV 1988, 308; BGH v. 17.2.1982, 3 StR 484/81, NStZ 1982, 257 m. Anm. Gatzweiler, StV 1982, 337; Saarl. OLG v. 6.5.1999, Ss 24/99, NStZ-RR 1999, 284; OLG Karlsruhe v. 30.12.1974, 3 Ss 168/74, ZblJugR 1977, 95 (Unbeachtlichkeit des Verzichts der Verteidigung auf die Teilnahme der JGH, aber abgestellt lediglich auf die Aufklärungspflicht.).

Jugendlichen ausgewirkt hätten.[78] Die JGH ist bereits dann nicht herangezogen, wenn ihr entgegen § 50 Abs. 3 Ort und Termin der Hauptverhandlung nicht rechtzeitig mitgeteilt werden.[79] Es ist dabei unerheblich, ob bereits ein schriftlicher Bericht der JGH vorliegt. Eine „Nichtheranziehung" ist auch gegeben, wenn der anwesende Vertreter der JGH, welcher lediglich für einen Mitangeklagten zuständig ist, sich anlässlich der Hauptverhandlung auch zu dem betroffenen jugendlichen Angeklagten äußert. Auch hierin ist eine Nichtheranziehung zu sehen, wenn bzgl des betroffenen jugendlichen Angeklagten eine Mitteilung nach Abs. 3 des § 50 unterblieben ist.[80] Die Verletzung des § 50 Abs. 3 wird zudem häufig eine **Aufklärungsrüge** (§ 244 Abs. 2 StPO) begründen. Wurde jedoch die JGH rechtzeitig über Ort und Zeit der Hauptverhandlung informiert, ist aber dennoch kein kundiger Vertreter erschienen, so kann dies nur mit der Aufklärungsrüge angegriffen werden, da § 50 Abs. 3 hier nicht verletzt ist.[81] Bei **Verlesung** des JGH-Berichts trotz Verlesungsverbots (Rn 30 ff) besteht regelmäßig ein Revisionsgrund (Verletzung von § 261 StPO).[82]

d) **§ 50 Abs. 4.** Ein Verstoß gegen die – nach richtiger Ansicht – Soll-Vorschrift des Abs. 4 des § 50 ist mit der **Aufklärungsrüge** anzugreifen.[83]   38

§ 51 Zeitweilige Ausschließung von Beteiligten

(1) ¹Der Vorsitzende soll den Angeklagten für die Dauer solcher Erörterungen von der Verhandlung ausschließen, aus denen Nachteile für die Erziehung entstehen können. ²Er hat ihn von dem, was in seiner Abwesenheit verhandelt worden ist, zu unterrichten, soweit es für seine Verteidigung erforderlich ist.

(2) ¹Der Vorsitzende kann auch Erziehungsberechtigte und gesetzliche Vertreter des Angeklagten von der Verhandlung ausschließen, soweit
1. erhebliche erzieherische Nachteile drohen, weil zu befürchten ist, dass durch die Erörterung der persönlichen Verhältnisse des Angeklagten in ihrer Gegenwart eine erforderliche künftige Zusammenarbeit zwischen den genannten Personen und der Jugendgerichtshilfe bei der Umsetzung zu erwartender jugendgerichtlicher Sanktionen in erheblichem Maße erschwert wird,
2. sie verdächtig sind, an der Verfehlung des Angeklagten beteiligt zu sein, oder soweit sie wegen einer Beteiligung verurteilt sind,
3. eine Gefährdung des Lebens, des Leibes oder der Freiheit des Angeklagten, eines Zeugen oder einer anderen Person oder eine sonstige erhebliche Beeinträchtigung des Wohls des Angeklagten zu besorgen ist,

---

78 BGH v. 13.9.1977, 1 StR 451/77, BGHSt 27, 251; BGH v. 9.3.1982, 1 StR 842/81, StV 1982, 337; BGH v. 29.6.2000, 1 StR 123/00, NStZ-RR 2001, 27; eine Ausnahme, bei der das Beruhen des Urteils auf dem Verfahrensverstoß ausgeschlossen werden konnte, bildet BGH v. 15.6.1999, 1 StR 271/99 (nicht veröffentlicht.).
79 Eisenberg, § 50 Rn 31; Brunner/Dölling, § 50 Rn 12 stellen insoweit lediglich auf eine Verletzung der Aufklärungspflicht (§ 244 Abs. 2 StPO) ab.
80 BGH v. 1.12.1987, 4 StR 482/87, bei Holtz, MDR 1988, 280.
81 BGHSt v. 13.9.1977, 1 StR 451/77, 27, 250; BayObLG v. 26.8.1994, 2 St RR 155/94, FamRZ 1995, 254; BayObLG v. 23.10.1981, 2 St 218/81, bei Rüth, DAR 1982, 251.
82 OLG Hamm v. 24.6.2004, 1 Ss 217/04, ZJJ 2004, 298; Eisenberg, § 50 Rn 32; Laubenthal, S. 116 f.
83 Ostendorf, § 50 Rn 17.

4. zu befürchten ist, dass durch ihre Anwesenheit die Ermittlung der Wahrheit beeinträchtigt wird, oder
5. Umstände aus dem persönlichen Lebensbereich eines Verfahrensbeteiligten, Zeugen oder durch eine rechtswidrige Tat Verletzten zur Sprache kommen, deren Erörterung in ihrer Anwesenheit schutzwürdige Interessen verletzen würde, es sei denn, das Interesse der Erziehungsberechtigten und gesetzlichen Vertreter an der Erörterung dieser Umstände in ihrer Gegenwart überwiegt.

²Der Vorsitzende kann in den Fällen des Satzes 1 Nr. 3 bis 5 auch Erziehungsberechtigte und gesetzliche Vertreter des Verletzten von der Verhandlung ausschließen, im Fall der Nummer 3 auch dann, wenn eine sonstige erhebliche Beeinträchtigung des Wohls des Verletzten zu besorgen ist. ³Erziehungsberechtigte und gesetzliche Vertreter sind auszuschließen, wenn die Voraussetzungen des Satzes 1 Nr. 5 vorliegen und der Ausschluss von der Person, deren Lebensbereich betroffen ist, beantragt wird. ⁴Satz 1 Nr. 5 gilt nicht, soweit die Personen, deren Lebensbereiche betroffen sind, in der Hauptverhandlung dem Ausschluss widersprechen.

(3) § 177 des Gerichtsverfassungsgesetzes gilt entsprechend.

(4) ¹In den Fällen des Absatzes 2 ist vor einem Ausschluss auf ein einvernehmliches Verlassen des Sitzungssaales hinzuwirken. ²Der Vorsitzende hat die Erziehungsberechtigten und gesetzlichen Vertreter des Angeklagten, sobald diese wieder anwesend sind, in geeigneter Weise von dem wesentlichen Inhalt dessen zu unterrichten, was während ihrer Abwesenheit ausgesagt oder sonst verhandelt worden ist.

(5) Der Ausschluss von Erziehungsberechtigten und gesetzlichen Vertretern nach den Absätzen 2 und 3 ist auch zulässig, wenn sie zum Beistand (§ 69) bestellt sind.

Richtlinie zu § 51

Im Verfahren gegen Jugendliche vor den für allgemeine Strafsachen zuständigen Gerichten kann § 51 nach dem Ermessen des Gerichts angewendet werden (§ 104 Abs. 2). Im Verfahren gegen Heranwachsende gilt die Vorschrift nicht (§ 109); hier kann das Gericht den Angeklagten nur nach den allgemeinen Verfahrensvorschriften von der Verhandlung ausschließen (vgl. insbesondere § 247 StPO).

Schrifttum:

Albrecht, H.-J., Ist das deutsche Jugendstrafrecht noch zeitgemäß?, Gutachten D zum 64. Deutschen Juristentag 2002; *Bessler*, Zur Verteidigung und Beistandschaft von straffällig gewordenen Jugendlichen, 2000; *Hartmann-Hilter*, Notwendige Verteidigung und Pflichtverteidigerbestellung im Jugendstrafverfahren, 1988; *Kremer*, Der Einfluss des Elternrechts aus Art. 6 Abs. 2, 3 GG auf die Rechtmäßigkeit von Maßnahmen des JGG, 1984; *Ostendorf*, Persönlichkeitsschutz im (Jugend-)Strafverfahren bei mehreren Angeklagten, in: Hanack, Ernst-Walter u.a. (Hrsg.): Festschrift für Peter Rieß, 2002, S. 845 - 855.

I. Jugendstrafrechtliche Grundlagen 1	b) Nachteile für die Erziehung 10
II. Anwendungsbereich 4	c) Unterrichtspflicht gem. § 51 Abs. 1 S. 2 . . 13
1. Persönlich 4	
2. Sachlich 5	5. § 51 Abs. 2 14
3. Ausschließung nach allgemeinem Verfahrensrecht .. 7	a) § 51 Abs. 2 Nr. 1 15
	b) § 51 Abs. 2 Nr. 2 18
4. § 51 Abs. 1 8	c) § 51 Abs. 2 Nr. 3 19
a) Erörterungen 9	d) § 51 Abs. 2 Nr. 4 22
	e) § 51 Abs. 2 Nr. 5 27

f) § 51 Abs. 2 S. 2 – 4	29	2. Zuständigkeit	41
6. § 51 Abs. 3	32	3. Revision	42
7. § 51 Abs. 4	33	a) § 51 Abs. 1 S. 1	42
8. § 51 Abs. 5	36	b) § 51 Abs. 1 S. 2	43
9. Sonstiges zum Anwendungsbereich	37	c) § 51 Abs. 2	44
III. Verfahrenshinweise	40		
1. Initiative zur Ausschließung	40		

I. Jugendstrafrechtliche Grundlagen

Ausgangspunkt für § 51 **Abs. 1** sind die wesentlichen Verfahrensgrundsätze des allgemeinen Rechts, wonach der Angeklagte ein Anwesenheitsrecht (§ 230 Abs. 1, § 338 Nr. 5 StPO; Art. 103 Abs. 1 GG), aber auch eine Pflicht zur Anwesenheit während der gesamten Hauptverhandlung hat (§ 231 Abs. 1 S. 1 StPO). Ein freiwilliger Verzicht auf das Recht zur Anwesenheit ist unzulässig.[1] Das mit einer Anwesenheitspflicht korrespondierende Anwesenheitsrecht ist nicht disponibel.[2] In Ansehung des Erziehungsgedankens wie auch des Schutzes des jugendlichen Angeklagten soll der Vorsitzende aber nach § 51 Abs. 1 den Angeklagten für die Dauer solcher Erörterungen ausschließen, aus denen Nachteile für die Erziehung entstehen können. Dabei ist – nicht zuletzt unter Aspekten der Verfahrensgerechtigkeit – zu beachten, dass die Akzeptanz gerade eines Schuldspruchs regelmäßig Teilhabe voraussetzt. Dies gilt, obwohl § 51 Abs. 1 S. 2 dem Vorsitzenden auferlegt, den jugendlichen Angeklagten von dem, was in seiner Abwesenheit verhandelt wurde, zu unterrichten, soweit es für seine Verteidigung erforderlich ist. Die Unterrichtung durch den Vorsitzenden kann zumeist die eigene Wahrnehmung nicht ersetzen.[3] Gerade der Jugendliche selbst wird die Richtigkeit der jeweiligen „Erörterungen" überprüfen können. Darauf sollte großen Wert gelegt werden. Überdies sollten die Verfahrensbeteiligten regelmäßig in der Lage sein, auch problembehaftete erzieherische Sachverhalte jugendgerecht zu erörtern.[4] § 51 **Abs. 1** ist daher **restriktiv** anzuwenden.[5] Die RL zu § 51 ist weitgehend unergibig. 1

Abs. 2 des § 51 wurde durch das **Zweite Justizmodernisierungsgesetz** vom 22.12.2006 (in Kraft getreten am 23.12.2006) komplett neu gefasst. Dem ging die Entscheidung des BVerfG vom 16.1.2003 voraus.[6] Das BVerfG hatte § 51 2

---

1 Brunner/Dölling, § 51 Rn 1; Ostendorf, § 51 Rn 8; Böhm § 9 3 a; aA Dallinger/Lackner, § 51 Rn 25.
2 BGH v. 30.8.2000, 5 StR 268/00, NStZ 2001, 48.
3 Eisenberg, § 51 Rn 6; Böhm, § 9 3 a: „Geheimnistuerei".
4 Die Kritik von P.-A. Albrecht § 46 II 3, der in der „Empfehlung, angeblich 'erzieherisch gefährliche' Erkenntnisse in einer sprachlichen Form vorzutragen, die einen Verhandlungsausschluss oder die Verkürzung von Urteilsgründen vermeidbar machen", eine Verletzung des Mündlichkeitsprinzips sieht, weil Tatsachen in das „Urteil" [?] einfließen würden, die allenfalls mittelbar Gegenstand der Verhandlung waren, geht fehl; vgl auch Böhm, § 9 3 a, Fn 18. Völlig zu recht weist P.-A. Albrecht (aaO) jedoch davon aus, dass nicht ersichtlich sei, warum ein Jugendlicher die Gründe für eine vollzogene Jugendstrafe nicht uneingeschränkt erfahren dürfen soll, wenn ihm der Aufenthalt in einer Justizvollzugsanstalt grundsätzlich (§ 17 ff) zugemutet wird.
5 Schaffstein/Beulke, § 37II 2 b; Für eine Aufhebung von § 51 Abs. 1 wegen der Bedeutung des Anwesenheitsrechts, H.-J. Albrecht, S. D 138; generell kritisch zu § 51 insgesamt auch Bottke, Zur Ideologie und Teleologie des Jugendstrafverfahrens, ZStW 95 (1983), 91.
6 BVerfG v. 16.1.2003, 2 BvR 716/01, NJW 2003, 2004 ff =DVJJ-J 2003, 69 m. Anm. Ostendorf; Eisenberg/Zotsch, GA 2003, 226 ff; Grunewald, NJW 2003, 1995.

Abs. 2 aF für verfassungswidrig und nichtig erklärt. Nach § 51 **Abs. 2 aF** „sollte" der Vorsitzende Angehörige, den Erziehungsberechtigten und den gesetzlichen Vertreter des Angeklagten von der Verhandlung ausschließen, soweit gegen ihre Anwesenheit Bedenken bestehen. § 51 Abs. 2 aF war nicht hinreichend bestimmt.[7] Art. 6 Abs. 2 S. 1 GG garantiert den Eltern das **Recht auf Pflege und Erziehung** ihrer Kinder. Die Eltern können grundsätzlich frei von staatlichem Einfluss nach eigenen Vorstellungen darüber entscheiden, wie sie ihrer Elternverantwortung gerecht werden wollen.[8] Dabei liegen Ziel, Inhalt und Methoden der elterlichen Erziehung in deren Verantwortungsbereich. Art. 6 Abs. 2 GG schützt somit die Eltern vor staatlichen Eingriffen bei der Ausübung ihres Erziehungsrechts und verbindet dies mit der Verpflichtung, das Wohl des Kindes zur obersten Richtschnur der Erziehung zu machen.[9] Nur dann, wenn die Eltern dieser **Verantwortung nicht gerecht werden**, weil sie nicht bereit oder nicht in der Lage sind, ihre Erziehungsaufgabe wahrzunehmen bzw wenn ihre eigenen Verfehlungen das Wohl des Kindes auf Dauer erheblich gefährden, tritt der Staat aufgrund seines sog. „Wächteramtes" (Art. 6 Abs. 2 S. 2 GG) auf den Plan. Das Wächteramt des Staates verpflichtet diesen, ggf die Pflege und Erziehung des Kindes sicherzustellen. Das Wächteramt ist subsidiär. Der Staat muss den grundsätzlichen Vorrang der elterlichen Erziehung achten.[10] Will die staatliche Strafrechtspflege in das elterliche Erziehungsrecht eingreifen, so ist der dadurch vorgezeichnete Konflikt durch **Abwägung** aufzulösen. Dabei ist grundsätzlich zu bedenken, dass der Ausschluss von Angehörigen, Erziehungsberechtigten und gesetzlichen Vertretern, die nicht Eltern sind, den Schutzbereich von Art. 6 Abs. 2 GG nicht tangiert. Ist jedoch der Schutzbereich von Art. 6 Abs. 2 GG eröffnet, so folgt daraus die Notwendigkeit einer frühzeitigen Beteiligung der Eltern gerade an Jugendstrafverfahren gegen ihre Kinder.[11] Dabei beinhaltet das **Elternrecht** die Möglichkeit, im **Jugendstrafverfahren** eigene **Erziehungsvorstellungen** geltend zu machen. Daraus folgt, dass der Ausschluss der Eltern aus der Hauptverhandlung gegen ihr Kind einen schwerwiegenden Eingriff darstellt. Das BVerfG hat demgemäß zu Recht gefordert, insbesondere die Beschreibung der prozessualen Situation, in der die Eltern ausgeschlossen werden dürfen, den Grad richterlicher Überzeugung hinsichtlich des Vorliegens der Eingriffsvoraussetzungen sowie Maßnahmen, mit denen der Eingriff kompensiert werden soll, gesetzlich zu verankern.

3   § 51 Abs. 2 nF differenziert nicht – was möglich gewesen wäre – zwischen Personen, die elterliche Verantwortung tragen, und sonstigen Erziehungsberechtigten bzw gesetzlichen Vertretern. Die Ausschließung von Erziehungsberechtigten und gesetzlichen Vertretern des jugendlichen Angeklagten von der Verhandlung „kann" nunmehr angeordnet werden,
- wenn bei deren Anwesenheit erhebliche erzieherische Nachteile drohen, etwa wegen einer zu befürchtenden Erschwerung der im Hinblick auf die Umsetzung zu erwartender Sanktionen erforderlichen Zusammenarbeit mit der Jugendgerichtshilfe ,
- wenn Erziehungsberechtigte und gesetzliche Vertreter der Tatbeteiligung verdächtig sind,

---
7   BVerfG v. 16.1.2003, 2 BvR 716/01, NJW 2003, 2006.
8   BVerfG v. 29.7.1969, 1 BvL 20/63, 31/66 u. 5/67, NJW 1968, 2233; v. 9.2.1982, 1 BvR 845/79, NJW 1982, 1375; v. 17.2.1982, 1 BvR 188/80, NJW 1982, 1379.
9   BVerfG v. 16.1.2003, 2 BvR 716/01, NJW 2003, 2005.
10 BVerfG v. 16.1.2003, 2 BvR 716/01, NJW 2003, 2005.
11 BVerfG v. 16.1.2003, 2 BvR 716/01, NJW 2003, 2006.

- wenn Schutzbelange des Angeklagten oder von Zeugen betroffen sind,
- wenn die Anwesenheit von Erziehungsberechtigten und gesetzlichen Vertretern die Ermittlung der Wahrheit beeinträchtigen kann sowie
- wenn Umstände aus dem persönlichen Lebensbereich eines Verfahrensbeteiligten, Zeugen oder Verletzten thematisiert werden und die Anwesenheit der Erziehungsberechtigten und gesetzlichen Vertreter schutzwürdige Interesse verletzt.

Der **Ausschluss** (sonstiger) **Angehöriger** ist durch § 51 Abs. 2 nF **nicht geregelt**. Dies ist folgerichtig, weil Angehörige, die nicht Erziehungsberechtigte oder gesetzliche Vertreter sind, ohnehin nur aufgrund einer Zulassung gemäß § 48 Abs. 2 S. 3 ein Anwesenheitsrecht haben.

II. Anwendungsbereich

1. Persönlich. § 51 gilt in Verfahren gegen **Jugendliche** vor den **Jugendgerichten**. In Verfahren gegen Jugendliche vor den für allgemeine Strafsachen zuständigen Gerichten ist die Anwendung von § 51 in das Ermessen des Gerichts gestellt (§ 104 Abs. 2; vgl auch RL zu § 51 S. 1). In Verfahren gegen (zur Zeit der Tat, § 1 Abs. 2) **Heranwachsende** gilt § 51 **nicht** (§ 109). Das Gericht kann den heranwachsenden Angeklagten jedoch unter den Voraussetzungen des § 247 StPO ausschließen (vgl auch RL zu § 51 S. 2).

2. Sachlich. Streitig ist, ob § 51 nur für die Hauptverhandlung gilt[12] oder insgesamt (entsprechend), soweit auch außerhalb der Hauptverhandlung ein Recht zur Anwesenheit bei Untersuchungshandlungen existiert (etwa bei der Haftprüfung, § 118 StPO).[13] Zwar spricht die systematische Stellung des § 51 für eine Geltung nur für die Hauptverhandlung. Dies ist jedoch kein entscheidendes Argument gegen eine **entsprechende** Anwendung auch außerhalb der Hauptverhandlung. Richtigerweise wird man § 51 daher entsprechend **auch außerhalb der Hauptverhandlung** anzuwenden haben. Der Normzweck von § 51 (vgl oben Rn 1) gebietet dies. Freilich ist auch außerhalb einer Hauptverhandlung zu bedenken, dass die Vorschrift restriktiv auszulegen ist (Rn 1).

In **Ordnungswidrigkeitenverfahren** kann § 51 über § 46 Abs. 1 OWiG sinngemäß angewandt werden. Gem. § 73 Abs. 2 OWiG kann das Gericht hier jedoch den Angeklagten auf seinen Antrag von der Anwesenheit entbinden, wenn er sich zur Sache geäußert oder erklärt hat, dass er sich in der Hauptverhandlung nicht zur Sache äußern werde, und seine Anwesenheit zur Aufklärung wesentlicher Gesichtspunkte des Sachverhalts nicht erforderlich ist.

3. Ausschließung nach allgemeinem Verfahrensrecht. Über die Ausschließungsgründe nach allgemeinem Strafverfahrensrecht hinaus normiert § 51 eine weitere Ausschließungsmöglichkeit. Die **Ausschließungsgründe** des **allgemeinen Verfahrensrechts** haben auch im Jugendstrafverfahren **Geltung**.[14] Nach allgemeinem Verfahrensrecht gestattet § **247 StPO** die Entfernung des Angeklagten im Interesse der Wahrheitsfindung (S. 1), zum Schutz kindlicher und jugendlicher Zeugen unter 16 Jahren (S. 2 Hs 1), ferner erwachsener Zeugen (S. 2 Hs 2) sowie zum Schutz der Gesundheit des Angeklagten selbst (S. 3). § **177 GVG** gestattet die Entfernung bzw Abführung zur Ordnungshaft u.a. des Beschuldigten (§ 157

---

12 Ostendorf, § 51 Rn 2.
13 Brunner/Dölling, § 51 Rn 11; Eisenberg, § 51 Rn 3.
14 Allg. Meinung vgl nur BGH v.15.11.2001, 4 StR 215/01, NStZ 2002, 216; Eisenberg, § 51 Rn 6; Ostendorf, § 51 Rn 4; bereits Peters, § 24 RJGG 43 Anm. 1.

StPO), falls dieser den zur Aufrechterhaltung der Ordnung getroffenen Anordnungen nicht Folge leistet. Dabei soll § 177 GVG lediglich den äußeren Verfahrensablauf sichern.[15] Die Verhandlung in Abwesenheit des Angeklagten ist dann zulässig (§ 231 b Abs. 1 StPO). Die sog. Ungehorsamsfolgen des § 177 GVG sind bereits – insb. gegen den Beschuldigten – deshalb zurückhaltend anzuwenden, weil § 178 GVG als Ordnungsmittel bei Ungebühr auch die Verhängung von Ordnungsgeld vorsieht, dessen Verhängung das Recht zur Anwesenheit des Beschuldigten offensichtlich weniger stark beeinträchtigt. Das Gericht sollte daher gerade bei jugendlichen Angeklagten genau abwägen, ob nach provokativem Verhalten des Jugendlichen eine Anordnung iSd § 177 GVG und die ggf sich anschließende Anordnung von Ungehorsamsfolgen erforderlich ist oder ob – wenn überhaupt – die Festsetzung von Ordnungsgeld (§ 178 GVG) ausreicht.[16]

8   **4. § 51 Abs. 1.** Sind Nachteile für die Erziehung zu erwarten, so soll der Vorsitzende den Angeklagten für die Dauer solcher Erörterungen von der Verhandlung ausschließen.

9   a) **Erörterungen.** Unter dem weiten Begriff der „**Erörterungen**" ist die gesamte Beweisaufnahme, dh u.a. die Dauer des Berichts der JGH, die Erstattung von Gutachten, ferner die Einlassungen und Angaben aller Verfahrensbeteiligter unter Einbeziehung der Schlussvorträge zu verstehen.[17] Auch die Verhandlung über die Vereidigung und Entlassung eines Zeugen[18] – nicht jedoch die Vereidigung selbst – ist durch den Anwendungsbereich des § 51 Abs. 1 umfasst.[19] Hingegen stellt die Urteilsverkündung sowie die Begründung des Urteils keine „Erörterung" dar. Dies folgt für die Urteilsgründe systematisch zwingend aus § 54 Abs. 2.[20] Ferner ist eine „Verkündung" keine „Erörterung" mehr. Die Erörterungen gehen der Verkündung zeitlich voraus.[21]

10   b) **Nachteile für die Erziehung.** Bevor bejaht wird, dass durch Erörterungen **Nachteile für die Erziehung** entstehen können, ist sorgfältig zu prüfen, ob eine **Form** der Erörterung gefunden werden kann, die **jugendgerecht** ist und dem Angeklagten somit die durchgängige Anwesenheit ermöglicht.[22] Auch eine dem Angeklagten bis zum Zeitpunkt der Hauptverhandlung unbekannte Adoption[23] könnte ihm grundsätzlich außerhalb der Hauptverhandlung schonend mitgeteilt werden. Nachteile für die Erziehung **kommen** ferner **in Betracht**

- bei einer strafrechtlichen Verstrickung eines dem Angeklagten nahe stehenden Zeugen,[24]
- wenn schwere Versäumnisse des Elternhauses zu erörtern sind,

---

15 Ostendorf, § 51 Rn 4.
16 Vgl auch Ostendorf, § 51 Rn 4 mwN.
17 Eisenberg, § 51 Rn 7; Ostendorf, § 51 Rn 5; D/S/S-Schoreit, § 51 Rn 9.
18 Vgl im Kontext des § 247 StPO freilich BGH-GS v. 21.4.2010, GSSt 1/09, NJW 2010, 2450, wonach die Verhandlung über die Entlassung eines Zeugen kein Teil der Vernehmung iSv § 247 StPO ist.
19 BGH v. 15.11.2001, 4 StR 215/01, NStZ 2002, 216; Brunner/Dölling, § 51 Rn 2; Ostendorf, § 51 Rn 5; aA D/S/S-Schoreit, § 51 Rn 9; Eisenberg, § 51 Rn 7; ders. NStZ 2002, 332.
20 Brunner/Dölling, § 51 Rn 2; Dallinger/Lackner, § 51 Rn 4; Eisenberg, § 51 Rn 7; Ostendorf, § 51 Rn 5; aA Potrykus § 51 Anm. 2.
21 Eisenberg, § 51 Rn 7.
22 Ostendorf, § 51 Rn 6; Eisenberg, § 51 Rn 8.
23 Vgl dazu BGH v. 15.11.2001, 4 StR 215/01, NStZ 2002, 217.
24 BGH v. 15.11.2001, 4 StR 215/01, NStZ 2002, 217.

- bei der Erörterung von Anlagemängeln bzw von Krankheiten des Jugendlichen oder bei Erstattung eines Sachverständigengutachtens bzgl der Persönlichkeit des Jugendlichen.

Wie oben (Rn 1) gezeigt, setzt die – schon erzieherisch wünschenswerte – Akzeptanz des Urteils regelmäßig vollständige **Teilhabe** an der zum Urteil führenden Hauptverhandlung voraus. Jedenfalls **unzulässig** ist eine gelegentlich zu beobachtende Tendenz, den jugendlichen Angeklagten bei bestimmten **Beweiserhebungen**, etwa Vernehmung eines Sachverständigen oder Erstattung des Berichts durch die JGH, **generell**, also auch nicht einzelfallbezogen, **auszuschließen**. Staatsanwaltschaft und Verteidigung haben darauf zu achten, dass der Vorsitzende Richter hier jeweils die konkreten Umstände abwägt. Zu schematisch ist die Auffassung, den Jugendlichen bei einer sog. „aufdeckenden" Therapie, im Gegensatz zu einer sog. „stützenden" Therapie, bei der auf die konkreten Umstände abzustellen sei, grds. auszuschließen.[25] Bei einer aufdeckenden Therapie sollte die Hauptverhandlung nach Möglichkeit mit dem Jugendlichen vorbereitet werden oder – soweit prozessual im konkreten Fall zulässig - das Ende der Therapie abgewartet werden, bevor terminiert wird.[26]

Die Ausschließung des Jugendlichen im **Interesse der Arbeit der JGH** ist – für sich gesehen – **keinesfalls zulässig**.[27] Etwas anderes gilt freilich dann, wenn der Bericht der JGH zu unmittelbaren Nachteilen für den Jugendlichen führen könnte. Die Gefahr mittelbarer Nachteile dadurch, dass die Zusammenarbeit der JGH mit dem Jugendlichen erschwert werden könnte, genügt nicht. Die Ausschließung nach § 51 Abs. 1 S. 1 ist restriktiv zu handhaben und darf nicht durch die Geltendmachung mittelbarer Nachteile „erwirkt" werden. Gerade die Ausschließung des Jugendlichen während des Berichts der JGH in der Hauptverhandlung ist geeignet, Vertrauen zu beeinträchtigen und dadurch Nachteile für die Erziehung bzw die gesamte Entwicklung des Jugendlichen zu bewirken. Sind mittelbare Nachteile im o.g. Sinne zu besorgen, so ist es die Aufgabe der JGH, diesen vorzubeugen bzw zu begegnen.[28] **11**

Streitig ist die Frage, ob die Ausschließung eines Angeklagten voraussetzt, dass Nachteile für seine Erziehung entstehen können, oder ob § 51 Abs. 1 S. 1 auch Anwendung finden kann, wenn andere (Mit-)Angeklagte, etwa durch die Erörterung höchstpersönlicher Umstände, betroffen sind. Richtigerweise setzt § 51 Abs. 1 S. 1 voraus, dass ein Angeklagter **nur** dann ausgeschlossen werden kann, wenn Nachteile für **seine Erziehung** entstehen können.[29] Der Wortlaut des § 51 Abs. 1 S. 1 macht deutlich, dass es sich um Nachteile für die Erziehung des auszuschließenden Angeklagten selbst handeln muss. **12**

---

25 Klosinski, Zeitschrift für Kinder- und Jugendpsychiatrie, 1983, 349.
26 Vgl auch Eisenberg, § 51 Rn 9.
27 Dallinger/Lackner, § 51 Rn 7; Eisenberg, § 51 Rn 9; nach Ostendorf, § 51 Rn 6 („Betreuungsarbeit erschwert") soll dieser Umstand jedoch mit abgewogen werden; Brunner/Dölling, § 51 Rn 2 lassen wohl auch mittelbare Nachteile genügen; vgl auch Dallinger/Lackner, § 51 Rn 7; Ostendorf, § 51 Rn 6.
28 Anders Schaffstein/Beulke, § 37 II 2; wie hier Eisenberg, § 51 Rn 9 aE.
29 Bex, Zu der Möglichkeit und zu den Grenzen der zeitweiligen Ausschließung einzelner Prozessbeteiligter und der Öffentlichkeit [...], DVJJ-J 1997, 421; Eisenberg, § 51 Rn 6; aA Ostendorf, § 51 Rn 6, der dafür hält, dass dann aber jeder Verteidiger sein Anwesenheitsrecht behält; näher Ostendorf in: FS-Riess, S. 853 ff.

13 c) **Unterrichtungspflicht gem. § 51 Abs. 1 S. 2.** Nach Beendigung des Ausschlusses, dh unmittelbar nach Wiederzulassung, vor weiteren Verfahrenshandlungen,[30] hat der Vorsitzende den Angeklagten darüber zu unterrichten, was in seiner Abwesenheit verhandelt wurde, soweit es für dessen Verteidigung erforderlich ist. Die Vorschrift ist Ausdruck rechtlichen Gehörs gem. Art. 103 Abs. 1 GG. Richtigerweise ist der Angeklagte über **belastende** Umstände stets und umfänglich zu unterrichten.[31] Auch über **entlastende** Umstände muss der Vorsitzende grundsätzlich informieren.[32] Der Vorsitzende sollte bzgl einer etwaigen Verneinung der Verteidigungserheblichkeit („soweit") Vorsicht walten lassen. Weil das Gericht aus dem „Inbegriff der Verhandlung" heraus zu entscheiden hat (§ 261 StPO), ist grundsätzlich **alles**, was in der Hauptverhandlung **stattfindet**, (auch) für die **Verteidigung** „erforderlich".[33] Dies gilt umso mehr, als gerade Hauptverhandlungen vor dem Jugendrichter häufig ohne Verteidigung stattfinden.[34] Jedenfalls ergibt sich aus § 51 Abs. 1 S. 2 nicht, „dass der Gesetzgeber eine Einschränkung von Verteidigungsrechten grundsätzlich in Kauf nimmt."[35] Die Unterrichtung ist in der **Sitzungsniederschrift** zu **vermerken**.[36]

14 **5. § 51 Abs. 2.** Durch das **Zweite Justizmodernisierungsgesetz** vom 22.12.2006 wurde § 51 Abs. 2 komplett neu gefasst, nachdem das BVerfG[37] die bisherige Soll-Vorschrift, wonach der Vorsitzende Angehörige, den Erziehungsberechtigten und den gesetzlichen Vertreter des Angeklagten von der Verhandlung ausschließen sollte, soweit gegen ihre Anwesenheit Bedenken bestehen, für verfassungswidrig und nichtig erklärt hat. Die **Kann-Bestimmung** des § 51 Abs. 2 nF listet in S. 1 fünf Fälle auf, in denen Erziehungsberechtigte und gesetzliche Vertreter des jugendlichen Angeklagten von der Verhandlung ausgeschlossen werden können. Die Ausgestaltung als Kann-Vorschrift macht ein **Ermessen** des **Vorsitzenden** und damit eine **Prüfung des Einzelfalles** sowie eine dezidierte Begründung erforderlich. Das Elternrecht ist gegen die in den Nr. 1 - 5 beschriebenen Interessen **abzuwägen**. Ferner erfolgt ein Ausschluss der genannten Personen, „soweit" einer der fünf bestimmten Fälle vorliegt. Dadurch soll zum Ausdruck kommen, dass der Ausschluss regelmäßig nur **zeitweise**, beschränkt auf einen genau zu bezeichnenden Verhandlungsabschnitt bzw Verfahrensteil, zulässig sei.[38] Ein vollständiger Ausschluss für die gesamte (restliche) Verhandlungsdauer soll nur in Ausnahmefällen in Betracht kommen.[39] Eine über den Ausschluss des Anwesenheitsrechts hinausgehende Entziehung von Verfahrensrechten Erziehungsberechtigter und gesetzlicher Vertreter ist nach § 51 Abs. 2 nicht möglich. Insoweit ist § 67 Abs. 4 zu prüfen.

15 a) **§ 51 Abs. 2 Nr. 1.** Nach Nr. 1 des § 51 Abs. 2 ist der Ausschluss zulässig, wenn **erhebliche erzieherische Nachteile** drohen, weil die Befürchtung besteht, dass

---

30 BGH v. 9.1.1953, 1 StR 620/52, BGHSt 3, 384 zu § 247 StPO; ferner Ostendorf, § 51 Rn 7.
31 Brunner/Dölling, § 51 Rn 5; Eisenberg, § 51 Rn 12.
32 D/S/S-Schoreit, § 51 Rn 10; Ostendorf, § 51 Rn 7; Brunner/Dölling, § 51 Rn 5.
33 Nach Hartmann-Hilter, S. 82 ff ist aufgrund der Selektionsbefugnis (besser: -möglichkeit) und zwecks Gewährleistung des Fragrechts die Bestellung eines Pflichtverteidigers erforderlich.
34 Vgl P.-A. Albrecht, § 46 II 3.
35 So aber BGH v. 15.11.2001, 4 StR 215/01, NStZ 2002, 217 mit Blick auf § 247 S. 4 StPO [Herv. d. Bearbeiter].
36 BGH v. 2.10.1951, 1 StR 434/51, BGHSt 1, 346.
37 BVerfG v. 16.1.2003, 2 BvR 716/01, NJW 2003, 2004 ff.
38 BT-Drucks. 16/3038, 60.
39 BT-Drucks. 16/3038, 60.

durch die Erörterung der persönlichen Verhältnisse des jugendlichen Angeklagten in Gegenwart der Erziehungsberechtigten und gesetzlichen Vertreter die im Hinblick auf eine zu erwartende Sanktion erforderliche künftige Zusammenarbeit zwischen den genannten Personen und der JGH in erheblichem Maße erschwert wird. Die Erörterung der persönlichen Verhältnisse des jugendlichen Angeklagten in der Hauptverhandlung kann von den Erziehungsberechtigten und gesetzlichen Vertretern als verletzend oder störend empfunden werden. Dies kann insb. dann der Fall sein, wenn Zusammenhänge zwischen dem familiären bzw sozialen Umfeld des jugendlichen Angeklagten und seinem (möglichen) delinquenten Verhalten hergestellt werden.

Die Vorschrift knüpft gedanklich an § 38 Abs. 2, 3 an, wonach die JGH die erzieherischen, sozialen und fürsorgerischen Gesichtspunkte im Verfahren vor den Jugendgerichten zur Geltung bringen soll. Auch wenn es in der Regel erforderlich sein wird, die Erziehungsberechtigten und gesetzlichen Vertreter in die Thematisierung familiärer bzw sozialer Probleme einzubeziehen, die möglicherweise auf delinquentes Verhalten des Jugendlichen durchgeschlagen haben, sind gleichwohl **Einzelfälle** bzw Situationen denkbar, in denen die erforderliche künftige Zusammenarbeit mit der JGH bei der Umsetzung zu erwartender jugendgerichtlicher Sanktionen als so gestört erscheint, dass der **Ausschluss** der Erziehungsberechtigten bzw gesetzlichen Vertreter als ultima ratio erforderlich wird. Die Nr. 1 des § 51 Abs. 2 soll mithin die Möglichkeit erhalten, auf der Grundlage des jugendgerichtlichen Urteils erzieherisch auf den jugendlichen Angeklagten einzuwirken. Dabei reichen bloße „Bedenken" des Gerichts dergestalt, dass die Erörterung der persönlichen Verhältnisse des jugendlichen Angeklagten auf dessen Erziehungsberechtigte bzw gesetzlichen Vertreter möglicherweise verletzend wirken werde, nicht aus. Erforderlich ist vielmehr eine dahingehende „**Befürchtung**", dh das Bestehen einer nahe liegenden und ernsthaften, durch tatsächliche Anhaltspunkte begründeten Gefahr.[40] Jedenfalls hat das Gericht bei seiner Ermessensausübung zu berücksichtigen, dass auch und möglicherweise gerade der Ausschluss der Eltern und gesetzlichen Vertreter Skepsis hervorrufen kann, zumal dich das Gericht seine Entscheidung zu begründen hat und diese Begründung naheliegenderweise Eltern und gesetzlichen Vertretern zur Kenntnis gelangen wird.[41] Schließlich wird zu bedenken sein, dass Eltern und gesetzliche Vertreter in die „Umsetzung zu erwartender jugendgerichtlicher Sanktionen" ohnehin regelmäßig involviert oder jedenfalls durch diese tangiert sein werden und „klare Worte" durch Jugendgericht bzw JGH an die Eltern für das angestrebte künftige Legalverhalten des Jugendlichen ohnehin von hohem Wert sind.[42]

In jedem Fall ist darauf zu achten, dass die bloße **Wahrnehmung** von **Verfahrensrechten** bzw die Äußerung abweichender erzieherischer Vorstellungen einen Eingriff in das Elternrecht (Art. 6 Abs. 2 GG) **nicht** zu **rechtfertigen** vermögen.[43] Auch die Befürchtung, der jugendliche Angeklagte werde in Anwesenheit der Erziehungsberechtigten bzw gesetzlichen Vertreter nicht in einem aus Sicht des Jugendgerichts wünschenswerten Maße zur Mitwirkung bereit sein, rechtfertigt einen Ausschluss aufgrund drohender erzieherischer Nachteile nicht.[44] Ebenfalls nicht unter § 51 Abs. 2 Nr. 1 fällt die Befürchtung des Jugendgerichts,

---

40 Vgl § 67 Abs. 4 S. 2 JGG, § 247 StPO; Brunner/Dölling, § 67 Rn 14; Eisenberg, § 67 Rn 18; KK-Diemer, StPO, § 247 Rn 5, 11.
41 Eisenberg, § 51 Rn 15; D/S/S-Schoreit, § 51 Rn 13.
42 Ostendorf, § 51 Rn 12.
43 BVerfG v. 16.1.2003, 2 BvR 716/01, NJW 2003, 2006.
44 BT-Drucks. 16/3038, 61.

die Erziehungsberechtigten bzw gesetzlichen Vertreter werden die Ermittlungen der Wahrheit erschweren. Hierfür normiert § 51 Abs. 2 Nr. 4 nF einen eigenen Tatbestand. Dasselbe gilt für den Fall des Ausschlusses zur Aufrechterhaltung der Ordnung. Hier ist § 51 Abs. 3 nF einschlägig.

18 **b) § 51 Abs. 2 Nr. 2.** § 51 Abs. 2 korrespondiert mit § 67 Abs. 4 S. 1 und sieht die Möglichkeit des Ausschlusses des Erziehungsberechtigten bzw gesetzlichen Vertreters vor, wenn diese als Tatbeteiligte in Betracht kommen oder wegen einer Beteiligung bereits verurteilt sind. Wie im Fall des § 67 Abs. 4 S. 1 soll ein **einfacher „Verdacht"**, also ein Anfangsverdacht (§ 152 Abs. 2 StPO), ausreichen. Es ist für einen Ausschluss daher **nicht erforderlich**, dass die Erziehungsberechtigten bzw gesetzlichen Vertreter **formelle Beschuldigte** sind oder gar ein **hinreichender Tatverdacht** besteht.[45] Gerade bei solchen Personen aber, die **elterliche Verantwortung** iSv Art. 6 Abs. 2 GG tragen, wird der Vorsitzende zu prüfen haben, ob der (einfache) Verdachtsgrad auf bestimmten Tatsachen beruht, die geeignet sind, den Ausschluss zu rechtfertigen.

Beispiel: Besteht gegen Personen mit elterlicher Verantwortung der Verdacht der psychischen Beihilfe zu einer dem Jugendlichen vorgeworfenen Körperverletzung, etwa in Form einer Schulhofprügelei nach einer bereits länger währenden Rivalität, so ist sehr genau zu prüfen, ob tatsächlich gem. § 51 Abs. 2 Nr. 2 ein Ausschluss zulässig ist. Gerade in Konstellationen wechselseitiger Tatbeiträge („Täter-Opfer-Statuswechsel") ist wegen eines Ausschlusses Zurückhaltung geboten, weil den Eltern hier auch eine Schutzfunktion aus Art. 6 Abs. 2 GG zukommt.

19 **c) § 51 Abs. 2 Nr. 3.** Die Nr. 3 des § 51 Abs. 2 ermöglicht den Ausschluss von Erziehungsberechtigten und gesetzlichen Vertretern im Fall der Besorgnis einer Gefährdung des Lebens, des Leibes oder der Freiheit des Angeklagten, eines Zeugen oder einer anderen Person. Unter vergleichbaren Voraussetzungen gestattet § 172 Nr. 1a GVG den Ausschluss der Öffentlichkeit (bezogen auf eine Gefährdung eines Zeugen oder einer anderen Person). Für das Jugendstrafverfahren bedarf es neben § 172 Nr. 1a GVG einer eigenständigen Regelung, weil sowohl der Erziehungsberechtigte wie auch der gesetzliche Vertreter gemäß § 48 Abs. 2 S. 1 ein eigenes **Anwesenheitsrecht** in der nicht öffentlichen Verhandlung im Jugendstrafverfahren haben. § 51 Abs. 2 Nr. 3 ist etwa bei zu besorgenden **Vergeltungsmaßnahmen** gegen Zeugen oder eine andere Person möglich. Dasselbe gilt für den jugendlichen Angeklagten. Hierbei sind Konstellationen denkbar, in denen dieser entweder aufgrund des in der Hauptverhandlung thematisierten delinquenten Verhaltens „abgestraft" werden könnte oder „Maßnahmen" gegen den Jugendlichen zu erwarten sind, weil dieser in der Verhandlung negative Umstände über sein familiäres bzw soziales Umfeld offenbart.

20 Ein Ausschluss gem. § 51 Abs. 2 Nr. 3 ist ferner bei der Besorgnis einer **erheblichen sonstigen Beeinträchtigung** des **Wohls** des jugendlichen **Angeklagten** möglich.[46] Dieser Ausschlussgrund ist nach der Systematik der Nr. 3 abzugrenzen von dem Fall der Besorgnis einer Gefährdung des Lebens, des Leibes oder der Freiheit des Angeklagten. So gesehen stellt die Besorgnis einer erheblichen sonstigen Beeinträchtigung des Wohls des jugendlichen Angeklagten einen **Auffangtatbestand** dar. Erfasst werden wohl in erster Linie **psychische** Beeinträchtigungen, die nicht die Schwelle zu einer (auch) physischen Beeinträchtigung überschreiten.

---

45 BT-Drucks. 16/3038, 61.
46 Krit. Ostendorf, § 51 Rn 12.

Beispiel: Die Gesetzesbegründung nennt neben der missbräuchlichen Ausübung des Sorgerechts zum Schaden des Kindes weiter Fälle, in denen sehr persönliche, möglicherweise intime bzw in der Familie tabuisierte Vorgänge wie auch Umstände der konkreten Tatausführung in der Hauptverhandlung erörtert werden, die die Besorgnis einer nachhaltigen Beeinträchtigung des Verhältnisses zwischen dem jugendlichen Angeklagten und den Erziehungsberechtigten bzw gesetzlichen Vertretern begründen.[47]

Das Erfordernis der „**Besorgnis**" ist erfüllt bei einer begründeten Möglichkeit bzw gewissen Wahrscheinlichkeit, die nicht ausschließlich durch bestimmte Tatsachen belegt sein muss, sondern auch unter Anwendung allgemeiner Erfahrungssätze auf den konkreten Fall herleitbar sein soll. Eine überwiegende Wahrscheinlichkeit soll nicht erforderlich sein.[48] 21

d) § 51 Abs. 2 Nr. 4. Nach Nr. 4 des § 51 Abs. 2 ist ein Ausschluss möglich, wenn die **Befürchtung** besteht, dass durch die **Anwesenheit** der Erziehungsberechtigten bzw gesetzlichen Vertreter die **Ermittlung der Wahrheit beeinträchtigt** wird. Der Ausschlussgrund in Nr. 4 ist **problematisch**. Es gehört nicht zu den Aufgaben dieser Personen, bei der Ermittlung der Wahrheit behilflich zu sein. Ausgangspunkt der Überlegungen muss sein, dass es zum Aufgaben- und Pflichtenkreis der Erziehungsberechtigten bzw gesetzlichen Vertreter gehört, die **Interessen** des jugendlichen **Angeklagten** wahrzunehmen. Dieser Aufgaben- und Pflichtenkreis besteht grundsätzlich auch im (Jugend-)Strafverfahren fort. Deshalb haben die Erziehungsberechtigten bzw gesetzlichen Vertreter ein Recht auf Anwesenheit. Die Nr. 4 des § 51 Abs. 2 ist mit Zurückhaltung anzuwenden. Insbesondere wird darauf zu achten sein, dass das **grundsätzliche Anwesenheitsrecht** der Erziehungsberechtigten und gesetzlichen Vertreter (§ 48 Abs. 2 S. 1) sowie deren Mitwirkungs- und Teilhaberrechte (§ 67 Abs. 1) **nicht ausgehöhlt** werden. Ein **verfahrensordnungsgemäßes Prozessverhalten** der Erziehungsberechtigten bzw gesetzlichen Vertreter, welches möglicherweise einen Tatnachweis erschwert oder gar vereitelt, begründet daher für sich gesehen **keinen Ausschluss**.[49] Auch ist offenkundig, dass ein Ausschluss nicht dazu dienen darf, auf den jugendlichen Angeklagten Druck zur Erlangung eines Geständnisses oder sonstiger Erklärungen auszuüben oder auf Verfahrensbeschleunigung abzuzielen.[50] 22

Es erscheint **problematisch** aus der bloßen „Anwesenheit" der Erziehungsberechtigten bzw gesetzlichen Vertreter einen negativen Einfluss auf die Ermittlung der Wahrheit herzuleiten. Nach der Gesetzesbegründung soll dies jedoch der Fall sein, wenn Erziehungsberechtigte und gesetzliche Vertreter als **Zeugen** in Betracht kommen. §§ 58 Abs. 1, 243 Abs. 2 S. 1 StPO verlangen, dass Zeugen zunächst den Sitzungssaal verlassen und sodann einzeln und nacheinander zu vernehmen sind. Denkbar ist es allenfalls, den zeitlich befristeten Ausschluss von Erziehungsberechtigten bzw gesetzlichen Vertretern gem. Nr. 4 zu bejahen, wenn diese als **Zeuge** zum **unmittelbaren Tatgeschehen** in Betracht kommen.[51] Ein Ausschluss sollte sich daher nicht auf die Angaben zur Person bzw zu den wirtschaftlichen Verhältnissen beziehen. Richtigerweise hat die hM zu § 51 Abs. 2 aF auch dann ein grundsätzliches Anwesenheitsrecht der Erziehungsberechtigten bzw gesetzlichen Vertreter des jugendlichen Angeklagten bejaht, wenn diese als Zeugen in 23

---

47 BT-Drucks. 16/3038, 61.
48 BT-Drucks. 16/3038, 62.
49 Eisenberg, § 51 Rn 18.
50 BT-Drucks. 16/3038, 62.
51 Vgl dazu grds. BVerfG v. 16.1.2003, 2 BvR 716/01, NJW 2003, 2007.

Betracht kommen, sofern nicht ausnahmsweise § 51 Abs. 2 aF einschlägig war.[52] Der BGH bejahte ein Anwesenheitsrecht der genannten Personen ebenfalls, wenn diese als Zeuge in Betracht kommen, hielt jedoch einen Ausschluss gem. §§ 58 Abs. 1, 243 Abs. 2 S. 1 StPO nach einer Interessensabwägung für gerechtfertigt, soweit die durchgängige Anwesenheit die Ermittlung der Wahrheit beeinträchtigen würde.[53] Der Vorsitzende hat nach der Neufassung nunmehr zu entscheiden, ob Erziehungsberechtigte und gesetzliche Vertreter, die als Zeugen in Betracht kommen, nach Verlesung des Anklagesatzes sowie – im Falle der Aussagebereitschaft des jugendlichen Angeklagten – nach den Erklärungen zu den persönlichen und wirtschaftlichen Verhältnissen, **für die Dauer der Angaben zur Sache (im engeren Sinne)** ausgeschlossen werden. Es versteht sich von selbst, dass hierbei eine sehr sorgfältige Abwägung insbesondere zwischen dem Elternrecht und dem Prinzip der Amtsermittlung (§ 244 Abs. 2 StPO) vorzunehmen ist. Dabei ist zu beachten, dass Eltern und gesetzliche Vertreter die mögliche Einlassung des jugendlichen Angeklagten ohnehin bereits kennen werden, so dass – statt eines Ausschlusses – regelmäßig vorzugswürdig sein dürfte, Eltern und gesetzliche Vertreter vor anderen Zeugen zu vernehmen. Ein Ausschluss dürfte sich dann zumeist erübrigen.

24 Weiter sind Konstellationen denkbar, in denen Erziehungsberechtigte und gesetzliche Vertreter versuchen, **unsachgemäßen Einfluss** auf den jugendlichen Angeklagten zu nehmen. Hier ist Anknüpfungspunkt für den möglichen Ausschluss, deren **Verhalten, nicht** die (**bloße**) **Anwesenheit**. Dies betrifft jedenfalls Konstellationen, in denen der jugendliche Angeklagte grundsätzlich aussagebereit ist und die Erziehungsberechtigten und gesetzlichen Vertreter **manipulativen** Einfluss nehmen, etwa mit der Konsequenz, dass der Jugendliche nicht mehr frei aussagt, sondern einzig eine Erwartungshaltung der genannten Personen bedient. Dies kann zur fälschlichen Belastung eines Dritten wie auch zu einer Relativierung des möglichen eigenen Tatbeitrags bzw der möglichen eigentlichen Tatmotivation führen. Die Gesetzesbegründung nennt ferner den Fall, dass der an sich aussagebereite jugendliche Angeklagte aufgrund der Anwesenheit seiner Eltern **psychisch nicht aussagefähig** ist.[54] Hierbei ist freilich **zu unterscheiden**. Geht die Einwirkung der Erziehungsberechtigten und gesetzlichen Vertreter lediglich dahin, dass der angeklagte Jugendliche von seinem Aussageverweigerungsrecht Gebrauch macht, so ist dies keinesfalls zu beanstanden. Liegt jedoch ein Sachverhalt vor, in dem der Jugendliche etwa aufgrund einer manifesten Einschüchterung **keine eigene Entscheidung** mehr über seine Aussagebereitschaft treffen kann, so kann der Ausschluss nach Nr. 4 begründet sein.

25 In Betracht kommen ferner Konstellationen, in denen ein **Zeuge** oder ein **Mitangeklagter** aufgrund unlauterer Beeinflussung der Erziehungsberechtigten und gesetzlichen Vertreter des jugendlichen Angeklagten hinsichtlich des eigenen Aussageverhaltens nicht mehr frei sind. Dass eine solche psychische Zwangslage auch für einen **Sachverständigen** entstehen kann, wie die Gesetzesbegründung ausführt,[55] ist kaum denkbar.

26 Wie Nr. 1 des § 51 Abs. 2 ist auch für die Nr. 4 das Erfordernis des „**Befürchtens**" normiert. Erforderlich ist mithin auch hier eine naheliegende und ernsthafte, durch tatsächliche Anhaltspunkte begründeten Gefahr für die Wahrheitser-

---

52 LR-Gollwitzer, § 243 Rn 28; Meyer-Goßner, § 243 Rn 8.
53 BGH v. 11.11.1955, 1 StR 309/55, NJW 1956, 520.
54 BT-Drucks. 16/3038, 62.
55 BT-Drucks. 16/3038, 62.

mittlung. Im Rahmen des auszuübenden **Ermessens** („Kann-Bestimmung") hat der Vorsitzende über den Umstand hinaus, dass verfahrensordnungsgemäßes Verhalten der Erziehungsberechtigten und gesetzlichen Vertreter nicht sanktioniert werden darf, weiter zu beachten, in welchem Maße die Wahrheitsermittlung durch die Anwesenheit von Erziehungsberechtigten und gesetzlichen Vertreter beeinträchtigt wird.[56]

e) § 51 Abs. 2 Nr. 5. Nach Nr. 5 ist der Ausschluss der Erziehungsberechtigten und gesetzlichen Vertreter bei der **Erörterung** von **Umständen** aus dem **persönlichen Lebensbereich** eines Verfahrensbeteiligten, Zeugen oder Verletzten möglich. Der jugendliche Angeklagte ist in Bezug auf seine Eltern bzw. gesetzliche Vertreter nicht „Verfahrensbeteiligter" im Sinne der Norm.[57] Über den Schutz von Zeugen oder des Verletzten hinaus ist die Nr. 5 jedoch in einem Verfahren gegen **mehrere Angeklagte** mit unterschiedlichen Erziehungsberechtigten bzw. gesetzlichen Vertretern anwendbar, etwa wenn bei der Erörterung der persönlichen Verhältnisse **eines** von mehreren Angeklagten die Erziehungsberechtigten bzw. gesetzlichen Vertreter von Mitangeklagten ausgeschlossen werden.[58] Der Ausschluss nach Nr. 5 soll sich daher auf denjenigen Teil der Hauptverhandlung beziehen, in dem das eigene Kind nicht im Mittelpunkt der jeweiligen Erörterungen steht, dessen Erziehungsberechtigte bzw. gesetzlichen Vertreter mithin in gewisser Weise trotz § 48 Abs. 1 die Öffentlichkeit der Verhandlung herstellen. 27

§ 51 Abs. 2 Nr. 5 ist **§ 171 b GVG** nachgebildet, der den Ausschluss der Öffentlichkeit zum Schutz von Persönlichkeitsrechten zum Gegenstand hat. Bei der Anwendung der Nr. 5 des § 51 Abs. 2 ist zunächst zu klären, ob die Erörterung von Umständen aus dem persönlichen Lebensbereich in Anwesenheit der betreffenden Erziehungsberechtigten bzw. gesetzlichen Vertreter mit dem **Schutz von Persönlichkeitsrechten kollidiert**. Ist dies der Fall, so ist das Persönlichkeitsrecht des betroffenen Verfahrensbeteiligten, Zeugen oder Verletzten gegen das Interesse der Erziehungsberechtigten und gesetzlichen Vertreter an der Erörterung dieser Umstände in ihrer Gegenwart **abzuwägen**. Aus der Formulierung „es sei denn" folgt dabei, dass das Interesse der Erziehungsberechtigten und gesetzlichen Vertreter im Rahmen der Abwägung grundsätzlich zurückzutreten hat.[59] Dies gilt umso mehr, je stärker der innere Kern der Persönlichkeitssphäre betroffen sein kann. Im zuletzt genannten Fall, dass Erörterungen anstehen, die den inneren Kern der Persönlichkeitssphäre betreffen, wird der Vorsitzende im Rahmens des auszuübenden Ermessens („Kann-Bestimmung") auf eine etwaige Ermessensreduzierung „auf Null" zu achten haben.[60] 28

f) § 51 Abs. 2 S. 2 – 4. § 51 Abs. 2 Satz 2 korrespondiert mit § 48 Abs. 2 S. 1 nF, wonach nunmehr auch ein **Anwesenheitsrecht** für den Erziehungsberechtigten und gesetzlichen Vertreter des **Verletzten** geregelt ist. Folgerichtig erstreckt S. 2 des § 51 Abs. 2 die Anwendbarkeit der Ausschlussgründe der Nr. 3 – 5 auch auf diese Personen. Eine entsprechende Anwendung der Nr. 1 u. 2 ist wegen des speziell auf den jugendlichen Angeklagten zugeschnittenen Anwendungsbereichs nicht erforderlich. Es ist konsequent, dass das Anwesenheitsrecht des Erziehungsberechtigten bzw gesetzlichen Vertreters des Verletzten dann, wenn durch deren Anwesenheit eine Gefährdung des Lebens, des Leibes oder der Freiheit droht, eine 29

---

56 BT-Drucks. 16/3038, 63.
57 Eisenberg, § 51 Rn 19.
58 BT-Drucks. 16/3038, 63.
59 BT-Drucks. 16/3038, 63.
60 BT-Drucks. 16/3038, 63.

Beeinträchtigung der Wahrheitsermittlung zu befürchten ist oder schutzwürdige Persönlichkeitsrechte von Verfahrensbeteiligten, Zeugen oder Verletzten vorrangig sind, **nicht weiter reichen kann** als das Anwesenheitsrecht der Erziehungsberechtigten bzw gesetzlichen Vertreter des **Angeklagten**.[61]

30 Satz 3 des § 51 Abs. 2 korrespondiert mit § 171 b Abs. 2 GVG und normiert einen zwingenden Ausschluss, **wenn** die Voraussetzungen von S. 1 Nr. 5 (Erörterung von Umständen aus dem persönlichen Lebensbereich) vorliegen und die Person, deren Lebensbereich betroffen ist, den **Ausschluss beantragt**. Gleichwohl ist zu beachten, dass S. 3 insgesamt auf Nr. 5, mithin auch auf dessen Abwägungsklausel, Bezug nimmt, so dass ein Ausschluss nicht in Betracht kommt, wenn das Anwesenheitsrecht der Erziehungsberechtigten bzw gesetzlichen Vertreter überwiegt.[62]

31 Satz 4 des § 51 Abs. 2 korrespondiert mit § 171 b Abs. 1 Nr. 2 GVG. Ein Ausschluss nach S. 1 Nr. 5 hat zu **unterbleiben**, wenn die Personen, deren Lebensbereiche betroffen sind, in der Hauptverhandlung dem Ausschluss **widersprechen**. In diesen Fällen liegt ein Verzicht auf den ihnen grundsätzlich zugebilligten Schutz vor. Sind die Lebensbereiche mehrerer Personen betroffen, so kommt ein Ausschluss jedoch auch dann in Betracht, wenn nur einzelne dieser Personen widersprechen. Dies folgt daraus, dass S. 4 – anders als S. 3 – sich auf die betroffenen Personen (Plural) bezieht.[63]

32 6. **§ 51 Abs. 3.** Gem. § 177 GVG können Beschuldigte, Zeugen, Sachverständige oder bei der Verhandlung nicht beteiligte Personen, die den zur Aufrechterhaltung der Ordnung getroffenen Anordnungen nicht Folge leisten, aus dem Sitzungszimmer entfernt sowie zur Ordnungshaft abgeführt und während einer zu bestimmenden Zeit, die 24 Stunden nicht übersteigen darf, festgehalten werden (**Ungehorsamsfolgen**). Die Erziehungsberechtigten und gesetzlichen Vertreter sind in § 177 GVG nicht explizit genannt. Im Falle manifester Störungen können jedoch auch diese durch die Klarstellung des § 51 Abs. 3 mit den in § 177 GVG genannten Ungehorsamsfolgen belegt werden. § 51 Abs. 3 ergänzt daher § 51 Abs. 2 Nr. 1 - 5. Hingegen sind Ordnungsmittel gem. § 178 GVG gegen Erziehungsberechtigte und gesetzliche Vertreter bereits deshalb unzulässig, weil der Gesetzgeber eine entsprechende Regelung für § 178 GVG in § 51 Abs. 3 gerade nicht getroffen hat.[64]

33 7. **§ 51 Abs. 4.** Gem. § 33 StPO iVm den §§ 67 Abs. 1, 2 JGG müssen Erziehungsberechtigte und gesetzliche Vertreter **vor** einer Entscheidung über ihren **Ausschluss rechtliches Gehör** erhalten. § 51 Abs. 4 S. 1 setzt früher an und auferlegt dem Vorsitzenden als Normadressaten **vor** einem Ausschluss obligatorisch den **Versuch** einer **gütlichen Einigung** mit den betroffenen Personen, dh die Erörterung eines freiwilligen Verlassens der Hauptverhandlung. Schlägt ein solcher Versuch fehl, so kommt ein Ausschluss gem. § 51 Abs. 2 als subsidiäre Maßnahme in Betracht.

34 Die **nachträgliche Unterrichtung** der Erziehungsberechtigten und gesetzlichen Vertreter durch den Vorsitzenden nach Beendigung des Ausschlusses, stellt eine **kompensatorische Maßnahme** dar. Die Unterrichtungspflicht besteht auch dann, wenn Erziehungsberechtigte und gesetzliche Vertreter bereits zuvor durch andere

---

61 BT-Drucks. 16/3038, 63.
62 BT-Drucks. 16/3038, 63 f.
63 BT-Drucks. 16/3038, 64.
64 Offengelassen durch OLG Dresden v. 14.9.2009, 2 Ws 410/09, NStZ 2010, 472, weil diese Frage dort nicht entscheidungserheblich war.

Personen, entweder den Jugendlichen oder dessen Verteidiger, informiert wurden.[65] § 51 Abs. 4 S. 2 ist der Regelung des § 247 S. 4 StPO nachgebildet. Die Unterrichtungspflicht bezieht sich auf den **„wesentlichen Inhalt"** dessen, was während der Abwesenheit, dh während des Ausschlusses, ausgesagt oder sonst verhandelt worden ist. Was wesentlich ist, bestimmt der Vorsitzende nach pflichtgemäßem Ermessen.[66] Den Erziehungsberechtigten und gesetzlichen Vertretern muss alles mitgeteilt werden, was sie wissen müssen, um ihre Verfahrensstellung sachgerecht vornehmen zu können. Insbesondere muss sich die Unterrichtung auf die in der Abwesenheit ergangenen Beschlüsse, Anordnungen und sonstige wesentlichen Verfahrenshandlungen beziehen.[67] Die Rechtsstellung der Erziehungsberechtigten und gesetzlichen Vertreter ist gem. § 67 JGG an die Rechte des jugendlichen angelehnt. Damit sind die Erziehungsberechtigten und gesetzlichen Vertreter jedenfalls in dem Umfange zu unterrichten, wie die Verteidigungsinteressen des angeklagten Jugendlichen dies notwendig erscheinen lassen.[68] Soweit § 51 Abs. 4 S. 2 vorsieht, dass die Unterrichtung über den wesentlichen Inhalt **„in geeigneter Weise"** zu erfolgen hat, soll dieser Zusatz verdeutlichen, dass durch die Unterrichtung der Ausschlussgrund gem. Abs. 2 des § 51 nicht nachträglich durch die Unterrichtung, unterlaufen werden soll.[69] Ferner entfällt eine Unterrichtungspflicht offensichtlich für den Fall, dass Erziehungsberechtigte und gesetzliche Vertreter nach Beendigung des Ausschlusses nicht mehr an der Hauptverhandlung teilzunehmen wünschen. Eine Anwesenheits**pflicht** besteht für diese Personen nicht. Eine Unterrichtungspflicht der Erziehungsberechtigten und gesetzlichen Vertreter des **Verletzten** besteht nach Beendigung von deren Ausschluss **nicht**.

Nach der Konzeption von § 51 Abs. 2 geht der Gesetzgeber davon aus, dass die nachträgliche Unterrichtung ausreicht, um den Nachteil des Ausschlusses zu kompensieren. Der Gesetzgeber hat sich dabei insbesondere davon leiten lassen, dass der Ausschluss der Erziehungsberechtigten und gesetzlichen Vertreter aufgrund der „Soweit"-Formulierung im § 51 Abs. 2 S. 1 regelmäßig nur eine zeitweilige Versagung der Anwesenheit in der Verhandlung in Betracht komme.[70] Eine **weitergehende Kompensation**, über die nachträgliche Unterrichtung hinaus, etwa in Form einer Pflegerbestellung in Korrespondenz zu § 67 Abs. 4 S. 3 JGG ist **nicht vorgesehen**. Ist jedoch absehbar, dass durch eine nachträgliche Unterrichtung kein genügender Ausgleich erreicht werden kann, so ist gem. **§ 68 Nr. 3** nF die Bestellung eines **Pflichtverteidigers** erforderlich.[71] 35

8. § 51 Abs. 5. Der Ausschluss von Erziehungsberechtigten und gesetzlichen Vertretern nach den Abs. 2 u. 3 des § 51 ist **auch** dann **zulässig**, wenn diese Personen zum **Beistand** gem. § 69 bestellt sind. Die Abs. 2 u. 3 des § 51 setzen sich insoweit gegen § 69 durch. Weil die Beistandschaft gem. § 69 der Betreuung des Jugendlichen im Verfahren dient,[72] der Beistand damit, anders als der Verteidiger, eine individuell fürsorgerische Aufgabe wahrnimmt, muss diese Funktion bei Vorliegen eines der Ausschlussgründe des § 51 zurücktreten. Sollte die von der Beistandschaft ausgehende verfahrensrechtliche **Unterstützungsfunktion** durch den 36

---
65 BGH v. 28.6.1957, 1 StR 179/57, NJW 1957, 1326 für § 247 StPO.
66 Meyer-Goßner, § 247 Rn 16.
67 Meyer-Goßner, § 247 Rn 16.
68 BT-Drucks. 16/3038, 64; Eisenberg, § 51 Rn 24; vgl auch Ostendorf, § 51 Rn 13.
69 BT-Drucks. 16/3038, 64.
70 BT-Drucks. 16/3038, 64.
71 Vgl auch Eisenberg, § 51 Rn 24; Ostendorf, § 51 Rn 13.
72 Eisenberg, § 69 Rn 3; Ostendorf, § 69 Rn 2.

Ausschluss der Erziehungsberechtigten und gesetzlichen Vertreter **ausgehöhlt** werden, so muss der Vorsitzende nach pflichtgemäßem Ermessen prüfen, ob dem jugendlichen Angeklagten, gegebenenfalls beschränkt auf die Dauer des Ausschlusses, ein **sonstiger Beistand bestellt** werden muss.[73] Kann im Falle des Ausschlusses von Erziehungsberechtigten und gesetzlichen Vertretern die Beeinträchtigung der Wahrnehmung ihrer Rechte durch die nachträgliche Unterrichtung gem. § 51 Abs. 4 S. 2 **nicht kompensiert** werden, so ist dem jugendlichen Angeklagten gem. § 68 Nr. 3 nF ein **Pflichtverteidiger** zu bestellen.

37 **9. Sonstiges zum Anwendungsbereich.** Eine entsprechende Anwendung von § 51 Abs. 2 - 4 auf **Personen, die in § 48 Abs. 2** genannt sind (Verletzte, Bewährungshelfer, Betreuungshelfer, Erziehungsbeistand und Heimleiter bzw Leiter einer vergleichbaren Einrichtung), **ist geboten**. Andernfalls hätten diese ein stärkeres Recht zur Anwesenheit als Erziehungsberechtigte und gesetzliche Vertreter.[74] Dies ist nicht zu begründen. „Anderen Personen", die durch den Vorsitzenden gem. § 48 Abs. 2 S. 3 zur Hauptverhandlung zugelassen wurden, kann das Recht zur Anwesenheit durch Widerruf entzogen werden.[75]

38 **Keinesfalls** ausgeschlossen werden dürfen hingegen die **Staatsanwaltschaft, Verteidigung**, auch nicht die JGH. In Betracht kommen allenfalls sitzungspolizeiliche Maßnahmen zur Aufrechterhaltung der Ordnung in der Sitzung durch den Vorsitzenden gem. § 176 GVG, **nicht** aber durch Maßnahmen gem. §§ 177, 178 GVG. Auch sitzungspolizeiliche Maßnahmen gegen die Staatsanwaltschaft, die Verteidigung dürfen nicht zu einer Beeinträchtigung der Rechtspflegefunktion führen.[76]

39 Wie auch § 51 Abs. 1 steht dessen Abs. 2 neben den **Ausschließungsgründen** des **allgemeinen Strafverfahrensrechts** (§§ 171 a ff GVG). Die Versagung des Zutritts für Erziehungsberechtigte sowie gesetzliche Vertreter gem. § 175 GVG ist jedoch nicht zulässig, weil diese Verfahrensbeteiligte sind (§ 67).[77] § 175 GVG bezieht sich nur auf solche Personen, die an der Verhandlung selbst nicht beteiligt sind.[78]

III. Verfahrenshinweise

40 **1. Initiative zur Ausschließung.** Die **Initiative**, den Jugendlichen auszuschließen (Abs. 1), wird in der Praxis – entsprechend der Ausschlusszuständigkeit – häufig durch den Vorsitzenden erfolgen. Sie kann aber freilich auch von anderen **Verfahrensbeteiligten** angeregt werden. Zu Recht weist *Eisenberg* darauf hin, dass eine Anregung seitens des Vorsitzenden gegenüber einem weiteren Verfahrensbeteiligten, die Ausschließung zu beantragen, erhebliche Bedenken hervorruft.[79] Ist der Vorsitzende vom Vorliegen der Voraussetzungen des § 51 Abs. 1 S. 1 überzeugt, so hat er die Ausschließung selbst vorzunehmen. Dasselbe gilt für den Ausschluss nach Abs. 2.

41 **2. Zuständigkeit.** Anders als im Falle des § 247 StPO erfolgt die Ausschließung nach § 51 Abs. 1 **durch den Vorsitzenden**, nicht durch Beschluss des Gerichts.

---

73 BT-Drucks. 16/3038, 64.
74 Dallinger/Lackner, § 51 Rn 18; Ostendorf, § 51 Rn 10; Eisenberg, § 51 Rn 20; Streng, § 7 Rn 85.
75 Brunner/Dölling, § 51 Rn 9; Eisenberg, § 51 Rn 21.
76 Meyer-Goßner, § 176 GVG Rn 10.
77 Zutr. Eisenberg, § 51 Rn 13.
78 LR-Wickern, § 175 GVG Rn 1.
79 Eisenberg, § 51 Rn 10.

Vor dem Ausschluss sind alle Verfahrensbeteiligte zu hören. Die Ausschließung muss begründet werden. Sie ist mit ihrer Begründung in das **Sitzungsprotokoll** aufzunehmen.[80] Auch die Ausschließung der in Abs. 2 genannten Personen erfolgt durch den Vorsitzenden. Sie ist ebenfalls zu begründen und in das Sitzungsprotokoll aufzunehmen. Die Anordnung des Vorsitzenden kann gem. § 238 Abs. 2 StPO als unzulässig beanstandet werden und die Entscheidung des Gerichts verlangt werden (mit Blick auf § 338 Nr. 8 StPO).[81]

3. Revision. a) § 51 Abs. 1 S. 1. Ein Ausschluss des Jugendlichen unter Verletzung der Voraussetzungen des § 51 Abs. 1 S. 1 begründet den absoluten Revisionsgrund des § 338 Nr. 5 StPO. Denn in diesen Fällen schreibt „das Gesetz die Anwesenheit" des jugendlichen Angeklagten „vor" (§ 338 Nr. 5 StPO). Eine in der Hauptverhandlung ergangene Entscheidung des Gerichts gem. § 238 Abs. 2 StPO ist nicht erforderlich.[82] § 338 Nr. 5 StPO liegt schon dann vor, wenn die notwendige Begründung für die Ausschließung nicht protokolliert ist.[83] Aufgrund der unterschiedlichen formellen und sachlichen Voraussetzungen ist bei der Revisionsbegründung (§ 344 Abs. 2 S. 2 StPO) anzugeben, ob eine Verletzung von § 247 StPO oder von § 51 Abs. 1 geltend gemacht wird.[84] **42**

b) § 51 Abs. 1 S. 2. Eine Verletzung der Unterrichtungspflicht kann mit einer relativen Verfahrensrüge gem. § 337 StPO angegriffen werden, unabhängig davon, ob gegen die Anordnung des Vorsitzenden das Gericht nach § 238 Abs. 2 StPO angerufen wurde. Daneben ist der absolute Revisionsgrund des § 338 Nr. 8 StPO in Betracht zu ziehen. Dies soll nach vertretener Auffassung (ebenfalls) selbst dann gelten, wenn ein Gerichtsbeschluss gem. § 238 Abs. 2 StPO nicht beantragt wurde.[85] Die Rspr dürfte dieser Auffassung nicht folgen. Für die **Praxis** ist daher jedenfalls zweckmäßig, einen gerichtlichen Beschluss herbeizuführen. Der Beweis, ob eine Unterrichtung stattgefunden hat, ist ausschließlich anhand des Sitzungsprotokolls zu führen (§ 274 S. 1 StPO).[86] **43**

c) § 51 Abs. 2. Die Verletzung des § 51 Abs. 2 ist ebenfalls **revisibel** (§ 337 StPO).[87] Eine Rechtsverletzung kann vorliegen, wenn die tatbestandlichen Voraussetzungen der Nr. 1 - 5 des § 51 Abs. 2 zu Unrecht bejaht oder verneint wurden. Liegen diese Voraussetzungen vor, so kann eine Verletzung des Rechts ferner darin bestehen, dass der Vorsitzende das notwendige Ermessen fehlerhaft ausgeübt hat. Die Begründungsanforderungen an die Verfahrensrüge, die auf einen Ermessensfehler gestützt wird, sind hoch. **44**

---

80 Brunner/Dölling, § 51 Rn 3; Eisenberg, § 51 Rn 11; Ostendorf, § 51 Rn 7.
81 Streng, § 7 Rn 81; Brunner/Dölling, § 51 Rn 4; Eisenberg, § 51 Rn 11.
82 Dallinger/Lackner, § 51 Rn 12; Brunner/Dölling, § 51 Rn 4; Ostendorf, § 51 Rn 13; Eisenberg, § 51 Rn 27; aA Streng, § 7 Rn 81.
83 BGH v. 28.9.1960, 2 StR 429/60, BGHSt 15, 196 für § 247 StPO; Ostendorf, § 51 Rn 13; problematisch ist BGH v. 30.8.2000, 5 StR 268/00, NStZ 2001, 48 – freiwilliger Verzicht auf Anwesenheit trotz Vorliegens der Voraussetzungen des § 247 StPO: ein aufgrund Indisponibilität unzulässiger „freiwilliger" Verzicht kann das Fehlen einer Anordnung des Gerichts nach § 247 StPO nicht ersetzen.
84 BGH v. 15.11.2001, 4 StR 215/01, NStZ 2002, 331.
85 Eisenberg, § 51 Rn 28; Dallinger/Lackner, § 51 Rn 15; wohl auch Brunner/Dölling, § 51 Rn 5; aA BGH v. 15.3.2000, 1 StR 45/00, NStZ-RR 2001, 133 bei Kusch zu § 247 StPO; Ostendorf, § 51 Rn 14.
86 BGH v. 2.10.1951, 1 StR 434/51, BGHSt 1, 346; Ostendorf, § 51 Rn 14.
87 Nach Ostendorf, § 51 Rn 15, soll auch § 338 Nr. 8 StPO in Betracht kommen.

§ 52 Berücksichtigung von Untersuchungshaft bei Jugendarrest

Wird auf Jugendarrest erkannt und ist dessen Zweck durch Untersuchungshaft oder eine andere wegen der Tat erlittene Freiheitsentziehung ganz oder teilweise erreicht, so kann der Richter im Urteil aussprechen, daß oder wieweit der Jugendarrest nicht vollstreckt wird.

Richtlinien zu §§ 52 und 52 a

1. Als eine andere wegen der Tat erlittene Freiheitsentziehung im Sinne von §§ 52, 52 a Abs. 1 Satz 1 ist namentlich die Unterbringung in einem Heim oder einer Anstalt nach § 71 Abs. 2, § 72 Abs. 4 und § 73 anzusehen.

2. Die §§ 52, 52 a gelten auch im Verfahren gegen Jugendliche vor den für allgemeine Strafsachen zuständigen Gerichten (§ 104 Abs. 1 Nr. 5), im Verfahren gegen Heranwachsende nur, wenn das Gericht Jugendstrafrecht anwendet (§ 109 Abs. 2).

Schrifttum:
Flöhr, Die Anrechnung der Untersuchungshaft auf Jugendarrest und Jugendstrafe, 1995; *Nothacker*, Erziehungsvorrang und Gesetzesauslegung im JGG, 1988.

I. Persönlicher und instanzieller Anwendungsbereich

1 Die Vorschrift gilt im Verfahren gegen Jugendliche, auch vor den für allgemeine Strafsachen zuständigen Gerichten (§ 104 Abs. 1 Nr. 5) sowie für Heranwachsende vor den Jugendgerichten und den für allgemeine Strafsachen zuständigen Gerichten, wenn Jugendrecht zur Anwendung kommt (§§ 109 Abs. 2 S. 1, 105 Abs. 1, 112 S. 1 und 2).

2 Grundsätzlich gilt § 52 seinem Wortlaut nach nur in den Tatsacheninstanzen, da das Revisionsgericht nicht „erkennt". Inwieweit im Revisionsverfahren die Vorschrift zur Anwendung kommen kann, ist umstritten. Teilweise wird die Möglichkeit der selbständigen Anwendung des Revisionsgerichts nur dann als möglich angesehen, wenn gegen die gerichtliche Festsetzung der Strafzeit gemäß § 458 StPO sofortige Beschwerde eingelegt ist[1]. Vertreten wird auch die Meinung, § 52 sei im Hinblick auf die nach dem Erlass des angefochtenen Urteils erlittene Untersuchungshaft entsprechend anzuwenden.[2] Dieser Meinung ist zu folgen, da sie dem Sinn der Vorschrift (s. Rn 6) entspricht. Ebenso ist § 52 für die freiheitsentziehenden Maßnahmen entsprechend anzuwenden, die zwischen dem Urteil und dem Eintritt der relativen Rechtskraft durch Rechtsmittelverzicht bzw Rücknahme eines Rechtsmittels durch den Angeklagten oder Ablauf der Rechtsmittelfrist für den Angeklagten getroffen werden.[3] **Ist relative Rechtskraft eingetreten, das Urteil für den Angeklagten also nicht mehr anfechtbar, kann eine Anrechnung nach § 52 nicht mehr erfolgen**, da die freiheitsentziehende Maßnahme wie die Untersuchungshaft gemäß § 450 Abs. 1 StPO anzurechnen ist.[4] Dies gilt auch, wenn das Urteil nur vom gesetzlichen Vertreter des Jugendlichen angefochten wurde oder wenn der Jugendliche, der zunächst auf Rechtsmittel verzichtet hat, sich dem Rechtsmittel des gesetzlichen Vertreters anschließt, allerdings nur vom

---

1 Ostendorf, § 52 Rn 2; Flöhr, S. 113.
2 Eisenberg, § 52 Rn 2.
3 OLG München v. 16.3.1970, Ws 162/70, NJW 1970, 1140 für das allgemeine Strafrecht und v. 27.7.1971, 1 Ws 372/71, NJW 1971, 2275 für die Anrechnung auf Jugendstrafe.
4 Dölling/Brunner, § 52 Rn 7; Eisenberg, § 52 Rn 5; vgl auch Meyer-Goßner, § 450 StPO Rn 2.

Zeitpunkt des Rechtsmittelverzichts bis zum Eintritt seiner Volljährigkeit, wenn die Übernahme wirksam wird.[5]

II. Voraussetzungen

Voraussetzung für die Anwendung ist die **Verurteilung zu Jugendarrest** (§ 16) und zwar gleich in welcher der in § 16 Abs. 1 vorgesehenen Formen. Dabei muss sich aus dem Urteil des Jugendrichters ergeben, dass wegen des dem Angeklagten zur Last gelegten Verhaltens die Anordnung von Jugendarrest die gebotene Sanktion ist, insbesondere weniger einschneidende Erziehungsmaßregeln oder Zuchtmittel nicht ausreichend sind, den erzieherischen Zweck zu erreichen. Keinesfalls darf wegen der erlittenen Freiheitsentziehung auf Jugendarrest entschieden werden. 3

Der Jugendliche muss **Untersuchungshaft** oder eine **sonstige Freiheitsentziehung** erlitten haben. Als andere Freiheitsentziehung kommen dabei nur hoheitlich angeordneten Maßnahmen in Betracht, die dem Jugendlichen durch Zwang oder Androhung von Zwangsmitteln auferlegt wurden und die sich in einer der Untersuchungshaft vergleichbaren Beschränkung der individuellen Freiheit darstellen. Dies sind: 4

- einstweilige Unterbringung in einem Heim der Jugendhilfe (§§ 71 Abs. 2, 72 Abs. 3);
- Unterbringung zur Beobachtung zur Vorbereitung eines Gutachtens (§ 73 Abs. 1);
- einstweilige Unterbringung bei möglicher Schuldunfähigkeit oder verminderter Schuldfähigkeit zum Schutz des Allgemeinwohls (§ 126 a StPO);[6]
- vorläufige Festnahme (§ 127 Abs. 1 und 2 StPO);
- Vorführungshaft nach Nichterscheinen in der Hauptverhandlung (§ 230 Abs. 2 StGB);
- Abschiebungshaft (§ 62 AufenthG) bis zur Rechtskraft des Urteils;[7]
- Auslieferungshaft oder ausländische Freiheitsentziehung (§ 51 Abs. 3 StGB);[8]
- disziplinarischer Arrest bei Bundeswehrangehörigen (§ 26 WDO).[9]

Zwischen der Tat, wegen derer der Jugendliche zu Jugendarrest verurteilt wurde und der freiheitsentziehenden Maßnahme muss ein Sachzusammenhang bestehen. Der Wortlaut der Vorschrift wird zugunsten des Angeklagten sehr weit, teilweise gegen den Gesetzeswortlaut ausgelegt. So muss die Freiheitsentziehung nicht wegen des Deliktes angeordnet gewesen sein, wegen dessen schließlich ein Jugendarrest verhängt worden ist.[10] Hat während des Verfahrens ein Zusammenhang bestanden, so bleibt die Möglichkeit des Jugendrichters anzurechnen, wenn die Tat später nach welcher Art auch immer eingestellt wurde, Abtrennung 5

---

5 LG Bamberg v. 13.7.1966, 2 Kls 50/65, NJW 1967, 68.
6 OLG Düsseldorf v. 20.1.1984, 2 Ws 21/84, MDR 1984, 603; Meyer-Goßner, § 126 a StPO Rn 1.
7 OLG Frankfurt v. 22.8.1979, 3 Ws 699/79, NJW 1980, 537; Ostendorf, § 52 Rn 5; Fischer, § 51 Rn 5.
8 Das Gericht hat gemäß § 51 Abs. IV S. 2 StGB bei ausländischer Freiheitsentziehung nach seinem Ermessen einen Anrechnungsmaßstab festzusetzen (dazu im Einzelnen: Fischer, § 51, Rn 17 ff). Bei Jugendlichen kann dies wegen deren größerer Haftempfindlichkeit zu einem großzügigeren Maßstab führen. Eine in Bulgarien erlittene Haft kann wegen der dortigen Haftbedingungen beispielsweise im Verhältnis 1 : 3 angerechnet werden (LG Berlin v. 6.5.1997, [530] 69 Js 207/94 KLs [87/96]).
9 Ostendorf, § 52 Rn 6 (nicht jedoch die reine Ausgangssperre, da diese der Freiheitsbeschränkung der Untersuchungshaft nicht gleichkommt).
10 BGH v. 26.7.1983, 5 StR 462/83, bei Böhm, NStZ 1984, 447.

erfolgte oder der Angeklagte wegen dieser Tat freigesprochen worden ist. Anrechenbarkeit wird auch angenommen, wenn die Freiheitsentziehung bereits zum Tatzeitpunkt der abgeurteilten Tat beendet war[11] oder noch nicht einmal ein tatsächlicher Verfahrensverbund bestanden hat, aber möglich gewesen wäre.[12] Entscheidend sei eine funktionale Verfahrenseinheit, bei der ein „irgendwie gearteter sachlicher Bezug" zwischen den Verfahren gegeben ist.[13] Dies sei anzunehmen, wenn sich die Freiheitsentziehung in dem einen Verfahren konkret auf das andere Verfahren ausgewirkt hat. Danach soll unter Berufung auf den Erziehungsgedanken die Anrechenbarkeit auch nicht ausgeschlossen sein, wenn gegen den Jugendlichen wegen einer Tat Jugendarrest verhängt wurde und er wegen einer anderen Tat, wegen derer er in Untersuchungshaft einsaß, freigesprochen wurde und im Falle der Verurteilung eine Einbeziehung nach § 31 Abs. 2 hätte erfolgen müssen.[14]

6 Von der Vollstreckung kann aber nur (teilweise oder ganz) abgesehen werden, wenn durch die freiheitsentziehende Maßnahme der Zweck des Jugendarrestes zumindest teilweise erreicht ist. Der Jugendarrest hat zumindest auch die Funktion durch die Freiheitsentziehung „aufzurütteln" und zur „Besinnung" über das begangene Unrecht anzuregen.[15] Der Gesetzgeber hat dabei der **Schockwirkung einer Freiheitsentziehung** bei einem Jugendlichen Rechnung tragen wollen, wonach allein der Entzug der Freiheit in den verschiedenen Formen als geeignet angesehen wird, auf den Jugendlichen so eingewirkt zu haben, dass es der weiteren Freiheitsentziehung nicht mehr bedarf. Dabei wird nicht unterschieden, ob während der vorläufigen Freiheitsentziehung eine pädagogische oder therapeutische Einwirkung auf den Jugendlichen erfolgt oder lediglich eine reine „Verwahrung" stattfindet; zu beurteilen sind nur die tatsächlichen Auswirkungen auf den Jugendlichen. Dabei können die Art und Dauer der Freiheitsentziehung von großer Bedeutung sein. Kommt der Richter danach zum Ergebnis, der Zweck des Jugendarrestes sei erreicht, hat er zwingend die Freiheitsentziehung zu berücksichtigen.[16]

7 Da **eine förmliche Anrechnung der Freiheitsentziehung auf den Jugendarrest nicht erfolgt**, sondern nur von der Vollstreckung des Jugendarrestes abgesehen werden kann, ist es möglich, § 52 auch dann anzuwenden, wenn die Dauer der Freiheitsentziehung die Dauer des Jugendarrestes nicht erreicht. Dies stimmt auch mit der gesetzlichen Intention des Erziehungsgedankens überein, wonach Maßnahmen, die über die Erreichung dieses Ziels hinausgehen würden, nicht zulässig sind.[17]

III. Rechtsmittel

8 Nach hM ist das Urteil wegen der Entscheidung über die Berücksichtigung erlittenen Freiheitsentzuges nicht anfechtbar, da die Frage der Nichtvollstreckung des Jugendarrestes der Überprüfung durch § 55 Abs. 1 entzogen ist,[18] da dies zum Umfang der Anordnung des Arrestes gehört. Dagegen ist ein Rechtsmittel zuläs-

---

11 Ostendorf, § 52 Rn 7 mwN.
12 BGH v. 26.6.1997, StB 30/96, StV 1997, 475.
13 Brunner/Dölling, §§ 52, 52a Rn 2.
14 BVerfG v. 15.12.1999, 2 BvR 1447/99, NStZ 2000, 277.
15 OLG Hamburg v. 31.3.1982, 2 Ss 63/82, JR 1983, 171.
16 Ostendorf, § 52 Rn 9.
17 Ostendorf, § 52 Rn 11.
18 OLG Hamburg, JR 1983, 171; LG Tübingen v. 26.8.1960, Ns 61/60, MDR 1961, 170; Brunner/Dölling, §§ 52, 52a Rn 11; Dallinger/Lackner, § 52 Rn 9; aA Eisenberg, § 52 Rn 13; Nothacker, S. 326.

sig, wenn die Rechtswidrigkeit der Anordnung des Jugendarrestes geltend gemacht wird. Rechtswidrig ist die Entscheidung auch, wenn sich weder im Urteilstenor noch in der Begründung Aussagen zur Anwendung des § 52 finden und deshalb eine Prüfung der Vorschrift durch den Jugendrichter nicht erfolgt ist.[19]

§ 52 a Anrechnung von Untersuchungshaft bei Jugendstrafe

(1) [1]Hat der Angeklagte aus Anlaß einer Tat, die Gegenstand des Verfahrens ist oder gewesen ist, Untersuchungshaft oder eine andere Freiheitsentziehung erlitten, so wird sie auf die Jugendstrafe angerechnet. [2]Der Richter kann jedoch anordnen, daß die Anrechnung ganz oder zum Teil unterbleibt, wenn sie im Hinblick auf das Verhalten des Angeklagten nach der Tat oder aus erzieherischen Gründen nicht gerechtfertigt ist. [3]Erzieherische Gründe liegen namentlich vor, wenn bei Anrechnung der Freiheitsentziehung die noch erforderliche erzieherische Einwirkung auf den Angeklagten nicht gewährleistet ist.

(2) (aufgehoben)

Schrifttum:
Flöhr, Die Anrechnung der Untersuchungshaft auf Jugendarrest und Jugendstrafe, 1995; *Zirbeck*, Die Untersuchungshaft bei Jugendlichen und Heranwachsenden, Diss. Jur. Göttingen 1973.

I. Persönlicher Anwendungsbereich	1	V. Versagungsgründe	5
II. Gesetzesentwicklung	2	VI. Ausländische Haft	7
III. Voraussetzungen	3	VII. Rechtsmittel	8
IV. Grundsätzliche Anrechnung von Untersuchungshaft	4		

I. Persönlicher Anwendungsbereich

Die Vorschrift gilt im Verfahren gegen Jugendliche auch vor den für allgemeine Strafsachen zuständigen Gerichten (§ 104 Abs. 1 Nr. 5), gegen Heranwachsende vor Jugendgerichten und den für allgemeine Strafsachen zuständigen Gerichten wenn Jugendstrafrecht angewandt wird (§§ 109 Abs. 2 S. 1; 105 Abs. 1, 112 S. 1 und 2). 1

II. Gesetzesentwicklung

Die Vorschrift wurde im Jahr 1974 durch das EGStGB 1974 in das JGG eingefügt und ersetzte die aufgehobenen Bestimmungen § 52 Abs. 2 und 3 JGG 1953. Inhaltlich erfolgte eine Angleichung an die entsprechende Vorschrift § 51 Abs. 1 S. 2 StGB im allgemeinen Strafrecht. Damit sollte eine wesentliche Ungleichbehandlung von Angeklagten, die dem Jugendstrafrecht unterfallen und denen, die nach allgemeinem Strafrecht zu verurteilen sind, beseitigt werden. **Im Unterschied zu § 51 Abs. 1 S. 2 StGB, der von der Spezialvorschrift des § 52 a verdrängt wird, ist zusätzlich in § 52 a S. 2 das Merkmal der „erzieherischen Gründe" aufgeführt.** Obwohl dies als eine zusätzliche Hürde für die Anrechnung gesehen werden kann, führt es nicht per se zu einer Schlechterstellung des Jugendlichen, da vor der reinen Dauer der Jugendstrafe der Erziehungszweck des JGG steht. Die An- 2

---

[19] BGH v. 25.12.1952, 1 StR 477/52, BGHSt 3, 330; Dallinger/Lackner, § 52 Rn 18.

lehnung an diese Vorschrift erfolgte auch, damit die Auslegung des § 51 Abs. 1 S. 2 StGB durch die Rechtssprechung zur inhaltlichen Bestimmung des § 52 a herangezogen werden kann.[1] Die ursprünglich für eine Anrechnung geforderte erzieherisch günstige Auswirkung der erlittenen Untersuchungshaft[2] wurde durch die dem allgemeinen Strafrecht entsprechende Einschränkung der Berücksichtigung des Nachtatverhaltens (ergänzt durch „erzieherische Gründe") ersetzt. Andere freiheitsentziehende Maßnahmen wurden der Untersuchungshaft gleichberechtigt aufgenommen. Diese Freiheitsentziehungen entsprechen den in § 52 bereits enthaltenen Möglichkeiten (s.o. § 52 Rn 4).

III. Voraussetzungen

3 Gleichermaßen gilt, **dass die vorläufige Freiheitsentziehung aus Anlass einer Tat angeordnet gewesen sein muss, die Gegenstand des Verfahrens ist oder gewesen war.** Auch hier gilt derselbe Sachzusammenhangsbegriff wie in § 52 (s.o. § 52 Rn 5). Soweit Freiheitsentziehung aus nicht gegenständlichen Taten angerechnet wird,[3] wird ein zeitlicher Zusammenhang zwischen der freiheitsentziehenden Maßnahme und der rechtskräftigen Aburteilung gefordert. Befindet sich der Jugendliche in Strafhaft und bejaht der Vollstreckungsleiter die Anrechnung der verfahrensfremden Freiheitsentziehung, die im Urteil unterblieben ist, so hat er (§ 458 Abs. 1 StPO) die Entscheidung des erkennenden Gerichtes herbeizuführen.[4]

IV. Grundsätzliche Anrechnung von Untersuchungshaft

4 Durch die Gesetzesänderung von 1974 ist **die Anrechnung von Untersuchungshaft und anderer freiheitsentziehender Maßnahmen bei der Verhängung von Jugendstrafe zur Regel geworden.** Die Anrechnungsfolge tritt durch die Anlehnung des § 52 a an § 51 Abs. 1 StGB von Gesetzes wegen ein.[5] Der Jugendrichter hat daher, macht er von der Ausnahme[6] der Nichtanrechnung Gebrauch, dies in den Urteilstenor aufzunehmen[7] und seine Gründe im Urteil eingehend darzulegen. Formelhafte Darlegungen genügen nicht. Die Formulierung in Abs. 1 S. 2 kombiniert einen Beurteilungsspielraum mit einer Ermessensentscheidung,[8] das Urteil muss daher erkennen lassen, dass der Jugendrichter sowohl die Nichtanrechnung als nicht gerechtfertigt iSd § 52 a Abs. S. 2 beurteilt und bei der Entscheidung über die Nichtanrechnung sein Ermessen („kann anordnen") pflichtgemäß ausgeübt hat und aufgrund welcher Umstände er ganz oder möglicherweise nur teilweise von der Anrechnung abgesehen hat. Dabei ist auch auszuführen, aufgrund welcher Alternative des S. 2 er vom Regelfall abgesehen hat.[9] Äußert sich das Urteil

---

1 BGH v. 21.6.1990, 4 StR 122/90, NStZ 1990, 540.
2 Zur erzieherischen Auswirkung von Untersuchungshaft vgl Böhm in: FS Schaffstein, 1975, S. 303 ff; Zirbeck, S. 44 ff.
3 Dazu BVerfG v. 15.12.1999, 2 BvR 1447/99, NStZ 2000, 277.
4 Eisenberg, § 52 a Rn 5.
5 Nothacker, S. 325.
6 BVerfG, NStZ 2000, 278.
7 Fischer, § 51 Rn 23.
8 Fischer, § 51 Rn 11 a zur Anwendung von § 51 Abs. 1 S. 2 StGB.
9 Eisenberg, § 52 a Rn 6; dazu auch BGH v. 21.6.1990, 4 StR 122/90, NStZ 1990, 540 (= NJW 1990, 2698).

nicht zur Anrechenbarkeit, so muss vom Regelfall der Anrechnung ausgegangen werden[10]

V. Versagungsgründe

Das Gesetz sieht in zwei Fällen die Möglichkeit der Nichtanrechnung vor. Eine Begründung ist das Verhalten des Angeklagten nach der Tat. Dieses Merkmal wurde 1974 bei der Neufassung der §§ 52, 52 a aus der Vorschrift des § 51 Abs. 1 StGB übernommen. Das Nachtatverhalten wird aber nach ganz hM und in ständiger Rechtsprechung zu § 51 StGB und § 52 a eingeschränkt auf die Beurteilung des Verhaltens des Angeklagten im Verfahren. Umstände, die die Tat selbst betreffen, wie Art und Schwere der Verfehlung oder ein unrecht- und schulderhöhendes nachträgliches Verhalten können die Versagung der Anrechnung nicht rechtfertigen, sondern nur ein **nach der Tat vom Angeklagten im Verfahren gezeigtes Verhalten,** das die ganze oder teilweise Anrechnung ungerechtfertigt erscheinen lässt. Eine Versagung der Anrechnung kommt danach wegen Nachtatverhaltens nur in Betracht, wenn vom Täter, **ohne dass es seiner Verteidigung dient,** mit der beabsichtigten Verlängerung der Untersuchungshaft durch deren spätere Anrechnung ungerechtfertigte Vorteile bei der Strafvollstreckung angestrebt werden und eine böswillige oder absichtliche Verfahrensverschleppung bezweckt wird.[11] Damit scheidet das Verhalten des Beschuldigten nach der Tat aber noch vor Anordnung der freiheitsentziehenden Maßnahme aus. Insbesondere kann die Flucht des Täters die Versagung der Anrechnung nicht begründen, da über die mögliche Inhaftierung hinaus ihm kein weiterer Nachteil entstehen darf. Andernfalls wäre Untersuchungshaft, die der Täter immer zu verantworten hat, regelmäßig nicht anzuordnen.[12] Ebenso dürfen während dieses Zeitraums oder während der Freiheitsentziehung begangene Straftaten nicht zur Nichtanrechnung führen. Die Vorschrift soll nicht dazu dienen, den Angeklagten zu disziplinieren und dessen Wohlverhalten zu fördern. Verhalten in der Untersuchungshaft, das zu disziplinarischen Maßnahmen führte oder wiederholte und schwerwiegende Verstöße gegen die Hausordnung einer Einrichtung, in die der Angeklagte nach § 71 eingewiesen worden war, sind für die Nichtanrechnung irrelevant. Auch bleiben Verdunkelungsversuche und fehlende Schuldeinsicht,[13] Einlegung von aussichtslosen Rechtsmitteln[14] und Stellung offensichtlich unbegründeter Beweisanträge außer Betracht.

Weitere mögliche Anlässe zur Nichtanrechnung erlittener Freiheitsentziehung können „erzieherische Gründe" sein. Dabei scheidet dies zunächst aus, wenn in der Untersuchungshaft oder während einer Heimeinweisung ein erzieherischer Zweck nicht erreicht wird. Der Erziehungsgedanke wird auch für die Untersuchungshaft Jugendlicher betont (§ 93 Abs. 2), ihre Anordnung ist jedoch kein Erziehungsmittel, sie dient auch im Jugendstrafrecht ausschließlich der Sicherung

---

10 HM: Brunner/Dölling, §§ 52, 52 a Rn 15; Eisenberg, § 52 a Rn 9; Ostendorf, § 52 a Rn 9; Nothacker, S. 325; anders noch zur Nichtanrechenbarkeit im Ausland vollzogener Untersuchungshaft: OLG Oldenburg v. 30.4.1982, 2 Ws 158/82, NJW 1982, 2741.
11 BGH v. 23.1.1979, 5 StR 751/8, bei Holtz, MDR 1979, 454; OLG Stuttgart v. 28.10.1986, 3 Ss 652/86, StV 1987, 308; Brunner/Dölling, §§ 52, 52 a Rn 13; Eisenberg, § 52 a Rn 7.
12 BGH v. 10.1.1979, 4 StR 34/79, bei Holtz, MDR 1979, 454 f zu § 51 StPO.
13 Fischer, § 51 Rn 11 b.
14 OLG Hamm v. 13.12.1962, 2 Ss 1612/62, MDR 1963, 333; OLG Köln v. 4.6.1965, Ss 128/65, NJW 1965, 2309, jeweils zu § 51 StPO.

des Verfahrens. Eine während der Untersuchungshaft oder Freiheitsentziehung erfolgte erzieherische Wirkung kann sich unter Strafzumessungsgesichtspunkten positiv auswirken, das Ausbleiben einer solchen Wirkung darf jedoch nicht zur Nichtanrechnung erlittener Freiheitsentziehung führen.[15] Der Richter darf das Sichverweigern eines jugendlichen Angeklagten gegenüber allen Erziehungsmaßnahmen während einer vorhergehenden freiheitsentziehenden Maßnahme (im konkreten Fall während der Unterbringung in einem Jugendheim), nicht durch eine Nichtanrechnung zusätzlich sanktionieren.[16] Kein Grund ist in der Regel auch die Verweigerung der Anrechnung der Untersuchungshaft oder sonstigen Freiheitsentziehung mit der Begründung, die bei einer Anrechnung verbleibende zu verbüßende Restjugendstrafe sei zu kurz, weil sie die gesetzliche Mindestdauer von sechs Monaten unterschreite. Wie sich aus § 52 S. 3 ergibt, **rechtfertigen erzieherische Gründe die Nichtanrechnung der vorläufigen Freiheitsentziehung grundsätzlich nur, wenn bei Anrechnung der Untersuchungshaft etc die verbleibende Dauer der zu verbüßenden Jugendstrafe für die noch erforderliche erzieherische Wirkung nicht mehr ausreicht.**[17] Dabei hat der Richter darzulegen, warum insbesondere bei positiver Prognose dem im Jugendstrafrecht vorrangigen Erziehungsgedanken nur durch eine zu verbüßende Haftstrafe in der verhängten Höhe hinreichend Rechnung getragen werden kann.[18] Dies gilt umso mehr, wenn in der Untersuchungshaft eine positive erzieherische Wirkung festgestellt wurde.[19] Die mutmaßliche erzieherische Wirkung der noch zu vollstreckenden Jugendstrafe ist also vom Tatrichter zu prognostizieren, wobei die Problematik in den allermeisten Fällen nur bei vergleichsweise kurzen Jugendstrafen von bis zu einem Jahr auftritt. Der Jugendrichter wird sich unter Berücksichtigung der Gesamtpersönlichkeit des jugendlichen Angeklagten kundig machen müssen, welche konkreten erzieherischen Möglichkeiten für ihn in der Jugendvollzugsanstalt angeboten werden und in welchem Umfang er dafür geeignet ist. In Betracht könnte das Erreichen eines Schulabschlusses oder die Beendigung einer begonnenen Lehre sein. Auch die Möglichkeiten geeigneter und erforderlicher Therapien in der Vollzugsanstalt können die Entscheidung beeinflussen. Zu berücksichtigen ist bei all diesen Umständen, dass der schwere Eingriff des Freiheitsentzugs wegen der damit verbundenen negativen Folgen grundsätzlich so kurz wie möglich[20] (aber auch so lange wie erforderlich) zu halten ist.

VI. Ausländische Haft

7   Hinsichtlich **im Ausland erlittenen Freiheitsentziehung**, die der des § 52 a entspricht, hat der erkennende Richter im Falle der Anrechnung den **angemessenen Anrechnungsmaßstab** festzusetzen (s. § 52 Rn 4).

VII. Rechtsmittel

8   **Die Frage der Anrechnung oder Nichtanrechnung kann auch durch eine darauf beschränkte Berufung oder Revision angefochten werden,** die Beschränkung des § 55 Abs. 1 greift nicht ein.

---

15 BGH v. 21.6.1990, 4 StR 122/90, NStZ 1990, 540 mit zustimmender Anmerkung von Walter/Pieplow, NStZ 1991, 332.
16 BGH v. 26.7.2005, 4 StR 22/05, StraFo 2005, 434.
17 HM: BGH, NStZ 1990, 540; v. 14.12.1995, 1 StR 532/95, NStZ 1996, 233; Brunner/Dölling, §§ 52, 52 a Rn 14; Schaffstein/Beulke, S. 254.
18 BGH v. 21.10.1997, 1 StR 438/97, NStZ 1999, 34.
19 BGH v. 14.12.1993, 1 StR 656/93, StV 1994, 603.
20 Ostendorf, § 52 a Rn 7.

§ 53 Überweisung an das Familiengericht

¹Der Richter kann dem Familiengericht im Urteil die Auswahl und Anordnung von Erziehungsmaßregeln überlassen, wenn er nicht auf Jugendstrafe erkennt. ²Das Familiengericht muß dann eine Erziehungsmaßregel anordnen, soweit sich nicht die Umstände, die für das Urteil maßgebend waren, verändert haben.

Richtlinie zu § 53

Hält das Gericht im Verfahren gegen Jugendliche vor den für allgemeine Strafsachen zuständigen Gerichten Erziehungsmaßregeln für erforderlich, so hat es deren Auswahl und Anordnung dem Vormundschaftsgericht zu überlassen, selbst wenn es zugleich auf Jugendstrafe erkennt (§ 104 Abs. 4).

I. Vorbemerkung................ 1	V. Das Verfahren vor dem Familiengericht nach dem FamFG 17
1. Gesetzesänderung......... 1	
2. Regelungsinhalt........... 2	VI. Die Entscheidung des Familiengerichts durch Beschluss.... 20
3. Justizpraxis................ 3	
II. Persönlicher Geltungsbereich 4	VII. Abweichen von der Bindungswirkung...................... 26
III. Sachlicher Geltungsbereich... 7	
IV. Entscheidung des Jugendgerichts......................... 8	VIII. Familiengerichtliche Zuständigkeit im weiteren Verfahren 29

I. Vorbemerkung

1. Gesetzesänderung. Die Vorschrift wurde durch das Kindschaftsrechtsreformgesetz vom 16.12.1997[1] und zuletzt durch das **FamFG** vom 17.12.2008, in Kraft getreten am 1.9.2009, geändert.[2] Seit dem 1.9.2009 gibt es nur noch das Familien- sowie das Betreuungsgericht. Das Familiengericht ist danach für alle ehemaligen vormundschaftsgerichtlichen Aufgaben für Jugendliche zuständig geworden. 1

2. Regelungsinhalt. Das Gesetz eröffnet die Möglichkeit, nach der strafrechtlichen Schuldfeststellung („gesetzliche Regelung des Schuldinterlokuts")[3] durch den Jugendrichter die Auswahl und Anordnung von Erziehungsmaßregeln (§§ 9, 10, 12) dem Familienrichter zu überlassen, sofern ihm nicht entsprechend § 34 Abs. 2 durch Präsidiumsbeschluss des Gerichts für die Jugendlichen die familiengerichtlichen Erziehungsaufgaben selber übertragen wurden.[4] 2

3. Justizpraxis. Die Regelung des § 53 spielt, zumal sie nur eine **Kann-Vorschrift** ist und ihr nur Ausnahmecharakter zukommt, in der Praxis keine Rolle.[5] Sie widerspricht insbesondere dem Erfordernis der Beschleunigung eines jugendstrafrechtlichen Verfahrens, denn das Familiengericht ist in einem weiteren, häufig zeitraubenden familiengerichtlichen Verfahren verpflichtet, nach Anhörung der Beteiligten (Jugendlicher, Eltern, eine andere Abteilung des Jugendamtes, evtl. Verfahrensbeistand, § 158 FamFG) neu zu verhandeln und zu entscheiden. Eine pädagogisch nicht zu verantwortende Verzögerung des gesamten Verfahrens ist die Folge. Daran ändert auch nichts, dass nach dem neuen FamFG die Verfahren 3

---

1 BGBl. I, 2942.
2 BGBl. I, 2586; Gesetz über das Verfahren in Familiensachen und in den Angelegenheiten der freiwilligen Gerichtsbarkeit (FamFG).
3 Ostendorf, § 53 Rn 3.
4 In meiner langjährigen Praxis an mehreren AGen wurde davon kein Gebrauch gemacht.
5 Im Landgerichtsbezirk Karlsruhe wurde sie bisher nicht praktiziert.

„Kindschaftssachen" beschleunigt zu bearbeiten sind, vgl § 155 FamFG. Weder dem Jugendlichen noch den Eltern ist das weitere Verfahren zu vermitteln, zumal das familiengerichtliche Verfahren möglicherweise weitere Kosten verursacht. Eine schriftliche Anregung des Jugendgerichts an das Familiengericht, aus Anlass des vorliegenden Strafverfahrens tätig zu werden, wäre schon deshalb ausreichend, weil das Familiengericht gem. §§ 23, 26, 157 FamFG bereits bei „einer möglichen Gefährdung des Kindeswohls" von Amts wegen tätig werden muss. Es gilt in diesen Fällen grundsätzlich der Amtsermittlungsgrundsatz. Aus der Sicht der Praxis ist diese Vorschrift jedenfalls in dieser Allgemeinheit überflüssig und sollte überdacht werden.[6] Auszunehmen wäre eventuell die Überlassung der Entscheidung in Fällen, in denen der Jugendliche von den Eltern getrennt und entweder bei anderen Personen oder in einem Heim unterzubringen wäre (§§ 10 Abs. 1 Ziff. 2, Abs. 2, 12). Insoweit ist das familiengerichtliche Verfahren sicher besser geeignet, zu einem angemessenen Ergebnis zu gelangen als das Jugendstrafgericht mit seinem jugendstrafrechtlichen Instrumentarium.

II. Persönlicher Geltungsbereich

4   Die Vorschrift gilt in Verfahren gegen **Jugendliche** vor den Jugendgerichten.

5   In Verfahren gegen **Jugendliche** vor den für allgemeine Strafsachen zuständigen Gerichten kommt die weitere Vorschrift des **§ 104 Abs. 4** zum Zuge, wonach in einem Urteil **zwingend** die **Auswahl und Anordnung von Erziehungsmaßregeln** dem Familiengericht zu überlassen ist, selbst wenn das Gericht zugleich auf Jugendstrafe erkannt hat (§ 8 Abs. 2 Satz 1).[7] Dieser Regelung liegt sicherlich zutreffend die Annahme zugrunde, dass der Jugendrichter aufgrund seiner Erfahrung eher als ein Erwachsenengericht (vielfach an einem anderen als dem Wohnort des Jugendlichen tagend) eine angemessene Maßregel festsetzen kann.

6   In Verfahren gegen **Heranwachsende** ist § 53 ausgenommen (§ 109 Abs. 2) und somit nicht anwendbar. Zieht das für allgemeine Strafsachen zuständige Gericht jedoch bei ihm sachliches Jugendstrafrecht heran und hält es **Weisungen** (§ 10) für erforderlich, **hat es** gem. **§ 112 Satz 3** deren Auswahl und Anordnung dem Jugendrichter zu überlassen, in dessen Bezirk sich der Heranwachsende aufhält. Hier gilt das in Rn 5 Gesagte entsprechend.

III. Sachlicher Geltungsbereich

7   Die Auswahl und Anordnung von Erziehungsmaßregeln kann auch im **vereinfachten Jugendverfahren** gem. §§ 76 – 78 dem Familiengericht überlassen werden.[8]

IV. Entscheidung des Jugendgerichts

8   Das Jugendgericht **kann**, wenn Jugendstrafe nicht in Betracht kommt, nach seinem pflichtgemäßen Ermessen Erziehungsmaßregeln selber auswählen und anordnen **oder** in einem **Urteil** die Auswahl und Anordnung von Erziehungsmaß-

---

6   Ostendorf, § 53 Rn 5; die Annahme von Schoreit in D/S/S, § 53 Rn 5, der Familienrichter habe oft eine größere Sachnähe zum Umfeld des Jugendlichen, verkennt die tägliche Rechtswirklichkeit. Auch er kennt den Jugendlichen in der Regel nicht, schon gar nicht sein Umfeld, und ist auf die Ermittlungen des Jugendamtes und gegebenenfalls Zeugen angewiesen.
7   Siehe RL oben.
8   D/S/S-Schoreit, § 53 Rn 3; Ostendorf, § 53 Rn 3; Eisenberg, § 78 Rn 9 empfiehlt der StA dann aber eine direkte Einschaltung des Familiengerichts.

regeln gem. § 9 dem Familiengericht überlassen. Notwendige Voraussetzung ist, dass die Schuldfrage des Jugendlichen feststeht. Die Vorschrift ist, wie unter Rn 3 ausgeführt, restriktiv anzuwenden.

Soweit **Weisungen** nach § 10 – mit Ausnahme von Abs. 1 Nr. 2 und Abs. 2 – infrage kommen, hat das Jugendgericht in der Regel ausreichende Fachkompetenz, um im Interesse eines zügigen Verfahrens unmittelbar selber zu entscheiden. Dies gilt auch dann, wenn neben Erziehungsmaßregeln zulässigerweise weitere Sanktionen wie Zuchtmittel u.a. verhängt werden, da es sicherlich „wenig sinnvoll erscheint, wenn in einem Verfahren verschiedene Richter entscheiden".[9] In solchen Fällen steht es dem Jugendgericht frei, beim zuständigen Familiengericht oder Jugendamt eine Maßnahme insb. nach § 12 anzuregen. **Unzulässig** ist es, Erziehungsmaßregeln **teilweise** selber **anzuordnen** und teilweise dem Familiengericht zu überlassen, da andernfalls entgegen dem Wortlaut die zu übertragende Auswahl des Familiengerichts eingeschränkt wäre.[10] 9

Der Jugendeinzelrichter und auch das Kollegialgericht **müssen** über die **Schuldfrage** entscheiden. Deren Bejahung ist Voraussetzung für die mögliche Überweisung an den Familienrichter. Es **muss** auch darüber entschieden werden, dass eine Erziehungsmaßregel als Sanktion zu erfolgen hat. Erst dann kann eine Überlassung an das Familiengericht erfolgen. Die Frage des „Ob" kann nicht offen bleiben oder dem Familiengericht überlassen werden.[11] Dies ergibt sich schon daraus, dass nach S. 2 das Familiengericht an eine **Entscheidung (Urteil)** des Jugendgerichts grundsätzlich gebunden ist, soweit sich die Umstände, die für das Urteil maßgebend waren, nicht verändert haben. Ist die Entscheidung offen gelassen worden, kann es auch keine Bindung daran geben. 10

Soweit nach Auffassung des Jugendgerichts **Weisungen** nach §§ 10 Abs. 1 Nr. 2 **(Wohnen bei einer Familie oder in einem Heim), Abs. 2** (heilerzieherische Behandlung, Entziehungskur) oder eine Entscheidung nach § 12 (**Hilfe zur Erziehung**) in Betracht kommen, können auch diese Sanktionen dem Familiengericht überlassen werden. Dies könnte sich dann anbieten, wenn insb. die fremde Unterbringung im Termin noch nicht geregelt und das Jugendamt (nicht die JGH) einzubeziehen ist. Im Gegensatz zum früheren familienrechtlichen Verfahren kann nach dem jetzt geltenden FamFG in dem Verfahren vor dem Familiengericht vor allem das persönliche Erscheinen der Eltern zu einem Termin angeordnet werden, da sie sonst mit dem (teilweisen) Entzug der elterlichen Sorge rechnen müssen, § 157 FamFG. Außerdem wäre in einem solchen Verfahren dem Jugendlichen ein Verfahrensbeistand zu bestellen, der eigenständig die Interessen des Kindes festzustellen hat, § 158 Abs. 1 FamFG. Das Jugendgericht ist allerdings nach jetziger Regelung daran gehindert, eine „Vorauswahl" zu treffen[12] oder teilweise selber Erziehungsmaßregeln anzuordnen.[13] Das Jugendgericht ist jedoch nicht daran gehindert, in den Gründen des Urteils an das Familiengericht Anregungen zu geben. 11

Das **Urteil** des Jugendgerichts, das die Überlassung der Entscheidung der Erziehungsmaßregeln an das Familiengericht als solche ausgesprochen hat, ist deswegen regelmäßig **unanfechtbar** (§ 55 Abs. 1). Einem neuen Strafverfahren stünde der Grundsatz des „ne bis in idem" (Art. 103 Abs. 3 GG) entgegen. Das Verfahren 12

---

9 D/S/S-Schoreit, § 53 Rn 4.
10 Ebenso Ostendorf, § 53 Rn 6.
11 Ostendorf, § 53 Rn 5; aA D/S/S-Schoreit, § 53 Rn 5; Eisenberg, § 53 Rn 8.
12 D/S/S-Schoreit, § 53 Rn 6.
13 Ostendorf, § 53 Rn 6.

vor dem Jugendgericht ist mit diesem Urteil abgeschlossen und registermäßig erledigt. Es kann auch in einem nachfolgenden Urteil einbezogen werden.

13 Kommt gem. § 53 eine Überlassung der Auswahl und Anordnung der Erziehungsmaßregeln an das Familiengericht in Betracht, ist dies im **Urteilstenor** festzuhalten, da sie bindenden Charakter hat.

▶ **Es empfiehlt sich folgender Tenor:**
„Der Jugendliche ... ist einer/s ... schuldig. Erziehungsmaßregeln sind erforderlich. Ihre Auswahl und Anordnung wird dem Familiengericht überlassen". ◀

14 Wird der Angeklagte schuldig gesprochen, hat das Gericht gemäß **§ 54 Abs. 1 S. 1** in den **Urteilsgründen** auch auszuführen, welche Umstände für die Überlassung ihrer Auswahl und Anordnung an das Familiengericht bestimmend waren.

15 Das **Rechtsmittel** bleibt hinsichtlich der **Straftatvoraussetzungen** jedoch bestehen. Mit Eintritt der Rechtskraft ist das Strafverfahren mit Ausnahme einer eventuellen Entscheidung gem. § 11 Abs. 3, § 15 Abs. 3 Satz 2 (Ungehorsamsarrest) erledigt.

16 Eine Entscheidung der Überlassung durch das Familiengericht scheidet im Berufungsverfahren dann aus, wenn der Grundsatz der „reformatio in peius" zu beachten ist.

V. Das Verfahren vor dem Familiengericht nach dem FamFG

17 Seit dem 1.9.2009 entscheidet das Familiengericht nach dem **neuen FamFG**[14] über die Auswahl und Anordnung der Erziehungsmaßregeln sowie die sonstigen ihm übertragenen Entscheidungen nach dem JGG.

18 Gem. § 111 Ziff. 2 FamFG sind Familiensachen auch **Kindschaftssachen**. Die jetzt gesetzlich festgelegten Kindschaftssachen sind u.a. **gem. § 151 Ziff. 8 FamFG** die dem Familiengericht zugewiesenen Verfahren, die die Aufgaben nach dem Jugendgerichtsgesetz betreffen. Hierunter fallen die nach §§ 9, 53, 104 Abs. 4 zu treffenden Entscheidungen.

19 Das Familiengericht wendet für sein Verfahren ausschließlich die **Verfahrensvorschriften des FamFG** an. Es gelten insb. die örtlichen Zuständigkeitsvorschriften (§§ 152 bis 154 FamFG), da v.a. die vorrangige, örtlichen Zuständigkeit bei Anhängigkeit oder Rechtshängigkeit einer Ehesache, der Amtsermittlungsgrundsatz (§ 26 FamFG), die Entscheidung durch Beschluss (§ 38 FamFG), die einstweilige Anordnung (§§ 49 ff, 157 Abs. 3 FamFG), die Beschwerde und Rechtsbeschwerde (§§ 58 ff und 70 ff FamFG), die Beteiligung und Anhörung der Eltern, des Jugendlichen (§§ 157 sowie 159 bis 161 FamFG), des Jugendamtes (§ 162 FamFG) (nicht der Jugendgerichtshilfe) und (vor allem bei Heimunterbringung) die Bestellung und Beteiligung eines Verfahrensbeistandes (§ 158 FamFG). Das zugewiesene Verfahren kann nach seinem Sinn und Zweck nicht mit einem Scheidungsverfahren in den Verbund genommen werden (§ 137 Abs. 1 und 3 FamFG).

VI. Die Entscheidung des Familiengerichts durch Beschluss

20 Das zuständige **Familiengericht muss** grundsätzlich nach der Überlassung der Entscheidung über die Erziehungsmaßregeln solche anordnen. Es darf weder die

---

14 Gesetz über das Verfahren in Familiensachen und in den Angelegenheiten der freiwilligen Gerichtsbarkeit vom 17.12.2008, BGBl. I, 2586 (FamFG).

Übernahme und Entscheidung ablehnen noch auf eine Anordnung verzichten oder andere jugendrichterliche Sanktionen als Erziehungsmaßregeln anordnen.

Ein die Übernahme oder Auswahl **ablehnender Beschluss** (nicht Urteil, vgl § 38 FamFG) des Familiengerichts ist durch die Beteiligten des Verfahrens, wozu auch das Jugendgericht[15] und sicherlich auch die Jugendstaatsanwaltschaft gehört, **anfechtbar**. Hieraus folgt, dass die Entscheidung des Familiengerichts auch dem Jugendgericht und der Jugendstaatsanwaltschaft als Beteiligte gem. § 7 Abs. 2 FamFG zugestellt werden muss. Es empfiehlt sich daher, in einem solchen Fall neben den unmittelbar Beteiligten jedenfalls das Jugendgericht und die Jugendstaatsanwaltschaft sowie das Jugendamt vorher anzuhören. Die Bindungswirkung des jugendrichterlichen Urteils ist nur nach Satz 2 eingeschränkt (s.u. Rn 22 ff). 21

Das Familiengericht **kann** mit diesem jugendrichterlichen Verfahren auch **familienrechtliche Verfahren verbinden**, wenn dies angezeigt erscheint. Zu denken ist dabei insb. an die Weisung, dem Jugendlichen aufzugeben, bei einer Familie oder in einem Heim zu wohnen (§ 10 Abs. 1 Satz 3 Nr. 2) oder bei der beabsichtigten Anordnung der Hilfe zur Erziehung (§ 12). Es sind hier nicht selten Fälle denkbar, dass bei Kindeswohlgefährdung Regelungen bezüglich der elterlichen Sorge (Aufenthaltsbestimmung oder Entzug) gleichzeitig notwendig werden müssen. In solchen Verfahren kann es auch dringend erforderlich sein, gem. §§ 49 ff FamFG eine einstweilige Anordnung zu erlassen. Das Gesetzesziel des § 53, eigenständig die Sachkompetenz des Familiengerichts „zu nutzen", wäre – wollte man die Verbindung grundsätzlich verneinen – zwar nicht verfehlt, aber aus familienrichterlicher Sicht zu sehr eingeschränkt. Für die Beteiligten wären zwei getrennte Verfahren nicht nachvollziehbar und würde nur zu Verwirrungen führen. 22

Die jugendrichterliche **Entscheidung** des Familiengerichts erfolgt auf der Grundlage der §§ 9, 10, 12 durch **Beschluss** (§ 38 FamFG). Insoweit ist die Entscheidungskompetenz des Familiengerichts (neben den familienrechtlichen Kompetenzen) **erweitert**. 23

Der Familienrichter ist **gehindert**, seinerseits einen **Beschluss gemäß gem. § 47** zu erlassen, sofern sich die Voraussetzungen des Schuldspruchs des Jugendgerichts nicht verändert haben. Regelmäßig ist davon auszugehen, dass das Jugendstrafgericht den § 47 geprüft und in dem entschiedenen Fall abgelehnt hat. Hat die Jugendstaatsanwaltschaft einer Einstellung des Ursprungsverfahrens gem. § 47 widersprochen, würde eine jetzige Einstellung dem jugendstrafrechtlichen Verfahren widersprechen. Da die Jugendstaatsanwaltschaft an dem Verfahren vor dem Familiengericht nach dem geltenden FamFG nicht (mehr) beteiligt ist, kommt auch eine nachträgliche Zustimmung zur Einstellung nicht infrage. 24

Bei **der Auswahl und Anordnung** der Erziehungsmaßregeln hat sich das Familiengericht an der jugendstrafrechtlichen Zielsetzung der **strafrechtlichen Individualprävention** zu orientieren. Richtschnur der Entscheidung ist der (strafrechtliche) Erziehungsgedanke. Vor allem ist auch der **Grundsatz der Verhältnismäßigkeit** zu wahren. Die festgestellten Straftaten des Jugendlichen dürfen nicht Anlass sein oder gleichsam „die Schleusen öffnen" für unverhältnismäßige, erzieherische Eingriffe in die Rechte des Jugendlichen oder der Eltern. Sie müssen zu der Straftat im angemessenen Bezug stehen. 25

---

15 HM; Eisenberg, § 53 Rn 17.

VII. Abweichen von der Bindungswirkung

26 Das Familiengericht darf von der Anordnung einer Erziehungsmaßregel nur **absehen**, „soweit sich die Umstände, die für das Urteil maßgebend waren, verändert haben" (Satz 2). Abzustellen ist auf den **Zeitpunkt der Verkündung des Urteils**, das die Überlassung an das Familiengericht rechtskräftig anordnet,[16] nicht auf den Zeitpunkt des Eintritts der Rechtskraft. Anderes kann nur gelten, wenn die Strafvoraussetzungen des Urteils zulässigerweise angefochten wurden.

27 Eine **Abänderung** kann etwa **in Betracht kommen**, wenn sich die tatsächlichen Voraussetzungen **nach Verkündung** des Urteils wesentlich geändert haben. Dies kann in einer positiven Änderung in dem häuslichen oder beruflichen Umfeld oder auch in der nach dem Urteil positiven Verhaltensänderung in der Täterpersönlichkeit gesehen werden.[17] Eine andere Beurteilung der Umstände der Straftat berechtigt das Familiengericht jedoch nicht, von einer Maßnahme abzusehen, sofern diese Umstände dem Jugendstrafgericht bekannt waren. Dies gilt insb. bei der Schuldfrage.[18]

28 Eine Befugnis zur **Abänderung** wird zutreffend auch dann gesehen, wenn die neu bekannt gewordenen Umstände dem Jugendstrafgericht nicht bekannt waren.[19] Dieser Abänderungsgrund sollte allerdings restriktiv gehandhabt werden, denn sonst könnte das Familiengericht entgegen der Bindungswirkung des Urteils gezwungen sein, eine strafrechtliche Beweisaufnahme zu wiederholen. Unter dem Gesichtspunkt, dass gem. § 11 Abs. 2 Weisungen geändert werden können, ist der Familienrichter sicherlich befugt, „aus Gründen der Erziehung" die Weisungen nachträglich zu ändern.

VIII. Familiengerichtliche Zuständigkeit im weiteren Verfahren

29 Die **Sanktionszuständigkeit** des Familiengerichts umfasst auch die Durchführung und Überwachung der Erziehungsmaßregeln sowie deren Erledigung bei Soldaten (§ 112c Abs. 1). Das Familiengericht ist schließlich befugt, gem. § 11 Abs. 2 nachträgliche Entscheidungen über Weisungen zu treffen. § 65 findet keine Anwendung.[20]

30 **Keine Befugnis** steht ihm allerdings nach § 11 Abs. 3 zu; einen sog. Ungehorsamsarrest kann nur das Jugendstrafgericht, das zuvor entschieden hat, verhängen. Dieses kann nach § 65 Abs. 2 S. 4 das Verfahren an den Jugendrichter des Aufenthaltsortes abgeben. Unabhängig von der umstrittenen Frage, welche Rechtsnatur der Ungehorsamsarrest hat, kann in einem Strafverfahren nur der Strafrichter strafrechtliche Vollstreckungsmaßnahmen einleiten und vollstrecken. Das Strafgericht kennt die einzelnen Voraussetzungen der Inhaftierung und vor allem die zuständige Jugendarrestanstalt. Der Beschluss des Jugendgerichts ist wiederum gem. § 65 anfechtbar.

---

16 HM; Eisenberg, § 53 Rn 10; Ostendorf, § 53 Rn 8; D/S/S-Schoreit, § 53 Rn 8.
17 Ostendorf, § 53 Rn 8.
18 Eisenberg, § 53 Rn 10.
19 Eisenberg, § 53 Rn 10; Ostendorf, § 53 Rn 8.
20 Eisenberg, § 53 Rn 13; aM D/S/S-Schoreit, § 53 Rn 11.

§ 54 Urteilsgründe

(1) ¹Wird der Angeklagte schuldig gesprochen, so wird in den Urteilsgründen auch ausgeführt, welche Umstände für seine Bestrafung, für die angeordneten Maßnahmen, für die Überlassung ihrer Auswahl und Anordnung an das Familiengericht oder für das Absehen von Zuchtmitteln und Strafe bestimmend waren. ²Dabei soll namentlich die seelische, geistige und körperliche Eigenart des Angeklagten berücksichtigt werden.

(2) Die Urteilsgründe werden dem Angeklagten nicht mitgeteilt, soweit davon Nachteile für die Erziehung zu befürchten sind.

Richtlinien zu § 54

1. Für die Entscheidung im Jugendstrafverfahren ist die Persönlichkeit des Jugendlichen von ausschlaggebender Bedeutung. Dies sollte sich auch in den Urteilsgründen widerspiegeln, zumal sie eine wertvolle Grundlage für die Erziehungsarbeit im Vollzug und andere spätere Maßnahmen bilden. Der Vorschrift, daß in den Gründen des schuldigsprechenden Urteils die seelische, geistige und körperliche Eigenart des Jugendlichen berücksichtigt werden soll, wird durch eine bloße Schilderung des Lebenslaufes nicht genügt. Das gilt namentlich für Urteile, in denen für Jugendliche eine Betreuungsweisung (§ 10 Abs. 1 Satz 3 Nr. 5) erteilt, Hilfe zur Erziehung (§ 12) angeordnet, Jugendstrafe verhängt (§ 17 Abs. 2), die Schuld des Angeklagten festgestellt (§ 27) oder in einem der genannten Fälle gegen Heranwachsende Jugendstrafrecht wegen mangelnder Reife (§ 105 Abs. 1 Nr. 1) angewendet wird.

2. Die Verkündung des Urteils ist für die Erziehung von besonderer Bedeutung. Die mündliche Eröffnung der Urteilsgründe muß dem Wesen und dem Verständnis der Jugendlichen angepaßt sein. Alle nicht unbedingt gebotenen rechtlichen Ausführungen können unterbleiben. Erörterungen, die für die Erziehung der Jugendlichen nachteilig sein können, sollten vermieden werden.

3. Soll der Jugendliche eine Ausfertigung oder eine Abschrift des Urteils mit Gründen erhalten (etwa nach § 35 Abs. 1 Satz 2, § 316 Abs. 2, § 343 Abs. 2 StPO), so bestimmt der Vorsitzende, inwieweit ihm die schriftlichen Urteilsgründe mitgeteilt werden. Erhält der Jugendliche nur einen Auszug der Gründe, so wird dies auf der Ausfertigung oder der Abschrift vermerkt, die für ihn bestimmt ist.

4. § 54 gilt auch im Verfahren gegen Jugendliche vor den für allgemeine Strafsachen zuständigen Gerichten (§ 104 Abs. 1 Nr. 6). Im Verfahren gegen Heranwachsende gilt nur § 54 Abs. 1, wenn das Gericht Jugendstrafrecht anwendet (§ 109 Abs. 2).

I. Persönlicher Anwendungsbereich 1	b) Jugendstrafe mit „Vorbewährung" 26
1. Jugendliche 1	5. Einbeziehung einer rechtskräftigen Entscheidung... 27
2. Heranwachsende 2	6. Anrechnung von U-Haft.. 32
3. Neue Bundesländer 3	IV. Urteilsgründe 35
4. Bußgeldverfahren 4	1. Allgemeines 35
II. Allgemeines 6	2. Der Aufbau der Urteilsgründe 41
III. Urteilsformel im Jugendstrafverfahren 11	a) Schilderung des Lebenslaufs 41
1. Erziehungsmaßregeln 11	b) Tatsachenfeststellung .. 46
2. Zuchtmittel 16	c) Beweiswürdigung 50
3. Aussetzung der Verhängung der Jugendstrafe (§ 27) 19	d) Verletzte Vorschriften . 51
4. Die Jugendstrafe 25	e) Die Rechtsfolgen 52
a) Allgemein 25	

f) Die Rechtsfolgen im Einzelnen 55
g) Teilfreispruch 64
h) Die Kostenentscheidung 65
V. Urteilsverkündung 66
 1. Verlesung des Urteilstenors 66
 2. Mündliche Begründung des Urteils 67
 3. Einschränkungen 68
 4. Belehrung bei Strafaussetzung zur Bewährung 70
 5. Rechtsmittelbelehrung 71
 6. Schriftliche Urteilsgründe 72

I. Persönlicher Anwendungsbereich

1 1. **Jugendliche.** Die Vorschrift gilt in Verfahren gegen **Jugendliche**, auch in Verfahren Jugendlicher vor den für allgemeine Strafsachen zuständigen Gerichten (§ 104 Abs. 6 Nr. 6)(RL Nr. 4).

2 2. **Heranwachsende.** In Verfahren gegen **Heranwachsende** gilt allein § 54 Abs. 1, wenn Jugendstrafrecht angewendet wird. Der Abs. 2 ist gesetzlich ausgenommen (§ 109 Abs. 2 Satz 1). Dasselbe gilt, wenn vor den für allgemeine Strafsachen zuständigen Gerichten gegen Heranwachsende Jugendstrafrecht angewendet wird (§§ 112 Satz 1 iVm 104 Abs. 1 Nr. 6, 109 Abs. 2 Satz 1, 105 Abs. 2).

3 3. **Neue Bundesländer.** In den neuen Bundesländern tritt an die Stelle des Wortes „Zuchtmittel" die Worte „Verwarnung, Erteilung von Auflagen und Jugendarrest".

4 4. **Bußgeldverfahren.** In **Bußgeldverfahren** findet § 54 über § 46 Abs. 1 OWiG entsprechende Anwendung. § 54 Abs. 1 S. 1 kommt vor allem dann zum Zuge, wenn das Jugendgericht aufgrund besonderer Umstände vom Regelbußgeldsatz abweichen will. Da vor allem in den überwiegenden Fällen der Verkehrsordnungswidrigkeiten die Sanktionen weitgehend formalisiert sind und § 54 eher auf Strafverfahren zugeschnitten ist, kann insb. von Ausführungen gem. Abs. 1 S. 2 abgesehen werden.[1] Diese Vorschrift gilt sowohl bei Erlass eines Urteils als auch bei einem Beschluss gemäß § 72 OWiG.

5 Abs. 2 kommt in der Regel nicht zur Anwendung, es sei denn, die Gründe enthalten nachteilige Ausführungen für die Erziehung des Betroffenen. Dies könnte zB in Bußgeldverfahren wegen Verstößen gegen das Schulgesetz, die hin und wieder vorkommen, der Fall sein („Schulschwänzen"). In der Praxis spielt diese Vorschrift jedoch keine Rolle.[2]

II. Allgemeines

6 Das Jugendgericht wendet bei der **Urteilsformel** gem. §§ 2 Abs. 2, 260 Abs. 3 und 4 StPO die allgemeinen Vorschriften an. Diese gibt die umfassende **rechtliche Bezeichnung** der verurteilten Tat an. Hat der Straftatbestand eine gesetzliche Überschrift, ist diese zu verwenden. Wird bei einem Heranwachsenden Geldstrafe verhängt, so sind auch die Zahl und Höhe der Tagessätze in die Urteilsformel aufzunehmen. Nach der Urteilsformel werden die angewendeten Vorschriften nach Paragraph, Absatz, Nummer, Buchstabe und mit der Bezeichnung des Gesetzes aufgeführt. Bei Teilfreispruch wird auf Freispruch „im Übrigen" erkannt. Unzulässig ist beim Freispruch ein Zusatz wie „mangels Beweises" oder „wegen erwiesener Unschuld".[3]

---

1 Eisenberg, § 54 Rn 3.
2 Eisenberg, § 54 Rn 3; D/S/S-Schoreit, § 54 Rn 3.
3 HK-GS-Brehmeier-Metz.

Aufgenommen werden auch **alle weiteren Rechtsfolgen** wie Nebenstrafen, Aussetzung der Jugendstrafe zur Bewährung, Verfall und Einziehung sowie Maßregeln der Besserung und Sicherung (Entziehung der Fahrerlaubnis). Anzugeben sind schließlich die Konkurrenzvorschriften des allgemeinen Strafrechts (Tateinheit und Tatmehrheit), da andernfalls die Gefahr einer Schlechterstellung des Jugendlichen in späteren Verfahren bestehen kann.[4] Tatmodalitäten wie „gemeinschaftlich" oder „fortgesetzt" gehören in die Begründung.[5] Um den Urteilstenor verständlich zu machen, kann er in einen Schuldspruch und einen Sanktionsausspruch aufgeteilt werden. Das Gleiche gilt für einbezogene Urteile. Dies empfiehlt sich deshalb, weil insb. in der Vollstreckung die registerrechtliche und aktenmäßige Behandlung vereinfacht wird.

Im Jugendstrafrecht darf **im Urteil** die Straftat **nicht** als „in einem besonders schweren Fall" oder „in einem minder schweren Fall" bezeichnet werden.[6] Dies gilt insb. für die Fälle des § 243 Abs. 1 StGB. Anzugeben sind diese Vorschriften aber in der Paragraphenliste.[7] 7

Im Urteilstenor kann **das Wort „verurteilt"** verwendet werden,[8] zumal über dem Tenor stets „Urteil" stehen muss und „das Urteil im Namen des Volkes ergeht" (§ 268 StPO). Im Jugendstrafverfahren gilt nichts anderes. Unschädlich ist es, wenn das Jugendgericht entsprechend § 13 den Begriff „ahnden" verwendet.[9] Man kann auch den Begriff „verurteilt" dadurch vermeiden, dass man, wie in Ziff. 2 ausgeführt, zunächst den Jugendlichen einer Straftat für „schuldig" erklärt und in dem zweiten Teil die Sanktion(en) ausspricht. 8

Zur Urteilsformel gehört auch die **Kostenentscheidung** (§§ 2 iVm 264 StPO). Dies gilt auch für den Fall einer Entscheidung nach § 74.[10] Erzieherische Gründe für ein Absehen sind nicht zu erkennen, zumal die Angabe auch in Jugendstrafverfahren für Transparenz und Klarheit sorgt. 9

Ist der Jugendliche in Untersuchungshaft, ist bei der Urteilsverkündung zugleich von Amts wegen über die **Fortdauer der Untersuchungshaft** oder einstweiligen Unterbringung zu entscheiden. Der Beschluss ist mit dem Urteil zu verkünden. 10

III. Urteilsformel im Jugendstrafverfahren

1. Erziehungsmaßregeln. Erziehungsmaßregeln (§ 9) sind die Erteilung von Weisungen (§ 10) und die Anordnung, Hilfe zur Erziehung im Sinne des § 12 in Anspruch zu nehmen. 11

Eine oder mehrere (§ 8) **Weisungen** gem. § 10 sind so genau wie möglich zu bezeichnen. Dies gilt vor allem dann, wenn in § 10 nicht genannte Weisungen erteilt werden. Zu unbestimmt wäre eine Weisung, „bestehende Pflichten gut zu erfüllen".[11] Insbesondere sind auch der **Beginn** (idR „ab sofort") und die **Dauer** der Weisung festzulegen (§ 11 Abs. 1), da andernfalls Maßnahmen gem. § 11 Abs. 3 12

---

4 Eisenberg, § 54 Rn 8.
5 BGH v. 12.10.1977, 2 StR 410/77, NJW 1978, 229, 230.
6 BGH v. 21.4.1970, 1 StR 45/70, BGHSt 23, 254; BGH v. 12.10.1977, 2 StR 410/77, 27, 287; D/S/S-Schoreit, § 54 Rn 8; Ostendorf, § 64 Rn 4; aM für den minder schweren Fall: Eisenberg, § 54 Rn 8.
7 Ostendorf, § 54 Rn 4.
8 HM; anders Eisenberg, § 54 Rn 9.
9 D/S/S-Schoreit, § 54 Rn 8.
10 Str.; wie hier Eisenberg, § 54 Rn 23; Ostendorf, § 54 Rn 5; D/S/S-Schoreit, § 54 Rn 17.
11 Ostendorf, § 54 Rn 6.

nicht festgesetzt werden können. Wird nur das Fristende („bis zum..." oder „binnen") angegeben, missverstehen die Jugendlichen erfahrungsgemäß die erzieherisch gewollte Weisung, diese **zeitnah** zu erfüllen. Bei der Dauer der Frist kann es sich empfehlen, diese etwas geräumiger festzulegen, um der Jugendgerichtshilfe bei der Überwachung einen gewissen Spielraum zu ermöglichen. Es kommt nicht selten vor, dass zB bei der Auferlegung von Arbeitsstunden die Einsatzstelle nur an bestimmten Tagen zur Verfügung steht oder ein Wechsel der Arbeitsstelle erforderlich wird. Andernfalls wäre man gezwungen, ständig gem. § 11 Abs. 2 die Frist zu verlängern.

Bei einer Weisung gem. § 10 Abs. 1 Satz 3 Nr. 5, sich der Betreuung und Aufsicht einer bestimmten Person (**Betreuungshelfer**) zu unterstellen, soll die Laufzeit **nicht mehr als ein Jahr** und gem. § 10 Abs. 1 Satz 3 Nr. 6, an einem **sozialen Trainingskurs** teilzunehmen, **nicht mehr als sechs Monate** betragen.

13 Kommt gem. § 53 eine **Überlassung** der Auswahl und Anordnung der Erziehungsmaßregeln **an das Familiengericht** in Betracht, ist dies im Urteilstenor festzuhalten, da sie bindenden Charakter hat.

▶ **Es empfiehlt sich im Falle des § 53 folgende Fassung des Tenors:**

„Der Jugendliche ... aus ... (Geburtsort) ist einer/s ... (verurteilte Straftat) schuldig. Erziehungsmaßregeln sind erforderlich. Ihre Auswahl und Anordnung wird dem Familiengericht überlassen.

Kostenentscheidung

Verletzte Vorschriften: ... " ◀

14 Die Anordnung, **Hilfe zur Erziehung** in Anspruch zu nehmen, ist ebenfalls zeitlich zu begrenzen. Außerdem sollte im Fall des § 12 Ziff. 1 der Erziehungsbeistand benannt werden.

▶ **Der Urteilstenor im Fall § 12 Ziff. 1 lautet nach dem Schuldspruch:**

„Dem Jugendlichen ... wird auferlegt, Hilfe zur Erziehung in Form einer Erziehungsbeistandschaft in Anspruch zu nehmen. Zum Erziehungsbeistand wird berufen ..." ◀

15 ▶ **Der Urteilstenor im Fall des § 12 Ziff. 2 lautet nach dem Schuldspruch:**

„Dem Jugendlichen wird auferlegt, Hilfe zur Erziehung in einer Einrichtung über Tag und Nacht (oder „in einer sonstigen betreuten Wohnform") in Anspruch zu nehmen." ◀

16 **2. Zuchtmittel.** Die Arten und Anwendung von **Zuchtmitteln** ergeben sich aus § 13. Zuchtmittel sind die Verwarnung, die Erteilung von Auflagen und der Jugendarrest. Der Ausspruch, dass neben Zuchtmittel Jugendstrafe nicht geboten ist, ist nicht erforderlich.

17 Der Jugendrichter kann nach § 8 ein oder gleichzeitig **mehrere Zuchtmittel** auferlegen. Die Zuchtmittel sind so genau wie möglich zu bezeichnen. Bei der Auflage der Schadenswiedergutmachung und bei Geldauflagen sind der zu zahlende Betrag, die Raten sowie der Empfänger bzw die gemeinnützige Einrichtung u.a. mit Kontonummer (wenn bekannt) genau anzugeben. Zusätzlich kann die Auflage erteilt werden, dem Gericht die Zahlung nachzuweisen.

▶ **Wird die Straftat mit der Erteilung einer Arbeitsauflage gem. § 13 Abs. 2 Nr. 2 geahndet und der Opferfonds herangezogen, kann der Urteilstenor wie folgt lauten:**
Der Jugendliche ... aus ... ist des/r ... (Straftat) schuldig. Ihm wird auferlegt, nach Weisung der JGH ab sofort binnen 2 Monaten 30 Stunden gemeinnützig zu arbeiten. Pro abgeleisteter Arbeitsstunde sind an ... (Name des Opfers) 5 EUR aus dem Opferfonds zu zahlen. ◀

Das Zuchtmittel der **Verwarnung** ist grundsätzlich durch Urteil auszusprechen. Dabei ist zu beachten, dass der Ausspruch der Verwarnung einerseits und der Vollzug der Verwarnung andererseits zu trennen ist.[12] Die Verwarnung sollte **zurückhaltend** ausgesprochen werden, da in der Praxis die Verwarnung - nach Rechtskraft des Urteils - in der Hauptverhandlung als solche neben der Urteilsbegründung, die bereits dem Verurteilten sein Unrecht verdeutlichen soll, kaum als „zusätzliche, förmliche Zurechtweisung"[13] verstanden wird und der Vollzug nach Rechtskraft in einem Verwarnungstermin nicht durchgesetzt werden kann (vgl § 14).[14] 18

3. Aussetzung der Verhängung der Jugendstrafe (§ 27). Die Entscheidung über die Aussetzung der Verhängung der Jugendstrafe gem. § 27 ergeht aufgrund einer Hauptverhandlung durch **Urteil** (§ 62 Abs. 1). Im Urteil werden **nur** der Schuldspruch und die Aussetzung der Jugendstrafe aufgenommen. 19

Eine Entscheidung gem. § 27 im **vereinfachten Verfahren ist unzulässig.**
Alle weiteren Entscheidungen, die infolge der Aussetzung der Verhängung der Jugendstrafe erforderlich werden, insb. über die Dauer und Modalitäten der Bewährungszeit (§§ 28, 29), werden in einem gesonderten **Beschluss** im Anschluss an die Verlesung des Urteils verkündet (§§ 62 Abs. 4 iVm 58 Abs. 1 Satz 1, 2 und Abs. 3 Satz 1). **Zu beachten** ist in diesem Fall – dies wird häufig übersehen -, dass das erkennende Gericht die Entscheidung weder ganz noch teilweise dem Jugendgericht des (späteren) Aufenthaltsortes des Verurteilten übertragen kann (anders bei einer Entscheidung zur Jugendstrafe).

Ist das **Verfahren vor einem Gericht** anhängig, das **für allgemeine Strafsachen** zuständig ist, so sind die Entscheidungen, die nach dem Urteil über die Aussetzung der Verhängung der Jugendstrafe – mit Ausnahme der Festsetzung der Jugendstrafe und der Tilgung des Schuldspruchs - zu treffen sind, dem Jugendrichter am Aufenthaltsort des Jugendlichen oder Heranwachsenden zu übertragen (§ 104 Abs. 5 Satz 2 iVm Satz 1, 112). 20

▶ **Der Tenor, der die Aussetzung der Verhängung eine Jugendstrafe enthält, kann lauten:** 21
„Der Jugendliche ... aus ... ist des/r ... (Straftat) schuldig.
Die Entscheidung über die Verhängung der Jugendstrafe wird zur Bewährung ausgesetzt."
(Eventuell noch Nebenstrafen usw und Kostenentscheidung.) ◀

Die Entscheidungen zur Bewährung werden nach Verkündung des Urteils getrennt im Bewährungsbeschluss (sitzend) verkündet. 22

---

12 Eisenberg, § 14 Rn 8.
13 Eisenberg, § 14 Rn 5.
14 Kritisch auch Eisenberg, § 14 Rn 10, 11; die Ansicht entspricht meiner langjährigen Praxis.

▶ **Der Bewährungsbeschluss kann lauten:**

Bewährungsbeschluss

Die Bewährungszeit dauert ... Jahre (mindestens ein bis höchstens zwei Jahre). Sie beginnt mit der Rechtskraft des Urteils.

Dem Verurteilten wird auferlegt,
- eine Geldbuße in Höhe von ... EUR zu zahlen. Die Zahlung kann in Monatsraten von ... EUR beginnend am ... erfolgen.
- als gemeinnützige Leistung ... Arbeitsstunden nach näherer Weisung der Bewährungshilfe binnen ... zu erbringen.
- den Schaden in Höhe von ... EUR an den/die Geschädigte/n (Adresse) wiedergutzumachen.

Der Verurteilte wird angewiesen,
- sich sofort der Aufsicht und Leitung der Bewährungshilfe zu unterstellen und diese auf Aufforderung in deren Sprechstunde aufzusuchen.
- Vor einem Wechsel oder Aufgabe des Arbeits-/Ausbildungsplatzes die Zustimmung des Gerichts oder der Bewährungshilfe einzuholen.
- Jeden Wechsel des Wohnsitzes/Aufenthaltes unverzüglich dem Jugendgericht mitzuteilen. ◀

23 Ergibt sich **nachträglich**, dass die in dem Schuldspruch festgestellte Straftat auf schädliche Neigungen oder die Schwere der Schuld zurückzuführen ist, so dass eine Jugendstrafe erforderlich ist, ist **gemäß § 30** das **Nachverfahren** durchzuführen. Es ist die Fortsetzung des anhängig gebliebenen, rechtskräftigen (registermäßig ausgetragenen) Strafverfahrens. Ein Widerruf der Aussetzung im Urteil ist nicht erforderlich.

24 In dem nachfolgenden Urteil verhängt das Jugendgericht eine Jugendstrafe, die das Gericht im Zeitpunkt des Schuldspruchs bei sicherer Beurteilung der schädlichen Neigungen des Jugendlichen/Heranwachsenden ausgesprochen hätte. Der Ausspruch der Aussetzung zur Bewährung ist zulässig.

▶ **Der Tenor zu § 30 kann lauten:**

„Aufgrund"[15] oder „In Ergänzung"[16] des Urteils des Jugendgerichts vom ... wird der Jugendliche/Heranwachsende zu einer Jugendstrafe von ... verurteilt". ◀

25 **4. Die Jugendstrafe. a) Allgemein.** Das Jugendgericht verhängt **Jugendstrafe** wegen der Schwere der Schuld oder dann, wenn schädliche Neigungen des Jugendlichen/Heranwachsenden in der Straftat hervorgetreten sind, die eine Jugendstrafe erforderlich machen (§ 17).

Das Urteil beginnt im **Tenor** mit dem Schuldspruch und setzt anschließend die genaue Dauer der Jugendstrafe fest. Aufgenommen wird gegebenenfalls nur, dass die **Jugendstrafe zur Bewährung** ausgesetzt wird, nicht jedoch „ohne Bewährung" (§ 57 Abs. 4 iVm § 260 Abs. 4 Satz 4 StPO). In den Urteilsgründen werden die tragenden Umstände ausgeführt, die für oder gegen eine Bewährung gesprochen haben.

Wird oder werden weitere **Strafurteile einbezogen,** sind diese Urteile entsprechend im Tenor zu benennen und einzubeziehen (einschließlich Aktenzeichen).

---

15 So Ostendorf, § 54 Rn 16.
16 So Ostendorf, § 54 Rn 8.

Im Tenor des Urteils wird weder angegeben, dass Erziehungsmaßregeln und/oder Zuchtmittel nicht ausgereicht haben noch, dass schädliche Neigungen oder die Schwere der Schuld Grundlage des Urteils sind.

Wird die Jugendstrafe zur Bewährung ausgesetzt, wird der **Bewährungsbeschluss** anschließend (sitzend) verkündet (Formulierung s.o. Rn 22).

b) Jugendstrafe mit „Vorbewährung". Das Jugendgericht kann eine Jugendstrafe 26 verhängen und, anders als im allgemeinen Strafrecht, die Aussetzung der Jugendstrafe zur Bewährung nicht sofort im Urteil, sondern nachträglich durch Beschluss anordnen oder ablehnen. Diese „Bewährung vor der Bewährung"[17] ist umstritten, wird aber insb. in der Rechtsprechung für zulässig gehalten.[18]

Die Dauer der Vorbewährung sollte in der Regel nicht länger als 3 - 4, höchstens sechs Monate betragen, um auch dem unter Vorbewährung stehenden Jugendlichen alsbald den erzieherisch nötige Druck zu geben, sich positiv zu entwickeln und zu bewähren. Bedenkt man, dass Vorbewährung kurz vor der „Klippe zum Freiheitsentzug" nach einer erheblichen Straftat verhängt wird, also eine allerletzte Chance darstellt, sollte im Hinblick auf den Ausnahmetatbestand der Vorschrift zügig nach Ablauf der Frist endgültig entschieden werden. Wird etwa erst nach drei Jahren über die Frage der Bewährung entschieden, stellt dies eine Entscheidung über den Bewährungswiderruf dar.

▶ Der Tenor des Urteils kann wie folgt abgefasst werden, wobei hier die Modalitäten der Vorbewährungszeit mit aufgenommen werden:

„Der Angeklagte ... ist des ... schuldig. Gegen ihn wird eine Jugendstrafe von ... verhängt. Die Entscheidung über die Strafaussetzung zur Bewährung wird in ... Monaten getroffen werden. Für die Dauer dieser Vorbewährung wird der Angeklagte der Aufsicht und Leitung eines/r hauptamtlichen Bewährungshelfers/-helferin als „Betreuungshelfer" unterstellt, dessen/deren Weisungen zu befolgen sind. Ihm wird weiter auferlegt: ..." ◀

5. Einbeziehung einer rechtskräftigen Entscheidung. Bei der **Einbeziehung** einer 27 rechtskräftigen Entscheidung gemäß § 31 Abs. 2 empfiehlt sich eine **Aufteilung des Tenors** in einen Schuldspruch und in einen Ausspruch über die Sanktionen um das Urteil übersichtlich und verständlich zu gestalten. Zunächst werden im Schuldspruch die **neuen** Straftat(en) aufgeführt. Danach wird oder werden die früheren rechtskräftigen Entscheidungen ausdrücklich einbezogen, wobei bereits früher in ein Urteil einbezogene Entscheidungen ebenfalls im Tenor aufzuführen sind.[19] Alle vorherigen Urteile sind zu kennzeichnen.[20] Die Tat(en), welche Gegenstand der früheren Verurteilung waren, sind nicht erneut zu benennen.[21]

Soll eine Rechtsfolge, die im einzubeziehenden Urteil enthalten war, weiterhin aufrecht erhalten werden, so ist sie im Urteilstenor erneut auszusprechen (zB Fahrerlaubnisentzug). Dies wird gern übersehen (s. Rn 26).

---

17 Rössner in Jugendstrafrecht, 2. Aufl. 2007, § 12 Rn 24
18 BGH v. 13.1.1960, 2 StR 557/59, BGHSt 14, 74; kritisch: D/S/S-Sonnen, § 57 Rn 5 ff; Rössner in Jugendstrafrecht, 2. Aufl. 2007, § 12 Rn 24; meine Erfahrung mit der Vorbewährung, wie auch die im LG-Bezirk Karlsruhe, war positiv, denn sie ermöglichte in geeigneten Fällen wirksame erzieherische Maßnahmen.
19 BGH v. 9.9.1997, 1 StR 730/ 96, NJW 1998, 465, 467.
20 BGH v. 25.11.2008, 3 StR 404/08; Eisenberg, § 54 Rn 20.
21 BGH v. 25.8.1987, bei Böhm NStZ 1988, 492; Eisenberg, § 54 Rn 20 mwN.

28 Die **Anrechnung eines Jugendarrestes** ist ebenfalls im Urteilstenor auszusprechen.[22]

Die **Anrechnung** einer **teilweise verbüßten Jugendstrafe** muss nicht im Tenor aufgenommen werden, da dies zwingend gesetzlich vorgeschrieben ist (§ 51 Abs. 2).[23]

Wird eine schon **erledigte Rechtsfolge** des einzubeziehenden Urteils bei der Bemessung der neuen Rechtsfolge berücksichtigt, kann dies bei der neuen Strafe berücksichtigt werden, wird aber im Urteilstenor nicht ausgesprochen oder „angerechnet".[24] „Insbesondere folgt dies aus den unterschiedlichen Grundsätzen, die bei der Anwendung von § 31 Abs. 2 JGG einerseits und der Anwendung von § 55 StGB andererseits, gelten. Bei der Anwendung von § 31 Abs. 2 JGG ist - anders als bei der Anwendung von § 55 StGB - nicht lediglich die frühere Strafe einzubeziehen, sondern eine neue, von der früheren Beurteilung unabhängige einheitliche Rechtsfolgenbemessung für sämtliche Taten vorzunehmen, also für die früheren ebenso wie für die jetzt abzuurteilenden, wobei eine rein rechnerische Berücksichtigung der einzubeziehenden Entscheidung rechtsfehlerhaft wäre".[25]

29 Zu beachten ist § 31 Abs. 3 S. 2, wonach das Gericht aus erzieherischen Gründen von einer Einbeziehung eines Urteils absehen kann. Dabei kann das Jugendgericht bei Verhängung einer Jugendstrafe Erziehungsmaßregeln oder Zuchtmittel für erledigt erklären. Diese Erledigungserklärung gem. § 31 Abs. 2 Satz 2 gehört zur Klarstellung in den Tenor.

30 Wurden in den einzubeziehenden Urteilen **Nebenstrafen und Nebenfolgen** ausgesprochen, sind diese aufrecht zu erhalten oder über diese neu zu entscheiden. Ein Fahrverbot kann auf ein erneut ausgesprochenes Fahrverbot angerechnet werden. Sind Maßregeln, wie der Entzug der Fahrerlaubnis und Sperrfrist, bei Einbeziehung des Urteils bereits vollständig erledigt, dürfen sie nicht erneut angeordnet werden. Die Erledigung ist zur Klarstellung im Urteilstenor festzustellen.

31 ▶ **Das Urteil zur Einbeziehung rechtskräftiger Entscheidungen kann wie folgt lauten:**

„Der Jugendliche ... aus ... ist des ... (neue Straft(en)) schuldig. Das Urteil des Jugendgerichts ... vom ... (Az.) (und des Jugendgerichts vom ...) wird einbezogen. Es wird eine Jugendstrafe von ... (oder andere Maßnahmen) verhängt."[26] ◀

32 **6. Anrechnung von U-Haft.** Ahndet das Jugendgericht eine Straftat mit **Jugendarrest** und ist dessen Zweck durch die Untersuchungshaft ganz oder teilweise erreicht, so kann der Richter im Urteil aussprechen, dass oder wieweit der Jugendarrest nicht vollstreckt wird (§ 52).

▶ **Der Tenor kann in diesem Fall (§ 52) lauten:**

„Der Jugendarrest wird unter Berücksichtigung der erlittenen U-Haft nicht (in Höhe von ...) vollstreckt." ◀

33 Wird auf **Jugendstrafe** erkannt, wird kraft Gesetzes die Untersuchungshaft angerechnet (§ 52 a). Dennoch wird zutreffend vorgeschlagen, die Anrechnung klar-

---

22 BGH v. 13.12.1961, 548/61, BGHSt 16, 335; hM.
23 BGH v. 14.11.1995, 1 StR 483/95, NStZ 1996, 279.
24 BGH v. 3.3.2004, 1 StR 71/ 04; aM Eisenberg, § 54 Rn 20.
25 st. Rspr. seit BGH v. 13.12.1961, BGHSt 16, 335 ff.
26 Das Wort „einheitliche" Jugendstrafe, wie von Eisenberg angeregt, ist überflüssig; Eisenberg, § 54 Rn 20.

stellend im Urteil auszusprechen.²⁷ Da gem. § 52a Abs. 1 S. 2 eine Anrechnung unterbleiben kann, ist insb. für die Vollstreckung Klarheit geschaffen und ein möglicher Streit hierüber vermieden.

Bei der **Anrechnung der U-Haft** oder anderer Freiheitsentziehung im **Ausland** ist 34 der Anrechnungsmaßstab gem. § 51 Abs. 4 S. 2 StGB zu bestimmen.

IV. Urteilsgründe

1. Allgemeines. § 54 ergänzt und erweitert § 267 Abs. 3 S. 1 StPO. Er betrifft alle 35 Urteile, in denen der Jugendliche oder Heranwachsende (teilweise) **schuldig gesprochen** wird. Dies gilt in der Regel auch bei rechtskräftig gewordenen Urteilen, um für den Vollzug der Rechtsfolgen oder für künftige Verfahren, insbesondere wenn sie später einbezogen werden müssen, eine ausreichende Grundlage zu haben.²⁸

Die Begründung erfordert jedenfalls bei schwereren Straftaten 36
- eine sorgfältige Auseinandersetzung mit dem Lebenslauf des Jugendlichen,
- die Darlegung der Umstände der Straftat(en), die für die Rechtsfolgen bestimmend sind
- eine Bewertung der Straftaten im Zusammenhang mit den Lebensverhältnissen des Jugendlichen/Heranwachsenden sowie
- sorgfältige Ausführungen der hiernach notwendigen Rechtsfolgen, die in einem angemessenen Verhältnis zur Straftat stehen müssen.

Die Urteilsgründe sollen **insbesondere** auch „die seelische, geistige und körperliche Eigenart des Jugendlichen" berücksichtigen (Abs. 2 Satz 2). Hierbei sollen 37 jedoch die möglichen positiven wie negativen Auswirkungen der Begründung auf den Jugendlichen und auch auf sein Umfeld (Eltern) bedacht werden. Vor allem die negativen Befunde zu seiner Persönlichkeit oder unnötige sprachliche Schärfen könnten geeignet sein, den Jugendlichen zu demotivieren. Bei Schicksalsschlägen des Jugendlichen (wie Tod eines Angehörigen oder Freundes, aber auch die Scheidung der Eltern) ist besondere Vorsicht und Zurückhaltung geboten, um den erzieherischen Zweck des Jugendstrafverfahrens nicht zu gefährden.²⁹ Sie lösen erfahrungsgemäß solche belastende psychische Reaktionen aus, so dass die vorgeworfene Straftat zu sehr aus dem Blickfeld gerät. Die Gründe sollten vor allem so abgefasst sein, dass ein Jugendlicher sie verstehen und sich nach den begründeten Maßnahmen richten kann. „Institutionalisierte, aufhebungsresistente Konstruktionen" sowie „zu schematische Urteilsbegründungen"³⁰ sollen vermieden werden.

Nichts anderes hat auch bei einem Urteil im **vereinfachten Jugendverfahren** zu 38 gelten. Die Urteilsbegründung sollte auch hier eine hinreichende Persönlichkeitsschilderung sowie die wesentlichen Tatmerkmale enthalten. In Bagatellfällen kann die Begründung der Rechtsfolgen kurz gefasst werden, da nachhaltige strafrechtliche Eingriffe idR unverhältnismäßig und demnach nicht zu erwarten sind. Der Jugendliche muss nur genau wissen, welche Rechtsfolgen das Urteil festgesetzt hat.

---

27 Eisenberg, § 54 Rn 22, Ostendorf, § 54 Rn 12; aM D/S/S-Schoreit, § 54 Rn 16.
28 D/S/S-Schoreit, § 54 Rn 19.
29 Solche Vorkommnisse passieren nicht selten auch in vereinfachten Verfahren und werden häufig erst in der Verhandlung offenbart.
30 Eisenberg, § 54 Rn 24.

39 Nicht nur bei Erwachsenen, sondern gerade auch bei Jugendlichen und Heranwachsenden müssen deren Einlassungen ernst genommen und nicht „vom Tisch gewischt" werden. Wenn ihnen nicht gefolgt wird, sind die Gründe sorgfältig darzulegen, warum man sie für widerlegt hält. Die Erfahrung zeigt, dass ein Jugendlicher, dessen Ausführungen genau gefolgt wurde, eher bereit ist, die Rechtsfolgen zu akzeptieren.[31]

40 § 54 findet bei einem **Freispruch** keine Anwendung.[32] Hier gilt allein § 267 Abs. 4 StPO. Auch dieses Urteil sollte nicht schematisch abgehandelt werden. Ein **abgekürztes Urteil** gem. § 267 Abs. 4, 5 StPO kommt demnach nur bei einem freisprechenden Urteil in Betracht.[33]

41 **2. Der Aufbau der Urteilsgründe. a) Schilderung des Lebenslaufs.** Die Urteilsgründe beginnen entspr. § 267 Abs. 1 Satz 1 und 2 StPO mit dem **Lebenslauf** und den persönlichen Verhältnissen des Jugendlichen oder Heranwachsenden. Sie gehen der Straftat zeitlich voran und führen regelmäßig auf das Tatgeschehen hin. Der Lebenslauf einschließlich der äußeren Einflüsse ermöglicht regelmäßig erst, die Straftaten richtig einzuordnen.[34] Dem Beginn der Schilderung der persönlichen Verhältnisse im Urteil steht insb. nicht entgegen, dass in der Hauptverhandlung vor der Vernehmung zur Sache zunächst nur die Identität des Angeklagten festzustellen ist und ein Freispruch eine umfassende Würdigung des Lebenslaufs nicht erfordert. In der Hauptverhandlung ist zunächst von der Unschuldsvermutung auszugehen, so dass anfangs die Feststellung des Sachverhalts im Mittelpunkt steht. Da bietet es sich an, die Biographie zurückzustellen. Im Urteil ist bereits das Tatgeschehen sowie deren Ursachen durch das Gericht festgestellt worden.

42 In die Darstellung der persönlichen Verhältnisse gehören bei Jugendlichen auch die **Anknüpfungstatsachen** für die Feststellung der **Straf(un)mündigkeit**,[35] und bei den Heranwachsenden diejenigen für die Anwendung des materiellen Strafrechts (§ 105 Abs. 1). Die Prüfung der strafrechtlichen Verantwortlichkeit ist jedoch erst bei der Anwendung der Strafgesetze vorzunehmen.

43 Die **Entwicklung** des Angeklagten ist darzustellen und umfasst seine familiäre sowie soziale Situation. Hiermit ist eine angemessene und im Hinblick auf die persönliche Situation des jugendlichen Straftäters verantwortbare Interpretation der für die Tat und die erzieherische Einflussnahme bedeutsamen psychischen, intellektuellen und physischen Eigenschaften des Jugendlichen zu verbinden.[36]

44 Ehrverletzende oder herablassende Formulierungen gehören in kein Urteil.

45 Häufig schließt sich am Ende der persönlichen Verhältnisse die Schilderung der **Vorstrafen** an. Dabei werden auch die Urteile mit Angabe der Aktenzeichen sowie eine kurze Schilderung der darin festgestellten Straftaten widergegeben. Unschädlich ist es, insb. in umfangreichen Verfahren, die Straftaten in den biographischen Ablauf einzubeziehen.

46 **b) Tatsachenfeststellung.** Nach der Schilderung der persönlichen Verhältnisse beginnt regelmäßig in einem neuen Abschnitt die Tatsachenfeststellung – unter Berücksichtigung des Beweisergebnisses – mit der **Darstellung der Straftat** in

---

31 Zutr. Ostendorf, § 54 Rn 13; nicht selten wurde dann auch ein Geständnis abgelegt.
32 Eisenberg, NStZ 1999, 286.
33 Eisenberg, § 54 Rn 26.
34 HM; aM nur Ostendorf, § 54 Rn 14.
35 D/S/S-Schoreit, Rn 21; aM Eisenberg, § 54 Rn 30.
36 Eisenberg, § 54 Rn 28.

Form eines geschichtlichen Vorgangs. Erfasst werden „die für erwiesen erachteten Tatsachen, in denen die gesetzlichen Merkmale der Straftat gefunden werden" (§ 267 Abs. 1 StPO). Dazu gehören auch die Umstände, „welche die Strafbarkeit ausschließen, vermindern oder erhöhen". Zu beachten ist, dass hierher auch die Feststellungen zur „inneren Tatseite" gehören, die den Vorsatz oder die Fahrlässigkeit bei der Subsumtion der Strafgesetze begründen. Nicht hierher gehören weder die notwendigen Tatsachenfeststellungen zur strafrechtlichen Verantwortlichkeit des Angeklagten noch die Erörterung der Strafmündigkeit bzw Schuldfähigkeit (s. Rn 42).

Die Darstellung des Sachverhalts kann es auch gebieten, schon jetzt Umstände zu erfassen, die im Hinblick auf die Anklage keine Verurteilung nach sich ziehen. Zwar wird bei Tatmehrheit regelmäßig der Teilfreispruch am Schluss vor der Kostenentscheidung begründet (s.u. Rn 64 f), aber es kommt häufig vor, dass entweder eine Strafschärfung oder eine tateinheitlich begangene Tat entfällt. Dies zum Ausdruck zu bringen ist unerlässlich, um eventuell die Überprüfung des Urteils durch ein Instanzgericht zu ermöglichen. 47

Nach der Schilderung des Sachverhalts wird in dem Urteil regelmäßig angegeben, auf welchen Angaben (Angeklagter, Mitangeklagter) und **Beweismitteln** (Zeugen, Sachverständigen, Augenschein, Urkunden) die Feststellungen beruhen. 48

▶ **Die Formulierung in den meisten Urteilen kann etwa lauten:**

„Der festgestellte Sachverhalt beruht auf den Angaben des Angeklagten, soweit ihnen gefolgt werden konnte, den unvereidigt gebliebenen Aussagen der Zeugen ..., dem verlesenen ärztlichen Bericht vom ... (AS.) sowie dem mündlich erstatteten Gutachten des unvereidigt gebliebenen Sachverständigen Dr. ... zur Alkoholfeststellung." ◀

Regelmäßig folgt nach der Sachverhaltsdarstellung und Angabe der Beweismittel noch vor der Beweiswürdigung eine zusammenhängende Schilderung der **Einlassung des Jugendlichen/Heranwachsenden**. Bei umfangreicheren Sachverhalten, insb. bei mehreren Straftatkomplexen, kann natürlich eine entsprechende Aufteilung der Angaben erfolgen. Dabei ist erfahrungsgemäß darauf zu achten, dass alle für den Jugendlichen wesentlichen Einwände ihren Niederschlag finden, um mit der Begründung die Akzeptanz der Maßnahmen zu erreichen[37] 49

c) **Beweiswürdigung.** Der Tatsachenfeststellung und Beweismittelangabe sowie der Einlassung des Jugendlichen folgt die Beweiswürdigung (§ 267 Abs. 1StPO). Sie enthält die für die Überzeugungsbildung des Gerichts maßgebenden Gesichtspunkte. Hier gilt nichts Anderes als im allgemeinen Strafprozess. 50

d) **Verletzte Vorschriften.** Üblicherweise folgt der Beweiswürdigung Ausführungen dazu, welche **Strafgesetze** zur Anwendung kommen (§ 267 Abs. 3 StPO). Erörtert werden alle verletzten Vorschriften einschließlich des Versuchs, der Teilnahme (Anstiftung, Beihilfe) sowie der Konkurrenzen (Tateinheit, Tatmehrheit). Hier haben auch Ausführungen zu der strafrechtlichen Verantwortlichkeit gem. § 3 sowie zur Schuldfähigkeit gem. § 20 StGB zu erfolgen.[38] 51

Gem. § 3 Satz 1 ist stets positiv festzustellen, dass Strafmündigkeit vorliegt. Dasselbe gilt gem. § 105 dann, wenn auf Heranwachsende Jugendstrafrecht angewandt wurde.

---

[37] Eine alte Richtererfahrung besagt, dass ein Urteil, mag es juristisch noch so glänzend sein, dann vom Verurteilten stets als falsch bezeichnet wird, wenn ein wesentliches Argument des Angekl. nicht gewürdigt wurde.
[38] Eisenberg, § 54 Rn 30.

52 **e) Die Rechtsfolgen.** Im anschließenden Teil werden die **Folgerungen aus dem Schuldspruch** im Hinblick auf die konkret bestimmten Rechtsfolgen dargestellt, wobei die für die Auswahl und Bemessung bzw Ausgestaltung maßgeblichen Umstände darzulegen sind.[39]

Hierbei ist zu beachten, dass „die Urteilsgründe hinreichend erkennen lassen, dass dem Erziehungsgedanken im Rahmen der Strafzumessung die ihm zukommende Bedeutung eingeräumt worden ist und die wesentlichen erzieherischen Gesichtspunkte beachtet worden sind (§ 54 Abs. 1 Satz 1 JGG)".[40]

53 Bei Heranwachsenden können auch hier (vgl Rn 51) zunächst eingehend die Umstände dargestellt werden, die zur Anwendung von Jugendstrafrecht geführt haben (§ 105).

54 Sodann sind die Umstände anzuführen, die für „seine Bestrafung, für die angeordneten Maßnahmen, für die Überlassung ihrer Auswahl und Anordnung an das Familiengericht oder für das Absehen von Zuchtmitteln und Strafe bestimmend waren". Die Erforderlichkeit der einzelnen Sanktionen ist eingehend zu begründen. Hinweise auf die Tatschwere und Vorstrafenbelastung alleine ersetzen nicht die prognostisch zu treffende Entscheidung.[41]

Bei den häufig vorkommenden kleineren Bagatelldelikten wird im Tenor lediglich festgehalten, dass dem Jugendlichen „...aufgegeben wird, Arbeitsstunden in Höhe von ..." abzuleisten. In diesen Fällen ist in den Gründen anzugeben, auf welcher Norm - § 10 Abs. 1 S. 3 Nr. 4 oder § 15 Abs. 1 Nr. 3 - diese Anordnung beruht. Es muss zu ersehen sein, ob eine Erziehungsmaßregel oder ein Zuchtmittel verhängt wurde.

55 **f) Die Rechtsfolgen im Einzelnen.** Bei **Erziehungsmaßregeln** bedarf es keiner Ausführungen, warum Zuchtmittel und Jugendstrafe nicht verhängt wurden, da stets von den mildesten Sanktionen auszugehen ist (§ 5 Abs. 2). Erörtert wird, ob bei Weisungen „von größerem Gewicht", die in die elterliche Sorge eingreifen, die Zustimmung der Eltern erforderlich sei und daher diese Zustimmung ausdrücklich erwähnt werden muss.[42] Soweit eine Anordnung gem. § 10 Abs. 2 ausgesprochen wird, ist die Zustimmung und gem. § 10 Abs. 2 Satz 2 das Einverständnis des über 15-jährigen Jugendlichen zu erwähnen. Im Übrigen, dies ergibt sich auch aus dem Umkehrschluss zu Abs. 2, ist eine Zustimmung nicht vorgesehen und daher ohne Belang. Dass die Eltern vor der Festsetzung der Maßnahme zu hören sind (rechtliches Gehör) und das Gericht deren Vortrag würdigt, versteht sich von selbst.

56 Werden **Erziehungsmaßregeln** gem. § 53 dem **Familiengericht** überlassen, ist zu begründen, weshalb dies geschehen ist, denn das Familiengericht ist an diese Anordnung gebunden. Es muss die Grundlagen kennen, auch wenn es in seiner Entscheidung bei der Auswahl der Erziehungsmaßregeln frei ist (s. ausf. § 53).

57 Legt das Gericht eine **Weisung** gem. § 10 Abs. 2 fest (heilerzieherische Behandlung oder Entziehungskur), ist die vorgeschriebene Zustimmung des Erziehungsberechtigten oder gesetzlichen Vertreters anzugeben. Dies gilt auch für das Einverständnis des Jugendlichen (s. auch Rn 55).[43]

---

39 Eisenberg, § 54 Rn 31.
40 BGH v. 28.9.2010, 5 StR 330/ 10.
41 Ostendorf, § 54 Rn 17.
42 Eisenberg, § 10 Rn 12 und § 54 Rn 32
43 Eisenberg, § 54 Rn 32.

Die Anordnung von **Zuchtmitteln** setzt eine Begründung voraus, weshalb Erziehungsmaßregeln nicht ausreichend waren. Entsprechendes gilt im Fall des § 5 Abs. 3 (Unterbringung in einem psychiatrischen Krankenhaus oder in einer Entziehungsanstalt), wenn Zuchtmittel nicht entbehrlich sind. Einer Begründung, warum keine Jugendstrafe erfolgte, bedarf es nicht.[44] Nach dem Grundsatz, dass von der mildesten Sanktionierung auszugehen ist,[45] wäre es eine überflüssige Formalie, darauf hinzuweisen, dass Jugendstrafe nicht geboten war. Anderes mag gelten, wenn kein Schuldspruch oder keine Jugendstrafe entgegen dem Antrag der Staatsanwaltschaft erfolgt. 58

Wurde Jugendarrest verhängt, sind die gewählte Form (Freizeit-, Kurz- oder Dauerarrest) und die Überlegungen zur Notwendigkeit der freiheitsentziehenden Maßnahme (auch) für den Vollstreckungsleiter der Jugendarrestanstalt hinreichend darzulegen.

Beim **Schuldspruch** nach § 27 sind Ausführungen erforderlich, warum keine Erziehungsmaßregeln oder Zuchtmittel in Betracht kamen. Außerdem bedarf es Angaben, weshalb Jugendstrafe noch nicht erforderlich war bzw hierüber noch Ungewissheit bestand. 59

Wird **Jugendstrafe** verhängt, muss erörtert werden, warum weder Erziehungsmaßregeln noch Zuchtmittel in Betracht kamen (§ 17 Abs. 2). In den Fällen des § 5 Abs. 3 bedarf es der Begründung, warum die Maßregeln nicht ausreichend waren.[46] Im Übrigen sind die Gründe für „schädliche Neigungen" sowie „Schwere der Schuld" ausführlich zu erörtern. Wird die Aussetzung der Jugendstrafe zur Bewährung versagt, ist darzulegen, weshalb die Entwicklung des Jugendlichen die Vollstreckung erforderlich macht. 60

Die **Aussetzung der Vollstreckung der Jugendstrafe** ist ebenso zu begründen wie die Versagung bei einer Jugendstrafe von einem oder zwei Jahren (§ 21 Abs. 1, 2). § 21 weist zusätzlich darauf hin, dass „dabei namentlich die Persönlichkeit des Jugendlichen, sein Vorleben, die Umstände seiner Tat, sein Verhalten nach der Tat, seine Lebensverhältnisse und die Wirkungen zu berücksichtigen sind, die von der Aussetzung für ihn zu erwarten sind."

Das Gericht hat auch die getroffenen **Maßregeln der Besserung und Sicherung** (vgl § 7) sowie deren Ablehnung zu begründen. **§ 267 Abs. 6 StPO** schreibt ergänzend vor, dass die Urteilsgründe auch ergeben müssen, weshalb eine Maßregel der Besserung und Sicherung angeordnet, eine Entscheidung über die Sicherungsverwahrung vorbehalten oder einem in der Verhandlung gestellten Antrag entgegen nicht angeordnet oder nicht vorbehalten worden ist. Ist die Fahrerlaubnis nicht entzogen oder eine Sperre nach § 69 a Abs. 1 S. 3 StGB nicht angeordnet worden, obwohl dies nach der Art der Straftat in Betracht kam, so müssen die Urteilsgründe stets ergeben, weshalb die Maßregel nicht angeordnet worden ist. Dies kommt insb. häufig bei dem Entzug der Fahrerlaubnis in Betracht. 61

Im Urteil auszuführen sind schließlich die **Nebenstrafen und Nebenfolgen**. 62

Das Gericht kann neben Erziehungsmaßregeln, Zuchtmitteln und Jugendstrafe auf die nach diesem Gesetz zulässigen Nebenstrafen und Nebenfolgen erkennen (§§ 6,7).

Zulässig sind die Einziehung und der Verfall sowie das Fahrverbot (§ 44 StGB).

---

44 Anderer Meinung Eisenberg, § 54 Rn 33.
45 Ostendorf, § 54 Rn 17.
46 BGH v. 20.5.2003, 4 StR 152/03, NStZ 2004, 296.

63 Die Berücksichtigung von **U-Haft** bei einem **Jugendarrest** nach § 52 erfordert die Angabe, in welchem Umfang der Jugendarrest nicht zu vollstrecken ist. Dies sollte in den Gründen nochmals ausgeführt werden.

Die Anrechnung der **U-Haft** auf die **Jugendstrafe** muss, da sie gesetzlich vorgeschrieben ist, nicht erwähnt werden (§ 52 a Satz 1). Das Gericht kann jedoch anordnen, dass die Anrechnung ganz oder zum Teil unterbleibt, wenn sie im Hinblick auf das Verhalten des Jugendlichen nach der Tat oder aus erzieherischen Gründen nicht gerechtfertigt ist. Dies ist ausdrücklich in den Gründen zu erläutern. Das Gesetz weist im Satz 3 darauf hin, dass „erzieherische Gründe namentlich vorliegen, wenn bei Anrechnung der Freiheitsentziehung die noch erforderliche erzieherische Einwirkung auf den Angeklagten nicht gewährleistet ist". Diese Ausnahme ist insb. bei der ersten Jugendstrafe zu begründen.[47]

64 **g) Teilfreispruch.** Nach den gesamten Feststellungen zu den verurteilten Straftaten folgen in der Regel Ausführungen zu einem Teilfreispruch, der üblicherweise den angeklagten Sachverhalt darstellt und dann, wenn erforderlich, nach den Ausführungen des Jugendlichen das Ergebnis der Beweisaufnahme widergibt.

65 **h) Die Kostenentscheidung.** Das Urteil muss erkennen lassen, dass § 74 geprüft wurde. Ein bloßer Hinweis auf §§ 465, 467 StPO genügt nicht.[48] Eine fehlerhafte Kostenentscheidung kann gerügt und das Urteil aufgehoben werden, wenn bei mehreren Angeklagten nicht klar ist, ob die getroffene Kostenentscheidung für alle gilt.[49]

V. Urteilsverkündung

66 **1. Verlesung des Urteilstenors.** Die Urteilsverkündung erfolgt gem. § 268 StPO. Sie ergeht im Namen des Volkes.

Die Verkündung des Urteils besteht aus der Verlesung der zuvor schriftlich verfassten Urteilsformel (stehend), eventuell der Verlesung des Bewährungsbeschlusses und Eröffnung der Urteilsgründe (beides sitzend) idR am Schluss der Verhandlung. Wenn erwogen wird, in Abweichung von § 268 Abs. 2 S. 1 StPO die vorformulierte Urteilsformel unter direkter Ansprache an den Jugendlichen persönlich zu fassen,[50] so mag das erzieherisch nicht verfehlt sein. Erzieherisch notwendig erscheint das keineswegs, denn die förmliche Verkündung unterstreicht die Bedeutung des das Verfahren abschließenden Urteils, wodurch auch die Akzeptanz des Urteils erhöht werden kann.[51] Für das Verständnis viel wichtiger ist danach die für den Jugendlichen verständliche Urteilsbegründung. Diese Verfahrensweise dient iÜ der Klarstellung und Transparenz für alle Prozessbeteiligte, nicht nur des Jugendlichen/Heranwachsenden. Hierdurch können der Staatsanwalt, die Verteidigung und die sonstigen Verfahrensbeteiligten (JGH, Nebenkläger) genau erkennen, wie das Gericht die einzelnen Taten juristisch gewertet hat.

Keinesfalls sollte entgegen dem eindeutigen Wortlaut zunächst das Urteil begründet und dann der Urteilstenor verlesen werden.[52]

---

47 BGH v 4.2.1997, bei Böhm NStZ 1997, 483.
48 BGH v. 29.9.1961, 4 StR 301/61, BGHSt 16, 261; Eisenberg, § 54 Rn 41 mwN.
49 BGH v. 29.9.1961, 4 StR 301/61, BGHSt 16, 261.
50 Eisenberg, § 54 Rn 42 mwN
51 Zutr. Ostendorf, § 54 Rn 20; diese Auffassung entspricht meiner langjährigen Erfahrung.
52 Ostendorf, § 54 Rn 20; zweifelnd Eisenberg, § 54 Rn 43 mwN.

2. Mündliche Begründung des Urteils. Die mündliche Begründung des verlesenen 67
Urteiltenors hat in einer für den verurteilten Jugendlichen verständlichen Sprache
zu erfolgen. Es empfiehlt sich, dabei zunächst die erwiesenen Straftaten einschließlich der Beweiswürdigung darzulegen und anschließend die Rechtsfolgen
ausführlich zu erläutern.

3. Einschränkungen. Gemäß § 54 Abs. 2, der den § 268 StPO ergänzt, sollen die 68
Urteilsgründe dem Jugendlichen nicht mitgeteilt werden, soweit davon Nachteile
für die Erziehung zu befürchten sind. Eine Einschränkung sollte nur ganz ausnahmsweise erfolgen. Soweit die Hauptverhandlung bei Jugendlichen nicht öffentlich ist (§ 48 Abs. 1), kann direkter mit ihm gesprochen werden, da es sicher
sinnvoll erscheint, „offen miteinander umzugehen und den Jugendlichen für voll
zu nehmen".[53] Anders verhält es sich, wenn die Hauptverhandlung öffentlich ist
(§ 48 Abs. 3) und auch die Schwächen des mitangeklagten Jugendlichen zu erörtern sind. Eine zeitweise Entfernung eines Angeklagten aus dem Sitzungssaal ist
nicht zulässig.[54] In diesen Fällen sollte man, um die Persönlichkeit des betroffenen
Jugendlichen oder Heranwachsenden zu schützen, Zurückhaltung üben. In die
schriftlichen Urteilsgründe sind jedoch alle - auch negativen - Gesichtspunkte aufzunehmen. Hier kann dann nach Abs. 2 angeordnet werden, dass keine Mitteilung an den Jugendlichen erfolgt.

In jedem Fall sollte eine persönliche Herabsetzung ohne direkten Bezug zu den 69
Taten vermieden werden. Ehrverletzende oder herabwürdigende Formulierungen
sind, so missbilligenswert auch die Straftaten sein mögen, unzulässig.

4. Belehrung bei Strafaussetzung zur Bewährung. Bei einer **Strafaussetzung zur** 70
Bewährung ist § 268 a StPO zu beachten. Der Vorsitzende belehrt den verurteilten Jugendlichen über die Bedeutung der Aussetzung der Jugendstrafe und vor
allem über den Schuldspruch, der erfahrungsgemäß von den Jugendlichen/Heranwachsenden (und Eltern) in der Regel kaum verstanden wird. Belehrt werden
sollte der Jugendliche auch schon jetzt, dass ein Termin über die Eröffnung und
Aushändigung des Bewährungsplans bestimmt wird (§ 60).

5. Rechtsmittelbelehrung. Abgeschlossen wird die Urteilsbegründung mit der 71
vollständigen **Rechtsmittelbelehrung** einschließlich der vorgeschriebenen Fristen
und Formen (gem. § 35 a StPO), es sei denn, auf sie wird verzichtet. Gegebenenfalls ist auf die eingeschränkte Anfechtung gem. § 55 hinzuweisen (Rechtsmittel
bei Erziehungsmaßregeln oder Zuchtmittel sowie im Fall des § 53).

Zu belehren ist der Verurteilte auch über die **Fortdauer der Untersuchungshaft**.
Es gilt § 268 b StPO. Für die Anfechtung des Beschlusses gelten die §§ 117 ff
StPO.

Zu belehren ist schließlich über den Fristbeginn des **Fahrverbots** (§ 268 b StPO).
Diese Vorschrift gilt nur bei § 44 StGB, nicht bei § 69 StGB (Entziehung der
Fahrerlaubnis).

6. Schriftliche Urteilsgründe. Grundsätzlich sind alle **schriftlichen Urteilsgrün-** 72
de den Verfahrensbeteiligten mitzuteilen. Beschränkungen gem. Abs. 2 sollten nur
ganz ausnahmsweise erfolgen, zumal das Gericht schon bei der Urteilsabfassung
gehalten ist, erzieherisch negative Ausführungen zu vermeiden. Ist eine Beschränkung angezeigt, trifft der Vorsitzende des erkennenden Gerichts die Entscheidung

---

53 Ostendorf, § 54 Rn 21.
54 HM.

über die Beschränkung.[55] Die Beschränkung ist auf der für den Jugendlichen bestimmten Ausfertigung oder Abschrift zu vermerken.

73 Eine **beschränkte Mitteilung** der schriftlichen Gründe an die Erziehungsberechtigten oder gesetzlichen Vertreter ist nicht zulässig.[56] Eine andere Ansicht würde das verfassungsrechtlich geschützte Elternrecht verletzen (Art. 6 GG). Diese Personen wären von der Möglichkeit abgeschnitten, zuverlässig die Frage der Anfechtung zu beurteilen. Zulässig ist aber die Beschränkung dann, wenn weitere Mittäter vorhanden sind und diese die persönlichen Daten nicht erfahren sollen (Stigmatisierung). Ein völliges Absehen von der Mitteilung der Urteilsgründe überhaupt ist ebenso unzulässig.

74 Die schriftlichen Gründe dienen dem Revisionsgericht zur sachlich rechtlichen Nachprüfung der Entscheidung auf ihre Richtigkeit. Genügen die Urteilsgründe den Anforderungen nicht, ist sachliches Recht verletzt und die allgemeine Sachrüge eröffnet. Daneben kommt auch die Aufklärungsrüge in Betracht, soweit die Umstände des Falles zu einer weiteren Untersuchung drängten.[57] Fehlen in den Gründen Ausführungen zur Strafmündigkeit des Jugendlichen, ist dies regelmäßig ein Aufhebungsgrund. Ähnliches gilt bei Verfahren gegen Heranwachsende. Auch hier bedarf es einer eingehenden Begründung, weshalb Jugend- oder Erwachsenenstrafrecht zur Anwendung kam. Dies setzt zumindest die Bezeichnung der Erkenntnisquellen voraus. Die Angabe des Gesetzeswortlauts genügt nicht.[58] Die Sachentscheidung des Revisionsgerichts ist in § 354 StPO geregelt.[59]

75 ▶ **Die nachfolgende Urteilsvorlage hat sich in den üblichen Verfahren vor dem Einzelrichter bewährt:**

Der / Die Angeklagte ...

aus ...

ist des (Straftat/-en)

schuldig.

☐ Im Übrigen wird er / sie freigesprochen.

☐ Ihm, Ihr wird die Weisung erteilt, bis

☐ Ihm / Ihr ist eine Verwarnung zu erteilen.

☐ Ihm / Ihr wird auferlegt, nach näherer Weisung des Jugendamtes des ... unverzüglich bis ... Stunden unentgeltlich gemeinnützig zu arbeiten.

an folgende Einrichtung ... EUR in monatlich gleichen Raten von ... EUR zu zahlen: (genaue Adresse)

☐ Gegen ihn / sie wird / werden ein / zwei Freizeitarrest(e) / drei / vier Tage Kurzarrest / eine / zwei / drei / vier Woche (n) Jugendarrest verhängt.

☐ Dem / Der Angeklagten wird die Fahrerlaubnis entzogen. Sein / Ihr Führerschein wird eingezogen. Die Verwaltungsbehörde darf dem / der Angeklagten vor Ablauf von noch ... keine neue Fahrerlaubnis erteilen.

☐ Dem / Der Angeklagten wird für die Dauer von ... Monaten verboten, im Straßenverkehr Kraftfahrzeuge zu führen.

---

55 HM.
56 Eisenberg, § 54 Rn 46.
57 Ausführlich Eisenberg, § 54 Rn 47.
58 Eisenberg, § 54 Rn 48 f mwN insb aus der Rspr.
59 Ausf. Eisenberg, § 54 Rn 51 a.

Auf das Fahrverbot wird die Zeit der vorläufigen Entziehung der Fahrerlaubnis / der Sicherstellung des Führerscheins- nicht – angerechnet

☐ Der / Die Angeklagte trägt die Kosten des Verfahrens und die eigenen Auslagen (sowie die notwendigen Auslagen der Nebenklage).

☐ Die Kosten des Verfahrens trägt die Staatskasse. Der / Die Angeklagte trägt die eigenen Auslagen.

☐ Die Staatskasse trägt die Verfahrenskosten und die notwendigen Auslagen des / der Angeklagten.

Strafvorschriften: §§ ... ◀

Dritter Unterabschnitt Rechtsmittelverfahren

§ 55 Anfechtung von Entscheidungen

(1) [1]Eine Entscheidung, in der lediglich Erziehungsmaßregeln oder Zuchtmittel angeordnet oder die Auswahl und Anordnung von Erziehungsmaßregeln dem Familiengericht überlassen sind, kann nicht wegen des Umfangs der Maßnahmen und nicht deshalb angefochten werden, weil andere oder weitere Erziehungsmaßregeln oder Zuchtmittel hätten angeordnet werden sollen oder weil die Auswahl und Anordnung der Erziehungsmaßregeln dem Familiengericht überlassen worden sind. [2]Diese Vorschrift gilt nicht, wenn der Richter angeordnet hat, Hilfe zur Erziehung nach § 12 Nr. 2 in Anspruch zu nehmen.

(2) [1]Wer eine zulässige Berufung eingelegt hat, kann gegen das Berufungsurteil nicht mehr Revision einlegen. [2]Hat der Angeklagte, der Erziehungsberechtigte oder der gesetzliche Vertreter eine zulässige Berufung eingelegt, so steht gegen das Berufungsurteil keinem von ihnen das Rechtsmittel der Revision zu.

(3) Der Erziehungsberechtigte oder der gesetzliche Vertreter kann das von ihm eingelegte Rechtsmittel nur mit Zustimmung des Angeklagten zurücknehmen.

(4) Soweit ein Beteiligter nach Absatz 1 Satz 1 an der Anfechtung einer Entscheidung gehindert ist oder nach Absatz 2 kein Rechtsmittel gegen die Berufungsentscheidung einlegen kann, gilt § 356 a der Strafprozessordnung entsprechend.

Richtlinien zu § 55

1. Aus erzieherischen Gründen ist es regelmäßig erwünscht, daß das Jugendstrafverfahren möglichst schnell zum Abschluß gebracht wird. Bei der Einlegung von Rechtsmitteln zuungunsten des Angeklagten ist daher besondere Zurückhaltung geboten (vgl. im übrigen Nr. 147 ff. RiStBV).

2. Die Anfechtung der im Verfahren bei Aussetzung der Jugendstrafe zur Bewährung oder bei Aussetzung der Verhängung der Jugendstrafe ergehenden Entscheidungen ist in den §§ 59 und 63 geregelt. Für die Anfechtung nachträglicher Entscheidungen über Weisungen wird auf § 65 Abs. 2 hingewiesen. Wegen der Anfechtung von Entscheidungen im Vollstreckungsverfahren wird auf § 83 Abs. 3 Satz 1 hingewiesen.

3. § 55 gilt auch im Verfahren gegen Jugendliche vor den für allgemeine Strafsachen zuständigen Gerichten (§ 104 Abs. 1 Nr. 7), im Verfahren gegen Heranwachsende nur, wenn das Gericht Jugendstrafrecht anwendet (§ 109 Abs. 2).

Schrifttum:

Baumann, Das strafprozessuale Verbot der reformatio in peius und seine Besonderheiten im Jugendstrafrecht, 1999; *Bode*, Das Wahlrechtsmittel im Strafverfahren, 2000;

Eisenberg, Zur Begrenzung der Nichtanfechtbarkeit jugendgerichtlicher Entscheidungen gemäß § 55 Abs. 2 S. 1 JGG, in: Weber-FS, Heinrich u.a. (Hrsg.), Festschrift für Ulrich Weber, 2004, S. 505 - 516; *Mertens*, Schnell oder gut? – Die Bedeutung des Beschleunigungsgrundsatzes im Jugendstrafverfahren, 2003; *Miehe*, Entwicklungstendenzen im Jugendstrafverfahren, in: Dölling (Hrsg.), Das Jugendstrafrecht an der Wende zum 21. Jahrhundert, 2001, S. 141 - 164; *Satzger*, Überlegungen zur Anwendbarkeit des § 357 StPO auf nach Jugendstrafrecht Verurteilte, in: Böttcher-FS, Schöch u.a. (Hrsg.), Festschrift für Reinhard Böttcher, 2007, S. 174 - 189; *Schaumann*, Die Rechtsmittelbeschränkung des § 55 JGG, 2001.

I. Überblick	1	2. Ausübung des Wahlrechts 33
1. Normzweck	1	3. Unzulässigkeit der Revision 34
2. Anwendungsbereich (siehe RiLi 3)	7	4. Heranwachsende 36
3. Geschichte der Regelung	8	5. Verwerfung 39
II. Rechtsmittel im Jugendstrafverfahren	10	6. Keine Rechtskraftdurchbrechung nach § 357 StPO 40
1. Allgemeines	10	7. § 59 Abs. 1 41
2. Sonderregelungen des JGG	11	8. Kostenbeschwerde 42
3. Anfechtungsberechtigung	12	V. Verschlechterungsverbot 43
4. Rechtsmittelverzicht	16	1. Allgemeines 43
5. Rechtsmittelrücknahme	17	2. Beurteilung 46
6. Rechtsmittelbeschränkung	18	3. Generell-abstrakte Beurteilung 47
III. Die jugendstrafrechtlichen Rechtsmittelbeschränkungen	22	a) Ambulante Maßnahmen 48
1. Sachliche Rechtsmittelbeschränkung	22	b) Freiheitsentziehende Maßnahmen 49
2. Voraussetzungen	23	c) Maßnahmen des allgemeinen Rechts 52
3. Unzulässige Rechtsmittel	24	d) Generell-abstrakte Reihung 56
4. Zulässige Rechtsmittel	25	
5. Rechtsmittelbegründung	29	4. Konkrete Beurteilung 57
6. Verwerfung	30	5. Maßregeln 60
7. Bindung des Gerichts	31	6. Nebenstrafe, Nebenfolgen 63
IV. Instanzielle Rechtsmittelbeschränkung	32	7. Kostenentscheidung 64
1. Regelungsgehalt	32	

I. Überblick

1 **1. Normzweck.** Nach § 2 Abs. 2 gelten, soweit das JGG keine eigenen Regelungen vorsieht, die allgemeinen Vorschriften. Dies gilt auch für das jugendstrafrechtliche Rechtsmittelverfahren, auf das grundsätzlich, aber unter Berücksichtigung der Besonderheiten des Jugendstrafverfahrens (s. Rn 11), die §§ 296 ff StPO anwendbar sind. Dieser Abschnitt, der mit „Rechtsmittelverfahren" überschrieben ist, enthält mit § 55 aber nur eine Vorschrift, die eine, wenn auch einschneidende, Abweichung vom erwachsenenrechtlichen Rechtsmittelverfahren beinhaltet, während § 56 eher dem Vollstreckungsrecht zuzuordnen ist.

2 Abs. 1 beinhaltet eine **sachliche Rechtsmittelbeschränkung**, denn er begrenzt die inhaltliche Überprüfung von Entscheidungen, die nur Erziehungsmaßregeln oder Zuchtmittel zum Gegenstand haben (Rn 22 ff). **Abs. 2** sieht eine **instanzielle Rechtsmittelbeschränkung** vor, denn er belässt den bei amtsgerichtlichen Entscheidungen Anfechtungsberechtigten nur die Wahl zwischen Berufung und Revision; die kumulative Einlegung beider Rechtsmittel durch dieselbe Verfahrensseite – Verteidigung oder Anklage – ist ausgeschlossen (Rn 32 ff). **Gesetzgeberisches Motiv** hierfür war die Vermutung, eine rasche Abfolge zwischen erstin-

stanzlicher Entscheidung und Vollstreckung der Sanktion sei erzieherisch notwendig.¹ Die Angemessenheit der Rechtsmittelbeschränkungen als Ausprägung des **jugendstrafrechtlichen Beschleunigungsgebots** wird von der hM in Rspr² und Schrifttum³ befürwortet. Jugendliche würden schneller vergessen⁴ und hätten ein geringeres Abstraktionsvermögen als Erwachsene,⁵ so dass der Konnex zwischen Tat und Sanktion deutlicher hervortreten müsse.⁶ Die Notwendigkeit der Beschleunigung bestehe insbesondere bei Maßnahmen, die nicht aufgrund einer längeren erzieherischen Beeinflussung, sondern als kurzer Denkzettel wirken sollen, namentlich vor allem beim Jugendarrest.⁷ Der Gesetzgeber habe zur Erreichung erzieherischer Wirksamkeit ein erhöhtes Risiko fehlerhafter Verurteilungen in Kauf nehmen müssen.⁸

Ein weiteres Argument für die Regelungen der Abs. 1 und 2 ist die Befürchtung, das Jugendgericht könne an **Autorität** verlieren, wenn die einmal angeordnete Maßnahme im Rechtsmittelverfahren wieder in Zweifel gezogen würde.⁹ Insbesondere divergierende Entscheidungen der einzelnen Instanzen würden „ein Bild der Unsicherheit und Uneinigkeit geben", das die Autorität der Jugendgerichte und damit ihre erzieherische Wirkung gefährde.¹⁰ Schließlich wird vorgebracht, im Jugendstrafverfahren bestehe im Vergleich zum Erwachsenenverfahren ein **geringeres Bedürfnis nach Überprüfung** der erstinstanzlichen Entscheidung:¹¹ Zum einen seien die Verfahren rechtlich und tatsächlich einfacher, weil Jugendliche zum ganz überwiegenden Teil geständig sind und keine so schwierig zu beurteilenden Taten begehen, zum anderen seien es gerade die erstinstanzlichen Gerichte, die im erzieherischen Umgang mit Jugendlichen erfahren seien – § 37 gilt nicht für die Revisionsgerichte – und ihre Klientel besser kennen und einschätzen könnten als die von der Basis weiter entfernten Instanzgerichte.¹² 3

Die vorgebrachten Argumente für die sachliche und instanzielle Rechtsmittelbeschränkung unterliegen gewissen **Zweifeln**: Der Gedanke, dass die jugendstrafrechtliche Sanktion der Tat bzw der Verurteilung möglichst schnell folgen soll, um erzieherische Wirkung zu entfalten, klingt alltagstheoretisch plausibel, ent- 4

---

1 Siehe Amtl. Begründung des Gesetzentwurfs BT-Drucks. I/3264, 46: „Im Jugendstrafverfahren besteht ein besonders dringendes Bedürfnis, schnell zu einer rechtskräftigen Entscheidung zu gelangen. Die Strafe hat nur dann die notwendige erzieherische Wirkung, wenn sie der Tat so bald wie möglich folgt. Jede unnötige Verzögerung des Verfahrens verursacht eine Abschwächung der Strafwirkungen.".
2 BVerfG v. 6.7.2007, 2 BvR 1824/06, NStZ-RR 2007, 385, 386; BVerfG v. 23.9.1987, 2 BvR 814/87, NStZ 1988, 34; BGH v. 9.5.2006, 1 StR 57/06, BGHSt 51, 34, 42; BGH v. 14.5.1981, 4 StR 694/80, BGHSt 30, 98, 101; BGH v. 3.4.1957, 4 StR 517/56, BGHSt 10, 198, 199; OLG Celle v. 1.9.1992, 1 Ws 257/92, NStZ 1993, 400; BayObLG v. 22.10.2004, 1 St RR 150/04, BayObLGSt 2004, 139.
3 Brunner/Dölling, § 55 Rn 1; D/S/S-Schoreit, § 55 Rn 3; Schaffstein/Beulke, S. 261; Böhm/Feuerhelm, S. 96; Miehe, in Dölling (Hrsg.), S. 158; Schaumann, S. 195; im Grundsatz zustimmend Ostendorf, Grdl. zu §§ 55, 56 Rn 4.
4 Middendorf, Rechtsmittel im Jugendstrafverfahren?, ZfJ 1952, 70, 71.
5 Hellmer, Die Verwerfung von Rechtsmitteln im Jugendstrafverfahren durch Beschluß, JR 1955, 92.
6 Siehe schriftl. Bericht des Rechtsausschusses BT-Drucks. I/4437, 9; Streng, Rn 574.
7 BT-Drucks. I/4437, 9.
8 BGH v. 9.5.2006, 1 StR 57/06, BGHSt 51, 34, 42.
9 Siehe hierzu Schaumann, S. 90 ff.
10 So insb. Arth. Kaufmann, Zur Rechtsmittelbeschränkung im Jugendstrafverfahren, JZ 1958, 9, 11; siehe auch OLG München v. 26.1.1948, Ws 160/48, MDR 1948, 429; Schaffstein/Beulke, S. 261.
11 Siehe hierzu Schaumann, S. 103 ff.
12 BGH v. 3.1.1952, 3 StR 1153/51, NJW 1952, 436; Arth. Kaufmann, JZ 1958, 9, 13.

behrt aber einer überzeugenden empirischen Bestätigung.[13] Zum Teil wird auch vorgebracht, das Beschleunigungsargument sei im Hinblick auf den ohnehin bestehenden Zeitraum zwischen Tatbegehung und rechtskräftiger Verurteilung wenig überzeugend.[14] Die Angst vor Verlust an Autorität des Gerichts durch eine Überprüfung oder gar Aufhebung einer erstinstanzlichen Entscheidung ist mit einem modernen, auf konstruktive Erziehung ausgelegten Jugendstrafrecht nur schwer vereinbar.[15] Der erzieherische Erfolg einer Sanktion dürfte in hohem Maße von der Akzeptanz als angemessen durch den Jugendlichen abhängig sein. Darüber hinaus könnte die „Erfahrung und Einübung eines rechtsstaatlichen Verfahrens" erzieherisch durchaus wertvoll sein.[16]

5 Trotz dieser Kritik ist die Rechtsmittelbeschränkung durch den Gesetzgeber hinzunehmen. Dem Gesetzgeber ist bei der Frage erzieherischer Effizienz ein gewisser Beurteilungsspielraum gegeben. Es darf auch nicht übersehen werden, dass die Abs. 1 und 2 im Gegensatz zu § 40 RJGG 1943 den Jugendlichen nicht nur einseitig belasten, sondern auch die Versuche der StA unterbinden, die Entscheidung nachträglich zu verschärfen.[17] Dies spricht auch gegen eine – gar das Gleichbehandlungsgebot nach Art. 3 GG verletzende[18] – Schlechterstellung Jugendlicher/ Heranwachsender gegenüber Erwachsenen.[19] Lassen sich Schlechterstellungen der Jugendlichen/Heranwachsenden im Einzelfall nicht leugnen,[20] so handelt es sich insgesamt um eine Andersbehandlung, die aber mit dem Argument der er-

---

13 Siehe Mertens, S. 35 ff, wonach pauschale Aussagen kaum haltbar sind: Die erfahrungswissenschaftlichen Erkenntnisse scheinen eher eine individuelle Betrachtung nahezulegen: In manchen Konstellationen ist eine schnelle Reaktion wirksam, in anderen Fällen hat ein längeres Verfahren bessere Wirkungen auf die Einsichtsfähigkeit und Verantwortungsübernahme des Jugendlichen, s. auch Weinschenk, Über die nicht gebotene und verhängnisvolle Anwendung des Verfassungsprinzips der Verhältnismäßigkeit, UJ 1990, 151, 155. Die von Schaumann, S. 65 ff, vorgebrachten Belege aus der entwicklungspsychologischen Forschung vermögen nicht zu überzeugen. Der Zusammenhang zwischen der Theorie der Neutralisierungstechniken von Sykes/Matza und jugendstrafrechtlichen Sanktionen bleibt unklar. Auch die von Schaumann, aaO, genannten, auf Solomon zurückgehenden Experimente sind nicht aussagekräftig, denn dabei handelt es sich um Tierversuche mit Ratten und Hunden, die – behavioristisch geprägt – einem einfachen Reiz-Reaktions-Schema folgen, das als reiner Abschreckungsmechanismus auf die Sanktionen des JGG nicht übertragbar ist. Kritisch auch Eisenberg, Weber-FS, S. 505, 508: zumindest im Einzelfall eine Fiktion.
14 Eisenberg, § 55 Rn 35; Bottke, Zur Ideologie und Teleologie des Jugendstrafverfahrens, ZStW 1983, 69, 102. Dagegen Ostendorf, Jugendstrafrecht, Rn 151: Gefahr einer zwischenzeitlichen Straftatwiederholung bzw das Übel der zeitlichen Verzögerung rechtfertigen nicht ein weiteres Übel.
15 Eisenberg, § 55 Rn 36.
16 Ostendorf, Jugendstrafrecht, Rn 151.
17 Schaffstein/Beulke, S. 261; Böhm/Feuerhelm, S. 96.
18 So Albrecht, P.-A., § 48 A.II. 3 b.
19 Siehe Ostendorf, Grdl. zu §§ 55, 56 Rn 6.
20 Exemplarisch hierfür BGH v. 9.5.2006, 1 StR 57/06, BGHSt 51, 34, wo § 55 Abs. 2 es einer Heranwachsenden unmöglich machte, ein anerkannt fehlerhaftes Urteil anzufechten, während ihr erwachsener Mitangeklagter die Aufhebung des Urteils erreichen konnte. Das vom BGH sehenden Auges hingenommene Ergebnis ist, dass ein revisionsgerichtlich bestätigtes rechtswidriges Urteil gegen Jugendliche / Heranwachsende wirkt: Ein erzieherischer Effekt ist davon kaum zu erwarten. Der Systemfehler liegt aber vor allem darin, dass die Rspr eine Rechtskraftdurchbrechung nach § 357 StPO entgegen der überwiegenden jugendstrafrechtlichen Literatur bei § 55 Abs. 2 nicht akzeptiert; siehe hierzu Rn 40.

zieherischen Effizienz und unter Berücksichtigung des gesetzgeberischen Beurteilungsspielraums nicht willkürlich erscheint.

Wenn auch vor allem verfahrensökonomische Bedürfnisse den wahren Grund für die besondere Beschleunigung darstellen,[21] so profitiert doch auch der Jugendliche von der Verkürzung des Verfahrens. Die Belastungen durch den unklaren Schwebezustand werden vermindert. Die Meinung, fehlerhafte Verurteilungen müssten in Kauf genommen werden,[22] ist jedoch abzulehnen. Ein rechtsstaatliches Strafverfahren darf in keinem Fall ungerechte Verfahrensergebnisse hinnehmen, um die vermeintliche Effektivität des Gesamtsystems zu wahren.[23] Die Jugendstrafrechtspflege ist darüber hinaus für ihr Funktionieren als spezialpräventives, täterzentriertes Kontrollinstrument in größerem Maße als das Erwachsenenrecht auf Einzelfallgerechtigkeit angewiesen. 6

2. Anwendungsbereich (siehe RiLi 3). Die Vorschrift gilt im Strafverfahren gegen Jugendliche, auch vor dem für allgemeine Strafsachen zuständigen Gericht (§ 104 Abs. 1 Nr. 7); sie gilt gegen Heranwachsende stets, wenn materielles Jugendstrafrecht zur Anwendung kommt (§ 109 Abs. 2 S. 1; s. auch Rn 36). Wird gegen Heranwachsende das allgemeinrechtliche beschleunigte Verfahren nach §§ 417 ff StPO angewendet, gilt § 55 Abs. 1 und 2 nicht (§ 109 Abs. 2 S. 3). Im Verfahren gegen Erwachsene ist die Vorschrift nicht anwendbar, auch wenn ausnahmsweise ein Jugendgericht zuständig ist.[24] 7

3. Geschichte der Regelung[25] § 35 Abs. 1 RJGG 1923 sah eine Regelung der sachlichen Rechtsmittelbeschränkung vor, die in Bezug auf Urteile, in denen eine Erziehungsmaßregel angeordnet wurde, mit dem heutigen Abs. 1 weitgehend inhaltlich identisch war. Einen Ausschluss der Anfechtbarkeit wegen des Umfangs einzelner Erziehungsmaßregeln sah das Gesetz jedoch nicht vor. Eine für den Jugendlichen deutlich verschärfte Regelung brachte § 40 RJGG 1943, danach war „ein Urteil, in dem lediglich Zuchtmittel oder Erziehungsmaßregeln angeordnet sind", überhaupt nicht mehr anfechtbar, wenn es keine Fürsorgeerziehung vorsah; erlaubt war aber die Anfechtung durch die StA, die „auf eine Bestrafung des Angeklagten abzielt". Der Nachkriegsgesetzgeber sah darin eine Beschränkung der Anfechtbarkeit, „die mit rechtsstaatlichen Grundsätzen nicht vereinbar ist"[26] und kehrte daher mit § 55 Abs. 1 JGG 1953 zu der Rechtslage vor 1943 zurück. 8

Eine instanzielle Rechtsmittelbeschränkung gibt es erst seit 1953. Angesichts des festgestellten „besonders dringenden Bedürfnisses, schnell zu einer rechtsgültigen Entscheidung zu gelangen",[27] sollte der Instanzenzug eingeschränkt werden. Optionen wie eine Zulassungsrevision oder die generelle Unanfechtbarkeit von Berufungsurteilen wurden verworfen und stattdessen auf eine Verordnung des Reichspräsidenten aus dem Jahre 1932 zurückgegriffen. Sie gab dem Berechtigten 9

---

21 So Neuhaus, Anm. zu OLG Hamm v. 28.7.1989, 2 Ss 724/98, NStZ 1990, 140, 141; Nothacker, Zur besonderen Beschränkung der Rechtsmittel im Jugendstrafverfahren (55 JGG), GA 1982, 451, 454.
22 BGH v. 9.5.2006, 1 StR 57/06, BGHSt 51, 34, 42.
23 Siehe Laue, Das öffentliche Interesse an der Beschleunigung des Strafverfahrens, GA 2005, 648, 657 ff.
24 Eisenberg, § 55 Rn 2.
25 Siehe hierzu eingehend Schaumann, S. 17 ff; siehe auch Nothacker, GA 1982, 451, 455 ff.
26 BT-Drucks. I/3264, 46. Dagegen BGH v. 3.1.1952, 3 StR 1153/51, NJW 1952, 436; Middendorf, ZfJ 1952, 70.
27 BT-Drucks. I/3264, 46.

bei amtsgerichtlichen Urteilen grundsätzlich ein Wahlrecht zwischen Berufung und Revision.[28] Nach diesem Vorbild wurde 1953 § 55 Abs. 2 in der noch heute gültigen Fassung erlassen. Abs. 3 wurde durch Art. 25 Nr. 23 EGStGB mit Wirkung vom 1.1.1975 eingeführt.[29] Abs. 4 geht auf das Anhörungsrügengesetz[30] zurück und trat am 1.1.2005 in Kraft.

II. Rechtsmittel im Jugendstrafverfahren

10 1. **Allgemeines.** Es gelten nach § 2 Abs. 2 die allgemeinen Vorschriften der §§ 296 ff StPO. Als Rechtsmittel stehen daher – vorbehaltlich der Einschränkungen nach Abs. 1 und 2 – Berufung (§§ 312-332 StPO), Revision (§§ 333-358 StPO) und Beschwerde (§§ 304-311 a StPO) zur Verfügung. Die Notwendigkeit der Annahme einer Berufung nach § 313 StPO für geringfügigere Verurteilungen und für bestimmte Freisprüche und Einstellungen gilt im Jugendstrafverfahren nicht. Gründe hierfür sind der anders geartete Sanktionenkatalog des Jugendstrafrechts sowie die Spezialität der Rechtsmittelbeschränkungen in Abs. 1 und 2.[31]

11 2. **Sonderregelungen des JGG.** Jugendstrafrechtliche Besonderheiten sind zu beachten: Sonderregelungen des JGG zum Rechtmittelverfahren finden sich in § 47 Abs. 2 S. 3: Nichtanfechtbarkeit des richterlichen Einstellungsbeschlusses; § 56 Abs. 2: sofortige Beschwerde gegen den Beschluss des Rechtsmittelgerichts auf Vorabvollstreckung eines Teils einer Einheitsstrafe; § 59: Anfechtbarkeit von Beschlüssen im Zusammenhang mit der Aussetzung der Jugendstrafe; § 63: (Nicht-)Anfechtbarkeit von Beschlüssen im Zusammenhang mit der Aussetzung der Verhängung der Jugendstrafe; § 65 Abs. 2: (Nicht-)Anfechtbarkeit von nachträglichen Entscheidungen über Weisungen und Auflagen; § 66 Abs. 2 S. 3: Verweis auf § 462 a Abs. 3 StPO bei der nachträglichen Bildung einer Einheitsstrafe; § 71 Abs. 2 S. 2 iVm § 117 StPO: Überprüfung der einstweiligen Unterbringung; § 73 Abs. 2: Anfechtbarkeit des Beschlusses über die Unterbringung zur Beobachtung; § 77 Abs. 1 S. 3: Nichtanfechtbarkeit der Ablehnung des vereinfachten Jugendverfahrens; § 83 Abs. 3 S. 1: Anfechtbarkeit von Entscheidungen im Vollstreckungsverfahren; § 88 Abs. 6 S. 3: Anfechtbarkeit von Beschlüssen im Zusammenhang mit der Restaussetzung der Jugendstrafe; § 99 Abs. 3: Anfechtbarkeit der Ablehnung der Beseitigung des Strafmakels.

12 3. **Anfechtungsberechtigung.** Rechtsmittelberechtigt sind nach § 296 Abs. 1 StPO StA und Beschuldigter. Die StA kann gemäß § 296 Abs. 2 StPO auch zugunsten des Verurteilten Rechtsmittel einlegen. Eine Zurücknahme ist nach § 302 Abs. 1 S. 2 StPO in einem solchen Fall nur mit Zustimmung des Verurteilten möglich. Der **Jugendliche/Heranwachsende** ist unabhängig von seiner Schuldfähigkeit nach § 3 S. 2 und seiner zivilrechtlichen Geschäftsfähigkeit und ohne Bindung an Maßnahmen seiner gesetzlichen Vertreter oder Erziehungsberechtigten zur selbstständigen Einlegung von Rechtsmitteln befugt, wenn er nur verhand-

---

28 Art. 2 § 1 Nr. 1 der Verordnung des Reichspräsidenten über Maßnahmen auf dem Gebiet der Rechtspflege und der Verwaltung v. 14.6.1932, RGBl. I, 285.
29 BGBl. 1974 I, 469.
30 Gesetz über die Rechtsbehelfe bei Verletzung des Anspruchs auf rechtliches Gehör v. 9.12.2004 (BGBl. I, 3220).
31 SK-StPO-Frisch, § 313 Rn 3; H. Schäfer, Das Berufungsverfahren in Jugendsachen, NStZ 1998, 330, 334.

lungsfähig ist.[32] Genauso kann er Rechtsmittel zurücknehmen oder auf sie verzichten.[33]

Rechtsmittelberechtigt ist nach § 297 StPO auch der **Verteidiger**, allerdings nicht gegen den ausdrücklichen Willen des Beschuldigten. Dessen Willen ist nach hM auch entscheidend bei einer Beauftragung des Verteidigers durch den gesetzlichen Vertreter oder den Erziehungsberechtigten.[34] Für den Jugendverteidiger muss das Interesse des Jugendlichen gegenüber dem zivilrechtlichen Auftragsverhältnis Priorität genießen.[35] 13

Bei minderjährigen[36] Beschuldigten können auch der **gesetzliche Vertreter** nach § 298 Abs. 1 StPO und der **Erziehungsberechtigte** nach § 67 Abs. 2 selbstständig Rechtsmittel einlegen, zurücknehmen oder auf sie verzichten. Dies kann auch gegen den Willen des Beschuldigten geschehen. Wird der Angeklagte volljährig, ehe über ein Rechtsmittel seines gesetzlichen Vertreters entschieden worden ist, so kann der Angeklagte das Rechtsmittel auch dann weiter betreiben, wenn er selbst vorher auf das Rechtsmittel verzichtet hat.[37] Genauso muss der volljährige Angeklagte die Revision begründen, wenn ein Erziehungsberechtigter oder gesetzlicher Vertreter die Revision vor der Volljährigkeit eingelegt hat und die Begründung noch aussteht.[38] 14

Nicht anfechtungsberechtigt sind der **Beistand**, der nach § 69 Abs. 3 nur in der Hauptverhandlung die Rechte eines Verteidigers hat,[39] der **Erziehungsbeistand** nach § 12 Nr. 1 sowie die für die Hilfe zur Erziehung nach § 12 Nr. 2 zuständige Behörde und die **JGH**.[40] 15

4. Rechtsmittelverzicht. Für Rechtsmittelverzicht und Rechtsmittelrücknahme gelten die allgemeinen Regeln. Der Verurteilte kann auf Rechtsmittel wirksam verzichten. Einzige Voraussetzung hierfür ist seine Verhandlungsfähigkeit (s.o. Rn 12). Der Verzicht ist allerdings unwirksam, wenn dem Beschuldigten von Amts wegen ein Verteidiger zu bestellen gewesen wäre, dies aber unterlassen und 16

---

32 Brunner/Dölling, § 55 Rn 2; D/S/S-Schoreit, § 55 Rn 10; Eisenberg, § 55 Rn 5; Ostendorf, § 55 Rn 3. Zur Verhandlungsfähigkeit siehe Ostendorf, Jugendstrafrecht, Rn 152, sowie BGH v. 8.2.1995, 5 StR 434/94, BGHSt 41, 16, 18: „Für die strafrechtliche Verhandlungsfähigkeit genügt es grundsätzlich, dass der Angeklagte die Fähigkeit hat, in und außerhalb der Verhandlung seine Interessen vernünftig wahrzunehmen, die Verteidigung in verständiger und verständlicher Weise zu führen, Prozesserklärungen abzugeben oder entgegenzunehmen." Siehe hierzu Rath, Zum Begriff der Verhandlungsfähigkeit im Strafverfahren, GA 1997, 214.
33 Siehe BGH v. 23.7.1997, 3 StR 520/96, NStZ-RR 1998, 60.
34 Eisenberg, § 55 Rn 6; Ostendorf, § 55 Rn 5, § 68 Rn 6: aA Brunner/Dölling, § 55 Rn 2 a.
35 Siehe hierzu Zieger, Verteidiger in Jugendstrafsachen, StV 1982, 305, 306.
36 Nach § 1626 BGB bezieht sich die elterliche Sorge einschließlich der gesetzlichen Vertretung und der Erziehungsberechtigten iSd § 298 StPO, § 67 nur auf Minderjährige. Siehe auch BGH v. 20.3.1957, 2 StR 583/56, BGHSt 10, 174, 175 f.
37 BGH v. 20.3.1957, 2 StR 583/56, BGHSt 10, 174: Da der ehemals gesetzliche Vertreter die Fähigkeit des Rechtsmittel vor Gericht nicht mehr betreiben darf, ist nur so ein unwiederbringlicher Rechtsverlust desjenigen zu vermeiden, der im Vertrauen auf das Vorgehen des gesetzlichen Vertreters selbst kein Rechtsmittel eingelegt hat.
38 Brunner/Dölling, § 55 Rn 2 a; D/S/S-Schoreit, § 55 Rn 10; Eisenberg, § 55 Rn 5; aA Ostendorf, § 55 Rn 4: „formalistisch".
39 Brunner/Dölling, § 55 Rn 2 b; Eisenberg, § 55 Rn 8; Ostendorf, § 55 Rn 5.
40 AA für Pflegepersonen, Erziehungsbeistände und Jugendämter im Rahmen ihrer Aufgaben nach dem SGB VIII Ostendorf, § 55 Rn 4; dagegen OLG Hamburg v. 12.12.1963, 1 Ws 458/63, NJW 1964, 605.

dem Angeklagten so die Möglichkeit genommen wurde, vor Abgabe der Verzichtserklärung die Tragweite einer solchen Entscheidung mit dem Verteidiger zu erörtern.[41] Auch wenn dem Verurteilten aufgrund seiner geistigen Entwicklung die notwendige Einsichtsfähigkeit in die Bedeutung und Tragweite der Prozesshandlung fehlt, kommt Unwirksamkeit in Betracht.[42] Darüber hinaus kann es besondere Verfahrenskonstellationen geben, in denen die Annahme der Unwirksamkeit im Einzelfall nahe liegt.[43]

17 5. **Rechtsmittelrücknahme.** Nach Abs. 3 kann der Erziehungsberechtigte oder der gesetzliche Vertreter ein eingelegtes Rechtsmittel nur zurücknehmen, wenn der Angeklagte zustimmt. Diese Vorschrift wurde mit Art. 24 Nr. 23 EGStGB eingeführt, um – entsprechend der für die Staatsanwaltschaft geltenden Regelung des § 302 Abs. 1 S. 2 StPO – die Verfahrensposition des Angeklagten, auf die dieser möglicherweise vertraut hat, nicht ohne seinen Willen zu verschlechtern.[44] Dieses Zustimmungserfordernis gilt auch für eine nachträgliche Rechtsmittelbeschränkung[45] sowie für den Fall, dass der Angeklagte seinerseits vorher auf Rechtsmittel verzichtet hat, weil er das im Vertrauen auf das von einem anderen betriebene Rechtsmittel getan haben kann.[46]

18 6. **Rechtsmittelbeschränkung.** Berufung und Revision können nach den allgemeinen Vorschriften (§§ 318, 344 StPO) beschränkt werden. Grundsätzlich ist dies zulässig, wenn Gegenstand der Anfechtung ein solcher Teil der Entscheidung ist, der losgelöst und getrennt von dem nicht angefochtenen Teil des Urteils eine in sich selbstständige Prüfung und Beurteilung zulässt.[47] Die Beschränkung darf nicht zu Widersprüchen zwischen dem nicht angefochtenen Teilen des Urteils und der Entscheidung des Rechtsmittelgerichts bzw des neuen Tatgerichts führen.[48] Dies gilt zunächst für die isolierte Anfechtung eines von mehreren **Schuldsprüchen**, zB bei einer aufgrund von Tatmehrheit nach § 31 gebildeten **Einheitsstrafe**: Die Aufhebung des Schuldspruchs wegen einer Tat lässt den Schuldspruch wegen anderer Taten unberührt, der Strafausspruch über die Einheitsstrafe fällt aber in seiner Gesamtheit weg,[49] denn der Strafausspruch ist das Ergebnis einer einheitlichen Bewertung aller ihm zugrunde liegenden Taten und der Täterpersönlichkeit. Das Berufungsgericht muss bei Teilfreispruch wegen einer Tat über die (einheitliche) Rechtfolge der bestehen gebliebenen Tat(en) neu erkennen. Hebt das Revisionsgericht den angegriffenen Schuldspruch hinsichtlich einer Tat auf, bleibt der Schuldspruch wegen der anderen Tat(en) bestehen und das erkennende Gericht ist im Falle der Zurückverweisung daran gebunden.[50]

---

41 OLG Frankfurt v. 5.5.1993, 3 Ws 253/93, StV 1993, 537; Eisenberg, § 55 Rn 13. Für die Möglichkeit des Widerrufs in einem solchen Fall nach Erwachsenenrecht siehe KG v. 18.7.2006, 3 Ws 355/06, StV 2006, 685. Generell für die Unwirksamkeit der Verzichtserklärung in den Fällen notwendiger Verteidigung unverteidigten Angeklagten Beulke, Strafprozessrecht, Rn 544.
42 OLG Düsseldorf v. 2.7.1985, 1 Ws 568/85, JZ 1985, 690; Eisenberg, § 55 Rn 13 a.
43 Siehe hierzu den von d'Alquen/Daxhammer/Kudlich, Wirksamkeit des Rechtsmittelverzichts eines jugendlichen Angeklagten unmittelbar im Anschluss an die Urteilsverkündung?, StV 2006, 220, geschilderten Fall.
44 BT-Drucks. VII / 550, 330.
45 Brunner/Dölling, § 55 Rn 5.
46 BGH v. 20.3.1957, 2 StR 583/56, BGHSt 10, 174; Eisenberg, § 55 Rn 11.
47 BGH v. 29.2.1956, 2 StR 25/56, BGHSt 10, 100, 101.
48 BayObLG v. 15.3.1989, RReg. 3 St 38/89, JZ 1989, 652.
49 BGH v. 23.3.2000, 4 StR 502/99, NStZ 2000, 483; BGH v. 27.11.1952, 5 StR 803/52, GA 1953, 83, 84 f; Brunner/Dölling, § 55 Rn 6.
50 Eisenberg, § 55 Rn 15.

Auch wenn **mehrere Straftaten in verschiedenen Altersstufen** begangen und ge- 19
mäß § 32 nach einheitlichem Recht verurteilt wurden, ist eine Rechtsmittelbeschränkung auf einzelne Taten möglich. Wurde hierbei Jugendstrafrecht angewendet und eine Einheitsstrafe nach § 31 gebildet, so fällt der gesamte Strafausspruch weg (wie oben Rn 18).[51] Eine Beschränkung des Rechtsmittels darauf, dass eine noch nicht verbüßte Jugendstrafe gegen den Angeklagten nicht in die über ihn verhängte Jugendstrafe einbezogen wurde, ist unzulässig, weil sich diese Frage nicht von den übrigen Strafzumessungserwägungen trennen lässt.[52] Wurde dagegen Erwachsenenstrafrecht angewendet und daher eine Gesamtstrafe nach den §§ 53 ff StGB gebildet, können sowohl die Tat als auch der Rechtsfolgenausspruch isoliert angefochten werden.[53] Wurde entgegen § 32 zum Teil nach Jugendstrafrecht, zum Teil nach Erwachsenenstrafrecht verurteilt, erfasst eine beschränkte Anfechtung des Schuldspruchs dagegen wiederum den gesamten Strafausspruch.[54]

Somit führt eine zulässige Teilanfechtung im Jugendstrafrecht regelmäßig zum 20
Wegfall des gesamten Rechtsfolgenausspruchs.[55] Dies gilt auch für die isolierte Anfechtung des **Rechtsfolgenausspruchs**: Auch hier muss das Berufungsgericht bei einer unzulässigen Beschränkung des Rechtsmittels auf einen Teil des Rechtsfolgenausspruchs auf eine Rechtsfolge insgesamt neu erkennen. Bei der Zurückverweisung durch das Revisionsgericht muss das neue Tatgericht Feststellungen zum gesamten Rechtsfolgenausspruch treffen, einschließlich der nicht beanstandeten, selbstständigen Taten.[56] Hiervon sind jedoch **Ausnahmen** für die Fälle zugelassen, in denen eine selbstständige Überprüfung von Teilen des Rechtsfolgenausspruches für sinnvoll erachtet wird.[57] Dazu gehören Beschränkungen des Rechtsmittels auf **Maßregeln der Besserung und Sicherung**,[58] allerdings nicht bei der Anordnung einer Unterbringung nach § 5 Abs. 3, weil Zuchtmittel bzw Jugendstrafe auf der einen Seite und die Unterbringung auf der anderen Seite voneinander abhängig beurteilt werden müssen und der Wegfall einer Maßnahme den Gesamtrechtsfolgenausspruch zu Fall bringt.[59] Isoliert angefochten werden kann die **Einziehung** nach § 74 Abs. 2 Nr. 1 StGB und die **Anrechnung der U-Haft**.[60] Zur selbstständigen Anfechtung von Bewährungsbeschlüssen siehe § 59. Keine Teilanfechtung bildet die Überprüfung der Entscheidung nach § 105 Abs. 1.

---

51 BGH v. 23.3.2000, 4 StR 502/99, NStZ 2000, 483.
52 BGH v. 19.6.1962, 5 StR 158/62, bei Herlan, GA 1963, 105; Eisenberg, § 55 Rn 16.
53 Brunner/Dölling, § 55 Rn 6 a.
54 BGH v. 17.7.1979, 1 StR 298/79, BGHSt 29, 67; BGH v. 23.3.2000, 4 StR 502/99, NStZ 2000, 483.
55 Eine Ausnahme besteht etwa bei der Beschränkung des Rechtsmittels auf den Rechtsfolgenausspruch, wobei eine unterbliebene Anordnung einer Maßregel ausdrücklich vom Rechtsmittelangriff ausgenommen wird: Zumindest die Anordnung dieser Maßregel ist dem Rechtsmittelgericht dadurch versagt. Dies ist auch nach Jugendstrafrecht zulässig, s. BVerfG v. 8.2.2007, 2 BvR 2060/06, NStZ-RR 2007, 187; BGH v. 2.12.1997, 4 StR 581/97, NStZ-RR 1998, 188.
56 Eisenberg, § 55 Rn 18.
57 Siehe Brunner/Dölling, § 55 Rn 6 c; Eisenberg, § 55 Rn 17.
58 Siehe zur Entziehung der Fahrerlaubnis nach Erwachsenenstrafrecht BGH v. 25.9.1957, 4 StR 372/57, BGHSt 10, 379; BGH v. 29.6.1954, 5 StR 233/54, BGHSt 6, 183; zur Unterbringung in der damaligen Heil- und Pflegeanstalt BGH v. 23.4.1963, 5 StR 13/63, NJW 1963, 1414.
59 BGH v. 2.12.1997, 4 StR 581/97, NStZ-RR 1998, 188; BayObLG v. 15.3.1989, RReg. 3 StR 38/89, JZ 1989, 652; Brunner/Dölling, § 55 Rn 6 d.
60 Für das Erwachsenenrecht BGH v. 25.1.1955, 3 StR 552/54, BGHSt 7, 214.

21 Zur wirksamen Rechtsmittelbeschränkung gemäß § 302 Abs. 2 StPO durch den Verteidiger bedarf es der ausdrücklichen **Ermächtigung durch den Angeklagten**.[61] Eine durch Unterzeichnung eines entsprechenden Vertragsformulars erteilte Ermächtigung des Verteidigers kann jederzeit durch schriftliche, mündliche, aber auch konkludente Erklärung gegenüber dem Verteidiger oder dem Gericht widerrufen werden.[62]

III. Die jugendstrafrechtlichen Rechtsmittelbeschränkungen

22 1. **Sachliche Rechtsmittelbeschränkung.** Nach **Abs. 1** ist die inhaltliche Überprüfung von Entscheidungen über Erziehungsmaßregeln und Zuchtmittel inhaltlich eingeschränkt. Diese Einschränkung gilt für alle Entscheidungen, also für **Urteile und Beschlüsse**, etwa nach § 65: Nachträgliche Entscheidungen; § 66: Ergänzung rechtskräftiger Entscheidungen; § 86: Umwandlung des Freizeitarrests.[63] Abs. 1 gilt darüber hinaus auch für jede Instanz und für **jeden Rechtsbehelf**, also neben Berufung und Revision insbesondere auch für die Beschwerde und – entsprechend angewendet – die Wiederaufnahme.[64]

23 2. **Voraussetzungen.** Voraussetzung der sachlichen Rechtsmittelbeschränkung ist entweder eine Entscheidung, die lediglich Weisungen nach § 10,[65] Erziehungsbeistandschaft nach § 12 Nr. 1 und/oder Zuchtmittel nach § 13 Abs. 2 anordnet, oder eine Entscheidung, in der nach § 53 oder § 104 Abs. 4 die Auswahl und Anordnung von Weisungen oder Hilfe zur Erziehung dem Familiengericht überlassen ist. Im ersten Fall ist die betreute Wohnform nach § 34 SGB VIII aus dem Anwendungsbereich der Rechtsmittelbeschränkung ausgenommen, im zweiten Fall, bei der Anordnung durch das Familiengericht, dagegen nicht: Satz 2 bezieht sich nur auf die Anordnung durch den Richter, das heißt nicht das Familiengericht. Satz 2 darf nicht unterlaufen werden, indem das Jugendgericht die Auswahl und Anordnung von Erziehungsmaßregeln dem Familiengericht überlässt, diesem aber die Hilfe zur Erziehung nach § 12 Nr. 2 ausdrücklich nahelegt: In einem solchen Fall muss die Anfechtbarkeit aufrecht bleiben.[66] Die Beschränkung gilt nicht, wenn die Entscheidung (auch) andere Maßnahmen, also Jugendstrafe, Maßregeln der Besserung oder Sicherung,[67] Nebenstrafe, Nebenfolgen oder – in der ersten Variante – Hilfe zur Erziehung nach § 12 Nr. 2 anordnet („lediglich"; s. Rn 28). In einem solchen Fall ist der gesamte Rechtsfolgenausspruch einschließlich der Erziehungsmaßregeln und Zuchtmittel in vollem Umfang anfechtbar.[68] Unter die Maßnahmen des Abs. 1 fallen auch nicht die familiengerichtlichen Maßnahmen nach § 3 S. 2.[69]

---

61 OLG Düsseldorf v. 9.1.1989, 4 Ws 4/89, JMBl. NRW 1989, 83.
62 OLG Düsseldorf v. 9.1.1989, 4 Ws 4/89, JMBl. NRW 1989, 83.
63 D/S/S-Schoreit, § 55 Rn 5; Ostendorf, § 55 Rn 26.
64 Die Anwendung auf die Wiederaufnahme entspricht überwiegender Meinung, siehe Brunner/Dölling, § 55 Rn 48; D/S/S-Schoreit, § 55 Rn 5; Ostendorf, § 55 Rn 26; zurückhaltend Eisenberg, § 55 Rn 28, 40.
65 Oder auch – bei Soldaten der Bundeswehr – Erziehungshilfe nach § 112 b.
66 Siehe Eisenberg, Weber-FS, S. 505, 511.
67 Siehe zur Unterbringung in der psychiatrischen Anstalt BGH v. 26.7.1983, 5 StR 462/83, bei Böhm, NStZ 1984, 447; zur Entziehung der Fahrerlaubnis OLG Zweibrücken v. 4.1.1983, 1 Ws 449/82, MDR 1983, 1046; Schaffstein/Beulke, S. 263 f.
68 Brunner/Dölling, § 55 Rn 9; D/S/S-Schoreit, § 55 Rn 6; Ostendorf, § 55 Rn 27; Schäfer, NStZ 1998, 330, 331; Streng, , Rn 580. Siehe auch LG Mainz v. 15.8.1983, 3 Js 5722/82 jug -3 Ns, NStZ 1984, 121, m. abl. Anm. Eisenberg: Die Nichtbeachtung von § 29 Abs. 5 BtmG (Absehen von Strafe bei reinem Eigenverbrauch) kann bei Urteilen, die nur auf Erziehungsmaßregeln oder Zuchtmittel lauten, nur dann

3. Unzulässige Rechtsmittel. Die Rechtsmittelbeschränkung des Abs. 1 untersagt die bloße Anfechtung wegen des **Umfangs** der angeordneten Maßnahme oder deswegen, weil **weitere oder andere** Erziehungsmaßregeln oder Zuchtmittel hätten angeordnet werden sollen. Darüber hinaus kann auch die Entscheidung, dass die Anordnung oder Auswahl **dem Familiengericht überlassen** sei, nicht angegriffen werden. Aufgrund der nicht zweifelsfreien Begründung der Vorschrift (Rn 4 ff) sollte Abs. 1 grundsätzlich restriktiv, das heißt im Zweifel anfechtungsfreundlich ausgelegt werden.[70] **Unzulässig** ist danach die Anfechtung mit der Begründung, die Maßnahme über- oder unterstieg das angemessene Maß, zB drei Wochen Dauerarrest sollten durch zwei oder vier Wochen ersetzt werden. Die **Nichtanrechnung der erlittenen U-Haft** oder einer anderen Freiheitsentziehung auf die Dauer eines verhängten Jugendarrests nach § 52 unterfällt nach hM dem Umfang der angeordneten Maßnahme und ist daher gem. Abs. 1 nicht anfechtbar.[71] Ob der Begriff „Umfang" einer Maßnahme auch deren Vollstreckungsmodalitäten erfasst, erscheint aber zweifelhaft.[72] Unzulässig ist jedenfalls das Vorbringen, eine andere Erziehungsmaßregel als die angeordnete hätten verhängt werden müssen oder ein anderes Zuchtmittel als das angeordnete hätten verhängt werden müssen bzw statt einer Erziehungsmaßregel solle ein Zuchtmittel – et vice versa – angeordnet werden. Dies gilt auch dann, wenn der Verteidiger des Verurteilten die Berufung auf den Rechtsfolgenausspruch beschränkt und der Verurteilte die Ermächtigung zur Berufungsbeschränkung nach Ablauf der Berufungsfrist widerruft und erklärt, die Berufung solle unbeschränkt durchgeführt werden.[73] Bis zum Ablauf der Frist ist das Rechtsmittel noch gültig erweiterbar,[74] eine Rückwirkung der Widerrufserklärung und damit der Erweiterung gibt es aber nicht. 24

4. Zulässige Rechtsmittel. Zulässig sind aber: die Anfechtung des gesamten **Schuldspruchs**, deren Erfolg den Rechtsfolgenausspruch zum Wegfall bringt, sowie das Vorbringen, die konkret angeordnete Maßnahme sei **gesetzeswidrig**, etwa weil die Weisung iSd § 10 Abs. 1 S. 2 unzumutbare Anforderungen an die Lebensführung stelle[75] oder gegen Grundrechte verstoße.[76] Bei einem **Heranwachsenden**, auf den nach § 105 Abs. 1 materielles Jugendstrafrecht angewendet wurde, hindert Abs. 1 nicht die Einlegung eines Rechtsmittels mit dem Ziel der Anwendung von Erwachsenenstrafrecht.[77] 25

Zulässig ist auch die Anfechtung eines **Freispruchs** – auch wegen Strafunmündigkeit – durch die StA.[78] Grundsätzlich ist ein Freispruch vom Angeklagten 26

---

angefochten werden, wenn das Rechtsmittel nicht auf den Rechtsfolgenausspruch beschränkt ist.
69 D/S/S-Schoreit, § 55 Rn 8.
70 So auch Eisenberg, Weber-FS, S. 505, 510 f.
71 OLG Hamburg v. 31.8.1982, 2 Ss 63/82, JR 1983, 170; Brunner/Dölling, § 55 Rn 11; D/S/S-Schoreit, § 55 Rn 7; Ostendorf, § 52 Rn 12; zweifelnd Eisenberg, Weber-FS, S. 505, 511.
72 Eisenberg, § 55 Rn 45.
73 OLG Oldenburg v. 30.10.2008, 1 Ws 614/08, NStZ 2009, 450.
74 Siehe für die Revision im allgemeinen Strafrecht BGH v. 27.10.1992, 5 StR 517/92, BGHSt 38, 366.
75 Brunner/Dölling, § 55 Rn 11; Schaffstein/Beulke, S. 262 f; einschränkend D/S/S-Schoreit, § 55 Rn 7: Keine Zulassung des Einwands, eine Maßnahme sei gesetzeswidrig, weil dies bei der Revision vorausgesetzt und damit kein taugliches Begrenzungskriterium sei.
76 Streng, Rn 580.
77 Eisenberg, § 109 Rn 32.
78 Brunner/Dölling, § 55 Rn 11.

mangels Beschwer nicht anfechtbar,[79] es sei denn es wurden Maßnahmen nach § 3 S. 2 angeordnet, durch die der Jugendliche beschwert ist.[80] Zulässig müsste nach dem Wortlaut auch die Anfechtung mit dem Ziel sein, die vom Jugendgericht unterlassene Übertragung der Auswahl und Anordnung von Erziehungsmaßregeln an das Familiengericht zu erreichen.[81]

27 Die StA kann grundsätzlich die Anfechtung mit dem Ziel betreiben, eine Verurteilung zu den in Abs. 1 nicht genannten Rechtsfolgen zu erreichen.[82] Sie darf nach hM aber ein Urteil, das lediglich Erziehungsmaßregeln und Zuchtmitteln zum Inhalt hat, nicht mit dem Ziel der Anordnung einer betreuten Wohnform iSd § 12 Nr. 2 angreifen, weil Abs. 1 S. 2 eine Schutzvorschrift zugunsten des Jugendlichen darstellt, die gewährleisten soll, dass der Jugendliche sich jedenfalls gegen diese eingriffsintensive Maßnahme wehren kann.[83] Auch RiLi Nr. 1 fordert bei der Einlegung von Rechtsmitteln zuungunsten des Angeklagten besondere Zurückhaltung.

28 Eine **Rechtsmittelbeschränkung auf den Strafausspruch** ist daher allgemein auch in den Fällen **zulässig**, in denen (neben den Maßnahmen des Abs. 1 auch) andere Rechtsfolgen angeordnet werden:[84] Bei der Verhängung einer Jugendstrafe kann die (unterlassene) Aussetzung zur Bewährung mit sofortiger Beschwerde nach § 59 gerügt werden; die Anordnung von Maßregeln der Besserung und Sicherung kann isoliert angefochten werden, wenn daneben nur Zuchtmittel oder Erziehungsmaßregeln verhängt werden, so die Entziehung der Fahrerlaubnis neben Verwarnung und Geldauflage.[85]

29 5. **Rechtsmittelbegründung.** Dementsprechend stellt die Rspr gewisse Anforderungen an die Rechtsmittelbegründung. Aufgrund der sachlichen Beschränkung der Anfechtungsmöglichkeit darf die Anfechtung nur darauf gestützt werden, dass die Schuldfrage rechtlich oder tatsächlich falsch beantwortet oder die Sanktion selbst rechtswidrig ist.[86] Hierbei ist allerdings zu unterscheiden zwischen der Berufung und der Revision: Da eine **Begründung der Berufung** nach § 317 StPO nicht zwingend erforderlich ist, gilt eine Berufung ohne Begründung als vollumfängliche und damit nach Abs. 1 zulässige Anfechtung des Urteils (§ 318 S. 2 StPO). Hierbei genügt es, dass neben der Auswahl und dem Umfang der angeordneten Maßnahme auch der Schuldspruch angefochten wird. Eine Berufung kann daher nur dann nach Abs. 1 unzulässig sein, wenn sie mit bestimmter Begründung erfolgt, das heißt konkret nur Umfang und/oder Auswahl der angeordneten Maßnahmen angegriffen werden.[87] Anders dagegen bei der nach § 344 StPO begründungspflichtigen **Revision**: Hier verlangt die Rspr, dass das Anfechtungsziel so eindeutig mitgeteilt wird, dass die Verfolgung eines unzulässigen

---

79 Siehe für das allgemeine Strafrecht BGH v. 24.11.1961, 1 StR 140/61, BGHSt 16, 374.
80 Eisenberg, § 55 Rn 47.
81 Eisenberg, Weber-FS, S. 505, 511; aA Dallinger/Lackner, § 55 Rn 22.
82 Eisenberg, § 55 Rn 49.
83 Streng, Rn 581; Brunner/Dölling, § 55 Rn 11 a; Eisenberg, § 55 Rn 49; aA D/S/S-Schoreit, § 55 Rn 9; Laubenthal/Baier, Rn 399.
84 Siehe auch Schäfer, NStZ 1998, 330, 331.
85 OLG Zweibrücken v. 4.1.1983, 1 Ws 449/82, MDR 1983, 1046.
86 OLG Celle v. 10.10.2000, 33 Ss 92/00, NStZ-RR 2001, 121; OLG Dresden v. 31.1.2003, 1 Ss 708/02.
87 Brunner/Dölling, § 55 Rn 10.

Ziels sicher ausgeschlossen werden kann.[88] Mit der Formulierung „die Strafzumessungserwägungen entsprechen nicht den an sie zu stellenden sachlich-rechtlichen Anforderungen" ist diesem Erfordernis nicht Genüge getan.[89] Eine allgemeine, nicht näher begründete Sachrüge reicht daher nicht aus, um sicherzustellen, dass die Verfolgung eines unzulässigen Ziels sicher ausgeschlossen werden kann. Bei der Revision genügt eine Anfechtung *auch* des Schuldspruchs somit nicht. Diese Anforderungen an die Begründung der Revision verletzen das Grundrecht auf effektiven Rechtsschutz nicht.[90]

6. Verwerfung. Verstößt die Berufungsbegründung gegen Abs. 1, kann das Berufungsgericht die Berufung gem. § 322 Abs. 1 S. 2 StPO durch Beschluss **als unzulässig verwerfen**. Dagegen steht dem Jugendlichen nach § 322 Abs. 2 StPO die sofortige Beschwerde zu. Dies gilt auch dann, wenn das Rechtsmittel vom Erziehungsberechtigten oder gesetzlichen Vertreter eingebracht wurde und der Jugendliche selbst auf ein Rechtsmittel gegen das Urteil verzichtet hatte.[91] 30

7. Bindung des Gerichts. Hat der Angeklagte gegen ein auf Zuchtmittel oder Erziehungsmaßregeln lautendes Urteil des Jugendgerichts eine gegen den Schuldspruch gerichtete und daher zulässige Berufung eingelegt, darf das Berufungsgericht die angeordneten Maßnahmen ändern.[92] Die Regelung des Abs. 1 gilt somit nicht für das **Rechtsmittelgericht**: Es kann auch bei Aufrechterhaltung des Schuldspruchs Umfang und Art der Maßnahme ändern. Die Grenze hierbei bildet lediglich das Verschlechterungsverbot (Rn 43 ff). Der BGH begründet diese Rspr mit dem Wegfall des jugendstrafrechtsspezifischen Beschleunigungsinteresses (Rn 2), wenn ohnehin bereits ein zulässiges Rechtsmittel eingelegt wurde. Die Gegenmeinung verweist darauf, dass Abs. 1 weitgehend ausgehebelt würde, indem der Angeklagte oder sein Verteidiger dazu verleitet würden, das Urteil in vollem Umfang anzugreifen, auch wenn es ihnen nur um eine Überprüfung von Art und Umfang der angeordneten Maßnahme ankomme.[93] Mit der überwiegenden Meinung[94] ist dem BGH beizupflichten: Wortlaut und gesetzgeberischer Wille[95] sprechen nicht dagegen und es erscheint rechtsstaatlich nur schwer hinnehmbar, das Rechtsmittelgericht zu zwingen, eine für falsch angesehene Sanktionsentscheidung aufrecht zu erhalten.[96] 31

IV. Instanzielle Rechtsmittelbeschränkung

1. Regelungsgehalt. Nach **Abs. 2**, der nur für **Urteile** gilt, kann jeder Anfechtungsberechtigte **nur ein Rechtsmittel** einlegen. Von Bedeutung ist dies nur für die amtsgerichtliche Erstzuständigkeit, denn gegen Urteile der Jugendkammer ist – wie im Erwachsenenstrafrecht bei erstinstanzlichen landgerichtlichen Urteilen – von vornherein nur die Revision statthaft. Im Gegensatz zum Erwachsenen- 32

---

88 OLG Celle v. 10.10.2000, 33 Ss 92/00, NStZ-RR 2001, 121; OLG Dresden v. 31.1.2003, 1 Ss 708/02, jeweils unter Hinweis auf die nach § 400 StPO ähnliche Rechtslage beim Nebenkläger; BGH v. 13.1.1999, 2 StR 586/98, NStZ 1999, 259.
89 BGH v. 6.10.1998, 4 StR 312/98, BGH bei Böhm, NStZ 1999, 291.
90 BVerfG v. 6.7.2007, 2 BvR 1824/0, NStZ-RR 2007, 385.
91 Eisenberg, § 55 Rn 51.
92 BGH v. 3.4.1957, 4 StR 517/56, BGHSt 10, 198.
93 Schaffstein/Beulke, S. 263; Potrykus, Das Verbot der reformatio in peius und das Jugendstrafrecht, NJW 1955, 929; OLG Frankfurt v. 17.8.1955, 1 Ss 439/55, NJW 1956, 32.
94 Brunner/Dölling, § 55 Rn 12; D/S/S-Schoreit, § 55 Rn 13; Böhm/Feuerhelm, S. 94; Laubenthal/Baier, Rn 400.
95 Hierzu Dallinger/Lackner, § 55 Rn 26; dagegen Schaumann, S. 140 f.
96 Ostendorf, § 55 Rn 153.

strafrecht muss der Anfechtungsberechtigte nach Urteilen des Jugendrichters und des Jugendschöffengerichts zwischen Berufung und Revision wählen. Wer sich für die Berufung entscheidet, kann das daraufhin ergehende Berufungsurteil nicht mehr mit der Revision angreifen (Satz 1). Dies gilt für beide „Verfahrensseiten": die Anklage in Person der StA und die Seite des Angeklagten mit ihm selbst und den ebenfalls anfechtungsberechtigten (Rn 14) Erziehungsberechtigten und gesetzlichen Vertretern. Nach Satz 2 versperrt die Berufungseinlegung durch einen Vertreter der Angeklagtenseite die Revisionseinlegung durch einen anderen Vertreter dieser Seite.

33 **2. Ausübung des Wahlrechts.** Die Ausübung des Wahlrechts zwischen Berufung und Revision folgt den allgemeinen Grundsätzen zu Berufung und Sprungrevision. Die Wahl muss nicht bereits mit der Anfechtung vorgenommen werden. Es genügt die Erklärung, das Urteil werde angefochten.[97] Sinnvoller Weise kann die Wahl erst vorgenommen werden, wenn das schriftliche Urteil zugestellt ist.[98] Eine falsche Bezeichnung schadet nach § 300 StPO nicht. Innerhalb der Revisionsbegründungsfrist (§ 345 Abs. 1 StPO) kann die Wahl in der für die Einlegung des Rechtsmittels vorgeschriebenen Form sowie gegenüber dem Gericht, dessen Urteil angefochten wird, getroffen werden.[99] Nach den Grundsätzen des allgemeinen Rechts[100] gilt eine ausdrücklich als solche bezeichnete Berufung nicht als im Sinne des Abs. 2 zulässig eingelegt (Rn 34), wenn sie innerhalb der Revisionsbegründungsfrist des § 345 Abs. 1 StPO zurückgenommen[101] oder auf die Revision gewechselt wird. Im Zweifel ist also davon auszugehen, dass der Rechtsmittelführer bei der Einlegung noch keine endgültige Wahl getroffen hat.[102] Wird keine Wahl vorgenommen, gilt bei mehreren zulässigen Rechtsmitteln – wie im allgemeinen Strafrecht[103] – dasjenige als eingelegt, das die umfassendere Nachprüfung erlaubt, also die Berufung.[104] Berufung ist auch anzunehmen, wenn die nach Abs. 2 S. 2 Anfechtungsberechtigten teils Berufung, teils Revision eingelegt haben, solange die eingelegte Berufung nicht zurückgenommen oder als unzulässig verworfen wurde.[105] Diese im Erwachsenenrecht für den Rechtsmittelführer wegen des Erhalts der Revision durchwegs günstige Regelung bedeutet im Jugendstrafrecht den Verlust der Revision. Daher ist die Wiedereinsetzung gegen die Versäumung der Frist des Wahlrechts im Jugendstrafrecht – im Gegensatz zum allgemeinen Recht[106] – zuzulassen.[107] Wurde das Rechtsmittel nicht begründet, ist nur die Berufung zulässig eingelegt.

34 **3. Unzulässigkeit der Revision.** Nach einem Berufungsurteil ist die **Revision** durch den Berufungsführer nach Abs. 2 regelmäßig **ausgeschlossen**. Entscheidend für den Verbrauch des Wahlrechtsmittels ist die **zulässige Einlegung**. Der Ver-

---

97 D/S/S-Schoreit, § 55 Rn 43.
98 Brunner/Dölling, § 55 Rn 15.
99 Brunner/Dölling, § 55 Rn 15.
100 BGH v. 25.1.1995, 2 StR 456/94, BGHSt 40, 395; BGH v. 3.12.2003, 5 StR 249/03, NJW 2004, 789.
101 BGH v. 19.3.1974, 5 StR 12/94, BGHSt 25, 321; BayObLG v. 22.10.2004, 1 St RR 150/04, BayObLGSt 2004, 139.
102 BGH v. 19.3.1974, 5 StR 12/94, BGHSt 25, 321; D/S/S-Schoreit, § 55 Rn 43.
103 BayObLG v. 20.2.2003, 1 St RR 12/03, NStZ-RR 2003, 173; OLG Jena v. 3.3.2009, 1 Ss 280-08, 1 Ws 69/09; Meyer-Goßner § 300 StPO Rn 3, § 335 StPO Rn 5.
104 D/S/S-Schoreit, § 55 Rn 43; Brunner/Dölling, § 55 Rn 15.
105 Brunner/Dölling, § 55 Rn 15; Eisenberg, § 55 Rn 67.
106 BayObLG v. 8.3.2001, 5 St RR 26/2001, wistra 2001, 279.
107 Eisenberg, § 55 Rn 61 a; Dallinger/Lackner, § 55 Rn 38.

brauch tritt auch ein, wenn die Berufung verworfen wird.[108] Daher kann ein Jugendlicher oder Heranwachsender, der nach Jugendstrafrecht verurteilt wurde, ein Urteil, durch das seine zulässige Berufung wegen Abwesenheit in der Hauptverhandlung nach § **329 Abs. 1 StPO** verworfen wurde, nicht mit der Revision anfechten.[109] Auch die spätere Rücknahme der zulässig eingelegten Berufung hat die mangelnde Statthaftigkeit der Revision gegen das ergehende Berufungsurteil zur Folge.[110] Unzulässig ist die Revision auch dann, wenn die Berufung nur beschränkt eingelegt wurde (zur Rechtsmittelbeschränkung s. Rn 18 ff) oder eine zunächst unbeschränkt eingelegte Berufung auf den nach Abs. 1 nicht anfechtbaren Rechtsfolgenausspruch beschränkt und deshalb von der Jugendkammer als unzulässig verworfen wurde.[111] Für die Verteidigung ist daher sorgfältig zu überlegen, ob man sich angesichts einer ohnehin durchgeführten Berufung der StA durch eine beschränkte Berufung des Rechtsmittels der Revision begeben soll.[112]

Das Ergebnis des Berufungsverfahrens hat dagegen grundsätzlich keinen Einfluss auf die **Erschöpfung des Wahlrechtsmittels**: Der Angeklagte, der sein Wahlrecht ausgeübt hat, kann sich nicht mehr der Revision bedienen, auch wenn dadurch ein mit einem **absoluten Revisionsgrund** behaftetes erstinstanzliches Urteil Rechtskraft erlangt. Als Beispiel: Die erkennende Jugendrichterin war vor Abfassung der Urteilsgründe verstorben, die Berufung wurde wegen Abwesenheit des Verurteilten verworfen: Die Revision gegen das Urteil ohne schriftliche Urteilsgründe ist nicht mehr statthaft.[113] Die Revision gegen ein Berufungsurteil soll auch dann unstatthaft sein, wenn dieses unter Verstoß gegen das **Verschlechterungsverbot** zustande kommt: Ein Heranwachsender, auf den Jugendstrafrecht angewendet wurde, wurde in der ersten Instanz zu einer Geldauflage und nach alleiniger Berufungseinlegung zu zwei Freizeitarresten verurteilt. Der darin liegende Verstoß gegen das Verschlechterungsverbot ändere an der Unstatthaftigkeit der Revision nichts.[114] In den letzten beiden geschilderten Fällen, in denen Urteile mit nicht unerheblichen Rechtsverstöße in Rechtskraft erwachsen, sollte zumindest die StA zugunsten des Verurteilten eine noch verbliebene Revisions- 35

---

108 BayObLG v. 22.10.2004, 1 St RR 150/04, BayObLGSt 2004, 139.
109 BGH v. 14.5.1981, 4 StR 694/80, BGHSt 30, 98; OLG Dresden v. 26.11.2009, 2 Ss 652/09, NStZ-RR 2010, 186: Die Revision darf nicht durch das Tatgericht als unzulässig verworfen werden; diese Entscheidung ist dem Revisionsgericht vorbehalten; OLG Zweibrücken v. 11.6.1992, 1 Ss 103/92, bei Böhm, NStZ 1992, 529; OLG Düsseldorf v. 15.3.1991, 2 Ss 80/91-25/91 II, JMBl. NW 1991, 183; Eisenberg, § 55 Rn 62; Brunner/Dölling, § 55 Rn 16 a; Ostendorf, § 55 Rn 32; aA noch OLG Celle v. 13.2.1979, 1 Ss 760/78, JR 1980, 37 m. abl. Anm. Brunner.
110 OLG Köln v. 27.12.2007, 2 Ws 680/07; KG v. 29.9.2006, (3) 1 Ss 349/05, NStZ-RR 2007, 216.
111 OLG Karlsruhe v. 15.10.1985, 4 Ss 186/85, Die Justiz 1986, 28.
112 Dallinger/Lackner, § 55 Rn 47.
113 OLG Düsseldorf v. 15.3.1991, 2 Ss 80/91-25/91 II, JMBl. NW 1991, 183; zustimmend Brunner/Dölling, § 55 Rn 16 a; Eisenberg, § 55 Rn 57; Ostendorf, § 55 Rn 32; Bode, S. 124.
114 BayObLG v. 9.8.1988, RReg 4 St 96/88, NStZ 1989, 194: Es könne keinen Unterschied machen, ob die Schlechterstellung des Angeklagten in der Berufungsinstanz im Einklang mit der Verfahrensordnung oder unter Verstoß gegen diese erfolgt; der Gesetzgeber habe mit der in Abs. 2 getroffenen Regelung bewusst in Kauf genommen, dass ein Verfahrensbeteiligter, der bereits Berufung eingelegt hat, ein ihm unrichtig erscheinendes Urteil nicht mehr anfechten kann. Eine ausnahmsweise Anfechtbarkeit sei nur bei einer „greifbaren Gesetzeswidrigkeit" anzunehmen, zu der aber zB ein Verstoß gegen das rechtliche Gehör nicht zu zählen sei. Im Ergebnis zustimmend Brunner/Dölling, § 55 Rn 16.

möglichkeit nutzen, um das Urteil zu korrigieren.[115] Darüber hinaus ist zu bedenken, dass die Hinnahme offensichtlicher und schwerwiegender Rechtswidrigkeiten dem Zweck der Rechtsmittelbeschränkung, erzieherische Wirkungen des Urteils zu fördern, zuwiderläuft (s. Rn 16).[116] Ausgeschlossen ist die Revision nach eigener Berufung auch dann, wenn das Berufungsurteil aufgrund einer gleichzeitig zuungunsten des Angeklagten eingelegten Berufung der StA für den Angeklagten nachteilig ausfällt.[117]

36 **4. Heranwachsende.** Bei **Heranwachsenden** richtet sich die Geltung des Abs. 2 danach, welches materielle Recht auf sie angewendet wurde: Die Revision bleibt zulässig, wenn sie sich gegen ein unter Anwendung von materiellem Erwachsenenrecht ergangenes Berufungsurteil richtet, unabhängig davon, ob in der ersten Instanz Jugend- oder Erwachsenenrecht angewendet wurde.[118] Der Ausschluss der Revision gilt auch für Heranwachsende, auf die in erster Instanz Erwachsenenstrafrecht, auf ihre Berufung hin aber Jugendstrafrecht angewendet wurde.[119] Auch wenn dadurch die jugendstrafrechtliche Rechtsfolgenentscheidung jeder Anfechtung entzogen ist, wird dies von der hM befürwortet.[120] Die Revision bleibt aber zulässig, wenn sich im Einzelfall nicht feststellen lässt, ob Jugendstrafrecht angewendet wurde[121] oder gar nicht über diese Frage entschieden wurde, weil der Angeklagte freigesprochen wurde[122] oder aus anderen Gründen ein Schuldspruch nicht ergehen konnte.

37 Nach einem Berufungsurteil ist die **Revision** durch den Berufungsführer nach Abs. 2 dagegen **zulässig**, soweit die Berufung nicht zulässig eingelegt wurde. Eine als unzulässig verworfene Berufung beeinträchtigt daher die Revision nicht.[123] Dies muss auch für den Fall gelten, dass eine an sich zulässige Berufung zu Unrecht als unzulässig verworfen wurde.[124]

38 Die **Revision bleibt** darüber hinaus immer **möglich**, wenn das vom Angeklagten eingelegte Rechtsmittel nicht zu einer (umfassenden) Überprüfung der ihm zur Last gelegten Vorwürfe geführt hat oder jedenfalls nicht die gewünschte Art der Überprüfung, dh auf dem Wege der Revision, vorgenommen wurde.[125] Dies ist etwa der Fall, wenn von mehreren, unterschiedlichen „Verfahrensseiten" angehörigen Rechtsmittelberechtigten der eine Berufung und der andere Revision eingelegt hat, die entsprechend § 335 Abs. 3 S. 1 StPO als Berufung behandelt wird: Die Berufungseinlegung durch einen anderen Rechtsmittelberechtigten kann

---

115 Schäfer, NStZ 1998, 330, 335.
116 So auch Schaumann, S. 170 ff; Ostendorf, Anm. zu BayObLG v. 9.8.1988, RReg 4 St 96/88, NStZ 1989, 194, NStZ 1989, 196. Siehe auch Bode, S. 140, der eine außerordentliche Revision in „Ausnahmefällen mit grobem Gerechtigkeitsverstoß" zulassen will. Siehe auch Laubenthal/Baier, Rn 394: ausnahmsweise Zulassung der Revision zur Absicherung des Verschlechterungsverbots.
117 BayObLG v. 22.10.2004, 1 St RR 150/04, BayObLGSt 2004, 139.
118 Brunner/Dölling, § 55 Rn 18; Eisenberg, § 109 Rn 34; Ostendorf, § 55 Rn 32.
119 OLG Karlsruhe v. 22.8.2000, 2 Ss 186/00, StV 2001, 173 m. krit. Anm. Kutschera; BayObLG v. 23.1.1995, 2 St RR 249/94, bei Böhm, NStZ 1996, 480; OLG Zweibrücken v. 6.11.1990, 1 Ss 242/90, bei Böhm, NStZ 1991, 522, 523.
120 Brunner/Dölling, § 55 Rn 18; Eisenberg, § 109 Rn 33; Ostendorf, § 55 Rn 32.
121 Eisenberg, § 109 Rn 37.
122 OLG Frankfurt v. 17.12.2002, 3 Ss 317/02, NStZ-RR 2003, 327; OLG Düsseldorf v. 27.6.1988, 2 Ss 99/88 – 41/88 I, NZV 1988, 151; Brunner/Dölling, § 55 Rn 17; Ostendorf, § 55 Rn 32.
123 Eisenberg, § 55 Rn 62; siehe auch Brunner/Dölling, § 55 Rn 20.
124 BayObLG v. 21.12.1973, RReg. 4 St 186/73, BayObLGSt 1973, 220.
125 BayObLG v. 22.10.2004, 1 St RR 150/04, BayObLGSt 2004, 139.

nicht die gewählte Revision unmöglich machen.¹²⁶ Dies gilt auch dann, wenn der Berufungsführer fristgerecht zur Revision gewechselt ist, aber dennoch die Berufung eines anderen Rechtsmittelberechtigten durchgeführt wird.¹²⁷ Möglich bleibt die Revision auch dann, wenn sie sich gegen die auf die Berufung der StA erfolgte Verurteilung durch das LG wegen Taten wendet, hinsichtlich derer der Angeklagte in erster Instanz freigesprochen worden war, auch wenn der Angeklagte gegen gleichzeitige erstinstanzliche Verurteilungen bereits Berufung eingelegt hat.¹²⁸ Zulässig ist die Revision auch, wenn das Berufungsgericht zwei amtsgerichtliche Urteile verbindet, wovon gegen das eine nur der Angeklagte und gegen das andere nur die StA Berufung eingelegt hat, und die Jugendkammer zu einer Einheitsstrafe verurteilt hat.¹²⁹

5. Verwerfung. Ist die Revision nach Abs. 2 **unzulässig**, ist sie durch das Revisionsgericht nach § 349 Abs. 1 StPO zu **verwerfen**.¹³⁰ Verwirft in Abweichung von diesem Grundsatz das Gericht, das das angefochtene Urteil erlassen hat, nach § 346 Abs. 1 StPO die Revision, kann diese Verwerfung nach § 346 Abs. 2 StPO durch Antrag auf Entscheidung durch das Revisionsgericht überprüft werden. Ist unklar, ob das eingelegte Rechtsmittel als Berufung oder Revision zu behandeln ist (s. Rn 33), entscheidet hierüber das zuständige Revisionsgericht. Die Entscheidung, dass das Rechtsmittel als Berufung gelte, bindet auch das Berufungsgericht.¹³¹   39

6. Keine Rechtskraftdurchbrechung nach § 357 StPO. Die Streitfrage, ob die Rechtskraftdurchbrechung nach § 357 StPO sich auf den Mitangeklagten erstreckt, der nach Abs. 2 nach Berufungseinlegung keine Revision mehr einlegen kann, hat der BGH abschlägig entschieden: § 357 StPO ist auf diese Konstellation nicht anwendbar.¹³² Dies bedeutet: Derjenige Jugendliche oder Heranwachsende, der Berufung eingelegt hat, dessen Mitangeklagter aber – entweder, weil dieser keine Berufung eingelegt hat oder aber als Erwachsener über beide Rechtsmittel verfügt – durch seine Revision eine Aufhebung des Urteils, eine Schuldspruchberichtigung oder eine Einstellung des Verfahrens erreicht, muss das vom Revisionsgericht als fehlerhaft qualifizierte Urteil gegen sich gelten lassen. Die Rechtskraftdurchbrechung des § 357 StPO, die der Vermeidung von Ungleichheiten und damit der materiellen Gerechtigkeit dient,¹³³ kommt dem Jugendlichen oder Heranwachsenden somit nicht zugute. Der BGH beruft sich bei seiner Argumentation¹³⁴ vor allem auf den Wortlaut, die Gesetzesmaterialien und auf die Rechtsnatur des § 357 StPO als eine die Rechtskraft durchbrechende und damit Aus-   40

---

126 OLG Koblenz v. 8.1.2007, 2 Ss 381/06, NStZ 2008, 218; BayObLG v. 22.10.2004, 1 St RR 150/04, BayObLGSt 2004, 139; BayObLG v. 31.7.2000, 2 St RR 102/00, NStZ-RR 2001, 49; D/S/S-Schoreit, § 55 Rn 48; Laubenthal/Baier, Rn 394.
127 OLG Koblenz v. 8.1.2007, 2 Ss 381/06, NStZ 2008, 218.
128 KG v. 29.9.2006, (3) 1 Ss 349/05, NStZ-RR 2007, 216; BayObLG v. 22.10.2004, 1 St RR 150/04, BayObLGSt 2004, 139.
129 BayObLG v. 22.10.2004, 1 St RR 150/04, BayObLGSt 2004, 139; OLG Brandenburg v. 26.5.2004, 2 Ws 97/04, NStZ-RR 2005, 49; OLG Hamm v. 28.7.1989, 2 Ss 724/89, NStZ 1990, 140 m. zust. Anm. Neuhaus.
130 OLG Düsseldorf v. 1.10.1987, 1 Ws 814/87, JMBl. NW 1988, 33; Brunner/Dölling, § 55 Rn 20; Eisenberg, § 55 Rn 68; Meyer-Goßner, § 346 StPO Rn 2.
131 Eisenberg, § 55 Rn 69.
132 BGH v. 9.5.2006, 1 StR 57/06, BGHSt 51, 34, m. Anm. Altenhain, NStZ 2007, 283; Mohr, JR 2006, 499; Prittwitz, StV 2007, 52.
133 SK-StPO-Wohlers, § 357 StPO Rn 1.
134 Zu den Gründen der Entscheidung siehe auch D/S/S-Schoreit, § 55 Rn 49. Ausführliche Analysen der Urteilsgründe bei Satzger, Böttcher-FS, S. 175, 182 ff; Altenhain, NStZ 2007, 283 f.

nahmeregelung, die eine enge Auslegung und zurückhaltende Anwendung verlange.[135] Darüber hinaus gebiete es auch der erzieherische Zweck der Verfahrensbeschleunigung (s. Rn 2), dass das Risiko fehlhafter Entscheidungen in Kauf genommen werden müsse. Diese Entscheidung ist mit zahlreichen Stimmen aus dem (jugendstrafrechtlichen) Schrifttum[136] und dem Vorlagebeschluss des OLG Karlsruhe[137] abzulehnen: Es dürfte offensichtlich sein, dass von einem Urteil, dessen Fehlerhaftigkeit von einem Revisionsgericht ausdrücklich attestiert wurde, keine erzieherischen Wirkungen ausgehen können. Zu einer Beeinflussung des eigenen Verhaltens kann ein erkennbar falsches Urteil kaum beitragen. Der „kurze Prozess" ist kein Wert an sich; im Gegenteil kann die mit Abs. 2 anvisierte schneidige Rechtsdurchsetzung bei erkannten Fehlern keine Akzeptanz erwarten.[138]

41 **7. § 59 Abs. 1.** Auch Abs. 2 ist aufgrund der nicht zweifelsfreien Begründung der Rechtsmittelbeschränkung (s. Rn 4 ff) grundsätzlich restriktiv auszulegen. Damit unvereinbar ist die von Teilen der Literatur[139] geteilte Auffassung der Rspr, die durch § 59 Abs. 1 S. 2 eingeräumte Möglichkeit, eine sofortige **Beschwerde** gegen ein Berufungsurteil einzulegen, sei für denjenigen Verfahrensbeteiligten nach Abs. 2 ausgeschlossen, der zuvor bereits Berufung eingelegt habe.[140] Die sofortige Beschwerde richte sich gegen das Urteil, weil mit ihr die bereits im Urteil getroffene Grundentscheidung über die Strafaussetzung nach § 21 einer erneuten Prüfung unterzogen werden solle. Sie trete daher an die Stelle der durch die Berufungseinlegung unzulässigen Revision. Deren in Abs. 2 geregelter Ausschluss solle durch die Zulassung der sofortigen Beschwerde nicht unterlaufen werden.[141] Dagegen spricht jedoch bereits der Wortlaut des Abs. 2, der nur Berufung und Revision erwähnt: Die Teilanfechtung des Berufungsurteils durch eine sofortige Beschwerde ist nicht geregelt.[142] Eine analoge Anwendung auf die Beschwerde widerspräche der Notwendigkeit einer restriktiven Auslegung.

42 **8. Kostenbeschwerde.** Anderes gilt für die selbstständige **Kostenbeschwerde nach § 464 Abs. 3 StPO**: Die sofortige Beschwerde ist nach dem ausdrücklichen Wortlaut dann ausgeschlossen, wenn eine Anfechtung des Urteils durch den Beschwerdeführer nicht statthaft ist (§ 464 Abs. 3 S. 1 StPO). Dies gilt auch für die Unstatthaftigkeit nach Abs. 2:[143] Ist die Berufungsentscheidung daher nicht mehr anfechtbar, kann auch keine sofortige Beschwerde gegen die Kostenentscheidung

---

135 BGH v. 9.5.2006, 1 StR 57/06, BGHSt 51, 34, 38 ff.
136 Brunner/Dölling, § 55 Rn 16a; Dallinger/Lackner, § 55 Rn 60; Eisenberg, § 55 Rn 70; Ostendorf, § 55 Rn 41; Laubenthal/Baier, Rn 394; Streng, Rn 579; Ablehnend auch Satzger, Böttcher-FS, S. 175, 182 ff; Altenhain, NStZ 2007, 283 f; Prittwitz, StV 2007, 52; Mohr, JR 2006, 499, 501 f; aA D/S/S-Schoreit, § 55 Rn 49, der bei „gravierender Ungleichbehandlung" auf den Gnadenweg verweist; aA auch die überwiegende strafprozessrechtliche Literatur, s. KK-StPO-Kuckein, § 357 StPO Rn 12; Meyer-Goßner, § 357 StPO Rn 7.
137 OLG Karlsruhe v. 12.1.2006, 2 Ss 135/05, ZJJ 2006, 74.
138 Laue, GA 2005, 648, 661.
139 Brunner/Dölling, § 55 Rn 14, § 59 Rn 3; Böhm/Feuerhelm, S. 96.
140 OLG Hamm v. 24.9.2007, 2 Ws 304/07; OLG Frankfurt v. 31.10.2002, 3 Ws 1151/02, NStZ-RR 2003, 27; OLG Düsseldorf v. 2.11.1993, 3 Ws 596-597/93, NStZ 1994, 190.
141 OLG Hamm v. 24.9.2007, 2 Ws 304/07.
142 D/S/S-Schoreit, § 55 Rn 50; Ostendorf, § 55 Rn 33.
143 OLG Köln v. 27.12.2007, 2 Ws 680/07; OLG Oldenburg v. 2.3.2006, 1 Ws 123/06, NStZ-RR 2006, 191; OLG Hamm v. 1.2.1999, 2 Ws 19 u. 44/99, StV 1999, 667 (LS); Brunner/Dölling, § 55 Rn 14; D/S/S-Schoreit, § 55 Rn 50; Bode, S. 131; Schaumann, S. 188 ff.

erhoben werden. Die dagegen vorgebrachten Argumente greifen nicht: So soll die Unanfechtbarkeit der Kostenentscheidung eine von dem erzieherischen Zweck des Abs. 2 unabhängige Folgewirkung sein.[144] Doch zeigt § 74, dass die Kostenentscheidung im Jugendstrafverfahren nicht unabhängig von erzieherischen Erwägungen getroffen wird. Darüber hinaus soll das Wortlautargument, dass Abs. 2 nur Berufung und Revision betreffe, auch hier gelten.[145] Es geht aber in dieser Frage um die Anwendung von § 464 Abs. 3 StPO, die aufgrund des eindeutigen Wortlauts von der Anfechtbarkeit der Hauptentscheidung abhängig gemacht wurde.[146] Auch bei Erschöpfung des Rechtswegs ist die Kostenentscheidung unanfechtbar, wie das folgende Beispiel zeigt: Das LG verurteilte erstinstanzlich und sah dabei von der Auferlegung von Kosten und Ausgaben gem. § 74 ab. Nachdem der Verurteilte seine gegen dieses Urteil eingelegte Revision zurückgenommen hatte, legte ihm das LG durch Beschluss die Kosten des Rechtsmittels auf. Eine Anfechtung dieses Kostenbeschlusses ist nicht möglich.[147]

V. Verschlechterungsverbot

1. Allgemeines. Das **Verschlechterungsverbot** (Verbot der reformatio in peius) gilt allgemein für Berufung (§ 331 Abs. 1 StPO), Revision (§ 358 Abs. 2 StPO) und Wiederaufnahme (§ 373 Abs. 2 StPO). Es besagt, dass das Urteil nicht in Art und Höhe der Rechtsfolgen zum Nachteil des Angeklagten abgeändert werden darf, wenn lediglich er, sein gesetzlicher Vertreter oder Erziehungsberechtigter oder die Staatsanwaltschaft zu seinen Gunsten einen Rechtsbehelf eingelegt haben. Es gilt als eine dem Angeklagten vom Gesetzgeber gewährte Rechtswohltat und soll ihn bei seiner Entscheidung darüber, ob er von einem ihm zustehenden Rechtsmittel Gebrauch machen will, vor der Befürchtung bewahren, die Einlegung dieses Rechtsmittels könnte seine Situation noch verschlechtern.[148] Das Verschlechterungsverbot ist von Amts wegen zu beachten.[149] 43

Das Verschlechterungsverbot gilt nach der gesetzlichen Formulierung nur beschränkt: Es erfasst nur die **Rechtsfolgen**; eine nachteilige Abänderung des Schuldspruchs durch das Rechtsbehelfsgericht ist möglich, darf sich aber nicht nachteilig auf den Sanktionenausspruch auswirken.[150] Zur Beurteilung des Nachteils ist eine „Gesamtschau der verhängten Ahndungsmaßnahmen" notwendig.[151] Ausgenommen vom Verschlechterungsverbot sind kraft ausdrücklicher gesetzlicher Anweisung (§§ 331 Abs. 2, 358 Abs. 2 S. 3, 373 Abs. 2 S. 2 StPO) die Unterbringung in einem psychiatrischen Krankenhaus (§ 63 StGB) und in eine Entziehungsanstalt (§ 64 StGB). 44

---

144 Eisenberg, § 55 Rn 72.
145 Ostendorf, § 55 Rn 33.
146 Durch das StVÄG 1987, BGBl. I, 476.
147 OLG Dresden v. 9.3.2000, 1 Ws 65/00, NStZ-RR 2000, 224; siehe auch KG v. 24.8.2007, 1 Ws 138/07, NStZ-RR 2008, 263.
148 BGH v. 7.5.1980, 2 StR 10/80, BGHSt 29, 269, 270; BGH v. 4.5.1977, 2 StR 9/77, BGHSt 27, 176, 178; BGH v. 29.4.1958, 1 StR 68/58, BGHSt 11, 319, 323; Meyer-Goßner, § 331 StPO Rn 1; Brunner/Dölling, § 55 Rn 21; Eisenberg, § 55 Rn 73.
149 OLG Brandenburg v. 16.9.2008, 1 Ss 60/08, StV 2009, 89.
150 Ostendorf, § 55 Rn 11; für das allgemeine Recht s. BGH v. 14.10.1959, 2 StR 291/59, BGHSt 14, 5, 7.
151 BGH v. 7.5.1980, 2 StR 10/80, BGHSt 29, 269, 270; siehe auch KK-StPO-Paul § 331 StPO Rn 4: „ganzheitliche Betrachtung".

45 Das Verschlechterungsverbot gilt über § 2 Abs. 2 unbestritten **auch im Jugendstrafverfahren**.[152] Nach überwiegender Meinung gilt es auch im Beschwerdeverfahren gegen Beschlüsse, wenn durch einen **Beschluss** eine Rechtsfolge endgültig festgelegt wird.[153] Im Jugendstrafrecht kommen hierbei infrage:[154] die Anordnung von Ungehorsamsarrest (§ 11 Abs. 3); Beschlüsse über die Strafaussetzung zur Bewährung (§§ 21, 57 Abs. 1, 88); die Ergänzung rechtskräftiger Entscheidungen bei mehrfacher Verurteilung (§ 66 Abs. 2 S. 2); Absehen von der weiteren Vollstreckung des Jugendarrests (§ 87 Abs. 3); Festsetzung einer Sperrfrist für die Restaussetzung der Jugendstrafe (§ 88 Abs. 5).

46 **2. Beurteilung.** Bei der **Beurteilung einer möglichen Verschlechterung** sind der neue und der alte Rechtsfolgenausspruch im Sinne einer Gesamtschau der verhängten Ahndungsmaßnahmen miteinander zu vergleichen. Hierbei ist auf einer ersten Stufe ein generell-abstrakter Maßstab in Bezug auf die Eingriffsintensität der verschiedenen Maßnahmenkategorien (s. Rn 48 ff) anzulegen, entscheidend ist aber auf einer zweiten Stufe die jeweilige konkrete Ausgestaltung der Maßnahme und somit die Prüfung, welcher Rechtsfolgenausspruch den Verurteilten in seinen rechtlichen und tatsächlichen Auswirkungen stärker belastet.[155]

47 **3. Generell-abstrakte Beurteilung.** Bei der **generell-abstrakten Beurteilung** der einzelnen Rechtsfolgenkategorien des Jugendstrafrechts ergeben sich erhebliche Schwierigkeiten bereits durch die Besonderheit des jugendstrafrechtlichen Rechtsfolgensystems, das nicht überwiegend aus Strafen besteht, sondern insbesondere mit den Erziehungsmaßregeln und den Zuchtmitteln ganz eigene Zwecke verfolgt.[156] Die für das Erwachsenenstrafrecht ausgestalteten Maßstäbe passen daher nicht ohne Weiteres für das Jugendstrafrecht. Doch gilt das Verschlechterungsverbot auch für Erziehungsmaßregeln und Zuchtmittel.[157] Weitere Schwierigkeiten ergeben sich darüber hinaus durch die zum Teil deutlich unterschiedlichen Ausgestaltungsmöglichkeiten innerhalb der einzelnen Rechtsfolgenkategorien. In einer ersten und groben Annäherung gelten **freiheitsentziehende Maßnahmen** grundsätzlich als schwerer wiegend als ambulante Maßnahmen.[158]

48 **a) Ambulante Maßnahmen.** Bei Anwendung dieser Kriterien gilt unter Vorbehalt der Abweichungsmöglichkeit im konkreten Einzelfall als Annäherung die folgende **generell-abstrakte Reihung der jugendstrafrechtlichen Maßnahmen**: Die Verwarnung (§ 14) ist die eingriffsschwächste Maßnahme des jugendstrafrechtlichen Sanktionenkatalogs.[159] Sie erschöpft sich in einer bloßen Ermahnung durch das Gericht – ein Element, das in jeder anderen Verurteilung enthalten ist[160] – und

---

152 Siehe hierzu BGH v. 3.4.1957, 4 StR 517/56, BGHSt 10, 198, 202; OLG Celle v. 13.9.2000, 33 Ss 73/00, StV 2001, 179; Eisenberg, § 55 Rn 24; Ostendorf, § 55 Rn 11; Baumann, S. 33 ff; Schaffstein/Beulke, S. 264; Streng, Rn 584. Vereinzelt geblieben ist die Meinung von Potrykus, NJW 1955, 929, der aufgrund des Verschlechterungsverbots „nicht selten erzieherisch untragbare Entscheidungen" befürchtete und sich daher de lege ferenda gegen die Geltung des Verbots im Jugendstrafrecht aussprach.
153 OLG Hamm v. 13.12.1995, 2 Ws 195/95, NStZ 1996, 303; Meyer-Goßner, vor § 304 StPO Rn 5.
154 Siehe D/S/S-Schoreit, § 55 Rn 16; Ostendorf, § 55 Rn 12.
155 Eisenberg, § 55 Rn 74.
156 Schaffstein/Beulke, S. 264.
157 Schaffstein/Beulke, S. 264.
158 Brunner/Dölling, § 55 Rn 22; Ostendorf, § 55 Rn 15; Baumann, S. 104; Streng, Rn 586.
159 D/S/S-Schoreit, § 55 Rn 23; Eisenberg, § 55 Rn 78.
160 Brunner/Dölling, § 55 Rn 23.

stellt zu keiner anderen jugendrechtlichen Rechtsfolge eine Verschlechterung dar. Ihr folgt die **Erziehungsbeistandschaft nach § 12 Nr. 1**, bei der dem Jugendlichen kein Handeln, sondern nur das Dulden einer Überwachung abverlangt wird.[161] Innerhalb des generell-abstrakten Maßstabes folgen nach überwiegender Auffassung die **Auflagen** nach § 15, die dem Jugendlichen ein Handeln auferlegen, aber keinen Eingriff in die Lebensführung darstellen.[162] Allerdings ist das Anforderungsspektrum innerhalb der Auflagen von der Entschuldigung zur Arbeitsweisung recht breit. Sie werden überwiegend als weniger eingriffsintensiv eingeschätzt als die Maßnahmen, mit denen die Lebensführung des Verurteilten erzieherisch beeinflusst werden soll, also die **Weisungen** nach § 10, auch wenn sie nach § 53 vom Familiengericht angeordnet werden, sowie die **Erziehungshilfe nach** § 112a Nr. 2.[163]

b) **Freiheitsentziehende Maßnahmen. Freiheitsentziehende Maßnahmen** gelten generell als nachteiliger als ambulante Maßnahmen. Unter den freiheitsentziehenden Sanktionen gilt der **Jugendarrest** als die am wenigsten eingriffsintensive.[164] Gegenüber dem Jugendarrest stellt die **betreute Wohnform** nach § 12 Nr. 2 iVm § 34 SGB VIII eine Verschlechterung dar. 49

Die **härteste Sanktionierung** bei Anwendung des materiellen Jugendstrafrechts stellt die **Jugendstrafe dar**, auch wenn ihre Verhängung nach § 27 oder ihre Vollstreckung nach § 21 zur Bewährung ausgesetzt wird.[165] Eine Erhöhung der Jugendstrafe oder eine Koppelung mit anderen freiheitsentziehenden Maßnahmen widerspricht in jedem Fall dem Verschlechterungsverbot.[166] Bei der **Aussetzung der Jugendstrafe zur Bewährung** ist stets die Möglichkeit des Widerrufs der Aussetzung zu berücksichtigen: Eine Verurteilung bspw zu zur Bewährung ausgesetzter Jugendstrafe mit der gleichzeitigen Anordnung von Freizeitarrest ist gegenüber einer nicht ausgesetzten Jugendstrafe gleicher Dauer ohne Freizeitarrest nachteilig, weil im Falle des Widerrufs die gesamte Verbüßungsdauer höher wäre (s. zur Einheitsstrafe Rn 60).[167] Die Möglichkeit der Bewährung rechtfertigt daher generell keine Erhöhung der Strafdauer.[168] Umgekehrt liegt im Wegfall der Bewährung – auch bei einer Herabsetzung der Strafdauer – ebenfalls eine Verschlechterung.[169] In dieser ganz hM ist eine Ausnahme vom Vorrang der konkreten Betrachtungsweise (Rn 46) zu erblicken, weil sich letztlich generell-abstrakte Überlegungen durchsetzen. 50

Die in der Berufungsinstanz im Gegensatz zur erstinstanzlichen Entscheidung unterbliebene **Anrechnung von U-Haft** stellt auch dann einen Verstoß gegen das Verschlechterungsverbot dar, wenn die Strafe entsprechend verringert wurde. Ein Ausgleich kann darin nicht gesehen werden, weil der frühestmögliche Zeitpunkt der Strafrestaussetzung dadurch nach hinten verschoben und damit ein schwere- 51

---

161 Brunner/Dölling, § 55 Rn 23.
162 Für die Geldauflage siehe Brunner/Dölling, § 55 Rn 43.
163 Eisenberg, § 55 Rn 75.
164 D/S/S-Schoreit, § 55 Rn 25; Eisenberg, § 55 Rn 79b.
165 Schaffstein/Beulke, S. 264.
166 Brunner/Dölling, § 55 Rn 28.
167 OLG Celle v. 13.9.2000, 33 Ss 73/00, StV 2001, 179; Brunner/Dölling, § 55 Rn 28.
168 OLG Brandenburg v. 16.9.2008, 1 Ss 60/08, StV 2009, 89. Hierbei ist auch zu berücksichtigen, dass die Aussetzung zur Bewährung mit weiteren belastenden Anordnungen wie Weisungen, Auflagen und Bewährungshilfe verbunden ist, s. Ostendorf, § 55 Rn 16.
169 Brunner/Dölling, § 55 Rn 31; Eisenberg, § 55 Rn 81;.

res Strafübel verhängt wird.[170] Dementsprechend stellt eine erstmalige Anrechnung unter entsprechender Verlängerung der Jugendstrafe keinen Verstoß gegen das Verschlechterungsverbot dar.[171]

52 **c) Maßnahmen des allgemeinen Rechts.** Unter Einschluss der **Maßnahmen des allgemeinen Rechts** gilt die vollstreckbare **Freiheitsstrafe** als die schwerste Sanktionierung überhaupt: Die Ersetzung einer Jugendstrafe durch eine gleich lange Freiheitsstrafe stellt einen Verstoß gegen das Verschlechterungsverbot dar, weil der Rest einer Jugendstrafe nach § 88 Abs. 2 bereits nach einem Drittel der Verbüßungsdauer zur Bewährung ausgesetzt werden kann, während die Freiheitsstrafe nach § 57 Abs. 1, 2 StGB frühestens nach der Hälfte, regelmäßig aber erst nach zwei Dritteln, zur Bewährung ausgesetzt werden kann.[172] Weitere Vorteile der Jugendstrafe gegenüber der Freiheitsstrafe ergeben sich für den Verurteilten aus der Möglichkeit der Beseitigung des Strafmakels nach § 97 sowie durch die günstigeren Tilgungsfristen nach § 46 BZRG. Daher erscheint die hM, die generell eine längere Jugendstrafe als Verschlechterung gegenüber einer Freiheitsstrafe ansieht, weil die aus der Jugendstrafe resultierenden Vorteile keine Erhöhung der Dauer des Freiheitsentzugs rechtfertigen könne,[173] als zu pauschal: Es kommt stattdessen zur Beurteilung der rechtlichen und tatsächlichen Auswirkungen einer Verurteilung im Rahmen der konkreten Betrachtungsweise darauf an, ob im Einzelfall eine spätere Möglichkeit zur Reststrafenaussetzung gegeben ist und ob die registerrechtlichen Folgen nachteilig sind.[174] Eine Freiheitsstrafe kann daher in der Rechtsmittelinstanz durch eine gleich lange Jugendstrafe ersetzt werden[175] und die Ersetzung der Jugendstrafe durch eine etwas kürzere Freiheitsstrafe kann einen Verstoß gegen das Verschlechterungsverbot darstellen,[176] allerdings ist es auch möglich, dass der Verurteilte durch eine kürzere Freiheitsstrafe nicht benachteiligt wird.[177] Eine pauschale Bewertung unabhängig von der konkreten Ausgestaltung ist nur schwer möglich.[178]

---

170 Brunner/Dölling, § 55 Rn 30; Eisenberg, § 55 Rn 83.
171 Ostendorf, § 55 Rn 17.
172 BGH v. 7.5.1980, 2 StR 10/80, BGHSt 29, 269, 272 f.
173 BGH v. 29.2.1956, 2 StR 25/56, BGHSt 10, 100, 103; BGH v. 23.2.1954, 1 StR 723/53, BGHSt 5, 366, 369 f; Brunner/Dölling, § 55 Rn 39; Meyer-Goßner, § 331 StPO Rn 14; Baumann, S. 168.
174 D/S/S-Schoreit, § 55 Rn 31; Eisenberg, § 55 Rn 86. Zu berücksichtigen ist allerdings, dass die jugendstrafrechtliche Praxis häufig die früheren Restaussetzungsmöglichkeiten nicht nutzt, sondern sich stattdessen am Zwei-Drittel-Maß des § 57 StGB orientiert, siehe Streng, Rn 534.
175 Eisenberg, § 55 Rn 89.
176 Ostendorf, § 55 Rn 21.
177 D/S/S-Schoreit, § 55 Rn 31.
178 Nach § 88 Abs. 2 darf die Reststrafe vor Verbüßung von sechs Monaten nur aus besonders wichtigen Gründen ausgesetzt werden. Eine Reststrafenaussetzung nach sechs Monaten ist daher bei einer Jugendstrafe von einem Jahr nicht ohne besondere Gründe möglich, bei einer erstverbüßten Freiheitsstrafe von einem Jahr müssen nach § 57 Abs. 2 StGB ebenfalls besondere Umstände vorliegen. Ab 18 Monaten Jugendstrafe fällt das Erfordernis der besonders wichtigen Gründe fort, denn die Restaussetzung ist gemäß § 88 Abs. 2 S. 2 nach Verbüßung eines Drittels der Strafe, also nach sechs Monaten möglich. Ohne Vorliegen besonderer Umstände iSd § 57 Abs. 2 StGB ist eine Restaussetzung nach sechs Monaten nach § 57 Abs. 1 StGB bei einer Freiheitsstrafe von lediglich neun Monaten möglich. Mit Schoreit, Gesamtstrafenbildung unter Einbeziehung einer Jugendstrafe, ZRP 1990, 175, 176, ist also davon auszugehen, dass eine Freiheitsstrafe von der Hälfte der ursprünglichen Jugendstrafe keine Verschlechterung darstellt.

Liegt die erstinstanzlich verhängte **Freiheitsstrafe unter dem Mindestmaß der Jugendstrafe** von sechs Monaten (§ 18 Abs. 1 S. 1), kann dieses bei Anwendung von materiellem Jugendstrafrecht durch das Rechtsmittelgericht unterschritten werden: Das Verschlechterungsverbot kann eine materiell-rechtliche Regelung durchbrechen.[179] Im Regelfall müsste sich aber eine andere Sanktion aus dem jugendstrafrechtlichen Sanktionsspektrum finden lassen. 53

Die **nach § 56 StGB zur Bewährung ausgesetzte Freiheitsstrafe** ist weniger nachteilig als eine vollstreckbare Jugendstrafe, aber nachteiliger als eine nach § 21 zur Bewährung ausgesetzte Jugendstrafe, weil die vollstreckte Freiheitsstrafe nachteiliger ist als die vollstreckte Jugendstrafe (Rn 53) und die mögliche Bewährungszeit nach § 56 a StGB länger ist als die Bewährungszeit nach § 22. 54

Die **Geldstrafe** nach Erwachsenenrecht ist grundsätzlich weniger nachteilig als alle freiheitsentziehenden jugendstrafrechtlichen Sanktionen.[180] Sie wird aufgrund der ähnlichen Zielsetzung und der vergleichbaren Belastung des Verurteilten mit der Geldauflage nach § 15 Abs. 1 Nr. 4 gleichgesetzt.[181] Bei beiden Maßnahmen steht der Freiheitsentzug im Hintergrund: bei der Geldstrafe nach § 43 StGB die Ersatzfreiheitsstrafe bei Uneinbringlichkeit in der Höhe der Anzahl der Tagessätze, bei der Geldauflage gem. §§ 15 Abs. 3 S. 2, 11 Abs. 3 Dauerarrest bis zu vier Wochen. Die Freiheitsentziehung tritt nach der Geldauflage aber nur ein, wenn der Verurteilte seiner Verpflichtung schuldhaft nicht nachkommt, während die Uneinbringlichkeit auch bei unverschuldeter Zahlungsunfähigkeit eintritt.[182] Zu berücksichtigen ist auf der anderen Seite, dass die Geldauflage nach § 15 Abs. 3 S. 1 nachträglich geändert und das heißt: auch erhöht werden kann.[183] Daraus folgt, dass eine pauschale Gleichsetzung von Geldstrafe und Geldauflage problematisch ist: Es kommt auch hier auf die konkrete Ausgestaltung im Einzelfall an.[184] 55

d) Generell-abstrakte Reihung. Mit *Streng*[185] ergibt sich daher im Verhältnis der einzelnen Sanktionen des Jugend- und des Erwachsenenstrafrechts – unter dem genannten Vorbehalt der abschließenden Beurteilung im konkreten Einzelfall – folgende generell-abstrakte Reihung: Verwarnung (§ 14; Rn 48) < Erziehungsbeistandschaft (§ 12 Nr. 1; Rn 48) < Auflage (§ 15; Rn 48) ≈ Geldstrafe (§ 43 StGB; Rn 55) < Weisungen (§ 10; Rn 48) < Jugendarrest (§ 16; Rn 49) < Betreute Wohnform (§ 12 Nr. 2; Rn 49) < Aussetzung der Verhängung der Jugendstrafe (§ 27; Rn 50) < Aussetzung der Jugendstrafe (§ 21; Rn 50) < Aussetzung der Freiheitsstrafe (§ 56; Rn 55) < Jugendstrafe (§ 17; Rn 50) < Freiheitsstrafe (§ 38 StGB; Rn 52). 56

4. Konkrete Beurteilung. Die soeben genannte abstrakt-generelle Reihung der einzelnen Sanktionen nach ihrer Schwere ist aber nur die erste Stufe bei der Beurteilung, ob eine neuerliche Entscheidung des Rechtsmittelgerichts bzw nach Zurückverweisung des neuen Tatgerichts eine Verschlechterung darstellt. Maßgeblich ist letztlich der **Vergleich der konkreten Ausgestaltung der angeordneten Maßnahmen**, um zu beurteilen, welche Entscheidung den Rechtsmittelführer in 57

---

179 BGH v. 4.5.1977, 2 StR 9/77, BGHSt 27, 176, 179 f; OLG Düsseldorf v. 9.10.1963, 2 Ss 386/63, NJW 1964, 216; Brunner/Dölling, § 55 Rn 40; Eisenberg, § 55 Rn 89; aA D/S/S-Schoreit, § 55 Rn 33; Ostendorf, § 55 Rn 21.
180 D/S/S-Schoreit, § 55 Rn 34; Eisenberg, § 55 Rn 91; Ostendorf, § 55 Rn 21.
181 Brunner/Dölling, § 55 Rn 43; Streng, Rn 586.
182 Fischer, § 43 StGB Rn 3.
183 Baumann, S. 176.
184 Eisenberg, § 55 Rn 91; Baumann, S. 176.
185 Streng, Rn 587.

seinen rechtlichen und tatsächlichen Auswirkungen in einer Gesamtschau stärker belastet.[186] Entscheidend ist hierbei weniger die rechtliche Einordnung der Maßnahme als vielmehr die **konkrete Belastung des Verurteilten**.[187] Dabei ist aber nicht nur die subjektive Sicht des Verurteilten entscheidend,[188] sondern im Sinne einer „objektiv-konkreten Theorie"[189] – neben den generell-abstrakten Schwereeinstufungen (Rn 47 ff) – sind insbesondere die Lebenssituation des Verurteilten und seine individuelle Belastbarkeit zu berücksichtigen. Entscheidend ist daher, wie ein objektiver Beobachter mit Kenntnis aller individuellen Lebensumstände und Einstellungen des Verurteilten die im Vergleich stehenden gerichtlichen Rechtsfolgeentscheidungen gewichten würde.[190]

58 Zu berücksichtigen ist dieser Maßstab insbesondere bei der nach § 8 möglichen **Anordnung mehrerer Rechtsfolgen** nebeneinander. Es ist in einer Gesamtschau zu prüfen, ob die neu angeordneten Sanktionen für den Verurteilten nachteiliger sind als die im ersten Urteil ausgesprochenen Rechtsfolgen.[191] Hierbei lassen sich naturgemäß wenig allgemeine Regeln aufstellen. Die erstmalige Verhängung oder die Verschärfung stationärer Sanktionen dürfte aber generell einen Verstoß gegen das Verschlechterungsverbot darstellen.[192]

59 Eine Gesamtschau ist auch bei der Bildung einer **Einheitsstrafe nach § 31** notwendig: Eine Verschlechterung liegt bspw vor, wenn die erstinstanzliche Verurteilung auf drei Jahre Jugendstrafe lautete, wobei eine Verurteilung zu einem Jahr und sechs Monaten Jugendstrafe nach § 31 einbezogen wurde, im Berufungsverfahren von der Einbeziehung aus erzieherischen Gründen nach § 31 Abs. 3 S. 1 abgesehen und nun auf Jugendstrafe von einem Jahr und zehn Monaten erkannt wird, die zur Bewährung ausgesetzt wird (s. zur Strafaussetzung auch Rn 50).[193]

60 **5. Maßregeln.** Auch die Anordnung von **Maßregeln der Besserung und Sicherung** ist grundsätzlich am Verschlechterungsverbot zu messen. Dies gilt kraft ausdrücklicher gesetzlicher Anordnung (§§ 331 Abs. 2, 358 Abs. 2 S. 2 StPO) nicht für die Unterbringung in einem psychiatrischen Krankenhaus bzw in einer Entziehungsanstalt: Dem Verschlechterungsverbot steht es daher nicht entgegen, wenn die nach der Berufung des Angeklagten zur neuerlichen Entscheidung berufene Jugendkammer erstmals zur Anordnung der Unterbringung in einem

---

186 BGH v. 7.5.1980, 2 StR 10/80, BGHSt 29, 269, 270; OLG Brandenburg v. 16.9.2008, 1 Ss 60/08, StV 2009, 89; Albrecht, P.-A., § 48 C.I.2.
187 Ostendorf, § 55 Rn 14.
188 So aber Ostendorf, § 55 Rn 14; dagegen Baumann, S. 94.
189 Baumann, S. 95.
190 Im Einzelnen ergibt sich hierbei ein breit gefächertes Meinungsspektrum: Während Ostendorf, § 55 Rn 14, „die subjektive Einschätzung des Verurteilten nach Aufklärung über alle mit der Sanktionierung verbundenen Rechtsfolgen" entscheiden lässt, sieht Eisenberg, § 55 Rn 74 b, „die objektive Würdigung des Angeklagten durch seine erkennbare subjektive Beurteilung oder gar seinen Verzicht auf die Einhaltung des Verbots begrenzt." Auch Schoreit in D/S/S, § 55 Rn 18, will die „erkennbaren subjektiven Vorstellungen des Betroffenen" berücksichtigen. Albrecht, P.-A., § 48 C.I.2, berücksichtigt neben einem generell-objektiven Maßstab „auch die konkrete rechtliche und tatsächliche Belastung des Angeklagten durch die jeweilige Maßnahme unter Einschluss seiner subjektiven Bewertung." Siehe zum Ganzen eingehend Baumann, S. 93 ff.
191 OLG Celle v. 13.9.2000, 33 Ss 73/00, StV 2001, 179; Brunner/Dölling, § 55 Rn 33; Ostendorf, § 55 Rn 14.
192 Brunner/Dölling, § 55 Rn 33.
193 OLG Brandenburg v. 16.9.2008, 1 Ss 60/08, StV 2009, 89.

psychiatrischen Krankenhaus oder einer Entziehungsanstalt kommt.[194] Die nur von Angeklagten eingelegte Revision kann auch deswegen zur Aufhebung des Urteils führen, weil das LG die sich nach den Feststellungen aufdrängende Prüfung einer Unterbringung in der Entziehungsanstalt unterlassen hat.[195] Dies kann der Rechtsmittelführer verhindern, indem er die Nichtanwendung der §§ 63, 64 StGB von seinem Rechtsmittelangriff ausnimmt.[196] Mit Bezug auf § 5 Abs. 3 werden an dieser Rspr Zweifel geäußert.[197]

Einen Verstoß gegen das Verschlechterungsverbot stellt es dar, wenn **statt der erstinstanzlichen Anordnung der Unterbringung** in einem psychiatrischen Krankenhaus oder einer Entziehungsanstalt vom Rechtsmittelgericht **Jugendstrafe** verhängt wird.[198] Die Anordnung von Erziehungsmaßregeln, Zuchtmitteln (einschließlich Jugendarrest) oder der Entziehung der Fahrerlaubnis werden aber als weniger nachteilig und damit zulässig angesehen.[199] 61

Es ist nachteilig, wenn nach einer – wegen Umgehung von § 69 StGB rechtswidrigen – erstinstanzlichen Weisung, den Führerschein zu hinterlegen, vom Rechtsmittelgericht eine **Entziehung der Fahrerlaubnis** angeordnet wird.[200] Ein Fahrverbot stellt gegenüber der Entziehung der Fahrerlaubnis die mildere Sanktion dar.[201] 62

6. Nebenstrafe, Nebenfolgen. Das Verschlechterungsverbot betrifft auch Nebenstrafen und Nebenfolgen. Die erstmalige Anordnung oder die Verlängerung eines Fahrverbots in der Rechtsmittelinstanz ist daher unzulässig.[202] Nach dem Vorbild des Erwachsenenstrafrechts[203] wird die Streichung eines Fahrverbots unter Erhöhung der Hauptsanktion für zulässig erachtet.[204] Im Sinne der konkreten Beurteilung des Einzelfalls ist dem zu folgen, wenn die Gesamtauswirkungen der neuen Rechtsfolgenentscheidung für den Verurteilten nicht nachteilig sind. 63

7. Kostenentscheidung. Auch eine Abänderung der Kostenentscheidung des angefochtenen Urteils unterliegt dem Verschlechterungsverbot.[205] Der der für die Gegenmeinung maßgeblichen Entscheidung des BGH aus dem Jahre 1953[206] zugrunde liegende Wortlaut der §§ 331, 358 Abs. 2 StPO aF beschränkte das Ver- 64

---

194 BGH v. 6.8.1991, 4 StR 343/91, bei Böhm, NStZ 1993, 527; Brunner/Dölling, § 55 Rn 34.
195 BGH v. 2.12.1997, 4 StR 581/97, NStZ-RR 1998, 188; BGH v. 4.6.1993, 2 StR 215/93, bei Böhm, NStZ 1993, 527.
196 BGH v. 26.4.1996, 2 StR 138/96, bei Böhm, NStZ 1996, 478; zum Erwachsenenrecht siehe hierzu BGH v. 7.10.1992, 2 StR 374/92, BGHSt 38, 362.
197 BGH v. 2.12.1997, 4 StR 581/97, NStZ-RR 1998, 188, 189.
198 Eisenberg, § 55 Rn 93; Brunner/Dölling, § 55 Rn 35 mit der Einschränkung, dass Jugendstrafe anstelle der Unterbringung in der Entziehungsanstalt zulässig sein soll, „wenn der Angeklagte aus verständigen Gründen darum bittet." Für das Erwachsenenrecht siehe BGH v. 29.4.1958, 1 StR 68/58, BGHSt 11, 319; aA Ostendorf, § 55 Rn 23, wenn beim Wechsel von Unterbringung in einer Entziehungsanstalt zur Jugendstrafe die Höchstfrist des § 67d Abs. 1 S. 1 StGB von zwei Jahren nicht überschritten wird.
199 Brunner/Dölling, § 55 Rn 35; Dallinger/Lackner, vor § 55 Rn 24.
200 Brunner/Dölling, § 55 Rn 35; Eisenberg, § 55 Rn 94.
201 Brunner/Dölling, § 55 Rn 36; Ostendorf, § 55 Rn 23.
202 Eisenberg, § 55 Rn 92.
203 BGH v. 11.11.1970, 4 StR 66/70, BGHSt 24, 11.
204 Brunner/Dölling, § 55 Rn 36; Eisenberg, § 55 Rn 92.
205 D/S/S-Schoreit, § 55 Rn 37; Ostendorf, Jugendstrafrecht Rn 24; Eisenberg, § 55 Rn 95: „sinngemäße Anwendung"; aA Brunner/Dölling, § 55 Rn 37: „Wo geholfen werden soll, hilft § 74".
206 BGH v. 13.10.1953, 1 StR 710/52, BGHSt 5, 52.

schlechterungsverbot nach auf „Strafen", während die seit 1974 geltende neue Fassung von „Rechtsfolgen der Tat" spricht. Darunter kann auch die Kostenentscheidung subsumiert werden. Dem Zweck des Verschlechterungsverbots, den Verurteilten durch die Befürchtung einer nachteiligen Entscheidung nicht von der Rechtsmitteleinlegung abzuschrecken, entspricht die Einbeziehung der Kostenentscheidung.[207] Durch die nach § 74 mögliche Ermessenentscheidung ist dem nicht genügend Rechnung getragen.

§ 56 Teilvollstreckung einer Einheitsstrafe

(1) ¹Ist ein Angeklagter wegen mehrerer Straftaten zu einer Einheitsstrafe verurteilt worden, so kann das Rechtsmittelgericht vor der Hauptverhandlung das Urteil für einen Teil der Strafe als vollstreckbar erklären, wenn die Schuldfeststellungen bei einer Straftat oder bei mehreren Straftaten nicht beanstandet worden sind. ²Die Anordnung ist nur zulässig, wenn sie dem wohlverstandenen Interesse des Angeklagten entspricht. ³Der Teil der Strafe darf nicht über die Strafe hinausgehen, die einer Verurteilung wegen der Straftaten entspricht, bei denen die Schuldfeststellungen nicht beanstandet worden sind.

(2) Gegen den Beschluß ist sofortige Beschwerde zulässig.

Richtlinien zu § 56

1. Von der Möglichkeit, die Teilvollstreckung einer nach § 31 gebildeten Einheitsstrafe anzuordnen, wird nur mit Zurückhaltung Gebrauch gemacht werden können. Es ist vor allem zu bedenken, ob sich bei einem Wegfall einzelner Schuldfeststellungen ein anderes Bild von der Persönlichkeit des Jugendlichen ergeben und damit die Verhängung von Jugendstrafe überhaupt entbehrlich werden könnte.
2. § 56 gilt auch im Verfahren gegen Jugendliche vor den für allgemeine Strafsachen zuständigen Gerichten (§ 104 Abs. 1 Nr. 7), im Verfahren gegen Heranwachsende nur, wenn das Gericht Jugendstrafrecht anwendet (§ 109 Abs. 2).

Schrifttum:

v. Beckerath, Jugendstrafrechtliche Reaktionen bei Mehrfachtäterschaft. Diss. Tübingen 1997.

I. Normzweck	1	3. Absatz 1 Satz 2	8
II. Anwendungsvoraussetzungen	4	4. Absatz 1 Satz 3	9
1. Einheitsstrafe	5	III. Verfahren	10
2. Vertikale Teilrechtskraft	7		

I. Normzweck

1 Die Vorschrift bildet eine **Ausnahme vom Grundsatz des § 449 StPO**, wonach Strafurteile vor ihrer Rechtskraft nicht vollstreckbar sind.[1] Diese Ausnahme wird mit **erzieherischen Gründen** gerechtfertigt: Der Gesetzgeber begründete die Anpassung und Übernahme der Vorgängervorschrift RiLi 7 zu § 40 RJGG 1943 mit der „misslichen Lage", die daraus entstünde, dass bei einer Einheitsstrafe aufgrund mehrerer Straftaten eines Jugendlichen das Urteil in seinem ganzen Umfang angefochten werden müsse, wenn die Entscheidung nur hinsichtlich einzelner

---

207 Siehe Baumann, S. 64 ff.
1 Siehe den Schriftlichen Bericht des Rechtsausschusses, BT-Drucks. I/4437, 10.

Straftaten beanstandet wird: „Es würde dem Erziehungszweck der Jugendstrafe widersprechen, wenn in solchen Fällen zur Vollstreckung die Rechtskraft der Rechtsmittelentscheidung abgewartet werden müsste."[2] Daher versprach man sich von der Vorabvollstreckung einen die Erziehung fördernden Beschleunigungseffekt, indem die Strafe möglichst bald nach der Tat vollstreckt werden kann – ähnlich wie bei § 55 (dort Rn 2). Darüber hinaus gilt der Jugendstrafvollzug als erzieherisch günstiger als die Untersuchungshaft.[3] Schließlich kann erreicht werden, dass der Jugendliche durch den schnellen Beginn der Strafvollstreckung aus einer ihn stark gefährdenden Umgebung herausgenommen wird.[4] Insgesamt ist bereits angesichts dieser Normbegründung zu fordern, dass dem Verurteilten aus der Anwendung der Vorschrift kein Rechtsnachteil erwachsen darf (s. auch Rn 8).[5]

Die Vorschrift stellt darüber hinaus auch eine **Durchbrechung des täterorientierten Einheitsstrafensystems** dar, denn die erfolgreiche Teilanfechtung eines Bestandteils der Einheitsstrafe – etwa durch den Wegfall einzelner Schuldfeststellungen – kann ein völlig anderes Bild auf die Persönlichkeit des Täters werfen und somit die Verhängung von Jugendstrafe entbehrlich machen.[6] Auch aus diesem Grund ist die Vorschrift, wie es RiLi 1 vorgibt, zurückhaltend anzuwenden.[7] Siehe auch § 55 Rn 18. 2

Zum Anwendungsbereich siehe § 55 Rn 7. 3

II. Anwendungsvoraussetzungen

Die Vollstreckung vor der Rechtskraft des gesamten Urteils ist eine endgültige Teilvollstreckung. Zur Anwendung dieser Vorschrift müssen vier Voraussetzungen vorliegen: 4

1. Einheitsstrafe. Wegen mehrerer Straftaten muss über den Verurteilten gem. § 31 oder § 32 analog oder § 66 eine **Einheitsstrafe** verhängt worden sein. Hierbei kommt nur eine Verurteilung zu nicht zur Bewährung ausgesetzter Jugendstrafe in Betracht.[8] Zwar ist § 56 primär auf den Fall ausgerichtet, dass in einem Verfahren über mehrere Straftaten des Verurteilten entschieden wird (§ 31 Abs. 1),[9] doch kann nach hM die Einheitsstrafe auch nach § 31 Abs. 2 gebildet sein, das heißt nach Einbeziehung einer in einem separaten Verfahren bereits rechtskräftig angeordneten Maßnahme, die noch nicht vollständig verbüßt oder ausgeführt wurde.[10] Hierbei besteht allerdings für eine Teilvollstreckbarkeitserklärung des Rechtsmittelgerichts regelmäßig kein Bedarf, weil das bereits rechts- 5

---

2 Entwurf eines Gesetzes zur Änderung des RJGG, BT-Drucks. I/3264, 46; zur Geschichte dieser Vorschrift siehe auch v. Beckerath, S. 158 ff.
3 Siehe Schaffstein/Beulke, S. 265.
4 Siehe Streng, Rn 591.
5 OLG Karlsruhe v. 13.1.1981, 3 Ws 346/80, MDR 1981, 519.
6 Eisenberg, § 56 Rn 4.
7 D/S/S-Schoreit, § 56 Rn 1; Streng, Rn 592.
8 Ostendorf, § 56 Rn 3.
9 Siehe BT-Drucks. I/4437, 9 f; v. Beckerath, S. 166.
10 OLG Karlsruhe v. 13.1.1981, 3 Ws 346/80, MDR 1981, 519; Brunner/Dölling, § 56 Rn 2; D/S/S-Schoreit, Rn 4; Eisenberg, § 56 Rn 8; v. Beckerath, S. 166; Ostendorf, § 56 Rn 6.

kräftige, einbezogene Urteil bis zur Rechtskraft des einbeziehenden Urteils selbstständig vollstreckbar bleibt.[11]

6   Strittig ist die nach § 31 Abs. 2 erfolgte Einbeziehung eines separaten Urteils, das auf Jugendstrafe lautet, die **zur Bewährung ausgesetzt** wurde: In diesem Fall hat das OLG Karlsruhe die Anwendung von § 56 unter der Bedingung bejaht, dass die Möglichkeit des Erhalts der Strafaussetzung zur Bewährung im konkreten Fall in der Rechtsmittelentscheidung praktisch ausscheidet und dem Verurteilten aus der Teilvollstreckbarkeitserklärung auch sonst kein Rechtsnachteil erwachsen darf.[12] Unter diesen Voraussetzungen (s. auch Rn 8 f) ist die Teilvollstreckung zu akzeptieren.[13]

7   **2. Vertikale Teilrechtskraft.** Mit der Rechtsmitteleinlegung dürfen die Schuldfeststellungen wegen einer od. mehrerer Straftaten nicht beanstandet worden sein, das heißt der **Schuldspruch** muss hinsichtlich einer oder mehrerer Taten **rechtskräftig** geworden sein. Umstritten ist die Anwendung der Vorschrift, wenn der gesamte Schuldspruch bereits rechtskräftig geworden ist, weil nur die Rechtsfolgen angefochten wurden. Zwar spricht der Wortlaut nicht gegen eine Anwendung, doch würde der Sinn der Vorschrift verfehlt: Sie soll angesichts mehrerer selbstständiger Straftaten, deren Schuldsprüche zusammen die Einheitsstrafe begründen, eine Parallele zur vertikalen Teilrechtskraft nach dem Erwachsenenstrafrecht bilden, wonach unter bestimmten Voraussetzungen die Teilvollstreckung von Einzelstrafen möglich ist.[14] Eine solche Parallele ist bei der Rechtskraft des gesamten Schuldspruchs gerade nicht gegeben.[15] Darüber hinaus widerspräche es dem jugendstrafrechtlichen Beschleunigungsgebot, wenn dem Rechtsmittelgericht durch die einfache Anordnung der Teilvollstreckung Anlass zu einer längerfristigen Terminierung der Hauptverhandlung gegeben würde.[16]

8   **3. Absatz 1 Satz 2.** Die Teilvollstreckung muss dem **wohlverstandenen Interesse** des Angeklagten entsprechen.[17] Aus dieser Anwendungseinschränkung folgt zunächst die Bedingung, dass dem jugendlichen Verurteilten aus der Teilvollstre-

---

11   BVerfG v. 19.3.2001, 2 BvR 430/01, NStZ 2001, 447; Bohlander, Einleitung der Vollstreckung rechtskräftiger Jugendstrafen, NStZ 1998, 236, 237. Einen Anwendungsbereich sieht Ostendorf, § 56 Rn 7, insbesondere wenn das einbezogene Urteil auf Erziehungsmaßregeln oder Zuchtmittel lautet.
12   OLG Karlsruhe v. 13.1.1981, 3 Ws 346/80, MDR 1981, 519: Zur Begründung bringt das Gericht vor, dass der Widerruf der Strafaussetzung als Alternative zur Teilvollstreckungserklärung „mit dem mit der Rechtskraft des einbeziehenden Urteils verbundenen Wegfall der Jugendstrafe des Ersturteils hinfällig würde" und daher „zum einen aus Gründen der Prozessökonomie, zum anderen aber und hauptsächlich im Interesse der erzieherisch notwendigen raschen Entscheidung" die Anwendung des § 56 geboten sei.
13   So auch Brunner/Dölling, § 56 Rn 2; aA v. Beckerath, S. 169, Nothacker, Zur Teilvollstreckung einer einheitlichen Jugendstrafe (§ 56 JGG), MDR 1982, 278.
14   Hierzu Meyer-Goßner, § 449 StPO Rn 11.
15   So auch Eisenberg, § 56 Rn 9; Laubenthal/Baier, Rn 406; v. Beckerath, S. 165 f. Im Ergebnis gleich Brunner/Dölling, § 56 Rn 3 sowie Schoreit in D/S/S, § 56 Rn 6, der allerdings über die „Normalsituation" hinaus ein Bedürfnis für die Teilvollstreckungserklärung sieht, wenn „zusätzliche Folgen einer einzelnen Tat wie Maßregeln der Besserung und Sicherung (§ 7) zusätzliche Untersuchungen erforderlich machen." AA Ostendorf, § 56 Rn 4, der die Anwendung des § 56 auf einen Erst-Recht-Schluss stützt und das Prinzip der vertikalen Teilrechtskraft gewahrt sieht. Ähnlich Streng, Jugendstrafrecht, Rn 592.
16   D/S/S-Schoreit, § 56 Rn 6; v. Beckerath, S. 166.
17   Kritisch zu diesem Begriff als zu unbestimmt Eisenberg, § 56 Rn 6.

ckungserklärung kein Rechtsnachteil erwachsen darf.[18] Das subjektive Interesse des Verurteilten wird regelmäßig auf Verzögerung des Strafantritts gerichtet sein. Dagegen ist das „wohlverstandene Interesse" hier objektiviert zu verstehen, das heißt in Bezug zu den die Resozialisierung fördernden Behandlungschancen:[19] In diesem Sinne kann der erzieherisch ausgestaltete Jugendstrafvollzug gegenüber der – zumeist lediglich auf Verwahrung ausgerichteten – Untersuchungshaft vorteilhaft sein.[20] Zu berücksichtigen ist dabei aber, dass für den erzieherischen Erfolg des Jugendstrafvollzugs regelmäßig die Bereitschaft des Jugendlichen zur Behandlungsteilnahme notwendig ist, die wiederum häufig im Gegensatz zum subjektiven Interesse stehen wird. Darüber hinaus ist die erzieherische Ausgestaltung des Jugendstrafvollzugs erschwert, weil der auch von der Straflänge abhängige Vollzugsplan angesichts der Teilanfechtung lediglich vorläufig sein kann.[21]

4. Absatz 1 Satz 3. Die Teilstrafe darf das Ausmaß der **nicht beanstandeten Schuldfeststellungen nicht übersteigen**. Es darf also kein Vorwegvollzug der angefochtenen Straftaten angeordnet werden. Darüber hinaus muss praktisch ausgeschlossen sein, dass durch das Rechtsmittelurteil die gesamte Jugendstrafe wegfällt.[22] Dies wird angesichts der persönlichkeitsorientierten Strafzumessung im Einheitsstrafensystem und der notwendigen Entscheidung des Gerichts nach Aktenlage[23] nur selten mit Sicherheit angenommen werden können, weswegen die Vorschrift, wie von RiLi 1 nahegelegt, nur zurückhaltend anzuwenden ist.   9

III. Verfahren

Die Entscheidung über die Teilvollstreckung fällt das Rechtsmittelgericht nach pflichtgemäßem Ermessen durch Beschluss.[24] Bei der Berufung entscheidet die Jugendkammer, bei der Revision das OLG oder der BGH. Die Entscheidung soll vor der Hauptverhandlung des Rechtsmittelgerichts ergehen. Sie erübrigt sich, wenn die Revision nach § 349 Abs. 2 StPO als offensichtlich unbegründet erachtet wird.[25]   10

Als **Rechtsmittel** gegen den Beschluss der Jugendkammer besteht gemäß **Abs. 2** die **sofortige Beschwerde**. Beschlüsse, die auf diese sofortige Beschwerde hin erlassen werden, sind nach § 310 StPO nicht anfechtbar, die weitere Beschwerde ist also nicht gegeben. Die Teilvollstreckungsanordnung des Revisionsgerichts ist nach § 304 Abs. 4 StPO überhaupt unanfechtbar. Entgegen § 307 Abs. 1 StPO hat die sofortige Beschwerde nach Abs. 2 aufschiebende Wirkung, weil von ihrem Ergebnis die Vollstreckung des Urteils abhängt.[26]   11

---

18 OLG Karlsruhe v. 13.1.1981, 3 Ws 346/80, MDR 1981, 519; Brunner/Dölling, § 56 Rn 4; D/S/S-Schoreit, § 56 Rn 9; Eisenberg, § 56 Rn 10.
19 D/S/S-Schoreit, § 56 Rn 8; Ostendorf, § 56 Rn 8.
20 Brunner/Dölling, § 56 Rn 4; Streng, Rn 591; Schaffstein/Beulke, S. 265.
21 Ostendorf, § 56 Rn 7, 8.
22 OLG Karlsruhe v. 13.1.1981, 3 Ws 346/80, MDR 1981, 519; Brunner/Dölling, § 56 Rn 5.
23 Siehe Brunner/Dölling, § 56 Rn 6.
24 Siehe Eisenberg, § 56 Rn 13.
25 D/S/S-Schoreit, § 56 Rn 12; Ostendorf, § 56 Rn 10; Dallinger/Lackner, § 56 Rn 13.
26 Brunner/Dölling, § 56 Rn 8; D/S/S-Schoreit, § 56 Rn 13; Eisenberg, § 56 Rn 14; Meyer-Goßner, § 307 StPO Rn 1.

Vierter Unterabschnitt Verfahren bei Aussetzung der Jugendstrafe zur Bewährung

§ 57 Entscheidung über die Aussetzung

(1) ¹Die Aussetzung der Jugendstrafe zur Bewährung wird im Urteil oder, solange der Strafvollzug noch nicht begonnen hat, nachträglich durch Beschluß angeordnet. ²Für den nachträglichen Beschluß ist der Richter zuständig, der in der Sache im ersten Rechtszuge erkannt hat; der Staatsanwalt und der Jugendliche sind zu hören.

(2) Hat der Richter die Aussetzung im Urteil abgelehnt, so ist ihre nachträgliche Anordnung nur zulässig, wenn seit Erlaß des Urteils Umstände hervorgetreten sind, die allein oder in Verbindung mit den bereits bekannten Umständen eine Aussetzung der Jugendstrafe zur Bewährung rechtfertigen.

(3) ¹Kommen Weisungen oder Auflagen (§ 23) in Betracht, so ist der Jugendliche in geeigneten Fällen zu befragen, ob er Zusagen für seine künftige Lebensführung macht oder sich zu Leistungen erbietet, die der Genugtuung für das begangene Unrecht dienen. ²Kommt die Weisung in Betracht, sich einer heilerzieherischen Behandlung oder einer Entziehungskur zu unterziehen, so ist der Jugendliche, der das sechzehnte Lebensjahr vollendet hat, zu befragen, ob er hierzu seine Einwilligung gibt.

(4) § 260 Abs. 4 Satz 4 und § 267 Abs. 3 Satz 4 der Strafprozeßordnung gelten entsprechend.

Schrifttum:

Flümann, Die Vorbewährung nach § 57 JGG – Voraussetzungen, Handhabung und Bedeutung, 1983; *Sommerfeld*, „Vorbewährung" nach § 57 JGG in Dogmatik und Praxis, 2007; *Werner-Eschenbach*, Jugendstrafrecht. Ein Experimentierfeld für neue Rechtsinstitute, 2005.

I. Grundlagen	1	5. Zuständigkeit (Abs. 1 S. 2 Hs 1)	11
II. Die Voraussetzungen im Einzelnen	4	6. Anhörungs- und Befragungspflicht (Abs. 1 S. 2 Hs 2; Abs. 3)	12
1. Entscheidungsmöglichkeiten (Abs. 1 S. 1)	4	7. Vorläufige Maßnahmen, Sicherungshaftbefehl	15
2. Entscheidung im Urteil (Abs. 4)	5	III. Verfahrenshinweise	16
3. Nebenentscheidungen	6		
4. Nachträgliches Beschlussverfahren	8		

I. Grundlagen

1 Während im Erwachsenenstrafrecht über die Aussetzung der Vollstreckung der Freiheitsstrafe zur Bewährung vom erkennenden Gericht im Urteil entschieden werden muss (§ 268 a Abs. 1 StPO), eröffnet das Jugendstrafrecht insoweit eine größere Flexibilität. Die Vorschrift ermöglicht es, über die Aussetzung der Vollstreckung einer Jugendstrafe auch noch nachträglich, spätestens bis zum Beginn des Vollzugs der Strafe zu entscheiden. Das Gesetz will damit der Unsicherheit Rechnung tragen, die im Einzelfall über den für die Aussetzungsentscheidung maßgeblichen Prognosesachverhalt (s.o. § 21 Rn 8 ff) bestehen kann. Wenn die Erforderlichkeit einer Jugendstrafe zur Überzeugung des Gerichts sicher feststeht,

sich aber in der Hauptverhandlung Anhaltspunkte ergeben, die eine positive Entwicklung des Jugendlichen möglich, wenn auch noch nicht hinreichend sicher erscheinen lassen (Beispiel: Der Jugendliche bekundet in der Hauptverhandlung, er habe einen Ausbildungsplatz in Aussicht; ob er die Stelle antritt, ist noch offen), kann sich das Gericht die Entscheidung über die Aussetzung für einen späteren Zeitpunkt vorbehalten. Mit der Eröffnung des nachträglichen Beschlussverfahrens wird die missliche Konsequenz vermieden, dass das Verfahren ansonsten bis zur Klärung der für die Prognose erforderlichen Umstände unterbrochen oder ausgesetzt werden müsste.

In der Praxis hat sich das rechtspolitisch durchaus sinnvolle nachträgliche Beschlussverfahren praeter legem zu einer Sanktionskategorie eigener Art, der sog. **Vorbewährung** entwickelt.[1] Während § 21 zur sofortigen Aussetzung der Vollstreckung und § 27 zur Aussetzung der Verhängung der Jugendstrafe genutzt wird, versteht die Praxis § 57 als Regelung, die die Möglichkeit der „Bewährung vor der Bewährung"[2] eröffnet. Der prognoserelevante Sachverhalt ist bei dieser Vorgehensweise zur Überzeugung des Gerichts aufgeklärt, das Gericht ist sich aber dennoch unsicher, in welche Richtung sich der Jugendliche entwickeln wird. Um den Angeklagten noch über einen längeren Zeitraum beobachten zu können und sich für die Prognose erforderliche Gewissheit zu verschaffen, lässt das Gericht die Entscheidung über die Aussetzung offen und äußert sich lediglich dahingehend, einen Beschluss über die Aussetzung nicht vor Ablauf einer bestimmten Frist fassen zu wollen. Zugleich werden dem Verurteilten in analoger Anwendung der §§ 8 Abs. 2, 10 und 15 Weisungen und/oder Auflagen erteilt und er wird der Betreuung und Aufsicht eines Betreuungshelfers unterstellt (§ 10 Abs. 1 S. 3 Nr. 5); de lege ferenda wird auch daran gedacht, die Möglichkeit eines „Warnschussarrests" zu eröffnen (s.o. § 16 Rn 35 ff). Ein Bewährungshelfer darf noch nicht bestellt werden, da die Anwendbarkeit der §§ 24 und 25 voraussetzt, dass die Jugendstrafe nach § 21 oder § 27 zur Bewährung ausgesetzt worden ist; in der Praxis wird diese Einschränkung jedoch häufig übergangen.[3] Der am Ende der „Vorbewährungszeit" vom Betreuungshelfer oder dem „Vor-" Bewährungshelfer erstattete Bericht bildet die Grundlage für die richterliche Entscheidung, ob die Vollstreckung der Strafe nachträglich gem. § 21 zur Bewährung ausgesetzt wird. Die Praxis sieht in dieser Vorgehensweise ein erzieherisch notwendiges und nützliches Instrument, um auf mehrfach belastete und benachteiligte Risikoprobanden einwirken und sie unter dem Druck der Unsicherheit über die Verbüßung der verhängten Strafe zu einer strafnormkonformen Lebensführung veranlassen zu können („letzte Chance").[4]

Die Ausweitung des nachträglichen Beschlussverfahrens zu einem erzieherischen Sanktionsinstrument eigener Art stößt in weiten Teilen des Schrifttums zu Recht

---

1 OLG Hamburg v. 7.10.2008, 2 Ws 149/08, NStZ 2009, 451, 452; OLG Hamm, v. 22.1.2002, 2 Ws 144/02, NStZ-RR 2002, 251; OLG Dresden v. 12.6.1998, 1 Ws 137/97, NStZ-RR 1998, 318; zustimmend Laubenthal/Baier, Rn 783 ff; Streng, Jugendstrafrecht, Rn 474 ff; Eisenberg, § 57 Rn 6; Brunner/Dölling, § 57 Rn 4.
2 Meier/Rössner/Schöch-Rössner, § 12 Rn 24.
3 Laubenthal/Baier, Rn 783; Eisenberg, § 57 Rn 6; Sommerfeld, S. 53 f.; krit. Ostendorf, Rn 255; für die Zulässigkeit der Bestellung eines „Vor-"Bewährungshelfers demgegenüber die Praxis, vgl OLG Hamburg v. 7.10.2008, 2 Ws 149/08, NStZ 2009, 451, 453; OLG Dresden v. 12.6.1998, 1 Ws 137/97, NStZ-RR 1998, 318.
4 Sommerfeld, S. 115 ff, 160; D/S/S-Sonnen, § 57 Rn 10; Hombrecher, Die Rechtsfolgen der Jugendstraftat, JA 2008, 456.

auf **Kritik**.[5] Mit den beiden ausdifferenzierten Regelungskomplexen der §§ 21 ff und §§ 27 ff hat der Gesetzgeber zu erkennen gegeben, welche Instrumente genutzt werden sollen, um mithilfe einer „ambulanten Doppelstrategie" von Betreuung und Kontrolle auf den Verurteilten einzuwirken. Wie in dem Fehlen expliziter Regelungen zur Dauer der Zurückstellung des Beschlussverfahrens, zu den möglichen Weisungen und Auflagen sowie zur Unterstellung unter die Aufsicht und Leitung der Bewährungshilfe deutlich wird, sollte mit § 57 keine dritte, eigenständige Bewährungskategorie geschaffen werden. Vor allem aber lässt sich gegen das Institut der Vorbewährung einwenden, dass es dieses Instruments zur erzieherischen Einwirkung auf den Verurteilten tatsächlich nicht bedarf. Wenn die verhängte Jugendstrafe nach § 21 zur Bewährung ausgesetzt wird und sich der Jugendliche entgegen den Erwartungen nicht bewährt, kann die Aussetzung widerrufen und die Jugendstrafe zum Vollzug gebracht werden; welche Täterkonstellationen mit der Vorbewährung nach § 57 besser erfasst werden können als mit der Widerrufsmöglichkeit nach § 26, ist jenseits des Pauschalurteils „Risikoprobanden" bislang noch nicht ausreichend dargetan worden. Für die Sonderfälle der betäubungsmittelabhängigen Verurteilten[6] gibt es im Übrigen die Möglichkeit der Zurückstellung der Strafvollstreckung nach § 38 iVm §§ 35 f BtMG. Im Ergebnis sprechen die besseren Argumente deshalb dafür, die Möglichkeit der nachträglichen Beschlussentscheidung auf solche Fallkonstellationen zu beschränken, in denen der prognoserelevante Sachverhalt zum Zeitpunkt der Urteilsverkündung noch nicht vollständig aufgeklärt werden kann.

II. Die Voraussetzungen im Einzelnen

4 **1. Entscheidungsmöglichkeiten (Abs. 1 S. 1).** Die Aussetzung der Vollstreckung der Jugendstrafe zur Bewährung kann entweder – wie im Erwachsenenstrafrecht – im Urteil oder nachträglich durch Beschluss angeordnet werden. Die Entscheidung steht nicht im Ermessen des Gerichts (so aber die hM[7], die aus erzieherischen Gründen das Institut der Vorbewährung für zulässig hält; s.o. Rn 2), sondern muss vor dem Hintergrund der besonderen Zwecksetzung des § 57 getroffen werden. Zulässig ist die nachträgliche Beschlussfassung danach nur dann, wenn die Anordnung der Aussetzung nach dem Ergebnis der Hauptverhandlung noch nicht spruchreif ist; dabei muss die fehlende Spruchreife darauf beruhen, dass zum Urteilszeitpunkt noch nicht über sämtliche für die Legalprognose wesentlichen Tatsachen (s.o. § 21 Rn 10 ff) Klarheit besteht und die Hauptverhandlung deshalb eigentlich unterbrochen oder ausgesetzt werden müsste.[8] Grundsätzlich ist die Aussetzungsentscheidung daher im Urteil zu treffen; die nachträgliche Beschlussentscheidung kommt nur in Ausnahmefällen in Betracht. Allein aus Gründen der erzieherischen Zweckmäßigkeit, z.B. um dem Verurteilten den Ernst der Situation deutlich zu machen oder ihm eine „letzte Chance" zu geben, darf die

---

5 Flümann, S. 19 ff; Sommerfeld, S. 15 ff; Werner-Eschenbach, S. 21 ff; Meier/Rössner/Schöch-Rössner, § 12 Rn 24; Ostendorf, § 57 Rn 5 f; ders., Rn 255; ders., Flexibilität versus Rechtsstaatlichkeit im Jugendstrafrecht, GA 2006, 524 f; Walter/Pieplow, Zur Zulässigkeit eines Vorbehalts der Vollstreckbarkeitsentscheidung, insbesondere einer „Vorbewährung" gemäß § 57 Jugendgerichtsgesetz, NStZ 1988, 168 f.
6 In der Praxis scheint die Vorbewährung häufig dafür genutzt zu werden, um die Wartezeit auf einen Therapieplatz zu überbrücken, vgl Sommerfeld, S. 98; Eisenberg, § 57 Rn 4 b, 6 b.
7 Namentlich BGH v. 13.1.1960, 2 StR 557/59, BGHSt 14,74.
8 Eisenberg, § 57 Rn 4; Eisenberg/Wolski, Vollstreckbarkeit einer Jugendstrafe trotz Vorbehaltes des Gerichts, in einem späteren Beschluß über eine Strafaussetzung zu entscheiden?, NStZ 1986, 221.

Entscheidung nicht in das Nachverfahren verlagert werden. Dies ist auch deshalb untunlich, weil an der späteren Aussetzungsentscheidung die Schöffen nicht mehr mitwirken, da diese Entscheidung außerhalb der Hauptverhandlung ergeht (s.u. Rn 11).

2. Entscheidung im Urteil (Abs. 4). Wenn über die Aussetzung im Urteil ent- 5 schieden wird, gelten gegenüber dem allgemeinen Strafrecht keine Besonderheiten. Wird die Vollstreckung der Jugendstrafe zur Bewährung ausgesetzt, muss dies in der Urteilsformel zum Ausdruck gebracht (Abs. 4 iVm § 260 Abs. 4 S. 4 StPO; zur Formulierung s.o. § 21 Rn 22) und begründet werden (Abs. 4 iVm § 267 Abs. 3 S. 4 StPO). Zusammen mit dem Urteil wird ein Beschluss verkündet, in dem die nach §§ 22 bis 24 erforderlichen Nebenentscheidungen getroffen werden (§ 58 Abs. 1 S. 1, Abs. 3 S. 1).[9] Wird die Strafe nicht zur Bewährung ausgesetzt, so wird die Entscheidung nicht in den Urteilstenor aufgenommen, sondern es werden die maßgeblichen Erwägungen lediglich in den Urteilsgründen genannt, sofern in der Hauptverhandlung ein entsprechender Antrag gestellt wurde oder die Aussetzung aus sonstigen Gründen nahelag (Abs. 4 iVm § 267 Abs. 3 S. 4 StPO).[10]

Soll über die Aussetzung nicht im Urteil entschieden, sondern die Entscheidung dem nachträglichen Beschlussverfahren vorbehalten werden, muss der Vorbehalt nicht im Urteilstenor, sondern lediglich in den Urteilsgründen ausgesprochen werden („Die Entscheidung über die Strafaussetzung zur Bewährung bleibt für die Dauer von drei Monaten einem gesonderten Beschlussverfahren vorbehalten.")[11]; entsprechend Abs. 4 iVm § 267 Abs. 3 S. 4 StPO gilt dies jedenfalls dann, wenn in der Hauptverhandlung ein Aussetzungsantrag gestellt wurde oder die Aussetzung aus sonstigen Gründen nahelag.[12] Die Gründe für den Vorbehalt müssen zwar nicht genannt werden; im Interesse der Klarheit und Transparenz der Entscheidung für den jungen Verurteilten sollte eine entsprechende Begründung jedoch selbstverständlich sein. Wenn das Urteil zur Frage der Bewährungsaussetzung schweigt, bedeutet dies – soweit das Gericht ansonsten eine Begründungspflicht hätte – nicht die Ablehnung der Strafaussetzung, sondern ist als stillschweigendes Absehen von der sofortigen Entscheidung mit dem Vorbehalt der späteren Prüfung im Beschlussverfahren zu verstehen.[13]

3. Nebenentscheidungen. Behält das erkennende Gericht die Entscheidung über 6 die Strafaussetzung einem gesonderten Beschlussverfahren vor, stellt sich die Frage, innerhalb welcher zeitlichen Grenzen der Beschluss gefasst werden muss. Das Gesetz spricht lediglich davon, dass die Aussetzung „nachträglich" angeordnet werden könne. Aus dem Zweck der Regelung – dem Gericht die Vervollständigung des Prognosesachverhalts zu ermöglichen (s.o. Rn 2) – ergibt sich, dass die Beschlussentscheidung dann zu erfolgen hat, wenn die Sache spruchreif ist. Um für alle Beteiligten Klarheit zu schaffen, kann das Gericht durch Beschluss (s.u. § 58 Rn 3) eine **Frist** bestimmen, innerhalb derer die noch offenen Fragen zu klären sind. Für die Bemessung der Frist gibt es keine festen Maßstäbe. Grundsätzlich

---

9 Brunner/Dölling, § 58 Rn 3.
10 BGH v. 5.3.1954, 2 StR 15/54, BGHSt 6, 68, 69; Meyer-Goßner, § 267 Rn 23; Eisenberg, § 57 Rn 9 f.
11 Ostendorf, § 57 Rn 4; Brunner/Dölling, § 57 Rn 2; anders offenbar Jäckel, Aussetzung der Verhängung einer Jugendstrafe, Strafaussetzung zur Bewährung und Vorbewährung im Jugendstrafrecht, JA 2010, 543.
12 BGH v. 13.1.1960, 2 StR 557/59, BGHSt 14, 74, 75.
13 BGH v. 13.1.1960, 2 StR 557/59, BGHSt 14, 74, 75; Ostendorf, § 57 Rn 4; Eisenberg, § 57 Rn 11; D/S/S-Sonnen, § 57 Rn 6.

sollte die Frist nicht allzu lang sein; aus erzieherischen Gründen, aber auch mit Blick auf den Beschleunigungsgrundsatz darf der Bezug zum Urteil nicht verloren gehen. Im Höchstmaß sollte die Frist daher eine Dauer von drei Monaten nicht überschreiten.[14] Die in der Praxis übliche Frist von sechs Monaten[15] erscheint zu lang und erklärt sich nur aus der besonderen Funktion, die die Praxis dem Institut der Vorbewährung beimisst, nämlich den Verurteilten über einen längeren Zeitraum zu beobachten, um sein künftiges Legalverhalten besser einschätzen zu können (s.o. Rn 2).

7 Das erkennende Gericht darf dem Verurteilten **Weisungen** erteilen, um den Erfolg der Vorbehaltsentscheidung sicherzustellen. Mit den Weisungen darf in die Lebensführung des Jugendlichen eingegriffen werden, um die in der Hauptverhandlung erkennbare positive Entwicklung zu stützen, zu fördern und zu sichern. Die Zulässigkeit der Weisungserteilung ergibt sich aus § 8 Abs. 2. Die Befragungspflicht ist zu beachten (Abs. 3; s.u. Rn 12). Um dem Jugendlichen zusätzliche Unterstützung zukommen zu lassen, kann es sinnvoll sein, ihn für die Vorbehaltsfrist der Betreuung und Aufsicht einer bestimmten Person zu unterstellen (§ 10 Abs. 1 S. 3 Nr. 5); insoweit wird häufig ein Vertreter der Jugendgerichtshilfe zu benennen sein (vgl § 38 Abs. 3 S. 3 Hs 2). Die Unterstellung unter die Aufsicht und Leitung eines **Bewährungshelfers** (§ 24 Abs. 1 S. 1) ist nach der hier vertretenen Auffassung nicht zulässig (s.o. Rn 2). Um im Fall der späteren Bewährungsaussetzung notwendigen, erzieherisch ungünstigen Wechsel der Bezugspersonen zu vermeiden, kann jedoch auch der spätere Bewährungshelfer vorübergehend als Betreuungshelfer beigeordnet werden.[16] Bei der Ausgestaltung der Vorbehaltsentscheidung darf der spätere **Aussetzungsbeschluss nicht vorweggenommen** werden; der Vorbehalt dient lediglich der Klärung der noch offenen Fragen. Die Erteilung von Auflagen, die nach § 8 Abs. 2 ebenfalls erfolgen dürfte, kommt deshalb grundsätzlich nicht in Betracht; es geht bei der Vorbehaltsentscheidung (noch) nicht darum, dem Verurteilten seine Verantwortlichkeit für die Tat vor Augen zu führen. Nur in den Fällen, in denen das Gericht eine Auflage auch parallel zur vollstreckten Jugendstrafe für richtig hält (zB die Auflage zur Schadenswiedergutmachung), kann die entsprechende Maßnahme schon in der Vorbehaltsentscheidung angeordnet werden. Die Nichtbefolgung der erteilten Weisungen und Auflagen bleibt iÜ rechtlich konsequenzenlos; insbesondere kommt kein Ungehorsamsarrest nach §§ 11 Abs. 3, 15 Abs. 3 S. 2 in Betracht, wenn das Gericht die Bewährungsaussetzung mit Blick auf das Verhalten des Verurteilten im Nachverfahren ablehnen will; dies würde gegen das Kombinationsverbot des § 8 Abs. 2 verstoßen. Zur de lege ferenda erwogenen Einführung eines **Warnschussarrests** und der hieran zu übenden Kritik s.o. § 16 Rn 36 ff.

8 **4. Nachträgliches Beschlussverfahren.** Sobald die in der Hauptverhandlung noch offenen Fragen geklärt sind (die Sache spruchreif ist)[17] oder die vom Gericht für die Klärung gesetzte Frist (erfolglos) verstrichen ist, wird das nachträgliche Beschlussverfahren durchgeführt. Das Verfahren wird von Amts wegen betrieben; eines Antrags des Verurteilten oder der Staatsanwaltschaft bedarf es hierfür nicht. Gegenstand des Verfahrens ist die Entscheidung über die Aussetzung der im Urteil verhängten Jugendstrafe zur Bewährung. Rechtsgrundlage ist § 21; die Tatsachengrundlage liefert idR der vom Betreuungshelfer bzw dem „Vor-"Bewäh-

---

14 Laubenthal/Baier, Rn 786; Ostendorf, § 57 Rn 4; Eisenberg, § 57 Rn 6.
15 OLG Hamburg v. 7.10.2008, 2 Ws 149/08, NStZ 2009, 451, 452; OLG Dresden v. 12.6.1998, 1 Ws 137/97, NStZ-RR 1998, 318; Sommerfeld, S. 48.
16 Böhm/Feuerhelm, S. 240.
17 OLG Hamburg v. 7.10.2008, 2 Ws 149/08, NStZ 2009, 451, 453.

rungshelfer erstattete Bericht (s.o. Rn 2). Die richterliche Entscheidung kann positiv oder negativ ausfallen; zulässig ist aber auch die nochmalige Fristverlängerung. Für die Entscheidung kommt es nicht darauf an, dass das im Anschluss an die Hauptverhandlung ergangene Urteil schon in Rechtskraft erwachsen ist.[18] Hierfür liefert das Gesetz keinen Anhaltspunkt.

Die nachträgliche Beschlussentscheidung ist nur zulässig, solange der **Strafvollzug noch nicht begonnen** hat (Abs. 1 S. 1); nach diesem Zeitpunkt kommen nur noch eine Gnadenentscheidung oder die Strafrestaussetzung nach § 88 in Betracht. Die im Gesetz festgelegte Einschränkung hat in der Praxis nur geringe Bedeutung, da die noch ausstehende Beschlussentscheidung ein Vollstreckungshindernis darstellt; solange über die nachträgliche Aussetzung der verhängten Strafe noch nicht entschieden ist, darf die Vollstreckung nicht eingeleitet werden.[19] Der „Strafvollzug" beginnt mit der Aufnahme des Verurteilten in die Justizvollzugsanstalt zum Zweck der Strafverbüßung; die Unterbringung in der Untersuchungs- oder Sicherungshaft hindert die nachträgliche Beschlussfassung nicht.

9

Abgesehen von der zeitlichen Einschränkung, dass der Strafvollzug noch nicht begonnen haben darf, ergeben sich aus dem Gesetz keine weiteren Einschränkungen. Die nachträgliche Entscheidung darf deshalb auch dann ergehen, wenn das Gericht die Aussetzung im Urteil zunächst explizit abgelehnt hatte. Da mit dem nachträglichen Beschluss in die Entscheidung des erkennenden Gerichts eingegriffen wird, darf eine Aussetzung in diesem Fall allerdings nur dann ergehen, wenn **nachträglich Umstände bekannt geworden** sind, die die Aussetzung allein oder in Verbindung mit bereits bekannten Umständen rechtfertigen (Abs. 2). Hierfür kommt es nicht darauf an, ob die Umstände schon vor dem Erlass des Urteils bestanden haben; maßgeblich ist der Zeitpunkt der Kenntniserlangung durch das Gericht.[20] Zweifelhaft kann sein, ob Abs. 2 analog auf die Fälle anzuwenden ist, in denen das Gericht die Aussetzung nicht im Urteil, sondern in einem nachträglichen Beschluss abgelehnt oder in denen es die im Urteil gewährte Strafaussetzung nach § 26 Abs. 1 widerrufen hat. Angesichts des klaren Wortlauts („im Urteil abgelehnt") dürfte es jedoch an der für eine Analogie erforderlichen Regelungslücke fehlen und eine Korrektur der Entscheidung nur im Gnadenweg möglich sein.[21]

10

5. Zuständigkeit (Abs. 1 S. 2 Hs 1). Für die nachträgliche Beschlussentscheidung ist das Gericht des ersten Rechtszugs zuständig. Da es sich um eine Entscheidung außerhalb der Hauptverhandlung handelt, wirken die Schöffen an der Entscheidung nicht mit (§§ 33a Abs. 2, 33b Abs. 3). Das Gericht des ersten Rechtszugs ist auch dann für die Beschlussentscheidung zuständig, wenn der Vorbehalt erstmals im Berufungsurteil ausgesprochen worden ist und das Berufungsgericht nach § 58 Abs. 3 S. 1 für die weitere Ausgestaltung der in diesem Zusammenhang zu treffenden Nebenentscheidungen (s.o. Rn 6) zuständig ist.[22]

11

---

18 Ostendorf, § 57 Rn 9; D/S/S-Sonnen, § 57 Rn 16; aA Brunner/Dölling, § 57 Rn 9; Eisenberg, § 57 Rn 22.
19 KG v. 1.12.1986, 4 Ws 266/86, NStZ 1988, 182; OLG Frankfurt a.M. v. 5.3.1997, 3 Ws 175/97, NStZ-RR 1997, 250; Eisenberg, § 57 Rn 20; Sommerfeld, S. 64 ff; aA OLG Stuttgart v. 15.10.1985, 4 Ss 650/85, NStZ 1986, 219, 220, m. abl. Anm. Eisenberg/Wolski.
20 Vgl Meyer-Goßner, § 359 Rn 30.
21 Wie hier Ostendorf, § 57 Rn 10, 12; zT anders Eisenberg, § 57 Rn 13, 24; Brunner/Dölling, § 57 Rn 5; D/S/S-Sonnen, § 57 Rn 17.
22 OLG Hamburg v. 7.10.2008, 2 Ws 149/08, NStZ 2009, 451, 453; OLG Frankfurt v. 30.12.1994, 3 Ws 875/94, NStZ-RR 1996, 252.

12 6. **Anhörungs- und Befragungspflicht (Abs. 1 S. 2 Hs 2; Abs. 3).** Eine mündliche Verhandlung ist für das nachträgliche Beschlussverfahren nicht vorgeschrieben, dürfte sich jedoch in geeigneten Fällen empfehlen, um der Konzentrationsmaxime Rechnung zu tragen und dem Jugendlichen die Bedeutung der Entscheidung besser zu verdeutlichen. Vor dem nachträglichen Beschluss sind der Staatsanwalt und der Jugendliche zu hören (Abs. 1 S. 2 Hs 2). Ebenfalls gehört werden müssen der Erziehungsberechtigte und der gesetzliche Vertreter (§ 67 Abs. 1). Die mündliche Verhandlung kann mit dem Termin für die Aushändigung des Bewährungsplans und die Belehrung über die Bedeutung der Aussetzung (§ 60 Abs. 1 S. 2) verbunden werden. Begnügt sich das Gericht mit der Durchführung von Anhörungen, kann die Anhörung der Staatsanwaltschaft schriftlich erfolgen.[23] Die Anhörung des Jugendlichen sollte mit Blick auf die geringe Lese- und Schreibkompetenz vieler Jugendlicher grundsätzlich mündlich erfolgen (s.u. § 58 Rn 5).

13 Unabhängig davon, ob über die Bewährungsaussetzung im Urteil oder einem nachträglichen Beschluss entschieden wird, ist der Jugendliche in geeigneten Fällen vor der Erteilung von Weisungen oder Auflagen zu befragen, ob er Zusagen für seine künftige Lebensführung macht oder sich zu Leistungen für den Ausgleich des begangenen Unrechts erbietet (Abs. 3 S. 1). Mit dem Vorrang freiwilliger Zusagen und Anerbieten bringt der Gesetzgeber zum Ausdruck, dass der Jugendliche auf die Ausgestaltung der im Zusammenhang mit der Aussetzung ergehenden Nebenentscheidungen Einfluss nehmen können soll. Grundgedanke ist, dass sich die Wahrscheinlichkeit künftigen straffreien Verhaltens erhöht, wenn sich der Verurteilte freiwillig bereit erklärt, sein Verhalten zu ändern und die für den Ausgleich notwendigen Leistungen zu erbringen. Geeignet für diesen Weg sind allerdings nur solche Fälle, in denen sich der Jugendliche nicht um der Erreichung vermeintlicher Vorteile willen überfordert oder seine Verantwortung für die Tat grundsätzlich infrage stellt; die latente Kollision der „kooperativen Sanktionierung" (s.o. § 23 Rn 8) mit den Verteidigungsinteressen des Angeklagten muss stets im Blick behalten werden.[24] Um dem Verteidigungsdilemma des Jugendlichen Rechnung zu tragen, eröffnet § 57 Abs. 1 S. 1 Alt. 2 die Möglichkeit eines informellen Schuldinterlokuts: In der Hauptverhandlung kann zunächst die Schuldfrage geklärt und dem Jugendlichen sodann im Rahmen des nachträglichen Beschlussverfahrens die Gelegenheit gegeben werden, auf die Sanktion durch realistische Zusagen und Anerbieten Einfluss zu nehmen.[25] Es versteht sich von selbst, dass es für den erzieherischen Erfolg des vom Gesetzgeber angeordneten Vorrangs freiwilliger Leistungen maßgeblich darauf ankommt, wie das Gespräch mit dem Jugendlichen geführt wird; allein mit der formalen Frage, ob er „etwas anzubieten" habe, ist es nicht getan.

14 Sofern das Gericht erwägt, dem Verurteilten die Weisung zu erteilen, sich einer heilerzieherischen Behandlung oder einer Entziehungskur zu unterziehen, muss der Jugendliche, nachdem er das 16. Lebensjahr vollendet hat, befragt werden, ob er hierzu seine Einwilligung gibt (Abs. 3 S. 2). Die Vorschrift nimmt auf § 10 Abs. 2 Bezug, wonach die betreffenden Maßnahmen ab dem 16. Lebensjahr nur mit dem Einverständnis des Jugendlichen angeordnet werden sollen. Da § 57 allgemeine Verfahrensfragen regelt, aber nicht die materiellen Voraussetzungen für die Maßnahmeanordnung festlegt, wird man § 57 nicht in der Weise interpretieren können, dass die in Abs. 3 S. 2 genannten Weisungen ausschließlich dann

---

23 Eisenberg, § 57 Rn 15; Ostendorf, § 57 Rn 11; Brunner/Dölling, § 57 Rn 8.
24 Zieger, Rn 78; Streng, Jugendstrafrecht, Rn 481; Brunner/Dölling, § 23 Rn 8.
25 Ostendorf, § 57 Rn. 14.

erteilt werden dürften, wenn der Jugendliche einwilligt. Von der hM in der Lit. wird die Vorschrift dennoch in diesem einschränkenden Sinn verstanden.[26]

7. Vorläufige Maßnahmen, Sicherungshaftbefehl. Gelangt das Gericht im nachträglichen Beschlussverfahren zu der Überzeugung, dass die Bewährungsaussetzung zu versagen ist, kann es in entsprechender Anwendung des § 2 Abs. 2 iVm § 453 c StPO diejenigen Maßnahmen anordnen, die erforderlich sind, um sich der Person des Verurteilten zu versichern. Unmittelbar ist § 453 c StPO zwar nur in den Fällen des Aussetzungswiderrufs anwendbar (s.u. § 58 Rn 11); eine entsprechende Anwendung ist jedoch in den Fällen möglich, in denen eine Aussetzung gar nicht erfolgt, sondern die Entscheidung lediglich auf einen späteren Zeitpunkt verschoben und ein Vollstreckungshindernis (s.o. Rn 9) begründet worden ist.[27] Zulässig ist der Erlass eines Sicherungshaftbefehls, wenn Flucht, Fluchtgefahr oder Wiederholungsfahr gegeben sind. Vorrangig ist jedoch zu prüfen, ob nicht andere Maßnahmen in Betracht kommen, mit denen der Zweck eines Sicherungshaftbefehls erreicht werden kann; dabei ist insbesondere an die Auferlegung einer Meldepflicht zu denken (vgl § 116 Abs. 1 StPO). Der Subsidiaritätsgrundsatz ist auch in diesem Zusammenhang zu beachten, da dem Jugendlichen in der Sicherungshaft idR keine geeigneten Betreuungsangebote unterbreitet werden können (vgl § 72 Abs. 2). 15

III. Verfahrenshinweise

Wenn das Gericht im nachträglichen Verfahren zu der Überzeugung gelangt, dass die Vollstreckung der Jugendstrafe zur Bewährung ausgesetzt werden kann, ergeht die Entscheidung durch Beschluss. 16

▶ **Tenor:**

„In der Strafsache gegen ... wird die Vollstreckung der Jugendstrafe aus dem Urteil des ... vom ... zur Bewährung ausgesetzt." ◀

In den Beschluss werden die nach §§ 22 bis 25 zulässigen Nebenentscheidungen, namentlich zur Dauer der Bewährungszeit und der Unterstellung unter die Bewährungshilfe aufgenommen (vgl § 58 Abs. 1 S. 1). Wenn die Aussetzungsvoraussetzungen nicht gegeben sind, wird eine negative Bestätigung, dass das bereits erlassene Urteil weiterwirkt und die Strafe vollstreckt werden kann, in der Literatur zT nicht für erforderlich gehalten.[28] Da der im Urteil ausdrücklich oder stillschweigend erklärte Vorbehalt der nachträglichen Entscheidung über die Bewährungsaussetzung ein Vollstreckungshindernis darstellt (s.o. Rn 9), erscheint der Erlass eines entsprechenden Beschlusses jedoch schon aus Klarstellungsgründen sinnvoll. Zur Formulierung des Vorbehalts s.o. Rn 5.

Der im nachträglichen Verfahren erlassene Beschluss ist, sofern er im Anhörungstermin ergeht, zu verkünden, sonst zuzustellen (§ 2 Abs. 2 iVm § 35 StPO; s.u. § 58 Rn 9). Er muss mit Gründen (§ 2 Abs. 2 iVm § 34 StPO) und einer Rechtsmittelbelehrung versehen werden (§ 2 Abs. 2 iVm. § 35 a StPO). Im Fall der Aussetzung kann die Verkündung mit der Aushändigung des Bewährungsplans und der Belehrung über die Bedeutung der Aussetzung (§ 60 Abs. 1 S. 2) 17

---

26 Ostendorf, § 10 Rn 23, § 57 Rn 14; Brunner/Dölling, § 57 Rn 7; D/S/S-Sonnen, § 57 Rn 18.
27 Ebenso OLG Karlsruhe v. 14.10.1982, 3 Ws 250/82, JR 1983, 517 m.zust.Anm. Brunner; LG Freiburg v. 10.1.1989, VI Qs 64/88, NStZ 1989, 387 m. krit. Anm. Fuchs; Bunner/Dölling, § 57 Rn 10; Eisenberg, § 57 Rn 17; aA Zieger, Rn 81; Sommerfeld, S. 66 f; Ostendorf, § 57 Rn 13; D/S/S-Sonnen, § 57 Rn 20.
28 Ostendorf, § 57 Rn 10.

verbunden werden. Der Beschluss, durch den die Jugendstrafe zur Bewährung ausgesetzt wird, wird in das Zentralregister eingetragen (§ 13 Abs. 1 Nr. 1 BZRG). Sowohl die Anordnung als auch die Ablehnung der Aussetzung können mit der sofortigen Beschwerde angefochten werden (§ 59 Abs. 1). Der im Urteil erklärte Vorbehalt einer nachträglichen Beschlussentscheidung kann von der Staatsanwaltschaft grundsätzlich nicht angefochten werden; etwas anderes gilt nur dann, wenn die Vorbehaltsentscheidung auf einem offensichtlichen Ermessensfehler beruht (s.u. § 59 Rn 4). Für die Anfechtung der im Zusammenhang mit dem Vorbehalt zulässigen Weisungen gilt § 59 Abs. 2 analog (s.u. § 59 Rn 10).

§ 58 Weitere Entscheidungen

(1) [1]Entscheidungen, die infolge der Aussetzung erforderlich werden (§§ 22, 23, 24, 26, 26a), trifft der Richter durch Beschluß. [2]Der Staatsanwalt, der Jugendliche und der Bewährungshelfer sind zu hören. [3]Wenn eine Entscheidung nach § 26 oder die Verhängung von Jugendarrest in Betracht kommt, ist dem Jugendlichen Gelegenheit zur mündlichen Äußerung vor dem Richter zu geben. [4]Der Beschluß ist zu begründen.

(2) Der Richter leitet auch die Vollstreckung der vorläufigen Maßnahmen nach § 453c der Strafprozeßordnung.

(3) [1]Zuständig ist der Richter, der die Aussetzung angeordnet hat. [2]Er kann die Entscheidungen ganz oder teilweise dem Jugendrichter übertragen, in dessen Bezirk sich der Jugendliche aufhält. [3]§ 42 Abs. 3 Satz 2 gilt entsprechend.

Schrifttum:
Burmann, Die Sicherungshaft gemäß § 453c StPO, 1984.

I. Grundlagen	1	2. Verfahren (Abs. 1)	3
II. Die Voraussetzungen im Einzelnen	2	3. Vorläufige Maßnahmen (Abs. 2)	10
1. Weitere Entscheidungen	2	4. Zuständigkeit (Abs. 3)	18

I. Grundlagen

1 Die Vorschrift knüpft an § 57 an und regelt den Erlass der weiteren Entscheidungen (Neben- und Nachtragsentscheidungen), wenn das Gericht die Aussetzung der Jugendstrafe zur Bewährung angeordnet hat. Das Verfahren richtet sich im Wesentlichen nach denselben Gesichtspunkten wie in Erwachsenensachen (vgl §§ 268a Abs. 1, 453 Abs. 1, 453c StPO); Besonderheiten gelten jedoch für die Zuständigkeit: Während in Erwachsenensachen für die weiteren Entscheidungen das Gericht des ersten Rechtszugs oder, sofern sich der Verurteilte in anderer Sache in Strafhaft befindet, die Strafvollstreckungskammer zuständig ist (vgl § 462a Abs. 1 und 2 StPO), ist in Jugendsachen wegen der Sachnähe grundsätzlich der Richter zuständig, der die Bewährungsaussetzung angeordnet hat (Abs. 3). Dabei kann es sich im Einzelfall um das Gericht des ersten Rechtszugs handeln, anordnendes Gericht kann aber auch das Berufungsgericht sein, wenn die Aussetzung erst in der Berufungsinstanz erfolgt.

II. Die Voraussetzungen im Einzelnen

1. Weitere Entscheidungen. Entscheidungen, die infolge der Aussetzung erforderlich werden, sind Neben- oder Nachtragsentscheidungen. Als Nebenentscheidungen lassen sich die zusammen mit der Aussetzungsanordnung verkündeten Entscheidungen zur Dauer der Bewährungszeit, den erteilten Weisungen und Auflagen sowie zur Unterstellung des Verurteilten unter die Aufsicht und Leitung der Bewährungshilfe (§§ 22 Abs. 1, 23 Abs. 1 S. 1 und 2, 24 Abs. 1 S. 1 und 2) bezeichnen, als Nachtragsentscheidungen die späteren Änderungen der erlassenen Nebenentscheidungen (§§ 22 Abs. 2, 23 Abs. 1 S. 3 und 4, 24 Abs. 2) sowie die Entscheidungen über den Widerruf der Strafaussetzung und den Erlass der Jugendstrafe (§§ 26, 26 a). Die Auswahl und Benennung des Bewährungshelfers (§ 25 S. 1) sowie die Zusammenstellung der erteilten Auflagen und Weisungen im Bewährungsplan (§ 60 Abs. 1 und 2) verändern die Rechtsstellung des Jugendlichen nicht und sind deshalb keine „Entscheidungen" iSd Vorschrift. Das in Abs. 1 geregelte förmliche Verfahren (Beschluss, Anhörung, Begründung) findet deshalb hier keine Anwendung,[1] wohl aber unterfallen die Maßnahmen der Zuständigkeitsregelung des Abs. 3, da eine getrennte Zuständigkeit in diesem Verfahrensabschnitt nicht vertretbar wäre.[2] Zu den in Abs. 2 genannten vorläufigen Maßnahmen, die im Zusammenhang mit der Entscheidung über den Widerruf stehen, s.u. Rn 10 ff.

2. Verfahren (Abs. 1). Die Nebenentscheidungen trifft das Gericht im Zusammenhang mit der Aussetzungsanordnung, also entweder in einem mit dem Urteil verkündeten oder in einem nachträglichen Beschluss (§ 57 Abs. 1 S. 1). Die Nachtragsentscheidungen werden getroffen, sobald ihre sachlichen Voraussetzungen vorliegen,[3] also sobald Tatsachen festgestellt worden sind, die die Änderung von Nebenentscheidungen, den Widerruf der Strafaussetzung oder den Erlass der Jugendstrafe rechtfertigen.

Vor der Entscheidung bestehen genauso wie im allgemeinen Strafrecht (vgl § 453 Abs. 1 S. 2 und 3 StPO) **Anhörungspflichten** (Abs. 1 S. 2 und 3). Der Staatsanwalt, der Jugendliche, der Erziehungsberechtigte und der gesetzliche Vertreter (§ 67 Abs. 1) müssen zu den bekannt gewordenen Tatsachen und der vom Gericht beabsichtigten Entscheidung gehört werden. Die im allgemeinen Strafrecht zulässige bloße Unterrichtung des Bewährungshelfers (vgl § 453 Abs. 1 S. 4) genügt im Jugendstrafrecht nicht; hier muss auch der Bewährungshelfer vom Gericht gehört werden (Abs. 1 S. 2). Die JGH muss ebenfalls herangezogen werden (§ 38 Abs. 3 S. 1).

Nach Abs. 1 gelten für die Durchführung der Anhörung keine besonderen Formerfordernisse. Nach § 2 Abs. 1 S. 2 ist das Verfahren allerdings am Erziehungsgedanken auszurichten. Die Anhörung des Jugendlichen ist deshalb nicht nur in der Weise durchzuführen, dass den aus Art. 103 Abs. 1 GG folgenden rechtsstaatlichen Mindeststandards Rechnung getragen wird, sondern sie muss den Jugendlichen als Person in das Verfahren einbinden und ihm die Bedeutung der bekanntgewordenen Tatsachen für die beabsichtigte Entscheidung verdeutlichen. Nicht zuletzt mit Blick auf die regelmäßig geringere sprachliche Ausdrucksfähigkeit Jugendlicher gegenüber Erwachsenen ist es deshalb sinnvoll, den Jugendlichen jedenfalls vor den für ihn nachteiligen Entscheidungen mündlich anzuhören

---

1 Ostendorf, § 58 Rn 2.
2 BGH v. 6.12.1963, 2 ARs 220/63, BGHSt 19, 170, 173; Eisenberg, § 58 Rn 5; Brunner/Dölling, § 58 Rn 2.
3 Eisenberg, § 58 Rn 6.

oder den Anhörungstermin sogar als mündliche Verhandlung auszugestalten, auch wenn das Gesetz dies nicht vorschreibt (s.o. § 57 Rn 12).[4] Dass das Gesetz keine Mindeststandards festschreibt, bedeutet nicht, dass sich die Praxis ausschließlich auf dem Niveau der aus richterlicher Sicht schnellstmöglichen Erledigungsform bewegen sollte; der Beschleunigungsgrundsatz und das Gebot der erzieherischen Verfahrensgestaltung nach § 2 Abs. 1 S. 2 stehen in einem in jedem Einzelfall neu auszutarierenden Spannungsverhältnis.

6 Im Gesetz vorgeschrieben ist die **mündliche Anhörung**, wenn der Widerruf der Aussetzung nach § 26 Abs. 1, die vorrangig zu prüfende Anpassung der Nebenentscheidungen nach § 26 Abs. 2 oder – als zweite Alternative zum Widerruf – die Anordnung von Ungehorsamsarrest (s.o. § 26 Rn. 13) in Betracht kommen (Abs. 1 S. 3). Der Verurteilte ist für die Anhörung zu einem anzuberaumenden Termin zu laden.[5] Allerdings muss ihm nur die Gelegenheit zur Anhörung gegeben werden; der Verurteilte kann auf die Wahrnehmung auch verzichten. Die Anhörung kann daher nicht erzwungen werden; die Vorführung ist unzulässig.[6]

7 Hat das Gericht die Entscheidung getroffen, ohne vorher die Beteiligten angehört zu haben, wird es von Teilen der Praxis für ausreichend erachtet, die Anhörung im Beschwerdeverfahren (§ 59) nachzuholen.[7] Überwiegend wird jedoch davon ausgegangen, dass das Beschwerdegericht die angefochtene Entscheidung in diesem Fall nur aufheben darf und die Sache zur erneuten Entscheidung an die Vorinstanz zurückverweisen muss.[8] Dieser Auffassung ist zuzustimmen, weil dem Verurteilten ansonsten eine Instanz genommen würde und, soweit die Beschwerde zu den Oberlandesgerichten gelangt, die Beschwerdesenate auch nicht notwendig über die für die Anhörung von Jugendlichen uU notwendige erzieherische Befähigung und Erfahrung (§ 37) verfügen.

8 Ebenso wie im allgemeinen Strafrecht (vgl §§ 268 Abs. 1 Hs 1, 453 Abs. 1 S. 1 StPO) werden auch im Jugendstrafrecht die Neben- und die Nachtragsentscheidungen durch **Beschluss** getroffen (Abs. 1 S. 1). Für die Nebenentscheidungen gilt dies unabhängig davon, ob die Aussetzungsanordnung im Urteil oder erst zu einem späteren Zeitpunkt durch Beschluss erfolgt. Ebenfalls durch Beschluss getroffen werden die Nebenentscheidungen, wenn sie im Zusammenhang mit einer Vorbehaltsentscheidung nach § 57 Abs. 1 Satz 1 ergehen (s.o. § 57 Rn 4).

9 Der Beschluss ist zu **begründen** (Abs. 1 S. 4). Die bloße Wiedergabe des Gesetzeswortlauts genügt genauso wenig wie durch Textbausteine vorgegebene allgemeine oder formelhafte Wendungen.[9] Die sprachliche Ausdrucksfähigkeit, die das Gericht von den Verfahrensbeteiligten erwartet, dürfen die Verfahrensbeteiligten auch vom Gericht erwarten. Sofern der Beschluss in der Hauptverhandlung oder im Anhörungstermin ergeht, ist er zu verkünden, sonst ist er zuzustellen (§ 2 Abs. 2 iVm § 35 StPO). Die Auffassung, dass eine Verkündung im Anhörungstermin unzulässig sei, weil das Beschlussverfahren generell schriftlich durch-

---

4 Ostendorf, § 58 Rn 11; ähnlich Eisenberg, § 58 Rn 7; Brunner/Dölling, § 58 Rn 4.
5 LG Heidelberg v. 26.4.2007, 3 Qs 4/07 jug., StV 2008, 119.
6 Meyer-Goßner, § 453 Rn 7; vgl aber mit Blick auf die Gewährung „wirklichen" Gehörs: Brunner/Dölling, § 453 c StPO Rn 8.
7 OLG Hamm v. 20.5.2008, 3 Ws 187/08, ZJJ 2008, 387, 389.
8 LG Heidelberg v. 26.4.2007, 3 Qs 4/07 jug., StV 2008, 119; LG Arnsberg v. 31.1.2006, 2 Qs 5/06 jug, NStZ 2006, 525, 526; vgl auch BGH v. 5.5.1995, 2 StE 1/94 – StB 15/95, NStZ 1995, 610, 611; OLG Düsseldorf v. 18.6.2002, 4 Ws 222/02, NJW 2002, 2963, 2964; Meyer-Goßner, § 453 Rn. 15.
9 Meyer-Goßner, § 34 Rn 4.

geführt werde und die Entscheidung deshalb zuzustellen sei,[10] wird der Notwendigkeit, das Verfahren erzieherisch auszugestalten (§ 2 Abs. 1 S. 2; s.o. Rn 5), nicht gerecht. Nach § 35 a StPO sind die Entscheidungen, die durch die sofortige Beschwerde („befristetes Rechtsmittel") angegriffen werden können, mit einer Rechtsmittelbelehrung zu versehen; dies gilt demnach nicht für die in § 59 Abs. 2 genannten Entscheidungen.[11] Die richterliche Fürsorgepflicht gebietet es, dem anwaltlich nicht vertretenen, rechtsunkundigen Verurteilten ergänzend zur mündlichen Belehrung ein entsprechendes Merkblatt auszuhändigen.[12] § 13 Abs. 1 Nr. 3, 4, 6 BZRG bestimmen, dass die nachträglichen Entscheidungen der §§ 22 Abs. 2 S. 2, 26 Abs. 1 und 26 a dem Bundeszentralregister mitzuteilen sind. – Zur Anfechtbarkeit der Entscheidung vgl § 59.

3. Vorläufige Maßnahmen (Abs. 2). Sind hinreichende Gründe für die Annahme 10 vorhanden, dass die Aussetzung widerrufen werden wird, kann das Gericht nach § 2 Abs. 2 iVm § 453 c StPO vorläufige Maßnahmen treffen, um die Flucht des Verurteilten oder die Begehung weiterer Straftaten zu verhindern; notfalls kann ein Sicherungshaftbefehl erlassen werden. Ein Untersuchungshaftbefehl nach §§ 112 f StPO kann in dieser Situation nicht mehr erlassen werden, da es nach Eintritt der Rechtskraft des Urteils an der insoweit zentralen Voraussetzung des dringenden Tatverdachts fehlt. Ein Vollstreckungshaftbefehl nach § 457 Abs. 2 StPO kann erst ab Rechtskraft des Widerrufsbeschlusses (vgl § 59 Abs. 3) ergehen.

Unmittelbar anwendbar ist die Ermächtigungsgrundlage für den Erlass vorläufi- 11 ger Maßnahmen nur im Fall des drohenden Widerrufs der Aussetzung nach § 26 Abs. 1. Dafür ist es unerheblich, ob der Aussetzungsbeschluss im Zusammenhang mit dem Urteil oder im nachträglichen Verfahren erfolgt ist; nach § 57 Abs. 1 S. 1 sind beide Konstellationen gleich zu behandeln. Entsprechend anwendbar ist § 453 c StPO, wenn das Gericht im nachträglichen Beschlussverfahren zu dem Ergebnis gelangt, dass die Vollstreckung der Jugendstrafe nicht zur Bewährung auszusetzen ist; für den Erlass vorläufiger Maßnahmen bis hin zum Sicherungshaftbefehl kann es nicht darauf ankommen, ob der Widerruf der Aussetzung droht oder ob die Aussetzung gar nicht erst angeordnet wird (s.o. § 57 Rn 15).[13] Unanwendbar ist die Vorschrift hingegen, wenn der Erlass eines Sicherungshaftbefehls im Zusammenhang mit dem drohenden Widerruf nach § 26 Abs. 1 lediglich zum Zweck der „Krisenintervention" missbraucht werden soll (s.o. § 26 Rn 14). § 453 c StPO gilt gem. § 2 Abs. 2 iVm § 463 Abs. 1 StPO sinngemäß, wenn die Aussetzung der Unterbringung in einem psychiatrischen Krankenhaus oder einer Entziehungsanstalt (§ 67 g StGB) widerrufen werden soll.

Der Kreis der zulässigen **Maßnahmen** ist in § 453 c StPO nicht näher bestimmt, 12 lässt sich aber aus dem Zweck der Vorschrift erschließen. Wenn § 453 c Abs. 1 als schärfste Maßnahme („notfalls") den Erlass eines Haftbefehls rechtfertigt, um der Flucht des Verurteilten (§ 112 Abs. 2 Nr. 1 oder 2 StPO) oder der Begehung weiterer erheblicher Straftaten entgegenzuwirken (**Sicherungshaftbefehl**), sind die vorrangig in Betracht zu ziehenden sonstigen zulässigen Maßnahme diejenigen,

---

10 KG v. 24.2.2003, 5 Ws 78/03, ZJJ 2003, 303; Eisenberg, § 58 Rn 12.
11 Andere Ansicht Ostendorf, § 58 Rn 13, der für alle Entscheidungen eine Rechtsmittelbelehrung fordert.
12 KG v. 24.2.2003, 5 Ws 78/03, ZJJ 2003, 304.
13 Wie hier OLG Karlsruhe v. 14.10.1982, 3 Ws 250/82, JR 1983, 517 m. zust. Anm. Brunner; LG Freiburg v. 10.1.1989, VI Qs 64/88, NStZ 1989, 387 m. krit. Anm. Fuchs und zust. Anm. Fischer, NStZ 1990, 52; Eisenberg, § 58 Rn 15; aA Zieger, Rn 81; Burmann, S. 65 ff.

mit denen sich das Gericht der Person des Verurteilten versichern kann, ohne ihn zu inhaftieren. Obwohl § 116 StPO nicht unmittelbar anwendbar ist (vgl § 453 c Abs. 2 StPO), liefert dessen Absatz 1 mit dem Hinweis auf die Möglichkeit der Meldepflicht, der Anordnung von Aufenthaltsbeschränkungen und der Weisung, die Wohnung nur unter Aufsicht zu verlassen, Beispiele für vorrangig in Betracht zu ziehende Maßnahmen; die in § 116 Abs. 1 ebenfalls genannte Verpflichtung zur Sicherheitsleistung dürfte zumindest bei Jugendlichen ohne eigenes Einkommen kaum in Betracht zu ziehen sein. Der Wiederholungsgefahr kann uU mit der Weisung begegnet werden, sich in Behandlung zu begeben oder den Aufenthalt in einer bestimmten Einrichtung zu nehmen, wo sich der Verurteilte unter Aufsicht befindet.

13 Nach § 2 Abs. 1 ist § 453 c StPO jugendspezifisch auszulegen; die Anordnung der vorläufigen Maßnahmen bis hin zum Erlass des Sicherungshaftbefehls muss sich am **Erziehungsgedanken** orientieren. Besonderes Augenmerk ist unter diesem Gesichtspunkt wiederum auf den Verhältnismäßigkeitsgrundsatz zu legen; die erheblichen Belastungen, die der Vollzug der Sicherungshaft für den Jugendlichen mitsichbringt, sind zu berücksichtigen (vgl § 72 Abs. 1 S. 2).[14] Da der verhaftete Verurteilte bis zur Rechtskraft des Widerrufsbeschlusses wie ein Untersuchungsgefangener behandelt wird,[15] muss die ihn konkret erwartende Vollzugsgestaltung berücksichtigt werden. Findet der Vollzug der Sicherungshaft nicht in der auch für den späteren Strafvollzug zuständigen JVA statt (vgl § 89 c), wird idR kaum von einer erzieherischen Vollzugsgestaltung mit den hierfür auch bei nur kurzfristigem Aufenthalt erforderlichen altersgemäßen Beschäftigungs-, Bildungs- und Freizeitangeboten auszugehen sein. Vorrangig vor dem Erlass eines Sicherungshaftbefehls ist deshalb stets die einstweilige Unterbringung in einem geeigneten Heim der Jugendhilfe zu prüfen, sofern die hierfür maßgeblichen kinder- und jugendhilferechtlichen Voraussetzungen erfüllt sind. Die JGH ist auch in diesem Abschnitt des Verfahrens heranzuziehen (§ 38 Abs. 3 S. 1).

14 Der für die Anordnung der vorläufigen Maßnahmen einschließlich des Sicherungshaftbefehls zuständige Richter bestimmt sich als Annex zu den sonstigen Zuständigkeiten für Neben- und Nachtragsentscheidungen nach der allgemeinen Zuständigkeitsregel des Abs. 3.[16] **Zuständig** ist also nicht das Gericht des ersten Rechtszugs oder die Strafvollstreckungskammer (vgl § 462 a Abs. 1 und 2 StPO) bzw der Jugendrichter als Vollstreckungsleiter (vgl § 82 Abs. 1 S. 2),[17] sondern das Gericht, das die Aussetzung im Urteil oder einem nachträglichen Beschluss angeordnet hat. Unter den in Abs. 3 S. 2 und 3 genannten Voraussetzungen kann die Entscheidungsbefugnis übertragen werden (s.u. Rn 20).

15 Nach § 453 c Abs. 1 StPO dürfen die vorläufigen Maßnahmen getroffen werden, wenn **hinreichende Gründe** für die Annahme vorhanden sind, dass die Aussetzung widerrufen oder (im Fall der analogen Anwendung; s.o. Rn 11) gar nicht erst angeordnet wird. Hinreichende Gründe liegen vor, wenn der Aussetzungswiderruf mit Wahrscheinlichkeit zu erwarten ist.[18] Die Prognose muss sich auch darauf beziehen, dass der Widerruf nicht durch mildere Maßnahmen nach § 26 Abs. 2 abgewendet werden kann. Sofern der Widerruf wegen der Begehung einer neuen Straftat droht, müssen die aus der Unschuldsvermutung folgenden besonderen

---

14 Brunner/Dölling, § 453 c StPO Rn 7.
15 Meyer-Goßner, § 453 c Rn 13.
16 Eisenberg, § 58 Rn 18; Brunner/Dölling, § 453 c StPO Rn 15; Ostendorf, § 58 Rn 20.
17 So KK-StPO-Appl,§ 453 c Rn 8.
18 Brunner/Dölling, § 453 c StPO Rn 4; Eisenberg, § 58 Rn 19.

Widerrufsvoraussetzungen beachtet werden (s.o. § 26 Rn 5). Der Erlass des Sicherungshaftbefehls setzt darüber hinaus voraus, dass sich die Annahme der Flucht, Fluchtgefahr oder Wiederholungsgefahr auf **bestimmte Tatsachen** gründen lässt; bloße Mutmaßungen oder Befürchtungen genügen nicht.[19]

Die betreffenden Maßnahmen werden durch Beschluss angeordnet, sofern durch sie in die Rechtsstellung des Verurteilten eingegriffen wird und sie beschwerdefähig sind; andernfalls ergehen sie formlos (s.o. Rn 2).[20] Der Jugendliche, der Erziehungsberechtigte und der gesetzliche Vertreter (vgl § 67 Abs. 1) werden vor dem Erlass der Maßnahme nur dann gehört, wenn die vorherige Anhörung den Zweck der Anordnung nicht gefährdet (vgl § 453c Abs. 2 S. 2 iVm § 33 Abs. 4 S. 1 StPO; zur nachträglichen Anhörung im Rechtsmittelzug s.o. Rn 7). Gegen den Beschluss ist die einfache Beschwerde zulässig. Wird ein Sicherungshaftbefehl erlassen, sind der Antrag auf Haftprüfung nach § 117 StPO und die weitere Beschwerde nach § 310 StPO nicht statthaft, da § 453c Abs. 2 StPO nicht auf diese Vorschriften verweist.[21] 16

Die in Abs. 2 explizit angesprochene Zuständigkeit für die Vollstreckung der vorläufigen Maßnahmen bestimmt sich ebenso wie die Anordnungszuständigkeit (s.o. Rn 14) nach Abs. 3.[22] Zuständig ist der Richter, nicht der Staatsanwalt. Das weitere Verfahren nach Erlass eines Sicherungshaftbefehls richtet sich nach den in § 453c Abs. 2 S. 2 StPO in Bezug genommenen Regelungen für die Untersuchungshaft. Erweist sich die Prognose des die Sicherungshaft anordnenden Gerichts im Nachhinein als zutreffend und wird die Aussetzung nach § 26 Abs. 1 widerrufen, muss die erlittene Freiheitsentziehung auf die Jugendstrafe angerechnet werden (§ 453c Abs. 2 S. 1 StPO). Erweist sich die Prognose demgegenüber als unzutreffend, kommt in analoger Anwendung der §§ 2, 4 Abs. 1 Nr. 2 StrEG eine Entschädigung in Betracht.[23] 17

4. Zuständigkeit (Abs. 3). Die primäre Zuständigkeit für die Neben- und Nachtragsentscheidungen liegt bei dem Gericht, das die Aussetzung angeordnet hat (Abs. 3 S. 1). Mit der Zuständigkeitskonzentration bei dem **anordnenden Gericht** trägt der Gesetzgeber dem Grundsatz der Einheitlichkeit der Rechtsfolgenentscheidung Rechnung (s.o. § 31 Rn 4): Die Bestimmung der gegen den straffällig gewordenen Jugendlichen bzw Heranwachsenden verhängten Sanktion soll aus erzieherischen Gründen möglichst in einer Hand liegen; die mit der Verteilung auf unterschiedliche Zuständigkeiten einhergehende Gefahr unabgestimmter oder sogar widersprüchlicher Entscheidungen soll zur besseren Einwirkung auf den Verurteilten gering gehalten werden. Das Jugendstrafrecht unterscheidet sich damit vom allgemeinen Strafrecht, wo die Zuständigkeit für die Nachtragsentscheidungen wie namentlich für den Aussetzungswiderruf auch dann regelmäßig beim Gericht des ersten Rechtszugs liegt, wenn die Entscheidung über die Aussetzung vom Berufungsgericht getroffen wurde (vgl § 462a Abs. 2 StPO). Die 18

---

19 Meyer-Goßner, § 112 Rn 22.
20 Eisenberg, § 58 Rn 24; Ostendorf, § 58 Rn 21.
21 LG Freiburg v. 10.1.1989, VI Qs 64/88, NStZ 1989, 387 m. krit. Anm. Fuchs und zust. Anm. Fischer, NStZ 1990, 52 (zu § 117 StPO); aA Brunner/Dölling, § 453c StPO Rn 10 f; Eisenberg, § 58 Rn 30; Ostendorf, § 58 Rn 25 (zu § 117); OLG Frankfurt/M. v. 12.7.2001, 3 Ws 672/01, NStZ-RR 2002, 15; OLG Düsseldorf v. 12.1.1990, 1 Ws 11/90, NStZ 1990, 251; aA Eisenberg, § 58 Rn 25; Ostendorf, § 58 Rn 24 (zu § 310 StPO).
22 Eisenberg, § 58 Rn 27; Brunner/Dölling, § 453c StPO Rn 15.
23 D/S/S-Schoreit, § 58 Rn 23; Eisenberg, § 58 Rn 34; aA OLG Karlsruhe v. 23.2.1977, 2 Ws 32/77, MDR 1977, 600; Ostendorf, § 58 Rn 26.

einzige Durchbrechung der Zuständigkeitskonzentration beim anordnenden Gericht sieht das Jugendstrafrecht im Zusammenhang mit dem nachträglichen Beschlussverfahren vor: Nach der ausdrücklichen Regelung in § 57 Abs. 1 S. 2 entscheidet über das „Ob" der Aussetzung und die damit verbundenen Begleitmaßnahmen im nachträglichen Beschluss das Gericht des ersten Rechtszugs (s.o. § 57 Rn 11).[24]

19 Das in Abs. 3 S. 1 genannte Gericht, das die Aussetzung angeordnet hat, kann dementsprechend auch das **Berufungsgericht** sein, wenn es entgegen der Entscheidung der ersten Instanz erstmals nach § 21 die Vollstreckung der Jugendstrafe zur Bewährung aussetzt. Das Berufungsgericht ist in diesem Fall auch für die weiteren Entscheidungen iSd Abs. 1 sowie für die Anordnung und Vollstreckung der vorläufigen Maßnahmen nach Abs. 2 zuständig (s.o. Rn 1 und 14). Hinter dieser Zuordnung steht der Gedanke, dass das Berufungsgericht in diesen Fällen aufgrund seiner eingehenden Prüfung der persönlichen Verhältnisse des Angeklagten besser für die richterliche Reaktion auf die Entwicklung des Jugendlichen während der Bewährungszeit geeignet ist als das Gericht des ersten Rechtszugs, das die Aussetzung abgelehnt hat.[25] Das Berufungsgericht hat die Aussetzung dementsprechend dann nicht „angeordnet", wenn es die Aussetzungsentscheidung der Vorinstanz lediglich bestätigt hat.[26]

20 Der die Zuständigkeitskonzentration des Abs. 3 S. 1 legitimierende Gesichtspunkt der Sachnähe tritt in seiner Bedeutung dann zurück, wenn sich der Jugendliche nicht mehr im Bezirk des anordnenden Gerichts, sondern in einem anderen Gerichtsbezirk aufhält. Der Kontakt zum Jugendlichen, aber auch zur Bewährungs- und zur Jugendgerichtshilfe wird in diesen Fällen durch die Ortsverschiedenheit eingeschränkt und erschwert. Abs. 3 S. 2 sieht deshalb vor, dass das anordnende Gericht die **Entscheidungsbefugnis** auf den Jugendrichter **übertragen** kann, in dessen Bezirk sich der Jugendliche aufhält (Zuständigkeit des Aufenthaltsorts). Über die Abgabe entscheidet das primär zuständige Gericht nach pflichtgemäßem Ermessen. Eine Abgabe kommt etwa dann in Betracht, wenn der Verurteilte zu Ausbildungszwecken längerfristig an einen andern Ort zieht[27] oder wenn der in anderer Sache in Haft befindliche Verurteilte nach seiner Entlassung wieder an seinen Heimatort zurückkehrt.[28] Für die Zulässigkeit der Übertragung ist es indes nicht zwingend erforderlich, dass der Jugendliche nach der Aussetzung seinen Aufenthaltsort wechselt. Die primär zuständige Jugendkammer kann die Entscheidungszuständigkeit auch dann auf den Jugendrichter übertragen, wenn der Jugendliche seinen Aufenthaltsort weiterhin im Bezirk der Jugendkammer hat, aber ein wichtiger Grund vorliegt, der die Abweichung von der Regelzuständigkeit des Abs. 3 S. 1 legitimiert. Nach der Rechtsprechung kann sich ein solcher Grund daraus ergeben, dass der Jugendrichter mit dem Jugendlichen zuvor nicht nur routinemäßig, sondern „qualifiziert" befasst gewesen ist, etwa weil er zu ihm

---

24 Zur Kritik vgl OLG Frankfurt v. 30.12.1994, 3 Ws 875/94, NStZ-RR 1996, 252 („wenig zweckdienlich").
25 Vgl BGH v. 6.12.1963, 2 ARs 220/63, BGHSt 19, 170, 172.
26 Eisenberg, § 58 Rn 35; Brunner/Dölling, § 58 Rn 5; D/S/S-Schoreit, § 58 Rn. 6.
27 OLG Frankfurt/M. v. 10.10.2004, 3 Ws 1068/04„ NStZ-RR 2005, 60.
28 BGH v. 24.11.2000, 2 ARs 302/00, NStZ-RR 2001, 324 (Böhm).

im Rahmen eines anderweitigen Bewährungsverfahrens einen besonders intensiven Kontakt gepflegt hat.[29]

Das anordnende Gericht kann die Entscheidungsbefugnis **ganz oder teilweise** übertragen. Teilweise Übertragung bedeutet, dass sich das primär zuständige Gericht die Entscheidung über einzelne Angelegenheiten wie den Widerruf der Aussetzung oder den Erlass der Strafe vorbehält.[30] Die Begrenzung muss deutlich gemacht werden, ansonsten ist davon auszugehen, dass die Zuständigkeit uneingeschränkt übertragen wird. Das primär zuständige Gericht kann die Übertragung nach widerrufen (Umkehrschluss aus § 85 Abs. 5). Hat das Gericht, an das die Sache überwiesen worden ist, gegen die Übernahme Bedenken, so entscheidet das gemeinschaftliche obere Gericht (Abs. 3 S. 3 iVm § 42 Abs. 3 S. 2). Im Übrigen ist das übernehmende Gericht an die Übertragung gebunden. Bei einer wesentlichen Veränderung der Verhältnisse (zB einem weiteren Wechsel des Aufenthaltsorts des Verurteilten), kann das übernehmende Gericht die Zuständigkeit deshalb nicht weiter- oder rückübertragen, sondern muss bei dem primär zuständigen Gericht eine Änderung der Übertragungsentscheidung anregen.[31]

21

§ 59 Anfechtung

(1) ¹Gegen eine Entscheidung, durch welche die Aussetzung der Jugendstrafe angeordnet oder abgelehnt wird, ist, wenn sie für sich allein angefochten wird, sofortige Beschwerde zulässig. ²Das gleiche gilt, wenn ein Urteil nur deshalb angefochten wird, weil die Strafe nicht ausgesetzt worden ist.

(2) ¹Gegen eine Entscheidung über die Dauer der Bewährungszeit (§ 22), die Dauer der Unterstellungszeit (§ 24), die erneute Anordnung der Unterstellung in der Bewährungszeit (§ 24 Abs. 2) und über Weisungen oder Auflagen (§ 23) ist Beschwerde zulässig. ²Sie kann nur darauf gestützt werden, daß die Bewährungs- oder die Unterstellungszeit nachträglich verlängert, die Unterstellung erneut angeordnet worden oder daß eine getroffene Anordnung gesetzwidrig ist.

(3) Gegen den Widerruf der Aussetzung der Jugendstrafe (§ 26 Abs. 1) ist sofortige Beschwerde zulässig.

(4) Der Beschluß über den Straferlaß (§ 26 a) ist nicht anfechtbar.

(5) Wird gegen ein Urteil eine zulässige Revision und gegen eine Entscheidung, die sich auf eine in dem Urteil angeordnete Aussetzung der Jugendstrafe zur Bewährung bezieht, Beschwerde eingelegt, so ist das Revisionsgericht auch zur Entscheidung über die Beschwerde zuständig.

---

29 PfzOLG Zweibrücken v. 18.3.2002, 1 AR 16/02, NStZ 2002, 498, 499; vgl auch OLG Stuttgart v. 24.1.1990, 3 ARs 2/90, NStZ 1990, 358 m. Anm. Brunner; OLG Frankfurt/M. v. 10.10.1988, 3 Ws 837/88, NStZ 1989, 199 m. Anm. Eisenberg/Krauth; grds. ablehnend gegenüber der Übertragung aus sachlichen, nicht örtlichen Gründen: Ostendorf, § 58 Rn 5.
30 Vgl BGH v. 18.5.1955, 3 ARs 46/55, BGHSt 7, 318, 319; Brunner/Dölling, § 58 Rn 6.
31 BGH v. 19.4.1972, 2 ARs 79/72, BGHSt 24, 332, 335; Eisenberg, § 58 Rn 39, 41; Brunner/Dölling, § 58 Rn 7; vgl auch Ostendorf, § 58 Rn 9 (Rücküberahme nicht zulässig).

I. Grundlagen	1	3. Widerruf der Aussetzung der Jugendstrafe (Abs. 3)	14
II. Die Voraussetzungen im Einzelnen	2	4. Straferlass (Abs. 4)	16
1. Anordnung oder Ablehnung der Aussetzung (Abs. 1)	2	5. Zusammentreffen von Revision und Beschwerde (Abs. 5)	17
2. Weitere Entscheidungen (Abs. 2)	10		

I. Grundlagen

1 Die Vorschrift enthält eine Sonderregelung für die Anfechtung der in §§ 57 und 58 genannten Entscheidungen. Zweck der Vorschrift ist es, das Rechtsmittelverfahren gegenüber dem Verfahren im allgemeinen Strafrecht zu beschleunigen, um aus erzieherischen Gründen möglichst schnell Klarheit über die zu vollstreckende Sanktion herzustellen. Soweit in § 59 nichts anderes bestimmt ist, bleiben die allgemeinen Vorschriften des 3. Buchs der StPO (§§ 296 ff StPO) anwendbar. Die im Urteil ergangene Entscheidung über die Strafaussetzung zur Bewährung kann daher nicht nur mit der in Abs. 1 genannten sofortigen Beschwerde, sondern alternativ auch mit der weiterhin zulässigen Berufung oder Revision angefochten werden, sofern das Rechtsmittel nicht auf die Anfechtung der Aussetzungsentscheidung beschränkt wird. Ebenfalls anwendbar bleiben die jugendstrafrechtlichen Vorschriften über die Rechtsmittelbeschränkung nach § 55 Abs. 2: Hat der Verurteilte eine zulässige Berufung eingelegt, ist nach umstrittener, aber vorzugswürdiger Auffassung wegen des Rechtsmittelverbrauchs gegen das die Aussetzung (erneut) ablehnende Berufungsurteil keine sofortige Beschwerde nach Abs. 1 mehr zulässig.

II. Die Voraussetzungen im Einzelnen

2 **1. Anordnung oder Ablehnung der Aussetzung (Abs. 1).** Für die Anfechtung der Entscheidung, durch die die Jugendstrafe angeordnet oder abgelehnt wird, ist maßgeblich, ob die Entscheidung im Urteil oder nachträglich durch Beschluss (§ 57 Abs. 1 S. 1) ergangen ist. Gegen die Beschlussentscheidung kommt als Rechtsmittel schon nach den allgemeinen Vorschriften nur die Beschwerde nach §§ 304 ff StPO in Betracht, die im vorliegenden Zusammenhang als sofortige Beschwerde (§ 311 StPO) ausgestaltet ist. Ist die Entscheidung hingegen im Urteil ergangen (§ 57 Rn 4), würden nach den allgemeinen Regeln nur die Berufung nach §§ 312 ff oder die Revision nach §§ 333 ff StPO statthaft sein, wobei Berufung und Revision auf die Anfechtung der Entscheidung zur Bewährung beschränkt werden könnten.[1] Für diese Fälle hat der Gesetzgeber in Abs. 1 insofern eine Sonderregelung geschaffen, als das Urteil im Jugendstrafrecht nicht mit Berufung oder Revision, sondern ebenfalls nur mit der sofortigen Beschwerde (§ 311 StPO) angefochten werden kann. Zweck dieser Sonderregelung ist die Möglichkeit der schnelleren und weniger aufwändigen Erledigung der Anfechtung im Beschwerdeweg (Entscheidung ohne mündliche Verhandlung, § 309 Abs. 1 StPO), was allgemein als erzieherisch sinnvoll angesehen wird.

3 Die Sonderregelung des Abs. 1 greift nur dann ein, wenn die Entscheidung zur Bewährung für sich allein angefochten wird, d.h. wenn es im Rechtsmittelverfahren ausschließlich um die Frage geht, ob die Anordnung der Aussetzung oder ihre Ablehnung zu Recht erfolgt ist. Will der Rechtsmittelführer die im Urteil

---

[1] BGH v. 15.5.2001, 4 StR 306/00, BGHSt 47, 32, 35.

ergangene Entscheidung nicht nur mit Blick auf die Bewährungsfrage, sondern weitergehend anfechten, ist die sofortige Beschwerde nicht statthaft, sondern es müssen Berufung oder Revision eingelegt werden, in deren Rahmen dann auch über die Bewährungsfrage entschieden wird.

Praxishinweis: Von Verteidigerseite wird die weitergehende Anfechtung als Ausweg empfohlen, um die Beschränkungen des Beschwerdeverfahrens zu umgehen. Mit Blick auf die Interessen des Mandanten wird darauf hingewiesen, dass die Chancen einer erfolgreichen Beschwerde regelmäßig nur geringsind, weil die Beschwerdegerichte nur aufgrund der Aktenlage entscheiden (s.u. Rn 7). Zudem kann der längere Zeitraum, den das Berufungsverfahren erfordert, vom Verteidiger dafür genutzt werden, um mit dem jungen Mandanten, Eltern und Jugendgerichtshilfe auf eine verbesserte Situation und damit auch bessere Bewährungschancen hinzuwirken.[2]

Der Vorbehalt des erkennenden Gerichts, über die Aussetzung nicht im Urteil, sondern erst in einem nachträglichen Beschluss zu entscheiden, kann für sich genommen grundsätzlich nicht angefochten werden, da das Gericht mit dem Vorbehalt lediglich feststellt, dass die Anordnung der Aussetzung noch nicht spruchreif ist (s.o. § 57 Rn 4); Rechtsfolgen ergeben sich hieraus noch nicht.[3] Hierfür kommt es nicht darauf an, ob der Vorbehalt der nachträglichen Entscheidung im Urteil ausdrücklich oder stillschweigend erklärt worden ist (s.o. § 57 Rn 16). Auf Abs. 1 S. 2 lässt sich die Anfechtbarkeit des Vorbehalts nicht stützen; die Vorschrift ist teleologisch auf den Fall zu begrenzen, dass das Gericht die **Strafe im Urteil nicht ausgesetzt** hat, ohne dass hierin eine stillschweigende Vorbehaltsentscheidung zu sehen ist. Anfechtbar ist die Vorbehaltsentscheidung nur dann, wenn sie offensichtlich ermessensfehlerhaft ist, weil das Gericht seine Befugnis erkennbar in einer Weise ausgeübt hat, die durch den Zweck der nachträglichen Beschlussentscheidung (s.o. § 57 Rn 1) nicht gedeckt ist.[4] 4

Beispiel: Das Gericht verschiebt die Entscheidung allein mit dem Ziel, ein Vollstreckungshindernis zu schaffen und dem Verurteilten so den Abschluss einer Ausbildung zu ermöglichen. In diesem Fall kann der Vorbehalt von der Staatsanwaltschaft ausnahmsweise mit der sofortigen Beschwerde angefochten werden, um das vom Gericht geschaffene Vollstreckungshindernis zu beseitigen.

Da bei der Anfechtung (nur) der Aussetzungsentscheidung das Beschwerdeverfahren nach Abs. 1 an die Stelle der eigentlich statthaften Berufung bzw Revision tritt, gilt die Rechtsmittelbeschränkung des § 55 Abs. 2 auch für das Beschwerdeverfahren.[5] Hat der Rechtsmittelführer das Urteil mit einer weitergehenden 5

---

2 Zieger, Rn 82.
3 Im Ergebnis ebenso, aber mit abweichenden Begründungen: OLG Schleswig v. 20.6.1977, 2 Ws 115/77, SchlHA 1978, 90; OLG Stuttgart v. 15.10.1985, 4 Ss 650/85, NStZ 1986, 219, 220 m. krit. Anm. Eisenberg/Wolski; Ostendorf, § 59 Rn 4; D/S/S, § 59 Rn 6 f; aA OLG München v. 25.1.2005, 2 Ws 1308/04, NStZ-RR 2005, 152: die Vorbehaltsentscheidung kann von der Staatsanwaltschaft stets angefochten werden.
4 Eisenberg/Wolski, Vollstreckbarkeit einer Jugendstrafe trotz Vorbehaltes des Gerichts, in späterem Beschluß über eine Strafaussetzung zu entscheiden?, NStZ 1986, 221; Eisenberg, § 59 Rn 6.
5 OLG Hamm v. 24.9.2007, 2 Ws 304/07, ZJJ 2007, 416; OLG Düsseldorf v. 2.11.1993, 3 Ws 596/93, NStZ 1994, 198; OLG Celle v. 1.9.1992, 1 Ws 257/92, NStZ 1993, 400, 401 m. Anm. Nix; Keiser, Grundfälle zum Jugendstrafrecht, JuS 2002, 985; Streng, Jugendstrafrecht, Rn 491; Brunner/Dölling, § 55 Rn 14; aA D/S/S-Schoreit, § 59 Rn 3; Ostendorf, § 59 Rn 2.

(s.o. Rn 3) Berufung angefochten, kann er deshalb gegen das Urteil keine sofortige Beschwerde mehr einlegen. Durch Abs. 1 soll gegen die Ablehnung der Aussetzung keine zusätzliche Instanz eröffnet werden, und zwar nach hM selbst dann nicht, wenn bei gleichzeitiger Berufung der Staatsanwaltschaft die Aussetzung erstmals im Berufungsurteil abgelehnt wurde (s.o. § 55 Rn 41). Auch die Entscheidung des Revisionsgerichts zur Bewährung kann nicht mehr mit der sofortigen Beschwerde nach Abs. 1 angefochten werden (vgl § 304 Abs. 4 S. 1 und S. 2 Hs 1 StPO).

6 Zuständig für die Entscheidung über die sofortige Beschwerde ist das dem erkennenden Gericht unmittelbar übergeordnete Gericht, also die Jugendkammer (§ 41 Abs. 2 S. 2 iVm § 73 Abs. 1 GVG), der Beschwerdesenat des OLG (§ 2 Abs. 2 iVm § 121 Abs. 1 Nr. 2 GVG) oder der BGH (§ 102 S. 2). Dies gilt auch dann, wenn der Beschwerdeführer das auf die Bewährungsfrage beschränkte Rechtsmittel zu Unrecht als Berufung oder Revision bezeichnet (vgl § 300 StPO) oder wenn er zunächst unbeschränkt Berufung oder Revision einlegt und das Rechtsmittel nachträglich innerhalb der Begründungsfrist auf die Anfechtung der Aussetzungsentscheidung beschränkt.[6] Sofern das zunächst angegangene Gericht hierdurch unzuständig wird (wie in den Fällen der nachträglich beschränkten Revision an den BGH), muss die Sache an das zuständige Beschwerdegericht abgegeben werden.[7] – Zur Zuständigkeit beim Zusammentreffen von Rechtsmitteln s.u. Rn 8 f.

7 Die Entscheidung über die sofortige Beschwerde ergeht ohne mündliche Verhandlung nach Aktenlage (§ 2 Abs. 2 iVm § 309 Abs. 1 StPO). Nach verbreiteter Auffassung sind dem Beschwerdegericht eigene Feststellungen möglich und ist auch die Ausübung eigenen Ermessens erlaubt; anders als bei der Revision ist das Beschwerdegericht nicht auf die rechtliche Prüfung des Vorliegens von Ermessensfehlern beschränkt.[8] Dabei bleibt allerdings offen, wie das Beschwerdegericht in der Bewährungsfrage eigene Feststellungen treffen können soll, wenn es sich von dem Jugendlichen keinen unmittelbaren persönlichen Eindruck verschafft. Wenn das Beschwerdegericht den Umweg über die Zurückverweisung der Sache an die Vorinstanz vermeiden will, wird deshalb in vielen Fällen über § 309 Abs. 1 StPO hinaus eine mündliche Anhörung des Jugendlichen erforderlich sein. – Gegen die Entscheidung des Beschwerdegerichts ist die weitere Beschwerde (§ 310 StPO) nicht statthaft. Dieses Ergebnis kann nicht dadurch umgangen werden, dass im Hinblick auf die Versäumung der Revisionsfrist nach § 2 Abs. 2 iVm § 44 StPO die Wiedereinsetzung in den vorigen Stand beantragt wird.[9]

8 Besonderheiten ergeben sich beim Zusammentreffen von Rechtsmitteln. Unproblematisch sind zwei Konstellationen: Werden erstinstanzliche Urteile des Jugendrichters oder des Jugendschöffengerichts von einem Verfahrensbeteiligten mit der Berufung und von einem anderen mit der sofortigen Beschwerde angefochten, ist für die Entscheidung über beide Rechtsmittel die Jugendkammer des Landgerichts zuständig (§ 41 Abs. 2; s.o. Rn 6); es ergeht nach einer Hauptverhandlung eine einheitliche Entscheidung.[10] Ebenfalls unproblematisch ist das Zusammentreffen von Revision und sofortiger Beschwerde gegen erstinstanzliche

---

6 BGH v. 14.7.1954, 5 StR 324/54, BGHSt 6, 206, 207.
7 Eisenberg, § 59 Rn 9; D/S/S-Schoreit, § 59 Rn 8.
8 OLG Düsseldorf v. 15.4.1981, 5 Ws 61/81, NStZ 1982, 119; Ostendorf, § 59 Rn 8.
9 BayObLG v. 24.11.1977, RReg. 1 St 395/77, JZ 1978, 204.
10 Ostendorf, § 59 Rn 6; Eisenberg, § 59 Rn 15.

Urteile des OLG; beide Rechtsmittel führen zur Zuständigkeit des BGH (§ 135 Abs. 1 GVG, § 102 S. 2).

Anders ist es hingegen beim Zusammentreffen von (Sprung-)Revision und sofortiger Beschwerde. Bei der Sprungrevision gegen amtsgerichtliche Urteile ist Revisionsgericht das OLG (§ 2 Abs. 2 iVm § 121 Abs. 1 Nr. 1 GVG), während Beschwerdegericht das Landgericht ist (s.o. Rn 6); bei der Revision gegen erstinstanzliche Urteile der Jugendkammer ist Revisionsgericht der BGH (§ 135 Abs. 1 GVG), Beschwerdegericht das OLG (s.o. Rn 6). Geht man davon aus, dass die sofortige Beschwerde die Funktion hat, die an sich gegen die Aussetzungsentscheidung statthaften Rechtsmittel Berufung und Revision zu ersetzen (s.o. Rn 1) und die sofortige Beschwerde dem Beschwerdegericht eigene Feststellungen und eine eigene Ermessensentscheidung erlaubt (s.o. Rn 7), erscheint es richtig, die Lösung des Problems in der analogen Anwendung des § 335 Abs. 3 StPO zu sehen: Danach hat die sofortige Beschwerde den Vorrang und es muss zunächst über sie entschieden werden, ehe das Revisionsverfahren durchgeführt wird.[11] Vorteil dieser Lösung ist, dass die im Zentrum der Bewährungsentscheidung stehende Prognosefrage auch in tatsächlicher Hinsicht noch einmal überprüft werden kann, was bei einem Vorrang des Revisionsverfahrens nicht möglich wäre. Die Sache muss daher in diesen Fällen vom Revisionsgericht an das Beschwerdegericht abgegeben werden. Im anschließenden Revisionsverfahren kann die Beschwerdeentscheidung überprüft werden, sofern der Revisionsführer die Sachrüge erhoben hat; die Überprüfung erstreckt sich lediglich auf die rechtliche Seite der Entscheidung.[12]

2. Weitere Entscheidungen (Abs. 2). Für die Anfechtung der in § 58 Abs. 1 genannten weiteren Entscheidungen hat der Gesetzgeber die differenzierende Regelung des allgemeinen Strafrechts übernommen. Während für bestimmte Nachtragsentscheidungen (Widerruf der Bewährungsaussetzung und Straferlass) Sonderregelungen gelten (§ 453 Abs. 2 S. 3 StPO einerseits, Abs. 3 und 4 andererseits), stellt der Gesetzgeber in Abs. 2 S. 1 für die übrigen richterlichen Neben- und Nachtragsentscheidungen ebenso wie im allgemeinen Strafrecht (§ 305 a Abs. 1 S. 1, § 453 Abs. 2 S. 1 StPO) die einfache Beschwerde nach § 304 ff StPO zur Verfügung. Mit der Beschwerde können dementsprechend angefochten werden die Dauer der Bewährungszeit, auch ihre nachträgliche Verlängerung (§ 22 Abs. 2 S. 2), die Erteilung von Weisungen und Auflagen, einschließlich ihrer nachträglichen Änderung (§ 23 Abs. 1 S. 3) sowie die Dauer der Unterstellungszeit, einschließlich ihrer erneuten Anordnung (§ 24 Abs. 2 S. 1 Hs 2). Da im Zusammenhang mit Weisungen und Auflagen nur allgemein auf § 23 verwiesen wird, ist auch die Anordnung des Ungehorsamsarrests (§ 23 Abs. 1 S. 4 iVm § 11 Abs. 3) mit der Beschwerde anfechtbar. Ebenfalls mit der einfachen Beschwerde angefochten werden können die im Zusammenhang mit dem Vorbehalt erlassenen Weisungen (s.u. § 57 Rn 17). Unanfechtbar ist hingegen – entgegen der hM[13] – die Unterstellung unter die Aufsicht und Leitung der Bewährungshilfe, da die Unterstellung im Jugendstrafrecht obligatorisch ist und das Gesetz dem Gericht keinen Spielraum gewährt. Auch die Auswahl und Benennung des Bewährungshelfers (§ 25 S. 1) sowie die Zusammenstellung der erteilten Auflagen und Weisungen im Bewährungsplan (§ 60 Abs. 1 und 2) sind unanfechtbar, da sie die

---

11 Ostendorf, § 59 Rn 7; Brunner/Dölling, § 59 Rn 3.
12 D/S/S-Schoreit, § 59 Rn 12.
13 Eisenberg, § 59 Rn 25; Ostendorf, § 59 Rn 3; Brunner/Dölling, § 59 Rn 7.

Rechtsstellung des Jugendlichen nicht verändern und es sich deshalb nicht um richterliche „Entscheidungen" handelt.

11 Ebenfalls für das Jugendstrafrecht übernommen hat der Gesetzgeber die Einschränkung des Prüfungsumfangs für das Beschwerdegericht. Bei den genannten Entscheidungen kann die Beschwerde nach Abs. 2 S. 2 ebenso wie im allgemeinen Strafrecht (§ 305a Abs. 1 S. 2, § 453 Abs. 2 S. 2 StPO) nur darauf gestützt werden, dass die getroffene Anordnung gesetzwidrig ist oder dass die Bewährungs- oder die Unterstellungszeit nachträglich verlängert oder die Unterstellung erneut angeordnet worden ist. Im Hintergrund der Beschränkung stehen ähnlich wie bei der Rechtsmittelbeschränkung des § 55 Abs. 1 der Beschleunigungsgrundsatz und die Vorstellung, dass die Zweckmäßigkeit der betreffenden Maßnahmen idR vom erstinstanzlichen Gericht besser als vom Rechtsmittelgericht beurteilt werden kann (siehe dazu im Einzelnen oben § 55 Rn 22 ff).

12 Eine Anordnung ist dann gesetzwidrig, wenn sie im Gesetz nicht vorgesehen, wenn sie unverhältnismäßig oder unzumutbar ist oder wenn sie sonst die Grenzen des dem erstinstanzlichen Gericht eingeräumten Ermessens (zB hinsichtlich der Dauer der betreffenden Maßnahmen) überschreitet.[14] Die gesonderte Erwähnung der nachträglichen Verlängerung der Bewährungs- und Unterstellungszeit sowie der erneuten Anordnung der Unterstellung machen deutlich, dass diese Maßnahmen weitergehend angefochten werden können: In diesen Fällen kann die Beschwerde auch darauf gestützt werden, dass die Voraussetzungen für die betreffenden Maßnahmen nicht vorgelegen haben oder dass das Gericht das ihm eingeräumte Ermessen fehlerhaft ausgeübt hat. Das Beschwerdegericht ist insoweit zur umfassenden Prüfung der betreffenden Entscheidungen befugt.[15]

13 Liegt keiner der genannten Anfechtungsgründe vor, ist die Beschwerde als unbegründet zu verwerfen. Anderenfalls ist das Beschwerdegericht befugt, eine eigene, neue Entscheidung zu treffen (vgl § 2 Abs. 2 iVm § 309 Abs. 2 StPO). Von dieser Möglichkeit sollte in der Praxis jedoch nur wenig Gebrauch gemacht werden; näher liegt es, die Entscheidung an den vorhergehenden Richter zurückzuverweisen und so seinen Vorteil der größeren Sachnähe zu nutzen und erzieherisch abträgliche Widersprüche zwischen den einzelnen Bewährungsentscheidungen zu vermeiden.[16]

Praxishinweis: Die Beschränkung des Prüfungsumfangs auf die Gesetzwidrigkeit der betreffenden Maßnahmen führt dazu, dass nur die Erstanordnung und die Erweiterung bzw Verschärfung der Bewährungsmaßnahmen anfechtbar ist.[17]

14 **3. Widerruf der Aussetzung der Jugendstrafe (Abs. 3).** Ebenso wie im allgemeinen Strafrecht (§ 453 Abs. 2 S. 3 StPO) ist auch im Jugendstrafrecht der Widerruf der Aussetzung mit der sofortigen Beschwerde anfechtbar. Umstritten ist, ob von der Staatsanwaltschaft nicht nur zugunsten des Verurteilten der Widerruf, sondern auch zu seinen Ungunsten die Ablehnung des Widerrufs mit der sofortigen Beschwerde angefochten werden kann. Im allgemeinen Strafrecht wird dies von der hM bejaht;[18] die Gegenauffassung geht im allgemeinen Strafrecht von der

---

14 OLG Dresden v. 27.3.2008, 2 Ws 147/08, StV 2008, 317 (zu § 68b StGB); Löwe/Rosenberg-Graalmann-Scheerer, § 453 Rn 36; Eisenberg, § 59 Rn 23.
15 Löwe/Rosenberg-Graalmann-Scheerer, § 453 Rn 39.
16 So auch Ostendorf, § 59 Rn 14; Brunner/Dölling, § 59 Rn 19; Eisenberg, § 59 Rn 26.
17 Löwe/Rosenberg-Graalmann-Scheerer, § 453 Rn 38.
18 OLG Zweibrücken v. 27.11.1997, 1 Ws 605/97, NStZ-RR 1998, 93; OLG Stuttgart v. 12.9.1994,4 Ws 182/94, NStZ 1995, 53, 54 m. abl. Anm. Funck NStZ 1995, 568; Löwe/Rosenberg-Graalmann-Scheerer, § 453 Rn 43; Meyer-Goßner, § 453 Rn 17.

Anwendbarkeit der einfachen Beschwerde aus.[19] Im Jugendstrafrecht wird die Frage von der ganz hM verneint: Die Ablehnung könne weder mit der sofortigen noch mit der unbefristeten Beschwerde angefochten werden; zuungunsten des Verurteilten sei die richterliche Entscheidung für die Staatsanwaltschaft unanfechtbar.[20] Diese Auffassung überzeugt jedoch nicht.[21] Da die Unanfechtbarkeit des Ablehnungsbeschlusses im Widerspruch zu der allgemeinen Rechtsmittelbefugnis der Staatsanwaltschaft nach § 296 StPO stehen würde, hätte sie vom Gesetzgeber explizit festgeschrieben werden müssen, so wie es in Abs. 4 oder in § 63 Abs. 1 geschehen ist. Ein mit dem Erziehungsgedanken zu rechtfertigendes weitergehendes Bedürfnis von Jugendlichen, auf die Bestandskraft der richterlichen Ablehnung des Widerrufsantrags zu vertrauen, ist nicht erkennbar. Die in Abs. 3 gewählte Formulierung ist deshalb so zu verstehen, dass die **Entscheidung über den Widerruf – und nicht nur der Widerruf an sich – mit der sofortigen Beschwerde angefochten werden kann**. Wie der Vergleich zwischen Abs. 3 und Abs. 2 S. 3 zeigt, kann die getroffene Entscheidung in vollem Umfang angefochten werden; eine Beschränkung auf die Prüfung der Gesetzmäßigkeit der Widerrufsentscheidung besteht nicht.

Die Anfechtung des Widerrufs mit der sofortigen Beschwerde hat zwar keine aufschiebende Wirkung (§ 2 Abs. 2 iVm § 307 Abs. 1 StPO), die Strafvollstreckung darf aber erst dann eingeleitet werden, wenn der Widerrufsbeschluss rechtskräftig geworden ist (§ 459 StPO).[22] Um sich der Person des Verurteilten zu versichern, kann das Gericht vorläufige Maßnahmen treffen und notfalls einen Sicherungshaftbefehl erlassen (§ 2 Abs. 2 iVm § 453c Abs. 1 StPO; s.o. § 58 Rn 10 ff). Gegen die Anordnung der vorläufigen Maßnahmen kommt die einfache Beschwerde nach §§ 304 ff in Betracht (§ 58 Rn 16). 15

4. Straferlass (Abs. 4). Anders als im allgemeinen Strafrecht (§ 453 Abs. 2 S. 3 StPO) ist der Beschluss über den Straferlass im Jugendstrafrecht nicht anfechtbar. 16

5. Zusammentreffen von Revision und Beschwerde (Abs. 5). Während beim Zusammentreffen von (Sprung-)Revision und sofortiger Beschwerde gegen die Aussetzungsentscheidung nach Abs. 1 die sofortige Beschwerde Vorrang genießt (s.o. Rn 9), hat sich der Gesetzgeber beim Zusammentreffen von (Sprung-)Revision und einfacher Beschwerde gegen die in Abs. 2 genannten Nebenentscheidungen für die Konzentration der Zuständigkeiten beim Revisionsgericht entschieden. Die Zuständigkeitskonzentration beim Revisionsgericht entspricht der Regelung im allgemeinen Strafrecht (§ 305 a Abs. 2 StPO). Die Regelung gilt nur, wenn die Anordnung der Aussetzung im Urteil, nicht wenn sie nach § 57 Abs. 1 S. 1, 2. Alt. in einem nachträglichen Beschluss ergangen ist. Rechtspolitisch ist die Zuständigkeitskonzentration beim Revisionsgericht folgerichtig, da die angefochtenen Nebenentscheidungen ohnehin nur unter dem Gesichtspunkt der Gesetzmäßigkeit überprüft werden können (Abs. 2 S. 2); eine Überprüfung der erzieherischen 17

---

19 Köln v. 20.9.1994, 2 Ws 365/94, NStZ 1995, 151.
20 KG v. 29.6.1998, 3 Ws 227/98, JR 1998, 389; LG Potsdam v. 22.5.1996, 22 Qs 17/96, NStZ-RR 1996, 283; Eisenberg, § 59 Rn 27; Zieger, Rn 79; Ostendorf, § 59 Rn 15; D/S/S-Schoreit, § 59 Rn. 20.
21 Im Ergebnis ebenso LG Bückeburg v. 22.1.2003, Qs 5/03, NStZ 2005, 168, 169; LG Osnabrück v. 12.6.1991, 20 Qs III 30/91, NStZ 1991, 533; Heinrich, Zur Anfechtbarkeit der den Widerruf einer Strafaussetzung zur Bewährung ablehnenden Entscheidung im Jugendstrafverfahren, NStZ 2006, 417 ff.
22 OLG Hamm v. 14.12.1982, 5 Ss 1714/82, NStZ 1983, 459 m. Anm. Müller-Dietz; Meyer-Goßner, § 453 Rn 16; Eisenberg, § 59 Rn 28.

Zweckmäßigkeit, zu der das Beschwerdegericht besser geeignet wäre als das Revisionsgericht, ist unzulässig.[23]

§ 60 Bewährungsplan

(1) [1]Der Vorsitzende stellt die erteilten Weisungen und Auflagen in einem Bewährungsplan zusammen. [2]Er händigt ihn dem Jugendlichen aus und belehrt ihn zugleich über die Bedeutung der Aussetzung, die Bewährungs- und Unterstellungszeit, die Weisungen und Auflagen sowie über die Möglichkeit des Widerrufs der Aussetzung. [3]Zugleich ist ihm aufzugeben, jeden Wechsel seines Aufenthalts, Ausbildungs- oder Arbeitsplatzes während der Bewährungszeit anzuzeigen. [4]Auch bei nachträglichen Änderungen des Bewährungsplans ist der Jugendliche über den wesentlichen Inhalt zu belehren.

(2) Der Name des Bewährungshelfers wird in den Bewährungsplan eingetragen.

(3) [1]Der Jugendliche soll durch seine Unterschrift bestätigen, daß er den Bewährungsplan gelesen hat, und versprechen, daß er den Weisungen und Auflagen nachkommen will. [2]Auch der Erziehungsberechtigte und der gesetzliche Vertreter sollen den Bewährungsplan unterzeichnen.

Richtlinie zu § 60

Es empfiehlt sich, die Aushändigung des Bewährungsplans und die Belehrung des Jugendlichen in einem gesonderten Termin in Gegenwart der Erziehungsberechtigten, der gesetzlichen Vertreter und des Bewährungshelfers vorzunehmen.

I. Grundlagen	1	2. Verfahren	3
II. Die Voraussetzungen im Einzelnen	2	3. Unterschrift und Versprechen (Abs. 3)	6
1. Inhalt des Bewährungsplans	2		

I. Grundlagen

1 Im Unterschied zum allgemeinen Strafrecht, wo der Verurteilte nach einer Aussetzung vom Gericht lediglich über die Bedeutung der Aussetzung und der ergangenen Nebenentscheidungen belehrt wird (§ 268 a Abs. 3, § 453 a StPO), wird dem Verurteilten im Jugendstrafrecht zusätzlich ein Bewährungsplan ausgehändigt, in dem die erteilten Weisungen und Auflagen schriftlich zusammengestellt werden. Mit der Pflicht zur Aushändigung eines Bewährungsplans knüpft das Gesetz an die (möglicherweise) nur eingeschränkte Aufnahmekapazität des Jugendlichen nach der Verkündung der betreffenden Neben- und Nachtragsentscheidungen an. Der Jugendliche soll sich auch nach der richterlichen Belehrung schnell, zuverlässig und verständlich über sämtliche für ihn wesentlichen Fragen zur Bewährung informieren können; hierdurch soll die Nachdrücklichkeit der betreffenden Entscheidungen sichergestellt werden. Indem der Gesetzgeber darauf hinweist, dass der Jugendliche den Bewährungsplan unterschreiben und zudem versprechen solle, den Weisungen und Auflagen nachzukommen (Abs. 3), versucht der Gesetzgeber darüber hinaus, den Jugendlichen im Sinne einer „kooperativen Sanktionierung" (s.o. § 23 Rn 8; § 57 Rn 13) in die Entscheidung einzubinden und einen zusätzlichen Anreiz zur Selbststeuerung zu setzen.

---

23 BGH v. 14.7.1954, 5 StR 324/54, BGHSt 6, 206, 208.

II. Die Voraussetzungen im Einzelnen

1. Inhalt des Bewährungsplans. In den Bewährungsplan werden sämtliche Informationen aufgenommen, die für die Ausgestaltung der Bewährungszeit maßgeblich sind. Hierzu gehören namentlich die erteilten Weisungen und Auflagen (Abs. 1 S. 1), der Name des Bewährungshelfers (Abs. 2) und die nachträglichen Änderungen der getroffenen Entscheidungen (Abs. 1 S. 4); aufgenommen werden sollten aber auch die Dauer der Bewährungs- und der Unterstellungszeit, die Kontaktdaten des Bewährungshelfers sowie Hinweise auf die Folgen von Verstößen gegen die getroffenen Anordnungen. Die Angaben sind nicht konstitutiv;[1] bei Abweichungen von den entsprechenden richterlichen Beschlüssen sind diese maßgeblich, nicht der Bewährungsplan. Der Bewährungsplan selbst greift deshalb auch nicht in die Rechtsstellung des Verurteilten ein, sondern lediglich der entsprechende Beschluss, so dass der Bewährungsplan vom Verurteilten nicht angefochten werden kann (s.o. § 59 Rn 10).

▶ **Beispiel für einen Bewährungsplan aus der Praxis:**

Amtsgericht ...

Az. ...   Datum: ...

Bewährungsplan
für Frau/Herrn ...
  geb. am ...
  wohnhaft in ...
Bewährungshelferin/-helfer: ...
Bewährungszeit bis zum: ...
Unterstellungszeit: ... Jahr(e)
Bewährungsauflagen:[2]

1. Die/Der Verurteilte hat sich ordentlich zu führen und die Weisungen des Bewährungshelfers, insbesondere hinsichtlich des Arbeitsplatzes, der Unterkunft, der Freizeitgestaltung und des Besuchs der Sprechstunden zu befolgen.[3]

2. Sie/Er hat sofort unaufgefordert den Wechsel der Wohnung oder des Aufenthaltsortes sowie Änderungen in Arbeitsverhältnissen dem Jugendgericht unter Angabe der Geschäftsnummer und der/des Bewährungshelferin/-helfers anzuzeigen.

3. Sie/Er hat nach Weisung des Bewährungshelfers an einem 3-monatigen Konfrontativtraining teilzunehmen.

4. Sie/Er muss dem Geschädigten ... ein Schmerzensgeld von ... EUR in monatlichen Raten von mindestens ... EUR zahlen. Die Bankverbindung der/des Geschädigten lautet: ...

5. Sie/Er hat nach Weisung der/des Bewährungshelferin/-helfers binnen ... Monaten ... Stunden gemeinnützige Arbeit zu leisten. ◀

2. Verfahren. Die Zuständigkeit für das Aufstellen des Bewährungsplans liegt beim Vorsitzenden des Gerichts, das für den Erlass der weiteren Entscheidungen

---
1 Eisenberg, § 60 Rn 4; D/S/S-Sonnen, § 60 Rn 9.
2 An sich müsste zwischen Weisungen und Auflagen unterschieden werden, s.o. § 23 Rn 2 und 5.
3 Zur Problematik einer derartigen Weisung s.o. § 23 Rn 3.

iSd § 58 Abs. 1 S. 1 zuständig ist. Grundsätzlich ist dies das Gericht, das die Aussetzung angeordnet hat. Wenn die Entscheidungsbefugnis für die weiteren Entscheidungen nach § 58 Abs. 3 S. 2 übertragen worden ist, umfasst die Übertragung als Annex auch die Zuständigkeit für das Aufstellen des Bewährungsplans.[4]

4 Das Aufstellen des Bewährungsplans erfolgt idR im Zusammenhang mit dem Erlass der entsprechenden Nebenentscheidungen. Werden die Nebenentscheidungen im Zusammenhang mit dem Urteil getroffen (§ 57 Abs. 1 S. 1, 1. Alt.), empfiehlt es sich allerdings nicht, dem Jugendlichen den Bewährungsplan unmittelbar im Anschluss an die Hauptverhandlung auszuhändigen, und zwar auch dann nicht, wenn die Beteiligten noch in der Verhandlung auf die Einlegung von Rechtsmitteln verzichten und das Urteil dadurch rechtskräftig wird. Bei einem derartigen Vorgehen würde übersehen, dass der Jugendliche zu diesem Zeitpunkt oft noch unter dem Eindruck der Hauptverhandlung und der Verurteilung steht und nicht für Detailfragen zur Strafaussetzung aufnahmefähig ist.[5] In diesen Fällen wird idR ein gesonderter Termin erforderlich sein, in dem der Bewährungsplan dem Jugendlichen ausgehändigt wird und die weiteren nach § 60 erforderlichen Handlungen vorgenommen werden; der Termin sollte in Gegenwart des Erziehungsberechtigten, der gesetzlichen Vertreter und des Bewährungshelfers stattfinden (vgl RLJGG zu § 60 JGG). Werden die Nebenentscheidungen im Zusammenhang mit einem nachträglichen Aussetzungsbeschluss getroffen (§ 57 Abs. 1 S. 1 Alt. 2), muss für die Aushändigung des Bewährungsplans ebenfalls ein gesonderter Termin anberaumt werden. Etwas anderes gilt für spätere Änderungen der getroffenen Entscheidungen. Aus dem Vergleich von Abs. 1 S. 2 und 4 ergibt sich, dass der Jugendliche über nachträgliche Änderungen des Bewährungsplans nur noch belehrt zu werden braucht; die persönliche Aushändigung des geänderten Plans ist nicht mehr erforderlich. Der Bewährungsplan kann in diesen Fällen auf dem Postweg übersandt werden; die Belehrung kann schriftlich erfolgen.[6] Falls es erzieherisch zweckmäßiger erscheinen, kann jedoch auch in diesen Fällen ein gesonderter Termin anberaumt werden.

5 Die Belehrung muss sich nach Abs. 1 S. 2 auf die Bedeutung der Aussetzung, die getroffenen Nebenentscheidungen und die Möglichkeit des Widerrufs der Aussetzung erstrecken; bei nachträglichen Änderungen des Bewährungsplans muss der Verurteilte über die nachträglichen Entscheidungen belehrt werden (Abs. 1 S. 4). Darüber hinaus muss dem Verurteilten die Weisung erteilt werden, jeden Wechsel seines Aufenthalts sowie seines Ausbildungs- oder Arbeitsplatzes anzuzeigen (Abs. 1 S. 3). Mit der Weisung soll die Kontrolle über den Jugendlichen während der Bewährungszeit sichergestellt werden. Anders als bei den übrigen Weisungen (s.o. § 23 Rn 4) hat das Gericht insoweit keinen Spielraum.

6 **3. Unterschrift und Versprechen (Abs. 3).** Die Unterschrift des Jugendlichen unter den Bewährungsplan und das Versprechen, den erteilten Weisungen und Auflagen nachzukommen, sind rechtlich bedeutungslos; die Befolgungspflicht ergibt sich aus dem Geltungsanspruch der vom Gericht einseitig getroffenen Anordnungen und nicht aus einem mit dem Gericht geschlossenen „Vertrag". Präventiv kann die Einbeziehung des Jugendlichen in Festsetzung der Anordnungen den-

---

4 BGH v. 6.12.1963, 2 ARs 220/63, BGHSt 19, 170, 173; Ostendorf, § 60 Rn 1; Eisenberg, § 60 Rn 8.
5 D/S/S-Sonnen, § 60 Rn 3; Ostendorf, § 60 Rn 2; Eisenberg, § 60 Rn 10.
6 Vgl auch Ostendorf, § 60 Rn 5; Eisenberg, § 60 Rn 19: nur bei **geringfügigen** nachträglichen Änderungen.

noch Wirkungen entfalten: Indem der Jugendliche die entsprechenden Selbstverpflichtungen abgibt, wird für ihn ein zusätzlicher Anreiz geschaffen, den entsprechenden Vereinbarungen während der Bewährungszeit Folge zu leisten und sich normkonform zu verhalten.[7] Für den Erfolg der Bewährung erscheint dies aussichtsreicher als allein die einseitige Festlegung der Verhaltenspflichten durch das anordnende Gericht. Da die Erklärungen des Jugendlichen rechtlich bedeutungslos sind, können die Verweigerung der Unterschriftsleistung oder der Abgabe des Versprechens nicht mit Ungehorsamsarrest oder dem Widerruf der Strafaussetzung geahndet werden.[8] Wegen der Symbolik des Aktes sollen auch der Erziehungsberechtigte und der gesetzliche Vertreter den Bewährungsplan unterzeichnen (Abs. 3 S. 2).

§ 61 (weggefallen)

Fünfter Unterabschnitt Verfahren bei Aussetzung der Verhängung der Jugendstrafe

§ 62 Entscheidungen

(1) ¹Entscheidungen nach den §§ 27 und 30 ergehen auf Grund einer Hauptverhandlung durch Urteil. ²Für die Entscheidung über die Aussetzung der Verhängung der Jugendstrafe gilt § 267 Abs. 3 Satz 4 der Strafprozeßordnung sinngemäß.

(2) Mit Zustimmung des Staatsanwalts kann die Tilgung des Schuldspruchs nach Ablauf der Bewährungszeit auch ohne Hauptverhandlung durch Beschluß angeordnet werden.

(3) Ergibt eine während der Bewährungszeit durchgeführte Hauptverhandlung nicht, daß eine Jugendstrafe erforderlich ist (§ 30 Abs. 1), so ergeht der Beschluß, daß die Entscheidung über die Verhängung der Strafe ausgesetzt bleibt.

(4) Für die übrigen Entscheidungen, die infolge einer Aussetzung der Verhängung der Jugendstrafe erforderlich werden, gilt § 58 Abs. 1 Satz 1, 2 und 4 und Abs. 3 Satz 1 sinngemäß.

I. Grundlagen 1	3. Weitere Entscheidungen (Abs. 4) 7
II. Die Voraussetzungen im Einzelnen 2	4. Sicherungshaftbefehl 8
1. Zweigeteilte Hauptverhandlung (Abs. 1) 2	5. Tilgung des Schuldspruchs (Abs. 2) 9
2. Entscheidungsmöglichkeiten im zweiten Verfahrensabschnitt 5	

---

[7] Ebenso D/S/S-Sonnen, § 60 Rn 8 (höherer Grad an Verbindlichkeit); vgl auch Weber/Matzke, „Jugendvertrag" als jugendkriminalrechtlicher Verfahrensabschluß, ZfJ 1996, 171 ff: dänisches Modell des „Jugendvertrags".
[8] Eisenberg, § 60 Rn 17.

I. Grundlagen

1 Das Verfahren bei Aussetzung der Verhängung der Jugendstrafe nach §§ 27 ff entspricht dem aus dem anglo-amerikanischen Bereich bekannten Modell der zweigeteilten Hauptverhandlung: Zunächst wird nach § 27 über die Schuld des Angeklagten entschieden und es werden in einem zusammen mit dem Urteil verkündeten Bewährungsbeschluss die erforderlichen Nebenentscheidungen (§§ 28 f) getroffen; sodann wird – noch während oder nach Ablauf der Bewährungszeit – in einem zweiten Schritt gem. § 30 über die Verhängung der Jugendstrafe oder alternativ die Tilgung des Schuldspruchs befunden. Die Entscheidungen nach § 27 und § 30 ergehen aufgrund einer Hauptverhandlung durch Urteil; in Ausnahmefällen kann der zweite Verfahrensteil auch durch ein Beschlussverfahren (Abs. 2) oder durch Einbeziehung des Schuldspruchs in eine neue Einheitssanktion (§ 31 Abs. 2 S. 1) ersetzt werden. Das Vorgehen unterscheidet sich vom Vorgehen bei der Aussetzung der Vollstreckung der Jugendstrafe zur Bewährung nach §§ 21 ff, wo die Entscheidung über den Widerruf der Aussetzung oder den Straferlass ausschließlich im Beschlussweg erfolgt (vgl § 58 Abs. 1 S. 1). Im allgemeinen Strafrecht hat die Aussetzung der Verhängung der Jugendstrafe nach §§ 27 ff keine Entsprechung.

II. Die Voraussetzungen im Einzelnen

2 **1. Zweigeteilte Hauptverhandlung (Abs. 1).** Bei dem in Abs. 1 S. 1 normierten Modell der zweigeteilten Hauptverhandlung hat der am Ende des **ersten Abschnitts** stehende Schuldspruch den Charakter eines Zwischenurteils ohne verfahrensbeendigende Wirkung.[1] Die Entscheidung über die Verhängung der Strafe wird im Urteil ausgesetzt (zur Formulierung des Tenors s.o. § 27 Rn 14). Aus den Urteilsgründen muss sich ergeben, weshalb die Verhängung der Strafe ausgesetzt worden ist (Abs. 1 S. 2 iVm § 267 Abs. 3 S. 4 StPO).[2] Die Entscheidung kann selbstständig angefochten werden und erwächst in Rechtskraft. Das Gericht ist an die Entscheidung gebunden, auch wenn im zweiten Verfahrensteil neue Tatsachen zutage treten, die die bereits festgestellten Tatsachen in einem neuen Licht erscheinen lassen oder zu ihnen im Widerspruch stehen. Zu den Möglichkeiten der Durchbrechung der Bindungswirkung in diesen Fällen s.o. § 30 Rn 12.

3 Der zur Entscheidung über die Verhängung der Jugendstrafe führende **zweite Verfahrensabschnitt** wird eingeleitet, wenn die Führung des Jugendlichen während der Bewährungszeit erkennen lässt, dass schädliche Neigungen in dem für die Verhängung von Jugendstrafe erforderlichen Umfang vorliegen, oder wenn die vom Gericht festgesetzte Bewährungszeit ohne weitere Vorkommnisse verstrichen ist. Zuständig für die zweite Hauptverhandlung ist das Gericht, das die Aussetzung der Verhängung angeordnet hat (Abs. 4 iVm § 58 Abs. 3 S. 1). Die Bindungswirkung des rechtskräftig gewordenen Schuldspruchs hat zur Folge, dass das Nachverfahren nicht zwingend vor denselben Personen durchgeführt werden muss wie der erste Verfahrensabschnitt. Die Durchführung des Nachverfahrens entfällt, wenn der Jugendliche in der Bewährungszeit eine neue Straftat begeht und der nach § 27 ergangene Schuldspruch in die neue Entscheidung einbezogen wird (§ 31 Abs. 2 S. 1; zur umstrittenen Frage, ob dies auch für die nachträgliche Entscheidung über die Einbeziehung nach § 66 gilt, s.u. § 66 Rn 4).

---

1 Eisenberg, § 62 Rn 3.
2 Zur Notwendigkeit einer ausführlichen Begründung, um eine ggf mögliche Einbeziehung des Urteils in eine spätere Einheitssanktion nach § 31 Abs. 2 zu erleichtern, Heublein, § 27 JGG - eine ungeliebte Vorschrift?, ZfJ 1995, 438.

Für die Durchführung der zweiten Hauptverhandlung gelten die §§ 213 bis 275 4
StPO entsprechend (ähnlich § 275 a Abs. 2 StPO). Das Nachverfahren wird eingeleitet durch einen dem Eröffnungsbeschluss (§ 203 StPO) vergleichbaren Beschluss über die Weiterführung des Verfahrens, in dem die für die Weiterführung nach § 30 maßgeblichen Tatsachen und Beweismittel angegeben werden;[3] der Beschluss ist dem Jugendlichen entsprechend § 214 StPO spätestens mit der Terminsladung zuzustellen. In der Hauptverhandlung tritt an die Stelle der Verlesung des Anklagesatzes die Verlesung des Weiterführungsbeschlusses. Im Übrigen orientiert sich der Gang der Hauptverhandlung am Gang einer Berufungsverhandlung (§ 324 StPO; vgl auch § 275 a Abs. 3 StPO).[4]

2. Entscheidungsmöglichkeiten im zweiten Verfahrensabschnitt. Gelangt das Gericht im Nachverfahren zu der Überzeugung, dass die Voraussetzungen des § 30 Abs. 1 gegeben sind und die im Schuldspruch missbilligte Tat auf schädliche Neigungen in einem für die Verhängung von Jugendstrafe erforderlichen Umfang zurückzuführen ist, wird der Jugendliche **zu Jugendstrafe verurteilt** (zu den hierbei anzustellenden Strafmaßerwägungen s.o. § 30 Rn 7; zur Fassung des Tenors s.o. § 30 Rn 10). Das Urteil ist nach den allgemeinen Vorschriften mit Berufung oder Revision anfechtbar. 5

Kann sich das Gericht nicht vom Vorliegen der Voraussetzungen des § 30 Abs. 1 überzeugen, kommt es darauf an, zu welchem Zeitpunkt das Nachverfahren durchgeführt wird. Die in § 30 Abs. 2 vorgesehene **Tilgung des Schuldspruchs** ist nur dann zulässig, wenn die Bewährungszeit zum Zeitpunkt der zweiten Hauptverhandlung bereits abgelaufen ist; dabei kann die Tilgung entweder durch Urteil (Abs. 1 S. 1) oder durch Beschluss (Abs. 2) angeordnet werden. Wird das Nachverfahren dagegen vor Ablauf der Bewährungszeit durchgeführt, ist die Tilgung des Schuldspruchs nach umstrittener, aber wohl zutreffender Auffassung nicht statthaft; vielmehr kann das Gericht nur beschließen, dass die Entscheidung über die Verhängung der Strafe bis zum Ablauf der Bewährungszeit ausgesetzt bleibt (Abs. 3).[5] Weder der Beschluss nach Abs. 2 noch der Beschluss nach Abs. 3 sind anfechtbar (§ 63 Abs. 1). Vor Ablauf der Bewährungszeit kann die Tilgung ausnahmsweise nur dann erfolgen, wenn zugleich die Bewährungszeit durch förmlichen Beschluss entsprechend verkürzt wird (vgl § 28 Abs. 2 S. 2). 6

3. Weitere Entscheidungen (Abs. 4). Im Zusammenhang mit dem am Ende des ersten Abschnitts stehenden Schuldspruch trifft das Gericht die Nebenentscheidungen zur Bewährungszeit (§ 28), zur Unterstellung des Jugendlichen unter die Aufsicht und Leitung eines Bewährungshelfers (§ 29 S. 1) sowie zu etwaigen Weisungen und Auflagen (§ 29 S. 2). Im Verlauf der Bewährungszeit können weitere Entscheidungen zur Verlängerung der Bewährungs- oder Unterstellungszeit (§ 28 Abs. 2 S. 2, § 29 S. 2 iVm § 24 Abs. 2) oder zu den erteilten Weisungen und Auflagen getroffen werden (§ 29 S. 2 iVm § 23 Abs. 1 S. 3); diese Entscheidungen können auch im Zusammenhang mit dem Beschluss nach Abs. 3 (s.o. Rn 6) ergehen. Sämtliche Neben- und Nachtragsentscheidungen werden durch Beschluss getroffen (Abs. 4 iVm § 58 Abs. 1 S. 1). Vor der Entscheidung sind der Staatsanwalt, der Jugendliche und der Bewährungshelfer zu hören (Abs. 4 iVm § 58 Abs. 1 S. 2; dazu genauer § 58 Rn 4 f); der Beschluss ist zu begründen (Abs. 4 iVm § 58 Abs. 1 S. 4; s.o. § 58 Rn 9). Zuständig für sämtliche weiteren Entscheidungen 7

---

3 D/S/S-Schoreit, § 62 Rn 14; Brunner/Dölling, § 62 Rn 3; Eisenberg, § 62 Rn 17 ff.
4 D/S/S-Schoreit, § 62 Rn 15; Ostendorf, § 62 Rn 5; Brunner/Dölling, § 62 Rn 3.
5 Brunner/Dölling, § 30 Rn 1; § 62 Rn 4; D/S/S-Schoreit, § 62 16; aA OLG Schleswig v. 27.8.1957, O Js 34/56, NJW 1958, 34; krit. auch Eisenberg, § 62 Rn 13.

ist das Gericht, das die Aussetzung der Verhängung angeordnet hat, ggf also auch das Berufungsgericht (Abs. 4 iVm § 58 Abs. 3 S. 1; s.o. § 58 Rn 1). Eine Übertragung der Zuständigkeit auf den Richter, in dessen Bezirk sich der Jugendliche aufhält, ist nicht zulässig.[6]

8 **4. Sicherungshaftbefehl.** Wenn hinreichende Gründe für die Annahme vorhanden sind, dass das Gericht im zweiten Verfahrensabschnitt nach § 30 Abs. 1 auf Verhängung der Jugendstrafe erkennen wird, kann sich die Frage stellen, ob das Gericht nach § 2 Abs. 2 iVm § 453 c StPO vorläufige Maßnahmen treffen und ggf einen Sicherungshaftbefehl erlassen darf, um sich der Person des Verurteilten zu versichern. Richtigerweise ist die Frage zu verneinen, da § 453 c StPO explizit an den Widerruf einer bereits verhängten Jugendstrafe anknüpft und die im Nachverfahren in Betracht kommende Verhängung der Strafe hiermit nicht vergleichbar ist.[7] Die Frage hat in der Praxis jedoch keine große Bedeutung. Sofern die „schlechte Führung des Jugendlichen während der Bewährungszeit" (vgl § 30 Abs. 1) nämlich darauf zurückgeht, dass der Jugendliche im Verdacht steht, eine neue Straftat begangen zu haben (s.o. § 30 Rn 6), wird sich in vielen Fällen auf diesen Verdacht ein Untersuchungshaftbefehl nach §§ 112 f StPO stützen lassen.[8] Mit der bereits abgeurteilten Tat lässt sich der Untersuchungshaftbefehl demgegenüber nicht begründen,[9] da es insoweit nach dem rechtskräftigen Abschluss des ersten Verfahrensabschnitts (Schuldspruch, § 27) an der zentralen Voraussetzung des dringenden Tatverdachts fehlt.

9 **5. Tilgung des Schuldspruchs (Abs. 2).** Der Schuldspruch kann nach § 30 Abs. 2 nur dann getilgt werden, wenn sich das Gericht nach Ablauf der Bewährungszeit nicht davon überzeugen kann, dass die Voraussetzungen für die Verhängung von Jugendstrafe nach § 30 Abs. 1 gegeben sind. Die Tilgung erfolgt grundsätzlich durch Urteil (Abs. 1 S. 1; zur Fassung des Tenors s.o. § 30 Rn 10). Mit Zustimmung der Staatsanwaltschaft kann die Tilgung auch ohne Hauptverhandlung durch Beschluss angeordnet werden (Abs. 2). Der Beschluss ist nicht anfechtbar (§ 63 Abs. 1).

§ 63 Anfechtung

(1) Ein Beschluß, durch den der Schuldspruch nach Ablauf der Bewährungszeit getilgt wird (§ 62 Abs. 2) oder die Entscheidung über die Verhängung der Jugendstrafe ausgesetzt bleibt (§ 62 Abs. 3), ist nicht anfechtbar.

(2) Im übrigen gilt § 59 Abs. 2 und 5 sinngemäß.

1 Die Vorschrift enthält eine Sonderregelung für die Anfechtung der in § 62 genannten Beschlussentscheidungen. Zweck der Vorschrift ist es, die im Zusammenhang mit der Aussetzung der Verhängung der Jugendstrafe in Betracht kommenden Rechtsmittel so weit wie möglich zu beschränken, um die betreffenden Entscheidungen aus erzieherischen Gründen möglichst schnell bestandskräftig werden zu lassen. Parallel zu § 59 Abs. 4 erklärt § 63 Abs. 1 deshalb die **Tilgung**

---

6 BGH v. 5.8.2010, 2 Ars 260/10; BGH v. 12.1.1956, 3 ARs 172/55, BGHSt 8, 346, 348; Eisenberg, § 62 Rn 9.
7 Wenger, in: Busch/Müller-Dietz/Wetzstein, S. 83; Ostendorf, § 62 Rn 1; Brunner/Dölling, § 62 Rn 4.
8 Heublein, § 27 JGG - eine ungeliebte Vorschrift?, ZfJ 1995, 437.
9 So aber Brunner/Dölling, § 62 Rn 4; Eisenberg, § 58 Rn 17: bis zur Rechtskraft der Entscheidung nach § 30 Abs. 1 Erlass eines Haftbefehls zulässig.

des **Schuldspruchs** nach Ablauf der Bewährungszeit für unanfechtbar. Die Einschränkung bezieht sich allerdings nur auf die betreffende Beschlussentscheidung, soweit sie mit Zustimmung der Staatsanwaltschaft ergeht (§ 62 Abs. 2); für die Tilgung durch Urteil (§ 62 Abs. 1 S. 1) gilt sie nicht. Ergeht der Tilgungsbeschluss ohne Zustimmung der Staatsanwaltschaft, steht dieser hiergegen die sofortige Beschwerde zur Verfügung; insoweit ist der Rechtsgedanke des § 453 Abs. 2 S. 2 entsprechend heranzuziehen.[1] Eine Tilgung vor Ablauf der Bewährungszeit ist nicht möglich; früher als ursprünglich vorgesehen darf der Schuldspruch nur dann getilgt werden, wenn zugleich die Bewährungszeit entsprechend verkürzt wird (s.o. § 62 Rn 6). Ergeht die Tilgung, ohne dass die Bewährungszeit abgekürzt wird, ist auch gegen die vorzeitige Tilgung vor Ablauf die sofortige Beschwerde statthaft.[2]

Unanfechtbar ist ferner der Beschluss, wonach die **Entscheidung** über die Verhängung der Jugendstrafe **ausgesetzt bleibt** (§ 62 Abs. 3). Die Regelung ist nicht auf den Fall übertragbar, dass es das Gericht schon ablehnt, auf Antrag der Staatsanwaltschaft eine Hauptverhandlung anzuberaumen, in der das Vorliegen der Voraussetzungen des § 30 Abs. 1 geprüft werden kann. Diese (Nichtbefassungs-)Entscheidung des Gerichts kann nach allgemeiner Meinung mit der einfachen Beschwerde angefochten werden, weil die Staatsanwaltschaft nach § 62 Abs. 1 S. 1 einen Anspruch darauf hat, dass zur Prüfung der sachlichen Voraussetzungen des § 30 Abs. 1 eine Hauptverhandlung durchgeführt wird.[3]

2

Für die Entscheidungen nach §§ 27 und 30, die durch **Urteil** ergehen, also den Schuldspruch (§ 27), den Strafausspruch (§ 30 Abs. 1) und die Tilgung (§ 30 Abs. 2), stehen Berufung und Revision mit den durch § 55 Abs. 2 gezogenen Beschränkungen zur Verfügung. Für die Anfechtung der **übrigen Entscheidungen**, die infolge der Aussetzung der Verhängung der Jugendstrafe erforderlich werden, ist die einfache Beschwerde statthaft, die allerdings nur zu einer begrenzten Überprüfung durch das Beschwerdegericht führt (Abs. 2 iVm § 59 Abs. 2; s.o. § 59 Rn 10). Beim Zusammentreffen der einfachen Beschwerde gegen eine Neben- oder Nachtragsentscheidung und der Revision gegen das Urteil, ist das Revisionsgericht auch für die Entscheidung über die Beschwerde zuständig (Abs. 2 iVm § 59 Abs. 5).

3

§ 64 Bewährungsplan

[1]§ 60 gilt sinngemäß. [2]Der Jugendliche ist über die Bedeutung der Aussetzung, die Bewährungs- und Unterstellungszeit, die Weisungen und Auflagen sowie darüber zu belehren, daß er die Festsetzung einer Jugendstrafe zu erwarten habe, wenn er sich während der Bewährungszeit schlecht führe.

Ebenso wie bei der Strafaussetzung zur Bewährung nach §§ 21 ff werden die erteilten Weisungen und Auflagen auch bei der Aussetzung der Verhängung der Jugendstrafe nach §§ 27 ff in einem Bewährungsplan zusammengestellt. Für den Inhalt des Bewährungsplans, das bei seiner Aufstellung zu beachtende Verfahren und die Einbindung des Jugendlichen durch Unterschrift und das Versprechen, den erteilten Weisungen und Auflagen nachzukommen, gelten die Ausführungen

1

---

1 Vgl Eisenberg, § 63 Rn 4; Ostendorf, § 63 Rn 1; Brunner/Dölling, § 63 Rn 2.
2 LG Hamburg, 25.7.1988, 34 Qs 50/88, NStZ 1989, 523 m. Anm. Böhm.
3 Ostendorf, § 62 Rn 4; D/S/S-Schoreit, § 63 Rn 4; Eisenberg, Rn 6.

zu § 60 entsprechend. Zuständig ist das Gericht, das die Aussetzung der Verhängung angeordnet hat (§ 62 Abs. 4 iVm §§ 58 Abs. 3 S. 1); die Zuständigkeit kann – anders als im Fall des § 60 (s.o. § 60 Rn 3) – nicht auf den Richter des Aufenthaltsorts übertragen werden (s.o. § 62 Rn 7).

2 Unterschiedlich ist auch die Belehrung: Der Jugendliche muss außer über die getroffenen Nebenentscheidungen über die Bedeutung der Aussetzung sowie über die Konsequenzen belehrt werden, die ihn erwarten, wenn er sich während der Bewährungszeit schlecht führt (S. 2). Dabei ist ihm zu verdeutlichen, dass es keineswegs nur um die (Nicht-)Begehung neuer Straftaten geht, sondern dass seine gesamte weitere Entwicklung in den für die Beurteilung schädlicher Neigungen relevanten Verhaltensbereichen in den Blick genommen wird (s.o. § 30 Rn 4). Hinzuweisen ist der Jugendliche aber auch auf die Möglichkeit der Tilgung des Schuldspruchs und damit die Beseitigung der belastenden Wirkungen des Schuldspruchs, sofern er sich gut führt. Zu den Reaktionsmöglichkeiten des Gerichts bei Nichtbefolgung der Weisungen, Auflagen, Zusagen oder Anerbieten s.o. § 29 Rn 2, § 30 Rn 5.

Sechster Unterabschnitt Ergänzende Entscheidungen

§ 65 Nachträgliche Entscheidungen über Weisungen und Auflagen

(1) ¹Nachträgliche Entscheidungen, die sich auf Weisungen (§ 11 Abs. 2, 3) oder Auflagen (§ 15 Abs. 3) beziehen, trifft der Richter des ersten Rechtszuges nach Anhören des Staatsanwalts und des Jugendlichen durch Beschluß. ²Soweit erforderlich, sind der Vertreter der Jugendgerichtshilfe, der nach § 10 Abs. 1 Satz 3 Nr. 5 bestellte Betreuungshelfer und der nach § 10 Abs. 1 Satz 3 Nr. 6 tätige Leiter eines sozialen Trainingskurses zu hören. ³Wenn die Verhängung von Jugendarrest in Betracht kommt, ist dem Jugendlichen Gelegenheit zur mündlichen Äußerung vor dem Richter zu geben. ⁴Der Richter kann das Verfahren an den Jugendrichter abgeben, in dessen Bezirk sich der Jugendliche aufhält, wenn dieser seinen Aufenthalt gewechselt hat. ⁵§ 42 Abs. 3 Satz 2 gilt entsprechend.

(2) ¹Hat der Richter die Änderung von Weisungen abgelehnt, so ist der Beschluß nicht anfechtbar. ²Hat er Jugendarrest verhängt, so ist gegen den Beschluß sofortige Beschwerde zulässig. ³Diese hat aufschiebende Wirkung.

| I. Grundlagen .... | 1 | 1. Zuständigkeit und Verfahren (Abs. 1) .... | 2 |
| II. Die Voraussetzungen im Einzelnen .... | 2 | 2. Anfechtung (Abs. 2) .... | 10 |

I. Grundlagen

1 Da die Ausgestaltung der dem Verurteilten erteilten Weisungen (§ 10) und Auflagen (§ 15) nicht in Rechtskraft erwächst, sondern nachträglich geändert werden kann, sofern dies aus Gründen der Erziehung geboten ist (§ 11 Abs. 2, § 15 Abs. 3), hat der Gesetzgeber in § 65 eine Regelung für das Verfahren geschaffen, das bei der nachträglichen Änderung und der Verhängung von Ungehorsamsarrest (§ 11 Abs. 3) zu beachten ist. Dabei ist davon auszugehen, dass die Vollstreckung der Erfüllung der Weisungen und Auflagen in der Verantwortung des Jugendrichters als Vollstreckungsleiter liegt (§ 82 Abs. 1, § 84); für die Überwachung, dass der Jugendliche den Weisungen und Auflagen nachkommt, ist die Jugendgerichtshilfe zuständig (§ 38 Abs. 2 S. 5; vgl auch Nr. III. 1. und IV. 2

RLJGG zu §§ 82 bis 85 JGG). Sofern der Vollstreckungsleiter Kenntnis davon erhält, dass der Jugendliche den Weisungen oder Auflagen nicht nachkommt, prüft er, ob das in § 65 geregelte Verfahren zur Änderung von Weisungen oder Auflagen oder zur Verhängung von Ungehorsamsarrest einzuleiten ist; bejahendenfalls muss er die Sache an den in Abs. 1 S. 1 genannten Richter des ersten Rechtszugs abgeben.[1] Bei der nachträglichen Änderung von Weisungen oder Auflagen und der Verhängung von Ungehorsamsarrest handelt es sich nicht um Vollstreckungsangelegenheiten, sondern um Fragen der Ausgestaltung und Durchsetzung der gegen den Jugendlichen im Urteil verhängten Sanktion.

II. Die Voraussetzungen im Einzelnen

1. Zuständigkeit und Verfahren (Abs. 1) . Zuständig für die nachträglichen Entscheidungen, die sich auf Weisungen oder Auflagen beziehen, ist das **Gericht des ersten Rechtszugs** (S. 1). Da es sich um Entscheidungen außerhalb der Hauptverhandlung handelt, wirken die Schöffen an der Entscheidung nicht mit (§§ 33 a Abs. 2, 33 b Abs. 3). Das Gericht des ersten Rechtszugs ist auch für die Verhängung von Ungehorsamsarrest sowie für die in § 11 Abs. 3 S. 3 geregelte Entscheidung zuständig, dass von der Vollstreckung eines angeordneten Ungehorsamsarrests abzusehen ist, weil der Jugendliche zwischenzeitlich einer Auflage nachgekommen ist.[2]

Hat der Jugendrichter im Urteil die Auswahl und Anordnung von Weisungen dem **Familiengericht** überlassen (§ 53), werden die nachträglichen Entscheidungen (§ 11 Abs. 2) vom Familiengericht getroffen. Da das Familiengericht nur zur Auswahl und Anordnung von Erziehungsmaßregeln (§§ 9 bis 12) ermächtigt werden kann, ist es nicht zur Verhängung von Ungehorsamsarrest (§ 11 Abs. 3) befugt, wenn der Jugendliche Weisungen schuldhaft nicht nachkommt, da es sich beim Ungehorsamsarrest der Sache nach um ein Zuchtmittel (§§ 13 bis 16) handelt. Für die Verhängung von Ungehorsamsarrest ist das Jugendgericht zuständig, das den Angeklagten in erster Instanz schuldig gesprochen und die Rechtsfolgenkompetenz nach § 53 übertragen hat.[3]

Ist der Angeklagte nach § 102 oder § 103 erstinstanzlich von einem **Erwachsenengericht** verurteilt worden, stellt sich die Frage der Zuständigkeit für die nachträglichen Entscheidungen nur mit Blick auf die Auflagen, da das Erwachsenengericht die Auswahl und Anordnung von Weisungen zwingend dem Familiengericht überlassen muss (§ 104 Abs. 1 Nr. 1, Abs. 4). Für die nachträglichen Entscheidungen über Auflagen einschließlich der Anordnung von Ungehorsamsarrest (§ 15 Abs. 3) ist das Erwachsenengericht als Gericht des ersten Rechtszugs zuständig.[4] Die in § 11 Abs. 2 genannten nachträglichen Entscheidungen über Weisungen liegen demgegenüber in der Hand des Familiengerichts (s.o. Rn 3).

Das Gericht des ersten Rechtszugs kann die **Zuständigkeit** für das Verfahren an den Jugendrichter **übertragen**, in dessen Bezirk sich der Jugendliche aufhält (S. 4). Die Abgabe setzt voraus, dass der Jugendliche den Aufenthaltswechsel erst

---

1 Ostendorf, § 65 Rn 2; Eisenberg, § 65 Rn 5 f.
2 BGH v. 4.9.2002, 2 ARs 218/02, BGHSt 48, 1, 2.
3 Eisenberg, § 53 Rn 14; D/S/S-Schoreit, § 65 Rn 3; Ostendorf, § 53 Rn 10 und § 65 Rn 1.
4 D/S/S-Schoreit, § 65 Rn 2; Ostendorf, § 65 Rn 1; im Ergebnis ebenso Eisenberg, § 65 Rn 2: analoge Anwendung des § 65 Abs. 1; aA Brunner/Dölling, § 65 Rn 4: Anwendung des § 42 Abs. 1.

nach der Verurteilung vollzogen hat.[5] Die Abgabe ist zweckmäßig, wenn die räumliche Entfernung infolge des Aufenthaltswechsels so groß ist, dass sie dem Jugendlichen die Wahrnehmung des Rechts auf mündliche Äußerung nach Abs. 1 S. 3 (s.u. Rn 8) unzumutbar erschwert.[6] Bei Bedenken des übernehmenden Richters entscheidet das gemeinschaftliche obere Gericht (S. 5 iVm § 42 Abs. 3 S. 2). Eine Zustimmung der Staatsanwaltschaft ist für die Übertragung nicht erforderlich (anders § 42 Abs. 3 S. 1). Eine nur teilweise Übertragung der Entscheidungsbefugnis ist nicht zulässig (anders § 58 Abs. 3 S. 2).

6 Die nachträglichen Entscheidungen werden getroffen, sobald ihre sachlichen Voraussetzungen vorliegen, also sobald Tatsachen festgestellt werden, die die Änderung, Verlängerung oder Aufhebung von Weisungen oder Auflagen oder die Verhängung von Ungehorsamsarrest rechtfertigen. Die Einleitung des Verfahrens kann von Amts wegen oder auf Anregung eines Verfahrensbeteiligten erfolgen. Maßgebliche Bedeutung kommt insoweit den Berichten der Jugendgerichtshilfe zu, die die Erfüllung der Weisungen und Auflagen zu überwachen hat (§ 38 Abs. 2 S. 5 und 6; s.o. Rn 1).

7 Vor der Entscheidung bestehen **Anhörungspflichten** (S. 1 und 2). Der Staatsanwalt, der Jugendliche, der Erziehungsberechtigte und der gesetzliche Vertreter (§ 67 Abs. 1) müssen zu den bekannt gewordenen Tatsachen und der vom Gericht beabsichtigten Entscheidung gehört werden (§ 2 Abs. 2 iVm § 33 Abs. 3 StPO). Soweit es auf ihre Sichtweise ankommt, sind nach S. 2 auch der Vertreter der Jugendgerichtshilfe (vgl § 38 Abs. 3 S. 3 Hs 1), der Betreuungshelfer und der Leiter des sozialen Trainingskurses zu hören, an dem der Jugendliche teilgenommen hat oder teilnehmen sollte. Auch weitere Personen, die mit der Erfüllung der Weisungen und Auflagen befasst gewesen sind, können zum Zweck der umfassenden Aufklärung des Sachverhalts gehört werden (zB der Leiter eines Täter-Opfer-Ausgleichsprojekts oder der für die Durchführung von Arbeitsweisungen Verantwortlichen).

8 Für die Durchführung der Anhörung gelten nach Abs. 1 keine besonderen Formerfordernisse; lediglich wenn die Verhängung von Jugendarrest in Betracht kommt, ist dem Jugendlichen zwingend die Gelegenheit zur mündlichen Äußerung zu geben (S. 3).[7] Ebenso wie vor dem Erlass von Neben- und Nachtragsentscheidungen im Zusammenhang mit der Strafaussetzung zur Bewährung (§ 58 Abs. 1 S. 2 und 3) ist jedoch auch die vor der nachträglichen Entscheidung über Weisungen und Auflagen durchzuführende Anhörung am Erziehungsgedanken auszurichten. Mündliche Anhörungen sollten daher in weiterem Umfang durchgeführt werden als dies durch das Gesetz als Mindeststandard vorgeschrieben ist; ggf kann der Anhörungstermin auch als mündliche Verhandlung ausgestaltet werden (s.o. § 58 Rn 5).[8] Zu den Konsequenzen bei unterlassener Anhörung s.o. § 58 Rn 7.

9 Die richterliche Entscheidung ergeht durch **Beschluss** (S. 1). Eine Begründungspflicht hat der Gesetzgeber nicht vorgesehen (anders § 58 Abs. 1 S. 4); die Begründung sollte jedoch selbstverständlich sein, da sich andernfalls die erzieherische Wirkung, an der sich das gesamte Verfahren auszurichten hat (§ 2 Abs. 1 S. 2), kaum erzielen lässt (s.o. § 58 Rn 9; vgl auch § 2 Abs. 2 iVm § 34 StPO). Zur

---

5 BGH v. 30.8.2006, 2 ARs 361/06.
6 BGH v. 24.6.2009, 2 ARs 231/09, StraFo 2009, 437.
7 LG Arnsberg v. 31.1.2006, 2 Qs 5/06 jug, NStZ 2006, 525, 526 (auch bei wiederholter Verhängung von Jugendarrest).
8 Ostendorf, § 65 Rn 5; Eisenberg, § 65 Rn 11.

Bekanntmachung der Entscheidung und zur Notwendigkeit einer Rechtsmittelbelehrung vgl § 2 Abs. 2 iVm §§ 35 f StPO sowie oben § 58 Rn 9. Die nachträglichen Entscheidungen werden entsprechend § 60 Abs. 1 Nr. 2 BZRG dem Erziehungsregister mitgeteilt.[9]

2. Anfechtung (Abs. 2). Für die Anfechtung der nachträglichen Entscheidungen gelten grundsätzlich die allgemeinen Regeln. Gegen eine Entscheidung über Weisungen oder Auflagen ist idR die einfache Beschwerde nach §§ 304 ff StPO zulässig, sofern die hierfür erforderlichen allgemeinen Voraussetzungen (Beschwer) gegeben sind. Anders als bei den Neben- und Nachtragsentscheidungen zur Bewährungsaussetzung hat der Gesetzgeber den Prüfungsumfang nicht ausdrücklich auf die Gesetzwidrigkeit der getroffenen Anordnungen beschränkt (vgl § 59 Abs. 2 S. 2). Die wohl hM wendet allerdings die Rechtsmittelbeschränkung des § 55 Abs. 1 entsprechend an, so dass die richterlichen Entscheidungen der Anfechtbarkeit weitgehend entzogen sind (dazu im Einzelnen oben § 55 Rn 22 ff,).[10] 10

Eine Einschränkung gilt für die **Ablehnung der Änderung von Weisungen**; ein entsprechender Beschluss ist unanfechtbar (Abs. 2 S. 1). Die Einschränkung bezieht sich nur auf die **Änderung** von Weisungen nach § 11 Abs. 2 Alt. 1; die Ablehnung des Antrags, den Jugendlichen von einer Weisung zu befreien, ist hiervon nicht betroffen.[11] Hat das Gericht entschieden, ohne den Jugendlichen zuvor anzuhören, obwohl dies erforderlich gewesen wäre (Abs. 1 S. 1), muss das rechtliche Gehör im Verfahren nach § 33 a StPO nachgeholt werden.[12] 11

Die Verhängung von **Ungehorsamsarrest** (§ 11 Abs. 3, § 15 Abs. 3 S. 2) kann mit der sofortigen Beschwerde nach § 311 StPO angefochten werden; entgegen § 307 Abs. 1 StPO hat das Rechtsmittel aufschiebende Wirkung (Abs. 2 S. 2 und 3). Werden nach dem Ablauf der Beschwerdefrist (§ 311 Abs. 2 StPO) Umstände bekannt, die bei Verurteilungen die Wiederaufnahme rechtfertigen würden (zB ein Weisungsverstoß kann dem Jugendlichen nach neueren Erkenntnissen nicht angelastet werden), ist die Wiederaufnahme nach zutreffender Auffassung auch gegen die Verhängung von Ungehorsamsarrest statthaft.[13] Zur Möglichkeit, von der Vollstreckung des Ungehorsamsarrests abzusehen, wenn die Weisung oder Auflage zwischenzeitlich erfüllt worden ist, vgl § 11 Abs. 3 S. 3; zur Zuständigkeit s.o. Rn 2. 12

§ 66 Ergänzung rechtskräftiger Entscheidungen bei mehrfacher Verurteilung

(1) ¹Ist die einheitliche Festsetzung von Maßnahmen oder Jugendstrafe (§ 31) unterblieben und sind die durch die rechtskräftigen Entscheidungen erkannten Erziehungsmaßregeln, Zuchtmittel und Strafen noch nicht vollständig ausgeführt, verbüßt oder sonst erledigt, so trifft der Richter eine solche Entscheidung

---

9 Eisenberg, § 65 Rn 14; D/S/S-Schoreit, § 65 Rn 7; Ostendorf, § 65 Rn 5; Brunner/Dölling, § 65 Rn 7.
10 Eisenberg, § 65 Rn 16; D/S/S-Schoreit, § 65 Rn 8.
11 LG Freiburg; v. 11.7.1986, VI Qs 27/86, JR 1988, 523, 254 m. Anm. Eisenberg; Ostendorf, § 65 Rn 7; D/S/S-Schoreit, § 65 Rn 9.
12 Eisenberg, § 65 Rn 15.
13 Ostendorf, § 65 Rn 8; Eisenberg, § 65 Rn 19 f; aA LG Stuttgart v. 31.8.1957, II Qs 128/57, NJW 1957, 1686.

nachträglich. ²Dies gilt nicht, soweit der Richter nach § 31 Abs. 3 von der Einbeziehung rechtskräftig abgeurteilter Straftaten abgesehen hatte.

(2) ¹Die Entscheidung ergeht auf Grund einer Hauptverhandlung durch Urteil, wenn der Staatsanwalt es beantragt oder der Vorsitzende es für angemessen hält. ²Wird keine Hauptverhandlung durchgeführt, so entscheidet der Richter durch Beschluß. ³Für die Zuständigkeit und das Beschlußverfahren gilt dasselbe wie für die nachträgliche Bildung einer Gesamtstrafe nach den allgemeinen Vorschriften. ⁴Ist eine Jugendstrafe teilweise verbüßt, so ist der Richter zuständig, dem die Aufgaben des Vollstreckungsleiters obliegen.

Richtlinien zu § 66

1. Liegen die Voraussetzungen des Absatz 1 vor, ist eine gerichtliche Entscheidung herbeizuführen. Das Gericht kann von der einheitlichen Festsetzung von Maßnahmen oder Jugendstrafe absehen (§ 31 Abs. 3).

2. Die Staatsanwaltschaft beantragt die Durchführung einer Hauptverhandlung nach Absatz 2 vor allem dann, wenn zu erwarten ist, daß die ergänzende Entscheidung von den früheren Entscheidungen erheblich abweicht.

Schrifttum:
Beckerath, Jugendstrafrechtliche Reaktionen bei Mehrfachtäterschaft: Analysen zur Dogmatik der Gesamtsanktionierung im Jugendstrafrecht, 1997.

I. Grundlagen	1	2. Nachträgliche Entscheidung	8
II. Die Voraussetzungen im Einzelnen	2	3. Zuständigkeit und Verfahren (Abs. 2)	11
1. Berücksichtigungsfähige Entscheidungen (Abs. 1)..	2	4. Anfechtung	15

I. Grundlagen

1 Die Vorschrift erstreckt das in § 31 geregelte Einheitsprinzip auf den Fall, dass mehrere Taten in verschiedenen Verfahren abgeurteilt worden sind, ohne dass es zur Festsetzung einer einheitlichen Sanktion gekommen (§ 31 Abs. 2) oder von der Sanktionsbestimmung nach dem Einheitsprinzip explizit abgesehen worden ist (§ 31 Abs. 3). Die Vorschrift ermöglicht es, die Entscheidung auch noch nachträglich zu treffen, sofern die Vollstreckung der in den früheren Entscheidungen verhängten Rechtsfolgen noch nicht vollständig erledigt ist. § 66 stellt damit eine Sonderregelung zu der allgemeinen Vorschrift über die nachträgliche Gesamtstrafenbildung (§ 460 StPO) dar. Mit § 66 bringt der Gesetzgeber zum Ausdruck, dass es für die Festsetzung der am Erziehungsziel des JGG ausgerichteten Sanktion nicht auf die Zufälligkeiten ankommt, denen die früheren Verfahren ausgesetzt gewesen sind; so mag eine Sanktionsbestimmung nach dem Einheitsprinzip in einem früheren Erkenntnisverfahren deshalb nicht möglich gewesen sein, weil das einzubeziehende Urteil noch nicht rechtskräftig war oder das erkennende Gericht von dem früheren Urteil keine Kenntnis hatte. Der Erziehungsgedanke gebietet es, die Entscheidung über die Sanktion auch noch zu einem späteren Zeitpunkt treffen zu können und dabei vom aktuell erkennbaren Erziehungs- und Ahndungsbedarf auszugehen. In der Sache geht es um eine durch das Erziehungsprinzip gerechtfertigte Korrektur der bereits ergangenen und rechtskräftig gewordenen richterlichen Rechtsfolgenentscheidungen im Interesse der weiteren Entwicklung des Jugendlichen bzw Heranwachsenden.

II. Die Voraussetzungen im Einzelnen

1. **Berücksichtigungsfähige Entscheidungen (Abs. 1).** Voraussetzung für die nachträgliche Festsetzung der Sanktion ist, dass zwei oder mehr Entscheidungen vorliegen, bei denen eine einheitliche Festsetzung der Sanktion nach § 31 Abs. 2 möglich gewesen, aber unterblieben ist. Anders als im Erwachsenenstrafrecht (§ 460 StPO iVm § 55 Abs. 1 StGB) setzt die nachträgliche Festsetzung nicht voraus, dass der Jugendliche die Tat, für die er die zweite Sanktion erhalten hat, vor der ersten Verurteilung begangen hat.

Die **Aufzählung** im Gesetz, dass in den Entscheidungen auf Erziehungsmaßregeln, Zuchtmittel oder Strafen erkannt worden sein muss, orientiert sich an den wichtigsten Sanktionskategorien des jugendstrafrechtlichen Sanktionssystems, ist aber **nicht abschließend**. Einbezogen werden kann in die nachträgliche Sanktionsentscheidung auch ein nach § 65 Abs. 1 S. 1 ergangener Beschluss, durch den wegen der schuldhaften Nichterfüllung von Weisungen oder Auflagen Ungehorsamsarrest angeordnet worden ist, da es sich hierbei um eine unselbstständige Sanktion handelt, die in ihrem Bestand von der im Urteil getroffenen Weisungs- bzw Auflagenanordnung abhängig ist.[1] Ebenfalls einbezogen werden können die Maßregeln der Unterbringung in einem psychiatrischen Krankenhaus (§ 63 StGB) oder einer Entziehungsanstalt (§ 64 StGB), wenn sie vom Gericht im Zusammenhang mit einer Verurteilung angeordnet worden sind; § 5 Abs. 3 zeigt, dass auch die genannten Maßregeln Teil einer erzieherisch begründeten Gesamtsanktion sein sollen.[2]

Umstritten ist, ob sich die nachträgliche Festsetzung der Sanktion nach dem Einheitsprinzip auch auf den bloßen **Schuldspruch** beziehen kann, mit dem zusammen die Entscheidung über die Verhängung der Jugendstrafe nach § 27 ausgesetzt worden ist. Richtigerweise wird man die Frage verneinen müssen. Anders als bei den zuvor genannten, berücksichtigungsfähigen Entscheidungen, ist die Sanktionsentscheidung bei der Aussetzung der Verhängung der Jugendstrafe nach dem ersten Verfahrensabschnitt noch nicht endgültig getroffen worden, sondern befindet sich noch in der Schwebe (s.o. § 62 Rn 2). Während dieser Schwebezustand bei der Einbeziehung nach § 31 Abs. 2 hingenommen werden kann, weil der Einbeziehung hier zwingend eine Hauptverhandlung vorausgeht (§ 31 Abs. 2 bezeichnet im Gegensatz zu § 66 den Schuldspruch ausdrücklich als einbeziehungsfähig), ist dies bei der nachträglichen Entscheidung über die Einbeziehung anders, da die Durchführung einer Hauptverhandlung hier im Ermessen des Gerichts steht (Abs. 2 S. 1; s.u. Rn 14). Die damit eröffnete (theoretische, s.u. Rn 14) Möglichkeit, über die Verhängung einer Jugendstrafe wegen schädlicher Neigungen ggf auch ohne Hauptverhandlung entscheiden zu können, wird der Tiefe des Eingriffs in die Rechtsstellung des Verurteilten nicht gerecht.[3]

Sämtliche berücksichtigungsfähigen Entscheidungen (s.o. Rn 2) müssen in **Rechtskraft** erwachsen sein, so dass die unterbliebene, aber nach § 31 mögliche einheitliche Festsetzung der Sanktion nicht mehr auf dem Rechtsmittelweg nachgeholt werden kann.

---

1 BGH v. 26.5.2009, 3 StR 177/09; v. Beckerath, S. 97 ff; Eisenberg, § 31 Rn. 7 a.
2 Vgl BGH v. 9.12.1992, 3 StR 434/92, BGHSt 39, 92, 93 m. Anm. Eisenberg/Sieveking, JR 1993, 530; Eisenberg, § 31 Rn 16; Ostendorf, § 31 Rn 7; v. Beckerath, S. 103 ff.
3 BGH v. 25.10.2006, 2 ARs 428/06, NJW 2007, 447, 448 m. abl. Anm. Dölling, NStZ 2008, 694; Streng, Jugendstrafrecht, Rn 282; Laubenthal/Baier, Rn 467; Eisenberg, § 66 Rn 22; aA v. Beckerath, S. 106 ff. ; Ostendorf, § 66 Rn 7; D/S/S-Schoreit, § 66 Rn 8.

6 Aus welchen Gründen die Festsetzung der einheitlichen Sanktion in den früheren Verfahren unterblieben ist, spielt für das nachträgliche Verfahren grundsätzlich keine Rolle.[4] Eine **Ausnahme** gilt nach Abs. 1 S. 2 jedoch dann, wenn das Gericht in dem früheren Verfahren von der Einbeziehung nach § 31 Abs. 3 abgesehen hatte; diese Entscheidung muss nach dem Willen des Gesetzgebers akzeptiert werden, auch wenn sie zwischenzeitlich aus erzieherischer Sicht verkehrt erscheint. Erforderlich ist insoweit allerdings, dass die **frühere Absehensentscheidung** nach § 31 Abs. 3 **ausdrücklich** erfolgt ist; sofern nach den Urteilsgründen nur nicht auszuschließen ist, dass die Möglichkeit der einheitlichen Festsetzung einer Rechtsfolge nur übersehen worden ist, tritt die Sperrwirkung nicht ein.[5]

7 Die durch die rechtskräftigen Entscheidungen angeordneten Sanktionen dürfen zum Zeitpunkt der nachträglichen Entscheidung noch nicht vollständig ausgeführt, verbüßt oder sonst erledigt sein. Die Voraussetzung deckt sich mit § 31 Abs. 2 S. 1. Zu den Einzelheiten s.o. § 31 Rn 19 ff.

8 **2. Nachträgliche Entscheidung.** Die Neufestsetzung der Sanktion nach § 66 beseitigt rückwirkend die in den früheren Entscheidungen ausgesprochenen Rechtsfolgen. Auch die nachträgliche Entscheidung richtet sich dabei nach den in § 31 Abs. 2 und 3 genannten Gesichtspunkten. Nach dem Erziehungsziel des JGG (§ 2 Abs. 1) ist es grundsätzlich belanglos, wegen wie vieler Taten der Jugendliche verurteilt worden ist; maßgeblich ist, dass bei Durchführung des **Nachtragsverfahrens idR nur ein Anlass** besteht, um vor dem **Hintergrund der aktuellen Situation** des Jugendlichen **eine** am Erziehungs- und Ahndungsbedarf orientierte **Entscheidung** zu treffen.[6] Es findet ein neuer Festsetzungsakt statt, für den die in den früheren Verfahren festgesetzten Rechtsfolgen nur indizielle Bedeutung haben. Eine Kumulation der bisherigen Sanktionen oder eine Asperation nach dem Prinzip der Gesamtstrafenbildung (§§ 53 f StGB) finden im Jugendstrafrecht nicht statt.

9 Im Ergebnis kann sich dies sowohl zugunsten als auch zulasten des Verurteilten auswirken; es gibt **weder** ein **Verschlechterungs-** noch ein **Verbesserungsverbot.** Die neu festgesetzte Sanktion kann härter ausfallen als die einbezogenen Verurteilungen, aber es ist ebenso möglich, dass das Gericht aufgrund einer Neubewertung der Taten und des Erziehungsbedarfs zu einer milderen Entscheidung gelangt.[7] Die Verhängung einer milderen Sanktion sollte zwar nur in Ausnahmefällen in Erwägung gezogen werden, weil der Jugendliche nicht den Eindruck haben darf, dass er von der Begehung weiterer Straftaten profitiert. Denkbar ist dieser Weg allerdings zB in den Fällen, in denen ein Urteil einbezogen wird, in dem Jugendstrafe wegen schädlicher Neigungen verhängt worden ist, wenn sich die Situation seitdem verbessert hat und vom Vorliegen schädlicher Neigungen nicht mehr ausgegangen werden kann.[8] In der durch § 66 ermöglichten Korrektur der rechtskräftig gewordenen Entscheidungen liegt eine Chance, die vom Gericht

---

4 Ostendorf, § 66 Rn 3; Eisenberg, § 66 Rn 17.
5 BGH v. 25.10.2006, 2 ARs 428/06, NJW 2007, 447 m. insoweit zust. Anm. Dölling, NStZ 2008, 694.
6 Vgl Meier/Rössner/Schöch-Rössner, § 6 Rn 20; Streng, Jugendstrafrecht, Rn 266.
7 BGH v. 23.8.1974, 2 StR 298/74, BGHSt 25, 355, 356; v. 2.5.1990, 2 StR 64/90, BGHSt 37, 34, 39 f; Streng, Jugendstrafrecht, Rn 273, 283; Laubenthal/Baier Rn 463, 468; D/S/S-Schoreit, § 66 Rn 9; vgl auch Ostendorf, § 66 Rn 11: zugunsten des Verurteilten ist die Obergrenze des § 54 Abs. 2 S. 1 StGB im Jugendstrafecht analog anzuwenden.
8 BGH v. 23.10.1991, 2 StR 457/91, StV 1992, 432.

im Interesse der bestmöglichen erzieherischen Einwirkung auf den Verurteilten genutzt werden muss.

Sofern es aus erzieherischen Gründen zweckmäßig erscheint, kann das Gericht davon **absehen**, abgeurteilte Taten in die neue Entscheidung einzubeziehen (§ 31 Abs. 3; Nr. 1 S. 1 RLJGG). Wird die Einbeziehung abgelehnt, darf dies nicht stillschweigend erfolgen, sondern muss in einer Ergänzungsentscheidung ausdrücklich ausgesprochen werden, um die Sperrwirkung des Abs. 1 S. 2 (s.o. Rn 6) auszulösen.[9]

▶ **Tenor:**
„Von einer nachträglichen Ergänzung der Urteile ... durch eine einheitliche Sanktionierung wird abgesehen."[10] ◀

3. Zuständigkeit und Verfahren (Abs. 2). Für die Zuständigkeit gilt dasselbe wie für die nachträgliche Gesamtstrafenbildung im Erwachsenenstrafrecht (Abs. 2 S. 3). Grundsätzlich ist für die nachträgliche Festsetzung der Sanktion das **Gericht des ersten Rechtszugs** zuständig (§ 460 iVm § 462 Abs. 3 S. 1 StPO), wobei sinngemäß die im Gesetz aufgestellten Konkurrenzregeln zu beachten sind, wenn die verschiedenen Urteile von verschiedenen Gerichten erlassen worden sind (§ 462 Abs. 3 S. 2 bis 4 StPO). Für die in diesem Zusammenhang relevant werdenden Abstufung der Eingriffsschwere der jugendstrafrechtlichen Sanktionen gelten die Ausführungen zum Verbot der reformatio in peius (s.o. § 55 Rn 46 ff) entsprechend.

Eine Ausnahme besteht dann, wenn eine Jugendstrafe verhängt und erst teilweise verbüßt worden ist. In diesem Fall ist nicht das Gericht des ersten Rechtszugs, sondern der Jugendrichter zuständig, dem die Aufgaben des **Vollstreckungsleiters** obliegen (Abs. 2 S. 4). Die Zuständigkeit beginnt mit der Aufnahme des Verurteilten in den Jugendstrafvollzug. Sie endet entweder mit dem Strafende und der Entlassung des Verurteilten aus dem Jugendstrafvollzug oder mit dem Straferlass nach § 88 Abs. 6 S. 1 iVm § 26 a; während der Aussetzung des Rests einer teilweise verbüßten Jugendstrafe bleibt sie bestehen.[11] Der Jugendrichter ist bei der nachträglichen Entscheidung nicht an die Rechtsfolgenkompetenz des § 39 Abs. 2 gebunden.[12] Für die örtliche Zuständigkeit gelten die Vorschriften über die Vollstreckungszuständigkeit (§ 85 Abs. 2, 3, 5 und 6, § 88 Abs. 6 S. 2 und 3 iVm § 58 Abs. 3 S. 2 und 3) entsprechend.

Wenn die Voraussetzungen für die nachträgliche Festsetzung der Sanktion vorliegen, muss die Entscheidung getroffen werden; das Gericht hat kein Ermessen (Nr. 1 S. 1 RLJGG). Die **Einleitung** des Verfahrens erfolgt von Amts wegen oder auf Anregung eines Verfahrensbeteiligten, sobald das Vorliegen der Voraussetzungen ersichtlich ist.[13] Es ist nicht zulässig, die weitere Vollstreckung der betreffenden Entscheidungen abzuwarten, um das Nachtragsverfahren dadurch entbehrlich werden zu lassen.[14]

Die Entscheidung ergeht entweder aufgrund einer Hauptverhandlung durch Urteil (Abs. 2 S. 1) oder ohne mündliche Verhandlung durch Beschluss (Abs. 2 S. 2

---

9 OLG Celle, v. 22.9.2009, 2 Ws 206/09, NStZ-RR 2010, 27; D/S/S-Schoreit, § 66 Rn 7; Eisenberg, § 66 Rn 8.
10 Ostendorf, § 66 Rn 9.
11 Ostendorf, § 66 Rn 14; D/S/S-Schoreit, § 66 Rn 12.
12 Isenberg, § 66 Rn 11; Ostendorf, § 66 Rn 15.
13 OLG Celle, v. 22.9.2009, 2 Ws 206/09, NStZ-RR 2010, 27.
14 Eisenberg, § 66 Rn 23.

und 3 iVm §§ 460, 462 Abs. 1 und 2 StPO). Eine **Hauptverhandlung** wird durchgeführt, wenn die Staatsanwaltschaft es beantragt oder der Vorsitzende es für angemessen hält; das ist insbesondere dann der Fall, wenn aufgrund einer zwischenzeitlich eingetretenen Änderung der tatsächlichen Umstände zu erwarten ist, dass die Nachtragsentscheidung von den früheren Entscheidungen erheblich abweicht (vgl Nr. 2 RLJGG). Der Verurteilte, der Erziehungsberechtigte und der gesetzliche Vertreter des Jugendlichen können die Durchführung einer Hauptverhandlung nicht erzwingen, sondern lediglich anregen; die Ermessensentscheidung des Vorsitzenden ist nicht anfechtbar.[15] IdR sollte einer entsprechenden Anregung jedoch gefolgt werden, da die Hauptverhandlung am besten dazu geeignet ist, um sich von der zwischenzeitlichen Entwicklung des Verurteilten einen Eindruck zu verschaffen und die richtige Sanktion zu finden.[16] Für die Durchführung der Hauptverhandlung gelten die §§ 213 bis 275 StPO entsprechend (vgl auch § 62 Rn 4). Wenn **ohne mündliche Verhandlung durch Beschluss** entschieden wird, müssen vor der Entscheidung die Staatsanwaltschaft, der Verurteilte, der Erziehungsberechtigte und der gesetzliche Vertreter gehört werden (§ 462 Abs. 2 S. 1 StPO, § 67 Abs. 1 JGG). Nach § 2 Abs. 1 S. 2 ist auch das Anhörungsverfahren am Erziehungsgedanken auszurichten und jugendgemäß durchzuführen (s.o. § 58 Rn 5).

Das Urteil ist nach § 54 JGG bzw. § 267 Abs. 3 und 6 StPO, der Beschluss nach § 462 Abs. 3 S. 1 iVm § 34 StPO zu begründen.[17]

15 **4. Anfechtung.** Das Urteil ist unter den einschränkenden Voraussetzungen des § 55 mit Berufung oder Revision anfechtbar. Der Beschluss kann mit der sofortigen Beschwerde angefochten werden (Abs. 2 S. 3 iVm §§ 460, 462 Abs. 3 StPO); die Beschränkungen des § 55 gelten entsprechend.[18] Die Nachprüfung beschränkt sich in beiden Fällen auf den neu gefassten einheitlichen Rechtsfolgenausspruch, da die zugrunde liegenden Schuldsprüche in Rechtskraft erwachsen sind (s.o. Rn 5). Bis zur Rechtskraft der nachträglichen Entscheidung über den Rechtsfolgenausspruch sind die in den früheren Entscheidungen festgesetzten Sanktionen weiterhin vollstreckbar.[19]

Siebenter Unterabschnitt Gemeinsame Verfahrensvorschriften

§ 67 Stellung des Erziehungsberechtigten und des gesetzlichen Vertreters

(1) Soweit der Beschuldigte ein Recht darauf hat, gehört zu werden, Fragen und Anträge zu stellen oder bei Untersuchungshandlungen anwesend zu sein, steht dieses Recht auch dem Erziehungsberechtigten und dem gesetzlichen Vertreter zu.

---

15 LG Zweibrücken v. 2.4.1993, 1 Qs 12/93, MDR 1993, 679; Eisenberg, § 66 Rn 25; Ostendorf, § 66 Rn 23.
16 Ostendorf, § 66 Rn 17.
17 BGH v. 12.5.1953, 1 StR 202/53, NJW 1953, 1360; Eisenberg, § 66 Rn 29.
18 D/S/S-Schoreit, § 66 Rn 17.
19 KG v. 19.5.2004, 5 Ws 236/04, NStZ-RR-2004, 286: zur nachträglichen Gesamtstrafenbildung im allgemeinen Strafrecht.

(2) Ist eine Mitteilung an den Beschuldigten vorgeschrieben, so soll die entsprechende Mitteilung an den Erziehungsberechtigten und den gesetzlichen Vertreter gerichtet werden.

(3) Die Rechte des gesetzlichen Vertreters zur Wahl eines Verteidigers und zur Einlegung von Rechtsbehelfen stehen auch dem Erziehungsberechtigten zu.

(4) ¹Der Richter kann diese Rechte dem Erziehungsberechtigten und dem gesetzlichen Vertreter entziehen, soweit sie verdächtig sind, an der Verfehlung des Beschuldigten beteiligt zu sein, oder soweit sie wegen einer Beteiligung verurteilt sind. ²Liegen die Voraussetzungen des Satzes 1 bei dem Erziehungsberechtigten oder dem gesetzlichen Vertreter vor, so kann der Richter die Entziehung gegen beide aussprechen, wenn ein Mißbrauch der Rechte zu befürchten ist. ³Stehen dem Erziehungsberechtigten und dem gesetzlichen Vertreter ihre Rechte nicht mehr zu, so bestellt das Familiengericht einen Pfleger zur Wahrnehmung der Interessen des Beschuldigten im anhängigen Strafverfahren. ⁴Die Hauptverhandlung wird bis zur Bestellung des Pflegers ausgesetzt.

(5) ¹Sind mehrere erziehungsberechtigt, so kann jeder von ihnen die in diesem Gesetz bestimmten Rechte des Erziehungsberechtigten ausüben. ²In der Hauptverhandlung oder in einer sonstigen Verhandlung vor dem Richter wird der abwesende Erziehungsberechtigte als durch den anwesenden vertreten angesehen. ³Sind Mitteilungen oder Ladungen vorgeschrieben, so genügt es, wenn sie an einen Erziehungsberechtigten gerichtet werden.

Richtlinie zu § 67

§ 67 gilt auch im Verfahren gegen Jugendliche vor den für allgemeine Strafsachen zuständigen Gerichten (§ 104 Abs. 1 Nr. 9), nicht jedoch im Verfahren gegen Heranwachsende (§ 109).

Schrifttum:

Richmann, Die Beteiligung des Erziehungsberechtigten und des gesetzlichen Vertreters am Jugendstrafverfahren, 2002; *Schwer*, Die Stellung der Erziehungsberechtigten und gesetzlichen Vertreter im Jugendstrafverfahren, Dargestellt am Ablauf des Strafverfahrens unter Berücksichtigung materieller Aspekte, 2004.

I. Jugendstrafrechtliche Grundlagen/Allgemeines 1	d) Mitteilungspflicht (§ 67 Abs. 2) 14
II. Anwendungsbereich 2	e) Anfechtungsrecht (§ 67 Abs. 3) 17
1. Persönlich 2	5. Entzug der Rechte (Abs. 4) 18
2. Sachlich 3	6. Mehrere Erziehungsberechtigte (§ 67 Abs. 5) 22
3. Erziehungsberechtigte/ gesetzliche Vertreter 4	III. Verfahrenshinweise 23
4. Rechtsposition der Erziehungsberechtigten und gesetzlichen Vertreter 8	1. Revision 23
a) Rechtliches Gehör 9	2. Beschwerde 24
b) Frage- und Antragsrecht 11	3. Wiedereinsetzung in den vorigen Stand 25
c) Anwesenheitsrecht bei Untersuchungshandlungen 12	

I. Jugendstrafrechtliche Grundlagen/Allgemeines

1   §§ 67 – 69 JGG bieten dem jungen Beschuldigten **Schutz** und **Hilfe** durch Verfahrensbeteiligte, die ihm zur Seite gestellt sind. Teils handelt es sich um professionelle Hilfe (notwendige Verteidigung, § 68), teils um persönliche Unterstützung (Unterstützung durch Erziehungsberechtigte und gesetzliche Vertreter, § 67), teils auch um psychische Unterstützung im Sinne einer Betreuung, die freilich auch rechtliche Betreuung beinhaltet (Beistandschaft, § 69). Der hier in Rede stehende § 67 leistet aus der Perspektive des Jugendlichen die bereits angesprochene Hilfe und den Schutz im Strafverfahren, aus der Perspektive der Erziehungsberechtigten/gesetzlichen Vertreter ist er Ausfluss von deren verfassungsrechtlich verbürgtem Elternrecht (Art. 6 Abs. 2 GG).[1] Dabei begründet § 67 eine **eigene Rechtsposition der Erziehungsberechtigten/gesetzlichen Vertreter**. Zwar wird die Rechtsposition des **Jugendlichen** nicht geschwächt, auch er ist und bleibt aufgrund **selbstständiger Stellung** als Betroffener Verfahrensbeteiligter mit eigenen Rechten (etwa Verteidigerwahl, eigenes Rechtsmittelrecht),[2] die nicht von dem Willen der Erziehungsberechtigten/gesetzlichen Vertreter abhängt. Gleichwohl ist eine **Interessenkollision** mit den Vorstellungen der Erziehungsberechtigten und gesetzlichen Vertreter **möglich** und durch das Gesetz nicht – jedenfalls nicht ausdrücklich – geregelt,[3] auch wenn die Einräumung in Rede stehender Rechte gegenüber Erziehungsberechtigten/gesetzlichen Vertretern dem „wohlverstandenen Interesse des Jugendlichen dienen soll".[4] Nach hier vertretener Auffassung haben auf der Ebene dieser Interessenkollision die „Schutzbelange des Jugendlichen" *nicht* „notfalls Vorrang".[5] Vielmehr folgt aus dem Umstand, dass Erziehungsberechtigte/gesetzliche Vertreter etwa die in Abs. 1 des § 67 genannten Rechte innehaben und diese auch gegen den Willen des Jugendlichen ausgeübt werden können, die Gleichwertigkeit der Interessenlagen. Der Vorrang der Position des Jugendlichen ergibt sich aber auf der Ebene des Jugendstrafverfahrens insgesamt dadurch, dass das Jugendgericht auf die Belange, dh auch auf die Interessen des Jugendlichen sowie auf dessen Persönlichkeitsentfaltung und Willensautonomie, und nicht – jedenfalls nicht primär – auf die Interessen der Erziehungsberechtigten/gesetzlichen Vertreter fokussiert ist. Dies alles soll freilich den Blick dafür nicht verstellen, dass es zumeist einen **Gleichklang** der Interessen zwischen dem Jugendlichen und den Erziehungsberechtigten/gesetzlichen Vertretern geben wird, der in der Abwehr einer möglichen Sanktionierung besteht. Dennoch ist diese „Abwehr" nicht die „primäre Aufgabenstellung" von Erziehungsberechtigten und gesetzlichen Vertretern,[6] sondern Folge der eingeräumten Rechtsposition. **In praxi** ist die Beteiligung von Erziehungsberechtigten/gesetzlichen Vertretern keineswegs so stark ausgeprägt wie es die Lektüre des § 67 vermuten ließe, vielmehr haben die berechtigten Personen wenig Bedeutung.[7] Auch im Falle ihrer Teilnahme an der Hauptverhandlung ist eine aktive Beteiligung

---

1   BGH v. 25.9.1962, 1 StR 368/62, BGHSt 18, 25; Schwer, S. 39.
2   Vgl auch Brunner/Dölling, § 67 Rn 4: „wie ein Volljähriger"; Eisenberg, § 67 Rn 3: natürliche Beurteilungsfähigkeit, nicht Geschäftsfähigkeit, ist ausreichend.
3   Eisenberg, § 67 Rn 4.
4   Treffend D/S/S-Schoreit, § 67 Rn 3.
5   So aber Eisenberg, § 67 Rn 4.
6   So aber Ostendorf, § 67 Rn 6; weniger prägnant D/S/S-Schoreit, § 67 Rn 3; Eisenberg, § 67 Rn 4; aA Brunner/Dölling, § 67 Rn 5: Schutz der Erziehungsinteressen.
7   Vgl auch Zieger, Rn 113.

unter Ausübung der eingeräumten Rechte selten,[8] was nicht zuletzt an der Unkenntnis gerade der Ausgestaltung dieser Rechtsposition liegen dürfte.

II. Anwendungsbereich

1. Persönlich. § 67 gilt für **Jugendliche** und zwar auch in Verfahren vor den für allgemeine Strafsachen zuständigen Gerichten (§ 104 Abs. 1 Nr. 9). Gem. § 104 Abs. 3 kann hiervon aus Gründen der Staatssicherheit eine Ausnahme gemacht werden. Für **Heranwachsende** gilt die Vorschrift nicht, diese haben weder Erziehungsberechtigte noch gesetzliche Vertreter. Abzustellen ist auf das **Alter zur Zeit der Hauptverhandlung**, nicht der Tat.[9] Der Betroffene muss dann (noch) Jugendlicher sein. Wird der Jugendliche im Laufe des Verfahrens volljährig, so bleiben Prozesshandlungen der Erziehungsberechtigten/gesetzlichen Vertreter wirksam.[10] Daraus folgt, dass der nunmehr Heranwachsende ein durch die in § 67 genannten Personen eingelegtes Rechtsmittel auch dann weiterbetreiben kann, wenn er selbst kein solches eingelegt hat.[11] Umgekehrt jedoch können die in § 67 genannten Personen ein zu einem Zeitpunkt eingelegtes Rechtsmittel, als der Beschuldigte noch Jugendlicher war, richtigerweise nicht selbst weiterbetreiben.[12]

2. Sachlich. Im **vereinfachten Jugendverfahren** findet § 67 Anwendung (§ 78 Abs. 3 S. 2), ebenso im **Vollstreckungsverfahren** (§ 83 Abs. 3 S. 2). Im **Ordnungswidrigkeitenverfahren** ist § 51 Abs. 2 OWiG zu beachten. Danach wird ein Bescheid (§ 50 Abs. 1 S. 2 OWiG) dem Betroffenen zugestellt und, soweit er einen gesetzlichen Vertreter hat, diesem mitgeteilt. Unterbleibt diese Mitteilung, so soll dies die Wirksamkeit des Bescheides nicht berühren, jedoch den Beginn des Laufs der Rechtsmittelfrist hindern.[13]

3. Erziehungsberechtigte/gesetzliche Vertreter. Die Frage, wer Erziehungsberechtigter bzw. gesetzlicher Vertreter ist, wird nicht durch das JGG, sondern durch das **Bürgerliche Recht** beantwortet (namentlich §§ 1626 f, 1626, 1671 f, 1673 – 1675, 1677 f, 1680 f, 1754, 1773 ff, 1793, 1897, 1909 ff, 1915 BGB). Die **Eltern** sind aufgrund des elterlichen Sorgerechts (§ 1626 BGB), welche auch eine Sorge*pflicht* beinhaltet, sowohl **Erziehungsberechtigte** als auch **gesetzliche Vertreter** des Jugendlichen (§ 1629 Abs. 1 BGB). In den meisten Fällen sind daher Erziehungsberechtigte zugleich die gesetzlichen Vertreter. Beide Elternteile sind **Gesamtvertreter**. Freilich kann ein Elternteil den anderen formlos ermächtigen, auch für ihn zu handeln.[14] Dies gilt auch im Falle des **Getrenntlebens** bzw. **Scheidung**, jedoch kann jeder Elternteil beim Familiengericht beantragen, dass ihm die elterliche Sorge oder ein Teil derselben allein übertragen wird. Ansonsten vertritt **ein Elternteil den Jugendlichen alleine**, wenn das elterliche Sorgerecht aus rechtlichen oder tatsächlichen Gründen ruht (§§ 1673 – 1675 BGB), wenn ein Elternteil tatsächlich verhindert (§ 1678 BGB), gestorben (§ 1680 BGB) oder für tot erklärt ist (§ 1677 BGB). Sind die Eltern bei Geburt des Kindes nicht miteinander verheiratet, so hat die Mutter die elterliche Sorge (§ 1626 a Abs. 2 BGB),

---

8   Vgl Richmann, S. 227 f; Ostendorf, Grdl. z. §§ 67 – 69 Rn 5; Eisenberg, § 67 Rn 3; Brunner/Dölling, § 67 Rn 18.
9   BGH v. 9.8.1956, 1 StR 269/56, NJW 1956, 1607 LS; Ostendorf, § 67 Rn 1; D/S/S-Schoreit, § 67 Rn 1.
10 Richmann, S. 207; Eisenberg, § 67 Rn 26.
11 BGH v. 20.3.1957, 2 StR 583/56, BGHSt 10, 174.
12 Wie hier Eisenberg, § 67 Rn 26; aA Ostendorf, § 67 Rn 13: „formalistisch".
13 OLG Düsseldorf v. 14.4.1982, 5 Ss OWi 92/82 I, NJW 1982, 2833; Brunner/Dölling, § 67 Rn 17; Eisenberg, § 67 Rn 22 b.
14 Brunner/Dölling, § 67 Rn 1 a.

es sei denn, die Eltern erklären, dass sie die Sorge gemeinsam übernehmen wollen oder heiraten (§ 1626 a Abs. 1 BGB). Im Falle der **Adoption** („Annahme eines Kindes") erlangen die Adoptiveltern dieselbe Rechtsstellung wie die leiblichen Eltern (§ 1754 BGB).

5 Allgemein gesprochen sind **Erziehungsberechtigte** die **Personensorgeberechtigten**; **gesetzlicher Vertreter** ist, wer das Recht zur Vertretung des Jugendlichen in persönlichen Angelegenheiten hat.[15] Neben den Eltern sind auch der Vormund (§§ 1773, 1793 BGB),[16] der Pfleger (§§ 1630, 1688, 1909 BGB), ferner das Jugendamt bzw die entsprechend beauftragten Beamten/Angestellten als Beistand (§§ 1688 Abs. 2, 1712 ff BGB) sowie der Amtspfleger oder Amtsvormund (§ 55 SGB VIII) umfasst.

6 Hingegen sind **Pflegepersonen**, **Erziehungseinrichtungen** und **Erziehungsbeistände** keine Erziehungsberechtigten, weil ihnen keine Rechtsposition eingeräumt ist, die **umfassend** Schutz und Hilfe iSd § 67 bieten könnte.[17] Nichts anderes folgt aus § 1688 Abs. 1, 2 BGB, wonach in den dort genannten Grenzen eine Vertretung der Personensorgeberechtigten geregelt ist. Zum einen ermächtigt diese Norm nicht zur Vertretung des **Jugendlichen,** zum anderen ist fraglich, ob die Wahrnehmung von Rechten im Jugendstrafverfahren unter den bezeichneten Aufgabenkreis fällt. Erst recht gilt § 67 nicht für Personen, denen aufgrund eines zivilrechtlichen Vertrages – zumeist für eine bestimmte Dauer – Erziehung übertragen wurde (Leiter von Freizeiten, Internatsleiter),[18] ferner nicht für Lehrer oder Ausbildungsleiter.[19]

7 Eine **Vertretung** von **Erziehungsberechtigten** und **gesetzlichen Vertretern** ist unzulässig, weil § 67 gerade auf deren persönliche Mitwirkung abzielt.[20] Jedoch kann es bei Vorliegen entsprechender Anhaltspunkte sinnvoll sein, anzuregen, dass weitere Personen, die für die Erziehung des Jugendlichen eine wichtige Rolle spielen (weitere Verwandte etc), von der Hauptverhandlung unterrichtet und zu derselben zugelassen und gehört werden (§ 48 Abs. 2 S. 3 sowie § 48 Rn 22).[21] Für den Fall, dass die Erziehungsberechtigten/gesetzlichen Vertreter verhindert sind, werden häufig die Voraussetzungen für die Bestellung eines Pflichtverteidigers gegeben sein (§ 68 Nr. 1 iVm § 140 Abs. 2 StPO).

8 **4. Rechtsposition der Erziehungsberechtigten und gesetzlichen Vertreter.** Die in Abs. 1 des § 67 aufgeführten Rechte (vgl dazu sogleich, a – c) stehen den Erziehungsberechtigten/gesetzlichen Vertretern in gleicher Weise zu wie dem Jugendlichen („soweit"). Die Mitteilungspflicht des Abs. 2 ist als Soll-Vorschrift konzipiert (dazu unten d). Das Anfechtungsrecht sowie das Recht zur Verteidigerwahl regelt Abs. 3 (dazu unten e).

9 **a) Rechtliches Gehör.** Soweit der jugendliche Beschuldigte das Recht hat, gehört zu werden (Art. 103 Abs. 1 GG), steht dieses Recht auch den Erziehungsberechtigten/gesetzlichen Vertretern zu. Dies betrifft folgende Fälle: Entscheidung über die Aussetzung gem. § 57 („Vorbewährung"), weitere Entscheidungen gem. § 58

---

15 D/S/S-Schoreit, § 67 Rn 7.
16 BGH v. 13.3.2003, 3 StR 434/02, StraFo 2003, 200.
17 HansOLG v. 12.12.1963, 1 Ws 458/63, NJW 1964, 605; D/S/S-Schoreit, § 67 Rn 8; Eisenberg, § 67 Rn 6 mit zutreffenden weiteren Überlegungen; aA Ostendorf, § 67 Rn 4.
18 Dazu Ostendorf, § 67 Rn 4.
19 D/S/S-Schoreit, § 67 Rn 9.
20 Brunner/Dölling, § 67 Rn 2 a; D/S/S-Schoreit, § 67 Rn 4.
21 Vgl auch Eisenberg, § 67 Rn 7; Brunner/Dölling, § 67 Rn 2 a.

Abs. 1, nachträgliche Entscheidungen über Auflagen und Weisungen gem. § 65 Abs. 1, Aussetzung des Restes der Jugendstrafe gem. § 88 Abs. 4. Weiter umfasst sind: Anhörung des „anderen Beteiligten" gem. § 33 Abs. 3, Abs. 4 StPO iVm § 33a StPO, mündliche Verhandlung über Haftprüfung gem. § 118a Abs. 3 StPO, Erklärungsrecht über einzelne Beweiserhebung gem. § 257 Abs. 1 StPO, Schlussvortrag und „letztes Wort" gem. §§ 258, 326 StPO, richterlicher Hinweis gem. § 265 StPO, nachteilige Entscheidung durch Beschwerdegericht gem. § 308 StPO, nachträgliche Anhörung im Beschwerdeverfahren gem. § 311a StPO und ferner rechtliches Gehör im Revisionsverfahren gem. § 351 StPO.

Für eine Einschränkung des **Erklärungsrechts** gem. § 257 Abs. 1 StPO gibt es keinen Grund, insbesondere ist nicht darauf abzustellen, ob der Erziehungsberechtigte/gesetzliche Vertreter „sachdienliche Äußerungen" machen kann, weil dies eine „Erklärungsantizipation" des Gerichts begründen würde, die dem Recht aus § 257 Abs. 1 StPO schlicht zuwiderläuft.[22] Von Amts wegen und nicht etwa nur auf Verlangen ist den Erziehungsberechtigten und gesetzlichen Vertretern das **letzte Wort** (§ 258 Abs. 2 StPO) zu erteilen, falls diese in der Hauptverhandlung anwesend sind.[23] Dies gilt auch dann, wenn Erziehungsberechtigte/gesetzliche Vertreter zuvor als Zeugen vernommen wurden[24] bzw von ihrem Zeugnisverweigerungsrecht Gebrauch gemacht haben,[25] ferner auch wenn sie Mitangeklagte sind,[26] wobei in letztgenannter Konstellation eine Abtrennung sinnvoll ist. Ein Beruhen iSd § 337 StPO in Bezug auf den *Straf*ausspruch wird im Falle fehlender Gelegenheit zum letzten Wort regelmäßig vorliegen (vgl auch Rn 23),[28] in Bezug auf den *Schuld*spruch seltener, aber auch insoweit nicht ausgeschlossen sein.[29] So berührt etwa der Rechtsfehler den Schuldspruch dann, wenn sich nicht mit Sicherheit ausschließen lässt, dass die Anhörung der Eltern zu einer anderen Entscheidung über die Frage der Verantwortlichkeit gem. § 3 geführt hätte[30] oder

10

---

22 LR-Gollwitzer, § 257 StPO Rn 9; Ostendorf, § 67 Rn 11; Eisenberg, § 67 Rn 9; vgl aber aA Brunner/Dölling, § 67 Rn 6; D/S/S-Schoreit, § 67 Rn 11; HK-GS-König, § 257 StPO Rn 2; KK-Diemer, § 257 StPO Rn 2; Meyer-Goßner, § 257 StPO Rn 3: „Im Jugendstrafverfahren brauchen Erziehungsberechtigte und gesetzliche Vertreter nicht befragt zu werden".
23 BGH v. 16.3.1999, 4 StR 588/98, NStZ 1999, 426; BGH v. 16.3.1999, 4 StR 588/98, StV 1999, 656; BGH v. 21.3.2000, 1 StR 609/99, NStZ 2000, 435; BGH v. 11.7.2001, 2 StR 121/01; v. 14.5.2002, 5 StR 98/02, NStZ-RR 2002, 346; BGH v. 17.1.2003, 2 StR 443/02, BGHSt 48, 181; BGH v. 13.3.2003, 3 StR 434/02, StraFo 2003, 200; BayObLG v. 28.3.2000, 5St RR 105/00, StV 2001, 173; OLG Zweibrücken v. 3.4.2003, 1 Ss 57/03, StV 2003, 455; OLG Hamm v. 14.7.2005, 2 Ss 172/05, ZJJ 2005, 446; OLG Köln v. 11.8.2006, 82 Ss 43/06, StV 2008, 119, selbstredend auch dann, wenn der Angeklagte einen Verteidiger hat.
24 BGH v. 8.8.1967, 1 StR 279/67, BGHSt 21, 288; BGH v. 14.5.2002, 5 StR 98/02, StraFo 2002, 290.
25 BGH v. 28.5.2008, 2 StR 164/08, NStZ-RR 2008, 291.
26 OLG Zweibrücken v. 3.4.2003, 1 Ss 57/03, StV 2003, 455.
27 LG Köln v. 18.8.2009, 103 KLs 29/09.
28 BGH v. 20.6.1996, 5 StR 602/95, NStZ 1996, 612; BGH v. 16.3.1999, 4 StR 588/98, NStZ 1999, 426; BGH v. 21.3.2000, 1 StR 609/99, NStZ 2000, 435; BGH v. 11.7.2001, 2 StR 121/01; OLG Hamm v. 24.10.2005, 2 Ss 381/05, NStZ-RR 2007, 123; OLG Köln v. 11.8.2006, 82 Ss 43/06, StV 2008, 119; freilich dann nicht, wenn der angeklagte Jugendliche zum Zeitpunkt der Hauptverhandlung bereits volljährig ist, BGH v. 7.7.2009, 3 StR 197/08, NStZ-RR 2009, 354.
29 BGH v. 7.6.2000, 1 StR 226/00, NStZ 2000, 553; OLG Zweibrücken v. 3.4.2003, 1 Ss 57/03, StV 2003, 455; abl. BGH v. 13.1.2005, 4 StR 469/04; OLG Köln, StV 2008, 119.
30 BGH v. 7.6.2000, 1 StR 226/00, NStZ 2000, 553, m. Anm. Eisenberg, NStZ 2001, 334 f.

auch dann, wenn der Umfang eines abgelegten Geständnisses unklar bleibt.[31] Richtigerweise muss sich die Verfahrensrüge der Verletzung des Rechts auf das letzte Wort (§ 258 Abs. 2 StPO) nicht damit auseinandersetzen, was im Falle der Gelegenheit hierzu geäußert worden wäre.[32] Es ist für die „Rügefähigkeit" dieses Verstoßes auch nicht erforderlich, dass der Angeklagte zuvor einen Gerichtsbeschluss gem. § 238 Abs. 2 StPO herbeigeführt hat. In jedem Fall ist darauf zu achten, dass der jugendliche Angeklagte das letzte Wort nach dem Erziehungsberechtigten/gesetzlichen Vertretern hat („**allerletztes Wort**").[33]

11 **b) Frage- und Antragsrecht.** Das wichtige **Fragerecht** in der Hauptverhandlung folgt aus § 240 StPO. Darüber hinaus haben Erziehungsberechtigte/gesetzliche Vertreter ein Fragerecht bei allen Untersuchungshandlungen,[34] soweit ihnen ein Anwesenheitsrecht zusteht. Das **Antragsrecht** umfasst vor allem **Beweisanträge** (§§ 219, 244 StPO), aber auch Anträge anlässlich der Haftprüfung (§§ 117, 118 StPO) und die **Verteidigerwahl** (§ 67 Abs. 3, § 137 Abs. 2 StPO). Freilich bleibt das Recht des Jugendlichen, einen Verteidiger zu wählen, hiervon unberührt. Ergeben sich Differenzen zwischen dem Jugendlichen und den Erziehungsberechtigten/gesetzlichen Vertretern über die Verteidigerwahl, so setzt sich regelmäßig die Wahl des jugendlichen Angeklagten durch.[35] Zu Recht wird für das **Selbstleseverfahren** (§ 249 Abs. 2 StPO) ein Widerspruchsrecht des Erziehungsberechtigten/gesetzlichen Vertreters gefordert (§ 249 Abs. 2 S. 2 StPO).[36]

12 **c) Anwesenheitsrecht bei Untersuchungshandlungen.** Das Recht auf Anwesenheit bei Untersuchungshandlungen bezieht sich auf das gesamte Strafverfahren. Insbesondere bezieht sich das Anwesenheitsrecht auf **polizeiliche Vernehmungen** (§§ 163a Abs. 4 iVm 136 StPO) wie auch auf Vernehmungen durch die Staatsanwaltschaft und richterliche Vernehmungen[37] (§§ 163a Abs. 3 iVm 136, § 168c StPO). Anders als teilweise im Schrifttum vertreten,[38] ist das Anwesenheitsrecht gerade bei „ersten Ermittlungen" dann erforderlich, wenn es sich dabei um *Vernehmungen* des Jugendlichen handelt. Es ist eine rechtstatsächliche Offenkundigkeit, dass gerade in diesem frühen Verfahrensstadium die Bereitschaft, selbstbelastende Angaben zu machen, groß und die Handlungskompetenz der Jugendlichen gering ist.[39] Um das Anwesenheitsrecht ausüben zu können, steht den Erziehungsberechtigten/gesetzlichen Vertretern ein korrespondierendes Recht auf **Benachrichtigung** durch Polizei, Staatsanwaltschaft und Jugendrichter zu, wogegen in praxi häufig verstoßen wird.[40] Es ist zu überlegen, ob die Missachtung der Beistandsrechte der Eltern durch die Polizei ein Verwertungsverbot analog der Rechtsprechung zu einer Verletzung von § 136 StPO nachsich-

---

31 OLG Braunschweig v. 17.2.2009, Ss 17/09, StraFo 2009, 208.
32 BGH v. 8.8.1967, 1 StR 279/67, BGHSt 21, 288; OLG Hamm v. 24.10.2005, 2 Ss 381/05, NStZ-RR 2007, 123; Meyer-Goßner, § 258 StPO Rn 33; HK-GS-König, § 258 StPO Rn 26.
33 Vgl Eisenberg, § 67 Rn 9; zur Terminologie D/S/S-Schoreit, § 67 Rn 10.
34 Ostendorf, § 67 Rn 12.
35 Ostendorf, § 67 Rn 12.
36 Eisenberg, § 67 Rn 10.
37 VerfG Brandenburg v. 19.12.2002, 104/02, NStZ 2003, 385.
38 D/S/S-Schoreit, § 67 Rn 16.
39 Vgl nur Zieger, Rn 114, 111; Eisenberg, § 67 Rn 11, 11b mwN.
40 Richmann, S. 101; D/S/S-Schoreit, § 67 Rn 14; Eisenberg, § 67 Rn 11; aA BGH v. 13.1.2005, 4 StR 469/04, StV 2006, 228m. Anm. Wohlers.

zieht.[41] Im Falle der staatsanwaltlichen und richterlichen Vernehmung folgt die Benachrichtigungspflicht aus § 2 Abs. 2 iVm §§ 163a Abs. 3, 168c Abs. 5 StPO, im Falle polizeilicher Vernehmungen ist dies zwingende Folge bzw „Vorstufe" des Anwesenheitsrechts aus § 67 Abs. 1.[42] Das Anwesenheitsrecht in der **Hauptverhandlung** ist in § 50 Abs. 1 ausdrücklich geregelt. Auch bei der in §§ 223 – 225 StPO geregelten **kommissarischen Vernehmung** besteht ein Anwesenheitsrecht.

Freilich sind die *rechtlichen* Möglichkeiten der Einschränkung der Anwesenheit aus **§ 51 Abs. 2** zu beachten. Durch dessen Neufassung durch das Zweite Justizmodernisierungsgesetz v. 22.12.2006 (vgl § 51 Rn 14 ff) sind jetzt auch die Fälle erfasst, in denen ein Ausschluss der Erziehungsberechtigten/gesetzlichen Vertreter veranlasst ist, weil der Jugendliche dies ausdrücklich wünscht, sei es auch Furcht, sei es aus Scham o.ä.[43] (vgl insbesondere § 51 Abs. 2 Nr. 1 und 4). Auf eine analoge Anwendung muss seit der Neufassung des § 51 Abs. 2 nicht mehr zurückgegriffen werden. Einen solchen Verzicht auf ein ihm zustehendes Verfahrensrecht kann der Jugendliche aber erst dann abgeben, wenn er zuvor über dieses Recht der Erziehungsberechtigten/gesetzlichen Vertreter auf Anwesenheit hingewiesen wurde. Ferner können die genannten Personen unbekannten Aufenthalts oder sonst unerreichbar sein. Eine Einzelfallbeurteilung ist darüber hinaus unzulässig.[44] Bleiben Erziehungsberechtigte/gesetzliche Vertreter auf eigenen Wunsch von den genannten Untersuchungshandlungen fern, so berührt dies selbstredend deren Wirksamkeit nicht.[45] Eine Anwesenheits*pflicht* besteht nicht. 13

d) **Mitteilungspflicht (§ 67 Abs. 2).** An den Erziehungsberechtigten/gesetzlichen Vertreter „sollen" gem. Abs. 2 die gleichen Mitteilungen gerichtet werden, die an den Beschuldigten vorgeschrieben sind. Diese Norm bezieht sich insbesondere auf die Bekanntgabe des Haftbefehls (§ 114b StPO), die Mitteilung der Anklageschrift (§ 201 StPO), die Bekanntmachung der Ablehnung der Eröffnung des Hauptverfahrens (§ 204 Abs. 2 StPO), die Zustellung des Eröffnungsbeschlusses (§ 215 StPO), die Namhaftmachung der Zeugen und Sachverständigen (§ 222 Abs. 1 StPO), die Mitteilungen anlässlich der kommissarischen Vernehmung (§§ 224, 225 StPO) sowie die Zustellung des Urteils bei erfolgter Berufungseinlegung an den Beschwerdeführer (§ 316 Abs. 2 StPO). 14

Problematisch ist, welche **Rechtsfolge** ein Verstoß gegen diese **Soll-Vorschrift** nachsichzieht. Die Rechtsprechung und ein Teil des Schrifttums sehen in § 67 Abs. 2 lediglich eine „Ordnungsvorschrift" mit der Folge, dass die unterlassene Mitteilung an den Erziehungsberechtigten/gesetzlichen Vertreter bei ordnungsgemäßer Mitteilung an den Jugendlichen keinen Revisionsgrund darstelle, ggf aber die gerichtliche Aufklärungspflicht (§ 244 Abs. 2 StPO) verletzt sein könne, mit der Folge einer Aufklärungsrüge.[46] Zutreffend ist hingegen, dass der (inhalts- 15

---

41 Zu § 136 StPO vgl BGH v. 27.2.1992, 5 StR 190/91, BGHSt 38, 214; für ein Verwertungsverbot Zieger Rn 114; insoweit erhobene Dienstaufsichtsbeschwerden gehen de facto ins Leere.
42 Treffend D/S/S-Schoreit, § 67 Rn 14.
43 Richmann, S. 102; Eisenberg, § 67 Rn 11a.
44 Wie hier Eisenberg, § 67 Rn 11; aA Brunner/Dölling, § 67 Rn 20.
45 D/S/S-Schoreit, § 67 Rn 18; Ostendorf, § 67 Rn 10; Brunner/Dölling, § 67 Rn 9; Eisenberg, § 67 Rn 11c.
46 BGH v. 20.12.1951, 4 StR 880/51, MDR 1952, 564; BGH v. 20.6.1996, 5 StR 602/95, NStZ 1996, 612 = JR 1996 m. Anm. Eisenberg/Düffner; Dallinger/Lackner, § 67 Rn 12; D/S/S-Schoreit, § 67 Rn 19; Brunner/Dölling, § 67 Rn 11; aA Ostendorf, § 67 Rn 19; Eisenberg, § 67 Rn 22: im Geltungsbereich des Art. 6 Abs. 2 S. 1 GG sei eine Unterrichtung idR zwingend geboten.

leere) Hinweis auf den Charakter einer Verfahrensnorm als Ordnungsvorschrift nichts hergibt für die Frage nach der Revisibilität eines Verstoßes gegen diese Rechtsnorm.[47] Nach hier vertretener Auffassung ist § 67 Abs. 2 jedenfalls dann als **Muss-Vorschrift** auszulegen, wenn den Erziehungsberechtigten/gesetzlichen Vertretern das verfassungsmäßige Elternrecht aus **Art. 6 Abs. 2 S. 1 GG** zukommt. Das ist jedoch streitig.[48] Daraus ergeben sich weitere Fragen.

16 Immer dann, wenn Entscheidungen in **Anwesenheit** der Erziehungsberechtigten/gesetzlichen Vertreter ergehen, müssen sie nicht gesondert mitgeteilt werden. Dies ist – soweit ersichtlich – unstreitig. Ergehen Entscheidungen, welche eine Frist in Gang setzen (namentlich Urteile), zwar in Anwesenheit des Jugendlichen, jedoch in **Abwesenheit** der Erziehungsberechtigten/gesetzlichen Vertreter, so ist diesen – jedenfalls soweit Art. 6 Abs. 2 S. 1 GG einschlägig ist (vgl oben Rn 15) – die Entscheidung zuzustellen.[49] Dies ist zwar umstritten, kennzeichnet jedoch noch nicht das eigentliche Problem in diesem Kontext. Dieses besteht darin, dass die Zustellung des **Urteils** (Urteilsgründe) für eine rechtzeitige Rechtsmitteleinlegung durch die Erziehungsberechtigten/gesetzlichen Vertreter zunächst wenig hilfreich ist, weil die Urteilsabsetzungsfrist des § 275 StPO (Höchstfrist von fünf Wochen oder länger je nach Dauer der Hauptverhandlung) länger ist, als die Rechtsmitteleinlegungsfrist (eine Woche ab Verkündung). Aus diesem Grunde wird im Schrifttum vertreten, den Erziehungsberechtigten/gesetzlichen Vertretern sei auch die **Urteilsformel**[50] und die **Rechtsmittelbelehrung** mitzuteilen.[51] Bei ordnungsgemäßer Einlegung eines Rechtsmittels durch die Erziehungsberechtigten/gesetzlichen Vertreter sei diesen ferner – gegen die hM – das **Urteil zuzustellen**.[52] Diese Sichtweise ist abzulehnen. Die Vorschrift des § 35 a StPO, auf die sich diese Auffassung stützt, ändert an § 67 Abs. 2 und dessen Normzweck nichts. § 67 Abs. 2 beruht primär auf dem Erziehungsgedanken und hat mit der Möglichkeit, Rechtsmittel einzulegen, allenfalls mittelbar zu tun.[53] Hervorzuheben ist daher – unabhängig davon, ob § 67 Abs. 2 als (partielle) Muss-Vorschrift ausgelegt wird –, dass mit Blick auf Erziehungsberechtigte/gesetzliche Vertreter im Falle einer Entscheidung in deren Abwesenheit – trotz erfolgter Benachrichtigung von der Hauptverhandlung – **keine Verpflichtung** zur Mitteilung der **Urteilsformel**, **Rechtsmittelfristen** und **Urteilsgründe** besteht.[54] Zu beachten ist weiter, dass für die Erziehungsberechtigten/gesetzlichen Vertreter **diejenigen Rechtsmittelfristen gelten, die für den Jugendlichen relevant sind**. Aus § 67 folgt mithin keine gesonderte Rechtsmittelfrist (§ 298 Abs. 1 StPO). Dies ist unstreitig.[55]

---

47 Bekanntlich verneinte die höchstrichterliche Rspr etwa auch ein Verwertungsverbot als Folge eines Verstoßes gegen die Belehrungspflichten des § 136 Abs. 1 S. 2 StPO bis zu der Entscheidung BGHSt 38, 214 mit dem Hinweis auf den Charakter dieser – für die Beschuldigtenrechte zentralen Norm – als Ordnungsvorschrift.
48 So auch Eisenberg, § 67 Rn 22, vgl aber auch Rn 22 a; weitergehend Ostendorf, § 67 Rn 8: obligatorisch, Ausnahmen nur dann, wenn – neben den Konstellationen der §§ 67 Abs. 4, 51 Abs. 2 – die Mitteilung aus faktischen Gründen nicht durchführbar ist; aA D/S/S-Schoreit, § 67 Rn 20.
49 Brunner/Dölling, § 67 Rn 11; Ostendorf, § 67 Rn 9.
50 Vgl OLG Stuttgart v. 28.7.1960, 1 Ws 256/60, NJW 1960, 2353.
51 Ostendorf, § 67 Rn 9 unter Hinweis auf § 35 a StPO.
52 OLG Stuttgart v. 28.7.1960, 1 Ws 256/60, NJW 1960, 2353; Ostendorf, § 67 Rn 8, 20; aA D/S/S-Schoreit, § 67 Rn 21; Brunner/Dölling, § 67 Rn 10; Eisenberg, § 67 Rn 22 a.
53 So auch OLG Hamm v. 15.1.2008, 3 Ws 10/08, 3 Ws 11/08, NStZ 2009, 44.
54 Vgl BGH v. 20.6.1996, 5 StR 602/95, NStZ 1996, 612; OLG Hamm v. 15.1.2008, 3 Ws 10/08, 3 Ws 11/08, NStZ 2009, 44 ff.
55 D/S/S-Schoreit, § 67 Rn 20 f; Eisenberg, § 67 Rn 22 a; Dallinger/Lackner, § 67 Rn 13.

e) **Anfechtungsrecht** (§ 67 Abs. 3). Abs. 3 räumt neben dem gesetzlichen Vertreter (§§ 137 Abs. 2, 298 StPO) auch dem Erziehungsberechtigten das Recht zur **Verteidigerwahl** (vgl bereits oben Rn 1) und vor allem zur selbstständigen Einlegung von **Rechtsbehelfen** ein. Gemeint sind alle Rechtsbehelfe, also auch, aber nicht nur **Rechtsmittel**.[56] Die Beschränkung des § 55 gilt freilich auch in Bezug auf § 67 Abs. 3. Auch die **Wiedereinsetzung** in den vorigen Stand (§§ 44ff. StPO) zählt zu den Rechtsbehelfen. Der **Einspruch** gegen einen **Strafbefehl** (§ 410 StPO) stellt zwar auch einen „förmlichen Rechtsbehelf" dar, spielt hier aber wegen § 79 Abs. 1 keine Rolle. Hervorzuheben ist, dass die Rechtsausübung der Erziehungsberechtigten/gesetzlichen Vertreter nur **zugunsten des Jugendlichen** wahrgenommen werden darf,[57] wobei diese Frage im Einzelfall schwierig zu beantworten sein kann.[58] Dies muss jedoch nicht dazu führen, dass der Jugendliche einerseits und die Erziehungsberechtigten/gesetzlichen Vertreter andererseits gleich agieren. Vielmehr können die Erziehungsberechtigten/gesetzlichen Vertreter auch dann einen Rechtsbehelf einlegen, wenn der Jugendliche darauf verzichtet oder einen solchen zurücknimmt. Haben der Jugendliche und die in Abs. 3 genannten Personen einen Rechtsbehelf eingelegt und erklärt der Jugendliche die Rücknahme, so bleibt der Rechtsbehelf der Erziehungsberechtigten/gesetzlichen Vertreters wirksam.[59] Hinsichtlich der Konstellation, dass Erziehungsberechtigte und gesetzliche Vertreter ein durch sie eingelegtes Rechtsmittel zurücknehmen wollen, gilt § 55 Abs. 3. Die Rücknahme ist nur mit Zustimmung des angeklagten Jugendlichen zulässig. Vgl hinsichtlich der Kostentragung § 74.

17

5. **Entzug der Rechte (Abs. 4).** Nach Abs. 4 S. 1 kann der Jugendrichter dem Erziehungsberechtigten und dem gesetzlichen Vertreter die vorstehend genannten **Rechte entziehen**, sofern diese verdächtig sind, an der in Rede stehenden „Verfehlung" des Jugendlichen „beteiligt" zu sein oder sofern sie wegen dieser „Beteiligung" verurteilt sind. Diese Vorschrift ist in doppelter Hinsicht missglückt. Zum einen bereitet die Auslegung des Tatbestandsmerkmals „beteiligt" bzw „Beteiligung" Schwierigkeiten, zum anderen ist der Begriff „Verfehlung" strafrechtlich unklar. Die ganz überwiegende Kommentarliteratur versteht unter „beteiligt" bzw „Beteiligung" nicht nur Täterschaft und Teilnahme (vgl auch die Legaldefinition in § 28 Abs. 2 StGB), sondern darüber hinaus auch die Beteiligung nach der Tat, im Sinne eines sog. **Anschlussdelikts**, Begünstigung (§ 257 StGB), Strafvereitelung (§ 258 StGB) oder Hehlerei (§ 259 StGB).[60] Dies ist **unzutreffend**. Das materielle Strafrecht kennt keine „Beteiligung" nach Beendigung der Haupttat. Gerade deswegen hat der Gesetzgeber die vorbezeichneten Anschlussdelikte als eigenständige Tatbestände geschaffen. Soweit sich die hM überdies auf § 60 Nr. 2 StPO beruft, geht auch dies fehl. Richtig ist umgekehrt, dass diese Vorschrift die hier vertretene Auslegung stützt. Gem. § 60 Nr. 2 StPO ist von der Vereidigung abzusehen, bei Personen, die der Tat, welche den Gegenstand der Untersuchung bildet, oder der Beteiligung an ihr oder der Begünstigung, Strafvereitelung oder Hehlerei verdächtig oder deswegen bereits verurteilt sind.[61] Diese Vorschrift führt also gerade die Beteiligung an der Tat einerseits und die Be-

18

---

56 Eisenberg, § 67 Rn 12; Ostendorf, § 67 Rn 13.
57 Brunner/Dölling, § 67 Rn 10; D/S/S-Schoreit, § 67 Rn 22; Ostendorf, § 67 Rn 13.
58 Treffend Eisenberg, § 67 Rn 13; vgl auch Ostendorf, § 67 Rn 13.
59 BGH v. 29.11.1960, 5 StR 263/60; Eisenberg, § 67 Rn 14.
60 Eisenberg, § 67 Rn 17; Brunner/Dölling, § 67 Rn 13; D/S/S-Schoreit, § 67 Rn 23; Dallinger/Lackner, § 67 Rn 27.
61 Vgl im einzelnen HK-GS-Habetha, § 60 Rn 6 ff.

gehung eines Anschlussdeliktes andererseits gleichbedeutend auf.[62] Ein Entzug der Rechte gem. § 67 Abs. 4 ist daher bei Begünstigung, Strafvereitelung oder Hehlerei nicht statthaft. Soweit gegen diese Auffassung argumentiert wird, dass Absatzförderung und Schaffung materieller Anreize besonders gefährlich für jugendliche Täter sei,[63] mag dies zutreffen. Zum einen ist aber gerade noch zu klären, ob der Jugendliche „Täter" ist (Unschuldsvermutung, Art. 6 Abs. 2 EMRK!), zum anderen handelt es sich dabei um ein rechtspolitisches bzw kriminalistisches Argument, welches für die Auslegung eines Tatbestands ohne Relevanz, sondern als möglicher Appell an den Gesetzgeber anzusehen ist.

19 Die Formulierung „**Verfehlung**" meint **prozessuale Tat** iSd § 264 StPO.[64] Hinsichtlich des **Verdachtsgrads** ist ein **Anfangsverdacht** gem. § 152 Abs. 2 StPO („zureichende tatsächliche Anhaltspunkte") ausreichend.[65]

20 Die Befürchtung des **Missbrauchs der Rechte** gem. § 67 Abs. 4 S. 2 durch einen Erziehungsberechtigten oder gesetzlichen Vertreter rechtfertigt einen Entzug der Rechte dann, wenn bei einer anderen hier in Rede stehenden berechtigten Person die Voraussetzungen des Abs. 4 S. 1 gegeben sind. Unter „Befürchtung" ist eine naheliegende und ernsthafte Gefahr aufgrund tatsächlicher Anhaltspunkte zu verstehen.[66] Ein bloß missliebiges Verhalten der berechtigten Personen, etwa auch eine Verdunkelung des Sachverhalts, stellt keinen Missbrauch der Rechte dar.[67] Ebenso wenig die Vermutung, dass sich Eheleute grundsätzlich beistehen.[68]

21 Liegen die Voraussetzungen des S. 1 oder 2 des Abs. 4 vor, so hat der „Richter" über den Entzug der Rechte nach pflichtgemäßem **Ermessen** zu entscheiden („kann"). Ob dieses Ermessen zurückhaltend auszuüben ist,[69] bemisst sich nach dem jeweiligen Einzelfall. Hierbei wird auch danach zu differenzieren sein, ob lediglich der Verdacht einer Beteiligung vorliegt oder ob bereits eine rechtskräftige Verurteilung wegen Beteiligung gegeben ist. Die Rechte können vollständig oder – als milderes Mittel – teilweise entzogen werden. Der Entzug ist stets beschränkt auf das jeweilige Verfahren.[70] Für den Entzug zuständig ist ab Erhebung der Anklage das jeweilige Gericht als Spruchkörper, vorher der Jugendrichter.[71] Die Entscheidung erfolgt durch **Beschluss**, der zu begründen ist (§ 34 StPO). Er kann mit der Beschwerde gem. § 304 StPO angefochten werden. Wenn alle Erziehungsberechtigten/gesetzlichen Vertreter – zumindest teilweise – ausgeschlossen sind, so ist gem. Abs. 4 S. 3 durch das Vormundschaftsgericht nach den Vorschriften des FGG ein Prozesspfleger zu bestellen (§§ 1909, 1915, 1918 f BGB).[72] Diesem Pfleger stehen dann für das in Rede stehende Verfahren die Rechte aus § 67 zu, dh im Falle eines vollständigen Entzugs der Rechte auch das Anfechtungsrecht, welches ebenfalls im Interesse des Jungendlichen auszuüben ist. Darüber hinaus hat das Gericht dem Jugendlichen gem. § 68 Nr. 2 einen Pflichtverteidiger zu bestellen (vgl § 68 Rn 11). Dies gilt auch dann, wenn die

---

62 Zutreffend freilich Ostendorf, § 67 Rn 15.
63 So D/S/S-Schoreit, § 67 Rn 23.
64 Eisenberg, § 67 Rn 17.
65 Vgl auch D/S/S-Schoreit, § 67 Rn 24: Tatsachen, die einen konkreten Verdacht rechtfertigen; Eisenberg, § 67 Rn 17.
66 So Eisenberg, § 67 Rn 18.
67 Richmann, S. 45; Dallinger/Lackner, § 67 Rn 28; Eisenberg, § 67 Rn 18.
68 Vgl Ostendorf, § 67 Rn 15; D/S/S-Schoreit, § 67 Rn 25.
69 Ostendorf, § 67 Rn 16; Eisenberg, § 67 Rn 19.
70 Eisenberg, § 67 Rn 19; D/S/S-Schoreit, § 67 Rn 26.
71 Allg. Auffassung Brunner/Dölling, § 67 Rn 15; Ostendorf, § 67 Rn 17; Eisenberg, § 67 Rn 24; Dallinger/Lackner, § 67 Rn 30.
72 Vgl weiter Eisenberg, § 67 Rn 20.

Erziehungsberechtigten/gesetzlichen Vertreter aus tatsächlichen Gründen gehindert sind, ihre Rechte wahrzunehmen (vgl ebenfalls § 68 Rn 11).[73]

6. Mehrere Erziehungsberechtigte (§ 67 Abs. 5). Gem. S. 1 des Abs. 5 steht die Rechtsausübung jedem Erziehungsberechtigten neben den anderen zu. Freilich kann ein Elternteil den anderen bevollmächtigen, für ihn zu handeln.[74] In der Hauptverhandlung bzw in einer sonstigen gerichtlichen Verhandlung wird der abwesende Erziehungsberechtigte durch den anwesenden als vertreten angesehen (Abs. 5 S. 2). Vorgeschriebene Mitteilungen oder Ladungen müssen nur an einen Erziehungsberechtigten gerichtet werden (Abs. 5 S. 3). Es kann durchaus zweckmäßig sein, Mitteilungen und Ladungen an alle Berechtigten zu richten, auch wenn dies ausweislich des Wortlauts von Abs. 5 S. 3 nicht notwendig ist.[75] Die Regelung ist – soweit Abs. 5 S. 2 und 3 betroffen sind – problematisch, weil ein möglicher Interessenkonflikt zwischen den einzelnen Erziehungsberechtigten unberücksichtigt bleibt,[76] etwa ein durch einen Erziehungsberechtigten abgegebener Rechtsmittelverzicht unmittelbar nach Urteilsverkündung auch für den anderen wirksam ist und bleibt.[77]

III. Verfahrenshinweise

1. Revision. Die in § 67 Abs. 1 genannten Rechte können im Falle ihrer Verletzung mit der Verfahrensrüge geltend gemacht werden. Es wird sich auch hier empfehlen – soweit dies prozessual veranlasst ist –, die Verletzung bereits in der Hauptverhandlung zu beanstanden und ggf einen gerichtlichen Beschluss gem. § 238 Abs. 2 StPO herbeizuführen. Insbesondere bei Nichterteilung des letzten Wortes an den Erziehungsberechtigten/gesetzlichen Vertreter des Jugendlichen ist die Revision regelmäßig begründet (vgl auch oben Rn 10).[78] Zur Revisibilität einer Verletzung von § 67 Abs. 2 oben Rn 15.

2. Beschwerde. Erziehungsberechtigte und gesetzliche Vertreter, aber auch der Jugendliche können gegen den Entzug der Rechte gem. § 67 Abs. 4 die einfache Beschwerde (§ 304 StPO) erheben.[79] Diese hat bekanntlich keine aufschiebende Wirkung (§ 307 StPO).

3. Wiedereinsetzung in den vorigen Stand. Erziehungsberechtigte und gesetzliche Vertreter werden bei Versäumung einer Rechtsmittelfrist mitunter versucht sein, die Wiedereinsetzung in den vorigen Stand (§§ 44 ff StPO) zu beantragen. Ausgangspunkt insoweit ist, dass für die Erziehungsberechtigten und gesetzlichen Vertreter keine gesonderten Rechtsmittelfristen gelten, § 298 Abs. 1 StPO (vgl oben Rn 16). Waren sie an der rechtzeitigen Einlegung eines Rechtsmittels wegen unterbliebener Ladung gehindert, kann die Verletzung der Soll-Vorschrift des § 50 Abs. 2 S. 1 die Wiedereinsetzung begründen, weil die Versäumung dann re-

---

73 LG Braunschweig v. 22.7.1996, 33 Qs 14/94, StV 1998, 325.
74 Brunner/Dölling, § 67 Rn 1 a; D/S/S-Schoreit, § 67 Rn 28; Bedenken bei Eisenberg, § 67 Rn 16.
75 Vgl ferner Eisenberg, § 67 Rn 21; Ostendorf: Mitteilung an alle verpflichtend, wenn die Erziehungsberechtigten nicht unter derselben postalischen Anschrift zu erreichen sind; vgl auch P.-A. Albrecht, S. 354; aA Brunner/Dölling, § 67 Rn 3.
76 Vgl auch D/S/S-Schoreit, § 67 Rn 8.
77 Eisenberg, § 67 Rn 16.
78 BGH v. 11.7.2001, 2 StR 121/01; OLG Zweibrücken v. 3.4.2003, 1 Ss 57/03, StV 2003, 455; OLG Hamm v. 14.7.2005, 2 Ss 172/05, ZJJ 2005, 446; jedoch nicht stets, vgl BGH v. 14.5.2002, 5 StR 98/02, NStZ-RR 2002, 346.
79 D/S/S-Schoreit, § 67 Rn 30; Eisenberg, § 67 Rn 25.

gelmäßig unverschuldet ist. Im Falle ordnungsgemäßer Ladung hingegen wird für eine Wiedereinsetzung regelmäßig kein Raum sein.[80]

§ 68 Notwendige Verteidigung

Der Vorsitzende bestellt dem Beschuldigten einen Verteidiger, wenn
1. einem Erwachsenen ein Verteidiger zu bestellen wäre,
2. dem Erziehungsberechtigten und dem gesetzlichen Vertreter ihre Rechte nach diesem Gesetz entzogen sind,
3. der Erziehungsberechtigte und der gesetzliche Vertreter nach § 51 Abs. 2 von der Verhandlung ausgeschlossen worden sind und die Beeinträchtigung in der Wahrnehmung ihrer Rechte durch eine nachträgliche Unterrichtung (§ 51 Abs. 4 Satz 2) nicht hinreichend ausgeglichen werden kann,
4. zur Vorbereitung eines Gutachtens über den Entwicklungsstand des Beschuldigten (§ 73) seine Unterbringung in einer Anstalt in Frage kommt oder
5. gegen ihn Untersuchungshaft oder einstweilige Unterbringung gemäß § 126 a der Strafprozeßordnung vollstreckt wird, solange er das achtzehnte Lebensjahr nicht vollendet hat; der Verteidiger wird unverzüglich bestellt.

Richtlinie zu § 68

§ 68 gilt auch im Verfahren gegen Jugendliche vor den für allgemeine Strafsachen zuständigen Gerichten (§ 104 Abs. 1 Nr. 10). Im Verfahren gegen Heranwachsende gilt nur § 68 Nr. 1 und 3 (§ 109 Abs. 1).

Schrifttum:

Allmenröder, Die Tätigkeit des Frankfurter Jugendrichters, 1912; *Ashford, /Chard,,* Defending young people in the criminal justice system, 1997; *Bessler,* Zur Verteidigung und Beistandschaft von straffällig gewordenen Jugendlichen, 2000; *Czerner,* Vorläufige Freiheitsentziehung bei delinquenten Jugendlichen zwischen Repression und Prävention, 2008; *Endriß,* Verteidigung im Jugendstrafverfahren, in: Cramer/Cramer [Hrsg.]: Anwaltshandbuch, 2002, S. 883 – 960; *Gersch,* Jugendstrafverteidigung, 1988; *Hartmann-Hilter* Notwendige Verteidigung und Pflichtverteidigerbestellung im Jugendstrafverfahren, 1989; *Kerner/Janssen,* Rückfall nach Verbüßung einer Jugendstrafe – Langfristverlauf im Zusammenspiel von soziobiographischer Belastung und krimineller Karriere, in: Kerner/Dolde/Mey [Hrsg.], Jugendstrafvollzug und Bewährung, 1996, S. 137 ff; *Molketin,* Die Schutzfunktion des § 140 Abs. 2 StPO zu Gunsten des Beschuldigten im Strafverfahren, 1986; *Wagler,* Probleme der Verteidigung im Jugendstrafverfahren, 1988; *Walter* [Hrsg.], Strafverteidigung für junge Beschuldigte: Versuch einer Bestandsaufnahme und einer Bilanz der „Kölner Richtlinien", 1997.

I. Jugendstrafrechtliche Grundlagen/Allgemeines	1	a) § 68 Nr. 1 iVm § 140 Abs. 1 StPO	6
II. Anwendungsbereich	4	b) § 68 Nr. 1 iVm § 140 Abs. 2 StPO	7
1. Persönlich	4	aa) Schwere der Tat	8
2. Sachlich	5	bb) Schwierigkeit der Sach- oder Rechtslage	9
3. Voraussetzungen der Bestellung des Pflichtverteidigers	6		

---

80 BGH v. 25.9.1962, 1 StR 368/62, BGHSt 18, 21; OLG Hamm v. 15.1.2008, 3 Ws 10/08, 3 Ws 11/08, NStZ 2009, 44; Eisenberg, § 67 Rn 23; aA Ostendorf, § 67 Rn 20: Erkundigungspflicht würde häufig den juristischen Laien überfordern.

cc) Verteidigungsunfähigkeit des Beschuldigten 10	2. Die Bestellung des Verteidigers 16
c) § 68 Nr. 2 11	3. Rechtsmittel 20
d) § 68 Nr. 3 12	a) Bei Nichtbestellung ... 20
e) § 68 Nr. 4 13	b) Gegen die Auswahl eines Pflichtverteidigers 22
f) § 68 Nr. 5 14	
III. Verfahrenshinweise 15	
1. Praktische Relevanz 15	4. Kosten 24

I. Jugendstrafrechtliche Grundlagen/Allgemeines

Die **notwendige Verteidigung** ist von zentraler Bedeutung für das Jugendstrafverfahren. Gerade hier zeigen sich die – auch im allgemeinen Strafverfahren häufig anzutreffenden – strukturellen Probleme „brennglasartig", dass sich unerfahrene, mit wenig *Sozial*kompetenz ausgestattete, finanziell schlecht gestellte Menschen gegen strafrechtliche Vorwürfe zu verteidigen haben.[1] Jugendliche haben zudem häufig nur schwache *Handlungs*kompetenzen gerade im Umgang mit staatlichen Instanzen auch aufgrund eingeschränkter sprachlicher Ausdrucksmöglichkeiten, so dass insbesondere sie auf eine professionelle Wahrnehmung ihrer Interessen im Jugendstrafverfahren und dabei auch auf kompensatorische Unterstützung angewiesen sind. Es ist demnach nur konsequent, dass die notwendige Verteidigung – jedenfalls de iure[2] – gem. § 68 weiter reicht als die diesbezügliche allgemeine Regelung des § 140 StPO. Dem Jugendlichen ist mithin nicht nur dann ein Verteidiger zu bestellen, wenn auch ein erwachsener Beschuldigter Anspruch auf einen Pflichtverteidiger hätte (§ 68 Nr. 1 iVm § 140 StPO), sondern in **vier zusätzlichen Fallgruppen** (§ 68 Nr. 2 – 5).[3] Von besonderer Bedeutung ist insbesondere die Auslegung des § 140 Abs. 2 StPO im Zusammenhang mit § 68 Nr. 1. Richtigerweise sind die dort genannten Fallgruppen („Schwere der Tat", „Schwierigkeit der Sach- oder Rechtslage" und „Verteidigungsunfähigkeit") **jugendstrafspezifisch** auszulegen (vgl näher unten Rn 7). Die Besonderheiten und Problemlagen junger Menschen sind hierbei zu beachten.[4] 1

Die Aufgaben der Pflichtverteidigung entsprechen derjenigen der Wahlverteidigung. Sie stimmen im Jugendstrafverfahren und im allgemeinen Strafverfahren grundsätzlich überein.[5] Auch der (Pflicht-)Verteidiger im Jugendstrafverfahren ist Interessenvertreter und Organ der Rechtspflege (§ 1 BRAO).[6] Selbstredend hat der Strafverteidiger eines Jugendlichen oder Heranwachsenden die Besonderhei- 2

---

[1] Vgl auch Kerner/Janssen, S. 137 ff; Zieger, Rn 166; aus pädagogischer Sicht Müller, Brauchen Jugendliche einen Anwalt?, DVJJ-J 1991, 222 ff; weiterführend Ashford/Chad, passim.
[2] Zu Rechtslage de facto vgl Ostendorf, Das deutsche Jugendstrafrecht – zwischen Erziehung und Repression, StV 1998, 297 ff, insb. 301 f: geringerer Einsatz von Strafverteidigung – auch von Pflichtverteidigung – im Vergleich zum Erwachsenenstrafrecht; s. auch Brunner/Dölling, § 68 Rn 1.
[3] Der durch Gesetz v. 29.7.2009 (BGBl I, 2274) neu geschaffene § 140 Abs. 1 Nr. 4 StPO, anwendbar über § 68 Nr. 1, führt dazu, dass § 68 Nr. 5 keinen eigenständigen Anwendungsbereich mehr hat, vgl näher Rn 6, 14.
[4] OLG Schleswig v. 18.4.2008, 2 Ss 32/08, StV 2009, 86 m. Anm. Gubitz; OLG Hamm v. 17.09. 2007, 2 Ss 380/07, StV 2008, 120; vgl auch Walter, Einführung in die „Kölner Richtlinien" zur notwendigen Verteidigung in Jugendstrafverfahren, NJW 1989, 1023.
[5] D/S/S-Diemer § 68 Rn 4.
[6] StRspr vgl nur BVerfG v. 29.9.1997, 2 BvR 1676/97, NJW 1998, 296; BGH v. 6.4.2000, 1 StR 502/99, BGHSt 46, 36.

ten des Jugendstrafrechts und -verfahrens zu kennen und zu beachten. Noch immer wird im Schrifttum die Auffassung vertreten, dass dem Verteidiger im Jugendstrafverfahren eine – primäre oder jedenfalls gleichgewichtige – **erzieherische Aufgabe** zukomme.[7] Das ist nach hier vertretener Auffassung unzutreffend. Für die Verteidigung existiert gerade keine § 37 entsprechende, auf Jugendrichter und Jugendstaatsanwälte abzielende Vorschrift. Darüber hinaus bleibt zu betonen, obwohl es sich hierbei eigentlich um eine Selbstverständlichkeit handeln sollte, dass der Verteidiger auf dem Gebiet des Jugend*kriminal*rechts auftritt und hier – als **Interessenvertreter** – in erster Linie die verfahrensrechtlichen Mittel auszuschöpfen hat, die dem Jugendlichen, der ihm anvertraut ist, zur Abwehr von (Jugend-)Strafe, aber auch von sonstigen Maßnahmen nach dem JGG dienen können.[8] Dem steht nicht entgegen, dass das JGG insgesamt durch den „Erziehungsgedanken" geprägt ist. Gerade auch die Frage, inwieweit sich dieser Erziehungsgedanke im konkreten Verfahren realisieren sollte, lässt sich mitunter erst nach einem intensiven „Kampf ums Recht" beantworten, der von Seiten der Verteidigung ohne Wahrnehmung einer erzieherischen Aufgabe (welcher?) auszutragen ist. Das schließt freilich keineswegs aus, dass die Verteidigung die Initiative ergreift und etwa mittels Durchführung eines **Täter-Opfer-Ausgleichs** frühzeitig das Verfahren in nicht-kontradiktorische, sondern (eher) konsensuale Bahnen lenkt. Im Gegenteil: Das Jugendstrafrecht ist für ein solches *mögliches* Vorgehen grundsätzlich prädestiniert. Hervorzuheben ist weiter, dass der (Pflicht-)Verteidiger in dieser Position Interessenvertreter **des Jugendlichen**, nicht der Erziehungsberechtigten oder gesetzlichen Vertreters ist. Dies gilt auch dann, wenn die Erziehungsberechtigten oder gesetzlichen Vertreter die Auftraggeber sind und insbesondere dann, wenn die Interessen zwischen Beschuldigtem und Erziehungsberechtigten und gesetzlichen Vertretern gegenläufig sind.[9] Gleichwohl ist es grundsätzlich nicht ausgeschlossen, dass der für den Jugendlichen bestellte Verteidiger zugleich die Interessen der Erziehungsberechtigten oder gesetzlichen Vertreter im Rahmen eines Wahlmandats wahrnehmen kann, vorausgesetzt es besteht ein Gleichklang der Interessen.

3 Die sog. **„Kölner Richtlinien" zur notwendigen Verteidigung im Jugendstrafverfahren**,[10] die von Vertretern aus Wissenschaft und (gerichtlicher wie anwaltlicher)

---

7 Hauber, Das Dilemma der Verteidigung jugendlicher Straftäter, RdJB 1979, 360; ausdrücklich offen gelassen und guter Überblick über den Diskussionsstand bei Brunner/Dölling, § 68 Rn 8 ff, insb. 13; ebenfalls nicht entschieden durch HansOLG v. 17.11.1997, 2 Ws 255/97, NJW 1998, 621; vgl weiterführend Köpcke-Duttler, Besitzt die Verteidigung im Jugendstrafverfahren eine Erziehungsaufgabe?, DVJJ-J 2001, 133 ff; vgl überdies Allmenröder, der meint: „dass für die Verteidigung, die ihre Aufgabe darin erblickt, den Angeklagten – um es kurz zu sagen – weißzuwaschen, am Jugendgericht kein Raum ist, weil sie dessen oberstem Zweck: die ganze Arbeit in den Dienst der Erziehung der straffälligen Jugendlichen zu stellen, direkt entgegen wirkt", zit. nach Schmitz-Justen-FS AG Strafrecht DAV, Überflüssige Verteidigung im Rechtsstaat?, S. 819.
8 Schmitz-Justen-FS AG Strafrecht DAV, Überflüssige Verteidigung im Rechtsstaat?, S. 819 ff; Zieger, Verteidiger in Jugendstrafsachen – Erfahrungen und Empfehlungen, StV 1982, 305; Bessler, S. 24 et passim; zum Vertrauensverhältnis und der Frage der daraus folgenden Verteidigeraktivität auch Gersch, S. 169 ff; Bottke, Zur Ideologie und Teleologie des Jugendstrafverfahrens, ZStW 95 [1983], 99; Eisenberg, Der Verteidiger in Jugendstrafsachen, NJW 1994, 2215; Ostendorf, § 68 Rn 3; D/S/S-Diemer, § 68 Rn 4; diff. Beulke, Funktionen der Verteidigung im Jugendstrafverfahren, StV 1987, 460 f.
9 Ostendorf, § 68 Rn 6 mit dem zutreffenden Hinweis auf die mögliche Strafbarkeit des Verteidigers wegen Parteiverrats (§ 356 StGB).
10 NJW 1989, 1024.

Praxis[11] erarbeitet wurden, haben die einzelnen Fallgruppen der notwendigen Verteidigung im Jugendstrafverfahren systematisiert und inhaltlich dargelegt, weshalb bei jugendlichen Beschuldigten früher und häufiger die Bestellung eines Pflichtverteidigers erforderlich ist. Diese Richtlinien bieten für alle in der jugendstrafrechtlichen Praxis mit der Frage der notwendigen Verteidigung befassten Berufsträger profundes Anschauungsmaterial.

II. Anwendungsbereich

1. Persönlich. § 68 gilt zunächst für **Jugendliche** auch in den Verfahren vor den für allgemeine Strafsachen zuständigen Gerichten (§ 104 Abs. 1 Nr. 10; RL S. 1). In Verfahren gegen **Heranwachsende** gelten die Nr. 2, 3 und 5 nicht, Anwendung finden mithin nur die Nr. 1 und 4 (§§ 109 Abs. 1 S. 1, 112 S. 1). 4

2. Sachlich. Im **vereinfachten Jugendverfahren** (§§ 76 – 78) gilt § 68 ebenfalls.[12] Für eine eingeschränkte Anwendung ist kein Raum, insbesondere erschließt sich nicht, weshalb § 68 „nicht schon deshalb bestellt werden sollte, weil ein Verbrechen Gegenstand des Verfahrens ist".[13] Die mögliche Verurteilung wegen eines Verbrechens zieht schwerwiegende und nachteilige Folgen nach sich, insbesondere im Falle weiterer Verurteilungen.[14] Zutreffend ist vielmehr, dass sich Verfahren, die zu einer notwendigen Verteidigung führen, grundsätzlich nicht für das vereinfachte Verfahren eignen dürften.[15] Die Frage der Anwendbarkeit von § 68 auf die §§ 76 – 78 stellt sich daher eigentlich nur in den Fällen, in denen sich erst im vereinfachten Verfahren zeigt, dass ein Fall notwendiger Verteidigung gegeben ist. Für das **Vollstreckungsverfahren** nimmt etwa § 83 Abs. 3 S. 2 auf die Vorschrift des § 68 Bezug (vgl auch Rn 16). Relevant sind hier namentlich die Fälle des § 140 Abs. 2 StPO. Im **Ordnungswidrigkeitenverfahren** gilt für die Verwaltungsbehörde § 68 Nr. 1. Die Nr. 2 - 5 sind in Verfahren vor der Verwaltungsbehörde ohne Relevanz.[16] 5

3. Voraussetzungen der Bestellung des Pflichtverteidigers. a) § 68 Nr. 1 iVm § 140 Abs. 1 StPO. Der Vorsitzende bestellt gem. § 68 Nr. 1 dem Beschuldigen einen Verteidiger, wenn einem Erwachsenen ein Verteidiger zu bestellen wäre. Damit nimmt § 68 Bezug auf § 140 StPO (allg. Meinung). Die Fallgruppen des § 140 Abs. 1 StPO zur Erforderlichkeit notwendiger Verteidigung, wenn 6

- die Hauptverhandlung im ersten Rechtszug vor dem Oberlandesgericht oder dem Landgericht stattfindet (Nr. 1),
- dem Beschuldigten ein Verbrechen zur Last gelegt wird (Nr. 2),
- das Verfahren zu einem Berufsverbot führen kann (Nr. 3),

---

11 Die Autoren sind: Beulke, Herrlinger, Kahlert, Pieplow, Schmitz, Schmitz-Justen, Simon, Viehmann, M. Walter.
12 OLG Düsseldorf v. 8.12.1998, 5 Ss 383-98 u.a., NStZ 1999, 211; Schmitz-Justen-FS AG Strafrecht DAV, Überflüssige Verteidigung im Rechtsstaat?, S. 823; Eisenberg, § 68 Rn 3; Ostendorf, § 68 Rn 2; einschränkend Hartmann-Hilter, S. 107; Brunner/Dölling, § 68 Rn 26: anwendbar abgestellt auf die Besonderheiten der §§ 76 ff; fehlgehend Geisler, Reformbedarf im Jugendstrafrecht? – Anmerkungen aus der Praxis zur „notwendigen Verteidigung" im Jugendstrafverfahren bei Verbrechensvorwurf, NStZ 2002, 449, der von einer Überstrapazierung der notwendigen Verteidigung ausgeht und dafür hält, § 140 StPO de lege ferenda bei Verbrechen durch eine am möglichen Verfahrensausgang orientierte Beiordnungsregelung zu ersetzen.
13 So aber Brunner/Dölling, § 68 Rn 26.
14 OLG Düsseldorf v. 8.12.1998, 5 Ss 383–98 u.a., NStZ 1999, 211.
15 So zu Recht Ostendorf, § 68 Rn 2.
16 Näher Eisenberg, § 68 Rn 5.

- gegen einen Beschuldigten Untersuchungshaft nach den §§ 112, 112 a oder einstweilige Unterbringung nach § 126 a oder § 275 a Abs. 5 vollstreckt wird,
- der Beschuldigte sich mindestens drei Monate aufgrund richterlicher Anordnung oder mit richterlicher Genehmigung in einer Anstalt befunden hat und nicht mindestens zwei Wochen vor Beginn der Hauptverhandlung entlassen wird (Nr. 5),
- zur Vorbereitung eines Gutachtens über den psychischen Zustand des Beschuldigten seine Unterbringung nach § 81 in Frage kommt (Nr. 6),
- ein Sicherungsverfahren durchgeführt wird (Nr. 7),
- der bisherige Verteidiger durch eine Entscheidung von der Mitwirkung in dem Verfahren ausgeschlossen ist (Nr. 8),

bereiten regelmäßig im Jugendstrafverfahren keine größeren Probleme bei der Auslegung.[17] Die Konstellation des § 140 Abs. 1 Nr. 1 StPO ist im Falle eines **jugendlichen** Angeklagten eher selten, weil hier die Kompetenzbeschränkung des Schöffengerichts (§ 24 Abs. 2 GVG: Freiheitsstrafe bis zu vier Jahren) grds. nicht gegeben ist, sondern das Jugendschöffengericht teilweise den Zuständigkeitsbereich der Strafkammer abdeckt (zur Notwendigkeit der Bestellung eines Pflichtverteidigers bei Zuständigkeit des Jugendschöffengerichts gem. § 68 Nr. 1 iVm § 140 Abs. 2 StPO vgl unten Rn 9; zu den Kostenfolgen vgl § 74). Bei **heranwachsenden** Angeklagten hingegen wird diese Fallgruppe wegen § 108 Abs. 3 häufiger vorkommen.[18] Auch an dieser Stelle zeigt sich, dass § 140 Abs. 2 StPO bei Jugendlichen extensiv ausgelegt werden muss, um eine sachlich nicht gebotene Ungleichbehandlung gegenüber Erwachsenen auszugleichen. Von großer Bedeutung ist neben § 140 Abs. 1 Nr. 2 StPO namentlich auch der Fall notwendiger Verteidigung bei vollstreckter Untersuchungshaft bzw einstweiliger Unterbringung, der durch Gesetz v. 29.7.2009 (BGBl I 2274, in Kraft getreten am 1.1.2010) neu in die StPO aufgenommenen wurde, § 140 Abs. 1 Nr. 4 StPO. Im Jugendstrafverfahren war diese Konstellation bereits durch § 68 Nr. 5 erfasst, so dass § 68 Nr. 1 iVm § 140 Abs. 1 Nr. 4 StPO dazu geführt haben dürfte, dass § 68 Nr. 5 nunmehr ohne eigenen Anwendungsbereich ist.[19] § 68 Nr. 1 iVm § 140 Abs. 1 Nr. 4 StPO findet nicht nur Anwendung in dem Verfahren, in welchem die Untersuchungshaft vollzogen wird, sondern auch in allen anderen gegen den Beschuldigten gerichteten Verfahren (vgl auch unten Rn 14). Dem steht auch der (unveränderte) § 140 Abs. 1 Nr. 5 StPO nicht entgegen.[20] Unter einer „Anstalt" iSd **§ 140 Abs. 1 Nr. 5 StPO** ist auch ein Erziehungsheim zwecks Vermeidung der Untersuchungshaft zu verstehen.[21]

7 **b) § 68 Nr. 1 iVm § 140 Abs. 2 StPO.** Die Voraussetzungen des Abs. 2 des § 140 StPO sind **jugendstrafrechtsspezifisch** auszulegen (vgl auch Rn 1). Dies muss zu einer weiten bzw großzügigen Anwendung der notwendigen Verteidigung im Ju-

---

17 Ostendorf, § 68 Rn 7; vgl auch Brunner/Dölling, § 68 Rn 17 – 19; Meier/Rössner/Schöch, § 13 Rn 23.
18 Vgl auch D/S/S-Diemer, § 68 Rn 8.
19 So auch OLG Frankfurt v. 22.4.2010, 3 Ws 351/10, m. Anm. Deutscher, jurisPR-StrafR 24/2010 Anm. 1; vgl auch Eisenberg, § 68 Rn 22, „[...] die Vorschrift des § 140 Abs. 1 Nr. 4 StPO [...], die ihrerseits über § 68 Nr. 5 [...] hinausgeht"; gemeint sein dürfte damit der weitere Verweis in § 140 Abs. 1 Nr. 4 StPO auf den Unterbringungsbefehl gem. § 275 a Abs. 5 StPO bis zum Eintritt der Rechtskraft im Falle einer Anordnung nachträglicher Sicherungsverwahrung (§§ 7 Abs. 2-4, 106 Abs. 6 JGG).
20 OLG Frankfurt v. 22.4.2010, 3 Ws 351/10; vgl auch LG Itzehoe v. 7.6.2010, 1 Qs 95/10; zur Gegenansicht LG Saarbrücken v. 16.6.2010, 3 Ws 28/10.
21 LG Braunschweig v. 11.2.1985, 32 Qs 14/85, StV 1986, 472; D/S/S-Diemer, § 68 Rn 9.

gendstrafrecht führen.[22] Dabei wird eine Bestellung umso eher in Betracht kommen, je jünger der Beschuldigte ist. Diese Einsicht trägt nicht zuletzt dem § 3 zugrunde liegenden Rechtsgedanken Rechnung.[23] Richtigerweise ist die Bestellung – als Folge der Realitäten des Strafverfahrens – bereits im **Ermittlungsverfahren** genau zu prüfen (vgl § 141 Abs. 3 S. 2 StPO), weil bereits in diesem Stadium das Strafverfahren entscheidend geprägt wird.[24]

aa) Schwere der Tat. Gem. § 140 Abs. 2 StPO ist die Bestellung eines Pflichtverteidigers zunächst dann veranlasst, wenn dies wegen der „Schwere der Tat" geboten erscheint. Diese bestimmt sich im allgemeinen Strafverfahren vor allem nach der zu **erwartenden Rechtsfolgenentscheidung**.[25] Dieser Ausgangspunkt ist auch im Jugendstrafrecht zu wählen. Geklärt erscheint jedenfalls, dass eine Bestellung notwendig ist, wenn **Freiheitsentzug** konkret droht.[26] Dies gilt richtigerweise unabhängig davon, ob eine Strafaussetzung zur **Bewährung** oder eine Aussetzung der Verhängung gem. § 27 erfolgen wird,[27] oder wenn die Straferwartung darauf gründet, dass eine Jugendstrafe gem. § 31 Abs. 2 einzubeziehen ist.[28] In Ansehung eines möglichen Widerrufs der Bewährung bzw der „Sanktionsstufen" im Falle eines Rückfalls ist eine Bestellung in diesen Fällen zwingend veranlasst. Immerhin wird bereits im **allgemeinen Strafverfahren** eine Bestellung bei einer möglichen **Freiheitsstrafe von einem Jahr** für zutreffend erachtet.[29] Den zuletzt genannten Gesichtspunkt führt **teilweise** auch die überkommene **jugendgerichtliche Rechtsprechung** an und will daher eine Bestellung erst ab zu erwartender Jugendstrafe von einem Jahr bejahen.[30] Dies erfolgt zumeist mit dem verkürzenden Hinweis, § 68 Nr. 1 verweise hinsichtlich der Voraussetzungen für eine Pflichtverteidigerbestellung uneingeschränkt auf das allgemeine Strafrecht.[31] Damit ist freilich die entscheidende Frage, wann die „Schwere der Tat" bzw wann

---

22 OLG Brandenburg v. 28.11.2001, 1 Ss 46/01, NStZ-RR 2002, 184; OLG Hamm v. 22.4.2002, 2 Ws 88/02, StraFo 2002, 293 f; SaarlOLG v. 3.5.2006, 1 Ws 87/06, StV 2007, 10; OLG Schleswig v. 18.4.2008, 2 Ss 32/08, StV 2009, 86 m. Anm. Gubitz; LG Bremen v. 22.10.2003, 15 Qs 329/03, NJW 2003, 3646; Eisenberg, § 68 Rn 23; Dallinger/Lackner, § 68 Rn 10; Ostendorf, § 68 Rn 7; D/S/S-Diemer, § 68 Rn 10; Schmitz-Justen-FS AG Strafrecht DAV, Überflüssige Verteidigung im Rechtsstaat?, S. 822.
23 Vgl auch Eisenberg, § 68 Rn 23; „Kölner Richtlinien", NJW 1989, 1025 ff.
24 Grundlegend LR-Lüderssen/Jahn, § 141 StPO Rn 24 f.; Ostendorf, § 68 Rn 7; Eisenberg, Der Verteidiger in Jugendstrafsachen, NJW 1984, 2916.
25 BGH v. 29.6.1954, 5 StR 207/54, BGHSt 6, 199; OLG Stuttgart v. 12.8.1981, 1 Ss 615/81, NStZ 1981, 490; HansOLG v. 15.2.1984, 1 Ss 84/83, NStZ 1984, 281; OLG Zweibrücken v. 14.2.1985, 1 Ss 259/84, NStZ 1986, 135 m. Anm. Moltekin.
26 LG Gera v. 25.5.1998, 651 Js 40638/97 – 4 Ns, StraFo 1998, 270; OLG Frankfurt v. 5.5.1993, 3 Ws 253/93, bei Böhm, NStZ 1994, 531.
27 OLG Saarbrücken v. 24.4.2007, Ss 25/2007, StV 2007, 10; Lüderssen, Die Pflichtverteidigung, NJW 1986, 2746; Schaffstein/Beulke, § 33, 3 b; Brunner/Dölling, § 68 Rn 20; D/S/S-Diemer, § 68 Rn 10; Eisenberg, § 68 Rn 24; aA OLG Hamm v. 14.5.2003, 3 Ss 1163/02, NJW 2004, 1338; offen gelassen OLG Hamm v. 26.4.2004, 2 Ss 54/04, StraFo 2004, 280; **zu § 27**: Schaffstein/Beulke, § 33, 3 b.
28 KG v. 22.1.1998, (4) 1 Ss 338/97 (6/98), StV 1998, 325; OLG Rostock v. 6.1.1998, 1 Ss 291/97, StV 1998, 325; D/S/S-Diemer, § 68 Rn 10; Ostendorf, § 68 Rn 8.
29 BayObLG v. 11.10.1989, RReg 1 St 276/89, NStZ 1990, 142; OLG Hamm v. 14.11.2000, 2 Ss 1013/2000, NStZ-RR 2001, 107; OLG München v. 13.12.2005, 5 St RR 129/05, NJW 2006, 789; KK-Laufhütte, § 140 StPO Rn 21; HK-GS/Weiler § 140 StPO Rn 14; Meyer-Goßner, § 140 StPO Rn 23.
30 OLG Hamm v. 26.9.1996, 3 Ss 1079/96, bei Böhm, NStZ 1997, 484; KG v. 22.1.1998, (4) 1 Ss 338/97 (6/98), StV 1998, 325; OLG Brandenburg v. 28.11.2001, 1 Ss 46/01, NStZ-RR 2002, 184.
31 Vgl nur OLG Hamm v. 11.9.2007, 4 Ws 409/07.

die „Schwierigkeit der Sach- oder Rechtslage" oder „Verteidigungsunfähigkeit" vorliegt, nicht beantwortet. Dies bemisst sich richtigerweise jugendstrafspezifisch (vgl Rn 1), weil zu entscheiden ist, ob dem jungen Beschuldigten – und niemandem sonst – ein Pflichtverteidiger zu bestellen ist. Die hier kritisierte Rechtsprechung ist auch deshalb unzutreffend, weil Freiheitsentzug bei Jugendlichen – u.a. entwicklungspsychologisch und biographisch – deutlich schwerer wiegt als bei Erwachsenen.[32] Im übrigen ist das Abstellen auf eine prognostizierte Strafe ohnehin problematisch, weil sich bekanntlich erst in der Hauptverhandlung zeigen wird, ob die Prognose eintritt oder ggf eine (mildere oder) höhere Strafe zu verhängen ist. Wird aber eine Bestellung erst vorgenommen, wenn sich die Prognose als zu günstig erweist, mithin eine Jugendstrafe von mindestens einem Jahr zu erwarten ist, so kann die (ex post unzutreffende) Prognose für den unverteidigten Jugendlichen möglicherweise bereits irreversibel nachteilige Folgen zeitigen. Das ist richtigerweise dadurch zu vermeiden, dass **stets bei zu erwartender Jugendstrafe – einen Schuldspruch unterstellt – ein Pflichtverteidiger zu bestellen ist.**[33] Die obergerichtliche Rechtsprechung nähert sich dieser Auffassung zunehmend an.[34] Erst recht ist die Bestellung eines Pflichtverteidigers notwendig, wenn **freiheitsentziehende Maßregeln der Besserung und Sicherung**, dh die Unterbringung in einem psychiatrischen Krankenhaus oder in einer Entziehungsanstalt (§ 7 Abs. 1) und insbesondere die Unterbringung in der Sicherungsverwahrung (§§ 7 Abs. 2, 106 Abs. 3), möglich erscheinen.[35] Schließlich ist die Bestellung nach hier vertretener Ansicht im Falle zu erwartender **Zuchtmittel** dann notwendig, wenn die Verhängung von **Jugendarrest** (§ 16) in Betracht kommt, unabhängig davon, ob als Freizeit-, Kurz- oder Dauerarrest. Dies gilt gegen die hM,[36] weil jede Form des Jugendarrests Freiheitsentzug darstellt und es gerade im Falle Jugendlicher keinen Grund gibt, eine stationäre Maßnahme zu verhängen, ohne dem Betroffenen nicht wenigstens die Möglichkeit einer effektive Verteidigung eingeräumt zu haben. Obwohl die Bezeichnung „Schwere der *Tat*" darauf hindeuten könnte, dass sich die Frage der Bestellung lediglich anhand der Anlasstat bemisst, ist richtigerweise der Blick auf die im jetzigen **Verfahren relevanten Rechtsfolgen** insgesamt zu richten. Über die Einbeziehung gem. § 31 hinaus (s.o.), ist auch auf den möglichen Widerruf einer Bewährung in anderer Sache oder auf eine zukünftig mögliche erhebliche Rechtsfolgenverhängung mit einer Bestellung zu reagieren.[37] Ferner sind verfahrensrelevante **Zivilansprüche** des (möglichen) Geschädigten[38] wie auch **berufliche Nachteile**[39] in Betracht zu ziehen.

---

32 Hierzu ausführlich Czerner, S. 291 ff et passim; Eisenberg, § 68 Rn 24.
33 Gau, Drohende Jugendstrafe – ein Fall notwendiger Verteidigung?, StraFo 2007, 315 ff; Spahn, Die notwendige Verteidigung in Jugendstrafverfahren, StraFo 2004, 83; Hartmann-Hilter, Notwendige Verteidigung und Pflichtverteidigung in Jugendstrafverfahren, S. 47 ff; Oellerich, Voraussetzungen einer notwendigen Verteidigung und Zeitpunkt der Pflichtverteidigerbestellung, StV 1981, 437; Eisenberg, § 68 Rn 24; Ostendorf, § 68 Rn 8; Schaffstein/Beulke, § 33, 3 b.
34 LG Gera v. 25.5.1998, 651 Js 40638/97 – 4 Ns, StraFo 1998, 270; als „durchaus in Betracht kommend angesehen" von OLG Hamm v. 17.9.2007, 2 Ss 380/07; v. 19.11.2007, 2 Ss 322/07, StV 2009, 85; keine „starre Grenze", OLG Schleswig v. 18.4.2008, 2 Ss 32/08, StV 2009, 86 m. Anm. Gubitz; anders freilich OLG Hamm v. 11.9.2007, 4 Ws 409/07: erst bei Straferwartung von einem Jahr.
35 D/S/S-Diemer, § 68 Rn 10.
36 Eisenberg, § 68 Rn 24 mwN.
37 OLG Hamm v. 20.11.2003, 2 Ws 279/03, ZJJ 2004, 302 f; Eisenberg, § 68 Rn 25 mwN.
38 Zieger, Rn 168; Spahn, Die notwendige Verteidigung in Jugendstrafverfahren, StraFo 2004, 84.

bb) **Schwierigkeit der Sach- oder Rechtslage.** Die Bestellung ist weiter dann veranlasst, wenn die Schwierigkeit der Sach- oder Rechtslage dies gebietet. Dies ist der Fall bei schwieriger **Beweislage**, wobei die Rechtsprechung eine Beweisaufnahme mit mehreren Zeugen und einer „nicht einfachen Beweiswürdigung" mitunter als hinreichend für eine Bestellung erachtet,[40] ferner bei langer Verfahrensdauer, bei Indizienprozessen,[41] bei sonst schwierigen **Sachfragen**, insbesondere bei **Sachverständigengutachten**,[42] oder bei zu klärenden diffizilen Rechtsfragen (etwa Rechtfertigungs- oder Entschuldigungsgründe, Irrtumsfragen), namentlich solchen, die höchstrichterlich noch nicht entschieden sind.[43] Auch im Falle **umfangreicher Strafakten** ist die notwendige Verteidigung bereits dann veranlasst, wenn eine hinreichende Vorbereitung auf die Hauptverhandlung nur durch **Aktenstudium** möglich ist.[44] Das gilt trotz § 147 Abs. 7 StPO, weil „Auskünfte und Abschriften aus den Akten" die Akteneinsicht gem. § 147 Abs. 1 StPO nicht ersetzen können. In Jugendstrafverfahren ist die Bestellung weiter angezeigt bei diffizilen **Reife- und Prognoseentscheidungen** (§§ 3, 17, 88, 105), bei Fragen der (ggf verminderten) Schuldfähigkeit (§§ 20, 21 StGB), ferner auch bei der **Schwergewichtsentscheidung** nach § 32.[45] Weiter wenn die Staatsanwaltschaft das Rechtsmittel führt, insbesondere in Fällen, in denen dies zu ungunsten des Jugendlichen der Fall ist, weil dann ersichtlich ein Dissens zwischen Anklagebehörde und Gericht besteht.[46] Zu Recht gehen die Autoren der „Kölner Richtlinien" davon aus, dass im Falle einer **Anklage zum Jugendschöffengericht** aufgrund dessen weiter Rechtsfolgenkompetenz **stets ein Fall notwendiger Verteidigung** gegeben sei (gleich ob wegen der „Schwere der Tat" oder der „Schwierigkeit der Sach- oder Rechtslage").[47] Die Sachlage ist ferner häufig dann schwierig, wenn die JGH nicht zur Hauptverhandlung erscheint, so dass der Jugendliche selbst die relevanten sozialen Bezüge darlegen muss.[48] Die Grenzen zwischen „Schwierigkeit der Sach- oder Rechtslage" und „Verteidigungsunfähigkeit des Beschuldigten" (vgl dazu unten Rn 10) sind mitunter fließend, weil sich Letztere gerade aus einer schwierigen Sach- bzw Rechtslage ergeben kann. Die **Ausländereigenschaft** als solche, ggf verbunden mit mangelnder Beherrschung der deutschen Sprache, ist für sich gesehen kein Grund für eine notwendige Verteidigung, weil dieser Umstand durch die Unterstützung eines Dolmetschers ausgeglichen werden kann (vgl

9

---

39 Schaffstein/Beulke, § 33, 3 b.
40 OLG Hamm v. 17.9.2007, 2 Ss 380/07, StV 2008, 120.
41 Brunner/Dölling, § 68 Rn 21; Schaffstein/Beulke, § 33, 3 b.
42 OLG Schleswig v. 7.3.1996, 2 Ss 43/96, bei Böhm, NStZ-RR 1998, 293; OLG Koblenz v. 11.2.1999, 1 Ws 43/99, NStZ-RR 2000, 176.
43 BayObLG v. 11.10.1989, RReg 1 St 276/89, NStZ 1990, 142; OLG Koblenz v. 29.4.1993, 1 Ss 72/93, StV 1993, 461; OLG Stuttgart v. 8.11.2001, 3 Ss 251/2001, 3 Ss 251/01, StV 2002, 298.
44 OLG Hamm v. 22.4.2002, 2 Ws 88/02, StraFo 2002, 293; LG Düsseldorf v. 25.6.1997, VII Qs 41 – 44/97 u.a., StraFo 1997, 307 m. Anm. Schmitz-Justen; Lüderssen, Die Pflichtverteidigung, NJW 1986, 2746.
45 Zieger, Rn 168; Ostendorf, § 68 Rn 9; Eisenberg, § 68 Rn 26.
46 LG Gera v. 6.4.1999, 344 Js 27040/98 – 4 Ns, StV 1999, 656.
47 NJW 1989, 1024 f; ferner LG Frankfurt v. 15.7.1982, 43 Js 17906/81, StV 1983, 70; Beulke, Die notwendige Verteidigung in der rechtlichen Entwicklung, in: Walter (Hrsg.), Schriften zum Jugendrecht und zur Jugendkriminologie, Bd. 1, S. 37 ff; J. Radbruch, Zur Reform der Verteidigung in Jugendstrafsachen, StV 1993, 556; Spahn, Die notwendige Verteidigung in Jugendstrafverfahren, StraFo 2004, 83; aA Brunner/Dölling, § 68 Rn 16: einzelfallabhängig.
48 Eisenberg, § 68 Rn 26.

auch Art. 6 Abs. 3 lit. e EMRK, § 187 Abs. 1 GVG).[49] Etwas anderes gilt freilich dann, wenn dem jungen Ausländer die Ausweisung oder sonstige nachteilige ausländerrechtliche Maßnahmen drohen.[50] In Ansehung der limitierten Rechtsmittelmöglichkeiten im Jugendstrafverfahren (§ 55) ist auch für das Verfahrensstadium nach Urteilsfällung, die Möglichkeit einer Bestellung aufgrund schwieriger Sach- oder Rechtslage genau zu prüfen.[51]

10 cc) **Verteidigungsunfähigkeit des Beschuldigten.** § 140 Abs. 2 StPO begründet weiter einen Fall notwendiger Verteidigung, wenn ersichtlich ist, dass sich der Beschuldigte nicht selbst verteidigen kann. Dies gilt vor, während und nach der Hauptverhandlung.[52] Ob dies der Fall ist, hängt im konkreten Einzelfall von der **Konstitution**, insbesondere vom Alter, den geistigen Fähigkeiten, dem Bildungsstand und dem Grad an Sozialisation des Jugendlichen ab,[53] so dass etwa bei **unterdurchschnittlicher Begabung** und bei **niedriger Schulbildung** regelmäßig von Verteidigungsunfähigkeit auszugehen ist.[54] Freilich spielt auch die **körperliche Konstitution**, gerade bei Btm-Abhängigkeit, eine Rolle.[55] Bei Jugendlichen, die **gerade strafmündig** sind, ist im Regelfall von der fehlenden Fähigkeit, sich zu verteidigen, auszugehen, namentlich wenn die Erziehungsberechtigten oder gesetzlichen Vertreter ihre Beistandsfunktion iSd § 67 nicht ausfüllen.[56] Diese jungen Beschuldigten sind häufig, durchaus auch bei gehobener Bildung, nicht in der Lage, die Wirkungsmechanismen des strafjustiziellen Systems zu erkennen bzw zu verstehen. Richtet sich das Verfahren gegen **mehrere Beschuldigte**, so ist im Falle junger Beschuldigter zu prüfen, ob sich gruppendynamische Prozesse nachteilig auf die jüngsten Betroffenen auswirken. Weiter ist regelmäßig von Verteidigungsunfähigkeit auszugehen, wenn ein junger Angeklagter unverteidigt ist, hingegen weitere Angeklagte, insbesondere Erwachsene,[57] einen Verteidiger oder der Verletzte einen **Opferanwalt** (§ 406 f Abs. 2, 3 StPO) haben.[58] Ein „Nachteil" ergibt sich hier schon wegen des Verbots der Befragung eines Mitangeklagten durch einen anderen (§ 240 Abs. 2 S. 2 StPO).[59] Bei **jungen Ausländern** ist zu

---

49 Wie hier LG Berlin v. 26.9.2005, 509 Qs 48/05; D/S/S-Diemer, § 68 Rn 11; Eisenberg, § 68 Rn 28; ferner BGH v. 26.10.2000, 3 StR 6/00, BGHSt 46, 178.
50 AG Hamburg v. 19.12.1996, 123 a I-253/96, 123 a I – 253/96, StV 1998, 326.
51 Ostendorf, § 68 Rn 9; Dallinger/Lackner, § 68 Rn 10; Eisenberg, § 68 Rn 26.
52 Zutreffend Ostendorf, § 68 Rn 10.
53 OLG Karlsruhe v. 28.9.2006, 3 Ss 140/06, StV 2007, 3; LG Hildesheim v. 9.11.2007, 12 Qs 57/07, NJW 2008, 454 (zu § 140 StPO); D/S/S-Diemer, § 68 Rn 12; Zieger, Rn 168.
54 OLG Hamm v. 31.1.1986, 6 Ws 23/86, StV 1986, 307.
55 OLG Düsseldorf v. 22.11.2000, 2 a Ss 332/00 – 83/00 II, StV 2002, 237.
56 OLG Hamm v. 31.1.1986, 6 Ws 23/86, StV 1986, 307; OLG Frankfurt v. 5.5.1993, 3 Ws 253/93, StV 1993, 537; Zieger Rn 168.
57 OLG Hamm, v. 24.4.2008, 2 Ss 164/08, StV 2009, 85 (alle weiteren Verfahrensbeteiligten – gemeint Mitangeklagte und Verletzter – nahmen anwaltliche Hilfe in Anspruch); AG Saalfeld v. 29.1.2002, 611 Js 42389/00 2 Ds jug, NStZ-RR 2002, 119.
58 OLG Stuttgart v. 8.9.1986, 1 Ws 264/86, StV 1987, 8; OLG Brandenburg v. 28.11.2001, 1 Ss 46/01, NStZ-RR 2002, 185; OLG Hamm v. 24.4.2008, 2 Ss 164/08, StV 2009, 85 (alle weiteren Verfahrensbeteiligten – gemeint Mitangeklagte und Verletzter – nahmen anwaltliche Hilfe in Anspruch); Dallinger/Lackner, § 68 Rn 10; Ostendorf, § 68 Rn 10; anders D/S/S-Diemer, § 68 Rn 12, dessen Hinweis auf die grundsätzliche Fürsorge des Jugendgerichts jedoch nicht überzeugt.
59 Zutreffender Hinweis von Ostendorf, § 68 Rn 10.

prüfen, inwieweit diese in den abendländischen Kulturkreis integriert sind.[60] Bei einer **Verhandlung in Abwesenheit** des Jugendlichen ist ersichtlich Verteidigungsunfähigkeit gegeben.[61] Ferner ist Verteidigungsunfähigkeit bei Heranwachsenden auch im Falle eines **Freiheitsentzugs vor der Hauptverhandlung** gegeben (vgl jetzt seit 1.1.2010 auch § 68 Nr. 1 iVm § 140 Abs. 1 Nr. 4 StPO, oben Rn 6).[62] Bei Jugendlichen vgl insoweit § 68 Nr. 5 und ebenfalls § 68 Nr. 1 iVm § 140 Abs. 1 Nr. 4 StPO (Rn 6). Der Umstand, dass der Betroffene bereits **mehrfach abgeurteilt** wurde, ändert nichts an den hier dargestellten Konstellationen, weil es einen Erfahrungssatz, dass sich solche jungen Angeklagten „meist auf die Justiz einzustellen wissen",[63] nicht gibt.[64]

c) **§ 68 Nr. 2.** Nach Nr. 2 ist dem Beschuldigten ein Verteidiger zu bestellen, wenn dem Erziehungsberechtigten **und** dem gesetzlichen Vertreter ihre Rechte nach dem JGG entzogen sind. Der Entzug **wesentlicher Rechte** sollte richtigerweise ausreichen.[65] § 68 Nr. 2 knüpft damit an § **67 Abs. 4** an. Im Falle des § 104 Abs. 3 gilt die Nr. 2 des § 68 ebenfalls. Ausweislich des klaren Wortlauts der Norm ist Voraussetzung für die Bestellung eines Pflichtverteidigers, dass – im Falle von Personenverschiedenheit – sowohl dem Erziehungsberechtigten als auch dem gesetzlichen Vertreter die in § 67 genannten Rechte entzogen sind. Sind lediglich einem der beiden die Rechte entzogen worden, so ist jedoch zu prüfen, ob sich der Jugendliche noch selbst verteidigen kann oder ob ein Fall der Verteidigungsunfähigkeit (vgl Rn 10) vorliegt.[66] Wenn die Erziehungsberechtigten und gesetzlichen Vertreter aus tatsächlichen Gründen **verhindert** sind, ihre in § 67 genannten Rechte wahrzunehmen, etwa aufgrund unbekannten Aufenthalts, so ist § 68 Nr. 2 entsprechend heranzuziehen, auch wenn weniger gewichtige Vorwürfe in Rede stehen.[67] Andernfalls wäre erneut § 68 Nr. 1 iVm § 140 Abs. 2 StPO zu prüfen.

11

d) **§ 68 Nr. 3.** Sind der Erziehungsberechtigte und gesetzliche Vertreter gem. § 51 Abs. 2 von der Verhandlung ausgeschlossen und kann die Beeinträchtigung in der Wahrnehmung ihrer Rechte durch eine nachträgliche Unterrichtung iSd § 51 Abs. 4 S. 2 nicht hinreichend ausgeglichen werden, so ist dem Jugendlichen ein Pflichtverteidiger zu bestellen. Diese durch das 2. JuMoG v. 30.12.2006[68] inkorporierte Regelung korrespondiert inhaltlich mit Nr. 2 des § 68. Auch nach Nr. 3 ist die Bestellung obligatorisch, weil Erziehungsberechtigte und gesetzliche

12

---

60 HansOLG v. 15.2.1984, 1 Ss 84/83, NStZ 1984, 281; OLG Celle v. 27.12.1990, 2 Ss 423/90, StV 1991, 151; OLG Karlsruhe v. 8.11.2001, 3 Ss 251/2001, 3 Ss 251/01, StV 2002, 299; instruktiv AG Hamburg v. 19.12.1996, 123aI-253/96, 123 a I – 253/96, vs. LG Hamburg v. 17.2.1997, 627 Qs 5/97, StV 1998, 326, 327 m. Anm. Sättele.
61 OLG Zweibrücken v. 28.1.1986, 1 Ss 30/86, StV 1986, 306.
62 Vgl „Kölner Richtlinien", NJW 1989, 1027; ferner Eisenberg, § 68 Rn 28.
63 Ostendorf, § 68 Rn 10.
64 Zutreffend P.-A. Albrecht, S. 347; möglicherweise zeigt sich gerade in dem Umstand der mehrfachen Aburteilung die – bereits in früheren Verfahren zu Tage getretene – Verteidigungsunfähigkeit; vgl auch OLG Hamm v. 31.1.1986, 6 Ws 23/86, StV 1986, 307.
65 Eisenberg, § 68 Rn 29: „vollständig oder in nicht unerheblichen Teilen"; Dallinger/ Lackner, § 68 Rn 12.
66 D/S/S-Diemer, § 68 Rn 13; Dallinger/Lackner, § 68 Rn 12; Ostendorf, § 68 Rn 11.
67 Vgl auch LG Braunschweig v. 22.7.1996, 33 Qs 14/94, StV 1998, 325; LG Lüneburg v. 22.8.1996, 20 Qs 17/96, StV 1998, 326; einschränkend LG Rottweil v. 31.3.2005, 3 Qs 34/05 jug, NStZ-RR 2005, 220: nur bei schwerwiegenden Vorwürfen; Brunner/Dölling, § 68 Rn 14.
68 BGBl. I, 3416.

Vertreter ihre Rechte – hier aufgrund des Ausschlusses gem. § 51 Abs. 2 – nicht (mehr) wahrnehmen können. Hinsichtlich der Frage der **möglichen Kompensation** bereits durch eine „**nachträgliche Unterrichtung**" (vgl § 51 Rn 34 f) der Erziehungsberechtigten und gesetzlichen Vertreter durch den Vorsitzenden ist auf die **Besonderheiten des Einzelfalles** abzustellen. In die richterliche Ermessensausübung ist neben dem Tatvorwurf etwa auch die Beweislage sowie die geistige und mentale Verfassheit der ausgeschlossenen Betroffenen einzubeziehen.[69] Ausweislich des Wortlauts ist § 68 Nr. 3 nicht anwendbar im Falle des Ausschlusses der Erziehungsberechtigten und gesetzlichen Vertreter gem. § 51 Abs. 3 iVm §§ 177 GVG, dh als Ungehorsamsfolge (vgl § 51 Rn 32). Hier ist freilich regelmäßig eine Bestellung gem. § 68 Nr. 1 iVm § 140 Abs. 2 StPO erforderlich.[70]

13 e) **§ 68 Nr. 4.** Nach Nr. 4 ist dem **Jugendlichen** oder **Heranwachsenden** ein Verteidiger zu bestellen, wenn zur Vorbereitung eines Gutachtens über seinen Entwicklungsstand (§ 73: Unterbringung zur Beobachtung) seine Unterbringung in einer Anstalt infrage kommt. Expressis verbis ist bereits in der Situation der *Prüfung* einer Unterbringung die Bestellung obligatorisch. Das ist sicherlich der Fall, wenn der substantiierte Antrag eines Verfahrensbeteiligten vorliegt,[71] aber auch wenn eine Prüfung von Amts wegen naheliegt. Ist die Bestellung des Pflichtverteidigers erfolgt – gleich ob eine Unterbringung gem. § 73 angeordnet wurde oder nicht -, so bleibt sie auch für das weitere Verfahren bis zu dessen rechtskräftigem Abschluss wirksam und erforderlich.[72]

14 f) **§ 68 Nr. 5.** Schließlich ist die Bestellung eines Verteidigers erforderlich, wenn gegen den Beschuldigten **Untersuchungshaft** oder die **einstweilige Unterbringung gem. § 126 a StPO** (dringende Gründe dafür, dass Tatbegehung im Zustand der Schuldunfähigkeit oder verminderten Schuldfähigkeit und dafür, dass Unterbringung in einem psychiatrischen Krankenhaus oder einer Entziehungsanstalt angeordnet werden wird und die öffentliche Sicherheit dies erfordert) vollstreckt wird, solange der Beschuldigte das 18. Lebensjahr nicht vollendet hat.[73] Abzustellen ist auf das **Alter zum Zeitpunkt des Freiheitsentzugs**, nicht der Tat.[74] Der Verteidiger ist dann unverzüglich zu bestellen. Aufgrund der strukturellen Unterlegenheit von Jugendlichen insgesamt (vgl Rn 1), hat der Gesetzgeber der besonders prekären Situation der Untersuchungshaft bzw – erst recht – der Unterbringung gem. § 126 a StPO Rechnung getragen und die Bestellung eines Pflichtverteidigers vorgesehen. Dass die Notwendigkeit einer professionellen Interessenvertretung bei Freiheitsentzug vor Rechtskraft auch im allgemeinen Strafrecht besteht, liegt auf der Hand. Dieser Einsicht ist der Gesetzgeber mit der **Inkorporierung des § 140 Abs. 1 Nr. 4 StPO** (Gesetz v 29.7.2009, BGBl. I 2274, in Kraft getreten am 1.1.2010) gefolgt, der über § 68 Nr. 1 auch im Jugendstrafrecht Anwendung findet (oben Rn 6). Wie jetzt auch gem. § 140 Abs. 1 Nr. 4 StPO war und ist bei Jugendlichen gem. Nr. 5 des § 68 keine Mindestdauer des Freiheitsentzugs erfor-

---

69 Vgl auch Eisenberg, § 68 Rn 29 a, der jedoch auch auf die Situation des Jugendlichen abstellt.
70 Vgl auch Eisenberg, § 68 Rn 29 a.
71 BGH v. 17.4.1952, 5 StR 349/52, NJW 1952, 797 zu § 140 Abs. 1 Nr. 6 StPO; D/S/S-Diemer, § 68 Rn 14; vgl auch Ostendorf, § 68 Rn 12.
72 Eisenberg, § 68 Rn 30; BGH v. 17.4.1952, 5 StR 349/52, NJW 1952, 797 zu § 140 Abs. 1 Nr. 6 StPO; D/S/S-Diemer, § 68 Rn 14.
73 De lege ferenda erscheint es notwendig, die Heranwachsenden, die rechtstatsächlich deutlich stärker als Jugendliche durch die Maßnahme der Untersuchungshaft betroffen sind, in den Anwendungsbereich des § 68 Nr. 5 einzubeziehen, vgl auch Schmitz-Justen-FS AG Strafrecht DAV, Überflüssige Verteidigung im Rechtsstaat?, S. 821.
74 Eisenberg, § 68 Rn 31.

derlich, um das Bestellungserfordernis zu begründen (bis 31.12.2009 waren die Fälle der Untersuchungshaft bzw. der einstweiligen Unterbringung gem. §§ 126a, 275a Abs. 5 StPO im allgemeinen Strafrecht nur über § 140 Abs. 1 Nr. 5 StPO erfasst: mindestens drei Monate Freiheitsentzug). Ohnehin werden die entscheidenden Weichen zumeist zu Beginn des Verfahrens bzw zu Beginn des Freiheitsentzugs gestellt.[75] Insbesondere bietet sich häufig – man überhaupt – zu Beginn des Freiheitsentzugs die Möglichkeit, auf eine Außervollzugsetzung – bzw eine Aufhebung des Haftbefehls hinzuwirken.[76] Auf die Einhaltung der „**Unverzüglichkeit**" der Bestellung ist streng zu achten. Regelmäßig ist erforderlich, die Bestellung am **Tag der Verhaftung, vor der Vorführung vor den Haftrichter, jedenfalls vor dessen Entscheidung** vorzunehmen, nicht erst mit Beginn der Vollstreckung des Freiheitsentzugs.[77] Erbittet sich der Beschuldigte nach erfolgter Belehrung Bedenkzeit, um ggf einen Verteidiger seines Vertrauens zu benennen, so bietet es sich an, ihm – abhängig von den Besonderheiten des Einzelfalls – ein bis zwei Wochen Bedenkzeit einzuräumen. Ist ein örtlicher **Verteidigernotdienst** eingerichtet, so ist der junge Beschuldigte durch den Haftrichter bzw zuvor durch die Staatsanwaltschaft oder die Polizei auf diesen Umstand hinzuweisen, soweit nicht die Beiordnung eines Rechtsanwalts beantragt wird (vgl dazu unten Rn 16 ff).[78] § 68 Nr. 5 greift auch dann, wenn **wegen eines anderen Verfahrens** Freiheitsentzug im genannten Sinne angeordnet ist.[79] Jedoch ist nach Nr. 5 dann keine Bestellung notwendig, wenn der Haftbefehl gleichzeitig mit seinem Erlass außer Vollzug gesetzt wird.[80] In diesen Fällen ist freilich § 68 Nr. 1 iVm § 140 Abs. 2 StPO genau zu prüfen.

III. Verfahrenshinweise

1. Praktische Relevanz. Die Einzelheiten der notwendigen Verteidigung in Jugendstrafsachen, auch die Fallgruppe des § 68 Nr. 4, sind teilweise noch immer nicht hinreichend bekannt. Das gilt für alle Verfahrensbeteiligten.[81]

15

2. Die Bestellung des Verteidigers. Hat der Beschuldigte bereits einen Wahlverteidiger,[82] so ist eine Bestellung grundsätzlich obsolet (vgl auch § 2 Abs. 2 iVm § 143 StPO). Lediglich in besonderen Ausnahmefällen kann ein sog. **verfahrenssichernder Pflichtverteidiger** neben dem Wahlverteidiger bestellt werden.[83] Freilich wäre es unzulässig, die Position eines gerichtlicherseits unbeliebten Wahlverteidigers durch Bestellung eines Pflichtverteidigers zu schwächen. In Jugendstrafverfahren kann ferner die Konstellation bestehen, dass ein ersichtlich durch die Erziehungsberechtigten oder gesetzlichen Vertreter gewählter Verteidiger

16

---

75 BT-Drucks. 11/5829, 28; D/S/S-Diemer, § 68 Rn 15.
76 „Kölner Richtlinien", NJW 1989, 1027; Ostendorf, § 68 Rn 13.
77 Ostendorf, § 68 Rn 13; BT-Drucks. 11/5829, S. 28; vgl aber auch Zieger, Rn 166: Bestellung möglichst vor der Entscheidung über den Erlass des Haftbefehls.
78 Vgl auch Zieger, Rn 166.
79 OLG Frankfurt v. 22.4.2010, 3 Ws 351/10; LG Berlin v. 25.7.2005, 509 Qs 33/05, NStZ 2007, 47; LG Saarbrücken v. 1.10.2007, 4 Qs 55/07 I, ZJJ 2007, 417 m. Anm. Möller; Eisenberg, § 68 Rn 31.
80 D/S/S-Diemer, § 68 Rn 18; vgl aber auch Zieger, Rn 166 (wie Fn 72).
81 Vgl nur Spahn, Die notwendige Verteidigung in Jugendstrafverfahren, StraFo 2004, 84.
82 Unbeschadet des Rechts auf freie Verteidigerwahl ist bei Jugendlichen für den Abschluss dieses Geschäftsbesorgungsvertrages (§ 675 BGB) auf die Zustimmung des gesetzlichen Vertreters zu achten (§§ 107 f BGB).
83 BGH v. 24.1.1961, 1 StR 132/60, BGHSt 15, 306; BGH v. 17.7.1973, 1 StR 61/73, NJW 1973, 1985.

nicht das Vertrauen des Jugendlichen genießt. Das müsste dem Wahlverteidiger Anlass genug sein, das Mandat niederzulegen. Gleichwohl kann auch in diesem Fall ein Pflichtverteidiger bestellt werden, soweit § 68 Nr. 1 – 5 einschlägig ist.[84] Die **Beiordnung gem.** § 140 StPO umfasst die **Tätigkeit bis zur Rechtskraft des Urteils** (mit Ausnahme der Revisionshauptverhandlung, § 350 Abs. 3 StPO),[85] bleibt aber für nachfolgende Entscheidungen wirksam, die geeignet sind, den Inhalt der getroffenen rechtskräftigen Entscheidungen zu ändern, etwa für das **Nachverfahren** nach einer Entscheidung gem. § 27 bzw § 57.[86] Gem. § 83 Abs. 3 S. 2 gilt § 68 überdies im **Vollstreckungsverfahren** (erfasst sind insbesondere die Fälle des § 68 Nr. 1 iVm § 140 Abs. 2 StPO bei möglichem Widerruf der Aussetzung der Jugendstrafe zur Bewährung sowie bei Reststrafenaussetzung nach § 88).[87] Im **Strafvollzug** finden die Regelungen über die notwendige Verteidigung **keine Anwendung,** jedoch kann der mittellose junge Verurteilte Beratungshilfe nach dem BerHG in Anspruch nehmen.[88]

17 Gem. §§ 68 iVm § 141 Abs. 4 StPO entscheidet der **Vorsitzende** des Gerichts, welches für das Hauptverfahren zuständig ist oder bei dem das Verfahren anhängig ist, über die Bestellung. Der Vorsitzende entscheidet auf **Antrag** oder **von Amts wegen**, muss daher die Voraussetzungen für eine notwendige Verteidigung selbstständig – insoweit ohne Ermessen – in jeder Lage des Verfahrens prüfen. Von großer Bedeutung für den jungen Beschuldigten, aber auch für das Verfahren insgesamt, ist die **Auswahl** des Pflichtverteidigers. Diese ist in §§ 68 iVm § 142 StPO geregelt. Der Vorsitzende trifft die Auswahl grds. nach pflichtgemäßem Ermessen. Benennt der junge Beschuldigte einen **Rechtsanwalt seines Vertrauens** oder ist ein solcher sonst ersichtlich, so ist dieser regelmäßig zu bestellen (§ 68 iVm § 142 Abs. 1 S. 3 StPO),[89] auch wenn der Beschuldigte keinen Rechtsanspruch auf Beiordnung des gewünschten Rechtsanwalts haben mag,[90] soweit nicht wichtige Gründe entgegenstehen. Das pflichtgemäße Ermessen des Vorsitzenden ist dann richtigerweise auf die Prüfung des Vorliegens entgegenstehender wichtiger Gründe beschränkt. Dies gilt auch im allgemeinen Strafrecht, verdichtet sich jedoch im Jugendstrafrecht aufgrund der strukturellen Unterlegenheit des Jugendlichen bzw Heranwachsenden (vgl Rn 1) noch stärker. Zur **standesrechtlichen Verpflichtung** des Rechtsanwalts, die Angelegenheit nach erfolgter Bestellung zu übernehmen vgl § 49 BRAO. Vor der Bestellung ist der junge Beschuldigte zu fragen, ob er einen Rechtsanwalt des Vertrauens benennen möchte (§ 68 iVm § 142 Abs. 1 S. 2 StPO).[91] Ggf wird sich der Beschuldigte erst informieren müssen bzw wollen. Auch darauf ist Rücksicht zu nehmen. Zu bestellen ist ein benannter Vertrauensanwalt richtigerweise auch dann, wenn er seinen Kanzleisitz nicht im Gerichtsbezirk hat.[92] Es ist nicht ersichtlich, weshalb „die Gerichtsnähe des Ver-

---

84 D/S/S-Diemer, § 68 Rn 19; Ostendorf, § 68 Rn 14; Dallinger/Lackner, § 68 Rn 15.
85 So die hM, die diese Einschränkung jedoch nicht – auch nicht mit Blick auf § 350 Abs. 2, 3 StPO – überzeugend darlegt, vgl näher LR-Lüderssen/Jahn, § 141 Rn 30.
86 OLG Köln v. 19.9.2005, 2 Ws 443-444/05 etc.; OLG Karlsruhe v. 24.3.1998, 3 Ws 53/98, StV 1998, 348; Brunner/Dölling, § 68 Rn 27.
87 LG Berlin v. 7.4.2006, 524 Qs 19/06; J. Radbruch, Zur Reform der Verteidigung in Jugendstrafsachen, StV 1993, 557.
88 Rotthaus, Die Rechtsberatung der Gefangenen im Strafvollzug, NStZ 1990, 165; Brunner/Dölling, § 68 Rn 28.
89 BVerfG v. 25.9.2001, 2 BvR 1152/01, NJW 2001, 3695.
90 BVerfG v. 2.3.2006, 2 BvQ 10/06, StV 2006, 451 m. Anm. Hilger.
91 OLG Bamberg v. 15.4.1981, Ws 201/81, StV 1981, 612; OLG Hamm v. 1.2.1984, 5 Ws 360/83, StV 1984, 235.
92 Zutreffend HK-GS-Weiler, § 142 StPO Rn 6; Ostendorf, § 68 Rn 16.

teidigers in der Regel eine wesentliche Voraussetzung für eine sachdienliche Verteidigung" sein soll.[93] Eine Beiordnung darf auch nicht in der Weise erfolgen, dass sie unter Beschränkung auf die Vergütung eines ortsansässigen Verteidigers vorgenommen wird.[94] Jedenfalls kann nichts „sachdienlicher" für eine effektive Verteidigung sein, als ein bestehendes Vertrauensverhältnis zwischen Beschuldigtem und Verteidiger. Etwas anderes sollte nur gelten, wenn ansonsten die ordnungsgemäße Durchführung des Verfahrens gefährdet wäre.[95] In **begründeten** Fällen ist es ferner geboten, einen bestellten Pflichtverteidiger zu entpflichten und die Bestellung eines anderen Verteidigers vorzunehmen.[96] Dies sollte richtigerweise auch dann der Fall sein, wenn der junge Beschuldigte zunächst innerhalb der durch den Vorsitzenden gesetzten Frist keinen Verteidiger seines Vertrauens nennt, dies aber zu einem Zeitpunkt nachholt, zu dem der Vorsitzende bereits einen Pflichtverteidiger bestellt hat. Weil ein Verteidigungsverhältnis Vertrauen voraussetzt und ein nicht vermögender Beschuldigter nicht schlechter gestellt sein sollte als derjenige, der sich einen Wahlverteidiger leisten kann, ist hier – gegen die hM – ein Wechsel der Beiordnung herbeizuführen.[97]

Prozesshinweis: Bei Bestehen eines Wahlmandats kann der Verteidiger einen Antrag auf Beiordnung stellen, wenn die Voraussetzungen des § 68 gegeben sind:
▶ **Antrag auf Beiordnung als Pflichtverteidiger (Vorschlag):**
An das Jugendschöffengericht [...]
„In der Strafsache [...] beantrage ich, mich dem Beschuldigten [...] als Pflichtverteidiger beizuordnen, und lege für den Fall der Beiordnung mein Wahlmandat nieder.
Begründung: [...]" ◀

Benennt der junge Beschuldigte bzw Angeklagte **keinen Rechtsanwalt** bzw ist ein solcher nicht sonst ersichtlich – in Jugendstrafverfahren ist die Nicht-Benennung der faktische Regelfall[98] –, so trifft die Auswahl der Vorsitzende. Dieser wird sich gestützt auf seine Erfahrung für einen auf dem Gebiet des Jugendstrafrechts **ausgewiesenen Verteidiger** entscheiden. Dass die Auswahl nicht danach zu treffen ist, von welchem Verteidiger voraussichtlich der „geringste Widerstand" erfolgen wird, versteht sich von selbst.[99] In zahlreichen Rechtsanwaltskammerbezirken existieren Listen mit Verteidigern, die sich für Pflichtverteidigungen, ggf speziell für das Jugendstrafrecht, gemeldet haben. Die richterliche Auswahl orientiert sich hier häufig an diesen Listen.[100]

18

---

93 So aber OLG München v. 11.10.1983, 2 Ws 1227/83, StV 1984, 67; OLG Frankfurt v. 9.5.1985, 3 Ws 410/85, StV 1985, 315; Meyer-Goßner, § 142 Rn 5; offener Brunner/Dölling, § 68 Rn 4: bei der Bestellung eines Pflichtverteidigers hat das Recht des Beschuldigten auf einen Anwalt seines Vertrauens grds. Vorrang.
94 BVerfG v. 24.11.2000, 2 BvR 813/99, NJW 2001, 1269 f.
95 Vgl insoweit OLG Düsseldorf v. 14.3.1984, 1 Ws 232/84, StV 1984, 372; OLG Hamm v. 22.4.2002, 2 Ws 88/02, StraFo 2002, 293.
96 Instruktiv AG Ottweiler v. 21.11.2006, 8 Gs 21 Js 1958/06 (73/06).
97 Wie hier LR-Lüderssen/Jahn, § 142 Rn 13; Zieger, Rn 170; aA KG v. 3.12.1979, 3 Ws 316/79, StV 1981, 454; OLG Frankfurt v. 2.5.1996, 3 Ws 349/96, NStZ-RR 1996, 236.
98 Zutreffend Eisenberg, § 68 Rn 32.
99 Brunner/Dölling, § 68 Rn 4; Ostendorf, § 68 Rn 17.
100 Vgl Schneider, Probleme der Auswahl des Pflichtverteidigers und sog. Ersatzverteidigers, ZRP 1985, 210, zu dem Vorschlag, die Auswahl des Pflichtverteidigers de lege ferenda auf die örtliche Rechtsanwaltskammer zu übertragen; insgesamt Eisenberg, Der Verteidiger in Jugendstrafsachen, NJW 1984, 2915, Fn 23.

19 Von hoher Relevanz ist ferner der **Zeitpunkt der Bestellung** des Pflichtverteidigers. § 141 Abs. 1 StPO nennt als Ausgangspunkt die Aufforderung zur Erklärung über die Anklageschrift gem. § 201 StPO, also im Zwischenverfahren. Ergibt sich die Notwendigkeit einer Bestellung erst später, so ist ein Verteidiger dann sofort zu bestellen (§ 2 Abs. 2, § 141 Abs. 2 StPO).[101] Gerade in Jugendstrafverfahren ist die Bedeutung von § 2 Abs. 2 iVm § 141 Abs. 3 S. 1 StPO hervorzuheben, wonach ein Verteidiger **auch schon während des Ermittlungsverfahrens** bestellt werden kann, weil hier eine frühzeitige Bestellung aufgrund der strukturellen Unterlegenheit des jungen Beschuldigten (Rn 1) häufig erforderlich ist.[102] Dies betrifft namentlich die Fälle des § 68 Nr. 1 iVm § 140 StPO (abgesehen von § 140 Abs. 1 Nr. 4 StPO), weil in den Fallgruppen der Nr. 2–5 des § 68 (wie seit 1.1.2010 auch für den Fall des § 68 Nr. 1 iVm § 140 Abs. 1 Nr. 4 StPO) der Bestellungszeitpunkt bereits vorgegeben ist. Ob dann im konkreten Einzelfall eine Bestellung im Ermittlungsverfahren und ggf wann konkret vorzunehmen ist, hängt von den jeweiligen Besonderheiten ab, wobei die Entscheidung der Staatsanwaltschaft (vgl § 141 Abs. 3 S. 2 StPO) vor dem Hintergrund der grundsätzlichen Notwendigkeit einer möglichst frühzeitigen Bestellung im Jugendstrafverfahren getroffen werden sollte. Die strafjustizielle Praxis folgt dieser Überzeugung rechtstatsächlich mitunter nicht.[103]

20 **3. Rechtsmittel. a) Bei Nichtbestellung.** Die Ablehnung einer Bestellung (ggf auch des bisherigen Wahlverteidigers) bzw deren Aufhebung kann durch den **Beschuldigten** mit der Beschwerde (§ 304) angefochten werden,[104] § 2 Abs. 2 iVm § 305 StPO ist nicht einschlägig, weil es sich nicht um eine der Urteilsfällung vorausgehende Entscheidung des erkennenden Gerichts iSd Norm handelt.[105] Aus § 55 Abs. 2 folgt nichts anderes.[106] Gegen seine Abberufung steht dem **betroffenen Verteidiger** ein eigenes Beschwerderecht aus Art. 12 GG zu.[107] Die Beschwerde ist auch im Revisionsverfahren statthaft (§ 59 Abs. 5 entsprechend).[108] Ferner kann die Beschwerde auch noch nach Abschluss des Verfahrens in der jeweiligen Instanz erhoben werden, wenn die unterbliebene Bestellung auf „gerichtsinterne Vorgänge" zurückzuführen ist.[109]

Prozesshinweis: Legt der Beschuldigte unmittelbar vor oder während der Hauptverhandlung Beschwerde ein, so ist diese zu unterbrechen, ggf auszusetzen, bis die Entscheidung des Beschwerdegerichts vorliegt, wenn dem jungen Beschuldigten sonst ein erheblicher Nachteil droht und ferner (vgl Rn 21) die zu Unrecht unterlassene Pflichtverteidigerbestellung einen absoluten Revisionsgrund darstellt.[110]

---

101 Vgl etwa LG Braunschweig v. 2.2.2004, 3 Qs 10/04, StV 2005, 62.
102 Vgl auch D/S/S-Diemer, § 68 Rn 17.
103 Eindrücklich Eisenberg, § 68 Rn 34 f mwN.
104 HansOLG v. 17.11.1997, 2 Ws 255/97, NJW 1998, 621 ff; Zieger, Rn 170.
105 OLG Zweibrücken v. 1.3.1984, 2 Ws 15/84, StV 1984, 193; LG Saarbrücken v. 25.1.2006, 4 Qs 9/06; v. 1.10.2007, 4 Qs 55/07 I, ZJJ 2007, 417 m. Anm. Möller ZJJ 2008, 11 f; ausf. LR-Lüderssen/Jahn § 141 Rn 48 mwN und dem zutreffenden Hinweis, dass sich die Gegenmeinung lediglich auf praktische Erwägungen stützen kann; Eisenberg, § 68 Rn 35 a; Brunner/Dölling, § 68 Rn 7.
106 Zutreffend D/S/S-Diemer, § 68 Rn 20.
107 HansOLG v. 17.11.1997, 2 Ws 255/97, NJW 1998, 621 ff; Moltekin, S. 143.
108 OLG Hamm v. 31.1.1986, 6 Ws 23/86, StV 1986, 307.
109 LG Magdeburg v. 20.5.2003, 22 Qs 816 Js 77022/01 (38/03), StraFo 2003, 420; Eisenberg § 68 Rn 35 a.
110 Vgl auch Moltekin, S. 144; Ostendorf, § 68 Rn 21.

Schließlich kann ein **absoluter Revisionsgrund** gem. § 338 Nr. 5 StPO vorliegen, 21
wenn die Bestellung eines Pflichtverteidigers erforderlich war, jedoch nicht erfolgte.[111] Weil die fehlende Pflichtverteidigerbestellung trotz Erforderlichkeit überdies einen Verstoß gegen das Rechtsstaatsprinzip darstellt, kann überdies – nach Erschöpfung des einfachgesetzlichen Rechtswegs - **Verfassungsbeschwerde** erhoben werden.[112]

b) Gegen die Auswahl eines Pflichtverteidigers. Auch gegen die unerwünschte 22
Bestellung kann die **Beschwerde** gem. § 304 StPO durch den **Beschuldigten** erhoben werden, selbst dann, wenn diese erst während laufender Hauptverhandlung erfolgt.[113] Auch hier liegt kein Fall des § 305 vor.[114] Auf die Beschwerde hat das zuständige Gericht auch zu prüfen, ob der Vorsitzende sein Ermessen bei der Auswahl pflichtgemäß ausgeübt hat, insbesondere, ob er ein bestehendes Vertrauensverhältnis zwischen dem jungen Beschuldigten und einem Rechtsanwalt, welches ersichtlich war, zu Unrecht unberücksichtigt gelassen hat.[115]

Bei einem Verstoß gegen § 142 Abs. 1 S. 2 StPO („Soll-Vorschrift") kann die 23
Revision gem. § 337 StPO, ein entsprechendes Beruhen vorausgesetzt, begründet sein.[116]

4. Kosten. Vgl § 74.[117] 24

§ 69 Beistand

(1) Der Vorsitzende kann dem Beschuldigten in jeder Lage des Verfahrens einen Beistand bestellen, wenn kein Fall der notwendigen Verteidigung vorliegt.

(2) Der Erziehungsberechtigte und der gesetzliche Vertreter dürfen nicht zum Beistand bestellt werden, wenn hierdurch ein Nachteil für die Erziehung zu erwarten wäre.

(3) ¹Dem Beistand kann Akteneinsicht gewährt werden. ²Im übrigen hat er in der Hauptverhandlung die Rechte eines Verteidigers.

I. Jugendstrafrechtliche Grundlagen/Allgemeines	1	b) Persönlich	4
II. Anwendungsbereich	2	c) Auswahlermessen des Vorsitzenden	5
1. Persönlich	2	III. Rechte des Beistands	6
2. Voraussetzungen der Bestellung	3	1. Akteneinsicht	6
a) Sachlich	3	2. Weitere Rechte	7
		IV. Rechtsmittel	8

---

111 BGH v. 24.1.1961, 1 StR 132/60, BGHSt 15, 307; vgl ferner BGH v. 23.7.1997, 3 StR 520/96, bei Böhm, NStZ-RR 1998, 292 zur wirksamen Revisionsrücknahme eines Heranwachsenden, der zur Tatzeit steuerungsunfähig war; OLG Hamm v. 14.11.2000, 2 Ss 1013/2000, 2 Ss 1013/00, StraFo 2001, 138; v. 17.9.2007, 2 Ss 380/07, StV 2008, 120; v. 19.11.2007, 2 Ss 322/07, StV 2009, 85; OLG Schleswig v. 18.4.2008, 2 Ss 32/08, StV 2009, 86 m. Anm. Gubitz.
112 BVerfG v. 19.10.1977, 2 BvR 462/77, BVerfGE 46, 202.
113 Ostendorf, § 68 Rn 20; Zieger Rn 170.
114 OLG München v. 30.6.1981, 1 Ws 550/81, NJW 1981, 2208; OLG Celle v. 17.5.1984, 1 Ws 161/84, NStZ 1985, 519; Meyer-Goßner, § 142 StPO Rn 19; aA OLG Köln v. 30.1.1981, 2 Ws 899/80, 2 Ws 900/80, NJW 1981, 1523; HansOLG v. 15.10.1984, 2 Ws 516/84, NStZ 1985, 88.
115 Eisenberg, § 68 Rn 35; Ostendorf, § 68 Rn 20.
116 BGH v. 3.12.1991, 1 StR 456/91, AnwBl. 1992, 277; Ostendorf, § 68 Rn 20.
117 Ausführlich auch Ostendorf, § 68 Rn 18 f.

I. Jugendstrafrechtliche Grundlagen/Allgemeines

1 Die Funktion des Beistands ist zu trennen von derjenigen des Erziehungsbeistandes iSv § 12 Nr. 1. Der hier in Rede stehende Beistand ist **Interessenvertreter des Jugendlichen**, namentlich in der Hauptverhandlung. Er ist **Verfahrensbeteiligter** mit prozessualer Stellung sui generis. Dies hat er mit dem Beistand gem. § 149 StPO gemeinsam. Im Unterschied zu diesem („bloßer Fürsprecher"[1]) hat der Beistand nach § 69 jedoch eine deutlich stärkere verfahrensrechtliche Position in der Wahrnehmung der Rechte des jugendlichen Beschuldigten.[2] Der Beistand ist freilich **kein Verteidiger**, weil nicht eine strafrechtliche Interessenvertretung im Vordergrund steht, sondern eine „**Betreuung**" des Jugendlichen in Form einer „psychischen Unterstützung iS einer **Solidarität**"[3] mit der Person. Dabei ist es möglich, aber wohl **nicht zwingend**, dass der Beistand den Jugendlichen auch **erzieherisch** unterstützt[4] und gerade – ggf nach entsprechenden Hinweisen etwa seitens des Gerichts – Möglichkeiten der Diversion oder Wiedergutmachung mit dem Jugendlichen erörtert. Käme dem Beistand stets eine erzieherische Funktion zu, wäre nicht recht begründbar, dass seine Bestellung im Falle notwendiger Verteidigung ausgeschlossen ist (§ 69 Abs. 1), denn bei der Bestellung des Pflichtverteidigers in Jugendsachen spielen erzieherische Gesichtspunkte gerade keine Rolle.[5] § 69 hat in der Praxis **keine nennenswerte Bedeutung**.[6]

II. Anwendungsbereich

2 **1. Persönlich.** Die Norm gilt für **Jugendliche**. In Verfahren gegen Jugendliche vor den für allgemeine Strafsachen zuständigen Gerichten gilt § 69 mangels Nennung in § 104 nicht. Die Bestellung steht demnach im pflichtgemäßen Ermessen des für allgemeine Strafsachen zuständigen Gerichts (§ 104 Abs. 2; in RL zu § 104 auch ausdrücklich genannt). Dabei wird zu berücksichtigen sein, dass Jugendliche möglicherweise gerade in Verfahren vor den allgemeinen Gerichten einer Beistandschaft bedürfen. Für **Heranwachsende** gilt § 69 nicht (§ 109 Abs. 1 S. 1). Wird ein Jugendlicher bei erfolgter Bestellung während des laufenden Verfahrens volljährig, so ist die Beistandschaft zu beenden.[7] Dann ist jedoch an einen Beistand gem. § 149 StPO[8] bzw an die Bestellung eines Pflichtverteidigers zu denken.[9]

3 **2. Voraussetzungen der Bestellung. a) Sachlich.** Die Bestellung des Beistands kommt **in jeder Lage des Verfahrens** in Betracht, also bereits im Ermittlungsverfahren und bis hin zum Vollstreckungsverfahren (§ 83 Abs. 3 S. 3). Es darf jedoch **kein Fall der notwendigen Verteidigung** (§ 68) vorliegen. Dem ist zu entnehmen,

---

1 So zu Recht Brunner/Dölling, § 69 Rn 3; umfassend Hauber, Die Beistandschaft, RdJB 1988, 399 ff; ders., Der Beistand als Sachwalter des Jugendlichen im Strafprozeß, Zbl-JugR 1982, 215 ff.
2 Eisenberg, § 69 Rn 3; aA Ostendorf, § 69 Rn 2: „zum Beistand des § 149 StPO besteht kein Unterschied".
3 Ostendorf, § 69 Rn 2.
4 D/S/S-Diemer § 69 Rn 2; Ostendorf, § 69 Rn 2: „keine primäre oder sekundäre erzieherische Aufgabe"; aA OLG Stuttgart v. 18.11.1975, 1 Ws 397/75, Die Justiz 1976, 268; Eisenberg, § 69 Rn 3: u.a. „mit erzieherischen Angeboten zur Seite stehen"; Brunner/Dölling, § 69 Rn 1.
5 Vgl auch Wollweber, Beistand in allen Lebens- und Prozeßlagen?, NJW 1999, 621.
6 Vgl aber Hauber, RdJB 1988, 399 ff, zu einer möglichen „Revitalisierung".
7 OLG Stuttgart v. 18.11.1975 – 1 Ws 397/75, Die Justiz 1976, 268; Brunner/Dölling, § 69 Rn 10.
8 Brunner/Dölling, § 69 Rn 10; vgl auch Eisenberg, § 109 Rn 8 b.
9 Ostendorf, § 69 Rn 1: §§ 109 Abs. 1 S. 1, 68 Nr. 1, § 140 Abs. 2 StPO.

dass der Gesetzgeber der Verteidigung – ebenfalls Interessenvertreter und auch Organ der Rechtspflege – größere Kompetenz zuspricht.[10] Die Bestellung eines Beistandes ist bei Wahlverteidigung dann nicht ausgeschlossen, wenn kein Fall notwendiger Verteidigung vorliegt.[11] Die **Bestellung** kann erforderlichenfalls **zurückgenommen** werden, insbesondere wenn sich herausstellt, dass der Beistand die seiner Funktion innewohnende Unterstützungsfunktion nicht oder nur in ungeeigneter Weise ausübt.[12]

b) **Persönlich.** Bestellt werden kann grundsätzlich jedermann, mit **Ausnahme** der in **Abs. 2** genannten Konstellation, dass im Falle der Erziehungsberechtigten und der gesetzlichen Vertreter ein Nachteil für die Erziehung zu erwarten wäre. Freilich beschränkt die Funktion des Beistands (vgl oben Rn 1) den Kreis. Es muss gewährleistet sein, dass die Interessenvertretung im Sinne einer Betreuung des Jugendlichen erfolgt. Dafür ist unerlässlich, dass der Beistand das Vertrauen des Jugendlichen entweder bereits besitzt oder wohl gewinnen wird.[13] **Amtspersonen**, die dem Jugendlichen als „Teil des Staates" erscheinen müssen, welcher das Strafverfahren gegen ihn anstrengt, kommen daher als Beistand **nicht in Betracht**. Aus diesem Grund ist auch dem Hinweis nicht zuzustimmen, der Beistandschaft käme deshalb keine Bedeutung mehr zu, weil diese Aufgaben durch die JGH bzw die Bewährungshilfe oder Betreuungshilfe wahrgenommen würden.[14] In Betracht kommen in erster Linie **Verwandte, Bekannte, Erziehungsberechtigte** und **gesetzliche Vertreter** (soweit die Ausnahme des Abs. 2 nicht vorliegt)[15] oder – in geeigneten Fällen – auch **Freunde** des Jugendlichen, ferner Personen aus dem Arbeits- oder Ausbildungsbereich, ggf auch ein **Rechtsanwalt**.[16]

4

c) **Auswahlermessen des Vorsitzenden.** Die Bestellung eines Beistands steht – hinsichtlich des „Ob" und der Person – im **Ermessen** des **Vorsitzenden**. Im Falle von Wahlverteidigung wird die Bestellung eines Beistands regelmäßig ausscheiden, es sei denn, eine psychische Unterstützung des Jugendlichen erscheint im Einzelfall zusätzlich erforderlich. Der Jugendliche sollte vor der Auswahl gehört werden. Äußert er dabei einen Wunsch oder stellt einen Antrag, so dürfte das Auswahlermessen des Vorsitzenden „auf Null" reduziert sein, wenn nicht objektive Hinderungsgründe gerade in dieser, durch den Jugendlichen benannten Person vorliegen.[17]

5

III. Rechte des Beistands

1. Akteneinsicht. Das **Akteneinsichtsrecht** des Beistands ist von der Ausübung pflichtgemäßen **Ermessens** abhängig, im Ermittlungsverfahren seitens der Staatsanwaltschaft, im weiteren Verfahren seitens des Vorsitzenden des zuständigen Spruchkörpers (§ 2 Abs. 2 S. 2, § 147 Abs. 5 StPO analog). Maßgeblich bei der Ausübung des Ermessens ist, ob der Beistand die Akten für die sinnvolle und sachdienliche Ausübung seiner Tätigkeit benötigt. Bestehen Anhaltspunkte für

6

---

10 D/S/S-Diemer, § 69 Rn 5; aA Ostendorf, § 69 Rn 3: „Es sollen von justizamtlicher Seite nicht zwei Personen mit der Interessenwahrnehmung betreut werden.".
11 Eisenberg, § 69 Rn 5; Brunner/Dölling, § 69 Rn 5; Dallinger/Lackner, § 69 Rn 6.
12 Eisenberg, § 69 Rn 12.
13 Eisenberg, § 69 Rn 6; Ostendorf, § 69 Rn 4.
14 Brunner/Dölling, § 69 Rn 2; zutr. Eisenberg, § 69 Rn 2: „Statusinteressen".
15 Vgl auch Bohnert, Der Erziehungsberechtigte in der jugendstrafrechtlichen Hauptverhandlung, ZfJ 1989, 232 ff.
16 Ostendorf, § 69 Rn 4.
17 Vgl auch Ostendorf, § 69 Rn 5.

eine „missbräuchliche Ausnutzung"[18], so ist dies richtigerweise bereits ein Hinderungsgrund für die Bestellung.[19] Die **Versagung** der Akteneinsicht durch das Gericht ist **beschwerdefähig** (§ 304 StPO).[20] Mündliche Auskünfte aus den Akten können sowohl Staatsanwaltschaft als auch Gericht jederzeit geben.

7 **2. Weitere Rechte. Bis zu Beginn der Hauptverhandlung** ist die Rechtsposition des Beistands nicht gesondert geregelt. So hat er namentlich kein Verkehrsrecht gem. § 148 StPO.[21] Ein etwaiges Anwesenheitsrecht bei sonstigen Untersuchungshandlungen ist abhängig vom pflichtgemäßen Ermessen – je nach Verfahrensstadium – der Staatsanwaltschaft bzw des Vorsitzenden des zuständigen Gerichts.[22] **In der Hauptverhandlung** hat der Beistand „die Rechte eines Verteidigers". Er ist gem. § 218 StPO zu laden. Auch die vorweggenommenen Teile kommissarische Vernehmung und richterliche Augenscheinseinnahme (§§ 223, 225 StPO) sind Teil der Hauptverhandlung. Dies gilt auch für Durchsuchungen während der Hauptverhandlung sowie für dann stattfindende mündliche Verhandlungen iRd Haftprüfung.[23] **Insbesondere** hat er ein **Anwesenheitsrecht** (§§ 227, 228 Abs. 2 StPO), ein **Rede-, Frage-** und **Beweisantragsrecht** (§§ 240, 244 ff StPO) und die Rechte aus §§ 257 Abs. 2, 258 StPO. Er muss sein Einverständnis gem. §§ 251 Abs. 1 Nr. 1, Abs. 2 Nr. 3 StPO erklären. § 51 Abs. 2 darf auf den Beistand nicht angewendet werden.[24] Bestehen Gründe zur Sorge, dass eine der in Abs. 2 des § 51 genannten Konstellationen bei der Person vorliegen, die als Beistand in Betracht kommt, so sollte bereits die Bestellung ausgeschlossen sein. Der Beistand kann **als Zeuge** vernommen werden. Er hat dann gem. §§ 58 Abs. 1 S. 1, 243 Abs. 2 S. 1 StPO den Sitzungssaal bis zu seiner Vernehmung zu verlassen. Es ist jedoch darauf zu achten, den Beistand in dieser Konstellation zu Beginn der Beweisaufnahme als Zeugen zu hören, damit er anschließend an der Hautverhandlung teilnehmen kann.[25] Ihm steht richtigerweise das **Zeugnisverweigerungsrecht** aus § 53 Abs. 1 Nr. 2 StPO analog zu.[26] Ein **Rechtsmittelrecht** des Beistands besteht – anders als im Falle des Erziehungsberechtigten und gesetzlichen Vertreters (§ 67 Abs. 3) – **nicht**.[27]

IV. Rechtsmittel

8 Ein **Rechtsmittel gegen die Bestellung entfällt** mangels Beschwer. Die **Nicht-Bestellung** kann richtigerweise mittels der **Beschwerde** (§ 304 StPO) angefochten werden.[28] Die Gegenmeinung stellt darauf ab, dass ein entsprechendes Antragsrecht nicht bestehe und die Bedeutung des Beistands nicht mit der eines Pflichtverteidigers vergleichbar sei.[29] Dies ist zwar zutreffend, gleichwohl steht dies der Beschwerdefähigkeit der Maßnahme nicht entgegen, insbesondere liegt kein Fall

---

18 BT-Drucks. 1/3264, 57.
19 Vgl Ostendorf, § 69 Rn 6.
20 Brunner/Dölling, § 69 Rn 8; Eisenberg, § 69 Rn 7.
21 Ostendorf, § 69 Rn 6; Eisenberg, § 69 Rn 8 a; Brunner/Dölling, § 69 Rn 9.
22 Eisenberg, § 68 Rn 8.
23 D/S/S-Diemer, § 69 Rn 12.
24 D/S/S-Diemer, § 69 Rn 11; Ostendorf, § 69 Rn 7; aA Dallinger/Lackner, § 69 Rn 18; Eisenberg, § 69 Rn 8.
25 Eisenberg, § 69 Rn 8.
26 Ostendorf, § 69 Rn 7.
27 D/S/S-Diemer, § 69 Rn 13; Eisenberg, § 69 Rn 8 a.
28 So auch OLG Stuttgart v. 18.11.1975 – 1 Ws 397/75, Die Justiz 1976, 267; Ostendorf, § 69 Rn 10.
29 D/S/S-Diemer, § 69 Rn 14; Eisenberg, § 69 Rn 10.

des § 305 StPO vor. Die **Auswahl** des Beistands hingegen ist mangels Beschwer ebenfalls **unanfechtbar**.[30]

§ 70 Mitteilungen

¹Die Jugendgerichtshilfe, in geeigneten Fällen auch das Familiengericht und die Schule werden von der Einleitung und dem Ausgang des Verfahrens unterrichtet. ²Sie benachrichtigen den Staatsanwalt, wenn ihnen bekannt wird, daß gegen den Beschuldigten noch ein anderes Strafverfahren anhängig ist. ³Das Familiengericht teilt dem Staatsanwalt ferner familiengerichtliche Maßnahmen sowie ihre Änderung und Aufhebung mit, soweit nicht für das Familiengericht erkennbar ist, daß schutzwürdige Interessen des Beschuldigten oder des sonst von der Mitteilung Betroffenen an dem Ausschluß der Übermittlung überwiegen.

I. Jugendstrafrechtliche Grundlagen/Allgemeines 1	4. Benachrichtigungs- bzw Mitteilungspflichten an die Staatsanwaltschaft (S. 2, 3) 7
II. Anwendungsbereich 2	
1. Persönlich 2	
2. Sachlich 3	III. Rechtsmittel 9
3. Mitteilungspflichten 4	1. Gegen Mitteilungen nach S. 1 9
a) § 70 S. 1 4	
b) Allgemeine Mitteilungspflichten 5	2. Gegen Benachrichtigungen und Mitteilungen nach S. 2, 3 10

I. Jugendstrafrechtliche Grundlagen/Allgemeines

§ 70 stellt eine besondere gesetzliche Regelung über Mitteilungen in (Jugend-)Strafverfahren dar. Die Vorschrift bezweckt die Kooperation sekundärer Erziehungsträger und der Strafjustiz durch gegenseitige Mitteilung über bzw mit Blick auf Strafverfahren. Die Einbeziehung der primären Sozialisationsinstanzen ist bereits durch § 67 geregelt.[1] Dem Informationsinteresse der näher bezeichneten Instanzen steht grds. das Recht auf informationelle Selbstbestimmung des Betroffenen[2] entgegen, so dass der Gesetzgeber, außer im Falle der JGH (S. 1), um eine Abwägung der widerstreitenden Interessen bemüht war („in geeigneten Fällen" bzw „soweit nicht schutzwürdige Interessen des Beschuldigten oder des sonst von der Mitteilung Betroffenen überwiegen"). Soweit eine Mitteilungspflicht an die Schule besteht, ist – über bestehende inhaltliche Bedenken hinaus (vgl unten Rn 4) – bereits vorab hervorzuheben, dass an Schulen häufig aufgrund einer ohnehin personell schwach besetzten Verwaltung ein angemessener Umgang mit entsprechenden Mitteilungen kaum gewährleistet sein dürfte. In der Praxis sind Mitteilungen an Schulen selten.[3] § 70 regelt sowohl **Mitteilungspflichten** der Staatsanwaltschaft und des Gerichts (S. 1) wie auch – umgekehrt – **Benachrichtigungs-** (S. 2) bzw **Mitteilungspflichten** (S. 3) an die Staatsanwaltschaft (S. 2, 3). 1

---

30 AA Ostendorf, § 69 Rn 10.
1 Vgl auch Ostendorf, Grdl. z. § 70 Rn 3.
2 BVerfGE 65, 1 ff; D/S/S-Schoreit, § 70 Rn 4; Ostendorf, Mitteilungen in Jugendstrafsachen, DRiZ 1986, 254 ff.
3 Ostendorf, Grdl. z. § 70 Rn 4; ders., Mitteilungen in Jugendstrafsachen, DRiZ 1986, 254 ff.

II. Anwendungsbereich

2 **1. Persönlich.** § 70 gilt nur für **Jugendliche**, auch in Verfahren vor den für allgemeine Strafsachen zuständigen Gerichten (§ 104 Abs. 1 Nr. 11, mit der in § 104 Abs. 3 – Gründe der Staatssicherheit – geregelten Ausnahme). Für **Heranwachsende** gilt § 109 Abs. 1 S. 2. Danach werden die JGH und in geeigneten Fällen auch die Schule von der Einleitung und auch dem Ausgang des Verfahrens unterrichtet. Diese benachrichtigen ihrerseits die Staatsanwaltschaft, wenn ihnen bekannt wird, dass gegen den Beschuldigten noch ein anderes Strafverfahren anhängig ist (§ 109 Abs. 1 S. 3). Vgl ferner § 112 S. 1, 2, § 104 Abs. 3.

3 **2. Sachlich.** § 70 findet Anwendung auch im **vereinfachten Jugendverfahren** (§ 78 Abs. 3 S. 2). In **Ordnungswidrigkeitenverfahren** kann die Verwaltungsbehörde bei Jugendlichen auf die Mitteilung an die JGH dann verzichten, wenn davon auszugehen ist, dass die Mitteilung für deren Aufgaben ohne Bedeutung sein wird (§ 70 iVm § 46 Abs. 1, 6 OWiG).[4] Dies führt dazu, dass eine Mitteilung regelmäßig unterbleibt.[5] Die Mitteilung an die Schule wird im Falle einer Owi nur erfolgen, wenn aufgrund besonderer Umstände eine Gefährdung Dritter im Schulbereich zu besorgen ist.[6]

4 **3. Mitteilungspflichten. a) § 70 S. 1.** Die in S. 1 geregelte Mitteilungspflicht umfasst die Einleitung und den Ausgang des Verfahrens. Sie richtet sich – je nach Verfahrensstand – an die Staatsanwaltschaft oder an das Gericht (MiStra Nr. 4).[7] Zwingend erfolgen muss die Mitteilung gegenüber der **JGH** (MiStra Nr. 32). Die JGH ist darüber hinaus bekanntlich am Verfahren zu beteiligen (§§ 38 Abs. 3, 50 Abs. 3). Die Mitteilung an das **Familien- bzw Vormundschaftsgericht** (MiStra Nr. 31) sowie an die Schule (MiStra Nr. 33) erfolgt lediglich „in geeigneten Fällen". Somit ist abzuwägen zwischen dem jeweiligen Informationsinteresse der in Rede stehenden Institutionen und den schutzwürdigen Interessen des Jugendlichen. Das Familien- bzw Vormundschaftsgericht kann aufgrund einer solchen Mitteilung fördernde Maßnahmen nach dem BGB veranlassen.[8] „Geeignete Fälle" einer Mitteilung an die Schule dürften deutlich seltener vorliegen als an das Familien- bzw Vormundschaftsgericht. Insbesondere die Mitteilung der „Einleitung des Verfahrens" sollte hier – auch aufgrund der Unschuldsvermutung und eines naheliegenden Stigmatisierungseffekts – über die praktischen Bedenken (Rn 1) hinaus, die Ausnahme sein.[9] Diese Auffassung wird dadurch gestärkt, dass die Beurteilung der „Geeignetheit" in erster Linie am Wohle des Jugendlichen zu orientieren ist.[10] Zudem ist zu bedenken, dass die Schule gem. § 43 S. 1, 2 zur Ermittlung der „psycho-sozialen Beschuldigten-Diagnose"[11] gehört werden kann, wodurch es zu Friktionen zwischen erfolgten Mitteilungen und ggf zu veranlassenden schulischen Maßnahmen kommen kann. Andererseits kann es etwa in Fällen des Verdachts auf Btm-Delikte bzw in manchen Konstellationen von Eigentumsdelikten für die Schule aus Gründen der Gefährdung von Mitschülern

---

4 Eisenberg, § 70 Rn 5 mwN.
5 Brunner/Dölling, § 70 Rn 10.
6 Göhler, Vor § 59 OWiG Rn 36.
7 Brunner/Dölling, § 70 Rn 2.
8 Eisenberg, § 70 Rn 16; ders., Probleme in Familienrechtsfragen aus der Sicht des Jugendrichters, ZfJ 1991, 250 ff.
9 VGH Baden-Württemberg v. 14.05.1963 – I 774/62; JZ 1964, 627 m.Anm. Baumann, JZ 1964, 616; vgl auch D/S/S-Schoreit, § 70 Rn 3.
10 BT-Drucks. 11/5829 zu Art. 1 Nr. 27; D/S/S-Schoreit, § 70 Rn 2; Eisenberg, § 70 Rn 15.
11 Ostendorf, § 43 Rn 4.

erforderlich sein, unverzüglich, dh bereits zu Beginn eines Ermittlungsverfahrens, zu reagieren.[12] In solchen Fällen ist die – ausnahmsweise – frühe Mitteilung der Verfahrenseinleitung veranlasst. Vgl hierzu auch MiStra Nr. 33. Selbstredend können die Strafverfolgungsbehörden – unabhängig von einer Mitteilung – im „Bereich Schule" die erforderlichen Ermittlungsmaßnahmen durchführen, dh Schüler, Lehrkräfte – eine Aussagegenehmigung vorausgesetzt – als Zeugen vernehmen (§§ 48 ff StPO) und Unterlagen, auch amtliche Schriftstücke, herausverlangen bzw unter den in den §§ 94 ff StPO normierten Voraussetzungen beschlagnahmen. Über § 70 S. 1 hinaus bestehen jugendstrafrechtliche Mitteilungspflichten in den §§ 50 Abs. 3 S. 1, 67 Abs. 1, Abs. 4 S. 3, Abs. 5 S. 3 und – wie erwähnt für Heranwachsende – in § 109 Abs. 1 S. 2.

b) **Allgemeine Mitteilungspflichten.** Gem. § 482 StPO (MiStra Nr. 11) unterrichtet die Staatsanwaltschaft die mit der Sache befasste Polizeibehörde über den Ausgang des Verfahrens in dem näher geregelten Umfang. Dies ist bereits deshalb sinnvoll, um die Polizeibehörden auch an der justiziellen Behandlung der Strafverfahren teilhaben zu lassen. Die im Schrifttum geäußerten Bedenken[13] gegen eine Übersendung auch der Urteilsgründe (§ 482 Abs. 2 S. 2 StPO), die Angaben zur Person und zu familiären Verhältnissen ggf unter Einbezug der Ergebnisse eines erstatteten Gutachtens mitteilen, werden hier nicht geteilt. Im Gegenteil: Es kann gerade für die (weitere) Polizeiarbeit erforderlich und sachdienlich sein, dass die Polizeibehörde Kenntnis von solchen Feststellungen hat, insbesondere dann, wenn sie mit dem betreffenden Jugendlichen erneut in Kontakt tritt. Vgl weitergehend die durch das Strafverfahrensänderungsgesetz v. 2.8.2000 normierte Möglichkeit der Übermittlung personenbezogener Informationen, §§ 479 ff StPO, insbesondere § 479 Abs. 2 Nr. 1 StPO, wonach die Übermittlung verfahrensgegenständlicher personenbezogener Daten für die Vollstreckung oder Durchführung von Erziehungsmaßregeln oder Zuchtmitteln erforderlich ist. In Strafsachen gegen **Soldaten** erklärt § 62 Abs. 1 SoldG die Vorschrift § 125 c Abs. 1 – 6 BRRG (MiStra Nr. 19) für entsprechend anwendbar. Hinsichtlich **Zivildienstleister** vgl § 45 a ZDG iVm § 125 c BRRG (MiStra Nr. 21). Gem. § 87 Abs. 4 S. 1 AufenthG ist die Mitteilung der für die Durchführung von Strafverfahren bzw Owi-Verfahren zuständigen Behörden bzw Gerichte an die Ausländerbehörde obligatorisch (MiStra Nr. 42; vgl aber auch FreizügG/EU). 5

In Rede stehen ferner die Verwaltungsvorschriften der **Mitteilungen in Strafsachen** (MiStra) v. 29.4.1998 (auf Grundlage der §§ 12 ff EGGVG) sowie weitere **Verwaltungsvorschriften**, namentlich RLJGG § 1 RL 2, § 42 RL 2, § 43 RL 7, § 82 – 85 RL III Nr. 1, IV Nr. 2, V Nr. 6, VI Nr. 4. Für den Bereich des (Jugend-)Strafvollzugs vgl Nr. 24 – 27 VollzGeschO sowie §§ 35, 47 StrVollstrO, ferner § 27 JAVollzO. Gegen Mitteilungspflichten auf der Grundlage von Verwaltungsvorschriften bestehen aufgrund derzeitiger Rechtslage gerade in Jugendsachen gesteigerte Bedenken, weil – über den Gesetzesvorbehalt hinaus – erzieherische Gründe einen möglichst behutsamen Umgang mit datenschutzrelevanten Informationen erfordern. Andererseits wird eine erzieherisch möglichst sinnvolle Maßnahme mitunter nur dann erfolgen können, wenn die jeweils mit dem Jugendlichen sich befassenden Institutionen auch über relevante Informationen verfügen.[14] Letztgenanntes Argument dürfte freilich nur de lege ferenda zum Tragen kommen. Nach geltendem Recht ist zunächst richtigerweise davon auszugehen, 6

---

12 Vgl auch Brunner/Dölling, § 70 Rn 5; D/S/S-Schoreit, § 70 Rn 3.
13 Ostendorf, § 70 Rn 4.
14 Eisenberg, § 70 Rn 8.

dass § 70 in Bezug auf die **dort genannten Adressaten eine abschließende Regelung** darstellt.[15] Darüber hinaus spricht Vieles dafür, dass die MiStra hinsichtlich anderer, in § 70 nicht genannter Adressaten nicht anwendbar ist.[16] Die Rspr hat diese Frage nicht (abschließend) entschieden, jedoch betont, dass den §§ 70, 109 Abs. 1 S. 2 JGG „jedenfalls für aus Gründen des Allgemeinwohls und der Abkehr von Gefahren für vorrangige Gemeinschaftsgüter (zB Sicherheit des Straßenverkehrs) notwendige Mitteilungen keinen Exklusivitätscharakter" zukäme.[17]

7   **4. Benachrichtigungs- bzw Mitteilungspflichten an die Staatsanwaltschaft (S. 2, 3).** JGH, Vormundschafts-, Familiengericht und Schule **benachrichtigen** gem. S. 2 ihrerseits die **Staatsanwaltschaft**, wenn bekannt wird, dass gegen den Jugendlichen noch ein anderes Straf*verfahren* anhängig ist. Adressat der Benachrichtigung ist stets die (Jugend-)Staatsanwaltschaft, auch dann, wenn die Mitteilung gem. S. 1 durch das Gericht erfolgte.[18] Durch diese Benachrichtigung wird die Verbindung mehrerer Strafverfahren möglich (§§ 31 f.)[19] Bedenklich ist jedoch, dass die bezeichneten Stellen durch diese Pflicht zur Benachrichtigung letztlich Hilfe zur Strafverfolgung geben müssen, was außerhalb ihres genuinen Aufgabenbereichs liegt.[20] Auf andere Straf*taten* kommt es nicht an. Eine Pflicht zur Erstattung einer Strafanzeige wird durch § 70 S. 2 nicht begründet. Insoweit bleibt es bei der allgemeinen Vorschrift des § 138 StGB. Die Benachrichtigungspflicht wird nur dadurch ausgelöst, dass zuvor eine Mitteilung nach S. 1 erfolgte. Dies folgt aus dem eindeutigen Wortlaut von S. 2 („noch ein anderes Strafverfahren").[21] Freilich bleibt es den Institutionen, an die sich die Benachrichtigungspflicht richtet, unbenommen, eine Strafanzeige gegenüber der Staatsanwaltschaft zu erstatten, auch wenn zuvor keine Mitteilung nach S. 1 erfolgte bzw es noch gar kein „anderes Strafverfahren" gibt.

8   Gem. S. 3 teilt das **Familien- bzw Vormundschaftsgericht** der (Jugend-)Staatsanwaltschaft ferner – also neben der Benachrichtigung nach S. 2 – **familien- und vormundschaftliche Maßnahmen** sowie deren Änderung und Aufhebung mit, wenn nicht erkennbar ist, das schutzwürdige Interessen des beschuldigten Jugendlichen oder Dritter überwiegen. Eine angemessene Berücksichtigung dieser Maßnahmen im Jugendstrafverfahren soll dem Erziehungsgedanken insgesamt zugute kommen. Daneben soll S. 3 die Koordinierung der unterschiedlichen Maßnahmen ermöglichen.[22] Richtigerweise besteht die Benachrichtigungspflicht nach S. 3 nur dann, wenn der Jugendliche Beschuldigter in einem Strafverfahren ist. Dies folgt aus dem Wortlaut der Norm („Beschuldigten").[23] Vor einer Benachrichtigung ist zu prüfen, ob nicht schutzwürdige Interessen des Jugendlichen oder sonst von der Mitteilung Betroffener an dem „Ausschluss der Übermittlung" vorrangig sind. Bei dieser Abwägung sind alle Umstände des Einzelfalls in den Blick zu nehmen, insbesondere die Schwere des Tatvorwurfs und die Intensität

---

15 Eisenberg, § 70 Rn 10.
16 So auch D/S/S-Schoreit, § 70 Rn 5, 6; Eisenberg, § 70 Rn 10; von Wedel/Eisenberg, Informationsrechte Dritter im (Jugend-) Strafverfahren, NStZ 1989, 505 ff; vgl auch Ostendorf, Grdl. z. § 70 Rn 5; ders., DRiZ 1986, 254 ff.
17 OLG Karlsruhe v. 12.07.1993, 2 VAs 11/93, MDR 1993, 1231 („Funktionsfähigkeit der zuständigen Behörden".).
18 Der Wortlaut des § 70 S. 2 ist eindeutig, vgl auch Eisenberg, § 70 Rn 22.
19 Brunner/Dölling, § 70 Rn 7; Eisenberg, § 70 Rn 22.
20 D/S/S-Schoreit, § 70 Rn 7, 8: „In der derzeitigen Form ist Satz 2 mangels jeder Güterabwägung und eines wirklichen Bedürfnisses nicht vertretbar."
21 Ostendorf, § 70 Rn 9; aA Dallinger/Lackner, § 70 Rn 20.
22 Brunner/Dölling, § 70 Rn 8; D/S/S-Schoreit, § 70 Rn 8 a; Eisenberg, § 70 Rn 23.
23 Ostendorf, § 70 Rn 11; D/S/S-Schoreit, § 70 Rn 8 a.

des Eingriffs in das Recht auf informationelle Selbstbestimmung des Betroffenen.[24]

III. Rechtsmittel

1. **Gegen Mitteilungen nach S. 1.** Mitteilungen durch die Staatsanwaltschaft und das Gericht sind **Justizverwaltungsakte**. Diese können gem. §§ 23 ff EGGVG angefochten werden. Anders bezeichnete Rechtsmittel sind umzudeuten.[25]

2. **Gegen Benachrichtigungen und Mitteilungen nach S. 2, 3.** Benachrichtigungen bzw Mitteilungen durch das Familien- und Vormundschaftsgericht sind Justizverwaltungsakte (§§ 23 ff EGGVG). Benachrichtigungen durch die Behörden, Schule und JGH sind **Verwaltungsakte**. Es gelten daher die §§ 40 ff VwGO.

§ 71 Vorläufige Anordnungen über die Erziehung

(1) Bis zur Rechtskraft des Urteils kann der Richter vorläufige Anordnungen über die Erziehung des Jugendlichen treffen oder die Gewährung von Leistungen nach dem Achten Buch Sozialgesetzbuch anregen.

(2) ¹Der Richter kann die einstweilige Unterbringung in einem geeigneten Heim der Jugendhilfe anordnen, wenn dies auch im Hinblick auf die zu erwartenden Maßnahmen geboten ist, um den Jugendlichen vor einer weiteren Gefährdung seiner Entwicklung, insbesondere vor der Begehung neuer Straftaten, zu bewahren. ²Für die einstweilige Unterbringung gelten die §§ 114 bis 115 a, 117 bis 118 b, 120, 125 und 126 der Strafprozeßordnung sinngemäß. ³Die Ausführung der einstweiligen Unterbringung richtet sich nach den für das Heim der Jugendhilfe geltenden Regelungen.

Richtlinien zu § 71

1. Vor Erlaß einer vorläufigen Anordnung über die Erziehung sollte das Gericht regelmäßig die Jugendgerichtshilfe und, wenn notwendig, auch die Erziehungsberechtigten sowie die gesetzlichen Vertreter hören. Hiervon kann abgesehen werden, wenn die Anordnung keinen Aufschub duldet. In diesem Fall kann eine nachträgliche Anhörung angezeigt sein. Der Beschluß über die vorläufige Anordnung ist zu begründen (§ 34 StPO).

2. Der einstweiligen Unterbringung in einem geeigneten Heim der Jugendhilfe kommt besondere Bedeutung zu, wenn die Voraussetzungen für den Erlaß eines Haftbefehls gem. §§ 112 ff. StPO vorliegen (§ 72 Abs. 4 Satz 1). Ist die Maßnahme durchführbar und reicht sie aus, so darf Untersuchungshaft nicht angeordnet oder vollzogen werden (§ 72 Abs. 1 Satz 1 und 3). Staatsanwaltschaft und Gericht sollten deshalb frühzeitig prüfen, ob ein geeignetes Heim zur Verfügung steht und gegebenenfalls mit der Leitung der Einrichtung in Verbindung treten. Die Jugendgerichtshilfe ist heranzuziehen. Auf § 72 a und die Richtlinie dazu wird ergänzend hingewiesen.

3. Ist ein Haftbefehl bereits erlassen und stellt sich nachträglich heraus, daß die Unterbringung möglich ist, so kann der Haftbefehl durch einen Unterbringungsbefehl ersetzt werden.

4. Der Unterbringungsbefehl nach § 71 Abs. 2 sollte insbesondere durch einen Haftbefehl ersetzt werden, wenn sich die einstweilige Unterbringung als undurchführbar

---

24 Brunner/Dölling, § 70 Rn 8.
25 OLG Frankfurt v. 21.2.1975, 3 V As 116/74, NJW 1975, 2028; Ostendorf, § 70 Rn 12.

oder ungeeignet erweist und die Haftvoraussetzungen fortbestehen (§ 72 Abs. 4 Satz 2).

5. Auch im Verfahren gegen Jugendliche vor den für allgemeine Strafsachen zuständigen Gerichten kann eine vorläufige Anordnung über die Erziehung getroffen und die einstweilige Unterbringung in einem Heim der Jugendhilfe angeordnet werden (§ 104 Abs. 2). Im Verfahren gegen Heranwachsende sind diese Maßnahmen nicht zulässig.

Schrifttum:
Haustein/Thiem-Schräder, Die Unterbringung Jugendlicher nach §§ 71, 72 JGG, 1992; *Heßler*, Vermeidung von Untersuchungshaft bei Jugendlichen, 2001; *Körner*, Kostentragung im Jugendstrafverfahren, 2004; *Landesjugendhilfeausschuss Rheinland-Pfalz*, „Schwierige" junge Menschen in der Jugendhilfe und die Forderung nach geschlossener Unterbringung von Kindern und Jugendlichen, 2002; *Mertens*, Schnell oder gut. Die Bedeutung des Beschleunigungsgrundsatzes im Jugendstrafverfahren, 2003; *Nothacker*, Erziehungsvorrang und Gesetzesauslegung im Jugendgerichtsgesetz, 1985; *Stadler*, Therapie unter geschlossenen Bedingungen – ein Widerspruch? Diss. Jur. HU, Berlin 2005;

I. Persönlicher Anwendungsbereich 1	VI. Einstweilige Unterbringung... 13
II. Voraussetzungen 2	VII. Geeignetheit der Einrichtung.. 17
III. Zuständigkeiten 4	VIII. Haftprüfung 21
IV. Anordnung von Weisungen ... 8	IX. Rechtsmittel 23
V. Freiheitsentziehende Maßnahmen und Heimunterbringung 11	X. Kosten 24

I. Persönlicher Anwendungsbereich

1 Die Vorschrift kann auf Jugendliche in Verfahren vor den für allgemeine Strafsachen zuständigen Gerichten nach dem Ermessen des Richters in Betracht kommen (§ 104 Abs. 2). Auf Heranwachsende findet sie keine Anwendung.

II. Voraussetzungen

2 Für die Anwendung des § 71 **genügt der hinreichende Tatverdacht** einer strafbaren Handlung[1] gem. § 203 StPO, dh nach einer vorläufigen Bewertung der Tat muss eine spätere Verurteilung deswegen wahrscheinlich sein. Aus dem Wortlaut der Norm ist zunächst der Grad des Verdachts nicht zu entnehmen. Da die Vorschrift aber den Richter zu freiheitsbeschränkenden oder sogar freiheitsentziehenden Maßnahmen berechtigt, wird ein einfacher Tatverdacht oder gar ein Anfangsverdacht nicht ausreichen. **Eines dringenden Tatverdachts iSd § 112 StPO bedarf es dagegen auch bei einer Maßnahme nach § 71 Abs. 2 nicht**, da eben der strenge formelle Eingriff der Untersuchungshaft nicht vorliegt. Mangelt es an der erforderlichen Strafreife, steht dem Richter die Anordnung des § 3 S. 2 zu.

3 Der Richter muss das **dringende Erfordernis feststellen, für eine Intervention nicht bis zum (rechtskräftigen) Urteil warten zu können**. Die Gefährdung des Jugendlichen muss akut vorliegen. Teilweise wird angenommen, eine einmalige Verfehlung berechtige nicht zum vorläufigen Eingreifen.[2] Dies dürfte in der Regel richtig sein; ob jedoch eine Anordnung nach § 71 erfolgen muss, kann nicht allein von der Anzahl vorher erfasster Straftaten abhängen, sondern muss von den Umständen des Einzelfalles abhängig gemacht werden. Der Richter wird bei seiner Ent-

---

1 Ostendorf, § 71 Rn 2; Trenczek, Inobhutnahme und Geschlossene Unterbringung - Anmerkungen zu den freiheitsentziehenden Maßnahmen in Einrichtungen der Jugendhilfe, ZBl. 2000, 131.
2 Ostendorf, § 71 Rn 3.

scheidung auch die Zeitdauer berücksichtigen, die wahrscheinlich bis zu einer zu erwartenden Verurteilung vergehen wird.

III. Zuständigkeiten

Die Maßnahmen können in jedem Stadium des Verfahrens bis zur Rechtskraft, 4
also auch noch im Rechtsmittelverfahren, aber auch schon vor Eröffnung des Hauptverfahrens und der Anklageerhebung während des Ermittlungsverfahrens angeordnet werden. Vor Erhebung der Anklage ist für die Anordnung der Unterbringung nach § 71 Abs. 2 ein Antrag der Staatsanwaltschaft erforderlich. Dies ergibt sich aus dem Verweis auf § 125 StPO in § 71 Abs. 2 S. 2. Zuständig ist danach der Jugendrichter (§ 34 Abs. 1) als Ermittlungsrichter[3] an dem Amtsgericht, in dessen Bezirk ein Gerichtsstand begründet ist oder sich der Beschuldigte aufhält, also nicht zwingend das Gericht der Hauptsache.

Dasselbe gilt auch für Anordnungen nach § 71 Abs. 1, obwohl dort keine aus- 5
drückliche Regelung getroffen ist, da lediglich in § 71 Abs. 2 auf die entsprechend anzuwendenden Vorschriften der StPO verwiesen wird. Da es sich bei den Anordnungen um freiheitsbeschränkende Maßnahmen handelt, ist die Regelung in § 71 Abs. 2 S. 2 sinngemäß anzuwenden.[4]

Nach Erhebung der Klage hat der sich mit der Sache befasste Richter (§ 125 6
Abs. 2 S. 1 StPO) in allen Fällen des § 71 die Stellungnahme der Staatsanwaltschaft einzuholen (§ 33 Abs. 2 StPO). Dem Jugendlichen und seinen gesetzlichen Vertretern ist rechtliches Gehör zu gewähren (§ 33 Abs. 2 StPO). Die Zustimmung von Eltern und gesetzlichen Vertretern ist nicht erforderlich.[5]

Die Entscheidung des Richters ergeht durch zu begründenden Beschluss (§ 2, 34 7
StPO).

IV. Anordnung von Weisungen

Im Gegensatz zu § 71 Abs. 2 enthält Abs. 1 für beide infrage kommenden Alter- 8
nativen keine konkreten Vorgaben, unter welchen Umständen der Jugendrichter welche vorläufige Anordnung treffen kann. Die Anordnung einer Maßnahme kommt aber dann in Betracht, wenn die Gefährdung des Jugendlichen unter der Schwelle des § 72 Abs. 2 S. 1 bleibt und deshalb mit ambulanten Mitteln ausreichend beseitigt werden kann. Der Richter hat deshalb nach der über allen Anordnungen stehenden Verhältnismäßigkeitsgrundsatz den geringstmöglichen Eingriff zu wählen, um das Ziel zu erreichen. Schließt er die einstweilige Unterbringung aus, so muss er nach denselben Kriterien, nämlich Erforderlichkeit, Geeignetheit und Angemessenheit[6] auswählen.

Die möglichen Maßnahmen, die nach § 71 Abs. 1 vorläufig angeordnet werden 9
können, sind auf die Erteilung von Weisungen im Sinne des § 10 beschränkt.[7] Sie

---

[3] Meyer-Goßner, § 125 StPO Rn 2; zum Jugendrichter als Ermittlungsrichter auch Reichenbach, Der Jugendermittlungsrichter – Zugleich eine Besprechung von BVerfG, Beschluss v. 12.5.2005, 2 BvR 332/05, NStZ 2005, 618.
[4] Im Ergebnis auch Eisenberg, § 71 Rn 11.
[5] HM zB Brunner/Dölling, § 71 Rn 9 a; der aber eine Abstimmung der Maßnahme mit den Eltern empfiehlt; D/S/S-Diemer, § 71 Rn 4; Ostendorf, § 71 Rn 3; aA unter Berufung auf Art. 6 Abs. 2 und 3 GG: Eisenberg, § 71 Rn 4; Nothacker, S. 348 für Maßnahmen nach § 71 Abs. 1.
[6] D/S/S-Diemer, § 71 Rn 3; Ostendorf, § 71 Rn 4.
[7] HM: Brunner/Dölling, § 71 Rn 4; D/S/S-Diemer, § 71 Rn 6; Ostendorf, § 71 Rn 6; ähnlich Eisenberg, § 71 Rn 5.

sind jedoch nicht mit Jugendarrest erzwingbar, da sie nicht Rechtsfolge einer Hauptverhandlung sind. Angelehnt an den Katalog des § 10 bieten sich je nach Fallgestaltung folgende Weisungen an:

- Weisungen, die sich auf den Aufenthaltsort beziehen (Nr. 1), dabei kommt insbesondere in Betracht, bestimmte Orte nicht zu verlassen bzw zu meiden;
- Wohnung bei einer Familie (einschließlich der eigenen) oder in einem Heim zu nehmen;
- eine Ausbildungs- oder Arbeitsstelle anzunehmen (Nr. 3), dazu gehört auch die Anordnung, die Schule generell oder eine bestimmte Schule zu besuchen;
- Anordnung einer Betreuungsweisung (Nr. 5);
- Teilnahme an einem sozialen Trainingskurs (Nr. 6);
- Beschränkung des Kontakts mit bestimmten Personen und des Besuchs (bestimmter) Gast- und Vergnügungsstätten (Nr. 8), insbesondere kommen hier bestimmte Sportstätten, (Stadt-)Gegenden, in denen der Prostitution nachgegangen wird oder die als Drogenumschlagplätze bekannt sind, Volksfeste oder Rummelplätze in Betracht. Der Richter sollte die Örtlichkeit möglichst genau umschreiben und keine Pauschalverbote aussprechen, auch kann er die Beschränkungen auf bestimmte Zeiten oder Tageszeiten eingrenzen. Es sollte dabei nie vergessen werden, dass derartige Weisungen nur dann einen erzieherischen Sinn machen, wenn sie (zumindest stichprobenhaft) überprüfbar sind.

10 Ausgeschieden werden müssen Weisungen, die Sanktionscharakter haben, wie Arbeitsleistungen (Nr. 4). Fraglich ist, ob die Anordnung eines Täter-Opfer-Ausgleiches oder die Teilnahme an einem Verkehrsunterricht Sinn macht,[8] unzulässig sind sie grundsätzlich nicht, sie stehen allerdings unter dem oben (Rn 8) angeführten Vorbehalt. Nicht ausgeschlossen, allerdings nur unter den Bedingungen des § 10 Abs. 2 möglich, ist die Anordnung einer heilerzieherischen Behandlung oder einer Entziehungskur.

V. Freiheitsentziehende Maßnahmen und Heimunterbringung

11 Da im Rahmen des § 71 Abs. 1 jedoch nur eine vorläufige Maßnahme zu treffen ist, freiheitsentziehende Maßnahmen in § 71 Abs. 1 ausgeschlossen sind und die Regelung in § 71 Abs. 2 wegen der Gefahr der Umgehung anderer Vorschriften abschließend ist, können nur ambulante Angebote angeordnet werden. Ostendorf[9] hält nur Anordnungen der Wohnungsnahme in einer Familie oder einer Wohngemeinschaft, nicht aber in einem Heim im Rahmen des § 71 Abs. 1 für zulässig, da wegen des „Heimcharakters" die Grenze der freiheitsbeschränkenden Maßnahme überschritten sei. Die Rechtsprechung[10] hat im Fall der Unterbringung in einem Jugendheim als Maßnahme der Untersuchungshaftvermeidung eine freiheitsentziehende Maßnahme gesehen, da der Betroffene aus Furcht vor (erneuter) Untersuchungshaft die Einrichtung nicht zu verlassen pflege. Dem kann in dieser Allgemeinheit zumindest bei Anordnungen nach § 71 Abs. 1 nicht gefolgt werden. Derartige Anordnungen entsprechen der Weisung des § 10 Abs. Nr. 2 und sind keine Unterbringung (zur Kostenfrage s.u. Rn 24). Das „Heim" wird dort in engem sachlichem Zusammenhang mit der „Familie" erwähnt. Nach den Gedanken der Verhältnismäßigkeit darf erst dann, wenn beim Verbleib in der (eigenen oder aufnahmebreiten) Familie die Gefährdung nicht beseitigt wer-

---

8 Ebenso zweifelnd: D/S/S-Diemer, § 71 Rn 6.
9 § 71 Rn 6.
10 BbgVerfG v. 19.12.2002, VfGBbg 104, 02, NStZ 2003, 385.

den kann, an andere Anordnungen gedacht werden. Es können dabei nur Einrichtungen in Betracht kommen, die dem Jugendliche eine bestimmte großzügige Bewegungsfreiheit geben und Wohngemeinschaftscharakter haben. Dafür spricht auch der vom Gesetzgeber benutzte Begriff „wohnen" in § 10 Abs. 1 Nr. 2, dem eine gewisse Selbstbestimmung des Jugendlichen zu entnehmen ist. Ausgeschlossen ist sicher die Anordnung der Wohnungsaufnahme in einer geschlossenen oder teilweise geschlossenen Einrichtung, da dies eine Umgehung des Abs. 2 darstellen würde. Ansonsten sind die für das Heim geltenden Regeln entscheidend. Lassen diese sich mit den Gepflogenheiten vergleichen, wie sie auch innerhalb einer Familie geübt werden, so ist die Weisung unbedenklich. Kann sich der Jugendliche grundsätzlich frei bewegen, die Schule besuchen oder einer Arbeit außerhalb der Einrichtung nachgehen und ansonsten seine freie Zeit selbst gestalten, wird keine Anordnung einer nicht zulässigen stationären Maßnahme vorliegen. Daran ändern auch Einschränkungen nichts, wie etwa grundsätzliche nächtliche Anwesenheitspflicht ab einer dem Alter des Jugendlichen angemessenen Uhrzeit, die Verpflichtung, Mahlzeiten gemeinsam einzunehmen, ihn selbst oder die Gemeinschaft betreffende häusliche Arbeiten zu verrichten und an gelegentlichen gemeinschaftlichen Veranstaltungen teilzunehmen.

Leistungen der Jugendhilfe (§ 27 ff SGB VIII) können vom Richter beim Jugendamt lediglich angeregt werden. 12

VI. Einstweilige Unterbringung

Greifen die Maßnahmen nicht oder entzieht sich der Jugendliche den Anordnungen, so kann der Richter zunächst prüfen, ob mit anderen Anordnungen nach Abs. 1 der gewünschte erzieherische Zweck erreicht werden kann. Ist dies nicht der Fall, sind die Möglichkeiten des § 71 Abs. 2 in Betracht zu ziehen; sofern die Voraussetzungen des § 112 StPO vorliegen, ist auch der Erlass eines Haftbefehls möglich. 13

Nach § 71 Abs. 2 kann der Richter die einstweilige Unterbringung des Jugendlichen anordnen. Voraussetzung sind zunächst ausreichende Anhaltspunkte, der Jugendliche könne im Falle seiner persönlichen Freiheit in seiner Entwicklung weiter Schaden nehmen. Die Befürchtung der Begehung weiterer Straftaten ist nur eine, vom Gesetz besonders hervorgehobene, gravierende Art der Gefährdung. Sie setzt allerdings voraus, dass Straftaten von einigem Gewicht und nicht etwa nur Bagatelldelikte, wenn auch gehäuft, prognostiziert werden. Diese Gefährdung kann sich durch die konkreten Lebensumstände des Jugendlichen, wie sie sich aus den Ermittlungsakten einschließlich beziehbarer Vorakten und Jugendamtsakten ergeben, darstellen. Wesentliche Gründe können bereits im häuslichen Bereich des Jugendlichen liegen. Eine schon eingetretene oder konkret zu befürchtende sittliche oder körperliche Verwahrlosung,[11] die mit schwersten Erziehungsdefiziten einhergeht und von einem überforderten Elternhaus geprägt sein kann, wird den Tatbestand erfüllen. Dies gilt erst recht, wenn dazu die ausgeprägte Neigung des Jugendlichen zum Streunen oder zum Umgang in Kreisen Nichtsesshafter kommt. Drogenerfahrung und Alkoholmissbrauch können bei der Entscheidung ebenso eine Rolle spielen wie etwa der Aufenthalt im Prostitutionsmilieu. Die Grenze, wann dies zur Befürchtung führt, der Jugendliche könnte 14

---

11 Der Begriff „Verwahrlosung" wurde in § 27 Abs. 2 S. 2 SGB VIIII durch die Formulierung „erzieherischer Bedarf" ersetzt, da der Ausdruck diskriminierend wirken könnte; zur Beschreibung der Situation von Jugendlichen kann er in dem Sinne einer wesentlichen Entfernung von allgemein geltenden Werten weiter verwendet werden.

weiter Straftaten begehen, ist fließend und nach dem Einzelfall festzustellen. Die angeführten beispielhaften Verhaltensweisen sollten unter Einschaltung und Mitwirkung der JGH ermittelt werden.

15 Entsprechend des Eingriffs in die persönliche Freiheit bedarf die Anordnung der Heimunterbringung besonderer Prüfung durch den Jugendrichter. Zunächst ist zu unterscheiden, ob die Unterbringung nach § 71 Abs. 2 iVm § 72 Abs. 4 infrage kommt, also die Voraussetzungen eines Haftbefehls vorliegen oder dringender Tatverdacht und Haftgrund fehlt. Sind diese Voraussetzungen nicht gegeben, so ist der nächste Schritt die Prüfung, ob zum Erreichen des erzieherischen Zwecks, die nach § 71 Abs. 1 zur Verfügung stehenden Maßnahmen nicht ausreichen. Dies wird nicht sehr oft der Fall sein, weshalb die Unterbringung außerhalb der Anwendung des § 72 Abs. 4 in der jugendrichterlichen Praxis außerordentlich selten ist. Unter dem Gesichtspunkt der Verhältnismäßigkeit ist die mutmaßliche Sanktion im Urteil ebenso mit einzubeziehen wie die Dauer der Unterbringung.

16 Nicht erforderlich ist die Erwartung von Jugendstrafe,[12] jedoch mindestens von Dauerarrest, da es bei jeder anderen Rechtsfolgeerwartung an der Verhältnismäßigkeit fehlt. Im Hinblick auf die anzuwendende Vorschrift des § 120 Abs. 1 S. 1, 2. Alt. StPO ist dann aber nur eine kurzfristige Unterbringung zur Krisenintervention möglich.

VII. Geeignetheit der Einrichtung

17 Gelangt der Richter zu dem Ergebnis, ambulante Maßnahmen seien nicht ausreichend, so hat er innerhalb einer möglichen Heimunterbringung nach der möglichen Einrichtung zu suchen. Dabei muss er unter Berücksichtigung der Persönlichkeit des Jugendlichen und der Art seiner Gefährdung die geeignete Einrichtung auswählen. Die Vorschrift des § 71 Abs. 2 enthält keine weiteren Vorgaben für das Heim der Jugendhilfe, als dass es „geeignet" sein muss. Der Streit, welche Voraussetzungen an eine Einrichtung zu stellen sind, um sie als Heim iSd § 71 zu bezeichnen,[13] ist in dem Sinne zu lösen, dass zunächst eine Abgrenzung zu freien Wohnformen (betreutes Wohnen, Wohngemeinschaften) erfolgen muss. § 34 Abs. 1 S. 1 SGB VIII definiert Heimerziehung als „Hilfe zur Erziehung in einer Einrichtung über Tag und Nacht". Dies bedeutet die Unterwerfung unter feste, auch freiheitsbeschränkende Regeln, nicht aber eine permanente Aufsicht durch das Personal der Einrichtung, sondern lediglich die Kontrolle des Tagesablaufes im Rahmen der jeweiligen Heimordnung. Dazu gehört beispielsweise auch die Verpflichtung zum (auch externen) Schulbesuch, Teilnahme an gemeinschaftlichen Veranstaltungen und Essenseinnahme, an Gesprächsrunden, pädagogischen Veranstaltungen und selbstverständlich die Verpflichtung, die Nacht dort zu verbringen. Die Verpflichtungen können dabei wesentlich strenger sein als bei der Anordnung nach § 71 Abs. 1 (vgl Rn 11).

18 Nicht erforderlich ist, dass das Heim „fluchtsicher" oder „geschlossen" ist. Stadler[14] stellt im Januar 2005 in Deutschland insgesamt dreizehn geschlossene Heimeinrichtungen fest, in denen 188 geschlossene Heimplätze[15] zur Verfügung stehen. Die Heime arbeiten sämtlich nach dem Prinzip der „individuellen" Ge-

---

12 So aber Eisenberg, § 45 Rn 7; Trenczek, Zbl. 2000, 131.
13 Vgl dazu Ostendorf, § 71 Rn 7.
14 Stadler, 3.3.
15 Für Maßnahmen nach §§ 71, 72 stehen aber deutlich weniger Plätze zur Verfügung, da einige Einrichtungen keine Jugendlichen nach diesen Vorschriften aufnehmen (vgl Stadler, 3.3 Tabellen 1-13.).

schlossenheit, dh anfängliche Freiheitseinschränkungen werden abhängig von der zeitlichen Anwesenheit der betroffenen Jugendlichen und entsprechenden Verhaltensfortschritten nach einem Ausgangsmodell allmählich aufgehoben.[16] Geschlossene Heime mit ausschließlich freiheitsentziehendem Charakter existieren in Deutschland danach nicht mehr. Sofern immer noch von „geschlossener Unterbringung" geredet wird, ist zu beachten, dass Heimen der Jugendhilfe keine Flucht sichernde Funktion zukommt und die Mitarbeiter im Gegensatz zur Polizei auch nicht befugt sind, körperlichen Zwang auszuüben. Zweck soll allein die Sicherstellung einer pädagogischen Einwirkung sein.[17]

Die Prüfung der Geeignetheit obliegt dem Richter in gleichem Maße wie die Prüfung der Unterbringung an sich. Soweit er nicht im Rahmen des § 72 Abs. 4 tätig wird, fällt die Sicherung des Verfahrens als Zweck der Anordnung fort. Es bleibt lediglich die erzieherische Aufgabe, den Jugendlichen vor weiterer Gefährdung zu schützen. Der Richter hat sich nur an diesem Ziel zu orientieren. Die Gefährdung des Jugendliche muss so groß sein, dass er zum aktuellen Zeitpunkt nur durch Freiheitsentzug, längstens bis zu einen Urteil, daran gehindert werden kann, etwa weitere Straftaten zu begehen. Die Vorschrift bietet auch die Gelegenheit, den Zeitraum zwischen einem strafbaren Verhalten des Jugendlichen bis zur Aburteilung pädagogisch so zu nutzen, dass der Zusammenhang zwischen seinem Tun und der Sanktionierung für ihn herstellbar ist.[18] Die in der sozialpädagogischen Kreisen heftig geführte Diskussion über die geschlossene Unterbringung Jugendlicher spielt wegen der erforderlichen restriktiven Auslegung des § 71 Abs. 2 und dem Erfordernis enger zeitlicher Begrenzung [19] im Jugendstrafrecht eine weitaus geringere Rolle als etwa für Entscheidungen nach § 1631 b BGB iVm den §§ 34 ff SGB VIII. 19

Der Jugendrichter hat keine Möglichkeit, die Anordnung der Unterbringung nach § 71 Abs. 2 bei dem von ihm in Aussicht genommenen Heim zu erzwingen. Das Heim oder der dafür verantwortliche Träger kann eigenverantwortlich über die Aufnahme des Jugendlichen entscheiden.[20] Der Anordnung sollte daher die Abstimmung mit dem Heim vorausgehen. Ebenso kann der Richter den Verantwortlichen der Heime nicht besondere Hinweise hinsichtlich des Umgangs mit dem Jugendlichen geben, da durch § 71 Abs. 2 S. 3 ausdrücklich sichergestellt sein soll, dass die erzieherischen Zwecke dem Sicherungsbedürfnis vorgehen sollen. 20

VIII. Haftprüfung

Der Beschluss der Anordnung der vorläufigen Unterbringung („Unterbringungsbefehl") ist wegen des Verweises auf die entsprechenden Vorschriften der StPO in § 71 Abs. 2 S. 2 dem Beschuldigten zu eröffnen, die gesetzlichen Vertreter sind zu benachrichtigen. Dem Beschuldigten steht die Haftprüfung nach §§ 117, 118 StPO zu, gleichfalls gilt § 120 StPO in vollem Umfang, auch wenn die Voraussetzungen der Untersuchungshaft nicht gegeben sind. Der Staatsanwalt kann daher auch beim Jugendrichter bindend beantragen, den Unterbringungsbefehl aufzuheben (§ 120 Abs. 3 StPO). Nicht dagegen ist die Außervollzugsetzung der Anordnung möglich, da § 116 StPO ausdrücklich in § 71 Abs. 2 nicht aufgeführt 21

---

16 Dazu auch Haustein/Thiem-Schräder, S. 117
17 Bayerisches Landesjugendamt, Mitteilungsblatt 2/2004; vgl zu den pädagogischen Anforderungen auch das Positionspapier des Landesjugendausschuss Rheinland-Pfalz, S. 8
18 Mertens, S. 94.
19 Eisenberg, § 71 Rn 7.
20 Ostendorf, § 71 Rn 7, Heßler, S. 212.

ist.[21] Die Dauer der Unterbringung nach §§ 71 Abs. 2, 72 Abs. 4 kann entsprechend erlittener Untersuchungshaft gemäß §§ 52, 52a (vgl dort) angerechnet werden und zwar unabhängig, ob die Unterbringung in ein „offenes" oder „geschlossenes" Heim erfolgt ist.[22]

22 Eine Haftprüfung gemäß §§ 121, 122 StPO findet jedenfalls dann nicht statt, wenn die Voraussetzungen eines Haftbefehls nicht vorliegen, da ein Verweis auf diese Vorschriften fehlt.[23] Erfolgt die Unterbringung aber nach § 72 Abs. 4 gilt dies nicht.

IX. Rechtsmittel

23 Gegen den Beschluss nach § 71 Abs. 1 ist die einfache Beschwerde nach §§ 304, 307 StPO statthaft. Sie hat keine aufschiebende Wirkung. Gegen die Anordnung der Heimunterbringung nach § 71 Abs. 2 ist in entsprechender Anwendung des § 310 Abs. 1 StPO weitere Beschwerde zulässig. Die Rechtsmittelbeschränkung des § 55 Abs. 1 gilt für Anordnungen nach Abs. 2 nicht.[24]

X. Kosten

24 Die Kosten[25] der Anordnung der Unterbringung gemäß § 71 Abs. 2 iVm § 72 Abs. 4 sind nach hM Auslagen des Verfahrens und daher zunächst von der Justiz zu tragen und sollten nicht dem Jugendlichen auferlegt werden.[26] Die Kostentragungspflicht ergibt sich aus Anl. 1 Nr. 9011 zum GKG, wonach die Maßnahmen nach §§ 72 Abs. 4, 71 Abs. 2 den Auslagen des Verfahrens zugeordnet werden. Erfolgt jedoch die (nicht erzwingbare) Weisung nach § 71 Abs. 1, in einem Heim Wohnung zu nehmen, so hat das Jugendamt die Kosten zu tragen. Diese Weisung unterscheidet sich in ihrer Rechtsnatur wesentlich von einer Heimunterbringung.[27] Auch die Voraussetzungen eines Haftbefehles fehlen, weshalb die Justiz als Kostenträger von vorneherein ausscheidet.[28] Eine justizielle Kostentragungspflicht wird auch dann abgelehnt, wenn im Rahmen eines Haftverschonungsbeschlusses (Außervollzugsetzung des Haftbefehls) die Anweisung gegeben wird, der Jugendliche solle sich in einem Heim der Jugendhilfe aufhalten. Dies wird mit der abschließenden Regelung der Kosten des Verfahrens in Nr. 9011 der Anlage 1 zum GKG begründet. Die Heimkosten sollen danach von der Justiz nur dann getragen werden, wenn die Anordnung auch vollstreckbar sei. Dies sei nicht der Fall, wenn der Jugendliche sich nur aufgrund einer Weisung, sei es auch um der Untersuchungshaft zu entgehen, in einem Heim aufhalte. Es handle sich dann um eine Maßnahme nach § 34 SGB VIII, deren Kosten das Jugendamt zu tragen habe[29]

25 Wird die Anordnung der Unterbringung entbehrlich, erweist sie sich als ungeeignet oder wird eine andere Maßnahme angeordnet, muss der Richter sie aus-

---

21 OLG Zweibrücken v. 8.12.2003, 4029 Js 3984/03, NStZ-RR 2004, 348.
22 Vgl dazu auch OLG Brandenburg v. 12.3.2003, 1Ws 29/03, NStZ-RR 2003, 344.
23 Brunner/Dölling, § 71 Rn 9b; Ostendorf, § 71 Rn 13.
24 Brunner/Dölling, § 71 Rn 11; Eisenberg, § 71 Rn 16.
25 Der einzelne Pflegesatz lag im Jahr 2005 bei „geschlossener" Heimunterbringung durchweg deutlich über 200 Euro, teilweise über 300 Euro am Tag (vgl Stadler, 3.3, Tabellen 1 - 13.).
26 Brunner/Dölling, § 71 Rn 12; Eisenberg, § 71 Rn 19.
27 Körner, S. 219.
28 Körner, S. 216: „derjenige, dem die Aufgabe zufällt, trägt die Kosten".
29 OLG Frankfurt, NStZ-RR 1996, 183; OLG Jena, NStZ-RR 1997, 320; aA LG Osnabrück v. 16.10.2000, 3 Qs 46/00, NdsRpfl 2001, 23; Ostendorf, § 71 Rn 12.

drücklich aufheben.[30] Spätestens mit Rechtskraft des Urteils ist die Maßnahme nach Sinn und Wortlaut des Gesetzes überflüssig, da sie nur als vorläufiges Instrument gedacht ist bis der Richter die endgültige Entscheidung getroffen hat. Für ein möglicherweise zweckmäßiges Aufrechterhalten über die Rechtskraft hinaus[31] fehlt es an einer gesetzlichen Grundlage (vgl auch RiLi 4 zu § 71).

§ 72 Untersuchungshaft

(1) Untersuchungshaft darf nur verhängt und vollstreckt werden, wenn ihr Zweck nicht durch eine vorläufige Anordnung über die Erziehung oder durch andere Maßnahmen erreicht werden kann. Bei der Prüfung der Verhältnismäßigkeit (§ 112 Abs. 1 Satz 2 der Strafprozessordnung) sind auch die besonderen Belastungen des Vollzuges für Jugendliche zu berücksichtigen. Wird Untersuchungshaft verhängt, so sind im Haftbefehl die Gründe anzuführen, aus denen sich ergibt, daß andere Maßnahmen, insbesondere die einstweilige Unterbringung in einem Heim der Jugendhilfe, nicht ausreichen und die Untersuchungshaft nicht unverhältnismäßig ist.

(2) Solange der Jugendliche das sechzehnte Lebensjahr noch nicht vollendet hat, ist die Verhängung von Untersuchungshaft wegen Fluchtgefahr nur zulässig, wenn er

1. sich dem Verfahren bereits entzogen hatte oder Anstalten zur Flucht getroffen hat oder
2. im Geltungsbereich dieses Gesetzes keinen festen Wohnsitz oder Aufenthalt hat.

(3) Über die Vollstreckung eines Haftbefehls und über die Maßnahmen zur Abwendung seiner Vollstreckung entscheidet der Richter, der den Haftbefehl erlassen hat, in dringenden Fällen der Jugendrichter, in dessen Bezirk die Untersuchungshaft vollzogen werden müßte.

(4) Unter denselben Voraussetzungen, unter denen ein Haftbefehl erlassen werden kann, kann auch die einstweilige Unterbringung in einem Heim der Jugendhilfe (§ 71 Abs. 2) angeordnet werden. In diesem Falle kann der Richter den Unterbringungsbefehl nachträglich durch einen Haftbefehl ersetzen, wenn sich dies als notwendig erweist.

(5) Befindet sich ein Jugendlicher in Untersuchungshaft, so ist das Verfahren mit besonderer Beschleunigung durchzuführen.

(6) Die richterlichen Entscheidungen, welche die Untersuchungshaft betreffen, kann der zuständige Richter aus wichtigen Gründen sämtlich oder zum Teil einem anderen Jugendrichter übertragen.

Richtlinien zu § 72

1. Das Verfahren gegen verhaftete Jugendliche soll durch Ermittlungen gegen Mitbeschuldigte oder durch kommissarische Zeugenvernehmungen nach Möglichkeit nicht verzögert werden. Erforderlichenfalls ist das Verfahren abzutrennen.
2. Werden Jugendliche an einem Ort ergriffen, der weder ihr gewöhnlicher Aufenthaltsort ist noch zum Bezirk des Gerichts gehört, dem die vormundschaftsrichterlichen Erziehungsaufgaben obliegen, so veranlaßt die Staatsanwaltschaft in der Regel unver-

---

30 Brunner/Dölling, § 71 Rn 13, 14.
31 Brunner/Dölling, § 71 Rn 14.

züglich, daß die Jugendlichen durch Einzeltransport dem Gericht überstellt werden, das für die vormundschaftsrichterlichen Erziehungsaufgaben zuständig ist. Gleichzeitig beantragt sie beim bisherigen Haftrichter, daß dieser seine Aufgaben auf das Gericht überträgt, das die vormundschaftsrichterlichen Erziehungsaufgaben wahrzunehmen hat.

3. Zur einstweiligen Unterbringung in einem Heim der Jugendhilfe wird auf die Richtlinien zu § 71 hingewiesen.

4. Wegen des Vollzugs der Untersuchungshaft wird auf § 93 und die Richtlinie dazu hingewiesen.

5. § 72 gilt auch im Verfahren gegen Jugendliche vor den für allgemeine Strafsachen zuständigen Gerichten (§ 104 Abs. 1 Nr. 5), aber nicht im Verfahren gegen Heranwachsende (§ 109).

Schrifttum:
Bindel-Kögel/Heßler, Vermeidung von Untersuchungshaft bei Jugendlichen und Heranwachsenden im Spannungsfeld von Jugendhilfe und Justiz, 2003; *Dörlemann,* Möglichkeiten einer Reduktion der Untersuchungshaft im Jugendstrafverfahren, 2001; *Heßler,* Vermeidung von Untersuchungshaft bei Jugendlichen, 2001; *Hotter,* Untersuchungshaftvermeidung bei Jugendlichen in Baden-Württemberg, 2004; *Jehle,* Entwicklung der Untersuchungshaft bei Jugendlichen und Heranwachsenden vor und nach der Wiedervereinigung, 1995; *Körner,* Die Kostentragung im Jugendstrafverfahren, 2004; *Lösel/Pomplun,* Jugendhilfe statt Untersuchungshaft, 1998; *Mertens,* Schnell oder gut. Die Bedeutung des Beschleunigungsgrundsatzes im Jugendstrafverfahren, 2003; *Seiser,* Untersuchungshaft als Erziehungsmaßnahme im Jugendstrafrecht? Eine strafrechtsdogmatische Analyse unter Berücksichtigung pädagogischer und psychologischer Bezüge, 1987; *Trenczek,* Die Mitwirkung der Jugendhilfe im Strafverfahren, 2003; *Staudinger,* Untersuchungshaft bei jungen Ausländern, 2001; *Villmow,* Zur Untersuchungshaft und Untersuchungshaftvermeidung bei Jugendlichen, Festschrift für H.-D. Schwind, Internetversion, 2006; *Villmow/Robertz,* Untersuchungshaftvermeidung bei Jugendlichen. Hamburger Konzepte und Erfahrungen, 2004.

I. Persönlicher Anwendungsbereich 1	4. Haftbefehle gegen unter 16-jährige Jugendliche 17
II. Haftvoraussetzungen 2	VIII. Wiederholungsgefahr 19
III. Dringender Tatverdacht 3	IX. Verdunkelungsgefahr 21
IV. Haftgründe 4	X. Untersuchungshaftvermeidung 22
V. Verhältnismäßigkeit der Untersuchungshaft bei Jugendlichen und Heranwachsenden 7	XI. Besonderes Beschleunigungsgebot 25
VI. Subsidiarität der Untersuchungshaft 9	XII. Beschränkungen in der Untersuchungshaft 27
VII. Fluchtgefahr 10	XIII. Haftprüfung 28
1. Mangelnde soziale Bindungen im Inland 11	XIV. Rechtsmittel 29
2. Zu erwartende Strafe 14	XV. Kosten 30
3. Mangelnder fester Wohnsitz 15	XVI. Übertragung auf andere Jugendrichter 31

I. Persönlicher Anwendungsbereich

1 Die Vorschrift gilt für Jugendliche, auch in Verfahren vor den für allgemeinen Strafsachen zuständigen Gerichten (§ 104 Abs. 1 Nr. 5), die Richtlinie zu § 104 ist nicht nur missverständlich, was die Anwendung des § 72 Abs. 4 betrifft, sondern widerspricht auch dem Gesetz, da durch § 104 Abs. 1 Nr. 5 die gesamte Vorschrift des § 72 zwingend auf Jugendliche anzuwenden ist und die Entscheidung über die einstweilige Unterbringung anstelle von Untersuchungshaft nicht

im Rahmen des Ermessens nach § 104 Abs. 2, sondern innerhalb des § 72 zu treffen ist. **Für Heranwachsende gilt die Vorschrift nicht.**

II. Haftvoraussetzungen

Für die Anordnung von Untersuchungshaft gegen Jugendliche gelten zunächst und uneingeschränkt die Vorschriften der StPO. Dies bedeutet **das Erfordernis des dringenden Tatverdachts und eines Haftgrundes** (§§ 112 Abs. 1 S. 1, Abs. 2, Abs. 3, 112 a StPO). Durch den Subsidiaritätsgrundsatz des § 72 Abs. 1 S. 1, die erhöhten Ansprüche an die Überprüfung des in § 112 Abs. 1 S. 2 StPO erforderlichen Verhältnismäßigkeit (§ 72 Abs. 1 S. 2) und die Möglichkeit der Untersuchungshaftvermeidung durch Heimunterbringung in § 72 Abs. 4 sollen die Hürden für die Verhängung von Untersuchungshaft gegen Jugendliche erhöht werden.

2

III. Dringender Tatverdacht

Der dringende Tatverdacht ist die stärkste Verdachtsform des Strafprozesses, er übersteigt den „hinreichenden" Tatverdacht des § 203 StPO,[1] der für die Eröffnung des Hauptverfahrens ausreichend ist und der vorliegt, wenn nach Abschluss der Ermittlungen die Sach- und Rechtslage vorläufig[2] so beurteilt wird, dass eine spätere Verurteilung wahrscheinlich ist. **Dagegen ist der dringende Tatverdacht jeweils zum gegenwärtigen (und veränderbaren) Stand der Ermittlungen unter Beachtung aller Erkenntnisse zu beurteilen.** Nach diesem jeweiligen Stand muss der Grad der Wahrscheinlichkeit einer späteren Verurteilung größer sein als zur Erhebung einer Anklage erforderlich, und er muss sich – unter Berücksichtigung des Ermittlungsstandes und der noch erforderlichen und möglichen Ermittlungen – der voraussichtlich sicheren Verurteilung mehr angenähert haben. Dabei darf im Verfahren gegen Jugendliche die Voraussetzung der erforderlichen Strafreife nach § 3 nie außer Acht gelassen werden[3] und muss im Haftbefehl Ausdruck finden.[4]

3

IV. Haftgründe

Da für Jugendliche **grundsätzlich dieselben Haftgründe der StPO gelten wie für Erwachsene**, nämlich Flucht (§ 112 Abs. 2 Nr. 1 StPO), Fluchtgefahr (§ 112 Abs. 2 Nr. 2 StPO), Verdunkelungsgefahr (§ 112 Abs. 2 Nr. 3 StPO), der Haftgrund bei besonderen Straftaten (§ 112 Abs. 3 StPO) und Wiederholungsgefahr (§ 112 a Abs. 1 StPO), ist die Anordnung der Untersuchungshaft auch nur bei Vorliegen dieser Gründe statthaft und rechtmäßig. Sie darf nur dazu dienen, die vollständige Aufklärung der Tat oder die rasche Durchführung des Verfahrens zu sichern, was mit andern Mitteln nicht möglich ist.[5] Nicht zulässig ist die Anordnung der Untersuchungshaft als erzieherisches Mittel, rasch einen so verstan-

4

---

1 Meyer-Goßner, § 112 StPO Rn 6.
2 Vgl dazu mit weiteren Nachweisen: Meyer-Goßner, § 203 StPO Rn 2.
3 Zieger, Rn 183.
4 Albrecht, P.-A., § 29, B I 1 (Ob dies wie Albrecht meint, in der Praxis vernachlässigt wird, ist nicht belegt. Den Ausführungen an die Formulierung im Haftbefehl dürfte bereits dann ausreichend Rechnung getragen sein, wenn der erlassende Richter die Norm des § 3 auffühtrt und dadurch dokumentiert, diese Voraussetzung geprüft und bestätigt gefunden zu haben. Nur wenn sich aus dem vorliegenden Sachverhalt Anhaltspunkte ergeben, wonach die Reife nach § 3 zweifelhaft sein könnte, was schon im Alter des Jugendlichen begründet sein kann, sind weitere Ausführungen erforderlich.).
5 BVerfG v. 27.7.1966, 1 BvR 296/66, BVerfGE 20, 144,147 (= NJW 1966, 1703).

denen erzieherischen „heilsamen" Schock[6] zu erreichen, da die Strafe ja „auf dem Fuße folgen" soll,[7] als Maßnahme der sofortigen stationären Krisenintervention,[8] einschließlich der Inhaftnahme bei Drogenabhängigen zum vorgeblichen Schutz vor Selbstgefährdung.

5 Die so mit **„apokryphen" Haftgründen** motivierte Untersuchungshaft widerspricht eindeutig dem Gesetz.[9] Da die Untersuchungshaft nur der Sicherung des Verfahrens dienen darf, kann ein Haftbefehl auf solche Gründe nicht gestützt werden. Ebenso dürfen generalpräventive Gedanken keine Rolle spielen.[10] Auch eine Abwägung zwischen der möglichen individuellen Schädigung des Jugendlichen durch die Untersuchungshaft mit einer „positiven Generalprävention" rechtfertigt dies nicht. In einer fast zeitgleichen Entscheidung hat das LG Hamburg[11] richtigerweise festgestellt, dass Belange der Generalprävention nicht nur bei Verhängung und Bemessung der Jugendstrafe sachfremd sind, sondern auch bei Erlass eines Haftbefehls außer Betracht bleiben müssen und die Untersuchungshaft aus generalpräventiven Überlegungen ausgeschlossen ist. Dies gilt auch (oder erst recht), wenn das Verfahren aus generalpräventiven Gründen gesichert werden soll, auch wenn nicht einmal Jugendstrafe zu erwarten ist[12] (vgl unten Rn 8).

6 Die weitverbreitete Anwendung dieser „apokryphen" oder „verdeckten" Haftgründe wird aus der im **Vergleich zu Erwachsenen hohen Zahl jugendlicher Untersuchungshäftlinge** gezogen.[13] Ein weiterer Hinweis soll der geringe Anteil vollstreckbarer Jugendstrafen mit vorheriger Untersuchungshaft sein,[14] der ein deutliches Anzeichen für eine „Erziehungshaft" sein soll und der Möglichkeit dienen könnte, eine zu verhängende Jugendstrafe noch (einmal) zur Bewährung aussetzen zu können.[15] Die Untersuchungshaft darf unstreitig nicht als präventive

---

6 Cornel, Untersuchungshaft bei Jugendlichen und Heranwachsenden, StV 1994, 628; vgl auch Seiser, S. 317 ff.
7 Ein Schlagwort, das bei aller Bedeutung des Beschleunigungsgebotes im justiziellen Verfahren gegen Jugendliche vermieden werden sollte; auch Beschuldigten, die dem Jugendstrafrecht unterliegen, stehen die rechtsstaatlichen Verfahrensabläufe zu, insbesondere die Verhängung einer Strafe nach einer Hauptverhandlung. Die Erforderlichkeit erzieherische Maßnahmen unverzüglich nach der Tat einzuleiten steht dabei außer Frage.
8 Albrecht, P.-A., § 29 C 1.
9 Ostendorf, § 72 Rn 4.
10 So aber OLG Hamburg v. 9.5.1994, 1 Ws 122/94, StV 1994, 590 unter Bezugnahme auf eine nicht veröffentlichte Entscheidung des OLG Hamburg v. 23.2.1994, 1 Ws 46/94, dazu ablehnende Anmerkung Rzepka, StV 1994, 591.
11 LG Hamburg v. 14.4.1994, 634 Qs 20/94, StV 1994, 593; so auch LG Zweibrücken v. 3.12.1998, 1 Qs 162/98, StV 1999, 161.
12 So aber OLG Hamburg StV 1994, 590.
13 Brunner/Dölling, § 72 Rn 1; Dünkel, Die Praxis der Untersuchungshaft in den 90-iger Jahren, StV 1994, 613; Schäfer, Die Untersuchungshaftvermeidung in Deutschland, DVJJ-Journal 2002, 314 unter Berufung auf die Zahlen der Konstanzer Inventar Sanktionsforschung; vgl aber auch Ostendorf, Weiterführung der Reform des Jugendstrafrechts, StV 2002, 438, wo der überproportional hohe Anteil heranwachsender Untersuchungshäftlinge, auf die § 72 keine Anwendung findet, auffällt, wogegen bei Jugendlichen die Zahlen sich etwa im Bereich Erwachsener bewegen, was angesichts des restriktiven Charakters des § 72 immer noch erhöht scheint.
14 Jehle, S. 78 f, der für 1991 bei Jugendlichen und Heranwachsenden zu einer Quote von rund 36 % gelangt; bei Jugendlichen in Baden-Württemberg waren es im Jahr 2001 etwa 21 % und im Jahr 2002 etwa 22 % (Hotter, S. 62).
15 Albrecht, P.-A., § 29 C 1, Hotter, S. 262 f.

Sanktion genutzt werden,[16] wobei nicht selten die Beobachtung gemacht werden kann, wonach auf diesen Gedanken gezielt Verteidigungsstrategien aufgebaut werden. Dabei sollte aber miteinbezogen werden, dass die Einwirkung verbüßter Untersuchungshaft, die aus den Haftgründen der StPO angeordnet worden ist, in sehr vielen Fällen ungeachtet des verfahrenssichernden Zwecks der Untersuchungshaft, bei Jugendlichen auch zu einer Entwicklung führen kann, die eine Verbüßung weiterer Haft als erzieherisch nicht mehr geboten erscheinen lässt, nämlich tatsächlich eine „erzieherische Schockwirkung" eingetreten ist, die für den Erlass des Haftbefehls keine Rolle gespielt oder allenfalls als begleitende Erscheinung für möglich angesehen wurde.[17] Das Verhalten des Jugendlichen in der Hauptverhandlung nach Untersuchungshaft scheint nach den Beobachtungen in der Praxis sehr vielmehr und plausibler Grund zu sein, eine zu verhängende Jugendstrafe zur Bewährung auszusetzen als eine bereits bei Anordnung der Haft durch den Haftrichter (der nicht notwendig das erkennende Gericht ist) ins Auge gefasste Bewährungsstrafe. Auch kann das Ergebnis der Hauptverhandlung ein solches sein, dass wegen der Anrechnung der Untersuchungshaft (§ 52 a) eine zu verbüßende Jugendstrafe keinen Sinn mehr macht und deshalb eine Strafaussetzung zur Bewährung in Betracht kommen kann.

V. Verhältnismäßigkeit der Untersuchungshaft bei Jugendlichen und Heranwachsenden

Dass die Anordnung von Untersuchungshaft der denkbar schwerste Eingriff in die Persönlichkeitssphäre während des Ermittlungsverfahrens ist und bei Jugendlichen noch mehr als bei Erwachsenen gravierende abträgliche Folgen haben kann und eine besonders negative Form des Freiheitsentzuges[18] ist, bedarf keiner weiteren Darlegung. Die pädagogischen Möglichkeiten sind nicht nur wegen möglicherweise nicht ausreichend vorhandenen personellen und sachlichen Mitteln beschränkt, sie können auch wegen der in den überwiegenden Fällen vergleichsweise kurzen Aufenthaltsdauer in der Untersuchungshaft nicht in dem erforderlichen Maß angeboten werden. Der allgemein geltende Grundsatz der **Verhältnismäßigkeit** des § 112 Abs. 1 S. 2 StPO wurde deshalb durch das 1. JGGÄndG konkretisiert und die **Subsidiarität** der Untersuchungshaft bei Jugendlichen stärker betont. Der Gedanke der Subsidiarität steht dabei nicht selbstständig neben dem Grundsatz der Verhältnismäßigkeit, sondern stellt lediglich ein besonders hervorgehobenes Element dieses Prinzips dar.[19] Über die Prüfung der Verhältnismäßigkeit nach § 112 Abs. 1 S. 2 StPO, bei der bereits zwischen der Auswirkung der Freiheitsentziehung für die Lebenssphäre des Beschuldigten und der Bedeutung des Strafvorwurfes abgewogen werden muss, ist die besondere Belastung für den Jugendlichen zu berücksichtigen (§ 72 Abs. 1 S. 2). Dabei werden insbesondere die Trennung von der Familie, die in aller Regel ungleich größere Haftempfindlichkeit ggü Erwachsenen und die Einflüsse anderer Mithäftlinge auf die nicht gefestigte Persönlichkeit des Jugendlichen zu beachten sein. Der Jugendrichter als Ermittlungsrichter wird insbesondere die Unumgänglichkeit der Untersuchungshaft festzustellen haben, die nicht durch weniger einschneidende, jugendgemäße

7

---

16 Ostendorf, § 72 Rn 4; Seiser, S. 348.
17 Zu den Zweifeln an den angeblich positiven Auswirkungen der Untersuchungshaft bei Jugendlichen und Heranwachsenden vgl auch Dörlemann, S. 30 f; Lösel-Pomplun, S. 29; Villmow-Robertz, S. 229.
18 Schäfer, DVJJ-Journal 2002, 314, Bindel-Kögel/Heßler, S. 4; Villmow, S. 7.
19 Böttcher/Weber, Erstes Gesetz zur Änderung des Jugendgerichtsgesetzes, 2. Teil, NStZ 1991, 9.

Sicherungsmaßnahmen ersetzt werden kann.[20] Greifen diese Maßnahmen aber nicht, so kann Haftbefehl erlassen bzw ein in Hinblick auf diese Maßnahme außer Vollzug gesetzter Haftbefehl wieder in Vollzug gesetzt werden.[21] Dies führt dazu, dass die gesetzlichen Bedingungen über den Haftgrund restriktiv ausgelegt werden müssen.[22]

8 Die Anordnung der Untersuchungshaft bei einem Jugendlichen **ist bereits unverhältnismäßig, wenn bei der Schwere der ihm zur Last gelegten Tat die Verhängung einer Jugendstrafe von vorneherein nicht in Betracht kommt.**[23] Auch die sichere Erwartung von Dauerarrest rechtfertigt keine Untersuchungshaft (zum Haftgrund der Fluchtgefahr wegen der zu erwartenden Strafhöhe s.u. Rn 14).

VI. Subsidiarität der Untersuchungshaft

9 Der Grundsatz der Subsidiarität des § 72 Abs. 1 verlangt vom Haftrichter die Prüfung aller Maßnahmen des § 71 Abs. 1 und 2, neben Möglichkeiten des § 10 Abs. 1 (siehe dazu § 71 Rn 7), aber auch „andere Maßnahmen", wie etwa Meldepflicht oder Schulbesuch, können angeordnet werden. Sieht der Richter derartige Möglichkeiten als ausreichend an, so kann er vom Erlass eines Haftbefehls absehen und einen Beschluss erlassen, in den die – nicht unmittelbar – erzwingbaren Weisungen aufzunehmen sind. **Möglich und vom Richter nach Erlass des Haftbefehls vorrangig zu prüfen ist auch die Außervollzugsetzung des Haftbefehls nach § 116 Abs. 1–3 StPO unter den dort aufgeführten Auflagen, soweit sie geeignet sind, den Haftgrund zu beseitigen** (zu der Möglichkeit des Erlasses eines Unterbringungsbefehls, s.u. Rn 22 ff). In der Haftentscheidung ist auszuführen, weshalb die Anordnung der Untersuchungshaft notwendig und erforderlich ist und insbesondere nicht durch weniger einschneidende, jugendgemäße Sicherungsmaßnahmen ersetzt werden kann.[24]

---

20 OLG Zweibrücken v. 9.4.2002, 1HPL 12/02, StV 2002, 433.
21 OLG Köln v. 10.5.2007, 2 Ws 226/07, NStZ 2007, 135 f.
22 OLG Hamm v. 12.10.1995, 3 Ws 540/95, StV 1996, 275.
23 OLG Zweibrücken v. 19.1.1999, 1 Ws 11/99; dem vorangehend LG Zweibrücken v. 3.12.1998, 1 Qs 162/98, StV 1999, 161, wonach die Anordnung der Untersuchungshaft gegen einen zum Tatzeitpunkt 16-jährigen Ersttäter wegen zweier Diebstähle mit einer Beute von 168 bzw 600 DM unter keinem Gesichtspunkt zu rechtfertigen sei Albrecht, P.-A., § 29 B I 3; Hotter, S. 317; Zieger, Rn 183; Ostendorf, § 72 Rn 8 verlangt eine zu erwartende unbedingte Jugendstrafe; dem wird im Ergebnis sicher zuzustimmen sein, wenngleich die Frage einer Strafaussetzung zur Bewährung in vielen Fällen ex ante nicht oder nur schwer zu beantworten ist. In der Praxis wird sich der Ermittlungsrichter dabei überfordert sehen, zu einem in der Regel frühen Stadium der Ermittlungen bereits zu prognostizieren, ob eine Jugendstrafe zur Bewährung ausgesetzt werden kann oder nicht. Die Abschätzung, wonach zum Zeitpunkt der Haftentscheidung die Voraussetzungen einer Jugendstrafe, nämlich Schwere der Schuld oder schädliche Neigungen des Jugendlichen zum Urteilszeitpunkt, vorliegen könnten, mag noch möglich sein, die einigermaßen verlässliche Feststellung zu den Voraussetzungen des § 21 Abs. 1 und 2 ist unter den (auch zeitlichen) Bedingungen, unter denen die Entscheidung über die Untersuchungshaft fallen muss, nicht zu treffen. Man wird sich daher mit den negativen Kriterien behelfen müssen, eine Untersuchungshaft sei auf jeden Fall dann nicht angemessen, wenn die Verhängung einer Jugendstrafe ausscheide und bei Verhängung einer solchen, die Strafaussetzung zur Bewährung mit Sicherheit zu erwarten ist. Schließlich sollte auch die Vorstellung des Jugendlichen über die von ihm erwartete Sanktion nicht außer Acht gelassen werden.
24 OLG Karlsruhe v. 26.2.2010, 2 Ws 60/10, StraFo 2010, 206; OLG Zweibrücken v. 15.6.2000, 1HPL 32/00, NStZ-RR 2001, 55 (= StV 2001, 182).

VII. Fluchtgefahr

Häufigster Grund für den Erlass eines Haftbefehls ist die **Fluchtgefahr** (§ 112 Abs. 2 Nr. 2 StPO).[25] Bei Jugendlichen wird diese auf unterschiedliche Tatsachen, teilweise in fragwürdiger Weise gestützt. Fluchtgefahr liegt vor, wenn die Umstände des Falles es wahrscheinlicher erscheinen lassen, dass der Beschuldigte sich dem Verfahren entzieht, als dass er sich ihm stellen wird.[26]   10

1. Mangelnde soziale Bindungen im Inland. Häufige Begründung für die Annahme von Fluchtgefahr bei ständig oder überwiegend im Inland lebenden Personen sind familiäre und soziale Bindungen ins Ausland. Dies ist bei Jugendlichen, bei denen ein Migrationshintergrund besteht, in sehr vielen Verfahren vorhanden, kann aber auch bei Jugendlichen mit deutscher Staatsangehörigkeit vorliegen, bei denen keine Zuwanderung vorliegt. **Als tauglicher Haftgrund kommt diese Konstellation aber nur in Betracht, wenn sie durch weitere Tatsachen gestützt wird.** So wird immer mit in die Prüfung einzubeziehen sein, unter welchen Umständen der jugendliche Beschuldigte im Ausland, in der Regel seinem Herkunftsland oder dem seiner Eltern, leben kann, wenn der Familienschwerpunkt mittlerweile im Inland liegt, der Beschuldigte möglicherweise in Deutschland aufgewachsen oder bereits hier geboren ist und hier die Schule besucht oder einen Ausbildungs- oder Arbeitsplatz besitzt. Zu beachten sind auch die sehr oft nicht mehr oder nur mangelhaft vorhandenen Kenntnisse der Sprache des infrage kommenden Fluchtlandes. Die soziale und wirtschaftliche Abhängigkeit des Jugendlichen von seiner in Deutschland lebenden Familie kann gegen die Fluchtgefahr sprechen, ebenso fehlende Lebensalternativen im Ausland.[27] Für den Haftgrund der Fluchtgefahr sind Auslandsbeziehungen nur statthaft, sofern der Beschuldigte **unter Abwägung der wegen des ihm vorgeworfenen strafbaren Verhaltens zu erwartenden Sanktion**, die Verlegung seines Lebensmittelpunktes als die für ihn günstigere Möglichkeit gegenüber einer Verurteilung sieht. Der Besitz einer nichtdeutschen Staatsangehörigkeit wird dabei immer mit in die Überlegungen einzubeziehen sein, da dies im Fall einer Flucht ins Ausland die Auslieferung unmöglich machen oder zumindest erschweren könnte.   11

Als Beispiele für eine ausreichende Begründung der Fluchtgefahr können gesehen werden: 12

- enge Familienangehörige oder bekannte Landsleute eines in einer Sammelunterkunft lebenden Asylbewerbers in einem „sicheren" Drittland,
- Schul- oder Berufsausbildung des Beschuldigten im potenziellen Fluchtland, die ihm dort ein Auskommen gewähren kann,
- soziale Bindungen zu im Ausland in gesicherten Verhältnissen lebenden Verwandten oder sonstigen Personen, etwa Geschäftspartnern der Eltern etc,
- keine ausreichende Bindung an die im Inland lebende Familie, insbesondere bei gescheiterter Ausbildung,
- im Ausland vorhandenes Vermögen des Beschuldigten oder der Familie.

---

25 Jehle, S. 70 stellt im Jahr 1991 bei Jugendlichen und Heranwachsenden in etwa 95 % den Haftgrund der Flucht oder der Fluchtgefahr fest, eine Zahl, die sich bis heute wenig verändert haben dürfte, wenngleich nach der Praxis der Eindruck entsteht, der Haftgrund der Wiederholungsgefahr habe in jüngster Zeit an Bedeutung gewonnen, verlässliche Zahlen liegen jedoch nicht vor.
26 OLG Karlsruhe v. 26.2.2010, 2 Ws 60/10, StraFo 2010, 206; OLG Hamm v. 17.3.2009, 3 Ws 86/09, NStZ 2010, 281; Meyer-Goßner, § 112 StPO Rn 17.
27 Zieger, Rn 183.

13 Diese Gegebenheiten führen fast zwangsläufig zu dem nicht überraschenden Ergebnis, dass gegen nichtdeutsche Jugendliche häufiger Untersuchungshaft angeordnet wird wie gegen deutsche.[28]

14 **2. Zu erwartende Strafe.** Die **Schwere der zu erwartenden Strafe** lässt bei Jugendlichen allein ohne weitere Hinweise ebenfalls nicht die Annahme der Fluchtgefahr zu. Die von Zieger[29] geäußerte Befürchtung, **der Jugendrichter als Ermittlungsrichter und** als zuständiger Haftrichter[30] könnte bei einem Jugendlichen den Strafrahmen für einen erwachsenen Beschuldigten annehmen, ihm könnte also das Sanktionssystem des Jugendstrafrechts nicht geläufig sein, sollte durch die Justizpraxis nicht gerechtfertigt sein. Gleichwohl ist insbesondere im Jugendstrafverfahren wegen den vom allgemeinen Strafrecht abweichenden Sanktionsmöglichkeiten die Prognose der Straferwartung ein besonders unsicherheitsbehaftetes Unterfangen. Zieht der Haftrichter den Gesichtspunkt der Straferwartung heran, so muss vom Erwartungshorizont des Beschuldigten ausgegangen werden.[31] Inwieweit der Richter bei einem Heranwachsenden schon eine Entscheidung über die spätere Anwendung von Jugendstrafrecht treffen kann, hängt sehr vom Einzelfall ab. Gegebenenfalls wird er dazu die Jugendgerichtshilfe (vgl dazu § 72a Rn 2 ff) zu Rate ziehen können. Das Zusammentreffen mit den unter Rn 12, 15 und 16, aufgeführten Umständen kann zum Haftgrund der Fluchtgefahr führen[32] wie auch die Tatsache, dass gegen den Beschuldigten noch weitere Verfahren geführt werden, die im Haftbefehl nicht aufgeführt sind.[33]

15 **3. Mangelnder fester Wohnsitz.** Ein fehlender fester Wohnsitz im Inland ist ein starkes Indiz für Fluchtgefahr, jedoch kein Haftgrund.[34] Tatsächlich wird man umgekehrt so argumentieren müssen, **ein fester Wohnsitz im Inland könnte bei Vorliegen anderer Gesichtspunkte, die für Fluchtgefahr sprechen, diese unter Umständen beseitigen.** Die Fluchtgefahr wird damit dann zu begründen sein, wenn sich ein ausländischer Jugendlicher im Inland nur vorübergehend und ohne festen Lebensmittelpunkt (auch wenn er in Begleitung von Eltern ist) aufhält und sich aus den Umständen ergibt, dass der Aufenthalt im Inland jederzeit beendet werden kann, um sich der Strafverfolgung dauernd oder vorübergehend zu entziehen. Das heißt, es müssen Umstände zu erkennen sein, der Beschuldigte werde

---

28 Vgl dazu die bei Eisenberg, § 72 Rn 6b angeführten Untersuchungen, die zu diesem Ergebnis gelangten. Neuere Zahlen dazu, insbesondere unter Berücksichtigung inzwischen häufiger erfolgter Einbürgerungen und des jeweiligen Deliktscharakters, liegen nicht vor, eine wesentliche Veränderung der Ende der 80-iger und Anfang der 90-iger Jahre erhobenen Daten scheint jedoch nach aktuellen Beobachtungen nicht stattgefunden zu haben; zu den Zahlen auch: Staudinger, S. 22 f.
29 Rn 183.
30 OLG Düsseldorf v. 2.2.2005, 2 Ws 15/05, BeckRS 2006, Nr. 07150.
31 OLG Hamm v. 28.1.2000, 2 Ws 27/2000, StV 2001, 115 mit zust. Anmerkung Decker; Ostendorf, § 72 Rn 3 sieht dies bei Jugendlichen offensichtlich eher einschränkend, da jugendliche Ersttäter im Entdeckungsfall erfahrungsgemäß immer eine hohe Strafe befürchteten.
32 Etwa mangelnde soziale Bindungen im Inland: OLG Düsseldorf v. 2.2.2005, 2 Ws 15/05, BeckRS 2006, Nr. 07150.
33 Fluchtgefahr liegt beispielsweise vor, wenn neben der hohen Straferwartung wegen des Vorwurfs der schweren Körperverletzung und mehrfachen Raubes, der Vater des jugendlichen Beschuldigten ausländischer Staatsangehöriger ist und über familiäre Kontakte in sein Heimatland verfügt: OLG Düsseldorf v. 2.2.2005, 2 Ws 15/05, BeckRS 2006, Nr. 07150.
34 Vgl dazu die Kritik an der Praxis von Albrecht, P.-A., § 29 B I 3 a.

für Ladungen und Vollstreckungsmaßnahmen nicht zur Verfügung stehen.[35] Dies wird allerdings bei Vorliegen der erforderlichen Verhältnismäßigkeit zumeist zu finden sein. Ergeben die vorläufigen Ermittlungsergebnisse begründete Anhaltspunkte, wonach die Einreise zumindest auch dem Zweck gedient hat, Straftaten zu begehen, wird Fluchtgefahr in aller Regel anzunehmen sein.

Bei Jugendlichen ohne Auslandsbeziehung verdient der Gesichtspunkt des **mangelnden festen Wohnsitz** differenzierte Beurteilung. Lebt der Jugendliche beispielsweise im Obdachlosenmilieu, hält sich aber nach den vorhandenen Erkenntnissen ständig innerhalb eines räumlich umgrenzten Bereiches, etwa immer in derselben Stadt auf und benutzt regelmäßig eine bestimmte Anlaufstelle, wo er Leistungen entgegennimmt und Nachrichten empfängt, ist er für einen Sozialarbeiter oder sonstige Person ansprechbar und (mit Einschränkungen) erreichbar, so genügt allein der fehlende feste Wohnsitz zur Begründung der Fluchtgefahr nicht. Ebenso **reicht nächtliches Herumtreiben eines Jugendlichen allein nicht aus**, einen festen Wohnsitz zu verneinen. Dies gilt auch, wenn der Jugendliche mehrere Tage oder Nächte ununterbrochen weggeblieben ist.[36] Bei häufigem Weglaufen vom Elternhaus mit längerer Abwesenheit hängt die Beurteilung der Fluchtgefahr von den Umständen des Einzelfalls ab. Kehrt der (zunehmend auch die) Jugendliche in diesen Fällen regelmäßig von sich aus wieder zurück, so spricht es eher für die Aufrechterhaltung des festen Wohnsitzes, erfolgt jedoch des Öfteren nach Vermisstenmeldung ein polizeilicher Aufgriff, insbesondere an wechselnden und vom Wohnort weit entfernten Orten und wird der Jugendliche zwangsweise zurückgebracht, so können freiheitsentziehende Maßnahmen und auch ein Haftbefehl angebracht sein. Flucht oder Fluchtversuche in früheren Verfahren oder einem früheren Verfahrensabschnitt können die Fluchtgefahr ebenfalls begründen.[37] In vielen Fällen wird sich die auf mangelnden festen Wohnsitz gestützte Fluchtgefahr durch Verschaffen eines solchen in einem Wohnheim, einer betreuten Wohneinheit oder sonstigen Unterkunft, die nicht nur auf kurzfristiges Übernachten ausgelegt ist, beseitigen lassen. 16

4. Haftbefehle gegen unter 16-jährige Jugendliche. Eine Einschränkung erfährt die Anordnung der Untersuchungshaft wegen Fluchtgefahr durch § 72 Abs. 2 für 14- und 15-Jährige.[38] Danach scheiden bei diesem Personenkreis als Stütze für den Haftgrund der Straferwartung und mögliche Beziehungen ins Ausland aus. **Die Vorschrift konkretisiert den Haftgrund auf ausschließlich zwei Tatsachenkreise, nämlich einer bereits erfolgten Flucht in genau diesem Verfahren oder konkrete Vorbereitungshandlungen zur Flucht und eine persönliche räumliche Bindungslosigkeit.** Nicht ausreichend ist, dass sich der Beschuldigte schon einmal in früheren Verfahren durch Flucht entzogen hat, dies ergibt sich aus dem eindeutigen Wortlaut des Gesetzes. Anstalten zur Flucht können bereits das Abklären von Möglichkeiten sein, unter welchen Voraussetzungen der Beschuldigte in einem bestimmten Land leben und sich aufhalten kann, konkrete Erkundigungen über einen möglichen zukünftigen verdeckten Aufenthaltsort, 17

---

35 BGH v. 4.11.1970, 4 Ars 43/70, St 23, 308; zum Wohnsitz im Ausland OLG Dresden v. 24.2.2005, 1 Ws 29/05, StV 2005, 224; OLG Stuttgart v. 11.3.1998, 1 Ws 28/98, NStZ 1998, 427; vgl auch OLG Köln v. 7.8.2002, 2 Ws 358/02, NStZ 2003, 219 mit ablehnender Anmerkung Paeffgen, NStZ 2004, 78.
36 OLG Hamm v. 12.10.1995, 3 Ws 540/95, StV 1996, 275.
37 Meyer-Goßner, § 112 StPO Rn 20.
38 Entscheidend dafür ist richtigerweise nach hM das Alter des Beschuldigten zum Zeitpunkt des Erlasses des Haftbefehls und nicht zur Tatzeit: KG v. 11.5.2005, 3 Ws 222/05, BeckRS 2006 Nr. 02363; Brunner/Dölling, § 72 Rn 9; Eisenberg, § 72 Rn 6.

Geldtransfers ins Ausland, Veräußerung von im Inland befindlichen Gegenständen oder Vorsorge für zurückbleibendes Gut. Zum festen Wohnsitz und Aufenthalt gilt grundsätzlich das oben in Rn 16 Ausgeführte. **Die fehlende polizeiliche Anmeldung ist dabei nur ein Indiz für die Voraussetzungen des § 72 Abs. 2 Nr. 2, abzustellen ist auf das tatsächliche Verhalten des Beschuldigten.** Hält sich der Jugendliche, ohne dort gemeldet zu sein, in einem begrenzten Areal, etwa einer Stadt oder einer Region, auf und hat eine regelmäßig von ihm aufgesuchte Anlaufstelle oder besitzt eine Person die Möglichkeit, mit ihm in Kontakt zu treten, so kann ein fester Aufenthalt vorliegen. Beispielsweise kann dies der Fall sein, wenn der Jugendliche über eine dem Jugendamt oder der Polizei bekannte Mobiltelefonnummer ständig zu erreichen ist und nach bisheriger Erfahrung den Aufforderungen, sich bei der Kontaktstelle zu melden, nachgekommen ist.

Liegen die Voraussetzungen des § 72 Abs. 2 nicht vor, so ist als Ersatz eines Haftbefehls wegen Fluchtgefahr eine Unterbringung nach § 72 Abs. 4 in einer geeigneten Einrichtung nach § 71 Abs. 2 nicht zulässig, möglich ist lediglich die unmittelbare Unterbringung unter den Voraussetzungen des § 71 Abs. 2.[39] **Die Einschränkung des § 72 Abs. 2 kann aber beim dringenden Verdacht schwerster Straftaten (§ 112 Abs. 3 StPO) nicht gelten.** Das BVerfG[40] hat § 112 Abs. 3 StPO als eigenständigen kompletten Haftgrund abgelehnt und dahingehend ausgelegt, der Richter werde nur von den strengen Anforderungen des § 112 Abs. 2 StPO befreit, um die Gefahr auszuschließen, dass sich besonders gefährliche Täter der Bestrafung entziehen. Es müssten stets bei dieser Umdeutung des § 112 Abs. 3 StPO Umstände vorliegen, die die Gefahr begründen, dass ohne die Festnahme des Beschuldigten die alsbaldige Aufklärung der Tat gefährdet sein könnte. Da der § 112 Abs. 3 StPO auch im Jugendstrafrecht gilt, so ergänzt diese nach den vom BVerfG vorgegebenen Grundsätzen ausgelegte und ergänzte Vorschrift auch bei einem unter 16-jährigen Beschuldigten die Haftgründe der §§ 112 Abs. 2 und 112 a StPO oder tritt neben sie und unterscheidet sich in ihren Anforderungen wesentlich von der Fluchtgefahr des § 112 Abs. 2 Nr. 2 StPO. **Dies hat zur Folge, dass sich § 72 Abs. 2 nur auf die Fluchtgefahr des § 112 Abs. 2 Nr. 2 StPO beziehen und bei Vorliegen der Voraussetzungen des § 112 Abs. 3 StPO auch bei 14- und 15-jährigen Beschuldigten Untersuchungshaft angeordnet werden kann.**[41] Die vom Gesetzgeber getroffene, durch § 72 Abs. 2 zum Ausdruck gebrachte Regelung, die Untersuchungshaft bei so jungen Straftätern einzuschränken, verlangt dann aber vom Richter verstärkt, für den Beschuldigten nach einer Möglichkeit der Unterbringung nach §§ 72 Abs. 4, 71 Abs. 2 zu suchen, wobei unter dem Gesichtspunkt der Geeignetheit wegen der geringeren Anforderungen an die Hinweise für eine Fluchtgefahr, auch Heime in Betracht kommen können, die nicht geschlossen sind. Die Untersuchungshaft darf nur angeordnet werden, wenn eine anderweitige geeignete Unterbringung vollkommen unmöglich ist.

18 **Ein Täter ist flüchtig, wenn er, um sich der Strafverfolgung oder Strafvollstreckung zu entziehen, seinen Aufenthaltsort wechselt. Der Wegzug ins Ausland, sowohl eines deutschen als auch eines nichtdeutschen Beschuldigten, der bisher seinen Lebensmittelpunkt im Inland hatte, soll keine Flucht darstellen, wenn der

---

39 Brunner/Dölling, § 72 Rn 9; Böttcher/Weber, Erstes Gesetz zur Änderung des Jugendgerichtsgesetz, NStZ 1991, 10.
40 BVerfG v. 15.12.1965, 1 BvR 513/65, BVerfGE 19, 342,350 (= NJW 1966, 243 f).
41 Dazu OLG Stuttgart v. 10.9.2010, 4 HEs 92/10 (unveröffentlicht), das offensichtlich bei 14- und 15-jährigen Jugendlichen grundsätzlich die Anwendbarkeit zu bejahen, aber erhöhte Anforderungen an die Verhältnismäßigkeit zu stellen scheint.

Wegzug nicht im Zusammenhang mit der Straftat steht.[42] Gegen diese allgemeine These bestehen zumindest Bedenken, wenn, wie bei Jugendlichen erforderlich, aus Gründen der Verhältnismäßigkeit des Haftbefehls (s.o. Rn 7) wegen des Vorwurfes eine (evtl unbedingte) Jugendstrafe zu erwarten ist und dies dem Jugendlichen bekannt ist. Ein Jugendlicher, der zum Zwecke der Ausbildung nur für einen bestimmten Zeitraum im Ausland ist und dessen Rückkehr danach zu erwarten steht, ist nicht flüchtig. Flucht liegt jedoch vor, wenn der Beschuldigte vor Entdeckung der Tat ins Ausland verzogen ist und ausreichend Gründe vorliegen, er werde, da nun die Tat bekannt ist, nicht mehr zurückkehren, solange die Tat noch verfolgbar ist.

VIII. Wiederholungsgefahr

Der Haftgrund der Wiederholungsgefahr des § 112a StPO ist auch im Jugendstrafrecht anwendbar[43] und zwar sowohl unter den Voraussetzungen des Abs. 1 Nr. 1 als auch des Abs. 1 Nr. 2.[44] Eisenberg[45] will nur Nr. 1 im Jugendstrafrecht anwenden, da in § 112a Abs. 1 Nr. 2 StPO von Freiheitsstrafe und nicht von Jugendstrafe die Rede ist, die einer Freiheitsstrafe nicht gleichstehe. Dieser Ansicht wird nicht zuzustimmen sein, da durch den Verweis in § 2 auf die Normen des allgemeinen Rechts verwiesen wird und das JGG die Anwendung des § 112a StPO nicht ausschließt und nicht einschränkt ist. Da gegen Jugendliche keine Freiheitsstrafe verhängt werden kann, ist die Norm sinngemäß so anzuwenden, dass statt Freiheitsstrafe Jugendstrafe einzusetzen ist. Bei Jugendlichen soll allerdings die Anwendung des § 112a StPO einer restriktiven Auslegung unterliegen, weil zwischen § 112a StPO und § 71 Abs. 2 ein Konkurrenzverhältnis bestehe, welches dadurch aufgelöst werden müsse, dass anstelle der Untersuchungshaft die weniger einschneidende Reaktion der einstweiligen Unterbringung nach § 71 Abs. 2 zu wählen sei, wenn dadurch der Wiederholungsgefahr begegnet werden kann.[46] Der dazu herangezogene Gedanke des § 72 Abs. 1 gilt aber grundsätzlich für alle Anordnungen von Untersuchungshaft, gleichgültig auf welchen Haftgrund sie sich stützt. Deshalb ist bei Wiederholungsgefahr gleichermaßen eine geeignete Möglichkeit der Untersuchungshaftvermeidung zu suchen wie in anderen Fällen auch. § 71 Abs. 2 steht insoweit nicht in Konkurrenz zu § 112a StPO wie auch nicht zu den anderen Vorschriften des allgemeinen Haftrechts, sondern ist Teil des Grundsatzes der Subsidiarität der Untersuchungshaft bei Jugendlichen.[47]

Der Haftgrund des § 112a Abs. 1 Nr. 2 StPO wird von der Rechtsprechung grundsätzlich restriktiv ausgelegt. **Daher sollen nur Anlasstaten überdurchschnittlichen Schweregrades und Unrechtsgehaltes und solche, die „mindestens in der oberen Hälfte der mittelschweren Straftaten liegen", als Anlasstaten in Betracht kommen.** Dies wird aus dem Wortlaut des § 112a Abs. 1 Nr. 2 StPO

---

42 OLG Brandenburg v. 17.1.1996, 2 Ws 183 u. 184/95, StV 1996, 381; OLG Bremen, NStZ-RR 1997, 334; OLG Stuttgart v. 11.3.1998, 1 Ws 28/98, NStZ 1998, 427.
43 OLG Hamm v. 22.10.2001, 2 BL 195/01, StV 2002, 432 (= NStZ 2004, 80 bei Paeffgen); zweifelnd OLG Zweibrücken v. 13.10.1995, 1 Qs 139/95, StV 1996, 158.
44 Ostendorf, § 72 Rn 3; LR-Hilger, § 112a StPO Rn 46; KK-StPO-Boujong, § 112a StPO Rn 20; Meyer-Goßner, § 112a StPO Rn 10; aA Weber, Geschlossene Unterbringung im Jugendstrafverfahren, RdJB 1999, 305, 311.
45 § 72 Rn 7.
46 OLG Hamm, StV 2002, 432; Ostendorf § 72 Rn 3; Weber, RdJB 1999, 305, 311 will die gänzliche Verdrängung von § 112a StPO durch § 71 Abs. 2 JGG.
47 Dazu OLG Karlsruhe v. 12.5.2005, 7 Qs 19/05, ZJJ 2005, 322.

geschlossen, wonach die generell schwerwiegenden Anlasstaten die Rechtsordnung schwerwiegend beeinträchtigen müssen.[48] Dabei muss jede einzelne Tat ihrem konkreten Erscheinungsbild nach den erforderlichen Schweregrad aufweisen.[49] Soweit der durch die Taten verursachte Schaden zu berücksichtigen ist, darf keine Gesamtschadenbildung aus allen begangenen Anlasstaten erfolgen.[50] Ist die wegen den vorangegangenen Anlasstaten ergangene Verurteilung nach § 31 Abs. 2 einzubeziehen, so ist für den Haftgrund der Wiederholungsgefahr erforderlich, dass für die neuerlichen Taten auch ohne Einbeziehung eine Jugendstrafe von mehr als einem Jahr zu erwarten ist.[51]

IX. Verdunkelungsgefahr

21 Verdunkelungsgefahr ist bei Jugendlichen ein vergleichsweise seltener Haftgrund. Hauptsächlich wird er gegeben sein, wenn der Beschuldigte bei noch nicht restlos aufgeklärtem Sachverhalt auf Zeugen, insbesondere auf Geschädigte, versucht Einfluss zu nehmen. Der Haftgrund wird bei einem glaubhaften Geständnis regelmäßig entfallen.[52] Die Bedrohung eines Zeugen mit materiellen Nachteilen oder mit Gewaltanwendung bei wahrheitsgemäßen Aussagen gegenüber den Ermittlungsbehörden sind die häufigsten Verdunklungshandlungen. **Auch bei Verdunkelungsgefahr hat der Haftrichter die infrage kommenden weniger einschneidenden Möglichkeiten zu prüfen,** bevor er Untersuchungshaft anordnet. Inwieweit ambulante Maßnahmen ausreichen, hängt vom Einzelfall ab.

X. Untersuchungshaftvermeidung

22 Vor Erlass des Haftbefehls hat der Richter unter dem Gebot, das mildere Mittel anzuwenden, immer die Möglichkeit zu prüfen, ob der jugendliche Beschuldigte bei Vorliegen der Voraussetzungen eines Haftbefehls nicht in einem Heim der Jugendhilfe (§ 71 Abs. 2) untergebracht werden kann. Der Praxis wird verbreitet der Vorwurf gemacht, sie sei über die Möglichkeiten der Untersuchungshaftvermeidung nicht ausreichend informiert[53] und schöpfe diese Möglichkeit nicht aus.[54] Grund dafür soll die Gleichsetzung von „geeignet" (§ 71 Abs. 2) mit „geschlossen" oder „fluchtsicher" sein.[55] Diese Ansicht findet im Gesetz keine Stütze und dürfte inzwischen auch als überholt angesehen werden können.[56] **Die Entscheidung über die Geeignetheit des Heims, das Verfahren gegen den jugendlichen Beschuldigten zu sichern, muss vom Richter jeweils am Einzelfall nach Prüfung**

---

48 OLG Frankfurt v. 12.1.2000, 1 Ws 161 u. 162/99, StV 2000, 209.
49 KK-StPO-Boujong, § 112a StPO Rn 13.
50 OLG Frankfurt v. 12.1.2000, 1 Ws 161 u. 162/99, StV 2000, 209, wo bei 38 Anlasstaten des Diebstahls im besonders schweren Fall der Einzelschaden zwischen 100 und 1.500 DM lag.
51 LG Itzehoe v. 31.5.2007, 3 Qs 128/07, StV 2007, 587; LG Kiel v. 7.1.2002, 32 Qs 1/02, StV 2002, 433.
52 Vgl OLG Stuttgart v. 4.1.2005, 4 Ws 367/04, StV 2005, 225.
53 Trenczek, S. 123.
54 Eisenberg, § 72 Rn 4, 5, 5a; Heßler, S. 92; zu einzelnen Zahlen der Untersuchungshaftvermeidung vgl die Untersuchung von Lösel-Pamplun, S. 55.
55 Kowalzyck, Geschlossene Unterbringung als Alternative der Untersuchungshaftvermeidung bei Jugendlichen, DVJJ-Journal 2002, 301; Villmow, S. 16.
56 Brunner/Dölling, § 71 Rn 3; Eisenberg, § 71 Rn 10a; Ostendorf, § 71 Rn 7; Lüthke, Vorläufige Maßnahmen nach §§ 71, 72 JGG, insbesondere die Unterbringung in offenen Einrichtungen als alternative zur Untersuchungshaft bei Jugendlichen, Zbl 1982, 125, 129; Schäfer, DVJJ-Journal 2002, 319, der mit Recht feststellt, dass der oft dargestellte Eindruck, die Justiz sei nur an geschlossenen Einrichtungen interessiert, nicht richtig ist.

aller zum Zeitpunkt der Entscheidung vorliegenden Erkenntnisse erfolgen. Die Anforderungen an das Heim richten sich dabei nach dem jeweils vorliegenden Haftgrund. Gelangt der Richter zu dem Ergebnis, dass bei der Persönlichkeit des Beschuldigten pädagogische Mittel ausreichen können, dem Haftgrund entgegentreten zu können, ist die Unterbringung in einer geschlossenen Einrichtung[57] nicht erforderlich und damit nicht zulässig. Der Richter hat sich beim Haftgrund der Fluchtgefahr besonders zu vergewissern, dass auf den Beschuldigten Verlass ist, da Heime der Jugendhilfe (§ 71 Abs. 2) nicht dieselbe Fluchtsicherheit bieten wie eine Vollzugsanstalt. Wiederholte Verstöße gegen anstaltliche Regeln der Sicherheit und Ordnung stehen einer solchen Unterbringung in aller Regel entgegen.[58] Der Gedanke des § 72 Abs. 4 ist gerade den Zweck der Untersuchungshaft mit den geringstmöglichen freiheitsbeschränkenden Maßnahmen zu erreichen.[59] Der „geschlossenen" Unterbringung soll dabei keine Flucht sichernde Funktion zukommen, sondern nur die Sicherstellung einer pädagogischen Einwirkung dienen,[60] so dass für den Jugendlichen auch der wichtige Zusammenhang zwischen seinem Tun und der endgültigen Bestrafung kognitiv herstellbar ist.[61] Das erhöhte Risiko beispielsweise einer Flucht wurde vom Gesetzgeber bei der Neufassung durchaus gesehen, er hat jedoch bewusst aus Gründen der Verhältnismäßigkeit eine andere Risikoabwägung getroffen.[62] Der Richter hat sich deshalb sowohl ein Bild vom Beschuldigten zu machen, als auch sich über die pädagogischen Möglichkeiten und baulichen Voraussetzungen des ins Auge gefassten Heimes zu erkundigen.[63] Dazu kann und sollte er sich der Jugendgerichtshilfe bedienen. Ist seiner Einschätzung nach, die Fluchtgefahr beim Beschuldigten so stark, dass der Richter zum Zeitpunkt des Erlasses des Haftbefehls mit großer Wahrscheinlichkeit davon ausgehen muss, der Beschuldigte werde sich auch in einem „individuell geschlossenen" Heim nach Eintritt der dort vorgesehenen Lockerungen dem Verfahren entziehen, so wird eine Unterbringung kaum zweckmäßig sein.

Beim Vorliegen von Verdunkelungsgefahr wegen der Befürchtung der Beeinflussung von Zeugen oder der Beseitigung von Beweismaterial kann bereits die Unterbringung in einer gewissen räumlichen Entfernung ausreichend sein. Ebenso kann der Wiederholungsgefahr entgegengewirkt werden, wenn in intensiver pädagogischer Weise mit dem Beschuldigten gearbeitet werden kann. Eine geschlossene Einrichtung kann bei einer intensiven Fluchtgefahr unumgänglich sein. **Hat der Beschuldigte sich bereits dem Verfahren ein- oder mehrmals entzogen, sind wegen der zu erwartenden Sanktion in Verbindung mit starken Auslandsbeziehungen große Fluchtanreize vorhanden oder handelt es sich um reisende Straftäter, die gewerbsmäßig Straftaten begehen, so wird, wenn die Unterbringung an-**

23

---

57 Zu den Möglichkeiten in Deutschland überhaupt s. § 71 Rn 13.
58 KG v. 15.9.2009, 4 Ws 103/09, Vereinigung Berliner Strafverteidiger, Rechtsdatenbank Newsletter 1, 2010.
59 Dazu auch Bindel-Kögel/Heßler, Vermeidung von Untersuchungshaft in Berlin, DVJJ-Journal 1999, 285; Will, U-Haftvermeidung in Thüringen – Evaluation einer Vereinbarung zwischen Jugendhilfe und Justiz, DVJJ-Journal 1999, 49; Bayerisches Landesjugendamt, Freiheitsentziehende Maßnahmen in der stationären Erziehungshilfe in Bayern, Mitteilungsblatt 2/2004.
60 Bayerisches Landesjugendamt, Freiheitsentziehende Maßnahmen in der stationären Erziehungshilfe in Bayern, Mitteilungsblatt 2/2004.
61 Mertens, S. 94.
62 Cornel, StV 1994, 629.
63 Dazu OLG Köln v. 6.11.2008, 2 Ws 552/08; Teßmer, Einstweilige Unterbringung eines Jugendlichen anstelle von Untersuchungshaft, juris PR-StrafR 2/2010 Anm. 2.

stelle der Untersuchungshaft überhaupt infrage kommt, nur eine solche in einer geschlossenen Einrichtung (mit der Möglichkeit späterer Lockerung) zu rechtfertigen sein. Die gesetzliche Regelung und das Subsidiaritätsgebot verlangen vom Richter nicht jegliche Untersuchungshaft zu vermeiden, sondern die Abwägung nach pflichtgemäßem Ermessen zwischen den für den Beschuldigten negativen Auswirkungen der Untersuchungshaft und dem Interesse der Allgemeinheit an der Durchführung des Verfahrens.

24 Erweist sich die Unterbringung als ungeeignet oder lehnt die Leitung des Heimes die Aufnahme oder das weitere Verbleiben des Beschuldigten in der Einrichtung ab, so kann der Richter **nachträglich einen Unterbringungsbefehl durch einen Haftbefehl ersetzen** (§ 72 Abs. 4 S. 2). Dies wird dann der Fall sein, wenn der Jugendliche aus dem Heim entwichen ist, um sich dem Verfahren zu entziehen oder weitere Straftaten zu begehen[64] oder aus disziplinarischen Gründen der Verbleib des Beschuldigten der Leitung oder den Mitbewohnern des Heimes nicht zuzumuten ist, weil er etwa nachhaltig gegen die Heimregeln verstößt oder Straftaten zum Nachteil anderer Insassen begeht. Verdichtet sich aber der Haftgrund trotz dieser Entwicklung nicht und lehnt das Heim die weitere Unterbringung nicht ab, so darf ein solches Verhalten des Beschuldigten nicht durch die Umwandlung als Disziplinierungsmittel oder Sanktion eingesetzt werden.

XI. Besonderes Beschleunigungsgebot

25 Ist gegen den Jugendlichen Untersuchungshaft oder (freiheitsentziehende) Unterbringung in einem Heim[65] angeordnet (s. auch u. Rn 27), muss das Verfahren mit größter Beschleunigung bis zum Erlass des Urteils geführt werden (§ 72 Abs. 5). Dieses Gebot geht wegen der für Jugendliche besonders abträglichen Untersuchungshaft über das ohnehin nach der StPO geltende Beschleunigungsgebot hinaus.[66] Lücken in der Ermittlungstätigkeit werden regelmäßig zu einem Verstoß gegen diese Gebot führen. Bei längerer Krankheit oder anderer länger andauernder Verhinderung des polizeilichen Sachbearbeiters hat der Staatsanwalt darauf zu drängen, dass die Ermittlungen dennoch von einem anderen Beamten zügig weitergeführt werden. Bei mehreren Beschuldigten sind wegen der Akteneinsicht verschiedener Verteidiger Mehrfertigungen anzulegen; sofern dies möglich ist, sollte das Verfahren gegen einen in Untersuchungshaft befindlichen Jugendlichen abgetrennt werden, wenn die Ermittlungen gegen ihn abgeschlossen sind und gegen andere Mitbeschuldigte die Ermittlungen andauern.[67] Ebenso bietet sich die Abtrennung zur gesonderten Anklage von einzelnen ermittelten Tatvorwürfen an. Wenn zu erwarten steht, dass gegen den Jugendlichen wegen dieser Taten bereits unbedingte Jugendstrafe verhängt werden wird, so wäre jede andere Entscheidung nicht sachgerecht, da es ermöglicht wird, den Jugendlichen aus der Untersuchungshaft mit ihren beschränkten erzieherischen Möglichkeiten schneller in den Jugendstrafvollzug zu verbringen.

26 Das Beschleunigungsgebot endet nicht mit Erhebung der Anklage, sondern dauert bis zur Rechtskraft an.[68] **Der Jugendrichter hat in Haftsachen grundsätzlich be-**

---

64 OLG Hamm v. 1.10.1998, 2Ws 407/98, NJW 1999, 230.
65 Vgl dazu BVerfG v. 4.7.1999, 2 BvR 1368/98, NStZ 1999, 570.
66 OLG Zweibrücken v. 9.4.2002, 1 HPL 12/02, StV 2002, 433.
67 Bandenstrukturen, die über die Ermittlung der einzelnen Taten des Beschuldigten hinaus, die Aufklärung eines Gesamtgeschehens erforderlich machen, können nach Abwägung mit der zu erwartenden Strafe die rasche Anklageerhebung aber verhindern, KG v. 20.4.2004, (5) 1 Hes 54/04, NStZ 2006, 524.
68 BGH v. 15.5.1996, 2StR 119/96, mit Anm. Scheffler, NStZ 1997, 29.

schleunigt zu terminieren, dabei gehen auch und insbesondere im Jugendstrafverfahren Haftsachen den ebenfalls beschleunigt zu behandelnden Nichthaftsachen vor.[69] Wann die Dauer der Untersuchungshaft nicht mehr dem Beschleunigungsgebot entspricht, kann auch von dem Alter des Beschuldigten, der ihm zur Last gelegten Tat und der zu erwartenden Strafe abhängig sein. Sieht sich ein Gericht aus Terminsgründen verhindert, die Sache rasch zu verhandeln, so ist der Beschleunigungsgrundsatz nicht an anderen Nichthaftfällen zu messen, sondern daran, ob weitere beschleunigungsbedürftige Haftsachen bei der Terminierung vorgehen müssen. Bei Verhinderung von Verteidigern von Mitangeklagten wird gegebenenfalls eine Abtrennung erfolgen müssen.[70]

XII. Beschränkungen in der Untersuchungshaft

Durch das Gesetz zur Änderung der Untersuchungshaft vom 29.7.2009[71] wurde mit Wirkung zum 1.1. 2010 die Vorschrift des § 119 StPO neu gefasst und dem Untersuchungsgefangenen mehr Rechte eingeräumt. Diese Neufassung gilt, da weder in der StPO, noch im JGG irgendwelche Ergänzungen aufgenommen wurden, zunächst uneingeschränkt auch für jugendliche und heranwachsende Untersuchungsgefangene. Sofern es sich um die Erweiterung und konkretisierte Rechte des § 119 Abs. 4 StPO handelt, ist dies hinsichtlich junger Untersuchungsgefangener unproblematisch. Beachtlich im Jugendstrafverfahren sind jedoch die Anordnungen von Beschränkungen nach § 199 Abs. 1 S. 2 Nr 1 bis 5, Abs. 2. Da jede Beschränkung in jedem Einzelfall auf ihr konkretes Erfordernis geprüft werden muss,[72] hat der anordnende Richter den besonderen Erfordernissen des jungen Untersuchungsgefangenen Rechnung zu tragen. So sollten Besuchs- und Telekommunikationsregelungen bei Jugendlichen grundsätzlich freier ausgestaltet werden, da diese in aller Regel ein größeres Bedürfnis nach Umgang mit Bezugspersonen außerhalb der Haftanstalt haben als erwachsene Gefangene. Es kann in solchen Fällen nach Abwägung aller Umstände auch im Einzelfall geboten sein, von der Überwachung des Verkehrs abzusehen. Soweit weitere als die im Gesetz nicht abschließend aufgeführten Beschränkungen angeordnet werden, ist gleichfalls auf die besondere persönliche Entwicklungssituation des Gefangenen einzugehen. So verbietet es sich beispielsweise grundsätzlich, bei Ausführungen Fesselung anzuordnen, wenn keine konkreten Gründe ersichtlich sind, die dies erforderlich machen könnten. Der Beschränkungsbeschluss ist zu begründen (§ 34 StPO). Gegen ihn ist Beschwerde (§ 304 StPO) zulässig.

27

XIII. Haftprüfung

Bei angeordneter Untersuchungshaft gilt auch die Haftprüfungsfrist des § 121 Abs. 1 StPO (§ 117 Abs. 5 StPO scheidet wegen § 68 Abs. 4 aus). **Ist der Haftbefehl durch einen Unterbringungsbefehl ersetzt worden und befindet sich der Beschuldigte deswegen (auch) in einer geschlossenen Einrichtung (§§ 72 Abs. 4, 71 Abs. 2), so läuft die Frist des § 121 Abs. 1 StPO trotz des freiheitsentziehenden Charakters der Maßnahme nicht weiter.** Wird jedoch der Unterbringungsbefehl durch einen Haftbefehl ersetzt und gelangt aufgrund dessen der Beschuldigte im Anschluss an die Unterbringung wieder in Untersuchungshaft, so soll die Zeit der Unterbringung in die Sechs-Monats-Frist des § 121 Abs. 1 StPO einbezogen wer-

28

---

69 OLG Köln v. 15.10.1996, Hes 190/06, StV 1997, 148.
70 OLG Hamm v. 20.8.2004, 3 OBL 69/04, ZJJ 2004, 435.
71 BGBl I, 2274.
72 Meyer-Goßner, § 199 StPO Rn 7.

den.[73] Begründet wird dies mit der kontinuierlich fortdauernden Freiheitsentziehung unter den Voraussetzungen des Haftbefehls, die der Unterbringung nach § 126 a StPO gleichstehen und dass dort eine Anrechnung erfolgt.[74] Dies gilt jedoch nicht, wenn zuvor die Unterbringung nur nach § 71 Abs. 2 erfolgt ist.[75] Diese Berechnungsweise wird auch gelten, wenn bei individuell geschlossener Unterbringung im Laufe der Verweildauer in der Einrichtung Lockerungen erfolgen. Wird der Beschuldigte von vorneherein in einem „offenen" Heim untergebracht oder erfolgt nach einiger Zeit in der geschlossenen Einrichtung eine Verlegung in ein Heim, das nicht durch bauliche Maßnahmen gesichert ist und in dem der Beschuldigte nur einer anderen Heimen der Jugendhilfe vergleichbaren Freiheitsbeschränkung durch die Heimregeln unterworfen ist, wird diese Zeit mangels einer der Untersuchungshaft vergleichbaren Situation nicht angerechnet werden können.

XIV. Rechtsmittel

29 Gegen die Anordnung der Untersuchungshaft sind die Rechtsmittel der StPO, Haftprüfung (§§ 117, 118 StPO) und Haftbeschwerde mit weiterer Beschwerde (§§ 304, 310 StPO), zulässig. Die Rechtsmittel können vom Jugendlichen selbst, seinem Verteidiger oder seinen gesetzlichen Vertretern und Erziehungsberechtigten eingelegt werden (§ 67 Abs. 1, §§ 118 b, 298 StPO). Werden gegen die Anordnung der Untersuchungshaft von den verschiedenen Antragsberechtigten unterschiedlich Haftbeschwerde eingelegt und Haftprüfungsantrag gestellt, so geht gem. § 117 Abs. 2 StPO die Haftprüfung vor, die Haftbeschwerde ist unzulässig.[76] **Gegen den Unterbringungsbefehl ist Beschwerde zulässig.** Strittig ist, ob gegen den Unterbringungsbefehl, der den Haftbefehl ersetzt, weitere Beschwerde statthaft ist.[77] Die Frage ist auch über die Art der Unterbringung zu entscheiden: Bei freiheitsentziehenden im Gegensatz zu freiheitsbeschränkenden Maßnahmen (vgl oben Rn 27) wird wegen des der Untersuchungshaft vergleichbaren Eingriffs weitere Beschwerde statthaft sein.

XV. Kosten

30 Zu den Kosten der Unterbringung s. § 71 Rn 19.

XVI. Übertragung auf andere Jugendrichter

31 Die Übertragung an einen anderen Jugendrichter (§ 72 Abs. 6) kann Sinn machen, wenn Haftort bzw Ort der Unterbringung von einander differieren. Die Entscheidung ist nach den Umständen des Einzelfalles zu treffen. Dabei kann die größere Kenntnis des übernehmenden Richters von den Bedingungen in der Haftanstalt oder dem Heim eine Rolle spielen, aber auch die voraussichtliche Dauer der einstweiligen Maßnahme. Eines Antrags der Staatsanwaltschaft bedarf es nicht, sie ist jedoch vor Abgabe zu hören (§ 33 StPO). Der Beschluss bindet den Richter, an den übertragen werden soll, nicht, bei Nichtübernahme des angegangenen Richters entscheidet in entsprechender Anwendung des § 42 Abs. 3 S. 2 das ge-

---

73 OLG Dresden v. 23.12.1993, 2 AK 136/93; OLG Karlsruhe v. 14.3.1997, 3 HEs 91/97, StV 1997, 538.
74 KK-StPO-Boujong, § 121 StPO Rn 9; Meyer-Goßner, § 121 StPO Rn 12.
75 OLG Dresden v. 23.12.1993, 2 AK 136/93; Meyer-Goßner, § 121 StPO Rn 6 a.
76 KK-StPO-Boujong, § 117 StPO Rn 7.
77 Für eine weitere Beschwerde: OLG Koblenz v. 18.10.1989, 1 Ws 533/89, NStZ 1990, 102; Meyer-Goßner, § 310 Rn 6; dagegen: OLG Düsseldorf v. 9.10.1989, 2 Ss 358/89, MDR 90, 271.

meinsame obere Gericht.[78] Zur Vermeidung unnötiger Zeitverzögerung sollten abgebender und zur Übernahme gebetener Jugendrichter die Entscheidung absprechen und möglichst eine Einvernahme herstellen. Weigert sich der angegangene Richter zur Übernahme, hat der zuständige Richter unter Abwägung des von ihm gesehenen Zwecks der Abgabe mit dem besonderen Beschleunigungsgebot von Haftfällen in Jugendstrafsachen zu prüfen, ob er an seinem Entschluss festhält.

§ 72 a Heranziehung der Jugendgerichtshilfe in Haftsachen

[1]Die Jugendgerichtshilfe ist unverzüglich von der Vollstreckung eines Haftbefehls zu unterrichten; ihr soll bereits der Erlaß eines Haftbefehls mitgeteilt werden. [2]Von der vorläufigen Festnahme eines Jugendlichen ist die Jugendgerichtshilfe zu unterrichten, wenn nach dem Stand der Ermittlungen zu erwarten ist, daß der Jugendliche gemäß § 128 der Strafprozeßordnung dem Richter vorgeführt wird.

Richtlinie zu § 72 a

Staatsanwaltschaft und Gericht tragen dafür Sorge, daß die Jugendgerichtshilfe so früh wie möglich, gegebenenfalls durch die Polizei, unterrichtet wird. Ist gemäß § 128 StPO eine Vorführung zu erwarten, so teilen sie der Jugendgerichtshilfe auch Ort und Termin der Vorführung mit.

Schrifttum:

Bindel-Kögel/Heßler, Vermeidung von Untersuchungshaft bei Jugendlichen im Spannungsfeld zwischen Jugendhilfe und Jugendjustiz, 1999; *Heßler*, Vermeidung von Untersuchungshaft bei Jugendlichen, 2001; *Hotter*, Untersuchungshaftvermeidung für Jugendliche und Heranwachsende in Baden-Württemberg, 2004; *Laubenthal*, Jugendgerichtshilfe im Strafverfahren, 1993.

I. Zweck der Vorschrift 1
II. Persönlicher und sachlicher Anwendungsbereich 2
III. Mitteilungspflichten 3
IV. Bericht der JGH zur Haftentscheidung 4
V. Anwesenheitsrecht der JGH bei der Haftbefehlseröffnung 7
VI. Örtliche Zuständigkeit der JGH 8

I. Zweck der Vorschrift

Die Vorschrift wurde durch das 1. JGG-ÄndG eingeführt und sollte durch die Einbindung der Jugendgerichtshilfe dazu dienen, eine restriktive Verhängung und verkürzte Dauer von Untersuchungshaft gegen junge Menschen zu bewirken.[1] Durch die Aufnahme in einen gesonderten Paragrafen (im ursprünglichen Regierungsentwurf vom 27.11.1989[2] war die Beteiligung der Jugendgerichtshilfe noch in § 72 Abs. 3 S. 4 geregelt) sollte die besondere Notwendigkeit der Mitwirkung der Jugendgerichtshilfe in Haftsachen hervorgehoben werden,[3] sie soll nicht nur für Untersuchungshaft, sondern in auch beim Erlass eines Haftbefehls gemäß § 230 StPO gelten.[4] Aufgabe der JGH im Rahmen des § 72 a ist insbesondere die

1

---

78 Brunner/Dölling, § 72 Rn 11; Eisenberg, § 72 Rn 14.
1 Laubenthal, S. 149.
2 BT-Drucks. XI/5829, 7.
3 Brunner/Dölling, § 72 a Rn 1; Laubenthal, S. 152.
4 Eisenberg, § 72 a Rn 2 a.

Information des Richters zur sozialen Situation des festgenommenen Jugendlichen und die Beratung in Bezug auf die Möglichkeiten der Haftvermeidung und über weniger einschneidende Maßnahmen der Verfahrenssicherung.[5] Die JGH wird bei dieser Tätigkeit auch als „Scharnier zwischen haftrichterlichen und den Angeboten der Jugendhilfe zur U-Haftvermeidung" bezeichnet,[6] von der JGH wird auch am häufigsten die Anregung zur Haftvermeidung in das Verfahren eingebracht[7].

II. Persönlicher und sachlicher Anwendungsbereich

2   Die Vorschrift gilt nach der gesetzlichen Ausgestaltung unmittelbar nur für Jugendliche und Heranwachsende (§ 109 Abs. 1 S. 1), auch in Verfahren vor den für allgemeine Strafsachen zuständigen Gerichten (§ 104 Abs. 2). Für Heranwachsende ist die Mitwirkung der Jugendgerichtshilfe in Haftsachen nicht vorgesehen, in § 109 Abs. 2 sind die §§ 72 und 72 a ausgenommen. Geschlossen wird dies aus der Tatsache, dass § 72 a erst im Zuge der Gesetzesberatung als selbstständige Norm eingeführt wurde.[8] Gegen diese Einschätzung spricht aber die vom Gesetzgeber eindeutig getroffene Entscheidung, wonach § 72 nicht für Heranwachsende gelten und die Herauslösung der **Haftentscheidungshilfe** aus § 72 in eine eigenständige Norm nur der Hervorhebung der Bedeutung der Tätigkeit der Jugendgerichtshilfe in Haftsachen dienen soll. Dies steht auch in Übereinstimmung mit dem, entgegen der tatsächlichen Entwicklung in der Praxis, immer noch normierten Grundsatz, wonach bei Heranwachsenden die Anwendung des allgemeinen Strafrechts die Regel sein soll. **Ungeachtet dieser gesetzlichen Regelung muss es den an der Entscheidung beteiligten Organen unbenommen sein, auch bei der Entscheidung über die Anordnung der Untersuchungshaft bei Heranwachsenden die in § 72 a vorgesehenen Unterrichtungen vorzunehmen und um die Unterstützung der Jugendgerichtshilfe zu bitten.** Die gesetzliche Regelung beseitigt lediglich die Verpflichtung zur Benachrichtigung bei Vorführung und vorläufiger Festnahme. Dem stehen auch datenschutzrechtliche Gründe nicht entgegen, da auch in Verfahren gegen Heranwachsende zur Erforschung der Persönlichkeit (§§ 107, 43 Abs. 1) die Jugendgerichtshilfe mitzuwirken und die Jugendgerichtshilfe nach § 109 Abs. 1 S. 2 von der Einleitung eines Verfahrens gegen einen Heranwachsenden zu informieren ist. Gestützt wird die Zweckmäßigkeit, auch bei Heranwachsenden frühzeitig die Jugendgerichtshilfe zu informieren auch aus § 52 SGB VIII. Nach § 52 Abs. 2 SGB VIII hat das Jugendamt frühzeitig für Jugendliche und junge Volljährige zu prüfen, ob Leistungen der Jugendhilfe in Betracht kommen. Zwar wird in Abs. 2 S. 2 nur auf die Möglichkeiten einer Diversionsentscheidung durch die Staatsanwaltschaft hingewiesen, im Fall einer angeordneten Untersuchungshaft können derartige Leistungen, die auch für Heranwachsende möglich sind, unter Umständen zur Haftverschonung führen. Schließlich obliegt der Jugendgerichtshilfe auch die Betreuung junger Volljähriger, soweit sie dem JGG unterfallen, also Heranwachsende sind (§ 52 Abs. 3 SGB VIII), woraus sich auch die Unterrichtungspflicht, wenn auch nicht in der strikten Konsequenz wie bei Jugendlichen, ergeben kann.

---

5   Heßler, S. 83.
6   Bindel-Kögel/Heßler, S. 6.
7   Hotter, S. 290 ff.
8   Ostendorf, § 72 a Rn 1.

III. Mitteilungspflichten

Die Mitteilungspflichten nach § 72 a S. 1, 1. Halbsatz und nach S. 2 sind zwingend. Die Verpflichtung zur Unterrichtung der Jugendgerichtshilfe trifft in erster Linie die Staatsanwaltschaft bis zur Beantragung des Haftbefehls, dann den Ermittlungsrichter. Auch bei vorläufiger Festnahme des Jugendlichen ist die Staatsanwaltschaft vorrangig in der Pflicht zur Unterrichtung, da die Entscheidung der Vorführung nach § 128 StPO und die Beantragung eines Haftbefehls (abgesehen von der Ausnahmevorschrift des § 125 Abs. 1 2. Alt.) ausschließlich der Staatsanwaltschaft obliegt.[9] Ob letztendlich die Polizei oder die Staatsanwaltschaft die Jugendgerichtshilfe benachrichtigt, ist unerheblich. Dies hängt in den meisten Fällen von den örtlichen Vereinbarungen zwischen Polizei, Staatsanwaltschaft und Jugendamt ab. Ordnet der Staatsanwalt bei vorläufiger Festnahme des jugendlichen Beschuldigten die Vorführung fernmündlich an (und stellt den – nicht formbedürftigen – Antrag auf Erlass eines Haftbefehls ebenso), bietet sich an, dass er die Polizei bittet, das Jugendamt zu benachrichtigen.   3

IV. Bericht der JGH zur Haftentscheidung

Die Jugendgerichtshilfe hat in Haftsachen „beschleunigt" über ihre Nachforschungen zu berichten (§ 38 Abs. 1 S. 3). Wegen der gesetzlichen Frist des § 128 Abs. 1 StPO kann es in der Praxis kaum eine gründliche Erforschung der Persönlichkeit des Beschuldigten geben, der Jugendgerichtshelfer wird in den meisten Fällen kaum Gelegenheit haben, mit dem Beschuldigten zu reden. **Die Jugendgerichtshilfe sollte aber so organisiert sein, dass bei unverzüglicher Benachrichtigung bis zur Vorführung vor den Haftrichter soweit Erkenntnisse gesammelt werden können, dass möglicherweise dem Haftrichter Vorschläge unterbreitet werden können, die eine Untersuchungshaft entbehrlich machen können.**[10] Sofern die Möglichkeiten gegeben sind, ist eine „Rund-um-die-Uhr-Betreuung"[11] oder die Einrichtung eines ständigen Bereitschaftsdienstes sicher hilfreich. Der Vorschrift und in der Regel auch dem Verfahrensablauf kann genüge getan werden, wenn die Kommunikationswege zu und innerhalb der Jugendgerichtshilfe gepflegt werden.   4

Eine Anhörung der Jugendhilfe vor der Beantragung eines Haftbefehls erscheint nicht unproblematisch. Je nach Lage des Falles und dem Stand der Ermittlungen ist nicht auszuschließen, dass **die Tätigkeit der Jugendgerichtshilfe mit ihren Erkundigungen die Ermittlungen stört** oder der Beschuldigte gewarnt wird. Dies gilt auch, wenn beim Beschuldigten Flucht- oder Verdunkelungsgefahr besteht.   5

Die Unterrichtung der Jugendgerichtshilfe soll aber nicht nur dem Zweck dienen, dem Ermittlungsrichter (und gegebenenfalls vorher dem Staatsanwalt) Entscheidungshilfe zu geben. Gleichzeitig soll die Betreuung des inhaftierten Jugendlichen und jungen Volljährigen (soweit er entgegen der Definition des § 7 Abs. 1 Nr. 3 SGB VIII noch Heranwachsender ist), die der Jugendgerichtshilfe obliegt (§ 52 Abs. 3 SGB VIII), möglichst rasch anlaufen, da erfahrungsgemäß die ersten Tage des Beschuldigten in Untersuchungshaft von diesem als besonders schwer empfunden werden. Weiterer Gesichtspunkt ist die Tatsache, dass die Abklärung der möglichen Unterbringung des Jugendlichen in einem Heim der Jugendhilfe nach §§ 72 Abs. 4, 71 Abs. 2 in der Regel eine gewisse Zeit in Anspruch nimmt und   6

---

9 Meyer-Goßner, § 128 StPO Rn 11.
10 Kawamura, Zur Praxis der Vermeidung der Untersuchungshaft, BewH 1994, 410.
11 Vgl Bindel-Kögel/Heßler, Vermeidung von Untersuchungshaft in Berlin, DVJJ-Journal 1999, 289.

oft nicht vor Erlass und Invollzugsetzung des Haftbefehls eine geeignete Einrichtung vorgeschlagen werden kann. Der Subsidiaritätsgrundsatz und das Beschleunigungsgebot des § 72 verlangen das möglichst frühzeitige Bemühen, eine **Ersatzmöglichkeit für die Untersuchungshaft** anzubieten. Dabei soll auch der Stabilisierung der Lebenssituation, Klärung beruflicher und schulischer Perspektiven und die Planung und Einleitung von Anschlussmaßnahmen Rechnung getragen werden[12]

V. Anwesenheitsrecht der JGH bei der Haftbefehlseröffnung

7 Die Jugendgerichtshilfe ist zwar zur Haftentscheidungshilfe verpflichtet, ihre Mitwirkung kann aber vom Ermittlungsrichter nicht erzwungen werden. Andererseits ist dem Vertreter der Jugendgerichtshilfe ein **Anwesenheitsrecht bei der Haftbefehlseröffnung nicht zu verwehren**, wenngleich er nach § 72 a S. 1 1. Halbsatz nicht zwingend davon informiert sein muss.

VI. Örtliche Zuständigkeit der JGH

8 Örtlich zuständig ist die Jugendgerichtshilfe des für den gewöhnlichen Aufenthaltsort der Eltern beziehungsweise des Jugendlichen zuständigen Jugendamtes (§ 87 b iVm § 86 Abs. 1 – 4 SGB VIII). Zweckmäßigerweise kann die örtlich zuständige Jugendgerichtshilfe die Jugendgerichtshilfe des Ergreifungs- oder Haftortes bei großer Entfernung im Wege der Amtshilfe bitten, die Aufgaben im Rahmen der Haftentscheidungshilfe stellvertretend wahrzunehmen. Ebenso kann, steht der jugendliche Beschuldigte unter Bewährung, dessen Bewährungshelfer für die Jugendgerichtshilfe tätig werden.[13] Die Kosten für die Aufgaben im Rahmen des § 72 a sind keine Auslagen des Verfahrens und deshalb vom Jugendamt zu tragen.

§ 72 b Verkehr mit Vertretern der Jugendgerichtshilfe, dem Betreuungshelfer und dem Erziehungsbeistand

[1]Befindet sich ein Jugendlicher in Untersuchungshaft, so ist auch den Vertretern der Jugendgerichtshilfe der Verkehr mit dem Beschuldigten in demselben Umfang wie einem Verteidiger gestattet. [2]Entsprechendes gilt, wenn der Beschuldigte der Betreuung und Aufsicht eines Betreuungshelfers untersteht oder für ihn ein Erziehungsbeistand bestellt ist, für den Helfer oder den Erziehungsbeistand.

1 Die Vorschrift gilt für Jugendliche, für Heranwachsende hinsichtlich der JGH und des Betreuungshelfers. Die Vorschrift entspricht im Wesentlichen dem bisherigen § 93 Abs. 3 und wurde durch das Gesetz zur Änderung des Untersuchungshaftrechtes vom 29.7.2009[1] aus systematischen Gründen als eigenständige Norm zu den Vorschriften über die Untersuchungshaft gestellt. Weggefallen ist lediglich die Aufnahme des Bewährungshelfers, da dies durch die Erwähnung in § 119 Abs. 4 S. 2 Nr. 1 StPO obsolet geworden ist. Zweck der Vorschrift ist, den Personen zu denen der in Untersuchungshaft befindliche Jugendliche ein besonderes Vertrauensverhältnis aufbauen kann einen erleichterten Zugang zu dem Unter-

---

12 Bindel-Kögel/Heßler, S. 68 ff.
13 Ostendorf, § 72 a Rn 4.
1 BGBl I, 2274.

suchungsgefangenen zu verschaffen und sie von allen Beschränkungen anderer Besucher zu befreien.

§ 73 Unterbringung zur Beobachtung

(1) ¹Zur Vorbereitung eines Gutachtens über den Entwicklungsstand des Beschuldigten kann der Richter nach Anhören eines Sachverständigen und des Verteidigers anordnen, daß der Beschuldigte in eine zur Untersuchung Jugendlicher geeignete Anstalt gebracht und dort beobachtet wird. ²Im vorbereiteten Verfahren entscheidet der Richter, der für die Eröffnung des Hauptverfahrens zuständig wäre.

(2) ¹Gegen den Beschluß ist sofortige Beschwerde zulässig. ²Sie hat aufschiebende Wirkung.

(3) Die Verwahrung in der Anstalt darf die Dauer von sechs Wochen nicht überschreiten.

Richtlinien zu § 73
1. Die Staatsanwaltschaft beantragt die Unterbringung zur Vorbereitung eines Gutachtens über den Entwicklungsstand von Jugendlichen nur, wenn die Bedeutung der Strafsache diese schwerwiegende Maßnahme rechtfertigt und eine Untersuchung nach § 43 Abs. 2 nicht ausreicht (vgl. die Richtlinie Nr. 8 zu § 43 sowie Nrn. 61 ff. RiStBV).
2. Dem Beschuldigten, der keinen Verteidiger hat, ist ein solcher zu bestellen (§ 68 Nr. 3).
3. § 73 gilt auch im Verfahren gegen Jugendliche vor den für allgemeine Strafsachen zuständigen Gerichten (§ 104 Abs. 1 Nr. 12) und im Verfahren gegen Heranwachsende (§ 109 Abs. 1).

I. Persönlicher Anwendungsbereich	1	IV. Verhältnismäßigkeit	7
II. Sachliche Voraussetzungen	2	V. Auswahl des Sachverständigen	9
III. Dringender Tatverdacht	5	VI. Notwendige Verteidigung	10
		VII. Zeitliche Beschränkung	11

I. Persönlicher Anwendungsbereich

Die Vorschrift gilt für Jugendliche und Heranwachsende vor Jugendgerichten und in Verfahren vor den für allgemeine Strafsachen zuständigen Gerichten (§§ 104 Abs. 1 Nr. 12, 109 Abs. 1 S. 1, 112 S. 1). 1

II. Sachliche Voraussetzungen

Die Vorschrift steht neben der auch in Verfahren gegen Jugendliche und Heranwachsende anwendbaren Vorschrift des § 81 StPO und ist auch dem Wortlaut des § 81 Abs. 1 StPO ähnlich formuliert. Sie ergänzt und erweitert die Möglichkeiten der Persönlichkeitserforschung nach § 43. Während bei einer Unterbringung nach § 81 StPO der psychische Zustand untersucht werden soll, bezieht sich § 73 ausschließlich auf die Untersuchung des Entwicklungsstandes des Beschuldigten. Bei der Anordnung allein nach § 73 dürfen also keine Zweifel am geistigen Gesundheitszustand des Beschuldigten bestehen. **Die vorbereitende Beobachtung und das danach auch auf der Beobachtung beruhende Gutachten darf sich nur auf den Entwicklungsstand des Beschuldigten erstrecken.** Die Feststellung des Entwicklungsstandes ist sowohl bei der Beurteilung der erforderlichen Strafreife 2 nach § 3 als auch bei der Entscheidung, ob auf den heranwachsenden Beschuldigten Jugendstrafrecht oder allgemeines Strafrecht (§ 105 Abs. 1) anzuwenden ist, erforderlich. Er kann aber auch bei der zu findenden Rechtsfolge von großer Erheblichkeit sein.

3 Die Unterbringung setzt zunächst konkrete Hinweise voraus, wonach beim Beschuldigten solche Abweichungen vom ansonsten alterstypischen Entwicklungsstand bestehen, die durch Sachkunde des Gerichts und durch die Persönlichkeitserforschung der Jugendgerichtshilfe nicht sicher in ihrer Auswirkung eingeschätzt werden können, so dass es der Inanspruchnahme eines Sachverständigen nach § 43 Abs. 2 bedarf (zur Eignung des Sachverständigen siehe § 43 Rn 42 – 46) und dieser nicht in der Lage ist, sein Gutachten nach einer ambulanten Untersuchung zu erstellen.[1] Die Unterbringung kann auch erfolgen, wenn sich der auf freiem Fuß befindliche Beschuldigte der ambulanten Untersuchung nicht stellt. Die Zeit der Unterbringung darf dann jedoch die voraussichtliche Dauer der Untersuchung nicht überschreiten, es kommt dann auch die Unterbringung für nur einen Tag in Betracht.[2]

4 Besteht daneben noch der Bedarf, den psychischen Zustand des Beschuldigten zu explorieren, so muss ein Beschluss nach § 81 StPO ergehen. Der Auftrag, den Beschuldigten sowohl auf seinen Entwicklungsstand als auch auf seinen psychischen Zustand stationär zu beobachten, kann in einem Beschluss ergehen. In keinem Fall dürfen körperliche Untersuchungen oder gar Eingriffe vorgenommen werden, dazu bedarf es eines Beschlusses nach §§ 81 a, 81 b StPO.

III. Dringender Tatverdacht

5 Da die Unterbringung freiheitsentziehenden Charakter hat, wird teilweise wie für den Erlass eines Haftbefehls ein dringender Tatverdacht gefordert.[3] Für diese Annahme spricht, dass in § 81 Abs. 2 S. 1 StPO ausdrücklich ein dringender Tatverdacht vorausgesetzt wird, der entsprechend wie bei § 112 Abs. 1 S. 1 StPO festzustellen ist.[4] Die Auswirkungen der Anordnung der Unterbringung nach § 81 StPO und nach § 73 unterscheiden sich im Ergebnis nicht sonderlich, weshalb die gesetzlichen Erfordernisse des § 81 StPO bei der Anwendung des § 73 grundsätzlich Beachtung finden müssen. Anstelle der Unterbringung in einer zur „Untersuchung Jugendlicher geeigneten Anstalt" (§ 73) ist in § 81 StPO die Unterbringung in einem „öffentlichen psychiatrischen Krankenhaus" vorgesehen. Dabei soll auch Beachtung finden, dass die geeignete Anstalt nach § 73 auch ein dem § 81 StPO entsprechendes Krankenhaus sein kann. In beiden Fällen ist eine Unterbringung bis zu sechs Wochen möglich (§ 81 Abs. 5 StPO; § 73 Abs. 3). Einleuchtende Gründe, weshalb bei einer Unterbringung nach § 73 ein dringender Tatverdacht im Gegensatz zu § 81 StPO nicht erforderlich sein soll, sind nicht ersichtlich.

---

1 So ist auch RL 1 zu § 73 zu verstehen, in der die Anwendung des § 73 als subsidiäre Maßnahme zu § 43 Abs. 2 dargestellt ist, tatsächlich handelt es sich bei der Anordnung der Unterbringung nach § 73 um eine Alternative innerhalb der Aufgabe des Gerichts (oder im Ermittlungsverfahren der Staatsanwaltschaft).
2 Bunner/Dölling, § 73 Rn 3; OLG Celle v. 18.6.1991, 3 Ws 131/90, NStZ 1991, 598, mit Anm. Wohlers, NStZ 1992, 347.
3 Brunner/Dölling, § 73 Rn 3; Ostendorf, § 73 Rn 2; für einen nur hinreichenden Tatverdacht: OLG Oldenburg v. 1.3.1961, 1 Ws 58/61, NJW 1961, 982; Eisenberg, § 73 Rn 8 („ausreichende Anhaltspunkte").
4 Meyer-Goßner, § 81 StPO Rn 6.

Zusätzlich ist wegen des erheblichen Eingriffs in die persönliche Freiheit des Beschuldigten der **Grundsatz der Verhältnismäßigkeit** zu beachten.[5]

IV. Verhältnismäßigkeit

Voraussetzung ist zunächst, dass es ich um eine Tat von einigem Gewicht handeln muss (RL 1 zu § 73), eine ambulante Untersuchung nicht ausreicht (vgl oben Rn 3) und **im Falle einer Verurteilung Jugend- oder Freiheitsstrafe (bei allgemeinen Strafrechts für einen Heranwachsenden) nicht auszuschließen ist**.[6] Dies impliziert in aller Regel den Vorwurf eines schwerwiegenden Deliktes oder die Häufung von Delikten mittlerer Qualität. Bagatelldelikte, auch wenn sie sehr zahlreich begangen sind, dürften die Anordnung einer stationären Unterbringung nicht rechtfertigen können.[7]

Darüber hinaus ist zur Bestimmung der **Verhältnismäßigkeit** erforderlich, dass die Unterbringung notwendig und geeignet ist.[8] Es widerspricht der Verhältnismäßigkeit, wenn der gleiche Zweck anstelle einer Untersuchung in einer stationären Einrichtung auch ambulant erbracht werden kann, dies ergibt sich schon aus dem Erfordernis des geringstmöglichen Eingriffs. In der Entscheidung des Richters sind daher ausreichend Gründe darzulegen, weshalb die stationäre Unterbringung unumgänglich ist und nicht durch andere, weniger einschneidende Maßnahmen ersetzt werden kann, da er nur so seine ermessensfehlerfreie Entscheidung darlegen kann. Ebenso selbstverständlich ist die Prüfung der Geeignetheit der Unterbringung an sich und der ausgewählten Einrichtung. Gegebenfalls hat sich der anordnende Richter über die Einrichtung kundig zu machen, wobei er sich dabei des nach Abs. 1 S. 1 heranzuziehenden Sachverständigen bedienen kann.

V. Auswahl des Sachverständigen

Bei der Auswahl dieses Sachverständigen unterliegt der Richter denselben Anforderungen, die an ihn bei der Auswahl eines Sachverständigen nach § 43 gestellt werden (vgl dazu oben § 43 Rn 49 f). Die Aufgabe des Sachverständigen ist jedoch noch nicht, sich über den Entwicklungsstand zu äußern, sondern lediglich die richterliche Entscheidung über die Unterbringung zu unterstützen. Das heißt, sie beschränkt sich im Wesentlichen darauf, die Geeignetheit der Unterbringung für die Erstattung eines Gutachtens darzulegen.

VI. Notwendige Verteidigung

Unabdingbar ist auch die Anhörung des Verteidigers. Dem Beschuldigten ist für den Fall, dass sich bisher ein Verteidiger nicht legitimiert hat, ein **Pflichtverteidiger beizuordnen** (§ 68 Nr. 3).

---

[5] Brunner/Dölling, § 73 Rn 3, Eisenberg, § 73 Rn 8.
[6] Brunner/Dölling und Eisenberg jeweils aaO verlangen im Fall der Verhängung einer Freiheitsstrafe eine der Jugendstrafe entsprechende Dauer, also bei einer Freiheitsstrafe auch mindestens sechs Monate. Verhältnismäßig soll nach diesen Meinungen die Unterbringung auch sein, wenn Hilfe zur Erziehung nach § 12 Abs. 1 Nr. 2 infrage kommt. Dieser Ansicht dürfte nicht zu folgen sein, da bei entsprechender Anwendung der Grundsätze des § 81 StPO die Verhältnismäßigkeit nicht mehr gegeben ist, wenn die Unterbringung für den Jugendlichen schwerer wiegt als die Strafe oder Maßregel, die er für die Tat zu erwarten hat (Meyer-Goßner, § 81 StPO Rn 7).
[7] So offensichtlich auch Ostendorf, § 73 Rn 4.
[8] Ganz herrschende Meinung: beispielsweise Brunner/Dölling, § 73 Rn 3; Eisenberg, § 73 Rn 8; Ostendorf, § 73 Rn 4.

VII. Zeitliche Beschränkung

11 Gleichermaßen wie in § 81 StPO ist die Unterbringung auf eine Höchstdauer von sechs Wochen beschränkt. Die oben dargelegten Grundsätze der Verhältnismäßigkeit gebieten, die Dauer möglichst so kurz zu halten, dass der angestrebte Zweck, nämlich die Erstellung des Gutachtens, erreicht werden kann. Es empfiehlt sich daher eine zunächst kürzere Frist anzuordnen; die Festsetzung der Höchstdauer ohne hinreichende Anhaltspunkte, wonach diese Frist auch benötigt werde, ist nicht zulässig.[9] Möglich ist aber die Verlängerung einer angeordneten Frist bis zur gesetzlichen Höchstdauer von sechs Wochen. Die erneute Einweisung, mit der die Höchstgrenze von sechs Wochen aber nicht überschritten werden darf, wird teilweise als nicht zulässig angesehen,[10] da die erneute Einweisung einen wesentlich größeren Eingriff als die Verlängerung darstelle. Dieser Ansicht wird aber nicht zu folgen sein, wenn die Anordnung durch sachliche Gründe, dass nämlich eine überzeugende Begutachtung noch nicht erfolgen konnte und die erneute Einweisung eine solche erwarten lässt, gerechtfertigt ist.

§ 74 Kosten und Auslagen

Im Verfahren gegen einen Jugendlichen kann davon abgesehen werden, dem Angeklagten Kosten und Auslagen aufzuerlegen.

Richtlinien zu § 74

1. Kosten und Auslagen werden Jugendlichen nur aufzuerlegen sein, wenn anzunehmen ist, daß sie aus Mitteln bezahlt werden, über die sie selbständig verfügen können, und wenn ihre Auferlegung aus erzieherischen Gründen angebracht erscheint. Reichen die Mittel der Jugendlichen zur Bezahlung sowohl der Kosten als auch der Auslagen nicht aus, so können ihnen entweder nur die Kosten oder nur die Auslagen oder ein Teil davon auferlegt werden.

2. Eine Entscheidung über die Kosten und Auslagen wird auch bei der Ergänzung rechtskräftiger Entscheidungen nach § 66 getroffen. Wenn in einer einbezogenen Entscheidung (§ 31 Abs. 2, § 66) von der Ermächtigung des § 74 kein Gebrauch gemacht worden ist, kann in der neuen Entscheidung ausgesprochen werden, daß es insoweit bei der früheren Kostenentscheidung verbleibt. Das wird sich besonders dann empfehlen, wenn auf Grund der früheren Kostenentscheidung bereits Kosten oder Auslagen eingezogen worden sind.

3. Gerichtsgebühren werden nach § 40 GKG berechnet. Bei der Einbeziehung einer Strafe nach § 31 Abs. 2 oder bei Ergänzung rechtskräftiger Entscheidungen nach § 66 ist bei der Berechnung der Gerichtsgebühren § 41 GKG zu beachten.

4. Zu den Auslagen des Verfahrens gehören auch die Kosten einer einstweiligen Unterbringung in einem Heim der Jugendhilfe (§ 71 Abs. 2, § 72 Abs. 4) und einer Unterbringung zur Beobachtung (§ 73).

5. Die Kosten, die Jugendlichen dadurch entstehen, daß sie einer ihnen erteilten Weisung (§ 10) oder Auflage (§ 15) nachkommen, gehören nicht zu den Kosten und Auslagen im Sinne des § 74. Sie werden von ihnen selbst oder von für sie leistungspflichtigen oder leistungsbereiten Dritten getragen.

---

9 Vgl auch Ostendorf, § 73 Rn 4.
10 Ostendorf, § 73 Rn 4.

6. § 74 gilt auch im Verfahren gegen Jugendliche vor den für allgemeine Strafsachen zuständigen Gerichten (§ 104 Abs. 1 Nr. 13), im Verfahren gegen Heranwachsende nur, wenn das Gericht Jugendstrafrecht anwendet (§ 109 Abs. 2).

Schrifttum:
Baumhöfener, Jugendstrafverteidiger – eine Untersuchung im Hinblick auf § 74 JGG, 2007; *Körner,* Die Kostentragung im Jugendstrafverfahren, 2000.

I. Anwendbarkeit 1	VI. Kosten des Verfahrens 10
II. Anwendung der Vorschriften der StPO 2	VII. Notwendige Auslagen 11
	VIII. Kosten und Auslagen bei Nebenklage 18
III. Kosten bei Einstellung 3	
IV. Ermessensspielraum 4	IX. Kostenausspruch 20
V. Zukunftsorientierte Betrachtungsweise 5	X. Haftung 21
	XI. Rechtsmittel 22

I. Anwendbarkeit

Die Vorschrift gilt für Jugendliche und für Heranwachsende, soweit auf sie Jugendrecht angewendet wird (§§ 109 Abs. 2 S. 1), auch wenn sie sich in Verfahren vor den ordentlichen Gerichten verantworten müssen (§§ 104 Abs. 1 Nr. 13, 112 S. 1 und 2). Durch ausdrücklichen Verweis ist § 74 bei Ordnungswidrigkeiten entsprechend anwendbar (§ 105 Abs. 1 OWiG) und erlaubt auch der Verwaltungsbehörde von der Auferlegung der Kosten und Auslagen an den Jugendlichen oder Heranwachsenden abzusehen. Da § 74 keine Einschränkungen hinsichtlich der Art des Verfahrens enthält, ist sie auch auf den in der Praxis äußerst seltenen Fall der Widerklage gegen einen Jugendlichen (§ 80 Abs. 2) oder Heranwachsenden anzuwenden, wenn diese zu einer Verurteilung führt.

II. Anwendung der Vorschriften der StPO

Grundsätzlich finden im Jugendstrafverfahren für die Kosten und Auslagen des Angeschuldigten dieselben Vorschriften Anwendung wie im Erwachsenenstrafrecht (§ 2), weshalb zunächst die §§ 464 ff StPO gelten. Insbesondere hat der Jugendrichter wie jeder andere Richter die Vorschrift des § 464 Abs. 1 StPO zu beachten, wonach jedes Urteil (jeder Strafbefehl und jede eine Untersuchung einstellende Entscheidung) mit einer Kostenentscheidung zu versehen ist. Unterbleibt diese Entscheidung, so greift im Erwachsenenstrafrecht im Falle einer Verurteilung durch gesetzliche Regelung (§ 465 StPO) der Grundsatz ein, wonach der Verurteilte Kosten und seine eigenen notwendigen Auslagen zu tragen hat. Wird der angeklagte Jugendliche freigesprochen, so gilt uneingeschränkt die Vorschrift des § 467 StPO, wonach Kosten und notwendige Auslagen der Staatskasse aufzuerlegen sind. Dies gilt auch, wenn der Freispruch auf erwiesener oder nicht zu widerlegender mangelnder Strafreife beruht.[1] Im Falle einer Verurteilung spielt die getroffene Rechtsfolge keine Rolle, da nur der Schuld-, nicht der Strafausspruch entscheidend ist. Den verurteilten Jugend treffen daher grundsätzlich auch die Kosten- und Auslagenfolgen nicht nur bei Verhängung von Jugendstrafe, sondern auch, wenn gegen ihn nur Erziehungsmaßregeln oder Zuchtmittel angewandt werden. Ebenso ist eine Entscheidung nach § 27, wonach die Jugendstrafe ausgesetzt wird, eine Verurteilung,[2] die mit einem Kostenausspruch versehen

---

1 Brunner/Dölling, § 74 Rn 2; Eisenberg, § 74 Rn 6.
2 Ganz hM beispielsweise Brunner/Dölling, § 74 Rn 5; Eisenberg, § 74 Rn 5; Ostendorf, § 74 Rn 4.

werden muss. Wird ein Nachverfahren durchgeführt (§ 30), so ist eine erneute Kostenentscheidung erforderlich, da durch dieses Verfahren wiederum neue Kosten entstanden sind, auf die sich die zum Zeitpunkt der ersten Entscheidung ergangene Kostenentscheidung nicht beziehen kann. Der Jugendrichter hat bei dieser Kostenentscheidung unabhängig vom ersten Urteil wieder über die Anwendung des § 74 zu entscheiden und kann dabei auch zu einem anderen Ergebnis gelangen. Unterbleibt beim Schuldspruch eine Kostenentscheidung, so kann diese im Nachverfahren noch ergehen und bezieht sich dann auf das gesamte Verfahren.

III. Kosten bei Einstellung

3   Wird das Verfahren gegen den Jugendlichen oder Heranwachsenden in der Hauptverhandlung nach den §§ 47 oder 153 Abs. 2, 153a Abs. 2 StPO eingestellt, so verbleibt es grundsätzlich bei der allgemeinen Kostenregelung, **allerdings ist die Möglichkeit des § 74 nur bei einer Entscheidung nach § 47 eröffnet**, da nach der hier vertretenen Ansicht bei Jugendlichen die Anwendung dieser Billigkeitsnormen hinter der Anwendung des § 47 zurücktritt (vgl § 45 Rn 10, 11). Bei einer Einstellung des Verfahrens nach §§ 153, 153a StPO gibt der Jugendrichter zu erkennen, dass er beim Heranwachsenden allgemeines Strafrecht anwenden will, weshalb § 74 ausscheidet.[3]

IV. Ermessensspielraum

4   Die Vorschrift des § 74 eröffnet dem Jugendrichter, von der ansonsten unabdingbaren Vorschrift des § 465 StPO abzuweichen. Die Entscheidung darüber steht im **Ermessen des Gerichts**, wobei nur dessen rechtsfehlerfreier Gebrauch überprüft werden kann.[4] Dabei ist dem Gericht ein **weiter Ermessensspielraum** zugebilligt. Die Überprüfung der Entscheidung ist darauf beschränkt, ob das erkennende Gericht das ihm eingeräumte Ermessen frei von Rechtsfehlern ausgeübt hat,[5] insbesondere die erzieherischen Gesichtspunkte, die gegen eine Auferlegung der Kosten sprechen, nicht hinreichend berücksichtigt worden sind.[6] Das Gericht kann dabei **ganz oder teilweise** von der Befreiung Gebrauch machen; so können dem Jugendlichen nur Kosten oder Auslagen oder aber auch nur Teile von Kosten und Auslagen auferlegt werden. Maßstab der Ermessensentscheidung ist dabei zum einen eine unzumutbare wirtschaftliche Gefährdung des Verurteilten zu vermeiden. Er soll zum anderen aber auch durch Auferlegung der Kosten erfahren, dass er für sein Unrecht einzustehen hat. Von daher wird bei Jugendlichen eher von der Auferlegung abgesehen werden können als bei Heranwachsenden.[7]

V. Zukunftsorientierte Betrachtungsweise

5   Das dem Jugendrichter überlassene Ermessen orientiert sich am Zweck der Regelung des § 74. Nach den Richtlinien (RiLi1) sind dem Jugendlichen Kosten und Auslagen nur dann aufzuerlegen, wenn anzunehmen ist, dass er sie aus eigenen

---

3   Zu grundsätzlichen Anwendbarkeit des § 74 bei Einstellungen nach § 47: Eisenberg, § 47 Rn 22.
4   BGH v. 16.3.2006, 4 StR 594/05, NStZ-RR 2006, 224; KG v. 17.1.2008, 1 Ws 11/08, NStZ RR 2008, 291.
5   BGH v. 16.11.1993, 4 StR 591/93, NStZ 1994, 531 bei Böhm; KG v. 13.1.1999, 3 AR 82-98 – 5 Ws 720/98, NStZ-RR 1999,121; Eisenberg, § 74 Rn 8a.
6   KG v. 17.1.2008, 1 Ws 11/08, NStZ-RR 2008, 291.
7   KG v. 8.8.2006, 5 Ws 424/06, NStZ-RR 2007, 64; OLG Hamm v. 7.1.2008, 2 Ws 384/07, ZJJ 2008, 193.

Mitteln bezahlen kann und wenn dies aus erzieherischen Gründen geboten erscheint. Dies ist Ausdruck der dem JGG innewohnenden Erziehungsgedanken. Gleichzeitig soll bei der Entscheidung auch der **zukünftigen Entwicklung des Jugendlichen** Rechnung getragen werden („zukunftsorientierte Betrachtungsweise").[8] Durch die Kosten- und Auslagenentscheidung darf die wirtschaftliche Existenz des Jugendlichen auch nicht gefährdet werden,[9] sie darf **nicht resozialisierungshemmend** wirken.[10] Dabei hat der Jugendrichter auch die Zeit nach einem eventuellen Jugendstrafvollzug in seine Entscheidung miteinzubeziehen,[11] da zusätzliche Belastungen für einen Neuanfang des Jugendlichen auch dann vermieden werden sollen. Ein Absehen von der Auferlegung kommt nach dem Gesetzeszweck nicht in Betracht, wenn der zur Tatzeit jugendliche oder heranwachsende Angeklagte zum Zeitpunkt der Verurteilung bereits so alt ist, dass eine entwicklungstypische Zukunftsgefährdung ausscheidet und nur die Belastungen zu erwarten sind, die auch auf einen Erwachsenen zukommen könnten.[12]

Von der Befreiung gemäß § 74 kann abgesehen werden, wenn der Angeklagte in der Lage sein wird, **ohne Gefährdung seiner Existenz und seiner weiteren Entwicklung** die Kosten des Verfahrens aufzubringen. Der BGH hat dies beispielsweise angenommen, wenn ein aus „ordentlichen Verhältnissen" stammender Heranwachsender, der zum Zeitpunkt der Verurteilung Zivildienst leistete, eine Lehre erfolgreich absolviert hat.[13] Auch besteht kein Anlass für den Schutz des § 74, wenn der Jugendliche die Kosten aus eigenen Mitteln begleichen kann oder es ihm möglich und zumutbar ist, sie durch Arbeit aufzubringen.[14] Es kann auch als erzieherischer Zweck angesehen werden, dem Angeklagten durch die Auferlegung aufzuzeigen, dass er für die Folgen seines Tuns einzustehen hat.[15] Dieser Gesichtspunkt wird aber in aller Regel wegfallen, wenn begründeter Anlass besteht, die Kosten würden auf Dritte (etwa die Eltern) abgewälzt werden. Wenig überzeugend aus erzieherischen Gründen ist allerdings der Gedanke, von der Kostenauferlegung könne abgesehen werden, wenn die Befürchtung bestehe, die Belastung könne dazu führen, dass der Angeklagte eine Möglichkeit zur Arbeitsaufnahme nicht nutze, weil zu besorgen sein werde, er müsse „den größten Teil" seines Verdienstes zur Begleichung von Kosten und Auslagen aufwenden.[16]

6

Unter Berücksichtung dieser Grundsätze führt der § 74 bei Jugendlichen dazu, vom **Absehen der Auferlegung auszugehen** und die Kosten und Auslagen nur in begründeten und zu begründenden Fällen dem Jugendlichen aufzuerlegen.[17] Die jugendrichterliche Praxis hat sich offensichtlich in neuerer Zeit diesen Gedanken weitgehend zu eigen gemacht.

7

Prozesshinweis: Der Antrag des Verteidigers in seinen Schlussausführungen sollte dennoch auf jeden Fall auch Ausführungen zur Kostenregelung und zur Anwendung des § 74 enthalten, da nicht ausgeschlossen werden kann, dass der Ju-

---

8 OLG Düsseldorf v. 25.10.1994, 3 Ws 621/94, NStZ-RR 1996, 24.
9 BGH NStZ-RR 2001, 326 bei Böhm; KG v. 17.1.2008, 1 Ws 11/08, NStZ-RR 2008, 291.
10 Körner, S. 95.
11 BGH v. 10.7.1996, 2 StR 142/96, StV 1998, 351; Eisenberg, § 74 Rn 8 b.
12 KG v. 17.1.2008, 1 Ws 11/08, NStZ-RR 2008, 291.
13 BGH v. 25.2.2004, 4 StR 394/03, NStZ-RR 2005, 294 bei Böhm.
14 OLG Düsseldorf v. 25.10.1994, 3 Ws 621/94, NStZ-RR 1996, 24.
15 KG v. 13.1.1999, 3AR 82-98 – 5 Ws 720-98, NStZ-RR 1999, 121.
16 LG Gera v. 1.2.1999, 2 Qs 12/99, StV 1999, 666.
17 Dazu auch Eisenberg, § 74 Rn 9; Ostendorf, § 74 Rn 7 mit weiteren Nachweisen.

gendrichter bei fehlendem Antrag davon ausgeht, die Verteidigung sehe die Auferlegung als erzieherisches Mittel an, was regelmäßig nicht der Fall sein dürfte.

8   Fraglich ist, ob die Art (insbesondere die Schwere) der Tat, das Verhalten des Angeklagten während des Verfahrens, Unrechtseinsicht und Besserungswille in die Ermessensentscheidung des Richters einfließen können.[18] Diese Gesichtspunkte dürfen bei der Entscheidung über die Anwendung des § 74 keine Rolle spielen. **Die Kostenentscheidung ist keine zusätzliche Sanktion** und darf deshalb auch unter Strafzumessungsgesichtspunkten nicht eingesetzt werden, weshalb die Begründung für die Ablehnung, der Angeklagte „leugne hartnäckig" oder „habe durch sein Verhalten eine lange Beweisaufnahme veranlasst", an der rechtsfehlerfreien Ermessensentscheidung zweifeln lassen.[19] Fraglich ist daher auch die Begründung, die Versagung wirke erzieherisch, weil der Angeklagte durch die Straftaten einen „ausschweifenden Lebensstil" finanziert habe.[20] Auch das Delikt und die Frage, ob es sich um ein besonderes jugendtypisches Verhalten handelt oder nicht, darf bei der Entscheidung über die Anwendung des § 74 allenfalls eine untergeordnete Bedeutung haben. Insoweit kann es für die Entscheidung nicht wesentlich sein, ob Jugendliche und Heranwachsende eher als Erwachsene ihre Taten ohne vorherige Planung und gedankenlos begehen[21] (was so allgemein auch zweifelhaft sein dürfte).

9   **Das vom Jugendrichter ausgeübte Ermessen muss sich aus den Gründen der Entscheidung erkennen lassen,** auch wenn die Ermessensvorschrift nicht ausdrücklich erwähnt wird.[22] Dabei kann die Schilderung der Lebensumstände des Angeklagten ausreichend sein, da dann unterstellt werden könne, das Gericht habe die Möglichkeit der Kostenfreistellung gesehen.[23]

VI. Kosten des Verfahrens

10 Kosten des Verfahrens sind die Gebühren und Auslagen der Staatskasse einschließlich der Kosten der Ermittlungen und der Vollstreckung (§ 464a Abs. 1 S. 1 S. 2 StPO). Teilweise werden auch die Kosten für vorläufige Maßnahmen nach § 71, die Kosten der Untersuchungshaft und die Unterbringung zur Beobachtung gemäß § 73 (RiLi 4) als Kosten bezeichnet,[24] teilweise als Auslagen.[25] Für die Entscheidung nach § 74 spielt die unterschiedliche Definition jedoch keine Rolle, da der Jugendrichter in beiden Fällen von der Auferlegung absehen kann. **Keine Kosten des Verfahrens sind aber Kosten für die Heimunterbringung als Weisung im Rahmen eines Außervollzugsetzungsbeschlusses, da ein Unterbringungsbefehl nicht ergeht.**[26] Keine Kosten des Verfahrens sind auch die Kosten, die dem Jugendlichen durch die Befolgung von Weisungen und Auflagen entstehen (vgl auch RiLi 5). Dagegen sind die Kosten für einen beigeordneten Verteidiger Kosten des Verfahrens.[27] Wird bei mehreren Angeklagten nur hinsichtlich

---

18 So KG v. 13.1.1999, 3AR 82-98 – 5 Ws 720-98, NStZ-RR 1999, 121.
19 Vgl auch Eisenberg, § 74 Rn 8a mit weiteren Nachweisen.
20 KG v. 8.8.2006, 5 Ws 424/06.
21 Eisenberg, § 74 Rn 8 hält dies offensichtlich für eine wesentliche Begründung für die Vorschrift des § 74.
22 OLG Düsseldorf v. 25.10.1994, 3 Ws 621/94, NStZ-RR 1996, 24.
23 BGH v. 25.2.2004, 4 StR 394/03, NStZ-RR 2005, 294 bei Böhm.
24 Ostendorf, § 74 Rn 8; Meyer-Goßner, § 464a StPO Rn 2.
25 Eisenberg, § 74 Rn 13.
26 OLG Frankfurt v. 4.8. 1995, 3 Vas 15/95, NStZ-RR 1996, 183; OLG Jena v. 27.5.1997, VAS 2/97, NStZ-RR 1997, 320.
27 Meyer-Goßner, § 464a StPO Rn 1.

einem von der Auferlegung der Kosten abgesehen, so fällt dessen Anteil der Staatskasse zur Last und wird nicht auf die anderen gesamtschuldnerisch haftenden (§ 466 StPO) Angeklagten übertragen.[28]

VII. Notwendige Auslagen

Notwendige Auslagen der Beteiligten (und damit auch des Angeklagten) sind gemäß § 464a StPO u.a. auch die Gebühren eines Rechtsanwalts, soweit sie nach § 91 Abs. 2 der ZPO zu erstatten sind (§ 464a Abs. 2 Nr. 2 StPO). Dies umfasst die Gebühren für einen Rechtsanwalt als Wahlverteidiger des Angeklagten, als Vertreter eines Nebenbeteiligten, Vertreter oder Beistand des Privat- oder Nebenklägers[29] und gilt auch dann, wenn der Verteidiger nur vom gesetzlichen Vertreter oder Erziehungsberechtigten beauftragt worden ist, da er für den Jugendlichen als dessen Verteidiger und in dessen Interesse tätig wird.[30] **11**

Die Gebühren des Verteidigers (und ggf Nebenklägervertreters) im Jugendstrafverfahren richten sich nach den allgemeinen Vorschriften des RVG. Dies wird zum Teil als nicht gerechtfertigt angesehen, da insbesondere die Aufgabe des Verteidigers in Jugendstrafsachen als spezieller und aufwändiger angesehen wird.[31] **12**

Die **Kosten des beigeordneten Pflichtverteidigers** sind Kosten des Verfahrens, von deren Auferlegung unstreitig gemäß § 74 abgesehen werden kann. **13**

Die vom BGH[32] und der wohl überwiegenden Rechtssprechung[33] vertretene Meinung, die dem verurteilten Jugendlichen selbst entstandenen **notwendigen Auslagen** könnten nicht gemäß § 74 der Staatskasse auferlegt werden, ist heftig umstritten.[34] Der BGH[35] argumentiert, jeder verurteilte Angeklagte habe von Gesetzes wegen seine notwendigen Auslagen zu tragen, unabhängig ob sie ihm auferlegt worden sind oder nicht. Da es keine gesetzliche Vorschrift gebe, wonach dem Verurteilten seine notwendigen Auslagen auferlegt werden, könne davon auch nicht abgesehen werden. Auch im JGG sei eine entsprechende Vorschrift nicht gegeben, der Gesetzgeber habe im Jugendrecht auch keine abweichende Regelung getroffen. § 74 scheide insbesondere deshalb aus, weil es an einer Regelung fehle, wer bei einem Absehen von der Auferlegung von Auslagen, die Kosten zu tragen habe; eine Übertragung auf die Staatskasse ohne gesetzliche Regelung sei nicht möglich. **14**

---

28 OLG Koblenz v. 22.9.1998, 1 Ws 630-98, NStZ-RR 1999, 160; Brunner/Dölling, § 74 Rn 6.
29 Meyer-Goßner, § 464a StPO Rn 7.
30 Ostendorf, § 74 Rn 5; abweichend für den Fall, dass der gesetzliche Vertreter ausdrücklich mit dem Verteidiger vereinbart, nur mit eigenem Vermögen zu haften: Eisenberg, § 74 Rn 7.
31 Eisenberg, § 74 Rn 17.
32 BGH v. 16.3.2006, 4 StR 594/05, NStZ RR 2006, 224; BGH v. 15.11.1988, 4 StR 528/88, NStZ 1989, 239 mit abl. Anm. Brunner, (= JR 1990, 41 mit abl. Anm. Eisenberg, = StV 1989, 309 mit abl. Anmerkung Ostendorf); v. 16.3.2006, 4 StR 594/05, NStZ-RR 2006, 224.
33 Beispielsweise KG v. 17.1.2008, 1 Ws 11/08, NStZ-RR 2008, 291; v. 13.1.1999, 3 AR 82-98, NStZ-RR 1999,121; OLG Frankfurt v. 22.12.1993, 2 Ws 214/93, GA 1994, 286; LG Gera v. 15.11.1999, 2 Qs 12/99, StV 1999,666.
34 Vgl zu der Problematik bereits Mellinghoff, Kostenentscheidung nach § 74 JGG und notwendige Auslagen des jugendlichen Angeklagten, NStZ 1982, 405 ff.
35 NStZ 1989, 239.

Blessing

15 Die in der Literatur,[36] aber auch früher teilweise in der Rechtssprechung[37] vertretene Gegenmeinung beruft sich auf die **zukunftsorientierte Betrachtungsweise**, die den § 74 unter dem Gesichtspunkt interpretiert, die Vorschrift erfordere, den Jugendlichen von den in der Regel für ihn nicht unerheblichen Aufwendungen für die Verteidigung und Kosten sonstiger Beteiligter freizustellen, da ansonsten aus dieser Vorschrift ein „Kernstück" herausgebrochen[38] und die Intention des § 74 unterlaufen werde. Es wird befürchtet, durch die dem Angeklagten nicht abgenommen Anwaltskosten könnte dieser so schwer belastet werden, dass dies einer Resozialisierung entgegenstehe und möglicherweise sogar aus finanzieller Not neue Straftaten erwachsen könnten.[39]

16 Der Rechtssprechung sollte in diesem Zusammenhang nicht der Vorrang des fiskalischen Denkens unterstellt werden, auch wenn dies in einzelnen Entscheidungen anklingen mag.[40] **Fiskalische Gesichtspunkte dürfen bei der Auslegung des § 74 keine Rolle spielen.**[41]

17 So sehr diese Ansicht im Einzelfall zu einem für den Jugendlichen wünschenswerten Ergebnis führen könnte, wird bei der derzeitigen Gesetzeslage, nämlich des **Fehlens einer positiven Regelung im JGG zu den notwendigen Auslagen** des verurteilten Jugendlichen, die von der überwiegenden Rechtssprechung geübte Praxis und die Ansicht, die Gegenmeinung überschreite die Grenzen zulässiger Gesetzesauslegung,[42] nicht von der Hand zu weisen sein. Gefordert wäre insoweit der Gesetzgeber, eine entsprechende Änderung im JGG herbeizuführen.

VIII. Kosten und Auslagen bei Nebenklage

18 Gegen Heranwachsende ist die Nebenklage unbeschränkt, gegen Jugendliche durch das 2. Justizmodernisierungsgesetz vom 30.12.2006 unter den Voraussetzungen des § 80 Abs. 3 zulässig.[43] In diesen Fällen ist bei Verurteilung auch über die Kosten der Nebenklage und die **notwendigen Auslagen des Nebenklägers** zu entscheiden. Die Kosten der Nebenklage fallen unter § 74,[44] weshalb insoweit von der Auferlegung abgesehen werden kann. Die Befreiung von notwendigen Auslagen des Nebenklägers nach § 74 dürfte bei entsprechender Anwendung der Grundsätze des BGH nicht möglich sein, so dass hier Gleiches gilt wie oben in Rn 11 und 12 dargelegt ist. Nach allgemeinem Recht (§ 472 Abs. 1 S. 2 StPO), von dem über § 2 Gebrauch gemacht werden kann, besteht die Möglichkeit, aus Billigkeitsgründen davon abzusehen, dem Angeklagten die Kosten der Nebenklage ganz oder teilweise aufzuerlegen, mit der Folge, dass die Kosten dann insoweit beim Nebenkläger verbleiben.[45] Einer Anwendung des § 74 unter dem

---

36 Vgl die unter Fn 23 zitierten ablehnenden Anmerkungen; Brunner/Dölling, § 74 Rn 7, 7 a; Eisenberg, § 74 Rn 15, 15 a; Ostendorf, § 74 Rn 10; Schaffstein/Beulke, § 37 III 4; Körner, S. 92.
37 OLG Frankfurt v. 7.6.1983, 2 Ws 134/83, NStZ 1984, 138; aber aufgegeben durch die Entscheidung v. 22.12.1993, 2 Ws 214/93, GA 1994, 286; LG Münster v. 23.7.1982, 3 Ns 33 Js 75/82, NStZ 1983, 138.
38 Brunner/Dölling, § 74 Rn 7, 7 a.
39 Ostendorf, § 74 Rn 10.
40 OLG München v. 17.3.1983, 2 Ws 1063/82, NStZ 1984, 138.
41 LG Gera v. 1.2.1999, 2 Qs 12/99, StV 1999, 666.
42 BGH v. 15.11.1988, 4 StR 528/88, NStZ 1989, 239.
43 Durch die mit Recht kritisierte Änderung ist der Gedanke der zukunftsorientierten Betrachtungsweise weiter eingeschränkt worden, dazu auch Eisenberg, § 80 Rn 16 mit weiteren Nachweisen.
44 OLG Hamm v. 9.11.1962, 1 Ss 1133/62, NJW 1963, 1168.
45 Meyer-Goßner, § 472 StPO Rn 9.

Gesichtspunkt dessen Schutzgedankens bedarf es daher nicht. Da das Gericht insoweit die Umstände des Einzelfalls zu berücksichtigen hat,[46] kann auch die Zukunft des Angeklagten miteinbezogen werden, wenngleich es der Gedanke des § 472 Abs. 1 S. 2 StPO ist, missbräuchliche Benutzung der Nebenklage auszuschließen oder ein Mitverschulden des Nebenklägers zu berücksichtigen.[47] Da angenommen wird, der Nebenkläger könne bei einer Freistellung des Verurteilten gemäß § 74 keinen Ersatz aus der Staatskasse verlangen,[48] bliebe die Stellung des Nebenklägers auch bei Anwendung des § 74 unberührt, bei dem insoweit das Risiko für seine notwendigen Auslagen bleibt.[49] Bei einer Einstellung des Verfahrens nach § 47 oder §§ 153, 153 a StPO kann der Angeklagte nicht mit den notwendigen Auslagen des Nebenklägers belastet werden.[50]

Wird dem Nebenkläger ein Beistand bestellt oder ihm Prozesskostenhilfe gewährt (§ 397 a Abs. 1, Abs. 2 StPO), so sind die Gebühren des Beistandes und die Prozesskostenhilfe Kosten des Verfahrens, über die gemäß § 74 entschieden werden kann. 19

Prozesshinweis: Insbesondere von der Möglichkeit, einen Antrag nach § 397 a Abs. 2 StPO zu stellen, wird in der Praxis erstaunlich wenig Gebrauch gemacht, da diese Vorschrift offensichtlich nur wenigen auf Opferschutz spezialisierten Rechtsanwälten bekannt ist. Auf die Vorschrift des § 406 g StPO wird in diesem Zusammenhang besonders hingewiesen (der nach hM aber nur in Verfahren gegen Heranwachsende anzuwenden sein soll).[51]

IX. Kostenausspruch

Der Kostenausspruch, wonach von der Kostenbelastung nach § 74 abgesehen werden kann, **hat im Urteilstenor zu erfolgen**, da die Kostenentscheidung Bestandteil des Urteils ist. Wird die Kostenentscheidung nur in die Gründe aufgenommen, so soll dies ebenso eine wirksame Entscheidung sein.[52] Beschränkt sich der Kostenausspruch darauf, den Angeklagten nur von den Kosten zu befreien, so hat er, da die Übertragung auf die Staatskasse fehlt, seine Auslagen selbst zu tragen, da der Richter zu erkennen gegeben hat, er wolle von der Vorschrift des § 74 nur teilweise Gebrauch machen. Grundsätzlich genügt die Wiederholung des Wortlautes des Gesetzestextes.[53] 20

▶ **Es empfiehlt sich daher bei voller Anwendung des § 74 eine Tenorierung in der Weise:**

„Die Kosten und Auslagen des Angeschuldigten trägt die Staatskasse." oder

„Von der Auferlegung von Kosten und Auslagen wird abgesehen."

Klarstellend, folgt man der Ansicht des BGH und der überwiegenden Rechtsprechung, wäre der Zusatz:

„Der Angeklagte trägt seine notwendigen Auslagen selbst (ggf auch die Kosten und Auslagen der Nebenklage)". ◀

---

46 BGH v. 15.12.1998, 4 StR 629/98, NStZ 1999, 261.
47 Meyer-Goßner, § 472 StPO Rn 9.
48 OLG Hamm v. 9.11.1962, 1 Ss 1133/62, NJW 1963, 1168; Ostendorf, § 74 Rn 12.
49 Brunner/Dölling, § 74 Rn 8.
50 Brunner/Dölling, § 74 Rn 8.
51 Vgl den Meinungsstand bei Eisenberg, § 80 Rn 14.
52 Eisenberg, § 54 Rn 23, der jedoch eine Aufnahme in den Tenor empfiehlt.
53 Ostendorf, § 74 Rn 13; Körner, S. 101.

Fehlt der Ausspruch, so ist davon auszugehen, der Richter habe von § 74 keinen Gebrauch gemacht und es bei der allgemeinen Regelung des § 465 StPO belassen wollen. Eine nicht begründete Kostenentscheidung hat auch dann Bestand, wenn sich aus dem Gesamtzusammenhang der Urteilsgründe entnehmen lässt, dass eine Ermessensentscheidung getroffen worden ist.[54]

X. Haftung

21 **Für die Kosten haftet nur das Vermögen des Jugendlichen.** Die Erziehungsberechtigten und gesetzlichen Vertreter haften nach ganz hM für die Kosten des Verfahrens nur mit dem ihnen anvertrauten Vermögen des Jugendlichen, sofern nicht ausdrücklich eine andere Abrede getroffen worden ist.[55] Dies gilt auch im Rechtsmittelverfahren, wenn der gesetzliche Vertreter das Rechtsmittel eingelegt hat, es sei denn er handelt als vollmachtloser Vertreter.[56]

XI. Rechtsmittel

22 Gegen die Kostenentscheidung ist **sofortige Beschwerde** zulässig (§ 464 Abs. 3 S. 1 StPO). Wird neben der Kostenbeschwerde ein Rechtsmittel eingelegt, so ist das Rechtsmittelgericht, solange es mit Berufung oder Revision befasst ist, auch für die Kostenbeschwerde zuständig(§ 464 Abs. 3 S. 3 StPO). Dabei soll § 55 Abs. 2 gelten, wonach nur der die Kostenbeschwerde einlegen kann, dem noch ein Rechtsmittel zusteht.[57] Eine nur wegen der Kostenentscheidung eingelegte Revision soll als Kostenbeschwerde (§ 464 Abs. 3 StPO) umgedeutet werden[58]

23 Hinsichtlich der Kostenentscheidung gilt das Verschlechterungsgebot nicht,[59] da sich nach dem insoweit geltenden allgemeinen Strafprozessrecht das Verschlechterungsverbot nur auf die Rechtsfolgen der Tat bezieht (§ 331 Abs. 1 StPO), zu der der Kostenausspruch nicht gehört.

Achter Unterabschnitt Vereinfachtes Jugendverfahren

§ 75 (weggefallen)

§ 76 Voraussetzungen des vereinfachten Jugendverfahrens

¹Der Staatsanwalt kann bei dem Jugendrichter schriftlich oder mündlich beantragen, im vereinfachten Jugendverfahren zu entscheiden, wenn zu erwarten ist, daß der Jugendrichter ausschließlich Weisungen erteilen, Hilfe zur Erziehung im Sinne des § 12 Nr. 1 anordnen, Zuchtmittel verhängen, auf ein Fahrverbot erkennen, die Fahrerlaubnis entziehen und eine Sperre von nicht mehr als zwei Jahren festsetzen oder den Verfall oder die Einziehung aussprechen wird. ²Der Antrag des Staatsanwalts steht der Anklage gleich.

---

54 BGH v. 16.3.2006, 4 StR 594/05, NStZ RR 2006, 224.
55 Brunner/Dölling, § 74 Rn 12; Eisenberg, § 74 Rn 19; Ostendorf, § 74 Rn 5; D/S/S-Schoreit, § 74 Rn 8.
56 Eisenberg, § 74 Rn 19; Ostendorf, § 74 Rn 12.
57 OLG Dresden v. 9.3.2000, 1 Ws 65/00, NStZ-RR 2000, 224; Brunner/Dölling, § 55 Rn 14; aA Ostendorf, § 74 Rn 14.
58 OLG Düsseldorf v. 4.3.1999, 5 Ss 28/99 – 13/99, NStZ-RR 1999, 252.
59 BGH v. 13.10.1953, g.B. 1 StR 710/52, BGHSt 5, 52; Brunner/Dölling, § 55 Rn 37; LR-Gollwitzer, § 331 Rn 114; Meyer-Goßner, § 331 StPO Rn 6; aA: Eisenberg, § 74 Rn 23.

Richtlinien zu § 76

1. Liegen die Voraussetzungen des § 76 Satz 1 vor und kommt ein Absehen von der Verfolgung nach § 45 nicht in Betracht, so stellt die Staatsanwaltschaft in aller Regel Antrag auf Entscheidung im vereinfachten Jugendverfahren.

2. Die Staatsanwaltschaft wird den Antrag im allgemeinen schriftlich stellen, um dem Jugendrichter eine einwandfreie Grundlage für seine Entscheidung nach § 77 Abs. 1 und für das spätere Urteil zu geben. Ein schriftlicher Antrag ist besonders dann angebracht, wenn die Staatsanwaltschaft an der mündlichen Verhandlung nicht teilnehmen will. In dem Antrag werden die dem Beschuldigten zur Last gelegte Tat und das anzuwendende Strafgesetz bezeichnet.

3. Das vereinfachte Jugendverfahren findet weder vor den für allgemeine Strafsachen zuständigen Gerichten noch im Verfahren gegen Heranwachsende statt (§§ 104, 109).

Schrifttum:
Tamm, Diversion und vereinfachtes Jugendverfahren im Jugendstrafrecht, 2007.

I. Allgemeines

Das vereinfachte Jugendverfahren stellt eine **besondere jugendstrafrechtliche Verfahrensart** dar, das durch eine vereinfachte, beschleunigte und jugendadäquate Gestaltung des Verfahrens mit einer eingeschränkten Sanktionsmöglichkeit ausgestaltet ist. Die Teilnahme der Staatsanwaltschaft an dem Termin ist nicht erforderlich und in der Regel auch nicht gegeben. 1

Das vereinfachte Jugendverfahren unterscheidet sich von dem jugendrichterlichen Erziehungsverfahren gem. §§ 45, 47 dadurch, dass nach mündlicher Verhandlung durch Urteil entschieden werden kann und die Rechtsfolgen umfangreicher als dort sind. Auch sind die Weisungen und Auflagen nach §§ 11 Abs. 3 und 15 Abs. 3 Satz 2 durch Ungehorsamsarrest im Erziehungsverfahren **nicht erzwingbar** (§ 45 Abs. 3 Satz 3), weshalb dieses vereinfachte Jugendverfahren gewählt werden kann. 2

Das vereinfachte Jugendverfahren **kann beantragt** werden, wenn das (vorrangige)[1] formlose Erziehungsverfahren gem. § 45 nicht mehr ausreichend erscheint. Dies ist insb. dann der Fall, wenn bei vorgeworfenen Bagatelldelikten eine Wiederholungstat vorliegt (häufige Fälle: zB Ladendiebstähle, Verkehrsdelikte wie Fahren ohne Fahrerlaubnis (wiederholte technische Veränderungen eines Mofas), Leistungserschleichungen). Bei Bagatelldelikten kommt auch dann ein Antrag in Betracht, wenn der Jugendliche im Ermittlungsverfahren (zunächst) nicht geständig ist, ein Geständnis vor Gericht jedoch zu erwarten ist, das erfahrungsgemäß regelmäßig erfolgt. Angebracht ist das vereinfachte Verfahren auch bei leichter und mittlerer Jugendkriminalität, sofern keine allzu umfangreiche Beweisaufnahme erforderlich ist (zB einfache Trunkenheitsfahrt, Einbruchsdiebstahl, einfache Körperverletzung).[2] 3

Der Bundestag hat in einem **Gesetzesentwurf vom 2.4.2008**[3] vorgeschlagen, einen neuen § 15 a einzufügen und das Fahrverbot von einer Nebenstrafe in ein Zuchtmittel umzuwandeln. Bislang darf ein Fahrverbot nur als Nebenstrafe und nur im Zusammenhang mit Verkehrsdelikten verhängt werden. Das Fahrverbot könnte sodann als alleiniges „Zuchtmittel" angeordnet werden. Der Gesetzgeber verspricht sich davon eine nachhaltige erzieherische Wirkung, denn das Führen 4

---
1 Ostendorf, §§ 76 - 78 Rn 7.
2 D/S/S-Schoreit, § 76 Rn 2; Eisenberg, §§ 76 – 78 Rn 5.
3 BT-Drucks. 16/8695.

von Kraftfahrzeugen habe bei jungen Leuten einen hohen Prestigewert.[4] Dieser Reformentwurf lässt demnach hier die Worte „auf ein Fahrverbot erkennen" entfallen. Wann eine gesetzliche Regelung erfolgt, ist derzeit nicht absehbar.

II. Persönlicher Anwendungsbereich

5 Das vereinfachte Verfahren ist **nur gegen Jugendliche**, nicht gegen Heranwachsende zulässig. Unzulässig ist das Verfahren gegen Jugendliche vor den für allgemeine Strafsachen zuständigen Gerichten.

6 Im **Ordnungswidrigkeitsverfahren** gilt bei Jugendlichen nach zulässigem Einspruch gem. §§ 46 Abs. 1, 78 Abs. 3, 4 OWiG stets § 78 Abs. 3.

III. Antrag der Staatsanwaltschaft

7 **Voraussetzung** des vereinfachten Verfahrens ist ein **Antrag** der Jugendstaatsanwaltschaft beim Jugendrichter. Ein Antrag beim Jugendschöffengericht oder bei der Jugendkammer ist ausgeschlossen. Der Antrag kann mündlich, auch fernmündlich oder schriftlich gestellt werden. Regelmäßig sollte er schriftlich gestellt werden, um die „prozessuale Tat" aktenmäßig genau zu erfassen,[5] eine nachprüfbare Grundlage für ein Urteil zu schaffen und auch die Jugendgerichtshilfe sowie neben dem Jugendlichen den gesetzlichen Vertreter vorher informieren zu können. Vom Antrag kann zB auch die Rechtsfrage eines Teilfreispruchs abhängen.

8 Die Antragstellung steht **im Ermessen** der Jugendstaatsanwaltschaft. Sie ist jedoch **unzulässig**, wenn als Rechtsfolge in Betracht kommt:
- Hilfe zur Erziehung nach § 12 Nr. 2,
- Schuldspruch gem. § 27[6] oder Jugendstrafe,
- Unterbringung in einer Entziehungsanstalt oder in einem psychiatrischen Krankenhaus sowie
- andere Nebenstrafen und Nebenfolgen. Fahrverbot, Fahrerlaubnisentziehung und Sperre bis zu zwei Jahren sowie Verfall und Einziehung sind jedoch zulässig.

„Sinnwidriger weise" deckt sich insoweit die Antragskompetenz der Jugendstaatsanwaltschaft nicht mit der der Entscheidungskompetenz des Jugendgerichts, das gem. § 78 Abs. 1 S. 2 zwar ebenso nicht auf Hilfe zur Erziehung gem. § 12 Nr. 2, Jugendstrafe oder Unterbringung in einer Entziehungsanstalt erkennen, aber sonst auf sämtliche, allgemein zulässige Rechtsfolgen erkennen kann.[7] Zulässig ist demnach auch eine Entscheidung nach § 112a Nr. 2, wenn bei einem Soldaten der Bundeswehr Jugendstrafrecht anzuwenden und Erziehungshilfe durch den Disziplinarvorgesetzten anzuordnen ist.[8] Wollte der Jugendstaatsanwalt (nur) diese Entscheidung herbeiführen, wäre ein solcher Antrag im vereinfachten Verfahren nicht möglich. In der Praxis dürfte diese Konstellation aber nicht vorkommen.

9 Der Antrag bedarf **keiner besonderen Form**. Inhaltlich müssen in dem Antrag der Beschuldigte, die genau umschriebene Tat im Sinne des § 264 StPO sowie die

---

4 Rössner in Jugendstrafrecht, 2. Aufl., S. 128; kritisch: Eisenberg, § 15 a.
5 D/S/S-Schoreit, § 76 Rn 7.
6 HM.
7 Ostendorf, §§ 76 - 78 Rn 10;D/S/S-Schoreit, § 76 Rn 6 und § 78 Rn 5; Eisenberg, §§ 76 – 78 Rn 30.
8 Eisenberg, § 76 – 78 Rn 30; aM D/S/S-Diemer, § 112 Rn 8.

anzuwendenden Strafgesetze angegeben werden. Die Verfahrensvoraussetzungen wie Zuständigkeit, Strafanträge, hinreichender Tatverdacht usw müssen im Übrigen vorliegen. Die Anführung von Beweismitteln sowie die Anregung einer bestimmten Maßnahme sind zweckmäßig, aber nicht notwendig. Bewährt hat sich ein Antrag in Form einer Anklage mit dem Zusatz, dass im vereinfachten Verfahren entschieden werden solle. Nach Einreichung einer Anklage kann diese als ein Antrag, im vereinfachten Verfahren zu entscheiden, bis zum Beschluss über die Eröffnung des Hauptverfahrens umgestellt werden.[9] Ein Aktenvermerk über den Abschluss der Ermittlungen gem. § 169a StPO ist erforderlich.[10]

Das **Verfahren** wird mit der Antragstellung **registermäßig** aus dem JS-Register ausgetragen. Wird der Antrag später gem. § 77 abgelehnt, wird das Verfahren unter dem alten Aktenzeichen neu eingetragen und eine weitere Zählkarte angelegt. 10

▶ **Eine Abschlussverfügung kann lauten:** 11

Staatsanwaltschaft ...

AZ.:

Ermittlungsverfahren

Gegen:

Wegen:

Verfügung

1. Personendaten und Schuldvorwurf überprüft. Keine Änderungen

2. Mitteilung an Beschuldigten/gesetzl. Vertreter unterbleibt, weil Hinweis in der Antragsschrift; weil:

3. Mitteilung an Antragsteller unterbleibt, weil Amtsanzeige, Verzicht, mangelndes Strafinteresse, aus sonstigen Gründen: ...

4. Auskunft für Angeschuldigten (AS. ...) aus Bundeszentralreg., Verkehrszentralreg., Ausländerzentralreg.

5. Die Ermittlungen sind abgeschlossen.

6. Antrag gem. § 76 nach Textbaustein/Diktat (4-fach)

7. Abdruck von 6 an Jugendgerichtshilfe

8. Abdruck von 6 an Ausländeramt gem. Mitteilung in Strafsachen Nr. 42, § 87 AufenthaltsG

9. Zählkarte austragen

10. Handakte anlegen mit Antrag, AS.:

11. Wv der Handakte spätestens:

12. Ermittlungsakte (mit Beiakten) an Jugendgericht ... ◀

Die **Rücknahme des Antrags** durch die Jugendstaatsanwaltschaft ist im Gesetz nicht geregelt. Der Jugendstaatsanwalt kann seinen Antrag in der Verhandlung bis zur Vernehmung des Jugendlichen zur Sache zurücknehmen.[11] Spätestens zu diesem Zeitpunkt kann davon ausgegangen werden, dass das Jugendgericht einen hinreichenden Tatverdacht annimmt, denn sonst hätte es nach §§ 77 den Antrag 12

---

9 Eisenberg, §§ 76 - 78 Rn 12.
10 Eisenberg, §§ 46 Rn 4, 76 - 78 Rn 7; Ostendorf, § 76 -78 Rn 3.
11 Eisenberg, § 78 Rn 13; D/S/S-Schoreit, § 76 Rn 9.

ablehnen müssen. Den Zeitpunkt der (ersten?) Terminsanberaumung heranzuziehen[12] überzeugt nicht, da etwa bei Einwendungen des Jugendlichen vor dem Termin der hinreichende Tatverdacht wieder entfallen könnte und bei mehreren Terminsverlegungen, die auch aus sachlichen Gründen wie eine Zeugenladung erfolgen können, der Zeitpunkt für eine Zurücknahme unklar bleibt. Eine Rücknahme bis zur Verkündung eines Urteils zuzulassen,[13] widerspräche nicht nur dem Gebot eines beschleunigten Verfahrens, das der BGH an anderer Stelle zutreffend hervorhebt,[14] denn dem Jugendlichen wäre es nach dem Beginn zur Vernehmung zur Sache verwehrt, den staatsanwaltschaftlichen Vorwurf überprüfen zu lassen. Die Kompetenz der Ablehnung des vereinfachten Verfahrens bis zur Verkündung des Urteils wird allein dem Jugendgericht in § 77 Abs. 1 Satz 2 zugewiesen, eine Regelung, die sonst überflüssig wäre.

13 Mit der **Rücknahme tritt Verfahrenserledigung** bei Gericht ein. Das Verfahren ist aktenmäßig abzuschließen und auszutragen. Will der Jugendstaatsanwalt das Verfahren weiter betreiben, kann er neu anklagen, nach § 45 vorgehen oder das Verfahren sonst erledigen.

14 Mit und nach der Terminsbestimmung durch den Jugendrichter ist eine Verbindung mit einem weiteren Verfahren, auch Anklage, zulässig, um die Verfahren zu beschleunigen. Einen Rechtsnachteil erleidet der Angeklagte nicht, da das weitere Verfahren einheitlich dem förmlichen Strafprozessverfahren, insb. § 266 StPO folgt. Es wäre der Jugendstaatsanwaltschaft auch unbenommen, gem. § 266 StPO Nachtragsanklage zu erheben. Ein Verbindungsantrag ist demnach in diesem Sinne auszulegen.[15]

15 Ein Antrag des Jugendstaatsanwalts kommt somit in Betracht, wenn
- es eine/n Jugendliche/n betrifft
- es sich um keinen Fall des § 45 handelt
- ein Fall kleinerer und mittlerer Delinquenz vorliegt
- ein hinreichender Tatverdacht besteht und die Ermittlungen abgeschlossen sind (Vermerk in den Akten)
- von keiner umfangreichen Beweisaufnahme und/oder keinen schwierigen persönlichen Verhältnissen des Jugendlichen auszugehen ist.

§ 77 Ablehnung des Antrags

(1) ¹Der Jugendrichter lehnt die Entscheidung im vereinfachten Verfahren ab, wenn sich die Sache hierzu nicht eignet, namentlich wenn die Anordnung von Hilfe zur Erziehung im Sinne des § 12 Nr. 2 oder die Verhängung von Jugendstrafe wahrscheinlich oder eine umfangreiche Beweisaufnahme erforderlich ist. ²Der Beschluß kann bis zur Verkündung des Urteils ergehen. ³Er ist nicht anfechtbar.

(2) Lehnt der Jugendrichter die Entscheidung im vereinfachten Verfahren ab, so reicht der Staatsanwalt eine Anklageschrift ein.

---

12 Ostendorf, § 76 - 78 Rn 3.
13 BGH v. 14.11.1958, 2 Ars 182/58, BGHSt 12, 180 und BGH v. 31.1.1961, 2 ARs 1/61, NJW 1961, 789; OLG Celle v. 10.11.1982, 2 Ss 348/82, NStZ 1983, 233 mit zutr. abl. Anm. Treier, der auch auf den Beginn der Vernehmung des Angekl. zur Sache abstellt.
14 BGH v. 14.11.1958, 2 Ars 182/58, BGHSt 12, 180, 183.
15 AM Eisenberg, §§ 76 – 78 Rn 13.

Richtlinie zu § 77

Hält der Jugendrichter eine richterliche Ahndung der Tat für entbehrlich, so kann er nach § 47 verfahren. In der mündlichen Verhandlung bedarf es hierzu der Zustimmung der Staatsanwaltschaft nicht, wenn diese an der Verhandlung nicht teilnimmt (§ 78 Abs. 2 Satz 2).

I. Jugendrichterliche Prüfung

Diese Vorschrift modifiziert die Regelungen über die Eröffnung des Hauptverfahrens nach der StPO (§§ 199 ff StPO). Diese kommen auch in analoger Anwendung nicht zum Zuge. Im vereinfachten Verfahren ist folglich **kein Eröffnungsbeschluss** erforderlich.[1] Die Ablehnung muss nicht begründet werden und ist nicht anfechtbar (Abs. 1 Satz 3). Hinweise an die Jugendstaatsanwaltschaft können jedoch sachdienlich sein. Die Jugendstaatsanwaltschaft ist danach nicht gehindert, neu anzuklagen (Abs. 2).

Der Jugendrichter muss dem Antrag der Staatsanwaltschaft nicht ausdrücklich zustimmen. Er prüft jedoch zunächst wie in den übrigen Jugendstrafverfahren **die allgemeinen Verfahrensvoraussetzungen**. Neben der Zuständigkeit und der Abwesenheit von Verfahrenshindernissen – zB fehlender Strafantrag - prüft er den hinreichenden Tatverdacht.[2] Insoweit darf aus rechtsstaatlichen Gründen ein Jugendlicher nicht anders wie ein Erwachsener behandelt werden. Da §§ 76 - 78 Sondervorschriften sind, kommt eine analoge Anwendung des § 204 StPO (Ablehnung der Eröffnung) in keinem Fall zur Anwendung. Vielmehr ist insoweit der Antrag stets gem. § 77 abzulehnen.[3]

Ist das angegangene Jugendgericht **örtlich unzuständig** (geworden), kommt im Hinblick auf das Gebot des beschleunigten Verfahrens und einer eventuellen Nichtbeteiligung der dann zuständigen Staatsanwaltschaft, die eine eigene Ermessensentscheidung treffen kann, keine Abgabe an das zuständige Gericht gem. § 42 Abs. 3 in Betracht.[4]

Eine **vorläufige Einstellung gem.** § 205 StPO wegen Abwesenheit des Angeklagten ist zulässig, zumal später bei geänderten Verhältnissen jederzeit der Antrag noch abgelehnt werden kann.

Der Jugendrichter prüft sodann **eigenständig die besonderen Voraussetzungen** des vereinfachten Verfahrens. Dabei dürfen (letztlich) nur die gem. §§ 77, 78 zugelassenen Maßnahmen zu erwarten sein.[5] Ungeeignet ist das vereinfachte Jugendverfahren in der Regel bei komplizierter Sach- und Rechtslage sowie im Fall einer notwendigen Verteidigung, die regelmäßig schwere Tatvorwürfe oder die Schwierigkeit der Sach- oder Rechtslage voraussetzt (§ 140 StPO). Ein Geständnis ist jedoch nicht Voraussetzung, zumal dieses in Bagatellverfahren sehr häufig erst in der mündlichen Verhandlung abgelegt wird. Ist das Jugendgericht der Auffassung, dass eher ein Verfahren nach § 45 durch den Staatsanwalt in Betracht kommt, sollte es im Interesse des Beschleunigungsgrundsatzes in Jugendstrafver-

---

1 BGH v. 14.11.1958, 2 ARs 182/58, BGHSt 12, 180.
2 Str., wie hier: Ostendorf, §§ 76 - 78 Rn 9; Eisenberg, § 78 Rn 14; D/S/S-Schoreit, § 77 Rn 3.
3 D/S/S-Schoreit, § 77 Rn 3; aM Eisenberg, § 78 Rn 14.
4 BGH v. 14.11.1958, 2 ARs 182/58, BGHSt 12, 180.
5 Anders wohl D/S/S-Schoreit, § 77 Rn 4: ausschließlich die gem. § 76 genannten Maßnahmen dürfen zu erwarten sein, sonst Ablehnung. Da der Antrag der StA regelmäßig keinen Rechtsfolgeantrag enthält, ist dem Jugendrichter nicht bekannt, welche Erwartungen die StA hatte.

fahren selber gem. § 47 vorgehen.[6] Stimmt die Jugendstaatsanwaltschaft außerhalb der Verhandlung dem § 47 nicht zu, kann der Jugendrichter, selbst wenn die Zustimmung versagt wurde, in der mündlichen Verhandlung das Verfahren nach § 47 einstellen, ohne dass dieser Beschluss anfechtbar wäre.[7]

II. Jugendrichterlicher Ablehnungsbeschluss

4   Der **Ablehnungsbeschluss** kann bis zur Verkündung des Urteils ergehen. Einer Begründung bedarf es nicht. Der Beschluss ist unanfechtbar. Um eine etwaige weitere strafrechtliche Verfolgung des Jugendlichen zu vermeiden oder, was hin und wieder auch vorkommt, zu erweitern, erscheint es angezeigt, der Jugendstaatsanwaltschaft den Grund der Ablehnung mitzuteilen, insb. dann, wenn im Verhandlungstermin eine Ahndung zweifelhaft oder eine umfangreiche Beweisaufnahme erforderlich geworden ist.

Ein Ablehnungsbeschluss ist, auch wenn **weitere Straftaten in der mündlichen Verhandlung** (zB weitere Ladendiebstähle) offenbar werden, was nicht selten vorkommt, nicht zwingend. Es kann sich oft aus erzieherischen Gründen empfehlen, aufgrund der mündlichen Verhandlung wegen der erforderlichen zeitnahen Reaktion bereits ein Urteil zu erlassen. Häufig kann dann später nach § 154 StPO (Einstellung) verfahren werden, wenn die getroffene jugendrichterliche Reaktion ersichtlich den erzieherischen Zweck erfüllt hat. Sollte dennoch eine weitere Anklage erforderlich sein, wäre später § 31 Abs. 2 oder 3 (Einbeziehung des Urteils) anzuwenden, ohne dass dem Verurteilten ein Nachteil entstünde.

5   Will die Jugendstaatsanwaltschaft die Tat weiter gerichtlich erfolgen, **kann** sie Anklage erheben (Abs. 2). Entgegen dem Wortlaut ist sie dazu nicht verpflichtet.[8] Sie kann das Verfahren auch endgültig einstellen, abgeben oder nach § 45 verfahren.

6   ▶ **Eine Terminsladung im Vereinfachten Jugendverfahren hat sich wie folgt bewährt:**

Amtsgericht – Jugendgericht –   Ort, Datum

Beschluss

1. Beschuldigung:

Auf die Antragsschrift der Staatsanwaltschaft ... vom ... wird Bezug genommen.

2. Auf Antrag der Staatsanwaltschaft ... vom ... wird im Vereinfachten Verfahren vor dem Amtsgericht – Jugendgericht – (Ort) verhandelt und entschieden werden.

3. Termin zur mündlichen Verhandlung wird bestimmt auf:

Tag, Datum, Uhrzeit

Amtsgericht – Jugendgericht – ... Adresse, Sitzungssaal/Zimmer

4. Eintrag Register, Zählkarte

5. Kalender

6. Vorladung an

Angeklagte/n formlos mit Ausfertigung Ziff. 1 und 2, mit Kopie

Gesetzlichen Vertreter formlos mit Ausfertigung Ziff. 1 und 2, mit Kopie

---

6   Eisenberg, § 78 Rn 18, wohl anders: Ostendorf, § 76 - 78 Rn 10 aE.
7   Eisenberg, § 78 Rn 18.
8   HM, BGH v. 14.11.1958, 2 ARs 182/58, BGHSt 12, 180, 184.

Zusatz: Es genügt, wenn ein Elternteil erscheint.
Verteidiger formlos mit Ausfertigung Ziff. 1 und 2
Zeugen formlos AS.....
7. Ladung per Fax/Telefon/schriftlich an Jugendgerichtshilfe ... mit Ziff. 1, 2
8. Wv.: Zum Termin ◄

§ 78 Verfahren und Entscheidung

(1) ¹Der Jugendrichter entscheidet im vereinfachten Jugendverfahren auf Grund einer mündlichen Verhandlung durch Urteil. ²Er darf auf Hilfe zur Erziehung im Sinne des § 12 Nr. 2, Jugendstrafe oder Unterbringung in einer Entziehungsanstalt nicht erkennen.

(2) ¹Der Staatsanwalt ist nicht verpflichtet, an der Verhandlung teilzunehmen. ²Nimmt er nicht teil, so bedarf es seiner Zustimmung zu einer Einstellung des Verfahrens in der Verhandlung oder zur Durchführung der Verhandlung in Abwesenheit des Angeklagten nicht.

(3) ¹Zur Vereinfachung, Beschleunigung und jugendgemäßen Gestaltung des Verfahrens darf von Verfahrensvorschriften abgewichen werden, soweit dadurch die Erforschung der Wahrheit nicht beeinträchtigt wird. ²Die Vorschriften über die Anwesenheit des Angeklagten (§ 50), die Stellung des Erziehungsberechtigten und des gesetzlichen Vertreters (§ 67) und die Mitteilung von Entscheidungen (§ 70) müssen beachtet werden. ³Bleibt der Beschuldigte der mündlichen Verhandlung fern und ist sein Fernbleiben nicht genügend entschuldigt, so kann die Vorführung angeordnet werden, wenn dies mit der Ladung angedroht worden ist.

Richtlinie zu § 78
Die schnelle Durchführung des vereinfachten Jugendverfahrens wird mitunter die Mitteilungen, die vor Erlaß des Urteils zu machen sind, unmöglich machen. Für die rechtzeitige, notfalls fernmündliche Benachrichtigung der Jugendgerichtshilfe vom Verfahren und vom Verhandlungstermin sollte jedoch stets Sorge getragen werden.

I. Durchführung des vereinfachten Verfahrens	1	IV. Nichterscheinen des Jugendlichen	17
II. Mündliche Verhandlung	6	V. Rechtsmittel	18
III. Entscheidung des Gerichts	12	VI. Formulare	20

I. Durchführung des vereinfachten Verfahrens

Der Jugendrichter **prüft**, nachdem er gemäß § 77 die Zulässigkeit des vereinfachten Verfahrens festgestellt hat, selbstständig, ob er (zunächst) **das Erziehungsverfahren** gem. § 47 wählt.[1] Insoweit benötigt er gem. § 47 Abs. 3 die Zustimmung der Jugendstaatsanwaltschaft. Hält der Jugendrichter die Voraussetzungen für eine mündliche Verhandlung im vereinfachten Verfahren für gegeben, bestimmt er den Termin zur mündlichen Verhandlung (Beschluss § 77 Rn 6). Einer Eröffnung des Hauptverfahrens bedarf es nicht.

1

---

1 Ostendorf, §§ 76 – 78 Rn 12; Eisenberg, §§ 76 – 78 Rn 20.

2   Das Jugendgericht **lädt in der Regel formlos** (Muster siehe unten Rn 21) mit der Antragsschrift den Jugendlichen, seinen gesetzlichen Vertreter und eventuell den Verteidiger zum Termin, Terminsladung s. § 77 Rn 6. Die Jugendgerichtshilfe wird formlos benachrichtigt.

3   Die **Jugendstaatsanwaltschaft** erhält **keine Terminsnachricht**, wenn sie, was regelmäßig erfolgt, auf Teilnahme an dem Verhandlungstermin **verzichtet** hat.[2] Zur Anwesenheit in der Verhandlung ist sie nicht verpflichtet (Abs. 2). Ein Urteil oder Beschluss ist ihr jedoch, war sie nicht anwesend, stets zuzustellen.

4   Die **Ladungsfrist** soll kurzfristig erfolgen, mindestens aber nicht weniger als 24 Stunden betragen, um den Beteiligten zumindest eine kurze Vorbereitung zu ermöglichen.[3] Da die Teilnahme der Jugendgerichtshilfe auch in diesen Verfahren in Betracht kommt, dürfte in der Regel eine sofortige mündliche Verhandlung undurchführbar sein. Eine kürzere Frist als 24 Stunden sollte nur mit Einwilligung des Jugendlichen, seines gesetzlichen Vertreters und der Jugendgerichtshilfe festgelegt werden.

5   § 78 Abs. 3 gilt auch im **Ordnungswidrigkeiten-Verfahren** gegen Jugendliche.

II. Mündliche Verhandlung

6   Die **Form der mündlichen Verhandlung** liegt im Ermessen des Gerichts. § 78 Abs. 3 ergänzt insoweit § 243 StPO. Es darf „zur Vereinfachung, Beschleunigung und jugendgemäßen Gestaltung des Verfahrens von Verfahrensvorschriften abgewichen werden, soweit dadurch die Erforschung der Wahrheit nicht beeinträchtigt wird". Von den strengeren Verfahrensvorschriften der StPO darf danach abgewichen werden. Das Ermessen findet da seine Grenze, wo das materielle Strafrecht bzw die Wahrheitserforschung beeinträchtigt sein könnte.

7   Im Einzelnen:

Die mündliche Verhandlung beginnt mit dem **Aufruf zur Sache**[4] (wegen der sitzungspolizeilichen Zuständigkeit des Jugendrichters unverzichtbar). Es folgt die Feststellung der Anwesenheit der Beteiligten. Diese sind in dem Protokoll (Muster siehe unten Rn 22), auf das ebenfalls nicht verzichtet werden kann, festzuhalten. Sind Zeugen anwesend, sind diese nun prozessordnungsgemäß zu belehren und aus dem Sitzungssaal zu schicken. Es empfiehlt sich sodann, die Antragsschrift zu verlesen, um den Gegenstand des Verfahrens dem Jugendlichen und auch dem Erziehungsberechtigten und sonstigen Beteiligten nochmals bekannt zu machen. Notwendigerweise schließt sich daran die Belehrung an, dass es dem Jugendlichen freisteht, sich zur Sache zu äußern oder nichts zu sagen. Die Vernehmung des Jugendlichen erfolgt in Abwesenheit der Zeugen. Schließlich steht dem Jugendlichen **und** dem gesetzlichen Vertreter grundsätzlich am Schluss **das letzte Wort** zu.

8   Zu beachten ist die **Nichtöffentlichkeit** der Verhandlung, ein allgemeiner Grundsatz des Jugendstrafverfahrens (§ 48).

9   Im weiteren Verlauf der mündlichen Verhandlung sind insbesondere **in der äußeren Form Abweichungen** zulässig. Es kann (ohne Aushang) im Richterzimmer verhandelt und auf die Robe verzichtet werden. Ein Protokollführer ist nicht erforderlich.[5] Außerdem kann erfahrungsgemäß im Rahmen des „Schuldinterlo-

---

2   Ostendorf, §§ 76 – 78 Rn 17; Eisenberg, §§ 76 – 78 Rn 25.
3   Ostendorf, §§ 76 – 78 Rn 14; aM D/S/S-Schoreit, § 78 Rn 3; offen: Eisenberg, §§ 76 – 78 Rn 27.
4   D/S/S-Schoreit, § 78 Rn 11.
5   HM; D/S/S-Schoreit, § 78 Rn 10.

kuts" mit den Beteiligten erfolgreich abgestimmt werden, welche Maßnahme erzieherisch am Geeignetsten ist, die Tat zu ahnden.[6] Ist ein Staatsanwaltschaft oder Verteidiger anwesend, kann auf ein förmliches Plädoyer verzichtet werden. **Das letzte Wort** ist dem Jugendlichen und seinem gesetzlichen Vertreter stets zu gewähren.

Die Pflicht des Gerichts zur Wahrheitsermittlung gem. §§ 2 Abs. 2, 244 Abs. 2 StPO gilt uneingeschränkt auch im vereinfachten Verfahren. Das Gericht hat von Amts wegen alle Beweise zu erheben, deren Ausschöpfung der Sachverhalt erfordert.[7] Der Grundsatz der unmittelbaren Beweisaufnahme gilt auch hier. Dasselbe gilt für das Beweisantragsrecht.[8] Abgelehnte Beweisanträge sind zu begründen. Zu beachten ist auch § 245 StPO, wonach alle geladenen und präsenten Zeugen und Sachverständige unter den genannten Voraussetzungen in die Beweisaufnahme einzubeziehen sind. Wird eine Beweisaufnahme zu umfangreich, kann gem. § 77 S. 1 der Antrag, im vereinfachten Verfahren zu entscheiden, noch abgelehnt werden. Zeugen sind prozessordnungsgemäß zu belehren; sie haben zunächst den Verhandlungsraum zu verlassen. Eine informatorische Anhörung ist zulässig, wenn im Übrigen die gesetzlich vorgeschriebene Wahrheitsermittlung nicht beeinträchtigt wird.

10

Grundsätzlich ist auch die **Jugendgerichtshilfe** vom Termin eventuell telefonisch oder per Fax zu benachrichtigen (§ 38 Abs. 3). IdR soll auf ihre Teilnahme nicht verzichtet werden, auch wenn die Teilnahme für entbehrlich gehalten wird.[9] In der Praxis erschien es bei kurzfristiger Terminierung ausreichend, wenn die Jugendgerichtshilfe im Termin ihren Bericht mündlich vorträgt.[10] Allerdings wird es auch für ausreichend erachtet, einen schriftlichen Bericht zu verlesen, der aber meist mehr Vorarbeit erfordert als der mündliche Vortrag.[11]

11

III. Entscheidung des Gerichts

Das Verfahren kann durch **Urteil oder Beschluss** abgeschlossen werden.

12

Der Jugendrichter darf gemäß Abs. 1 im **Urteil** auf alle Strafen und Maßnahmen erkennen, die dort nicht ausdrücklich ausgenommen sind. **Zulässig sind**

13

- Erziehungsmaßregeln (§ 9 ff),
- Zuchtmittel (§§ 13 ff),
- Nebenstrafen und Nebenfolgen (zB Fahrverbot, Einziehung) (§§ 6, 8 Abs. 3),
- der Entzug der Fahrerlaubnis (§ 7),
- die Überweisung an das Familiengericht (§ 53),
- Anordnung der Erziehungshilfe gem. § 112 a Ziff. 2[12]
- Eine Entscheidung gemäß § 53.[13]

---

6 Ostendorf, § 76 – 78 Rn 17.
7 Eisenberg, § 78 Rn 23; umfassend auch Ostendorf, §§ 76 – 78 Rn 15.
8 HM, D/S/S-Schoreit, § 78 Rn 11.
9 Ostendorf, §§ 76 – 78 Rn 16; die Teilnahme der JGH war im Landgerichtsbezirk Karlsruhe regelmäßig gewährleistet, vor allem, wenn die vereinfachten Verfahren am üblichen Terminstag „angehängt" wurden.
10 Im Landgerichtsbezirk Karlsruhe genügt idR eine Ladungsfrist rund 10 Tagen, um einen mündlichen Bericht erstatten zu können.
11 Ostendorf, §§ 76 – 78 Rn 16.
12 Eisenberg, §§ 76 – 78 Rn 30; D/S/S-Schoreit, § 78 Rn 5; aM D/S/S-Diemer, § 112 a Rn 8.
13 HM; D/S/S-Schoreit, § 53 Rn 3.

Nicht zulässig sind
- Hilfe zur Erziehung im Sinne des § 12 Nr. 2,
- Jugendstrafe einschließlich der Schuldspruch gemäß § 27,[14]
- Unterbringung in einer Entziehungsanstalt.

Die **Kosten- und Auslagenentscheidung** ergeht in der Regel gem. § 74.

14 Eine **Rechtsmittelbelehrung** sowie Hinweise nach §§ 11 Abs. 3 S. 1, 15 Abs. 3 S. 2 (Hinweis auf den Ungehorsamsarrest) und gem. § 268 b StPO (Belehrung über Fahrverbot) sind grundsätzlich zu erteilen und im Protokoll festzuhalten.

15 Die **schriftliche Begründung** muss die für eine rechtliche Nachprüfung wesentlichen Feststellungen, insb. Ausführungen zur Tat und zur Persönlichkeitsbewertung des Jugendlichen,[15] enthalten, zumal in der Regel die Jugendstaatsanwaltschaft nicht anwesend war und ihr ein Rechtsmittel im Rahmen des § 55 zusteht. Eine ausführliche Beweiswürdigung ist, wenn ein Rechtsmittel nicht zu erwarten ist, entbehrlich. Die Jugendstaatsanwaltschaft legt bei Bagatelldelikten regelmäßig im Falle einer Verurteilung kein Rechtsmittel ein, so dass auch vor Zustellung eine dem abgekürzten Urteil ähnliche Begründung abgefasst werden kann.

16 Der Richter kann gemäß §§ 47, 45 einen **Beschluss** nach Anhörung der anwesenden Beteiligten auch ohne Zustimmung der abwesenden Jugendstaatsanwaltschaft fassen und das Verfahren einstellen. Der Beschluss ist der Jugendstaatsanwaltschaft zuzustellen.[16]

Eine Rechtsmittelbelehrung ist nicht erforderlich. Es empfiehlt sich aber, den Jugendlichen eindringlich auf die Folgen der Nichterfüllung der gegebenen Auflagen (Fortsetzung des Verfahrens mit auch strengeren Maßnahmen) hinzuweisen.

IV. Nichterscheinen des Jugendlichen

17 Erscheint der ordnungsgemäß geladene Jugendliche nicht in der Verhandlung, kann, wenn dies in der Ladung zum Termin vorher angedroht worden ist, die Vorführung angeordnet werden (Abs. 3 Satz 3). Diese seit Ende 2006 geltende Vorgehensweise erlaubt es dem Jugendgericht, zur Beschleunigung des vereinfachten Verfahrens den Jugendlichen sogleich oder zu einer weiteren Verhandlung vorführen zu lassen. Diese Maßnahme hat sich in der Praxis dann als erzieherisch sinnvoll erwiesen, wenn insb. nach Anhörung der Jugendgerichtshilfe, teilweise auch des anwesenden Erziehungsberechtigten, dem Jugendlichen wegen des Fernbleibens der Vorwurf gemacht werden kann, nicht genügend entschuldigt zu sein. Zum neuen Termin ist der Erziehungsberechtigte erneut zu laden. Bewährt hat sich auch die Praxis der Jugendpolizei, die den Jugendlichen mit dem Beschluss kurz vor dem Termin aufsuchte und den (roten) Vorführungsbefehl eröffnete. Ohne Nachteile für die Schule oder den Arbeitsplatz kamen die Betroffenen, von der Maßnahme beeindruckt, regelmäßig zum Termin. Auch kann ohne Vorführung ein neuer Termin bestimmt werden, vor allem wenn anzunehmen ist, dass keine schuldhafte Säumnis vorliegt.

V. Rechtsmittel

18 Die **Rechtsmittelfrist** beginnt für einen nicht anwesenden Beteiligten mit der Zustellung des begründeten Urteils (idR Zustellung an die Jugendstaatsanwalt-

---

14 HM.
15 Eisenberg, §§ 76 – 78 Rn 31.
16 Zur Beschwerde der StA: Eisenberg, § 47 Rn 26.

schaft). Rechtsmittelverzicht nach Erlass des Urteils ist möglich. In der Verhandlung ist er zu protokollieren. Hängt von der Rechtskraft des Urteils der Lauf einer Frist ab (zB der Beginn des Fahrverbots), kann es aus beruflichen oder sonstigen erzieherischen Gründen angezeigt erscheinen, dass der Jugendrichter vor Zustellung des Urteils auf einen Rechtsmittelverzicht der Jugendstaatsanwaltschaft hinwirkt.

Das Rechtsmittelverfahren unterscheidet sich iÜ nicht vom sonstigen Jugendverfahren (vgl § 55).

Das Rechtsmittelgericht überprüft das Verfahren und die Entscheidung gemäß den Vorschriften über das vereinfachte Verfahren. Falls es zum Ergebnis kommt, dass die Voraussetzungen dieses vereinfachten Verfahrens nicht gegeben sind, stellt es das Verfahren gem. § 260 Abs. 3 StPO ein, weil eine Prozessvoraussetzung fehlt.[17] Im Fall des § 328 Abs. 2 StPO (Unzuständigkeit des Ausgangsgerichts) ist entsprechend § 260 Abs. 3 StPO zu verfahren, da eine Abgabe an ein anderes Gericht unzulässig ist.[18] Durch diesen Beschluss wird das Verfahren wieder in den Stand des Ermittlungsverfahrens zurückversetzt. Die Staatsanwaltschaft entscheidet sodann erneut über den Fortgang des Verfahrens.

VI. Formulare
▸ **Formular: Daten des vereinfachten Verfahrens**

Vereinfachtes Verfahren

Aktenzeichen: ... Name: ...

wegen: ...

Person: geb.: ... Alter: ... Einkommen: ...

Ges. Vertreter: Mutter / Vater: ...

Antrag vom ... AS:

Zulassung am ... AS:

Tat : ... Alter zur Tatzeit: ...

Zeit: ...

Ort: ...

Angaben AS.: ...

Zeugen: nein / ja

1. Name AS:

2. Name AS:

BZR / EZR / VZR:

Vorstrafen:

Beiakten:

LiBi. AS: ... Strafantrag:

Blutalkohol AS: ... %   Überführungsstücke: (zB) Drogen

---

17 HM; Eisenberg, §§ 76 – 78 Rn 35.
18 BGH v. 14.11.1958, 2 ARs 182/58, BGHSt 12, 180.

Ärztl. Bericht AS: zB Blutentnahme-Protokoll
STA Vorschlag:

JGH Vorschlag: Antrag Jug./ges.Vertreter:

Bemerkungen: ◄

21 ▶ **Formular: Protokoll im vereinfachten Verfahren:**
Nichtöffentliche Sitzung ... Ort, Datum
des Amtsgerichts – Jugendgericht – ...
Az.: ...
Strafsache gegen ...
Wegen ...
Verteidiger: ...
Anwesend:
als Jugendrichter
zugleich als Urkundsbeamter der Geschäftsstelle
Dauer der Hauptverhandlung: Von ... Uhr bis ... Uhr
Bei Aufruf der Sache sind erschienen:
D. Jugendliche (n): ...
Als gesetzlicher Vertreter: Mutter / Vater /...
Von der Jugendgerichtshilfe: Herr / Frau ...
Der Jugendliche machte Angaben zur Person (wie AS ...
Der Antrag der StA ... vom ..., zugelassen mit Beschluss vom ..., wurde verlesen.
D. Jugendliche(n) wurde (n) darauf hingewiesen, dass es ihm / ihr /ihnen freistehe, sich zum Vorwurf zu äußern oder nichts zur Sache auszusagen.
D. Jugendliche (n) äußerte (n) sich – nicht – zur Sache: ...
Es wurde in die Beweisaufnahme eingetreten.
Die Lichtbilder / Skizze AS.: ... wurde (n) in Augenschein genommen.
Verlesen wurde das BZR, VZR, EZR: kein /... Eintrag/Einträge.
Beweisanträge wurden nicht gestellt.
Die Beweisaufnahme wurde geschlossen.
Die persönlichen Verhältnisse d. Jugendlichen wurden erörtert.
Die Jugendgerichtshilfe erstattete ihren Bericht.
Sie schlägt vor: ...
Nach Anhörung und Erörterung erging Beschluss:
Arbeitsauflage: ... Stunden, ... bis ...
Geldauflage: ..., bis: ...
Sonstiges: ...
D. Jugendliche und der gesetzliche Vertreter erhielten zu ihren Ausführungen und Anträgen das Wort.
Beantragt wird: ...

D. Jugendliche sowie der gesetzliche Vertreter hatten das letzte Wort.
Es erging sodann nach Beratung das aus der Anlage ersichtliche Urteil, das begründet wurde.
Rechtsmittelbelehrung und Belehrung nach §§ 11, 15 JGG wurde erteilt.
Auf Rechtsmittel wurde (nicht) verzichtet.
Das Protokoll wurde am ... fertiggestellt.

... (Name)
Jugendrichter ◄

▶ **Formular: Verfügung:** 22
Nachricht von der Auflage an begünstigte Stelle.: ...

Wv.: ...
Der Jugendrichter ◄

Neunter Unterabschnitt Ausschluss von Vorschriften des allgemeinen Verfahrensrechts

§ 79 Strafbefehl und beschleunigtes Verfahren

(1) Gegen einen Jugendlichen darf kein Strafbefehl erlassen werden.

(2) Das beschleunigte Verfahren des allgemeinen Verfahrensrechts ist unzulässig.

Richtlinie zu § 79
Wegen des Strafbefehls und des beschleunigten Verfahrens gegen Heranwachsende wird auf die Richtlinien Nrn. 2 und 3 zu § 109 hingewiesen.

I. Normzweck und Anwendungsbereich 1	3. Beschleunigungsgrundsatz 3
1. Jugendliche 1	II. Rechtsfolgen bei unzulässigen besonderen Verfahren 4
2. Heranwachsende 2	

I. Normzweck und Anwendungsbereich

1. Jugendliche. Die Vorschrift enthält im Spannungsfeld zwischen Verfahrensbeschleunigung und gründlicher Persönlichkeits- und Erziehungsbedarfsfeststellungen zwei Vorgaben zum **Ausschluss besonderer Verfahrensarten gegen Jugendliche** (Bezugspunkt ist das Alter bei der Tat): Nach Abs. 1 ist das **Strafbefehlsverfahren** gem. §§ 407 ff StPO unzulässig, weil das schriftliche Verfahren nicht geeignet ist, die Persönlichkeit des Jugendlichen und seine sozialen Bezüge für die Sanktionierung ausreichend zu erfassen und keine Möglichkeit bietet, ihn in erzieherischer Weise mit seiner Verantwortung für die Tat zu konfrontieren.[1] **Das beschleunigte Verfahren nach §§ 417 ff StPO** wird von Abs. 2 im Hinblick auf das stärker am Erziehungsgedanken orientierte vereinfachte Jugendverfahren 1

---

1 Streng, § 79 Rn 201; Eisenberg, § 79 Rn 3 hebt die fehlende Einspruchskompetenz der Jugendlichen hervor.

gem. §§ 76 - 78 ebenfalls ausgeschlossen. Die Vorschrift gilt uneingeschränkt bei Jugendlichen, dh auch dann, wenn das Verfahren vor einem für allgemeine Strafsachen zuständigen Gericht stattfindet (§ 104 Abs. 1 Nr. 14).

2. Heranwachsende. Bei Heranwachsenden, gegen die nach **allgemeinem Strafrecht** verfahren wird, gelten Abs. 1 und 2 nicht, dh in diesem Fall sind sowohl Strafbefehle als auch beschleunigte Verfahren zulässig. Wendet der Richter aber nach § 105 Abs. 1 Jugendstrafrecht an, so ergibt sich aus § 109 Abs. 2 S. 1 iVm Abs. 1, dass ein **Strafbefehl** ausgeschlossen ist. Im Umkehrschluss der ausdrücklichen Nennung von Abs. 1 ohne Abs. 2 in § 109 Abs. 2 folgt, dass Abs. 2 für Heranwachsende generell nicht gilt – unabhängig von der sachlichen Anwendung des Jugendstrafrechts. Die Entscheidung für das **beschleunigte Verfahren** nach § 417 StPO hat aber zu berücksichtigen, dass nach § 109 Abs. 1 S. 1 iVm § 43 Tatsachen für eine Persönlichkeitsdiagnose zu erheben sind.[2]

3. Beschleunigungsgrundsatz. Die Vorschrift lässt keinen allgemeinen Schluss auf eine Zurückhaltung hinsichtlich möglicher Beschleunigungsansätze im JGG zu. Vielmehr gebietet es eine möglichst tatnahe Erziehung wie auch das Rechts- und Sozialstaatprinzip, dass zulässige und fallangemessene Beschleunigungspotenziale genutzt werden. Das gilt für den Einsatz der Diversion ebenso wie für die jugendgemäße Gestaltung des vereinfachten Jugendverfahrens.[3]

II. Rechtsfolgen bei unzulässigen besonderen Verfahren

Die klaren gesetzlichen Ausschlüsse des Strafbefehlsverfahrens und des beschleunigten Verfahrens für Jugendliche haben die Frage zur Folge, ob der rechtswidrige Abschluss eines solchen Verfahrens zunächst Rechtswirksamkeit erlangt und dann als unrichtige Entscheidung angefochten werden kann oder als nichtige Entscheidung unbeachtlich ist. Wenn gegen Jugendliche klar ausgeschlossene besondere Verfahren trotz der **sicheren Feststellung des Alters** zwischen 14 und vollendeten 17 Jahren durchgeführt werden, ist das Urteil so offensichtlich und gravierend unrichtig, dass es keine Beachtung verdient – wie jedes Urteil, dem nicht nur Verfahrensverletzungen im grundsätzlich zulässigen Verfahren vorausgehen, sondern das komplett in einem verbotenen Verfahren abläuft.[4] Beim Strafbefehlsverfahren folgt diese Konsequenz auch aus der Berücksichtigung des für diesen Ausschluss allgemein angeführten Arguments, dass Jugendliche mit der Geltendmachung des Einspruchsrechts überfordert sind und daher von ihnen keine Rechtsmittelkompetenz verlangt wird.[5] Zusätzlich ist darauf hinzuweisen, dass beide Verfahrensarten nach ihrer Regelung gem. § 407 Abs. 2 bzw § 419 StPO nur Sanktionen des StGB vorsehen und die Jugendlichen so nicht nur im unrichtigen Verfahren, sondern auch materiell unrichtig behandelt würden. Bei einer **fehlerhaften tatsächlichen Altersfeststellung** von über 18 Jahren ist die Entscheidung nur mit den vorgesehenen Rechtsmitteln anfechtbar, weil die Rechtsanwendung nicht offensichtlich unrichtig, sondern in sich schlüssig ist.[6]

---

2 Eisenberg, § 109 Rn 9; für die bloße Erhebung „leicht zugänglicher Prognosemerkmale", zur verstärkten Anwendung s. Mann, Beschleunigungspotential im Jugendstrafverfahren, 2003.
3 Zu entsprechenden Möglichkeiten s. Mann, Beschleunigungspotential im Jugendstrafverfahren, 2003.
4 Im Ergebnis auch Ostendorf, § 79 Rn 3; aA die hM BayObLG v. 15.3.1957, RReg 3 St 53/57, NWJ 1957, 838; D/S/S, § 79 Rn 4; Eisenberg, § 79 Rn 6.
5 Streng, § 79 Rn 201.
6 Zu dieser Differenzierung Eisenberg, § 1 Rn 34.

§ 80 Privatklage und Nebenklage

(1) ¹Gegen einen Jugendlichen kann Privatklage nicht erhoben werden. ²Eine Verfehlung, die nach den allgemeinen Vorschriften durch Privatklage verfolgt werden kann, verfolgt der Staatsanwalt auch dann, wenn Gründe der Erziehung oder ein berechtigtes Interesse des Verletzten, das dem Erziehungszweck nicht entgegensteht, es erfordern.

(2) ¹Gegen einen jugendlichen Privatkläger ist Widerklage zulässig. ²Auf Jugendstrafe darf nicht erkannt werden.

(3) ¹Der erhobenen öffentlichen Klage kann sich als Nebenkläger nur anschließen, wer durch ein Verbrechen gegen das Leben, die körperliche Unversehrtheit oder die sexuelle Selbstbestimmung oder nach § 239 Abs. 3, § 239 a oder § 239 b des Strafgesetzbuchs, durch welches das Opfer seelisch oder körperlich schwer geschädigt oder einer solchen Gefahr ausgesetzt worden ist, oder durch ein Verbrechen nach § 251 des Strafgesetzbuchs, auch in Verbindung mit § 252 oder § 255 des Strafgesetzbuchs, verletzt worden ist. ²Im Übrigen gelten § 395 Absatz 2 Nummer 1, Absatz 4 und 5 und §§ 396 bis 402 der Strafprozessordnung entsprechend.

Richtlinien zu § 80

1. Gründe der Erziehung können die Verfolgung eines Privatklagedeliktes namentlich dann erfordern, wenn Jugendliche wiederholt oder schwere Straftaten begangen haben und eine Ahndung zur Einwirkung auf sie geboten ist.

2. Für die Widerklage bleibt das mit der Privatklage befaßte Gericht zuständig. Gegen den jugendlichen Widerbeklagten kann das für allgemeine Strafsachen zuständige Gericht nur Zuchtmittel (§ 13) selbst verhängen; hält es Erziehungsmaßregeln für erforderlich, so verfährt es nach § 104 Abs. 4 Satz 1.

3. Auch vor den für allgemeine Strafsachen zuständigen Gerichten kann gegen Jugendliche eine Privat- oder Nebenklage nicht erhoben werden (§ 104 Abs. 1 Nr. 14). Gegen Heranwachsende sind die Privat- und die Nebenklage zulässig, unabhängig davon, ob die Anwendung des allgemeinen Strafrechts oder des Jugendstrafrechts zu erwarten ist (§ 109). Auch insoweit ist grundsätzlich der Jugendrichter zuständig (§ 108 Abs. 1 und 2 JGG i.V.m. § 25 Nr. 1 GVG).

Schrifttum:

Rössner, Normlernen und Kriminalität, in: Feltes/Pfeifer/Steinhilper (Hrsg.), Festschrift für Hans-Dieter Schwind zum 70. Geburtstag, 2006, S. 1129 - 1140; *Rössner*, Das Jugendkriminalrecht und das Opfer der Straftat, in: Dölling (Hrsg.), Das Jugendstrafrecht an der Wende zum 21. Jahrhundert, 2000, S. 165 - 179; *Rössner*, Evidenzbasierte Kriminalprävention als Grundlage zweckrationaler Legitimation der Strafe in Blog u.a. (Hrsg.), Gerechte Strafe und legitimes Strafrecht: Festschrift für Manfred Maiwald zum 75. Geburtstag, 2010, S. 701 - 713.

I. Anwendungsbereich und Zweck ... 1	3. Die Strafverfolgungsentscheidung und ihre Wirkungen ... 8
II. Ausschluss der Privatklage gegen Jungendliche ... 3	IV. Privatklagen von Jugendlichen gegen Volljährige und Widerklagen ... 10
III. Voraussetzungen des Offizialverfahrens bei Privatklagedelikten von Jugendlichen ... 6	V. Eingeschränkte Nebenklage gegen Jugendliche ... 12
1. Gründe der Erziehung ... 6	1. Nebenklage und Erziehungsgedanke des JGG ... 12
2. Berechtigtes Interesse des Verletzten ... 7	

2. Sicherungsverfahren...... 14
3. Beschränkungen der Nebenklage............... 15
4. Verfahrensrechtliche Aspekte.................... 16
5. Sonstige Befugnisse des Verletzten im Jugendstrafverfahren.................. 18

I. Anwendungsbereich und Zweck

1 Die Vorschrift gilt **nur für Jugendliche**, da entsprechende Verweise für Heranwachsende fehlen (§§ 109, 112 S. 2). Der Ausschluss der Privatklage (Abs. 1) und die Einschränkung der Nebenklage (Abs. 3) sind damit jugendspezifische Regelungen, die den **Vorrang des Erziehungsgedankens** im Jugendstrafverfahren gewährleisten sollen. Die in Privatklageverfahren geltende Dispositionsbefugnis des Privatklägers[1] fordert keine Rücksicht auf Erziehungsbelange Jugendlicher. Daher ist es konsequent und richtig, die Abwägung von Erziehungsgründen und berechtigten **Interessen des Verletzten** bei der Entscheidung über eine Strafverfolgung von Privatklagedelikten dem Jugendstaatsanwalt gem. Abs. 2 zu überlassen.

2 Die vernünftige Abwägung der beiden unterschiedlichen Interessen hat den Gesetzgeber andererseits dazu gebracht, seit 2006 die Nebenklage bei schweren Gewaltdelikten und sensiblen Opfern zuzulassen. Die in diesen Fällen wichtige opferberücksichtigende Verfahrensgestaltung ist mit dem Erziehungsziel des Jugendstrafverfahrens ohne Weiteres vereinbar, zumal die Nebenklage dem Rache- oder Vergeltungsinteresse des Verletzten keinen Raum lässt.[2] Vielmehr geht es darum, die Belastungen des Opfers durch sekundäre Viktimisierung zu verringern. So enthält die Vorschrift eine insgesamt ausgewogene Regelung zwischen Erziehungs- und Opferinteressen.

II. Ausschluss der Privatklage gegen Jugendliche

3 Die Unzulässigkeit der Privatklage gegen Jugendliche (Rn 1) schließt auch den **Sühneversuch** gem. § 380 StPO aus, da dieser nur auf das Privatklageverfahren bezogen ist. Bei Jugendlichen ist das erziehungsorientierte Konfliktregelungspotenzial des Täter-Opfer-Ausgleichs gem. §§ 45 Abs. 2 S. 2, 1, Abs. 1 S. 2 Nr. 7 anzuwenden (s. § 5 Rn 17).

4 Abs. 1 S. 1 ist ein **Prozesshindernis**, das je nach Verfahrensstadium zur Zurückweisung der erhobenen Privatklage führt: vor der Eröffnung der Hauptverhandlung durch § 383 Abs. 1 S. 1 StPO, sonst im Eröffnungsbeschluss durch § 204 StPO[3] und danach vor oder außerhalb der Hauptverhandlung durch § 206 a StPO sowie nach mündlicher Verhandlung durch § 260 Abs. 3 mit der jeweiligen Kostenfolge des § 471 Abs. 2 StPO. Der eindeutige Ausschluss der Privatklage als zulässiges Verfahren führt zur **Nichtigkeit** eines dennoch ergangenen Urteils.[4]

5 Zum **Schutz des Jugendlichen** und seiner Erziehung (Rn 1) einerseits sowie andererseits als **Kompensation des Privatklageausschlusses** für den Verletzten[5] werden über die allgemeine Voraussetzung des öffentlichen Interesses nach

---

1 HK-GS-Rössner, § 374 StPO Rn 1.
2 HK-GS-Rössner, § 374 StPO Rn 3 mwN.
3 HK-GS-Rössner, § 383 StPO Rn 3.
4 Ostendorf, § 80 Rn 4; aA D/S/S-Schoreit, § 80 Rn 4; Eisenberg, § 80 Rn 4; Brunner/Dölling, § 80 Rn 1.
5 D/S/S-Schoreit, § 80 Rn 4.

§ 376 StPO Privatklagedelikte von der Staatsanwaltschaft im jugendstrafrechtlichen Offizialverfahren nur verfolgt, wenn Gründe der Erziehung oder ein berechtigtes Interesse des Verletzten ohne Beeinträchtigung des Erziehungszwecks dies erfordern. Gründe der (Norm-)Erziehung **sprechen in der Regel** dafür, dass der auch geringfügige Verstoß eines Jugendlichen gegen zentrale Verhaltensnormen des Strafrechts in Sorge und Verantwortung mit den Jugendlichen thematisiert wird und angemessene Konsequenzen hat. **Normverdeutlichung** und **Entwicklung der Selbstkontrolle** hängen von konsequenten Reaktionen ab.[6] Dabei ist freilich das gesamte erzieherische Potenzial des Jugendstrafrechts orientiert am Erziehungsbedürfnis einzusetzen, insbesondere der Reaktionsverzicht, der Täter-Opfer-Ausgleich und die informellen Sanktionen im formlosen jugendrichterlichen Erziehungsverfahren (§ 45 Abs. 3 JGG) bei den relativ geringfügigen Privatklagedelikten.[7] Eine unangemessene Belastung der Jugendlichen wird so ohne Wirkungsverlust vermieden.

III. Voraussetzungen des Offizialverfahrens bei Privatklagedelikten von Jugendlichen

1. Gründe der Erziehung. Abs. 1 S. 2 mit der Ersetzung des Privatklageverfahrens durch das Offizialprinzip bei Jugendlichen verhindert, dass die Strafverfolgung während der jugendlichen Entwicklung mit wichtigen Elementen des Normlernens von der Beliebigkeit einer Privatperson abhängt. Konsequenz im zuvor dargelegten Sinn ist nur durch angemessene und relativ sicher einer Straftat folgenden Reaktion zu erreichen. Nur ausnahmsweise können besondere Gründe mit erzieherischen Belangen schon gegen die Strafverfolgung überhaupt sprechen, denn erzieherische Aspekte sind durch die vielfältigen erziehungsorientierten Einstellungsmöglichkeiten im Jugendstrafverfahren nach §§ 45, 47 JGG uneingeschränkt zu berücksichtigen. Die Konfrontation mit einem Fehlverhalten ist zentrales Erziehungselement des Normlernens.

2. Berechtigtes Interesse des Verletzten. In gleicher Weise wie bei der grundsätzlichen Entscheidung über die Einleitung eines Strafverfahrens wird es bei berechtigten Interessen des Verletzten kaum eine Kollision mit dem Erziehungszweck geben. Für das Normlernen sind die Erfahrung der Straftat und das dahinterstehende Opferleid elementar. Am konkreten Fall geht es darum, **soziale Sensibilität** für Verletzungen und **Empathie** zu fördern. Zudem erhält der Täter Gelegenheit, Verantwortung zu übernehmen und in der Schadenswiedergutmachung positive Identität zu erlangen. Die Erfahrungen mit dem Täter-Opfer-Ausgleich machen die große Bedeutung der Auseinandersetzung mit Opferinteressen deutlich. Erzieherischen Belangen entgegenstehende Rachegelüste eines Verletzten[8] werden in der TOA-Arbeit nur selten festgestellt.

3. Die Strafverfolgungsentscheidung und ihre Wirkungen. Die staatsanwaltschaftliche Entscheidung über die Einleitung eines Ermittlungsverfahrens bei Privatklagedelikten nach Abs. 1 S. 2 ist eine besondere jugendstrafrechtliche Erweiterung des § 376 StPO. Mit dem Blick auf die hier („Gründe der Erziehung"; „berechtigtes Interesse des Verletzten") wie dort („öffentliches Interesse") verwendeten Vorgaben basiert die Entscheidung auf unbestimmten Rechtsbegriffen, die eine **Bandbreite vertretbarer Entscheidungen** eröffnen. In diesem Rahmen ist

---

6 Eingehend Meier/Rössner/Schöch-Rössner, § 1 Rn 8 ff; ders. in: Schwind-FS, S. 1130 ff; ders. in: Maiwald-FS, S. 703 ff; so auch D/S/S-Schoreit, § 80 Rn 4.
7 Meier/Rössner/Schöch-Rössner, § 6 Rn 10 ff.
8 Brunner/Dölling, § 80 Rn 2; Ostendorf, § 80 Rn 8.

eine positive Entscheidung wie bei § 376 StPO nicht anfechtbar. Die Beurteilung liegt allein in der Kompetenz der Staatanwaltschaft.[9] Im Jugendstrafverfahren bedeutet die Bejahung der Strafverfolgungsvoraussetzungen nach Abs. 1 S. 2 bei Privatklagedelikten freilich nicht, dass das Verfahren zur Anklage gebracht wird. Vielmehr hat der Jugendstaatsanwalt wegen der relativ geringfügigen Privatklagedelikte am besten zugleich mit den spezifischen Voraussetzungen die mögliche **Einstellung des Strafverfahrens** nach § 45 Abs. 1 bis 3 (unter Einsatz von Diversionsmitteln) zu prüfen.

9 Die **Ablehnung der Strafverfolgung** ist – soweit sie sich auf die pflichtgemäße Anwendung der genannten Ermessensbegriffe bezieht – nicht förmlich anfechtbar. Damit ist das Klageerzwingungsverfahren nach § 172 Abs. 12 StPO ausgeschlossen.[10] Übrig bleibt nur die Dienstaufsichtsbeschwerde nach § 172 Abs. 1 StPO sowie im Fall einer Einstellung nach § 170 Abs. 2 StPO wegen mangelnden Tatverdachts (die stets vor einer Opportunitätseinstellung zu prüfen ist) auch das Klageerzwingungsverfahren nach allgemeinen Grundsätzen.

IV. Privatklagen von Jugendlichen gegen Volljährige und Widerklagen

10 Jugendliche können gegen Heranwachsende und Erwachsene ohne Einschränkung im Wege der Privatklage vorgehen. Auf der **Aktivseite** sind sie von Abs. 1 nicht betroffen und als Verletzte gem. § 374 Abs. 1 StPO sind sie natürlich Privatklageberechtigte und damit auch Partei. Als Minderjährige benötigen sie für die Prozessfähigkeit ihren gesetzlichen Vertreter (§ 374 Abs. 3).

11 Nach Abs. 2 S. 1 kann im Rahmen der Privatklage eines Jugendlichen der volljährige Beschuldigte ausnahmsweise **eine private Widerklage iSd** § 388 StPO gegen einen Jugendlichen erheben. Diese ist in der Sache eine eigene Privatklage mit umgekehrtem Verhältnis und richtet sich grundsätzlich nach §§ 374 ff StPO. Es entfallen freilich bei der schon laufenden Privatklage die vorprozessualen Voraussetzungen wie Gebührenvorschuss und Sühneversuch.[11] Es hat eine einheitliche Entscheidung nach § 388 Abs. 3 StPO zu ergehen. Der mit der Privatklage befasste Richter am AG für allgemeine Strafsachen bleibt so auch für die Widerklage zuständig. Für den jugendlichen Widerbeklagten wird aber im Wesentlichen das JGG nach § 104 angewendet. Nach Abs. 2 S. 2 darf nicht auf Jugendstrafe erkannt werden. **Erziehungsmaßregeln** darf der Strafrichter gem. § 104 Abs. 4 nicht unmittelbar aussprechen, sondern er muss die Auswahl und Anordnung dem Familiengericht überlassen. Die Widerklage des volljährigen Privatbeklagten ist an die Privatklage des Jugendlichen gebunden. Wird die ursprüngliche Privatklage vom Jugendlichen zurückgenommen (§ 381 Abs. 4 StPO) oder entfällt sie auf andere Weise, hat die Widerklage isoliert keinen Bestand, weil dann entgegen § 388 Abs. 4 StPO der Ausschluss der Privatklage von Abs. 1 S. 1 wieder auflebt.[12]

V. Eingeschränkte Nebenklage gegen Jugendliche

12 **1. Nebenklage und Erziehungsgedanke des JGG.** Das Verbot der Nebenklage gegen Jugendliche wurde 1943 durch § 53 RJGG eingeführt und galt unter Hinweis auf die Beeinträchtigung von Erziehungsbelangen durch Aktivrechte des

---

9 HK-GS-Rössner, § 376 StPO Rn 3; BGH v. 26.5.1961, 2 StR 40/61, BGHSt 16, 225 ff.
10 Brunner/Dölling, § 80 Rn 3; Eisenberg, § 80 Rn 8; Ostendorf, § 80 Rn 9 mwN.
11 Im Einzelnen HK-GS-Rössner, § 388 StPO.
12 D/S/S-Schoreit, § 80 Rn 10; Ostendorf, § 80 Rn 14; aA Eisenberg, § 80 Rn 11.

Opfers bis zur teilweisen Aufhebung durch das 2. JuMoG v. 22.12.2006. Die Neuregelung war überfällig, weil die undifferenziert rigorose Ablehnung der Opferbeteiligung der kriminalpolitischen Entwicklung eines ausgewogenen Verhältnisses zwischen garantierten Beschuldigtenrechten und Opfergerechtigkeit sowie Opferschutz aufgrund neuer Erkenntnisse und differenzierter Positionsbestimmungen nicht gerecht wird.[13] Entscheidend für das neue differenzierte Verständnis von Erziehung, Beschuldigtenrechten und der Opferberücksichtigung im Jugendstrafverfahren ist vor allem der **Wandel der Nebenklage.** Während diese bis zum Opferschutzgesetz von 1986 das Vergeltungs- und Genugtuungsinteresse des Verletzten verkörperte, wurde sie danach durch die neue gesetzliche Regelung und in der Gerichtspraxis zur **opferschützenden Institution,** insbesondere bei sensiblen Opfern schwerer Gewaltkriminalität, umgestaltet.[14] Das heutige Ziel der Nebenklage, dem Verletzten Schutz gegen unberechtigte Schuldzuweisungen und Herabwürdigungen zu gewähren sowie eine ausreichend opferbezogene Verfahrensgestaltung, insbesondere im Verfahrensabschnitt der Zeugenaussage, durchzusetzen, ist mit dem Erziehungsgedanken grundsätzlich vereinbar. Die Erkenntnisse zum sozialen Lernen – vielfach gewonnen im Rahmen des Täter-Opfer-Ausgleichs – zeigen darüber hinaus die große Bedeutung der Auseinandersetzung mit der Straftat und Konfrontation mit dem persönlichen Opferleid für die Erziehung. Solche Begegnungen verhindern unangemessene, aber häufige Verantwortungsverschiebungen auf das Opfer oder sonstige Neutralisierungen des Unrechts und setzen Aufmerksamkeitsprozesse für konformes Verhalten beim Täter in Gang.[15] In diesem Sinn ist es konsequent, wenn Abs. 3 eine auf die schwersten Gewaltdelikte und auf besonders schutzbedürfte Opfer beschränkte Nebenklage zulässt.

Ein wesentlicher **Grund für die Beschränkung** der Nebenklage gegen Jugendliche ist, dass im routinierten Alltagsfall des Jugendstrafrechts die begrenzten Ressourcen des Jugendrichters auf die Erziehung des Jugendlichen konzentriert bleiben sollen und insoweit keine Ablenkung durch Aufwendungen für das Nebenklageverfahren entsteht. Zu berücksichtigen ist auch, dass die Einschränkung auf Verbrechen bewirkt, dass der Jugendliche gem. § 68 Nr. 1 iVm § 140 Abs. 1 Nr. 2 StPO stets einen Verteidiger zur Seite hat und er nicht einem Staatsanwalt und einem Nebenklagevertreter allein gegenüber stehen muss. 13

2. Sicherungsverfahren. Die eingeschränkte Nebenklage ist nur im Strafverfahren, nicht auch im Sicherungsverfahren nach §§ 413 ff StPO möglich. Die Entscheidung des Gesetzgebers ist insoweit eindeutig, weil in § 395 Abs. 1 S. 1 StPO mit dem Opferrechtsreformgesetz von 2004 klargestellt wurde, dass die Nebenklage grundsätzlich auch im Sicherungsverfahren zulässig ist, diese Erweiterung aber bei der erst danach im 2. JuMoG von 2006 eingeführten beschränkten Nebenklage gegen Jugendliche in Abs. 3 S. 1 gerade weggelassen wurde. In der Sache überzeugt das nicht, weil im Sicherungsverfahren Kollisionen mit Erziehungsbedürfnissen wegen des bei Jugendlichen und Erwachsenen gleichen Verfahrensziels nicht auftreten.[16] Damit entsteht ein nicht nachvollziehbarer Wertungswiderspruch zum Strafverfahren. 14

3. Beschränkungen der Nebenklage. Neben dem Ausschluss der Nebenklage im Sicherungsverfahren gegen Jugendliche enthält Abs. 3 zwei weitere **an der De-** 15

---

13 Dazu Rössner, in: Dölling (Hrsg.), S. 165 ff.
14 Dazu HK-GS-Rössner, vor § 395 StPO Rn 1 ff.
15 Rössner, in: Dölling (Hrsg.), S. 173 f.
16 Hinz, Nebenklage im Verfahren gegen Jugendliche, JR 2007, 142.

liktschwere orientierte Einschränkungen: Zur Nebenklage anschlussberechtigt sind nur Verletzte oder gem. Abs. 3 S. 2 iVm § 395 Abs. 2 Nr. 1 StPO enge Angehörige, wenn es sich um **Verbrechen** gegen das Leben, die körperliche Unversehrtheit oder die sexuelle Selbstbestimmung oder um Straftaten nach §§ 239 Abs. 3, 239 a bzw 239 b StGB handelt **und** der Verletzte **dadurch seelisch oder körperlich schwer geschädigt** oder einer solchen **Gefahr** ausgesetzt worden ist. Ohne schwerwiegende Opferschäden ist die Nebenklage beim Raub mit Todesfolge (§ 251 StGB) ggf in Verbindung mit §§ 252, 255 StGB möglich. Der Differenzierungsgrund etwa gegenüber §§ 212, 211 ist dabei nicht zu erschließen. Neben der recht klaren formellen Katalogisierung der Anlasstaten nach Straftatbeständen darf die zusätzliche **materielle Unrechtsqualifizierung** durch den Gesetzgeber nicht außer Acht bleiben.[17] Die seelischen oder körperlichen Schäden bzw Gefahren müssen eine **besonders hohe Beeinträchtigung der Lebensqualität** mitsichbringen. Die Beurteilung entspricht der im Rahmen der Anordnung der nachträglichen Sicherungsverwahrung nach § 7 Abs. 2 (s. die Erläuterungen zu § 7 Rn 18 f).

16 **4. Verfahrensrechtliche Aspekte.** Als Konsequenzen des (deklaratorischen) Zulassungsbeschlusses[18] der Nebenklage ergibt sich aus Abs. 3 S. 2, dass die Verfahrensregeln zur Nebenklage nach §§ 395 Abs. 4 und 5 und §§ 396 - 402 komplett zur Anwendung kommen. Daher ist dem Nebenkläger zB ein Beistand nach § 397 a StPO zu bestellen und ein anwaltlicher Vertreter erhält ohne Weiteres Akteneinsicht nach § 406 e Abs. 1 S. 2 StPO. Die rechtswidrige Zulassung oder Nichtzulassung der eingeschränkten Nebenklage kann wegen der nicht bindenden, sondern stets zu ändernden Entscheidung des erkennenden Gerichts nach § 304 StPO mit der einfachen Beschwerde oder nach einem Urteil mit der Begründung unrichtig angewendeten Verfahrensrechts (§ 337 StPO) mit der Revision angefochten werden.[19]

17 Grundsätzlich stehen dem Nebenkläger damit alle gesetzlichen Befugnisse zu. Bei einer **missbräuchlichen oder elementar dem Erziehungsgedanken des JGG zuwiderlaufenden Ausnutzung der Nebenklagebefugnisse** kann bzw muss das Gericht im Rahmen der Verhandlungsleitung nach § 238 StPO und entsprechend dem Grundsatz des „fair trial", der hier gebietet, Belastungen und Gefährdungen der Erziehung des jugendlichen Angeklagten möglichst zu vermeiden, gegensteuern und ein angemessenes Verhandlungsklima schaffen.[20] Im Extremfall kann der Missbrauch zum Verlust des Nebenklagerechts führen.

18 **5. Sonstige Befugnisse des Verletzten im Jugendstrafverfahren.** Der aus Abs. 3 zu folgende grundsätzliche Ausschluss der Nebenklage bewirkt nicht, dass sonstige Opferrechte davon betroffen oder im Blick darauf einzuschränken sind. Vielmehr ergibt sich aus der gesetzlichen Regelung des Abs. 3 kein ausdrücklicher Hinweis auf weitere Einschränkungen. Solche Ansätze lassen sich auch nicht bei einer teleologischen Betrachtung des Nebenklageausschlusses finden: Die jugendstrafrechtliche Ausnahme der Nebenklage will die Geltendmachung **aktiver Opferrechte** im Interesse der Konzentration auf den Jugendlichen und seine Belange im Verfahren ausschließen, die **passiven Schutzrechte** für die Opfer und ihre Akti-

---

17 So auch Ostendorf, § 80 Rn 1 a; aA Hinz, JR 2007, 142, 144.
18 HK-GS-Rössner, § 396 StPO Rn 4.
19 Im Einzelnen HK-GS-Rössner, § 396 StPO Rn 10 ff.
20 So auch BGH v. 9.10.2002, 5 StR 42/02, StV 2003, 74, 75 für einen Fall der gemeinsamen Anklage eines Jugendlichen und eines Heranwachsenden bei einer Nebenklage; s. auch Eisenberg, § 80 Rn 13 a und 19 f.

vierungsmöglichkeiten in der StPO sind davon aber nicht erfasst. Bloß passive Schutzrechte haben im Jugendstrafverfahren gleiche Geltung wie sonst. Die entsprechend respektvolle Behandlung der Opferrechte steht nicht im Gegensatz zum Erziehungsziel und ist daher nicht über die ausdrückliche Regelung des JGG hinaus einzuschränken. Aus diesen grundsätzlichen Erwägungen folgt, dass die Beiordnung eines Opferanwalts nach §§ 406 f und 406 g StPO[21] ebenso Geltung hat wie die Informations- und Akteneinsichtsrechte nach §§ 406 d und 406 e StPO.

Aus den zuvor genannten Gründen sind ebenfalls keine Einschränkungen der Opferrechte angebracht, wenn derselbe Geschädigte von Straftaten eines Täters betroffen ist, die dieser im Jugend- und Heranwachsenden- bzw Erwachsenenalter begangen hat, oder wenn die gemeinsame Straftat eines Jugendlichen mit einem Heranwachsenden vorliegt. In beiden Fällen ist die Nebenklage nur ausgeschlossen, soweit das Jugendlichenalter bzw der Jugendliche in Rede steht. Der speziell auf die Jugendlichkeit bezogene Ausschluss der Nebenklage führt zur rechtlich und faktisch problemlosen Trennung in einen Nebenklage belegten und einen Nebenklage freien Teil des Verfahrens.[22] Ausdrücklich wird durch § 48 Abs. 2 hervorgehoben, dass der Verletzte ggf zusammen mit seinem Erziehungsberechtigten und gesetzlichen Vertreter an der nicht öffentlichen Verhandlung im Jugendstrafverfahren teilnehmen darf. 19

§ 81 Entschädigung des Verletzten

Die Vorschriften der Strafprozeßordnung über die Entschädigung des Verletzten (§§ 403 bis 406 c der Strafprozeßordnung) werden im Verfahren gegen einen Jugendlichen nicht angewendet.

Richtlinien zu § 81
1. Auf die Möglichkeiten des Täter-Opfer-Ausgleichs und der Schadenswiedergutmachung wird hingewiesen.
2. Die Vorschriften der §§ 403 ff. StPO sind gegen Jugendliche auch im Verfahren vor den für allgemeine Strafsachen zuständigen Gerichten nicht anzuwenden (§ 104 Abs. 1 Nr. 14). Im Verfahren gegen Heranwachsende ist die Anwendung dieser Vorschriften nur ausgeschlossen, wenn Jugendstrafrecht angewandt wird (§ 109 Abs. 2).

I. Nur bei Jugendlichen soll das Erziehungsprogramm des Jugendstrafrechts nicht durch die Geltendmachung und Durchsetzung zivilrechtlicher Schadensersatzansprüche im Adhäsionsverfahren des allgemeinen Strafverfahrens belastet werden. Das gilt nach § 104 Abs. 1 Nr. 14 auch im Verfahren vor Gerichten für allgemeine Strafsachen. Seit der Herausnahme des § 81 aus § 109 Abs. 2 S. 1 durch das 2. JuMoG von 2006 ist das Adhäsionsverfahren dagegen uneingeschränkt gegen **Heranwachsende zulässig**. 1

---

21 OLG Koblenz v. 2.5.2000, 2 Ws 198/00, NJW 2000, 2436; OLG München v. 17.12.2002, 1 Ws 1184/02, NJW 23, 1543 mit jeweils überzeugender Begründung; aA OLG Zweibrücken v. 8.1.2002, 1 Ws 781/01, NStZ 2002, 496; Eisenberg, § 80 Rn 14 mwN.
22 So zutreffend Mitsch, Nebenklage im Strafverfahren gegen Jugendliche und Heranwachsende, GA 1998, 165 f; für die gemeinsamen Verfahren BGH v. 18.10.1995, 2 StR 470/95, NStZ 1996, 149; Laubenthal/Baier, Rn 373; aA Eisenberg, § 80 Rn 13 und 13 b; diff. Ostendorf, § 80 Rn 1 b.

2   II. Für die **Wiedergutmachung** materieller oder/und ideeller Schäden beim Opfer sind bei Jugendlichen statt des Adhäsionsverfahrens die ins Erziehungskonzept des JGG eingebetteten Reaktionen des freiwilligen Täter-Opfer-Ausgleichs nach § 45 Abs. 2 S. 2 oder die am zivilrechtlichen Anspruch orientierten Schadenswiedergutmachungsauflagen nach § 15 Abs. 1 Nr. 1 bzw § 45 Abs. 3 S. 1 iVm § 15 Abs. 1 Nr. 1 einzusetzen.[1] Bei Heranwachsenden sollte das grundsätzlich zulässige Adhäsionsverfahren ebenfalls vor allem durch den konfliktregelnden Täter-Opfer-Ausgleich ersetzt werden. Diese Form der konstruktiven Tatfolgenverarbeitung wirkt sich auch bei den Heranwachsenden positiv auf das Normlernen aus.

3   III. Ein im Adhäsionsverfahren entgegen der Vorschrift zugesprochener Schadensersatz erlangt wegen **Nichtigkeit** mit Blick auf das generelle Verbot bei Jugendlichen keine Rechtswirksamkeit (§ 79 Rn 4) oder kann mit der Gegenmeinung durch die Revision angefochten werden.

Zehnter Unterabschnitt Anordnung der Sicherungsverwahrung

§ 81a Verfahren und Entscheidung

(1) Für das Verfahren und die Entscheidung über die Anordnung der Unterbringung in der Sicherungsverwahrung gelten § 275a der Strafprozessordnung und die §§ 74f und 120a des Gerichtsverfassungsgesetzes sinngemäß.

(2) ¹Ist über die nachträgliche Anordnung der Sicherungsverwahrung nach § 7 Absatz 2 zu entscheiden, übersendet die Vollstreckungsbehörde die Akten rechtzeitig an die Staatsanwaltschaft des zuständigen Gerichts. ²Prüft die Staatsanwaltschaft, ob eine nachträgliche Anordnung der Sicherungsverwahrung in Betracht kommt, teilt sie dies dem Betroffenen mit. ³Die Staatsanwaltschaft soll den Antrag auf nachträgliche Anordnung der Sicherungsverwahrung spätestens sechs Monate vor dem Zeitpunkt stellen, zu dem der Vollzug der Jugendstrafe oder der freiheitsentziehenden Maßregel der Besserung und Sicherung gegen den Betroffenen endet. ⁴Sie übergibt die Akten mit ihrem Antrag unverzüglich dem Vorsitzenden des Gerichts.

1   Die Vorschrift übernimmt die bis 31.12.2010 in § 7 Abs. 4 S. 1 enthaltene Regelung mit dem Verweis auf das entsprechende Verfahren bei der Anordnung nach §§ 66 ff StGB gem. § 275a StPO und die gerichtliche Zuständigkeit für das Verfahren zur Anordnung der Sicherungsverwahrung im JGG (§ 7 Abs. 2 für Jugendliche und § 106 Abs. 3 bis 6). Weil die nachträgliche Sicherungsverwahrung mit dem Gesetz zur Neuregelung der Sicherungsverwahrung vom 22.12.2010 im StGB (BGBl. I, 2300 ff) weggefallen ist, musste im JGG für die dort in § 7 Abs. 2 verbleibende nachträgliche Sicherungsverwahrung eine **eigenständige Regelung** getroffen werden, die aber nicht von der bisher geltenden sachlichen Rechtslage abweicht (BT-Drucks. 17/3403, 48).

2   **Zuständigkeit** und **Ablauf der Entscheidung** über **die nachträgliche Sicherungsverwahrung** bei Jugendlichen und Heranwachsenden (§ 7 Abs. 2 bzw § 106 Abs. 5) oder der bei Heranwachsenden möglichen **vorbehaltenen Sicherungsverwahrung** (§ 106 Abs. 3 S. 2) richten sich jetzt nach dieser Vorschrift.

---

1   So auch D/S/S-Schoreit, § 81 Rn 2; Eisenberg, § 81 Rn 5, Ostendorf, § 81 Rn 3.

Nach **Abs. 1** erfolgt zunächst eine **Verknüpfung mit dem allgemeinen Strafrecht**, 3
indem die sinngemäße Anwendung des § 275 a StPO und der §§ 74 f, 120 a GVG
angeordnet wird. Damit wird der Verfahrensablauf nach § 275 a bei der **vorbehaltenen Sicherungsverwahrung für Heranwachsende** dem Vorgehen bei Verurteilungen nach § 66 a StGB gleichgestellt, um eine rechtzeitige Entscheidung zu
erreichen. Die Zuständigkeit des erstinstanzlichen Gerichts wird durch den Verweis auf das GVG in der Regel sichergestellt: Die entsprechende Anwendung von
§ 74 f GVG führt dazu, dass in jedem Fall eine Jugendkammer beim Landgericht
entscheidet – in der Regel das Tatgericht. Nur bei einem erstinstanzlichen Verfahren vor dem AG wird die Zuständigkeit der Entscheidung zur nachträglichen
Sicherungsverwahrung auf das übergeordnete LG übertragen. Zur Vermeidung
entsprechender Diskrepanzen wurde in einer neuen Nr. 5 des § 41 Abs. 1 die Zuständigkeit der Jugendkammer auf Verurteilung bei Delikten nach Abs. 2 mit zu
erwartender 5-jähriger Jugendstrafe erstreckt. Im Ausnahmefall des § 102 ist ein
Strafsenat des OLG nach § 120 a GVG zuständig. Für die **Durchführung des Verfahrens vor diesen Gerichten**, insbesondere der notwendigen Hauptverhandlung,
gelten §§ 213 bis 275 StPO (§ 275 a Abs. 2 StPO) mit sachbezogenen Abweichungen im Ablauf (§ 275 a StPO). Gefordert wird auch die Einholung von Gutachten (§ 275 a StPO) und es besteht die Möglichkeit des Unterbringungsbefehls
(§ 275 a Abs. 6 StPO).

Das Verfahren zur Entscheidung über die **nachträgliche Anordnung der Sicherungsverwahrung** für Jugendliche nach § 7 Abs. 2 und Heranwachsende nach 4
§ 106 Abs. 5 iVm § 109 Abs. 1 ist jetzt vorrangig in Abs. 2 geregelt. Die Initiative
zu einer Entscheidung erfolgt damit gem. Abs. 2 S. 1 durch die Vollstreckungsbehörde an die Staatsanwaltschaft. Diese soll 6 Monate vor dem Ablauf des Freiheitsentzugs den Antrag stellen. Es bleibt aber, dass nach § 275 a Abs. 4 S. 2
und 3 StPO die Gefahrenfeststellung durch zwei unabhängige und nicht im Freiheitsentzug mit dem Betroffenen befasste Sachverständige zu erfolgen hat. So
wird das schon geringe Prognoserisiko weiter reduziert. Für die Vollstreckung der
Entscheidungen aufgrund von § 7 Abs. 2 und 3 bzw § 106 Abs. 5 und 6 gilt bei
über 21-Jährigen die allgemeine Regel nach §§ 449 ff StPO.

Drittes Hauptstück Vollstreckung und Vollzug
Erster Abschnitt Vollstreckung
Erster Unterabschnitt Verfassung der Vollstreckung und Zuständigkeit

Vor §§ 82 ff

I. Systematische Einordnung

Das dritte Hauptstück des Zweiten Teils des Jugendgerichtsgesetzes („Jugendli- 1
che") regelt – nach der Darstellung der Verfehlungen Jugendlicher und ihrer Folgen, der Jugendgerichtsverfassung und des Jugendstrafverfahrens – **die Vollstreckung und den Vollzug** der im ersten Hauptstück geregelten Erziehungsmaßregeln, Zuchtmittel und Strafen. Das vierte und fünfte Hauptstück befassen sich
dann mit der Beseitigung des Strafmakels und Jugendlichen vor ErwachsenenStrafgerichten. Insgesamt bildet damit das folgende, dritte Hauptstück den
Schwerpunkt der Regelungen über das dem Erkenntnisverfahren folgende Vollstreckungsverfahren.

2 Die Vollstreckung und der Vollzug von Sanktionen gegen Jugendliche sind im Jugendgerichtsgesetz geregelt; der Normkomplex betont damit die **Eigenständigkeit auch des jugendgerichtlichen Vollstreckungsverfahrens** gegenüber demjenigen für Erwachsene.

3 Systematisch unterscheidet das Hauptstück im ersten Abschnitt zwischen der **Vollstreckung** der Sanktion einerseits (§§ 82 – 89 a) und deren **Vollzug** andererseits (§§ 90 – 93 a). Der **Vollstreckungsleiter** als der Jugendrichter, der die Vollstreckung sämtlicher Sanktionen einleitet,[1] überwacht und beendet, ist in § 85 ausdrücklich genannt. Der **Vollzugsleiter** wird demgegenüber nur im Zusammenhang mit der Vollstreckung von Jugendarrest in § 90 Abs. 2 S. 2 genannt; es handelt sich um den Jugendrichter am Vollzugsort. Insoweit gleicht der Vollzugsleiter im Bereich der Arrestvollstreckung dem Vollstreckungsleiter, weil es sich um den örtlich der Vollstreckung nächsten Jugendrichter handelt. Der Vollzugsleiter als der Leiter der Jugendarrest- oder –strafvollzugsanstalt findet demgegenüber keine Erwähnung im Text der §§ 82 – 93 a. Allerdings setzt § 92, der Rechtsbehelfe „im Vollzug des Jugendarrests, der Jugendstrafe und der Unterbringung in einem psychiatrischen Krankenhaus oder einer Entziehungsanstalt" regelt, eine in der Vollzugseinrichtung selbst getroffene Maßnahme und damit einen entscheidungsbefugten Vollzugsleiter voraus.

4 Damit ist auch die **Abgrenzung zwischen Vollstreckung einerseits und Vollzug** andererseits gesetzlich vorgegeben:[2] Entscheidungen des Vollstreckungsleiters sind vornehmlich richterliche Entscheidungen, die die Frage der Durchführung der Vollstreckung an sich, also deren Beginn, Ort, Rahmenbedingungen und Ende regeln, wohingegen die Entscheidungen des Vollzugsleiters die konkrete Ausgestaltung der grundsätzlich bereits angeordneten Vollstreckung betreffen. In zeitlicher Hinsicht beginnt die Vollstreckung zB vor einer Inhaftierung des Verurteilten, indem die Vollstreckung als solche angeordnet wird, und sie geht etwa bei einer Strafrestaussetzung zur Bewährung oder Führungsaufsicht über die Inhaftierung hinaus.

II. Gesetzeszweck

5 Der allgemeine **Grundsatz der Beschleunigung**[3] jugendstrafrechtlicher Maßnahmen gilt auch im Vollstreckungsrecht.[4] Darüber hinaus ist jeweils ein Jugendrichter zuständig, der über Erfahrung im Umgang mit Jugendlichen verfügen soll, im Grundsatz der ursprünglich erkennende Richter. Damit soll ermöglicht werden, auch solche Gesichtspunkte im Vollstreckungsverfahren zu berücksichtigen, die keinen Eingang in das schriftliche Urteil gefunden haben. Die gerichtliche Tätigkeit soll daher nicht nur in der Vollstreckung des Entscheidungstenors an sich - weitgehend Aufgabe des Rechtspflegers -, sondern auch darin bestehen, die Wirkung der Sanktion in ihrer Entwicklung zu beobachten und gegebenenfalls korrigierend einzugreifen.[5]

---

1 OLG Karlsruhe v. 11.3.2008, NStZ 2009, 46.
2 Vgl hierzu auch OLG Düsseldorf v. 4.4.2003, NStZ-RR 2003, 377.
3 S. hierzu OLG Thüringen v. 12.3.2004, AR (S) 45/04 mwN; OLG Frankfurt v. 21.12.1998, NStZ-RR 1999, 91.
4 Nach der Abgabe der Vollstreckung gem. § 85 Abs. 6 JGG soll der Beschleunigungsgrundsatz nur noch eingeschränkt gelten, OLG Celle v. 6.5.2008, NStZ 2010, 95 f.
5 S. auch Ostendorf, Grdl. z. §§ 82 – 85 Rn 3.

§ 82 Vollstreckungsleiter

(1) ¹Vollstreckungsleiter ist der Jugendrichter. ²Er nimmt auch die Aufgaben wahr, welche die Strafprozeßordnung der Strafvollstreckungskammer zuweist.

(2) Soweit der Richter Hilfe zur Erziehung im Sinne des § 12 angeordnet hat, richtet sich die weitere Zuständigkeit nach den Vorschriften des Achten Buches Sozialgesetzbuch.

(3) In den Fällen des § 7 Abs. 2 und 3 richten sich die Vollstreckung der Unterbringung und die Zuständigkeit hierfür nach den Vorschriften der Strafprozessordnung, wenn der Betroffene das einundzwanzigste Lebensjahr vollendet hat.

Richtlinien zu §§ 82 – 85

I. Zuständigkeit zur Vollstreckung

1. Vollstreckungsleiter ist

a) der Jugendrichter in allen Verfahren, in denen er selbst oder unter seinem Vorsitz das Jugendschöffengericht im ersten Rechtszug erkannt hat (§ 82 Abs. 1, § 84 Abs. 1),

b) in allen anderen Fällen der Jugendrichter des Amtsgerichts, dem die vormundschaftsrichterlichen Erziehungsaufgaben obliegen (§ 84 Abs. 2, § 34 Abs. 3), bzw. der Bezirksjugendrichter, zu dessen Bezirk dieses Amtsgericht gehört (§ 33 Abs. 3).

2. Bei der Vollstreckung von Jugendarrest und Jugendstrafe tritt unter Umständen ein Wechsel der Zuständigkeit ein. An Stelle des zu Nr. 1 genannten Jugendrichters wird Vollstreckungsleiter

a) der Jugendrichter am Ort des Vollzugs nach Abgabe bzw. Übergang der Vollstreckung (§ 85 Abs. 1 i.V.m. § 90 Abs. 2 Satz 2 bzw. § 85 Abs. 2 Satz 1),

b) der gemäß § 85 Abs. 2 Satz 2 oder gemäß § 85 Abs. 3 bestimmte Jugendrichter nach der Aufnahme von zu Jugendstrafe Verurteilten in die Jugendstrafanstalt.

3. Hat das Gericht wegen der Straftat von Heranwachsenden das allgemeine Strafrecht angewendet, so bestimmt sich die Zuständigkeit nach den Vorschriften der Strafvollstreckungsordnung.

II. Verfahren im allgemeinen

1. Die bei der Strafvollstreckung grundsätzlich erforderliche Beschleunigung ist für die Vollstreckung der für Jugendliche festgesetzten Maßnahmen und Strafen besonders wichtig. Je mehr sich für sie der innere Zusammenhang zwischen Tat, Urteil und Vollstreckung durch Zeitablauf lockert, um so weniger ist damit zu rechnen, daß die Maßnahme oder Strafe die beabsichtigte Wirkung erreicht. Alle beteiligten Stellen müssen daher bestrebt sein, die Vollstreckung nachdrücklich zu fördern.

2. Nach Eintritt der Rechtskraft des Urteils sind dem in Abschnitt I Nr. 1 genannten Vollstreckungsleiter unverzüglich die Strafakten mit der Bescheinigung der Rechtskraft des Urteils zu übersenden. Falls die Akten noch nicht entbehrlich sind, werden ihm ein Vollstreckungsheft und zwei Ausfertigungen des vollständigen Urteils zugeleitet. Hat ein Mitangeklagter gegen die Verurteilung wegen einer Tat, an der der rechtskräftig Verurteilte nach den Urteilsfeststellungen beteiligt war, Revision eingelegt, so ist dem Vollstreckungsheft eine Abschrift der Revisionsbegründung beizufügen oder nachzusenden. Auf die Beachtung von § 19 StVollstrO und § 357 StPO wird hingewiesen.

3. Wird die Teilvollstreckung einer Einheitsstrafe nach § 56 angeordnet, so werden dem Vollstreckungsleiter unverzüglich nach Eintritt der Rechtskraft des Beschlusses je zwei beglaubigte Abschriften des vollständigen Urteils und des Beschlusses übersandt.

4. Die mit der Rechtskraft des Urteils anfallenden Nebengeschäfte der Vollstreckung (Mitteilungen, Zählkarten usw.) werden von dem nach den allgemeinen Vorschriften zuständigen Beamten bei dem zunächst als Vollstreckungsleiter berufenen Jugendrichter (vgl. Abschnitt I Nr. 1) oder der von der Landesjustizverwaltung sonst bestimmten Stelle ausgeführt.

5. Soweit die Entscheidungen des Vollstreckungsleiters nicht jugendrichterliche Entscheidungen sind (§ 83 Abs. 1), nimmt der Jugendrichter als Vollstreckungsleiter Justizverwaltungsaufgaben wahr. Er ist insoweit weisungsgebunden. Über Beschwerden gegen andere als jugendrichterliche Entscheidungen des Vollstreckungsleiters wird im Verwaltungswege entschieden, falls nicht nach §§ 455, 456, § 458 Abs. 2 und § 462 Abs. 1 StPO das Gericht des ersten Rechtszuges oder nach § 83 Abs. 2 Nr. 1 die Jugendkammer zuständig ist.

6. Auf die Vollstreckung finden die Vorschriften der Strafvollstreckungsordnung nur Anwendung, soweit nichts anderes bestimmt ist (§ 1 Abs. 3 StVollstrO). Die Leitung der Vollstreckung obliegt dem Jugendrichter. Dem Rechtspfleger werden die Geschäfte der Vollstreckung übertragen, durch die eine richterliche Vollstreckungsanordnung oder eine die Leitung der Vollstreckung nicht betreffende allgemeine Verwaltungsvorschrift ausgeführt wird. Das Nähere wird durch Anordnung der Landesjustizverwaltung bestimmt.

III. Vollstreckung bei Erziehungsmaßregeln

1. Sind Weisungen erteilt worden, so übersendet der Vollstreckungsleiter der Jugendgerichtshilfe oder in Bewährungsfällen dem Bewährungshelfer eine beglaubigte Abschrift des Urteils mit dem Ersuchen, die Befolgung der Weisungen zu überwachen, erhebliche Zuwiderhandlungen mitzuteilen (§ 38 Abs. 2) und, falls eine Änderung der Weisungen oder ihrer Laufzeit oder die Befreiung von ihnen angebracht erscheint (§ 11 Abs. 2), solche Maßnahmen anzuregen.

2. Ist Hilfe zur Erziehung im Sinne von § 12 angeordnet worden, so übersendet der Vollstreckungsleiter die Strafakten mit der Bescheinigung der Rechtskraft des Urteils dem zuständigen Vormundschaftsrichter (§ 82 Abs. 2; vgl. auch §§ 30 und 34 SGB VIII).

IV. Vollstreckung von Verwarnung und Auflagen

1. Die Verwarnung wird erteilt, sobald das Urteil rechtskräftig geworden ist, möglichst unmittelbar im Anschluß an die Hauptverhandlung. Es ist zu prüfen, ob die Anwesenheit von Erziehungsberechtigten angebracht ist.

2. Sind Auflagen erteilt worden, so übersendet der Vollstreckungsleiter der Jugendgerichtshilfe oder in Bewährungsfällen dem Bewährungshelfer eine beglaubigte Abschrift des Urteils mit dem Ersuchen, die Erfüllung der Auflagen zu überwachen und erhebliche Zuwiderhandlungen mitzuteilen (§ 38 Abs. 2). In geeigneten Fällen wird der Vollstreckungsleiter die Erfüllung der Auflagen selbst überwachen.

V. Vollstreckung des Jugendarrestes

1. Ist der zunächst als Vollstreckungsleiter zuständige Jugendrichter nicht selbst Vollzugsleiter (vgl. § 90 Abs. 2 Satz 2), so gibt er die Vollstreckung an diesen ab. Mit Zustimmung des Vollzugsleiters kann er zunächst die Ladung zum Antritt des Jugendarrestes veranlassen. Bei Abgabe der Vollstreckung übersendet er dem neuen Vollstreckungsleiter die Strafakten oder, falls diese noch nicht entbehrlich sind, das Vollstreckungsheft.

2. Die Einweisung in die Jugendarrestanstalt oder in die Freizeitarresträume der Landesjustizverwaltung geschieht durch ein Aufnahmeersuchen des Vollstreckungsleiters. Er gibt dabei die in der Ladung zum Antritt des Jugendarrestes vorgeschriebene Zeit oder, falls sich Verurteilte nicht auf freiem Fuße befinden, die Anstalt an, aus der sie übergeführt werden. Nach Möglichkeit teilt er in dem Ersuchen ferner die Umstände

mit, die für die Festsetzung der Entlassungszeit von Bedeutung sein können (z.B. Arbeits- oder Schulbeginn).

3. Der Vollstreckungsleiter lädt auf freiem Fuße befindliche Verurteilte durch einfachen Brief unter Verwendung des eingeführten Vordrucks zum Antritt des Jugendarrestes. Die Zeit des Antritts ist nach Tag und Stunde vorzuschreiben, die voraussichtliche Entlassungszeit ist mitzuteilen. Bei der Festsetzung der Antrittszeit sind die Berufsverhältnisse der Verurteilten und die Verkehrsverhältnisse zu berücksichtigen.

4. Falls das Urteil sofort rechtskräftig wird und der Vorsitzende des Gerichts entweder selbst Vollzugsleiter ist oder das Einverständnis des Vollzugsleiters herbeiführen kann, wird die Ladung nach Möglichkeit im Anschluß an die Hauptverhandlung ausgehändigt. In geeigneten Fällen kann im Anschluß an die Hauptverhandlung eine mündliche Ladung zum sofortigen Antritt des Jugendarrestes erfolgen.

5. Hinweise über den Ersatz der Fahrtkosten zur Jugendarrestanstalt oder zu den Freizeitarresträumen können sich aus den Jugendarrestgeschäftsordnungen der Länder ergeben.

6. Zugleich mit der Ladung sind die Erziehungsberechtigten, in Fällen der Hilfe zur Erziehung nach § 34 SGB VIII das Jugendamt von der Ladung zu benachrichtigen und zu ersuchen, für rechtzeitigen Antritt des Jugendarrestes zu sorgen. Auch der Leiter der Berufsausbildung bzw. der Arbeitgeber des Jugendlichen und der Leiter der Schule oder Berufsschule, die der Jugendliche besucht, sollen davon unterrichtet werden, wo und in welcher Zeit der Jugendliche Jugendarrest zu verbüßen hat. Dem Jugendlichen kann auch aufgegeben werden, die Ladung den bezeichneten Personen vorzulegen und von ihnen auf der Ladung die Kenntnisnahme bescheinigen zu lassen. Die Unterrichtung soll unterbleiben, wenn der Arrest in der Freizeit oder während des Urlaubs bzw. der Ferien des Jugendlichen vollzogen wird und ihm aus der Mitteilung unerwünschte Nachteile für sein Fortkommen entstehen könnten.

7. Folgen Verurteilte der Ladung zum Antritt des Jugendarrestes ohne genügende Entschuldigung nicht oder zeigen sie sich bei fristloser Ladung nicht zum Antritt des Jugendarrestes bereit, so veranlaßt der Vollstreckungsleiter, daß sie sofort dem Vollzug zugeführt werden. Für die Zwangszuführung kann sich der Vollstreckungsleiter der Hilfe der Polizei oder anderer geeigneter Stellen bedienen. Die Polizei ist darauf hinzuweisen, daß eine Beförderung im Gefangenensammeltransport nicht in Betracht kommt.

8. Für die Berechnung der Arrestzeit wird auf § 25 JAVollzO hingewiesen.

VI. Vollstreckung der Jugendstrafe

1. Der Erziehungserfolg der Jugendstrafe kann durch die Verzögerung der Vollstreckung in starkem Maße gefährdet werden. Sogleich nach Eintritt der Rechtskraft des Urteils sollen daher auf freiem Fuße befindliche Verurteilte zum Antritt der Jugendstrafe geladen und in Untersuchungshaft befindliche oder einstweilen untergebrachte (§ 71 Abs. 2, § 72 Abs. 4) Verurteilte in die zuständige Vollzugsanstalt eingewiesen werden. Der Umstand, daß das Urteil noch nicht mit den Gründen bei den Akten ist, rechtfertigt einen Aufschub der Vollstreckung nicht. In den Fällen, in denen dem Aufnahmeersuchen eine Abschrift des vollständigen Urteils nicht beigefügt werden kann, ist die Abschrift der Vollzugsanstalt nachzureichen, sobald das Urteil abgefaßt ist. Auch hierbei ist Beschleunigung geboten, da die Kenntnis des Urteilsinhalts für die wirksame Gestaltung des Vollzugs unentbehrlich ist.

2. Bei über 24 Jahre alten Verurteilten kann die Vollstreckung nach § 85 Abs. 6 abgegeben werden. Für die weiteren Entscheidungen im Rahmen der Vollstreckung ist dann die Strafvollstreckungskammer zuständig. Ihr sind die Vorgänge so rechtzeitig zur Prüfung der Aussetzung des Restes der Jugendstrafe nach § 88 Abs. 1 vorzulegen,

daß die Fristen nach § 88 Abs. 2 unter Beachtung von § 88 Abs. 3 eingehalten werden können.

3. Der Vollstreckungsleiter weist den Verurteilten in die zuständige Justizvollzugsanstalt ein und führt die Vollstreckung so lange, bis der Verurteilte in die Jugendstrafanstalt aufgenommen worden ist. Dem Aufnahmeersuchen sind stets drei Abschriften des vollständigen Urteils beizufügen oder nachzusenden. War gegen den Verurteilten früher Hilfe zur Erziehung nach § 12 angeordnet worden, so ist dies der Justizvollzugsanstalt unter Angabe der mit der Durchführung der Erziehungsmaßregel befaßten Behörde mitzuteilen.

4. Zugleich mit der Ladung sind die Erziehungsberechtigten, in Fällen der Hilfe zur Erziehung nach § 34 SGB VIII das Jugendamt von der Ladung zu benachrichtigen und zu ersuchen, für rechtzeitigen Antritt der Jugendstrafe zu sorgen. Auch der Leiter der Berufsausbildung bzw. der Arbeitgeber des Jugendlichen und der Leiter der Schule oder Berufsschule, die der Jugendliche besucht, sollen davon unterrichtet werden, wo und in welcher Zeit der Jugendliche Jugendstrafe zu verbüßen hat. Dem Jugendlichen kann auch aufgegeben werden, die Ladung den bezeichneten Personen vorzulegen und von ihnen auf der Ladung die Kenntnisnahme bescheinigen zu lassen. Die Unterrichtung soll unterbleiben, wenn die Jugendstrafe in der Freizeit oder während des Urlaubs bzw. der Ferien des Jugendlichen vollzogen wird und ihm aus der Mitteilung unerwünschte Nachteile für sein Fortkommen entstehen könnten.

5. Mittellosen Verurteilten, die sich auf freiem Fuße befinden und zum Vollzug einer Jugendstrafe in eine mehr als zehn Kilometer von ihrem Wohnort entfernt liegende Jugendstrafanstalt eingewiesen werden, kann der Vollstreckungsleiter für die Fahrt zur Jugendstrafanstalt eine Fahrkarte oder, soweit das Gutscheinverfahren üblich ist, einen Gutschein für die Fahrkarte aushändigen.

6. Sobald der Vollstreckungsleiter Nachricht von der Aufnahme von Verurteilten in die Jugendstrafanstalt erhält (Strafantrittsanzeige), übersendet er die Strafakten oder das Vollstreckungsheft an denjenigen Jugendrichter, auf den die Vollstreckung nach § 85 Abs. 2 oder 3 mit der Aufnahme übergegangen ist. Die Jugendstrafanstalt legt dem neuen Vollzugsleiter unverzüglich eine Durchschrift der Strafantrittsanzeige, das mit der Strafzeitberechnung versehene Zweitstück des Aufnahmeersuchens und zwei der ihm mit dem Aufnahmeersuchen übersandten Urteilsabschriften vor.

7. Der nach § 85 Abs. 2 oder 3 zuständige Vollstreckungsleiter macht sich mit der Wesensart der einzelnen Jugendlichen vertraut und verfolgt deren Entwicklung im Vollzug. Er hält mit der Anstaltsleitung und den Vollzugsbediensteten Fühlung und nimmt an Vollzugsangelegenheiten von größerer Bedeutung beratend teil.

8. Im Falle der Aussetzung eines Strafrestes zur Bewährung wird sich die Zurück- oder Weitergabe der Vollstreckung (§ 85 Abs. 5) dann empfehlen, wenn der Vollstreckungsleiter mit Verurteilten oder Bewährungshelfern wegen weiter Entfernung nicht mehr Fühlung halten kann. Wird die Vollstreckung zurück- oder weitergegeben, so soll sich der bisher zuständige Vollstreckungsleiter über die Führung des Verurteilten während der Bewährungszeit auf dem laufenden halten, damit er vor einem Widerruf der Aussetzung des Strafrestes zur Bewährung die Vollstreckung wieder an sich ziehen kann. In der Regel wird es zweckmäßig sein, daß sich der Vollstreckungsleiter bei der Abgabe der Vollstreckung ausdrücklich vorbehält, die Vollstreckung wieder zu übernehmen, bevor über den Widerruf der Aussetzung des Strafrestes zur Bewährung entschieden wird.

VII. Vollstreckung von Maßregeln der Besserung und Sicherung

1. Die Zuständigkeit für die Vollstreckung von Maßregeln der Besserung und Sicherung richtet sich nach §§ 84 und 85 Abs. 4 (siehe Abschn. I Nrn. 1 und 2). Wird bei Heranwachsenden allgemeines Strafrecht angewendet, richtet sich die Zuständigkeit nach den Vorschriften der Strafvollstreckungsordnung.

2. Wegen der Vollstreckung von Führungsaufsicht wird auf § 54 a StVollstrO hingewiesen.

I. Grundlagen 1	III. Erworbene Zuständigkeit
II. Ursprüngliche Zuständigkeit des Jugendrichters als Vollstreckungsleiter 3	infolge Abgabe 7
	IV. Voraussetzung der Vollstreckung 8

I. Grundlagen

§ 82 Abs. 1 S. 1 enthält mehrere Grundsätze: die Vollstreckung jugendrichterlicher Anordnungen obliegt dem **Richter**,[1] jedenfalls im Sinne einer Leitungsaufgabe.[2] Der Richter hat daher die Tätigkeit der Rechtspfleger[3] zu überwachen und nötigenfalls zu korrigieren. Weiter muss dieser Richter Jugendrichter sein, also die speziellen Anforderungen erfüllen, die an Jugendrichter zu stellen sind. Darüber hinaus besteht zunächst eine Personenidentität zwischen erkennendem und vollstreckendem Jugendrichter, der erkennende Richter vollstreckt seine Entscheidung also grundsätzlich selbst.[4]

Im Gesetzgebungsverfahren bezüglich der neu geschaffenen Möglichkeit zum **Antrag auf richterliche Entscheidung** gegen Maßnahmen im Vollzug (§ 92) war umstritten, ob die Jugendkammer oder der Vollstreckungsleiter für die richterliche Entscheidung zuständig sein sollte. Wenngleich die gem. § 92 zuständige Jugendkammer weniger orts- und sachnah ist als der Vollstreckungsleiter, ist dem Gesetzgeber doch darin zuzustimmen, dass eine weitere Aufwertung der Position des Vollstreckungsleiters – insbesondere unter Beachtung der Tatsache, dass er als Einzelrichter tätig wird – eine **bedenkliche Machtkonzentration** bewirkt hätte, indem der Vollstreckungsleiter nicht nur durch die Amtsermittlung im Rahmen einer vorzeitigen Entlassung des Verurteilten die Maßnahmen des Vollzugsleiters im Einzelnen überprüft, sondern auch als Beschwerdeinstanz über deren Berechtigung zu entscheiden gehabt hätte. Der Vollstreckungsleiter ist aber kein „Super-Vollzugsleiter". Gerade unter Beachtung der ohnehin außerordentlich weitreichenden Befugnisse des Vollstreckungsleiters war eine weitere Aufwertung seiner Position zu vermeiden.

II. Ursprüngliche Zuständigkeit des Jugendrichters als Vollstreckungsleiter

Der **Jugendrichter** ist als **Vollstreckungsleiter** zuständig für die Vollstreckung seiner eigenen Entscheidungen, einschließlich der unter seinem Vorsitz ergangenen Urteile des Jugendschöffengerichts.[5] Erstinstanzliche Kammerentscheidungen des Landgerichts vollstreckt der Jugendrichter des Amtsgerichts, dem die familienrichterlichen Erziehungsaufgaben obliegen, § 84 Abs. 2, also des Amtsgerichts am Wohnsitz des Jugendlichen.

---

1 OLG Karlsruhe v. 11.3.2008, NStZ 2009, 46.
2 Nicht zuständig ist der Vollstreckungsleiter für die Überprüfung von einzelnen Maßnahmen im Maßregelvollzug, OLG Karlsruhe v. 25.6.1997, NStZ 1997, 511 f.
3 Zur Zuständigkeit des Rechtspflegers OLG Thüringen v. 12.3.2004, AR (S) 45/04.
4 Der Vollstreckungsleiter ist bei einem inhaftierten Verurteilten auch zuständig für den Widerruf einer Strafaussetzung in anderer Sache, KG v. 18.9.2000, 1 AR 979/00; OLG Sachsen-Anhalt v. 19.10.2000, 1 Ws 483/00.
5 Zur Übernahme auch der Aufgaben der Strafvollstreckungskammer durch den Vollstreckungsleiter OLG Karlsruhe v. 11.3.2008, NStZ 2009, 46.

4   Gemäß Abs. 2 richtet sich die **Zuständigkeit bei der Anordnung von Hilfe zur Erziehung** durch den erkennenden Richter nach dem Achten Buch Sozialgesetzbuch. Vornehmlich geht es hier um Erziehungsbeistandschaft oder eine Heimunterbringung des Jugendlichen. Die eigentliche Durchführung der jeweiligen Hilfemaßnahme ist vom Jugendrichter nur noch in engen Grenzen zu beeinflussen, so dass Abs. 2 vornehmlich klarstellende Funktion hat und den Aufgabenkreis des Jugendrichters in der Vollstreckung nicht wesentlich erweitert.

5   Abs. 3 greift die neugeschaffene Möglichkeit der **Anordnung nachträglicher Sicherungsverwahrung gegen Jugendliche** unter den in § 7 Abs. 2 und 3 genannten Voraussetzungen auf. Regelungsgehalt ist vor allem die automatisch eintretende Zuständigkeit der Strafvollstreckungskammer[6] nebst der Anwendung des Vollstreckungsrechts der Strafprozessordnung, wenn der Verurteilte das 21. Lebensjahr vollendet hat. Damit ist der dem Vollstreckungsleiter für die – bis auf die Zuständigkeit der Strafvollstreckungskammer wirkungsgleiche – Herausnahme des über 21 Jahre alten Verurteilten aus dem Jugendvollzug eingeräumte Entscheidungsspielraum – §§ 91, 85 Abs. 5 – beseitigt. Abs. 3 hat **keinen Einfluss auf die materiellen Voraussetzungen** der nachträglichen Anordnung von Sicherungsverwahrung und das hierbei zu beobachtende Verfahren, sondern regelt lediglich das anzuwendende Vollstreckungsrecht für über 21 Jahre alte Verurteilte. Ist der Verurteilte jünger, verbleibt es bei der Zuständigkeit des Jugendrichters als Vollstreckungsleiter.

6   Bei der Vollstreckung von **Bußgeldern** können richterliche Entscheidungen nötig werden, für die ebenfalls der Jugendrichter als Vollstreckungsleiter zuständig ist.[7]

III. Erworbene Zuständigkeit infolge Abgabe

7   Jeder Jugendrichter kann Aufgaben des Vollstreckungsleiters erwerben, indem ihm als nicht oder – nach Verlust der Zuständigkeit infolge § 85 Abs. 2 – nicht mehr zuständigem Vollstreckungsleiter die weitere Vollstreckung übertragen wird. Diese nach § 85 Abs. 5 mögliche Abgabe setzt zwar eine sorgfältige Prüfung durch den besonderen Vollstreckungsleiter des § 85 Abs. 2 voraus. Ist sie jedoch erfolgt, muss der nunmehr zuständig gewordene Jugendrichter die **Aufgaben des Vollstreckungsleiters in vollem Umfang wahrnehmen**. Problematisch ist der in der Praxis häufig zu beobachtende mindestens lieblose Umgang mit solchen Vollstreckungsverfahren. Der Abgabe liegt oft zugrunde, dass der besondere Vollstreckungsleiter wegen der großen Entfernung des Verurteilten von Wohnsitz des Verurteilten nicht mehr zu einer sinnvollen Vollstreckungsleitung in der Lage ist. Dieses Problem wird durch die in mehreren Bundesländern bestehende **Konzentration des Jugendstrafvollzugs** auf einen oder nur wenige Standorte noch verschärft. Gerade in diesen Fällen ist es für ein Erreichen der mit der Vollstreckung verfolgten Erziehungsziele jedoch unbedingt notwendig, dass sich auch der zuständig gewordene Vollstreckungsleiter intensiv mit dem Verurteilten befasst und den abgebenden besonderen Vollstreckungsleiter nötigenfalls auf bestehende Probleme hinweist, auch damit dieser die Vollstreckung zurücknehmen kann.

---

6   OLG Karlsruhe v. 25.6.1997, ZfStrVo 1997, 308 f.
7   Vgl BGH v. 24.7.2002, NStZ-RR 2002, 347.

IV. Voraussetzung der Vollstreckung

Notwendige Voraussetzung der Vollstreckung ist grundsätzlich die **Vollstreckbarkeit der jeweiligen Entscheidung**,[8] im Strafrecht die **Rechtskraft des Urteils oder des Beschlusses** über den Widerruf einer Strafaussetzung zur Bewährung.[9] In der Praxis gestaltet sich die Feststellung der Rechtskraft selten problematisch. Der Jugendrichter oder Vorsitzende kann etwa bei unmittelbar in der Hauptverhandlung rechtskräftig werdenden Urteilen den regelmäßig anwesenden Vertreter der Jugendgerichtshilfe mit der Überwachung der Erfüllung von Auflagen und Weisungen betrauen. Tritt die Rechtskraft durch Ablauf der Rechtsmittelfrist ein, kann die erforderliche Information telefonisch übermittelt werden. Das Erkenntnisverfahren geht so nahtlos in das Vollstreckungsverfahren über.

Bei der **Vollstreckung von freiheitsentziehenden Maßnahmen** liegt zumindest dann, wenn der Verurteilte sich nicht in Haft befindet, naturgemäß ein zeitlicher Abstand zwischen Eintritt der Rechtskraft und Beginn der Inhaftierung, die jedoch nicht mit dem Beginn der Vollstreckung gleichgesetzt werden darf. Dennoch ist die Einleitung der Vollstreckung möglichst zu beschleunigen. Bei in Haft befindlichen Verurteilten muss das erkennende Gericht die Haftsituation des Angeklagten bei der Urteilsfindung berücksichtigen. Bestünde bei Eintritt der Rechtskraft sogleich erhebliche Eile wegen einer anstehenden Entlassung zur Bewährung, wird zu prüfen sein, ob bei einer anstehenden Bildung einer Einheitsjugendstrafe nicht eine sofortige Strafaussetzung zur Bewährung möglich ist. Der **Beschleunigungsgrundsatz** erweist sich in der Praxis insgesamt als wenig problematisch. Steht er im Zielkonflikt mit der „passenden" Sanktion oder Vollstreckung, ist sorgfältig zu prüfen, ob eine geringfügige Verzögerung des Verfahrens nicht in Kauf genommen werden kann, um eine bessere Wirkung auf den Betroffenen zu erzielen.

Liegt eine vollstreckbare Verurteilung zu Jugendstrafe vor, muss der gegebenenfalls ergehende **Vollstreckungshaftbefehl nicht mehr eröffnet** werden. Der Verurteilte kann aufgrund eines solchen Haftbefehls unmittelbar in die zuständige Haftanstalt verbracht werden.

§ 83 Entscheidungen im Vollstreckungsverfahren

(1) Die Entscheidungen des Vollstreckungsleiters nach den §§ 86 bis 89a und 89b Abs. 2 sowie nach den §§ 462a und 463 der Strafprozeßordnung sind jugendrichterliche Entscheidungen.

(2) Für die bei der Vollstreckung notwendig werdenden gerichtlichen Entscheidungen gegen eine vom Vollstreckungsleiter getroffene Anordnung ist die Jugendkammer in den Fällen zuständig, in denen
1. der Vollstreckungsleiter selbst oder unter seinem Vorsitz das Jugendschöffengericht im ersten Rechtszug erkannt hat,
2. der Vollstreckungsleiter in Wahrnehmung der Aufgaben der Strafvollstreckungskammer über seine eigene Anordnung zu entscheiden hätte.

---

8 Zur isolierten Vollstreckung von Ungehorsamsarrest LG Berlin v. 28.9.1988, 507 Qs 44/88.
9 Die Entscheidung über die Vollstreckungsfähigkeit obliegt dem Vollstreckungsleiter, OLG Hamm v. 17.7.2001, NStZ-RR 2002, 21.

(3) ¹Die Entscheidungen nach den Absätzen 1 und 2 können, soweit nichts anderes bestimmt ist, mit sofortiger Beschwerde angefochten werden. ²Die §§ 67 bis 69 gelten sinngemäß.

I. Grundlagen	1	IV. Zuständigkeit der Jugendkammer	5
II. Anwendungsbereich von § 83	2	V. Rechtsmittel	6
III. Weisungsgebundenheit des Vollstreckungsleiters	3		

I. Grundlagen

1 Die Vollstreckung richterlicher Entscheidungen ist grundsätzlich keine Spruchrichtertätigkeit, sondern der **Justizverwaltung** zuzurechnen. Entsprechend wird der Vollstreckungsleiter als Organ der Justizverwaltung tätig; allerdings bestimmt § 83 folgende Ausnahmen, die den wesentlichen Bereich der Tätigkeit des Vollstreckungsleiters ausmachen:

II. Anwendungsbereich von § 83

2 **Richterliche Entscheidungen** sind gemäß der abschließenden Aufzählung in § 83 die Umwandlung von **Freizeitarrest in Kurzarrest** (§ 86), das **Absehen von der Vollstreckung** (eines Rests) des Jugendarrests (§ 87 Abs. 3),[1] die **Aussetzung des Rests einer Jugendstrafe** zur Bewährung und die **Verhängung einer Sperrfrist** (§ 88 Abs. 1 und 5), die **Unterbrechung der Vollstreckung** einer Jugendstrafe zur Vollstreckung einer Freiheitsstrafe (§ 89 a Abs. 1), die **Herausnahme eines Verurteilten aus dem Jugendvollzug** (§ 89 b Abs. 2) und die **sonst der Strafvollstreckungskammer obliegenden Entscheidungen** nach §§ 462 a, 463 StPO. Diese Entscheidungen unterliegen der **richterlichen Unabhängigkeit**; eine Weisungsgebundenheit des Vollstreckungsleiters besteht mithin nicht.

III. Weisungsgebundenheit des Vollstreckungsleiters

3 Alle nicht ausdrücklich genannten Entscheidungen des Vollstreckungsleiters sind keine richterlichen, so dass der **Vollstreckungsleiter als Organ der Justizverwaltung weisungsgebunden** ist.[2] Dies betrifft in der Praxis im Wesentlichen die Frage der **Anfechtung der Verweigerung der Zustimmung zur Unterbrechung der Strafvollstreckung zur Durchführung einer Drogentherapie** durch das erkennende Gericht.[3] Die Unterbrechung selbst obliegt dem Vollstreckungsleiter. Der Verurteilte kann lediglich die Entscheidung des Vollstreckungsleiters anfechten, nicht aber – isoliert – die Verweigerung der Zustimmung zur Unterbrechung. Dieses Rechtsmittel ist für ihn nutzlos, wenn die notwendige Zustimmung fehlt, weil die Ablehnung der Unterbrechung durch den Vollstreckungsleiter dann nicht zu beanstanden ist. Folglich muss der Vollstreckungsleiter selbst die Verweigerung der Zustimmung anfechten. Hinsichtlich der Frage, ob er dies tut, ist er jedoch an die Weisungen der Generalstaatsanwaltschaft gebunden.[4]

---

1 Die Ablehnung eines Arrestaufschubs ist keine richterliche Entscheidung, OLG Hamm v. 3.8.2004, 3 Ws 382/04.
2 OLG Hamm v. 17.7.2001, NStZ-RR 2002, 21; OLG Hamm v. 3.8.2004, 3 Ws 382/04.
3 Vgl LG Offenburg v. 18.7.2002, NStZ-RR 2002, 347 f.
4 Umstr., wie hier für die Weisungsbefugnis der Generalstaatsanwaltschaft LG Kaiserslautern v. 6.4.2005, 8 Qs 7/05, ebenso LG Offenburg v. 18.7.2002, NStZ-RR 2002, 347 f mwN.

Der andere, wesentliche Bereich der Weisungsgebundenheit besteht in der Anwendung von Erlassen des jeweiligen Bundeslandes zur Handhabung der **Zurückstellung der weiteren Strafvollstreckung**, um die **Abschiebung** des Verurteilten zu ermöglichen. Es handelt sich hierbei nicht um jugendrichterliche Entscheidungen, weil das Zitat von § 456a StPO in § 462a StPO fehlt, der in Abs. 1 in Bezug genommen ist.[5] Regelmäßig sehen die entsprechenden Erlasse ein frühestmögliches Absehen von der weiteren Vollstreckung vor. Allerdings verbleiben dem Vollstreckungsleiter schon aufgrund der Formulierung der jeweiligen Vorschriften genügend Entscheidungsspielräume.

IV. Zuständigkeit der Jugendkammer

Gemäß Abs. 2 Nr. 1 ist die **Jugendkammer** zuständig für gerichtliche Entscheidungen gegen vom Vollstreckungsleiter getroffene Anordnungen, wenn der Vollstreckungsleiter dem erkennenden Gericht angehörte, dessen Entscheidung vollstreckt wird. Dieselbe Zuständigkeit besteht, wenn der Vollstreckungsleiter, soweit er Aufgaben der Strafvollstreckungskammer wahrzunehmen hat, über seine eigenen Anordnungen zu befinden hätte.

V. Rechtsmittel

Jugendrichterliche Entscheidungen des Vollstreckungsleiters sind mit der **sofortigen Beschwerde** anzufechten,[6] Abs. 3 S. 1. §§ 67 bis 69 – also die Vorschriften über die Stellung des Erziehungsberechtigten und des gesetzlichen Vertreters, über die notwendige Verteidigung und die Bestellung eines Beistands – gelten entsprechend. Abgesehen von der Sonderregel für die Beschwerden gegen die Aussetzung der Vollstreckung des Strafrestes zur Bewährung haben Rechtsmittel keine aufschiebende Wirkung, § 2 Abs. 2 iVm §§ 307, 311a Abs. 2 StPO.

Soweit der Vollstreckungsleiter nicht richterliche, sondern Verwaltungsentscheidungen trifft, steht hiergegen der **Rechtsweg nach § 23 ff EGGVG** offen.[7] Das Verfahren beginnt mit der sog. „Vorschaltbeschwerde" beim Generalstaatsanwalt bei dem dem Vollstreckungsleiter übergeordneten Oberlandesgericht. Hieran schließt sich, sofern die Beschwer noch fortbesteht, das gerichtliche Verfahren an, das mit dem Antrag auf gerichtliche Entscheidung beginnt. Mit dem Antrag kann nicht nur die Aufhebung der belastenden Maßnahme, sondern auch – im Sinne einer Fortsetzungsfeststellungsklage – die Feststellung der Rechtswidrigkeit der Anordnung begehrt werden, § 28 Abs. 1 S. 4 EGGVG.

§ 84 Örtliche Zuständigkeit

(1) Der Jugendrichter leitet die Vollstreckung in allen Verfahren ein, in denen er selbst oder unter seinem Vorsitz das Jugendschöffengericht im ersten Rechtszuge erkannt hat.

---

5 Ebenso für § 456 StPO LG Kaiserslautern v. 6.4.2005, 8 Qs 7/05.
6 Da Folgeentscheidungen wie die Abgabe der Vollstreckung an die Staatsanwaltschaft gem. § 85 Abs. 6 JGG die Rechtskraft voraussetzen, ist eine Rechtsmittelbelehrung erforderlich, OLG Dresden v. 27.12.2000, 2 Ws 701/00.
7 S.a. OLG Karlsruhe v. 25.6.1997, NStZ 1997, 511 f, wonach bei Rechtsbehelfen gegen einzelne Maßnahmen im Maßregelvollzug gegen Jugendliche die Strafvollstreckungskammer zuständig ist.

(2) ¹Soweit, abgesehen von den Fällen des Absatzes 1, die Entscheidung eines anderen Richters zu vollstrecken ist, steht die Einleitung der Vollstreckung dem Jugendrichter des Amtsgerichts zu, dem die familiengerichtlichen Erziehungsaufgaben obliegen. ²Ist in diesen Fällen der Verurteilte volljährig, steht die Einleitung der Vollstreckung dem Jugendrichter des Amtsgerichts zu, dem die familiengerichtlichen Erziehungsaufgaben bei noch fehlender Volljährigkeit oblägen.

(3) In den Fällen der Absätze 1 und 2 führt der Jugendrichter die Vollstreckung durch, soweit § 85 nichts anderes bestimmt.

1 Die Vorschrift unterscheidet zwischen der **Einleitung der Vollstreckung**[1] einerseits – Abs. 1 und 2 – und der **Durchführung der Vollstreckung** andererseits, Abs. 3. Diese Auftrennung der ansonsten grundsätzlich einheitlichen Zuständigkeit des erkennenden Jugendrichters im Erkenntnis- und im Vollstreckungsverfahren für die Durchführung der Vollstreckung erklärt sich aus der Regelung in § 85 Abs. 2, dem sogenannten „besonderen Vollstreckungsleiter", der bei Aufnahme in die Jugendvollzugsanstalt von Gesetzes wegen für die Durchführung der Vollstreckung zuständig wird.

2 Die Zuständigkeit des Vollstreckungsleiters für – zunächst – die Einleitung[2] und nachfolgend für die Durchführung der Vollstreckung folgt, soweit § 85 nicht entgegensteht, grundsätzlich aus der Zuständigkeit auch im Erkenntnisverfahren erster Instanz und damit aus dem **Wohnsitz**[3] des angeklagten Jugendlichen.[4] Sind Entscheidungen anderer Gerichte – insbesondere bei erstinstanzlichen Urteilen der Landgerichte – zu vollstrecken, ist der Vollstreckungsleiter zuständig, dem die familienrichterlichen Erziehungsaufgaben obliegen oder – bei volljährigen Verurteilten – obliegen würden, also wiederum am Wohnsitz des Verurteilten.

3 Erfolgt in zweiter Instanz eine **Abänderung des ursprünglichen Urteils**, bleibt der erkennende Richter erster Instanz auch für die Einleitung der Vollstreckung bezüglich des abändernden Urteils zuständig, wobei es nicht auf den Umfang der Abänderung ankommt. Bei Zuständigkeitsstreitigkeiten entscheidet das gemeinsame obere Gericht, § 14 StPO.[5]

§ 85 Abgabe und Übergang der Vollstreckung[1]

(1) Ist Jugendarrest zu vollstrecken, so gibt der zunächst zuständige Jugendrichter die Vollstreckung an den Jugendrichter ab, der nach § 90 Abs. 2 Satz 2 als Vollzugsleiter zuständig ist.

(2) ¹Ist Jugendstrafe zu vollstrecken, so geht nach der Aufnahme des Verurteilten in die Einrichtung für den Vollzug der Jugendstrafe die Vollstreckung auf den

---

1 OLG Thüringen v. 6.10.2009, 1 AR (S) 65/09.
2 OLG Thüringen v. 12.3.2004, AR (S) 45/04.
3 Dass jedenfalls die Wahl des Aufenthaltsorts auf dem freien Willen des Verurteilten beruht, ist nicht erforderlich, BGH v. 1.7.2005, StraFo 2005, 480.
4 Vgl BGH v. 9.10.2002, NStZ-RR 2003, 29.
5 S. OLG Thüringen v. 6.10.2009, 1 AR (S) 65/09; jedenfalls wenn nicht ein weiteres, am Streit nicht beteiligtes Gericht zuständig ist, BGH v. 1.7.2005, StraFo 2005, 480.
1 Amtl. Anm.: Soweit § 85 Abs. 2 Ermächtigungen der obersten Landesbehörden zum Erlaß von Rechtsverordnungen vorsieht, sind die Landesregierungen zum Erlaß dieser Rechtsverordnungen ermächtigt. Die Landesregierungen können die Ermächtigungen auf oberste Landesbehörden übertragen (Gesetz über Rechtsverordnungen im Bereich der Gerichtsbarkeit vom 1. 7. 1960, BGBl. I S. 481).

Jugendrichter des Amtsgerichts über, in dessen Bezirk die Einrichtung für den Vollzug der Jugendstrafe liegt. ²Die Landesregierungen werden ermächtigt, durch Rechtsverordnung zu bestimmen, daß die Vollstreckung auf den Jugendrichter eines anderen Amtsgerichts übergeht, wenn dies aus verkehrsmäßigen Gründen günstiger erscheint. ³Die Landesregierungen können die Ermächtigung durch Rechtsverordnung auf die Landesjustizverwaltungen übertragen.

(3) ¹Unterhält ein Land eine Einrichtung für den Vollzug der Jugendstrafe auf dem Gebiet eines anderen Landes, so können die beteiligten Länder vereinbaren, daß der Jugendrichter eines Amtsgerichts des Landes, das die Einrichtung für den Vollzug der Jugendstrafe unterhält, zuständig sein soll. ²Wird eine solche Vereinbarung getroffen, so geht die Vollstreckung auf den Jugendrichter des Amtsgerichts über, in dessen Bezirk die für die Einrichtung für den Vollzug der Jugendstrafe zuständige Aufsichtsbehörde ihren Sitz hat. ³Die Regierung des Landes, das die Einrichtung für den Vollzug der Jugendstrafe unterhält, wird ermächtigt, durch Rechtsverordnung zu bestimmen, daß der Jugendrichter eines anderen Amtsgerichts zuständig wird, wenn dies aus verkehrsmäßigen Gründen günstiger erscheint. ⁴Die Landesregierung kann die Ermächtigung durch Rechtsverordnung auf die Landesjustizverwaltung übertragen.

(4) Absatz 2 gilt entsprechend bei der Vollstreckung einer Maßregel der Besserung und Sicherung nach § 61 Nr. 1 oder 2 des Strafgesetzbuches.

(5) Aus wichtigen Gründen kann der Vollstreckungsleiter die Vollstreckung widerruflich an einen sonst nicht oder nicht mehr zuständigen Jugendrichter abgeben.

(6) ¹Hat der Verurteilte das vierundzwanzigste Lebensjahr vollendet, so kann der nach den Absätzen 2 bis 4 zuständige Vollstreckungsleiter die Vollstreckung einer nach den Vorschriften des Strafvollzugs für Erwachsene vollzogenen Jugendstrafe oder einer Maßregel der Besserung und Sicherung an die nach den allgemeinen Vorschriften zuständige Vollstreckungsbehörde abgeben, wenn der Straf- oder Maßregelvollzug voraussichtlich nicht länger dauern wird und die besonderen Grundgedanken des Jugendstrafrechts unter Berücksichtigung der Persönlichkeit des Verurteilten für die weiteren Entscheidungen nicht mehr maßgebend sind; die Abgabe ist bindend. ²Mit der Abgabe sind die Vorschriften der Strafprozeßordnung und des Gerichtsverfassungsgesetzes über die Strafvollstreckung anzuwenden.

(7) Für die Zuständigkeit der Staatsanwaltschaft im Vollstreckungsverfahren gilt § 451 Abs. 3 der Strafprozeßordnung entsprechend.

I. Grundlagen 1	VI. Weitere Abgabe der Vollstreckung 12
II. Jugendarrest 2	
III. Jugendstrafe 5	VII. Zuständigkeit der Staatsanwaltschaft gemäß Abs. 7 13
IV. Abgabe gemäß Abs. 5 8	
V. Abgabe an die Staatsanwaltschaft gemäß Abs. 6 10	

I. Grundlagen

Die Vorschrift regelt grundlegend die **Zuständigkeit des Vollstreckungsleiters bei freiheitsentziehenden Maßnahmen**. Ihre Bedeutung liegt aber über diese Regelung hinaus einerseits in dem Postulat der Bedeutung der Vollzugsnähe, andererseits aber in der besonderen Betonung der Zuständigkeit des Vollstreckungsleiters bei 1 der Vollstreckung von Jugendstrafe.[2] Diese Betonung wird nicht nur durch die Kraft Gesetzes eintretende Zuständigkeit des besonderen Vollstreckungsleiters erreicht, vielmehr sind auch sein Recht zur jederzeitigen Rücknahme einer einmal abgegebenen Vollstreckung – Abs. 5, „widerruflich" – und die **Kumulation von Zuständigkeiten** wie der Zurückstellung der Strafvollstreckung zur Durchführung einer Drogentherapie, dem Absehen von der Vollstreckung zur Ermöglichung der Abschiebung, – häufig – die Zuständigkeit als Gnadenbehörde und der weite Ermessensspielraum bei den Entscheidungen nach § 88 zu beachten. Diese Kompetenzen sind beim Vollstreckungsleiter als Einzelrichter konzentriert und lassen seine Position in ihrer Gesamtheit als herausgehoben, „besonders", erscheinen.

II. Jugendarrest[3]

2   Anders als bei Abs. 2 erfordert das Zuständigwerden des Vollstreckungsleiters bei der Vollstreckung von Jugendarrest die **Abgabe der Vollstreckung** durch den zunächst zuständigen Vollstreckungsleiter, gem. § 84 regelmäßig des erkennenden Richters, an den gem. § 90 Abs. 2 S. 2 zuständigen Vollzugsleiter, also den Jugendrichter am Ort des Vollzugs. Es besteht für den ursprünglich zuständigen Vollstreckungsleiter kein Ermessen hinsichtlich der Abgabe der Vollstreckung, eine Wirkung der hohen Bedeutung der Vollzugsnähe.

3   Die Abgabe der Vollstreckung hat zu erfolgen, sobald die Vollstreckungsvoraussetzungen – namentlich die Rechtskraft des Urteils – im Hinblick auf den jeweils betroffenen Verurteilten eingetreten sind. Eine **Verzögerung der Abgabe** ist schon deswegen nicht gerechtfertigt, weil keine Gründe hierfür vorhanden sind.

4   Der Vollstreckungsleiter, der gleichzeitig Vollzugsleiter ist, erwirbt sämtliche Vollstreckungskompetenzen des ursprünglichen Vollstreckungsleiters, einschließlich der Rechte zur Umwandlung von Freizeit- in Kurzarrest und das Absehen von der Vollstreckung des Rests des Jugendarrests (§§ 86, 87 Abs. 3). Häufig ist zu beobachten, dass – insbesondere bei mehrwöchigem Jugendarrest – **regelhaft von der Vollstreckung eines Teils des Arrestes abgesehen** wird. Eine solche Praxis ist abzulehnen. Der zur Vollstreckung von Jugendarrest berufene Vollstreckungsleiter ist zur Korrektur der zu vollstreckenden Entscheidung nicht befugt und darf von den dort angeordneten Rechtsfolgen nur dann abweichen, wenn die gesetzlichen Voraussetzungen hierfür vorliegen, namentlich bei **nach Erlass des Urteils bekanntgewordenen Umständen**. Ein erfolgreicher Verlauf der Arrestvollstreckung kann nur eingeschränkt zur Begründung für ein Absehen von der vollständigen Vollstreckung herangezogen werden. Wie bei der Reststrafaussetzung zur Bewährung gilt auch hier, dass das Verhalten des Verurteilten unter Vollzugsbedingungen nur vorsichtig für die Beurteilung seiner Persönlichkeit herangezogen werden darf; zudem kann bei der recht kurzen Gesamtdauer eines Jugendarrestes eine tiefgreifende Prüfung aller für die Entscheidung maßgeblichen Umstände kaum erfolgen. Hinzu kommt, dass der Vollstreckungsleiter **beim Jugendarrest eine generell schwächere Position** hat als bei der Vollstreckung von Jugendstrafe, wobei zu beachten ist, dass auch dort die Reststrafaussetzung, die immerhin nur zur Bewährung erfolgt, nur nach besonders sorgfältiger Prüfung erfolgen darf. Auch dieser Umstand spricht gegen eine regelhafte Verminderung der Vollzugsdauer gegenüber der Entscheidung des erkennenden Gerichts.

---

2   Ähnlich OLG Koblenz v. 13.1.2004, OLGSt JGG § 85 Nr. 3.
3   Zur Verfahrensgestaltung s. LG Oldenburg v. 31.8.2007, StV 2008, 120 f.

III. Jugendstrafe

Die Zuständigkeit des Vollstreckungsleiters[4] am Sitz der Jugendvollzugsanstalt,[5] des sogenannten "**besonderen Vollstreckungsleiters**", tritt von Gesetzes wegen[6] mit der Aufnahme des Verurteilten in die Vollzugsanstalt ein.[7] Es kommt nicht darauf an, dass dem Vollstreckungsleiter ein Aufnahmeersuchen[8] oder die Akten vorliegen, es ist sogar ohne Bedeutung, ob er vom Aufenthalt des Verurteilten in der Anstalt überhaupt Kenntnis hat. In der Praxis erhält der Verurteilte vom erkennenden Gericht die Ladung zum Strafantritt, gleichzeitig die zuständige Vollzugsanstalt das Aufnahmeersuchen und der künftig zuständige Vollstreckungsleiter die Vollstreckungsunterlagen. Eine wesentliche Zeitspanne, in der ein Verurteilter einsitzt, ohne dass sein Aufenthalt beim Vollstreckungsleiter bekannt wird, ist damit grundsätzlich ausgeschlossen. Verzögerungen können insbesondere dann auftreten, wenn bereits in Haft befindliche Verurteilte erneut und unter Einbeziehung des früheren Urteils rechtskräftig verurteilt werden. Bis zur Absetzung des neuen Urteils wird dieses materiell gesehen bereits vollstreckt, obwohl unter Umständen für mehrere Wochen keine Vollstreckungsunterlagen vorliegen. Um Nachteile für den Verurteilten zu vermeiden, ist insbesondere bei nur geringfügiger „Aufstockung" des einbezogenen Urteils und anstehender vorzeitiger Entlassung eine **fernmündliche Information** des Vollstreckungsleiters notwendig. 5

„Aufnahme des Verurteilten" bedeutet die **Ingewahrsamnahme**[9] des Verurteilten durch die Vollzugsanstalt zur Erfüllung ihrer Aufgaben im Rahmen ihrer eigenen Vollzugszuständigkeit, die durch den jeweiligen Vollstreckungsplan bestimmt wird. Stellt sich ein Verurteilter an einer an sich unzuständigen Vollzugsanstalt und wird von dort in die zuständige Anstalt transportiert, liegt daher ebenso wenig eine Aufnahme vor, wie wenn der Verurteilte nur zu bestimmten Zwecken in eine andere Anstalt verlegt wird, etwa zu einer Zeugenvernehmung oder einer überörtlichen Ausbildung. Auf die Dauer der Verlegung kommt es dabei nicht an; maßgebend ist, welche Vollzugsanstalt mit hoheitlichen Mitteln den Freiheitsentzug durchführt. An welchen Orten die Vollzugsanstalt besteht, ist ebenfalls irrelevant, weil die Vollzugsanstalt keine **Gebietskörperschaft** ist. 6

Maßgebend für die Vollstreckung ist der mit **Rechtskraftvermerk** versehene Urteilstenor, bei Abweichungen zwischen Urteil und Aufnahmeersuchen ist zunächst eine Überprüfung und Berichtigung durch das erkennende Gericht herbeizuführen. Zu einer **Korrektur des Urteils** ist der Vollstreckungsleiter nicht berechtigt.[10] 7

---

4 Zur Zuständigkeit des Vollstreckungsleiters bei isoliert angeordneter Unterbringung OLG Hamm v. 20.3.2008, 3 (s) Sbd I 7/08.
5 § 85 Abs. 2 JGG gilt nur bei Aufnahme in eine Jugendstrafanstalt, OLG Thüringen v. 12.3.2004, AR (S) 45/04.
6 Auch eine nachträgliche Entscheidung des erkennenden Gerichts führt dessen Zuständigkeit nicht wieder herbei, BGH v. 21.1.2004, NStZ 2005, 167.
7 Nach OLG Hamm v. 17.7.2001, NStZ-RR 2002, 21, gilt dies auch bei Aufnahme in den Maßregelvollzug.
8 Zur Zuständigkeit des Vollstreckungsleiters vor Einleitung der Vollstreckung OLG Thüringen v. 6.10.2009, 1 AR (S) 65/09.
9 S. auch OLG Thüringen v. 12.3.2004, AR (S) 45/04.
10 Anders offenbar OLG München v. 12.11.2008, StraFo 2009, 125 ff, wo eine Abweichung vom rechtskräftigen Urteil sowohl zugunsten als auch zuungunsten des Verurteilten für zulässig gehalten wird.

IV. Abgabe gemäß Abs. 5

8 Der besondere Vollstreckungsleiter[11] kann die Vollstreckung aus wichtigem Grund[12] und widerruflich an einen sonst nicht oder nicht mehr zuständigen Jugendrichter abgeben. Ein Hauptanwendungsfall für die Abgabe an einen nicht zuständigen Jugendrichter ist die **Herausnahme des Verurteilten aus dem Jugendvollzug** und seine Verlegung in eine Justizvollzugsanstalt für Erwachsene, § 89 b Abs. 2.[13] Erfolgt dort – nach Absehen von der weiteren Vollstreckung – die Abschiebung des Verurteilten in sein Heimatland, ist der Grund für die Abgabe entfallen. Obwohl der Verurteilte nach Wiedereinreise und erneuter Inhaftierung gem. § 24 StVollstrO wieder in die Anstalt einzuliefern ist, aus der er abgeschoben wurde, soll der besondere Vollstreckungsleiter zur Rücknahme der Vollstreckung nach der Abschiebung verpflichtet sein,[14] er muss sie dann – nach erneuter Einreise und Inhaftierung – erneut an den für den Haftort zuständigen Jugendrichter abgeben, weil auch hier der Grundsatz der Vollzugsnähe gilt.

9 Der Jugendrichter, an den die Vollstreckung abgegeben wurde, ist nicht zur Übernahme der Vollstreckung verpflichtet.[15] Dies ergibt sich zwar nicht aus dem Wortlaut von Abs. 5, aber daraus, dass die Vorschrift lediglich eine – ermessensgebundene – Entscheidungsmöglichkeit für den besonderen Vollstreckungsleiter eröffnet. Rechte oder Pflichten anderer Richter sind hierin nicht geregelt. Bei einem **Zuständigkeitsstreit** entscheidet das gemeinsame obere Gericht. Diese Vorgehensweise begegnet aber schon deswegen erheblichen Bedenken, weil sie – bis zur Entscheidung des Obergerichts – zwar das Fehlen eines an sich zuständigen Vollstreckungsleiters, aber faktisch das Ruhen der Vollstreckungsleitung bewirkt. Dieser Zustand ist in der Jugendstrafvollstreckung nicht zu rechtfertigen. Dies gilt namentlich deswegen, weil häufig – etwa bei einer nach § 89 b Abs. 2 möglichen Herausnahme – Verlegungen des Verurteilten in eine andere Strafanstalt hinausgezögert werden, um diesem zB einen Schulabschluss oder die Beendigung einer Ausbildung oder Therapie zu ermöglichen. Diese – gerechtfertigte – Vorgehensweise bewirkt jedoch, dass eine Verlegung des Insassen mit der Möglichkeit der Abgabe der Vollstreckung gem. Abs. 5 oft gegen Ende seiner Inhaftierung erfolgt. Gerade in diesem Zeitraum werden aber wichtige und aufwändige Entscheidungen des Vollstreckungsleiters notwendig, so dass es sich besonders negativ auswirkt, wenn sich keiner der beteiligten Richter für zuständig hält. Schlimmstenfalls kann dies dazu führen, dass ein Verurteilter ohne die Möglichkeit einer Bewährungsüberwachung oder sinnvolle Anordnungen im Rahmen der Führungsaufsicht **zum Endstrafenzeitpunkt entlassen** wird, obwohl seine Prognose durch entsprechende Regelungen deutlich hätte verbessert werden können. Entsteht also ein negativer Kompetenzkonflikt zwischen besonderen Vollstreckungsleiter und dem Jugendrichter, an den die Vollstreckung gem. Abs. 5 abgegeben wurde, wird in aller Regel das weitere Aufrechterhalten der Abgabeentscheidung durch den besonderen Vollstreckungsleiter als **ermessensfehlerhaft** an-

---

11 Und nur dieser, vgl BGH v. 9.10.2002, NStZ-RR 2003, 29; BGH v. 28.2.2007, StraFo 2007, 258 f; BGH v. 21.4.2005, NStZ-RR 2005, 246 f; OLG Thüringen v. 12.3.2004, AR (S) 45/04.
12 Dieser ist zB in der Nähe des Richters zur Vollzugsanstalt zu erblicken, BGH v. 3.9.2003, NStZ-RR 2004, 58, wobei diese konkrete Vorteile bietet, OLG Frankfurt v. 26.7.2002, NStZ-RR 2002, 380 f.
13 BGH v. 3.9.2003, NStZ-RR 2004, 58; LG Karlsruhe v. 30.9.2010, 15 StVK 447/10 KS.
14 BGH v. 23.3.2005, 2 ARs 85/05, NStZ 2005, 644; BGH v. 21.4.2005, 2 ARs 84/05, NStZ-RR 2005, 246 f.
15 S. auch OLG Dresden v. 10.11.1997, NStZ-RR 1998, 60 f.

zusehen sein;[16] er ist dann zur Rücknahme der Vollstreckung – zu der er gem. Abs. 5 jederzeit berechtigt ist[17] – verpflichtet.

V. Abgabe an die Staatsanwaltschaft gemäß Abs. 6

Sobald der Verurteilte 24 Jahre alt[18] geworden ist, soll er aus dem Jugendvollzug **herausgenommen** werden, die Strafe wird dann nach den Vorschriften des Strafvollzugs für Erwachsene vollstreckt (§ 89 b Abs. 1 S. 2).[19] Nach einer solchen Herausnahme ist die Vollstreckung an die nach allgemeinen Vorschriften zuständige Vollstreckungsbehörde, also die Staatsanwaltschaft,[20] abzugeben,[21] wenn der Straf- oder Maßregelvollzug voraussichtlich noch länger dauern wird.[22] Dies wird bei einer restlichen Vollzugsdauer von weniger als sechs Monaten – schon wegen der Dauer des Verfahrens zur vorzeitigen Entlassung – kaum der Fall sein.[23] Die Abgabe hat zwar zur Folge, dass die speziellen jugendrichterlichen Fähigkeiten für die Vollstreckung nicht mehr nutzbar gemacht werden können;[24] sie ist auch nur dann zulässig, wenn diese Voraussetzung vorliegt.[25] Dann ist die –bindende[26] - Abgabe aber gerechtfertigt, weil bei über 24-jährigen oder älteren Verurteilten diese Fähigkeiten ohnehin kaum mehr nutzbringend eingesetzt werden können.[27]

10

---

16 BGH v. 28.2.2007, StraFo 2007, 258 f; BGH v. 21.4.2005, NStZ-RR 2005, 246 f.
17 BGH v. 28.2.2007, StraFo 2007, 258 f; BGH v. 21.4.2005, NStZ-RR 2005, 246 f.
18 Es besteht keine Bindungswirkung bei der Abgabe der Vollstreckung, wenn der Verurteilte noch nicht 24 Jahre alt ist, OLG Thüringen v. 14.3.2000, NStZ-RR 2000, 221.
19 Gegen die Anwendung von § 56 f Abs. 1 S. Nr. 1 StGB in diesen Fällen OLG Schleswig-Holstein v. 11.8.2003, SchlHA 2004, 262.
20 Zur Zuständigkeit der Staatsanwaltschaft OLG Karlsruhe v. 11.3.2008, NStZ 2009, 46; die Zuständigkeit der Staatsanwaltschaft wird nur begründet, wenn die Herausnahmeentscheidung unanfechtbar geworden ist, OLG Dresden v. 27.12.2000, 2 Ws 701/00.
21 Ohne Abgabe bleibt der Vollstreckungsleiter zuständig, OLG Thüringen v. 24.8.2005, I Ws 314/05; OLG Frankfurt v. 30.11.1999, NStZ-RR 2000, 95 f.
22 Wenn das Alter des Verurteilten nicht sicher feststeht, ist eine erfolgte Abgabe an die Staatsanwaltschaft nicht bindend, vgl OLG Koblenz v. 13.1.2004, OLGSt JGG § 85 Nr. 3.
23 Erfolgt allerdings keine Abgabe, bleibt der Vollstreckungsleiter auch für einen eventuellen Widerruf der Reststrafaussetzung zuständig, KG v. 18.9.2000, 1 AR 979/00.
24 OLG Karlsruhe v. 25.6.1997, NStZ 1997, 511 f; LG Karlsruhe v. 30.9.2010, 15 StVK 447/10 KS.
25 Die materielle Entscheidung über eine Reststrafaussetzung zur Bewährung richtet sich nach Abgabe nach § 88 JGG, vgl OLG Stuttgart v. 15.11.2010, 5 Ws 200/10 mwN; OLG Dresden v. 28.7.2006, 2 Ws 364/06; OLG Bamberg v. 25.10.2005, Ws 768/05 mwN; OLG Brandenburg v. 24.5.2005, OLG-NL 2006,189 f; OLG Rostock v. 17.12.2004, I Ws 549/04; OLG Düsseldorf v. 4.4.2003, NStZ-RR 2003, 377; OLG Karlsruhe v. 11.3.2008, NStZ 2009, 46; OLG Hamm v. 28.10.1999, NStZ-RR 2000, 92 f; OLG Frankfurt v. 21.12.1998, NStZ-RR 1999, 91; LG Karlsruhe v. 30.9.2010, 15 StVK 447/10 KS; aA KG v. 19.1.2005, 1 AR 1455/04; OLG München v. 12.11.2008, StraFo 2009, 125 ff mwN; OLG Nürnberg v. 17.11.2009, NStZ-RR 2010, 156 mwN; offen gelassen OLG Karlsruhe v. 3.2.1998, Justiz 1998, 602.
26 Vgl zur Bindungswirkung OLG Thüringen v. 14.3.2000, NStZ-RR 2000, 221.
27 Obwohl die mangelnde Beeinflussbarkeit des Verurteilten mit den Mitteln des Jugendstrafvollzugs Voraussetzung der Abgabe ist, ist dies nicht mit einer ungünstigen Entwicklung des Verurteilten gleichzusetzen, anders OLG München v. 12.11.2008, StraFo 2009, 125 ff mwN.

11 Die Aufteilung der Aufgaben zwischen **Staatsanwaltschaft und Strafvollstreckungskammer** für die nachfolgend notwendigen Entscheidungen entspricht derjenigen in der Strafvollstreckung gegen Erwachsene.[28]

VI. Weitere Abgabe der Vollstreckung

12 Der Jugendrichter, an den die Vollstreckung abgegeben wurde, ist **nicht zur weiteren Abgabe berechtigt**.[29] Dies folgt aus der ausdrücklichen Anordnung in Abs. 6, dass nur der nach Abs. 2 – 4 zuständige Jugendrichter – und damit nicht derjenige, der erst aufgrund einer Abgabe zuständig wurde – zur Abgabe an die Staatsanwaltschaft berechtigt ist.[30] In Abs. 6 ist der Fall geregelt, der unter Beachtung des Erziehungsgedankens die geringsten Anforderungen an die Begründung der Abgabe stellt. Wenn der infolge Abgabe zuständig gewordene Jugendrichter schon in diesem Fall die Vollstreckung nicht weiter übertragen darf, dann erst recht nicht in den anderen, schwierigeren Fällen wie etwa der schlichten Verlegung des Verurteilten in eine andere Vollzugsanstalt.

VII. Zuständigkeit der Staatsanwaltschaft gemäß Abs. 7

13 Die nach Abgabe der Vollstreckung an sie zuständige **Staatsanwaltschaft**, diejenige aus dem Erkenntnisverfahren, bleibt auch dann zuständig, wenn infolge der Verlegung des Verurteilten eine andere Strafvollstreckungskammer zuständig wird, Abs. 7 iVm § 451 Abs. 3 StPO. Diese Regelung ist durchaus sachgerecht: Nach der Abgabe entsteht hierdurch eine jedenfalls **förderliche Kontinuität der Vollstreckungsentscheidungen** wenigstens bei der Staatsanwaltschaft. Der Grundsatz der Vollzugsnähe, der hierdurch jedenfalls im Hinblick auf die Staatsanwaltschaft durchbrochen wird, ist als weniger wichtig einzuschätzen als die Verwertung von Informationen aus dem Erkenntnisverfahren, die keinen Eingang in die schriftlichen Urteilsgründe gefunden haben.[31]

Zweiter Unterabschnitt Jugendarrest

§ 86 Umwandlung des Freizeitarrestes

Der Vollstreckungsleiter kann Freizeitarrest in Kurzarrest umwandeln, wenn die Voraussetzungen des § 16 Abs. 3 nachträglich eingetreten sind.

1 Die Verhängung von **Freizeitarrest** kann im Wesentlichen unmittelbar im Urteil oder als **Ungehorsamsarrest** gem. § 65 erfolgt sein. Der gem. §§ 84, 85 zuständige Vollstreckungsleiter kann lediglich Freizeit- in Kurzarrest umwandeln, andere Möglichkeiten werden ihm durch § 86 nicht eröffnet.

---

28 S. hierzu auch OLG Rostock v. 3.6.2003, I Ws 167/03; KG v. 2.12.1999, 1 AR 1311/99 mwN; für die Zuständigkeit allein der Staatsanwaltschaft OLG Schleswig-Holstein v. 13.11.2008, ZJJ 2009, 59 f; OLG Dresden v. 28.7.2006, 2 Ws 364/06; die Zuständigkeit der Strafvollstreckungskammer setzt jedenfalls kurzzeitige Vollstreckung von Strafen oder Maßregeln voraus, vgl KG v. 12.6.2001, 1 AR 499/01.
29 Vgl BGH v. 9.10.2002, NStZ-RR 2003,29; OLG Thüringen v. 12.3.2004, AR (S) 45/04.
30 BGH v. 9.10.2002, NStZ-RR 2003, 29; BGH v. 28.2.2007, StraFo 2007, 258 f; BGH v. 21.4.2005, NStZ-RR 2005, 246 f; OLG Thüringen v. 12.3.2004, AR (S) 45/04.
31 Ähnlich für den Fall der Herausnahme aus dem Jugendvollzug OLG Frankfurt v. 26.7.2002, NStZ-RR 2002, 380 f.

Der **Maßstab für die Umwandlung** ergibt sich aus § 16 Abs. 3, wonach statt einer Freizeit zwei Tage Kurzarrest zu verhängen sind. 2

Insgesamt dürfen **nicht mehr als 4 Tage** Kurzarrest vollstreckt werden, §§ 16 Abs. 2 iVm Abs. 3 S. 2. 3

Die – jugendrichterliche, § 83 Abs. 2 – Entscheidung ergeht als Beschluss, der mit der sofortigen Beschwerde gem. § 311 StPO anfechtbar ist. 4

§ 87 Vollstreckung des Jugendarrestes

(1) Die Vollstreckung des Jugendarrestes wird nicht zur Bewährung ausgesetzt.

(2) Für die Anrechnung von Untersuchungshaft auf Jugendarrest gilt § 450 der Strafprozeßordnung sinngemäß.

(3) ¹Der Vollstreckungsleiter sieht von der Vollstreckung des Jugendarrestes ganz oder, ist Jugendarrest teilweise verbüßt, von der Vollstreckung des Restes ab, wenn seit Erlaß des Urteils Umstände hervorgetreten sind, die allein oder in Verbindung mit den bereits bekannten Umständen ein Absehen von der Vollstreckung aus Gründen der Erziehung rechtfertigen. ²Sind seit Eintritt der Rechtskraft sechs Monate verstrichen, sieht er von der Vollstreckung ganz ab, wenn dies aus Gründen der Erziehung geboten ist. ³Von der Vollstreckung des Jugendarrestes kann er ganz absehen, wenn zu erwarten ist, daß der Jugendarrest neben einer Strafe, die gegen den Verurteilten wegen einer anderen Tat verhängt worden ist oder die er wegen einer anderen Tat zu erwarten hat, seinen erzieherischen Zweck nicht mehr erfüllen wird. ⁴Vor der Entscheidung hört der Vollstreckungsleiter nach Möglichkeit den erkennenden Richter, den Staatsanwalt und den Vertreter der Jugendgerichtshilfe.

(4) Die Vollstreckung des Jugendarrestes ist unzulässig, wenn seit Eintritt der Rechtskraft ein Jahr verstrichen ist.

I. Verbot der Aussetzung der Vollstreckung von Jugendarrest zur Bewährung

Die Vollstreckung von Jugendarrest darf – anders als Jugendstrafe, § 21 – **nicht zur Bewährung** ausgesetzt werden. Dies zwingt das erkennende Gericht zur Entscheidung zwischen der Sanktion mit der geringeren Eingriffsschwere, die unbedingt zu vollziehen ist, und der ihrer Art nach schwereren Jugendstrafe mit der Möglichkeit der Bewährung. Das **gesetzliche Verbot** darf auch in der Rechtsmittelinstanz nicht unter Hinweis auf das **Verschlechterungsverbot** dadurch umgangen werden, dass ursprünglich zur Bewährung ausgesetzte Jugendstrafe in Jugendarrest umgewandelt wird, die Strafaussetzung aber aufrecherhalten wird.¹ In solchen Fällen hat das Rechtsmittelgericht vielmehr – ggf anfechtbar – abzuwägen und zu entscheiden, ob die Verhängung des unbedingt zu vollstreckenden Jugendarrests eine Verschlechterung gegenüber einer zur Bewährung ausgesetzten Jugendstrafe ist. 1

Auch für die Vollstreckung des Jugendarrests gilt das **Beschleunigungsgebot**. Dies wird noch dadurch betont, dass die Vollstreckung nach Ablauf von 6 Monaten unter bestimmten Voraussetzungen unterbleiben kann – Abs. 3 S. 2 – bzw nach 2

---

1 OLG Hamm v. 25.5.1971, NJW 1971, 1666, ebenso OLG Schleswig-Holstein v. 21.5.1984, 1 Ss 679/83.

einem Jahr unzulässig ist, Abs. 4, jeweils **vom Eintritt der Rechtskraft der Arrestanordnung an** gerechnet. Die Überprüfung dieser Fristen obliegt dem Vollstreckungsleiter, ist also in jeder Lage des Verfahrens – ggf noch unmittelbar vor dem Beginn der Vollstreckung – zu prüfen.

3 Der ursprünglich zuständige Vollstreckungsleiter kann den Beginn der Vollstreckung und damit des **Jugendarrests faktisch hinauszögern**. Schon angesichts des Beschleunigungsgrundsatzes ist ein solches Vorgehen als problematisch anzusehen. Es hilft auch nicht, darauf zu verweisen, dass der Verurteilte einen Gnadenantrag mit dem Ziel eines Vollstreckungsaufschubs stellen könnte, weil ein solcher Antrag jedenfalls grundsätzlich keine aufschiebende Wirkung entfaltet. Soweit zur Begründung des Zuwartens mit der Vollstreckung auf persönliche Umstände des Verurteilten abgestellt wird, ist zu beachten, dass diese – und in erheblich breiterem Umfang als im Vollstreckungsverfahren – **bereits im Erkenntnisverfahren geprüft** wurden und nicht dazu geführt haben, von der Verhängung eines Arrests abzusehen. Es ist auch zu beachten, dass der Jugendarrest häufig gleichsam als Vorstufe gegenüber der Jugendstrafe angewandt wird, um dem Jugendlichen die Folgen weiterer Delinquenz fühlbar vor Augen zu führen. Aufweichungen der Sanktion im Vollstreckungsverfahren, wie sie im Zurückstellen zügiger Vollstreckung zu erblicken sind, rufen unter diesem Gesichtspunkt eine geradezu schädlich Vorstellung von den Gegebenheiten beim Jugendstrafvollzug selbst hervor. Dies wiederum widerspricht dem Erziehungsgedanken. An einer **zügigen Vollstreckung** ist daher festzuhalten.

II. Anrechnung von Untersuchungshaft

4 Die **Anrechnung von verbüßter Untersuchungshaft** folgt § 450 StPO, ist also auf die Zeit nach Eintritt der „relativen Rechtskraft" beschränkt (die Anrechung vor diesem Zeitpunkt ergibt sich aus § 52). Die Vorschrift hat nur geringe praktische Auswirkungen, weil bei der Verhängung von lediglich Jugendarrest ein in Vollzug befindlicher Haftbefehl regelmäßig spätestens mit der Urteilsverkündung im Erkenntnisverfahren aufzuheben sein wird.[2]

III. (Teilweises) Absehen von der Vollstreckung, Unzulässigkeit der Vollstreckung

5 Ein **Absehen von der weiteren Vollstreckung des Jugendarrests** ist möglich, wenn nach dem Hervortreten bestimmter Umstände dies „aus Gründen der Erziehung" gerechtfertigt ist (Abs. 3 S. 1).[3] Diese Umstände sind solche, die seit Erlass des Urteils hervorgetreten sind und allein oder in Verbindung mit bereits bekannten Umständen ein Absehen von der vollständigen Vollstreckung rechtfertigen. Dies ist namentlich ein überraschend heftiger Eindruck des Arrests auf den Verurteilten, der entweder eine durchgreifende positive erzieherische Wirkung bedeutet oder aber eine Gefährdung für die Entwicklung des Jugendlichen, vor allem durch negative Einflüsse im Vollzug. Stellt der Verurteilte selbst eine **Gefährdung für andere** dar, kann dies **kein Grund** für das Absehen von der vollständigen Vollstreckung sein; vielmehr ist solchen Erscheinungen mit vollzuglichen Mitteln entgegenzuwirken. „**Gute Führung**" kann die Abkürzung der Arrestdauer kaum rechtfertigen, weil die Beurteilung eines erzieherischen Erfolgs – wie beim Vollzug von Jugendstrafe – einerseits unter den Vollzugsbedingungen, andererseits angesichts der absolut kurzen Vollzugsdauer, **kaum verlässlich zu beurteilen** ist.

---

2 Ostendorf, § 87 Rn 5.
3 Vgl AG Wiesloch v. 17.6.1991, NStE Nr. 1 zu § 87 JGG.

Das Absehen von der weiteren Vollstreckung setzt die Durchführung der in Abs. 3 S. 4 vorgeschriebenen **Anhörungen** voraus. Die Einschränkung, dies „nach Möglichkeit" zu tun, berechtigt nicht dazu, nach Arrestbeginn regelmäßig auf die Anhörungen zu verzichten.

6

Eine **zu weitgreifende Anwendung** der Möglichkeiten zum Abkürzen des Jugendarrests ist **abzulehnen**. Gerade weil der Jugendarrest oft schon bei der zweiten oder dritten Verurteilung angeordnet wird, soll er eine klare Warnfunktion entfalten. Nicht zuletzt hierdurch rechtfertigt sich auch die gegenüber der Jugendstrafe stark verminderte Arrestdauer bei gleichzeitigem Wegfall der Aussetzungsmöglichkeit. Arrest wird also verhängt, um noch vorhandene Einwirkungsmöglichkeiten in einem frühen Stadium der Delinquenz auszunutzen. Es scheint problematisch, wenn dem Verurteilten durch die Gestaltung des Vollzugs der Eindruck vermittelt wird, er werde sich künftig den gerichtlich festgesetzten Maßregeln zumindest teilweise entziehen können. Das vielleicht letzte **Erziehungsmittel** vor der Verhängung von Jugendstrafe wird bei einer solchen Handhabung oft **leichtfertig aus der Hand gegeben**.

7

Ein **vollständiges Absehen von der Vollstreckung** ist unter der gleichen Voraussetzung nach Ablauf von 6 Monaten seit Eintritt der Rechtskraft möglich, ohne dass die genannten Umstände hervorgetreten sein müssen, oder wenn eine Verurteilung zu einer anderen Strafe erfolgt[4] oder zu erwarten ist, und deswegen zu erwarten ist, dass der Jugendarrest seinen erzieherischen Zweck nicht mehr erfüllen wird. Die Vorschrift ist § 154 StPO nachgebildet und greift den dortigen Rechtsgedanken auf. Nach Ablauf von einem Jahr darf der Jugendarrest nicht mehr vollstreckt werden.

8

Dritter Unterabschnitt Jugendstrafe

§ 88 Aussetzung des Restes der Jugendstrafe

(1) Der Vollstreckungsleiter kann die Vollstreckung des Restes der Jugendstrafe zur Bewährung aussetzen, wenn der Verurteilte einen Teil der Strafe verbüßt hat und dies im Hinblick auf die Entwicklung des Jugendlichen, auch unter Berücksichtigung des Sicherheitsinteresses der Allgemeinheit, verantwortet werden kann.

(2) ¹Vor Verbüßung von sechs Monaten darf die Aussetzung der Vollstreckung des Restes nur aus besonders wichtigen Gründen angeordnet werden. ²Sie ist bei einer Jugendstrafe von mehr als einem Jahr nur zulässig, wenn der Verurteilte mindestens ein Drittel der Strafe verbüßt hat.

(3) ¹Der Vollstreckungsleiter soll in den Fällen der Absätze 1 und 2 seine Entscheidung so frühzeitig treffen, daß die erforderlichen Maßnahmen zur Vorbereitung des Verurteilten auf sein Leben nach der Entlassung durchgeführt werden können. ²Er kann seine Entscheidung bis zur Entlassung des Verurteilten wieder aufheben, wenn die Aussetzung aufgrund neu eingetretener oder bekanntgewordener Tatsachen im Hinblick auf die Entwicklung des Jugendlichen, auch unter Berücksichtigung des Sicherheitsinteresses der Allgemeinheit, nicht mehr verantwortet werden kann.

---

4 Für den Fall der Einbeziehung nach Verhängung von Ungehorsamsarrest LG Berlin v. 28.9.1988, 507 Qs 44/88.

(4) ¹Der Vollstreckungsleiter entscheidet nach Anhören des Staatsanwalts und des Vollzugsleiters. ²Dem Verurteilten ist Gelegenheit zur mündlichen Äußerung zu geben.

(5) Der Vollstreckungsleiter kann Fristen von höchstens sechs Monaten festsetzen, vor deren Ablauf ein Antrag des Verurteilten, den Strafrest zur Bewährung auszusetzen, unzulässig ist.

(6) ¹Ordnet der Vollstreckungsleiter die Aussetzung der Vollstreckung des Restes der Jugendstrafe an, so gelten § 22 Abs. 1, 2 Satz 1 und 2 sowie die §§ 23 bis 26 a sinngemäß. ²An die Stelle des erkennenden Richters tritt der Vollstreckungsleiter. ³Auf das Verfahren und die Anfechtung von Entscheidungen sind die §§ 58, 59 Abs. 2 bis 4 und § 60 entsprechend anzuwenden. ⁴Die Beschwerde der Staatsanwaltschaft gegen den Beschluß, der die Aussetzung des Strafrestes anordnet, hat aufschiebende Wirkung.

Richtlinie zu §§ 88 und 89

Auf die Verwaltungsvorschriften zum Jugendstrafvollzug (VVJug) und auf die Beseitigung des Strafmakels nach § 100 wird hingewiesen.

Schrifttum:

Dittmann, Volker, Kriterien zur Beurteilung des Rückfallrisikos besonders gefährlicher Straftäter, 1999; *Dittmann, Volker,* Kriterienorientierte strukturierte Risikokalkulation, 2000; *Eisenberg,* Jugendgerichtsgesetz, 13. Aufl. 2009; *Ostendorf,* Jugendgerichtsgesetz, 8. Aufl. 2009.

I. Anwendungsbereich 1	unterkunft für Asylbewerber 23
II. Verfahren zur Reststrafaussetzung, § 88 Abs. 1 4	h) Bereitschaft des Verurteilten zu anderen als Drogentherapien 23
1. Zuständigkeit 4	
2. Verfahrenseinleitung 6	2. Positive Entwicklung im Vollzug 24
3. Anhörungspflichten, § 88 Abs. 4 11	3. Günstige Legalprognose .. 26
4. Entscheidungsgrundlagen 16	4. Sozialer Empfangsraum ... 27
5. Entscheidung 20	5. Einverständnis des Verurteilten 29
III. Materielle Voraussetzungen der Reststrafaussetzung, § 88 Abs. 1 22	6. Ausschluss bei schwebenden Ermittlungs- oder Strafverfahren, auch wegen Straftaten im Vollzug 30
1. Teilverbüßung 22	
a) Regelmäßiger Entlassungstermin	
b) Früher verbüßte Untersuchungshaft 23	7. Bewährung für den Strafrest, § 88 Abs. 1 32
c) Straffreie Führung vor der Inhaftierung 23	a) Bewährungszeit 33
	b) Bewährungsauflagen .. 34
d) Vorzeitige Entlassung nach Abbruch einer Drogentherapie 23	c) Bewährungsüberwachung 36
e) Vorzeitige Entlassung nach Straftaten im Vollzug 23	d) Widerruf der Reststrafbewährung 38
	IV. Führungsaufsicht 40
f) Entlassungszeitpunkt bei besonders schwerer Schuld 23	V. Aufhebungsentscheidung, § 88 Abs. 3 S. 2 45
	1. Verfahren 46
g) Vorzeitige Entlassung in eine Gemeinschafts-	2. Materielle Voraussetzungen 50
	3. Entscheidung 52

VI. Sperrfrist, § 88 Abs. 5 53
VII. Rechtsmittel 58
VIII. Verwandte Entscheidungsmöglichkeiten 60
 1. Gnadenentscheidungen ... 60
 2. Absehen von der weiteren
    Strafvollstreckung wegen
    der Abschiebung des Ver-
    urteilten 61
 3. Strafausstand wegen Voll-
    zugsuntauglichkeit 63
 4. Vorübergehender Vollstre-
    ckungsaufschub 64
 5. Unterbrechung der Straf-
    vollstreckung gem.
    § 35 BtMG 65

I. Anwendungsbereich

§ 88 vereint in seinem Regelungsgehalt die materiellrechtlichen Vorschriften der 1
§§ 57, 58 StGB und die prozessualen Regeln aus § 454 ff StPO und regelt als
zentrale Vorschrift die Reststrafaussetzung bei der Vollstreckung von Jugendstrafe. Der Gesetzestext enthält keinen Hinweis für die Anwendung nur auf Insassen von Jugendstrafanstalten. § 88 Abs. 1 ist deshalb auch dann für die Entscheidung über die Reststrafaussetzung maßgeblich, wenn die Jugendstrafe gem.
§ 89 b Abs. 1 **nach den Vorschriften für den Erwachsenenstrafvollzug vollstreckt**
wird (vgl § 89 b Abs. 1 S. 2, wo ausdrücklich nur von den Vorschriften für den
Strafvollzug, nicht aber von denjenigen für die Strafvollstreckung die Rede ist).[1]
Demgegenüber spielt der Umstand keine Rolle, dass das erkennende Gericht ursprünglich auf Jugendstrafe erkannte und damit den Vollzug gerade unter den
Umständen des Jugendstrafvollzugs anordnete, weil nach der Ausnahme aus dem
Jugendstrafvollzug diese Umstände ohnehin nicht mehr gelten; der – allerdings
vorliegenden – erheblichen Abweichung von den Vorstellungen des erkennenden
Gerichts ist daher durch entsprechend verantwortungsvollen Umgang mit der
Vorschrift des § 89 b Rechnung zu tragen.

Vollzugliche Umstände wie die **Gewährung von Lockerungen** oder die Zulassung 2
des Verurteilten zum **Freigang** haben keine Auswirkung auf die Anwendbarkeit
von § 88. Die Vorschrift gilt daher auch bei Unterbringung von Verurteilten in
externen Maßnahmen, die aufgrund globaler Lockerungen des Jugendstrafvollzugs erfolgt, sowie bei Aufenthalt in **Vollzugskrankenhäusern oder Therapieeinrichtungen**.

Nicht erforderlich ist, dass die Jugendstrafe aktuell vollzogen wird. Eine Rest- 3
strafaussetzung kann (und muss) daher ggf auch erfolgen, wenn sich der **Verurteilte auf freiem Fuß** befindet (etwa nach Unterbrechung der Vollstreckung zur
Abschiebung und deren Vollzug oder nach Abschluss einer Drogentherapie).
Abs. 1 bezieht sich ausdrücklich nur auf Jugendliche; diese Wortwahl des Gesetzgebers ist aber als untechnisch zu verstehen. Jedenfalls ist § 88 auch auf Heranwachsende im Jugendstrafvollzug anzuwenden.

---

1 OLG Stuttgart v. 15.11.2010, 5 Ws 200/10 mwN; OLG Schleswig-Holstein
  v. 13.11.2008, ZJJ 2009, 59 mwN; OLG Bamberg v. 25.10.2005, Ws 768/05 mwN;
  OLG Brandenburg v. 24.5.2005, OLG-NL 2006, 189 f; OLG Rostock v. 17.12.2004,
  I Ws 549/04; OLG Düsseldorf v. 4.4.2003, NStZ-RR 2003, 377; OLG Karlsruhe
  v. 11.3.2008, NStZ 2009, 46; OLG Hamm v. 28.10.1999, NStZ-RR 2000, 92 f; OLG
  Frankfurt v. 21.12.1998, NStZ-RR 1999, 91; LG Karlsruhe v. 30.9.2010, 15 StVK
  447/10 KS; aA KG v. 19.1.2005, 1 AR 1455/04; OLG München v. 12.11.2008, StraFo
  2009, 125 ff mwN; OLG Nürnberg v. 17.11.2009, NStZ-RR 2010, 156 mwN; offen
  gelassen OLG Karlsruhe v. 3.2.1998, Justiz 1998, 602.

II. Verfahren zur Reststrafaussetzung, § 88 Abs. 1

4 **1. Zuständigkeit.** Zuständig ist der **Vollstreckungsleiter** bzw – nach Abgabe der Vollstreckung gem. § 85 Abs. 6 – die nach den allgemeinen Vorschriften zuständige Vollstreckungsbehörde, also in der Regel die Strafvollstreckungskammer (§ 462 a Abs. 1 S. 1 StPO).[2] Eine Regelung über die örtliche Zuständigkeit fehlt; sie ergibt sich lediglich als Folge aus der des Vollstreckungsleiters für die in dem Bezirk seines Amtsgerichts liegenden Jugendstrafanstalten, § 85 Abs. 2. Die zunehmend häufig anzutreffenden **Einrichtungen freier Träger zum Vollzug von Jugendstrafe** befinden sich jedoch häufig außerhalb des Gerichtsbezirks. Auch für die dort untergebrachten Verurteilten verbleibt es bei der **Zuständigkeit des Vollstreckungsleiters** der Jugendstrafanstalt selbst. Dies folgt zum einen aus der vergleichbaren Lage bei der Zuständigkeit der Strafvollstreckungskammern.[3] Zum anderen ergibt sich die Zuständigkeit des Vollstreckungsleiters der Hauptanstalt aus der Änderung des Textes von § 85 Abs. 2, der nunmehr ausdrücklich für Einrichtungen für den Vollzug der Jugendstrafe gilt, womit auch in freier Trägerschaft befindliche Projekte gemeint sind.

5 Funktionell zuständig ist der **Jugendrichter**. Bei der Entscheidung über die Aussetzung der Vollstreckung einer Reststrafe zur Bewährung handelt es sich um eine richterliche Entscheidung, § 83 Abs. 1.

6 **2. Verfahrenseinleitung.** Im weiteren Sinn beginnt das Verfahren zur Reststrafaussetzung bereits unmittelbar nach der Aufnahme des Verurteilten in die Jugendstrafanstalt, spätestens mit Eingang der Vollstreckungsunterlagen – insbesondere des Ersuchens zur Aufnahme des Verurteilten zur Vollstreckung der Jugendstrafe an die Jugendstrafanstalt – beim Vollstreckungsleiter. Unverzüglich nach Ankunft des Verurteilten ist dieser in die für ihn geeignete Unterkunft und Schul- oder sonstige Fördermaßnahmen einzuweisen. Dies bedingt bereits eine möglichst **genaue und zeitlich feststehende Planung** über den voraussichtlichen **Entlassungszeitpunkt**, der in der weit überwiegenden Zahl der Fälle durch die Entlassung zur Bewährung bestimmt wird. Spätestens bei der Entscheidung des Vollstreckungsleiters über die Herausnahme des Verurteilten aus dem Jugendvollzug gem. § 89 b sollte daher die Planung über den Entlassungszeitpunkt bei ungestörtem Vollzugsverlauf vorliegen, die bereits dem Verfahren zur Reststrafaussetzung zuzuordnen ist.

7 Das Verfahren zur Reststrafaussetzung im engeren Sinne ist **von Amts wegen** und zweckmäßigerweise durch Anforderung eines **Berichts des Vollzugsleiters** zur vorzeitigen Entlassung einzuleiten. Ein **Antrag** des Verurteilten oder sonstiger Stellen wie etwa der Staatsanwaltschaft **ist nicht erforderlich**. Ein gleichwohl ge-

---

2 Die materielle Entscheidung richtet sich auch nach Abgabe nach § 88 JGG, vgl OLG Stuttgart v. 15.11.2010, 5 Ws 200/10 mwN; OLG Schleswig-Holstein v. 13.11.2008, ZJJ 2009, 59 mwN; OLG Bamberg v. 25.10.2005, Ws 768/05 mwN; OLG Brandenburg v. 24.5.2005, OLG-NL 2006, 189 f; OLG Rostock v. 17.12.2004, I Ws 549/04; OLG Düsseldorf v. 4.4.2003, NStZ-RR 2003, 377; OLG Karlsruhe v. 11.3.2008, NStZ 2009, 46; OLG Hamm v. 28.10.1999, NStZ-RR 2000, 92 f; OLG Frankfurt v. 21.12.1998, NStZ-RR 1999, 91; LG Karlsruhe v. 30.9.2010, 15 StVK 447/10 KS; aA KG v. 19.1.2005, 1 AR 1455/04; OLG München v. 12.11.2008, StraFo 2009, 125 ff mwN; OLG Nürnberg v. 17.11.2009, NStZ-RR 2010, 156 mwN; offen gelassen OLG Karlsruhe v. 3.2.1998, Justiz 1998, 602. Nach OLG Schleswig-Holstein v. 13.11.2008, ZJJ 2009, 59 mwN, soll nicht die Strafvollstreckungskammer, sondern allein die Staatsanwaltschaft zuständig sein; vgl auch OLG Karlsruhe v. 11.3.2008, NStZ 2009, 46.
3 Meyer-Goßner in Kleinknecht/Meyer-Goßner, § 462 a StPO Rn 8 mwN.

stellter Antrag auf vorzeitige Entlassung ist als Anregung zur Einleitung des Verfahrens aufzufassen. Zwar bedürfen ein unzulässiger Antrag oder eine schlichte Anregung keiner Verbescheidung mittels einer im ordnungsgemäßen Verfahren zustande gekommenen Entscheidung, gleichwohl gebietet schon der **Grundsatz auf Gewährung rechtlichen Gehörs** eine verständliche Reaktion gegenüber dem Antragsteller. Ein tatsächlich als solcher gestellter Antrag muss jedenfalls verbeschieden werden. Bei unzulässigen oder verfrühten Anträgen des Verurteilten selbst hat es sich bewährt, diesen unter Mitteilung des Hinderungsgrundes auf die Möglichkeit zur ausdrücklichen Antragstellung hinzuweisen. Wird ein solcher Antrag gestellt, gibt das sich anschließende Verfahren Gelegenheit, dem Verurteilten die für eine Entlassung notwendigen Umstände darzulegen und ihn über momentan **noch bestehende Hinderungsgründe** zu belehren. Dieses Vorgehen hat nicht zuletzt auch eine positive erzieherische Wirkung, indem selbst derzeit unbegründete Anliegen des Verurteilten ernst genommen werden.

Mitteilungen auf **Anträge Dritter** sind unter dem Gesichtspunkt des Datenschutzes problematisch, weil eine über die Eingangsbestätigung hinausgehende Reaktion die Bestätigung des Aufenthalts des Verurteilten im Jugendstrafvollzug beinhaltet, die bereits unzulässig ist. In solchen Fällen bietet sich das Verlangen nach Vorlage einer Vollmacht oder die Mitteilung des Drittantrags an den Verurteilten selbst an. 8

Bei der Würdigung von Anträgen, die vom Verurteilten selbst stammen, ist dem Umstand Rechnung zu tragen, dass eine hinreichende Schulbildung häufig fehlt. Eine auch nur annähernd korrekte Form der schriftlichen Äußerung kann und darf nicht verlangt werden. 9

Im Hinblick auf den **Zeitpunkt der Verfahrenseinleitung** ist zu beachten, dass der Verurteilte, seine Familie und die Jugendstrafanstalt einerseits ein Interesse an einer möglichst verlässlichen und daher möglichst frühzeitig festgelegten Planung haben, andererseits aber die Voraussetzungen für die Haftentlassung gerade im Hinblick auf den sozialen Empfangsraum häufig erst kurzfristig geschaffen werden können. Eine **zu frühzeitige Verfahrenseinleitung beschränkt auch die Möglichkeit für** den Verurteilten, durch eine positive Entwicklung im Vollzug Anhaltspunkte für **eine positive Legalprognose** zu geben. Es hat sich daher für den Vollstreckungsleiter bewährt, zur Planung des Vollzugs feste Regeln über den im Einzelfall zu erwartenden Entlassungszeitpunkt aufzustellen und diese in der Jugendvollzugsanstalt (und damit auch bei den Verurteilten) bekanntzumachen. Zusätzlich sollte das Ergebnis der gerichtlichen Strafzeitberechnung der Jugendvollzugsanstalt und dem Verurteilten mitgeteilt werden, wodurch in der Regel der frühestmögliche Entlassungstermin auf den Tag genau feststeht und der Vollzug entsprechend geplant werden kann. Das Verfahren zur Entlassung selbst sollte dann wenige Monate vor dem Entlassungstermin begonnen werden; für die mündliche Anhörung des Verurteilten selbst reicht ein Zeitraum von wenigen Wochen vor der Entlassung insbesondere auch zur Herbeiführung der – zur tatsächlichen Entlassung notwendigen, Abs. 6 S. 4 – Rechtskraft der Entscheidung aus. 10

3. Anhörungspflichten, § 88 Abs. 4. Anzuhören sind **Staatsanwaltschaft, Vollzugsleiter und Verurteilter.**[4] Der Vollzugsleiter erstattet schriftlich Bericht über die Entwicklung des Verurteilten während der Vollzugszeit, die erreichten Voll- 11

---

4 Nach Abgabe der Vollstreckung gem. § 85 Abs. 6 JGG und Einholung eines Sachverständigengutachtens ist auch der Sachverständige mündlich anzuhören, OLG Dresden v. 17.6.2009, NStZ-RR 2010, 156.

zugsziele und die Planung des sozialen Empfangsraums. Dieser Bericht muss dem Staatsanwalt bei dessen Anhörung übermittelt werden, damit ihm eine Stellungnahme zur anstehenden vorzeitigen Entlassung unter Berücksichtigung der aktuellen Lage überhaupt möglich ist. Die notwendigerweise **mündliche** Anhörung des Verurteilten[5] findet regelmäßig in Anwesenheit des für ihn zuständigen Sozialarbeiters statt, der den Vollzugsleiter vertritt. Neueste Veränderungen können hierdurch festgestellt und berücksichtigt werden. Der Verurteilte ist grundsätzlich berechtigt, in **Abwesenheit des Vollzugspersonals** mit dem Vollstreckungsleiter zu sprechen, soweit nicht Sicherheitsbedenken entgegenstehen. Hat der Verurteilte einen **Verteidiger**, ist diesem rechtzeitig vor der Anhörung eine Abschrift des Berichts des Vollzugsleiters zu übersenden.[6] Er ist **zur Anwesenheit** während der gesamten Anhörung **berechtigt**.[7]

12 Verurteilten ohne **Verteidiger**, die ihre Interessen nicht hinreichend selbst vertreten können oder bei denen – vgl § 140 StPO – eine erhebliche Reststraferwartung vorliegt, kann auf Antrag oder **von Amts wegen ein Verteidiger beigeordnet** werden.[8] Die Höhe der Reststrafe allein kann die Beiordnung eines Verteidigers in Anlehnung an die Rechtsprechung zu § 140 StPO nur begründen, wenn durch die wahrscheinliche Entscheidung des Vollstreckungsleiters eine Verlängerung des Vollzugs um ein Jahr oder mehr eintritt. Dies dürfte, insbesondere unter Beachtung einerseits der selten über 5 Jahre hinausgehenden Jugendstrafen und der maximalen Sperrfrist für eine erneuten Antrag aus Abs. 5 andererseits, kaum jemals der Fall sein. Die Qualifizierung der Tat, derentwegen die Vollstreckung erfolgt, als Verbrechen, kann die Beiordnung eines Verteidigers kaum rechtfertigen. Die in § 140 Abs. 1 Nr. 2 StPO vertypte Erwartung einer Strafe von über einem Jahr spielt bei der Strafzumessung im Jugendstrafrecht kaum und in der Jugendstrafvollstreckung keine Rolle.

13 Die Mitwirkung eines **Dolmetschers** bei nicht deutschsprachigen Verurteilten ist notwendig, auch wenn der Vollstreckungsleiter die fremde Sprache hinreichend spricht.

14 Die Anhörung des Verurteilten findet, obwohl nicht ausdrücklich angeordnet, **in nichtöffentlicher Sitzung** statt. Dritte haben daher kein Anwesenheitsrecht. Mit Einverständnis sämtlicher Beteiligter, insbesondere aber des Vollzugsleiters und des Verurteilten, können weitere Personen teilnehmen. Infrage kommen insbesondere Personen aus dem sozialen Empfangsraum wie die Eltern und Geschwister des Verurteilten, Mitarbeiter von Wohngruppen und Betreuer. Schon die **schlichte Teilnahme** solcher Personen am Anhörungstermin kann die **prognostische Bewertung** des sozialen Umfelds nach der Entlassung erheblich **verbessern**.

15 Eine **wiederholte Anhörung** des Verurteilten ist jedenfalls dann erforderlich, wenn nach abschlägiger Entscheidung die Frage der vorzeitigen Entlassung erneut geprüft wird. Das kann etwa der Fall sein, wenn die Entwicklung des Verurteilten im Vollzug zum regelmäßigen Entlassungstermin eine Aussetzung der Vollstreckung der Reststrafe zur Bewährung noch nicht ermöglichte. Voraussetzung der Verpflichtung zur erneuten Anhörung ist aber, dass das Verfahren mit einer Entscheidung des Vollstreckungsleiters seinen – vorläufigen – Abschluss gefunden hat. Es ist daher nicht nötig, eine weitere Anhörung durchzuführen, wenn eine solche Entscheidung noch nicht ergangen ist. Fehlt im Anhörungstermin lediglich

---

5 S. OLG Thüringen v. 12.3.2004, AR (S) 45/04.
6 LG Berlin v. 7.4.2006, 524 Qs 19/06.
7 LG Berlin v. 7.4.2006, 524 Qs 19/06.
8 S. LG Saarbrücken v. 5.10.2009, 3 Qs 79/09; LG Berlin v. 7.4.2006, 524 Qs 19/06.

eine **binnen kurzer Frist zu schaffende Voraussetzung** für die vorzeitige Entlassung – etwa die Kostenübernahmeerklärung für die Unterbringung des Verurteilten – kann die Entscheidung **aufgeschoben** werden. Wird sie zeitnah getroffen, ist eine erneute Anhörung nicht erforderlich. Zu beachten ist allerdings, dass die dauernde Nichtentscheidung einer Ablehnung der vorzeitigen Entlassung des Verurteilten gleichkommt. Spätestens **nach drei Monaten Verzögerung** wird man eine **erneute Anhörung** für erforderlich halten müssen; bei unvorhergesehener Änderung der tatsächlichen Verhältnisse auch schon früher.

4. Entscheidungsgrundlagen. Wie der Charakter des Verfahrens zur vorzeitigen 16 Entlassung als **Amtsverfahren** zeigt, muss sich der Vollstreckungsleiter im Wege der **Amtsermittlung** die notwendigen Tatsachen für seine Entscheidung selbst beschaffen.[9] Das wesentliche Kriterium für die vorzeitige Entlassung des Verurteilten ist die **günstige Legalprognose**,[10] also die Beurteilung der Wahrscheinlichkeit straffreier Führung des Verurteilten in der Zukunft. Diese Prognose ist soweit als möglich tatsachengestützt vorzunehmen, wobei im Wesentlichen (bei terminologischen und Abweichungen im Detail) Einigkeit herrscht, dass die Entwicklung des Verurteilten bis zur Tat (**Basisprognose**), die durch den Vollzug erreichten Änderungen (**Individualprognose**) und in der Zukunft zu erwartende protektive Faktoren (**Interventionsprognose**) zu unterscheiden sind. Entsprechend müssen sich die Feststellungen des Vollstreckungsleiters bei seiner Entscheidung auf diese drei Kriterien erstrecken. Hilfsmittel wie die „**Dittmann-Liste**"[11] können, müssen aber nicht verwendet werden. Der Bericht des Vollzugsleiters muss richterlich gewürdigt werden. Es entspricht nicht der richterlichen Aufgabe des Vollstreckungsleiters, die dortigen Schilderungen seiner Entscheidung ungeprüft zugrunde zu legen.[12] Eine **kritische Würdigung** unter Beachtung des sonstigen Akteninhalts, insbesondere der Erziehungspläne oder disziplinarischer Verfehlungen, ist jedenfalls erforderlich. Mindestens stichprobenartig sollten die **Gefangenen-Personalakten** ausgewertet werden, um die Übereinstimmung des oft vom Sozialdienst vorformulierten Berichts des Vollzugsleiters mit den tatsächlichen Gegebenheiten feststellen zu können.

Ein wesentliches Element zur Feststellung der Entwicklung des Verurteilten bis 17 zur Tat und im Vollzug ist dabei die **Vollstreckungsakte**. Darin befindet sich insbesondere die zu vollstreckende Entscheidung, idealerweise nebst dem Bericht der Jugendgerichtshilfe über die persönliche Entwicklung des Verurteilten bis zum Erlass des Urteils. Das Urteil liefert in der Tatschilderung auch **Anhaltspunkte zur Einschätzung der Gefährlichkeit** des Verurteilten. Bedeutsam sind etwa eine überschießende **Brutalität** der Tatausführung („**Overkill**"), mit überdurchschnittlicher krimineller Energie durchgeführte Taten (**Bandenkriminalität**)[13] oder überdauernde **Neigungen** des Verurteilten zur Begehung von Straftaten (**Überzeugungstäter, Extremisten** oder auf **physischen oder psychischen Störungen** beru-

---

9 Zu den Anforderungen an die Sachaufklärung VerfGH Sachsen v. 27.7.2006, Vf. 44-IV-06.
10 Vgl OLG Karlsruhe v. 24.7.2006, Justiz 2006, 372 ff.
11 S. Dittmann, Volker, Kriterien zur Beurteilung des Rückfallrisikos besonders gefährlicher Straftäter, 1999; Dittmann, Volker, Kriterienorientierte strukturierte Risikokalkulation, 2000; die „Dittmann-Liste" ist etwa bei Suter, Bruno, Beurteilung der Gemeingefährlichkeit durch Strafvollzugsbehörden anhand des Kriterienkataloges von Prof. Volker Dittmann, als Anlage abgedruckt: http://www.ccfw.ch/ccfw_suter_gemeingefaehrlichkeit.pdf.
12 S. auch VerfGH Sachsen v. 27.7.2006, Vf. 44-IV-06.
13 Auch zur erschwerenden Wirkung von Bandenkriminalität KG v. 19.1.2005, 1 AR 1455/04.

hende Taten). Festgestelltes **Suchtverhalten** des Verurteilten wirkt sich ebenso auf die Behandlungsmöglichkeiten wie auf die Legalprognose aus. Zu beachten ist bei der Bewertung der Urteilsfeststellungen, dass insbesondere zugunsten des Angeklagten sprechende Umstände vor allem der Strafzumessung häufig nicht mit derselben Sicherheit festgestellt sind wie die zum Schuldspruch notwendigen oder belastende Tatsachen. Die Behauptung entlastender Umstände kann auf taktischem Verhalten des Angeklagten im Erkenntnisverfahren beruhen (so etwa erhebliche Alkoholisierung oder massiver Drogenkonsum zur Tatzeit); ihre Wiedergabe im Urteil ist deswegen noch **keine sichere Grundlage für die Prognoseentscheidung.**

Für die Zukunft bedeutsame Faktoren wie die Fortführung einer **sozialtherapeutischen Behandlung** des Verurteilten oder eine Ausbildungs- oder Arbeitsstelle ergeben sich häufig aus entsprechenden Schilderungen des Antragstellers oder dem Bericht des Vollzugsleiters. Der Vollstreckungsleiter muss sich jedoch **Gewissheit** verschaffen, dass die von ihm zur Entscheidungsfindung herangezogenen Tatsachen auch tatsächlich vorliegen. Die Aufnahme des Verurteilten in eine Betreuungseinrichtung ist deswegen ebenso beweiskräftig festzustellen wie sein zukünftiger Wohnort, die Gewährung sozialer Hilfen oder ein Ausbildungs- oder Arbeitsplatz.

18 Unabhängig vom Wortlaut von § 88 Abs. 1 muss sich der Vollstreckungsleiter die notwendige Überzeugung verschaffen, ob die vorzeitige Entlassung des Verurteilten unter **Berücksichtigung von Sicherheitsaspekten verantwortet** werden kann.[14] § 454 Abs. 2 StPO ist beim Verfahren zur Entlassung eines zu Jugendstrafe Verurteilten nicht unmittelbar anwendbar.[15] Dies bedeutet jedoch nicht, dass ein **Sachverständigengutachten über die Legalprognose**[16] nicht einzuholen wäre. Vielmehr ist jeder Schematismus zu vermeiden; der Vollstreckungsleiter hat angesichts der von ihm zu verantwortenden Entscheidung den Sachverhalt – auch unter Einschaltung eines Sachverständigen[17] – so weit zu erforschen, bis er die zur Entscheidung notwendige Überzeugung gewonnen hat.[18] Obwohl § 454 Abs. 2 StPO und die dortige Verweisung auf § 66 Abs. 3 S. 1 StGB nicht anwendbar ist,[19] sind die dort genannten Straftaten grundsätzlich geeignet, die Sicherheit der Allgemeinheit in einem Maße zu gefährden, die eine **besonders sorgfältige Überzeugungsbildung** auch beim Vollstreckungsleiter erfordert.[20]

19 Allein nicht hinreichend für die **Einholung eines Sachverständigengutachtens** dürfte bei Straftaten im Jugendalter die Qualifikation des verletzten Straftatbe-

---

14 Vgl OLG Karlsruhe v. 24.7.2006, Justiz 2006, 372 ff.
15 OLG Frankfurt v. 21.12.1998, NStZ-RR 1999, 91; jedenfalls nach Abgabe nach § 85 Abs. 6 JGG ist § 454 Abs. 2 StPO ohnehin unmittelbar anwendbar, OLG Dresden v. 17.6.2009, NStZ-RR 2010, 156.
16 Jedenfalls bei Zweifeln am Gutachten ist der Sachverständige auch mündlich zu hören, LG Zweibrücken v. 8.11.2001, VRS 101, 459 ff.
17 Vgl LG Saarbrücken v. 5.10.2009, 3 Qs 79/09 zur Beiordnung eines Verteidigers, wenn ein Sachverständigengutachten eingeholt wird.
18 Zum Zeitpunkt der Einholung des Gutachtens OLG Dresden v. 17.6.2009, NStZ-RR 2010, 156.
19 Jedenfalls nach Abgabe gem. § 85 Abs. 6 JGG soll bei Straftaten nach § 66 Abs. 3 S. 1 StGB „in der Regel" ein Sachverständigengutachten einzuholen sein, OLG Celle v. 6.5.2008, NStZ 2010, 95 f.
20 Für die unmittelbare Anwendung jedenfalls nach Abgabe der Vollstreckung gem. § 85 Abs. 6 JGG OLG Dresden v. 17.6.2009, NStZ-RR 2010, 156.

standes als Verbrechen (§ 66 Abs. 3 S. 1 1. Alt. StGB) sein.[21] Im Jugendalter wird in einem überdurchschnittlich hohen Anteil der Taten Gewalt eingesetzt, so dass bei durch Gewalteinsatz zum Verbrechen qualifizierten Eigentums- oder Vermögensdelikten nur bei Hinzutreten weiterer Umstände ein Sachverständigengutachten notwendig sein wird. Bei **Körperverletzungsdelikten** kommt es auf das Maß der Gewaltausübung und die Täter-Opfer-Beziehung vor der Tat an: Je stärker die und unmotivierter die Gewalteinwirkung ist, desto eher lässt sie auf eine verminderte Hemmschwelle schließen, deren Korrektur durch die Einwirkung des Jugendvollzugs mit den überlegenen Erkenntnismöglichkeiten eines Sachverständigen verlässlicher festgestellt werden kann. Zu beachten ist auch, dass eine Reihe von versuchten Tötungsdelikten mangels Beweisbarkeit des Tötungsvorsatzes als (qualifizierte) Körperverletzung abgeurteilt werden. Die mangelnde Beweisbarkeit des Vorsatzes ändert an der Gefährlichkeit des Täters aber wenig. Bei (**versuchten**) **Tötungsdelikten** sind wie bei Körperverletzungen Maß und Anlass der Gewaltanwendung entscheidend; wobei hier angesichts des geschützten Rechtsguts ein Sachverständiger selbst dann eingeschaltet werden sollte, wenn dies bei einem Körperverletzungsdelikt noch nicht notwendig erschein. **Sexualstraftaten**, die zu Jugendvollzug führen, lassen nur in dem Teil der Fälle die Begutachtung des Verurteilten als erforderlich erscheinen, in denen der Täter gegen den Willen des Opfers handelt. Fällt der Täter durch eine mangelnde Konstanz in den grundlegenden Kriterien der Opferauswahl auf, besteht das Risiko einer tiefgreifenden Fehlentwicklung seines Sexualverhaltens und damit ein Grund für die Einholung eines Sachverständigengutachtens. Bei **extremistischen**, insbesondere **politisch oder religiös motivierten, Straftaten**[22] kann es sich um eine phasenhafte Fehlentwicklung handeln. Es besteht jedoch auch das Risiko, dass der Verurteilte gerade zur Erleichterung einer wiederholten Tatbegehung Besserung vorspiegelt. Um diese Fälle hinreichend voneinander abgrenzen zu können, wird in der Regel ebenfalls ein Sachverständigengutachten notwendig sein.

5. Entscheidung. Die **Entscheidung ergeht durch Beschluss** und sollte so rechtzeitig vorliegen, dass die Rechtskraft jedenfalls bei fehlendem Rechtsmittel vor dem Datum der geplanten Entlassung festgestellt werden kann; also in der Regel etwa drei Wochen zuvor. Auch die Mitteilung an den Bewährungshelfer sollte so rechtzeitig erfolgen, dass die Herstellung des Erstkontakts idealerweise noch während der Vollzugszeit, jedenfalls aber unmittelbar nach der Entlassung ermöglicht wird. Die Entscheidung enthält neben der Reststrafaussetzung zur Bewährung die Anordnung der Entlassung des Verurteilten an einem bestimmten Tag. Dabei ist zu beachten, dass vollzugliche Vorschriften die Entlassung um einige Tage vor dem geplanten Termin bewirken können (etwa vor bundeseinheitlichen Feiertagen), so dass beispielsweise die Aufnahme des Verurteilten in einer Wohneinrichtung bereits an diesem früheren Termin sichergestellt sein muss. Gleichzeitig mit der Reststrafaussetzung wird über die für die sich anschließende Bewährungszeit maßgebenden Auflagen und Weisungen entschieden.

20

---

21 Zu den Voraussetzungen, unter denen ein Sachverständigengutachten einzuholen ist, auch OLG Karlsruhe v. 24.7.2006, Justiz 2006, 372 ff und OLG Dresden v. 17.6.2009, NStZ-RR 2010, 156 nach erfolgter Abgabe gem. § 85 Abs. 6 JGG.
22 Zur Wertung solcher Tatmotivation bei der Frage der bedingten Entlassung s. auch OLG Düsseldorf v. 15.12.2000, StV 2001, 183 f.

§ 88 Zweiter Teil | Jugendliche

▶ **Der Beschluss zur vorzeitigen Entlassung des Verurteilten zur Bewährung kann etwa lauten:**
Der Verurteilte ist am ... zu entlassen.[23]
Die weitere Vollstreckung der restlichen Jugendstrafe von ... Tagen aus dem Urteil des ... wird zur Bewährung ausgesetzt.[24]
Die Bewährungszeit beträgt ... Jahre.[25]
Der Verurteilte wird für ... der Aufsicht und Leitung des Bewährungshelfers in ... unterstellt.[26]
(Weitere Auflagen). ◀

21 Häufig wird das Prüfverfahren nicht durch eine förmliche Entscheidung, sondern durch die – auf Hinweis des Vollstreckungsleiters erfolgte – **Rücknahme des Antrags** des Verurteilten beendet.[27] Unabhängig davon, dass eine Rücknahme des Antrags bei einem Amtsverfahren den Vollstreckungsleiter nicht von einer Entscheidung entbindet, ist diese Vorgehensweise schon aus folgendem Grund entschieden abzulehnen: Der Vollstreckungsleiter verfügt über Machtbefugnisse, die im Strafrecht ihresgleichen suchen.[28] Er hat schon deswegen, gegenüber dem Verurteilten aber außerdem – gerade im Jugendstrafvollzug – auch aufgrund seines Alters, seiner sozialen Stellung und seiner Ausbildung einen so erheblichen **Kompetenzvorsprung**, dass die Rücknahme des Antrags auf Hinweis Zeichen von – erzieherisch schädlicher – Resignation oder einfach der Unterlegenheit des Verurteilten sein kann (und in der Regel auch ist). Aus Gründen der rechtsstaatlichen Verfahrensgestaltung und der Transparenz der richterlichen Handlungen ist daher auch dann eine – anfechtbare – **Entscheidung** zu treffen, wenn der Verurteilte seinen Antrag zurückgenommen hat. Dies ermöglicht es auch, durch die Begründung der Entscheidung erzieherisch positiv auf den Verurteilten einzuwirken und ihn über die Voraussetzungen, unter denen er entlassen werden kann, zu informieren. Gleichzeitig ist das Herbeiführen einer rechtsmittelfähigen Entscheidung

---

23 Die Anordnung eines bestimmten Entlasstages – etwa drei Wochen in der Zukunft – erleichtert die Planung für die Vollzugsanstalt und den sozialen Empfangsraum sowie die Berechnung der restlichen Strafzeit. Der Zeitraum von drei Wochen ermöglicht das Herbeiführen der Rechtskraft der Entscheidung ohne zeitliche Bedrängnis, ohne die Wahrscheinlichkeit einer notwendigen Aufhebungsentscheidung (bei Fehlverhalten des Verurteilten zwischen Entscheidung und Entlassung) zu sehr zu erhöhen.
24 Zur Feststellung der Wirkung der Aussetzungsentscheidung empfiehlt sich die Bezeichnung des vollstreckten Urteils. Die Angabe der Reststrafe ist insbesondere bei einem anstehenden Widerruf der Reststrafaussetzung sowie bei Einbeziehung der Reststrafe in eine weitere Verurteilung hilfreich.
25 Für eine Festsetzung der Bewährungszeit am unteren Ende des zur Verfügung stehenden Spielraums spricht die Erwartung, dass die protektive Wirkung der Bewährungsüberwachung gerade zu Beginn der Bewährung spürbar ist und im Laufe der Bewährungszeit erheblich nachlässt; zudem kann die Bewährungszeit verlängert werden, falls dies erforderlich ist.
26 Die Unterstellungszeit entspricht nicht notwendigerweise der Bewährungszeit und sollte die Belastung der Bewährungshelfer berücksichtigen; ohne engagiertes Tätigwerden des Bewährungshelfers ist die Unterstellung wenig sinnvoll. Die genaue Bezeichnung des zuständigen Bewährungshelfers ist zumindest wünschenswert, weil dieser ohnehin noch vor der Entlassung des Verurteilten informiert werden sollte.
27 Ein Beispielsfall, der trotz Rücknahme des Antrags (und sogar der Einwilligung) das fortbestehende Interesse des Verurteilten an einer schnellstmöglichen Entlassung zeigt, ist OLG Rostock v. 21.1.2002, I Ws 430/02.
28 S. auch LG Berlin v. 7.4.2006, 524 Qs 19/06.

ein für den Vollstreckungsleiter selbst **notwendiges Korrektiv zum Umfang seiner Machtbefugnisse.**

III. Materielle Voraussetzungen der Reststrafaussetzung, § 88 Abs. 1

1. Teilverbüßung. § 88 ermöglicht im Gegensatz zum Erwachsenenstrafrecht die Reststrafaussetzung **nahezu ohne zeitliche Vorgaben.**[29] Lediglich bei einer Jugendstrafe von mehr als einem Jahr muss ein Drittel der Strafe verbüßt sein.[30] Im Übrigen gilt die „weiche" Mindestverbüßungsdauer von sechs Monaten, Abs. 2 S. 1., wobei dann besonders wichtige Gründe vorliegen müssen.[31]

22

a) Regelmäßiger Entlassungstermin. Angesichts der sich hieraus ergebenden Bandbreite und der Situation im Erwachsenenrecht hat sich – mit erheblichen Abweichungen im Einzelfall – weithin die Übung herausgebildet, anstelle des Halbstrafentermins gem. § 57 Abs. 2 StGB – also in der Regel bei **Erstverbüßern**[32] – **7/12 der Jugendstrafe** zu setzen. **Für die restlichen Fälle** wird, entsprechend § 57 Abs. 1 StGB, **der 2/3-Termin** angewendet.[33] Eine derartige Verengung des richterlichen Ermessens scheint problematisch, ist allerdings durch erhebliche Gründe gerechtfertigt: Ein eher formales Argument ist die Unterscheidung zwischen § 88 einerseits und § 57 StGB andererseits. Bei einem Vergleich beider Vorschriften fällt auf, dass bei Erwachsenen die Mindestvollstreckungszeit geringer ist als in der Jugendstrafvollstreckung.[34] Dem liegt die zutreffende Ansicht des Gesetzgebers zugrunde, dass bei jungen Menschen **einerseits eine günstige Beeinflussung noch möglich ist,**[35] diese andererseits **aber nicht in wenigen Wochen erreicht werden kann.**[36] Die grundsätzliche Entscheidung, im Jugendstrafrecht die Strafe als **ultima ratio**, dann aber mit größerem Nachdruck als bei Erwachsenen zu vollstrecken, spricht auch bei den Fällen für eine längere Vollstreckung als in der Erwachsenenvollstreckung, die nicht der Mindeststrafenregel unterliegen.[37] Darüber hinaus erfordert die **Planung des Vollzugs und der Entlasssituation** größere Sicherheit als im Erwachsenenstrafrecht, weil ein erheblicher Anteil der Insassen von Jugendstrafanstalten auch im Zeitpunkt der Haftentlassung im Hinblick auf eine eigenverantwortliche Lebensführung **einem Erwachsenen noch**

---

29 Hieraus ist aber nicht zu folgern, dass die Aussetzungsmöglichkeiten bei der Jugendstrafe insgesamt günstiger für den Verurteilten wären als bei Freiheitsstrafe, vgl auch OLG München v. 12.11.2008, StraFo 2009, 125 ff mwN; vgl auch OLG Dresden v. 28.7.2006, 2 Ws 364/06.
30 OLG Stuttgart v. 15.11.2010, 5 Ws 200/10 mwN.
31 Beispiele für besonders wichtige Gründe etwa bei OLG Schleswig-Holstein v. 22.10.2003, SchlHA 2004, 262 unter Hinweis auf Eisenberg, § 88 Rn 5.
32 Ebenso für die Wertung der Begehung von Straftaten nach Abschluss der Vollstreckung OLG Nürnberg v. 17.11.2009, NStZ-RR 2010, 156; LG Karlsruhe v. 30.9.2010, 15 StVK 447/10 KS. Nach OLG Bamberg v. 25.10.2005, Ws 768/05, soll selbst bei Erstverbüßern bei früherem Bewährungsversagen der 2/3-Termin anwendbar sein, ähnlich KG v. 2.12.1999, 1 AR 1311/99.
33 Vgl auch OLG Frankfurt v. 23.10.2001, NStZ-RR 2002, 28 und KG v. 24.9.1997, 1 AR 1150/97.
34 Anders OLG Stuttgart v. 15.11.2010, 5 Ws 200/10 mwN, wo die Jugendstrafe wegen der erweiterten Entlassungsmöglichkeiten als grundsätzlich für den Verurteilten günstiger angesehen wird, trotz der gesetzlichen Regelungen bezüglich der Mindestvollstreckungsdauer.
35 Hierzu auch OLG München v. 12.11.2008, StraFo 2009, 125 ff mwN.
36 Ähnlich OLG Stuttgart v. 15.11.2010, 5 Ws 200/10 mwN mwN; OLG München v. 12.11.2008, StraFo 2009, 125 ff mwN.
37 Für den Fall der Vollstreckung einer Jugendstrafe nach Freiheitsstrafe vgl OLG Stuttgart v. 15.11.2010, 5 Ws 200/10.

nicht gleichgestellt werden kann. Eine frühzeitige Festlegung der Mindestvollstreckungsdauer jedenfalls bei zufriedenstellendem Vollzugsverlauf ist daher nicht nur wünschenswert, sondern notwendig. Hinzu kommt, dass der Erziehungsgedanke gerade im Jugendstrafvollzug erfordert, vergleichbare Fälle für die Gesamtheit der Insassen der jeweiligen Haftanstalt erkennbar gleich zu behandeln. Dabei ist dem Umstand Rechnung zu tragen, dass feine juristische Unterscheidungen im Vollzug kaum erkennbar gemacht werden können. Eine **erkennbar gerechte Entscheidung**[38] und damit eine erzieherisch günstige Beeinflussung der Verurteilten durch die richterlichen Entscheidungen im Vollzug kann aber nur erreicht werden, wenn aus Sicht der Verurteilten der **Gleichbehandlungsgrundsatz** offensichtlich eingehalten wird. Damit muss jeder Vollstreckungsleiter möglichst klare und einfach zu verstehende Regeln für die Ausübung seines richterlichen Ermessens aufstellen und diese kommunizieren, um **durch Berechenbarkeit und Verlässlichkeit Vertrauen zu schaffen,** das auch im Hinblick auf die eingeschränkten richterlichen Aufgaben im Jugendstrafvollzug für einen gewinnbringenden Vollzug unerlässlich ist. Insgesamt ist daher die Entlassung zum 7/12- bzw 2/3-Termin und die regelhafte Anwendung der Zuordnungskriterien auch unter Berücksichtigung des geringen verbleibenden Ermessensspielraums nicht nur zulässig, sondern notwendig.

23 **b) Früher verbüßte Untersuchungshaft.** Allerdings gestaltet sich die Zuordnung zu diesen Fallgruppen problematisch. Zunächst ist im Hinblick auf **früher verbüßte Untersuchungshaft** zu beachten, dass im Jugendvollzug – anders als bei Erwachsenen – auch in der Untersuchungshaft eine erzieherische Einwirkung auf den Verurteilten versucht wird.[39] Bleibt diese – wie sich durch die Begehung von Straftaten nach der Entlassung aus der Untersuchungshaft zeigt – jedoch erfolglos, sind zu Jugendstrafe Verurteilte auch dann **nicht mehr als Erstverbüßer zu behandeln** und zum 2/3-Termin zu entlassen, wenn die erste Vollstreckung allein in Untersuchungshaft bestand.[40] Allerdings sind hiervon Fälle auszunehmen, in denen die Untersuchungshaft nur ganz kurz andauerte und der Verurteilte von der Warnfunktion dieser tatsächlich vollstreckten Maßnahme nicht sicher erreicht wurde.[41]

c) Straffreie Führung vor der Inhaftierung. Demgegenüber ist ein **längerer Zeitraum straffreier Führung vor dem Beginn der Vollstreckung** nicht geeignet, einen Verurteilten bereits zum 7/12-Termin zu entlassen, der sonst nur zum 2/3-Termin entlassen werden könnte.[42] Die Verzögerung des Beginns der Vollstreckung liegt häufig am Verhalten des Verurteilten selbst, etwa einer Revision. Hierin kommt jedenfalls fehlende Einsicht in die Angemessenheit der Sanktion zum Ausdruck. Darüber hinaus erhalten Verurteilte im Regelfall aber wegen der Vollstreckungsmaßnahmen, insbesondere durch den Vollzug eines Haftbefehls, gar nicht die Möglichkeit zur Bewährung über einen längeren Zeitraum vor der Inhaftierung. Es erscheint ungerecht, diese Verurteilten im Umkehrschluss gleichsam unter den Generalverdacht zu stellen, eine längere Zeit der Bewährung nicht ohne Straftaten verbracht haben zu können. Diese Unterstellung wäre aber nötig, um im Vergleich beider Gruppen die Bevorzugung derjenigen Verurteilten zu rechtfertigen, die bei

---

38 Für die Berücksichtigung von Umständen der „Gerechtigkeit" auch OLG Stuttgart v. 15.11.2010, 5 Ws 200/10 mwN.
39 S. OLG Frankfurt v. 23.10.2001, NStZ-RR 2002, 28.
40 Zur unterschiedlichen Behandlung von Untersuchungs- und Strafhaft OLG Frankfurt v. 23.10.2001, NStZ-RR 2002, 28.
41 OLG Frankfurt v. 23.10.2001, NStZ-RR 2002, 28.
42 Anders wohl OLG Brandenburg v. 24.5.2005, 2 Ws 57/05.

längerer straffreier Führung vor der Inhaftierung regelmäßig zum 7/12-Termin zu entlassen wären, obwohl alle anderen Kriterien für die weitere Vollstreckung bis zum 2/3-Termin sprechen. Die – eher theoretische – Möglichkeit einer längeren Frist zwischen Verurteilung und Beginn der Vollstreckung im Einzelfall kann aber nicht dazu führen, trotz aller sonstiger Unterscheidungsmerkmale alle Verurteilten bereits zum frühestmöglichen Termin zu entlassen.

d) Vorzeitige Entlassung nach Abbruch einer Drogentherapie. Der **Abbruch einer Drogentherapie**, zu deren Durchführung die Strafvollstreckung zurückgestellt wurde, kann für die sich anschließende Vollstreckung der Jugendstrafe[43] als Vorverbüßung angesehen werden, weil die Einwirkungsintensität in vielen Drogentherapien mit der des Jugendstrafvollzugs vergleichbar ist. Durch die Anwendung des 2/3-Termins auf solche Fälle wird erreicht, dass der Verurteilte eine erhebliche Motivation zum ordnungsgemäßen Abschluss der Drogentherapie erhält. Ohnehin stellt sich nach dem Abbruch einer Drogentherapie die Frage, ob erwartet werden kann, dass sich der Verurteilte nach der Haftentlassung straffrei führen wird. Besteht die Ursache für die Delinquenz in einer **Suchterkrankung**, muss der **Bekämpfung dieser Erkrankung höchste Priorität** eingeräumt werden. Gleichzeitig ist zu beachten, dass viele Verurteilte unter der – häufig nicht gerechtfertigten – Erwartung eine Drogentherapie beginnen wollen, dort angenehmere Bedingungen anzutreffen als im Strafvollzug oder gar die Chance zu erhalten, sich der weiteren Strafvollstreckung zu entziehen. Diesem Spannungsfeld zwischen unbedingt notwendiger therapeutischer Maßnahme einerseits und der Bekämpfung von Missbrauch andererseits kann entgegengewirkt werden, indem **der Zugang** zu einer – auch wiederholten – Drogentherapie zwar **nach Möglichkeit erleichtert** wird, der **Abbruch einer solchen Maßnahme aber zur frühestmögliche Entlassung erst zum 2/3-Termin des Strafrests** führt. Die Erfahrung hat gezeigt, dass hiermit einerseits eine hohe Trennschärfe bei den Anträgen auf Drogentherapien erreicht wird, weil der betroffene Verurteilte, der die Therapie missbrauchen will, eine spürbar längere Gesamtvollstreckung erwarten muss. Andererseits steigt die **Motivation** der suchtkranken Verurteilten an, eine begonnene Therapie trotz dort auftretender Schwierigkeiten ordnungsgemäß zu beenden. Die Zahl derjenigen, die eine Therapie abbrechen, sinkt durch die beschriebene Einordnung jedenfalls. Die belastende Neuberechnung der (Rest-)Strafzeit rechtfertigt sich, weil in der Strafzeit vor Therapiebeginn – wenn überhaupt – erreichte Vollzugsziele durch Unterbrechung der Strafvollstreckung zumindest dann teilweise infrage gestellt und neu verfestigt werden müssen, wenn die Therapie vom Verurteilten abgebrochen wird.

e) Vorzeitige Entlassung nach Straftaten im Vollzug. Auch **Straftaten im Strafvollzug** sind geeignet, die Entlassung zum 7/12-Termin infrage zu stellen oder ganz auszuschließen.[44] Wenn sich der Verurteilte noch nicht einmal unter den Bedingungen des Strafvollzugs zu straffreiem Verhalten bewegen lässt, scheint diese Erwartung nach der vorzeitigen Entlassung umso weniger berechtigt.[45] Problematisch in diesem Zusammenhang ist die Frage, ob der Vollstreckungsleiter negative Entscheidungen über den Verurteilten auf von diesem begangene Straftaten stützen darf, die **nicht rechtskräftig festgestellt** sind. Hierbei ist jedoch zu beachten, dass diese Unsicherheit unschwer durch eine Anzeige an die Staatsan-

---

43 Für den Widerruf der Strafaussetzung ist der Vollstreckungsleiter bzw die Strafvollstreckungskammer zuständig, KG v. 12.6.2001, 1 AR 499/01.
44 Vgl für Drogenkonsum im Vollzug OLG Dresden v. 28.7.2006, 2 Ws 364/06.
45 Einschränkend OLG Thüringen v. 15.1.2004, 1 Ws 396/03.

waltschaft und ein sich anschließendes gerichtliches Verfahren beseitigt werden kann. Sieht man eine Entlassung eines Verurteilten während eines schwebenden Verfahrens ohnehin als ausgeschlossen an, ist die Anwendung des 2/3-Termins bei Straftaten im Vollzug ohne rechtskräftige Verurteilung das mildere Mittel gegenüber dem Herbeiführen einer solchen Entscheidung, weil der Zeitunterschied zwischen 7/12-Termin und 2/3-Termin in fast allen Fällen erheblich geringer ist als die Dauer eines Jugendgerichtsverfahrens.

f) **Entlassungszeitpunkt bei besonders schwerer Schuld.** Ob die Schwere der Schuld allein die Entlassung zum 7/12-Termin ausschließt, scheint fraglich.[46] § 57 StGB ermöglicht zum einen die Entlassung zum Halbstrafentermin nur bei relativ geringen Strafen, die bei einer besonderen Schuldschwere nicht zu erwarten sind. Zum anderen muss die für die frühzeitige Entlassung notwendige Gesamtwürdigung auch die Tat einbeziehen. Damit können bei Erwachsenen nur Reststrafen für solche Taten bereits zum Halbstrafentermin ausgesetzt werden, bei denen die Schuld des Täters relativ gering war. Diese grundsätzliche gesetzgeberische Wertung berücksichtigt nicht nur das Erfordernis längerer Einwirkung auf Täter mit besonders schwerer Schuld, ihr liegen auch **wesentliche Gesichtspunkte der Gerechtigkeit** zugrunde. Diese gelten auch in der Jugendstrafvollstreckung. Nicht zuletzt ist es unter der Geltung des Erziehungsgedankens Jugendlichen und jungen Heranwachsenden schwer vermittelbar, Bagatelldelikte und schwerste Straftaten in der Vollstreckung gleich zu behandeln.[47] Es scheint daher richtig, in den Fällen schwerer Schuld (wie **Kapitaldelikten, schweren Sexualstraftaten oder schweren gemeingefährlichen Straftaten**), bei denen regelmäßig zur Beurteilung der Kriminalprognose ein Sachverständigengutachten eingeholt werden muss, auch eine Entlassung frühestens zum 2/3-Termin für möglich zu halten.[48] Dem widerspricht nicht das richtige Argument, im Jugendstrafrecht könnten Gedanken der Generalprävention grundsätzlich keine Anwendung finden, weil es bei der Berücksichtigung der Schuldschwere gerade nicht um **Generalprävention** geht, sondern darum, auch die Gestaltung der Vollstreckung am Einzelfall zu orientieren. Weder das **Doppelverwertungsverbot** noch das Verbot mehrfacher Berücksichtigung von belastenden Umständen in der Strafzumessung schließen aus, bei besonderer Schwere der Schuld regelmäßige eine Entlassung vor dem 2/3-Termin für ausgeschlossen anzusehen;[49] schließlich **hat das erkennende Gericht jedenfalls eine höhere Strafe festgesetzt, als tatsächlich vollstreckt wird.**

g) **Vorzeitige Entlassung in eine Gemeinschaftsunterkunft für Asylbewerber.** Auch die notwendige **Entlassung in eine Gemeinschaftsunterkunft für Asylbewerber** wird gelegentlich zum Anlass genommen, die Entlassung zum 2/3-Termin vorzunehmen. Dies soll jedenfalls dann gelten, wenn die Straftaten, die zur Verurteilung geführt haben, unter bewusster Ausnutzung der konkreten Lebensumstände in der Gemeinschaftsunterkunft begangen wurden. Diese Handhabung begegnet insgesamt erheblichen Bedenken: Einerseits spricht gegen die Entlassung erst zum 2/3-Termin, dass die Verpflichtung zum Wohnen in der Gemeinschaftsunterkunft von dem Verurteilten nicht beeinflusst werden kann und die zusätz-

---

46 Hierzu auch OLG Karlsruhe v. 24.7.2006, Justiz 2006, 372 ff; KG v. 19.1.2005, 1 AR 1455/04; OLG Düsseldorf v. 15.12.2000, StV 2001,183 f.
47 S. auch OLG Düsseldorf v. 15.12.2000, StV 2001, 183 f mwN, wo jeder Schematismus für falsch gehalten wird.
48 S. auch OLG Nürnberg v. 17.11.2009, NStZ-RR 2010, 156.
49 Jedenfalls nach 3/4 der Strafzeit kommt aber auch bei schwerer Schuld eine Entlassung infrage, vgl OLG Düsseldorf v. 15.12.2000, StV 2001, 183 f.

liche Bestrafung, als die die Anwendung des 2/3-Termins empfunden wird, aus diesem Grund nicht als gerecht angesehen wird. Wie bereits ausgeführt, kann aber durch eine erkennbar ungerechte Gestaltung der Strafvollstreckung eine positive Beeinflussung des Verurteilten nicht erreicht werden. Außerdem **hängt die Kriminalprognose nur locker mit der Vollzugsdauer zusammen**. Es erscheint daher eher sachgerecht, auch bei zum Wohnen in einer Gemeinschaftsunterkunft für Asylbewerber verpflichteten Verurteilten die Entlassung zum 7/12-Termin zu prüfen. Fraglich ist allerdings, ob die Legalprognose bei solchen Verurteilten positiv zu stellen ist. Die Tatsache, dass der Betroffene zum Wohnen in der Gemeinschaftsunterkunft verpflichtet ist und keine Schuld an dieser Situation trägt, spielt bei der Prognoseentscheidung keine Rolle. Vielmehr muss sich der Vollstreckungsleiter auch hier die auf Tatsachen gestützte Überzeugung verschaffen können, der Verurteilte werde nach seiner Entlassung in der Gemeinschaftsunterkunft keine weiteren Straftaten begehen. Diese Prognose und damit die vorzeitige Entlassung überhaupt wird nur gerechtfertigt sein, wenn zusätzliche protektive Faktoren festgestellt werden können.

h) Bereitschaft des Verurteilten zu anderen als Drogentherapien. Die Bereitschaft des Verurteilten, eine **nicht unter § 35 BtMG fallende (zB Alkohol- oder Psycho-)Therapie** durchzuführen, sollte jedenfalls mit einer Entlassung vor dem regelmäßig anzuwendenden Termin honoriert werden, um die Motivation des Verurteilten zu einer solchen, jedenfalls protektiven Maßnahme zu stärken.[50] Dies rechtfertigt sich auch deswegen, weil solche Therapien mit persönlichen Belastungen verbunden sein können, die denen des Jugendstrafvollzugs durchaus entsprechen. Allerdings ist zu beachten, dass die grundsätzliche Wertung des Gesetzgebers, lediglich bei Drogensucht des Verurteilten „**Therapie statt Strafe**" zuzulassen, nicht durch die Gestaltung des Vollstreckungsverfahrens korrigiert werden darf. Bewährt hat es sich, in solchen Fällen einen an der Dauer der (stationären Phase der) Therapie orientierten, festen Zeitraum von zB einem Monat zu bestimmen, den der Verurteilte vor dem für ihn ansonsten geltenden Termin entlassen werden kann.

2. Positive Entwicklung im Vollzug. Der Gesetzestext verlangt die Berücksichtigung der Entwicklung des Jugendlichen. Hierunter ist die **Entwicklung im Jugendstrafvollzug** zu verstehen.[51] Daraus folgt, dass seine Entwicklung vor dem Beginn der Vollstreckung insbesondere bei der wünschenswerten zeitnahen Inhaftierung nach Rechtskraft des Urteils gerade die Einwirkung des Jugendstrafvollzugs notwendig gemacht hat. Dabei ist besonders zu beachten, dass das erkennende Gericht die Entwicklung des Angeklagten bis zum Urteil jedenfalls unmittelbarer beurteilen konnte, als dies der Vollstreckungsleiter bei der Entscheidung über die Reststrafaussetzung kann.[52] 24

Eine **länger währende Bewährung des Verurteilten zwischen Verurteilung und dem Beginn der Vollstreckung** kann die positive Entwicklung im Vollzug nur ausnahmsweise ersetzen oder ergänzen, wenn für die Verzögerung der Inhaftie- 25

---

50 Ähnlich BGH v. 26.5.2009, NStZ 2010,93 f, wonach auch bei einer angeordneten Unterbringung in einer Entziehungsanstalt bereits bei der Bemessung der Jugendstrafe die Entlassung zum Halbstrafenzeitpunkt bedacht werden muss.
51 Hervorragende erzieherische Erfolge sollen nach OLG Stuttgart v. 15.11.2010, 5 Ws 200/10 mwN ein Grund sein, besonders wichtige Gründe anzunehmen und von der Mindestverbüßungszeit abzusehen. Kritisch zur positiven Wirkung einer positiven Entwicklung im Vollzug KG v. 19.1.2005, 1 AR 1455/04.
52 Zur Bedeutung der Feststellungen im Erkenntnisverfahren s. KG v. 2.12.1999, 1 AR 1311/99.

rung nicht auch Handlungen des Verurteilten kausal waren.[53] Zu berücksichtigen ist hier auch, dass ein höheres Alter des Verurteilten bei Beginn der Vollstreckung regelmäßig die erzieherische Einwirkung erschwert und deswegen bei verzögerter Vollstreckung deutlichere Anzeichen für eine positive Entwicklung gefunden werden müssen als bei zügiger Inhaftierung.

26   3. **Günstige Legalprognose.** Voraussetzung der vorzeitigen Entlassung zur Bewährung ist die Erwartung, dass sich der Verurteilte nach der Entlassung straffrei führen wird.[54] Auch wenn es sich bei der **Legalprognose** um ein ungeschriebenes oder nur angedeutetes Tatbestandsmerkmal (Sicherheitsinteresse der Allgemeinheit) handelt, kann die vorzeitige Entlassung nur bei günstiger Prognose erfolgen.[55] Ist die Prognose **schlecht, indifferent oder nicht zu treffen**, fehlt es an der **Voraussetzung** für die Anwendung des richterlichen Ermessens.[56] Die anzustellende Prognose, die niemals als sichere Erwartung angesehen werden kann,[57] muss nicht nur die Interessen des Verurteilten an einer möglichst frühzeitigen Entlassung berücksichtigen. Es entspricht auch den Anforderungen der Allgemeinheit, nicht zuletzt aus Gründen der **Ressourcenschonung** und der **Konzentration auf die Problemfälle**, den Vollzug möglichst kurz zu gestalten. Andererseits ist das **Sicherungsbedürfnis der Allgemeinheit**, aber auch bestimmter, **individualisierbarer Opfer**(-gruppen) zu beachten.[58] Das Maß des hinzunehmenden, notwendig vorhandenen Restrisikos bei fälschlich gestellter positiver Legalprognose ist umso geringer, je erheblicher die Rechtsgutsverletzung bei einem Rückfall des Verurteilten in seine früheren Verhaltensweisen wäre.[59] Oft handelt es sich bei diesen um Vergehen, die als solche noch keine Strafvollstreckung nötig gemacht hätten, sondern bei denen zunächst eine Aussetzung der Vollstreckung zur Bewährung angeordnet war.[60] Bei diesen Fällen ist zu beachten, dass häufig das unmittelbar zum Widerruf der Aussetzung der Strafvollstreckung zur Bewährung führende Verhalten des Verurteilten für sich genommen keine Straftat darstellte. In solchen Fällen ist ein **erkennbar höheres Risiko erneuter Strafbarkeit tragbar**, als etwa bei Verbrechen oder gar Kapitaldelikten. Die – auch massive – Häufung von Straftaten (**jugendliche Intensivtäter**) insbesondere vor Erreichen der Strafmündigkeit kann ebenfalls nur begrenzt dazu herangezogen werden, die vorzeitige Entlassung nur bei einem sehr geringen Restrisiko anzuordnen. Hier

---

53   S. hierzu etwa OLG Nürnberg v. 17.11.2009, NStZ-RR 2010, 156; OLG Brandenburg v. 24.5.2005, 2 Ws 57/05.
54   VerfGH Sachsen v. 27.7.2006, Vf. 44-IV-06; OLG Karlsruhe v. 24.7.2006, Justiz 2006, 372 ff; OLG Düsseldorf v. 4.4.2003, NStZ-RR 2003, 377; KG v. 24.9.1997, 1 AR 1150/97.
55   Die bloße Chance dafür, dass der Verurteilte in Freiheit keine weiteren Straftaten mehr begehen wird, reicht jedenfalls nicht aus, OLG Nürnberg v. 17.11.2009, NStZ-RR 2010, 156; OLG Rostock v. 21.10.2002, I Ws 430/02 mwN; demgegenüber lässt OLG Düsseldorf v. 4.4.2003, NStZ-RR 2003, 377, eine „wirkliche Chance" ausreichen. Wie hier OLG Karlsruhe v. 24.7.2006, Justiz 2006, 372 ff. Allein das Leugnen der Tat soll keine ungünstige Legalprognose zur Folge haben, OLG Düsseldorf v. 15.12.2000, StV 2001, 183 f.
56   Vgl OLG Karlsruhe v. 24.7.2006, Justiz 2006, 372 ff; KG v. 2.12.1999, 1 AR 1311/99.
57   Ebenso OLG Karlsruhe v. 24.7.2006, Justiz 2006, 372 ff; LG Karlsruhe v. 30.9.2010, 15 StVK 447/10 KS.
58   Vgl OLG Karlsruhe v. 24.7.2006, Justiz 2006, 372 ff.
59   S. auch VerfGH Sachsen v. 27.7.2006, Vf. 44-IV-06; OLG Nürnberg v. 17.11.2009, NStZ-RR 2010, 156 mwN; OLG Karlsruhe v. 24.7.2006, Justiz 2006, 372 ff; LG Karlsruhe v. 30.9.2010, 15 StVK 447/10 KS; s. auch OLG Düsseldorf v. 15.12.2000, StV 2001, 183 f.
60   Zu solchen Fällen etwa OLG Frankfurt v. 23.10.2001, NStZ-RR 2002, 28.

ist vielmehr großer **Wert auf die Entwicklung des Verurteilten im Vollzug zu legen**, da sein Verhalten vor der Inhaftierung auf dem (fast völligen) Fehlen erzieherischer Maßnahmen beruhte, das im Jugendvollzug gerade beseitigt werden soll. Anderseits sind bei einer **starken Variabilität der Rechtsgutverletzungen** oder dann, wenn das strafbare Verhalten des Verurteilten auf nur schwer zu ändernden Überzeugungen[61] oder gar auf Krankheiten beruht, erhebliche Anforderungen an die Umstände zu stellen, die erneuter Tatbegehung entgegenwirken sollen und so eine günstige Legalprognose herstellen. Dem sozialen Empfangsraum kommt (auch) deswegen eine überragende Bedeutung zu:

4. Sozialer Empfangsraum. Die Prognose der Entlassbedingungen kann erheblich verbessert werden, wenn die Lebensverhältnisse des Verurteilten nach der Entlassung ein **Maximum an stabilisierenden Umständen** gewährleisten. Hierzu zählen neben einer (auch finanziell) gesicherten Unterbringung ein **stabiles familiäres oder persönliches Umfeld**,[62] die Beschäftigung des Verurteilten mit Ausbildung oder Arbeit und die Fortführung **notwendiger therapeutischer Maßnahmen**.[63] Die schlichte – berufliche – Beschäftigung, ein **Arbeits- oder Ausbildungsplatz**, an sich wird **häufig überschätzt**.[64] Sie kann die Entlassprognose nur dann verbessern, wenn der Verurteilte ein **eigenes Interesse** an der Aufrechterhaltung seiner Tätigkeit hat. Hiervon kann in der Regel nur ausgegangen werden, wenn bereits vor der Inhaftierung oder zumindest in ihrem Verlauf objektive Umstände festgestellt werden können, die auf diese eigene Motivation des Verurteilten schließen lassen, etwa eine bereits begonnene Ausbildung oder eine erfolgreiche[65] berufliche Tätigkeit. Nicht übersehen werden darf allerdings, dass eine **schlichte Rückkehr des Verurteilten in dieselben Lebensumstände**, die vor seiner Inhaftierung zur Begehung der Straftaten geführt haben, nicht oder nur unter weiteren Umständen als stabilisierender sozialer Empfangsraum aufgefasst werden können.[66] Ein wesentlicher Teil des sozialen Empfangsraums ist der Freundeskreis des Verurteilten ebenso wie seine Einbindung in Vereine. Auch die **Bewährungshilfe** ist ein wesentliches Element.

Hierbei ist besonders zu beachten, dass gerade bei erheblicher räumlicher Entfernung zwischen Wohnort des Verurteilten und Sitz der Jugendvollzugsanstalt die weitere Vollstreckung, insbesondere also die **Überwachung der Reststrafbewährung**, an den örtlichen Jugendrichter **abgegeben** werden sollte. Hat der Vollstreckungsleiter Anhaltspunkte, dass die Bewährungsüberwachung nur unzureichend oder zu weitmaschig durchgeführt wird, sollte die Abgabe gar nicht erst erfolgen oder – entsprechend der vorhandenen Kompetenz des Vollstreckungsleiters – **bei auftretenden Problemen zurückgenommen** werden. Ist die Tätigkeit des Bewährungshelfers – und sei es nur im konkreten Fall – nicht ausreichend stabilisierend, sollten zusätzliche Maßnahmen wie etwa eine Erziehungsbeistandschaft angeordnet werden. Lässt sich auch hiermit kein hinreichend tragfähiger sozialer Empfangsraum schaffen, muss an eine Unterbringung des Verurteilten in

---

61 S. auch OLG Düsseldorf v. 15.12.2000, StV 2001, 183 f.
62 S. auch OLG Düsseldorf v. 4.4.2003, NStZ-RR 2003, 377.
63 Nach OLG Stuttgart v. 15.11.2010, 5 Ws 200/10 mwN ist in einer erzieherisch besonders vorteilhaften Umgebung ein „besonders wichtiger Grund" zur Entlassung vor Verbüßung von sechs Monaten zu erblicken sein; zur positiven Wirkung des Kontakts zu einer Selbsthilfegruppe OLG Celle v. 6.5.2008, NStZ 2010, 95 f.
64 S. auch LG Karlsruhe v. 30.9.2010, 15 StVK 447/10 KS.
65 Erfolgreich ist eine Tätigkeit eher nicht, wenn der Verurteilte aus ihr seinen Lebensunterhalt nicht bestreiten kann, OLG Thüringen. v. 24.8.2005, 1 Ws 314/05.
66 S. auch KG v. 2.12.1999, 1 AR 1311/99.

einer **betreuten oder sozialtherapeutischen Wohngemeinschaft** gedacht werden. Solche Maßnahmen bedürfen auch wegen ihrer Kosten häufig **langfristiger Planung.** Es ist daher notwendig, entsprechende Konstellationen früh zu erkennen und die zuständigen (Kosten-)Träger, insbesondere die Jugendämter, einzuschalten. Häufig ist festzustellen, dass die Aufenthaltsdauer des Verurteilten im Vollzug erheblich kürzer ist, als insbesondere vom erkennenden Gericht geplant. Dass die Unterbringung des Verurteilten während einer Reststrafbewährung in einer **Not- oder Obdachlosenunterkunft** oder gar seine Entlassung **ohne bestehende Unterbringungsmöglichkeit** nur in besonderen Ausnahmefällen eine positive Legalprognose begründen können, ist unschwer vorstellbar.

28 Hinsichtlich des Verfahrens zur Feststellung der zu erwartenden Lebensumstände gilt ebenfalls der **Amtsermittlungsgrundsatz.** Zwar wird der Bericht des Vollzugsleiters zur Entlassung häufig Aussagen über die Planungen enthalten. Auch hier muss sich der Vollstreckungsleiter aber überzeugen, dass diese Ausführungen tatsächlich zutreffen. Ein geeignetes Mittel hierzu können schriftliche Betätigungen etwa über die Unterbringung, Beschäftigung oder Ausbildung des Verurteilten sein.

29 5. **Einverständnis des Verurteilten.** Das Einverständnis des zu Jugendstrafe Verurteilten ist zur vorzeitigen Entlassung anders als bei der Strafvollstreckung gegen Erwachsene nicht erforderlich;[67] er hat **kein Recht auf vollständige Strafvollstreckung.** Diese Regelung scheint zunächst überraschend; schließlich hat es der Verurteilte durch hinreichend ungünstige Führung im Vollzug selbst in der Hand, seine vorzeitige Entlassung schon aus Rechtsgründen unmöglich zu machen. Gleichwohl ist die Entscheidung zu vollständiger Strafverbüßung häufig nur durch den **Wunsch** motiviert, **belastende Maßnahmen während der anschließenden Bewährungszeit zu umgehen.** Vor diesem Hintergrund erweist sich das fehlende Einverständnis nur als Reaktion auf Anforderungen, die aus Sicht des Verurteilten zu weit gehen. Verweigert der Verurteilte sein Einverständnis, ist daher zunächst zu prüfen, ob die Bewährungsauflagen nicht so ausgestaltet werden können, dass sie vom Verurteilten akzeptiert werden. Dies ist vor allem deswegen gerechtfertigt, weil die – möglichst langfristig – **fortbestehende Motivation des Verurteilten am Erreichen des Vollzugsziels** eine günstige Voraussetzung für seine Wiedereingliederung ist und daher dem Sicherungsinteresse der Allgemeinheit entspricht. Demgegenüber ist bei unverzichtbaren Bewährungsauflagen die vorzeitige Entlassung notfalls gegen den Willen des Verurteilten anzuordnen. Die Erfahrung lehrt hier, dass in solchen Fällen Verurteilte – selbst bei nur wenigen Tagen Reststrafe – **nach vollzogener Entlassung die Wiederinhaftierung vermeiden** wollen und sich deswegen in erheblich größerem Umfang den Anordnungen des Vollstreckungsleiters beugen, als dies bei Vollstreckung bis zum Endstrafentermin zu erwarten wäre.

30 6. **Ausschluss bei schwebenden Ermittlungs- oder Strafverfahren, auch wegen Straftaten im Vollzug.** Eine Entlassung des Verurteilten unter Aussetzung der Vollstreckung des Strafrestes zur Bewährung wird allgemein für ausgeschlossen gehalten, wenn aktuell ein **Ermittlungsverfahren** gegen ihn geführt wird, sei es wegen einer vor oder nach der Inhaftierung begangenen Tat.[68] Diese Handhabung kann sich nicht auf eine gesetzliche Anordnung stützen, sondern beruht

---

67 Vgl OLG Dresden v. 28.7.2006, 2 Ws 364/06; OLG Rostock v. 17.12.2004, I Ws 549/04.
68 Vgl für die anstehende Vollstreckung in anderer Sache OLG Thüringen v. 15.1.2004, 1 Ws 396/03.

vielmehr auf Gesichtspunkten der Praktikabilität: Soweit ein nach Jugendstrafe Verurteilter in dem aktuell gegen ihn geführten Verfahren erneut verurteilt werden sollte, wird regelmäßig eine **Einheitsstrafe** zu bilden sein, so dass eine erneute Vollstreckung zu erwarten ist. Die nach der Entlassung zur Bewährung und – schlimmstenfalls – **trotz erfolgreichen Verlaufs erneut erfolgende Inhaftierung** wegen einer im neuen Verfahren gebildeten Einheitsstrafe wird in der Regel nicht auf das Verständnis des Verurteilten treffen und die bis dahin erzielten Resozialisierungserfolge sicher, wahrscheinlich aber auch die **Motivation** des Verurteilten zur Mitarbeit am Vollzugsziel, **vernichten**. Demgegenüber ist die **Fortsetzung der Vollstreckung** bis zur Entscheidung im neuen Verfahren **das kleinere Übel**. Bei Straftaten im Vollzug tritt als Argument hinzu, dass der Erfolg der Strafvollstreckung ernsthaft infrage steht, wenn der Verurteilte auch im Vollzug Straftaten begeht. Zwar gilt auch für Insassen von Jugendvollzugsanstalten die **Unschuldsvermutung**, bei der Entscheidung über die Reststrafaussetzung zur Bewährung handelt es sich aber nicht um die Verhängung einer Strafe, sondern um eine Ermessensentscheidung unter Beachtung der zukünftig zu erwartenden Führung des Verurteilten.

Problematisch ist die Lage, wenn der Vollstreckungsleiter **erst während der Anhörung** des Verurteilten – von diesem selbst oder vom Vollzugspersonal – von möglicherweise begangenen Straftaten erfährt. Dies ist nicht selten der Fall, weil gegen den Verurteilten verhängte **Disziplinarstrafen** vom Vollzugspersonal jedenfalls auf Nachfrage des Vollstreckungsleiters mitgeteilt werden müssen und diesen vollzugsinternen Strafen Verhaltensweisen zugrunde liegen können, die jedenfalls den **Verdacht einer Straftat** rechtfertigen. In solchen Fällen ist der Vollstreckungsleiter verpflichtet, ggf als **Notstaatsanwalt**, ad hoc ein Ermittlungsverfahren einzuleiten, das wiederum die vorzeitige Entlassung des Verurteilten ausschließt. Dieser unerfreuliche Verlauf der Anhörung zur vorzeitigen Entlassung kann nur dadurch effektiv verhindert werden, dass die Vollzugsleiter den zuständigen Vollstreckungsleiter bzw die Staatsanwaltschaft rechtzeitig informieren, wenn ein Insasse der Anstalt im Verdacht stehen könnte, Straftaten begangen zu haben. 31

7. Bewährung für den Strafrest, § 88 Abs. 1. Zugleich mit der Anordnung der vorzeitigen Entlassung hat der Vollstreckungsleiter die Vollstreckung der Reststrafe zur Bewährung auszusetzen.[69] Dabei kann die **Reststrafe höher sein als 2 Jahre**, § 21 Abs. 2 findet keine Anwendung. 32

a) **Bewährungszeit.** Die **Bewährungszeit** darf zwei Jahre nicht unter- und drei Jahre nicht überschreiten, Abs. 6 S. 1 iVm § 22 Abs. 1 S. 2. Bei der Festsetzung der Dauer der Bewährungszeit ist zu beachten, dass die – notwendige, § 24 Abs. 1 – Unterstellung des Verurteilten unter **Aufsicht und Leitung eines Bewährungshelfers** anfangs eine recht engmaschige Kontrolle der Lebensführung des Verurteilten ermöglicht, mit zunehmender Dauer und insbesondere bei Gelingen der Bewährung aber **schnell an Intensität verliert**. Es ist auch zu bedenken, dass ein erfolgter Widerruf der Strafaussetzung nur für den – vergleichsweise geringen – Strafrest erfolgen kann. Es ist kaum zu erwarten, dass durch die Vollstreckung des Strafrestes ein Vollzugsziel erreicht werden kann, das bis zur Entlassung zur Bewährung nicht erreicht werden konnte. Außerdem zerstört der Widerruf der Strafaussetzung die soziale Einbindung des Verurteilten, so gering sie auch gewesen sein mag. Diese Umstände sprechen insgesamt dafür, jedenfalls grundsätz- 33

---

[69] Zu den Begleitentscheidungen der Bewährungsaussetzung s. OLG Thüringen v. 12.3.2004, AR (S) 45/04.

lich auch die **Bewährungszeit schnellstmöglich zu beenden** und eine zweijährige Bewährungszeit festzusetzen.

34 b) **Bewährungsauflagen.** Bei der Gestaltung der Bewährungsauflagen und der Erteilung von Weisungen gegenüber dem Verurteilten – Abs. 6 S. 1 – ist anders als bei der Festsetzung im Erkenntnisverfahren der **Ausgleich der Tatschuld kaum mehr zu berücksichtigen.** Vielmehr geht es um die Stärkung der positiven Entwicklung des Verurteilten im Vollzug und die Schaffung eines sozialen Umfelds, in dem seine Legalbewährung möglichst gelingen kann. Zunächst ist neben der Unterstellung unter **Aufsicht und Leitung eines Bewährungshelfers** an die **Einbindung des Verurteilten in seine Familie oder ähnliche soziale Strukturen** wie ein betreutes Wohnen zu denken. Auch die Teilnahme an einer Aus- oder Weiterbildungsmaßnahme oder eine Berufstätigkeit kann dem Verurteilten auferlegt werden. Die Auflage, sich nach Kräften um Ausbildung oder Arbeit zu bemühen, rechtfertigt sich leider vor allem aufgrund ihres **Appellcharakters.** Jedes Merkmal der zu prognostizierenden Lebensumstände des Verurteilten, das der Vollstreckungsleiter als **wesentlich** für seine Entscheidung über die Reststrafaussetzung ansieht, sollte **durch eine entsprechende Bewährungsauflage gesichert** werden. Dies ermöglicht, im Falle einer in diesem Sinne erheblichen Abweichung der tatsächlichen von der prognostizierten Entwicklung ein Widerrufsverfahren einzuleiten und in diesem Rahmen zu prüfen, ob die unvorhergesehene Entwicklung negativ zu beurteilen und als so schwerwiegend anzusehen ist, dass ein Widerruf der Strafaussetzung erfolgen muss. Das in dieser Möglichkeit liegende Druckmittel sollte der Vollstreckungsleiter auch dann **nicht leichtfertig aus der Hand geben,** wenn ein Widerruf im konkreten Fall von vornherein ausgeschlossen erscheint, etwa bei nur wenigen Tagen Reststrafe.

35 Fraglich ist, ob dem Verurteilten gestattet werden kann, innerhalb der Bewährungszeit das **Hoheitsgebiet der Bundesrepublik Deutschland zu verlassen** oder ob ihm dies durch entsprechende Weisungen oder Auflagen verboten werden sollte. Grundsätzlich spricht gegen einen dauerhaften Wegzug des Verurteilten lediglich die Tatsache, dass die **Bewährungsüberwachung im Ausland kaum zu leisten** ist und stabilisierende Elemente, wie sie häufig in Hilfsangeboten zu erblicken sind, im Ausland nicht bewerkstelligt oder zumindest **nicht gesichert** werden können. Bei ausreichend Kreativität hinsichtlich der Gestaltung der Bewährungsüberwachung einerseits und einem gesicherten sozialen Empfangsraum im Ausland andererseits wird nichts dagegen einzuwenden sein, dass ein Verurteilter die Bewährungszeit im Ausland zurücklegt.

36 c) **Bewährungsüberwachung.** Die Überwachung des Verurteilten während der **Bewährungszeit,** insbesondere im Hinblick auf die Erfüllung der ihm erteilten Auflagen sowie der Umstände seiner Lebensführung, obliegt in erster Linie dem **Vollstreckungsleiter;**[70] dies folgt aus der Verweisung auf § 58 in Abs. 6 S. 3. Diese Regelung ist nicht nur sachgerecht, sondern scheint geradezu geboten: Der Vollstreckungsleiter konnte bis zur Reststrafaussetzung die Entwicklung des Verurteilten im Vollzug detailliert verfolgen und hat sich bei der Entscheidung über die Strafaussetzung auch mit der zu vollstreckenden Entscheidung eingehend befasst. Die **Bedeutung** der von ihm selbst angeordneten **Auflagen und Weisungen** und damit auch die Folgen von Zuwiderhandlungen kann er selbst am besten einschätzen. Diese Bewertung der Stellung des Vollstreckungsleiters ist insbesondere dann zu beachten, wenn eine Abgabe der weiteren Vollstreckung an einen anderen, sonst nicht oder nicht mehr zuständigen Jugendrichter gem. § 85 Abs. 5 vor-

---

70 BGH v. 25.5.2005, NStZ-RR 2005, 280.

genommen werden soll.[71] Erfahrungsgemäß ist die Überwachung des Verurteilten an einem Gericht, dem die weitere Vollstreckung abgegeben wurde, **erheblich weniger engmaschig** als sie beim erkennenden Gericht oder dem Vollstreckungsleiter wäre. Da der Schwerpunkt der Erteilung von Auflagen und Weisungen hier aber in der Absicherung künftiger Straffreiheit des Verurteilten zu sehen ist, **muss insbesondere zu Beginn der Reststrafbewährungszeit eine engmaschige und sachkundige Bewährungsüberwachung erfolgen.**[72] Insbesondere in Fällen, in denen die Reststrafaussetzung zur Bewährung nur erfolgen konnte, weil zu befolgende Auflagen und Weisungen die günstige Legalprognose erst ermöglichten, ist daher die Bewährungsüberwachung jedenfalls in der Anfangszeit bis zur Stabilisierung der Lebensumstände des Verurteilten in Freiheit **durch den Vollstreckungsleiter selbst** durchzuführen. Es ist auch zu beachten, dass Vollstreckungsleiter am Sitz von Jugendvollzugsanstalten – anders als Jugendrichter ohne eine solche Einrichtung – regelmäßig einen erheblichen Anteil ihrer Arbeitskraft mit der Tätigkeit als Vollstreckungsleiter verbringen. Hieraus folgt eine hohe Spezialisierung des Richters wie seiner Geschäftsstelle, die eine straffe Verfahrensführung und schnelle Entscheidungen ermöglicht. Wenn ein **Anhörungstermin** im Widerrufsverfahren **schon wenige Tage nach einer Zuwiderhandlung** gegen Auflagen oder dem Auftreten von destabilisierenden Umständen erfolgen kann, ist es oft noch möglich, eine dauernde Verschlechterung und damit den Widerruf der Strafaussetzung zu vermeiden.

Eine einmal erfolgte Abgabe der weiteren Vollstreckung, also der Bewährungsüberwachung, bindet den Vollstreckungsleiter nicht. Sie ist jederzeit **widerruflich**, § 85 Abs. 5, **ohne** dass der Vollstreckungsleiter für den Widerruf **besonderer Gründe** bedürfte. Die Wirksamkeit der Abgabe endet, wenn keine Entscheidungen im Rahmen der Bewährungsüberwachung mehr möglich sind, also nach rechtskräftigem Widerruf der Reststrafaussetzung oder rechtskräftigem Straferlass. 37

d) Widerruf der Reststrafbewährung. Der Widerruf der Reststrafaussetzung zur Bewährung kommt insbesondere dann in Betracht, wenn sich die Lebensumstände des Verurteilten derart von den prognostizierten entfernt haben, dass die **erneute Begehung von Straftaten zu befürchten** ist. Zuwiderhandlungen gegen Auflagen und Weisungen sind nur dann von Bedeutung, wenn hierdurch die Gefahr erneuter Straffälligkeit begründet wird. Namentlich bei Verlassen eines Wohn- oder Aufenthaltsortes, der stabilisierend wirken sollte – etwa dem Wohnen in einem betreuten Wohnen oder gar einer Behandlungsunterbringung –, wird ein Widerruf nur zu vermeiden sein, wenn gleichwertiger oder zumindest solcher Ersatz vorhanden ist, der eine **weiter günstige Legalprognose** noch zulässt. Verlässt der Verurteilte seinen Aufenthaltsort ohne Ankündigung oder Mitteilung seiner neuen Adresse und entzieht er sich so zusätzlich der Bewährungshilfe,[73] empfiehlt sich ein **sofortiger Widerruf nebst dem Erlass eines Sicherungshaftbefehls**. 38

Bei **erneuten Straftaten in der Bewährungszeit** muss differenziert werden: Handelt es sich um eine erneute Verurteilung unter Anwendung von Jugendstrafrecht, ist entweder eine einheitliche Jugendstrafe gebildet worden. Der Widerruf der Rest- 39

---

71 S. hierzu auch BGH v. 25.5.2005, NStZ-RR 2005, 280.
72 Nach LG Hildesheim v. 23.9.2009, NdsRpfl. 2010, 180 f, soll die Anordnung der Bewährungsüberwachung auf §§ 68 g, 68 a StGB beruhen, wenn anderweitig bereits Führungsaufsicht besteht.
73 Zur Wertung der mangelnden Kontakthaltung des Verurteilten mit der Bewährungshilfe vgl OLG Hamm v. 28.10.1999, NStZ-RR 2000, 92 f.

strafaussetzung ist dann schon deswegen nicht mehr möglich, weil das ursprünglich vollstreckte Urteil infolge der Einbeziehung in die neue Entscheidung seine selbstständige Vollstreckbarkeit verloren hat. Soweit keine Einheitsstrafe gebildet wurde, sind die hierfür notwendigen erzieherischen Gründe, § 31 Abs. 4, regelmäßig auch für die Entscheidung über den Widerruf der Reststrafaussetzung zu beachten. Erfolgt die neuerliche Verurteilung unter Anwendung von Erwachsenenstrafrecht, obliegt die Entscheidung ebenso wie bei einem bloßen Geständnis des Verurteilten dem Vollstreckungsleiter.[74] Eine weiterhin **positive Legalprognose wird bei erneuter Straffälligkeit** des Verurteilten nur **ausnahmsweise** gestellt werden können. In solchen Fällen muss besonders sorgfältig geprüft werden, ob der insgesamt erfolgreiche Abschluss der Bewährungszeit nicht durch die Erteilung weiterer Auflagen und Weisungen gefördert werden kann.

IV. Führungsaufsicht

40 §§ 68 ff StGB über den Eintritt von **Führungsaufsicht** nach vollständiger Vollstreckung einer Freiheitsstrafe sind auch bei der Vollstreckung einer Jugendstrafe anwendbar.[75] Die Voraussetzung ist neben der vollständigen Verbüßung der Strafe deren Dauer von mindestens zwei Jahren, § 68 f Abs. 1 StGB; bei **Sexualdelikten** im Sinne von § 181 b StGB reicht bereits eine Jugendstrafe von einem Jahr. Fraglich ist bei einheitlichen Jugendstrafen, ob auf die **absolute Höhe der Strafe** oder auf eine für eine einzelne Tat (hypothetisch) verhängte **Einzelstrafe** abzustellen ist. Erstere Möglichkeit hat zweifellos die Praktikabilität für sich, die absolute Höhe der Jugendstrafe steht fest. Gleichwohl besteht der Grund für den Eintritt der Führungsaufsicht weniger in der Erleichterung des Übertritts in das Leben außerhalb der Haftanstalt für den Verurteilten, als vielmehr in dem Sicherungsinteresse der Allgemeinheit. Unter diesem Gesichtspunkt ist nicht die Länge der Inhaftierung, sondern die in der Einzelstrafe zum Ausdruck gekommene Schwere der Schuld bei einer einzelnen Tat der Grund für die Führungsaufsicht. Der Vollstreckungsleiter muss daher beurteilen, ob bei einer Einheitsstrafe für eine oder mehrere der abgeurteilten Taten jeweils eine Strafe von zwei bzw. einem Jahr Jugendstrafe verwirkt war. Nur wenn das der Fall ist, tritt Führungsaufsicht ein.

41 Führungsaufsicht tritt **von Gesetzes wegen** ein, es bedarf keiner besonderen Anordnung des Vollstreckungsleiters. Eine solche ist nur nötig, wenn ausnahmsweise die Erwartung besteht, dass der Verurteilte trotz der vollständigen Vollstreckung keine Straftaten mehr begehen wird, § 68 f Abs. 2 StGB. Dies ist im Jugendstrafrecht, das wegen der Erleichterung der Möglichkeit zur vorzeitigen Entlassung des Verurteilten unter Reststrafaussetzung zur Bewährung gegenüber dem Erwachsenenstrafrecht eher als dieses geradezu auf die vorzeitige Entlassung abzielt, kaum jemals der Fall. Scheitert die vorzeitige Entlassung, stehen die hierfür maßgeblichen Gründe regelmäßig auch der Erwartung entgegen, der Verurteilte werde sich nach vollständiger Verbüßung straffrei führen.

42 Der **Eintritt der Führungsaufsicht** ist aber in den nicht seltenen Fällen von erheblicher praktischer Bedeutung, in denen Verurteilte gerade deswegen die vorzeitige Entlassung ablehnen, um sich nicht den durch die Bewährungsüberwachung eintretenden Beschränkungen unterwerfen zu müssen. Diese können unter Hinweis auf die einer Bewährungsaufsicht ähnliche Führungsaufsicht durchaus überzeugt

---

74 Zur Zuständigkeit des Vollstreckungsleiters s.a. OLG Rostock v. 3.6.2003, I Ws 167/03.
75 Vgl LG Hildesheim v. 23.9.2009, NdsRpfl. 2010, 180 f mwN.

werden, intensiver am Vollzugsziel mit- und auf eine vorzeitige Entlassung hinzuarbeiten.

Die **inhaltliche Ausgestaltung der Führungsaufsicht** richtet sich nach den Vorschriften der §§ 68 a ff StGB. Die Zuständigkeit der Führungsaufsichtsstellen haben die Bundesländer in Verordnungen geregelt.[76] Die Ausgestaltung des an sich sinnvollen und notwendigen Instituts der Führungsaufsicht begegnet nicht zu Unrecht einiger Kritik. Bei Zuwiderhandlungen des unter Führungsaufsicht stehenden Bestraften gegen die ihm erteilten Auflagen und Weisungen kommt lediglich ein Ermittlungsverfahren wegen des Verdachts einer Straftat nach § 145 a StGB in Betracht. Die Tat ist absolutes Antragsdelikt, § 145 a S. 2 StGB. Da ein solches Verfahren kaum praktische Bedeutung hat, liegt die Bedeutung der Führungsaufsicht neben der Erhöhung zur Motivation zum Hinarbeiten auf die Entlassung zur Bewährung vor allem in der leichteren Versorgung des Bestraften mit Hilfsangeboten. 43

Die Entscheidung über das **Entfallen der Führungsaufsicht** gem. § 68 f Abs. 2 StGB erfolgt nach Anhörung des Verurteilten.[77] Typischerweise wird die Anhörung erst kurz vor der zu diesem Zeitpunkt erfolgenden Entlassung des Verurteilten durchgeführt; schließlich kann erst dann beurteilt werden, wie die Prognose für die Begehung weiterer Straftaten zu stellen ist. Diese Vorgehensweise birgt jedoch eine erhebliche Gefahr, indem der nahtlose Anschluss der Führungsaufsicht an die Inhaftierung kaum mehr zu erreichen ist. Es ist daher zu empfehlen, die Anhörung zum Entfallen der Führungsaufsicht schon etwa drei Monate vor dem tatsächlichen Strafende durchzuführen und, um kurzfristig erfolgenden Verlegungen Rechnung zu tragen, darüber hinaus jeden Gefangenen vorsichtshalber anzuhören, der nach Verstreichen der üblichen Entlassungszeitpunkte in eine andere Haftanstalt verlegt wird. 44

V. Aufhebungsentscheidung, § 88 Abs. 3 S. 2

Die Entscheidung zur Aufhebung der Aussetzung der Reststrafe zur Bewährung und vorzeitigen Entlassung des Verurteilten ist **ein hochwirksames und gleichzeitig problematisches Instrument**, das vorsichtig, aber konsequent angewendet werden muss. Es ist gekennzeichnet durch eine durchgreifende Wirkung einerseits, die nicht nur in dem Scheitern der vorzeitigen Entlassung des betroffenen Verurteilten besteht, sondern aufgrund des Informationsflusses in den Vollzugsanstalten schnell auch alle anderen Insassen positiv oder negativ beeinflusst. Andererseits ist schon aufgrund der Kürze des für das Verfahren zur Verfügung stehenden Zeitraums **selten derselbe Überzeugungsgrad** bezüglich derjenigen Umstände zu erlangen, die die Entscheidung über eine Aufhebung der vorzeitigen Entlassung verhindern können, wie bei denjenigen, die die Reststrafaussetzung zur Bewährung begründet haben. 45

1. Verfahren. Zuständig für die **Ermessensentscheidung** („kann") ist ebenfalls der Vollstreckungsleiter. Die **Anhörungspflichten** aus Abs. 4 – vgl oben Rn 5 f – gelten, wie sich aus der systematischen Stellung nach Abs. 3 ergibt, auch hier. Allerdings ist der Zeitraum zwischen der Entscheidung über die Reststrafaussetzung und der tatsächlichen Entlassung regelmäßig kurz, so dass für die Aufhebungsentscheidung **nur wenig Zeit zur Verfügung** steht. Die Anhörung des Vollzugsleiters wird ohnehin regelmäßig bereits dadurch bewirkt, dass der Vollstre- 46

---
76 Vgl hierzu die Liste bei Schönfelder, Deutsche Gesetze, im Anschluss an § 68 a StGB.
77 Zur Zuständigkeit d. Vollstreckungsleiters s.a. BGH v. 9.10.2002, NStZ-RR 2003, 29.

Kern

ckungsleiter die für die Entscheidung notwendige Information fast immer durch ihn erhält. Die Staatsanwaltschaft kann fernmündlich angehört werden. Die **notwendige persönliche Anhörung des Verurteilten** sollte **unverzüglich nach Bekanntwerden** der Umstände, die für die Aufhebungsentscheidung herangezogen werden sollten bzw die einen entsprechenden Antrag der Staatsanwaltschaft begründen, erfolgen. Neben der allgemeinen Eilbedürftigkeit der Entscheidung ist einerseits zu bedenken, dass die reine Verzögerung der tatsächlichen Entlassung, die bei einer verspäteten Aufhebungsentscheidung entsteht, die Entlassungsvoraussetzungen so weit verschlechtern kann, dass eine Entlassung schon ohne Rücksicht auf die eigentlichen Gründe der Aufhebungsentscheidung nicht mehr verantwortet werden kann. Dies ist etwa dann der Fall, wenn ein zugesagter Platz in einer Betreuungseinrichtung oder ein die Prognoseentscheidung tragender Arbeitsplatz anderweit vergeben werden und für den Verurteilten nicht mehr zur Verfügung stehen. Das Instrument der Aufhebungsentscheidung darf aber nicht zur Abwendung der Entlassung an sich missbraucht werden, wobei diese Wirkung durch entsprechende Verfahrensgestaltung herbeigeführt werden kann.

47 Andererseits muss rasch entschieden werden, damit **kein Vertrauenstatbestand** beim Verurteilten oder Mitinsassen geschaffen wird, der konkrete Verstoß könne jedenfalls eine Aufhebungsentscheidung nicht rechtfertigen. Dabei ist der Zeitraum, in dem ein solches schutzwürdiges Vertrauen entstehen kann, auch unter Berücksichtigung des Gesamtzeitraums bis zur Entlassung zu bestimmen und kann nur wenige Tage betragen.

48 Rechtsmittel des Verurteilten gegen die Aufhebungsentscheidung haben **keine aufschiebende Wirkung**. Dies folgt aus der Tatsache, dass nach der gesetzgeberischen Wertung die Entscheidung zur vorzeitigen Entlassung aufgehoben, also beseitigt wird. Außerdem ist Abs. 6 S. 4 zu beachten, wonach nur eine rechtskräftige Entscheidung die tatsächliche Entlassung des Verurteilten begründen kann. Die Lage bei der Aufhebungsentscheidung entspricht dieser Wertung.

49 Gerade im Hinblick auf die **problematische Feststellung der die Aufhebungsentscheidung tragenden Tatsachen** ist **besonders sorgfältig zu prüfen**, ob dem Verurteilten ein Verteidiger beigeordnet werden muss. Dies wird jedenfalls dann der Fall sein, wenn die zur Bewährung ausgesetzte Reststrafe länger als ein Jahr ist und Tatsachen die Annahme rechtfertigen, dass sich die Legalprognose nach dem Verstreichen des ursprünglich in Aussicht genommenen Entlassungszeitpunkts für erhebliche Zeit verschlechtern wird, die Entlassung des Verurteilten also tatsächlich nicht mehr absehbar ist.

50 **2. Materielle Voraussetzungen.** Wie oben dargestellt, handelt es sich um eine Ermessensentscheidung, die **neu eingetretene oder neu bekanntgewordene Tatsachen** im Hinblick auf die Entwicklung des Verurteilten zum Gegenstand hat. Es ist daher nicht notwendig, dass die zur Begründung einer Aufhebungsentscheidung herangezogenen Tatsachen erst nach der Entscheidung über die vorzeitige Entlassung oder der Anhörung des Verurteilten im Verfahren hierzu entstanden sind. Gleichzeitig wird durch die Formulierung aber auch klar, dass das Aufhebungsverfahren nach Abs. 3 S. 2 **nicht dazu dienen** darf, nachträglich als unrichtig oder nicht wünschenswert erkannte **Entscheidungen zu korrigieren**: bei der Entscheidung über die Reststrafaussetzung bekannte Tatsachen können eine Aufhebungsentscheidung nicht rechtfertigen.

51 Problematisch ist, wie gesichert die **Tatsachengrundlage** der Entscheidung des Vollstreckungsleiters sein muss. Die richterliche Überzeugung von der Richtigkeit des Sachverhalts, wie sie auch im Erkenntnisverfahren ausreichen würde, ermög-

licht jedenfalls die Feststellung von Tatsachen zur Aufhebungsentscheidung. Dasselbe gilt, wenn der Verurteilte diese Umstände glaubhaft einräumt. Fehlt es hieran, reicht eine Überzeugung des Vollstreckungsleiters **entsprechend dem Anfangsverdacht für die Einleitung eines Ermittlungsverfahrens** durch die Staatsanwaltschaft. Dies folgt daraus, dass – werden Straftaten des Verurteilten im Vollzug bekannt – schon der Anfangsverdacht die Verweigerung der vorzeitigen Entlassung rechtfertigt, weil ein Ermittlungsverfahren eingeleitet werden muss, das wiederum die Entlassung verhindert. Für die Legalprognose sind aber Straftaten im Vollzug nicht per se gewichtiger als das sonstige Verhalten des Verurteilten und die Gegebenheiten des sozialen Empfangsraums. Letztlich bleibt es dabei, dass der Vollstreckungsleiter die **richterliche Verantwortung für die Entscheidung** zur vorzeitigen Entlassung des Verurteilten trägt – sieht er sich hierzu nicht mehr in der Lage, ist er unter den formalen Voraussetzungen von Abs. 3 S. 2 auch zur Aufhebung seiner Entscheidung berechtigt.

3. Entscheidung. Die Entscheidung ergeht durch **zu begründenden Beschluss**, der der Staatsanwaltschaft, dem Verurteilten und dem Vollzugsleiter zu verkünden oder bekanntzumachen ist. 52

VI. Sperrfrist, § 88 Abs. 5

Bei jeder Entscheidung, die eine von Amts wegen zu prüfende oder beantragte vorzeitige Entlassung des Verurteilten zur Bewährung ablehnt oder nicht anordnet, kann der Vollstreckungsleiter eine **Sperrfrist von höchstens sechs Monaten** festsetzen, innerhalb derer der Verurteilte keinen (neuen) Antrag auf vorzeitige Entlassung stellen darf. Die Sperrfrist gilt nicht für andere Verfahrensbeteiligte, namentlich die Staatsanwaltschaft, und hindert nicht die Einleitung des Verfahrens zur vorzeitigen Entlassung von Amts wegen. Gleichwohl **widersprechen** sich Anordnung einer Sperrfrist und Amtsprüfung der vorzeitigen Entlassung innerhalb dieser Frist. Eine Sperrfrist sollte daher nur dann angeordnet werden, wenn im Entscheidungszeitpunkt bereits absehbar ist, dass in ihr keine Umstände eintreten können, die die Entlassung des Verurteilten zur Bewährung ermöglichen. 53

Dem Gesetzeswortlaut nach besteht die Möglichkeit zur Anordnung der Sperrfrist **jederzeit**, also auch ohne ein Prüfungsverfahren. Gleichwohl wird **kaum jemals** das isolierte Verbot gegenüber dem Verurteilten, für bis zu sechs Monate einen Entlassungsantrag zu stellen, gerechtfertigt sein.[78] Dies gilt insbesondere, wenn entsprechend der obigen Empfehlung der frühestmögliche Entlassungstermin mitgeteilt und die entsprechende Handhabung in der Vollzugsanstalt bekanntgemacht worden ist. Ein isoliertes Verbot eines Antrags, das auch unter rechtsstaatlichen Aspekten restriktiv gehandhabt werden sollte, ist dann schon gar nicht mehr nötig. 54

Aber auch **im Zusammenhang mit einem Prüfverfahren** scheint die Verhängung einer Sperrfrist **nur ausnahmsweise** gerechtfertigt. Zu beachten ist einerseits, dass die Entscheidung über ein Rechtsmittel des Verurteilten gegen die Ablehnung seiner Entlassung einige Wochen oder Monate in Anspruch nimmt. Bei einem Rechtsmittel, jedenfalls aber durch die Dauer eines anschließenden neuerlichen Anhörungsverfahrens, wird die vorzeitige Entlassung ohnehin um mehrere Wochen bis Monate verzögert. Der durch die Sperrfrist zu erwartende Vorteil scheint demgegenüber unwesentlich; die Verhängung kann schließlich nur bewirken, dass der Verurteilte während ihrer Dauer keine neuen Anträge auf vorzeitige 55

---

78 Zur Anordnung einer Sperrfrist vgl OLG Thüringen v. 24.8.2005, 1 Ws 314/05.

Entlassung mehr stellt. Tut er es dennoch, können diese Anträge nunmehr als **unzulässig** abgelehnt werden – eine **marginale Erleichterung** für den Vollstreckungsleiter, der die vorzeitige Entlassung bereits, und zwar nach Sachprüfung, abgelehnt hat, und deswegen unschwer auch zur sachlichen Ablehnung eines erneuten Antrags in der Lage wäre. Demgegenüber **bewirkt die Verhängung einer Sperrfrist eine Demotivierung des Verurteilten**, der – über die Berechnung des frühestmöglichen Entlassungszeitpunkts hinaus – **keine Chance sieht, durch Mitarbeit am Vollzugsziel einen Vorteil zu erreichen**. Ein Vorteil einer Sperrfrist kann aber darin gesehen werden, dass der Verurteilte, sofern er über die nötige Eigenmotivation verfügt, durch einen solchen Ausschluss der vorzeitigen Entlassung für eine Mindestzeit etwa eine begonnene Ausbildung abschließen wird.

56 Bei der zeitlichen Bemessung der Sperrfrist ist die 6-Monats-Obergrenze zu beachten. Soweit der oben dargestellten Anwendung der 7/12- bzw 2/3-Entlassungstermine gefolgt wird, entspricht die Ausschöpfung der höchstmöglichen Sperrfrist einer Entlassung eines Verurteilten statt zum 7/12-Termin zum 2/3-Termin, der eine Jugendstrafe von fünf Jahren verbüßen muss. Dies zeigt, dass die **Ausschöpfung der Frist nur im Ausnahmefall gerechtfertigt** sein kann, weil sie selbst bei langen Jugendstrafen einen erheblichen Eingriff in die Vollzugsgestaltung und die Möglichkeiten des Verurteilten bedeutet, durch eigene Handlungen sein eigenes Schicksal zu beeinflussen. Gerade diese Eigenverantwortung ist es jedoch, die ein wesentliches Vollzugsziel darstellt.

57 Die Verhängung einer Sperrfrist stellt eine gesonderte Beschwer dar, die über die schlichte Ablehnung der vorzeitigen Entlassung – sofern die Entscheidungen überhaupt gleichzeitig ergehen – hinausgeht. Sie ist daher **isoliert anfechtbar**.[79]

VII. Rechtsmittel

58 Die Entscheidung des Vollstreckungsleiters über die **vorzeitige Entlassung ist mit der sofortigen Beschwerde** anfechtbar, § 83 Abs. 3. Die Möglichkeit isolierter Anfechtung von **Einzelbestimmungen der Entscheidung mit einfacher Beschwerde** – etwa über Auflagen und Weisungen oder die Dauer der Bewährungszeit – folgt aus § 59 Abs. 2 bis 4 und § 60 Abs. 6 S. 3. Die Beschwerde der Staatsanwaltschaft hat aufschiebende Wirkung, Abs. 6 S. 4.[80] Es ist daher unbedingt darauf zu achten, dass zwischen der Zustellung der Entscheidung an die Staatsanwaltschaft und dem angeordneten Termin der Entlassung ein ausreichend langer Zeitraum liegt, um durch Fristablauf die formelle Rechtskraft der Entlassungsentscheidung herbeizuführen. Nicht notwendig ist es, so frühzeitig zu terminieren, dass im Falle der Beschwerde der Staatsanwaltschaft auch die Entscheidung des Rechtsmittelgerichts vor dem beabsichtigten Termin zur vorzeitigen Entlassung erfolgen kann.[81] Dieser Zeitraum wäre deutlich zu lang, insbesondere bei kurzen Jugendstrafen, um die Entwicklung des Verurteilten über einen hinreichend langen Zeitraum zu beobachten. Darüber hinaus stiege durch eine solche Verfahrensgestaltung die Anzahl der Fälle, in denen negative Entwicklungen zwischen Entscheidung des Vollstreckungsleiters und tatsächlichem Entlassungstermin die Aufhebung der Entscheidung (dazu oben Rn 45) erforderlich machen würden.

---

79 Daher soll sie auch einer besonderen Begründung bedürfen, OLG Hamm v. 28.10.1999, NStZ-RR 2000, 92 f.
80 S. auch OLG Bamberg v. 25.10.2005, Ws 768/05.
81 So aber Eisenberg, § 88 Rn 19.

Es ist häufig zu beobachten, dass ablehnende Entscheidungen von Verurteilten aus Enttäuschung hierüber angefochten werden, ohne dass gleichzeitig die Gründe der Ablehnung ausgeräumt oder die **Legalprognose insgesamt so weit verbessert** wird, dass eine Entlassung möglich wird. Dies bewirkt oft nicht nur einen negativen Ausgang des Rechtsmittelverfahrens, sondern darüber hinaus den **Verlust wertvoller Zeit für die Verbesserung der Aussichten** für die vorzeitige Entlassung. Es wird auch oft verkannt, dass in der Regel jedenfalls die Vollzugsanstalt, aber auch der Vollstreckungsleiter, ein **erhebliches Interesse** an der vorzeitigen Entlassung hat, schon um die bei einer Reststrafaussetzung mögliche Einflussnahme auf die Lebensführung des Verurteilten in Freiheit nicht leichtfertig aus der Hand zu geben. Es ist daher dringend zu empfehlen, neben der Anfechtung einer ablehnenden Entscheidung auch eine Verbesserung der Entlasssituation zu versuchen. 59

VIII. Verwandte Entscheidungsmöglichkeiten

1. Gnadenentscheidungen. Der Vollstreckungsleiter kann auch **Gnadenbehörde** sein, so dass ihm auch das Instrumentarium der Gnadenordnung des jeweiligen Bundeslandes zur Verfügung steht. Das Verfahren nach dem JGG einerseits und das Gnadenverfahren sind – wenn nicht bereits die Entscheidungsmöglichkeiten im Gnadenverfahren hinter denen des JGG zurückbleiben – **streng voneinander zu trennen**. Regelmäßig ist ein Gnadenverfahren subsidiär, so dass selbst ein ausdrücklich als solcher gestellter Gnadenantrag zunächst daraufhin zu prüfen ist, ob die begehrte Entscheidung nach den Vorschriften des JGG zu treffen ist oder getroffen werden kann. 60

2. Absehen von der weiteren Strafvollstreckung wegen der Abschiebung des Verurteilten. Das Absehen von der weiteren Vollstreckung entsprechend § 456a StPO ist auch in der Jugendstrafvollstreckung möglich und wird durch Verordnungen der Bundesländer geregelt. Diesen liegt in der Regel ein Interesse zugrunde, die Haftzeit kurz zu halten und Ressourcen etwa für die **Ausbildung** von Häftlingen nur bei Personen einzusetzen, die auch auf Dauer in der Bundesrepublik Deutschland verbleiben. Die Zeitpunkte, zu denen regelmäßig von der weiteren Vollstreckung abgesehen werden soll, liegen daher eher vor denen, zu denen eine vorzeitige Entlassung zur Bewährung infrage kommt. Hieraus folgt jedenfalls in den Augen der Häftlinge eine Bevorzugung der abzuschiebenden Verurteilten, die früher „entlassen" werden können. Dieser Wahrnehmung ist dadurch entgegenzuwirken, dass der Vollstreckungsleiter bei seinen Entscheidungen deutlich macht, dass die **Abschiebung eine zusätzlich belastende Maßnahme** darstellt. 61

Abgesehen von der weiteren Strafvollstreckung wird nur für die Zeit, in der der Verurteilte sich tatsächlich im Ausland aufhält. Die Vollstreckung wird also **weitergeführt, wenn er zurückkehrt**.[82] Zeitliche Grenze hierfür ist die Vollstreckungsverjährung. Bis zu deren Eintritt ist der abgeschobene Verurteilte **zur Festnahme auszuschreiben**. Wird der Verurteilte aus der Jugendvollzugsanstalt abgeschoben, ist die Ausschreibung vom bisher zuständigen Vollstreckungsleiter vorzunehmen. Nicht selten jedoch erfolgt die Abschiebung erst nach Herausnahme des Verurteilten aus dem Jugendvollzug und Überstellung in eine Justizvollzugsanstalt für Erwachsene. Soweit in diesen Fällen die Vollstreckung entsprechend § 85 Abs. 5 an den örtlich zuständigen Vollstreckungsleiter abgegeben war, ist nach erfolgter Abschiebung der wichtige Grund für die Abgabe entfallen und die Vollstreckung vom ursprünglich gem. § 85 Abs. 2 zuständigen Vollstre- 62

---

82 S. auch KG v. 19.1.2005, 1 AR 1455/04.

ckungsleiter **zurückzunehmen**, vgl § 85 Rn 7. Die Weiterführung der Vollstreckung nach Wiedereinreise führt oft zu erheblichen Härten für abgeschobene Verurteilte, die nur zu einem Verwandtenbesuch in die Bundesrepublik Deutschland zurückkehren und sich im Ausland eine Existenz aufgebaut habe. Hier rechtfertigt sich häufig eine schnelle Aussetzung der Reststrafe zur Bewährung, weil die Legalprognose durch weitere Inhaftierung nicht verbessert, sondern – insbesondere bei ernster Beeinträchtigung der Lebensgestaltung im Ausland – eher verschlechtert wird. Allerdings ist die Zeit, die der Verurteilte im Ausland verbracht hat, ihm nicht, auch nicht teilweise, als zurückgelegte Strafzeit anzurechnen.

63 **3. Strafausstand wegen Vollzugsuntauglichkeit.** Bei **ernsten Erkrankungen** des Verurteilten vor oder nach dem Beginn der Vollstreckung kommt ein Aufschub oder eine Unterbrechung der Vollstreckung gem. § 455 a StPO infrage. Der zuständige Vollstreckungsleiter hat das Fortbestehen des Vollstreckungshindernisses in angemessenen Abständen zu überprüfen und nach seinem Fortfall die Vollstreckung weiterzuführen.

64 **4. Vorübergehender Vollstreckungsaufschub.** Drohen dem Verurteilten aus der sofortigen Vollstreckung erhebliche, außerhalb des Strafzwecks liegende Nachteile, kann die Vollstreckung für bis zu vier Monate aufgeschoben werden, § 456 StPO.[83] Die Voraussetzungen der Vorschrift **liegen typischerweise in der Jugendstrafvollstreckung nicht vor.**

65 **5. Unterbrechung der Strafvollstreckung gem. § 35 BtMG.** Sehr häufig stellen nach Jugendstrafrecht Verurteilte den Antrag auf Zurückstellung der weiteren Strafvollstreckung zum Zweck der Durchführung einer **Drogenentzugstherapie** im Sinne von § 35 BtMG, wobei das unmittelbare Ziel der Entlassung aus dem Vollzug eine wichtige Rolle spielt. Für die Entscheidung über solche Anträge ist der Vollstreckungsleiter zuständig, das Verfahren folgt §§ 35, 36 BtMG. Entsprechend dem gesetzgeberischen Ziel, als Krankheit erkannte Drogensucht vordringlich zu heilen statt zu bestrafen, muss grundsätzlich jede Chance genutzt werden, einen therapiewilligen Verurteilten in eine entsprechende Behandlung zu bringen. An die Feststellung der Therapiebereitschaft dürfen **keine überspannten Anforderungen** gestellt werden. Wie oben bereits empfohlen, sollten lediglich bei der weiteren Ausgestaltung der Vollstreckung nach einem Therapieabbruch negative Folgen für den Verurteilten spürbar werden, namentlich in der Verlängerung der Strafvollstreckung. Gleichzeitig darf aber der **Abbruch** einer Therapie **kein Grund sein, eine erneute Zurückstellung der Strafvollstreckung für eine weitere Therapie zu versagen.** Solange der Verurteilte für weitere Therapieversuche eine **Kostenübernahmeerklärung** des zuständigen Kostenträgers erhält, steht das Ziel der Behandlung seiner Erkrankung eindeutig im Vordergrund. Problematisch wird dies erst, wenn die Zurückstellung für eine Therapie in einer Einrichtung beantragt wird, die unabhängig von einer Kostenübernahmeerklärung durchgeführt werden kann. Dann muss sich der Vollstreckungsleiter jedenfalls nach mehrfachem Abbruch intensiver mit der **Feststellung der Therapiewilligkeit** des Verurteilten beschäftigen, zweckmäßigerweise durch Einholung einer Stellungnahme der **Drogenberatung.**

66 Zu bedenken ist aber jedenfalls, dass die **Auswahl der Therapieeinrichtung** oft nach wenigen und nicht sehr aussagekräftigen Kriterien wie Heimatnähe oder

---

[83] Hierbei handelt es sich nicht um eine jugendrichterliche Entscheidung, vgl LG Kaiserslautern v. 6.4.2005, 8 Qs 7/05.

Religion des Verurteilten erfolgt, wodurch die erste Therapie oft in einer an sich ungeeigneten Therapieeinrichtung begonnen und dann abgebrochen wird. Mehrere Fehlversuche sprechen unter diesem Gesichtspunkt **nicht zwangsläufig gegen eine Therapiemotivation** des Verurteilten. Das Ausweichen auf eine Therapieeinrichtung, die keine Kostenübernahmeerklärung fordert, kann auch dadurch begründet sein, dass der therapiewillige Verurteilte keine Kostenübernahmeerklärung beibringen kann, die Therapie aber unbedingt durchführen will.

Stationäre Therapien bringen häufig persönliche Belastungen für die Probanden mit sich, die denen des Jugendstrafvollzugs entsprechen oder sie sogar übersteigen. Dies rechtfertigt, Zurückstellungen zu jedem Zeitpunkt der Vollstreckung vorzunehmen, wenn nur die noch zu vollstreckende Jugendstrafe zwei Jahre nicht mehr übersteigt, also bei entsprechender Reststrafe auch unmittelbar nach dem Beginn des Vollzugs. Bei **ambulanten oder kombinierten Therapien mit sehr kurzer stationärer Phase** fällt das Argument der gleichbleibenden Gesamtbelastung des Verurteilten jedoch ganz oder zumindest zum erheblichen Teil weg. Gleichwohl kann die Zurückstellung der weiteren Strafvollstreckung zur Durchführung einer ambulanten Therapie nicht versagt werden. 67

Nach dem **Abbruch einer Therapie** ist die Zurückstellung der Strafvollstreckung zu widerrufen und der Verurteilte ggf zur Festnahme auszuschreiben. Erfolgte der Abbruch der Therapie aber wegen der Entlassung des Verurteilten aus der Therapieeinrichtung und besteht seine Therapiemotivation glaubhaft fort, kann von der sofortigen Wiederinhaftierung zunächst abgesehen werden, wenn damit zu rechnen ist, dass der Verurteilte noch vor einer möglichen Verhaftung erneut eine Therapie antreten kann. **Anzeichen für die fortbestehende Therapiemotivation** kann es etwa sein, dass sich der Verurteilte von sich aus beim Vollstreckungsleiter meldet, Kontakt zu einer Drogenberatung aufnimmt oder sogar schon über eine Aufnahmezusage für eine (andere) Therapieeinrichtung verfügt. Wird in einem solchen Fall von der sofortigen Verhaftung des Verurteilten abgesehen, sollte sich der Vollstreckungsleiter jedenfalls von der fortbestehenden Drogenfreiheit des Verurteilten überzeugen, indem er sich **engmaschig** Ergebnisse von Untersuchungen auf Drogenkonsum vorlegen lässt. Die Erfahrung zeigt, dass das in der beschriebenen Vorgehensweise liegende Entgegenkommen bei einem erheblichen Teil der Verurteilten die **Therapiemotivation erheblich stärkt und so den erfolgreichen Abschluss der (folgenden) Therapie fördert**.[84] 68

Das nahe Therapieende und daraus folgend die Notwendigkeit der Entscheidungen über die Aussetzung der Vollstreckung der Reststrafe zur Bewährung[85] sind wichtige Gründe für die **Abgabe der Vollstreckung** zurück an das erkennende Gericht, § 85 Abs. 5.[86] Diese Abgabe sollte nicht zu frühzeitig erfolgen, vielmehr empfiehlt es sich, wenigstens die erste Zeit der Adaptionsphase der Therapie abzuwarten. Grundsätzlich ist es zwar ein wichtiger Gesichtspunkt, den nahtlosen Beginn der Bewährungsüberwachung nach Ende des Vollzugs zu ermöglichen und deswegen rechtzeitig die erforderlichen Maßnahmen zu treffen. Beim regulären Ende einer Therapie darf aber darauf vertraut werden, dass **ausreichend flankierende Maßnahmen von Seiten der Therapieeinrichtung** getroffen wurden, so dass 69

---

84 Gegen das Absehen vom Widerruf der Zurückstellung steht der Staatsanwaltschaft kein Beschwerderecht zu, vgl LG Offenburg v. 18.7.2002, NStZ-RR 2002, 347 f.
85 Die dem erkennenden Gericht obliegt, BGH v. 11.4.2001, BGHR JGG § 58 Abs. 3 S. 2; BGH v. 28.2.2007, StraFo 2007, 258 f.
86 Zur Übertragung bei Therapien in der Bewährungszeit s. BGH v. 25.5.2005, NStZ-RR 2005, 280; zur Zuständigkeit für die Aussetzungsentscheidung BGH v. 11.4.2001, BGHR JGG § 58 Abs. 3 S. 2; KG v. 12.6.2001, 1 AR 499/01.

eine späte Rückübertragung der Vollstreckung an das erkennende Gericht keinen wesentlichen Nachteil aufweist. Bricht der Verurteilte aber entgegen der Erwartung erst kurz vor deren Ende die Therapie ab, verzögert eine bereits – vorschnell – erfolgte Abgabe der Vollstreckung den Widerruf der Zurückstellung durch den Vollstreckungsleiter, was einen **gravierenden Nachteil** darstellen kann.

70 Die Zurückstellung der Strafvollstreckung ist nur möglich, wenn **zumindest auch eine Drogensucht** im Sinne von § 35 BtMG besteht. Reine **Alkoholabhängigkeit** oder **sonstige Suchterkrankungen ohne Drogenproblematik** rechtfertigen die Zurückstellung dagegen nicht. Die gesetzgeberische Wertung darf nicht durch den Vollstreckungsleiter korrigiert werden, wenngleich die Bereitschaft des Verurteilten zu einer mit Beeinträchtigungen verbundenen Behandlung solcher Erkrankungen durch eine frühere Entlassung – vgl oben Rn 23 – zur Bewährung unter der Auflage der entsprechenden Therapie zu honorieren ist.

§ 89 (aufgehoben)

§ 89 a Unterbrechung und Vollstreckung der Jugendstrafe neben Freiheitsstrafe

(1) ¹Ist gegen den zu Jugendstrafe Verurteilten auch Freiheitsstrafe zu vollstrecken, so wird die Jugendstrafe in der Regel zuerst vollstreckt. ²Der Vollstreckungsleiter unterbricht die Vollstreckung der Jugendstrafe, wenn die Hälfte, mindestens jedoch sechs Monate, der Jugendstrafe verbüßt sind. ³Er kann die Vollstreckung zu einem früheren Zeitpunkt unterbrechen, wenn die Aussetzung des Strafrestes in Betracht kommt. ⁴Ein Strafrest, der auf Grund des Widerrufs seiner Aussetzung vollstreckt wird, kann unterbrochen werden, wenn die Hälfte, mindestens jedoch sechs Monate, des Strafrestes verbüßt sind und eine erneute Aussetzung in Betracht kommt. ⁵§ 454 b Abs. 3 der Strafprozeßordnung gilt entsprechend.

(2) ¹Ist gegen einen Verurteilten außer lebenslanger Freiheitsstrafe auch Jugendstrafe zu vollstrecken, so wird, wenn die letzte Verurteilung eine Straftat betrifft, die der Verurteilte vor der früheren Verurteilung begangen hat, nur die lebenslange Freiheitsstrafe vollstreckt; als Verurteilung gilt das Urteil in dem Verfahren, in dem die zugrundeliegenden tatsächlichen Feststellungen letztmals geprüft werden konnten. ²Wird die Vollstreckung des Restes der lebenslangen Freiheitsstrafe durch das Gericht zur Bewährung ausgesetzt, so erklärt das Gericht die Vollstreckung der Jugendstrafe für erledigt.

(3) In den Fällen des Absatzes 1 gilt § 85 Abs. 6 entsprechend mit der Maßgabe, daß der Vollstreckungsleiter die Vollstreckung der Jugendstrafe abgeben kann, wenn der Verurteilte das einundzwanzigste Lebensjahr vollendet hat.

I. Vollstreckungsreihenfolge 1	III. Jugendstrafe und lebenslange Freiheitsstrafe 6
II. Unterbrechung der Vollstreckung der Jugendstrafe zur Vollstreckung von Freiheitsstrafe 2	IV. Zuständigkeit 7
	V. Abgabe der Vollstreckung 8

I. Vollstreckungsreihenfolge

Grundsätzlich wird bei gleichzeitig vollstreckbarer Jugend- und Freiheitsstrafe die Jugendstrafe zuerst vollstreckt. Der Fall kann nur bei über 18 Jahre alten Verurteilten auftreten, bei denen dann eine Herausnahme des Verurteilten aus dem Jugendvollzug zu prüfen ist, § 91 Abs. 1 S. 1. Ist eine solche Herausnahme erfolgt, ändern sich die tatsächlichen Umstände des Vollzugs für den Verurteilten nicht aufgrund der Art der vollstreckten (Jugend-)Strafe, so dass von der grundsätzlichen Vollstreckungsreihenfolge abgewichen werden kann. Wird nach der Aussetzung eines Strafrests einer Jugendstrafe der Verurteilte innerhalb der Bewährungszeit zu einer Freiheitsstrafe verurteilt und diese vollstreckt, scheint eine Rückverlegung in die Jugendvollzugsanstalt nach Widerruf der Reststrafbewährung der Jugendstrafe regelmäßig wenig sinnvoll; in solchen Fällen ist eine Herausnahme des Verurteilten aus dem Jugendvollzug bei gleichzeitigem Verbleiben im Erwachsenenvollzug anzustreben. Die hierzu notwendige Anhörung des Verurteilten kann – mit seinem Einverständnis – schriftlich erfolgen, so dass ein unnötiger und belastender Transport des Verurteilten zurück in die Jugendvollzugsanstalt zur Durchführung einer persönlichen Anhörung unterbleiben kann.

II. Unterbrechung der Vollstreckung der Jugendstrafe zur Vollstreckung von Freiheitsstrafe

Ist von der Jugendstrafe die Hälfte – mindestens jedoch 6 Monate – vollstreckt, hat der Vollstreckungsleiter die weitere Vollstreckung der Jugendstrafe zur Vollstreckung der Freiheitsstrafe zu unterbrechen, Abs. 1 S. 2. Die Mindestfrist der Vollstreckung ist bezogen auf die jeweils zu vollstreckende Jugendstrafe, also ggf auch auf einen Strafrest (nach Bewährungswiderruf), Abs. 1 S. 4.

Anders als bei der Reststrafaussetzung nach § 88 ist der Vollstreckungsleiter starr an die in § 89 a Abs. 1 genannten Fristen gebunden im Sinne des Verbots, die Unterbrechung hinauszuzögern. Eine Unterbrechung vor den angeordneten Zeitpunkten ist möglich, wenn eine Aussetzung des Strafrests in Betracht kommt, Abs. 1 S. 3. Bei einer Anschlussvollstreckung von Freiheitsstrafe wird das kaum einmal der Fall sein.

In der Aussetzung der Vollstreckung liegt keine Vorentscheidung über eine Reststrafaussetzung zur Bewährung, wie sich aus der Verweisung auf § 454 b Abs. 3 StPO in Abs. 1 S. 4 ergibt. Vielmehr wird, wenn alle nacheinander zu vollstreckenden (Teil-)Strafen bis zum jeweiligen Prüfungszeitpunkt vollstreckt sind, insgesamt über die Reststrafaussetzung entschieden.

Fraglich ist, ob rückwirkenden Unterbrechungen zulässig sind. Hiergegen spricht das Argument, bei einem einmal erfolgten Freiheitsentzug sei der rechtliche Grund und damit die vollstreckte Entscheidung nachträglich nicht auswechselbar. Andererseits ist der Zeitpunkt, in dem die Aussetzungsentscheidung frühestens ergehen kann, von der Rechtskraft des Urteils abhängig, das die Freiheitsstrafe festsetzt. Dieser Umstand tritt in bestimmten Grenzen zufällig ein, so dass das Ablehnen der rückwirkenden Unterbrechung eine unterschiedliche Behandlung von grundsätzlich gleich gelagerten Fällen zur Folge hätte. Darüber hinaus entsteht durch die starre Grenze des Abs. 1 S. 2 in der Praxis häufig erheblicher Zeitdruck, um eine Unterbrechungsentscheidung herbeizuführen, der einer sinnvollen Planung der Vollstreckung entgegenstehen kann. Insgesamt ist daher auch die rückwirkende Unterbrechung der Jugendstrafe als zulässig anzusehen.

Kern

III. Jugendstrafe und lebenslange Freiheitsstrafe

6 Folgt der Verurteilung zu Jugendstrafe die Verurteilung zu lebenslanger Freiheitsstrafe nach, wird nur die lebenslange Freiheitsstrafe vollstreckt. Begeht der Verurteilte also nach der Verhängung lebenslanger Freiheitsstrafe – insbesondere im Strafvollzug – eine weitere Straftat, derentwegen er zu Jugendstrafe verurteilt wird, wird die Jugendstrafe – und dann vor der lebenslangen Freiheitsstrafe – vollstreckt, Abs. 2.

IV. Zuständigkeit

7 Das Gesetz enthält keine Regelung über eine besondere Zuständigkeit bei den Entscheidungen, die bei der Vollstreckung mehrerer Strafen für jede dieser Strafen einzeln zu treffen sind, insbesondere die Reststrafaussetzung. Soweit der Vollstreckungsleiter die Vollstreckung der Jugendstrafe nicht nach Abs. 3 iVm § 85 Abs. 6 an die Staatsanwaltschaft abgegeben hat, entscheidet er über die Aussetzung der Vollstreckung des Rests der Jugendstrafe zur Bewährung. Der Zeitpunkt dieser Entscheidung ist auf der Grundlage der Strafzeitberechnung der Freiheitsstrafe so zu wählen, dass Strafvollstreckungskammer und Vollstreckungsleiter in nahem zeitlichen Zusammenhang entscheiden. Jedenfalls ist es zu vermeiden, den Verurteilten nach Reststrafaussetzung bezüglich der Freiheitsstrafe in die Jugendvollzugsanstalt zurückzuverlegen, wozu auch Absprachen zwischen den beteiligten Vollstreckungsorganen notwendig sein können. Auch um solche Verwerfungen zu vermeiden, sieht Abs. 3 eine erweiterte Abgabemöglichkeit für den Vollstreckungsleiter vor:

V. Abgabe der Vollstreckung

8 Unter erleichterten Bedingungen – nämlich bereits ab Vollendung des 21. Lebensjahrs des Verurteilten – kann der Vollstreckungsleiter die unterbrochene Vollstreckung der Jugendstrafe an die Staatsanwaltschaft abgeben, so dass für die Entscheidung über die Reststrafaussetzung die Strafvollstreckungskammer zuständig wird. Die Herabsetzung der Altersgrenze gegenüber § 85 Abs. 6 zeigt das Interesse des Gesetzgebers an einer solchen Abgabe, das durch einen anzustrebenden Gleichlauf der Entscheidungen gerechtfertigt ist. Voraussetzung bleibt aber die Herausnahme des Verurteilten aus dem Jugendvollzug, wie durch die Verweisung auf § 85 Abs. 6 klargestellt wird.

§ 89 b Ausnahme vom Jugendstrafvollzug

(1) [1]An einem Verurteilten, der das 18. Lebensjahr vollendet hat und sich nicht für den Jugendstrafvollzug eignet, kann die Jugendstrafe statt nach den Vorschriften für den Jugendstrafvollzug nach den Vorschriften des Strafvollzuges für Erwachsene vollzogen werden. [2]Hat der Verurteilte das 24. Lebensjahr vollendet, so soll Jugendstrafe nach den Vorschriften des Strafvollzuges für Erwachsene vollzogen werden.

(2) Über die Ausnahme vom Jugendstrafvollzug entscheidet der Vollstreckungsleiter.

Schrifttum:

Dolde/Grübl, Bewährung von Jugendstrafgefangenen in Baden-Württemberg. Eine empirische Untersuchung zum Vollzugsverlauf und zur Rückfälligkeit von ehemaligen Gefangenen des Jugendvollzugs und Ausgenommenen, Kriminologischer Dienst 1985; *dies.*

bei *Kerner/Dolde/May* (Hrsg.), Jugendstrafvollzug und Bewährung. Analysen zum Vollzugsverlauf und zur Rückfallentwicklung, 1996, *Kamann*, Vollstreckung und Vollzug der Jugendstrafe. Verteidigung und Rechtsschutz, 2009, S. 24 f.; *Ostendorf* (Hrsg.): Jugendstrafvollzugsrecht. Handbuch, 2009.

I. Allgemeines 1	III. Wirkungen der Ausnahme vom
1. Gesetzgebungsgeschichte . 1	Jugendstrafvollzug 14
2. Regelungsbereich 2	IV. Ähnliche Rechtsinstitute 19
3. Rechtsnatur 5	V. Zuständigkeit (§ 89 b Abs. 2) 21
4. Altersstufen 7	VI. Verfahrenshinweise 22
5. Praktische Bedeutung 9	1. Antragstellung 22
II. Kriterien für die Ausnahme	2. Rechtsbehelfe 23
(§ 89 b Abs. 1) 11	VII. Reformbedarf 24

I. Allgemeines

1. Gesetzgebungsgeschichte. Die Ausnahme vom Jugendstrafvollzug war bis zum 1
1.1.2008 in § 92 Abs. 2 und 3 geregelt.

Die Vorschrift ist dann vorübergehend in § 91 „gewandert". § 91 ist durch Artikel 1 des Zweiten Gesetzes zur Änderung des Jugendgerichtsgesetzes und anderer Gesetze vom 13.12.2007[1] in das JGG eingestellt worden und zum 1.1.2008 in Kraft getreten. Die Änderung des Wortlauts in § 91 Abs. 1 S. 1 nF war redaktionell und nicht mit einem Bedeutungswandel verbunden.

Eine nochmalige Gesetzesänderung trat zum 1.1.2010 ein. Durch Gesetz zur Änderung des Untersuchungshaftrechts (UHaftRÄndG) vom 29.7.2009[2] wurde der jetzige § 89 b eingefügt. Die Vorschrift ist mit § 91 aF identisch. § 91 aF wurde damit überflüssig und aufgehoben.

2. Regelungsbereich. Die Vorschrift regelt, wer in einer Jugendstrafanstalt bzw 2
in einer Justizvollzugsanstalt für Erwachsene eine Freiheits- oder Jugendstrafe verbüßt.[3] Die Vorschrift ist letztlich Ausdruck des dualen Vollzugssystems, das – nur – Jugendstrafanstalten und Erwachsenenvollzugsanstalten kennt.

Kühn[4] sieht mit Recht als einen Anlass für die in § 92 Abs. 2 aF vorgesehene 3
Ausnahme vom Jugendstrafvollzug den Umstand, „dass zwischen Tat – maßgebend für die Anwendung von Jugendstrafrecht – und Vollstreckung erhebliche Zeiträume liegen können, in denen sich die Persönlichkeit des Täters verändert und verfestigt, seine Erziehbarkeit nicht mehr vorhanden sein kann." Das betrifft jedoch nur eine Fallgruppe. Eine nur noch rechtshistorisch interessante Sondergruppe stellten NS-Täter dar, die als Heranwachsende Taten begangen hatten, Jahre oder Jahrzehnte später nach Jugendstrafrecht zu Jugendstrafrechte verurteilt wurden und (ohne § 92 Abs. 2 aF) als „ältere Männer" in den Jugendstrafvollzug gelangt wären. Die andere Fallgruppe betrifft junge Gefangene, die etwa im Vollzug einer langen – bis zu zehn Jahre langen – Jugendstrafe aus dem Reifegrad von Jugendlichen herauswachsen und erwachsen werden. Diesem „Outa-

---

[1] BGBl I, 2894.
[2] BGBl I, 2274.
[3] Eisenberg, 14. Aufl., verwendet § 89 b als „Aufhänger", um hier in Grundzügen das Jugendstrafvollzugsrecht nach den Landesstrafvollzugsgesetzen darzustellen. Das ist missverständlich und systematisch wenig glücklich, weil § 89 b gerade (nur) die vollstreckungsrechtliche Ausnahme regelt. Zum Jugendstrafvollzugsrecht vgl. Anhang „Jugendstrafvollzug".
[4] Kühn, Vollstreckung und Herausnahme aus dem Jugendvollzug, NStZ 1992, 526.

ging" trägt die Norm gleichfalls Rechnung. Das dürfte in der Praxis des Jugendstrafvollzugs die weitaus überwiegende Fallgruppe darstellen.

4 Damit zielt das Vollstreckungsrecht eine Vollzugsorganisation an, die Trennungsgebote befürwortet und altershomogene Verhältnisse schaffen soll. Das ist im Grundsatz richtig. Viele Praktiker werden sich aber für eine gewisse Mischung zwischen älteren und jüngeren Gefangenen aussprechen, weil Ältere zum Teil ruhiger, verantwortungsvoller und leistungsorientierter sind.

5 **3. Rechtsnatur.** Die Ausnahme vom Jugendstrafvollzug ist eine vollstreckungsrechtliche, jugendrichterliche Entscheidung im Sinne von § 83 Abs. 1. Sie fällt daher nach Abs. 2 mit Recht in die Zuständigkeit des Vollstreckungsleiters.[5]

6 Bei den Arbeiten zu den Jugendstrafvollzugsgesetzen ist verschiedentlich daran gedacht worden, die Ausnahme vom Jugendstrafvollzug dem Leiter der Jugendstrafanstalt zu überlassen. Das hätte unter Praxisgesichtspunkten den einen oder anderen Vorteil haben können. Das wäre aber dogmatisch verfehlt. Außerdem hätte den Ländern dazu nicht die Gesetzgebungsbefugnis zugestanden, weil das Vollstreckungsrecht unstrittig in die Bundeskompetenz fällt. Schließlich hätte eine solche Regelung einer missbräuchlichen Praxis der Ausnahme vom Jugendstrafvollzug Vorschub leisten können, da § 89 b schon jetzt stark angewendet wird.[6]

7 **4. Altersstufen.** Die Norm bezieht sich auf Heranwachsende im Alter von 18 bis 21 Lebensjahre, § 1 Abs. 3 JGG, und auf junge Erwachsene ab 21 Jahre. Durch die Soll-Regelung in Abs. 1 Satz 2 soll verhindert werden, dass Erwachsene in den Jugendstrafvollzug gelangen und dort einen auf Erziehung bedachten Jugendstrafvollzug behindern.

8 Aus der Regelung ergibt sich, dass Jugendliche nach dem Willen des Gesetzgebers in jedem Fall in einer Jugendstrafanstalt ihre Jugendstrafe verbüßen sollen. Dem ist zuzustimmen.[7] Problematisch könnte sein, dass die Jugendstrafvollzugsgesetze in unterschiedlicher Ausprägung erlauben, die Jugendstrafe auch in Teilanstalten oder getrennten Abteilungen des Erwachsenenvollzugs zu vollziehen.[8] Sachliche Gründe sind bei weiblichen Gefangenen und bei sozialtherapeutisch zu behandelnden Gefangenen zu erkennen, für die man keine eigenen Anstalten bauen könnte. Eine weitere Gruppe wären junge Gefangene (aus der organisierten Kriminalität), die man trennen muss, wofür in einem Bundesland aber nicht genügend Jugendstrafanstalten zur Verfügung stehen. Auf der anderen Seite ergibt sich aus Abs. 2 und aus § 114, dass nach dem Willen des Gesetzgebers in aller Regel ältere Gefangene über 24 Jahre nicht mehr in der Jugendstrafanstalt, sondern im Erwachsenenvollzug untergebracht werden sollen. Auch dem ist zuzustimmen. Im „Mittelbereich", also bei den 18- bis 24-jährigen „Jungerwachsenen", sollen über § 89 b flexible, altersentsprechende Lösungen erzielt werden. Das ist im Grundsatz richtig. Eine Dreiteilung des Strafvollzug – Jugendstrafvollzug, Jungtätervollzug, Erwachsenenvollzug – ist aber vorzugswürdig.

9 **5. Praktische Bedeutung.** Bei alledem ist die Altersstruktur der Gefangenen im Jugendstrafvollzug zu berücksichtigen. Am 31.3.2008 saßen deutschlandweit 6.557 junge Gefangene im Jugendstrafvollzug ein.[9] Davon waren (nur) 10,1 Pro-

---

5 Zum Ganzen Kamann 2009, S. 24 f.
6 Im Ergebnis wie hier D/S/S-Sonnen, § 91 Rn 4.
7 Vgl auch Brunner/Dölling, § 92 Rn 4.
8 Ostendorf/Kirchner, S. 716-722.
9 Strafvollzugsstatistik 2008, Tabelle 3.1., Lfd. Nummern 48 bis 58.

zent Jugendliche (n = 663), 48,5 Prozent Heranwachsende (n = 3.181) und 41,3 Prozent Erwachsene (n = 2.713). Damit ist der deutsche Jugendstrafvollzug genau genommen ein Heranwachsenden- und Jungerwachsenenvollzug. Nur jeder zehnte Insasse ist ein „echter" Jugendlicher. Es ist hier nicht der Ort, die verhängnisvollen Wirkungen (Gewalterfahrungen, sexuelle Ausbeutung, Zwang zu „Dienstleistungen", Unterdrückungen, Benachteiligung bei der Vollzugsgestaltung u.a.m.) auf die Jugendlichen im Jugendstrafvollzug zu diskutieren.[10] Die hohen Prozentsätze zeigen vielmehr, dass die Insassenstruktur im deutschen Jugendstrafvollzug ein hohes Potenzial für Ausnahmen vom Jugendstrafvollzug birgt. Über 90 Prozent der jungen Gefangenen können – bezogen auf die Stichtagsberechnung – davon betroffen sein.

Aus der Strafvollzugsstatistik 2008 lässt sich dementsprechend entnehmen, dass am 31.3.2008 2.079 junge Gefangene aus dem Jugendstrafvollzug ausgenommen waren, davon 70 junge weibliche Gefangene.[11] Bezieht man in die Betrachtung ein, dass sich zu dem genannten Stichtag 6.557 junge Gefangene im Jugendstrafvollzug befanden, so wäre der Jugendstrafvollzug ohne § 89 b mit 8.636 jungen Gefangenen belegt gewesen. Ausgenommen waren unter Zugrundelegung dieser Zahlen also 24 Prozent aller jungen Gefangenen. Zahlen aus Baden-Württemberg über den Jahresverlauf stützen das. Dort wurden im Jahr 2008 von 765 zugehenden Gefangenen 135 (knapp 18 Prozent) bereits in der Zugangsabteilung aus dem Jugendstrafvollzug herausgenommen, weitere junge Gefangene im Lauf der Zeit.[12] Die Vorschrift des § 89 b JGG hat daher zahlenmäßig eine hohe praktische Bedeutung. Wenn ein Viertel aller jungen Gefangenen aus dem Jugendstrafvollzug genommen wird, könnte das darauf hindeuten, dass § 105 JGG über den Reifegrad von Heranwachsenden im Bereich der Mehrfach- und Intensivtäter zu häufig angewendet wird und die Vollstreckungsleiter das auf Antrag der Jugendstrafanstalt über § 89 b JGG[13] korrigieren. Es könnte aber auch sein, dass § 105 JGG zu Recht angewendet wird, die Jugendstrafanstalten aber aus sachfremden Gründen Ausnahmen vom Jugendstrafvollzug beantragen: Lösung von Belegungsproblemen, Trennung von „Störern", verkappte Disziplinierungen. Hinzu kommen Erwägungen der jungen Gefangenen selbst. Viele Ältere wollen heraus aus dem „Kindergarten" des Jugendstrafvollzuges und in den ruhigeren Jung-Erwachsenenvollzug, in dem sie sich nicht in dem Maße mit Statusproblemen und Imponiergehabe auseinandersetzen müssen. Die geographische Randlage mancher Jugendstrafanstalten führt dazu, dass junge Gefangene lieber in ein näher zum Wohnort gelegenes Gefängnis verlegt werden wollen (Heimweh nach den Eltern, der Freundin, leichtere Besuchsmöglichkeiten usw). Wenn bestimmte „Kumpel" in anderen Gefängnissen einsitzen, erhöht dies den Wunsch, in den Erwachsenenvollzug zu gehen. Ein Teil des Problems, weshalb Jugendliche und Heranwachsende in den Jugendstrafvollzug kommen, liegt in der Unfähigkeit, sich mit legalen Mittel zu wehren bzw ihre Interessen durchzusetzen. Vielen fehlt nicht nur die Kompetenz, sondern auch die Ausdauer, die zB eine Beschwerde gegen eine Ausnahme vom Jugendstrafvollzug erfordern würde. Sie wollen vieles gleich und jetzt und wenn sie es nicht bekommen, dann nehmen sie das widerspruchslos hin. Nur ganz wenige sind bei ihrem Termin vor dem Vollstreckungsleiter anwaltlich vertreten. Daher gehören die Ausnahmen vom Jugendstrafvollzug ver-

---

10 Dazu ansatzweise Brunner/Dölling, S. 622 f, allerdings ohne statistische Daten.
11 Strafvollzugsstatistik 2008, Tabelle 3.1., Lfd. Nr. 48.
12 Persönliche Mitteilung von Mitarbeitern des Kriminologischen Dienstes Baden-Württemberg.
13 Früher: § 92 Abs. 2 aF.

stärkt in den wissenschaftlichen und in den gerichtlichen Fokus. Dem wird die wissenschaftliche Fachdiskussion nicht gerecht, denn dazu gibt es keine nennenswerte Literatur, insbesondere keine rechtstatsächlichen Erhebungen, und nur kurze Anmerkungen in den gängigen Kommentaren zum JGG (Ausnahmen, welche die Regel bestätigen s.o.). Die Vollstreckungsleiter wenden § 89 b unter Umständen schematisch und zu großzügig an. Weil die jungen Gefangenen die Ausnahmen vom Jugendstrafvollzug offensichtlich widerspruchslos hinnehmen, können die Obergerichte dies nicht korrigieren.

II. Kriterien für die Ausnahme (§ 89 b Abs. 1)

11 Einige zulässige Kriterien mangelnder Eignung lassen sich aus der Richtlinie Nr. 1 zu § 114 entnehmen. Eine Ausnahme vom Jugendstrafvollzug empfiehlt sich danach einmal, wenn die erzieherische Einwirkung in der Jugendstrafanstalt keinen Erfolg verspricht. Zum anderen kommt die Anwendung von § 89 b Abs. 1 in Betracht, wenn von der Anwesenheit des betreffenden jungen Gefangenen erhebliche Nachteile für die Erziehung der anderen jungen Gefangenen zu befürchten ist. Das setzt im ersten Fall eine Behandlungsprognose und im zweiten Fall eine Gefährdungsprognose voraus. In beiden Fällen ist das nicht leicht. Außerdem sind damit erhebliche faktische und rechtliche Auswirkungen für den jungen Gefangenen verbunden.

12 Die vielen Ausnahmen vom Jugendstrafvollzug lassen befürchten, dass die Norm nicht immer rechtmäßig angewendet wird. Da die jungen Gefangenen sich nicht dagegen wehren, kann dies wissenschaftlich nicht mit Entscheidungen der Obergerichte belegt werden. Es wäre genauer zu prüfen, ob § 89 b Abs. 1 auch auf lästige Vollzugstörer angewendet wird oder insgesamt großzügig, um Belegungsprobleme im Jugendstrafvollzug zu korrigieren. Das wäre unzulässig. Ostendorf[14] warnt mit Recht davor, die Ausnahme vom Jugendstrafvollzug als „Strafmaßnahme" oder – besser ausgedrückt – zur Disziplinierung eines störenden jungen Gefangen einzusetzen. Oft werden die Probleme dadurch nicht gelöst, sondern in den Erwachsenenvollzug verlagert, wo sie sich chronifizieren können.

13 Bei der Ausnahme vom Jugendstrafvollzug handelt es sich auf der Tatbestandsseite um eine Entscheidung mit Beurteilungsspielraum und auf der Rechtsfolgenseite um eine Ermessensentscheidung des Vollstreckungsleiters.[15] Insgesamt sind die Kriterien für die Ausnahme vom Jugendstrafvollzug streng auszulegen.[16] Es bestehen begründete Zweifel, ob sich die Praxis daran hält.

III. Wirkungen der Ausnahme vom Jugendstrafvollzug

14 Eine rein faktische Wirkung der Ausnahme vom Jugendstrafvollzug ist, dass der junge Gefangene nicht mehr in einer Jugendstrafanstalt untergebracht, sondern in den Erwachsenenvollzug verlegt wird. Damit stehen ihm die erweiterten Möglichkeiten des Jugendstrafvollzugs nicht mehr zur Verfügung. Auf der anderen Seite kommt er als „Kalbfleisch" (sic: Jargon) in eine meist von Subkultur geprägte Erwachsenenanstalt. Dort steht er in der Gefangenenhierarchie unten. Das birgt die Gefahr der finanziellen Ausbeutung, des sexuellen Missbrauchs, von Dienstleitungen für andere Gefangene und anderer schädlicher Folgen des Erwachsenenvollzugs.

---

14 Ostendorf, §§ 91-92 Rn 1.
15 § 91 Abs. 1 Satz 1: „kann", Satz 2 „soll".
16 Zum Umfang der erforderlichen Ermessenserwägungen: OLG Hamm v. 19.4.1967, 1 VAs 7/67, NJW 1967, 1976.

Hinzu kommen rechtliche Auswirkungen. Eine Frage ist, ob mit der Ausnahme vom Jugendstrafvollzug noch Jugendstrafvollzugsrecht oder ob Erwachsenenvollzugsrecht angewendet wird. Übereinstimmend geht man davon aus, dass mit der Ausnahme vom Jugendstrafvollzug Erwachsenenvollzugsrecht zur Anwendung kommt. Das entspricht der wörtlichen Auslegung („Ausnahme vom Jugendstrafvollzug"). Auch unter systematischen Gesichtspunkten dürfte es richtig sein, dass für die Gefangenen einer Anstalt ein einheitliches Vollzugsrecht gilt. Und schließlich entspricht es Sinn und Zweck der Ausnahme, dass danach das Vollzugsrecht für erwachsene Gefangene gilt. Das gilt auch für Rechtsbehelfe. Nach § 92 Abs. 6 wird die örtliche Strafvollstreckungskammer zuständig. 15

Zunächst war strittig, nach welchen Vorschriften bei einer Ausnahme vom Jugendstrafvollzug die Aussetzung einer Reststrafe zu beurteilen ist. Man könnte argumentieren, dass mit der Ausnahme vom Jugendstrafvollzug auch vollstreckungsrechtlich Erwachsenenrecht gilt und daher § 57 StGB und nicht mehr § 88 anzuwenden ist. Das hätte schon deshalb erhebliche praktische Bedeutung, weil der Rest einer Jugendstrafe bereits nach einem Drittel (vgl. § 88 Abs. 2 Satz 2), der Rest einer Freiheitsstrafe aber erst nach der Hälfte zur Bewährung ausgesetzt werden kann (vgl. § 57 Abs. 1 Nr. 1 StGB). Mittlerweile hat sich die bereits 1992 von Kühn[17] angedeutete Linie durchgesetzt, wonach § 88 JGG Prüfungsmaßstab ist: „Auch wenn nach Herausnahme eines zu Jugendstrafe Verurteilten aus dem Jugendstrafvollzug und Abgabe der Vollstreckung an die Vollstreckungsbehörde die Entscheidung über die Aussetzung eines Strafrestes zur Bewährung nunmehr der zuständigen Strafvollstreckungskammer obliegt (§ 85 Abs. 6 Satz 2 JGG), so wird doch weiter Jugendstrafe vollstreckt, für deren Aussetzung § 88 JGG maßgeblich bleibt. Die Annahme, § 57 StGB werde statt § 88 JGG anwendbar, weil § 454 StPO auf § 57 StGB verweist, ist weder nach dem Wortlaut noch nach dem Sinnzusammenhang der Vorschrift geboten; im Übrigen schon wegen des nach Rechtskraft erst recht fortgeltenden Verschlechterungsverbot nicht akzeptabel. Auch der Entwurfsbegründung ist zu entnehmen, dass es dem Gesetzgeber nur um eine Änderung der Zuständigkeit für die Entscheidungen im Vollstreckungsverfahren, hier über die Aussetzung eines Strafrestes zur Bewährung ging, nicht um eine Änderung der materiellen Grundlagen für die Aussetzung." Diese Ansicht hat sich in Literatur, Rechtsprechung und Praxis durchgesetzt.[18] 16

Da die Ausnahme vom Jugendstrafvollzug „nicht erziehbare" junge Gefangene und junge „Vollzugsstörer" betrifft, könnte man annehmen, dass sich diese „bösen Buben" nach Ausnahme vom Jugendstrafvollzug schlecht bewähren, was durch die Ausnahme vom Jugendstrafvollzug unter Umständen prozessual noch verstärkt wird. Dazu finden sich in der kriminologischen Literatur aber erstaunlicherweise keine Hinweise; zum Teil wird sogar auf ein günstiges Abschneiden der Ausgenommen hingewiesen.[19] Auch diese Befunde lassen daran zweifeln, ob die Vorschriften über die Ausnahme vom Jugendstrafvollzug immer sachgerecht angewendet wurden. 17

Bei der Ausnahme vom Jugendstrafvollzug fällt die Zuständigkeit nicht kraft Gesetzes an den allgemeinen Vollstreckungsleiter nach § 84 zurück. Zulässig ist die Vollstreckungsabgabe nach § 85 Abs. 3 an den Jugendrichter, in dessen Bezirk 18

---

17 Kühn, NStZ 1992, 527.
18 Zum Meinungsstand Ostendorf, § 88 Rn 1 mN.
19 Dolde/Grübl, S. 30; dies. bei Kerner/Dolde/May, S. 252.

die Erwachsenenstrafanstalt liegt, in der die Jugendstrafe nach § 92 Abs. 2 und 3 vollzogen wird.[20]

IV. Ähnliche Rechtsinstitute

19 Ein korrespondierendes Rechtsinstitut ist § 114 JGG über den Vollzug von Freiheitsstrafe in der Einrichtung für den Vollzug der Jugendstrafe. Danach dürfen Verurteilte, die zu Freiheitsstrafe verurteilt sind, das 24. Lebensjahr noch nicht vollendet haben und sich für den Jugendstrafvollzug eignen, in den Jugendstrafvollzug verlegt werden. Das ist praktisch das Gegenstück zu § 89 b und bringt zum Ausdruck, dass das Jugendstrafrecht und der Jugendstrafvollzug altersflexible Lösungen anstreben.

20 Zutreffend weist Ostendorf[21] für Ausländer auf die in der Praxis vernachlässigte Bestimmung des § 456 a StPO hin: „Wenn der Verurteilte wegen einer anderen Tat einer ausländischen Regierung ausgeliefert oder wenn er aus dem Geltungsbereich dieses Bundesgesetzes ausgewiesen wird, kann von der Vollstreckung der Jugendstrafe oder einer Maßregel der Besserung und Sicherung abgesehen werden." Über diesen Weg können Strafübel und Haftkosten gespart werden; es besteht aber auch die Gefahr einer allzu intensiven Ausweisungspraxis.

V. Zuständigkeit (§ 89 b Abs. 2)

21 Nach dem eindeutigen Wortlaut von Abs. 2 entscheidet der Vollstreckungsleiter über die Ausnahme vom Jugendstrafvollzug. Er ist insoweit weisungsunabhängig.

VI. Verfahrenshinweise

22 **1. Antragstellung.** Zur Antragstellung ist der Leiter der Jugendstrafanstalt und auch der junge Gefangene berufen. Stellt ein junger Gefangener den Antrag, so hat der Vollstreckungsleiter besonders gründlich zu prüfen, ob der Antrag begründet ist. Zuweilen werden solche Anträge im Rahmen von Kurzschlusshandlungen oder momentaner Verärgerung gestellt.

▶ Formulierungshinweis für den Antrag:

„Es wird beantragt, den jungen Gefangenen ... (Name) vom Jugendstrafvollzug auszunehmen." ◀

23 **2. Rechtsbehelfe.** Die Entscheidung des Vollstreckungsleiters, den Verurteilten aus dem Jugendstrafvollzug herauszunehmen, ist mit der sofortigen Beschwerde anfechtbar (§ 92 Abs. 3).[22] Hier gilt dasselbe wie zu den Rechtsbehelfen im Jugendstrafvollzug. Die jungen Gefangenen machen davon keinen Gebrauch. Daher gibt es auch keine einschlägige Rechtsprechung, die hier dargestellt und analysiert werden könnte.

▶ Formulierungshinweis für den Antrag:

„Es wird beantragt, die Ausnahme des jungen Gefangenen ... (Name) aus dem Jugendstrafvollzug im Beschluss des Vollstreckungsleiters beim Amtsgericht ... (Name) vom ... (Datum) aufzuheben." ◀

---

20 BGH v. 2.6.1995, 2 ARs 128/95, NStZ 1995, 567 mit vorliegendem LS der Schriftleitung.
21 Ostendorf, §§ 91 – 92 Rn 2.
22 So LG Koblenz v. 27.8.1996, 2 Qs 57/96, NStZ-RR 1997, 53; für einen Antrag auf gerichtliche Entscheidung nach §§ 23 ff EGGVG OLG Hamm v. 19.4.1967, 1 VAs 7/67, NJW 1967, 1976.

VII. Reformbedarf

Es gibt nicht nur Jugendliche und Erwachsene. Anthropologisch und rechtlich zu berücksichtigen ist die Adoleszenzphase mit ihren biologischen, psychologischen und sozialen Aspekten und Entwicklungsprozessen.[23] Die Adoleszenz ist eine auf vielen Gebieten vernachlässigte Entwicklungsphase, gerade bei jungen Männern. Das gilt auch für den Freiheitsentzug. Das hinter der Ausnahme von Jugendstrafvollzug stehende duale Prinzip von Jugendstrafvollzug und Erwachsenenvollzug ist nach hier vertretener Ansicht reformbedürftig. Damit berührt die Ausnahme vom Jugendstrafvollzug ein zentrales vollzugsorganisatorisches Problem. 24

Will man die Besonderheiten von Heranwachsenden und jungen Volljährigen berücksichtigen, so darf man sie unter vollzuglichen Gesichtspunkten nicht einfach den „Jugendlichen" oder den „Erwachsenen" zuordnen. Neben Jugendstrafanstalten (nach hier vertretener Ansicht für Jugendliche) und Justizvollzugsanstalten für Erwachsene (nach hier vertretener Ansicht ab 25 Jahre) sollte es eigene Justizvollzugsanstalten für Heranwachsende und junge Volljährige geben. Das könnte auf verschiedenen Wegen erreicht werden. So könnte man die Heranwachsenden durch ersatzlose Streichung von § 105 JGG ganz aus dem Jugendstrafrecht ausnehmen und im Rahmen des Erwachsenenstrafvollzugs eigene Jungtäteranstalten einrichten. Wenn das zu weit geht, könnte man im Rahmen des Jugendstrafvollzugs eigene Anstalten für Jungtäter etablieren. Für dieses Modell hat sich Baden-Württemberg entschieden und in § 4 Abs. 4 JVollzGB I bestimmt: „Jugendliche sollen von Heranwachsenden und jungen Erwachsenen getrennt untergebracht und altersgemäß erzogen werden." In der Begründung des Regierungsentwurfs heißt es dazu: „Für die Differenzierung des Jugendvollzuges und die Option eines dreigeteilten Vollzuges ... ist darauf hinzuweisen, dass die Jugendlichen im baden-württembergischen Jugendstrafvollzug eine zahlenmäßige Minderheit darstellen. Derzeit gehen im Jahr ca. 120 Jugendliche zwischen 14 und 18 Jahren zu, jedoch ca. 400 Heranwachsende zwischen 18 und 21 Jahren und ca. 240 junge Erwachsene bis 24 Jahre. Dementsprechend werden in jedem Jahr mehrere hundert junge Gefangene aus dem Jugendstrafvollzug ausgenommen (vgl § 92 Absatz 2 JGG). Auch diese Zahl spricht für eine jugendstrafrechtliche Neuregelung im Umgang mit Heranwachsenden." Hieraus ergibt sich außerdem eine aufschlussreiche Altersstruktur beim Zugang der jungen Gefangenen: (nur) 16 Prozent Jugendliche, 53 Prozent Heranwachsende, 32 Prozent Erwachsene. Das baden-württembergische Modell ist noch in die Praxis umzusetzen. Positive Erfahrungen sind aus den Justizvollzugsanstalten Schwäbisch Hall und Ravensburg bekannt, die schwerpunktmäßig für junge Volljährige zuständig sind. 25

Vierter Unterabschnitt Untersuchungshaft

§ 89 c Vollstreckung der Untersuchungshaft

[1]Solange zur Tatzeit Jugendliche das 21. Lebensjahr noch nicht vollendet haben, wird die Untersuchungshaft nach den Vorschriften für den Vollzug der Untersuchungshaft an jungen Gefangenen und nach Möglichkeit in den für junge Gefangene vorgesehenen Einrichtungen vollzogen. [2]Ist die betroffene Person bei Vollstreckung des Haftbefehls 21, aber noch nicht 24 Jahre alt, kann die Untersu-

---

23 Zur Entwicklung in der Adoleszenz statt aller Remschmidt, Psychiatrie der Adoleszenz, 1992, S. 9 ff.

chungshaft nach diesen Vorschriften und in diesen Einrichtungen vollzogen werden. ³Die Entscheidung trifft das Gericht. ⁴Die für die Aufnahme vorgesehene Einrichtung ist vor der Entscheidung zu hören.

I. Gesetzgebungsgeschichte......	1	3. Junge Erwachsene	
II. Anwendungsbereich...........	2	(S. 2 bis 4)................	10
III. Regelungsgehalt..............	8	IV. Formulierungshinweise......	12
1. Jugendliche bis 21 Jahre		V. Rechtstatsächliche Situation..	13
(S. 1)......................	8	VI. Struktur der Jugenduntersuchungshaft.....................	14
2. Vollzug nach den für junge Gefangene geltenden Vorschriften (S. 1).............	9		

Ergänzende Vorschriften für junge Untersuchungsgefangene aus den landesrechtlichen Gesetzen zum Vollzug der Untersuchungshaft (folgend Länder-UVollzGe) der Länder Berlin, Brandenburg, Bremen, Hamburg, Hessen, Mecklenburg-Vorpommern, Rheinland-Pfalz, Saarland, Sachsen, Sachsen-Anhalt, Schleswig-Holstein und Thüringen, vgl Rn 9.

§ 66 Länder-UVollzGe [Anwendungsbereich]

(1) Auf Untersuchungsgefangene, die zur Tatzeit das 21. Lebensjahr noch nicht vollendet hatten und die das 24. Lebensjahr noch nicht vollendet haben (junge Untersuchungsgefangene), findet dieses Gesetz nach Maßgabe der Bestimmungen dieses Abschnitts Anwendung.

(2) ¹Von einer Anwendung der Bestimmungen dieses Abschnitts sowie des § 11 Absatz 2 auf volljährige junge Untersuchungsgefangene kann abgesehen werden, wenn die erzieherische Ausgestaltung des Vollzugs für diese nicht oder nicht mehr angezeigt ist. ²Die Bestimmungen dieses Abschnitts können ausnahmsweise auch über die Vollendung des 24. Lebensjahres hinaus angewendet werden, wenn dies im Hinblick auf die voraussichtlich nur noch geringe Dauer der Untersuchungshaft zweckmäßig erscheint.

§ 67 Länder-UVollzGe [Vollzugsgestaltung]

(1) ¹Der Vollzug ist erzieherisch zu gestalten. ²Die Fähigkeiten der jungen Untersuchungsgefangenen zu einer eigenverantwortlichen und gemeinschaftsfähigen Lebensführung in Achtung der Rechte Anderer sind zu fördern.

(2) ¹Den jungen Untersuchungsgefangenen sollen neben altersgemäßen Bildungs-, Beschäftigungs- und Freizeitmöglichkeiten auch sonstige entwicklungsfördernde Hilfestellungen angeboten werden. ²Die Bereitschaft zur Annahme der Angebote ist zu wecken und zu fördern.

(3) In diesem Gesetz vorgesehene Beschränkungen können minderjährigen Untersuchungsgefangenen auch auferlegt werden, soweit es dringend geboten ist, um sie vor einer Gefährdung ihrer Entwicklung zu bewahren.

§ 68 Länder-UVollzGe [Zusammenarbeit und Einbeziehung Dritter]

(1) Die Zusammenarbeit der Anstalt mit staatlichen und privaten Institutionen erstreckt sich insbesondere auch auf Jugendgerichtshilfe, Jugendamt, Schulen und berufliche Bildungsträger.

(2) Die Personensorgeberechtigten sind, soweit dies möglich ist und eine verfahrenssichernde Anordnung nicht entgegensteht, in die Gestaltung des Vollzugs einzubeziehen.

(3) Die Personensorgeberechtigten und das Jugendamt werden von der Aufnahme, von einer Verlegung und der Entlassung unverzüglich unterrichtet.

§ 69 Länder-UVollzGe [Ermittlung des Förder- und Erziehungsbedarfs, Maßnahmen]
(1) Nach der Aufnahme wird der Förder- und Erziehungsbedarf der jungen Untersuchungsgefangenen unter Berücksichtigung ihrer Persönlichkeit und ihrer Lebensverhältnisse ermittelt.
(2) ¹In einer Konferenz mit an der Erziehung maßgeblich beteiligten Bediensteten werden der Förder- und Erziehungsbedarf erörtert und die sich daraus ergebenden Maßnahmen festgelegt. ²Diese werden mit den jungen Untersuchungsgefangenen besprochen und den Personensorgeberechtigten auf Verlangen mitgeteilt.
(3) Zur Erfüllung der Aufgabe nach Absatz 1 dürfen personenbezogene Daten abweichend von § 89 Absatz 2 ohne Mitwirkung der Betroffenen erhoben werden bei Stellen, die Aufgaben der Jugendhilfe wahrnehmen, bei der Jugendgerichtshilfe und bei Personen und Stellen, die bereits Kenntnis von der Inhaftierung haben.

§ 70 Länder-UVollzGe [Unterbringung]
(1) Die jungen Untersuchungsgefangenen können in Wohngruppen untergebracht werden, zu denen neben den Hafträumen weitere Räume zur gemeinsamen Nutzung gehören.
(2) Die gemeinschaftliche Unterbringung während der Bildung, Arbeit und Freizeit kann über § 12 Absatz 3 hinaus auch eingeschränkt oder ausgeschlossen werden, wenn dies aus erzieherischen Gründen angezeigt ist, schädliche Einflüsse auf die jungen Untersuchungsgefangenen zu befürchten sind oder während der ersten zwei Wochen nach der Aufnahme.
(3) Eine gemeinsame Unterbringung nach § 13 Absatz 1 Satz 2 ist nur zulässig, wenn schädliche Einflüsse auf die jungen Untersuchungsgefangenen nicht zu befürchten sind.

§ 71 Länder-UVollzGe [Schulische und berufliche Aus- und Weiterbildung, Arbeit]
(1) Schulpflichtige Untersuchungsgefangene nehmen in der Anstalt am allgemein- oder berufsbildenden Unterricht in Anlehnung an die für öffentliche Schulen geltenden Bestimmungen teil.
(2) Minderjährige Untersuchungsgefangene können zur Teilnahme an schulischen und beruflichen Orientierungs-, Aus- und Weiterbildungsmaßnahmen oder speziellen Maßnahmen zur Förderung ihrer schulischen, beruflichen oder persönlichen Entwicklung verpflichtet werden.
(3) Den übrigen jungen Untersuchungsgefangenen soll nach Möglichkeit die Teilnahme an den in Absatz 2 genannten Maßnahmen angeboten werden.
(4) Im Übrigen bleibt § 24 Absatz 2 unberührt.

§ 72 Länder-UVollzGe [Besuche, Schriftwechsel, Telefongespräche]
(1) ¹Abweichend von § 33 Absatz 1 Satz 2 beträgt die Gesamtdauer des Besuchs für junge Untersuchungsgefangene mindestens vier Stunden im Monat. ²Über § 33 Absatz 3 hinaus sollen Besuche auch dann zugelassen werden, wenn sie die Erziehung fördern.
(2) Besuche von Kindern junger Untersuchungsgefangener werden nicht auf die Regelbesuchszeiten angerechnet.
(3) Bei minderjährigen Untersuchungsgefangenen können Besuche, Schriftwechsel und Telefongespräche auch untersagt werden, wenn Personensorgeberechtigte nicht einverstanden sind.

(4) Besuche dürfen über § 35 Absatz 3 hinaus auch abgebrochen werden, wenn von Besuchern ein schädlicher Einfluss ausgeht.

(5) Der Schriftwechsel kann über § 36 Absatz 2 hinaus bei Personen, die nicht Angehörige (§ 11 Absatz 1 Nummer 1 des Strafgesetzbuchs) der jungen Untersuchungsgefangenen sind, auch untersagt werden, wenn zu befürchten ist, dass der Schriftwechsel einen schädlichen Einfluss auf die jungen Untersuchungsgefangenen hat.

(6) Für Besuche, Schriftwechsel und Telefongespräche mit Beiständen nach § 69 des Jugendgerichtsgesetzes gelten §§ 34, 35 Absatz 4, § 37 Absatz 2 und § 39 Absatz 4 entsprechend.

§ 73 Länder-UVollzGe [Freizeit und Sport]

(1) [1]Zur Ausgestaltung der Freizeit sind geeignete Angebote vorzuhalten. [2]Die jungen Untersuchungsgefangenen sind zur Teilnahme und Mitwirkung an Freizeitangeboten zu motivieren.

(2) Über § 16 Satz 2 hinaus ist der Besitz eigener Fernsehgeräte und elektronischer Medien ausgeschlossen, wenn erzieherische Gründe entgegenstehen.

(3) [1]Dem Sport kommt bei der Gestaltung des Vollzugs an jungen Untersuchungsgefangenen besondere Bedeutung zu. [2]Es sind ausreichende und geeignete Angebote vorzuhalten, um den jungen Untersuchungsgefangenen eine sportliche Betätigung von mindestens zwei Stunden wöchentlich zu ermöglichen.

§ 74 Länder-UVollzGe [Besondere Sicherungsmaßnahmen]

§ 49 Absatz 3 gilt mit der Maßgabe, dass der Entzug oder die Beschränkung des Aufenthalts im Freien nicht zulässig ist.

§ 75 Länder-UVollzGe [Konfliktregelung, erzieherische Maßnahmen, Disziplinarmaßnahmen]

(1) [1]Verstöße der jungen Untersuchungsgefangenen gegen Pflichten, die ihnen durch dieses Gesetz oder auf Grund dieses Gesetzes auferlegt sind, sind unverzüglich erzieherisch aufzuarbeiten. [2]Dabei können Maßnahmen zur Konfliktregelung oder erzieherische Maßnahmen ergriffen werden. [3]Als Maßnahmen zur Konfliktregelung kommen namentlich in Betracht eine Entschuldigung, Schadensbeseitigung oder Schadenswiedergutmachung. [4]Als erzieherische Maßnahmen können den jungen Untersuchungsgefangenen insbesondere Handlungsanweisungen erteilt und Verpflichtungen auferlegt werden, die geeignet sind, den jungen Untersuchungsgefangenen ihr Fehlverhalten und die Notwendigkeit einer Verhaltensänderung bewusst zu machen.

(2) Die Anstaltsleiterin oder der Anstaltsleiter legt fest, welche Bediensteten befugt sind, Maßnahmen nach Absatz 1 anzuordnen.

(3) Es sollen nur solche Maßnahmen nach Absatz 1 angeordnet werden, die mit der Verfehlung in Zusammenhang stehen.

(4) [1]Disziplinarmaßnahmen dürfen nur angeordnet werden, wenn Maßnahmen nach Absatz 1 nicht ausreichen, um den jungen Untersuchungsgefangenen das Unrecht ihrer Handlung zu verdeutlichen. [2]Zu berücksichtigen ist ferner eine aus demselben Anlass angeordnete besondere Sicherungsmaßnahme.

(5) Gegen junge Untersuchungsgefangene dürfen Disziplinarmaßnahmen nach § 61 Absatz 1 Nummer 1 und 6 nicht verhängt werden, Arrest nach § 61 Absatz 1 Nummer 7 ist nur bis zu zwei Wochen zulässig und erzieherisch auszugestalten.

I. Gesetzgebungsgeschichte

§ 89 c wurde durch das Gesetz zur Änderung des Untersuchungshaftrechts (UHaftRÄndG) v. 29.7.2009 (BGBl. I, 2274) eingeführt. Die Vorschrift ist am 1.1.2010 in Kraft getreten.

II. Anwendungsbereich

Die materiellrechtlichen Anordnungsvoraussetzungen für die Untersuchungshaft ergeben sich auch bei Jugendlichen, Heranwachsenden und jungen Erwachsenen aus §§ 112 ff StPO (Haftgrund: Flucht oder Fluchtgefahr, Verdunkelungsgefahr, Wiederholungsgefahr, schwere Straftat nach § 112 Abs. 3 StPO; dringender Tatverdacht; Verhältnismäßigkeit). Bei Jugendlichen kommen die einschränkenden Voraussetzungen des § 72 dazu. Zu prüfen ist außerdem immer, ob eine einstweilige Unterbringung in einem geeigneten Heim der Jugendhilfe gemäß § 71 Abs. 2 ausreicht.

§ 89 c regelt die Vollstreckung der Untersuchungshaft („Wo"), nicht den Vollzug der Untersuchungshaft.[1] Sie enthält eine Verweisungsnorm auf die landesrechtlichen Untersuchungshaftvollzugsgesetze und bestimmt, in welchen Einrichtungen Untersuchungshaft bei jungen Untersuchungsgefangenen vollzogen wird. Das eigentliche Vollzugsrecht („Wie") ist in den landesrechtlichen Untersuchungshaftvollzugsgesetzen enthalten.[2]

Die Vorschrift gilt nach S. 1 zwingend für Jugendliche, die zur Tatzeit das 21. Lebensjahr noch nicht vollendet haben. Nach S. 2 gilt sie darüber hinaus fakultativ für Personen, die bei Vollstreckung des Haftbefehls 21, aber noch nicht 24 Jahre alt sind. Damit erhält die Jugenduntersuchungshaft ein weites Altersspektrum mit zahlreichen Folgeproblemen.[3]

Mit der Regelung in § 89 c nimmt der Bund den Ländern die Möglichkeit, andere Altersgrenzen zu bestimmen, etwa den Anwendungsbereich auf „echte" Jugendliche (bis 18 Jahre) zu begrenzen. Der Bund reklamiert die Gesetzgebungszuständigkeit insoweit – ohne eingehende Begründung zur Sache – aus dem Vollstreckungsrecht.[4] Das ist höchst strittig. Ebenso gut, ggf noch besser, ließe sich vertreten, dass das Vollzugsrecht, das in der Gesetzgebungskompetenz der Länder steht, die Altersgrenzen für das anzuwendende Vollzugsrecht bestimmt. Auch inhaltlich ist die Regelung problematisch, weil sie – anders als die derzeit noch geltende materielle Rechtslage nach dem JGG – die Heranwachsenden automatisch in das Recht der Jugenduntersuchungshaft einbezieht und für die Jungerwachsenen eine Kann-Regelung vorsieht. Soweit der Bund dabei auf eine „sich abzeichnende Jugendstrafe" abstellt, verstößt das gegen die Unschuldsvermutung. Insgesamt ist § 89 c ein weiteres Beispiel dafür, dass die Kompetenzen von Bund und Ländern nach der Föderalismusreform nicht eindeutig abgegrenzt sind und der Bund in den Zuständigkeitsbereich der Länder eingreift.

---

1 Eisenberg, 14. Aufl., nimmt § 89 c als „Aufhänger", um in Rn 2 ff in Grundzügen den Vollzug der Untersuchungshaft an jungen Gefangenen darzustellen. Das ist – wie bei § 89 b – missverständlich und systematisch wenig glücklich, weil § 89 c (nur) eine vollstreckungsrechtliche Regelung enthält.
2 Zur Neuregelung des Untersuchungshaftrechts mit rechtstatsächlichen Daten und unter Berücksichtigung junger U-Gefangener Ostendorf, ZJJ 2010, 341 – 346.
3 Zur Praxis des Vollzugs der Jugenduntersuchungshaft die Bestandsaufnahme von Villmow/Savinsky/Woldmann, Der Vollzugsdienst (Beilage: Blätter für Strafvollzugskunde), 1/2011, S. 1 – 12.
4 BT-Drucks. 16/11644, 36.

6   Anstelle der Vorgabe von Altersgrenzen für die Jugenduntersuchungshaft hätte der Bund besser die sogenannte Rechtsmittelhaft geregelt. Die Zeit zwischen einer Verurteilung zu Jugend- oder Freiheitsstrafe bis zur nächsten Instanz bzw zur Rechtskraft des Urteils ist für den jungen Gefangenen verlorene Zeit, in der er der Subkultur ausgesetzt ist und keine erzieherischen Maßnahmen, insbesondere keine Schul- oder Berufsausbildung, stattfinden. So hätte man gesetzlich ermöglichen können, den jungen Gefangenen mit seinem Einverständnis und ggf dem der Erziehungsberechtigten in den Jugendstrafvollzug zu verlegen, wenn er erstinstanzlich zu einer unbedingten Jugendstrafe verurteilt wurde. Das könnten die Länder nach hier vertretener Ansicht immer noch selbst bestimmen.

7   Für den Anwendungsbereich ist es gleichgültig, ob die Untersuchungshaft durch den Jugendrichter oder von einem für allgemeine Strafsachen zuständigen Gericht angeordnet wurde.

III. Regelungsgehalt

8   **1. Jugendliche bis 21 Jahre (S. 1).** S. 1 unterwirft die zur Tatzeit „Jugendlichen", gemeint sind wohl „junge Menschen", den landesrechtlichen Vorschriften für den Vollzug der Untersuchungshaft an jungen Gefangenen. Außerdem werden sie „nach Möglichkeit" in die für junge Gefangene vorgesehenen Einrichtungen eingewiesen. Gesetzestechnisch wäre es besser gewesen, der Gesetzgeber hätte die „Jugendlichen" nicht in S. 1, sondern in einem Abs. 1 und die älteren Untersuchungsgefangenen nicht in den Sätzen 2 bis 4, sondern in einem Abs. 2 geregelt, weil bei den „Jugendlichen" bis 21 Jahren keine gerichtliche Entscheidung notwendig ist und dafür auch keine zuständige Stelle („Gericht") bestimmt werden muss.

9   **2. Vollzug nach den für junge Gefangene geltenden Vorschriften (S. 1).** Das Untersuchungshaftvollzugsrecht für junge Untersuchungsgefangene ist nach der Föderalismusreform wie folgt gesetzlich geregelt:[5]

Baden-Württemberg	Gesetzbuch über den Justizvollzug in Baden-Württemberg (Justizvollzugsgesetzbuch – JVollzGB) vom 10.11.2009 (GBl. 2009, 545): §§ 69 – 80 JVollzGB II
Bayern[6]	Noch nicht gesetzlich geregelt.
Berlin	Gesetz über den Vollzug der Untersuchungshaft in Berlin (Berliner Untersuchungshaftvollzugsgesetz – UvollzG Bln) vom 3.12.2009 (GVB. 686): §§ 66 – 75
Brandenburg	Gesetz über den Vollzug der Untersuchungshaft im Land Brandenburg (Brandenburgisches Untersuchungshaftvollzugsgesetz – BbgUVollzG) vom 8.7.2009 (GVB. 271): §§ 66 – 75

---

5   Kirschke/Brune, Der gemeinsame Gesetzentwurf der länderübergreifenden Arbeitsgruppe zum Untersuchungshaftvollzugsgesetz, Forum Strafvollzug 2009, 18, speziell zu jungen Untersuchungsgefangenen S. 20; Feest/Pollähne, Haftgründe und Abgründe. Eine Zwischenbilanz zur Untersuchungshaftgesetzgebung, Forum Strafvollzug 2009, 30.

6   Schneider, Überlegungen zu einem Bayerischen Untersuchungshaftvollzugsgesetz, Forum Strafvollzug 2009, 24.

Bremen	Gesetz zum Vollzug der Untersuchungshaft im Land Bremen (Bremisches Untersuchungshaftvollzugsgesetz – BremUVollzG) vom 2.3.2010 (GBl. 191): §§ 66 – 75
Hamburg	Gesetz zum Vollzug der Untersuchungshaft (Hamburgisches Untersuchungshaftvollzugsgesetz – HbgUVollzG) vom 15.12.2009 (GVBl. 473): §§ 72-83
Hessen	Hessisches Untersuchungshaftvollzugsgesetz (HUVollzG) vom 28.6.2010 (GVBl. 185): §§ 43 – 53
Mecklenburg-Vorpommern	Gesetz über den Vollzug der Untersuchungshaft in Mecklenburg-Vorpommern (Untersuchungshaftvollzugsgesetz Mecklenburg-Vorpommern – UVollzG M-V) vom 17.12.2009 (GVOBl. 763): 66 – 75
Niedersachsen[7]	Gesetz zur Neuregelung des Justizvollzuges in Niedersachsen (Niedersächsisches Justizvollzugsgesetz – NJVollzG) vom 14.12.2007 (GVBl. 720): §§ 157 – 166
Nordrhein-Westfalen	Gesetz zur Regelung des Vollzuges der Untersuchungshaft in Nordrhein-Westfalen (Untersuchungshaftvollzugsgesetz Nordrhein-Westfalen – UVollzG NRW) vom 27.10.2009 (GV. 540): §§ 48 – 53
Rheinland-Pfalz	Landesuntersuchungshaftvollzugsgesetz (LUVollzG) vom 15.9.2009 (GVl. 317): §§ 66 – 75
Saarland	Gesetz über den Vollzug der Untersuchungshaft im Saarland (Untersuchungshaftvollzugsgesetz – SUVollzG) vom 1.7.2009 (ABl. 1219): §§ 66 – 75
Sachsen	Sächsisches Gesetz über den Vollzug der Untersuchungshaft (Sächsisches Untersuchungshaftvollzugsgesetz – SächsUVollzG) vom 15.12.2010 (GVBl.): §§ 66 – 75
Sachsen-Anhalt	Gesetz über den Vollzug der Untersuchungshaft in Sachsen-Anhalt (Untersuchungshaftvollzugsgesetz Sachsen-Anhalt – UVollzG LSA) vom 22.3.2010 (GVBl. 157): §§ 66 – 75
Schleswig-Holstein	Gesetzentwurf der Landesregierung über den Vollzug der Untersuchungshaft in Schleswig-Holstein (Untersuchungshaftvollzugsgesetz – UVollzG) vom 11.3.2009: §§ 66 – 75 (noch im Gesetzgebungsverfahren)
Thüringen	Thüringer Gesetz über den Vollzug der Untersuchungshaft (Thüringer Untersuchungshaftvollzugsgesetz – ThürUVollzG) vom 8.7.2010 (GVBl. 553): §§ 66 – 83

---

7 Barkemeyer, Die Auswirkungen des niedersächsischen Untersuchungshaftrechts auf die Vollzugspraxis, Forum Strafvollzug 2009, 27.

10 Die ergänzenden Vorschriften für junge Untersuchungsgefangene beziehen sich – nicht in allen Gesetzen – auf folgende Regelungsbereiche:
- Anwendungsbereich;
- Trennungsgrundsätze;
- Aufgabenwahrnehmung;
- Gestaltung des Vollzuges;
- Zusammenarbeit und Einbeziehung Dritter;
- Ermittlung des Förder- und Erziehungsbedarfs;
- Betreuung und Unterbringung;
- Verkehr mit der Außenwelt;
- Bildung und Arbeit;
- Besuche, Schriftwechsel, Telefongespräche, Pakete;
- Gesundheitsfürsorge;
- Freizeit/Sport;
- Aufenthalt im Freien;
- Besondere Sicherungsmaßnahmen/Einzelhaft;
- Schusswaffengebrauch;
- Konfliktregelung erzieherische Maßnahmen, Disziplinarmaßnahmen;
- Beschwerderecht der Personensorgeberechtigten: Niedersachsen.

3. Junge Erwachsene (S. 2 bis 4).

11 S. 2 bestimmt, dass bei jungen Erwachsenen bis 24 Jahre die besonderen Vorschriften über junge Untersuchungsgefangene angewendet werden können. Die Entscheidung darüber hat der Bundesgesetzgeber dem „Gericht" zugeschrieben (S. 3). Baden-Württemberg hat nun bereits gesetzlich geregelt, dass alle jungen Erwachsenen nach den besonderen Vorschriften für junge Untersuchungsgefangene behandelt werden. Das gilt auch für die meisten anderen Länder in ähnlicher Weise. Berlin, Brandenburg, Bremen, Hamburg, Hessen, Mecklenburg-Vorpommern, Rheinland-Pfalz, Saarland, Sachsen, Sachsen-Anhalt, Schleswig-Holstein und Thüringen haben den Anwendungsbereich von § 89 c in § 66 Abs. 1 der Untersuchungshafthaftvollzugsgesetze im Grundsatz ebenso geregelt. Allerdings kann nach § 66 Abs. 2 von einer Anwendung abgesehen werden, wenn die erzieherische Ausgestaltung des Vollzugs für diese nicht oder nicht mehr angezeigt ist. Die Bestimmungen können ausnahmsweise auch über die Vollendung des 24. Lebensjahres hinaus angewendet werden, wenn dies im Hinblick auf die voraussichtlich nur noch geringe Dauer der Untersuchungshaft zweckmäßig erscheint. Diese Ausnahmeregelung ist sinnvoll. Ob sie mit dem eindeutigen Wortlaut von § 89 c S. 2 vereinbar ist, mag hier offen bleiben. Für eine Entscheidung des Gerichts (S. 2) und für eine Anhörung der für die Aufnahme vorgesehenen Einrichtung (S. 4) bleibt nach den landesrechtlichen Regelungen praktisch kein Raum.

IV. Formulierungshinweise

12 Soll ein junger Erwachsener nach § 89 c S. 3 in eine Einrichtung für junge Untersuchungsgefangene verlegt werden, so sollte das Gericht wie folgt tenorieren:

▶ „Der Untersuchungsgefangene ... (Name), geb. am ... (um zu zeigen, dass er zwischen 21 und 24 Jahre alt ist), wird in die nach dem Vollstreckungsplan zuständige Einrichtung für junge Untersuchungsgefangene eingewiesen und ist dorthin zu verlegen." ◀

Ist ein junger Untersuchungsgefangener nicht in einer Einrichtung für junge Untersuchungsgefangene untergebracht und will er dies erwirken, so ist zu beantragen.

▶ „Ich beantrage, mich in die nach dem Vollstreckungsplan zuständige Einrichtung für junge Untersuchungsgefangene zu verlegen." ◀

V. Rechtstatsächliche Situation

Am 31.3.2009 saßen in den deutschen Untersuchungshaftanstalten 435 Jugendliche und 1.130 Heranwachsende ein. Die Zahl der älteren Untersuchungsgefangenen lag deutschlandweit bei 9.820 Personen. Viel mehr als diese Grunddaten sind nicht verfügbar. So ist unter anderem nicht bekannt, wie oft nach Anordnung von Untersuchungshaft bei Jugendlichen und Heranwachsenden das Verfahren mit einer Verurteilung zu Jugend- bzw Freiheitsstrafe endet, wie häufig gegen 14- und 15-Jährige Untersuchungshaft angeordnet wird und wie sich bei Jugendlichen und Heranwachsenden die einzelnen Haftgründe verteilen.[8] Bekannt ist auch nicht, wer mit der Hauptverhandlung in Freiheit oder in den Jugendstrafvollzug gelangt oder wie lange bei Jugendlichen und Heranwachsenden die sogenannte Rechtsmittelhaft dauert. Ob sich bei jungen Untersuchungsgefangenen tatsächlich Jugendstrafe „abzeichnet", ist rechtstatsächlich offen.[9] Geht man von einer nur dreimonatigen Untersuchungshaftdauer aus, so kommt man bundesweit auf ca. 1.800 Jugendliche und 4.500 Heranwachsende, die in Untersuchungshaft genommen werden. Unter Berücksichtigung der einschneidenden Wirkungen der Untersuchungshaft und der Weichen stellenden Funktion einer ersten Inhaftierung gerade bei diesem Personenkreis sollten die gesetzlichen Regelungen und die Untersuchungshaftvollzugspraxis vielmehr im Fokus der Rechtspolitik stehen. Andererseits deuten die bundesweiten Grunddaten an, dass gerade die „echten" Jugendlichen in den einzelnen Bundesländern eine kleine Gruppe von Inhaftierten darstellen und es von daher schwierig ist, die Trennungsgebote einzuhalten und eine den internationalen Standards entsprechende Vollzugsgestaltung zu gewährleisten. Angesichts der unzureichenden Datenlage ist eine gründliche rechtstatsächliche Untersuchung auf Bundesebene dringend geboten.

13

VI. Struktur der Jugenduntersuchungshaft

„In den Ländern gibt es keine eigenen Untersuchungshaftanstalten für Jugendliche. Vielmehr werden die männlichen jungen Untersuchungsgefangenen grundsätzlich in gesonderten Abteilungen von Untersuchungshaftanstalten, von Jugendstraf- oder Justizvollzugsanstalten oder in eigenen, von der Hauptanstalt getrennten Untersuchungshaftbereichen bzw in einem gesonderten Hafthaus einer Justizvollzugsanstalt untergebracht. Ausnahmen bestehen nur in wenigen Ländern, wo aufgrund der geringen Anzahl keine reinen Untersuchungshaftabteilungen für junge Gefangene eingerichtet werden können, die jungen Untersuchungsgefangenen aber unter Beachtung des Gebots der Tatgenossentrennung in einer geeignet erscheinenden Gruppe untergebracht werden".[10] In Bayern wird die Untersuchungshaft an männlichen Jugendlichen im Alter von 14 bis 15 Jahren in der Justizvollzuganstalt Laufen-Lebenau vollzogen."[11]

14

---

8 BT-Drucks. 16/13142, 59/60, zu den Fragen 103 – 105;.
9 Zu BT-Drucks. 16/11644, 36.
10 BT-Drucks. 16/13142, 60, zu Frage 107.
11 Vollstreckungsplan für den Freistaat Bayern, Anmerkung 1 zu Anl. 1.1. bis 1.14.;.

Zweiter Abschnitt Vollzug

§ 90 Jugendarrest

(1) ¹Der Vollzug des Jugendarrestes soll das Ehrgefühl des Jugendlichen wecken und ihm eindringlich zum Bewußtsein bringen, daß er für das von ihm begangene Unrecht einzustehen hat. ²Der Vollzug des Jugendarrestes soll erzieherisch gestaltet werden. ³Er soll dem Jugendlichen helfen, die Schwierigkeiten zu bewältigen, die zur Begehung der Straftat beigetragen haben.

(2) ¹Der Jugendarrest wird in Jugendarrestanstalten oder Freizeitarresträumen der Landesjustizverwaltung vollzogen. ²Vollzugsleiter ist der Jugendrichter am Ort des Vollzugs.

Richtlinie zu § 90
Für den Vollzug des Jugendarrestes in Vollzugseinrichtungen der Landesjustizverwaltungen bestimmt die Jugendarrestvollzugsordnung das Nähere.

Schrifttum:
BMI/BMJ (Hrsg.): 2. Periodischer Sicherheitsbericht, 2006; BT-Drucks. 16/13142, 59; *Heinz,* Jugendarrest und Jugendarrestvollzug in Deutschland 1963 bis 2006, Unveröffentlichtes Manuskript 2008, 28 S.

I. Geltendes Recht 1	3. Struktur des Jugendarrests 22
1. Anwendungsbereich des § 90 1	4. Aufnahme 25
2. Gesetzliche Regelung und Rechtsprechung 4	5. Unterbringung 26
3. Gesetzgebungskompetenz 8	6. Hygiene, Kleidung, Bettzeug, Ernährung 27
4. Rechtstatsächliche Situation 9	7. Gesundheit 28
5. Wirkungen des Jugendarrestvollzuges 13	8. Aktivitäten 29
6. Vorarbeiten für landesrechtliche Jugendarrestvollzugsgesetze 14	9. Außenkontakte 35
a) DVJJ-Fachkommission 2009 14	10. Gedanken-, Gewissens- und Religionsfreiheit 36
b) Aktivitäten in Bund und Ländern 15	11. Ordnung und Zwang 37
c) Eigener Diskussionsentwurf 16	12. Vorbereitung auf die Entlassung 40
II. Eigener Diskussionsentwurf (DiskE) 18	13. Besondere Gruppen von Jugendlichen im Jugendarrest 41
1. Grundprinzipien 19	14. Personal 42
2. Allgemeine Vollzugsgrundsätze 21	15. Beschwerdeverfahren, Inspektion und Kontrolle 43
	16. Evaluation und Forschung, Verhältnis zu Medien und Öffentlichkeit 45
	III. Alternativen 47

I. Geltendes Recht

1 **1. Anwendungsbereich des § 90.** In § 90 ist der Vollzug des Jugendarrests – in Bruchstücken – geregelt. Die Vorschrift steht im Zusammenhang mit § 16; dort sind Freizeit-, Kurz- und Dauerarrest als jugendstrafrechtliche Zuchtmittel normiert. Für den Vollzug des Jugendarrests ist aus § 16 zu entnehmen, dass es solche Maßnahmen gibt und welche Dauer sie haben. Freizeitarrest ist danach auf bis

zu zwei Freizeiten[1] zu bemessen. Kurzarrest darf eine Woche, Dauerarrest vier Wochen nicht übersteigen. Vor der Anordnung des Jugendarrests ist zu beachten, dass Erziehungsmaßregeln einen Vorrang vor Zuchtmitteln haben; § 5 Abs. 2 betrifft aber nur das Erkenntnisverfahren.

Darüber hinaus gibt es den sogenannten „Ungehorsamsarrest"[2] nach §§ 11 Abs. 3, 15 Abs. 3 S. 2. Auch für seinen Vollzug sind organisatorische Maßnahmen zu treffen und Einrichtungen bereitzustellen.

Schließlich steht die Norm in Zusammenhang mit §§ 85, 87 Abs. 3. Danach kann von der Vollstreckung des Jugendarrests abgesehen und ein Teil ausgesetzt werden (Im Einzelnen die Kommentierung zu § 87). Das Ausschöpfen dieser vollstreckungsrechtlichen Möglichkeiten erübrigt den Vollzug nach § 90. Ein rechtstatsächliches Problem ist allerdings, dass die Vollstreckung des Jugendarrests oft nicht „auf dem Fuß" folgt, sondern Monate braucht. Das schmälert die Wirkung des Jugendarrestvollzuges.

2. Gesetzliche Regelung und Rechtsprechung. Derzeit gibt es kein Jugendarrestvollzugsgesetz. Nur rudimentär ist der Vollzug des Jugendarrests in § 90 geregelt. § 90 S. 1 Hs 1 ist besonders unklar, wenn dort gefordert wird, dass der Vollzug des Jugendarrests das „Ehrgefühl" des Jugendlichen wecken soll. Das Einrücken in den Jugendarrestvollzug steigert das Ehrgefühl eines jungen Menschen sicher nicht. Und auch der Aufenthalt im Jugendarrest ist zunächst einmal mit Stigmatisierungen verbunden. Unklar bleibt auch, wie ihm eindringlich zum Bewusstsein gebracht werden soll, dass er für das von ihm begangene Unrecht einzustehen hat. Dass der Vollzug des Jugendarrests gemäß § 90 S. 1 Hs 2 erzieherisch gestaltet werden soll, ist immerhin mit § 2 Abs. 1 nF stimmig. Auch aus § 90 S. 3 kann noch etwas für die Resozialisierung und die Nachsorge hergeleitet werden. Eine ausreichende gesetzliche Grundlage oder gar ein zukunftsweisendes Konzept für den Jugendarrest enthält § 90 jedoch nicht. Daher ist eine Kommentierung des § 90 auch nahezu unmöglich. Unter anderem dieser Umstand führte den Autor zur Erarbeitung eines eigenen Diskussionsentwurfs für ein Mustergesetz zum Jugendarrestvollzug (DiskE siehe Rn 20 ff).[3]

Hinzuweisen ist in diesem Zusammenhang auf die rudimentäre Richtlinie zu § 90 Jugendgerichtsgesetz: „Für den Vollzug des Jugendarrestes in Vollzugseinrichtungen der Landesjustizverwaltungen bestimmt die Jugendarrestvollzugsordnung das Nähere." Die Jugendarrestvollzugsordnung vom 30.11.1976[4] kann den gesetzlichen Mangel nicht heilen. Immerhin enthält sie in 30 Vorschriften grundsätzliche Regelungen über Organisation, Personal, Ablauf und Behandlung. Die Jugendarrestvollzugsgeschäftsordnung betrifft dagegen nur die verwaltungsmäßige Behandlung der Abläufe im Jugendarrestvollzug. Sondervorschriften für den Jugendarrestvollzug in den Jugendstrafvollzugsgesetzen der Länder würden

---

1 Eine Freizeit entspricht einem Wochenende zu 48 Stunden. Wegen langer Reisezeiten verkürzt sich der Vollzug in der Praxis zuweilen von Samstagmorgen bis Sonntagabend. In dieser Zeit kann kaum etwas erreicht werden, insbesondere wenn die Jugendlichen unter Alkohol- oder Drogeneinfluss stehen. Bei nicht wenigen stellt sich die Frage der Vollzugstauglichkeit. Eine Landesjustizverwaltung hat im Spätjahr 2010 eine Länderumfrage zur Frage durchgeführt, ob bei Jugendlichen, die sich wiederholt schwer angetrunken stellen, eine Entgiftung in einem Vollzugskrankenhaus durchgeführt werden soll. Dies kennzeichnet die zum Teil desolaten Zustände im Jugendarrest.
2 Sprachlich ebenso verunglückt: „Beugearrest".
3 Wulf, Diskussionsentwurf für ein Gesetz über stationäres soziales Training („Jugendarrestvollzugsgesetz"), ZJJ 2010, 191–196.
4 BGBl I, 3271.

dem Vollzug des Jugendarrests, der nach dem Jugendgerichtsgesetz ein Zuchtmittel und keine Kriminalstrafe ist, nicht gerecht und scheiden daher systematisch aus.

6   Zur Notwendigkeit einer über § 90 JGG hinausgehenden, detaillierten gesetzlichen Regelung des Jugendarrestvollzugs hat die Bundesregierung auf die Große Anfrage „Jugendstrafrecht im 21. Jahrhundert"[5] am 26.5.2009 geantwortet: „Das BVerfG hat in seiner Entscheidung vom 31. Mai 2006 – 2 BvR 1673/04, 2 BvR 2402/04 – ausgeführt: ‚Für Maßnahmen, die in Grundrechte des Gefangenen eingreifen, ist auch im Jugendstrafvollzug eine gesetzliche Grundlage erforderlich … Grundrechtseingriffe, die über den Freiheitsentzug als solchen hinausgehen, bedürfen danach unabhängig von den guten oder sogar zwingenden sachlichen Gründen, die für sie sprechen mögen, einer eigenen gesetzlichen Grundlage, die die Eingriffsvoraussetzungen in hinreichend bestimmter Weise normiert … Es gibt keinen Grund, weshalb für den Jugendstrafvollzug etwas anderes gelten sollte.' Nach Ansicht der Bundesregierung gelten diese Ausführungen auch für den Vollzug des Jugendarrests. Dessen gesetzliche Regelung obliegt den Ländern aufgrund der ihnen durch die Föderalismusreform übertragenen Gesetzgebungskompetenz für alle den Vollzug freiheitsentziehender strafrechtlicher Sanktionen betreffenden Normen."

7   Das Fehlen einer ausreichenden gesetzlichen Grundlage für den Vollzug des Jugendarrests wird auch nicht durch die Rechtsprechung ausgeglichen. Weder junge Gefangene noch Arrestanten legen Rechtsbehelfe gegen den Vollzug ein. Daher gibt es keine Rechtsprechung zum Vollzug des Jugendarrests, die den Jugendarrestvollzug prägen bzw hier kommentiert werden könnte.

8   **3. Gesetzgebungskompetenz.** Die Gesetzgebungskompetenz für den Strafvollzug ist aufgrund der Änderung von Art. 74 Abs. 1 des Grundgesetzes vom 8.8.2006[6] mit Wirkung vom 1.9.2006 für die Bundesländer eröffnet worden. Die Länder besitzen seither die ausschließliche Gesetzgebungskompetenz für den Strafvollzug. Es besteht Einvernehmen zwischen dem Bund und den Ländern, dass der Jugendarrest kompetenzrechtlich dem Strafvollzug zuzuordnen ist.[7] Das ist verfassungsrechtlich bedenklich. Jugendarrest ist kein Jugendstrafvollzug. Jugendarrest ist vielmehr ein jugendstrafrechtliches Zuchtmittel. Es läge daher viel näher, den Vollzug des Jugendarrestes in der Kompetenz des Bundes zu lassen. Dann könnte ein einheitliches Jugendarrestvollzugsgesetz geschaffen werden, das sich von den Jugendstrafvollzugsgesetzen der Länder unterscheidet. So drohen nun Rechtszersplitterung und die Gefahr, dass die Jugendarrestvollzugsgesetze sich stark an die Jugendstrafvollzugsgesetze anlehnen. Es ist zu befürchten, dass der Jugendarrest auf diesem Weg noch stärker zur „kurzen Jugendstrafe" wird als bisher und wenig Mittel zugewiesen erhält.

9   **4. Rechtstatsächliche Situation.** In den Bundesländern bestehen insgesamt 31 Jugendarrestanstalten, davon je sechs in Bayern und Nordrhein-Westfalen, fünf in Niedersachsen, drei in Baden-Württemberg, zwei in Hessen und je eine in den übrigen Ländern.[8] Aufgrund kriminalpolitischer Überlegungen hatte Bremen eine Zeitlang keine Jugendarrestanstalt und dieses Zuchtmittel „auf kaltem Wege" ausgehebelt. Das erscheint grenzwertig.

---

5 BT-Drucks. 16/13142, 59 zu Frage 102.
6 BGBl I, 2034.
7 Vgl die Antwort der Bundesregierung in BT-Drucks. 16/13142.
8 BT-Drucks. 16/13142, 57 zu Frage 95 am Anfang.

Da Jugendarrest keine Strafe ist, wird der Jugendarrest nicht in der Strafvollzugsstatistik und nicht in anderen Strafrechtspflegestatistiken nachgewiesen. Aus den Belegungsnachweisen der Landesjustizvollzugsverwaltungen ergibt sich zum Jugendarrestvollzug immerhin das Eine oder Andere. Da hier Zugänge unter Einschluss des Ungehorsamarrests erfasst werden, liegen die Zahlen deutlich höher als die der zu Jugendarrest Verurteilten. Nach empirischen Untersuchungen dürften 20 bis 30 Prozent, in manchen Regionen bis zu 50 Prozent der insgesamt vollstreckten Arreste auf den Ungehorsamsarrest entfallen.[9] Es ist davon auszugehen, dass in den letzten sechs Jahren die Zahlen beim Ungehorsamsarrest absolut und relativ deutlich gestiegen sind. Die Anteile der Ungehorsamsarreste an den Zugangszahlen sind nach Heinz[10] bei Frauen deutlich höher als bei Männern. 10

Im Jahr 2006 gab es bundesweit insgesamt 31.552 Zugänge im Jugendarrestvollzug, davon 16.758 Zugänge im Dauerarrest, 2.740 im Kurzarrest und 12.054 im Freizeitarrest. Bereits diese absoluten Grundzahlen sprechen für eine erhebliche Bedeutung des Jugendarrests. Von den Zugängen im Jugendarrest waren im Jahr 2006 12,9 Prozent weiblich und 88,7 Prozent männlich. Dies ist bei der Unterbringung der Arrestanten und bei koedukativen Bemühungen zu beachten. Zur Altersstruktur der Zugänge im Jugendarrestvollzug ergeben die Belegungsnachweise insgesamt (weiblich und männliche Arrestanten) folgendes Bild: 2.443 14- bis unter 16-Jährige (7,7 Prozent aller Zugänge); 9.838 16- bis unter 18-Jährige (31,1 Prozent); 19.276 18-Jährige und älter (61 Prozent). Die Jugendlichen sind beim Jugendarrest zwar nicht so deutlich wie bei den jungen Gefangenen, aber dennoch auch hier in der Minderzahl. Das stellt eine alteradäquate Arrestgestaltung vor ernste Probleme. Im Jahr 2006 wurden 32 Prozent aller Jugendarreste wegen Straftaten gegen die körperliche Unversehrtheit und weitere 28,6 Prozent wegen Diebstahls und Unterschlagung verhängt.[11] Das spricht für ein hohes Gewaltpotenzial der Arrestanten und für Anti-Gewalt-Trainings im Vollzug des Jugendarrests. Schließlich ist bekannt, dass im Jahr 2006 über 2 Prozent der Zugänge bereits mit einer unbedingten Jugendstrafe, 15 Prozent mit Jugendstrafe zur Bewährung und 15 Prozent mit Jugendarrest vorbelastet waren.[12] Vor allem bei bereits zu Jugend- oder Freiheitsstrafe Verurteilten stellt sich die Frage nach einer fehlerhaften Sanktionsentscheidung. 11

„Bundesweite Erkenntnisse zu den Sozialdaten der Arrestantinnen/Arrestanten liegen nicht vor. Erfahrungen aus der Praxis weisen darauf hin, dass die Arrestanten durch hohe soziale Belastungen geprägt sind."[13] Heinz[14] ist zuzustimmen: „Die Belegungszahlen sind in ihrer jetzigen Form – auch aufgrund der Zählweise – nur in Teilbereichen geeignet, Eckdaten zum Vollzug des Jugendarrests zu liefern. Wesentliche Teile des Jugendarrests bleiben im Ungefähren oder gar in einem statistischen Dunkelfeld. Für eine rationale Kriminalpolitik auf dem Gebiet des Jugendarrestvollzugs bedarf es einer besseren, einer personenbezogenen Statistik, die überdies auch einige Eckdaten zur vollzuglichen Gestaltung enthalten sollte". In diesem Licht erlangt § 62 DiskE (siehe Rn 20) Bedeutung. 12

5. Wirkungen des Jugendarrestvollzuges. Unter kriminologischen Gesichtspunkten sind die Wirkungen des Jugendarrests von Interesse. Es ist üblich, sie an den 13

---
9 Quelle dieser und aller folgenden statischen Werte: Heinz, S. 8, 9.
10 Heinz, S. 13.
11 BT-Drucks.16/13142, 55 zu Frage 91.
12 BT-Drucks. 16/13142, 55 zu Frage 92; höhere Zahlen aufgrund der Belegungsnachweise in den Ländern bei Heinz, S. 25.
13 BT-Drucks. 16/13142, 56 zu Frage 94 am Anfang.
14 Heinz, S. 25 f.

Wulf

Rückfallquoten zu messen. Diese Rückfallquoten sind erheblich und stellen – Relevanz und Validität unterstellt – dem Jugendarrest ein denkbar schlechtes Zeugnis aus: So sind von den zu Freizeit- oder Kurzarrest Verurteilten nach einer vierjährigen Bewährungszeit 69 Prozent wieder rückfällig im Sinne einer neuen Verurteilung, von den Dauerarrestanten fast 71 Prozent.[15] Schwerste Folgeentscheidung bei den Freizeit- oder Kurzarrestanten war in 46,1 Prozent eine unbedingte oder bedingte Jugendstrafe, bei den Dauerarrestanten gar in 61,9 Prozent. Dies sagt freilich wenig bis nichts darüber aus, ob und ggf wie „wirksam" der Jugendarrest ist. Die schlechten Rückfallquoten könnten Folge eines Ausleseprozesses sein, wonach junge Mehrfach- und Intensivtäter mit ungünstiger Prognose eben nicht zu Erziehungsmaßregeln und nicht zu ambulanten Zuchtmitteln, sondern zu Jugendarrest und Jugendstrafe verurteilt werden. Dafür spricht auch, dass die Rückfallquoten nach Jugendarrest mit der Zahl und der Schwere der Vorsanktionen steigen. So weisen Arrestanten, die mit sechs Vorsanktionen belastet sind, eine Rückfallquote von 84,4 Prozent auf.[16] Weitere methodische Fragen, die insbesondere gegen die Gültigkeit der Rückfallmessung sprechen, schließen sich an.[17] Valide Aussagen zur Wirksamkeit des Jugendarrestvollzugs setzen nach den international verbindlichen Standards ein Kontrollgruppendesign voraus, wonach aus einer homogenen Grundgesamtheit von jungen Straffälligen die Experimentalgruppe zu Jugendarrest verurteilt wird und diesen auch verbüßt, während die Kontrollgruppe diese Sanktion nicht erhält. Dann könnte man nach einem bestimmten Beobachtungszeitraum die Rückfallquoten vergleichen. Mit einem solchen Forschungsdesign ließen sich die Wirkungen des Jugendarrests methodisch vertretbar prüfen. Ethisch und praktisch lässt sich eine solches Forschungsdesign aber nicht realisieren. „Ohne jede Vergleichsgruppe ist Effektevaluation nicht gültig möglich, weil man nicht weiß, worauf der Effekt beruht".[18] Man sollte die positive Wirkung (wenn es sie gibt) des Jugendarrestvollzugs auch nicht überschätzen, wenn man bedenkt, dass er maximal vier Wochen dauert. Es erscheint vermessen, dass man ihm zurechnet, ob die Betroffenen nach vier Jahren rückfällig sind oder sich bewährt haben. Die hier nur skizzierten methodischen Lücken lassen sich auf der Interpretationsebene nicht schließen, auch wenn das in der Politik, von der Praxis und auch von Wissenschaftlern immer wieder versucht wird.[19] Es bleibt der Verweis auf künftige Untersuchungen mit Kontrollgruppendesign oder mit anderen Indikatoren für Wirksamkeit anstelle von Rückfall und Bewährung. Dies stellt Evaluation und Forschung über den Jugendarrestvollzug vor große Herausforderungen. Vgl hierzu in Rn 20: § 62 DiskE über Evaluation und Forschung.

14 6. **Vorarbeiten für landesrechtliche Jugendarrestvollzugsgesetze. a) DVJJ-Fachkommission 2009.** Die Deutsche Vereinigung für Jugendgerichte und Jugendgerichtshilfen hat eine Fachkommission „Jugendarrest/Stationäres soziales Training" unter Vorsitz von Prof. Dr. Ostendorf berufen, die im Juni 2009 beachtliche Mindeststandards zum Jugendarrestvollzug vorgelegt hat.[20] Sie hält die Bezeichnung „Arrest" mit Recht für historisch belastet. Sie verwendet daher für den

---

15 BMI/BMJ 2006, S. 652 mwN auf Datenquelle und Legende.
16 Diese Zahl und weitere Zahlen in BT-Drucks.16/13142, 56 zu Frage 93.
17 Dazu Obergfell-Fuchs/Wulf, Evaluation des Strafvollzugs, Forum Strafvollzug 2008, 231–236.
18 So zutreffend der 2. Periodische Sicherheitsbericht, S. 678.
19 Zu weitgehend daher u.a. Bihs/Walkenhorst, Jugendarrest als Jugendbildungsstätte?, ZJJ 2009, 11, 12.
20 Ostendorf u.a., Mindeststandards zum Jugendarrestvollzug, ZJJ 2009, 4.

Vollzug den Begriff „stationäres soziales Training" und signalisiert damit eine positiv-spezialpräventive Ausrichtung. Die Fachkommission hat sich damit fast wörtlich einem Begriff angeschlossen, der bereits vor zwanzig Jahren vorgeschlagen wurde.[21] Der Begriff „Stationäres soziales Training" wurde daher in den hier vorgestellten DiskE übernommen. Die Einrichtungen werden als „Stationen (für soziales Training)" bezeichnet. Die Begriffe „Arrest" und „Arrestanten" werden vermieden, soweit nicht Jugendarrest als Sanktion im Sinne von § 16 JGG gemeint ist. Der Entwurf zeigt, dass eine solche sprachliche Gestaltung gut möglich ist; im vorliegenden Kommentar werden jedoch noch die herkömmlichen Begriffe verwendet. Die Orientierung am sozialen Training verleiht dem Vollzug des Jugendarrests sprachlich und inhaltlich eine Zukunftsperspektive. Das dürfte sich auch auf die Motivation der Mitarbeiterinnen und Mitarbeiter im Jugendarrest positiv auswirken.

b) Aktivitäten in Bund und Ländern. Die Länder bereiten sich nun darauf vor, 15 Jugendarrestvollzugsgesetze zu erarbeiten. Dabei können sie nicht – wie beim Jugendstrafvollzugsgesetz – auf einen Entwurf des Bundes zurückgreifen. Eine Reihe von Ländern und der Bund haben eine Arbeitsgruppe gebildet, die Mindeststandards für den Jugendarrestvollzug entwerfen sollen. Die Arbeitsgruppe hat noch nichts veröffentlicht. Das mag daran liegen, dass man sich in den ersten Sitzungen mit Detailfragen und nicht mit den Grundlagen des Jugendarrestvollzugs befasst hat. Das Land Nordrhein-Westfalen hat unabhängig von der genannten Arbeitsgruppe einen internen Entwurf für ein Jugendarrestvollzugsgesetz erarbeitet, der aber noch nicht in ein förmliches Gesetzgebungsverfahren eingebracht wurde.[22]

c) Eigener Diskussionsentwurf. Der im Folgenden vorgestellte Diskussionsentwurf ist ein Musterentwurf für ein Landesgesetz: „Gesetz über stationäres soziales Training in <Bundesland>". Es möchte dazu beitragen, dass es in den Ländern rasch Jugendarrestvollzugsgesetze gibt, die sich in den Grundlagen gleichen und verfassungsgemäß sind.[23] Landesspezifische Besonderheiten können eingearbeitet werden. Dieser Entwurf orientiert sich eng an den guten Europäischen Grundsätze für von Sanktionen und Maßnahmen betroffenen jugendlichen Straftätern und Straftäterinnen des Ministerkomitees des Europarates vom 5.11.2008.[24] Der Entwurf setzt die Empfehlung an die Mitgliedstaaten um, sich in Gesetzgebung, Politik und Praxis von den Grundsätzen zu leiten, die im Anhang zu dieser Empfehlung enthalten sind. Darin sind bewährte europäische Standards für den Umgang mit jugendlichen Straftätern und Straftäterinnen enthalten. Eine Orientierung daran empfiehlt sich auch, weil mit der Föderalismusreform eine Rechtszersplitterung eintreten könnte. Wenn sich die Bundesländer an die Europäischen Grundsätze halten, könnte dies verhindert werden. Eine Umsetzung der Europäischen Grundsätze empfiehlt sich schließlich, weil diese in vorbildlicher Weise in allen Details die menschenrechtlichen Standards des Jugendarrestvollzugs regeln. Außerdem sind diese so gefasst, dass sie flexible Gestaltungsformen ermöglichen.

---

21 Vgl Wulf, Jugendarrest als Trainingszentrum für soziales Verhalten, ZfStrVo 1989, 93 – 98.
22 Das Justizministerium des Landes Nordrhein-Westfalen hat dazu am 5.11.2010 eine Expertenanhörung durchgeführt, an der der Kommentator teilgenommen hat. Auch bei dieser Veranstaltung wurde deutlich, dass ein Jugendarrestvollzugsgesetz leicht zu einem „kleinen" Jugendstrafvollzugsgesetz mutieren kann.
23 Zur strittigen Gesetzgebungskompetenz der Länder s. Rn 8. Der Entwurf könnte daher auch vom Bund aufgegriffen werden.
24 Siehe Anhang: Empfehlung REC(2008)11.

Sie sind daher zukunftsweisend. Jugendarrestvollzugsgesetze oder Entwürfe dazu aus anderen Bundesländern gibt es nicht. Ein Entwurf der Deutschen Vereinigung für Jugendgerichte und Jugendgerichtshilfen („Bestimmungen zur Durchführung des Jugendarrests") aus dem Jahr 1991 ist nicht mehr zeitgemäß[25] und gegenüber den Europäischen Grundsätzen aus dem Jahr 2008 nicht vorzugswürdig.

17 Im Ersten Teil des DiskE werden Grundprinzipien des Jugendarrestvollzuges dargestellt: §§ 1 bis 9. Im zentralen Zweiten Teil wird die Gestaltung des Jugendarrests geregelt: §§ 10 bis 57. In weiteren Teilen folgen Regelungen über das Personal (§§ 58, 59), Beschwerdeverfahren, Inspektion und Kontrolle (§§ 60, 61) sowie über Evaluation, Forschung, Verhältnis zu den Medien und der Öffentlichkeit (§§ 62, 63). Der Entwurf enthält sich detaillierter Einzelregelungen und lässt dadurch die Weiterentwicklung des Jugendarrestvollzugs aufgrund von Verbesserungen und Veränderungen in Wissenschaft, Politik und Praxis zu.

II. Eigener Diskussionsentwurf (DiskE)

18 Diskussionsentwurf (DiskE) für ein
Gesetz über stationäres soziales Training in <Bundesland>

Teil 1: Grundprinzipien

§ 1 DiskE   Menschenwürde als Grundlage

(1) Alle Jugendlichen im stationären sozialen Training sind unter Achtung ihrer Menschenrechte zu behandeln.

(2) Das stationäre soziale Training darf für die betroffenen Jugendlichen weder erniedrigend noch herabsetzend sein.

§ 2 DiskE   Individualisierung

(1) Das stationäre soziale Training muss dem Wohl der Jugendlichen dienen und das Alter, die körperliche und geistige Gesundheit, den Reifegrad, die Fähigkeiten und die persönliche Situation berücksichtigen, was gegebenenfalls anhand von psychologischen oder psychiatrischen Gutachten oder von Gutachten zum sozialen Umfeld nachzuweisen ist.

(2) Um das stationäre soziale Training den besonderen Umständen jedes Einzelfalls anzupassen, haben die zuständigen Behörden einen hinreichenden Ermessensspielraum, ohne dass es dabei zu schwerwiegender Ungleichbehandlung kommen darf.

§ 3 DiskE   Gegensteuerung und Angleichung

(1) Das stationäre soziale Training ist so durchzuführen, dass die belastende Wirkung des Freiheitsentzuges nicht verstärkt wird oder ein unangemessenes Risiko einer physischen oder psychischen Verletzung darstellt.

(2) Das Leben in der Station ist den positiven Aspekten des Lebens in der Gesellschaft so weit wie möglich anzugleichen.

(3) Das stationäre soziale Training soll sich vom Jugendstrafvollzug unterscheiden und sich an stationären Jugendbildungseinrichtungen ausrichten

§ 4 DiskE   Nichtdiskriminierung

Das stationäre soziale Training ist ohne Diskriminierung, insbesondere wegen des Geschlechts, der Rasse, der Hautfarbe, der Sprache, der Religion, der sexuellen Ausrichtung, der politischen oder sonstigen Anschauung, der nationalen oder sozialen Herkunft, der Zugehörigkeit zu einer nationalen Minderheit, des Besitzstandes, der Geburt oder eines sonstigen Status zu vollziehen.

---

25 Sonnen, Mindestanforderungen an einen erzieherisch ausgestalteten Jugendarrest, DVJJ-Journal 1991, 56 – 58.

§ 5 DiskE Elternrechte

Das stationäre soziale Training muss die Rechte und Verantwortlichkeiten der Eltern oder Erziehungsberechtigten gebührend berücksichtigen und diese Personen so weit wie möglich beim Vollzug einbeziehen, abgesehen von den Fällen, in denen dies nicht dem Wohl der Jugendlichen dient. Sind die Straftäter/Straftäterinnen volljährig, ist die Teilnahme der Eltern oder Erziehungsberechtigten nicht zwingend erforderlich. Der erweiterte Familienkreis der Jugendlichen und das soziale Umfeld können ebenfalls in die Verfahren einbezogen werden, wenn dies angemessen erscheint.

§ 6 DiskE Achtung der Privatsphäre

Das Recht auf Achtung der Privatsphäre der Jugendlichen ist im stationären sozialen Training umfassend zu wahren. Die Identität der Jugendlichen und die vertraulichen Informationen über ihre Person und ihre Familie dürfen nur solchen Personen mitgeteilt werden, die von Gesetzes wegen befugt sind, diese Informationen entgegenzunehmen.

§ 7 DiskE Behandlung junger Erwachsener

Erwachsene Straftäter können gegebenenfalls als Jugendliche betrachtet und als solche behandelt werden.

§ 8 DiskE Personal und Ressourcen

(1) Das Personal im stationären sozialen Training erbringt eine wichtige öffentliche Dienstleistung. Rekrutierung, fachliche Ausbildung und Arbeitsbedingungen sollen das Personal in die Lage versetzen, bei der Betreuung angemessene Standards einzuhalten, die den spezifischen Bedürfnissen Jugendlicher gerecht werden und ihnen als positives Beispiel dienen.

(2) Es werden ausreichend Ressourcen und Personal zur Verfügung gestellt, um sicherzustellen, dass die Eingriffe in das Leben der Jugendlichen sinnvoll sind. Mittelknappheit darf niemals eine Rechtfertigung für Eingriffe in die Grundrechte von Jugendlichen sein.

§ 9 DiskE Kontrolle

Das stationäre soziale Training ist regelmäßig durch staatliche Stellen zu kontrollieren und durch unabhängige Stellen zu überwachen.

Teil 2: Gestaltung des stationären sozialen Trainings

Abschnitt 1: Allgemeine Grundsätze

§ 10 DiskE Zweck und Gestaltungsweise

(1) Das stationäre soziale Training ist nur zu dem Zweck durchzuführen, zu dem er verhängt wurde, und in einer Weise, die die damit verbundenen Beeinträchtigungen nicht zusätzlich erhöht.

(2) Im stationären sozialen Training soll der Jugendliche erzogen und fähig werden, künftig ein Leben in sozialer Verantwortung zu führen. Dazu soll den Jugendlichen eindringlich zum Bewusstsein gebracht werden, dass sie für das begangene Unrecht einzustehen haben.

§ 11 DiskE Angebote

(1) Jugendliche im stationären sozialen Training müssen Zugang zu einer Auswahl an sinnvollen Beschäftigungen und Programmen haben. Diese Beschäftigungen und Programme sollen die körperliche und geistige Gesundheit der Jugendlichen, ihre Selbstachtung und ihr Verantwortungsgefühl ebenso fördern wie die Entwicklung von Einstellungen und Fertigkeiten, die sie vor einem Rückfall schützen.

(2) Die Jugendlichen sollen angeregt werden, an solchen Beschäftigungen und Programmen teilzunehmen.

(3) Jugendliche im stationären sozialen Training sind zu ermutigen, Fragen zu den Rahmenbedingungen und Angeboten zu erörtern und hierüber einen persönlichen oder gegebenenfalls gemeinsamen Austausch mit den Behörden zu pflegen.

§ 12 DiskE   Durchgängige Betreuung

Um eine durchgehende Behandlung sicherzustellen, sind die Jugendlichen von Beginn an und über die gesamte Dauer des stationären sozialen Trainings von den Stellen zu betreuen, die auch nach ihrer Entlassung für sie verantwortlich sein könnten.

§ 13 DiskE   Schutz

(1) Da Jugendliche im stationären sozialen Training schutzbedürftig sind, haben die Behörden ihre körperliche und psychische Unversehrtheit zu schützen und ihr Wohlergehen zu fördern.

(2) Besondere Beachtung ist auf Bedürfnisse von Jugendlichen zu richten, die körperliche oder seelische Misshandlungen oder sexuellen Missbrauch erfahren haben.

Abschnitt 2: Struktur des stationären sozialen Trainings

§ 14 DiskE   Einrichtungen und Ausstattung

(1) Der Jugendarrest wird in selbstständigen Einrichtungen („Station für soziales Training") vollzogen.

(2) Die Stationen müssen sachlich mit einer Bandbreite von Angeboten ausgestattet sein, um den individuellen Bedürfnissen der dort untergebrachten Jugendlichen angemessen Rechnung zu tragen und dem besonderen Zweck ihrer Einweisung zu entsprechen.

§ 15 DiskE   Sicherheits- und Kontrollmechanismen

Die Stationen müssen mit den geringst möglichen Sicherheits- und Kontrollmechanismen ausgestattet sein, die erforderlich sind, um die Jugendlichen davon abzuhalten, sich selbst, dem Personal, anderen Personen oder der Gesellschaft Schaden zuzufügen.

§ 16 DiskE   Größe und Lage

(1) Die Zahl der Jugendlichen pro Einrichtung muss klein genug sein, um eine individuelle Behandlung zu erlauben. Die Einrichtungen müssen in kleine Wohngruppen strukturiert sein.

(2) Die Einrichtungen müssen an Orten gelegen sein, die leicht zugänglich sind und die Kontakte zwischen den Jugendlichen und ihren Familien erleichtern. Sie müssen im sozialen, wirtschaftlichen und kulturellen Umfeld der Gemeinden entstanden und darin integriert sein.

§ 17 DiskE   Heimatnähe

Die Jugendlichen sind so weit wie möglich in Stationen einzuweisen, die von ihrem Wohnsitz oder dem Ort ihrer sozialen Wiedereingliederung leicht zu erreichen sind.

§ 18 DiskE   Trennung und Gemeinschaft

Mit Ausnahme der nächtlichen Unterbringung braucht eine Trennung zwischen männlichen und weiblichen Jugendlichen im stationären sozialen Training nicht zu erfolgen. Auch wenn männliche und weibliche Jugendliche getrennt untergebracht sind, ist ihnen zu gestatten, gemeinsam an Angeboten teilzunehmen.

Abschnitt 3: Aufnahme

§ 19 DiskE   Aufnahmeuntersuchung

(1) Bei der Aufnahme sind für alle Jugendlichen unverzüglich folgende Angaben aktenkundig zu machen:
a) Angaben zur Identität der Jugendlichen und ihrer Eltern oder Erziehungsberechtigten;
b) Gründe der Einweisung und einweisende Behörde;
c) Tag und Stunde der Aufnahme;
d) Verzeichnis der persönlichen Gegenstände der Jugendlichen, die in Verwahrung zu nehmen sind;
e) jede sichtbare Verletzung und Beschwerden über frühere Misshandlungen;
f) alle Informationen oder Berichte zum Vorleben der Jugendlichen und über ihre Bedürfnisse in Bezug auf die Erziehung und soziale Unterstützung und

g) alle Angaben zu den Gefahren der Selbstverletzung und zum Gesundheitszustand der/des Jugendlichen, die für ihr/sein körperliches und psychisches Wohl sowie dasjenige anderer von Bedeutung sind, vorbehaltlich des Gebots der ärztlichen Schweigepflicht.

(2) Bei der Aufnahme sind die Jugendlichen in einer ihnen verständlichen Form und Sprache über die in der Station geltenden Vorschriften und über ihre Rechte und Pflichten zu informieren.

§ 20 DiskE   Information Dritter

Die Eltern oder Erziehungsberechtigten sind unverzüglich über die Unterbringung der Jugendlichen und alle sonstigen wesentlichen Tatsachen zu unterrichten.

§ 21 DiskE   Ärztliche Aufnahme

Sobald wie möglich nach der Aufnahme sind die Jugendlichen einer ärztlichen Untersuchung zu unterziehen, wobei eine Krankenakte anzulegen ist und Krankheiten oder Verletzungen zu behandeln sind. Im Kurzarrest und im Freizeitarrest kann die ärztliche Aufnahme verkürzt werden oder entfallen.

§ 22 DiskE   Planung des Aufenthaltes im stationären sozialen Training

(1) Sobald wie möglich nach der Aufnahme

a) sind die Jugendlichen zu befragen und ist ein erster psychologischer, pädagogischer und sozialer Bericht zu erstellen, der ermöglicht, Art und Umfang der Betreuung und der im jeweiligen Einzelfall gebotenen Maßnahmen genau festzulegen;
b) ist die angemessene Sicherheitseinstufung der Jugendlichen vorzunehmen, wobei die Art der Erstunterbringung gegebenenfalls zu ändern ist;
c) ist, abgesehen von den Fällen des Freizeitarrests ein Plan entsprechend den individuellen Merkmalen der Jugendlichen zu erstellen und die Durchführung dieses Plans einzuleiten, wobei
d) die Interessen der Jugendlichen bei der Entwicklung dieser Programme zu berücksichtigen sind.

(2) Die Stationen müssen über ein geeignetes Beurteilungssystem verfügen, um die Jugendlichen nach ihren Bedürfnissen bezüglich Erziehung, Entwicklung und Sicherheit aufzuteilen.

Abschnitt 4: Unterbringung

§ 23 DiskE   Ausstattung der Räume

Die für die Unterbringung der Jugendlichen vorgesehenen Räume und insbesondere alle Schlafräume haben den Grundsätzen der Menschenwürde zu entsprechen und so weit möglich die Privatsphäre der Betroffenen zu achten. Die Räume müssen unter Berücksichtigung der klimatischen Verhältnisse den Mindestanforderungen an Gesundheit und Hygiene entsprechen, insbesondere im Hinblick auf Bodenfläche, Luftmenge, Beleuchtung, Heizung und Belüftung. Konkrete Mindestanforderungen im Hinblick auf diese Aspekte sind in einer Verwaltungsvorschrift festzulegen.

§ 24 DiskE   Unterbringung bei Nacht

(1) In der Regel sind die Jugendlichen bei Nacht in Einzelräumen unterzubringen, es sei denn, die gemeinschaftliche Unterbringung mit anderen wird für sinnvoller gehalten. Die Unterkünfte dürfen für eine gemeinschaftliche Unterbringung nur genutzt werden, wenn sie für diesen Zweck geeignet sind, und nur mit Jugendlichen belegt werden, die sich für die gemeinsame Unterbringung eignen. Die Jugendlichen sind anzuhören, bevor von ihnen die gemeinsame Nutzung von Schlafräumen verlangt wird; sie können dabei angeben, mit wem sie eine gemeinsame Unterbringung wünschen.

(2) Das Personal hat die Unterkünfte regelmäßig in unauffälliger Form, insbesondere zur Nachtzeit, zu überwachen, um den Schutz der einzelnen Jugendlichen sicherzustellen. Es muss zudem ein wirksames Alarmsystem vorhanden sein, das in Notfällen benutzt werden kann.

Abschnitt 5: Hygiene

§ 25 DiskE   Sanitäre Anlagen

(1) Die Jugendlichen müssen jederzeit Zugang zu sanitären Einrichtungen haben, die hygienisch sind und die Intimsphäre schützen.

(2) Es sind ausreichende Bad- oder Duscheinrichtungen vorzusehen, damit die Jugendlichen diese bei einer dem Klima entsprechenden Temperatur möglichst täglich benutzen können.

§ 26 DiskE   Ordnung und Sauberkeit

(1) Alle Bereiche der Station müssen jederzeit ordentlich in Stand gehalten und sauber sein.

(2) Die Jugendlichen haben sich selbst, ihre Kleidung und Schlafräume sauber und ordentlich zu halten. Die Behörden haben sie hierin zu unterweisen und ihnen hierfür die Mittel zur Verfügung zu stellen.

Abschnitt 6: Kleidung und Bettzeug

§ 27 DiskE   Kleidung

(1) Den Jugendlichen ist das Tragen eigener Kleidung zu gestatten.

(2) Jugendliche, die nicht in ausreichendem Maß über geeignete eigene Kleidung verfügen, werden damit von der Station ausgestattet.

(3) Als angemessen gilt Kleidung, die nicht herabsetzend oder erniedrigend und dem Klima angemessen ist und keine Gefahr für die Sicherheit oder Ordnung darstellt.

(4) Von Jugendlichen, denen die Erlaubnis zum Verlassen der Station erteilt wird, darf nicht verlangt werden, Kleidung zu tragen, die sie als Arrestanten erkennbar macht.

§ 28 DiskE   Bett und Bettzeug

Allen Jugendlichen ist ein eigenes Bett mit angemessenem, eigenem Bettzeug zur Verfügung zu stellen, das in gutem Zustand zu halten und oft genug zu wechseln ist, um den Erfordernissen der Sauberkeit zu genügen.

Abschnitt 7: Ernährung

§ 29 DiskE   Essen und Trinken

(1) Die Jugendlichen erhalten eine nährstoffreiche Nahrung, die ihrem Alter, ihrer Gesundheit, ihrem körperlichen Zustand, ihrer Religion und Kultur sowie der Art ihrer Tätigkeiten innerhalb der Station Rechnung trägt.

(2) Die Nahrung ist unter hygienischen Bedingungen zuzubereiten und täglich dreimal in angemessenen Zeitabständen auszugeben.

(3) Den Jugendlichen muss jederzeit sauberes Trinkwasser zur Verfügung stehen.

§ 30 DiskE   Selbstversorgung

Die Jugendlichen sollen die Möglichkeit haben, ihr Essen selbst zuzubereiten.

Abschnitt 8: Gesundheit

§ 31 DiskE   Allgemeine Bestimmungen

(1) Die in den internationalen Übereinkünften enthaltenen Bestimmungen über die ärztliche Betreuung mit dem Ziel, die körperliche und geistige Gesundheit erwachsener Strafgefangener zu wahren, sind auch auf Jugendliche im stationären sozialen Training anwendbar.

(2) Für die Gesundheitsfürsorge von Jugendlichen im stationären sozialen Training gelten die allgemein anerkannten, auf alle Jugendlichen in der Gesellschaft anwendbaren medizinischen Standards.

(3) Jugendliche im stationären sozialen Training dürfen niemals zu Versuchszwecken Arzneimittel erhalten oder einer ärztlichen Behandlung unterzogen werden.

(4) Medizinische Maßnahmen, insbesondere das Verabreichen von Medikamenten, dürfen nur aus medizinischen Gründen und niemals zur Wahrung der Ordnung oder als Diszipli-

narmaßnahme erfolgen. Es sind dieselben standesrechtlichen Grundsätze und Regeln über die Einwilligung anwendbar, die für medizinische Maßnahmen in der freien Gesellschaft gelten. Über jede ärztliche Behandlung und jedes verabreichte Arzneimittel sind Aufzeichnungen in die Krankenakte aufzunehmen.

§ 32 DiskE Besondere Gesundheitsgefahren

(1) Besonderes Augenmerk ist auf Gesundheitsgefahren zu richten, die sich aus dem Freiheitsentzug ergeben.

(2) Es sind besondere Programme zu entwickeln und umzusetzen, um Selbsttötung und Selbstverletzung bei Jugendlichen zu verhüten, insbesondere in der Anfangsphase ihrer Unterbringung und während anderer Zeiten mit erfahrungsgemäß hohem Risikopotenzial.

§ 33 DiskE Besonders schutzwürdige Jugendliche

Besonderes Augenmerk ist auf die Bedürfnisse zu richten:
a) von jungen Minderjährigen;
b) von Schwangeren und Müttern mit Neugeborenen;
c) von Drogen- und Alkoholabhängigen;
d) von Jugendlichen mit körperlichen und geistigen Gesundheitsproblemen;
f) von Jugendlichen, die körperliche oder seelische Misshandlung oder sexuellen Missbrauch erfahren haben;
g) von sozial isolierten Jugendlichen und
h) von anderen Gruppen schutzwürdiger Jugendlicher.

§ 34 DiskE Behandlungsprogramme und Netzwerk

(1) Die Gesundheitsversorgung der Jugendlichen ist Bestandteil eines multidisziplinären Behandlungsprogramms.

(2) Um ein lückenloses Netz an Unterstützung und Behandlung zu gewährleisten und unbeschadet des Berufsgeheimnisses und der Rolle einzelner Berufsgruppen ist die Arbeit der Ärzte/Ärztinnen und Krankenpfleger/Krankenpflegerinnen in enger Abstimmung mit Sozialarbeitern/Sozialarbeiterinnen, Psychologen/Psychologinnen, Lehrpersonal und anderen Fachkräften und Bediensteten der Station, die mit den Jugendlichen in einem regelmäßigen Kontakt stehen, durchzuführen.

§ 35 DiskE Vorsorge und Gesundheitserziehung

(1) Die Gesundheitsfürsorge in den Stationen soll sich nicht nur auf die Behandlung von Kranken beschränken, sondern auch die Sozial- und Präventivmedizin und die Kontrolle der Ernährung der Jugendlichen umfassen.

(2) Den Jugendlichen sind medizinische Vorsorgeleistungen und Gesundheitserziehung zu gewähren.

Abschnitt 9: Aktivitäten

§ 36 DiskE Entwicklungsfördernde Aktivitäten

(1) Alle Maßnahmen im stationären sozialen Training sind so zu gestalten, dass sie der Entwicklung Jugendlicher dienen, die zur Teilnahme an diesen Aktivitäten nachhaltig zu ermutigen sind.

(2) Diese Maßnahmen haben den persönlichen Bedürfnissen Jugendlicher entsprechend ihrem Alter, ihrem Geschlecht, ihrer sozialen und kulturellen Herkunft, ihrem Reifegrad und der Art der begangenen Straftat Rechnung zu tragen. Sie müssen bewährten fachlichen Maßstäben entsprechen, die auf wissenschaftlichen Untersuchungen und professionellen Standardverfahren auf diesem Gebiet aufbauen.

§ 37 DiskE Arten von Aktivitäten

Die Angebote sind so zu gestalten, dass sie der Erziehung, der persönlichen und sozialen Entwicklung, der Berufsausbildung, Resozialisierung und Vorbereitung auf die Entlassung dienen. Sie können insbesondere umfassen:

a) Arbeit und Arbeitstherapie;
b) Staatsbürgerkunde;
c) soziales Training und Entwicklung sozialer Kompetenzen;
d) Antigewalttraining;
e) Suchtbehandlung;
f) Einzel- und Gruppentherapie;
g) Sport;
h) Schuldenregulierung;
i) Programme zur Schadenswiedergutmachung und Opferentschädigung;
j) kreative Freizeitgestaltung und Hobbys;
k) Tätigkeiten in der Gesellschaft außerhalb der Vollzugseinrichtung, tageweiser Ausgang und andere Möglichkeiten, die Anstalt zu verlassen und
l) Vorbereitung der Entlassung und Wiedereingliederung.

§ 38 DiskE   Plan über das stationäre soziale Training

(1) Auf der Grundlage der in § 37 bezeichneten Angebote ist ein individueller Plan zu erstellen und anzugeben, an welchen Aktivitäten die Jugendlichen teilzunehmen haben.

(2) Der Plan soll dazu dienen, Jugendliche zu befähigen, ihre Zeit von Beginn des stationären sozialen Trainings an sinnvoll zu nutzen und Verhaltensweisen und Fähigkeiten zu entwickeln, die sie für ihre Wiedereingliederung in die Gesellschaft benötigen.

(3) Ziel des Planes soll es sein, die Jugendlichen auf die Entlassung vorzubereiten und ihnen geeignete Schritte für die Zeit nach der Entlassung aufzuzeigen.

(4) Der Plan ist unter Mitwirkung der Jugendlichen und der zuständigen externen Dienste umzusetzen und regelmäßig zu aktualisieren.

§ 39 DiskE   Interaktion und Bewegung

(1) Den Jugendlichen soll erlaubt sein, so viel Zeit außerhalb ihrer Schlafräume zu verbringen, wie notwendig ist, um ihnen ein angemessenes Maß an sozialer Interaktion zu ermöglichen. Wünschenswert sollten dies mindestens acht Stunden am Tag sein.

(2) Die Station hat auch an den Wochenenden und während der Feiertage sinnvolle Angebote zu machen.

(3) Allen Jugendlichen ist gestattet, sich regelmäßig mindestens zwei Stunden am Tag zu bewegen, davon mindestens eine Stunde im Freien, wenn es die Witterung zulässt.

§ 40 DiskE   Arbeit und Sozialversicherung

(1) Die Station hat den Jugendlichen ausreichend Arbeit anzubieten, die ansprechend und von pädagogischem Wert sein soll.

(2) Die Arbeit ist angemessen zu vergüten.

(3) Nehmen Jugendliche während der Arbeitszeit an Maßnahmen teil, ist dies wie Arbeit zu vergüten.

(4) Die Jugendlichen sollen in angemessenem, dem der freien Gesellschaft entsprechenden Umfang sozialversichert sein.

Abschnitt 10: Außenkontakte

§ 41 DiskE   Brief-, Telefon- und Besuchskontakte

(1) Den Jugendlichen ist zu gestatten, mit ihren Familien, anderen Personen und Vertretern von Einrichtungen außerhalb des stationären sozialen Trainings ohne zahlenmäßige Beschränkung brieflich und so oft wie möglich telefonisch oder in anderen Formen zu kommunizieren und regelmäßige Besuche von ihnen zu empfangen.

(2) Die Besuchsregelungen müssen so gestaltet sein, dass die Jugendlichen Familienbeziehungen so normal wie möglich pflegen und entwickeln und die Möglichkeiten der sozialen Wiedereingliederung nutzen können.

(3) Die Stationen haben die Jugendlichen bei der Aufrechterhaltung angemessener Kontakte mit der Außenwelt zu unterstützen und ihnen hierzu die geeignete Sozialfürsorge zu gewähren.

(4) Kontakte und Besuche können eingeschränkt und überwacht werden, wenn dies für eine noch laufende strafrechtliche Ermittlung, zur Aufrechterhaltung von Sicherheit und Ordnung, zur Verhütung von Straftaten und zum Schutz der Opfer von Straftaten erforderlich ist. Solche Einschränkungen müssen jedoch ein Mindestmaß an Kontakten zulassen.

§ 42 DiskE   Information

Geht eine Nachricht über den Tod oder eine schwere Erkrankung von nahen Angehörigen ein, so sind die betroffenen Jugendlichen davon sofort zu unterrichten.

§ 43 DiskE   Verlassen der Station

(1) Im Rahmen des stationären sozialen Trainings sind den Jugendlichen regelmäßig entweder in Begleitung oder ohne Aufsicht Möglichkeiten zu gewähren, die Station zu verlassen. Außerdem ist den Jugendlichen zu gestatten, die Station aus besonderen Gründen zu verlassen.

(2) Können regelmäßige Möglichkeiten, die Station zu verlassen, nicht gewährt werden, sind Vorkehrungen zu treffen, die zusätzliche oder längere Besuche von Familienangehörigen oder anderen Personen, die die Entwicklung der Jugendlichen positiv beeinflussen können, ermöglichen.

Abschnitt 11: Gedanken-, Gewissens-, Religionsfreiheit

§ 44 DiskE   Grundsatz

Die Gedanken-, Gewissens- und Religionsfreiheit der Jugendlichen ist zu respektieren.

§ 45 DiskE   Religionsausübung

(1) Der Alltag in der Station ist so zu organisieren, dass den Jugendlichen gestattet ist, ihre Religion auszuüben und ihrem Glauben zu folgen, Gottesdienste oder Zusammenkünfte, die von zugelassenen Vertretern dieser Religions- oder Glaubensgemeinschaft geleitet werden, zu besuchen, Einzelbesuche von solchen Vertretern ihrer Religions- oder Glaubensgemeinschaft zu erhalten und Bücher oder Schriften ihrer Religions- oder Glaubensgemeinschaft zu besitzen.

(2) Jugendliche dürfen nicht gezwungen werden, eine Religion oder einen Glauben auszuüben, Gottesdienste oder religiöse Zusammenkünfte zu besuchen, an religiösen Handlungen teilzunehmen oder den Besuch eines Vertreters einer Religions- oder Glaubensgemeinschaft zu empfangen.

Abschnitt 12: Ordnung und Zwang

§ 46 DiskE   Allgemeiner Grundsatz

(1) Die Ordnung in der Station ist aufrechtzuerhalten durch Schaffung eines sicheren und geschützten Umfelds, in dem die Würde und körperliche Unversehrtheit der Jugendlichen geachtet und die Umsetzung ihrer wichtigsten Entwicklungsziele ermöglicht wird.

(2) Besonderes Augenmerk ist auf die Sicherung schutzbedürftiger Jugendlicher und auf Opferschutz zu richten.

(3) Die Bediensteten müssen in Bezug auf Sicherheit und Ordnung dynamische Ansätze entwickeln, was positive Beziehungen zu den Jugendlichen in der Station voraussetzt.

(4) Die Jugendlichen müssen ermutigt werden, sich persönlich und gemeinsam für die Aufrechterhaltung der Ordnung in der Station einzusetzen.

§ 47 DiskE   Durchsuchungen

(1) In Bezug auf die Durchsuchung von Jugendlichen, Besucherinnen/Besuchern und Räumlichkeiten sind ausführliche Handlungsanweisungen auszuarbeiten. Die Situationen und Umstände, in denen Durchsuchungen notwendig werden, sowie deren Art werden durch innerstaatliches Recht geregelt.

(2) Die Durchsuchung hat die Würde der betroffenen Jugendlichen und so weit wie möglich deren Privatsphäre zu achten. Die Jugendlichen dürfen nur von Bediensteten desselben Geschlechts durchsucht werden. Intime Untersuchungen sind im Einzelfall durch begründeten Verdacht zu rechtfertigen und dürfen nur von ärztlichem Personal durchgeführt werden.

(3) Besucherinnen/Besucher dürfen nur durchsucht werden, wenn begründeter Verdacht zur Annahme besteht, dass sie im Besitz von Gegenständen sind, die der Sicherheit oder Ordnung der Station schaden könnten.

(4) Das Personal ist dahingehend auszubilden, Durchsuchungen in wirksamer Weise unter Achtung der Würde der betroffenen Personen und ihres persönlichen Besitzes vorzunehmen.

§ 48 DiskE   Anwendung von Gewalt

(1) Die Bediensteten dürfen gegen Jugendliche keine Gewalt anwenden, außer als letztes Mittel in Fällen der Notwehr, bei Fluchtversuchen oder körperlichem Widerstand gegen eine rechtmäßige Anordnung, im Falle drohender Gefahr der Selbstverletzung, Schadenszufügungen anderer Personen oder schwerwiegender Sachbeschädigung.

(2) Das Ausmaß der Gewaltanwendung ist auf das notwendige Mindestmaß und die notwendige Mindestdauer zu beschränken.

(3) Die unmittelbar mit den Jugendlichen arbeitenden Bediensteten sind in Techniken auszubilden, die es ermöglichen, aggressivem Verhalten mit einem möglichst geringen Maß an Gewaltausübung zu begegnen.

(4) Zur Anwendung von Gewalt gegen Jugendliche müssen ausführliche Handlungsanweisungen vorliegen. Diese schließen Voraussetzungen ein für:
a) die verschiedenen Arten von Gewalt, die angewendet werden dürfen;
b) die Umstände, unter denen die einzelnen Arten von Gewalt angewendet werden dürfen;
c) die zur Anwendung von verschiedenen Arten von Gewalt befugten Bediensteten;
d) die Hierarchieebene, die über eine Gewaltanwendung entscheiden darf;
e) die Anforderungen an das Berichtswesen nach einer Gewaltanwendung und das Verfahren zur Nachprüfung dieser Berichte.

(5) Bediensteten ist das Tragen von Waffen innerhalb der Station außer in Notfällen nicht gestattet. Das Tragen und der Gebrauch von Waffen, die zur Tötung von Menschen geeignet sind, sind in der Station verboten.

§ 49 DiskE   Unmittelbarer Zwang

(1) Handfesseln oder Zwangsjacken dürfen nicht verwendet werden, es sei denn, dass andere weniger einschneidende Mittel der Gewaltanwendung versagt haben. Handfesseln können auch als Vorsichtsmaßnahme bei gewalttätigem Auftreten oder Flucht während einer Verlegung benutzt werden, wenn dies unerlässlich ist. Sie sollten abgenommen werden, wenn die Jugendlichen vor Justiz- oder Verwaltungsbehörden erscheinen, es sei denn, die Behörden entscheiden anders.

(2) Zwangsmittel dürfen nicht länger als unbedingt notwendig angewendet werden.

(3) Die Verwendung von Ketten und Eisen ist verboten.

(4) Im Übrigen gelten die Vorschriften über unmittelbaren Zwang in Justizvollzugsanstalten.

§ 50 DiskE   Besondere Sicherungsmaßnahmen

(1) Die Unterbringung in einer Einzelzelle zu Zwecken der Beruhigung als vorübergehendes Zwangsmittel darf nur in Ausnahmefällen und nur für wenige Stunden angeordnet werden und in keinem Fall vierundzwanzig Stunden überschreiten. Der ärztliche Dienst ist über jede Einzelhaft zu unterrichten und muss unverzüglich Zugang zu den in Einzelhaft befindlichen Jugendlichen haben.

(2) Wenn in absoluten Ausnahmefällen bestimmte Jugendliche aus Gründen der Sicherheit oder Ordnung abgesondert von anderen untergebracht werden müssen, ist dies von den zuständigen Behörden aufgrund von Verfahrensvorschriften des Landesrechts, in denen die Art der Absonderung, die Höchstdauer und die Gründe für deren Anordnung festgelegt sind, zu entscheiden.

(3) Die Absonderung unterliegt einer regelmäßigen Kontrolle. Darüber hinaus können die Jugendlichen Beschwerde über alle Aspekte der Einzelunterbringung einlegen. Der ärztliche Dienst ist über jede Absonderung zu unterrichten und muss unverzüglich Zugang zu den betroffenen Jugendlichen haben.

§ 51 DiskE   Disziplinarmaßnahmen und -verfahren

(1) Disziplinarmaßnahmen sind als letztes Mittel einzusetzen. Mittel der ausgleichenden Konfliktlösung und pädagogische Maßnahmen mit dem Ziel der Wiederherstellung der Wertordnung sind förmlichen Disziplinarverfahren und Bestrafungen vorzuziehen.

(2) Es dürfen nur Handlungen als disziplinarische Pflichtverstöße definiert werden, die die Ordnung oder die Sicherheit gefährden können.

(3) Jugendliche, denen disziplinarwürdige Pflichtverstöße vorgeworfen werden, sind unverzüglich in einer ihnen verständlichen Form und Sprache über die Art der ihnen zur Last gelegten Verfehlungen zu unterrichten; sie müssen ausreichend Zeit und Gelegenheit zur Vorbereitung ihrer Verteidigung haben, wobei ihnen zu gestatten ist, sich selbst oder mit dem Beistand ihrer Eltern oder Erziehungsberechtigten zu verteidigen oder rechtlichen Beistand in Anspruch zu nehmen, wenn dies im Interesse der Rechtspflege erforderlich ist.

(4) Disziplinarmaßnahmen sind:
a) der Verweis,
b) die Beschränkung oder Entziehung der Lektüre auf bestimmte Dauer,
c) Verbot des Verkehrs mit der Außenwelt bis zu zwei Wochen,
d) Ausschluss von Gemeinschaftsveranstaltungen und
e) getrennte Unterbringung.

(4) Kollektivstrafen, Körperstrafen, Dunkelarrest, Einzelarrest in einer Strafzelle sowie alle sonstigen Formen unmenschlicher oder erniedrigender Strafe sind verboten.

(5) Bei der Wahl der Disziplinarmaßnahmen ist ihre pädagogische Wirkung so weit wie möglich zu berücksichtigen. Die Schwere der Disziplinarmaßnahme muss in einem angemessenen Verhältnis zum Pflichtverstoß stehen.

(6) Die getrennte Unterbringung von anderen Jugendlichen als Disziplinarmaßnahme darf nur in Ausnahmefällen verhängt werden, wenn andere Sanktionen wirkungslos sind. Eine solche Maßnahme ist für einen fest umrissenen, möglichst kurzen Zeitraum anzuordnen. Während der getrennten Unterbringung sind angemessene zwischenmenschliche Kontakte sicherzustellen, Zugang zu Lektüre zu garantieren und täglich mindestens eine Stunde Bewegung im Freien anzubieten, wenn es die Witterung zulässt.

§ 52 DiskE   Auswirkungen von Disziplinarmaßnahmen

(1) Der ärztliche Dienst muss über jede getrennte Unterbringung unterrichtet werden und Zugang zu den getrennt untergebrachten Jugendlichen haben.

(2) Disziplinarmaßnahmen dürfen keine Einschränkungen von Besuchen oder familiären Kontakten umfassen, außer in den Fällen, in denen der Pflichtverstoß in Zusammenhang mit diesen Besuchen oder Kontakten steht. Das Angebot zur körperlichen Bewegung darf im Rahmen einer Disziplinarmaßnahme nicht eingeschränkt werden.

Abschnitt 13: Vorbereitung auf die Entlassung

§ 53 DiskE   Grundsatz

(1) Allen Jugendlichen muss im Hinblick auf den Wiedereintritt in die Gemeinschaft Unterstützung gewährt werden.

(2) Die Jugendlichen sind durch besondere Programme auf ihre Entlassung vorzubereiten. Diese Programme sind in die individuellen Pläne einzubeziehen und rechtzeitig vor der Entlassung durchzuführen.

(3) Es sind Maßnahmen zu treffen, um den Jugendlichen eine schrittweise Rückkehr in die Gesellschaft zu ermöglichen. Diese Maßnahmen sollen zusätzliche Möglichkeiten, die Station zu verlassen umfassen sowie teilweise oder bedingte Entlassung in Verbindung mit wirksamen sozialen Hilfen.

§ 54 DiskE   Zusammenarbeit

(1) Von Beginn an haben die Behörden, Stellen und Institutionen, die entlassene Jugendliche beaufsichtigen und unterstützen, eng zusammenzuarbeiten, um die Jugendlichen zu befähigen, sich wieder in die Gesellschaft einzufinden, zum Beispiel durch:
a) Unterstützung bei der Rückkehr in ihre Familie oder der Suche nach einer Pflegefamilie und dem Aufbau anderer sozialer Beziehungen;
b) Suche nach einer Unterkunft;
c) Fortführung der schulischen und beruflichen Ausbildung;
d) Suche nach einem Arbeitsplatz;
e) Vermittlung an die zuständigen Einrichtungen für Fürsorge oder ärztliche Betreuung und
f) Bereitstellung von Geldmitteln.

(2) In den Stationen müssen die Vertreter dieser Dienste und Institutionen Zugang zu den Jugendlichen haben, um ihnen bei der Vorbereitung ihrer Entlassung behilflich zu sein. Die betroffenen Dienste und Institutionen müssen verpflichtet sein, bereits vor dem Zeitpunkt der voraussichtlichen Entlassung wirksame Vorabunterstützung zu leisten.

Abschnitt 14: Besondere Gruppen von Jugendlichen

§ 55 DiskE   Ausländische Staatsangehörige

(1) Jugendliche ausländischer Staatsangehörigkeit, die in Deutschland verbleiben sollen, sind wie die anderen Jugendlichen zu behandeln.

(2) Solange keine endgültige Entscheidung über die etwaige Überstellung von Jugendlichen mit ausländischer Staatsangehörigkeit in ihr Herkunftsland getroffen wurde, sind sie wie die anderen Jugendlichen zu behandeln.

§ 56 DiskE   Ethnische und sprachliche Minderheiten

(1) Für die Bedürfnisse von Jugendlichen, die ethnischen oder sprachlichen Minderheiten angehören, sind besondere Vorkehrungen zu treffen.

(2) Soweit möglich soll den verschiedenen Gruppen die Weiterpflege ihrer kulturellen Gebräuche in der Station erlaubt werden.

(3) Sprachlichen Unzulänglichkeiten ist durch den Einsatz kompetenter Dolmetscher/Dolmetscherinnen und die Bereitstellung schriftlichen Materials in den Sprachen, die in der Station gesprochen werden, zu begegnen.

(4) Besondere Vorkehrungen sind zu treffen, um den Jugendlichen, die die Amtssprache nicht beherrschen, Sprachkurse anzubieten.

§ 57 DiskE   Jugendliche mit Behinderungen

Jugendliche mit Behinderungen sind in den üblichen Stationen unterzubringen, wobei die Unterbringung ihren Bedürfnissen anzupassen ist.

Teil 3: Personal

§ 58 DiskE   Leitung

(1) Leiter der Station ist der Jugendrichter am Ort des Vollzuges. Ist dort kein Jugendrichter oder sind mehrere tätig, so ist Leiter der Jugendrichter, den die oberste Behörde der Landesjustizverwaltung dazu bestimmt.

(2) Der Leiter ist für das gesamte stationäre soziale Training verantwortlich. Er kann bestimmte Aufgaben einzelnen oder mehreren Mitarbeitern gemeinschaftlich übertragen.

(3) Die Zusammenarbeit aller an der Erziehung Beteiligten soll durch regelmäßige Besprechungen gefördert werden.

§ 59 DiskE   Mitarbeiter

(1) Die Mitarbeiter sollen erzieherisch befähigt und in der Jugenderziehung erfahren sein. Sie sollen so ausgewählt und angeleitet werden, dass sie mit dem Leiter vertrauensvoll zusammenarbeiten.

(2) Nach Bedarf werden Psychologen, Sozialpädagogen, Sozialarbeiter, Lehrer und andere Fachkräfte als Mitarbeiter bestellt.

(3) Ehrenamtliche Mitarbeiter sollen herangezogen werden.

Teil 4: Beschwerdeverfahren, Inspektion und Kontrolle

§ 60 DiskE Beschwerdeverfahren

(1) Die Jugendlichen und ihre Eltern oder Erziehungsberechtigten haben ausreichend Gelegenheit, sich mit Anträgen oder Beschwerden an den Leiter der Station zu wenden.

(2) Anträge und die Einlegung von Beschwerden können mündlich oder schriftlich erfolgen. Die Entscheidungen über Anträge und Beschwerden müssen rasch getroffen werden.

(3) Mediation und Maßnahmen der ausgleichenden Konfliktlösung sind als Mittel zur Abhilfe von Beschwerden oder Erledigung von Anträgen vorzuziehen.

(4) Wird ein Antrag abgelehnt oder eine Beschwerde zurückgewiesen, sind den Jugendlichen und gegebenenfalls den betroffenen Eltern oder Erziehungsberechtigten die Gründe hierfür mitzuteilen. Die Jugendlichen oder gegebenenfalls ihre Eltern oder Erziehungsberechtigten haben das Recht, bei einer unabhängigen und unparteiischen Behörde Rechtsbehelfe einzulegen.

(5) Das Beschwerdeverfahren ist von der Station wie folgt durchzuführen:
a) in einer Weise, die die Jugendlichen, ihre Bedürfnisse und Anliegen berücksichtigt;
b) von Personen, die in jugendspezifischen Angelegenheiten erfahren sind und
c) so nah wie möglich am Ort der Unterbringung der Jugendlichen.

(6) Selbst wenn die Beschwerde oder der danach eingelegte Rechtsbehelf schriftlich erfolgt, müssen die Jugendlichen das Recht auf persönliche Anhörung haben.

(7) Jugendliche dürfen nicht wegen der Stellung eines Antrags oder der Einlegung einer Beschwerde bestraft werden.

(8) Jugendliche und deren Eltern oder Erziehungsberechtigte sind berechtigt, sich in Bezug auf Beschwerde- und Rechtsbehelfsverfahren anwaltlich beraten und vertreten zu lassen, wenn dies im Interesse der Rechtspflege geboten ist.

§ 61 DiskE Aufsicht und Kontrolle

(1) Die Stationen sind regelmäßig von der Aufsichtsbehörde zu kontrollieren, um zu prüfen, ob sie in Übereinstimmung mit den Anforderungen des innerstaatlichen Rechts und des Völkerrechts geführt werden.

(2) Die Bedingungen in den Stationen und die Behandlung der Jugendlichen können von der Länderkommission zur Verhütung von Folter kontrolliert werden.

Teil 5: Evaluation und Forschung, Medien und Öffentlichkeit

§ 62 DiskE Evaluation und Forschung

(1) Das stationäre soziale Training ist anhand von Forschungsstudien und auf der Grundlage einer wissenschaftlichen Evaluation zu entwickeln.

(2) Zu dem Zweck sind vergleichende Daten zusammenzutragen, die die Bewertung des Erfolgs oder Misserfolgs des stationären sozialen Trainings zulassen. Bei einer solchen Evaluation sind die Rückfallquoten und deren Gründe zu berücksichtigen.

(3) Außerdem sind Daten zur persönlichen und sozialen Situation der Jugendlichen sowie über die Bedingungen im stationären sozialen Training zu sammeln.

(4) Die Aufsichtsbehörde ist für das Sammeln der Daten und das Erstellen der Statistiken zuständig, um insbesondere die Durchführung regionaler und anderer Vergleiche zu ermöglichen.

(5) Die von unabhängigen Gremien durchgeführten kriminologischen Studien über das stationäre soziale Training sind durch finanzielle Unterstützung und einen vereinfachten Zugang zu Daten und Stationen zu fördern. Die Ergebnisse dieser Studien sind zu veröffentlichen.

(6) Die Studien haben die Privatsphäre der Jugendlichen zu achten und den Regeln zu genügen, die im Datenschutzrecht niedergelegt sind.

§ 63 DiskE   Verhältnis zu den Medien und der Öffentlichkeit

(1) Medien und Öffentlichkeit sind regelmäßig mit Sachinformationen über die Bedingungen im stationären sozialen Training zu bedienen und über die Schritte, die zur Durchführung des stationären sozialen Trainings unternommen worden sind.

(2) Medien und Öffentlichkeit sind über Inhalt und Zweck des stationären sozialen Trainings und über die Arbeit der mit deren Durchführung betrauten Bediensteten zu unterrichten, um ein besseres Verständnis der Bedeutung des stationären sozialen Trainings in der Gesellschaft zu fördern.

(3) Die Stationen sollen regelmäßige Berichte über die Fortentwicklung der Unterbringungsbedingungen veröffentlichen.

(4) Medien und Personen, die ein berufliches Interesse an jugendspezifischen Fragen haben, erhalten Zugang zu den Stationen unter der Voraussetzung, dass die Rechte und insbesondere die Privatsphäre von betroffenen Jugendlichen geschützt werden.

19   **1. Grundprinzipien.** Eine Zielbestimmung des Jugendarrestvollzugs muss seit dem 1.1.2008 § 2 Abs. 1 beachten: „Die Anwendung des Jugendstrafrechts soll vor allem erneuten Straftaten eines Jugendlichen oder Heranwachsenden entgegenwirken. Um dieses Ziel zu erreichen, sind die Rechtsfolgen und unter Beachtung des elterlichen Erziehungsrechts auch das Verfahren vorrangig am Erziehungsgedanken auszurichten." Dabei ist dogmatisch ungeklärt, inwieweit Vorgaben für das Erkenntnisverfahren auf die Vollstreckung und den Vollzug ausstrahlen. Ebenso unklar ist, wie der für das Jugendstrafrecht zuständige Bundesgesetzgeber den für den Vollzug zuständigen Ländern Vorgaben machen kann. Jedenfalls erteilt § 2 Abs. 1 allen Vorstellungen eine Absage, die den Jugendarrest ausschließlich als kurzen, scharfen Schock ausgestaltet sehen wollen.

20   Der Diskussionsentwurf entspricht den Zielstellungen des § 2 Abs. 1 in Teil 1 über die Grundprinzipien: Menschenwürde als Grundlage, Individualisierung, Gegensteuerung und Angleichung, keine Diskriminierung, Beachtung der Elternrechte, Achtung der Privatsphäre, Behandlung junger Erwachsener, Personal und Ressourcen, Kontrolle (§§ 1 bis 9 DiskE). Besonders wichtig ist, dass der Jugendarrest auf die Menschenwürde der Jugendlichen zu achten hat.[26] Das geht konform mit den Empfehlungen der DVJJ-Fachkommission zur Zielbestimmung, insbesondere mit der Absage an „jede Form der Abschreckungspädagogik und allein punitiver Gestaltung".[27]

21   **2. Allgemeine Vollzugsgrundsätze.** Das Zweckgebot in § 10 Abs. 1 DiskE entspricht den internationalen Vorgaben und berücksichtigt vor allem die Ausstrahlungswirkung von § 2 Abs. 1 JGG über die erzieherische Ausgestaltung. Außerdem enthält er in § 90 Abs. 1 S. 1 Hs 2 JGG eine Option zur Tataufarbeitung und zum Täter-Opfer-Ausgleich. Eine detailliertere Zielbestimmung erscheint nicht erforderlich und könnte für die Weiterentwicklung des Jugendarrests eher hinderlich sein. Die Betroffenen sollen zur Mitwirkung motiviert werden. Dem entspricht der Angebotscharakter des stationären sozialen Trainings in § 11 DiskE. Eine allgemeine Mitwirkungspflicht am Ziel des stationären sozialen Trainings, unabhängig von Einzelverpflichtungen wie die Pflicht zum Gesundheitsschutz und zur Hygiene, besteht nach Auffassung der DVJJ-Fachkommission nicht.[28]

---

26   So bereits vorbildlich § 22 Abs. 1 JStVollzG Baden-Württemberg.
27   Ostendorf, § 90 Rn 5.
28   Ostendorf, § 90 Rn 7.

Wenn in § 11 Abs. 1 S. 2 DiskE die Selbstachtung und das Verantwortungsgefühl der Jugendlichen angesprochen wird, ist das treffender als das „Ehrgefühl" in § 90 Abs. 1 S. 1. Die Aufnahme der durchgängigen Betreuung in § 12 DiskE entspricht den europarechtlichen Vorgaben; ihre Durchsetzung dürfte in Flächenländern schwierig sein. Der Schutz der Jugendlichen vor Übergriffen in § 13 DiskE setzt für den Jugendarrest eine Vorgabe um, die das Bundesverfassungsgericht im Urteil vom 31.5.2006 dem Jugendstrafvollzug vorgegeben hat. Dasselbe gilt für den Jugendarrest. § 46 Abs. 2 DiskE verstärkt den Schutz vor Übergriffen. Nach den Mindeststandards der DVJJ-Fachkommission[29] ist auf ein sozialpädagogisches Klima zu achten, in dem der wechselseitige Respekt für Bedienstete und Verurteilte zum Ausdruck kommt. Dazu gehört, dass keine uniformierte Dienstkleidung getragen wird. Dass die Jugendlichen eigene Kleidung tragen, ist in § 27 Abs. 1 DiskE vorgesehen. Die Jugendlichen dürfen nur mit ihrem Einverständnis geduzt werden; das ist in § 1 DiskE enthalten.

3. Struktur des Jugendarrests. Der Vollzug des Jugendarrests soll künftig ausschließlich in selbstständigen Einrichtungen erfolgen.[30] Vor allem sollte es keine sogenannten Freizeitarresträume mehr geben, wie sie noch nach § 90 Abs. 2 S. 2 zulässig und in der Praxis noch vorhanden sind. Diese Form der bloßen Einschließung ist antiquiert und im wortwörtlichen Sinne „brandgefährlich", weil Rettung bei Brand nicht gewährleistet ist. 22

Ohne dass der Diskussionsentwurf dies festschreibt, sind die weiteren Empfehlungen der DVJJ-Fachkommission richtungsweisend. Die Anstaltsgröße (bei Übergangsfristen von maximal zehn Jahren) sollte maximal bei 48 Plätzen liegen[31] und die Gruppengröße mit jeweils zwei Leitern bei 12 Plätzen.[32] Die Stationen für soziales Training sollten sich an Jugendbildungseinrichtungen orientieren. Bihs/Walkenhorst[33] haben dazu gute Vorschläge unterbreitet. § 3 Abs. 3 DiskE nimmt das auf. 23

Koedukation mit Rückzugsmöglichkeiten ist nach § 18 DiskE vorgesehen. Aus der Praxis ist bekannt, dass (männliches) Personal Vorbehalte gegen einen gemeinschaftlichen Jugendarrestvollzug von männlichen und weiblichen Jugendlichen hat, weil falsche Verdächtigungen bei nächtlichen Vorkommnissen befürchtet werden. Das ist ernst zu nehmen und bedarf geeigneter Maßnahmen, insbesondere gemischt-geschlechtlichen Personals zur Nachtzeit. 24

4. Aufnahme. Zu den internationalen Standards freiheitsentziehender Maßnahmen gehört ein ordentliches Aufnahmeverfahren. Dies ist eine Voraussetzung für einen erzieherisch ausgestalteten Arrestvollzug; die §§ 19 bis 22 DiskE führen dies aus. Bei bedürftigen Jugendlichen sieht die DVJJ-Fachkommission eine Kostenerstattung für An- und Abreise vor.[34] 25

5. Unterbringung. Die DVJJ-Fachkommission[35] und § 24 Abs. 1 DiskE stimmen überein, dass grundsätzlich Einzelunterbringung vorzusehen ist. Ausnahmen sind nur zum gesundheitlichen Schutz der Jugendlichen zu erlauben. Jeder Einzelraum 26

---

29 Ostendorf, § 90 Rn 10.
30 So übereinstimmend die DVJJ-Fachkommission bei Ostendorf, § 90 Rn 8 und hier Rn 20 § 14 Abs. 1 DiskE.
31 Allgemeiner Rn 20: § 16 Abs. 1 S. 1 DiskE.
32 Dazu Rn 20: § 16 Abs. 2 S. 2 DiskE.
33 Bihs/Walkenhorst, ZJJ 2009, 11 ff.
34 Ostendorf, § 90 Rn 19. Aus Kostengründen wurde dies nicht in den DiskE aufgenommen.
35 Ostendorf, § 90 Rn 11.

muss mit einer Nasszelle ausgestattet sein. Gruppenräume sind in ausreichender Zahl vorzuhalten, Sportangebote innerhalb und außerhalb der Einrichtung sind zu gewährleisten.

27 **6. Hygiene, Kleidung, Bettzeug, Ernährung.** Die Europäischen Grundsätze für von Sanktionen und Maßnahmen betroffenen Jugendlichen Straftätern und Straftäterinnen des Ministerkomitees des Europarates vom 5.11.2008 enthalten bezüglich Hygiene, Kleidung, Bettzeug und Ernährung bestimmte Vorgaben, die in den Abschnitten 5 bis 7 des DiskE eingearbeitet sind. Sie betreffen Selbstverständlichkeiten. Hervorzuheben ist aber das Recht auf eigene Kleidung (§ 27 Abs. 1 DiskE) und der Grundsatz der Selbstversorgung bei der Ernährung (§ 30 DiskE). Selbstversorgung und Selbstverantwortung sollten nach Möglichkeit auch an anderer Stelle erfolgen, damit die Jugendlichen miteinander und voneinander lernen.

28 **7. Gesundheit.** Die Gesundheitsfürsorge sollte im Vollzug des Jugendarrests eigentlich kein Problem sein. Zielgruppe sind junge Menschen, die dort nur kurze Zeit verweilen. Andererseits ist zu berücksichtigen, dass Gesundheitsfürsorge immer wichtig ist und dass die in den Arrest kommenden jungen Menschen mit einem riskanten Lebensstil oft gesundheitliche Probleme haben (Suchterkrankungen, Infektionen, Unfälle). Daher muss auch im Vollzug des Jugendarrests die Gesundheitsfürsorge gewährleistet sein. Die Jugendlichen haben vor allem Anspruch auf dieselbe Gesundheitsfürsorge wie im freien Leben. Dieses Äquivalenzprinzip ist in den §§ 31 bis 35 DiskE umgesetzt. Ein besonderes Problem sind drogenabhängige Arrestanten. Stehen sie bei der Aufnahme akut unter Drogen oder Alkohol, so kann die Arresttauglichkeit fehlen. Das gilt auch im akuten Entzug. Soweit Arresttauglichkeit gegeben ist, empfiehlt es sich, dass der betreuende Arzt in der Suchtmedizin Sachkunde aufweist. So sollte es möglich sein, dass im Arrestvollzug eine bestehende Substitution fortgeführt wird, wenn die Indikation dafür vorliegt.

29 **8. Aktivitäten.** Eine wichtige Funktion für einen erzieherisch ausgestalteten Jugendarrestvollzug hat eine an den Verhältnissen des freien Lebens angeglichene Tageslaufstruktur mit Leistungsbereich, Freizeit und Ruhezeit. Hier bestehen in vielen Jugendarrestanstalten bedeutende Defizite, weil der Leistungsbereich unterentwickelt ist. Insbesondere fehlt Arbeit oder wird Arbeit von den Verantwortlichen nicht als existenziell eingeschätzt. Müßiggang ist aber aller Laster Anfang. Zwar soll sich der Jugendarrest nach § 3 Abs. 3 Hs 1DiskE vom Jugendstrafvollzug unterscheiden, doch könnte sich der Jugendarrest bspw an der dichten Tageslaufstruktur im baden-württembergischen Jugendstrafvollzug in freien Formen orientieren („Projekt Chance").

30 Angesichts der kurzen Verweildauern im Jugendarrest scheiden schulische und berufliche Bildungsprogramme, die auf einen Abschluss zielen, aus. Im Leistungsbereich empfiehlt sich eine Mischung aus Arbeit, kurzfristigen Bildungsangeboten und Gruppenaktivitäten, insbesondere Sport. § 37 DiskE sieht dies vor. Entsprechend der Bezeichnung („Stationäres soziales Training") sollte das soziale Training nach § 37 Nr. c DiskE einen breiten Raum einnehmen und den Jugendarrest zu einem Trainingszentrum für soziales Verhalten machen.[36] Es ist bedauerlich, dass die Bundesregierung auf der jugendstrafrechtlichen Seite über § 16 keinen

---

36 Einzelheiten bereits bei Wulf, Zeitschrift für Strafvollzug und Straffälligenhilfe 1989, S. 93 ff; weitere Vorschläge neuerdings von Bihs/Walkenhorst, ZJJ 2009, S. 11 ff.

entsprechenden Handlungsbedarf sieht.[37] Damit das soziale Training im Jugendarrest den gebührenden Stellenwert einnimmt, ist es erforderlich, dass das Personal, insbesondere der Sozialdienst, noch mehr auf Gruppenarbeit setzt. Die Voraussetzungen dafür müssen an den Ausbildungsstätten für Sozialarbeiter und Sozialpädagogen gelegt werden.

Ein weiterer Schwerpunkt ist sinnstiftende Arbeit: § 40 Abs. 1 DiskE. Entsprechend menschenrechtlichen Standards ist Arbeit auch im Jugendarrest angemessen zu vergüten: § 40 Abs. 2 DiskE) und sozialversicherungspflichtig: § 40 Abs. 4 DiskE. Der Arbeit stehen Maßnahmen während der Arbeitszeit gleich: § 40 Abs. 3 DiskE. Für den Freizeitarrest ist die Bestimmung in § 39 Abs. 2 DiskE besonders bedeutsam, wonach die Station auch an den Wochenenden und während der Feiertage sinnvolle Angebote zu machen hat. 31

Der Jugendarrestvollzug sollte seine Maßnahmen nicht auf einen reinen Angebotscharakter beschränken. Angesichts der Persönlichkeitsstruktur vieler Arrestanten ist eine gewisse Verbindlichkeit – nicht: äußerer Zwang – vorteilhaft. Dem dient – analog dem Erziehungsplan im Jugendstrafvollzug – ein persönlicher Plan über das stationäre soziale Training. Bei diesem Plan ist der Jugendliche zu beteiligen. § 38 DiskE enthält insoweit die notwendigen Bestimmungen. 32

Flankiert werden sollten die Aktivitäten im Leistungsbereich durch sinnvolle Interaktion, auch im Rahmen von Freizeit und Bewegung, insbesondere Sport. § 39 DiskE berücksichtigt das in einer dem Jugendarrest angemessenen Weise. 33

Nimmt der Jugendliche an den im Plan vorgesehenen Maßnahmen nicht teil, sollte das nicht zu Disziplinarmaßnahmen, sondern (sozial-)pädagogischen Interventionen führen. § 51 Abs. 2 DiskE steuert dies, denn danach dürfen nur Handlungen als disziplinarische Pflichtverstöße definiert werden, die die Ordnung oder die Sicherheit gefährden können. 34

9. Außenkontakte. Familienkontakte sind nach den Standards der DVJJ-Fachkommission zu fördern.[38] Besuchsmöglichkeiten sind bei Dauerarrest einzuräumen. Briefliche Kontakte sind unbeschränkt zulässig. Telefonische Kontakte sind zu gestatten. Ausgänge, zB für Besuche in der Familie und Behördengänge, sind zu ermöglichen. Begleitete Gruppenaktivitäten außerhalb der Anstalt sind wirken positiv auf den Jugendlichen und sind zu unterstützen. Der Besuch sportlicher und kultureller Veranstaltungen im Umfeld ist zu fördern. Bedürftigen Jugendlichen im stationären sozialen Training sind die Kosten zu Besuchsausgängen zu erstatten.[39] Der Diskussionsentwurf enthält dies in § 41 für Brief-, Telefon- und Besuchskontakte, in § 42 zu Information über Schicksalsnachrichten und in § 43 für die Regeln beim Verlassen der Station. 35

10. Gedanken-, Gewissens- und Religionsfreiheit. Unter menschenrechtlichen Gesichtspunkten muss ein Jugendstrafvollzugsgesetz die Gedanken-, Gewissens- und Religionsfreiheit garantieren. Das mag im kurzzeitigen Freiheitsentzug des Jugendarrests nicht ein erstrangiges Problem sein. Der DiskE enthält in den §§ 44, 45 aber die notwendigen Regelungen. 36

11. Ordnung und Zwang. Auch im Jugendarrestvollzug sollte die Ordnung eine angemessene Bedeutung haben. Fern jeden „Kasernenhofdrills" enthalten die europäischen Empfehlungen Formulierungen, die uneingeschränkt in § 46 DiskE übernommen werden konnten. Besonders gelungen ist, dass die Empfehlungen 37

---

37 BT-Drucks. 16/13142, 59 bei Frage 101 zum Jugendstrafrecht im 21. Jahrhundert.
38 Ostendorf, § 90 Rn 12.
39 Ostendorf, § 90 Rn 19.

"dynamische Ansätze" und "positive Beziehungen" der Bediensteten zu den Jugendlichen vorsehen, was in § 46 Abs. 3 DiskE aufgenommen wurde. Außerdem sollen die Jugendlichen nach § 46 Abs. 4 DiskE ermutigt werden, sich persönlich und gemeinsam für die Aufrechterhaltung der Ordnung in der Einrichtung einzusetzen Das entspricht dem modernen Grundsatz des Lernens von und mit Gleichaltrigen („peer-group-learning").

38 Der DVJJ-Fachkommission ist uneingeschränkt zuzustimmen, dass im Vollzug des Jugendarrests auf die Anwendung unmittelbaren Zwangs weitestgehend verzichtet werden sollte und stattdessen Maßnahmen der Deeskalation einzusetzen sind.[40] Anwendung von Gewalt, unmittelbarer Zwang und besondere Sicherungsmaßnahmen sind in den §§ 48 bis 50 DiskE daher unter den strengen menschenrechtlichen Vorgaben der Europäischen Grundsätze für von Sanktionen und Maßnahmen betroffenen Jugendlichen Straftätern und Straftäterinnen geregelt.

39 Dasselbe gilt für Disziplinarmaßnahmen. Konflikte sind möglichst mit pädagogischen Mitteln auszuräumen.[41] Dazu enthält der DiskE in den §§ 51, 52 Regelungen, mit deren Hilfe Konflikte geregelt und förmliche Disziplinarmaßnahmen verhindert werden können.

40 **12. Vorbereitung auf die Entlassung.** Mit überzeugenden Argumenten spricht sich die DVJJ-Fachkommission[42] für Nachsorge nach dem Vollzug von Jugendarrest aus und unterbreitet sinnvolle Vorschläge: Unterstützung in persönlichen, sozialen und wirtschaftlichen Angelegenheiten; Vermittlung in nachsorgende Maßnahmen; Abschlussbericht an das zuständige Jugendamt mit Anregungen für Unterstützungsmaßnahmen und Förderbedarf. Allerdings ist zu berücksichtigen, dass der Jugendarrest ein zeitlich begrenztes Zuchtmittel und keine langfristige Betreuungsweisung und auch keine mehrjährige Bewährungshilfe darstellt. Sind derartige Maßnahmen nötig, muss der Jugendrichter unter den gesetzlichen Voraussetzungen diese Maßnahmen verhängen. Außerdem bestehen gewisse Zweifel, ob die Jugendarrestanstalten dies in Flächenländern leisten können. Daher beschränken sich die §§ 53, 54 DiskE auf eine gründliche Vorbereitung der Entlassung.

41 **13. Besondere Gruppen von Jugendlichen im Jugendarrest.** Ausländische Jugendliche, ethnische und sprachliche Minderheiten sowie Jugendliche mit Behinderungen haben unter Umständen einen besonderen Förderbedarf. Dem trägt der Diskussionsentwurf in den §§ 55 bis 57 Rechnung.

42 **14. Personal.** Wie in anderen Institutionen steht und fällt die Wirkung des Jugendarrests mit dem Personal, insbesondere mit der Leitung. Der Diskussionsentwurf nimmt in den §§ 58, 59 die Empfehlungen der DVJJ-Kommission zum Personal auf.[43] Von darüber hinausgehenden Vorschriften, die in diesem Bereich ohnehin meist deklaratorischen Charakter haben und unter einem Haushaltsvorbehalt stehen, wurde abgesehen.

43 **15. Beschwerdeverfahren, Inspektion und Kontrolle.** Effektiver Rechtsschutz ist nach Art. 19 Abs. 4 GG auch im Jugendarrest geboten. An gerichtlichen Rechtsbehelfen stehen den Arrestanten die Rechtsschutzmöglichkeiten aus § 92 zu. Schon wegen der kurzen Verweildauer im Jugendarrest führen Anträge auf gerichtliche Entscheidungen aber nicht zum Ziel, weil diese sich in aller Regel mit

---

40 Ostendorf, § 90 Rn 16.
41 Ostendorf, § 90 Rn 17.
42 Ostendorf, § 90 Rn 15, zu Vernetzung und Kooperation Rn 14.
43 Ostendorf, § 90 Rn 13.

der Entlassung aus dem Arrest erledigen. Daher wird in § 60 DiskE eine jugendgemäße Beschwerdemöglichkeit zum Leiter der Einrichtung bereitgestellt. Das entspricht der Forderung der DVJJ-Fachkommission.[44]

Sichergestellt werden muss darüber hinaus die Aufsicht über die Einrichtungen des Jugendarrestvollzugs durch die Aufsichtsbehörden und die demnächst ihre Arbeit aufnehmende Länderkommission zur Verhütung von Folter. Das erfüllt § 61 DiskE.

16. Evaluation und Forschung, Verhältnis zu Medien und Öffentlichkeit. Entsprechend der Forderung des Bundesverfassungsgerichts zum Jugendstrafvollzug ist auch der Jugendarrestvollzug wissenschaftlich auszuwerten. Die Ergebnisse der Evaluation sind vom Gesetzgeber und den Landesjustizvollzugsverwaltungen zu beachten und umzusetzen.[45] Angesichts der defizitären Daten- und Forschungslage, insbesondere zur Wirkung des Jugendarrestvollzuges, kommt diesem besondere Bedeutung zu.

Der Diskussionsentwurf enthält darüber hinaus in § 63 eine moderne Vorschrift über das Verhältnis zu den Medien und der Öffentlichkeit.

III. Alternativen

Besonders in großen Flächenländern ist es ist schwierig, den Jugendarrest im gewünschten Maße heimnah zu vollziehen (vgl § 17 DiskE). Das kann im elektronisch beaufsichtigen Hausarrest erfolgen.[46] Im Rahmen des Modellversuchs wird darauf zu achten sein, dass der Hausarrest nicht nur „abgesessen", sondern sinnvoll verbracht wird. Weisungen, wie das Schreiben eines Aufsatzes, Lernprogramme und gemeinnützige Arbeit von zu Hause aus können dies unterstützen.[47]

Vor Jahren hat Baden-Württemberg rechtliche und faktische Möglichkeiten geschaffen, Jugendliche auf freiwilliger Grundlage in Jugendarrestanstalten unterzubringen, um ihnen eine Alternative zum Vollzug der Untersuchungshaft zu eröffnen. Dies wurde von der Praxis leider nicht angenommen.

Keine Alternativen sind Freizeitarresträume der Landesjustizverwaltungen nach § 90 Abs. 2 S 1. In diesen Verhältnissen ist keine erzieherische Arbeit möglich. Sie sind antiquiert, im wahrsten Sinne des Wortes wegen mangelnden Brandschutzes „brandgefährlich".. Trotzdem werden in vielen Bundesländern, u.a. in Nordrhein-Westfalen, noch zahlreiche Freizeitarresträume genutzt. In Baden-Württemberg konnten sie dagegen im Laufe der letzten Jahre erfreulicherweise abgeschafft werden, so dass der Jugendarrest dort ausschließlich in Jugendarrestanstalten vollzogen wird.

§ 91 (aufgehoben)

---

44 Ostendorf, § 90 Rn 18.
45 So die DVJJ-Fachkommission bei Ostendorf, § 90 Rn 20; noch eingehender hier Rn 20: § 62 DiskE.
46 Vgl dazu das am 8.8.2009 in Kraft getretene Gesetz über elektronische Aufsicht im Vollzug der Freiheitsstrafe in Baden-Württemberg vom 7.8.2009 (GBl. 360).
47 Zu stationärem sozialem Training in freien Formen Ostendorf, § 90 Rn 9.

§ 92 Rechtsbehelfe im Vollzug des Jugendarrestes, der Jugendstrafe und der Unterbringung in einem psychiatrischen Krankenhaus oder einer Entziehungsanstalt

(1) [1]Gegen eine Maßnahme zur Regelung einzelner Angelegenheiten auf dem Gebiet des Jugendarrestes, der Jugendstrafe und der Maßregeln der Unterbringung in einem psychiatrischen Krankenhaus oder in einer Entziehungsanstalt (§ 61 Nr. 1 und 2 des Strafgesetzbuches) kann gerichtliche Entscheidung beantragt werden. [2]Für den Antrag gelten die §§ 109 und 111 bis 120 Abs. 1 des Strafvollzugsgesetzes sowie § 67 Abs. 1 bis 3 und 5 entsprechend; das Landesrecht kann vorsehen, dass der Antrag erst nach einem Verfahren zur gütlichen Streitbeilegung gestellt werden kann.

(2) [1]Über den Antrag entscheidet die Jugendkammer, in deren Bezirk die beteiligte Vollzugsbehörde ihren Sitz hat. [2]§ 110 Satz 2 des Strafvollzugsgesetzes gilt entsprechend. [3]Unterhält ein Land eine Einrichtung für den Vollzug der Jugendstrafe auf dem Gebiet eines anderen Landes, können die beteiligten Länder vereinbaren, dass die Jugendkammer bei dem Landgericht zuständig ist, in dessen Bezirk die für die Einrichtung zuständige Aufsichtsbehörde ihren Sitz hat.

(3) [1]Die Jugendkammer entscheidet durch Beschluss. [2]Sie bestimmt nach Ermessen, ob eine mündliche Verhandlung durchgeführt wird. [3]Auf Antrag des Jugendlichen ist dieser vor einer Entscheidung persönlich anzuhören. [4]Hierüber ist der Jugendliche zu belehren. [5]Wird eine mündliche Verhandlung nicht durchgeführt, findet die Anhörung in der Regel in der Vollzugseinrichtung statt.

(4) [1]Die Jugendkammer ist bei Entscheidungen über Anträge nach Absatz 1 mit einem Richter besetzt. [2]Ein Richter auf Probe darf dies nur sein, wenn ihm bereits über einen Zeitraum von einem Jahr Rechtsprechungsaufgaben in Strafverfahren übertragen worden sind. [3]Weist die Sache besondere Schwierigkeiten rechtlicher Art auf oder kommt ihr grundsätzliche Bedeutung zu, legt der Richter die Sache der Jugendkammer zur Entscheidung über eine Übernahme vor. [4]Liegt eine der Voraussetzungen für eine Übernahme vor, übernimmt die Jugendkammer den Antrag. [5]Sie entscheidet hierüber durch Beschluss. [6]Eine Rückübertragung ist ausgeschlossen.

(5) Für die Kosten des Verfahrens gilt § 121 des Strafvollzugsgesetzes mit der Maßgabe, dass entsprechend § 74 davon abgesehen werden kann, dem Jugendlichen Kosten und Auslagen aufzuerlegen.

(6) [1]Wird eine Jugendstrafe gemäß § 89b Abs. 1 nach den Vorschriften des Strafvollzugs für Erwachsene vollzogen oder hat der Jugendliche im Vollzug der Maßregel nach § 61 Nr. 1 oder Nr. 2 des Strafgesetzbuches das vierundzwanzigste Lebensjahr vollendet, sind die Absätze 1 bis 5 nicht anzuwenden. [2]Für den Antrag auf gerichtliche Entscheidung gelten die Vorschriften der §§ 109 bis 121 des Strafvollzugsgesetzes.

Richtlinie zu § 92

Auch wenn zu Jugendstrafe Verurteilte das 18. Lebensjahr bereits vollendet haben, werden sie in der Regel zunächst in die Jugendstrafanstalt eingewiesen. Die Entscheidung über die Eignung von Verurteilten für den Jugendstrafvollzug (§ 92 Abs. 2) wird dann von dem nach § 85 Abs. 2 oder Abs. 3 zuständigen Vollstreckungsleiter getroffen. Lediglich in den Fällen, in denen der Mangel der Eignung für den Jugendstrafvollzug offenkundig ist, werden über 18 Jahre alte Verurteilte sogleich in die zuständige Justizvollzugsanstalt eingewiesen.

Drittes Hauptstück | Vollstreckung und Vollzug §92

Schrifttum:
Arloth, StVollzG. Strafvollzugsgesetz Kommentar, 2. Aufl., 2009. *Butz*, Die Verhängung von Jugendstrafe vor dem Hintergrund der Verfassungswidrigkeit des Jugendstrafvollzuges, 2004. *Calliess/Müller-Dietz*, Strafvollzugsgesetz, 11. Aufl. 2008. *Feest* (Hrsg.), StVollzG. Kommentar zum Strafvollzugsgesetz, 5. Aufl., 2006. *Haft/Gräfin von Schlieffen* (Hrsg.), Handbuch Mediation. Verhandlungstechnik, Strategien, Einsatzgebiete, 2008; *Laubenthal*, Strafvollzug, 5. Aufl., 2008. *Rose*, Rechtsmittel in: Ostendorf (Hrsg.), Handbuch Strafvollzugsgesetz. Eine kommentierende Darstellung der einzelnen Jugendstrafvollzugsgesetze, 2009, S. 640 – 654; *Schwind/Böhm/Jehle/Laubenthal* (Hrsg.), Strafvollzugsgesetz. Bund und Länder, 5. Aufl., 2009. *Sußner*, Jugendstrafvollzug und Gesetzgebung, 2009.

I.	Allgemeines und Bedeutung..	1	
1.	Gesetzgebungsgeschichte	1	
2.	Gesetzgebungskompetenz	3	
3.	Menschenrechtliche Bedeutung.................	6	
4.	Verfassungsrechtliche Bedeutung.................	11	
5.	Praktische Bedeutung.....	13	
6.	Angrenzende Rechtsschutzmöglichkeiten......	14	
7.	Systematische Stellung....	15	
II.	Regelungsbereich..............	17	
III.	Geltung des Strafvollzugsgesetzes...........................	20	
IV.	Antragsarten..................	22	
1.	Anfechtungsantrag, § 92 Abs. 1, S. 2 Hs 1 iVm §§ 109 Abs. 1 S. 1, 115 Abs. 2 S. 1 StVollzG..	22	
2.	Verpflichtungsantrag, § 92 Abs. 1 S. 2 Hs 1 iVm § 109 Abs. 1 S. 2, 115 Abs. 4 StVollzG......	23	
3.	Vornahmeantrag, § 92 Abs. 1, S. 2 Hs 1 iVm §§ 113, 109 Abs. 1 S. 2 StVollzG..............	24	
4.	Feststellungs- und Fortsetzungsfeststellungsantrag, § 92 Abs. 1, S. 2 Hs 1 iVm § 113 StVollzG............	25
5.	Prüfungsmaßstab.........	27
6.	Vorläufiger Rechtsschutz, § 92 Abs. 1, S. 2 Hs 1 iVm § 114 Abs. 2 StVollzG....	28
V.	Gütliche Streitbeilegung.......	29
VI.	Zuständigkeit der Jugendkammer, § 92 Abs. 2................	30
VII.	Beschlussverfahren § 91 Abs. 3 S. 1................	34
VIII.	Mündliche Verhandlung, § 91 Abs. 2 S. 2................	35
IX.	Anhörung, § 92 Abs. 3 S. 2...	37
X.	Besetzung der Jugendkammer, § 92 Abs. 4................	38
XI.	Kostenregelung, § 92 Abs. 5..	39
XII.	Rechtsbehelfe bei Ausnahme vom Jugendstrafvollzug, § 92 Abs. 6................	40
XIII.	Rechtsmittel, § 92 Abs. 1 S. 2 Hs 1 iVm § 116 Abs. 1 StVollzG......................	41
XIV.	Reformbedarf.................	42

I. Allgemeines und Bedeutung

1. Gesetzgebungsgeschichte. Die Vorschrift ist durch Artikel 1 des Zweiten Gesetzes zur Änderung des Jugendgerichtsgesetzes und anderer Gesetze vom 13.12.2007 (BGBl. I, 2894) in das Jugendgerichtsgesetz eingestellt worden und ist zum 1.1.2008 in Kraft getreten. Bis dahin wurden in Abs. 1 die Jugendstrafanstalten und in Abs. 2 die Ausnahme vom Jugendstrafvollzug geregelt. Das ist nun in § 91 normiert. 1

Für am 1.1.2008 bereits anhängige Verfahren auf gerichtliche Entscheidung über die Rechtmäßigkeit von Maßnahmen im Vollzug der Jugendstrafe, des Jugendarrests und der Unterbringung in einem psychiatrischen Krankenhaus oder einer Entziehungsanstalt waren als Übergangsvorschriften die Vorschriften des Dritten Abschnitts des Einführungsgesetzes zum Gerichtsverfassungsgesetz in ihrer bisherigen Fassung weiter anzuwenden (vgl § 121 JGG). 2

2. Gesetzgebungskompetenz. Nach dem Wortlaut und der Systematik des Artikels 74 Abs. 1 Nr. 1 GG ist davon auszugehen, dass die Gesetzgebungskompetenz 3 für Rechtbehelfe im Vorverfahren auf die Länder übergegangen ist, zB hinsichtlich des Beschwerderechts zum Anstaltsleiter oder zur Aufsichtsbehörde. Dementsprechend ist das nun in den Jugendstrafvollzugsgesetzen der Länder geregelt.[1]

4   Eine Gesetzgebungskompetenz der Länder für das gerichtliche Verfahren könnte aufgrund eines Sachzusammenhangs oder einer Annexkompetenz abgeleitet werden. Die Anforderungen des Bundesverfassungsgerichts an derartige ungeschriebene Kompetenzen sind relativ streng. Ob sie im vorliegenden Fall gegeben waren, kann offen bleiben. Für den konkreten Fall der Regelung von Rechtsbehelfen im Jugendstrafvollzug war nach dem Urteil des Bundesverfassungsgerichts vom 31.5.2006 eine landesrechtliche Regelung aber dennoch zulässig. Das Bundesverfassungsgericht hat in seinem Urteil zum Jugendstrafvollzug vom 31.5.2006 ausdrücklich festgestellt, dass die bestehenden bundesgesetzlichen Regelungen über den gerichtlichen Rechtsschutz (§§ 23 ff EGGVG) **nicht** den verfassungsrechtlichen Anforderungen genügen. Es hat weiter ausgeführt, dass nur bis zur Herstellung eines verfassungsgemäßen Zustands für den Jugendstrafvollzug die Regelungen der §§ 23 ff EGGVG zur Vermeidung von Rechtsunsicherheit jedenfalls so weit anwendbar sind, als es für die Aufrechterhaltung eines ansonsten verfassungsgemäß geordneten Vollzugs unerlässlich ist. Das Bundesverfassungsgericht ist somit davon ausgegangen, dass die genannten bestehenden bundesrechtlichen Regelungen für den gerichtlichen Rechtsschutz im Jugendstrafvollzug nicht verfassungsgemäß sind. Es hatte vielmehr den Gesetzgeber verpflichtet, spätestens bis Ende 2007 eine neue verfassungsgemäße Regelung herbeizuführen. Die Gesetzgebungskompetenz für den Strafvollzug lag aber nunmehr bei den Ländern. Die Kompetenz des Bundes für das gerichtliche Verfahren stellt nur eine konkurrierende Gesetzgebungskompetenz dar. Bei dieser konnten die Länder landesrechtliche Regelungen erlassen, solange und soweit der Bund von seiner Gesetzgebungskompetenz nicht durch Gesetz Gebrauch gemacht hat (Artikel 72 Abs. 1 GG).

5   Aufgrund dessen hatte das baden-württembergische Jugendstrafvollzugsgesetz vom Juli 2007 (GBl für das Land Baden-Württemberg S. 298) im Elften Abschnitt die Rechtsbehelfe der jungen Gefangenen nach den Vorgaben des Urteils des Bundesverfassungsgerichts vom 31.5.2006 geregelt. Daher wurden zunächst im Grundsatz die Rechtsschutzmöglichkeiten des Strafvollzugsgesetzes auf den Jugendstrafvollzug übertragen. Das führt zu einem dreistufigen Rechtsschutzsystem (Beschwerde zum Anstaltsleiter, Antrag auf gerichtliche Entscheidung, Rechtsbeschwerde). Dabei beließ es das Jugendstrafvollzugsgesetz nicht, sondern führt drei jugendgerechte Besonderheiten ein (Zuständigkeit des ortsnahen Vollstreckungsleiters für die gerichtliche Entscheidung, Einführung einer gesetzlichen Möglichkeit zur Anhörung des jungen Gefangenen, Möglichkeit zum Absehen von Kosten). Nachdem der Bundesgesetzgeber § 92 beschlossen hat, sind die Regelungen des baden-württembergischen Jugendstrafvollzugsgesetzes gem. Art. 31, 72 Abs. 1 GG nichtig.[2] Im baden-württembergischen Justizvollzugsgesetz sind diese Vorschriften gestrichen worden.

6   **3. Menschenrechtliche Bedeutung.** „Die Menschenwürde ist getroffen, wenn der konkrete Mensch zum Objekt, zu einem bloßen Mittel, zur vertretbaren Größe

---

1   Statt aller § 101 Abs. 1 und 2 JStVollzG Baden-Württemberg.
2   Kritisch Wegemund/Dehne-Niemann, Die normative Kraft des Kontrafaktischen. Verfassungsrechtliches und Kriminologisches zum baden-württembergischen Jugendstrafvollzugsgesetz, Zeitschrift für internationale Strafrechtsdogmatik 2008, 579 ff.

herabgewürdigt wird."³ Das kann nach § 3 MRK der Fall sein, wenn der junge Gefangene unmenschlich oder erniedrigend behandelt wird. Das kann aber auch dann der Fall sein, wenn er keine Möglichkeit hat, seine Rechte als Gefangener geltend zu machen und durchzusetzen. Auch dann wäre er Objekt des Staates.⁴

Sucht man eine überzeugende Systematik für die Menschenrechte von Gefangenen, so kann man von einem Schema ausgehen, mit dem der amerikanische Psychologe Philip Maslow die menschlichen Bedürfnisse systematisiert und in einer Bedürfnispyramide dargestellt hat.⁵ Dabei sind Grundbedürfnisse und Sicherheit sogenannte „Defizitbedürfnisse", die zunächst befriedigt werden müssen, und die Anderen/Höheren sogenannte „Wachstumsbedürfnisse", von denen man nicht genug bekommen kann. Dieser Ansatz ist die Ausgangsposition für eine Pyramide der Menschenrechte im Strafvollzug. Es leuchtet unmittelbar ein, dass sich Menschenrechte von Gefangenen auf menschliche Bedürfnisse beziehen und diese Bedürfnisse gegenüber dem Staat absichern sollen. 7

Hier wie dort stehen die menschlichen Grundbedürfnisse an der Basis. Unverändert ist auch die zweite Stufe der Pyramide, wo es um die persönliche Sicherheit von Gefangenen geht. Im Strafvollzug hat der Schutz vor Gewalt einen besonderen Stellenwert. Als spezielles justizielles Menschenrecht gehört der Rechtsschutz dazu (vgl dazu Art. 19 Abs. 4 GG). Er soll Menschenrechtsverletzungen verhin- 8

---

3 Dürig, in Maunz-Dürig-Herzog (Hrsg.), Grundgesetz. Kommentar, 2. Aufl., Art. 1 Abs. 1 Rn 33.
4 BVerfGE 33, 1 ff.
5 Maslow, Psychologie des Seins (Toward a Psychology of Being), 1968; ders. Motivation und Persönlichkeit (Motivation and Personality), 2. Aufl. 1970; ders. Die Psychologie der Wissenschaft. Neue Wege der Wahrnehmung und des Denkens (The Further Reaches of Human Nature), 1971.

dern und zur Aufklärung begangener Menschenrechtsverletzungen beitragen. Spezielle Ausprägungen von „Wachstumsrechten" sind der humane Umgang mit den Gefangenen und ethisch vertretbare, wirksame Behandlungsmaßnahmen aufgrund professioneller Prognosen.

9 Drohende Menschenrechtsverletzungen können verhindert werden, indem der Täter die Aufklärung der Menschenrechtsverletzung befürchten muss. Daher entfalten die Rechtsschutzmöglichkeiten auch eine präventive Wirkung. Im vorgeschlagenen Präventionsmodell ist von Bedeutung, dass für den Fall einer Menschenrechtsverletzung im Strafvollzug jemand da ist, der sie aufklärt. Das ist ein Aspekt, der leicht übersehen und in seiner Bedeutung unterschätzt wird.

10 Nun haben Vollzugswissenschaftler den Justizvollzugsverwaltungen bei der Umsetzung von gerichtlichen Entscheidungen „Renitenz" vorgeworfen.[6] Sie würden rechtskräftige Gerichtsentscheidungen überhaupt nicht, nur verzögert oder nicht in vollem Umfang umsetzen. Das ist ein ernster Vorwurf, den man nicht stehen lassen kann. Er ist unberechtigt. Das gilt für den Erwachsenen- und den Jugendstrafvollzug. Daher war der Vorschlag von Dünkel,[7] zur Durchsetzung gerichtlicher Entscheidungen notfalls Zwangsmaßnahmen in Anlehnung an die Verwaltungsgerichtsordnung vorzusehen, im Gesetzgebungsverfahren zu Recht nicht konsensfähig.

11 **4. Verfassungsrechtliche Bedeutung.** Bis zum 1.1.2008 galt in Deutschland für die Rechtsbehelfe im Jugendstrafvollzug – mit Ausnahme von Baden-Württemberg – der Rechtsweg zum Oberlandesgericht über § 23 EGGVG. Das Bundesverfassungsgericht hat diesen Rechtsweg in seinem Grundsatzurteil vom 31.5.2006 mit dem Recht auf effektiven und jugendgemäßen Rechtsschutz im Sinne von Art. 19 Abs. 4 GG für nicht vereinbar gehalten. In BVerfGE 116, 69 heißt es: „Die sachverständigen Auskunftspersonen haben in der mündlichen Verhandlung zutreffend besonderen Regelungsbedarf auch für die Ausgestaltung des gerichtlichen Rechtsschutzes gesehen."[8] Dessen gegenwärtige Ausgestaltung – der Rechtsweg zum Oberlandesgericht nach §§ 23 ff EGGVG – genügt den Anforderungen eines effektiven Rechtsschutzes (Art. 19 Abs. 4 GG) nicht. Die elementare Regel, dass der Rechtsstaat auch die Rechte derjenigen nicht verletzen darf, die das Recht gebrochen haben, erfordert eine Ausgestaltung des Rechtsschutzes, die die Wirksamkeit dieser Regel auch für den Strafvollzug sicherstellt. Die gesetzliche Ausgestaltung des Rechtsschutzes darf auch hier den Zugang zum Gericht nicht in unverhältnismäßiger, durch Sachgründe nicht gerechtfertigter Weise erschweren[9] und muss daher auf die typische Situation und die davon abhängigen Möglichkeiten der Rechtsschutzsuchenden Rücksicht nehmen. Gefangene befinden sich in einem Rechtsverhältnis mit besonderen Gefährdungen, in dem sie auch in der Möglichkeit, sich der Hilfe Dritter zu bedienen, eng beschränkt sind. Die im Jugendstrafvollzug Inhaftierten sind zudem typischerweise besonders ungeübt im Umgang mit Institutionen und Schriftsprache; zu geeignetem schriftlichen Ausdruck sind sie häufig überhaupt nicht fähig. Ihre Verweisung

---

6 Zuerst Lesting/Feest, Renitente Strafvollzugsbehörden, ZRP 1987, 390 – 395 mit der Forderung nach Zwangsvollstreckungsmöglichkeiten gegen Strafvollzugsbehörden; zuletzt Kammann/Volckart in Feest, § 115 StVollzG Rn 81 mN.
7 Dünkel, Rechtsschutz im Jugendstrafvollzug – Anmerkungen zum Zweiten Gesetz zur Änderung des Jugendgerichtsgesetzes vom 13.12.2007, Neue Kriminalpolitik 2008, 2–4.
8 Vgl auch Böhm, Strafvollzug, 3. Aufl. 2003, Rn 442.
9 Vgl BVerfG v. 12.1.1960, 1 BvR 17/59, BVerfGE 10, 264, 267; BVerfG v. 2.3.1993, BVerfGE 88, 118, 124 mwN.

auf ein regelmäßig ortsfernes, erst- und letztinstanzlich entscheidendes Obergericht, ohne besondere Vorkehrungen für die Möglichkeit mündlicher Kommunikation, wird dem – auch im Vergleich mit den für Gefangene im Erwachsenenstrafvollzug vorgesehenen Rechtsschutzmöglichkeiten – nicht gerecht.[10] Den Hinweisen des Bundesverfassungsgerichts ist in dogmatischer und kriminologischer Hinsicht uneingeschränkt zuzustimmen. Es stellt sich die Frage, was sie für einen effektiven Rechtsschutz von jungen Gefangenen praktisch bedeuten. Das Bundesverfassungsgericht stellt richtigerweise darauf ab, dass die jungen Gefangenen in der Fähigkeit eingeschränkt sind, Hilfe anzunehmen. Sie seien nicht zu einem schriftlichen Ausdruck fähig. Man dürfe sie nicht erst- und letztinstanzlich an ein ortsfernes Obergericht ohne mündliche Kommunikation verweisen. Daraus ergeben sich folgende „Bausteine" für einen altersgerechten Rechtsschutz junger Gefangener: Kommunikationshilfen eröffnen, mündliche Kommunikation ermöglichen, Instanzenzug aufstellen, anstaltsnahe Eingangsinstanz für zuständig erklären.

Der Bundesgesetzgeber hat diese Vorgaben ein Stück weit umgesetzt und insoweit einen verfassungsgemäßen Zustand geschaffen. Ein „großer Wurf" ist dem für die Gesetzgebungsarbeiten zuständigen Bundesministerium der Justiz aber nicht gelungen. Die neue Vorschrift orientiert sich allzu sehr am Strafvollzugsgesetz. Demgegenüber hält Dünkel[11] den weitgehenden Verweis auf die §§ 109 ff für sachgerecht, „weil damit ein in 30 Jahren der Geschichte des StVollzG bewährtes Verfahrensmodell mit den erforderlichen „jugendgemäßen" Spezifikationen übernommen wurde". Er hatte im Anhörungsverfahren aber noch eine obligatorische mündliche Anhörung gefordert, sofern die Jugendkammer kein mündliches Verfahren einberaumt. Herausgekommen ist lediglich die obligatorische Belehrung des Jugendlichen über sein Antragsrecht. 12

5. Praktische Bedeutung. Ist die verfassungsrechtliche Bedeutung des Rechtsschutzes für junge Gefangene und Untergebrachte vom Bundesverfassungsgericht mit Recht als hoch eingestuft worden, so ist die praktische Bedeutung als gering bzw gar als bedeutungslos zu bezeichnen. Für den Untersuchungszeitraum von 1980 bis 1985 ergingen bei den Oberlandesgerichten bundesweit nur 15 bis 20 Beschlüsse nach den §§ 23 ff EGGVG. In Baden-Württemberg ist seit fast 30 Jahren kein Fall bekannt geworden, dass ein junger Gefangener sein Recht beim zuständigen Oberlandesgericht gesucht hätte. Auch nach Inkrafttreten des baden-württembergischen Jugendstrafvollzugsgesetz vom 1.8.2007 hat sich noch kein junger Gefangener an den Vollstreckungsleiter und nach dem 1.1.2008 an die Jugendkammer gewandt, geschweige ist dort eine vollzugsrechtliche Entscheidung ergangen. Eine Ausnahme, welche die Regel bestätigt, machen die beiden Anträge von jungen Gefangenen, die zum Grundsatzurteil des Bundesverfassungsgerichts vom 31.5.2006 geführt haben. Hier besteht der Eindruck, dass sie lanciert wurden, um das Bundesverfassungsgericht überhaupt zu einer Stellungnahme zur Verfassungswidrigkeit des Jugendstrafvollzuges zu bringen. Im Übrigen enthält auch die Zeitschrift für Jugendkriminalrecht und Jugendhilfe[12] – soweit ersichtlich – keine veröffentlichte Entscheidung aus dem Jugendstrafvollzugsrecht. 13

---

10 Vgl auch Eisenberg, § 91 Rn 40 f; Butz, S. 40; Böhm in: Trenczek, Freiheitsentzug bei jungen Straffälligen, 1993, S. 197, 201; Dünkel, Freiheitsentzug für junge Rechtsbrecher, 1990, S. 139.
11 Dünkel, Neue Kriminalpolitik 2008, S. 2 – 4.
12 Bis zum Jahr 2002: DVJJ-Journal.

14 6. **Angrenzende Rechtsschutzmöglichkeiten.** Dass die gerichtlichen Rechtsschutzmöglichkeiten im Jugendstrafvollzug keine praktische Bedeutung haben, rührt wohl auch daher, dass es ein Reihe von angrenzenden Rechtsbehelfen gibt, mit denen der junge Gefangene schneller und leichter zu seinem Recht kommt:
- Beschwerde zum Anstaltsleiter;[13]
- Anhörung durch einen Vertreter der Aufsichtsbehörde;[14]
- Mitteilung an den Anstaltsbeirat, statt aller § 16 Abs. 1 S. 3 JStVollzGBW iVm §§ 162 ff StVollzG.
- Einschaltung der Gefangenenmitverantwortung: Just Community;
- Dienstaufsichtsbeschwerde: „Formlos, fristlos, fruchtlos" (?);
- Petitionsrecht, Art. 17 GG;[15]
- Mitteilung an die Presse (selten);
- Mitteilung an den Ombudsmann für den Justizvollzug, zurzeit nur in Nordrhein-Westfalen: § 97 Abs. 2 JStVollzG NRW;[16]
- Mitteilung an die Länderkommission zur Verhütung von Folter;[17]
- Verfassungsbeschwerde zum Bundesverfassungsgericht, Art. 93 Abs. 1 Nr. 4a GG iVm § 13 Nr. 8a BVerfGG
- Individualbeschwerde zum Europäischen Gerichtshof für Menschenrecht (Sitz: Straßburg) gemäß Art. 34, 35 EMRK unter der Voraussetzung innerstaatlicher Rechtswegerschöpfung.

15 7. **Systematische Stellung.** Mit der Neufassung der §§ 91, 92 durch das Gesetz vom 13.12.2007 wurden die dort bisher enthaltenen vollzugsrechtlichen Regelungen zur Jugendstrafe vollständig durch einen anderen Regelungsgehalt ersetzt, s. Rn 1. Anstelle materieller Vorschriften zur Jugendstrafe sind dort nun Verfahrensrechte geregelt. Die systematische Stellung der Regelungen zum Rechtsschutz kann nicht befriedigen. Dass man sie in § 92 eingestellt hat, beruht wohl im Wesentlichen darauf, dass durch die Verfassungswidrigkeit der §§ 91, 92 der Paragraph „frei" wurde. Zwischen materiellrechtlichen Vorschriften (§§ 90, 93) und einer vollstreckungsrechtlichen Norm (§ 91) würde man die gerichtlichen Rechtsschutzmöglichkeiten nicht ohne weiteres suchen. Sie wirken dort „verloren".

16 Dabei besteht durchaus ein Dilemma. Die Länder könnten die gerichtlichen Rechtsschutzmöglichkeiten – wie im Strafvollzugsgesetz – in den Jugendstrafvollzugsgesetzen systematisch befriedigend regeln, haben aber dazu keine Gesetzgebungszuständigkeit. Der Bund hat die Gesetzgebungszuständigkeit, aber keinen passenden gesetzlichen „Aufhänger". Immerhin hätte er die Möglichkeit gehabt, ein eigenes Verfahrensgesetz zu beschließen.

II. Regelungsbereich

17 In § 92 sind nunmehr die Rechtsbehelfe der Verurteilten in Vollzug der Jugendstrafe ähnlich wie im 2. Abschnitt Vierzehnter Titel des Strafvollzugsgesetzes für den Erwachsenenvollzug geregelt. Gleiches gilt für Rechtsbehelfe im Vollzug des Jugendarrests und der Unterbringung in einem psychiatrischen Krankenhaus oder einer Entziehungsanstalt.

---

13 Vgl die einzelnen Jugendstrafvollzugsgesetze.
14 Vgl die einzelnen Jugendstrafvollzugsgesetze.
15 Von jungen Gefangenen ganz selten erhoben.
16 http://www.jm.nrw.de/bs/justizvollzug/ombudsmann_justizvollzug/index.php, zuletzt besucht am 18.12.2010, dort auch die bisherigen Jahresberichte.
17 Geschäftsstelle in Wiesbaden bei der Kriminologischen Zentralstelle.

Die Absätze 1 bis 4 sehen für die Überprüfung von Maßnahmen im Vollzug der 18
Jugendstrafe im Wesentlichen die entsprechende Anwendung der §§ 109 und 111
bis 121 StVollzG vor, berücksichtigen aber auch – jedenfalls zum Teil – die vom
Bundesverfassungsgericht in seiner Entscheidung vom 31.5.2006 enthaltene Forderung nach einer jugendgerechten Ausgestaltung des gerichtlichen Rechtsschutzes. Nichts anderes kann für den Vollzug des Jugendarrests und für den Vollzug
der Unterbringung in einem psychiatrischen Krankenhaus oder einer Entziehungsanstalt gelten.

Der Rechtsausschuss des Bundestages war der Auffassung, dass es im Hinblick 19
auf die Beiordnung eines Anwalts einer abweichenden Regelung zur Prozesskostenhilfe im Vergleich zum Strafvollzugsgesetz bedurfte, um den gerichtlichen
Rechtsschutz im Hinblick auf die häufig mit schriftlichen Eingaben überforderten
Jugendlichen zu effektivieren.[18] § 120 Abs. 2 StVollzG, auf den § 92 Abs. 2 S. 2
des Entwurfs Bezug nahm, verwies insoweit auf die Vorschriften der Zivilprozessordnung. Entscheidend für die Beiordnung eines Rechtsbeistands war danach
die Erfolgsaussicht der Sache. Vorzugswürdig erschien dem Rechtsausschuss ein
Verweis auf die Strafprozessordnung, nach der die Beiordnung eines Anwalts im
Rahmen der Prozesskostenhilfe bei gegebener „Schwierigkeit der Sach- und
Rechtslage" (vgl § 140 Abs. 2 StPO) zu erfolgen hat. Bei einer jugendgemäßen
Interpretation dieses Begriffs wäre gewährleistet, dass bei den regelmäßig sachunkundigen Jugendstrafgefangenen die verfassungsrechtlich gebotenen effektiven
Rechtsschutzmöglichkeiten durch die Beiordnung eines Rechtsbeistands gewährleistet werden. Daher wurde der Verweis auf § 120 Abs. 2 StVollzG im Gesetzgebungsverfahren gestrichen.

III. Geltung des Strafvollzugsgesetzes

Das Recht des Jugendstrafvollzuges ist Verwaltungsrecht und damit öffentliches 20
Recht. Soweit es Eingriffe in die Grundrechte der jungen Gefangenen für zulässig
erklärt, ist es Eingriffsrecht. Soweit es den jungen Gefangenen Leistungen verschafft, ist es Leistungsrecht. Daher ist der Rechtsschutz (des Strafvollzugsgesetzes) der Verwaltungsgerichtsordnung nachgebildet. Will man sich eingehend über
die verfahrensrechtlichen Grundlagen informieren, so empfiehlt sich ein Blick in
die einschlägige Literatur zum Strafvollzugsgesetz. Soweit Rose[19] davon ausgeht,
dass durch § 92 „der gerichtliche Rechtsschutz der Gefangenen gegen sie belastende Maßnahmen geregelt" werde, ist das zumindest missverständlich. Richtig
ist, dass der junge Gefangene eine Beschwer geltend machen muss. Das liegt aber
nicht nur dann vor, wenn gegen ihn eine belastende Maßnahme ausgesprochen
wurde, sondern etwa auch dann, wenn ihm eine begünstigende Maßnahme, etwa
Vollzugslockerungen oder ein Gegenstand für die Freizeitgestaltung, versagt wurde.

Mit den geringen, in § 92 Abs. 1 bis 5 beschriebenen und hier kommentierten 21
Ausnahmen entspricht das Verfahrensrecht bei Anträgen auf gerichtliche Entscheidung im Jugendstrafvollzug mit Recht dem Strafvollzugsgesetz.[20] So gibt es
zu den Beteiligten, der Antragsfrist, der Wiedereinsetzung, dem Vornahmeantrag
und der Aussetzung einer Maßnahme keine jugendspezifischen Regelungen. Das

---

18 BT-Drucks. 16/6978, 3; dazu auch Dünkel, Neue Kriminalpolitik 2008, 2.
19 Rose in: Ostendorf, HB Jugendstrafvollzug, S. 640.
20 Vgl daher insoweit die Kommentare zu §§ 109 ff StVollzG: Arloth; Calliess/Müller-Dietz; Schwind/Böhm/Jehle; Feest sowie das Lehrbuch von Laubenthal, S. 446-499
   mit instruktiven Beispielen und Rechtsprechung aus dem Erwachsenenstrafvollzug.

gilt auch für die revisionsähnlich ausgestaltete Rechtsbeschwerde. Im Gesetzgebungsverfahren wurde gar erörtert, ob für junge Gefangene ein zweiter Rechtszug notwendig sei. Im Ergebnis wollte man sie nicht schlechter stellen als erwachsene Gefangene. Dem ist zuzustimmen. Die Antragsarten sind daher ganz ähnlich wie im Strafvollzugsgesetz:

IV. Antragsarten

22 1. **Anfechtungsantrag**, § 92 Abs. 1, S. 2 Hs 1 iVm §§ 109 Abs. 1 S. 1, 115 Abs. 2 S. 1 StVollzG. Sieht sich ein Gefangener durch einen belastenden Verwaltungsakt im Jugendstrafvollzug beschwert, so kann er sich mit einem **Anfechtungsantrag** dagegen wehren (§ 92 Abs. 1, S. 2 Hs 1 iVm §§ 109 Abs. 1 S. 1, 115 Abs. 2 S. 1 StVollzG; vgl auch § 42 Abs. 1, 1. Alt. VwGO). Klassische Beispiele wären eine (noch nicht vollzogene) Disziplinarmaßnahme oder die Anordnung besonderer Sicherungsmaßnahmen.

▶ **Tenor:**

„ Es wird beantragt, die gegen den Antragsteller angeordnete Disziplinarverfügung vom ... aufzuheben." ◀

23 2. **Verpflichtungsantrag**, § 92 Abs. 1 S. 2 Hs 1 iVm § 109 Abs. 1 S. 2, 115 Abs. 4 StVollzG. Möchte der junge Gefangene einen begünstigenden Verwaltungsakt erreichen, muss er einen **Verpflichtungsantrag** stellen, wenn ihm dies bereits versagt wurde, weil die Anstalt die begehrte Maßnahme abgelehnt hat (§ 92 Abs. 1 S. 2 Hs 1 iVm § 109 Abs. 1 S. 2, 115 Abs. 4 StVollzG; vgl auch § 42 Abs. 1, 2. Alt. VwGO). Das ist erforderlich, wenn der junge Gefangene etwa medizinische Leistungen, einen Freizeitgegenstand oder eine (Aus-)Bildungsmaßnahme einklagen will.

▶ **Tenor:**

„ Es wird beantragt, dem Antragsteller zu gestatten, ein Guitarre im Haftraum zu haben." Oder

„Es wird beantragt, dem Antragsteller dreimal am Tag das Medikament X (Dosis: x mg) zu geben." ◀

24 3. **Vornahmeantrag**, § 92 Abs. 1, S. 2 Hs 1 iVm §§ 113, 109 Abs. 1 S. 2 StVollzG. Ist über einen Widerspruch gegen einen belastenden Verwaltungsakt oder über einen Antrag auf Vornahme eines Verwaltungsakts ohne zureichenden Grund in angemessener Frist (drei Monate) sachlich nicht entschieden worden, so kann ein **Vornahmeantrag** erhoben werden (§ 92 Abs. 1, S. 2 Hs 1 iVm §§ 113, 109 Abs. 1 S. 2 StVollzG). Das entspricht der Untätigkeitsklage im allgemeinen Verwaltungsprozessrecht. Beispielsfall aus dem Jugendstrafvollzug: Der junge Gefangene begehrt die Aufhebung besonderer Sicherungsmaßnahmen, die Jugendstrafanstalt reagiert aber drei Monate lang nicht.

▶ **Tenor:**

„ Es wird beantragt, die Vollzugsbehörde zu verpflichten, unverzüglich über die am ... angeordneten Sicherungsmaßnahmen zu entscheiden." ◀

25 4. **Feststellungs- und Fortsetzungsfeststellungsantrag**, § 92 Abs. 1, S. 2 Hs 1 iVm § 113 StVollzG. Mit einem **Feststellungsantrag** kann der junge Gefangene die Feststellung des Bestehens oder Nichtbestehens eines Rechtsverhältnisses begehren; er braucht dazu ein berechtigtes Interesse an der baldigen Feststellung (vgl § 43 Abs. 1 VwGO).

▶ Tenor:

„Es wird beantragt, festzustellen, dass die zwischenzeitlich vollzogene Disziplinarverfügung vom ... rechtswidrig war und den Antragsteller in seinen Rechten verletzt." ◀

Hat sich der Verwaltungsakt vor der Klage durch Zurücknahme oder anders erledigt, so spricht das Gericht auf Antrag durch Urteil aus, dass der Verwaltungsakt rechtswidrig gewesen ist, wenn der Kläger ein berechtigtes Interesse an dieser Feststellung hat. Ein solcher **Fortsetzungsfeststellungsantrag** ist nach § 92 Abs. 1, S. 2 Hs 1 iVm § 113 StVollzG zulässig. „Klassisches" Beispiel dafür ist eine bereits vollzogene Disziplinarmaßnahme, die den jungen Gefangenen der Gefahr aussetzt, bei einschlägigem neuen Verhalten noch härter disziplinert zu werden. Oder eine besondere Sicherungsmaßnahme wegen Gewalttätigkeit, die bei einer künftigen Gewalttätigkeit als Indiz für die Gefährlichkeit des jungen Gefangenen hinzugezogen werden könnte.

▶ Tenor:

„Es wird beantragt, festzustellen, dass die zwischenzeitlich vollzogene Disziplinarverfügung vom ... rechtswidrig war und den Antragsteller in seinen Rechten verletzt hat." Oder

„Es wird beantragt festzustellen, dass die vom ... bis ... vollzogene Unterbringung des Antragstellers in einem besonders gesicherten Haftraum rechtswidrig war und ihn in seinen Rechten verletzt hat." ◀

5. Prüfungsmaßstab. Die Jugendkammer hat denselben Prüfungsmaßstab wie die Strafvollstreckungskammer bei Erwachsenen. Sie kann in jedem Fall (nur) eine Rechtskontrolle durchführen. Unbestimmte Rechtsbegriffe hat sie vollständig zu überprüfen. Enthält ein einschlägiger Begriff einen Beurteilungsspielraum („Fluchtgefahr", „Rückfallgefahr"), so hat sie nur zu prüfen, ob die Anstaltsleitung sich innerhalb des Beurteilungsspielraums gehalten hat. Dasselbe gilt für Ermessensvorschriften.

6. Vorläufiger Rechtsschutz, § 92 Abs. 1, S. 2 Hs 1 iVm § 114 Abs. 2 StVollzG. Vorläufiger Rechtsschutz ist möglich gemäß § 92 Abs. 1, S. 2 Hs 1 JGG iVm § 114 Abs. 2 StVollzG; ein Suspensiveffekt fehlt. Geht es um einen Anfechtungs- oder Unterlassungsantrag, kommt eine Aussetzungsanordnung in Betracht (vgl auch § 80 Abs. 5 VwGO). Im Fall des Verpflichtungs- oder Vornahmeantrags ist eine einstweilige Anordnung zu beantragen (§ 92 Abs. 1, S. 2 Hs 1JGG iVm § 11 Abs. 2 S. 2 Hs 2 StVollzG und § 123 VwGO). Voraussetzung ist eine Sicherungs- bzw Regelungsanordnung (§ 114 Abs. 2 S. 2 StVollzG).

V. Gütliche Streitbeilegung

In Abs. 1 wird dem Landesgesetzgeber die Möglichkeit eröffnet, Regelungen zu erlassen, die im Vollzug des Jugendarrests, der Jugendstrafe und der Maßregeln nach § 61 Nr. 1 und 2 StGB anstelle eines Verwaltungsvorverfahrens die Durchführung eines Schlichtungsverfahrens vorsehen mit dem Ziel einer gütlichen Streitbeilegung. Die Elternrechte werden berücksichtigt durch den Verweis auf § 67 Abs. 1 bis 3 und 5 JGG. Dies entspricht der verfassungsrechtlich durch Artikel 6 GG gesicherten Position der Eltern, die Verantwortung für den Schutz der Rechte ihrer Kinder tragen und darüber hinaus eigene Rechte haben, im Rahmen des Vollzugs von Jugendstrafe, Jugendarrest und Unterbringung die eigenen Erziehungsvorstellungen geltend zu machen. Von der Möglichkeit der Einführung eines Vorverfahrens zur gütlichen Streitbeilegung hat – soweit ersichtlich – nur das Saarland Gebrauch gemacht.[21] Danach kann ein Antrag auf gerichtliche Entscheidung erst nach einem Verfahren zur gütlichen Streitbeilegung gestellt werden. Dieses Schlichtungsverfahren wird von der Vollstreckungsleiterin bzw dem Vollstreckungsleiter durchgeführt. Dahinter steht eine persönliche Initiative eines saarländischen Vollstreckungsleiters. Die Einführung von § 92 wurde in Baden-Württemberg Anfang des Jahres 2008 zum Anlass für eine Praxisumfrage genommen, ob – entgegen der im Justizministerium vertretenen Auffassung – aus Sicht der Praxis doch ein Verfahren zur gütlichen Streitbeilegung eingeführt werden sollte. Keine Leiterin und kein Leiter einer Jugendstrafanstalt, einer Jugendarrestanstalt sowie kein Vollstreckungsleiter haben sich dafür ausgesprochen. Dabei wurde immer wieder darauf hingewiesen, dass Anträge auf gerichtliche Entscheidung ohnehin sehr selten seien. Manche betonten, dass bereits im verwaltungsinternen Verfahren Elemente der gütlichen Streitschlichtung enthalten seien (Anstaltsleiter als „Streitschlichter"). Andere befürchteten Verfahrensverzögerungen und Verwaltungsmehraufwand. Ein Vollstreckungsleiter hat ausgeführt: „ Ein formalisiertes Verfahren zur gütlichen Beilegung eines Streits erscheint überflüssig, weil der Vollstreckungsleiter möglichst weitgehend den Wünschen des jungen Gefangenen Rechnung tragen und darum bemüht sein wird, sein Einverständnis in notwendig Maßnahmen zu erreichen. Andernfalls wäre Widerstand des Verurteilten zu erwarten, der jedenfalls seine Mitarbeit am Vollzugsziel und damit den Vollzugserfolg vermindern würde. Ein nicht formalisiertes Verfahren findet ohnehin statt. Es ist auch nicht ersichtlich, in welcher Weise Gewinn zu erwarten wäre, wenn dieses Verfahren formalisiert werden würde." Konkrete Vorschläge aus der Wissenschaft, wie ein solches Verfahren zur gütlichen Streitbeilegung aussehen könnte, fehlen. Ein solches Verfahren müsste aus den Grundsätzen der Mediation entwickelt werden.[22] Zu berücksichtigen ist dabei, dass zwischen der beteiligten Jugendstrafanstalt und dem jungen Gefangenen keine „Waffengleichheit" besteht. Sie müsste in dem Verfahren hergestellt werden. Sonst wird es genauso wenig eingesetzt werden wie die gerichtlichen Rechtsschutzmöglichkeiten im Jugendstrafvollzug.

VI. Zuständigkeit der Jugendkammer, § 92 Abs. 2

30 Abs. 2 S. 1 überträgt für die gerichtliche Entscheidung über eine Maßnahme zur Regelung einzelner Angelegenheiten auf dem Gebiet des Jugendstrafvollzuges auf die Jugendkammer. Das Gesetz steht insoweit mit dem früheren Vorschlag der Jugendstrafvollzugskommission in Übereinstimmung. Für die Zuständigkeit der Jugendkammer anstelle der Strafvollstreckungskammer spricht, dass die Jugendkammer aufgrund ihrer Tätigkeit als erkennendes Gericht über vielfältige Erfahrungen mit straffälligen Jugendlichen und Heranwachsenden verfügt und hier Richterinnen und Richter tätig werden, die erzieherisch befähigt und in der Jugenderziehung erfahren sind (§ 37 JGG). Bei der Auslegung der für den Jugendstrafvollzug geltenden Vorschriften, bei der der für den Jugendstrafvollzug maßgebliche Gedanke der Förderung zu berücksichtigen ist, ist dies von Vorteil. Zudem ist nicht sichergestellt, dass in jedem für die Jugendstrafanstalten zuständigen Landgerichtsbezirk eine Strafvollstreckungskammer eingerichtet ist. Hieran kann es beispielsweise fehlen, wenn es keine Justizvollzugsanstalt für Erwachsene in dem betreffenden Bezirk gibt. In diesen Fällen müssen Strafvollstreckungskammern erst unter finanziellem Aufwand eingerichtet werden. Gegen eine Übertra-

---

21 Vgl § 87 Abs. 4 des Saarländischen Jugendstrafvollzugsgesetzes.
22 Vgl etwa Haft/Gräfin von Schlieffen.

gung der Zuständigkeit auf die Jugendrichterin oder den Jugendrichter als Vollstreckungsleiterin oder Vollstreckungsleiter, der bzw die auf dem Gebiet des Jugendstrafvollzuges besonders sachverständig ist, spricht nach Auffassung des Bundesministeriums der Justiz deren außerordentliche Vollzugsnähe, die – zumindest aus Sicht des Gefangenen – in größerem Maße die Gefahr der Befangenheit mitsichbringt[23]

Umgekehrt spricht gegen die Zuständigkeit der Strafvollstreckungskammer oder der Jugendkammer, dass der Vollstreckungsleiter ortsnah ist und auch in diesem Zusammenhang aufgrund seiner Tätigkeit über vielfältige Erfahrungen mit straffälligen Jugendlichen und Heranwachsenden verfügt und hier Richterinnen und Richter tätig werden, die erzieherisch befähigt und in der Jugenderziehung erfahren sind (§ 37 JGG). Bei der Auslegung der für den Jugendstrafvollzug geltenden Vorschriften, bei der der für den Jugendstrafvollzug maßgebliche Erziehungsgedanke zu berücksichtigen ist, ist dies von großem Vorteil. Soweit gegen eine Übertragung der Zuständigkeit auf die Vollstreckungsleitung die Besorgnis der Befangenheit eingewendet wurde, kann dem nicht gefolgt werden. Daher ist die Vorschrift als nicht jugendgerecht zu bedauern.[24] 31

Abs. 2 S. 2 stellt klar, dass ein der gerichtlichen Entscheidung vorausgehendes Verwaltungsverfahren die in S. 1 geregelte örtliche Zuständigkeit der Jugendkammer nicht verändert. Abs. 2 S. 3 trifft entsprechend § 78 a Abs. 3 GVG eine Zuständigkeitsregelung für den Fall, dass ein Land eine Einrichtung des Vollzugs der Jugendstrafe auf dem Gebiet eines anderen Landes unterhält. 32

Gegen die Entscheidung der Jugendkammer ist unter den Voraussetzungen der §§ 116 ff. StVollzG die Rechtsbeschwerde zum Oberlandesgericht zulässig. 33

VII. Beschlussverfahren, § 91 Abs. 3 S. 1

Nach § 91 Abs. 3 S. 1 entscheidet die Jugendkammer durch Beschluss. 34

VIII. Mündliche Verhandlung, § 91 Abs. 2 S. 2

Der Rechtsweg zum Oberlandesgericht nach § 23 GVG war durch die Schriftlichkeit des Verfahrens geprägt. Das ist nicht jugendgemäß. Nun bestimmt die Jugendkammer nach ihrem Ermessen, ob eine mündliche Verhandlung durchgeführt wird (§ 91 Abs. 2 S. 2). Diese Regelung ist angemessen. Man könnte auch an eine Regelung denken, wonach eine mündliche Verhandlung immer durchgeführt werden muss oder soll. Es sind aber Fälle denkbar, in denen es evident ist, dass der junge Gefangene „im Recht" ist. Dann wäre eine mündliche Verhandlung überflüssig. Denkbar ist aber auch, dass die Aussichtslosigkeit eines Rechtsschutzbegehrens so deutlich auf der Hand liegt, dass eine Ladung des jungen Gefangenen überflüssig erscheint. Er könnte sich in einem solchen Fall Chancen auf ein Obsiegen ausrechnen und wäre anschließend über den Verfahrensausgang enttäuscht. Außerdem gibt es junge Gefangene, denen man aufgrund ihrer Persönlichkeitsstruktur besser kein Podium für eine öffentliche Darstellung gibt. Wenn das Gericht dafür tatsächliche Anhaltspunkte in den Akten findet, kann sie aufgrund der gesetzlichen Regelung flexibel reagieren. 35

---

23 IdS Dünkel, Neue Kriminalpolitik 2008, 2 - 4.
24 So auch Knöner, Ein Apfel vom Baum der Erkenntnis, ZJJ 2006, 190 – 192; Sußner, S. 261; Wegemund/Dehne-Niemann, Zeitschrift für internationale Strafrechtsdogmatik 2008, 580 Fn 4.

36 Weitere Regelungen über die mündliche Verhandlung, etwa über den Ablauf, sind im Gesetz nicht enthalten. Insoweit kann das Gericht nach Zweckmäßigkeitsgesichtspunkten die mündliche Verhandlung gestalten.

IX. Anhörung, § 92 Abs. 3 S. 2

37 Nach Abs. 3 S. 2 muss auf Antrag des jungen Gefangenen eine mündliche Anhörung in der Einrichtung des Vollzugs der Jugendstrafe stattfinden bzw kann das Gericht eine mündliche Verhandlung anberaumen, wenn es aufgrund der eingegangenen Schriftsätze weiteren Aufklärungsbedarf sieht, der auf dem Schriftweg nicht zu decken ist. Damit wird – wie das Bundesverfassungsgericht ausgeführt hat – die Regelung ein Stück weit der Situation der jungen Gefangenen gerecht, die typischerweise besonders ungeübt sind im Umgang mit Institutionen und Schriftsprache und die zu geeignetem schriftlichen Ausdruck häufig überhaupt nicht fähig sind. Entsprechendes gilt für den Vollzug des Jugendarrests und der Unterbringung in einem psychiatrischen Krankenhaus oder einer Entziehungsanstalt.

X. Besetzung der Jugendkammer, § 92 Abs. 4

38 Die Regelung des Abs. 4 lehnt sich an § 348 Abs. 3 ZPO an. Nach der Entwurfsbegründung dient sie der Entlastung der Gerichte, weil nur ein Richter verhandelt und entscheidet. Dies ist aber auch im Interesse des jungen Gefangenen, weil er sich dann keiner „Übermacht" von drei Richtern gegenüber sieht, was ihn einschüchtern könnte. Nachdem die Jugendkammer mit nur einem Richter besetzt ist, bestehen keine größeren faktischen Unterschiede zur vorzugswürdigen Zuständigkeit des Vollstreckungsleiters.

XI. Kostenregelung, § 92 Abs. 5

39 Die Vorschrift eröffnet die Möglichkeit, von der Auferlegung der Kosten und Auslagen abzusehen. Ihre Anwendung wird namentlich dann in Betracht kommen, wenn die Kostenbelastung dem Erziehungsauftrag widersprechen und die Eingliederung der Gefangenen behindern würde. Andererseits muss ein junger Gefangener auch lernen, dass die Inanspruchnahme von Leistungen der Justiz Kosten verursacht und der Antragsteller diese grundsätzlich zu tragen hat, wenn er nicht obsiegt („Wer die Musik bestellt, zahlt sie auch").

XII. Rechtsbehelfe bei Ausnahme vom Jugendstrafvollzug, § 92 Abs. 6

40 In Abs. 6 regelt die Vorschrift noch den Fall, dass eine Jugendstrafe gemäß § 91 Abs. 1 nach den Vorschriften des Strafvollzugs für Erwachsene vollzogen wird oder der Jugendliche im Vollzug der Maßregel nach § 61 Nr. 1 oder Nr. 2 StGB das 24. Lebensjahr vollendet hat. In diesen Fällen erklärt die Vorschrift für den Antrag auf gerichtliche Entscheidung die Absätze 1 bis 5 für nicht und die Vorschriften der §§ 109 bis 121 des Strafvollzugsgesetzes für unmittelbar anwendbar. Damit wird die örtliche Strafvollstreckungskammer zuständig. Dies ist sachgerecht, da die Überprüfung gleichartiger Maßnahmen innerhalb einer Strafanstalt von verschiedenen Gerichten nicht zweckmäßig ist. Zudem ist anzunehmen, dass, wenn der Vollstreckungsleiter den jungen Gefangenen aus dem Jugendstrafvollzug herausgenommen hat, keine schutzwürdigen Belange dem Wegfall der in § 92 Abs. 1 bis 5 JGG-E geregelten Besonderheiten entgegenstehen. Damit entfällt das Verfahren zur gütlichen Streitbeilegung (§ 91 Abs. 1 S. 2 Hs 2). Es entscheidet nicht die Jugendkammer, sondern die örtliche Strafvollstreckungs-

kammer (§ 110 StVollzG). Eine mündliche Verhandlung ist nicht vorgesehen (Abs. 3 S. 2). Eine persönliche Anhörung auf Antrag des Jugendlichen in der Vollzugseinrichtung entfällt (Abs. 3 S. 3). Die Besetzung des Gerichts richtet sich nach § 78 b GVG. Für die Kosten gilt § 121 StVollzG unmittelbar ohne die Möglichkeit des Absehens von Kosten nach Abs. 5 iVm § 74. Die gesetzliche Regelung ist sachgerecht. Wenn junge Gefangene aus dem Jugendstrafvollzugs ausgenommen werden, sollten sie ganz der für Erwachsene geltenden Rechtsordnung unterstellt werden. Das bezieht sich auf das materielle und auf das Verfahrensrecht. Es besteht kein Anlass, solche Heranwachsenden oder jungen Erwachsenen nach den für Jugendliche geltenden Verfahrensvorschriften zu beteiligen. Ob die Regelung des Abs. 6 praktisch bedeutsam ist, wird sich noch zeigen. Sie betrifft eine ältere Altersgruppe als die der „klassischen" Jugendlichen. Es könnte sein, dass sie sich ihrer Rechte mehr bewusst und selbstbewusster sind und daher eher vor Gericht gehen. Andererseits können die aus dem Jugendstrafvollzug herausgenommen Gefangenen, oft „Störer" im Jugendstrafvollzug, weniger Vertrauen in das Recht und in die Justiz haben und daher von einem gerichtlichen Verfahren Abstand nehmen.

XIII. Rechtsmittel, § 92 Abs. 1 S. 2 Hs 1 iVm § 116 Abs. 1 StVollzG

Nach § 92 Abs. 1 S. 2 Hs 1 iVm § 116 Abs. 1 StVollzG ist gegen die gerichtliche 41 Entscheidung der Jugendkammer die Rechtsbeschwerde zulässig, wenn es geboten ist, die Nachprüfung zur Fortbildung des Rechts oder zur Sicherung einer einheitlichen Rechtsprechung zu ermöglichen. Das Rechtsbeschwerdeverfahren weist keine jugendtypischen Besonderheiten auf. Der junge Gefangene wird sich in aller Regel von einem Rechtsanwalt vertreten lassen. Er kann die Rechtsbeschwerde zwar auch zur Niederschrift der Geschäftsstelle einlegen, doch wird ein junger Gefangener damit überfordert sein. Das gilt insbesondere für die Darlegung der Zulässigkeitsvoraussetzungen „Fortbildung des Rechts" und „Einheitlichkeit der Rechtsprechung". Es bleibt ihm aber die Einlegung der Rechtsbeschwerde in einer von einem Rechtsanwalt unterzeichneten Schrift (vgl § 118 Abs. 3 StVollzG). Hinsichtlich der Zuständigkeit für die Rechtsbeschwerde gilt § 117 StVollzG, für Form, Frist und Begründung § 118 StVollzG. Der Rechtsbeschwerdesenat entscheidet über die Rechtsbeschwerde nach § 119 StVollzG. Beschlüsse von Rechtsbeschwerdesenaten über Beschwerdeanträge aus dem Jugendstrafvollzug sind bundesweit nicht bekannt.

XIV. Reformbedarf

Angesichts der Tatsache, dass die gerichtlichen Rechtsbehelfe nach § 92 keine 42 praktische Rolle spielen, könnte man annehmen, dass sich die Frage nach ihrem Reformbedarf relativiert. Man könnte aber auch entgegengesetzt Reformen fordern, damit die jungen Gefangenen einen effektiven Rechtsschutz haben. Das gilt für den hier vertretenen Vorzug einer erstinstanzlichen Zuständigkeit des Vollstreckungsleiters und für das Verfahren zur gütlichen Streitbeilegung.

§ 93 (aufgehoben)

§ 93 a Unterbringung in einer Entziehungsanstalt

(1) Die Maßregel nach § 61 Nr. 2 des Strafgesetzbuches wird in einer Einrichtung vollzogen, in der die für die Behandlung suchtkranker Jugendlicher erforderlichen besonderen therapeutischen Mittel und sozialen Hilfen zur Verfügung stehen.

(2) Um das angestrebte Behandlungsziel zu erreichen, kann der Vollzug aufgelockert und weitgehend in freien Formen durchgeführt werden.

Schrifttum:

Dessecker/Egg, Die strafrechtliche Unterbringung in einer Entziehungsanstalt. Rechtliche, empirische und praktische Aspekte, 1995 (KUP Band 16); *Kurze*, Strafrechtspraxis und Drogentherapie, 1993 (KUP Band 12); *Hammerstein/Kröber/Möllhoff-Mylius*, Medizinrechtliche Probleme des Maßregelvollzuges, 2009; *Volckart/Grünebaum*, Maßregelvollzug. Das Recht des Vollzuges der Unterbringung nach §§ 63, 64 StGB in einem psychiatrischen Krankenhaus und in einer Entziehungsanstalt, 7. Aufl. 2009, S. 277 – 292; *Weissbeck*, Jugendmaßregelvollzug in Deutschland. Basisdokumentation; Einrichtungen; Konzepte, 2009.

I. Anwendungsbereich und gesetzliche Grundlagen 1	V. Soziale Hilfen, einschließlich Nachbetreuung, § 93 a Abs. 1 20
II. Einrichtungen, § 93 a Abs. 1 . . 5	VI. Lockerungen und freie Formen, § 93 a Abs. 2 22
III. Behandlung suchtkranker Jugendlicher, § 93 a Abs. 1 8	VII. (Gerichtliche) Kontrolle 24
IV. Besondere therapeutische Mittel, § 93 a Abs. 1 14	VIII. Reformbedarf 26

I. Anwendungsbereich und gesetzliche Grundlagen

1 Einen – unzureichenden – zahlenmäßigen Zugriff auf den Jugendmaßregelvollzug nach § 93 a ermöglicht die Maßregelvollzugsstatistik.[1] Danach befanden sich am 31.3.2008 bundesweit 338 Personen unter 25 Jahren, davon 21 weiblich, in einer Entziehungsanstalt nach § 64 StGB. Darunter waren 225 Entziehungsfälle ohne Trunksucht. Diese Eckdaten deuten an, dass von der Maßregel nur relativ wenige junge Menschen betroffen sind, die sich nochmals auf 16 Bundesländer verteilen. Das zeigen auch die Zahlen der jährlichen Anordnungen. So wurden im Jahr 2006 bundesweit nur bei 16 Jugendlichen (eine davon weiblich), aber immerhin doch schon bei 108 Heranwachsenden (10 weiblich) § 64 StGB angewendet.[2] Das führt zum Problem, sie in eigenen Einrichtungen mit einem altersentsprechenden Therapieangebot unterzubringen. Außerdem zeigt sich, dass illegale Drogen bei den Entziehungsfällen in zwei Dritteln der Fälle das eigentliche Problem ist. Inzwischen übersteigt die Zahl der Drogenabhängigen die der Alkoholabhängigen im Maßregelvollzug allgemein.[3]

2 Für die Unterbringung in einer Entziehungsanstalt ist § 93 a die maßgebliche vollzugsrechtliche Rahmenvorschrift. Ausgefüllt wird sie gemäß § 138 StVollzG durch landesrechtliche Unterbringungs- und Maßregelvollzugsgesetze.[4] Darüber hinaus bestimmt § 137 StVollzG das Ziel der Behandlung in einer Entziehungsanstalt: Die Heilung vom Hang und die Behebung der zugrunde liegenden Fehlhaltung. Ausdrücklich wird auf eine Sicherungsfunktion verzichtet. So hätte man

---

1 Statistisches Bundesamt: Strafvollzugsstatistik (Maßregelvollzug), Stand: 12.12.2008, 2008, S. 8.
2 BT-Drucks. 16/13142, Anlage 23, S. 147.
3 Volckart/Grünebaum, S. 277.
4 Zusammenstellung bei Arloth, 2. Aufl., 2009, § 138 StVollzG Rn 2.

– wie in § 2 Satz 2 StVollzG – ergänzen können: „Die Unterbringung in der Entziehungsanstalt dient auch dem Schutz der Allgemeinheit vor weiteren Straftaten".[5]

Die Unterbringung in einer Entziehungsanstalt nach § 93 a ist die eingriffintensivste Sanktion für junge suchtabhängige Straftäter und Straftäterinnen. Es besteht ein Kontinuum von differenzierten und flexiblen Möglichkeiten. Am Anfang steht die Weisung nach § 10 Abs. 2, sich einer Entziehungskur zu unterziehen. Im Rahmen der Strafaussetzung zur Bewährung nach § 23 Abs. 1 ist eine Weisung zu einer gleichfalls ambulanten Therapie möglich. Es folgen – in der Praxis hoffentlich bestehende – Angebote im Jugendstrafvollzug, zB das beachtliche Programm für junge Drogenabhängige in der Außenstelle Crailsheim der Sozialtherapeutischen Anstalt Baden-Württemberg.[6] Eine weitere Möglichkeit ist das Absehen von der weiteren Vollstreckung nach § 35 BtMG, wobei es richtig „Therapie vor Strafe" und nicht „Therapie statt Strafe" heißt. § 93 a steht am Ende des Kontinuums und weist mit „Hang ... und Gefahr erheblicher rechtswidriger Straftaten" die schärfsten Anordnungsvoraussetzungen auf. § 93 a ist kein vollzugliches (sozialtherapeutisches) Angebot, sondern eine förmliche Maßregel der Besserung und Sicherung. Sie ist mit dem Gesetz zur Änderung des Gesetzes über den Verkehr mit Betäubungsmitteln vom 22.12.1971 in das JGG eingestellt worden (BGBl. I, 2092). Zuweilen wurden der Maßregelvollzug, auch die Entziehungsanstalt, in die Nähe der Sicherungsverwahrung gerückt: „reine Verwahranstalt",[7] „therapeutisch verbrämte Sicherungsverwahrung" bzw. „kleine Sicherungsverwahrung"[8]. Ob das zutrifft, muss hier nicht entschieden werden. Jedenfalls besteht die Gefahr, dass die Anordnungen der Unterbringung in einer Entziehungsanstalt ansteigen, wenn es keine stationären und/oder ambulanten Alternativen gibt. Dass hier – ebenso bei der Jugenduntersuchungshaft und dem Jugendstrafvollzug mit ambulanten Angeboten – „kommunizierende Röhren" bestehen, wird in der Kriminalpolitik immer wieder übersehen. Fehlende Alternativen würden gerade die Integrationschancen der Untergebrachten verringern und kämen der Gesellschaft teuer zu stehen. 3

Wichtig ist § 64 Satz 2 StGB, wonach die Anordnung nur dann ergeht, wenn eine hinreichend konkrete Aussicht besteht, die Person durch die Behandlung in einer Entziehungsanstalt zu heilen oder über eine erhebliche Zeit vor dem Rückfall in den Hang zu bewahren und von der Begehung erheblicher rechtswidriger Taten abzuhalten, die auf ihren Hang zurückgehen. Das ist aber – gerade bei Jugendlichen – nur schwer zu entscheiden und sollte äußerst zurückhaltend verneint werden. Man sollte so gut wie jedem Jugendlichen und Heranwachsenden in der Entziehungsanstalt eine (letzte?) Chance geben, die Sucht zu überwinden und ein deliktfreies Leben zu führen. Darüber hinaus ist die maximal zweijährige Behandlungsdauer zu berücksichtigen, § 67d Abs. 1 S 1 StGB. Sie setzt zeitliche Grenzen und zwingt zu überschaubaren Therapiezielen. Die tatsächliche Verweildauer in den Entziehungsanstalten dürfte – gerade bei Jugendlichen und Heranwachsenden – noch kürzer sein. Umso wichtiger sind eine gute Planung (Maßregelplan), die Entlassungsvorbereitung und die Nachbetreuung (s.u. Rn 22ff). 4

---

5 Vgl. auch BVerfG vom 16.3.1993, 2 BvL 3/90 ua, BVerfGE 91, 1.
6 Ostendorf, Grundlagen zu § 93 a Rn 4 ordnet die StA Crailsheim zu Unrecht dem Maßregelvollzug zu.
7 Nedopil, Folgen der Änderung des § 67d II StGB für den Maßregelvollzug und die Begutachtung, MschrKrim 1998, 44.
8 Royen, Die Unterbringung in einem psychiatrischen Krankenhaus bzw. in einer Entziehungsanstalt nach §§ 63, 64 StGB als kleine Sicherungsverwahrung? StV 2005, 411.

II. Einrichtungen, § 93 a Abs. 1

5 Die eigenständige Funktion der Unterbringung in einer Entziehungsanstalt als Maßregel der Besserung und Sicherung und das Gebot eines altersentsprechenden Therapieangebots für die jungen Untergebrachten sprechen für spezielle Einrichtungen. Die Unterbringung dieser Jugendlichen und Heranwachsenden in nicht spezialisierten psychiatrischen Krankenhäusern ist abzulehnen. Soweit in einem Bundesland nicht genügend Untergebrachte vorhanden sind, können Vollzugsgemeinschaften gebildet werden (s.u.).

6 Eine Jugendmaßregelvollzugsklinik muss besonderen Anforderungen genügen:[9]
1. „Der Jugendmaßregelvollzug muss als Feld für soziales Lernen eine überschaubare Größe haben und entsprechend gegliedert sein.
2. Er muss außerhalb des gemeinsamen Akutbereiches (Aufnahmebereich, Krisenintervention) vom Erwachsenenbereich so abgegrenzt sein, dass die eigene Gestaltung der für soziales Lernen notwendigen Verantwortungsbereiche für die jugendlichen Straftäter möglich ist.
3. Er muss mit seinen alltäglichen Lebensbedingungen eine weitgehende Annäherung an Lebensbedingungen außerhalb der Einrichtung stellen können, wozu auch Schule und Berufsausbildung zählen, und schrittweise Übergänge von innen nach außen entwickeln.
4. Er muss einen Plan seiner Angebote und Vorgehensweise, des Zusammenwirkens und des beabsichtigten Verlaufes seiner Einflussnahme nach neuesten wissenschaftlichen Erkenntnissen vorweisen können.
5. Er muss über Mitarbeiter mehrerer Fachrichtungen verfügen (Kinder- und Jugendpsychiatrie, Pädagogik, Sozialarbeit, Sozialpädagogik, Psychotherapie, Psychologie, Ergotherapie, Kreativtherapie).
6. Für die Mitarbeiter müssen Fortbildung, Supervision und externe Teamberatung gewährleistet sein." Das gilt auch für die Entziehungsanstalt (für Jugendliche und Heranwachsende).

7 In der Praxis haben nicht alle Bundesländer eigene Entziehungsanstalten für junge Untergebrachte.[10] Bayern ging 1980 mit dem Bezirkskrankenhaus Parsberg II/Oberpfalz voran. Die nördlichen Bundesländer zogen 1981 mit dem niedersächsischen Landeskrankenhaus Brauel nach. Später ist die Anstalt in Marsberg/NRW hinzugekommen. Ansonsten sind die Jugendlichen in Therapiegruppen in allgemein-psychiatrischen Kliniken untergebracht,[11] in spezialisierten Abteilungen bei Kinder- und Jugendpsychiatrien oder in spezialisierten Abteilungen in Kliniken des Maßregelvollzuges. Allein schon dieses uneinheitliche Bild zeigt, dass bei Jugendlichen hinter dem Vollzug in einer Entziehungsanstalt kein übergreifendes Konzept steht. Es soll aber nicht verkannt werden, dass die Verhältnisse in den einzelnen Bundesländern oftmals historisch gewachsen sind und nicht am „Reißbrett" entworfen werden konnten.

III. Behandlung suchtkranker Jugendlicher, § 93 a Abs. 1

8 Dem Wesen der Maßregel entspricht, dass die Jugendlichen und Heranwachsenden nicht „freiwillig" in die Entziehungsanstalt kommen. Dabei ist fraglich, ob es in der Suchttherapie überhaupt „echte" Freiwilligkeit im Sinne einer intrinsi-

---
9 Häßler/Keiper/Schläfke, Maßregelvollzug für Jugendliche, ZJJ 2004, 24, 27.
10 Zu länderspezifischen Unterschieden oberflächlich BT-Drucks. 16/13142, Frage 142, S. 80.
11 Zu den Verhältnissen des Maßregelvollzuges für Jugendliche und Heranwachsende in Rostock Häßler/Keiper/Schläfke, ZJJ 2004, 26 ff .

schen Therapiemotivation gibt. Das kann hier nicht diskutiert werden. Ebenso umstritten ist, ob im Suchtbereich eine „Zwangstherapie" möglich ist.[12] Die Diskussion ist ein Stück weit akademisch, weil das Gesetz im Maßregelvollzug Therapien unter einem gewissen Zwangskontext nun einmal vorsieht. Außerdem geht es nicht darum, die Untergebrachten mit unmittelbarem Zwang zum behandelnden Arzt oder Therapeuten zu bringen. Das wäre unsinnig. Es geht ausschließlich um einen „Initialzwang", aufgrund dessen sich der Untergebrachte in der Einrichtung befindet und sich ein Bild von den Therapieangeboten verschaffen soll. Alles Weitere ist dann eine Frage der Motivation bzw der Motivierung. Forschungsergebnisse zu § 35 BtMG deuten an, dass eine Therapie in einem Zwangskontext per se keine schlechteren Ergebnisse haben muss als „freiwillige" Therapien.[13]

Man kommt auch an der Feststellung nicht vorbei, dass es sich bei den Jugendlichen und Heranwachsenden, bei denen die Unterbringung in einer Entziehungsanstalt angeordnet wurde, um eine besonders ungünstige Auslese aus der Gesamtgruppe junger suchtgefährdeter und suchtkranker Straffälliger handelt. Das zeigen die scharfen Anordnungsvoraussetzungen von § 64 StGB. Dafür sprechen die zahlreichen niedrigschwelligen Alternativen in der Suchthilfe und in der Jugendstrafrechtspflege. Wer bereits in jungen Jahren die Voraussetzungen des § 64 StGB erfüllt und durch das Netz alternativer Suchthilfe gefallen ist, weist eine starke Abhängigkeit, tiefgreifende psychosoziale Probleme und eine ungünstige Prognose hinsichtlich Abstinenz und Legalbewährung auf. Das stellt den Jugendmaßregelvollzug vor hohe Herausforderungen. 9

Bei den in der Entziehungsanstalt untergebrachten Jugendlichen und Heranwachsenden dürfte das Problem der Komorbidität eine Rolle spielen. Zuverlässige Daten dazu liegen – soweit ersichtlich – nicht vor; auch das stützt die Forderung nach einem Forschungsauftrag für den Jugendmaßregelvollzug (s. zum Reformbedarf Rn 26). Eine Mehrfachdiagnose, also die Kombination einer Suchterkrankung mit einer Psychose oder einer Persönlichkeitsstörung, macht die Intervention dann besonders schwierig. 10

Nicht zuletzt deshalb bedarf es im Jugendmaßregelvollzug, auch in der Unterbringung von Jugendlichen und Heranwachsenden in der Entziehungsanstalt, altersentsprechender Behandlungsprogramme. Sie lassen sich am besten in Einrichtungen verwirklichen, die auf die Therapie von Jugendlichen und Heranwachsenden spezialisiert sind. Die in der Jugenduntersuchungshaft und im Jugendstrafvollzug bestehenden Probleme mit dem breiten Altersspektrum von Jugendlichen und Heranwachsenden in einer Altersspanne von (theoretisch) 14 bis 24 Jahren dürften im Jugendmaßregelvollzug noch größer sein. Entwicklungsaufgaben bei Jugendlichen und Herwachsenden sind: Akzeptieren der eigenen körperlichen Erscheinung; Erwerb der männlichen bzw weiblichen Rolle; Erwerb neuer und reiferer Beziehungen zu Altersgenossen beiderlei Geschlechts; Vorbereitung auf Heirat und Familienleben; Aufbau eines Wertesystems und eines ethischen Bewusstseins als Richtschnur für eigenes Verhalten.[14] 11

Allgemeine Behandlungsziele der Unterbringung in einer Entziehungsanstalt sind:[15] Entwicklung von Beziehungsfähigkeit; Differenzierung des Selbst- und 12

---

12 vgl die breit angelegte Diskussion bei Ostendorf, 8. Aufl., Grundlagen zu § 93 a Rn 5 und 6 mwN.
13 Kurze, S. 232 ff.
14 Häßler/Keiper/Schläfke, ZJJ 2004, 29 Fn 4.
15 Vgl überzeugend Häßler/Keiper/Schläfke, ZJJ 2004, 27.

Fremdbildes; Entwicklung sozialadäquater Konfliktlösungsstrategien; Aufarbeitung von Fehlentwicklungen im Bereich von Drogen, Aggressivität, Sexualität; Erhöhung des Identitäts- und Selbstwertgefühls; Entwicklung von Ich-Stärke, dh von Frustrationstoleranz, Antizipationsfähigkeit, emotionaler Stabilität, Fähigkeit zu Triebaufschub, reiferen Abwehrmechanismen; Verbesserung der Realitätsprüfung; Aufbau einer differenzierten inneren Norm- und Wertewelt; Herstellen von Lernfähigkeit, Arbeitsfähigkeit und Kreativität; Förderung von alternativen Befriedigungsmöglichkeiten zur Chance einer suchtfreien Lebensführung; Auseinandersetzung mit der Straftat und der zugrunde liegenden Dynamik sowie Bearbeitung der motivationalen Zusammenhänge und Entwicklung eines Erklärungsmodells; Integration und Differenzierung von Über-Ich-Funktionen im Sinne der Psychoanalyse (Freud).

13 Bei der Unterbringung in einer Entziehungsanstalt kommen suchtspezifische Behandlungsziele hinzu. Soweit dies nicht schon in der Untersuchungshaft, in der einstweiligen Unterbringung nach § 126a StPO oder im Strafvollzug geschehen ist, steht die Entgiftung am Beginn. Der „kalte" Entzug wird heute nur noch bei Klienten durchgeführt, die das wollen und bei denen die Einwilligung dazu zweifelsfrei feststeht. Junge Spätaussiedler mit Suchtproblemen und dem Selbstbild „Hart im Nehmen" wollen nicht selten kalt entzogen werden. Das sollte hinterfragt werden, muss dann aber respektiert werden. Im Übrigen wird der Entzug mit Medikamenten unterstützt. Es schließt sich eine Motivationsphase an, in der der Untergebrachte – gerade auch wegen des Zwangskontextes – auf die therapeutischen Angebote der Entziehungsanstalt eingestimmt wird. Diese Motivationsphase, der weitere Aufgaben zufallen, dauert drei Monate und länger und wird in aller Regel in einer geschlossenen Unterbringung absolviert. Daran schließt sich die Therapiephase an. Sie ist das Herzstück der Therapie und dauert mindestens sechs Monate. Es folgt die Rehabilitationsphase, in der sozialtherapeutische und sozialpädagogische Intentionen und Interventionen im Vordergrund stehen; hierfür sind mindestens drei Monate anzusetzen. Sie geht in die Nachbetreuung über (s.u.).

IV. Besondere therapeutische Mittel, § 93a Abs. 1

14 Ein, wenn nicht das besondere therapeutische Mittel, über das die Entziehungsanstalt nach § 93a verfügt, ist, dass mit dem in aller Regel zunächst einmal vorgegebenen geschlossenen Rahmen die Anwesenheit des Jugendlichen oder Heranwachsenden garantiert ist. Es mag banal klingen, ist in diesem Zusammenhang aber von Bedeutung: Therapie setzt Anwesenheit voraus. Insoweit haben die geschlossenen Entziehungsanstalten im Maßregelvollzug für die ungünstige Klientel durchaus eine therapeutische Funktion.

15 Früher herrschte unter Suchttherapeuten die Ansicht vor, die bloße Bereitschaft des Klienten zur Mitwirkung am Behandlungsziel sei nicht ausreichend. Hinzu kommen müsse ein gewisser Leidensdruck. Wenn dieser nicht vorhanden sei, müsse die Einrichtung oder Suchttherapeut dafür sorgen, insbesondere durch Entzug von Kontakten (Familienangehörige, Freunde), Aktivitäten (Sport, Hobbys, Lesen, Musik) und Gegenständen, insbesondere zur Freizeitbeschäftigung. Diese Ansicht ist abzulehnen. Volckart/Grünebaum[16] weisen in diesem Zusammenhang zu Recht darauf hin, dass die landesrechtlichen Bestimmungen über die Ausgestaltung der Unterbringung in einer Entziehungsanstalt dafür nichts hergeben. Das wäre auch verfassungsrechtlich problematisch.

---

16 Volckart/Grünebaum, S. 288 f.

Ähnlich problematisch ist eine Kontaktsperre in der Anfangsphase der Therapie, 16
etwa in den ersten vier Monaten. Damit will man den Klienten aus der Drogenszene lösen. Die Suchtabhängigkeit des Klienten ist ein sachlicher Grund, der das rechtfertigen könnte. Das ist aber unter Berücksichtigung der besonderen Umstände des Einzelfalls und nicht pauschal zu entscheiden und anzuordnen.[17]

Demgegenüber bestehen sachliche Gründe, bei den Untergebrachten die Absti- 17
nenz zu kontrollieren. Das gilt insbesondere bei Lockerungen der Unterbringung und beim Vollzug in freien Formen. Mit Einverständnis des Klienten sind Grundrechtseingriffe möglich. Bei Jugendlichen sind daran strenge Anforderungen zu stellen und die Elternrechte zu beachten. Liegt kein Einverständnis vor, so kommen körperliche Untersuchungen über § 81 a StPO in Betracht. Die Einleitung eines Ermittlungsverfahrens seitens der Entziehungsanstalt ist im Hinblick auf die Therapiemotivation der Untergebrachten nicht unproblematisch. Urinkontrollen in der Entziehungsanstalt gehen noch darüber hinaus, weil dabei der Klient mitwirken muss. Die Ländergesetze sehen sie nicht vor. Sie können auch nicht mit der Begründung gehalten werden, dass die Verweigerung einer freiwilligen Urinprobe einem Disziplinarverstoß gleichsteht.[18]

Die Höchstgrenze von zwei Jahren Behandlungszeit fordert eine gute Zeitpla- 18
nung. Die Zeit der stationären Drogentherapie wird etwa doppelt so hoch veranschlagt wie die der stationären Alkoholbehandlung.[19] Am Beginn jeder Suchttherapie sollten eine interdisziplinäre Behandlungsuntersuchung und die Entwicklung eines Hilfeplans aufgrund einer professionellen Sucht- und Legalprognose stehen. Diese Steuerungsinstrumente sind in allen Formen der stationären Therapie mittlerweile Standard. Zur Zeitplanung gehört außerdem, die zur Verfügung stehende Aufenthaltsdauer in der Entziehungsanstalt in bestimmte Phasen einzuteilen: Motivations-, Therapie-, Rehabilitationsphase, Nachbetreuung. Das setzt dem Klienten konkrete Ziele und verhindert Leerlauf. Rückstufungen bei fehlender Mitwirkung oder Lockerungsversagen können aber gerade im zeitlich begrenzten Aufenthalt in der Entziehungsanstalt dazu führen, dass die Therapieziele nicht erreicht werden.

Anders als in der Unterbringung nach § 63 StGB spielt das Problem der Zwangs- 19
behandlung in der Entziehungsanstalt keine nennenswerte Rolle. Es ist von der Abstinenzkontrolle (s.o.) zu unterscheiden. Niemand aus dem Fachpersonal würde einen Versuch unternehmen, Suchtkranke gegen ihren Willen zu behandeln. Will sich ein Untergebrachter in der Entziehungsanstalt ernsthaft und dauerhaft nicht behandeln lassen, so muss die Anstalt bei der Strafvollstreckungskammer beantragen, die Unterbringung in der Entziehungsanstalt für erledigt zu erklären. Freilich tritt dann Führungsaufsicht ein, vgl § 67 d Abs. 5 StGB.

V. Soziale Hilfen, einschließlich Nachbetreuung, § 93 a Abs. 1

Die jungen Untergebrachten weisen nicht nur Suchtprobleme und psychische 20
Störungen auf, ihnen fehlt es oft auch an den „normalen" sozialen Kompetenzen. Daher ist ein stationäres soziales Training bzw ein Gruppentraining sozialer Kompetenzen eine Methode der Wahl. Sie ist nicht von vornherein mit der Begründung abzulehnen, die Untergebrachten seien dafür zu „süchtig" oder zu „gestört". Richtig ist sicherlich, dass ein solches soziales Training hinsichtlich Or-

---

17 Wie hier sehr zurückhaltend Volckart/Grünebaum, S. 289 f.
18 So aber OLG Koblenz vom 16.8.1989, 2 Vollz (Ws) 28/89, NStZ 1989, 551; zu Recht mit ablehnender Ansicht von Volckart/Grünebaum, S. 291 ff.
19 Volckart/Grünebaum, S. 282.

ganisation, Methode und Inhalten auf die Persönlichkeit und die Bedürfnisse dieser Zielgruppe in der Entziehungsanstalt anzupassen ist. Es gibt aber Trainingsbereiche, die nahezu für alle gelten: Verhalten in der Arbeitswelt, Umgang mit Geld und Schulden, Wohnen, Aufbau und Pflege sozialer Kontakte, sinnstiftende Freizeitgestaltung, Nein-Sagen in Versuchungssituationen (Drogen, Straftaten), Gesundheitstraining.

21 Wie bei anderen stationären Behandlungen spielt die Nachsorge nach einer Unterbringung in einer Entziehungsanstalt auch für Jugendliche und Heranwachsende eine große Rolle (Eingangsphase, Überleitungsphase, Nachsorgephase) mit jeweils phasentypischen Aufgaben.[20] Nach einer Unterbringung in einer Entziehungsanstalt geht es neben der Krisenintervention und der allgemeinen Integration in die Gesellschaft darum, dass der Entlassene nicht wieder zum Alkohol oder zur illegalen Droge greift. Das kann nur gelingen, wenn die Entziehungsanstalt gut mit ambulanten Diensten vernetzt ist. Bei einer zentralen Unterbringung, oft weit entfernt vom sozialen Empfangsraum des Entlassenen, ist das ein schwieriges Unterfangen.

VI. Lockerungen und freie Formen, § 93 a Abs. 2

22 Soweit Abs. 2 vorsieht, dass der Vollzug zur Erreichung des angestrebten Behandlungsziels aufgelockert und weitgehend in freien Formen durchgeführt werden kann, entspricht das § 91 Abs. 3 aF für den Jugendstrafvollzug. Die Regelung ist zu begrüßen. Vollzugslockerungen können sein: Ausführung (Verlassen der Einrichtung unter – ggf ständiger und unmittelbarer – Aufsicht eines Bediensteten), Begleitausgang (Ausgang in Begleitung von Angehörigen oder Freunden), Ausgang (Verlassen der Einrichtung über mehrere Stunden ohne Übernachtung draußen), Urlaub (Verlassen der Einrichtung über mehrere Tage), Außenbeschäftigung (Arbeit außerhalb der Einrichtung unter – ggf ständiger und unmittelbarer – Aufsicht), Freigang (Arbeit außerhalb der Einrichtung ohne Aufsicht). Bei allen Lockerungen des Vollzugs ist die Suchtgefahr der jungen Untergebrachten zu berücksichtigen. Sie steht Lockerungen vielfach im Weg. Meist gibt es – wo man Lockerungen verantworten kann – bestimmte Lockerungsstufen.

23 Für die Unterbringung in freien Formen gilt gleichfalls, dass die Suchtgefahr der Untergebrachten Reformen entgegensteht. Es ist nicht bekannt, dass ein Bundesland § 93 a Abs. 2 jemals umgesetzt hat. Das hängt wesentlich mit der Suchtgefahr der jungen Untergebrachten und den sich daraus ergebenden Risiken zusammen. Dabei wäre es gerade für junge Menschen mit Suchtproblemen förderlich, wenn sie nicht in einer Einrichtung mit Anstalts- und Gefängnisatmosphäre und der entsprechenden Subkultur untergebracht würden. Es wäre interessant, Modellversuche mit einem Jugendmaßregelvollzug „auf dem Bauernhof" durchzuführen. In vielen Bundesländern gibt es Staatsdomänen, die man dafür verwenden könnte. **Therapie auf dem Bauernhof** (TAB) wurde in der Drogenhilfe als Modellprojekt im Februar 1996 begonnen. Der Sitz der Therapieeinrichtung befindet sich in Mosbach/Baden (Träger: Badischen Landesverband für Prävention und Rehabilitation e.V.). Durch **gute Therapieergebnisse** hat sich diese Therapieform empfohlen.

---

20 Dazu Häßler/Keiper/Schläfke, ZJJ 2004, 27, 28 Fn 4.

VII. (Gerichtliche) Kontrolle

Es gilt § 92 und die Kommentierung dazu. Gerichtliche Entscheidungen zum Jugendmaßregelvollzug sind nicht bekannt und auch nicht zu erwarten, weil die jungen Untergebrachten vielfältige Defizite aufweisen, aufgrund derer es ihnen in einem noch viel stärkeren Maße als den jungen Gefangenen nicht möglich ist, gerichtliche Rechtsbehelfe zu erlangen. Weil im Jugendmaßregelvollzug therapeutische Maßnahmen mit medizinischem Charakter und erheblichen Grundrechtseingriffen erfolgen, wäre gerade hier eine wirksame gerichtliche Kontrolle geboten. 24

Daher sind im Jugendmaßregelvollzug andere Kontrollmechanismen notwendig. Eine Vertretung der jungen Gefangenen wird nichts ausrichten können, weil für das Kollektiv der jungen Untergebrachten dasselbe wie für den Einzelnen gilt: ihnen fehlen die sozialen Kompetenzen zur Interessenvertretung und zur Rechtsdurchsetzung. Wirkungsvoll können daher nur Kontrollen sein, die von kompetenten Außenstehenden in Gang gesetzt werden. Bessere Chancen für eine wirksame Kontrolle sind daher von einem Anstaltsbeirat zu erwarten. Freilich handelt es sich da um medizinisch nicht sachverständige Mitglieder. Daher bedarf es engagierter Aufsichtsbehörden (Landessozialministerium), damit die Rechte der jungen Untergebrachten gewahrt sind, ggf auch eines engagierten unabhängigen Ombudsmanns. Der Jugendmaßregelvollzug ist darüber hinaus eine wichtige Zielgruppe für die im Aufbau befindliche Länderkommission zur Verhütung von Folter. 25

VIII. Reformbedarf

Fraglich ist, ob § 93 a und die landesrechtlichen Maßregelvollzugsgesetze (für Erwachsene) ausreichen oder ob man eigene (Landes-)Gesetze zum Jugendmaßregelvollzug braucht. Auch wenn die Zahl der von diesen Gesetzen erfassten Jugendlichen in den jeweiligen Bundesländern gering ist, muss das mit Tondorf/Tondorf[21] bejaht werden. Das Argument der geringen Zahl kann allenfalls für den Betrieb spezialisierter Einrichtungen gelten, doch auch in der der Praxis lassen sich Auswege finden. Für die Schaffung altersgerechter gesetzlicher Grundlagen kann das Argument nicht anerkannt werden. Das Problem ist, dass Jugendliche im Maßregelvollzug – für Frauen im Maßregelvollzug gilt wohl dasselbe – keine Lobby haben. Sie werden daher vergessen oder sind unbeliebt.[22] Daher ist der Vorschlag von Tondorf/Tondorf[23] zu begrüßen, die Situation des Jugendmaßregelvollzuges zunächst in einem umfassenden Forschungsauftrag untersuchen zu lassen. 26

---

21 Tondorf/Tondorf, Brauchen wir Gesetze zum Jugend- und Frauenmaßregelvollzug?, ZJJ 2009, 54 - 57.
22 Symptomatisch die kursorische Behandlung der Entziehungsanstalt für Jugendliche und Heranwachsende in BT-Drucks. 13/13142, Fragen 137 - 142. Auch in dem grundlegenden Sammelband von Dessecker/Egg kommen Jugendliche und Heranwachsende bzw § 93 a JGG nicht vor.
23 Tondorf/Tondorf, ZJJ 2009, 54, 56 Fn 6.

Viertes Hauptstück Beseitigung des Strafmakels
§§ 94 bis 96 (weggefallen)
§ 97 Beseitigung des Strafmakels durch Richterspruch

(1) ¹Hat der Jugendrichter die Überzeugung erlangt, daß sich ein zu Jugendstrafe verurteilter Jugendlicher durch einwandfreie Führung als rechtschaffener Mensch erwiesen hat, so erklärt er von Amts wegen oder auf Antrag des Verurteilten, des Erziehungsberechtigten oder des gesetzlichen Vertreters den Strafmakel als beseitigt. ²Dies kann auch auf Antrag des Staatsanwalts oder, wenn der Verurteilte im Zeitpunkt der Antragstellung noch minderjährig ist, auf Antrag des Vertreters der Jugendgerichtshilfe geschehen. ³Die Erklärung ist unzulässig, wenn es sich um eine Verurteilung nach den §§ 174 bis 180 oder 182 des Strafgesetzbuches handelt.

(2) ¹Die Anordnung kann erst zwei Jahre nach Verbüßung oder Erlaß der Strafe ergehen, es sei denn, daß der Verurteilte sich der Beseitigung des Strafmakels besonders würdig gezeigt hat. ²Während des Vollzugs oder während einer Bewährungszeit ist die Anordnung unzulässig.

Richtlinien zu § 97

1. Wird wegen einer Jugendstrafe eine Vergünstigung nach §§ 39, 49 BZRG erbeten, so ist das Gesuch in der Regel zunächst dem nach § 98 zuständigen Jugendgericht vorzulegen, damit dieses prüfen kann, ob die Beseitigung des Strafmakels durch Richterspruch angebracht ist. Wird der Strafmakel als beseitigt erklärt, so ist dem Verurteilten zu eröffnen, daß sein Gesuch als damit erledigt angesehen wird.

2. Wegen der Eintragung der Entscheidung nach § 97 in das Zentralregister wird auf § 13 Abs. 1 Nr. 5 BZRG hingewiesen.

I. Grundlagen	1	3. Fristablauf	11
1. Übersicht	1	4. Verfahrenseinleitung	12
2. Registrierung jugendstrafrechtlicher Entscheidungen	5	5. Rechtschaffenheit	13
		III. Rechtsfolgen	14
II. Voraussetzungen	9	1. Gebundene Entscheidung	14
1. Jugendstrafe	9	2. Registerrechtliche Konsequenzen	15
2. Erledigung	10		

I. Grundlagen

1 **1. Übersicht.** Nachdem die §§ 94 - 96 und 100 (aF), in denen die Eintragung und Tilgung von jugendstrafrechtlichen Entscheidungen und von Auskünften darüber geregelt war, im Jahr 1971 in das BZRG integriert wurden,[1] ist im 4. Hauptstück allein noch die Beseitigung des Strafmakels geregelt. Mit diesem zumindest nicht mehr zeitgemäßen Begriff[2] wird die nur im Jugendstrafrecht vorkommende Besonderheit einer **durch richterliche Entscheidung bewirkten registerrechtlichen Besserstellung** von zu Jugendstrafe verurteilten Tätern bezeichnet. Sie läuft auf eine Durchbrechung der Tilgungsfristen hinaus, ohne jedoch die Wirkung einer vollständigen Tilgung zu haben (u. Rn 15).

---

1 Gesetz über das Zentralregister und das Erziehungsregister, BGBl. I, 243.
2 Krit. Ostendorf, Grdl. z. §§ 97 - 101 Rn 5.

Viertes Hauptstück | Beseitigung des Strafmakels § 97

Die Strafmakelbeseitigung kommt in **zwei Varianten** vor: als automatische, aber 2
besonders auszusprechende Folge in bestimmten Fällen des Straferlasses (§ 100),
ansonsten durch Richterspruch nach Prüfung der Rechtschaffenheit des Verurteilten (§ 97).

Zweck dieser wie auch der sonstigen registerrechtlichen Sondervorschriften für 3
junge Straftäter (u. Rn 4) ist die **Abmilderung der stigmatisierenden Auswirkungen** einer Registrierung. Ob die Wiedereingliederung darüber hinaus auch durch
die „moralisch-psychologischen Wirkungen der richterlichen Rehabilitation"[3]
gefördert wird, erscheint fraglich, aber immerhin möglich.[4]

Von dieser vernünftigen, freilich rechtstatsächlich unerforscht gebliebenen Rege- 4
lung, die bereits auf das RJGG von 1943 zurückgeht, hat der Gesetzgeber im Jahr
1998[5] systemwidrig[6] und undifferenziert den Großteil junger **Sexualstraftäter**
ausgenommen (§§ 97 Abs. 1 S. 3, 101 S. 2). In den §§ 97 - 101 sind lediglich die
Voraussetzungen und das Verfahren, einschließlich des Widerrufs normiert, während sich die Rechtsfolgen der Strafmakelbeseitigung aus dem BZRG ergeben (u.
Rn 15).

2. Registrierung jugendstrafrechtlicher Entscheidungen. Die registerrechtliche 5
Behandlung von Jugendlichen und Heranwachsenden unterliegt einem **Interessenswiderstreit**. Einerseits besteht in einem Erziehungsjugendstrafrecht das evidente Bedürfnis für eine umfassende Persönlichkeitserforschung und auch ein
Allgemeininteresse daran, bestimmte berufliche Positionen und Ämter nicht mit
kriminalitätsgefährdeten Personen gleich welchen Alters zu besetzen. Ebenso offensichtlich sind jedoch andererseits die resozialisierungsfeindlichen Wirkungen
einer (längeren) Registrierung gerade für junge Menschen,[7] die den Einstieg in
das Arbeitsleben bewältigen müssen und deren weiterer Lebensweg also sonst
nicht durch die Fernwirkungen einer in aller Regel entwicklungsbedingten und
damit passageren Straffälligkeit erschwert werden sollte. Die aus diesem Spannungsverhältnis resultierenden Sonderregelungen im BZRG betreffen den Umfang von Strafregistereintragungen und von Auskünften darüber sowie die Tilgung registrierter Entscheidungen.

In das **Zentralregister** werden nur Jugendstrafen, Schuldsprüche gem. § 27 und 6
die nach § 7 zulässigen Maßregeln der Besserung und Sicherung (§ 4 Nr. 1, 2, 4
BZRG) sowie alle damit ggf verbundenen Rechtsfolgen wie Nebenstrafen, Nebenfolgen, Maßnahmen nach § 8 JGG, Weisungen und Auflagen (§ 5 Abs. 2
BZRG) eingetragen. Selbstständig angeordnete Erziehungsmaßregeln und Zuchtmittel, die derzeit 84 % aller förmlichen Sanktionen ausmachen,[8] werden dagegen
ebenso wie etwa Entscheidungen nach § 3 oder den §§ 45, 47 in einem gesonderten **Erziehungsregister** erfasst (§ 60 BZRG).

Ist bereits durch diese Trennung sowohl der Kreis der Auskunftsberechtigten 7
(§ 61 BZRG) als auch die Offenbarungspflicht junger Straftäter begrenzt (§ 64
BZRG), werden diese auch und vor allem bei den Eintragungen in das für die
Bewerbungsaussichten relevante **Führungsregister** gegenüber Erwachsenen privi-

---

3 Schaffstein/Beulke, S. 311.
4 Zweifelnd Ostendorf, Grdl. z. §§ 97 - 101 Rn 3.
5 Gesetz zur Bekämpfung von Sexualdelikten und anderen gefährlichen Straftaten, BGBl. I 160.
6 Dessecker, Kriminalitätsbekämpfung durch Jugendstrafrecht?, StV 1999, 683; zust. dagegen D/S/S-Schoreit Rn 8.
7 Vgl Stelly/Thomas, BewHi 2003, 59.
8 Strafverfolgungsstatistik 2006, Tab. 2.3.

legiert. So erfährt der Grundsatz, dass alle im Zentralregister eingetragenen Entscheidungen auch in das Führungszeugnis aufgenommen werden (§ 32 Abs. 1 BZRG), bei nach Jugendstrafrecht Verurteilten weiter reichende Durchbrechungen (§ 32 Abs. 2 Nr. 2 - 4 BZRG). Nicht aufgenommen werden u.a. Schuldsprüche nach § 27, Jugendstrafen bis zu zwei Jahren mit nicht widerrufener Straf(rest)aussetzung, und Jugendstrafen im Falle der Strafmakelbeseitigung; eine Gegenausnahme gilt wiederum für Sexualstraftäter (§ 32 Abs. 1 Satz 2 BZRG). Ergänzt wird diese Besserstellung durch eine Verkürzung der **Aufnahmefristen** von regulär fünf Jahren auf drei Jahre bei unbedingten Jugendstrafen bis zu einem Jahr und solchen über zwei Jahren, bei denen der Strafrest erlassen wurde (§ 34 Abs. 1 Nr. 1 c, d BZRG). Schließlich gelten für Jugendstrafen in Abhängigkeit von ihrer Dauer auch kürzere **Tilgungsfristen** von fünf oder zehn Jahren (§ 46 Abs. 1 Nr. 1 c - f und Nr. 2 c BZRG); für bestimmte Sexualstraftaten beträgt diese Frist jedoch wie bei Erwachsenen zwanzig Jahre (§ 46 Abs. 1 Nr. 3 BZRG).

8   Werden Verurteilungen nicht in das Führungsregister eingetragen, getilgt oder sind sie tilgungsreif, hat dies für den Verurteilten die wichtige **Rechtsfolge**, dass er sich insoweit als **nicht vorbestraft** bezeichnen darf und den zugrunde liegenden Sachverhalt nicht offenbaren muss (§ 53 BZRG). Über die nicht in das Führungszeugnis aufgenommen Eintragungen erhalten nur bestimmte Behörden, namentlich Gerichte und Staatsanwaltschaften, **Auskunft** (§ 41 Abs. 1 BZRG). Sind Eintragungen getilgt oder zu tilgen, unterliegt die Tat und die Verurteilung grundsätzlich (§ 51 BZRG, Ausnahmen in § 52 BZRG) einem gesetzlichen **Verwertungsverbot**, das insb. bei der Beweiswürdigung und Strafzumessung zu beachten ist;[9] Entsprechendes gilt für Eintragungen in das Erziehungsregister (§ 63 Abs. 4 BZRG), die entfernt wurden bzw entfernungsreif sind.[10]

II. Voraussetzungen

9   **1. Jugendstrafe.** Die auch bei Heranwachsenden mögliche Strafmakelbeseitigung durch Richterspruch (§ 111) verlangt in formeller Hinsicht zunächst eine Verurteilung zu Jugendstrafe. Aus dem Vergleich mit der voraussetzungsärmeren und daher vorrangigen[11] Variante des § 100 folgt, dass es sich entweder um Jugendstrafe über zwei Jahre oder eine vollverbüßte Jugendstrafe bis zu zwei Jahren handeln muss.[12] Ebenso ist kein Raum für ein Verfahren nach § 97, wenn Verurteilungen bereits getilgt oder tilgungsreif sind oder der Verurteilte gestorben ist.[13] Mit Jugendstrafe verbundene andere förmliche JGG-Sanktionen, Nebenstrafen und -folgen (§§ 8, 6) oder Maßregeln (§ 7) schaden nicht, da diese ohnehin nicht im Führungszeugnis erscheinen (§ 32 Abs. 2 Nr. 8 BZRG). Nach der verfehlten Regelung des Abs. 1 S. 3 (o. Rn 3) darf jedoch keine Straftat nach den §§ 174 bis 180, 182 StGB zugrunde liegen.

10   **2. Erledigung.** Aus § 97 Abs. 2 S. 2 ergibt sich, dass die Jugendstrafe erledigt sein muss, dh vollständig verbüßt sein muss, nach Ablauf der Bewährungszeit (§§ 88 Abs. 6, 26 a; auch wenn diese auf dem Gnadenweg gewährt wurde) oder durch Amnestie erlassen wurde. Eine noch laufende Bewährung in anderer Sache steht

---

9 Zu § 66 StGB: BGH v. 4.10.2000, 2 StR 352/00, bei Böhm, NStZ-RR 2001, 327.
10 BGH v. 6.7.1995, 1 StR 312/95, bei Böhm, NStZ 1995, 538.
11 AA offenbar D/S/S-Schoreit, § 97 Rn 4.
12 Ostendorf, § 97 Rn 2, Brunner/Dölling, § 97 Rn 3.
13 Eisenberg, § 97 Rn 7.

nicht entgegen, ist aber bei der Beurteilung der Rechtschaffenheit (Rn 13) von Belang.[14]

3. Fristablauf. Weiterhin müssen grundsätzlich **zwei Jahre** seit der Erledigung verstrichen sein (Abs. 2 Satz 1); maßgebliche Zeitpunkte sind folglich die Entlassung aus dem Strafvollzug bei Vollverbüßung, das Datum des Beschlusses nach § 26 a[15] bzw des Gnadenerweises oder der Zeitpunkt des Inkrafttretens des Amnestiegesetzes. Eine Unterschreitung dieser Frist kommt nach der **Ausnahmeregel** von Abs. 2 Satz 1 Hs 2 nur in Betracht, wenn sich der Verurteilte der Strafmakelbeseitigung „besonders würdig" gezeigt hat, so dass eine längere Erprobung entbehrlich erscheint;[16] hierunter sollten nicht nur gemeinnützige Leistungen oder sonstiges soziales Engagement,[17] sondern auch außergewöhnliche Anstrengungen im Rahmen eines Täter-Opfer-Ausgleichs fallen. 11

4. Verfahrenseinleitung. Anders als es die gesetzliche Reihenfolge vermuten lässt, kommt es idR nur auf **Antrag** des Verurteilten, seines gesetzlichen Vertreters oder des Erziehungsberechtigten zur Strafmakelbeseitigung. Diese Personen können normalerweise am besten einschätzen, welcher Nutzen oder Schaden mit einem womöglich erst zu nachteiliger Publizität führenden Verfahren zur Strafmakelbeseitigung verbunden ist.[18] Die Verfahrenseinleitung **von Amts wegen** oder bei minderjährigen Verurteilten auf **Antrag der Staatsanwaltschaft oder Jugendgerichtshilfe** hat daher Fürsorgecharakter in Fällen ausnahmsweise fehlender Beurteilungskompetenz oder -willigkeit,[19] sollte aber auch dann nie ohne vorherige Anhörung des Verurteilten und ggf weiterer Antragsberechtigter erfolgen.[20] Zum Verfahren bei der Beantragung von Vergünstigungen durch den Generalbundesanwalt nach den §§ 39, 49 BZRG s. RiJGG 1. 12

5. Rechtschaffenheit. Einzige materielle Voraussetzung der Strafmakelbeseitigung nach Ablauf der Zwei-Jahres-Frist ist die richterliche Überzeugung davon, dass sich der Verurteilte durch einwandfreie Führung als rechtschaffener Mensch erwiesen hat (Abs. 1 S. 1). Der Streit, ob dafür bereits Straffreiheit ausreicht[21] oder zusätzlich eine die Rechtsordnung bejahende Gesinnung erforderlich ist,[22] dürfte kaum praxisrelevant sein, hat jedenfalls bisher keinen Niederschlag in der Rspr gefunden. Zwar sprechen systematische Erwägungen (die Verknüpfung von einwandfreier Führung und Rechtschaffenheit, die ohnehin bestehende registerrechtliche Privilegierung Jugendlicher, die automatische Strafmakelbeseitigung nach § 100) und die Möglichkeit einer negativen Sozialprognose trotz bisheriger Straffreiheit für die strengere Ansicht. Wegen der Unbestimmtheit des Begriffs der Rechtschaffenheit und der damit verbundenen Gefahr einer Annäherung an den strengen Maßstab der „Würdigkeit" iSv Abs. 2 oder einer sich vom Erziehungsziel lösenden Moralisierung, sollte die bisherige Straffreiheit jedoch im Regelfall ausreichend sein und Rechtschaffenheit nur dann verneint werden, wenn die In- 13

---

14 AG Höxter v. 17.7.1987, 4 LS 74/83, ZfJ 1988, 97.
15 Ostendorf, § 97 Rn 5, D/S/S-Schoreit, § 97 Rn 10; die auf den Tag der Zustellung abstellende Gegenansicht u.a. von Brunner/Dölling, § 97 Rn 6, Eisenberg, § 97 Rn 8 überzeugt wegen der nach § 59 Abs. 4 sofort eintretenden Rechtskraft nicht.
16 Vgl Eisenberg, § 97 Rn 9.
17 vgl Meier/Rössner/Schöch-Schöch 14/40; D/S/S-Schoreit, § 97 Rn 11.
18 Brunner/Dölling, § 97 Rn 8; Eisenberg, § 97 Rn 5.
19 Beispiele bei Dallinger/Lackner, § 97 Rn 17; aA Ostendorf, § 97 Rn 8 mit der Forderung, die Prüfung von Amts wegen durch Wiedervorlageverfügung sicherzustellen; krit. dazu D/S/S-Schoreit, § 97 Rn 8.
20 Brunner/Dölling, § 97 Rn 8.
21 U.a. Ostendorf, § 97 Rn 7; Streng, S. 267; Laubenthal/Baier, § 97 Rn 893.
22 Brunner/Dölling, § 97 Rn 7; D/S/S-Schoreit, § 97 Rn 3; Eisenberg, § 97 Rn 11.

dizwirkung der Rückfallfreiheit durch prognostisch ungünstige, im Einzelnen darzulegende Umstände[23] nachhaltig erschüttert wird. Für eine sich erst später ergebende oder verdichtende Negativprognose gelten die strengeren Voraussetzungen eines Widerrufs nach § 101.

III. Rechtsfolgen

14   1. **Gebundene Entscheidung.** Die nicht im Ermessen des Jugendrichters stehende Anordnung der Strafmakelbeseitigung muss der Registerbehörde mitgeteilt werden (§§ 20 Abs. 1 Satz 1 iVm 13 Abs. 1 Nr. 5 BZRG, RiJGG 2).

15   2. **Registerrechtliche Konsequenzen.** Die Strafmakelbeseitigung bewirkt keine vollständige Tilgung und folglich auch kein Verwertungsverbot,[24] sondern befreit den Verurteilten insoweit vom Stigma der Vorstrafe, als die Verurteilung **nicht mehr ins Führungszeugnis aufgenommen** wird (§ 32 Abs. 2 Nr. 4 BZRG), sich der Verurteilte folglich **als unbestraft bezeichnen** kann (§ 53 Abs. 1 Nr. 1 BZRG) und nur noch im Rahmen des § 53 Abs. 2 BZRG offenbaren muss; die einzig spezifische Rechtsfolge der Strafmakelbeseitigung besteht in einer nochmaligen **Verengung der** bereits nach § 41 Abs. 1 BZRG eingeschränkten **Auskunftsberechtigung auf Strafgerichte und Staatsanwaltschaften** für Strafverfahren gegen den Betroffenen (§ 41 Abs. 3, Ausnahmen gelten nach Satz 2 für Sexualstraftäter). Außerdem reduziert sich die **Tilgungsfrist** auf fünf Jahre (§ 46 Abs. 1 Nr. 1 f BZRG). Ein weiterer Unterschied zur Tilgung ergibt sich aus der **Möglichkeit des Widerrufs** der Strafmakelbeseitigung und der damit verbundenen Vergünstigungen (§ 101).

§ 98 Verfahren

(1) ¹Zuständig ist der Jugendrichter des Amtsgerichts, dem die familiengerichtlichen Erziehungsaufgaben für den Verurteilten obliegen. ²Ist der Verurteilte volljährig, so ist der Jugendrichter zuständig, in dessen Bezirk der Verurteilte seinen Wohnsitz hat.

(2) ¹Der Jugendrichter beauftragt mit den Ermittlungen über die Führung des Verurteilten und dessen Bewährung vorzugsweise die Stelle, die den Verurteilten nach der Verbüßung der Strafe betreut hat. ²Er kann eigene Ermittlungen anstellen. ³Er hört den Verurteilten und, wenn dieser minderjährig ist, den Erziehungsberechtigten und den gesetzlichen Vertreter, ferner die Schule und die zuständige Verwaltungsbehörde.

(3) Nach Abschluß der Ermittlungen ist der Staatsanwalt zu hören.

Richtlinien zu § 98

1. In dem Verfahren zur Beseitigung des Strafmakels empfiehlt es sich in der Regel, außer den Strafakten und den Vollstreckungsvorgängen die Personalakten der Vollzugsanstalt heranzuziehen.

2. Bei der Erteilung von Ermittlungsaufträgen empfiehlt es sich, die beauftragte Stelle auf die Notwendigkeit schonender Durchführung der Ermittlungen hinzuweisen. Es

---

23   Vgl Eisenberg, § 97 Rn 12.
24   BGH v. 16.6.1982, 2 StR 131/82, bei Holtz, MDR 1982, 972, krit. Eisenberg, § 100 Rn 3; zu den ausländerrechtlichen Folgen VG Gelsenkirchen v. 20.9.2006, 16 K 1862/06.

muß vermieden werden, daß die Verurteilung Personen bekannt wird, die bisher darüber nicht unterrichtet waren.

I. Zuständigkeit

Die **sachliche** Zuständigkeit für die allein bei der Strafmakelbeseitigung nach 1
§ 97 erforderlichen Ermittlungen[1] liegt stets, also auch bei Verurteilungen durch ein Erwachsenengericht (§ 104 Abs. 1) beim Jugendrichter. **Örtlich** zuständig ist für **Jugendliche** (es kommt auf das Alter bei Antragseingang bzw Verfahrenseinleitung von Amts wegen an)[2] der Jugendrichter des Amtsgerichts, dem die familiengerichtlichen Erziehungsaufgaben für den Verurteilten obliegen; dies richtet sich regelmäßig nach dessen gewöhnlichem Aufenthalt (§§ 151, 152 FamFG), der nicht mit dem für die Zuständigkeit des Jugendrichters bei **Volljährigen** maßgeblichen Wohnsitz (Abs. 1 S. 2) identisch sein muss.

II. Ermittlungen

Die detaillierten und größtenteils zwingenden Vorschriften zu Art und Umfang 2
der vom Jugendrichter zu veranlassenden Ermittlungen stehen in Kontrast zu dem erst in der RiJGG Nr. 2 thematisierten **Gebot einer möglichst schonenden Vorgehensweise**, die unnötige „Enttarnungen" vermeidet.[3]

Während die **Beiziehung von Akten** (Straf-, Vollstreckungs- und Vollzugsakten, 3
s. RiJGG Nr. 1 sowie Berichte von Bewährungshelfern und Betreuungsstellen) und die nach Abs. 2 S. 3 vorgeschriebene **Anhörung** des Verurteilten und ggf des Erziehungsberechtigten und gesetzlichen Vertreters insoweit unbedenklich sind, ist die Anhörung der **Schule** und der zuständigen **Verwaltungsbehörde** (nach Landesrecht idR der Landkreis als untere Verwaltungsbehörde[4]) nicht unproblematisch. Ist der Richter jedoch zur Anhörung verpflichtet ist,[5] bleibt nur der Hinweis auf die Wahrung äußerster Diskretion; eher kontraproduktiv dürfte das von *Ostendorf* Rn 5 vorgeschlagene Vorgehen sein, der Schule den Anfragegrund nicht mitzuteilen.[6]

Sind weitergehende Ermittlungen erforderlich, werden damit vorzugsweise die 4
Jugendgerichtshilfe oder der **Bewährungshelfer** beauftragt, da diese Stellen besondere Gewähr für ein schonendes Vorgehen bieten (s. aber RiJGG Nr. 2).

Von seinem **Recht zu eigenen Ermittlungen** sollte der Jugendrichter (Abs. 2 S. 2) 5
nur ausnahmsweise Gebrauch machen.[7] Nicht mit dem Gesetz vereinbar ist das von *Ostendorf* Rn 5 angenommene Verbot einer die Verurteilung offenlegenden Befragung.[8]

Die **Staatsanwaltschaft** wird erst nach Abschluss der Ermittlungen angehört 6
(Abs. 3) und idR einen Antrag zur Entscheidung nach § 99 stellen.

---

1 Brunner/Dölling, § 98 Rn 1.
2 Eisenberg, § 98 Rn 3.
3 Dazu Eisenberg, § 98 Rn 4.
4 Brunner/Dölling Rn 5.
5 Eisenberg, § 98 Rn 6, 9; aA für die Schule D/D/S-Schoreit, § 98 Rn 5.
6 Krit. Brunner/Dölling, § 98 Rn 5.
7 D/D/S-Schoreit, § 98 Rn 7.
8 D/D/S-Schoreit, § 98 Rn 7.

§ 99 Entscheidung

(1) Der Jugendrichter entscheidet durch Beschluß.
(2) Hält er die Voraussetzungen für eine Beseitigung des Strafmakels noch nicht für gegeben, so kann er die Entscheidung um höchstens zwei Jahre aufschieben.
(3) Gegen den Beschluß ist sofortige Beschwerde zulässig.

I. Entscheidungsform	1	4. Kosten und Auslagen	5
II. Tenorierung	2	III. Verfahren	6
1. Strafmakelbeseitigung	2	1. Verfahrensgestaltung	6
2. Ablehnung	3	2. Rechtsmittel	7
3. Aufschiebung	4		

I. Entscheidungsform

1 Über das auf Antrag oder von Amts wegen (u. Rn 3) eingeleitete Verfahren zur Strafmakelbeseitigung entscheidet der Jugendrichter durch **Beschluss** (Abs. 1), der drei mögliche Fassungen haben kann (u. Rn 2 - 4). Der Beschluss ist zu begründen (§ 2 iVm § 34 StPO) und mit Rechtsmittelbelehrung zuzustellen (§ 2 iVm §§ 34; 35 a; 35 Abs. 2, 41 StPO, 67 Abs. 2).

II. Tenorierung

2 **1. Strafmakelbeseitigung.** Liegen die Voraussetzungen des § 97 vor, erklärt der Jugendrichter den Strafmakel als beseitigt (§ 97 Abs. 1 S. 1).

3 **2. Ablehnung.** Ist dies nicht der Fall und auch innerhalb der nächsten zwei Jahre nicht zu erwarten, erfolgt eine Zurückweisung des Antrags als unzulässig oder unbegründet. Ein erneuter Antrag ist nur zulässig, wenn nova vorgetragen werden.[1] Die Beschlussform ist nach dem eindeutigen Gesetzeswortlaut auch bei negativem Ausgang eines von Amts wegen eingeleiteten Verfahrens einzuhalten.[2]

4 **3. Aufschiebung.** Steht einer Strafmakelbeseitigung nur die Nichteinhaltung der Frist des § 97 Abs. 2 entgegen oder ist eine (sichere) positive Beurteilung der materiellen Voraussetzungen zwar derzeit nicht, aber in absehbarer Zeit möglich, wird die **Entscheidung um höchstens zwei Jahre aufgeschoben**. Nach Ablauf der Aufschiebungsfrist muss durch Beschluss entschieden werden, der auch eine abermalige Aufschiebung beinhalten kann, sofern die Frist des Abs. 2 insgesamt gewahrt bleibt.[3]

5 **4. Kosten und Auslagen.** Diese werden nicht erhoben, da den §§ 464 ff StPO keine auf das Verfahren nach den §§ 97 ff bezogene Kostentragungspflicht entnommen werden kann.[4]

---

1 Rechtskraftwirkung, Brunner/Dölling, § 99 Rn 3; aA D/S/S-Schoreit, § 99 Rn 3; Ostendorf, § 99 Rn 3: Frage der Begründetheit und jederzeitige Möglichkeit, den Beschluss von Amts zu revidieren; zweifelhaft auch wegen des in § 98 vorgeschriebenen Ermittlungsumfangs.
2 D/S/S-Schoreit, § 99 Rn 5, Ostendorf, § 99 Rn 1; aA Eisenberg, § 99 Rn 7; Brunner/Dölling, § 99 2: Einstellungsverfügung möglich.
3 Für diese heute hM Ostendorf, § 99 Rn 4, aA Dallinger/Lackner, § 99 Rn 6.
4 Eisenberg, § 99 Rn 11.

III. Verfahren

1. Verfahrensgestaltung. Der Jugendrichter entscheidet nach den erforderlichen 6
Anhörungen (§§ 97 Rn 12, 98 Abs. 2) idR ohne Hauptverhandlung oder mündliche Verhandlung.[5]

2. Rechtsmittel. Statthaftes Rechtsmittel ist die **sofortige Beschwerde** (Abs. 3, 7
§ 311 StPO) zur Jugendkammer; weitere Beschwerde ist unzulässig (§ 2, § 310
Abs. 2 StPO). Beschwerdeberechtigt sind alle in § 97 Abs. 1 genannten Antragsteller; die Staatsanwaltschaft ist bei antragsgemäß erklärter Strafmakelbeseitigung nicht beschwert.[6]

§ 100 Beseitigung des Strafmakels nach Erlaß einer Strafe oder eines Strafrestes

[1]Wird die Strafe oder ein Strafrest bei Verurteilung zu nicht mehr als zwei Jahren Jugendstrafe nach Aussetzung zur Bewährung erlassen, so erklärt der Richter zugleich den Strafmakel als beseitigt. [2]Dies gilt nicht, wenn es sich um eine Verurteilung nach den §§ 174 bis 180 oder 182 des Strafgesetzbuches handelt.

Richtlinie zu § 100
Wegen der Eintragung in das Zentralregister wird auf § 13 Abs. 1 Nr. 5 BZRG hingewiesen.

I. Voraussetzungen	1	III. Verfahren	3
II. Rechtsfolgen	2	1. Zuständigkeit	3
		2. Rechtsmittel	4

I. Voraussetzungen

Bei **Erlass einer Jugendstrafe bis zu zwei Jahren** (§ 26 a) oder eines Rests davon 1
(§§ 88 Abs. 6 S. 1, 26 a), **muss** zugleich die Strafmakelbeseitigung ausgesprochen werden, ohne dass es wie bei § 97 weiterer formeller oder materieller Voraussetzungen und darauf bezogener Ermittlungen bedarf.

II. Rechtsfolgen

Da Verurteilungen zu diesen Strafen bereits nach § 32 Abs. 2 Nr. 3 BZRG nicht 2
in das Führungszeugnis aufgenommen werden (zu den Folgen s. § 97 Rn 8, 15),
liegt die eigenständige Wirkung des § 100 (nur) in der **Begrenzung der auskunftsberechtigten Behörden** auf Strafgerichte und Staatsanwaltschaften (§ 41 Abs. 3 BZRG) und in der **Verkürzung der Tilgungsfrist** (§ 46 Abs. 1 Nr. 1 f. BZRG). Von diesen Privilegierungen ausgenommen sind wiederum Verurteilungen wegen bestimmter Sexualstraftaten (S. 2, § 32 Abs. 1 S. 2 BZRG; krit. dazu § 97 Rn 4). Ein Verwertungsverbot entsteht ebenso wenig wie bei der Strafmakelbeseitigung nach § 97 (s. dort Rn 15).

III. Verfahren

1. Zuständigkeit. Wegen der zwingenden Verbindung der Strafmakelbeseitigung 3
mit dem Straferlass („zugleich") gilt nicht § 98, sondern ist das über den Straf-

---
5 D/D/S-Schoreit, § 99 Rn 5.
6 Eisenberg, § 99 Rn 10, zweifelnd D/D/S-Schoreit, § 99 Rn 7.

erlass entscheidende Gericht zuständig (bei anfänglicher Aussetzung: §§ 57, 58 Abs. 3 S. 1 oder S. 2, 104 Abs. 5 S. 1; bei Strafrestaussetzung: § 88 Abs. 6 S. 2 ggf iVm § 58 Abs. 3 S. 2).

4 2. **Rechtsmittel.** Der Beschluss nach § 100 ist aufgrund seiner zwingenden Verknüpfung mit dem Straferlass **nicht anfechtbar** (§ 59 Abs. 4 analog).[1]

§ 101 Widerruf

[1]Wird der Verurteilte, dessen Strafmakel als beseitigt erklärt worden ist, vor der Tilgung des Vermerks wegen eines Verbrechens oder vorsätzlichen Vergehens erneut zu Freiheitsstrafe verurteilt, so widerruft der Richter in dem Urteil oder nachträglich durch Beschluß die Beseitigung des Strafmakels. [2]In besonderen Fällen kann er von dem Widerruf absehen.

Richtlinie zu § 101
Wegen der Eintragung in das Zentralregister wird auf § 13 Abs. 1 Nr. 6 BZRG hingewiesen.

I. Voraussetzungen...............	1	III. Rechtsfolgen und Verfahren..	4
1. Keine Tilgungsreife........	1	1. Widerrufswirkungen......	4
2. Verurteilung zu Freiheitsstrafe...................	2	2. Widerrufsverfahren.......	5
		3. Anfechtung................	6
II. Absehen vom Widerruf.......	3		

I. Voraussetzungen

1 **1. Keine Tilgungsreife.** Eine nach § 97 oder § 100 angeordnete Strafmakelbeseitigung kann bis zum Eintritt der Tilgungsreife der Verurteilung[1] widerrufen werden.

2 **2. Verurteilung zu Freiheitsstrafe.** Widerrufsgrund kann aber nur eine innerhalb dieses Zeitraums erfolgte erneute Verurteilung zu Freiheitsstrafe wegen eines Verbrechens oder vorsätzlichen Vergehens sein. Als Freiheitsstrafen gelten auch **Jugendstrafen**, da bei deren Verhängung ebenso wenig ein Grund für eine registerrechtliche Besserstellung besteht,[2] nicht aber Schuldsprüche nach § 27 oder andere Sanktionen des JGG.[3] Maßgeblich ist der Zeitpunkt der Verurteilung, nicht der Tatbegehung.[4]

II. Absehen vom Widerruf

3 Liegen die o.g. Voraussetzungen vor, ist der Widerruf grundsätzlich **zwingend**. Satz 2 räumt dem Richter ein **Widerrufsermessen** nur „in besonderen Fällen" ein. Da leichtere Vergehen zumeist schon unterhalb der Widerrufsschwelle von Satz 1 bleiben werden,[5] kommen gewichtigere, aber prognostisch günstige Gelegenheits- oder Konflikttaten und allgemein solche Konstellationen in Betracht, in denen die

---

1 Brunner/Dölling, § 100 Rn 5.
1 Dallinger/Lackner, § 101 Rn 4; vgl auch RGSt 64, 146, 147; unklar Ostendorf, § 101 Rn 1: Strafmakelbeseitigung darf noch nicht eingetragen sein.
2 HM: Brunner/Dölling, § 101 Rn 1; Bedenken bei Eisenberg, § 101 Rn 2.
3 Ostendorf, § 101 Rn 2.
4 Eisenberg, § 101 Rn 3.
5 Vgl Brunner/Dölling, § 101 Rn 5.

(berufliche) Integration durch den Widerruf konkret gefährdet wäre, dieser Resozialisierungsnachteil aber in keinem angemessenen Verhältnis zum Unrechtsgehalt der Tat stünde.[6]

III. Rechtsfolgen und Verfahren

1. **Widerrufswirkungen.** Der Widerruf muss dem Zentralregister mitgeteilt werden (§ 13 Abs. 1 Nr. 6 BZRG, RiJGG 1) und lässt die Rechtsfolgen einer Strafmakelbeseitigung (§ 97 Rn 11), insbesondere die Beschränkung der Auskunftsberechtigung (§ 41 Abs. 3 BZRG) und die Verkürzung der Tilgungsfrist (§ 46 Abs. 1 f, Abs. 2 BZRG), **rückwirkend entfallen**.[7]   4

2. **Widerrufsverfahren.** Zuständig ist das in dem neuen Strafverfahren erkennende Jugend- oder Erwachsenengericht, das den Widerruf in den **Tenor des Urteils** aufnimmt oder nachträglich ohne mündliche Verhandlung durch **Beschluss** ausspricht, wobei auch dann keine Tilgungsreife eingetreten sein darf (o. Rn 1). Der Beschluss ist zu begründen und wird formlos mitgeteilt (§ 2 iVm § 34, 35 Abs. 2, 41 StPO, 67 Abs. 2). Wird vom Widerruf abgesehen, schreibt das Gesetz keinen entsprechenden Beschluss vor, der aber aus Gründen der Klarheit zweckmäßig sein kann.[8]   5

3. **Anfechtung.** Das statthafte Rechtsmittel richtet sich nach der Form der Widerrufsentscheidung. Urteile werden mit einer ggf auf den Widerruf beschränkten Berufung oder Revision, Beschlüsse mit der einfachen Beschwerde (§ 2, § 304 StPO) angefochten.[9]   6

Fünftes Hauptstück Jugendliche vor Gerichten, die für allgemeine Strafsachen zuständig sind

Vor §§ 102 ff

Das fünfte Hauptstück des 2. Teils des JGG, in dem die strafrechtliche Verfolgung Jugendlicher und Heranwachsender (§ 112) geregelt wird, bestimmt **Ausnahmen von der Zuständigkeit der Jugendgerichte** (§ 33) für Verfehlungen Jugendlicher oder Heranwachsender. Betroffen sind insb. schwere Straftaten aus dem Bereich des Staatsschutzes („Terroristenprozesse") und der Wirtschaftskriminalität.   1

Aus dem Wortlaut und der Gesetzessystematik folgt, dass diese strafrechtliche Verhandlung vor einem Erwachsenengericht die Ausnahme sein soll. In der Praxis sind solche Verfahren zwar teilweise spektakulär, aber eher selten.   2

Es gibt **drei Möglichkeiten**, dass Jugendliche oder Heranwachsende vor Gerichten, die für allgemeine Strafsachen zuständig sind, angeklagt werden können: 3

- Die Fälle einer erst- oder zweitinstanzlichen Verhandlung vor einem OLG oder BGH (§ 102)
- Die Fälle einer gemeinsamen Verhandlung mit Erwachsenen vor der Wirtschaftsstraf- oder Staatsschutzkammer (§ 103 Abs. 2 S. 2)
- Die Fälle der Widerklage gegen einen jugendlichen Privatkläger (§ 80 Abs. 2 S. 1).

---

6 Vgl Dallinger/Lackner, § 101 Rn 8; Eisenberg, § 101 Rn 5.
7 Brunner/Dölling, § 101 Rn 8.
8 Stets erforderlich nach Brunner/Dölling, § 101 Rn 7; Eisenberg, § 101 Rn 7; entbehrlich nach Ostendorf, § 101 Rn 5.
9 Eisenberg, § 101 Rn 8 mwN.

4 Die Zuständigkeit des Bundesgerichtshofs und des Oberlandesgerichts für Jugendliche und Heranwachsende wurde im Gesetzgebungsverfahren (1953) mit der erforderlichen Sachkunde dieser Gerichte begründet.[1] Diese Regelung wird in der Literatur mit der Überlegung abgelehnt, dass es keine überwiegenden Gründe gäbe, die eine Durchbrechung des Vorrangs des Erziehungsgedankens und vor allem die damit verbundene Beschränkung einer erzieherisch ausgerichteten Verfahrensgestaltung rechtfertigen können. Befürchtet werden nicht mehr überwindbare Entwicklungsstörungen.[2] Warum angesichts der sonst angenommenen Sachkompetenz der hier berufenen Gerichte diesen gerade bezüglich des „Vorrangs des Erziehungsgedankens" die Sachkunde abgesprochen wird, ist nicht nachvollziehbar.

5 Hieraus folgt u.a., dass ein Jugendgericht nach einer Entscheidung des Oberlandesgerichts oder BGH nicht gehindert ist, rechtskräftige Urteile der nach S. 1 zuständigen Gerichte nach Maßgabe der §§ 31 Abs. 2, 32 – mit Ausnahme einer Entscheidung gem. § 27 – einzubeziehen.[3]

7 Diese Vorschriften gelten nur für das Erkenntnisverfahren, nicht für das Vollstreckungsverfahren.[4]

§ 102 Zuständigkeit

[1]Die Zuständigkeit des Bundesgerichtshofes und des Oberlandesgerichts werden durch die Vorschriften dieses Gesetzes nicht berührt. [2]In den zur Zuständigkeit von Oberlandesgerichten im ersten Rechtszug gehörenden Strafsachen (§ 120 Abs. 1 und 2 des Gerichtsverfassungsgesetzes) entscheidet der Bundesgerichtshof auch über Beschwerden gegen Entscheidungen dieser Oberlandesgerichte, durch welche die Aussetzung der Jugendstrafe zur Bewährung angeordnet oder abgelehnt wird (§ 59 Abs. 1).

I. Anwendungsbereich

1 Diese Vorschrift gilt in Verfahren gegen Jugendliche und Heranwachsende (§ 112 S. 1).

II. Zuständigkeit im ersten Rechtszug

2 **Im ersten Rechtszug** sind die **Oberlandesgerichte** (einschl. BayObLG)[1] uneingeschränkt auch für Jugendliche und Heranwachsende in den Fällen des § 120 Abs. 1 und 2 GVG zuständig (Staatsschutzsachen und Fälle, die der Generalbundesanwalt übernommen hat). Eine einschränkende Auslegung der Zuständigkeitsvoraussetzung in einem Fall des **§ 120 Abs. 2 GVG**, wonach der Generalbundesanwalt wegen der besonderen Bedeutung des Falles nach § 74a Abs. 2 GVG die Verfolgung der im Gesetz genannten Straftaten übernimmt, erscheint nicht gerechtfertigt, da bei solchen Straftaten (insb. Staatsschutzsachen) die besondere Sachkunde wesentliche Voraussetzung für die Feststellung der Rechts-

---

1 BT-Drucks. 1/3264 (§ 76); BT-Drucks. 8/976, 70 zu § 103 Abs. 2.
2 Eisenberg, § 102 Rn 2.
3 HM.
4 Eisenberg, § 102 Rn 3.
1 Eisenberg, § 102 Rn 4.

folgen sein kann. Eine Beeinträchtigung des Vorranges des Erziehungsgedankens ist nicht ersichtlich.²

Die **Zuständigkeit** der Staatsschutzkammer (§ 74 a GVG) oder der Wirtschaftsstrafkammer (§ 74 c GVG) **des Landgerichts** kommt gem. § 103 Abs. 2 S. 2 dann in Betracht, wenn im Falle der Verbindung einer Jugendstrafsache mit der Strafsache gegen einen Erwachsenen letzere nach den Zuständigkeitsregelungen dem Landgericht zugewiesen wird, es sei denn, der Schwurgerichtskammer (§ 74 e GVG) käme der Vorrang zu.

III. Zuständigkeit im zweiten Rechtszug

Der **Bundesgerichtshof** ist in diesen Fällen gem. § 135 Abs. 1 GVG (Urteile der Oberlandesgerichte im ersten Rechtszug) als Revisionsgericht und gem. § 135 Abs. 2 GVG (Beschwerden oder Verfügungen der Oberlandesgerichte) als Beschwerdegericht zuständig.

Die **Oberlandesgerichte** (einschl. BayObLG) sind in der Rechtsmittelinstanz als Revisionsgerichte gem. § 121 Abs. 1 Nr. 1 GVG und als Beschwerdegericht gem. § 120 Abs. 3 und 4, 121 Abs. 1 Nr. 2 GVG zuständig.

Die **Strafkammern** eines Landgerichts sind im Rahmen der allgemeinen Strafgerichtsbarkeit auch bei der Zuständigkeit gem. § 103 Abs. 2 S. 2 nicht als Rechtsmittelgerichte zuständig.³

§ 103 Verbindung mehrerer Strafsachen

(1) Strafsachen gegen Jugendliche und Erwachsene können nach den Vorschriften des allgemeinen Verfahrensrechts verbunden werden, wenn es zur Erforschung der Wahrheit oder aus anderen wichtigen Gründen geboten ist.

(2) ¹Zuständig ist das Jugendgericht. ²Dies gilt nicht, wenn die Strafsache gegen Erwachsene nach den allgemeinen Vorschriften einschließlich der Regelung des § 74 e des Gerichtsverfassungsgesetzes zur Zuständigkeit der Wirtschaftsstrafkammer oder der Strafkammer nach § 74 a des Gerichtsverfassungsgesetzes gehört; in einem solchen Fall sind diese Strafkammern auch für die Strafsache gegen den Jugendlichen zuständig. ³Für die Prüfung der Zuständigkeit der Wirtschaftsstrafkammer und der Strafkammer nach § 74 a des Gerichtsverfassungsgesetzes gelten im Falle des Satzes 2 die §§ 6 a, 225 a Abs. 4, § 270 Abs. 1 Satz 2 der Strafprozeßordnung entsprechend; § 209 a der Strafprozeßordnung ist mit der Maßgabe anzuwenden, daß diese Strafkammern auch gegenüber der Jugendkammer einem Gericht höherer Ordnung gleichstehen.

(3) Beschließt der Richter die Trennung der verbundenen Sachen, so erfolgt zugleich Abgabe der abgetrennten Sache an den Richter, der ohne die Verbindung zuständig gewesen wäre.

Richtlinie zu § 103

1. Die Verbindung von Strafsachen gegen Jugendliche und Erwachsene ist im allgemeinen nicht zweckmäßig. Sie ist namentlich dann nicht angebracht, wenn der Jugendliche geständig und der Sachverhalt einfach ist oder wenn es sich bei den Erwachsenen um die Eltern des Jugendlichen handelt.

---

2 Ostendorf, § 102 Rn 2, kritisch Eisenberg, § 102 Rn 2.
3 Ostendorf, § 102 Rn 5.

2. Die Staatsanwaltschaft beantragt die Trennung der verbundenen Sachen, sobald sich die gesonderte Bearbeitung als zweckmäßig erweist (z.B. wenn gegen die erwachsenen Beschuldigten in Abwesenheit des Jugendlichen verhandelt und Urteil erlassen worden ist oder wenn der Durchführung des Verfahrens gegen die erwachsenen Beschuldigten für längere Zeit Hindernisse entgegenstehen).
3. § 103 gilt auch im Verfahren gegen Heranwachsende (§ 112 Satz 1).

I. Persönlicher Anwendungsbereich 1	bb) Prüfung nach dem Eröffnungsbeschluss und vor der Hauptverhandlung 23
II. Sachlicher Anwendungsbereich 2	
III. Verbindung der Strafsachen .. 7	
IV. Das Verfahren 12	cc) Verfahren nach Beginn der Hauptverhandlung 27
1. Staatsanwaltschaft 12	
2. Zuständiges Gericht 16	c) Zuständigkeitsprüfung der besonderen Strafkammern 28
a) Allgemeine Prüfung nach Eingang der Anklage 16	
	V. Der Rechtsmittelzug 33
b) Prüfung des Jugendgerichts im Einzelnen 17	VI. Das Rechtsmittel 35
	1. Berufung/Revision 35
aa) Prüfung vor oder mit dem Eröffnungsbeschluss ... 17	2. Beschwerde 38

I. Persönlicher Anwendungsbereich

1 Diese Vorschrift gilt für Jugendliche und Heranwachsende gleichermaßen (§ 112 S. 1).

II. Sachlicher Anwendungsbereich

2 § 103 regelt die Verbindung von (förmlichen) Strafverfahren gegen Jugendliche bzw Heranwachsende einerseits und Erwachsene andererseits. Mit wenigen Ausnahmen wird die Zuständigkeit der Jugendgerichte begründet (Abs. 2). Es handelt sich ausdrücklich um eine **Kann-Vorschrift**. Geregelt wird in Abs. 3 die Trennung der verbundenen Sachen durch das Gericht.

3 Das **vereinfachte Verfahren** gem. §§ 76 – 78 scheidet für eine Verbindung aus, da diese Vorschriften ausschließlich für Jugendliche gelten. Eine Verbindung mit einem Verfahren gegen Heranwachsende ist deshalb ebenfalls ausgeschlossen. Dasselbe gilt für Verfahren gem. § 45 Abs. 3 (Diversion).

4 Die Verbindung von **Ordnungswidrigkeiten-Verfahren** und Strafsachen gegen denselben Jugendlichen regeln §§ 42 und 45 OWiG.

Die Staatsanwaltschaft kann gemäß **§ 42 OWiG** bis zum Erlass eines Bußgeldbescheides die Verfolgung der Ordnungswidrigkeit übernehmen, wenn sie eine Straftat verfolgt, die mit der Ordnungswidrigkeit zusammenhängt.

Verfolgt die Staatsanwaltschaft gem. **§ 45 OWiG** die Ordnungswidrigkeit mit einer zusammenhängenden Straftat, so ist für die Ahndung der Ordnungswidrigkeit das Gericht zuständig, das für die Strafsache zuständig ist.

5 Die Verbindung einer Strafsache gegen einen Erwachsenen mit einer Bußgeldsache gegen einen Jugendlichen/Heranwachsenden ist gesetzlich nicht geregelt. Dies ist nach dem Wortlaut des Gesetzes nicht zulässig, soweit nicht weitere Straftaten gegen den Jugendlichen oder Heranwachsenden zusammen angeklagt worden

sind.¹ Ein solcher Fall kann etwa dann vorkommen, wenn der Heranwachsende einen Verkehrsunfall fahrlässig verursacht (§ 1 Abs. 2 StVO, § 24 StVG) und sich danach gemeinsam mit einem Erwachsenen unerlaubt vom Unfallort entfernt hat (§ 142 StGB). Eine Verbindung dieser Art ist nicht von vorne herein ausgeschlossen.

In diesen verbundenen Verfahren ist **Nebenklage** allein bezüglich des Erwachsenen zulässig (vgl § 80 Abs. 3).² 6

III. Verbindung der Strafsachen

Es gelten zunächst die **allgemeinen Voraussetzungen** der §§ 2 – 4, 13 Abs. 2, 237 StPO. Nach § 3 StPO ist ein **Zusammenhang** vorhanden, wenn eine Person mehrerer Straftaten beschuldigt wird oder wenn bei einer Tat mehrere Personen als Täter, Teilnehmer oder der Begünstigung, Strafvereitelung oder Hehlerei beschuldigt werden. Dieser Zusammenhang kann somit persönlicher oder sachlicher Art sein. Der Tatbegriff entspricht dem des § 264 Abs. 1 StPO (Tat im prozessualen Sinn).³ 7

§ 103 ist eine **Kann-Vorschrift**. Eine gesetzliche Pflicht zur Verbindung besteht nicht.⁴ Diese Kann-Vorschrift ist jedoch im Hinblick auf den gesetzlichen Richter nach Art. 101 Abs. 1 S. 2 GG verfassungskonform einschränkend dahin auszulegen, dass nach Abwägung der Voraussetzungen des § 103 Abs. 1 eine Verbindung nur dann zu erfolgen hat, wenn eindeutig bessere Gründe für eine Verbindung sprechen (s. Rn 9).⁵ 8

Neben den allgemeinen Voraussetzungen muss demnach als **weitere Voraussetzung** hinzukommen, dass die **Verbindung „zur Erforschung der Wahrheit"** oder aus **anderen wichtigen Gründen** geboten ist". Als ergänzende Vorschrift zu den allgemeinen Voraussetzungen, insb. des § 3 StPO, wird hiermit die Zulassung einer Verbindung zum Schutz der Jugendlichen weiter konkretisiert und eingeschränkt. Die Vorschrift ist eng auszulegen. In der Regel ist von einer **Unzweckmäßigkeit** der Verbindung im Interesse einer jugendgemäßen Verhandlung auszugehen.⁶ Im Hinblick auf die Verfahrensbeteiligten im Jugendstrafverfahren, wie die Teilnahme der gesetzlichen Vertreter, der Jugendgerichtshilfe, des Jugendstaatsanwalts, der eingeschränkten Teilnahme eines Nebenklägers gem. § 80 Abs. 3, beruht das Jugendstrafverfahren regelmäßig auf besonderen Verfahrensgrundsätzen. Im Vordergrund hat der **Erziehungsgedanke** des Jugendstrafverfahrens zu stehen, der u.a. auch – im Gegensatz zu einem Verfahren mit einem Erwachsenen (§ 48 Abs. 3) – die Nichtöffentlichkeit des Jugendstrafverfahrens, also den Ausschluss nicht beteiligter Personen, rechtfertigt sowie in der Regel eine alleinige Befassung des Gerichts mit dem Jugendlichen/Heranwachsenden „ohne störende Einflussnahme Dritter" erforderlich macht.⁷ So kann erfahrungsgemäß in Jugendstrafverfahren häufig beobachtet werden, dass Jugendliche dann eher auch für erzieherische Maßnahmen zugänglich sind, wenn sie **alleine** „Subjekt" 9

---

1 Ostendorf, § 103 Rn 3.
2 Sehr str.; BGH v. 18.8.1995, 2 StR 470/95, BGHSt 41, 288; zum Streitstand Eisenberg, § 80 Rn 13 ff.
3 BGHSt 38, 376, 379; HK-GS-Bosbach, § 3 StPO Rn 1.
4 HM; Ostendorf, § 103 Rn 4 sieht zutr. eine allgemeine Verpflichtung nur dann, wenn ein Verfahren gegen einen Angeklagten in verschiedenen Altersstufen vorliegt und § 32 zur Anwendung kommt.
5 Ostendorf, § 103 Rn 6.
6 HM; Eisenberg, § 103 Rn 9, D/S/S-Schoreit, § 103 Rn 3; Ostendorf, § 103 Rn 5.
7 Ostendorf, § 103 Rn 5.

des Verfahrens sind und sich nicht anderen Mitbeschuldigten gegenüber „beweisen" müssen oder deren unsachgemäßen Einflüssen ausgesetzt sind.[8]

10 Eine Verbindung scheidet regelmäßig dann aus, wenn die Eltern oder volljährige, enge Verwandte an der Straftat des Jugendlichen oder Heranwachsenden beteiligt sind.[9] Es ist kaum vorstellbar, dass sich ein Jugendlicher nicht durch die Anwesenheit der Eltern beeinflussen lässt, so dass das Gericht gehindert sein kann, eine für den Jugendlichen angemessene Entscheidung zu finden.

11 **Andererseits** kann „zur Erforschung der Wahrheit oder aus anderen wichtigen Gründen" eine **Verbindung** infrage kommen.

Die Voraussetzung **„zur Erforschung der Wahrheit"** ist zweifelsohne gegeben, wenn die genaue Tatbeteiligung der Mitangeklagten, insbesondere bei bandenmäßiger und wechselhafter Begehung von Straftaten oder Mittäterschaft, nur in einem umfangreichen und komplizierteren Verfahren mit vielen vor allem auswärtigen Zeugen und Sachverständigen aufgeklärt werden kann, es sei denn, die Tatbeteiligung eines Mitangeklagten ist weitgehend im Ermittlungsverfahren etwa durch die eindeutige Beweislage geklärt.[10] Bei Heranwachsenden kann allerdings auch eine Verbindung angezeigt sein, wenn trotz einfacherer Beweislage Erkenntnisse über die wechselseitigen Einflüsse der Angeklagten zu erwarten sind.[11] Zweifelhaft erscheint allerdings für eine Verbindung das Argument, „die Abstimmung der Rechtsfolgen der Tat bei mehreren Tatbeteiligten in einem Verfahren besser zu erreichen".[12] Die Rechtsfolgen im Jugendstrafverfahren und Verfahren nach Erwachsenenstrafrecht unterliegen unbestritten anderen Kriterien, so dass hier keine „Harmonisierung" der Rechtsfolgen zu erwarten sein dürfte. Die Verbindung **allein** deswegen zu unterlassen, um einen geständigen Jugendlichen oder Heranwachsenden im späteren Prozess gegen den Erwachsenen als Zeugen zu vernehmen, ist, wenn nicht weitere Gründe für eine getrennte Verhandlung sprechen, nicht zulässig.[13]

Vorliegen muss schließlich ein **„anderer wichtiger Grund"**. Der erforderliche Zeitaufwand für ein Verfahren, eine umfangreiche Beweisaufnahme mit aufwändigen Gutachten, die Kosten des Verfahrens sowie die persönliche Belastung der Angeklagten in getrennten Prozessen können **für eine Verbindung** sprechen. Eine mögliche Mehrbelastung der Jugendgerichte kann kein Argument für eine Trennung der Verfahren sein.[14] Die Verbindung kann auch erfolgen, um eine nachträgliche Gesamtstrafenbildung zu vermeiden.[15]

IV. Das Verfahren

12 **1. Staatsanwaltschaft.** Die **Staatsanwaltschaft** hat im **Ermittlungsverfahren** die Voraussetzungen des § 103 nach pflichtgemäßem Ermessen dahin zu prüfen, ob die Strafsachen gegen Jugendliche/Heranwachsende und Erwachsene einheitlich bearbeitet und eventuell gemeinsam angeklagt werden. Kommt eine einheitliche Anklage vor dem Jugendgericht gem. §§ 33, 103 Abs. 2 S. 1 in Betracht, hat der

---

8 Zutreffend Eisenberg, § 103 Rn 10; ders. Anm. zu KG NStZ 2006, 521.
9 Abw. KG v. 6.1.2006, 4 Ws 183/05, NStZ 2006, 521 mit abl. Anm Eisenberg; dieser Fall kommt immer wieder vor.
10 Ostendorf, § 103 Rn 5.
11 Eisenberg, § 103 Rn 10.
12 D/S/S-Schoreit, § 103 Rn 5.
13 Ostendorf, § 103 Rn 5.
14 HM.
15 Karlsruhe v. 12.3.1981, 1 Ws 41/81, MDR 1981, 693.

Jugendstaatsanwalt das Verfahren zu führen, denn er vertritt seine Anklage regelmäßig selber beim zuständigen Jugendgericht. Auf das Schwergewicht der Straftaten kommt es dabei nicht an.

Die Jugendstaatsanwaltschaft hat die Anhängigkeit bei der **Jugendkammer** zu veranlassen, wenn für den Erwachsenen nach den allgemeinen Vorschriften eine große Strafkammer zuständig wäre (§ 41 Abs. 1 Nr. 3). Hiervon macht Abs. 2 S. 2 eine Ausnahme. In den Fällen der Zuständigkeit der Wirtschaftsstrafkammer (§ 74 c StPO) oder der Kammer für Staatsschutzsachen (§ 74 a StPO) klagt der für diese Gerichte zuständige Staatsanwalt bei diesen Gerichten an, denn sie sind ausschließlich zur Entscheidung berufen. Eine weitere Ausnahme ist im Fall des § 102 (Sonderzuständigkeit des Bundesgerichtshofs oder Oberlandesgerichts; s. dort) gegeben. In Fällen, die in die Zuständigkeit des Schwurgerichts fallen (s. § 74 Abs. 2 GVG), ist wiederum die Jugendkammer zuständiges Gericht, so dass der Jugendstaatsanwalt dort Anklage erhebt. 13

Für eine Anklage, für die nach den allgemeinen Vorschriften ein Erwachsenen-Schöffengericht gem. §§ 25, 28 GVG zuständig wäre, klagt die Jugendstaatsanwaltschaft vor dem Jugendschöffengericht an (§§ 39 Abs. 1 S. 2, 40 Abs. 1). Eine vor dem Jugendeinzelrichter erhobene, verbundene Anklage kommt zwar nicht sehr häufig vor, ist jedoch in geeigneten Fällen nicht ausgeschlossen.[16] Warum dies zB bei einem 20-jährigen Heranwachsenden und einem 21-jährigen Mittäter bei einem einfachen Diebstahl nicht in Betracht kommen kann, ist nicht ersichtlich. Solche Fälle kommen auch bei nicht all zu schweren tätlichen Auseinandersetzungen hin und wieder vor. 14

Kommt eine gemeinsame Anklage zwischen Jugendlichen/Heranwachsenden und Erwachsenen in Betracht, bestimmt das für dieses Verfahren zuständige Gericht regelmäßig die entsprechende Zuständigkeit der Staatsanwaltschaft.[17] Wechselt die Zuständigkeit nach Abgabe oder Verweisung durch das Gericht, sollte der bisherige, mit dem Fall vertraute Sachbearbeiter zuständig bleiben. 15

2. Zuständiges Gericht. a) Allgemeine Prüfung nach Eingang der Anklage. Das angerufene Jugendgericht prüft ebenfalls nach pflichtgemäßem Ermessen entweder: 16

- vor der Eröffnung des Hauptverfahrens in einem gesonderten Gerichtsbeschluss,
- im Eröffnungsbeschluss oder
- später während des Verfahrens (vor und nach Beginn der Hauptverhandlung) durch Beschluss,

ob die bei ihm verbunden anhängig gemachten Anklagen verbunden bleiben, einzelne Verfahren zu trennen sind oder ob ein anderes Verfahren gegen einen Angeklagten dazu verbunden oder wieder abgetrennt wird. Werden die Voraussetzungen des § 103 sogleich verneint, sind die Verfahren entsprechend der einzelnen Verfahrensabschnitte zu trennen (Abs. 3). Unterschiedliche Regelungen liegen vor, wenn später eine Abtrennung oder Verbindung in Betracht kommt (dazu iE Rn 17 ff).

Das zuständige Jugendgericht hat vor allem gem. **§ 47 a** zu beachten, dass es sich **nach Eröffnung** des Hauptverfahrens nicht für unzuständig erklären darf, weil die Sache vor ein für allgemeine Strafsachen zuständiges Gericht gleicher oder niedrigerer Ordnung gehöre.

---

16 AM Eisenberg, § 103 Rn 13.
17 Ostendorf, § 103 Rn 7.

17 b) **Prüfung des Jugendgerichts im Einzelnen. aa) Prüfung vor oder mit dem Eröffnungsbeschluss.** Das **angerufenen Jugendgericht** (Abs. 2 S. 1) prüft **vor Eröffnung des Hauptverfahrens** seine örtliche und sachliche Zuständigkeit. Dabei prüft es auch gem. § 6a StPO, ob die Zuständigkeit der besonderen Strafkammern nach den Vorschriften des Gerichtsverfassungsgesetzes (§§ 74 Abs. 2, 74a, 74c GVG) gegeben ist (s. dazu Rn 20). Das **Jugendgericht**, welches rangmäßig über dem als zuständig angesehenen Erwachsenengericht steht (§ 209a Nr. 2a StPO), **entscheidet** über die Verbindung oder Abtrennung. Gehören die Gerichte nicht zu einem Bezirk, entscheidet das gemeinschaftliche obere Gericht (§ 4 Abs. 2 StPO). Dem Vorrang liegt die Vorstellung zugrunde, dass wegen der besonderen Aufgaben des Strafrechts bei der Ahndung von Taten jugendlicher oder heranwachsender Straftäter nur Gerichte zur Entscheidung berufen sein sollen, die nach Besetzung und Ausstattung den Anliegen eines jugendgemäßen Verfahrensablaufs und einer maßgeblich am Erziehungsgedanken orientierten Entscheidungsfindung gerecht werden können.[18]

18 In die Prüfung der Zuständigkeit des angegangenen Gerichts ist auch die Sonderzuständigkeit des Oberlandesgerichts und des Bundesgerichtshofes gem. § 102 iVm § 120 Abs. 1 und 2 GVG einzubeziehen.

19 Das Jugendgericht ist auch für die Verbindung zuständig, wenn die Erwachsenenstrafsache bei einem allgemeinen Strafgericht gleicher Ordnung innerhalb des Bezirks des Jugendgerichts rechtshängig war. § 13 Abs. 2 StPO gilt entsprechend, sofern nicht die sachliche Zuständigkeit der Gerichte (Schöffengericht/Strafkammer) geändert wird.[19]

20 Werden die Voraussetzungen des § 103 verneint, sind die Verfahren zu trennen (Abs. 3). Beschließt das Jugendgericht vor oder zugleich mit der Eröffnung des Hauptverfahrens eine **Trennung** hinsichtlich des Erwachsenen und ist diesbezüglich ein Erwachsenengericht gleicher oder niedrigerer Ordnung zuständig, so hat das Jugendgericht das Erwachsenen-Verfahren gleichzeitig an den Richter oder Spruchkörper abzugeben, der ohne die Verbindung zuständig gewesen wäre.

21 Hält das Jugendgericht, bei dem Anklage erhoben worden ist, **vor Eröffnung des Hauptverfahrens** die **Zuständigkeit einer Sonderstrafkammer** für gegeben, entscheidet es in der für Entscheidungen außerhalb der Hauptverhandlung vorgeschriebenen Besetzung durch Beschluss und legt gem. § 209 Abs. 2 StPO durch Vermittlung der Staatsanwaltschaft die Akten diesem zur Entscheidung vor, denn der Vorrang der Jugendgerichte vor den Erwachsenengerichten gem. § 209a Nr. 2a StPO wird durch § 103 Abs. 2 S. 3, 2. Hs aufgehoben. Daraus folgt notwendig, dass **die beiden besonderen Strafkammern** die **Entscheidungskompetenz** für die Verbindungen gem. § 103 haben. Deshalb sind diesen Kammern die gesamten verbundenen Verfahren vorzulegen, die ihrerseits Verfahren auch wieder abtrennen können.[20] Der Vorlegungsbeschluss ist zu begründen. Die Staatsanwaltschaft legt die Akten mit ihrer Stellungnahme dem bezeichneten Gericht vor, selbst wenn sie die Abgabe für unbegründet hält.

22 Die **besondere Strafkammer** ihrerseits lehnt die Übernahme durch unanfechtbaren Beschluss ab, wenn sie die Voraussetzungen nicht für gegeben hält. Die Beschlussbegründung muss ergeben, aus welchen tatsächlichen oder rechtlichen Überlegungen die Zuständigkeit abgelehnt wurde. Der Ablehnungsbeschluss

---

18 BGH v. 23.5.2002, 3 StR 58/02.
19 Eisenberg, § 103 Rn 14.
20 D/S/S-Schoreit, § 103 Rn 16.

bleibt bindend, solange sich die zugrunde liegenden Umstände nicht verändert haben. Haben sich diese Umstände aufgrund neuer Erkenntnisse erneut geändert, ist eine Vorlage wieder zulässig.[21] Das Verfahren wird an das **abgebende** Gericht zurückgegeben, bei dem das Strafverfahren anhängig blieb. Dieses entscheidet über die Eröffnung in eigener Zuständigkeit, wenn darüber noch nicht entschieden wurde. Hält die besondere Strafkammer sich für zuständig, eröffnet sie das Verfahren.

bb) Prüfung nach dem Eröffnungsbeschluss und vor der Hauptverhandlung. Das angerufene Jugendgericht berücksichtigt von Amts wegen stets seine **sachliche Zuständigkeit**, es sei denn, es besteht eine bindende Wirkung eines Verweisungssowie Ablehnungsbeschlusses oder ein Abgabehindernis gem. § 47a. 23

Sind die Hauptverfahren eröffnet, so entscheidet über die Verbindung der beim Schöffengericht anhängigen Strafsache mit der beim Jugendschöffengericht anhängigen Jugendstrafsache das Jugendschöffengericht in entsprechender Anwendung der §§ 4 Abs. 2 S. 1 StPO, §§ 39 Abs. 1 S 2, 40 Abs. 1. 24

Trennt das Jugendgericht die Verfahren **nach Eröffnung des Hauptverfahrens**, so kann vom Jugendgericht die abgetrennte Strafsache gegen den Erwachsenen nicht mehr an ein für allgemeine Sachen zuständiges Gericht gleicher oder niederer Ordnung abgegeben werden. Der Grund ist, dass sich das Gericht schon mit der Sache befasst hat, das Verfahren kennt und Verzögerungen vermieden werden sollen. § 47a S. 1 ist gegenüber § 103 Abs. 3 vorrangig.[22] Dies gilt auch, wenn das Verfahren unzuständigerweise vom Erwachsenengericht eröffnet und dann an das Jugendgericht abgegeben wurde.[23] Entsprechend ist zu verfahren, wenn nach Abtrennung nur das Verfahren nach dem Erwachsenenstrafrecht fortgeführt wird. 25

Nach Eröffnung des Hauptverfahrens darf das Jugendgericht seine Unzuständigkeit nur auf Einwand des **erwachsenen** Angeklagten oder von Amts wegen (eventuell nach Antrag der Staatsanwaltschaft; vgl RL § 103 Ziff. 2) beachten. Der erwachsene Angeklagte kann diesen nur bis zum Beginn seiner Vernehmung zur Sache in der Hauptverhandlung geltend machen. Der **jugendliche oder heranwachsende Angeklagte** darf den Einwand der Unzuständigkeit nur bis zur Eröffnung des Hauptverfahrens erheben (§ 6a StPO, §§ 47a iVm 103 Abs. 2 S. 2 und 3). 26

Hält das angerufene Jugendgericht **nach dem Eröffnungsbeschluss** und **vor Beginn der Hauptverhandlung** auf Einwand des **erwachsenen** Angeklagten oder von Amts wegen die sachliche Zuständigkeit der besonderen Strafkammern für begründet, so legt es die Akten durch Vermittlung der Staatsanwaltschaft dieser vor; §§ 225a, 209a Nr. 2a StPO gelten entsprechend. Das Gericht, dem die Sache vorgelegt worden ist, entscheidet durch Beschluss darüber, ob es die Sache übernimmt oder ablehnt (s. Rn 20).

Die **besondere Strafkammer** ihrerseits lehnt die Übernahme durch unanfechtbaren Beschluss ab, wenn sie die Voraussetzungen nicht für gegeben hält (s. Rn 21).

cc) Verfahren nach Beginn der Hauptverhandlung. Ist das angerufene Jugendgericht **nach Beginn einer Hauptverhandlung** der Auffassung, die sachliche Zuständigkeit einer besonderen Strafkammer sei begründet, so **verweist** es die Sache durch Beschluss an das zuständige Gericht; § 209a Nr. 2a StPO gilt entspre- 27

---

21 Meyer-Goßner, 52. Aufl., § 225a StPO Rn 21.
22 HM; Ostendorf, § 103 Rn 9 mwN; BGH v. 4.11.1981, 2 StR 242/81, BGHSt 30, 260.
23 Ostendorf, § 103 Rn 9.

chend. Ebenso ist zu verfahren, wenn das Gericht einen **rechtzeitig** geltend gemachten Einwand des erwachsenen Angeklagten nach § 6 a StPO für begründet hält. Nach Beginn der Hauptverhandlung ist durch Beschluss gem. § 270 Abs. 1 S. 2 iVm § 103 Abs. 2 S. 3, 1. Hs StPO zu verweisen. Der Beschluss hat die Wirkung eines das Hauptverfahren eröffnenden Beschlusses. Das im Beschluss genannte Gericht ist an diesen gebunden. Seine Anfechtbarkeit bestimmt sich nach § 210 StPO (Beschwerde der Staatsanwaltschaft, keine Beschwerde der Angeklagten).

28 **c) Zuständigkeitsprüfung der besonderen Strafkammern.** Ist eine **Anklage zur besonderen Kammer für Strafsachen** erhoben und hält diese die Voraussetzungen von Abs. 1 für nicht gegeben, eröffnet sie das Verfahren gegen den Jugendlichen nach erfolgter Trennung vor der Jugendkammer gem. §§ 209 Abs. 1, 209 a Abs. 2 StPO.[24] Dies gilt auch dann, wenn sich das Verfahren gegen die Erwachsenen erledigt hat.[25]

29 Die besondere Strafkammer entscheidet auf Antrag oder von Amts wegen auch immer dann über die Verbindung getrennter Verfahren, wenn zuvor keine Vorlage eines Jugendgerichtes erfolgt war (Vorrang der Entscheidungskompetenz der besonderen Strafkammern).

30 Die Strafkammer, vor der die Jugendkammer gemäß § 209 Abs. 1 iVm § 209 a Nr. 2 a StPO ein bei ihr angeklagtes Verfahren eröffnet hat, ist, wenn sie in der Hauptverhandlung zu der Erkenntnis gelangt, dass der Angeklagte entgegen der Einschätzung der Jugendkammer bei Begehung der Tat (nicht ausschließbar) noch Heranwachsender war, ungeachtet des Eröffnungsbeschlusses gehalten, die Sache gemäß § 270 Abs. 1 StPO an die zuständige Jugendkammer zu verweisen.[26] Eine **Bindungswirkung** des Abgabebeschlusses der Jugendkammer ist nicht gegeben, da das Jugendstrafverfahren vorrangig ist. Vielmehr hat auch hier der Tatrichter des Erwachsenengerichts in jeder Lage des Verfahrens zu prüfen, ob das Jugendgericht oder das Erwachsenengericht zuständig ist.[27]

31 Die Trennung und Abgabe vom Jugendgericht zum Erwachsenen-Strafgericht darf nicht im Wege der Geschäftsverteilung dadurch „unterlaufen" werden, dass in diesen Fällen das abgebende Gericht infolge einer Teilzuständigkeit (mit anderem Aktenzeichen) zuständig bleibt.[28]

32 **Die Trennung der Verfahren** kann, wenn die Voraussetzungen später entfallen sind, auch noch nach Eröffnung des Hauptverfahrens erfolgen. Dies ist zB der Fall, wenn ein Angeklagter untergetaucht ist oder für längere Zeit an der Verhandlung nicht teilnehmen kann. Ebenso kann nachträglich (wieder) eine Verbindung erfolgen. Nach Eröffnung der Anklage kann die Staatsanwaltschaft sowie die Angeklagten die Abtrennung bzw Verbindung beantragen und das Gericht diese beschließen. Hat sich das Verfahren gegen den Jugendlichen zwischenzeitlich erledigt, bleibt das verbleibende Verfahren gegen den Erwachsenen beim Jugendgericht (§ 47 a).

---

24 Eisenberg, § 103 Rn 18.
25 Ostendorf, § 103 Rn 9.
26 BGH v. 23.5.2002, 3 StR 58/ 02.
27 BGH v. 25.8.1975, 2 StR 309/75, BGHSt 26, 191, 199; BGH v. 4.11.1981, 2 StR 242/81, BGHSt 30, 260.
28 Eisenberg, § 103 Rn 18; Ostendorf, § 103 Rn 9.

V. Der Rechtsmittelzug

Die Zuständigkeit richtet sich nur danach, welches Gericht, unabhängig von seiner gesetzlichen Zuständigkeit, in der vorherigen Instanz **tatsächlich** entschieden hat.[29] Dies gilt auch, wenn nur der Erwachsene Berufung einlegt. Hat rechtsfehlerhaft ein unzuständiger Strafrichter für Erwachsenenstrafsachen (Einzelrichter oder Schöffengericht) entschieden, entscheidet die zuständige kleine Strafkammer des Landgerichts.[30] Die Rechtsmittelbeschränkungen des § 55 gelten für den Jugendlichen auch dann, wenn der Erwachsene ein zulässiges Rechtsmittel einlegt. Hat der Jugendeinzelrichter oder das Jugendschöffengericht entschieden, ist die Jugendkammer als Berufungsinstanz zuständig. 33

Das Revisionsgericht kann allerdings das den Erwachsenen betreffende Verfahren dann an eine Strafkammer für allgemeine Strafsachen zurückverweisen, wenn das Verfahren gegen den Jugendlichen oder Heranwachsenden erledigt ist.[31] Es ist aber auch nicht gehindert, das Verfahren im Falle einer Zurückverweisung an eine Jugendkammer zu geben.[32] Eine alleinige Zurückverweisung an eine Jugendkammer ist dann angezeigt, wenn in einem Revisionsverfahren über ein Urteil, das von einer besonderen Strafkammer des Landgerichts (Staatsschutzkammer oder Wirtschaftsstrafkammer) gefällt wurde, entschieden und **nur** bezüglich des oder der jugendlichen/heranwachsenden Angeklagten das Urteil aufgehoben und zurückverwiesen wurde.[33] Wie oben (Rn 30) in anderem Zusammenhang unter Hinweis auf die BGH-Rechtsprechung ausgeführt, „liegt dem Vorrang der Jugendgerichte die Vorstellung zugrunde, dass wegen der besonderen Aufgaben des Strafrechts bei der Ahndung von Taten jugendlicher oder heranwachsender Straftäter nur Gerichte zur Entscheidung berufen sein sollen, die nach Besetzung und Ausstattung den Anliegen eines jugendgemäßen Verfahrensablaufs und einer maßgeblich am Erziehungsgedanken orientierten Entscheidungsfindung gerecht werden können".[34] Die Verfahrensvorschriften haben der Durchsetzung des materiellen Rechts zu dienen und nicht umgekehrt. 34

VI. Das Rechtsmittel

1. Berufung/Revision. Den Angeklagten sowie Verfahrensbeteiligten stehen die für sie geltenden, nach der StPO und dem JGG zulässigen Rechtsmittel zu. Für Jugendliche sowie Heranwachsende, gegen die ein Urteil nach Jugendrecht ergangen ist, gelten die Rechtsmittelbeschränkungen des § 55. Eine Rechtsmittelbeschränkung enthält auch § 59 Abs. 1, wonach bei einer Entscheidung, durch die die Aussetzung der Jugendstrafe zur Bewährung angeordnet oder abgelehnt und nur diese Entscheidung angegriffen wird, nur die sofortige Beschwerde zulässig ist unter Ausschluss der Berufung oder Revision. 35

Die Entscheidung über die Verfahrensverbindung kann, wenn sie rechtsfehlerhaft ist, gem. § 338 Nr. 4 StPO als absoluter Revisionsgrund gerügt werden, da eine unrechtmäßige Annahme der Zuständigkeit vorliegt. Da § 103 Abs. 2 S. 1 GG den gesetzlichen Richter bestimmt, kann sich auch ein erwachsener Mittäter auf 36

---

29 BGHSt 22, 48.
30 BGH v. 5.10. 1962, GSSt 1/62, BGHSt 18, 79.
31 BGH v. 28.4.1988, 4 StR 33/88, BGHSt 35, 267; D/S/S-Schoreit, § 103 Rn 18; Ostendorf, § 103 Rn 14; Eisenberg, § 103 Rn 22.
32 BGH v. 27.4.11994, 3 StR 690/93, StV 1994, 415.
33 Ostendorf, § 103 Rn 14.
34 BGH v. 23.5.2002, 3 StR 58/ 02.

einen Verstoß gegen diese Vorschrift berufen, selbst wenn er bei Trennung der Verfahren von eben diesem Erwachsenengericht abgeurteilt worden wäre.[35]

37 Im Revisionsverfahren steht der Zulässigkeit der Rüge eines Nebenklägers nicht entgegen, dass der Nebenkläger im Verfahren vor der Schwurgerichtskammer keinen Einwand gegen die Zuständigkeit des Erwachsenengerichts erhoben hat. Eine dem § 6 a StPO entsprechende Vorschrift sieht das Gesetz für das Verhältnis von Erwachsenengericht und Jugendgericht nicht vor.[36]

38 **2. Beschwerde.** Die **vor der Eröffnung** des Hauptverfahrens durch Beschluss angeordnete Abtrennung kann durch einfache Beschwerde (§ 304 StPO) angefochten werden.[37]

39 Nach Eröffnung des Hauptverfahrens ist der die Verbindung oder Trennung anordnende oder ablehnende Beschluss gem. § 305 S. 1 StPO unanfechtbar. Wird jedoch durch die Trennung der Fortgang des abgetrennten Verfahrens auf längere Zeit gehemmt, ist sofortige Beschwerde zulässig, denn dann geht die Wirkung über das eigene Verfahren bis zur Urteilsfällung hinaus.[38]

Die Verletzung des rechtlichen Gehörs bei diesen Entscheidungen kann gem. § 337 StPO gerügt werden.[39]

§ 104 Verfahren gegen Jugendliche

(1) In Verfahren gegen Jugendliche vor den für allgemeine Strafsachen zuständigen Gerichten gelten die Vorschriften dieses Gesetzes über
1. Verfehlungen Jugendlicher und ihre Folgen (§§ 3 bis 32),
2. die Heranziehung und die Rechtsstellung der Jugendgerichtshilfe (§§ 38, 50 Abs. 3),
3. den Umfang der Ermittlungen im Vorverfahren (§ 43),
4. das Absehen von der Verfolgung und die Einstellung des Verfahrens durch den Richter (§§ 45, 47),
5. die Untersuchungshaft (§§ 52, 52 a, 72),
6. die Urteilsgründe (§ 54),
7. das Rechtsmittelverfahren (§§ 55, 56),
8. das Verfahren bei Aussetzung der Jugendstrafe zur Bewährung und der Verhängung der Jugendstrafe (§§ 57 bis 64),
9. die Beteiligung und die Rechtsstellung des Erziehungsberechtigten und des gesetzlichen Vertreters (§§ 67, 50 Abs. 2),
10. die notwendige Verteidigung (§ 68),
11. Mitteilungen (§ 70),
12. die Unterbringung zur Beobachtung (§ 73),
13. Kosten und Auslagen (§ 74),

---
35 BGH v. 22.1.1980, 5 StR 12/80, MDR 1980, 456; Ostendorf, § 103 Rn 15; zweifelnd D/S/S-Schoreit, § 104 Rn 19.
36 BGH v. 4.11.1981, 2 StR 242/81, BGHSt 30, 260; BGH v. 26.11.1980, 2 StR 689/80, StV 1981, 77; BGH v. 23.5.2002, 3 StR 58/ 02.
37 Eisenberg, § 103 Rn 23.
38 Ostendorf, § 103 Rn 16; Eisenberg, § 103 Rn 23.
39 Ostendorf, § 103 Rn 16.

14. den Ausschluß von Vorschriften des allgemeinen Verfahrensrechts (§§ 79 bis 81) und
15. Verfahren und Entscheidung bei Anordnung der Sicherungsverwahrung (§ 81 a).

(2) Die Anwendung weiterer Verfahrensvorschriften dieses Gesetzes steht im Ermessen des Richters.

(3) Soweit es aus Gründen der Staatssicherheit geboten ist, kann der Richter anordnen, daß die Heranziehung der Jugendgerichtshilfe und die Beteiligung des Erziehungsberechtigten und des gesetzlichen Vertreters unterbleiben.

(4) ¹Hält der Richter Erziehungsmaßregeln für erforderlich, so hat er deren Auswahl und Anordnung dem Familiengericht zu überlassen. ²§ 53 Satz 2 gilt entsprechend.

(5) ¹Entscheidungen, die nach einer Aussetzung der Jugendstrafe zur Bewährung erforderlich werden, sind dem Jugendrichter zu übertragen, in dessen Bezirk sich der Jugendliche aufhält. ²Das gleiche gilt für Entscheidungen nach einer Aussetzung der Verhängung der Jugendstrafe mit Ausnahme der Entscheidungen über die Festsetzung der Strafe und die Tilgung des Schuldspruchs (§ 30).

Richtlinie zu § 104
Als Verfahrensvorschriften, deren Anwendung nach Absatz 2 im Ermessen des Gerichts steht, kommen z.B. § 51 (zeitweilige Ausschließung von Beteiligten), § 69 (Beistand), § 71 (vorläufige Anordnung über die Erziehung) und § 72 Abs. 4 (Unterbringung in einem Heim der Jugendhilfe anstelle von Untersuchungshaft) in Betracht.

I. Gültigkeit 1	5. (Nr. 5) Die Untersuchungshaft (§§ 52, 52 a, 72) 16
II. Allgemeiner Anwendungsbereich 4	6. (Nr. 6) Die Urteilsgründe (§ 54) 19
1. Persönlicher Anwendungsbereich 4	7. (Nr 7) Das Rechtsmittelverfahren (§§ 55, 56) 21
2. Sachlicher Anwendungsbereich 6	8. (Nr. 8) Das Verfahren bei Aussetzung der Jugendstrafe zur Bewährung und die Verhängung der Jugendstrafe (§§ 57 – 64) 22
3. Unmittelbare Geltung des Jugendgerichtsgesetzes 7	
4. Unmittelbarer Ausschluss von Vorschriften des Jugendgerichtsgesetzes 10	9. (Nr. 9) Die Beteiligung und die Rechtsstellung des Erziehungsberechtigten und des gesetzlichen Vertreters (§§ 67, 50 Abs. 2) 23
III. Entsprechender Anwendungsbereich gem. § 104 Abs. 1 Nr. 1 bis 12 11	
1. (Nr. 1) Die Verfehlungen Jugendlicher und die Folgen (§§ 3 bis 32) 12	10. (Nr. 10) Notwendige Verteidigung (§ 68) 25
2. (Nr. 2) Die Heranziehung und die Rechtsstellung der Jugendgerichtshilfe (§§ 38, 50 Abs. 3) 13	11. (Nr. 11) Mitteilungen (§ 70) 26
	12. (Nr. 12) Die Unterbringung zur Beobachtung (§ 73) 29
3. (Nr. 3) Der Umfang der Ermittlungen im Vorverfahren (§ 43) 14	13. (Nr. 13) Kosten und Auslagen (§ 74) 30
4. (Nr. 4) Absehen von der Verfolgung und Einstellung des Verfahrens durch den Richter (§§ 45, 47) ... 15	14. (Nr. 14) Ausschluss von Vorschriften des allgemeinen Verfahrensrechts (§§ 79 – 81) 31

| IV. Die Anwendung weiterer Verfahrensvorschriften (Abs. 2) ... 34 | V. Rechtsmittel .... 35 |

I. Gültigkeit

1 Das Gesetz wurde zum 1.9.2009 geändert.[1]
Das Gesetz zur Änderung der Untersuchungshaft vom 29.7.2009, in Kraft getreten am 1.1.2010, ist im Rahmen des § 104 zu beachten.[2]

2 **Abs. 4 wurde dahin geändert**, dass allein die Familiengerichte – das Vormundschaftsgericht wurde abgeschafft – von den für allgemeine Strafsachen zuständigen Gerichten beauftragt werden können, über die Auswahl und Anordnung der Erziehungsmaßregeln zu entscheiden.

3 In den **neuen Bundesländern** findet § 104 Abs. 1 Nr. 1 nach Anlage I des Einigungsvertrages mit der Maßgabe Anwendung, dass anstelle des Wortes „Verfehlungen" die Worte „rechtswidrige Taten" treten.

II. Allgemeiner Anwendungsbereich

4 **1. Persönlicher Anwendungsbereich.** § 104 gilt für alle Verfahren gegen **Jugendliche** sowie für Verfahren gegen **Heranwachsende** (§ 112 S. 1), soweit diese Verfahren vor den für allgemeine Strafsachen zuständigen Gerichten verhandelt werden. Die in § 104 Abs. 1 genannten Vorschriften sind bei **Heranwachsenden** allerdings nur insoweit **eingeschränkt** anzuwenden, als sie nach dem für die Heranwachsenden geltenden Recht (§ 105 ff) nicht ausgeschlossen sind (§ 112 S. 2). Die §§ 105 ff sind zu beachten. Der neu gefasste Abs. 4 kommt für Heranwachsende nicht zur Anwendung, da die Familiengerichte für sie nicht zuständig sind. Hält das Gericht Weisungen bei Heranwachsenden für erforderlich, überlässt es die Auswahl und Anordnung dem Jugendrichter, in dessen Bezirk sich der Heranwachsende aufhält.

5 Für **Soldaten** der Bundeswehr sind während des Wehrdienstes die §§ 112 a, b und d auch vor den für allgemeine Strafsachen zuständigen Gerichten anzuwenden (§ 112 e). Danach dürfen die für allgemeine Strafsachen zuständigen Gerichte weder Erziehungsmaßregeln, also auch keine Erziehungshilfe durch den Disziplinarvorgesetzen, festsetzen noch in Fällen der Aussetzung der Jugendstrafe zur Bewährung (§§ 21 ff) oder die Aussetzung der Verhängung der Jugendstrafe (§§ 27 ff) die Nebenentscheidungen treffen. Auch in diesen Fällen ist der örtlich zuständige Jugendrichter für diese Entscheidungen zuständig.

6 **2. Sachlicher Anwendungsbereich.** Die **Vorschrift gilt** in allen Verfahren vor den für allgemeine Strafsachen zuständigen Gerichten, soweit diese für Strafverfahren gegen Jugendliche oder Heranwachsende zuständig sind, also

- in den Verfahren nach § 102 (Verfahren vor den Oberlandesgerichten (§ 120 Abs. 1 und 2 GVG)
- bei der Widerklage gegen einen jugendlichen Privatkläger gem. § 80 Abs. 2 S. 1
- in Verfahren des Verbundes gem. § 103 Abs. 2 S. 2 (Sonderzuständigkeit der Wirtschaftsstrafkammer – § 74 c GVG – und der Staatsschutzstrafkammer – § 74 a GVG – beim Landgericht) sowie
- im Rechtsmittelverfahren.

---

1 FGG-Reformgesetz vom 17.12.2008 (BGBl. I, 2586.).
2 BGBl. I, 2274.

Aus § 104 ist für die allgemeinen Strafgerichte, die auch für Jugendliche oder Heranwachsende zuständig sind, zu entnehmen, welche Vorschriften des Jugendgerichtsgesetzes
- unmittelbar (II Z. 3)
- entsprechend (Abs. 1)(III Z. 2)
- nach seinem Ermessen (Abs. 2)(Z. IV)

zur Anwendung kommen.

3. Unmittelbare Geltung des Jugendgerichtsgesetzes. Die Vorschrift des § 104 beruht auf dem **Grundsatz**, dass die Regelungen des Jugendgerichtsgesetzes in Verfahren gegen Jugendliche und Heranwachsende vor den Erwachsenengerichten im größtmöglichen Umfang zur Anwendung kommen sollen. Hieraus folgt, dass über den § 104 hinaus einige Vorschriften des Jugendgerichtsgesetzes unmittelbar anzuwenden sind. Andere kommen gem. Abs. 1 uneingeschränkt, andere in abgeänderter oder beschränkter Form zur Geltung.

Die §§ 1 und 2 gelten **unmittelbar**. Nach § 1 gilt das Jugendgerichtsgesetz, wenn ein Jugendlicher oder ein Heranwachsender eine Verfehlung begeht, die nach den allgemeinen Vorschriften mit Strafe bedroht ist. Ziel des Verfahrens nach Jugendstrafrecht (§ 2) ist es vor allem, erneuten Straftaten eines Jugendlichen oder Heranwachsenden entgegenzuwirken. Die allgemeinen Vorschriften gelten nur, soweit im Jugendgerichtsgesetz nichts anderes bestimmt ist.

Ebenso gelten unmittelbar die **Vollstreckungsvorschriften** der §§ 82 – 103 und § 112 c, da diese nur eine jugendrechtliche Sanktionierung voraussetzen.[3] Hier sind vor allem die neuen Regelungen des Gesetzes zur Änderung des Untersuchungshaftrechts vom 29.7.2010[4] zu beachten.

4. Unmittelbarer Ausschluss von Vorschriften des Jugendgerichtsgesetzes. Keine Anwendung finden:
- §§ 33 – 37 (Jugendgerichtsverfassung). Die Unanwendbarkeit des § 34 Abs. 1 schließt nicht aus, dass dem Jugendrichter die Vernehmung von Jugendlichen in Verfahren vor einem Erwachsenengericht im Wege der Rechtshilfe übertragen wird.[5]
- §§ 39 – 42 (Zuständigkeitsregelungen). Der Jugendrichter kann in Fällen der Strafgerichtsbarkeit der Erwachsenengerichte als Rechtshilferichter herangezogen werden.[6]
- §§ 76 – 78 (Vereinfachtes Verfahren).
- § 53 (Überweisung an das Familiengericht) wird durch Abs. 4 ersetzt. Auswahl und Anordnung von Erziehungsmaßregeln gegen Jugendliche hat das Erwachsenengericht dem Familiengericht zu überlassen. Ist ein Jugendarrest zu verhängen, ist der Jugendrichter zuständig.

III. Entsprechender Anwendungsbereich gem. § 104 Abs. 1 Nr. 1 bis 12

§ 104 Abs. 1 regelt die **entsprechende** Geltung der darin genannten Vorschriften im Jugendgerichtsgesetz.

1. (Nr. 1) Die Verfehlungen Jugendlicher und die Folgen (§§ 3 bis 32). Das Erwachsenengericht hat die besonderen, materiellen Straftatvoraussetzungen der

---

3 HM.
4 BGBl I, 2274.
5 Eisenberg, § 104 Rn 32.
6 HM, Ostendorf, § 104 Rn 22.

genannten Vorschriften zu beachten. Zur Anwendung kommen insbesondere die jugendstrafrechtlichen Sanktionen, wobei allerdings zu beachten ist, dass bei Jugendlichen die Auswahl und Anordnung von Erziehungsmaßregeln dem Familiengericht und bei Heranwachsenden die Auswahl von Weisungen dem örtlich zuständigen Jugendgericht zu überlassen sind (§ 112 S. 3).

Die besonderen Straftatvoraussetzungen des § 3 sind positiv zu prüfen (Verantwortlichkeit).

Abs. 4 enthält die Einschränkung, dass bei Jugendlichen die Erziehungsmaßregeln gem. § 9 dem Familiengericht überlassen werden müssen. Dieses hat dann gem. § 53 S. 2 tätig zu werden. Bei Heranwachsenden wird die Auswahl und Anordnung von Weisungen dem Jugendrichter überlassen.

13 2. (Nr. 2) Die Heranziehung und die Rechtsstellung der Jugendgerichtshilfe (§§ 38, 50 Abs. 3). Die Jugendgerichtshilfe ist im gesamten Verfahren gegen den Jugendlichen oder Heranwachsenden heranzuziehen (§ 38 Abs. 3). Dies soll so früh wie möglich geschehen. Ihr ist es zu gestatten, an der Hauptverhandlung teilzunehmen. Der neue § 72 b ist dabei zu beachten (s. Nr 5, unten Rn 17).

Eine **Ausnahme** macht **Abs. 3**. Er schränkt die Hinzuziehung der Jugendgerichtshilfe und die Beteiligung des Erziehungsberechtigten ein, „soweit es aus Gründen der Staatssicherheit geboten ist". Ein Ausschluss darf demnach nur erfolgen, **soweit** die Staatssicherheit beeinträchtigt sein kann. Die äußere und innere Sicherheit der Bundesrepublik Deutschland muss im Sinne des § 92 Abs. 3 Nr. 2 StGB (Bestrebungen gegen den Bestand, die Sicherheit und die Verfassungsgrundsätze der Bundesrepublik Deutschland) gefährdet sein. Ein gänzlicher Verzicht auf die Teilnahme ist unzulässig, da die Jugendgerichtshilfe insb. bei der Feststellung der persönlichen Verhältnisse vor allem bei schweren Straftaten unverzichtbar ist.[7] Es wird daher zunächst ein teilweiser Ausschluss zu prüfen sein. Zutreffend dürfte auch der Hinweis sein, dass gerade für ein Erwachsenengericht hinsichtlich der erforderlichen Maßnahmen Empfehlungen der professionellen Jugendhilfe hilfreich sein können.[8]

Die Nichtbeteiligung der Jugendgerichtshilfe kann ein Revisionsgrund gem. 337 StPO sein, wenn nicht ausschließbar ist, dass bei deren Teilnahme eine mildere Maßnahme getroffen worden wäre.[9]

14 3. (Nr. 3) Der Umfang der Ermittlungen im Vorverfahren (§ 43). § 43 regelt den Umfang der Ermittlungen im **Vorverfahren**, ein Begriff, der im allgemeinen Strafprozessrecht keine Entsprechung hat. Zutreffend wird hierin das staatsanwaltschaftliche Ermittlungsverfahren gesehen,[10] das mit der Einreichung der Anklage endet (vgl § 47, „Zweiter Unterabschnitt, Hauptverfahren"). Die Vorschriften der StPO, insbesondere die §§ 152, 160, 163, 163 a StPO, werden ergänzt. Nach Einleitung des Ermittlungsverfahrens sind demnach auch zwingend die besonderen Ermittlungen zum persönlichen und familiären Umfeld des Jugendlichen unter frühzeitiger Heranziehung der Jugendgerichtshilfe vorgeschrieben. Gegebenenfalls ist, soweit erforderlich, ein in Jugendstrafverfahren erfahrener Sachverständiger hinzuzuziehen.[11] Die Intensität der Ermittlungen hat sich allerdings an der Schwere des Tatverdachts zu orientieren, so dass eine Einschränkung des

---

7 Ostendorf, § 104 Rn 7; Eisenberg, § 104 Rn 7.
8 Ostendorf, § 104 Rn 7.
9 Eisenberg, § 104 Rn 7; D/S/S-Schoreit, § 104 Rn 8.
10 Ostendorf, § 43 Rn 1.
11 Eisenberg, § 104 Rn 8.

Verfolgungszwanges bei minder schweren Delikten gegeben sein kann (Grundsatz der Verhältnismäßigkeit).[12]

Bei den Ermittlungen sind auch die **datenschutzrechtlichen Bestimmungen** zu beachten.[13]

Eine Einschränkung der Ermittlungen im Vorverfahren kann auch unter den Voraussetzungen des Abs. 3 aus Gründen der „Staatssicherheit" geboten sein.

4. (Nr. 4) Absehen von der Verfolgung und Einstellung des Verfahrens durch den Richter (§§ 45, 47). Die erleichterten Einstellungsmöglichkeiten im Vor- und Hauptverfahren gem. §§ 45, 47 gelten auch vor den für allgemeine Strafsachen zuständigen Gerichten, wenn **Jugendliche oder Heranwachsende**, auf die Jugendstrafrecht anzuwenden ist, betroffen sind. 15

5. (Nr. 5) Die Untersuchungshaft (§§ 52, 52 a, 72). Das Erwachsenengericht hat bei Jugendlichen und Heranwachsenden die für das Jugendstrafverfahren geltenden Vorschriften über die **Untersuchungshaft** anzuwenden. 16

Dies gilt insb. bei der

- Berücksichtigung von Untersuchungshaft bei Jugendarrest (Anrechnung) (§ 52),
- Anrechnung von Untersuchungshaft bei Jugendstrafe (§ 52 a) und
- Untersuchungshaft (§ 72).

Die unmittelbare Anwendung des § 72 Abs. 4 iVm § 71 Abs. 2 schließt vorrangig[14] die **einstweilige Unterbringung** des Jugendlichen durch Unterbringungsbefehl in einem Heim der Jugendhilfe ein. Auf Heranwachsende ist diese Vorschrift nicht anwendbar.

Durch das neue Gesetz über die Untersuchungshaft (Rn 1) wurde der vormalige § 93 Abs. 3 aus systematischen Gründen als **neuer** § 72 b zu den das Untersuchungshaftrecht betreffenden Vorschriften „verschoben".[15] Eine inhaltliche Änderung wurde nur insofern vorgenommen, als der Bewährungshelfer nicht mehr benannt ist. Da die Vollstreckungsvorschriften unmittelbar gelten (Rn 7), muss der frühere § 93 Abs. 3 jetzt weiter Anwendung finden. Folglich ist auch den Vertretern der Jugendgerichtshilfe der Verkehr mit dem Beschuldigten in demselben Umfang wie einem Verteidiger gestattet. 17

Weiter ist zu beachten, dass die **Vollstreckung der Untersuchungshaft, neu geregelt im** § 89 c, für Jugendliche wie für Heranwachsende auch dann gilt, wenn die Untersuchungshaft von einem für allgemeine Strafsachen zuständigen Gericht angeordnet wurde. Das Recht der Jugendgerichtshilfe gem. § 72 b kann gem. Abs. 3 eingeschränkt werden (Rn 13).[16]

Das für allgemeine Strafsachen zuständige Gericht hat auch die (neuen) Vorschriften der Pflichtverteidigung zu beachten (Nr. 10). 18

6. (Nr. 6) Die Urteilsgründe (§ 54). § 54 schreibt vor: 19

„*Wird der Angeklagte schuldig gesprochen, so wird in den Urteilsgründen auch ausgeführt, welche Umstände für seine Bestrafung, für die angeordneten Maßnahmen, für die Überlassung ihrer Auswahl und Anordnung an das Familienge-*

---

12 Eisenberg, § 104 Rn 9.
13 Vgl ausf. Ostendorf, § 43 Rn 5 ff.
14 Ostendorf, § 104 Rn. 10 (gegen RL zu § 104).
15 Eisenberg, § 72 b.
16 Eisenberg, § 89 c Rn 1.

richt oder für das Absehen von Zuchtmitteln und Strafe bestimmend waren. Dabei soll namentlich die seelische, geistige und körperliche Eigenart des Angeklagten berücksichtigt werden."

Wegen der Einzelheiten wird auf § 54 verwiesen.

20 Nach § 54 Abs. 2 werden Urteilsgründe dem Jugendlichen nicht mitgeteilt, soweit Nachteile davon zu befürchten sind. Nach allgemeiner Meinung soll hiervon nur in seltenen Fällen Gebrauch gemacht werden. An den Erziehungsberechtigten und gesetzlichen Vertreter sind diese immer mitzuteilen.

21 7. (Nr 7) **Das Rechtsmittelverfahren (§§ 55, 56).** Es gelten die §§ 55 (Anfechtung von Entscheidungen) und 56 (Teilvollstreckung einer Einheitsstrafe). Es gelten somit auch hier die eingeschränkten Möglichkeiten der Rechtsmittel.

22 8. (Nr. 8) **Das Verfahren bei Aussetzung der Jugendstrafe zur Bewährung und die Verhängung der Jugendstrafe (§§ 57 – 64).** Bei der Entscheidung über die Aussetzung der Jugendstrafe zur Bewährung sowie der Verhängung der Jugendstrafe ergeben sich keine Besonderheiten.

Eine **Ausnahme** gilt gem. Abs. 5 ausdrücklich für die Entscheidungen, die nach einer Aussetzung der Jugendstrafe zur Bewährung bzw der Verhängung der Jugendstrafe erforderlich werden. Diese sind dem Jugendrichter zu übertragen, in dessen Bezirk sich der Jugendliche aufhält. Aufenthaltsort ist nicht der Wohnsitz, sondern der Ort, an dem sich der Jugendliche tatsächlich aufhält. Dies kann auch der Ort der Heimerziehung sein.[17] Diese Übertragung erlaubt entgegen § 58 Abs. 3 Satz 2 die Weiterübertragung.[18]

Das Erwachsenengericht entscheidet allerdings gem. § 30 im Nachverfahren über die Verhängung der Jugendstrafe oder Tilgung des Schuldspruchs, wenn es zuvor auf einen **Schuldspruch gem.** § 27 erkannt hat.[19]

23 9. (Nr. 9) **Die Beteiligung und die Rechtsstellung des Erziehungsberechtigten und des gesetzlichen Vertreters (§§ 67, 50 Abs. 2).** Es gelten die §§ 67 (Stellung des Erziehungsberechtigten und des gesetzlichen Vertreters) und 50 Abs. 2 (Ladung des Erziehungsberechtigten und des gesetzlichen Vertreters) sowie 51 Abs. 2 (zeitweilige Ausschließung von Beteiligten). Nach § 51 Abs. 2 kann der Vorsitzende nach seinem Ermessen unter bestimmten, eng umschriebenen Voraussetzungen Beteiligte von der Verhandlung ausschließen. Der Vorsitzende hat die Erziehungsberechtigten und gesetzlichen Vertreter des Angeklagten, sobald diese wieder anwesend sind, in geeigneter Weise von dem wesentlichen Inhalt dessen zu unterrichten, was während ihrer Abwesenheit ausgesagt oder sonst verhandelt worden ist (§ 52 Abs. 4).

24 Nach Abs. 3 kann aus Gründen der Staatssicherheit auch der Erziehungsberechtigte und der gesetzliche Vertreter ausgeschlossen werden. Im Hinblick auf Art. 6 GG ist dies nur in ganz seltenen Fällen zulässig.[20] Erfolgt ein Ausschluss, ist ein Fall der notwendigen Verteidigung gegeben (§ 68 Nr. 3).

25 10. (Nr. 10) **Notwendige Verteidigung (§ 68).** Besonderheiten sind nicht gegeben. Den Jugendlichen oder Heranwachsenden ist ein Pflichtverteidiger zu bestellen (§ 68 Ziff. 1 iVm § 140 StPO).

---

17 Ostendorf, § 58 Rn 4.
18 BGH v. 15.12.1972, 2 Ars 340/72, BGHSt 25, 85; Eisenberg, § 104 Rn 13; aM Ostendorf, § 104 Rn 13.
19 D/S/S-Schoreit, § 104 Rn 12.
20 Eisenberg, § 104 Rn 14.

11. (Nr. 11) **Mitteilungen** (§ 70). Die Vorschriften über die Mitteilungen gem. 26
§ 70 sind zu beachten. § 70 regelt die Mitteilungen bei Einleitung und Ausgang
des Verfahrens gegen einen Jugendlichen. Für Heranwachsende gilt auch vor den
Erwachsenengerichten nicht diese Vorschrift, sondern §§ 109 Abs. 1 S. 2, Abs. 3,
112 S. 1 und 2. Eine Einschränkung des Abs. 3 (Gründe der Staatssicherheit) ist
zulässig.

Gem. § 54 werden Urteilsgründe einem Jugendlichen nicht mitgeteilt, soweit da- 27
von Nachteile für die Erziehung zu befürchten sind. Diese Vorschrift ist jedoch
sehr restriktiv anzuwenden.

Weitere gesetzliche Mitteilungspflichten ergeben sich aus §§ 50 Abs. 3 S. 1 (Ju- 28
gendgerichtshilfe), 67 Abs. 2 (Erziehungsberechtigte) sowie an das Bundeszentralregister.

12. (Nr. 12) **Die Unterbringung zur Beobachtung** (§ 73). Das Gericht kann zur 29
Vorbereitung eines Gutachtens über den Entwicklungsstand des Jugendlichen
oder Heranwachsenden die Unterbringung zur Beobachtung anordnen.

13. (Nr. 13) **Kosten und Auslagen** (§ 74). Neben den Kostenvorschriften der 30
§§ 465 StPO gilt ergänzend die Vorschrift des § 74. Danach kann davon abgesehen werden, dem Angeklagten die Kosten und Auslagen aufzuerlegen. Bei Heranwachsenden gilt § 74 nur dann, wenn materielles Jugendstrafrecht angewandt
wird.

14. (Nr. 14) **Ausschluss von Vorschriften des allgemeinen Verfahrensrechts** 31
(§§ 79 – 81). Ein Strafbefehl und das beschleunigte Verfahren sind gegen Jugendliche nicht zulässig. Der Strafbefehl ist gegen Heranwachsende zulässig,
wenn Erwachsenenstrafrecht zur Anwendung kommt, das beschleunigte Verfahren stets (§ 79).

§ 80 betrifft die **Privatklage**. Gegen Jugendliche ist sie unzulässig, gegen den Her- 32
anwachsenden zulässig. Die Privatklage eines Jugendlichen, vertreten durch die
Erziehungsberechtigten, ist dagegen nach den allgemeinen Strafvorschriften zugelassen.

Die Nebenklage gegen Jugendliche ist unter den Voraussetzungen des § 80 33
Abs. 3 zugelassen. Antragsberechtigt ist danach insb.,
- wer durch ein Verbrechen gegen das Leben, die körperliche Unversehrtheit
  oder die sexuelle Selbstbestimmung oder
- nach § 239 Abs. 3, § 239 a oder § 239 b des Strafgesetzbuchs, durch welches
  das Opfer seelisch oder körperlich schwer geschädigt oder einer solchen Gefahr ausgesetzt worden ist, oder
- durch ein Verbrechen nach § 251 des Strafgesetzbuchs, auch in Verbindung
  mit § 252 oder § 255 des Strafgesetzbuchs, verletzt worden ist.

Die Vorschriften über die Entschädigung des Verletzten (§§ 403 – 406 c) werden
in Verfahren gegen Jugendliche nicht angewandt (§ 81). Gegen einen Heranwachsenden ist das sog. Adhäsionsverfahren (§ 403 ff StPO) zulässig.

IV. Die Anwendung weiterer Verfahrensvorschriften (Abs. 2)

Weitere Verfahrensvorschriften können nach dem Ermessen des für allgemeine 34
Strafsachen zuständigen Gerichts angewendet werden.

In Betracht kommen nach dem Ermessen des Gerichts folgende weitere Vorschriften:[21]

- § 44: Die Vernehmung des Beschuldigten durch die Staatsanwaltschaft oder das Gericht.
- § 46: Der Staatsanwalt soll das wesentliche Ergebnis der Ermittlungen so darstellen, dass keine Nachteile für die Erziehung des Jugendlichen eintritt (ausdrücklich RL 2 zu § 46).
- § 48: Hier ist die Nichtöffentlichkeit der Verhandlung in Verfahren gegen Jugendliche geregelt. Die Hauptverhandlung gegen Jugendliche vor dem Erwachsenengericht ist grundsätzlich öffentlich (§ 48 Abs. 3). Die Öffentlichkeit kann ausgeschlossen werden, wenn dies im Interesse der Erziehung jugendlicher Angeklagter geboten ist (Abs. 3 S. 2).[22]
- § 50 Abs. 1 und 4: § 50 regelt die Anwesenheit des Angeklagten, der Erziehungsberechtigten und gesetzlichen Vertreter, des Vertreters der Jugendgerichtshilfe sowie der Bewährungshilfe oder Betreuungshilfe in der Hauptverhandlung.[23] Zwar gilt § 50 in Verfahren gegen Heranwachsende nicht (§ 109 Abs. 1 S. 1), dennoch ist im Hinblick auf § 105 ohne eine Anwesenheit des Heranwachsenden eine Gesamtwürdigung seiner Persönlichkeit in der Regel nicht möglich.[24]
- § 51: Das Erwachsenengericht kann durch Beschluss Verfahrensbeteiligte zeitweilig von der Verhandlung ausschließen.[25] In Verfahren gegen Heranwachsende gilt diese Vorschrift nicht. Sein Ausschluss kommt nur nach den Vorschriften des allgemeinen Verfahrensrechts in Betracht (vgl. insb. § 247 StPO und § 51 RL S. 2).
- § 66: Die Vorschrift über die Ergänzung rechtskräftiger Entscheidungen bei mehrfacher Verurteilung findet auch in Verfahren Anwendung, in denen Jugendliche vor dem für allgemeine Strafsachen zuständigen Gerichten angeklagt werden.[26]
- § 69: Dem Jugendlichen kann ein Verfahrensbeistand bestellt werden, selbst wenn er durch einen Rechtsanwalt verteidigt wird.[27] Für Heranwachsende gilt diese Regelung nicht.
- § 71: Eine vorläufige Anordnung über die Erziehung bei Jugendlichen steht im Ermessen des Erwachsenengerichts.

V. Rechtsmittel

35 Ein Verstoß gegen diese Verfahrensvorschriften kann die Revision gem. § 337 StPO begründen, wenn das Urteil darauf beruht. Bei Abs. 2 kann nur ein Ermessensmissbrauch gerügt werden.

---

21 Siehe auch jeweils unter den angegebenen §§.
22 HM; Eisenberg, § 104 Rn 22.
23 HM; Eisenberg, § 50 Rn 1.
24 D/S/S-Schoreit, § 50 Rn 3.
25 HM; D/S/S-Schoreit, § 51 Rn 1; Eisenberg, § 51 Rn 1.
26 Eisenberg, § 104 Rn 25.
27 Eisenberg, § 104 Rn 26.

Dritter Teil
Heranwachsende

Erster Abschnitt Anwendung des sachlichen Strafrechts

§ 105 Anwendung des Jugendstrafrechts auf Heranwachsende

(1) Begeht ein Heranwachsender eine Verfehlung, die nach den allgemeinen Vorschriften mit Strafe bedroht ist, so wendet der Richter die für einen Jugendlichen geltenden Vorschriften der §§ 4 bis 8, 9 Nr. 1, §§ 10, 11 und 13 bis 32 entsprechend an, wenn

1. die Gesamtwürdigung der Persönlichkeit des Täters bei Berücksichtigung auch der Umweltbedingungen ergibt, daß er zur Zeit der Tat nach seiner sittlichen und geistigen Entwicklung noch einem Jugendlichen gleichstand, oder
2. es sich nach der Art, den Umständen oder den Beweggründen der Tat um eine Jugendverfehlung handelt.

(2) § 31 Abs. 2 Satz 1, Abs. 3 ist auch dann anzuwenden, wenn der Heranwachsende wegen eines Teils der Straftaten bereits rechtskräftig nach allgemeinem Strafrecht verurteilt worden ist.

(3) Das Höchstmaß der Jugendstrafe für Heranwachsende beträgt zehn Jahre.

Richtlinien zu § 105

1.Die strafrechtliche Verantwortlichkeit Heranwachsender kann nicht wegen mangelnder Reife nach § 3 ausgeschlossen sein; sie wird nur nach den allgemeinen Vorschriften beurteilt. Gröbere Entwicklungsmängel können Anlaß zu der Prüfung geben, ob die Schuldfähigkeit nach §§ 20 bzw. 21 StGB ausgeschlossen oder vermindert ist.

2.Hilfe zur Erziehung (§ 9 Nr. 2, § 12) kann gegen Heranwachsende nicht angeordnet werden. Statt dessen kommt namentlich die Weisung in Betracht, sich einem Betreuungshelfer zu unterstellen (§ 10 Abs. 1 Satz 3 Nr. 5).

Schrifttum:

Ausubel, Das Jugendalter: Fakten – Probleme – Theorie, 1979; *Heinz*, Das strafrechtliche Sanktionensystem und die Sanktionierungspraxis in Deutschland 1882 - 2006, Schaubilder mit Datenblattauszügen, Stand: Berichtsjahr 2006, Version 1/2008, http://www.uni-konstanz.de/rtf/kis/Sanktionierungspraxis-in-Deutschland-Schaubilder-Stand-2006.pdf; *Kampen/Greve*, in: Oerter/Montada (Hrsg.), Entwicklungspsychologie, 6. Aufl. 2008; *Oerter*, Moderne Entwicklungspsychologie, 1969; *Remschmidt*, Adoleszenz, Entwicklung und Entwicklungskrisen im Jugendalter ODER Psychiatrie der Adoleszenz?, 1992; *Remschmidt*, Die „Psychopathie" in der Kinder- und Jugendpsychiatrie,1978; *Robins*, Deviant children grown up. A sociological and psychiatric study of sociopathic personality, 1966; *Tanner*, Wachstum und Reifung des Menschen (1962), in: Gupta (Hrsg.), Endokrinologie der Kindheit und Adoleszenz,1986.

I. Anwendungsbereich, Zielsetzung, Rechtswirklichkeit und entwicklungswissenschaftliche Grundlagen	1	3. Anwendung der Rechtsfolgen des JGG	5
1. Persönlicher Anwendungsbereich	1	4. Sanktionswirklichkeit	6
2. Sachlicher Anwendungsbereich	2	5. Empirische Ergebnisse zur Beibehaltung der strafrechtlichen Übergangsphase von 18 - 21 Jahren	7
		6. Entwicklungswissenschaftliche Grundlagen	8

a) Adoleszenz als eigenständige Entwicklungsphase 8	a) Reifeverzögerung 23
b) Biologische Aspekte der Adoleszenz 10	b) Die Beurteilung der Reifeverzögerung 26
c) Psychologische Aspekte der Adoleszenz 13	2. Unsichere Tatsachensituation bei der Feststellung einer Reifeverzögerung 32
aa) Psychologische Verarbeitung der körperlichen Veränderungen 14	3. Feststellungen zur Jugendverfehlung gem. Abs. 1 Nr. 2 33
bb) Kognitive Entwicklungen 15	4. Die Begutachtung der Reifeverzögerung durch Sachverständige 34
cc) Emotionale und Persönlichkeits-Entwicklung 16	a) Mittel der sachverständigen Tatsachenerhebung 34
dd) Ablösung von der Familie 17	b) Untersuchung psychischer Störungen 35
ee) Entwicklungsaufgaben und Rollenprobleme 18	c) Reifebeurteilung nach dem Kohlberg-Schema und den revidierten Marburger Richtlinien 36
d) Psychosoziale Aspekte der Adoleszenz 19	d) Gesamtwürdigung der Person des Täters bei Berücksichtigung auch der Umweltbedingungen 37
e) Transkulturelle Perspektiven der Adoleszenz 20	
II. Voraussetzungen der Anwendung des JGG bei Heranwachsenden 22	
1. Empirisch fundierte Kriterien zur Feststellung der Reifeverzögerung 22	

I. Anwendungsbereich, Zielsetzung, Rechtswirklichkeit und entwicklungswissenschaftliche Grundlagen

1 **1. Persönlicher Anwendungsbereich.** Die Vorschrift erfasst alle „Verfehlungen", dh Straftaten Heranwachsender, – gleichgültig, ob vor den Jugendgerichten oder den für allgemeine Strafsachen zuständigen Gerichten verhandelt wird (§§ 105 Abs. 1, 112 S. 1, S. 2, 104 Abs. 1 Nr. 1). Bei ihnen hat generell die **Prüfung** zu erfolgen, ob die genannten Vorschriften des JGG – vor allem die jugendstrafrechtlichen Sanktionen statt denen des StGB – wegen des Vorliegens der Voraussetzungen von Abs. 1 Nr. 1 und/oder Nr. 2 anzuwenden sind.

2 **2. Sachlicher Anwendungsbereich.** Die Vorschrift führt in den Entwicklungsprozess junger Menschen hinsichtlich des Verantwortungslernens eine **Zwischenstufe** für die Heranwachsenden (18 - 21 Jahre) ein. Dies ist entwicklungspsychologisch sinnvoll, weil in dieser Phase des Übergangs vom Jugendlichen zum Erwachsenen individuelle Besonderheiten ebenso bestehen wie noch ein großes Entwicklungspotenzial. Wie die unten dargelegten entwicklungswissenschaftlichen Grundlagen zeigen, entspricht auch die Altersstufe von 18-21 Jahren in ihrer **Entwicklungsdynamik** vor allem bei einer **differenzierten Einzelfallbetrachtung** häufig noch derjenigen von Jugendlichen.

3 Die sachlichen Voraussetzungen zur Anwendung des speziellen **jugendstrafrechtlichen Sanktionensystems** auf Heranwachsende stellen so zutreffend auf die **in-**

dividuelle Beurteilung des Entwicklungsstands des betroffenen Heranwachsenden ab. Bei teleologischer Betrachtung beinhaltet Abs. 1 S. 1 mit dem „Wenn-Bedingungssatz" nur und gerade den Hinweis auf eine notwendige individuelle Betrachtung. Eine generelle Anwendungsvorgabe für das allgemeine Strafrecht bei Heranwachsenden im Sinne des Regel-Ausnahmefalles folgt daraus nicht.[1] Immer geht es nur um die **individuell richtige Entscheidung**. Diese beruht entweder auf einer individuellen Gesamtwürdigung des Entwicklungsstands des Heranwachsenden (§ 105 Abs. 1 Nr. 1) oder einer bestimmten Tat als jugendtypische Verfehlung im individuellen Kontext (§ 105 Abs. 1 Nr. 2). Mit Blick auf die weit weniger intensive Sachverhaltserforschung legt es der Grundsatz der Verhältnismäßigkeit nahe, die **Nr. 2 vor der Nr. 1** zu prüfen und im Bejahungsfall auf letztere zu verzichten.[2]

Der Grund für die **extensive Anwendung des Jugendstrafrechts** auf Heranwachsende ist in der Auslegung von Abs. 1 Nr. 1 durch die grundlegende Entscheidung des Bundesgerichtshofs zu finden.[3] Dort wird zutreffend unter Hinweis auf die individuelle, altersabhängige Entwicklungsdynamik und die Unmöglichkeit der Festlegung eindeutiger Altersgrenzen oder der Bestimmbarkeit eines typischen Entwicklungsstands eines Jugendlichen für die Gleichstellung eines Heranwachsenden mit einem Jugendlichen nach Abs. 1 Nr. 1 nur darauf abgestellt, dass in dem Täter noch **in größerem Umfang Entwicklungskräfte** wirksam sind. Das wird bei Berücksichtigung der hier im Einzelnen folgenden entwicklungswissenschaftlichen Aspekte meistens der Fall sein. Das schlägt sich in der Rechtswirklichkeit nieder (Rn 6). 4

3. Anwendung der Rechtsfolgen des JGG. Abs. 1 ordnet für den Fall der **Anwendung des JGG** in materiell-rechtlicher Hinsicht an, dass wie bei einem Jugendlichen die **Rechtsfolgen des § 5** mit der Ausnahme gelten, dass Erziehungsbeistandschaft nach § 30 SGB VIII und eine Unterbringung nach § 34 SGB VIII wegen der Volljährigkeit wegfallen, was sich schon aus § 27 SGB VIII (Hilfen zur Erziehung für Kinder und Jugendliche, also nicht Volljährige) ergibt. Im Übrigen ist natürlich bei den jugendstrafrechtlichen Reaktionen auf die besondere Entwicklungssituation des Heranwachsenden abzustellen. Bei der Jugendstrafe ist das Höchstmaß gem. **Abs. 3** auf 10 Jahre (gegenüber 5 Jahren nach § 18 Abs. 1 S. 1 bei Jugendlichen) angehoben. Geltung haben die Regeln zur Einheitsstrafe nach §§ 31, 32, wonach auch im Verhältnis von allgemeinem Strafrecht zum JGG eine **einheitliche Rechtsfolgenbestimmung** erfolgen soll (§ 32). **Abs. 2** erweitert mit dem ausdrücklichen Verweis auf § 31 Abs. 1 S. 1, Abs. 3 diese Vorgabe auf die Einbeziehung vorausgegangener Verurteilungen nach allgemeinem Strafrecht für die Schwergewichtsabwägung nach § 32 S. 1. Die Behandlung des umgekehrten Falles, dh der Einbeziehung eines vorangehenden Urteils nach JGG und eines nachfolgenden nach StGB ist streitig (s. § 31). Die **formellen Vorgaben** für das Verfahren gegen Heranwachsende finden sich in § 112. 5

4. Sanktionswirklichkeit. Heranwachsende werden in unterschiedlichem Maße in das JGG einbezogen.[4] Die Einbeziehung variiert vor allem nach Verurteilungsregion und Delikt. Eher **leichte Delikte** werden wegen der verfahrensökonomischen Vorteile des Strafbefehlsverfahrens oder aufgrund regionaler Unterschiede 6

---

1 S. auch BGH v. 6.12.1988, 1 StR 620/88, BGHSt 36, 38.
2 Ostendorf, § 105 Rn 23; Beweiserleichterung der Nr. 2 s. Eisenberg, § 105 Rn 2.
3 BGH v. 6.12.1988, 1 StR 620/88, BGHSt 36, 38.
4 Alle folgenden Angaben sind der Arbeit von Heinz entnommen und können dort detailliert mit vielen weiteren Darstellungen eingesehen werden.

nach Erwachsenenstrafrecht verurteilt, wohingegen bei **schweren Delikten** vermehrt Jugendstrafrecht angewendet wird. Gründe hierfür sind die größere Sanktionsflexibilität und die Möglichkeit, den Strafrahmen des allgemeinen Strafrechts zu unterschreiten. Logische Konsequenz der tendenziell häufigeren Anwendung des JGG bei schwereren Taten ist, dass hiernach verurteilte Heranwachsende auch häufiger als nach allgemeinem Strafrecht zu freiheitsentziehenden Strafen verurteilt werden. Auch im Vergleich zu den Jungerwachsenen (21 bis unter 25 Jahre), die eine tendenziell höhere Vorstrafenbelastung haben, ist keine geringere Anzahl von Verurteilungen zu freiheitsentziehenden Sanktionen bzw unbedingten Freiheits- und Jugendstrafen festzustellen. Im Gegenteil kommt es durch die Anwendung des JGG zu einem größeren Anteil von unbedingten Freiheitsstrafen. Insgesamt lässt sich allerdings ein deutlicher Anstieg der Einbeziehung der Heranwachsenden in das Jugendstrafrecht seit 1955 feststellen: von 22,2 % auf 62,9 % im Jahr 2007.

7 **5. Empirische Ergebnisse zur Beibehaltung der strafrechtlichen Übergangsphase von 18 - 21 Jahren.** Die 1953 in das JGG eingeführte differenzierende Lösung für den individuell zu beurteilenden Umgang mit Heranwachsenden hat sich bewährt und ist trotz erheblicher rechtspolitischer Angriffe bei empirischer Betrachtung nicht infrage zu stellen. Das zeigen insbesondere neue, bisher kaum bedachte **Ergebnisse der Neurowissenschaften.** Ging man noch vor einigen Jahren davon aus, dass die Hirnentwicklung weitgehend linear verläuft, wobei diese Linearität durch zwei kontinuierlich verlaufende Prozesse verkörpert wird, nämlich durch die Abnahme der zuviel vorhandenen grauen Zellen (sogenanntes „Pruning") von der Pubertät bis zum Erwachsenenalter hin und durch eine Zunahme der schnell leitenden myelinisierten Nervenbahnen und deren Vernetzung, so zeigen jüngste Untersuchungen, dass der Prozess der Hirnreifung wesentlich komplexer ist und keineswegs im Heranwachsendenalter zum Abschluss kommt. Vielmehr geht nicht nur der Prozess der Myelinisierung weiter, insbesondere was die Assoziationsfelder betrifft, kommt es auch zu verzweigten Netzbildungen und einer Zunahme der Synchronisierung im späteren Erwachsenenalter. Bei Jugendlichen kommt es im Gegensatz zu Erwachsenen bei Lernaufgaben zu keiner vergleichbaren Synchronisation der höheren Frequenzbereiche im Elektroenzephalogramm, die normalerweise mit Konzentrations- und Lernprozessen einhergehen. Dies ist dahingehend zu interpretieren, dass die erwachsenen-typischen Aktivitätsmuster in der Hirnrinde erst später ausreifen und im Jugendalter noch einen Zustand der Destabilisierung aufweisen. Die lange Dauer der Ausreifung des menschlichen Gehirns in Form der **neuronalen Plastizität** steht somit fest. Im Hinblick auf die Hirnentwicklung können drei bedeutsame Entwicklungszonen unterschieden werden:[5] a) die mediane Zone, die den medianen Thalamus, Hypothalamus, Septum und Hippocampus umfasst, b) die paramediane oder limbische Entwicklungszone und c) die supralimbische Region, die weitgehend dem Kortex entspricht. Die Reifungsgeschwindigkeiten dieser drei Gehirnregionen sind unterschiedlich, wobei die langsamste Ausreifung die kortikale Region betrifft. Und in dieser Region (im präfrontalen Kortex und der temporo-parietalen Hirnregion) sind die stammesgeschichtlich jüngsten Areale lokalisiert, die unter anderem die **exekutiven Funktionen** beherbergen, welche mit Planung, Vorausschau, Abwägungs- und Entscheidungsprozessen zu tun haben. Sie sind auch für die Fähigkeit verantwortlich, kurzfristige triebhafte Ziele zugunsten längerfristi-

---

5 Herpertz-Dahlmann et al.: Zeitschrift für Kinder- und Jugendpsychiatrie und Psychotherapie 2008, Editorial, 149 - 150.

ger und höherwertiger zurückzustellen. Längsschnittstudien haben gezeigt, dass die **Ausreifung dieser Strukturen** erst etwa mit 22 Jahren erfolgt, bei Männern offensichtlich später als bei Frauen. Da die Straftaten Heranwachsender vielfach durch eine mangelnde Ausreifung der exekutiven Funktionen, verbunden mit Impulsivität und einer geringen Fähigkeit zur Vorausschau gekennzeichnet sind, spricht viel für die Beibehaltung der Vorschrift. Die Altersspanne zwischen 18 und 21 Jahren bietet, gerade angesichts der noch bemerkenswerten Weiterentwicklung des Gehirns (Plastizität des Gehirns), vielfältige Möglichkeiten der Einflussnahme in der pädagogischen und therapeutischen Ausgestaltung des JGG.[6]

6. **Entwicklungswissenschaftliche Grundlagen.** a) **Adoleszenz als eigenständige Entwicklungsphase.** Das Heranwachsendenalter kann nicht isoliert beschrieben werden. Es hat entwicklungsbezogene Vorläufer in früheren und Auswirkungen in späteren Stadien des Lebenslaufes. Eine sinnvolle und erfahrungswissenschaftlich fundierte rechtliche Beurteilung bedarf Grundkenntnisse dieser Entwicklungsprozesse junger Menschen. Der dieser Alters- und Entwicklungsspanne gemäße Begriff ist derjenige der Adoleszenz. Er umfasst in etwa die Altersgruppe vom 12. bis zum 25. Lebensjahr und wird von manchen Autoren auch synonym mit „Jugend" gebraucht.[7] Die folgende Beschreibung der Entwicklungsvorgänge in der Adoleszenz stützt sich auf die Darstellung von Remschmidt (1992) „Adoleszenz". Angesichts der Vielschichtigkeit der körperlichen und psychischen Veränderungen lässt sich die Lebensphase der Adoleszenz wie folgt präzisieren und differenzieren: **Biologisch** gesehen umfasst Adoleszenz die Gesamtheit der somatischen Veränderungen, die sich am augenfälligsten in der körperlichen Entwicklung und der sexuellen Reifung zeigen. **Psychologisch** betrachtet, umfasst Adoleszenz die Gesamtheit der individuellen Vorgänge, die mit dem Erleben, der Auseinandersetzung und der Bewältigung der somatischen Wandlungen sowie den sozialen Reaktionen auf diese verbunden sind. Dabei kommen insofern psychosoziale Faktoren ins Spiel, als in der jeweiligen Gesellschaft eine mehr oder weniger präzise Vorstellung davon besteht, was noch als Kindheit und was schon als Erwachsenenstatus zu bezeichnen ist. **Soziologisch** betrachtet lässt sich Adoleszenz als ein Zwischenstadium definieren, in welchem die Jugendlichen mit der Pubertät die biologische Geschlechtsreife erreicht haben, ohne jedoch die allgemeinen Rechte und Pflichten der Erwachsenen, die mit Berufsfindung, Partnerschaft und verantwortlicher Teilhabe an den Grundprozessen der Gesellschaft verbunden sind, erfüllen zu können. In **rechtlicher Hinsicht** bedeutet Adoleszenz eine Zunahme von Teilmündigkeiten (zB volle Religionsmündigkeit mit 14 Jahren, bedingte Ehemündigkeit mit 16 Jahren, Volljährigkeit mit 18 Jahren).

Die **zeitlichen Grenzen** (Altersphase etwa vom 12./13. bis zum 25. Lebensjahr) sind bezüglich aller genannten Kriterien sowohl nach oben als auch nach unten **unscharf**. Während die untere Grenze mit dem Eintritt der Menarche bzw der ersten Ejakulation sowie durch die augenfälligen körperlichen Veränderungen noch einigermaßen präzise zu bestimmen ist, ist die obere Grenze äußerst variabel und unterliegt weitaus stärker gesellschaftlichen Einflüssen und Definitionen bzw Folgewirkungen. So hatte zB die 1975 erfolgte Herabsetzung des Volljährigkeitsalters auf 18 Jahre erhebliche Auswirkungen in verschiedenen Rechtsbereichen.[8] Angesichts der **erheblichen Variabilität** der oberen Grenze in der Adoles-

---

6 Vgl Remschmidt, Möglichkeit der Beeinflussung von jungen Gefangenen, ZJJ 2008, 336 - 341.
7 Remschmidt.
8 Vgl Stutte/Remschmidt, Die Ansichten 17- bis 18-Jähriger über die Herabsetzung des Volljährigkeitsalters, MSchrKrim 1973, 383 - 399.

zenzphase kommt man immer mehr davon ab, feste Altersmarken anzugeben. Abs. 1 hat diese Situation schon immer anerkannt und seiner Einzelfallbeurteilung zugrunde gelegt.

10 **b) Biologische Aspekte der Adoleszenz.** Bei der **körperlichen Entwicklung** sind die Gewichtszunahme und die Pubertät Ausdruck einer tiefgreifenden morphologischen Veränderung mit hohen Zuwachsraten für das Skelett, die Muskulatur, die inneren Organe und das Fettgewebe. Die Zunahme des Körpergewichtes ist jedoch eine weitaus weniger zuverlässige Variable als die der Körpergröße zur Beurteilung des Entwicklungsverlaufes. Hinsichtlich der Beurteilung von Wachstum und Wachstumsgeschwindigkeit spielt das **Knochenalter** eine große Rolle. Es ist der biologisch zuverlässigste **Maßstab für die Bestimmung des Lebensalters.** Im Hinblick auf die Anwendung des § 105 kommt es nicht selten vor, dass Straftäter ein jüngeres Alter angeben, um nach den milderen Bedingungen des Jugendstrafrechtes vom Gericht beurteilt zu werden. In manchen Fällen, zB bei Migranten ist mitunter auch das Geburtsdatum nicht feststellbar. In diesen Fällen hilft die Bestimmung des Lebensalters über die Feststellung des Knochenalters. Aufgrund der Erkenntnis, dass das Auftreten der Pubertätsmerkmale enger mit dem Knochenalter als mit dem chronologischen Alter assoziiert, kommt der **Bestimmung des Knochenalters** auch eine große klinische Bedeutung zu. Es wird in der Regel aus dem Hand-Röntgenbild bestimmt. Aber auch das Knochenalter weist eine verhältnismäßig große Streubreite auf. Sie entspricht ungefähr der Standardabweichung des chronologischen Alters (1 Jahr). Lediglich zum Zeitpunkt der Menarche, zu dem 95 % der Mädchen die Erwachsenengröße erreicht haben, ist die Standardabweichung mit 0,4 Jahren geringer.[9] Im Zusammenhang mit dem Pubertätswachstumsschub kommt es auch zu erheblichen Veränderungen der **Körperproportionen (Gestaltwandel).** Sie vollzieht sich gesetzmäßig in folgenden Schritten: Zunächst erfolgt eine Steigerung des Wachstums von Hand und Fuß, danach von Hüften, Brust und Schultern, zuletzt wird der Rumpf vom Wachstumsschub erfasst. Am geringsten ist das Kopfwachstum, da Schädelwachstum und Gehirnwachstum der übrigen Reifung vorauseilen.

11 Was die **hormonelle Regulation** betrifft, so ist das vom Hypophysenvorderlappen sezernierte Wachstumshormon (Somatotopin) von großer Bedeutung. Es stimuliert am stärksten das Skelettwachstum, was am deutlichsten an der Körpergröße sichtbar wird, ferner die Zunahme des Muskelgewebes, es beeinflusst den Kohlenhydrat- und Fettstoffwechsel und hat noch eine Reihe von anderen Funktionen. Von großer Bedeutung sind auch die Schilddrüsenhormone, die am stärksten die Knochenkernentwicklung und auch das Längenwachstum beeinflussen. Sie greifen ferner in den Stoffwechsel ein und steuern den Grundumsatz. Bei einer Unterfunktion der Schilddrüse kommt es zu einer Verzögerung der Skelettentwicklung. Von großer Bedeutung für das Verhalten sind die männlichen und weiblichen **Sexualhormone**, die ebenfalls, beginnend mit der Pubertät einen markanten Anstieg zeigen. Dies betrifft sowohl das männliche Geschlechtshormon Testosteron, das nach Einsetzen der Pubertät einen steilen Anstieg zeigt, der in etwa einem Jahr durchlaufen ist und mit der Ausbildung des sekundären Geschlechtsmerkmales einhergeht. Ebenso kommt es bei den Mädchen zu einem Anstieg der Gonadotropine und im Gefolge zu einem Anstieg der Östrogene und des Luteinisierungshormones (LH). Kriminologisch diskutiert werden vor allem Zusammenhänge zwischen **Testosteron und aggressivem Verhalten** sowie zwi-

---

9 Prader, Behandlung des Großwuchses, Monatsschrift Kinderheilkunde, 123 (1975), 291 - 296.

schen Testosteron und der Aktivierung sexuellen Verhaltens, auch bei Frauen. Die deutliche Korrelation zwischen Testosteronspiegel und aggressivem Verhalten wurde im Tierversuch mit Affen gefunden. Auch bei Menschen scheint ein gewisser Zusammenhang zu bestehen. So fanden Olweus und Mitarbeiter bei normalen männlichen Heranwachsenden einen direkten Einfluss des Testosteronspiegels im Blut auf die Bereitschaft, aggressiv auf Provokationen zu reagieren.[10] Andererseits hat dieser indirekt einen schwächeren Einfluss auf das Muster aggressiven Verhaltens. **Hohe Testosteronspiegel** führen zu Ungeduld und Irritierbarkeit und damit eher zu aggressiv-destruktivem Verhalten. Nach verschiedenen Tierstudien besteht auch daran kein Zweifel, dass Androgene mit Durchsetzungsfähigkeit, Dominanz und Aggressivität ebenso wie mit dem Geschlechtstrieb assoziiert sind. Zusammenfassend kann festgehalten werden, dass in Verbindung mit dem puberalen Anstieg der Sexualhormone sowie zahlreicher anderer Hormone bestimmte psychische Verhaltensweisen erstmalig bzw erheblich intensiviert auftreten, die jedoch nicht direkt oder ausschließlich durch die hormonellen Veränderungen hervorgerufen werden, sondern im Zusammenwirken von hormoneller Aktivatorfunktion und Umwelteinflüssen entstehen. Die endokrinen Veränderungen führen offenbar zu einer größeren Empfänglichkeit für stimulierende Einflüsse und bahnen so die entsprechenden psychischen Verhaltensweisen.

Bei **Mädchen** wird der **somatische Entwicklungsstand** durch drei Merkmale bestimmt: Eintritt der Menarche, Entwicklung der äußeren Genitalien sowie der Pubesbehaarung und die Brustentwicklung. Dabei wird von der Stadieneinteilung von Tanner ausgegangen.[11] Auch bei **Jungen** erfolgt der **pubertäre Reifungsablauf** in gesetzmäßiger Weise. Für die Beurteilung von Pubertätsbeginn und Pubertätsverlauf ist die Hodengröße von entscheidender Bedeutung, die mit Hilfe eines Orchidometers beurteilt werden kann. Darüber hinaus dienen, wie bei Mädchen die äußeren Genitalien und die Pubesbehaarung sowie die Penisgröße als Merkmale zur Festlegung des pubertären Entwicklungsstadiums, dessen Abschluss zwischen dem 16. und 17. Lebensjahr zu lokalisieren ist.[12]

c) Psychologische Aspekte der Adoleszenz. Die Entwicklungspsychologie erfasst die Adoleszenz in fünf Kategorien:

aa) Psychologische Verarbeitung der körperlichen Veränderungen. Zunächst kommt es, im Vergleich zum Kindesalter zu einer stärkeren Hinwendung zum Körper und seinen Funktionen. Gleichzeitig werden die Jugendlichen mit der Endgültigkeit ihrer körperlichen Entwicklung konfrontiert. Dies führt u.a. zu einer verstärkten Beobachtung des eigenen Körpers, zum Vergleich mit anderen und auch häufig zu Sorgen und Befürchtungen, dass die Entwicklung nicht normal verlaufe. Da sowohl die Jugendlichen als auch deren Eltern und Bezugspersonen in der Regel eine geringe Kenntnis über die Variabilität der körperlichen Entwicklung haben, kommt es oft dazu, dass wirkliche oder vermeintliche Normabweichungen überbewertet werden. Dies gilt insbesondere für die körperliche Disproportionierung und für die zeitliche Einordnung von Reifungsprozessen. Die bei den Jugendlichen nicht selten mit realen oder vermeintlichen körperlichen Normabweichungen assoziierten **Selbstwertprobleme** sind unter dem Namen Thersites-Komplex bekannt (auch Dysmorphophobie oder körperdysmorphe

---

10 Olweus et al., Circulating testosterone levels and aggression in adolescent males: a causal analysis, Psychosomatic Medicine, 50 (1988), S. 261 - 272.
11 Vgl Tanner.
12 Vgl Prader, Mschr. für Kinderheilkunde, 123 (1975), 293 ff.

Störung genannt) und sind mitunter auch von kriminogener Bedeutung.[13] Im Hinblick auf die Reifebeurteilung ergeben sich Gefährdungen sowohl aus einer tatsächlichen oder vermeintlichen Reifungsverzögerung als auch aus einer früheren Reifung, die zu einer **frühen Sexualisierung des Verhaltens** führen kann. So haben Frühreifende zB eher sexuelle Erfahrungen als Spätreifende, was nicht unbedingt als Vorteil angesehen werden kann, da häufig die notwendige emotionale Reife fehlt. Außerdem ziehen sexuell frühreife Jungen und Mädchen sexuelle Bedürfnisse ihrer Umwelt stärker auf sich und geraten eher in sexuelle Beziehungen oder werden von Erwachsenen sexuell verführt oder missbraucht.

15 bb) **Kognitive Entwicklungen.** Auch wenn die moderne Entwicklungspsychologie Entwicklung als einen kontinuierlichen Prozess betrachtet und die Unterscheidung von Entwicklungsstufen oder Entwicklungsphasen zugunsten des Konzeptes der Entwicklungsaufgaben aufgegeben hat, so sind einzelne Stadien der kognitiven Entwicklung immer noch als **Orientierungsmaßstab** geeignet (§ 3 Rn 13 f). Ungeachtet gewisser Einwände kann die **kognitive Entwicklungstheorie** als empirisch fundiert und praktisch anwendbar gelten. Die Ergebnisse von Piaget und seinen Mitarbeitern wurden, mit gewissen Abweichungen, in den Grundzügen immer wieder in verschiedenen Kulturkreisen bestätigt. Zur kognitiven Entwicklung gehört auch die Entwicklung der allgemeinen Intelligenz. Sie erreicht ab dem 20./21. Lebensjahr ihr maximales Niveau. Mit zunehmendem Lebensalter wandelt sich aber die Struktur der Intelligenz, wobei die hinzugekommene Lebenserfahrung eine wichtige Rolle spielt. Eine wesentliche Fähigkeit, die durch die Adoleszenz hinzugewonnen wird, ist die **Introspektion**. Die beschriebenen kognitiven Umstrukturierungen sind die Voraussetzung dafür, dass das eigene Denken, Fühlen und Handeln zum Gegenstand gedanklicher Betrachtungen gemacht werden kann. Hierfür ist eine subjekt/objekt-gedankliche Spaltung nötig, die einem Kind noch nicht möglich ist. Die Fähigkeit, sich selbst vom Standpunkt anderer zu betrachten, konfrontiert allerdings auch mit Insuffizienzen und Mängeln der eigenen Person, die vom Selbstbild oft erheblich differieren. Das ideale Selbst und das reale Selbst geraten in Widerstreit. Nicht zuletzt aus solchen Gründen wird für behinderte Jugendliche ihr Handicap in der Adoleszenz besonders deutlich.

16 cc) **Emotionale und Persönlichkeits-Entwicklung.** Psychosoziale Vorgänge sowie kognitive und biologische Veränderungen wirken eng zusammen. Dabei kommt es in der Adoleszenz zu einer Reihe von Veränderungen: Es besteht eine ausgeprägte Kontinuität der wesentlichen Persönlichkeitseigenschaften sowohl für den normal psychologischen als auch für den psychopathologischen Bereich.[14] Bedeutsam ist die Entwicklung typischer emotionaler Reaktionsweisen und Grundbedürfnisse (zB physiologische Bedürfnisse wie das Streben nach körperlicher und sexueller Betätigung, Sicherheitsbedürfnisse, Besitz- und Liebesbedürfnisse, Statusbedürfnisse). Von großer Bedeutung ist auch die Entwicklung von Werthaltungen und Einstellungen (moralische Entwicklung) sowie die Entwicklung eines relativ konstanten Selbstkonzeptes, das als „Theorie über sich selbst" oder „Einstellung gegenüber der eigenen Person" aufgefasst werden kann.[15] Im Hinblick auf **Werthaltungen und Einstellungen** kann man drei Komponenten unterschei-

---

13 Vgl Stutte, Körperliche Selbstwertkonflikte, MSchrKrim 1957, 71 - 86; Stutte, Praxis der Kinderpsychol., Kinderpsychiat. 23 (1974), 161 - 166.
14 Thomas/Chess, Temperament und Entwicklung: Über die Entstehung des Individuellen, 1980; Robins.
15 Neubauer, Selbstkonzept und Identität im Kindes- und Jugendalter, 1976.

den:[16] eine kognitive Komponente, die alle Prozesse umfasst, die mit Urteilen, Begründen, Meinen und Glauben gegenüber dem betreffenden Objekt zu tun haben; eine affektive Komponente, die alle mit Werthaltungen verbundenen Emotionen einschließlich ihrer vegetativen Äußerungen umfasst; und eine Handlungskomponente, die die jeweilige Verhaltensdisposition und Handlungsbereitschaft aufgrund bestimmter vorangehender Informationen einschließt. Die Entstehung von Werthaltungen wird in der Regel über Lernprozesse erklärt, wiewohl auch verschiedene Autoren auf instinktive Grundlagen hinweisen. Jedenfalls hat die Entwicklung von Werthaltungen viel zu tun mit der moralischen Entwicklung und der Gewissensbildung. Für letztere sind mind. drei Bedingungen erforderlich:[17] die Internalisierung moralischer Wertvorstellungen, die Internalisierung eines Gefühls der Verpflichtung, sich nach ihnen zu richten, und die Fähigkeit, eine Diskrepanz zwischen dem eigenen Verhalten und den eigenen Wertvorstellungen zu erkennen.

dd) Ablösung von der Familie. Zu den Entwicklungsaufgaben der Jugendlichen in unserer Gesellschaft gehört es, emotional und materiell von den Eltern zunehmend unabhängiger zu werden (eigene Wohnung, eigener Beruf, eigener Hausstand, evtl auch eigene Familie). Im Zusammenhang mit dem Ablösungsprozess wandelt sich die Beziehung zur Familie in der Adoleszenz: Die Reife der kognitiven und emotionalen Funktionen führt häufig dazu, dass die Adoleszenten von ihren neuen Fähigkeiten in Form von Kritik, Infragestellung und Alternativäußerungen im Hinblick auf Werte, Einstellungen und Verhaltensweisen regen Gebrauch machen. Dadurch entsteht ein **Gegensatz zu den Eltern,** insbesondere dann wenn ein restriktiver und intoleranter Erziehungsstil in der Familie praktiziert wird. Gleichaltrige und Gruppengleichaltrige übernehmen daher weitegehend die Stelle der Eltern im Sozialisationsprozess. Diese „Entwertung" der Eltern muss von diesen wie von den Jugendlichen selbst verarbeitet werden. Die **Verlagerung der Sozialisationsinstanz** aus der Familie auf die Gruppe Gleichaltriger hat zur Folge, dass die personale emotionale Bindung zu den Eltern reduziert und durch Beziehungen zu vielen (Gruppen) ersetzt wird, die weniger die Person als Ganzes prägen, sondern eher bestimmte Verhaltensweisen (zB Kleidung, Haartracht). Durch den für die erste Phase der Adoleszenz typischen Konformitätsdruck gewinnen sie große Bedeutung und führen oft zu heftigen Auseinandersetzungen mit der Familie. Die Ablösung vom Elternhaus bezieht sich allerdings nicht auf alle Haltungen, Einstellungen oder Verhaltensweisen. Auch kommt es nicht einmal bei der Hälfte der Jugendlichen zu derartigen Auseinandersetzungen. Trotz der Verringerung des familiären Einflusses in der Adoleszenz bleibt die Familie die wesentliche Bezugsgruppe. Am besten ist der Ablösungsprozess verstehbar, wenn man die Familie als System betrachtet. Diese Betrachtungsweise impliziert, dass die Systemänderung eines Systemteils das ganze System verändert. Der Ablösungsprozess wird ausgelöst durch die Entwicklung der Jugendlichen, die ein stärkeres Streben nach **Selbstständigkeit und Autonomie** einschließt. Diese Veränderungen rufen bei den Eltern Reaktionen wie ein stärkeres Kontrollbedürfnis, Trauer über den Rückzug der Jugendlichen, Verlustängste oder auch Gelassenheit und Verständnis hervor. Dies beeinflusst wiederum das Verhalten der Jugendlichen und umgekehrt. Der Prozess der Auseinandersetzung konsolidiert sich in der Regel gegen Ende der Adoleszenzphase, wobei verschiedene „Lösungen" möglich sind. Es kann zum Wiederaufbau einer stabilen und tragfähigen

---

16 Vgl Oerter.
17 Ausubel.

Bindung zu den Eltern kommen, es kann sich eine längere oder dauerhafte Trennung ergeben oder aber auch eine ambivalente Bindung bei einem prolongierten Ablösungsprozess.

18 ee) **Entwicklungsaufgaben und Rollenprobleme.** Auf das Konzept der Entwicklungsaufgabe, welches in der modernen Entwicklungspsychologie die früheren Phasen und Stufenlehren abgelöst hat, wurde bereits im Zusammenhang mit § 3 eingegangen. Die Entwicklungsaufgaben stehen im engen Zusammenhang mit der Rollenübernahme (§ 3 Rn 9 ff).

19 d) **Psychosoziale Aspekte der Adoleszenz.** Zu den Entwicklungsaufgaben, die in der Adoleszenz zu bewältigen sind, gehören auch **gesellschaftliche Anpassungs- und Integrationsprozesse:**[18] Gesellschaftliche Entwicklungshindernisse wie verlängerte ökonomische Abhängigkeit und unzureichende Teilhabe der Jugendlichen an den gesellschaftlichen Prozessen erschweren den Übergang zum Erwachsenenstatus. Cliquen und Bandenbildung vermitteln den Adoleszenten Identität, Zusammenhalt und Orientierung und führen nicht selten zu gemeinsam begangenen Straftaten, die ein einzelnes Gruppenmitglied alleine nie ausgeführt hätte (Gruppendelikte). Ideologien versprechen ebenfalls Orientierung, eine vereinfachte Zukunftsperspektive und Gemeinschaftsgefühle in der Gruppe, Schulabbruch und fehlende Berufsperspektive bei rund 20 % der Jugendlichen führen zur Etablierung eines negativen Selbstbildes, gekennzeichnet durch Insuffizienzgefühle, Versagensangst, Angst vor neuen Bewährungssituationen, geringem Zutrauen zu den eigenen Fähigkeiten und Ablehnung von Personen und Institutionen, die mit Leistungsanforderungen assoziiert sind. Aus dieser Haltung können sowohl Kriminalität als auch Rückzug in bestimmte Formen der jugendlichen Subkultur resultieren.

20 e) **Transkulturelle Perspektiven der Adoleszenz.** In den meisten **Herkunftsländern eingewanderter Jugendlicher** ist in den letzten Jahren eine neue Situation für diese entstanden. Sie ist dadurch gekennzeichnet, dass mit dem Wechsel größerer Bevölkerungsgruppen in andere Länder und deren Rückkehr neue Maßstäbe und Werthaltungen eingeführt werden. Gleichzeitig vollzieht sich ein rascher technologischer Fortschritt. Dieser führt dazu, dass viele Entwicklungsländer Anschluss an die Vorteile, aber auch an die Probleme der industrialisierten Staaten finden. Da in vielen Entwicklungsländern (mit großen regionalen Unterschieden) der Übergang von einer vorwiegend postfigurativen Kultur in die moderne Zivilisation überaus rasch erfolgt, werden auch die Jugendlichen dieser Länder mit Entwicklungen konfrontiert, die für die Generation ihrer Eltern noch unvorstellbar waren. Dabei werden nicht nur Fortschritte und Erkenntnisse übernommen, sondern auch Ideologien und politische Konzepte, die vielfach dem eigenen Land nicht angemessen sind. Aus dieser Entwicklung erklärt sich auch, dass viele Jugendliche zu Schrittmachern politischer Umsturzbewegungen werden, ohne deren Hintergründe restlos zu durchschauen. Die entwicklungspsychologisch erklärbare Neigung Jugendlicher zur Übernahme von Ideologien ist dabei ein nicht unerheblicher Faktor.

21 **Ausländische Jugendliche im Gastland** stehen vor einer besonderen Situation vor allem hinsichtlich ihrer oft unzureichenden schulischen Ausbildung. Während in allen Immigrationsländern die Einwanderer der ersten Generation gut angepasst sind und aufgrund ihrer Zielorientierung und der daraus resultierenden Normtreue kaum Delikte begehen, gilt dies nicht in der zweiten Generation, für die eine

---

18 Remschmidt.

weitaus ungünstigere Kriminalprognose besteht.[19] So haben Untersuchungen an Kindern der ersten Gastarbeitergeneration gezeigt, dass sie nicht häufiger an psychopathologischen Auffälligkeiten leiden[20] und auch nicht häufiger kriminell werden als deutsche Kinder. Nach den Erfahrungen in den anderen Einwanderungsländern (zB England und neuerdings auch in Deutschland) ist dies in der zweiten Generation jedoch anders. Diese Generation verfügt vielfach nicht über die Zielvorstellung ihrer Eltern, ist bezüglich ihrer Chancen in sozialer, schulischer und beruflicher Hinsicht den einheimischen Kindern unterlegen, ist vielfältigen Diskriminierungen ausgesetzt, lebt in einer Status- und Identifikationsunsicherheit im Gastland, das häufig durch den Erwerb der Staatsbürgerschaft zur „neuen Heimat" geworden ist und ist vielfach durch Resignation und Enttäuschung gekennzeichnet. Es hat sich inzwischen herausgestellt, dass viele dieser Jugendlichen zu einem ernsten Problem für unsere Gesellschaft geworden sind. Sie sind zu einem weit höheren Prozentsatz, als es ihrem Anteil an der Gesamtbevölkerung entspricht, in Jugendstrafanstalten vertreten[21] und werfen bei der Begutachtung sowohl im Hinblick auf § 3 als auch auf § 105 infolge interkultureller Identitätsprobleme und teilweise abweichendem Normverständnis besondere Probleme auf.[22] Daher ist mit allem Nachdruck zu fordern, dass ihnen bessere Möglichkeiten zur schulischen und beruflichen Ausbildung, zur geregelten Arbeit und zur Integration in unserer Gesellschaft geboten werden.

II. Voraussetzungen der Anwendung des JGG bei Heranwachsenden

1. Empirisch fundierte Kriterien zur Feststellung der Reifeverzögerung. Die Reifebeurteilung nach Abs. 1 Nr. 1 unterscheidet sich von anderen gesetzlich kodifizierten Reifebeurteilungen dadurch, dass das weitere Schicksal noch in der Entwicklung befindlicher junger Menschen, insbesondere bei schwerwiegenden Straftaten wie Mord und Totschlag, zu beurteilen ist. So erfordert die Feststellung eingehende Kenntnisse des normalen Entwicklungsverlaufes (s.o. Rn 8 ff) und eine strikte Einhaltung der **Entwicklungsperspektive**.[23]

a) Reifeverzögerung. Körperliche Reife lässt sich definieren als die Projektion bestimmter körperlicher Merkmale auf ein zeitliches Kontinuum. Es gibt hierbei erhebliche Streubreiten. Für die Mehrzahl delinquenter Jugendlicher bzw junger Volljähriger lässt sich aus körperlichen Reifemerkmalen kein Zusammenhang zu ihrem delinquenten Verhalten herstellen. Bei einer kleinen Gruppe jedoch existieren derartige Korrelationen, beispielsweise bei Selbstwertkrisen, die aus Rei-

---

19 Vgl Kreuzer, Junge Volljährige im Kriminalrecht, MSchrKrim 1978, 1 - 21.
20 Poustka, Psychiatrische Störungen bei Kindern ausländischer Arbeitnehmer, 1984; Steinhausen/Remschmidt, Migration und psychische Störungen. Ein Vergleich von Kindern griechischer "Gastarbeiter" und deutschen Kindern in West-Berlin, Z. Kinder- und Jugendpsychiat., 10 (1982), 344 - 364.
21 Vgl Remschmidt, Möglichkeiten der Beeinflussung von jungen Gefangenen – Acht Thesen, ZJJ 2008, 336 - 342.
22 Vgl Schepker/Toker/Eggers, Erfahrungen mit der forensischen Begutachtung von Jugendlichen und Heranwachsenden aus der Türkei, MSchrKrim 1995, 121 - 134; Schepker, Psychiatrische Aspekte der Begutachtung im interkulturellen Kontext, MSchrKrim 1999, 50 - 57.
23 Vgl Karle, Entwicklungspsychologische Aspekte der Begutachtung von Jugendlichen und Heranwachsenden, Praxis der Rechtspsychol. 2003, 13, 274 – 308; Schepker/Toker, Entwicklungsaspekte in der Strafrechtsbegutachtung, Z. Kinder- Jugendpsychiat. 2007, 35, 9-18; Steinberg, Adolescent Development and Juvenile Justice, Annual Rev. Clinical Psychol., 5 (2009), 459 - 485.

fungsdissoziationen resultieren und die unter der Bezeichnung Thersites-Komplex oder körperdysmorphe Störung bekannt sind.[24]

24 Die **kognitive Entwicklung in der Adoleszenz** ist eng mit der Hirnreifung verbunden und erreicht bezüglich mancher Fähigkeiten bereits im Alter von 16-18 Jahren das Kompetenzniveau Erwachsener.[25] Dies bedeutet jedoch nicht, dass auch ihre Entscheidungs- und Handlungsfähigkeit das Erwachsenenniveau erreichen. Hierfür ist nämlich ein ausgewogenes Verhältnis zwischen zwei zerebralen Systemen, dem sozioemotionalen und dem kognitiven Kontrollsystem, erforderlich.[26] Ersteres ist in den limbischen und paralimbischen Strukturen des Gehirns lokalisiert, letzteres umfasst die lateralen präfrontalen und parietalen kortikalen Regionen.[27] Im Verlauf der Pubertät bzw. der beginnenden Adoleszenz kommt es nun zu einer dramatischen Steigerung der dopaminergen Aktivität innerhalb des sozioemotionalen Systems mit einer auf Belohnung und Bestätigung ausgerichteten Zunahme riskanten Verhaltens. Diese Entwicklung geht der Ausreifung des kognitiven Kontrollsystems voraus, wodurch sich die gesteigerte Neigung zu riskantem Verhalten in der mittleren Adoleszenz erklären lässt.[28]

25 **Psychosoziale Reife** lässt sich definieren als Übereinstimmung zwischen psychischer Entwicklung und sozialen Normen.[29] Es bedarf keiner weiteren Erläuterung, dass eine derart definierte Reife eine Fülle von Lernprozessen impliziert und dass die Erlangung eines Reifegrades, der eine derartige Übereinstimmung beinhaltet, fast zwangsläufig über „Umwege" verläuft. Art und Ausmaß dieser Umwege, die uns bei vielen Jugendlichen, aber auch noch bei jungen Volljährigen als Delikte begegnen, hängen von Entwicklung und Persönlichkeit der Betreffenden ab, aber ebenso von der sozialen Umwelt, die sie umgibt.[30] Sie ergeben sich u.a., wie zuvor dargestellt, aus einer zeitlichen Lücke bezüglich der Ausreifung des sozioemotionalen Systems und des kognitiven Kontrollsystems, das die Einhaltung sozialer Normen fördert.

26 b) **Die Beurteilung der Reifeverzögerung.** Im Rahmen von **Abs. 1 Nr. 1** ist zu beurteilen, ob zum Zeitpunkt der Tat dieser Entwicklungsstand dem Entwicklungsstand eines Jugendlichen gleichzusetzen war. Da das Dilemma besteht, dass es keine objektiven psychiatrischen oder psychologischen Kriterien gibt, mit denen man feststellen könnte, ob ein Heranwachsender zum Tatzeitpunkt einem Jugendlichen gleichzustellen war, hat die Rechtsprechung diese rechtliche Voraussetzung dahingehend ausgelegt, dass sich der Heranwachsende wie der typische Jugendliche noch in einer **Entwicklungsphase zur eigenständigen Identität** befindet.[31] Auf der Grundlage der sogenannten „Marburger Richtlinien" wurden Reifekriterien definiert, auf die bei dieser Beurteilung abgehoben werden kann. Die Reifeskala stützt sich auf 10 Kriterien (s. Tabelle 105, 1), die jeweils bezogen auf vier Reifestufen eingeschätzt werden. Am wenigsten aussagefähig, weil stark

---

24 Vgl Stutte, MSchrKrim 1957, 71 - 86.
25 Steinberg, Adolescent Development and Juvenile Justice Annual Rev. Clinical Psychol., 5 (2009), 459 - 485.
26 Steinberg aaO (Fn 27).
27 Steinberg, A social neuroscience perspective on adolescent risk-taking, Dev. Rev. 28 (2008), 78 - 106.
28 Steinberg, Risk Taking in Adolescence: New Perspectives From Brain and Behavioral Science, Curr. Dir. Psychol., 16 (2007), 55 - 59.
29 Vgl Thomae, Das Problem der „sozialen Reife" von 14- bis 20-Jährigen, 1973.
30 Remschmidt, „Psychopathie.
31 BGH v. 6.12.1988, 1 StR 620/88, BGHSt 36, 39 f; Meier, in: Meier/Rössner/Schöch, § 5 Rn 22.

von Zeitströmungen abhängig, ist das Merkmal 5 (äußerer Eindruck). Kriterium 9 (Integration von Eros und Sexus) überschneidet sich weitgehend mit dem Kriterium 8 (Bindungsfähigkeit) und ist, ebenfalls epochal bedingt, einer hohen Variabilität unterworfen.

Tab. Modifizierte und operationalisierte Kriterien zur Reifebeurteilung, ausgehend von den Marburger Richtlinien (Esser et al., 1991)

1.	Realistische Lebensplanung (vs. Leben im Augenblick)
2.	Eigenständigkeit im Verhältnis zu den Eltern (vs. starkes Anlehnungsbedürfnis und Hilflosigkeit)
3.	Eigenständigkeit im Verhältnis zu Gleichaltrigen/Partnern (vs. starkes Anlehnungsbedürfnis und Hilflosigkeit)
4.	Ernsthafte Einstellung zu Arbeit und Schule (vs. spielerische Einstellung zu Arbeit und Schule)
5.	Äußerer Eindruck
6.	Realistische Alltagsbewältigung (vs. Tagträumereien, abenteuerliches Handeln, Hineinleben in selbsterhöhende Rollen)
7.	Gleichaltrige oder ältere (vs. überwiegend jüngere) Freunde
8.	Bindungsfähigkeit (vs. Labilität in den mitmenschlichen Beziehungen oder Bindungsschwäche)
9.	Integration von Eros und Sexus
10.	Konsistente, berechenbare Stimmungslage (vs. jugendliche Stimmungswechsel ohne adäquaten Anlass)

Für jedes Merkmal wurden vier Reifestufen definiert:
1 = kindlich bzw aus der Sicht der 18-Jährigen stark entwicklungsverzögert (entsprechend einem Entwicklungsstand von unter 14 Jahren)
2 = jugendlich oder mäßig entwicklungsverzögert (entsprechend einem Entwicklungsstand von 14-17 Jahren)
3 = heranwachsend oder altersgerecht (entsprechend einem Entwicklungsstand von 18-21 Jahren)
4 = erwachsen oder akzeleriert (entsprechend einem Entwicklungsstand von 21 Jahren oder älter)

Nach Auffassung der Autoren ermöglicht die Einteilung in vier Reifestadien die Identifikation von starken Entwicklungsstörungen.

Die Reifestufen der 10 genannten Merkmale werden jeweils operationalisiert, wobei die operationalisierten Kriterien sich auf vier Reifestufen erstrecken: kindlich, jugendlich, heranwachsend und erwachsen.

Die Beurteilungskriterien sind **empirisch** eingehend geprüft und **abgesichert**. In einer Nachuntersuchung konnte Esser[32] zeigen, dass die 1999 definierten und operationalisierten Reifekriterien tatsächlich reifeabhängig sind. Zu diesem Zweck wurde die ursprüngliche Normierungsstichprobe sieben Jahre später mit dem identischen Instrumentarium nachuntersucht. Dabei zeigte sich, dass alle 10

---
32 Esser, Sind die Kriterien der sittlichen Reife des § 105 JGG tatsächlich reifungsabhängig?, DVJJ-Journal 1999, 163, 37 - 40.

definierten Reifekriterien einen Alterszuwachs aufwiesen, was sowohl für die Normalpopulation als auch für die Gruppe der jugendlichen Delinquenten galt. Dieses Ergebnis zeigt, dass in beiden Gruppen, wie dies von der höchstrichterlichen Rechtsprechung gefordert wird, noch „Entwicklungskräfte wirksam sind".[33] Die untersuchten Probanden waren bei der Nachuntersuchung im Durchschnitt 25 Jahre alt. Die Brauchbarkeit der operationalisierten Marburger Kriterien als eine Orientierungshilfe wird auch durch eine Replikationsstudie von Lösel und Bliesener gestützt,[34] die eine akzeptable Zuverlässigkeit der Kriterien bei 18-Jährigen fanden, allerdings eine hohe Varianz bei jüngeren Jugendlichen feststellten. Schließlich stellt sich die Frage, inwieweit die Kriterien für die Gruppe der 18- bis 21-Jährigen (Heranwachsende nach dem JGG) auch auf Angehörige dieser Altersgruppe aus anderen Kulturkreisen angewandt werden könnte. Diesbezüglich wurden Zweifel formuliert.[35] Die Aussagekraft der operationalisierten Marburger Kriterien durch Esser/Fritz/Schmidt (1991) wurde anhand einer Delphi-Befragung von Busch und Scholz[36] infrage gestellt, insbesondere wegen der hohen Subjektivität der Items. Diese Kritik wurde von der Arbeitsgruppe um Esser[37] überzeugend widerlegt, zum einen durch den Nachweis, dass die untersuchten Gruppen (die Normierungsstichprobe und die Delinquenzstichprobe) bei einer Wiederholungsuntersuchung mehrere Jahre später eine deutliche Nachreifung zeigte, zum anderen durch die hohen Übereinstimmungsquoten von 85 bis 100 % zwischen zwei Beurteilern. Im Übrigen wies die Delphi-Befragung nur eine Rücklaufquote von 5,56 % (47 von 846 befragten Experten) bei der Erstbefragung und von 2,25 % bei der Zweitbefragung auf.

31 Nach den in der Tabelle zusammengefassten Richtlinien wird ein Heranwachsender einem Jugendlichen in seiner geistigen und sittlichen Entwicklung dann gleichzustellen sein, wenn seine Persönlichkeit insbesondere folgende, für die Erwachsenenreife charakteristischen Züge vermissen lässt: eine gewisse Lebensplanung, die Fähigkeit zum selbstständigen Urteilen und Entscheiden, die Fähigkeit zu zeitlich überschauendem Denken, die Fähigkeit, Gefühlsurteile rational zu unterbauen, ernsthafte Einstellung zur Arbeit und eine gewisse Eigenständigkeit in Beziehung zu anderen Menschen. Umgekehrt können charakteristische jugendtümliche Züge u.a. sein: ungenügende Ausformung der Persönlichkeit, Hilflosigkeit (die sich nicht selten hinter Trotz und Arroganz versteckt), naiv-vertrauensseliges Verhalten, im Augenblick leben, starke Anlehnungsbedürftigkeit, spielerische Einstellung zur Arbeit, Neigung zum Tagträumen, ein Hang zu abenteuerlichem Handeln, ein Hineinleben in selbsterhöhende Rollen, ein mangelnder Anschluss an Altersgenossen. Die Feststellung puberaler Persönlichkeitszüge und Reaktionsmöglichkeiten, wie persistierende emotionale Abhängigkeit von den Eltern oder auch ausgeprägter Elternprotest, mit einer damit verbundenen sozialen Unreife führen ebenfalls zur Annahme einer Reifeverzögerung.

32 **2. Unsichere Tatsachensituation bei der Feststellung einer Reifeverzögerung.** Falls nicht eindeutig festgestellt werden kann, ob der Angeklagte zur Tatzeit das 21. Lebensjahr bereits vollendet hatte, so muss im Zweifel davon ausge-

---

33 BGH v. 6.12.1988, 1 StR 620/88, BGHSt 36, 37.
34 Lösel/Bliesener, Zur Altersgrenze strafrechtlicher Verantwortlichkeit von Jugendlichen aus psychologischer Sicht, DVJJ-Journal 1997, 387 - 395.
35 Vgl Schütze/Schmitz (2003), in: Lempp/Schütze/Köhnken, Forens. Psychiatrie und Psychologie des Kindes- und Jugendalters 2. Aufl., 147 - 155; Toker, Begutachtung von Migranten, MSchrKrim 1999, 58 - 66.
36 Busch, Scholz, Neuere Forschung zum § 105 JGG, MSchrKrim 2003, 421 - 432.
37 Esser/Wyschkon/Schmidt, Die Bonner Delphi-Studie, MSchrKrim 2004, 458 - 459.

gangen werden, dass dies nicht der Fall war.[38] In der Regel berücksichtigt das erziehungsorientierte Jugendstrafrecht die persönliche Situation des Betroffenen stärker als das tatorientierte allgemeine Strafrecht und führt so zum weniger schädigenden Eingriff. Die gleiche Beweisregel gilt mit entsprechender Begründung nach Ausschöpfen aller Ermittlungsmöglichkeiten, ob es sich bei der Tat des Angeklagten um eine Jugendverfehlung handelt oder ob der Heranwachsende einem Jugendlichen gleichsteht. Die Anwendung des „in dubio pro reo-Prinzips" erfordert eine **Ausnahme** vom genannten Grundsatz, wenn die Folgen der Anwendung von Jugendstrafrecht für den Heranwachsenden belastender sein können, als die durch die Anwendung von allgemeinem Strafrecht. Die Entscheidung macht einen Vergleich der konkreten (hypothetischen) Rechtsfolgen im Einzelfall notwendig. Aus diesem Grund muss vor Anwendung des Jugendstrafrechts geprüft werden, ob das Jugendstrafrecht oder das allgemeine Strafrecht die weniger einschneidende Maßnahme beinhaltet. Das jeweils mildere Gesetz ist sodann anzuwenden.[39]

3. Feststellungen zur Jugendverfehlung gem. Abs. 1 Nr. 2. Idealtypische Jugendverfehlungen sind zB unfugartige Streiche, die Entwendung von Kraftfahrzeugen zum vorübergehenden eigenen Gebrauch, wenn sie aus jugendlichem Geltungsbedürfnis heraus geschehen, oder auch jugendliche Raufslust. Schwieriger zu beurteilen sind Fälle, bei denen eine Berücksichtigung der Beweggründe ausschlaggebend dafür ist, ob es sich um eine jugendtypische Verfehlung handelt. Hierbei soll beurteilt werden, ob „aus den Antriebskräften der Entwicklung entspringende Entgleisungen" vorgelegen haben. Als Beispiel hierfür gilt die Brandstiftung aus pubertätsbedingten sexuellen Motiven. Eine solche Tat muss im Einzelfall geprüft und bei Bejahung als Resultat der körperlichen und seelischen Pubertätsentwicklung angesehen werden. Generell werden auf der **Motivationsebene** als typische Beweggründe Schwierigkeiten hinsichtlich der Normorientierung, Einflüsse der Peergroup, Krisen im Zusammenhang mit der Verselbstständigung geprüft.[40] Auf der **Handlungsebene** werden Delikte wie Straftaten in der Gruppe, manche Aggressionsdelikte, Fahren ohne Führerschein und bestimmte Sexualdelikte als Jugendverfehlungen angesehen. Viele dieser Straftaten resultieren aus Imponiergehabe, Geltungsbedürfnis, Leichtsinn, Abenteuerlust, nicht selten aber auch aus Mangel an Empathie und Selbstunsicherheit.[41] Bei nur unsicherer und **zweifelhafter Feststellung** einer typischen Jugendverfehlung ist Jugendstrafrecht anzuwenden.[42] Es gelten die Grundsätze zur unsicheren Feststellung einer Reifeverzögerung auch hinsichtlich der Ausnahme entsprechend.

4. Die Begutachtung der Reifeverzögerung durch Sachverständige. a) Mittel der sachverständigen Tatsachenerhebung. Zur Ermittlung des **kognitiven Entwicklungsstandes** stehen geeignete **Testverfahren** zur Verfügung: Dabei ist zunächst zu prüfen, ob der jeweilige Proband die deutsche Sprache gut beherrscht, einen etwaigen Sprachentwicklungsrückstand aufweist oder an umschriebenen Entwicklungsstörungen leidet (zB an einer Legasthenie, einer Rechenstörung oder einer motorischen Entwicklungsstörung), die seine kognitive Entwicklung nach-

---

38 BGH v. 23.2.1954, 1 StR 723/53, St 5, 366, 367 ff; BGH v. 18.3.1996, 1 StR 113/96, NStZ-RR 1996, 250 f.
39 D/S/S-Sonnen, § 105 Rn 22; Eisenberg, § 105 Rn 36.
40 Rasch, Forensische Psychiatrie, 1999, 85.
41 Karle, Entwicklungspsychologische Aspekte der Begutachtung von Jugendlichen und Heranwachsenden, Praxis der Rechtspsychol., 13 (2003), 274 - 308.
42 Böhm, Rechtsprechung zum Jugendstrafrecht, NStZ 1983, 448, 451 mit Verweis auf BGH v. 3.5.1983, 5 StR 246/83; D/S/S-Sonnen, § 105 Rn 28.

haltig beeinträchtigt haben könnten. Zur **Intelligenzprüfung** können zahlreiche Verfahren verwendet werden;[43] für die Überprüfung von umschriebenen Entwicklungsstörungen existieren spezielle Verfahren, die bei entsprechendem Verdacht immer anzuwenden sind.[44] Ergeben sich aus der **Anamnese** Verdachtsmomente auf Hirnfunktionsstörungen (zB nach Unfällen oder Erkrankungen des Gehirns), so ist neben einer ausführlichen **neurologischen Untersuchung**, eine Untersuchung des Gehirns mithilfe bildgebender Verfahren (zB Computertomographie, Magnetresonanztomographie) angezeigt. In derartigen Fällen sollten auch neuropsychologische Testverfahren eingesetzt werden, mit deren Hilfe sich Hirnfunktionsstörungen ebenfalls objektivieren lassen.[45] Testverfahren sind jedoch zur Bestimmung des kognitiven Entwicklungsstandes nicht hinreichend. Ihre Ergebnisse müssen in eine Gesamtbeurteilung eingebettet werden, die die Vorgeschichte, den familiären Hintergrund, die Bewährung in Schule und Beruf und die außerfamiliären Bezüge berücksichtigen. Die **Untersuchung der Persönlichkeit** erfolgt mit entsprechenden Persönlichkeitstests, die mit Blick auf die rechtlichen Konsequenzen nicht geringe Probleme bereiten: Persönlichkeitsentwicklung lässt sich beschreiben als „die differenzielle Veränderung von Personen im intraindividuellen und interindividuellen Vergleich".[46] In diesem Prozess alternieren Stabilisierung und Destabilisierungen von der Kindheit bis zum Erwachsenenalter. Nachdem sich gegen Ende der Kindheitsphase (im Alter von 12-13 Jahren) eine zunehmende Stabilisierung eingestellt hat, kommt es in der Pubertät und der beginnenden Adoleszenz zu Destabilisierungen, die auch zerebrale Korrelate haben.[47] Viele Schwierigkeiten der Beurteilung ergeben sich so aufgrund einer statischen und rigiden Auffassung irgendwie gearteter Eigenschaftsbegriffe bzw Persönlichkeitsmerkmale. Eigenschaften einer Persönlichkeit gibt es nie absolut, sondern nur relativ im Hinblick auf die situativen Bedingungen. Ein Mensch kann in einer bestimmten Situation extrem geizig und in einer anderen sehr großzügig sein.[48] Persönlichkeitsmerkmale lassen sich einteilen in Temperamentsmerkmale (wie Extravertiertheit, Gewissenhaftigkeit, Ängstlichkeit), Leistungsmerkmale (wie Intelligenz, Konzentrationsfähigkeit, soziale Kompetenz) und selbst- und umweltbezogene Kognitionen (zB Selbstkonzept, Wertorientierungen). Die herkömmliche Diagnostik versucht, strukturelle Merkmale der Persönlichkeit zu objektivieren, was in gewissen Grenzen auch möglich ist. Diese strukturellen Merkmale stellen aber keinen verlässlichen Indikator für das reale Verhalten in bestimmten Situationen dar. Wenn man auch auf strukturelle Gesichtspunkte nicht verzichten kann, so gehört auch zur Begutachtung, über eine **Analyse biographischer Daten sowie aufgrund der direkten Beobachtung** (was im Rahmen eines stationären Aufenthaltes möglich ist) Aussagen darüber zu machen, wie sich ein Proband in kritischen Situationen verhält. Ein derartiges Vorgehen stützt sich auf die These einer dynamischen Auffassung von Persönlich-

---

43 Vgl Brähler/Holling/Leutner/Petermann (Hrsg.), Handbuch psychologischer und pädagogischer Tests, 2002.
44 Vgl Remschmidt, Kinderdelinquenz 2009, S. 43 ff; Warnke/Schulte-Körne, in: Herpertz-Dahlmann/Resch/Schulte-Markwort/Warnke (Hrsg.), Entwicklungspsychiatrie, 2. Aufl. 2007.
45 Vgl Gauggel/Böcker, in: Gauggel/Herrmann (Hrsg.), Handbuch der Neuro- und Biopsychologie, 2008, S. 627 - 637.
46 Kampen/Greve in: Oerter/Montada (Hrsg.), S. 652.
47 Vgl Steinberg, Annu. Rev. Clin. Psychol., 5 (2009), 459 - 485.
48 Vgl Krampen/Greve in: Oerter/Montada (Hrsg.), S. 653.

keit,[49] deren Entstehungsbedingungen bis in die frühe Kindheit zurückverfolgt werden können. Dabei ist man natürlich auf die Angaben der **Eltern oder anderer langjähriger Erziehungspersonen** angewiesen. Ihre Einbeziehung ist bei jungen Volljährigen mit deren Einverständnis meist möglich und sollte auch genutzt werden. Trotz dieser kritischen Anmerkungen kommt man ohne die Anwendung von Persönlichkeitstests nicht aus. Die am häufigsten angewandten sind das Freiburger Persönlichkeitsinventar, das Minnesota Multiphasic Personality Inventory (MMPI), das Persönlichkeits-Stil- und Störungsinventar (PSSI) und der 16-Persönlichkeits-Faktoren-Test.

b) Untersuchung psychischer Störungen. Die Untersuchungen stützen sich auf eine sorgfältige Anamneseerhebung mit dem Probanden und (nach Möglichkeit) auch mit seinen Eltern, auf eine eingehende psychiatrische Exploration und ggf auf die Anwendung von Zusatzuntersuchungen in Form von Checklisten, Skalen oder Interviews. Am Ende dieses Untersuchungsganges steht jeweils eine **multiaxiale Diagnose**, bei deren Anwendung Symptomatik und psychosoziale Besonderheiten des Probanden auf sechs Achsen dargestellt werden.[50] Die erste Achse erstreckt sich auf die psychiatrische Symptomatik, die zweite auf Entwicklungsstörungen, die dritte auf die Intelligenz; auf der vierten Achse werden körperliche Auffälligkeiten kodiert, auf der fünften Achse abnorme psychosoziale Umstände und auf der sechsten Achse das psychosoziale Anpassungsniveau. Die multiaxiale Diagnostik hat den Vorteil, dass nicht nur eine psychiatrische Diagnose gestellt wird, sondern dass die Auffälligkeiten und Lebensbedingungen des Probanden umfassend und unter verschiedenen Perspektiven auf den besagten sechs Achsen abgebildet werden. Dies führt nicht nur zu einem besseren Verständnis seiner Verhaltensweisen, sondern gibt zugleich auch Anhaltspunkte für **mögliche Interventionen**. Psychische Störungen sind keineswegs zwangsläufig, aber dennoch oft mit einer Reifungsverzögerung verbunden. Im Hinblick auf diese Störungen ist einerseits das Konkurrenzverhältnis zwischen § 3 und § 105 (§ 3 Rn 30 ff) zu beachten, andererseits bei manifesten psychischen Störungen zum Tatzeitpunkt die Bestimmungen der §§ 20 und 21 StGB.

c) Reifebeurteilung nach dem Kohlberg-Schema und den revidierten Marburger Richtlinien. Auf das Kohlberg-Schema zur Abschätzung der moralischen Entwicklung wurde schon eingegangen (§ 3 Rn 13). Auch im Hinblick auf Fragestellungen gemäß § 105 kann das Kohlberg-Schema eine Hilfe sein, jedoch kann es nicht den Schwerpunkt der Untersuchungen darstellen. Denn es ermöglicht nur eine grobe Orientierung und es lässt sich allenfalls feststellen, ob ein Heranwachsender sich hinsichtlich seiner moralischen Entwicklung im präkonventionellen oder konventionellen Stadium bewegt. Diese Einschätzung muss in Relation zu seinem **kognitiven Entwicklungsstand** und seiner Persönlichkeit gesetzt werden. Liegen psychopathologische Auffälligkeiten vor, so sind auch diese zu berücksichtigen. Die bekannten Schwierigkeiten der Reifebestimmung, gerade bei Heranwachsenden, haben zur Entwicklung der sogenannten „Marburger Richtlinien" geführt, die, insbesondere in der revidierten und operationalisierten Form, trotz der älteren und neueren Kritik, die sie erfahren haben, als wertvolle Hilfestellung angesehen werden können (s. im Einzelnen Rn 26 f).

---

49 Dynamischer Interaktionismus, vgl Rotter, The development and applications of social learning theory, 1982.
50 Remschmidt/Schmidt/Poustka (Hrsg.), Multiaxiales Klassifikationsschema für psychische Störungen des Kindes- und Jugendalters nach ICD-10 der WHO, 5. Aufl. 2006.

37 d) **Gesamtwürdigung der Person des Täters bei Berücksichtigung auch der Umweltbedingungen.** Die in Abs. 1 Nr. 1 geforderte Gesamtwürdigung der Persönlichkeit ist eine komplexe Integrationsleistung, deren Grundlage alle verfügbaren Informationen über den jeweiligen Täter sind. Ein besonderes Problem ist dabei die **Gewichtung** der verschiedenen Informationen. Da das Entwicklungsprofil des einzelnen Heranwachsenden in aller Regel nicht homogen bezüglich seiner somatischen, kognitiven und emotionalen Entwicklung ist, muss entschieden werden, ob Art und Anzahl der als Maßstab verwendeten Kriterien im Lichte seines als Gesamtheit zu begreifenden Entwicklungsstandes eher dem Prototyp eines Erwachsenen oder dem eines Jugendlichen entspricht. Aber auch diese Prototypen sind keineswegs fest umrissen. Jedenfalls ist es nicht zulässig, aus einem oder einigen wenigen Merkmalen (zB Intelligenzquotient, Drogenkonsum, frühes Verlassen des Elternhauses, frühe Eheschließung oder Wehrpflichtstatus) auf das jeweilige Entwicklungsniveau eines Jugendlichen oder eines Erwachsenen zu schließen. Es kommt jeweils auf den Kontext und die Bedeutung der jeweiligen Merkmale innerhalb dieses Kontextes an. So bedeutet zB das frühe Verlassen des Elternhauses im Zusammenhang mit einer geregelten schulischen oder beruflichen Ausbildung etwas ganz anderes als der Auszug aus Protest und der Anschluss an eine Drogenclique. Auf derartige Sachverhalte, auch im kulturellen Kontext, haben verschiedene Autoren hingewiesen.[51]

§ 106 Milderung des allgemeinen Strafrechts für Heranwachsende; Sicherungsverwahrung

(1) Ist wegen der Straftat eines Heranwachsenden das allgemeine Strafrecht anzuwenden, so kann das Gericht an Stelle von lebenslanger Freiheitsstrafe auf eine Freiheitsstrafe von zehn bis zu fünfzehn Jahren erkennen.

(2) Das Gericht kann anordnen, daß der Verlust der Fähigkeit, öffentliche Ämter zu bekleiden und Rechte aus öffentlichen Wahlen zu erlangen (§ 45 Abs. 1 des Strafgesetzbuches), nicht eintritt.

(3) ¹Sicherungsverwahrung darf neben der Strafe nicht angeordnet werden. ²Unter den übrigen Voraussetzungen des § 66 des Strafgesetzbuches kann das Gericht die Anordnung der Sicherungsverwahrung vorbehalten, wenn
1. der Heranwachsende wegen einer Straftat der in § 66 Abs. 3 Satz 1 des Strafgesetzbuches bezeichneten Art, durch welche das Opfer seelisch oder körperlich schwer geschädigt oder einer solchen Gefahr ausgesetzt worden ist, zu einer Freiheitsstrafe von mindestens fünf Jahren verurteilt wird,
2. es sich auch bei den nach den allgemeinen Vorschriften maßgeblichen früheren Taten um solche der in Nummer 1 bezeichneten Art handelt und
3. die Gesamtwürdigung des Täters und seiner Taten ergibt, dass er infolge eines Hanges zu solchen Straftaten für die Allgemeinheit gefährlich ist.

³§ 66 a Absatz 3 des Strafgesetzbuches gilt entsprechend.

(4) ¹Wird neben der Strafe die Anordnung der Sicherungsverwahrung vorbehalten und hat der Verurteilte das siebenundzwanzigste Lebensjahr noch nicht vollendet, so ordnet das Gericht an, dass bereits die Strafe in einer sozialtherapeutischen Anstalt zu vollziehen ist, es sei denn, dass die Resozialisierung des Täters

---

51 Vgl Lempp, Gerichtliche Kinder- und Jugendpsychiatrie, 1993, S. 223; Karle, Praxis der Rechtspsychol., 3 (2003), 274, 288; Ostendorf, § 105 Rn 9 - 13.

dadurch nicht besser gefördert werden kann. ²Diese Anordnung kann auch nachträglich erfolgen. ³Solange der Vollzug in einer sozialtherapeutischen Anstalt noch nicht angeordnet oder der Gefangene noch nicht in eine sozialtherapeutische Anstalt verlegt worden ist, ist darüber jeweils nach sechs Monaten neu zu entscheiden. ⁴Für die nachträgliche Anordnung nach Satz 2 ist die Strafvollstreckungskammer zuständig.

(5) ¹Werden nach einer Verurteilung wegen einer Straftat der in Absatz 3 Satz 2 Nr. 1 bezeichneten Art zu einer Freiheitsstrafe von mindestens fünf Jahren vor Ende des Vollzugs dieser Freiheitsstrafe Tatsachen erkennbar, die auf eine erhebliche Gefährlichkeit des Verurteilten für die Allgemeinheit hinweisen, so kann das Gericht die Unterbringung in der Sicherungsverwahrung nachträglich anordnen, wenn die Gesamtwürdigung des Verurteilten, seiner Taten und ergänzend seiner Entwicklung während des Strafvollzugs ergibt, dass er mit hoher Wahrscheinlichkeit erneut Straftaten der in Absatz 3 Satz 2 Nr. 1 bezeichneten Art begehen wird. ²War keine der Straftaten dieser Art, die der Verurteilung zugrunde lagen, nach dem 1. April 2004 begangen worden und konnte die Sicherungsverwahrung deshalb nicht nach Absatz 3 Satz 2 vorbehalten werden, so berücksichtigt das Gericht als Tatsachen im Sinne des Satzes 1 auch solche, die im Zeitpunkt der Verurteilung bereits erkennbar waren.

(6) Ist die wegen einer Tat der in Absatz 3 Satz 2 Nr. 1 bezeichneten Art angeordnete Unterbringung in einem psychiatrischen Krankenhaus nach § 67 d Abs. 6 des Strafgesetzbuches für erledigt erklärt worden, weil der die Schuldfähigkeit ausschließende oder vermindernde Zustand, auf dem die Unterbringung beruhte, im Zeitpunkt der Erledigungsentscheidung nicht bestanden hat, so kann das Gericht die Unterbringung in der Sicherungsverwahrung nachträglich anordnen, wenn

1. die Unterbringung des Betroffenen nach § 63 des Strafgesetzbuches wegen mehrerer solcher Taten angeordnet wurde oder wenn der Betroffene wegen einer oder mehrerer solcher Taten, die er vor der zur Unterbringung nach § 63 des Strafgesetzbuches führenden Tat begangen hat, schon einmal zu einer Freiheitsstrafe von mindestens drei Jahren verurteilt oder in einem psychiatrischen Krankenhaus untergebracht worden war und
2. die Gesamtwürdigung des Betroffenen, seiner Taten und ergänzend seiner Entwicklung bis zum Zeitpunkt der Entscheidung ergibt, dass er mit hoher Wahrscheinlichkeit erneut Straftaten der in Absatz 3 Satz 2 Nr. 1 bezeichneten Art begehen wird.

I. Anwendungsbereich	1	rung bis längstens 31.5.2013 (s. Rn 2)	8
II. Vermeidung lebenslanger Freiheitsstrafen	3	3. Vollzugsmodalitäten der vorbehaltenen Sicherungsanordnung	12
1. Voraussetzungen	3		
2. Verhältnis zu anderen Milderungsgründen	5	4. Zulässigkeit der nachträglichen Sicherungsverwahrung bis längstens 31.5.2013 (s. Rn 2)	13
III. Nebenfolgen	6		
IV. Sicherungsverwahrung gegen Heranwachsende längstens anwendbar bis 31.5.2013 (s. Rn 2)	7	5. Maßregelerledigung nach Abs. 6 – Anordnungsmöglichkeit bis längstens 31.5.2013 (s. Rn 2)	16
1. Verbot der primären Sicherungsverwahrung	7	V. Verfahren	17
2. Zulässigkeit der vorbehaltenen Sicherungsverwah-			

I. Anwendungsbereich

1 Die Vorschrift gilt für Heranwachsende vor Jugendgerichten ebenso wie vor den für allgemeine Strafsachen zuständigen Gerichten (Abs. 1 iVm § 1 Abs. 1). Abs. 1 mildert für die **Übergangsphase** zwischen 18 und 21 Jahren die große **Kluft** zwischen dem Jugendstrafrecht mit der Höchststrafe von zehn Jahren und dem allgemeinen Strafrecht mit der lebenslangen Freiheitsstrafe in einschlägigen Fällen. Es soll altersangemessen reagiert werden, auch wenn die Voraussetzungen des § 105 nicht gegeben sind. Zielgruppe dieser Milderung sind Täter, bei denen die **Entwicklung** wenig auffällig, aber dennoch noch **nicht ganz abgeschlossen** ist.[1]

2 Durch die 2004 eingeführte Möglichkeit des Vorbehalts für die bzw durch Anordnung der nachträglichen Sicherungsverwahrung (Abs. 3 - 6) bei einzelnen besonders **gefährlichen frühkriminellen Hangtätern** sollte der Schutz der Allgemeinheit vor absehbaren schwersten Straftaten auch bei heranwachsenden Tätern gewährleistet werden (zum Hintergrund der Regelung s. § 7 Rn 15 ff.). Das BVerfG hat die Regelung der Voraussetzungen für die vorbehaltene Sicherungsverwahrung in Abs. 3 S. 2 und 3 sowie die der nachträglichen Sicherungsverwahrung in Abs. 5 und 6 durch das Urteil vom 4.5.2011 als **verfassungswidrig** festgestellt.[2] Mit einer Anordnung nach § 35 BVerfGG wurde zur Erhaltung der Funktionsfähigkeit des noch geltenden Gesamtsystems strafrechtlicher Kontrolle und des Schutzes elementarer Verfassungsgüter eine Übergangsregelung geschaffen, die die Geltung der genannten Vorschriften zur Sicherungsverwahrung noch bis längstens zum 31.5.2013 in Kraft lässt. Der Gesetzgeber muss in diesem Zeitraum ein neues Gesamtkonzept der rein präventiven Intervention gegen hochgefährliche Straftäter vorlegen (im Einzelnen s. § 7 Rn 15 ff). Bis dahin ist aber bei der Auslegung der Voraussetzungen einer vorbehaltenen oder nachträglichen Sicherungsverwahrung nach Abs. 3 S. 2 und 3 bzw. Abs. 5 und 6 das **Verhältnismäßigkeitsprinzip** bei der Anordnung zu betonen. Nur eine hohe Gefahr neuer schwerer Straftaten erlaubt die vom BVerfG als absolut letztes Mittel betrachtete Maßregel. Eingriffe in die Freiheitsrechte dürfen nur soweit reichen, wie sie unerlässlich sind, um die Ordnung des betroffenen Lebensbereichs aufrechtzuerhalten.

II. Vermeidung lebenslanger Freiheitsstrafen

3 **1. Voraussetzungen.** Abs. 1 will selbst bei Heranwachsenden, welche die entwicklungsabhängigen individuellen Voraussetzungen des § 105 Abs. 1 Nr. 1 und 2 nicht erfüllen unter Berücksichtigung ihres jungen Lebensalters die härteste Konsequenz des allgemeinen Strafrechts mit der lebenslangen Freiheitsstrafe möglichst vermeiden und durch eine zeitige Freiheitsstrafe zwischen 10 und 15 Jahren ersetzen. Die Ersetzung der lebenslangen Freiheitsstrafe steht nach Abs. 1 zwar im Ermessen des Gerichts, aber mit Blick auf den Normzweck (Rn 1) und die kaum einmal auszuschließenden Entwicklungsmöglichkeiten von Heranwachsenden ist die Ermessensentscheidung durch diesen Aspekt relativ stark **gebunden**. Wie dargelegt (§ 105 Rn 7 ff) sind bei den Heranwachsenden fast immer zumindest schwache Entwicklungskräfte vorhanden. Unter diesem Aspekt ist das **Absehen von der Umwandlung** nach Abs. 1 eher der **Ausnahmefall**, der entspre-

---

1 Vgl BGH v. 5.7.1988, 1 StR 219/88, NStZ 1988, 498; D/S/S-Sonnen, § 106 Rn 1.
2 BVerfG v. 4.5.2011, BvR 2365/09, NJW 2011, 1931 ff.

chend zwingend begründet werden muss.³ Eine Ausnahme liegt nahe, wenn beim Täter eine ausgeprägte und gefestigte dissoziale Persönlichkeitsstruktur festzustellen ist und positive Entwicklungen im Strafvollzug nicht abzusehen sind. Gegenüber diesen entwicklungsorientierten Gesichtspunkten kommt dem weiteren Aspekt der Sühne bei der Entscheidung weniger Gewicht zu.

Im Rahmen des Ermessens hat eine sorgfältige **Prüfung der Entwicklungsfähigkeit** und Wiedereingliederungsmöglichkeit zu erfolgen, selbst wenn beim Täter stabile und ausgereifte dissoziale Persönlichkeitsstrukturen festgestellt wurden.⁴ Auf der anderen Seite sind auch die Strafzwecke des StGB zu berücksichtigen, so dass bei der Abwägung auch auf die konkreten Tatumstände und den damit zusammenhängenden **Sühneaspekt der Strafe** einzugehen ist. Nicht zu berücksichtigen sind vollstreckungsrechtliche Milderungsmöglichkeiten wie die Aussetzung der lebenslangen Freiheitsstrafe nach § 57 a StGB. Von Abs. 1 sollte auch deshalb regelmäßig Gebrauch gemacht werden, weil die lebenslange Freiheitsstrafe nicht mit Sicherungszwecken zu begründen ist. Beim heranwachsenden Täter steht die Chance der Wiedereingliederung im Vordergrund. Eine nach 10 bis 15 Jahren Freiheitsstrafe eventuell noch bestehende erhebliche Gefährlichkeit des Verurteilten ist jetzt in den wenigen extremen Ausnahmefällen im Rahmen der nachträglichen Sicherungsverwahrung nach Abs. 5 ohne Beeinträchtigung legitimer Sicherheitsinteressen der Gemeinschaft zu regeln. 4

2. Verhältnis zu anderen Milderungsgründen. Abs. 1 ist kein besonderer gesetzlicher Milderungsgrund iSd § 49 StGB, sondern beschränkt sich auf den Fall der Vermeidung einer lebenslangen Freiheitsstrafe bei Heranwachsenden. Wenn eine solche schon durch andere Milderungsmöglichkeiten des materiellen Rechts gegeben ist (Versuch, Beihilfe u.a.), kann Abs. 1 **nicht zusätzlich** angewendet werden. Es handelt sich wegen des spezifischen Normgehalts von Abs. 1 nicht um den Fall des § 49 Abs. 1 StGB, der beim Zusammentreffen mehrerer gesetzlicher Milderungsmöglichkeiten die mehrfache Milderung zulässt. Abs. 1 betrifft nur den Spezialfall der Vermeidung einer lebenslangen Freiheitsstrafe, wie schon durch die unterschiedlichen Strafrahmenvorgaben in Abs. 1 und § 49 Abs. 1 Nr. 1 klargestellt wird.⁵ Freilich beeinflusst der Strafzumessungsgesichtspunkt des Abs. 1, die Entwicklung bei Heranwachsenden zu berücksichtigen, auch die Strafzumessung. 5

III. Nebenfolgen

Abs. 2 erlaubt bei Heranwachsenden den **Verzicht** auf den zwingenden vorübergehenden Verlust von Amtsfähigkeit, Wählbarkeit und Stimmrecht nach einer Verurteilung wegen eines Verbrechens zu mindestens einem Jahr Freiheitsstrafe (§ 45 StGB). Die richterliche Anordnung ist sinnvoll, wenn die Möglichkeit zur Übernahme von Verantwortung für die Gemeinschaft die Resozialisierung fördern kann. 6

---

3 So in der Sache BGH v. 5.8.1988, 1 StR 219/88, StV 1989, 306 f und BGH v. 13.8.2008, 2 StR 240/08, BGHSt 52, 316 ff; s. auch D/S/S-Sonnen, § 106 Rn 3; Ostendorf, § 106 Rn 4.
4 BGH v. 13.8.2008, 2 StR 240/08, ZJJ 2008, 379.
5 BGH v. 1.9.2004, 2 StR 268/04, NStZ 2005, 166 f; aA Brunner/Dölling, § 106 Rn 8; Eisenberg, § 106 Rn 3; Ostendorf, § 106 Rn 3.

IV. Sicherungsverwahrung gegen Heranwachsende längstens anwendbar bis 31.5.2013 (s. Rn 2)

7   1. **Verbot der primären Sicherungsverwahrung.** Nach **Abs. 3 S. 1** darf bei Anwendung von Erwachsenenstrafrecht im erkennenden Urteil wie im Jugendstrafrecht keine primäre Sicherungsverwahrung angeordnet werden.[6] Liegt dem Urteil aber auch eine Straftat zugrunde, die der Verurteilte als **Erwachsener** begangen hat, so schließt Abs. 3 S. 1 die Anwendung der primären Sicherungsverwahrung nach § 66 StGB nicht aus[7]

8   2. **Zulässigkeit der vorbehaltenen Sicherungsverwahrung bis längstens 31.5.2013 (s. Rn 2).** Abs. 3 S. 2 erlaubt unter **engeren Voraussetzungen** als bei Erwachsenen nach § 66 a StGB im erkennenden Urteil den Ausspruch eines Vorbehalts der Anordnung einer Sicherungsverwahrung spätestens sechs Monate vor einer möglichen Entlassung aus dem Strafvollzug.

9   Die Prüfung hat **fünf Stufen** zu durchlaufen: **a)** Es muss eine Anlasstat vorliegen, welche unter die §§ 174 bis 174 c, 176, 179 Abs. 1 - 4, 180, 182, 224, 225 Abs. 1, 2 oder § 323 a StGB (Verweis auf § 66 Abs. 3 S. 1 StGB) fällt, durch die **b)** das Opfer seelisch oder körperlich schwer geschädigt oder der Gefahr einer solchen Schädigung ausgesetzt worden ist, und diese muss **c)** zu einer Freiheitsstrafe von mindestens fünf Jahren geführt haben. Dazu ist mit Blick auf die klare Formulierung im Gesetz („wegen" – nicht „auch wegen" wie bei § 7 Abs. 2) eine **Einzelstrafe** verlangt, eine Gesamtstrafe genügt nicht.[8] Außerdem erforderlich sind **d)** nach Nr. 2 **weitere (frühere) Taten** des Katalogs der Anlasstat bei Vorliegen der „übrigen Voraussetzungen des § 66 StGB", dh es wird insgesamt auf die in § 66 StGB enthaltenen vier Anordnungsfallgruppen (§ 66 Abs. 1, Abs. 2, Abs. 3 S. 1, Abs. 3 S. 2 StGB) Bezug genommen, die in formeller Hinsicht alle die Begehung weiterer (früherer) Taten erfordern. Da es darüber hinaus auf eine Vorverurteilung nach Abs. 3 Nr. 2 nicht ankommt, sind auch die **Fallgruppen des § 66 Abs. 2 und Abs. 3 S. 2 StGB ohne Vorverurteilung** formell erfasst, wenn die speziellen Einschränkungen von **Abs. 3,** der Tatqualifikation nach Abs. 3 Nr. 1 und der Verurteilung zu einer mindestens 5-jährigen Freiheitsstrafe vorliegen.[9] Bei Gesamtstrafen nach §§ 53, 54 StGB oder Einheitsstrafen nach § 31 darf das in den Regelungen vorausgesetzte Strafmaß nur auf die spezielle Einzelstrafe für Delikte nach Nr. 1 bezogen werden.[10] Schließlich hängt die Anordnung des Vorbehalts von **e)** einer **speziellen Gefährlichkeitsprognose** nach Nr. 3 a, b, die neben einer Feststellung der Gefährlichkeit für die Allgemeinheit eine solche hinsichtlich der schweren Straftaten nach Nr. 1 erfordert. Wie bei § 7 Abs. 2 ist schon die Vorbehaltsentscheidung im Erkenntnisverfahren daher eine **doppelstufige Gefährlichkeitsprüfung mit entsprechend hohen Anforderungen** – anders als im allgemeinen Strafrecht, wo der Vorbehalt nach § 66 a Abs. 1 StGB gerade auf der prognostischen Unsicherheit über die Gefährlichkeit des Täters zum Zeitpunkt des erkennenden Urteils beruht. Die Gesamtwürdigung des Täters und seiner Taten muss damit im Rahmen einer Basisgefährlichkeitsprognose hinsichtlich des vorausgesetzten Hanges und einer speziellen Gefährlichkeitsprognose (s. für die doppelstufige Gefährlichkeitsprüfung § 7 Rn 24) hinsichtlich der erheblich per-

---

6 BGH v. 4.9.2002, 5 StR 376/02.
7 BGH v. 8.11.1972, 3 StR 210/72, BGHSt 25, 51.
8 Böhm/Feuerhelm, S. 161 f; Kinzig, Sicherungsverwahrung von Jugendlichen, RDJB 2007, 155, 161; Ostendorf, § 106 Rn 7 a.
9 So auch BGH v. 13.8.2008, ZStR 240/08, NStZ 2008, 698; aA Kinzig, Die Legalbewährung gefährlicher Rückfalltäter, 2. Aufl. 2010, S. 38 f; Ostendorf, § 106 Rn 7 b.
10 BGH v. 3.9.2009, 5 StR 281/68, StraFo 2009, 436.

sönlichkeitsbeeinträchtigenden Taten gem. Nr. 1 ergeben, dass eine bestimmte erkennbare, **deutlich überwiegende Wahrscheinlichkeit**[11] für die Gefährdung der Allgemeinheit **durch entsprechende Straftaten** besteht. Der verlangte Wahrscheinlichkeitsgrad um die 75 % liegt damit eine Stufe unter der ausdrücklich in § 7 Abs. 2 verlangten sehr hohen Wahrscheinlichkeit (§ 7 Rn 25).

Liegen **alle Voraussetzungen** der vorbehaltenen Sicherungsverwahrung zum Zeitpunkt der Verurteilung vor, so verlangt das pflichtgemäße Ermessen bei der Anordnung, dass sich das Tatgericht bei der Anordnung des Vorbehalts der Sicherungsverwahrung gegen einen Heranwachsenden in den Urteilsgründen auseinandersetzt.[12] Dies folgt aus dem Schutzaspekt der Sicherungsverwahrung als ultima ratio gegen erhebliche Gefahren für die Allgemeinheit.

10

Die **spätere Anordnung der zunächst vorbehaltenen Sicherungsverwahrung** erfolgt gem. Abs. 3 S. 3 iVm § 66 a Abs. 2 StGB. Sie verlangt eine **neue** strukturell gleiche und ebenso sorgfältige doppelstufige Gefährlichkeitsprognose unter Berücksichtigung der weiteren Entwicklung des Verurteilten und mit einer aktuellen Gesamtwürdigung **aller bis dahin vorliegenden Tatsachen** zu Tat und Täter. Da es bei Heranwachsenden keine primäre Sicherungsverwahrung (Abs. 3 S. 1) als Entscheidungsalternative im erkennenden Urteil gibt und die bloß vorbehaltene Entscheidung unter (positivem) Entwicklungsvorbehalt vorläufig ist, muss beim entscheidenden Zeitpunkt der Realisierung der vorbehaltenen Sicherungsverwahrung eine **Gesamtprüfung** erfolgen. Ein Ansatzpunkt für die Beschränkung auf neue Tatsachen findet sich nicht.[13]

11

3. Vollzugsmodalitäten der vorbehaltenen Sicherungsanordnung. Im Interesse der angestrebten Entwicklungsförderung und der Behandlung zur Reduktion von Risiko- und Stärkung von Schutzfaktoren schreibt **Abs. 4 S. 1** teilweise korrespondierend mit § 9 Abs. 1 StVollzG vor, dass der Anordnungsvorbehalt bei einem Verurteilten bis zum Alter von 27 Jahren mit der Anordnung, die Freiheitsstrafe in einer **sozialtherapeutischen Anstalt** zu vollziehen, zu verknüpfen ist. Die restriktiv anzuwendende Ausnahme setzt voraus, dass das Gericht den Verurteilten wegen Sozialtherapieresistenz für ungeeignet hält. Nach Abs. 4 S. 2, 3 und 4 ist die isolierte Anordnung auch noch **nachträglich** möglich und die der sachlichen Vorgabe in Abs. 4 S. 1 entsprechende Prüfung und Entscheidung, ob Resozialisierungshindernisse durch Sozialtherapie weggefallen sind, hat alle sechs Monate durch die Strafvollstreckungskammer zu erfolgen (Abs. 4 S. 4).

12

4. Zulässigkeit der nachträglichen Sicherungsverwahrung bis längstens 31.5.2013 (s. Rn 2). Die Voraussetzungen für die nachträgliche Sicherungsverwahrung entsprechen nach **Abs. 5 S. 1** weitgehend denen der vorbehaltenen Sicherungsverwahrung nach Abs. 3 und durchlaufen daher die dort im Einzelnen aufgeführten fünf Prüfstationen (Rn 9). Wohl im Hinblick darauf hat das BVerfG in seiner Entscheidung vom 4.5.2011 (Rn 2) davon abgesehen, die zusätzlich strengeren Voraussetzungen der übergangsweise zulässigen Anordnung vorzusehen wie bei § 7 Abs. 2 (s. dort Rn 15 ff.).

13

Spezielle Voraussetzungsfragen ergeben sich nur unter drei Aspekten: So ist beim Prüfkriterium a) (Rn 9) der Widerspruch zu klären, dass nachträgliche Sicherungsverwahrung als gravierende Endentscheidung über die Freiheit eines Be-

14

---

11 BGH v. 11.5.2005, 1 StR 37/05, NJW 2005, 2022 ff; BGH v. 10.1.2007, 1 StR 530/06, NStZ 2007, 464.
12 BGH v. 13.8.2008, 2 StR 240/08, ZJJ 2008, 379.
13 AA D/S/S-Sonnen, § 106 Rn 7.

troffenen sowohl bei Erwachsenen nach §§ 66 b StGB als auch bei Jugendlichen nach § 7 Abs. 2 **nur wegen eines Verbrechens** angeordnet werden kann, bei Heranwachsenden diese kategoriale Einschränkung aber fehlt und so auch Vergehen aus dem Bereich der Delikte des Abs. 3 Nr. 1 dazu ausreichen. Eine rechtsanaloge Betrachtung der eindeutigen Regelung bei Jugendlichen und Erwachsenen muss hinsichtlich der insoweit völlig gleichen Situation bei der kurzzeitigen Zwischenstufe der Heranwachsenden zum gleichen Ergebnis führen und **beschränkt die Anwendung des Abs. 5 S. 1 auf Verbrechen** des Deliktkatalogs.[14] Die Mindestdauer von fünf Jahren Freiheitsstrafe muss sich nach dem klaren Wortlaut des Abs. 5 S. 1 auf **eine** Straftat und die daran geknüpfte **Einzelstrafe** auch in einer Gesamtstrafe (im Gegensatz zu § 7 Abs. 2; § 7 Rn 21) beziehen:[15]

15 Da gegen Heranwachsende im erkennenden Urteil die Voraussetzungen einer vorbehaltenen Sicherungsverwahrung immer implizit zu prüfen sind und diese Teilentscheidung zu respektieren ist, beschränken sich **tatsächliche Feststellungen** als Anknüpfungspunkt für die Gefährlichkeitsprognose auf **neue Tatsachen**, dh solche die zum Zeitpunkt der letzten Tatsacheninstanz des Ausgangsverfahrens noch nicht vorhanden waren oder nicht zu erkennen waren.[16] Im Hinblick darauf ist es durchaus bedeutsam, dass das **Tatgericht im Erkenntnisverfahren** erkennbaren Indiztatsachen, die eine Gefährlichkeitsfeststellung für einen Vorbehalt der Sicherungsverwahrung bei Vorliegen der übrigen formellen Voraussetzungen ergeben können, sorgfältig nachgeht und im positiven Fall den Vorbehalt auch im Hinblick auf die spätere Tatsachenproblematik abwägt. **Neue Tatsachen im Strafvollzug** können eine erst dort festgestellte Therapieunfähigkeit mit Gefährdungspotenzial und die Täuschung über Tatsachen sein, die für die Gefährlichkeit bedeutsam sind.[17] Die dritte Besonderheit findet sich bei der Anforderung an den Grad der Wahrscheinlichkeit („hohe") neuer Straftaten.

16 **5. Maßregelerledigung nach Abs. 6 – Anordnungsmöglichkeit bis längstens 31.5.2013 (s. Rn 2).** Bei der Erledigung einer Unterbringung durch Fehleinweisung oder Heilung der psychischen Erkrankung stellt sich die Frage nach einer verbleibenden hohen Gefährlichkeit für die Allgemeinheit. Im positiven Fall eröffnet **Abs. 6** die entsprechende **Schutzmöglichkeit einer nachträglichen Sicherungsverwahrung**. Die Regelung ist identisch mit der in § 7 Abs. 3, so dass auf diese Kommentierung zu verweisen ist (dort Rn 27). Nur die Anlasstat und die zu prognostizierenden künftigen Straftaten sind verschieden. Hier geht es um Taten nach Abs. 3 Nr. 1 (Rn 8).

V. Verfahren

17 Mit der Neuregelung der Sicherungsverwahrung zum 1.1.2011 ist der frühere Abs. 7 entfallen. Verfahrens- und Zuständigkeitsregeln finden sich jetzt in § 81 a, der nach § 109 Abs. 1 auch für Heranwachsende und für Jugendliche wie Heranwachsende auch vor Gerichten für allgemeine Strafsachen gilt (§§ 104 Abs. 1 Nr. 15, 112). In § 81 a (s. die dortige Kommentierung) wird auf die sinngemäße Anwendung der spezifischen Verfahrensnormen zur Entscheidung über die vorbehaltene und nachträgliche Sicherungsverwahrung gem. §§ 275 a StPO

---

14 HM Kinzig, RdJB 2007, 155, 163, Ostendorf, § 106 Rn 11. Das gilt erst recht nach der Entscheidung des BVerfG vom 4.5.2011 (Rn 2)
15 Böhm/Feuerhelm, S. 162.
16 Dazu Hk-GS-Rössner/Best, § 66 b Rn 9.
17 BGH v. 14.1.2010, 1 StR 595/09, StRR 2010, 189.

und §§ 74 f, 120 a GVG verwiesen.[18] Im Gegensatz zu den Jugendlichen (§ 7 Abs. 4 S. 2) fehlt eine Verkürzung der Überprüfungsfrist für die Fortdauer der Unterbringung in § 106. Die danach eigentlich vorgesehene übliche Prüffrist von zwei Jahren nach § 67 e Abs. 1 StGB hat das BVerfG in III 2 c des Tenors seiner Entscheidung vom 4.5.2011 (Rn 2) auf ein Jahr verkürzt. Daneben sind natürlich Überprüfungen auf Initiative des Gerichts und Verkürzungsmöglichkeiten (§ 67 e Abs. 2 und 3) jederzeit möglich. Im Verfahren ist ein **Verteidiger** des Heranwachsenden notwendig (§§ 109 Abs. 1 S. 1, 68 Nr. 1 JGG iVm § 140 Abs. 1 Nr. 1 StPO und § 24 Abs. 2 GVG). Die **Jugendgerichtshilfe** ist bei der Tatsachenerhebung und -beurteilung zu beteiligen (§§ 109 Abs. 1, 38 Abs. 2).

In den Gründen des Urteils des BVerfG vom 4.5.2011 wird in Rn 148 explizit davon ausgegangen, dass bei den Altfällen, dh hier solche, als zum **Zeitpunkt der Verurteilung** die Regelung von 2004 noch nicht in Kraft war, eine Rechtfertigung für die Sicherungsverwahrung nicht möglich ist. Damit ist die detaillierte Rechtsprechung zur Anwendung auf Altfälle in der Entscheidung des BGH vom Oktober 2009 überholt.[19]

Zweiter Abschnitt Gerichtsverfassung und Verfahren

§ 107 Gerichtsverfassung

Von den Vorschriften über die Jugendgerichtsverfassung gelten die §§ 33 bis 34 Abs. 1 und §§ 35 bis 38 für Heranwachsende entsprechend.

I. Anwendungsbereich 1	III. Jugendgerichtshilfe:
II. Heranwachsende in der	§ 107 iVm § 38 4
Jugendgerichtsverfassung 2	IV. Rechtsmittel 5

I. Anwendungsbereich

Die Heranwachsenden sollen grundsätzlich in die Jugendgerichtsverfassung und in das Jugendgerichtsverfahren miteinbezogen werden,[1] wie auch der Verweis auf § 33 nahelegt (vgl auch § 108 Abs. 1). Ob hierbei gemäß § 105 das Jugendstrafrecht oder das allgemeine Strafrecht zur Anwendung gelangt, ist in diesem Zusammenhang unerheblich.[2] Der entscheidende Zeitpunkt ist nicht jener der Anklageerhebung oder der Hauptverhandlung, sondern der Zeitpunkt der Tat, die dem Beschuldigten angelastet wird[3] (§ 1 Abs. 2, § 2 iVm § 8 StGB). Für Heranwachsende vor den für allgemeine Strafsachen zuständigen Gerichten gilt aus dem Normenspektrum in § 107 demgegenüber nur § 38, wie der Verweis über § 112 S. 1 iVm § 104 Abs. 1 Nr. 2 zeigt (siehe auch Rn 4). Sinn und Zweck dieser Vorschrift bestehen darin, nicht mehr jugendlichen Tatverdächtigen einen **Adoleszenzkorridor** dergestalt zu eröffnen, dass die Jugendgerichtsbarkeit entsprechend der entwicklungspsychologischen Übergangsphase angepasst wird.[4] Ob es vor diesem Hintergrund als unzulässig anzusehen ist, wenn bei den Jugendgerichten

---

18 Zur Kommentierung kann auf die gleichlautende Regelung in § 7 Abs. 4 S 1 verwiesen werden.
19 BGH v. 27.10.2010, 5 StR 296/09, NJW 2010, 245 ff.
1 D/S/S-Sonnen, § 107 Rn 2; vgl Eisenberg, § 107 Rn 3 – zu den Ausnahmen siehe §§ 102, 103 Abs. 2 S. 2.
2 D/S/S-Sonnen, § 107 Rn 1.
3 D/S/S-Sonnen, § 107 Rn 1.
4 D/S/S-Sonnen, § 107 Rn 1.

und der Jugendstaatsanwaltschaft geschäftsverteilungsmäßig getrennte Zuständigkeiten für Jugendliche geschaffen werden,[5] kann zumindest dann angezweifelt werden, wenn unabhängig von der Geschäftsverteilung dezidiert sichergestellt ist, dass auch Heranwachsende in sachlich-rechtlicher wie verfahrens- und gerichtsverfassungsrechtlicher Art nach den in § 107 genannten Regelungen behandelt werden.

II. Heranwachsende in der Jugendgerichtsverfassung

2 Bei **gemeinschaftlicher Anklage** ist das Jugendgericht auch dann zuständig, wenn dem Angeklagten zur Last gelegt wird, einen Teil der Taten als Heranwachsender und einen Teil als Erwachsener begangen zu haben.[6] Bei **Fortsetzungstaten** genügt es, dass ein Teilakt in den Zeitraum des Heranwachsendenalters fällt.[7]

3 Weil das elterliche Erziehungsrecht mit Erreichen des Volljährigkeitsalters (und damit auch das subsidiär geltende **staatliche Erziehungsrecht** aus Art. 6 Abs. 2 S. 2 GG) erlischt,[8] erschöpft sich der normative Einbeziehungsbereich von § 107 lediglich auf § 34 Abs. 1, nicht aber auf die familienrichterlichen Erziehungsaufgaben nach den Absätzen 2 und 3 dieser Norm.

III. Jugendgerichtshilfe: § 107 iVm § 38

4 Da für Heranwachsende vor den für allgemeine Strafsachen zuständigen Gerichten im Zusammenhang mit § 107 nur § 38 gilt (Rn 1), bestehen die Aufgaben der Jugendgerichtshilfe auch gegenüber Heranwachsenden.[9] Die zentrale der Funktion der JGH dient hierbei der Frage nach der Anwendbarkeit von Jugendstrafrecht oder Erwachsenenstrafrecht. Die JGH muss aus Gründen eines möglichst umfassenden Persönlichkeitsbildes auch dann herangezogen werden, wenn das Verfahren eine Verfehlung eines Beschuldigten, der zum Verfahrenszeitpunkt nicht mehr Heranwachsender ist, zum Gegenstand hat.[10]

IV. Rechtsmittel

5 Wenn nicht die sachlich zuständige Jugendkammer, sondern die große Strafkammer entschieden hat, ist das Urteil wegen dieses Fehlers selbst dann aufzuheben, wenn die **Revision** ihn nicht rügt.[11] Unterbleibt die Hinzuziehung der Jugendge-

---

5 So die Ansicht von D/S/S-Sonnen, § 107 Rn 2, von Ostendorf, § 107 Rn 2 sowie von Eisenberg, § 107 Rn 10.
6 BGH v. 15.12.1955, 4 StR 342/55, BGHSt 8, 349, 351 f; BGH v. 9.10.2002, 2 StR 344/02, BGH StV 2003, 454; dem folgend: D/S/S-Sonnen, § 107 Rn 3.
7 BGH v. 18.2.1996, 1 StR 113/96, NStZ-RR 1996, 250 mwN. Nach diesem Beschluss ist § 32 iVm § 105 Abs. 1 auch anwendbar, wenn mehrere strafrechtlich bedeutsame Vorgänge, die im Rechtssinne als eine Tat zu werten sind, sich über mehrere Altersstufen hinziehen.
8 Vgl beispielsweise BVerfG v. 18.7.1967, 2 BvF 3, 4, 5, 6, 7, 8/62; 2 BvR 139, 140, 334, 335/62, BVerfGE 22, 180 ff.
9 D/S/S-Sonnen, § 107 Rn 5.
10 BGH v. 12.10.1954, 5 StR 335/54, BGHSt 6, 354 ff; BGH v. 29.6.2000, 1 StR 123/00, NStZ-RR 2001, 27; dem folgend: D/S/S-Sonnen, § 107 Rn 5.
11 BGH v. 2.11.1954, 5 StR 492/54, BGHSt 7, 26 ff.

richtshilfe, ist die revisionsrechtliche Verfahrensrüge der Verletzung der §§ 107, 38 Abs. 3 S. 1 begründet.[12]

§ 108 Zuständigkeit

(1) Die Vorschriften über die Zuständigkeit der Jugendgerichte (§§ 39 bis 42) gelten auch bei Verfehlungen Heranwachsender.

(2) Der Jugendrichter ist für Verfehlungen Heranwachsender auch zuständig, wenn die Anwendung des allgemeinen Strafrechts zu erwarten ist und nach § 25 des Gerichtsverfassungsgesetzes der Strafrichter zu entscheiden hätte.

(3) ¹Ist wegen der rechtswidrigen Tat eines Heranwachsenden das allgemeine Strafrecht anzuwenden, so gilt § 24 Abs. 2 des Gerichtsverfassungsgesetzes. ²Ist im Einzelfall eine höhere Strafe als vier Jahre Freiheitsstrafe oder die Unterbringung des Beschuldigten in einem psychiatrischen Krankenhaus, allein oder neben einer Strafe, oder in der Sicherungsverwahrung (§ 106 Abs. 3, 5, 6) zu erwarten, so ist die Jugendkammer zuständig.

Richtlinie zu § 108

Die Staatsanwaltschaft erhebt die Anklage gegen den Beschuldigten, der sich auf freiem Fuß befindet, grundsätzlich bei dem Gericht, in dessen Bezirk er sich zur Zeit der Erhebung der Anklage aufhält. Eine Anklageerhebung bei dem für den Tatort zuständigen Gericht wird insbesondere dann in Betracht kommen, wenn - wie z.B. in Verkehrsstrafsachen - eine größere Zahl von am Tatort wohnenden Zeugen zu vernehmen sein wird.

I. Anwendungsbereich

Die Bestimmung des § 108 gilt für **Verfahren gegenüber Heranwachsenden vor den Jugendgerichten** und sie enthält eine Regelung der sachlichen und örtlichen Zuständigkeit.[1] Die Zuständigkeit von Gerichten für allgemeine Strafsachen wird in § 108 nicht geregelt und in den ohnehin seltenen Fällen gelten dabei die §§ 102, 103 Abs. 2 S. 2, 112.[2]

1

II. Sachliche Zuständigkeit

In Bezug auf die sachliche Zuständigkeit ist zu unterscheiden, ob die **Anwendung von Jugendstrafrecht oder von Erwachsenenstrafrecht** zu erwarten ist: Bei der (regulär zu erwartenden) Anwendung von Jugendstrafrecht erfolgt die Prüfung nach Abs. 1 (wie in Verfahren gegen Jugendliche) in der Reihenfolge Jugendrichter, Jugendschöffengericht, Jugendkammer; bei der (eher seltenen) Anwendung von Erwachsenenstrafrecht gelten die ergänzenden Regelungen in Abs. 2 und 3.[3] Entscheidend ist eine konkrete Betrachtungsweise; die Staatsanwaltschaft prüft hierbei nicht nur, ob die Anwendung von Jugendstrafrecht zu erwarten ist,

2

---

12 BGH v. 12.10.1954, 5 StR 335/54, BGHSt 6, 354, 357; BGH v. 29.6.2000, 1 StR 123/00, NStZ-RR 2001, 27 (offen gelassen wurde hierbei die Frage, ob die Nichtanhörung der JGH auch einen Verstoß gegen die Aufklärungspflicht nach § 244 Abs. 2 StPO darstellt); dem folgend: D/S/S-Sonnen, § 107 Rn 5; OLG Saarbrücken v. 6.5.1999, Ss 24/99 (40/99), NStZ-RR 1999, 284, dem folgend: Eisenberg, § 107 Rn 15 mwN.
1 D/S/S-Sonnen, § 108 Rn 1.
2 D/S/S-Sonnen, § 108 Rn 1.
3 Vgl Eisenberg, § 108 Rn 2.

sondern auch, ob die Verhängung einer Jugendstrafe in Betracht kommt.[4] In dieser Konstellation ist die Frage der Rechtsfolgenkompetenz des Jugendrichters gemäß § 39 Abs. 2 für die Frage, bei welchem Gericht der Staatsanwalt Anklage erhebt, ohne Bedeutung.[5] Hierbei ist der Jugendrichter unzuständig, weil für die Anklagezuständigkeit nur die Regelung des § 39 Abs. 1 gilt und deswegen die Sanktionskompetenz des § 39 Abs. 2 unbeachtlich ist.[6] Lässt sich vor Anklageerhebung eine eindeutige Voraussage darüber, ob im betreffenden Fall Jugendstrafrecht oder Erwachsenenstrafrecht angewendet wird, nicht treffen, wird die Anklage nach systematischer Auslegung der Regelungen nur dann beim Jugendrichter zu erheben sein, wenn sowohl die Voraussetzungen nach § 108 Abs. 1 iVm § 39 Abs. 1, wie auch von § 108 Abs. 2 iVm § 25 GVG zu bejahen sind.[7]

3 Bei zu erwartender **Anwendung von Jugendstrafrecht** richtet sich die sachliche Zuständigkeit des Jugendrichters – in Abweichung von § 25 GVG iVm § 24 Abs. 1 Nr. 2 GVG – nach § 108 Abs. 1 iVm § 39 Abs. 1[8] (vgl auch bereits Rn 2). Auch gelten bei der Anwendung von Jugendstrafrecht §§ 108 Abs. 1, 39 Abs. 2 (soweit eine Jugendstrafe von über einem Jahr bzw eine Unterbringung in einem psychiatrischen Krankenhaus in Betracht kommt, ist nach § 2 iVm § 270 Abs. 1 S. 1 StPO an das Jugendgericht höherer Ordnung zu verweisen).[9] Im Falle der Anwendung von Jugendstrafrecht gilt bei Heranwachsenden nach dem Verweis in § 108 Abs. 1 ebenfalls das Übernahmeverfahren nach § 40 Abs. 2 – 4 (siehe § 40 Rn 9 - 12).

4 Die **sachliche Zuständigkeit des Jugendschöffengerichts** bei Verfehlungen Heranwachsender richtet sich zunächst nach der Rechtsfolgenerwartung gemäß § 108 Abs. 1 iVm § 40 und in der Hauptverhandlung nach der Rechtsfolgenkompetenz (bei Anwendung des allgemeinen Strafrechts nach § 108 Abs. 3 S. 1 iVm § 24 Abs. 2 GVG).[10] Bei der Anwendung von Jugendstrafrecht ist die Rechtsfolgenkompetenz unbegrenzt (vgl hier Rn 6 sowie § 40 Rn 1).

5 Die **sachliche Zuständigkeit der Jugendkammer** richtet sich bei Verfehlungen Heranwachsender nach § 108 Abs. 1 iVm § 41 sowie nach § 108 Abs. 3 S. 2. Die Jugendkammer ist im ersten Rechtszug zuständig in Schwurgerichtssachen (vgl § 41 Abs. 1 Nr. 1) sowie im Falle einer Vorlage durch das Jugendschöffengericht wegen des besonderen Umfangs des Falls (vgl § 40 Abs. 2 iVm § 41 Abs. 1 Nr. 2) sowie bei einer Verbindung von Strafsachen gegen Erwachsene und Heranwachsende nach § 41 Abs. 1 Nr. 3. In den Fällen des § 106 Abs. 3 S. 2 (vorbehaltene Sicherungsverwahrung), Abs. 5 und Abs. 6 (nachträgliche Sicherungsverwahrung)[11] ist gemäß § 108 Abs. 3 S. 2 ebenfalls die Jugendkammer zuständig (im Übrigen siehe die Kommentierung zu § 41). Die Zuständigkeit der Jugendkammer ist (auch) in den Fällen begründet, in denen eine vier Jahre übersteigende Freiheitsstrafe oder die Anordnung der Unterbringung in einem psychiatrischen

---

4 D/S/S-Sonnen, § 108 Rn 2.
5 Eisenberg, § 108 Rn 4.
6 D/S/S-Sonnen, § 108 Rn 2 sowie Eisenberg, § 108 Rn 4.
7 Vgl Eisenberg, § 108 Rn 6.
8 Eisenberg, § 108 Rn 4; Brunner/Dölling, § 108 Rn 1.
9 Eisenberg, § 108 Rn 8.
10 Eisenberg, § 108 Rn 10.
11 Die Regelungen der §§ 106 Abs. 1 - 6 wurden durch das Gesetz zur Einführung der nachträglichen Sicherungsverwahrung bei Verurteilungen nach Jugendstrafrecht vom 9.7.2008 (BGBl. I, 1212) nicht geändert, jedoch wurde § 106 Abs. 7 hinzugefügt. Zur nachträglichen Sicherungsverwahrung und den damit verbundenen Implikationen aufgrund widersprechender höchstrichterlicher Rspr siehe § 41 Rn 13 mwN.

Krankenhaus zu erwarten ist.[12] Als Rechtsmittelgericht ist die Jugendkammer auch zur Verhandlung und Entscheidung über die Urteile des Jugendrichters und des Jugendschöffengerichts in Heranwachsendensachen zuständig, wenn im ersten Rechtszug allgemeines Strafrecht angewendet worden ist.[13]

Bei zu erwartender **Anwendung des Erwachsenenstrafrechts** ist für die sachliche Zuständigkeit des Jugendrichters im Zeitpunkt der Anklageerhebung die Regelung des § 108 Abs. 2 iVm § 25 GVG maßgeblich, wobei es darauf ankommt, ob es sich bei der Verfehlung um ein Vergehen handelt und ob im Fall § 25 Nr. 2 GVG diese einer entsprechenden Beurteilung unterliegt.[14] Die Zuständigkeit bestimmt sich ebenfalls nach § 108 Abs. 1 iVm § 40 mit der Besonderheit, dass das Jugendschöffengericht – wie das Schöffengericht der allgemeinen Strafgerichtsbarkeit – wegen der Verfehlung eines Heranwachsenden auf eine vier Jahre überdauernde Freiheitsstrafe und auf die Unterbringung in einem psychiatrischen Krankenhaus, allein oder neben einer Strafe, oder in der Sicherungsverwahrung nicht erkennen darf (vgl § 108 Abs. 3 S. 2 iVm § 24 Abs. 2 GVG, siehe § 40 Rn 1).[15] Mit der durch Gesetz v. 24.7.2004[16] in Abs. 3 S. 1 ausdrücklichen geregelten Anwendbarkeit von § 24 Abs. 2 GVG hat sich die frühere Streitfrage, ob diese Norm bzgl der Rechtsfolgenkompetenz des Jugendschöffengerichts bei Anwendung des Erwachsenenstrafrechts gemäß § 2 Abs. 2 heranzuziehen ist, erledigt.[17] Die Zuständigkeit der Jugendkammer resultiert zudem aus § 24 Abs. 1 Nr. 3 GVG.[18] Bei der Anwendung des allgemeinen Strafrechts ist die Rechtsfolgenkompetenz des Jugendrichters in der Hauptverhandlung mit derjenigen des Jugendschöffengerichts identisch, wie § 108 Abs. 3 iVm § 24 Abs. 2 GVG nahelegt.[19] Zu beachten sind hierbei auch die Beschränkungen von § 108 Abs. 3 S. 2 gegenüber Heranwachsenden bei der Anwendung von allgemeinem Strafrecht (siehe hierzu Rn 4).

Gemäß § 2 iVm § 6 StPO ist die sachliche Zuständigkeit des Gerichts in jeder Lage des Verfahrens von Amts wegen zu prüfen. In Zweifelsfällen mit unterschiedlichen Zuständigkeiten ist die Anklage zum höheren Gericht zu erheben.[20]

III. Örtliche Zuständigkeit

Die **örtliche Zuständigkeit** im ersten Rechtszug bemisst sich in Verfahren gegen Heranwachsende nach § 108 Abs. 1 iVm § 42. Die besonderen Gerichtsstände im Jugendstrafverfahren (vgl § 42 Rn 7) stehen neben den allgemeinen Gerichtsständen des Strafverfahrensrechts (§§ 7 ff StPO) unabhängig davon zur Verfügung,

---

12 Ostendorf, § 108 Rn 4 sowie Grdl. zu §§ 107 – 112 Rn 2.
13 Eisenberg, § 108 Rn 16 mwN; vgl auch § 41 Rn 13, 14.
14 Eisenberg, § 108 Rn 5; D/S/S-Sonnen, § 108 Rn 3.
15 Eisenberg, § 108 Rn 12 mit Hinweis auf BGH v. 16.6.2009, 4 StR 647/08. Siehe auch Frister/Kliegel, Probleme der Zuständigkeit bei vorbehaltener oder nachträglicher Anordnung der Sicherungsverwahrung gemäß § 74 f GVG, NStZ 2010, 484 f, dort Fn 8: Das AG entscheidet auch bei Anwendung des allgemeinen Strafrechts auf Heranwachsende als Jugendgericht, aber es greife der Verweis in § 108 Abs. 3 Satz 2 auf § 24 Abs. 2 GVG, so dass maximal vier Jahre Freiheitsstrafe verhängt werden dürfen.
16 BGBl. I, 1838, 1840.
17 Eisenberg, § 108 Rn 12 sowie D/S/S-Sonnen, § 108 Rn 6.
18 Vgl Eisenberg, § 108 Rn 15 (dort mit dem redaktionell bedingten fehlerhaften Verweis auf § 24 Abs. 1 S. 3 GVG).
19 Eisenberg, § 108 Rn 9.
20 BGH v. 20.7.1962, 4 StR 194/62, BGHSt 18, 1, 3 ff, dem folgend: Brunner/Dölling, § 108 Rn 3 sowie D/S/S-Sonnen, § 108 Rn 7.

ob mit der Anwendung des Jugendstrafrechts oder des Erwachsenenstrafrechts zu rechnen ist.[21]

9   Obwohl § 108 Abs. 1 insgesamt (auch) auf § 42 verweist, ist diese Vorschrift nur eingeschränkt anwendbar: Der Gerichtsstand der familienrichterlichen Zuständigkeit nach § 42 Abs. 1 Nr. 1 sowie nach § 42 Abs. 2 ist im Zusammenhang mit § 108 Abs. 1 nicht begründbar, weil gegenüber Heranwachsenden keinerlei familiengerichtliche Maßnahmen iSd § 34 Abs. 2, Abs. 3 verhängt werden dürfen (siehe § 42 Rn 3). Der Gerichtsstand des freiwilligen Aufenthalts des Beschuldigten nach § 42 Abs. 1 Nr. 2 ist – einschließlich der Abgabemöglichkeit nach § 42 Abs. 3 im Falle des Aufenthaltsortswechsels – auch in Verfahren gegen Heranwachsende eröffnet.[22] Nach der RL zu § 108 soll die Staatsanwaltschaft in dieser Konstellation die Anklage gegen den auf freiem Fuß befindlichen Beschuldigten grundsätzlich bei dem Gericht erheben, in dessen Bezirk er sich zum Zeitpunkt der Anklageerhebung aufhält. Die Einbindung des Heranwachsenden in sein näheres Umfeld und die damit verknüpften Erkenntnismöglichkeiten „vor Ort" sind für die Anwendung des Jugendstrafrechts sowie für die Rechtsfolgenbestimmung von großer (auch praktischer) Bedeutung.[23] Daher ist nach RL zu § 108 eine Anklageerhebung bei dem für den Tatort zuständigen Gericht nur dann in Betracht zu ziehen, wenn eine größere Anzahl von am Tatort wohnenden Zeugen zu vernehmen sein wird. Hierbei müssen die Erschwernisse für die Durchführung des Verfahrens so gravierend sein, dass bzw wenn der Grundsatz (= Gerichtsstand des Aufenthaltsortes) durchbrochen werden soll.[24] Als konsistent ist daher die Judikatur zu bezeichnen, nach welcher im Falle möglicher kommissarischer Vernehmung auswärtiger Zeugen der Gerichtsstand des Aufenthaltsortes gemäß § 42 Abs. 1 Nr. 2, Abs. 3 grundsätzlich begründet ist.[25] Ob der Gerichtsstand nach § 108 iVm § 42 nach Neufassung von § 162 StPO durch das Telekommunikations-Überwachungsgesetz auch für die gerichtliche Genehmigung von Untersuchungshandlungen im Ermittlungsverfahren gilt, ist streitig.[26]

10 Als nicht unproblematisch ist die Zuständigkeit des **Vollstreckungsleiters** nach § 108 Abs. 1 iVm § 42 Abs. 1 Nr. 3 zu bezeichnen, zumal die letztgenannte Regelung explizit von Jugendstrafe und nicht von Freiheitsstrafe spricht, so dass die örtliche Zuständigkeit beim Vollstreckungsleiter bereits aus diesem Grunde abzulehnen ist.[27] Auch muss die Tat vor Vollendung des 21. Lebensjahres begangen worden und zur Anklage gekommen sein.[28] Die Aufgaben des Vollstreckungsleiters iSv § 42 Abs. 1 Nr. 3 obliegen nach Ansicht des BGH[29] in einem Verfahren

---

21 Eisenberg, § 108 Rn 17.
22 Vgl auch D/S/S-Sonnen, § 108 Rn 8; Eisenberg, § 108 Rn 19.
23 D/S/S-Sonnen, § 108 Rn 8.
24 BGH v. 10.5.2006, 2 ARs 176/06, StraFo 2006, 415 mwN, dem folgend: D/S/S-Sonnen, § 108 Rn 8; LG Verden v. 22.11.2007, 3-36/07, StV 2008, 118; siehe auch Dölling, Aus der neueren Rechtsprechung zum Jugendstrafrecht, NStZ 2009, 193, 197.
25 BGH v. 4.2.1987, 2 ARs 18/87, bei Böhm, Aus der neueren Rechtsprechung zum Jugendstrafrecht, NStZ 1987, 443.
26 Ostendorf, § 108 Rn 6 – siehe hier die Kommentierungen zu § 42 Rn 13.
27 Brunner/Dölling, § 108 Rn 5 – aA: Ostendorf, § 108 Rn 7 mit dem – für sich genommen zutreffenden, jedoch den eindeutigen Wortlaut von § 108 Abs. 1 iVm § 42 Abs. 1 Nr. 3 zu weit ausdehnenden Hinweis auf die Notwendigkeit der Entscheidungsnähe und auf die bessere Personenkenntnis, dem folgend: D/S/S-Sonnen, § 108 Rn 9.
28 Brunner/Dölling, § 108 Rn 5; Eisenberg, § 108 Rn 20; ablehnend: Ostendorf, § 108 Rn 7 und D/S/S-Sonnen, § 108 Rn 9.
29 BGH v. 20.7.1962, 4 StR 194/62, BGHSt 18, 1, 3 f.

gegen einen Heranwachsenden, gegen den gerade eine Jugendstrafe vollstreckt wird und gegen den im neuen Verfahren eine drei Jahre übersteigende Freiheitsstrafe zu erwarten ist, nicht dem in § 85 Abs. 2, Abs. 3 bezeichneten Richter, sondern der ihm örtlich übergeordneten Jugendkammer.

Die örtliche Zuständigkeit prüft das Gericht gemäß § 16 StPO bis zur Eröffnung des Hauptverfahrens von Amts wegen.[30] Wenn das Gericht seine Zuständigkeit zu Unrecht angenommen hat, liegt nach § 338 Nr. 4 StPO ein absoluter Revisionsgrund vor.[31] Der Einwand der örtlichen Unzuständigkeit muss nach § 16 S. 2, 3 StPO rechtzeitig erhoben werden, damit die Revision begründet ist[32] (vgl § 42 Rn 24).

11

§ 109 Verfahren

(1) ¹Von den Vorschriften über das Jugendstrafverfahren (§§ 43 bis 81 a) sind im Verfahren gegen einen Heranwachsenden die §§ 43, 47 a, 50 Abs. 3 und 4, § 68 Nr. 1 und 4 sowie die §§ 72 a bis 73 und § 81 a entsprechend anzuwenden. ²Die Jugendgerichtshilfe und in geeigneten Fällen auch die Schule werden von der Einleitung und dem Ausgang des Verfahrens unterrichtet. ³Sie benachrichtigen den Staatsanwalt, wenn ihnen bekannt wird, daß gegen den Beschuldigten noch ein anderes Strafverfahren anhängig ist. ⁴Die Öffentlichkeit kann ausgeschlossen werden, wenn dies im Interesse des Heranwachsenden geboten ist.

(2) ¹Wendet der Richter Jugendstrafrecht an (§ 105), so gelten auch die §§ 45, 47 Abs. 1 Satz 1 Nr. 1, 2 und 3, Abs. 2, 3, §§ 52, 52 a, 54 Abs. 1, §§ 55 bis 66, 74 und 79 Abs. 1 entsprechend. ²§ 66 ist auch dann anzuwenden, wenn die einheitliche Festsetzung von Maßnahmen oder Jugendstrafe nach § 105 Abs. 2 unterblieben ist. ³§ 55 Abs. 1 und 2 ist nicht anzuwenden, wenn die Entscheidung im beschleunigten Verfahren des allgemeinen Verfahrensrechts ergangen ist. ⁴§ 74 ist im Rahmen einer Entscheidung über die Auslagen des Verletzten nach § 472 a der Strafprozessordnung nicht anzuwenden.

(3) In einem Verfahren gegen einen Heranwachsenden findet § 407 Abs. 2 Satz 2 der Strafprozeßordnung keine Anwendung.

Richtlinien zu § 109

1. Im Gegensatz zum Verfahren gegen Jugendliche ist das Verfahren gegen Heranwachsende grundsätzlich öffentlich. Die Öffentlichkeit kann aber nicht nur aus den in §§ 171 a, 171 b, 172 GVG genannten Gründen, sondern auch im Interesse des Heranwachsenden ausgeschlossen werden (vgl. hierzu die Richtlinie zu § 48).

2. Gegen Heranwachsende darf ein Strafbefehl nur erlassen werden, wenn das allgemeine Strafrecht anzuwenden ist (§ 109 Abs. 2, § 79 Abs. 1). Die Staatsanwaltschaft beantragt deshalb den Erlaß eines Strafbefehls gegen Heranwachsende nur, wenn sie Ermittlungen nach § 43 angestellt hat und zu der Auffassung gelangt ist, daß das allgemeine Strafrecht anzuwenden ist.

---

30 Vgl D/S/S-Sonnen, § 108 Rn 12.
31 BGH v. 18.3.1996, 1 StR 113/96, StV 1998, 345; dem folgend: D/S/S-Sonnen, § 108 Rn 12; BGH v. 11.4.2007, 2 StR 107/07, NStZ-RR 2007, 282 (= StV 2008, 118) für den Fall, dass nicht die zuständige Jugendkammer, sondern eine allgemeine Strafkammer entschieden hat; siehe auch Dölling, NStZ 2009, 193, 196.
32 D/S/S-Sonnen, § 108 Rn 12.

3. Das **vereinfachte Jugendverfahren** ist gegen Heranwachsende nicht zulässig, wohl aber das beschleunigte Verfahren nach §§ 212 ff. StPO.

4. **Privatklage und Nebenklage** sind gegen Heranwachsende zulässig, unabhängig davon, ob allgemeines Strafrecht oder Jugendstrafrecht anzuwenden ist. Auch insoweit ist grundsätzlich das Jugendgericht zuständig.

5. Die Staatsanwaltschaft wendet § 45 bei Heranwachsenden an, wenn sie auf Grund der Ermittlungen nach § 43 zu der Auffassung gelangt ist, daß Jugendstrafrecht anzuwenden ist.

I. Anwendungsbereich und Systematik 1
II. Abs. 1: Generell geltende Vorschriften 4
   1. Ermittlungsumfang und Verfahrensbeteiligung..... 4
   2. Notwendige Verteidigung 5
   3. Mitteilungspflichten...... 6
   4. Öffentlichkeit und Vorrang der Jugendgerichte... 7
III. Abs. 2: Nur bei Anwendung von Jugendstrafrecht geltende Vorschriften.................. 8
   1. Diversion................. 8
   2. Berücksichtigung von Untersuchungshaft........ 11
   3. Kosten und Auslagen..... 12
   4. Adhäsionsverfahren und daraus entstandene Kosten und Auslagen des Verletzten........................ 13
   5. Strafbefehl................ 15
   6. Weitere anzuwendende Vorschriften nach Abs. 2 16
IV. Nicht anwendbare Vorschriften........................... 17
V. Besondere Verfahrensarten... 18
   1. Vereinfachtes Jugendverfahren..................... 18
   2. Privat- und Nebenklage... 19
   3. Strafbefehl................ 20

I. Anwendungsbereich und Systematik

1 Die Vorschrift regelt die Anwendbarkeit von formellem Jugendstrafrecht in **Verfahren gegen Heranwachsende vor den Jugendgerichten** mit dem Ziel, eine diesem Übergangsalter angemessene Prozessgestaltung zu ermöglichen.[1] Abs. 1 verweist auf Vorschriften, die stets, also unabhängig von der Anwendbarkeit materiellen Jugendstrafrechts gelten, Abs. 2 auf solche, die nur eingreifen, wenn § 105 Abs. 1 bejaht wurde. Nicht in § 109 genannte Jugendstrafverfahrensregeln bleiben unanwendbar, während für allgemeines Prozessrecht § 2 Abs. 2 gilt. Abs. 3 schränkt jedoch das bei Anwendung allgemeinen Strafrechts gegenüber Heranwachsenden zulässige Strafbefehlsverfahren hinsichtlich der Rechtsfolgen ein.

Stehen **Heranwachsende vor Erwachsenengerichten** (§ 112), trifft § 104 Abs. 1 Nr. 2, 3, 10, 12 eine Abs. 1 und bei Anwendung von Jugendrecht 104 Abs. 1 Nr. 4 - 8, 13, 14 eine Abs. 2 entsprechende Auswahl.[2]

2 Werden **Straftaten aus verschiedenen Altersstufen** zusammen verhandelt oder **Strafsachen gegen Jugendliche und Heranwachsende** (bzw. Erwachsene) **verbunden**, gilt das für jede Tat bzw. jeden Beschuldigten jeweils einschlägige Verfahrensrecht, wobei alle Verfahrensarten ausscheiden, die auch nur hinsichtlich einer der in dem Verfahren verbundenen Taten nicht zulässig wären.[3] Die Gegenauffassung von der einheitlichen Anwendung des jeweils spezielleren Jugendstrafverfahrensrechts[4] findet keine gesetzliche Stütze.

---

1 Vgl D/S/S-Sonnen, § 109 Rn 3.
2 D/S/S-Sonnen, § 109 Rn 1.
3 Brunner/Dölling, § 109 Rn 6, 14; Eisenberg, § 109 Rn 39 f allerdings mit einer Ausnahme für die Nebenklage; hierzu sogleich Rn 3.
4 D/S/S-Sonnen, § 109 Rn 2, Ostendorf, § 109 Rn 2.

Bedeutung hat die Konkurrenzfrage insbesondere **für die Zulässigkeit der Nebenklage** (s. auch Rn 19) in einem verbundenen Verfahren gegen Jugendliche und Heranwachsende. Mit der erstgenannten, auch von Teilen der Rechtsprechung vertretenen Auffassung, ist eine Nebenklage gegen Heranwachsende unter den Voraussetzungen des § 395 StPO zulässig, gegen Jugendliche jedoch nur eingeschränkt nach Maßgabe des § 80 Abs. 3.[5] Der Hinweis der Gegenansicht[6] auf den Nachrang von Opferinteressen in einem erziehungsorientierten Jugendstrafverfahren überzeugt nicht. Dem steht die gesetzliche Wertung des § 109 entgegen, der nicht auf § 80 Abs. 3 verweist;[7] es erscheint außerdem nicht sinnvoll, den zufälligen Umstand einer Verfahrensverbindung (auf den der Nebenklageberechtigte idR keinen Einfluss hat)[8] über die Zulässigkeit einer Nebenklage entscheiden zu lassen.[9] Der Gefahr jugendfremder Einflüsse können Gericht und Staatsanwaltschaft zudem in der Verhandlung entgegenwirken,[10] im Übrigen kann der Nebenklage nicht pauschal eine jugendfremde Motivation unterstellt werden.

II. Abs. 1: Generell geltende Vorschriften

1. Ermittlungsumfang und Verfahrensbeteiligung. Auch bei Heranwachsenden sind **umfassende Ermittlungen zur Persönlichkeitsentwicklung** vorzunehmen (§ 43). Aus diesem Grund sind die Jugendgerichtshilfe und der Bewährungshelfer auch in Verfahren gegen Heranwachsende zu beteiligen. Entsprechendes gilt für einen bestellten Betreuungshelfer und den Leiter eines sozialen Trainingskurses, an dem der Heranwachsende teilnimmt (§ 50 Abs. 3, 4). Unterbleibt die Informierung der Jugendgerichtshilfe über Ort und Zeit der Hauptverhandlung, ist die Anfechtung des Urteils mit einer Aufklärungsrüge möglich.[11] Abs. 1 erstreckt weiterhin die Beteiligungs- und Verkehrsvorschriften bei in U-Haft befindlichen Jugendlichen (§§ 72 a, b) auf Heranwachsende.

2. Notwendige Verteidigung. Für Heranwachsende ist vom Gericht ein Verteidiger zu bestellen, wenn er für einen Erwachsenen bestellt werden müsste (§ 68 Nr. 1). Damit gelten die in § 140 Abs. 1 und 2 StPO genannten Fälle notwendiger Verteidigung gleichermaßen für Jugendliche, Heranwachsende und Erwachsene. Die durch Abs. 1 auch bei Heranwachsenden zugelassene **Unterbringung zur Beobachtung** (§ 73) stellt einen weiteren Fall dar (§ 68 Nr. 4).

3. Mitteilungspflichten. Durch § 109 Abs. 1 S. 2, 3 werden die in § 70 enthaltenen Mitteilungspflichten modifiziert. Sie erstrecken sich auf die Jugendgerichtshilfe und in geeigneten Fällen auf die Schule; die Beurteilung der Eignung wird wesentlich von der Gefahr einer Stigmatisierung des Beschuldigten abhängen.[12] Wegen der Volljährigkeit des Heranwachsenden ist eine Unterrichtung des Vormundschafts- und des Familienrichters nicht erforderlich.[13]

---

5 Brunner/Dölling, § 109 Rn 6 mwN; BGH v. 18.10.1995, 2 StR 470/95, BGHSt 41, 288, 290 ff für eine Nebenklage gegen Erwachsene; OLG Düsseldorf v. 22.2.1994, VI 13/93, NStZ 1994, 299 m. abl. Anm. Eisenberg, NStZ 1994, 299 f; LG Duisburg v. 14.3.1994, VII Qs 14/94, NJW 1994, 3305 f.
6 OLG Köln v. 18.2.1994, Ss 30/94, NStZ 1994, 298 f; LG Aachen v. 13.5.1993, 91 Qs 17/93, MDR 1993, 679 f; D/S/S-Sonnen, § 109 Rn 22; Eisenberg, § 109 Rn 40.
7 LG Duisburg v. 14.3.1994, VII Qs 14/94, NJW 1994, 3305, 3306; Brunner/Dölling, § 109 Rn 6.
8 BGH v. 18.10.1995, 2 StR 470/95, BGHSt 41, 288, 290 ff.
9 Brunner/Dölling, § 109 Rn 6.
10 Vgl Brunner/Dölling, § 109 Rn 6.
11 BGH v. 11.6.1993, 4 StR 290/93, StV 1993, 536; D/S/S-Sonnen, § 109 Rn 5.
12 D/S/S-Sonnen, § 109 Rn 8.
13 Brunner/Dölling, § 109 Rn 1.

7 **4. Öffentlichkeit und Vorrang der Jugendgerichte.** Die Öffentlichkeit kann für die gesamte Verhandlung ausgeschlossen werden, wenn dies im Interesse des Beschuldigten angezeigt ist (§ 109 Abs. 1 S. 4). Die Voraussetzung ist weit auszulegen.[14] Bei der Entscheidung über den Ausschluss ist zu beachten, dass Aspekte des Persönlichkeitsschutzes regelmäßig Vorrang vor dem Grundsatz der Öffentlichkeit haben;[15] ob der Eindruck beim Heranwachsenden, ihm werde die psychische Unterstützung durch anwesende Freunde genommen, von Belang ist,[16] erscheint zweifelhaft. Der Ausschluss umfasst auch die Urteilsverkündung, sofern das Gericht nichts anderes bestimmt.[17] Sind mehrere Straftaten, die im Jugendlichen- und Heranwachsendenstatus begangen wurden, Gegenstand der Anklage, ist die Verhandlung nach § 48 nicht öffentlich; § 109 Abs. 1 S. 4 findet in diesen Fällen keine Anwendung.[18] Dies gilt nach BGH v. 25.2.1998[19] sogar dann, wenn die Verfahren wegen im Jugendlichenalter begangenen Taten nach § 154 Abs. 2 StPO vorläufig eingestellt wurden.

Nach Eröffnung des Hauptverfahrens gilt auch für Heranwachsende der Vorrang der Jugendgerichte nach § 47 a.

III. Abs. 2: Nur bei Anwendung von Jugendstrafrecht geltende Vorschriften

8 **1. Diversion.** Von besonderer Praxisrelevanz sind die Vorschriften über die **informelle Verfahrenserledigung** nach den §§ 45, 47.

9 Auch bei Heranwachsenden kann demnach der **Jugendrichter** das Verfahren nach § 47 Abs. 1 Nr. 1 - 3 einstellen, während der in Nr. 4 enthaltene Einstellungsgrund fehlender Verantwortlichkeit nach § 3 nur bei Jugendlichen in Betracht kommt.

10 Trotz des missverständlichen Wortlauts von § 109 Abs. 2 S. 1 („Wendet der *Richter* Jugendstrafrecht an…") ist bei Heranwachsenden eine Diversion durch den **Jugendstaatsanwalt** nicht nur nach § 45 Abs. 3, sondern auch nach Abs. 1 und 2 möglich.[20] Damit kann auf geringfügige Verfehlungen noch jugendgemäß reagiert werden und das Verfahren angemessen, schnell und ohne die erzieherisch abträglichen Folgen einer Hauptverhandlung abgeschlossen werden.[21] Sofern erzieherische Maßnahmen nach § 45 Abs. 2 oder 3 in Betracht kommen, sollte allerdings bedacht werden, dass bei Heranwachsenden Ermahnungen oftmals nicht mehr angebracht sind und Geldbußen für den Beschuldigten zwar zumutbar, aber auch spürbar sein sollten.[22]

Bei nicht ausräumbaren Zweifeln über die Anwendbarkeit des Jugendstrafrechts besteht kein Vorrang der §§ 153, 153a StPO gegenüber §§ 45, 47 JGG.[23] Mit der Einführung des zentralen staatsanwaltlichen Verfahrensregisters, in dem alle staatsanwaltlichen und gerichtlichen Verfahrensbeendigungen dokumentiert werden (§ 492 Abs. 2 Nr. 5 StPO), ist der Einwand, dass nur die §§ 45, 47 ins

---

14 BGH v. 25.2.1998, 3 StR 362/97, NStZ 1998, 315.
15 D/S/S-Sonnen, § 109 Rn 9; Ostendorf, § 109 Rn 3.
16 Ostendorf, § 109 Rn 3.
17 BGH v. 6.11.1996, 2 StR 391/96, NStZ 1998, 53; aA Eisenberg, NStZ 1998, 53.
18 BGH v. 13.12.1967, 2 StR 548/67, BGHSt 22, 21, 24 ff.
19 BGH v. 25.2.1998, 3 StR 362/97, NStZ 1998, 315.
20 S. auch Nr. 5 RiJGG zu § 109, wonach § 45 anzuwenden ist, wenn der Jugendstaatsanwalt aufgrund der Ermittlungen zur Auffassung gelangt ist, dass Jugendstrafrecht anzuwenden ist.
21 Brunner/Dölling, § 109 Rn 5.
22 Brunner/Dölling, § 109 Rn 5.
23 So aber D/S/S-Sonnen, § 109 Rn 13, Ostendorf, § 109 Rn 5.

Erziehungsregister eingetragen werden, hinfällig;[24] im Übrigen rechtfertigt sich die Eintragung durch den erheblich weiteren, nämlich auch Verbrechen umfassenden Anwendungsbereich, der jugendstrafrechtlichen Diversion. Im Zweifel ist daher Jugendstrafrecht anzuwenden und nach §§ 45, 47 JGG zu verfahren.

2. Berücksichtigung von Untersuchungshaft. Die Möglichkeit, auf die Arrestvollstreckung wegen bereits erlittener Freiheitsentziehung (teilweise) zu verzichten (§ 52) besteht ebenso wie der Grundsatz der Anrechnung von U-Haft auf die Jugendstrafe mit den eng auszulegenden Ausnahmen davon (§ 52 a). Da das allgemeine Strafrecht eine Anrechnungsversagung aus erzieherischen Gründen nicht kennt (§ 51 Abs. 1 S. 2 StGB), darf davon jedoch kein Gebrauch gemacht werden, wenn Jugendstrafrecht nur aufgrund des In-dubio-Satzes angewendet wurde.[25] 11

3. Kosten und Auslagen. Auch bei heranwachsenden Angeklagten kann von der Auferlegung der Kosten und Auslagen abgesehen werden (§ 74). Für diese Ermessensentscheidung spielen u.a. die wirtschaftlichen Verhältnisse des Angeklagten, die Art der Tat, das Verhalten im Verfahren, die Unrechtseinsicht, der Besserungswille sowie zukunftsorientierte erzieherische Überlegungen eine Rolle.[26] Einerseits soll eine wirtschaftliche Gefährdung des Angeklagten vermieden werden, ihm andererseits aber auch gezeigt werden, dass er für die Folgen seines Tuns einzustehen hat.[27] Nicht ermessensfehlerhaft ist es daher, einem erwachsenen Angeklagten, der Taten als Heranwachsender begangen hat und mittlerweile in geordneten finanziellen Verhältnissen lebt, die Verfahrenskosten aufzuerlegen.[28] 12

4. Adhäsionsverfahren und daraus entstandene Kosten und Auslagen des Verletzten. Da § 109 Abs. 2 in der aktuellen Fassung (geändert durch Art. 23 Nr. 5 des zweiten Justizmodernisierungsgesetzes vom 30.12.2006)[29] nicht mehr auf § 81 verweist, ist das **Adhäsionsverfahren** (§§ 403 - 406 c StPO) **gegen Heranwachsende zulässig**. In der Gesetzesbegründung[30] wird allerdings ausdrücklich darauf hingewiesen, dass bereits dass JGG mit dem Täter-Opfer-Ausgleich (§§ 15 Abs. 1 Nr. 1, 23, 45 Abs. 2 S. 2, 47 Abs. 1 Nr. 2) oder der Auflage der Schadenswiedergutmachung (§§ 10 Abs. 1 Nr. 7, 45 Abs. 2 und 3, 47 Abs. 1 Nr. 2) geeignete Entschädigungsmöglichkeiten für den Verletzten enthält, mit denen das Restitutionsinteresse des Verletzten vorrangig befriedigt werden sollte;[31] gedacht ist daher an Fälle, in denen diese Instrumente keine angemessene Entschädigung in Aussicht stellen.[32] 13

Die **Kosten des Adhäsionsverfahrens und notwendigen Auslagen des Verletzten** (§ 472 a StPO) trägt der Heranwachsende, da die Ermessenregelung des § 74 (s. Rn 13) insoweit ausdrücklich keine Anwendung findet (§ 109 Abs. 2 S. 4). Hierin wird zum Teil ein Widerspruch zur ratio des § 74 gesehen, der jedoch nicht durch einen allgemeinen Rückgriff auf die nur für Entscheidungen nach § 472 a 14

---

24 S. auch Kaiser/Schöch, Fall 12, Rn 63.
25 LG Münster v. 24.8.78, 1 Ns 32 Js 295/78, NJW 1979, 938.
26 KG v. 2.10.2001, 1 AR 1150/01.
27 KG v. 2.10.2001, 1 AR 1150/01; OLG Düsseldorf v. 15.7.1993, 3 Ws 383/93, MDR 1993, 1113 f.
28 KG v. 13.1.1999, 3 AR 82-98 - 5 Ws 720-98, NStZ-RR 1999, 121.
29 BGBl. I, 3416 ff.
30 BT-Drucks. 16/3038, 67.
31 BT-Drucks. 16/3038, 67; D/S/S-Sonnen, § 109 Rn 18; Stuppi, Die Änderungen des Jugendgerichtsgesetzes durch das 2. Gesetz zur Modernisierung der Justiz, ZJJ 2007, 18, 21.
32 BT-Drucks. 16/3038, 67; kritisch D/S/S-Sonnen, § 109 Rn 18, mit dem Hinweis auf ausstehende Evaluationen.

Abs. 2 geltenden und ohnehin nur die gerichtlichen Auslagen betreffende Unbilligkeitsklausel aufgelöst werden kann.[33]

15 5. **Strafbefehl.** Wird auf Heranwachsende Jugendstrafrecht angewendet, ist der **Erlass eines Strafbefehls unzulässig** (§§ 109 Abs. 2, 79 Abs. 1); im Umkehrschluss ist bei der Anwendung von Erwachsenenstrafrecht der Abschluss des Verfahrens durch Strafbefehl möglich, dabei jedoch die **Verhängung einer Freiheitsstrafe ausgeschlossen** (§ 109 Abs. 3, § 407 Abs. 2 S. 2 StPO).[34]

16 6. **Weitere anzuwendende Vorschriften nach Abs. 2.** Im Übrigen schreibt § 109 Abs. 2 S. 1 die Geltung der §§ 55 bis 66 vor. Abgedeckt werden damit die Regelungen zum Rechtsmittelverfahren (§§ 55, 56), zum Verfahren bei Aussetzung der Jugendstrafe zur Bewährung (§§ 57 bis 61), zum Verfahren bei Aussetzung der Verhängung der Jugendstrafe (§§ 62 bis 64) sowie zu nachträglichen Entscheidungen (§§ 65, 66). Zu beachten sind ergänzende Regelungen zu §§ 66, 55 in § 109 Abs. 2 S. 2 und 3 (s. auch Rn 18).

IV. Nicht anwendbare Vorschriften

17 Nicht genannt in § 109 und demnach unanwendbar sind die §§ 44 (Vernehmung des Beschuldigten) und 46 (Darstellung des wesentlichen Ergebnisses der Ermittlungen in der Anklageschrift); die Grundgedanken dieser Vorschriften sind jedoch allgemein zu berücksichtigen.[35] Dies gilt auch für § 50 Abs. 1 (Anwesenheit des Angeklagten in der Hauptverhandlung), zumal der in der Hauptverhandlung gewonnene persönliche Eindruck bedeutsam für die Prüfung der Voraussetzungen des § 105 Abs. 1 ist.[36] Ausgeschlossen ist auch die Bestellung eines Beistandes nach § 69, über § 2 Abs. 2 und § 149 StPO kann aber der Ehegatten oder gesetzliche Vertreters als Beistand zugelassen werden. Problematisch ist die Nichtanwendung der Haftvermeidungsvorschrift des § 72.[37]

V. Besondere Verfahrensarten

18 1. **Vereinfachtes Jugendverfahren.** Aufgrund der fehlenden Erwähnung in § 109 ist das vereinfachte Jugendverfahren (§§ 76 bis 78) bei Heranwachsenden unabhängig davon, ob Jugend- oder Erwachsenenstrafrecht zur Anwendung kommt, **unzulässig**.[38] Möglich ist jedoch wegen der fehlenden Nennung der Ausschlussvorschrift des § 79 Abs. 2 die Durchführung eines beschleunigten Verfahrens gem. §§ 417 ff StPO. Zum Ausgleich hebt § 109 Abs. 2 S. 3 die Rechtsmittelbeschränkung des § 55 Abs. 1 und 2 auf, soweit Jugendstrafrecht angewendet wird. Dies wird vom Gesetzgeber damit begründet, dass eine Rechtsmittelbeschränkung aufgrund der vereinfachten Beweisaufnahme im beschleunigten Verfahren nicht vertretbar sei (so die Begründung zum Entwurf des Verbrechensbekämpfungsgesetzes v. 18.2.1994).[39]

---

33 So aber offenbar D/S/S-Sonnen, § 109 Rn 18 a.
34 Zur rechtstatsächlichen Problematik einer länderspezifisch ungleichen Anwendungspraxis bei Straßenverkehrsdelikten s. D/S/S-Sonnen, § 109 Rn 23.
35 Brunner/Dölling, § 109 Rn 2; D/S/S-Sonnen, § 109 Rn 19; ähnlich auch Ostendorf, § 109 Rn 4.
36 OLG Hamburg v. 2.10.1962, 2 Ss 62/62, NJW 1963, 67; Ostendorf, § 109 Rn 4.
37 D/S/S-Sonnen, § 109 Rn 19; zur Reform Bussmann/England, Vermeidung von U-Haft an Jugendlichen und Heranwachsenden, ZJJ 2004, 280 ff.
38 Für eine Zulassung als Vorstufe zur generellen Einbeziehung von Heranwachsenden in das JGG, D/S/S-Sonnen, § 109 Rn 21.
39 BT-Drucks. 12/6853, 40 f; krit. König/Seitz, Die straf- und strafverfahrensrechtlichen Regelungen des Verbrechensbekämpfungsgesetzes, NStZ 1995, 5.

2. **Privat- und Nebenklage.** Da § 109 nicht auf § 80 verweist sind **Privat- und** 19
Nebenklage (§§ 374 ff, 395 ff StPO) gegen Heranwachsende **zulässig**, einerlei, ob
Jugend- oder Erwachsenenstrafrecht angewendet wird. Zuständig ist regelmäßig
der Jugendrichter (§ 108 Abs. 2 iVm § 25 Nr. 1 GVG, §§ 107, 33 Abs. 1, 108
Abs. 1, 39). Zur Zulässigkeit von Neben- und Privatklage in einem verbundenen
Verfahren gegen Jugendliche und Heranwachsende s. Rn 3.

3. **Strafbefehl.** Zum Strafbefehl siehe Rn 15.   20

Dritter Abschnitt Vollstreckung, Vollzug und Beseitigung des Strafmakels

§ 110 Vollstreckung und Vollzug

(1) Von den Vorschriften über die Vollstreckung und den Vollzug bei Jugendlichen gelten § 82 Abs. 1, §§ 83 bis 93 a für Heranwachsende entsprechend, soweit der Richter Jugendstrafrecht angewendet (§ 105) und nach diesem Gesetz zulässige Maßnahmen oder Jugendstrafe verhängt hat.

(2) Für die Vollstreckung von Untersuchungshaft an zur Tatzeit Heranwachsenden gilt § 89 c entsprechend.

Richtlinien zu § 110

1. Wird gegen Heranwachsende das allgemeine Strafrecht angewendet, so gelten für die Vollstreckung die allgemeinen Vorschriften. Besuchen solche Heranwachsende eine Schule oder Berufsschule, so soll die Schulleitung von der Vollstreckungsbehörde über den Ort und die Zeit der von ihnen zu verbüßenden Freiheitsstrafe unterrichtet werden. Den Heranwachsenden kann auch aufgegeben werden, die Ladung der Schulleitung vorzulegen und von ihr auf der Ladung die Kenntnisnahme bescheinigen zu lassen. Die Unterrichtung kann unterbleiben, wenn die Freiheitsstrafe in der Freizeit oder während des Urlaubs bzw. der Ferien der Heranwachsenden vollzogen wird und ihnen aus der Mitteilung unerwünschte Nachteile für ihr Fortkommen entstehen könnten.

2. Wegen der Möglichkeit des Vollzugs einer Freiheitsstrafe in der Jugendstrafanstalt wird auf § 114 und die Richtlinien dazu hingewiesen.

I. Anwendungsbereich

Die Vorschrift regelt die Vollstreckung, den Vollzug und die Beseitigung des   1
Strafmakels jugendstrafrechtlicher Sanktionen (Erziehungsmaßregeln (§§ 9 - 12),
Zuchtmittel (§§ 13 - 16) und Jugendstrafe (§§ 17 ff, 27 ff) sowie Nebenfolgen
(§ 6) gegen **Heranwachsende**, auf die nach § 105 Abs. 1 Jugendstrafrecht angewendet worden ist. Hierzu zählen auch die Maßregeln der Besserung und Sicherung (§ 7)[1].Unerheblich ist, ob über die Sanktionen ein Jugendgericht oder ein für allgemeine Strafsachen zuständiges Gericht entschieden hat.

Soweit Heranwachsende nach dem Erwachsenenrecht verurteilt wurden, gelten   2
die allgemeinen Vorschriften der §§ 449 ff StPO einschließlich der Strafvollstreckungsordnungen.

Zu beachten ist hier ergänzend § 114, wonach Freiheitsstrafen, die nach allgemeinem Strafrecht verhängt worden sind, auch dann in Einrichtungen für den

---

1 Eisenberg, § 110 Rn 2.

Vollzug der Jugendstrafe vollstreckt werden können, wenn der Verurteilte das 24. Lebensjahr noch nicht vollendet hat, sofern er sich für diesen Vollzug eignet.

3 Ist eine Jugendstrafe von der Jugendkammer als erstinstanzliches Gericht in eine Entscheidung gem. § 460 StPO einbezogen und allgemeines Strafrecht angewandt worden, ist die Jugendkammer für die weiteren Entscheidungen zuständig.[2]

4 Wurde gemäß § 7 iVm § 63 StGB die Unterbringung in einem psychiatrischen Krankenhaus angeordnet und nach den Entscheidungsgründen des Urteils materielles Jugendstrafrecht angewandt, ist § 110 maßgebend.

Wenn eine Jugendkammer unter Berücksichtigung des besonderen erzieherischen Bedarfs die Unterbringungsanordnung mit der Verhängung von Jugendstrafe verbindet, gilt für die Reihenfolge der Vollstreckung § 67 StGB, wonach die Unterbringung in einer Anstalt vor der (Jugend-)Strafe vollzogen wird.[3]

5 Zur Vollstreckung gehören auch Gnadenentscheidungen, soweit die Vollstreckungsbehörde zugleich Gnadenbehörde ist.[4] Ist der Jugendrichter Vollstreckungsleiter, entscheidet er auch über die Abkürzung der Sperrfrist bei einem Führerscheinentzug (vgl § 69 a Abs. 7 StGB).

II. Untersuchungshaft gegenüber Heranwachsenden

6 Der Absatz 2 der Vorschrift wurde durch das Gesetz zur Änderung des Untersuchungshaftrechts vom 29.7.2009 geändert.[5] Der frühere § 93 wurde aufgehoben und die Vollstreckung der Untersuchungshaft im § 89 c neu geregelt, siehe § 89 c. Abs. 2 gilt unabhängig davon, ob Jugendstrafrecht oder Erwachsenenstrafrecht Anwendung findet, denn es ist in der Regel bei der Anordnung noch nicht feststellbar, welches Recht in Betracht kommt.

Bei Volljährigen zwischen 21 und 24 Jahren kann Untersuchungshaft im Zeitpunkt der Unterbringung nach § 89 c in einer für junge Gefangene vorgesehenen Einrichtung vollstreckt werden, wenn sie als Heranwachsende einer Straftat hinreichend verdächtig sind. Dies gilt insbesondere dann, wenn eine noch nicht rechtskräftige, auf Jugendstrafrecht beruhende Entscheidung vorliegt.[6]

III. Einschränkung der Ziele der Vollstreckung

7 Soweit gemäß Abs. 1 auf den Erziehungsgedanken im § 90 Abs. 1 S. 2 Bezug genommen wird, wird die Auffassung vertreten, dass gegenüber Volljährigen kein staatlicher Erziehungsanspruch mehr bestehe.[7] Diese Regelung sei daher verfassungswidrig.

Der Gesetzgeber hat im § 105, insoweit die Freiheit der Person einschränkend, ausdrücklich bei Anwendung des Jugendstrafrechts auf die allgemeinen jugendstrafrechtlichen Folgen verwiesen, so dass deren Voraussetzungen und Prinzipien gelten. Die Gleichstellung eines Heranwachsenden, der bei einer Entscheidung nach Jugendrecht entsprechend seiner sittlichen und geistigen Entwicklung noch einem Jugendlichen gleichstehen muss, mit einem Jugendlichen eröffnet dem Ge-

---

2 Schleswig v. 23.12.1982, 1 Str. AR 46/82, NStZ 1983, 480; Eisenberg, § 110 Rn 2.
3 BGH v. 26.5.2009, 4 StR 134/ 09; ebenso wohl Eisenberg, § 110 Rn 2.
4 HM.
5 BGBl 2009 I Nr. 48, 2274, 2277.
6 Eisenberg, § 110 Rn 4.
7 HM, Ostendorf, § 110 Rn 4 unter Verweis auf BVerfG v. 18.7. 1967, 2 BvF 3-8/62, BVerfGE 22, 180; allerdings ist diese Entscheidung zur reinen Jugendhilfe ergangen und betrifft gerade keine strafrechtliche Sanktion, vgl BVerfGE aaO, S. 218 ff.

richt dadurch im Vergleich zum Erwachsenenstrafrecht die weiter gefächerten Möglichkeiten, dem „jugendlichen Täterprofil" angemessene jugendstrafrechtliche Maßnahmen wie zB Erziehungsmaßregeln oder Zuchtmittel anzuordnen. Wollte man die zivilrechtlichen oder öffentlich-rechtlichen Grundsätze der allumfassenden „elterlichen Sorge" heranziehen, wären solche Maßnahmen generell unzulässig und das Jugendrecht in diesen Fällen außer Kraft gesetzt. Es ist nicht ersichtlich, dass das Bundesverfassungsgericht dies bisher beanstandet hätte. Der jugendstrafrechtliche Begriff der Erziehung ist daher im Lichte der strafrechtlichen Sanktionen zu sehen und deshalb nur zulässig, soweit in der Straftat zu Tage getretene erzieherische Defizite auszugleichen sind.[8]

In der Untersuchungshaft kann demnach nichts anderes gelten. Deshalb ist auch bei Heranwachsenden das Ziel der Individualprävention und zwar primär der positiven Individualprävention zulässig.[9] Der Gesetzgeber hat bei der Neufassung in Kenntnis dieser unterschiedlichen Auffassungen im Abs. 2 ausdrücklich den § 89c entsprechend herangezogen und die Möglichkeit der Vollstreckung der Untersuchungshaft in den für junge Gefangene vorgesehenen Einrichtungen für zulässig erklärt. Damit hat er zu erkennen gegeben, dass er dem Alter angemessene Erziehungsmaßnahmen bei Heranwachsenden für zulässig hält.

§ 111 Beseitigung des Strafmakels

Die Vorschriften über die Beseitigung des Strafmakels (§§ 97 bis 101) gelten für Heranwachsende entsprechend, soweit der Richter Jugendstrafe verhängt hat.

I. Gesetzesziel

Diese Vorschrift regelt die **Beseitigung des Strafmakels**, wenn gegen einen **Heranwachsenden** in einem Urteil Jugendstrafe verhängt wurde, unabhängig davon, ob ein Jugendgericht oder ein für allgemeine Strafsachen zuständiges Gericht die Jugendstrafe ausgesprochen hat.[1] 1

Die **Beseitigung des Strafmakels bedeutet**, dass der Straftäter nach Verbüßung oder Erlass einer Jugendstrafe im Bundeszentralregister (BZR) im Vergleich zum Erwachsenenstrafrecht durch die **Beschränkung der Auskunftspflicht** günstiger behandelt wird. Nur die Auskunftspflichten werden eingeschränkt, die Tilgung im BZR wird jedoch dadurch nicht berührt. Hierdurch sollen Nachteile, wie sie gerade auch im Ausbildungs- und Berufsbereich eines Jugendlichen oder Heranwachsenden entstehen können, vermieden werden.

II. Verfahren

Für das **Verfahren** gelten die Bestimmungen der §§ 97–101 für Jugendliche (siehe 2
die Kommentierung dort).

Besonders zu beachten ist, dass das Gesetz zwei Fälle richterlicher Beseitigung des Strafmakels kennt. Die Regelung des § 97 ist nur anwendbar, wenn § 100 nicht zum Zuge kommt.[2] Nach § 100 erklärt der Richter bei einer Strafe oder einem

---

8 Ausf. Ostendorf, § 93 Rn 6 ff, § 105 Rn 26 mwN; Eisenberg, § 110 Rn 7.
9 Zutr. Ostendorf, § 110 Rn 4.
1 HM.
2 Eisenberg, § 7 Rn 3.

Strafrest aufgrund einer Verurteilung von nicht mehr als zwei Jahren Jugendstrafe deren Erlass **zugleich** mit der Beseitigung des Strafmakels.

Die Anordnung des Erlasses gem. § 100 ist in der Regel zwei Jahre nach Verbüßung oder Erlass der Strafe zulässig (§ 97 Abs. 2). Maßgeblich ist der Zeitpunkt der Beschlussfassung, da dieser nicht anfechtbar ist.[3]

3 Für die Entscheidung **zuständig** ist der **Jugendrichter**, in dessen Bezirk der verurteilte Heranwachsende seinen Wohnsitz hat (§ 98 Abs. 1 S. 2; §§ 7 ff BGB). Wird der Verurteilte während des schwebenden Erlassverfahrens volljährig, so ändert sich an der Zuständigkeit nichts.[4]

III. Registerrechtliche Folgen

4 Dem **Bundeszentralregister** ist die Anordnung der Beseitigung des Strafmakels zur Eintragung mitzuteilen (§§ 13 Abs. 1 Nr. 5, 20 BZRG).

Die Eintragung hat folgende Wirkungen:
- Nichtaufnahme der Verurteilung in das Führungszeugnis (§ 32 Abs. 2 Nr. 4)
- Beschränkung der Auskunftspflicht auf Auskünfte an die Staatsanwaltschaft und Gerichte, es sei denn, es handelt sich um Verurteilungen nach den in § 41 Abs. 3 BZRG bezeichneten Straftaten (§§ 171, 174 bis 180a, 181a, 182 bis 184f, 225, 232 bis 233a, 234, 235 oder § 236 des Strafgesetzbuchs).
- Beschränkung der Offenbarungspflicht des Verurteilten (§§ 53 iVm 32 Abs. 2 Nr. 4 BZRG)
- Tilgungsfrist 5 Jahre (§ 46 Abs. 1 Nr. 1 f BZRG).

Vierter Abschnitt Heranwachsende vor Gerichten, die für allgemeine Strafsachen zuständig sind

§ 112 Entsprechende Anwendung

¹Die §§ 102, 103, 104 Abs. 1 bis 3 und 5 gelten für Verfahren gegen Heranwachsende entsprechend. ²Die in § 104 Abs. 1 genannten Vorschriften sind nur insoweit anzuwenden, als sie nach dem für die Heranwachsenden geltenden Recht nicht ausgeschlossen sind. ³Hält der Richter die Erteilung von Weisungen für erforderlich, so überläßt er die Auswahl und Anordnung dem Jugendrichter, in dessen Bezirk sich der Heranwachsende aufhält.

I. Anwendungsbereich	1	1. Rechtsfolgenbestimmung	3
II. Anwendungskonkretisierungen	3	2. Verfahrensvorschriften....	5

I. Anwendungsbereich

1 Die Vorschrift regelt in drei knappen Sätzen mit entsprechenden Verweisungen den **Ausnahmefall**, dass ein Heranwachsender entgegen dem Grundsatz der Zuständigkeit der Jugendgerichte gem. §§ 107, 108, 109 vor einem Gericht für allgemeine Strafsachen angeklagt wird. Vorkommen kann dieser seltene Fall bei der generellen Sonderzuständigkeit einer Wirtschaftsstrafkammer (§ 74e GVG), einer Staatsschutzkammer (§ 74a GVG), von BGH und OLG (§ 102 iVm §§ 120,

---

3 Ostendorf, § 97 Rn 5; D/S/S-Schoreit, § 97 Rn 10; aM Eisenberg, § 97 Rn 8.
4 Eisenberg, § 98 Rn 3.

135 GVG) und einer Widerklage eines Erwachsenen gegen einen Heranwachsenden im Rahmen einer Privatklage.

Zweck der Vorschrift ist, dass – wie im Fall von Jugendlichen vor einem allgemeinen Strafgericht – die materiell- und verfahrensrechtlichen **Sonderregeln bei veränderter Zuständigkeit erhalten bleiben** und auch vom Strafgericht angewendet werden (§ 104). Verweisungstechnisch wird dies dadurch erreicht, dass **S. 1** generell auf die für Jugendliche vor allgemeinen Strafgerichten geltende Regelung der §§ 102 bis 104 verweist, mit **S. 2** aber die selbstverständliche Einschränkung dahin vornimmt, dass die Rechte nicht weiter reichen können, als sie für Heranwachsende vor Jugendgerichten gelten. Diese Einschränkungen des § 104 ergeben sich aus § 109. Daher gelten nur kongruente in § 104 **und** § 109 gewährte Verfahrensrechte. 2

II. Anwendungskonkretisierungen

1. Rechtsfolgenbestimmung. Die Entscheidung über die Anwendung jugendstrafrechtlicher Sanktionen auf Heranwachsende vor allgemeinen Strafgerichten fällt auch in diesem Fall im Rahmen von § 105. Bei dessen **Bejahung** hat auch das allgemeine Strafgericht, die in § 105 Abs. 1 vorgesehenen Rechtsfolgen des JGG nach §§ 4 bis 8, 9 Nr. 1, 10, 11, 13 bis 32 ebenso anzuwenden, wie wenn ein Jugendgericht zuständig wäre. Nur wenn **Weisungen** nach § 10 ausgesprochen werden sollen, hat das verhandelnde Strafgericht Auswahl und Anordnung nach **S. 3** dem Jugendrichter im Bezirk des Aufenthalts des Angeklagten zu überlassen. Diese Regel will wie bei den Jugendlichen, wo gem. § 104 Abs. 4 (der hier nach S. 1 ausdrücklich nicht anwendbar ist) das Familiengericht anstelle des Strafgerichts über Erziehungsmaßregeln entscheidet, die dafür notwendige pädagogische Kompetenz sichern. 3

Fehlen die Voraussetzungen des § 105 kommen grundsätzlich die Sanktionen des StGB zur Anwendung – allerdings mit den Besonderheiten von § 106 (s. die Kommentierung von § 106). 4

2. Verfahrensvorschriften. Auch der Anwendungsumfang jugendstrafrechtlicher Verfahrensregeln hängt – allerdings in geringerem Maß – von der materiellen Grundsatzentscheidung zur Anwendung des Jugendstrafrechts nach § 105 ab. Nach **S. 2** ist nämlich die Verweisung auf die umfassenden Rechte bei Jugendlichen gem. § 104 wieder anhand von § 109 mit seiner Differenzierung hinsichtlich der Entscheidung über die Anwendung von Jugendstrafrecht nach § 105 in Einklang zu bringen: § 109 Abs. 1 betrifft alle Heranwachsenden, die Weiterungen des § 109 Abs. 2 gelten nur für solche mit einer positiven Entscheidung zur Anwendung des Jugendstrafrechts. 5

Nach S. 1 iVm § 109 Abs. 1 ist **in jedem Fall** – auch bei der Anwendung von allgemeinem Strafrecht –die Heranziehung der Jugendgerichtshilfe, die notwendige Verteidigung und die Möglichkeit der Unterbringung zur Beobachtung zu beachten. Die genannten ausdrücklich anzuwendenden Verfahrensnormen können nach S. 1 iVm § 104 Abs. 2 mit einer am Interesse des Heranwachsenden orientierten **gerichtlichen Ermessensentscheidung** erweitert werden, zB in besonderen Fällen auf den Ausschluss der Öffentlichkeit entsprechend § 48 wie bei Jugendlichen. 6

Bei **Anwendung von Jugendstrafrecht nach** § 105 gilt zusätzlich § 109 Abs. 2 mit weiteren Verfahrensrechten, die sämtlich auch beim Verfahren gegen Heranwachsende vor Gerichten, die für allgemeine Strafsachen zuständig sind, anzu- 7 wenden sind. Das betrifft vor allem die jugendstrafrechtlichen Diversionsmöglichkeiten nach §§ 45 ff, die Untersuchungshaft und Rechtsmittel.[1]

8 Für die **Vollstreckung** jugendstrafrechtlicher Sanktionen bei Heranwachsenden gelten selbstverständlich die §§ 110, 111 auch nach einer Verurteilung vor dem Strafgericht.[2]

Vierter Teil
Sondervorschriften für Soldaten der Bundeswehr

§ 112 a Anwendung des Jugendstrafrechts

Das Jugendstrafrecht (§§ 3 bis 32, 105) gilt für die Dauer des Wehrdienstverhältnisses eines Jugendlichen oder Heranwachsenden mit folgenden Abweichungen:
1. Hilfe zur Erziehung im Sinne des § 12 darf nicht angeordnet werden.
2. (aufgehoben)
3. Bei der Erteilung von Weisungen und Auflagen soll der Richter die Besonderheiten des Wehrdienstes berücksichtigen. Weisungen und Auflagen, die bereits erteilt sind, soll er diesen Besonderheiten anpassen.
4. Als ehrenamtlicher Bewährungshelfer kann ein Soldat bestellt werden. Er untersteht bei seiner Tätigkeit (§ 25 Satz 2) nicht den Anweisungen des Richters.
5. Von der Überwachung durch einen Bewährungshelfer, der nicht Soldat ist, sind Angelegenheiten ausgeschlossen, für welche die militärischen Vorgesetzten des Jugendlichen oder Heranwachsenden zu sorgen haben. Maßnahmen des Disziplinarvorgesetzten haben den Vorrang.

§ 112 b (aufgehoben)

§ 112 c Vollstreckung

(1) Der Vollstreckungsleiter sieht davon ab, Jugendarrest, der wegen einer vor Beginn des Wehrdienstverhältnisses begangenen Tat verhängt ist, gegenüber Soldaten der Bundeswehr zu vollstrecken, wenn die Besonderheiten des Wehrdienstes es erfordern und ihnen nicht durch einen Aufschub der Vollstreckung Rechnung getragen werden kann.

(2) Die Entscheidung des Vollstreckungsleiters nach Absatz 1 ist eine jugendrichterliche Entscheidung im Sinne des § 83.

§ 112 d Anhörung des Disziplinarvorgesetzten

Bevor der Richter oder der Vollstreckungsleiter einem Soldaten der Bundeswehr Weisungen oder Auflagen erteilt, von der Vollstreckung des Jugendarrestes nach § 112 c Absatz 1 absieht oder einen Soldaten als Bewährungshelfer bestellt, soll

---
1 Eine übersichtliche Aufstellung zur unterschiedlichen Anwendung einzelner Verfahrensrechte findet sich bei D/S/S-Sonnen, § 112 Rn 3, 4 und 7.
2 Ostendorf, § 112 Rn 7.

er den nächsten Disziplinarvorgesetzten des Jugendlichen oder Heranwachsenden hören.

§ 112 e Verfahren vor Gerichten, die für allgemeine Strafsachen zuständig sind

In Verfahren gegen Jugendliche oder Heranwachsende vor den für allgemeine Strafsachen zuständigen Gerichten (§ 104) sind die §§ 112 a und 112 d anzuwenden.

I. Grundsätze der Anwendung des Jugendstrafrechts auf junge Soldaten der Bundeswehr 1	2. Hilfe zur Erziehung iSd § 12 (§ 112 a Nr. 1) 8
1. Persönlicher und sachlicher Anwendungsbereich des JGG 1	3. Erziehungshilfe durch den Disziplinarvorgesetzten (§ 112 a Nr. 2) 9
2. Modifikationen des Jugendstrafrechts für Soldaten 2	4. Modifikationen von Weisungen und Auflagen (§ 112 a Nr. 3) 13
II. Die Modifikationen des Jugendstrafrechts bei der Anwendung im Wehrdienstverhältnis 4	5. Modifikationen der Bewährungshilfe bei Soldaten (§ 112 a Nr. 4 und 5) .. 14
1. Vorbemerkung 4	6. Absehen von der Vollstreckung des Jugendarrests (§ 112 c Abs. 2) 15

I. Grundsätze der Anwendung des Jugendstrafrechts auf junge Soldaten der Bundeswehr

1. Persönlicher und sachlicher Anwendungsbereich des JGG. Soldaten der Bundeswehr, dh nach § 112 a Abs. 1 Personen in einem **Wehrdienstverhältnis** (§ 1 Abs. 1 S. 1 SoldG), aufgrund ihrer **Wehrpflicht** (§§ 4 Abs. 1, 21, 23 WPflG) oder aufgrund **freiwilliger Verpflichtung** auf bestimmte Zeit bzw Lebenszeit (§§ 1 Abs. 2 SoldG, 4 Abs. 3 WPflG) werden von der Anwendung des Jugendstrafrechts im Rahmen der vorgesehenen Altersstufen **nicht ausgenommen.** Dieser Grundsatz wird in § 3 Abs. 2 WStG auf die Anwendung des militärischen Sonderstrafrechts ausgedehnt, so dass sich entsprechend der allgemeinen Grundsätze des JGG die Voraussetzungen der Strafbarkeit nach § 4 iVm §§ 15-48 WStG richten, die Rechtsfolgen der §§ 9-14 a WStG und die besonderen Deliktsfolgen der militärischen Straftaten aber durch §§ 5-32 und die Durchführung des Verfahrens durch §§ 33 ff bestimmt werden. Dem JGG kommt dadurch **Vorrang** sowohl gegenüber dem Wehrstrafgesetz als auch dem allgemeinen Strafrecht zu, soweit es Sonderregeln enthält und der Rückgriff auf allgemeine Regeln gem. § 2 Abs. 2 ausscheidet. Unter diesem Aspekt stellen dann die §§ 1-7 WStG materielle militärische Sonderregeln auch im Jugendstrafrecht dar. 1

2. Modifikationen des Jugendstrafrechts für Soldaten. Das damit grundsätzlich auch für Soldaten geltende Jugendstrafrecht enthält in §§ 112 a – 112 e einige **Sonderregeln,** die im Blick auf die Erziehungsbelange des JGG die besonderen Lebensumstände des Zusammenlebens und der Organisation des Wehrdienstes berücksichtigen. Die Modifikationen beziehen sich daran orientiert auf die Rechtsfolgen (§§ 112 a und b), das Verfahren (§§ 112 d und e) sowie die Vollstreckung (§ 112 e). Unberührt davon bleiben die Jugendstrafe und ihre Vollstreckung. Nach § 75 Abs. 2 Nr. 2 und 3 SoldG kann der Soldat entlassen werden, 2 wenn gegen ihn auf eine nicht zur Bewährung ausgesetzte Jugendstrafe erkannt oder eine Jugendstrafe widerrufen wird.

3 Wegen des auf die militärischen Lebensbedingungen abgestellten Modifikationsgrundes geht es darum, die **Erziehungsbelange** in das persönlich enge Führungsverhältnis zu integrieren. Zu den Grundlagen der „Inneren Führung" zählen Erziehungsprinzipien wie Persönlichkeitsbildung durch ethische Kompetenz und moralische Urteilsfähigkeit.[1] Abweichend vom Grundsatz der Tatzeit als **Anknüpfungspunkt** für die Anwendung des Jugendstrafrechts (§ 1 Abs. 2) wird daher für die Sonderregeln bei Soldaten nach § 112 a Abs. 1 auf die **Dauer des Wehrdienstes** abgestellt. Nur auf diese speziellen Lebensbedingungen sind die Modifikationen zugeschnitten. Daher markiert die formale Wehrdienstzeit den Beginn (§ 2 Abs. 1 Nr. 1 - 4 SoldG) und das Ende (§ 2 Abs. 2 SoldG) der Anwendung der §§ 112 a - 112 e im Jugendstrafrecht. Unter Bezug auf den Bestimmtheitsgrundsatz werden gegen die auf die Lebenssituation des Wehrdienstes abstellende Anwendungsregelung Bedenken erhoben, weil so zur Tatzeit nicht sicher feststeht, welche Rechtsfolgen eintreten.[2]

II. Die Modifikationen des Jugendstrafrechts bei der Anwendung im Wehrdienstverhältnis

4 **1. Vorbemerkung.** Die von §§ 112 a ff vorgesehenen materiellen Modifikationen des JGG sind aufs Ganze gesehen relativ **geringfügig**, wenn man an den Ausschluss der Hilfen zur Erziehung (§ 112 a Nr. 1), die Berücksichtigung der Besonderheiten des Wehrdienstes bei Weisungen und Auflagen (§ 112 a Nr. 3) und die auf § 14 Abs. 3 und 4 WStG entsprechende Anpassung der Bewährungshilfe bei ehrenamtlichen oder nicht soldatischen Bewährungshelfern (§ 112 a Nr. 4 und 5) denkt. Ebenso wenig bedeutsam ist im Vergleich zum gesamten Jugendgerichtsverfahren die Erstreckung der Anhörung auf den Disziplinarvorgesetzten (§ 112 d) und die im Sinne des § 104 Abs. 1 konsequente Erweiterung bei Soldaten auf die Anwendung der Modifikation auch vor den allgemeinen für Strafsachen zuständigen Gerichte (§ 112 e). Gleiches gilt für die Vollstreckungsvariante des Absehens vom Jugendarrest hinsichtlich des Wehrdienstes (§ 112 c Abs. 2).

5 Die einzige eigenständige Sonderregelung der Rechtsfolgen ist die Erziehungsmaßregel der **Erziehungshilfe durch den Disziplinarvorgesetzten** (§ 112 a Nr. 2), die deshalb ausführlicher in §§ 112 b, 112 c Abs. 1 und in der auf § 115 Abs. 3 beruhenden Rechtsverordnung zu ihrer Durchführung[3] geregelt ist. Danach sieht die im Wehrdienst erfolgende Erziehungshilfe des Vorgesetzten besondere Betreuung und Überwachung des soldatischen Dienstes vor – u.a. mit dem Verbot, für einen Monat die Unterkunft zu verlassen, und der Möglichkeit weiterer Freizeitbeschränkungen. In der jugendstrafrechtlichen Praxis gegenüber Soldaten hat diese Form der Erziehungshilfe trotz ihres Zuschnitts auf die Lebensverhältnisse des Militärdienstes **keine Relevanz** erlangt. Heute wird sie praktisch nicht mehr angewandt. Ihre **Abschaffung** steht bevor, denn nach Art. 59 des Entwurfs eines 17. Gesetzes über die weitere Bereinigung von Bundesrecht[4] der Bundesregierung vom 23.4.2010 soll zumindest die Rechtsverordnung zur Durchführung aufgehoben werden. Die dafür im Entwurf gegebene Begründung stellt die besondere

---

[1] Kapitel 1 der Zentralen Dienstvorschrift 10/1 von 2008.
[2] Eisenberg, § 112 a Rn 3.
[3] BGBl. I 1958, 645.
[4] BR-Drucks. 230/10.

Rechtsfolge insgesamt infrage: Die konkrete Ausgestaltung vor allem hinsichtlich der Überwachung stehe neben der praktischen Bedeutungslosigkeit mit dem heutigen Verständnis einer Erziehungshilfe nicht in Einklang. Die Erziehungshilfe durch den Disziplinarvorgesetzten wäre ursprünglich mit Blick auf das 1957 noch geltende Volljährigkeitsalter von 21 Jahren konzipiert worden. Heute blieben nur ganz wenige Fälle, die schon vor dem Volljährigkeitsalter von 18 Jahren in den Wehrdienst kämen. Der Militärdienst finde in weniger engen persönlichen Verhältnissen statt, wie schon die kurze Verweildauer und die vielen „Heimschläfer" zeigen. Schließlich seien Anordnungen im Rahmen der Erziehungshilfe durch den Vorgesetzten als militärische Befehle zu qualifizieren. Ein Zuwiderhandeln könnte so eine erneute Straftat hervorrufen. Die Begründung überzeugt. Eine besondere Erziehungsmaßregel ist auch für den Wehrdienst nicht mehr notwendig. Die vorhandenen Möglichkeiten bei den Weisungen nach § 10 mit dem für weitere Gestaltungen offenen Katalog sind ausreichend und auf alle Lebensverhältnisse problemlos anzupassen.

Die **fehlende praktische Relevanz und Notwendigkeit** betrifft auch die übrigen Sonderregeln. Der Ausschluss des § 12 hat schon deshalb keine praktische Wirkung, weil im Hinblick auf das Ende mit Eintritt bei Volljährigkeit auch in der unmittelbaren Zeit bis zu einem Jahr davor von einer Anordnung abgesehen wird. Weisungen und Auflagen lassen schon ohne die Regelung in § 112 a Nr. 3 genügend richterlichen Gestaltungsspielraum, um sie besonderen Verhältnissen anzupassen. Das gilt prinzipiell auch für die Vollstreckungsmodalitäten des Jugendarrests und die Ausgestaltung der Bewährungshilfe bei jungen Soldaten. Die Regelung ist daher **schon in der Sache überflüssig und ohne besonderes Profil** im Jugendstrafrecht, so dass ihre komplette Abschaffung im Zusammenhang mit dem 17. Gesetz über die weitere Bereinigung von Bundesrecht erwogen werden sollte, wobei es um die Streichung der Rechtsverordnung zur Durchführung der Erziehungshilfe geht.

6

Die praktische Bedeutungslosigkeit der jugendstrafrechtlichen Sonderregelung für Soldaten beruht auch auf den daneben bestehenden und bei einer Streichung verbleibenden **Möglichkeiten der Kontrolle des Fehlverhaltens von Soldaten.** Neben den allgemeinen Erziehungsabläufen zwischen Soldat und Vorgesetztem im Rahmen der inneren Führung gibt es zwei Stufen der Disziplinarmaßnahmen: Die einfachen **Disziplinarmaßnahmen**, wozu Verweis, Disziplinarbuße, Ausgangsbeschränkung und Disziplinararrest gehören, werden nach §§ 22 ff WDO durch den Disziplinarvorgesetzten ausgeübt. Im Rahmen seines dienstlichen Ermessens gem. § 15 Abs. 2 WDO können auch Erziehungsbelange berücksichtigt werden. Die gerichtlichen Disziplinarmaßnahmen nach §§ 58 ff WDO beziehen sich vor allem auf Laufbahneinbußen. Beim Nebeneinander von Disziplinarmaßnahmen und Rechtsfolgen nach JGG erfolgt unter Beachtung auch von Erziehungsgrundsätzen die jeweils gegenseitige Anrechnung in der nachfolgenden Entscheidung.[5] Die Bundeswehr kann mögliche Kollisionsfälle und damit Strafverfahren vermeiden, wenn bei einer Straftat als gleichzeitiges Dienstvergehen gem. § 33 Abs. 3 SoldG von einer **Anzeige** an die Strafverfolgungsbehörde **abgesehen wird**. Die erfolgt danach nur, wenn die Abgabe zur Aufrechterhaltung der militärischen Ordnung oder wegen der Schwere der Tat erforderlich ist. Bei jungen Soldaten kann in den ersten vier Jahren ihres Wehrdienstverhältnisses bei Straftaten von einigem Gewicht mit der fristlosen Entlassung nach § 55 Abs. 5 SoldG reagiert werden, wo-

7

---

5 BVerfGE 21, 378 ff; 27, 184 ff; in § 16 WDO ist diese Frage bei nachfolgender Disziplinarentscheidung ausdrücklich und ausführlich geregelt.

durch das Wehrdienstverhältnis endet. Insbesondere mit Blick auf die einfachen Disziplinarmaßnahmen und der Befugnis zum Absehen von einer Anzeige bedarf es der Sonderregeln der §§ 112 a ff nicht. Wegen der geringen Bedeutung werden die Modifikationen des JGG für Soldaten nur knapp kommentiert. Zur Information über Einzelheiten ist auf verbliebene ausführliche Kommentierungen dieses Bereiches hinzuweisen.[6]

8 **2. Hilfe zur Erziehung iSd § 12 (§ 112 a Nr. 1).** Erziehungsbeistandschaft und Heimerziehung werden zutreffend als nicht mit dem Lebensablauf im Rahmen des Wehrdienstes verträglich ausgeschlossen. Freilich entfallen diese Erziehungsmaßregeln schon aufgrund allgemeiner Erwägungen, da der Wehrdienst frühestens mit 17 Jahren beginnt (§ 5 Abs. 1 a WehrpflG) und sie mit der Volljährigkeit bei 18 Jahren (§§ 27, 17 Abs. 1 Nr. 2 SGB VIII) enden. Eine kurze Wirkungsdauer deutlich unter einem Jahr ist nicht sinnvoll.

9 **3. Erziehungshilfe durch den Disziplinarvorgesetzten (§ 112 a Nr. 2).** Die besondere eigenständige Erziehungsmaßregel iSd § 9 will die Lebenssituation in der militärischen Gemeinschaft mit den Prinzipien von Befehl und Gehorsam für die Erziehung straffälliger junger Soldaten nutzen. Allgemeine Voraussetzung ist wie bei allen Erziehungsmaßregeln **die Geeignetheit für das konkrete Erziehungsziel**, dh Erziehungsbedürftigkeit und -fähigkeit des Soldaten einerseits und Erziehungseignung des Disziplinarvorgesetzten andererseits. Die militärische Form der Erziehungshilfe dauert längstens ein Jahr oder bis zum 22. Lebensjahr des Verurteilten oder dem Ende der Wehrdienstes (§ 112 b Abs. 3 S. 2). Sie endet vorher, wenn der mit ihr verbundene Erziehungszweck erreicht ist (§ 112 b Abs. 3 S. 1).

10 Die Anordnung der Erziehungshilfe durch den Disziplinarvorgesetzten als besondere Erziehungsmaßregel ist nur durch ein **formelles Urteil** möglich, nicht durch §§ 45, 47, denn dort fehlt eine entsprechende Befugnis für Erziehungsmaßregeln, die über Weisungen hinausgehen. Sie kann unmittelbar im Urteil des Jugendrichters ausgesprochen oder bei **Überweisung an das Familiengericht** nach § 53 und Vorliegen der speziellen Voraussetzungen nach § 112 a auch vom Familiengericht angeordnet werden. Bei Verfahren gegen Jugendliche vor allgemeinen Strafgerichten muss der letztere Weg gem. § 104 Abs. 4 eingehalten werden. Auf die Durchführung der Erziehungsmaßregel hat der Jugendrichter keinen Einfluss; sie obliegt allein dem zuständigen nächsten Disziplinarvorgesetzten.[7] Diese klare Kompetenzverteilung folgt aus dem eindeutigen Wortlaut des § 112 b Abs. 1. Nur die Feststellung der **vorzeitigen Beendigung der Erziehungshilfe nach § 112 b Abs. 3 S. 1** ist als Grundentscheidung eine richterliche Aufgabe (§ 112 c Abs. 1). Die Entscheidung ergeht ohne Verhandlung durch Beschluss und ist nach § 112 c Abs. 3 als eine solche nach § 83 Abs. 3 mit der sofortigen Beschwerde gem. § 311 StPO anfechtbar.

11 **Die Durchführung der Erziehungshilfe** ist organisatorisch und rechtlich in die militärische Struktur des Wehrdienstes eingebettet. Einzelmaßnahmen der Erziehungshilfe sind daher den **Regeln von Befehl und Gehorsam** gem. §§ 10, 11 SoldG unterworfen. Die Zuwiderhandlungen gegen Auflagen oder sonstige Beschränkungen im Rahmen der Erziehungshilfe können daher als Straftaten gem. §§ 19, 20 WStG oder zumindest als Verletzung von Dienstpflichten als Disziplinarmaßnahmen nach der WDO relevant werden.

---

6 S. zB Brunner/Dölling, §§ 112a-e; D/S/S-Diemer, §§ 112a-e; Eisenberg, §§ 112a-e.
7 Brunner/Dölling, § 112 Rn 5; Eisenberg, § 112 b Rn 5; D/S/S-Diemer, § 112 b Rn 2.

Die vom Disziplinarvorgesetzten angeordneten Einzelmaßnahmen können sich 12
nach § 112 b Abs. 2 auf den Dienst, die Freizeit, den Urlaub und die Auszahlung
der Besoldung beziehen. Die in der Rechtsverordnung zur Durchführung konkretisierenden Pflichten und Beschränkungen sind nicht abschließende Vorgaben,
die für den Einzelfall angepasst oder im Rahmen der allgemeinen Rechtmäßigkeitsvoraussetzungen der Erziehungsmaßregeln auch erweitert werden.

4. Modifikationen von Weisungen und Auflagen (§ 112 a Nr. 3). Die Anpas- 13
sungsermächtigung – bei bestehendem Wehrdienst für die aktuelle Anordnung
hinsichtlich der in §§ 10, 15 genannten Rechtsfolgen sowie bei danach eintretendem Wehrdienstverhältnis nachträglich – will Kollisionen zwischen den verpflichtenden Rechtsfolgen und den dort nicht berücksichtigten Besonderheiten
des Militärdienstes und der dadurch bedingten Rechtsstellung vermeiden. Insoweit notwendige Änderungen können auch zum Wegfall führen. Als Entscheidungsgrundlage ist die Anhörung des Disziplinarvorgesetzten nach § 112 d vorgesehen.

5. Modifikationen der Bewährungshilfe bei Soldaten (§ 112 a Nr. 4 und 5). Be- 14
stellt der Richter nach **Nr. 4** einen **Soldaten als Bewährungshelfer**, so begibt er
sich des in § 24 S. 2 enthaltenen Rechts, Anweisungen für die konkrete Betreuung
und Überwachung des Probanden an den Bewährungshelfer zu geben. Nicht betroffen sind nach der ausdrücklichen Regelung von Nr. 4 S. 2 die Rechte des
Richters aus § 24 S. 1, 3 und 4, insbesondere also die Befugnis, den bestellten
Soldaten als Bewährungshelfer abzuberufen. Nach **Nr. 5** dürfen **zivile Bewährungshelfer** bei der Betreuung von Soldaten im Bereich militärischer Dienstabläufe nicht tätig werden. Das betrifft insbesondere den Inhalt von Dienstpflichten,
der vom Vorgesetzten bestimmt wird. Absoluten Vorrang gegenüber dem Bewährungshelfer kommt nur dem Disziplinarvorgesetzten bei entsprechenden
Maßnahmen zu.[8]

6. Absehen von der Vollstreckung des Jugendarrests (§ 112 c Abs. 2). Die in § 87 15
Abs. 3 enthaltenen Möglichkeiten des **Absehens von der Vollstreckung des Jugendarrests** aus Gründen der Erziehung bzw mit Blick auf das erzieherische Gewicht einer Strafe wegen einer anderen Tat werden bei Straftaten von Soldaten
vor Beginn des Wehrdienstverhältnisses auf Besonderheiten des Wehrdienstes erstreckt. Zunächst ist zu prüfen, ob die **Belange des Wehrdienstes** schon durch
Aufschub der Vollstreckung erreicht werden können. Dabei ist § 87 Abs. 4 zu
beachten, der eine Vollstreckung ein Jahr nach Eintritt der Rechtskraft ausschließt und so der Aufschub mit Ablauf dieser Frist die Wirkung einer Aufhebung erhält.

Fünfter Teil
Schluß- und Übergangsvorschriften

§ 113 Bewährungshelfer

[1]Für den Bezirk eines jeden Jugendrichters ist mindestens ein hauptamtlicher Bewährungshelfer anzustellen. [2]Die Anstellung kann für mehrere Bezirke erfolgen
oder ganz unterbleiben, wenn wegen des geringen Anfalls von Strafsachen unverhältnismäßig hohe Aufwendungen entstehen würden. [3]Das Nähere über die
Tätigkeit des Bewährungshelfers ist durch Landesgesetz zu regeln.

---

8 D/S/S-Diemer, § 112 a Rn 12; Ostendorf, § 112 a Rn 14.

I. Organisation	1	II. Praxis	4
1. Dienstliche Stellung	1	1. Arbeitspraxis	4
2. Geschäftsverteilung	3	2. Ausbildung	5
		3. Rollenkonflikt	6

I. Organisation

1 **1. Dienstliche Stellung.** Nach S. 1 muss mindestens **ein Bewährungshelfer pro Jugendrichter** zur Verfügung gestellt werden (S. 1). Eine weitere inhaltliche Regelung erfolgt in der Vorschrift nicht, sondern es wird nur auferlegt, durch **Landesgesetz** die Tätigkeit der Bewährungshelfer zu regeln (S. 3). Dabei müssen selbstverständlich die Ziele des JGG beachtet werden.[1] In den meisten Ländern sind die **Bewährungshelfer bei den Justizbehörden** angestellt,[2] so dass sie Amtsträger nach § 11 Abs. 1 Nr 2 StGB sind, unabhängig davon, ob sie Angestellte oder Beamte sind.[3] Die Justizbehörden haben so auch die Dienstaufsicht, die vom Landgerichtspräsidenten durchgeführt wird,[4] jedoch weitgehend beschränkt ist auf förmliche Kontrolle durch den Jugendrichter.[5] In den Stadtstaaten Berlin und Bremen sind die Bewährungshelfer bei Jugendbehörden angestellt und deren Dienstaufsicht unterstellt. **Fachlich** sind die Bewährungshelfer dem jeweiligen Jugendrichter unterstellt.[6] Bei entsprechender verwaltungsrechtlicher Absicherung ist auch eine „**Beleihung**" Privater als Bewährungshelfer (und Gerichtshelfer),[7] wie in Baden-Württemberg seit 2005 gehandhabt,[8] denkbar.[9]

2 Eine Anstellung auf Landesebene oder nach Gerichtsbezirk und nicht nach einzelnem Bereich der Jugendrichter, wie sie die Länder bei der Umsetzung der Regelung vorgenommen haben,[10] ist unabhängig von Satz 2 zulässig, wenn tatsächlich pro Bezirk eines Jugendrichters ein hauptamtlicher Bewährungshelfer existiert und zur Verfügung steht.[11]

3 **2. Geschäftsverteilung.** Die Zuständigkeit wird zumeist durch die Geschäftsverteilung geregelt. Abweichungen gibt es nur im Einzelfall.[12] Eine speziell auf die jeweiligen Bedürfnisse und Anforderungen abgestimmte Einteilung ist somit je-

---

1 Brunner/Dölling, § 25 Rn 11; Eisenberg, § 113 Rn 1.
2 Einzelheiten ergeben sich aus den hier nicht im Einzelnen dargestellten Landesregelungen.
3 Ostendorf, § 113 Rn 1; D/S/S-Sonnen, § 113 Rn 1.
4 Ostendorf, § 113 Rn 1; D/S/S-Sonnen, § 113 Rn 1; Stein, Rechtspolitische Aspekte einer Neugliederung der sozialen Dienste der Justiz – Zum Diskussionsentwurf eines Bundesresozialisierungsgesetzes der Arbeitsgemeinschaft Sozialdemokratischer Juristen (ASJ), BewHi 1987, 153, 154; für Baden Württemberg: Dünkel, Erfahrungen mit der Dienstaufsicht in der Bewährungshilfe, BewHi 1990, 36.
5 Ostendorf, § 113 Rn 1; vgl auch Stein, BewHi 1987, 153, 155.
6 Vgl D/S/S-Sonnen, § 113 Rn 1.
7 Eisenberg, § 113 Rn 2; vgl aber die verfassungsrechtlichen Bedenken bei VG Sigmaringen, ZJJ 2008, 297 (Vorlage zum BVerfG); vgl Sterzel, Privatisierung der Bewährungs- und Gerichtshilfe – Verfassungsrechtliche Grenzen einer Verlagerung von Hoheitsaufgaben im Justizbereich auf Private, BewHi 2007, 172, 179 ff: Beamte in Privatisierungsfällen weiter zu beschäftigen ist verfassungswidrig.
8 Landesgesetz über die Bewährungs- und Gerichtshilfe sowie die Sozialarbeit im Justizvollzug (LBGS) vom 1.7.2004, GBl 504, 505, in der Fassung vom 11.12.2007, GBl 580.
9 Grundsätzlich dazu Rössner, DWJ 1991, 219 ff für den vergleichbaren Fall einer „Beleihung" mit öffentlichen Aufgaben im Jugendvollzug.
10 Eisenberg, § 113 Rn 1; vgl Stein, BewHi 1987, 153, 154.
11 Eisenberg, § 113 Rn 1.
12 Eisenberg, § 113 Rn 6; Brunner/Dölling, § 113 Rn 2.

doch nicht generell möglich.[13] Im Durchschnitt betreut jeder Bewährungshelfer mehr als 60 Probanden.[14] Es bestehen dabei große regionale Unterschiede.[15] Die Probandenzahl wird im Allgemeinen als deutlich zu hoch eingeschätzt.[16] Die Vorgabe von nur mindestens einem Bewährungshelfer pro Jugendrichter wird zudem für viel zu niedrig gehalten.[17] Seit etwa 2000 (Zahlen sind bis 2007 bekanntgegeben) hat sich die absolute Gesamtzahl der Unterstellungen nach Jugendstrafrecht um die 35.000 auf hohem Niveau eingependelt.[18]

II. Praxis

1. Arbeitspraxis. In der Bewährungshilfe arbeiten sowohl Mitarbeiter öffentlicher als auch freier Träger, sowohl hauptamtliche als auch ehrenamtliche. Deren Verhältnis ist gesetzlich nicht vorgegeben.[19] Wegen des Arbeitsablaufs, bei dem die Bewährungshelfer durch die Einzelbetreuung und Einzelfallausrichtung bedingt viel alleingestellt sind, werden **Supervision**[20] und die Einbindung in berufsständische Organisationen gefordert.[21] Eine spezialisierte Jugendbewährungshilfe wird von § 113 allerdings nicht verlangt.[22]

2. Ausbildung. Ohne eine durch die Vorschrift verbindlich vorgegebene Ausbildung fungieren die Bewährungshelfer in der Regel als Sozialarbeiter[23] bzw Sozialpädagogen.[24] Bemängelt wird das teilweise Fehlen von jugendkriminologischen Kenntnissen bzgl der Alters- und Geschlechtsdifferenzierung.[25] Auch hinsichtlich der pädagogischen Voraussetzungen fehlt es vielfach an **besonderen Qualifikationsprofilen**.[26] Oftmals werden wie bei Jugendrichtern nur bestimmte charakterliche Eignungsanforderungen gestellt, wie überdurchschnittliche Intelligenz, ausgeprägte emotionale Reife und persönliche Initiative.[27] Mit dem Blick auf die

---

13 Eisenberg, § 113 Rn 6.
14 Brunner/Dölling, § 113 Rn 2; D/S/S-Sonnen, § 113 Rn 3: durchschnittlich 70 Probanden; Eisenberg, § 113 Rn 3: zwischen 40 und 90 Probanden; 81 Probanden (Unterstellungen nach Jugendstrafrecht und allgemeinem Strafrecht) durchschnittlich in 2000 für Mecklenburg-Vorpommern bei Dünkel/Scheel/Schäpler, Jugendkriminalität und Sanktionspraxis im Jugendstrafrecht, ZJJ 2003, 119, 129; eigene Berechnungen nach der Übersicht in BT-Drucks. 16/13142 vom 26.5.2009, S. 72 ff: für diejenigen Bundesländer, die separate Angaben von Jugendlichen und Heranwachsenden machen (Baden Württemberg, Berlin und Hamburg), sind es durchschnittlich (mit großen Unterschieden) 69,31 Probanden pro Bewährungshelfer; die restlichen Bundesländer machen nur Angaben für Unterstellungen nach Jugendstrafrecht und allgemeinem Strafrecht zusammen, dort sind es durchschnittlich 85,39 Probanden (wieder mit großen Unterschieden).
15 D/S/S-Sonnen, § 113 Rn 3; Eisenberg, § 113 Rn 3.
16 D/S/S-Sonnen, § 113 Rn 3; Eisenberg, § 113 Rn 4.
17 Ostendorf, § 113 Rn 1, Grdl. zu §§ 21 – 26 a Rn 5, §§ 24 – 25 Rn 2.
18 Statistisches Bundesamt (Hrsg.), Fachserie 10, Reihe 5, 2007, S. 11, Tabelle 1.1 (früheres Bundesgebiet, ab 1992 einschließlich Gesamt-Berlin).
19 Vorschläge zur Ausgestaltung des Verhältnisses in der Praxis bei D/S/S-Sonnen, § 113 Rn 7 f.
20 D/S/S-Sonnen, § 113 Rn 9 (und zu den Problemen durch die Einzelfallorientierung s. Rn 9); Stein, BewHi 1987, 153, 156.
21 Ostendorf, § 113 Rn 2.
22 Zur Handhabung in den einzelnen Bundesländern s. BT-Drucks. 16/13142, vom 26.5.2009, S. 75.
23 D/S/S-Sonnen, § 113 Rn 5; Eisenberg, § 113 Rn 5.
24 D/S/S-Sonnen, § 113 Rn 5.
25 So Eisenberg, § 113 Rn 5.
26 Eisenberg, § 113 Rn 5.
27 Eisenberg, § 113 Rn 5.

speziellen Aufgaben und ihre Anforderungen an kriminologische, psychologische und an evidenzbasiert-kriminalpräventive Kenntnisse wären Spezialisierungen in der Aus- und Fortbildung wünschenswert.

6 **3. Rollenkonflikt.** Der bekannte Rollenkonflikt zwischen Sozialarbeit und Justiz, der schon für die Jugendhilfe im Strafverfahren besteht (§ 38 Rn 7 f) und in dem sich auch die Bewährungshilfe befindet,[28] stellt weitere Hürden auf. Aufgrund der drohenden Sanktion bei Widerruf der Bewährung, entstehen Einschränkungen für die offene vertrauensvolle Arbeit mit den Probanden.[29]

§ 114 Vollzug von Freiheitsstrafe in der Einrichtung für den Vollzug der Jugendstrafe

In der Einrichtung für den Vollzug der Jugendstrafe dürfen an Verurteilten, die das vierundzwanzigste Lebensjahr noch nicht vollendet haben und sich für den Jugendstrafvollzug eignen, auch Freiheitsstrafen vollzogen werden, die nach allgemeinem Strafrecht verhängt worden sind.

Richtlinien zu § 114

1. Zu Freiheitsstrafe Verurteilte unter 24 Jahren sind für den Jugendstrafvollzug geeignet, wenn die erzieherische Einwirkung in der Jugendstrafanstalt bei ihnen Erfolg verspricht und von ihrer Anwesenheit in der Jugendstrafanstalt Nachteile für die Erziehung der anderen Gefangenen nicht zu befürchten sind.

2. Zu Freiheitsstrafe Verurteilte unter 21 Jahren werden in die Jugendstrafanstalt eingewiesen. Wenn jedoch in einer Justizvollzugsanstalt eine besondere Abteilung für junge Gefangene besteht, kann die Einweisung in die Justizvollzugsanstalt erfolgen.

3. Zu Freiheitsstrafe Verurteilte, die das 21., aber noch nicht das 24. Lebensjahr vollendet haben, werden in der Regel in die Justizvollzugsanstalt eingewiesen.

4. Hält die Justizvollzugsanstalt Verurteilte unter 24 Jahren für den Jugendstrafvollzug für geeignet, so überweist sie diese in die Jugendstrafanstalt und benachrichtigt hiervon die Strafvollstreckungsbehörde.

5. Nach Anhörung des Vorsitzenden des Gerichts, das im ersten Rechtszug erkannt hat, und, falls sich der Verurteilte in Haft befindet, der Justizvollzugsanstalt kann die Strafvollstreckungsbehörde den zu Freiheitsstrafe Verurteilten, der das 21., aber noch nicht das 24. Lebensjahr vollendet hat, ausnahmsweise sogleich in die Jugendstrafanstalt einweisen, wenn seine Eignung für den Jugendstrafvollzug offenkundig ist. Dies gilt auch für Verurteilte unter 21 Jahren, die nach Nr. 2 Satz 2 in die Justizvollzugsanstalt einzuweisen wären.

6. Die Entscheidung darüber, ob zu Freiheitsstrafe Verurteilte unter 24 Jahren in die Jugendstrafanstalt oder in die Justizvollzugsanstalt einzuweisen sind, wird dem Rechtspfleger nicht übertragen.

7. Über die endgültige Übernahme von Verurteilten in den Jugendstrafvollzug und über ihr Verbleiben in der Jugendstrafanstalt entscheidet in allen Fällen die Leitung dieser Anstalt.

I. Anwendungsbereich und Normzweck 1	II. Voraussetzungen 2
	1. Alter unter 24 Jahren 2

---

28 Winter/Winter, Bewährungshelfer im Rollenkonflikt, 1974; Peters/Cremer-Schäfer, Die sanften Kontrolleure, 1975.
29 Vgl. Schüler-Springorum, NK 1990, 28; Pfeiffer, Kriminalprävention, 1983, S. 201.

2. Eignung für den Jugendstrafvollzug 3	IV. Entscheidungszuständigkeit ... 6
III. Rechtsfolge: Ermessen 5	V. Rechtsmittel 7

I. Anwendungsbereich und Normzweck

Die Norm gilt für Freiheitsstrafen, die nach allgemeinem Strafrecht durch ein Jugend- oder Erwachsenengericht verhängt worden sind. Sie betrifft das „Ob" des Jugend- bzw Erwachsenenstrafvollzugs und ist damit eine in der Bundeskompetenz verbliebene[1] vollstreckungsrechtliche Regelung, deren Platzierung im JGG nicht zu beanstanden ist.[2] § 114 berücksichtigt, dass die **Entwicklung junger Volljähriger** noch nicht vollständig abgeschlossen ist und der Jugendstrafvollzug differenziertere Einwirkungsmöglichkeiten als der Erwachsenenvollzug vorsieht.[3] Zudem kann die Vorschrift bei Heranwachsenden als Korrektiv für zweifelhafte Entwicklungsstandsbeurteilungen nach § 105 Abs. 1 fungieren.[4] Im Übrigen besteht ein unübersehbares Spannungsverhältnis zwischen beiden Vorschriften, das durch eine Differenzierung nach dem Ausmaß der Entwicklungskräfte[5] kaum abgemildert werden kann. Hauptanwendungsfälle des § 114 sind sog. **Anschlussstrafen**, also Freiheitsstrafen für nach der Verurteilung zu Jugendstrafe begangene oder abgeurteilte Straftaten.[6] Von der Norm wird aber nur **selten Gebrauch** gemacht, was ihrem berechtigten Anliegen nicht gerecht wird.[7] Am 31.3.2009 saßen von insgesamt 6.180 im Jugendstrafvollzug befindlichen Personen nur 0,5 % (n = 31) nach § 114 ein.[8] Nach *Thole*[9] fand in Nordrhein-Westfalen 1974 nur bei vier von 1.603 Verurteilten eine Einweisung nach § 114 statt. 1

II. Voraussetzungen

1. **Alter unter 24 Jahren.** Entscheidend ist das **Alter zur Zeit der Vollstreckung**.[10] Bei voraussichtlich nur geringfügiger Überschreitung der an sich eindeutigen Altersgrenze kann der Jugendstrafvollzug aus Behandlungsgründen[11] ausnahmsweise über das 24. Lebensjahr hinaus fortgesetzt werden.[12] Ein Vollzug nach § 114 ist dagegen nicht möglich, wenn der Verurteilte wegen einer baldigen Überschreitung der Altersgrenze von vornherein nur für kurze Zeit im Jugendstrafvollzug verbleiben könnte.[13] Zur Handhabung der Vorschrift in den übrigen Fällen zwischen über 18 und unter 24 Jahren s. Rn 5. 2

---

1 D/S/S-Sonnen, § 114 Rn 1.
2 Vgl Eisenberg, § 114 Rn 2; aA Brunner/Dölling, § 114 Rn 1.
3 Brunner/Dölling, § 114 Rn 1, 7; D/S/S-Sonnen, § 114 Rn 2.
4 Ostendorf, § 114 Rn 4; Eisenberg, § 114 Rn 3; vgl auch Brunner/Dölling, § 114 Rn 7.
5 D/S/S-Sonnen, § 114 Rn 2.
6 Vgl Böhm/Feuerhelm, S. 266.
7 Brunner/Dölling, § 114 Rn 7; Eisenberg, § 114 Rn 10; Ostendorf, § 114 Rn 4.
8 Statistisches Bundesamt, Bestand der Gefangenen und Verwahrten in den deutschen Justizvollzugsanstalten, s. auch www.destatis.de.
9 Thole, Die Klassifizierung der Gefangenen im Erwachsenenvollzug des Landes Nordrhein-Westfalen, MSchrKrim 58 (1975), 261, 265.
10 Brunner/Dölling, § 114 Rn 2; Ostendorf, § 114 Rn 2.
11 Brunner/Dölling, § 114 Rn 6: Abschluss einer Berufsausbildung, Vertrauensverhältnis zum Therapeuten.
12 D/S/S-Sonnen, § 114 Rn 3; Ostendorf, § 114 Rn 2, für eine weitergehende Flexibilisierung de lege ferenda; Eisenberg, § 114 Rn 4.
13 Brunner/Dölling, § 114 Rn 2; Ostendorf, § 114 Rn 2.

3　2. **Eignung für den Jugendstrafvollzug.** Um diese Voraussetzung feststellen zu können, ist eine **individuelle Prüfung** erforderlich.[14] Nach RiJGG Nr. 1 zu § 114 muss die erzieherische Einwirkung in der Jugendstrafanstalt bei dem Verurteilten Erfolg versprechen. Ausschlaggebend ist eine vergleichende Beurteilung des spezialpräventiven Potenzials von Jugendstraf- und Erwachsenenstrafvollzug im Einzelfall.[15] Neben dieser im Zweifel zugunsten des Jugendstrafvollzugs ausfallenden Einschätzung ist als den Jugendstrafvollzug schützendes Korrektiv nach RiJGG Nr. 1 zu § 114 aber auch zu berücksichtigen, ob von der Anwesenheit des Verurteilten in der Jugendstrafanstalt Nachteile für die Erziehung der anderen Gefangenen zu befürchten sind. Dies kann insbesondere bei dominanten älteren Gefangenen der Fall sein.[16]

4　**Weitere Voraussetzungen bestehen** nach dem Wortlaut des § 114 **nicht**. Mit der Begründung, dass der Vollzug in Jugendstrafanstalten auf eine längerfristige Erziehung ausgerichtet und deshalb zum Vollzug kurzfristiger Freiheitsstrafen nicht geeignet sei, wird zum Teil eine Begrenzung der Anwendung des § 114 auf Freiheitsstrafen ab sechs Monaten als sinnvoll angesehen.[17] Dies ist jedoch eine Frage der individuellen Eignung oder des Ermessens.

III. Rechtsfolge: Ermessen

5　§ 114 ist sachgerecht als **Ermessensvorschrift** („dürfen") ausgestaltet. Anhaltspunkte zur Ermessensausübung liefern die bundeseinheitlichen RiJGG. Verurteilte unter 21 Jahren sollen demnach grundsätzlich in eine Jugendstrafvollzugsanstalt eingewiesen werden; besteht in einer Justizvollzugsanstalt eine Abteilung für junge Erwachsene kann die Einweisung auch dorthin erfolgen (RiJGG Nr. 2 zu § 114). Hat der Verurteilte das 21. nicht aber das 24. Lebensjahr überschritten, so erfolgt in der Regel eine Einweisung in eine Erwachsenenjustizvollzugsanstalt (RiJGG Nr. 3 zu § 114). Weiterer Gesichtspunkt können zB bestehende Kontakte zu anderen Gefangenen sein.[18]

IV. Entscheidungszuständigkeit

6　Da § 114 eine Abweichung vom Erwachsenenstrafvollzug regelt, entscheidet die Staatsanwaltschaft als primär betroffene Vollstreckungsbehörde (§ 451 Abs. 1 StPO) über die Einweisung in den Jugendstrafvollzug.[19] Die danach erforderliche Entscheidung über die endgültige Übernahme und das Verbleiben des Verurteilten im Jugendstrafvollzug soll nach RiJGG Nr. 7 zu § 114 der Leiter der Jugendstrafanstalt treffen.[20] Dies überzeugt weder im Hinblick auf den vollstreckungsrechtlichen Charakter dieser Entscheidungen noch angesichts ihrer weitreichenden Folgen für den Verurteilten. Zuständig ist vielmehr allein und umfassend der Jugendrichter als Vollstreckungsleiter (§ 82 Abs. 1 S. 1 JGG) des Jugendvollzugs,[21] dem das Gesetz in der spiegelbildlichen Konstellation des § 91 (Vollzug der Jugendstrafe nach den Vorschriften des Erwachsenenvollzugs) ausdrücklich die Entscheidungskompetenz zugewiesen hat (Abs. 2).

14　D/S/S-Sonnen, § 114 Rn 5.
15　D/S/S-Sonnen, § 114 Rn 5.
16　Ostendorf, § 114 Rn 3; ähnlich auch D/S/S-Sonnen, § 114 Rn 6.
17　Brunner/Dölling, § 114 Rn 2; krit. Eisenberg, § 114 Rn 5.
18　Ostendorf, § 114 Rn 4.
19　Ostendorf, § 114 Rn 5; D/S/S-Sonnen, § 114 Rn 8.
20　Zustimmend Brunner/Dölling, § 114 Rn 5; Eisenberg, § 114 Rn 9.
21　D/S/S-Sonnen § 114, Rn 8; Ostendorf, § 114 Rn 5.

V. Rechtsmittel

Der gerichtliche Rechtsschutz gegen die Entscheidung über den Verbleib in der Jugendstrafanstalt richtet sich nach §§ 23 ff EGGVG.[22] Eine Überprüfung nach § 92 ist nicht möglich,[23] da § 114 keine vollzugs-, sondern eine vollstreckungsrechtliche Maßnahme betrifft. Da § 114 im Gegensatz zu § 91 Abs. 2 auch nicht im Katalog der jugendrichterlichen Entscheidungen nach § 83 Abs. 1 erwähnt wird,[24] die nach § 83 Abs. 3 mit der sofortigen Beschwerde angefochten werden können, bleibt es bei der unbefriedigenden Zuständigkeit des OLG. Der Gesetzgeber ist aufgerufen, dieses **Rechtsschutzdefizit** zu beseitigen, das mit der Entscheidung des BVerfG v. 31.5.2006[25] schwerlich vereinbar ist.

§ 115 (aufgehoben)

§ 116 Zeitlicher Geltungsbereich

Das Gesetz wird auch auf Verfehlungen angewendet, die vor seinem Inkrafttreten begangen worden sind.

I. Örtliche Geltung

Gemäß Einigungsvertrag ist im Anhang Anlage I Kapitel III, Sachgebiet C Abschnitt III Ziff. 3 a geregelt, dass die §§ 116 bis 125 in den neuen Bundesländern nicht anzuwenden sind.

II. Zeitliche Geltung

Bei dieser Vorschrift handelt es sich um eine Übergangsregelung, die im Hinblick auf das Inkrafttreten des JGG am 1.10.1953 (§ 125) weitgehend gegenstandslos geworden ist. Eine vor Inkrafttreten des JGG verhängte Strafe wegen einer im Alter zwischen 18 bis 21 Jahren begangenen Tat blieb auch dann später rückfallbegründend oder strafschärfend, wenn nach dem neuen Recht gegebenenfalls nur eine Erziehungsmaßregel oder ein Zuchtmittel verhängt worden wäre[1].

§ 116 ist nur noch anwendbar, wenn im Hinblick auf die Verjährungsvorschrift des § 78 Abs. 2 StGB eine Mordtat gemäß § 211 StGB in Betracht kommt, denn diese Tat verjährt nicht.

§§ 117 bis 120 (aufgehoben)

§ 121 Übergangsvorschrift

(1) Für am 1. Januar 2008 bereits anhängige Verfahren auf gerichtliche Entscheidung über die Rechtmäßigkeit von Maßnahmen im Vollzug der Jugendstrafe, des Jugendarrestes und der Unterbringung in einem psychiatrischen Krankenhaus oder einer Entziehungsanstalt sind die Vorschriften des Dritten Abschnitts des

---

22 Eisenberg, § 114 Rn 12; Ostendorf, Rn 7; Brunner/Dölling, § 114 Rn 5.
23 Andere Ansicht: D/S/S-Sonnen, § 114 Rn 9.
24 Ostendorf, § 114 Rn 5.
25 BVerfG v. 31.5.2006, 2 BvR 1673, 2402/04, BVerfGE 116, 69, 88 f, (= NJW 2006, 2093, 2096).
1 Eisenberg, § 116.

Einführungsgesetzes zum Gerichtsverfassungsgesetz in ihrer bisherigen Fassung weiter anzuwenden.

(2) In den Ländern, die bis zum 1. Januar 2010 noch keine landesgesetzlichen Regelungen zum Vollzug der Untersuchungshaft an jungen Gefangenen getroffen haben, gilt bis zum Inkrafttreten solcher Regelungen, längstens jedoch bis zum 31. Dezember 2011, § 93 Abs. 2 in der bis zum 31. Dezember 2009 geltenden Fassung fort.

§§ 122 bis 124 (aufgehoben)

§ 125 Inkrafttreten[1]

Dieses Gesetz tritt am 1. Oktober 1953 in Kraft.

---

[1] **Amtl. Anm.:** § 125 betrifft das Inkrafttreten des Gesetzes in der ursprünglichen Fassung vom 4. August 1953 (BGBl. I S. 751). Der Zeitpunkt des Inkrafttretens der späteren Änderungen ergibt sich aus den Änderungsgesetzen.

Anhang A Jugendstrafvollzugsrecht

I. Gesetzliche Regelungen 1
II. Erziehungsziel und Schutz der Allgemeinheit 5
III. Gestaltung des Vollzugs 10
   1. Pädagogisch-therapeutische Prinzipien 19
   2. Behandlung und Erziehung 20
   3. Mehrebenenansatz 21
   4. Individualisierung 22
   5. Gemeinschaft als soziales Lernfeld 23
   6. Mitwirkung der Gefangenen und Motivierung 30
   7. Dialogisch-grenzsetzende Beziehungsgestaltung 33
   8. Stärkung der Außenkontakte 34
   9. Umfassende Vernetzung des Vollzugs 35
   10. Leitlinien der Förderung 36
IV. Planung des Vollzugs 37
   1. Feststellung des Förderbedarfs 38
     a) Diagnostik 42
     b) Prognostik 46
     c) Methodik 47
     d) Verfahren 50
   2. Förderplan 52
V. Verlegungen 57
VI. Sozialtherapie 59
   1. Mindestanforderungen .. 59
   2. Voraussetzungen für eine Verlegung 60
   3. Das therapeutische Milieu 62
   4. Phasen 63
   5. Elemente 64
VII. Geschlossener Vollzug, vollzugsöffnende Maßnahmen, Entlassungsvorbereitung 66
   1. Geschlossener Vollzug .. 66
   2. Vollzugsöffnende Maßnahmen 69
     a) Fluchtgefahr 79
     b) Missbrauchsgefahr .. 80
     c) Geeignetheit 81
     d) Weisungen, Rücknahme und Widerruf von vollzugsöffnenden Maßnahmen 89
     e) Einzelne Maßnahmen 91
       aa) Vollzug in freien Formen 91
       bb) Unterbringung im offenen Vollzug 92
       cc) Außenbeschäftigung 98
       dd) Freigang 99
       ee) Ausführung 102
       ff) Ausgang 103
       gg) Ausgang in Begleitung 104
       hh) Freistellung aus der Haft (Urlaub) 105
   3. Entlassungsvorbereitung 107
     a) Zeitpunkt 107
     b) Entlassungsurlaub bzw -freistellung 108
     c) Grundsätze 113
     d) Entlassungstraining 114
     e) Übergangsmanagement 116
     f) Koordination 119
VIII. Schulden 122
IX. Unterbringung und Versorgung 123
   1. Die Wohngruppe 123
   2. Einzelunterbringung 132
   3. Ausstattung des Haftraums und persönlicher Besitz 134
   4. Einkauf 137
   5. Gesundheitsfürsorge und medizinische Versorgung 139
X. Behandlung 144
   1. Behandlung von Gewaltstraftätern 151
   2. Behandlungsprogramme für Sexualstraftäter 159
   3. Behandlung von Dissozialität 161
   4. Psychotherapie 162
XI. Schulische und berufliche Ausbildung, Arbeit 165
   1. Schulische und berufliche Ausbildung 167
   2. Arbeit 178
   3. Abschluss im Vollzug begonnener Bildungsmaßnahmen 181
   4. Deutschkurse 182

5. Anerkennung für Ausbildung und Arbeit 183
XII. Freizeitgestaltung und Sport 185
  1. Freizeitgestaltung 187
  2. Sport, Spiel und Bewegung im Erziehungskonzept 200
XIII. Religionsausübung und Seelsorge 203
XIV. Außenkontakte 206
  1. Besuch 210
  2. Schriftwechsel 216
  3. Telekommunikation 221
  4. Pakete 226
XV. Gelder der jungen Gefangenen 228
XVI. Sicherheit und Ordnung 236
  1. Übergreifende gewaltpräventive Maßnahmen 240
  2. Durchsuchung 244
  3. Bekämpfung des Suchtmittelmissbrauchs 247
  4. Festnahmerecht 253
  5. Besondere Sicherungsmaßnahmen 255
    a) Allgemeine Voraussetzungen 255
    b) Einzelne Maßnahmen 261
      aa) Beobachtung 261
      bb) Absonderung ... 262
      cc) Fesselung außerhalb der JVA 263
      dd) Besonders gesicherter Haftraum ohne gefährdende Gegenstände 266
    c) Beteiligung des ärztlichen Dienstes 267
    d) Verfahren 271
XVII. Unmittelbarer Zwang; Schusswaffengebrauch 273
XVIII. Erzieherische Maßnahmen, Konfliktlösung, Disziplinarmaßnahmen 276
  1. Allgemeines 276
  2. Hausordnung 277
  3. Erzieherische Maßnahmen und Konfliktregelung 278
  4. Disziplinarverfahren 281
  5. Disziplinarmaßnahmen 288
XIX. Wissenschaftliche Begleitung und kriminologische Forschung 290
XX. Organisation und Aufbau der Justizvollzugsanstalten .. 292
  1. Binnendifferenzierung ... 293
  2. Organisation und Aufbau 301
  3. Ausbildung und Einarbeitung 308
XXI. Gefangenenmitverantwortung 311

Schrifttum:

Arloth/Lückemann, Strafvollzugsgesetz Kommentar, 2. Aufl. 2008; *Bundesministerium des Innern und der Justiz*, 2. Periodischer Sicherheitsbericht der Bundesregierung vom 7.11.2006; *Calliess/Müller-Dietz*, Strafvollzugsgesetz Kommentar, 11. Aufl. 2008; *Deininger*, Ergebnisse einer Umfrage in deutschen Jugendgefängnissen zur Fernsehnutzung-Schwerpunkt: technische und pädagogische Aspekte – Jugendstrafanstalt Berlin, 2009; *Egg*, Sozialtherapeutische Anstalten und Abteilungen im Justizvollzug Mindestanforderungen an Organisation und Ausstattung, Indikationen zur Verlegung, Revidierte Empfehlungen des Arbeitskreises Sozialtherapeutische Anstalten im Justizvollzug e.V.; *Körner*, Theorie und Methode des DENKZEIT-Trainings© Forschungsprojekt „Soziale Arbeit mit delinquenten Jugendlichen", Freie Universität Berlin 2006; *Königlicher Gefängnisdienst*, Behandlungsprogramm für Sexualstraftäter, Das BPSS Kernprogramm „Core 2000" Behandlungsleitfaden; *Marx*, Sozialer Dienst der Justiz Magdeburg, Präsentation des AGT – Anti-Gewalt-Training – Magdeburg, www. agt-magdeburg.de; *Salkoviv/Siegfried*, Darstellung und kritische Bewertung des neuen hessischen Jugendstrafvollzugsgesetzes, Diplomarbeit an der Fachhochschule Frankfurt am Main, 2008; *Thiel*, Ergebnisprotokoll der Fachtagung Sozialtherapie im Jugendstrafvollzug am 18. und 19. Juni 2007 in Hamburg; *Walter*, Konzeption der Sozialtherapeutischen Abteilung in der Justizvollzugsanstalt Adelsheim, 2007; ders. Das Projekt Chance aus der Sicht der Justizvollzugsanstalt Adelsheim, 2004; *Wirth*, Kernbefunde einer empirischen Studie im Strafvollzug des Landes Nordrhein-Westfalen, hrsg. vom Kriminologischen Dienst des Landes Nordrhein-Westfalen, 2006, S. 9 ff.

I. Gesetzliche Regelungen

Bisher gab es keine einheitliche umfassende gesetzliche Regelung des Jugendstrafvollzugs. In verschiedenen Gesetzen waren einzelne Ansätze und Regelungen zu finden, insbesondere in den §§ 91, 92 JGG aF. Das Bundesverfassungsgericht hat in seinem Urteil vom 31.5.2006[1] eine spezielle gesetzliche Regelung für den Jugendstrafvollzug gefordert und inhaltliche Vorgaben formuliert. 1

Im Rahmen der sog. Föderalismusreform, welche die Beziehungen zwischen Bund und Ländern neu ordnet, ist die Gesetzgebungskompetenz für den Strafvollzug (einschließlich der Untersuchungshaft) mit Wirkung vom 1.9.2006 vom Bund auf die Länder übergegangen.[2] Das umfasst auch den Jugendstrafvollzug. 2

Seit dem Jahr 2008 gibt es in den 16 Bundesländern 16 Jugendstrafvollzugsgesetze. Die Länder haben spätestens zum 1.1.2008 ihre Jugendstrafvollzugsgesetze in Kraft und Schwerpunkte gesetzt. Es gibt drei Modelle: das **Strafvollzugsgesetz mit einem Abschnitt über den Jugendstrafvollzug** wie in Bayern (BayStVollzG) und in Hamburg (HmbStVollzG), das **Justizvollzugsgesetz** mit Abschnitten über den Jugendstrafvollzug und die Untersuchungshaft wie in Niedersachsen (NJVollzG) und **spezielle Jugendstrafvollzugsgesetze** in den anderen Ländern. Neun Bundesländer (G9): Brandenburg (BbgJStVollzG), Berlin (JStVollzG Bln), Bremen (BremJStVollzG), Mecklenburg-Vorpommern (JStVollzG M-V), Rheinland-Pfalz (LJStVollzG), Saarland (SJStVollzG), Sachsen-Anhalt (JStVollzG LSA), Schleswig-Holstein (JStVollzG) und Thüringen (ThürJStVollzG), haben sich in den Beratungen zusammengeschlossen und auf der Grundlage eines gemeinsamen Entwurfs die Jugendstrafvollzugsgesetze erlassen, aber nicht alle Vorschriften des Modellentwurfs übernommen. Baden-Württemberg (JStVollzG-BW), Hessen (HessJStVollzG), Nordrhein-Westfalen (JStVollzG-NRW) und Sachsen (SächsJStVollzG) haben jeweils eigene Jugendstrafvollzugsgesetze verabschiedet. Untersuchungshaftvollzugsgesetze sind inzwischen hinzugekommen. Einige Bundesländer[3] haben bereits Ausführungsvorschriften bzw allgemeine **Verwaltungsvorschriften** zu ihren Jugendstrafvollzugsgesetzen erlassen. 3

Diese besonderen Abschnitte der Strafvollzugsgesetze bzw speziellen Jugendstrafvollzugsgesetze gelten für den Vollzug der Jugendstrafe und der Freiheitsstrafe nach § 114 JGG, also für alle, die rechtskräftig zu Jugendstrafe oder Freiheitsstrafe verurteilt wurden und deren Vollstreckung nicht zur Bewährung ausgesetzt wurde; im Fall der Freiheitsstrafe darüber hinaus für diejenigen, die das 24. Lebensjahr noch nicht vollendet haben und sich für den Jugendstrafvollzug eignen. 4

II. Erziehungsziel und Schutz der Allgemeinheit

Der Gesetzgeber stellte beim Vollzug von Jugendstrafe schon in § 91 Abs. 1 JGG den **Erziehungsgedanken** in den Vordergrund. Wie im Urteil des BVerfG vom 31.5.2006 ausgeführt, soll Ziel der Bemühungen die Erziehung zu einem künftig rechtschaffenen und verantwortungsbewussten Lebenswandel bzw die Befähigung zu einem straffreien Leben in Freiheit sein. 5

---

[1] BVerfG v. 31.5.2006, 2 BvR 1673/04 Absatz-Nr. (1 – 77), http://www.bverfg.de/entscheidungen/rs20060531_2bvr167304.html.
[2] Die konkurrierende Gesetzgebung nach Art. 74 GG umfasst den Strafvollzug nicht mehr. Überblick über die Ergebnisse der Föderalismusreform www.uni-goettingen.de/de/...pdf/Föderalismusreform.pdf, S. 2.
[3] ZB Bayern, Berlin, Saarland, Sachsen-Anhalt.

6 Von den drei Ländern mit integrierten Jugendstrafvollzugsgesetzen haben Bayern und Hamburg den **Schutz der Allgemeinheit** zum primären Vollzugsziel erklärt, Niedersachsen hingegen der **Erziehung zu einem rechtschaffenen Lebenswandel in sozialer Verantwortung** bzw. dem Erziehungsauftrag Vorrang gegeben. G9 hatte auf der Grundlage des gemeinsamen Entwurfs mit geringen Abweichungen Gesetze erlassen, in denen der Vollzug „gleichermaßen" dem Ziel dienen soll, die jungen Gefangenen zu befähigen, künftig in **sozialer Verantwortung ein Leben ohne Straftaten** zu führen und der Aufgabe, die **Allgemeinheit vor weiteren Straftaten zu schützen**. In § 2 HessJStVollzG wird als Erziehungsziel ein **Leben ohne Straftaten**, „zugleich" jedoch der Schutz der Allgemeinheit vor weiteren Straftaten angestrebt. § 2 Abs. 2 HessJStVollzG betont, dass der Schutz der Allgemeinheit durch das **Erreichen des Erziehungsziels** gewährleistet wird. § 2 JStVollzG-NRW hält an der **Priorität des Vollzugsziels** der **Wiedereingliederung** gegenüber dem Schutz der Allgemeinheit, die sekundär bei der Gestaltung des Vollzugs zu gewährleisten ist, fest.

7 § 2 JStVollzG-BW beschreibt den Schutz der Bürgerinnen und Bürger als kriminalpolitische Aufgabe. Der Jugendstrafvollzug leistet nach S. 2 einen Beitrag für die innere Sicherheit in Baden-Württemberg, für den Rechtsfrieden im Land und für die Eingliederung junger Menschen in Staat und Gesellschaft und stellt in § 21 den Erziehungsauftrag dar.

8 Anders regelt Art. 121 BayStVollG, dass der Vollzug der Jugendstrafe dem Schutz der Allgemeinheit vor weiteren Straftaten dient und in Satz 2, dass die jungen Gefangenen dazu erzogen werden sollen, künftig einen rechtschaffenen Lebenswandel in sozialer Verantwortung zu führen (Erziehungsauftrag).

9 Alle Jugendstrafvollzugsgesetze verfolgen das Ziel, **durch intensive Einwirkung** auf den jungen Menschen während der Haftzeit zu **intervenieren**, ihn in die Lage zu versetzen, künftig Konflikte ohne Straftaten zu lösen, seine Bedürfnisse in legaler Weise zu befriedigen und während der Haftzeit die Grundlagen für den Schutz der Bevölkerung vor neuen Straftaten zu schaffen.[4] Sie formulieren dadurch einen **Auftrag zur Integration in die Rechtsgemeinschaft**. Die Gesetze setzen an den **Ressourcen** der jungen Menschen, die zu fördern sind, an, berücksichtigen allerdings auch deren **Defizite**. Als Erziehungsziel regeln sie, dass junge Gefangene durch den Vollzug der Jugendstrafe befähigt werden sollen, künftig in sozialer Verantwortung ein Leben ohne Straftaten zu führen.

III. Gestaltung des Vollzugs

10 Nach allen Jugendstrafvollzugsgesetzen ist der Jugendstrafvollzug **erzieherisch auszugestalten**. § 22 JStVollzG-BW stellt – auf der Grundlage der Menschenwürde und der Menschenrechte – differenzierte Behandlungs- und Erziehungsgrundsätze auf.

11 Da die gesetzlichen Regelungen den Begriff der Erziehung nicht konkretisieren, muss die Praxis **pädagogisch-therapeutische Prinzipien** entwickeln, die sich auf den individuellen jungen Menschen beziehen. Ausgehend davon, dass die Ursachen der Entwicklung zur Kriminalität vielfältig sind, muss die Behandlung und Erziehung junger Gefangener an verschiedenen Punkten ansetzen, um sie dazu zu befähigen, künftig selbstbestimmt und selbstverantwortlich zu leben, sie aktiv beteiligen und Bevormundung vermeiden. Die erzieherische Umsetzung der Gesetze umfasst demzufolge eine Vielzahl pädagogischer und therapeutischer Stra-

---

4 BVerfG v. 31.5.2006, 2 BvR 1673/04.

tegien und orientiert sich an anerkannten Behandlungsprinzipien für junge Delinquenten.

In der **dialogisch-grenzsetzenden Beziehungsgestaltung** werden junge Gefangene zur Mitarbeit motiviert. In der lernenden Gemeinschaft werden die Maßnahmen, die dem Begriff der erzieherischen Ausgestaltung des Vollzugs von Jugendstrafe in den Justizvollzugsanstalten ein konkretes Gesicht geben, umgesetzt. Die Vollzugsgestaltung muss daran ansetzen, dass die Phase der Jugend eine Übergangszeit vom Kind zum Erwachsenen und ebenso wie die junger Erwachsener ein eigenständiger Entwicklungsabschnitt ist, in dem die Ausbildung der Persönlichkeit in eine entscheidende Phase tritt. Ein wichtiger Teil ist das Erlernen sozialer Normen und Werte. 12

Anscheinend ist die **Regelübertretung** im **Prozess der "Entwicklung einer individuellen und sozialen Identität"** ein notwendiges Begleitphänomen.[5] Strafrechtlich relevantes Verhalten – insbesondere gelegentliche und bagatellhafte Eigentumsdelikte, aber auch einfache Körperverletzungen – tritt gerade bei jungen Menschen in allen westlichen Ländern gehäuft auf. 13

Regelverstöße junger Menschen sind ausweislich nationaler und internationaler kriminologischer Forschung überwiegend als episodenhaftes, dh auf einen bestimmten Entwicklungsabschnitt beschränktes, in allen sozialen Schichten vorkommendes und zudem im statistischen Sinn normales, bei der weit überwiegenden Mehrzahl junger Menschen auftretendes Phänomen. Delinquenz junger Menschen ist insofern nicht per se Indikator einer dahinterliegenden Störung oder eines Erziehungsdefizits. Kriminalität hängt mit den zentralen Entwicklungsaufgaben der Adoleszenz zusammen, nämlich der Herstellung sozialer Autonomie, sozialer Integration und der Identitätsbildung. 14

Die Forschung ist sich in der Frage möglicher Verläufe und den Bedingungen des Abbruchs sowie der Bedeutsamkeit von stabilisierenden sowie **Risikofaktoren** nicht einig. Die Kumulation von Risikofaktoren erhöht die Wahrscheinlichkeit späterer massiver und längerfristiger, dh bis ins Erwachsenenalter reichender Delinquenz. Relevante Einflüsse beziehen sich sowohl auf Persönlichkeitsmerkmale und Temperamentsfaktoren auf der individuellen Ebene als auch auf die familiäre Sozialisation, hier insbesondere die Eltern-Kind-Bindung sowie Gewalterfahrungen im familiären Nahraum, die einer der relevantesten Prädiktoren der Entwicklung von Aggression und Delinquenz zu sein scheinen. Von Bedeutung sind die Entwicklung sozialer Informationsverarbeitung, die Entwicklung von Empathiefähigkeit und die Herausbildung von Fähigkeiten zur Affekt- und Selbstkontrolle. Ferner haben soziale Rahmenbedingungen des Aufwachsens sowohl auf der Ebene der Gesellschaft als auch auf der Mesoebene von Stadtteilen und Gemeinden nicht nur Einfluss auf aktuelle Gelegenheitsstrukturen, sondern auch darauf, in welchem Umfang sich Risikopotenziale entfalten und realisieren bzw inwiefern deren Wirkungen abgepuffert werden können. 15

Während die Risikofaktoren der Entstehung solcher delinquenter Verläufe relativ gut umschrieben sind, ist die Frage, was die Gruppe jener, bei denen ein Ausstieg aus solchen Entwicklungen erfolgt, von jenen unterscheidet, denen eine solche Beendigung delinquenter Episoden nicht gelingt, noch nicht zureichend geklärt. Infrage kommen sog. **Turningpoints**, die auch im späteren Lebensalter zu einer Umorientierung führen können. In deren Konsequenz werden soziale Bezüge, welche die Schwelle zur Delinquenz erhöhen, (re)aktiviert. Es liegen Hinweise 16

---

5 2. Periodischer Sicherheitsbericht S. 357.

vor, dass justizielle Reaktionen genau solche Etablierungen sozialer Beziehungen und Kontrollen zu unterminieren vermögen. Strafrechtliche Interventionen wirken demnach nicht ohne Weiteres – wie intendiert – abschreckend oder resozialisierend. Gerade in Fällen erheblicher Mehrfachbelastungen können sie das Risiko weiterer Kriminalität durch das inhärente Stigmatisierungs- und Ausgrenzungspotenzial erhöhen.

17 Die **Resilienzforschung** fokussiert auf Kinder und Jugendliche, die sich trotz widriger Bedingungen günstig entwickeln. In verschiedenen Studien mit der Fragestellung, warum bestimmte Menschen sich trotz Belastungen sozialkonform entwickeln, wurden protektive personale und soziale Faktoren ermittelt, die eine erfolgreiche Bewältigung begünstigen. Resilienzfaktoren können Problemlösefähigkeiten, sicheres Bindungsverhalten oder Lernbegeisterung sein. Soziale Ressourcen beziehen sich auf die Beschaffenheit des jeweiligen Bezugssystems in der Familie, der Bildungsinstitution oder in dem weiteren Umfeld.

18 Die **Gleichaltrigengruppe** ist nicht nur für die Intensivierung delinquenten Verhaltens, sondern auch für dessen längerfristige Aufrechterhaltung von erheblicher Bedeutung. Auf der anderen Seite kann eine positive Gruppe mit entsprechenden Mitgliedern den Ausstieg aus der Kriminalität bewirken. Deren Bedeutung für Delinquenz und gewalttätiges Verhalten ist eine der am besten untersuchten Fragestellungen. Die Einbindung in gewalttätige Peergruppenkontexte erhöht das Risiko, selbst gewalttätig zu werden. Die hohe subjektive Bedeutung und Verbreitung der Zugehörigkeit zu einer Gleichaltrigengruppe ist ein Kennzeichen für den im Jugendalter stattfindenden Prozess der Ablösung von Elternhaus und Familie. In Cliquen gestaltet ein großer Teil junger Menschen ihre Freizeit, sucht nach Sinn und erlebt Zugehörigkeit und Anerkennung. Der geringste Teil solcher Gleichaltrigengruppen ist von Gewalt und Delinquenz gekennzeichnet. Etwa 10 % der Jugendlichen befinden sich in riskanten Gruppen. Zumeist sind sie stark vorbelastet. Ihr Hintergrund ist durch familiäre Konflikte und eine schlechte Beziehung zu den Eltern, geringe Bildung, negative Erfahrungen in der Schule, fehlende Zukunftsoptionen und vielfältige Ausschlusserlebnisse gekennzeichnet. Andere Cliquen wären für sie außerdem nicht zugänglich.[6]

19 **1. Pädagogisch-therapeutische Prinzipien.** Kriminalität, Dissozialität und gewalttätiges Handeln werden bei jungen Menschen vorrangig durch Erziehung, Lernen und Kompetenzerwerb bewältigt. Hauptziel ist die Entwicklungsförderung zu einem prosozialen und selbstbewussten Menschen, da eine Eindämmung kriminellen Verhaltens nicht durch strafende Maßnahmen zu erreichen ist. Trotz möglicher Stigmatisierung und Ausgrenzung kann die Inhaftierung selbst den sicheren Rahmen für neues Lernen darstellen, nachdem Maßnahmen in Freiheit nicht ausreichend gegriffen haben und häufig eine chronische Delinquenz vorliegt.

20 **2. Behandlung und Erziehung.** Behandlung und Erziehung im Jugendstrafvollzug sind durch dialogische und Grenzen setzende Beziehungsgestaltung gekennzeichnet. Das bedeutet, dass Gefangene in der Beziehung zum Vollzugspersonal und in den Beziehungen ermöglichenden Organisationsformen und Regelungen unter Stärkung ihrer vorhandenen positiven Kompetenzen Verhaltensweisen erfahren und lernen müssen, die bei ihnen weniger oder gar nicht vorhanden oder ausgeprägt sind.

---

6 2. Periodischer Sicherheitsbericht S. 357 ff.

3. Mehrebenenansatz. Es ist ein Mehrebenenansatz zu verfolgen, da Jugendkriminalität multifaktoriell bedingt ist und somit multimodal angelegte Interventionen wie Einzel- und Gruppenmaßnahmen, soziales Training, Psycho-, Familien-, Suchttherapie, Suchtprävention uÄ auf der Grundlage der Behandlungs- bzw Zugangsuntersuchung erfordert. Diese Interventionen knüpfen an den Schwerpunkten Gewalt, Sucht, Migration, Dissozialität, Störungen und Krankheiten, Schulden sowie an jugendtypischen oder auch jungentypischen Peers und Gruppendynamik an. 21

4. Individualisierung. Alle Gefangenen werden schon im jugendgerichtlichen Verfahren auf die Persönlichkeit, die soziale und persönliche Entwicklung, Straffälligkeit, Defizite und Ressourcen hin untersucht (vgl § 38 JGG). Im Jugendstrafvollzug werden diese bereits zu Beginn nochmals herausgearbeitet, um auf der Grundlage der erkannten kriminogenen Faktoren, den Stärken und Schwächen für die Einzelnen spezifische und aufeinander abgestimmte Interventionen vorzusehen und in der Folge entwicklungsbegleitend fortzuschreiben. Der Fokus der Behandlung wird im Besonderen auf die Stärken, Kompetenzen, Ressourcen und die Ausbildung von Schutzfaktoren bei jungen Gefangenen gerichtet. 22

5. Gemeinschaft als soziales Lernfeld. Die Gefangenen leben in Wohngruppen, die insbesondere Alltags- und Konfliktlernen ermöglichen, und nehmen auch sonst an einem vielfältigen Gruppenleben teil. Sie lernen und arbeiten in Schul- oder Betriebsgruppen, nehmen an Freizeit-, Kreativ-, Sport- und spezifischen Behandlungsgruppen, sozialtherapeutischen Gruppen, religiösen und kulturellen Veranstaltungen sowie Sportfesten teil und engagieren sich in der Gefangenenmitverantwortung. 23

Der Gemeinschaft der Gefangenen in verschiedenen Kontexten steht die Gruppe der Bediensteten mit förderndem und forderndem Auftrag gegenüber (Team). Beide Seiten sollen zusammen wiederum eine lernende Gemeinschaft bilden. Die Bediensteten sind Vorbilder, fördern das eigenverantwortliche Handeln der Gefangenen, erkennen an, konfrontieren sie mit Fehlverhalten und Erreichen ihre Ziele primär im Dialog mit diesen. Sie zeichnen sich durch Transparenz ihres Handelns aus, durch Verbindlichkeit und Verlässlichkeit. Sanktionen und Begrenzungen finden sich in einem klaren Regelwerk. Die Bediensteten reflektieren ihr eigenes Verhalten selbstkritisch, fördern sozial günstige Rituale und Verhaltensweisen. Sie stärken Konfliktfähigkeit, Verantwortungsübernahme, Gewaltfreiheit sowie Respekt vor Autoritäten. Alle wirken maßgeblich an einem sozial günstigen Anstaltsklima mit. Gerade die besonderen Fachdienste fördern die Auseinandersetzung der Gefangenen mit ihren Straftaten und den Hintergründen ihrer Straffälligkeit (Biografiearbeit). 24

Die Beziehung der Bediensteten zu den Gefangenen sollte gekennzeichnet sein durch Respekt vor der oder dem Einzelnen und Toleranz gegenüber ethnischer, religiöser und kultureller Herkunft. Gerade im Justizvollzug, in welchem sich Menschen unterschiedlicher Nationalitäten und Abstammungen sowie verschiedenster Sprachen befinden, muss eine Auseinandersetzung mit deren Orientierung stattfinden und Erziehung zu gegenseitiger Achtung und Leben in europäischen Werten und Normen unter Akzeptanz verschiedener Vorstellungen erfolgen. 25

Auf das **Personal** aller Fachrichtungen sind erhebliche Anforderungen zugekommen. Neben einer optimalen Personalauswahl anhand klarer Anforderungsprofile bedarf es einer angemessenen Ausbildung und ständiger Qualifizierung in pädagogischer und therapeutischer Hinsicht. Das Personal muss die Gesetze si- 26 cher anwenden und souverän in Fragen von Sicherheit und Ordnung handeln können.

27 Der Gruppe der Gefangenen, die in Wohngruppen unterzubringen sind, sollen feste Bedienstetenteams verschiedener Professionen gegenüberstehen, woraus sich wiederum hohe Anforderungen an Organisation, Strukturen und Logistik der Justizvollzugsanstalten des Jugendstrafvollzugs[7] ergeben.

28 Supervision und Coaching, die Reflexion erzieherischen Verhaltens, Sensibilität für Ausgrenzungsprozesse, Vorurteilsbildungen uÄ fördern das erzieherische Klima. Die Bediensteten müssen effektive Kommunikation, Kooperation und Information pflegen. Hierzu sind ein funktionierendes Besprechungs- und Konferenzsystem und eine sich ständig weiterentwickelnde Organisation erforderlich.

29 Da qualifizierte und motivierte Bedienstete eine hohe Bedeutung für das Erreichen des Erziehungsziels haben, müssen die Lehrinhalte der Ausbildung und Einarbeitung im Justizvollzug fortgeschrieben werden.

30 **6. Mitwirkung der Gefangenen und Motivierung.** In Umsetzung der konsequenten Erziehung zu einem Leben ohne Straftaten orientiert sich der Jugendstrafvollzug am Grundsatz des Forderns und Förderns. Demzufolge sind die Gefangenen zur Mitarbeit verpflichtet und entsprechend zu motivieren.

31 Motivationsarbeit muss für alle im Vollzug Tätigen selbstverständlich sein. In dem gesicherten Umfeld der Anstalt werden eine Umgebung und ein sozial günstiges Klima geschaffen, in welchem Lernen möglich ist. Sozialer Kälte und Leere wird entgegengewirkt, Gefangene werden akzeptiert und in ihrer Individualität respektiert. Um sie zu motivieren, werden im Vollzugsalltag positive Anreize, Situationen und Perspektiven geschaffen. Dazu erfolgen Kritik, Belohnung und Anerkennung im alltäglichen Umgang, in der Gestaltung der Umgebungsbedingungen, Ausbildungsangebote, Schulabschlüsse, kulturelle Veranstaltungen, befriedigende Freizeitgestaltung orientiert an den Bedürfnissen der jungen Menschen:Bewegung, Sport, Musik usw. Eine Vielzahl von Angeboten soll den jungen Gefangenen Erfolgserlebnisse ermöglichen.

32 Erprobungsfelder und Freiräume im geschlossenen bzw im offenen Vollzug, Freigang und in anderen vollzugsöffnenden Maßnahmen (auch im Rahmen der vorzeitigen Entlassung) dienen neben der Vorbereitung auf ein Leben in Freiheit der Motivierung der Gefangenen zur Mitarbeit am Vollzugsziel.

33 **7. Dialogisch-grenzsetzende Beziehungsgestaltung.** Im Wesentlichen setzen die Maßnahmen des Dialogs und des Grenzensetzens am Anfang der Vollzugszeit an. Die jungen Gefangenen müssen lernen, Mehrheitsentscheidungen zu erzielen, die als Entscheidung der Gesamtheit gelten, und Konflikte adäquat zu lösen. In diesem Rahmen erhalten wertschätzende Kommunikation, freundliche Autorität und konstruktive Kritik ihre anleitende und verändernde Funktion. Nur in klaren Regelungen lernen junge Gefangene zu erkennen, dass Grenzverletzungen zu Sanktionen führen und Grenzöffnungen erarbeitet werden müssen. Gefangene erhalten zunächst Freiräume und eine Ausstattung, die notwendig und fördernd sind. Sie werden aufgeklärt, dass es Abstufungen und Entsagungen gibt, falls ihr

---

7 Nach § 114 JGG handelt es sich begrifflich um Einrichtungen für den Vollzug der Jugendstrafe. In der Praxis werden Begriffe wie Jugendstrafanstalten, Jugendanstalten, Jugendvollzugsanstalten oder Justizvollzugsanstalten verwendet. Der erste Begriff wird häufig abgelehnt, weil nicht gestraft würde. Das sei Sache der Gerichte. Es werde die Jugendstrafe vollzogen, aber auch Untersuchungshaft usw. Hier wird der Begriff Justizvollzugsanstalt (mit der Abkürzung JVA) benutzt.

Verhalten sich nicht an den geforderten und unterstützten Maßstäben ausrichtet. Verhalten sich die jungen Gefangenen trotzdem regelwidrig, müssen die angedrohten Einschränkungen und Reaktionen stringent umgesetzt werden. Anschließend müssen sich die jungen Gefangenen Vergünstigungen wieder erarbeiten.

8. Stärkung der Außenkontakte. Der Kontakt zur Familie, zu Verwandten und Partnerinnen oder Partnern, Freundinnen und Freunden, der Bewährungshilfe sowie weiteren Externen wird über Besuche hinaus durch systematische familientherapeutische Angebote unterstützt; externe Sport-, Kultur- und andere Veranstaltungsangebote werden gefördert. Kriminalität ist häufig auch eine Folge eines instabilen Regelwerks einer Familie. Die sozialen Beziehungen müssen demzufolge zwecks künftiger Gestaltung und sozialer Kontrolle nach der Entlassung aufgearbeitet werden.

9. Umfassende Vernetzung des Vollzugs. Die sozialen Dienste der Justiz, die Bewährungshilfe bzw Jugendbewährungshilfe, freie Straffälligenhilfe, Jugendhilfe und Jugendgerichtshilfe müssen gemeinsam an dem Erziehungsauftrag arbeiten. Das isolierte Handeln einzelner Institutionen genügt für die Umsetzung des Erziehungsauftrags nicht. Relevante Erkenntnisse sind durch ein sinnvolles Gesamtkonzept miteinander zu vernetzen und bereits bei der Zugangsdiagnostik und der Planung des Vollzugs heranzuziehen. Insbesondere zur Vorbereitung der Entlassung sind die Dienste gesetzlich verpflichtet, miteinander zu arbeiten.

10. Leitlinien der Förderung. Die psycho-soziale Behandlung der jungen Gefangenen umfasst das Erlernen und die Einübung sozial adäquater Verhaltensweisen, die Auseinandersetzung mit der Straftat und mit den Hintergründen ihrer Straffälligkeit, die Verbesserung der Empathiefähigkeit und die Rückfallprophylaxe. Diese Behandlung erfolgt individualisiert und differenziert auf der Grundlage der Zugangs- bzw Behandlungsuntersuchung (Diagnostik). Sie wird im Vollzugsbzw Förderplan[8] festgeschrieben. Die vielfältigen Methoden basieren auf Erfahrungen und wissenschaftlichen Erkenntnissen.

IV. Planung des Vollzugs

Gleich zu Anfang der Vollzugszeit werden die Persönlichkeit der Gefangenen, ihr bisheriges Verhalten, die Straffälligkeit, ihre Ursachen und die kriminalitätsbegünstigenden und –auslösenden sowie Schutzfaktoren, das vorgefundene soziale Umfeld und dergleichen untersucht, um die **Stärken und Schwächen** eines jungen Gefangenen festzustellen und darauf basierend ihre Förderung und Erziehung sowie die Interventionen zu planen und umzusetzen. Letztlich wird für alle jungen Gefangenen ein systematisches Behandlungskonzept erstellt, bei dem die Erziehungs- und Behandlungsziele im Vordergrund stehen und die Maßnahmen der Zielerreichung dienen.

1. Feststellung des Förderbedarfs. Neben der verwaltungsmäßigen Aufnahme der jungen Gefangenen und dem in einer für sie verständlichen Sprache geführten Aufnahmegespräch, in welchem die aktuelle Lebenssituation erörtert und sie über ihre Rechte und Pflichten informiert werden, ihnen ggf eine Hausordnung übergeben wird, folgt die anstaltsärztliche Untersuchung zur Feststellung der Gesundheit. Anschließend wird das Aufnahmeverfahren mit der **Zugangs- bzw Behandlungsuntersuchung** durchgeführt sowie der Förderplan erstellt.

Der Grundsatz frühestmöglicher Förderung wird in den Jugendstrafvollzugsgesetzen festgeschrieben; die gesamte Vollzugszeit soll, ggf sogar unter Einbezie-

---

8 Auch als Erziehungs- und Förderplan bezeichnet.

hung der Untersuchungshaft,[9] sinnvoll zur Erreichung des Erziehungsziels – insbesondere durch Erziehung, Behandlung, Training und Ausbildung – genutzt werden.

40 Der Förderplanung geht eine umfassende soziale und psychische Aspekte berücksichtigende Untersuchung voraus. Erhoben werden insbesondere die bisherige Erziehung der Gefangenen, ihre Lebens-, Wohn- und Aufenthaltssituation, das Freizeit- und Leistungsverhalten, der Kontaktbereich, das Suchtverhalten und der Deliktbereich. Nach Feststellung des Leistungsbereichs werden entsprechende Fördermaßnahmen vorgesehen. Die Jugendstrafvollzugsgesetze verwenden den Begriff der **Diagnostik**[10] und erweitern ihn um die soziale Komponente als Grundlage für pädagogische Maßnahmen und bezogen auf das Leistungsvermögen der Gefangenen. Die Diagnose dient vorrangig der differenziert zu erfolgenden Interventions- und Förderplanung für den individuellen Gefangenen und der Gefährlichkeitsprognostik für den Umgang mit Gefangenen nach innen, **vollzugsöffnende Maßnahmen** und die Entlassung. Persönlichkeitsstörungen bzw Persönlichkeitsentwicklungsstörungen sollen ebenfalls erkannt werden.

41 Sozial störendes und abweichendes Verhalten kann Ausdruck psychischer Störungen sein. Antisoziales Verhalten wird mit einer Vielzahl von Erkrankungen wie Persönlichkeitsstörungen, Aufmerksamkeitsdefizitstörungen (ADHS) oder vor dem Hintergrund traumatischer Erfahrungen, wie Vernachlässigung oder Misshandlung, beschrieben. Bei den jungen Gefangenen stehen **Störungen in der Persönlichkeitsentwicklung** und durch **Substanzkonsum** deutlich im Vordergrund. Ergibt sich eine Störung, müssen die Interventionen des Jugendstrafvollzugs um psychiatrische und psychologische ergänzt werden. Da viele junge Gefangene betroffen sind, bedarf es – der Schaffung – vollzuglicher Bedingungen, die sich neben den (sozial)pädagogischen Maßnahmen an solchen Bedürfnissen ausrichten.

42 a) Diagnostik. Die **Zugangs- bzw Behandlungsuntersuchung** fußt auf dem Aktenstudium mit Urteil, eventuell vorhandenen Vorakten, Gutachten im Strafverfahren, Jugendgerichtshilfeberichten, der Exploration der Gefangenen und ersten Verhaltensbeobachtungen sowie den Testergebnissen. Ihre **Diagnostik** basiert auf der Anwendung verschiedener wissenschaftlich fundierter Instrumentarien. Die Verfahren sind in unterschiedlichem Maß strukturiert bzw standardisiert. Einzelne Bundesländer und einzelne JVAen wenden unter unterschiedlichen Aspekten ausgewählte Verfahren an und gestalten die Abläufe, die im Folgenden angerissen werden, durchaus verschieden.

43 Die bislang publizierten diagnostischen Verfahren wie Intelligenztestverfahren zur Erfassung der Grundintelligenz (Screeningverfahren), spezifische Leistungsverfahren, Kenntnis- und Wissenstests bezüglich schulischer Grundfertigkeiten und Fähigkeiten zur alltäglichen Lebensbewältigung, Persönlichkeitsfragebogen zur Erfassung von Psychopathie, Angst, Stressfähigkeit, Empathie und Aggressivitätsbereitschaft (Selbstberichte) sowie standardisierte Interviews zur indirekten Erfassung von DSM-IV-Diagnosen, Normakzeptanz, Selbstkritik und Fertigkeiten der praktischen Lebensbewältigung sind begrenzt für diese spezielle Probandengruppe der jungen Männer und Frauen geeignet. Dies ergibt sich aus deren Sprachdefiziten und aus der Tatsache, dass viele Verfahren im unteren Messbereich nicht hinreichend differenzieren. Die Brauchbarkeit von einigen Verfahren

---

9 Vgl § 5 Abs. 4 HessJStVollzG.
10 So etwa Art. 129 Abs. 2 BayStVollzG, § 10 Abs. 2 JstVollzG Bln, § 9 Abs. 2 HessJStVollzG.

aus der Schul- und Bildungsdiagnostik ist denkbar, aber bislang noch nicht im größeren Umfang überprüft worden. Teilweise wird es notwendig werden, eine Modifikation existierender Verfahren vorzunehmen oder neue auszuarbeiten. Es werden idR solche Instrumentarien ausgewählt, die kognitive und emotionale Faktoren erfassen.

Sämtliche Tests müssen auf ihre Brauchbarkeit für den Einsatz bei allen jungen Gefangenen überprüft werden. Auf der Basis von Eingangsbefunden könnte eine Zuordnung Einzelner zu bestimmten Subgruppen vorgenommen werden, die im Weiteren in spezifischen Verfahren untersucht werden. Auf dieser Basis wären individuelle praktische Fertigkeiten zu erfassen oder emotionale Probleme näher einzugrenzen. Dies gilt insbesondere für die Gruppe der in besonderen Maß psychisch Beeinträchtigten bzw Gestörten, die ggf einer **sozialtherapeutischen Behandlung zugeführt** werden sollten.

Als Diagnoseinstrumentarium ist die Methode der idealtypisch-vergleichenden Einzelfallanalyse (MIVEA) bekannt, welche eine Einzelfallanalyse der Gefangenen in ihren sozialen Bezügen und die Feststellung eines eventuellen Erziehungsbedarfs ermöglicht. Die MIVEA-Methode stellt eine Erziehungsdiagnose und nimmt eine Interventionsprognose vor, welche die Auswahl wirkungsoptimierter Erziehungs- und Behandlungsmaßnahmen in der Förderplanung ermöglicht.[11]

Ein großer Teil junger Gefangener konsumierte in der Freiheit Betäubungs- oder andere Suchtmittel. Hohe Prävalenzraten ergeben sich für Cannabis, Alkohol, Halluzinogene und einen polytoxen Konsum. Somit ist der **Substanzkonsum** ein wesentliches Kriterium zur Intervention. Es ist zwischen seltenem oder täglichem Gebrauch, dem Substanzmissbrauch, der überwiegend zu psycho-sozialen Problemen führt und der Substanzabhängigkeit zu unterscheiden. Besondere Bedeutung kommt der Suchtanamnese, etwa mit dem European Addiction Severity Index (Europ ASI) zu. Er wird in einigen stationären Einrichtungen zur medizinischen Rehabilitation von Abhängigkeitserkrankten eingesetzt.

b) **Prognostik.** Im Rahmen der vorläufigen **Prognostik** sollten auch die zur Resozialisierung und Wiedereingliederung der jungen Gefangenen notwendigen **vollzugsöffnenden Maßnahmen** zeitlich bestimmt und für die vorgeschriebene Prognosebegutachtung ein Zeitrahmen im **Förderplan** vorgegeben werden. Neben der zugrunde gelegten **Diagnostik** werden hierfür spezielle Prognoseverfahren zum Einsatz gebracht wie SAVRY oder ein Risiko Assessment. Für die vorgeschriebene Prognosebegutachtung wird ebenfalls ein Zeitrahmen vorgegeben, der die zeitliche Planung vollzugsöffnender Maßnahmen berücksichtigt.

c) **Methodik.** Die Zugangsuntersuchung fußt auf dem Aktenstudium mit Urteil, eventuell vorhandenen Vorakten, Gutachten im Strafverfahren, Jugendgerichtshilfeberichten, der Exploration der Gefangenen und ersten Verhaltensbeobachtungen sowie den Testergebnissen. Bei der ausführlichen Diagnostik idS ist zu bedenken, dass sie immer zielführend sein und zu einer zuweisung zu einem realisierbaren Treatment veranlassen sollte. Nicht jede Information, die erhoben werden kann, ist für die Ausarbeitung eines **Förderplans** relevant. Auf den ökonomisch vertretbaren Aufwand bei der Datenerhebung sollte geachtet werden. Aus diesem Grund ist langfristig zu prüfen, ob die Erhebung der Informationen für die Zuweisung zu bestimmten Fördermaßnahmen erforderlich und zweckdienlich war.

Das Zugangsteam ist multidisziplinär zusammengesetzt: allgemeiner Vollzugsdienst, Sozialdienst, psychologischer Dienst, Suchtberatung, Sportbedienstete so-

---

11 Hk-GS-Rössner/Lenz, § 46 StGB Rn 65.

wie Psychiaterinnen und Psychiater. In bestimmten Fällen wie der Gewalt- und Sexualdelinquenz oder wenn das Aspekte in der Person der jungen Gefangenen erforderlich erscheinen lassen, wird der psychologische Dienst zwingend hinzugezogen oder die gesamte Zugangsuntersuchung von ihm durchgeführt.[12] Für die Indikation einer Psychotherapie ist die Mitwirkung einer psychologischen Psychotherapeutin oder eines psychologischen Psychotherapeuten erforderlich.

49 Im Rahmen der Zugangsuntersuchung erarbeiten die Bediensteten der JVA unter Einbeziehung der genannten Unterlagen und nach persönlichen Gesprächen mit den Gefangenen ihre Beiträge zur Förderplanung. Inhaltlich umfassen die Beiträge zur **Zugangsuntersuchung** das gegenwärtige Haftverhalten, die früheren Sozialisationsbedingungen, die bisherige Schul- und Berufsausbildung, soziale Situation, Delinquenzentwicklung, Persönlichkeitseinschätzungen, das Konsumverhalten bezüglich Alkohol, Betäubungsmitteln und Medikamenten sowie süchtigem Spielen, die angenommenen Hintergründe der zur Verurteilung führenden Straftaten, Lebenspläne und Perspektiven. Besonderer Wert ist iSd Förderung auf die positiven Aspekte der Persönlichkeit, der Fähigkeiten und Fertigkeiten zu legen.

50 **d) Verfahren.** Die beabsichtigten Empfehlungen werden mit den jungen Gefangenen besprochen, um ihre Hinweise oder Wünsche berücksichtigen zu können. Die Einbeziehung der jungen Gefangenen bereits zu Haftbeginn soll frühzeitig ihr Verständnis für die als sinnvoll und notwendig erachteten Maßnahmen und ihre Bereitschaft zur Mitwirkung fördern. Die aus der gesamten Diagnostik abgeleiteten Erziehungs- und Behandlungsmaßnahmen und sonstigen Interventionen werden für alle jungen Gefangenen in dem verpflichtenden **Förderplan** festgeschrieben.

51 Die Untersuchung erfolgt überwiegend in den Wohngruppen der für zugehende Gefangene zuständigen Vollzugsabteilung. Für die Erstellung fundierter Förderpläne und eine fachgerechte Untersuchung müssen spezialisierte Bedienstete eingesetzt werden, die in der Lage sind, Testergebnisse schnell und fachlich auszuwerten und aufzubereiten. Die Fortschreibung der Förderpläne stellt sicher, dass die aktuellen Erkenntnisse zur Entwicklung der Gefangenen berücksichtigt werden.

52 **2. Förderplan.** Aufgrund des **Förderbedarfs** wird in Hessen innerhalb der ersten vier Wochen nach der Aufnahme, in den G9-Ländern innerhalb der ersten sechs Wochen ein Förderplan erstellt. Die Förderpläne werden jährlich (Art. 9 BayStVollzG), alle vier Monate (§ 11 Abs. 2 JStVollzG Bln), alle drei Monate (§ 10 Abs. 3 HessJStVollzG) oder in regelmäßigen Abständen (§ 25 Abs. 5 JStVollzG-BW) fortgeschrieben. Unabhängig von den gesetzlichen Fristen sollte angesichts der durchschnittlich kurzen Verweildauer im Jugendstrafvollzug der Zeitfaktor für die pädagogischen und therapeutischen Maßnahmen im Blick behalten werden.

53 In der Förderplankonferenz sollen unter Beteiligung des allgemeinen Vollzugs-, des Sozial- und des psychologischen Dienstes die einzelnen Beiträge besprochen werden. Der **Förderplan**, der konkrete Vorgaben und Empfehlungen für die von den jungen Gefangenen anzustrebenden Aufgaben und Ziele und die JVA bindende Verpflichtungen enthält, wird gemeinsam von den Konferenzbeteiligten festgelegt und nochmals mit ihnen unter Eröffnung der Inhalte besprochen. Die

---

12 Vgl insg. Michelitsch-Traeger/Heß, Standards für Justizvollzugspsychologen, Forum Strafvollzug – Zeitschrift für Strafvollzug und Straffälligenhilfe 2007, 276, 277 f.

jungen Gefangenen werden darauf aufmerksam gemacht, dass die festgelegten Maßnahmen für beide Seiten bindend sind und die selbst zu verantwortende Nichterfüllung auch negative Konsequenzen haben wird. Die jungen Gefangenen und die Vollstreckungsleitung, ggf auch die Personensorgeberechtigten erhalten eine vollständige Ausfertigung des **Förderplans**.

Er umfasst u.a. folgende Aspekte: 54
- vorhandene soziale Kontakte und Aspekte des sozialen Umfelds;
- Art der Unterbringung und Zuweisung zu einer **Wohngruppe**;
- **schulische und/oder berufliche Förderung**;
- **Ausbildungs- bzw Arbeitseinsatz**;
- besondere Hilfs- und Behandlungsprogramme zur Persönlichkeitsentwicklung, Rückfall verhindernde und pädagogische Maßnahmen wie Freizeitgestaltung, Sport, soziale Trainings, Anti-Aggressivitätstrainings oder andere gewaltpräventivorientierte Interventionen sowie Maßnahmen der Integration;
- **Auseinandersetzung mit der Straftat**, Suchtbearbeitung, psychotherapeutische Behandlung
- strafrechtliche Vorbelastung;
- Prüfungszeitpunkt für **vollzugsöffnende Maßnahmen**;
- **Vorbereitung der Entlassung** wie Vorhandensein von Dokumenten, Wohnung, Arbeits- oder Ausbildungsstelle, Schadens- und **Schuldenregulierung**, Vermittlung an weiterführende Stellen usw;
- Termin zur Fortschreibung des **Förderplans**.

Die Fortschreibung wird in den jeweils zuständigen Vollzugsabteilungen unter Einbeziehung des allgemeinen Vollzugsdiensts, Sozialdiensts, psychologischen Diensts, des Werk- bzw Werkaufsichtsdiensts, des pädagogischen Diensts sowie aller weiteren mit den jungen Gefangenen befassten Bediensteten und den Sportbediensteten vorbereitet und besprochen. Auch Externe werden – gerade gegen Ende der voraussichtlichen Strafzeit – zur Förderplanung herangezogen, zB die **Jugendgerichtshilfe** zur Vorbereitung der Entlassung. Zu allen Punkten des **Förderplans** werden die ursprünglich festgelegten Maßnahmen überprüft, insbesondere inwieweit die Umsetzung bereits erfolgen konnte. Dadurch können Entwicklungsfortschritte, Verweigerungen, Untätigkeiten, fehlende Angebote erkannt und notwendige Anpassungen vorgenommen werden. Unbegründete Abweichungen müssen vermieden werden. 55

Die Entwicklung wird mit den jungen Gefangenen besprochen, so dass sie in regelmäßigen Abständen Rückmeldung über ihre Bemühungen, das **Erziehungsziel** zu erreichen, erhalten. Von der Förderplanfortschreibung erhalten ebenfalls alle eine Ausfertigung. 56

V. Verlegungen

Abweichend vom Vollstreckungsplan können junge Gefangene im Wesentlichen aus Gründen der Erziehung und Behandlung, aber auch aus Gründen der Störung der Sicherheit oder Ordnung der JVA in eine andere Anstalt verlegt werden. Aus wichtigem Grund, insbesondere zu ihrer sicheren Unterbringung oder zur Erleichterung einer Ausbildungsmaßnahme, dürfen junge Gefangene in eine andere Jugendstrafanstalt oder JVA überstellt werden. Die Verlegungsentscheidung treffen die beteiligten Anstalten einvernehmlich. 57

58 Der übliche Weg bei einer Verlegung in ein anderes Bundesland ist ein Antrag der jungen Gefangenen, eine positive Prüfung durch die abgebende JVA und Weiterleitung an das Justizministerium, von dort zum Justizministerium des anderen Bundeslands und von dort je nach Gepflogenheit zur aufnehmende JVA. Länderübergreifende Verlegungen sind in § 26 StrVollstrO geregelt.

VI. Sozialtherapie

59 **1. Mindestanforderungen.** Nach den Mindestanforderungen für sozialtherapeutische Anstalten und Abteilungen im Justizvollzug ist die integrative Sozialtherapie gekennzeichnet durch Berücksichtigung und Einbeziehung des gesamten Lebensumfelds in und außerhalb der Einrichtung bis zur Entlassung, Gestaltung der Handlungsmöglichkeiten und Beziehungsformen innerhalb der Einrichtungen iS einer therapeutischen Gemeinschaft und Modifizierung und Verknüpfung psychotherapeutischer, pädagogischer und arbeitstherapeutischer Vorgehensweisen.[13]

60 **2. Voraussetzungen für eine Verlegung.** Junge Gefangene können in einer sozialtherapeutischen Abteilung untergebracht werden, soweit deren besondere therapeutische Mittel und sozialen Hilfen zum Erreichen des Erziehungsziels angezeigt sind. Gemäß Art. 132 Abs. 1 BayStVollzG sind junge Gefangene zu verlegen, wenn die Wiederholung einer Straftat nach den §§ 174 bis 180 oder 182 StGB zu befürchten und die Behandlung in einer sozialtherapeutischen Einrichtung angezeigt ist. Diese sind in allen Ländern im Jugendstrafvollzug eingerichtet.[14] Insbesondere kommen junge Gefangene in Betracht, bei welchen eine erhebliche Störung der sozialen und persönlichen Entwicklung vorliegt. Erfahrungsgemäß ist der fragliche Personenkreis zusätzlich zum sonstigen Problemkreis mit einem recht hohen Suchtpotenzial ausgestattet. Deren Verhaltensauffälligkeiten sind häufig bis in das Kindergartenalter zurückzuverfolgen, oft mit der Folge psychiatrischer Behandlung, die auch in Haft fortgesetzt werden muss. Unter den besonders Kriminalitätsbelasteten finden sich häufig Migranten und junge Gefangene, die sozial weitgehend desintegriert sind. Infrage kommen junge Gefangene mit mittlerer bis schwerer – insbesondere – Gewaltdelinquenz, frühen und beharrlich verlaufenden Verhaltensauffälligkeiten, mittlerer bis schwerer Aggressionsproblematik, dissozialer und/oder emotional instabiler Persönlichkeitsentwicklung, mangelnder Impulskontrolle, Störung der Sexualpräferenz, Intensivtäter, junge Gefangene mit einer Sucht- oder Suchtmittelmissbrauchsproblematik oder Lernbehinderung. Sie haben in der Regel Schwierigkeiten, ihre eigenen Gefühle und Bedürfnisse sowie die anderer Menschen wahrzunehmen. Häufig übernehmen sie nicht die Verantwortung für das eigene Handeln und sehen sich selbst als Opfer. Nach den Indikationen der Mindestanforderungen für sozialtherapeutische Anstalten und Abteilungen ist die Verlegung angezeigt bei jungen Gefangenen,

- bei denen gefährliche Straftaten wegen einer erheblichen Störung ihrer persönlichen und sozialen Entwicklung zu befürchten ist,
- die erkennen lassen, dass sie sich um eine Änderung ihrer Einstellungen und Verhaltensweisen bemühen wollen und
- über die kognitiven und sprachlichen Möglichkeiten für eine Beteiligung am Behandlungsvorgehen verfügen.[15]

---

13 Egg, S. 1; Thiel, S. 6; Walter.
14 Seit April 2010 auch in Hessen; Übersicht 2007 bei Thiel, S. 2.
15 Egg, S. 5; Thiel, S. 7.

Da die Persönlichkeitsstörungen fachlich verantwortbar erst ab ungefähr dem 18. Lebensjahr diagnostiziert werden können, ist der größere Anteil der jungen Gefangenen, die einer sozialtherapeutischen Behandlung zugeführt werden sollten, unter den jungen Erwachsenen zu finden.

3. Das therapeutische Milieu. Die Basis der Behandlungsarbeit stellt die **Wohngruppe** mit dem entsprechenden therapeutischen Klima dar, die Veränderungen ermöglicht. In der emotional verbindlichen und geschützten Atmosphäre können individuelle Defizite erkannt, rückgemeldet und durch zahlreiche gezielte therapeutische und pädagogische Maßnahmen bearbeitet werden. Neben dem an sich schon behandlerischen Wohngruppenalltag werden spezifische Behandlungsmaßnahmen teils verpflichtend, teils auf freiwilliger Basis angeboten. Neben der Milieu-, Gruppen- und Einzeltherapie gehören verschiedene Beratungs- und Trainingsmaßnahmen sowie Freizeitangebote dazu. Durch das umfassende Behandlungsprogramm verbunden mit dem speziellen therapeutischen Klima werden die jungen Gefangenen dahingehend gefördert, Gefühle und Bedürfnisse sensibler wahrzunehmen und besser verbalisieren zu können. Die individuellen Tathintergründe müssen erkannt und aufgearbeitet werden, Rückfall vermeidende Denkmuster und Handlungsalternativen werden entwickelt und eingeübt.

4. Phasen. Die Behandlung ist überwiegend in die Zugangsphase, eine spezifische Behandlungsphase und eine Entlassungsphase unterteilt. Fester Bestandteil der Behandlung sollen gerade verpflichtende Sportangebote sein, die auf das sozialtherapeutische Gesamtkonzept abgestimmt sind und gezielt auf erkannte Defizite in Bereichen wie Körperwahrnehmung, Selbstwertgefühl und Sozialverhalten eingehen. Weitere therapeutische Gruppenmaßnahmen werden in der kreativen und musischen Freizeitgestaltung angeboten.[16]

5. Elemente. Anzustreben ist eine weitgehend autarke Infrastruktur sozialtherapeutischer Einrichtungen, um Störungen des therapeutischen Klimas zu vermeiden. Behandlungserfolge können nämlich durch negative Beeinflussung oder gewalttätige Übergriffe anderer Gefangener gefährdet werden. Idealerweise verfügt die sozialtherapeutische Einrichtung über hinreichend eigene Räume für Behandlung, Ausbildung und Arbeit, ggf Unterricht, Freizeit, Sport und den Aufenthalt im Freien. Trotz weitgehender Trennung der Sozialtherapie werden wegen letztendlich doch kaum vermeidbarer struktureller und örtlicher Gegebenheiten sowohl bei den schulischen und beruflichen Qualifizierungsmaßnahmen als auch bei den Arbeitsmöglichkeiten gemeinsame Beschäftigungen notwendig sein, will man nicht die in der sozialtherapeutischen Abteilung Untergebrachten von solchen ebenfalls zur Erreichung des Erziehungsziels erforderlichen Maßnahmen abkoppeln. Für die nicht in diese Angebote integrierbaren jungen Gefangenen können allerdings Arbeitstherapien oder zB Beschäftigungsmöglichkeiten für Minderbegabte eingerichtet werden.

Die Mitarbeit an dem Behandlungsprogramm bedeutet für die teilnehmenden jungen Gefangenen erhöhte Anforderungen und Anstrengung. Um die Behandlungsbereitschaft und **Motivation** zu stärken, sollen sie günstige Bedingungen vorfinden.

---

16 Von Brisinski/Alsleben/Zahn, Ein „Plädoyer" für den Entwurf des GJVollz aus der Jugendanstalt Hameln in Forum Strafvollzug – Zeitschrift für Strafvollzug und Straffälligenhilfe 2005, 131, 132 ff mit detaillierten Darstellungen.

VII. Geschlossener Vollzug, vollzugsöffnende Maßnahmen, Entlassungsvorbereitung

66 1. **Geschlossener Vollzug.** Gemäß § 141 Abs. 2 StVollzG bedeutet der **geschlossene Vollzug** die sichere Unterbringung von Gefangenen, während im **offenen Vollzug** keine oder verminderte Vorkehrungen gegen Entweichungen getroffen werden. In manchen Jugendstrafvollzugsgesetzen ist geregelt, dass junge Gefangene grundsätzlich im geschlossenen Vollzug untergebracht werden. Nach den Regelungen von G9 werden die jungen Gefangenen im offenen oder geschlossenen Vollzug untergebracht.

67 Dem Vorrang des **geschlossenen Vollzugs** steht entgegen, dass sich dort eine besonders negative Auslese von Gefangenen befindet, welche höhere Sicherheit in der Unterbringung benötigt; diese ist gleichzeitig kontraproduktiv. Je mehr Kontrolle und Sicherung stattfindet, desto mehr entwickelt sich eine eigene Kultur. Die Bedingungen für soziales Lernen können in den geschlossenen JVAen durch den negativen Einfluss der Subkultur unter den jungen Gefangenen deutlich erschwert werden. Immer wieder stellt sich heraus, dass eben dieses subkulturelle Verhalten der Gleichaltrigen das Modell ist, an dem gelernt wird. Die jungen Gefangenen greifen ständig auf bewährte Verhaltensmuster von außerhalb der Anstalten zurück. Hartes Durchgreifen begünstigt oppositionelle Einstellungen eher. Hoher Druck zwingt sie gleichsam in die Subkultur sowie dazu, illegitime Methoden zu erlernen.[17]

68 In Nordrhein-Westfalen werden junge Gefangene noch unmittelbar zum Strafantritt in den **offenen Vollzug** geladen, wo die Eignung festgestellt bzw. die Verlegung in den geschlossenen Vollzug angeordnet wird. Nach § 15 JStVollzG-NRW wird der Jugendstrafvollzug in offenen oder geschlossenen Einrichtungen durchgeführt. Junge Gefangene werden im **offenen Vollzug** untergebracht, wenn sie dessen besonderen Anforderungen genügen und keine Flucht- oder Missbrauchsgefahr gegeben ist.

69 2. **Vollzugsöffnende Maßnahmen.** Um den möglichen negativen Auswirkungen des **geschlossenen Vollzugs** zu begegnen, zwingen die Jugendstrafvollzugsgesetze zur regelmäßigen Prüfung, ob die jungen Gefangenen die Voraussetzungen erfüllen, nach denen sie in den **offenen Vollzug** verlegt bzw Vollzugslockerungen oder Urlaub gewährt werden sollen oder ob durch **vollzugsöffnende Maßnahmen** das **Erziehungsziel** besser erreicht werden kann.[18] Eine solche regelmäßige Prüfung erfolgt zudem im Rahmen der Förderplanfortschreibung. **Vollzugsöffnende Maßnahmen** sind geeignet, Einflüsse von Subkultur zu reduzieren. Eine dezidiert geplante, schrittweise Erprobung in offenen Formen beeinflusst in der Regel den Erziehungsprozess günstig. Zudem wird auf die Anforderungen nach der Entlassung adäquat vorbereitet.

70 § 29 Abs. 2 JStVollzG-BW und § 13 HessJStVollzG[19] führen den Begriff der **vollzugsöffnenden Maßnahmen** ein und stellen die Maßnahmen nach §§ 10, 11, 13

---

17 Walter, Chance, S. 63, 67 ff.
18 Art. 134 Abs. 2 BayStVollzG, § 13 Abs. 2 HessJStVollzG.
19 Baden-Württemberg versteht unter **vollzugsöffnenden Maßnahmen** den bisherigen Urlaub nach § 13 StVollzG, die Freistellung aus der Haft bis zu 24 Kalendertagen im Vollstreckungsjahr sowie die **Vollzugslockerungen** des § 10 StVollzG, Außenbeschäftigung, Freigang, Ausführung und Ausgang, diesen ggf in Begleitung. In § 27 Abs. 2 JStVollzG in Baden-Württemberg wird der offene Vollzug, in Abs. 1 der Vollzug in freien Formen als Form des Jugendstrafvollzugs definiert. Hessen versteht un-

StVollzG auf eine neue begriffliche Grundlage, um die Assoziation mit dem Begriff „Lockerheit" zu vermeiden und zu verdeutlichen, dass es sich im Jugendstrafvollzug um wichtige Erziehungsmaßnahmen handelt, die auch zur Entlassungsvorbereitung eingesetzt werden sollen.

Neben dem einheitlichen Oberbegriff der vollzugsöffnenden Maßnahmen führen beide Jugendstrafvollzugsgesetze den Begriff der **Freistellung aus der Haft** statt Urlaub ein, da die bisherige Begrifflichkeit in unzutreffender Weise die Interpretation nahelege, es handele sich um Erholungsurlaub.[20] 71

Die Gewährung **vollzugsöffnender Maßnahmen** bzw von **Vollzugslockerungen**, **Urlaub** und dem **offenen Vollzug** ist an bestimmte Voraussetzungen gebunden, wobei alle Länder von dem Zustimmungsbedürfnis der jungen Gefangenen Abstand genommen haben.[21] § 13 Abs. 2 HessJStVollzG stellt klar, dass Vollzugsöffnungen nicht als Selbstzweck gewährt werden, sondern in jedem Fall am individuellen Erziehungsziel zu orientieren sind. Die JVA muss regelmäßig prüfen, ob das **Erziehungsziel** durch sie besser erreicht werden kann. 72

Zur **Vorbereitung der Entlassung** sollen **vollzugsöffnende Maßnahmen** gewährt werden. Die Gesichtspunkte des **Opferschutzes** und des **Schutzes der Allgemeinheit** sind durch gesetzliche Vorgabe bei der Gewährung zwingend zu berücksichtigen. 73

Werden jungen Gefangenen **vollzugsöffnende Maßnahmen** gewährt, bedeutet das, dass diese einmalig, gelegentlich oder regelmäßig von Bediensteten beaufsichtigt, von zuverlässigen Personen begleitet oder unbegleitet und unbeaufsichtigt für eine bestimmte Zeit die JVA verlassen dürfen. 74

Bei der Eignungsprüfung sind die Kriterien entsprechend heranzuziehen, die von der Rechtsprechung zu § 10 Abs. 1 StVollzG entwickelt wurden.[22] Es handelt sich um die Bereitschaft und Fähigkeit zur Mitarbeit, zur Einordnung in die Gemeinschaft und zu korrekter Führung unter ggf geringerer Aufsicht. Hinzukommen muss ein ausreichendes Maß an Selbstdisziplin und Verantwortungsbewusstsein der jeweiligen Gefangenen. Für die Beurteilung der **Flucht- und Missbrauchsgefahr** gelten gleiche Grundsätze wie im Erwachsenenvollzug. 75

Die Genehmigung vollzugsöffnender Maßnahmen steht im pflichtgemäßen **Ermessen** der JVA. Daher haben junge Gefangene keinen **Rechtsanspruch** auf die Gewährung, jedoch einen Anspruch auf eine fehlerfreie Ermessensausübung. Es darf keine **Fluchtgefahr** oder **Missbrauchsgefahr** vorliegen, wobei zu beachten ist, dass der Begriff der Missbrauchsgefahr im HessJStVollzG anders als im StVollzG und den anderen Landesgesetzen auch den Missbrauch auf andere Art als den durch die Begehung von Straftaten umfasst. 76

Bei der „Flucht- und Missbrauchsklausel" handelt es sich um einen **unbestimmten Rechtsbegriff**. Kommt die JVA zu dem Ergebnis der **Flucht- oder Missbrauchsgefahr** und lehnt eine vollzugsöffnende Maßnahme ab, ist diese Entscheidung ge- 77

---

ter dem Begriff alle Vollzugslockerungen, den bisherigen Urlaub, den offenen Vollzug und den Vollzug in freien Formen.
20 Begründung des Hessischen Jugendstrafvollzugsgesetzes, S. 42.
21 In der Praxis wird wegen der Folgen einer missglückten vollzugsöffnenden Maßnahme kaum jemand gegen den Willen der Gefangenen, die sich selbst nicht als hinreichend gefestigt betrachten oder im Fall des Misslingens negative Folgen befürchten, entscheiden.
22 Begründung des Hessischen Jugendstrafvollzugsgesetzes, S. 42; OLG Hamm v. 19.2.2008, 1 Vollz (Ws) 904/07 und 77/08; OLG Frankfurt/ aM v. 29.7.2009, 3 Ws 601/09; zu § 12 NJVollzG OLG Celle v. 9.12.2009, 1 Ws 572/09.

richtlich in vollem Umfang überprüfbar. Die Rechtsprechung billigt allerdings einen Beurteilungsspielraum zu, so dass sich die Überprüfung darauf beschränkt, ob der Sachverhalt vollständig ermittelt und dargelegt ist. Die Ausschluss- und Nichteignungsgründe der Verwaltungsvorschriften (VV) zum StVollzG konkretisieren das eingeräumte Ermessen der JVA, um eine möglichst einheitliche Ermessensausübung zu erreichen. Die VV entbinden nicht davon, in jedem Einzelfall die Richtigkeit der Ermessenskonkretisierung zu prüfen.

Weiterhin müssen die Gefangenen für **vollzugsöffnende Maßnahmen** geeignet sein. Dies bedeutet, dass keine Fluchtgefahr, keine Gefahr der Begehung von Straftaten besteht und die Gefangenen auch sonst aufgrund ihrer ausreichend gefestigten Persönlichkeit, der erworbenen Stabilität, ihrer Zuverlässigkeit usw voraussichtlich in der Lage sein werden, die Vollzugsöffnungen wie vorgesehen zu bewältigen.

78 Die JVA entscheidet über die Frage der Geeignetheit im Rahmen des ihr zustehenden **Rechtsfolgeermessens**. Die gerichtliche Überprüfung zielt auf die Ermittlungen und tatsächlichen Feststellungen, auf denen die Entscheidung beruht. Generell ist wichtig, bei der Prüfung der Geeignetheit eine umfassende Gesamtwürdigung aller Umstände des Einzelfalls vorzunehmen und diese gegeneinander abzuwägen. Eine Ablehnung ohne erkennbare Ermessensausübung alleine nach generalisierten Kriterien ist nicht zulässig. Werden vollzugsöffnende Maßnahmen nicht gewährt, kann das die Entscheidung über eine beantragte Aussetzung der Reststrafe zur Bewährung beeinflussen, wenn die Vollstreckungsleitung bislang nicht gewährte Vollzugsöffnungen zur Vorbedingung für eine positive Entscheidung erklärt.[23]

79 a) **Fluchtgefahr.** Es darf nicht zu befürchten sein, dass Gefangene sich dem Vollzug der Freiheitsstrafe entziehen werden. Je schwieriger und komplexer die **Fluchtgefahr** zu beurteilen ist, umso umfassender muss die Darstellung und Abwägung der für und gegen eine Fluchtgefahr sprechenden Umstände sein. Indizien für Fluchtgefahr könnten die Nicht- oder nicht rechtzeitige Rückkehr aus einer bereits gewährten Maßnahme sein, die bereits versuchte oder erfolgreiche Flucht oder Entweichung, Länge der Reststrafe, Vorliegen einer vollziehbaren Ausweisungsverfügung oder geäußerte Fluchtabsichten.

80 b) **Missbrauchsgefahr.** Die **Missbrauchsgefahr** bei jungen Gefangenen und denen, die eine Freiheitsstrafe verbüßen, unterscheidet sich nicht voneinander. Nach dem StVollzG und den anderen Landesgesetzen darf nicht zu befürchten sein, dass die jungen Gefangenen die vollzugsöffnenden Maßnahmen zur Begehung weiterer Straftaten missbrauchen werden. Ein Missbrauch liegt danach allein in der Begehung neuer Straftaten. Darüber hinaus darf das Verhalten während der

---

23 Die Vollstreckungsleitung kann nach § 88 JGG die weitere Vollstreckung der Jugendstrafe zur Bewährung aussetzen, wenn dies u.a. im Hinblick auf die Entwicklung verantwortet werden kann. Dementsprechend sind auch das Verhalten im Jugendvollzug und die Wirkungen zu berücksichtigen, welche von der Aussetzung für sie zu erwarten sind, vgl BVerfG v. 5.8.2010, 2 BvR 729/08. Für eine vom Gericht zu treffende Entscheidung über die Aussetzung des Strafrestes zur Bewährung spielt die Bewährung in Vollzugslockerungen ebenfalls eine entscheidende Rolle, vgl BVerfGE 117, 71, 108; die Chancen, zu einer günstigen Sozialprognose zu gelangen, werden durch eine vorherige Gewährung von Vollzugslockerungen verbessert, durch deren Versagung aber verschlechtert: BVerfG, Beschlüsse der zweiten Kammer des Zweiten Senats v. 13.12.1997, 2 BvR 1404/96, NJW 1998, 1133, 1134; v. 12.6.2002, 2 BvR 116/02; v. 30.4.2009, 2 BvR 2009708.

Maßnahme, von Weisungen abgesehen, grundsätzlich in keine Bewertung einfließen.[24]

c) **Geeignetheit.** Allein das Nichtvorliegen von Flucht- und Missbrauchsgefahr macht junge Gefangene für vollzugsöffnende Maßnahmen nicht geeignet. Auch die gefestigte Persönlichkeit ist nicht allein ein Indiz für deren Maßnahmeeignung, es bedarf vielmehr insoweit eines Gesamteindrucks. Beachtlich sind die Entwicklung bis zur Tat, die Zusammenfassung der Motive und der Art und Weise der Tatbegehung, die Nachreifung und Stabilisierung, Entwicklung und Verhalten im bisherigen Vollzug sowie die positive Wirkung auf das spezielle Erziehungsziel. 81

Ein Bescheid über die Gewährung oder Ablehnung eines Antrags auf eine vollzugsöffnende Maßnahme muss stets die konkreten Gründe aufzählen, die für die Entscheidung erheblich waren. Alle relevanten Gründe müssen auch im schriftlichen Bescheid enthalten sein und dort beschrieben werden, ein Verweis auf Auszüge aus Gutachten von Sachverständigen oder Urteilsbegründungen genügt nicht. Die Begründungen müssen umfassend sein und alle Aspekte der Entscheidung beinhalten. 82

Die verschiedenen **vollzugsöffnenden Maßnahmen** bauen nicht aufeinander auf, sondern sind eigenständig. Auch gibt es keine solchen zur Erprobung, ob junge Gefangene für weitergehende Maßnahmen, für die es bereits eine günstige Prognose gibt, geeignet sein könnten. Nur bezüglich der Prognose selbst können hierdurch Zweifel ausgeräumt werden. Bisher gewährte Vollzugsöffnungen, die die jungen Gefangenen beanstandungsfrei genutzt haben, wie zB die Außenarbeit, können nur ein Indiz für die Gewährung weiterer Maßnahmen sein. Aus ihnen erwächst kein Anspruch auf die Gewährung weiterer, wie zB die Freistellung. Ebenso kann ein früherer Missbrauch keinen generellen Versagungsgrund darstellen, ein Indiz für eine Ablehnung liefern. 83

Offenbar sind die Entscheidungen der JVAen überwiegend ausgewogen getroffen worden. Die Zahl der Nichtrückkehrer aus Vollzugslockerungen war bislang gering, die weitaus überwiegende Zahl der jungen Gefangenen bewältigte diese zudem regelkonform.[25] 84

Bei ausländischen Gefangenen, bei denen eine Abschiebung infrage kommen könnte, muss vor Gewährung einzelner vollzugsöffnender Maßnahmen der ausländerrechtliche Status auch bezüglich möglicher Änderungen aktuell bei der Ausländerbehörde abgefragt werden. Liegt eine Ausweisungsverfügung vor, kann dies ein Anhaltspunkt sein, vollzugsöffnende Maßnahmen wegen der Befürchtung der Entziehung vor der Abschiebung abzulehnen, auch wenn sich die jungen Gefangenen ansonsten angepasst verhalten. Wenn eine vollziehbare Ausweisungsverfügung vorliegt und aus der Haft abgeschoben werden soll, dürfte die Gewährung vollzugsöffnender Maßnahmen wegen der anzunehmenden Fluchtgefahr meistens ausgeschlossen sein. 85

---

24 Ein Missbrauch kann nach der hessischen Regelung auch in anderer Weise erfolgen, wobei weitere Arten des Missbrauchs nicht näher benannt werden. Zur Bewertung, ob ein solcher zu befürchten ist, ist das Allgemeinverhalten der jungen Gefangenen zu berücksichtigen. Auch kleinere Auffälligkeiten während der vollzugsöffnenden Maßnahmen können bereits einen Missbrauch darstellen, wenn sie dem Ziel der Maßnahme entgegenlaufen, so dass es auf den Gesamteindruck ankommt.
25 Stelly/Walter, Vollzugslockerungen im Jugendstrafvollzug am Beispiel der JVA Adelsheim, Forum Strafvollzug – Zeitschrift für Strafvollzug und Straffälligenhilfe 2009, 5.

86 Maßnahmen ohne ständige Aufsicht sind in der Regel ausgeschlossen für
- Gefangene, gegen die wegen einer Straftat gemäß §§ 80 ff. StGB, Friedensverrats, Hochverrats oder Gefährdung des demokratischen Rechtsstaats ermittelt wird oder die wegen solcher Straftat verurteilt wurden,
- Gefangene, gegen die Untersuchungs- oder Auslieferungshaft angeordnet ist,
- Gefangene, gegen die eine freiheitsentziehende Maßregel der Besserung und Sicherung oder eine sonstige Unterbringung angeordnet und noch nicht vollzogen ist.

Mögliche Ausnahmen stehen häufig unter Beteiligungs- oder Zustimmungsvorbehalt.

87 Im Rahmen der gründlichen Prüfung iSv Nr. 7 IV der VV zu § 11 StVollzG muss bei Sexualstraftaten, groben Gewalttaten und Straftaten wegen Handels mit Betäubungsmitteln die Entscheidung über die erstmalige Vollzugsöffnung in einer Konferenz nach § 159 StVollzG vorbereitet werden. Die Vollstreckungsleitung muss im Rahmen der besonders gründlichen Prüfung beteiligt werden. Die einzelnen Länder haben weitere Regelungen für diese Tätergruppen geschaffen.[26]

88 Bevor junge Gefangene erstmalig die JVA verlassen, müssen ihre Fotos im Fahndungsdatenblatt aktualisiert werden und dieses den zuständigen Bediensteten zugänglich sein. Bei Veränderung wesentlicher Körpermerkmale ist ebenfalls ein neues Foto anzufertigen. Junge Gefangene sind über ihre Pflichten und Weisungen während der Maßnahme zu belehren. Zur Überprüfung der Abstinenz von Betäubungsmitteln und Alkohol können nach Rückkehr (Urin-)Kontrollen veranlasst werden, sofern die jungen Gefangenen einwilligen; andernfalls wären die Kontrollen nur bei konkretem Verdacht des Missbrauchs zulässig.

89 **d) Weisungen, Rücknahme und Widerruf von vollzugsöffnenden Maßnahmen.** Den jungen Gefangenen können für die **vollzugsöffnenden Maßnahmen Weisungen** erteilt werden, bei deren Nichtbefolgung die Öffnung uU zurückgenommen werden kann. Diese müssen tatsächlich erforderlich, sinnvoll und ihre Einhaltung kontrollierbar sein. Weisungen können Rückkehrzeiten, das Meiden bestimmter Personen oder Örtlichkeiten, die Begleitung durch bestimmte Personen usw sein.

90 Ein **Widerruf** kann bei Flucht oder Missbrauch erfolgen oder wenn nachträglich Umstände eintreten, nach denen die Maßnahmen hätten versagt werden können. Wenn diese schon anfänglich vorgelegen haben, aber nicht berücksichtigt wurden, können die Maßnahmen zurückgenommen werden. Die Rücknahme hat Wirkung für die Zukunft. Im Vordergrund des Widerrufs stehen Behandlungsgründe. Der Grundsatz der Verhältnismäßigkeit sowie die Notwendigkeit der Bestandsgarantie sind zu berücksichtigen.

91 **e) Einzelne Maßnahmen. aa) Vollzug in freien Formen.** Der **Vollzug in freien Formen** sieht die Unterbringung von jungen Gefangenen in besonderen Erziehungseinrichtungen oder in Übergangseinrichtungen freier Träger vor. Damit wird die schon bisher nach § 91 Abs. 3 JGG vorgesehene Möglichkeit, den Voll-

---

26 Vor der Gewährung vollzugsöffnender Maßnahmen ist für die jungen Gefangenen mit Gewalttaten und bei den Sexualstraftaten in etlichen Bundesländern wenigstens ein **externes Prognosegutachten** zur Beurteilung der Gefährlichkeit einzuholen. Es ist zu empfehlen, eine ursprünglich für den hessischen Erwachsenenvollzug entwickelte Checkliste im Jugendstrafvollzug zur Bearbeitung heranzuziehen. Insbesondere bei Gewalt- und Sexualstraftaten bedarf die Eignungsprüfung für die Erstgewährung überwiegend der Beteiligung der besonderen Fachdienste und der Teilnahme der jungen Gefangenen an (psycho)therapeutischen Maßnahmen.

zug in geeigneten Fällen weitgehend in freien Formen durchzuführen, als vollzugsöffnende Maßnahme ausgestaltet bzw in Baden-Württemberg als **Vollzugsform** eingeführt. **Vollzug in freien Formen** wird durch zugelassene private Träger durchgeführt und stellt eine Alternative zu dem Strafvollzug in Jugendstrafanstalten dar. Im baden-württembergischen Jugendstrafvollzugsgesetz ist die Bedeutung des Jugendstrafvollzugs in freien Formen dadurch hervorgehoben, dass dieser als dritte Form des Jugendstrafvollzugs gleichberechtigt neben dem **geschlossenen** und dem **offenen Vollzug** steht: So können nach § 27 JStVollzG-BW junge Gefangene bei Eignung in einer Einrichtung des Jugendstrafvollzugs in freien Formen untergebracht werden. Hierzu gestattet die Anstaltsleitung, die Jugendstrafe in einer dazu zugelassenen Einrichtung der Jugendhilfe zu verbüßen. Die Eignung ist bei jungen Gefangenen stets zu prüfen. In Absatz 2 ist geregelt, dass Gefangene in einer Jugendstrafanstalt oder dem Teil einer Jugendstrafanstalt ohne oder mit verminderten Vorkehrungen gegen Entweichung untergebracht werden sollen, wenn sie ihre Mitwirkungspflicht erfüllen und nicht zu befürchten ist, sie würden sich dem Vollzug der Jugendstrafe entziehen und die Möglichkeiten des offenen Vollzugs zu Straftaten missbrauchen. Eignen sie sich hingegen nicht für den Jugendstrafvollzug in freier Form oder den offenen Vollzug, so werden sie in einer geschlossenen Jugendstrafanstalt oder einer Abteilung mit Vorkehrungen gegen Entweichung untergebracht. Der **Vollzug in freien Formen** unterliegt also nicht den Regelungen der vollzugsöffnenden Maßnahmen und erlaubt damit andere Zulassungskriterien. Im Rahmen des durch das Justizministerium Baden-Württemberg geschaffenen Projekts Chance haben „Prisma e.V." und das „Christliche Jugenddorfwerk Deutschland e.V." 2003 zwei Einrichtungen geschaffen, um neue Wege zu gehen und junge Gefangene wirkungsvoll zu fördern: das Projekt Chance in Creglingen und das Seehaus Leonberg.[27]

bb) **Unterbringung im offenen Vollzug.** G9[28] lassen junge Gefangene im **offenen** oder **geschlossenen Vollzug** unterbringen. Sie sollen im **offenen Vollzug** untergebracht werden, wenn sie dessen besonderen Anforderungen genügen und verantwortet werden kann zu erproben, dass sie sich weder dem Vollzug entziehen noch dessen Möglichkeiten zur Begehung von Straftaten missbrauchen werden. Bayern, Hamburg und Hessen regeln, dass die Gefangenen grundsätzlich im **geschlossenen Vollzug** unterzubringen sind, sehen aber die Unterbringung im offenen Vollzug ebenfalls vor, wenn sie dessen besonderen Anforderung genügen können. Nach § 13 Absatz 2 HessJStVollzG ist während des Jugendstrafvollzugs regelmäßig zu prüfen, ob das **Erziehungsziel** des § 2 HessJStVollzG durch **vollzugsöffnende Maßnahmen**, wozu auch die Unterbringung im offenen Vollzug gehört, besser zu erreichen ist. Diese vollzugsöffnende Maßnahme kann gewährt werden, wenn sie für die Maßnahmen geeignet sind, namentlich die Persönlichkeit ausreichend gefestigt und nicht zu befürchten ist, dass sie sich dem Jugendstrafvollzug entziehen oder die Maßnahmen zur Begehung von Straftaten oder in Hessen auf andere Weise missbrauchen werden. Junge Gefangene, die Stabilität, Zuverlässigkeit und Verlässlichkeit aufweisen oder erlangt haben, können im offenen Vollzug untergebracht werden, wenn dadurch das Erziehungsziel besser

92

---

27 Prisma Initiative für Jugendhilfe und Kriminalprävention e.V., Jugendstrafvollzug in freien Formen Vorstellung des Konzepts mwN; von Manteuffel, Projekt Chance – Jugendstrafvollzug in freien Formen, Forum Strafvollzug – Zeitschrift für Strafvollzug und Straffälligenhilfe 2007, 266 ff; Merckle, Jugendstrafvollzug in freier Form am Beispiel vom Seehaus Leonberg, Forum Strafvollzug – Zeitschrift für Strafvollzug und Straffälligenhilfe 2007, 271 f.
28 § 13 Abs. 1 JStVollzG Bln.

erreicht werden kann und sollen dort untergebracht werden, wenn es der Entlassungsvorbereitung dient.[29]

93 Der **offene Vollzug**, ob als Vollzugs- oder Unterbringungsform oder vollzugsöffnende Maßnahme, ist zudem eine Maßnahme der Behandlung und Erziehung, die inhaltlich unterschiedliche Anforderungen an das Vollzugspersonal und an die jungen Gefangenen stellt. Aus den Umständen, dass Erziehung gegen die Gleichaltrigengruppe oder an ihr vorbei nicht Erfolg versprechend ist, und dass größere geschlossene Vollzugseinrichtungen eine erziehungsfeindliche Subkultur fördern, können in Einrichtungen wie dem offenen Vollzug strukturelle und pädagogische Konsequenzen gezogen werden. Während der geschlossene Vollzug kriminelle Intensität eher fixiert, gelingt es im offenen Vollzug frei von möglichen negativen Beeinflussungen, sie in eine gesellschaftskonforme Identität zu verändern.[30] Dort können die jungen Gefangenen ohne mögliche negative Einflüsse durch andere Gefangene erzogen werden und die erforderliche Distanz zur Subkultur wahren, wenn die Maßnahmen entsprechend konzipiert und personell ausgestattet sind. Daher darf die Einrichtung nicht nur mindere Sicherheitsvorkehrungen vorweisen, sondern muss auch die Räume und darüber organisatorische und personelle Möglichkeiten für eine Vielzahl an dafür geeigneten und erforderlichen Maßnahmen vorhalten.

94 Gerade für die älteren der jungen Gefangenen stellt die Unterbringung im **offenen Vollzug** zudem eine Alternative zu dem **Vollzug in freien Formen** dar. Diese jungen Gefangenen befinden sich häufig bereits in der Phase der Verselbstständigung und der Abgrenzung von den Eltern. Der stärker auf Individualität ausgerichtete offene Vollzug umfasst neben pädagogischen Maßnahmen auch solche der auf den Einzelfall zugeschnittenen Behandlung. Von dem **Vollzug in freien Formen** unterscheidet sich der offene Vollzug wesentlich dadurch, dass sie nicht in eine familienähnliche Struktur eingebunden werden. Er schafft insbesondere für die heranwachsenden Gefangenen realistische Bedingungen durch beteiligte externe Arbeitgeber, die Notwendigkeit der Unterhaltung und Pflege einer „eigenen Wohnung" zunächst in der JVA und den Umstand, sich selbst unterhalten und versorgen zu müssen. Hier kann erprobt werden, wie sie mit zwangsläufigen Misserfolgen, aber auch mit ihren Erfolgen umgehen. Da sie ohnehin spät in ihrer beruflichen Entwicklung liegen, bedeutet es besonders viel, sie beruflich am Entlassungsort zu integrieren.

95 Die Einrichtung des offenen Vollzugs soll über gute und ausbaufähige Beziehungen zu Bildungseinrichtungen, Schulen und deren Trägern sowie Ausbildungsstätten, Arbeitgebern sowie den Kammern und Verbänden verfügen, die für Maßnahmen des offenen Vollzugs genutzt werden können. Für die jungen Gefangenen des offenen Vollzugs sollten zudem die Schul- und Werkbetriebe des geschlossenen Vollzugs unter entsprechenden Vorkehrungen genutzt werden, wenn keine Alternativen außerhalb zur Verfügung stehen. In diesen Fällen stellt die Verbindung mit dem geschlossenen Vollzug einen schwierigen, aber nicht auszuschließenden Kompromiss dar.

96 Längere **Ausbildungen** sollen nicht vollständig im geschlossenen Vollzug durchgeführt werden. Gerade die Vermittlung sozialer Kompetenzen, der Einstellung zum Beruf und von Durchhaltevermögen sowie die Umsetzung von Arbeitsnormen wie Pünktlichkeit, Genauigkeit, Stetigkeit und Zuverlässigkeit können im

---

29 §§ 13 Abs. 2 und 16 Abs. 2 HessJStVollzG.
30 Seifert, Die kriminelle Identität verändern. Arbeitserziehungsanstalt. Auf dem Arxhof werden auch junge Solothurner therapiert, SZ digital, S. 1.

offenen Vollzug und Freigang realitätsnah vermittelt werden. Da die jungen Gefangenen im geschlossenen Vollzug zum einen nicht nur von den Vollzugsbediensteten Anerkennung ihres Verhaltens bekommen, sondern aus anderen Gründen auch von den Mitgefangenen und zum anderen die Ausbildung anders als in Freiheit abläuft – übermäßiger Materialverbrauch hat beispielsweise in der JVA geringere Konsequenzen – können die Auszubildenden nicht die optimale Rückmeldung bekommen, um ein Verhalten für eine berufliche Integration aufzubauen.[31] Werkbedienstete zeigen in der Regel ein anderes Ausbildungsverhalten als Externe, die zB weniger zurückhaltend in der Formulierung von Kritik sind oder ggf Arbeiten zuweisen, die nicht immer als angenehm oder vom jungen Gefangenen als ausbildungsinadäquat empfunden werden, gleichwohl aber ausgeführt werden müssen. Konkurrenz durch andere oder leistungsfähigere Auszubildende bleibt ihnen weithin unbekannt.

Da beim **offenen Vollzug** das Einverständnis der jungen Gefangenen nicht mehr notwendig ist, müssen sie bei der Rücknahme des Einverständnisses nicht mehr in den geschlossenen Vollzug verlegt werden. Allerdings sollten ihre Bedürfnisse berücksichtigt werden und erforderlichenfalls ihrem Wunsch auf Verbleib im geschlossenen Vollzug Rechnung getragen werden. Junge Gefangene, die sich bereits im offenen Vollzug befinden, dürfen nicht ohne Weiteres in den geschlossenen Vollzug zurückverlegt werden. Diese Maßnahme setzt den Umstand voraus, dass die Voraussetzungen für eine Unterbringung im offenen Vollzug nicht (mehr) vorliegen. **97**

cc) **Außenbeschäftigung.** Im Rahmen der **Außenbeschäftigung** gehen junge Gefangene regelmäßig einer Arbeit außerhalb der JVA nach. Bei dieser Tätigkeit stehen sie unter Aufsicht von Vollzugsbediensteten. Diese bietet beschränkt Gelegenheit zum Kontakt mit der Umwelt, jedenfalls aber den Aufenthalt in freier Umgebung mit Abwechslung vom Vollzugsalltag. Weniger Nutzen hat sie im Hinblick auf das Ziel der Einübung selbstverantwortlichen Handelns, da Vollzugsbedienstete zur Überwachung anwesend sein müssen. Die Aufsicht wird entweder ständig und unmittelbar oder nur ständig oder in unregelmäßigen Zeitabständen durch Vollzugsbedienstete ausgeübt, dh die Intensität der Beaufsichtigung kann je nach Zuverlässigkeit der eingesetzten jungen Gefangenen gestaffelt werden. **98**

dd) **Freigang.** Beim **Freigang** gehen junge Gefangene ohne Aufsicht einer Beschäftigung außerhalb der JVA nach. Im Gegensatz zur Außenbeschäftigung bietet der Freigang die Möglichkeit zur realistischen Belastungsprobe und zugleich Chancen der Entwicklung normal angepasster alltäglicher Verhaltensweisen. Den jungen Gefangenen soll gestattet werden, einer Arbeit, Berufsausbildung, beruflichen Fortbildung oder Umschulung auf der Grundlage eines freien Beschäftigungsverhältnisses nachzugehen, wenn das im Rahmen des Förderplans dem Ziel, Fähigkeiten für eine Erwerbstätigkeit nach der Entlassung zu vermitteln, zu erhalten oder zu fördern, entspricht und wenn nicht überwiegende Gründe des Vollzugs entgegenstehen. Eine freiberufliche Tätigkeit von jungen Gefangenen ist möglich, wenn diese Maßnahme dem Erziehungsziel dient. **99**

Die Zulassung zum **Freigang** kann in zwei Stufen unterteilt werden. Die abstrakte Zulassung umfasst eine generelle Eignung für den Freigang, während sich die konkrete Zulassung auf eine bestimmte Beschäftigung bezieht. **100**

---

31 Sandmann in: Ostendorf Jugendstrafvollzugsrecht, S. 282 f.

101 Der Freigang wird idR in einer Weise angeordnet, dass Arbeitgeber oder sonstige Dritte verpflichtet werden, die JVA unverzüglich zu benachrichtigen, wenn junge Gefangene an der Beschäftigungsstelle nicht rechtzeitig erscheinen, sich ohne Erlaubnis entfernen oder sonst ein besonderer Anlass hierzu besteht. Es ist erforderlich, dass Arbeitgeber eine hinreichende Gewähr für die Zuverlässigkeit ihrer sozialen Kontrollen bieten können. Die JVA überprüft das Verhalten der jungen Gefangenen während des Freigangs auch selbst. Freigängerinnen und Freigänger sind krankenversichert und bedürfen daher nicht der anstaltsärztlichen Betreuung.

102 ee) **Ausführung.** Bei der **Ausführung** verlassen junge Gefangene für eine bestimmte Zeit des Tages unter Aufsicht von Vollzugsbediensteten die JVA. Der Ausführung können bestimmte Gründe, zB eine medizinische Untersuchung zugrunde liegen. Sie kann zudem zur Behandlung oder zur Erreichung des Vollzugsziels erfolgen. **Ausführungen** sind keine vorbereitenden Maßnahmen auf weitere Vollzugsöffnungen, sondern eigenständig. Bei Vorliegen einer **Fluchtgefahr** ist es gestattet, eine **Fesselung** vorzunehmen. Diese darf idR nur an den Händen oder an den Füßen angelegt werden. Die Anordnung zur Fesselung ergeht durch die Anstaltsleitung. Die Art der Fesselung ist zu ändern, wenn die Umstände es erfordern und die Gefahr des Missbrauchs der neu gewählten Fesselungsart ausgeschlossen erscheint. Erweist sich unterwegs eine Fesselung als notwendig, so hat die oder der Bedienste sie als vorläufige Maßnahme durchzuführen.

103 ff) **Ausgang.** Der **Ausgang** ist die häufigste Form der Vollzugsöffnung ohne ständige Aufsicht. Die Gefangenen verlassen die JVA für eine bestimmte Zeit des Tages. **Ausgang** kann sowohl als Behandlungsmaßnahme als auch aus wichtigem Grund gewährt werden. Ein solcher liegt vor, wenn eine Sache nur an Ort und Stelle geregelt werden kann, dh wenn ein konkretes einzelnes Ereignis vorliegt, das sie nur durch Verlassen der JVA zu einem bestimmten Zeitpunkt regeln können.

104 gg) **Ausgang in Begleitung.** Junge Gefangene verlassen die JVA für eine bestimmte Zeit des Tages in Begleitung einer verlässlichen Bezugsperson, die entweder Vollzugsbedienstete oder Dritte sein können.

105 hh) **Freistellung aus der Haft (Urlaub).** Für die Zeit ihrer **Freistellung aus der Haft** können junge Gefangene sich über Nacht außerhalb der JVA aufhalten. Insgesamt stehen ihnen bis 24 Tage pro Jahr zu. Junge Gefangene treten ihre Freistellung in eigener Kleidung an und müssen die Reisekosten und den Lebensunterhalt für die Zeit der Maßnahme idR selbst aufbringen. Dafür können sie sich Geld von ihrem Haus- oder Eigengeldkonto auszahlen lassen. Ob und ggf in welcher Höhe ein Anspruch auf Reisekostenzuschuss besteht, liegt im Ermessen der JVA. Im Zweifel dürfte dieser jedoch zu gewähren sein. Die Freistellung aus der Haft kann nur innerhalb Deutschlands erfolgen.

106 Die Freistellung wird immer nach vollen Tagen berechnet. Der Tag, in den der Freistellungsantritt fällt, wird nicht mitgezählt, dafür der Tag der Rückkehr. Reisezeit kann unter Umständen auf die Freistellungszeit aufgeschlagen werden. Aus Gründen der besseren Erreichung des Erziehungsziels kann die Gesamtanzahl der Tage für die Freistellung aus der Haft auf die einzelnen Quartale verteilt werden, um eine kontinuierliche Gewährung der Freistellung während des Jahres zu ermöglichen. Wenn Gefangene ihren Antrag auf Freistellung aus der Haft stellen, müssen sie in jedem Fall eine Unterkunft für die Zeit ihres Wegbleibens angeben und eine Vertrauensperson für die Zeit der Freistellung benennen, die bereit ist, sie für die Zeit aufzunehmen und zu betreuen. Sowohl die genannte Bezugsperson

als auch die angegebene Unterkunft müssen darauf überprüft werden, ob sie geeignet sind, das Erziehungsziel zu fördern und insbesondere der Erziehung zum straffreien Leben dienen.

3. Entlassungsvorbereitung. a) Zeitpunkt. Der Entlassungszeitpunkt bestimmt sich mit dem letzten Tag der Strafzeit. Die jungen Gefangenen sollen am Entlassungstag möglichst frühzeitig, jedenfalls noch am Vormittag, entlassen werden. Eine vorzeitige Entlassung wird ermöglicht, wenn der letzte Tag der Strafverbüßung auf ein Wochenende, einen gesetzlichen Feiertag, den ersten Werktag nach Ostern oder Pfingsten oder in die Zeit vom 22.12.–2.1. bzw 6.1. des Folgejahrs fällt. Zusätzlich kann der Entlassungszeitpunkt aus wichtigen Gründen der Eingliederung vorverlegt werden. 107

b) Entlassungsurlaub bzw -freistellung. Die Zeit nach der Entlassung stellt eine problematische Phase im Hinblick auf die Legalbewährung dar. Daher sollen zur **Entlassungsvorbereitung vollzugsöffnende Maßnahmen** gewährt werden. Zudem kann nach Art. 136 Abs. 4 BayStVollzG innerhalb von vier Monaten vor der Entlassung zu deren Vorbereitung **Sonderurlaub** bis zu einem Monat, nach §§ 19 Abs. 4 JStVollzG Bln, 16 Abs. 3 HessJStVollzG jungen Gefangenen **Urlaub** bzw **Freistellung aus der Haft zur Entlassungsvorbereitung** von insgesamt bis zu vier bzw sechs Monaten gewährt werden. Diese Gewährung kann davon abhängig gemacht werden, dass die Überwachung erteilter Weisungen durch den Einsatz **elektronischer Überwachungssysteme** unterstützt wird. 108

Der zentralen Funktion der Entlassungsvorbereitung wird Rechnung getragen, indem bereits im Rahmen der **Zugangsuntersuchung vollzugsöffnende Maßnahmen** und deren zeitliche Perspektiven in Betracht zu ziehen sind. Deren Ausgestaltung ist darauf auszurichten, dass sie die Eingliederung der jungen Gefangenen in ein tragfähiges soziales Umfeld fördern. Durch begleitende vollzugsöffnende Maßnahmen ist sicherzustellen, dass sie das Erlernte in einem geeigneten Umfeld zunächst erproben und später in Freiheit festigen können. 109

Sollten die jungen Gefangenen für vollzugsöffnende Maßnahmen geeignet sein, kann nach Anhörung der Vollstreckungsleitung eine **Langzeitfreistellung** erfolgen.[32] 110

Durch Weisungen werden umzusetzende Auflagen zur **Vorbereitung einer Entlassung** erteilt, die in regelmäßigen Abständen hinsichtlich ihres zeitlichen und inhaltlichen Umsetzungsgrads überprüft werden. Besonders der Sozialdienst unterstützt junge Gefangene bei auftretenden Problemstellungen in Kooperation mit der **Bewährungshilfe** oder entsprechenden Institutionen. 111

Die Gesetzgeber kommen damit der Forderung des BVerfG nach verzahnter **Entlassungsvorbereitung** nach. Die gesetzlichen Regelungen sehen ressortübergreifende **Zusammenarbeitsformen** mit vertrauenswürdigen Dritten und Institutionen außerhalb des Vollzugs sowie die Unterrichtung von Jugendämtern und Einbeziehung der **Bewährungshilfe** bzw der in einigen Bundesländern spezialisierten **Jugendbewährungshilfe**, die Zusammenarbeit mit ambulanten sozialen Diensten wie Führungsaufsicht und **Jugendgerichtshilfe** vor.[33] 112

---

32 Nach § 16 Abs. 3 HessJStVollzG hat der Jugendstrafvollzug die Möglichkeit, durch den Einsatz elektronischer Überwachungssysteme den strukturierten Alltag zu überwachen.
33 Nach § 16 Abs. 1 HessJStVollzG ist die Bewährungshilfe schon während der Vollzugszeit zur Zusammenarbeit verpflichtet. Sie muss daher rechtzeitig und gut vorbereitet sein. In § 58 JStVollzG-BW wird die Nachsorge junger Haftentlassener besonders betont.

113 **c) Grundsätze.** Der Jugendstrafvollzug wird von Beginn an auf die Entlassung und Wiedereingliederung der jungen Gefangenen ausgerichtet. Die Ausgestaltung des Vollzugs muss sich daran orientieren, die **Entlassung** im Hinblick auf eine geeignete Unterbringung, Ausbildungsfortsetzung oder Arbeit vorzubereiten und sie zu einem Leben in sozialer Verantwortung zu befähigen. Die **Vorbereitungen** erstrecken sich vornehmlich auf Unterbringung, Arbeits- und Ausbildungsplatz, Kontaktaufnahme sowie Kontaktpflege mit Familienangehörigen und anderen verlässlichen Bezugspersonen, weiter in der Organisation etwaiger nachsorgender Maßnahmen, wie zB der Suchtberatung. Sozial kompetente, ausbildungs- oder arbeitsfähige Gefangene, die in **Ausbildung** oder Arbeit, eine Wohnung und stabile Beziehungen entlassen werden, haben bessere Aussichten, nicht wieder straffällig zu werden.

114 **d) Entlassungstraining.** Entlassungstrainings für junge Gefangene mit kurzen Jugendstrafen, die dem umfassenden Angebot der JVA nicht immer lange genug zugeleitet werden können, und solchen, die vor der Entlassung stehen, dienen der Entwicklung konkreter Zukunftsperspektiven und der Vermeidung des Rückfalls in alte, nicht gewollte Verhaltensstrukturen. Dazu werden verschiedene Bereiche des täglichen Lebens angesprochen, in denen Hindernisse liegen.[34]

115 Um das **Erziehungsziel** zu erreichen, muss das individuelle Erziehungs- und Interventionskonzept umfassend sein. Der Jugendstrafvollzug ist so zu strukturieren, dass die Entlassung und ihre Vorbereitung von Beginn an aktiv in die Förderplanung einbezogen werden. So muss bereits in der Förderplanung unmittelbar nach der **Zugangsuntersuchung** ein voraussichtlicher Entlassungszeitpunkt prognostiziert werden, um daran die Abfolge von Erziehungs- und Behandlungsmaßnahmen und insbesondere die der **Entlassungsvorbereitung** auszurichten. Damit verbunden ist die Aussage, ob bei dem prognostizierten Verhalten und Bewältigung der Interventionsmaßnahmen mit einer Strafaussetzung zur Bewährung gerechnet werden kann.

116 **e) Übergangsmanagement.** Zur Erreichung des **Erziehungsziels** arbeitet die Vollzugsanstalt mit Externen zusammen. Insbesondere ist die Zusammenarbeit mit der **Jugendgerichtshilfe** oder **Jugendbewährungshilfe** zu gewährleisten sowie dass ein **Übergangsmanagement** einschließlich der Beteiligung von Mentoren, Paten oder dergleichen eingeschaltet wird.

117 Bereits bei den Anhörungen der Landtage zu den Jugendstrafvollzugsgesetzen wurde darauf hingewiesen, dass eine gelungene Eingliederung und dadurch geminderte Gefahr des Rückfalls auch von dem Konzept der durchgehenden Betreuung ineinander greifender stationärer und ambulanter Maßnahmen abhängt.[35] Der Begriff des **Übergangsmanagements** wird heute in den Ländern unterschiedlich verwendet. Von Maßnahmen der **Entlassungsvorbereitung** durch

---

34 Das soziale Training soll wöchentlich mehrstündig durchgeführt werden. In einer Gruppe wird bearbeitet, wie die Gefangenen ihr Leben nach der Entlassung gestalten können. Es ist für alle im Rahmen der Entlassungsvorbereitung geeignet, die über ausreichende Kenntnisse der deutschen Sprache verfügen. Trainingsbereiche sind das Kompetenztraining, Sucht/Gesundheit, Umgang mit Geld/Schulden, Gewaltprävention, Bewerbungstraining und Verhalten am Arbeitsplatz.
35 Maelicke, Komplexleistung Resozialisierung im Verbund zum Erfolg, Forum Strafvollzug – Zeitschrift für Strafvollzug und Straffälligenhilfe 2009, 60 ff; Roos/Weber, Übergangsmanagement – Die Entwicklung in den Ländern, Forum Strafvollzug – Zeitschrift für Strafvollzug und Straffälligenhilfe 2009, 62 ff; Klein/Weilbächer, Zielgruppenorientiertes Übergangsmanagement im hessischen Justizvollzug, Forum Strafvollzug – Zeitschrift für Strafvollzug und Straffälligenhilfe 2009, 67 ff.

den Sozialdienst in den JVAen bis hin zu spezifischen Projekten zur Überwachung von sog. Risikoprobanden gibt es unterschiedliche Handlungsansätze.[36]

Übergangsmanagement bedeutet auf jeden Fall die organisationsübergreifende Schaffung von Förderketten. Die verbesserte Gestaltung der Übergänge muss einerseits die Fortsetzung der in der zuvor tätigen Institution eingeleiteten Interventionen sicherstellen. Andererseits sind die jungen Gefangenen beim Übergang in der Entlassungsphase zu begleiten, zu unterstützen und zu kontrollieren.[37] 118

f) Koordination. Die Koordination der von den **sozialen Diensten der Justiz**, der freiwilligen Straffälligenhilfe und anderen Institutionen und Personen angebotenen Leistungen als „Komplexleistung" ist von entscheidender Bedeutung für die Anschlussperspektiven der jungen Gefangenen, insbesondere für die Übergänge in **Ausbildung** und Beschäftigung.[38] Immer geht es darum, in Koordination verschiedener Dienste oder Institutionen bzw in Kooperation insbesondere von **Jugendbewährungshilfe**, freier Straffälligenhilfe und Justizvollzug Strategien und Maßnahmen zur gezielten Wiedereingliederung von jungen Gefangenen zu entwickeln bzw umzusetzen. Angesichts der oftmals multiplen Hemmnisse „ist bei gegebenem Bedarf an zusätzlichen Nachsorgeleistungen ausdrücklich nicht ein Angebot ganzheitlicher Hilfe aus der Hand eines Nachsorgeträgers zu empfehlen, sondern die eher Erfolg versprechende Beteiligung jeweils originär zuständiger Spezialisten im Rahmen eines vernetzten Fallmanagements."[39] Weitergehend als die Kooperation und Aufbau eines Netzwerks soll sogar „Ziel die Leistungserbringung,aus einer Hand' (sein), wobei es ein Träger ,zuständigkeitsübergreifend' übernimmt, die gesamte Leistung auf der Grundlage eines gemeinsamen Förder- und Behandlungsplans zu erbringen und dazu andere Träger mit ihren Leistungsanteilen heranzuziehen."[40] 119

In der **Entlassungsvorbereitung** spielen auch die Jugendhilfe und Jugendpsychiatrie eine Rolle. Es handelt sich zwar um Institutionen mit unterschiedlichen Aufgabenfeldern, aber auch mit inhaltlich begründeten Überschneidungen. Ihrem gesetzlichen Auftrag entsprechend soll die Jugendhilfe zur Verwirklichung der Rechte von jungen Menschen auf Förderung ihrer Entwicklung und auf Erziehung zu einer eigenverantwortlichen und gemeinschaftsfähigen Persönlichkeit beitragen, § 1 Abs. 1 und 3 SGB VIII. Der Auftrag der Jugendpsychiatrie bezieht sich auf die Erkennung, Behandlung, Prävention und Rehabilitation von psychischen Störungen gemäß ICD-10.[41] Im Überschneidungsbereich ist eine Abgren- 120

---

36 Roos/Weber, Forum Strafvollzug – Zeitschrift für Strafvollzug und Straffälligenhilfe 2009, 66; vgl die Übersicht der in den Ländern durchgeführten Maßnahmen bei Roos/Weber, aaO S. 62 ff.
37 Grußwort der Justizministerin des Landes Mecklenburg-Vorpommern Uta Maria Kuder zur Fachtagung „Stabile Übergänge zwischen Bewährungshilfe und Justizvollzug – Praxisansätze aus Deutschland und Europa" vom 28.4. bis 30.4.2009 in Binz auf Rügen.
38 Petran/Weber, Die Organisation von beruflicher und schulischer Bildung im Jugendstrafvollzug, Forum Strafvollzug – Zeitschrift für Strafvollzug und Straffälligenhilfe 2008, 210 ff; Maelicke, Forum Strafvollzug – Zeitschrift für Strafvollzug und Straffälligenhilfe 2009, 61.
39 Höynck, Neue Arbeitsfelder für freie Träger? Entlassungsvorbereitung im Jugendvollzug nach den neuen Jugendstrafvollzugsgesetzen, Forum Strafvollzug – Zeitschrift für Strafvollzug und Straffälligenhilfe 2008, 230 ff.
40 Maelicke, Forum Strafvollzug – Zeitschrift für Strafvollzug und Straffälligenhilfe 2009, 61.
41 ICD10: International Classification of Diseases – ein von der Weltgesundheitsorganisation herausgegebenes Manual aller anerkannter Krankheiten und Diagnosen.

zung nicht immer iSd Interventionserfolgs angemessen und kann zu einem sog. Drehtüreffekt führen, wenn nicht Kooperationsprobleme an den Schnittstellen behoben werden. Jedenfalls führt eine Kooperation zu der notwendigen Herstellung von Kontinuität über verschiedene Phasen in traditionell unterschiedlichen Zuständigkeitsbereichen.[42]

121 Einen Schwerpunkt der **Entlassungsvorbereitung** bildet, junge Gefangene zu qualifizieren und die Entlassenen nahtlos in **Ausbildung**, Arbeit oder Beschäftigung zu bringen.[43] Um nahtlose Abschlussperspektiven zu ermöglichen, spielt eine intensive individuelle, arbeitsmarktorientierte **Qualifizierung** -häufig in **modularer** Form – eine wichtige Rolle.[44] Eine **modularisierte Ausbildung** wird in vielen Bundesländern als Grundlage dafür gesehen, den zu Bildungsverlierern gehörenden jungen Gefangenen den Einstieg in eine über die Haftzeit hinausgehende Berufsausbildung zu verschaffen.

VIII. Schulden

122 Vor dem Hintergrund zunehmender **Überschuldung** junger Gefangener ist ein frühzeitiger Einstieg in die Entschuldung erforderlich. Dies kann im geschlossenen Vollzug häufig nur initiiert werden. Bereits zu Beginn der Haftzeit ist Übersicht zu gewinnen und sind die notwendigen Belege zu sammeln und zu ordnen, damit später zügig die notwendigen weiteren Schritte mit professioneller Hilfe fortgesetzt werden können. Während der Haft betreuen im Rahmen der **Schuldnerberatung** Fachkräfte die Gefangenen mit dem Ziel der **Entschuldung** bzw Vorbereitung für die Zeit nach der Entlassung. Dazu gehört neben der Beratung die Kontaktaufnahme mit Gläubigern, das Einholen von (Schufa-)Auskünften, Vergleichsangebote, das Regeln von Bürgschaften und die Übergabe an nachfolgende Beratungsstellen ggf unter Einbeziehung des **Übergangsmanagements**. Im Rahmen eines sozialen oder Kompetenztrainings müssen die Hintergründe der Verschuldung (Verträge für Mobiltelefone, Mietschulden und Versandhausbestellungen) geklärt und muss eine sparsame Haushaltsführung eingeübt werden. Kochkurse, die auf eine günstige, schmackhafte und gesunde Selbstversorgung abzielen, helfen, zB auf teueres Fastfood zu verzichten. Sie dient beiläufig auch der gebotenen Gesundheitsprophylaxe.

IX. Unterbringung und Versorgung

123 **1. Die Wohngruppe.** Der Wohngruppenvollzug war in einigen Bundesländern bereits Standard, ist es allerdings bis heute noch nicht überall. Das BVerfG hat ihm besondere Bedeutung beigemessen. Er gehört zu den Kernelementen eines zeitgemäßen Jugendstrafvollzugs und ist in allen Jugendstrafvollzugsgesetzen gesetzlich geregelt.[45] Die Gesetze von G9 bestimmen, dass geeignete junge Gefangene in **Wohngruppen** und unter Sechzehnjährige in besonderen Wohngruppen unterzubringen sind. Eine Festlegung der **Wohngruppengröße** erfolgt nicht. Wenn es dabei bleibt, dass Wohngruppen keine Größenbeschränkung erfahren und auch sonst keine Standards erhalten, wird ihr Sinn kaum erfüllt und der

---

42 Höynck, Psychische Störungen bei straffälligen jungen Menschen Einführung in den Schwerpunkt, ZJJ 2007, 230 ff.
43 Roos/Weber, Forum Strafvollzug – Zeitschrift für Strafvollzug und Straffälligenhilfe 2009, 62.
44 Roos/Weber, Forum Strafvollzug – Zeitschrift für Strafvollzug und Straffälligenhilfe 2009, 66.
45 Art. 140 BayStVollzG, §§ 26 JStVollzG Bln, 18 HessJStVollzG.

Vorgabe des BVerfG in der Realität nicht entsprochen.[46] Hamburg regelt die Unterbringung geeigneter junger Gefangener in Wohngruppen mit mindestens acht und höchstens fünfzehn jungen Gefangenen. Hessen schreibt in besonderer Qualität die Sollgröße der Wohngruppe für alle jungen Gefangenen mit acht Personen fest, um die Erziehungsarbeit bestmöglich zu unterstützen.

Neben anderen Erziehungs- und Behandlungsmaßnahmen ist die **Bedeutung der Wohngruppe** als Raum sozialen Handelns gesetzlich gestärkt worden. Sie ist zentraler Lernort und Fixpunkt von Erziehung und Sozialisation. In ihr und durch Sie entsteht in der JVA ein therapeutisches Milieu, in dem die jungen Gefangenen über Beziehungen gebunden werden.[47] Das Zusammenleben in diesem sozialen Lernfeld fördert durch Erlernen, Ausprobieren und Trainieren die Aneignung sozial kompetenten Verhaltens. Die soziale Kompetenz erschöpft sich dabei nicht in Anpassungsleistungen, sondern erfordert das Aushandeln von Kompromissen für den Fall unterschiedlicher Bedürfnisse in einer Gruppe. Es ist notwendig, sich für eigene Interessen und Überzeugungen einzusetzen und Einfluss auf die Entscheidungen zu nehmen. Dabei sind die Achtung der Regeln gewaltloser Auseinandersetzung und die Wahrung sozialer Verantwortung unabdingbar. Auf diese Weise werden auch einfache Anforderungen der gemeinsamen Alltagsbewältigung in der Gruppe zum Training für respektvollen Umgang und verantwortliche gemeinschaftliche Problemlösung. Daraus ergeben sich bestimmte Inhalte und Themen sowie **Standards der Wohngruppenarbeit**: 124

- In der Wohngruppe übernehmen die Gefangenen Gemeinschaftsaufgaben und erhalten regelmäßig von der Gruppe Rückmeldung. Gemeinschaftsaufgaben dienen der Selbstregulation und Selbstentwicklung, fördern die Übernahme von Verantwortung und unterstützen sozialadäquates Verhalten.
- Gefangene und Bedienstete identifizieren sich mit ihrer Wohngruppe. Die Identifikation kann durch Rituale gefördert werden. Durch die Identifikation entstehen emotionale Bindungen. Die Wertevermittlung wird unterstützt. Sie unterstützt eine spezielle Wohngruppenkultur und fördert gleichzeitig die Selbstentwicklung.
- Die Wohngruppe stellt eine Gemeinschaft auf Zeit unter den Gefangenen und mit den Bediensteten und damit entsprechenden Beziehungen dar, die unterstützt wird. Die Einzelnen lernen voneinander. Verantwortung für die Wohngruppe wird übernommen.
- Foren der Auseinandersetzung sind für die Selbstentwicklung notwendig. In den Wohngruppenalltag sind Entwicklungsprozesse, die in der Schule, beruflichen Ausbildung, in Therapiemaßnahmen und Außenkontakten stattfinden, ebenso einzubeziehen wie die Besonderheiten der Entwicklungsphase Jugend mit Themen wie Gewalt, Sucht, Gesundheit, Sexualität und Liebe sowie Beziehungen in der Gruppe, die Lebensplanung, die eigene Identität, das Männer- bzw Frauenbild und die berufliche Entwicklung sowie die Wertevermittlung.
- Die Teamkultur gehört zur Wohngruppenarbeit. Durch die Zusammenarbeit aller im Vollzug tätigen Dienste gibt sie Vorbild, fördert die Entwicklung von Konfliktlösungsstrategien, die Gruppenidentifikation, die Schaffung eines therapeutischen Milieus und die Entwicklung von Perspektiven nach der Entlassung.

---

46 Breymann, Rezension zu Heribert Ostendorf Jugendstrafvollzugsrecht, ZJJ 2009, 167 ff; Kirchner in: Ostendorf Jugendstrafvollzugsrecht, S. 226 ff.
47 Seifert, SZ digital, S. 2.

- Selbstverantwortung und weitere Aufgabengebiete schaffen Lerngelegenheiten. Das vermittelt die Bedeutung von alltäglichen Werten wie Sauberkeit und Ordnung, Pünktlichkeit, Zuverlässigkeit. Lösungsstrategien werden eingeübt.
- Durch offensives, transparentes Arbeiten und eine eigene Kultur der Wohngruppe wird der Subkultur entgegengewirkt.

125 Die Gefangenen müssen sich zentral in der **Wohngruppe** bewegen. Zu den Standards des Wohngruppenvollzugs gehört das regelmäßige, wenigstens einmal wöchentlich zu einem geschützten Termin und kontinuierlich unter fachlicher Begleitung stattfindende Wohngruppengespräch, das in der Teamsitzung vorbereitet wird. Die Teilnahme ist Pflicht. Konflikte, Spannungen und besondere Problemstellungen werden dort behandelt. Der Umgang ist höflich und respektvoll.

126 Die Wohngruppe dient aber auch der praktischen Erprobung und Integration der vielfältigen theoretischen Inhalte aus den Behandlungsgruppen. Die Inhalte der gewaltpräventiven Gruppen, die Aneignung konformer Verhaltensweisen und die Persönlichkeitsförderung in der Therapie realisieren sich zuerst im Zusammenleben der Wohngruppe. Sie werden dort von den jungen Gefangenen auf ihre Tauglichkeit geprüft und in ihrem Wert für das soziale Miteinander eingeschätzt. Insofern stellen Konflikte in der Wohngruppe die notwendigen Anlässe zur Erprobung der geschulten Sozialkompetenz dar.[48]

127 Besondere Bedeutung kommt der Abstimmung von Freizeitmaßnahmen und dem Sport mit den Wohngruppenaktivitäten zu. Die organisatorische und inhaltliche Umsetzung von Wohngruppenstandards ist nur möglich, wenn sie mit anderen Maßnahmen abgestimmt ist und ihren eigenständigen Rahmen erhält. Zu viele überschneidende Angebote bieten den jungen Gefangenen Ausweichmöglichkeiten, nicht an Wohngruppenaktivitäten oder dem Wohngruppengespräch teilzunehmen.

128 Neben vertrauensbildenden Maßnahmen werden auf der anderen Seite **Kontrollen** und **Durchsuchungen** zur Wahrung von Sicherheit und Ordnung unerlässlich sein. Insbesondere den Bediensteten des allgemeinen Vollzugsdiensts wird dadurch abverlangt, ganz verschiedenen Rollen gerecht zu werden.

129 Jugendliche und junge Erwachsene suchen Orientierung in der Bewältigung des Alltags und im Umgang mit anderen. Durch widersprüchliche Aussagen und verschwimmende Grenzen entsteht Orientierungslosigkeit. Durch klare **Grenzen** verbunden mit einem festen Regelwerk, welches die Konsequenzen auf Fehlverhalten aufzeigt, erhalten sie Orientierungshilfe. Dazu gehört auch die zeitnahe Reaktion auf abweichendes Verhalten. Die **Wohngruppe** soll insoweit regulierend wirken, indem Vorkommnisse auch aus anderen Zusammenhängen thematisiert werden. Die Bediensteten müssen über ein Repertoire vorrangig erzieherischer Maßnahmen und von Konfliktregelungen verfügen.

---

48 In der Wohngruppe wird gemeinschaftlich gegessen, täglich einmal gemeinsam mit den fest zugeordneten Bediensteten. Die Zubereitung der Mahlzeiten erfolgt jedenfalls zu besonderen Gelegenheiten gemeinsam. Die Themen Hygiene, Gesundheit und Sauberkeit werden in immer wiederkehrenden Abständen thematisiert. Das Erlernen von lebenspraktischen Fertigkeiten wie kochen, reinigen usw wird bereits in der Wohngruppe gefördert. Der Umgang mit Geld und sparsame Haushaltsführung sind Bausteine auch gemeinsamer sozialer Trainingseinheiten. Betreuungsangebote können gemeinsam mit den Gefangenen ausgewählt und vorbereitet werden. Gemeinschaftsräume, Wohngruppenküchen und Freizeitmaterialen fördern gemeinsame Aktivitäten.

Auf der anderen Seite ist nicht nur Fehlverhalten aufzuzeigen, sondern sind Leistung und angepasstes bis heraushebenswertes Verhalten anzuerkennen und positive Signale zu setzen. Gegenseitige Rücksichtnahme, Toleranz und Hilfsbereitschaft sowie Anerkennung schaffen ein positives Klima, in welchem sich Einzelne angenommen und akzeptiert fühlen und Gemeinschaft positiv erleben können. Den Wohngruppenbediensteten bietet sich in diesem Zusammenhang die Möglichkeit, Verantwortung auf die jungen Gefangenen zu übertragen und lebenspraktische Fertigkeiten zu fördern. 130

Zur effizienten Bearbeitung von Störungen und zur Stärkung positiver Verhaltensansätze werden Wohngruppen in der JVA binnendifferenziert gebildet. In diesen können schwerpunktmäßig Angebote unterbreitet und nach delikt- und behandlungsspezifischen Erfordernissen, ausbildungsorientierten Aspekten und Sicherheitserfordernissen durchgeführt werden. 131

2. Einzelunterbringung. Zur Wahrung von Individualität und Sicherheit erfolgt die **Unterbringung in Einzelhafträumen**. Die **Einzelunterbringung** bietet Schutz vor (subkulturellen) Übergriffen und Rückzugsraum. Das BVerfG fordert in seiner Entscheidung vom 31.5.2006 nämlich, die Jugendstrafanstalten in der Weise auszurichten, dass die jungen Gefangenen vor wechselseitigen Übergriffen geschützt sind und trägt damit auch dem Umstand Rechnung, dass die meisten der jungen Gefangenen in ihrem Leben bereits negative **Gewalterfahrungen** gemacht haben. Eine Viktimisierung während der Inhaftierung stellt eine weitere Schädigung dar und lässt sich weder mit dem Erziehungsauftrag noch mit der Pflicht der Gesundheitsfürsorge vereinbaren. Die Gesetzgeber sind dieser Forderung uneingeschränkt nachgekommen und haben die Vorgabe meist als zwingende Vorschrift übernommen.[49] 132

Ausnahmen sind auch ohne Einwilligung bei Hilfsbedürftigkeit, Gefahr für Leib oder Leben von jungen Gefangenen oder ausnahmsweise vorgesehen, wenn eine schädliche Beeinflussung nicht zu befürchten ist. 133

3. Ausstattung des Haftraums und persönlicher Besitz. Die Möglichkeit der weitgehend individuellen Ausgestaltung wie der gemeinsamen Gestaltung der **Wohngruppe** als ansprechenden und behandlungsfördernden Lebensraum, soll Anreiz sein, sorgsam mit den überlassenen Räumen und Gegenständen umzugehen. 134

Die jungen Gefangenen dürfen ihre **Haftträume**[50] in angemessenem Umfang mit persönlichen Dingen ausstatten, um ein wenig Privatsphäre zu ermöglichen. Der Besitz findet in der Übersichtlichkeit der Hafträume und für die JVA unzumutbaren **Kontrollen** oder **Durchsuchungen** Grenzen. Gegenstände, deren Besitz, Überlassung oder Benutzung mit Strafe oder Geldbuße bedroht sind oder die **Sicherheit oder Ordnung** der JVA gefährden, sind ausgeschlossen. In Besitz haben oder annehmen dürfen junge Gefangene nur Gegenstände, die ihnen von der JVA oder mit deren Erlaubnis überlassen wurden. Im Hinblick auf die unterschiedlichen Bedingungen und Möglichkeiten sollten die jungen Gefangenen darauf aufmerksam gemacht werden, dass sich die Genehmigung zu Gegenständen nur auf die konkrete JVA erstreckt[51] und sie sich ggf nicht auf den Grundsatz des Vertrauensschutzes berufen können. Die Vollzugsbehörde hat die Befugnis, auch den zeitlichen Geltungsbereich einer Erlaubnis zu bestimmen. Ohne Genehmigung 135

---

49 Art. 139 Abs. 1 iVm Art. 20 Abs. 1 BayStVollzG gestaltet die Einzelunterbringung als Sollvorschrift aus.
50 Hafträume werden in Ableitung von dem Begriff Wohngruppe vereinzelt – bspw in Hausordnungen – als Wohnräume bezeichnet.
51 OLG Frankfurt/aM v. 29.1.2009, 3 Ws 990/08.

dürfen sie Gegenstände von anderen jungen Gefangenen von geringem Wert annehmen. Dies dient der Sicherheit in den JVAen und soll den Tauschhandel unter jungen Gefangenen, der das Entstehen subkultureller Tendenzen begünstigt, eindämmen.

136 Nach einigen Jugendstrafvollzugsgesetzen tragen junge Gefangene im Regelfall **Anstaltskleidung**. Die Anstaltsleitung kann das Tragen eigener Kleidung in der gesamten JVA, in einzelnen Vollzugsabteilungen oder Wohngruppen zulassen, sollte dann aber Standards festlegen. Viele junge Gefangene verfügen nicht über angemessene Kleidung. Eigene Kleidung und Markenkleidung kann im Vollzug als Statussymbol dienen, zu Diskriminierung, Neid und damit zusammenhängenden Auseinandersetzungen führen. Die jungen Gefangenen müssen für die Reinigung, Instandsetzung und den regelmäßigen Wechsel eigener Kleidung selbst sorgen.

137 **4. Einkauf.** Vom **Hausgeld** oder **Taschengeld** können junge Gefangene Nahrungs- und Genussmittel und in unterschiedlicher Auswahl weitere Sachen erwerben. In besonderen Fällen kann der **Einkauf** vom **Eigengeld** in angemessenem Umfang gestattet werden.

138 Je nach JVA gibt es einen „Sichteinkauf", dh Räumlichkeiten wie ein Ladengeschäft, in denen junge Gefangene ihre Waren selbst aussuchen und – bargeldlos – bezahlen oder aber die Möglichkeit, nach einer Einkaufsliste zu bestellen und dann die Waren nach Bezahlung geliefert zu bekommen („Listeneinkauf"). In jedem Fall ist das Warensortiment, das den Wünschen und Bedürfnissen der jungen Gefangenen Rechnung tragen soll, von der JVA festgelegt. Die Anstalt ist berechtigt, den **Einkauf** mengenmäßig zu beschränken.[52]

139 **5. Gesundheitsfürsorge und medizinische Versorgung.** Aus der Inhaftierung folgt die staatliche Pflicht der **medizinischen Versorgung** Gefangener. Dem aus dem Sozialstaatsgebot abgeleiteten Äquivalenzprinzip folgend, sind die Leistungen an dem Katalog der gesetzlichen Krankenkassen zu orientieren. Die jungen Gefangenen haben Anspruch auf eine notwendige, ausreichende, zweckmäßige und wirtschaftliche medizinische Versorgung[53] einschließlich der Maßnahmen zur Früherkennung. Die G9-Länder unterstützen die jungen Gefangenen bei der Wiederherstellung und Erhaltung ihrer Gesundheit. Zu einer erfolgreichen Integration gehört es, den jungen Gefangenen die Notwendigkeit einer gesunden Lebensführung zu vermitteln. Die Gesundheitsprophylaxe umfasst die **Suchtprävention**,[54] Aufklärung der jungen Gefangenen zum Schutz vor Infektionen und Krankheiten sowie Sexualaufklärung, um sie zu mehr Eigenverantwortlichkeit anzuleiten.

140 Den betroffenen jungen Gefangenen muss ihr **Suchtverhalten** bewusst gemacht werden. Zu diesem Zweck sind bereits im Rahmen der Zugangsuntersuchung **Suchtanamnesen** zu erstellen, die Entwicklung der Abhängigkeit bzw der Grad der Gefährdung zu ermitteln. Erste Eindrücke sind von der Suchtberatung, die häufig extern organisiert ist, bereits in der Zugangsphase über Fragebögen und Gruppengespräche zu gewinnen. Hier bietet sich Gelegenheit, über Sucht, das Suchthilfesystem sowie die Vorgehensweisen in den einzelnen JVAen zu informieren. Im weiteren Verfahren werden die jungen Gefangenen in Einzelgesprächen zu ihrem Konsumverhalten befragt und einer **suchtspezifischen Diagnostik**

---

52 OLG Frankfurt/aM v. 18.1.2008, 3 Ws 1125/07.
53 Eselsbrücke: „WANZ-Leistungen".
54 § 32 JStVollzG-Bln; § 23 Abs. 1 HessJStVollzG nennt diese ausdrücklich.

zugeleitet. Damit lassen sich gezielt Problembereiche feststellen und der Schweregrad bestimmen. Entsprechend wird dem Zugang eine Behandlung vorgeschlagen. Zusätzlich erfolgt im weiteren Beratungsverlauf eine **Diagnose** nach ICD-10 für die jungen Gefangenen, die für die Vermittlung in eine (sucht)therapeutische Einrichtung infrage kommen.

Die Gesetze sehen die Möglichkeit der Beteiligung der Gefangenen an den Kosten vor. Unter bestimmten Voraussetzungen tragen bspw junge Gefangene in Bayern die Kosten für Sehhilfen. Sie dürfen an den Kosten einer Krankenbehandlung beteiligt werden. Für nicht verschreibungspflichtige Arzneimittel werden idR die vollen **Kosten** erhoben. Dadurch wird eine Angleichung an das Recht der gesetzlich Krankenversicherten erreicht. Der eingeschränkten finanziellen Leistungsfähigkeit von Gefangenen wird durch eine Sozialklausel Rechnung getragen. Eine Kostenbeteiligung kommt im Rahmen der **Ermessensausübung** nur in Betracht, wenn diese leistungsfähig sind. 141

Zur **Gesundheitsfürsorge** gehört die sog. **Freistunde**, dh der tägliche **Aufenthalt im Freien** von mindestens einer Stunde,[55] wenn die Witterung es zulässt bzw dem nicht zwingend entgegensteht. 142

Nach den Europäischen Grundsätzen für die von Sanktionen und Maßnahmen betroffenen jugendlichen Straftäter und Straftäterinnen Empfehlung Rec (2008)[11] Nr. 68 sollen die jungen Gefangenen angemessen verpflegt werden. In geeigneten Fällen sollen sie die Möglichkeit haben, ihre Speisen selbst zuzubereiten. Das ist in den Wohngruppen möglich und wird von entsprechenden Programmen unterstützt. Die Gesetze tragen dem Rechnung. 143

X. Behandlung

Die Beratungs-, Betreuungs- und Behandlungsmaßnahmen der Anstalt sind darauf auszurichten, Persönlichkeitsdefizite der jungen Gefangenen abzubauen, ihre Entwicklung zu fördern sowie sie zu befähigen, ihre persönlichen, sozialen und wirtschaftlichen Schwierigkeiten eigenständig zu bewältigen und ihre Entlassung vorzubereiten. Unter anderem sind für alle jungen Gefangenen, die das brauchen, Suchtberatung und andere Maßnahmen vorzusehen. 144

Soweit junge Gefangene psychologischer oder psychotherapeutischer Betreuung bedürfen, werden nach **diagnostischer Abklärung** die erforderlichen und geeigneten Maßnahmen durchgeführt. Die **Psychotherapie** hat sich an den nach dem Psychotherapeutengesetz anerkannten Verfahren, die sonstigen **psychologischen Behandlungsmaßnahmen** an den wissenschaftlichen Erkenntnissen über die Behandlung von Straftätern zu orientieren. 145

Die **soziale Hilfe** soll darauf gerichtet sein, die jungen Gefangenen in die Lage zu versetzen, ihre Angelegenheiten selbst zu ordnen und zu regeln. Sie werden darin unterstützt, ihre persönlichen, wirtschaftlichen und sozialen Schwierigkeiten zu beheben. Sie sollen dazu angeregt werden, insbesondere den durch die Straftat verursachten materiellen und immateriellen Schaden wiedergutzumachen und eine **Schuldenregulierung** herbeizuführen und Unterhaltsverpflichtungen nachzukommen. 146

In der Behandlung junger Gefangener spielt die **geschlechterbezogene Einwirkung** und Erziehung eine oftmals unterschätzte Rolle. Gerade das **jungentypische Verhalten** bedarf der Aufarbeitung. Gleiches gilt für ihre daraus vermeintlich re- 147

---

55 An arbeitsfreien Tagen in Hessen: zwei Stunden.

sultierenden Befugnisse einschließlich der **Gewalteinwirkung** ggü anderen Menschen. Auch in einer geschlechtshomogenen Gruppe wie im Jugendstrafvollzug sind spezifische Genderaspekte wie Lebenslagen, Bedürfnisse und geschlechtstypische Sozialisation bedeutsam. In diesem Kontext berücksichtigt eine geschlechtergerechte Handhabung, dass die zum Teil tradierten, teilweise aber auch selbstdefinierten Männlichkeitsbilder mancher junger männlichen Gefangenen (mit Migrationshintergrund) eine wichtige Rolle bei der Vermeidung des Rückfalls spielen.

148 Neben **delikt- und störungsspezifischen Maßnahmen**, die überwiegend gesprächsbasiert sind, werden körperorientierte Entspannungsverfahren, Kreativtherapien, Medien- und Erlebnispädagogik und Tierpflege angeboten. Diese Methoden sprechen das gesamte Sinnes- und Wahrnehmungsspektrum der jungen Gefangenen an, wirken sich von daher besonders motivierend aus und ermöglichen neue Lernerfahrungen. Zur beruflichen und handwerklichen Rehabilitation und zur Entwicklung von Konzentrations- und Durchhaltevermögen sind arbeits- und ergotherapeutische Angebote bereitzuhalten. Ergänzt werden sollte das Angebot durch eine umfassende Gesundheitsprophylaxe mit einem entsprechenden Angebot in den Bereichen Ernährung und Kochen, Körperpflege, Rückenschule, Sport, Bewegung und Entspannung.

149 Die (**psychosoziale**) **Behandlung** junger Gefangener umfasst das Erlernen und Einüben sozial adäquater Verhaltensweisen, die Auseinandersetzung mit der Straftat und den Hintergründen ihrer Straffälligkeit, die Verbesserung der Empathiefähigkeit und die Rückfallprophylaxe. Sie erfolgt individualisiert und differenziert auf der Grundlage der **Zugangsuntersuchung** und wird im **Förderplan** festgeschrieben. Die Behandlungsmethoden basieren auf bewährten Erfahrungen und modernen wissenschaftlichen Erkenntnissen. Es entspricht der Problematik und Persönlichkeit der Gefangenen, eine Methodenvielfalt zugrunde zu legen. Die Behandelnden sind in den entsprechenden Methoden qualifiziert. Sie findet im Rahmen fortlaufender Einzel- und Gruppenmaßnahmen statt. Je nach Bedarf können Behandlungsangebote schwerpunktmäßig in differenzierten **Wohngruppen**, zB für suchtgefährdete und suchtmittelabhängige oder psychisch instabile junge Gefangene, durchgeführt werden. In den gesamten Behandlungsrahmen sind die Wohngruppenarbeit, die **Entlassungsvorbereitung** mit **vollzugsöffnenden Maßnahmen**, die Klärung der Schuldensituation, Wohnungs- und Arbeitssuche sowie die sozialen Beziehungen und die Freizeitgestaltung einzubeziehen.

150 Schließlich sind Behandlungsmaßnahmen für eher schwache oder gehemmte junge Gefangene, welche die psychische Widerstandsfähigkeit und spezielle Eigenschaften stärken, einzubeziehen, um insbesondere Selbstregulation und Selbstkontrolle zu entwickeln.

151 **1. Behandlung von Gewaltstraftätern.** Bei der Behandlung junger Gefangener liegt ein Schwerpunkt in der Bearbeitung **gewalttätiger Lösungen** von Konflikten und Persönlichkeitsanteilen.[56] Es gilt, sowohl die **Gewaltdelinquenz** des Einzel-

---

56 Das Gewaltniveau im Jugendvollzug liegt deutlich höher als das im Erwachsenenvollzug. So fanden 43 % der von Wirth (Wirth, S. 9 f; Goerdeler in: Ostendorf Jugendstrafvollzugsrecht, S. 477) untersuchten, im Jahr 2005 begangenen Tätlichkeiten im nordrhein-westfälischen Justizvollzug im Jugendstrafvollzug statt, dem aber nur 10 % der Gefangenen zuzuordnen waren. In diesem Zusammenhang werden Bewegungsdrang, eine erhöhte Impulsivität, Unausgeglichenheit und häufig vermindertes Selbstbewusstsein genannt (Goerdeler aaO, S. 478).

nen vor der Inhaftierung[57] zu bearbeiten als auch **intramurale strukturelle Gewalt** einschließlich subkulturellen Verhaltens.

Weil geschlossene JVAen wegen ihrer spezifischen Bedingungen einer Zwangsgemeinschaft und der Konzentration multipel vorbelasteter Menschen erziehungsfeindliche Subkultur fördern, müssen strukturelle, therapeutische und pädagogische Konsequenzen gezogen werden. Einerseits müssen junge Gefangene **geeigneten pädagogischen und therapeutischen Maßnahmen** unterzogen werden, andererseits muss man ihnen ermöglichen, den Vollzug ohne negative Einflüsse oder wenigstens deren Reduktion zu bewältigen und die erforderliche Distanz zur Subkultur zu wahren. **Subkultur** etabliert interne Hierarchie sowie die Herausbildung von informellen Gruppen und deren Abgrenzung. Sie setzt eigene Werte und Vorstellungen durch und schafft eigene Verhaltensregeln sowie deren interne Sanktionierung bei Verstößen. Es geht um Macht und Einfluss unter den jungen Gefangenen, die ggf zwangsweise Verteilung von Gütern, die Beschaffung von Betäubungsmitteln und die Befriedigung sexueller Bedürfnisse. Sie wird dadurch verschärft, dass sich Schwächere diesen Wirkungen nicht aufgrund autonomer Entscheidungen entziehen können. 152

Die gesamte Vollzugsgestaltung ist auf die Aufarbeitung der gewalttätigen Vorgeschichte und auf Verminderung gewalttätigen Verhaltens der jungen Gefangenen bereits während der Inhaftierung auszurichten. Unabhängig von der Vordelinquenz zeigen aber viele junge Gefangene während ihrer Inhaftierung gewalttätige Verhaltensweisen. Die jungen Gefangenen unterscheiden sich in ihrer Vorgeschichte und der Determinierung ihres gewalttätigen Verhaltens. Entsprechend ist die Intervention individuell zu konzipieren. Übergreifende Maßnahmen stehen jungen Gefangenen zur Behandlung spezieller Deliktstrukturen oder aktueller Auffälligkeiten zur Verfügung. Zu solchen zählen die **psychologischen Gespräche**, die **Psychotherapie** durch (externe) Psychotherapeutinnen oder Psychotherapeuten und spezielle Behandlungsangebote für **Sexualstraftäter**.[58] 153

Eine Herausbildung der **Subkultur** steht in engem Zusammenhang zur Anstaltskultur und dem Anstaltsklima. Sie lässt sich nicht mit einer ausschließlich repressiven Vollzugsgestaltung eliminieren. Eine erfolgreiche Erziehungs- und Behandlungsarbeit im Jugendstrafvollzug erfordert ein möglichst gewalt- und drogenfreies Milieu, um soziale Verhaltensweisen einüben und praktizieren zu können. 154

---

57 Der Zugangsuntersuchung kommt auch hinsichtlich der Gewaltprävention eine zentrale Rolle zu, da im Förderplan entsprechende Interventionen festgeschrieben werden. Für die Planung gewaltpräventiver Maßnahmen im Bereich der Sekundär- und Tertiärprävention werden eigene Kriterien zur Planung der Behandlungsmaßnahmen herangezogen. Kriterien sind zB Gewaltstraftat(en) ausweislich des Urteils, wiederholt einschlägige Auffälligkeiten, Gewaltauffälligkeiten im Vollzug, Motivation und Veränderungsbereitschaft, Möglichkeiten der Reflektionsfähigkeit sowie Ergebnisse der Testungen. Gewaltauffällige Gefangene können bspw mit einem Kurzfragebogen zur Erfassung von Aggressivitätsfaktoren getestet werden. Dadurch ergibt sich die Möglichkeit, Pre-/Post-Testungen vorzunehmen und somit die Wirksamkeit von Maßnahmen zu messen.
58 Ein konzeptionelles Einbeziehen von interner Fort- und Weiterbildung der Bediensteten hat zum Ziel, den Präventionsgedanken möglichst flächendeckend in die Anstalt zu transportieren. Es geht um die praxisnahe Reflektion im Umgang mit Grenzverletzungen, der Zugehörigkeit innerhalb der Gruppenstruktur sowie abweichendes Verhalten und dessen mögliche Eskalationen. Damit verknüpft ist die Reflektion des eigenen Handelns und der eigenen Haltung, insbesondere unter Beachtung der Vorbildfunktion, im Arbeitsalltag sowie das Erlernen neuer Methoden.

Subkultur unterläuft diese pädagogische Arbeit und gefährdet dadurch das Erreichen des Erziehungsziels.[59]

155 Die primäre **Gewaltprävention**[60] richtet sich an alle jungen Gefangenen, beinhaltet die Stärkung protektiver Faktoren, gestaltet ein entwicklungsförderndes Milieu und fördert sowohl Identifikation als auch Selbstwirksamkeit. Hierzu zählen auch Selbstbehauptungstrainings für junge Gefangene, die besonderes Schutzes vor Übergriffen anderer junger Gefangener bedürfen.

156 Angebote im Bereich der Sekundärprävention richten sich an alle jungen Gefangenen etwa einer Wohngruppe und setzen dort an, wo bereits abweichendes Verhalten junger Gefangener und Grenzverletzungen festzustellen sind. Maßnahmen aus diesem Bereich sollen weitere Negativfolgen und Eskalationen verhindern sowie die Offenheit und den Respekt der jungen Gefangenen untereinander fördern. Sie hat die konkrete Verhütung von Gewalttätigkeit, aber auch von Suchtmittelkonsum und sexuellen Übergriffen zum Ziel und reduziert Effekte wie Langeweile, Frustration, Entfremdung sowie des sozialen Rückzugs und der Perspektivlosigkeit.

157 In der tertiären Prävention dienen täterspezifische Maßnahmen wie Psychotherapie, Anti-Aggressivitätstrainings und Coolnesstrainings der Verhinderung von Rückfällen. Sie richten sich an Betroffene nach der Tat und an junge Gefangene, die bereits häufig abweichendes Verhalten und Gewaltauffälligkeiten während und vor der Inhaftierung gezeigt haben.

158 Der Jugendstrafvollzug bietet neben der geschilderten flächendeckenden, der binnendifferenzierten Unterbringung von Gewalttätern und den pädagogischen sowie therapeutischen Interventionen ein breit gefächertes Programm an deliktspezifischen Einzel- und Gruppenmaßnahmen wie Coolnesstrainings,[61] Anti-Ag-

---

59 Goerdeler in: Ostendorf Jugendstrafvollzugsrecht, S. 471 f.
60 Die Maßnahmen der Primärprävention sind obligatorisch für alle Gefangenen im Rahmen des Vollzugsalltags. Durch die Umsetzung des Wohngruppenvollzugs verbunden mit der festen Zuteilung von Wohngruppenteams ist die Möglichkeit der Einflussnahme über persönliche Beziehungen und Gruppenzusammenhalt gegeben. Primärprävention hat zum Ziel, protektive Faktoren zu stärken, ein entwicklungsförderliches Milieu zu gestalten sowie die Identifikation und Selbstwirksamkeit zu stärken und zu fördern. Die Umsetzung geschieht als fortlaufender Prozess im Wohngruppenalltag durch den zuständigen Wohngruppendienst sowie durch Rückmeldung aller am Vollzug Beteiligten. Neben den Möglichkeiten des Lernens am Modell ist die Rückmeldung (Feedback) ein zentrales Element der Fremdwahrnehmung. Durch gezielte Methoden ist es möglich, frühzeitig eskalierende Konflikte zu erkennen, anzusprechen und zu bearbeiten und somit präventiv zu handeln.
61 Dies ist ein niedrigschwelliges Training für Gefangene, die aufgrund ihrer Sozialisation Gewaltanwendung als probates Mittel zur Problembewältigung kennen und nutzen und die innerhalb des Vollzugs ein übersteigertes aggressives Verhalten an den Tag legen. Im Fokus steht insbesondere das Verstehen der eigenen Bedingungen und Hintergründe für die überhöhte Gewaltbereitschaft sowie das bewusste Begreifen der eigenen zwanghaft-destruktiven Verhaltensmuster. Besonderes Augenmerk liegt auch auf dem Erkennen des Zusammenhangs zwischen der eigenen Misserfolgskarriere und erhöhter Gewaltbereitschaft. Gearbeitet wird mit Gruppendiskussionen, konfrontativer und provokativer Intervention unter Ausnutzung der Gruppendynamik, Rollenspielen und Inszenierungen sowie schriftlichen Reflexionen.

gressivitäts-Trainings (AAT),[62] Anti-Gewalttrainings,[63] differenzierte Sportangebote, pädagogische Projekte,[64] Projekte gegen Extremismus und Hasskriminalität, Demokratisierungsprojekte, Gewaltpräventionsseminare, Behandlungsprogramme für Gewaltstraftäter,[65] Selbstbehauptungstrainings, sozialpädagogische Einzelgespräche insb. zur Auseinandersetzung mit der Straftat und anlassbezogen, „DENKZEIT",[66] Normakzeptanztrainings, Naikan,[67] Kunsttherapie, Töpferarbeiten, Musiktherapie, Körpertherapien, Entspannungsgruppen, Tatauseinandersetzung, Hunde im sozialen Einsatz. Allerdings ist kaum eines dieser Programme ausreichend evaluiert.

2. **Behandlungsprogramme für Sexualstraftäter.** Junge **Sexualtäter** weisen häufig Defizite in einem breiten Spektrum sozialer Kompetenz auf, so in den Bereichen

159

---

[62] In dieser eingriffsintensiven Maßnahme erfolgt eine häufig konfrontative Auseinandersetzung nach vorgegebenen Qualitätsstandards, um Einsicht in eigenes Problemverhalten und eine Verhaltensänderung in Bezug auf Gewaltanwendung zu erzielen; Plewig, Neue deutsche Härte – Die „Konfrontative Pädagogik" auf dem Prüfstand (Teil 1), ZJJ 2007, 363, 367.

[63] Das Anti-Gewalttraining (beispielsweise Magdeburg®) ist deliktbezogen und versucht, ein positives Weltbild zu fördern und positive Eigenschaften bewusst zu machen, um das Selbstbewusstsein zu stärken. Es wird eine lobende, positive Atmosphäre mit konfrontativen Elementen geschaffen; Marx.

[64] In der prozessorientierten Projektarbeit liegt der Schwerpunkt der pädagogischen Arbeit in der Aufarbeitung bzw Bearbeitung von Gewalt, Rechtsradikalismus, Interkulturellem, Ehrbegriffen usw; entsprechende pädagogische Projekte sollen die Problematik der Zuschreibung von Zugehörigkeit und Anerkennung sowie rigides geschlechtsbezogenes Rollenverhalten und Täter-Opfer-Muster einer Bearbeitung und Auseinandersetzung vor dem Hintergrund biografischer Erfahrungen der jungen Männer zugänglich machen. Dadurch werden positive Veränderungen persönlicher Einstellungen und Verhaltensweisen sowie der Reflexionsfähigkeit erzielt.

[65] Das als Gruppenmaßnahme konzipierte Vorgehen setzt gezielt an kriminogenen Faktoren an und ist auf die Entwicklung konkreter sozialer Kompetenzen ausgerichtet. Das Behandlungsprogramm für Gewaltstraftäter (BPG) konzentriert sich auf relevante Aspekte der Rückfallgefährdung bei Gewaltkriminalität. Auch Gefangene mit relativ kurzen Strafzeiten, wie sie im Jugendvollzug zu finden sind, können profitieren. Die Behandlungskonzeption setzt an bestehende Therapiemanuale wie etwa das Behandlungsprogramm für Sexualstraftäter (BPS) an. Als Ziele sind u.a. vorgesehen: die Verantwortungsübernahme für die Straftat, die Entwicklung von Schuld- und Konfliktbewusstsein, die Übernahme der Opferperspektive, das Erkennen eigener Defizite bzw Schwachpunkte insbesondere in Zusammenhang mit der Tatbegehung, der Aufbau von Selbstbewusstsein, Selbstkontrolle und sozialen Fertigkeiten, die Aufarbeitung sonstiger tatrelevanter Defizite sowie u.a. die Rückfallvermeidung..

[66] Die Methode vermittelt jungen Delinquenten sozialkognitive Kompetenzen, die ihnen helfen können, sich in Konflikten oder Entscheidungssituationen besser als bisher zurechtzufinden, Handlungsalternativen zu entwickeln und die Folgen des eigenen Handelns auch für andere Menschen einschätzen zu können. Sie sollen lernen, in komplexen und emotional belasteten Situationen kurz innezuhalten (Denkzeit), ihre Affekte wahrzunehmen und moralisch begründete Entscheidungen zu treffen. Es handelt sich um ein Einzelverfahren, in dem eine ausgebildete Trainerin oder ein ausgebildeter Trainer in 40 Sitzungen mit den Gefangenen ein Programm durcharbeitet, das sich aus den Modulen soziale Informationsverarbeitung, Affektmanagement, moralisch Denken und Handeln und einem freien Training in der Lebenswelt des jungen Menschen zusammensetzt. Für die Wirksamkeit ist von besonderer Bedeutung, eine verlässliche, anerkennende, aber auch fordernde Beziehung mit den Gefangenen einzugehen (Körner, S. 6ff).

[67] Müller-Ebeling, Naikan – neue Wege im Justizvollzug Überraschende Einsichten von Straftätern, Forum Strafvollzug – Zeitschrift für Strafvollzug und Straffälligenhilfe 2008, 183 ff.

Kommunikation, Stressbewältigung, Problemlösen, Introspektions-, Selbstreflektions- und Empathiefähigkeit. Neben etwaigen psychischen Störungen fällt idR erheblicher erzieherischer Bedarf auf.[68] Weitere Konfliktbereiche sind der Alkohol- oder Suchtmittelmissbrauch sowie ein verzerrtes Selbstwertkonzept bezüglich der sozialen Potenz und sexuellen Kompetenz verbunden mit einer stereotypen Geschlechterrollenidentität. Ebenso ist das Wissen über Sexualität, insbesondere über das weibliche und das kindliche Sexualverhalten, nur gering vorhanden.[69]

160 Sexualdelinquenten sollen in einem speziellen Gruppenprogramm und/oder einzelpsychotherapeutisch behandelt werden. Beide Maßnahmen sind eng aufeinander abgestimmt durchzuführen. Das **Behandlungsprogramm für Sexualstraftäter** (BPS)[70] greift bei den Entscheidungsprozessen an, die zu einer Straftat führen. Es besteht aus einem deliktunspezifischen und einem deliktspezifischen Teil. Es kann sowohl im Regelvollzug als auch in sozialtherapeutischen Einrichtungen zur Anwendung kommen. Das **Sex Offender Treatment Programme** (SOTP)[71] wird derzeit erst auf den Jugendvollzug übertragen. Inhaltliche Schwerpunkte sind die Entwicklungsgeschichte der Straftat, Empathie und Risikoanalyse mit Selbstkontrollverantwortung in der Folge. Es sollte nur von Personal angewandt werden, das an einem guten Trainingskurs teilgenommen hat und das mit der Unterstützung der Supervision arbeitet.[72] Das **Reasoning and Rehabilitation Programme** (R&R, Erkennung und Rehabilitation) wurde in den frühen 1980er Jahren als strukturiertes Programm für Gewalt-, Suchtmittel- und Sexualstraftäter einschließlich der jungen Delinquenten entwickelt. Es vermittelt sozial-kognitive Fähigkeiten, um den Rückfall zu verhindern. R&R kann von ausgebildetem Vollzugspersonal vermittelt werden.

161 **3. Behandlung von Dissozialität.** Die Sozialisation **dissozialer Menschen** wurde durch besondere persönliche und strukturelle Rahmenbedingungen beeinträchtigt, so dass sie diejenigen Verhaltensweisen nicht erlernt haben, die sie für eine konforme Teilnahme am gesellschaftlichen Leben bräuchten. In Haft befinden sich diejenigen mit delinquentem/kriminellen Verlauf. Diese Persönlichkeitsakzentuierung fällt durch eine große Diskrepanz zwischen dem Verhalten und den sozialen Normen auf und ist charakterisiert durch herzloses Unbeteiligtsein gegenüber Gefühlen anderer; deutliche und andauernde Verantwortungslosigkeit und Missachtung sozialer Normen, Regeln und Verpflichtungen; Unvermögen zur Beibehaltung längerfristiger Beziehungen, aber keine Schwierigkeiten, Beziehungen einzugehen; eine sehr geringe Frustrationstoleranz und eine niedrige Schwelle für aggressives, auch gewalttätiges Verhalten; Unfähigkeit zum Erleben von Schuldbewusstsein oder zum Erlernen aus Erfahrung, besonders aus Bestrafung; Neigung, andere zu beschuldigen oder vordergründige Rationalisierungen für das eigene Verhalten anzubieten, durch welches die Person in einen Konflikt mit der Gesellschaft geraten ist. Andauernde Reizbarkeit kann ein zusätzliches Merkmal sein.[73] Eine Störung des Sozialverhaltens in der Kindheit und Jugend stützt die Diagnose, muss aber nicht vorgelegen haben.

---

68 Bayerisches Landesjugendamt, Jugendliche Sexualtäter, BLJA Mitteilungsblatt 4/2005, S. 2.
69 Egg, Junge Sexualstraftäter Kriminologische Zentralstelle e.V. KrimZ, Homepage>Forschung>Sexualkriminalität>Junge Sexualstraftäter.
70 Königlicher Gefängnisdienst Behandlungsprogramm für Sexualstraftäter.
71 Königlicher Gefängnisdienst Behandlungsprogramm für Sexualstraftäter.
72 Königlicher Gefängnisdienst Behandlungsprogramm für Sexualstraftäter, S. 2.
73 Vgl ICD10 F60.2.

4. **Psychotherapie.** Die **Psychotherapie** ist die Behandlung eines komplexen emotionalen oder körperlichen Leidens und dysfunktionaler Verhaltensweisen mit psychologischen Verfahren und gezielter Einflussnahme auf gestörtes menschliches Verhalten und Erleben. Ziel einer psychotherapeutischen Intervention, die durch Verwaltungsvorschriften bei bestimmten Deliktgruppen wie Sexual- oder Gewaltstraftaten vorgegeben sein kann und durch (externe) Fachkräfte durchgeführt wird, kann die Linderung auf Symptomebene, die Modifizierung von Verhaltensweisen oder eine Änderung der Persönlichkeitsstruktur sein. Psychotherapie mit Straffälligen verfolgt zudem das Ziel, Kontrollmöglichkeiten zur Verhinderung gefährdenden Verhaltens gegenüber anderen Personen zu etablieren. Daher ist sie vor allem für die Arbeit mit Sexual- und Gewaltdelinquenten geeignet. Neben dem Aufbau der Kontrollmechanismen soll in der Psychotherapie die Behandlung möglicher psychischer Störungen unter Berücksichtigung von Reifeverzögerungen erfolgen. 162

Die Psychotherapie wird durch ärztliche und psychologische Psychotherapeutinnen und Psychotherapeuten durchgeführt, die nicht für kriminalprognostische Gutachten oder Stellungnahmen herangezogen werden. Die Feststellung von Therapiebedürftigkeit ist das Ergebnis einer klinischen Diagnose im Rahmen der Zugangsuntersuchung nach international anerkannten Klassifikationssystemen.[74] Als Störungsbilder sind vor allem solche des Sozialverhaltens in der Kindheit und Jugend, Persönlichkeitsstörungen, Substanzmissbrauch, aber auch Depressionen oder psychische Störungen zu nennen. Es ist davon auszugehen, dass diese bei der Ausbildung der delinquenten Persönlichkeit eine Rolle spielen und auch im Hinblick auf die Taten berücksichtigt werden sollten. Unabhängig von der Straffälligkeit können behandlungsbedürftige psychische Störungen wie Ängste, Depressionen, psychotisches Erleben usw vorliegen. 163

Von der Psychotherapie ist die psychologische Beratung und Behandlung abzugrenzen, die zur Bearbeitung beispielsweise eines im Förderplan umschriebenen Problemkreises durchgeführt wird. Sie ist im Wesentlichen eine Lösungen suchende, klärende und unterstützende Interventionsform. Der psychologische Dienst gestaltet den Problemlösungsprozess nach fachlichen Gesichtspunkten, der durch die Eigenbemühungen der Ratsuchenden unterstützt oder optimiert wird. Diese Behandlung steht grundsätzlich allen jungen Gefangenen zur Verfügung. Die vorgebrachten Anliegen umfassen ein breites Spektrum an Problemen wie die durch die Haft bedingte Trennung von der Familie oder Partnerin bzw dem Partner, Schwierigkeiten mit Mitgefangenen, psychische Probleme aufgrund Suchtmittelentzugs, Ängste etc. 164

XI. Schulische und berufliche Ausbildung, Arbeit

Jungen Gefangenen mangelt es häufig an Schul- oder Berufsausbildung. Sie stammen überwiegend aus bildungsfernen Schichten und sind vom Misserfolg in öffentlichen Schulen geprägt. Die **Ausbildung** ist jedoch für die soziale Integration von Bedeutung. Durch sie steigen die Chancen, sich nach der Entlassung in ein normales Arbeitsleben eingliedern. Der unmittelbare Übergang in eine Ausbil- 165

---

74 ICD-10: International Classification of Diseases, 10. Aufl, DSM IV: Das Diagnostic and Statistical Manual of Mental Disorders (diagnostisches und statistisches Handbuch psychischer Störungen) ist ein Klassifikationssystem der Amerikanischen Psychiatrischen Vereinigung, 4. Aufl.; Michelitsch-Traeger/Heß, Standards für Justizvollzugspsychologen, Forum Strafvollzug – Zeitschrift für Strafvollzug und Straffälligenhilfe 2007, 276, 278.

dungs- oder Arbeitsstelle nach der Entlassung stellt zudem einen wichtigen Beitrag dar, nicht wieder straffällig zu werden.[75] Die rückfallmindernden Effekte reduzieren sich, wenn die berufliche Förderung nicht in eine konkrete, möglichst maßnahmegemäße Beschäftigung oder Folgeausbildung nach der Entlassung mündet.[76]

166 Bildungsmaßnahmen entwickeln die Persönlichkeit der jungen Gefangenen und stellen zudem wichtige Bestandteile eines geregelten Vollzugsalltags und des sozialen Verhaltenstrainings dar, mit dessen Hilfe den Gefangenen ein geregelter Tagesablauf und eine verantwortliche Gestaltung des alltäglichen Zusammenlebens aufgezeigt und mit ihnen eingeübt wird. Sämtliche Jugendstrafvollzugsgesetze regeln die Ausbildung und Arbeit und geben ihnen eine hohe Bedeutung.

167 **1. Schulische und berufliche Ausbildung.** Bildungsmaßnahmen müssen den Fähigkeiten, Fertigkeiten und Neigungen der jungen Gefangenen entsprechen, wenngleich diese keinen Rechtsanspruch auf einen bestimmten Ausbildungsplatz haben. Insoweit besteht nur der Anspruch auf fehlerfreie Ermessensentscheidung. Bereits die **Zugangsuntersuchung** erstreckt sich auf die Persönlichkeit sowie alle sonstigen Umstände, die für eine zielführende, erzieherisch ausgestaltete Vollzugsgestaltung und für die Eingliederung nach der Entlassung notwendig erscheinen. Aus dem in dieser Zugangsdiagnostik festgestellten Leistungsvermögen resultiert die individuelle **Förderplanung**, die später unter Beteiligung der an den Bildungsmaßnahmen Partizipierenden fortgeschrieben werden muss. Welches konkrete schulische bzw berufsbezogene Angebot geeignet erscheint, ergibt sich aus anerkannten standardisierten Tests wie zB dem handwerklich-motorischen Eignungstest (hamET), der die Stärken und den Förderbedarf des Einzelnen sichtbar macht und eine allgemeine Eignung für einen handwerklichen Beruf feststellt.[77]

168 Zur Realisierung des Erziehungsziels ist die Bereitstellung angemessener Bildungs- und Ausbildungsmöglichkeiten erforderlich, die über die bloße Arbeitsmarktorientierung hinausgeht[78] und berufsvorbereitend verschiedene Berufsfelder anbieten sollte, um einen angemessenen Ausgleich zwischen Fähigkeiten und konkreten beruflichen Perspektiven zu schaffen.

169 Ausbildung ist die Grundlage für den weiteren beruflichen Werdegang. Da die Mehrzahl der jungen Gefangenen nicht über eine solche verfügt, ist vorrangig dafür Sorge zu tragen, dass der Förderbedarf festgestellt und vorhandene Defizite gezielt bearbeitet werden.

170 Viele Jugendstrafvollzugsgesetze normieren einen **Vorrang von Ausbildung** vor bloßer Beschäftigung. Die JVAen haben dafür zu sorgen, dass neben einem angemessenen Angebot an Vollausbildungen auch bei kurzer Verweildauer anerkannte Qualifikationen basierend auf dem individuellen Leistungsvermögen verfügbar sind. Die vorzuhaltenden Bildungsmaßnahmen orientieren sich an der

---

75 Wirth, 3-Säulenstrategie zur beruflichen Reintegration von Gefangenen. Erfahrungen mit einem systematischen Übergangsmanagement, Forum Strafvollzug – Zeitschrift für Strafvollzug und Straffälligenhilfe 2009, 75, 76 f; zur Frage des Rückfalls vgl Sandmann in: Ostendorf Jugendstrafvollzugsrecht, S. 273.
76 Wirth in: Ostendorf Jugendstrafvollzugsrecht, S. 77.
77 Petran/ Weber, Die Organisation von beruflicher und schulischer Bildung im Jugendstrafvollzug, Forum Strafvollzug – Zeitschrift für Strafvollzug und Straffälligenhilfe 2008, 210, 211; Sandmann in: Ostendorf Jugendstrafvollzugsrecht, S. 278.
78 Sandmann in: Ostendorf Jugendstrafvollzugsrecht, S. 273; Bierschwale, „Lernen ermöglichen" Die Ordnung des vollzuglichen Lernens, Forum Strafvollzug – Zeitschrift für Strafvollzug und Straffälligenhilfe 2008, 199 ff.

Vollzugsdauer und den Anforderungen des Markts; die jungen Gefangenen sollen nach der Entlassung auf den erworbenen Qualifikationen aufbauen können.[79] Sinnvoll sind außerdem Berufsvorbereitungsmaßnahmen, ggf in Zusammenarbeit mit den Arbeitsagenturen. In diesem Rahmen findet eine gezielte Vorbereitung für den Einstieg in eine Berufsausbildung und für den nachträglichen Erwerb von Schulabschlüssen statt.

Die Berufsausbildung sollte bis zu der Zwischenprüfung in anerkannte **Qualifizierungsbausteine** (QB) und **Teilqualifikationen** (TQ) und damit in Abschnitte von drei bis sechs Monaten modularisiert sein. Sie wurden aus den Ausbildungsordnungen anerkannter Ausbildungen entwickelt und werden nach einem einheitlichen Muster (BAVBVO) bescheinigt. 171

Für junge Gefangene mit besonderem Förderbedarf bieten sich **Produktionsschulen** an. Sie sind Einrichtungen der arbeitsorientierten und (vor-)beruflichen Bildung, in denen Arbeiten und Lernen für benachteiligte junge Menschen mit besonderem Förderbedarf kombiniert werden können. Am marktnahen Produktionsprozess wird das Selbstwertgefühl stabilisiert und selbstständiges Handeln gefördert. 172

Die JVAen fokussieren auf die **Ausbildung**. Gleichzeitig sichern sie durch die Beschäftigung der jungen Gefangenen die Bauunterhaltung und Versorgung. Schon wegen der Relevanz für das Budget sichern sie über Produktion und Teilnahme am Markt Einnahmen. Die Betriebe werden durch den Werk- oder Werkaufsichtsdienst geleitet. Die Angehörigen dieser Dienste sind Meisterinnen oder Meister bzw anerkannte Ausbilderinnen oder Ausbilder iSd Handwerksordnung. In den Hilfsbetrieben der Hauswirtschaft wie Gebäudereiniger, Bauhof, Elektrik wird die Versorgung gesichert. In solchen wird die Ausbildung in den Arbeitsprozess integriert und über zusätzliche Maßnahmen unterstützt. In den Unternehmerbetrieben werden idR einfachere Arbeiten ausgeführt. Darin können Ausbildungen von Fachkräften der Lagerwirtschaft und die Erlangung der Gabelstaplerführerscheine integriert werden. 173

Die gesetzlichen Regelungen tragen den Mindestanforderungen Rechnung, wonach die berufliche **Ausbildung** zukunftsweisend und zeitgemäß auszurichten ist, so dass die jungen Gefangenen eine Chance für den Arbeitsmarkt erhalten, und Schulangebote für junge Gefangene, die keinen Schulabschluss besitzen, vorzuhalten sind.[80] 174

Der durch haupt- und nebenamtliche Lehrkräfte erteilte Unterricht bezieht sich überwiegend auf Schulabschluss- oder Förderkurse. Der Unterricht ist in den Bundesländern unterschiedlich organisiert. Der hauptamtliche pädagogische Dienst erteilt sie mit einem Anteil der regelmäßigen Arbeitszeit selbst und organisiert ihn für Externe. Unterricht ist auf der Grundlage vollzuglicher Regelungen und solcher der Schulgesetze der Länder insbesondere hinsichtlich der Schulpflicht und der Lehrpläne zu gestalten. Die im Sinne des Erziehungsziels erfolgreiche Schule muss mit allen Diensten einer JVA zusammenarbeiten und als am Eingliederungserfolg Beteiligte begriffen werden, was sich beispielsweise in der gemeinsamen Auswahl der jungen Gefangenen äußert, in der Reaktion auf posi- 175

---

79 Wirth, in: Ostendorf Jugendstrafvollzugsrecht, S. 77; Bierschwale, Forum Strafvollzug – Zeitschrift für Strafvollzug und Straffälligenhilfe 2008, 199; Petran/Weber, Forum Strafvollzug – Zeitschrift für Strafvollzug und Straffälligenhilfe 2008, 210, 211.
80 Sandmann in: Ostendorf Jugendstrafvollzugsrecht, S. 277.

tives oder Fehlverhalten, Absprachen, der Kommunikation von Kriterien und Ergebnissen.

176 Trotz erheblichen Förderbedarfs schließen junge Gefangene schulische Kurse und die berufliche Ausbildung in der Regel überdurchschnittlich ab. Offenbar werden sie den Maßnahmen über die Förderplanung, an der im Allgemeinen der pädagogische Dienst beteiligt ist, passend zugewiesen und durchlaufen unter dem Einfluss der Bediensteten eine positive Entwicklung. Wirkungsvoll scheint zu sein, Gefangenen zu vermitteln, dass sie im Fall fehlender Mitarbeit aus den Maßnahmen herausgenommen werden. Schließlich sind die Bildungsangebote differenziert, was Inhalte, Dauer und Niveau betrifft. Zudem bieten die JVAen vorgeschaltete und begleitende Förder- und Stützmaßnahmen in erheblichem Umfang und häufig als Einzelmaßnahmen an.

177 Die Anforderungen des Arbeitsmarkts einer modernen Informationsgesellschaft verlangen bereits bei einfacheren Aktivitäten komplexe technische Fähigkeiten. Junge Gefangene müssen mit den neuen Kulturtechniken vertraut gemacht werden, damit sie den Anschluss an wirtschaftliche, kulturelle und politische Entwicklungen und den Arbeitsmarkt nicht verlieren.[81] Neben dem technischen Können ist die Fähigkeit zu vermitteln, „Wirklichkeiten" aus den Medien kritisch zu hinterfragen, um an der Medienkommunikation selbstbestimmt teilhaben zu können. Schulische und berufliche Qualifizierungen im Jugendstrafvollzug müssen demzufolge den Einsatz moderner Informations- und Kommunikationstechnologien umfassen, ohne die Sicherheitsbelange zu vernachlässigen. Neben reinen EDV-Grundlagenkursen sind solche, die über den Einsatz von Lernprogrammen Allgemeinbildung und Alltagsqualifikationen vermitteln, und solche von Anwenderprogrammen und Lernsoftware im Schul- und Berufsschulunterricht, vorzusehen.

178 **2. Arbeit.** Arbeit dient dazu, das Integrationsziel zu erreichen. Die jungen Gefangenen sollen regelmäßig einer geregelten Beschäftigung nachgehen und sich an die Bedingungen des Arbeitslebens gewöhnen. Auch bei der Zuweisung von Arbeit sind ihre Fähigkeiten, Fertigkeiten und Neigungen zu berücksichtigen.[82] In den Betrieben der Jugendanstalten wird zwar vorrangig Ausbildung angeboten. Es kommen aber auch Arbeiter, Gesellen und Meister zum Einsatz.

179 Die Gerichte beurteilen die Rechtmäßigkeit der Beendigung einer Arbeits- oder Ausbildungsmaßnahme, die den jungen Gefangenen zugewiesen wurde, nach den Grundsätzen über den Widerruf eines begünstigenden Verwaltungsakts in entsprechender Anwendung des § 49 Abs. 2 Nr. 3 VwVfG. Die JVA darf widerrufen, wenn sie aufgrund nachträglich eingetretener Tatsachen berechtigt wäre, den Verwaltungsakt nicht zu erlassen und wenn ohne den Widerruf das öffentliche Interesse gefährdet würde. Ihr steht hinsichtlich der Beurteilung der einen Widerruf rechtfertigenden Beeinträchtigung von Sicherheitsinteressen der Anstalt für eine Ablösung von der Arbeit ein Beurteilungsspielraum zu. Die gerichtliche Überprüfung ist darauf beschränkt, ob die JVA von einem zutreffend und vollständig ermittelten Sachverhalt ausgegangen ist, ob sie bei ihrer Entscheidung den Grundsatz des Vertrauensschutzes bedacht und die Grenzen des ihr zustehenden Beurteilungsspielraums eingehalten hat.[83] In der Folge wurden spezielle gesetzli-

---

81 Theine, Digitales Lernen im Justizvollzug, Forum Strafvollzug – Zeitschrift für Strafvollzug und Straffälligenhilfe 2008, 218 ff.
82 Sandmann in: Ostendorf Jugendstrafvollzugsrecht, S. 285.
83 Brandenburgisches OLG v. 13.11.2008, 2 Ws (Vollz) 194/08; OLG Frankfurt/aM v. 2.6.2009, 3 Ws 1165/08 mwN.

che Regelungen geschaffen, junge Gefangene von der Arbeit abzulösen, wenn sie den Anforderungen nicht genügen.

Für die Ablösung der jungen Gefangenen von **Arbeit** bzw **Ausbildung** kommen nicht nur grobe Pflichtverstöße sondern auch verhaltensbedingte Gründe und namentlich Sicherheitsgefährdungen in Betracht. Dazu kann auch eine erhebliche Störung des Betriebsfriedens gehören. Erforderlich ist, dass der junge Gefangene auf Dauer an dem Arbeitsplatz nicht mehr tragbar ist. Zugrunde liegen muss ein Fehlverhalten, das einen Bezug zur Arbeit dergestalt hatte, dass es die Eignung der jungen Gefangenen dafür aufhebt. Das Verhalten muss nicht zwingend bei der Ausführung der Arbeit selbst gezeigt worden sein.[84] Ob junge Gefangene verschuldet ohne Arbeit sind, ist gesondert festzustellen. 180

3. Abschluss im Vollzug begonnener Bildungsmaßnahmen. Im Vollzug begonnene Bildungsmaßnahmen können nach allen landesgesetzlichen Regelungen unter bestimmten Voraussetzungen nach der Entlassung in der JVA fortgesetzt werden, um wichtige Ausbildungs- und Behandlungsmaßnahmen nicht zu gefährden, besonders weil Ausbildungsdauer und Entlassungszeitpunkt nicht übereinstimmen müssen. Bei der kurzen durchschnittlichen Haftzeit im Jugendstrafvollzug kommt dieser Bestimmung eine hohe Bedeutung zu. Auffällig ist jedoch, dass die abnehmenden Systeme an der Schnittstelle des Übergangs in Freiheit oft nicht den Anschluss an im Jugendstrafvollzug erworbene TQs realisieren können. Insoweit ist auf eine stärkere Kooperation der unterschiedlichen Ministerien und den Aufbau von Netzwerken iS eines gesamtgesellschaftlichen Auftrags bei der Reintegration der Zielgruppe hinzuwirken. 181

4. Deutschkurse. Mangelnde Kenntnisse der deutschen Sprache stellen ein entscheidendes Hindernis für die Integration dar. Auch die jungen Gefangenen, die eine andere Muttersprache haben, müssen die Chance erhalten, sich zu qualifizieren. Junge Gefangene, die nicht über hinreichende Sprachkenntnisse verfügen, sind daher zur Teilnahme an **Deutschkursen**, Deutsch als Fremdsprache und nötigenfalls Alphabetisierungskursen zur Vorbereitung oder Durchführung von schulischen und beruflichen Orientierungs-, Aus- und Weiterbildungsmaßnahmen verpflichtet, Dieses Angebot ermöglicht in vielen Fällen die Teilnahme an weiterführenden schulischen oder beruflichen Angeboten. 182

5. Anerkennung für Ausbildung und Arbeit. Die bisherigen Regelungen in §§ 43 f, 200 des StVollzG, die aufgrund der Entscheidung des BVerfG[85] in das Strafvollzugsgesetz aufgenommen worden sind, wurden in den Ländergesetzen nach dem Grundsatz der auf Förderung ausgerichteten erzieherischen Gestaltung angepasst. Sie beziehen alle Maßnahmen bis hin zu speziellen Fördermaßnahmen und der Arbeitstherapie ein. Den Vorgaben entsprechend wird die Verbesserung der Entlohnung zusätzlich durch eine nichtmonetäre Komponente erreicht. Die jungen Gefangenen erhalten eine Ausbildungsbeihilfe oder ein Arbeitsentgelt. Der Bemessung der Vergütung ist der 250. Teil (Tagessatz) von 9 % der Bezugsgröße nach § 18 SGB IV zugrunde zu legen (Eckvergütung). Die Vergütung wird je nach Art der Maßnahme und Leistungen der jungen Gefangenen gestuft.[86] Die Höhe der Ausbildungsbeihilfe oder des Arbeitsentgelts wird den jungen Gefangenen 183

---

84 OLG Karlsruhe v. 29.6.2005, 1 Ws 291/04; Brandenburgisches OLG v. 13.11.2008, 2 Ws (Vollz) 194/08; OLG Frankfurt/aM v. 2.6.2009, 3 Ws 1165/08 mwN.
85 BVerfG v. 1.7.1998, 2 BvR 441/90.
86 Zur Berechnung vgl Sandmann in: Ostendorf Jugendstrafvollzugsrecht, S. 311 f.

Jung-Silberreis

schriftlich und verständlich bekannt gegeben. Die Eltern der in Ausbildung befindlichen Gefangenen können Kindergeld erhalten.[87]

184 Ist die Beschäftigung über eine bestimmte Dauer ohne schuldhafte Unterbrechung ausgeübt worden, entsteht der Anspruch auf Freistellung. Diese kann auf Antrag in Form eines Arbeitsurlaubs außerhalb der JVA verbracht werden. Wenn die jungen Gefangenen keinen Antrag stellen oder für die Freistellung aus der Haft nicht geeignet sind, kann der erworbene Freistellungstag in der JVA genommen oder auf die Haft angerechnet werden, sofern nicht ein Ausschlussgrund vorliegt. Sofern das ebenfalls nicht möglich ist, erhalten die jungen Gefangenen in diesen Fällen eine Ausgleichszahlung. Gefangene können unter bestimmten Voraussetzungen einen Anspruch auf Erlass eines Teils ihrer Verfahrenskosten erwerben oder unter Vermittlung der JVA Schadenswiedergutmachung leisten.

XII. Freizeitgestaltung und Sport

185 Der Vollzugsalltag besteht aus einem ganztägigen Arbeits-, Schul- oder Ausbildungseinsatz und der sogenannten **Freizeit** der jungen Gefangenen. Letztgenannter sowie dem **Sport** wird zunehmend Bedeutung zugemessen, da das vielfach vorzufindende völlig unstrukturierte und planlose Freizeitverhalten junger Menschen ein nicht zu unterschätzender Faktor in der Entwicklung kriminellen Verhaltens darstellt.[88] Umgekehrt kann eine sinnvolle Beschäftigung mit sich und seiner freien Zeit nach der Entlassung dazu beitragen, dass die Gefahr eines Rückfalls in gewohnte Verhaltensweisen gemindert wird. Ziel der Angebote innerhalb der Freizeit ist deshalb nicht nur Kompensation und Erholung vom Alltag, sondern Erlernen und Einüben sozialen Verhaltens und das vordringlich in der Wohngruppe. Hier werden Kommunikation, Beteiligung und Engagement sowie die Entfaltung von Kreativität und Persönlichkeit möglich. Eine Gemeinschaft aus verschiedenen Kulturen und unterschiedlicher sozialer Herkunft kann eine integrative Wirkung entfalten.[89]

186 Grundsätzlich kann zwischen Freizeitmaßnahmen zur Entspannung, Erholung und Stärkung des Gemeinschaftssinns und solchen wie sozialen Trainingseinheiten (in der Wohngruppe), Bildungs- und Fördermaßnahmen unterschieden werden. Die Wohngruppenarbeit ist eng mit der Freizeitgestaltung verbunden.

187 **1. Freizeitgestaltung.** Vor die Wahl gestellt, zu konsumieren oder sich aktiv zu betätigen, entscheiden sich die jungen Gefangenen gerne für den Konsum. Sie sind

---

87 Das Finanzgericht Berlin-Brandenburg hat mit Urteil v. 6.7.2010, 10 K 10288/08, entschieden, dass ein in Haft Befindlicher wegen der vor der Inhaftierung begonnen Ausbildung, die unterbrochen werden musste, keinen Kindergeldanspruch habe. Der Gefangene habe selbst die Ursache gesetzt, die Ausbildung, nicht fortsetzen zu können. Kindergeld werde normalerweise für einen volljährigen, aber noch nicht 25 Jahre alten Menschen unter anderem auch dann gezahlt, wenn er eine Ausbildung mangels Ausbildungsplatzes nicht beginnen oder fortsetzen kann. Das Finanzgericht hat die Revision zum Bundesfinanzhof zugelassen. Dieser hatte am 20.7.2006, III R 69/04, in einem Fall, in dem der Beschuldigte später freigesprochen wurde, für die Zeit der Untersuchungshaft Kindergeld zugesprochen.
88 Art. 152 f BayStVollzG, §§ 71 iVm 22 Abs. 7 JStVollzG-BW, 38 f JStVollzG-Bln, 29 f iVm 10 Abs. 4 Nrn. 6 f HessJStVollzG; Fiedler/Vogel in: Ostendorf Jugendstrafvollzugsrecht, S. 333.
89 Alle Ländergesetze richten die Ausgestaltung der Freizeit und den Sport der Gefangenen am Erziehungsziel aus, Art. 152 f BayStVollzG, §§ 38 f, 29 f HessJStVollzG. Lediglich in Baden-Württemberg gehören Angaben zur Freizeitgestaltung nicht zu den Mindestvoraussetzungen eines Erziehungsplans, § 25 JStVollzG-BW, weil die Freizeit frei bleiben und nicht verplant werden soll.

daher zur Teilnahme an Sport, Freizeitgruppen, Gruppengesprächen oder musischen und kulturellen Angeboten zu motivieren. Sie sollen ermutigt werden, den verantwortungsvollen Umgang mit neuen Medien zu erlernen und zu praktizieren, soweit nicht die Sicherheit der JVA dem entgegensteht. Sinnvolle Vorgaben für die Freizeitgestaltung sind wichtig, weil unausgefüllte, unkontrollierte und unbegleitete Freizeit negative subkulturelle Einflussnahme ermöglicht. Sie soll genutzt werden, die Persönlichkeit zu entwickeln und soziale Verhaltensweisen in einer gewaltfreien Grundstimmung einzuüben.[90]

Den jungen Gefangenen steht es anders als Erwachsenen nicht frei, ihre Freizeit individuell zu gestalten. Es bleibt ihnen nicht überlassen, die Freizeit „lesend, fernsehend, kartenspielend oder schlafend" zu verbringen.[91]   188

Wichtiger Bestandteil der **Freizeitgestaltung** ist das **Lesen** zur Information, Bildung und Unterhaltung. Die JVAen sind demzufolge mit **Büchereien** auszustatten. Diese Regelung orientiert sich an den Europäischen Strafvollzugsgrundsätze-Empfehlungen des Europarats Rec (2006)². Allerdings verstehen die Strafvollzugsgrundsätze die Nutzung einer Bücherei nicht als Freizeitgestaltung, sondern als Medium der Aus- und Weiterbildung. Sie empfehlen, eine angemessen ausgestattete Bibliothek einzurichten, die allen jungen Gefangenen zur Verfügung steht. Diese soll über eine Vielfalt an Büchern und sonstigen Medien verfügen, die sowohl für Unterhaltungs- als auch für Bildungszwecke geeignet sind. Weiter wird empfohlen, die Anstaltsbibliotheken, wenn immer möglich, in Zusammenarbeit mit den öffentlichen Bibliotheken zu führen.[92]   189

Die jungen Gefangenen haben einen Anspruch, auf eigene Kosten **Zeitungen und Zeitschriften** durch Vermittlung der Anstalt zu beziehen. Auch insoweit sind das Erziehungsziel und Sicherheit oder Ordnung der JVA entscheidungsrelevant. Im Hinblick auf das Grundrecht aus Art. 5 Abs. 1 S. 1 GG, sich aus allgemein zugänglichen Quellen zu unterrichten, werden die Grundsätze der Überlassung von Gegenständen nicht übernommen, sondern modifiziert. Die Beschränkungen sind in den Ländergesetzen abschließend normiert.   190

Dem Recht der jungen Gefangenen auf Information durch Teilhabe am **Hörfunk** und **Fernsehempfang** wird dadurch Rechnung getragen, dass sie am Gemeinschaftsfernsehangebot teilnehmen können. Ein Hörfunkprogramm der JVA wird ihnen idR nicht mehr angeboten, da die Gefangenen entweder eigene Geräte besitzen oder von der JVA damit ausgestattet werden.   191

„Dauerberieselung" würde das vielfach in Freiheit gezeigte unerwünschte passive Konsumverhalten fortsetzen. Dem soll durch sinnvolle Freizeitaktivitäten entgegengewirkt werden. Die Bestimmung der §§ 41 Abs. 2 JStVollzG Bln, 29 Abs. 3 HessJStVollzG ermöglicht in konsequenter Weise, **eigene Fernsehgeräte** zu verweigern, um die jungen Gefangenen zu einer aktiven Gestaltung ihrer Freizeit anzuhalten und sie auf den Gemeinschaftsempfang zu verweisen.   192

Die Zulassung von **eigenen Fernsehgeräten** in den Haftträumen steht in den G9-Ländern im Ermessen der JVA, die neben Sicherheitsaspekten erzieherische abzuwägen hat. Das Land Sachsen regelt in § 41 Abs. 2 SächsJStVollzG, dass Fernsehgeräte im Haftraum nicht zugelassen werden. Eine Ausnahme ist nur vorgesehen, wenn sie der Erreichung des Vollzugsziels dient. Die Mehrzahl der An-   193

---

90 Salkoviv/Siegfried, S. 105.
91 Fiedler/Vogel in: Ostendorf Jugendstrafvollzugsrecht, S. 337.
92 Siehe Anhang B: Empfehlung des Europarats Rec (2006)2, Punkt 28 f; Fiedler/Vogel in: Ostendorf Jugendstrafvollzugsrecht, S. 338 f.

stalten verfügt über keine pädagogische Konzeption zur Nutzung und Überlassung von Fernsehgeräten und lässt den Einzelfernsehempfang zu.[93] Vereinzelt wird bei Auffälligkeiten, zB mangelnder Konzentriertheit bei der Ausbildung oder Müdigkeit der Fernseher entzogen. In einigen ist der Fernsehkonsum zeitlich begrenzt.[94]

194 Mangels pädagogischer Konzeptionen stellt das eigene **Fernsehgerät** ein Instrument dar, das Verhalten der jungen Gefangenen und der Bediensteten zu beeinflussen. Das Gerät wird nämlich bei Verstößen entzogen, was bewirkt, dass sich die meisten jungen Gefangenen verstärkt an Regeln halten, um es zu behalten. Die Kosten für die technische Sicherheitsüberprüfung sowie den Betrieb des Geräts über eine Stromkostenpauschale dürfen den jungen Gefangenen aufgebürdet werden.[95]

195 Der Besitz eines eigenen Geräts ist erlaubnispflichtig und an weitere Voraussetzungen wie zB die Vermittlung durch die Anstalt gekoppelt. Danach haben junge Gefangene einen Anspruch auf eigene Fernsehgeräte in angemessenem Umfang, wenn die Voraussetzungen für die Versagung nicht vorliegen und erzieherische Gründe nicht entgegenstehen. Bei dem Merkmal der Angemessenheit handelt es sich um einen unbestimmten Rechtsbegriff, dessen Vorliegen der vollen gerichtlichen Überprüfung unterliegt.

196 Bei der Bemessung des angemessenen Umfangs ist der Wert des Gegenstands zu berücksichtigen. Zwar haben junge Gefangene grds einen Anspruch auf Besitz und Genehmigung eines Flachbildschirmfernsehgeräts.[96] Die Auswahl wird aber dann eingeschränkt, wenn der Wert des Geräts im Verhältnis zu den übrigen unverhältnismäßig hoch ist.[97] Wenn ein solcher aufgrund vorhandener multimediafunktionen Missbrauchsmöglichkeiten bietet, denen nicht mit zumutbaren Kontrollmitteln der JVA begegnet werden kann, darf die Genehmigung versagt werden.[98] Allein die Bildschirmgröße reicht nicht für die Ablehnung eines Fernsehgeräts aus.[99] Der Videotextempfang darf durch geeignete Maßnahmen verhindert werden, weil die Möglichkeit der unkontrollierten Übermittlung von Nachrichten über Chatrooms auf Videotextseiten geeignet ist, die Sicherheit einer JVA zu gefährden.[100]

197 **Elektronische Medien** können erlaubt werden, wenn ihre Zulassung zusätzlich dem Erziehungsziel dient. Jedoch haben elektronische Unterhaltungsmedien wie Spielkonsolen idR keinen pädagogischen Wert, sondern fördern Passivität und Konsumhaltung.[101] Ihr unkontrollierter Gebrauch soll Aggressionen wecken bzw

---

93 Deininger, S. 4.
94 Deininger, S. 4.
95 Brandenburgisches OLG v. 3.1.2005, 1 Ws (Vollz) 18/04.
96 OLG Karlsruhe v. 25.1.2006, 1 Ws 500/04; zur Abwägung vgl BVerfG v. 15.7.2010, 2 BvR 2518/08.
97 OLG Nürnberg v. 24.5.2007, 2 Ws 299/07.
98 OLG Karlsruhe v. 25.1.2006, 1 Ws 500/04; OLG Hamm v. 3.2.2009, 2 Ws 360/08 (U-Haft); BVerfG v. 15.7.2010, 2 BvR 25187/08.
99 BVerfG v. 15.7.2010, 2 BvR 2518/08 mwN.
100 OLG Celle v. 14.8.2001, 3 Ws 318/01.
101 Bayern regelt in Art. 152 Abs. 2 S. 3 BayStVollzG, dass elektronische Unterhaltungsmedien, die keinen pädagogischen Wert haben, nicht zugelassen sind. Nach § 132 iVm § 67 NJVollzG dürfen Gefangene mit Erlaubnis der Vollzugsbehörde unter bestimmten Voraussetzungen Geräte der Informations- oder Unterhaltungselektronik besitzen. In § 128 Abs. 2 S. 3 NJVollzG ist geregelt, dass der Gefangene dazu angehalten werden soll, auch den verantwortungsvollen Umgang mit neuen Medien zu erlernen. In Nordrhein-Westfalen regelt § 55 Abs. 3 JStVollzG-NRW,

fördern können. Sie stellen darüber hinaus aufgrund von Versteck- und Speichermöglichkeiten ein Sicherheitsrisiko dar. Die Rspr ist der Auffassung, dass den Spielkonsolen Sony Playstation 2, Nintendo Game Cube und X-Box 360 eine allgemeine Gefährlichkeit innewohnt, so dass ihr Besitz untersagt werden darf.[102]

Die jungen Gefangenen dürfen in angemessenem Umfang **Gegenstände der Freizeitbeschäftigung** besitzen. Bei der Bestimmung des angemessenen Umfangs sind nicht nur Anzahl und Größe der Sachen zu berücksichtigen. Es ist zu prüfen, ob der Gegenstand, der in den Haftraum gelangen soll, aus Gründen sozialer Gleichbehandlung hinsichtlich seines Werts noch in einem vertretbaren Verhältnis zum Besitz der Durchschnittsgefangenen steht. **198**

DVDs sind idR nur zugelassen, wenn sie über den Versandhandel originalverpackt bezogen werden und eine Genehmigung der Anstalt vorliegt. Der Besitz von DVDs mit pornografischem Inhalt begründet eine generell abstrakte Gefahr für die Sicherheit und Ordnung und darf ausgeschlossen werden. Der Bezug von Medien mit FSK-18-Freigabe, namentlich solcher pornografischen oder gewaltverherrlichenden Inhalts, steht Sicherheit und Ordnung einer JVA grds entgegen. Das generelle Versagen derartiger Medien ist unabhängig davon, ob die jungen Gefangenen wegen Gewalt- oder Sexualdelikten verurteilt wurden oder nicht, nicht zu beanstanden, insbesondere nicht unter pädagogischen Gesichtspunkten. DVB-T-Decoder stellen eine Gefahr dar, weil diese die Möglichkeit eröffnen, Gefangenen unkontrolliert Informationen zu übermitteln.[103] Ein **Taschencomputer** mit hoher Speicherkapazität soll ebenso eine Gefahr darstellen. Gleiches gilt für **elektronische Schreibmaschinen** und PCs, denen ebenfalls eine abstrakt-generelle Gefahr innewohnt. **Videorekorder, MP3-Player, CD-Player, DVD-Abspielgeräte, externe Lautsprecherboxen und Hörfunkgeräte mit Weckeinrichtung** können eine Gefahr darstellen, die aber konkret festgestellt werden muss. **199**

2. Sport, Spiel und Bewegung im Erziehungskonzept. Das BVerfG hat in seiner Entscheidung vom 31.5.2006 einen besonderen Regelungsbedarf wegen der physischen und psychischen Besonderheiten des Jugendalters in Bezug auf die körperliche Betätigung festgestellt. Die Landesgesetze mit Ausnahme von Baden-Württemberg, Sachsen und Sachsen-Anhalt sprechen der **sportlichen Betätigung** im Jugendstrafvollzug in der Folge besondere Bedeutung zu. Mit Ausnahme von Bayern, Hamburg und Niedersachsen sehen sie ein **Mindestangebot** von überwiegend zwei Stunden pro Woche vor. Sport, Spiel und Bewegung sind als durchgängige Prinzipien der Vollzugsgestaltung zu betrachten. Durch Sport können die möglichen negativen Folgen der Inhaftierung reduziert werden.[104] Bewegungsmangel und Symptome von Stress kann entgegengewirkt werden, Aggressivität kann uU ein angemessenes Ventil erhalten. In seiner vielfältigen Ausprägung ist er ein körperbildendes, psychosoziales, pädagogisches und jugendkulturelles Angebot. Körperlichkeit und Fitness sowie Bewegungsfertigkeiten über die klassi- **200**

---

dass die Gefangenen Gelegenheit erhalten sollen, den verantwortungsvollen Umgang mit neuen Medien zu erlernen und auszuüben. Geräte der Unterhaltungselektronik dürfen Gefangene in angemessenem Umfang besitzen.
102 OLG Frankfurt/aM v. 29.1.2009, 3 Ws 990/08; KG Berlin v. 22.7.2005, 5 Ws 178/05; OLG Hamm v. 1.12.2000, 1 Vollz (Ws) 165/2000; ein Versagungsgrund liegt vor, wenn der einem Gegenstand generell-abstrakt innewohnenden Eignung nicht mit den Kontrollmitteln der JVA begegnet werden kann; EuGH für Menschenrechte v. 22.1.2008 – Individualbeschwerde Nr. 20579/04.
103 Schleswig-Holsteinisches OLG v. 25.1.2008, 2 Vollz Ws 533/07 (291707).
104 Begründung des Hessischen Jugendstrafvollzugsgesetzes, S. 55.

schen Sportarten hinaus stehen in Zusammenhang mit Mode und Musik im Zentrum von Selbstfindung und Selbstdarstellung. Es beeinflusst Mädchen und Frauen, Jungen und Männer in ihren Rollen und bildet damit Ansatzpunkte für geschlechtsspezifische Arbeit. Außerdem kommt Sport idR bei jungen Menschen gut an.

201 **Erlebnispädagogik** als handlungsorientierte Methode will durch exemplarische Lernprozesse, in denen junge Menschen vor physische, psychische und vor allem auch soziale Herausforderungen gestellt werden, diese in ihrer Persönlichkeitsentwicklung fördern und sie dazu befähigen, ihre Lebenswelt verantwortlich zu gestalten. Die Übungen und Methoden haben im Justizvollzug besonders mit dem Sport, den Anti-Aggressivitäts-Trainings bzw Anti-Gewalt-Trainings, der Diagnostik und der (Wohn-)Gruppenarbeit Berührungspunkte. Das Personal, insb. der allgemeine Vollzugsdienst und Sozialdienst, sollte zwecks entsprechender Umsetzung fortgebildet werden. Die Angebote sind dahingehend differenziert, dass sie einmalig mit unmittelbarer Wirkung stattfinden können oder sequenziell mit einer nachhaltigen Wirkung, die eher unterschwellig festzustellen ist. Nachhaltigkeit lässt sich vor allem durch langfristige, regelmäßig durchgeführte Übungen im Behandlungskontext oder dem sozialen Training in der Gruppe erzielen. Je länger diese Lernerfahrungen nachwirken und je erfolgreicher sie in Alltagssituationen übertragen werden können, desto größer scheint der Lernerfolg zu sein.

202 Die meisten Angebote werden für Gruppen konzipiert. In der Gruppe werden wichtige Erfahrungen des Miteinanders gemacht. Die Unausweichlichkeit der Situation und das enge Zusammenleben über eine gewisse Zeit erfordern eine aktive Auseinandersetzung mit den anderen. Konflikte müssen ausgetragen, bestimmte Regeln des Zusammenlebens eingehalten werden. Auch Stärken und Schwächen einzelner müssen berücksichtigt werden. Prinzipien des Helfens, der Verantwortung und des Rücksichtnehmens werden erlernt. Gleichzeitig wird bei vielen Aktivitäten festgestellt, dass nur gemeinsames Handeln und Kooperation zum gewünschten Erfolg führen.

XIII. Religionsausübung und Seelsorge

203 Die jungen Gefangenen haben zwar kein Recht auf **Seelsorge** gegenüber der JVA, aber den Anspruch auf Schaffung der Voraussetzungen für die Seelsorge. Damit verbunden ist der Anspruch auf Hilfe für Gefangene, mit einer Seelsorgerin oder einem Seelsorger auch eines anderen Glaubens Kontakt aufzunehmen.[105] Die **religiöse Betreuung** bezieht sich auf den Dienst am ganzen Menschen zur Lebenshilfe, Lebensorientierung und Lebensgestaltung. Dazu gehört die Zuwendung von Hilfe in Glaubens- und Gewissensfragen im persönlichen Gespräch und die diakonische und karitative Betreuung im Rahmen kirchlicher Sozialarbeit.[106] Wird die religiöse Betreuung moslemischer Gefangener, die in den JVAen zT die größte Gruppe darstellt, von geeigneten Kräften und über die rituelle Ausübung des Freitagsgebets hinaus durchgeführt, kann ihr außerdem gewaltpräventive Bedeutung zukommen.

204 Jungen Menschen ist ab einem Alter von 14 Jahren das alleinige Entscheidungsrecht in religiösen Fragen übertragen, so dass sich keine Kollision mit Elternrechten ergibt.

---

105 Bochmann in: Ostendorf Jugendstrafvollzugsrecht, S. 392.
106 Bochmann in: Ostendorf Jugendstrafvollzugsrecht, S. 391 mit Hinweis auf BVerfG 24, 236, 245.

Den jungen Gefangenen sind nach allen Jugendstrafvollzugsgesetzen Gegenstände des religiösen Gebrauchs, also solche, die zur persönlichen Glaubenspraktizierung wichtig sind, in angemessenem Umfang zu belassen. Das erfordert eine ständige Abwägung mit den Sicherheitsinteressen.[107]

205

XIV. Außenkontakte

Beziehungen der jungen Gefangenen mit Personen außerhalb der JVA sind besonders wichtig, weil sie der Wiedereingliederung der jungen Gefangenen dienen. Familiäre Kontakte sind ausweislich der Jugendstrafvollzugsgesetze und der Entscheidung des BVerfG vom 31.5.2006 besonders zu fördern. Gerade hierdurch soll möglichen schädlichen Folgen des Freiheitsentzugs entgegengewirkt werden. Sie dienen der Schaffung, Aufrechterhaltung und Stärkung gewünschter sozialer Bindungen. Zugleich ist aber dafür Sorge zu tragen, dass die jungen Gefangenen vor schädlichen Einflüssen geschützt werden.

206

Grundsätzlich haben junge Gefangene das Recht, mit Personen außerhalb der JVA zu verkehren. Die Anstaltsleitung kann den Kontakt mit bestimmten Personen untersagen, wenn die Sicherheit oder Ordnung der JVA gefährdet würde, Personen, die nicht Angehörige sind, einen schädlichen Einfluss haben oder die Eingliederung behindern würden oder Personensorgeberechtigte nicht einverstanden sind.

207

Die Kontakte zu Verteidigerinnen und Verteidigern sowie Rechtsbeiständen nach § 69 JGG dürfen idR nicht überwacht werden. Nicht überwacht werden außerdem grds Kontakte mit den in § 119 Abs. 4 Satz 2 StPO genannten Personen und Institutionen wie zB der Bewährungshilfe, den Volksvertretungen des Bundes und der Länder, dem BVerfG, dem EGMR, dem EuGH, dem Europäischen Ausschuss zur Verhütung von Folter und unmenschlicher oder erniedrigender Behandlung oder Strafe, der Europäischen Kommission gegen Rassismus und Intoleranz, dem Menschenrechtsausschuss der UN, den Ausschüssen der UN für die Beseitigung der Rassendiskriminierung und für die Beseitigung der Diskriminierung der Frau, dem Ausschuss der UN gegen Folter, dem zugehörigen Unterausschuss zur Verhütung von Folter und den entsprechenden Nationalen Präventionsmechanismen, den Beiräten bei den Justizvollzugsanstalten und konsularischen Vertretungen.

208

Die Kosten für die Außenkontakte haben die jungen Gefangenen zu tragen.

209

1. Besuch. Die jungen Gefangenen haben das Recht, in der JVA **Besuch** zu empfangen.

210

Die Besuchszeit muss nach allen Jugendstrafvollzugsgesetzen über wenigstens vier Stunden im Monat angeboten werden, in Sachsen zuzüglich zwei Stunden für Familienangehörige.

211

Über die Ermächtigung, Besucherinnen und Besucher zu durchsuchen, soll das Einbringen sicherheitsrelevanter Gegenstände in die JVA unterbunden werden. Gegenstände dürfen beim Besuch nur mit ausdrücklicher Genehmigung übergeben werden.

212

Besuche dürfen aus erzieherischen Gründen oder solchen der Sicherheit oder Ordnung der JVA offen (optisch) überwacht werden. Die optische Überwachung

213

---

107 Bochmann in: Ostendorf Jugendstrafvollzugsrecht, S. 393.

kann auch mittels technischer Hilfsmittel wie Kameras erfolgen. Die akustische darf in Ausnahmefällen aus den genannten Gründen angeordnet werden.[108]

214 Besuch darf abgebrochen werden, wenn Beteiligte gegen Vorschriften der Jugendstrafvollzugsgesetze oder gegen die aufgrund der gesetzlichen Regelungen getroffenen Anordnungen trotz Ermahnung verstoßen. Dies gilt auch, wenn Verhaltensweisen von Besuchspersonen geeignet sind, einen schädlichen Einfluss auf die jungen Gefangenen auszuüben.

215 Besuche von Verteidigerinnen oder Verteidigern und Beiständen nach § 69 JGG sind als Ausfluss aus dem Grundsatz der freien Verteidigung zu gestatten und dürfen nicht überwacht werden. Entsprechendes gilt für Personen, die dienstlich oder als Teil der genannten Institutionen junge Gefangene aufsuchen.

216 **2. Schriftwechsel.** Neben dem Empfang von Besuchern stellt der **Schriftwechsel** der jungen Gefangenen zumal in Ermangelung der gerade von jungen Menschen geschätzten mobilen Telefone und des „Chattens" im Internet eine wichtige weitere Möglichkeit der Kontaktaufnahme mit der Außenwelt dar. Die jungen Gefangenen haben das Recht, in Bayern unbeschränkt, Schreiben abzusenden und zu empfangen. Der Schriftwechsel darf mit Ausnahmen wie zB mit Verteidigerinnen oder Verteidigern und Beiständen nach § 69 JGG überwacht werden, soweit es aus erzieherischen oder Gründen der Sicherheit oder Ordnung der JVA erforderlich ist.

217 Der Umgang mit der Verteidigerpost hat mehrfach zur Korrekturen durch die Rechtsprechung geführt.[109] Infolgedessen wurden einzelne gesetzliche Grundlagen der Kontrolle geschaffen, Art. 144, 29 BayStVollzG, § 52 JStVollzG Bln, § 34 HessJStVollzG. Jedenfalls darf äußerlich kontrolliert werden, ob so bezeichnete eingehende Verteidigerpost ebensolche ist. Bestehen aufgrund äußerlicher Merkmale Zweifel, sind diese über die Verteidigung selbst zu klären. Ist eine solche Prüfung ohne zeitliche Verzögerung nicht möglich, muss das Schreiben an den Absender zurückgeschickt werden.

218 Schreiben an den Bundespräsidenten, die Volksvertretungen, die Gerichte und Justizbehörden usw dürfen ebenfalls nicht überwacht werden.

219 Die jungen Gefangenen haben Absendung und Empfang ihrer Schreiben durch die JVA vermitteln zu lassen, soweit nichts anderes gestattet ist. Unter bestimmten Voraussetzungen können als Folge aus der durchgeführten Kontrolle des Schriftwechsels Schreiben angehalten, ausgehenden Schreiben ein Begleitschreiben zwecks Richtigstellung beigefügt werden.

220 Schreiben und darin enthaltene Gegenstände, die dem Gedankenaustausch dienen, dürfen nur aus den genannten Gründen angehalten werden. Damit tragen die Gesetzgeber hinsichtlich der ausgehenden Post dem Grundrecht auf Meinungsfreiheit Rechnung, hinsichtlich der eingehenden Schreiben der freien Entfaltung der Persönlichkeit. Die gesetzlichen Regelungen gewährleisten den ge-

---

108 Art. 30 Abs. 3 BayStVollzG, § 33 HessJStVollzG schaffen die Grundlage für den Einsatz besonderer Vorkehrungen wie Tischaufsätze und Trennscheiben zur Verhinderung der Übergabe von Gegenständen. Die Regelungen fordern in Abweichung zu OLG Frankfurt/aM v. 26.7.2006, 3 Ws 223/06, keinen Zusammenhang zur Übergabe beim Besuch mehr.
109 So ist nach dem Beschluss des OLG Frankfurt/aM v. 23.10.2004, 3 Ws 599-615/04, jedes auch nur teilweises Öffnen von Verteidigerpost untersagt, wenn nicht gänzlich ausgeschlossen werden kann, dass bewusst oder unbewusst auch nur Bruchstücke des Texts wahrgenommen werden könnten, weil jede Kontrolle des gedanklichen Inhalts unzulässig ist.

danklichen Austausch,[110] geben den jungen Gefangenen aber nicht das Recht, unbeschränkt Briefeinlagen zu empfangen. Solche zählen nur zum Schriftwechsel, wenn sie in unmittelbarem Zusammenhang mit dem Gedankenaustausch stehen.[111] Zum individuellen Schriftwechsel gehören zB Broschüren wie „Positiv in Haft", Kopien von Zeitungsartikeln und Druckschriften in geringem Umfang.

3. Telekommunikation. Die Vorschriften regeln den Zugang der jungen Gefangenen zu **Telekommunikationsmitteln.** Angesichts ihrer besonderen Bedeutung zur Aufrechterhaltung von Außenkontakten wird das Telefonieren hervorgehoben. Telegramme haben ihre praktische Bedeutung verloren und werden demzufolge nicht mehr erwähnt. 221

Die Gewährung von **telefonischen Kontakten** steht im Ermessen der JVA. Bei der Abwägung ist die besondere Bedeutung der Aufrechterhaltung sozialer Beziehungen zu berücksichtigen. Für das Telefonieren jedenfalls von Gefangenen im Vollzug der Freiheitsstrafe existieren Richtlinien, nach denen sog. Regeltelefonate, die grundsätzlich nur dann möglich sind, wenn die Gesprächskosten von den jungen Gefangenen getragen werden, in festgelegten Zeiten bis zu einer regelmäßigen Maximallänge für überprüfte Anzurufende erlaubt sind. Die Gefangenen sind darauf hinzuweisen, dass die Telefonate durch technische Mithörvorrichtungen überwacht werden können und wenn im konkreten Fall mitgehört wird. Unberührt von dieser Regelung bleiben Telefonate in dringenden Fällen möglich. 222

Dem Jugendstrafvollzug dienen diesen Richtlinien zur Orientierung, soweit keine eigenständigen Regelungen getroffen wurden. 223

Mobile Telefone sind überwiegend in den JVAen für jeden verboten. Die Anstalten dürfen technische Geräte zur Störung bestimmter Frequenzen betreiben (Handyblocker). 224

Aus wichtigen Gründen können die jungen Gefangenen andere Kommunikationsmittel durch Vermittlung und unter Aufsicht der JVA nutzen. 225

4. Pakete. Der Empfang von **Paketen** bedarf der Erlaubnis der JVA. Pakete mit Nahrungs- und Genussmitteln sind nicht mehr gestattet. Die bisherige Regelung des § 33 Abs. 1 S. 1 StVollzG war damit begründet worden, dass solche Pakete eine spürbare Erleichterung ihrer Lebensführung und eine Festigung ihrer Beziehungen zu Außenstehenden bedeute und gerade in emotional hoch besetzten Zeiten ein Zeichen sozialer Nähe seien.[112] Die zunehmende Betäubungsmittelproblematik, der „Markt" in den JVAen für bestimmte Gefangenengruppen und die veränderte Gefangenenpopulation haben Pakete aber zu einem hohen Sicherheitsrisiko werden lassen, welchem selbst mit erheblichem Kontrollaufwand und zunehmenden Verboten bestimmter Nahrungs- und Genussmittel bzw Verpackungen nicht wirksam zu begegnen war. Außerdem verfügen die Gefangenen heute über alternative Kontaktmöglichkeiten in weitaus höherem Maß. Baden-Württemberg und Hessen lassen anstelle des Empfangs von Lebens- und Genussmittelpaketen eine Sonderüberweisung von Externen zu. 226

Den jungen Gefangenen ist die Möglichkeit geblieben, Bestellungen beim Versandhandel nach Genehmigung durch die JVA aufzugeben. Die Zusendung von CDs, Lernmitteln sowie Büchern und entsprechenden Dingen durch bestimmte Händler oder die Vermittlung der JVA ist ebenfalls nach grundsätzlicher Genehmigung möglich. Eingehende Pakete sind in Gegenwart der jungen Gefangenen 227

---

110 BVerfG v. 29.6.2009, 2 BvR 2279/07.
111 BVerfG v. 2.4.2008, 2 BvR 2173/07 mwN; BVerfGE 4, 305, 309 ff.
112 Breymann in: Ostendorf Jugendstrafvollzugsrecht, S. 168.

zu öffnen. Ausgeschlossene Gegenstände werden für die Gefangenen verwahrt oder an den Absender zurückgesandt. Bestimmte Artikel dürfen vernichtet werden.

XV. Gelder der jungen Gefangenen

228 Das **Hausgeldkonto** wird ausschließlich vom Arbeitsverdienst oder der Ausbildungsvergütung gespeist. Drei Siebtel des Verdiensts gehen auf dieses Konto, über das die jungen Gefangenen im Weg des bargeldlosen **Einkaufs** oder durch Überweisungen frei verfügen können.

229 Bei der Entlassung dürfen Wiedereingliederungsbemühungen nicht scheitern, weil jungen Gefangenen keine finanziellen Mittel zur Verfügung stehen. Das würde auch das Risiko eines Rückfalls erhöhen. Zudem stellt es eine besondere Ausprägung des Erziehungsgedankens dar, dass junge Gefangene schon während des Jugendstrafvollzugs für die Zeit nach der Haftentlassung durch Ansparen eine eigene Vorsorge treffen.[113]

Das **Überbrückungsgeld** gewährleistet für die Zeit unmittelbar nach der Entlassung daher die finanzielle Vorsorge für den notwendigen Lebensunterhalt der jungen Gefangenen und ihrer Unterhaltsberechtigten für die ersten vier Wochen nach der Entlassung.[114] Das **Überbrückungsgeld** kann anstelle der Barauszahlung der Bewährungshilfe, einer mit der Entlassungsbetreuung befassten Stelle oder mit Zustimmung der jungen Gefangenen den Unterhaltsberechtigten überwiesen werden.

230 Das **Eigengeldkonto** ist für alle Gelder der jungen Gefangenen bestimmt, die nicht aus Anstaltsbezügen oder **Taschengeld** stammen, also insbesondere für externe Zahlungen und das eingebrachte Geld. Ist das Überbrückungsgeld noch nicht voll angespart, wird der Differenzbetrag auf dem Eigengeldkonto gesperrt. Ist es in vollem Umfang angespart, werden die vier Siebtel des Verdiensts auf das Eigengeldkonto gezahlt. Die jungen Gefangenen können hierüber nur auf Antrag verfügen, Einkauf ist damit nicht möglich.

231 Zahlungseingänge, die nachgewiesenermaßen einer **Zweckbindung** unterliegen, sind vor dem Zugriff von Gläubigern geschützt. Dieser Pfändungsschutz greift auch, wenn eine Forderungspfändung vorliegt und das Eigengeld nicht als Surrogat benötigt wird. Kommen Dritte mit Einverständnis der JVA für bestimmte Aufwendungen der jungen Gefangenen wie zB Kabelgebühren auf, empfiehlt es sich, die Gelder direkt an den Leistungserbringer überweisen zu lassen. Die in Art. 53 S. 1 und 3 BayStVollzG enthaltene Zweckbindung des zum Sondereinkauf oder für die Kosten einer Krankenbehandlung einbezahlten Sondergelds bewirkt, dass diese Mittel einem Pfändungsschutz unterliegen.

232 Bei vorliegenden Pfändungs- und Überweisungsbeschlüssen ist die JVA zur Abgabe einer Drittschuldnererklärung verpflichtet. Das **Haus- und das Überbrückungsgeld** sind pfändungsgeschützt. Lediglich **Eigengeld** kann gepfändet werden. Ausnahmen sind bei der Aufrechnung wegen Schadenersatzes aus unerlaubter Handlung gegenüber der Vollzugsbehörde möglich; auch der einen bestimmten Betrag übersteigende Teil des Hausgelds kann einbehalten werden.

---

113 Begründung des Hessischen Jugendstrafvollzugsgesetzes, S. 61.
114 Nach § 62 Abs. 1 SächsJStVollzG ist ein Überbrückungsgeld in der Höhe zu bilden, die für die Vorbereitung der Entlassung notwendig ist. Die Bildung von Überbrückungsgeld wurde dadurch fakultativ.

Sind die Strafgefangenen bedürftig und verfügen sie ohne Verschulden nicht über Einkommen, können sie **Taschengeld** beantragen. Unverschuldet ohne Beschäftigung und dadurch mittellosen jungen Gefangenen soll in entsprechender Anwendung des Rechtsgedankens der Sozialhilfe eine Mindestausstattung zur Befriedigung solcher Bedürfnisse zukommen, die über die auf Existenzsicherung ausgerichtete Versorgung der JVA hinausgehen. Dies ist erzieherisch sinnvoll, da mittellose junge Gefangene besonders anfällig für erziehungsfeindliche subkulturelle Aktivitäten anzusehen sind.[115] Prüfungsgrundlage für die Bedürftigkeit der jungen Gefangenen ist der Monat, für den der Antrag auf Taschengeld gestellt wurde.[116] Bei der Bedürftigkeitsprüfung werden die Kontostände auf dem Haus- und Eigengeldkonto ebenso wie die Erkenntnisse über weitere finanzielle Mittel außerhalb der JVA berücksichtigt.[117] Vorher gezahltes Taschengeld, auch Reste davon, bleiben hiervon ausgenommen. Sofern das aus dem Arbeitsverdienst resultierende Hausgeld mindestens die Höhe des Taschengeldanspruchs erreicht, besteht für den Monat der Arbeitsaufnahme kein Taschengeldanspruch.[118] 233

Bei Freigang oder einer genehmigten Selbstbeschäftigung, uU nach der verschuldeten Ablösung von der Arbeit müssen junge Gefangene einen **Haftkostenbeitrag** an die JVA zahlen (für Unterkunft, ggf Verpflegung). Arbeit im Vollzug befreit dagegen von der Haftkostenzahlung. 234

Die jungen Gefangenen sind verpflichtet, der JVA **Aufwendungen zu ersetzen**, die sie durch eine vorsätzliche oder grob fahrlässige Selbstverletzung, Verletzung anderer Personen oder Beschädigung fremder Sachen verursacht haben. Um den Anspruch einfach durchsetzen zu können, kann sie den Anspruch durch Bescheid geltend machen und auch den Mindestbetrag übersteigenden Teil des Hausgelds in Anspruch nehmen. Von der Aufrechnung oder Vollstreckung ist Abstand zu nehmen, wenn dadurch das Erziehungsziel gefährdet würde. 235

XVI. Sicherheit und Ordnung

In den gesetzlichen Bestimmungen wird hervorgehoben, dass für die persönliche Sicherheit aller am Jugendstrafvollzug Beteiligten und damit auch einer jeden oder eines jeden jungen Gefangenen innerhalb der JVA genauso zu sorgen ist wie für ein geordnetes Zusammenleben. Grundregeln zum Schutz der Allgemeinheit, der Bediensteten und der Gefangenen stellen klar, dass **Sicherheit und Ordnung** der JVA maßgeblich zu einem am Erziehungsziel ausgerichteten Anstaltsleben beitragen. Gefangene haben Verantwortung zu übernehmen. Die JVA hat mit geeigneten Maßnahmen auf sie einzuwirken, um dies zu erreichen und sie zu einem ordnungsgemäßen Verhalten zu veranlassen. Das Erlernen von Fähigkeiten, insbesondere Konflikte in sozialadäquater Form auszutragen, ist nicht nur für die Anstaltssicherheit und -ordnung wichtig, sondern vor allem für ein Leben ohne Straftaten. Die hessische Regelung enthält zudem die an den Justizvollzug gerichtete Verpflichtung, junge Gefangene vor **wechselseitigen Übergriffen** zu schützen. In Anlehnung an § 81 StVollzG wird formuliert, dass das Verantwortungsbewusstsein der jungen Gefangenen für ein geordnetes Zusammenleben in der JVA zu wecken und zu fördern ist. Hamburg verzichtet auf eine solche Grundsatzre- 236

---

115 Begründung des Hessischen Jugendstrafvollzugsgesetzes, S. 61.
116 OLG Frankfurt/aM v. 12.10.2006, 3 Ws 680/06 und v. 13.3.2007, 3 Ws 1242/07.
117 Arloth/Lückemann, Strafvollzugsgesetz Kommentar, § 46 Rn 3 f; Calliess/Müller-Dietz, Strafvollzugsgesetz Kommentar, § 46 Rn 3; OLG Celle v. 7.5.2010, 1 Ws 123/10.
118 Arloth/Lückemann, Strafvollzugsgesetz Kommentar, § 46 Rn 3 f; aA OLG Frankfurt/aM v. 12.10.2006, 3 Ws 680/06 und v. 13.3.2007, 3 Ws 1242/07.

gelung. Mit seinem Bezug auf Erziehung und Förderung bringt der Grundsatz außerdem zur Geltung, dass dies nur in einer angstfreien Atmosphäre Erfolg versprechend stattfinden kann. Wer sich ständig vor Übergriffen fürchten muss und seine physische und psychische Integrität bedroht sieht, kann sich ggü Förderangeboten nicht öffnen und ist für Lerninhalte kaum aufnahmefähig.[119]

237 Der Begriff der **Sicherheit** der JVAen ist sowohl in sozialer Hinsicht, aber auch als instrumentelle, kooperative und administrative Sicherheit zu verstehen. Sicherheit in diesem umfassenden Sinn sowie die Ordnung der JVA sind zentrale Punkte der Vollzugsarbeit. Die Reflexion über informelle Strukturen und gruppendynamische Prozesse muss Bestandteil der erzieherischen aber auch der Sicherheitskonzeption sein.

238 **Sicherheit oder Ordnung** durchziehen den gesamten Justizvollzug. Bei den Begriffen handelt es sich um **unbestimmte Rechtsbegriffe**, die der gerichtlichen Überprüfung zugänglich sind.[120] Im **Rechtsfolgeermessen** steht, welche Mittel die JVA zur Abwehr der Gefährdung ergreift. Wenn zum Schutz von Sicherheit oder Ordnung den Gefangenen Pflichten, die in den Hausordnungen konkretisiert sind oder Beschränkungen auferlegt werden, muss es um tatsächliche Gefahrenlagen gehen.[121] Junge Gefangene unterliegen nur den im Gesetz vorgesehenen Beschränkungen. Soweit es zur Aufrechterhaltung der Sicherheit oder zur Abwendung einer schwerwiegenden Störung der Ordnung der JVA unerlässlich ist, können jungen Gefangenen weitere Beschränkungen auferlegt werden. Diese subsidiäre Generalklausel greift, wo keine abschließenden Regelungen getroffen wurden. Außerhalb der Abschnitte Sicherheit und Ordnung gibt es Einzelermächtigungen, welche die Gewährung eines Vorteils auch von Belangen der Sicherheit und Ordnung abhängig machen wie bei der Prüfung der Eignung für vollzugsöffnende Maßnahmen oder diese bei entsprechender Notwendigkeit einschränken oder versagen.[122] Zu solchen Eingriffen gehören zB die gemeinschaftliche Unterbringung zur Suizidprophylaxe, die Durchsuchung nach Besuchen oder der persönliche Gewahrsam an Sachen und die Ausstattung des Haftraums, der Ausschluss von Gegenständen vom Einkauf, die Beschränkungen beim Bezug von Zeitschriften, beim Rundfunkempfang sowie beim Besitz von Gegenständen zur Freizeitbeschäftigung.

239 Der Abschnitt Sicherheit und Ordnung in den Jugendstrafvollzugsgesetzen enthält neben den allgemeinen Grundsätzen und den grundlegenden Verhaltensvorschriften Regelungen über die allgemeinen und besonderen Sicherungsmaßnahmen. Die allgemeinen Sicherungsmaßnahmen dienen der Abwendung und Eindämmung im Justizvollzug allgemein drohender Gefahren und der Vorsorge. Die oder der junge Gefangene muss die Gefahrenlage nicht selbst geschaffen oder konkrete Anhaltspunkte für deren Vorliegen gegeben haben.[123]

240 **1. Übergreifende gewaltpräventive Maßnahmen.** Nach der Entscheidung des BVerfG vom 31.5.2006 sind junge **Gefangene vor Übergriffen anderer Gefangener zu schützen**. Die Unterbringung in **Wohngruppen** und die **Einzelunterbringung** zur Nachtzeit werden zum Schutz vor gegenseitigen Übergriffen und zur Verhinderung von Subkultur als Regelunterbringungsformen festgeschrieben. In den Wohngruppen werden gewaltfreie Konfliktlösungen vermittelt und eingeübt.

---

119 Goerdeler in: Ostendorf Jugendstrafvollzugsrecht, S. 488.
120 OLG Celle v. 9.5.2006, 1 Ws 157/06.
121 Callies/Müller-Dietz, Strafvollzugsgesetz Kommentar, § 81 Rn 4.
122 Goerdeler in: Ostendorf Jugendstrafvollzugsrecht, S. 484.
123 Goerdeler in: Ostendorf Jugendstrafvollzugsrecht, S. 485.

Junge Gefangene nutzen gerade beaufsichtigungsschwache Situationen für **gegenseitige Übergriffe**. Werkbetriebe, Gemeinschaftsräume und Flure dürfen demzufolge zur Gewaltprävention offen videoüberwacht werden, um zu verhindern, dass junge Gefangene über längere Zeiträume unbeaufsichtigt sind. 241

Tätliche Auseinandersetzungen im Jugendstrafvollzug ergeben sich ganz überwiegend spontan aus der Situation heraus. Weniger häufig werden Waffen oder entsprechende Werkzeuge eingesetzt. Gruppenangriffe sind selten, obwohl ein Gruppen- oder Cliquenkontext im Jugendstrafvollzug eher vorliegt als im Erwachsenenvollzug.[124] Etwa die Hälfte der bekannt gewordenen **Gewalttätigkeiten** zieht eine Behandlungsbedürftigkeit nach sich. Die meisten Tätlichkeiten erfolgen in Haftraumen, überwiegend gleichmäßig über den Tag verteilt. Gewalttätigkeiten häufen sich in der Untersuchungshaft und am Beginn der Verbüßung der Jugendstrafe.[125] Die jungen Gefangenen selbst geben auch als Geschädigte Vorkommnisse selten bekannt. 242

Die Befragung der „Werthebach-Kommission"[126] ergab folgende Angaben der jungen Gefangenen als Gewaltursache: „Hass" durch langen Einschluss, das Fehlen von klaren, transparenten Entscheidungen, Mangel an Ansprechpersonen beim Personal, gemeinschaftliche Unterbringung, Schlägereien dienten dazu, das „Selbstbewusstsein" eines erfolgreichen Schlägers zu steigern. 243

2. Durchsuchung. Die **Ab- und Durchsuchung** der jungen Gefangenen und ihrer Haftraume zur Aufrechterhaltung von **Sicherheit und Ordnung** der JVA ist gestattet. Sie dienen dazu, das Einbringen und den Besitz verbotener Gegenstände zu verhindern. Der Grundsatz der Verhältnismäßigkeit ist zu beachten. Diese Sicherungsmaßnahme wird nunmehr auf die jungen Gefangenen allgemein erstreckt. Der Begriff entspricht grundsätzlich dem des Strafprozessrechts, wonach es im Suchen nach Sachen oder Spuren in oder unter der Kleidung sowie auf der Körperoberfläche und in Körperhöhlen und Körperöffnungen, die ohne Eingriff mit medizinischen Hilfsmitteln zu sehen sind.[127] Das Absuchen von jungen Gefangenen nach Metallgegenständen durch Detektoren, also das „Absonden" ist keine Durchsuchung idS, sondern eine Kontrolle. Für die Durchsuchung ohne Entkleidung genügt eine allgemeine Anordnung der Anstaltsleitung. Regelmäßige Durchsuchungen und Kontrollen sind zur Aufrechterhaltung von Sicherheit und Ordnung wichtig und finden daher in relativ kurzer Abfolge regelmäßig statt. Bei Gefahr im Verzug oder auf Anordnung der Anstaltsleitung ist im Einzelfall eine mit einer Entkleidung verbundene Durchsuchung statthaft Zudem ist der Erlass einer die einzelne junge Gefangene oder den einzelnen jungen Gefangenen betreffenden generellen Anordnung zulässig. Für die Anordnung im Einzelfall ist es ausreichend, wenn Ort, Zeit und Kreis der Betroffenen abgegrenzt werden. 244

Bei Gefahr im Verzug darf jede oder jeder Bedienstete unter den genannten Bedingungen junge Gefangene durchsuchen. Die **Durchsuchung** von Männern darf nur von Männern, die von Frauen nur von Frauen durchgeführt werden. Das Schamgefühl ist zu wahren. Bei einer mit einer Entkleidung verbundenen Durchsuchung oder Durchsuchung von Körperöffnungen ist die Wahrung der Würde der jungen Gefangenen in besonderer Weise zu beachten. Die Untersuchung von Körperöffnungen darf nur durch den ärztlichen Dienst vorgenommen werden. Das Gebot der Durchsuchung von Personen desselben Geschlechts erstreckt sich 245

---

124 Wirth, S. 9 ff, 11 ff; Goerdeler in: Ostendorf Jugendstrafvollzugsrecht, S. 478.
125 Wirth, S. 14.
126 Goerdeler in: Ostendorf Jugendstrafvollzugsrecht, S. 474, 480.
127 Begründung des Hessischen Jugendstrafvollzugsgesetzes, S. 64.

Jung-Silberreis

in dieser Absolutheit nicht auf die Absuchung;[128] allerdings ist hierbei ebenfalls das Schamgefühl zu wahren.

246 Die **Durchsuchung des Haftraums** unterliegt nicht den besonderen Schutzanforderungen der Wohnungsdurchsuchung. Seit längerem verneint die Rspr ein grundsätzliches Anwesenheitsrecht der Gefangenen bei Haftraumkontrollen und Durchsuchungen, weil der Schutzbereich des Art. 13 GG nicht vorliegt und auch § 106 StPO nicht anwendbar ist.[129] Gleichwohl ist er durch das Persönlichkeitsrecht in Form des Anspruchs auf Achtung der Intimsphäre geschützt.[130] Aus dem Übermaß- und Willkürverbot ergibt sich, dass möglichst schonend vorzugehen ist. Schriftstücke, die der Kontrolle unterliegen, haben auch bei Haftraumdurchsuchungen einen besonderen Schutz. Im Rahmen einer Sichtkontrolle darf durch Anlesen überprüft werden, ob es sich um ein solchermaßen geschütztes Schreiben handelt und ob darin nichts Verbotenes versteckt ist.

247 **3. Bekämpfung des Suchtmittelmissbrauchs.** Ein überproportional hoher Anteil junger Gefangener kann auf Suchtmittelerfahrung zurückblicken und weist Problemstellungen im Suchtbereich auf, die nicht immer den Grad einer Abhängigkeit erreicht haben, aber eine Auseinandersetzung mit diesem Thema unter dem Aspekt der Gesundheit sowie der Sicherheit und Ordnung in den JVAen erforderlich machen. Betäubungsmittelbezogene Auslöser von Gewalthandlungen in JVAen sind Macht- und Verteilungskämpfe unter den Beteiligten des Betäubungsmittelhandels. Der illegale Handel liegt vor allem in der Hand bestimmter inhaftierter Ausländergruppen bzw von jungen Gefangenen mit Migrationshintergrund, wobei die russlanddeutschen Gefangenen eine besondere Stellung einnehmen. Sowohl hinsichtlich der Beschaffung als auch des Konsums ist ein Großteil von ihnen zu jedem Risiko bereit.[131] Der Konsum von selbst angesetztem Alkohol in den JVAen, der wieder zunimmt, stellt ein erhebliches Risiko nicht nur hinsichtlich des Rückfalls im Zusammenhang mit Sucht oder Missbrauch dar.[132] Auch erhebliche körperliche Folgen sowie Angriffe auf andere junge Gefangene und das Personal sind damit verbunden. Daher ist ständig darauf zu achten, ob – bevorzugt in den Betrieben – Alkohol angesetzt wird oder entsprechende Utensilien zu finden sind.

248 Vor diesem Hintergrund bestimmen einige Jugendstrafvollzugsgesetze, dass zur Bekämpfung des Suchtmittelmissbrauchs Kontrollen durchgeführt werden, Art. 94 BayStVollzG, § 68 JstVollzG Bln, § 46 HessJStVollzG. Betäubungsmittelscreenings dürfen nicht nur bei Verdacht des Missbrauchs durch junge Gefangene aufgrund aktueller konkreter Umstände, einschlägiger Vorbelastungen oder des der Vollstreckung zugrunde liegenden Erkenntnisses bekannter Suchtgefährdung angeordnet werden, sondern auch als Zufallsstichprobe, wenn ein konkreter aktueller Verdacht auf einen Missbrauch nicht oder nicht mehr besteht. Auch bei jungen Gefangenen, die im Zusammenhang mit Betäubungsmitteln bislang nicht auffällig waren, besteht die Gefahr, dass sie während des Vollzugs einer Haftstrafe mit Betäubungsmitteln in Berührung gekommen sind, so dass auch in

---

128 Goerdeler in: Ostendorf Jugendstrafvollzugsrecht, S. 496.
129 OLG Frankfurt/aM, ZfStrVO 1982, 191; OLG Stuttgart, NStZ 1984, 574.
130 Goerdeler in: Ostendorf Jugendstrafvollzugsrecht, S. 499.
131 Laubenthal, Divergierende Gefangenengruppen im Vollzug der Freiheitsstrafe, Forum Strafvollzug – Zeitschrift für Strafvollzug und Straffälligenhilfe 2008, 151, 155.
132 Holzenkamp, Die Wohngruppe „Suchtfrei leben" des Blauen Kreuzes in der JVA Brandenburg, Forum Strafvollzug – Zeitschrift für Strafvollzug und Straffälligenhilfe 2008, 159 ff.

diesem Fall durch die Anordnung Belange der Gesundheitsfürsorge zumindest mitverfolgt werden. Verweigern junge Gefangene die Mitwirkung am Screening, kann das wiederum einen aktuellen und konkreten Fall des Missbrauchs begründen, der die nachfolgenden Anordnungen weiterer Urinkontrollen rechtfertigt. Dieser darf auch für weitere Anordnungen, zB von besonderen Sicherungsmaßnahmen, zugrunde gelegt werden.[133]

Die Betäubungsmittelscreenings (Urinkontrollen) in einer JVA dienen als Gradmesser für die Häufigkeit des Betäubungsmittelkonsums und durch das engmaschige Kontrollsystem zur Abschreckung vor weiterem Konsum. Zugangskontrollen werden bei allen jungen Gefangenen nach ihrer Aufnahme in die JVA vorgenommen. Sie dienen dazu, möglichen Betäubungsmittelkonsum vor der Inhaftierung festzustellen. Bei einem positiven Befund erfolgt in angemessenem Abstand eine weitere Urinkontrolle zur Feststellung, ob der Wert sinkt. 249

Verdachtskontrollen werden vorgenommen, wenn Gefangene aufgrund ihres Verhaltens dazu Anlass geben. Screenings können auch bei fundierten Hinweisen auf ihren Betäubungsmittelkonsum oder solchen in ihrem Umfeld angeordnet werden. 250

Basiskontrollen sind wichtige Bestandteile der Suchtprävention. In festgelegten Zeiträumen werden verschiedene Urinproben im Rahmen eines entsprechenden Kontrollprogramms freiwillig abgegeben, allerdings zu unvorhergesehenen Zeiten. Die Kontrolldichte wird in jedem Einzelfall individuell festgesetzt. Hierbei sind Erkenntnisse aus der Zeit vor der Vollstreckung, dem Urteil und die Ergebnisse von Verdachtskontrollen sowie die Zugangskontrolle zu verwerten. Begleitend wird bereits in der Zugangsphase das Suchtverhalten der Gefangenen thematisiert. Die Bedeutung einer betäubungsmittelfreien Haftzeit für den Vollzugsverlauf und die Perspektiven der jungen Gefangenen nach deren Entlassung werden besprochen. 251

Falls Gefangene die Abgabe einer Probe verweigern, ist zu verfahren, als wäre das Ergebnis positiv. Im Fall einer positiven Urinprobe sind die Einleitung eines Disziplinarverfahrens sowie erzieherische Maßnahmen zu prüfen und ggf anzuordnen. Eine Kontrolluntersuchung durch ein Labor wird eingeleitet, wenn die jungen Gefangenen den Konsum nicht einräumen. Sie werden belehrt, dass sie die Kosten für diese Untersuchung zu tragen haben, falls sie positiv ausfällt. Die Aufklärung und Beratung der jungen Gefangenen zur Gefährlichkeit von Suchtmitteln und bei Bedarf die Beratung und Motivierung zu geeigneten suchttherapeutischen Maßnahmen werden um den Baustein engmaschiger Kontrollen und die konsequente Ahndung von Verfehlungen ergänzt. 252

4. Festnahmerecht. Entwichene oder sich sonst ohne Erlaubnis außerhalb der JVA aufhaltende junge Gefangene wie aus vollzugsöffnenden Maßnahmen Nichtrückkehrende dürfen durch die JVA (Nacheile) oder auf deren Veranlassung hin festgenommen und in die JVA zurückgeführt werden. Die von der JVA zu unterrichtende Vollstreckungsbehörde schreibt die Flüchtigen zur Fahndung aus und veranlasst den Haftbefehl. Die Vorschriften in den Jugendstrafvollzugsgesetzen entsprechen § 87 Abs. 1 StVollzG, wonach der JVA ein eigenes Wiederergreifungsrecht zusteht, sofern noch ein unmittelbarer Bezug zum Vollzug gegeben ist. Auch während der vollzugsöffnenden Maßnahmen bleibt dieser Bezug bestehen. Ist der zeitliche Zusammenhang nicht mehr herzustellen, muss die JVA die Fahndung und Wiederergreifung der Strafvollstreckungsbehörde übergeben. 253

---

133 OLG Frankfurt/aM v. 10.3.2009, 3 Ws 1111/08.

254 Die Bediensteten haben keine polizeilichen Befugnisse gegen Dritte wie etwa die Hausdurchsuchung. Nur wenn sie eine Befreiung der in ihrem Gewahrsam befindlichen Gefangenen abwehren müssen, sind sie auch gegenüber Dritten zur Anwendung unmittelbaren Zwangs befugt. Es empfiehlt sich daher, bei der Nacheile frühzeitig die Polizei zu beteiligen.

255 **5. Besondere Sicherungsmaßnahmen. a) Allgemeine Voraussetzungen.** Besondere **Sicherungsmaßnahmen** sind Reaktionen auf **konkrete Gefahren**. Gegen junge Gefangene können nach Art. 96 BayStVollzG, § 70 JStVollzG Bln, § 70 Hess-JStVollzG durch die Anstaltsleitung und bei Gefahr im Verzug vorläufig durch andere Vollzugsbedienstete besondere Sicherungsmaßnahmen angeordnet werden, wenn nach deren Verhalten oder aufgrund des seelischen Zustands der jungen Gefangenen in erhöhtem Maß konkrete Fluchtgefahr oder die konkrete Gefahr von Gewalttätigkeiten gegen Personen oder Sachen oder der Selbsttötung oder der Selbstverletzung besteht. Im Gegensatz zu Disziplinarmaßnahmen haben besondere Sicherungsmaßnahmen ausschließlich präventiven Charakter. Folglich setzen sie kein Verschulden der jungen Gefangenen voraus.

256 Neben den genannten Anordnungsvoraussetzungen sehen die Gesetze abschließend die Maßnahmen des Entzugs oder der Vorenthaltung von Gegenständen oder des Aufenthalts im Freien, der Beobachtung der jungen Gefangenen auch durch technische Hilfsmittel, der Absonderung, der Unterbringung in einem besonders gesicherten Haftraum ohne gefährdende Gegenstände und der Fesselung, die auch das Fesseln bei einem Fixierbett umfasst, vor. Bis auf die Beobachtung sind sie auch bei der Gefahr einer Befreiung oder sonstigen erheblichen Störung der Anstaltsordnung, die anders nicht abgewehrt werden kann, zulässig. Die Störung braucht in diesem Fall nicht von den jungen Gefangenen ausgehen.

257 Die Sicherungsmaßnahmen müssen verhältnismäßig, also zur Erreichung des Zwecks geeignet, erforderlich und konkret angemessen sein. Mildere Mittel zur Beseitigung der Gefahr sind ausgeschlossen.[134] Demzufolge könnte die Absonderung von anderen jungen Gefangenen zur Abwehr von Verdunkelungshandlungen unzulässig sein.

258 Die Aufzählung der besonderen Sicherungsmaßnahmen enthält nicht die Einschränkungen, die aus Gründen der Sicherheit oder Ordnung angeordnet werden, die aber an anderer Stelle der Gesetze geregelt sind. Dabei handelt es sich beispielsweise um die Unterbringung in Gemeinschaft mit anderen jungen Gefangenen, um einer psychischen Instabilität, die nicht einer Selbstverletzungs- oder Selbsttötungsgefahr gleichkommt, Rechnung zu tragen, die tägliche Haftraumkontrolle, den eingeschränkten oder ausgeschlossenen Arbeitseinsatz, das Öffnen des Haftraums mit mehreren Bediensteten und den Ausschluss vom Gottesdienst.[135]

259 Bei Fehlen besonderer Regelungen dürfen Beschränkungen auferlegt werden, die zur Aufrechterhaltung der Sicherheit oder zur Abwendung einer Störung der Ordnung der JVA unerlässlich sind. Die Vorschriften enthalten eine allgemeine Ermächtigung und tragen dem Umstand Rechnung, dass nicht jede Situation, die einen Eingriff erforderlich macht, antizipiert werden kann. Ein solcher kann angeordnet werden, wenn und soweit die Gesetze keine besondere Eingriffsbefugnis enthalten und eine Beschränkung zur Aufrechterhaltung der Sicherheit oder zur Abwendung einer schwerwiegenden Störung der Ordnung der JVA unerlässlich

---

134 OLG Frankfurt/aM v. 2.6.2009, 3 Ws 1182/08 mwN.
135 OLG Frankfurt/aM v. 2.6.2009, 3 Ws 1182/08.

ist. Dabei sind der Verhältnismäßigkeitsgrundsatz und als weitere besondere verfassungsrechtliche Anforderung, die Unantastbarkeit der Menschenwürde zu beachten. Die kumulative Anordnung ist zulässig, wenn jede einzelne Maßnahme unerlässlich ist und deren Kumulation zur Abwehr der konkreten Gefahr erforderlich ist.[136]

Die **besonderen Sicherungsmaßnahmen** dürfen nur solange Bestand haben, als aus in der Person der oder des jungen Gefangenen liegenden Gründen im erhöhten Maß Fluchtgefahr, die Gefahr von Gewalttätigkeiten gegen sich oder andere oder Selbsttötungsgefahr besteht und die angeordneten Maßnahmen gerade zur Abwendung dieser Gefahren unerlässlich sind. Bei Wegfall dieser Voraussetzungen ist die Anordnung aufzuheben. 260

b) Einzelne Maßnahmen. aa) Beobachtung. Die Beobachtung der jungen Gefangenen wird nun nicht mehr auf die Nachtzeit begrenzt. Zugelassen werden technische Hilfsmittel wie Kameras unter den einschränkenden, die Grundrechte der jungen Gefangenen berücksichtigenden Bedingungen. Damit ist die Überwachung der Hafträume mittels Kamera zur Verhinderung erheblicher Gefahren für Leib oder Leben, die noch nicht den Grad erreicht haben, welcher die Unterbringung in einem besonders gesicherten Haftraum erforderlich macht, nicht mehr ausgeschlossen. Sie muss allerdings restriktiv gehandhabt und den die Menschenwürde berührenden Sichtbereich aussparen. 261

bb) Absonderung. Die **Absonderung** ist eine von anderen jungen Gefangenen getrennte räumliche Unterbringung, ggf in einem besonders ausgestatteten Raum. Die besondere Sicherungsmaßnahme der **Einzelhaft** ist die unausgesetzte Absonderung. Nach dem HessJStVollzG darf sie nicht länger als eine Woche dauern. Die sonstigen Vorschriften lassen die Dauer nicht beschränkt. Sie darf nur angeordnet werden, wenn sie unerlässlich ist. Die Absonderung erstreckt sich auf die Ruhezeit, aber auch auf die Arbeits- und Freizeit der jungen Gefangenen. Keinesfalls schränkt sie den Aufenthalt im Freien ein, der unter Umständen als „Einzelfreistunde" durchgeführt werden muss. Die Einzelhaft darf nicht zur Isolation führen. Eine längere Einzelhaft bedarf der Zustimmung der Aufsichtsbehörde. 262

cc) Fesselung außerhalb der JVA. Darüber hinaus ist die **Fesselung** bei einer Ausführung, Vorführung oder beim Transport zulässig, wenn Fluchtgefahr besteht. Sie darf idR nur an den Händen oder an den Füßen angelegt werden. Das Erfordernis der Fesselung ist bei jeder Vor- oder Ausführung junger Gefangener neu zu prüfen, da sich die Beurteilungsgrundlagen im Lauf der Zeit ändern und von Fall zu Fall unterschiedlich sein können.[137] 263

Junge Gefangene dürfen gefesselt werden, wenn sie in anderer Sache vor ein Gericht, zu einer Vernehmung bei der Polizei u.a. zu führen sind, falls die entsprechenden Voraussetzungen vorliegen. In der Praxis kommt es manchmal zu Auseinandersetzungen mit Gerichten, die sich auf die Befugnisse, die Gerichtssitzung auszugestalten, berufen und die Entfesselung anordnen wollen. Die unterschiedlichen Auffassungen sind noch nicht abschließend geklärt. Jedenfalls sind Vollzugsbedienstete, die eine solche Vorführung selbst durchführen, nicht befugt, die Anordnung der Anstaltsleitung auf eine solche richterliche Vorgabe hin aufzuheben. 264

---

136 OLG Frankfurt/aM v. 2.6.2009, 3 Ws 1182/08.
137 LG Hildesheim v. 18.12.2006, 23 StVK 566/08; LG Meiningen v. 7.2.2007, 4 StVK 998/06.

265 Konkrete Anhaltspunkte für eine Fluchtgefahr können eine erhebliche restliche Verbüßungsdauer, neue Strafverfahren, frühere Fluchtversuche und dergleichen sein. Die in die Kompetenz der Anstaltsleitung fallende Anordnung einer Fesselung kann ebenso wie bei den anderen besonderen Sicherungsmaßnahmen durch eine generelle Anordnung auf andere delegiert werden.

266 **dd) Besonders gesicherter Haftraum ohne gefährdende Gegenstände.** Der Hauptgrund für die Anordnung der Verbringung in den **besonders gesicherten Haftraum ohne gefährdende Gegenstände und mit Kameraüberwachung** ist die akute Gefahr der Selbstverletzung oder Selbsttötung. Soweit zusätzlich die Fesselung mittels Fixierbetts unerlässlich ist, muss die Überwachung wegen der damit verbundenen erheblichen Gefahren für Betroffene durch Bedienstete unmittelbar bei der gefesselten Person und nicht über Kamera oder aus Nebenräumen heraus erfolgen. Bei der latenten Gefahr der Selbsttötung sind weniger einschneidende Maßnahmen wie die der Überwachung in regelmäßigen Abständen oder mittels technischer Geräte auszuwählen.

267 **c) Beteiligung des ärztlichen Dienstes.** Wenn junge Gefangene ärztlich behandelt oder beobachtet werden, wird vor der Anordnung vielfach die ärztliche Stellungnahme unabhängig von der Maßnahme eingeholt bzw unverzüglich nachgeholt, Art. 99 Abs. 2 BayStVollzG, § 73 Abs. 2 JstVollzG Bln, § 82 Abs. 2 JstVollzG-NRW, anders § 50 Abs. 2 HessJStVollzG.

268 Entsprechendes gilt, wenn der seelische Zustand der Gefangenen Anlass der Anordnung war. Solche Regelungen übersehen, dass diese Beurteilung eines seelischen Zustands auch und ggf fachlich kompetenter dem psychologischen Dienst möglich ist. Ebenso ist zur Beurteilung der Frage, ob die Maßnahme wegen weiterhin bestehender akuter Selbstgefährdungs- oder Selbsttötungsgefahr aufrechterhalten oder aufgehoben werden muss oder, wenn es um die Untersuchung und Einschätzung des seelische Zustands junger Gefangener geht, idR der psychologische Dienst heranzuziehen und unter Berücksichtigung seiner Stellungnahme die Entscheidung zu treffen. Über Psychiaterinnen oder Psychiater verfügen die meisten JVAen nur in begrenztem Umfang, so dass diese in der Praxis kaum herangezogen werden können.

269 Sollte Gefangenen der Aufenthalt im Freien entzogen werden, ist eine Stellungnahme des ärztlichen Diensts nach idR drei Tagen und danach in regelmäßigen Abständen einzuholen.

270 Im besonders gesicherten Haftraum oder der Einzelhaft untergebrachte junge Gefangene sind alsbald vom ärztlichen Dienst und in der Folge täglich zur Untersuchung auf die körperliche Fähigkeit, dort zu verbleiben, aufzusuchen.

271 **d) Verfahren.** Die jungen Gefangenen haben einen mit einem Verpflichtungsantrag durchsetzbaren Anspruch auf Aufhebung der Maßnahme. Bezüglich der Flucht-, Gefährdungs- oder Gefährlichkeitsprognose steht der JVA ein **Beurteilungsspielraum** zu. Bei der kumulativen Anordnung muss die Notwendigkeit jeder einzelnen Maßnahme und die Kumulation aller Anordnungen zur Abwendung der Gefahren detailliert begründet werden. An die Erforderlichkeit und Verhältnismäßigkeit sind äußerst strenge Maßstäbe anzulegen, wenn die Gefangenen mehrfachen und grundrechtsrelevanten Eingriffen ausgesetzt sind.[138]

272 Nach § 50 Abs. 4 HessJStVollzG sind den jungen Gefangenen die angeordneten Sicherungsmaßnahmen zu erläutern, nach § 73 Abs. 3 JStVollzG Bln mündlich

---

138 OLG Frankfurt/aM v. 26.2.2002, 3 Ws 132/02.

zu eröffnen. Die Anordnung und die Durchführung einschließlich der Beteiligung des ärztlichen Diensts sind zu dokumentieren.

XVII. Unmittelbarer Zwang; Schusswaffengebrauch

Die Vorschriften über den **unmittelbaren Zwang** in den Jugendstrafvollzugsgesetzen entsprechen den §§ 94 ff. StVollzG. Unmittelbarer Zwang ist die Einwirkung auf Personen oder Sachen durch körperliche Gewalt, ihre Hilfsmittel und Waffen. Hilfsmittel sind insb. Distanzstöcke, Fesseln und Reizstoffe, sofern letztgenannte nicht den Waffen zugerechnet werden. Waffen sind dienstlich zugelassene Hiebwaffen wie Schlagstöcke und Schusswaffen sowie Reizstoffe („Pfefferspray"). 273

Nach § 53 Abs. 1 HessJStVollzG ist der Schusswaffengebrauch im Jugendstrafvollzug gegen junge Gefangene anders als im Erwachsenenvollzug nicht zugelassen, um diese zu ergreifen oder an einer Flucht zu hindern, anders Art. 107 BayStVollzG, § 81 Abs. 5 JStVollzG Bln. Der Gebrauch von Schusswaffen aus Notwehrgründen gegen junge Gefangene ist rechtmäßig, um sie angriffsunfähig zu machen.[139] 274

Ein gezielter Todesschuss ist nicht zulässig. Der Schusswaffengebrauch gegen andere Personen als junge Gefangene setzt einen gewaltsamen Befreiungsversuch oder ein gewaltsames Eindringen in die JVA voraus. Die Voraussetzungen des Schusswaffengebrauchs gelten auch gegenüber diesen Personen. 275

XVIII. Erzieherische Maßnahmen, Konfliktlösung, Disziplinarmaßnahmen

1. Allgemeines. Konflikte der jungen Gefangenen untereinander und mit Bediensteten sind im Jugendstrafvollzug alltäglich. In einem erzieherisch ausgestalteten Vollzug ist auf Pflichtverstöße zeitnah und konsequent zu reagieren. Junge Gefangene, die Regeln überschreiten, müssen sofortige Konsequenzen spüren.[180] **Erzieherisches Einwirken** bedeutet primär **Konfliktregelung** anstelle von **Disziplinarmaßnahmen** auf der Basis eines klaren Regelwerks. 276

2. Hausordnung. Die **Hausordnung** ist das verbindliche zentrale Regelwerk, in der neben organisatorischen Abläufen der JVA Rechte und Pflichten erfasst sind. Sie wird in regelmäßigen Abständen aktualisiert, um die Verbindlichkeit auf Seiten der jungen Gefangenen und Bediensteten aufrecht zu erhalten. Die Hausordnung kann im Weg der Selbstbindung der Verwaltung Regeln für die jungen Gefangenen und Ansprüche von ihnen begründen. Sie kann keine über die Gesetze hinausgehenden Pflichten festsetzen, sondern diese nur konkretisieren. Als Sammlung von Vorschriften schafft die Hausordnung keine Eingriffsgrundlage. Eine Maßnahme zur Regelung einzelner Angelegenheiten ist sie nicht. Im Rahmen von § 92 JGG überprüfbar sind jedoch Verwaltungsakte, die sich auf einzelne darin enthaltene Vorschriften stützen. Ausnahmsweise sind Allgemeinverfügungen, Hausverfügungen und Hausordnungen für sich gesehen isV § 92 JGG anfechtbar, wenn ihre Regelungen unmittelbar in den Rechtskreis der jungen Gefangenen eingreifen und dort Rechtswirkung entfalten. Verstöße gegen die Hausordnung werden in den **Wohngruppen** thematisiert und, wenn **erzieherische** 277

---

139 Zumindest sollte kritisch hinterfragt werden, ob in Jugendstrafvollzugsanstalten zB während des Nachtdiensts Schusswaffen mitgeführt werden. ZT ist geregelt, dass diese nur zur Abwehr von Angriffen von außerhalb vorgehalten werden. Für die Notwehr reicht der Einsatz von Pfefferspray oder dergleichen aus.

Maßnahmen oder solche der **Konfliktregelung** nicht ausreichen, **disziplinarisch** geahndet.

278 3. **Erzieherische Maßnahmen und Konfliktregelung.** Als Reaktion auf Fehlverhalten ist unverzüglich ein **erzieherisches Gespräch** zu führen, in welchem der Verstoß aufgearbeitet wird. Die Wohngruppe und insbesondere das Wohngruppengespräch oder ein betroffener Teilnehmerkreis wie junge Gefangene und Bedienstete aus den Betrieben oder der Schule sind in der Regel der richtige Ort bzw Personenkreis, Vorfälle zu kommunizieren und möglichst mit allen Betroffenen eine Reaktion auf das Fehlverhalten abzustimmen und pädagogisch aufzuarbeiten. Möglich ist auch der Dialog. Ist das Gespräch nicht ausreichend, erzieherische Wirkung bei den jungen Gefangenen zu erzielen, können erzieherische Mittel oder Maßnahmen zur Konfliktbewältigung ergriffen werden.

279 Erzieherische Maßnahmen und solche der **Konfliktbewältigung** stellen ebenfalls eine Reaktion auf Pflichtverletzungen dar und sollen grundsätzlich eine geringere Eingriffsintensität als Disziplinarmaßnahmen haben. Nach dem erzieherischen Gespräch folgen im Rahmen des Drei-Stufen-Modells der G9-Länder und Sachsens erzieherische Maßnahmen, diesen in der dritten Stufe die Disziplinarmaßnahmen. Damit wurde zwar ein entformalisiertes und flexibles Instrument geschaffen, bei dem nicht klar erkennbar ist, wie lange die Eingriffsintensität noch unter der einer Disziplinarmaßnahme liegt. Es ist zB zweifelhaft, ob das bei dem Entzug des Fernsehempfangs, der in vielen JVAen als Sanktion im Rahmen erzieherischer Maßnahmen erfolgt, noch vertreten werden kann.

280 Vor einer erzieherischen Maßnahme ist auch ohne ausdrückliche gesetzliche Formulierung der Sachverhalt aufzuklären und den jungen Gefangenen Gelegenheit zur Äußerung zu geben. Zwar besteht keine Verpflichtung der Dokumentation. Der Vorfall und die Reaktion sollten jedenfalls im Wohngruppenteam sowie den sonstigen an der Erziehung junger Gefangener Beteiligten kommuniziert und abschließend in der Gefangenenpersonalakte verpflichtend dokumentiert werden, um dort die Entwicklung der jungen Gefangenen nachvollziehen zu können. Gegen die Entscheidung stehen den jungen Gefangenen die üblichen Rechtsbehelfe zur Verfügung.

281 4. **Disziplinarverfahren.** Mit der Disziplinierung – auf der dritten Stufe – haben die erzieherischen Maßnahmen den sanktionierenden Charakter gemeinsam, unterscheiden sich aber durch das formlose Verfahren. **Disziplinarmaßnahmen** dürfen nur angeordnet werden, wenn erzieherische Maßnahmen nicht ausreichen. Die Möglichkeit, weitergehend durch Sanktionen auf Pflichtenverstöße der jungen Gefangenen zu reagieren, erscheint für die Aufrechterhaltung eines geordneten Vollzugs ausweislich der Entscheidung des BVerfG vom 31.5.2006 keineswegs entbehrlich. Nach dessen Rechtsprechung zum Vollzug der Freiheitsstrafe wird durch Disziplinarmaßnahmen der schuldhafte Verstoß gegen solche Verhaltensvorschriften geahndet, die für ein geordnetes Zusammenleben in der JVA unerlässlich sind. Die Begrenzung von Disziplinarmaßnahmen auf die für das Zusammenleben in einer JVA unerlässlichen Verhaltensnormen ergibt sich aus dem Grundsatz der Verhältnismäßigkeit.[184] Eine Begründung von Disziplinarmaßnahmen gegenüber jungen Gefangenen bei leichteren Verstößen kann im Vergleich mit den Eingriffen nach § 102 StVollzG nicht gerechtfertigt werden.

282 **Disziplinarmaßnahmen** kommen insbesondere bei wiederholtem Fehlverhalten leichterer Art, fehlender Einsicht oder Änderung des Verhaltens oder schwereren Verstößen infrage. Dazu gehören zB die Ausbildungs-, Schul- oder Arbeitsverweigerung, der Besitz, die Weitergabe, der Handel oder die Produktion von al-

koholhaltigen Stoffen, Körperverletzungen oder andere Straftaten wie das „Abpressen" von Einkauf und Bedrohungen, massive Beleidigungen, das Einbringen oder der unerlaubte Besitz von sicherheitsrelevanten Gegenständen und (versuchte) Entweichungen jedenfalls dann, wenn sie mit Beeinträchtigungen oder Verletzungen anderer und Beschädigungen einhergehen. Sie sind unabhängig von einer strafrechtlichen Relevanz des Verhaltens zu ergreifen.

Für die Anordnung von **Disziplinarmaßnahmen** ist die Anstaltsleitung oder die Vollzugsabteilungsleitung zuständig. Im Fall gegen sie selbst gerichteter Pflichtenverstöße hat die übergeordnete Stelle bzw Behörde über die Disziplinarmaßnahme zu befinden. 283

Das Disziplinarverfahren setzt einen schuldhaften Pflichtverstoß voraus. Die Pflicht wird den jungen Gefangenen durch das Gesetz oder aufgrund des Gesetzes, zB durch die Hausordnung auferlegt. In Einklang mit Nr. 68 der Regeln der Vereinten Nationen zum Schutz von Jugendlichen unter Freiheitsentzug listen die Gesetze die Verstöße auf, um den jungen Gefangenen den nicht tolerierbaren und deshalb mit Disziplinarmaßnahmen belegten Bereich devianten Verhaltens zu verdeutlichen. 284

Bayern, Baden-Württemberg, Hamburg, Nordrhein-Westfalen und Niedersachsen sehen die Anordnung von Disziplinarmaßnahmen bei jedem rechtswidrigen und schuldhaften Verstoß gegen Pflichten vor. Zwar stellen diese Generalklauseln methodisch eine Definition des disziplinarwürdigen Verhaltens dar. Sie erfüllen den Wortlaut von Nr. 68 der Regeln der Vereinten Nationen zum Schutz von Jugendlichen unter Freiheitsentzug, nicht aber den Gedanken, dass allen ein Gefühl der Gerechtigkeit zu vermitteln ist. 285

Der Sachverhalt ist durch Ermittlung belastender und entlastender Umstände zu klären. Der Vorwurf ist den jungen Gefangenen bekannt zu geben. Die Erhebungen im Verfahren sind schriftlich festzuhalten. Den jungen Gefangenen stehen die Aussageverweigerungsrechte der Strafprozessordnung zu. Nach Abschluss der Ermittlungen ist den jungen Gefangenen das Ergebnis mitzuteilen, sie können sich zu diesem äußern. Bei schweren Verstößen soll, bei anderen Verstößen kann die Sache in einer Konferenz beraten werden. Nach den Gesetzen von G9, soll sich die Anstaltsleitung bei schweren Verstößen mit Personen besprechen, die an der Erziehung der jungen Gefangenen mitwirken. Das kann sich auf einen anstaltsinternen Personenkreis beschränken. 286

Trotz schuldhaften Pflichtenverstoßes ist die Einstellung des Verfahrens möglich. Andernfalls ist die zu verhängende Maßnahme dem abschließenden Katalog der gesetzlichen Vorschriften zu entnehmen. Neben dem Grundsatz der Verhältnismäßigkeit ist zu beachten, dass Arrest allenfalls als Ultima Ratio vorgesehen ist. 287

5. Disziplinarmaßnahmen. Im Vollzug der Freiheitsstrafe wurden in § 103 Abs. 1 StVollzG allgemeine **Disziplinarmaßnahmen** zur Ahndung sämtlicher Verstöße von den spezifischen Reaktionen auf bestimmte Verstöße als Spiegelung des Fehlverhaltens unterschieden. Qualifizierend ist der Arrest zur Ahndung wiederholter und besonders schwerwiegender Verfehlungen vorgesehen. Auf dieser Grundlage haben die Landesgesetzgeber ihre verschiedenen Kataloge erstellt. Der Fernsehempfang wird praktisch in allen JVA als Sanktion im Rahmen von Disziplinarmaßnahmen entzogen.[187] Ebenso wie der Entzug des Besitzes bestimmter Gegenstände der Freizeitbeschäftigung oder des Einkaufs insbesondere von Tabak und Kaffee trifft diese Anordnung die jungen Gefangenen besonders stark. Es kann dazu führen, sich die Sachen bei anderen zu besorgen und in Abhängigkeiten von anderen jungen Gefangenen zu geraten. Solche Entziehungen müssen 288 daher angemessen überwacht und begleitet werden. Der Zusammenhang zu der Verfehlung, die Anlass der Ahndung ist, muss erkennbar bleiben. Wenn die Gesetzgeber vereinzelt den Ausschluss von Unterricht, Arbeit und Ausbildung vorsehen, läuft das dem Erziehungsziel zuwider. Die jungen Gefangenen sollen gerade der Ausbildung zugeführt werden, da sie und die Vermittlung in eine Fortsetzung nach der Entlassung rückfallhemmende Faktoren sind. Die Landesgesetze sehen den Arrest bis zu zwei Wochen vor. Es handelt sich um eine zT häufig verhängte Maßnahme, die damit dem Ultima-Ratio-Gedanken nicht mehr entspricht. Wenn der Arrest im Vergleich zu dem ebenfalls möglichen Ausschluss von der Freizeit Sinn machen soll, müssen in der Praxis die Anordnungsvoraussetzungen mit Blick auf die gesetzlichen Regelungen überprüft werden.

289 Die Anstaltsleitung oder die Vollzugsabteilungsleitung eröffnet die Entscheidung und die Gründe. Disziplinarmaßnahmen, die nicht zur Bewährung ausgesetzt werden, sind sofort zu vollstrecken. Die Dienstaufsichtsbeschwerde, der Widerspruch oder der Antrag auf gerichtliche Entscheidung entfalten keine aufschiebende Wirkung. Bevor der Arrest vollzogen wird, ist ebenfalls der ärztliche Dienst zu hören. Während der Vollstreckung stehen die jungen Gefangenen unter seiner Aufsicht. Tritt eine Gesundheitsgefährdung ein, ist die Arrestverbüßung zu unter- oder abzubrechen.

XIX. Wissenschaftliche Begleitung und kriminologische Forschung

290 Ausweislich des Urteils des Bundesverfassungsgerichts vom 31.5.2006 haben die Gesetzgeber für eine laufende Überprüfung der Umsetzung der verfassungsrechtlichen Vorgaben zu sorgen, so dass der Ausgestaltung des Jugendstrafvollzugs möglichst realitätsgerechte Annahmen und Prognosen zugrunde gelegt werden können. Wegen des besonderen Gewichts grundrechtlicher Belange, die durch den Jugendstrafvollzug berührt werden, sind sie zur Beobachtung und Nachbesserung auf der Grundlage wissenschaftlicher Begleitforschung gezwungen. Im Rahmen der wissenschaftlichen Begleitforschung sind die aktuell vorhandenen Untersuchungsmethoden und Maßnahmen auszuwerten, Fragen an die Wissenschaft aus der Sicht der Vollzugspraxis zu formulieren, geeignete Maßnahmen im Einzelnen und für die gesamte Vollzugsgestaltung zu entwickeln sowie die Leistungen und die Wirksamkeit unterschiedlicher Vollzugsgestaltung und Behandlungsmaßnahmen zu überprüfen. Die Verpflichtung wirkt ausweislich der Entscheidung des BVerfG auch in die Zukunft.

291 Der kriminologische Dienst des Jugendstrafvollzugs wird nicht in der Lage sein, alle klärungsbedürftigen Fragen selbst wissenschaftlich zu untersuchen. Es liegt daher nahe, Untersuchungsaufträge an Dritte zu vergeben oder Fragen an die Wissenschaft heranzutragen, damit sie systematisch untersucht werden können. Aufgabe des kriminologischen Dienstes wird es auch sein, Ergebnisse der Forschung daraufhin zu überprüfen, inwieweit sie für die Praxis, die strategische Entwicklung und die Gesetzgebung genutzt werden können.

XX. Organisation und Aufbau der Justizvollzugsanstalten

292 Die JVAen sind mit angemessenen personellen und sachlichen Mitteln auszustatten, um gesetzliche Aufgaben und Ziele erreichen und erfüllen zu können. Die besonderen Bedürfnisse der jungen Gefangenen sind zu berücksichtigen. Der Erziehungsauftrag kann nur mit gegenüber dem Erwachsenenvollzug höherem und qualifiziertem Personaleinsatz erfolgreich erfüllt werden. Die Organisation der JVAen muss eine unterstützende, strukturierende Umgebung und eine durchgän-

gige Betreuung schaffen. Die jungen Gefangenen sollten differenziert untergebracht werden.

1. Binnendifferenzierung. Die jungen Gefangenen müssen in den JVAen und dort wiederum in den Vollzugsabteilungen **differenziert untergebracht** werden. 293

Grundsätzlich muss in den Anstalten für den Jugendstrafvollzug bereits nach jungen Untersuchungsgefangenen und jungen Strafgefangenen, ggf auch nach jungen Abschiebungsgefangenen getrennt werden. Dies ist nicht nur eine gesetzliche Notwendigkeit, sondern auch eine pädagogisch-therapeutische. Wegen der durchschnittlich kurzen Verweildauer Untersuchungsgefangener führt das zu einer hohen Fluktuation. Sie weisen einen hohen Verwahrlosungsgrad auf. Besonders jungen ausländischen Untersuchungsgefangenen fehlen Deutschkenntnisse. Sie verfügen in der Regel über geringere Bildungsgrade. 294

Die Trennung von Untersuchungsgefangenen sollte in Einzelfällen mit Genehmigung des Gerichts durchbrochen werden, wenn eine Verurteilung zu einer längeren Jugendstrafe aus Erfahrung erwartet werden kann. Dadurch soll keine Zeit verloren gehen, in der sie an Erziehung, Behandlung und Ausbildung teilnehmen können. 295

Bereits für die Untersuchungshaft, den Zugang und die Übergangszeit ist eine Zuordnung von Werkbetrieben zu den Wohngruppen zu entwickeln. Anders als in der Strafhaft ist eine konstruktive Gruppenbildung schwieriger, weshalb Möglichkeiten der Begegnung in ein und derselben Gruppe geschaffen werden müssen. Arbeit und Freizeitgestaltung sind gleichwertige Bausteine. Die Arbeit in zugeordneten Betrieben soll die jungen Gefangenen an einen strukturierten Alltag heranführen, durch gemeinsame Sport- und Freizeitangebote werden soziale Kompetenzen trainiert und die jungen Gefangenen auf die Erfordernisse des Lebensalltags vorbereitet. 296

Wohngruppenarbeit kann so umgesetzt werden, dass eine Verzahnung von Geschehnissen und Arbeitsleistung im Werkbetrieb und in der Wohngruppe reflektiert wird. Dadurch sollen Untersuchungsgefangene und sonstige kurzzeitig Inhaftierte auf verschiedenen Ebenen durch die beteiligten Dienste Rückmeldung bzgl ihres Verhaltens und die an sie gestellten Erwartungen bekommen. Ein Baustein dafür ist das regelmäßige Wohngruppengespräch, verbunden etwa mit einem gemeinsamen Frühstück sowie regelmäßigem Austausch zwischen den Bediensteten. Ein weiteres Element ist das gemeinsame Mittagessen. 297

Die zugehenden jungen Gefangenen sollten in einer separaten Vollzugsabteilung mit spezialisierten Bediensteten aller Professionen untergebracht werden. Dort finden die umfassende Testung und Zugangsuntersuchung statt. Aufgrund der Ergebnisse der Förderplanung werden sie unter Beteiligung der aufnehmenden Vollzugsabteilungen der konkreten Wohngruppe zugewiesen, die ihrem individuellen Entwicklungsstand und Förderbedarf entspricht. 298

Empfehlenswert ist es, junge Gefangene, die sich nicht längere Zeit in einer JVA des geschlossenen Vollzugs aufhalten werden, zB weil eine Verlegung in den offenen Vollzug folgt, in einem Bereich des Übergangs zu belassen, weil sie nur vorübergehend mit anderen Zielsetzungen integriert werden müssen. Besondere Beachtung müssen erstinhaftierte junge Gefangene finden. 299

Unterschiedliche Standpunkte werden regelmäßig bei der Fragestellung vertreten, ob jungen Gefangenen von Anfang ihrer Inhaftierung an alles gewährt werden oder ob sie sich „Vorteile" und Annehmlichkeiten erst verdienen sollen. Dem Prinzip der Aversion sollte Vorrang vor dem der Belohnung gegeben werden. 300

Dazu muss sichergestellt werden, dass es Abstufungen und Verluste für die jungen Gefangenen gibt, falls sie gegen auferlegte Regeln verstoßen.

301 **2. Organisation und Aufbau.** Der Vollzug der Jugendstrafe soll in eigenständigen JVAen oder getrennten Abteilungen einer JVA des Erwachsenenvollzugs erfolgen. Ist die Zahl der jungen Gefangenen gering, brauchen diese jungen Gefangenen nicht in einer selbstständigen Jugendanstalt untergebracht werden.

302 Da junge **weibliche Gefangene** selten in großer Zahl vorhanden sind, wird dieser Personenkreis vielfach in Abteilungen von Justizvollzugsanstalten für Frauen untergebracht. In der Praxis ist nicht festzustellen, dass deren Sicherheitsbelange auch das Anstaltsklima in einer angegliederten Jugendabteilung negativ beeinflussen müssen. Vielmehr sind fein differenzierte Vollzugsanstalten für Frauen vorzufinden, die den unterschiedlichsten Belangen Rechnung tragen.

303 Junge weibliche und männliche Gefangene sind wiederum getrennt unterzubringen, was der Notwendigkeit entspricht, junge Frauen nicht der speziellen altersgeprägten Dominanz junger männlicher Gefangener auszusetzen. In der Regel verfügen die jungen Männer über ein verzerrtes Frauenbild, das ohnehin in der Zeit des Vollzugs der Jugendstrafe korrigiert werden muss. Bei der kleinen Zahl der Frauen wird sich in der Praxis immer wieder zwischen der Unterbringung mit älteren oder mit jungen männlichen Gefangenen zu entscheiden sein. Es ist spannend zu beobachten, wie sich die gemeinsame Unterbringung junger weiblicher und männlicher Gefangener in der JVA Neustrelitz bewährt.

304 Für den **geschlossenen und den offenen Vollzug** werden Sicherheitsanforderungen festgelegt. Die Jugendstrafvollzugsgesetze gliedern die Jugendstrafanstalten in **überschaubare Betreuungs- und Behandlungsgruppen bzw Vollzugsabteilungen**, welche sich wiederum in die **Wohngruppen** unterteilen. Mit dieser Festlegung kommen die Bundesländer der Forderung des BVerfG nach, wonach die jungen Gefangenen in **geeigneten Beziehungskontexten** unterzubringen und vor wechselseitigen Übergriffen zu schützen sind. Zu den Wohngruppen gehören neben den Haft- bzw Wohnräumen weitere Räume zur gemeinsamen Nutzung, deren Größe und Ausgestaltung sich nach dem Erziehungsziel bemisst.

305 Die jungen Gefangenen sind grundsätzlich in **Einzelhafträumen** unterzubringen. Eine gemeinsame Unterbringung mehrerer in einem Haftraum wurde schon dann als menschenunwürdig betrachtet, wenn eine bestimmte Grundfläche unterschritten wird. Teilweise ist aber die Mehrfachbelegung eines Haftraums mit räumlich abgetrennter Nasszelle nur als Verletzung einfachen Rechts angesehen worden. Unabhängig von der Größe führt die fehlende Abtrennung von Toiletten zur Annahme einer menschenunwürdigen Unterbringung, weil das in unzumutbarer Weise Rückzugsräume nimmt, in ihre Intimsphäre eingreift und ihre Menschenwürde negiert.

306 Eine Aufrechnung gegen einen aus der menschenunwürdigen Unterbringung resultierenden Entschädigungsanspruch würde die Genugtuungsfunktion konterkarieren und ist deshalb nach Treu und Glauben ausgeschlossen.

307 Die Aufsichtsbehörden setzen die Belegungsfähigkeit für jede JVA fest und berücksichtigen eine ausreichende Zahl von Aus- oder Weiterbildungsplätzen, solchen für die Arbeit sowie von Räumen für Seelsorge, Freizeit, Sport, therapeutische Maßnahmen und Besuche. In Hessen sind Einrichtungen zur schulischen und beruflichen Bildung und zur arbeitstherapeutischen Beschäftigung für mindestens 75 % der jungen Gefangenen vorzuhalten. Für die übrigen jungen Gefangenen ist geeignete Arbeit vorzusehen.

3. Ausbildung und Einarbeitung. Auf die Bedeutung **qualifizierten und motivierten Personals** in allen Fachdiensten des Justizvollzugs kann nicht oft genug hingewiesen werden. Ihm kommt eine besondere Verantwortung zu. Die Bediensteten im Jugendstrafvollzug müssen sich ihrer besonderen Rolle als Erziehungsperson und, dass sie durch ihre Arbeit Werte und Ziele setzen, bewusst sein und eine pädagogisch-therapeutische Haltung zeigen. Neben der **Einarbeitung** ist die vollzugsinterne **Ausbildung**, insb. der Bediensteten des allgemeinen Vollzugsdiensts, des Sozialdiensts und des Werkdiensts, den Standards des Jugendstrafvollzugs entsprechend zu entwickeln. Das Personal muss nach der Ausbildung in der Lage sein, die erworbenen Kenntnisse in der Praxis sicher, selbstständig und selbstbewusst anzuwenden. 308

Die Bediensteten sollen die Inhalte, die für die Arbeit mit straffälligen jungen Menschen wichtig sind, lernen. Dazu gehören Bindungstheorien, Moralentwicklung, Säulen der Identität, Entwicklungsaufgabe der Adoleszenz und Traumata im Kindes- und Jugendalter. In Fragen der identitätsstiftenden aber auch risikofördernden Aspekte geschlechtsspezifischer Entwicklung soll eine wertschätzende und reflektierende Haltung erarbeitet werden. Dabei ist der Wechselwirkung von geschlechtsspezifischer Sozialisation, Risikoverhalten in jungen Jahren und Delinquenz Geltung zu verschaffen. Schließlich sind die Erkenntnisse über die Bedeutung von abweichenden, grenzverletzenden Verhaltens und der Delinquenz junger Menschen zu erarbeiten. In diesem Zusammenhang ist die Bedeutung von Subkultur deutlich zu machen. Angemessene Strategien im Umgang mit Grenzverletzungen junger Menschen, der Zugehörigkeit zur Subkultur und abweichendem Verhalten sind praxisnah zu trainieren. 309

Hinzuweisen ist auf Standards der Personalentwicklung. Insbesondere Supervision, Coaching und ständige Fortentwicklung durch Reflexion und Nachbesprechungen bzw Fallbesprechungen müssen das Personal unterstützen und fördern, manchmal stabilisieren. Die aus der professionellen Nähe zu jungen Gefangenen folgende Arbeitsweise ist wichtig für das soziale, pädagogische und therapeutische Klima in der Anstalt. 310

XXI. Gefangenenmitverantwortung

Den jungen Gefangenen soll ermöglicht werden, sich kollektiv und individuell in die Gestaltung des Anstaltslebens und des Zusammenlebens in der Wohngruppe als Mitglieder der Gefangenenmitverantwortung, in der Interessenvertretung der Gefangenen oder zB als Wohngruppensprecherinnen oder –sprecher einzubringen. Durch solche Gremien werden demokratische Prozesse gefördert. Besonderer Wert ist darauf zu legen, dass die Gefangenenmitverantwortung nach den üblichen Regeln einer Wahl zustande kommt. Die jungen Gefangenen müssen ihre Vertreterinnen und Vertreter geschützt wählen können. 311

Anhang B Europäische Grundsätze für die von Sanktionen und Maßnahmen betroffenen jugendlichen Straftäter und Straftäterinnen*
Empfehlung REC(2008)11

des Ministerkomitees des Europarates vom 5. November 2008[1]

Das Ministerkomitee, gestützt auf Artikel 15 Buchstabe b der Satzung des Europarates

in der Erwägung, dass es das Ziel des Europarates ist, insbesondere im Wege einer Harmonisierung der Rechtsvorschriften zu Themen von allgemeinem Interesse eine größere Einheitlichkeit zwischen seinen Mitgliedern herzustellen,

unter Berücksichtigung insbesondere:

- der Konvention zum Schutz der Menschenrechte und Grundfreiheiten (STE n 5[2]) sowie der Rechtsprechung des Europäischen Gerichtshofs für Menschenrechte;
- des Europäischen Übereinkommens zur Verhütung von Folter und unmenschlicher oder erniedrigender Behandlung oder Strafe (STE n 126[3]) und der Arbeiten des mit seiner Durchführung beauftragten Ausschusses;
- des Übereinkommens der Vereinten Nationen über die Rechte des Kindes;

im Hinblick auf:

- die Empfehlung Rec(2006)2 über die Europäischen Strafvollzugsgrundsätze;
- die Empfehlung Rec(2005)5 über die Rechte von in Heimen untergebrachten Kindern,
- die Empfehlung Rec(2004)10 zum Schutz der Menschenrechte und der Würde von Personen mit psychischer Störung;
- die Empfehlung Rec(2003)20 zu neuen Wegen im Umgang mit der Jugenddelinquenz und der Rolle der Jugendgerichtsbarkeit;
- die Empfehlung Nr. R (97)12 über das mit der Durchführung von Sanktionen und Maßnahmen betraute Personal;

---

* Mit freundlicher Genehmigung der Herausgeber: Freiheitsentzug - Die Empfehlungen des Europarates: Rec(2006)13 über die Anwendung von Untersuchungshaft, die Bedingungen, unter denen sie vollzogen wird, und Schutzmaßnahmen gegen Missbrauch/ Rec(2008)11 über die Europäischen Grundsätze für die von Sanktionen und Maßnahmen betroffenen jugendlichen Straftäter und Straftäterinnen / Hrsg.: Bundesministerium der Justiz, Berlin; Bundesministerium für Justiz, Wien; Eidgenössischen Justiz- und Polizeidepartement, Bern; Mönchengladbach Forum Verlag Godesberg, 1. Auflage 2009, ISBN 978-3-936999-67-9.

1 Das authentische Dokument in der zugrunde gelegten englischen Fassung lautet wie folgt: Council of Europe, Committee of Ministers: Recommendation Rec(2008)11 of the Committee of Ministers to member states on the European Rules for juvenile offenders subject to sanctions or measures (Adopted by the Committee of Ministers on 5 November 2008 at the 1040th meeting of the Ministers' Deputies).

2 Sammlung Europäischer Verträge Nr. 5.

3 Sammlung Europäischer Verträge Nr. 126.

- die Empfehlung Nr. R (92)16 über die Europäischen Grundsätze betreffend „community sanctions and measures";
- die Empfehlung Nr. R (87)20 über die gesellschaftlichen Reaktionen auf Jugendkriminalität;

unter Berücksichtigung ferner:
- der Richtlinien der Vereinten Nationen für die Prävention von Jugendkriminalität (Riad-Richtlinien);
- der Mindestgrundsätze der Vereinten Nationen für die Jugendgerichtsbarkeit (Beijing-Grundsätze);
- der Mindestgrundsätze der Vereinten Nationen zur Schaffung nicht freiheitsentziehender Maßnahmen (Tokyo-Grundsätze);
- der Regeln der Vereinten Nationen zum Schutz von Jugendlichen unter Freiheitsentzug (Havanna-Regeln);

eingedenk der Schlusserklärung und des Aktionsplanes, die beim Dritten Gipfel der Staats- und Regierungschefs des Europarats verabschiedet wurden (16. bis 17. Mai 2005, Warschau), und insbesondere des Teils III.2 „Ein Europa von Kindern für Kinder schaffen", sowie der bei der 28. Konferenz der europäischen Justizminister angenommenen Entschließung Nr. 2 (25. bis 26. Oktober 2007, Lanzarote, Spanien);

in der Erwägung dessen, dass ein gemeinsames Handeln auf europäischer Ebene erforderlich ist, um die Rechte und das Wohl von Jugendlichen, die mit dem Gesetz in Konflikt geraten, nachhaltiger zu schützen und um in seinen Mitgliedstaaten eine kinderfreundliche Justiz zu entwickeln;

in der Erwägung, dass es in diesem Zusammenhang wichtig ist, dass die Mitgliedstaaten des Europarats im Rahmen ihrer nationalen Politik und Praxis auf dem Gebiet der Jugendgerichtsbarkeit die gemeinsamen Grundsätze weiter verbessern, aktualisieren und beachten und die internationale Zusammenarbeit auf diesem Gebiet verbessern;

empfiehlt den Regierungen der Mitgliedstaaten:
- sich in ihrer Gesetzgebung, Politik und Praxis von den Grundsätzen leiten zu lassen, die im Anhang zu dieser Empfehlung enthalten sind;
- sicherzustellen, dass diese Empfehlung und der beigefügte Erläuternde Bericht übersetzt werden und insbesondere bei Justiz- und Polizeibehörden, den mit dem Vollzug von Sanktionen und Maßnahmen für jugendliche Straftäter/Straftäterinnen betrauten Diensten, den Strafvollzugsanstalten, den Fürsorgeeinrichtungen und psychiatrisch-psychologischen Einrichtungen zur Betreuung jugendlicher Straftäter/Straftäterinnen und unter deren Bediensteten sowie bei den Medien und der Öffentlichkeit im Allgemeinen größtmögliche Verbreitung finden.

Anhang I zur Empfehlung Rec(2008)11

Europäische Grundsätze für die von Sanktionen oder Maßnahmen betroffenen jugendlichen Straftäter/Straftäterinnen

Ziel dieser Grundsätze ist es, die Rechte und die Sicherheit der von Sanktionen oder Maßnahmen betroffenen jugendlichen Straftäter/Straftäterinnen zu gewährleisten und ihre körperliche und geistige Gesundheit sowie ihr soziales Wohlergehen zu fördern, wenn gegen sie ambulante Sanktionen und Maßnahmen oder Freiheitsentzug jedweder Art verhängt wurden.

Diese Grundsätze sollten aber nicht so ausgelegt werden, als behinderten sie die Anwendung anderer auf dem Gebiet der Menschenrechte maßgeblicher internationaler Normen und Übereinkünfte, die eher geeignet sind, die Rechte, die Betreuung und den Schutz von Jugendlichen zu garantieren. Außerdem sind die Bestimmungen der Empfehlung Rec(2006)2 über die Europäischen Strafvollzugsgrundsätze und der Empfehlung Nr. R (92)16 über die Europäischen Grundsätze betreffend „community sanctions and measures" zu Gunsten jugendlicher Straftäter/Straftäterinnen anzuwenden, soweit sie den Grundsätzen dieser Empfehlung nicht entgegenstehen.

Teil I:
Grundprinzipien, Geltungsbereich und Begriffsbestimmungen

A. Grundprinzipien

1. Alle jugendlichen Straftäter/Straftäterinnen, gegen die Sanktionen oder Maßnahmen verhängt werden, sind unter Achtung ihrer Menschenrechte zu behandeln.
2. Sanktionen oder Maßnahmen, die gegen Jugendliche verhängt werden können, sowie die Art ihrer Durchführung müssen gesetzlich geregelt sein und auf den Prinzipien der Wiedereingliederung, Erziehung und Rückfallverhütung beruhen.
3. Sanktionen und Maßnahmen müssen von einem Gericht verhängt werden oder sie müssen für den Fall, dass sie von einer anderen gesetzlich anerkannten Stelle getroffen werden, einer raschen gerichtlichen Überprüfung unterzogen werden. Sie sollen bestimmt und zeitlich auf das erforderliche Mindestmaß beschränkt sein sowie einzig zu einem rechtlich vorgesehenen Zweck angeordnet werden.
4. Bei der Verhängung von Sanktionen oder Maßnahmen als Reaktion auf eine Straftat soll das Mindestalter nicht zu niedrig bemessen und gesetzlich festgelegt sein.
5. Die Verhängung und die Durchführung von Sanktionen oder Maßnahmen muss dem Wohl der Jugendlichen dienen, durch die Schwere der Straftat begrenzt sein (Grundsatz der Verhältnismäßigkeit) und das Alter, die körperliche und geistige Gesundheit, den Reifegrad, die Fähigkeiten und die persönliche Situation berücksichtigen (Grundsatz der Individualisierung), was gegebenenfalls anhand von psychologischen oder psychiatrischen Gutachten oder von Gutachten zum sozialen Umfeld nachzuweisen ist.
6. Um die Durchführung von Sanktionen und Maßnahmen den besonderen Umständen jedes Einzelfalls anzupassen, müssen die für die Durchführung zuständigen Behörden über einen hinreichenden Ermessensspielraum verfügen, ohne dass es dabei zu schwerwiegender Ungleichbehandlung kommt.
7. Die Sanktionen oder Maßnahmen dürfen für die betroffenen Jugendlichen weder erniedrigend noch herabsetzend sein.
8. Sanktionen oder Maßnahmen sind so durchzuführen, dass die ihnen eigene belastende Wirkung nicht noch verstärkt wird oder ein unangemessenes Risiko einer physischen oder psychischen Verletzung darstellt.
9. Sanktionen oder Maßnahmen sind unverzüglich, im Rahmen ihrer strikten Notwendigkeit und nur für die unbedingt erforderliche Dauer durchzuführen (Grundsatz des geringsten Eingriffs).
10. Freiheitsentzug soll bei Jugendlichen nur als letztes Mittel und nur für die kürzestmögliche Dauer verhängt und durchgeführt werden. Besondere An-

strengungen müssen unternommen werden, um Untersuchungshaft zu vermeiden.
11. Sanktionen oder Maßnahmen sind ohne Diskriminierung insbesondere wegen des Geschlechts, der Rasse, der Hautfarbe, der Sprache, der Religion, der sexuellen Ausrichtung, der politischen oder sonstigen Anschauung, der nationalen oder sozialen Herkunft, der Zugehörigkeit zu einer nationalen Minderheit, des Besitzstandes, der Geburt oder eines sonstigen Status zu verhängen und zu vollziehen (Grundsatz der Nichtdiskriminierung).
12. Mediation und andere Maßnahmen der Wiedergutmachung sind in allen Verfahrensabschnitten, bei denen Jugendliche betroffen sind, zu fördern.
13. Die prozessualen Vorschriften für Jugendstrafverfahren müssen die tatsächliche Teilnahme der Jugendlichen an den Verfahren im Hinblick auf die Verhängung und die Durchführung von Sanktionen oder Maßnahmen sicherstellen. Jugendliche dürfen nicht weniger Rechte und Rechtsgarantien haben als diejenigen, die erwachsenen Straftätern/Straftäterinnen im Strafverfahren zustehen.
14. Die Rechtssysteme, in denen Jugendsachen behandelt werden, müssen die Rechte und Verantwortlichkeiten der Eltern oder Erziehungsberechtigten gebührend berücksichtigen und diese Personen so weit wie möglich in die Verfahren und beim Vollzug der Sanktionen oder Maßnahmen einbeziehen, abgesehen von den Fällen, in denen dies nicht dem Wohl der Jugendlichen dient. Sind die Straftäter/Straftäterinnen volljährig, ist die Teilnahme der Eltern oder Erziehungsberechtigten nicht zwingend erforderlich. Der erweiterte Familienkreis der Jugendlichen und das soziale Umfeld können ebenfalls in die Verfahren einbezogen werden, wenn dies angemessen erscheint.
15. Die prozessualen Vorschriften für Jugendstrafverfahren müssen einen multidisziplinären und multiinstitutionellen Ansatz zugrunde legen und auf weiter gehende soziale Initiativen zu Gunsten Jugendlicher abgestimmt sein, um für diese eine umfassende und dauerhafte Betreuung sicherzustellen (Grundsätze der Einbeziehung des sozialen Umfeldes und der kontinuierlichen Betreuung).
16. Das Recht auf Achtung der Privatsphäre der Jugendlichen ist in allen Stadien des Verfahrens umfassend zu wahren. Die Identität der Jugendlichen und die vertraulichen Informationen über ihre Person und ihre Familie dürfen nur solchen Personen mitgeteilt werden, die von Gesetzes wegen befugt sind, diese Informationen entgegenzunehmen.
17. Junge erwachsene Straftäter/Straftäterinnen können gegebenenfalls als Jugendliche betrachtet und als solche behandelt werden.
18. Das Personal, das mit Jugendlichen arbeitet, erbringt eine wichtige öffentliche Dienstleistung. Rekrutierung, fachliche Ausbildung und Arbeitsbedingungen sollen das Personal in die Lage versetzen, bei der Betreuung angemessene Standards einzuhalten, die den spezifischen Bedürfnissen Jugendlicher gerecht werden und ihnen als positives Beispiel dienen.
19. Es müssen ausreichend Ressourcen und Personal zur Verfügung gestellt werden, um sicherzustellen, dass die Eingriffe in das Leben der Jugendlichen sinnvoll sind. Mittelknappheit darf niemals eine Rechtfertigung für Eingriffe in die Grundrechte von Jugendlichen sein.
20. Der Vollzug jeglicher Sanktionen oder Maßnahmen ist regelmäßig durch staatliche Stellen zu kontrollieren und durch unabhängige Stellen zu überwachen.

B. Geltungsbereich und Begriffsbestimmungen

21. Im Sinne dieser Grundsätze bedeutet:
21.1. „**jugendlicher Straftäter/jugendliche Straftäterin**" eine Person unter 18 Jahren, die einer Straftat beschuldigt wird oder eine solche begangen hat. In diesen Grundsätzen bezeichnet „Jugendlicher/Jugendliche" einen „jugendlichen Straftäter/eine jugendliche Straftäterin" im Sinne der obengenannten Begriffsbestimmung.
21.2. „**junger erwachsener Straftäter/junge erwachsene Straftäterin**" eine Person im Alter von 18 bis 21 Jahren, die einer Straftat beschuldigt wird oder eine solche begangen hat und die gemäß Grundsatz 17 zum Geltungsbereich dieser Grundsätze zählt. In diesen Grundsätzen bezeichnet „junger Erwachsener/junge Erwachsene" einen „jungen erwachsenen Straftäter/ eine junge erwachsene Straftäterin" im Sinne der obengenannten Begriffsbestimmung.
21.3. „**Straftat**" jede Handlung oder Unterlassung, die gegen das Strafrecht verstößt. Im Sinne dieser Grundsätze bezeichnet dieser Ausdruck jeden Verstoß, der von einem Strafgericht oder einer anderen Gerichts- oder Verwaltungsinstanz behandelt wird.
21.4. „**ambulante Sanktionen oder Maßnahmen**" Sanktionen und Maßnahmen außerhalb des Freiheitsentzuges, die die Jugendlichen in der Gesellschaft belassen, ihre Freiheit durch Auferlegung von Bedingungen und/ oder Pflichten in gewissem Umfang beschränken und die von Stellen durchgeführt werden, die das Gesetz für diesen Zweck bestimmt. Der Ausdruck bezeichnet Sanktionen, die von einem Gericht oder einer Verwaltungsbehörde verhängt werden, und Maßnahmen, die vor oder anstelle einer Entscheidung über eine Sanktion getroffen werden, sowie Möglichkeiten des Vollzugs einer Freiheitsstrafe außerhalb einer Justizvollzugsanstalt.
21.5. „**Freiheitsentzug**" jegliche auf Anordnung eines Gerichts oder einer Verwaltungsbehörde bewirkte Unterbringung in einer Einrichtung, die die Jugendlichen nicht nach Belieben verlassen können.
21.6. „**Einrichtung**" eine räumliche Einheit unter Kontrolle öffentlicher Behörden, in der Jugendliche nach förmlichen Regeln unter Aufsicht von Bediensteten leben.
22. Diese Grundsätze können auch zu Gunsten anderer Personen angewandt werden, die in denselben Einrichtungen oder demselben Umfeld wie jugendliche Straftäter/ Straftäterinnen untergebracht sind.

Teil II:
Ambulante Sanktionen und Maßnahmen

C. Rechtlicher Rahmen

23.1. In allen Abschnitten des Verfahrens sollte ein breites Spektrum an ambulanten Sanktionen und Maßnahmen vorgesehen sein, die dem jeweiligen Entwicklungsstand der Jugendlichen Rechnung tragen.
23.2. Hierbei sind vorrangig Sanktionen und Maßnahmen zu berücksichtigen, die eine pädagogische Wirkung haben und eine Wiedergutmachung der von Jugendlichen begangenen Straftaten darstellen können.
24. Im innerstaatlichen Recht sind die nachstehenden Besonderheiten der einzelnen ambulanten Sanktionen und Maßnahmen zu bestimmen:

a. die Definition und die Anwendungsmodalitäten der auf Jugendliche anwendbaren Sanktionen und Maßnahmen;
b. die aufgrund einer solchen Sanktion oder Maßnahme auferlegten Bedingungen oder Pflichten;
c. die Fälle, in denen die Einwilligung von Jugendlichen erforderlich ist, bevor die Sanktion oder Maßnahme verhängt wird;
d. die für die Verhängung, Änderung und Durchführung der Sanktion oder Maßnahme zuständigen Behörden sowie deren jeweilige Aufgaben und Verpflichtungen;
e. die Mittel und Verfahren, die zwecks Änderung der angeordneten Sanktion oder Maßnahme anwendbar sind, und
f. die Verfahren zur Sicherstellung einer regelmäßigen externen Überprüfung der Arbeit der durchführenden Behörden.

25. Um den besonderen Bedürfnissen Jugendlicher gerecht zu werden, sind im innerstaatlichen Recht festzulegen:
   a. die Verpflichtung der zuständigen Behörde, den jugendlichen Straftätern/Straftäterinnen und erforderlichenfalls deren Eltern oder Erziehungsberechtigten den Inhalt und die Zielsetzungen der Rechtsvorschriften über die Sanktionen oder Maßnahmen außerhalb des Freiheitsentzugs zu erläutern;
   b. die Verpflichtung der zuständigen Behörde, die bestmögliche Zusammenarbeit mit den jugendlichen Straftätern/Straftäterinnen und deren Eltern oder Erziehungsberechtigten herbeizuführen, und
   c. die Rechte der Eltern und Erziehungsberechtigten jugendlicher Straftäter/Straftäterinnen, die mit ambulanten Sanktionen oder Maßnahmen bedroht werden können, und die etwaigen Einschränkungen ihrer Rechte und Pflichten bei der Anordnung und Durchführung dieser Sanktionen und Maßnahmen.

26. Die Entscheidung über die Verhängung oder den Widerruf einer ambulanten Sanktion oder Maßnahme ist von einer gerichtlichen Instanz zu treffen; wird sie von einer durch Gesetz ermächtigten Verwaltungsbehörde getroffen, ist sie einer gerichtlichen Überprüfung zu unterziehen.

27. Je nach Fortschritt der Jugendlichen und sofern nach innerstaatlichem Recht eine Grundlage dafür besteht, sind die zuständigen Behörden zu ermächtigen, die Dauer einer Sanktion oder Maßnahme zu verkürzen, die mit dieser Sanktion oder Maßnahme auferlegten Bedingungen oder Pflichten zu lockern oder sie aufzuheben.

28. Das Recht von Jugendlichen auf Schul- und Berufsausbildung, auf Schutz in Bezug auf die körperliche und geistige Gesundheit und auf ein soziales Sicherungssystem darf durch die Verhängung oder Durchführung einer ambulanten Sanktion oder Maßnahme nicht beschränkt werden.

29. Ist die Zustimmung der Jugendlichen oder ihrer Eltern oder Erziehungsberechtigten erforderlich, um ambulante Sanktionen oder Maßnahmen zu verhängen oder durchzuführen, ist diese Zustimmung in ausdrücklicher Form und nach Aufklärung zu erteilen.

30.1. Erfüllen die Jugendlichen die mit einer ambulanten Sanktion oder Maßnahme verbundenen Bedingungen und Pflichten nicht, darf dies nicht automatisch zu Freiheitsentzug führen. Soweit möglich müssen geänderte oder neue Sanktionen oder Maßnahmen außerhalb des Freiheitsentzugs die vorhergehenden ersetzen.

30.2. Die Nichtbefolgung soll nicht ohne Weiteres eine Straftat darstellen.

D. Durchführungsbedingungen und Konsequenzen der Nichtbefolgung
D.1. Durchführungsbedingungen

31.1. Ambulante Sanktionen und Maßnahmen sind in einer für Jugendliche möglichst sinnvollen Weise durchzuführen und sollen zu ihrer erzieherischen Entwicklung wie auch zur Verbesserung ihrer sozialen Fähigkeiten beitragen.

31.2. Die Jugendlichen sollen dabei unterstützt werden, Fragen im Hinblick auf die Durchführung von ambulanten Sanktionen und Maßnahmen zu erörtern und hierüber einen persönlichen oder gemeinsamen Austausch mit den Behörden zu pflegen.

32. Bei der Durchführung von ambulanten Sanktionen oder Maßnahmen sind die bestehenden konstruktiven sozialen Netzwerke der Jugendlichen und die Beziehungen zu ihren Familien soweit wie möglich zu berücksichtigen.

33.1. Die Jugendlichen sind in einer ihnen verständlichen Form und Sprache über die Modalitäten der Durchführung der gegen sie verhängten ambulanten Sanktion oder Maßnahme und über ihre Rechte und Pflichten bezüglich dieser Durchführung zu informieren.

33.2. Die Jugendlichen haben sowohl das Recht, vor der förmlichen Entscheidung über die Durchführung einer ambulanten Sanktion oder Maßnahme mündlich oder schriftlich Einwände geltend zu machen, als auch eine Änderung der Durchführungsbedingungen zu beantragen.

34.1. Von den durchführenden Behörden werden Einzelfallakten angelegt und auf dem Laufenden gehalten.

34.2. Die Akten müssen die folgenden Bedingungen erfüllen:
   a. Die in den Einzelfallakten enthaltenen Informationen dürfen nur Inhalte umfassen, die für die verhängte Sanktion oder Maßnahme oder deren Durchführung von Belang sind.
   b. Den Jugendlichen und ihren Eltern oder Erziehungsberechtigten ist insoweit Zugang zu ihren Einzelfallakten zu gewähren, als dadurch nicht das Recht anderer auf Achtung ihrer Privatsphäre verletzt wird. Sie haben das Recht, den Inhalt der Akte anzufechten.
   c. Die in einer Einzelfallakte enthaltenen Informationen werden nur denjenigen zugänglich gemacht, die zur Einsichtnahme berechtigt sind. Die zugänglich gemachten Informationen sind auf die Angaben zu beschränken, die für die Aufgabe der ersuchenden Behörde von Belang sind.
   d. Nach Beendigung der ambulanten Sanktion oder Maßnahme werden die Einzelfallakten vernichtet oder archiviert, wobei der Zugang zu deren Inhalt durch Bestimmungen eingeschränkt wird, die den Schutz vor Offenlegung ihres Inhalts gegenüber Dritten gewährleisten.

35. Informationen über Jugendliche, die Stellen übermittelt werden, die einen Arbeits- oder Ausbildungsplatz oder persönliche wie soziale Unterstützung anbieten, sind bezogen auf den Zweck der jeweils betroffenen Aktivität zu beschränken.

36.1. Die Bedingungen, unter denen Jugendliche gemeinnützige Arbeit leisten oder vergleichbare Aufgaben erfüllen, müssen den Anforderungen der geltenden Rechtsvorschriften auf dem Gebiet der Gesundheit und der Sicherheit entsprechen.

36.2. Die Jugendlichen müssen in Zusammenhang mit der Durchführung von ambulanten Sanktionen oder Maßnahmen unfall- und haftpflichtversichert sein.

37. Die Kosten der Durchführung sind grundsätzlich nicht von den Jugendlichen oder deren Familie zu tragen.
38. Die Beziehung zwischen den Jugendlichen und den mit ihnen befassten Bediensteten muss von Prinzipien der Erziehung und Entwicklung geleitet sein.
39.1. Die Durchführung der ambulanten Sanktionen und Maßnahmen muss auf individualisierten Bewertungen und auf Interventionsmethoden beruhen, die erprobten fachlichen Standards entsprechen.
39.2. Diese Methoden sind unter Berücksichtigung von Forschungsergebnissen und professionellen Standardverfahren auf dem Gebiet der Sozialarbeit, der Jugendfürsorge sowie verwandter Tätigkeitsfelder zu entwickeln.
40. Im Rahmen einer konkreten ambulanten Sanktion oder Maßnahme sind je nach den Bedürfnissen der Jugendlichen verschiedene Ansätze anzuwenden: Einzelbetreuung, Gruppentherapie, Beratung und Tagesunterbringung sowie spezielle Behandlung für die verschiedenen Kategorien von Jugendlichen.
41.1 Freiheitsbeschränkungen müssen in Bezug auf die ambulante Sanktion oder Maßnahme verhältnismäßig sein, sich auf die damit verbundenen Ziele beschränken und dürfen gegen Jugendliche nur angeordnet werden, soweit sie für den ordnungsgemäßen Vollzug der Maßnahme erforderlich sind.
41.2. Die mit der Durchführung von ambulanten Sanktionen oder Maßnahmen unmittelbar betrauten Bediensteten müssen praxisgerechte und genau bestimmte Anweisungen erhalten.
42. Zwischen den mit der Durchführung einer ambulanten Sanktion oder Maßnahme befassten Bediensteten und den Jugendlichen ist soweit möglich eine beständige und dauerhafte Beziehung herzustellen, selbst wenn sich der Aufenthaltsort, die Rechtsstellung der Jugendlichen oder die Art der Intervention ändern sollte.
43.1 Besondere Aufmerksamkeit muss auf die Eignung von Maßnahmen für Angehörige sprachlicher oder ethnischer Minderheiten und für Jugendliche mit ausländischer Staatsangehörigkeit gerichtet werden.
43.2. Für den Fall, dass die Vollstreckung der gegen Jugendliche angeordneten ambulanten Sanktion oder Maßnahme an das Herkunftsland der Jugendlichen mit ausländischer Staatsangehörigkeit abgegeben wird, sind diese über ihre diesbezüglichen Rechte zu belehren. Um die erforderliche Unterstützung der Jugendlichen ab dem Zeitpunkt ihres Eintreffens im Herkunftsland zu erleichtern, ist mit der Jugendfürsorge und den Justizbehörden eng zusammenzuarbeiten.
43.3. Werden Jugendliche mit ausländischer Staatsangehörigkeit nach der Vollstreckung von ambulanten Sanktionen oder Maßnahmen im Ausnahmefall in ihr Herkunftsland abgeschoben, sind Anstrengungen zu unternehmen, um Verbindung zu den Sozialfürsorgeeinrichtungen im Herkunftsland aufzunehmen, sofern dies mit dem Wohl der betroffenen Jugendlichen in Einklang steht.
44. Die Jugendlichen sind anzuregen und darin zu fördern, den durch die Straftat verursachten Schaden oder deren negative Auswirkungen im Rahmen ihrer Fähigkeiten wieder gut zu machen, soweit diese Wiedergutmachung vom Aufgabenbereich der gegen sie verhängten ambulanten Sanktionen oder Maßnahmen umfasst ist.
45. Gemeinnützige Arbeit darf nicht zu dem ausschließlichen Zweck der Gewinnerzielung durchgeführt werden.

D.2. Folgen von Verstößen

46. Die Jugendlichen und deren Eltern oder Erziehungsberechtigte sind über die Folgen von Verstößen gegen die mit den ambulanten Sanktionen oder Maßnahmen verbundenen Bedingungen und Pflichten sowie über die Vorschriften zu informieren, aufgrund derer die zur Last gelegte Nichteinhaltung untersucht wird.
47.1. Die Verfahren, nach denen die öffentlichen Stellen vorzugehen haben, die Verstöße gegen die Bedingungen von ambulanten Sanktionen oder Maßnahmen melden oder hierüber entscheiden, sind genau festzulegen.
47.2. Geringfügige Verfehlungen sind in der Einzelfallakte zu vermerken, müssen aber nicht notwendigerweise der öffentlichen Stelle gemeldet werden, die über Verstöße zu entscheiden hat, es sei denn, das innerstaatliche Recht bestimmt etwas anderes. Diese geringfügigen Verfehlungen können im Rahmen des Ermessens rasch erledigt werden.
47.3. Ein erheblicher Verstoß gegen die Anforderungen ist umgehend schriftlich der öffentlichen Stelle zu melden, die über Verstöße zu entscheiden hat.
47.4. Diese Meldungen enthalten ausführliche Angaben darüber, wie es zu dem Verstoß gekommen ist, unter welchen Umständen er stattgefunden hat und wie sich die persönliche Situation der Jugendlichen darstellt.
48.1. Die öffentliche Stelle, die über einen Verstoß zu entscheiden hat, darf über die Abänderung oder den teilweisen oder vollständigen Widerruf einer ambulanten Sanktion oder Maßnahme erst nach einer eingehenden Untersuchung des ihr gemeldeten Sachverhalts befinden.
48.2. Psychologische oder psychiatrische Gutachten oder Stellungnahmen sowie Sozialberichte sind, sofern notwendig, einzuholen.
48.3. Die zuständige öffentliche Stelle stellt sicher, dass die Jugendlichen und soweit sachgerecht deren Eltern oder Erziehungsberechtigte die Nachweise des Verstoßes, auf die sich das Ansinnen auf Abänderung oder Widerruf gründet, prüfen und hierzu ihre Stellungnahme abgeben können.
48.4. Wird der Widerruf oder die Abänderung einer ambulanten Sanktion oder Maßnahme erwogen, ist zu berücksichtigen, in welcher Weise die Jugendlichen die ursprünglich festgelegten Bedingungen und Pflichten bereits erfüllt haben, um sicherzustellen, dass die neue oder abgeänderte Sanktion oder Maßnahme in Bezug auf die begangene Straftat weiterhin verhältnismäßig ist.
48.5. Wenn eine nichtgerichtliche Behörde eine ambulante Sanktion oder Maßnahme aufgrund eines Verstoßes widerruft oder abändert, unterliegt ihre Entscheidung einer gerichtlichen Überprüfung.

Teil III: Freiheitsentzug

E. Allgemeiner Teil

E.1. Allgemeine Grundsätze

49.1. Der Freiheitsentzug ist nur zu dem Zweck durchzuführen, zu dem er verhängt wurde, und in einer Weise, die die damit verbundenen Beeinträchtigungen nicht zusätzlich erhöht.
49.2. Beim Freiheitszug von Jugendlichen sollte die Möglichkeit einer vorzeitigen Entlassung vorgesehen sein.

50.1. Jugendliche, denen die Freiheit entzogen ist, müssen Zugang zu einer Auswahl an sinnvollen Beschäftigungen und Programmen auf der Grundlage eines umfassenden individuellen Vollzugsplanes haben, der auf ihre Entwicklung durch eine weniger einschneidende Gestaltung des Vollzugs sowie die Vorbereitung ihrer Entlassung und Wiedereingliederung in die Gesellschaft gerichtet ist. Diese Beschäftigungen und Programme sollen die körperliche und geistige Gesundheit der Jugendlichen, ihre Selbstachtung und ihr Verantwortungsgefühl ebenso fördern wie die Entwicklung von Einstellungen und Fertigkeiten, die sie vor einem Rückfall schützen.

50.2. Die Jugendlichen sollen angeregt werden, an solchen Beschäftigungen und Programmen teilzunehmen.

50.3. Jugendliche, denen die Freiheit entzogen ist, sind zu ermutigen, Fragen zu den Rahmenbedingungen und Vollzugsangeboten innerhalb der Einrichtung zu erörtern und hierüber einen persönlichen oder gegebenenfalls gemeinsamen Austausch mit den Behörden zu pflegen.

51. Um eine durchgehende Behandlung sicherzustellen, sind die Jugendlichen von Beginn an und über die gesamte Dauer des Freiheitsentzugs von den Stellen zu betreuen, die auch nach ihrer Entlassung für sie verantwortlich sein könnten.

52.1. Da Jugendliche, denen die Freiheit entzogen ist, in hohem Maße schutzbedürftig sind, haben die Behörden ihre körperliche und psychische Unversehrtheit zu schützen und ihr Wohlergehen zu fördern.

52.2. Besondere Beachtung ist auf Bedürfnisse von Jugendlichen zu richten, die körperliche oder seelische Misshandlungen oder sexuellen Missbrauch erfahren haben.

E.2. Struktur der Einrichtungen

53.1. Die Einrichtungen oder Abteilungen dieser Einrichtungen müssen sachlich mit einer Bandbreite von Angeboten ausgestattet sein, um den individuellen Bedürfnissen der dort untergebrachten Jugendlichen angemessen Rechnung zu tragen und dem besonderen Zweck ihrer Einweisung zu entsprechen.

53.2. Die Einrichtungen müssen mit den geringst möglichen Sicherheits- und Kontrollmechanismen ausgestattet sein, die erforderlich sind, um die Jugendlichen davon abzuhalten, sich selbst, den Bediensteten, anderen Personen oder der Gesellschaft Schaden zuzufügen.

53.3. Das Leben in der Einrichtung ist den positiven Aspekten des Lebens in der Gesellschaft so weit wie möglich anzugleichen.

53.4. Die Zahl der Jugendlichen pro Einrichtung muss klein genug sein, um eine individuelle Behandlung zu erlauben. Die Einrichtungen müssen in kleine Wohngruppen strukturiert sein.

53.5. Die Einrichtungen für Jugendliche müssen an Orten gelegen sein, die leicht zugänglich sind und die Kontakte zwischen den Jugendlichen und ihren Familien erleichtern. Sie müssen im sozialen, wirtschaftlichen und kulturellen Umfeld der Gemeinden entstanden und darin integriert sein.

E.3. Unterbringung

54. Die Zuweisung von verschiedenen Kategorien von Jugendlichen in Einrichtungen muss insbesondere durch die Art der Betreuung, die den besonderen Bedürfnissen der Betroffenen am besten gerecht wird, sowie durch

den Schutz ihrer körperlichen und psychischen Unversehrtheit und ihres Wohlergehens bestimmt sein.
55. Die Jugendlichen sind so weit wie möglich in Einrichtungen einzuweisen, die von ihrem Wohnsitz oder dem Ort ihrer sozialen Wiedereingliederung leicht zu erreichen sind.
56. Jugendliche, denen die Freiheit entzogen ist, sind den Einrichtungen mit der geringst möglichen Einschränkung für ihre sichere Unterbringung zuzuweisen.
57. Psychisch erkrankte Jugendliche, denen die Freiheit zu entziehen ist, sind in psychiatrischen Einrichtungen unterzubringen.
58. Soweit möglich sind die Jugendlichen und gegebenenfalls deren Eltern oder Erziehungsberechtigte im Hinblick auf ihre Erstunterbringung und jede spätere Verlegung in eine andere Einrichtung anzuhören.
59.1. Die Jugendlichen sollen nicht in Einrichtungen für Erwachsene untergebracht werden, sondern in besonders für diese Zwecke geschaffenen Einrichtungen. Werden Jugendliche dennoch ausnahmsweise in eine Einrichtung für Erwachsene eingewiesen, sind sie getrennt unterzubringen, es sei denn, dass dies in Einzelfällen ihrem Wohl widerspricht. Diese Grundsätze sind in allen Fällen anzuwenden.
59.2. Von den Anforderungen der getrennten Unterbringung nach Absatz 1 kann abgewichen werden, um den Jugendlichen die Teilnahme an Vollzugsangeboten mit Personen zu gestatten, die in Einrichtungen für Erwachsene untergebracht sind.
59.3. Jugendliche, die die Volljährigkeit erreichen, und noch als Jugendliche zu behandelnde junge Erwachsene sind grundsätzlich in Einrichtungen für jugendliche Straftäterinnen/Straftäter oder in spezialisierten Einrichtungen für junge Erwachsene unterzubringen, es sei denn, ihre soziale Wiedereingliederung kann in einer Einrichtung für Erwachsene besser erreicht werden.
60. Männliche und weibliche Jugendliche sind grundsätzlich in getrennten Einrichtungen oder getrennten Abteilungen innerhalb derselben Einrichtung unterzubringen. Eine Trennung zwischen männlichen und weiblichen Jugendlichen braucht in Fürsorge- oder psychiatrischen Einrichtungen nicht zu erfolgen. Auch wenn männliche und weibliche Jugendliche getrennt untergebracht sind, ist ihnen zu gestatten, gemeinsam an Vollzugsangeboten teilzunehmen.
61. Die Einrichtungen müssen über ein geeignetes Beurteilungssystem verfügen, um die Jugendlichen je nach ihren Bedürfnissen in Bezug auf Erziehung, Entwicklung und Sicherheit aufzuteilen.

E.4. Aufnahme

62.1. Kein/e Jugendliche/r darf ohne gültige Platzierungsverfügung in eine Einrichtung aufgenommen oder dort untergebracht werden.
62.2. Bei der Aufnahme sind für alle Jugendlichen unverzüglich folgende Angaben aktenkundig zu machen:
   a. Angaben zur Identität der Jugendlichen und ihrer Eltern oder Erziehungsberechtigten;
   b. Gründe der Einweisung und einweisende Behörde;
   c. Tag und Stunde der Aufnahme;
   d. Verzeichnis der persönlichen Gegenstände der Jugendlichen, die in Verwahrung zu nehmen sind;

e. jede sichtbare Verletzung und Beschwerden über frühere Misshandlungen;
f. alle Informationen oder Berichte zum Vorleben der Jugendlichen und über ihre Bedürfnisse in Bezug auf die Erziehung und soziale Unterstützung und
g. alle Angaben zu den Gefahren der Selbstverletzung und zum Gesundheitszustand des/der Jugendlichen, die für sein/ihr körperliches und psychisches Wohl sowie dasjenige anderer von Bedeutung sind, vorbehaltlich des Gebots der ärztlichen Schweigepflicht.

62.3. Bei der Aufnahme sind die Jugendlichen in einer ihnen verständlichen Form und Sprache über die in der Einrichtung geltenden Vorschriften und über ihre Rechte und Pflichten zu informieren.

62.4. Die Eltern oder Erziehungsberechtigten sind unverzüglich über die Unterbringung der Jugendlichen, die Hausordnung der Einrichtung und alle sonstigen wesentlichen Tatsachen zu unterrichten.

62.5. Sobald wie möglich nach der Aufnahme sind die Jugendlichen einer ärztlichen Untersuchung zu unterziehen, wobei eine Krankenakte anzulegen ist und Krankheiten oder Verletzungen zu behandeln sind.

62.6. Sobald wie möglich nach der Aufnahme:
a. sind die Jugendlichen zu befragen und es ist ein erster psychologischer, pädagogischer und sozialer Bericht zu erstellen, der ermöglicht, Art und Umfang der Betreuung und der im jeweiligen Einzelfall gebotenen Maßnahmen genau festzulegen;
b. ist die angemessene Sicherheitseinstufung der Jugendlichen vorzunehmen, wobei die Art der Erstunterbringung gegebenenfalls zu ändern ist;
c. ist, abgesehen von den Fällen eines äußerst kurzen Freiheitsentzugs, ein umfassender Plan über die Erziehungs- und Ausbildungsprogramme entsprechend den individuellen Merkmalen der Jugendlichen zu erstellen und die Durchführung dieser Programme einzuleiten, wobei
d. die Interessen der Jugendlichen bei der Entwicklung dieser Programme zu berücksichtigen sind.

E.5. Unterbringung

63.1. Die für die Unterbringung der Jugendlichen vorgesehenen Räume und insbesondere alle Schlafräume haben den Grundsätzen der Menschenwürde zu entsprechen und so weit möglich die Privatsphäre der Betroffenen zu achten. Die Räume müssen unter Berücksichtigung der klimatischen Verhältnisse den Mindestanforderungen an Gesundheit und Hygiene entsprechen insbesondere im Hinblick auf Bodenfläche, Luftmenge, Beleuchtung, Heizung und Belüftung. Konkrete Mindestanforderungen im Hinblick auf diese Aspekte sind im innerstaatlichen Recht festzulegen.

63.2. In der Regel sind die Jugendlichen bei Nacht in Einzelräumen unterzubringen, es sei denn, die gemeinschaftliche Unterbringung mit anderen wird für sinnvoller gehalten. Die Unterkünfte dürfen für eine gemeinschaftliche Unterbringung nur genutzt werden, wenn sie für diesen Zweck geeignet sind, und nur mit Jugendlichen belegt werden, die sich für die gemeinsame Unterbringung eignen. Die Jugendlichen sind anzuhören, bevor von ihnen die gemeinsame Nutzung von Schlafräumen verlangt wird; sie können dabei angeben, mit wem sie eine gemeinsame Unterbringung wünschen.

64. Die Bediensteten haben die Unterkünfte regelmäßig in unauffälliger Form, insbesondere zur Nachtzeit, zu überwachen, um den Schutz der einzelnen Jugendlichen sicherzustellen. Es muss zudem ein wirksames Alarmsystem vorhanden sein, das in Notfällen benutzt werden kann.

E.6. Hygiene

65.1. Alle Bereiche einer Einrichtung müssen jederzeit ordentlich in Stand gehalten und sauber sein.
65.2. Die Jugendlichen müssen jederzeit Zugang zu sanitären Einrichtungen haben, die hygienisch sind und die Intimsphäre schützen.
65.3. Es sind ausreichende Bad- oder Duscheinrichtungen vorzusehen, damit die Jugendlichen diese bei einer dem Klima entsprechenden Temperatur möglichst täglich benutzen können.
65.4. Die Jugendlichen haben sich selbst, ihre Kleidung und Schlafräume sauber und ordentlich zu halten. Die Behörden haben sie hierin zu unterweisen und ihnen hierfür die Mittel zur Verfügung zu stellen.

E.7. Kleidung und Bettzeug

66.1. In geeigneten Fällen ist den Jugendlichen das Tragen eigener Kleidung zu gestatten.
66.2. Jugendliche, die nicht in ausreichendem Maß über geeignete eigene Kleidung verfügen, werden hiermit von der Einrichtung ausgestattet.
66.3. Als angemessen gilt Kleidung, die nicht herabsetzend oder erniedrigend und dem Klima angemessen ist und keine Gefahr für die Sicherheit oder Ordnung darstellt.
66.4. Von Jugendlichen, denen die Erlaubnis zum Verlassen der Einrichtung erteilt wird, darf nicht verlangt werden, Kleidung zu tragen, die sie als Gefangene erkennbar macht.
67. Allen Jugendlichen ist ein eigenes Bett mit angemessenem, eigenem Bettzeug zur Verfügung zu stellen, das in gutem Zustand zu halten und oft genug zu wechseln ist, um den Erfordernissen der Sauberkeit zu genügen.

E.8. Ernährung

68.1. Die Jugendlichen erhalten eine nährstoffreiche Nahrung, die ihrem Alter, ihrer Gesundheit, ihrem körperlichen Zustand, ihrer Religion und Kultur sowie der Art ihrer Tätigkeiten innerhalb der Einrichtung Rechnung trägt.
68.2. Die Nahrung ist unter hygienischen Bedingungen zuzubereiten und täglich dreimal in angemessenen Zeitabständen auszugeben.
68.3. Den Jugendlichen muss jederzeit sauberes Trinkwasser zur Verfügung stehen.
68.4. In geeigneten Fällen sollen die Jugendlichen die Möglichkeit haben, ihr Essen selbst zuzubereiten.

E.9. Gesundheit

69.1. Die in den internationalen Übereinkünften enthaltenen Bestimmungen über die ärztliche Betreuung mit dem Ziel, die körperliche und geistige Gesundheit erwachsener Strafgefangener zu wahren, sind auch auf Jugendliche anwendbar, denen die Freiheit entzogen ist.

69.2. Für die Gesundheitsfürsorge von Jugendlichen, denen die Freiheit entzogen ist, gelten die allgemein anerkannten, auf alle Jugendlichen in der Gesellschaft anwendbaren medizinischen Standards.
70.1. Besonderes Augenmerk ist auf Gesundheitsgefahren zu richten, die sich aus dem Freiheitsentzug ergeben.
70.2. Es sind besondere Programme zu entwickeln und umzusetzen, um Selbstmord und Selbstverletzung bei Jugendlichen zu verhüten, insbesondere in der Anfangsphase ihrer Unterbringung, bei Einzelhaft und während anderer Zeiten mit erfahrungsgemäß hohem Risikopotential.
71. Den Jugendlichen sind medizinische Vorsorgeleistungen und Gesundheitserziehung zu gewähren.
72.1. Medizinische Maßnahmen, insbesondere das Verabreichen von Medikamenten, dürfen nur aus medizinischen Gründen und niemals zur Wahrung der Ordnung oder als Disziplinarmaßnahme erfolgen. Es sind dieselben standesrechtlichen Grundsätze und Regeln über die Einwilligung anwendbar, die für medizinische Maßnahmen in der freien Gesellschaft gelten. Über jede ärztliche Behandlung und jedes verabreichte Arzneimittel sind Aufzeichnungen in die Krankenakte aufzunehmen.
72.2. Jugendliche, denen die Freiheit entzogen ist, dürfen niemals zu Versuchszwecken Arzneimittel erhalten oder einer ärztlichen Behandlung unterzogen werden.
73. Besonderes Augenmerk ist auf die Bedürfnisse zu richten:
   a. von jungen Minderjährigen;
   b. von Schwangeren und Müttern mit Neugeborenen;
   c. von Drogen- und Alkoholabhängigen;
   d. von Jugendlichen mit körperlichen und geistigen Gesundheitsproblemen;
   e. von Jugendlichen, denen die Freiheit ausnahmsweise über einen langen Zeitraum entzogen ist;
   f. von Jugendlichen, die körperliche oder seelische Misshandlung oder sexuellen Missbrauch erfahren haben;
   g. von sozial isolierten Jugendlichen und
   h. von anderen Gruppen schutzwürdiger Straftäter/Straftäterinnen.
74.1. Die Gesundheitsversorgung der Jugendlichen ist Bestandteil eines multidisziplinären Behandlungsprogramms.
74.2. Um ein lückenloses Netz an Unterstützung und Behandlung zu gewährleisten und unbeschadet des Berufsgeheimnisses und der Rolle einzelner Berufsgruppen ist die Arbeit der Ärzte/Ärztinnen und Krankenpfleger/Krankenpflegerinnen in enger Abstimmung mit Sozialarbeitern/Sozialarbeiterinnen, Psychologen/Psychologinnen, Lehrpersonal und anderen Fachkräften und Bediensteten der Einrichtung, die mit den jugendlichen Straftätern/Straftäterinnen in einem regelmäßigen Kontakt stehen, durchzuführen.
75. Die Gesundheitsfürsorge in den Einrichtungen für Jugendliche soll sich nicht nur auf die Behandlung von Kranken beschränken, sondern auch die Sozial- und Präventivmedizin und die Kontrolle der Ernährung der Jugendlichen umfassen.

E.10. Aktivitäten im Rahmen des Vollzugs

76.1. Alle Maßnahmen sind so zu gestalten, dass sie der Entwicklung Jugendlicher dienen, die zur Teilnahme an diesen Aktivitäten nachhaltig zu ermutigen sind.

76.2. Diese Maßnahmen haben den persönlichen Bedürfnissen Jugendlicher entsprechend ihrem Alter, ihrem Geschlecht, ihrer sozialen und kulturellen Herkunft, ihrem Reifegrad und der Art der begangenen Straftat Rechnung zu tragen. Sie müssen bewährten fachlichen Maßstäben entsprechen, die auf wissenschaftlichen Untersuchungen und professionellen Standardverfahren auf diesem Gebiet aufbauen.

77. Die Vollzugsangebote sind so zu gestalten, dass sie der Erziehung, der persönlichen und sozialen Entwicklung, der Berufsausbildung, Resozialisierung und Vorbereitung auf die Entlassung dienen. Sie können insbesondere umfassen:
    a. Schulunterricht;
    b. Berufsausbildung;
    c. Arbeit und Ergo-(Arbeits-)therapie;
    d. Staatsbürgerkunde;
    e. soziales Training und Entwicklung sozialer Kompetenzen;
    f. Antiaggressionstraining;
    g. Suchtbehandlung;
    h. Einzel- und Gruppentherapie;
    i. Turnunterricht und Sport;
    j. Studium und Fortbildung;
    k. Schuldenregulierung;
    l. Programme zur Schadenswiedergutmachung und Opferentschädigung;
    m. kreative Freizeitgestaltung und Hobbys;
    n. Tätigkeiten in der Gesellschaft außerhalb der Vollzugseinrichtung, tageweiser Ausgang und andere Möglichkeiten, die Anstalt zu verlassen und
    o. Vorbereitung der Entlassung und Wiedereingliederung.

78.1. Schulunterricht und Berufsausbildung und gegebenenfalls Behandlungsprogramme haben Vorrang vor Arbeit.

78.2. Es sind so weit wie möglich Maßnahmen zu treffen, damit die Jugendlichen die örtlichen Schulen und Ausbildungszentren besuchen und auch andere von der Gesellschaft angebotene Aktivitäten wahrnehmen.

78.3. Können Jugendliche keine örtlichen Schulen oder Ausbildungszentren außerhalb der Einrichtung besuchen, findet ihre Schul- und Berufsausbildung innerhalb der Einrichtung unter der Aufsicht externer pädagogischer Dienste und Ausbildungsstätten statt.

78.4. Die Jugendlichen müssen die Möglichkeit haben, ihre schulische oder berufliche Ausbildung während der Unterbringung fortzuführen; diejenigen, die noch der Schulpflicht unterliegen, können hierzu gezwungen werden.

78.5. Während der Inhaftierung sind Jugendliche in das staatliche Schul- und Berufsausbildungssystem einzubinden, damit sie ihren Schulunterricht und ihre Berufsausbildung nach der Entlassung ohne Schwierigkeiten fortsetzen können.

79.1. Auf der Grundlage der im Grundsatz 77 bezeichneten Vollzugsangebote ist ein individueller Vollzugsplan zu erstellen und anzugeben, an welchen Aktivitäten die Jugendlichen teilzunehmen haben.

79.2. Der Vollzugsplan soll dazu dienen, Jugendliche zu befähigen, ihre Zeit von Beginn ihrer Inhaftierung an sinnvoll zu nutzen und Verhaltensweisen und Fähigkeiten zu entwickeln, die sie für ihre Wiedereingliederung in die Gesellschaft benötigen.
79.3. Ziel des Vollzugsplanes soll es sein, die Jugendlichen auf die frühestmögliche Entlassung vorzubereiten und ihnen geeignete Schritte für die Zeit nach der Entlassung aufzuzeigen.
79.4. Der Vollzugsplan ist unter Mitwirkung der Jugendlichen, der zuständigen externen Dienste und so weit wie möglich ihrer Eltern oder Erziehungsberechtigten umzusetzen und regelmäßig zu aktualisieren.
80.1. Den Jugendlichen soll im Vollzug erlaubt sein, so viel Zeit außerhalb ihrer Schlafräume zu verbringen, wie notwendig ist, um ihnen ein angemessenes Maß an sozialer Interaktion zu ermöglichen. Wünschenswerterweise sollten dies mindestens 8 Stunden am Tag sein.
80.2. Die Einrichtung hat auch an den Wochenenden und während der Feiertage sinnvolle Vollzugsangebote zu machen.
81. Allen Jugendlichen, denen die Freiheit entzogen ist, muss gestattet werden, sich regelmäßig mindestens zwei Stunden am Tag zu bewegen, davon mindestens eine Stunde im Freien, wenn es die Witterung zulässt.
82.1. Die Einrichtung hat den Jugendlichen ausreichend Arbeit anzubieten, die ansprechend und von pädagogischem Wert sein soll.
82.2. Die Arbeit ist angemessen zu vergüten.
82.3. Nehmen Jugendliche während der Arbeitszeit an Vollzugsmaßnahmen teil, ist dies wie Arbeit zu vergüten.
82.4. Die Jugendlichen sollen in angemessenem, dem der freien Gesellschaft entsprechenden Umfang sozialversichert sein.

E.11. Außenkontakte

83. Den Jugendlichen ist zu gestatten, mit ihren Familien, anderen Personen und Vertretern/Vertreterinnen von Einrichtungen außerhalb des Vollzuges ohne zahlenmäßige Beschränkung brieflich und so oft wie möglich telefonisch oder in anderen Formen zu kommunizieren und regelmäßige Besuche von ihnen zu empfangen.
84. Die Besuchsregelungen müssen so gestaltet sein, dass die Jugendlichen Familienbeziehungen so normal wie möglich pflegen und entwickeln und die Möglichkeiten der sozialen Wiedereingliederung nutzen können.
85.1. Die Vollzugsbehörden haben die Jugendlichen bei der Aufrechterhaltung angemessener Kontakte mit der Außenwelt zu unterstützen und ihnen hierzu die geeignete Sozialfürsorge zu gewähren.
85.2. Kontakte und Besuche können eingeschränkt und überwacht werden, wenn dies für eine noch laufende strafrechtliche Ermittlung, zur Aufrechterhaltung von Sicherheit und Ordnung, zur Verhütung von Straftaten und zum Schutz der Opfer von Straftaten erforderlich ist. Solche Einschränkungen, auch spezielle, von einer Justizbehörde angeordnete Einschränkungen, müssen jedoch ein Mindestmaß an Kontakten zulassen.
85.3. Geht eine Nachricht über den Tod oder eine schwere Erkrankung von nahen Angehörigen ein, so sind die betroffenen Jugendlichen davon sofort zu unterrichten.
86.1. Im Rahmen des normalen Vollzugs sind den Jugendlichen regelmäßig entweder in Begleitung oder ohne Aufsicht Möglichkeiten zu gewähren, die

Anstalt zu verlassen. Außerdem ist den Jugendlichen zu gestatten, die Einrichtung aus besonderen Gründen zu verlassen.
86.2. Können regelmäßige Möglichkeiten die Anstalt zu verlassen nicht gewährt werden, sind Vorkehrungen zu treffen, die zusätzliche oder längere Besuche von Familienangehörigen oder anderen Personen, die die Entwicklung der Jugendlichen positiv beeinflussen können, ermöglichen.

E.12. Gedanken-, Gewissens- und Religionsfreiheit

87.1. Die Gedanken-, Gewissens- und Religionsfreiheit der Jugendlichen ist zu respektieren.
87.2. Der Vollzugsalltag ist so weit wie möglich so zu organisieren, dass den Jugendlichen gestattet ist, ihre Religion auszuüben und ihrem Glauben zu folgen, Gottesdienste oder Zusammenkünfte, die von zugelassenen Vertretern/Vertreterinnen dieser Religions- oder Glaubensgemeinschaft geleitet werden, zu besuchen, Einzelbesuche von solchen Vertretern/Vertreterinnen ihrer Religions- oder Glaubensgemeinschaft zu erhalten und Bücher oder Schriften ihrer Religions- oder Glaubensgemeinschaft zu besitzen.
87.3. Jugendliche dürfen nicht gezwungen werden, eine Religion oder einen Glauben auszuüben, Gottesdienste oder religiöse Zusammenkünfte zu besuchen, an religiösen Handlungen teilzunehmen oder den Besuch eines/einer Vertreters/Vertreterin einer Religions- oder Glaubensgemeinschaft zu empfangen.

E.13. Ordnung
E.13.1. Allgemeine Grundsätze

88.1. Die Ordnung ist aufrechtzuerhalten durch Schaffung eines sicheren und geschützten Umfelds, in dem die Würde und körperliche Unversehrtheit der Jugendlichen geachtet und die Umsetzung ihrer wichtigsten Entwicklungsziele ermöglicht wird.
88.2. Es ist besonders darauf zu achten, dass gefährdete Jugendliche geschützt und nicht zu Opfern werden.
88.3. Die Bediensteten müssen in Bezug auf Sicherheit und Ordnung dynamische Ansätze entwickeln, was positive Beziehungen zu den Jugendlichen in der Einrichtung voraussetzt.
88.4. Die Jugendlichen müssen ermutigt werden, sich persönlich und gemeinsam für die Aufrechterhaltung der Ordnung in der Einrichtung einzusetzen.

E.13.2. Durchsuchungen

89.1. In Bezug auf die Durchsuchung von Jugendlichen, Bediensteten, Besucherinnen/Besuchern und Räumlichkeiten sind ausführliche Handlungsanweisungen auszuarbeiten. Die Situationen und Umstände, in denen Durchsuchungen notwendig werden, sowie deren Art werden durch innerstaatliches Recht geregelt.
89.2. Die Durchsuchung hat die Würde der betroffenen Jugendlichen und so weit wie möglich deren Privatsphäre zu achten. Die Jugendlichen dürfen nur von Bediensteten desselben Geschlechts durchsucht werden. Intime Untersuchungen sind im Einzelfall durch begründeten Verdacht zu rechtfertigen und dürfen nur von ärztlichem Personal durchgeführt werden.

89.3. Besucherinnen/Besucher dürfen nur durchsucht werden, wenn begründeter Verdacht zur Annahme besteht, dass sie im Besitz von Gegenständen sind, die der Sicherheit oder Ordnung der Einrichtung schaden könnten.
89.4. Das Personal ist dahingehend auszubilden, Durchsuchungen in wirksamer Weise unter Achtung der Würde der betroffenen Personen und ihres persönlichen Besitzes vorzunehmen.

E.13.3. Anwendung von Gewalt, körperlichem Zwang und Waffengebrauch

90.1. Die Bediensteten dürfen gegen Jugendliche keine Gewalt anwenden, außer als letztes Mittel in Fällen der Notwehr, bei Fluchtversuchen oder körperlichem Widerstand gegen eine rechtmäßige Anordnung, im Falle drohender Gefahr der Selbstverletzung, Schadenszufügungen anderer Personen oder schwerwiegender Sachbeschädigung.
90.2. Das Ausmaß der Gewaltanwendung ist auf das notwendige Mindestmaß und die notwendige Mindestdauer zu beschränken.
90.3. Die unmittelbar mit den Jugendlichen arbeitenden Bediensteten sind in Techniken auszubilden, die es ermöglichen, aggressivem Verhalten mit einem möglichst geringen Maß an Gewaltausübung zu begegnen.
90.4. Zur Anwendung von Gewalt gegen Jugendliche müssen ausführliche Handlungsanweisungen vorliegen. Diese schließen Voraussetzungen ein für:
   a. die verschiedenen Arten von Gewalt, die angewendet werden dürfen;
   b. die Umstände, unter denen die einzelnen Arten von Gewalt angewendet werden dürfen;
   c. die zur Anwendung von verschiedenen Arten von Gewalt befugten Bediensteten;
   d. die Hierarchieebene, die über eine Gewaltanwendung entscheiden darf;
   e. die Anforderungen an das Berichtswesen nach einer Gewaltanwendung und
   f. das Verfahren zur Nachprüfung dieser Berichte.
91.1. Handfesseln oder Zwangsjacken dürfen nicht verwendet werden, es sei denn, dass andere weniger einschneidende Mittel der Gewaltanwendung versagt haben. Handfesseln können auch als Vorsichtsmaßnahme bei gewalttätigem Auftreten oder Flucht während einer Verlegung benutzt werden, wenn dies unerlässlich ist. Sie sollten abgenommen werden, wenn die Jugendlichen vor Justiz- oder Verwaltungsbehörden erscheinen, es sei denn, die Behörden entscheiden anders.
91.2. Zwangsmittel dürfen nicht länger als unbedingt notwendig angewendet werden. Die Verwendung von Ketten und Eisen ist verboten.
91.3. Die Art und Weise der Anwendung von Zwangsmitteln ist im innerstaatlichen Recht festzulegen.
91.4. Die Unterbringung in einer Einzelzelle zu Zwecken der Beruhigung als vorübergehendes Zwangsmittel darf nur in Ausnahmefällen und nur für wenige Stunden angeordnet werden und in keinem Fall 24 Stunden überschreiten. Der ärztliche Dienst ist über jede Einzelhaft zu unterrichten und muss unverzüglich Zugang zu den in Einzelhaft befindlichen Jugendlichen haben.
92. Bediensteten in Einrichtungen, in denen Jugendlichen die Freiheit entzogen ist, ist das Tragen von Waffen innerhalb der Einrichtung außer in

Notfällen nicht gestattet. Das Tragen und der Gebrauch von Waffen, die zur Tötung von Menschen geeignet sind, sind in Fürsorge- und psychiatrischen Einrichtungen verboten.

E.13.4. Trennung aus Gründen der Sicherheit und Ordnung (besondere Sicherungsmaßnahme)

93.1. Wenn in absoluten Ausnahmefällen bestimmte Jugendliche aus Gründen der Sicherheit oder Ordnung abgesondert von anderen untergebracht werden müssen, ist dies von den zuständigen Behörden aufgrund von eindeutigen Verfahrensvorschriften des innerstaatlichen Rechts, in denen die Art der Absonderung, die Höchstdauer und die Gründe für deren Anordnung festgelegt sind, zu entscheiden.

93.2. Die Absonderung unterliegt einer regelmäßigen Kontrolle. Darüber hinaus können die Jugendlichen gemäß dem Grundsatz 121 Beschwerde in Bezug auf alle Aspekte der Einzelhaft einlegen. Der ärztliche Dienst ist über jede Absonderung zu unterrichten und muss unverzüglich Zugang zu den betroffenen Jugendlichen haben.

E.13.5. Disziplin und Disziplinarmaßnahmen

94.1. Disziplinarmaßnahmen sind als letztes Mittel einzusetzen. Mittel der ausgleichenden Konfliktlösung und pädagogische Maßnahmen mit dem Ziel der Wiederherstellung der Wertordnung sind förmlichen Disziplinarverfahren und Bestrafungen vorzuziehen.

94.2. Es dürfen nur Handlungen als disziplinarische Pflichtverstöße definiert werden, die die Ordnung oder die Sicherheit gefährden können.

94.3. Das innerstaatliche Recht bestimmt die Handlungen und Unterlassungen, die disziplinarische Pflichtverstöße darstellen, die in Disziplinarsachen einzuhaltenden Verfahren, die Art und Dauer von Disziplinarmaßnahmen, die verhängt werden können, die hierfür zuständigen Stellen und das Beschwerdeverfahren.

94.4. Jugendliche, denen disziplinarwürdige Pflichtverstöße vorgeworfen werden, sind unverzüglich in einer ihnen verständlichen Form und Sprache über die Art der ihnen zur Last gelegten Verfehlungen zu unterrichten; sie müssen ausreichend Zeit und Gelegenheit zur Vorbereitung ihrer Verteidigung haben, wobei ihnen zu gestatten ist, sich selbst oder mit dem Beistand ihrer Eltern oder Erziehungsberechtigten zu verteidigen oder rechtlichen Beistand in Anspruch zu nehmen, wenn dies im Interesse der Rechtspflege erforderlich ist.

95.1. Bei der Wahl der Disziplinarmaßnahmen ist ihre pädagogische Wirkung so weit wie möglich zu berücksichtigen. Die Schwere der Disziplinarmaßnahme muss in einem angemessenen Verhältnis zum Pflichtverstoß stehen.

95.2. Kollektivstrafen, Körperstrafen, Dunkelhaft sowie alle sonstigen Formen unmenschlicher oder erniedrigender Strafe sind verboten.

95.3. Einzelhaft in einer Strafzelle[4] darf gegen Jugendliche nicht verhängt werden.

95.4. Die getrennte Unterbringung von anderen Gefangenen als Disziplinarmaßnahme darf nur in Ausnahmefällen verhängt werden, wenn andere Sanktionen wirkungslos sind. Eine solche Maßnahme ist für einen fest

---

4 Gemeint ist damit eine Zelle, die nur mit Betonblöcken als Schlaf- und Sitzgelegenheit ausgestattet ist.

umrissenen, möglichst kurzen Zeitraum anzuordnen. Während der getrennten Unterbringung sind angemessene zwischenmenschliche Kontakte sicherzustellen, Zugang zu Lektüre zu garantieren und täglich mindestens eine Stunde Bewegung im Freien anzubieten, wenn es die Witterung zulässt.

95.5. Der ärztliche Dienst muss über jede getrennte Unterbringung unterrichtet werden und Zugang zu den getrennt untergebrachten Jugendlichen haben.

95.6. Disziplinarmaßnahmen dürfen keine Einschränkungen von Besuchen oder familiären Kontakten umfassen, außer in den Fällen, in denen der Pflichtverstoß in Zusammenhang mit diesen Besuchen oder Kontakten steht.

95.7. Das in Grundsatz 81 bezeichnete Angebot zur körperlichen Bewegung darf im Rahmen einer Disziplinarmaßnahme nicht eingeschränkt werden.

E.14. Verlegung zwischen den Einrichtungen

96. Die Jugendlichen sind zu verlegen, wenn die ursprünglichen Kriterien für ihre Unterbringung oder der Fortschritt bei ihrer Wiedereingliederung in die Gesellschaft in einer anderen Einrichtung besser erfüllt werden können oder wenn schwerwiegende Gefahren für die Sicherheit oder Ordnung diese Verlegung dringend gebieten.

97. Jugendliche dürfen nicht zur Disziplinierung verlegt werden.

98. Jugendliche dürfen nur dann von einem Einrichtungstyp in einen anderen verlegt werden, wenn dies gesetzlich vorgesehen ist und von einer Justiz- oder Verwaltungsbehörde im Anschluss an eine angemessene Untersuchung angeordnet wird.

99.1. Alle die Jugendlichen betreffenden einschlägigen Informationen und Angaben sind zu übermitteln, um die kontinuierliche Betreuung sicherzustellen.

99.2. Die Bedingungen beim Transport der Jugendlichen müssen den Bedingungen einer menschenwürdigen Haft entsprechen.

99.3. Die Anonymität und Privatsphäre der verlegten Jugendlichen sind zu beachten.

E.15. Vorbereitung auf die Entlassung

100.1. Allen Jugendlichen, denen die Freiheit entzogen ist, muss im Hinblick auf den Wiedereintritt in die Gemeinschaft Unterstützung gewährt werden.

100.2. Jugendliche, deren Schuld festgestellt wurde, sind durch besondere Programme auf ihre Entlassung vorzubereiten.

100.3. Diese Programme sind in die individuellen Vollzugspläne gemäß Grundsatz 79.1 einzubeziehen und rechtzeitig vor der Entlassung durchzuführen.

101.1. Es sind Maßnahmen zu treffen, um den Jugendlichen eine schrittweise Rückkehr in die Gesellschaft zu ermöglichen.

101.2. Diese Maßnahmen sollen zusätzliche Möglichkeiten, die Anstalt zu verlassen umfassen sowie teilweise oder bedingte Entlassung in Verbindung mit wirksamen sozialen Hilfen.

102.1. Von Beginn des Freiheitsentzugs an haben die Vollzugsbehörden und die Stellen und Institutionen, die entlassene Jugendliche beaufsichtigen und unterstützen, eng zusammenzuarbeiten, um die Jugendlichen zu befähigen, sich wieder in die Gesellschaft einzufinden zum Beispiel durch:

a. Unterstützung bei der Rückkehr in ihre Familie oder der Suche nach einer Pflegefamilie und dem Aufbau anderer sozialer Beziehungen;
b. Suche nach einer Unterkunft;
c. Fortführung der schulischen und beruflichen Ausbildung;
d. Suche nach einem Arbeitsplatz;
e. Vermittlung an die zuständigen Einrichtungen für Fürsorge oder ärztliche Betreuung und
f. Bereitstellung von Geldmitteln.

102.2. In den Vollzugseinrichtungen müssen die Vertreter/Vertreterinnen dieser Dienste und Institutionen Zugang zu den Jugendlichen haben, um ihnen bei der Vorbereitung ihrer Entlassung behilflich zu sein.

102.3. Die betroffenen Dienste und Institutionen müssen verpflichtet sein, bereits vor dem Zeitpunkt der voraussichtlichen Entlassung wirksame Vorabunterstützung zu leisten.

103. Werden Jugendliche bedingt entlassen, unterliegt die Durchführung der Bewährungsentlassung den gleichen Prinzipien, die nach Maßgabe dieser Grundsätze auch für die Durchführung von ambulanten Sanktionen oder Maßnahmen gelten.

E.16. Ausländische Staatsangehörige

104.1. Jugendliche ausländischer Staatsangehörigkeit, die in dem Land ihrer Unterbringung verbleiben sollen, sind wie die anderen Jugendlichen zu behandeln.

104.2. Solange keine endgültige Entscheidung über die etwaige Überstellung von Jugendlichen mit ausländischer Staatsangehörigkeit in ihr Herkunftsland getroffen wurde, sind sie wie die anderen Jugendlichen zu behandeln.

104.3. Ist die Überstellung beschlossen worden, sind die Jugendlichen auf die Wiedereingliederung in ihrem Herkunftsland vorzubereiten. Wenn möglich soll eine enge Zusammenarbeit mit den Jugendämtern und den Justizbehörden stattfinden, um die erforderliche Unterstützung dieser Jugendlichen unmittelbar nach ihrem Eintreffen im Herkunftsland sicherzustellen.

104.4. Jugendliche ausländischer Staatsangehörigkeit sind über die Möglichkeit zu informieren, dass sie die Übertragung der Strafvollstreckung auf ihr Herkunftsland beantragen können.

104.5. Jugendlichen ausländischer Staatsangehörigkeit muss gestattet werden, längere Besuche zu empfangen oder andere Außenkontakte zu unterhalten, wenn dies erforderlich ist, um ihre soziale Vereinsamung auszugleichen.

105.1. Inhaftierte Jugendliche ausländischer Staatsangehörigkeit sind unverzüglich über ihr Recht zu informieren, mit der diplomatischen oder konsularischen Vertretung ihres Staates in Verbindung zu treten. Hierzu sind ihnen angemessene Möglichkeiten einzuräumen.

105.2. Jugendlichen aus Staaten ohne diplomatische oder konsularische Vertretung in dem Land sowie Flüchtlingen und Staatenlosen ist in gleicher Weise Gelegenheit zu geben, mit der diplomatischen Vertretung des Staates, der mit der Wahrnehmung ihrer Interessen beauftragt ist, oder mit einer nationalen oder internationalen Stelle, deren Aufgabe es ist, die Interessen dieser Person zu vertreten, in Verbindung zu treten.

105.3. Die Einrichtungen und die Fürsorgestellen haben mit den diplomatischen oder konsularischen Vertretern/Vertreterinnen dieser Jugendlichen in vollem Umfang zusammenzuarbeiten, um ihren besonderen Bedürfnissen gerecht zu werden.

105.4. Außerdem müssen Jugendliche ausländischer Staatsangehörigkeit, denen die Abschiebung droht, einen rechtlichen Rat und Beistand in dieser Sache erhalten.

E.17. Ethnische und sprachliche Minderheiten in den Einrichtungen

106.1. Für die Bedürfnisse von Jugendlichen, die ethnischen oder sprachlichen Minderheiten in den Einrichtungen angehören, sind besondere Vorkehrungen zu treffen.

106.2. Soweit möglich soll den verschiedenen Gruppen die Weiterpflege ihrer kulturellen Gebräuche in der Einrichtung erlaubt werden.

106.3. Sprachlichen Unzulänglichkeiten ist durch den Einsatz kompetenter Dolmetscher/Dolmetscherinnen und die Bereitstellung schriftlichen Materials in den Sprachen, die in der betreffenden Einrichtung gesprochen werden, zu begegnen.

106.4. Besondere Vorkehrungen sind zu treffen, um den Jugendlichen, die die Amtssprache nicht beherrschen, Sprachkurse anzubieten.

E.18. Jugendliche mit Behinderungen

107.1. Jugendliche mit Behinderungen sind in den üblichen Einrichtungen zu inhaftieren, wobei die Unterbringung ihren Bedürfnissen anzupassen ist.

107.2. Jugendliche mit Behinderungen, deren Bedürfnissen in den üblichen Einrichtungen nicht Rechnung getragen werden kann, sind in Spezialeinrichtungen zu verlegen, die diesen Bedürfnissen gerecht werden können.

F. Besonderer Teil

F.1. Polizeigewahrsam, Untersuchungshaft und andere Formen des Freiheitsentzugs vor der Verurteilung

108. Alle inhaftierten Jugendlichen, deren Schuld noch nicht gerichtlich festgestellt ist, gelten als unschuldig. Die Ausgestaltung des Vollzuges, dem sie unterworfen sind, darf nicht durch die Möglichkeit beeinflusst werden, dass sie in der Zukunft wegen einer Straftat verurteilt werden können.

109. Die besondere Verletzbarkeit von Jugendlichen zu Beginn ihres Freiheitsentzugs ist zu berücksichtigen, damit sichergestellt ist, dass sie jederzeit mit voller Achtung ihrer Würde und persönlichen Unversehrtheit behandelt werden.

110. Um eine durchgehende Betreuung dieser Jugendlichen zu garantieren, sind sie unverzüglich durch die Stellen zu unterstützen, die nach ihrer Entlassung oder während der Zeit einer freiheitsentziehenden oder ambulanten Strafe oder Maßnahme zukünftig für sie verantwortlich sind.

111. Die Freiheit dieser Jugendlichen darf nur in einem Maße beschränkt werden, das dem Zweck ihrer Unterbringung dient.

112. Diese Jugendlichen dürfen nicht zur Arbeit oder Teilnahme an einer Maßnahme oder Tätigkeit gezwungen werden, deren Erfüllung außerhalb des Vollzuges von Jugendlichen nicht verlangt werden kann.

113.1. Jugendlichen, deren Schuld noch nicht gerichtlich festgestellt ist, ist eine Auswahl an Maßnahmen und Tätigkeiten anzubieten.
113.2. Wenn diese Jugendlichen beantragen, an Maßnahmen teilzunehmen, die für diejenigen bestimmt sind, deren Schuld festgestellt ist, ist ihnen dies möglichst zu gestatten.

F.2. Fürsorgeeinrichtungen

114. Fürsorgeeinrichtungen sind hauptsächlich offene Einrichtungen und dürfen eine geschlossene Unterbringung nur in Ausnahmefällen und über einen Zeitraum anbieten, der so kurz wie möglich ist.
115. Alle Fürsorgeeinrichtungen bedürfen der Zulassung und Anerkennung seitens der zuständigen staatlichen Stellen. Sie müssen eine Behandlung anbieten, die den geforderten nationalen Standards entspricht.
116. Jugendlichen Straftäterinnen und Straftäter, die mit anderen Jugendlichen in Fürsorgeeinrichtungen untergebracht werden, müssen wie diese behandelt werden.

F.3. Psychiatrische Krankenhäuser

117. Die in psychiatrischen Krankenhäusern untergebrachten jugendlichen Straftäterinnen und Straftätern erhalten dieselbe allgemeine Behandlung wie andere in solchen Einrichtungen untergebrachte Jugendliche und dieselben vollzuglichen Angebote wie andere inhaftierte Jugendliche.
118. Über die Behandlung psychischer Gesundheitsprobleme in solchen Einrichtungen ist allein auf medizinischer Grundlage zu entscheiden. Sie muss den nationalen Standards, die für psychiatrische Krankenhäuser vorgeschrieben und zugelassen sind, sowie den in den einschlägigen internationalen Übereinkünften verankerten Grundsätzen entsprechen.
119. Über die in den psychiatrischen Krankenhäusern für jugendliche Straftäterinnen und Straftäter vorgesehenen Sicherheitsvorschriften ist im Wesentlichen auf medizinischer Grundlage zu entscheiden.

Teil IV:
Rechtsberatung und Rechtsbeistand

120.1. Die Jugendlichen und ihre Eltern oder Erziehungsberechtigten haben Anspruch auf Rechtsberatung und Rechtsbeistand bei Fragen in Bezug auf die Verhängung und Vollstreckung von Sanktionen oder Maßnahmen.
120.2. Die zuständigen Behörden müssen Jugendlichen angemessene Hilfe leisten, um ihnen einen effektiven und vertraulichen Zugang zu dieser Rechtsberatung und diesem Beistand zu ermöglichen; dazu gehören unbegrenzte und unbewachte Besuche ihres Rechtsanwalts/ihrer Rechtsanwältin.
120.3. Der Staat hat den Jugendlichen, ihren Eltern oder Erziehungsberechtigten unentgeltliche Rechtshilfe zu gewähren, wenn dies im Interesse der Rechtspflege geboten ist.

Teil V:
Beschwerdeverfahren. Inspektion und Kontrolle

G. Beschwerdeverfahren

121. Die Jugendlichen und ihre Eltern oder Erziehungsberechtigten müssen ausreichend Gelegenheit haben, sich mit Anträgen oder Beschwerden an die jeweils zuständige Stelle zu wenden.
122.1. Die Verfahren für die Stellung von Anträgen und die Einlegung von Beschwerden müssen einfach und wirkungsvoll sein. Die Entscheidungen über Anträge und Beschwerden müssen rasch getroffen werden.
122.2. Mediation und Maßnahmen der ausgleichenden Konfliktlösung sind als Mittel zur Abhilfe von Beschwerden oder Erledigung von Anträgen vorzuziehen.
122.3. Wird ein Antrag abgelehnt oder eine Beschwerde zurückgewiesen, sind den Jugendlichen und gegebenenfalls den betroffenen Eltern oder Erziehungsberechtigten die Gründe hierfür mitzuteilen. Die Jugendlichen oder gegebenenfalls ihre Eltern oder Erziehungsberechtigten müssen das Recht haben, bei einer unabhängigen und unparteiischen Behörde Rechtsbehelfe einzulegen.
122.4. Das Beschwerdeverfahren ist von der Behörde wie folgt durchzuführen:
   a. in einer Weise, die die Jugendlichen, ihre Bedürfnisse und Anliegen berücksichtigt;
   b. von Personen, die in jugendspezifischen Angelegenheiten erfahren sind und
   c. so nah wie möglich am Ort der Unterbringung der Jugendlichen oder der Durchführung der ambulanten Sanktionen oder Maßnahmen, die gegen die Jugendlichen verhängt wurden.
122.5. Selbst wenn die Ausgangsbeschwerde oder der Antrag oder der danach eingelegte Rechtsbehelf vornehmlich schriftlich erfolgt, müssen die Jugendlichen das Recht auf persönliche Anhörung haben.
123. Jugendliche dürfen nicht wegen der Stellung eines Antrags oder der Einlegung einer Beschwerde bestraft werden.
124. Jugendliche und deren Eltern oder Erziehungsberechtigte sind berechtigt, sich in Bezug auf Beschwerde- und Rechtsbehelfsverfahren anwaltlich beraten und vertreten zu lassen, wenn dies im Interesse der Rechtspflege geboten ist.

H. Aufsicht und Kontrolle

125. Die Einrichtungen, in denen Jugendlichen die Freiheit entzogen ist, und die Regierungsbehörden, die ambulante Sanktionen oder Maßnahmen durchführen, sind regelmäßig von einer staatlichen Stelle zu kontrollieren, um zu prüfen, ob sie in Übereinstimmung mit den Anforderungen des innerstaatlichen Rechts, des Völkerrechts sowie diesen Grundsätzen geführt werden.
126.1. Die Bedingungen in diesen Einrichtungen und die Form der Behandlung der Jugendlichen, denen die Freiheit entzogen ist oder gegen die ambulante Sanktionen oder Maßnahmen durchgeführt werden, sind von einem
oder mehreren unabhängigen Gremien zu kontrollieren, zu denen die Jugendlichen einen vertraulichen Zugang haben. Die Ergebnisse sind zu veröffentlichen.

126.2. Bei den unabhängigen Kontrollen muss der Anwendung von Gewalt und Zwangsmitteln, Disziplinarmaßnahmen und anderen besonderen Formen der restriktiven Behandlung besondere Aufmerksamkeit gewidmet werden.
126.3. Alle Todesfälle bei Jugendlichen oder Fälle ihnen zugefügter erheblicher Schäden sind einer unverzüglich durchgeführten eingehenden und unabhängigen Untersuchung zu unterziehen.
126.4. Diese unabhängigen Kontrollgremien sind zu ermutigen, mit den internationalen Stellen zusammenzuarbeiten, die rechtlich befugt sind, die Einrichtungen zu besuchen, in denen Jugendliche inhaftiert sind.

Teil VI:
Personal

127.1. In einem umfassenden Konzept sollen für alle Bediensteten, die für die Durchführung von ambulanten Sanktionen oder Maßnahmen und die Vollstreckung von freiheitsentziehenden Strafen, die gegen Jugendliche ausgesprochen werden, zuständig sind, Aspekte der Rekrutierung, Auswahl, Ausbildung, rechtlichen Stellung, Führungsaufgaben und Arbeitsbedingungen verbindlich niedergelegt werden.
127.2. Dieses Konzept soll auch die grundsätzlichen Standesregeln aufführen, die von den für diese Jugendlichen verantwortlichen Bediensteten zu beachten und die im Wesentlichen auf die Zielgruppe dieser Jugendlichen ausgerichtet sind. Darin ist ebenfalls ein wirksamer Mechanismus vorzusehen, um Verstöße gegen die Standes- und Berufsregeln zu behandeln.
128.1. Für die Rekrutierung und Auswahl von Bediensteten, die sich um Jugendliche kümmern, sind besondere Verfahren zu schaffen, die die persönlichen Eigenschaften und beruflichen Qualifikationen, die erforderlich sind, um mit Jugendlichen und ihren Familien umzugehen, berücksichtigen.
128.2. Rekrutierungs- und Auswahlverfahren sollen offen, klar, auf Objektivität bedacht und nicht diskriminierend sein.
128.3. Bei der Rekrutierung und Auswahl soll das Erfordernis berücksichtigt werden, Männer und Frauen zu beschäftigen, die über die notwendigen Fähigkeiten verfügen, um die sprachlichen und kulturellen Unterschiede der ihrer Verantwortung übergebenen Jugendlichen zu berücksichtigen.
129.1. Die Bediensteten, die mit der Durchführung von ambulanten Sanktionen und Maßnahmen und freiheitsentziehenden Strafen von Jugendlichen betraut sind, müssen eine angemessene Ausbildung erfahren, die die theoretischen und praktischen Aspekte ihrer Arbeit umfasst; ihnen soll durch Anleitung ermöglicht werden, ein realistisches Verständnis ihres besonderen Tätigkeitsbereichs, ihrer konkreten Verpflichtungen und der mit ihrer Tätigkeit verbundenen standesrechtlichen Anforderungen zu entwickeln.
129.2. Die berufliche Kompetenz der Bediensteten ist regelmäßig durch Weiterbildung, Supervision, Leistungsbeurteilung und Personalgespräche zu verbessern und weiterzuentwickeln.

129.3. Die Aus- und Weiterbildung soll umfassen:
   a. Standesregeln und Grundwerte des betreffenden Berufs;
   b. nationale Schutzbestimmungen und internationale Übereinkünfte über die Rechte des Kindes und den Schutz Jugendlicher vor unannehmbarer Behandlung;
   c. Jugend- und Familienrecht, Entwicklungspsychologie, Sozial- und Bildungsarbeit mit Jugendlichen;
   d. Schulung, wie Jugendliche anzuleiten und zu motivieren sind, wie man deren Achtung gewinnen und ihnen Perspektiven eröffnen und positive Beispiele geben kann;
   e. Herstellung und Pflege beruflicher Beziehungen zu den Jugendlichen und ihren Familien;
   f. bewährte Vorgehensweisen und professionelle Standardverfahren;
   g. Formen der Behandlung unter Berücksichtigung der Unterschiede bei den betroffenen Jugendlichen, und
   h. Möglichkeiten der Zusammenarbeit innerhalb multidisziplinärer Teams und mit anderen Einrichtungen, die mit der Behandlung der einzelnen Jugendlichen befasst sind.
130. Die Zahl der mit der Durchführung von ambulanten Sanktionen und Maßnahmen und von freiheitsentziehenden Strafen bei Jugendlichen betrauten Bediensteten muss ausreichend sein, um die verschiedenen ihnen obliegenden Aufgaben wirksam erfüllen zu können. Es muss eine ausreichende Zahl an Fachkräften zur Verfügung stehen, um den Bedürfnissen der Jugendlichen während ihrer Betreuung gerecht zu werden.
131.1. Die Bediensteten sind in aller Regel fest anzustellen.
131.2. Es sind geeignete ehrenamtliche Kräfte zu gewinnen, die an den Aktivitäten mit Jugendlichen mitwirken.
131.3. Die mit der Durchführung von Sanktionen oder Maßnahmen betraute Stelle trägt die weitere Verantwortung bei der Beachtung dieser Grundsätze, selbst wenn andere Organisationen oder Personen am Durchführungsprozess mitwirken, unabhängig davon, ob diese von ihren Dienststellen vergütet werden oder nicht.
132. Die Bediensteten sind so einzusetzen, dass eine kontinuierliche Betreuung der Jugendlichen gewährleistet ist.
133. Den mit Jugendlichen arbeitenden Bediensteten müssen angemessene Arbeitsbedingungen und Vergütungen zukommen, die der Art ihrer Tätigkeit entsprechen und mit denjenigen anderer Personen vergleichbar sind, die ähnliche berufliche Tätigkeiten ausüben.
134.1. Um eine wirksame Zusammenarbeit zwischen dem Personal zu fördern, das mit Jugendlichen in der Gesellschaft außerhalb des Vollzuges arbeitet, und den in einer Vollzugseinrichtung tätigen Bediensteten, soll beiden Gruppen die Möglichkeit eröffnet werden, entweder versetzt zu werden oder an einer Ausbildung teilzunehmen, um in der jeweils anderen Gruppe zu arbeiten.
134.2. Haushaltseinsparungen dürfen niemals zur Beschäftigung von Bediensteten führen, denen die nötige Qualifikation fehlt.

Teil VII:
Evaluation, Forschung, Verhältnis zu den Medien und der Öffentlichkeit

I. Evaluation und Forschung

135. Die Sanktionen und Maßnahmen für Jugendliche sind anhand von Forschungsstudien und auf der Grundlage einer wissenschaftlichen Evaluation zu entwickeln.
136.1. Zu dem Zweck sind vergleichende Daten zusammenzutragen, die die Bewertung des Erfolgs oder Misserfolgs von Sanktionen und Maßnahmen, die in Einrichtungen oder außerhalb des Vollzugs durchgeführt werden, zulassen. Bei einer solchen Evaluation sind die Rückfallquoten und deren Gründe zu berücksichtigen.
136.2. Außerdem sind Daten zur persönlichen und sozialen Situation der Jugendlichen sowie über die Bedingungen in den Einrichtungen, in denen die Jugendlichen untergebracht sind, zu sammeln.
136.3. Die Behörden sind für das Sammeln der Daten und das Erstellen der Statistiken zuständig, um insbesondere die Durchführung regionaler und anderer Vergleiche zu ermöglichen.
137. Die von unabhängigen Gremien durchgeführten kriminologischen Studien über alle Aspekte der Betreuung Jugendlicher sind durch finanzielle Unterstützung und einen vereinfachten Zugang zu Daten und Einrichtungen zu fördern. Die Ergebnisse dieser Studien sind zu veröffentlichen, auch wenn sie von innerstaatlichen Stellen in Auftrag gegeben wurden.
138. Die Studien haben die Privatsphäre der Jugendlichen zu achten und den Regeln zu genügen, die im innerstaatlichen und internationalen Datenschutzrecht niedergelegt sind.

J. Verhältnis zu den Medien und der Öffentlichkeit

139.1. Die Medien und die Öffentlichkeit sind regelmäßig mit Sachinformationen über die Bedingungen in den Einrichtungen zu bedienen, die für die Unterbringung von Jugendlichen, denen die Freiheit entzogen ist, zuständig sind und über die Schritte, die zur Durchführung von ambulanten Sanktionen und Maßnahmen gegen Jugendliche unternommen worden sind.
139.2. Die Medien und die Öffentlichkeit sind über Inhalt und Zweck der gegen Jugendliche verhängten ambulanten Sanktionen und Maßnahmen sowie freiheitsentziehenden Strafen und über die Arbeit der mit deren Durchführung betrauten Bediensteten zu unterrichten, um ein besseres Verständnis der Bedeutung solcher Sanktionen oder Maßnahmen in der Gesellschaft zu fördern.
140. Die zuständigen Behörden sind zu ermutigen, regelmäßige Berichte über die Fortentwicklung der Unterbringungsbedingungen in Einrichtungen für Jugendliche sowie über die Durchführung von ambulanten Sanktionen und Maßnahmen zu veröffentlichen.
141. Die Medien und Personen, die ein berufliches Interesse an jugendspezifischen Fragen haben, müssen Zugang zu den Einrichtungen haben, in denen Jugendliche untergebracht sind, unter der Voraussetzung, dass die

Rechte und insbesondere die Privatsphäre von Jugendlichen geschützt werden.

Teil VIII:
Aktualisierung der Grundsätze

142. Diese Grundsätze sind regelmäßig zu aktualisieren.

Stichwortverzeichnis

Die fett gedruckten Zahlen bezeichnen den Paragrafen bzw. den Anhang, die mageren die Randnummer.

Abgabe der Vollstreckungsleitung **82** 7, **85** 1 ff, 12
- Bei mehreren Vollstreckungen **89 a** 8
- Herausnahme aus Jugendvollzug **85** 10 f

Abgabe des Verfahrens an das Jugendgericht **33** 8

Abgabe des Verfahrens an Jugendgericht **33** 4 f

Ablösung von der Familie **105** 17

Abschiebehaft, Anrechnung
- Auf Jugendarrest **52** 2
- Auf Jugendstrafe **52 a** 3

Abschiebung des Verurteilten **83** 4
- Absehen von der weiteren Vollstreckung **88** 62 f
- Wiedereinreise **85** 8

Absehen von Kostenauferlegung **74** 5 ff

Absehen von Verfolgung **5** 16
- Jugendliche vor Erwachsenengerichten **104** 15

Absehen von Vollstreckung
- Bei Jugendarrest **87** 5 ff
- Wegen Abschiebung **88** 62 f

Absoluter Revisionsgrund
- Jugendschöffenwahl **35** 10
- Örtliche Zuständigkeit **42** 24

Absprachen **2** 26

Abstandsgebot
- Sicherungsverwahrung **7** 16

Adhäsionsverfahren **81** 1
- Bei Heranwachsenden **109** 13 f

Adoleszenz **105** 8 ff
- Biologische Aspekte **105** 10 ff
- Hormonelle Regulation **105** 11
- Psychologische Aspekte **105** 13 ff
- Psychosoziale Aspekte **105** 19
- Transkulturelle Perspektiven **105** 20 f

Adoleszenzkorridor **107** 1

Aktenkenntnis der Schöffen **33 a** 3

Alkoholsucht, Therapie
- Reststrafaussetzung **88** 23
- Unterbrechung Strafvollstreckung **88** 71

Altersabhängigkeit von Straffälligkeit **5** 45

Altersbestimmung **1** 6 f, **105** 10
- Fehler **1** 12
- Fristenberechnung **33** 10

Altersgrenzen **105** 9

Altersstufen, Straftaten aus verschiedenen **109** 2

Alt- und Neufälle nachträglicher Sicherungsverwahrung
- nachträgliche Sicherungsverwahrung **7** 31

Ambulante Doppelstrategie *siehe Doppelstrategie, ambulante*

Ämterunion **34** 9

Amtsenthebung von Schöffen **35** 4

Amtshilfe bei Verwarnungsvollstreckung **14** 11

Amtsverfahren der Reststrafaussetzung **88** 16

Anerbieten **23** 8 f

Anfangsverdacht **43** 4

Anfechtungsberechtigung **55** 12 ff

Angeklagter
- Ausschließung von der Hauptverhandlung **51** 1 ff
- Einwand der Unzuständigkeit **47 a** 7
- Verhandlung in Abwesenheit **50** 1 ff, 35

Angeschuldigten-Begriff **42** 5

Angeschuldigter, Begriff **42** 5

Anhörung
- Bei Bewährungsaussetzung **57** 12, **58** 4 ff, **62** 7
- Bei Nachträglichen Entscheidungen **65** 7 f, **66** 14
- Im Verfahren zur Aussetzung der Vollstreckung **88** 11, 15

Anhörungsbogen (Vernehmung) **43** 11 ff

997

Anklageerhebung
- Bindungswirkung 39 8
- Einstellung des Verfahrens danach 47 1 ff
- Zuständigkeit 33 5

Anklageschrift 46 1 ff
- Rücknahme 39 8

Anklage vor allg. Strafgericht 112 1 ff

Anklagezuständigkeit bei Heranwachsenden 108 2

Anordnung Ausschließung von der Hauptverhandlung 51 14 ff

Anrechnung
- Auf Jugendarrest 52 1 ff
- Auf Jugendstrafe 52 a 1 ff
- Von Untersuchungshaft 87 4

Anschlussstrafe 114 1

Anstaltskleidung A 136

Anti-Aggressions-Training
- Als Diversionsmaßnahme 45 30
- Vorläufige Anordnung der Erziehung 71 9

Anti-Agressions-Training 10 36; siehe Weisungen

Antrag auf Aussetzung der Vollstreckung 88 7, 21, 53

Antrag auf Schutz vor unzulässiger Medienberichterstattung 48 34

Antrag auf Vereinfachtes Verfahren 76 1 ff, 77 1 ff

Anwalt siehe Verteidiger

Anwaltsgebühren 74 11 ff

Anwendung Jugendstrafrecht
- Entwicklungszustand des Beschuldigten 73 2
- Heranwachsende 108 1 ff
- Jugendliche vor Erwachsenengerichten, Verfahren 104 7 ff

Anwendungssystematik, abgestufte 5 13 f

Anwesenheit in der Hauptverhandlung 48 1 ff
- Angehörige 48 14
- Angeklagte 48 11 ff, 50 11 ff, 51 8 ff
- Bedenken dagegen 51
- Beistand 48 16, 69
- Betreuungshelfer 48 19
- Bewährungshelfer 48 19

- Erziehungsbeistand 48 19
- Erziehungsberechtigte und gesetzliche Vertreter 48 11, 50 15 ff, 51 2 f, 14 ff, 22 ff, 33 ff
- Heranwachsende 50 3 ff
- JGH 50 20 ff
- Leiter einer Einrichtung 48 19
- Presse 48 25
- Rechtmittel 48 37 ff
- Schulklassen 48 23
- Verfahren gegen Abwesende 50 10
- Verletzter 48 13
- Verteidiger 48 11
- Zeugen 48 12
- Zu Ausbildungszwecken 48 22

Apokryphe Haftgründe der Untersuchungshaft 72 4 ff

Arbeit im Jugendstrafvollzug A 165 ff, 178 ff

Arbeitsauflage 15 5, 15 ff

Arbeitsgerichtsbarkeit, Laienrichter 33 a 5

Arbeitsgruppe Familiengerichtliche Maßnahmen bei Gefährdung des Kindeswohls 34 7 f

Arbeitsleistungen
- Arbeitsschutz 10 22
- Mutterschutz 10 47
- Verhältnismäßigkeit 10 21
- Versicherungsschutz 10 22
- Vorläufige Anordnung der Erziehung 71 10

Arrest, Kurzarrest 86 1

Aufenthaltsort des Beschuldigten
- Des Heranwachsenden 108 9
- Einäscherung 42 10
- Örtliche Zuständigkeit 42 8, 20, 22

Auf freiem Fuß 42 11 f

Aufhebung der Reststrafaussetzung 88 45 ff

Aufklärungspflicht des Gerichts 37 4

Auflagen 15, 65 1 ff
- Änderung 15 23
- Anfechtung 59 10 ff
- Arten 15 4 ff
- Auflagenverstoß 26 9 f
- Kosten 74 10

998

- Nachträgliche Entscheidungen 23 6
- Nichterfüllung 15 24 f
- Soldaten 15 2, 112 a-e 13
- Zulässige Auflagen 23 5

Aufnahme des Verurteilten 85 6

Aufnahmersuchen *siehe Ersuchen um Aufnahme zum Jugendstrafvollzug*

Aufwendungsersatzanspruch der JVA A 235

Ausbildung im Jugendstrafvollzug A 54 f, 96, 165 ff, 180
- Anerkennung A 183 f
- Entlassungsvorbereitung A 113, 121
- Im Vollzug begonnene Bildungsmaßnahmen A 181
- Koordination A 119 f
- Modulare Qualifizierung A 171

Ausführung während des Jugendstrafvollzugs A 102

Ausgang in Begleitung A 103 f

Auslagen *siehe Kosten des Verfahrens*

Ausländer
- Ausländerrechliche Weisungen 10 13
- Entlassung in eine Gemeinschaftsunterkunft für Asylbewerber 88 23
- Persönlichkeitserforschung 43 22
- Pflichtverteidigung 68 9

Ausländische Urteile 54 34

Auslieferungshaft, Anrechnung
- auf Jugendarrest 52 2
- auf Jugendstrafe 52 a 3

Aussageverweigerungsrecht im Vorverfahren 44 4

Ausschließung der Öffentlichkeit 48 1 ff

Ausschließung von der Hauptverhandlung 51 1 ff
- Angeklagter 51 1 ff
- Erziehungsberechtigten und gesetzlichen Vertreter 51 2 f, 22 ff, 33 ff
- Erziehungsberechtigter und gesetzlicher Vertreter 51 14 ff
- Heranwachsende 51 4
- Initiative und Zuständigkeit 51 40 f
- Nach allg. Verfahrensrecht 51 7
- Rechtsmittel 51 42 ff
- Unterrichtung nach Wiederzulassung 51 13

Außenbeschäftigung während des Jugendstrafvollzugs A 98

Außenkontakte
- Ausgestaltung Jugendstrafvollzug A 34, 206 ff
- Besuch A 210 ff
- Pakete A 226 ff
- Schriftwechsel A 216 ff
- Telekommunikation A 221 ff

Aussetzung der Entscheidung bei richterlicher Ermahnung 45 44

Aussetzung der Hauptverhandlung 36 6, 50 34

Aussetzung der Verhängung der Jugendstrafe 30 10 ff, 62 1 ff, 5
- Anfechtung 63 1 ff
- Auflagen 29 1 f
- Bewährungshilfe 29 1 f
- Bewährungszeit 28 1 f
- Kostenentscheidung 74 2
- Praxis 27 3
- Tilgung des Schuldspruchs 30 9
- Verfahren 27 14 ff
- Verhängung der Jugendstrafe 30 2 ff
- Voraussetzungen 27 4 ff
- Weisungen 29 1 f
- Zweck 27 2

Aussetzung der Vollstreckung 88 1 ff; *siehe Bewährung*
- Anhörung 88 11 f
- Antrag zur Aussetzung der Vollstreckung 88 7, 21, 53
- Aufhebungsentscheidung 88 45 ff
- Bei Lockerungen und Freigang 88 2
- Einverständnis des Verurteilten 88 29
- Entwicklung im Vollzug 88 24
- Jugendliche vor Erwachsenengerichten 104 22
- Mindestverbüßungsdauer 88 22
- Rechtsmittel 88 58
- Schwebendes Ermittlungsverfahren 88 30

999

Stichwortverzeichnis

- Urteilsgründe 54 60
- Verfahren 88 4 ff
- Vollstreckung von Jugendstrafe nach Erwachsenenvollzugsrecht 88 1

Bagatelldelikte
- Diversion nach § 45 I 45 16
- Diversion nach § 45 II 45 33
- Unterbringung zur Beobachtung 73 7

Bandenkriminalität 88 17

Basisprognose bei Reststrafaussetzung 88 16

Befangenheit des Jugendrichters 34 2

Befragungspflicht 57 13 f

Befundtatsachen 43 56

Behandlungsmaßnahmen der JVA A 144 ff, 148 f, 158
- Dissozialität A 161
- Gewaltstraftäter A 151 f, 155
- Jungentypisches Verhalten A 147
- Psychotherapie A 145, 153, 162 f
- Soziale Hilfe A 146

Behandlungsuntersuchung siehe Zugangsuntersuchung im Jugendstrafvollzug

Beistand 69 1 ff
- Anwesenheitsrecht 48 16

Beiziehung von Akten zur Persönlichkeitserforschung 43 34

Bekanntgabe der Verurteilung 6 2

Belehrung
- Jugendlicher Beschuldigte 43 9
- Minderjährige Zeugen 43 9
- Sachverständigengutachten 43 57
- Über Aussageverweigerungsrecht 43 10
- Über Besprechungsrechte mit Erziehungsberechtigtem 43 10
- Vernehmung im Vorverfahren 44 4

Beratungshilfe 68 16

Bericht der JGH 38 11 ff, 33 f, 72 a 4

Bericht des Vollzugsleiters 88 7

Berufung siehe Rechtsmittel

Berufungsverfahren
- Große Jugendkammer 33 b 3 ff
- Kleine Jugendkammer 33 b 1

Beruhensfrage bei relativen Revisionsgründen 36 7

Beschleunigtes Verfahren
- Heranwachsende 79 2
- Jugendliche 79 1
- Rechtsfolge 79 4

Beschleunigungsgrundsatz **Vor 82 ff 5, 79 3**
- Bei Untersuchungshaft und Heimunterbringung 72 25 ff
- Ermittlungsverfahren 43 3, 8
- Vollstreckung des Jugendarrests 87 2

Beschränkte Rechtskraft, Wiederaufnahmeverfahren 47 19 f

Beschuldigten-Begriff 42 5

Beschuldigter
- Mitwirkungspflicht Sachverständigengutachten 43 55
- Vernehmung 43 11 ff
- Vernehmung im Vorverfahren 44 1 ff

Beschuldigter, Begriff 42 5

Beschwerde
- Erziehungsberechtigte 67 24
- Gegen Nichtbestellung Beistand 69 8
- Gegen Vollstreckungsentscheidungen 83 7
- Verbundenes Verfahren 103 35

Beschwerdegericht, Zuständigkeit Jugendkammer 41 17

Beseitigung des Strafmakels bei Heranwachsenden
- BZR 111 1
- Gesetzesziel 111 1
- Registerrechtliche Folgen 111 4
- Verfahren 111 2 f
- Zuständigkeit 111 3

Besetzung der großen Jugendkammer 33 b 6 f

Besetzungseinwand 33 21

Besetzungsreduktion bei Großer Jugendkammer 33 b 2

Besondere Bedeutung des Falles
- Zuständigkeit der Jugendkammer 41 9

Besondere Sicherungsmaßnahmen gegen Gefangene A 255 ff
- Absonderung, Einzelhaft A 262
- Ärztlicher Dienst A 267 ff
- Beobachtung mit technischen Hilfsmitteln A 261
- Fesselung A 263
- Haftraum A 266
- Schusswaffengebrauch A 274 f
- Unmittelbarer Zwang A 273

Bestimmtheitsgebot 15 4
Betreuungsanweisung 38 17
Betreuungshelfer
- Abgrenzung Bewährungshelfer 10 33
- Anwesenheitsrecht 48 19
- Arrest 10 34; siehe Ungehorsamsarrest
- Auswahl 10 32
- Dauer der Weisung 10 31
- JHG 10 32
- Teilnahme an der Hauptverhandlung 50 27
- Voraussetzungen 10 30
- Weisungen 10 28
- Zugang zu U-Häftling 72 b 1

Betreuungsweisung
- Vorläufige Anordnung der Erziehung 71 10

Bewährung 57 1 ff; siehe Auflagen; Aussetzung der Jugendstrafe zur Bewährung; Aussetzung der Vollstreckung; Erlass; Weisungen; Widerruf der Bewährung
- Anfechtung 59 1 ff
- Belehrung 54 70
- Bewährungszeit 22 1 ff
- Jugendarrest 87 1
- Längerwährende Bewährung vor dem Strafvollzug 88 24
- Legalprognose 88 27 f
- Praxis 21 4
- Prognose künftigen Verhaltens 21 7 ff
- Verfahren 21 22 ff
- Voraussetzungen 21 5 ff
- Widerruf der Bewährung für den Strafrest 88 38 f
- Zweck 21 2

Bewährung im Ausland 88 35

Bewährungsauflagen 88 34
- Mehrere Straftaten, Verfahren 31 50

Bewährungsaufsicht 88 37
Bewährungsbeschluss 54 22
Bewährungshelfer 25 6 ff, 113 1 ff
- Anwesenheitsrecht 48 19
- Aufgaben 24 5 ff
- Ausbildung 113 5
- Auswahl 24 4
- Bestellung 25 3
- Dauer der Unterstellung 24 3
- Erziehungsbeistandschaft 12 17
- JGH, Haftentscheidungshilfe 72 a 8
- Nachträgliche Entscheidungen 24 12
- Pflichten 24 10 f
- Rechte 24 9
- Soldaten 112 a-e 14
- Teilnahme an der Hauptverhandlung 50 27
- Träger 113 4
- Weisungsbefugnis des Gerichts 25 4 f
- Zugang zu U-Häftling 72 b 1
- Zweck 24 1 f

Bewährungshilfe
- Entlassungsvorbereitung A 111, 116
- Vernetzung des Vollzugs A 35

Bewährungsplan 60 1 ff, 64 1 f
Bewährungsstrafe, Belehrung 54 70
Bewährungszeit 88 33
- Heimerziehung 12 27

Bewegliche Zuständigkeit
- Erweitertes Jugendschöffengericht 33 a 6
- Gesetzlicher Richter 41 10
- Verfassungskonformität 41 10

Beweisaufnahme
- Ausschließung von der Hauptverhandlung 51 9
- Jugendschöffengericht 40 13
- Vereinfachtes Verfahren 78 10

Beweismittel
- Anklageschrift 46 2
- Urteilsgründe 54 48 f

1001

Beweisverwertungsverbot
- Eintragung im Führungsregister 97 8
- Gespräche der JGH 38 12
- Vernehmungsfehler 43 10, 13

Beweiswürdigung
- Anklageschrift 46 3
- Urteilsgründe 54 50 ff

Bezirksjugendgericht 33 15, 17

Bezirksjugendrichter, Wahl der Jugendschöffen 35 8

Bezirksjugendschöffengericht 33 18

Bezirksjugendschöffenrichter 34 9

BGB 34 1

BGH
- Jugendliche vor Erwachsenengerichten 102 4

BGH als Revisionsgericht 33 6

Bindungswirkung, Anklageerhebung 39 8

Biographische Datenanalyse 105 34

Bundesgerichtshof
- Jugendliche vor Erwachsenengerichten **Vor 102** 4

Bundesregierung, Erlass v. Rechtsverordnungen 33 15

Bundeswehr 112 a-e 1 ff

Bundeszentralregister
- Beseitigung des Strafmakels bei Heranwachsenden 111 1
- Beseitigung Strafmakel und registerrechtl. Folgen 111 4

Bußgeldsachen
- Örtliche Zuständigkeit 42 6
- Sachliche Zuständigkeit des Jugendrichters 39 2

Bußgeldverfahren *siehe Ordnungswidrigkeitenverfahren*

Bußgeldvollstreckungszuständigkeit 82 6

Datenschutz 34 2
- Im Ermittlungsverfahren 43 39 f
- Persönlichkeitserforschung 43 39 ff

Datenschutzregeln für JGH 38 19

Defizitorientierte Erziehung 5 14 f

Deutsche für das Schöffenamt 35 4

Diagnostik *siehe Zugangsuntersuchung im Jugendstrafvollzug*

Disziplinarmaßnahmen gegen Gefangene **A 281** ff

Disziplinarvorgesetzter 112 a-e 5, 9 ff

Diversion 5 7, 15, 45 2 ff; *siehe Einstellung des Verfahrens nach § 47*
- Begriff 45 3
- Bei BtM-Delikten 45 14
- Bei Gericht 47 3
- Bei geringer Schuld 45 10 f
- Bei Heranwachsenden 109 8 ff
- Bei OWi-Verfahren 45 46
- Einstellung nach StPO 45 10
- Grenzen 45 6
- Informelle Erledigung 45 3
- Kritik 45 7
- Opportunitätsprinzip 45 2
- Polizeidiversion 45 22
- Rechtsmittel 45 47
- Rückfallquote 45 5
- Strafklageverbrauch 45 45
- Vergleich mit Erwachsenenstrafrecht 5 12

Diversion nach § 45 I
- Bagatell- und Massendelikte 45 16
- Deliktarten 45 17
- Geringe Schuld 45 18
- Mangelndes öffentliches Interesse 45 19
- Mitteilungen 45 20
- Voraussetzung 45 16

Diversion nach § 45 II
- Einbeziehung soziales Umfeld 45 29
- Entscheidungskompetenz Jugendstaatsanwalt 45 22, 25
- Ermahnungsgespräche 45 30
- Erzieherische Maßnahmen 45 26
- Erziehungsberechtigte 45 25, 28, 30
- Gegen Auflagen 45 21
- Normverdeutlichendes Gespräch 45 23, 27
- Schülergerichte 45 35 f
- Sofortiger Schadensausgleich 45 24
- Täter-Opfer-Ausgleich 45 31 ff

Diversion nach § 45 III
- Aussetzung der Entscheidung 45 44
- Geständniserfordernis 45 38 ff
- Jugendrichterliches Ermahnungsverfahren 45 37 ff
- Jugendstaatsanwaltschaft 45 43
- Weisungen 45 42

Diversionsentscheidung
- U-Haft gegen Heranwachsende 72 a 2

Diversionsrichtlinien 45 8, 17
Dolmetscher 88 13
Doppelstrategie, ambulante 21 2, 24 1, 26 2, 29 1
Doppelwohnsitz des Beschuldigten 42 8

Dringender Tatverdacht
- Unterbringung zur Beobachtung 73 5
- Untersuchungshaft, Voraussetzungen 72 3

Drogenabhängigkeit *siehe Drogentherapie*
- Als Voraussetzung einer Unterbrechung der Strafvollstreckung für eine Drogentherapie 88 71
- Apokryphe Haftgründe 72 4
- Einstw. Unterbringung 71 14
- Weisungen 10 10

Drogenberatung als Diversionsmaßnahme 45 30

Drogentherapie
- Adaptionsphase 88 70
- Ambulante Drogentherapie 88 68
- Auswahl der Therapieeinrichtung 88 67
- Kombinierte Therapie 88 68
- Reststrafaussetzung nach Abbruch 88 23
- Stationäre Therapie 88 68
- Unterbrechung einer Strafvollstreckung 88 66 ff

Duales System 5 22, 38 4
Dunkelfeld Vor 1 ff 6
Durchsuchungen der Gefangenen A 128, 135, 244 ff
Durchsuchungsanordnung durch Jugendrichter 34 5
DVD-Player in der JVA A 199

Ehrenamtliche Richter 33 a 5
Eigengeld der Gefangenen A 137, 230, 232 f
Einbeziehung *siehe Mehrere Straftaten*
- Erwachsenenurteil, Zuständigkeit 110 3
- Rechtskräftiger Entscheidungen 54 27, 31
- Von Urteilen des OLG oder BGH Vor 102 5
- Zugunsten des Jugendschöffengerichts 40 3

Eingriffsintensität 5 20
Eingriffsschwere 5 13

Einheitssanktion
- Nachträgliche Entscheidung 66 1 ff

Einheitsstrafe
- Teilvollstreckung 56 5 f

Einsichtsfähigkeit 3 2, 24

Einspruch
- Gegen die Schöffen-Vorschlagsliste 35 7

Einstellung des Verfahrens 45 9 ff; *siehe Diversion*
- Kostenentscheidung 74 2
- Vereinfachtes Verfahren 78 1, 16

Einstellung des Verfahrens nach § 47
- Bei mangelnder Strafreife 47 11
- Beteiligung StA 47 13, 15 ff
- Erzieherische Maßnahmen 47 9
- Geringe Schuld 47 8
- Geständnis 47 10
- Hauptverfahren 47 5
- Im Zwischenverfahren 47 4
- Kostenentscheidung 47 16
- Mangelnde Strafreife 47 11
- Nach Stufenverhältnis 47 7 ff
- Vereinfachtes Verfahren 47 2
- Vorläufige Einstellung 47 12 ff
- Wiederaufnahme 47 19 f
- Zwischenverfahren 47 4

Einstellungsmöglichkeiten 5 15
Einstiegsarrest 16 35 ff
Einstweilige Unterbringung 34 1, 5; *siehe Heimunterbringung*
- Als vorläufige Anordnung 71 15
- Anrechnung auf Jugendarrest 52 4

1003

- Aufhebung, Rechtmittel 71 25
- Jugendliche vor Erwachsenengerichten 104 16
- Kosten 71 24
- Notwendige Verteidigung 68 5 f, 14

Einverständnis des Verurteilten mit vorzeitiger Entlassung 88 29
Einwand der Unzuständigkeit 47 a 7
Einzelfallanalyse 5 27 ff
Einzelfallkriminologie 5 28 ff
- Diagnose 5 36
- Ergebnisqualität 5 31
- Gewichtung der Faktoren 5 46
- Jugendkriminologische Kriterien 5 37 ff
- Kriterienkatalog 5 47 f
- Methodik 5 34 f, 49
- Praxis 5 29 ff
- Qualitätskriterien 5 33 ff
- Standards 5 32
- Verfahren 5 30

Einzelhaftraum A 303
Einzelunterbringung im Jugendstrafvollzug A 132, 240, 303
Elektronische Überwachungssysteme
- Entlassungsurlaub A 108
Elterliches Erziehungsrecht 34 7 f
- Erziehungsmaßregeln 9 13
- Gegenüber Heranwachsenden 107 3
- Weisungen 10 11, 18
Eltern 67 1 ff
- Kooperation mit dem Jugendamt 34 7 f
Entlassung *siehe Aussetzung der Vollstreckung*
- Abgabe der Vollstreckungsleitung 85 9
Entlassungsvorbereitung A 69, 73, 107 ff, 108, 114 ff, 115, 117, 149
- Förderplan A 54
- JGH A 111
- Jugendbewährungshilfe A 111, 116, 119
- Koordination A 120
- Übergangsmanagement A 116 ff, 122

Entlassungszeitpunkt
- Planung 88 6
- Reststrafaussetzung 88 22 ff
Entschädigung 81 1 ff
Entscheidung im Vollstreckungsverfahren 83 1 ff
- Beschwerde 83 7
- Rechtzeitige Entscheidung im Verfahren über die Aussetzung der Vollstreckung 88 20
- Richterliche Entscheidung 83 2
Entschuldigung 15 13 f
Entwicklung
- Kognitive 3 14
- Moralische 3 13 ff
- Moralisch-ethische 3 17 ff
Entwicklung im Vollzug 88 24
Entwicklungsaufgaben 3 9 f, 105 18 f
Entwicklungskriminologie Vor 1 ff 11 ff
Entwicklungspsychologie 105 13 ff
Entwicklungspsychologische Kenntnisse
- Der Jugendschöffen 33 a 5
Entwicklungspsychologischer Übergang
- Jugendgerichtsverfassung 107 1
Entwicklungswissenschaft 3 3 ff, 105 8 ff
Entwicklungszustand des Beschuldigten
- Unterbringung zur Beobachtung 73 2
Entziehung der elterlichen Sorge 34 7 f
Entziehung der Fahrerlaubnis *siehe Fahrerlaubnisentziehung*
Entziehungsanstalt 7 5, 7 ff, 93 a Vor 1 ff
- Abbruch 93 a 19
- Abstinenzkontrolle 93 a 17
- Anwendungsbereich 93 a Vor 1 ff
- Anwesenheit 93 a 14
- Auslese 93 a 9
- Behandlung 93 a Vor 8 ff
- Behandlungszeitplan 93 a 18
- Einrichtungen 93 a Vor 5 ff
- Freie Formen 93 a 22
- Gestaltung 93 a 6 f

Stichwortverzeichnis

- Komorbidität 93 a 10
- Kontaktsperre 93 a 16
- Kontrolle 93 a Vor 24 ff
- Leidensdruck 93 a 15
- Nachsorge 93 a 21
- Programme 93 a 11
- Reformbedarf 93 a Vor 26
- Soziale Hilfe 93 a Vor 20 ff
- Soziales Training 93 a 20
- Therapeutische Mittel 93 a Vor 14 ff
- Unterbringung in freien Formen 93 a 23
- Verhängungspraxis 93 a 3
- Vollzugslockerung 93 a Vor 22 ff
- Voraussetzung 93 a 4, 8
- Ziele 93 a 2, 12 f
- Zugangszahlen 93 a 1

Entziehungskur *siehe Weisung gem. § 10 Abs. 2*
Episodenkriminalität 5 19, 21, 24 f
Erbringung von Arbeitsleistungen *siehe Arbeitsauflage*
Erlass
- Anfechtung 59 16
- Strafmakelbeseitigung 100 1 ff
- Verfahren 58 2 ff

Erlebnispädagogik A 201
Ermahnung 45 30
- Als Voraussetzung für Einstellung 45 30
- Unterschied zur Verwarnung 14 2

Ermahnungsverfahren 45 37 ff, 41
Ermittlungen zur Strafmakelbeseitigung 98 2 ff
Ermittlungskosten 74 10
Ermittlungsmaßnahmen, Örtliche Zuständigkeit 42 13
Ermittlungsverfahren 43 1 ff; *siehe Vernehmung*
- Anfangsverdacht 43 4
- Bei Bagatelldelikten 43 4
- Beschleunigungsgebot 43 3, 8
- Einleitung 43 4
- Erziehungsgedanke 43 6
- Jugendrichter 34 5
- Körperliche Untersuchung 43 58
- Polizei 43 7 f
- Schwebendes Ermittlungsverfahren 88 30
- Staatsanwaltschaft 43 5 f
- Vernehmung durch Jugendrichter 44 3 ff; *siehe Vernehmung im Vorverfahren*
- Vernehmung durch Staatsanwalt 44 2; *siehe Vernehmung im Vorverfahren*

Eröffnung des Hauptverfahrens 33 5 f
Eröffnungsbeschluss 33 7
- Sachliche Zuständigkeit 39 7
- Zuständigkeitsprüfung 103 17 ff

Erörterungen, Ausschließung von der Hauptverhandlung 51 9
Ersatzleistung 15 5
Erstinstanzliche Zuständigkeit, Große Jugendkammer 33 b 1, 41 3 ff
Ersuchen um Aufnahme zum Jugendstrafvollzug 88 6
Erwachsene
- Verfahren vor Jugendgericht 47 a 3
- Vollstreckung und Vollzug 110 7

Erwachsenengericht
- Keine Weisungen an HW 10 1

Erwachsenengerichte *siehe Jugendliche vor Erwachsenengerichten*
Erwachsenenstrafsachen *siehe Verbindung mit Erwachsenenstrafsachen*
Erwachsenenvollzug als Ausnahme zum Jugendstrafvollzug 89 b 1 ff
- Adoleszenz 89 b 24
- Ähnliche Rechtsinstitute 89 b 19 ff
- Altersstufen 89 b 7 ff
- Anstalten für Jungtäter 89 b 25
- Anstaltsleiter 89 b 6
- Antragstellung 89 b 22
- Ausländerrecht 89 b 20
- Bedeutung 89 b 9 ff
- Beurteilungsspielraum 89 b 13
- Bewährung nach Ausnahme 89 b 17
- Disziplinierung 89 b 12
- Duales Vollzugssystem 89 b 2
- Einwirkung 89 b 11

1005

- Ermessensspielraum 89 b 13
- Erwachsenenvollzugsrecht 89 b 15
- Fallgruppen 89 b 3
- Gesetzesänderung 89 b 1
- Heranwachsende 89 b 7
- Jugendliche 89 b 8
- Kriterien 89 b 11 ff
- Rechtsbehelfe 89 b 23
- Reformbedarf 89 b 24 f
- Regelungsbereich 89 b 2 Ff
- Reststrafenaussetzung 89 b 16
- Strafvollzugsstatistik 89 b 10
- Subkultur 89 b 14
- Trennungsgebote 89 b 4
- Verfahrenshinweise 89 b 22 ff
- Vollstreckungsabgabe 89 b 18
- Vollstreckungsleiter 89 b 5
- Vollzug von Freiheitsstrafe 89 b 19
- Wirkungen 89 b 14 ff
- Zuständigkeit 89 b 21

Erweitertes Jugendschöffengericht · 33 a 6, 40 9

Erzieherische Aufgabe des Jugendstrafrechts 34 1

Erzieherische Befähigung
- Familien[- und vormundschafts]gerichtliche Erziehungsaufgaben 37 3
- Jugendrichter 34 5
- Jugendrichter und Jugendstaatsanwälte 37 1, 5
- Jugendschöffen 33 a 4
- Jugendstaatsanwälte 36 5

Erzieherische Gründe bei Berücksichtigung Haftzeit auf Jugendstrafe 52 a 6

Erzieherische Maßnahmen
- Abgrenzung zu Erziehungsmaßregeln 9 6 f
- Als Diversionsmaßnahme 45 26 ff
- Anordnungskompetenz 45 25
- Diversion 45 21
- Einstellung des Verfahrens nach § 47 47 9
- Erzwingbarkeit 45 30
- Gemeinnützige Arbeit 45 26
- Kosten 38 39

Erzieherische Maßnahmen gegen Gefangene A 276 f, 279

Erzieherische Schockwirkung 72 6
Erziehung 80 6
Erziehungsbegriff 2 5
Erziehungsbeistand
- Anwesenheitsrecht 48 19
- Bewährungshelfer 12 17
- Hilfe zur Erziehung 12 13 ff
- Jugendamt 12 15, 17
- Jugendstrafe 12 18
- Nur bei Jugendlichen 12 16
- Voraussetzungen 12 15 ff
- Während d. Bew.zeit 12 18
- Zugang zu U-Häftling 72 b 1
- Zweck 12 13 f

Erziehungsberechtigte 67 1 ff
- Anwesenheit in d. Hauptverhandlung 48 11, 50 15 ff, 36, 51 2 f, 14 ff, 22 ff, 33 ff
- Anwesenheitsrecht bei Vernehmung im Vorverfahren 44 4
- Begriff 67 4 ff
- Jugendliche vor Erwachsenengerichten 104 23 f
- Mehrere E. 67 22
- Persönlichkeitserforschung des Kindes 43 26 f
- Rechte bei Vernehmung des Kindes 43 13
- Rechtsmittel bei Verletzung ihrer Rechte 67 23 ff
- Zustimmung zu Diversionsmaßnahmen 45 30

Erziehungsgedanke 2 1, 3, 80 1 f
- Schuldausgleich 18 10

Erziehungsmaßregeln 5 10, 16, 9 1 ff, 34 1; *siehe Hilfen zur Erziehung*; *Weisungen*
- Abgrenzung zu sonstigen Maßnahmen 9 6 ff; *siehe Absehen von der Verfolgung*
- Anwendungsvorrang ggü Zuchtmitteln 13 4
- Eingriff Elternrecht 9 14
- Erziehungsmangel 9 9 f
- Erziehungsregister 9 14
- Gegen Heranwachsende 9 2
- Hilfen zur Erziehung 12 1 ff
- Kombination mit Zuchtmitteln 5 25
- Kostenentscheidung 74 2
- Mangelnde Reife 9 6
- Mehrere Straftaten 31 1 ff

- Persönlicher Anwendungsbereich 9 1 ff
- Rechtsfolgen 9 13 ff
- Sachlicher Anwendungsbereich 9 5 ff
- Soldaten 9 3
- Strafrechtliche Verantwortlichkeit 9 11
- Überweisung an Familiengericht 53 1 ff
- Urteilsformel 54 11 ff
- Urteilsgründe 54 55
- Verbindung mehrerer Reaktionen 8 3 f
- Voraussetzungen 9 10
- Weisungen 10 1 ff
- Zweck 9 9

Erziehungsprogramme 2 11 ff
Erziehungsrecht 2 18, 43 28, 51 2, 107 3
Erziehungsregister 97 6
- Eintragung 3 50, 45 10
- Eintragung Zuchtmittel 13 7
- Erziehungsmaßregeln 9 14
Erziehungsstrafrecht 5 2 f
Erziehungsvorrang 5 19
Erziehungsziel A 5 ff, 56
- Entlassungstraining A 115
- Vollzugsöffnende Maßnahmen A 69, 72, 92
Erzwingungsarrest bei vorläufiger Verfahrenseinstellung 47 14
Extensive Anwendung des JGG 105 4
Extremistische Straftaten und Reststrafaussetzung 88 17

Fahrerlaubnisentziehung
- Jugendrichter 34 5
- Kombination Maßregeln und Sanktion 7 5, 13
- Sachliche Zuständigkeit des Jugendrichters 39 3
- Urteilsgründe 54 61
- Weisungen 10 12
Fahrlässige Schadensverursachung 15 7
Fahrverbot, Urteilsverkündung 54 71
FamFG 33 13
- Jugendrichter 34 1 ff
- Jugendschöffengericht 33 a 5

Familien[- und vormundschafts]gerichtliche Aufgaben
- Erzieherische Befähigung 37 3
- Jugendrichter 34 1 ff
- Jugendschöffengericht 33 a 5
- Örtliche Zuständigkeit 42 8, 16
Familiengericht *siehe Überweisung an Familiengericht*
- Nachträgl. Änderung von Weisungen 11 14
- Weisungen für Jugendliche durch ErwGericht 10 1
Familiengerichtliche Erziehungsaufgaben Familien[- und vormundschafts]gerichtliche Aufgaben
- Jugendrichter 34 7
Familiengerichtliche Maßnahmen 3 41 ff, 34 7 f
Familiengerichtliches Verfahren
- Abänderung der eigenen Entscheidung 53 29
- Abweichen vom Strafurteil 53 26 ff
- Auswahl und Anordnung 53 25
- Beschluss 53 19 f, 23
- Beteiligung Staatsanwaltschaft 53 21
- Bindung an Strafurteil 53 20
- Einstellung 53 24
- FamFG Vorschriften 53 19 ff
- Jugendarrest 53 30
- Kindschaftssachen 53 18
- Verbindung mit familienrechtl. Verfahren 53 22
- Verhältnismäßigkeit 53 25
Familiengerichtliche Zuständigkeit
- Familienrechtliche Unterbringung 42 11
- Örtliche Zuständigkeit bei Heranwachsenden 108 8 ff, 9
- Zuständigkeiten 53 29 ff
Fernsehgeräte in der JVA A 192 f
Fesselung während des Jugendstrafvollzugs A 102, 263 ff
Festnahmerecht A 253
FGG 33 13
- Jugendrichter 34 1 ff
- Jugendschöffengericht 33 a 5
Flucht als Haftgrund 72 4, 18
Fluchtgefahr 72 10 ff
- Bei festem Wohnsitz 72 15 f

1007

Stichwortverzeichnis

- Bei Nichtdeutschen 72 11 ff
- Beispiele 72 12
- Bei unter 16-Jährigen 72 17
- Bei Wegzug ins Ausland 72 18
- Haftgründe 72 4
- Soziale Bindungen ins Ausland 72 12 f
- Vollzugsöffnende Maßnahmen A 75 ff
- Zu erwartende Strafe 72 14

Förderbedarf im Jugendstrafvollzug A 38 ff, 53

Förderplan A 36, 47, 50 ff
- Bildungsmaßnahmen A 167
- Psychosoziale Behandlung A 149
- Schulische und berufliche Ausbildung A 54

Förderplanung
- Diagnostik A 42 ff
- Jugendstrafvollzug A 36 ff, 37 ff

Forensische Praxis 37 3

Fortbildung Jugendrichter und Jugendstaatsanwälte 37 5

Fortsetzungstaten Heranwachsender 107 2

Freie Träger der Bewährungshilfe 113 4

Freie Träger der Jugendhilfe 38 3

Freigang A 96, 99
- Aussetzung der Vollstreckung 88 2

Freiheitsentzug *siehe Unterbringung zur Beobachtung; Einstw. Unterbringung; Jugendarrest; Jugendstrafe; Untersuchungshaft; Auslieferungshaft; Vorführungshaft; Vorl. Festnahme; Heimunterbringung; Abschiebungshaft*

Freiheitsstrafe
- Lebenslange Freiheitsstrafe 89 a 6
- Vollstreckung gegen Heranwachsende 110 2
- Vollzug in Jugendvollzugsanstalt 114

Freispruch
- Teilfreispruch 54 64
- Urteilsgründe 54 40

Freistunde im Jugendstrafvollzug A 142

Freizeitarrest 86 1 ff

Freizeitgestaltung in der JVA A 185 ff
- Bücherei A 189
- Elektronische Medien A 197 ff
- Fernsehempfang A 191 ff

Fristenberechnung zur Altersbestimmung 33 10

Führung, gute 87 5

Führungsaufsicht 88 40 ff
- Abgabe der Vollstreckungsleitung 85 9
- Kombination Maßregeln und Sanktion 7 5, 11 f
- Sachliche Zuständigkeit des Jugendrichters 39 4

Führungsregister 97 7, 100 2

Führungszeugnis 21 24

Gebühren *siehe Kosten des Verfahrens*

Gefährdung des Kindeswohls 34 7 f

Gefährlichkeitsprognose 7 21 f, 106 8
- Nachträgliche Sicherungsverwahrung 41 13, 106 12

Gefangenenmitverantwortung A 309

Geldauflage 15 5, 18 ff
- Gewinnabschöpfung 15 18
- Leichte Verfehlungen 15 18
- Ratenzahlung 15 20
- Verfallswirkung 15 21
- Zahlung durch Dritte 15 20
- Zahlungen an die Staatskasse 15 19

Gemeinnützige Arbeit als Diversionsmaßnahme 45 26

Gemeinnützige Einrichtung 15 19

Gemeinschaft als soziales Lernfeld A 23 ff

Gemeinschaftliche Anklage 107 2

Gemeinschaftsunterkunft für Asylbewerber 88 23

Generalpräventive Gründe als Haftgrund 72 5

Generalstaatsanwaltschaft 83 3

Gerichtsbenennung in Anklageschrift 46 2

Stichwortverzeichnis

Informelle Intervention 5 7
Ingewahrsamnahme des Verurteilten 85 6
Intelligenzprüfung 105 34
Intensivtäter Vor 1 ff 27 ff, 5 21, 24 f
Interventionsprognose 5 27
- Reststrafaussetzung 88 16
Introspektion 105 15

Jugendamt
- Erziehungsbeistandschaft 12 15, 17
- Kooperation mit den Eltern 34 7 f
- Träger der JGH 38 3
- Wahl der Jugendschöffen 35 2
Jugendarrest 5 11, 16 Vor 1 ff
- Abgabe der Vollstreckung 85 3
- Absehen 11 22 f, 87 5 ff
- Alternativen 90 47 ff
- Anstalten 90 22
- Arbeit 90 31
- Aufnahme 90 25
- Aufnahmeverfahren 90 23
- Ausländerrechtliches Verfahren 16 35
- Außenkontakte 90 35
- Begriff 16 18 f
- Berücksichtigung Haftzeit auf Jugendarrest 52 1 ff
- Beschluss 11 27
- Beschwerdeverfahren 90 43 f
- Besuch 90 35
- Bewährung 87 1
- Bildungsangebote 90 30
- Deeskalation 90 38
- Diskussionsentwurf 90 20 ff
- DVJJ-Fachkommission 90 14
- Einstiegsarrest 16 24
- Einzelunterbringung 90 26
- Entlassungsvorbereitung 90 40
- Ernährung 90 27
- Erziehungsplan 90 32
- Evaluation 90 45 f
- Festsetzung 11 20
- Förderbedarf 90 40
- Freiheitsentzug 16 30
- Freizeitarrest 16 20, 90 49
- Gedanken-, Gewissens- und Religionsfreiheit 90 36
- Gesetzgebungskompetenz 90 8 ff

- Gesundheitsfürsorge 90 28
- Hausarrest 90 47
- Höchstmaß 11 21
- Hygiene 90 27
- Inspektion 90 43 f
- Interaktion und Intervention 90 33 f
- Jugendarrestvollzugsgesetz und -vollzugsordnung 90 4 f
- Jugendstrafe 87 3
- Kleidung 90 27
- Koedukation 90 24
- Kontrolle 90 43 f
- Kritik 16 10
- Kurz- und Dauerarrest 16 21 f
- Medien 90 45 f
- Musterentwurf 90 16
- Nachfrist 11 25
- Öffentlichkeit 90 45 f
- Ordnungswidrigkeiten 11 28
- Personal 90 42
- Rechtsbehelfe 90 7, 43
- Rechtsnatur 11 18 f
- Reformpädagogik 16 6 f
- Rückfallquoten 16 16 f, 90 13
- Soldaten 112 a-e 15
- Sozialdaten 90 12
- Strafzweck 16 28 f
- Struktur 90 22 ff
- Systematische Stellung 16 13
- Ungehorsamsarrest 90 2, 10
- Unterbringung 16 26, 90 26
- Untersuchungshaft 16 32
- Unzulässigkeit bei Widerruf 11 27
- Urteilsgründe 54 63 f
- Verfahren 11 24 ff, 16 Vor 30 ff, 53 30
- Verkürzung 16 11, 87 7
- Vollstreckung 16 34, 85 2 ff, 87 1 ff, 90 21
- Warn(schuss)arrest 16 4
- Warnschussarrest 16 35 ff
- Wirkung 90 13
- Ziele 16 2, 17, 90 20
- Zuchtmittel 16 8, 90 1
- Zuständigkeit 11 26
- Zwang 90 37 ff

Jugendgericht
- Allgemeine Zuständigkeiten 33 4 ff
- Prüfung Verfahrensverbindung 103 17 ff, 23 ff

1011

- Vorrang nach Eröffnungsbeschluss 47 a 1 ff
- Weisungen für HW durch ErwGericht 10 1
- Zuständigkeit für Heranwachsende 34 3, 108 1 ff

Jugendgerichtsbarkeit
- Örtliche Zuständigkeit 42 1 ff
- Sachverständige 37 4

Jugendgerichtsgesetz, Geltungsbereich 116 1 ff

Jugendgerichtshelfer als Zeuge 38 28 ff

Jugendgerichtshilfe 33 2, 34 2, 38 1 ff
- Aufgaben im Jugendstrafrecht 38 7 ff
- Datenschutz 38 19
- Förderplanung Jugendstrafvollzug A 55
- Heimunterbringung 72 a 6
- Heranwachsende 107 4 f
- Mitwirkung zur Hauptverhandlung 38 20 ff, 40
- Persönlichkeitsbeurteilung und Bericht 38 11 ff, 33 f, 43 15 ff
- Rechtsmittel gegen Nichtheranziehung 50 37
- Schweigepflicht 38 8
- Terminsmitteilung und Anwesenheit in der Hauptverhandlung 50 20 ff
- Träger 38 3
- Vereinf. Verfahren 78 11
- Verfahren gegen Jugendliche vor Erwachsenengericht 104 13, 17
- Vollstreckung und Überwachung von Weisungen 38 17 f
- Zugang zu U-Häftling 72 b 1
- Zuständigkeit Ermahnungsgespräche 45 30

Jugendgerichtshilfe, Bericht
- Ausschließung Angeklagter aus Hauptverhandlung 51 11
- Einführung in Hauptverhandlung 50 30

Jugendgerichtshilfe, Haftentscheidungshilfe
- Anhörung vor Haftbefehlsantrag 72 a 5 ff
- Anwesenheitsrecht Haftbefehlseröffnung 72 a 7
- Bericht zur Haftentscheidung 72 a 4
- Kosten und Auslagen 72 a 8
- Mitteilungen 72 a 2 f
- Örtliche Zuständigkeit 72 a 2, 8

Jugendgerichtsverfassung 33 1 ff
- Heranwachsende 107 1 ff
- Jugendschöffen 35 1

Jugendhilfe 1 8 f
Jugendhilfeausschuss 35 2
Jugendhilferecht 3 42 ff, 5 5
Jugendkammer 33 7
- Als Beschwerdegericht 41 17
- Berufungsverfahren 33 b 1 ff
- Besetzung 33 b 6 f
- Besondere Bedeutung des Falles 41 9
- Rechtsmittelgericht 41 14 f
- Sitzungstermine 35 9
- Spruchkörperbesetzung 33 b 1 ff
- Übernahmebeschluss 41 6
- Übernahmemöglichkeit 40 9
- Verbindung mit Erwachsenenstrafsachen 103 13
- Verbindung von Strafsachen 41 16
- Zuständigkeit bei Einbeziehung Erwachsenenurteil 110 3
- Zuständigkeit bei Verfahren gegen Vollstreckungsentscheidungen 83 5
- Zuständigkeit richterliche Entscheidung gegen Maßnahmen im Vollzug 82 2

Jugendkriminalität Vor 1 ff 5 ff
- Entwicklung und Entstehung Vor 1 ff 10 ff
- Struktur Vor 1 ff 7 f
- Umfang Vor 1 ff 5 f

Jugendliche, Legaldefinition 33 10
Jugendliche vor Erwachsenengerichten Vor 102 1 ff
- Bundesgerichtshof Vor 102 4
- Einbeziehung von Urteilen des OLG oder BGH Vor 102 5
- Ermittlungsverfahren 43 1 ff
- Heranwachsende Vor 102 1
- Oberlandesgericht Vor 102 4
- Verbindung mehrerer Strafsachen 103 1 ff; *siehe Verbindung mit Erwachsenenstrafsachen*

Stichwortverzeichnis

- Vorläufige Anordnung der Erziehung 71 1 ff
- Zuständigkeit, 2. Instanz (BGH) 102 4
- Zuständigkeit, 2. Instanz (OLG) 102 5
- Zuständigkeiten, 1. Instanz (OLG) 102 2

Jugendliche vor Erwachsenengerichten, Verfahren 104 1 ff
- Absehen von Verfolgung 104 15
- Allg. Strafrechtsvorschriften 104 31 ff
- Beteiligung Erziehungsberechtigte 104 23 f
- Bewährung 104 22
- Einstweilige Unterbringung 104 16
- Heranwachsende 104 4
- JGG 104 7, 11 ff
- Jugendgerichtshilfe 104 13, 17
- Kosten und Auslagen 104 30
- Mitteilungen 104 26 ff
- Nebenklage 104 33
- Notwendige Verteidigung 104 25
- Privatklage 104 32
- Rechtsmittel 104 21, 35
- Sachlicher Anwendungsbereich 104 6 ff
- Soldaten 104 5
- Unmittelbare Geltung JGG 104 7 ff
- Unterbringung zur Beobachtung 104 29
- Untersuchungshaft 104 16 ff
- Urteilsgründe 104 19 f
- Verfahrensvorschriften 104 34
- Vollstreckungsvorschriften 104 9
- Vorverfahren 104 14

Jugendpsychiater als Sachverständiger 43 49

Jugendrichter 34 1 ff, 37 1 ff
- Als Vollstreckungsleiter 82 3 ff
- Ämterunion 34 9
- Befangenheit 34 2
- Erlass Jugendstrafe gegen Heranwachsende 111 3
- Ermittlungsverfahren 34 5
- Fortbildungspflicht 37 5
- Geschäftsverteilung 34 5 f
- Hilfen zur Erziehung 34 1

- Jugendrichterl. Ermahnungsverfahren 45 37 ff
- Jugendschutzsachen 34 5
- Normverdeutlichendes Gespräch 45 23
- Ordnungswidrigkeiten 34 5
- Örtliche Zuständigkeit 42 1 ff
- Privatklagesachen 34 5
- Rechtsfolgenkompetenz 47 a 6
- Sachliche Zuständigkeit 39 1 ff
- Sachverständigenbeauftragung 43 42
- Übertragung auf anderen Jugendrichter bei U-Haft od. Heim 72 30
- Vernehmung im Vorverfahren 44 3 ff
- Vollstreckungsverfahren 34 5
- Vorläufige Anordnung der Erziehung 71 4

Jugendsachbearbeiter 43 7
- Normverdeutlichendes Gespräch 45 27

Jugendschöffen 33 a 1 ff, 35 1 ff
- Amtsenthebung 35 4
- Entwicklungspsychologische Kenntnisse 33 a 5
- Erzieherische Befähigung 33 a 4
- Gesetzlicher Richter 33 a 2
- Hilfsschöffenliste 35 9
- Jugendhilfeausschuss 35 2
- Jugendkammer 33 b 1
- Mitwirkungsbefugnisse 33 a 3
- Nichteignung 35 4
- Schöffenwahlausschuss 35 8
- Selbstleseverfahren 33 a 3
- Sitzungstermine 35 9
- Verfassungstreue 35 4
- Wahl 35 2 ff, 10

Jugendschöffen, Wahl
- Altersgrenzen 35 6

Jugendschöffengericht 33 a 1 ff
- Aufgaben 34 2
- Beweiserhebung 40 13
- Erweitertes J. 33 a 6
- Familien[- und vormundschafts]gerichtliche Erziehungsaufgaben 33 a 5
- Pflichtverteidigung 40 13
- Strafgewalt 33 b 1
- Verbindung mit Erwachsenenstrafsachen 103 14

1013

Stichwortverzeichnis

- Zuständigkeit für Vollstreckung 82 3
- Jugendschutzsachen 33 5
- Jugendrichter 34 5
- Jugendstaatsanwaltschaft 36 1
- Sachliche Zuständigkeit Jugendkammer 41 1
- Sachliche Zuständigkeit Jugendschöffengerichts 40 4
- Jugendschutzverfahren, Nichtöffentlichkeit 48 7
- Jugendstaatsanwalt 36 1 ff; siehe *Staatsanwaltschaft*
  - Auswahl 37 1 ff
  - Diversion 45 22, 25
  - Ermahnungsgespräche 45 30
  - Sachverständigenbeauftragung 43 42
  - Sanktionsvorschlag 36 5
  - Sitzungsvertreter 36 6 f
  - Täter-Opfer-Ausgleich 45 31 f
  - Weiterverfolgung trotz jugendrichterl. Maßnahme 45 43
- Jugendstrafe 5 11; siehe *Aussetzung*
  - Aussetzung der Vollstreckung 54 60
  - Berücksichtigung Haftzeit auf Jugendstrafe 52 a 1 ff
  - Höchststrafe 18 6 f
  - Kombination Maßregeln und Sanktion 7 5
  - Mehrere Straftaten 31 1 ff
  - Mindeststrafe 18 4 f
  - Mindestverbüßungsdauer 88 22
  - Örtliche Zuständigkeit bei nicht vollständiger Verbüßung 42 14
  - Revision 18 25 f
  - Sanktionserwartung 33 18
  - Schädliche Neigungen 17 10 ff
  - Schwere der Schuld 17 22 ff
  - Strafmakelbeseitigung 97 1 ff
  - Urteilsformel 54 25
  - Urteilsgründe 54 60
  - Verbindung mehrerer Reaktionen 8 4
  - Verbindung mit Unterbringung psych. Krankenhaus 110 4
  - Verhängung durch Jugendrichter 39 3
  - Vernehmung vor Anklageerhebung 44 1 ff
  - Vollstreckung gegen Heranwachsende 110 2
  - Warnschussarrest 16 35 ff
- Jugendstrafrecht Vor 1 ff 31
  - Anwendungsbereich 1 2 ff
  - Geltungsbereich 1 13 f
  - Vorrangstellung 2 23 ff
  - Ziele 2 3 f
- Jugendstrafrechtspflege 5 47 f
- Jugendstrafvollzug A 1 ff, 2 2
  - Aufnahme des Verurteilten 85 6
  - Außenkontakte A 206 ff
  - Beziehungsgestaltung A 12, 20, 33, 129
  - Bildungsmaßnahmen A 167
  - Erzieherische Ausgestaltung A 10 ff, 20 ff
  - Förderplanung A 36 ff
  - Mehrebenenansatz A 21
  - Mitwirkung der Gefangenen A 30 ff
  - Örtliche Zuständigkeit 42 14
  - Pädagogisch-therapeutische Prinzipien A 11, 19
  - Regelübertretung A 13
  - Sicherheit und Ordnung A 135, 236 ff, 244
  - Strafaussetzung bei Unterbringung in einem Projekt zum Strafvollzug 88 4
  - Verfassungswidrigkeit 110 7
  - Vernetzung des Vollzugs A 35, 112, 117
  - Wissenschaftliche Begleitung und kriminologische Forschung A 288 f
- Jugendtümlichkeit Heranwachsender 33 11
- Jugendverfehlung 105 33
- Jugendvollzugsanstalt 114 1 ff
  - Aussetzung der Vollstreckung nach Aufnahme des Verurteilten 88 6
- Justizverwaltung
  - Vollstreckung 83 1
- Justizvollzugsanstalt
  - Belegungsfähigkeit A 305
  - Organisation und Aufbau A 290 ff
  - Personal A 26, 306 ff

Kammer für Wirtschaftsstrafsachen
- Verbindung mit Erwachsenenstrafsachen   103 13
Kammerreduktion der Jugendkammer   41 14
Kinderkriminalität   1 8 ff
Kindeswohlgefährdung   9 9, 34 7 f
KJHG   34 1 f
Kleine Jugendkammer
- Berufungsverfahren   33 b 1
- Spruchkörperbesetzung   33 b 3
Knochenalter   105 10
Kognitive Entwicklungstheorie   105 15
Kognitive Fähigkeiten   3 12
Kognitiver Entwicklungsstand   105 34
Kohlberg-Schema   105 36
Konformitätsdruck   105 17
Kontinuitätsmodell   3 5, 15
Kooperation Eltern und Jugendamt   34 7 f
Kooperationsmodelle der Behörden   43 37 ff
- Datenschutz   43 40
Kooperative Sanktionierung   23 8, 57 13
Kopplungsverbot
- Warnschussarrest   16 37
Körperliche Untersuchung
- Ermittlungsverfahren   43 58
- Reifebeurteilung   3 37
Körperproportionen   105 10
Kosten des Verfahrens
- Gebühren und Auslagen   74 10
- Haftung   74 21
- Nebenklage   74 18 f
- Rechtsanwaltsgebühren   74 11 ff
- Schadenswiedergutmachung   15 10
Kostenentscheidung   74 1 ff
- Absehen der Auferlegung   74 5 ff
- Endgültiger Einstellungsbeschluss   47 16
- Ermessen   74 4
- Jugendgerichtshilfe, Haftentscheidungshilfe   72 a 8
- Jugendliche vor Erwachsenengerichten   104 30
- Rechtsmittel   74 22 f

- Urteilsgründe   54 9, 65
- Vereinfachtes Verfahren   78 13
- Verfahren bei mehreren Straftaten   31 39
- Zukunftorientierte Betrachtungsweise   74 5 f
Kosten für Erziehungsmaßnahmen   38 39
Kriminalprävention   2 6 ff
Kriminalprognostischer Dreischritt   5 43 f
Kriminologie   Vor 1 ff 11 ff, 5 27 ff
Kurzarrest   86 1

Laienrichter
- Arbeitsgerichtsbarkeit   33 a 4 f
Landgericht
- Zuständigkeit für Vollstreckung   82 3
Laufzeit von Weisungen   11 3 ff
Lebenslange Freiheitsstrafe   89 a 6, 106 2 ff
Legalbewährung   2 3 f, 37 5
Legalprognose
- Reststrafaussetzung   88 10, 16, 26
- Sachverständigengutachten   88 18 f
Leiter eines sozialen Trainingskurses   50 27
Letztes Wort   78 6
Leumundszeugnis   50 30
Lockerungen und Aussetzung der Vollstreckung der Reststrafe   88 2

Marburger Richtlinien   105 26 ff, 36
Massendelikte
- Diversion nach § 45 I   45 16
- Diversion nach § 45 II   45 33
Maßregeln der Besserung und Sicherung   7 1 ff
- Anforderungskriterien   7 6 ff
- Erziehungsbelange   7 3
- Kombination mit Sanktionen   7 5
- Mehrere Straftaten   31 18
- Pflichtverteidigung   68 8
- Sachliche Zuständigkeit des Jugendrichters   39 4

1015

Stichwortverzeichnis

- Urteilsgründe 54 61
- Vollstreckung gegen Heranwachsende 110 1
- Voraussetzungen 7 4

Medienberichterstattung 48 34

Medizinische Versorgung der Gefangenen A 139

Mehrebenenansatz im Jugendstrafvollzug A 21

Mehrere Straftaten 31 1 ff
- Abgabe an Familiengericht 31 18
- Anrechnung U-Haft 31 43
- Ausländische Urteile 31 11
- Ausschluss der Einbeziehung 31 9, 30 ff
- Aussetzung Jugendstrafe 31 13
- Aussetzung zur Bewährung 31 50
- Bewährungsauflagen 31 50
- Einbeziehung 31 16
- Eingeschränkte Beweiserhebung 31 41
- Einheitsprinzip 31 6 ff
- Ergänzung rechtskräftiger Entscheidungen 66 1 ff
- Fortdauer früherer Rechtsfolgen 31 20 ff, 44 ff
- Führerscheinsperre 31 8
- Kostenentscheidung 31 39
- Maßregeln der Besserung und Sicherung, Nebenstrafen 31 18
- Ordnungswidrigkeiten 31 10
- Pflichtverteidigung 31 38
- Rechtsmittel 31 56 ff
- Rechtswirkungen im allg. Strafrecht 31 52
- Schuldspruch 31 37
- Strafrahmen bei HW 31 12
- Tilgungsfrist 31 45
- Ungehorsamsarrest 31 9
- Urteil 31 53 f
- Verbindung von Maßnahmen 8 1 ff
- Verschlechterungsverbot 31 42
- Widersprüchliche Feststellungen 31 40

Mehrere Straftaten, verschiedene Alters- und Reifestufen 32 1 ff
- Ermessen 32 14
- Gleichzeitige Aburteilung 32 5
- Härteausgleich 32 8
- Jugendstrafe nach rechtskräftigem Erwachsenenurteil 32 9 f
- Letzter Zeitpunkt der Beurteilung 32 13
- Nachverfahren 32 6
- Rechtsmittel 32 19
- Schwergewicht 32 5, 7, 11 ff
- Staatsanwaltschaft 32 18
- Teilrechtskraft und Rechtsmittel 32 7
- Verfahren 32 15 ff

Migration 105 20 f

Milderungsgrund 106 4

Missbrauchsgefahr bei Vollzugsöffnende Maßnahmen A 75 ff

Mitteilungen 70 1 ff
- An Familien- und Vormundschaftsgericht 70 3
- An JGH 70 3
- An Polizeibehörde 70 5
- An Staatsanwaltschaft 70 7
- Erziehungsberechtigte und gesetzliche Vertreter 67 14 ff
- Heranwachsende 109 6
- Über Ausgang des Verfahrens 45 20

Mitverschulden des Tatopfers 15 8

Mitwirkung der Gefangenen A 30 ff

Mitwirkungsbefugnisse der Schöffen 33 a 3

MIVEA 5 35, 47
- Persönlichkeitsbeurteilung und Bericht der JGH 38 13

Mord
- Geltungsbereich JGG 116 3
- Sachverständigengutachten 43 45

MP3-Player in der JVA A 199

Multiaxiale Diagnose 105 35

Mündliche Verhandlung
- Vereinfachtes Verfahren 78 6 ff

Mündlichkeitsprinzip 50 30

Nachfrist
- Jugendarrest 11 25

Nachtatverhalten 21 12
- Berücksichtigung Haftzeit auf Jugendstrafe 52 a 5

1016

Nachteile für Erziehung
- Ausschließung von der Hauptverhandlung 51 10, 15
Nachträgliche Änderung von Weisungen 11 3 ff
Nachträgliche Entscheidung
- Anhörungspflicht 65 7 f
- Auflagen 65 1 ff
- Einheitssanktion 66 1 ff
- Urteilsformel 54 23 f
- Weisungen 23 6 f
Nachträgliche Sicherungsverwahrung 7 14 ff, 81 a 2, 4
- Altfälle 7 26
- Anlasstat 7 18
- Entscheidung 7 24
- Gefährlichkeitsprognose 7 25 f, 41 13, 106 13
- Hangtäter 7 23
- Kriminalpolitische Grundlagen 7 14
- Kriminologische Grundlagen 7 18
- Maßregelerledigung 7 27, 106 16
- Prüfungsfrist 7 30
- Restriktive Anwendung 7 19
- Verfahren 7 29 ff
- Verfassungswidrigkeit 7 14 ff
- Voraussetzungen 7 20 ff
- Zulässigkeit 106 13 ff
- Zuständigkeit der Jugendgerichte 108 5
- Zuständigkeit der Strafvollstreckungskammer für Vollstreckung 82 5
Nachtragsentscheidungen 58 2 ff
Nachverfahren
- Kostenentscheidung 74 2
- Mehrere Straftaten 32 6
- Pflichtverteidigung 68 16
- Zuständigkeit Jugendgericht 47 a 4
Naturalrestitution 15 5
Nebenentscheidungen 58 2 ff
Nebenklage 80 1 ff, 12 ff
- Beschränkungen 80 15
- Erziehungsgedanke 80 12
- Heranwachsende 109 3, 19
- Jugendliche vor Erwachsenengerichten 104 33
- Kosten des Verfahrens 74 18 f

- Missbrauch 80 17
- Sicherungsverfahren 80 14
- Verbundenes Verfahren 103 6
- Verfahrensregeln 80 16 f
- Wandel 80 12
Nebenstrafen/-folgen
- Urteilsgründe 54 62
- Verbindung mehrerer Reaktionen 8 5
Nebenstrafen und -folgen 6 1 ff
Neurologische Untersuchung 105 34
Neuronale Plastizität 105 7
Neurowissenschaft 3 26, 105 7
Nichtöffentlichkeit 48 1 ff
- Antrag auf Ausschluss d. Öffentlichkeit 48 29 f
- Durchbrechung bei der Diversion 45 36
- Jugendschutzverfahren 48 7
- OWi-Verfahren 48 9
- Rechtsmittel 48 36 ff
- Revisionsverfahren 48 8
- Verbundene Verfahren 48 7
- Vereinfachtes Verfahren 78 8
Normlernen Vor 1 ff 2, 11 ff, 2 7 f
Normverdeutlichendes Gespräch 45 23, 27
Normverdeutlichung 2 4, 80 5
Normverinnerlichung Vor 1 ff 4
Notwendige Auslagen 74 10 ff; *siehe Kosten des Verfahrens*
Notwendige Verteidigung 68 1 ff; *siehe Pflichtverteidigung*
- Heranwachsende 109 5
- Jugendliche vor Erwachsenengerichten 104 25
- Unterbringung zur Beobachtung 73 10
- Verfahren über Vollzugsaussetzung 88 12
Nova für Wiederaufnahmeverfahren 47 19 f

Oberlandesgericht 102 2
- Jugendliche vor Erwachsenengerichten Vor 102 4, 102 5
Offener Vollzug A 66, 68 f, 72, 91, 302
Öffentliches Interesse und Diversion 45 19

Öffentliche Träger der Bewährungshilfe 113 4
Öffentliche Zustellung 48 2
Öffentlichkeit
- Anhörung im Verfahren zur Reststrafaussetzung 88 14
- Hauptverhandlung 48 1 ff
Offizialverfahren
- Privatklagedelikte 80 6 ff
Opferanwalt
- Pflichtverteidigung des Angeklagten 68 10
Opferinteressen 80 1 f, 7
Opferrechte 80 18 f
Opferschutz 80 12
- Vollzugsöffnende Maßnahmen A 73
- Zeugenvernehmung 41 9, 11
- Zuständigkeit der Jugendkammer 41 8 ff
Opfersituation Vor 1 ff 9
Opportunitätsprinzip 45 2
Ordentliche Gerichtsbarkeit
- Jugendgerichte 33 4
Ordnungswidrigkeitenverfahren 33 12
- Anwesenheit in der Hauptverhandlung 50 9
- Ausschließung von der Hauptverhandlung 51 6
- Beteiligung Erziehungsberechtigte u. gesetzl. Vertreter 67 3
- Beteiligung JGH 38 2
- Diversion 45 46
- Jugendrichter 34 5
- Mehrere Straftaten 31 10
- Mitteilungen 70 3
- Nichtöffentlichkeit 48 9
- Örtliche Zuständigkeit 42 6
- Pflichtverteidigung 68 5
- Sachliche Zuständigkeit des Jugendrichters 39 2
- Verbindung mit Erwachsenenstrafsachen 103 4 f
- Vereinfachtes Verfahren 78 5
- Zuständigkeit der Jugendkammer 41 19
Örtliche Zuständigkeit 42 1 ff
- Absoluter Revisionsgrund 42 24
- Aufenthaltsort des Beschuldigten 42 8, 20, 22
- Beschuldigter auf freiem Fuß 42 11 f
- Bußgeldbescheid 42 6
- Doppelwohnsitz des Beschuldigten 42 8
- Ermittlungsmaßnahmen 42 13
- Familien[- und vormundschaftsgerichtliche] Aufgaben 42 8, 16
- Getrenntleben Beschuldigter und Eltern 42 8
- Häftlingstransport 42 14, 16
- Heimunterbringung 42 8, 11
- Heranwachsende 108 8 ff
- Jugendstaatsanwaltschaft 36 2, 42 4, 13, 16
- Jugendstrafverbüßung 42 14
- Ortswechsel des Angeklagten 42 20, 22
- Tatortgericht 42 18
- Telekommunikationsüberwachung 42 13
- Unterbringung 42 11
- Untersuchungshandlungen 42 13
- Verdeckte Ermittlungsmaßnahmen 42 13
- Vereinfachtes Verfahren 42 21
- Vollstreckung 84 1 ff
- Vollstreckungsleiter 42 14
- Wohnort des Beschuldigten 42 8, 13, 20
Ortsnähe
- Gerichtszuständigkeit 33 18
Overkill 88 17

Paritätische Spruchkörperbesetzung
- Jugendschöffengericht 33 a 2, 4
Paritätische Spruchkörperbesetzung beim Jugendschöffengericht 35 2
PC in der JVA A 199
Peergroup A 18
Personensorge 34 7 f
Persönlicher Besitz im Jugendstrafvollzug A 135
Persönlichkeitsbeurteilung 38 11 ff, 33 f; *siehe Reifebegutachtung*
- Heranwachsende 109 4
Persönlichkeitsentwicklung 5 19, 105 16

Geringe Schuld und Einstellung des Verfahrens 47 8
Geschäftsverteilung
- Jugendrichter 34 5 f
- Jugendstaatsanwaltschaft 36 1
Geschlossener Vollzug A 66, 69, 302
Gesetzlicher Richter 33 4
- Bewegliche Zuständigkeit 41 10
- Jugendschöffen 33 a 2
- Örtliche Zuständigkeit 42 2
- Sachliche Zuständigkeit des Jugendrichters 39 3
Gesetzlicher Vertreter 67 1 ff
Gesetz zur Änderung der Untersuchungshaft 72 27, 72 b 1
Geständnis
- Einstellung des Verfahrens 47 10
- Jugendrichterliches Ermahnungsverfahren 45 38 ff
Gesundheitsfürsorge der Gefangenen A 139
Getrenntleben des Beschuldigen und seiner Eltern
- Örtliche Zuständigkeit 42 8
Gewaltkriminalität Vor 1 ff 6 f, 10
Gewaltprävention im Jugendstrafvollzug A 132, 147, 151, 240 ff
Gewinnabschöpfung 15 18
Gewissen 3 16
Gleichaltrigengruppe, Ursachenforschung zur Delinquenz A 18
Gleichheitssatz bei Wahl zum Schöffenamt 35 4
Gnadenentscheidung 88 61
- Vollstreckung gegen Heranwachsende 110 5
Große Jugendkammer
- Berufung gegen Urteile des Jugendschöffengerichts 33 b 3 ff
- Erstinstanzliche Zuständigkeit 33 b 1, 41 3 ff
- Fakultative Kammerreduktion 33 b 2
- Schwierigkeit der Sache 33 b 2
- Sicherungsverwahrung 41 3, 13
- Straferwartung 41 3, 13
- Umfang der Sache 33 b 2
- Unterbringung in einem psychiatrischen Krankenhaus 41 3

- Verfahrensökonomie 33 b 2
- Verweisung 33 b 11
Grundrechte und Weisungen 10 10, 17, 19
Gute Führung 87 5
Haftbefehl und Mitteilungspflichten 72 a 3
Haftbeschwerde 72 28
Haftentscheidungshilfe 72 a 1 ff, 2
Haftgründe 72 4
Haftkostenbeitrag A 234
Häftlingstransport
- Örtliche Zuständigkeit 42 14, 16
Haftprüfung
- Einstw. Unterbringung 71 21 f
- U-Haft 72 28
Haftprüfungstermin 72 21
Haftraumausstattung A 135
Haftraumkontrolle A 135
Haftung für Kosten 74 21
Hafturlaub A 71, 105 f, 108
Haftvermeidung siehe Untersuchungshaftvermeidung
- JGH 72 a 1
Handlungsfähigkeit 3 2, 25, 27
Hangtäter 7 19 f, 106 1
Hauptverhandlung
- Anwesenheit 50
- Ausschließung 51
- Aussetzung 50 34
- Beginn 33 7
- Mitwirkung der JGH 38 20 ff
- Nichtöffentlichkeit 48 1 ff
Haus des Jugendrechts 5 26
Hausgeld der Gefangenen A 137, 228, 232
Hausordnung der JVA A 277
Heim der Jugendhilfe siehe Heimunterbringung
Heimerziehung 2 16
- Bewährungszeit 12 27
- Ende 12 26
- Geschlossene Unterbringung 12 23
- Hilfe außerhalb der Familie 12 21
- Hilfe zur Erziehung 12 1 ff
- Rangfolge 12 11

1009

Stichwortverzeichnis

- Rechtsmittel 12 29
- Urteilsformel 12 28
- Verfahrensfragen 12 24 ff
- Zeitpunkt für Anordnung 12 25
- Zweck 12 19 ff

Heimunterbringung 72 22 ff, 72 a 6
- Anrechnung auf Jugendarrest 52 2
- Anrechnung auf Jugendstrafe 52 a 3
- Fluchtsicherheit 71 18, 72 22
- Geeignetheit des Heims 71 17 ff
- Kosten 71 19, 72 29, 74 10
- Örtliche Zuständigkeit 42 8, 11
- Rechtsmittel 71 23
- Unterbringungsbefehl 72 24
- Vorläufige Anordnung der Erziehung 71 9, 11 ff
- Weisungen 10 17

Heranwachsende
- Adhäsionsverfahren 109 13 f
- Adoleszenz 105 8 ff
- Anordnung v. Weisungen 10 1, 7
- Anwendung von Jugend- oder Erwachsenenstrafrecht 34 3, 104 4, 105 1 ff, 22 ff, 106 1 ff, 108 1 ff, 2 f, 6, 109 1 ff, 17, 112 1 ff
- Anwesenheit in der Hauptverhandlung 50 3 ff, 51 4
- Aussetzung der Vollstreckung 88 3
- Berücksichtigung von U-Haft 109 11
- Beseitigung des Strafmakels 111 1
- Diversion 109 8 ff
- Einheitliche Rechtsfolgenbestimmung 105 5
- Einstellung des Verfahrens 47 1
- Entwicklungswissenschaft 105 2 ff
- Ermittlungen zur Persönlichkeitsentwicklung 109 4
- Erziehungsberechtigte 67 2
- Erziehungsmaßregeln 9 2
- JGH-Mitwirkung bei Haftentscheidung 72 a 2
- Jugendgerichtsverfassung 107 1 ff
- Jugendstaatsanwaltschaft 36 1
- Mitteilungspflichten 109 6
- Nebenklage 109 3, 19
- Notwendige Verteidigung 109 5
- Privatklage 109 19
- Sachliche Zuständigkeit des Jugendrichters 39 1
- Sachliche Zuständigkeit des Jugendschöffengerichts 40 1 f
- Sicherungsverwahrung 106 6 ff
- Strafbefehl 109 15
- Verbindung mit Erwachsenenstrafsachen 103 1
- Vereinfachtes Verfahren 109 18
- Vernehmung 43 12
- Vollstreckung und Vollzug 110 1 ff
- Zur Tatzeit 33 7, 10

Herausnahme aus Jugendstrafvollzug 85 8 ff, 89 a 1

Hilfen zur Erziehung 12 1 ff, 34 1, 7
- Anhörung Jugendamt 12 3
- Bezug zur Straftat 12 3
- Erziehungsbeistandschaft 12 13 ff
- Erziehungsmangel 12 7, 9
- Gewährleistung d. Kindeswohls 12 8
- Heimerziehung 12 19 ff
- Hilfe nach SGB VIII 12 5 ff; siehe *Erziehungsbeistandschaft*; *Heimerziehung*
- Jugendarrest 12 4
- Rangfolge 12 11
- Soldaten 12 1
- Urteilsformel 54 14 ff
- Verhältnismäßigkeit 12 3
- Voraussetzungen § 27 SGB VIII 12 6 ff
- Zuständigkeit für den Vollzug 82 4

Hilfsschöffenliste 35 9

Hinreichender Tatverdacht 41 5
- Vorläufige Anordnung der Erziehung 71 2 f
- Wesentliches Ergebnis der Ermittlungen 46 3

Inbegriff der Verhandlung 51 13

Individualprognose bei Reststrafaussetzung 88 16

Informelle Erledigung 43 17, 45 3

Persönlichkeitserforschung   43 3, 14 ff
– Angaben des Beschuldigten   43 24 f
– Art und Umfang   43 19 f
– Behördeninformationen   43 31
– Beiziehung von Akten   43 34
– Datenschutz   43 39 ff
– Durch JGH   43 15 f
– Durch Sachverständige   43 41 ff
– Durch Staatsanwaltschaft   43 14
– Eltern und Erziehungsberechtigte   43 26 f
– Form   43 33, 59
– JGH   43 15 ff
– Kapitaldelikte   43 45 f
– Kooperation der Behörden   43 37 ff
– Mitwirkungspflicht   43 55
– Quellen   43 23 ff
– Sachverständiger   43 41 ff; *siehe Sachverständigengutachten*
– Schule und Ausbildung   43 28 ff
– Soziales Umfeld   43 32
– Staatsanwaltschaft   43 14, 16
– Stationäre Begutachtung   43 54
– Zuwanderer   43 22
Persönlichkeitsstörung
– Nachträgliche Sicherungsverwahrung   7 15
Pflegefamilien   2 15
Pflichtverteidigung   68 1 ff; *siehe Notwendige Verteidigung*
– Abgrenzung Beistandschaft   69 3
– Bestellung   68 17
– Jugendschöffengericht   40 13
– Mehrere Straftaten, Verfahren   31 38
– Rechtsmittel   68 20 ff
– Unterbringung zur Beobachtung   73 10
PKS   **Vor 1 ff** 6
Planung des Entlassungszeitpunkts   88 6, 10
Polizeidienstvorschrift 382   43 7
Polizeidiversion   45 22
Polizei im Ermittlungsverfahren   43 7 f
Präventionsmodell   5 49
Presse
– Anwesenheitsrecht   48 25

Privatklage   80 1 ff
– Bei Heranwachsenden   109 19
– Jugendliche vor Erwachsenengerichten   104 1 ff
– Von Jugendlichen   80 10 f
– Widerklage   80 11
Privatklageausschluss   80 3 ff
Privatklagesachen
– Jugendrichter   34 5
Produktionsschulen   A 172
Prognoseklausel   5 33
Prognose künftigen Legalverhaltens
– Gegenstand   21 7 ff
– Prognosefaktoren   21 11 ff
– Unschuldsvermutung   21 18
– Vorgehensweise   21 16
– Zeitpunkt   21 17
Prognostik   *siehe Zugangsuntersuchung im Jugendstrafvollzug*
Projekte zum Jugendstrafvollzug
– Aussetzung der Vollstreckung   88 4
Protokoll
– Vereinfachtes Verfahren   78 22
– Vernehmung im Vorverfahren   44 4
Prozesshindernis   80 4
Psychiatrisches Krankenhaus   *siehe Unterbringung psych. Krankenhaus*
Psychischer Zustand d. Beschuldigten   73 3 f
Psychische Störung   7 21
Psychosoziale Behandlung
– Zugangsuntersuchung im Jugendstrafvollzug   A 149
Psychotherapie und Reststrafaussetzung   88 23
Pubertärer Reifungsablauf   105 12

Ratenzahlung
– Geldauflage   15 20
– Schadenswiedergutmachung   15 11
Rauschmittel   7 8
Reaktionssystem   5 26
Rechtsanwaltsgebühren   74 11 ff
Rechtsbehelf, konkret
– Anhörung vor Anklageerhebung   44 8

Stichwortverzeichnis

- Anwesenheit in der Hauptverhandlung 48 37 ff, 50 37, 51 42 ff
- Aussetzung der Vollstreckung 88 58
- Berücksichtigung Haftzeit 52 8, 52 a 8
- Endgültiger Einstellungsbeschluss 47 18
- Erziehungsberechtigte 67 23 ff
- Heimunterbringung 12 29, 71 23
- Jugendliche vor Erwachsenengerichten 104 35
- Jugendstrafe 18 25 f
- Kostenentscheidung 74 22 f
- Ladung zur HV 50 36
- Nichtheranziehung JGH 38 40, 50 37
- Öffentlichkeit d. Verfahrens 48 36
- Persönlichkeitserforschung 43 60
- Pflichtverteidigung 68 20 ff
- Schriftliche Urteilsgründe 54 74
- Überweisung an Familiengericht 53 12, 15
- Untersuchungshaft 72 28
- Verbundenes Verfahren 103 33, 35 ff
- Vereinfachtes Verfahren 78 19 ff
- Verfahren bei mehreren Straftaten 31 56 ff, 32 7, 19
- Verfahrenseinstellung 45 47
- Vorläufige Anordnung der Erziehung 71 23
- Zuständigkeit Jugendgericht 47 a 8 ff

Rechtsbehelfe, allg. 92 1 ff
- Ablauf 92 36
- Anfechtungsantrag 92 22
- Anhörung 92 12, 37
- Antragsarten 92 22 ff
- Befangenheit 92 31
- Beschwerde 92 41
- Besetzung 92 38 f
- Dreistufiges Rechtssystem 92 5
- Effektiver Rechtsschutz 92 11
- Feststellungsantrag 92 25
- Fortsetzungsfeststellungsantrag 92 26
- Gütliche Streitbeilegung 92 29 f
- Jugendkammer 92 30 ff
- Kontrolle 92 18
- Kostenregelung 92 39 f
- Mündliche Verhandlung 92 35 ff
- Prozesskosten 92 19
- Reformbedarf 92 42 f
- Renitenz 92 10
- Schlichtungsverfahren 92 29
- Systematische Stellung 92 15 ff
- Verfahrensrecht 92 21
- Verfassungsmäßigkeit 92 11 ff
- Verpflichtungsantrag 92 23
- Vornahmeantrag 92 24
- Zuständigkeit 92 32

Rechtsfolgen 5 1 ff
- Abstufungen 5 22
- Duales System 5 22, 38 4
- Nach Jugendstrafrecht 2 28 f
- Rechtsfolgenbestimmung 5 1 f
- Urteilsgründe 54 56
- Voraussetzungen 5 3 ff

Rechtsfolgensystematik 5 13 ff
Rechtsgrundverweisung 34 1
- Sachliche Zuständigkeit der Jugendkammer 40 1

Rechtshilfe 1 14
Rechtskraft
- Als Vollstreckungsvoraussetzung 82 8
- Strafklageverbrauch bei Verfahrenseinstellung 45 45

Rechtsmittelbegründung 55 29
Rechtsmittelbelehrung
- Urteilsverkündung 54 70 ff
- Vereinfachtes Verfahren 78 14

Rechtsmittelbeschränkung
- Allgemein 55 18 ff
- Instanzielle 55 32 ff
- Sachliche 55 22 ff

Rechtsmittelgericht 41 14 f
- BGH 33 6
- Verbundenes Verfahren 103 33 f

Rechtsmittelrücknahme 55 17
Rechtsmittelverfahren
- Anfechtungsberechtigung 55 12 ff
- Anwesenheit 50 8
- Berücksichtigung Haftzeit auf Jugendarrest 52 2

- Jugendliche vor Erwachsenengerichten   104 21
- Nichtöffentlichkeit   48 8
- Sonderregelungen im JGG   55 11

Rechtsmittelverzicht   55 16

Rechtsverordnungen   33 15 f

Reformatio in peius   41 15

Regelübertretung   A 13 ff

Reife   3 7 ff
- Geistige Reife   3 12, 38
- Sittliche Reife   3 13, 39
- Soziale Reife   3 7

Reifebeurteilung   3 9, 23 ff, 35 ff
- Aktenanalyse   3 35
- Biographische Anamnese   3 36
- Heranwachsende   105 22 ff
- Körperliche Untersuchung   3 37
- Psychiatrisch/psychologische Begutachtung   3 38 ff

Reifegrad   3 7

Reifeverzögerung   105 22 ff
- Begutachtung   105 34 ff
- Beurteilung   105 26 ff
- Charakteristika   105 31
- Kognitive Entwicklung   105 24
- Körperliche Reife   105 23
- Psychosoziale Reife   105 25
- Unsichere Tatsachensituation   105 32

Reintegration   2 13

Relative Revisionsgründe   36 7

Religionsausübung und Seelsorge in der JVA   A 203 ff

Resilienzforschung   A 17

Resozialisierung   A 6, 9

Ressortminister
- Erlass v. Rechtsverordnungen   33 15

Restjugendstrafe
- Berücksichtigung Haftzeit auf Jugendstrafe   52 a 6

Reststrafaussetzung   *siehe Aussetzung der Vollstreckung*

Reststrafbewährung   *siehe Aussetzung der Vollstreckung*

Revision   *siehe Rechtsmittel*

Revisionsverfahren   *siehe Rechtsmittelverfahren*

Richterfortbildung   37 5

Richterliche Handlungen   34 5

Richterspruch
- Strafmakelbeseitigung   97 1 ff

Richterwechsel   34 5

Richtlinien   36 6

Risikofaktoren für Delinquenz   A 15 f, 5 40 ff

Rollenkonflikte   3 10 f

Rückfallquote nach Diversion   45 5

Rückfallquote nach Sanktion   16 44

Rücknahme der Anklageschrift   39 8

Rückverweisung
- Jugendgericht   39 7

Ruhen der Vollstreckungsleitung   85 9

Sachliche Zuständigkeit der Jugendgerichte   33 4
- Jugendgerichte   33 7

Sachliche Zuständigkeit der Jugendkammer
- Heranwachsende   108 5 f
- Jugendschutzsache   40 4

Sachliche Zuständigkeit des Jugendrichters   39 1 ff
- Bußgeldsachen   39 2
- Entziehung der Fahrerlaubnis   39 3
- Eröffnungszuständigkeit   39 7
- Führungsaufsicht   39 4
- Gesetzlicher Richter   39 3
- Maßregeln   39 4
- Ordnungswidrigkeiten   39 2
- Strafgewalt   39 3, 12
- Unterbringung in einem psychiatrischen Krankenhaus   39 4
- Zuständigkeitswechsel   39 7 ff

Sachliche Zuständigkeit des Jugendschöffengerichts
- Heranwachsende   40 1 f, 108 4
- Sicherungsverwahrung   40 1
- Strafgewalt   40 1, 7
- Unterbringung in einem psychiatrischen Krankenhaus   40 1

Sachverständige
- Akteneinsicht   43 52
- Auswahl   43 48 ff, 73 9
- Jugendgerichtsbarkeit   37 4
- Unabhängigkeit   43 53

Sachverständigengutachten
- Ambulant od. stationär   43 54

- Auftrag 43 51
- Befundtatsachen 43 56
- Belehrung Jugendlicher 43 57
- Entwicklungszustand des Beschuldigten 73 3
- Form 43 59
- Legalprognose 88 18 f
- Mitwirkung Beschuldigter 43 55
- Persönlichkeitserforschung 43 41 ff
- Pflichtverteidigung 68 9
- Reifebegutachtung Heranwachsender 105 34
- Strafreife 43 47

Sanktionen 5 6 ff
- Ambulante 5 8
- Erziehungsmaßregeln 9 11
- Formelle 5 8
- Heranwachsende 105 6, 108 2, 6
- Stationäre 5 8, 12
- Verbindung mehrerer Reaktionen 8 2 ff
- Vollstreckung und Überwachung 38 17 f
- Warnschussarrest 16 35 ff

Sanktionensystem Vor 1 ff 3, 2 28
Sanktionskompetenz
- Jugendrichter 39 3, 12
- Jugendschöffengericht 40 1, 7
- Richter oder JGH 38 35 ff

Sanktionskorrektur im Vollstreckungsverfahren Vor 82 ff 5
Sanktionsverbindungen
- Systemwidrige 8 7 f
- Verbotene 8 6

Sanktionsvorschlag durch Jugendstaatsanwaltschaft 36 5
Sanktionswirkung Vor 82 ff 5
Schadenswiedergutmachung 5 17, 15 5 ff, 81 2
- Art und Weise 15 5
- Einrede der Verjährung 15 9
- Erlöschen des Anspruchs 15 8
- Fahrlässige Schadensverursachung 15 7
- Gesamtschuldner 15 8
- Kosten des gerichtlichen Verfahrens 15 10
- Mitverschulden des Tatopfers 15 8
- Ratenzahlung 15 11
- Schaden 15 6
- Zivilrechtlicher Anspruch des Tatopfers 15 6
- Zwangsvollstreckung 15 8

Schädliche Neigungen 27 4 ff
- Ersttäter 17 13
- Strafaussetzung zur Bewährung 17 33
- Strafzumessung 18 21

Schifffahrtskundige 33 a 5
Schlechterstellungsverbot 2 29
Schöffen siehe Jugendschöffen
Schulbildung im Jugendstrafvollzug A 167 ff
- Deutschkurse A 182

Schuldausgleich 2 4
Schuldbegriff 3 1
Schuldenregulierung im Jugendstrafvollzug A 54, 122, 146
Schuldfeststellung
- Überweisung an Familiengericht 53 10

Schuldspruch
- Mehrere Straftaten, Verfahren 31 37
- Urteilsgründe 54 52 ff, 59

Schuldunfähigkeit 3 30 ff
Schülergerichte 45 35 f
Schutz der Allgemeinheit A 5 f, 73
Schutz des Opfers bzw des Opferzeugen 41 11
Schutzfaktoren vor Deliquenz 5 40 ff
Schwebendes Ermittlungsverfahren
- Reststrafaussetzung 88 30

Schweigepflicht der JGH 38 8
Schwere der Schuld 17 22 ff
- Fahrlässigkeit 17 32
- Reststrafaussetzung 88 23

Schwurgericht 41 4, 47 a 4
Schwurgerichtskammer
- Sachliche Zuständigkeit der Jugendkammer 41 1
- Verbindung mit Erwachsenenstrafsachen 103 13

Selbstkontrolle 2 8, 80 5
Selbstleseverfahren 33 a 3
Selbstverpflichtung 23 8 f
Sexualisiertes Verhalten 105 14

Sexualstraftäter **A** 153, 159
- Behandlungsprogramm **A** 160

Sicherheitsmaßstab 5 33

Sicherheit und Ordnung im Jugendstrafvollzug **A** 135, 236 ff, 244

Sicherungsaufgabe 2 4

Sicherungshaftbefehl 26 14, 57 15, 58 12, 62 8

Sicherungsverfahren 3 48 f, 80 14

Sicherungsverwahrung 7 14 ff; *siehe Nachträgliche Sicherungsverwahrung*
- Abstandsgebot 7 16
- Große Jugendkammer 41 3, 13
- Heranwachsende 106 6 ff
- Maßregelerledigung 7 27
- Nachträgliche Anordnung 81 a 2, 4
- Neufälle 7 15, 31
- Primäre S. 106 6
- Psych. Störung 7 21
- Rückwirkung 106 17
- Sachliche Zuständigkeit des Jugendschöffengerichts 40 1
- Therapieunterbringungsgesetz 7 15
- Übergangsregelung 7 15
- Verfahren 106 16 f
- Verfahren und Entscheidung zur Unterbringung 81 a 1 ff
- Verfassungswidrigkeit 7 14 ff
- Vorbehaltene S. 81 a 2 f, 106 7 ff

Sitzungstermine 35 9

Sitzungsvertreter 36 6 f

Sofortige Beschwerde über Kostenentscheidung 74 22 f

Soldaten 112 a-e 1 ff
- Auflagen 15 2
- Bewährungshilfe 112 a-e 14
- Disziplinarmaßnahmen 112 a-e 7
- Erziehungshilfe durch Disziplinarvorgesetzten 112 a-e 5, 9 ff
- Erziehungsmaßregeln 9 4
- Hilfe zur Erziehung 12 1
- Jugendarrest 112 a-e 15
- Nachträgl. Änderung von Weisungen 11 12
- Verfahren gegen Jugendliche vor Erwachsenengericht 104 5
- Weisungen 112 a-e 13

Sonderstrafkammer
- Verbundenes Verfahren 103 21 ff, 26

Sorgerechtsentzug 34 7 f

Soziale Normen **Vor 1 ff** 3

Sozialer Empfangsraum 88 27 f

Sozialer Trainingskurs
- Als Diversionsmaßnahme 45 30
- Leistungsbeschreibung 10 37
- Vorläufige Anordnung der Erziehung 71 9
- Weisungen 10 35 ff

Sozialgeheimnis 43 39

Sozialisation **Vor 1 ff** 1

Sozialisationsinstanz 105 17

Sozialpädagogische Hilfe 12 5 ff; *siehe Hilfe zur Erziehung*

Sozialtherapeutische Behandlung **A** 44, 59 ff, 65 ff

Sperrfrist für Antrag auf vorzeitige Entlassung 88 53 ff

Spontanäußerung bei Vernehmung 44 4

Sport als Erziehungsprogramm zur soz. Integration 2 14

Sport in der JVA **A** 185, 200 ff

Spruchkörperaufteilung 33 14

Spruchkörperbesetzung
- Jugendkammer 33 b 1 ff
- Kleine Jugendkammer 33 b 3

Staatliches Erziehungsrecht
- Heranwachsende 107 3
- Volljährige Beschuldigte 34 3

Staatliches Wächteramt 37 3

Staatsanwaltschaft *siehe Jugendstaatsanwalt*
- Einstellung des Verfahrens 47 15 ff
- Ermittlungsverfahren 43 1 ff, 5 f
- Familiengerichtliches Verfahren 53 21
- Mehrere Straftaten verschiedener Alters- und Reifestufen 32 18
- Mitteilungspflichten ggü JGH 72 a 3
- Örtliche Zuständigkeit 42 4, 13, 16
- Persönlichkeitserforschung 43 14, 16 ff

Stichwortverzeichnis

- Verbindung mit Erwachsenenstrafsachen 103 12 ff
- Vereinfachtes Verfahren 77 5, 78 3
- Vernehmung im Vorverfahren 44 2, 5
- Vollstreckungsentscheidungen 85 13
- Vorläufige Anordnung der Erziehung 71 4

Staatsschutzkammer
- Jugendliche vor Erwachsenengerichten 102 2 f
- Spezialzuweisung 33 6, 9
- Verbindung mit Erwachsenenstrafsachen 103 13
- Verfahren gegen Heranwachsende 112 1 ff
- Zuständigkeit 41 4
- Zuständigkeit Jugendgericht 47 a 4

Steuerungsfähigkeit 3 25, 27
Strafaussetzung siehe Bewährung
Strafausstand wegen Vollzugsuntauglichkeit 88 64
Strafbefehl
- Heranwachsende 79 2, 109 15
- Jugendliche 79 1
- Rechtsfolge 79 4

Strafbegriff 5 16
Straferlass siehe Erlass
Straferwartung
- Große Jugendkammer 41 3, 13
- Heranwachsende 108 2, 6, 10

Straffälligkeit und Altersabhängigkeit 5 45
Straffreie Führung vor dem Strafvollzug 88 23
Strafgewalt
- Jugendrichter 39 3, 12
- Jugendschöffengericht 33 b 1, 40 1, 7

Strafklageverbrauch bei Einstellungen 45 45
Strafmakelbeseitigung 97 1 ff
- Ablehnung 99 3
- Antrag 97 12
- Aufschiebung der Entscheidung 99 4
- Ermittlungen 98 2 ff
- Fristablauf 97 11

- Heranwachsende 111 1
- Rechtsmittel gegen Ablehnung 99 7
- Sexualstraftäter 97 4
- Straferlass 100 1 ff
- Widerruf 101 1 ff
- Zuständigkeit 98 1

Strafmündigkeit 1 1 f, 3 1
- Urteilsgründe 54 46

Strafreife
- Einstellung des Verfahrens 47 11
- Entwicklungszustand des Beschuldigten 73 2
- Jugendrichterliche Prüfung 34 1
- Sachverständigengutachten 43 47

Strafrichter siehe Jugendrichter
Straftaten aus verschiedenen Altersstufen 109 2
Straftaten im Vollzug 88 23, 30
Strafunmündigkeit
- Beiziehung von Ermittlungsakten 43 35 f
- Prävention 1 11
- Urteilsgründe 54 42
- Verfahrenshindernis 1 10

Strafverfahren, schwebendes 88 30
Strafverfolgungsentscheidung bei Privatklagedelikten 80 8 f
Strafvollstreckungskammer
- Zuständigkeit bei der Aussetzung der Vollstreckung 88 4

Strafvollzugsgesetz mit Jugendstrafvollzug A 3
Strafzeitberechnung 88 10
Strafzumessung
- Erziehungsgedanke 18 16 ff
- Schädliche Neigungen 18 21 ff
- Schuld 18 11 ff

Subdelegationsmöglichkeit auf die Landesjustizverwaltung 33 20
Subkultur in der JVA A 152, 154
Subsidiarität der U-Haft siehe Untersuchungshaftvermeidung
Subsidiarität des Jugendstrafrechts ggü dem Ordnungswidrigkeitenrecht 33 12
Subsidiaritätsgrundsatz 5 14 f

Suchtbehandlung im Jugendstrafvollzug A 41, 45, 139 f, 247 ff
Sucht und Reststrafaussetzung 88 71
Sühneleistung 15 1
Sühneversuch 80 3

Taschengeld der Gefangenen A 137, 230, 233
Tatbestandsirrtum 3 28
Tatbeteiligung naher Angehöriger
- Verfahrensverbindung 103 10
Täter-Opfer-Ausgleich 2 11 f, 5 17, 81 2
- Als Diversionsmaßnahme 45 31 ff
- Konzeption 10 40 ff
- Leistungsbeschreibung 10 42
- Schadenswiedergutmachung 15 5 ff
- Weisung 10 38
- Ziel 10 39; *siehe Opferfonds*
Tatmehrheit *siehe Mehrere Straftaten*
Tatortgericht 42 18
Tatsachenfeststellung in den Urteilsgründen 54 46 ff
Tatverdächtigenbelastungszahlen Vor 1 ff 5, 10
Tatzeitpunkt 33 10, 107 1
Teen Courts 45 35 f
Teilrechtskraft bei mehreren Straftaten 32 7
Teilverbüßung 88 22 ff
Teilvollstreckung 56 1 ff
Telekommunikationsüberwachung
- Örtliche Zuständigkeit 42 13
Terminsladung im Vereinfachten Verfahren 77 6, 78 2
Testosteron 105 11
Therapie *siehe Alkoholtherapie; Drogentherapie; Psychotherapie*
Therapieeinrichtung
- Reststrafaussetzung in der Therapieeinrichtung 88 1
Therapieunterbringungsgesetz 7 15
Thersites-Komplex 105 14, 23
Tilgungsreife der Verurteilung
- Strafmakelbeseitigung 97 1 ff

- Widerruf Strafmakelbeseitigung 101 1 ff
Träger der freien Jugendhilfe 38 3
Transport des Häftlings
- Örtliche Zuständigkeit 42 14, 16
Turningpoints A 16

Überbrückungsgeld der Gefangenen A 229 f, 232
Übergangsphase Vor 1 ff 1
Übernahmebeschluss 33 6, 40 12, 15 f
Übernahme durch Jugendkammer 40 9, 15, 41 11
- Umfangreiche Sachen 41 6
Übertragung der Entscheidungsbefugnis 58 20 f
Überweisung an Familiengericht 53 1 ff; *siehe Familiengerichtliches Verfahren*
- Einbeziehung in anderes Urteil 53 53 12
- Entscheidung Jugendgericht 53 8 ff
- Erziehungsmaßregeln 53 8
- Heranwachsende 53 6
- Persönl. Geltungsbereich 53 4 f
- Rechtsmittel 53 12, 15
- Schuldfeststellung 53 10
- Urteilsgründe 53 14
- Urteilstenor 53 12 f
- Vereinfachtes Verfahren 53 7
- Weisungen 53 11
Überzeugungstäter
- Reststrafaussetzung 88 17
Umwandlung von Freizeit- in Kurzarrest 86 1 ff
Unbestimmte Jugendstrafe 19 1 ff
Ungehorsamsarrest 15 24 f
- Mehrere Straftaten 31 9
Unmittelbarkeitsgrundsatz
- Aktenkenntnis durch Schöffen 33 a 3
Unrechtserkenntnis 3 24
Unterbrechung der Strafvollstreckung
- Rückwirkende Unterbrechung 89 a 5
- Wegen einer Drogentherapie 88 66 ff

1025

- Zur Vollstreckung von Freiheitsstrafe 89 a 2 f

Unterbringung *siehe Heimunterbringung; Weisungen*

Unterbringung in einem psychiatrischen Krankenhaus 3 48, 7 5 ff
- Große Jugendkammer 41 3
- Jugendrichter 39 4
- Jugendschöffengericht 40 1
- Vollstreckung gegen Heranwachsende 110 4

Unterbringungsbefehl 71 20, 21
- Heimunterbringung 72 24
- Rechtsmittel 72 28

Unterbringung zur Beobachtung 73 1 ff
- Anrechnung 52 2 f
- Dauer 73 11
- Dringender Tatverdacht 73 5
- Entwicklungszustand des Beschuldigten 73 2
- Jugendliche vor Erwachsenengerichten 104 29
- Kosten 74 10
- Pflichtverteidiger 73 10
- Sachverständigengutachten 73 3, 9
- Subsidiarität ggü ambulanten Maßnahmen 73 3, 7 f

Unterhaltspflicht
- Weisung 10 49

Untersuchungshaft 89 c 1 ff
- Altersgrenzen 89 c 4
- Anrechnung 52 2 ff, 52 a 1 ff, 5 f, 54 32 ff, 87 4
- Anrechnung bei Heranwachsenden 109 11
- Anwendungsbereich 89 c 2 ff
- Bei schweren Straftaten 72 17, 22
- Beschleunigungsgebot 72 25 ff
- Beschränkungen in der Haft 72 27
- Gesetzgebungskompetenz 89 c 5
- Gesetz zur Änderung des U-Haftrechts 72 27, 72 b 1
- Haftprüfung 72 28
- JGH-Mitwirkung 72 3, 72 a 1 f, 4 f
- Jugendliche und Heranwachsende 89 c 8
- Jugendliche vor Erwachsenengerichten 104 16 ff
- Junge Erwachsene 89 c 11
- Kosten 74 10
- Mehrere Straftaten 31 43
- Notwendige Verteidigung 68 5 f, 14
- Persönlichkeitsbeurteilung und Bericht der JGH 38 14
- Rechtsmittel 72 28
- Rechtsmittelhaft 89 c 6
- Reststrafaussetzung 88 23
- Übertragung auf anderen Jugendrichter 72 30
- Urteil 54 10, 63 f, 71
- Verkehr Häftling mit JGH, Betreuungshilfe, Erziehungsbeistand 72 b 1
- Vollstreckung 89 c 3
- Vollstreckung gegen Heranwachsende 110 6
- Vollzugsstruktur 89 c 14
- Vorschriften für den Vollzug 89 c 9
- Zuständiges Gericht 89 c 7

Untersuchungshaft, Voraussetzungen 72 2 ff
- Apokryphe Haftgründe 72 4 ff
- Dringender Tatverdacht 72 3
- Fluchtgefahr 72 10 ff; *siehe Fluchtgefahr*
- Haftgründe 72 4
- Subsidiarität 72 9; *siehe Untersuchungshaftvermeidung*
- Verdunkelungsgefahr 72 21
- Verhältnismäßigkeit 72 7 f, 22; *siehe Untersuchungshaftvermeidung*
- Wiederholungsgefahr 72 19 ff

Untersuchungshaftvermeidung 34 1, 5, 72 1, 17, 22
- Alternativen 34 1, 5, 72 a 6
- Subsidiaritätsgrundsatz 72 9

Untersuchungshandlungen
- Örtliche Zuständigkeit 42 13
- Zeitweiliger Ausschluss von Verfahrensbeteiligten 51 5

Unzumutbarkeit 15 1

Urteilsgründe 54 35 ff, 41 ff
- Abgekürztes Urteil 54 40
- Angaben des Angeklagten 54 39
- Beweismittel 54 48 f

Stichwortverzeichnis

- Beweiswürdigung 54 50 ff
- Bußgeldverfahren 54 3 f
- Folgerungen aus Schuldspruch 54 52 ff
- Freispruch 54 40
- Heranwachsende 54 2
- Kostenentscheidung 54 9
- Lebenslauf 54 41 ff
- Mehrere Straftaten 31 54
- Mindestvoraussetzungen 54 6
- Muster 54 75
- Schriftliche U. 54 72 f, 74
- Strafmündigkeit 54 42, 46
- Tatsachenfeststellung 54 46 ff
- U-Haft, Beschluss 54 10
- Vereinfachtes Verfahren 54 38, 78 15
- Verfahren gegen Jugendliche vor Erwachsenengericht 104 19 f
- Verletzte Vorschriften 54 51

Urteilsgründe, Rechtsfolgen 54 55 ff
- Abgabe an FamGericht 54 56
- Aussetzung der Vollstreckung der Jugendstrafe 54 60
- Erziehungsmaßregeln 54 55
- Fahrerlaubnisentzug 54 61
- Jugendstrafe 54 60
- Kostenentscheidung 54 65
- Maßregeln der Besserung und Sicherung 54 61
- Nebenstrafen und Nebenfolgen 54 62
- Schuldspruch § 27 54 59
- Teilfreispruch 54 64
- U-Haft, Jugendarrest 54 63 f
- Weisung 54 57
- Zuchtmittel 54 58

Urteilskorrektur durch Vollstreckungsleiter 85 4

Urteilstenor
- Absehen von Einbeziehung 54 29
- Anrechnung Jugendarrest 54 28
- Anrechnung U-Haft 54 32 ff
- Ausländische Urteile 54 34
- Aussetzung der Verhängung der Jugendstrafe 54 19 ff
- Berücksichtigung Haftzeit auf Jugendstrafe 52 a 4
- Bewährungsbeschluss 54 22
- Einbeziehung rechtskräftiger Entscheidungen 54 27, 31
- Einbeziehung von Nebenstrafen und -folgen 54 30
- Erziehungsmaßregeln 54 11 ff
- Hilfe zur Erziehung 54 14 ff
- Jugendstrafe 54 25, 28
- Kostenentscheidung 74 2, 20
- Mehrere Straftaten, Verfahren 31 53
- Nachträgliche Entscheidung 54 23 f
- Opferfonds 54 17
- Überlassung an Familiengericht 54 13
- Überweisung an Familiengericht 53 12 f
- Verwarnung 54 18
- Vorbewährung 54 26
- Zuchtmittel 54 16

Urteilsverkündung 54 66 ff
- Belehrung, Bewährung 54 70
- Fahrverbot 54 71
- Fortdauer U-Haft 54 71
- Mündliche Begründung 54 67 f
- Rechtsmittelbelehrung 54 71 ff
- Verlesung des Tenors 54 66

Verantwortlichkeit 3 1 ff
- Erziehungsmaßregeln 9 6, 11
- Weisungen 10 2

Verbindung mit Erwachsenenstrafsachen 103 1 ff
- Abgabe 103 16, 25, 30
- Abtrennung 103 22, 26, 32
- Anklage 103 13 f
- Anklage bei Kammer für Staatsschutzsachen 103 13
- Beschwerde 103 39
- Einwand gegen Verbindung 103 26
- Nebenklage 103 6
- Owi-Verfahren 103 4 f
- Prüfung durch das Jugendgericht 103 17 ff
- Rechtsmittel 103 33 ff
- Sonderstrafkammer 103 21 ff, 26
- Tatbeteiligung naher Angehöriger 103 10
- Unzweckmäßigkeit 103 9
- Verbindung aus „wichtigem Grund" 103 11
- Verbindung zur „Erforschung der Wahrheit" 103 11

1027

- Vereinfachtes Verfahren 103 3
- Verfahren 103 12 ff
- Verfahren vor Jugendgericht nach Beginn der HV 103 27 ff
- Zuständigkeiten 103 15 ff

Verbindung von Maßnahmen 31 6
Verbindung von Strafsachen 41 16
Verbotsirrtum 3 29
Verbrechen 4 2, 33 11
Verbundene Verfahren
- Nichtöffentlichkeit 48 7
- Zuständigkeit Jugendgericht 47 a 4 f

Verdeckte Ermittlungsmaßnahmen
- Örtliche Zuständigkeit 42 13

Verdunkelungsgefahr
- Haftgründe 72 4, 21
- Untersuchungshaftvermeidung 72 23

Vereinfachtes Verfahren 78 1 ff
- Anwesenheit in der Hauptverhandlung 50 7
- Bei Heranwachsenden 109 18
- Beteiligung JGH 38 2
- Beweisaufnahme 78 10
- Einstellung 78 16
- Ermittlungsverfahren 43 2
- Erziehungsberechtigte u. gesetzl. Vertreter 67 3
- Erziehungsverfahren 78 1
- Formulare 78 21 ff
- Gerichtliche Entscheidung 78 12 ff
- JGH 78 11
- Kostenentscheidung 78 13
- Ladungsfristen 78 4
- Letztes Wort 78 6
- Mitteilungen 70 3
- Mündliche Verhandlung 78 6 ff
- Nichterscheinen des Jugendlichen 78 18
- Nichtöffentlichkeit 78 8
- Örtliche Zuständigkeit 42 21
- Owi-Verfahren 78 5
- Pflichtverteidigung 68 5
- Protokoll 78 6, 22
- Rechtsmittel 78 14, 19 ff
- Teilnahme der STA am Termin 78 3
- Terminsladung 77 6, 78 2
- Überweisung an Familiengericht 53 7

- Urteil 54 38, 78 15
- Verbindung mit Erwachsenenstrafsachen 103 3
- Wesentliches Ergebnis der Ermittlungen 46 4
- Zustimmung zur Einstellung 78 1

Vereinfachtes Verfahren, Antragsablehnung 77 1 ff
- Ablehnungsbeschluss 77 4 ff
- Staatsanwaltliches Verfahren nach Ablehnung 77 5
- Unzuständigkeit 77 2
- Verfahrenseinstellung 77 3
- Vorläufige Einstellung 77 2
- Weitere Straftaten 77 4
- Zeitpunkt der Ablehnung 77 4

Vereinfachtes Verfahren, Voraussetzungen 76 1 ff
- Antrag 76 3, 7 ff, 15
- Antragsrücknahme 76 12 f
- Antrag StA 76 7
- Owi-Verfahren 76 5 f
- Registeraustrag StA 76 10
- Soldaten 76 8
- Verfahrensverbindung 76 14

Verfahren gegen Abwesende 50 10
Verfahren gegen Jugendliche und Heranwachsende 109 2
Verfahrensbeendigung 3 46 ff
Verfahrensbeschleunigung 33 7, 36 6, 40 9, 41 5
Verfahrenseinstellung *siehe Diversion*
- Vorläufige und endgültige 47 12 ff

Verfahrensökonomie 33 9, 36 6, 40 9, 41 5
- Besetzung der großen Jugendkammer 33 b 2

Verfahrensrüge
- Gerichtszuständigkeit 33 21
- Verstoß gegen § 47 a 47 a 10

Verfahrenstrennung 103 20, 22, 26; *siehe Verbindung mit Erwachsenenstrafsachen*

Verfahrensverzögerung 33 7, 36 6
- Zulasten des Staates 47 a 11

Verfahren vor dem Familiengericht *siehe Familiengerichtliches Verfahren*

Stichwortverzeichnis

Verfassungstreue von Jugendschöffen 35 4
Verfehlung 1 3, 33 11, 13, 39 1
Vergehen 4 2, 33 11
Verhaltensbestimmende Auffälligkeiten 7 18
Verhältnismäßigkeit
- Bei Erziehungsmaßregeln 9 9
- Weisungen 10 14
Verjährung 4 3 ff
Verlegung A 57 f, 85 8
Verletzter
- Anwesenheitsrecht 48 13
Vernehmung 43 9 ff, 13
- Anhörungsbogen 43 11 ff
- Anwesenheitsrechte 43 13
- Belehrung 43 10
- Benachrichtigungspflichten 43 13
- Beweisverwertungsverbot 43 10, 13
- Durch Jugendstaatsanwalt 44 2
- Heranwachsende 43 12
- Jugendlicher Beschuldigte 43 9
- Minderjährige Zeugen 43 9
- Persönlichkeitserforschung 43 14 ff; *siehe Persönlichkeitserforschung*
- Zeitpunkt Einwand der Unzuständigkeit 47 a 7
Verschlechterungsverbot 55 43 ff
- Kostenentscheidung 74 23
- Mehrere Straftaten 31 42
Versicherungsschutz bei Arbeitsauflage 15 17
Verteidiger *siehe Verteidigung*
Verteidigung
- Auswahl 43 13
- Belehrung Vernehmung im Vorverfahren 44 4
- Benennung in Anklageschrift 46 2
- Bestellung 68 17
- Kosten 74 11 ff
- Pflichtverteidiger 73 10
- Recht auf Anwesenheit in Hauptverhandlung 48 11
- Verfahrenssichernder Pflichtverteidiger 68 16
Verteidigungsverhalten 17 18, 27

Verwaltungsentscheidungen
- Vollstreckungsleiter 83 7
Verwaltungsvorschriften 36 6
Verwarnung 14 1 ff
- Amtshilfe 14 11
- Anordnung 14 2, 6
- Heranwachsende 14 4
- In Kombination mit anderen Maßnahmen 14 5
- Vollstreckung 14 7 ff
Verweisung an das zuständige Gericht 33 7, 33 b 11
Volljährige
- Staatliches Erziehungsrecht 34 3
- Vollstreckung und Vollzug 110 7
Vollstreckung 84 1 ff
- Aufschub 88 65
- Aussetzung 54 60; *siehe Aussetzung der Vollstreckung*
- Jugendarrest 87 1 ff
- Kosten 74 10
- Mehrere Strafen 31 42 ff
- U-Haft 104 17
- Verwarnung 14 7 ff
Vollstreckung gegen Heranwachsende 110 1 ff
Vollstreckung gegen Volljährige 110 7
Vollstreckungsakte 88 17
Vollstreckungshaftbefehl 82 10
Vollstreckungsleiter 82 1 ff
- Abgabe und Übergabe der Vollstreckungszuständigkeit 85 1 ff
- Abgrenzung vom Vollzugsleiter **Vor 82 ff 4**
- Besonderer Vollstreckungsleiter 85 5
- Zuständigkeit 82 3, 84 2, **108 10**
Vollstreckungsleiterbericht 88 7
Vollstreckungsleitung
- Zuständigkeit 85 9
Vollstreckungsreihenfolge 89 a 1 ff, 7
Vollstreckungsunterlagen 85 5, 88 6
Vollstreckungsverfahren
- Entscheidungen 83 1 ff
- Jugendrichter 34 5
- Zuständigkeit der Jugendkammer 41 18

Vollstreckungsverjährung 4 5 ff
- Ambulante Maßnahmen 4 7
- Erziehungsmaßregeln 4 6
- Jugendstrafe 4 8
- Zuchtmittel 4 6

Vollstreckung von U-Haft
- Vollstreckung gegen Heranwachsende 110 6

Vollzugskrankenhaus
- Aussetzung der Reststrafe 88 1

Vollzugsleiter **Vor 82 ff** 3, 4

Vollzugslockerung **A** 72, 88 2

Vollzugsnähe 85 13

Vollzugsöffnende Maßnahmen **A** 40, 149
- Ausgang in Begleitung **A** 104
- Außenbeschäftigung **A** 98
- Entlassungsvorbereitung **A** 108
- Förderplan **A** 54
- Freigang **A** 99
- Offener Vollzug **A** 92 ff
- Weisungen, Rücknahme, Widerruf **A** 69 ff

Vollzugsplan *siehe Förderplan*

Vollzugsuntauglichkeit 88 64

Vollzugszielstellung **A** 6 ff

Vorauffälligkeit 21 11

Vorbehaltene Sicherungsverwahrung 81 a 2 f
- Gefährlichkeitsprognose 106 9
- Heranwachsende 106 8 ff
- Vollzug 106 12
- Zuständigkeit der Jugendgerichte 108 5

Vorbewährung
- Auflagen 57 7
- Bewährungszeit 57 6
- Nachträgliches Beschlussverfahren 57 8 ff
- Urteilsformel 54 26
- Voraussetzungen 57 4
- Warnschussarrest 16 36
- Weisungen 57 7
- Zweck 57 2 f

Vorführungshaft, Anrechnung 52 2 f

Vorläufige Anordnung der Erziehung 71 1 ff
- Anordnung Weisungen 71 8 ff

- Einstw. Unterbringung 71 13 ff, 17 ff, 23; *siehe Heimunterbringung*
- Hinreichender Tatverdacht 71 2 f
- Rechtsmittel 71 23
- Zuständigkeit 71 4

Vorläufige Festnahme
- Anrechnung 52 2 f
- Mitteilung an JGH 72 a 3

Vorläufige Maßnahmen 57 15, 58 10 ff, 74 10

Vorläufige Verfahrenseinstellung 47 12 ff

Vorrang der Erziehung 38 15 f

Vorrangstellung des JGG 2 23 ff

Vorschlagsliste für Jugendschöffen 35 2, 10

Vorzeitige Entlassung *siehe Aussetzung der Vollstreckung*

Wächteramt des Staates 2 18, 51 2

Wahl der Jugendschöffen
- Jugendämter 35 1 ff

Warnschussarrest 16 35 ff, 27 10 ff, 57 2, 7

Wehrdienst 112 a-e 3 ff

Weibliche Gefangene **A** 300 f

Weisungen 10 1 ff, 65 1 ff
- Allg. Strafgericht 112 3
- Anfechtung 59 10 ff
- Anti-Agressivitäts-Training 10 36
- Arbeitsleistungen 10 20 ff
- Aufenthaltsort 10 17, 43
- Aufsatz 10 52
- Ausbildungs- und Arbeitsstelle 10 19
- Ausländerrechtlichen Weisungen 10 13
- Befreiung 11 16
- Bestimmtheit 10 8, 23
- Besuch von Gaststätten 10 43
- Betreuungshelfer 10 28, 32; *siehe Erziehungsbeistandschaft*
- Bewährungshilfe 10 33
- Drogenkontrolle 10 10, 48
- Elternrecht 10 11
- Erziehungsmaßregeln 10 30
- Fahrerlaubnisentzug 10 12
- Geschlossene Unterbringung 10 17

Stichwortverzeichnis

- Grundrechte 10 10 f, 19 f
- Heimunterbringung 10 18
- Heranwachsende 10 7
- Kombination mit Zuchtmitteln 13 4
- Leistungsbeschreibung 10 27
- Nachträgliche Entscheidungen 65 1 ff
- Nutzung von Verkehrsmitteln 10 51
- Opferfonds 10 26
- Pflegefamilie 10 18
- Soldaten 112 a-e 13
- Sozialer Trainingskurs 10 35 ff, 37; *siehe Sozialer Trainingskurs*
- Täter-Opfer-Ausgleich 10 38; *siehe Täter-Opfer-Ausgleich*
- Und Erziehungsmaßregeln nach § 12 10 18
- Unterhaltspflicht 10 49
- Urteilsgründe 54 57
- Verfahren 23 10
- Verhältnismäßigkeit 10 14
- Verkehrsunterricht 10 44
- Vollstreckung und Überwachung 38 17 f
- Vorläufige Anordnung der Erziehung 71 8 ff
- Weisungsverstoß 11 18 ff, 26 7 f
- Zulässige Weisungen 10 5, 23 2 ff
- Zumutbarkeit 10 15

Weisungen, Laufzeit 10 6, 23 6
- Beginn 11 4
- Betreuungsweisung 11 6
- Erzieherische Maßnahmen 11 5
- Sozialer Trainingskurs 11 7
- Zeitl. Begrenzung 11 3

Weisungen, nachträgl. Änderung 11 3 ff
- Familiengericht 11 14
- Gründe 11 11
- Neue Weisungen 11 12 f
- Unzulässigkeit 11 10
- Verfahren 11 17
- Voraussetzung 11 9

Weisungen und Auflagen
- Kosten 74 10

Weisung gem. § 10 Abs. 2
- Abgrenzung zu §§ 63, 64 StGB 10 59
- Entziehungskur 10 63 ff

- Freiwilligkeit und Jugendpsychiatrie 10 58
- Heilerzieherische Behandlung 10 59 ff
- Sachverständige 10 62
- Verantwortlichkeit 10 54
- Voraussetzungen 10 53 ff
- Zustimmungen Eltern/Jugendlicher 10 55 ff

Weisungsgebundenheit des Vollstreckungsleiters 83 3

Wertvorstellungen 3 18 ff

Wesentliches Ergebnis der Ermittlungen 46 1 ff
- Antrag auf Vereinfachtes Verfahren 46 4
- Nachteiligkeit der Darstellung 46 5

Widerklage
- Privatklage 80 11
- Verfahren gegen Heranwachsende 112 1 ff

Widerruf der Bewährung
- Anfechtung 59 14 f
- Anrechnung 26 15 f
- Subsidiarität 26 11 f
- Unschuldsvermutung 26 5
- Verfahren 26 17 f
- Voraussetzungen 26 4 ff

Wiederaufnahme nach gerichtlicher Einstellung 47 19 f

Wiedereingliederung A 6, 9

Wiedereinsetzung in den vorigen Stand 67 25

Wiedergutmachung 81 2

Wiederholungsgefahr
- Haftgründe 72 4, 19 ff
- Untersuchungshaftvermeidung 72 23

Wirtschaftsstrafkammer
- Spezialzuweisung 33 6, 9
- Verfahren gegen Heranwachsende 112 1 ff
- Zuständigkeit 41 4, 47 a 4

Wohngruppe
- Förderplan A 54
- Gewaltprävention A 156
- Kontrollen A 128
- Organisation A 302
- Psychosoziale Behandlung A 123 ff

1031

- Sicherheit A 240
- Sozialtherapie A 62

Wohngruppengröße A 123

Wohnort des Beschuldigten 42 8, 13, 20

Zahlung eines Geldbetrages *siehe* Geldauflage

Zeitgesetz
- Spruchkörperbesetzung bei der großen Jugendkammer 33 b 12

Zeitliche Geltung des JGG
- Bei Mordtaten 116 3
- Örtliche Geltung, neue Bundesländer 116 1
- Übergangsregelung 116 2

Zeitpunkt der Tat 107 1

Zentralregister 97 6
- Widerruf Strafmakelbeseitigung 101 4

Zeugen
- Anwesenheit in Hauptverhandlung 48 12, 31
- JGH als Zeuge 38 28 ff
- Vernehmung und Opferschutz 41 9, 11

Zeugenschutz 48 32

Zivilrechtlicher Anspruch des Tatopfers 15 6

Zuchtmittel 5 11, 16, 13 1 ff
- Anordnung 13 6
- Arten 13 1 ff
- Dauer 13 3
- Eintragung in das Erziehungsregister 13 7
- Funktion 13 3
- Heranwachsende 13 5
- Jugendliche 13 5
- Kein Anwendungsvorrang der Erziehungsmaßregeln 13 4
- Kombination Maßregeln und Sanktion 5 25, 7 5, 8 3 f
- Kombination mit Weisungen 13 4
- Kostenentscheidung 74 2
- Mehrere Straftaten 31 1 ff
- Rechtswirkungen 13 8 f

- Urteilsformel 54 16 f
- Urteilsgründe 54 58

Zugangsuntersuchung im Jugendstrafvollzug A 36, 38
- Bildungsmaßnahmen A 167
- Diagnostik A 42 ff
- Entlassungszeitpunkt A 115
- Prognostik A 46 ff
- Psychosoziale Behandlung A 149
- Vollzugsöffnende Maßnahmen A 109

Zukunftsorientierte Betrachtungsweise bzgl. Kostenentscheidung 74 4

Zumutbarkeit von Weisungen 10 15

Zusagen 23 8 f

Zuständigkeit
- Einwand der Unzuständigkeit 47 a 7
- JGH bei Haftentscheidungshilfe 72 a 1 f, 8
- Jugendgerichte 33 4 ff
- Jugendkammer 41 8 ff
- Jugendliche vor Erwachsenengerichten 102 2 ff
- Ordnungswidrigkeiten 41 19
- Sachverständigenbeauftragung 43 42
- Schwurgericht 41 4
- Verbindung mit Erwachsenenstrafsachen 103 15 ff, 23 ff
- Vollstreckungsgericht 41 18
- Vorl. Anordnung der Erziehung 71 4

Zuständigkeitsübertragung
- Auf allgemeines Gericht 33 9
- Jugendrichter 39 7 ff

Zuwanderer
- Persönlichkeitserforschung 43 22

Zwangsarbeit 15 16

Zwischenverfahren
- Eröffnung Hauptverfahren vor Erwachsenengericht 47 a 6
- Verfahrenseinstellung 47 4

Im Lesesaal vom 2 2. SEP. 2011
bis 0 6. APR. 2014